Master the NCERT

नवीनतम NCERT के प्रत्येक वाक्य पर बने वस्तुनिष्ठ प्रश्नों का संग्रह

for NEET/JEE

भौतिकी XI

Master the NCERT

नवीनतम NCERT के प्रत्येक वाक्य पर बने वस्तुनिष्ठ प्रश्नों का संग्रह

for NEET/JEE

भौतिकी XI

केशव मोहन

सह–लेखक

धर्मेन्द्र सिंह, सनी कुमार

arihant
SUCCESS AND NOTHING LESS

arihant
SUCCESS AND NOTHING LESS

अरिहन्त प्रकाशन (सीरीज़) मेरठ

卐 **रजि. कार्यालय**

'रामछाया' 4577/15, अग्रवाल रोड, दरिया गंज, नई दिल्ली- 110002
फोन: 011-47630600, 43518550

मुख्य कार्यालय

कालिन्दी, टी०पी० नगर, मेरठ (यूपी)– 250002
फोन: 0121-7156203, 7156204

卐 **शाखा कार्यालय**

आगरा, अहमदाबाद, बरेली, बंगलुरु, चेन्नई, दिल्ली, गुवाहाटी, हैदराबाद, जयपुर, झाँसी, कोलकाता, लखनऊ, नागपुर तथा पुणे

卐 **मूल्य** ₹ 495.00

卐 **PO No :** TXT-XX-XXXXXXX-X-XX

PUBLISHED BY ARIHANT PUBLICATIONS (INDIA) LTD.

'अरिहन्त' की पुस्तकों के बारे में अधिक जानकारी के लिए हमारी वेबसाइट **www.arihantbooks.com** पर लॉग इन करें या **info@arihantbooks.com** पर सम्पर्क करें।

Follow us on...

इस पुस्तक के Key Features

3 स्तरीय अध्याय विश्लेषण

प्रत्येक अध्याय के प्रथम पृष्ठ पर 5 वर्षों का NEET विश्लेषण निम्न तीन आधारों पर दिया गया है

(i) शीर्षकवार प्रश्न (ii) विशेष प्रकार के प्रश्न (iii) भारांकन

5 वर्षों में NEET में पूछे गये शीर्षकवार प्रश्न

शीर्षक	वर्षवार प्रश्नों की संख्या				
	2024	2023	2022	2021	2020
मात्रकों की अन्तर्राष्ट्रीय प्रणाली	–	–	1	–	1
उपकरणों की यथार्थता, परिशुद्धता और माप में त्रुटियाँ	1	2	1	1	1
	–	–	–	–	1
भौतिक राशियों की विमाएँ	–	–	–	–	–
विमीय सूत्र एवं विमीय समीकरण	1	–	–	–	–
विमीय विश्लेषण एवं इसके अनुप्रयोग	1	–	1	2	1

NEET में विगत 5 वर्षों में पूछे गये विशेष प्रकार के प्रश्न

प्रकार	वर्ष				
	2024	2023	2022	2021	2020
अभिकथन-कारण	–	–	–	–	–
कथन आधारित	–	–	–	–	–
सुमेलन	–	1	–	–	–

NEET के विगत 5 वर्षों का भारांकन

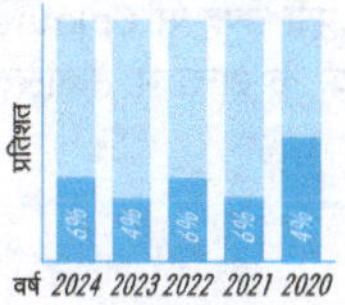

Marks Maximizer

कुछ राशियों में विमा नहीं होती है, जिन्हें **विमाहीन राशियाँ** कहा जाता है। ये नीचे दी गई हैं

- त्रिकोणमितीय फलन (जैसे, cos x, tan x)
- लघुगणकीय फलन (जैसे, log x)
- चरघातांकीय फलन (जैसे, e^x)
- शुद्ध संख्याएँ
- अनुपात (जैसे, विकृति $= \dfrac{\text{विमा में परिवर्तन}}{\text{मूल विमा}}$, विशिष्ट गुरुत्व)
- कोण
- रेनॉल्ड संख्या, आवोगाद्रो संख्या एवं π

Marks Maximizer

विशेष बॉक्स में NEET/JEE से सम्बन्धित विशेष महत्त्वपूर्ण जानकारी दी गई है, जो NCERT में मौजूद हो भी सकती है और नहीं भी।

Concept Master के द्वारा भौतिकी के तथ्यों का स्पष्टीकरण

NCERT के कठिन शीर्षक/संकल्पना को सरल एवं समझने में आसान भाषा में व्याख्या करने के लिए विशिष्ट वीडियो सहायता

- **तात्क्षणिक त्वरण** (Instantaneous Acceleration) किसी विशेष क्षण पर गतिशील वस्तु के वेग में होने वाले परिवर्तन की दर को तात्क्षणिक त्वरण कहते हैं। जब समय अन्तराल शून्य के समीप पहुँच जाता है, तो तात्क्षणिक त्वरण उस क्षण के छोटे समय अंतराल में वस्तु के औसत त्वरण के सीमित मान के बराबर हो जाता है।

$$a = \lim_{\Delta t \to 0} \frac{\Delta v}{\Delta t} = \frac{dv}{dt} = \frac{d^2 s}{dt^2}$$

- **एकसमान त्वरण** (Uniform Acceleration) यदि किसी गतिशील वस्तु में समय के सापेक्ष त्वरण का परिमाण और दिशा स्थिर रहती है, तो गतिशील वस्तु में उपस्थित त्वरण को एकसमान त्वरण कहते हैं।

PYQ नोट्स

1. 1′ (चाप में मिनट) का कोण लगभग 2.91×10^{-4} rad के बराबर है। [NEET 2023]
2. तापमान एवं वोल्टेज आपूर्ति में अप्रत्याशित उतार-चढ़ाव उत्पन्न होने वाली त्रुटियाँ, यादृच्छिक त्रुटियाँ (unpredictable flections) के कारण मापन में (random errors) होती हैं। [NEET 2022]
3. यदि एक भौतिक राशि (माना y) किसी अन्य भौतिक राशि (माना A, B, C) पर निर्भर करती है, तो y का विमीय सूत्र निम्न प्रकार प्राप्त होता है $y = A^a B^b C^c$ जहाँ, a, b, c भौतिक राशियों की घातें हैं। [JEE 2019]

PYQ नोट्स

NEET/JEE से सम्बन्धित महत्त्वपूर्ण बिन्दु, जो पिछले वर्षों में पूछे गए थे, लेकिन वर्तमान तर्कसंगत NCERT में शामिल नहीं किए गए हैं।

मात्रक एवं मापन (अध्याय एक दृष्टि में)

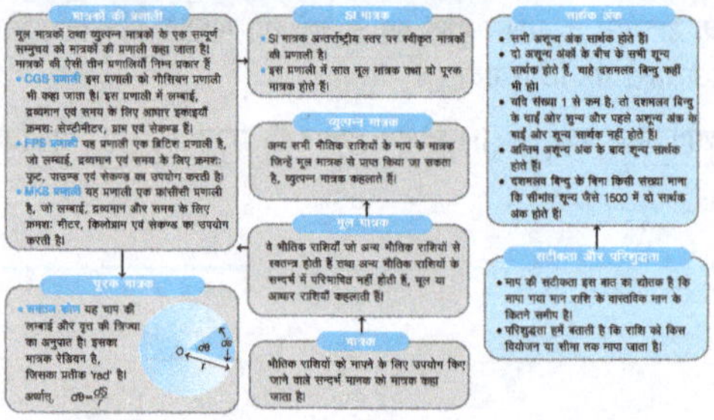

अध्याय एक दृष्टि में (Chapter at a Glance)

त्वरित समीक्षा के लिए किसी अध्याय के सभी मुख्य बिन्दुओं को दर्शाने के लिए पूरी तरह से Coloured Glorified Infographics ये सभी अध्यायों के अन्त में संकलित हैं।

Step by Step

Mastering NCERT

- कॉन्सेप्ट बिल्डर्स
- शीर्षकार प्रश्न
- अभिकथन-कारण प्रश्न
- कथन आधारित प्रश्न
- सुमेलन प्रकार प्रश्न
- अधिक मान प्रकार के प्रश्न
- NCERT Exemplar प्रश्न
- विगत परीक्षाओं के प्रश्न
- विषय वृद्धि

कॉन्सेप्ट बिल्डर्स

1. .... (CGS/SI) मात्रकों की प्रणाली में, सभी मात्रक, मूल और पूरक मात्रकों को गुणा एवं भाग देकर प्राप्त किए जा सकते हैं।
2. .... (ठोस/समतल) कोण गोलाकार सतह के लिए अवरोधित क्षेत्र dA का अनुपात है।
3. मापन की .... (यथार्थता/परिशुद्धता) वह माप है जो दर्शाता है कि मापा गया मान राशि के वास्तविक मान के कितने समीप है।
4. व्यवस्थित त्रुटियाँ, वे त्रुटियाँ हैं जो एक दिशा में होती हैं, या तो धनात्मक या ऋणात्मक। (सत्य/असत्य)
5. मापन उपकरण के अपूर्ण डिजाइन या अंशाकन के कारण कौन-सी त्रुटि उत्पन्न होती है?
6. मापन उपकरण द्वारा मापे जा सकने वाला सबसे छोटा मान पिच कहलाता है। (सत्य/असत्य)
11. किसी भौतिक राशि की घात K तक बढ़ाने पर राशि में सापेक्ष त्रुटि व्यक्तिगत राशि में सापेक्ष त्रुटि का K गुना होती है। (सत्य/असत्य)
12. मापन की वास्तविक यथार्थता को कौन-सी त्रुटि इंगित करती है?
13. 0.050 में सार्थक अंकों की संख्या .... है। (दो/चार)
14. यदि हटाये जाने वाला असार्थक अंक 5 से अधिक है, तो पूर्वगामी अंक अपरिवर्तित रहेगा। (सत्य/असत्य)
15. यदि पूर्ववर्ती अंक .... (सम/विषम) हैं, तब असार्थक अंक को हटा दिया जाता है और यदि यह .... (सम/विषम) है, तो पूर्ववती अंक में 1 की वृद्धि कर दी जाती है।
16. 31.325×10^{-6} को 4 अंकों तक पूर्णांकित करें।

Step by Step Mastering NCERT

NEET/JEE जैसी प्रतियोगिता में पूछे जाने वाले सभी संभावित प्रकार के प्रश्नों के साथ वैज्ञानिक रूप से डिजाइन किया गया अभ्यास।

कॉन्सेप्ट बिल्डर्स

1. .... (CGS/SI) मात्रकों की प्रणाली में, सभी मात्रक, मूल और पूरक मात्रकों को गुणा एवं भाग देकर प्राप्त किए जा सकते हैं।
2. .... (ठोस/समतल) कोण गोलाकार सतह के लिए अवरोधित क्षेत्र dA का अनुपात है।
3. मापन की .... (यथार्थता/परिशुद्धता) वह माप है जो दर्शाता है कि मापा गया मान राशि के वास्तविक मान के कितने समीप है।
4. व्यवस्थित त्रुटियाँ, वे त्रुटियाँ हैं जो एक दिशा में होती हैं, या तो धनात्मक या ऋणात्मक। (सत्य/असत्य)
5. मापन उपकरण के अपूर्ण डिजाइन या अंशाकन के कारण कौन-सी त्रुटि उत्पन्न होती है?
6. मापन उपकरण द्वारा मापे जा सकने वाला सबसे छोटा मान पिच कहलाता है। (सत्य/असत्य)

कॉन्सेप्ट बिल्डर्स

ये सत्य/असत्य, रिक्त स्थान और एक शब्द प्रश्न जैसे सरल टीज़र के रूप में दिये गये हैं इस प्रकार इसे NCERT संकल्पनाओं को आधारशिला बनाने के लिए संरचित किया गया है।

शीर्षकवार प्रश्न

NEET/JEE जैसे MCQs, NCERT के लाइन दर लाइन टेक्स्ट से लिए गए है, जिसमें पृष्ठों को पूर्ण रूप से अंकित किया गया है। ये सभी MCQs NCERT के शीर्षकों के अनुसार व्यवस्थित है।

मात्रकों की अन्तर्राष्ट्रीय प्रणाली

1 निम्न में से कौन-सी मात्रक प्रणाली केवल द्रव्यमान, लम्बाई और समय के मात्रकों पर आधारित नहीं है? **NCERT पृष्ठ 1**

(a) SI (b) MKS (c) FPS (d) CGS

2 निम्न में से कौन-सा मात्रक अन्योन्य प्रेरण (mutual inductance) का नहीं है? **NCERT पृष्ठ 2**

(a) हेनरी (b) वेबर
(c) ओम-सेकण्ड (d) वोल्ट सेकण्ड (एम्पियर)$^{-1}$

अभिकथन-कारण प्रश्न

***निर्देश** (प्रश्न क्रमांक 1-10) निम्नलिखित प्रश्नों में, अभिकथन के एक कथन के बाद कारण का एक संगत कथन दिया गया है। निम्नलिखित कथनों में से सही कथन का चयन कीजिए।*

(a) अभिकथन और कारण दोनों सही हैं तथा कारण, अभिकथन की सही व्याख्या है।
(b) अभिकथन और कारण दोनों सही हैं परन्तु कारण, अभिकथन की सही व्याख्या नहीं है।
(c) अभिकथन सही है, लेकिन कारण गलत है।
(d) अभिकथन गलत है, लेकिन कारण सही है।

1 **अभिकथन** 0.0003 में सार्थक अंकों की संख्या एक है और 0.3000 में चार है।

कारण अनुगामी (पिछला) शून्य (संख्या के बायीं ओर स्थित शून्य) कभी भी सार्थक नहीं होते हैं। **NCERT पृष्ठ 4**

अभिकथन-कारण

सबसे महत्त्वपूर्ण विशेष प्रारूप MCQs श्रेणी। इन सभी पर NCERT की पृष्ठ संख्या को अंकित किया गया है।

कथन आधारित प्रश्न

NEET भौतिकी के पेपर में कथन आधारित प्रश्न इस प्रकार (कथन I तथा कथन II) पूछे जाते हैं। इस प्रकार के प्रश्नों को NCERT के पृष्ठ संख्या अंकन के साथ क्रमवार सम्मिलित किया गया है।

कथन आधारित प्रश्न

***निर्देश** (प्रश्न संख्या 1-8) निम्नलिखित प्रश्नों में दो कथन (I और II) दिए गए हैं। दिए गए कथनों के अनुसार, नीचे दिए गए सही विकल्प का चयन करें।*

(a) दोनों कथन I और II गलत हैं।
(b) कथन I सही है, लेकिन कथन II गलत है।
(c) कथन I गलत है, लेकिन कथन II सही है।
(d) दोनों कथन I और II सही हैं।

1 **कथन I** जो त्रुटियाँ एक दिशा में होने की प्रवृत्ति रखती हैं तथा या तो धनात्मक या ऋणात्मक होती हैं उन्हें व्यवस्थित त्रुटियाँ कहा जाता है।

कथन II वे त्रुटियाँ जो परिमाण और दिशा में नियमित और यादृच्छिक रूप से घटित होती हैं, उन्हें यादृच्छिक त्रुटियाँ कहा जाता है। **Old NCERT पृष्ठ 23**

2 **कथन I** मापन की यथार्थता यह है कि मापा गया मान, राशि के वास्तविक मान के कितने समीप है।

कथन II यादृच्छिक त्रुटियाँ, वे त्रुटियाँ हैं, जो नियमित रूप से होती हैं। **Old NCERT पृष्ठ 23**

सुमेलन प्रकार प्रश्न

1 कॉलम I (भौतिक राशि) को कॉलम II (मात्रक) के साथ सुमेलित करें और नीचे दिए गए विकल्पों में से सही उत्तर का चयन करें।

	कॉलम I		कॉलम II
A.	धारिता	1.	ऐम्पियर-मी^{2}
B.	प्रेरकत्व	2.	वेबर
C.	चुम्बकीय फ्लक्स	3.	कूलॉम (वोल्ट)$^{-1}$
D.	चुम्बकीय आघूर्ण	4.	ओम-सेकण्ड

NCERT पृष्ठ 3

कूट

	A	B	C	D		A	B	C	D
(a)	3	4	2	1	(b)	1	4	2	3
(c)	3	2	1	4	(d)	4	1	3	2

सुमेलन प्रकार प्रश्न

क्रमवार अभ्यास में सुमेलन प्रकार के MCQs सम्मिलित किए गए हैं। इन्हें कथन आधारित MCQs के ठीक बाद में रखा गया है और सभी NCERT पृष्ठ संख्याओं को अंकित किया गया है।

NCERT Exemplar प्रश्न

1 0.06900 में सार्थक अंकों की संख्या है

(a) 5 (b) 4 (c) 2 (d) 3

2 उचित सार्थक अंकों में संख्याओं 436.32, 227.2 और 0.301 का योग है

(a) 663.821 (b) 664 (c) 663.8 (d) 663.82

3 संख्याओं 2.745 और 2.735 को 3 सार्थक अंकों तक पूर्णांकित करने पर प्राप्त संख्या होगी

(a) 2.75 और 2.74 (b) 2.75 और 2.73

(c) 2.74 और 2.73 (d) 2.74 और 2.74

NCERT Exemplar प्रश्न

NCERT Exemplar पुस्तकों को प्रतियोगी परीक्षाओं के लिए सबसे अच्छी समस्या पुस्तकों में से एक माना जाता है। प्रत्येक अध्याय में तैयारी करने के लिए समंकन प्रयास करने के लिए चयनित Exemplar Problems को लिया गया है।

विगत परीक्षाओं के प्रश्न

तैयारी की अन्तिम जाँच के रूप में NCERT पृष्ठ अंकन के साथ चयनित PYQs संकलित है।

विगत परीक्षाओं के प्रश्न

NEET

1 $F = \alpha t^2 + \beta t$ द्वारा परिभाषित एक बल दिए गये समय t पर एक कण पर आरोपित होता है। यदि α तथा β नियतांक हों, तो निम्न में से कौन-सा घटक विमाहीन है? **NCERT पृष्ठ 7, NEET 2024**

(a) $\beta t/\alpha$ (b) $\alpha t/\beta$ (c) $\alpha\beta t$ (d) $\alpha\beta/t$

2 वे कौन-सी राशियाँ हैं जिनकी विमाएँ घन कोण के समान हैं **NCERT पृष्ठ 7, NEET 2024**

(a) विकृति तथा कोण (b) प्रतिबल तथा कोण

(c) विकृति तथा चाप (d) कोणीय चाल तथा प्रतिबल

स्किल बूस्टर्स

1 एक स्क्रूगेज के वृत्ताकार पैमाने के दो पूर्ण चक्कर इसके मुख्य पैमाने पर 1 मिमी की दूरी तय करते हैं। वृत्ताकार पैमाने पर विभाजनों की कुल संख्या 50 है। इसके अतिरिक्त, यह पाया गया है कि स्क्रूगेज में –0.03 मिमी की शून्य त्रुटि है। एक पतले तार का व्यास मापते समय, एक छात्र मुख्य पैमाने पर 3 मिमी का पाठ्यांक एवं मुख्य पैमाने के साथ वृत्ताकार पैमाने के विभाजनों की संख्या 35 नोट करता है। तार का व्यास क्या होगा?

(a) 3.32 मिमी (b) 3.73 मिमी

(c) 3.67 मिमी (d) 3.38 मिमी

स्किल बूस्टर्स

तैयारी के लिए अतिरिक्त बढ़त प्रदान करने के लिए क्रमवार अभ्यास के अन्त में ब्रेन टीज़र प्रस्तुत किए गए हैं।

प्रश्नों का विश्लेषण

NCERT सकंल्पनाओं की उत्तम समझ के लिए चयनित प्रश्नों के उत्तर और व्याख्यात्मक हल।

क्रमवार

प्रश्नों का विश्लेषण

कॉन्सेप्ट बिल्डर्स

1 SI	2 ठोस
3 यथार्थता	4 सत्य
5 यन्त्रीय त्रुटि	6 असत्य
7 सत्य	8 अल्पतमांक त्रुटि
9 सापेक्ष	10 सत्य
11 सत्य	12 सापेक्ष त्रुटि
13 दो	14 असत्य
15 सम, विषम	16 31.32×10^{-5}
17 विकृति	18 $[MT^{-2}]$
19 $[M^0L^1T^0A^1]$	20 $[M^{1/2}L^{1/2}F^{-1/2}]$

शीर्षकवार प्रश्न

2 *(b)* चुम्बकीय फ्लक्स का मात्रक वेबर है।

3 *(d)* पॉयसन का अनुपात एक विमाहीन राशि है।

11 *(c)* $\left(p + \frac{a}{V^2}\right)\cdot(V - b) =$ नियतांक

$$p = \frac{F}{a} = \frac{\text{डाइन}}{\text{सेमी}^2}$$

p का मात्रक $= \frac{a}{V^2}$ का मात्रक

$\Rightarrow a$ का मात्रक $= \frac{F}{A}V^2$ का मात्रक

$$= \frac{\text{डाइन}}{\text{सेमी}^2} \times (\text{सेमी}^3)^2$$

$$= \text{डाइन} \times \text{सेमी}^4$$

12 *(c)* CGS पद्धति में Y डाइन/सेमी² होता है। MKS पद्धति में Y न्यूटन/मी² होता है।

$$1 \text{ डाइन/सेमी}^2 = \frac{10^{-5} \text{ न्यूटन}}{\left(\frac{1}{100}\right)^2 \text{मी}^2}$$

($\because$ 1 न्यूटन $= 10^5$ डाइन)

$= 0.1$ न्यूटन/मी²

17 *(c)* विकल्प (c) में दिया गया कथन सही है, लेकिन अन्य गलत हैं। मापन में त्रुटि, राशि के मापे गये मान और वास्तविक मान के अन्तर के बराबर होती है। नियत त्रुटि में, त्रुटि प्रत्येक प्रेक्षण को समान मात्रा में प्रभावित करती है।

19 *(a)* $O_{\text{माध्य}} = \mu$

$$= \frac{80.0 + 80.5 + 81.0 + 81.5 + 82}{5}$$

$$= \frac{405.0}{5} = 81$$

प्रेक्षण में निरपेक्ष त्रुटि है,

$$\Delta O_1 = |80.0 - \mu| = 1$$
$$\Delta O_2 = |80.5 - \mu| = 0.5$$
$$\Delta O_3 = |81.0 - \mu| = 0$$
$$\Delta O_4 = |81.5 - \mu| = 0.5$$
$$\Delta O_5 = |82 - \mu| = 1$$
$$\Delta O_{\text{माध्य}} = \sum_{i=1}^{5}\frac{|\Delta O_i|}{n}$$

विषय-सूची

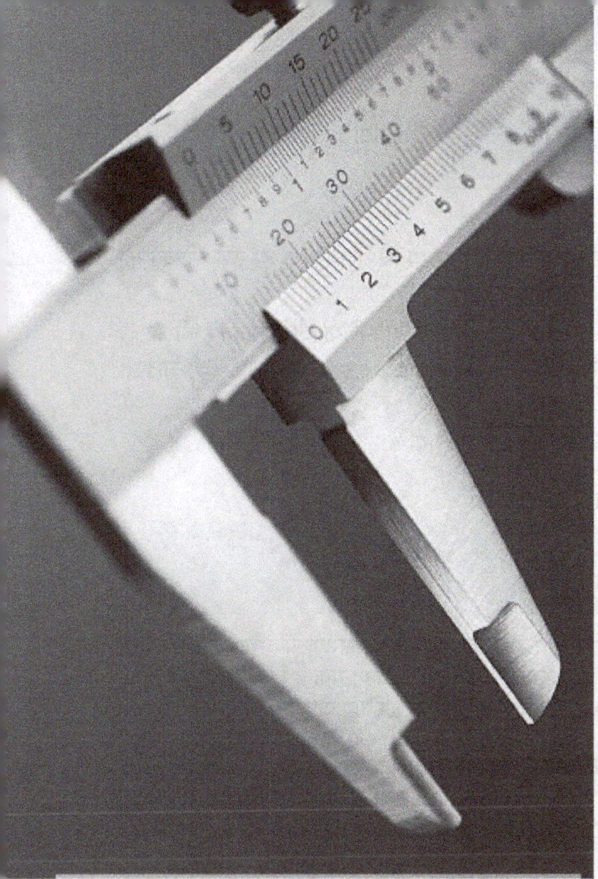

01

मात्रक एवं मापन

Units and Measurements

- वे सभी राशियाँ, जिनका उपयोग भौतिकी के नियमों का वर्णन करने के लिए किया जाता है, **भौतिक राशियाँ** (Physical quantities) कहलाती हैं, जैसे–लम्बाई, द्रव्यमान, आयतन आदि।
- भौतिक राशियाँ दो प्रकार की होती हैं (i) **मूल राशियाँ** (Fundamental quantities) जो अन्य भौतिक राशियों से स्वतन्त्र होती हैं और (ii) **व्युत्पन्न राशियाँ** (Derived quantities) जो मूल राशियों से प्राप्त की जा सकती हैं।
- जब किसी भौतिक राशि को मापा जाता है, तो परिणाम को एक मात्रक के साथ एक **संख्या** (या संख्यात्मक मान) के रूप में व्यक्त किया जाता है।
- **मात्रक** एक अन्तराष्ट्रीय स्तर पर स्वीकृत सन्दर्भ मानक है। सभी स्थितियों में, इसे एक आधारभूत और स्वैच्छिक रूप से चुने गए मानक के साथ भौतिक राशि की तुलना के रूप में जाना जाता है।
- वे मात्रक, जिनका उपयोग मूल राशियों को प्रदर्शित करने के लिए किया जाता है, **मूल मात्रक** (Fundamental units) कहलाते हैं।
  व्युत्पन्न राशियों के ऐसे मात्रक, जिन्हें मूल मात्रकों के पदों में व्यक्त किया जाता है, **व्युत्पन्न मात्रक** (Derived units) कहलाते है।
- इन मात्रकों का एक पूर्ण समूह (आधार और व्युत्पन्न मात्रक दोनों) को **मात्रकों की प्रणाली** के रूप में जाना जाता है।

मात्रकों की अन्तर्राष्ट्रीय प्रणाली

(The International System of Units)

- लम्बाई, द्रव्यमान और समय के आधार मात्रकों के साथ मापन के लिए मात्रकों की कुछ सामान्यतः उपयोग की जाने वाली प्रणालियाँ निम्न प्रकार दी गई हैं
  (i) **CGS प्रणाली** (CGS System) इस प्रणाली में लम्बाई, द्रव्यमान और समय के मूल मात्रक सेण्टीमीटर, ग्राम और सेकण्ड होते हैं। यह मात्रकों की गॉसियन प्रणाली (Gaussian system) है और इसे मात्रकों की मीट्रिक प्रणाली के रूप में भी जाना जाता है।
  (ii) **FPS प्रणाली** (FPS System) इस प्रणाली में लम्बाई का मात्रक फुट, द्रव्यमान का मात्रक पाउण्ड तथा समय का मात्रक सेकण्ड होता है। यह मात्रकों की ब्रिटिश प्रणाली (British system) है लेकिन यह मात्रकों की मीट्रिक प्रणाली नहीं है।

5 वर्षों में NEET में पूछे गये शीर्षकवार प्रश्न

शीर्षक	वर्षवार प्रश्नों की संख्या				
	2024	2023	2022	2021	2020
मात्रकों की अन्तर्राष्ट्रीय प्रणाली	–	–	1	–	1
उपकरणों की यथार्थता, परिशुद्धता और माप में त्रुटियाँ	1	2	1	1	1
	–	–	–	–	1
भौतिक राशियों की विमाएँ	–	–	–	–	–
विमीय सूत्र एवं विमीय समीकरण	1	–	–	–	–
विमीय विश्लेषण एवं इसके अनुप्रयोग	1	–	1	2	1

NEET में विगत 5 वर्षों में पूछे गये विशेष प्रकार के प्रश्न

प्रकार	वर्ष				
	2024	2023	2022	2021	2020
अभिकथन–कारण	–	–	–	–	–
कथन आधारित	–	–	–	–	–
सुमेलन	–	1	–	–	–

NEET के विगत 5 वर्षों का भारांकन

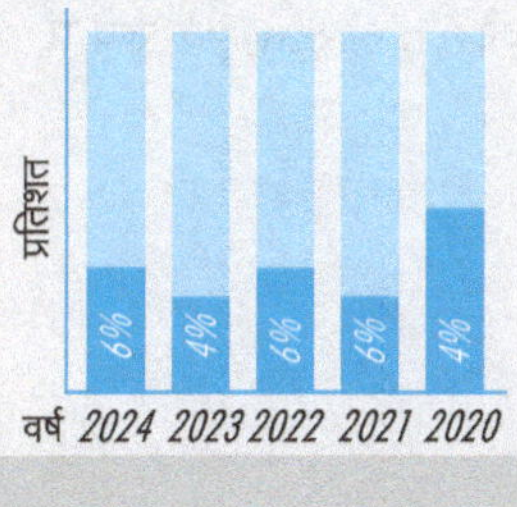

(iii) **MKS प्रणाली** (MKS System) इस प्रणाली में, मीटर, किलोग्राम तथा सेकण्ड क्रमशः लम्बाई, द्रव्यमान और समय के मूल मात्रक हैं। इसे मात्रकों की मीट्रिक प्रणाली (Metric system) के रूप में जाना जाता है।

- 1971 में, **भार और माप के अन्तर्राष्ट्रीय ब्यूरो (BIPM)** ने अपनी बैठक की और मात्रकों की एक प्रणाली का निर्णय लिया जिसे **मात्रकों की अन्तराष्ट्रीय प्रणाली** के रूप में जाना जाता है। इसका संक्षिप्त नाम SI मात्रक है जो फ्रांसीसी नाम 'Systeme International d' unites' का संक्षिप्त रूप है।
- इस प्रणाली में 7 मूल मात्रक और 2 पूरक मात्रक सम्मिलित हैं जिन्हें निम्नलिखित रूप से सारणीबद्ध किया गया है।

मूल राशियाँ और मात्रक (Fundamental Quantities and Units)

मूल राशि (Fundamental Quantity)	मूल मात्रक (Fundamental Unit)	प्रतीक (Symbol)	परिभाषा (Definition)
लम्बाई	मीटर	m	मीटर को निर्वात् में प्रकाश की चाल c का नियत संख्यात्मक मान 299792458 लेकर, जोकि ms^{-1} में व्यक्त से परिभाषित किया गया है जहाँ सेकण्ड को सीजियम आवृत्ति $\Delta\nu_{Cs}$ के पदों में परिभाषित किया जाता है।
द्रव्यमान	किलोग्राम	kg	किलोग्राम को प्लांक स्थिरांक h का नियत संख्यात्मक मान $6.62607015 \times 10^{-34}$ लेकर परिभाषित किया जाता है, जबकि इसे मात्रक J-s में व्यक्त किया गया है जोकि $kg\text{-}m^2\ s^{-1}$ के बराबर होता है, जहाँ मीटर और सेकण्ड को c और $\Delta\nu_{CS}$ के पदों में परिभाषित किया गया है।
समय	सेकण्ड	s	सेकण्ड को सीजियम आवृत्ति $\Delta\nu_{CS}$ के नियत संख्यात्मक मान को लेते हुए परिभाषित किया गया है। सीजियम-133 परमाणु की अप्रभावित मूल अवस्था अतिसूक्ष्म संक्रमण आवृत्ति का संख्यात्मक मान 9,192,631770 है, इसे हर्ट्ज (Hz) मात्रक में व्यक्त किया जाता है जो s^{-1} के बराबर है।
विद्युत धारा	ऐम्पियर	A	ऐम्पियर को मूल आवेश e के नियत संख्यात्मक मान $1.602176634 \times 10^{-19}$ लेकर परिभाषित किया गया है जब इसे मात्रक C में व्यक्त किया जाता है जोकि A-s के बराबर है, जहाँ सेकण्ड को $\Delta\nu_{Cs}$ के पदों में परिभाषित किया गया है।
तापमान	केल्विन	K	केल्विन को बोल्ट्जमान नियतांक k का नियत संख्यात्मक मान 1.380649×10^{-23} को लेकर परिभाषित किया गया है जब इसे मात्रक JK^{-1} में व्यक्त किया जाता है जोकि $kg\text{-}m^2\ s^{-2}K^{-1}$ के बराबर है, जहाँ किलोग्राम, मीटर और सेकण्ड को h, c और $\Delta\nu_{Cs}$ के पदों में परिभाषित किया गया है।
पदार्थ की मात्रा	मोल	mol	एक मोल में यर्थाथतः $6.02214076 \times 10^{23}$ मूल इकाईयाँ होती हैं। यह संख्या आवोगाद्रो स्थिरांक (Avogadro constant) का नियत संख्यात्मक मान है। किसी निकाय के पदार्थ की मात्रा, विशिष्ट मूल कणों की संख्या की एक माप होती है। ये मूल कण एक परमाणु, एक अणु, एक आयन, एक इलेक्ट्रॉन, कोई अन्य कण या कणों का विशिष्ट समूह हो सकते हैं।
ज्योति तीव्रता	कैण्डिला	cd	कैण्डिला को 540×10^{12} Hz आवृति वाले एकवर्णी विकिरण के दीप्त प्रभाविकता K_{cd} के नियत संख्यात्मक मान 6.83 को लेकर परिभाषित किया गया है, जिसे $l\,m\,W^{-1}$ मात्रक में व्यक्त किया जाता है जो $cd\ sr\ W^{-1}$ या $cd\ sr\ kg^{-1}m^{-2}\ s^3$ के बराबर है, जहाँ किलोग्राम, मीटर और सेकण्ड को h, c और $\Delta\nu_{Cs}$ के रूप में परिभाषित किया गया है।

पूरक राशियाँ और मात्रक (Supplementary Quantities and Units)

पूरक राशि (Supplementary Quantity)	मूल मात्रक (Fundamental Unit)	प्रतीक (Symbol)	परिभाषा (Definition)
समतल कोण	रेडियन	rad	रेडियन (rad), कोण का SI मात्रक है जिसे वृत्त की त्रिज्या की लम्बाई के बराबर चाप द्वारा वृत्त के केन्द्र पर अन्तरित कोण के रूप में परिभाषित किया जाता है। समतल कोण $(d\theta) = \dfrac{\text{चाप की लम्बाई } (ds)}{\text{त्रिज्या } (r)}$ 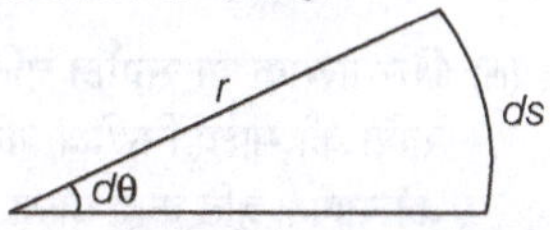 चित्र में, $d\theta$ वृत्त के चाप का समतल कोण है। NEET 2022
ठोस कोण	स्टेरेडियन	sr	स्टेरेडियन (sr), ठोस कोण का SI मात्रक है और इसे एक गोले के केन्द्र पर उस गोले के क्षेत्रफल द्वारा बनाये गये ठोस कोण के रूप में परिभाषित किया जाता है जो उसकी त्रिज्या के वर्ग के बराबर होता है। ठोस कोण $(d\Omega) = \dfrac{\text{गोले का अंतःखण्ड क्षेत्रफल } (dA)}{\text{त्रिज्या } (r)^2}$ 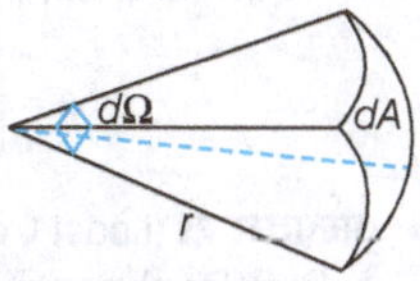 चित्र में, $d\Omega$ गोलाकार सतह का ठोस कोण है।

*उपकरणों की यथार्थता, परिशुद्धता और माप में त्रुटियाँ (Accuracy, Precision of Instruments and Errors in Measurement)

- **यथार्थता** (Accuracy) किसी भी राशि के वास्तविक मान के लिए प्रेक्षित मान (Observed value) की निकटता को सन्दर्भित करती है। यह इस पर निर्भर है कि इसमें कितने सार्थक अंक हैं। सार्थक अंकों की संख्या बढ़ने से यथार्थता बढ़ती है।
- **परिशुद्धता** (Precision) समान राशि के विभिन्न प्रेक्षित मानों (Observed values) के बीच निकटता को सन्दर्भित करती है। यह मापक यन्त्रों की सीमा को परिभाषित करती है।

  यह अल्पतमांक पर निर्भर करती है; अर्थात् वह सबसे छोटा मान जिसे मापन यन्त्रों द्वारा मापा जा सकता है। अल्पतमांक जितना छोटा होगा, मापन यन्त्रों की परिशुद्धता उतनी ही अधिक होगी।
- **त्रुटि** (Error) किसी राशि के वास्तविक मान और प्रेक्षित मान में अन्तर को **माप की त्रुटि** कहा जाता है।
- माप में त्रुटियों को व्यापक रूप से क्रमबद्ध और यादृच्छिक त्रुटियों के रूप में वर्गीकृत किया जा सकता है।

  (i) **क्रमबद्ध त्रुटियाँ** (Systematic Errors) वे त्रुटियाँ हैं जो एक दिशा में होती हैं, या तो धनात्मक या ऋणात्मक।

  क्रमबद्ध त्रुटियों के कुछ स्रोत निम्न प्रकार हैं। NEET 2023

  (a) **यन्त्रगत त्रुटियाँ** (Instrumental Errors) ये मापक यन्त्रों के अपूर्ण डिजाइन या अंशांकन के कारण उत्पन्न होती है।

  (b) **प्रायोगिक तकनीक या कार्यविधि में अपूर्णता** (Imperfection in Experimental Technique or Procedure) यह प्रयोग के दौरान बाहरी परिस्थितियों, जैसे–तापमान, आर्द्रता, पवन वेग, दबाव आदि में परिवर्तन के कारण होती है।

  (c) **व्यक्तिगत त्रुटियाँ** (Personal Errors) ये व्यक्तिगत पूर्वाग्रह, उपकरण के संमजन की कमी या उचित सावधानियों का पालन किए बिना प्रेक्षण लेने में व्यक्ति की लापरवाही के कारण उत्पन्न होती हैं।

  (ii) **यादृच्छिक त्रुटियाँ** (Random errors) वे त्रुटियाँ हैं जो अनियमित रूप से होती है और इसीलिए ये चिन्ह और आकार के सापेक्ष यादृच्छिक होती हैं। ये त्रुटियाँ प्रायोगिक स्थितियों में यादृच्छिक व अप्रत्याशित उतार-चढ़ाव, पाठ्यांक लेने वाले पर्यवेक्षक द्वारा व्यक्तिगत त्रुटियों आदि के कारण उत्पन्न होती हैं।
- **अल्पतमांक त्रुटि** (Least Count Error) यन्त्र के विभेदन (Resolution) से सम्बद्ध त्रुटि होती है। यह यादृच्छिक और व्यवस्थित दोनों त्रुटियों के साथ उत्पन्न होती है।
- त्रुटि की गणनाओं के लिए उपयोग किए जाने वाले कुछ गणितीय शब्द नीचे दिए गए हैं

  (i) **निरपेक्ष त्रुटि** (Absolute Error) राशि की व्यक्तिगत माप और वास्तविक मान (True value) के बीच के अन्तर के परिणाम को मापन की निरपेक्ष त्रुटि कहा जाता है। इसे $|\Delta a|$ द्वारा दर्शाया जाता है।

  n मापन के लिए, $a_1, a_2, a_3, a_4, \ldots, a_n$

  $$a_{\text{माध्य}} = \frac{a_1 + a_2 + a_3 + a_4 + \ldots a_n}{n}$$

  तथा $\Delta a_1 = a_1 - a_{\text{माध्य}},\ \Rightarrow \Delta a_2 = a_2 - a_{\text{माध्य}}, \ldots \Rightarrow \Delta a_n = a_n - a_{\text{माध्य}}$

  $$\therefore \quad a_{\text{माध्य}} = \sum_{i=1}^{n} \frac{a_i}{n}$$

*यह शीर्षक NCERT के नवीनतम पाठ्यक्रम में नहीं है लेकिन NEET के नवीनतम पाठ्यक्रम में दिया गया है।

(ii) **माध्य निरपेक्ष त्रुटि** (Mean Absolute Error) सभी निरपेक्ष त्रुटियों का समान्तर माध्य, भौतिक राशि a के मान की अन्तिम या माध्य निरपेक्ष त्रुटि के रूप में लिया जाता है ओर इसे $\Delta a_{\text{माध्य}}$ द्वारा प्रदर्शित किया जाता है।

$$\therefore\ \Delta a_{\text{माध्य}} = \frac{|\Delta a_1| + |\Delta a_2| + \ldots + |\Delta a_n|}{n} \Rightarrow a_{\text{माध्य}} = \frac{1}{n}\sum_{i=1}^{n} |\Delta a_i|$$

(iii) **भिन्नात्मक या सापेक्ष त्रुटि** (Fractional or Relative Error) मापी गई राशि की माध्य निरपेक्ष त्रुटि $\Delta a_{\text{माध्य}}$ और माध्य मान $a_{\text{माध्य}}$ के अनुपात को सापेक्ष त्रुटि कहा जाता है। **NEET 2020**

i.e., सापेक्ष त्रुटि $= \dfrac{\Delta a_{\text{माध्य}}}{a_{\text{माध्य}}}$

(iv) **प्रतिशत त्रुटि** (Percentage Error) जब सापेक्ष त्रुटि को प्रतिशत में व्यक्त किया जाता है, तो इसे प्रतिशत त्रुटि कहा जाता है। **NEET 2023**

$$\therefore \qquad \delta a = \left(\frac{\Delta a_{\text{माध्य}}}{a_{\text{माध्य}}}\right) \times 100\%$$

- **अल्पतमांक** (Least Count) यह किसी भौतिक राशि का सबसे छोटा मान है, जिसे किसी यन्त्र से सुचारू रूप से मापा जा सकता है।
- **वर्नियर कैलीपर्स का अल्पतमांक** (Least Count of Vernier Callipers) एक वर्नियर कैलीपर में मुख्य पैमाने के साथ सहायक स्लाइडिंग स्केल होता है, जिसे वर्नियर पैमाने के रूप में जाना जाता है।

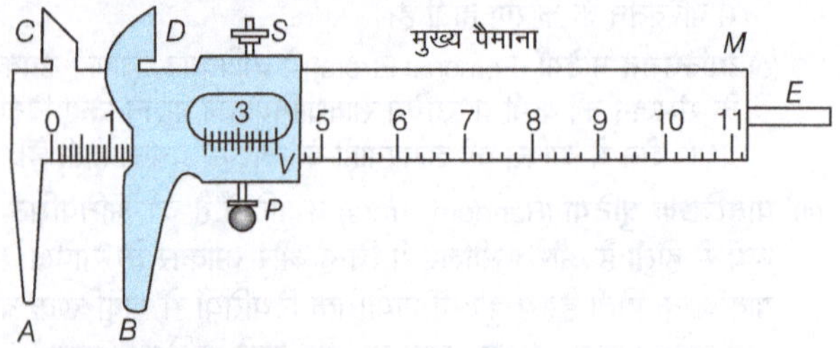

माना कि वर्नियर पैमाने (VSD) के n भाग, मुख्य पैमाने (MSD) के $(n-1)$ भागों से मेल खाते हैं, तब

$$n\,(\text{VSD}) = (n-1)\,\text{MSD} \quad \text{या} \quad 1\ \text{VSD} = \left(\frac{n-1}{n}\right)\text{MSD}$$

एवं अल्पतमांक (LC) $= \text{MSD} - \text{VSD} = \dfrac{1}{n} \times \text{MSD}$

- **स्क्रूगेज का अल्पतमांक** (Least Count of Screw Gauge)

$$\text{LC} = \frac{\text{पिच}}{\text{अल्पतमांक पैमाने पर भागों की संख्या}}$$

NEET 2021, 20

जहाँ, पिच, स्क्रू हेड के द्वारा तय की गई वह दूरी है जब अल्पतमांक पैमाने को एक पूर्ण चक्कर दिया जाता है, अर्थात्

$$\text{पिच} = \frac{\text{रैखिक पैमाने पर स्क्रू द्वारा तय की गई दूरी}}{\text{दिए गए पूर्ण चक्करों की संख्या}}$$

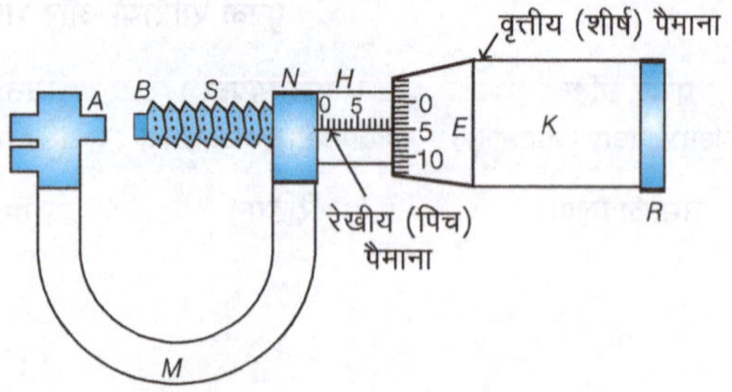

*त्रुटियों का संयोजन (Combination of Errors)

विभिन्न गणितीय संक्रियाओं में त्रुटियों का संयोजन निम्न प्रकार है

(i) **योग या अन्तर की त्रुटि** (Error of a Sum or a Difference) जब दो राशियों को जोड़ा या घटाया जाता है, तो अन्तिम परिणाम में निरपेक्ष त्रुटि, व्यक्तिगत राशियों में निरपेक्ष त्रुटि का योग होती है।

यदि $Z = A + B$ या $Z = A - B$, तब त्रुटि ΔZ निम्न प्रकार दी जाती है

$$\pm \Delta Z = \pm \Delta A \pm \Delta B$$

हालाँकि त्रुटि ΔZ का अधिकतम मान निम्न रूप में दिया जाता है

$$\Delta Z = \Delta A + \Delta B$$

(ii) **गुणनफल या भागफल की त्रुटि** (Error of a Product or a Quotient) जब दो राशियों को गुणा या भाग किया जाता है, तो परिणाम में सापेक्ष त्रुटि उन गुणकों (Multipliers) में सापेक्ष त्रुटियों का योग होती है।

सामान्य रूप में यदि $Z = AB$ या $Z = \dfrac{A}{B}$, तब $\dfrac{\Delta Z}{Z} = \pm\left(\dfrac{\Delta A}{A} + \dfrac{\Delta B}{B}\right)$

उच्चतम सापेक्ष त्रुटि, $\dfrac{\Delta Z}{Z} = \dfrac{\Delta A}{A} + \dfrac{\Delta B}{B}$

(iii) **मापी गई राशि की घात को बढ़ाए जाने की स्थिति में त्रुटि** (Error in Case of a Measured Quantity Raised to a Power) किसी भौतिक राशि की घात K तक बढ़ाए जाने की स्थिति में सापेक्ष त्रुटि, व्यक्तिगत राशि की सापेक्ष त्रुटि के K गुना होती है।

सामान्य रूप में, यदि $Z = \dfrac{A^p B^q}{C^r}$, तब

$$\frac{\Delta Z}{Z} = p\left(\frac{\Delta A}{A}\right) + q\left(\frac{\Delta B}{B}\right) + r\left(\frac{\Delta C}{C}\right)$$

सार्थक अंक (Significant Figures)

- किसी संख्या के लिए, जो मापन का परिणाम है, विश्वसनीय (reliable) माने जाने वाले अंकों के साथ-साथ पहले अनिश्चित अंकों को सार्थक अंक कहते हैं।

  उदाहरण के लिए, 1.62 में, अंक 1 एवं 6 विश्वसनीय एवं निश्चित है, जबकि अंक 2 अनिश्चित है। इस प्रकार, मापे गए मान में तीन सार्थक अंक हैं।

*यह शीर्षक NCERT के नवीनतम पाठ्यक्रम में नहीं है लेकिन NEET के नवीनतम पाठ्यक्रम में दिया गया है।

- विभिन्न मात्रकों (Units) के परिवर्तन का विकल्प, मापन में सार्थक अंकों की संख्या को परिवर्तित नहीं करता है।
- सार्थक अंकों की संख्या जितनी अधिक होगी, मापन में उतनी ही अधिक यथार्थता होगी।
- **सार्थक अंक निर्धारित करने के लिए नियम**

(i) सभी अशून्य अंक सार्थक अंक होते हैं। **NEET 2022**

(ii) दो अशून्य अंकों के बीच आने वाले सभी शून्य सार्थक अंक होते हैं चाहे दशमलव बिन्दु कहीं भी हो।

(iii) यदि कोई संख्या 1 से कम है, तो दशमलव बिन्दु के दायीं ओर लेकिन पहले अशून्य अंक के बायीं ओर के शून्य सार्थक नहीं हैं।

उदाहरण के लिए, 0.002308 में रेखांकित किए गये शून्य सार्थक नहीं हैं। 3 और 8 के बीच का शून्य सार्थक अंक है।

इसीलिए, सार्थक अंकों की संख्या 4 है।

(iv) ऐसी संख्या, जिसमें दशमलव अंक नहीं है, के अंतिम या अनुगामी शून्य सार्थक अंक नहीं होते हैं।

उदाहरण, 123 मीटर = 12300 सेमी = 123000 मिमी में तीन सार्थक अंक हैं।

(v) दशमलव बिन्दु वाली संख्या में अन्तिम शून्य सार्थक अंक होता है। संख्या 3.500 या 0.06900, प्रत्येक में चार सार्थक अंक हैं।

(vi) बिना दशमलव बिन्दु के एक से बड़ी संख्या के लिए अन्तिम शून्य सार्थक अंक नहीं होते हैं।

(vii) यदि शून्य को दशमलव बिन्दु के बायीं ओर लिया जाता है, तथा संख्या एक से कम (जैसे 0.2340) होती है, तो वह कभी भी सार्थक अंक नहीं होता, लेकिन ऐसी संख्या के अन्त में आने वाले शून्य सार्थक अंक होते हैं।

(viii) गुणनखण्ड या भागफल में, न तो पूर्णांकित संख्याओं (Rounded numbers) और न ही मापे गए मानों को ठीक से दर्शाया जाता है, अतः सार्थक अंकों की संख्या अनन्त होती है।

- **सार्थक अंकों की संख्या निर्धारित करने में अस्पष्टता** (Ambiguities) **को दूर करने के लिए**, प्रत्येक संख्या को $a \times 10^b$ के रूप में व्यक्त किया जाता है, जहाँ a, 1 से 10 के बीच की संख्या है और b (जिसे **परिमाण का क्रम** कहा जाता है) 10 का कोई भी धनात्मक या ऋणात्मक घातांक (या घात) है। इस प्रकार के संकेतन को **वैज्ञानिक संकेतन** (Scientific notation) कहा जाता है।
- **सार्थक अंकों के साथ अंकगणितीय संक्रियाओं के लिए नियम** निम्न प्रकार हैं

(i) **जोड़** या **घटाव** करने में प्राप्त अन्तिम परिणाम में उतने ही दशमलव स्थान होने चाहिए जितने जोड़ या घटाव में ली गई कम से कम दशमलव स्थानों वाली संख्या में हैं।

उदाहरण 734.53 ग्राम + 342.4 ग्राम + 0.402 ग्राम
= 1077.322 ग्राम ≃ 1077.3 ग्राम

यहाँ पाँच सार्थक अंक हैं।

(ii) **गुणन** या **भाग** में, प्राप्त गुणनफल अथवा भागफल में केवल उतने ही सार्थक अंक रखने चाहिए जितने कि सबसे कम सार्थक अंकों वाली मूल संख्या में हैं।

उदाहरण, घनत्व $= \frac{4237}{2.5} = 1.69$ ग्राम/सेमी^{3} $\simeq 1.7$ ग्राम/सेमी^{3}

यहाँ दो सार्थक अंक हैं।

पूर्णांकन करना (Rounding Off)

- असार्थक अंकों को छोड़ देने एवं केवल वांछित संख्या में सार्थक अंकों को बनाए रखने तथा अन्तिम सार्थक अंक में आवश्यक संशोधन करने की प्रक्रिया को संख्या को **पूर्णांकित करना** (Rounding off) कहा जाता है।
- **मापन को पूर्णांकित करने के लिए नियम**

(i) यदि उपेक्षणीय अंक (Cut-off digit) के दायीं ओर स्थित संख्या 5 से कम है, तो उपेक्षणीय अंक को अपरिवर्तित रखा जाता है। जबकि, यदि यह 5 से अधिक है, तो उपेक्षणीय अंक में 1 की वृद्धि कर दी जाती है।

उदाहरण; $x = 5.34$ को दो सार्थक अंक तक 5.3 के रूप में पूर्णांकित किया जाता है और $x = 5.328$ को तीन सार्थक अंकों तक 5.33 के रूप में पूर्णांकित किया जाता है।

(ii) यदि छोड़े जाने वाला असार्थक या उपेक्षणीय अंक 5 है, तो नियम यह है कि

(a) यदि पूर्ववर्ती अंक **सम** है, तो असार्थक अंक को छोड़ दिया जाता है।

उदाहरण; $x = 6265$ को तीन सार्थक अंकों तक $x = 6.26$ के रूप में पूर्णांकित किया जाता है।

(b) यदि पूर्ववर्ती अंक **विषम** है, तो पूर्ववर्ती अंक में 1 की वृद्धि की जाती है।

उदाहरण; $x = 6275$ तीन सार्थक अंकों को पूर्णांकित करने के बाद 6.28 हो जाती है।

- **अंकगणितीय परिकलनों के परिणामों में अनिश्चितता** (Uncertainty) **निर्धारित करने के नियम**

(i) यदि किसी प्रायोगिक आँकड़ों के एक समुच्च को n-सार्थक अंकों के लिए निर्दिष्ट किया जाता है, तो आँकड़ों (Data) के संयोजन से प्राप्त परिणाम भी n-सार्थक अंकों के लिए मान्य (Valid) होगा।

(ii) सार्थक आँकड़ों के लिए निर्दिष्ट संख्या के मान की सापेक्ष त्रुटि न केवल सार्थक आँकड़ों की संख्या पर निर्भर करती है, बल्कि दी गई संख्या पर भी निर्भर करती है।

(iii) बहुपदीय अभिकलन के मध्यवर्ती परिणाम को परिकलित करने में प्रत्येक माप को, अल्पतम परिशुद्ध माप से एक सार्थक अंक अधिक रखना चाहिए।

भौतिक राशियों की विमाएँ (Dimensions of Physical Quantities)

- किसी भौतिक राशि की **विमाएँ**, वे घात (घातांक) हैं, जिन्हें उस भौतिक राशि के मात्रक को व्यक्त करने के लिए मूल मात्रकों पर चढ़ाया जाता है। विमाओं को वर्गाकार कोष्ठकों [ ] से दर्शाया जाता है।

- सात मूल राशियों के विमीय प्रतीक (dimensional symbols)
लम्बाई → [L], द्रव्यमान → [M], समय → [T], विद्युत धारा → [A], तापमान → [K], ज्योति तीव्रता → [cd], पदार्थ की मात्रा → [mol] के रूप में दिए जाते हैं।
- उदाहरण के लिए, 'दाब' के विमीय सूत्र की गणना निम्न प्रकार से की जा सकती है

$$\text{दाब} = \frac{\text{बल}}{\text{क्षेत्रफल}} = \frac{\text{द्रव्यमान} \times \text{त्वरण}}{\text{लम्बाई} \times \text{चौड़ाई}} = \frac{[MLT^{-2}]}{[L^2]} = [ML^{-1}T^{-2}]$$

NEET 2021

अतः दाब की विमा $[ML^{-1}T^{-2}]$ है। दाब में द्रव्यमान की एक विमा, लम्बाई की –1 विमा और समय की –2 विमा होती है।

Marks Maximizer

कुछ राशियों में विमा नहीं होती है, जिन्हें **विमाहीन राशियाँ** कहा जाता है। ये नीचे दी गई हैं

- त्रिकोणमितीय फलन (जैसे, cos x, tan x)
- लघुगणकीय फलन (जैसे, log x)
- चरघातांकीय फलन (जैसे, e^x)
- शुद्ध संख्याएँ
- अनुपात (जैसे, विकृति $= \frac{\text{विमा में परिवर्तन}}{\text{मूल विमा}}$, विशिष्ट गुरुत्व)
- कोण
- रेनॉल्ड संख्या, आवोगाद्रो संख्या एवं π

विमीय सूत्र एवं विमीय समीकरण
(Dimensional Formulae and Dimensional Equations)

- किसी भौतिक राशि का **विमीय सूत्र** एक ऐसा व्यंजक है, जो दर्शाता है कि दी गई राशि को मूल राशियों के पदों में कैसे व्यक्त किया जाता है। विमीय सूत्र को $[M^aL^bT^c]$ रूप में व्यक्त किया जाता है, जहाँ a, b और c उस राशि की विमाएँ हैं।
- किसी भौतिक राशि को उसके विमीय सूत्र के साथ बराबर करने पर प्राप्त समीकरण को भौतिक राशि का **विमीय समीकरण** कहते हैं।
या विमीय समीकरण, वे समीकरण हैं, जो मूल राशियों के पदों में किसी भौतिक राशि की विमाओं को व्यक्त करते हैं। उदाहरण के लिए, आयतन $[V]$ की विमीय समीकरण $[V] = [M^0L^3T^0]$ के रूप में व्यक्त की जाती है।

विमीय विश्लेषण एवं इसके अनुप्रयोग
(Dimensional Analysis and Its Applications)

- विमीय विश्लेषण हमें विभिन्न भौतिक राशियों, यथार्थता और विभिन्न गणितीय व्यंजकों की विमीय संगति या समरूपता (homogeneity) के मध्य कुछ सम्बन्धों को निकालने में सहायता करता है।
- **विमाओं की समरूपता का सिद्धान्त** (Principle of Homogeneity of Dimensions) केवल उन भौतिक राशियों को जोड़ा या घटाया जा सकता है, जिनकी विमाएँ समान हों।

विमाओं के अनुप्रयोग (Applications of Dimensions)

विमाओं के अनुप्रयोग निम्नलिखित है

(i) **किसी भी भौतिक राशि की विमीय सत्यता (correctness) जाँचना**
जैसा कि हम जानते हैं, कि

$$s = ut + \frac{1}{2}at^2$$

विमीय रूप में, $[s] = [ut] = [at^2]$ या $[L] = [LT^{-1}]\,[T] = [LT^{-2}]\,[T^2]$
इसीलिए, $[L] = [L] = [L]$
चूँकि प्रत्येक पद की विमा समान है, इसीलिए यह समीकरण विमीय रूप से सही है।

(ii) **किसी भौतिक राशि को मात्रकों की एक प्रणाली से मात्रकों की दूसरी प्रणाली में परिवर्तित करना**
इसके लिए हम $n_1u_1 = n_2u_2$ का उपयोग करते हैं, यहाँ n_1 एवं n_2 परिमाण और u_1 व u_2 मात्रकों की दो प्रणालिओं में किसी भौतिक राशि के मात्रक हैं।

(iii) **अंतरनिर्भर (interdependent) भौतिक राशियों के मध्य सम्बन्ध ज्ञात करना**
माना Q एक भौतिक राशि है जो x, y और z पर निर्भर करती है तब,

$$Q = f(x, y, z)$$

माना, $Q \propto x^a, Q \propto y^b$ और $Q \propto z^c$
इसी प्रकार $Q \propto x^a y^b z^c$
जहाँ, Q एक भौतिक राशि है।

नोट *एक विमीय रूप से यही समीकरण का वास्तव में एक सही (सटीक) समीकरण होना आवश्यक नहीं है, लेकिन एक विमीय रूप से गलत या असंगत समीकरण गलत होनी चाहिए।*

विमीय विश्लेषण की सीमाएँ
(Limitations of Dimensional Analysis)

विमीय विश्लेषण की निम्न सीमाएँ हैं

- हम विमाहीन नियतांक का मान निर्धारित नहीं कर सकते हैं।
- यह विश्लेषण निम्न परिस्थितियों में विफल हो सकता है
  (i) जब एक भौतिक राशि दो या अधिक राशियों का योग या अन्तर (जैसे, $v^2 + 2as$) हो।
  (ii) जब एक भौतिक राशि तीन से अधिक भौतिक राशियों पर निर्भर करती है।
  (iii) त्रिकोणमितीय, लघुगणकीय और घातांकीय फलनों को सम्मिलित करते हुए एक भौतिक व्यंजक को प्राप्त करना।

PYQ नोट्स

1. 1′ (चाप में मिनट) का कोण लगभग 2.91×10^{-4} rad के बराबर है। **[NEET 2023]**
2. तापमान एवं वोल्टेज आपूर्ति में अप्रत्याशित उतार-चढ़ाव (unpredictable flections) के कारण मापन में उत्पन्न होने वाली त्रुटियाँ, यादृच्छिक त्रुटियाँ (random errors) होती हैं। **[NEET 2022]**
3. यदि एक भौतिक राशि (माना y) किसी अन्य भौतिक राशि (माना A, B, C) पर निर्भर करती है, तो y का विमीय सूत्र निम्न प्रकार प्राप्त होता है
$y = A^aB^bC^c$ जहाँ, a, b, c भौतिक राशियों की घातें हैं। **[JEE Main 2019]**

Step by Step

Mastering NCERT

- कॉन्सेप्ट बिल्डर्स
- शीर्षकवार प्रश्न
- अभिकथन-कारण प्रश्न
- कथन आधारित प्रश्न
- सुमेलन प्रकार प्रश्न
- आंकिक मान प्रकार के प्रश्न
- NCERT Exemplar प्रश्न
- विगत परीक्षाओं के प्रश्न
- स्किल बूस्टर्स

कॉन्सेप्ट बिल्डर्स

1 .... (CGS/SI) मात्रकों की प्रणाली में, सभी मात्रक, मूल और पूरक मात्रकों को गुणा एवं भाग देकर प्राप्त किए जा सकते हैं।

2 .... (ठोस/समतल) कोण अवरोधित क्षेत्र *dA* और गोलाकार सतह की त्रिज्या के वर्ग का अनुपात है।

3 मापन की .... (यर्थाथता/परिशुद्धता) वह माप है जो दर्शाता है कि मापा गया मान राशि के वास्तविक मान के कितने समीप है।

4 व्यवस्थित त्रुटियाँ, वे त्रुटियाँ हैं जो एक दिशा में होती हैं, या तो धनात्मक या ऋणात्मक। (सत्य/असत्य)

5 मापन उपकरण के अपूर्ण डिजाइन या अंशाकन के कारण कौन-सी त्रुटि उत्पन्न होती है?

6 मापन उपकरण द्वारा मापे जा सकने वाला सबसे छोटा मान पिच कहलाता है। (सत्य/असत्य)

7 व्यक्तिगत माप और राशि के वास्तविक मान के बीच अन्तर के परिमाण को माप की निरपेक्ष त्रुटि कहा जाता है। (सत्य/असत्य)

8 उपकरण के विभेदन से कौन-सी त्रुटि सम्बन्धित है?

9 जब .... (सापेक्ष/निरपेक्ष) त्रुटि को प्रतिशत में व्यक्त किया जाता है, तो इसे प्रतिशत त्रुटि कहा जाता है।

10 जब दो राशियों को गुणा या भाग किया जाता है, तो परिणाम में सापेक्ष त्रुटि, गुणकों में सापेक्ष त्रुटियों का योग होती है। (सत्य/असत्य)

11 किसी भौतिक राशि की घात *K* तक बढ़ाने पर राशि में सापेक्ष त्रुटि व्यक्तिगत राशि में सापेक्ष त्रुटि का *K* गुना होती है। (सत्य/असत्य)

12 मापन की वास्तविक यथार्थता को कौन-सी त्रुटि इंगित करती है?

13 0.050 में सार्थक अंकों की संख्या .... है। (दो/चार)

14 यदि हटाये जाने वाला असार्थक अंक 5 से अधिक है, तो पूर्वगामी अंक अपरिवर्तित रहेगा। (सत्य/असत्य)

15 यदि हटाया जाने वाला सार्थक अंक 5 है तथा यदि इसका पूर्ववर्ती अंक .... (सम/विषम) हैं, तब सार्थक अंक को हटा दिया जाता है और यदि यह .... (सम/विषम) हैं, तो पूर्ववर्ती अंक में 1 की वृद्धि कर दी जाती है।

16 31.325×10^{-5} को 4 अंकों तक पूर्णांकित करें।

17 .... भौतिक राशि वह राशि है जिसका कोई आयाम और मात्रक नहीं है।

18 पृष्ठ तनाव का विमीय सूत्र .... है।

19 चुम्बकीय फ्लक्स (ϕ) एवं पारगम्यता (μ) के अनुपात का विमीय मान लिखिए।

20 यदि लम्बाई, द्रव्यमान और बल के मात्रकों को मूल मात्रकों के रूप में चुना जाता है, तो समय की विमा क्या होगी?

शीर्षकवार प्रश्न

मात्रकों की अन्तर्राष्ट्रीय प्रणाली

1 निम्न में से कौन-सी मात्रक प्रणाली केवल द्रव्यमान, लम्बाई और समय के मात्रकों पर आधारित नहीं है? **NCERT पृष्ठ 1**

(a) SI (b) MKS (c) FPS (d) CGS

2 निम्न में से कौन-सा मात्रक अन्योन्य प्रेरण (mutual inductance) का नहीं है? **NCERT पृष्ठ 2**

(a) हेनरी (b) वेबर
(c) ओम-सेकण्ड (d) वोल्ट सेकण्ड (एम्पियर)$^{-1}$

3 मात्रकों के आधार पर निम्न में से कौन-सा अन्य से अलग है? **NCERT पृष्ठ 2**

(a) कलान्तर (b) ऊष्मा का यांत्रिक तुल्यांक
(c) ध्वनि की प्रबलता (d) पॉयसन का अनुपात

4 गुरुत्व के कारण त्वरण 9.8 मी/से^{2} है, तो FPS प्रणाली में इसका मान होगा **NCERT पृष्ठ 2**

(a) 32 फीट/से^{2} (b) 42 फीट/से^{2} (c) 52 फीट/से^{2} (d) 62 फीट/से^{2}

5 1 सेमी^{2} क्षेत्रफल की परिधि द्वारा क्षेत्रफल से 5 सेमी की दूरी पर सममित रूप से स्थित एक बिन्दु पर बनाया गया ठोस कोण है **NCERT पृष्ठ 2**

(a) 2×10^{-2} Sr (b) 4×10^{-2} Sr
(c) 6×10^{-2} Sr (d) 8×10^{-2} Sr

6 भौतिक राशियों का कौन-सा युग्म एक ही मात्रक द्वारा दर्शाया जा सकता है? **NCERT पृष्ठ 2**

(a) ऊष्मा और तापमान (b) तापमान और मोल
(c) ऊष्मा और कार्य (d) विशिष्ट ऊष्मा और ऊष्मा

7 स्टीफन स्थिरांक (σ) और ऊष्मा धारिता (C) का मात्रक है NCERT पृष्ठ 2

(a) वाट मी$^{-2}$ केल्विन$^{-4}$ और जूल/केल्विन
(b) कैलोरी मी$^{-2}$ और केल्विन$^{-4}$
(c) जूल केल्विन$^{-1}$ और मोल$^{-1}$
(d) अर्ग केल्विन$^{-1}$ और मोल$^{-1}$

8 एक बार्न (barn) समतुल्य है NCERT पृष्ठ 3

(a) 10^{-30} सेमी^{2} (b) 10^{30} मी^{2} (c) 10^{28} मी^{2} (d) 10^{-28} मी^{2}

9 $\frac{L}{R}$ का मात्रक है (जहाँ, L = प्रेरकत्व और R = प्रतिरोध) NCERT पृष्ठ 3

(a) सेकण्ड (b) सेकण्ड$^{-1}$ (c) वोल्ट (d) ऐम्पियर

10 एक दोलक पर अवमन्दन बल वेग के समानुपाती होता है। समानुपातिक स्थिरांक का मात्रक है NCERT पृष्ठ 2

(a) किग्रा-मी/से (b) किग्रा-मी/से^{2}
(c) किग्रा/से (d) किग्रा-से

11 निम्न समीकरण में a का मात्रक क्या होगा?

$$\left(p+\frac{a}{V^2}\right)\cdot(V-b) = \text{नियतांक}$$

NCERT पृष्ठ 2

(a) डाइन × सेमी^{2} (b) डाइन × सेमी^{3}
(c) डाइन × सेमी^{4} (d) डाइन × सेमी^{5}

12 किसी तार का यंग मापांक $Y=\frac{F}{A}\cdot\frac{l}{\Delta l}$ द्वारा ज्ञात किया जा सकता है, जहाँ, L = लम्बाई, A = अनुप्रस्थ काट का क्षेत्रफल, Δl = बल F से खींचने पर तार की लम्बाई में परिवर्तन। इसे CGS से MKS प्रणाली में बदलने के लिए रूपांतरण कारक ज्ञात कीजिए। NCERT पृष्ठ 2

(a) 10 (b) 1
(c) 0.1 (d) 0.01

उपकरणों की यथार्थता, परिशुद्धता और माप में त्रुटियाँ

13 किसी गोले की त्रिज्या के मापन में त्रुटि 2% है और उसके द्रव्यमान में 3% है, तो गोले का घनत्व मापने में त्रुटि होगी Old NCERT पृष्ठ 24

(a) 9% (b) 7% (c) 11% (d) 5%

14 एक ठोस गोले के द्रव्यमान और त्रिज्या को मापने में त्रुटि क्रमशः ± 1% और ± 0.5% हैं। ठोस गोले के जड़त्व आघूर्ण की गणना में त्रुटि लगभग होगी Old NCERT पृष्ठ 24

(a) ± 1.5% (b) ± 3% (c) ± 3% (d) ± 2%

15 निम्न में से किस उपकरण का न्यूनतम अल्पतमांक होता है? Old NCERT पृष्ठ 24

(a) वर्नियर कैलिपर्स, जिसमें वर्नियर स्केल पर 20 भाग हैं, जो 10 मुख्य स्केल भागों के साथ मेल खाते हैं।
(b) 1 मिमी पिच और वृत्ताकार पैमाने पर 100 भागों का एक स्क्रूगेज।
(c) 0.1 मिमी पिच और वृत्ताकार पैमाने पर 100 भागों का एक गोलाई स्फेरोमीटर।
(d) एक प्रकाशीय यन्त्र जो प्रकाश की तरंगदैर्ध्य के अन्दर लम्बाई को माप सकता है।

16 एक सरल लोलक के दोलन का आवर्तकाल $T=2\pi\sqrt{\frac{L}{g}}$ है। L का मीटर स्केल से मापा गया मान 1.0 मीटर है, जिसका न्यूनतम विभाजन 1 मिमी है तथा 0.01 सेकण्ड विभेदन वाली विराम घड़ी द्वारा एक पूर्ण दोलन का मापा गया समय 1.95 सेकण्ड है। g के निर्धारण में प्रतिशत त्रुटि क्या होगी? Old NCERT पृष्ठ 24

(a) 1.13% (b) 1.03% (c) 1.33% (d) 1.30%

17 सही कथन का चयन कीजिए। Old NCERT पृष्ठ 24

(a) मापन में त्रुटि, राशि के वास्तविक मान और मापे गए मान के योग के बराबर होती है।
(b) व्यवस्थित त्रुटियाँ धनात्मक एवं ऋणात्मक दोनों दिशाओं में होती हैं।
(c) यादृच्छिक त्रुटियाँ परिमाण और दिशा में अनियमित एवं यादृच्छिक रूप से होती हैं।
(d) स्थिर त्रुटियों में, त्रुटियाँ प्रत्येक प्रेक्षण को अलग-अलग परिमाण से प्रभावित करती है।

18 निम्न में से कौन-सा कथन गलत है? Old NCERT पृष्ठ 24

(a) मापन यन्त्रों द्वारा प्रत्येक माप में कुछ त्रुटि होती है।
(b) एक मापन में अधिक यथार्थता लेकिन कम परिशुद्धता हो सकती है और इसके विपरीत हो सकती है।
(c) मापे गए मानों पर आधारित प्रत्येक गणना की गई राशि में कुछ त्रुटि होती है।
(d) राशि के वास्तविक मान एवं व्यक्तिगत माप के बीच अन्तर के परिमाण को माप की सापेक्ष त्रुटि कहा जाता है।

19 कुछ प्रयोग करते समय, पाँच पाठ्यांकों का अवलोकन किया जाता है; 80.0, 80.5, 81.0 एवं 81.5 एवं 82। इन प्रेक्षणों में औसत प्रतिशत त्रुटि की गणना कीजिए। Old NCERT पृष्ठ 24

(a) 0.74% (b) 1.74% (c) 0.38% (d) 1.36%

20 केशिका विधि द्वारा पानी के पृष्ठ तनाव T का निर्धारण करने के लिए निम्न प्रेक्षण लिए गये हैं। केशिका का व्यास, $d = 1.25\times10^{-2}$ मी, पानी के चढ़ने की ऊँचाई, $h = 1.45\times10^{-2}$ मीटर। $g = 9.80$ मी/से^{2} एवं सरलीकृत सम्बन्ध, $T=\frac{rgh}{2}\times10^3$ न्यूटन/मी का उपयोग करते हुए पृष्ठ तनाव में सम्भावित निकटतम त्रुटि ज्ञात कीजिए। Old NCERT पृष्ठ 24

(a) 1.5% (b) 2.4% (c) 10% (d) 5%

21 वर्नियर कैलिपर्स का एक मुख्य स्केल विभाजन a सेमी है और वर्नियर स्केल का nवाँ विभाजन मुख्य स्केल के $(n-1)$वें विभाजन के साथ मेल खाता है। कैलिपर्स का अल्पतमांक (मिमी में) है Old NCERT पृष्ठ 24

(a) $\frac{10na}{(n-1)}$ (b) $\frac{10a}{(n-1)}$ (c) $\left(\frac{n-1}{10n}\right)a$ (d) $\frac{10a}{n}$

22 एक छात्र ने अल्पतमांक 0.001 सेमी के स्क्रू गेज का उपयोग करके एक छोटी स्टील की गेंद का व्यास मापा। मुख्य स्केल का पाठ्यांक 5 मिमी है और वृत्ताकार स्केल विभाजन का शून्य सन्दर्भ से 25 विभाजन ऊपर है। यदि स्क्रू गेज में शून्य त्रुटि –0.004 सेमी है, तो गेंद का सही व्यास है Old NCERT पृष्ठ 24

(a) 0.053 सेमी (b) 0.525 सेमी
(c) 0.521 सेमी (d) 0.529 सेमी

23 एक प्रयोग में, भौतिक राशियों A, B, C एवं D के मापन में उत्पन्न हुई त्रुटि का प्रतिशत क्रमशः 1%, 2%, 3% एवं 4% है, तब X और Y के मापन में उच्चतम प्रतिशत त्रुटि होगी

जहाँ, $X = \dfrac{A^2B^{1/2}}{C^{1/3}D^3}$ एवं $Y = \dfrac{A^3B^2}{CD}$ **Old NCERT पृष्ठ 24**

(a) 16%, 14% (b) −10%, −20%
(c) 10%, 12% (d) $\left(\dfrac{3}{13}\right)\%, \left(\dfrac{4}{17}\right)\%$

24 एक सरल लोलक के दोलन का आवर्तकाल मापते समय क्रमिक प्रयोगों में 2.63 सेकण्ड, 2.56 सेकण्ड, 2.42 सेकण्ड, 2.71 सेकण्ड एवं 2.80 सेकण्ड पाठ्यांक निकालें गए। औसत निरपेक्ष त्रुटि की गणना करें। **Old NCERT पृष्ठ 25**

(a) 0.11 से (b) 0.42 से
(c) 0.92 से (d) 0.10 से

25 एक चालक तार के लिए प्रतिरोध, $R = 65 \pm 1\,\Omega$, लम्बाई, $l = 5 \pm 0.1$ मिमी एवं व्यास, $d = 10 \pm 0.5$ मिमी है। इसकी प्रतिरोधकता की गणना में त्रुटि ज्ञात कीजिए। **Old NCERT पृष्ठ 26**

(a) 21% (b) 13% (c) 16% (d) 41%

26 दो द्रव्यमानों 1.02 ग्राम ± 0.01 ग्राम एवं 9.89 ग्राम ± 0.01 ग्राम के मापन में सापेक्ष त्रुटियों की गणना कीजिए। **Old NCERT पृष्ठ 26**

(a) ± 1% और ± 0.2% (b) ± 1% और ± 0.1%
(c) ± 2% और ± 0.3% (d) ± 3% और ± 0.4%

27 एक वस्तु समान रूप से (4 ± 0.23) सेकण्ड समय में (13.8 ± 0.2) मीटर की दूरी तय करती है। त्रुटि सीमा के साथ वेग की गणना कीजिए **Old NCERT पृष्ठ 26**

(a) (6.10 ± 0.6) मी/से (b) (6.10 ± 0.3) मी/से
(c) (3.45 ± 0.6) मी/से (d) (3.45 ± 0.3) मी/से

28 प्रतिरोध $R_1 = (100 \pm 3)\,\Omega$ एवं $R_2 = (200 \pm 4)\,\Omega$ के दो प्रतिरोधक समान्तर क्रम में संयोजित हैं। समान्तर संयोजन का समतुल्य प्रतिरोध है **Old NCERT पृष्ठ 26**

(a) $(66 \pm 1)\,\Omega$ (b) $(66.7 \pm 1.8)\,\Omega$
(c) $(66.3 \pm 2)\,\Omega$ (d) $(67 \pm 3)\,\Omega$

29 एक बेलन का व्यास और ऊँचाई मीटर स्केल द्वारा क्रमशः 12.6 ± 0.1 सेमी और 34.2 ± 0.1 सेमी मापा जाता है। इसके आयतन में त्रुटि क्या होगी? **Old NCERT पृष्ठ 26**

(a) 180 सेमी^{3} (b) 80 सेमी^{3} (c) 82 सेमी^{3} (d) 84 सेमी^{3}

सार्थक अंक

30 संख्याओं 4.8000×10^4 एवं 48000.50 में सार्थक अंकों की संख्या क्रमशः होगी **NCERT पृष्ठ 4**

(a) 5 और 6 (b) 5 और 7 (c) 2 और 7 (d) 2 और 6

31 संख्याओं 5.355 और 5.345 को 3 सार्थक अंकों तक पूर्णांकित करने पर प्राप्त संख्या होगी **NCERT पृष्ठ 4**

(a) 5.35 एवं 5.34 (b) 5.36 एवं 5.35
(c) 5.35 एवं 5.35 (d) 5.36 एवं 5.34

32 5.74 ग्राम पदार्थ 1.2 सेमी^{3} स्थान घेरता है। सार्थक अंकों को ध्यान में रखते हुए इसका घनत्व ज्ञात कीजिए **NCERT पृष्ठ 5**

(a) 4.9 ग्राम सेमी$^{-3}$ (b) 5.2 ग्राम सेमी$^{-3}$
(c) 4.8 ग्राम सेमी$^{-3}$ (d) 4.4 ग्राम सेमी$^{-3}$

33 यदि 3.8×10^{-6} को 4.2×10^{-5} में जोड़ा जाता है, तो सार्थक अंकों में परिणाम होगा **NCERT पृष्ठ 5**

(a) 4.58×10^{-5} (b) 4.6×10^{-5}
(c) 45×10^{-5} (d) इनमें से कोई नहीं

34 एक घन की प्रत्येक भुजा 7.203 मी मापी जाती है। उपयुक्त सार्थक अंकों में लिए घन का कुल पृष्ठीय क्षेत्रफल और आयतन क्या होगा? **NCERT पृष्ठ 5**

(a) 373.7 मी^{2}, 311.3 मी^{3} (b) 311.3 मी^{2}, 373.7 मी^{3}
(c) 273.4 मी^{2}, 342.4 मी^{3} (d) 423.4 मी^{2}, 437.4 मी^{3}

35 यदि $A = (1.0 \pm 0.2)$ मी एवं $B = (2.0 \pm 0.2)$ मी हो, तो $\sqrt{AB}$ का मान क्या होगा? **NCERT पृष्ठ 6**

(a) (1.4 ± 0.2) मी (b) (1.4 ± 0.3) मी
(c) (1.4 ± 0.4) मी (d) (1.4 ± 0.5) मी

भौतिक राशियों की विमाएँ

36 निम्न में से किस भौतिक राशि का न तो मात्रक होता है और न ही विमा होती है? **NCERT पृष्ठ 7**

(a) सापेक्ष वेग (b) सापेक्ष घनत्व
(c) कोण (d) ऊर्जा

37 यदि P, Q, और R भौतिक राशियाँ हैं जिनकी विमा अलग-अलग हैं तो निम्न में से कौन-सा संयोजन कभी-भी अर्थपूर्ण राशि नहीं हो सकता है? **NCERT पृष्ठ 7**

(a) $\dfrac{P-Q}{R}$ (b) $PQ - R$ (c) $\dfrac{PQ}{R}$ (d) $\dfrac{PR - Q^2}{R}$

38 निम्न में से किस समुच्चय की अलग-अलग विमा है? **NCERT पृष्ठ 7**

(a) द्विध्रुव आघूर्ण, विद्युत फ्लक्स, विद्युत क्षेत्र
(b) ऊष्मा, किया गया कार्य, ऊर्जा
(c) बल-आघूर्ण किया गया कार्य, ऊर्जा
(d) दाब, यंग प्रत्यास्थता गुणांक प्रतिबल

39 $\dfrac{h}{2\pi}$ निम्न में से किसकी विमा है? **NCERT पृष्ठ 7**

(a) वेग (b) संवेग
(c) ऊर्जा (d) कोणीय संवेग

विमीय सूत्र एवं विमीय समीकरण

40 यदि L, C, R क्रमशः प्रेरकत्व, धारिता एवं प्रतिरोध को दर्शाते हैं तो C^2LR का विमीय सूत्र क्या होगा? NCERT पृष्ठ 7

(a) $[M^1L^2T^{-1}]$ (b) $[M^0L^0T^{-3}]$ (c) $[M^0L^0T^3]$ (d) $[M^0L^0T^0]$

41 यदि E और g क्रमशः ऊर्जा घनत्व एवं गुरूत्वीय त्वरण को दर्शाते हैं, तब $\frac{E}{g}$ की विमा होगी NCERT पृष्ठ 7

(a) $[M^1]\,[L^{-2}]\,[T^0]$ (b) $[M^1]\,[L^{-2}]\,[T^1]$

(c) $[M^{-1}]\,[L^{-2}]\,[T^0]$ (d) $[M^{-1}]\,[L^2]\,[T^{-1}]$

42 एक राशि f को $f=\sqrt{\frac{hc^5}{G}}$ द्वारा दिया गया है, जहाँ c प्रकाश की गति, G सार्वभौमिक गुरुत्वाकर्षण नियतांक है और h प्लांक नियतांक है। f की विमा निम्न में से किसकी विमा के तुल्य होगी? NCERT पृष्ठ 7

(a) क्षेत्रफल (b) आयतन (c) संवेग (d) ऊर्जा

43 सार्वभौमिक गैस नियतांक के लिए विमीय सूत्र है NCERT पृष्ठ 7

(a) $[ML^2T^{-2}mol^{-1}K^{-1}]$ (b) $[ML^3T^{-1}mol^{-2}K^{-2}]$

(c) $[M^2LT^{-1}mol^{-1}K^{-1}]$ (d) $[M^3LT^{-2}mol^{-1}K^{-2}]$

44 सूत्र $x=3yz^2$ में, x एवं z धारिता एवं चुम्बकीय प्रेरण की विमायें हैं। MKSQ प्रणाली में y की विमा क्या होगी? NCERT पृष्ठ 7

(a) $[M^{-3}L^{-2}T^4Q^4]$ (b) $[ML^2T^8Q^4]$

(c) $[M^{-2}L^{-3}T^2Q^4]$ (d) $[M^{-2}L^{-2}TQ^2]$

45 एक सामान्य दहन इंजन में, गैस अणु द्वारा किया गया कार्य $W=\alpha^2\beta e^{\frac{-\beta x^2}{KT}}$ है, जहाँ x विस्थापन, K बोल्ट्ज़मान नियतांक और T तापमान है। यदि α और β नियत हो तो α की विमा क्या होगी? NCERT पृष्ठ 7

(a) $[MLT^{-2}]$ (b) $[M^0LT^0]$ (c) $[M^2LT^{-2}]$ (d) $[MLT^{-1}]$

46 किसी प्रणाली की एण्ट्रॉपी निम्न द्वारा दी जाती है

$$S=\alpha^2\beta\ln\left[\frac{\mu kR}{J\beta^2}+3\right]$$

जहाँ α और β नियतांक हैं, μ, J, K एवं R क्रमशः अणुओं की संख्या, ऊष्मा का यान्त्रिक तुल्यांक, बोल्ट्ज़मान नियतांक एवं गैस नियतांक हैं $\left[S=\frac{dQ}{T}, \text{लें}\right]$

निम्न में गलत विकल्प का चयन करें। NCERT पृष्ठ 7

(a) α एवं J की विमा समान है (b) S, β, K एवं μR की समान विमा है

(c) S एवं α की विमा अलग है (d) α एवं K की विमा समान है

विमीय विश्लेषण एवं इसके अनुप्रयोग

47 यदि गति v, त्वरण A एवं बल F को मूल मात्रक माना जाये, तो यंग मापांक की विमा क्या होगी? NCERT पृष्ठ 8

(a) $[v^{-4}A^{-2}F]$ (b) $[v^{-2}A^2F^2]$

(c) $[v^{-2}A^2F^{-2}]$ (d) $[v^{-4}A^2F]$

48 प्लांक नियतांक h, प्रकाश की गति c, गुरुत्वाकर्षण नियतांक G एवं ऐम्पियर A के मात्रकों में फोटोइलेक्ट्रिक प्रभाव में विभव V_0 की विमा क्या होगी? NCERT पृष्ठ 8

(a) $h^{-2/3}c^{-1/3}G^{4/3}A^{-1}$ (b) $h^{1/3}G^{2/3}c^{1/3}A^{-1}$

(c) $h^2G^{3/2}c^{1/3}A^{-1}$ (d) $h^0c^5G^{-1}A^{-1}$

49 यदि पृष्ठ तनाव (S), जड़त्व आघूर्ण (I) एवं प्लांक नियतांक (h) को मूल मात्रकों के रूप में लिया जाये, तो रेखीय संवेग का विमीय सूत्र क्या होगा? NCERT पृष्ठ 8

(a) $S^{1/2}I^{1/2}h^{-1}$ (b) $S^{3/2}I^{1/2}h^0$ (c) $S^{1/2}I^{1/2}h^0$ (d) $S^{1/2}I^{3/2}h^{-1}$

50 विमाओं की समघातता के सिद्धान्त का उपयोग करते हुए ज्ञात करें, निम्न में से कौन-सा सही है? NCERT पृष्ठ 8

(a) $T^2=\frac{4\pi^2r^3}{GM}$ (b) $T^2=\frac{4\pi^2r^3}{G}$

(c) $T^2=\frac{4\pi^2r^3}{G}$ (d) $T^2=4\pi^2r^2$

51 यदि p विकिरण दाब, c प्रकाश की गति और s एकांक क्षेत्रफल पर प्रति सेकण्ड टकराने वाली विकिरण ऊर्जा को दर्शाता है, तो शून्येत्तर पूर्णांक x, y, z क्या होंगे जबकि कि $p^xs^yc^z$ विमाहीन है? NCERT पृष्ठ 8

(a) $x=1, y=1, z=1$ (b) $x=-1, y=1, z=1$

(c) $x=1, y=-1, z=1$ (d) $x=1, y=1, z=-1$

52 मात्रकों की नई प्रणाली प्रस्तावित की गई है, जिसमें द्रव्यमान का मात्रक α किग्रा, लम्बाई का मात्रक β मीटर एवं समय का मात्रक γ सेकण्ड है। नई प्रणाली में 5J का मान क्या होगा? NCERT पृष्ठ 8

(a) $5\alpha^{-2}\beta^{-1}\gamma^{-2}$ (b) $5\alpha^{-1}\beta^{-2}\gamma^2$

(c) $5\alpha^{-1}\beta^2\gamma^2$ (d) $5\alpha\beta^2\gamma^{-2}$

53 एक कण की स्थितिज ऊर्जा एक स्थिर मूलबिन्दु से दूरी x के साथ $U=\frac{A\sqrt{x}}{x+B}$ के रूप में परिवर्तित होती है, जहाँ A और B नियतांक हैं। AB की विमायें होंगी NCERT पृष्ठ 8

(a) $[ML^{5/2}T^{-2}]$ (b) $[ML^2T^{-2}]$ (c) $[M^{3/2}L^3T^{-2}]$ (d) $[ML^{7/2}T^{-2}]$

54 यदि समय t, वेग v और कोणीय संवेग l को मूल मात्रकों के रूप में लिया जाता है, तो t, v और l के पदों में द्रव्यमान m की विमायें होंगी NCERT पृष्ठ 8

(a) $[t^{-1}v^1l^{-2}]$ (b) $[t^1v^2l^{-1}]$ (c) $[t^{-2}v^{-1}l^1]$ (d) $[t^{-1}v^{-2}l^1]$

55 CGS प्रणाली में एक पदार्थ का घनत्व 10 ग्राम/सेमी³ है। यदि लम्बाई का मात्रक 10 सेमी और द्रव्यमान का मात्रक 100 ग्राम हो जाये, तो घनत्व का नया मान क्या होगा? NCERT पृष्ठ 8

(a) 10 मात्रक (b) 100 मात्रक (c) 1000 मात्रक (d) 1 मात्रक

56 एक ऐसी प्रणाली पर 60 जूल प्रति मिनट की शक्ति का मान ज्ञात करें, जिसमें आधार मात्रक 100 ग्राम, 100 सेमी और 1 मिनट हैं। NCERT पृष्ठ 8

(a) 2.16×10^4 मात्रक (b) 2.16×10^6 मात्रक

(c) 3×10^4 मात्रक (d) 4×10^7 मात्रक

57 जब 1 मीटर, 1 किग्रा और 1 मिनट को मूल मात्रकों के रूप में लिया जाता है, तो बल का परिमाण 36 मात्रक होता है। CGS प्रणाली में इस बल का मान क्या होगा? NCERT पृष्ठ 8

(a) 10^5 डाइन (b) 10^3 डाइन (c) 10^8 डाइन (d) 10^4 डाइन

58 मात्रकों की एक नई प्रणाली में, द्रव्यमान का मात्रक α किग्रा, लम्बाई का मात्रक β मीटर और समय का मात्रक γ सेकण्ड है। इस प्रणाली में, 10 जूल को प्रदर्शित किया जायेगा NCERT पृष्ठ 8

(a) $10\alpha^{-1}\beta^2\gamma^2$ (b) $10\alpha^{-2}\beta^{-1}\gamma^{-2}$ (c) $10\alpha^{-1}\beta^{-2}\gamma^2$ (d) $10\alpha\beta^2\gamma^{-2}$

59 दो परमाणुओं के बीच परस्पर बल को $F = \alpha\beta \exp\left(-\frac{x^2}{\alpha KT}\right)$ द्वारा प्रदर्शित किया जाता है, जहाँ x दूरी, K बोल्ट्ज़मान नियतांक, T तापमान और α व β दो नियतांक हैं। β की विमा होगी NCERT पृष्ठ 8

(a) $[MLT^{-2}]$ (b) $[M^0L^2T^{-4}]$ (c) $[M^2LT^{-4}]$ (d) $[M^2L^2T^{-2}]$

60 लम्बाई की विमाओं की वह भौतिक राशि क्या होगी जो c, G एवं $\frac{e^2}{4\pi\varepsilon_0}$ से बनायी जा सकती है (c प्रकाश का वेग, G सार्वभौमिक गुरुत्वाकर्षण नियतांक एवं e आवेश है) NCERT पृष्ठ 8

(a) $\frac{1}{c^2}\left[G\frac{e^2}{4\pi\varepsilon_0}\right]^{1/2}$ (b) $c^2\left[G\frac{e^2}{4\pi\varepsilon_0}\right]^{1/2}$

(c) $\frac{1}{c^2}\left[\frac{e^2}{G\,4\pi\varepsilon_0}\right]^{1/2}$ (d) $\frac{1}{c}G\frac{e^2}{4\pi\varepsilon_0}$

61 प्लांक नियतांक h, निर्वात् में प्रकाश का वेग c एवं न्यूटन का गुरुत्वाकर्षण नियतांक G तीन मूलभूत नियतांक हैं। निम्न में से किस संयोजन में लम्बाई की विमा है? NCERT पृष्ठ 8

(a) $\frac{\sqrt{hG}}{c^{3/2}}$ (b) $\frac{\sqrt{hG}}{c^{5/2}}$ (c) $\sqrt{\frac{hc}{G}}$ (d) $\sqrt{\frac{Gc}{h^{3/2}}}$

62 यदि ऊर्जा E, वेग v एवं समय T को मूल राशियों के रूप में चुना जाता है, तो पृष्ठ तनाव का विमीय सूत्र क्या होगा? NCERT पृष्ठ 8

(a) $[Ev^{-2}T^{-1}]$

(b) $[Ev^{-1}T^{-2}]$

(c) $[Ev^{-2}T^{-2}]$

(d) $[E^2v^{-1}T^{-3}]$

63 विमीय विश्लेषण की विधि की सहायता से एक स्थिर गति v के साथ श्यानता η के एक श्यान द्रव में गति कर रही त्रिज्या r की एक छोटी स्टील गेंद पर कार्यरत् श्यानता बल F के लिए व्यंजक होगा NCERT पृष्ठ 8

(a) $k\eta v$ (b) $kr^2\eta v$

(c) $k\eta v^{3/2}$ (d) $k\eta^2 v$

64 दिया गया है कि प्रकीर्णित प्रकाश का आयाम, आपतित प्रकाश के आयाम, प्रकीर्णित धूल कण के आयतन, प्रकाश की तरंगदैर्ध्य के समानुपाती तथा प्रकीर्णित कण से दूरी के व्युत्क्रमानुपाती है। तब, प्रकीर्णित प्रकाश की तीव्रता का तरंगदैर्ध्य के साथ क्या सम्बन्ध होगा? NCERT पृष्ठ 8

(a) $\frac{1}{\lambda^2}$ (b) $\frac{1}{\lambda^4}$

(c) $\frac{1}{\lambda^6}$ (d) $\frac{1}{\lambda^7}$

65 यदि, $y = A\sin\left[\left(\frac{2\pi}{\lambda}(ct - x)\right)\right]$, जहाँ x और y मीटर में हैं, तब NCERT पृष्ठ 8

(a) λ का मात्रक x और A के समान होगा

(b) $(ct + x)$ का मात्रक $\frac{2\pi}{\lambda}$ के समान होगा

(c) λ का मात्रक x के समान लेकिन A से भिन्न होगा

(d) c का मात्रक $\frac{2\pi}{\lambda}$ के समान है

अभिकथन-कारण प्रश्न

निर्देश *(प्रश्न क्रमांक 1-10) निम्नलिखित प्रश्नों में, अभिकथन के एक कथन के बाद कारण का एक संगत कथन दिया गया है। निम्नलिखित कथनों में से सही कथन का चयन कीजिए।*

(a) अभिकथन और कारण दोनों सही हैं तथा कारण, अभिकथन की सही व्याख्या है।

(b) अभिकथन और कारण दोनों सही हैं परन्तु कारण, अभिकथन की सही व्याख्या नहीं है।

(c) अभिकथन सही है, लेकिन कारण गलत है।

(d) अभिकथन गलत है, लेकिन कारण सही है।

1 **अभिकथन** 0.0003 में सार्थक अंकों की संख्या एक है और 0.3000 में चार है।

कारण अनुगामी (पिछला) शून्य (संख्या के बायीं ओर स्थित शून्य) कभी भी सार्थक नहीं होते हैं। NCERT पृष्ठ 4

2 **अभिकथन** प्रयोगात्मक स्थितियों में यादृच्छिक और अप्रत्याशित उतार-चढ़ाव के कारण यादृच्छिक त्रुटियाँ उत्पन्न होती हैं।

कारण चिह्न एवं आकार के सापेक्ष अनियमितता के कारण यादृच्छिक त्रुटियाँ उत्पन्न होती हैं।

Old NCERT पृष्ठ 23

3 **अभिकथन** यदि द्रव्यमान और गति के मापन में प्रतिशत त्रुटियाँ क्रमशः 3% और 5% हैं, तो गतिज ऊर्जा के अनुमान में प्रतिशत त्रुटि 13% होगी।

कारण गतिज ऊर्जा में सापेक्ष त्रुटि निम्न प्रकार दी जाती है

$$\frac{\Delta E}{E} = \frac{\Delta m}{m} + \frac{2\Delta v}{v}$$

Old NCERT पृष्ठ 23

4 **अभिकथन** जब किसी व्यंजक में कोई राशि एक से अधिक घात n के साथ दिखाई देती है, तो अन्तिम परिणाम में उसकी त्रुटि का योगदान n गुना कम हो जाता है।

कारण सभी गणितीय संक्रियाओं में, त्रुटियाँ योगात्मक प्रकृति की होती है। Old NCERT पृष्ठ 27

5 **अभिकथन** विमीय विश्लेषण की विधि किसी भी समीकरण में भौतिक राशियों के मध्य सटीक सम्बन्ध को मान्य नहीं कर सकती है।

कारण यह समान विमाओं वाली भौतिक राशियों के मध्य अन्तर नहीं करती है। NCERT पृष्ठ 8

6 **अभिकथन** विशेष फलन; जैसे—त्रिकोणमितीय, लघुगणकीय और घातांकीय फलन विमाहीन होते हैं।

कारण एक शुद्ध संख्या, समान भौतिक राशियों का अनुपात; जैसे—कोण और अपवर्तनांक की कोई विमा नहीं होती है। NCERT पृष्ठ 8

7 **अभिकथन** रैखिक प्रसार गुणांक α को निम्न सूत्र द्वारा दर्शाया जाता है

$$\alpha = \frac{\Delta L}{L\,\Delta Q} \Rightarrow [\alpha] = [Q^{-1}]$$

$\therefore$ इसका मात्रक (सेल्सियस)$^{-1}$ या केल्विन$^{-1}$ होता है।

कारण रैखिक प्रसार गुणांक, तापमान पर निर्भर नहीं करता है, जबकि विशिष्ट ऊष्मा धारिता, तापमान पर निर्भर करती है। NCERT पृष्ठ 8

8 **अभिकथन** जब एक छोटा गोला किसी तरल पदार्थ में निम्न चाल से गति है, तो गति का विरोध करने वाला श्यानता बल प्रयोगात्मक रूप से गोले की त्रिज्या, वेग और श्यानता पर निर्भर पाया जाता है।

कारण यदि यह ज्ञात है कि जब द्रव्यमान को ऊर्जा $E = km^x c^y$ में परिवर्तित किया जाता है, तो स्टोक्स नियम $F = k\eta r v$ हो जाता है। NCERT पृष्ठ 8

9 **अभिकथन** किसी पिण्ड पर कार्य करने वाले बल को उस समय से पर विभाजित किया जा सकता है, जिसके लिए वह कार्य करता है, यद्यपि बल और समय की विमायें अलग-अलग होती हैं।

कारण किसी भी सदिश राशि को उसकी विमाओं से पृथक किए बिना एक अदिश राशि से विभाजित किया जा सकता है। NCERT पृष्ठ 8

10 **अभिकथन** किसी तरल पदार्थ की पृष्ठीय ऊर्जा संख्यात्मक रूप से उसके पृष्ठ तनाव के बराबर होती है।

कारण पृष्ठीय ऊर्जा एवं पृष्ठ तनाव दोनों का विमीय सूत्र $[ML^0T^{-2}]$ होता है। NCERT पृष्ठ 8

कथन आधारित प्रश्न

निर्देश *(प्रश्न संख्या 1-8) निम्नलिखित प्रश्नों में दो कथन (I और II) दिए गए हैं। दिए गए कथनों के अनुसार, नीचे दिए गए सही विकल्प का चयन करें।*

(a) दोनों कथन I और II गलत हैं।
(b) कथन I सही है, लेकिन कथन II गलत है।
(c) कथन I गलत है, लेकिन कथन II सही है।
(d) दोनों कथन I और II सही हैं।

1 **कथन I** जो त्रुटियाँ एक दिशा में होने की प्रवृत्ति रखती हैं तथा या तो धनात्मक या ऋणात्मक होती हैं उन्हें व्यवस्थित त्रुटियाँ कहा जाता है।

कथन II वे त्रुटियाँ जो परिमाण और दिशा में नियमित और यादृच्छिक रूप से घटित होती हैं, उन्हें यादृच्छिक त्रुटियाँ कहा जाता है। Old NCERT पृष्ठ 23

2 **कथन I** मापन की यथार्थता यह है कि मापा गया मान, राशि के वास्तविक मान के कितने समीप है।

कथन II यादृच्छिक त्रुटियाँ, वे त्रुटियाँ हैं, जो नियमित रूप से होती हैं। Old NCERT पृष्ठ 23

3 **कथन I** दशमलव रहित संख्या में, यदि शून्य, अशून्य अंक के दाई ओर अंतिम अंक के रूप में दिखाई देता है, तो इस शून्य को सार्थक अंक में तभी गिना जाता है जब माप वास्तव में प्रयोग द्वारा अभिलेखित की गई हो, इसलिए इस शून्य को नहीं गिना जाना चाहिए।

कथन II यदि कोई भौतिक माप $l = 50$ मीटर है, तो इसके दो सार्थक अंक हैं, दूसरी ओर हमारे पास माप $l = 1460$ है, इसमें केवल 3 सार्थक अंक हैं। NCERT पृष्ठ 4

4 **कथन I** 0.06900 मीटर में सार्थक अंकों की संख्या 4 है।

कथन II विभिन्न मात्रकों के परिवर्तन का विकल्प सार्थक अंकों की संख्या को परिवर्तित नहीं करता है। NCERT पृष्ठ 3

5 **कथन I** यदि $x = a^n$, तो भिन्नात्मक त्रुटि $\frac{\Delta x}{x}$ बराबर $\left(\frac{\Delta Q}{a}\right)$ है।

कथन II सापेक्ष त्रुटि और प्रतिशत त्रुटि वास्तव में मापन की यथार्थता को इंगित करती है। NCERT पृष्ठ 26

6 **कथन I** एक भौतिक राशि जिसका कोई मात्रक नहीं है, वह विमाहीन होनी चाहिए।

कथन II लघुगणक, घातांक, त्रिकोणमितीय अनुपात आदि से जुड़े भौतिक सम्बन्ध को विमीय विश्लेषण की विधि से प्राप्त नहीं किया जा सकता है। NCERT पृष्ठ 7

7 **कथन I** यदि विमा दी गयी हैं, तो भौतिक राशि अद्वितीय नहीं हो सकती है क्योंकि कई भौतिक राशियों की विमा समान होती है।

कथन II संख्यात्मक नियतांक K जिसकी कोई विमा नहीं है; जैसे—$\left(\frac{1}{2}\right)$, 1 या 2π आदि, को विमा की विधियों द्वारा घटाया जा सकता है। NCERT पृष्ठ 8

8 **कथन I** समीकरण $x = x_0 + u_0 t + \frac{1}{2}at^2$ विमीय रूप से सही है।

कथन II विमीय विश्लेषण का उपयोग समीकरण की समरूपता की विमीय स्थिरता जाँचने के लिए किया जा सकता है। NCERT पृष्ठ 8

सुमेलन प्रकार प्रश्न

1 कॉलम I (भौतिक राशि) को कॉलम II (मात्रक) के साथ सुमेलित करें और नीचे दिए गए विकल्पों में से सही उत्तर का चयन करें।

कॉलम I		कॉलम II	
A.	धारिता	1.	ऐम्पियर-मी^{2}
B.	प्रेरकत्व	2.	वेबर
C.	चुम्बकीय फ्लक्स	3.	कूलॉम (वोल्ट)$^{-1}$
D.	चुम्बकीय आघूर्ण	4.	ओम-सेकण्ड

NCERT पृष्ठ 3

कूट

	A	B	C	D		A	B	C	D
(a)	3	4	2	1	(b)	1	4	2	3
(c)	3	2	1	4	(d)	4	1	3	2

2 कॉलम I को कॉलम II से मिलान करें एवं नीचे दिए गए विकल्पों में से सही उत्तर का चयन करें।

कॉलम I		कॉलम II	
A.	यन्त्र सम्बन्धी त्रुटि	1.	बाहरी परिस्थितियों जैसे तापमान, आर्द्रता आदि में परिवर्तन
B.	प्रयोगात्मक तकनीक में अपूर्णता	2.	व्यक्ति की लापरवाही
C.	व्यक्तिगत त्रुटियाँ	3.	एक दिशा में या तो, धनात्मक या ऋणात्मक
D.	क्रमबद्ध त्रुटियाँ	4.	मापने वाले उपकरणों का अपूर्ण डिजाइन या अंशांकन

Old NCERT पृष्ठ 23

कूट

	A	B	C	D		A	B	C	D
(a)	4	1	2	3	(b)	2	4	3	1
(c)	2	1	4	3	(d)	4	1	3	2

3 कॉलम I में दी गई भौतिक राशियों को कॉलम II में द्रव्यमान (M), लम्बाई (L), समय (T) एवं आवेश (A) के पदों में व्यक्त विमाओं से सुमेलित करें और नीचे दिए गए विकल्प में से सही उत्तर का चयन करें। NCERT पृष्ठ 7

कॉलम I		कॉलम II	
A.	कोणीय संवेग	1.	$[ML^2T^{-2}]$
B.	बल आघूर्ण	2.	$[ML^2T^{-1}]$
C.	प्रेरकत्व	3.	$[L^2T^{-2}]$
D.	गुप्त ऊष्मा	4.	$[ML^2A^{-2}T^{-2}]$

कूट

	A	B	C	D
(a)	2	1	4	3
(b)	1	3	2	4
(c)	1	2	3	4
(d)	2	4	1	3

4 कॉलम I (संख्या) को कॉलम II (सार्थक अंकों की संख्या) से सुमेलित करें और नीचे दिए गए विकल्प में से सही उत्तर का चयन करें। NCERT पृष्ठ 4

कॉलम I		कॉलम II	
A.	0.004608	1.	3
B.	8.9000	2.	5
C.	186	3.	6
D.	2.00891	4.	4

कूट

	A	B	C	D
(a)	1	4	2	3
(b)	4	2	1	3
(c)	3	4	1	2
(d)	4	2	3	1

5 कॉलम I (भौतिक राशि) का कॉलम II (विमा) के साथ मिलान करें और नीचे दिए गए विकल्प में से सही उत्तर का चयन करें। NCERT पृष्ठ 7

कॉलम I		कॉलम II	
A.	बोल्ट्ज़मान नियतांक (K)	1.	$[ML^2T^{-1}]$
B.	श्यानता गुणांक (η)	2.	$[ML^{-1}T^{-1}]$
C.	प्लांक नियतांक (h)	3.	$[MLT^{-3}K^{-1}]$
D.	ऊष्मीय चालकता (K)	4.	$[ML^2T^{-2}K^{-1}]$

कूट

	A	B	C	D
(a)	3	2	1	4
(b)	4	2	1	3
(c)	4	1	3	2
(d)	1	4	2	4

आंकिक मान प्रकार के प्रश्न

1 एक स्क्रूगेज की पिच 1 मिमी है और वृत्ताकार पैमाने पर 100 विभाजन हैं। एक तार के व्यास को मापते समय, रैखिक पैमाना 1 मिमी पढ़ता है और वृत्ताकार पैमाने पर 35वाँ चिन्ह, संदर्भ रेखा के साथ मेल खाता है। तार की लम्बाई 7.5 सेमी है। तार का वक्र पृष्ठीय क्षेत्रफल (सेमी^{2}में) उचित सार्थक अंकों में .... हैं। Old NCERT पृष्ठ 24

2 एक वर्नियर कैलिपर्स में मुख्य पैमाने पर 1 मिमी के चिन्ह हैं। इसमें वर्नियर पैमाने पर 20 बराबर विभाजन हैं, जो मुख्य पैमाने के 18 विभाजनों से मेल खाते हैं। इस वर्नियर कैलिपर्स के लिए, अल्पतमांक .... मिमी है। Old NCERT पृष्ठ 24

3 $l = a^2m^3n^{1/2}$ के लिए, जहाँ a एक नियतांक है, यदि l के मापन में प्रतिशत त्रुटि क्रमशः 18% और 4% है, तो n के लिए प्रतिशत त्रुटि होगी ....% Old NCERT पृष्ठ 25

4 प्रयोगशाला में एक छात्र स्क्रूगेज का उपयोग करके एक तार की मोटाई मापता है। पाठ्यांक 1.19 मिमी, 1.20 मिमी, 1.23 मिमी और 1.22 मिमी हैं। प्रतिशत त्रुटि $x/121$% है। x का मान है ... Old NCERT पृष्ठ 25

5 गोले की त्रिज्या (5 ± 0.75) सेमी मापी गई है। मान लीजिए, इसके आयतन में प्रतिशत त्रुटि x है। x का मान है .... Old NCERT पृष्ठ 25

6 SI मात्रक में पदार्थ का घनत्व 120 किग्रा-मी^{3} है। कुछ मात्रकों में लम्बाई का मात्रक 20 सेमी और द्रव्यमान का मात्रक 40 ग्राम है। पदार्थ के घनत्व का संख्यात्मक मान है .... NCERT पृष्ठ 7

7 पानी में उत्पन्न तरंग की गति $v = \lambda^\alpha g^\beta \rho^\gamma$ द्वारा दी जाती है, जहाँ λ, g और ρ क्रमशः तरंग की तरंगदैर्ध्य, गुरुत्वाकर्षण के कारण त्वरण और पानी का घनत्व हैं। $\alpha + \beta + \gamma$ का मान है ... NCERT पृष्ठ 8

8 बल को समय t और विस्थापन x के संदर्भ में समीकरण $F = A\sin Bt + C\cos Dt$ द्वारा दर्शाया जाता है। यदि AD का विमीय सूत्र $[MLT^{-a}]$, है, तो a का मान है .... NCERT पृष्ठ 8

9 एक सरल लोलक के दोलन का आवर्तकाल $T = 2\pi\sqrt{\frac{L}{g}}$ है। L का मापा गया मान 25 सेमी है, जिसे 1 मिमी यथार्थता से ज्ञात किया गया है और लोलक के 50 दोलनों का समय कलाई घड़ी के प्रथम चक्कर का उपयोग करके 40 सेकण्ड प्राप्त होता है। g के निर्धारण में प्रतिशत त्रुटि होगी .... NCERT पृष्ठ 9

10 आवेश q वाले एक संधारित्र को एक निरावेशित संधारित्र के समीप लाया जाता है। सूत्र $x = 3yz^2$, जहाँ x और z क्रमशः धारिता एवं चुम्बकीय प्रेरण की विमा हैं, तब MKSQ प्रणाली में y की विमा $[M^{-3}L^{-2}T^xQ^4]$ है। x का मान ज्ञात कीजिए। NCERT पृष्ठ 9

NCERT Exemplar प्रश्न

1 0.06900 में सार्थक अंकों की संख्या है
(a) 5 (b) 4 (c) 2 (d) 3

2 उचित सार्थक अंकों में संख्याओं 436.32, 227.2 और 0.301 का योग है
(a) 663.821 (b) 664 (c) 663.8 (d) 663.82

3 संख्याओं 2.745 और 2.735 को 3 सार्थक अंकों तक पूर्णांकित करने पर प्राप्त संख्या होगी
(a) 2.75 और 2.74 (b) 2.75 और 2.73
(c) 2.74 और 2.73 (d) 2.74 और 2.74

4 किसी पिण्ड का द्रव्यमान और आयतन क्रमशः 4.237 ग्राम और 2.5 सेमी^{3} है। पिण्ड के पदार्थ का घनत्व सही सार्थक अंकों में है
(a) 1.6048 ग्राम/सेमी^{3} (c) 1.69 ग्राम/सेमी^{3}
(c) 1.7 ग्राम/सेमी^{3} (d) 1.695 ग्राम/सेमी^{3}

5 एक आयताकार शीट की लम्बाई और चौड़ाई क्रमशः (16.2 ± 0.1) सेमी और (10.1 ± 0.1) सेमी है। उचित सार्थक अंकों और त्रुटि में शीट का क्षेत्रफल है
(a) (164 ± 3) सेमी^{2} (b) (163.62 ± 2.6) सेमी^{2}
(c) (163.6 ± 2.6) सेमी^{2} (d) $163.62 + 3)$ सेमी^{2}

6 निम्नलिखित में से किन भौतिक राशियों के युग्म का विमीय सूत्र समान नहीं होता है?
(a) कार्य और आघूर्ण
(b) कोणीय संवेग और प्लांक नियतांक
(c) प्रतिबल और पृष्ठीय तनाव
(d) आवेग और रेखीय संवेग गति

7 दो राशियों का मापन, सम्बन्धित मापन उपकरण की परिशुद्धता के साथ $A = 2.5$ मी/से $\pm$ 0.5 मी/से और $B = 0.105 \pm 0.01$ सेकण्ड है। AB का मान होगा
(a) (0.25 ± 0.08) मी (b) (0.25 ± 0.5) मी
(c) (0.25 ± 0.05) मी (d) (0.25 ± 0.135) मी

8 स्टील का यंग प्रत्यास्थता गुणांक 1.9×10^{11} न्यूटन/मी^{2} है, जब इसे CGS प्रणाली के डाइन सेमी$^{-2}$ मात्रकों में व्यक्त किया जाता है, तो यह बराबर होगा (1न्यूटन = 10^5 डाइन और 1 मी^{2} = 10^4 सेमी^{2})
(a) 1.9×10^{10} (b) 1.9×10^{11}
(c) 1.9×10^{12} (d) 1.9×10^{13}

9 यदि संवेग p, क्षेत्रफल A और समय T को मूल राशियाँ माना जाता है, तो ऊर्जा का विमीय सूत्र है
(a) $[pA^{-1}T^1]$ (b) $[p^2AT]$ (c) $[pA^{-1/2}T]$ (d) $[pA^{1/2}T^{-1}]$

10 व्यंजक, $P = El^2m^{-5}G^{-2}$ में, जहाँ E, m, l एवं G क्रमशः ऊर्जा, द्रव्यमान, कोणीय संवेग एवं गुरुत्वाकर्षण नियतांक को दर्शाता है, तो P की विमा होगी
(a) $[MLT^0]$ (b) $[M^2LT^{-1}]$
(c) $[M^0L^0T^0]$ (d) $[M^0LT^{-2}]$

विगत परीक्षाओं के प्रश्न

NEET

1 $F = \alpha t^2 + \beta t$ द्वारा परिभाषित एक बल दिए गये समय t पर एक कण पर आरोपित होता है। यदि α तथा β नियतांक हों, तो निम्न में से कौन-सा घटक विमाहीन है? NCERT पृष्ठ 7, NEET 2024

(a) $\beta t/\alpha$ (b) $\alpha t/\beta$ (c) $\alpha\beta t$ (d) $\alpha\beta/t$

2 वे कौन-सी राशियाँ हैं जिनकी विमाएँ घन कोण के समान हैं NCERT पृष्ठ 7, NEET 2024

(a) विकृति तथा कोण (b) प्रतिबल तथा कोण
(c) विकृति तथा चाप (d) कोणीय चाल तथा प्रतिबल

3 एक वर्नियर कैलीपर्स में वर्नियर पैमाने के $(N+1)$ भागों का मान मुख्य पैमाने के N भागों के मान के बराबर है। यदि मुख्य पैमाने के एक भाग का मान 0.1 मिमी हो, तो वर्नियर नियतांक (सेमी में) है NCERT पृष्ठ 11, NEET 2024

(a) $\frac{1}{10N}$ (b) $\frac{1}{100(N+1)}$
(c) $100N$ (d) $10(N+1)$

4 समतल कोण और ठोस कोण में NCERT पृष्ठ 2, NEET 2022

(a) विमा होती है, लेकिन कोई मात्रक नहीं होता
(b) कोई मात्रक और विमा नहीं होती है
(c) विमा और मात्रक दोनों होते हैं
(d) मात्रक होता है, लेकिन कोई विमा नहीं होती है

5 55.3 मीटर लम्बाई और 25 मीटर वाले एक आयताकार मैदान का क्षेत्रफल (मी² में) सही सार्थक अंकों के लिए गए मान को पूर्णांकित करने के पश्चात् है....... NCERT पृष्ठ 4, NEET 2022

(a) 1382 (b) 1382.5
(c) 14×10^2 (d) 138×10^1

6 $[MLT^{-2}A^{-2}]$ विमा निम्न में से किससे सम्बन्धित है? NCERT पृष्ठ 7, NEET 2022

(a) चुम्बकीय फ्लक्स (b) स्व-प्रेरकत्व
(c) चुम्बकीय पारगम्यता (d) वैद्युतशीलता

7 यदि बल [F], त्वरण [a] और समय [T] को मूल भौतिक राशियों के रूप में चुना जाता है, तो ऊर्जा की विमा ज्ञात कीजिए NCERT पृष्ठ 7, NEET 2021

(a) [F] [a] [T] (b) $[F][a][T^2]$
(c) $[F][a][T^{-1}]$ (d) $[F][a^{-1}][T]$

8 प्रतिबल की विमा है NCERT पृष्ठ 7, NEET 2020

(a) $[ML^2T^{-2}]$ (b) $[ML^0T^{-2}]$ (c) $[ML^{-1}T^{-2}]$ (d) $[MLT^{-2}]$

9 ऊष्मीय चालकता का मात्रक है NCERT पृष्ठ 2, NEET 2019

(a) जूल मी$^{-1}$ केल्विन$^{-1}$ (b) वाट मी केल्विन$^{-1}$
(c) वाट मी$^{-1}$ केल्विन$^{-1}$ (d) जूल मी/केल्विन

JEE Main

10 दिए गए दो कथन निम्न हैं :

कथन I विशिष्ट ऊष्मा की विमा $[L^2T^{-2}K^{-1}]$ है।

कथन II गैस नियतांक की विमा $[ML^2T^{-1}K^{-1}]$ है।

उपर्युक्त कथनों के आलोक में निम्नलिखित विकल्पों में से सही उत्तर चुनें। NCERT पृष्ठ 7, JEE Main 2024

(a) कथन I और कथन II दोनों सत्य हैं।
(b) कथन I असत्य किन्तु कथन II सत्य है।
(c) कथन I और कथन II दोनों असत्य हैं।
(d) कथन I सत्य किन्तु कथन II असत्य है।

11 अप्रगामी तरंग का समीकरण $y = 2a\sin\left(\frac{2\pi nt}{\lambda}\right)\cos\left(\frac{2\pi x}{\lambda}\right)$ है। निम्नलिखित में से कौन-सा विकल्प सही नहीं है? NCERT पृष्ठ 7, JEE Main 2024

(a) x की विमा [L] है (b) n की विमा $[LT^{-1}]$ है
(c) nt की विमा [L] है (d) n/λ की विमा [T] है

12 समीकरण $\left[x + \frac{a}{y^2}\right](y-b) = RT$ में, x दाब, y आयतन, R सार्वत्रिक गैस नियतांक और T तापमान है। अनुपात $\frac{a}{b}$ के तुल्य भौतिक राशि है NCERT पृष्ठ 8, JEE Main 2023

(a) श्यानता गुणांक (b) आवेग
(c) ऊर्जा (d) दाब प्रवणता

13 मात्रकों 1 और 2 की दो प्रणालियों में वेग v और त्वरण a क्रमशः $v_2 = \frac{n}{m^2}v_1$ और $a_2 = \frac{a_1}{mn}$ के रूप में सम्बन्धित हैं। यहाँ m और n नियतांक हैं। दो प्रणालियों में दूरी और समय के लिए सम्बन्ध क्रमशः होंगे NCERT पृष्ठ 8, JEE Main 2022

(a) $\frac{n^3}{m^3}L_1 = L_2$ और $\frac{n^2}{m}T_1 = T_2$

(b) $L_1 = \frac{n^4}{m^2}L_2$ और $T_1 = \frac{n^2}{m}T_2$

(c) $L_1 = \frac{n^2}{m}L_2$ और $T_1 = \frac{n^4}{m^2}T_2$

(d) $\frac{n^2}{m}L_1 = L_2$ और $\frac{n^4}{m^2}T_1 = T_2$

14 बल को समीकरण $F = A\cos Bx + C\sin Dt$ द्वारा समय t और विस्थापन x के सन्दर्भ में दिया गया है। $\frac{AD}{B}$ का विमीय सूत्र है NCERT पृष्ठ 8, JEE Main 2021

(a) $[M^0LT^{-1}]$ (b) $[ML^2T^{-3}]$
(c) $[M^1L^1T^{-2}]$ (d) $[M^2L^2T^{-3}]$

स्किल बूस्टर्स

1 एक स्क्रूगेज के वृत्ताकार पैमाने के दो पूर्ण चक्कर इसके मुख्य पैमाने पर 1 मिमी की दूरी तय करते हैं। वृत्ताकार पैमाने पर विभाजनों की कुल संख्या 50 है। इसके अतिरिक्त, यह पाया गया है कि स्क्रूगेज में –0.03 मिमी की शून्य त्रुटि है। एक पतले तार का व्यास मापते समय, एक छात्र मुख्य पैमाने पर 3 मिमी का पाठ्यांक एवं मुख्य पैमाने के साथ वृत्ताकार पैमाने के विभाजनों की संख्या 35 नोट करता है। तार का व्यास क्या होगा?

(a) 3.32 मिमी (b) 3.73 मिमी (c) 3.67 मिमी (d) 3.38 मिमी

2 सूर्य एक गर्म प्लाज्मा (आयनीकरण पदार्थ) है जिसकी आन्तरिक कोर 10^7 केल्विन से अधिक तापमान पर और बाहरी सतह लगभग 6000 केल्विन के तापमान पर है। इन उच्च तापमानों पर, कोई भी पदार्थ ठोस या तरल अवस्था में नहीं रहता है। आप सूर्य के द्रव्यमान घनत्व को किस सीमा में होने की अपेक्षा करते हैं? (सूर्य का द्रव्यमान $=2.0\times10^{30}$ किग्रा एवं सूर्य की त्रिज्या $=7.0\times10^8$ मीटर)

(a) 1.4×10^3 किग्रा/मी^{3} (b) 1.6×10^3 किग्रा/मी^{3}

(c) 2×10^3 किग्रा/मी^{3} (d) 4×10^3 किग्रा/मी^{3}

3 एक छात्र ने अल्पतमांक 0.001 सेमी के स्क्रूगेज का उपयोग करके एक छोटी स्टील की गेंद का व्यास मापा। मुख्य पैमाने का पाठ्यांक 5 मिमी है और वृत्ताकार पैमाने के विभाजन का शून्य, सन्दर्भ स्तर से 25 विभाजनों के ऊपर है। यदि स्क्रूगेज में शून्य त्रुटि –0.004 सेमी है, तो गेंद का सही व्यास होगा

(a) 0.053 सेमी (b) 0.525 सेमी

(c) 0.521 सेमी (d) 0.529 सेमी

4 एक सरल लोलक में, गुरुत्व g के कारण त्वरण के निर्धारण के लिए प्रयोग में 20 दोलनों में लिए गये समय को 1 सेकण्ड अल्पतमांक की घड़ी का उपयोग करके मापा जाता है। लिए गये समय का औसत मान 30 सेकण्ड निकलता है। लोलक की लम्बाई को अल्पतमांक 1 मिमी के मीटर पैमाने का उपयोग करके मापा जाता है और प्राप्त मान 55.0 सेमी है। g के निर्धारण में प्रतिशत त्रुटि समीप होगी

(a) 0.7% (b) 6.8% (c) 3.5% (d) 0.2%

5 एक प्रयोग में, 0.001 सेमी अल्पतमांक वाले स्क्रूगेज द्वारा मापे गए तार का व्यास 0.050 सेमी है। 0.1 सेमी अल्पतमांक वाले पैमाने द्वारा मापी गई लम्बाई 110.0 सेमी है। जब 50 न्यूटन का भार तार से लटकाया जाता है, तो 0.001 सेमी अल्पतमांक वाले माइक्रोमीटर द्वारा विस्तार 0.125 सेमी मापा जाता है।

तार के यंग प्रत्यास्थता गुणांक के मापन में अधिकतम त्रुटि है

(a) 0.130×10^{11} न्यूटन/मी^{2} (b) 0.109×10^{11} न्यूटन/मी^{2}

(c) 0.2×10^{12} न्यूटन/मी^{2} (d) 1.0×10^{10} न्यूटन/मी^{2}

6 डायोड के धारा-वोल्टेज सम्बन्ध को $I=(e^{1000V/T}-1)$ मिली एम्पियर द्वारा दिया गया है। जहाँ आरोपित वोल्टेज V वोल्ट में एवं तापमान T केल्विन में होता है। यदि कोई छात्र 300 केल्विन पर 5 मिली एम्पियर की धारा मापते समय $\pm$ 0.01 वोल्ट मापने में त्रुटि करता है, तो धारा के मापन (मिली एम्पियर में) क्या त्रुटि होगी?

(a) 0

(b) 1

(c) 0.2

(d) 0.3

7 एक पन्सारी के तराजू से मापे गए एक डिब्बे का द्रव्यमान 2.3 किग्रा है। 20.15 ग्राम व 20.17 ग्राम द्रव्यमान वाले दो सोने के टुकड़े बक्से में डाले जाते हैं।

(i) बक्से का कुल द्रव्यमान (ii) और उचित सार्थक अंकों में टुकड़ों के द्रव्यमानों में अन्तर क्या होगा?

(a) 2.8 किग्रा, 0.08 ग्राम

(b) 2.9 किग्रा, 0.02 ग्राम

(c) 2.3 किग्रा, 0.02 ग्राम

(d) 3.0 किग्रा, 0.02 ग्राम

8 दूरी d ज्ञात करने के लिए, जिस पर कोहरे की स्थिति में एक सिग्नल स्पष्ट रूप से देखा जा सकता है, एक रेलवे इंजीनियर, विमीय विश्लेषण का उपयोग करता है और मानता है कि दूरी कोहरे के द्रव्यमान घनत्व ρ, सिग्नल से प्रकाश की तीव्रता s (शक्ति/क्षेत्र) और इसकी आवृत्ति f पर निर्भर करती है। इंजीनियर पाता है कि d, $s^{1/n}$ के अनुपातिक है। n का मान क्या होगा?

(a) 4 (b) 6

(c) 3 (d) 2

9 पानी के अन्दर हुए विस्फोट से एक गैस का बुलबुला उठता है और T आवर्तकाल के साथ दोलन करता है, जो $p^a d^b E^c$, के समानुपाती है, जहाँ p स्थिर दाब, d पानी का घनत्व एवं E विस्फोट की कुल ऊर्जा है। a, b और c के मान क्या होंगे?

(a) $a=\frac{-5}{6}, b=\frac{1}{2}, c=\frac{1}{3}$

(b) $a=\frac{1}{2}, b=\frac{1}{3}, c=\frac{5}{6}$

(c) $a=-\frac{1}{4}, b=\frac{1}{3}, c=\frac{1}{2}$

(d) $a=\frac{1}{3}, b=-\frac{1}{4}, c=\frac{1}{2}$

प्रश्न कुंजी

शीर्षकवार प्रश्न

1 (a)	2 (b)	3 (d)	4 (a)	5 (b)	6 (c)	7 (a)	8 (d)	9 (a)	10 (c)
11 (c)	12 (c)	13 (a)	14 (d)	15 (d)	16 (a)	17 (c)	18 (d)	19 (a)	20 (a)
21 (d)	22 (d)	23 (a)	24 (a)	25 (b)	26 (b)	27 (d)	28 (b)	29 (b)	30 (b)
31 (d)	32 (c)	33 (b)	34 (b)	35 (a)	36 (b)	37 (a)	38 (a)	39 (d)	40 (c)
41 (a)	42 (d)	43 (a)	44 (a)	45 (b)	46 (d)	47 (d)	48 (d)	49 (c)	50 (a)
51 (c)	52 (b)	53 (d)	54 (d)	55 (b)	56 (b)	57 (b)	58 (c)	59 (c)	60 (a)
61 (a)	62 (c)	63 (a)	64 (b)	65 (a)					

अभिकथन-कारण प्रश्न

1 (b)	2 (b)	3 (a)	4 (d)	5 (a)	6 (b)	7 (c)	8 (c)	9 (a)	10 (b)

कथन आधारित प्रश्न

1 (d)	2 (b)	3 (d)	4 (d)	5 (c)	6 (b)	7 (b)	8 (c)

सुमेलन प्रकार प्रश्न

1 (a)	2 (a)	3 (a)	4 (b)	5 (b)

आंकिक मान प्रकार के प्रश्न

1 (3.18)	2 (0.1)	3 (12)	4 (150)	5 (45)	6 (24)	7 (1)	8 (3)	9 (5.4)	10 (4)

NCERT Exemplar प्रश्न

1 (b)	2 (c)	3 (d)	4 (c)	5 (a)	6 (c)	7 (a)	8 (c)	9 (d)	10 (c)

विगत परीक्षाओं के प्रश्न

1 (b)	2 (a)	3 (b)	4 (d)	5 (c)	6 (c)	7 (b)	8 (c)	9 (c)	10 (d)
11 (d)	12 (c)	13 (a)	14 (b)						

स्किल बूस्टर्स

1 (d)	2 (a)	3 (d)	4 (b)	5 (b)	6 (c)	7 (c)	8 (c)	9 (a)

क्रमवार

प्रश्नों का विश्लेषण

कॉन्सेप्ट बिल्डर्स

1 SI
2 ठोस
3 यथार्थता
4 सत्य
5 यन्त्रीय त्रुटि
6 असत्य
7 सत्य
8 अल्पतमांक त्रुटि
9 सापेक्ष
10 सत्य
11 सत्य
12 सापेक्ष त्रुटि
13 दो
14 असत्य
15 सम, विषम
16 31.32×10^{-5}
17 विकृति
18 $[MT^{-2}]$
19 $[M^0L^1T^0A^1]$
20 $[M^{1/2}L^{1/2}F^{-1/2}]$

शीर्षकवार प्रश्न

2 **(b)** चुम्बकीय फ्लक्स का मात्रक वेबर है।

3 **(d)** पॉयसन का अनुपात एक विमाहीन राशि है।

4 **(a)** जैसा कि, 1 मीटर = 3.2 फीट

इसीलिए, 9.8 मी/से^{2} $= 9.8\,(3.2$ फीट/से$^2)$

$\cong 32$ फीट/से^{2}

5 **(b)** दिया है, $dA = 1$ सेमी^{2} और $r = 5$ सेमी

$\therefore$ ठोस कोण, $d\Omega = \dfrac{dA}{r^2} = \dfrac{1}{(5)^2}$

$= 0.04\,\text{Sr} = 4 \times 10^{-2}\,\text{Sr}$

7 **(a)** स्टीफन नियतांक σ का मात्रक वाट/मी^{2} केल्विन^4 होता है एवं ऊष्मा धारिता को ऊष्मीय ऊर्जा प्रति डिग्री तापमान के मात्रक में व्यक्त किया जाता है।

$$Q = C\Delta t \Rightarrow C = \frac{Q}{\Delta t}$$

अतः ऊष्मा दक्षता का SI मात्रक जूल/केल्विन है।

9 **(a)** L/R का मात्रक सेकण्ड है, क्योंकि $\dfrac{L}{R}$ एक समय नियतांक है।

10 **(c)** दिया है, अवमन्दक बल $\propto$ वेग

$$F \propto v \Rightarrow F = kv$$

$$\Rightarrow \quad k = \frac{F}{v}$$

$\therefore$ k का मात्रक $= \dfrac{F \text{ का मात्रक}}{v \text{ का मात्रक}}$

$= \dfrac{\text{किग्रा मी / से}^2}{\text{मी / से}} =$ किग्रा/से

11 **(c)** $\left(p + \dfrac{a}{V^2}\right) \cdot (V - b) =$ नियतांक

$p = \dfrac{F}{a} = \dfrac{\text{डाइन}}{\text{सेमी}^2}$

p का मात्रक $= \dfrac{a}{V^2}$ का मात्रक

$\Rightarrow a$ का मात्रक $= \dfrac{F}{A} V^2$ का मात्रक

$= \dfrac{\text{डाइन}}{\text{सेमी}^2} \times (\text{सेमी}^3)^2$

$=$ डाइन $\times$ सेमी^{4}

12 **(c)** CGS पद्धति में Y डाइन/सेमी^{2} होता है। MKS पद्धति में Y न्यूटन/मी^{2} होता है।

1 डाइन/सेमी^{2} $= \dfrac{10^{-5} \text{ न्यूटन}}{\left(\dfrac{1}{100}\right)^2 \text{मी}^2}$

$(\because 1$ न्यूटन $= 10^5$ डाइन$)$

$= 0.1$ न्यूटन/मी^{2}

13 **(a)** $\rho = \dfrac{m}{V} = \dfrac{m}{\dfrac{4}{3}\pi r^3} = \dfrac{3m}{4\pi r^3}$

$$\frac{\Delta\rho}{\rho} \times 100 = \left(\frac{\Delta m}{m} + 3\frac{\Delta r}{r}\right) \times 100$$

$= [3\% + 3 \times 2\%] = 9\%$

14 **(d)** यहाँ, $I = \dfrac{2}{5}MR^2$

$\dfrac{\Delta I}{I} \times 100$

$= \pm\left(\dfrac{\Delta M}{M} \times 100 + \dfrac{2\,\Delta R}{R} \times 100\right)$

$= \pm\,(1 + 2 \times 0.5) = \pm\,2\%$

15 **(d)** प्रकाश की तरंगदैर्ध्य,

$\lambda = 10^{-5}$ सेमी $= 0.00001$ सेमी

स्पष्ट रूप से, प्रकाशीय यन्त्र सबसे अधिक यथार्थ है।

16 **(a)** लम्बाई में त्रुटि,

$\Delta L = 1$ मिमी $= 1 \times 10^{-3}$ मीटर

$\because \quad T = 2\pi\sqrt{\dfrac{L}{g}}$

$\Rightarrow \quad \dfrac{\Delta g}{g} = \dfrac{\Delta L}{L} + \dfrac{2\,\Delta T}{T} = \dfrac{10^{-3}}{1} + \dfrac{2 \times 10^{-2}}{1.95}$

$= 11.25 \times 10^{-3} = 1.13 \times 10^{-2}$

$\because \dfrac{\Delta g}{g} \times 100 \simeq 1.13\%$

17 **(c)** विकल्प (c) में दिया गया कथन सही है, लेकिन अन्य गलत हैं। मापन में त्रुटि, राशि के मापे गये मान और वास्तविक मान के अन्तर के बराबर होती है। नियत त्रुटि प्रत्येक प्रेक्षण को समान मात्रा में प्रभावित करती है।

19 **(a)** $O_{\text{माध्य}} = \mu$

$= \dfrac{80.0 + 80.5 + 81.0 + 81.5 + 82}{5}$

$= \dfrac{405.0}{5} = 81$

प्रेक्षण में निरपेक्ष त्रुटि है,

$\Delta O_1 = |\,80.0 - \mu\,| = 1$

$\Delta O_2 = |\,80.5 - \mu\,| = 0.5$

$\Delta O_3 = |\,81.0 - \mu\,| = 0$

$\Delta O_4 = |\,81.5 - \mu\,| = 0.5$

$\Delta O_5 = |\,82 - \mu\,| = 1$

$\Delta O_{\text{माध्य}} = \displaystyle\sum_{i=1}^{5} \frac{|\,\Delta O_i\,|}{n}$

$= \dfrac{1 + 0.5 + 0 + 0.5 + 1}{5}$

$= \dfrac{3}{5} = 0.6$

$\dfrac{\Delta O_{\text{माध्य}}}{O_{\text{माध्य}}} \times 100\% = \dfrac{0.6}{81} \times 100\% = 0.74\%$

20 **(a)** आरोहण सूत्र से प्राप्त पृष्ठ तनाव,

$T = \dfrac{rhg}{2} \times 10^3 \dfrac{\text{न्यूटन}}{\text{मी}} = \dfrac{dhg}{4} \times 10^3 \dfrac{\text{न्यूटन}}{\text{मी}}$

$\left(\because r = \dfrac{d}{2}\right)$

$\Rightarrow \dfrac{\Delta T}{T} = \dfrac{\Delta d}{d} + \dfrac{\Delta h}{h}$ [दिया है, g नियत है]

$\Rightarrow \quad \dfrac{\Delta T}{T} \times 100$

$= \left(\dfrac{0.01 \times 10^{-2}}{1.25 \times 10^{-2}} + \dfrac{0.01 \times 10^{-2}}{1.45 \times 10^{-2}}\right) \times 100$

$= 1.5\%$

21 **(d)** $na' = (n-1)\,a$

$\Rightarrow \quad a' = \left(\dfrac{n-1}{n}a\right)$

$\therefore$ अल्पतमांक (LC) = 1 MSD − 1 VSD

$= a - a'$

$= a - \left(\dfrac{n-1}{n}\right)a = \dfrac{a}{n}$ सेमी $= \dfrac{10a}{n}$ मिमी

22 *(d)* वर्नियर पैमाना पाठ्यांक, VSR = 25

शून्य त्रुटि = –0.004 सेमी

अन्तिम पाठ्यांक

= MSR + VSR × LC – शून्य त्रुटि

= 0.5 + 25 × 0.001 – (–0.004)

= 0.5 + 0.029 = 0.529 सेमी

23 *(a)* दिया है, $X = \dfrac{A^2B^{1/2}}{C^{1/3}D^3}$

$$\frac{\Delta X}{X}\times 100\% = 2\left(\frac{\Delta A}{A}\right)\times 100\% + \frac{1}{2}\left(\frac{\Delta B}{B}\right)\times 100\% + \frac{1}{3}\left(\frac{\Delta C}{C}\right)\times 100\% + 3\left(\frac{\Delta D}{D}\right)\times 100\% \quad \text{...(i)}$$

$$= 2(1\%) + \frac{1}{2}(2\%) + \frac{1}{3}(3\%) + 3(4\%)$$

$= 16\%$

$$\frac{\Delta Y}{Y}\times 100 = 3\times\left(\frac{\Delta A}{B}\right)\times 100 + 2\left(\frac{\Delta B}{B}\right)\times 100 + \left(\frac{\Delta C}{C}\right)\times 100 + \left(\frac{\Delta D}{D}\right)\times 100$$

$= 3(1\%) + 2(2\%) + (3\%) + (4\%)$

$= 14\%$

24 *(a)* $T_{\text{माध्य}} = \dfrac{2.63 + 2.56 + 2.42 + 2.71 + 2.80}{5}$

= 2.62 से

$\Delta T_1 = |2.62 - 2.63| = 0.01$ से

$\Delta T_2 = |2.56 - 2.62| = 0.06$ से

$\Delta T_3 = |2.42 - 2.62| = 0.20$ से

$\Delta T_4 = |2.71 - 2.62| = 0.09$ से

$\Delta T_5 = |2.80 - 2.62| = 0.18$ से

$\Delta T_{\text{माध्य}} = [(0.01 + 0.06 + 0.20 + 0.09 + 0.18)]/5$

≈ 0.11 से

25 *(b)* प्रतिरोधकता, $\rho = \dfrac{RA}{l}$

$$\Rightarrow \quad \rho = \frac{R\pi(d/2)^2}{l} = \frac{\pi R d^2}{4l}$$

$$\therefore \quad \frac{\Delta\rho}{\rho} = \frac{\Delta R}{R} + 2\frac{\Delta d}{d} + \frac{\Delta l}{l}$$

$$\frac{\Delta\rho}{\rho}\times 100$$

$$= \left[\frac{1}{65} + 2\left(\frac{0.5\times10^{-3}}{10\times10^{-3}}\right) + \frac{0.1\times10^{-3}}{5\times10^{-3}}\right]\times 100$$

$= 13.5\% \approx 13\%$

26 *(b)* 1.02 ग्राम में सापेक्ष त्रुटि,

$$= \left[\pm\frac{0.01}{1.02}\right]\times 100\%$$

$= \pm 0.98\% \cong \pm 1\%$

9.89 ग्राम में सापेक्ष त्रुटि

$$= \left(\pm\frac{0.01}{9.89}\right)\times 100\% = \pm 0.1\%$$

दो द्रव्यमानों के मापन में सापेक्ष त्रुटि ± 1% और ± 0.1% हैं।

27 *(d)* दिया गया है, वेग

$$v = \frac{\text{दूरी}}{\text{समय}} = \frac{13.8}{4.0} = 3.45$$

$$\frac{\Delta v}{v} = \frac{\Delta d}{d} + \frac{\Delta t}{t}$$

$$\frac{\Delta v}{3.45} = \frac{0.2}{13.8} + \frac{0.3}{4.0}$$

$\Rightarrow \quad \Delta v = 0.089 \times 3.45 = 0.30$

$\therefore$ वेग, $v = (3.45 \pm 0.3)$ मी/से

28 *(b)* $\dfrac{1}{R'} = \dfrac{1}{R_1} + \dfrac{1}{R_2}$ ...(i)

$$\Rightarrow R' = \frac{100\times 200}{100 + 200} = 66.7\ \Omega$$

तब, समी (i) से,

$$\frac{\Delta R'}{R'^2} = \frac{\Delta R_1}{R_1^2} + \frac{\Delta R_2}{R_2^2}$$

$$\Rightarrow \Delta R' = (R'^2)\frac{\Delta R_1}{R_1^2} + (R'^2)\frac{\Delta R_2}{R_2^2}$$

$$= \left(\frac{66.7}{100}\right)^2\times 3 + \left(\frac{66.7}{200}\right)^2\times 4$$

$= 1.78 \cong 1.8$

$\Rightarrow \quad R' = (66.7 \pm 1.8)\ \Omega$

29 *(b)* $V = \pi r^2 h = \dfrac{\pi D^2 h}{4}$

$$= \frac{\pi}{4}\times(12.6)^2\times(34.2)$$

$= 4262.22$ सेमी^{3}

$$\frac{\Delta V}{V} = 2\left(\frac{\Delta D}{D}\right) + \frac{\Delta h}{h} = \frac{2\times 0.1}{12.6} + \frac{0.1}{34.2}$$

$\Rightarrow \Delta V = 80.12 \simeq 80$ सेमी^{3}

32 *(c)* घनत्व को केवल 2 सार्थक अंकों तक ही व्यक्त किया जाना चाहिए।

$$\text{घनत्व} = \frac{\text{द्रव्यमान}}{\text{आयतन}} = \frac{5.74}{1.2}$$

$= 4.783 = 4.8$ ग्राम/सेमी^{3}

33 *(b)* $3.8\times10^{-6} + 4.2\times10^{-5}$

$= 4.58\times10^{-5}$

इस प्रकार, दी गई संख्याओं का योग 4.6×10^{-5} है।

34 *(b)* चूँकि मापी गई लम्बाई में सार्थक अंकों की संख्या 4 है, इसीलिए गणना किए गए क्षेत्रफल और आयतन को 4 सार्थक अंकों तक पूर्णांकित किया जाना चाहिए।

घन का पृष्ठीय क्षेत्रफल

$= 6l^2 = 6(7.203)^2$

$= 311299254 = 311.3$ मी^{2}

घन का आयतन $= l^3 = (7.203)^3$

$= 373.7$ मी^{3}

35 *(a)* $AB = (1.0)(2.0) = 2.0$ मी^{2}

$x = \sqrt{AB} = \sqrt{2.0\text{ मी}^2} = 1.414$ मी

$x = \sqrt{AB} = 1.4$ मी

$$\frac{\Delta x}{x} = \frac{1}{2}\left(\frac{\Delta A}{A} + \frac{\Delta B}{B}\right) = \frac{1}{2}\left(\frac{0.2}{1.0} + \frac{0.2}{2.0}\right)$$

$\Delta x = 0.212$ मी

एक सार्थक अंक तक पूर्णांकित करने पर,

$x = 0.2$ मीटर

$\therefore \sqrt{AB} = (1.4 \pm 0.2)$ मीटर

40 *(c)* $C^2LR = (RC)\left(\dfrac{L}{R}\right)(RC)$

विमीय सूत्र = $[M^0L^0T^3]$

41 *(a)* E = ऊर्जा घनत्व

$E = [M^1L^{-1}T^{-2}]$

$g = [L^1T^{-2}]$

इसीलिए, $\dfrac{E}{g} = \dfrac{[E]}{[g]} = \dfrac{[M^1L^{-1}T^{-2}]}{[L^1T^{-2}]} = [M^1L^{-2}T^0]$

42 *(d)* राशि f की विमा है,

$$[f] = \frac{[h]^{1/2}\,[c]^{5/2}}{[G]^{1/2}} \quad \text{...(i)}$$

जैसे, $h = \dfrac{E}{\nu}$

$[h] = [ML^2T^{-2}]\,[T] = [ML^2T^{-1}]$

$c = [LT^{-1}]$ और $G = \dfrac{F\cdot r^2}{m^2}$

$$\Rightarrow \quad [G] = \frac{[MLT^{-2}]\,[L^2]}{[M^2]}$$

$= [M^{-1}L^3T^{-2}]$

समी (i) का प्रयोग करके f की विमा,

$$[f] = \frac{[ML^2T^{-1}]^{1/2}\,[LT^{-1}]^{5/2}}{[M^{-1}L^3T^{-2}]^{1/2}}$$

$= [ML^2T^{-2}]$

अतः f की विमा ऊर्जा की विमा के तुल्य है।

43 *(a)* $R = \frac{(p)(V)}{(n)(T)}$

$$[R] = \frac{[ML^{-1}T^{-2}][L^3]}{[mol][K]} = [ML^2T^{-2}\ mol^{-1}K^{-1}]$$

44 *(a)* $[X] = [M^{-1}L^{-2}T^2Q^2]$

एवं $[Z]$ = चुम्बकीय प्रेरण की विमा

$$= [MT^{-1}Q^{-1}] \Rightarrow [Y] = \frac{[X]}{[Z^2]}$$

$$[Y] = \frac{[M^{-1}L^{-2}T^2Q^2]}{[M^2T^{-2}Q^{-2}]} = [M^{-3}L^{-2}T^4Q^4]$$

45 *(b)* $W = \alpha^2\beta e^{-\beta x^2/kT}$

$[W] = [ML^2T^{-2}]$

$\therefore [\alpha^2\beta]$ की विमा $= [ML^2T^{-2}]$

$$\Rightarrow \quad \alpha = \left[\frac{ML^2T^{-2}}{\beta}\right]^{1/2} \quad ...(i)$$

$$\Rightarrow \left[\frac{\beta x^2}{kT}\right] = [M^0L^0T^0] \Rightarrow [\beta] = \frac{[k][T]}{[x^2]} \quad ...(ii)$$

गैसीय अणु की ऊर्जा,

$$E = \frac{3}{2}kT \Rightarrow [k] = \frac{[E]}{[T]} = [ML^2T^{-2}K^{-1}]$$

समी (ii) में k का मान प्रतिस्थापित करने पर,

$$[\beta] = \frac{[ML^2T^{-2}K^{-1}][K]}{[L^2]} = [MT^{-2}]$$

समी (i) में β का मान प्रतिस्थापित करने पर,

$$[\alpha] = \left\{\frac{[ML^2T^{-2}]}{[MT^{-2}]}\right\}^{1/2} = [M^0LT^0]$$

46 *(d)* $S = \alpha^2\beta \ln\left[\frac{\mu kR}{J\beta^2} + 3\right] \quad ...(i)$

चूँकि, $S = \frac{dQ}{T}$ [दिया है]

$$\Rightarrow [S] = \frac{[ML^2T^{-2}]}{[K]} \quad ...(ii)$$

बोल्ट्ज़मान नियतांक,

$$k = \frac{\text{ऊर्जा}}{T} \Rightarrow [k] = \frac{[ML^2T^{-2}]}{[K]} \quad ...(iii)$$

समी (ii) एवं समी (iii) से,

$$[S] = [k] = \frac{[ML^2T^{-2}]}{[K]} \quad ...(iv)$$

$\because$ गैस नियतांक,

$$[R] = \frac{[\text{ऊर्जा}]}{[nT]} = \frac{[ML^2T^{-2}]}{[mol\ K]} \quad ...(v)$$

एवं ऊष्मा का यान्त्रिक तुल्यांक

$$[J] = [M^0L^0T^0] \quad ...(vi)$$

चूँकि, $[\mu kR] = [J\beta]^2$

समी (iii), (v) एवं (vi) का प्रयोग करने पर,

$$\Rightarrow [mol] \times \frac{[ML^2T^{-2}]}{[K]} \times \frac{[ML^2T^{-2}]}{[mol\ K]} = [\beta^2]$$

$$\Rightarrow \quad [\beta] = [ML^2T^{-2}K^{-1}] \quad ...(vii)$$

समी (i) का प्रयोग करने पर,

$$[\alpha^2] = \frac{[S]}{[\beta]} = \frac{[ML^2T^{-2}K^{-1}]}{[ML^2T^{-2}K^{-1}]}$$

$$\Rightarrow \quad \alpha = [M^0L^0T^0] \quad ...(viii)$$

अतः समी (iii) एवं समी (viii) से, हम कह सकते हैं कि α और k की विमाएँ अलग हैं।

47 *(d)* $[V] = [LT^{-1}]$

$[A] = [LT^{-2}]$

$[F] = [MLT^{-2}]$

$[Y] = [ML^{-1}T^{-2}]$

$$[Y] = [V]^\alpha [A]^\beta [F]^\gamma \quad ...(i)$$

$$[ML^{-1}T^{-2}] = [LT^{-1}]^\alpha [LT^{-2}]^\beta [MLT^{-2}]^\gamma$$

$$= [M^\gamma L^{\alpha+\beta+\gamma}T^{-\alpha-2\beta-2\gamma}]$$

अब दोनों पक्षों पर मूल राशियों की घातों की तुलना करने पर,

$$\gamma = 1$$

$$\alpha + \beta + \gamma = -1$$

एवं $-\alpha - 2\beta - 2\gamma = -2$

इन समीकरणों को हल करने पर,

$$\alpha = -4, \beta = 2, \gamma = 1$$

समी (i) में, α, β एवं γ के मान रखने पर,

$$[Y] = [V^{-4}A^2F]$$

48 *(d)* माना $V_0 = (h)^a \cdot (c)^b \cdot (G)^c \cdot (A)^d \quad ...(i)$

तब, $[V_0] = \frac{[ML^2T^{-2}]}{[AT]} = [ML^2T^{-3}A^{-1}]$

$$[h] = \left[\frac{\text{ऊर्जा}}{\text{आवृत्ति}}\right] = \frac{[ML^2T^{-2}]}{[T^{-1}]}$$

$$= [ML^2T^{-1}]$$

$$[c] = [\text{गति}] = [LT^{-1}]$$

$$[G] = \frac{[MLT^{-2}][L^2]}{[M^2]} = [M^{-1}L^3T^{-2}]$$

समी (i) में V_0, h, c, G एवं A की विमाओं को प्रतिस्थापित और दोनों पक्षों पर विमाओं को बराबर करने पर,

$$[ML^2T^{-3}A^{-1}] = [ML^2T^{-1}]^a \times [LT^{-1}]^b \times [M^{-1}L^3T^{-2}]^c \times [A]^d$$

$$\Rightarrow \quad a - c = 1 \quad ...(ii)$$

$$2a + b + 3c = 2 \quad ...(iii)$$

$$-a - b - 2c = -3 \quad ...(iv)$$

$$d = -1 \quad ...(v)$$

उपरोक्त समीकरणों को हल करने पर,

$$a = 0, b = 5,$$

$$c = -1, d = -1$$

इन मानों को समी (i) में रखने पर,

$$V_0 = h^0 \cdot c^5 \cdot G^{-1} \cdot A^{-1}$$

49 *(c)* माना, $p \propto (h)^a (S)^b (l)^c$

या $p = kh^aS^bl^c$

इस प्रकार, $[p] = [h]^a [S]^b [l]^c \quad ...(i)$

तब दी गई भौतिक राशियों की सम्बन्धित विमाएँ, अर्थात्

$[p]$ = [द्रव्यमान × वेग] $= [MLT^{-1}]$

$[h] = [ML^2T^{-1}]$

$[S]$ = [बल/लम्बाई] $= [ML^0T^{-2}]$

$[l]$ = [द्रव्यमान × दूरी^{2}] $= [ML^2T^0]$

तब, इन विमाओं को समी (i) में प्रतिस्थापित करने पर,

$$[MLT^{-1}] = [ML^2T^{-1}]^a [MT^{-2}]^b [ML^2]^c$$

विमाओं को बराबर करने पर,

$$a + b + c = 1$$

$$2(a + c) = 1 \text{ या } a + c = \frac{1}{2}$$

$$-a - 2b = 1 \text{ या } a + 2b = -1$$

इन तीनों समीकरणों का हल करने पर,

$$a = 0, b = \frac{1}{2}, c = \frac{1}{2}$$

$$\therefore \quad p = h^0S^{\frac{1}{2}}l^{\frac{1}{2}} \text{ या } p = S^{\frac{1}{2}}l^{\frac{1}{2}}h^0$$

50 *(a)* $T^2 = \frac{4\pi^2r^3}{GM}$

$$[T^2] = \frac{[L]^3}{[M^{-1}L^3T^{-2}][M^1]} = [M^0L^0T^2]$$

$$[T^2] = [T^2]$$

अतः यह समीकरण, विमाओं के समघातता के सिद्धान्त को सन्तुष्ट करती है।

51 *(c)* माना, $\alpha = p^xs^yc^z \quad ...(i)$

$$\alpha = [M^0L^0T^0]$$

विकिरण दाब की विमा,

$$[p] = \left[\frac{F}{A}\right] = \frac{[MLT^{-2}]}{[L^2]} = [ML^{-1}T^{-2}]$$

प्रति इकाई क्षेत्रफल, प्रति इकाई समय, विकिरण ऊर्जा की विमाएँ,

$$[s] = \frac{[E]}{[A \times T]} = \frac{[ML^2T^{-2}]}{[L^2][T]} = [MT^{-3}]$$

प्रकाश की गति की विमा, $[c] = [LT^{-1}]$

समी (i) से,

$$[\alpha] = [ML^{-1}T^{-2}]^x [MT^{-3}]^y [LT^{-1}]^z$$

$$\Rightarrow \quad [\alpha] = [M^{x+y}L^{-x+z}T^{-2x-3y-z}]$$

विमा के समघातता के सिद्धान्त से,

$$x + y = 0, -x + z = 0,$$

$$-2x - 3y - z = 0$$

हल करने के पश्चात्,

$$x = 1, y = -1, z = 1$$

52 *(b)* हम जानते हैं कि जूल, ऊर्जा का मात्रक है और ऊर्जा का विमीय सूत्र $[ML^2T^{-2}]$ है। $[M^aL^bT^c]$ के साथ तुलना करने पर,

$a = 1, b = 2, c = -2$

चूँकि, $n_2 = n_1 \left[\frac{M_1}{M_2}\right]^a \left[\frac{L_1}{L_2}\right]^b \left[\frac{T_1}{T_2}\right]^c$

$= 5\left[\frac{1\text{ किग्रा}}{\alpha\text{ किग्रा}}\right]\left[\frac{1\text{ मी}}{\beta\text{ मी}}\right]^2\left[\frac{1\text{ से}}{\gamma\text{ से}}\right]^{-2}$

$= \frac{5\gamma^2}{\alpha\beta^2} \Rightarrow n_2 = 5\alpha^{-1}\beta^{-2}\gamma^2$

53 *(d)* दिया है, $U = \frac{A\sqrt{x}}{x+B}$

U की विमा $= [ML^2T^{-2}]$

समघातता के सिद्धान्त के अनुसार,

B की विमा $= x$ की विमा $= [M^0LT^0]$

$\therefore A$ की विमा

$= \frac{U \text{ की विमा} \times (x+B) \text{ की विमा}}{\sqrt{x} \text{ की विमा}}$

$= \frac{[ML^2T^{-2}]\,[M^0LT^0]}{[M^0L^{1/2}T^0]} = [ML^{5/2}T^{-2}]$

अतः AB की विमा

$= [ML^{5/2}T^{-2}]\,[M^0LT^0] = [ML^{7/2}T^{-2}]$

54 *(d)* प्रश्नानुसार, $m \propto t^a v^b f^c$

या $m = kt^a v^b f^c$ ...(i)

समी (i) में सभी विमाओं को प्रतिस्थापित करने पर,

$[M^1L^0T^0] = [M^0L^0T^1]^a [M^0L^1T^{-1}] [M^1L^2T^{-1}]^c$

$[M^1L^0T^0] = [M^cL^{b+2c}T^{a-b-c}]$

घातों की तुलना करने पर,

$c = 1,$

$b + 2c = 0 = b + 2 = 0 \Rightarrow b = -2$

$a - b - c = 0$

$\Rightarrow a = -1$

$\therefore$ हम लिख सकते हैं, $[m] = [t^{-1}v^{-2}f^1]$

55 *(b)* घनत्व की विमा,

$= \frac{[M]}{[L^3]} = [ML^{-3}]$

दिया है, $n_1 = 10, M_1 = 1$ ग्राम, $L_1 = 1$ सेमी

नई प्रणाली में, $n_2 = ?, M_2 = 100$ ग्राम, $L_2 = 10$ सेमी

अतः 10 ग्राम/सेमी³ (n_1) की नई प्रणाली में रूपान्तरण,

$n_2 = n_1 \times \left[\frac{M_1}{M_2}\right]\left[\frac{L_1}{L_2}\right]^{-3}$

$= 10 \times \left(\frac{1}{100}\right)\left(\frac{1}{10}\right)^{-3}$

$= 10 \times \frac{1}{100} \times 10 \times 10 \times 10$

$= 100$ इकाई

56 *(b)* दिया है,

शक्ति, $P_1 = \frac{\text{किया गया कार्य}}{\text{लिया गया समय}}$

$= \frac{60\text{ जूल}}{1\text{ मिनट}} = \frac{60\text{ जूल}}{60\text{ से}}$

$= 1$ वाट या किग्रा-मी²/ से³

दिया है, $P_1 = 1$ वाट, $M_1 = 1$ किग्रा $= 1000$ ग्राम,

$L_1 = 1$ मीटर $= 100$ सेमी, $T_1 = 1$ से

नई प्रणाली में,

$P_2 = ?, M_2 = 100$ ग्राम, $L_2 = 100$ सेमी,

$T_2 = 1$ मिनट $= 60$ से

$\therefore$ 60 जूल प्रति मिनट या 1 वाट को नई प्रणाली में परिवर्तित करने पर, अर्थात्

$P_2 = P_1 \left[\frac{M_1}{M_2}\right]^a \left[\frac{L_1}{L_2}\right]^b \left[\frac{T_1}{T_2}\right]^c$

अब, [शक्ति] $= [ML^2T^{-3}]$

इसीलिए, $a = 1, b = 2$

और $c = -3$

$\Rightarrow P_2 = 1\left[\frac{1000}{100}\right]^1\left[\frac{100}{100}\right]^2\left[\frac{1}{60}\right]^{-3}$

$= 2.16 \times 10^6$ इकाई

$\therefore$ 60 जूल/मिनट $= 2.16 \times 10^6$ शक्ति का नया मात्रक

57 *(b)* दिया है, बल का विमीय सूत्र $= [MLT^{-2}]$

$n_1 = 36, M = 1$ किग्रा, $L_1 = 1$ मी

$T_1 = 1$ मिनट $= 60$ से

$n_2 = ?, M_2 = 1$ ग्राम,

$L_2 = 1$ सेमी, $T_2 = 1$ से

36 मात्रकों का CGS प्रणाली में रूपान्तरण, अर्थात्

$n_2 = n_1 \left[\frac{M_1}{M_2}\right]^a \left[\frac{L_1}{L_2}\right]^b \left[\frac{T_1}{T_2}\right]^c$

$\Rightarrow n_2 = n_1$

$\left[\frac{1\text{ किग्रा}}{1\text{ ग्राम}}\right]^1\left[\frac{1\text{ मी}}{1\text{ सेमी}}\right]^1\left[\frac{1\text{ मिनट}}{1\text{ से}}\right]^{-2}$

$= 36\left[\frac{1000\text{ ग्राम}}{1\text{ ग्राम}}\right]^1\left[\frac{100\text{ सेमी}}{1\text{ सेमी}}\right]^1\left[\frac{60\text{ से}}{1\text{ से}}\right]^{-2}$

$= 10^3$ डाइन

58 *(c)* दिया है, 10 जूल = 10 किग्रा-मी²/से²

$\therefore$ SI प्रणाली	नई प्रणाली
मान, $n_1 = 10$	व, $n_2 = ?$
द्रव्यमान, $M_1 = 1$ किग्रा	द्रव्यमान, $M_2 = \alpha$ किग्रा
लम्बाई, $L_1 = 1$ मीटर	लम्बाई, $L_2 = \beta$ मीटर
समय, $T_1 = 1$ सेकण्ड	समय, $T_2 = \gamma$ सेकण्ड

ऊर्जा, $[E] = [ML^2T^{-2}]$

$\because a = 1, b = 2, c = -2$

$\therefore n_2 = n_1 \left[\frac{M_1}{M_2}\right]^a \left[\frac{L_1}{L_2}\right]^b \left[\frac{T_1}{T_2}\right]^c$

$n_2 = 10 \times \left(\frac{1}{\alpha}\right)\left(\frac{1}{\beta}\right)^2\left(\frac{1}{\gamma}\right)^{-2}$

$\therefore n_2 = 10\alpha^{-1}\beta^{-2}\gamma^2$

59 *(c)* दिया है, $F = \alpha\beta \exp(-x^2/\alpha kT)$

$\left(\frac{-x^2}{\alpha kT}\right) = [M^0L^0T^0]$

$\Rightarrow \alpha$ की विमा $= (x^2/kT)$ की विमा,

$[\alpha] = \frac{[M^0L^2T^0]}{[M^1L^2T^{-2}]} \Rightarrow [\alpha] = [M^{-1}L^2T^2]$ ...(i)

अब दी गई समीकरण से, प्राप्त विमा है,

$[F] = [\alpha][\beta]$

$[\beta] = \frac{[F]}{[\alpha]} = \frac{[M^1L^1T^{-2}]}{[M^{-1}L^0T^2]}$

[$\because$ समी (i) का उपयोग करके]

$= [M^2LT^{-4}]$

60 *(a)* दो आवेशों के मध्य लगने वाला बल,

$F = \frac{e^2}{4\pi\varepsilon_0 r^2} \Rightarrow \frac{e^2}{4\pi\varepsilon_0} = r^2 \cdot F$

r और F की विमाएँ रखने पर,

$\left[\frac{e^2}{4p\varepsilon_0}\right] = [L^2]\,[MLT^{-2}]$ ...(i)

दो द्रव्यमानों के मध्य लगने वाला बल,

$F = \frac{Gm^2}{r^2} \Rightarrow G = \frac{Fr^2}{m^2}$

$\Rightarrow [G] = \frac{[MLT^{-2}]\,[L^2]}{[M^2]}$

$\Rightarrow [G] = [M^{-1}L^3T^{-2}]$ ...(ii)

और $\left[\frac{1}{c^2}\right] = \frac{1}{[L^2T^{-2}]} = [L^{-2}T^2]$ ...(iii)

अब, विकल्प (a) को जाँचते हुए

$= \frac{1}{c^2}\left(\frac{Ge^2}{4\pi\varepsilon_0}\right)^{1/2}$

$= [L^{-2}T^2]\,\{[M^{-1}L^3T^{-2}]\,[L^2]\,[MLT^{-2}]\}^{1/2}$

$= [L^{-2}T^2]\,[L^6T^{-4}]^{1/2} = [L]$

61 *(a)* प्रश्नानुसार, लम्बाई को लिखा जा सकता है

$$l \propto h^a c^b G^c$$

या $l = kh^a c^b G^c$

$$[M^0L^1T^0] = [ML^2T^{-1}]^a \; [LT^{-1}]^b \; [M^{-1}L^3T^{-2}]^c$$

समघातता के सिद्धान्त को लागू करने पर,

$$a - c = 0 \quad \ldots(i)$$
$$2a + b + 3c = 1 \quad \ldots(ii)$$
$$-a - b - 2c = 0 \quad \ldots(iii)$$

समीकरण (i), (ii) एवं (iii) को हल करने पर

$$a = c = \frac{1}{2}, b = \frac{-3}{2}$$

अतः $l = k\dfrac{\sqrt{hG}}{c^{3/2}}$

62 *(c)* हम जानते हैं कि पृष्ठ तनाव,

$$S = \frac{\text{बल } [F]}{\text{लम्बाई } [L]}$$

अतः, $[S] = \dfrac{[MLT^{-2}]}{[L]} = [ML^0T^{-2}]$

ऊर्जा, $E =$ बल $\times$ विस्थापन

$\Rightarrow$ $[E] = [MLT^{-2}]\,[L] = [ML^2T^{-2}]$

$[v] = [LT^{-1}]$

इस प्रकार, $S \propto E^a v^b T^c$,

जहाँ a, b और c नियतांक हैं।

समघातता के सिद्धान्त से,

$$[ML^0T^{-2}] = [ML^2T^{-2}]^a \; [[LT^{-1}]^b \; [T]^c$$
$$\Rightarrow [ML^0T^{-2}] = [M^aL^{2a+b}T^{-2a-b+c}]$$

दोनों पक्षों की घातों को बराबर करने पर,

$$a = 1, 2a + b = 0 \Rightarrow b = -2$$

और $-2a - b + c = -2$

$\Rightarrow$ $c = (2a + b) - 2 = 0 - 2 = -2$

अतः $[S] = [Ev^{-2}T^{-2}]$

63 *(a)* माना, $F = kr^a \eta^b v^c$

जहाँ, k एक विमाहीन नियतांक है।

$F = [MLT^{-2}]$

त्रिज्या, $r = [L]$,

$\eta = [M^1L^{-1}T^{-1}]$

$v = [LT^{-1}]$, यहाँ, हमें प्राप्त होता है

$$[MLT^{-2}] = [L]^a \; [ML^{-1}T^{-1}]^b \; [LT^{-1}]^c$$
$$= [M^bL^{a-b+c}T^{-b-c}]$$

घातों की तुलना करने पर,

$$b = 1 \quad \ldots(i)$$
$$a - b + c = 1 \quad \ldots(ii)$$

एवं $-b - c = -2 \quad \ldots(iii)$

तीनों समीकरणों को हल करने पर,

$a = 1, b = 1$ और $c = 1$

अतः प्राप्त सम्बन्ध

$$F = kr\eta v$$

64 *(b)* दिया है, $A_s = kA^1V^1x^{-1}\lambda^d$

जहाँ, k आनुपातिकता का नियतांक है।

$\therefore$ $[L] = [L]\,[L^3]\,[L^{-1}]\,[L^d]$

$= [L^{3+d}]$

घातों की तुलना करने पर,

या $1 = 3 + d$

या $d = -2$

i.e. $A_s \propto \dfrac{1}{\lambda^2}$

परन्तु तीव्रता $(I_s) \propto$ आयाम $(A_s)^2$

$\therefore$ $I_s \propto \dfrac{1}{\lambda^4}$

65 *(a)* दिया है, $y = A\sin\left[\left(\dfrac{2\pi}{\lambda}\right)\right][ct - x]$

क्योंकि कोण की विमा $[M^0L^0T^0]$ होती है

$\therefore$ $\dfrac{c}{\lambda}t = [M^0L^0T^0]$

$\lambda = ct = [M^0L^1T^0]$

$x = \lambda = [M^0L^1T^0]$

$A = [M^0L^1T^0]$

$\therefore \lambda$ का मात्रक, x और y के समान होता है।

अभिकथन-कारण प्रश्न

3 *(a)* चूँकि, $K = \dfrac{1}{2}mv^2$,

अतः KE में सापेक्ष त्रुटि दी गई है

$$\frac{\Delta E}{E} = \frac{\Delta m}{m} + \frac{2\,\Delta v}{v}$$
$$\frac{\Delta E}{E} \times 100 = \frac{\Delta m}{m} \times 100 + \frac{2\,\Delta v}{v} \times 100$$
$$= 3\% + 2 \times 5\% = 13\%$$

इसीलिए अभिकथन और कारण दोनों सही हैं।

4 *(d)* जब किसी व्यंजक में एक राशि n की घात एक से अधिक होती है, तो अन्तिम परिणाम में उसकी त्रुटि का योगदान n गुना बढ़ जाता है। इसीलिए, व्यंजक में उच्च घात वाली राशियों को अधिकतम यथार्थता के साथ मापा जाना चाहिए।

7 *(c)* विशिष्ट ऊष्मा, $C = \dfrac{Q}{m\Delta T}$

i.e. $[C] = \dfrac{[ML^2T^{-2}]}{[M]\,[Q]}$

i.e. $[C] = [L^2T^{-2}Q^{-1}]$

इसीलिए, यह तापमान पर निर्भर करता है लेकिन रेखीय प्रसार का गुणांक भी तापमान पर निर्भर करता है।

8 *(c)* यहाँ, $F = k\eta^x r^y v^z \quad \ldots(i)$

$$[MLT^{-2}] = [ML^{-1}T^{-1}]^x \; [L]^y \; [LT^{-1}]^z$$

या $[MLT^{-2}] = [M^xL^{-x+y+z}T^{-x-z}]$

$$x = 1; -x + y + z = 1$$

और $-x - z = -2$

x, y एवं z के लिए इन्हें हल करने पर,

$$x = y = z = 1$$

अतः समी (i) से

$$F = k\eta r v$$

$k = 6\pi$ पर,

अतः $F = 6\pi\eta r v$

9 *(a)* किसी भी सदिश राशि को उनकी विमाओं पर विचार किए बिना एक अदिश राशि से विभाजित किया जा सकता है, इसीलिए दोनों सही हैं।

10 *(b)* पृष्ठीय फिल्म के प्रति इकाई क्षेत्रफल में सम्भावित ऊर्जा को पृष्ठीय ऊर्जा (surface energy) कहा जाता है और यह ज्ञात होता है कि पृष्ठीय तनाव = पृष्ठीय ऊर्जा

अब, पृष्ठ तनाव

$$= \frac{F}{L} = \frac{[MLT^{-2}]}{[L]} = [ML^0T^{-2}]$$

पृष्ठीय ऊर्जा $= \dfrac{E}{A} = \left[\dfrac{ML^2T^{-2}}{L^2}\right]$

$$= [ML^0T^{-2}]$$

अतः अभिकथन और कारण दोनों सही हैं, लेकिन कारण अभिकथन की सही व्याख्या नहीं करता है।

कथन आधारित प्रश्न

2 *(b)* यादृच्छिक त्रुटियाँ अनियमित रूप से होती हैं और इसीलिए ये चिन्ह एवं आकार में यादृच्छिक होती हैं।

5 *(c)* $x = a^n$ के लिए, आंशिक त्रुटि $\dfrac{\Delta x}{x}, n\left(\dfrac{\Delta a}{a}\right)$ के बराबर होती है।

6 *(b)* घातांक, लघुगणक, त्रिकोणमितीय अनुपात जैसी भौतिक राशियों की विमाएँ नहीं होती हैं, इसीलिए इन्हें विमीय विश्लेषण का उपयोग करके प्राप्त नहीं किया जा सकता है।

सुमेलन प्रकार प्रश्न

4 *(b)* A→ 4, B→ 2, C→ 1 और D→ 3.

5 *(b)*

A. आन्तरिक ऊर्जा के रूप में,

$$U = \frac{1}{2}kT$$

$\Rightarrow [ML^2T^{-2}] = [k][K]$

$\Rightarrow \quad [k] = [ML^2T^{-2}K^{-1}]$

B. श्यानता बल, $F = \eta A \dfrac{dv}{dx}$

$\Rightarrow \quad [\eta] = \dfrac{[MLT^{-2}]}{[L^2][LT^{-1}][L^{-1}]}$

$= [ML^{-1}T^{-1}]$

C. ऊर्जा, $\quad E = h\nu$

$\Rightarrow [ML^2T^2] = [h][T^{-1}]$

$\Rightarrow \quad [h] = [ML^2T^{-1}]$

D. $\dfrac{dQ}{dt} = \dfrac{k A \Delta\theta}{l}$

$\Rightarrow \quad [k] = \dfrac{[ML^2T^{-3}L]}{[L^2K]} = [MLT^{-3}K^{-1}]$

अतः, A→ 4, B→ 2, C→ 1 तथा D→ 3.

आंकिक मान प्रकार के प्रश्न

1 *(3.18)* स्क्रूगेज की अल्पतमांक

$= \dfrac{1 \text{ मिमी}}{100} = 0.01$ मिमी

तार का व्यास

$= (1 + 35 \times 0.01)$ मिमी

$= 1.35$ मिमी

वक्राकार पृष्ठ क्षेत्रफल (सेमी² में)

$S = 2\pi\left(\dfrac{d}{2}\right)(L)$

$= \pi dL = \pi(1.35 \times 10^{-1})(7.5)$

$\Rightarrow \quad S = 3.1808$ सेमी²

दो सार्थक अंकों तक पूर्णांकित करने पर,

$S = 3.18$ सेमी²

2 *(0.1)* वर्नियर कैलीपर का अल्पतमांक

LC = 1 MSD − 1 VSD ...(i)

⇒ वर्नियर स्केल के 20 विभाजन = मुख्य स्केल के 18 विभाजन

$\therefore \quad 1 \text{ VSD} = \dfrac{18}{20}$ MSD = 0.9 मिमी

[समी (i) से]

$\Rightarrow \quad$ LC = 1 MSD − 1 VSD

$= 1 - 0.9 = 0.1$ मिमी

3 *(12)* $l = a^2 m^3 n^{1/2}$

इसीलिए, $\dfrac{\Delta l}{l} = \dfrac{2\Delta a}{a} + \dfrac{3\Delta m}{m} + \dfrac{1}{2}\dfrac{\Delta n}{n}$

यहाँ, a स्थिरांक है।

इसीलिए, $\dfrac{\Delta l}{l} \times 100 = \dfrac{3\Delta m}{m} \times 100 + \dfrac{1}{2}\dfrac{\Delta n}{n} \times 100$

$\Rightarrow \quad 18 = 3 \times 4 + \dfrac{1}{2}\left(\dfrac{\Delta n}{n} \times 100\right)$

$\Rightarrow \dfrac{\Delta n}{n} \times 100 = 12\%$

4 *(150)* दिया गया है,

$\bar{x} = \dfrac{119 + 120 + 123 + 122}{4}$

$\Rightarrow \quad \bar{x} = 121$

इसीलिए, $|\bar{x} - x_1| = 0.02$

$|\bar{x} - x_2| = 0.01$

$|\bar{x} - x_3| = 0.02$

$|\bar{x} - x_4| = 0.01$

तब, $\Delta x = \dfrac{0.02 + 0.01 + 0.02 + 0.01}{4}$

$= 0.015$

अतः प्रतिशत त्रुटि $= \dfrac{0.015}{121} \times 100 = \dfrac{150}{121}\%$

$\therefore \quad x = 150$

5 *(45)* गोले का आयतन, $V = \dfrac{4}{3}\pi R^3$

आयतन में प्रतिशत त्रुटि,

$\dfrac{\Delta V}{V} \times 100 = 3 \times \dfrac{\Delta R}{R} \times 100$

$= 3 \times \dfrac{0.75}{5} \times 100 = 45\%$

अतः, $\quad x = 45$

6 *(24)* मात्रकों की दो प्रणाली के लिए,

$N_1 u_1 = N_2 u_2$

$\Rightarrow \; 120 \dfrac{\text{किग्रा}}{\text{मी}^3} = N_2 \dfrac{40 \text{ ग्राम}}{(20 \text{ सेमी})^3}$

$\Rightarrow \quad N_2 = \dfrac{120 \times 10^3 \times (20)^3}{10^6 \times 40} = 24$

7 *(1)* जल में उत्पन्न तरंग की गति,

$v = \lambda^\alpha g^\beta \rho^\gamma$

$[LT^{-1}] = [L]^\alpha [LT^{-2}]^\beta [ML^{-3}]^\gamma$

$= [M^\gamma L^{\alpha + \beta - 3\gamma} T^{-2\beta}]$

घातों की तुलना करने पर,

$\gamma = 0, -2\beta = -1 \Rightarrow \beta = \dfrac{1}{2}$

$\alpha + \beta - 3\gamma = 1$

$\Rightarrow \alpha + \dfrac{1}{2} - 3(0) = 1 \Rightarrow \alpha = \dfrac{1}{2}$

अतः $\alpha + \beta + \gamma = \dfrac{1}{2} + \dfrac{1}{2} + 0 = 1$

8 *(3)* A की विमा = $[MLT^{-2}]$, $D = [T^{-1}]$

AD की विमा = $[MLT^{-2}][T^{-1}]$

$= [MLT^{-3}]$

अतः a का मान 3 होगा।

9 *(5.4)* दिया गया है, आवर्तकाल, $T = \dfrac{t}{n}$

और $\quad T = 2\pi\sqrt{\dfrac{L}{g}}$

$\Rightarrow \quad g = \dfrac{4\pi^2 L}{T^2} = \dfrac{4\pi^2 L}{\left(\dfrac{t}{n}\right)^2} = \dfrac{4\pi^2 n^2 L}{t^2}$

$\Rightarrow \quad g \propto \dfrac{L}{t^2}$

g के मान में प्रतिशत त्रुटि,

$\dfrac{\Delta g}{g} \times 100 = \dfrac{\Delta L}{L} \times 100 + 2\dfrac{\Delta t}{t} \times 100$

$= \dfrac{0.1}{25} \times 100 + 2 \times \dfrac{1}{40} \times 100$

$= 0.4 + 5 = 5.4\%$

10 *(4)* यहाँ, $q = cV, c = \dfrac{q}{V} = \dfrac{q^2}{w} \quad \left[\because V = \dfrac{w}{q}\right]$

इसीलिए $[x] \to [c] = \left[\dfrac{Q^2}{ML^2T^{-2}}\right]$

$= [M^{-1}L^{-2}T^2Q^2]$

और $\quad F = Bil\sin\theta, [B] = \left[\dfrac{F}{il}\right]$

इसीलिए

$[z] \to [B] = \left[\dfrac{MLT^{-2}}{QT^{-1}L}\right] = [MT^{-1}Q^{-1}]$

लेकिन $\quad x = 3yz^2$

अर्थात् $\quad y = \dfrac{x}{(3z^2)}$

इसीलिए $\quad [y] = \dfrac{[M^{-1}L^{-2}T^2Q^2]}{[MT^{-1}Q^{-1}]^2}$

या $\quad [y] = [M^{-3}L^{-2}T^4Q^4]$

$[M^{-3}T^{-2}T^xQ^4] = [M^{-3}T^{-2}T^4Q^4]$

अतः $\quad x = 4$

NCERT Exemplar प्रश्न

1 *(b)* 0.06900 में, रेखांकित किए गये शून्य सार्थक नहीं हैं। इसीलिए सार्थक अंकों की संख्या चार (6900) है।

2 *(c)* दी गई संख्याओं का योग

$= 436.22 + 227.2 + 0.301$

$= 663.821$

उपरोक्त दी गई संख्याओं में, निम्नतम दशमलव स्थान वाली संख्या 227.2 अर्थात् 1 है। इसीलिए अन्तिम योग को एक दशमलव बिन्दु अर्थात् 663.8 तक पूर्णांकित करना चाहिए।

4 *(c)* पदार्थ का घनत्व

$= \dfrac{\text{द्रव्यमान}}{\text{आयतन}} = \dfrac{4.237 \text{ ग्राम}}{2.5 \text{ सेमी}^3}$

$= 1.6948$ ग्राम/सेमी^{3}

$\therefore$ घनत्व $= 1.7$ ग्राम/सेमी^{3}

5 **(a)** दिया है, लम्बाई, $l = (16.2 \pm 0.1)$ सेमी

चौड़ाई, $b = (10.1 \pm 0.1)$ सेमी

क्षेत्रफल, $A = l \times b$

$= (16.2) \times (10.1)$

$\therefore \quad = 163.62$ सेमी^{2}

3 सार्थक अंकों तक पूर्णांकित करने पर क्षेत्रफल,

$A = 164$ सेमी^{2}

$$\therefore \quad \frac{\Delta A}{A} = \frac{\Delta l}{l} + \frac{\Delta b}{b} = \frac{0.1}{16.2} + \frac{0.1}{10.1}$$

$$\Rightarrow \quad \Delta A = A \times \frac{2.63}{163.62}$$

$$= 163.62 \times \frac{2.63}{163.62} = 2.63 \text{ सेमी}^2$$

या $\Delta A = 3$ सेमी^{2}

एक सार्थक अंक तक पूर्णांकित करने पर

$\therefore$ क्षेत्रफल, $A = A \pm \Delta A = (164 \pm 3)$ सेमी^{2}

6 **(c)** तनाव = बल

$\therefore$ तनाव का विमीय सूत्र $= [MLT^{-2}]$

पृष्ठ तनाव $= \dfrac{\text{बल}}{\text{लम्बाई}}$

$\therefore$ पृष्ठ तनाव का विमीय सूत्र

$$= \frac{[MLT^{-2}]}{[L]} = [ML^0T^{-2}]$$

7 **(a)** दिया है, $A = 2.5$ मी/से ± 0.5 मी/से

$B = 0.10$ से ± 0.01 से

माना $x = AB = (2.5)(0.10) = 0.25$ मी

$$\because \quad \frac{\Delta x}{x} = \frac{\Delta A}{A} + \frac{\Delta B}{B} = \frac{0.5}{2.5} + \frac{0.01}{0.10}$$

$$= \frac{0.05 + 0.025}{0.25} = \frac{0.075}{0.25}$$

$\Rightarrow \Delta x = 0.075 = 0.08$ मीटर, (दो सार्थक अंकों तक पूर्णांकित करने पर)

$\therefore \quad AB = x + \Delta x = (0.25 \pm 0.08)$ मी

8 **(c)** दिया है, यंग मापांक,

$Y = 1.9 \times 10^{11}$ न्यूटन/मी^{2}

$1\text{N} = 10^5$ डाइन और

1 मीटर$^2 = 10^4$ सेमी^{2}

$\therefore \quad Y = 1.9 \times 10^{11} \times 10^5 / (100)^2$

$\Rightarrow \quad Y = 1.9 \times 10^{12}$ डाइन/सेमी^{2}

9 **(d)** दिया है,

हम ऊर्जा E को लिख सकते हैं

$$E \propto p^a A^b T^c$$

$$\Rightarrow \quad E = kp^a A^b T^c$$

जहाँ, k आनुपातिकता का विमाहीन नियतांक है।

$[E]$ की विमा $= [ML^2T^{-2}]$

और $[p] = [MLT^{-1}]$

$[A] = [L^2] \Rightarrow [T] = [T]$

$[E] = [k]\,[p]^a\,[A]^b\,[T]^c$

सभी विमाओं को रखने पर

$$[ML^2T^{-2}] = [MLT^{-1}]^a\,[L^2]^b\,[T]^c$$

$$= [M^aL^{2b+a}T^{-a+c}]$$

विमाओं के समघातता सिद्धान्त से,

$a = 1, 2b + a = 2$

$\Rightarrow \quad 2b + 1 = 2$

$\Rightarrow \quad b = \dfrac{1}{2},$

$-a + c = -2$

$\Rightarrow \quad c = -2 + a = -2 + 1 = -1$

अतः, $\quad E = [pA^{1/2}T^{-1}]$

10 **(c)** दिया गया व्यंजक,

$$P = EL^2m^{-5}G^{-2}$$

ऊर्जा की विमा,

$E = [ML^2T^{-2}]$

कोणीय संवेग, $L = [ML^2T^{-1}]$

द्रव्यमान, $m = [M]$

गुरुत्वाकर्षण नियतांक,

$G = [M^{-1}L^3T^{-2}]$

दिए गए व्यंजक में प्रत्येक पद की विमा को प्रतिस्थापित करने पर,

$$P = [ML^2T^{-2}] \times [ML^2T^{-1}]^2 \times [M]^{-5} \times [M^{-1}L^3T^{-2}]^{-2}$$

$$= [M^{1+2-5+2}L^{2+4-6}T^{-2-2+4}]$$

$$= [M^0L^0T^0]$$

इसीलिए, P एक विमाहीन राशि है।

विगत परीक्षाओं के प्रश्न

1 **(b)** दिया है,

$$F = \alpha t^2 + \beta t$$

हम जानते हैं कि दोनों ओर की विमाएँ समान होंगी, अर्थात्

$[F] = [\alpha t^2] = [\beta t]$

$\Rightarrow \quad [\alpha]\,[T^2] = [ML^1T^{-2}]$

$\Rightarrow \quad \alpha = [M^1L^1T^{-4}]$

तथा $[\beta][T] = [M^1LT^{-2}]$

$\Rightarrow \quad \beta = [M^1L^1T^{-3}]$

(a) $\quad \dfrac{[\beta t]}{[\alpha]} = \dfrac{[M^1L^1T^{-2}]}{[M^1L^1T^{-4}]} = [T^{+2}]$

(b) $\quad \dfrac{[\alpha t]}{[\beta]} = \dfrac{[M^1L^1T^{-4}][T]}{[M^1L^1T^{-3}]} = [M^0L^0T^0]$

अतः विकल्प (b) सही है।

2 **(a)** विकृति तथा कोण, घनकोण के समान विमाहीन राशियाँ हैं, जहाँ चाप की विमा, लम्बाई के तथा प्रतिबल की विमा, दाब के समान होती है।

3 **(b)** दिया है, 1MSD = 0 . 1मिमी

$(N+1)$ VSD $= N$ MSD

$$\therefore \quad 1\text{VSD} = \left(\frac{N}{N+1}\right)\text{MSD}$$

वर्नियर नियतांक का अल्पतमांक

$$= 1\text{MSD} - 1\text{VSD} = \left[1 - \frac{N}{N+1}\right]\text{MSD}$$

$$= \left(\frac{1}{N+1}\right)\text{MSD} = \left(\frac{0.1}{N+1}\right)\text{मिमी}$$

$$= \frac{1}{100(N+1)}\text{ सेमी}$$

5 **(c)** क्षेत्रफल = लम्बाई $\times$ चौड़ाई

$= 55.3 \times 25 = 1382.5$

$= 13.825 \times 10^2 = 13.83 \times 10^2$

$= 13.8 \times 10^2 = 14 \times 10^2$ मी^{2}

6 **(c)** हम जानते हैं कि चुम्बकीय फ्लक्स,

$\phi_B = BA$

$[\phi] = [ML^2T^{-2}A^{-1}]$

स्व-प्रेरकत्व की विमा,

$[L] = [ML^2T^{-2}A^{-2}]$

चुम्बकीय पारगम्यता की विमा,

$\mu_0 = [MLT^{-2}A^{-2}]$

विद्युतशीलता की विमा,

$\varepsilon = [M^{-1}L^{-1}T^4A^2]$

अतः सही विकल्प (c) है।

7 **(b)** ऊर्जा, बल, त्वरण एवं समय पर निर्भर करती है।

$[E] = [F]^a\,[a]^b\,[T]^c$

$\Rightarrow \quad [ML^2T^{-2}] = [MLT^{-2}]^a\,[LT^{-2}]^b\,[T]^c$

$\Rightarrow \quad [ML^2T^{-2}] = [M]^a\,[L]^{a+b}\,[T]^{-2a-2b+c}$

दोनों पक्षों पर M, L एवं T की घातों की तुलना करने पर,

$a = 1, a + b = 2$

और $\quad -2a - 2b + c = -2$

$\Rightarrow \quad 1 + b = 2 \Rightarrow b = 1$

$\Rightarrow -2(1) - 2(1) + c = -2$

$\Rightarrow \quad c = 2$

ऊर्जा की विमायें $[F]^1\,[a]^1\,[T]^2$ हैं।

8 ***(c)*** प्रतिबल $= \dfrac{F}{A} = \dfrac{ma}{A} = \dfrac{[M][LT^{-2}]}{[L^2]}$

$= [M^1L^{-1}T^{-2}]$

9 ***(c)*** लम्बाई L और अनुप्रस्थ-काट क्षेत्रफल A वाले चालक से होकर प्रवाहित होने वाली ऊष्मा की दर होगी,

$$\frac{dQ}{dt} = kA\frac{\Delta T}{L} \text{ जूल/से या वाट}$$

जहाँ, K = ऊष्मीय चालकता का नियतांक और

ΔT = तापमान में परिवर्तन

$\Rightarrow \quad K = \dfrac{L}{A\,\Delta T}\dfrac{dQ}{dt}$

$\therefore K$ का मात्रक $= \dfrac{\text{मी}}{(\text{मी})^2 \times \text{केल्विन}} \times$ वाट

$= Wm^{-1}K^{-1}$

10 ***(d)*** $\Delta Q = ms\Delta T \Rightarrow s = \dfrac{\Delta Q}{m\Delta T}$

$\Rightarrow [s] = \dfrac{[Q]}{[m][\Delta T]} = \dfrac{[ML^2T^{-2}]}{[M]\,[K]} = [L^2T^{-2}K^{-1}]$

इस प्रकार कथन I सही है।

पुनः आदर्श गैस समी करण का उपयोग करने पर,

$pV = nRT \Rightarrow R = \dfrac{pV}{nT}$

$\Rightarrow [R] = \dfrac{[p][V]}{[n][T]} = \dfrac{[ML^{-1}T^{-2}]\,[L^3]}{[mol]\,[K]}$

$= [ML^2T^{-2}\ mol^{-1}\ K^{-1}]$

इस प्रकार कथन II गलत है।

11 ***(d)*** अप्रगामी तरंग के मानक समीकरण से दिए गए समी की तुलना करने पर

$y = A\sin\omega t\cos kx$

इस प्रकार, $\omega = \dfrac{2\pi n}{\lambda}, k = \dfrac{2\pi}{\lambda}$

2π विमाहीन है

$[\omega] = T^{-1} = \left[\dfrac{n}{\lambda}\right] \Rightarrow [nT] = [\lambda] = [L]$

$[n] = \left[\dfrac{\lambda}{T}\right] = [\lambda\omega]$

$[n] = [LT^{-1}] \Rightarrow \left[\dfrac{n}{\lambda}\right] = [T^{-1}]$

अर्थात्, $\dfrac{n}{\lambda}$ की विमा $[T^{-1}]$ है, $[T]$ नहीं।

12 ***(c)*** दिया है, $\left[x + \dfrac{a}{y^2}\right][y - b] = RT$

ऊपर दी गई समीकरण से तुलना करने पर,

$\left(p + \dfrac{a}{V^2}\right)(V - b) = RT$

$[a] = [p]\,[V^2] \Rightarrow [b] = [V]$

$\dfrac{[a]}{[b]} = \dfrac{[p]\,[V^2]}{[V]} = [p]\,[V]$

$p = \dfrac{[F]}{[A]} = \dfrac{[MLT^{-2}]}{[L^2]} = [ML^{-1}T^{-2}]$

$V = [L^3]$

इसीलिए $\dfrac{[a]}{[b]} = [ML^{-1}T^{-2}][L^3]$

$= [ML^2T^{-2}]$ = ऊर्जा

13 ***(a)*** दिया है, $v_2 = \dfrac{n}{m^2}v_1$

$\because$ वेग, $v = \dfrac{\text{विस्थापन}}{\text{समय}}$

$\therefore \quad \dfrac{L_2}{T_2} = \dfrac{n}{m^2}\cdot\dfrac{L_1}{T_1}$ ...(i)

एवं $a_2 = \dfrac{a_1}{mn}$

$\therefore \quad \dfrac{L_2}{T_2^2} = \dfrac{L_1}{T_1^2}\cdot\dfrac{1}{mn}$ ...(ii)

समी (i) से समी (ii) को भाग देने पर,

$\dfrac{L_2/T_2^2}{L_2/T_2} = \dfrac{L_1/T_1^2\cdot 1/mn}{n/m^2\cdot L_1/T_1} \Rightarrow T_2 = \dfrac{n^2}{m}T_1$

चूँकि, $L_2 = \dfrac{T_2}{T_1}\cdot L_1\dfrac{n}{m^2} = \dfrac{n^2}{m}L_1\dfrac{n}{m^2} = \dfrac{n^3}{m^3}L_1$

14 ***(b)*** दिया है,बल की समीकरण,

$F = A\cos BX + C\sin Dt$

त्रिकोणमितीय अनुपात विमाहीन होते हैं, अतः

$\therefore \quad [Bx] = [M^0L^0T^0] \Rightarrow [B]\,[L^1] = [M^0L^0T^0]$

$\Rightarrow \quad [B] = [M^0L^{-1}T^0]$ ...(i)

इसी प्रकार, $[Dt] = [M^0L^0T^0]$

$\Rightarrow \quad [D] = \dfrac{[M^0L^0T^0]}{[t]} = [M^0L^0T^{-1}]$ ...(ii)

$[A] = [F] = [MLT^{-2}]$ ...(iii)

समी (i), (ii) व (iii) से,

$\dfrac{[AD]}{[B]} = \dfrac{[MLT^{-2}]\,[M^0L^0T^{-1}]}{[M^0L^{-1}T^0]}$

$= \dfrac{[MLT^{-3}]}{[L^{-1}]} = [ML^2T^{-3}]$

स्किल बूस्टर्स

1 ***(d)*** व्यास = मुख्य पैमाने का पाठ्यांक + वृत्ताकार पैमाने का पाठ्यांक × अल्पतमांक शून्य त्रुटि

$= 3 + 35 \times \dfrac{1}{2\times 50} - (-0.03) = 3.38$ मिमी

2 ***(a)*** दिया है, सूर्य का द्रव्यमान,

$M = 2.0 \times 10^{30}$ किग्रा

सूर्य की त्रिज्या,

$R = 7.0 \times 10^8$ मी

$\therefore$ सूर्य का आयतन,

$V = \dfrac{4}{3}\pi R^3 = \dfrac{4}{3} \times 3.14 \times (7.0 \times 10^8)^3$

$= 1.437 \times 10^{27}$ मी^{3}

$\therefore$ सूर्य का घनत्व,

$\rho = \dfrac{M}{V} = \dfrac{2.0\times 10^{30}}{1.437\times 10^{27}} = 1391.8$ किग्रा/मी^{3}

$\cong 1.4 \times 10^3$ किग्रा/मी^{3}

3 ***(d)*** दिया है, LC = 0.001 सेमी

MSR = 5 मिमी = 0.5 सेमी

वृत्ताकार पैमाने पाठ्यांक पर विभाजनों को मिलाने से संख्या

VSR = 25

शून्य त्रुटि = – 0.004 सेमी

स्क्रूगेज से प्राप्त पाठ्यांक

= MSR + VSR × LC – शून्य त्रुटि

$= 0.5 + (25 \times -0.001) - (-0.004)$

= 0.529 सेमी

अतः गेंद का व्यास = 0.529 सेमी

4 ***(b)*** एक लोलक के प्रयोग द्वारा गुरुत्व के कारण उत्पन्न त्वरण को ज्ञात करने के लिए प्रयुक्त सम्बन्ध दिया गया है,

$g = \dfrac{4\pi^2 l}{T^2}$

अतः g के मान में प्रतिशत त्रुटि होगी

$100 \times \dfrac{\Delta g}{g} = \left[\dfrac{\Delta l}{l} + \dfrac{2\Delta T}{T}\right] \times 100$ ...(i)

दिया है, $\Delta l = 0.1$ सेमी $l = 55$ सेमी

$20\ \Delta T = 1$ सेकण्ड

एवं दोलनों के लिए, $T = 30$ सेकण्ड

$100 \times \dfrac{\Delta g}{g} = \left[\dfrac{0.1}{55} + 2 \times \dfrac{1}{30}\right] \times 100$

अतः g में प्रतिशत त्रुटि होगी

$= \dfrac{10}{55} + \dfrac{20}{3} = 6.8\%$

5 ***(b)*** $Y = \dfrac{F/A}{\dfrac{\Delta L}{L}}$

चूँकि, $A = \dfrac{\pi d^2}{4} \Rightarrow Y = \dfrac{4FL}{(\pi d^2)(\Delta L)}$

$\dfrac{\Delta Y}{Y} = 2\dfrac{\Delta d}{d} + \dfrac{\Delta(\Delta L)}{\Delta L} + \dfrac{\Delta L}{L}$

$= 2 \times \dfrac{0.001}{0.05} + \dfrac{0.001}{0.125} + \dfrac{0.1}{110} = 0.0489$

$Y = \dfrac{4FL}{\pi d^2(\Delta L)}$

$= \dfrac{4 \times 50 \times 1.1}{\pi\,(0.05 \times 10^{-2})^2 \times 0.125 \times 10^{-2}}$

$= 2.24 \times 10^{11}$ न्यूटन/मी^{2}

$\Delta Y = 0.0489 \times 2.24 \times 10^{11}$

$= 0.109 \times 10^{11}$ न्यूटन/मी^{2}

6 *(c)* दिया है, $I = (e^{1000V/T} - 1)$ मिली ऐम्पियर

$dV = \pm\ 0.01$ वोल्ट, $T = 300$ केल्विन

$I = 5$ मिली ऐम्पियर

$\Rightarrow \quad I = e^{1000V/T} - 1$

$\Rightarrow \quad I + 1 = e^{1000V/T}$

दोनों पक्षों में log लेने पर,

$$\log (I + 1) = \frac{1000V}{T}$$

$$\Rightarrow \frac{d(I+1)}{I+1} = \frac{1000}{T} dV$$

$$= \frac{dI}{I+1} = \frac{1000}{T} dV$$

$$\Rightarrow \quad dI = \frac{1000}{T} \times (I + 1) dV$$

$$\Rightarrow \quad dI = \frac{1000}{300} \times (5 + 1) \times 0.01$$

$= 0.2$ मिली ऐम्पियर

अतः धारा के मान में त्रुटि 0.2 मिली ऐम्पियर है।

7 *(c)* दिया है, बॉक्स का द्रव्यमान, $m = 2.3$ किग्रा

पहले सोने के टुकड़े का द्रव्यमान,

$m_1 = 20.15$ ग्राम $= 0.02015$ किग्रा

दूसरे सोने के टुकड़े का द्रव्यमान,

$m_2 = 20.17$ ग्राम $= 0.02017$ किग्रा

बॉक्स का कुल द्रव्यमान,

$M = m + m_1 + m_2$

$= 2.3 + 0.02015 + 0.02017$

$= 2.34032$ किग्रा

बॉक्स के कुल द्रव्यमान को 1 दशमलव स्थान तक पूर्णांकित करने पर, बॉक्स का कुल द्रव्यमान, $m = 2.3$ किग्रा

इसी प्रकार, सोने के टुकड़े के द्रव्यमानों में अन्तर,

$\Delta m = m_2 - m_1 = 20.17 - 20.15 = 0.02$ ग्राम

चूँकि, दो सोने के टुकड़ों का द्रव्यमान दो दशमलव स्थान तक है, इसीलिए अन्तिम परिणाम दो दशमलव स्थान तक लिया जाता है।

8 *(c)* माना x, y एवं z, ρ, S एवं f की विमा हैं।

इसीलिए, $d = K\rho^x S^y f^z$ ...(i)

जब K आनुपातिकता नियतांक है, जो विमाहीन है।

समी (i) में विमाओं को रखने पर,

$[M^0L^1T^0] = [ML^{-3}]^x\ [MT^{-3}]^y\ [T^{-1}]^z$

$= [M^{x+y}L^{-3x}T^{-3y-z}]$

M, L एवं T की घातों को बराबर करने पर,

$x + y = 0 \Rightarrow x = -y$

$-3x = 1$

$\Rightarrow \quad x = -\frac{1}{3}$ या $y = \frac{1}{3}$

समी (i) से,

$d \propto S^y$

$d \propto S^{1/3}$

अतः $\quad n = 3$

9 *(a)* दिया है, $T \propto p^a d^b E^c$

$T = Kp^a d^b E^c$

K = नियत एवं विमाहीन राशि

$\therefore [T] = [ML^{-1}T^{-2}]^a\ [ML^{-3}]^b\ [ML^2T^{-2}]^c$

$[T] = [M^{a+b+c}L^{-a-3b+2c}T^{-2a-2c}]$

दोनों पक्षों में M, L, T की घातों को बराबर करने पर,

$0 = a + b + c$ ...(i)

$0 = -a - 3b + 2c$ ...(ii)

$1 = -2a - 2c$ ...(iii)

समी (i), (ii) एवं (iii) से,

$$a = -\frac{5}{6}, b = \frac{1}{2}, c = \frac{1}{3}$$

02

भौतिकी की Concept Master Videos के लिए Scan करें

सरल रेखा में गति

Motion in a Straight Line

5 वर्षों में NEET में पूछे गये शीर्षकवार प्रश्न

शीर्षक	वर्षवार प्रश्नों की संख्या				
	2024	2023	2022	2021	2020
औसत वेग और औसत चाल	–	1	–	–	–
तात्क्षणिक वेग और चाल	–	–	–	–	–
त्वरण	–	–	–	–	–
एकसमान रूप से त्वरित गति के लिए शुद्धगतिकीय समीकरण	1	2	2	2	2

NEET में विगत 5 वर्षों में पूछे गये विशेष प्रकार के प्रश्न

प्रकार	वर्ष				
	2024	2023	2022	2021	2020
अभिकथन-कारण	–	–	–	–	–
कथन आधारित	–	–	–	–	–
सुमेलन	–	–	–	–	–

NEET के विगत 5 वर्षों का भारांकन

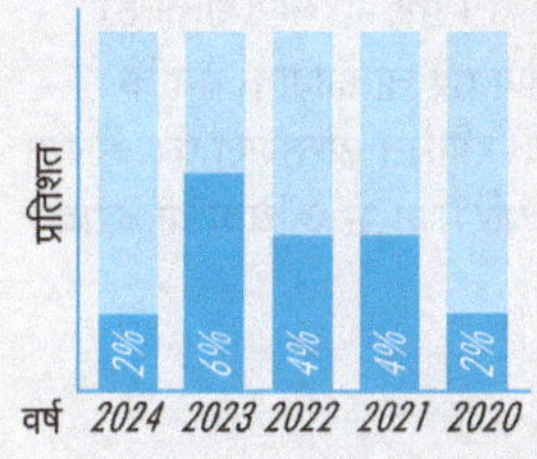

- समय के सापेक्ष किसी वस्तु की स्थिति में परिवर्तन को **गति** (Motion) कहते हैं।
- गति के कारण पर विचार किए बिना गति का अध्ययन **शुद्धगतिकी** (Kinematics) कहलाता है।
- सरल रेखा के अनुदिश वस्तुओं की गति के अध्ययन को **ऋजुरेखीय गति** (Rectilinear motion) कहते हैं।
- जब वस्तु के द्वारा तय की गई दूरी, वस्तु के आकार की तुलना में बहुत बड़ी (समय की उचित अवधि में) होती है, तो इस प्रकार गति में उस वस्तु को बिन्दु वस्तु माना जा सकता है।

*स्थिति, पथ की लम्बाई तथा विस्थापन

(Position, Path Length and Displacement)

- अक्षों का समूह (Set of axes) और संदर्भ बिन्दु (Reference point), दोनों ही किसी **वस्तु की स्थिति** को निर्दिष्ट करने के लिए आवश्यक हैं। किसी वस्तु की स्थिति को परस्पर तीन लम्बवत् अक्षों x, y और z-अक्षों) की निर्देशांक प्रणाली द्वारा वर्णित किया जाता है।
- तीन अक्षों x, y और z-अक्षों) के प्रतिच्छेद बिन्दु को **मूलबिन्दु** (O) कहा जाता है और यह संदर्भ बिन्दु के रूप में कार्य करता है।
- **निर्देश तन्त्र** (Frame of Reference) निर्देशांकों का एक समूह है जिसका उपयोग उस तन्त्र में वस्तु की स्थिति और वेग निर्धारित करने के लिए किया जा सकता है।
- यदि किसी वस्तु के एक या अधिक निर्देशांक समय के साथ परिवर्तित होते हैं, तो हम कह सकते हैं कि वह **वस्तु गति में है।** अन्यथा, वस्तु को निर्देश **तन्त्र के सापेक्ष स्थिर अवस्था** में कहा जाता है।
- **पथ की लम्बाई** (Length of Path) गति के दौरान किसी वस्तु द्वारा तय किए गए पथ की कुल लम्बाई को **दूरी** या **कुल पथ की लम्बाई** कहा जाता है।

*यह शीर्षक NCERT के नवीनतम पाठ्यक्रम में नहीं है लेकिन NEET के नवीनतम पाठ्यक्रम में दिया गया है।

जैसा कि चित्र में दिखाया गया है, कोई पिण्ड C से होते हुए A से B तक जाता है, तो तय की गई दूरी

$$= AC + CB$$

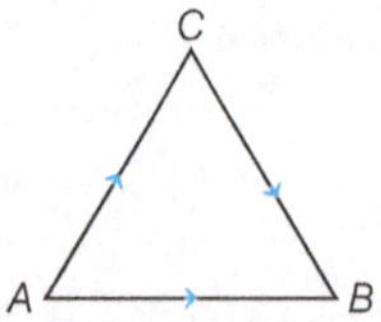

- यह एक अदिश राशि है जिसे व्यक्त करने के लिए केवल परिमाण की आवश्यकता होती है दिशा की नहीं।
- यह ऋणात्मक या शून्य नहीं हो सकती है।

- **विस्थापन** (Displacement) किसी भी वस्तु की प्रारम्भिक और अन्तिम स्थिति के मध्य न्यूनतम दूरी को उसका विस्थापन कहा जाता है। उपरोक्त चित्र में, वस्तु का विस्थापन **AB** है।

इसे Δx द्वारा दर्शाया गया है।

$$\Delta x = x_2 - x_1$$

जहाँ, x_1 और x_2 क्रमशः समय t_1 और t_2 पर वस्तु की स्थितियाँ हैं।

- विस्थापन एक सदिश राशि है क्योंकि इसे व्यक्त करने के लिए परिमाण और दिशा दोनों की आवश्यकता होती है।
- यह धनात्मक, ऋणात्मक या शून्य हो सकता है।
- विस्थापन निर्देशांक प्रणाली के मूलबिन्दु के चुनाव पर निर्भर नहीं करता है।
- विस्थापन का परिमाण किसी वस्तु द्वारा तय की गई पथ की लम्बाई के बराबर हो भी सकता है और नहीं भी।
- किसी वस्तु द्वारा दिए गए समय अन्तराल में तय किया गया विस्थापन उस समय अंतराल में तय की गई दूरी से कम या उसके बराबर हो सकता है।

*औसत वेग और औसत चाल
(Average Velocity and Average Speed)

- **औसत वेग** (Average Velocity) किसी वस्तु की स्थिति या विस्थापन (Δx) में परिवर्तन तथा समय अन्तराल (Δt) के अनुपात को औसत वेग कहते हैं। NEET 2019

$$\bar{v} = \frac{x_2 - x_1}{t_2 - t_1} = \frac{\Delta x}{\Delta t}$$

जहाँ, x_2 और x_1 क्रमशः समय t_2 और t_1 पर वस्तु की स्थितियाँ हैं।

- यह विस्थापन के चिन्ह के आधार पर धनात्मक या ऋणात्मक हो सकता है। यदि विस्थापन शून्य है, तो यह भी शून्य हो सकता है।
- औसत वेग का SI मात्रक मी/से होता है।

- **औसत चाल** (Average Speed) कुल पथ की लम्बाई तथा कुल समय अन्तराल के अनुपात को औसत चाल कहते हैं।

$$\text{औसत चाल} = \frac{\text{कुल पथ लम्बाई}}{\text{कुल समय अन्तराल}}$$

NEET 2023

- यह सदैव धनात्मक होता है और इसका SI मात्रक मी/से होता है।

- यदि किसी वस्तु की गति एक सरल रेखा के अनुदिश एक ही दिशा में है, तो विस्थापन का परिमाण कुल पथ लम्बाई के बराबर होता है। उस स्थिति में, औसत वेग का परिमाण औसत चाल के समतुल्य हो जाता है।
- औसत चाल, औसत वेग के परिमाण से अधिक या उसके बराबर हो सकता है।

Marks Maximizer

औसत वेग की विभिन्न परिस्थितियाँ (Different Cases of Average Velocity)

- जब कण अपनी कुल गति के आधे समय तक v_1 चाल से चलता है और शेष समय वह v_2 चाल से चलता है, तो औसत वेग, $v_{av} = \frac{v_1 + v_2}{2}$ है।

  अतः स्पष्ट है, औसत चाल पृथक् गतियों का अंकगणितीय माध्य (Arithmetic mean) होता है।
- जब कण किसी दूरी का पहला आधा भाग v_1 गति से और दूसरा आधा भाग v_2 चाल से चलता है, तो औसत वेग, $v_{av} = \frac{2v_1v_2}{v_1 + v_2}$ है।

  अतः स्पष्ट है, औसत चाल पृथक् गतियों का हरात्मक माध्य होता है।
- जब कण किसी दूरी का एक तिहाई भाग v_1 चाल से, अगली एक तिहाई भाग v_2 चाल से और अन्तिम एक तिहाई भाग v_3 चाल से तय करता है, तो औसत वेग, $v_{av} = \frac{3v_1v_2v_3}{v_1v_2 + v_2v_3 + v_1v_3}$

तात्क्षणिक वेग और चाल
(Instantaneous Velocity and Speed)

- **तात्क्षणिक वेग** (Instantaneous Velocity) किसी विशेष क्षण (Instant) पर गतिशील वस्तु के वेग को तात्क्षणिक वेग कहते हैं। जब समय अन्तराल शून्य के समीप पहुँच जाता है, तो तात्क्षणिक वेग उस समय के छोटे समय अंतराल में औसत वेग के सीमित मान (Limiting value) के बराबर होता है। दूसरे शब्दों में,

$$\lim_{\Delta t \to 0} \frac{\Delta x}{\Delta t} = \frac{dx}{dt}$$

उस क्षण $\frac{dx}{dt}$ समय के सापेक्ष स्थिति में परिवर्तन की दर होती है।

- **तात्क्षणिक गति** (Instantaneous Speed) किसी विशेष क्षण पर गतिशील वस्तु की गति को तात्क्षणिक गति कहते हैं। यदि वस्तु Δt समय अन्तराल में Δx दूरी तय करती है, तो उसकी औसत गति,

$$v_{av} = \frac{\Delta x}{\Delta t}$$

$$\therefore \text{तात्क्षणिक गति} = \lim_{t \to 0} \frac{\Delta x}{\Delta t}$$

- यदि कोई वस्तु सरल रेखा में समान समय अन्तराल में समान दूरी तय करती है, तो उसे **सरल रेखा में एकसमान गति** (Uniform motion along a straight line) में कहा जाता है। एकसमान गति के लिए, तात्क्षणिक वेग सभी क्षणों पर औसत वेग के समान होता है।
- तात्क्षणिक गति या सामान्य गति, तात्क्षणिक वेग का परिमाण होता है।
- यदि किसी क्षण पर तात्क्षणिक गति, उस क्षण पर तात्क्षणिक वेग के परिमाण के बराबर होती है, तो समय के एक सीमित अन्तराल पर औसत गति उस समय अन्तराल में औसत वेग के परिमाण से अधिक या बराबर हो सकती है।

*यह शीर्षक NCERT के नवीनतम पाठ्यक्रम में नहीं है लेकिन NEET तथा JEE के नवीनतम पाठ्यक्रम में दिया गया है।

त्वरण (Acceleration)

- किसी गतिशील वस्तु के वेग में परिवर्तन की दर को **त्वरण** कहते हैं।

$$\text{त्वरण} = \frac{\text{वेग में परिवर्तन}}{\text{समय}}$$

  - यह धनात्मक, ऋणात्मक या शून्य हो सकता है।
  - यह एक सदिश राशि है और इसका SI मात्रक मी/से^{2} होती है।

त्वरण के प्रकारों को नीचे दिखाया गया है

- **औसत त्वरण** (Average Acceleration) किसी गतिशील वस्तु के वेग में होने वाले शुद्ध परिवर्तन और परिवर्तन में लगने वाले समय के अनुपात को औसत त्वरण कहते हैं। किसी समय अन्तराल पर औसत त्वरण $\bar{a}$, वेग के परिवर्तन तथा समय अन्तराल के अनुपात द्वारा प्रदर्शित किया जाता है।

$$\bar{a} = \frac{v_2 - v_1}{t_2 - t_1} = \frac{\Delta v}{\Delta t}$$

जहाँ, v_2 और v_1 क्रमशः समय t_2 और t_1 पर तात्क्षणिक वेग हैं।

- **तात्क्षणिक त्वरण** (Instantaneous Acceleration) किसी विशेष क्षण पर गतिशील वस्तु के वेग में होने वाले परिवर्तन की दर को तात्क्षणिक त्वरण कहते हैं। जब समय अन्तराल शून्य के समीप पहुँच जाता है, तो तात्क्षणिक त्वरण उस क्षण के छोटे समय अंतराल में वस्तु के औसत त्वरण के सीमित मान के बराबर हो जाता है।

Concept Master
Video के लिए

$$a = \lim_{\Delta t \to 0} \frac{\Delta v}{\Delta t} = \frac{dv}{dt} = \frac{d^2x}{dt^2}$$

- **एकसमान त्वरण** (Uniform Acceleration) यदि किसी गतिशील वस्तु में समय के सापेक्ष त्वरण का परिमाण और दिशा स्थिर रहती है, तो गतिशील वस्तु में उपस्थित त्वरण को एकसमान त्वरण कहते हैं।
- **असमान त्वरण** (Non-Uniform Acceleration) यदि किसी गतिशील वस्तु में समय के सापेक्ष त्वरण का परिमाण और दिशा या उनमें से कोई भी परिवर्तित होती रहती है, तो एक गतिशील वस्तु में उपस्थित त्वरण को असमान त्वरण कहते हैं।

एकसमान रूप से त्वरित गति के लिए शुद्धगतिकीय समीकरण

(Kinematic Equations for Uniformly Accelerated Motion)

एकसमान रूप से त्वरित गति के लिए शुद्धगतिकी समीकरण विस्थापन x, प्रारम्भिक वेग u, अन्तिम वेग v और त्वरण a के मध्य सरल सम्बन्ध हैं, जो निम्न प्रकार से प्रदर्शित किये जाते हैं

(i) $v = u + at$

(ii) $x = ut + \frac{1}{2}at$ **NEET 2022**

(iii) $v^2 = u^2 + 2ax$ **NEET 2023, 20**

***नोट** nवें सेकण्ड में तय किया गया विस्थापन निम्न प्रकार व्यक्त किया जाता है*

$$x_n = u + \frac{a}{2}(2n - 1)$$ **NEET 2021**

- नियत त्वरण के लिए, हम औसत वेग को $\bar{v} = \frac{v + u}{2}$ के रूप में प्रदर्शित कर सकते हैं।
- **मुक्त पतन** (Free Fall) जब किसी वस्तु को पृथ्वी की सतह के ऊपर कुछ ऊँचाई से गिराया जाता है, तो वस्तु पृथ्वी के गुरुत्वाकर्षण (वायु प्रतिरोध को नगण्य) के प्रभाव में गिरती है, इस गति को मुक्त पतन (Free fall) कहा जाता है।

स्वतन्त्र रूप से गिरने वाली वस्तु का त्वरण गुरुत्वाकर्षण के कारण गुरुत्वीय त्वरण (Gravitation acceleration, g) के बराबर होता है।

  - स्वतन्त्र रूप से गिरने वाले पिण्ड के लिए, गति के समीकरण निम्न प्रकार हैं

    (i) $v = u + gt$

    (ii) $s = ut + \frac{1}{2}gt^2$ **NEET 2019**

    (iii) $v^2 - u^2 = 2gh$
  - गुरुत्वाकर्षण की क्रिया के अन्तर्गत स्वतन्त्र रूप से गिरने वाले पिण्ड के लिए गुरुत्वीय त्वरण को धनात्मक माना जाता है।
  - ऊर्ध्वाधर रूप से ऊपर की ओर फेंके गए पिण्ड के लिए गुरुत्वीय त्वरण को ऋणात्मक माना जाता है।
  - जिस क्षण पिण्ड को गिराया जाता है उस क्षण प्रारम्भिक वेग शून्य ($u = 0$) होता है।
- प्रारम्भिक वेग (u) के साथ ऊर्ध्वाधर रूप से ऊपर फेंके गए पिण्ड के लिए,
  - अधिकतम ऊँचाई (Maximum height), $h = \frac{u^2}{2g}$ **NEET 2023**
  - चढ़ाई का समय (Time of ascent) = उतरने का समय (Time of descent) = $\frac{u}{g}$
  - उड़ान का कुल समय (Total time of flight) = $\frac{2u}{g}$
  - प्रक्षेपण बिन्दु (Point of projection) पर गिरने का वेग = u
  - h ऊँचाई से गिराए गए पिण्ड द्वारा प्राप्त वेग, $v = \sqrt{2gh}$
- **गैलीलियो का विषम संख्या का नियम** (Galileo's Law of Odd Number) इस नियम के अनुसार, "विराम से गिरने वाले पिण्ड द्वारा समय के समान अन्तराल के दौरान तय की गई दूरियाँ एक-दूसरे के साथ उसी अनुपात में होती हैं, जिस अनुपात में एक से प्रारम्भ होने वाले विषम अंक, जैसे, 1 : 3 : 5 : 7 : ....."।
- जब किसी चलती गाड़ी पर ब्रेक लगाया जाता है, तो रुकने से पहले उसके द्वारा तय की गई दूरी को **अवरोधन दूरी** कहते हैं।

अवरोधन दूरी, $d_s = \frac{-v_0^2}{2a}$ जहाँ, v_0 प्रारम्भिक वेग और a मन्दन है।

- एक विमीय गति के लिए, वेग और त्वरण के मूल समीकरण निम्न प्रकार लिखे जा सकते हैं

(i) $v = \frac{dx}{dt}$ (ii) $a = \frac{dv}{dt}$

(iii) $ds = v\,dt$

(iv) $dv = a\,dt$ या $v\,dv = a\,dx$

Marks Maximizer

एकसमान रूप से त्वरित गति की विभिन्न परिस्थितियाँ
(Different Cases of Uniform Acceleration Motion)

- यदि कोई पिण्ड विराम से चलना शुरू करता है और एकसमान त्वरण के साथ चलता है, तो t सेकण्ड में पिण्ड द्वारा तय की गई दूरी t^2 $(s \propto t^2)$ के समानुपाती होती है।

  1 s, 2 s और 3 s में तय की गई दूरी का अनुपात 1 : 4 : 9 होता है।
- यदि कोई पिण्ड विराम से चलना शुरू करता है और एकसमान त्वरण के साथ चलता है, तो nवें सेकण्ड में पिण्ड द्वारा तय की गई दूरी $(2n-1)[s_n \propto (2n-1)]$ के समानुपाती होती है।

  1 s, 2 s और 3 s में तय की गई दूरी का अनुपात 1 : 3 : 5 होता है।
- u वेग से गतिमान पिण्ड को s दूरी तय करने के बाद ब्रेक लगाकर रोका जाता है। यदि वही पिण्ड nu वेग से चलता है और उस पर समान भंजन बल लगाया जाता है, तो वह n^2s की दूरी तय करने के बाद रुक जाएगा। हम कह सकते हैं कि यदि वेग u, n गुना हो जाता है, तो दूरी s, n^2 गुना हो जाती है।

सरल रेखा में किसी वस्तु की गति से सम्बन्धित ग्राफ

(Graphs Related to Motion of an Object in a Straight Line)

सरल रेखा में किसी वस्तु की गति से सम्बन्धित कुछ महत्वपूर्ण ग्राफ नीचे दी गई तालिका में दिखाए गए हैं

स्थिति-समय ग्राफ

विभिन्न स्थितियाँ	ग्राफ
(i) स्थिर वस्तु (पिण्ड विराम स्थिति में)	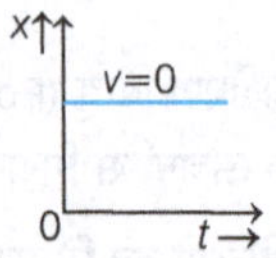
(ii) एक पिण्ड धनात्मक वेग के साथ एकसमान गति में	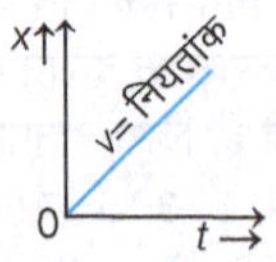
(iii) एक पिण्ड ऋणात्मक वेग के साथ एकसमान गति में	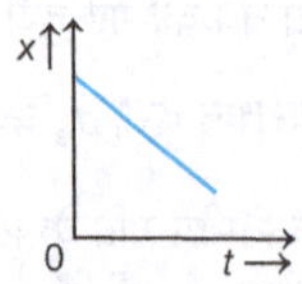
(iv) एक पिण्ड की धनात्मक त्वरण के साथ गति	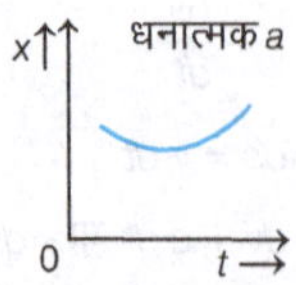
(v) एक पिण्ड की ऋणात्मक त्वरण के साथ गति	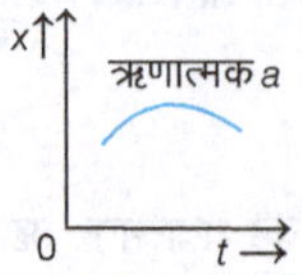
(vi) एक पिण्ड की शून्य त्वरण के साथ गति	Concept Master Video के लिए 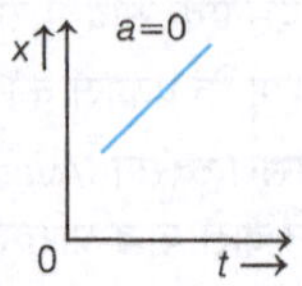

एक वस्तु की सरल रेखा में गति के लिए स्थिति-समय ग्राफ से सम्बन्धित महत्वपूर्ण बिन्दु
(Important Points Related to Position-Time Graphs, for Motion of an Object in a Straight Line)

- स्थिति-समय ग्राफ किसी भी क्षण विस्थापन का तात्क्षणिक मान प्रदान करता है।
- स्थिति-समय ग्राफ का ढाल वेग प्रदान करता है।

वेग-समय ग्राफ

विभिन्न स्थितियाँ	ग्राफ
(i) धनात्मक त्वरण के साथ धनात्मक दिशा में गति	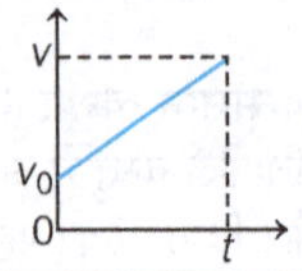
(ii) ऋणात्मक त्वरण के साथ धनात्मक दिशा में गति	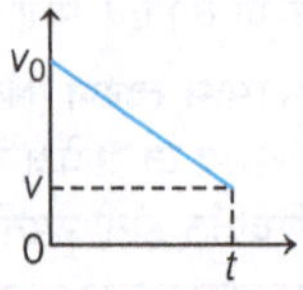
(iii) ऋणात्मक त्वरण के साथ ऋणात्मक दिशा में गति	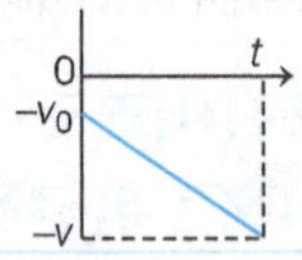
(iv) ऋणात्मक त्वरण के साथ किसी वस्तु की गति जो समय t_1 पर दिशा बदलती है (0 से t_1 के बीच, यह +ve x-दिशा में चलती है और t_1 और t_2 के बीच यह विपरीत दिशा में चलती है।)	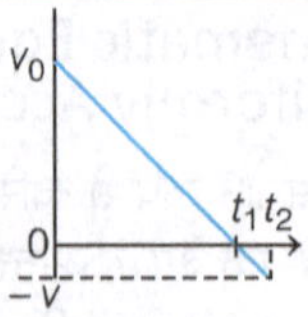

एक वस्तु की सरल रेखा में गति के लिए वेग-समय ग्राफ से सम्बन्धित महत्वपूर्ण बिन्दु
(Important Points Related to Velocity-Time Graphs, for Motion of an Object in a Straight Line)

- वेग-समय ग्राफ में, किसी क्षण पर त्वरण उस क्षण पर वेग-समय ग्राफ पर स्पर्श रेखा का ढलान होता है।
- वेग-समय ग्राफ में, वेग-समय ग्राफ के नीचे का क्षेत्र किसी दिए गए समय अन्तराल पर विस्थापन को दर्शाता है।

त्वरण-समय ग्राफ

विभिन्न स्थितियाँ	ग्राफ
(i) जब वस्तु स्थिर हो या एकसमान वेग से गति कर रही हो	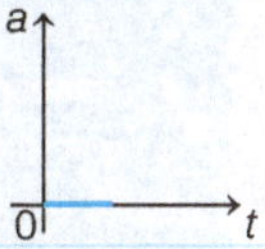
(ii) जब वस्तु एकसमान त्वरण से गति कर रही हो	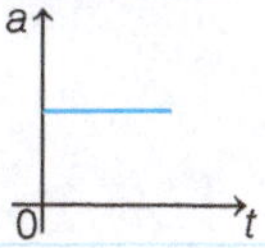
(iii) जब वस्तु असमान त्वरण से गति कर रही हो	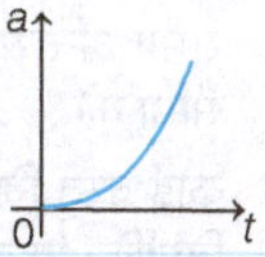

*सापेक्ष वेग (Relative Velocity)

- वस्तु B के सापेक्ष वस्तु A का सापेक्ष वेग, वस्तु B के सापेक्ष वस्तु A की सापेक्ष स्थिति में परिवर्तन की दर के रूप में परिभाषित किया जाता है।
- यदि दो वस्तुएँ A और B एकविमीय वेग v_A और v_B से गति कर रही हैं, तो वस्तु B के सापेक्ष वस्तु A का सापेक्ष वेग निम्न प्रकार है
  - यदि दोनों वस्तुएँ **एक ही दिशा** में गति कर रही हैं, तो $v_{AB} = v_A - v_B$
  - यदि दोनों वस्तुएँ **विपरीत दिशा** में गति कर रही हैं, तो

    $v_{AB} = v_A - (-v_B)$, $v_{AB} = v_A + v_B$
- समान वेग वाली दो वस्तुओं के लिए स्थिति-समय ग्राफ नीचे प्रदर्शित किया गया है। वे एक-दूसरे के समानान्तर सरल रेखाओं में हैं। यदि $v_A = v_B$, तो सापेक्ष वेग, $v_{AB} = v_A - v_B = 0$

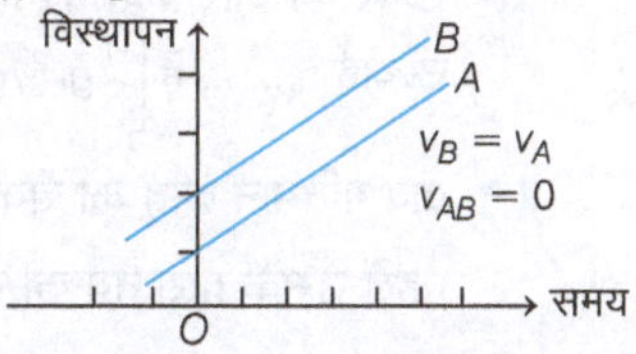

Marks Maximizer

सापेक्ष वेग में विभिन्न स्थितियाँ (Different Cases in Relative Velocity)

- असमान वेग और $v_A > v_B$ वाली दो वस्तुओं का स्थिति-समय वक्र नीचे दिखाया गया है,

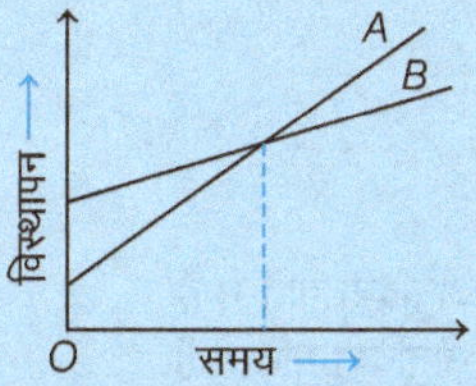

- विपरीत दिशाओं में समान वेग वाली दो वस्तुओं का स्थिति-समय वक्र नीचे दिखाया गया है। यहाँ, $v_{BA} = -v_{AB}$

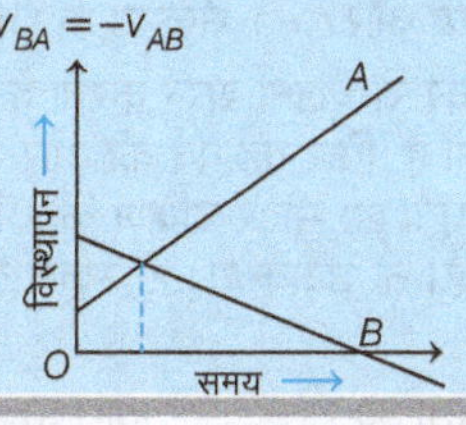

Caution Points

- किसी कण की चाल में परिवर्तन, वेग और त्वरण की दिशाओं पर निर्भर करता है तथा मूलबिन्दु और अक्ष के निर्धारन पर निर्भर नहीं करता है।
- कण की चाल बढ़ रही है या घट रही है, यह त्वरण के चिन्ह द्वारा निर्दिष्ट नहीं होती है। बढ़ती चाल वाले कण का त्वरण ऋणात्मक हो सकता है।
- कण का वेग शून्य होने का अर्थ यह नहीं है कि उसका त्वरण भी शून्य है। कण क्षण भर के लिए विराम अवस्था में होता है, लेकिन उसका त्वरण शून्य नहीं हो सकता है।

PYQ नोट्स

1. यदि कोई पिण्ड विभिन्न दूरियाँ $d_1, d_2, d_3, \ldots$ को भिन्न वेगों क्रमशः $v_1, v_2, v_3, \ldots$ से तय करता है, तो पिण्ड की औसत गति **[JEE Main 2023]**

$$v_{av} = \frac{d_1 + d_2 + d_3 + \ldots}{\frac{d_1}{v_1} + \frac{d_2}{v_2} + \frac{d_3}{v_3} + \ldots}$$

2. यदि दो गतिशील वस्तु A तथा B का विस्थापन-समय ग्राफ दिया जाता है, तो **[NEET 2022]**

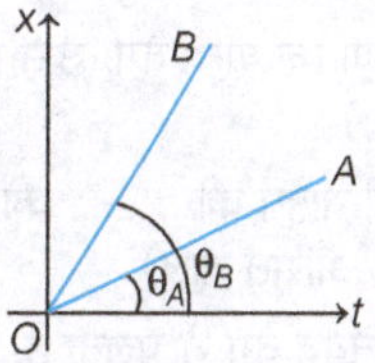

$$\theta_B > \theta_A$$

$\Rightarrow \quad \tan\theta_B > \tan\theta_A$

$\therefore \quad$ (B का ढाल) > (A का ढाल)

$\Rightarrow \quad B$ का वेग > A का वेग $\frac{v_B}{v_A} = \frac{\tan\theta_B}{\tan\theta_A}$

3. v^2 तथा x ग्राफ का ढलान त्वरण के दोगुने के बराबर होता है **[JEE Main 2021]**

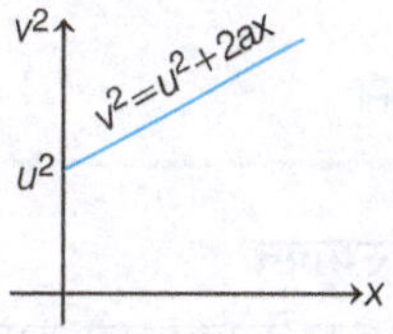

$\therefore$ ढाल $= 2a$

4. यदि एक पिण्ड निश्चित दूरी को क्रमशः $t_1, t_2, t_3, \ldots$ समय अन्तराल में $v_1, v_2, v_3, \ldots$ वेग से पूर्ण करता है, तो पिण्ड की औसत गति दी जाती है **[NEET 2019]**

$$v_{av} = \frac{v_1 t_1 + v_2 t_2 + v_3 t_3 + \ldots}{t_1 + t_2 + t_3 + \ldots}$$

*यह शीर्षक NCERT के नवीनतम पाठ्यक्रम में नहीं है लेकिन NEET के नवीनतम पाठ्यक्रम में दिया गया है।

Step by Step

Mastering NCERT

- कॉन्सेप्ट बिल्डर्स
- शीर्षकवार प्रश्न
- अभिकथन–कारण प्रश्न
- कथन आधारित प्रश्न
- सुमेलन प्रकार प्रश्न
- आंकिक मान प्रकार के प्रश्न
- NCERT Exemplar प्रश्न
- विगत परीक्षाओं के प्रश्न
- स्किल बूस्टर्स

कॉन्सेप्ट बिल्डर्स

1 किसी वस्तु को बिन्दु वस्तु कहा जाता है, यदि उसका आकार उसके द्वारा तय की गई दूरी की तुलना में बहुत छोटा होता है। (सत्य/असत्य)

2 शुद्धगतिकी में किसी वस्तु की स्थिति के वर्णन हेतु संदर्भ को निर्दिष्ट करने के लिए किस शब्द का उपयोग किया जाता है?

3 किसी वस्तु का विस्थापन वस्तु द्वारा तय की गई दूरी के बराबर या उससे .... (अधिक/कम) हो सकता है।

4 एक-विमीय गति में एक कण की शून्य चाल और अशून्य वेग होता है। (सत्य/असत्य)

5 यदि पिण्ड नियत चाल से गतिमान है, तो पिण्ड की औसत गति उसकी तात्क्षणिक चाल के समतुल्य होती है। (सत्य/असत्य)

6 किसी भी क्षण कण का शून्य वेग, उस क्षण शून्य त्वरण को दर्शाता है। (सत्य/असत्य)

7 स्पीडोमीटर किसी वाहन की .... को मापता है। (तात्क्षणिक चाल/औसत चाल)

8 जब कोई पिण्ड नियत वेग से चलता है, तो किसी भी समय अन्तराल पर उसका औसत वेग, तात्क्षणिक वेग के समान होता है। (सत्य/असत्य)

9 एक पिण्ड सदैव एक तन्त्र में विराम करता है, जो पिण्ड से ही जुड़ा होता है। (सत्य/असत्य)

10 यदि किसी पिण्ड का विस्थापन शून्य है, तो उसके द्वारा तय की गई दूरी भी अनिवार्यतः शून्य होगी। (सत्य/असत्य)

11 किस स्थिति के लिए, एक समय अन्तराल पर औसत वेग तात्क्षणिक वेग के बराबर हो जाता है?

12 समय अन्तराल के शून्य की ओर अग्रसर होने पर औसत त्वरण की सीमा को .... (तात्क्षणिक गति/तात्क्षणिक त्वरण) कहते हैं।

13 कोई वस्तु जिस दिशा में गति करती है, उसे त्वरण की दिशा से निर्धारित किया जा सकता है। (सत्य/असत्य)

14 किस प्रकार की गति में, किसी पिण्ड को बिना गति बढ़ाए या धीमा किए त्वरित कहा जाता है?

15 जब वेग कम हो जाता है, तो वेग के सापेक्ष त्वरण की दिशा क्या होती है?

16 समान आकार वाले दो अलग-अलग द्रव्यमानों को समान प्रारम्भिक चाल से ऊर्ध्वाधर ऊपर की ओर फेंका जाता है। क्या दोनों द्रव्यमान समान ऊँचाई प्राप्त करेंगे?

17 यदि किसी वस्तु को ऊपर की ओर फेंका जाता है, तो गुरुत्वीय त्वरण गति के उच्चतम बिन्दु पर .... (समान/विपरीत) दिशा में होता है।

18 ऊपर की ओर फेंके गए किसी कण द्वारा प्राप्त की गई अधिकतम ऊँचाई .... है $\left[\frac{1}{2}gt^2/gt^2\right]$

19 जब गतिमान वस्तु को रोकने हेतु ब्रेक लगाए जाते हैं, तो रुकने से पहले उसके द्वारा तय की गई दूरी .... है। $\left[\frac{v_0}{2a}/\frac{v_0^2}{2a}\right]$

20 स्वतन्त्र रूप से गिरते हुए पिण्ड द्वारा चौथे सेकण्ड में तय की गयी दूरी .... मी है।

शीर्षकवार प्रश्न

स्थिति, दूरी और विस्थापन

1 सड़क पर चलती कार के लिए, इसे धरातल के सापेक्ष स्थिर माना जाएगा, जब **Old NCERT पृष्ठ 40**

(a) निर्देश तन्त्र धरातल से जुड़ा हो

(b) कार के अन्दर बैठा व्यक्ति निर्देश तन्त्र से जुड़ा हो

(c) निर्देश तन्त्र कार के बाहर किसी व्यक्ति से जुड़ा हो

(d) उपरोक्त में से कोई नहीं

2 $t = 0$ सेकण्ड पर निर्देश तन्त्र के सापेक्ष वस्तु के निर्देशांक (–1, 0, 3) हैं। यदि $t = 5$ सेकण्ड पर, इसके निर्देशांक (–1, 0, 4) हैं, तो वस्तु **Old NCERT पृष्ठ 40**

(a) Z-अक्ष के अनुदिश गति में है

(b) X-अक्ष के अनुदिश गति में है

(c) Y-अक्ष के अनुदिश गति में है

(d) $t = 0$ सेकण्ड और $t = 5$ सेकण्ड के बीच विराम की स्थिति में है

3 स्नेहित अपने घर से चलना शुरू करता है और उत्तर की ओर 50 मीटर चलता है, फिर वह पूर्व की ओर मुड़ता है और 40 मीटर चलता है और पुनः 20 मीटर दक्षिण की ओर चलने के बाद अपने स्कूल पहुँचता है। तो उसके घर से स्कूल तक उसका विस्थापन है **Old NCERT पृष्ठ 40**

(a) 50 मी (b) 80 मी (c) 110 मी (d) 40 मी

4 एक कण R त्रिज्या के वृत्ताकार पथ का आधा भाग तय करता है। कण का विस्थापन और पथ की लम्बाई है Old NCERT पृष्ठ 40

(a) $2R, \pi R$ (b) $2\pi R, 0$ (c) $\frac{\pi R}{2}, 2R$ (d) $\pi R, R$

5 एक कण X-अक्ष के अनुदिश बिना अपनी दिशा बदले गति कर रहा है, तो Old NCERT पृष्ठ 40

(a) विस्थापन पथ की लम्बाई से अधिक है।
(b) पथ की लम्बाई विस्थापन से अधिक है।
(c) विस्थापन पथ की लम्बाई के बराबर है।
(d) विस्थापन X-अक्ष के अनुदिश है और पथ की लम्बाई Y-अक्ष के अनुदिश है।

6 एक आदमी a मीटर भुजा वाले वर्गाकार पार्क की परिधि के साथ चल रहा है। व्यक्ति द्वारा पार्क की परिधि के अनुदिश आधा-चक्कर लगाने के बाद तय की गई दूरी और विस्थापन का अनुपात है Old NCERT पृष्ठ 40

(a) $\sqrt{3}:2$ (b) $1:2\sqrt{3}$ (c) $1:3\sqrt{2}$ (d) $3\sqrt{2}:1$

औसत वेग और औसत चाल

7 एक व्यक्ति एक सीधी सड़क पर पहले आधे समय में 4 मी/से की चाल से और अगले आधे समय में 8 मी/से की चाल से यात्रा करता है। व्यक्ति का औसत वेग है Old NCERT पृष्ठ 42

(a) 4 मी/से (b) 6 मी/से
(c) 8 मी/से (d) 12 मी/से

8 एकसमान त्वरण से गतिमान एक कण समय के क्रमिक अन्तराल p, q और r पर औसत वेग x, y और z हैं, तो $\frac{x-y}{y-z}$ का मान है Old NCERT पृष्ठ 42

(a) $\frac{p-q}{q-r}$ (b) $\frac{p-q}{p+r}$ (c) $\frac{p+q}{q-r}$ (d) $\frac{p+q}{q+r}$

9 40 मीटर त्रिज्या वाले वृत्ताकार पथ पर गतिमान एक साइकिल चालक 40 सेकण्ड में आधा चक्कर पूरा करता है। इसका औसत वेग है Old NCERT पृष्ठ 42

(a) शून्य (b) 2 मी/से
(c) 4π मी/से (d) 8π मी/से

10 एक धावक O से चलना प्रारम्भ करता है और 1 घण्टे में पथ $OQRO$ का अनुसरण करते हुए O पर पुनः वापस आ जाता है। कुल विस्थापन और औसत चाल क्या है? Old NCERT पृष्ठ 42

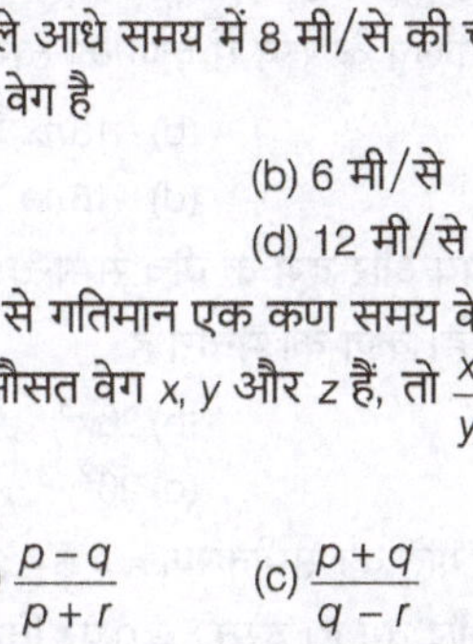

(a) 0.3, 57 किमी/घण्टा (b) 0, 0 किमी/घण्टा
(c) 0, 2.57 किमी/घण्टा (d) 0, 1 किमी/घण्टा

11 एक कार सीधी सड़क पर A से B तक पहली एक-चौथाई दूरी 40 मी/से की चाल से तथा अगली आधी दूरी 80 मी/से की चाल से और अन्तिम एक-चौथाई दूरी 120 मी/से की चाल से चल रही है। तो, कार की औसत चाल होगी Old NCERT पृष्ठ 42

(a) 49.26 मी/से (b) 90.46 मी/से
(c) 68.57 मी/से (d) 54.26 मी/से

12 निम्नलिखित कथनों का अध्ययन करें।

I. औसत चाल का मात्रक वेग के मात्रक के समान है।
II. यदि किसी वस्तु के एक या अधिक निर्देशांक समय के साथ बदलते हैं, तो हम कह सकते हैं कि वस्तु दिए गए निर्देश तन्त्र के सापेक्ष विराम में है। Old NCERT पृष्ठ 42

निम्न में से कौन-सा विकल्प सही है?

(a) केवल I (b) केवल II
(c) I और II दोनों (d) न तो I और न ही II

तात्क्षणिक वेग और चाल

13 यदि किसी कण का वेग $v = 2t + 3t^2$ है, तो 1 सेकण्ड और 2 सेकण्ड के बीच उसके द्वारा तय की गई दूरी है NCERT पृष्ठ 14

(a) 5 मी (b) 10 मी (c) 12 मी (d) 15 मी

14 यदि वेग $v = 4t(1-2t)$ द्वारा प्रदर्शित किया गया है, तो वह समय ज्ञात कीजिए, जिस पर वेग अधिकतम है। NCERT पृष्ठ 14

(a) 0.25 सेकण्ड (b) 1 सेकण्ड
(c) 0.45 सेकण्ड (d) 4 सेकण्ड

15 एक कण का विस्थापन (x), समय (t) के साथ निम्न समीकरण के अनुसार बदलता है, $x = ae^{-pt} + be^{qt}$, जहाँ a, b, p और q धनात्मक स्थिरांक हैं। तो कण का वेग NCERT पृष्ठ 14

(a) समय के साथ बढ़ता रहेगा (b) p और q स्वतन्त्र रहेगा
(c) $p = q$ होने पर शून्य हो जाएगा (d) समय के साथ घटता रहेगा

16 किसी वस्तु की गति को $s = s_0(1 - e^{-pt})$; $t \geq 0, s_0 > 0, p > 0$ द्वारा वर्णित किया जाता है। वस्तु किस वेग से चलना शुरू करती है? NCERT पृष्ठ 14

(a) $\sqrt{ps_0}$ (b) $\frac{s_0}{p}$ (c) $2s_0p$ (d) s_0p

17 किसी वस्तु की गति का समीकरण $\frac{dv}{dt} = 4 - 2v$ द्वारा प्रदर्शित किया जाता है, जहाँ गति v, मी/से में है और समय t, सेकण्ड में है। वस्तु $t = 0$ पर विरामवस्था में है। गति समय के साथ किस प्रकार बदलती रहती है? NCERT पृष्ठ 14

(a) $2(1 - e^{-2t})$ (b) $2(1 + e^{-2t})$
(c) $1 - e^{-2t}$ (d) $1 + e^{-2t}$

18 एक आयाम में गतिमान कण की दूरी x, समय t से समीकरण $x = \sqrt{x} + 4$ द्वारा सम्बन्धित है, जहाँ x मीटर में है और t सेकण्ड में है। कण का विस्थापन .... होगा, जब उसका वेग शून्य हो। NCERT पृष्ठ 14

(a) 16 मी (b) 32 मी (c) 0 (d) 8 मी

19 एक कार की गति के लिए x-t वक्र नीचे दिया गया है। **NCERT पृष्ठ 14**

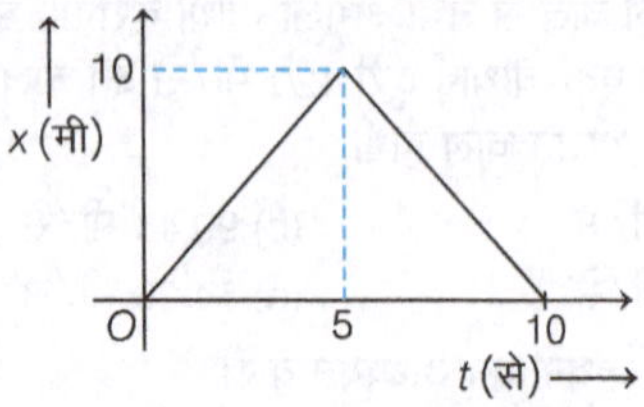

वक्र के संदर्भ में, दिए गए विकल्पों में से कौन-सा/से गलत है/हैं?

(a) अन्तराल $t = 5$ सेकण्ड से $t = 10$ सेकण्ड के दौरान तात्क्षणिक चाल अन्तराल के दौरान सभी समय क्षणों पर ऋणात्मक है।

(b) अन्तराल $t = 0$ सेकण्ड से, $t = 5$ सेकण्ड के लिए वेग और औसत वेग बराबर और धनात्मक हैं।

(c) कार $t = 5$ सेकण्ड पर अपनी गति की दिशा बदलती है।

(d) अन्तराल $t = 0$ सेकण्ड से, $t = 5$ सेकण्ड के दौरान तात्क्षणिक गति और वेग सभी समय क्षणों पर धनात्मक हैं।

त्वरण

20 एक पिण्ड 2 मी/से^{2} के त्वरण के साथ विरामावस्था से शुरू होता है जब तक कि यह अधिकतम वेग प्राप्त नहीं कर लेता, फिर 3 मी/से^{2} के साथ विरामावस्था में आ जाता है। यदि कुल लिया गया समय 10 सेकण्ड है, तो अधिकतम प्राप्त चाल है **NCERT पृष्ठ 15**

(a) 8 मी/से (b) 12 मी/से
(c) 10 मी/से (d) 4 मी/से

21 एक कार विरामावस्था से चलना प्रारम्भ करती है, 0.5 मी/से^{2} के त्वरण के साथ 18 किमी/घण्टा का वेग प्राप्त करती है, इस समान वेग के साथ 4 किमी की यात्रा करती है और फिर 0.2 मी/से^{2} के एकसमान मन्दन के साथ रुक जाती है। कार की यात्रा का कुल समय है **NCERT पृष्ठ 15**

(a) 853 से (b) 800 से
(c) 855 से (d) 835 से

22 तीसरे और आठवें सेकण्ड पर एक कण की चाल क्रमशः 20 मी/से और 0 मी/से है, तो तीसरे और आठवें सेकण्ड के बीच औसत त्वरण होगा **NCERT पृष्ठ 15**

(a) 3 मी/से^{2} (b) 4 मी/से^{2}
(c) 5 मी/से^{2} (d) 6 मी/से^{2}

23 कण का वेग $v(x) = 3x^2 - 4x$ द्वारा प्रदर्शित किया जाता है, जहाँ x कण द्वारा तय की गई दूरी है। त्वरण के लिए व्यंजक है **NCERT पृष्ठ 15**

(a) $(3x^2 - 4x)(6x - 4)$ (b) $6(3x^2 - 4x)$
(c) $(6x - 4)^2$ (d) $(3x^2 - 4x)\,6x$

24 एक वाहन विरामावस्था से चलना प्रारम्भ करता है और समय $t = 0$ से x तक एक सीधी सड़क पर एकसमान त्वरण α के साथ चलता है। उसके बाद यह नियत मन्दन के साथ चलता है और रुक जाता है। इस प्रक्रिया के दौरान कार की औसत गति है **NCERT पृष्ठ 16**

(a) $\frac{\alpha x}{4}$ (b) $\frac{3ax}{2}$ (c) $\frac{\alpha x}{2}$ (d) αx

25 एक वस्तु नियत चाल के साथ पथ $OABO$ के अनुदिश गति करती है, तो **NCERT पृष्ठ 16**

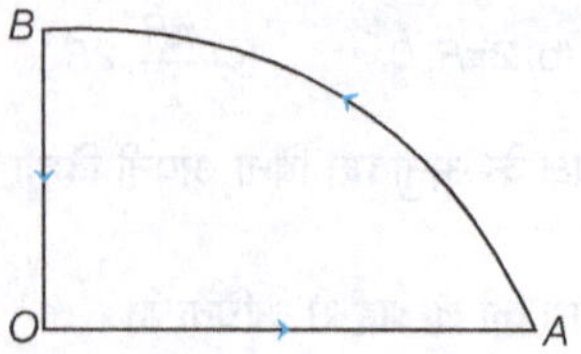

(a) पथ $OABO$ के अनुदिश चलते समय वस्तु का त्वरण शून्य है
(b) पथ AO और BO के अनुदिश वस्तु का त्वरण शून्य है
(c) पथ AB के अनुदिश कुछ त्वरण होना चाहिए
(d) 'b' और 'c' दोनों

26 एक कण की एक सीधी रेखा में गति का समीकरण $x = 8 + 12t - t^3$ द्वारा वर्णित किया गया है, जहाँ x मीटर में है और t सेकण्ड में है। कण का वेग शून्य होने पर उसका मन्दन होगा **NCERT पृष्ठ 16**

(a) 25 मी/से^{2} (b) शून्य
(c) 6 मी/से^{2} (d) 12 मी/से^{2}

27 इकाई द्रव्यमान का एक कण एक विमीय गति करता है, जिससे इसका वेग $v(x) = 3x^{-2n}$ के अनुसार, बदलता है। जहाँ x कण की स्थिति है। x के फलन के रूप में कण का त्वरण है **NCERT पृष्ठ 16**

(a) $15nx^{-2n-1}$ (b) $-18nx^{-4n-1}$
(c) $-15nx^{-2n+1}$ (d) $-18ne^{-4n+1}$

28 एक कण के समय और दूरी के बीच सम्बन्ध $t = \alpha x^2 + \beta x$ है, जहाँ α और β स्थिरांक हैं। कण का मन्दन है **NCERT पृष्ठ 16**

(a) $2\alpha v^3$ (b) $2\beta v^3$
(c) $2\alpha\beta v^3$ (d) $2\beta^2 v^3$

29 किसी पिण्ड की गति का समीकरण $a = 5 - 2v$ है, जहाँ a और v क्रमशः त्वरण और वेग हैं। वस्तु $t = 0$ पर विराम अवस्था में हैं, तो समय के पदों में पिण्ड की चाल है **NCERT पृष्ठ 16**

(a) $v = \frac{2}{5}(1 - e^{-2t})$ (b) $v = \frac{2}{5}(1 + e^{-2t})$
(c) $v = \frac{1}{2}(5 - e^{-2t})$ (d) $v = \frac{5}{2}(1 - e^{-2t})$

30 एक कण एक सीधी रेखा में गति करता है जिसका विस्थापन $x^2 = 3t^2 + 4$ है, तो इसका त्वरण किसके समानुपाती है? **NCERT पृष्ठ 16**

(a) $\frac{1}{x} - \frac{1}{x^2}$ (b) $\frac{1}{x^3}$
(c) $-\frac{t}{x^2}$ (d) $\frac{1}{x} - \frac{t^2}{x^3}$

31 किसी समय t पर एक सीधी रेखा में चलती वस्तु का विस्थापन $x = 10t + 15t^3$ द्वारा दिया जाता है, जहाँ x मीटर में है और t सेकण्ड में है। $t = 0$ से $t = 2$ सेकण्ड के अन्तराल में औसत त्वरण और $t = 2$ सेकण्ड पर तात्क्षणिक त्वरण का अन्तर है **NCERT पृष्ठ 16**

(a) 90 मी/से^{2} (b) 180 मी/से^{2}
(c) 135 मी/से^{2} (d) 9.8 मी/से^{2}

32 समय t के एक फलन के रूप में एक कण की स्थिति $x(t) = pt + qt^2 - rt^3$ द्वारा दी जाती है, जहाँ p, q और r स्थिरांक हैं। जब कण शून्य त्वरण प्राप्त कर लेता है, तो उसका वेग होगा **NCERT पृष्ठ 16**

(a) $r + \frac{q^2}{2p}$ (b) $p + \frac{r^2}{4q}$ (c) $p + \frac{q^2}{3r}$ (d) $q + \frac{r^2}{p}$

33 $t = 18$ सेकण्ड और $t = 20$ सेकण्ड के बीच कार की गति के लिए, दिए गए कथनों में से कौन-सा कथन सही है? **NCERT पृष्ठ 16**

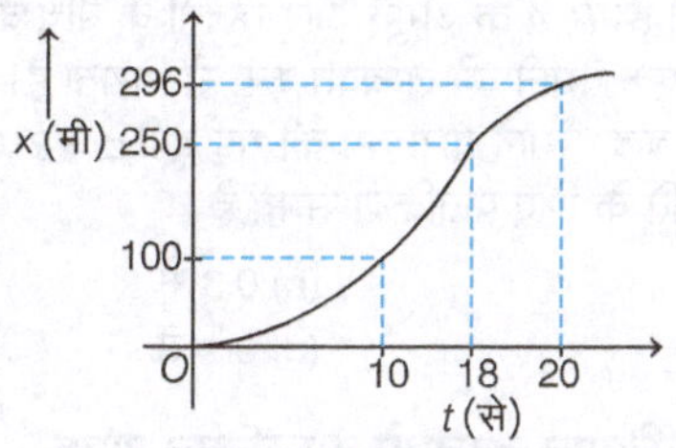

(a) कार धनात्मक त्वरण के साथ धनात्मक दिशा में आगे बढ़ रही है।
(b) कार धनात्मक त्वरण के साथ ऋणात्मक दिशा में आगे बढ़ रही है।
(c) कार ऋणात्मक त्वरण के साथ धनात्मक दिशा में आगे बढ़ रही है।
(d) कार ऋणात्मक त्वरण के साथ ऋणात्मक दिशा में आगे बढ़ रही है।

एकसमान रूप से त्वरित गति के लिए शुद्धगतिकीय समीकरण

34 एक कार 30 मी/से के वेग से चल रही है। ब्रेक लगाने पर, 2 सेकण्ड में वेग घटकर 15 मी/से हो जाता है। कार का त्वरण है **NCERT पृष्ठ 17**

(a) +7.5 मी/से^{2} (b) – 7.7 मी/से^{2}
(c) –7.5 मी/से^{2} (d) +15 मी/से^{2}

35 नीचे वेग-समय, वक्र दिया गया है। वक्र के सन्दर्भ में, निम्नलिखित में से कौन-सा कथन सही है? **NCERT पृष्ठ 17**

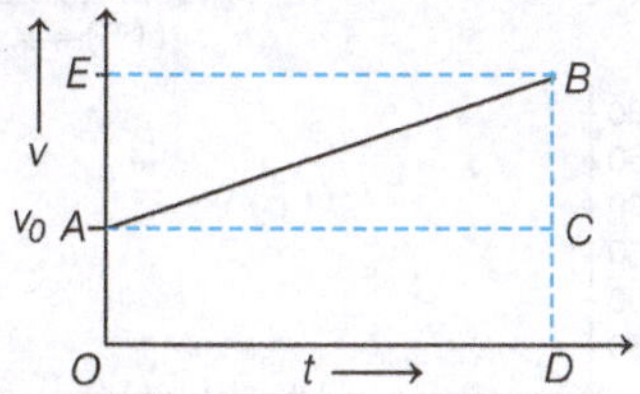

(a) दिए गए वक्र के अधीन क्षेत्रफल, $\frac{1}{2}(v + v_0)t - v_0 t$

(b) दिए गए वक्र के अधीन क्षेत्रफल, $\frac{1}{2}(v + v_0)t + v_0 t$

(c) v_0 और a के पदों में वस्तु का विस्थापन, $x = v_0 t + \frac{1}{2}at^2$

(d) सम्बन्ध $x = v_0 t + \frac{1}{2}at^2$ के समान, $x = \left(\frac{v - v_0}{2}\right)t$

36 एक वस्तु विरामावस्था से शुरू होती है और एकसमान त्वरण a के साथ चलती है। इसके द्वारा तय की गई दूरी x के पद में कण का अन्तिम वेग है **NCERT पृष्ठ 18**

(a) $\sqrt{2ax}$ (b) $2ax$ (c) $\sqrt{\frac{ax}{2}}$ (d) $\sqrt{ax}$

37 एक कण $t = 0$ पर, $x = 3$ मीटर पर स्थित है। यह 4 मी/से^{2} के स्थिर त्वरण के साथ विरामावस्था से चलना शुरू करता है। $t = 3$ सेकण्ड पर कण की स्थिति है **NCERT पृष्ठ 18**

(a) $x = +21$ मी (b) $x = +18$ मी
(c) $x = -21$ मी (d) इनमें से कोई नहीं

38 एक चिकने आनत तल पर फिसलने वाले पिण्ड को शीर्ष अवस्था से नीचे तक पहुँचने में 6 सेकण्ड लगते हैं। शीर्ष से विरामावस्था से गति शुरू करके 1/9 दूरी तय करने में कितना समय लगता है? **NCERT पृष्ठ 18**

(a) (1/54) से (c) 2 से
(b) (9/6) से (d) 4 से

39 किसी क्षण पर एक कण का वेग 15 मी/से है। 5 सेकण्ड के बाद, इसका वेग 25 मी/से हो जाएगा। दिए गए क्षण से पहले 4 सेकण्ड पर वेग होगा **NCERT पृष्ठ 18**

(a) 23 मी/से (b) 7 मी/से
(c) 25 मी/से (d) 15 मी/से

40 यदि गति एकसमान रूप से त्वरित है, तो एक पिण्ड तीसरे सेकण्ड में 6 मीटर और छठे सेकण्ड में 12 मीटर की दूरी तय करता है। अगले 3 सेकण्ड में यह कितनी दूरी तय करेगा? **NCERT पृष्ठ 18**

(a) 46 सेमी (b) 48 सेमी
(c) 84 सेमी (d) 132 सेमी

41 10 मी/से के वेग से चलती एक कार को 20 मीटर की दूरी पर एक निश्चित बल लगाकर रोक दिया जाता है। यदि कार का वेग 30 मी/से है, तो कार द्वारा तय की गई दूरी है **NCERT पृष्ठ 18**

(a) 40/3 मी (b) 40 मी
(c) 60 मी (d) 180 मी

42 एक वस्तु जो प्रारम्भ में स्थिर है, एकसमान त्वरण से गति कर रही है। 10 सेकण्ड के बाद इसका वेग 5 मी/से हो जाता है। अन्तिम 2 सेकण्ड में वस्तु का विस्थापन है **NCERT पृष्ठ 19**

(a) 8 मी (b) 9 मी
(c) 10 मी (d) 12 मी

43 अलग-अलग द्रव्यमान वाले दो पिण्डों m_a तथा m_b को अलग-अलग ऊँचाईयों x और y से गिराया जाता है। इन दूरियों को तय करने में दोनों पिण्डों द्वारा लिए गए समय का अनुपात है **NCERT पृष्ठ 19**

(a) $x : y$ (b) $y : x$ (c) $\sqrt{x} : \sqrt{y}$ (d) $x^2 : y^2$

44 ऊँचाई h से गुरुत्वीय के अधीन विरामावस्था से एक वस्तु को छोड़ा जाता है। गति का समीकरण जो दी गई स्थिति को गलत तरीके से व्यक्त करता है, का चयन कीजिए। **NCERT पृष्ठ 19**

(a) $v = 9.8t$ मी/से (b) $y = 4.9t^2$ मी
(c) $v^2 = 19.6y$ मी^{2}/से^{2} (d) $y = 9.8t^2$ मी/से

45 एक गेंद को 100 मीटर ऊँची इमारत से 10 मी/से के वेग से ऊर्ध्वाधर ऊपर की ओर फेंका जाता है। गेंद द्वारा पृथ्वी से ऊपर प्राप्त की गई अधिकतम ऊँचाई है ($g = 10$ मी/से^{2}) **NCERT पृष्ठ 19**

(a) 105 मी (b) 110 मी
(c) 10 मी (d) 5 मी

46 H ऊँचाई वाले एक टावर से, एक कण को u वेग से ऊर्ध्वाधर ऊपर की ओर फेंका जाता है। कण द्वारा पृथ्वी से टकराने में लिया गया समय, उसके पथ के उच्चतम बिन्दु तक पहुँचने में लिए गए समय का n गुना है। H, u और n के बीच सम्बन्ध है **NCERT पृष्ठ 19**

(a) $2gH = n^2u^2$ (b) $gH = (n-2)^2u^2$
(c) $2gH = nu^2(n-2)$ (d) $gH = (n-2)^2u^2$

47 एक आदमी 100 मीटर ऊँची इमारत की चोटी पर खड़ा है। वह दोनों पत्थरों ऊर्ध्वाधर ऊपर की ओर फेंकता है। जिनमें से एक पत्थर को $t = 0$ पर और दूसरे को फेकंता है। 2 सेकण्ड से कम समयान्तराल पर बाद वाला पत्थर पहले वाले पत्थर के आधे वेग से फेंका जाता है। पहले और दूसरे पत्थर के बीच ऊर्ध्वाधर अन्तराल $t = 2$ सेकण्ड पर 15 मीटर है। अन्तराल स्थिर पाया जाता है। पत्थरों को किस वेग से फेंका गया है? ($g = 10$ मी/से^{2}) **NCERT पृष्ठ 19**

(a) 20 मी/से, 10 मी/से (b) 10 मी/से, 5 मी/से
(c) 16 मी/से, 8 मी/से (d) 30 मी/से, 15 मी/से

48 एक पत्थर गुरुत्वाकर्षण के अन्तर्गत स्वतन्त्र रूप से गिरता है। यह पहले 5 सेकण्ड, अगले 5 सेकण्ड और अगले 5 सेकण्ड में क्रमशः h_1, h_2 और h_3 दूरी तय करता है। h_1, h_2 और h_3 के बीच सम्बन्ध है **NCERT पृष्ठ 20**

(a) $h_1 = 2h_2 = 3h_3$ (b) $h_1 = \frac{h_2}{3} = \frac{h_3}{5}$
(c) $h_2 = 3h_1$ और $h_3 = 3h_2$ (d) $h_1 = h_2 = h_3$

49 नीचे दी गई तालिका मुक्त पतन के अन्तर्गत एक वस्तु की गति को दर्शाती है। 0, τ, 2τ और 3τ के विभिन्न समय अन्तराल के बाद वस्तु की स्थिति दूसरे कॉलम में दी गई है। इस तालिका के सन्दर्भ में, लुप्त प्रविष्टियाँ A और B हैं **NCERT पृष्ठ 20**

t	y	y का मान y_0 के पदों में [$= (-1/2) g\tau^2$]	क्रमिक समय अन्तरालों में चली गई दूरी	चली गई दूरियों का अनुपात
0	0	0		
τ	$-(1/2)g\tau^2$	y_0	y_0	1
2τ	$-4(1/2)g\tau^2$	$4y_0$	$3y_0$	3
3τ	$-9(1/2)g\tau^2$	A	$5y_0$	5
4τ	$-16(1/2)g\tau^2$	$16y_0$	$7y_0$	7
5τ	$-25(1/2)g\tau^2$	$25y_0$	$9y_0$	9
6τ	$-36(1/2)g\tau^2$	$36y_0$	B	11

(a) $A \to 9y_0, B \to 11y_0$ (b) $A \to 11y_0, B \to 9y_0$
(c) $A \to \frac{9y_0}{2}, B \to 11y_0$ (d) $A \to 9y_0, B \to \frac{11y_0}{2}$

50 एक कार 4 मी/से^{2} के नियत त्वरण के साथ गतिमान है। इसके सामने एक व्यक्ति को देखकर, चालक अचानक ब्रेक लगाता है। यदि कार उस समय 20 मी/से के वेग से चल रही है चालक का प्रतिक्रिया समय 2 सेकण्ड है, तो उस क्षण के बाद जब वह व्यक्ति को देखता है और ब्रेक लगाने से ठीक पहली कार द्वारा तय की गई दूरी है **NCERT पृष्ठ 20**

(a) 48 मी (b) 40 मी (c) 8 मी (d) 45 मी

51 54 किमी/घण्टा की गति से चल रही कार को कम से कम 10 मीटर चलने के बाद ब्रेक लगाकर रोका जा सकता है। यदि कार 108 किमी/घण्टा की गति से चल रही है, तो न्यूनतम अवरोधन दूरी है **NCERT पृष्ठ 20**

(a) 30 मी
(b) 35 मी
(c) 40 मी
(d) 45 मी

52 दो व्यक्ति A और B, A के प्रतिक्रिया समय को मापने के लिए एक प्रयोग करते हैं। B, A के अँगूठे और तर्जनी के बीच के अन्तराल के माध्यम से एक पैमाने को लम्बवत् रूप से गिराता है। A द्वारा इसे पकड़ने के बाद, पैमाने द्वारा तय की गई दूरी $d = 21.0$ सेमी है। इस विशेष स्थिति के लिए प्रतिक्रिया समय है **NCERT पृष्ठ 21**

(a) 0.2 से (b) 0.3 से
(c) 0.4 से (d) 0.1 से

सरल रेखा में गतिमान वस्तु से सम्बन्धित ग्राफ

53 एक कार मूल बिन्दु O से समय $t = 0$ सेकण्ड पर विराम से चलना शुरू करती है और $t = 10$ सेकण्ड तक गति पकड़ती है तथा इसके पश्चात $t = 18$ सेकण्ड तक एकसमान चाल से चलती है। ब्रेक लगाने पर कार $t = 20$ सेकण्ड और $x = 296$ मीटर पर रुक जाती है। स्थिति-समय वक्र जो उपरोक्त स्थिति को सबसे अच्छी तरह से दर्शाता है, वह है **NCERT पृष्ठ 16**

(a)
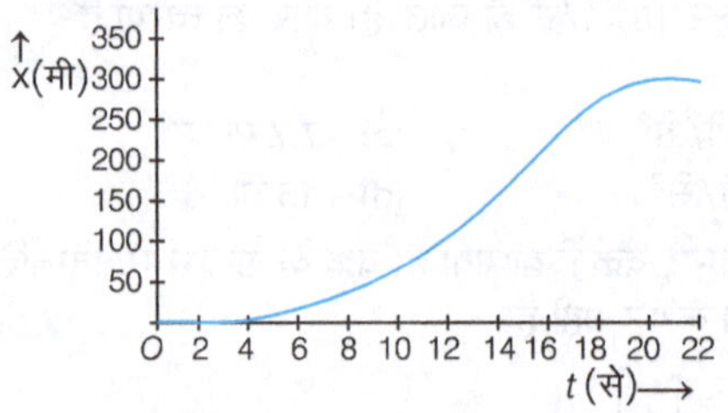

(b)
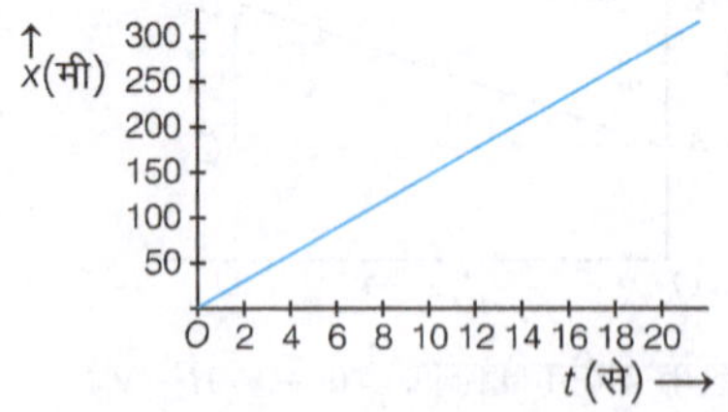

(c)
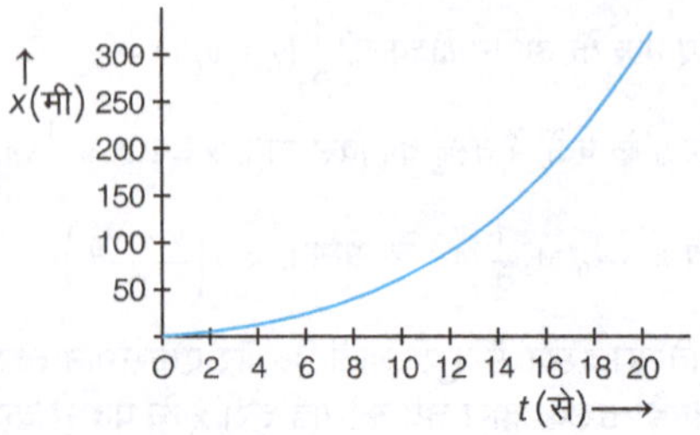

(d) उपरोक्त में से कोई नहीं

54 एक कण मूल बिन्दु से समय $t = 0$ पर चलना शुरू करता है और धनात्मक X-अक्ष के अनुदिश चलता है। समय के सम्बन्ध में वेग का ग्राफ निम्न चित्र में दिखाया गया है। समय $t = 5$ सेकण्ड पर कण की स्थिति क्या है? **NCERT पृष्ठ 16**

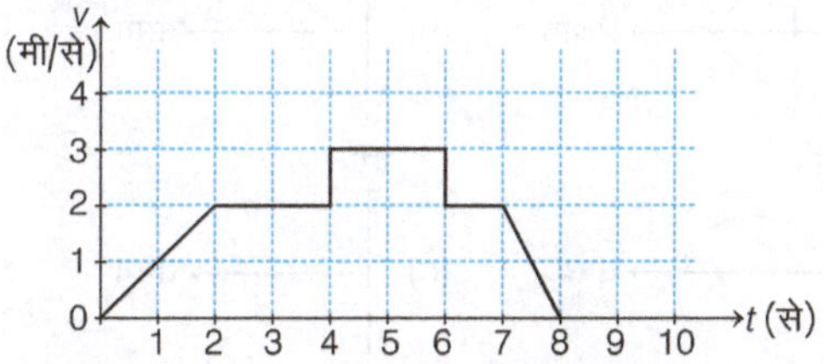

(a) 6 मी (b) 3 मी
(c) 10 मी (d) 9 मी

55 चित्र, कण P और Q के समय-विस्थापन ग्राफ को दर्शाता है। निम्नलिखित में से कौन-सा कथन सही है? **NCERT पृष्ठ 16**

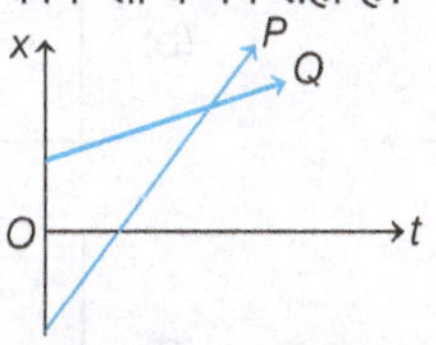

(a) P और Q दोनों एकसमान गति से चलते हैं।
(b) P त्वरित है और Q एकसमान गति से गति करता है, लेकिन P की गति Q की गति से अधिक है।
(c) P और Q दोनों एकसमान गति से गति करते हैं, लेकिन P की गति Q की गति से अधिक है।
(d) P और Q दोनों एकसमान गति से गति करते हैं, लेकिन Q की गति P की गति से अधिक है।

56 नियत त्वरण के साथ गतिमान कण का विस्थापन-समय ग्राफ नीचे चित्र में दिखाया गया है। वेग-समय ग्राफ दिया जाएगा **NCERT पृष्ठ 16**

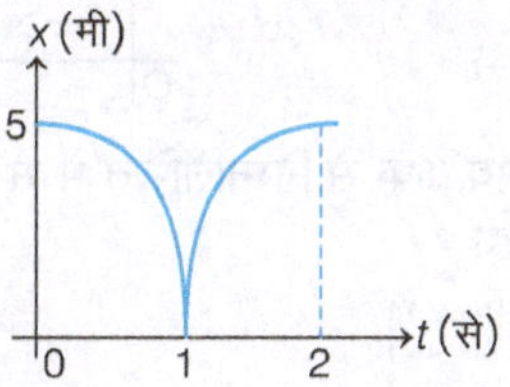

(a)
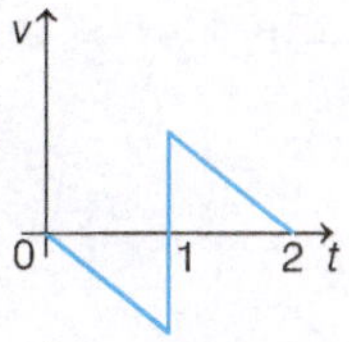

(b)
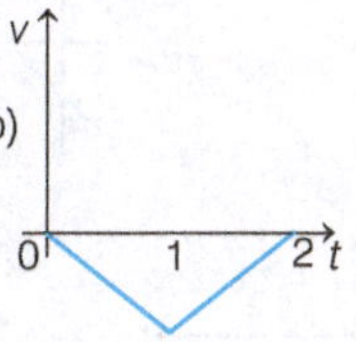

(c)
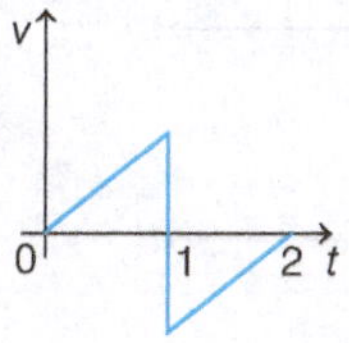

(d)
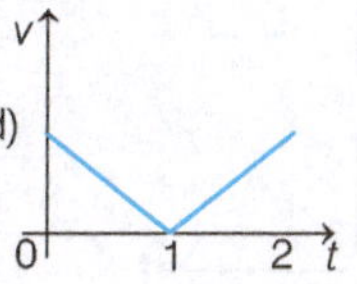

57 निम्नलिखित ग्राफ में, औसत वेग को ज्यामितीय रूप से निम्न द्वारा दर्शाया गया है **Old NCERT पृष्ठ 42**

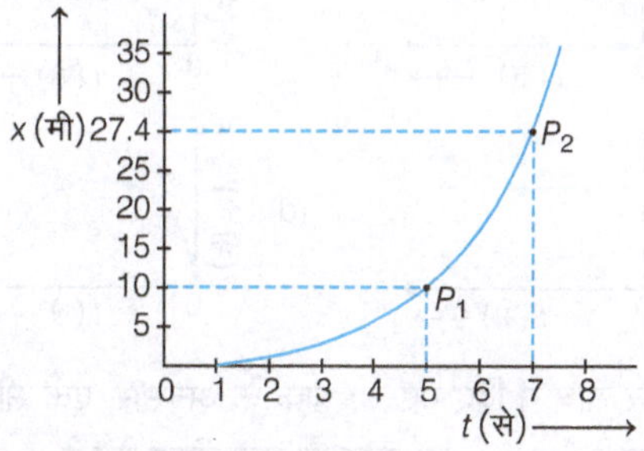

(a) रेखा $P_1 P_2$ की लम्बाई
(b) सीधी रेखा P_1P_2 का ढाल
(c) P_1 पर ग्राफ, स्पर्श रेखा का ढाल
(d) P_2 पर ग्राफ की स्पर्श रेखा का ढाल

58 नीचे चित्र में विस्थापन-समय $(x-t)$ ग्राफ दर्शाया गया है **Old NCERT पृष्ठ 42**

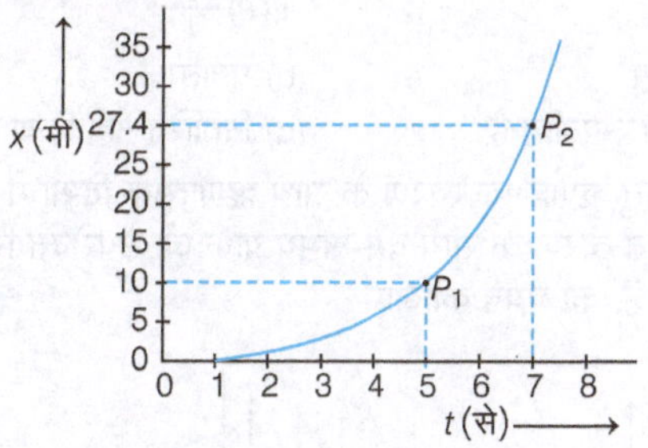

समय $t = 5$ सेकण्ड और $t = 7$ सेकण्ड के बीच औसत वेग है
(a) 8 मी/से (b) 8.7 मी/से
(c) 7.8 मी/से (d) 13.7 मी/से

59 दो गतिमान कणों का विस्थापन-समय ग्राफ X-अक्ष के साथ 30° और 45° का कोण बनाता है। उनके वेगों के वर्ग का अनुपात है **Old NCERT पृष्ठ 42**

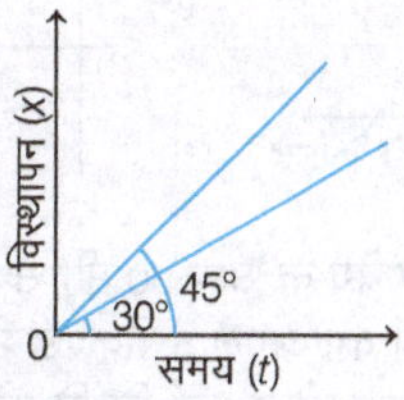

(a) 1 : 3 (b) 1 : 2 (c) 1 : 1 (d) 3 : 2

60 नीचे दिए गए x-t ग्राफ के लिए निम्न में से कौन-सा v-t ग्राफ उचित प्रकार से दिखाया गया है? **Old NCERT पृष्ठ 42**

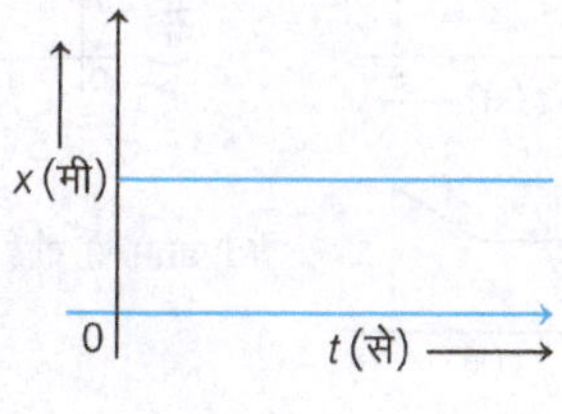

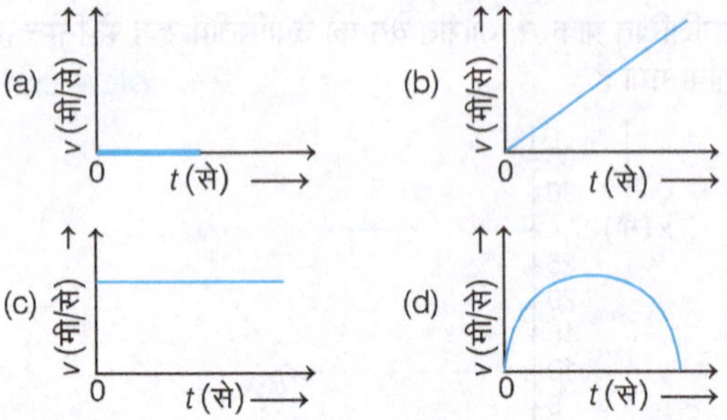

61 एक कार साथ में दिए गए x-t ग्राफ के अनुसार, एक सीधी रेखा के साथ चलती है। $t = t_1$ पर कार का तात्क्षणिक वेग है NCERT पृष्ठ 16

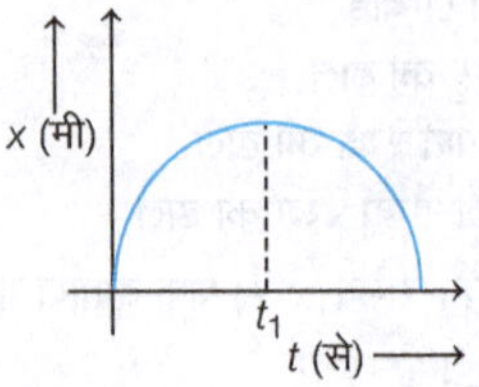

(a) शून्य (b) धनात्मक
(c) डेटा अपर्याप्त है (d) निर्धारित नहीं किया जा सकता

62 एक वस्तु ऋणात्मक त्वरण के साथ ऋणात्मक दिशा में आगे बढ़ रही है। नियत त्वरण के साथ वेग-समय ग्राफ जो उपरोक्त स्थिति को दर्शाता है, का चयन कीजिए। NCERT पृष्ठ 16

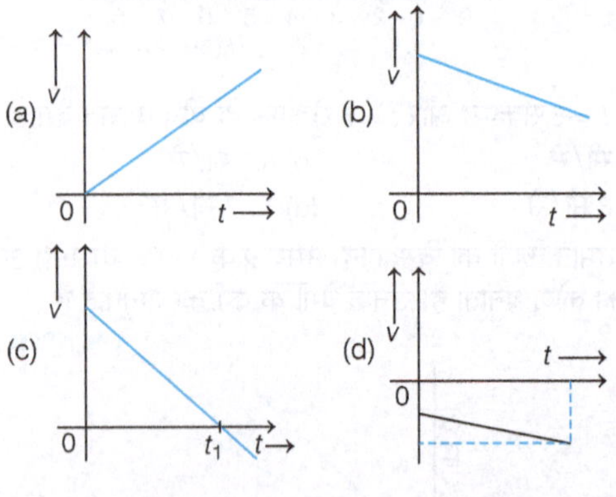

63 एक वस्तु एकसमान वेग के साथ 30 मी/से के प्रारम्भिक वेग से आगे बढ़ रही है। वस्तु का वेग अगले 5 सेकण्ड में लगातार 40 मी/से तक बढ़ जाता है। v-t ग्राफ जो दी गई स्थिति को दर्शाता है, का चयन कीजिए। NCERT पृष्ठ 16

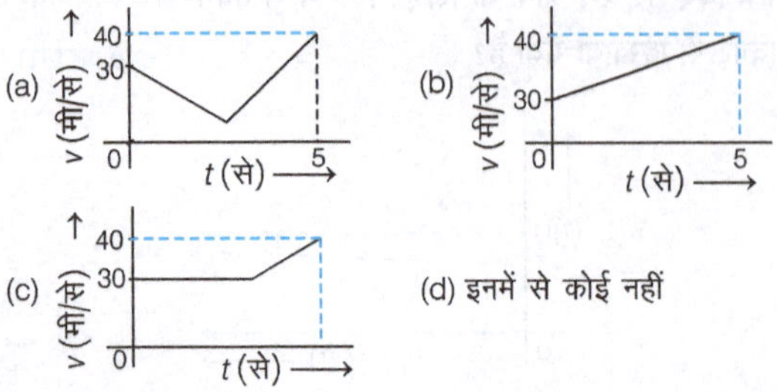

(d) इनमें से कोई नहीं

64 नीचे दिए गए सभी ग्राफ एक ही गति को दर्शाने के लिए हैं। इनमें से गलत रूप प्रदर्शित करने वाले ग्राफ का चयन कीजिए। NCERT पृष्ठ 16

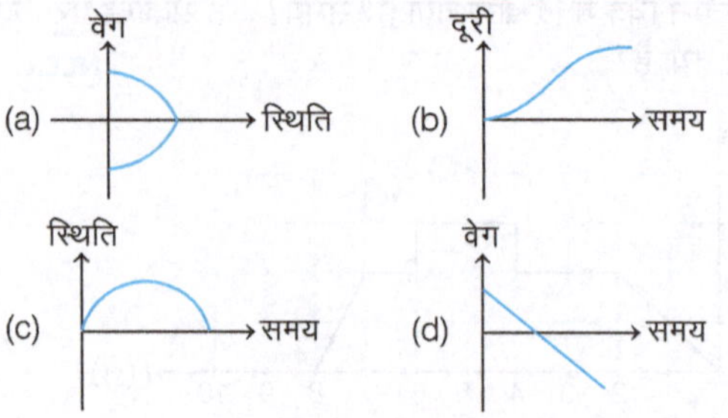

65 एक कण को ऊपर की ओर फेंका जाता है, तो उचित v-t ग्राफ का चयन कीजिए। NCERT पृष्ठ 16

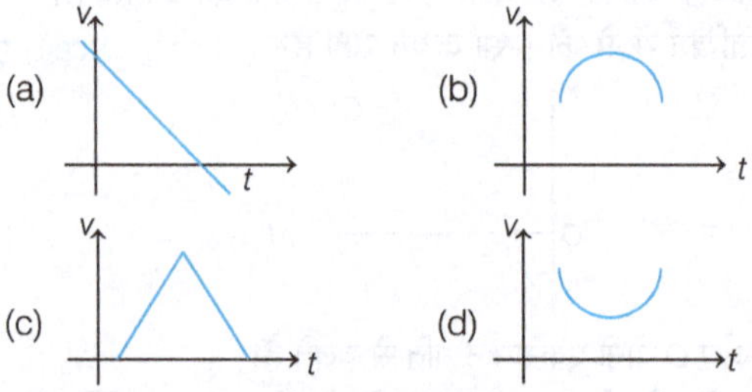

66 निम्नलिखित में से कौन-सा ग्राफ समान रूप से मंदित गति को दर्शाता है? NCERT पृष्ठ 16

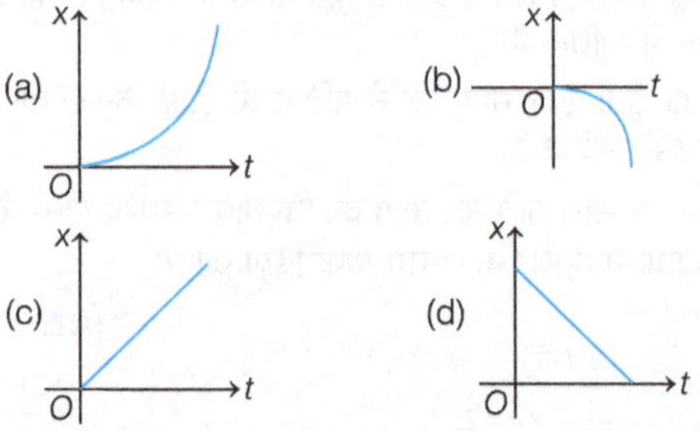

67 दिए गए वेग-समय ग्राफ से निम्नलिखित में से कौन-सा त्वरण-समय ग्राफ सम्बन्धित है? NCERT पृष्ठ 16

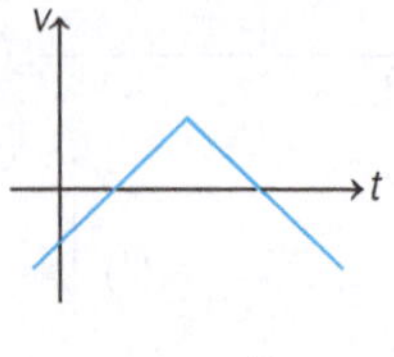

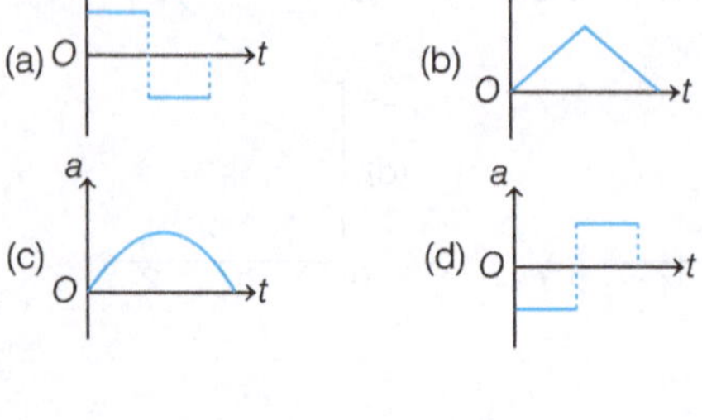

68 एक कण विरामावस्था से चलना शुरू करता है। कण का त्वरण-समय ग्राफ चित्र में दर्शाया गया है। कण की अधिकतम चाल है NCERT पृष्ठ 16

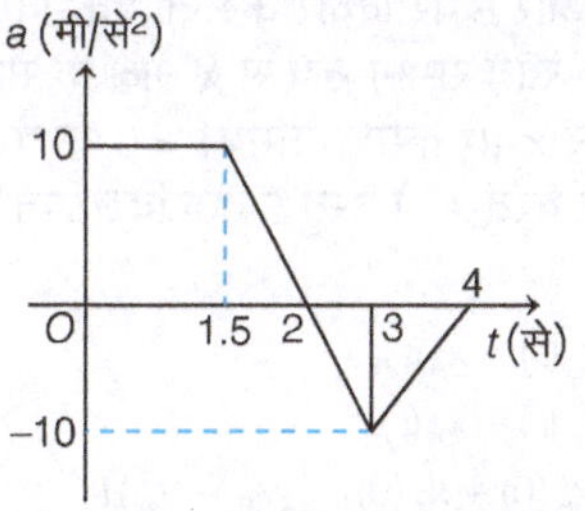

(a) 17.5 मी/से (b) 27.5 मी/से (c) 7.5 मी/से (d) 12.5 मी/से

69 एक गतिमान कण का विस्थापन-समय ग्राफ नीचे दिखाया गया है। निम्न में से किस क्षेत्र में कण स्थिर त्वरण के साथ गति कर रहा है? NCERT पृष्ठ 16

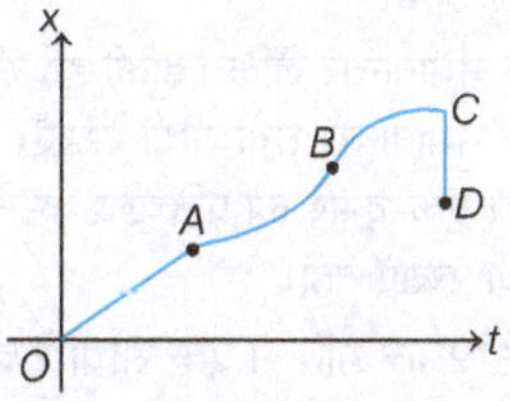

(a) *OA* (b) *AB* (c) *BC* (d) *CD*

70 *X*-अक्ष के साथ गतिमान एक कण का वेग (*v*) चित्र में दर्शाए अनुसार, इसकी स्थिति *x* के साथ बदलता रहता है, तो कण का त्वरण (*a*), स्थिति (*x*) के साथ किस प्रकार परिवर्तित होता है? NCERT पृष्ठ 16

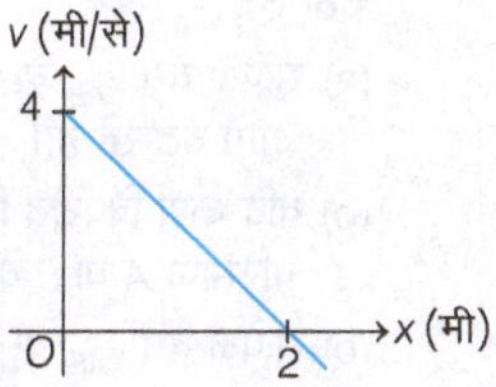

(a) $a^2 = x + 3$

(b) $a = 2x^2 + 4$

(c) $2a = 3x + 5$

(d) $a = 4x - 8$

71 एक कण, मूल बिन्दु *O* से विरामावस्था से गति प्रारम्भ करता है और धनात्मक *X*-अक्ष के साथ एकसमान त्वरण के साथ गति करता है। उन सभी चित्रों की पहचान करें जो गति को गुणात्मक रूप से उचित प्रकार से दर्शाती हैं।

(a = त्वरण, v = वेग, x = विस्थापन, t = समय) NCERT पृष्ठ 16

(A) 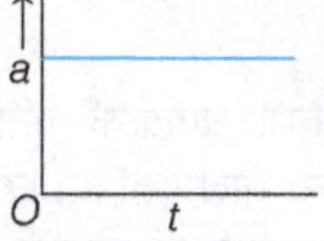

(B) 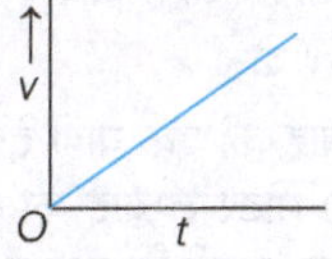

(C) 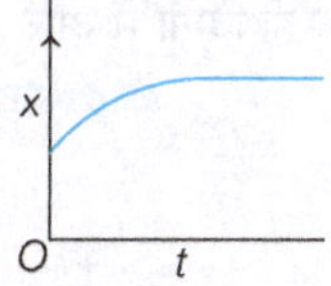

(D) 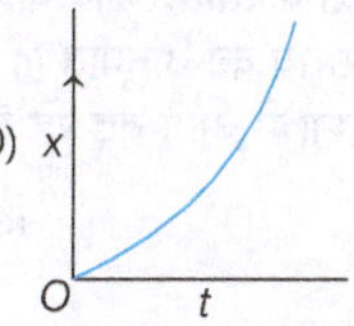

(a) (A) (b) (A), (B), (C)

(c) (B), (C) (d) (A), (B), (D)

72 दिए गए *v-t* ग्राफ के लिए, निम्न में से कौन-सा *a-t* ग्राफ उचित प्रकार से दर्शाया गया है? Old NCERT पृष्ठ 45

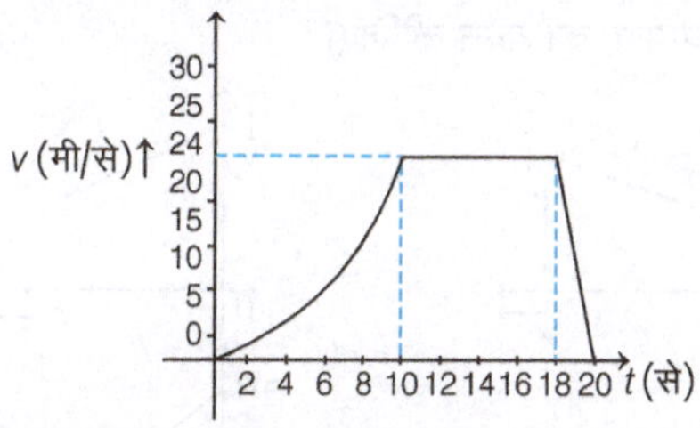

(a) 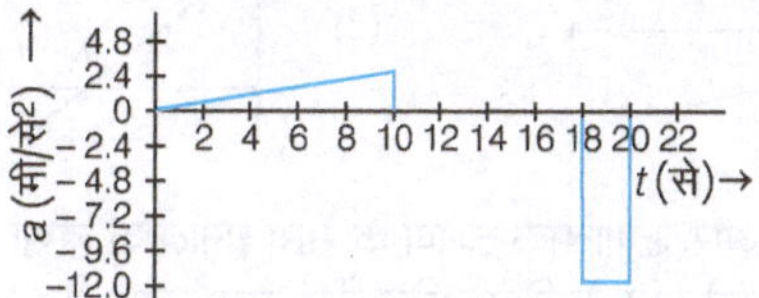

(b) 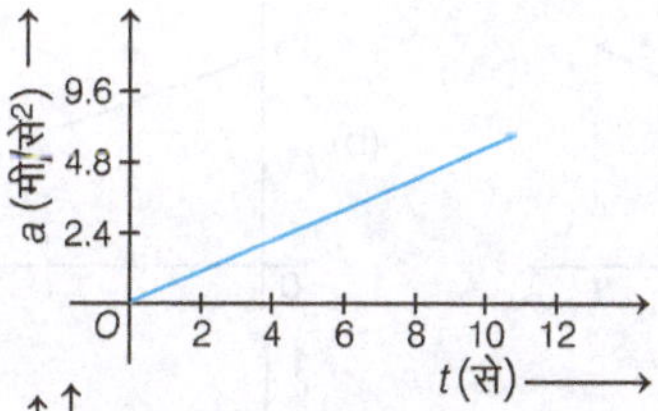

(c) 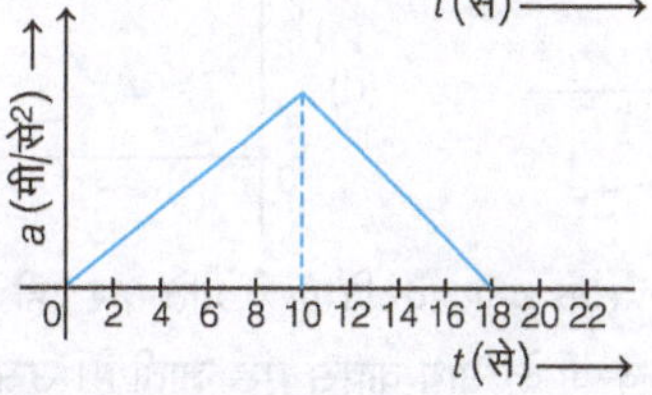

(d) उपरोक्त में से कोई नहीं

73 एक कण $t = 0$ सेकण्ड पर विराम से शुरू होता है और t समय (सेकण्ड में) के साथ a त्वरण (मी/से^{2} में) से गुजरता है, जैसा कि चित्र में दर्शाया गया है। निम्नलिखित में से कौन-सा ग्राफ समय (सेकण्ड में) तथा वेग v (मी/से में) के मध्य ग्राफ को दर्शाता है? NCERT पृष्ठ 16

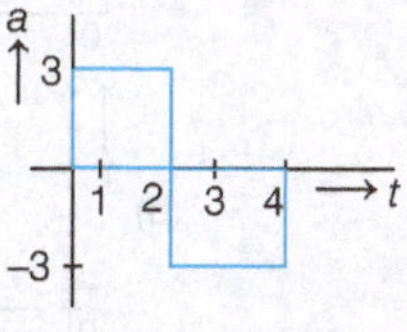

(a) 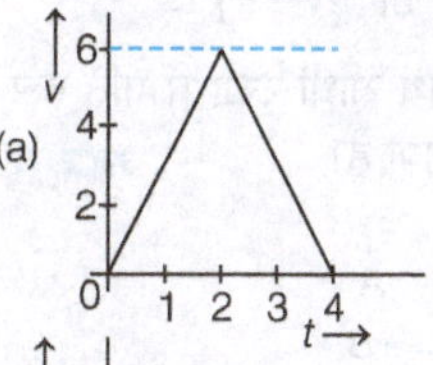

(b) 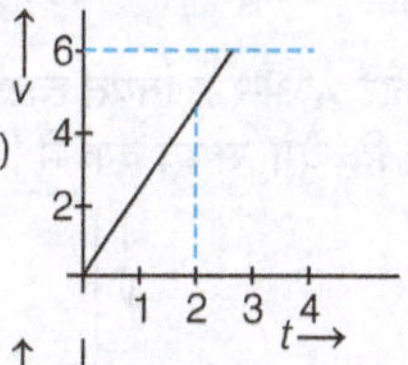

(c) 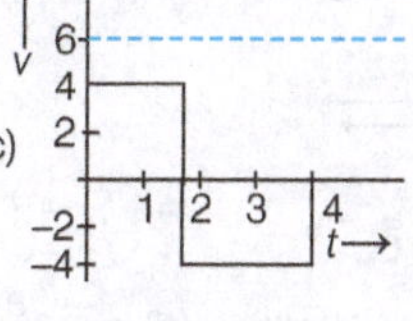

(d) 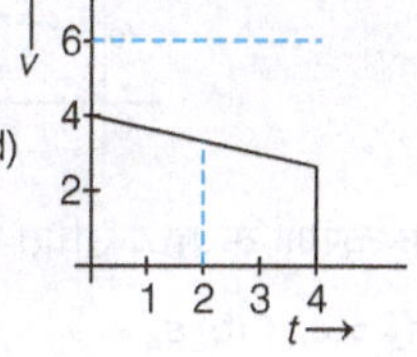

74 एक वस्तु धनात्मक त्वरण के साथ धनात्मक दिशा में गति कर रही है। दी गई स्थिति को व्यक्त करने के लिए स्थिर त्वरण के साथ उचित वेग-समय ग्राफ का चयन कीजिए। NCERT पृष्ठ 16

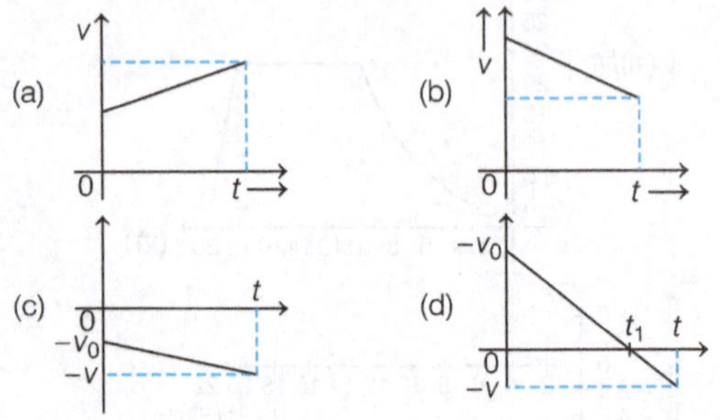

75 एक स्थिर और ऋणात्मक त्वरण के साथ धनात्मक दिशा में गति करने वाली वस्तु की गति के लिए उचित वेग-समय ग्राफ है NCERT पृष्ठ 16

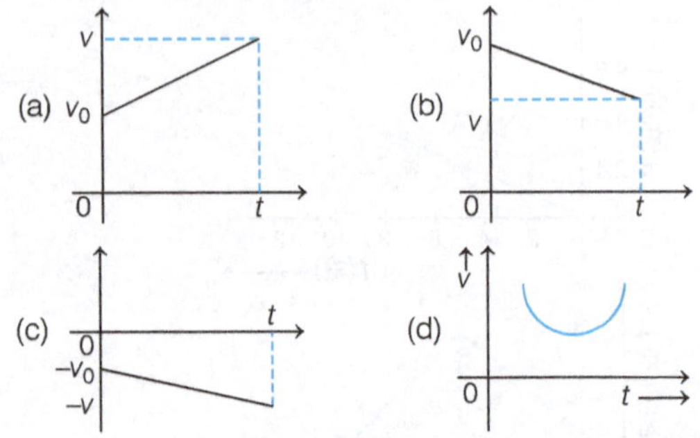

76 एक वस्तु समय t_1 तक धनात्मक दिशा में गति कर रही है और फिर उसी ऋणात्मक त्वरण के साथ वापस मुड़ जाती है। उस वेग-समय ग्राफ का चयन कीजिए, जो उचित स्थिति का सबसे अच्छा वर्णन करता है। NCERT पृष्ठ 16

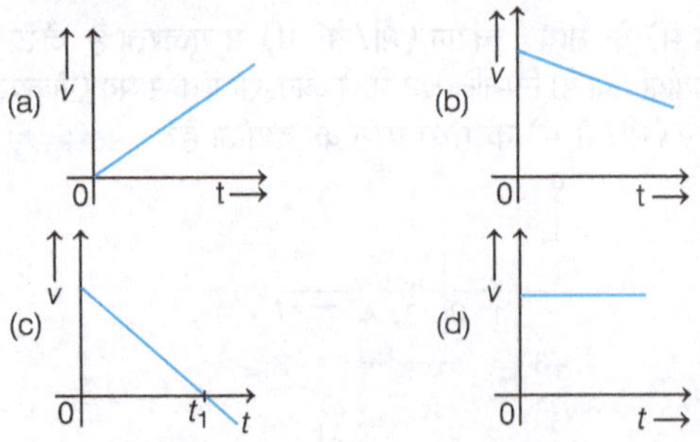

77 दो कारें A और B नियत त्वरण के साथ सीधी रेखा में गति कर रही हैं जैसा कि वेग-समय वक्र में दिखाया गया है। NCERT पृष्ठ 16

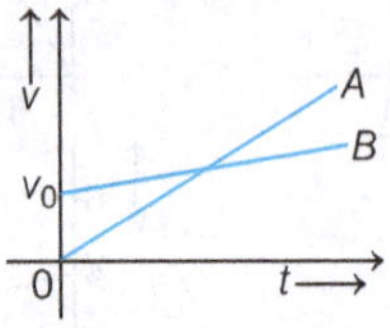

इनके त्वरणों के मध्य उचित सम्बन्ध है

(a) $a_A > a_B$ (b) $a_A < a_B$ (c) $a_A = a_B$ (d) $a_A = \frac{a_B}{2}$

एक-विमीय में सापेक्ष वेग

78 दो वस्तुओं A और B पर विचार करें जो एक-विमीय औसत वेग v_A और v_B के साथ समान रूप से X-अक्ष के साथ गति कर रही हैं। यदि $x_A(0)$ और $x_B(0)$ क्रमशः समय $t = 0$ पर वस्तुओं A और B की स्थितियाँ हैं, तो वस्तु A से वस्तु B तक विस्थापन निम्न प्रकार व्यक्त किया जाता है Old NCERT पृष्ठ 51

(a) $x_{BA}(t) = x_B(t) - x_A(t)$
(b) $x_{AB}(t) = x_B(t) - x_A(t)$
(c) $x_{BA}(t) = [x_B(0) - x_A(0)] + (v_B - v_A)t$
(d) 'a' और 'c' दोनों

79 X-अक्ष के अनुदिश एकसमान रूप से गति करने वाले दो कणों के लिए सापेक्ष वेग v_{BA} तथा v_{AB} शून्य हैं। इस स्थिति के लिए स्थिति-समय ग्राफ होगा। Old NCERT पृष्ठ 51

(a) समय अक्ष के समानान्तर लेकिन झुकी हुई सीधी रेखाएँ।
(b) समय अक्ष के समानान्तर तथा सीधी रेखाएँ।
(c) किसी बिन्दु पर एक-दूसरे को प्रतिच्छेद करने वाली सीधी रेखाएँ।
(d) वक्र और सीधी रेखाएँ नहीं।

80 दो कण A और B समान गति से एक सीधी रेखा में गति कर रहे हैं। निम्नलिखित में से कौन-सा विकल्प दो कणों की सापेक्ष गति के लिए सही है? Old NCERT पृष्ठ 51

(a) सापेक्ष वेग v_{AB} या v_{BA} शून्य है, केवल तभी जब वे एक ही दिशा में आगे बढ़ रहे हों।
(b) यदि कण विपरीत दिशा में आगे बढ़ रहे हों, तो v_{BA} या v_{AB} का परिमाण A या B के परिमाण से दोगुना है।
(c) सापेक्ष वेग v_{AB} या v_{BA} हमेशा शून्य होता है।
(d) 'a' और 'b' दोनों

81 वस्तुओं A और B के औसत वेग क्रमशः v_A और v_B हैं। वेग इस प्रकार सम्बन्धित है कि $v_A > v_B$ हैं। इस स्थिति के लिए निम्नलिखित में से कौन-सा विकल्प सही है? Old NCERT पृष्ठ 52

(a) v_{AB} धनात्मक है और वस्तु A कुछ समय प्रश्चात् वस्तु B से आगे निकल जाती है।
(b) v_{BA} धनात्मक है और वस्तु A कुछ समय बाद वस्तु B से आगे निकल जाती है।
(c) स्थिति के लिए x-t ग्राफ ऐसा है कि एक वक्र दूसरे की तुलना में अधिक ढलान वाला है और वे एक सामान्य बिन्दु पर मिलते हैं।
(d) 'a' और 'c' दोनों

82 60 मीटर लम्बाई की एक यात्री ट्रेन 80 किमी/घण्टा की गति से यात्रा करती है। 120 मीटर लम्बाई की एक अन्य मालगाड़ी 30 किमी/घण्टा की गति से यात्रा करती है। जब यात्री ट्रेन, मालगाड़ी को पूरी तरह से पार करने में समय का अनुपात (i) वे एक ही दिशा में और (ii) विपरीत दिशा में आगे बढ़ रहे हैं Old NCERT पृष्ठ 52

(a) $\frac{3}{2}$ (b) $\frac{25}{11}$
(c) $\frac{11}{5}$ (d) $\frac{5}{2}$

83 एक व्यक्ति उत्तर की ओर 10 मी/से के वेग से आगे चल रहा है। दक्षिण की ओर 20 मी/से के वेग से चलती एक कार व्यक्ति को पार करती है। व्यक्ति के सापेक्ष कार का वेग है Old NCERT पृष्ठ 52

(a) –30 मी/से (b) +20 मी/से
(c) 10 मी/से (d) –10 मी/से

84 एक गेंद A को v_1 गति से ऊर्ध्वाधर ऊपर की ओर फेंका जाता है। उसी क्षण एक अन्य गेंद B को h ऊँचाई पर विरामावस्था से छोड़ा जाता है। समय t पर, B के सापेक्ष A का वेग है Old NCERT पृष्ठ 52

(a) v_1 (b) $v_1 - 2gt$ (c) $\sqrt{v_1^2 - 2gh}$ (d) $v_1 - gt$

85 एक बस सीधी सड़क पर 12 मी/से की गति से चल रही है। एक स्कूटर चालक 120 सेकण्ड में बस से आगे निकलना चाहता है। यदि बस, स्कूटर चालक से 1 किमी की दूरी पर है। बस का पीछा करने के लिए स्कूटर की आवश्यक चाल है Old NCERT पृष्ठ 52

(a) 18 मी/से
(b) 20.33 मी/से
(c) 25.66 मी/से
(d) 17.28 मी/से

अभिकथन-कारण प्रश्न

निर्देश *(प्रश्न क्रमांक 1-10) निम्नलिखित प्रश्नों में, अभिकथन के एक कथन के बाद कारण का एक संगत कथन दिया गया है। निम्नलिखित कथनों में से सही कथन का चयन कीजिए।*

(a) अभिकथन और कारण दोनों सही हैं तथा कारण, अभिकथन की सही व्याख्या है।
(b) अभिकथन और कारण दोनों सही हैं, लेकिन कारण, अभिकथन की सही व्याख्या नहीं है।
(c) अभिकथन सही है, लेकिन कारण गलत है।
(d) अभिकथन गलत है, लेकिन कारण सही है।

1 **अभिकथन** वास्तव में कई परिस्थितियों में, वस्तु को एक बिन्दु वस्तु के रूप में माना जाता है।

कारण किसी वस्तु को बिन्दु वस्तु के रूप में तब तक माना जाता है, जब तक उसका आकार, उचित समय अवधि में उसके द्वारा तय की गई दूरी से बहुत छोटा होता है। NCERT पृष्ठ 13

2 **अभिकथन** एक सीधी रेखा में और एक ही दिशा में गति के लिए, औसत वेग का परिमाण औसत गति के बराबर होता है।

कारण सीधी रेखा में तथा एक ही दिशा में गति करने पर विस्थापन का परिमाण पथ की लम्बाई के बराबर होता है। Old NCERT पृष्ठ 13

3 **अभिकथन** एकसमान गति के लिए, वेग सभी क्षणों पर औसत वेग के समान होता है।

कारण एकसमान गति में सीधी रेखा के साथ, वस्तु समान समय अंतराल में समान दूरी तय करती है। Old NCERT पृष्ठ 42

4 **अभिकथन** एकसमान रूप से गति करते समय एक पिण्ड त्वरित नहीं हो सकता।

कारण जब पिण्ड की गति की दिशा बदलती है, तो पिण्ड में त्वरण हो सकता है। NCERT पृष्ठ 16

5 **अभिकथन** यथार्थवादी स्थिति में, x-t, v-t और a-t ग्राफ सरल होंगे।

कारण भौतिक रूप से त्वरण और वेग एक क्षण में अचानक अपना मान नहीं बदल सकते। NCERT पृष्ठ 17

6 **अभिकथन** एक पिण्ड क्षण भर के लिए विराम अवस्था में होता है, यदि इसकी दिशा विपरीत हो जाती है।

कारण एक पिण्ड में त्वरण नहीं हो सकता, यदि उसका वेग समय के किसी निश्चित क्षण पर शून्य है। NCERT पृष्ठ 19

7 **अभिकथन** गुरुत्वाकर्षण की क्रिया के अन्तर्गत स्वतन्त्र रूप से गिरने वाले पिण्ड के लिए, g को ऋणात्मक माना जाता है।

कारण किसी पिण्ड को लम्बवत् ऊपर की ओर फेंकने के लिए g को ऋणात्मक लिया गया है। NCERT पृष्ठ 19

8 **अभिकथन** एक घर की छत के ऊपर से अलग-अलग द्रव्यमान की दो गेंदों को समान गति से लम्बवत् ऊपर की ओर फेंका जाता है। वे समान ऊँचाई प्राप्त करती हैं और अपनी वापसी यात्रा के दौरान, वे समान गति से फेंकने वाले के पास आ जाती हैं।

कारण एक गेंद जिस अधिकतम ऊँचाई तक उठती है और वापस लौटने पर वह जिस गति को प्राप्त करती है, वह गेंद के द्रव्यमान पर निर्भर नहीं करती है। NCERT पृष्ठ 19

9 **अभिकथन** किसी पिण्ड का ऋणात्मक त्वरण पिण्ड की गति बढ़ने से सम्बन्धित हो सकता है।

कारण एक गतिशील पिण्ड की गति में वृद्धि उसकी गति की दिशा से स्वतन्त्र होती है। NCERT पृष्ठ 19

10 **अभिकथन** जब वस्तुएँ A और B एक ही दिशा में चलती हैं, तो वस्तु A का वस्तु B के सापेक्ष वेग $v_{AB} = v_A - v_B$ है।

कारण जब वस्तुएँ A और B विपरीत दिशा में चलती हैं, तो वस्तु B का वस्तु A के सापेक्ष वेग $v_{BA} = v_B - v_A$ है। Old NCERT पृष्ठ 52

कथन आधारित प्रश्न

निर्देश *(प्रश्न क्रमांक 1-8) निम्नलिखित प्रश्नों में दो कथन (I और II) दिए गए हैं। दिए गए कथनों के अनुसार, नीचे दिए गए सही विकल्प का चयन करें।*

(a) दोनों कथन I और II गलत हैं।
(b) कथन I सत्य है, लेकिन कथन II गलत है।
(c) कथन I असत्य है, लेकिन कथन II सही है।
(d) दोनों कथन I और II सही हैं।

1 **कथन I** एकसमान गति में औसत और तात्क्षणिक वेगों का मान समान होता है।
कथन II एकसमान गति में, किसी वस्तु का वेग समान रूप से बढ़ता है। NCERT पृष्ठ 14

2 **कथन I** किसी वस्तु की त्वरित गति, वेग के परिमाण या वेग की दिशा या दोनों में परिवर्तन के कारण हो सकती है।
कथन II त्वरण केवल वेग के परिमाण में परिवर्तन से उत्पन्न हो सकता है। NCERT पृष्ठ 15

3 **कथन I** एकसमान रूप से सीधी रेखा में गतिमान पिण्ड का स्थिति-समय वक्र स्थिति अक्ष के समानान्तर होता है।
कथन II असमान गति में, स्थिति-समय वक्र समय के सभी क्षणों पर स्थिर वेग देता है। NCERT पृष्ठ 16

4 **कथन I** विस्थापन, प्रारम्भिक और अन्तिम स्थिति के बीच की सबसे लम्बी दूरी है।
कथन II किसी पिण्ड द्वारा तय की गई दूरी अशून्य होने पर पिण्ड का विस्थापन शून्य हो सकता है। NCERT पृष्ठ 16

कथन I यदि पिण्ड का त्वरण गुरुत्वाकर्षण के कारण त्वरण के बराबर हो, तो पिण्ड को मुक्त रूप से गिरता हुआ कहा जाता है।
कथन II स्वतन्त्र रूप से गिरता हुआ पिण्ड स्थिर त्वरण के साथ ऐसा कर सकता है। NCERT पृष्ठ 19

6 **कथन I** किसी निश्चित समय अन्तराल के लिए वेग एकल मान वाला होता है जबकि औसत गति के कई मान हो सकते हैं।
कथन II वेग एक सदिश राशि है और चाल एक अदिश राशि है। NCERT पृष्ठ 20

7 **कथन I** किसी भी बिन्दु पर x-t ग्राफ का ढलान उस बिन्दु के संगत क्षण पर वस्तु का तात्क्षणिक वेग प्रदान करता है।
कथन II एक समान रूप से त्वरित गति वाली वस्तु के लिए x-t ग्राफ परवलयिक प्रकृति का होता है। NCERT पृष्ठ 20

8 **कथन I** प्रतिक्रिया समय का मान जितना अधिक होगा, सड़क सुरक्षा में उतनी ही अधिक स्थिरता होगी।
कथन II किसी पिण्ड के त्वरण-विस्थापन वक्र का क्षेत्रफल प्रति इकाई द्रव्यमान में गतिज ऊर्जा में परिवर्तन प्रदान करता है। NCERT पृष्ठ 17

सुमेलन प्रकार प्रश्न

1 दी गई आकृति में, माना कि P, Q और R समय के विभिन्न क्षणों पर एक कार की स्थिति को दर्शाते हैं। Old NCERT पृष्ठ 40

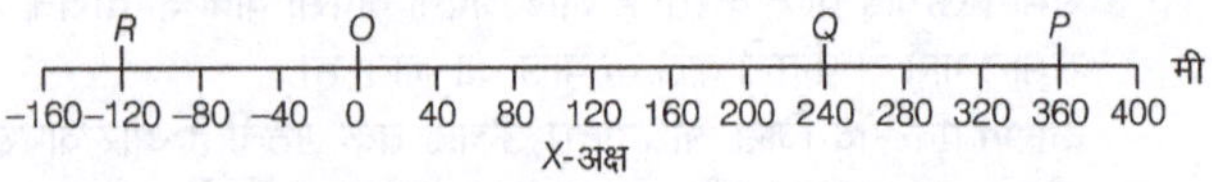

उपर्युक्त दी गई आकृति के संदर्भ में, कॉलम I (विस्थापन/पथ लम्बाई) को कॉलम II (मान) से सुमेलित करें और नीचे दिए गए विकल्पों में से सही उत्तर चुनिए।

कॉलम I	कॉलम II
A. O से P तक जाने में कार का विस्थापन	1. 480 मी
B. O से R तक कार की पथ लम्बाई	2. 360 मी
C. O से P तक और वापस Q तक जाने में कार की पथ लम्बाई	3. 240 मी
D. O से P तक और वापस Q तक जाने में कार का विस्थापन	4. 120 मी

कूट

	A	B	C	D		A	B	C	D
(a)	2	4	1	3	(b)	4	3	2	1
(c)	3	4	1	2	(d)	1	2	4	3

2 दिया गया x-t ग्राफ किसी वस्तु की गति को दर्शाता है। कॉलम I (ग्राफ के भाग) को कॉलम II (प्रदर्शन) से सुमेलित करें और नीचे दिए गए विकल्पों में से सही उत्तर चुनिए। Old NCERT पृष्ठ 42

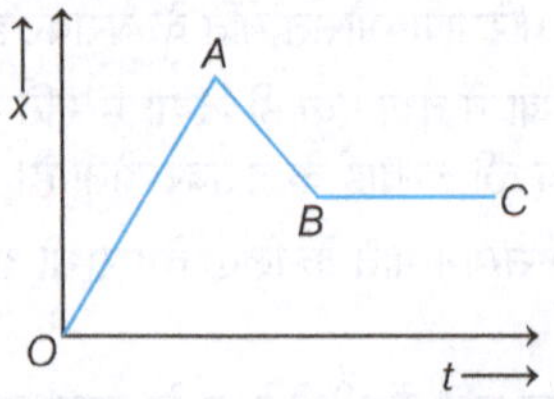

कॉलम I	कॉलम II
A. वक्र का भाग OA	1. धनात्मक वेग
B. वक्र का भाग BA	2. वस्तु विराम अवस्था में
C. वक्र का भाग BC	3. ऋणात्मक वेग
D. वक्र में बिन्दु A	4. गति की दिशा में परिवर्तन

कूट

	A	B	C	D		A	B	C	D
(a)	1	2	3	4	(b)	1	3	2	4
(c)	2	1	3	4	(d)	4	3	2	1

3 X-अक्ष, के साथ गतिमान वस्तु की स्थिति $x(t) = a - bt^2$ द्वारा दी गई है, जहाँ $a = 8.5$ मी, $b = 2.5$ मी/से^{2} और t को सेकण्ड में मापा जाता है। उपर्युक्त स्थिति के लिए, कॉलम I को कॉलम II से सुमेलित करें और नीचे दिए गए विकल्पों में से सही उत्तर चुनें। **NCERT पृष्ठ 15**

कॉलम I	कॉलम II
A. $t = 2.0$ सेकण्ड पर वस्तु का वेग	1. -15 मी/से
B. $t = 0$ सेकण्ड पर वस्तु का वेग	2. -10 मी/से
C. $t = 2.0$ सेकण्ड पर वस्तु की तात्क्षणिक गति	3. 0 मी/से
D. $t = 2.0$ सेकण्ड और $t = 4.0$ सेकण्ड के बीच औसत वेग	4. 10 मी/से

कूट

	A	B	C	D		A	B	C	D
(a)	1	2	3	4	(b)	2	3	4	1
(c)	4	3	4	1	(d)	3	2	1	4

4 नीचे एक सीधी रेखा में गतिमान वस्तु के लिए वेग-समय ग्राफ दिया गया है। **NCERT पृष्ठ 16**

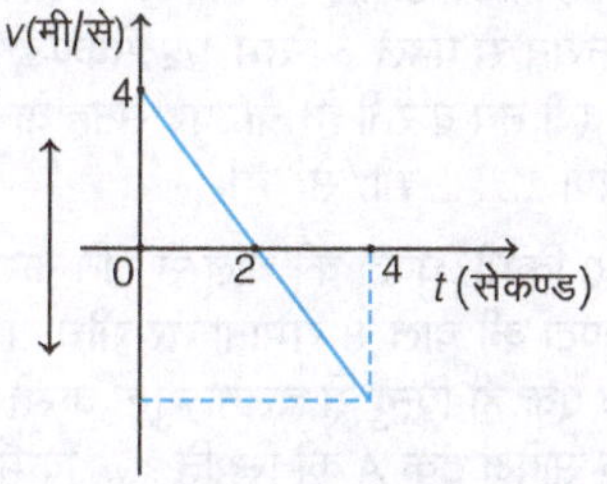

ऊपर दी गई आकृति के संदर्भ में, कॉलम I (विस्थापन/दूरी परिमाण) को कॉलम II से सुमेलित करें और नीचे दिए गए विकल्पों में से सही उत्तर चुनें।

कॉलम I	कॉलम II
A. समय $t = 0$ से $t = 2$ सेकण्ड में वस्तु द्वारा तय की गई दूरी	1. 8 मी
B. समय $t = 0$ से $t = 2$ सेकण्ड में वस्तु का त्वरण	2. -2 मी/से^{2}
C. समय $t = 0$ से $t = 4$ सेकण्ड में वस्तु का विस्थापन	3. 4 मी
D. समय $t = 0$ से $t = 4$ सेकण्ड में वस्तु की दूरी	4. 0

कूट

	A	B	C	D
(a)	3	2	1	4
(b)	1	2	3	4
(c)	3	2	4	1
(d)	4	2	1	3

5 नियत त्वरण के साथ एक सीधी रेखा में गतिमान वस्तु के लिए नीचे दिए गए वेग-समय ग्राफ के आधार पर, कॉलम I को कॉलम II से सुमेलित करें और नीचे दिए गए विकल्पों में से सही उत्तर चुनें। **NCERT पृष्ठ 16**

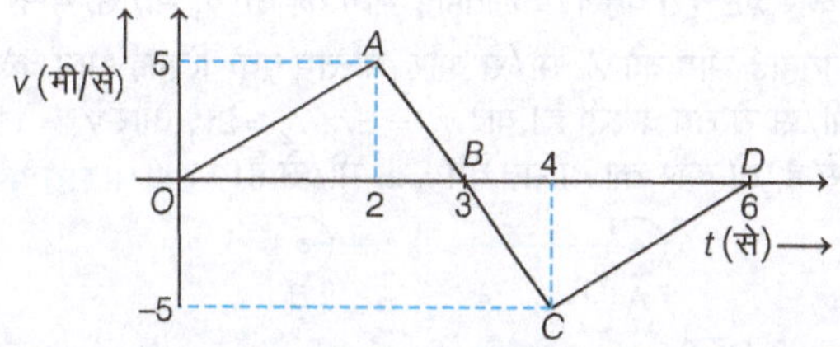

कॉलम I	कॉलम II
A. धनात्मक त्वरण के साथ धनात्मक दिशा में गति	1. $t = 2$ सेकण्ड से $t = 4$ सेकण्ड
B. समय t तक धनात्मक दिशा में गति और फिर उसी ऋणात्मक त्वरण के साथ वापस मुड़ता है	2. $t = 4$ सेकण्ड से $t = 6$ सेकण्ड
C. धनात्मक त्वरण के साथ ऋणात्मक दिशा में गति	3. $t = 0$ सेकण्ड से $t = 6$ सेकण्ड
D. विस्थापन शून्य है	4. $t = 0$ सेकण्ड से $t = 2$ सेकण्ड

कूट

	A	B	C	D
(a)	4	1	3	2
(b)	3	2	4	1
(c)	3	1	4	2
(d)	4	1	2	3

आंकिक मान प्रकार के प्रश्न

1 1.0 सेकण्ड में, एक कण अर्धवृत्त में घूमते हुए चित्रानुसार बिन्दु A से बिन्दु B तक जाता है। औसत वेग का परिमाण x मी/से है। x का मान .... है **Old NCERT पृष्ठ 42**

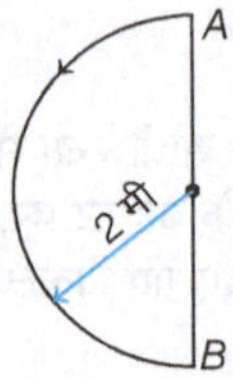

2 एक कार AB दूरी पहले एक-तिहाई भाग को वेग v_1 मी/से, दूसरे एक-तिहाई भाग को v_2 मी/से और अन्तिम एक-तिहाई भाग को v_3 मी/से से तय करती है। यदि $v_3 = 3v_1$, $v_2 = 2v_1$ और $v_1 = 11$ मी/से है, तो कार का औसत वेग ...... मी/से है। **Old NCERT पृष्ठ 42**

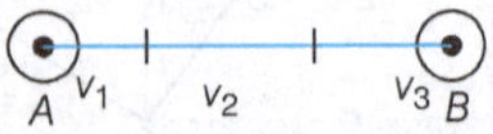

3 समय t में किसी वस्तु द्वारा तय की गई दूरी $3.5t^2 + t$ द्वारा व्यक्त की जाती है। $t = 4$ सेकण्ड पर वस्तु की तात्क्षणिक गति (मी/से में) है **NCERT पृष्ठ 14**

4 एक कार 100 किमी/घण्टा की गति से आगे बढ़ रही है और ब्रेक लगाने के बाद, यह रुकने से पहले 16 मीटर चलती है। यदि वही कार दी गई गति की आधी गति से आगे बढ़ रही है, तो यह .... मीटर की दूरी तय करने के बाद रुक जाएगी। **NCERT पृष्ठ 18**

5 लकड़ी के ब्लॉक में 8 सेमी घुसने के बाद गोली का वेग एक तिहाई हो जाता है। मान लीजिए कि ब्लॉक में अपनी गति के दौरान गोली को निरन्तर प्रतिरोध का सामना करना पड़ रहा है। ब्लॉक के अन्दर $(6 + x)$ सेमी की यात्रा करने के बाद गोली पूरी तरह से रुक जाती है। x का मान .... है **NCERT पृष्ठ 18**

6 एक बाजीगर हवा में कुछ गेंदों को प्रारम्भिक वेग के साथ लम्बवत् ऊपर की ओर फेंकता है। जब पहली गेंद अपनी उच्चतम स्थिति पर पहुँचती है, तो वह अगली गेंद फेंकता है। यह मानते हुए कि बाजीगर प्रति सेकण्ड 3 गेंदें फेंकता है, गेंदें जिस अधिकतम ऊँचाई तक पहुँच सकती हैं वह H मीटर है। $9H$ का मान ..... मीटर है। ($g = 10$ मी/से^{2}) **NCERT पृष्ठ 19**

7 1 किग्रा द्रव्यमान का एक पत्थर 20 मीटर की ऊँचाई से गिराया जाता है। वह ऊँचाई .... मीटर होगी, जिस पर वेग का परिमाण गुरुत्वाकर्षण के कारण त्वरण के परिमाण के बराबर हो जाता है। ($g = 10$ मी/से^{2}) **NCERT पृष्ठ 19**

8 एक गेंद 5 मी/से के एकसमान वेग से ऊपर की ओर बढ़ रही है। जब वह धरातल से 60 मीटर की ऊँचाई पर थी, तो गेंद से जुड़ी परिमित द्रव्यमान की एक वस्तु को गेंद से गिराया जाता है। जब वस्तु धरातल से टकराती है, तो धरातल से गेंद की ऊँचाई ..... मी है। **NCERT पृष्ठ 19**

9 एक ग्रह पर 100 मीटर ऊँचाई वाले टॉवर से एक गेंद गिराई जाती है। धरातल से टकराने से पहले अन्तिम 1/2 सेकण्ड में, यह 19 मीटर की दूरी तय करती है। ग्रह पर सतह के पास गुरुत्वाकर्षण के कारण त्वरण .... मी/से^{2} है। **NCERT पृष्ठ 19**

10 एक ट्रक A, 40 किमी/घण्टा की चाल से गति कर रहा है और ट्रक B, 70 किमी/घण्टा की चाल से समानान्तर सीधे रास्तों पर गतिमान है। यदि दोनों ट्रक एक ही बिन्दु से चलना शुरू करते हैं, तो 20 मिनट के बाद ट्रक B के सापेक्ष ट्रक A की स्थिति ...... किमी पीछे है। **Old NCERT पृष्ठ 51**

NCERT Exemplar प्रश्न

1 चित्र में दिखाए गए चार ग्राफों में से केवल एक ग्राफ ऐसा है जिसके लिए समय अन्तराल $(0, T)$ पर औसत वेग उपयुक्त रूप से चुने गए T के लिए अलोप हो सकता है। निम्न में से वह कौन-सा है?

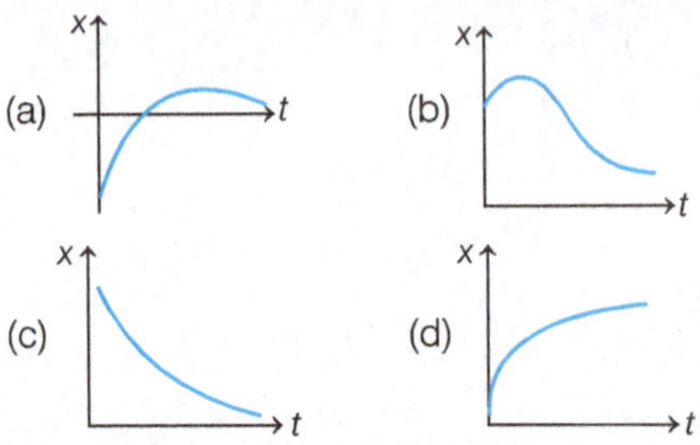

2 एक लिफ्ट 8वीं मंजिल से आ रही है और 4वीं मंजिल पर पहुँचने वाली है। सभी राशियों के लिए भूतल को मूल-बिन्दु और ऊपर की ओर धनात्मक दिशा मानते हुए अग्रलिखित में से कौन-सा सही है?

(a) $x < 0, v < 0, a > 0$
(b) $x > 0, v < 0, a < 0$
(c) $x > 0, v < 0, a > 0$
(d) $x > 0, v > 0, a < 0$

3 एक-विमीय गति में, तात्क्षणिक गति, v, $0 \le v < v_0$ को सन्तुष्ट करती है।

(a) समय T में विस्थापन हमेशा गैर-ऋणात्मक मान लेना चाहिए।
(b) समय T में विस्थापन x, $-v_0T < x < v_0T$ को संतुष्ट करता है।
(c) त्वरण हमेशा एक गैर-ऋणात्मक संख्या होती है।
(d) गति में टर्निंग प्वाइंट नहीं होता।

4 एक वाहन / दूरी की आधी दूरी, गति v_1 से और दूसरी आधी दूरी, v_2 गति से तय करता है, तो इसकी औसत चाल है

(a) $\frac{v_1 + v_2}{2}$
(b) $\frac{2v_1 + v_2}{v_1 + v_2}$
(c) $\frac{2v_1v_2}{v_1 + v_2}$
(d) $\frac{l(v_1 + v_2)}{v_1v_2}$

5 एक कण का विस्थापन $x = (t-2)^2$ द्वारा व्यक्त किया जाता है, जहाँ x मीटर में और t सेकण्ड में है। कण द्वारा पहले 4 सेकण्ड में तय की गई दूरी है

(a) 4 मी (b) 8 मी
(c) 12 मी (d) 16 मी

6 एक मैट्रो स्टेशन पर एक लड़की स्थिर एस्केलेटर पर t_1 समय में चढ़ती है। यदि वह एस्केलेटर पर स्थिर रहती है तो एस्केलेटर उसे t_2 समय में ऊपर ले जाता है। चलती एस्केलेटर पर चलने में उसे लगने वाला समय होगा

(a) $(t_1 + t_2)/2$
(b) $t_1 t_2 / (t_2 - t_1)$
(c) $t_1 t_2 / (t_2 + t_1)$
(d) $t_1 - t_2$

7 चित्र में दर्शायी गयी A की मात्रा, B की मात्रा के सापेक्ष भिन्नता, एक कण की सीधी रेखा में गति का वर्णन करती है।

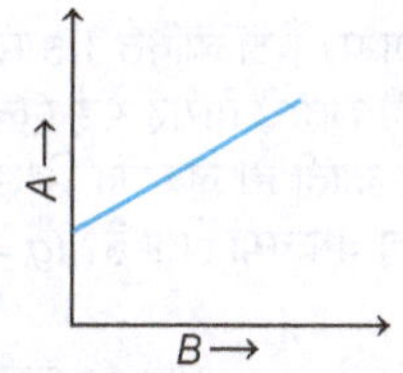

(a) राशि B, समय को दर्शाती है।
(b) राशि A वेग है, यदि गति एकसमान है।
(c) राशि A दूरी है, यदि गति असमान है।
(d) मात्रा B वेग है, यदि गति एकसमान रूप से त्वरित है।

8 $x = t - \sin t$ द्वारा निरूपित एक विमीय गति के लिए

(a) सभी $t > 0$ के लिए $x(t) = 0$
(b) सभी $t > 0$ के लिए $v(t) > 0$
(c) सभी $t > 0$ के लिए $a(t) < 0$
(d) $v(t)$ का मान 0 और 2 के बीच है

विगत परीक्षाओं के प्रश्न

NEET

1 एक वस्तु की गति का वेग (v) -समय (t) ग्राफ नीचे प्रदर्शित है

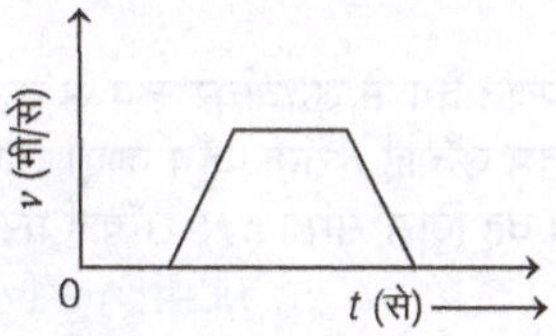

NCERT पृष्ठ 16, NEET 2024

इस गति के लिए सबसे उचित त्वरण (a)-समय (T) ग्राफ है

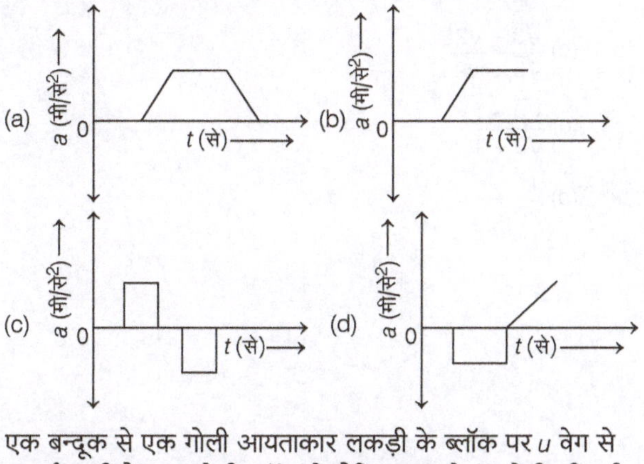

2 एक बन्दूक से एक गोली आयताकार लकड़ी के ब्लॉक पर u वेग से चलाई जाती है। जब गोली ब्लॉक से क्षैतिज रूप से 24 सेमी की दूरी तय करती है, तो गोली का वेग $u/3$ हो जाता है। फिर यह ब्लॉक के दूसरे छोर पर ठीक रुकने से पहले उसी दिशा में ब्लॉक में आगे प्रवेश करती है। ब्लॉक की कुल लम्बाई है NCERT पृष्ठ 18, NEET 2023

(a) 24 सेमी (b) 28 सेमी (c) 30 सेमी (d) 27 सेमी

3 एक नदी पर एक क्षैतिज पुल बनाया गया है। पुल पर खड़ा एक छात्र 4 मी/से के वेग से एक छोटी गेंद को लम्बवत् ऊपर की ओर फेंकता है। गेंद 4 सेकण्ड के बाद पानी की सतह से टकराती है। पानी की सतह से पुल की ऊँचाई है ($g = 10$ मी/से^{2} ले)

NCERT पृष्ठ 19, NEET 2023

(a) 60 मी (b) 64 मी
(c) 68 मी (d) 56 मी

4 स्वतन्त्र रूप से गिरते हुए पिण्ड द्वारा पहले, दूसरे, तीसरे और चौथे सेकण्ड में तय की गई दूरियों का अनुपात है NCERT पृष्ठ 20, NEET 2021

(a) 1 : 4 : 9 : 16 (b) 1 : 3 : 5 : 7
(c) 1 : 1 : 1 : 1 (d) 1 : 2 : 3 : 4

5 एक कार विरामावस्था से चलना शुरू करती है और 5 मी/से^{2} के त्वरण से त्वरित होती है। $t = 4$ सेकण्ड पर, कार में बैठे एक व्यक्ति द्वारा एक गेंद को खिड़की से बाहर गिराया जाता है। $t = 6$ सेकण्ड पर, गेंद का वेग और त्वरण क्या होगा? ($g = 10$ मी/से^{2} लें)

NCERT पृष्ठ 17, NEET 2021

(a) 20 मी/से, 5 मी/से^{2} (b) 20 मी/से, 0
(c) $20\sqrt{2}$ मी/से, 0 (d) $20\sqrt{2}$ मी/से, 10 मी/से^{2}

6 एक छोटा ब्लॉक समय, $t = 0$ पर विराम से प्रारम्भ करते हुए एक चिकने आनत तल पर नीचे की ओर फिसलता है। यदि $t = n-1$ से, $t = n$ के अन्तराल में ब्लॉक द्वारा तय की गई दूरी s_n है, तो $s_n/(s_n + 1)$ का अनुपात है NCERT पृष्ठ 20, NEET 2021

(a) $\dfrac{2n-1}{2n}$ (b) $\dfrac{2n-1}{2n+1}$

(c) $\dfrac{2n+1}{2n-1}$ (d) $\dfrac{2n}{2n-1}$

7 एक इमारत के भूतल पर बैठा व्यक्ति 1.5 मीटर ऊँची खिड़की से देखता है। इमारत की छत से गिराई गई एक गेंद 0.1 सेकण्ड में खिड़की को पार कर जाती है। जब गेंद खिड़की के सबसे ऊपरी बिन्दु पर होती है तो उसका वेग क्या होता है? ($g = 10$ मी/से^{2})

NCERT पृष्ठ 19, NEET 2020

(a) 15.5 मी/से (b) 14.5 मी/से
(c) 4.5 मी/से (d) 20 मी/से

8 एक गेंद को एक टावर के ऊपर से 20 मी/से के वेग से लम्बवत् नीचे की ओर फेंका जाता है। यह कुछ समय बाद 80 मी/से के वेग से धरातल से टकराती है। टावर की ऊँचाई है ($g = 10$ मी/से^{2})

NCERT पृष्ठ 19, NEET 2020

(a) 340 मी (b) 320 मी (c) 300 मी (d) 360 मी

9 एक व्यक्ति लिफ्ट के फर्श पर खड़ा है और एक सिक्का गिराता है। यदि लिफ्ट स्थिर है तो सिक्का t_1 समय में फर्श पर पहुँचता है और यदि लिफ्ट समान रूप से चल रही है तो, t_2 समय में फर्श पर पहुँचता है। निम्नलिखित में से कौन-सा विकल्प सही है?

NCERT पृष्ठ 19, NEET 2019

(a) $t_1 < t_2$ या $t_1 > t_2$ इस पर निर्भर करता है कि लिफ्ट ऊपर जा रही है या नीचे
(b) $t_1 < t_2$
(c) $t_1 > t_2$
(d) $t_1 = t_2$

10 प्रीति मेट्रो स्टेशन पहुँची और पाया कि एक एस्केलेटर काम नहीं कर रहा था। वह t_1 समय में स्थिर एस्केलेटर पर चढ़ गई। अन्य दिनों में, यदि वह चलती एस्केलेटर पर स्थिर रहती है, तो ऐस्केलेटर उसे t_2 समय में ऊपर ले जाता है। चलती एस्केलेटर पर चलने में लगा समय होगा

NCERT पृष्ठ 18, NEET 2017

(a) $\frac{t_1 + t_2}{2}$ (b) $\frac{t_1 t_2}{t_2 - t_1}$ (c) $\frac{t_1 t_2}{t_2 + t_1}$ (d) $t_1 - t_2$

11 यदि किसी कण का वेग $v = At + Bt^2$ है, जहाँ A और B स्थिरांक हैं, तो 1 सेकण्ड और 2 सेकण्ड के बीच उसके द्वारा तय की गई दूरी है

NCERT पृष्ठ 14, NEET 2016

(a) $3A + 7B$ (b) $\frac{3}{2}A + \frac{7}{3}B$
(c) $\frac{A}{2} + \frac{B}{3}$ (d) $\frac{3}{2}A + 4B$

JEE Main

12 एक कण प्रारम्भ में आराम की स्थिति में सन्दर्भ बिन्दू $x = 0$ से X-अक्ष के साथ v वेग के साथ चलना शुरू करता है, जो $v = 4\sqrt{x}$ मी/से द्वारा परिवर्तित होता है, कण का त्वरण ...... मी/से^{2} है।

NCERT पृष्ठ 15, JEE Main 2024

13 l और $4l$ लम्बाई वाली दो ट्रेनें A और B, क्रमशः 108 किमी/घण्टा और 72 किमी/घण्टा की गति से विपरीत दिशाओं से समानांतर पटरियों पर L लम्बाई की एक सुरंग में यात्रा कर रही हैं। यदि ट्रेन A, ट्रेन B की तुलना में सुरंग को पार करने में 35 सेकण्ड कम समय लेती है, तो सुरंग की लम्बाई है (दिया गया है, $L = 60l$)

NCERT पृष्ठ 15, JEE Main 2023

(a) 1200 मी
(b) 1800 मी
(c) 2700 मी
(d) 900 मी

14 एक गेंद को h ऊँचाई से छोड़ा जाता है। यदि t_1 और t_2 क्रमशः दूरी का पहला आधा और दूसरा आधा पूरा करने में लगने वाला समय है, तो t_1 और t_2 के बीच सही सम्बन्ध है **NCERT पृष्ठ 19, JEE Main 2023**

(a) $t_1 = (\sqrt{2})t_2$
(b) $t_1 = (\sqrt{2} - 1)t_2$
(c) $t_2 = (\sqrt{2} + 1)t_1$
(d) $t_2 = (\sqrt{2} - 1)t_1$

15 एक गेंद को एक निश्चित वेग से ऊर्ध्वाधर रूप से ऊपर फेंका जाता है, ताकि वह अधिकतम ऊँचाई h तक पहुँच जाए। ऊपर जाते समय और नीचे आते समय वह जिस समय $h/3$ ऊँचाई पर होती है, उसका अनुपात है

NCERT पृष्ठ 19, JEE Main 2022

(a) $\frac{\sqrt{2} - 1}{\sqrt{2} + 1}$
(b) $\frac{\sqrt{3} - \sqrt{2}}{\sqrt{3} + \sqrt{2}}$
(c) $\frac{\sqrt{3} - 1}{\sqrt{3} + 1}$
(d) $\frac{1}{3}$

स्किल बूस्टर्स

1 एक शराबी सीधी सड़क पर चल रहा है। वह 7 कदम आगे और 5 कदम पीछे और इसी तरह आगे बढ़ता है। प्रत्येक कदम 1 मीटर लम्बा है और 1 सेकण्ड लेता है। शुरुआती बिन्दु से 13 मीटर दूर सड़क पर एक गड्ढा है। शराबी गड्ढे में कितने सेकण्ड में गिरेगा?

(a) 36 सेकण्ड (b) 30 सेकण्ड
(c) 43 सेकण्ड (d) 39 सेकण्ड

2 बाइक और ट्रक के वेग-समय वक्र को चित्र में दिखाया गया है। (i) 15 सेकण्ड में बाइक और ट्रक द्वारा तय की गई दूरी के बीच का अन्तर और (ii) वह समय जिस पर बाइक तथा ट्रक साथ में होंगे, क्रमशः हैं

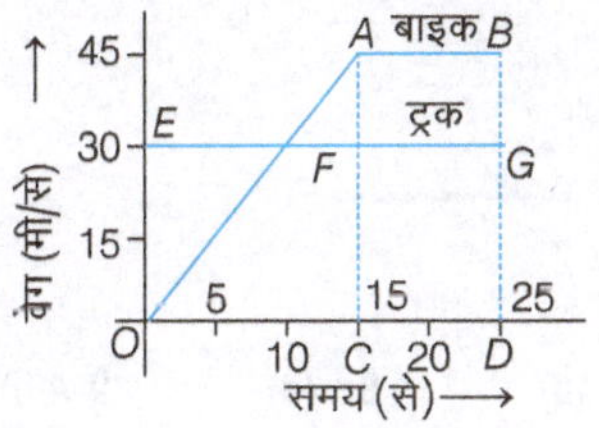

(a) 112.5 मी और 15 से
(b) 337.5 मी और 25 से
(c) 225.5 मी और 10 से
(d) 112.5 मी और 22.5 से

3 दो कारें A और B एक साथ गति शुरू करती हैं। कार A का वेग समय के साथ बदलता रहता है, जैसे $0 \le t \le 95$ सेकण्ड के लिए $v = \frac{50}{\sqrt{95}}\sqrt{t}$ मी/से और $v > 95$ से के लिए $v = 50$ मी/से।

कार B, कार A के साथ एक स्थान पर जाती है, जहाँ दोनों का वेग 20 मी/से है, इस स्थान के बाद कार B एक सेकण्ड के लिए स्थिर वेग से चलती है और फिर उसका अनुसरण करती है। वेग-समय सम्बन्ध, कार A के समान है। इस तरह, कार B, कार A द्वारा स्थिर वेग प्राप्त करने के लिए एक सेकण्ड बाद इसे प्राप्त करती है। कार A पहले 100 सेकण्ड में कितनी अधिक दूरी तय करती है?

(a) 25 मी से कम (b) 30 मी से कम
(c) 30 मी के बराबर (d) 20 मी के बराबर

4 पथ ACB की लम्बाई 1500 मी है और पथ ADB की लम्बाई 2100 मी है। दो कण बिन्दु A से एक साथ ट्रैक $ACBDA$ के चारों ओर चलना शुरू करते हैं। उनमें से एक दक्षिणावर्त दिशा में और दूसरा वामावर्त दिशा में अपने-अपने स्थिर गति से ट्रैक पर यात्रा करता है। शुरुआत से 12 सेकण्ड के बाद, वे पहली बार बिन्दु B पर मिलते हैं। न्यूनतम समय (सेकण्ड में) बिन्दु B पर मिलेंगे $t_{\text{न्यूनतम}} = (12)^x$ सेकण्ड है। x का मान ज्ञात कीजिए।

(a) 5 (b) 4
(c) 3 (d) 2

5 एक छात्र हर शाम अपने कोचिंग संस्थान जाता था और उसे 20 मिनट लगते थे। एक बार अपने रास्ते पर, उसे एहसास हुआ कि वह अपनी किताब घर पर भूल गया है। वह जानता था कि अगर वह उसी गति से कोचिंग तक चलता रहा, तो वह घण्टी बजने से 8 मिनट पहले वहाँ पहुँच जाएगा, इसलिए वह किताब लेने के लिए घर वापस गया और कोचिंग 10 मिनट देरी से पहुँचा। यदि वह अपनी सामान्य गति से पूरा रास्ता चलता, तो कोचिंग संस्थान तक के रास्ते का वह अन्श जो उसने उस समय तय किया था जब वह वापस मुड़ा था

(a) $\frac{20}{3}$ (b) $\frac{9}{20}$ (c) $\frac{9}{10}$ (d) $\frac{3}{2}$

6 एक पत्थर को एक ऊँची चट्टान के ऊपर से गिराया जाता है और n सेकण्ड बाद एक और पत्थर u वेग से ऊर्ध्वाधर नीचे की ओर फेंका जाता है। दूसरा पत्थर चट्टान के शीर्ष से नीचे, पहले पत्थर को .... दूरी पर पीछे छोड़ देता है।

(a) $\frac{g}{2}\left[\frac{n\left(u - \frac{gn}{2}\right)}{(u - gn)}\right]^2$ (b) $\frac{g}{2}\left[\frac{n\left(\frac{u}{2} - gn\right)}{(u - gn)}\right]^2$

(c) $\frac{g}{2}\left[\frac{n\left(\frac{u}{2} - gn\right)}{\left(\frac{u}{2} - gn\right)}\right]^2$ (d) $\frac{g}{2}\left[\frac{(u - gn)}{\left(\frac{u}{2} - gn\right)}\right]^2$

7 एक राजमार्ग पर दो बसें A और B, 30 मी/से परिमाण के समान वेग से चल रही हैं। ब्रेक के कारण बस A में 30/7 मी/से^{2} का मन्दन होता है और बस B में मी/से^{2} का मन्दन होता है। किसी आपात स्थिति में, जब आगे वाली बस का चालक ब्रेक लगाता है, तो तुरन्त उसकी पिछली लाइट लाल हो जाती है और ब्रेक लगना शुरू हो जाता है। प्रतिक्रिया में, पीछे वाली बस का चालक भी आगे वाली बस से टक्कर से बचने के लिए ब्रेक लगाता है। प्रत्येक चालक को ब्रेक लगाने की आवश्यकता महसूस होने के बाद उसे लगाने में 1 सेकण्ड का समय लगता है। यदि बस A बस B से आगे है, तो बस A के चालक द्वारा ब्रेक लगाने से पहले बसों के बीच न्यूनतम दूरी x_1 है। यदि बस B, बस A से आगे चल रही है, तब बस B के चालक द्वारा ब्रेक लगाने से पहले दोनों बसों के बीच की न्यूनतम दूरी x_2 है, तो x_1 और x_2 का अनुपात है

(a) 7 : 8 (b) 15 : 1 (c) 1 : 8 (d) 3 : 5

8 एक यात्री रेलगाड़ी 100/9 मी/से की गति से एक निश्चित स्टेशन से गुजरती है और इस गति से 8 किमी की दूरी तय करती है और फिर एकसमान मंदी के साथ पहले स्टेशन से 10 किमी दूर अगले स्टेशन पर रुकती है। पहले स्टेशन से शुरू होने वाली एक लोकल ट्रेन उसी दूरी को इस समय से दोगुने समय में तय करती है और अगले स्टेशन पर रुकती है। लोकल ट्रेन की अधिकतम गति v_0 है और यह एक समान त्वरण के साथ दूरी का एक हिस्सा और समान मन्दन के साथ शेष दूरी तय करती है। v_0 का मान (किमी/घण्टा में) है

(a) 50.8 (b) 33.3 (c) 48.6 (d) 42.6

9 एक लम्बी क्षैतिज रूप से चलती बेल्ट पर, एक बच्चा 50 मीटर की दूरी पर स्थित अपने पिता और माँ के बीच 9 किमी/घण्टा (बेल्ट के सम्बन्ध में) की गति से आगे-पीछे दौड़ता है। बेल्ट 4 किमी/घण्टा की गति से चलती है। स्थिर प्लेटफॉर्म पर एक पर्यवेक्षक के लिए, बेल्ट की गति की दिशा में दौड़ने वाले बच्चे की गति है

(a) 4 किमी/घण्टा (b) 5 किमी/घण्टा
(c) 9 किमी/घण्टा (d) 13 किमी/घण्टा

10 चित्रानुसार, एक रॉकेट गुरुत्वाकर्षण मुक्त स्थान में 2 मी/से^{2} के स्थिर त्वरण के साथ $+x$-दिशा में घूम रहा है। रॉकेट के अन्दर एक कक्ष की लम्बाई 4 मीटर है। कक्ष के बाएं छोर से रॉकेट के सापेक्ष 0.3 मी/से की गति से $+x$-दिशा में एक गेंद फेंकी जाती है। उसी समय, रॉकेट के सापेक्ष इसके दाहिने छोर से 0.2 मी/से की गति से x-दिशा में एक और गेंद फेंकी जाती है। दोनों गेंदों के एक-दूसरे से टकराने में सेकण्ड में लगा समय है

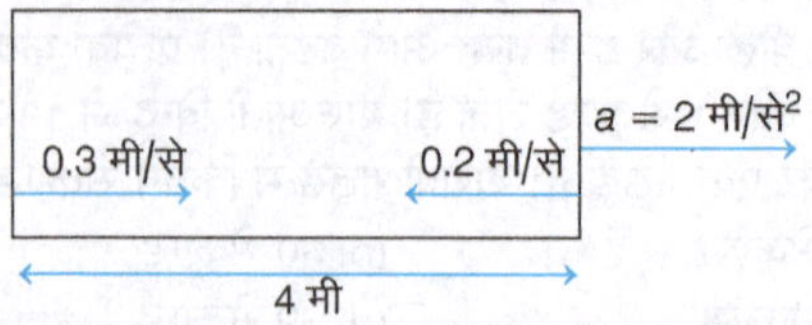

(a) 6 सेकण्ड (b) 7 सेकण्ड
(c) 2 सेकण्ड (d) 9 सेकण्ड

प्रश्न कुंजी

शीर्षकवार प्रश्न

1 (b)	2 (a)	3 (a)	4 (a)	5 (c)	6 (d)	7 (b)	8 (d)	9 (b)	10 (a)
11 (c)	12 (a)	13 (b)	14 (a)	15 (a)	16 (d)	17 (a)	18 (c)	19 (a)	20 (b)
21 (d)	22 (b)	23 (a)	24 (c)	25 (d)	26 (d)	27 (b)	28 (a)	29 (d)	30 (b)
31 (a)	32 (c)	33 (c)	34 (c)	35 (c)	36 (a)	37 (a)	38 (b)	39 (b)	40 (b)
41 (d)	42 (b)	43 (c)	44 (d)	45 (a)	46 (c)	47 (a)	48 (b)	49 (a)	50 (a)
51 (c)	52 (a)	53 (a)	54 (d)	55 (c)	56 (a)	57 (b)	58 (b)	59 (a)	60 (a)
61 (a)	62 (d)	63 (b)	64 (a)	65 (a)	66 (b)	67 (a)	68 (a)	69 (b)	70 (d)
71 (d)	72 (a)	73 (a)	74 (a)	75 (b)	76 (c)	77 (a)	78 (d)	79 (a)	80 (d)
81 (d)	82 (c)	83 (a)	84 (a)	85 (b)					

अभिकथन-कारण प्रश्न

1 (a)	2 (a)	3 (b)	4 (d)	5 (a)	6 (c)	7 (b)	8 (a)	9 (b)	10 (c)

कथन आधारित प्रश्न

1 (b)	2 (b)	3 (a)	4 (c)	5 (c)	6 (d)	7 (d)	8 (c)

सुमेलन प्रकार प्रश्न

1 (a)	2 (b)	3 (b)	4 (c)	5 (d)

आंकिक मान प्रकार के प्रश्न

1 (4)	2 (18)	3 (29)	4 (4)	5 (3)	6 (5)	7 (10)	8 (80)	9 (8)	10 (10)

NCERT Exemplar प्रश्न

1 (b)	2 (a)	3 (b)	4 (c)	5 (b)	6 (c)	7 (a)	8 (d)

विगत परीक्षाओं के प्रश्न

1 (c)	2 (d)	3 (b)	4 (b)	5 (d)	6 (b)	7 (b)	8 (c)	9 (d)	10 (c)
11 (b)	12 (8)	13 (b)	14 (d)	15 (b)					

स्किल बूस्टर्स

1 (c)	2 (d)	3 (c)	4 (d)	5 (b)	6 (a)	7 (b)	8 (c)	9 (d)	10 (c)

क्रमवार

प्रश्नों का विश्लेषण

कॉन्सेप्ट बिल्डर्स

1 सत्य	2 निर्देश तन्त्र
3 कम	4 असत्य
5 सत्य	6 असत्य
7 तात्क्षणिक चाल	8 सत्य
9 सत्य	10 असत्य
11 नियत वेग के लिए	12 तात्क्षणिक त्वरण
13 असत्य	14 एकसमान वृत्तीय गति
15 वेग के विपरीत	16 हाँ
17 विपरीत	18 $\frac{1}{2}gt^2$
19 $\frac{v_0^2}{2a}$	20 35

शीर्षकवार प्रश्न

3 *(a)*

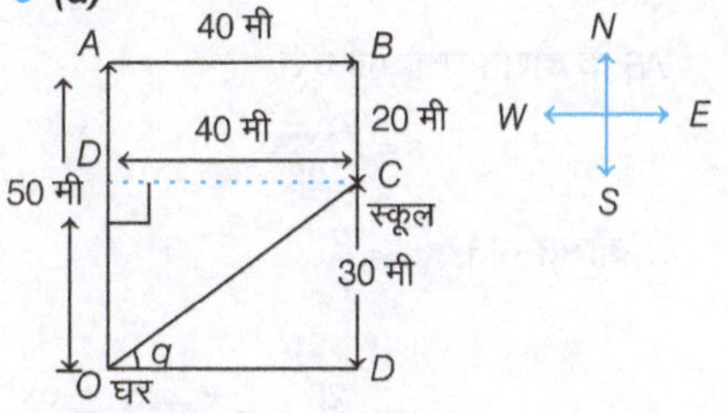

स्नेहित का विस्थापन OC है,

$\therefore \quad OC = \sqrt{OD^2 + CD^2}$

$= \sqrt{(30)^2 + (40)^2} = 50$ मी

6 *(d)*

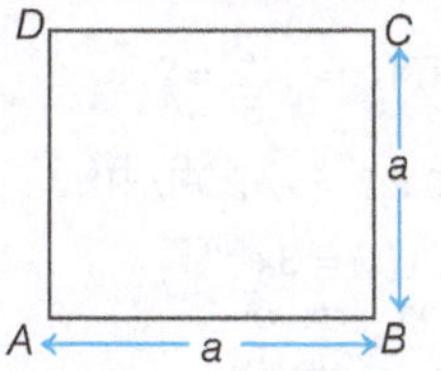

तय की गई दूरी,

$d_1 = AB + BC + CD + DA + AB + BC$

$= a + a + a + a + a + a = 6a$

तथा तय किया गया विस्थापन,

$d_2 = AC = \sqrt{a^2 + a^2} = \sqrt{2}a$

$\therefore \quad \frac{d_1}{d_2} = \frac{6a}{\sqrt{2}a} = 3\sqrt{2} : 1$

7 *(b)* $v_{av} = \frac{v_1t_1 + v_2t_2}{t_1 + t_2} = \frac{4 \times \frac{t}{2} + 8 \times \frac{t}{2}}{\frac{t}{2} + \frac{t}{2}}$

$= 6$ मी/से

8 *(d)* माना प्रारम्भिक वेग $= 0$

तथा त्वरण $= a$

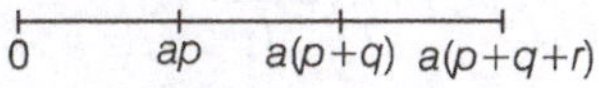

$\therefore \quad x = \frac{0 + ap}{2} = \frac{1}{2}ap$

$y = \frac{ap + a(p+q)}{2} = ap + \frac{1}{2}aq$

$z = \frac{a(p+q) + a(p+q+r)}{2}$

$= ap + aq + \frac{1}{2}ar$

$\therefore \quad \frac{x-y}{y-z} = \frac{-\frac{1}{2}ap - \frac{1}{2}aq}{-\frac{1}{2}aq - \frac{1}{2}ar}$

$= \frac{p+q}{q+r}$

9 *(b)* औसत वेग $= \frac{\text{विस्थापन}}{\text{लिया गया समय}}$

$= \frac{2R}{t} = \frac{2 \times 40}{40}$

$= 2$ मी/से

10 *(a)* चूँकि, धावक O से आरम्भ करके O पर पुनः वापस आ जाता है।

अतः कुल विस्थापन = शून्य

औसत चाल $= \frac{\text{कुल दूरी}}{\text{कुल समय}}$

$= \frac{OQ + QR + RO}{\text{कुल समय}}$

$= \frac{1 + (2\pi r)\left(\frac{90°}{360°}\right) + 1}{1}$

($\because OQR$ खण्ड का कोण $= 90°$)

$= \frac{1 + 2\pi \times 1\left(\frac{1}{4}\right) + 1}{1}$

$= 2 + \frac{\pi}{2} = 3.57$ किमी/घण्टा

11 *(c)* प्रश्नानुसार,

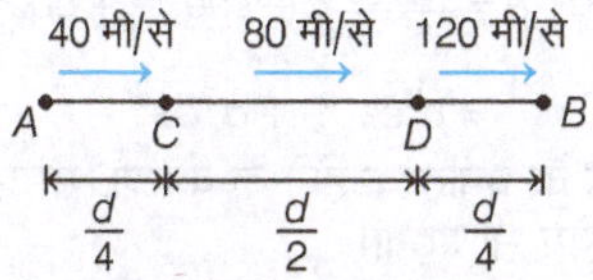

A से C तक लिया गया समय,

$t_1 = \frac{d/4}{40} = \frac{d}{160}$

C से D तक लिया गया समय,

$t_2 = \frac{d/2}{80} = \frac{d}{160}$

D से B तक लिया गया समय,

$t_3 = \frac{d/4}{120} = \frac{d}{480}$

कुल समय $= t_1 + t_2 + t_3$

$= \frac{d}{160} + \frac{d}{160} + \frac{d}{480}$

$= \frac{3d + 3d + d}{480} = \frac{7d}{480}$

औसत चाल $= \frac{\text{कुल दूरी}}{\text{कुल समय}}$

$= \frac{d}{7d/480} = 68.57$ मी/से

13 *(b)* कण का वेग,

$v = \frac{dx}{dt} = 2t + 3t^2 \qquad \left(\because v = \frac{dx}{dt}\right)$

$\Rightarrow \quad dx = (2t + 3t^2)\,dt$

$= \int_{x_1}^{x_2} dx = \int_1^2 (2t + 3t^2)\,dt$

$= 2\left(\frac{t^2}{2}\right)_1^2 + 3\left(\frac{t^3}{3}\right)_1^2$

$x_2 - x_1 = (2^2 - 1^2) + (2^3 - 1^3)$

$\Delta x = (3) + (7) = 10$ मी

14 *(a)* अधिकतम वेग के लिए, $\frac{dv}{dt} = 0$

दिया है, $v = 4t(1 - 2t)$

$\Rightarrow \quad v = 4t - 8t^2$

$\Rightarrow \quad \frac{d}{dt}(4t - 8t^2) = 0$

$\Rightarrow \quad 4 - 16t = 0$

$\Rightarrow \quad t = \frac{1}{4} = 0.25$ सेकण्ड

अवकलन करने पर, $\frac{d^2v}{dt^2} = -16 < 0$

अतः $t = 0.25$ सेकण्ड पर वेग अधिकतम होगा।

15 *(a)* वेग, $v = \frac{dx}{dt} = \frac{d}{dt}(ae^{-pt} + be^{qt})$

$$= -pae^{-pt} + qbe^{qt}$$

त्वरण, $a = \frac{dv}{dt} = \frac{d}{dt}(-pae^{-pt} + qbe^{qt})$

$$= p^2ae^{-pt} + q^2be^{qt}$$

त्वरण के धनात्मक होने के कारण, समय के साथ वेग भी बढ़ेगा।

16 *(d)* वेग, $v = \frac{dx}{dt} = \frac{d}{dt}s_0(1 - e^{-pt})$

$$= s_0pe^{-pt}$$

$t = 0$ पर, $v = s_0p$

17 *(a)* $dt = \frac{dv}{4 - 2v}$

$\Rightarrow \quad \int dt = \int \frac{dv}{4 - 2v}$

$\Rightarrow \quad t = -\frac{1}{2}\ln(4 - 2v) + C \quad$ ...(i)

$\because \quad t = 0, v = 0$

समी (i) से,

$$0 = -\frac{1}{2}\ln(4 - 0) + C$$

$\Rightarrow \quad C = \frac{1}{2}\ln 4$

पुनः समी (i) से,

$$t = -\frac{1}{2}\ln(4 - 2v) + \frac{1}{2}\ln 4$$

$$= -\frac{1}{2}\ln\left(\frac{4 - 2v}{4}\right)$$

$$t = -\frac{1}{2}\ln\left(1 - \frac{v}{2}\right)$$

$\Rightarrow \quad 1 - \frac{v}{2} = e^{-2t}$

$\Rightarrow \quad v = 2(1 - e^{-2t})$

18 *(c)* दिया है, $t = \sqrt{x} + 4$

$\Rightarrow \quad \sqrt{x} = t - 4$

$\Rightarrow \quad x = (t - 4)^2$

$\Rightarrow \quad x = t^2 + 16 - 8t$

$\therefore$ वेग, $\quad v = \frac{dx}{dt} = 2t - 8$

जब $\quad v = 0$, तो

$$2t - 8 = 0$$

$$t = 4 \text{ सेकण्ड}$$

$\therefore \quad x = 4^2 + 16 - 8 \times 4 = 0$

19 *(a)* किसी क्षण वेग का परिमाण होने के कारण, तात्क्षणिक चाल भी सदैव धनात्मक होती है। अतः $t = 5$ सेकण्ड से $t = 10$ सेकण्ड तक तात्क्षणिक चाल धनात्मक होगी।

20 *(b)*

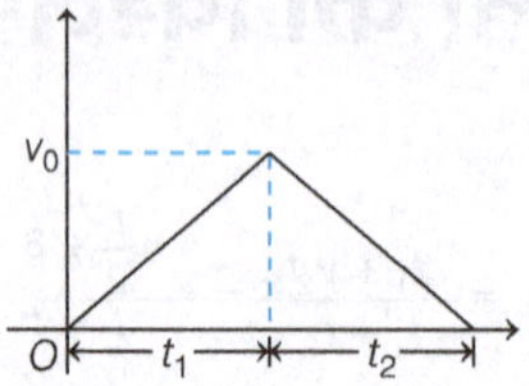

माना, त्वरण, $\alpha = 2$ मी/से^{2}

तथा मन्दन, $\beta = 3$ मी/से^{2}

कुल समय, $t_1 + t_2 = 10$ सेकण्ड $\quad$ ...(i)

$\therefore \quad \alpha = \frac{v_0}{t_1}$

$\Rightarrow \quad v_0 = \alpha t_1 = 2t_1$ तथा $\beta = \frac{v_0}{t_2}$

$\Rightarrow \quad v_0 = \beta t_2 = 3t_2$

अब, $\quad v_0 = 2t_1 = 3t_2$

$\Rightarrow \quad t_2 = \frac{2t_1}{3} \quad$ ...(ii)

समी (i) व (ii) से, $t_1 = 6$ सेकण्ड

$\therefore$ अधिकतम वेग $v_0 = 2t_1 = 2 \times 6$

$$= 12 \text{ मी/से}$$

21 *(d)* प्रश्नानुसार, दी गई स्थिति निम्न है

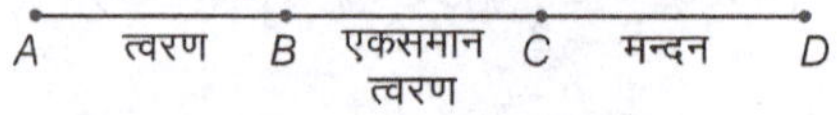

A से B तक कार की गति के लिए

$$a = 0.5 \text{ मी/से}^2$$

$$v = 18 \times \frac{5}{18} = 5 \text{ मी/से}$$

समय, $\quad t_1 = \frac{v - u}{a}$

$\Rightarrow \quad t_1 = \frac{5 - 0}{5.0} = 10$ से

B से C तक कार की गति के लिए

$s = 4$ किमी $= 4000$ मी और $v = 5$ मी/से

$t_2 = \frac{\text{दूरी}}{\text{वेग}} = \frac{4000}{5} = 800$ सेकण्ड

C से D तक कार की गति के लिए

$v = 0, u = 5$ मी/से

तथा $a = -0.2$ मी/से^{2} (ऋणात्मक चिन्ह मन्दन को दर्शाता है)

लिया गया समय, $t_3 = \frac{v - u}{a}$

$$= \frac{0 - 5}{-0.2} = 25 \text{ से}$$

कुल समय, $\quad T = t_1 + t_2 + t_3$

$\Rightarrow \quad T = (10 + 800 + 25)$

$$= 835 \text{ से}$$

22 *(b)* औसत त्वरण

$$= \frac{\Delta v}{\Delta t} = \frac{20 - 0}{8 - 3} = \frac{20}{5} = 4 \text{ मी/से}^2$$

23 *(a)* दिया है, $v(x) = 3x^2 - 4x$

$\therefore \quad a = \frac{dv}{dt} = \frac{dv}{dx} \times \frac{dx}{dt} = v\frac{dv}{dx}$

$$= (3x^2 - 4x) \times \frac{dv}{dx}$$

$$= (3x^2 - 4x)(6x - 4)$$

24 *(c)*

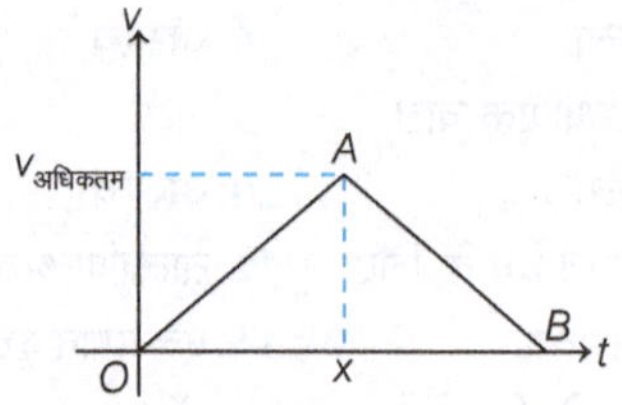

त्वरण $= \alpha = OA$ की प्रवणता $= \frac{v_{\text{अधिकतम}}}{x}$

$\therefore v_{\text{अधिकतम}} = \alpha x$

A से B तक गति के दौरान वाहन मन्दित होता है।

मन्दन $= \beta = AB$ की प्रवणता $= \frac{v_{\text{अधिकतम}}}{t}$

$\therefore$ समय, $t = \frac{v_{\text{अधिकतम}}}{\beta}$

AB के दौरान चली गई दूरी,

$$s = \frac{v^2_{\text{अधिकतम}}}{2\beta}$$

$\therefore$ औसत गति, $v_{av} = \frac{s}{t}$

$$= \frac{\frac{v^2_{\text{अधिकतम}}}{2\beta}}{\frac{v_{\text{अधिकतम}}}{\beta}} = \frac{v_{\text{अधिकतम}}}{2} = \frac{\alpha x}{2}$$

26 *(d)* दिया है, $x = 8 + 12t - t^3$

अतः $v = 12 - 3t^2$ तथा $a = -6t$

जब $v = 0$, तब $t = \sqrt{\frac{12}{3}} = 2$ से

तथा $a = -6 \times 2 = -12$ मी/से^{2}

27 *(b)* दिया है, $v(x) = 3x^{-2n}$

$$a = \frac{dv(x)}{dt} = \frac{dx}{dt} \cdot \frac{dv}{dx}$$

$\Rightarrow \quad a = v\frac{dv}{dx} = (3x^{-2n})(-2n \times 3x^{-2n-1})$

$\Rightarrow \quad a = -18nx^{-4n-1}$

28 *(a)* दिया है, $t = \alpha x^2 + \beta x$

$$\frac{dt}{dx} = 2\alpha x + \beta$$

$\Rightarrow \quad \frac{dx}{dt} = v = \frac{1}{2\alpha x + \beta}$

चूँकि, त्वरण $a = \frac{dv}{dt} = \frac{dv}{dx}\frac{dx}{dt}$

$\Rightarrow \quad a = v \cdot \frac{dv}{dx} = v\left(\frac{-2\alpha}{(2\alpha x+\beta)^2}\right)$

$= -2\alpha v \cdot v^2 = -2\alpha v^3$

29 *(d)* दिया है,

त्वरण, $a = 5 - 2v$

$\Rightarrow \quad \frac{dv}{dt} = 5 - 2v$

$\Rightarrow \quad \frac{dv}{5-2v} = dt$

$t = 0$ पर, $v = 0$

$\therefore \quad \int_0^v \frac{dv}{5-2v} = \int_0^t dt \Rightarrow -\frac{1}{2}\ln\left(\frac{5-2v}{5}\right) = t$

$\Rightarrow \quad v = \frac{5}{2}(1 - e^{-2t})$

30 *(b)* कण का विस्थापन,

$x^2 = 3t^2 + 4$

$\Rightarrow \quad 2x \cdot \frac{dx}{dt} = 6t$

$\Rightarrow \quad x \cdot v = 3t \Rightarrow x \cdot \frac{dv}{dt} + v \cdot \frac{dx}{dt} = 3$

$\Rightarrow \quad x \cdot a + v^2 = 3 \Rightarrow x \cdot a + \left(\frac{3t}{x}\right)^2 = 3$

$\Rightarrow x \cdot a + \frac{9t^2}{x^2} = 3$

$\Rightarrow \quad a = \frac{3(x^2 - 3t^2)}{x^3} = \frac{3 \times 4}{x^3}$

$\therefore \quad a \propto \frac{1}{x^3}$

31 *(a)* दिया है, $x = 10t + 15t^3$

$v = \frac{d}{dt}(10t + 15t^3)$

$= 10 + 45t^2$

$\therefore$ $t = 0$ पर,

$v_0 = 10 + 0 = 10$ मी/से

$t = 2$ सेकण्ड पर,

$v' = 10 + 45 \times 2^2$

$= 190$ मी/से

$\Delta v = v' - v_0$

$= 190 - 10 = 180$ मी/से

$\Delta t = (2 - 0) = 2$ सेकण्ड

$\therefore$ औसत त्वरण,

$a_{av} = \frac{\Delta v}{\Delta t} = \frac{180}{2} = 90$ मी/से^{2}

तात्क्षणिक त्वरण,

$a_{ins} = \frac{dv}{dt} = \frac{d}{dt}(10 + 45t^2) = 90t$

$t = 2$ सेकण्ड पर, $a_{ins} = 90 \times 2 = 180$ मी/से^{2}

$\therefore a_{ins} - a_{av} = 180 - 90 = 90$ मी/से^{2}

32 *(c)* कण की स्थिति,

$x(t) = pt + qt^2 - rt^3$

अतः वेग,

$v = \frac{dx}{dt} = p + 2qt - 3rt^2$

तथा त्वरण, $a = \frac{dv}{dt} = 2q - 6rt$

$\because$ त्वरण शून्य है, तब

$2q - 6rt = 0 \Rightarrow t = \frac{2q}{6r} = \frac{q}{3r}$

t का मान वेग के व्यंजक में रखने पर,

$v = p + 2q\left(\frac{q}{3r}\right) - 3r\left(\frac{q}{3r}\right)^2$

$= p + \frac{2q^2}{3r} - \frac{q^2}{3r}$

$= p + \frac{q^2}{3r}$

33 *(c)* ऋणात्मक त्वरण के लिए, x-t ग्राफ नीचे की ओर गति करता है। लेकिन कार धनात्मक दिशा में गति कर रही है। अतः धनात्मक दिशा में स्थिति निर्देशांक का मान नियत रूप से बढ़ता रहेगा।

34 *(c)* कार का त्वरण,

$a = \frac{v - v_0}{t} = \frac{(15-30)}{2}$

$= -\frac{15}{2} = -7.5$ मी/से^{2}

35 *(c)* वस्तु का विस्थापन

$= v$-t वक्र के अधीन क्षेत्रफल

$x = \frac{1}{2}(v - v_0)t + v_0 t$ ...(i)

$v = v_0 + at$

$\Rightarrow \quad v - v_0 = at$ ...(ii)

समी (i) व (ii) से,

$x = \frac{1}{2}at \times t + v_0 t$

$\Rightarrow \quad x = \frac{1}{2}at^2 + v_0 t$

36 *(a)* $v^2 = v_0^2 + 2ax$ के सम्बन्ध से

$v^2 = 2ax$ $[\because v_0 = 0]$

$\therefore \quad v = \sqrt{2ax}$

37 *(a)* $x = x_0 + v_0 t + \frac{1}{2}at^2$ के सम्बन्ध से

$= 3 + \frac{1}{2} \times 4 \times (3)^2$

$= +21$ मी

38 *(b)* प्रारम्भ में पिण्ड विराम अवस्था में है, $u = 0$ दिया गया है, कण का विस्थापन,

$s = ut + \frac{1}{2}at^2$ ...(i)

समी (i) में, $u = 0$ को रखकर घटाने पर,

$s = \frac{1}{2}at^2$

$s \propto t^2 \Rightarrow \frac{t_1}{t_2} = \sqrt{\frac{s_1}{s_2}}$ ...(ii)

दिया है, $t_2 = 6$ सेकण्ड

$s_1 = \frac{s}{9}, s_2 = s$

जहाँ, s पिण्ड द्वारा तय की गई सम्पूर्ण दूरी है।

समी (ii) से,

$t_1 = \sqrt{\frac{\frac{s}{9}}{s}} \times t_2 = \frac{1}{3} \times 6 = 2$ सेकण्ड

39 *(b)* गति के प्रथम समीकरण से,

$v = u + at$ ...(i)

समी (i) से,

$a = \frac{v - u}{t}$

$\Rightarrow \quad a = \frac{25 - 15}{5} = \frac{10}{5} = 2$ मी/से^{2}

दिए गए क्षण से 4 से पूर्व पर वेग,

$v = u + at$

$\Rightarrow \quad 15 = u + (2)(4)$

$\Rightarrow \quad u = 7$ मी/से

40 *(b)* nवें सेकण्ड में तय की गई दूरी,

$s_n = u + \frac{a}{2}(2n - 1)$

प्रश्नानुसार,

$n = 3$ सेकण्ड, $s_3 = 6$ मी के लिए

$6 = u + \frac{a}{2}(2 \times 3 - 1) = u + \frac{5a}{2}$

$\Rightarrow \quad 6 = u + \frac{5a}{2}$ ...(i)

इसी प्रकार 6वें सेकण्ड में 12 मी की दूरी के लिए

$12 = u + \frac{a}{2}(12 - 1)$

$\Rightarrow \quad 12 = u + \frac{11}{2}a$ ...(ii)

समी (i) तथा (ii) से,

$6 - \frac{5a}{2} = 12 - \frac{11a}{2}$

$\Rightarrow \quad a = \frac{6}{6} \times 2 = 2$ मी/से^{2}

$u = 6 - \frac{5a}{2} = 6 - \frac{10}{2} = 1$ मी/से

अगले 3 सेकण्ड में चली गई दूरी,

$s = s_9 - s_6$

$= \left(ut + \frac{1}{2}at^2\right)_{t = 9 \text{ से}} - \left(ut + \frac{1}{2}at^2\right)_{t = 6 \text{ से}}$

$\Rightarrow s = \left(1 \times 9 + \frac{1}{2} \times 2 \times 81\right) - \left(1 \times 6 + \frac{1}{2} \times 2 \times 36\right)$

$\Rightarrow s = 90 - 42 = 48$ सेमी

41 *(d)* प्रथम स्थिति में,

$v^2 = u^2 - 2as$

$\Rightarrow \quad 0 = (10)^2 - 2 \times a \times 20$

$\therefore \quad a = \frac{5}{2}$ मी/से^{2}

द्वितीय स्थिति में,

$v^2 = u^2 - 2as$

$\Rightarrow \quad 0 = (30)^2 - 2 \times \frac{5}{2} \times s$

$\therefore \quad s = \frac{30 \times 30}{5} = 180$ मी

42 *(b)* $a = \frac{v-u}{t} = \frac{5-0}{10} = \frac{1}{2}$ मी/से^{2}

अन्तिम 2 सेकण्ड में पिण्ड का विस्थापन,

$s = s_{10} - s_8$

$= \frac{1}{2} \times a \times (10)^2 - \frac{1}{2} \times a \times (8)^2$

$= \frac{1}{2} \times \frac{1}{2} \times (10)^2 - \frac{1}{2} \times \frac{1}{2} \times (8)^2$

$= 25 - 16 = 9$ मी

43 *(c)* प्रथम पिण्ड के लिए,

$u = 0, s = x, t = t_1$

$\therefore \quad s = ut_1 + \frac{1}{2}gt_1^2 \Rightarrow x = 0 + \frac{1}{2}gt_1^2$

$\therefore \quad t_1 = \sqrt{\frac{2x}{g}}$

द्वितीय पिण्ड के लिए,

$u = 0, s = y, t = t_2$

$\therefore \quad s = ut_2 + \frac{1}{2}gt_2^2$

$\Rightarrow \quad y = 0 + \frac{1}{2}gt_2^2 \Rightarrow t_2 = \sqrt{\frac{2y}{g}}$

$\because \quad \frac{t_1}{t_2} = \sqrt{\frac{2x}{g} \times \frac{g}{2y}} = \sqrt{x} : \sqrt{y}$

44 *(d)* गति के प्रथम समीकरण $(v = v_0 + at)$ के अनुसार,

$v = 9.8t$ मी/से

(समी $v = v_0 + at$ से)

$y = \frac{1}{2} \times (9.8) \times t^2$ मी $= 4.9t^2$ मी

(समी $y = v_0t + 1/2at^2$ से)

$v^2 = 2 \times (9.8) \times y$

($v^2 = v_0^2 + 2ay$ से)

$= 19.6y$ मी^{2}/से^{2}

45 *(a)* दी गई स्थिति निम्नानुसार है,

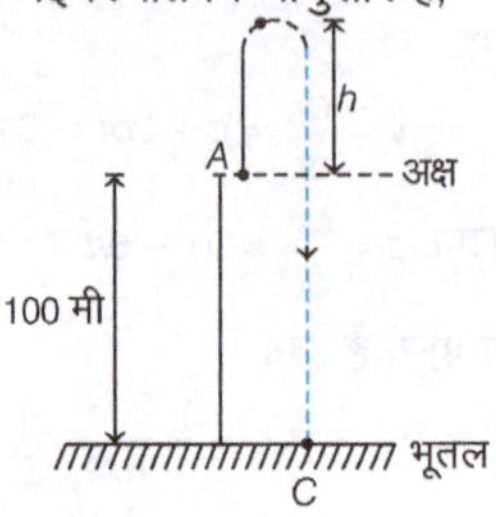

अधिकतम ऊँचाई पर,

v = अन्तिम वेग = 0 मी/से

v_0 = प्रारम्भिक वेग = 10 मी/से,

$a = -g = -10$ मी/से^{2}

गति के तृतीय समीकरण के अनुसार,

$v^2 = v_0^2 + 2gh$

या $\quad (0)^2 = (10)^2 + 2 \times (-10) \times h$

या $\quad h = \frac{-100}{-20} = 5$ मी

$\therefore$ धरातल से ऊपर अधिकतम ऊँचाई

$= (100 + 5) = 105$ मी

46 *(c)* अधिकतम ऊँचाई पर पहुँचने में लिया गया समय, $t_1 = \frac{u}{g}$

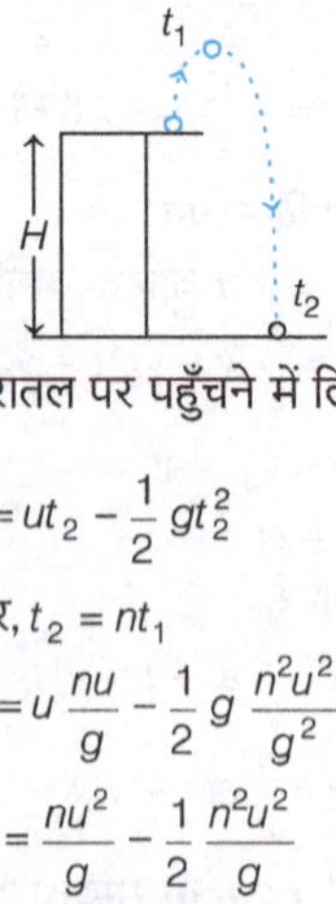

यदि t_2 धरातल पर पहुँचने में लिया गया समय है, तो

$-H = ut_2 - \frac{1}{2}gt_2^2$

प्रश्नानुसार, $t_2 = nt_1$ (दिया है)

$-H = u\frac{nu}{g} - \frac{1}{2}g\frac{n^2u^2}{g^2}$

$\Rightarrow \quad -H = \frac{nu^2}{g} - \frac{1}{2}\frac{n^2u^2}{g}$

$\Rightarrow \quad 2gH = nu^2(n-2)$

47 *(a)* प्रथम पत्थर के लिए,

उच्चतम बिन्दु पर, प्रथम पत्थर की ऊर्ध्वाधर ऊपर की ओर गति लेने पर

$\therefore \quad (0)^2 - u_1^2 = 2(-g)h_1$

$h_1 = \frac{u_1^2}{2g} \quad$ ...(i)

द्वितीय पत्थर के लिए,

उच्चतम बिन्दु पर

द्वितीय पत्थर की ऊर्ध्वाधर ऊपर की ओर गति लेने पर,

$\therefore \quad (0)^2 - u_2^2 = 2(-g)h_2$

$h_2 = \frac{u_2^2}{2g} \quad$ ...(ii)

समी (ii) से समी (i) घटाने पर,

$h_1 - h_2 = \frac{u_1^2}{2g} - \frac{u_2^2}{2g}$

$\because \quad u_2 = \frac{u_1}{2}$

$\therefore \quad 15 = \frac{u_1^2}{2g} - \frac{u_1^2}{8g} = \frac{3u_1^2}{8g}$

या $\quad u_1^2 = \frac{15 \times 8g}{3}$

$= \frac{15 \times 8 \times 10}{3} = 400$

$\Rightarrow \quad u_1 = 20$ मी/से

तथा $\quad u_2 = \frac{u_1}{2} = 10$ मी/से

48 *(b)* प्रथम 5 सेकण्ड में तय की गई दूरी,

$h_1 = ut + \frac{1}{2}at^2 = 0 + \frac{1}{2}a(5)^2 \quad [\because u = 0]$

$\Rightarrow h_1 = \frac{25a}{2} \quad$ ...(i)

प्रथम 10 सेकण्ड में तय की गई दूरी,

$s_2 = 0 + \frac{1}{2}a(10)^2 = \frac{100a}{2}$

अत: 5 सेकण्ड में तय की गई दूरी,

$h_2 = s_2 - h_1 = \frac{75a}{2} \quad$ ...(ii)

प्रथम 15 सेकण्ड में तय की गई दूरी,

$s_3 = 0 + \frac{1}{2}a(15)^2 = \frac{225a}{2}$

अतः अन्तिम 5 सेकण्ड में तय की गई दूरी,

$h_3 = s_3 - s_2 = \frac{125a}{2} \quad$ ...(iii)

समी (i), (ii) तथा (iii) से,

$\frac{h_1}{\frac{25a}{2}} = \frac{h_2}{\frac{75a}{2}} = \frac{h_3}{\frac{125a}{2}} \Rightarrow h_1 = \frac{h_2}{3} = \frac{h_3}{5}$

49 *(a)* दिया है, प्रारम्भिक वेग, $v_0 = 0$

$y = -(1/2)g\tau^2 \quad$ ...(i)

विलोपित पद A के लिए,

समय अन्तराल $= 3\tau$

$y = -\frac{1}{2} \times g \times (3\tau)^2 = -9\left(\frac{1}{2}g\tau^2\right)$

$A = y = +9y_0 \quad \left[\because y = -\frac{1}{2}g\tau^2\right]$

$t = 5\tau,$

समी (i) से,

$$y_1 = -\frac{1}{2} \times g \times (5\tau)^2 = 25y_0$$

$t = 6\tau$ के लिए,

$$y_2 = -\frac{1}{2} \times g \times (6\tau)^2 = 36y_0$$

$$\therefore \quad B = y_2 - y_1$$
$$= 36y_0 - 25y_0 = 11y_0$$

50 *(a)* $s = v_0 t_r + (1/2)at_r^2$

$$= 20 \times 2 + (1/2)4 \times (2)^2$$
$$= 40 + (2)(2)^2 = 48 \text{ मी}$$

51 *(c)* दिया है, मन्दित दूरी

$$d_s = -\frac{u^2}{2a}$$

$$\Rightarrow d_s \propto u^2$$

$$\therefore \frac{d_{s_1}}{d_{s_2}} = \left(\frac{u_1}{u_2}\right)^2 = \left(\frac{54}{108}\right)^2 = \left(\frac{1}{2}\right)^2$$

$$\therefore d_{s_2} = 4d_{s_1} = 4 \times 10 = 40 \text{ मी}$$

52 *(a)* हम जानते हैं, कि तय दूरी d तथा प्रतिक्रिया समय t_r में निम्न सम्बन्ध होता है

$$d = \frac{1}{2} g t_r^2 \quad \Rightarrow \quad t_r = \sqrt{\frac{2d}{g}}$$

$$\Rightarrow t_r = \sqrt{\frac{2 \times 0.21}{9.8}} \approx 0.2 \text{ सेकण्ड}$$

53 *(a)* दी गई स्थिति के अनुसार, हम देखते हैं कि कार मूल बिन्दु से $t = 10$ सेकण्ड तक तेज गति से चल रही है, इसलिए x-t ग्राफ में वक्र का ढलान बढ़ता है।

यह केवल $t = 10$ सेकण्ड और $t = 18$ सेकण्ड के बीच एकसमान गति में है। इसलिए, $t = 10$ सेकण्ड और $t = 18$ सेकण्ड के लिए, ग्राफ समय अक्ष पर झुकी हुई एक सीधी रेखा होनी चाहिए जैसा कि नीचे दिखाया गया है।

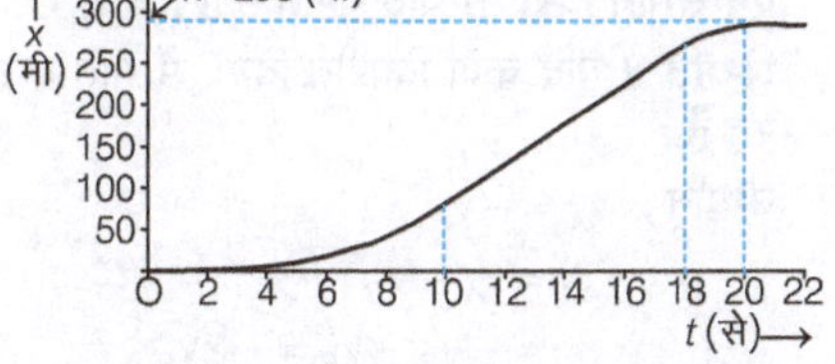

$t = 20$ सेकण्ड पर, कार $x = 296$ मी की स्थिति पर रुक जाती है, इसलिए $t = 20$ सेकण्ड से आगे x-t ग्राफ समय अक्ष के समानान्तर एक सीधी रेखा होनी चाहिए।

$t = 18$ सेकण्ड से $t = 20$ सेकण्ड तक, कार ब्रेक लगाकार धीमी हो जाती है। इसलिए, इस अन्तराल के बीच वक्र की ढलान कम हो जाती है।

54 *(d)*

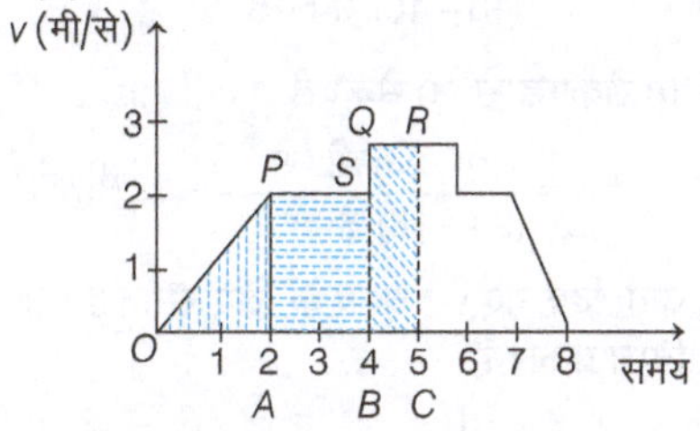

$\therefore$ कण का विस्थापन

$= \Delta OPA$ का क्षेत्रफल + आयत $PSBA$ का क्षेत्रफल + आयत $QBCR$ का क्षेत्रफल

$$= \left(\frac{1}{2} \times 2 \times 2\right) + (2 \times 2) + 3 \times 1$$

$$= 2 + 4 + 3 = 9 \text{ मी}$$

56 *(a)* समय 0 से 1 सेकण्ड के लिए-ढलान ऋणात्मक है। अतः वेग ऋणात्मक होगा।

समय 0 से 2 सेकण्ड के लिए-ढलान धनातमक है। अतः वेग धनात्मक होगा।

58 *(b)* दिया है, $x_2 = 27.4$ मी, $x_1 = 10$ मी, $t_2 = 7$ सेकण्ड और $t_1 = 5$ सेकण्ड

5 सेकण्ड से 7 सेकण्ड के मध्य औसत वेग,

$$\bar{v} = \frac{x_2 - x_1}{t_2 - t_1} = \frac{27.4 - 10}{7 - 5} = \frac{17.4}{2} = 8.7 \text{ मी/से}$$

59 *(a)* प्रवणता $= \tan\theta$

वेगों के वर्गों का अनुपात,

$$v_A^2 : v_B^2 = \tan^2\theta_A : \tan^2\theta_B$$
$$= \tan^2 30° : \tan^2 45° = \frac{1}{3} : 1 = 1 : 3$$

61 *(a)*

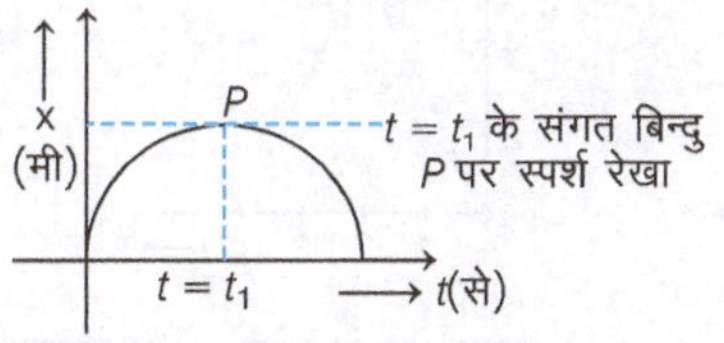

$t = t_1$ पर, स्पर्शरेखा समय अक्ष के समानान्तर है जैसा कि ऊपर दिखाया गया है और इसलिए, इसका ढलान शून्य है। इस प्रकार, $t = t_1$ पर तात्क्षणिक वेग शून्य है।

62 *(d)* ऋणात्मक दिशा के लिए, पूरी यात्रा में वेग ऋणात्मक होना चाहिए। इसलिए, ऋणात्मक त्वरण के लिए, ग्राफ (d) है।

64 *(a)*

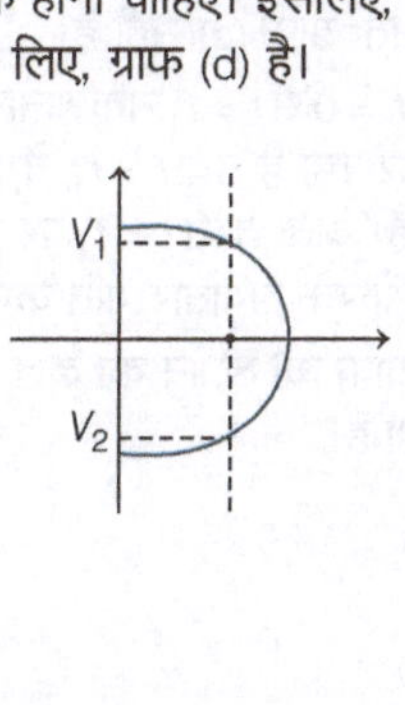

किसी कण के एक ही स्थिति पर दो तात्कालिक वेग नहीं हो सकते हैं।

65 *(a)* ऊपर की ओर फेंका गया कण गुरुत्वाकर्षण के अधीन गति का एक उदाहरण है। कण की गति के दौरान गुरुत्वाकर्षण के कारण त्वरण नीचे की ओर कार्य करता है, अर्थात् y-दिशा में, इसलिए $a = -g =$ नियतांक स्थिर। चूँकि, त्वरण ऋणात्मक है, v-t ग्राफ का ढलान ऋणात्मक होना चाहिए। उच्चतम बिन्दु पर, वेग शून्य हो जाता है। उसके पश्चात्, कण नीचे दिखाए अनुसार ऋणात्मक वेग के साथ नीचे की ओर गति करता है।

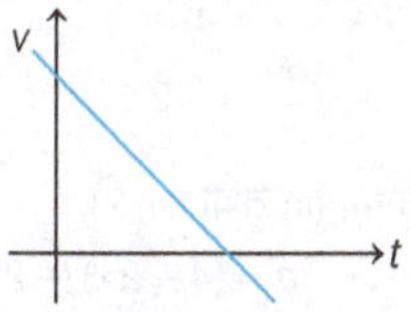

66 *(b)* एक समान रूप से मन्दित गति के लिए,

$$a = -k$$

$$\Rightarrow \quad \frac{dv}{dt} = -k \Rightarrow \int dv = -\int k dt$$

$$\Rightarrow \quad v = -kt$$

$$\Rightarrow \quad \frac{dx}{dt} = -kt \Rightarrow \int dx = -\int kt dt$$

$$\therefore \quad x = -\frac{1}{2}kt^2$$

$\therefore$ x-t ग्राफ एक परवलय है, जिसका मुख नीचे की दिशा की ओर खुला है।

67 *(a)* दिया गया, v-t ग्राफ निम्न है

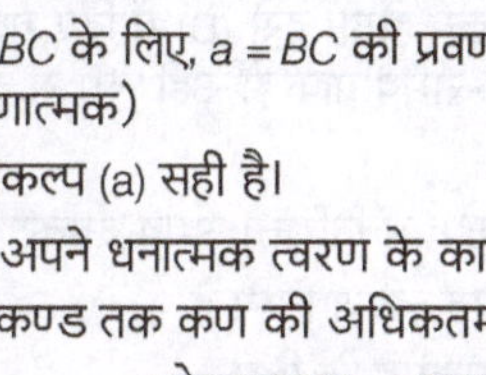

क्षेत्र AB के लिए, $a = AB$ की प्रवणता (धनात्मक)

क्षेत्र BC के लिए, $a = BC$ की प्रवणता (ऋणात्मक)

$\therefore$ विकल्प (a) सही है।

68 *(a)* अपने धनात्मक त्वरण के कारण 2 सेकण्ड तक कण की अधिकतम गति,

$\therefore v_{\text{अधिकतम}} = 2$ सेकण्ड तक a-t ग्राफ का क्षेत्रफल

$$= 10 \times 1.5 + \frac{1}{2}(2 - 1.5) \times 10$$
$$= 17.5 \text{ मी/से}$$

69 *(b)* क्षेत्र AB के लिए ग्राफ परवलयकार है।

$\therefore \quad x = kt^2$

$\because \quad v = \dfrac{dx}{dt} = 2kt$

$\therefore$ त्वरण, $\quad a = \dfrac{dv}{dt} = 2k =$ नियतांक

अतः कण क्षेत्र AB में नियत त्वरण के साथ गति करता है।

70 *(d)* हम जानते हैं,

त्वरण, $\quad a = \dfrac{vdv}{dx} \quad \ldots(i)$

ग्राफ द्वारा, $\dfrac{x}{2} + \dfrac{v}{4} = 1$

$\Rightarrow \quad 2x + v = 4 \quad \ldots(ii)$

$\Rightarrow \quad \dfrac{dv}{dx} = -2 \quad \ldots(iii)$

समीकरण (i), (ii) तथा (iii) से,

$a = (4 - 2x)(-2)$

$= -8 + 4x$

$\Rightarrow \quad a = 4x - 8$

71 *(d)* चूँकि, कण विरामावस्था से गति प्रारम्भ करता है, इसका अर्थ है, प्रारम्भिक वेग, $u = 0$ है।

यह धनात्मक X-अक्ष के अनुदिश एकसमान त्वरण से गति करता है। इसका तात्पर्य है, इसका त्वरण a नियत है।

दिया गया है, (A) में, दिया $(a\text{-}t)$ ग्राफ सही है।

जैसा कि हम जानते हैं, वेग-समय ग्राफ के लिए ढाल = त्वरण चूँकि, (B) में दिया गया $(v\text{-}t)$ ग्राफ दर्शाता है कि इसका ढलान नियत और अशून्य है। अतः ग्राफ (B) भी सही है।

इसके अतिरिक्त समय के सापेक्ष कण का विस्थापन निम्न सूत्र द्वारा दिया जाता है।

$x = ut + \dfrac{1}{2}at^2$

$= 0 + \dfrac{1}{2}at^2$

$\Rightarrow \quad x \propto t^2$

अतः $x\text{-}t$ ग्राफ मूल बिन्दु से आरम्भ होने वाला एक परवलय होगा। इसे (D) में दिए गए विस्थापन-समय ग्राफ में सही रूप से दर्शाया गया है।

72 *(a)* $v\text{-}t$ ग्राफ में विभिन्न समय अन्तरालों के लिए औसत त्वरण निम्न है

0 से 10 सेकण्ड के लिए,

$$\bar{a} = \frac{(24-0)\text{ मी/से}}{(10-0)\text{ सेकण्ड}} = 2.4\text{ मी/से}^2$$

10 सेकण्ड से 18 सेकण्ड के लिए,

$$\bar{a} = \frac{(24-24)\text{ मी/से}}{(18-10)\text{ सेकण्ड}} = 0\text{ मी/से}^2$$

18 सेकण्ड से 20 सेकण्ड,

$$\bar{a} = \frac{(0-24)\text{ मी/से}}{(20-18)\text{ सेकण्ड}} = -12\text{ मी/से}^2$$

अतः दिए गए $v\text{-}t$ ग्राफ के लिए संगत $a\text{-}t$ ग्राफ निम्न प्रकार है

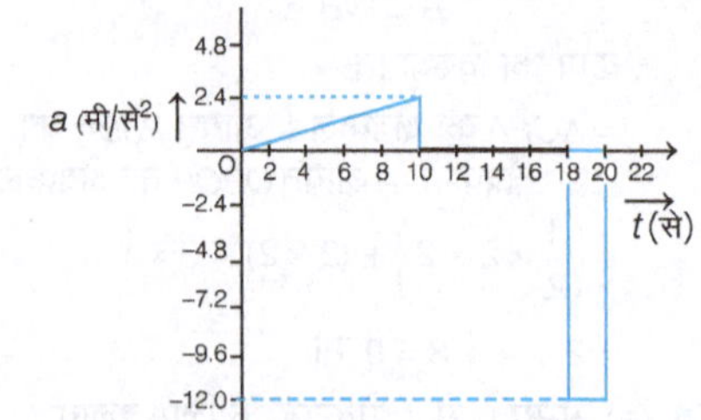

73 *(a)* $t = 0$ से $t = 2$ सेकण्ड के लिए;

a धनात्मक है, अर्थात् $a > 0$.

अतः $v\text{-}t$ ग्राफ एक धनात्मक ढाल के साथ सीधी रेखा होगा। अर्थात् $t = 2$ सेकण्ड से $t = 4$ सेकण्ड के लिए, a ऋणात्मक है। अर्थात् $a < 0$

अतः $v\text{-}t$ ग्राफ एक ऋणात्मक ढलान के साथ सीधी रेखा होगा।

सम्पूर्ण $v\text{-}t$ ग्राफ को निम्नानुसार प्रदर्शित किया जाएगा।

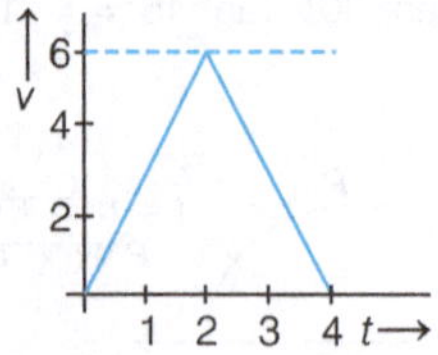

$v = a\text{-}t$ ग्राफ का क्षेत्रफल, $t = 0$ सेकण्ड से $t = 2$ सेकण्ड $= 3 \times 2$

$\Rightarrow v = 6$ मी/से, अधिकतम प्राप्त वेग।

75 *(b)* ऋणात्मक त्वरण के लिए, ग्राफ का ढलान ऋणात्मक होना चाहिए।

धनात्मक दिशा के लिए वेग भी धनात्मक होना चाहिए। अतः ग्राफ (b) सही है।

76 *(c)* वस्तु $t = 0$ से $t = t_1$ तक धनात्मक दिशा में गति कर रहा है तथा $t = t_1$, वेग ऋणात्मक हो जाता है। अतः वस्तु $t = t_1$ पर दिशा परिवर्तित करके लगातार गति करती है।

77 *(a)* $v\text{-}t$ ग्राफ का ढलान का ढाल नियत त्वरण को दर्शाता है।

प्रश्न में दिया गया ग्राफ निम्न है

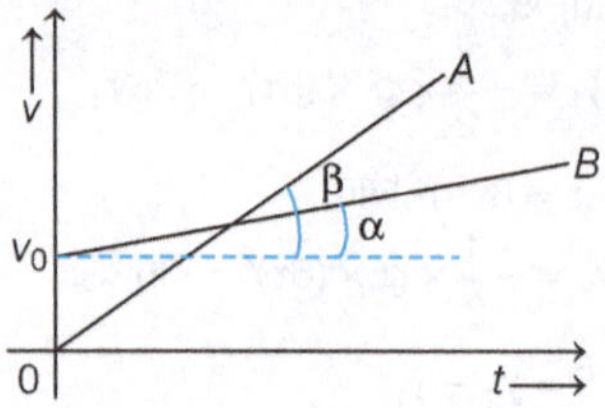

$\beta > \alpha \Rightarrow \tan\beta > \tan\alpha$

अतः $a_A > a_B$

78 *(d)* एकसमान गति के लिए,

$x_A(t) = x_A(0) + v_A t$

तथा $x_B(t) = x_B(0) + v_B t$

$\therefore$ वस्तु A से वस्तु B तक का विस्थापन,

$x_{BA}(t) = x_B(t) - x_A(t)$

$= [x_B(0) - x_A(0)] + (v_B - v_A)t$

79 *(a)* यदि v_{BA} या v_{AB} शून्य है, तो $v_A = v_B$

$v_{AB} = v_{BA} = |v_A - v_B|$.

एकसमान गति के लिए स्थिति-समय ग्राफ एक सीधी रेखा में होता है, जो समय-अक्ष से आनत पर होता है। जैसा कि दर्शाया गया है

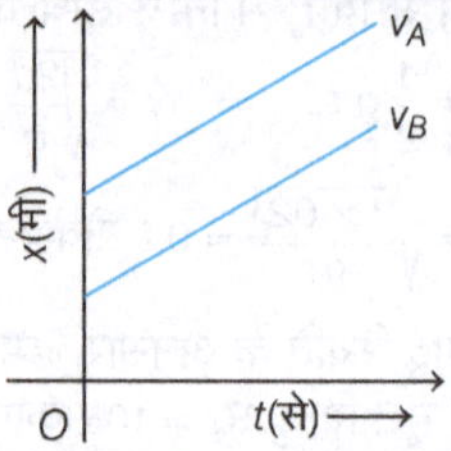

80 *(d)* **स्थिति I** यदि कण समान दिशा में गति कर रहे हैं।

$v_{AB} = v_A - v_B = 0$

$\Rightarrow \quad v_A = v_B \quad \ldots(i)$

$v_{BA} = v_B - v_A = 0$

$\Rightarrow \quad v_B = v_A \quad \ldots(ii)$

समी (i) व (ii) से, हमें प्राप्त होता है की A व B एकसमान दिशा में गति करते हैं $(v_A = v_B)$

स्थिति II यदि कण विपरीत दिशा में गति कर रहे हैं,

अर्थात् $\quad v_A = -v_B$

$v_{AB} = v_A - v_B$

$= -v_B - v_B = -2v_B$

$|v_{AB}| = 2|v_B| = 2|v_A|$

$v_{BA} = v_B - v_A = v_B - (-v_B)$

$= 2v_B$

$|v_{BA}| = 2|v_B| = 2|v_A|$

अतः विपरीत दिशा में गति के लिए v_{BA} या v_{AB} का परिमाण, A या B के वेग का दोगुना है।

81 *(d)* यदि $v_A > v_B$ है, तो $v_{BA} = v_B - v_A$ ऋणात्मक होगा तथा $v_{AB} = v_A - v_B$ धनात्मक होगा।
इस प्रकार, A और B के लिए खींचा गया ग्राफ नीचे दिखाया गया है जिसमें वस्तु A, वस्तु B को $t = 3$ सेकण्ड में पीछे छोड़ देती है।
ग्राफ से यह निष्कर्ष निकाला जा सकता है कि एक ग्राफ दूसरे ग्राफ की तुलना में अधिक ढलान वाला है और वे एक उभयनिष्ठ बिन्दु पर मिलते हैं।

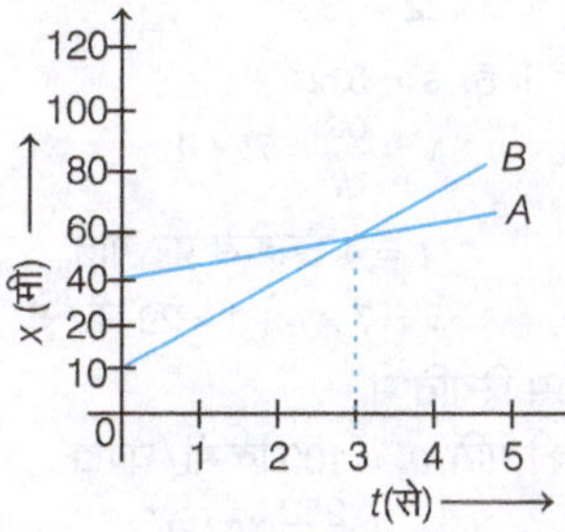

82 *(c)* समान तथा विपरीत दिशा में चलने पर ट्रेनों के समय का अनुपात,

$$\frac{t_1}{t_2} = \frac{\left(\frac{l_1 + l_2}{|v_1 - v_2|}\right)}{\left(\frac{l_1 + l_2}{|v_1 + v_2|}\right)} = \frac{|v_1 + v_2|}{|v_1 - v_2|}$$

जहाँ, $l_1 + l_2 =$ ट्रेनों की लम्बाई का योग जो ट्रेनों द्वारा एक-दूसरे को पार करने में तय की गई दूरी के समान है।

अतः $\frac{t_1}{t_2} = \frac{80 + 30}{80 - 30} = \frac{110}{50} = \frac{11}{5}$

83 *(a)* माना दक्षिण से उत्तर दिशा धनात्मक है।
कार का वेग, $v_C = -20$ मी/से
व्यक्ति का वेग, $v_P = +10$ मी/से

$\because \quad v_{CP} = v_C - v_P$
$= (-20) - (10)$
$= -30$ मी/से

84 *(a)* समय t पर गेंद A का अन्तिम वेग,
$v_A = v_1 - gt$
समय t पर गेंद B का अन्तिम वेग,
$v_B = 0 + gt = gt$
∴ गेंद B के सापेक्ष, गेंद A का सापेक्ष वेग,
$v_{AB} = v_A - (-v_B) = v_A + v_B$
$= v_1 - gt + gt = v_1$

85 *(b)* बस के सापेक्ष स्कूटर का सापेक्ष वेग,
$v_{sb} = v_s - v_b = v_s - 12$
अब $\quad d = v_{sb} \cdot t$
$\Rightarrow 1000 = (v_s - 12) \times 120$
$\therefore \quad v_s = \frac{1000}{120} + 12 = 20.33$ मी/से

अभिकथन-कारण प्रश्न

4 *(d)* यदि गति की दिशा परिवर्तित हो रही है (जैसे एकसमान वृत्तीय गति में), तो इसका वेग भी परिवर्तित हो जाता है और इस प्रकार एकसमान गतिमान पिण्ड में त्वरण उत्पन्न होता है।

5 *(a)* यदि x-t, v-t और a-t ग्राफ सतत् हैं, तो इसका अर्थ है कि भौतिक रूप से, त्वरण और वेग के मान में अचानक परिवर्तन नहीं हो सकता, क्योंकि इसमें परिवर्तन सदैव निरन्तर होते हैं।

6 *(c)* जब किसी कण को गुरुत्वाकर्षण के अधीन विराम अवस्था से छोड़ा जाता है, तो प्रारम्भिक बिन्दु पर वेग शून्य ($v = 0$) होता है त्वरण, $a = g$ अर्थात् $a \neq 0$ गुरुत्वीय त्वरण के समान होता है।

8 *(a)* अभिकथन और कारण दोनों सही हैं और कारण अभिकथन की सही व्याख्या करता है। चूँकि, दोनों अलग-अलग द्रव्यमान की गेंदें गुरुत्वाकर्षण के प्रभाव में आती हैं, जो द्रव्यमान से स्वतन्त्र हैं।

9 *(b)* ऋणात्मक त्वरण वाला पिण्ड गति में वृद्धि के साथ जुड़ा हो सकता है, यदि वस्तु गति के साथ ऋणात्मक x-दिशा के साथ चलती है।

10 *(c)* जब वस्तु A और B विपरीत दिशा में गति करती हैं, तो वस्तु A के सापेक्ष वस्तु B का सापेक्ष वेग $v_{BA} = v_B + v_A$ होगा।

कथन आधारित प्रश्न

1 *(b)* कथन I सही है, लेकिन कथन II गलत है। किसी वस्तु को एकसमान गति में कहा जाता है, यदि वह समान समय अन्तराल में समान विस्थापन तय करती है।

2 *(b)* कथन I सही है, लेकिन कथन II गलत है। वेग की दिशा में परिवर्तन भी वृत्तीय गति की तरह त्वरण उत्पन्न करता है। वेग के परिमाण या दिशा में परिवर्तन या दोनों त्वरण उत्पन्न कर सकते हैं।

3 *(a)* दोनों कथन I और II दोनों गलत हैं। यदि एक सीधी रेखा में एकसमान रूप से गतिमान पिण्ड का स्थिति-समय ग्राफ स्थिति अक्ष के समानांतर है, तो इसका अर्थ है कि नियत समय के साथ, पिण्ड की स्थिति बदल रही है, जो असंगत है और यह दर्शाता है कि पिण्ड का वेग अनन्त है।

4 *(c)* कथन I गलत है, लेकिन कथन II सही है। विस्थापन, प्रारम्भिक और अन्तिम स्थिति के बीच की सबसे छोटी दूरी है। जब किसी पिण्ड की अन्तिम स्थिति उसकी प्रारम्भिक स्थिति के सम्पाती है, तो विस्थापन शून्य होता है, लेकिन तय की गई दूरी शून्य नहीं होती है।

5 *(c)* कथन I गलत है, लेकिन कथन II सही है। यदि किसी कार का त्वरण g के बराबर है, तो इसका अर्थ यह नहीं है कि कार स्वतन्त्र रूप से गिर रही है। जब कोई पिण्ड स्वतन्त्र रूप से नीचे की ओर गिरता है, तो उस पर केवल गुरुत्वाकर्षण बल ही कार्य करता है। इस स्थिति में नीचे की ओर त्वरण के कारण, पिण्ड का वेग बढ़ जाता है और जब पिण्ड धरातल को छूता है, तो यह अधिकतम हो जाता है।

6 *(d)* दोनों कथन I और II सही हैं। किसी दिए गए समय अन्तराल के लिए, गतिमान पिण्ड विभिन्न पथों के माध्यम से एक स्थिति से दूसरी स्थिति में जा सकता है, जहाँ किसी दिए गए समय में विस्थापन का एक मान होता है, लेकिन तय की गई दूरी के कई मान हो सकते हैं।

7 *(d)* चूँकि, $s = ut + \frac{1}{2}at^2$ में s समय t के वर्ग पर निर्भर करता है, जब वस्तु नियत त्वरण से गति करती है, तो x-t ग्राफ प्रकृति में परवलयाकार होता है।

8 *(c)* कथन I गलत है क्योंकि प्रतिक्रिया समय वह समय है जो एक व्यक्ति अवलोकन करने, सोचने और कार्य करने में लेता है। उदाहरण के लिए, एक व्यक्ति वाहन चला रहा है, अचानक एक बच्चा सड़क पर दिखाई देता है, तो ब्रेक लगाने से पहले बीता समय, प्रतिक्रिया समय कहलाता है। इसलिए, प्रतिक्रिया समय जितना कम होगा, सड़क सुरक्षा उतनी ही अधिक होगी।
कथन II सही है, क्योंकि

$$v^2 = u^2 + 2as$$

$$as = \frac{v^2 - u^2}{2}$$

$$\Delta K = \frac{1}{2}m(v^2 - u^2)$$

$$\therefore \quad \Delta K = mas$$

अतः त्वरण-विस्थापन ग्राफ का क्षेत्रफल $= \frac{\Delta K}{m}$

सुमेलन प्रकार प्रश्न

1 ***(a)*** A. O से P तक गतिमान कार का विस्थापन,

$$\Delta x = x_2 - x_1 = (+360) - 0 = +360 \text{ मी}$$

B. O से R तक जाने में कार के पथ की लम्बाई 120 मीटर है, क्योंकि पथ की लम्बाई कार द्वारा O से R तक तय की गई कुल दूरी है।

C. कार की O से P तथा वापस Q तक की गति के लिए पथ की लम्बाई,

$$= (+360 \text{ मी}) + (+120 \text{ मी}) = +480 \text{ मी}$$

D. उपरोक्त स्थिति में, विस्थापन

$$= (+240 \text{ मी} - (0 \text{ मी}) = +240 \text{ मी}$$

2 ***(b)*** x-t ग्राफ में,

$OA \rightarrow$ धनात्मक ढलान $\rightarrow$ धनात्मक वेग

$AB \rightarrow$ ऋणात्मक ढलान $\rightarrow$ ऋणात्मक वेग

$BC \rightarrow$ शून्य ढलान $\rightarrow$ वस्तु विरामावस्था में

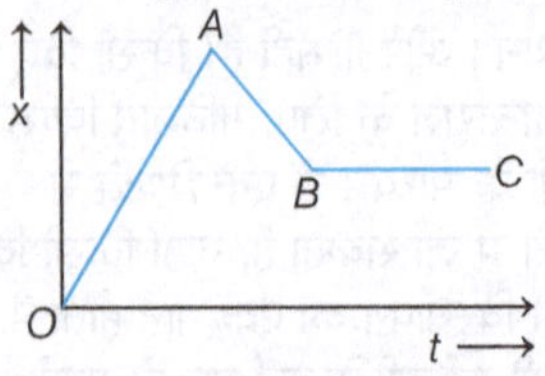

बिन्दु A पर, वेग के चिन्ह में परिवर्तन होता है, इसलिए A पर गति की दिशा अवश्य बदल गई होगी।

3 ***(b)*** दिया है, $x(t) = a - bt^2$, $a = 8.5$ मी

तथा $b = 2.5$ मी/से^{2}

$\therefore \quad x(t) = 8.5 - 2.5t^2$

वस्तु का वेग $= \dfrac{dx}{dt} = -2bt$

A. $t = 2$ सेकण्ड पर वेग $= \left.\dfrac{dx}{dt}\right|_{t=2} = -4b$

$$= -4 \times 2.5 = -10 \text{ मी/से}$$

B. $t = 0$ सेकण्ड पर वेग

$$= \left.\frac{dx}{dt}\right|_{t=0} = 0 \text{ मी/से}$$

C. $t = 2$ सेकण्ड पर तात्क्षणिक वेग = वेग का परिमाप $= |-10$ मी/से$|$

$$= 10 \text{ मी/से}$$

D. औसत गति $= \dfrac{x(t_2) - x(t_1)}{t_2 - t_1} = \dfrac{x(4) - x(2)}{4-2}$

$$= \frac{[a - b(4)^2] - [a - b(2)^2]}{2}$$

$$= -6b = -15 \text{ मी/से}$$

4 ***(c)*** A. $t = 0$ से, $t = 2$ सेकण्ड के मध्य वस्तु का विस्थापन

$= v$-t ग्राफ के अधीन क्षेत्रफल

$$= \frac{1}{2} \times 2 \times 4 = 4 \text{ मी}$$

B. $a =$ वक्र का ढलान $= \dfrac{0-4}{2-0} = -2$ मी/से^{2}

C. $t = 0$ से $t = 4$ सेकण्ड के लिए विस्थापन $= t = 0$ से $t = 2$ सेकण्ड पर v-t ग्राफ का क्षेत्रफल $+ t = 2$ सेकण्ड से $t = 4$ सेकण्ड पर v-t ग्राफ का क्षेत्रफल

$$= \frac{1}{2} \times 2 \times 4 + \frac{1}{2} \times 2 \times (-4)$$

$$= 4 \text{ मी} + (-4 \text{ मी}) = 0$$

D. $t = 0$ से से 4 सेकण्ड के मध्य तय की गई दूरी = सभी क्षेत्रों को धनात्मक मानते हुए v-t ग्राफ का क्षेत्रफल ($t = 0$) सेकण्ड से $t = 2$ सेकण्ड) v-t ग्राफ के अधीन क्षेत्रफल +2 सेकण्ड से 4 सेकण्ड v-t ग्राफ के अधीन क्षेत्रफल

$$= 4 \text{ मी} + 4 \text{ मी} = 8 \text{ मी}$$

5 ***(d)***

A. $t = 0$ से 2 सेकण्ड तक गति धनात्मक दिशा में होती है, क्योंकि वेग धनात्मक होता है और त्वरण धनात्मक होता है और त्वरण धनात्मक होता है। चूँकि, सीधी रेखा का ढलान धनात्मक होता है।

B. $t = 2$ सेकण्ड से $t = 4$ सेकण्ड तक वस्तु धनात्मक दिशा में गति कर रही है; समय $t_1 = 2$ सेकण्ड से $t = 4$ सेकण्ड तक वस्तु समान ऋणात्मक त्वरण के साथ विपरीत दिशा मुड़ जाती है।

C. $t = 4$ सेकण्ड से $t = 6$ सेकण्ड तक वस्तु ऋणात्मक दिशा में गति कर रही है, क्योंकि वेग ऋणात्मक है। चूँकि, सीधी रेखा का ढलान धनात्मक होता है, तो त्वरण भी धनात्मक होता है।

D. सम्पूर्ण यात्रा का विस्थापन

$t = 0$ से $t = 6$ सेकण्ड = समय अक्ष के नीचे के क्षेत्र को ऋणात्मक मानते हुए v-t ग्राफ का कुल क्षेत्रफल = [$t = 0$ से 3 सेकण्ड के लिए v-t वक्र का क्षेत्रफल] + [$t = 3$ सेकण्ड से 6 सेकण्ड के लिए v-t वक्र का क्षेत्रफल] = त्रिभुज (AOB) का क्षेत्रफल + त्रिभुज (BCD) का क्षेत्रफल

$$= \frac{1}{2} \times 3 \times 5 + \frac{1}{2} \times 3 \times (-5) = 0$$

आंकिक मान प्रकार के प्रश्न

2 ***(18)*** माना कुल दूरी, $AB = l$

$$v_{av} = \frac{l}{\left(\frac{l}{v_3} + \frac{l}{v_2} + \frac{l}{v_1}\right)\frac{1}{3}}$$

$$= \frac{3}{\left(\frac{1}{v_1} + \frac{1}{v_2} + \frac{1}{v_3}\right)}$$

$$= \frac{3}{\frac{1}{11} + \frac{1}{22} + \frac{1}{33}} = 18 \text{ मी/से}$$

3 ***(29)*** दिया है, $s = 3.5t^2 + t$

$$v = \frac{ds}{dt} = 7t + 1$$

$t = 4$ सेकण्ड पर गति,

$$v = 7 \times 4 + 1 = 29 \text{ मी/से}$$

4 ***(4)*** प्रथम स्थिति में,

कार की गति, $u_1 = 100$ किमी/घण्टा

$$= \frac{250}{9} \text{ मी/से}$$

ब्रेक लगाने के पश्चात् चली गई दूरी,

$$s_1 = 16 \text{ मी}$$

द्वितीय स्थिति में, $u_2 = \dfrac{125}{9}$ मी/से

हम जानते हैं, $s = \dfrac{u^2}{2a}$

$\Rightarrow \quad s \propto u^2$

$\because \quad \dfrac{s_2}{s_1} = \left(\dfrac{u_2}{u_1}\right)^2 = \left(\dfrac{125/9}{250/9}\right)^2$

$\Rightarrow \quad s_2 = \dfrac{s_1}{4}$

$$= \frac{16}{4} = 4 \text{ मी}$$

5 ***(3)*** माना गोली का प्रारम्भिक वेग $= u$

गोली का अन्तिम वेग $= \dfrac{u}{3}$

गोली द्वारा चली गई दूरी, $s = 8$ सेमी

गति के समीकरण से,

$$v^2 = u^2 + 2as$$

$\Rightarrow \quad a = \dfrac{u^2}{18}$

अतः $u^2 = 2\left[\dfrac{u^2}{18}\right](6 + x)$

$$\left(\because v = 0, a = \frac{u^2}{18}, s = 6 + x\right)$$

$\therefore \quad x = 3$

6 *(5)* माना प्रारम्भिक वेग $= u$

उच्चतम बिन्दु पर पहुँचने के लिए गेंद द्वारा लिया गया समय,

$t = \frac{u}{g}$ (उच्चतम् बिन्दु पर वेग = 0)

फेंकने की आवृत्ति, $n = \frac{1}{t}$

$$\Rightarrow \quad 3 = \frac{g}{u} \qquad (\because n = 3)$$

$$\Rightarrow \quad u = \frac{g}{3}$$

अधिकतम् ऊँचाई, जहाँ तक गेंद जा सकती है

$$H_{\text{अधिकतम}} = \frac{u^2}{2g} = \frac{\left(\frac{g}{3}\right)^2}{2g} = \frac{g}{18}$$

$$9H_{\text{अधिकतम}} = \frac{9 \times 10}{18} = 5 \text{ मी}$$

7 *(10)* गति के समीकरण से,

$$v^2 = u^2 + 2gh$$

$$\Rightarrow \quad h = \frac{g}{2} \qquad [\because v = g, u = 0]$$

अतः आवश्यक ऊँचाई $= 20 - h = 20 - \frac{g}{2}$

$$= 10 \text{ मी}$$

8 *(80)* गति के समीकरण से,

$$h = ut + \frac{1}{2}gt^2$$

$$\Rightarrow \quad 60 = -5t + \frac{1}{2} \times 10 \times t^2$$

$$\Rightarrow \quad t = 4 \text{ सेकण्ड}$$

गेंद की ऊँचाई,

$$H = ut + 60$$

$$= (5 \times 4) + 60 = 80 \text{ मी}$$

9 *(8)* गति के समीकरण से, $s = ut + \frac{1}{2}at^2$

$$\Rightarrow \quad s = 0 \times t + \frac{1}{2}gt^2 \qquad [\because u = 0]$$

$$\Rightarrow \quad 200 = gt^2 \qquad [\because s = 100 \text{ मी}]$$

$$\Rightarrow \quad t = \sqrt{\frac{200}{g}} \qquad \ldots\text{(i)}$$

अन्तिम $\frac{1}{2}$ सेकण्ड में पिण्ड द्वारा चली गई दूरी = 19 मी

अतः $\left(t - \frac{1}{2}\right)$ सेकण्ड में चली गई दूरी

$$= 81 \text{ मी}$$

अब, $\frac{1}{2}g\left(t - \frac{1}{2}\right)^2 = 81$

$$\Rightarrow \quad \left(t - \frac{1}{2}\right) = \sqrt{\frac{81 \times 2}{g}}$$

समी (i) से,

$$\frac{1}{2} = \frac{1}{\sqrt{g}} \left(\sqrt{200} - \sqrt{81 \times 2}\right)$$

$$\Rightarrow \quad g = 8 \text{ मी/से}^2$$

10 *(10)* $s_{BA} = u_{BA} \times t$

$$= (u_B - u_A)t$$

$$= (70 - 40)\frac{20}{60} = 10 \text{ किमी}$$

$$S_{AB} = -S_{BA} = -10 \text{ किमी}$$

$$= 10 \text{ किमी पीछे}$$

NCERT Exemplar प्रश्न

1 *(b)* वक्र (b) में, विस्थापन के एक मान के लिए, समय के दो अलग-अलग बिन्दु हैं। इसलिए एक समय के लिए, औसत वेग धनात्मक है और दूसरे समय के लिए, यह ऋणात्मक है। चूँकि, 0 से T के अन्तराल में वेग विपरीत हैं, इसलिए औसत वेग (b) में विलोप हो सकता है। इसे नीचे दिए गए चित्र में देखा जा सकता है।

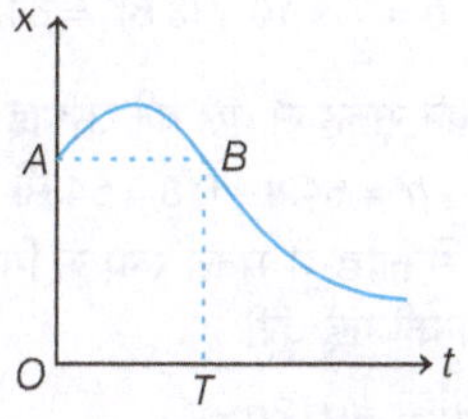

2 *(a)* चूँकि, लिफ्ट नीचे की दिशा में आ रही है, इसलिए विस्थापन ऋणात्मक होगा, अर्थात् $(x < 0)$। जब लिफ्ट चौथी मंजिल पर पहुँचती है, तो वह रुकने वाली होती है और इसलिए, गति मन्दन प्रकृति की होती है, अर्थात् $(a > 0)$।

चूँकि, विस्थापन ऋणात्मक दिशा में है, इसलिए वेग भी ऋणात्मक होगा, अर्थात् $(v < 0)$। इसे नीचे दिए गए वक्र में दिखाया गया है।

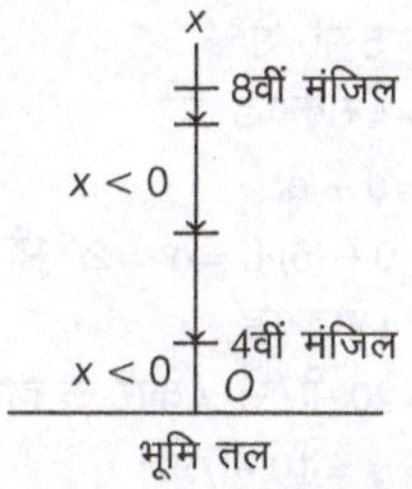

3 *(b)* अधिकतम तथा न्यूनतम विस्थापन के लिए हमें अधिकतम् वेग के परिणाम और दिशा को दृष्टिगत रखना होगा।

चूँकि, अधिकतम् वेग धनात्मक दिशा में v_0 है, इसलिए विपरीत दिशा में अधिकतम वेग भी ऋणात्मक चिन्ह के साथ v_0 है।

एक दिशा में अधिकतम् विस्थापन $= v_0 T$

विपरीत दिशा में अधिकतम विस्थापन

$$= -v_0 T$$

अतः $-v_0 T < x < v_0 T$.

4 *(c)* प्रथम आधी दूरी तय करने में लगा समय,

$$t_1 = \frac{l/2}{v_1} = \frac{l}{2v_1}$$

दूसरी आधी दूरी तय करने में लगा समय,

$$t_2 = \frac{l}{2v_2}$$

कुल समय $= t_1 + t_2 = \frac{l}{2}\left[\frac{1}{v_1} + \frac{1}{v_2}\right]$

हम जानते हैं, $v_{av} = \frac{\text{कुल दूरी}}{\text{कुल समय}}$

$$= \frac{l}{\frac{l}{2}\left[\frac{1}{v_1} + \frac{1}{v_2}\right]} = \frac{2v_1 v_2}{v_1 + v_2}$$

5 *(b)* दिया है, $x = (t - 2)^2$

$$v = \frac{dx}{dt} = \frac{d}{dt}(t - 2)^2 = 2(t - 2) \text{ मी/से}$$

$$a = \frac{dv}{dt} = \frac{d}{dt}[2(t - 2)]$$

$$= 2[1 - 0] = 2 \text{ मी/से}^2$$

जब, $t = 0$ सेकण्ड; $v = -4$ मी/से

$t = 2$ सेकण्ड; $v = 0$ मी/से

$t = 4$ सेकण्ड; $v = 4$ मी/से

उपरोक्त संख्यात्मक मानों के लिए आवश्यक v-t ग्राफ निम्न प्रकार है।

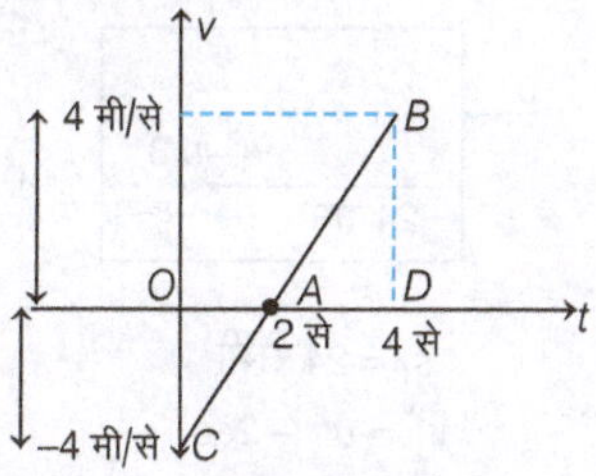

चली गई दूरी = वक्र का क्षेत्रफल

$= OAC$ क्षेत्रफल $+ ABD$ क्षेत्रफल

$$= \frac{1}{2} \times 4 \times 2 + \frac{1}{2} \times 2 \times 4 = 8 \text{ मी}$$

6 *(c)* माना विस्थापन L है, तब लड़की का वेग,

$$v_g = \frac{L}{t_1}$$

एस्केलेटर का वेग, $v_e = \frac{L}{t_2}$

लड़की का कुल वेग = $v_g + v_e$

यदि L दूरी तय करने में लिया गया कुल समय t हो, तब

$$\frac{L}{t} = \frac{L}{t_1} + L_{t_2}$$

$$\Rightarrow \quad t = \frac{t_1 t_2}{t_1 + t_2}$$

8 *(d)* दिया है, $x = t - \sin t$

वेग, $v = \frac{dx}{dt} = \frac{d}{dt}[t - \sin t] = 1 - \cos t$

त्वरण, $a = \frac{dv}{dt} = \frac{d}{dt}[1 - \cos t] = \sin t$

सभी $t > 0$ के लिए, त्वरण $a > 0$

अतः $t > 0$ के लिए, $x(t) > 0$

वेग, $v = 1 - \cos t$

$v_{\text{अधिकतम}} = 1 - (\cos t)_{\text{न्यूनतम}} = 1 - (-1) = 2$

$v_{\text{न्यूनतम}} = 1 - (\cos t)_{\text{अधिकतम}} = 1 - 1 = 0$

अतः v, 0 से 2 के मध्य है।

विगत परीक्षाओं के प्रश्न

1 *(c)* हम जानते हैं कि,

$$a = \frac{dv}{dt}$$

$\because v$ = नियत के लिए, $a = 0$ इसलिए

v -t ग्राफ के लिए जब v धनात्मक तथा रैखिक रूप से बढ़ता है, तब a धनात्मक स्थिरांक तथा जब v रैखिक रूप से घटता है, तब a ऋणात्मक स्थिरांक होगा।

अतः विकल्प (c) सही है।

2 *(d)* दी गई स्थिति के अनुसार,

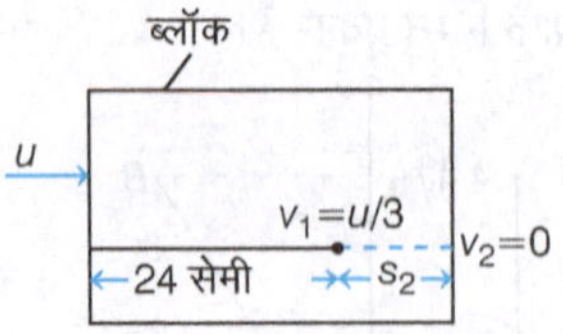

$$s_1 = 24 \text{ सेमी}$$

$$v_1^2 = u^2 - 2as_1$$

$$\Rightarrow \quad \left(\frac{u}{3}\right)^2 = u^2 - 2a \times 0.24$$

$$\Rightarrow \quad 0.48a = \frac{8}{9}u^2$$

$$\Rightarrow \quad a = \frac{8u^2}{9 \times 0.48} = \frac{u^2}{0.54}$$

द्वितीय स्थिति के अनुसार

$$0 = v_1^2 - 2as_2$$

$$\Rightarrow \quad 0 = \left(\frac{u}{3}\right)^2 - 2 \times \frac{u^2}{0.54} \times s_2$$

$$\Rightarrow \quad \frac{u^2}{9} = \frac{2u^2}{0.54}s_2$$

$$\Rightarrow \quad s_2 = \frac{0.54}{9 \times 2} = 0.03 \text{ मी} = 3 \text{ सेमी}$$

$\therefore$ ब्लॉक की कुल लम्बाई = $s_1 + s_2$

$= 24 + 3 = 27$ सेमी

3 *(b)* गेंद द्वारा प्राप्त अधिकतम् ऊँचाई,

$$h' = \frac{v^2}{2g} = \frac{4^2}{2 \times 10} = 0.8 \text{ मी}$$

पुल से पुल तक के लिए उड्डयन काल,

$$t_1 = \frac{2v}{g} = \frac{2 \times 4}{10} = 0.8 \text{ से}$$

दिया है, कुल उड्डयन काल = 4 से

उच्चतम् बिन्दु से पानी की सतह पर पहुँचने में लिया गया समय,

$$t_2 = 4 - \frac{t_1}{2} = 4 - \frac{0.8}{2} = 3.6 \text{ से}$$

$$\therefore \quad h = 0 \times t_2 + \frac{1}{2}gt_2^2$$

$$h = \frac{1}{2} \times 10 \times (3.6)^2 = 64.8 \text{ मी}$$

$\therefore$ पानी की सतह से पुल की ऊँचाई,

$H = h - h' = 64.8 - 0.8 = 64$ मी

4 *(b)* nवें सेकण्ड में मुक्त रूप से गिरते पिण्ड द्वारा तय की गई दूरी,

$$s_n = u + \frac{1}{2}g(2n - 1)$$

$$s_1 = \frac{1}{2}g(2 \times 1 - 1) = \frac{g}{2}$$

$$s_2 = \frac{1}{2}g(2 \times 2 - 1) = \frac{3g}{2}$$

$$s_3 = \frac{1}{2}g(2 \times 3 - 1) = \frac{5g}{2}$$

$$s_4 = \frac{1}{2}g(2 \times 4 - 1) = \frac{7g}{2}$$

$$\therefore \quad s_1 : s_2 : s_3 : s_4 = 1 : 3 : 5 : 7$$

5 *(d)* $a = 5$ मी/से^{2}

$t = 4$ सेकण्ड पर,

$v = u + at$

$\Rightarrow v = 0 + (5)4 \Rightarrow v = 20$ मी/से

$t = 4$ सेकण्ड

$v_x = 20$ मी/से (कार के द्वारा)

$a_y = g = 10$ मी/से^{2}

$\therefore \quad v_y = u + a_y t$

$\Rightarrow \quad v_y = 0 + 10 \times 2$

$\Rightarrow \quad v_y = 20$ मी/से

$t = 6$ सेकण्ड पर कुल वेग

$$v = \sqrt{v_x^2 + v_y^2}$$

$\Rightarrow \quad v = 20\sqrt{2}$ मी/से

अतः $t = 6$ सेकण्ड पर गेंद का वेग, $20\sqrt{2}$ मी/से होगा।

तथा $\quad a_x = 0$ मी/से^{2}

$a_y = 10$ मी/से^{2}

अब, $t = 6$ सेकण्ड पर कुल त्वरण,

$a = \sqrt{a_x^2 + a_y^2} \Rightarrow a = 10$ मी/से^{2}

6 *(b)* n वें सेकण्ड में तय की गई दूरी,

$$s_n = 0 + \frac{a}{2}(2n - 1)$$

$(n+1)$ वें सेकण्ड में तय की गई दूरी,

$$s_{n+1} = 0 + \frac{a}{2}(2n + 2 - 1)$$

$$\Rightarrow \frac{s_n}{s_{n+1}} = \frac{(2n-1)}{(2n+1)}$$

7 *(b)* यदि खिड़की के सबसे ऊपरी बिन्दु का वेग u है तो,

$$h = ut + \frac{1}{2}gt^2$$

$$\Rightarrow \quad 1.5 = u \times 0.1 + \frac{1}{2} \times 10 \times (0.1)^2$$

$\Rightarrow \quad u = 14.5$ मी/से

8 *(c)* $h = \frac{v^2 - u^2}{2g} = \frac{(80)^2 - (20)^2}{2 \times 10}$

($\because$ दिया है, $g = 10$ मी/से^{2})

= 300 मी

9 *(d)* यदि h वह ऊँचाई है जिस पर से सिक्का गिराया जाता है, तो गति के समीकरण के अनुसार, $h = ut + \frac{1}{2}gt^2$

$$\Rightarrow \quad t = \sqrt{\frac{2h}{g}} \qquad [\because u = 0]$$

$$\Rightarrow \quad t \propto \frac{1}{\sqrt{g}}$$

चूँकि, लिफ्ट एकसमान गति से चल रही है।

$\therefore$ लिफ्ट के सापेक्ष त्वरण (जब वह ऊपर या नीचे की ओर जा रही हो),

$$g' = g \pm a = g \pm 0 = g$$

अतः सिक्के द्वारा फर्श तक पहुँचने में लिया गया समय नियत होगा।

अर्थात् $\quad t_1 = t_2$

10 *(c)* चलने की गति = $\frac{h}{t_1} = v_1$

ऐस्केलेटर की गति = $\frac{h}{t_2} = v_2$

ऐस्केलेटर पर चलने में लिया गया समय,

$$t = \frac{h}{v_1 + v_2} \Rightarrow t = \frac{t_1 t_2}{t_1 + t_2}$$

11 *(b)* $v = At + Bt^2$

$$\Rightarrow \frac{dx}{dt} = At + Bt^2 \qquad \left[\because v = \frac{dx}{dt}\right]$$

$$\int_{x_1}^{x_2} dx = \int_1^2 (At + Bt^2)\, dt$$

$$\Rightarrow \Delta x = x_2 - x_1$$

$$= A\left[\frac{t^2}{2}\right]_1^2 + B\left[\frac{t^3}{3}\right]_1^2$$

$$= \frac{3A}{2} + \frac{7B}{3}$$

12 *(8)* कण का वेग दिया गया है,

$$v = 4\sqrt{x} \text{ मी/से}$$

$$\Rightarrow v = \frac{dx}{dt} = 4\sqrt{x}$$

$$\Rightarrow \frac{dx}{\sqrt{x}} = 4dt$$

समाकलन करने पर,

$$\int_0^x \frac{dx}{\sqrt{x}} = 4\int_0^t dt$$

$$2\sqrt{x} = 4t \Rightarrow 4x = 16t^2$$

इसलिए कण की स्थिति, $x = 4t^2$

$$\Rightarrow \text{वेग}, \quad v = \frac{dx}{dt} = 4 \times 2t$$

$$\text{त्वरण}, \quad a = \frac{dv}{dt} = 8 \text{ मी/से}^2$$

13 *(b)* $v_A = 108$ किमी/घण्टा $= 30$ मी/से

$v_B = 72$ किमी/घण्टा $= 20$ मी/से

ट्रेन B द्वारा टनल को पार करने में लिया गया समय – ट्रेन A द्वारा टनल को पार करने में लिया गया समय = 35 सेकण्ड

$$\Rightarrow \frac{L + 4l}{20} - \frac{L + l}{30} = 35$$

$$\Rightarrow \frac{60l + 4l}{20} - \frac{60l + l}{30} = 35 \qquad (\because L = 60l)$$

$$\Rightarrow l = 30 \text{ मी}$$

$\therefore$ टनल की लम्बाई

$$L = 60l = 60 \times 30 = 1800 \text{ मी}$$

14 *(d)* प्रथम आधे भाग में तय की गई दूरी

$$h_1 = \frac{1}{2}gt_1^2 \Rightarrow \frac{h}{2} = \frac{1}{2}gt_1^2$$

$$\Rightarrow h = gt_1^2 \qquad \text{...(i)}$$

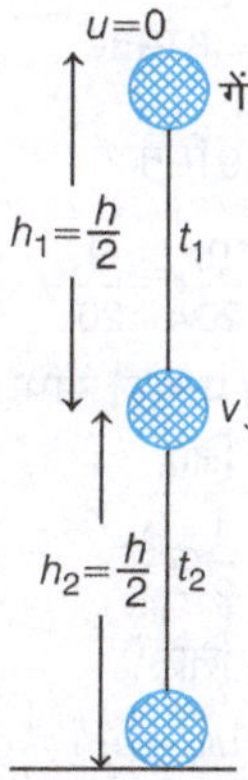

यदि h_1 दूरी तय करने के पश्चात् वेग v है तो,

$$v = gt_1 \qquad \text{...(ii)}$$

द्वितीय आधे भाग में गेंद द्वारा तय की गई दूरी,

$$h_2 = vt_2 + \frac{1}{2}gt_2^2$$

$$\Rightarrow \frac{h}{2} = gt_1t_2 + \frac{1}{2}gt_2^2 \qquad \text{[समी (ii) से]}$$

$$\Rightarrow \frac{gt_1^2}{2} = gt_1t_2 + \frac{1}{2}gt_2^2 \qquad \text{[समी (i) से]}$$

$$\Rightarrow t_1^2 = 2t_1t_2 + t_2^2$$

$$\Rightarrow t_2^2 + 2t_1t_2 - t_1^2 = 0$$

$$\Rightarrow t_2 = \frac{-2t_1 \pm \sqrt{4t_1^2 + 4t_1^2}}{2}$$

$$\Rightarrow t_2 = -t_1 \pm t_1\sqrt{2}$$

धनात्मक चिन्ह लेने पर,

$$t_2 = -t_1 + t_1\sqrt{2} = t_1(-1 + \sqrt{2})$$

$$\Rightarrow t_2 = t_1(\sqrt{2} - 1)$$

15 *(b)* प्रश्नानुसार,

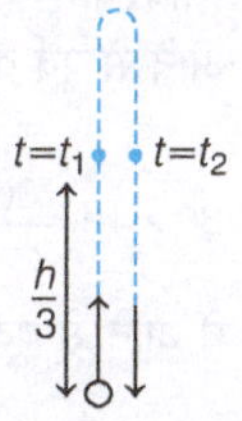

माना ऊपर जाते समय तथा नीचे आते समय के दो समय क्रमशः t_1 तथा t_2 हैं। जब पिण्ड धरातल से $h/3$ ऊँचाई पर है।

अधिकतम् ऊँचाई,

$$H_{\text{अधिकतम}} = h = \frac{u^2}{2g}$$

गति के समीकरण से, $v^2 = u^2 - 2gh$ $\qquad [\because v = 0]$

$$\Rightarrow u = \sqrt{2gh}$$

$$\therefore \frac{h}{3} = \sqrt{2gh}\,t - \frac{1}{2}gt^2$$

$$\Rightarrow 3gt^2 - 6\sqrt{2gh}\,t + 2h = 0$$

द्विघात समीकरण द्वारा,

$$t_1 = \frac{6\sqrt{2gh} - \sqrt{72gh - 24gh}}{6g}$$

$$= \frac{\sqrt{2gh}(6 + \sqrt{24})}{6g} \qquad \text{...(i)}$$

इसी प्रकार,

$$t_2 = \frac{\sqrt{2gh}(6 + \sqrt{24})}{6g} \qquad \text{...(ii)}$$

समी (i) तथा (ii) से,

$$\frac{t_1}{t_2} = \frac{6 - \sqrt{24}}{6 + \sqrt{24}} \Rightarrow \frac{t_1}{t_2} = \frac{\sqrt{3} - \sqrt{2}}{\sqrt{3} + \sqrt{2}}$$

स्किल बूस्टर्स

1 *(c)* शराबी द्वारा पहले 12 कदमों में विस्थापन

$$= 7 - 5 = 2 \text{ मी}$$

प्रथम 12 कदमों में लिया गया समय = 12 से

यात्रा के प्रथम 6 मी तय करने में शराबी द्वारा लिया गया समय,

$$t_1 = \frac{12}{2} \times 6 = 36 \text{ से}$$

अन्तिम 7 कदमों में शराबी द्वारा लिया गया समय = 7 से

$\therefore$ कुल लिया गया समय

$$= 36 + 7 = 43 \text{ से}$$

अतः शराबी 43 सेकण्ड में गढ्ढे में गिर जाएगा।

2 *(d)* 15 सेकण्ड में बाइक द्वारा चली गई दूरी

$$= \frac{1}{2} \times AC \times OC$$

$$= \frac{1}{2} \times 45 \times 15$$

$$= \frac{675}{2} \text{ मी}$$

15 सेकण्ड में ट्रक द्वारा चली गई दूरी

$$= v \times t = 30 \times 15$$

$$= 450 \text{ मी}$$

$$\text{दूरी में अन्तर आवश्यक} = 450 - \frac{675}{2}$$

$$= \frac{225}{2} = 112.5 \text{ मी}$$

यदि बाइक, ट्रक को t समय में पकड़ती है तो, दोनों के द्वारा चली गई दूरी बराबर होगी।

$$\frac{675}{2} + 45(t - 15) = 30t$$

$$\Rightarrow \quad t = 22.5 \text{ से}$$

3 *(c)* कार A द्वारा एकसमान वेग प्राप्त करने में लिया गया समय, $t_1 = 95$ से

कार B द्वारा एक समान वेग प्राप्त करने में लिया गया समय, $t = 96$ से

A कार द्वारा चली गई अतिरिक्त दूरी

$$= (100 - 95)50 = 250 \text{ मी}$$

कार B द्वारा चली गई अतिरिक्त दूरी

$$= (100 - 96)\, 50 + 20 \times 1 = 220 \text{ मी}$$

$$\therefore \quad \Delta s = 250 - 220 = 30 \text{ मी}$$

4 *(d)* प्रथम कण का वेग, $v_1 = \frac{1500}{12}$ मी/से

द्वितीय कण का वेग, $v_2 = \frac{2100}{12}$ मी/से

माना n_1 और n_2 यात्राएँ पूरी करने के पश्चात् बिन्दु B पर मिलेंगे।

$$\therefore \quad \frac{3600 n_1}{v_1} = \frac{3600 n_2}{v_2} = t$$

या $$\frac{n_1}{n_2} = \frac{v_1}{v_2} = \frac{\frac{1500}{12}}{\frac{2100}{12}}$$

$$= \frac{1500}{2100} = \frac{5}{7}$$

$$\therefore \quad t_{\text{न्यूनतम}} = \frac{3600 \times 5}{v_1} = \frac{3600 \times 5}{1500} \times 12$$

$$= 144 \text{ सेकण्ड} = (12)^x$$

$$\therefore \quad x = 2$$

5 *(b)* माना घर और मोड़ बिन्दु C के बीच की दूरी l है। कोचिंग तथा घर के बीच की दूरी, $L = 20v$

प्रश्नानुसार,

$$\frac{l}{v} + \frac{l}{v} + \frac{l}{v} + \frac{L-l}{v}$$

$$= 20 + 8 + 10$$

$$\Rightarrow \frac{2l}{v} + \frac{L}{v} = 38 \text{ मिनट}$$

$$\Rightarrow \frac{2l}{v} + \frac{20v}{v} = 38 \text{ मिनट}$$

$$\Rightarrow \quad \frac{2l}{v} = 18 \text{ मिनट}$$

$$\Rightarrow \quad \frac{l}{v} = 9 \text{ मिनट}$$

$$\frac{l}{L} = \frac{9v}{20v} = \frac{9}{20}$$

6 *(a)* माना, दोनों पत्थर t समय पर मिलते हैं।

पहले पत्थर के लिए,

$$s_1 = \frac{1}{2} g t^2 \qquad (\because u = 0) \ldots \text{(i)}$$

दूसरे पत्थर के लिए,

$$s_2 = u(t - n) + \frac{1}{2} g (t - n)^2 \quad \ldots \text{(ii)}$$

चूँकि, विस्थापन समान है।

$$\therefore \quad \frac{1}{2} g t^2 = u(t - n) + \frac{1}{2} g (t - n)^2$$

[समी (i) तथा (ii) से]

$$\Rightarrow \frac{1}{2} g t^2 = ut - un + \frac{1}{2} g t^2 - gtn + \frac{1}{2} g n^2$$

$$\Rightarrow ut - gtn = un - \frac{1}{2} g n^2$$

$$\Rightarrow \quad t = \frac{un - \frac{1}{2} g n^2}{u - gn} = \frac{n\left(u - \frac{gn}{2}\right)}{u - gn}$$

उपरोक्त मान को समी (i) में रखने पर,

$$s_1 = \frac{1}{2} g \left[\frac{n\left(u - \frac{gn}{2}\right)}{u - gn}\right]^2$$

7 *(b)* यदि संघट्ट नहीं होता है, तो वेग समान होंगे।

$$\therefore v_f = 30 - \frac{30}{7} t = 30 - 3(t - 1) \Rightarrow t = -\frac{21}{9}$$

t का ऋणात्मक मान यह दर्शाता है कि संघट्ट से पूर्व दोनों विरामावस्था में आ जाते हैं।

विरामावस्था में आने से पूर्व बस B द्वारा चली गई दूरी,

$$s_1 = 30 \times 1 + \frac{30^2}{2 \times 3} = 180 \text{ मी}$$

विराम अवस्था में आने से पूर्व बस A द्वारा चली गई दूरी,

$$s_2 = \frac{30^2}{2 \times \frac{30}{7}} = \frac{30 \times 7}{2} = 105 \text{ मी}$$

$$\therefore \quad x_1 = s_1 - s_2 = 180 - 105 = 75 \text{ मी}$$

$$x_2, v_f = 30 - \frac{30}{7}(t - 1) = 30 - 3t$$

$$\frac{30}{7} t - \frac{30}{7} = 3t,$$

$$\frac{9}{7} t = \frac{30}{7}$$

$$\therefore \quad t = \frac{10}{3} \text{ से}$$

t का धनात्मक मान यह दर्शाता है कि टक्कर से पहले बसों का वेग शून्य नहीं बल्कि समान है।

अतः संघट्ट से पूर्ण A द्वारा चली गई दूरी,

$$s_1 = 30 \times 1 + 30 \times \left(\frac{10}{3} - 1\right) - \frac{1}{2} \times \frac{30}{7}\left(\frac{10}{3} - 1\right)^2$$

$$s_1 = \frac{265}{3} \text{ मी}$$

$$s_2 = 30 \times \frac{10}{3} - \frac{1}{2} \times 3 \times \left(\frac{10}{3}\right)^2$$

$$= 100 - \frac{50}{3} = \frac{250}{3}$$

$$x_2 = s_1 - s_2 = \frac{265}{3} - \frac{250}{3} = 5 \text{ मी}$$

$$\because \quad \frac{x_1}{x_2} = \frac{75}{5} = 15$$

8 *(c)* ABC यात्री रेलगाड़ी के लिए वेग-समय वक्र है और ODE स्थानीय रेलगाड़ी के लिए वेग-समय ग्राफ है।

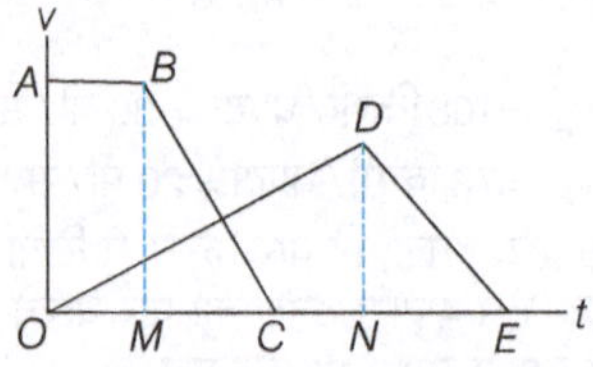

$OMBA$ का क्षेत्रफल = 8 किमी

MCB का क्षेत्रफल = 2 किमी

$$\therefore OMBA \text{ का क्षेत्रफल} = \left(\frac{100}{9} \times \frac{18}{5}\right) \times OM$$

$$= 8 \text{ किमी}$$

$$\therefore \quad OM = \frac{1}{5} \text{ घण्टा}$$

$$MCB \text{ का क्षेत्रफल} = \frac{1}{2} MC \times MB = 2 \text{ किमी}$$

$$\frac{1}{2}MC \times \left(\frac{100}{9} \times \frac{18}{5}\right) = 2 \text{ किमी}$$

$$\therefore \quad MC = \frac{1}{10} \text{ घण्टा}$$

$$\therefore \quad OC = OM + MC$$

$$= \frac{1}{5} + \frac{1}{10} = \frac{3}{10}$$

$$\therefore \quad OE = 2 \times \frac{3}{10} = \frac{3}{5}$$

$$ODE \text{ का क्षेत्रफल} = \frac{1}{2} \times DN \times OE$$

$$10 \text{ किमी} = \frac{1}{2} v_0 \times \frac{3}{5}$$

$$\therefore \quad v_0 = \frac{100}{3} \text{ किमी/घण्टा}$$

$$\therefore \quad = 33.3 \text{ किमी/घण्टा}$$

9 *(d)* धरातल सापेक्ष बेल्ट की गति,

$$\therefore \quad v_{BG} = 4 \text{ किमी/घण्टा}$$

बच्चे के सापेक्ष बेल्ट की गति,

$$\therefore \quad v_{CB} = 9 \text{ किमी/घण्टा}$$

एक स्थिर प्लेटफॉर्म पर एक पर्यवेक्षक के लिए, बेल्ट की गति की दिशा में चलने वाले बच्चे की गति,

$$v_{CG} = v_{CB} + v_{BG}$$

$$= 9 \text{ किमी/घण्टा} + 4 \text{ किमी/घण्टा}$$

$$= 13 \text{ किमी/घण्टा}$$

10 *(c)* प्रश्नानुसार,

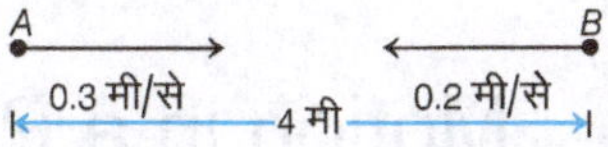

रॉकेट के सापेक्ष गेंद A की गति के लिए बाईं दीवार से गेंद A की अधिकतम दूरी

$$s = \frac{u^2}{2a} = \frac{0.3 \times 0.3}{2 \times 2}$$

$$= \frac{0.09}{4} \approx 0.02 \text{ मी } (\because 0 = u^2 - 2as)$$

अतः दो गेंदों की टक्कर बाईं दीवार के बहुत निकट होगी।

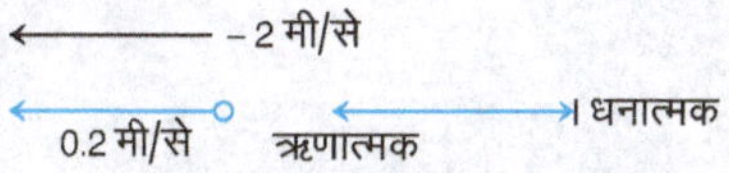

रॉकेट के सापेक्ष गेंद B की गति,

गेंद B के लिए,

$$s = ut + \frac{1}{2}at^2$$

$$\Rightarrow \quad -4 = 0.2t - \left(\frac{1}{2}\right)2t^2$$

$$\Rightarrow t^2 - 0.2t - 4 = 0$$

$$t = \frac{0.2 \pm \sqrt{0.04 + 16}}{2}$$

$$\Rightarrow \quad t \approx 2 \text{ से}$$

03

भौतिकी की Concept Master *Videos* के लिए *Scan* करें

समतल में गति

Motion in a Plane

5 वर्षों में NEET में पूछे गये शीर्षकवार प्रश्न

शीर्षक	वर्षवार प्रश्नों की संख्या				
	2024	2023	2022	2021	2020
अदिश एवं सदिश	–	–	–	–	–
सदिशों की वास्तविक संख्या से गुणा	–	–	–	–	–
सदिशों का संकलन व व्यवकलन: ग्राफीय विधि	–	–	–	–	–
सदिशों का वियोजन	–	–	–	–	–
सदिशों का योग: विश्लेषणात्मक-विधि	–	–	–	–	–
किसी समतल में गति	–	–	–	–	–
दो विमाओं में आपेक्षिक गति	–	–	–	–	–
प्रक्षेप्य गति	–	1	–	1	–
एकसमान वृत्तीय गति	1	1	–	1	–

NEET में विगत 5 वर्षों में पूछे गये विशेष प्रकार के प्रश्न

प्रकार	वर्ष				
	2024	2023	2022	2021	2020
अभिकथन-कारण	—	—	—	–	—
कथन आधारित	—	—	—	–	–
सुमेलन	—	—	—	—	—

NEET के विगत 5 वर्षों का भारांकन

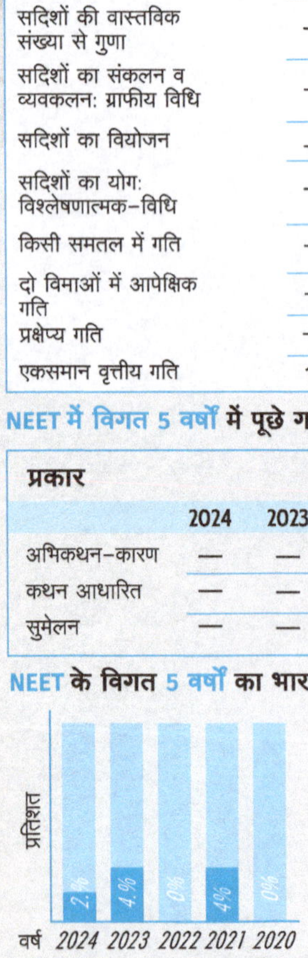

द्विविमीय गति में, स्थिति, विस्थापन, वेग और त्वरण की अवधारणा या समतल में गति (प्रक्षेप्य गति, एकसमान गति) का वर्णन सदिशों द्वारा किया जाता है।

अदिश एवं सदिश (Scalars and Vectors)

- एक **अदिश** राशि वह राशि है, जिसमें मात्र परिमाण होता है। इसे केवल एक संख्या एवं उचित मात्रक द्वारा पूर्ण रूप से व्यक्त किया जा सकता है। उदाहरण–दूरी, किसी वस्तु का द्रव्यमान आदि।
  - अदिशों को जोड़ने में वही नियम लागू होता है, जो समान्तर बीजगणित के नियम होते हैं।
  - अदिशों को सामान्य संख्याओं की भाँति ही जोड़ा, घटाया, गुणा और भाग किया जा सकता है। लेकिन केवल समान मात्रक वाली अदिश राशियों को जोड़ा या घटाया जा सकता है।
  - जबकि भिन्न-मात्रकों वाली अदिश राशियों का गुणा व भाग किया जा सकता है।
- एक **सदिश** राशि वह राशि है जिसमें परिमाण तथा दिशा दोनों होते हैं। उदाहरण–विस्थापन, वेग, त्वरण आदि।
  - एक सदिश को मोटे अक्षर द्वारा या अक्षर के ऊपर तीर लगाकर व्यक्त करते हैं। उदाहरण- **A, a, p, q, r** या $\vec{A}, \vec{a}, \vec{p}, \vec{q}, \vec{r}$ आदि।
    इन संबन्धित सदिशों के परिमाणों को पतले या हल्के अक्षर या सदिशों के मापांक द्वारा व्यक्त करते हैं। उदाहरण–A, a, p, q, r या |**A**|, |**a**|, |**p**|, |**q**|, |**r**| आदि।
  - सदिश राशि **त्रिभुज के नियम** अथवा **समान्तर चतुर्भुज** के सदिश योग सम्बन्धी नियमों का पालन करती है।

स्थिति एवं विस्थापन सदिश (Position and Displacement Vector)

- किसी निर्देशांक तन्त्र के मूल बिन्दु के सापेक्ष किसी वस्तु की स्थिति को व्यक्त करने वाला सदिश स्थिति सदिश (Position vector) कहलाता है। इसे **r** से प्रदर्शित करते हैं।
- यदि समय t तथा t' पर वस्तु की स्थितियाँ क्रमशः P तथा P' हों तब **OP** तथा **OP′** समय t व t' पर **स्थिति सदिश** होगी।

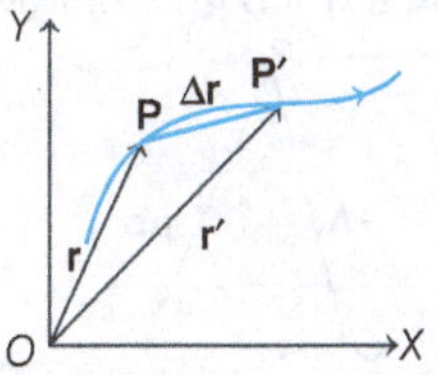

- किसी विशेष दिशा में वस्तु की स्थिति में परिवर्तन को व्यक्त करने वाला सदिश **विस्थापन सदिश** कहलाता है। इसे Δ**r** से प्रदर्शित करते हैं।
- यदि वस्तु *P* से चलकर *P′* पर पहुँच जाती है, तो सदिश **PP′** बिन्दु *P* से *P′* तक गति के संभव विस्थापन सदिश कहलाता है।
- किन्हीं दो बिन्दुओं के मध्य विस्थापन सदिश का परिमाण या तो गतिमान वस्तु के पथ की लम्बाई से कम होता है या उसके बराबर होता है।

  गति के विभिन्न नियमों के लिए विस्थापन सदिश **PQ** को नीचे चित्र में दर्शाया गया है।

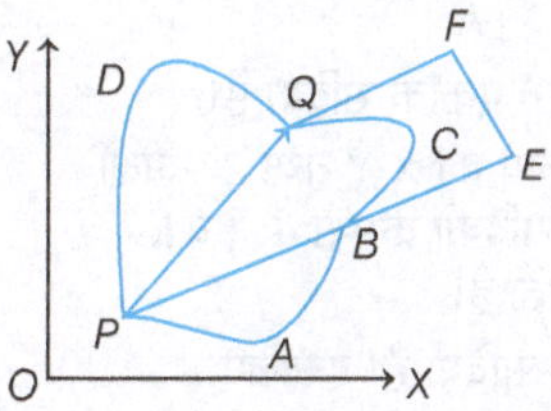

उपरोक्त चित्र में विस्थापन सदिश **PQ** विभिन्न पथों *PABCQ*, *PDQ* तथा *PBEFQ* के लिये समान होगा। इसलिए विस्थापन का परिमाण दोनों के बीच के पथ की लम्बाई से कम या इसके बराबर होगा।

सदिशों की समानता (Equality of Vectors)

- दो सदिशों **A** तथा **B** को केवल तभी बराबर कहा जा सकता है जब उनके परिमाण बराबर हों तथा दिशा समान हो।

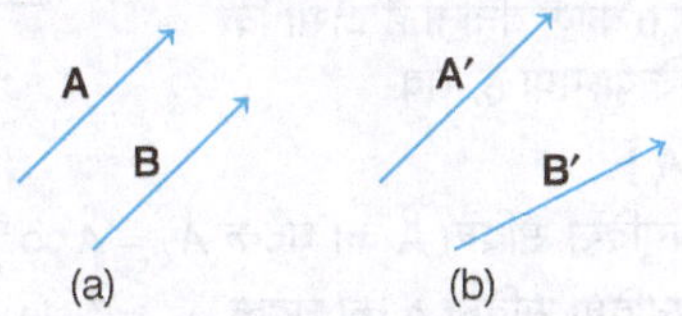

- चित्र (a) में, दो सदिशों **A** तथा **B** बराबर हैं। इनकी लम्बाई तथा दिशा एक समान है।
- चित्र (b) में, **A′** तथा **B′** के परिमाण समान हैं फिर भी दोनों सदिश समान नहीं हैं।

सदिशों की वास्तविक संख्या से गुणा

(Multiplication of Vectors by Real Numbers)

- यदि एक सदिश **A** को किसी धनात्मक संख्या λ से गुणा करें, तो एक ऐसा सदिश प्राप्त होता है जिसका परिमाण सदिश **A** के परिमाण का λ गुना होता है। लेकिन इसकी दिशा *A* की दिशा के समान होती है। जैसा कि चित्र (a) में प्रदर्शित किया गया है।

  अर्थात् $|\lambda \mathbf{A}| = \lambda |\mathbf{A}|$ यदि $\lambda > 0$

- यदि सदिश **A** को एक ऋणात्मक संख्या $-\lambda$ से गुणा करें, तो एक अन्य सदिश प्राप्त होता है। जिसकी दिशा **A** की दिशा के विपरीत है और जिसका परिमाण $|\mathbf{A}|$ का λ गुना होता है। जैसा कि चित्र (b) में प्रदर्शित किया गया है।

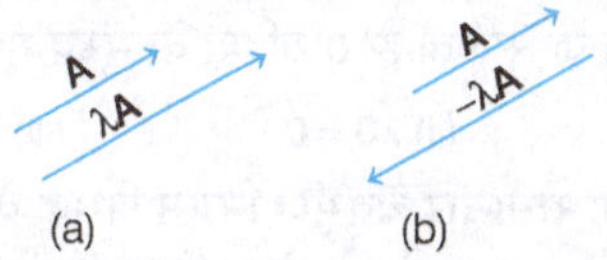

- यदि घटक λ जिसके द्वारा सदिश **A** को गुणा किया गया था, स्वयं की विमाएँ होती हैं, तो λ**A** की विमाएँ λ व **A** की विमाओं के गुणनफल के बराबर होंगी।

सदिशों का संकलन व व्यवकलन: ग्राफीय विधि

(Addition and Subtraction of Vectors-Graphical Method)

- **सदिशों को जोड़ने के लिए सामान्य नियम** (General rule for addition of vectors) इस नियम से ज्ञात होता है कि जोड़े जाने वाले सदिशों को इस प्रकार व्यवस्थित किया जाता है कि प्रथम सदिश का शीर्ष, दूसरे सदिश की पुच्छ के साथ संपाती हो, जिसका शीर्ष, तीसरे सदिश की पुच्छ के साथ संपाती हो इसी प्रकार आगे भी किया जाये। फिर प्रथम सदिश की पुच्छ से अंतिम सदिश के शीर्ष तक खींचा गया एकल सदिश उनके परिणामी सदिश को प्रदर्शित करता है।
- दो सदिशों **A** तथा **B** का योग प्राप्त करने के लिए सदिश **B** को इस प्रकार रखते हैं कि उसकी पुच्छ सदिश **A** के शीर्ष पर हो। फिर **A** की पुच्छ को **B** के सिरे से जोड़ देते हैं।
- यह रेखा *OQ* परिणामी सदिश **R** को व्यक्त करती है जो सदिशों **A** तथा **B** का योग है। सदिश **A** तथा **B** का परिणामी **R** चित्र में प्रदर्शित किया गया है। क्योंकि सदिशों को जोड़ने की इस विधि में सदिशों में से किसी एक के शीर्ष को दूसरे की पुच्छ से जोड़ते हैं। इसलिए इस ग्राफी विधि को शीर्ष व **पुच्छ विधि** के नाम से जाना जाता है। इस विधि को **सदिश योग के त्रिभुज नियम** भी कहते हैं।

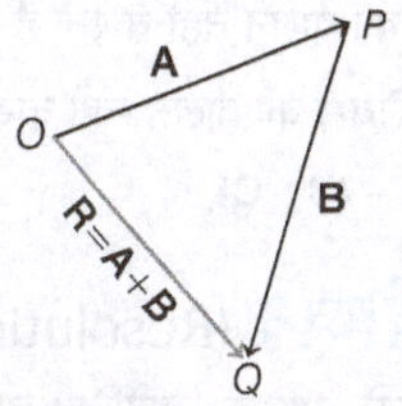

- सदिश योग से सम्बन्धित महत्वपूर्ण गुणधर्म निम्नलिखित हैं
  - (i) सदिशों का योग क्रम विनिमेय नियम का पालन करता है

    अर्थात् $\mathbf{A} + \mathbf{B} = \mathbf{B} + \mathbf{A}$
  - (ii) सदिशों का योग साहचर्य नियम का पालन करता है

    अर्थात् $(\mathbf{A} + \mathbf{B}) + \mathbf{C} = \mathbf{A} + (\mathbf{B} + \mathbf{C})$

- जब दो समान और विपरीत सदिश (**A** तथा –**A**) जोड़े जाते हैं तब इनका परिणामी सदिश का परिमाण शून्य होता है, जबकि इनके परिमाण समान तथा दिशाएँ विपरीत होती हैं इसे **0** से व्यक्त करते हैं तथा इसे **शून्य सदिश** कहते हैं। अर्थात् **A** – **A** = **0** तथा |**0**| = 0
- क्योंकि शून्य सदिश का परिमाण शून्य होता है। इसलिए इसकी दिशा का निर्धारण नहीं किया जा सकता है। **0** सदिश के मुख्य गुण हैं

  (i) **A** + **0** = **A** (ii) λ**0** = **0** (iii) 0**A** = **0**
- **सदिशों के योग का समान्तर चतुर्भुज नियम** त्रिभुज के नियम के समान है। इसमें दो सदिशो **A** व **B** को जोड़ने के लिए उनकी पुच्छ को एक उभयनिष्ठ मूलबिन्दु *O* पर लाते हैं। तथा इन्हें समान्तर चतुर्भुज की दो संलग्न भुजाओं द्वारा प्रदर्शित करते हैं। (**A** + **B**) का योग समान्तर चतुर्भुज के बिन्दु *O* से निकलने वाले विकर्ण *OS* द्वारा प्रदर्शित किया जाता है। जैसा कि चित्र में प्रदर्शित किया गया है।

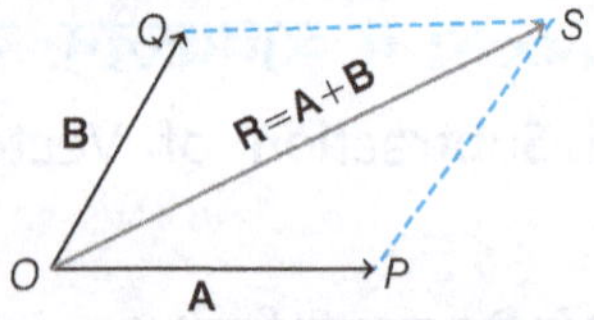

- **सदिशों का व्यवकलन** (Subtraction of Vectors) सदिशों के योग के रूप में भी परिभाषित किया जा सकता है। दो सदिशों **A** व **B** के अन्तर को हम दो सदिशों **A** व – **B** के योग के रूप में व्यक्त करते हैं। जैसा कि नीचे चित्र में प्रदर्शित किया गया है अर्थात् **A** – **B** = **A** + (– **B**)
- सदिशों **A** व **B** का अन्तर प्राप्त करने के लिये सदिश –**B** को सदिश **A** से जोड़ते हैं। तुलना करने के लिए सदिश **A** व **B** का योग भी नीचे चित्र में प्रदर्शित किया गया है।

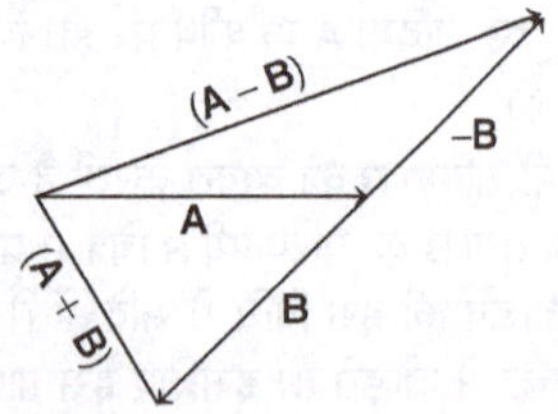

- **सदिशों के व्यवकलन से सम्बन्धित गुणधर्म** निम्नलिखित हैं

  (i) यह **क्रम-विनिमेय** का पालन नहीं करता है, **A** – **B** ≠ **B** – **A**

  (ii) यह **योग साहचर्य नियम** का पालन नहीं करता है,

  (**A** – **B**) – **C** ≠ **A** – (**B** – **C**)

सदिशों का वियोजन (Resolution of Vectors)

- सदिशों के दो या उससे अधिक नियोजित होने की प्रक्रिया **सदिशों का नियोजन** कहलाती है। नियोजित सदिश, **सदिश का एक घटक** कहलाता है।
- एक-दूसरे के लम्बवत् दो या तीन अक्षों के अनुदिश, सदिशों के घटक **आयताकार घटक** कहलाते हैं।
- सदिश **A** दो समतलीय सदिश **a** तथा **b** में नियोजित किया जा सकता है। जैसाकि चित्र में **A** = λ**a** + μ**b** प्रदर्शित किया गया है जहाँ λ तथा μ वास्तविक संख्याएँ हैं।

यहाँ सभी तीनों सदिश **A**, **a** तथा **b** एकसमान तल में स्थित हैं।

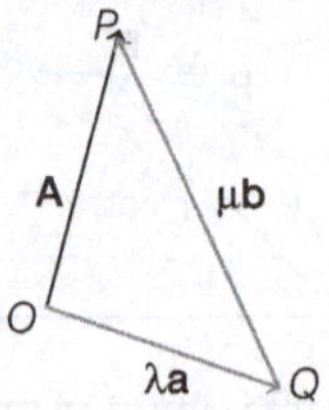

- **एकांक सदिश** (Unit Vector) वह सदिश होता है जिसका परिमाण एक हो तथा जो किसी विशेष दिशा के अनुदिश हो। न तो इसकी कोई विमा होती है और न ही इसका कोई मात्रक होता है। इसका उपयोग मात्र दिशा व्यक्त करने के लिए होता है।
- एकांक सदिश को एक कैप (^) के साथ मोटे टाइप के अक्षर द्वारा प्रदर्शित किया जाता है।

  एक एकांक सदिश से सदिश **A** का सम्बन्ध निम्न प्रकार होता है

$$\hat{\mathbf{n}} = \frac{\mathbf{A}}{|\mathbf{A}|}$$

जहाँ, **A** के अनुदिश $\hat{\mathbf{n}}$ एकांक सदिश है।

- एक आयताकार निकाय की *X*, *Y* तथा *Z* -अक्षों के अनुदिश एकांक सदिशों क्रमशः $\hat{\mathbf{i}}$, $\hat{\mathbf{j}}$ व $\hat{\mathbf{k}}$ द्वारा व्यक्त किया जाता है।

  चूँकि ये सभी एकांक सदिश हैं। इसलिए

  $|\hat{\mathbf{i}}| = |\hat{\mathbf{j}}| = |\hat{\mathbf{k}}| = 1$

  ये एकांक सदिश एक-दूसरे के लम्बवत् होते हैं।

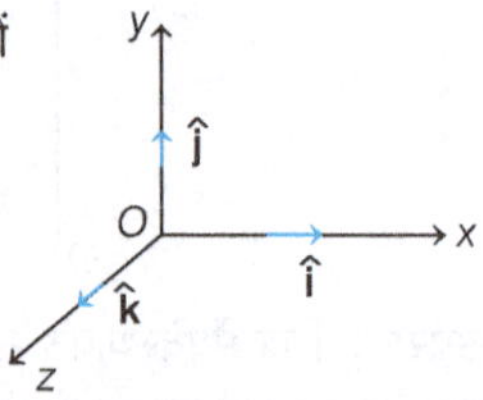

- यदि किसी एकांक सदिश $\hat{\mathbf{n}}$ को एक अदिश λ से गुणा करें तो परिणामी एक सदिश $\lambda = \lambda\hat{\mathbf{n}}$ होगा। सामान्यतया किसी सदिश **A** को निम्न प्रकार से व्यक्त कर सकते हैं **A** = | **A** | $\hat{\mathbf{n}}$
- यदि एक सदिश **A**, *XY*-तल में इस प्रकार स्थित है। यह *X*-अक्ष से θ कोण बनाता है जैसा कि चित्र में प्रदर्शित किया गया है, तब

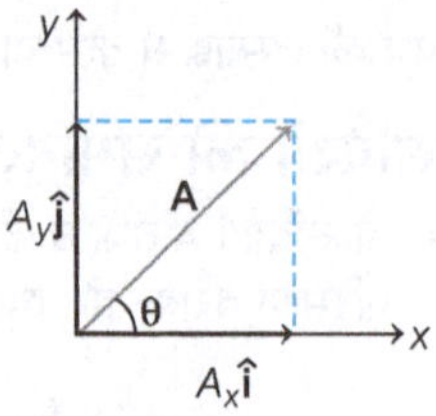

  (i) $\mathbf{A} = A_x\hat{\mathbf{i}} + A_y\hat{\mathbf{j}}$

  (ii) *X*-अक्ष के अनुदिश सदिश **A** का घटक $A_x = A\cos\theta$ होता है।

  (iii) *Y*-अक्ष के अनुदिश सदिश **A** का घटक $A_y = A\sin\theta$ होता है।

  (iv) $A = \sqrt{A_x^2 + A_y^2}$ तथा $\tan\theta = \frac{A_y}{A_x}$
- **यदि सदिश A आकाशीय तल में** इस प्रकार स्थित है कि **A** तथा *X*, *Y* व *Z*-अक्षों के मध्य कोण क्रमशः α, β तथा γ हैं जैसा कि चित्र में प्रदर्शित किया गया है। तब

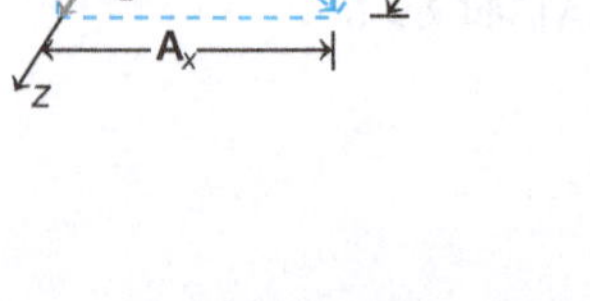

(i) $A_x = A\cos\alpha;\ A_y = A\cos\beta;\ A_z = A\cos\gamma$

(ii) $\mathbf{A} = A_x\hat{\mathbf{i}} + A_y\hat{\mathbf{j}} + A_z\hat{\mathbf{k}}$

(iii) $|\mathbf{A}| = A = \sqrt{A_x^2 + A_y^2 + A_z^2}$

- एक स्थिति सदिश **r** को निम्नलिखित प्रकार से व्यक्त किया जा सकता है

$$\mathbf{r} = x\hat{\mathbf{i}} + y\hat{\mathbf{j}} + z\hat{\mathbf{k}}$$

सदिशों का योग : विश्लेषणात्मक-विधि
(Vector Addition-Analytical Method)

- सदिश विश्लेषणात्मक विधि (अर्थात् निर्देशांक अक्षों के अनुदिश सम्बन्धित सदिशों के घटकों को जोड़कर सदिशों को जोड़ना) द्वारा जोड़े जा सकते हैं।

यदि दो सदिश $\mathbf{A} = A_x\hat{\mathbf{i}} + A_y\hat{\mathbf{j}} + A_z\hat{\mathbf{k}}$ तथा $\mathbf{B} = B_x\hat{\mathbf{i}} + B_y\hat{\mathbf{j}} + B_z\hat{\mathbf{k}}$

तब परिणामी, $\mathbf{R} = \mathbf{A} + \mathbf{B} = R_x\hat{\mathbf{i}} + R_y\hat{\mathbf{j}} + R_z\hat{\mathbf{k}}$

जहाँ, $R_x = A_x + B_x, R_y = A_y + B_y$ तथा $R_z = A_z + B_z$

यह विधि सदिशों को घटाने के लिए भी उपयोग की जा सकती है।

यदि $\mathbf{A} = A_x\hat{\mathbf{i}} + A_y\hat{\mathbf{j}} + A_z\hat{\mathbf{k}}$

$\mathbf{B} = B_x\hat{\mathbf{i}} + B_y\hat{\mathbf{j}} + B_z\hat{\mathbf{k}},$

तब $\mathbf{R} = \mathbf{A} - \mathbf{B} = (R_x)\hat{\mathbf{i}} + (R_y)\hat{\mathbf{j}} + (R_z)\hat{\mathbf{k}}$

जहाँ, $R_x = A_x - B_x, R_y = A_y - B_y$ तथा $R_z = A_z - B_z$

- यदि दो सदिश A व B एक-दूसरे से θ कोण पर स्थित हों जैसा कि चित्र में प्रदर्शित किया गया है

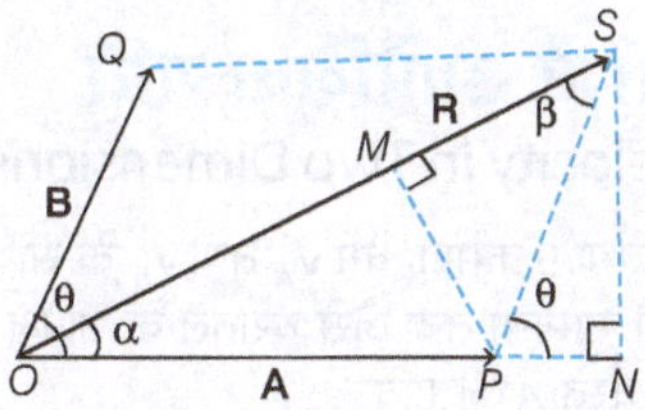

तब सदिश योग के समान्तर चतुर्भुज नियम द्वारा

(i) परिणामी सदिश, $\mathbf{R} = \mathbf{A} + \mathbf{B}$

(ii) $R = \sqrt{A^2 + B^2 + 2AB\cos\theta}$ कोज्या नियम कहलाता है।

(iii) $\dfrac{R}{\sin\theta} = \dfrac{A}{\sin\beta} = \dfrac{B}{\sin\alpha}$ ज्या नियम कहलाता है।

(iv) सदिश **A** से **R** का कोण, $\tan\alpha = \dfrac{B\sin\theta}{A + B\cos\theta}$

किसी समतल में गति (Motion in a Plane)

- किसी वस्तु की वह गति जो एक ही समय में मूल बिन्दु के सापेक्ष दो भिन्न-भिन्न दिशाओं (या निर्देशांक अक्षों) में होती है, **द्विविमीय गति** या **समतल में गति** कहलाती है।

- XY-निर्देश तन्त्र के मूल बिन्दु के सापेक्ष किसी तल (द्विविमीय तल) में स्थित बिन्दु P का **स्थिति सदिश** $\mathbf{r} = x\hat{\mathbf{i}} + y\hat{\mathbf{j}}$ द्वारा व्यक्त किया जाता है।

जहाँ x तथा y अक्ष-X तथा Y के अनुदिश **r** के घटक हैं।

- यदि समय t तथा t' पर किसी कण की स्थिति क्रमशः P तथा P' है। जैसा कि नीचे प्रदर्शित किया गया है।

तब इसका **विस्थापन सदिश** होगा

$$\Delta\mathbf{r} = \mathbf{r}' - \mathbf{r} = (x'\hat{\mathbf{i}} + y'\hat{\mathbf{j}}) - (x\hat{\mathbf{i}} + y\hat{\mathbf{j}}) = \hat{\mathbf{i}}\,\Delta x + \hat{\mathbf{j}}\,\Delta y$$

जहाँ, $\Delta x = x' - x, \Delta y = y' - y$

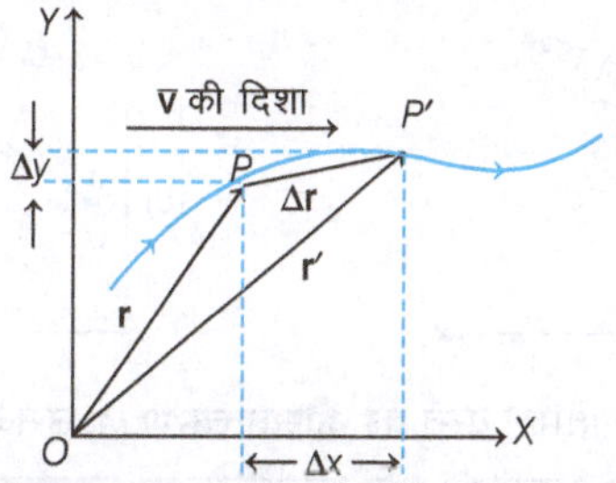

- किसी वस्तु का औसत वेग $\bar{\mathbf{v}}$ विस्थापन $\Delta\mathbf{r}$ तथा विस्थापन में लगे समय Δt के अनुपात के बराबर होता है।

$$\bar{\mathbf{v}} = \frac{\Delta\mathbf{r}}{\Delta t} = \hat{\mathbf{i}}\,\frac{\Delta x}{\Delta t} + \hat{\mathbf{j}}\,\frac{\Delta y}{\Delta t}$$

या $\quad \bar{\mathbf{v}} = \bar{v}_x\hat{\mathbf{i}} + \bar{v}_y\hat{\mathbf{j}}$

औसत वेग की दिशा विस्थापन $\Delta\mathbf{r}$ की दिशा के अनुदिश होती है।

- जैसे ही समय-अन्तराल शून्य होता है औसत वेग के सीमान्त मान द्वारा तात्क्षणिक वेग प्रदान किया जाता है। अर्थात्

$$\mathbf{v} = \lim_{\Delta t \to 0} \bar{\mathbf{v}} = \lim_{\Delta t \to 0} \frac{\Delta\mathbf{r}}{\Delta t} = \frac{d\mathbf{r}}{dt}$$

- किसी वस्तु के पथ पर किसी भी बिन्दु पर तात्क्षणिक **वेग की दिशा** उस बिन्दु पर पथ के स्पर्शरेखीय होती है तथा गति की दिशा में होती है।
- घटक के रूप में **v** को इस प्रकार व्यक्त किया जा सकता है।

$$\mathbf{v} = \frac{d\mathbf{r}}{dt} = \frac{dx}{dt}\,\hat{\mathbf{i}} + \frac{dy}{dt}\,\hat{\mathbf{j}} = v_x\hat{\mathbf{i}} + v_y\hat{\mathbf{j}}$$

$\Rightarrow \quad |\mathbf{v}| = \sqrt{v_x^2 + v_y^2}$

जहाँ, $\quad v_x = \dfrac{dx}{dt}, v_y = \dfrac{dy}{dt}$

तथा **v** की दिशा $\tan\theta = \dfrac{v_y}{v_x}$

या $\quad \theta = \tan^{-1}\left(\dfrac{v_y}{v_x}\right)$

- वेग **v** के घटक v_x, v_y तथा दिशा θ नीचे चित्र में प्रदर्शित किये गये हैं।

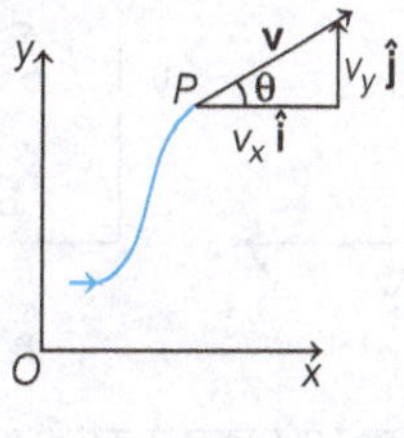

- जैसे ही समय अंतराल Δt शून्य की सीमा को स्पर्श कर लेता है, औसत वेग $\bar{\mathbf{v}}$ वस्तु के तात्क्षणिक वेग के बराबर हो जाता है। जैसा कि चित्र में प्रदर्शित किया गया है।

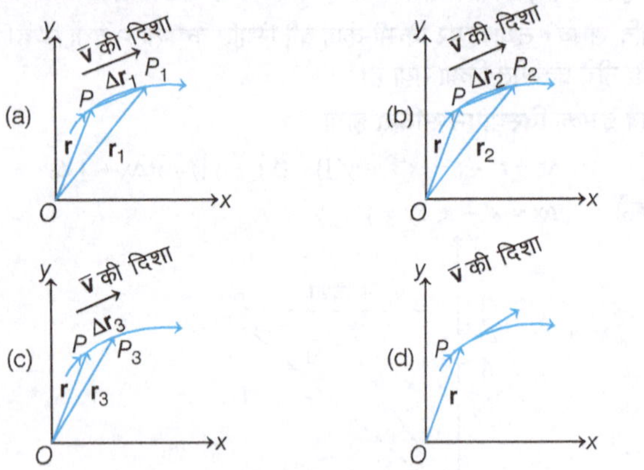

- XY-समतल में गतिमान वस्तु का **औसत त्वरण** (a) उसके वेग में परिवर्तन तथा संगत समय अंतराल Δt के अनुपात के बराबर होता है।

  अर्थात् $\bar{\mathbf{a}} = \dfrac{\Delta \mathbf{v}}{\Delta t} = \dfrac{\Delta v_x}{\Delta t}\hat{\mathbf{i}} + \dfrac{\Delta v_y}{\Delta t}\hat{\mathbf{j}} = a_x\hat{\mathbf{i}} + a_y\hat{\mathbf{j}}$

- **तात्क्षणिक त्वरण,** औसत त्वरण के सीमान्त मान के बराबर होता है। जब समय अंतराल शून्य हो जाता है।

  अर्थात् $\mathbf{a} = \lim\limits_{\Delta t \to 0} \dfrac{\Delta \mathbf{v}}{\Delta t} = \dfrac{d\mathbf{v}}{dt} = a_x\hat{\mathbf{i}} + a_y\hat{\mathbf{j}}$

  जहाँ, $a_x = \dfrac{dv_x}{dt}, a_y = \dfrac{dv_y}{dt}$

- तीन समय अन्तरालों $\Delta t_1, \Delta t_2$ तथा Δt_3 औसत त्वरण चित्र (a), (b) और (c) में प्रदर्शित किया गया है। तथा $\Delta t \to 0$ सीमा के अन्तर्गत औसत त्वरण तात्क्षणिक त्वरण के बराबर होता है। जैसा कि चित्र (d) में प्रदर्शित किया गया है।

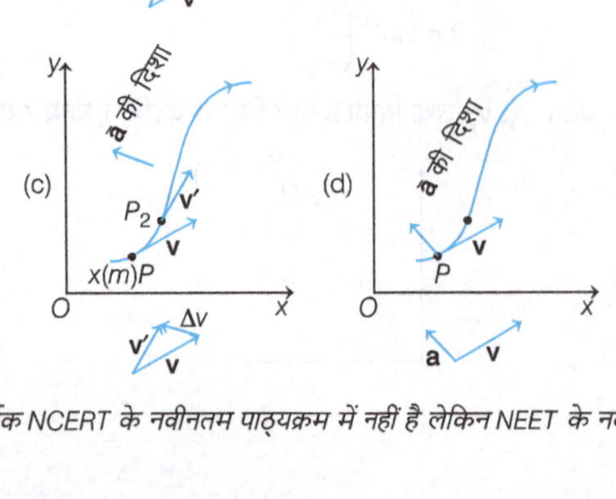

- एक-विमा में, वस्तु का वेग एवं त्वरण सदैव एक सरल रेखा में होते हैं (वे या तो एक ही दिशा में होते हैं अथवा विपरीत दिशा में), परन्तु दो या तीन विमाओं में गति के लिए वेग एवं त्वरण सदिशों के बीच 0° से 180° के बीच कोई भी कोण हो सकता है।

किसी समतल में एकसमान त्वरण से गति

(Motion in a Plane with Constant Acceleration)

- माना कोई वस्तु एक XY-समतल में एकसमान त्वरण $\mathbf{a}$ से गति कर रही है। माना समय $t = 0$ पर वस्तु की स्थिति और वेग $\mathbf{r}_0$ और $\mathbf{v}_0$ है तथा समय t पर वस्तु की स्थिति और वेग $\mathbf{r}$ तथा $\mathbf{v}$ हैं। तब

  (i) $\mathbf{v} = \mathbf{v}_0 + \mathbf{a}t$

  सदिशों के घटक के रूप में,

  $v_x = u_{0x} + a_x t, v_y = u_{0y} + a_y t$

  (ii) $\bar{\mathbf{v}} = \dfrac{\mathbf{v}_0 + \mathbf{v}}{2}$

  (iii) $\mathbf{r} = \mathbf{r}_0 + \mathbf{v}_0 t + \dfrac{1}{2}\mathbf{a}t^2$

  घटकों के रूप में, $x = x_0 + v_{0x}t + \dfrac{1}{2}a_x t^2$

  $$y = y_0 + v_{0y}t + \frac{1}{2}a_y t^2$$

- किसी समतल (द्विविमीय) में गति को दो अलग-अलग समकालिक एक-विमीय एकसमान त्वरित गतियों के रूप में भी समझा जा सकता है, जो परस्पर लम्बवत् दिशाओं के अनुदिश हों।

*दो विमाओं में आपेक्षिक गति

(Relative Velocity in Two Dimensions)

- यदि दो वस्तुएँ A तथा B क्रमशः वेग $\mathbf{v}_A$ तथा $\mathbf{v}_B$ के साथ गति कर रही हैं (प्रत्येक को किसी सामान्य तन्त्र जैसे धरातल के सापेक्ष मान लीजिए), तब वस्तु B के सापेक्ष वस्तु A की गति

  $$\mathbf{v}_{AB} = -\mathbf{v}_{BA}$$

- यदि $\mathbf{v}_A$ तथा $\mathbf{v}_B$ के बीच कोण θ है, तब

  $$\mathbf{v}_{AB} = \sqrt{v_A^2 + v_B^2 - 2v_A v_B \cos\theta}$$

- यदि आपेक्षिक वेग v_{AB}, v_B के साथ β कोण बनाता है, तब

  $$\beta = \tan^{-1}\left(\frac{v_B \sin\theta}{v_A - v_B\cos\theta}\right)$$

*वर्षा-व्यक्ति सिद्धान्त (Rain-Man Concept)

- यदि वर्षा धरातल के सापेक्ष उर्ध्वाधर से कोण θ पर $\mathbf{v}_r$ वेग से गिर रही है। तब व्यक्ति को छाता, व्यक्ति के सापेक्ष वर्षा के वेग $\mathbf{v}_{rm}$ की दिशा में पकड़ना चाहिए। जिससे वह गीला न हो जैसा चित्र में प्रदर्शित किया गया है।

* यह शीर्षक NCERT के नवीनतम पाठ्यक्रम में नहीं है लेकिन NEET के नवीनतम पाठ्यक्रम में दिया गया है।

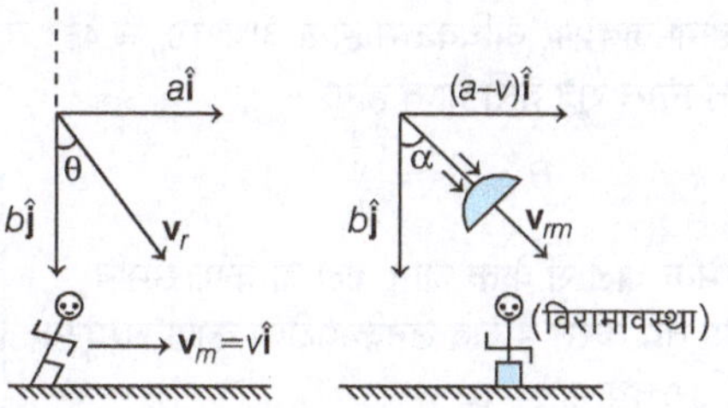

व्यक्ति के सापेक्ष वर्षा का वेग, $\mathbf{v}_{rm} = (a-v)\hat{\mathbf{i}} - \hat{\mathbf{j}}$

$\Rightarrow \quad \mathbf{v}_{rm} = \sqrt{(a-v)^2 + b^2}$

छाते की दिशा α है, जो निम्नलिखित सारणी में दी गई है।

$a > v$	$a = v$	$a < v$
$\tan\alpha = \dfrac{a-v}{b}$ 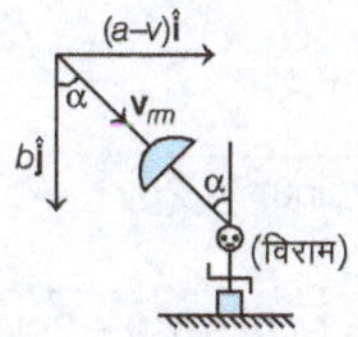	$\tan\alpha = 0 \Rightarrow \alpha = 0°$ वर्षा ऊर्ध्वाधरतः गिरती हुई प्रतीत होती है। 	$\tan\alpha = \dfrac{v-a}{b}$ 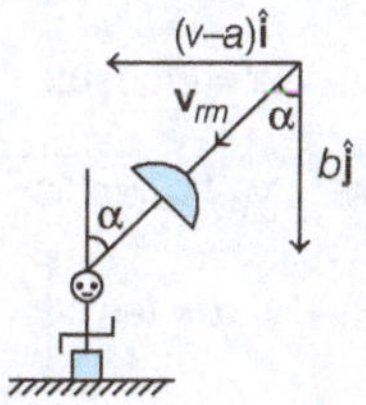

*तैराक-नदी सिद्धान्त (Swimmer -River Concept)

- यदि कोई तैराक नदी के प्रवाह के सापेक्ष वेग $\mathbf{v}_{sr}$ से नदी में तैर रहा है और नदी का वेग $\mathbf{v}_r$ है, तब धरातल के सापेक्ष तैराक का वेग

$$\mathbf{v}_s = \mathbf{v}_{sr} + \mathbf{v}_r$$

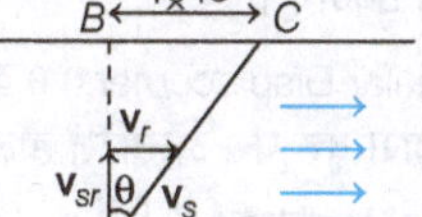

- यदि तैराक नदी को न्यूनतम समय में पार करना चाहता है। तब उसे नदी के प्रवाह के लम्बवत् दिशा में तैरना चाहिए। ताकि तैराक पथ AC के अनुदिश बिन्दु C पर पहुँच सके। जैसा चित्र में प्रदर्शित किया गया है।

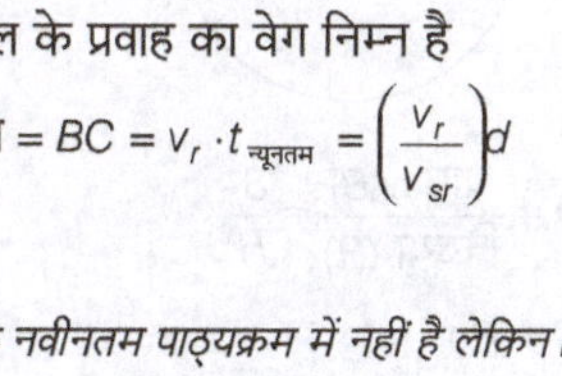

नदी को पार करने में लगा न्यूनतम समय $t_{\text{न्यूनतम}} = \dfrac{d}{v_{sr}}$

BC के अनुदिश जल के प्रवाह का वेग निम्न है

BC के अनुदिश वेग $= BC = v_r \cdot t_{\text{न्यूनतम}} = \left(\dfrac{v_r}{v_{sr}}\right)d$

- यदि तैराक नदी के संभावित लघुत्तम मार्ग AB के अनुदिश पार करना चाहता है, तब उसे नदी के प्रवाह के सापेक्ष कोण (90°+θ) पर तैरना चाहिए।

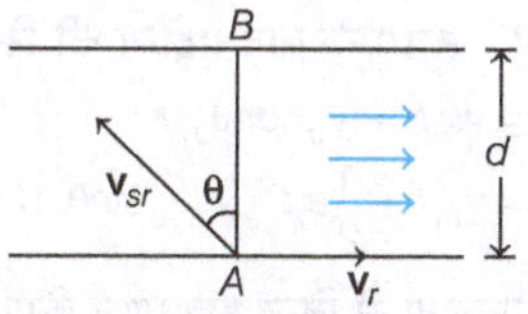

दिया गया कोण, $\theta = \sin^{-1}\left(\dfrac{\mathbf{v}_r}{\mathbf{v}_{sr}}\right)$

नदी पार करने में लिया गया समय, $t = \dfrac{d}{\mathbf{v}_{sr}\cos\theta} = \dfrac{d}{\sqrt{\mathbf{v}_{sr}^2 - \mathbf{v}_r^2}}$

जहाँ, $\mathbf{v}_r$ = नदी के प्रवाह का वेग,

$\mathbf{v}_{sr}$ = नदी के सापेक्ष तैराक का वेग या शान्त जल में तैराक का वेग

और d = नदी की चौड़ाई

प्रक्षेप्य गति (Projectile Motion)

- जब किसी वस्तु को पृथ्वी तल के समीप तिरछी दिशा में फेंका जाता है। तो वस्तु नियत गुरुत्वाकर्षण त्वरण g के अंकीय एक व्रक पथ के अनुदिश गति करती है। वस्तु की इस प्रकार की गति को **प्रक्षेप्य गति** (Projectile motion) कहते हैं और जिस वस्तु को फेंका जाता हैं। उसे **प्रक्षेप्य** (Projectile) कहते है। ऐसा प्रक्षेप्य फुटबॉल, क्रिकेट बॉल, बेसबॉल आदि हैं।
- किसी वस्तु के लिए, प्रारम्भिक वेग v_0 से प्रक्षेपित किए जाने के पश्चात् X-अक्ष के साथ θ_0 कोण बनाता है, जैसा कि चित्र में प्रदर्शित किया गया है।

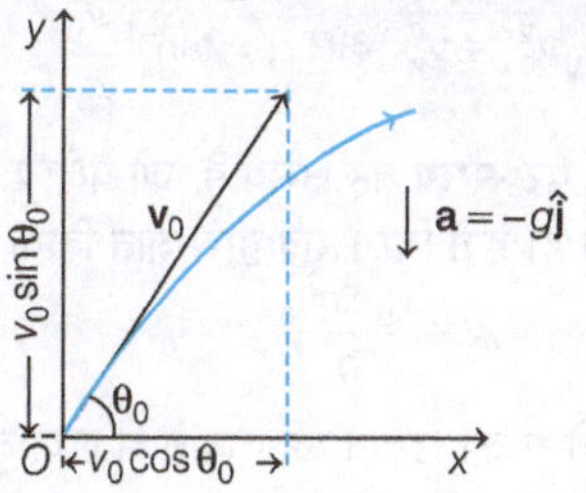

(i) फेंकी गई वस्तु को प्रक्षेपित करने के बाद उस गुरुत्व के कारण लगने **त्वरण की दिशा** नीचे की ओर होती है।

$$\mathbf{a} = -g\hat{\mathbf{j}} \text{ या } a_x = 0 \text{ और } a_y = -g$$

(ii) **प्रारम्भिक वेग के घटक** निम्न प्रकार होंगे

$$v_{0x} = v_0\cos\theta_0,\ v_{0y} = v_0\sin\theta_0$$

(iii) **किसी समय t के लिए** वेग के घटकों को निम्न समीकरण द्वारा व्यक्त करेंगे

$$v_x = v_0\cos\theta_0,\ v_y = v_0\sin\theta_0 - gt$$

(iv) वेग के दो घटकों में से **x-घटक** गति को पूरी अवधि के दौरान स्थिर रहता है। जबकि दूसरा **y-घटक** परिवर्तित हो जाता है।

* *यह शीर्षक NCERT के नवीनतम पाठ्यक्रम में नहीं है लेकिन NEET के नवीनतम पाठ्यक्रम में दिया गया है।*

(v) **अधिकतम ऊँचाई पर**, $v_y = 0$ और $\tan^{-1}\dfrac{v_y}{v_x} = 0$.

(vi) x तथा y दिशा में प्रारम्भिक स्थितियाँ हैं। $x_0 = 0$, $y_0 = 0$.

(vii) **x तथा y दिशा में t समय के बाद प्रक्षेप्य की स्थितियाँ हैं,**

$$x = v_{0x}t = (v_0\cos\theta_0)t$$
$$y = v_{0y}t + \frac{1}{2}a_y t^2 = (v_0\sin\theta_0)t - \frac{1}{2}gt^2$$

- **प्रक्षेप्य के पथ** के समीकरण से निम्न सूत्र प्राप्त होगा

$$y = x\tan\theta_0 - \frac{1}{2}\frac{gx^2}{(v_0\cos\theta_0)^2}$$

चूँकि, g, θ_0 और v_0 नियत है। इसलिए उपरोक्त समीकरण $y = ax + bx^2$ के रूप में है। जिसमें a तथा b नियतांक है।

यदि समीकरण परवलय है। अर्थात् प्रक्षेप्य का पथ **परवलयाकार** है। जैसा कि चित्र में प्रदर्शित किया गया है।

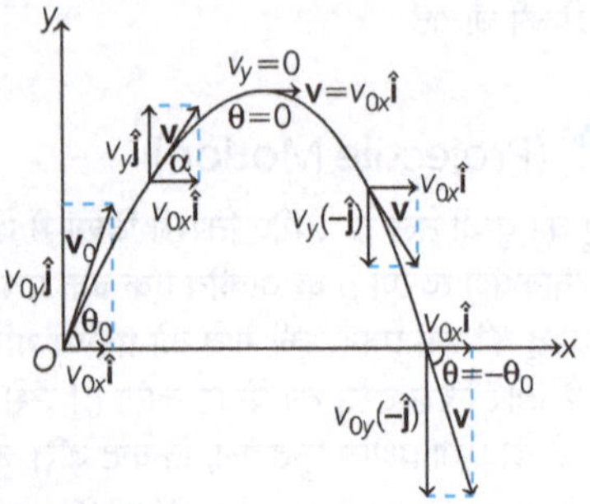

- **t समय बाद प्रक्षेप्य का वेग,**

$$v = \sqrt{v_{0x}^2 + v_y^2} \quad \text{और } \alpha = \tan^{-1}\frac{v_y}{v_{0x}}$$

NEET 2021

- **अधिकतम ऊँचाई पर समय** वह समय है, जो प्रक्षेप्य अधिकतम ऊँचाई तक पहुँचने में लेता है। इसे निम्न सूत्र द्वारा ज्ञात किया जाता है।

$$t_m = \frac{v_0\sin\theta_0}{g}$$

- **उड्डयन काल** प्रक्षेप्य की उड़ान की अवधि में लगा कुल समय T_f है। यह निम्न सूत्र द्वारा प्राप्त होता है।

$$T_f = \frac{2v_0\sin\theta_0}{g}$$

नोट $T_f = 2t_m$, *पथ की सममिति के कारण यह परिणाम प्राप्त होता है।*

- **प्रक्षेप्य की अधिकतम ऊँचाई** प्रक्षेप्य द्वारा प्राप्त अधिकतम ऊँचाई है। इसे निम्न सूत्र द्वारा प्राप्त किया जाता है। NEET 2023,21

$$h_m = \frac{(v_0\sin\theta_0)^2}{2g}$$

- **उड्डयन काल** के दौरान प्रक्षेप्य द्वारा चली गई क्षैतिज दूरी को **क्षैतिज परास** R कहते हैं यह उड्डयन काल T_f के दौरान चली गई दूरी होती है। यह निम्न सूत्र द्वारा प्राप्त की जाती है।

$$R = \frac{v_0^2\sin 2\theta_0}{g}$$

R अधिकतम होगा जब $2\theta_0$ अधिकतम होगा अर्थात् $\theta_0 = 45°$, तब इसका अधिकतम मान निम्न सूत्र द्वारा प्राप्त होगा

$$R_{\text{अधिकतम}} = \frac{v_0^2}{g}$$

Concept Master Video के लिए

- समान प्रांरभिक चाल से फेंके जाने वाले दो कण समान क्षैतिज परास तय करते हैं जब उनके प्रक्षेप्य कोण सम्पूरक होते हैं अर्थात् θ तथा $90° - \theta$.

Marks Maximizer

विभिन्न स्थितियों के अन्तर्गत क्षैतिज प्रक्षेप्य गति

जब प्रक्षेप्य शीर्ष से ऊपर की ओर फेंका जाता है।	**जब प्रक्षेप्य शीर्ष से नीचे की ओर फेंका जाता है।**
(a) $y = (-u\sin\theta)t + \frac{1}{2}gt^2$	(a) $y = (u\sin\theta)t + \frac{1}{2}gt^2$
(b) $x = (u\cos\theta)t$	(b) $x = u\cos\theta \cdot t$
(c) $v_y = \sqrt{(u\sin\theta)^2 + 2gy}$	(c) $v_y = \sqrt{(u\sin\theta)^2 + 2gy}$
(d) $\alpha = \tan^{-1}\left[\frac{-u\sin\theta + gt}{u\cos\theta}\right]$ $= \tan^{-1}\left[\frac{\sqrt{u^2\sin^2\theta + 2gy}}{u\cos\theta}\right]$	(d) $\alpha = \tan^{-1}\left[\frac{\sqrt{u^2\sin^2\theta + 2gy}}{u\cos\theta}\right]$

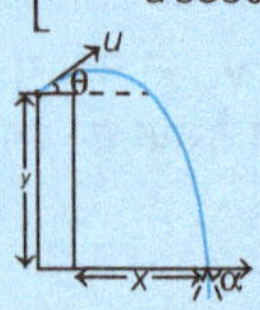

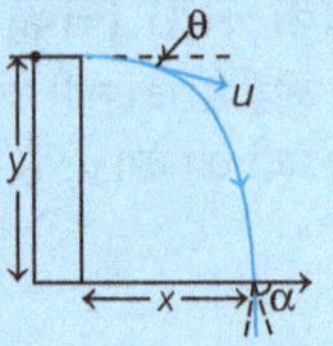

एकसमान वृत्तीय गति (Uniform Circular Motion)

- जब कोई वस्तु किसी वृत्तीय पथ के अनुदिश नियत चाल से गति करती है तब उस वस्तु की गति **एकसमान वृत्तीय गति** कहलाती है।
- **कोणीय स्थिति** (Angular Position) त्रिज्या सदिश द्वारा दी गई सन्दर्भ रेखा के साथ बनाया गया कोण है।
- **कोणीय विस्थापन** (Angular Displacement) θ वह कोण है, जो दिए गए समय में त्रिज्या सदिश द्वारा वृत्त पर अन्तरित होता है।

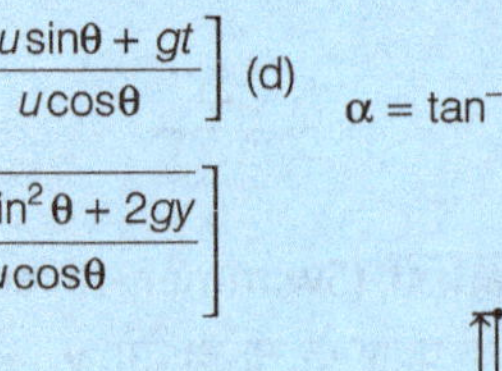

$$\text{कोणीय विस्थापन, } \theta = \frac{\text{चाप }(AB)}{\text{त्रिज्या }(R)} = \frac{S}{R}$$

$$\therefore \quad S = R\theta$$

- **औसत कोणीय वेग** को दिए गए समय अन्तराल (Δt) व कोणीय स्थिति ($\Delta\theta$) में परिवर्तन के अनुपात के रूप में व्यक्त किया जाता है, जो इस प्रकार दिया जाता है

$$\omega = \frac{\Delta\theta}{\Delta t} = \frac{\theta_2 - \theta_1}{t_2 - t_1}$$

- **तात्कालिक कोणीय वेग** (ω) को उस दर के रूप में व्यक्त किया जाता है। जिस पर वस्तु की त्रिज्या सदिश वृत्त के केन्द्र के सापेक्ष घूमता है।

$$\omega = \lim_{\Delta t \to 0} \frac{\Delta\theta}{\Delta t} = \frac{d\theta}{dt}$$

- **रेखीय चाल तथा कोणीय चाल के बीच सम्बन्ध** निम्न सूत्र द्वारा प्राप्त होता है

$$v = R\omega$$

- यदि T **समय अन्तराल** हो तथा ν एकसमान वृत्तीय करने वाले कण की **आवृत्ति** हो, तो $\omega = \dfrac{2\pi}{T} = 2\pi\nu$ NEET 2019

- एकसमान वृत्तीय गति करने वाले पिण्ड पर वृत्त के केन्द्र की ओर एक त्वरण कार्य करता है। इस त्वरण को **अभिकेन्द्र त्वरण** कहते हैं।

Concept Master Video के लिए

अभिकेन्द्र त्वरण, $a_c = \dfrac{v^2}{R} = \omega^2 R$

जहाँ, R वृत्तीय पथ की त्रिज्या है।

- इस प्रकार एकसमान वृत्तीय गति करते हुए कण में होता है
  - **स्पर्श रेखीय वेग** जिसकी दिशा लगातार परिवर्तित होती है तथा परिमाप स्थिर रहता है।
  - केवल त्रिज्या और **अभिकेन्द्रीय त्वरण** वृत्त के केन्द्र की ओर कार्य करता है।
  - **एक नियत कोणीय वेग** से वृत्त के केन्द्र के चारों ओर घूमता है।
  - **एक नियत परिक्रमण काल** होता है अतः एक नियत आवृत्ति होती है।

Caution Points

- सदिश समीकरण $\mathbf{v} = \mathbf{v}_0 + \mathbf{a}t$ और $\mathbf{r} = \mathbf{r}_0 + \mathbf{v}_0 t + \frac{1}{2}\mathbf{a}t^2$ कोई अक्ष सम्मलित नहीं करती है, लेकिन हम उनका x व y घटकों में विभेदन कर सकते हैं।
- कण की गति के प्रक्षेप वक्र का आकार केवल त्वरण पर ही निर्भर नहीं करता है बल्कि गति की प्रारम्भिक स्थिति (प्रारम्भिक स्थिति और प्रारम्भिक वेग) पर निर्भर भी करता है।
- शुद्धगतिकी की समीकरणें एकसमान वृत्तीय में एकसमान त्वरण के लिए लागू नहीं होती है। चूँकि, इस स्थिति में, त्वरण का परिमाण नियत रहता है लेकिन दिशा बदलती रहती है।

PYQ नोट्स

1. तीन प्रक्षेप्यों को भिन्न-भिन्न प्रक्षेप्य कोण से प्रक्षेपित किया गया है जैसा कि चित्र में दिखाया गया है। [NEET 2020]

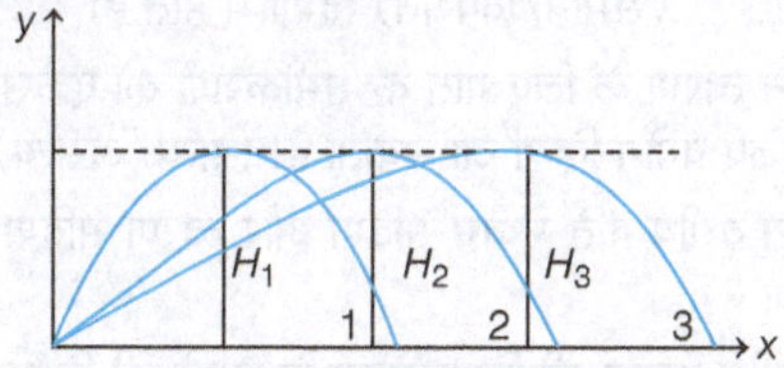

चित्र से, $H_1 = H_2 = H_3 = H$ जैसे, $H = u_y^2/2g$

$\therefore\ T_1 = T_2 = T_3$ लेकिन $R_3 > R_2 > R_1$

2. जब प्रक्षेप्य को चित्र में दिखाए गए अनुसार नत तल पर फेंका जाता है, तब [JEE Main 2020]

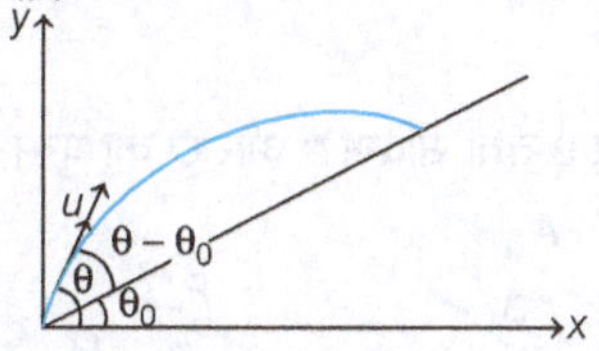

$$R = \frac{u^2}{g\cos^2\theta_0}(\sin(2\theta - \theta_0) - \sin\theta_0)$$

$$R_{mas} = \frac{u^2}{g(1 + \sin\theta_0)}$$

उड्डयन काल, $T = \dfrac{2u\sin(\theta - \theta_0)}{g\cos\theta_0}$

3. जब किसी प्रक्षेप्य को u वेग से फेंका जाता है। जैसा कि चित्र में दिखाया गया है। [NEET 2019]

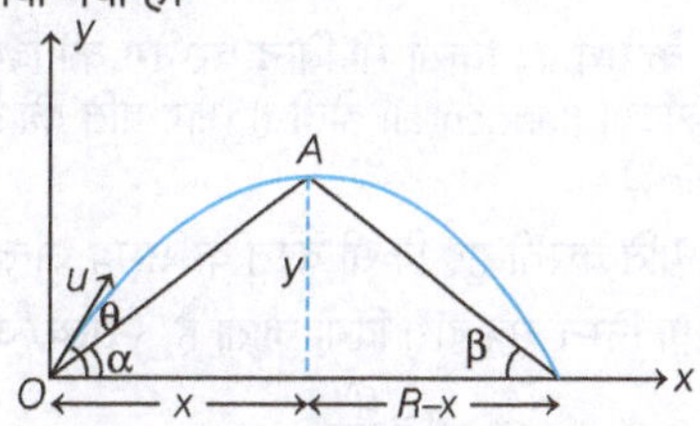

हम जानते हैं, $\tan\theta = \tan\alpha + \tan\beta$

4. यदि वेग $\mathbf{v}_1$ और $\mathbf{v}_2$ से गति कर रहे दो कणों A तथा B के स्थित सदिश क्रमशः $\mathbf{r}_1$ व $\mathbf{r}_2$ हैं, तब

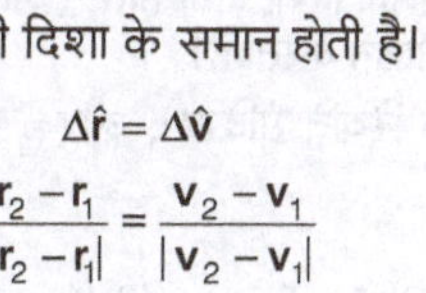

कण A और B तब टकराते हैं जब उनकी सापेक्ष स्थिति की दिशा सापेक्ष वेग की दिशा के समान होती है। [NEET 2017]

अर्थात् $\Delta\hat{r} = \Delta\hat{v}$

$$\Rightarrow \frac{\mathbf{r}_2 - \mathbf{r}_1}{|\mathbf{r}_2 - \mathbf{r}_1|} = \frac{\mathbf{v}_2 - \mathbf{v}_1}{|\mathbf{v}_2 - \mathbf{v}_1|}$$

Step by Step

Mastering NCERT

- कॉन्सेप्ट बिल्डर्स
- शीर्षकवार प्रश्न
- अभिकथन-कारण प्रश्न
- कथन आधारित प्रश्न
- सुमेलन प्रकार प्रश्न
- आंकिक मान प्रकार के प्रश्न
- NCERT Exemplar प्रश्न
- विगत परीक्षाओं के प्रश्न
- स्किल बूस्टर्स

कॉन्सेप्ट बिल्डर्स

1 क्या अदिश राशि चुने गए निर्देश तन्त्र (Frame of reference) पर निर्भर करती है?

2 एक ऐसी राशि का नाम बताइए जिसमें परिमाण और दिशा दोनों हों, लेकिन फिर भी इसे सदिश राशि नहीं माना जाता।

3 $|\mathbf{A}+\mathbf{B}|$ का परिमाण $|\mathbf{B}+\mathbf{A}|$ के समान है। (सत्य/असत्य)

4 यदि एक गेंद को ऊपर फेंका जाता है और फेंकने वाले द्वारा पुनः प्राप्त किया जाता है, तो गेंद के विस्थापन सदिश का परिमाण क्या होगा?

5 यदि **A**, **B** और **C** परस्पर लम्बवत् सदिश हों, तो $\mathbf{A}\cdot(\mathbf{B}+\mathbf{C})$ का मान क्या होगा?

6 $(\hat{i}+\hat{j})$ और $(\hat{i}-\hat{j})$ के बीच का कोण .... है। (0°/90°)

7 यदि समान परिमाण के दो सदिशों के परिणामी का परिमाण किसी भी सदिश के परिमाण के बराबर है, तो दोनों सदिशों के बीच का कोण क्या होगा?

8 किसी वस्तु के पथ पर किसी भी बिन्दु पर वेग की दिशा उस बिन्दु पर पथ की स्पर्शज्या (tangential) होती है और गति की दिशा में होती है। (सत्य/असत्य).

9 x-y तल में गति करती हुई किसी वस्तु के समय अन्तराल Δt के लिए औसत त्वरण निम्न सूत्र द्वारा दिया जाता है (सत्य/असत्य)

$$a=\frac{dV}{dt}$$

10 प्रक्षेप्य गति में केवल क्षैतिज वेग होता है। (सत्य/असत्य)

11 तिरछे प्रक्षेप्य की उड़ान के दौरान वेग का .... (क्षैतिज/ऊर्ध्वाधर) घटक अपरिवर्तित रहता है।

12 एक फुटबॉल को परवलयिक पथ में फेंका जाता है। किस बिन्दु पर त्वरण वेग के लम्बवत् होगा?

13 पृथ्वी से फेंका गया एक प्रक्षेप्य परवलयिक पथ का अनुसरण करता है। प्रक्षेप्य की गति अपने पथ के शीर्ष पर अधिकतम होती है? (सत्य/असत्य)

14 प्रक्षेप्य का तात्कालिक वेग उसके परवलयिक पथ (Parabolic path) के लिए स्पर्शरेखीय (Tangential) होता है। (सत्य/असत्य)

15 उड़ान के दौरान कोई पिण्ड अधिकतम कितनी ऊँचाई तक पहुँच सकता है?

16 अभिकेन्द्र त्वरण .... एक नियत सदिश (होता/नहीं होता) है।

17 एकसमान वृत्तीय गति करने वाले पिण्ड का स्थिति सदिश और त्वरण सदिश .... (समान/विपरीत) दिशा में होते हैं।

18 एकसमान त्वरण के लिए गति के समीकरणों को एकसमान वृत्तीय गति के लिए प्रयोग किया जा सकता है। (सत्य/असत्य)

19 एकसमान वृत्तीय गति में वेग सदिश और त्वरण सदिश के बीच का कोण क्या है?

20 अभिकेन्द्रीय त्वरण की दिशा पिण्ड के घूमने की दिशा पर निर्भर नहीं करती है। यह हमेशा वृत्त के केन्द्र की ओर त्रिज्या के अनुदिश कार्य करती है। (सत्य/असत्य)

शीर्षकवार प्रश्न

अदिश एवं सदिश

1 निम्नलिखित में से कौन सदिश की एक आवश्यक शर्त है? NCERT पृष्ठ 27

(a) इसमें केवल परिमाण होता है।
(b) इसमें केवल दिशा होती है।
(c) इसमें परिमाण और दिशा दोनों होते हैं।
(d) इसमें परिमाण और दिशा दोनों होते हैं और यह सदिश योग के नियम का भी पालन करता है।

2 यदि किसी वस्तु के स्थिति सदिश $\mathbf{r}_1$ और $\mathbf{r}_2$ हैं तो वस्तु का विस्थापन सदिश होगा NCERT पृष्ठ 28

(a) $(\mathbf{r}_1+\mathbf{r}_2)$ (b) $(\mathbf{r}_1-\mathbf{r}_2)$ (c) $(\mathbf{r}_2-\mathbf{r}_1)$ (d) $\frac{\mathbf{r}_1}{|\mathbf{r}_2|}$

3 सदिश **A** और **B** तथा सदिश **P** और **Q** का युग्म नीचे दर्शाया गया है।

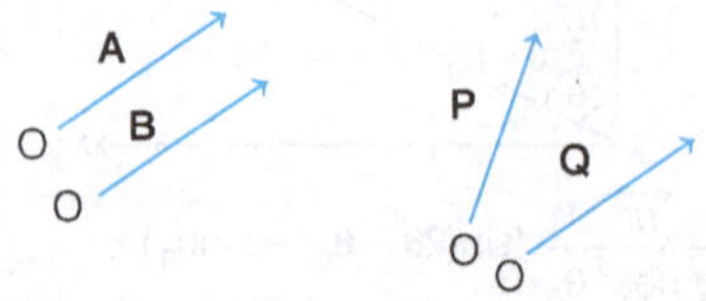

A और **B** की लम्बाई बराबर है, इसी प्रकार **P** और **Q** की लम्बाई भी बराबर है, तब वे सदिश जो बराबर हैं होंगे NCERT पृष्ठ 28

(a) **A** और **P** (b) **P** और **Q**
(c) **A** और **B** (d) **B** और **Q**

सदिशों की वास्तविक संख्या से गुणा

4 यदि **A** उत्तर दिशा की ओर 7 इकाई परिमाण का सदिश है। तब सदिश-**3A** का परिमाण और दिशा क्या है? **NCERT पृष्ठ 29**

(a) पूर्व दिशा की ओर 7 इकाई।
(b) पश्चिम दिशा की ओर 21 इकाई।
(c) दक्षिण दिशा की ओर 7 इकाई।
(d) दक्षिण दिशा की ओर 21 इकाई।

5 दिये गये चित्र के सम्बन्ध में सही विकल्प चुनें। **NCERT पृष्ठ 29**

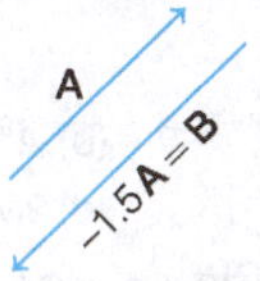

(a) **B** = **A** (b) **B** = − **A**
(c) | **B** | = | **A** | (d) | **B** | ≠ | **A** |

सदिशों का संकलन और व्यवकलन: ग्राफीय विधि

6 **A** और **B** दो झुके हुए सदिश हैं और **R** उनका योग है। दिए गए विवरण के लिए सही चित्र का चयन कीजिये। **NCERT पृष्ठ 29**

(a)
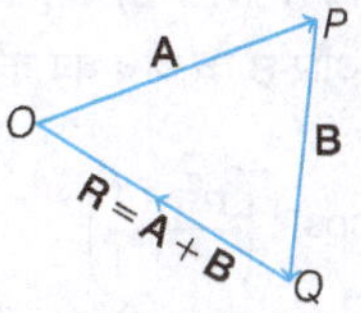

(b)
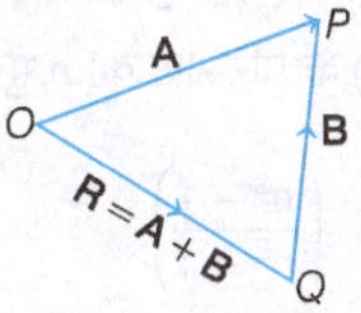

(c)
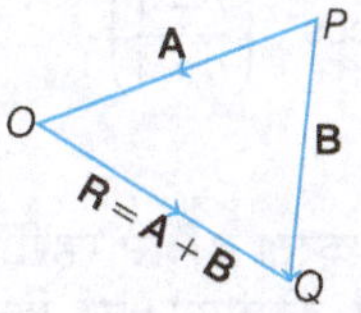

(d)
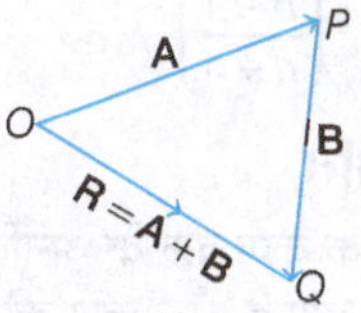

7 **A, B** और **C** इस प्रकार झुके हुए सदिश हैं कि **B** − **A** = **C** तब दिए गए सम्बन्ध के लिए सही चित्र का चुनाव कीजिये। **NCERT पृष्ठ 30**

(a)
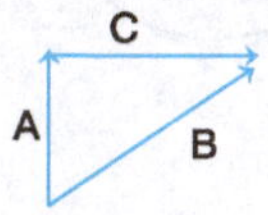

(b)
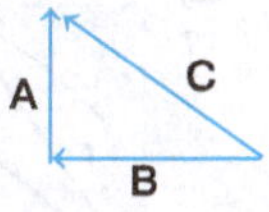

(c)
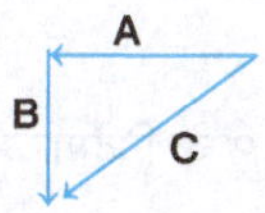

(d)
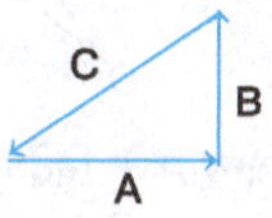

8 यदि **A** + **B** + **C** = **0**, तब **NCERT पृष्ठ 30**

(a) सदिश **A, B** और **C** समान्तर हैं।
(b) सदिश **A**, सदिश **(B + C)** के समान्तर है।
(c) सदिश **A**, सदिश **(B + C)** के असमान्तर है।
(d) सदिश **a**, सदिश **(B− C)** के समान्तर है।

9 दिया गया है, **a** + **b** + **c** + **d** = **0**, निम्नलिखित में से कौन-सा कथन गलत है? **NCERT पृष्ठ 30**

(a) **a, b, c** और **d** में से प्रत्येक शून्य सदिश होना चाहिए।
(b) **(a + c)** का परिमाण **(b + d)** के परिमाण के बराबर है।
(c) **a** का परिमाण कभी-भी **b, c** और **d** के परिमाणों के योग से अधिक नहीं हो सकता है।
(d) **b + c** को **a** और **d** के तल में स्थित होना चाहिए, यदि **a** और **d** संरेखित (Collinear) नहीं हैं तथा **a** और **d** की रेखा में स्थित होना चाहिये यदि वे संरेखित हैं।

सदिशों का वियोजन

10 एक सदिश Q का परिमाण 5 है तथा इसके y-घटक का परिमाण 4 है, तब इस सदिश के x-घटक का परिमाण है **NCERT पृष्ठ 32**

(a) 8 (b) 3
(c) 6 (d) 8

11 एक सदिश क्षैतिज से 60° के कोण पर झुका हुआ है। यदि क्षैतिज दिशा में इसका आयताकार घटक 50 न्यूटन है, तो ऊर्ध्वाधर दिशा में इसका आयताकार घटक है **NCERT पृष्ठ 32**

(a) 25 न्यूटन (b) 75 न्यूटन
(c) 87 न्यूटन (d) 100 न्यूटन

12 तीन सदिश $\mathbf{P} = 3\hat{i} - 4\hat{j}$, $\mathbf{Q} = 6\hat{i} - 8\hat{j}$ तथा $\mathbf{R} = (3/4)\,\hat{i} - \hat{j}$ दिए गए हैं, तो निम्न में से कौन-सा सही है? **NCERT पृष्ठ 32**

(a) **P, Q** और **R** समान सदिश हैं।
(b) **P** और **Q** समान्तर हैं, लेकिन **R** समान्तर नहीं है।
(c) **P, Q** और **R** समान्तर हैं।
(d) **P, Q** और **R** शून्य सदिश हैं।

13 सदिश **a, b** और **c** पर विचार करें **NCERT पृष्ठ 32**

$$\mathbf{a} = a_x\hat{i} + a_y\hat{j} + a_z\hat{k}$$
$$\mathbf{b} = b_x\hat{i} + b_y\hat{j} + b_z\hat{k}$$
$$\mathbf{c} = c_x\hat{i} + c_y\hat{j} + c_z\hat{k}$$

तब, एक सदिश **T** = **a** + **b** − **c** के लिए इसका y-घटक है।

(a) $a_x + b_y + c_y$ (b) $-a_y + b_y - c_y$
(c) $a_y + b_y - c_y$ (d) $a_y - b_y + c_y$

14 सदिश $\mathbf{A} = -3\hat{i} - 2\hat{j} - 3\hat{k}$ तथा $\mathbf{B} = 2\hat{i} + 4\hat{j} + 6\hat{k}$ के परिणामा की दिशा में इकाई सदिश है **NCERT पृष्ठ 32**

(a) $\dfrac{-3\hat{i} + 2\hat{j} - 3\hat{k}}{\sqrt{14}}$ (b) $-\hat{i} + 2\hat{j} + 3\hat{k}$

(c) $\dfrac{-\hat{i} + 2\hat{j} + 3\hat{k}}{\sqrt{14}}$ (d) $-2\hat{i} - 4\hat{j} + 8\hat{k}$

15 यदि कोई सदिश **A**, क्रमशः X, Y तथा Z-अक्षों के साथ α, β तथा γ कोण बनाता है। तब $\sin^2\alpha + 2\cos^2\alpha + \cos^2\beta + \cos^2\gamma$ बराबर है **NCERT पृष्ठ 33**

(a) 0 (b) 1 (c) 2 (d) 3

सदिशों का योग: विश्लेषणात्मक-विधि

16 निम्नलिखित में से कौन-सा कथन सही है? NCERT पृष्ठ 33

(a) किसी सदिश को उसके समान्तर विस्थापित करने पर सदिश अपरिवर्तित रहता है।
(b) तीन समान सदिशों का योग शून्य नहीं हो सकता।
(c) यदि $|\mathbf{A}+\mathbf{B}| \neq |\mathbf{A}-\mathbf{B}|$ तो वे लम्बवत् सदिश हैं।
(d) 'b' और 'c' दोनों

17 समान परिमाण वाले दो सदिशों का परिणाम किसी भी सदिश के परिमाण का दोगुना होता है। तब उनके बीच का कोण है NCERT पृष्ठ 33

(a) 60° (b) 120° (c) 0° (d) 180°

18 दो सदिश **P** और **Q** कोण θ पर झुके हुए हैं और **R** उनका परिणामी है जैसा कि चित्र में दिखाया गया है। NCERT पृष्ठ 33

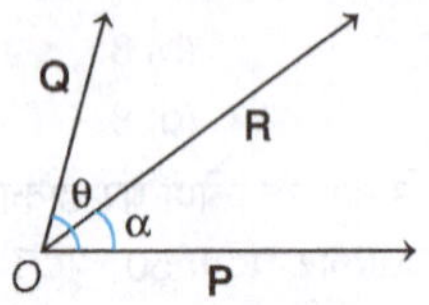

सदिशों के परिमाण और कोण को समान रखते हुए, यदि **P** और **Q** की दिशाएँ आपस में बदल दी जाती हैं, तो **R** से सम्बन्धित निम्नलिखित में से क्या बदलता है?

(a) परिमाण
(b) दिशा
(c) परिमाण और दिशा दोनों
(d) उपरोक्त में से कोई नहीं

19 दो सदिशों **A** और **B** के लिए जो एक समतल में स्थित हैं। निम्नलिखित में से कौन-सा कथन सही है? NCERT पृष्ठ 34

(a) यदि सदिश **A** और **B** के परिमाण 3 और 4 हैं और वे जुड़कर 5 परिमाण वाला सदिश देते हैं, तब वे लम्बवत् सदिश होने चाहिए।
(b) यदि उनका योग 5 से अधिक है, तो वे अधिक कोण पर झुके होने चाहिए।
(c) यदि उनका योग 5 से कम है, तो वे न्यून कोण पर झुके होने चाहिए।
(d) उपरोक्त में से कोई नहीं

20 सदिशों **A** और **B** के बीच एक कोण α है। यदि क्रमशः $(\mathbf{A}+\mathbf{B})$ और $(\mathbf{A}-\mathbf{B})$, **A** के साथ θ_1 और θ_2 कोण बनाते हैं, तो $(\tan\theta_1 + \tan\theta_2)$ हैं NCERT पृष्ठ 34

(a) $\dfrac{B^2 \cos 2\alpha}{A^2 - B^2 \cos^2\alpha}$ (b) $\dfrac{-B^2 \cos 2\alpha}{A^2 - B^2 \cos^2\alpha}$

(c) $\dfrac{-B^2 \sin 2\alpha}{A^2 - B^2 \cos^2\alpha}$ (d) $\dfrac{B^2 \sin 2\alpha}{A^2 - B^2 \cos^2\alpha}$

21 दो बल **P** और **Q**, जिनका परिमाण क्रमशः $2F$ और $3F$ हैं, एक-दूसरे के साथ कोण θ पर स्थित हैं। यदि बल **Q** को दोगुना कर दिया जाए, तो उनका परिणामी भी दोगुना हो जाता है। तब, कोण θ है NCERT पृष्ठ 34

(a) 60° (b) 120° (c) 30° (d) 90°

22 यह ज्ञात है कि $|\mathbf{A}+\mathbf{B}| = |\mathbf{A}|$, इसका तात्पर्य है NCERT पृष्ठ 34

(a) $|\mathbf{B}| = 1$ (b) **A, B** समान्तर हैं
(c) **A, B** लम्बवत् हैं (d) $\mathbf{A}; \mathbf{B} \leq 0$

23 इकाई सदिश **A** और **B** के बीच अन्तर का मान ज्ञात करें जिनका झुकाव कोण θ है। NCERT पृष्ठ 34

(a) $2\sin(\theta/2)$ (b) $2\cos(\theta/2)$
(c) $\sin(\theta/2)$ (d) $\cos(\theta/2)$

24 दिया गया है, $|\mathbf{A}+\mathbf{B}| = P$ तथा $|\mathbf{A}-\mathbf{B}| = Q$, तब $P^2 + Q^2$ का मान है NCERT पृष्ठ 34

(a) $2(A^2 + B^2)$ (b) $A^2 - B^2$
(c) $A^2 + B^2$ (d) $2(A^2 - B^2)$

25 दो सदिश **A** और **B** के लिए, $|\mathbf{A}+\mathbf{B}| = |\mathbf{A}-\mathbf{B}|$ हमेशा सत्य होता है, जब NCERT पृष्ठ 34

(a) $|\mathbf{A}| = |\mathbf{B}| \neq 0$
(b) $|\mathbf{A}| = |\mathbf{B}| \neq 0$ और A और B समान्तर या प्रतिसमान्तर होते हैं
(c) जब या तो $|\mathbf{A}|$ या $|\mathbf{B}|$ शून्य हैं या **A** और **B** एक-दूसरे के लम्बवत् हैं
(d) $|\mathbf{A}| = 1$ और $|\mathbf{B}| = 0$

26 दो सदिश **A** और **B** का परिमाण समान है। $(\mathbf{A}+\mathbf{B})$ का परिमाण $(\mathbf{A}-\mathbf{B})$ के परिमाण का n गुना है। **A** और **B** के बीच का कोण है। NCERT पृष्ठ 34

(a) $\sin^{-1}\left(\dfrac{n^2-1}{n^2+1}\right)$ (b) $\cos^{-1}\left(\dfrac{n^2-1}{n^2+1}\right)$

(c) $\sin^{-1}\left(\dfrac{n-1}{n+1}\right)$ (d) $\cos^{-1}\left(\dfrac{n-1}{n+1}\right)$

समतल में गति

27 माना एक कण वक्र के अनुदिश गति करता है जिसे गहरी रेखा से दर्शाया गया है और कण की स्थितियों को समय t पर, बिन्दु P द्वारा तथा समय t' पर, बिन्दु P' द्वारा प्रदर्शित किया गया है। NCERT पृष्ठ 35

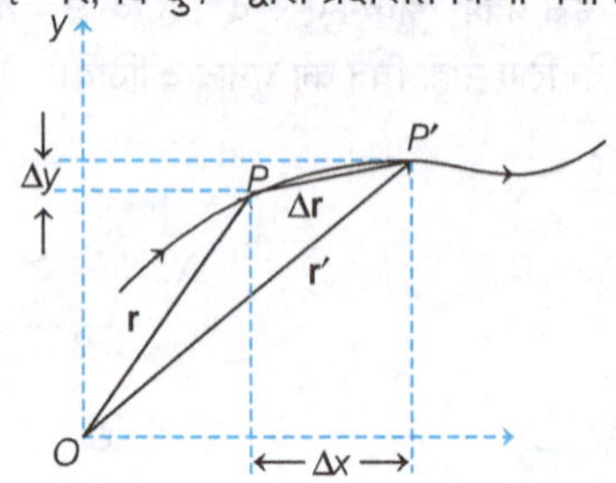

जहाँ बिन्दु P के निर्देशांक (2, 3) तथा बिन्दु P' के निर्देशांक (5, 6) हैं। कण का कुल विस्थापन होगा

(a) शून्य (b) $7\hat{i} + 9\hat{j}$ (c) $10\hat{i} + 18\hat{j}$ (d) $3\hat{i} + 3\hat{j}$

28 एक कण बिन्दु (2, 3, 5) से गति करना शुरु करता है। कण का विस्थापन $4\hat{i} - 2\hat{j} + \hat{k}$ है। कण के अन्तिम निर्देशांक है NCERT पृष्ठ 35

(a) (6, 1, 0) (b) (8, 10, 2)
(c) (6, −1, 6) (d) (8, 2, 10)

29 एक कण मूल-बिन्दु (0, 0) से शुरू होता है और (X, Y) समतल में एक सीधी रेखा में गति करता है। कुछ समय बाद इसके निर्देशांक $(\sqrt{3}, 1)$ हैं। कण का पथ X-अक्ष के साथ कोण बनाता है **NCERT पृष्ठ 35**

(a) 30° (b) 45° (c) 60° (d) 15°

30 एक व्यक्ति 15 मीटर उत्तर की ओर, फिर 20 मीटर पूर्व की ओर, फिर $30\sqrt{2}$ मीटर दक्षिण-पश्चिम की ओर चलता है। मूलबिन्दु से उसका विस्थापन है **NCERT पृष्ठ 35**

(a) शून्य (b) 18 मी पश्चिम की ओर
(c) 10 मी पश्चिम की ओर (d) 15 मी पूर्व की ओर

31 एक पक्षी xyz-निर्देशांक (–2 मी, 4 मी, –3 मी) से (5 मी, –2 मी, –3 मी) तक उड़ता है। पक्षी का विस्थापन सदिश और परिमाण है **NCERT पृष्ठ 35**

(a) $(4\hat{i} + 2\hat{j} - 6\hat{k})$, 6.2 मी (b) $(10\hat{i} - 6\hat{j})$, 9.2 मी
(c) $(7\hat{i} - 6\hat{j})$, 9.2 मी (d) $(10\hat{i} + 6\hat{j} - 6\hat{k})$, 6.2 मी

32 एक कण इस प्रकार गति कर रहा है कि उसके स्थिति निर्देशांक (x, y) समय $t = 0$ सेकण्ड पर $(2m, 3m)$, 2 सेकण्ड पर $(6m, 7m)$ और $t = 5$ सेकण्ड पर $(13m, 14m)$ हैं। $t = 0$ से $t = 5$ सेकण्ड तक औसत वेग सदिश है **NCERT पृष्ठ 35**

(a) $\frac{1}{5}(13\hat{i} + 14\hat{j})$ (b) $\frac{11}{5}(\hat{i} + \hat{j})$
(c) $2(\hat{i} + \hat{j})$ (d) $\frac{7}{3}(\hat{i} + \hat{j})$

33 तात्कालिक वेग की दिशा निम्न प्रकार से प्रदर्शित की जाती है **NCERT पृष्ठ 35**

(a)
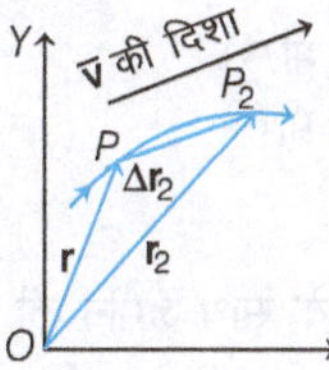

(b)
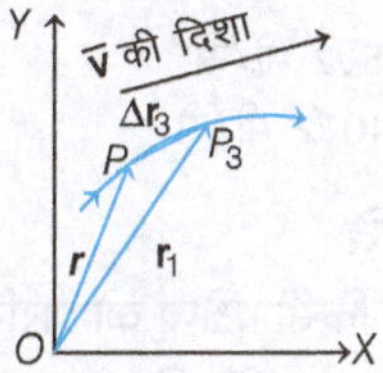

(c)
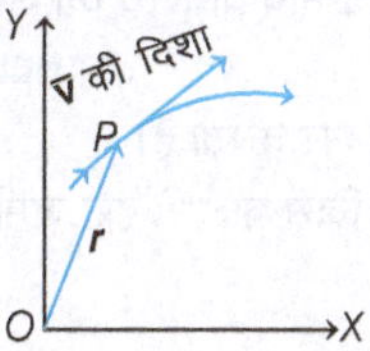

(d)
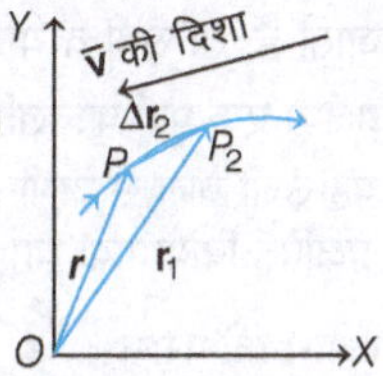

34 एक पिण्ड वेग $\mathbf{v} = k(y\hat{i} + x\hat{j})$ से गति कर रहा है, जहाँ, k एक स्थिरांक है। इसके पथ के लिए सामान्य समीकरण है **NCERT पृष्ठ 35**

(a) $y + x^2$ = नियतांक (b) $x + y^2 = 0$
(c) xy = नियतांक (d) $y^2 - x^2$ = नियतांक

35 किसी कण की स्थिति $\mathbf{r} = 3t\,\hat{i} + 2t^2\hat{j} + 5\hat{k}$ द्वारा दी गई है, तो $t = 1$ सेकण्ड पर $\mathbf{v}(t)$ की दिशा है **NCERT पृष्ठ 35**

(a) X-अक्ष के साथ 45°
(b) Y-अक्ष के साथ 30°
(c) Y-अक्ष के साथ 63°
(d) X-अक्ष के साथ 53°

36 एक त्रि-विमीय प्रणाली में, एक कण (गति में) के स्थिति निर्देशांक नीचे दिए गए हैं $x = a\cos\omega t$, $y = a\sin\omega t$, $z = a\omega t$ कण का वेग होगा **NCERT पृष्ठ 35**

(a) $\sqrt{2}\,a\omega$ (b) $2\,a\omega$
(c) $a\omega$ (d) $\sqrt{3}\,a\omega$

37 एक कण एक तल में इस प्रकार गति करता है कि उसके निर्देशांक समय के साथ समीकरण $x = at^2 + bt$ और $y = ct$ के अनुसार परिवर्तित होता है जहाँ a, b और c स्थिरांक हैं। तो, निम्नलिखित में से कौन-सा कथन सही है? **NCERT पृष्ठ 36**

(a) कण का त्वरण स्थिर है।
(b) कण का वेग स्थिर है।
(c) त्वरण केवल उसके x-घटक पर निर्भर करता है।
(d) त्वरण केवल उसके y-घटक पर निर्भर करता है।

38 एक कण 5 मी/से के वेग से पूर्व की ओर गति कर रहा है। 10 सेकण्ड में, वेग उत्तर की ओर 5 मी/से में परिवर्तित हो जाता है। इस समय में औसत त्वरण है **NCERT पृष्ठ 36**

(a) उत्तर-पूर्व की ओर $2\sqrt{2}$ मी/से^{2}
(b) उत्तर की ओर $\frac{1}{\sqrt{2}}$ मी/से^{2}
(c) उत्तर की ओर 2 मी/से^{2}
(d) उत्तर-पश्चिम की ओर $\frac{1}{\sqrt{2}}$ मी/से^{2}

39 किसी भी समय कण के x और y-निर्देशांक क्रमशः $x = 5t - 2t^2$ और $y = 10t$ हैं, जहाँ x और y मीटर में हैं और t सेकण्ड में है। $t = 2$ सेकण्ड पर कण का त्वरण है **NCERT पृष्ठ 36**

(a) 0 (b) 5 मी/से^{2}
(c) –4 मी/से^{2} (d) –8 मी/से^{2}

40 एक कण की स्थिति समय के साथ सम्बन्ध $\mathbf{r}(t) = 15t^2\hat{i} + (4 - 20t^2)\,\hat{j}$ के अनुसार परिवर्तित होती है। $t = 1$ सेकण्ड पर त्वरण का परिमाण क्या होगा? **NCERT पृष्ठ 36**

(a) 50 (b) 100
(c) 25 (d) 40

41 एक कण $t = 0$ पर मूलबिन्दु से $5.0\hat{i}$ मी/से के वेग से चलना प्रारम्भ करता है और एक बल की क्रिया के तहत XY-तल में गति करता है जो $(3.0\hat{i} + 2.0\hat{j})$ मी/से^{2} का नियत त्वरण उत्पन्न करता है। यदि x-निर्देशांक 84 मीटर है, तो उस क्षण कण का y-निर्देशांक क्या है? **NCERT पृष्ठ 37**

(a) 36 मी (b) 24 मी
(c) 39 मी (d) 18 मी

दो विमाओं में आपेक्षिक गति

42 बसें A और B क्रमशः $20\hat{i}$ मी/से और $15\hat{i}$ मी/से वेगों के साथ एक ही दिशा में आगे बढ़ रही हैं। तो, B के सापेक्ष A का आपेक्षिक वेग है **Old NCERT पृष्ठ 76**

(a) $35\hat{i}$ मी/से (b) $5\hat{i}$ मी/से
(c) $5\hat{j}$ मी/से (d) $35\hat{j}$ मी/से

43 वर्षा 35 मी/से के वेग से लम्बवत् गिर रही है। एक महिला 12 मी/से की गति से पूर्व से पश्चिम की ओर साइकिल चलाती है। उसे अपना छाता किस दिशा में पकड़ना चाहिए? **Old NCERT पृष्ठ 76**

(a) पूर्व की ओर ऊर्ध्वाधर दिशा में $\cos^{-1}(0.343)$ पर।
(b) पश्चिम की ओर ऊर्ध्वाधर दिशा में $\tan^{-1}(0.343)$ पर।
(c) पश्चिम की ओर ऊर्ध्वाधर दिशा में $\cos^{-1}(0.343)$ पर।
(d) पूर्व की ओर ऊर्ध्वाधर दिशा में $\tan^{-1}(0.343)$ पर।

44 एक कार चालक $8\hat{i}$ मी/से के वेग से रॉकेट लॉन्चिंग पैड (Rocket launching pad) की ओर बढ़ रहा है। उसने देखा कि रॉकेट 10 मी/से की गति से आगे बढ़ रहा है। स्थिर पर्यवेक्षक रॉकेट को किस चाल के साथ गति करते हुए देखता है? **Old NCERT पृष्ठ 76**

(a) 5 मी/से (b) 6 मी/से (c) 7 मी/से (d) 8 मी/से

45 एक नदी की धारा 2 किमी/घण्टा की गति से बह रही है। एक तैराक 4 किमी/घण्टा की गति से तैर सकता है। नदी को सीधे पार करने के लिए नदी के प्रवाह के सापेक्ष तैराक की दिशा क्या होनी चाहिए? **Old NCERT पृष्ठ 76**

(a) 60° (b) 120° (c) 90° (d) 150°

46 सड़क पर खड़े एक आदमी को बारिश से बचने के लिए अपना छाता 30° पर पकड़ना पड़ता है। वह छाता फेंकता है और 10 किमी/घण्टा की गति से दौड़ना शुरू कर देता है। वह पाता है कि बारिश की बूंदें उसके सिर पर लम्बवत् टकरा रही हैं। वर्षा की बूंदों की वास्तविक गति है **Old NCERT पृष्ठ 76**

(a) 20 किमी/घण्टा (b) 10/3 किमी/घण्टा
(c) $20\sqrt{3}$ किमी/घण्टा (d) 10 किमी/घण्टा

47 एक लड़की शांत पानी से 5 किमी/घण्टा की चाल से तैर सकती है। वह 2 किमी चौड़ी एक नदी पार करती है, जहाँ नदी 2 किमी /घण्टा की चाल से स्थिर रूप से बहती है और वह नदी की धारा को सामान्य बनाती है। पता लगाएं कि जब वह दूसरे किनारे पर पहुँचती है तो वह नदी में कितनी नीचे तक जाती है। **Old NCERT पृष्ठ 76**

(a) 1 किमी (b) 2 किमी (c) 800 मी (d) 750 मी

48 5 मी/से की चाल से पूर्व दिशा की ओर साइकिल चला रही एक लड़की बारिश को बूंदों को लम्बवत् नीचे की ओर गिरती हुई देखती है। चाल को 15 मी/से तक बढ़ाने पर वर्षा ऊर्ध्वाधर से 45° का कोण बनाते हुए गिरती हुई प्रतीत होती है। वर्षा के वेग का परिमाण ज्ञात कीजिए। **Old NCERT पृष्ठ 76**

(a) 5 मी/से (b) $5\sqrt{5}$ मी/से
(c) 25 मी/से (d) 10 मी/से

49 एक कण X -अक्ष के अनुदिश $x(t) = 10 + 8t - 3t^2$ द्वारा दिए गए निर्देशांक के साथ घूम रहा है। एक अन्य कण $y(t) = 5 - 8t^3$ द्वारा दिए गए समय के फलन के रूप में अपने निर्देशांक Y-अक्ष के साथ घूम रहा है। $t = 1$ सेकण्ड पर, पहले कण के निर्देश तंत्र में मापी गई दूसरे कण की चाल $\sqrt{v}$ के रूप में दी गई है। तब, v (मी/से में) है **Old NCERT पृष्ठ 76**

(a) 430 मी/से (b) 580 मी/से
(c) 450 मी/से (d) 380 मी/से

50 एक तैराक नदी के किनारे पर ठीक विपरीत बिंदु तक पहुंचने के लक्ष्य से नदी में तैरता है। पानी के प्रवाह की दिशा से 120° के कोण पर उसकी तैरने की गति 1 मी /से है। धारा में जल की गति है। **Old NCERT पृष्ठ 76**

(a) 1.0 मी/से (b) 0.5 मी/से
(c) 0.25 मी/से (d) 0.43 मी/से

51 एक नदी की चौड़ाई 1.5 किमी है। एक नाव का वेग $\sqrt{41}$ किमी/घण्टा है। नाव ने न्यूनतम समय 18 मिनट में नदी की चौड़ाई तय की है। तो नदी की धारा का वेग क्या है ? **Old NCERT पृष्ठ 76**

(a) $\sqrt{41}$ किमी/घण्टा (b) $\sqrt{29}$ किमी/घण्टा
(c) 4 किमी/ घण्टा (d) 3 किमी/ घण्टा

52 एक नदी 7 मी/से की चाल से पूर्व से पश्चिम की ओर बह रही है। एक तैराक शांत पानी में 14 मी/से की गति से तैर सकता है। यदि वह दक्षिणी किनारे पर बिंदु A से , शुरू करना चाहता है तथा उत्तरी किनारे पर विपरीत बिंदु B पर पहुँचने के लिए उसे किस दिशा में तैरना चाहिए ? **Old NCERT पृष्ठ 76**

(a) उत्तर से 30° पूर्व
(b) उत्तर से 60° पूर्व
(c) उत्तर से 30° पश्चिम
(d) उत्तर से 60° पश्चिम

53 एक लड़का पूर्व दिशा की ओर 5 मी/से की चाल से साइकिल चला रहा है और वर्षा को लम्बवत् नीचे गिरते हुए देखता है। यदि वह अपनी चाल बढ़ाकर 17 मी/से कर देता है, तो उसे बारिश 45° पर गिरती हुई प्रतीत होती है। वर्षा की चाल क्या है? **Old NCERT पृष्ठ 76**

(a) $5\sqrt{2}$ मी/से (b) 13 मी/से
(c) $10\sqrt{2}$ मी/से (d) 10 मी/से

प्रक्षेप्य गति

54 जब किसी प्रक्षेप्य को प्रारम्भिक वेग v_0 के साथ जमीन की सतह से तिरछा प्रक्षेपित किया जाता है और यदि वायु प्रतिरोध की उपेक्षा नहीं की जाती है, तो सही कथन चुनें। **NCERT पृष्ठ 39**

(a) प्रक्षेप्य एक पूर्ण परवलयिक पथ को पार करता है।
(b) यह उसी चाल से जमीन पर गिरेगा जिस चाल से इसे जमीन से प्रक्षेपित किया गया था।
(c) प्रक्षेप्य की परास $< \dfrac{v_0^2}{g}$
(d) प्रक्षेप्य की अधिकतम ऊँचाई $> \left(\dfrac{v_0 \sin\theta_0}{2g}\right)$

55 एक बाइक सवार जमीन से 490 मीटर ऊपर एक चट्टान के किनारे पर खड़ा है और 15 मी/से की प्रारम्भिक गति से क्षैतिज रूप से एक पत्थर फेंकता है। निम्नलिखित में से कौन-सा कथन सही है? **NCERT पृष्ठ 39**

(a) पत्थर को जमीन तक पहुँचने में 30 सेकण्ड लगते हैं।
(b) पत्थर को जमीन तक पहुँचने में 20 सेकण्ड का समय लगता है।
(c) जिस चाल से यह जमीन से टकराता है वह 99 मी/से है।
(d) उपरोक्त में से कोई नहीं

56 एक गेंद को H ऊँचाई वाले एक टॉवर के शीर्ष से 20 मी/से के वेग से क्षैतिज रूप से फेंका जाता है। एक आदमी टॉवर के नीचे खड़ा है और गेंद फेंके जाने के साथ ही दौड़ना शुरू कर देता है। गेंद के जमीन पर गिरने से पहले गेंद को पकड़ने के लिए आदमी का वेग क्या होना चाहिए? (आदमी की ऊँचाई अमान्य है)। **NCERT पृष्ठ 39**

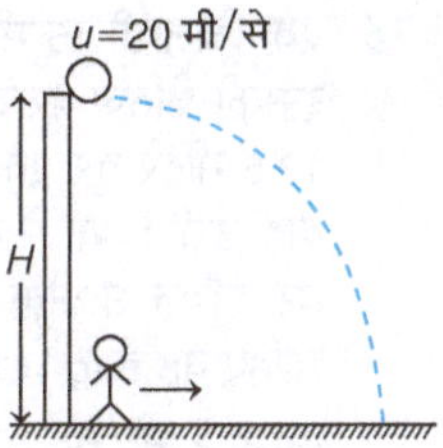

(a) 10 मी/से (b) $\sqrt{2gH}$
(c) 20 मी/से (d) 30 मी/से

57 क्षैतिज से θ कोण पर प्रक्षेपित की गई वस्तु के प्रक्षेप्य पथ के शीर्ष बिन्दु पर त्वरण है **NCERT पृष्ठ 39**

(a) $> g$ (b) $< g$ (c) शून्य (d) $= g$

58 एक गेंद को क्षैतिज से 30° का कोण बनाते हुए 10 मी/से वेग से एक दिशा में प्रक्षेपित किया जाता है, 1 सेकण्ड के बाद गेंद का स्थिति निर्देशांक (मीटर में) क्या है? **NCERT पृष्ठ 39**

(a) (8.66, 0.1) (b) (9.8, 1.0) (c) (4.26, 5.29) (d) (0.4, 8.66)

59 यदि क्षैतिज दिशा में प्रक्षेप्य का प्रारम्भिक वेग इकाई सदिश $\hat{i}$ है और प्रक्षेप वक्र का समीकरण $y = 5x(1-x)$ है। तो, प्रारम्भिक वेग का y घटक है [$g = 10$ मी/से^{2}] **NCERT पृष्ठ 39**

(a) $2\hat{j}$ (b) $3\hat{j}$
(c) $4\hat{j}$ (d) $5\hat{j}$

60 एक प्रक्षेप्य को क्षैतिज से θ कोण पर बिन्दु O से फेंका जाता है और यह O' पर जमीन से टकराता है। पूरी गति के दौरान, (गलत कथन चुनें)। **NCERT पृष्ठ 39**

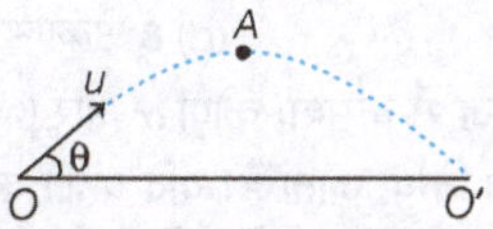

(a) O पर गुरुत्व द्वारा दी गई शक्ति ऋणात्मक है।
(b) O' पर गुरुत्व द्वारा दी गई शक्ति ऋणात्मक है।
(c) O' पर गुरुत्व द्वारा दी गई शक्ति धनात्मक है।
(d) A पर गुरुत्व द्वारा दी गई शक्ति शून्य है।

61 एक प्रक्षेप्य की गति के समीकरण $x = 18t$ और $2y = 54t - 9.8t^2$ द्वारा दिए गए हैं। प्रक्षेपण कोण θ है **NCERT पृष्ठ 39**

(a) $\tan^{-1}(3)$ (b) $\tan^{-1}(1.5)$
(c) $\sin^{-1}\left(\frac{2}{3}\right)$ (d) $\cos^{-1}\left(\frac{2}{3}\right)$

62 एक प्रक्षेप्य को पृथ्वी की सतह से क्षैतिज के साथ θ कोण पर 5 मी/से के वेग से दागा जाता है। एक अन्य ग्रह से समान कोण पर 3 मी/से के वेग से दागा गया एक अन्य प्रक्षेप्य पृथ्वी से छोड़े गए प्रक्षेप्य के प्रक्षेप्य पथ का अनुसरण करता है। ग्रह पर गुरुत्वाकर्षण के कारण त्वरण का मान (मी/से^{2} में) होगा। (दिया गया है, $g = 9.8$ मी/से^{2}) **NCERT पृष्ठ 39**

(a) 3.5 (b) 5.9 (c) 16.3 (d) 110.8

63 एक प्रक्षेप्य को $(\hat{i} + 2\hat{j})$ मी/से का प्रारम्भिक वेग दिया जाता है, जहाँ, $\hat{i}$ धरातल के अनुदिश है और $\hat{j}$ ऊर्ध्वाधर के अनुदिश है। यदि $g = 10$ मी/से^{2}, तो इसके प्रक्षेप्य पथ का समीकरण है **NCERT पृष्ठ 39**

(a) $y = x - 5x^2$ (b) $y = 2x - 5x^2$
(c) $4y = 2x - 5x^2$ (d) $4y = 2x - 25x^2$

64 निम्नलिखित में से कौन-सा ग्राफ प्रक्षेप्य की ऊँचाई (h) और समय (t) के बीच सम्बन्ध को ठीक प्रकार से दर्शाता है, जब एक कण (प्रक्षेप्य) को धरातल से तिरछा फेंका जाता है? **NCERT पृष्ठ 39**

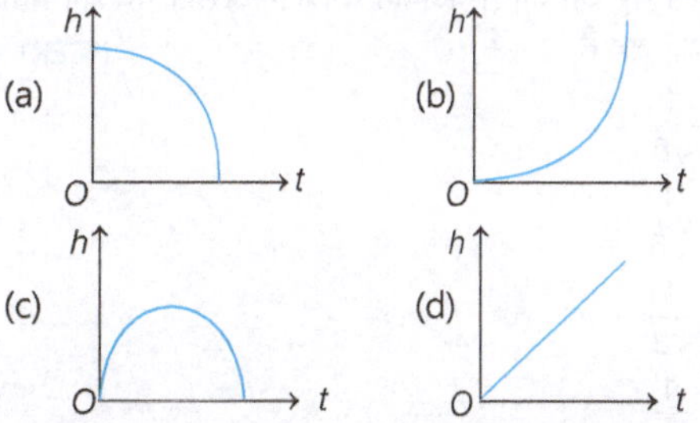

65 दो पत्थरों को एक ही ऊर्ध्वाधर तल में एक ही बिन्दु से भिन्न-भिन्न चालों भिन्न-भिन्न तथा कोणों के साथ तिरछा प्रक्षेपित किया गया है एक द्वारा अनुसरण किए गए पथ का प्रक्षेप वक्र दूसरे द्वारा देखा जाता है। **NCERT पृष्ठ 39**

(a) परवलय (b) सीधी रेखा
(c) वृत्त (d) अतिपरवलय

66 एक पत्थर को अधिकतम ऊँचाई तक पहुँचने में लगा समय 5.8 सेकण्ड है, तो पत्थर द्वारा अपनी उड़ान के दौरान लिया गया कुल समय है **NCERT पृष्ठ 39**

(a) 5.8 सेकण्ड (b) 11.6 सेकण्ड (c) 2.9 सेकण्ड (d) 4.2 सेकण्ड

67 480 किमी/घण्टा की चाल से क्षैतिजतः उड़ता हुआ एक विमान जमीन से 980 मीटर की ऊँचाई पर एक बम छोड़ता है। यह जमीन से टकराएगा ($g = 10$ मी/से का उपयोग करें) **NCERT पृष्ठ 39**

(a) 1 किमी पर (b) 2 किमी पर
(c) 2.8 किमी पर (d) 1.867 किमी पर

68 1.0 किमी की ऊँचाई पर 720 किमी प्रति घण्टे की चाल से क्षैतिजतः से उड़ता हुआ एक लड़ाकू विमान एक एंटी-एयरक्राफ्ट बन्दूक (Anti-aircraft gun) के ठीक ऊपर से गुजरता है। बंदूक को ऊर्ध्वाधर से किस कोण पर चलाना चाहिए ताकि गोली के खोल की थुथन वेग (Muzzle speed) विमान से टकराने के लिए 400 मी/से हो ($g = 10$ मी/से^{2}) **NCERT पृष्ठ 39**

(a) 60° (b) 45°
(c) 38° (d) 30°

69 एक लड़का धरातल से 980 मीटर ऊपर एक चट्टान के किनारे पर खड़ा है और 19.8 मी/से की गति से क्षैतिजतः एक पत्थर फेंकता है। धरातल पर पत्थर का वेग होगा **NCERT पृष्ठ 39**

(a) 99 मी/से (b) 49 मी/से
(c) 140 मी/से (d) 180 मी/से

70 10 मीटर ऊँची इमारत की छत पर खेल रहा एक लड़का क्षैतिज से 30° के कोण पर 10 मी/से की चाल से एक गेंद फेंकता है। बिन्दु से कितनी दूरी पर गेंद की ऊँचाई धरातल से 10 मीटर होगी? NCERT पृष्ठ 39

[$g = 10$ मी / से^{2}, $\sin 30° = 1/2$, $\cos 30° = \sqrt{3}/2$]

(a) 6.66 मी (b) 18.66 मी
(c) 2.88 मी (d) 8.66 मी

71 एक हॉल की छत 30 मीटर ऊँची है। एक गेंद को 60 मी/से के वेग से θ कोण पर फेंका जाता है जिससे वह हॉल की छत तक पहुँचने और वापस धरातल पर आ जाए। प्रक्षेपण कोण θ जिससे गेंद को प्रक्षेपित किया गया था, वह है NCERT पृष्ठ 39

(a) $\sin\theta = \frac{1}{\sqrt{8}}$

(b) $\sin\theta = \frac{1}{\sqrt{6}}$

(c) $\sin\theta = \frac{1}{\sqrt{3}}$

(d) $\sin\theta = \frac{1}{\sqrt{5}}$

72 दो अलग-अलग द्रव्यमान m_1 और m_2 के प्रक्षेप्य एक ही बिन्दु से समान चाल से कोण α और कोण $(90° - \alpha)$ पर प्रक्षेपित किए जाते हैं। उनकी अधिकतम ऊँचाईयों का अनुपात है NCERT पृष्ठ 39

(a) $\cot\alpha : \sin\alpha$ (b) 1 : 1
(c) $\tan^2\alpha : 1$ (d) $1 : \tan\alpha$

73 दो प्रक्षेप्य A और B को $1 : \sqrt{2}$ के अनुपात की चाल से फेंके जाने पर समान ऊँचाई प्राप्त करते हैं। यदि A को क्षैतिज से 45° के कोण पर फेंका जाता है, तो B का प्रक्षेपण कोण होगा NCERT पृष्ठ 39

(a) 0° (b) 60°
(c) 30° (d) 45°

74 नीचे दिये गये चित्र में विभिन्न प्रारम्भिक वेगों के साथ एक चट्टान के तीन पथ दिखाये गए हैं। इनसे सम्बन्धित प्रारम्भिक क्षैतिज वेग घटक (वायु प्रतिरोध के प्रभाव को अमान्य मानते हुए) के लिए सही बढ़ता क्रम है NCERT पृष्ठ 39

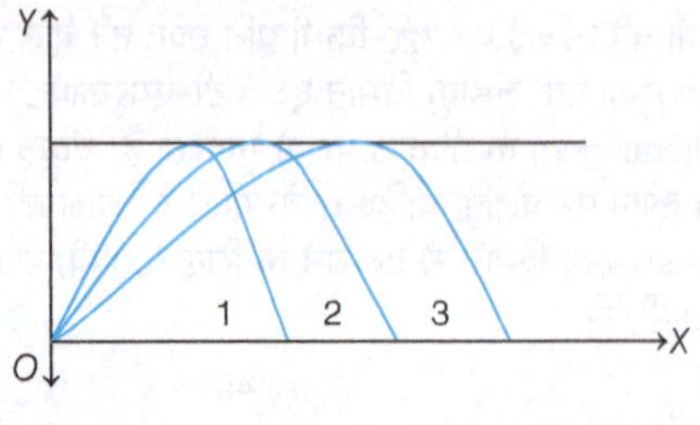

(a) 1 < 2 < 3 (b) 3 < 2 < 1 (c) 2 < 1 < 3 (d) 3 < 1 < 2

75 एक आदमी एक पत्थर को अधिकतम 80 मीटर की दूरी तक फेंक सकता है। अधिकतम ऊँचाई जहाँ तक यह जाता है, वह है NCERT पृष्ठ 39

(a) 30 मी (b) 20 मी
(c) 10 मी (d) 40 मी

76 एक खिलाड़ी 15 मी/से की चाल से गेंद को ठोकर मारता है जिससे इसकी क्षैतिज परास अधिकतम हो। ठोकर मारने की दिशा में 13.5 मीटर दूर एक अन्य खिलाड़ी ठोकर मारने के समय के तुरन्त बाद उसी दिशा में दौड़ना शुरू कर देता है। यदि उसे गेंद को जमीन पर पहुँचने से ठीक पहल पकड़ना है, तो उसे जिस वेग से दौड़ना चाहिए वह है ($g = 10$ मी/से^{2}, लें) NCERT पृष्ठ 40

(a) $2\sqrt{2}$ मी/से (b) $5\sqrt{2}$ मी/से
(c) $3\sqrt{2}$ मी/से (d) $10\sqrt{2}$ मी/से

77 तीन कण A, B और C को एकसमान प्रारम्भिक चाल से एक ही बिन्दु से प्रक्षेपित किया जाता है, जो क्षैतिज के साथ क्रमशः 30°, 45° और 60° का कोण बनाते हैं। निम्नलिखित में से कौन-सा कथन सही है? NCERT पृष्ठ 40

(a) A, B और C की परास असमान है।
(b) A और C की परास B की तुलना में कम है।
(c) A और C की परास बराबर हैं और B से अधिक है।
(d) A, B और C की परास समान है।

78 $(45° - \theta)$ तथा $(45° + \theta)$ के कोण पर प्रक्षेपित किये गये प्रक्षेप्यों के कोणों के लिये, प्रक्षेप्यों की परासों का अनुपात होगा NCERT पृष्ठ 40

(a) 1 : 3 (b) 2 : 3
(c) 3 : 2 (d) 1 : 1

79 एक तोप से एक गोला u वेग से इस तरह से छोड़ा जाता है कि वह जमीन पर 49 मीटर की दूरी पर रखे लक्ष्य से टकरा सके। यदि t_1 और t_2 दो सम्भावित तरीकों से लक्ष्य से टकराने में लगने वाले समय के मान हैं, तो गुणनफल $t_1 t_2$ है NCERT पृष्ठ 40

(a) 12 सेकण्ड^2 (b) 18 सेकण्ड^2
(c) 10 सेकण्ड^2 (d) 8 सेकण्ड^2

80 दो कणों को क्षैतिज से क्रमशः कोण α और β (दोनों न्यून) पर चाल u के साथ प्रक्षेपित किया जाता है। यदि पहले कण द्वारा तय की गई ऊँचाई दूसरे कण की ऊँचाई से अधिक है, तो निम्न में से कौन-सा सही है? (T_1 और T_2 उड़ान का समय है) NCERT पृष्ठ 40

(a) $\alpha < \beta$ (b) $\alpha = \beta$
(c) $T_1 > T_2$ (d) $T_1 = T_2$

81 एक गेंद को एक टावर के शीर्ष से क्षैतिज के कोण 60° पर 8 मी/से के प्रारम्भिक वेग से फेंका जाता है। यदि यह मीनार के आधार से 16 मीटर की दूरी पर जमीन से टकराता है, तो मीनार की ऊँचाई है ($g = 10$ मी/से^{2}) NCERT पृष्ठ 40

(a) 42 मी (b) 28.5 मी
(c) 52.2 मी (d) 98.6 मी

82 यदि कोई व्यक्ति पत्थर को अधिकतम h मीटर की ऊँचाई तक ऊर्ध्वाधर रूप से फेंक सकता है, तो उसी व्यक्ति द्वारा कोण θ पर क्षैतिजतः पर फेंकी जा सकने वाली अधिकतम दूरी है NCERT पृष्ठ 40

(a) $\frac{h}{2}$ (b) h
(c) $2h$ (d) $3h$

83 अधिकतम प्राप्त ऊँचाई और क्षैतिज परास के रूप में क्षैतिज के साथ बना प्रक्षेपण कोण ज्ञात करें। NCERT पृष्ठ 40

(a) $\tan^{-1}\frac{2H}{R}$ (b) $\tan^{-1}\frac{4R}{H}$

(c) $\tan^{-1}\left(\frac{4H}{R}\right)$ (d) $\tan^{-1}\left(\frac{H}{R}\right)$

84 अधिकतम ऊँचाई पर प्रक्षेप्य की चाल इसकी प्रारम्भिक चाल की (1/2) गुनी है। प्रक्षेप्य की परास और प्राप्त अधिकतम ऊँचाई का अनुपात होगा। NCERT पृष्ठ 40

(a) $4\sqrt{3}$ (b) $\frac{4}{\sqrt{3}}$ (c) $\frac{\sqrt{3}}{4}$ (d) 6

85 एक पिण्ड को $t = 0$ पर क्षैतिज से 60° के कोण पर 10 मी/से वेग से प्रक्षेपित किया जाता है। $t = 1$ सेकण्ड पर इसके प्रक्षेप्य पथ की वक्रता त्रिज्या R है। वायु प्रतिरोध की उपेक्षा करते हुए तथा गुरुत्वाकर्षण के कारण त्वरण $g = 10$ मी/से^{2} लेते हुए, R का मान है NCERT पृष्ठ 40

(a) 10.3 मी (b) 2.8 मी

(c) 5.1 मी (d) 2.5 मी

एकसमान वृत्तीय गति

86 12 सेमी त्रिज्या वाली एक वृत्तीय नाली में फंसा एक कीट तेजी से नाली के अनुदिश गति करता है तथा 100 सेकण्ड में 7 चक्कर लगाता है। निम्नलिखित में से कौन-सा कथन सही है? NCERT पृष्ठ 40

(a) कीट की कोणीय चाल 1.68 रेडियन/से है।

(b) गति की रैखिक चाल 5.3 सेमी/से है।

(c) त्वरण का परिमाण 6.78 सेमी/से^{2} है।

(d) त्वरण सदिश एक नियत सदिश है।

87 एकसमान वृत्तीय गति करने वाले कण के लिए, निम्नलिखित में से गलत कथन चुनें। NCERT पृष्ठ 40

(a) कण के वेग (चाल) का परिमाण स्थिर रहता है।

(b) कण का वेग त्रिज्या सदिश के समानान्तर रहता है।

(c) कण के गति करने पर त्वरण की दिशा बदलती रहती है।

(d) उपरोक्त में से कोई नहीं

88 यदि कोई कार एकसमान वृत्तीय गति में घूम रही है, तो उसका अभिकेन्द्रीय त्वरण प्रदर्शित करता है NCERT पृष्ठ 40

(a) एक अदिश राशि

(b) नियत सदिश

(c) नियत सदिश नहीं

(d) नियत दिशा और परिवर्तित परिमाण

89 एक कण त्रिज्या r तथा केन्द्र O के एक वृत्तीय पथ पर एकसमान चाल v से घूम रहा है। जब कण वृत्त पर एक बिन्दु P से Q तक इस प्रकार गति करता है कि $\angle POQ = \theta$, तब वेग के परिवर्तन का परिमाण है NCERT पृष्ठ 41

(a) $2v\cos(2\theta)$ (b) शून्य

(c) $2v\sin\left(\frac{\theta}{2}\right)$ (d) $\frac{v\sin\theta}{2}$

90 एक कण एकसमान कोणीय चाल ω से वृत्तीय पथ पर गति कर रहा है। वृत्तीय पथ की त्रिज्या r है। वृत्तीय पथ की त्रिज्या के लम्बवत् दिशा के अनुदिश कण का त्वरण है NCERT पृष्ठ 41

(a) $\omega^2 r$ (b) 0

(c) ωr^2 (d) $\frac{r^2}{\omega}$

91 एक कण 5 मीटर त्रिज्या के एक वृत्त में 10 मी/से की चाल से गति कर रहा है, यदि कण 1 सेकण्ड में 60° घूमता है, तो औसत वेग का परिमाण ज्ञात कीजिए। NCERT पृष्ठ 41

(a) 5 मी/से (b) 10 मी/से

(c) $5\sqrt{3}$ मी/से (d) 20 मी/से

92 दो कण A और B क्रमशः v_A और v_B की चाल से त्रिज्या r_A और r_B के संकेन्द्रीय वृत्तों में एकसमान वृत्तीय गति में चक्कर लगा रहे हैं। उनका परिक्रमण काल समान है। A की कोणीय चाल का B की कोणीय चाल से अनुपात होगा NCERT पृष्ठ 41

(a) $v_A : v_B$ (b) $r_B : r_A$ (c) 1 : 1 (d) $r_A : r_B$

93 दो कारें A और B वेग v_A और v_B के साथ त्रिज्या r_A और r_B के एक संकेन्द्रीय वृत्तीय पथ के अनुदिश नियत दूरी बनाये रखते हुए गति करती हैं, तब $\frac{v_A}{v_B}$ बराबर होंगे। NCERT पृष्ठ 41

(a) $\frac{r_B}{r_A}$ (b) $\frac{r_A}{r_B}$ (c) $\frac{r_A^2}{r_B^2}$ (d) $\frac{r_B^2}{r_A^2}$

94 एक साइकिल चालक 500 मीटर त्रिज्या वाले एक वृत्ताकार पार्क के केन्द्र O से चलना प्रारम्भ करता है और चित्र में दिखाए अनुसार, पथ $OPRQO$ के अनुदिश गति करता है। यदि वह 5 मी/से की नियत गति बनाए रखता है, तब बिन्दु R पर उसका त्वरण क्या है? NCERT पृष्ठ 42

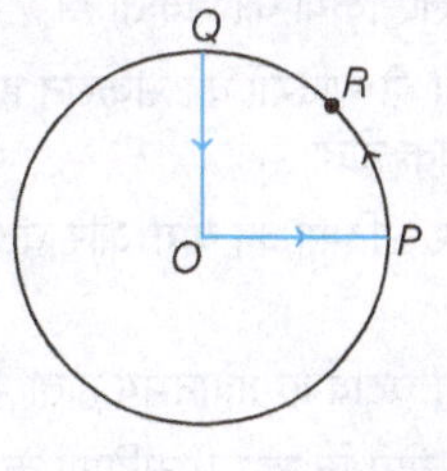

(a) 0.05 मी/से^{2} (b) 0.1 मी/से^{2}

(c) 0.01 मी/से^{2} (d) 1 मी/से^{2}

95 एक स्टॉप घड़ी में सेकण्ड की सुई की लम्बाई 3 सेमी है, तब इसकी नोंक का रैखिक वेग है NCERT पृष्ठ 42

(a) 4.28 मी/से (b) 1.1047 मी/से

(c) 0.00314 मी/से (d) 1.424 मी/से

96 5 मीटर त्रिज्या वाले वृत्ताकार पथ 23 मी/से की चाल से गतिमान एक बिन्दु द्रव्यमान का अभिकेन्द्रीय त्वरण क्या है? NCERT पृष्ठ 42

(a) 106 मी/से^{2} (b) 90 मी/से^{2}

(c) 60 मी/से^{2} (d) इनमें से कोई नहीं

97 m_1 और m_2 द्रव्यमान वाले दो पिण्ड क्रमशः r_1 और r_2 त्रिज्या वाले वृत्तों में गिरकर गति कर रहे हैं। उनकी चालें ऐसी हैं कि वे समान समय t में एक चक्कर पूरा करते हैं। उनके अभिकेन्द्रीय त्वरणों का अनुपात है NCERT पृष्ठ 42

(a) $m_1r_1 : m_2r_1$ (b) $m_1 : m_2$
(c) $r_1 : r_2$ (d) 1 : 1

98 एक कार 0.80 मीटर व्यास वाले वृत्त के चारों ओर एकसमान चाल से गति करती है और 100 चक्कर/मिनट पूरा करती है। इसका कोणीय वेग है NCERT पृष्ठ 42

(a) 10.467 रेडियन/से (b) 0.6 रेडियन/से
(c) 46.26 रेडियन/से (d) 8 रेडियन/से

99 एक कार एकसमान वृत्ताकार पथ पर 72 चक्कर प्रति मिनट की दर से घूम रही है। उस कार का वेग ज्ञात कीजिए जो अपने केन्द्र से 25 सेमी दूर है। NCERT पृष्ठ 42

(a) 1 मी/से (b) 1.5 मी/से
(c) 2 मी/से (d) 2.5 मी/से

100 एक कण 35 सेमी त्रिज्या के वृत्ताकार पथ पर गति कर रहा है। यदि इसकी चाल 1200 चक्कर प्रति मिनट है, तब कण द्वारा वृत्ताकार पथ को पूरा करने में लिया गया समय है NCERT पृष्ठ 42

(a) 0.05 सेकण्ड
(b) 0.004 सेकण्ड
(c) 0.12 सेकण्ड
(d) 0.15 सेकण्ड

अभिकथन-कारण प्रश्न

निर्देश *(प्रश्न क्रमांक 1-10) निम्नलिखित प्रश्नों में, अभिकथन के एक कथन के बाद कारण का एक संगत कथन दिया गया है। निम्नलिखित कथनों में से सही कथन का चयन कीजिए।*

(a) अभिकथन और कारण दोनों सही हैं और कारण, अभिकथन की सही व्याख्या है।
(b) अभिकथन और कारण दोनों सही हैं लेकिन कारण, अभिकथन की सही व्याख्या नहीं है।
(c) अभिकथन सही है, लेकिन कारण गलत है।
(d) अभिकथन गलत है, लेकिन कारण सही है।

1 **अभिकथन** दो सदिशों के परिणामी का परिमाण किसी भी सदिश के परिमाण से कम हो सकता है।

कारण अदिशों का संकलन एवं व्यवकलन केवल समान इकाइयों वाली राशियों के लिए किया जा सकता है। NCERT पृष्ठ 29

2 **अभिकथन** सदिश दो सदिशों का संकलन हमेशा उनके सदिश व्यवकलन से अधिक होता है।

कारण $\theta = 90°$ पर सदिशों का योग और घटाव बराबर होता है। NCERT पृष्ठ 30

3 **अभिकथन** सदिश घटाव क्रमविनिमेय होता है।

कारण सदिशों के योग के रूप में सदिशों के घटाव को परिभाषित किया जा सकता है। NCERT पृष्ठ 30

4 **अभिकथन** कोण a और $90° - a$ के लिए अधिकतम ऊँचाईयों का योग प्रक्षेपण कोण से स्वतन्त्र होता है।

कारण कोण a और $90° - a$ के लिए क्षैतिज परास R समान होती है। NCERT पृष्ठ 39

5 **अभिकथन** प्रक्षेप्य पथ के उच्चतम बिन्दु पर गुरुत्वाकर्षण के कारण त्वरण प्रक्षेप्य के वेग के साथ 90° का कोण बनाता है।

कारण अधिकतम ऊँचाई पर वेग का ऊर्ध्वाधर घटक शून्य होता है। NCERT पृष्ठ 39

6 **अभिकथन** यदि अलग-अलग द्रव्यमान के दो कणों को समान वेग से एक ही कोण पर प्रक्षेपित किया जाए, तो दोनों कणों द्वारा प्राप्त की गई अधिकतम ऊँचाई समान होगी।

कारण प्रक्षेप्य की अधिकतम ऊँचाई कण के द्रव्यमान पर निर्भर नहीं करती है। NCERT पृष्ठ 39

7 **अभिकथन** प्रक्षेप्य की अधिकतम ऊँचाई हमेशा परास की 25% होती है।

कारण अधिकतम परास के लिए, प्रक्षेप्य को 35° पर प्रक्षेपित किया जाना चाहिए। NCERT पृष्ठ 40

8 **अभिकथन** प्रक्षेप्य की परास 45° के कोण पर अधिकतम होती है।

कारण अधिकतम ऊँचाई केवल प्रक्षेप्य के वेग के ऊर्ध्वाधर घटक पर निर्भर करती है। NCERT पृष्ठ 40

9 **अभिकथन** समान रूप से त्वरित गति के लिए गतिकी समीकरणों को समान वृत्तीय गति में उपयोग नहीं किया जा सकता है।

कारण एकसमान वृत्तीय गति में त्वरण का परिमाण स्थिर रहता है लेकिन इसकी दिशा बदलती रहती है। NCERT पृष्ठ 40

10 **अभिकथन** एकसमान वृत्तीय गति एकसमान त्वरित गति है।

कारण एकसमान वृत्तीय गति में वस्तु के वेग की दिशा बदलती रहती है और वस्तु में त्वरण उत्पन्न होता है। NCERT पृष्ठ 40

कथन आधारित प्रश्न

निर्देश *(प्रश्न क्रमांक 1-8) निम्नलिखित प्रश्नों में दो कथन (I और II) दिए गए हैं। दिए गए कथनों के अनुसार, नीचे दिए गए सही विकल्प का चयन करें।*

(a) दोनों कथन I और II गलत हैं।
(b) कथन I सत्य है, लेकिन कथन II गलत है।
(c) कथन I असत्य है, लेकिन कथन II सही है।
(d) दोनों कथन I और II सही हैं।

1 **कथन I** दो सदिशों के अन्तर को दो सदिशों के योग की तरह माना जा सकता है।

कथन II सदिश त्रिभुज योग नियम का पालन करते हैं। NCERT पृष्ठ 29

2 **कथन I** सदिश λA, $(\lambda < 0)$ की दिशा सदिश A की दिशा के समान है।

कथन II यदि किसी सदिश को शून्य से गुणा किया जाता है, तो परिणामी एक अदिश राशि होती है। NCERT पृष्ठ 29

3 **कथन I** सदिशों को ज्यामितीय रूप से जोड़ा और घटाया जा सकता है।

कथन II सदिशों को उसी प्रकार विभाजित नहीं किया जा सकता है जिस तरह दिशाओं को विभाजित नहीं किया जा सकता है। NCERT पृष्ठ 29

4 **कथन I** असमान परिमाण वाले सह-समतलीय सदिशों की न्यूनतम संख्या जिनका परिमाण शून्य हो सकता है, तीन हैं।

कथन II असमान परिमाण के संरेखित सदिशों की न्यूनतम संख्या जिसका परिमाण शून्य हो सकता है, दो हैं। NCERT पृष्ठ 29

5 **कथन I** एक प्रक्षेप्य हमेशा एक परवलयिक पथ का अनुसरण करता है।

कथन II प्रक्षेप्य गति में, गति के दौरान संवेग कभी शून्य नहीं होता है। NCERT पृष्ठ 38

6 **कथन I** प्रक्षेप्य के उच्चतम बिन्दु पर, केवल ऊर्ध्वाधर दिशा में वेग होता है।

कथन II प्रक्षेप्य के उच्चतम बिन्दु पर, वेग और त्वरण एक-दूसरे के समानान्तर होते हैं। NCERT पृष्ठ 39

7 **कथन I** एक प्रक्षेप्य की गति को गति के दो अलग-अलग, एक साथ होने वाले घटकों के परिणाम के रूप में माना जा सकता है।

कथन II एक प्रक्षेप्य के लिए अधिकतम ऊँचाई पर, वेग का x-घटक शून्य होता है। NCERT पृष्ठ 39

8 **कथन I** जब कोई वस्तु एक स्थिर गति से एक वृत्ताकार पथ पर चलती है, तो वस्तु की गति को एकसमान वृत्तीय गति कहा जाता है।

कथन II एकसमान वृत्तीय गति में किसी वस्तु का त्वरण हमेशा वृत्त के केन्द्र से दूर की ओर कार्य करता है। NCERT पृष्ठ 40

सुमेलन प्रकार प्रश्न

1 कॉलम I (A तथा B का परिमाण) का कॉलम II (A तथा B के बीच सम्बन्ध) से मिलान कीजिए। NCERT पृष्ठ 29

	कॉलम I		कॉलम II
A.	$\xrightarrow{\lvert \mathbf{A} \rvert = l}$ $\xrightarrow{\lvert \mathbf{B} \rvert = 2l}$	1.	$\mathbf{A} = -\mathbf{B}$
B.	$\xrightarrow{\lvert \mathbf{A} \rvert = l}$ $\xleftarrow{\lvert \mathbf{B} \rvert = l}$	2.	$\mathbf{A} = \mathbf{B}$
C.	$\xrightarrow{\lvert \mathbf{A} \rvert = 2l}$ $\xleftarrow{\mathbf{B} = l}$	3.	$2\mathbf{A} = \mathbf{B}$
D.	$\xrightarrow{\lvert \mathbf{A} \rvert = l}$ $\xrightarrow{\lvert \mathbf{B} \rvert = l}$	4.	$\mathbf{A} = -2\mathbf{B}$

नीचे दिए गए विकल्पों में से सही विकल्प का चुनाव कीजिए।

कूट

	A	B	C	D
(a)	2	4	1	2
(b)	3	1	4	2
(c)	3	1	2	4
(d)	2	3	4	1

2 एक फुटबॉल खिलाड़ी 15 मी/से की प्रारंभिक चाल से क्षैतिज बल से 37° के कोण पर एक गेंद को ठोकर मारता है। माना कि गेंद ऊर्ध्वाधर तल में गति करती है, कॉलम I (दूरी /समय) को कॉलम II (मान) से मिलाएँ। (दिया गया है, $\sin 37° = 0.601$; $\sin 74° = 0.961$) NCERT पृष्ठ 38

	कॉलम I		कॉलम II
A.	वह समय जब गेंद उच्चतम बिंदु तक पहुंचती है (सेकण्ड में)	1.	4.16
B.	अधिकतम ऊँचाई तक पहुंच गया (मीटर में)	2.	1.84
C.	प्रक्षेप्य की क्षैतिज सीमा (मीटर में)	3.	0.92
D.	गेंद के हवा में रहने का समय (सेकण्ड में)	4.	22.02

नीचे दिए गए विकल्पों में से सही विकल्प का चुनाव कीजिए।

कूट

	A	B	C	D		A	B	C	D
(a)	3	1	4	2	(b)	2	4	3	1
(c)	3	4	1	2	(d)	4	1	2	3

3 एक कण की गति का प्रक्षेप्य पथ $y = x - \frac{x^2}{80}$ के रूप में दर्शाया जाता है। जहाँ x और y मीटर में हैं। इस प्रक्षेप्य गति के लिए कॉलम I को कॉलम II से सुमेलित कीजिए। ($g = 10$ मी/से^{2}) **NCERT पृष्ठ 38**

	कॉलम I		कॉलम II
A.	प्रक्षेपण कोण	1.	20 मी
B.	क्षैतिज के साथ वेग का कोण	2.	45°
C.	अधिकतम ऊँचाई	3.	80 मी
D.	क्षैतिज परास	4.	$\tan^{-1}\frac{1}{2}$

नीचे दिए गए विकल्पों में से सही उत्तर चुनें।

कूट

	A	B	C	D
(a)	2	4	3	1
(b)	1	2	3	4
(c)	3	1	2	4
(d)	2	2	1	3

4 प्रक्षेप्य की गति का समीकरण $y = mx - nx^2$ द्वारा दर्शाया जाता है, जहाँ m और n स्थिरांक हैं। कॉलम I को कॉलम II से सुमेलित कीजिए। **NCERT पृष्ठ 38**

	कॉलम I		कॉलम II
A.	उड्डयन काल	1.	$\frac{m^2}{4n}$
B.	प्रेक्षण का प्रारम्भिक वेग	2.	$\frac{m}{n}$
C.	अधिकतम ऊँचाई	3.	$m\sqrt{\frac{2}{ng}}$
D.	क्षैतिज परास	4.	$\sqrt{\frac{g(1+m^2)}{2n}}$

नीचे दिए गए विकल्पों में से सही उत्तर चुनें।

कूट

	A	B	C	D		A	B	C	D
(a)	4	3	2	1	(b)	1	3	4	2
(c)	3	4	2	1	(d)	3	4	1	2

आंकिक मान प्रकार के प्रश्न

1 एक रेलगाड़ी एक नियत त्वरण a के साथ सीधी रेखा में चल रही है। रेलगाड़ी में खड़ा एक लड़का 10 मी/से के वेग से क्षैतिज से 60° के कोण पर गेंद को आगे फेंकता है। लड़के को पहली ऊँचाई पर गेंद को वापस पकड़ने के लिए रेलगाड़ी के अन्दर 1.15 मीटर चलना पड़ता है। रेलगाड़ी का त्वरण a .... मी/से^{2} है। **NCERT पृष्ठ 37**

2 एक कण $t = 0$ सेकण्ड पर 10.0 मी/से के वेग से मूल बिन्दु से चलना प्रारम्भ करता है और $(8.0\hat{i} + 2.0\hat{j})$ मी/से^{2} के निरन्तर त्वरण के साथ XY तल में गति करता है। 5 सेकण्ड के बाद कण का वेग .... मी/से है। [यहाँ, $\sqrt{5} = 2.2$] **NCERT पृष्ठ 37**

3 एक गेंद को प्रक्षेपण कोण θ पर एक बिन्दु से गति v_0 के साथ फेंका जाता है। उसी बिन्दु से और उसी क्षण, एक व्यक्ति गेंद को पकड़ने के लिए स्थिर चाल $v_0/2$ के साथ दौड़ना शुरू करता है। इस गेंद का प्रक्षेपण कोण (डिग्री में) .... है। **NCERT पृष्ठ 38**

4 एक कण प्रक्षेप्य गति करता है ओर इस कण की अधिकतम परास 18 किमी है। जब यह कण अपनी गति के उच्चतम बिन्दु पर था, तो यह दो बराबर द्रव्यमानों में विस्फोटित हो गया। एक द्रव्यमान ऊर्ध्वाधर रूप से नीचे की ओर गिरता है, तो विस्फोट के समय से दूसरे द्रव्यमान द्वारा तय की गई क्षैतिज दूरी ....किमी है। **NCERT पृष्ठ 38**

5 d भुजा वाले एक नियमित षट्भुज के कोनों पर स्थित छह कण एक स्थिर गति v से गति करते हैं। यदि प्रत्येक कण एक दिशा बनाए रखता है ताकि यह हमेशा अगले क्रमिक कोने पर स्थित कण की ओर निर्देशित होता है। जिस समय के बाद कण एक-दूसरे से मिलेंगे वह $\frac{x_d}{v}$ है, तो x का मान .... है। **Old NCERT पृष्ठ 76**

6 किसी भी क्षण दो गतिमान कणों A और B के बीच की दूरी d है। यदि v_{AB} सापेक्ष वेग है और v_x और v_y, v_{AB} के घटक हैं, तब वह समय $\frac{dv_y}{v_{AB}^{\alpha}}$ है जब वे एक-दूसरे के सबसे निकट होते हैं। α का मान है .... **Old NCERT पृष्ठ 76**

7 एक लड़का 20 मी/से के वेग से चलती हुई एक सपाट ट्रेन में सवार है। लड़का एक गेंद फेंकता है जो क्षैतिज और उसके द्वारा प्राप्त मार्ग के साथ 30° का कोण बनाती है। जमीन पर खड़ा अन्य लड़का गेंद को ऊर्ध्वाधरतः ऊपर की ओर जाते हुए देखता है। वह देखता है गेंद .... मीटर तक जाती है। **Old NCERT पृष्ठ 76**

8 एक लड़का बिंदु P से बिंदु Q तक एक नदी पार करना चाहता है। रेखा PQ नदी के प्रवाह के साथ 45° का कोण बनाती है। तैराक के वेग का परिमाण नदी के वेग के समान होता है। रेखा PQ के साथ कोण .... होना चाहिए, ताकि लड़का बिंदु Q तक पहुँच जाए।

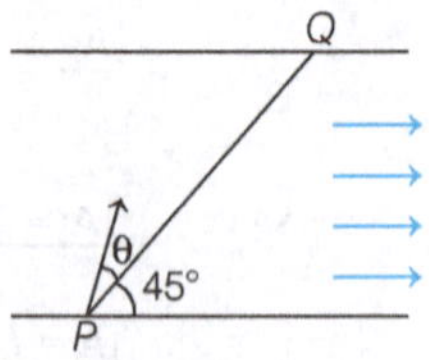

Old NCERT पृष्ठ 76

9 एक कण P एक वृत्ताकार पथ पर वामावर्त दिशा में चलता है जैसा कि चित्र में दिखाया गया है। कण की गति ऐसी है कि यह $s = t^3 + 5$ की लम्बाई तय करता है जहाँ s मीटर में है और t सेकण्ड में है। पथ की त्रिज्या 16 मीटर है, जब $t = 2$ सेकण्ड है तो P का त्वरण लगभग ... मी/से^{2} है।

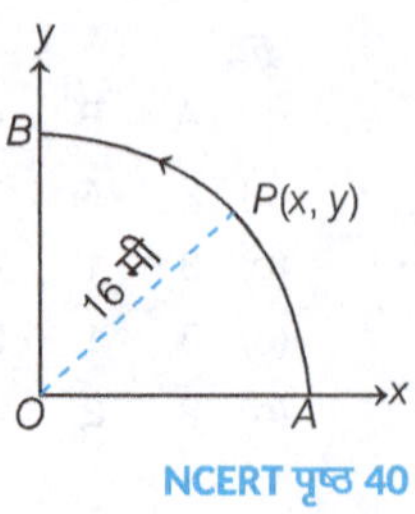

NCERT पृष्ठ 40

NCERT Exemplar प्रश्न

1 निम्नलिखित में से कौन-सा कथन सही है?
(a) अदिश राशि वह होती है जो किसी प्रक्रिया में संरक्षित रहती है।
(b) अदिश राशि वह होती है जिसका मान कभी ऋणात्मक मान नहीं होता है।
(c) अदिश राशि वह होती है जो स्पेस में एक बिन्दु से दूसरे बिन्दु पर भिन्न नहीं होती।
(d) अक्षों के विभिन्न अभिविन्यास वाले प्रेक्षकों के लिए अदिश राशि का मान समान होता है।

2 चित्र XY-तल में दो सदिशों **u** और **v** के अभिविन्यास को दर्शाता है। यदि $\mathbf{u} = a\hat{i} + b\hat{j}$ और $\mathbf{v} = p\hat{i} + q\hat{j}$ है, तो निम्नलिखित में से कौन-सा विकल्प सही है?

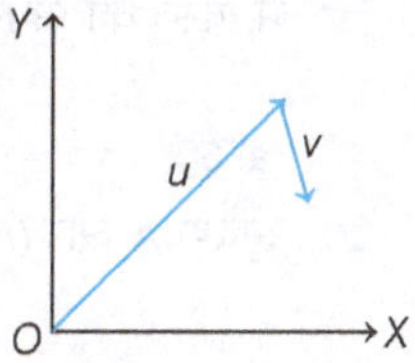

(a) a और p धनात्मक हैं, जबकि b और q ऋणात्मक हैं।
(b) a, p और b धनात्मक हैं, जबकि q ऋणात्मक है।
(c) a, q और b धनात्मक हैं, जबकि p ऋणात्मक है।
(d) a, b, p और q सभी धनात्मक हैं।

3 X-अक्ष के अनुदिश सदिश r के घटक का मान अधिकतम होगा, यदि
(a) **r** धनात्मक Y-अक्ष के अनुदिश हो
(b) **r** धनात्मक X-अक्ष के अनुदिश हो
(c) **r**, X-अक्ष के साथ 45° का कोण बनाता हो
(d) **r** ऋणात्मक Y-अक्ष के अनुदिश हो

4 15° के कोण पर छोड़े गए प्रक्षेप्य की क्षैतिज परास 50 मीटर है। यदि इसे 45° के कोण पर एकसमान गति से छोड़ा जाए, तो इसकी परास होगी।
(a) 60 मी (b) 71 मी
(c) 100 मी (d) 141 मी

5 द्वि-आयामी गति में, यदि तात्कालिक चाल v_0 एक धनात्मक स्थिरांक है, तो निम्नलिखित में से कौन-सा आवश्यक रूप से सत्य है?
(a) औसत वेग कभी भी शून्य नहीं होता।
(b) औसत त्वरण हमेशा लुप्त होना चाहिए।
(c) समान समय अन्तराल में विस्थापन समान होते हैं।
(d) समान पथ की लम्बाई समान अन्तराल में तय की जाती है।

विगत परीक्षाओं के प्रश्न

NEET

1 एक वृत्तीयकार पथ पर एकसमान चाल से गतिमान एक कण जारी रखता है **NCERT पृष्ठ 41, NEET 2024**
(a) नियत वेग
(b) नियत त्वरण
(c) नियत वेग परन्तु परिवर्ती त्वरण
(d) परिवर्ती वेग एवं परिवर्ती त्वरण

2 वृत्त की परिधि के अनुदिश गतिमान पिण्ड का कोणीय त्वरण है **NCERT पृष्ठ 40, NEET 2023**
(a) त्रिज्या के अनुदिश केन्द्र की ओर
(b) अपनी स्थिति के स्पर्शरिखा के अनुदिश
(c) घूर्णन अक्ष के अनुदिश
(d) त्रिज्या के अनुदिश, केन्द्र से दूर

3 एक बन्दूक से 280 मी/से की गति से क्षैतिज से 30° ऊपर की दिशा में गोली चलाई जाती है। गोली द्वारा प्राप्त अधिकतम ऊँचाई (g = 9.8 मी/से^{2} , sin 30° = 0.5) है **NCERT पृष्ठ 38, NEET 2023**
(a) 2000 मी
(b) 1000 मी
(c) 3000 मी
(d) 2800 मी

4 त्रिज्या R के वृत्त में एकसमान गति से गतिमान एक कण को एक चक्कर पूरा करने में T समय लगता है। यदि इस कण को क्षैतिज से θ कोण पर एकसमान गति से प्रक्षेपित किया जाए, तो इसके द्वारा प्राप्त अधिकतम ऊँचाई $4R$ के बराबर होती है। प्रक्षेपण कोण θ तब निम्न प्रकार दिया जाता है **NCERT पृष्ठ 40, NEET 2021**
(a) $\theta = \cos^{-1}\left(\dfrac{gt^2}{\pi^2 R}\right)^{1/2}$ (b) $\theta = \cos^{-1}\left(\dfrac{\pi^2 R}{(gT^2)}\right)^{1/2}$
(c) $\theta = \sin^{-1}\left(\dfrac{\pi^2 R}{gT^2}\right)^{1/2}$ (d) $\theta = \sin^{-1}\left(\dfrac{2gT^2}{\pi^2 R}\right)^{1/2}$

5 एक कार विरामावस्था से चलना प्रारम्भ होती है और 5 मी/से^{2} के त्वरण से त्वरित होती है। t = 4 सेकण्ड पर, कार में बैठे एक व्यक्ति द्वारा खिड़की से एक गेंद फेंकी जाती है। t = 6 सेकण्ड पर गेंद का वेग और त्वरण क्या है? (g = 10 मी/से^{2} लें) **NCERT पृष्ठ 40, NEET 2021**
(a) $20\sqrt{2}$ मी/से, 10 मी/से^{2} (b) 20 मी/से, 0
(c) 20 मी/से, 5 मी/से^{2} (d) $20\sqrt{2}$ मी/से, 0

6 जब किसी वस्तु को क्षैतिज से 60° के कोण पर रखे एक लम्बे चिकने झुकाव वाले तल पर नीचे की ओर फेंका जाता है, तो वह तल के अनुदिश x_1 दूरी तय करती है। लेकिन जब झुकाव 30° तक कम हो जाता है और उसी वस्तु को उसी वेग से फेंका जाता है, तो वह x_2 दूरी तय करती है। तब, $x_1 : x_2$ होगा **NCERT पृष्ठ 38, NEET 2019**
(a) $\sqrt{2} : 1$ (b) $1 : \sqrt{3}$ (c) $1 : \sqrt{2}$ (d) $1 : 2\sqrt{3}$

7 एक कण इस प्रकार गति करता है कि उसका स्थिति सदिश $\mathbf{r} = \cos \omega t\hat{\mathbf{x}} + \sin \omega t\hat{\mathbf{y}}$ द्वारा दिया जाता है, जहाँ ω एक नियतांक है। निम्न में से कौन-सा कथन सही है? **NCERT पृष्ठ 40, NEET 2016**

(a) वेग और त्वरण दोनों **r** के लम्बवत् हैं।
(b) वेग और त्वरण दोनों **r** के समानान्तर हैं।
(c) वेग **r** के लम्बवत् है और त्वरण मूल बिन्दु की ओर निर्देशित है।
(d) वेग **r** के लम्बवत् है और त्वरण मूल बिन्दु से दूर निर्देशित है।

8 दिए गए चित्र में, $a = 15$ मी/से^{2} एक निश्चित समय पर त्रिज्या $R = 2.5$ मीटर के एक वृत्त में दक्षिणावर्त दिशा में गतिमान एक कण के कुल त्वरण को दर्शाता है। कण की गति है **NCERT पृष्ठ 40, NEET 2016**

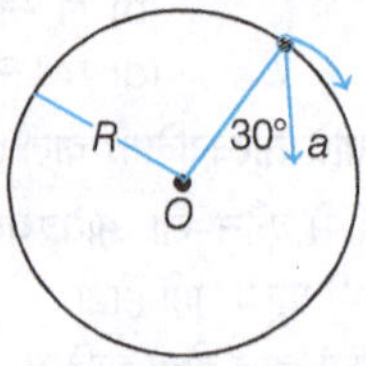

(a) 4.5 मी/से
(b) 5.0 मी/से
(c) 5.7 मी/से
(d) 6.2 मी/से

9 यदि दो सदिशों के योग का परिमाण दो सदिशों के अन्तर के परिमाण के बराबर है, तो इन सदिशों के बीच का कोण है **NCERT पृष्ठ 39, NEET 2016**

(a) 90°
(b) 45°
(c) 180°
(d) 0°

JEE Main

10 समान परिमाण R के दो सदिशों **A** व **B** के बीच का कोण θ है, तब **NCERT पृष्ठ 34, JEE Main 2024**

(a) $|\mathbf{A}+\mathbf{B}| = 2R\cos\left(\frac{\theta}{2}\right)$
(b) $|\mathbf{A}-\mathbf{B}| = \sqrt{2}\,R\sin\left(\frac{\theta}{2}\right)$
(c) $|\mathbf{A}-\mathbf{B}| = 2R\cos\left(\frac{\theta}{2}\right)$
(d) $|\mathbf{A}+\mathbf{B}| = 2R\sin\left(\frac{\theta}{2}\right)$

11 समान क्षैतिज परास तथा अधिकतम ऊँचाई के एक प्रक्षेप्य के लिए प्रक्षेपण कोण है **NCERT पृष्ठ 39, JEE Main 2024**

(a) $\tan^{-1}\left(\frac{1}{4}\right)$
(b) $\tan^{-1}\left(\frac{1}{2}\right)$
(c) $\tan^{-1}(4)$
(d) $\tan^{-1}(2)$

12 जमीन से छोड़े गए एक प्रक्षेप्य की प्रारम्भिक गति u है। अपनी गति के दौरान उच्चतम बिन्दु पर, प्रक्षेप्य की गति $\frac{\sqrt{3}}{2u}$ है। प्रक्षेप्य की उड़ान का समय है **NCERT पृष्ठ 38, JEE Main 2023**

(a) $\frac{2u}{g}$
(b) $\frac{u}{2g}$
(c) $\frac{u}{g}$
(d) $\frac{\sqrt{3u}}{g}$

13 एक वस्तु 10 मीटर त्रिज्या के एक वृत्त में एक स्थिर गति से घूम रही है। शरीर 4 सेकण्ड में एक चक्कर पूरा करता है। 3 सेकण्ड के अन्त में, वस्तु का अपने प्रारम्भिक बिन्दु से विस्थापन (मीटर में) है **NCERT पृष्ठ 40, JEE Main 2023**

(a) 30
(b) $10\sqrt{2}$
(c) 5π
(d) 15π

14 सदिश **A** और (**A** – **B**) के बीच का कोण है **NCERT पृष्ठ 33, JEE Main 2021**

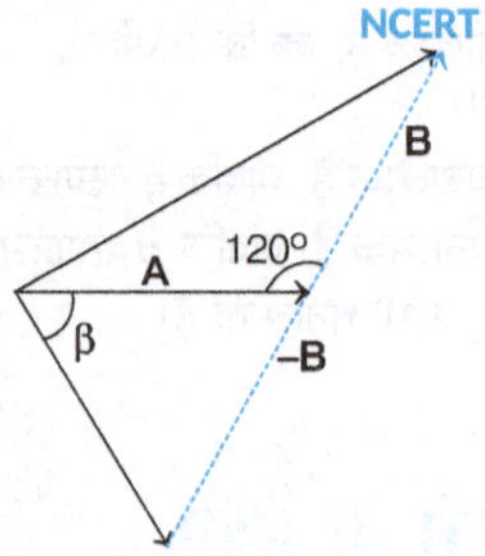

(a) $\tan^{-1}\left(\frac{A}{0.7B}\right)$
(b) $\tan^{-1}\left(\frac{-B/2}{A - B\frac{\sqrt{3}}{2}}\right)$
(c) $\tan^{-1}\left(\frac{\sqrt{3}B}{2A-B}\right)$
(d) $\tan^{-1}\left(\frac{B\cos\theta}{A-B\sin\theta}\right)$

15 दो बन्दूकें A और B क्रमशः 1 किमी/से और 2 किमी/से की गति से गोलियाँ चला सकती हैं। क्षैतिज जमीन पर एक बिन्दु से, उन्हें सभी सम्भावित दिशाओं में फायर किया जाता है। दोनों बन्दूकों द्वारा जमीन पर दागी गई गोलियों द्वारा कवर किए गए अधिकतम क्षेत्रों का अनुपात है **NCERT पृष्ठ 38, JEE Main 2019**

(a) 1 : 4
(b) 1 : 16
(c) 1 : 8
(d) 1 : 2

स्किल बूस्टर्स

1 एक साइकिल चालक एक वृत्ताकार पथ पर स्थिर वेग से घूम रहा है। जब वह 90° के कोण से घूमता है तो उसके तात्कालिक वेग और औसत वेग का अनुपात है

(a) $\pi : 2\sqrt{2}$ (b) $1 : \sqrt{2}\pi$
(c) $2\sqrt{2}\pi : 1$ (d) $\sqrt{2}\pi : 1$

2 एक तारा आकाशगंगा के केन्द्र के चारों ओर 4 सेकण्ड का कोण बनाते हुए चक्कर लगा रहा है। इसकी चाप की लम्बाई 4.4 प्रकाश वर्ष है और तारे की गति 8 खगोलीय इकाई प्रति सेकण्ड है, तो 4 चक्कर पूरे करने में उसे कितना समय लगेगा? (1 प्रकाश-वर्ष $y = 9.46 \times 10^{15}$ मी, 1 खगोलीय इकाई $= 1.5 \times 10^{11}$ मी)

(a) 4.1×10^8 से (b) 4.5×10^{10} से
(c) 3.5×10^6 से (d) 7.2×10^8 से

3 दो धूमकेतु A और B स्थिर वेग $\mathbf{v_1}$ और $\mathbf{v_2}$ से गति करते हैं। प्रारम्भिक क्षण में, उनके स्थिति सदिश क्रमशः $\mathbf{r_1}$ और $\mathbf{r_1}$ हैं। उनकी टक्कर के लिये धूमकेतु A और B की स्थिति है

(a) $\dfrac{\mathbf{r_1} - \mathbf{r_2}}{|\mathbf{r_1} - \mathbf{r_2}|} = \dfrac{\mathbf{v_2} - \mathbf{v_1}}{|\mathbf{v_2} - \mathbf{v_1}|}$ (b) $\mathbf{r_1} \cdot \mathbf{v_1} = \mathbf{r_2} \cdot \mathbf{v_2}$
(c) $\mathbf{r_1} \times \mathbf{v_1} = \mathbf{r_2} \times \mathbf{v_2}$ (d) $\mathbf{r_1} - \mathbf{r_1} = \mathbf{v_1} - \mathbf{v_2}$

4 एक जहाज A, 10 किमी/घण्टा की चाल से पश्चिम की ओर बढ़ रहा है और एक जहाज B, जो A से 100 किमी दक्षिण में है, 10 किमी/घण्टा की चाल से उत्तर की ओर बढ़ रहा है। वह समय जिसके बाद उनके बीच की दूरी सबसे कम हो जाती है

(a) 0 घण्टा (b) 5 घण्टा
(c) $5\sqrt{2}$ घण्टा (d) $10\sqrt{2}$ घण्टा

5 एक दुश्मन लड़ाकू ड्रोन की चाल 500 मी/से है। यह 250 मीटर की निरन्तर ऊँचाई पर उड़ रहा है। ड्रोन लगातार एक एण्टी-ड्रोन गन के ऊपर है जो किसी भी समय और किसी भी दिशा में 100 मी/से के के वेग से फायर कर सकती है। वह समय अन्तराल जिसके दौरान ड्रोन को बंदूक की नली से टकराने का खतरा है

(a) $2\sqrt{2}$ से (b) 3 से
(c) 2 से (d) $3\sqrt{2}$ से

6 दो गेंदों को एक ही बिन्दु से एक ही समय पर प्रक्षेपण कोण α और β पर क्षैतिज से समान गति से फेंका जाता है। यदि वे एक साथ चलते हैं, तो वे पोल के ऊपर और नीचे टकराते हैं। तब $\dfrac{\cos\alpha}{\cos\beta}$ का मान है

(a) 1 (b) 2
(c) 3 (d) $\dfrac{1}{2}$

7 एक छोटी गेंद को इस प्रकार फेंका जाना है कि वह 2 मीटर व्यास वाली तीन समान वलयों से होकर गुजरे जो 8 मीटर की दूरी पर तथा 32 मीटर की ऊँचाई पर ऊर्ध्वाधर समान्तर स्थित हैं जैसा कि चित्र में दिखाया गया है। यदि प्रक्षेप्य कोण α है, तब $\tan\alpha$ का मान होगा

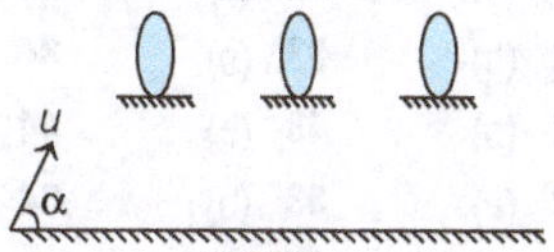

(a) 1 (b) 5
(c) 0.5 (d) 10

8 अनेक कणों को एक बिन्दु से अलग-अलग दिशाओं में समान चाल v_0 के साथ फेंका जाता है। किसी समय t पर धरातल पर पहुँचने से पहले वे किस तरह की सतह पर स्थित होते हैं?

(a) परवलयिक
(b) गोला
(c) दीर्घवृत्ताभ
(d) सीधी रेखा

9 एक पत्थर को 30 मी/से के प्रारम्भिक वेग से प्रक्षेपित किया जाता है। यदि प्रक्षेपण बिन्दु से 45 मीटर की दूरी पर दीवार पर पत्थर की अधिकतम ऊँचाई (3375×10^{-n}) मीटर है। n का मान ज्ञात कीजिए।

(a) 3 (b) 2
(c) 1 (d) 4

10 दो कण A और B त्रिज्या R_1 और R_2 के दो संकेन्द्रित वृत्तों पर समान कोणीय गति ω से $t = 0$ पर घूम रहे हैं, उनकी स्थिति और गति की दिशा चित्र में दर्शाई गई है। $t = \pi/2\omega$ पर सापेक्ष वेग $\mathbf{v}_A - \mathbf{v}_B$ होगा

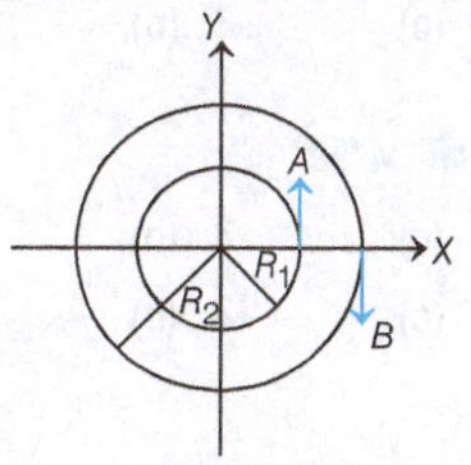

(a) $\dfrac{\omega}{2}(R_1 + R_2)\,\hat{i}$
(b) $-\dfrac{\omega}{2}(R_1 - R_2)\,\hat{i}$
(c) $\omega(R_1 - R_2)\,\hat{i}$
(d) $\omega(R_2 - R_1)\,\hat{i}$

प्रश्न कुंजी

शीर्षकवार प्रश्न

1 (d)	2 (c)	3 (c)	4 (d)	5 (d)	6 (d)	7 (a)	8 (c)	9 (a)	10 (b)
11 (c)	12 (c)	13 (c)	14 (c)	15 (c)	16 (a)	17 (c)	18 (b)	19 (a)	20 (c)
21 (b)	22 (b)	23 (a)	24 (a)	25 (c)	26 (b)	27 (d)	28 (c)	29 (a)	30 (b)
31 (c)	32 (b)	33 (c)	34 (d)	35 (d)	36 (a)	37 (a)	38 (d)	39 (c)	40 (a)
41 (a)	42 (b)	43 (b)	44 (b)	45 (b)	46 (a)	47 (c)	48 (b)	49 (b)	50 (b)
51 (c)	52 (a)	53 (b)	54 (c)	55 (c)	56 (c)	57 (d)	58 (a)	59 (d)	60 (b)
61 (b)	62 (a)	63 (b)	64 (c)	65 (b)	66 (b)	67 (d)	68 (d)	69 (c)	70 (d)
71 (b)	72 (c)	73 (c)	74 (a)	75 (b)	76 (c)	77 (b)	78 (d)	79 (c)	80 (c)
81 (c)	82 (c)	83 (c)	84 (b)	85 (b)	86 (b)	87 (b)	88 (c)	89 (c)	90 (b)
91 (a)	92 (c)	93 (b)	94 (a)	95 (c)	96 (a)	97 (c)	98 (a)	99 (c)	100 (a)

अभिकथन-कारण प्रश्न

1 (b)	2 (d)	3 (d)	4 (b)	5 (a)	6 (a)	7 (c)	8 (c)	9 (a)	10 (b)

कथन आधारित प्रश्न

1 (d)	2 (a)	3 (b)	4 (b)	5 (d)	6 (a)	7 (b)	8 (a)

सुमेलन प्रकार प्रश्न

1 (b)	2 (a)	3 (d)	4 (d)

आंकिक मान प्रकार के प्रश्न

1 (5)	2 (44.6)	3 (60)	4 (18)	5 (2)	6 (2)	7 (7)	8 (45)	9 (15)

NCERT Exemplar प्रश्न

1 (d)	2 (b)	3 (b)	4 (c)	5 (d)

विगत परीक्षाओं के प्रश्न

1 (d)	2 (c)	3 (b)	4 (d)	5 (a)	6 (b)	7 (c)	8 (c)	9 (a)	10 (d)
11 (c)	12 (c)	13 (b)	14 (c)	15 (b)					

स्किल बूस्टर्स

1 (a)	2 (b)	3 (a)	4 (b)	5 (a)	6 (a)	7 (a)	8 (b)	9 (b)	10 (d)

क्रमवार

प्रश्नों का विश्लेषण

कॉन्सेप्ट बिल्डर्स

1 नहीं	2 धारा
3 सत्य	4 शून्य
5 शून्य	6 90°
7 120°	8 सत्य
9 असत्य	10 असत्य
11 क्षैतिज	12 उच्चतम बिन्दु पर
13 असत्य	14 सत्य
15 $H_{अधिकतम} = \frac{R}{2}$	16 नहीं होता
17 विपरीत	18 असत्य
19 90°	20 सत्य

शीर्षकवार प्रश्न

2 *(c)* माना वस्तु की स्थितियाँ *A* और *B* हैं, तब

$$OA = r_1,\ OB = r_2$$

∴ विस्थापन सदिश

$$AB = OB - OA = (r_2 - r_1)$$

3 *(c)* दिए गए सदिशों में से, **A** तथा **B** समान सदिश है। वे समान परिमाण और दिशा रखते हैं।

4 *(d)* दिया है, **A** = 7 इकाई (उत्तर)

∴ − 3**A** = − 3 × 7 इकाई (उत्तर)

= 21 इकाई (दक्षिण)

5 *(d)* $|\mathbf{B}| = -1.5|\mathbf{A}|$. इसलिए जब **A** को −1.5 से गुणा किया जाता है तब इसकी दिशा पलट जाती है। और इसका परिमाण $|\mathbf{A}|$ का 1.5 गुना हो जाता हैं।

इस प्रकार, $|\mathbf{B}| \neq |\mathbf{A}|$.

8 *(c)* दिया है, $\mathbf{A} + \mathbf{B} + \mathbf{C} = 0$

$\Rightarrow \mathbf{A} = -(\mathbf{B} + \mathbf{C})$

जब सदिश (**B** + **C**) को ऋणात्मक संख्या से गुणा कर दिया जाता है तब सदिश **A** सदिश (**B** + **C**) के असमान्तर हो जाता है।

9 *(a)*

(a) **a** + **b** + **c** + **d** अनेक प्रकार से शून्य हो सकते हैं। इसके अतिरिक्त **a**, **b**, **c** और **d** में से कोई एक शून्य सदिश होना चाहिए। उदाहरण यदि सदिश विभिन्न दिशाओं में है, तब उनका परिणामी सदिश शून्य होगा।

(b) चूँकि, $\mathbf{a} + \mathbf{b} + \mathbf{c} + \mathbf{d} = 0$

∴ $\mathbf{a} + \mathbf{c} = -(\mathbf{b} + \mathbf{d})$

या $|\mathbf{a} + \mathbf{c}| = |\mathbf{b} + \mathbf{d}|$

(c) चूँकि, $\mathbf{a} + \mathbf{b} + \mathbf{c} + \mathbf{d} = 0$

∴ $\mathbf{a} = -(\mathbf{b} + \mathbf{c} + \mathbf{d})$

या $|\mathbf{a}| = |\mathbf{b} + \mathbf{c} + \mathbf{d}|$

(**b** + **c** + **d**) का परिमाण **b**, **c** तथा **d** के परिमाणों के योग के बराबर या कम हो सकता है। लेकिन कभी-भी अधिकतम नहीं हो सकता। इसी प्रकार **a** का परिमाण **b**, **c** और **d** के परिमाणों के योग से अधिकतम नहीं हो सकता है।

(d) चूँकि, $\mathbf{a} + \mathbf{b} + \mathbf{c} + \mathbf{d} = 0$

या $\mathbf{a} + (\mathbf{b} + \mathbf{c}) + \mathbf{d} = 0$

तीन सदिशों **a**(**b** + **c**) और **d** का परिणाम शून्य तब हो सकता है जब वे एक तल में स्थित होते है और एक क्रम में ली गई त्रिभुज की तीन भुजाओं द्वारा प्रदर्शित किए जाते है

यदि **a** तथा **d** संरेखित (Collinear) हैं। तब (**b** + **c**)**a** तथा **d** की रेखा में स्थित होने चाहिए। तब केवल सभी सदिशों का सदिश वेग शून्य होगा। अतः दिया गया कथन सही है, अन्य गलत हैं।

10 *(b)* $|\mathbf{Q}|^2 = Q_x^2 + Q_y^2$

मान रखने पर हम प्राप्त करते हैं

$(5)^2 = Q_x^2 + 4^2 \Rightarrow Q_x = \sqrt{9} = 3$

11 *(c)* सदिश नीचे चित्र में प्रदर्शित किया गया है।

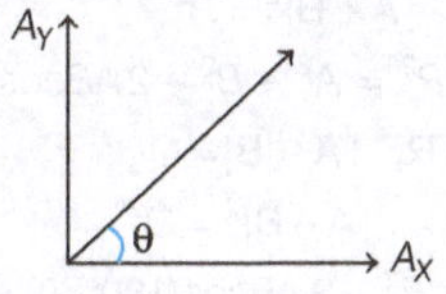

जहाँ, θ = 60°

तब, $\tan\theta = \frac{A_y}{A_x}$ या $A_y = A_x \tan\theta$

$\Rightarrow \quad A_y = 50 \tan 60°$

$= 50 \times \sqrt{3}$

$(\because \sqrt{3} = 1.732)$

$= 86.6 \simeq 87$ न्यूटन

12 *(c)* दिया है, $\mathbf{P} = 3\hat{i} - 4\hat{j}$

$\mathbf{Q} = 6\hat{i} - 8\hat{j} = 2(3\hat{i} - 4\hat{j}) = 2\mathbf{P}$

तथा $\mathbf{R} = \frac{3}{4}\hat{i} - \hat{j} = \frac{1}{4}(3\hat{i} - 4\hat{j}) = \frac{\mathbf{P}}{4}$

इसलिए **P**, **Q** और **R** असमान परिमाण के साथ समान्तर हैं।

14 *(c)* **A** तथा **B** का परिणामी सदिश

$\mathbf{R} = \mathbf{A} + \mathbf{B} = -\hat{i} + 2\hat{j} + 3\hat{k}$

R की दिशा में एकांक सदिश है।

$$\hat{\mathbf{R}} = \frac{\mathbf{R}}{|\mathbf{R}|} = \frac{-\hat{i} + 2\hat{j} + 3\hat{k}}{\sqrt{14}}$$

15 *(c)* यदि cos α, cos β तथा cos γ सदिश की दिशा कोज्या है, तब

$\cos^2\alpha + \cos^2\beta + \cos^2\gamma = 1$ ...(i)

और हम जानते हैं,

$\sin^2\alpha + \cos^2\alpha = 1$ ...(ii)

समी (i) व (ii) से,

$\cos^2\alpha + \cos^2\beta + \cos^2\gamma + \sin^2\alpha + \cos^2\alpha = 1 + 1$

$\sin^2\alpha + 2\cos^2\alpha + \cos^2\beta + \cos^2\gamma = 2$

16 *(a)* तीनों सदिश जोड़ने पर शून्य हो सकते हैं। जब प्रत्येक दूसरे सदिश से 120° पर झुके होते हैं। यदि $|\mathbf{A} + \mathbf{B}| = |\mathbf{A} - \mathbf{B}|$, तब वे 90° पर झुके होते हैं।

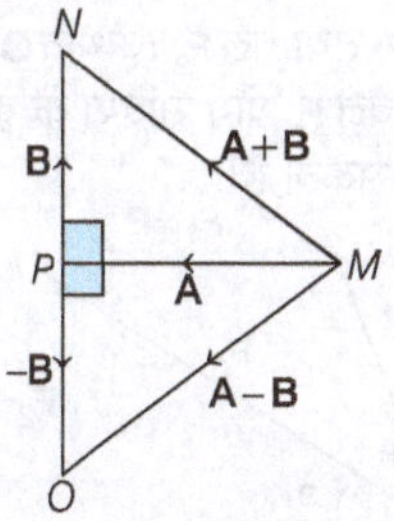

जैसा चित्र में प्रदर्शित किया गया है।

इस चित्र में, *MN* की लम्बाई *MO* के समान है।

इसलिए, $|\mathbf{A} + \mathbf{B}| = |\mathbf{A} - \mathbf{B}|$.

इस प्रकार विकल्प (a) में दिया गया कथन सही है अन्य गलत हैं।

17 *(c)* दिया है, $|\mathbf{A}| = |\mathbf{B}|$ और $|\mathbf{R}| = 2|\mathbf{A}|$

∴ $R^2 = A^2 + B^2 + 2AB\cos\theta$

$\Rightarrow (2A)^2 = A^2 + A^2 + 2A^2\cos\theta$

∴ $\theta = 0°$

18 *(b)* चूँकि, सदिशों के परिमाण और दिशा अपरिवर्तित रहते हैं। इसलिए परिणामी **R** का परिमाण समान रहता है। जबकि इसकी दिशा परिवर्तित हो जाती है।

19 *(a)* चूँकि, $(5)^2 = (3)^2 + (4)^2$ यह पाइथागोरस प्रमेय के अनुसार है। अतः सदिशों को चित्र द्वारा प्रदर्शित किया जा सकता है।

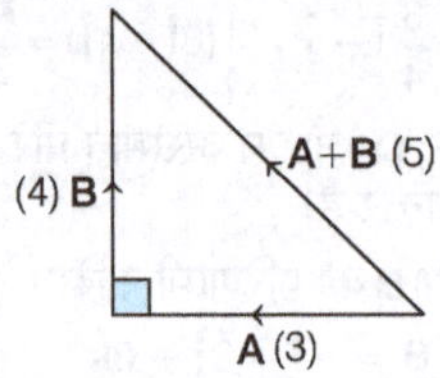

$\therefore$ **A** तथा **B** लम्बवत् हैं।

जबकि यदि **A**+ **B** की लम्बाई 5 से अधिक या 5 से कम है। तब तक वे क्रमशः न्यूनकोण और अधिक कोण पर झुके होने चाहिए।

20 *(c)* यहाँ **A** तथा **B** के बीच कोण α है।

यदि (**A** + **B**) **A** के साथ कोण θ_1 बनाता है।

$$\therefore \quad \tan\theta_1 = \frac{B\sin\alpha}{A + B\cos\alpha}$$

इस प्रकार, $\tan\theta_2 = \dfrac{B\sin\alpha}{A - B\cos\alpha}$

अब, $\tan\theta_1 - \tan\theta_2$

$$= \frac{-2B^2\sin\alpha\cos\alpha}{A^2 - B^2\cos^2\alpha}$$

$$= \frac{-B^2\sin 2\alpha}{A^2 - B^2\cos^2\alpha}$$

21 *(b)* कोण θ पर स्थित किन्हीं दो बलों $\mathbf{F}_1$ (अर्थात् **P**) तथा बल $\mathbf{F}_2$ (अर्थात् **Q**) का परिणामी बल $\mathbf{F}_r$ योग सदिश के द्वारा प्राप्त किया जा सकता है।

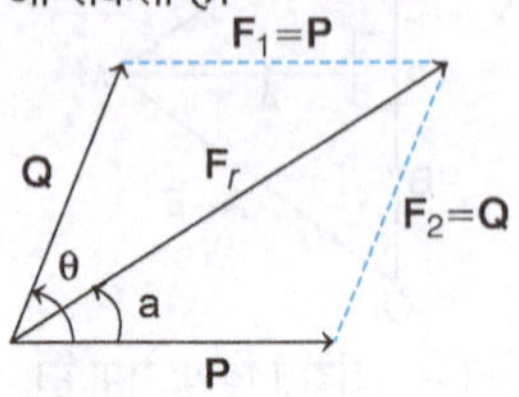

प्रथम स्थिति में,

$$F_r^2 = 13F^2 + 12F^2\cos\theta \quad \ldots \text{(i)}$$

द्वितीय स्थिति में, $F_1 = 2F$ और $F_2 = 6F$

$$4F_r^2 = 40F^2 + 24F^2\cos\theta \quad \ldots \text{(ii)}$$

समी (i) तथा (ii) से हमें प्राप्त है,

$$52F^2 + 48F^2\cos\theta = 40F^2 + 24F^2\cos\theta$$

या $\cos\theta = -1/2$

या $\theta = 120^\circ \quad (\because \cos 120^\circ = -1/2)$

22 *(b)* $|\mathbf{A} + \mathbf{B}|^2 = |\mathbf{A}|^2$

$\Rightarrow |\mathbf{A}|^2 + |\mathbf{B}|^2 + 2|\mathbf{A}||\mathbf{B}|\cos\theta = |\mathbf{A}|^2$

$\Rightarrow \quad |\mathbf{B}|\,[\,|\mathbf{B}| + 2|\mathbf{A}|\cos\theta] = 0$

$\Rightarrow \quad |\mathbf{B}| = 0$

या $\quad |\mathbf{B}| + 2|\mathbf{A}|\cos\theta = 0$

$$\Rightarrow \quad \cos\theta = -\frac{|\mathbf{B}|}{2|\mathbf{A}|} \quad \ldots\text{(i)}$$

यदि **A** तथा **B** समान्तर है, तब $\theta = 0^\circ$ समी (i) से,

$$\cos 0^\circ = 1 = -\frac{|\mathbf{B}|}{2\mathbf{A}}$$

$\Rightarrow \quad |\mathbf{B}| = -2|\mathbf{A}|$

अतः दी गई स्थिति तभी निहित होंगी जब या तो $|\mathbf{B}| = -0$ या **A** तथा **B** समान्तर होने पर, $|\mathbf{B}| = -2|\mathbf{A}|$ हो

23 *(a)* सदिश **A** तथा **B** के बीच का अन्तर

$$|(\mathbf{A} - \mathbf{B})|^2 = A^2 + B^2 - 2AB\cos\theta$$

$$= 1 + 1 - 2\cos\theta$$

[$\because$ **A** तथा **B** एकांक सदिश हैं]

$$= 2 - 2\cos\theta = 2(1 - \cos\theta)$$

$$= 2 \times 2\sin^2(\theta/2)$$

$$= 4\sin^2\left(\frac{\theta}{2}\right)$$

$$|\mathbf{A} - \mathbf{B}| = 2\sin(\theta/2)$$

24 *(a)* प्रश्नानुसार,

सदिश **A** और **B** निम्न प्रकार प्रदर्शित किए जा सकते हैं।

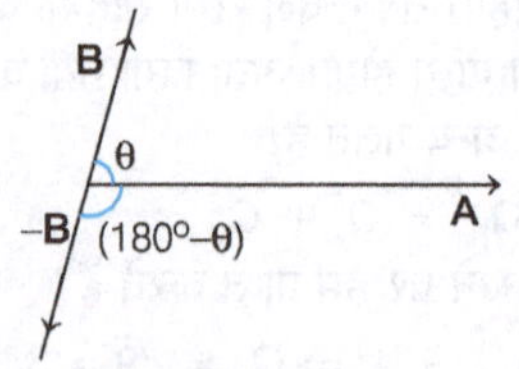

दिया है, $\quad |\mathbf{A} + \mathbf{B}| = P$

$\Rightarrow \quad |\mathbf{A} + \mathbf{B}|^2 = P^2$

$$P^2 = A^2 + B^2 + 2AB\cos\theta \quad \ldots\text{(i)}$$

इसी प्रकार, $|\mathbf{A} - \mathbf{B}| = Q$

$\Rightarrow \quad |\mathbf{A} - \mathbf{B}|^2 = Q^2$

$\Rightarrow A^2 + B^2 + 2AB\cos(180^\circ - \theta) = Q^2$

$\Rightarrow A^2 + B^2 - 2AB\cos\theta = Q^2 \quad \ldots\text{(ii)}$

समी (i) और (ii) से, $P^2 + Q^2 = 2(A^2 + B^2)$

25 *(c)* दिया है, $|\mathbf{A} + \mathbf{B}| = |\mathbf{A} - \mathbf{B}|$

$\Rightarrow \sqrt{|\mathbf{A}|^2 + |\mathbf{B}|^2 + 2|\mathbf{A}||\mathbf{B}|\cos\theta}$

$= \sqrt{|\mathbf{A}|^2 + |\mathbf{B}|^2 - 2|\mathbf{A}||\mathbf{B}|\cos\theta}$

$\Rightarrow \quad |\mathbf{A}||\mathbf{B}|\cos\theta = 0$

$\Rightarrow \quad |\mathbf{A}| = 0$ या $|\mathbf{B}| = 0$

या $\cos\theta = 0$

$\Rightarrow \quad \theta = 90^\circ$

इस प्रकार, $|\mathbf{A} + \mathbf{B}| = |\mathbf{A} - \mathbf{B}|$ हमेशा सत्य है जब $|\mathbf{A}_1|$ तथा $|\mathbf{B}_1|$ में कोई एक शून्य हो या **A** तथा **B** एक-दूसरे के लम्बवत् हो।

26 *(b)* दिया है, $|\mathbf{A}| = |\mathbf{B}|$ या $A = B \quad \ldots\text{(i)}$

अब, $\quad \mathbf{R} = \mathbf{A} + \mathbf{B}$

$$R^2 = 2A^2 + 2A^2\cos\theta \quad \ldots\text{(ii)}$$

पुनः $\mathbf{R}' = \mathbf{A} - \mathbf{B}$

$\Rightarrow R'^2 = A^2 + B^2 - 2AB\cos\theta$

$$R'^2 = 2A^2 - 2A^2\cos\theta \quad \ldots\text{(iii)}$$

दिया है, $R = nR'$ या $\left(\dfrac{R}{R'}\right)^2 = n^2$

समी (ii) को समी (iii) से भाग करने पर,

$$\frac{n^2}{1} = \frac{1 + \cos\theta}{1 - \cos\theta}$$

$$\text{या} \quad \frac{n^2 - 1}{n^2 + 1} = \frac{(1 + \cos\theta) - (1 - \cos\theta)}{(1 + \cos\theta) + (1 - \cos\theta)}$$

$$\Rightarrow \frac{n^2 - 1}{n^2 + 1} = \frac{2\cos\theta}{2} = \cos\theta$$

$$\text{या} \quad \theta = \cos^{-1}\left(\frac{n^2 - 1}{n^2 + 1}\right)$$

27 *(d)* $\Delta\mathbf{r} = (5\hat{\mathbf{i}} + 6\hat{\mathbf{j}}) - (2\hat{\mathbf{i}} + 3\hat{\mathbf{j}}) = 3\hat{\mathbf{i}} + 3\hat{\mathbf{j}}$

28 *(c)* दिया गया है, कण की प्रारम्भिक स्थिति,

$\mathbf{r}_i = 2\hat{\mathbf{i}} + 3\hat{\mathbf{j}} + 5\hat{\mathbf{k}}$ और विस्थापन,

$\Delta\mathbf{r} = 4\hat{\mathbf{i}} - 2\hat{\mathbf{j}} + \hat{\mathbf{k}}$

माना कण की अंतिम स्थिति सदिश

$$\mathbf{r}_f = a\hat{\mathbf{i}} + b\hat{\mathbf{j}} + c\hat{\mathbf{k}}$$

जब, $\quad \Delta\mathbf{r} = \mathbf{r}_f - \mathbf{r}_i$

या $\quad \mathbf{r}_f = \Delta\mathbf{r} + \mathbf{r}_i$

$$= 4\hat{\mathbf{i}} - 2\hat{\mathbf{j}} + \hat{\mathbf{k}} + 2\hat{\mathbf{i}} + 3\hat{\mathbf{j}} + 5\hat{\mathbf{k}}$$

$$= 6\hat{\mathbf{i}} - \hat{\mathbf{j}} + 6\hat{\mathbf{k}}$$

अतः कण के अन्तिम निर्देशांक (6, – 1, 6) है।

29 *(a)* दी गई स्थिति को चित्र में प्रदर्शित किया गया है।

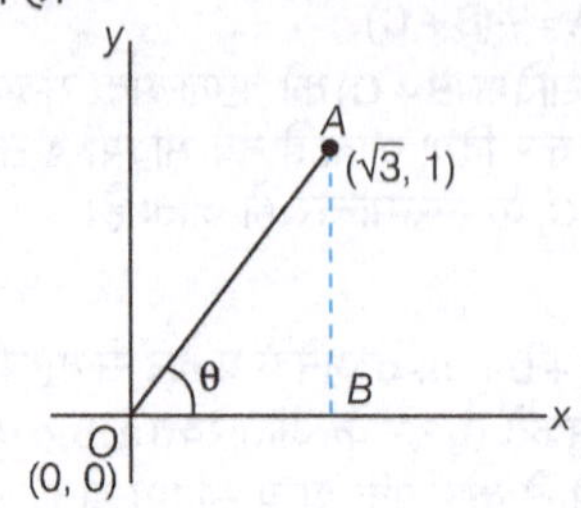

$$\tan\theta = \frac{1 - 0}{\sqrt{3} - 0}$$

$$= \frac{1}{\sqrt{3}} \qquad \theta = 30^\circ$$

30 *(b)*

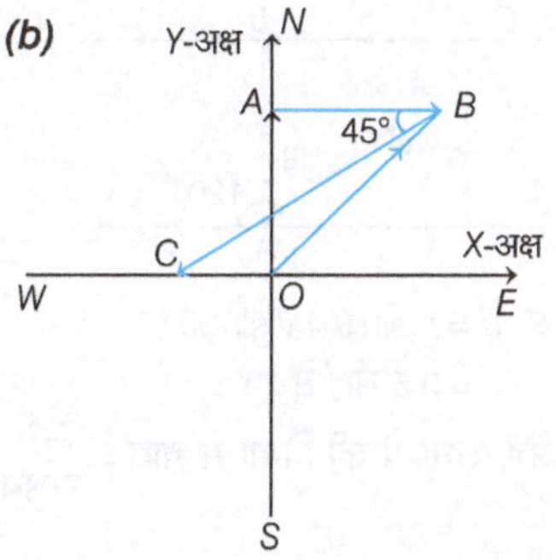

$$\mathbf{OA} = 15\hat{\mathbf{j}} \Rightarrow \mathbf{AB} = 20\hat{\mathbf{i}}$$

दक्षिण-पश्चिम दिशा के अनुदिश गति,

$$\mathbf{BC} = -30\sqrt{2}(\cos 45^\circ\,\hat{\mathbf{i}} + \sin 45^\circ\,\hat{\mathbf{j}})$$
$$= -30\hat{\mathbf{i}} - 30\hat{\mathbf{j}}$$

त्रिभुज सदिश नियम का प्रयोग करने पर,

$$\mathbf{OB} = \mathbf{OA} + \mathbf{AB}$$
$$= 15\hat{\mathbf{j}} + 20\hat{\mathbf{i}} = 20\,\hat{\mathbf{i}} + 15\,\hat{\mathbf{j}}$$

अब त्रिभुज *BCO*,

$$\mathbf{OC} = \mathbf{OB} + \mathbf{BC} = -10\hat{\mathbf{i}} - 15\hat{\mathbf{j}}$$

$\therefore |\mathbf{OC}| \simeq 18$ मी पश्चिम की ओर

32 *(b)* कण का स्थिति सदिश

$t = 0$ सेकण्ड, $\mathbf{r}_{0\text{से}} = 2\hat{\mathbf{i}} + 3\hat{\mathbf{j}}$

$t = 5$ सेकण्ड, $\mathbf{r}_{5\text{से}} = 13\hat{\mathbf{i}} + 14\hat{\mathbf{j}}$

$$\Delta\mathbf{r} = \mathbf{r}_{5\text{से}} - \mathbf{r}_{0\text{से}} = 11\hat{\mathbf{i}} + 11\hat{\mathbf{j}}$$

औसत वेग,

$$\bar{\mathbf{v}} = \frac{\Delta\mathbf{r}}{\Delta t} = \frac{11\hat{\mathbf{i}} + 11\hat{\mathbf{j}}}{5} = \frac{11}{5}(\hat{\mathbf{i}} + \hat{\mathbf{j}})$$

34 *(d)* दिया है, $\mathbf{v} = ky\hat{\mathbf{i}} + kx\hat{\mathbf{j}}$

$$\Rightarrow \frac{dx}{dt} = ky, \frac{dy}{dt} = kx$$
$$\frac{dy}{dx} = \frac{dy}{dt} \times \frac{dt}{dx} = \frac{kx}{ky}$$
$$\Rightarrow y\,dy = x\,dx$$

समाकलन करने पर, $y^2 - x^2 =$ नियतांक

अतः विकल्प (d) सही है।

35 *(d)* $\mathbf{v}(t) = \frac{d\mathbf{r}}{dt} = 3\hat{\mathbf{i}} + 4\hat{\mathbf{j}}$

$t = 1$ सेकण्ड, पर

$$\mathbf{v} = 3\hat{\mathbf{i}} + 4\hat{\mathbf{j}}$$

इस प्रकार, इसकी दिशा, $\theta = \tan^{-1}\left[\frac{4}{3}\right] \cong 53^\circ$

X-अक्ष के साथ

36 *(a)* $\mathbf{r} = a[\cos\omega t\,\hat{\mathbf{i}} + \sin\omega t\,\hat{\mathbf{j}} + \omega t\,\hat{\mathbf{k}}]$

$$\because \quad \mathbf{v} = \frac{d\mathbf{r}}{dt}$$
$$\Rightarrow \mathbf{v} = -a\omega\sin\omega t\,\hat{\mathbf{i}} + a\omega\cos\omega\,\hat{\mathbf{j}} + a\omega\hat{\mathbf{k}}$$
$$|\mathbf{v}| = \sqrt{(-a\omega\sin\omega t)^2 + (a\omega\cos\omega t)^2 + (a\omega)^2}$$
$$= \sqrt{2}\,\omega a$$

37 *(a)* कण का स्थिति सदिश,

$$\mathbf{r} = x\hat{\mathbf{i}} + y\hat{\mathbf{j}} = (at^2 + bt)\hat{\mathbf{i}} + (ct)\hat{\mathbf{j}}$$

वेग, $\mathbf{v} = \frac{d\mathbf{r}}{dt} = (2at + b)\hat{\mathbf{i}} + c\hat{\mathbf{j}}$

इसका मतलब वेग नियत नहीं है यह समय के साथ परिवर्तित होता है।

त्वरण, $\mathbf{a} = \frac{d\mathbf{v}}{dt} = (2a)\hat{\mathbf{i}}$

इसका अर्थ यह है कि सम्पूर्ण गति के दौरान कण का त्वरण नियत रहता है।

इस प्रकार दिया गया विकल्प (a) सही है।

बाकि विकल्प असत्य है।

38 *(d)* $\mathbf{v}_1 = +5\hat{\mathbf{i}}$

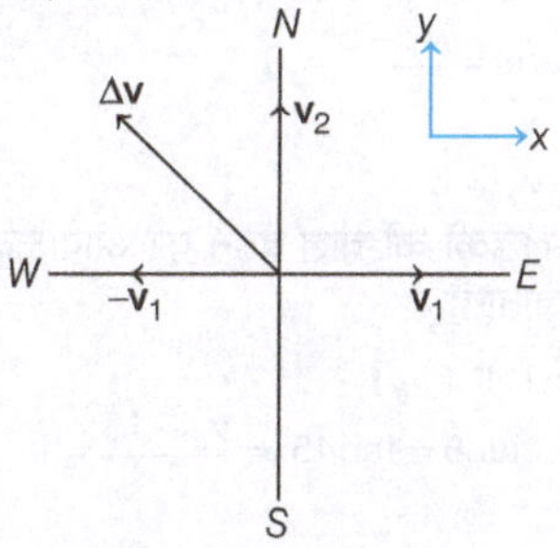

$$\mathbf{v}_2 = +5\hat{\mathbf{j}}$$
$$\Delta\mathbf{v} = \mathbf{v}_2 - \mathbf{v}_1 = 5\hat{\mathbf{j}} - 5\hat{\mathbf{i}}$$
$$\therefore \quad a = \frac{|\Delta\mathbf{v}|}{t}$$
$$= \frac{5\sqrt{2}}{10} = \frac{1}{\sqrt{2}} \text{ मी/से}^2$$

दिशा के लिए, $\tan\alpha = \frac{-5}{5} = -1$

औसत त्वरण $\frac{1}{\sqrt{2}}$ मी/से^{2}

उत्तर-पश्चिम की ओर

39 *(c)* दिया है, $x = 5t - 2t^2$

$$v_x = \frac{dx}{dt} = 5 - 4t$$

त्वरण, $a_x = \frac{dv_x}{dt} = -4$ मी/से^{2}

वेग, $v_y = \frac{dy}{dt} = \frac{d}{dt}(10t) = 10$ मी/से

$\therefore$ त्वरण, $a_y = \frac{dv_y}{dt} = 0$

$\therefore$ कण का कुल त्वरण,

$$\mathbf{a}_{\text{कुल}} = -4\,\hat{\mathbf{i}} \text{ मी/से}^2$$

या $a_{\text{कुल}} = -4$ मी/से^{2}

40 *(a)* कण का स्थिति सदिश

$$\mathbf{r} = 15t^2\hat{\mathbf{i}} + (4 - 20t^2)\hat{\mathbf{j}}$$

कण का त्वरण,

$$\mathbf{a} = \frac{d^2\mathbf{r}}{dt^2} = \frac{d}{dt}(30t\hat{\mathbf{i}} - 40t\hat{\mathbf{j}})$$
$$= 30\hat{\mathbf{i}} - 40\hat{\mathbf{j}}$$
$$|\mathbf{a}|_{t=1\text{से}} = 50 \text{ मी/से}^2$$

41 *(a)* $\mathbf{r}(t) = \mathbf{v}_0 t + \frac{1}{2}\mathbf{a}t^2$

$$= (5.0t + 1.5t^2)\hat{\mathbf{i}} + 1.0t^2\hat{\mathbf{j}} \quad \ldots\text{(i)}$$
$$\Rightarrow \quad \mathbf{r}(t) = x(t)\hat{\mathbf{i}} + y(t)\hat{\mathbf{j}} \quad \ldots\text{(ii)}$$

समी (i) व (ii) की तुलना करने पर,

$$x(t) = 5.0t + 1.5t^2$$

और $y(t) = 1.0t^2$

दिया है, $x(t) = 84$ मीटर

$$\Rightarrow \quad 5.0t + 1.50t^2 = 84$$

या $1.50t^2 + 5.0t - 84 = 0$

द्विघात समीकरण को हल करने पर *t* का मान दिया जाता है,

$$= \frac{-5 \pm \sqrt{5^2 - 4(1.50)(-84)}}{2(1.50)}$$
$$\Rightarrow \quad t = 6 \text{ से}$$

$t = 6$ से, $y = 1.0(6)^2 = 36$ मी

42 *(b)* $\mathbf{v}_{AB} = \mathbf{v}_A - \mathbf{v}_B$

$$= 20\hat{\mathbf{i}} - 15\hat{\mathbf{i}} = 5\hat{\mathbf{i}} \text{ मी/से}$$

43 *(b)* दिए गए चित्र में, $\mathbf{v}_r$ वर्षा के वेग को तथा $\mathbf{v}_b$ साइकिल के वेग को प्रदर्शित करता है।

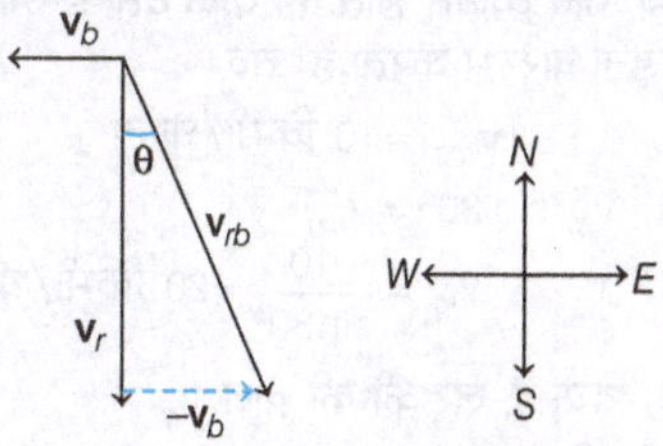

तब कोण θ,

$$\tan\theta = \frac{v_b}{v_r} = \frac{12}{35} = 0.343$$

या $\theta = \tan^{-1}(0.343)$

इसलिए साइकिल चलाने वाले को छाता उर्ध्वाधर : पश्चिम दिशा की ओर पकड़ना चाहिए।

44 *(b)* कार ड्राइवर का वेग $= 8\,\hat{\mathbf{i}}$ मी/से

रॉकेट का वेग $= v_y\,\hat{\mathbf{j}}$ मी/से

कार के सापेक्ष रॉकेट का वेग $= 8\hat{\mathbf{i}} - v_y\,\hat{\mathbf{j}}$

ड्राइवर द्वारा प्रेक्षिक की गई रॉकेट की चाल 10 मी/से है।

$\therefore \quad (v_y)^2 + (8)^2 = (10)^2$

$\Rightarrow \quad v_y = 6$ मी/से

रॉकेट का वेग $= v_y\,\hat{\mathbf{j}} = (6\hat{\mathbf{j}})$ मी/से

$\therefore$ स्थिर प्रेक्षक के सापेक्ष रॉकेट की आपेक्षिक चाल $= 6 - 0 = 6$ मी/से

45 ***(b)*** माना तैराक का वेग v_s है। तथा नदी का वेग v_r है।

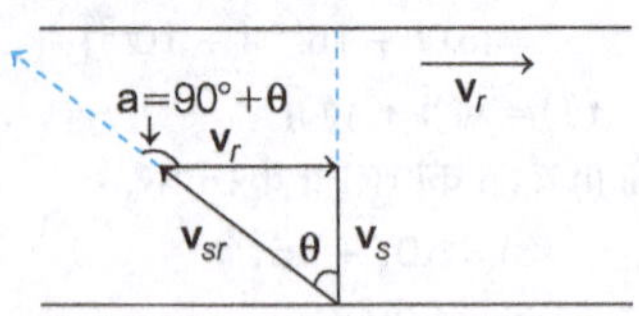

चित्र से, कोण θ

$$\sin\theta = \frac{v_r}{v_{sr}} = \frac{2 \text{ किमी / घण्टा}}{4 \text{ किमी / घण्टा}} = \frac{1}{2}$$

$\Rightarrow \theta = 30°$

$\alpha = 90° + 30° = 120°$

46 ***(a)***

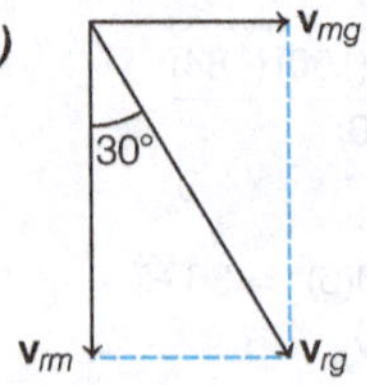

यहाँ, $\mathbf{v}_{rg}$ = धरातल के सापेक्ष वर्षा का वेग

$\mathbf{v}_{mg}$ = धरातल के सापेक्ष व्यक्ति का वेग

और $\mathbf{v}_{rm}$ = व्यक्ति के सापेक्ष वर्षा का वेग

यहाँ, जब व्यक्ति छाते को फेंक देता है और दौड़ना प्रारम्भ करता है। तब

$$|\mathbf{v}_{mg}| = 10 \text{ किमी/घण्टा}$$

$$v_{rg} \sin 30° = v_{mg}$$

या $\quad v_{rg} = \dfrac{10}{\sin 30°} = 20$ किमी/घण्टा

47 ***(c)*** दिया है, लड़की की चाल, v_g

नदी की चाल, v_r

नदी की चौड़ाई, d

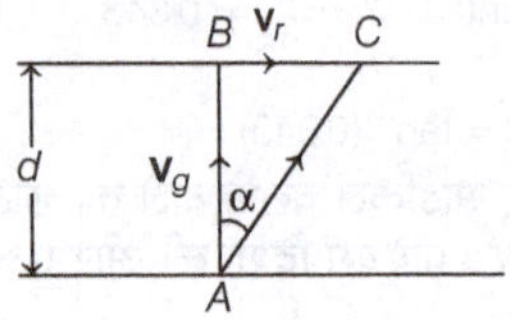

चूँकि लड़की नदी की दिशा के लम्बवत् तैरती है। नदी को पार करने में लड़की द्वारा लिया गया समय

अतः $t = \dfrac{d}{v_g} = \dfrac{2}{5 \text{ किमी/घण्टा}} = \dfrac{2}{5}$ घण्टा

इस समय लड़की नदी की धारा के कारण AC दूरी तय करके नीचे की तरफ आएगी

$\therefore$ नदी के अनुदिश तय की गई दूरी

$$= v_r \times t = 2 \times \frac{2}{5}$$

$$= \frac{4}{5} \text{ किमी} = 800 \text{ मी}$$

48 ***(b)*** दिया है, लड़की का वेग

$\mathbf{v}_g = 5\hat{\mathbf{i}}$ मी/से

माना वर्षा का वेग,

$\mathbf{v}_r = v_x\hat{\mathbf{i}} + v_y\hat{\mathbf{j}}$ मी/से

वर्षा का आपेक्षिक वेग,

$\mathbf{v}_{rg} = (v_x - 5)\hat{\mathbf{i}} + v_y\hat{\mathbf{j}}$

अब, यह उर्ध्वाधर है, इसलिए

$$\tan\theta = \frac{v_x - 5}{v_y} = 0$$

$\Rightarrow \quad v_x = 5 \quad$ ...(i)

तथा लड़की की चाल बढ़ने पर आपेक्षिक वेग बढ़ जाता है

$(v_x - 15)\hat{\mathbf{i}} + v_y\hat{\mathbf{j}}$

$$\tan\theta = \tan 45° = \frac{v_x - 15}{v_y} = 1$$

$\Rightarrow v_x - 15 = v_y \Rightarrow v_y = -10$

$\Rightarrow$ वर्षा के वेग का परिमाप,

$$= \sqrt{(5)^2 + (10)^2} = 5\sqrt{5} \text{ मी/से}$$

49 ***(b)*** $v_A = v_x = \dfrac{dx}{dt} = 8 - 6t$

या v_A पर $t = 1$ से,

$\Rightarrow \quad \mathbf{v}_A = +2\hat{\mathbf{i}}$ मी/से

तथा B का वेग,

$v_B = v_y = -8 \times 3t^2$

यदि $\quad t = 1$ से,

$\Rightarrow \quad \mathbf{v}_B = -24\hat{\mathbf{j}}$ मी/से

कण A के सापेक्ष कण B की चाल,

$\mathbf{v}_{BA} = -2\hat{\mathbf{i}} - 24\hat{\mathbf{j}}$

$\Rightarrow$ वेग का परिमाण,

$$|\mathbf{v}_{BA}| = \sqrt{(2)^2 + (24)^2}$$

दिया गया है $|\mathbf{v}_{BA}| = \sqrt{v}$

$\Rightarrow \quad v = 580$ मी/से

50 ***(b)*** माना धारा की चाल u है। और बिन्दु A से चलने वाले तैराक की चाल v है। वह A के विपरीत बिन्दु B पर पहुँचना चाहता है।

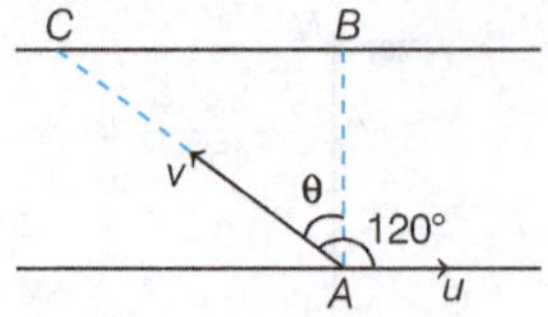

चित्र से, $u = v\sin\theta = v\sin 30°$

$= 0.5$ मी/से

51 ***(c)*** अब, लघुपथ की दिशा में चाल $= \dfrac{\text{पथ}}{\text{समय}}$

$$\therefore \quad \sqrt{(v_b)^2 - u^2} = \frac{d}{t}$$

$$\sqrt{41 - u^2} = \frac{1.5}{\frac{3}{10}}$$

$\Rightarrow \quad u = 4$ किमी/घण्टा

52 ***(a)***

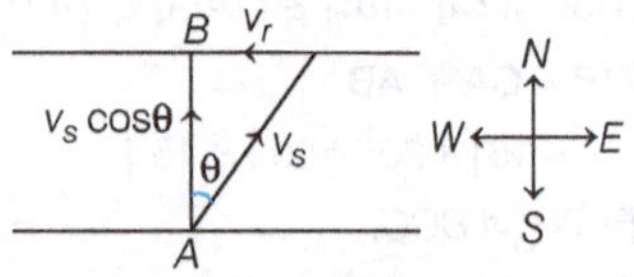

चित्र से,

$v_s \sin\theta = v_r$

$14\sin\theta = 7$

$\theta = 30°$, पूर्व-उत्तर की दिशा में है।

53 ***(b)*** माना पूर्व $\hat{\mathbf{i}}$ की दिशा में है।

और उर्ध्वाधत : दिशा $\hat{\mathbf{j}}$ की दिशा में है।

वर्षा का वेग, $\mathbf{v}_r = a\hat{\mathbf{i}} + b\hat{\mathbf{j}}$

स्थिति I माना लड़के का वेग, $\mathbf{v}_b = 5\hat{\mathbf{i}}$

अब लड़के के सापेक्ष वर्षा का वेग,

$\mathbf{v}_{rb} = \mathbf{v}_r - \mathbf{v}_b = (a - 5)\hat{\mathbf{i}} + b\hat{\mathbf{j}}$

$\because$ वर्षा नीचे की तरफ गिरती हुई प्रतीत होती है।

$\therefore a - 5 = 0 \Rightarrow a = 5$

स्थिति II $\mathbf{v}_b = 17\hat{\mathbf{i}}$

$\therefore \quad \mathbf{v}_{rb} = \mathbf{v}_r - \mathbf{v}_b = (a - 17)\hat{\mathbf{i}} + b\hat{\mathbf{j}}$

$\because$ वर्षा 45° के कोण पर गिरती हुई प्रतीत होती है

$\therefore \quad b = a - 17 \Rightarrow b = -12$

वर्षा का वेग, $\mathbf{v}_r = 5\hat{\mathbf{i}} - 12\hat{\mathbf{j}}$

$|\mathbf{v}_r| = \sqrt{5^2 + (-12)^2} = 13$ मी/से

54 ***(c)*** यहाँ वायु प्रतिरोध, अपव्यय बल का एक रूप है। ऐसे विरोधी बल की उपस्थिति में कोई भी वस्तु अपनी प्रारम्भिक ऊर्जा का कुछ भाग खो देगी और परिणाम स्वरुप अपना संवेग भी।

इस प्रकार एक प्रक्षेप्य, निश्चित रूप से अपनी अधिकतम ऊँचाई, प्रक्षेपण तथा परास के आदर्श मानों से विचलन प्रदर्शित करेगा। अतः विकल्प (c) में दिया गया कथन सही है तथा अन्य गलत हैं।

55 ***(c)*** गति का समीकरण

$$x(t) = x_0 + v_{0x}t$$

$$y(t) = y_0 + v_{0y}t + \left(\frac{1}{2}\right)a_y t^2$$

यहाँ, $x_0 = y_0 = 0,\ v_{0y} = 0$

$a_y = -g = -9.8$ मी/से^{2}

$v_{0x} = 15$ मी/से

$$y(t) = -\frac{1}{2}gt^2 \quad \ldots(i)$$

पत्थर जमीन से टकराता है। जब

$y(t) = -490$ मी

दिए गए मानों को समी (i) में रखने पर,

$$-490 = -\left(\frac{1}{2}\right)(9.8)t^2$$

$t = 10$ से

$\therefore$ धरातल तक पहुँचने पर पत्थर द्वारा लिया गया समय 10 से है।

पत्थर के वेग के घटक $v_x = v_{0x}$ और $v_y = v_{0y} - gt$.

इसलिए, जब पत्थर धरातल से टकराता है।

$v_x = v_{0x} = 15$ मी/से

$v_y = 0 - 9.8 \times 10 = -98$ मी/से

अतः पत्थर की चाल,

$= \sqrt{(15)^2 + (-98)^2} \cong 99$ मी/से

अतः वह चाल 99 मी/से जिससे पत्थर धरातल से टकराता है।

इस प्रकार विकल्प (c) में दिया गया कथन सही है अन्य असत्य हैं।

56 ***(c)*** गेंद द्वारा तय की गई क्षैतिज दूरी,

$R = u \cdot T = 20T$

$\therefore$ गेंद को पकड़ने के लिए व्यक्ति की चाल,

$$v = \frac{R}{T} = \frac{20 \cdot T}{T} = 20 \text{ मी/से}$$

58 ***(a)*** $x = (u\cos\theta)t = 10\cos 30° \times 1$

$= 8.66$ मी

इसी प्रकार,

$$y = u\sin\theta t - \frac{1}{2}gt^2$$

$$= 10\sin 30° \times 1 - \frac{1}{2} \times 9.8 \times 1^2$$

$= 0.1$ मीटर

1 सेकण्ड बाद गेंद की स्थिति सदिश (8.66 मीटर, 0.1 मीटर) है।

59 ***(d)*** $y = 5x - 5x^2 \quad \ldots(i)$

लेकिन हम जानते हैं, कि प्रक्षेप्य गति की समीकरण,

$$y = x\tan\theta - \frac{1}{2}\frac{gx^2}{u^2\cos^2\theta} \quad \ldots(ii)$$

समी (i) व (ii) की तुलना करने पर,

$\tan\theta = 5$

$\Rightarrow \quad \frac{u_y}{u_x} = 5 \Rightarrow u_y = 5u_x$

चूँकि, $\quad u_x = \hat{\mathbf{i}}$

$u_x = |\mathbf{u}_x| = 1$ मी/से^{2}

$u_y = 5 \times 1 = 5$ मी/से^{2}

$\therefore \quad u_y = u_y\hat{\mathbf{j}} = 5\hat{\mathbf{j}}$

60 ***(b)*** किसी बिन्दु पर गुरुत्व द्वारा दी शक्ति,

$P = m\mathbf{g} \cdot v = mgv\cos\theta$

जहाँ, $\theta = m\mathbf{g}$ तथा v के बीच कोण

बिन्दु O, A और O' पर कोण θ नीचे प्रदर्शित किया गया है।

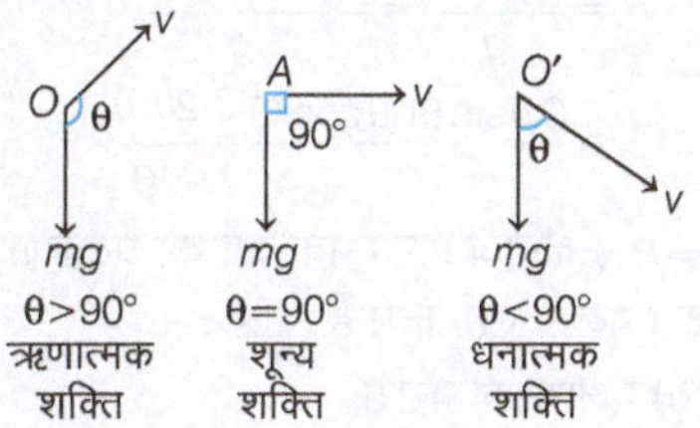

61 ***(b)*** दिया है, गति की समीकरण

$$x = 18t,\ 2y = 54t - 9.8t^2$$

प्रक्षेप्य की सामान्य समीकरण,

$x = u\cos\theta \cdot t$

तथा $\quad y = u\sin\theta \cdot t - \frac{1}{2}gt^2$

दी गई समीकरण के साथ तुलना करने पर,

$u\cos\theta = 18$

तथा $\quad u\sin\theta = \frac{54}{2} \Rightarrow \frac{u\sin\theta}{u\cos\theta} = \frac{54/2}{18}$

$\Rightarrow \quad \theta = \tan^{-1}(1.5)$

62 ***(a)*** धरातल से क्षैतिज दिशा में θ कोण पर प्रक्षेपित किसी प्रक्षेप्य का पथ निम्न प्रकार दिया जाता है।

$$y = x\tan\theta - \frac{gx^2}{2u^2\cos^2\theta}$$

समान प्रक्षेप्य कोण के साथ समान प्रक्षेप्य पथ के लिए,

$\frac{g}{u^2} =$ नियत

$$\Rightarrow \quad \frac{g_{\text{पृथ्वी}}}{u^2_{\text{पृथ्वी}}} = \frac{g_{\text{ग्रह}}}{u^2_{\text{ग्रह}}}$$

$$\frac{9.8}{5^2} = \frac{g_{\text{ग्रह}}}{3^2}$$

$$\Rightarrow \quad g_{\text{ग्रह}} = \frac{9.8 \times 9}{25} = 3.5 \text{ मी/से}^2$$

63 ***(b)*** प्रारम्भिक वेग का परिमाण,

$u = \sqrt{5}$ मी/से

प्रक्षेप्य के प्रक्षेप वक्र का समीकरण,

$$y = x\tan\theta - \frac{gx^2}{2u^2\cos^2\theta}$$

$$= x\tan\theta - \frac{gx^2\sec^2\theta}{2u^2}$$

$$= x\tan\theta - \frac{gx^2}{2u^2}(1 + \tan^2\theta)$$

$[\because \sec^2\theta = 1 + \tan^2\theta]$

दिए गए मान को समीकरण में रखने पर,

$$\therefore \quad y = x \times 2 - \frac{10(x)^2}{2(\sqrt{5})^2}[1 + (2)^2]$$

$$\left[\because \tan\theta = \frac{u_y}{u_x} = \frac{2}{1} = 2\right]$$

$y = 2x - 5x^2$

64 ***(c)*** जब किसी कण को धरातल से तिरछा फेंका जाता है तो प्रारम्भ में वह ऊपर की ओर चढ़ता है, फिर धीरे-धीरे धरातल पर आने से पहले अपनी अधिकतम ऊँचाई पर पहुँचता है जैसा कि विकल्प (c) में दर्शाया गया है।

65 ***(b)*** किसी क्षण t पर पत्थरों के वेगों को इस प्रकार दिया गया है

$$\mathbf{v}_1 = u_1\cos\theta_1\hat{\mathbf{i}} + (u_1\sin\theta_1 - gt)\hat{\mathbf{j}}$$

तथा $\mathbf{v}_2 = u_2\cos\theta_2\hat{\mathbf{i}} + (u_2\sin\theta_2 - gt)\hat{\mathbf{j}}$

$\Rightarrow$ आपेक्षिक वेग,

$$\mathbf{v}_1 - \mathbf{v}_2 = (u_1\cos\theta_1 - u_2\cos\theta_2)\hat{\mathbf{i}} + (u_1\sin\theta_1 - u_2\cos\theta_2)\hat{\mathbf{j}}$$

$=$ नियत

आपेक्षिक त्वरण,

$$\mathbf{a}_1 - \mathbf{a}_2 = -g\hat{\mathbf{i}} - (-g\hat{\mathbf{j}}) = 0$$

इसलिए एक के द्वारा तय किए गए पथ को दूसरे के द्वारा देखे गये पथ का प्रक्षेप्य सीधी रेखा होगा जो क्षैतिज के साथ नियत कोण बनाएगा।

66 ***(b)*** प्रयोग द्वारा, $2t_m = T_f$

जहाँ, पत्थर के अधिकतम ऊँचाई तक पहुँचने का समय T_m है तथा T_f पत्थर का उड्डयन काल है

दिया है, $\quad t_m = 5.8$ से

$\Rightarrow \quad T_f = 2 \times 5.8 = 11.6$ से

67 ***(d)*** 980 मीटर की ऊँचाई से गिरने पर बम द्वारा लिया गया समय,

$$t = \sqrt{\frac{2h}{g}} = \sqrt{\frac{2 \times 980}{10}} = 14 \text{ से}$$

वह दूरी जहाँ बम टकराता है

$= \text{क्षैतिज वेग} \times t$

$= 480 \times 14 \times \frac{1}{3600}$

$= \frac{6720}{3600} = 1.867$ किमी

68 ***(d)*** माना t समय बाद खोल विमान से टकराता है। लिया गया समय है। तब $u_x t = vt$

[जहाँ, u_x क्षैतिज घटक है]

$u \sin \theta t = vt$

$\sin \theta = \frac{v}{u} = \frac{200}{400}$

$\theta = 30°$

69 ***(c)*** जहाँ ऊर्ध्वाधर ऊँचाई, $h = 980$ मी

X-दिशा में प्रारम्भिक वेग,

$u_x = v_x = 19.8$ मी/से

Y-अक्ष के अनुदिश प्रयोग किया गया सूत्र,

$v_y^2 + u_y^2 = 2gh \quad [\because u_y = 0]$

$v_y^2 = 19208$

अतः अन्तिम वेग $= \sqrt{v_x^2 + v_y^2}$

$= \sqrt{392 + 19208}$

$= 140$ मी/से

70 ***(d)*** दी गई स्थिति नीचे प्रदर्शित की गई

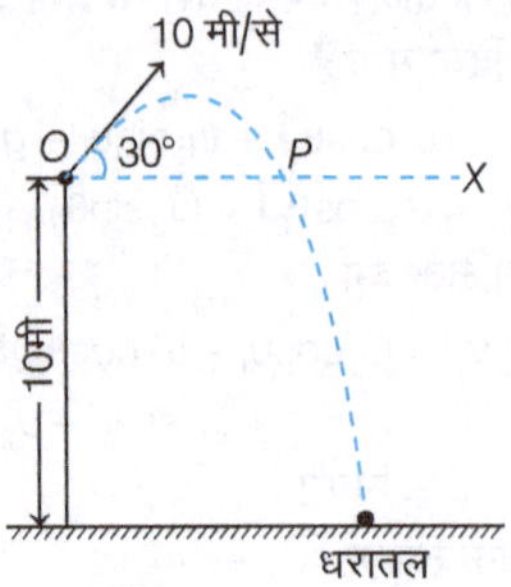

$OP = R = \frac{u^2 \sin 2\theta}{g}$

$= \frac{10^2 \times \sin(2 \times 30°)}{10}$

$= \frac{10\sqrt{3}}{2} = 5\sqrt{3} = 8.66$ मीटर

71 ***(b)*** $H = \frac{u^2 \sin^2 \theta}{2g}$

$\Rightarrow 30 = \frac{(60)^2 \sin^2 \theta}{2g}$

$\Rightarrow \sin\theta = \frac{1}{\sqrt{6}}$

72 ***(c)*** अधिकतम ऊँचाई,

$$H = \frac{u^2 \sin^2 \alpha}{2g}$$

प्रक्षेप्य की समान चाल के लिए,

$H \propto \sin^2 \alpha$

$\therefore \quad \frac{H_1}{H_2} = \frac{\sin^2 \alpha}{\sin^2(90° - \alpha)}$

$= \frac{\sin^2 \alpha}{\cos^2 \alpha} = \tan^2 \alpha$

73 ***(c)*** दी गई स्थिति, $h_1 = h_2$

प्रक्षेप्य की अधिकतम ऊँचाई, $h = \frac{u^2 \sin^2 \theta}{2g}$

$\Rightarrow u_1^2 \sin^2 45° = u_2^2 \sin^2, \theta$

$\Rightarrow \quad \sin^2 \theta = \frac{u_1^2}{u_2^2} \sin^2, 45° = \frac{1}{2} \cdot \frac{1}{2} = \frac{1}{4}$

$\left[\because \text{दिया है}, \frac{u_1}{u_2} = \frac{1}{\sqrt{2}}\right]$

$\Rightarrow \quad \theta = 30°$

74 ***(a)*** प्रक्षेप्य का परास,

$R = \frac{u^2 \sin 2\theta}{g} = \frac{2u^2 \sin\theta \cos\theta}{g}$

$= \frac{2(u \sin\theta)(u \cos\theta)}{g} = \frac{2u_x u_y}{g}$

$\Rightarrow R \propto$ क्षैतिज प्रारम्भिक वेग का घटक (u_x)

इस प्रकार सही क्रम है $1 < 2 < 3$.

75 ***(b)*** प्रक्षेप्य की परास,

$R = \frac{u^2 \sin 2\theta}{g}$

और यह अधिकतम है, $\theta = 45°$

$\therefore \quad \frac{u^2}{g} = 80$ मीटर

अधिकतम ऊँचाई, $h = \frac{u^2 \sin^2 \theta}{2g}$

$= \frac{80}{2}(\sin^2 45°) = 40 \times \frac{1}{2} = 20$ मीटर

76 ***(c)*** $R_{\text{अधिकतम}} = \frac{u^2}{g} = \frac{15^2}{10} = 22.5$ मीटर

उड्डयन काल,

$T = \frac{2u \sin 45°}{g}$

$= \frac{2 \times 15 \times \frac{1}{\sqrt{2}}}{10}$

$= \frac{3}{\sqrt{2}}$ सेकण्ड

खिलाड़ी गेंद तभी पकड़ेगा जब वह t समय में d दूरी तय करेगा।

यहाँ, $d = 22.5 - 13.5 = 9$ मी

$\therefore$ उस खिलाड़ी का वेग

$= \frac{d}{T} = \frac{9}{\frac{3}{\sqrt{2}}} = 3\sqrt{2}$ मी/से

77 ***(b)*** प्रक्षेप्य की क्षैतिज परास, $R = \frac{u^2 \sin 2\theta}{g}$.

अधिकतम परास के लिए, $\sin 2\theta = 1$

या $2\theta = 90°$ या $\theta = 45°$.

अतः A और C की परास B की तुलना में कम है।

78 ***(d)*** प्रक्षेप्य की क्षैतिज परास,

$\alpha = (45° - \theta)$ के लिए,

$R_1 = \frac{u^2 \sin 2(45° - \theta)}{g} = \frac{u^2 \cos 2\theta}{g}$

$\alpha = (45° + \theta)$ के लिए, $R_2 = \frac{u^2 \cos 2\theta}{g}$

अतः $\frac{R_1}{R_2} = \frac{1}{1}$ तथा $R_1 : R_2 = 1 : 1$

79 ***(c)*** दिया गया है समय t_1 व t_2 के लिए, परास समान होंगी। इसलिए θ तथा $(90° - \theta)$ प्रक्षेप्य कोण होंगे।

$\therefore t_1 = \frac{2u \sin\theta}{g}, t_2 = \frac{2u \sin(90° - \theta)}{g}$

अब, $t_1 \cdot t_2 = \frac{2}{g}\left[\frac{2u^2 \cos\theta \sin\theta}{g}\right]$

लेकिन $\quad R = \frac{2u^2 \cos\theta \sin\theta}{g} = 49$ मी

$\therefore t_1 t_2 = \frac{2}{g} \times 49 = \frac{2 \times 49}{9.8} = 10$ सेकण्ड^2

80 ***(c)*** दिया है, $H_1 > H_2$

$H_1 = \frac{u^2 \sin^2 \alpha}{2g}$ तथा $H_2 = \frac{u^2 \sin^2 \beta}{2g}$

$\therefore \frac{u^2 \sin^2 \alpha}{2g} > \frac{u^2 \sin^2 \beta}{2g}$

$\sin^2 \alpha - \sin^2 \beta > 0$

$(\sin\alpha + \sin\beta)(\sin\alpha - \sin\beta) > 0$

$\therefore \sin\alpha - \sin\beta > 0$

$\sin\alpha > \sin\beta$

$\alpha > \beta$

अतः विकल्प (a) तथा (b) असत्य हैं।

अब, $T_1 = \frac{2u \sin\alpha}{g}$

$T_2 = \frac{2u \sin\beta}{g}$

$\because \sin\alpha > \sin\beta$

$\therefore \quad T_1 > T_2$

अतः विकल्प (c) सही है।

81 *(c)* उड्डयन काल,

$$T = \frac{R}{u\cos\theta} = \frac{16}{8 \times \frac{1}{2}}$$

$T = 4$ से

गति के समीकरण से,

$$h = \frac{1}{2}gt^2 - u\sin\theta t$$

$$= \frac{1}{2} \times 10 \times 16 - 8 \times \frac{\sqrt{3}}{2} \times 4$$

$= 80 - 27.7 = 52.2$ मी

82 *(c)* अधिकतम ऊँचाई, $h = \dfrac{u^2}{2g}$

$\Rightarrow \quad u^2 = 2gh \qquad \ldots(i)$

अधिकतम क्षैतिज दूरी,

$R_{\text{अधिकतम}} = \dfrac{u^2}{g}$ (जब, $\theta = 45°$),

$\Rightarrow \quad R_{\text{अधिकतम}} = 2h$ [समी (i) से]

83 *(c)* अधिकतम ऊँचाई,

$$H = \frac{u^2 \sin^2\theta}{2g} \qquad \ldots(i)$$

क्षैतिज परास,

$$R = \frac{u^2 \sin 2\theta}{g} \qquad \ldots(ii)$$

समी (i) को समी (ii) से भाग करने पर,

$$\frac{H}{R} = \frac{\tan\theta}{4} \Rightarrow \theta = \tan^{-1}\frac{4H}{R}$$

84 *(b)* माना u प्रारम्भिक वेग है इसलिए उच्चतम बिन्दु पर चाल

$$u\cos\theta = \frac{u}{2} \Rightarrow \theta = 60°$$

$\because$ क्षैतिज परास, $R = \dfrac{u^2 \sin 2\theta}{g}$

अधिकतम ऊँचाई,

$$H = \frac{u^2 \sin^2\theta}{2g}$$

$$\Rightarrow \frac{R}{H} = \frac{4}{\tan\theta} = \frac{4}{\tan 60°} = \frac{4}{\sqrt{3}}$$

85 *(b)* वेग के घटक,

$v_x = u\cos\theta + a_x t$ और $v_y = u\sin\theta + g_y t$

यहाँ $t = 1$ सेकण्ड पर वेग के घटक है

$v_x = 5$ मी/से [जब $a_x = 0$]

$= 5$ मी/से

तथा $v_y = 10 \times \dfrac{\sqrt{3}}{2} + (-10) \times (1)$

$= 5\sqrt{3} - 10$

$\Rightarrow \; |v_y| = |10 - 5\sqrt{3}|$ मी/से

अब $t = 1$ सेकण्ड पर वेग सदिश द्वारा बनाया गया कोण

$$|\tan\alpha| = \left|\frac{v_y}{v_x}\right| = \frac{|10 - 5\sqrt{3}|}{5}$$

$\Rightarrow \quad \tan\alpha = |2 - \sqrt{3}|$ या $\alpha = 15°$

$\therefore$ प्रक्षेपित की गई वस्तु के प्रक्षेप्य पथ की वक्र त्रिज्या, $R = v^2 / g\cos\alpha$

$$= \frac{(5)^2 + (10 - 5\sqrt{3})^2}{10 \times 0.97}$$

$[\because v^2 = v_x^2 + v_y^2$ तथा $\cos 15° = 0.97]$

$\Rightarrow \quad R = 2.77$ मी ≈ 2.8 मी

86 *(b)* दिया है, $R = 12$ सेमी

तथा $\quad T = 100$ से

कोणीय वेग, $\omega = \dfrac{2\pi}{T} = \dfrac{2\pi \times 7}{100}$

$= 0.44$ रेडियन/से

रेखिक वेग, $v = \omega R = 0.44 \times 12$

$= 5.3$ सेमी/से

वेग v की दिशा प्रत्येक बिन्दु पर वृत्त की स्पर्श रेखा के अनुदिश होती है। त्वरण वृत्त के केन्द्र की ओर निर्देशित होता है। चूँकि, यह दिशा निरन्तर बदलती रहती है, इसलिए यहाँ त्वरण एक स्थिर सदिश नहीं है। त्वरण का परिमाण, $a = \omega^2 R = (0.44)^2 \times 12 = 2.3$ सेमी/से^{2} इस प्रकार, विकल्प (b) में दिया गया कथन सही है, अन्य सभी गलत हैं।

87 *(b)* विकल्प (b) में दिया गया कथन गलत है तथा इसे सही किया जा सकता है क्योंकि एकसमान वृत्तीय गति करने वाले कण के लिए, वेग किसी विशेष बिन्दु पर गति की दिशा के प्रति स्पर्शीय होगा। अन्य कथन सही हैं।

88 *(c)* एकसमान वृत्तीय गति के लिए,

अभिकेन्द्रीय त्वरण, $a_c = \dfrac{v^2}{R}$

चूँकि, v और R स्थिरांक हैं, इसलिए कार के अभिकेन्द्रीय त्वरण का परिमाण भी स्थिर है। हालाँकि, केन्द्र की ओर इंगित करने पर दिशा बदल जाती है। इसलिए, अभिकेन्द्रीय त्वरण एक नियत सदिश नहीं है।

89 *(c)*

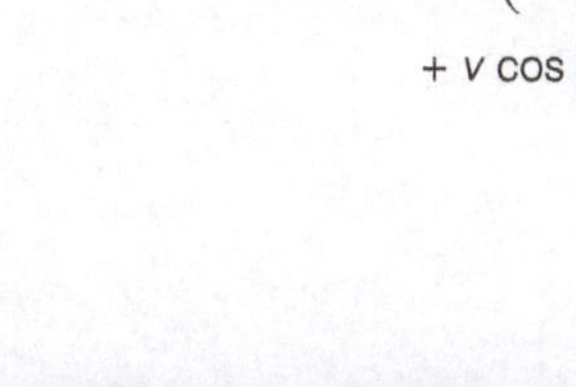

बिन्दु P पर वेग, $\mathbf{v}_P = -v\sin\left(90° - \dfrac{\theta}{2}\right)\hat{i} + v\cos\left(90° - \dfrac{\theta}{2}\right)\hat{j}$

बिन्दु Q पर वेग,

$$\mathbf{v}_Q = -v\sin\left(90° - \frac{\theta}{2}\right)\hat{i} - v\cos\left(90° - \frac{\theta}{2}\right)\hat{j}$$

इस प्रकार वेग में परिवर्तन,

$$\Delta\mathbf{v} = \mathbf{v}_Q - \mathbf{v}_P$$

$$\Rightarrow |\Delta\mathbf{v}| = 2v\sin\frac{\theta}{2}$$

90 *(b)* कण का वेग वृत्तीय पथ की त्रिज्या के लम्बवत् है, $v = \omega r$

एक समान वृत्तीय गति के लिए, $\omega =$ नियत

$\therefore \quad v = \omega r =$ नियत

$$a = \frac{dv}{dt} = 0$$

91 *(a)* जब कण $60°$ के कोण पर अर्थात् A से B तक वृत्ताकार पथ पर गति करता है, तो चित्र के अनुसार विस्थापन AB त्रिज्या r के बराबर होता है, क्योंकि यह एक समबाहु त्रिभुज बनाता है।

इसलिए विस्थापन, $(AB) = 5$ मी

दिया है, $t = 1$ से

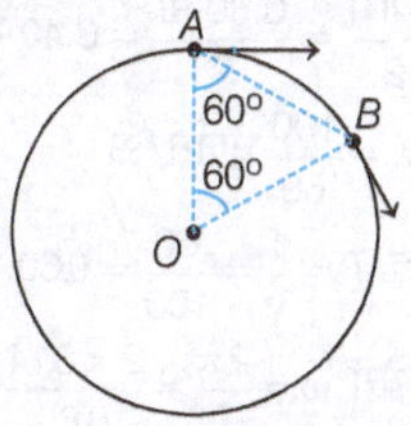

$\therefore$ औसत वेग $= \dfrac{\text{विस्थापन } (AB)}{\text{समय}}$

$= \dfrac{r}{1} = 5$ मी/से

92 *(c)* $\dfrac{\omega_A}{\omega_B} = \dfrac{2\pi}{T_A} \times \dfrac{T_B}{2\pi} = \dfrac{T_B}{T_A}$

$= \dfrac{1}{1}$ या $1 : 1$ $[\because T_A = T_B$ (दिया है)$]$

93 *(b)* हम जानते हैं। रेखीय वेग $v = \omega r$ जहाँ, कोणीय वेग ω नियत है

$\therefore v \propto r$ तथा $\dfrac{v_A}{v_B} = \dfrac{r_A}{r_B}$

94 *(a)* दिया है, $v = 5$ मी/से

वृत्त की त्रिज्या, $r = 500$ मी

अब बिन्दु R पर त्वरण,

$$a_R = \frac{v^2}{r} = \frac{5^2}{500}$$

$$= \frac{25}{500} = 0.05 \text{ मी/से}^2$$

95 *(c)* रेखीय वेग, $v = \omega r = \frac{2\pi}{T}r$

$= \frac{2\pi}{60} \times 3 \times 10^{-2}$

$= 0.00314$ मी/से

96 *(a)* दिया गया है, चाल, $v = 23$ मी/से
तथा त्रिज्या, $r = 5$ मी
अभिकेन्द्र त्वरण

$a_c = \frac{v^2}{r} = \frac{23 \times 23}{5}$

$= 105.8 \approx 106$ मी/से^{2}

97 *(c)* $T_1 = T_2$

$\Rightarrow \frac{2\pi r_1}{v_1} = \frac{2\pi r_2}{v_2}$

$\Rightarrow \frac{v_1}{v_2} = \frac{r_1}{r_2}$ ...(i)

अभिकेन्द्र त्वरण का अनुपात,

$a_{c_1} : a_{c_2} = \frac{v_1^2}{r_1} \times \frac{r_2}{v_2^2}$

$= \frac{r_1^2}{r_2^2} \times \frac{r_2}{r_1} = \frac{r_1}{r_2} = r_1 : r_2$

98 *(a)* $r = \frac{\text{व्यास}}{2} = \frac{0.80 \text{ मी}}{2} = 0.40$ मी

आवृत्ति, $\nu = \frac{100}{60}$ घूर्णन/से

आवर्तकाल, $T = \frac{1}{\nu} = \frac{60}{100} = 0.60$

$\therefore$ कोणीय वेग, $\omega = \frac{2\pi}{T} = \frac{2 \times 3.14}{0.60}$

$= 10.467$ रेडियन/से

99 *(c)* दिया गया है आवृत्ति,
$\nu = 72$ घूर्णन/मिनट $= \frac{72}{60}$ घूर्णन /से,
त्रिज्या $r = 25$ सेमी $= 25 \times 10^{-2}$ मीटर,
रेखीय वेग, $v = \omega r = (2\pi\nu)r$

$= \frac{66}{35}$ मी/से

$= 2$ मी/से

100 *(a)* $\omega = 40\pi$ रेडियन/से
वृत्तीय पथ को पूरा करने में लिया गया समय

$T = \frac{2\pi R}{v} = \frac{2\pi R}{\omega R} = \frac{2\pi}{\omega}$

$= \frac{2\pi}{40\pi} = 0.05$ से

अभिकथन-कारण प्रश्न

1 *(b)* माना, $|\mathbf{A}| = 4, |\mathbf{B}| = 3$ और
$\theta = 120°$, तब सदिश **A** तथा **B** का परिणामी

$|\mathbf{R}| = \sqrt{4^2 + 3^2 + 2 \times 4 \times 3\cos(120°)}$

$= \sqrt{25 - 12} = \sqrt{13} \left(\because \cos 120° = -\frac{1}{2}\right)$

$\therefore |\mathbf{R}| < |\mathbf{A}|$

2 *(d)* $|\mathbf{A} + \mathbf{B}| = \sqrt{A^2 + B^2 + 2AB\cos\theta}$

$|\mathbf{A} - \mathbf{B}| = \sqrt{A^2 + B^2 - 2AB\cos\theta}$

$|\mathbf{A} + \mathbf{B}| = |\mathbf{A} - \mathbf{B}| = \sqrt{A^2 + B^2}$

[$\theta = 90°$ पर]

अतः अभिकथन गलत है तथा कारण सही है।

3 *(d)* सदिश व्यवकलन सहचार्य नियम का पालन नहीं करता है। $\mathbf{A} - \mathbf{B} \neq \mathbf{B} - \mathbf{A}$

4 *(b)* अधिकतम ऊँचाई, $H_1 = \frac{u^2 \sin^2 \alpha}{2g}$

तथा $H_2 = \frac{u^2 \sin^2(90° - \alpha)}{2g}$

$\Rightarrow H_1 + H_2 = \frac{u^2}{2g}$

इस प्रकार $H_1 + H_1$ प्रक्षेप्य कोण से स्वतन्त्र है।

क्षैतिज परास, $R = \frac{u^2 \sin 2\theta}{g}$

प्रक्षेप्य सम्पूरक कोण के लिए क्षैतिज परास समान होगी
अतः अभिकथन तथा कारण सही है लेकिन कारण कथन का सही स्पष्टीकरण नहीं है।

7 *(c)* $R_{\text{अधिकतम}} = \frac{u^2 \sin(2 \times 45°)}{g}$

$= \frac{u^2 \sin 90°}{g} = \frac{u^2}{g}$ ...(i)

$\therefore H = \frac{u^2 \sin^2 45°}{2g} = \frac{u^2}{4g} = \frac{R_{\text{अधिकतम}}}{4}$

इसलिए, $R_{\text{अधिकतम}}$, H का 25% है।
अतः अभिकथन सही है लेकिन कारण गलत है।

8 *(c)* क्षैतिज परास

$R = \frac{u^2 \sin 2\theta}{g}$, $\theta = 45°$ पर,

$\sin 2\theta = 1$

$\therefore R_{\text{अधिकतम}} = \frac{u^2}{g}$ = अधिकतम परास

अधिकतम ऊँचाई

$H_{\text{अधिकतम}} = \frac{u_y^2}{2g}$

अतः $H_{\text{अधिकतम}}$, g पर निर्भर करता है।

कथन आधारित प्रश्न

2 *(a)* सदिश $\lambda\mathbf{A}, (\lambda < 0)$ की दिशा सदिश **A** की दिशा के विपरीत है।
यदि किसी सदिश को शून्य से गुणा किया जाता है, तो प्राप्त परिणाम एक सदिश राशि होता है।

$0 \cdot \mathbf{A} = 0$

4 *(b)* समान परिमाण वाले संरेखित सदिशों की न्यूनतम संख्या जिनका परिणाम शून्य हो सकता है, दो है।

6 *(a)* किसी प्रक्षेप्य के उच्चतम बिन्दु पर, वेग केवल क्षैतिज दिशा में और त्वरण के लम्बवत् होता है।

7 *(b)* कथन I सही है, लेकिन II गलत है और इसे इस प्रकार ठीक किया जा सकता है
प्रक्षेप्य गति के लिए, वेग का x-घटक पूरी गति के दौरान स्थिर रहता है।

8 *(a)* कथन I सही है, लेकिन II गलत है और इसे इस प्रकार ठीक किया जा सकता है
एकसमान वृत्तीय गति में किसी वस्तु का त्वरण हमेशा वृत्त के केन्द्र की ओर निर्देशित होता है।

सुमेलन प्रकार प्रश्न

1 *(b)* A. $|\mathbf{B}| = 2|\mathbf{A}|$ और वे समान दिशा में है इसलिए $2\mathbf{A} = \mathbf{B}$.

B. $|\mathbf{A}| = |\mathbf{B}|$ लेकिन दोनों विपरीत दिशा में है इसलिए $\mathbf{A} = -\mathbf{B}$

C. $|\mathbf{A}| = 2|\mathbf{B}|$ लेकिन दोनों विपरीत दिशा में है इसलिए $\mathbf{A} = -2\mathbf{B}$.

D. $|\mathbf{A}| = |\mathbf{B}|$ और दोनों समान दिशा में है। इसलिए $\mathbf{A} = \mathbf{B}$.

अतः $A \rightarrow 3, B \rightarrow 1, C \rightarrow 4, D \rightarrow 2$.

2 *(a)* नीचे आने का समय

$$= \frac{u \sin\theta}{g} = \frac{15 \times \sin 37°}{9.8}$$

$= 0.92$ से

$$H = \frac{u^2 \sin^2 \theta}{2g} = \frac{(15)^2 \sin^2 37°}{9.8}$$

$= 4.16$ मी

$$R = \frac{u^2 \sin 2\theta}{g} = \frac{(15)^2 \sin 74°}{9.8}$$

$= 22.02$ मी

$$T = \frac{2u \sin\theta}{g}$$

$$= \frac{2 \times 15 \sin 37°}{9.8} = 1.84 \text{ से}$$

अतः $A \rightarrow 3$ $B \rightarrow 1$ $C \rightarrow 4$, $D \rightarrow 2$

3 *(d)* मानक समीकरण,

$y = x\tan\theta - \dfrac{gx^2}{2u^2\cos\theta}$ से तुलना करने पर,

$\theta = 45°$ तथा $u = 20\sqrt{2}$ मी/से

प्रक्षेप्य का उड्डयन काल 4 सेकण्ड है। अतः 4 सेकण्ड बाद वेग सदिश क्षैतिज से 45° का कोण बनाता है।

$$h = \frac{u^2 \sin^2\theta}{2g}$$

$$= \frac{(20\sqrt{2})^2 \sin^2(45°)}{2 \times 10}$$

$$H = \frac{400 \times 2 \times \frac{1}{2}}{20} = \frac{400}{20} = 20 \text{ मी}$$

क्षैतिज परास,

$$R = \frac{u^2 \sin 2\theta}{g} = \frac{(20\sqrt{2})^2 \sin 2(45°)}{10}$$

$$= \frac{400 \times 2 \times 1}{10} \quad (\because \sin 90° = 1)$$

$\Rightarrow \quad R = 80$ मी

अतः $A \rightarrow 2$, $B \rightarrow 2$, $C \rightarrow 1$, $D \rightarrow 3$

4 *(d)* प्रक्षेप्य की समीकरण

$$y = mx - nx^2$$

मानक समीकरण से तुलना करने पर,

$$y = x\tan\theta - \frac{gx^2}{2u^2\cos^2\theta}$$

$\therefore \quad \tan\theta = m$

$$\frac{g}{2u^2\cos^2\theta} = n$$

$$\Rightarrow \quad u^2 = \frac{g(1+\tan^2\theta)}{2n}$$

$$\Rightarrow \quad u = \sqrt{\frac{g(1+m^2)}{2n}}$$

उड्डयन काल,

$$T = \frac{2u\sin\theta}{g} = \frac{2u\cos\theta}{g} \times \tan\theta$$

$$= \frac{2}{g} \times \sqrt{\frac{g}{2n}} \times m$$

$$= m\sqrt{\frac{2}{ng}}$$

क्षैतिज परास,

$$R = \frac{u^2 \sin 2\theta}{g}$$

$$= \frac{2u^2 \sin\theta \cdot \cos\theta}{g}$$

$$= \frac{2u^2\cos^2\theta}{g} \times \tan\theta = \frac{m}{n}$$

अधिकतम ऊँचाई,

$$H = \frac{u^2 \sin^2\theta}{2g}$$

$$= \frac{u^2\cos^2\theta}{2g} \times \tan^2\theta = \frac{m^2}{4n}$$

अतः $A \rightarrow 3$, $B \rightarrow 4$, $C \rightarrow 1$, $D \rightarrow 2$.

आंकिक मान प्रकार के प्रश्न

1 *(5)* लड़के के सापेक्ष गेंद की प्रक्षेप्य गति को नीचे दर्शाया गया है।

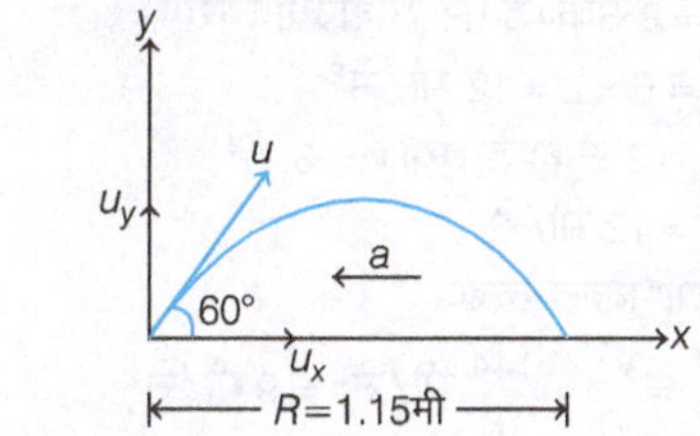

$u = 10$ मी/से ,

$u_x = u\cos\theta = 10\cos 60° = 5$ मी/से

$u_y = u\sin\theta = 10\sin 60° = 5\sqrt{3}$ मी/से

$$T = \frac{2u_y}{g} = \frac{2 \times 5\sqrt{3}}{10} = \sqrt{3} \text{ से}$$

x-दिशा के अनुदिश गति की समीकरण,

$$R = u_x T - \frac{1}{2}aT^2$$

$$\Rightarrow 1.15 = 5 \times \sqrt{3} - \frac{1}{2}a \times (\sqrt{3})^2$$

$\therefore \quad a = 5$ मी/से^{2}

2 *(44.6)* दिया गया है, $t = 0$ सेकण्ड पर

$\mathbf{u} = 10.0\hat{j}$, $t = 0$ सेकण्ड

$$d\mathbf{v} = (8.0\hat{i} + 2.0\hat{j})dt$$

अतः, $$\int_u^v d\mathbf{v} = (8.0\hat{i} + 2.0\hat{j})\int_{t=0}^{t=5} dt$$

$$\mathbf{v} - \mathbf{u} = 40.0\hat{i} + 10.0\hat{j}$$

$$\mathbf{v} = 40.0\hat{i} + 20.0\hat{j}$$

$$|\mathbf{v}| = \sqrt{40^2 + 20^2}$$

$= 44.6$ मी/से

3 *(60)* व्यक्ति गेंद को पकड़ेगा यदि वेग का क्षैतिज घटक व्यक्ति की नियत चाल के बराबर हो।

$\therefore \quad v_0\cos\theta = \dfrac{v_0}{2}$, $\theta = 60°$

4 *(18)* हम जानते है परास अधिकतम होगी जब, $\theta = 45°$

$$\therefore \quad R_{\text{अधिकतम}} = \frac{u^2 \sin 2\theta}{g} = \frac{u^2}{g} = 18 \text{ किमी}$$

उच्चतम बिन्दु पर,

$$v = u_x = u\cos 45°$$

अन्य द्रव्यमान का वेग,

$v = 2u\cos 45°$

अब विस्फोट के बाद अन्य द्रव्यमान द्वारा तय की गई दूरी,

$$= v \times \frac{T}{2} = 2u\cos 45° \times \frac{u\sin 45°}{g}$$

$$= \frac{2u^2}{g}\sin 45° \times \cos 45°$$

$$= \frac{u^2}{g} = 18 \text{ किमी}$$

5 *(2)*

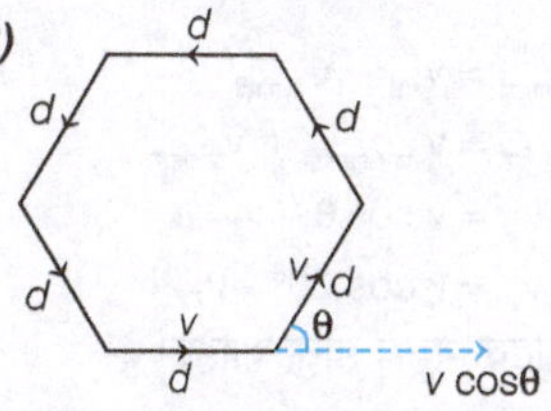

यहाँ हम कह सकते है कि सभी कण षट्कोण के केन्द्र पर मिलेंगे और कोई दो कण के मध्य दूरी प्राप्त किये गये वेग की दर से कम हो जाती है।

$$v_{app} = v - v\cos\theta \qquad [\because \theta = 60°]$$

$$= v - \frac{v}{2} = \frac{v}{2}$$

प्रारम्भ में दोनों के बीच की दूरी d है और यदि यह शून्य हो जाती है जैसे ही वेग $\frac{v}{2}$ हो जाता है

$$\therefore \quad t = \frac{d}{v_{app}} = \frac{d}{\frac{v}{2}} = \frac{2d}{v} = \frac{xd}{v}$$

अब, $x = 2$

6 *(2)* यहाँ, $v_{AB}^2 = v_x^2 + v_y^2$

और $\tan\theta = \frac{v_y}{v_x}$

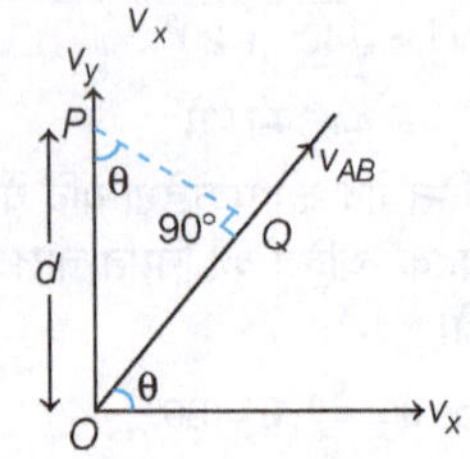

$\therefore \cos\theta = \frac{v_x}{\sqrt{v_x^2 + v_y^2}} = \frac{v_x}{v_{AB}}$

और $\sin\theta = \frac{v_y}{v_{AB}}$

दो कणों के बीच न्यूनतम दूरी,

$$PQ = OP\cos\theta = \frac{dv_x}{v_{AB}}$$

और समय $= \frac{OQ}{v_{AB}} = \frac{OP\sin\theta}{v_{AB}} = \frac{d\sin\theta}{v_{AB}}$

$$= \frac{dv_y}{v_{AB}^2} = \frac{dv_y}{v_{AB}^{\alpha}}$$

$\therefore \quad \alpha = 2$

7 *(7)*

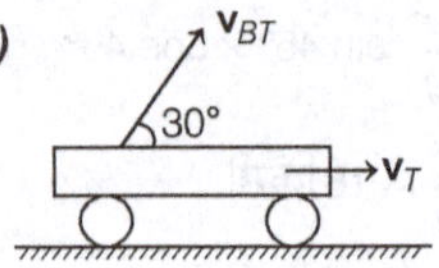

$\because \mathbf{v}_{\text{गेंद / रेलगाड़ी}} = \mathbf{v}_{\text{गेंद}} - \mathbf{v}_{\text{रेलगाड़ी}}$

$\therefore \quad \mathbf{v}_{\text{गेंद}} = \mathbf{v}_{\text{गेंद / रेलगाड़ी}} + \mathbf{v}_{\text{रेलगाड़ी}}$

और $\quad v_x = v\cos\theta - v_T$

$\Rightarrow \quad v_x = v\cos 30° - v_T$

यहाँ x-घटक शून्य होना चाहिए।

$\therefore 0 = v\cos 30° - v_T$

$$v = \frac{v_T}{\cos 30°} = \frac{20}{\frac{\sqrt{3}}{2}} = \frac{40}{\sqrt{3}} \text{ मी/से}$$

अब, $v_y = \frac{40}{\sqrt{3}} \times \sin 30° = \frac{20}{\sqrt{3}}$ मी/से

$\therefore$ गेंद द्वारा प्राप्त की गई अधिकतम ऊँचाई

$$= \frac{v_y^2}{2g} = \frac{\left(\frac{20}{\sqrt{3}}\right)^2}{2 \times 9.8}$$

$$= \frac{400}{3 \times 2 \times 9.8} \approx 7 \text{ मी}$$

8 *(45)* माना $\mathbf{v}_B$ लड़के का वेग है। नदी के सापेक्ष लड़के का वेग $\mathbf{v}_{BR}$ है। तथा $\mathbf{v}_B$ नदी वेग है।

$\therefore \quad \mathbf{v}_B = \mathbf{v}_{BR} + \mathbf{v}_R$

$\mathbf{v}_B$, PQ रेखा के अनुदिश होना चाहिए।

प्रश्नानुसार,

लड़के के वेग का परिमाण = नदी के वेग का परिमाण

$\Rightarrow \quad |\mathbf{v}_B| = |\mathbf{v}_R|$

दिए गए परिदृश्य को निम्नलिखित रूप में प्रदर्शित करते है।

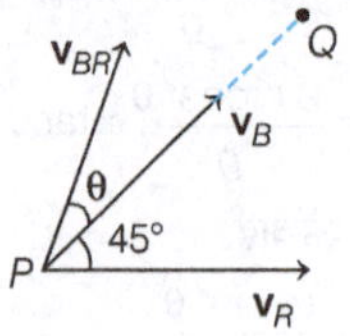

$\therefore \mathbf{v}_B$, $\mathbf{v}_{BR}$ और $\mathbf{v}_R$ के बीच बने कोण को विभाजित करने वाले कोण के अनुदिश होना चाहिए।

$\therefore \quad \theta = 45°$

9 *(15)* चाल, $v = \frac{ds}{dt} = 3t^2$

$$a_t = \frac{dv}{dt} = 6t$$

$\therefore t = 2$ सेकण्ड पर स्पर्शज्या त्वरण,

$a_t = 6 \times 2 = 12$ मी/से^{2}

$t = 2$ सेकण्ड तथा $v = 3(2)^2$

$= 12$ मी/से

$\therefore$ अभिकेन्द्र त्वरण

$a_c = \frac{v^2}{R} = \frac{144}{16}$ मी/से^{2} = 9 मी/से^{2}

$\therefore$ त्वरण $= \sqrt{a_t^2 + a_c^2}$

≈ 15 मी/से^{2}

NCERT Exemplar प्रश्न

1 *(d)* अदिश राशि दिशा से स्वतन्त्र होती है और इसलिए अक्षों के विभिन्न अभिविन्यास वाले प्रेक्षकों के लिए इसका मान समान होता है।

2 *(b)* आरेख से स्पष्ट है,

$\mathbf{u} = a\hat{\mathbf{i}} + b\hat{\mathbf{j}}$

चूँकि $\mathbf{u}$ प्रथम चतुर्थांश में है, इसलिए दोनों घटक a और b धनात्मक होंगे।

$\mathbf{v} = p\hat{\mathbf{i}} + q\hat{\mathbf{j}}$ के लिए, चूँकि यह धनात्मक x-दिशा में है और नीचे की ओर निर्देश इंगित कर रहा है, x-घटक p धनात्मक होगा लेकिन y-घटक q ऋणात्मक होगा।

3 *(b)* मान लीजिए कि $\mathbf{r}$ धनात्मक X-अक्ष के साथ $\to$ कोण बनाता है। X-अक्ष के साथ $\mathbf{r}$ का घटक है

$$r_x = |\mathbf{r}|\cos\theta$$

$$(r_x)_{\text{अधिकतम}} = |\mathbf{r}|(\cos\theta)_{\text{अधिकतम}}$$

$$= |\mathbf{r}|\cos 0° = |\mathbf{r}|$$

($\because \theta = 0°$ पर $\cos\theta$)

$\theta = 0°$, पर

$\mathbf{r}$ धनात्मक X-अक्ष के अनुदिश है।

4 *(c)* दिया है, $\theta = 15°$ तथा $R = 50$ मी

हम जानते है, परास

$$R = \frac{u^2\sin 2\theta}{g} \quad \ldots \text{(i)}$$

जहाँ प्रक्षेप्य कोण θ है। सभी दिए गए मानों को समीकरण (i) में रखने पर हम प्राप्त करते है,

$\Rightarrow \quad R = 50$ मी $= \frac{u^2\sin(2 \times 15°)}{g}$

$\Rightarrow 50 \times g = u^2\sin 30° = u^2 \times \frac{1}{2}$

$= 7 \times 2 \times \sqrt{5}$ मी/से

$= 14\sqrt{5}$ मी/से

$\theta = 45°$ के लिए,

$R = \frac{u^2\sin(2 \times 45°)}{g} = \frac{u^2}{g}$ ($\because \sin 90° = 1$)

$\Rightarrow R = \frac{(14\sqrt{5})^2}{g} = \frac{14 \times 14 \times 5}{9.8}$

$= 100$ मी

5 *(d)* हम जानते हैं,

चाल $v_0 = \frac{\text{कुल तय की गई दूरी}}{\text{कुल समय}}$

अतः कुल तय की गई दूरी

= पथ की लम्बाई = चाल × लिया गया समय

यदि v_0 धनात्मक है, इसलिए समान समय अन्तराल में पथ की लम्बाई समान होगी।

चूँकि यह विस्थापन पर निर्भर नहीं करता है इसलिए यह वेग तथा त्वरण से सम्बन्धित कोई तथ्य नहीं देता है।

विगत परीक्षाओं के प्रश्न

1 *(d)* वृत्तीय गति में, गति की दिशा सतत् रूप से परिवर्तित होती रहती है, इसलिए वृत्तीय गति एक त्वरित गति है।
अतः वृत्तीय गति में वेग परिवर्तन के साथ त्वरण भी परिवर्तित होता है।

2 *(c)* वृत्ताकार की परिधि के अनुदिश गति कर रही वस्तु के कोणीय त्वरण की दिशा उस तल के लम्बवत् है जिसमें घूर्णन किया जाता है अर्थात् घूर्णन के अक्ष के अनुदिश है।

3 *(b)* गोली द्वारा प्राप्त की गई अधिकतम ऊँचाई

$$H_{\text{अधिकतम}} = \frac{(280)^2 \sin^2 30^\circ}{2 \times 9.8} = 1000 \text{ मी}$$

4 *(d)* अधिकतम कण द्वारा प्राप्त अधिकतम ऊँचाई

$$H_{\text{अधिकतम}} = \frac{u^2 \sin^2 \theta}{2g} \qquad \ldots(i)$$

$$H_{\text{अधिकतम}} = 4R \qquad \text{(दिया है)}$$

हम जानते है कि वृत्ताकार पथ गति में कण की चाल,

$$u = \frac{2\pi R}{T}$$

सभी मानों को समीकरण (i) में रखने पर,

$$4R = \frac{\left(\frac{2\pi R}{T}\right)^2 \sin^2 \theta}{2g}$$

$$\Rightarrow \qquad \theta = \sin^{-1}\left(\frac{2gT^2}{\pi^2 R}\right)^{1/2}$$

5 *(a)* वेग, $t = 4$ सेकण्ड, $v = u + at$

$v = 5 \times 4 = 20$ मी/से

इस समय में कार में बैठे व्यक्ति द्वारा गेंद खिड़की के बाहर फेंकी जाती है।
$t = 6$ सेकण्ड के बाद गेंद का वेग दिया गया है
v_y का उर्ध्वाधर वेग $= u_{\text{गेंद}} + a(\Delta t)$
$= 0 + 10 \times (6 - 4) = 20$ मी/से

गेंद का क्षैतिज वेग,

$v_x = 20$ मी/से

$$v_{\text{कुल}} = \sqrt{v_x^2 + v_y^2}$$

$= 20\sqrt{2}$ मी/से

गेंद का त्वरण गुरुत्वीय त्वरण के बराबर होगा
$g = 10$ मी/से^{2}

6 *(b)* दोनों स्थितियों में वस्तु की गति को नीचे प्रदर्शित किया गया है।

स्थिति I

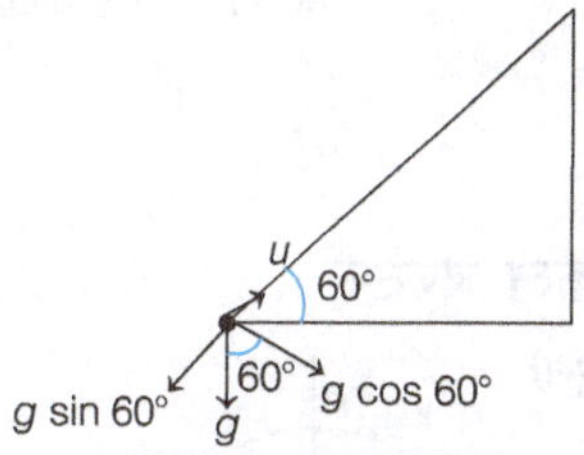

स्थिति II

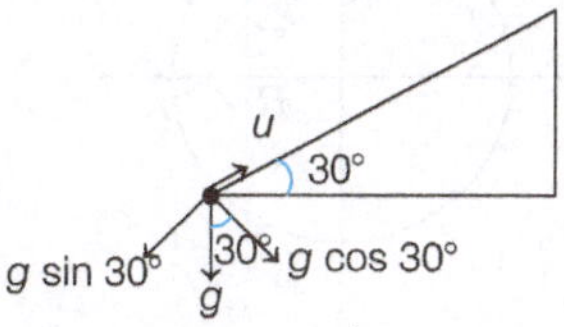

गति के तीसरे समीकरण द्वारा,

$$v^2 = u^2 - 2gh \qquad \ldots(i)$$

अंत में वस्तु रूक जाती है अतः

$$v = 0$$

नत समतल गति के लिए,

$$g = g\sin\theta \text{ तथा } h = x$$

यह मान समीकरण (i) में रखने पर,

$$\Rightarrow \qquad u^2 = 2g\sin\theta\, x$$

$$\Rightarrow \qquad x = \frac{u^2}{2g\sin\theta}$$

स्थिति I के लिए, $x_1 = \dfrac{u^2}{2g\sin 60^\circ}$

स्थिति II के लिए, $x_2 = \dfrac{u^2}{2g\sin 30^\circ}$

$$\Rightarrow \frac{x_1}{x_2} = \frac{u^2}{2g\sin 60^\circ} \times \frac{2g\sin 30^\circ}{u^2}$$

$$= \frac{1}{2} \times \frac{2}{\sqrt{3}} = \frac{1}{\sqrt{3}} \text{ या } 1 : \sqrt{3}$$

7 *(c)* दिया गया है, स्थिति सदिश

$$(\mathbf{r}) = (\cos\omega t\hat{\mathbf{x}} + \sin\omega t\hat{\mathbf{y}})$$

वेग, $\mathbf{v} = \dfrac{d\mathbf{r}}{dt}$

$$\Rightarrow \qquad \mathbf{v} = (-\omega\sin\omega t\,\hat{\mathbf{x}} + \omega\cos\omega t\hat{\mathbf{y}})$$

त्वरण, $\mathbf{a} = \dfrac{d\mathbf{v}}{dt}$

$$\Rightarrow \qquad \mathbf{a} = (-\omega^2\cos\omega t\hat{\mathbf{x}} - \omega^2\sin\omega t\hat{\mathbf{y}})$$

यदि दोनों सदिशों का अदिश गुणनफल का शून्य है, अर्थात् सदिश एक दूसरे के लम्बवत्

$$\mathbf{v}\cdot\mathbf{r} = -\omega\sin\omega t\cos\omega t + \omega\sin\omega t\cos\omega t = 0$$

$\therefore$ **v**, **r** के लम्बवत् है।

$$\mathbf{a}\cdot\mathbf{r} = -\omega^2\cos^2\omega t - \omega^2\sin^2\omega t$$

$$= -\omega^2(\cos^2\omega t + \sin^2\omega t) = -\omega^2$$

$\therefore$ **v**, **r** के लम्बवत् है और यह बताता है। कि त्वरण की दिशा मूल बिन्दु की ओर है।

8 *(c)* वृत्तीय पथ गति करते हुए पिण्ड का अभिकेन्द्र त्वरण

$$a_c = \frac{v^2}{R}$$

दिए गए चित्र मे,

$a_c = a\cos 30^\circ = 15\cos 30^\circ$ मी/से^{2}

$\Rightarrow \dfrac{v^2}{R} = 15\cos 30^\circ \Rightarrow v = 5.7$ मी/से

9 *(a)* $|\mathbf{P} + \mathbf{Q}| = |\mathbf{P} - \mathbf{Q}|$

P और **Q** के बीच कोण ϕ है।

$$\therefore \quad P^2 + Q^2 + 2PQ\cos\phi = P^2 + Q^2 - 2PQ\cos\phi$$

$$\Rightarrow \quad 4PQ\cos\phi = 0$$

$$\Rightarrow \quad \cos\phi = 0 \qquad [\because P, Q \neq 0]$$

$$\Rightarrow \quad \phi = \frac{\pi}{2} = 90^\circ$$

10 *(d)* हमारे पास

$$|\mathbf{A} + \mathbf{B}|^2 = (\mathbf{A} + \mathbf{B})\cdot(\mathbf{A} + \mathbf{B})$$

$$= |\mathbf{A}|^2 + |\mathbf{B}|^2 + 2|\mathbf{A}||\mathbf{B}|\cos\theta$$

दिया गया है, $|\mathbf{A}| = |\mathbf{B}| = R$

इसलिए, $|\mathbf{A} + \mathbf{B}|^2 = 2R^2(1 + \cos\theta)$

$$\Rightarrow \qquad |\mathbf{A} + \mathbf{B}|^2 = 2R^2 \cdot 2\cos^2\left(\frac{\theta}{2}\right)$$

और $\qquad |\mathbf{A} + \mathbf{B}| = 2R\cos\left(\dfrac{\theta}{2}\right)$

11 *(c)* दिया है, प्रक्षेप्य परास = अधिकतम ऊँचाई

$$\Rightarrow \qquad \frac{u^2\sin 2\theta}{g} = \frac{u^2\sin^2\theta}{2g} \Rightarrow \tan\theta = 4$$

$$\Rightarrow \qquad \theta = \tan^{-1}(4)$$

12 *(c)* प्रक्षेप्य गति के दौरान क्षैतिज वेग परिवर्तित नहीं होती है

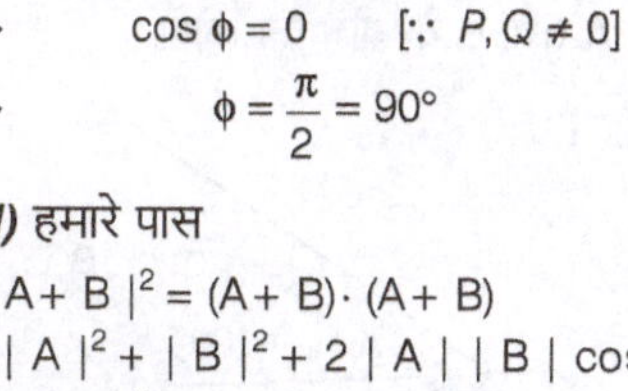

दिया है, $\quad v_x = \dfrac{\sqrt{3}}{2}u$

$$u\cos\theta = \frac{\sqrt{3}}{2}u$$

$\Rightarrow \quad \theta = 30°$

उड्डयन काल,

$$T = \frac{2u\sin 30°}{g} = \frac{u}{g}$$

13 *(b)* आवर्तकाल, $T = 4$ सेकण्ड

वस्तु 3 सेकण्ड में $\frac{3}{4}$ भाग पूरा करती है।

दी गई स्थिति चित्र में प्रदर्शित है।

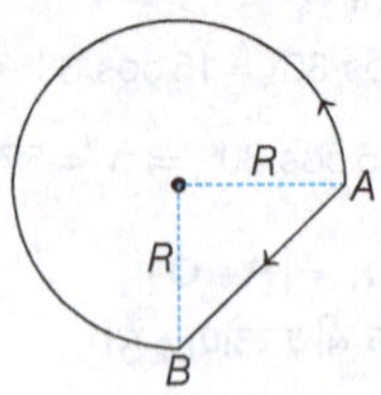

विस्थापन, $AB = \sqrt{R^2 + R^2} = \sqrt{2}R$

$= \sqrt{2} \times 10 = 10\sqrt{2}$ मी

14 *(c)* **A** तथा **B** के बीच का कोण,

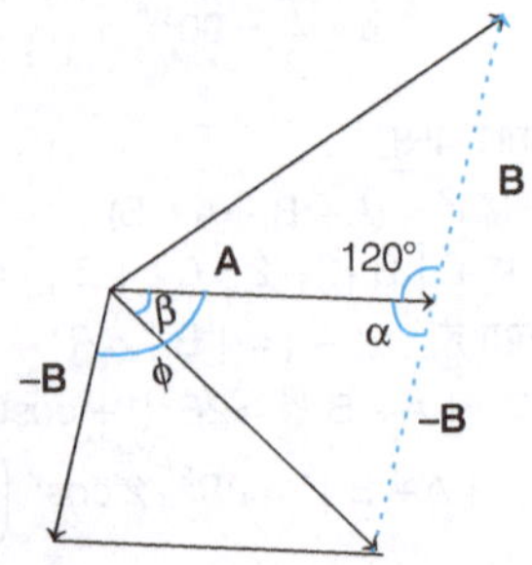

$\alpha = 180° - 120° = 60°$

चित्र से, $\phi = 120°$

$$\tan\beta = \frac{|-\mathbf{B}|\sin\phi}{|\mathbf{A}| + |-\mathbf{B}|\cos\phi}$$

$$= \frac{B\sin 120°}{A + B\cos 120°}$$

$$\Rightarrow \quad \beta = \tan^{-1}\left(\frac{\sqrt{3}B}{2A - B}\right)$$

15 *(b)* बन्दूक से छोड़ी गई गोलियाँ अधिकतम परास तब प्राप्त कर सकती है जब उनका प्रक्षेप्य कोण 45° हो।

बन्दूक *A* के लिए अधिकतम परास,

$$R_1 = \frac{u_1^2}{g}$$

बन्दूक *B* के लिए अधिकतम परास,

$$R_2 = \frac{u_2^2}{g}$$

इसलिए, क्षेत्रफलों का अनुपात

$$= \frac{\pi(R_1)^2}{\pi(R_2)^2} = \frac{\pi \cdot u_1^4/g^2}{\pi \cdot u_2^4/g^2}$$

$$= \frac{u_1^4}{u_2^4} = 1:16$$

स्किल बूस्टर्स

1 *(a)*

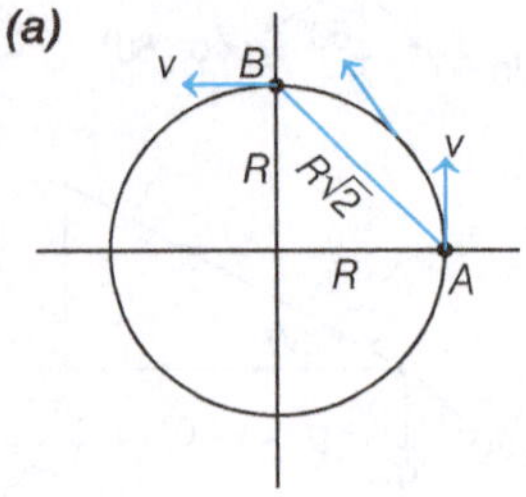

$$A \text{ से } B \text{ तक का समय} = \frac{2\pi R}{4} \times \frac{1}{v} = \frac{\pi R}{2v}$$

A से B तक का विस्थापन $= R\sqrt{2}$

$$A \text{ से } B \text{ तक का वेग} = \frac{\text{विस्थापन}}{\text{समय}}$$

$$= \frac{R\sqrt{2}}{\frac{\pi R}{2v}} = \frac{R\sqrt{2} \times 2v}{\pi R}$$

$$= \frac{2\sqrt{2}v}{\pi}$$

B पर तात्क्षाणिक वेग $- v\hat{\mathbf{i}}$

$$\therefore \frac{\text{तात्क्षाणिक वेग}}{\text{औसत वेग}} = \pi : 2\sqrt{2}$$

2 *(b)* चाप की लम्बाई

$= 4.4 \times 9.46 \times 10^{15}$ मी

$= 4.1624 \times 10^{16}$ मी

वस्तु का वेग, $v = 8$ AU से$^{-1}$

$= 1.5 \times 10^{11} \times 8$

$= 12 \times 10^{12}$ मी/से

$[\because 1 \text{ AU} = 1.5 \times 10^{11}]$

हम जानते हैं कि चाप की लम्बाई, $l = R\,\theta$

यहाँ, R = चाप की त्रिज्या

अतः $4.1624 \times 10^{16} = R \times 4 \times \left(\frac{1°}{3600}\right) \times \left(\frac{\pi}{180°}\right)$

$R = 2.146 \times 10^{21}$ मीटर

समय $= \frac{\text{दूरी}}{\text{चाल}}$ हम जानते हैं कि,

$$t = \frac{n \times 2\pi R}{v}$$

($\because$ दूरी $= n \times$ वृत्तीय पथ की लम्बाई)

$$t = \frac{4 \times 2\pi \times 2.146 \times 10^{21}}{12 \times 10^{12}}$$

$= 4.5 \times 10^{10}$ से

3 *(a)* दूसरे के सापेक्ष एक के आपेक्षिक वेग की दिशा दूसरे के आपेक्षिक स्थिति की ओर होनी चाहिए।

$\frac{\mathbf{r}_1 - \mathbf{r}_2}{|\mathbf{r}_1 - \mathbf{r}_2|} \to$ 2 के सापेक्ष 1 की आपेक्षिक स्थिति की दिशा

इसी प्रकार, $\frac{\mathbf{v}_1 - \mathbf{v}_2}{|\mathbf{v}_1 - \mathbf{v}_2|} \to$ 1 के सापेक्ष 2 की आपेक्षिक स्थिति की दिशा

A तथा B के संघट्ट के लिए हमें प्राप्त

$$\frac{\mathbf{r}_1 - \mathbf{r}_2}{|\mathbf{r}_1 - \mathbf{r}_2|} = \frac{\mathbf{v}_2 - \mathbf{v}_1}{|\mathbf{v}_2 - \mathbf{v}_1|}$$

4 *(b)* चित्र से यह स्पष्ट होता है कि जहाज *A* तथा *B* के बीच लघुत्तम दूरी *PQ* है।

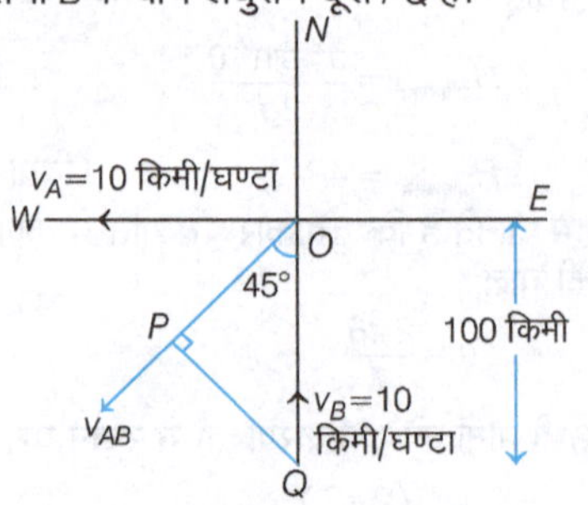

यहाँ, $\sin 45° = \frac{PQ}{OQ}$

$\Rightarrow \quad PQ = 100 \times \frac{1}{\sqrt{2}} = 50\sqrt{2}$ किमी

$v_{AB} = \sqrt{v_A^2 + v_B^2} = \sqrt{10^2 + 10^2}$

$= 10\sqrt{2}$ किमी/घण्टा

इसलिए लघुत्तम मार्ग में पहुँचने के लिए लिया गया समय,

$$t = \frac{PQ}{v_{AB}} = \frac{50\sqrt{2}}{10\sqrt{2}} = 5 \text{ घण्टा}$$

5 *(a)* गोलियों के प्रक्षेप्य का समीकरण

$$y = x\tan\theta - \frac{\frac{1}{2}gx^2}{u^2}(1 + \tan^2\theta) \quad \ldots(i)$$

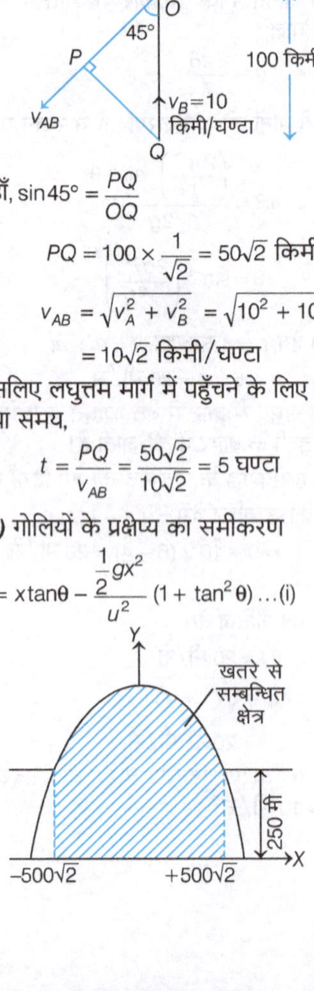

x के दिए गए मान के लिए अधिकतम y ज्ञात किया जा सकता है।

$$\frac{dy}{d(\tan\theta)} = x - \frac{\frac{1}{2}gx^2}{u^2}(2\tan\theta) = 0$$

या $\tan\theta = \dfrac{u^2}{gx}$

समीकरण (i) से मान रखने पर, हम प्राप्त करते हैं,

$$y_{\text{अधिकतम}} = x\frac{u^2}{gx} - \frac{\frac{1}{2}gx^2}{u^2}\left[1 + \frac{u^4}{g^2x^2}\right]$$

$$y_{\text{अधिकतम}} = \frac{u^2}{2g} - \frac{\frac{1}{2}gx^2}{u^2}$$

खोल द्वारा हमलावर क्षेत्र को व्यक्त किया,

$$y \le \frac{u^2}{2g} = \frac{\frac{1}{2}gx^2}{u^2}$$

आंकिक मान रखने पर, $y = 250$ मी,
$u = 100$ मी/से $g = 10$ मी/से^{2}

हम जानते हैं, $\dfrac{x^2}{2000} \le 250$

या $-500\sqrt{2} \le x \le 500\sqrt{2}$

एक ड्रान $1000\sqrt{2}$ मीटर तक यात्रा कर सकता है। जबकि यह टकरा सकता है इसलिए वह समय जिसमें यह खतरे में आ जाएगा $= \dfrac{1000\sqrt{2}}{500}$

$= 2\sqrt{2}$ से

6 *(a)* द्वितीय गेंद के लिए,

$$T = \frac{2u\sin\beta}{g}$$

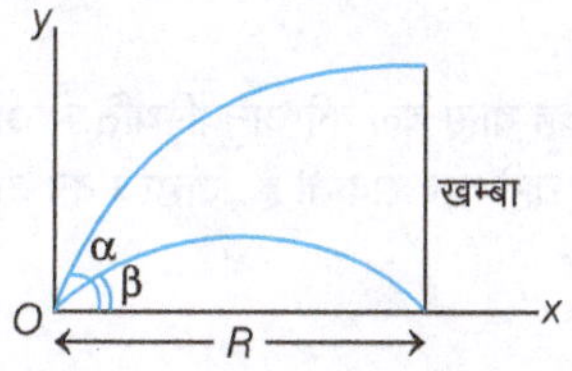

और $\quad R = \dfrac{u^2\sin 2\beta}{g}$

पहली गेंद के लिए,

$$R = (u\cos\alpha)T$$

T का मान रखने पर, हमे प्राप्त होता है,

$$\Rightarrow \quad \frac{u^2\sin 2\beta}{g} = u\cos\alpha \times \frac{2u\sin\beta}{g}$$

$$\Rightarrow \quad \frac{2u^2\sin\beta\cos\beta}{g} = \frac{u\cos\alpha \times 2u\sin\beta}{g}$$

$$\therefore \quad \frac{\cos\alpha}{\cos\beta} = 1$$

7 *(a)* चित्र में बिन्दु A, B और C गेंद के समीकरण पथ के प्रक्षेपक पर स्थित है।

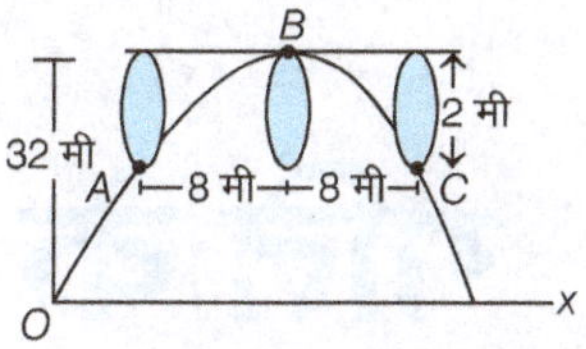

$$y = x\tan\alpha - \frac{gx^2}{2u^2\cos^2\alpha}$$

बिन्दु A के लिए,

$$32 - 2 = x\tan\alpha - \frac{5x^2}{u^2\cos^2\alpha}$$

$$\text{या} \quad 30 = x\tan\alpha - \frac{5}{u^2}x^2(1 + \tan^2\alpha) \quad \ldots\text{(i)}$$

बिन्दु B के लिए,

$$32 = (x + 8)\tan\alpha - \frac{5}{u^2}(x + 8)^2(1 + \tan^2\alpha) \quad \ldots\text{(ii)}$$

बिन्दु C के लिए,

$$32 - 2 = (x + 16)\tan\alpha - \frac{5(x + 16)^2}{u^2}(1 + \tan^2\alpha)$$

$$\Rightarrow 30 = (x + 16)\tan\alpha - \frac{5(x + 16)^2(1 + \tan^2\alpha)}{u^2} \quad \ldots\text{(iii)}$$

समी (ii) से समी (i) को घटाने पर,

$$2 = 8\tan\alpha - \frac{5}{u^2}(1 + \tan^2\alpha)(x^2 + 16x + 64 - x^2)$$

$$\Rightarrow 2 = 8\tan\alpha - \frac{5}{u^2}(1 + \tan^2\alpha)(16x + 64) \quad \ldots\text{(iv)}$$

समी (iii) से समी (ii) को घटाने पर,

$$0 = 16\tan\alpha - \frac{5(1 + \tan^2\alpha)}{u^2}(x^2 + 32x + 256 - x^2) \quad \ldots\text{(v)}$$

समी (iv) व (v) से हम प्राप्त करते है,

$$\tan^2\alpha = \frac{32 \times 2}{64} = 1$$

$$\therefore \quad \tan\alpha = 1$$

8 *(b)* यहाँ, $\quad x = (v_0\cos\alpha)t$

$$y = (v_0\sin\alpha)t - \frac{1}{2}gt^2$$

$$\therefore \quad y + \frac{1}{2}gt^2 = (v_0\sin\alpha)t$$

तथा $\quad x = (v_0\cos\alpha)t$

$$\Rightarrow \quad v_0^2t^2 = \left(y + \frac{1}{2}gt^2\right)^2 + x^2$$

इस प्रकार दिए गए मान t के लिए कण वृत्त पर स्थित है।

9 *(b)* प्रक्षेप वक्र का समीकरण,

$$y = x\tan\alpha - \frac{gx^2}{2u^2\cos^2\alpha}$$

$\because y$ अधिकतम है।

$$\therefore \quad \frac{dy}{d\alpha} = 0$$

$$\therefore \quad 0 = x\sec^2\alpha - \frac{gx^2}{2u^2}$$

$2\sec\alpha\sec\alpha, \tan\alpha$

या $\dfrac{gx}{u^2}\tan\alpha = 1$

या $\tan\alpha = \dfrac{u^2}{gx} = \dfrac{900}{10 \times 45} = 2$

$$\therefore \quad y = 45 \times 2 - \frac{10 \times 45 \times 45}{2 \times 900}(1 + 4)$$

$$= 33.75 = 3375 \times 10^{-2} \text{ मी}$$

$$\therefore \quad n = 2$$

10 *(d)* 0 से $\dfrac{\pi}{2\omega}$ के दौरान प्रत्येक कण द्वारा तय किया गया कोण

$$\theta = \omega \times t = \omega \times \frac{\pi}{2\omega} = \frac{\pi}{2} \text{ रेडियन}$$

इसलिए कण की स्थितियाँ $t = \dfrac{\pi}{2\omega}$ पर, नीचे प्रदर्शित की गई है।

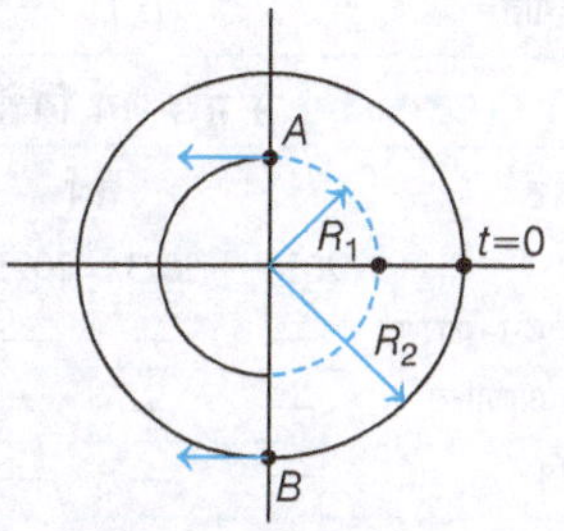

$t = \dfrac{\pi}{2\omega}$ पर कणों के वेग

$$\mathbf{v}_A = -\omega R_1\hat{\mathbf{i}}, \ \mathbf{v}_B = -\omega R_2\hat{\mathbf{i}}$$

$\therefore B$ के सापेक्ष A का वेग है

$$\mathbf{v}_{AB} = \mathbf{v}_A - \mathbf{v}_B = \omega R_1\hat{\mathbf{i}} - (-\omega R_2\hat{\mathbf{i}})$$

$$= \omega(R_2 - R_1)\hat{\mathbf{i}}$$

04

भौतिकी की Concept Master *Videos* के लिए *Scan* करें

गति के नियम

Laws of Motion

5 वर्षों में NEET में पूछे गये शीर्षकवार प्रश्न

शीर्षक	वर्षवार प्रश्नों की संख्या				
	2024	2023	2022	2021	2020
अरस्तु की भ्रामकता	–	–	–	–	–
न्यूटन का गति का प्रथम नियम	–	–	–	–	–
न्यूटन का गति का द्वितीय नियम	–	–	–	–	1
न्यूटन का गति का तृतीय नियम	–	–	–	–	–
संवेग का संरक्षण	–	–	–	1	–
कण की साम्यावस्था	–	–	–	–	–
यान्त्रिकी में सामान्य बल	1	2	–	–	1
वृत्तीय गति	1	–	–	–	–

NEET में विगत 5 वर्षों में पूछे गये विशेष प्रकार के प्रश्न

प्रकार	वर्ष				
	2024	2023	2022	2021	2020
अभिकथन-कारण	—	—	—	–	—
कथन आधारित	—	—	—	-	-
सुमेलन	—	—	—	—	—

NEET के विगत 5 वर्षों का भारांकन

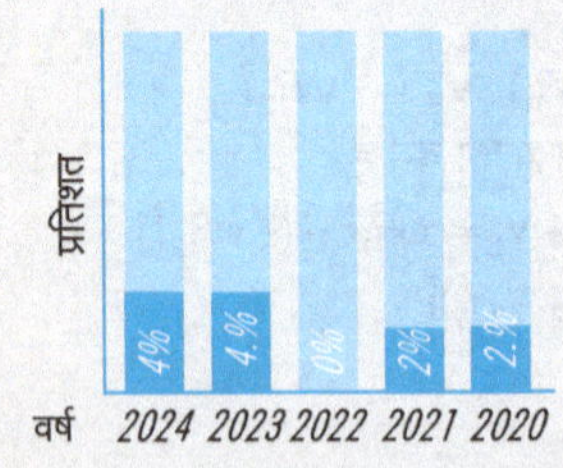

किसी स्थिर वस्तु को गति प्रदान करने के लिए या गतिशील वस्तु को रोकने के लिए बल की आवश्यकता होती है। इस बल को उपलब्ध कराने के लिए एक बाह्य माध्यम (External agency) की आवश्यकता होती है। यह साधन निकाय के सम्पर्क में हो भी सकता है और नहीं भी।

अरस्तु की भ्रामकता (Aristotle's Fallacy)

- अरस्तु के गति का नियम त्रुटिपूर्ण है और इसका निष्कर्ष इस प्रकार से निकाला जा सकता है कि किसी पिण्ड को गति में बनाए रखने के लिए एक बाह्य बल की आवश्यकता होती है।
- प्राकृतिक जगत में विपरीत बल (जैसे-ठोसों में घर्षण बल तथा तरलों में श्यान बल) सदैव उपस्थित होते हैं। इसलिए निकायों को एकसमान गति में रखने के लिए बाह्य साधनों की आवश्यकता होती है।

जड़त्व का नियम (Law of Inertia)

जड़त्व किसी वस्तु का वह गुण है जिसके कारण वह बाह्य बल की अनुपस्थिति में अपनी विरामावस्था या गति या गति की दिशा में परिवर्तन नहीं कर सकती है। जड़त्व का अर्थ है **परिवर्तन का विरोध** (Resistance of change)।

न्यूटन का प्रथम नियम (Newton's First Law)

- इस नियम के अनुसार, प्रत्येक वस्तु तब तक विरामावस्था में या सरल रेखा में एकसमान गति में बनी रहेगी, जब तक उस पर कोई बाह्य बल कार्य न करें। इसे **गैलीलियो के जड़त्व के नियम** (Galileo's law of inertia) के नाम से भी जाना जाता है।
- जड़त्व, पिण्ड के द्रव्यमान के समानुपाती होता है अर्थात् पिण्ड जितना भारी होगा, उसकी स्थिति में परिवर्तन के लिए उतने ही अधिक बल की आवश्यकता होगी और जड़त्व भी उतना ही अधिक होगा।
- सरल शब्दों में "यदि किसी पिण्ड पर कुल बाह्य बल शून्य है, तो इसका त्वरण शून्य हो सकता है और यदि इस पर कोई नैट बाह्य बल कार्य कर रहा है तो इसका त्वरण शून्य नहीं होगा।" **NEET 2019**

न्यूटन का द्वितीय नियम (Newton's Second Law)

- जब पिण्ड पर कोई नेट बाह्य बल कार्य कर रहा होता है, तो गति का द्वितीय नियम पिण्ड की सामान्य स्थिति को सन्दर्भित करता है।

संवेग (Momentum)

- किसी पिण्ड के द्रव्यमान (Mass) m और वेग (Velocity) $\mathbf{v}$ के गुणनफल को पिण्ड का संवेग (Momentum) कहते हैं। इसे $\mathbf{p}$ से प्रदर्शित करते हैं।

$$\mathbf{p} = m\mathbf{v}$$

यह एक सदिश राशि (Vector quantity) है।

- किसी दिए गए समय में संवेग में परिवर्तन जितना अधिक होगा, बल लगाने की आवश्यकता उतनी ही अधिक होगी।
- समान समय के लिए एक ही बल विभिन्न पिण्डों के संवेग में समान परिवर्तन का कारण बनता है।
- **न्यूटन के गति के द्वितीय नियम** के अनुसार, किसी पिण्ड के संवेग में परिवर्तन की दर लगाए गए बल के समानुपाती होती है और उसी दिशा में होती है जिस दिशा में बल कार्य करता है।

इस प्रकार $\quad F = \dfrac{d\mathbf{p}}{dt} = m\mathbf{a}$

- द्वितीय नियम से सम्बन्धित कुछ महत्वपूर्ण बिन्दु निम्न प्रकार हैं
  - (i) द्वितीय नियम में, $\mathbf{F} = 0$ का तात्पर्य $\mathbf{a} = 0$ है। द्वितीय नियम स्पष्ट रूप से प्रथम नियम के अनुरूप है।
  - (ii) गति का द्वितीय नियम एक सदिश नियम (Vector law) है। इसमें सदिशों के प्रत्येक घटक के लिए तीन समीकरणों के समतुल्य हैं

$$F_x = \frac{dp_x}{dt} = ma_x,\ F_y = \frac{dp_y}{dt} = ma_y,\ F_z = \frac{dp_z}{dt} = ma_z$$

  - (iii) यदि बल पिण्ड के वेग के समान्तर नहीं है परन्तु यह इसके साथ कुछ कोण बनाता है तो

    यह केवल बल की दिशा के अनुदिश वेग के घटक को बदलता है। बल के लम्बवत् वेग का घटक अपरिवर्तित रहता है।
  - (iv) वस्तु का त्वरण, वस्तु पर लगे कुल बल $\mathbf{F}_{\text{कुल}}$ के समानुपाती तथा वस्तु के द्रव्यमान m के व्युत्क्रमानुपाती होता है।

$$a \propto F_{\text{कुल}}$$

तथा $\quad a \propto \dfrac{1}{m} \Rightarrow F_{\text{कुल}} = ma$

  - (v) मूल मौलिक सम्बन्ध,

$$F_{\text{कुल}} = \frac{d(mv)}{dt} = m\frac{dv}{dt} + v\frac{dm}{dt}$$

  - (vi) गति का द्वितीय समीकरण एक मूल सम्बन्ध है जिसके अनुसार किसी क्षण (Instant) पर त्वरण, गति के पूर्व प्रभाव से स्वतन्त्र होता है।

- **आवेगी बल** (Impulsive Force) आवेगी बल एक वृहत बल है जो किसी पिण्ड पर बहुत कम समय अन्तराल के लिए कार्य करता है और उसके रेखीय संवेग (Linear momentum) में एक सीमित (Finite) परिवर्तन उत्पन्न करता है।
- **आवेग** (Impulse) किसी बल का आवेग (Impulse), औसत बल (Average force) और उस समयान्तराल के गुणनफल के बराबर होता है जिसमें वह कार्य करता है।

$$\text{आवेग} = F_{av} \times t$$

NEET 2021

$$= \text{रेखीय संवेग में परिवर्तन}$$

- यदि बल बहुत ही सूक्ष्म समय (dt) के लिए कार्य करता है, तो आवेग = $\mathbf{F} \cdot dt$
- आवेग = बल (F) तथा समय (t) के बीच वक्र का क्षेत्रफल

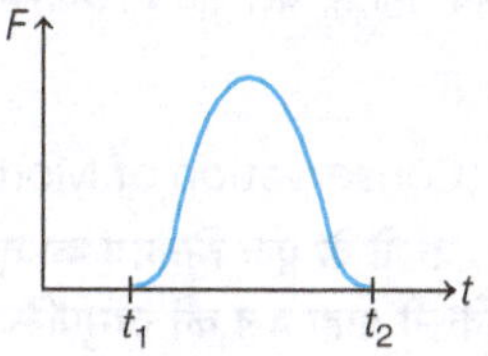

- यदि बल एक सीमित समयान्तराल के लिए कार्य करता है, तो आवेग = $\int_{t_1}^{t_2} \mathbf{F} \cdot dt$
- यदि एक नियत बल, Δt समय अन्तराल के लिए कार्य करता है, तब आवेग = $\mathbf{F} \cdot \Delta t$
- **आवेग-संवेग प्रमेय** (Impulse-Momentum Theorem) इस प्रमेय के अनुसार किसी बल का आवेग, संवेग में परिवर्तन के समतुल्य होता है।

Marks Maximizer

छद्म बल (Pseudo Force)

- जब किसी पिण्ड की गति का अजड़त्वीय तन्त्र (non-inertial frame) से अध्ययन किया जाता है, तो न्यूटन के द्वितीय नियम को लागू करने के लिए, अजड़त्वीय तन्त्र के त्वरण की दिशा के विपरीत एक काल्पनिक बल लगाना पड़ता है, जिसे छद्म बल (Pseudo force) कहते हैं।
- m द्रव्यमान का पिण्ड एक लिफ्ट (अजड़त्वीय तन्त्र) में रखा जाता है। लिफ्ट a त्वरण के साथ ऊपर की ओर गतिमान है। तब, पिण्ड पर लगा छद्म बल (Pseudo Force) चित्र में दर्शाया गया है

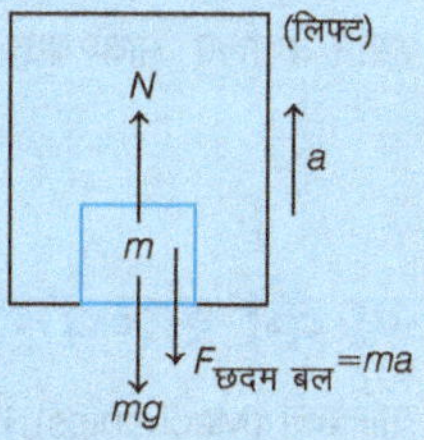

पिण्ड पर अभिलम्ब प्रतिक्रिया

$$N = mg + F_{\text{छद्म बल}}$$
$$= mg + ma = m(g + a)$$

न्यूटन का तृतीय नियम (Newton's Third Law)

- इस नियम के अनुसार, प्रत्येक क्रिया के लिए सदैव समान और विपरीत प्रतिक्रिया होती हैं।
- बल सदैव युग्म में उत्पन्न होते हैं। पिण्ड B द्वारा पिण्ड A पर लगाया गया बल, पिण्ड A द्वारा पिण्ड B पर लगाये गये बल के समान और विपरीत होता है। अर्थात् B द्वारा A पर लगाया गया बल = – (A द्वारा B पर लगाया गया बल)

$$\mathbf{F}_{AB} = -\mathbf{F}_{BA}$$

यदि आप दोनों पिण्डों को एक निकाय के रूप में विचार करें, तो $\mathbf{F}_{AB}$ और $\mathbf{F}_{BA}$ निकाय $(A + B)$ के आन्तरिक बल हैं।

- तृतीय नियम में कोई कारण-प्रभाव (Cause-effect) सम्बन्ध नहीं है। B द्वारा A पर लगाया गया बल और A द्वारा B पर लगाया गया बल एक ही क्षण में कार्य करते हैं।
- क्रिया-प्रतिक्रिया (Action-reaction) बल एक ही पिण्ड पर नहीं अपितु भिन्न-भिन्न पिण्डों पर कार्य करते हैं। यह नियम पिण्डों की विराम या गति दोनों अवस्थाओं में लागू होता है।
- एकल पृथक बल सम्भव नहीं है, बल सदैव क्रिया-प्रतिकिया युग्म के रूप में सम्भव है।

संवेग का संरक्षण (Conservation of Momentum)

- इस नियम के अनुसार, **कणों के एक निकाय का कुल रेखीय संवेग** (Total linear momentum) **किसी बाह्य बल की अनुपस्थिति में स्थिर या संरक्षित रहता है।**

किसी बाह्य बल के बिना एक पृथक निकाय के लिए,

$$\mathbf{F} = 0 \text{ या } \frac{d\mathbf{p}}{dt} = 0 \text{ या } \mathbf{p} = \text{नियत}$$

या $\mathbf{p}_1 + \mathbf{p}_2 + \dots \mathbf{p}_n =$ नियत

- परस्पर क्रिया करने वाले कणों के एक पृथक निकाय का कुल संवेग संरक्षित रहता है। **NEET 2019**
- यदि दो पिण्डों A और B के प्रारम्भिक संवेग $\mathbf{p}_A$ तथा $\mathbf{p}_B$ हैं तथा संघट्ट (Collision) के पश्चात् उनके अन्तिम संवेग $\mathbf{p'}_A$ तथा $\mathbf{p'}_B$ हैं, तो रेखीय संवेग संरक्षण के नियमानुसार,

$$\mathbf{p'}_A + \mathbf{p'}_B = \mathbf{p}_A + \mathbf{p}_B$$

नोट रेखीय संवेग संरक्षण के अनुप्रयोग (Application of conservation of linear momentum) यदि कोई मशीन गन N गोलियां जिनमें से प्रत्येक का द्रव्यमान m तथा वेग v है को v वेग से दागती हैं, तो बन्दूक को स्थिर रखने के लिए आवश्यक बल,

$$F = \frac{Nmv}{t}$$

कण की साम्यावस्था (Equilibrium of Particle)

- यान्त्रिकी (Mechanics) में कण की साम्यावस्था, उस स्थिति को सन्दर्भित करती है जब कण पर कुल बाह्य बल शून्य होता है।
- किसी कण पर कार्यरत् दो बलों का परिमाण (magnitude) समान तथा दिशा (Direction) विपरीत हो, तो साम्यावस्था की स्थिति प्राप्त की जा सकती है।

अर्थात्
$$\mathbf{F}_1 = -\mathbf{F}_2$$

संगामी बल (Concurrent Forces)

- किसी पिण्ड के एक ही बिन्दु पर कार्य करने वाले सभी बलों को संगामी बल कहते हैं।
- किसी पिण्ड पर कार्यरत् कई संगामी बलों को सन्तुलन में कहा जा सकता है, यदि इन सभी बलों का परिणामी शून्य हो या सभी संगामी बलों को उसी क्रम में लिए गए बन्द बहुभुज (Closed polygon) की भुजाओं द्वारा पूर्णतः निरूपित किया जाए। गणितीय रूप से,

$$\mathbf{F}_1 + \mathbf{F}_2 + \mathbf{F}_3 + \dots + \mathbf{F}_n = 0$$ **NEET 2019**

- दूसरे शब्दों में, बलों के समान्तर चतुर्भुज के नियम (Law of parallelogram of forces) द्वारा प्राप्त किसी भी दो बलों (माना $\mathbf{F}_1$ तथा $\mathbf{F}_2$) का परिणामी (Resultant), तीसरे बल $\mathbf{F}_3$ के समान और विपरीत दिशा में होना चाहिए। जैसा कि नीचे दिए गए चित्र में दर्शाया गया है।

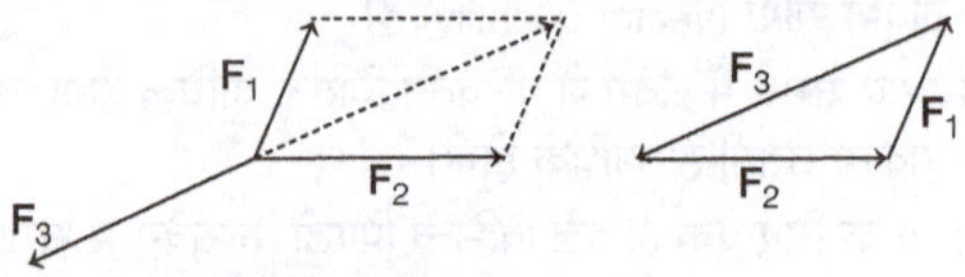

संगामी बलों की साम्यावस्था

लामी प्रमेय (Lami's Theorem)

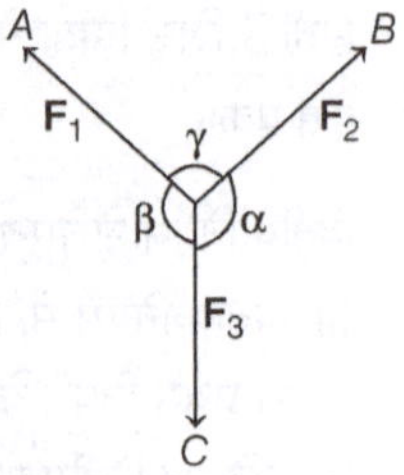

इस प्रमेय के अनुसार, जब किसी पिण्ड पर कार्य करने वाले तीन संगामी बल $\mathbf{F}_1, \mathbf{F}_2$ तथा $\mathbf{F}_3$ सन्तुलन में होते हैं, तो

$$\frac{\mathbf{F}_1}{\sin\alpha} = \frac{\mathbf{F}_2}{\sin\beta} = \frac{\mathbf{F}_3}{\sin\gamma}$$

जहाँ, $\alpha = \mathbf{F}_2$ तथा $\mathbf{F}_3$ के बीच का कोण,

$\beta = \mathbf{F}_3$ तथा $\mathbf{F}_1$ के बीच का कोण तथा

$\gamma = \mathbf{F}_1$ तथा $\mathbf{F}_2$ के बीच का कोण

यान्त्रिकी में सामान्य बल (Common Forces in Mechanics)

- यान्त्रिकी में गुरुत्वाकर्षण बल (Gravitational force) के अतिरिक्त अन्य सभी बल (**घर्षण बल, अभिलम्ब प्रतिक्रिया बल, उत्प्लावन बल, स्प्रिंग बल** आदि) **सम्पर्क बल** हैं।
- जब पिण्ड सम्पर्क में होते हैं (जैसे-मेज पर रखी स्थिर किताब या छड़, कब्जे तथा विभिन्न प्रकार की टेटे (Supports)), तो परस्पर सम्पर्क बल (प्रत्येक पिण्ड के जोड़े के लिए) तृतीय नियम को सन्तुष्ट करते हैं।
- ठोस पदार्थ के तरल पदार्थ के सम्पर्क में होने पर भी सम्पर्क बल (Contact force) उत्पन्न होते हैं।
- जब किसी स्प्रिंग को बाह्य बल द्वारा सम्पीड़ित या विस्तारित किया जाता है, तो एक प्रत्यानयन बल (Restoring force) उत्पन्न होता है। स्प्रिंग में उत्पन्न इस प्रत्यानयन बल को **तनाव** (Tension) कहते हैं। तनाव सामान्यतः सम्पीड़न या प्रसार (छोटे विस्थापन के लिए) के समानुपाती होता है।
- **स्प्रिंग बल**, निम्न प्रकार लिखा जाता है $F = -kx$

जहाँ, $x =$ विस्थापन तथा $k =$ स्प्रिंग स्थिरांक

Marks Maximizer

एक डोरी में तनाव के लिए नियम (Rules for Tension in a String)

- एक डोरी में तनाव की दिशा सदैव डोरी के अनुदिश तथा वस्तु से दूर होती है।
- एक आदर्श डोरी में सभी बिन्दुओं पर तनाव समान होता है।
- तनाव प्रसारात्मक (Extensional) या सम्पीड़नात्मक (Compressional) हो सकता है, जैसा कि चित्र में दर्शाया गया है।

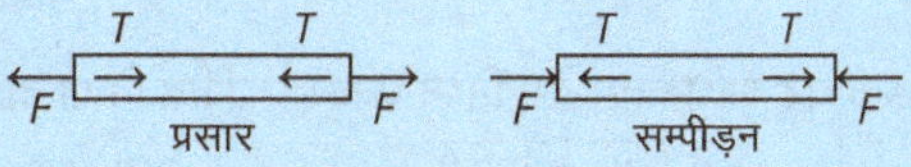

- चेन या डोरी में तनाव प्रसारात्मक होता है।
- रॉड में तनाव विस्तारात्मक या सम्पीड़नात्मक दोनों प्रकार का होता है।

घर्षण (Friction)

- जब दो पिण्ड एक-दूसरे की सतह पर फिसलते या लुढ़कते हैं या ऐसा करने का प्रयत्न करते हैं, तो उनकी सम्पर्क सतह (Contact surface) के मध्य एक विरोधी बल (Opposing force) उत्पन्न होता है, **जिसे घर्षण बल** (Friction force) कहते हैं। NEET 2023
- सम्पर्क सतहों के लम्बवत् सम्पर्क बलों के घटक को **अभिलम्ब प्रतिक्रिया** (Normal reaction) कहते हैं। सम्पर्क बल का समान्तर घटक घर्षण कहलाता है।
- **स्थैतिक घर्षण** (Static friction) जब दो पिण्ड वास्तव में अपनी सापेक्ष गति प्रारम्भ नहीं करते हैं, तो उन दोनों पिण्डों के मध्य लगने वाले बल को स्थैतिक घर्षण (Static friction) कहते हैं। इसे f_s द्वारा दर्शाया जाता है।
- स्थैतिक घर्षण का सीमान्त मान $f_{s(\text{अधिकतम})}$, सम्पर्क सतहों के क्षेत्रफल से स्वतन्त्र होता है तथा अभिलम्बवत् बल (N) के अनुक्रमानुपाती होता है।

$$f_{s(\text{अधिकतम})} = \mu_s N$$

NEET 2023

- स्थैतिक घर्षण, आसन्न गति (Impending motion) का विरोध करता है। घर्षण की अनुपस्थिति में बल द्वारा आरोपित होने वाली गति को आसन्न गति कहते हैं। (परन्तु वास्तव में यह गति घटित नहीं होती है)
- **सीमान्त घर्षण** (Limiting friction) सम्पर्क में रखे किन्हीं दो पिण्डों के बीच सीमान्त घर्षण (f) बल का परिमाण, उनके बीच अभिलम्ब प्रतिक्रिया (N) के समानुपाती होता है। अर्थात् $f \propto N$
- सम्पर्क में किन्हीं दो पिण्डों के बीच सीमान्त घर्षण, सम्पर्क सतहों के पदार्थ (Material) की प्रकृति (Nature) और उनके रूक्षपन (Roughness) और चिकनेपन (Surface smoothness) पर निर्भर करता है।
- जब तक दोनों सम्पर्क पिण्डों की सतह के मध्य अभिलम्ब प्रतिक्रिया स्थिर रहती है, तब तक सीमान्त घर्षण प्रत्यक्ष सम्पर्क क्षेत्र से स्वतन्त्र होता है।
- **गतिक घर्षण** (Kinetic friction) सम्पर्क सतहों के मध्य सापेक्ष गति का विरोध करने वाले घर्षण बल को गतिक या सर्पी (Kinetic or sliding) घर्षण कहते हैं। इसे f_k द्वारा दर्शाया जाता है।

$$f_k = \mu_k N$$

जहाँ, μ_k = गतिक घर्षण गुणांक

N = अभिलम्ब प्रतिक्रिया

- गतिक घर्षण गुणांक (μ_k), सदैव स्थैतिक घर्षण गुणांक (μ_s) से कम होता है।
- **आरोपित बल के साथ घर्षण बल में परिवर्तन** को निम्न ग्राफ द्वारा दर्शाया गया है

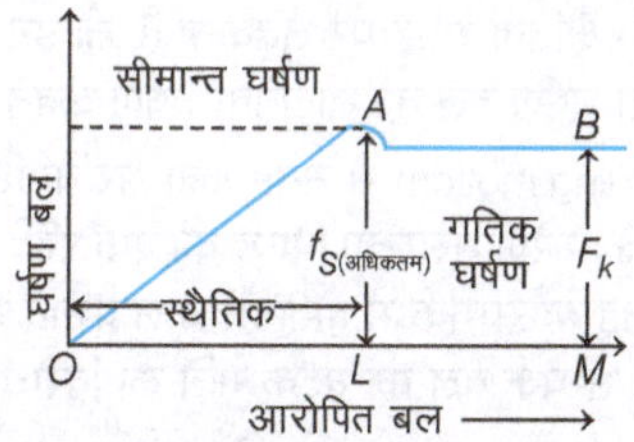

- जब सापेक्ष गति प्रारम्भ हो जाती है, तो रूक्ष सतह पर पिण्ड का त्वरण निम्न प्रकार प्रदर्शित किया जाता है,

$$a = \frac{F - f_k}{m}$$

जहाँ, F = आरोपित बल

f_k = गतिक घर्षण

- यदि कोई पिण्ड रूक्ष सतह पर नियत वेग से गति कर रहा है, तो आरोपित बल का मान गतिक घर्षण के बराबर होता है।

$$F = f_k$$

यदि पिण्ड पर लगाया गया आरोपित बल हटा दिया जाए, तो पिण्ड का त्वरण $-\frac{f_k}{m}$ हो जाता है और अन्ततः पिण्ड विरामावस्था में आ जाता है।

- **घर्षण कोण** (Angle of friction) सीमान्त घर्षण (f) तथा अभिलम्ब प्रतिक्रिया (N) के परिणामी का अभिलम्ब की दिशा के साथ बनाया गया कोण, घर्षण कोण कहलाता है। इसे λ से प्रदर्शित करते हैं।

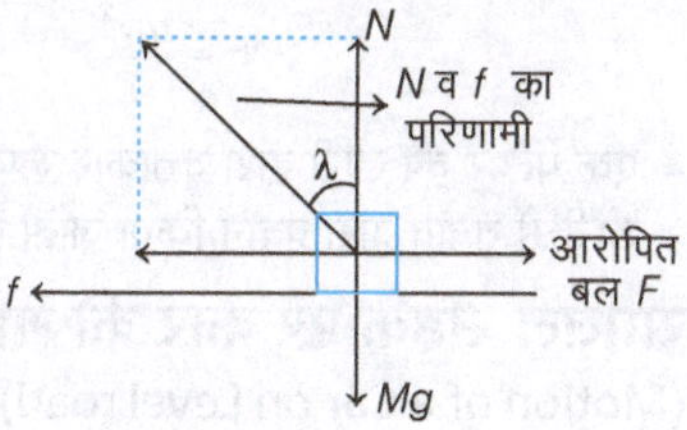

$$\therefore \quad \tan\lambda = \frac{f}{N} = \mu$$

तथा $\lambda = \tan^{-1}\mu$

- **विराम कोण** (Angle of Repose) क्षैतिज के साथ तल का न्यूनतम झुकाव कोण (Inclination angle), जिस पर कोई पिण्ड नीचे की ओर गति या फिसलना प्रारम्भ कर देता है, विराम कोण θ कहलाता है।

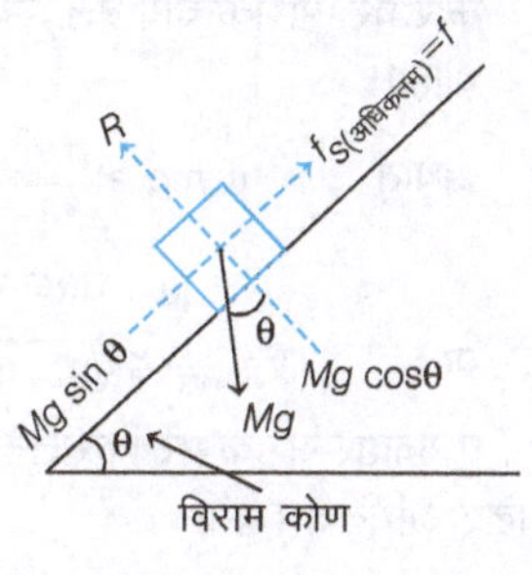

$$f = Mg\sin\theta$$

$$N = Mg\cos\theta$$

$$\mu = \frac{f}{N}$$

$$\tan\theta = \frac{Mg\sin\theta}{Mg\cos\theta}$$

$$\theta = \tan^{-1}\mu$$

- घर्षण कोण (λ) = विराम कोण (θ)

- विभिन्न परिस्थितियों जैसे विभिन्न घूर्णन भागों के साथ कोई मशीन, में घर्षण नकारात्मक भूमिका में होता है।
- **लोटनिक घर्षण** (Rolling friction) जब कोई वलय या गोला बिना किसी सर्पण (Sliding) के क्षैतिज सतह पर लुढ़कता है, तो इनकी सम्पर्क सतहों के मध्य लगने वाले घर्षण बल को लोटनिक घर्षण कहते हैं।
- लोटनिक गति (Rolling motion) में सतह क्षण भर के लिए थोड़ी विकृत हो जाती है और इसके परिणामस्वरूप पिण्ड का एक सीमित क्षेत्र बिन्दु (Finite point) सतह के सम्पर्क में होता है। कुल प्रभाव यह होता है कि सतह के समान्तर सम्पर्क बल का घटक गति का विरोध करता है।
- स्थैतिक तथा गतिक घर्षण का मान लोटनिक घर्षण की तुलना में बहुत अधिक (यहाँ तक कि 2 या 3 क्रम के परिमाण में भी) होता है।
- घर्षण को कम करने के लिए मशीन के घूमने वाले भागों के मध्य बॉल बियरिंग का उपयोग किया जाता है।

वृत्तीय गति (Circular Motion)

- **अभिकेन्द्रीय बल** (Centripetal Force) जब कोई वस्तु एक वृत्ताकार पथ पर गति करती है, तो उस पर एक बल कार्य करता है, जिसकी दिशा पथ के केन्द्र की ओर होती है, इस बल को अभिकेन्द्रीय बल (Centripetal force) कहते हैं।

  माना r त्रिज्या के एक वृत्ताकार पथ पर m द्रव्यमान का एक कण गति कर रहा है, तो कण पर लगने वाला अभिकेन्द्रीय बल,

$$F = \frac{mv^2}{r}$$

NEET 2019

- एक पत्थर को डोरी द्वारा वृत्ताकार रूप में घुमाने पर, अभिकेन्द्रीय बल डोरी में तनाव द्वारा प्रदान किया जाता है।

समतल सड़क पर कार की गति
(Motion of a Car on Level road)

- क्षैतिज सड़क पर वृत्ताकार मोड़ लेने वाली कार के लिए, अभिकेन्द्रीय बल, घर्षण बल द्वारा प्रदान किया जाता है।
- जब m द्रव्यमान की कार बिना फिसले समतल सतह पर मुड़ रही है, तो कार पर अभिकेन्द्रीय बल, स्थैतिक घर्षण के बराबर या उससे कम होना चाहिए।

अर्थात् $$\mu_s mg \geq \frac{mv^2_{\text{अधिकतम}}}{r}$$

[μ = घर्षण गुणांक]

या $$v_{\text{अधिकतम}} \leq \sqrt{\mu_s \cdot rg}$$

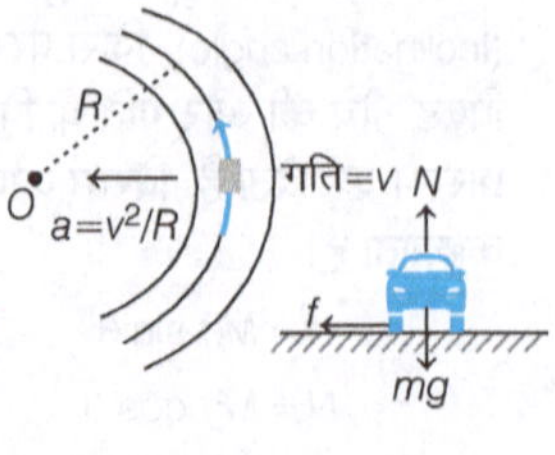

∴ घुमावदार सड़क पर फिसलने से बचने के लिए अधिकतम वेग,

$$v_{\text{अधिकतम}} = \sqrt{\mu_s rg}$$

बंकित सड़क पर कार की गति
(Motion of a Car on Banked Road)

- यदि सड़क बंकित है, तो कार की वृत्ताकार गति (मोड़ लेते समय) में घर्षण के महत्त्व को कम किया जा सकता है।
- घर्षण बल का घटक ($f \cos\theta$) तथा अभिलम्ब प्रतिक्रिया का घटक ($N \sin\theta$) सुरक्षित रूप से मुड़ने के लिए आवश्यक अभिकेन्द्रीय बल प्रदान करते हैं।

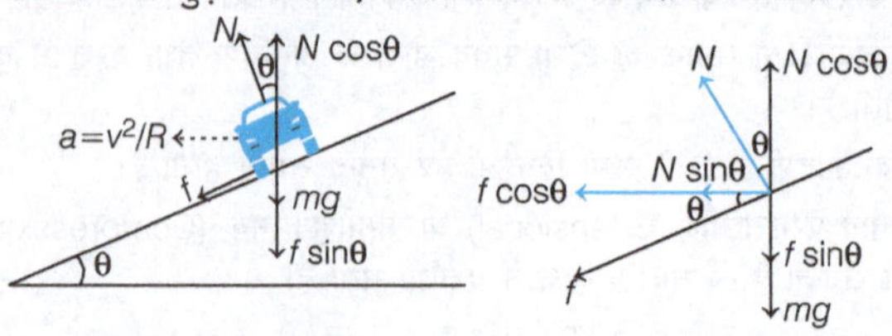

- बंकित सड़क पर अधिकतम वेग निम्न प्रकार प्रदर्शित किया जाता है

$$v_{\text{अधिकतम}} = \sqrt{rg\frac{\mu_s + \tan\theta}{1 - \mu_s \tan\theta}}$$

जहाँ, θ = सड़क का झुकाव कोण

r = मोड़ की त्रिज्या

यदि $\mu_s = 0$, तो $v_{\text{अधिकतम}} = \sqrt{rg \tan\theta}$

साइकिल चालक का झुकाव (Bending of Cyclist)

- साइकिल चालक मोड़ लेते समय स्वयं का मोड़ के अनुदिश झुकाकर आवश्यक अभिकेन्द्रीय बल प्राप्त करता है।
- यहाँ अभिलम्ब प्रतिक्रिया का घटक $N \sin\theta$, आवश्यक अभिकेन्द्रीय बल प्रदान करता है।

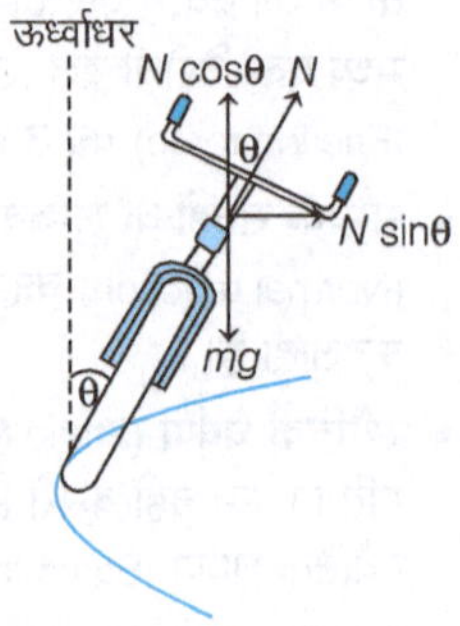

$$N \sin\theta = \frac{mv^2}{2},$$

$$N \cos\theta = mg$$

साइकिल चालक की अधिकतम चाल,

$$v = \sqrt{rg \tan\theta}$$

यांत्रिकी में समस्याओं को हल करना
(Solving Problems in Mechanics)

यांत्रिकी में कठिन समस्याओं को हल करने के लिए हम निम्न स्टैप्स का अनुसरण करते हैं

स्टैप 1 पिण्ड के संयोजन के विभिन्न भागों, लिंक, सपोर्ट आदि को योजनाबद्ध रूप से दर्शाने वाला एक आरेख बनाएँ।

स्टैप 2 एक निकाय के रूप में संयोजन के एक सुविधाजनक भाग का चयन करें।

स्टैप 3 एक अलग आरेख बनाएँ जो एक निकाय और संयोजन के शेष भाग द्वारा निकाय पर सभी बलों को दर्शाता हो। इसके अतिरिक्त, अन्य साधनों द्वारा निकाय पर बलों को सम्मिलित करें। इस प्रकार के आरेख को **मुक्त पिण्ड आरेख** के रूप में जाना जाता है।

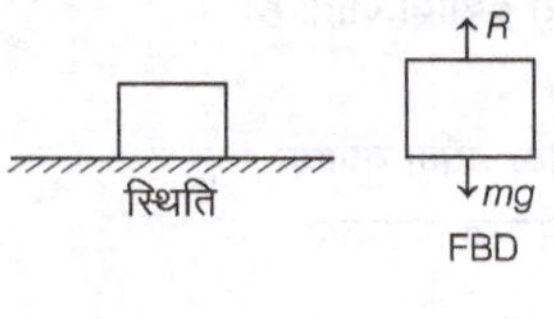

स्टैप 4 मुक्त पिण्ड आरेख में, उन बलों के परिमाण और दिशा को चिन्हित करें, जो या तो दिए गए हैं या जिनके बारे में आप सुनिश्चित हैं। शेष को अज्ञात माना जाना चाहिए। इन्हें गति के नियमों का उपयोग करके निर्धारित किया जाएगा।

स्टैप 5 यदि आवश्यक हो, तो हम निकाय के किसी अन्य भाग के लिए भी यही प्रक्रिया अपना सकते हैं। निकाय के विभिन्न भागों के लिए प्राप्त गति के नियमों के समीकरणों को वांछित परिणाम प्राप्त करने के लिए हल किया जा सकता है।

Caution Points

- गति के सापेक्ष बल की दिशाएँ अलग-अलग हो सकती हैं, किन्तु यह सदैव त्वरण समानान्तर होता है।
- किसी पिण्ड के क्षणिक रूप से विश्राम अवस्था में होने ($v = 0$) का अर्थ यह नहीं है कि उस पर लगने वाला बल या त्वरण अनिवार्य रूप से शून्य है।
- किसी पिण्ड पर लगने वाला बल उसकी वर्तमान स्थिति पर निर्भर करता है तथा यह आगे होने वाली गति से उत्पन्न नहीं होता है।
- गति का द्वितीय नियम निर्जीव व सजीव दोनों प्रकार की वस्तुओं के लिए समान रूप से लागू होता है। दोनों को त्वरण के लिए बाह्य बलों की आवश्यकता होती है। उदाहरण के लिए, चलना, घर्षण बल पर निर्भर करता है।

PYQ नोट्स

1. चित्रानुसार, किसी दिए गए पुली-ब्लॉक निकाय के लिए, ब्लॉक m_1 और m_2 के त्वरण a_1 तथा a_2 के मध्य सम्बन्ध निम्न प्रकार दिया जाता है **[JEE Main 2022]**

बाध्यता सम्बन्ध $\Sigma \mathbf{T} \cdot \mathbf{a} = 0$

$\Rightarrow \quad Ta_1 - 2Ta_2 = 0$

$\therefore \quad a_1 = 2a_2$

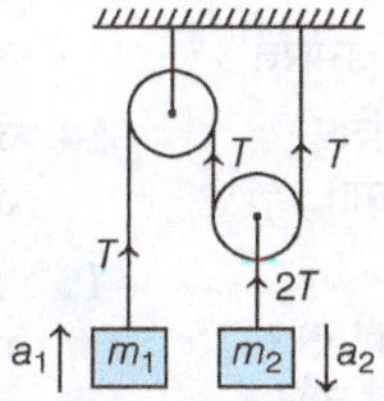

2. घिरनी निकाय के लिए निकाय के द्रव्यमानों का त्वरण a तथा तनाव T_1 निम्न प्रकार दिए जा सकते हैं **[NEET 2020]**

$$a = \left(\frac{m_2 - m_1}{m_1 + m_2}\right) g$$

तथा तनाव, $T = \left(\dfrac{2m_1m_2}{m_1 + m_2}\right) g$

Concept Master
Video के लिए

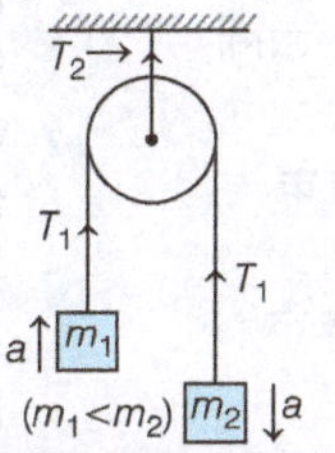

3. m द्रव्यमान का एक पिण्ड, θ झुकाव कोण वाले तल पर रखा है। चित्रानुसार, झुकाव तल के साथ α कोण पर एक बल F पिण्ड पर लगाया जाता है। यदि पिण्ड और सम्पर्क सतह के मध्य गुणांक μ है, तो पिण्ड को खींचने के लिए आवश्यक न्यूनतम बल ($F_{\text{न्यूनतम}}$) का मान निम्न प्रकार दिया जाता है, **[NEET 2018]**

$$F_{\text{न्यूनतम}} = \frac{mg\,(\sin\theta + \mu\cos\theta)}{\sqrt{1+\mu^2}}$$

जहाँ, $\quad \mu = \tan\alpha$

क्षैतिज समतल सतह के लिए, $\quad \theta = 0^\circ$

$$\therefore \quad F_{\text{न्यूनतम}} = \frac{\mu mg}{\sqrt{1+\mu^2}}$$

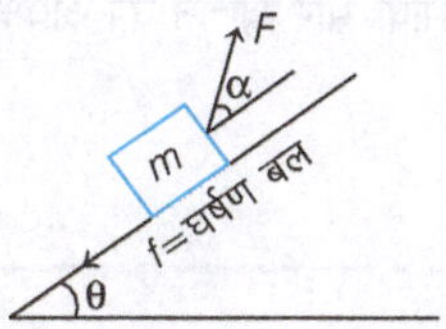

4. वृत्ताकार पथ पर घूम रही डोरी में बँधे एक छोटे द्रव्यमान के कारण उत्पन्न तनाव निम्न प्रकार दिया जाता है **[NEET 2017]**

$$T = m\omega^2 l$$

जहाँ, $\quad \omega$ = कोणीय वेग

l = डोरी की लम्बाई तथा m = द्रव्यमान

Step by Step

Mastering NCERT

- कॉन्सेप्ट बिल्डर्स
- शीर्षकवार प्रश्न
- अभिकथन–कारण प्रश्न
- कथन आधारित प्रश्न
- सुमेलन प्रकार प्रश्न
- आंकिक मान प्रकार के प्रश्न
- NCERT Exemplar प्रश्न
- विगत परीक्षाओं के प्रश्न
- स्किल बूस्टर्स

कॉन्सेप्ट बिल्डर्स

1 जड़त्वीय निर्देश तन्त्र को अत्वरित निर्देश तन्त्र भी कहा जाता है। (सत्य/असत्य)

2 त्वरण केवल तभी शून्य हो सकता है, जब पिण्ड पर कुल बाह्य बल शून्य हो। (सत्य/असत्य)

3 गति में एक वस्तु सामान्यतः गैर-संरक्षी ....(गुरुत्वाकर्षण/घर्षण) बल का अनुभव करती है।

4 यदि m_1 और m_2 $(m_1 > m_2)$ द्रव्यमान के दो पत्थरों को किसी इमारत की चोटी से गिराया जाता है, तो धरातल पर स्थित व्यक्ति के लिए भारी पत्थर की तुलना में हल्के पत्थर को पकड़ना आसान होगा। (सत्य/असत्य)

5 एक अनुभवी क्रिकेटर कैच के दौरान अपने हाथों को अंदर की ओर खींचता है, जिससे गेंद को रुकने के लिए कम समय मिलता है और इसलिए कम बल की आवश्यकता होती है। (सत्य/असत्य)

6 किसी निश्चित समय में संवेग में जितना अधिक परिवर्तन होगा, उतना ही .... बल लगाया जाएगा। (कम/अधिक)

7 ब्रेक लगाने पर वाहन रुक जाता है। यह घटना संवेग के संरक्षण के सिद्धांत का उल्लंघन करती है। (सत्य/असत्य)

8 रेखीय संवेग के संरक्षण का नियम निर्देश तन्त्र से स्वतंत्र है, जबकि रेखीय संवेग, निर्देश तन्त्र पर निर्भर करता है। (सत्य/असत्य)

9 तीन बल एक साथ v वेग से गतिमान कण पर कार्यरत हैं। इन बलों को त्रिभुज की तीन भुजाओं द्वारा परिमाण और दिशा में उसी क्रम में दर्शाया जाता है। कण पर कुल बल .... होगा। (शून्य/$3F$)

10 लॉन रोलर को खींचने की अपेक्षा धकेलना अधिक आसान होता है, क्योंकि धकेलते समय लॉन रोलर का प्रभावी भार खींचने की अपेक्षा कम होता है। (सत्य/असत्य)

11 गतिक घर्षण, पिण्ड के वेग के व्युत्क्रमानुपाती होता है। (सत्य/असत्य)

12 जब पिण्ड का भार दोगुना कर दिया जाता है, तो घर्षण गुणांक का क्या होता है?

13 दो पिण्ड, एक लुढ़ककर और दूसरा फिसलकर एक तिरछी सड़क पर नीचे की ओर जा रहे हैं। लुढ़कते पिंड पर घर्षण, फिसलते पिण्ड की तुलना में कम होगा। (सत्य/असत्य)

14 जब कोई पिण्ड वृत्ताकार पथ पर गति करता है, तो कौन-सी वस्तु अपकेन्द्रीय बल का अनुभव करती है?

15 यदि किसी पिण्ड पर अनेक बल कार्य कर रहे हों, तो सभी बल पिण्ड में त्वरण उत्पन्न करेंगे। (सत्य/असत्य)

16 यदि किसी गेंद को चिकने आनत तल पर विरामावस्था से छोड़ा जाता है, तो आदर्श स्थिति में, सतह पर गेंद द्वारा तय की गई दूरी होगी। (परिमित/अनंत)

17 एकसमान वृत्तीय गति के लिए, अभिकेन्द्रीय बल की दिशा घूर्णन की की दिशा की स्थिति पर निर्भर करती है। (सत्य/असत्य)

18 न्यूटन के तृतीय नियम के अनुसार, सीट पर बैठे बच्चे को आवश्यक अभिकेन्द्रीय बल प्रदान करने लिए, सीट बच्चे को .... की ओर दबाएगी। (अंदर/बाहर)

19 यदि कोई बल गति की दिशा के लम्बवत् गतिशील पिण्ड पर कार्य कर रहा है, तो गति पर क्या प्रभाव पड़ेगा?

20 अभिकेन्द्र बल एक ऐसा बल है जो वृत्ताकार गति में किसी पिण्ड को .... की ओर त्रिज्य त्वरण प्रदान करता है। (अंदर/बाहर)

शीर्षकवार प्रश्न

अरस्तू की भ्रामकता

1 अरस्तू के गति के नियम में क्या दोष था? NCERT पृष्ठ 50

(a) उन्होंने माना कि ऊर्जा संरक्षित है।
(b) उन्होंने माना कि गति संरक्षित है।
(c) उन्होंने माना कि गति ऋणात्मक नही हो सकती है।
(d) उन्होंने घर्षण को ध्यान में नहीं रखा।

2 अरस्तू के गति के नियम को निम्न प्रकार लिखा जा सकता है NCERT पृष्ठ 50

(a) एक पिण्ड को एकसमान गति में रखने के लिए एक बाह्य बल की आवश्यकता होती है।
(b) एक पिण्ड को एकसमान गति में रखने के लिए एक बाह्य बल की आवश्यकता नहीं होती है।
(c) बाह्य बल एक ऐसा बल है, जो स्वतः उत्पन्न होता है।
(d) उपरोक्त सभी अरस्तू के गति के नियम से सम्बन्धित नहीं हैं।

3 धनुष से छोड़ा गया तीर उड़ता रहता है, क्योंकि तीर के पीछे की हवा उसे धकेलती रहती है। निर्देश तन्त्र का यह विचार किसके नियम के द्वारा विकसित किया गया है? **NCERT पृष्ठ 50**

(a) अरस्तू (b) न्यूटन (c) गैलीलियो (d) केप्लर

न्यूटन का गति का प्रथम नियम

4 गैलीलियो के प्रयोग के अनुसार, एक दोहरे झुकाव वाले चिकने समतल पर जब एक गेंद को विराम से छोड़ा जाता है तो वह नीचे लुढ़कती है और दूसरे तल (जिसका ढ़ाल कम) पर चढ़ती है, तो गेंद की अन्तिम ऊँचाई होगी **NCERT पृष्ठ 50**

(a) प्रारम्भिक ऊँचाई से कम
(b) प्रारम्भिक ऊँचाई से अधिक
(c) प्रारम्भिक ऊँचाई के बराबर
(d) प्रारम्भिक ऊँचाई से अधिक या कम

5 जड़त्व किसी पिण्ड का वह गुण है जिसके कारण पिण्ड **NCERT पृष्ठ 51**

(a) स्वयं विराम की अवस्था को बदलने में असमर्थ होता है।
(b) स्वयं एकसमान गति की अवस्था को बदलने में असमर्थ होता है।
(c) स्वयं गति की दिशा को बदलने में असमर्थ होता है।
(d) स्वयं विराम की अवस्था या एकसमान गति को बदलने में असमर्थ होता है।

6 यदि किसी कण पर कोई बाह्य बल कार्य नहीं करता है, तो कण के विषय में निम्नलिखित में से कौन सा कथन गलत है? **NCERT पृष्ठ 51**

(a) कण विराम की अवस्था में हो सकता है।
(b) कण रेखीय पथ पर एकसमान वेग से गति करता है।
(c) कण वृत्त पर एकसमान गति से गति करता है।
(d) उपरोक्त में से कोई नहीं

7 चलती बस से उतरता हुआ एक यात्री, बस की गति की दिशा में गिरता है। यह उदाहरण है **NCERT पृष्ठ 52**

(a) गति के द्वितीय नियम का (b) गति के तृतीय नियम का
(c) विराम के जड़त्व का (d) गति के जड़त्व का

8 50 किमी/घण्टा की नियत गति से चलने वाले उल्का पिण्ड का एक भाग पृथ्वी के वायुमण्डल में प्रवेश करने पर इसकी सतह से अलग हो जाता है। अलग होने के तुरन्त बाद उल्का के भाग का वेग ज्ञात कीजिए। **NCERT पृष्ठ 52**

(a) 100 किमी/घण्टा (b) 50 किमी/घण्टा
(c) 0 किमी/घण्टा (d) 200 किमी/घण्टा

9 जब कोई कार स्थिर होती है, तो उस पर कोई बल कार्य नहीं करता है। पिक-अप के दौरान, यह त्वरित हो जाती है। ऐसा किसके कारण होता है? **NCERT पृष्ठ 52**

(a) कुल बाह्य बल के कारण
(b) कुल आन्तरिक बल के कारण
(c) बाह्य या आन्तरिक बल के कारण
(d) उपरोक्त में से कोई नहीं

10 यदि चलती हुई बस अचानक रुक जाती है, तो हमारे पैर घर्षण के कारण रुक जाते हैं, लेकिन शरीर का बाकी हिस्सा .... के कारण आगे बढ़ना जारी रखता है। **NCERT पृष्ठ 52**

(a) संवेग (b) बल (c) जड़त्व (d) आवेग

11 यदि पृथ्वी के घूमने के प्रभाव को नगण्य माना जाए और पृथ्वी अचानक अपनी सतह के पास रखी वस्तुओं को आकर्षित करना बन्द कर दे, तो पृथ्वी की सतह पर खड़ा व्यक्ति **NCERT पृष्ठ 52**

(a) खड़ा रहेगा (b) ऊपर उड़ जाएगा
(c) पृथ्वी में धस जाएगा (d) या तो (b) या (c)

12 एक अन्तरिक्ष यात्री गलती से अपने छोटे अन्तरिक्ष यान से अलग हो जाता है जो अंतरतारकीय अंतरिक्ष में 100 मी/से^{2} की स्थिर दर से गति कर रहा है। अलग होने के तुरंत बाद अंतरिक्ष यात्री का त्वरण क्या है? (मान लें कि उस पर गुरुत्वाकर्षण बल लगाने के लिए आस-पास कोई तारा नहीं है) **NCERT पृष्ठ 52**

(a) 0 (b) 1
(c) ∞ (d) डेटा अपर्याप्त है

न्यूटन का गति का द्वितीय नियम

13 लोहे की एक छोटी और एक बड़ी गेंद को कम ऊँचाई से एक मेज पर रखे काँच के शीशे पर गिराया जाता है। केवल बड़ी गेंद काँच के शीशे को तोड़ती है, क्योंकि **NCERT पृष्ठ 53**

(a) बड़ी गेंद छोटी गेंद की तुलना में अधिक संवेग स्थानान्तरित करती है।
(b) बड़ी गेंद छोटी गेंद की तुलना में कम संवेग स्थानान्तरित करती है।
(c) बड़ी गेंद छोटी गेंद के बराबर संवेग स्थानान्तरित करती है।
(d) उपरोक्त में से कोई नहीं

14 जब एक पत्थर को एक डोरी के माध्यम से क्षैतिज तल में एकसमान गति से घुमाया जाता है, तो गति का संवेग नियत रहता है तथा दिशा बदलती रहती है। इस सदिश संवेग में परिवर्तन को उत्पन्न करने के लिए एक बल की आवश्यकता होती है। यह बल प्रदान किया जाता है **NCERT पृष्ठ 54**

(a) गुरुत्वाकर्षण द्वारा
(b) डोरी के माध्यम से हमारे हाथ द्वारा
(c) गुरुत्वाकर्षण और हमारे हाथ के माध्यम से डोरी द्वारा
(d) उपरोक्त में से कोई नहीं

15 एक रॉकेट त्वरित गति से ऊपर की ओर जा रहा है। इसमें बैठा एक व्यक्ति अनुभव करता है कि उसका भार उसके अपने भार से 5 गुना बढ़ गया है। यदि रॉकेट का द्रव्यमान, जिसमें व्यक्ति का द्रव्यमान भी सम्मिलित है, 1.0×10^4 किग्रा है, तो रॉकेट इंजन द्वारा कितना बल लगाया जा रहा है? ($g = 10$ मी/से^{2}) **NCERT पृष्ठ 54**

(a) 5×10^4 न्यूटन (b) 5×10^5 न्यूटन
(c) 5×10^8 न्यूटन (d) 2×10^4 न्यूटन

16 m द्रव्यमान का एक कण संवेग p के साथ एक सरल रेखा में गति कर रहा है। समय $t = 0$ से शुरू होकर, एक बल $F = kt$, T समय अन्तराल के लिए एक ही दिशा में कार्य करता है, जिससे इसका संवेग p से $3p$ हो जाता है। यहाँ, k एक स्थिरांक है। T का मान है **NCERT पृष्ठ 54**

(a) $\sqrt{\frac{2p}{k}}$ (b) $2\sqrt{\frac{p}{k}}$

(c) $\sqrt{\frac{2k}{p}}$ (d) $2\sqrt{\frac{k}{p}}$

17 विरामावस्था में रखे 0.5 किग्रा द्रव्यमान के एक पिण्ड पर 0.25 सेकण्ड के लिए 10 न्यूटन का बल कार्य करता है। पिण्ड का संवेग है **NCERT पृष्ठ 54**

(a) 0.25 न्यूटन-सेकण्ड (b) 2.5 न्यूटन-सेकण्ड

(c) 0.5 न्यूटन-सेकण्ड (d) 0.75 न्यूटन-सेकण्ड

18 एक मशीन गन 1200 मी/से के वेग से 40 ग्राम द्रव्यमान की गोली दागती है। मशीन गन को पकड़े हुए आदमी द्वारा मशीन गन पर अधिकतम 144 न्यूटन का बल लगाया जा सकता है। प्रति सेकण्ड अधिकतम कितनी गोलियाँ दागी जा सकती है? **NCERT पृष्ठ 54**

(a) केवल एक

(b) तीन

(c) कितनी भी गोलियाँ दाग सकते हैं

(d) 144×48

19 जब 0.1 किग्रा द्रव्यमान की एक गेंद 20 मीटर की ऊँचाई से जमीन पर टकराती है और वापस उसी ऊँचाई पर लौटती है, तो गेंद पर लगाया गया बल ज्ञात कीजिए, यदि आघात का समय 0.04 सेकण्ड है। ($g = 10$ मी/से^{2} लें) **NCERT पृष्ठ 54**

(a) 100 न्यूटन (b) 200 न्यूटन

(c) 300 न्यूटन (d) 1000 न्यूटन

20 4 किग्रा द्रव्यमान का एक पिण्ड विराम अवस्था में है। यदि वस्तु पर $F = (4t^2\hat{i} + 2t\hat{j})$ न्यूटन बल लगाया जाता है, तो $t = 3$ सेकण्ड पर वस्तु का वेग (मी/से में) है **NCERT पृष्ठ 54**

(a) $9\hat{i} + 4\hat{j}$ (b) $4\hat{i} + 9\hat{j}$ (c) $9\hat{i} + 2.25\hat{j}$ (d) $9\hat{i} + \hat{j}$

21 m द्रव्यमान के एक कण पर लगने वाले बल को नीचे दिखाए गए बल-समय वक्र द्वारा दर्शाया गया है। 0 से 8 सेकण्ड के समयान्तराल में कण के संवेग में परिवर्तन है **NCERT पृष्ठ 54**

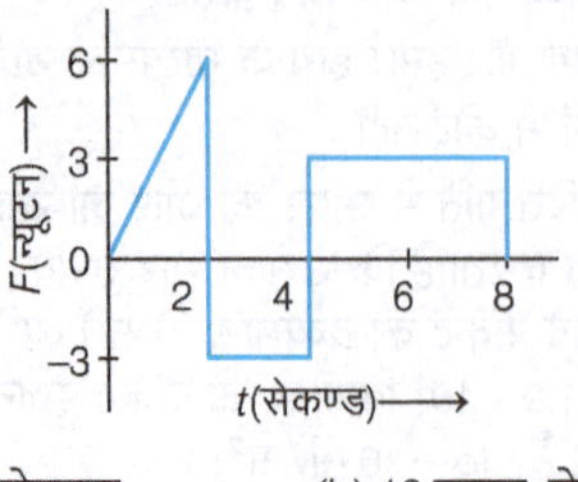

(a) 24 न्यूटन-सेकण्ड (b) 12 न्यूटन-सेकण्ड

(c) 20 न्यूटन-सेकण्ड (d) 6 न्यूटन-सेकण्ड

22 8000 किग्रा प्रारम्भिक द्रव्यमान का एक रॉकेट 11 किमी/से की स्थिर सापेक्ष गति के साथ 12 किग्रा/से की स्थिर दर से गैसों को बाहर निकालता है। विस्फोट के एक मिनट बाद रॉकेट का त्वरण क्या है? **NCERT पृष्ठ 54**

(a) 25 मी/से^{2} (b) 50 मी/से^{2}

(c) 35 मी/से^{2} (d) 18 मी/से^{2}

23 1 किग्रा द्रव्यमान का एक पिण्ड $(3\hat{i} + 4\hat{j})$ मी/से के प्रारम्भिक वेग से मूल बिन्दु से प्रारम्भ होता है। यदि इस पर $(2\hat{i} - 3\hat{j})$ न्यूटन का एक स्थिर बल कार्य करता है, तो उस बिन्दु के निर्देशांक ज्ञात कीजिए जिस पर वह 3 सेकण्ड में पहुँचता है। **NCERT पृष्ठ 54**

(a) (18, – 1.5) (b) (9, 1.5)

(c) (18, 1.5) (d) (9, – 1.5)

24 चित्र में दो-विमीय तल में गतिमान एक कण के x-t और y-t आरेख दिखाए गए हैं। **NCERT पृष्ठ 54**

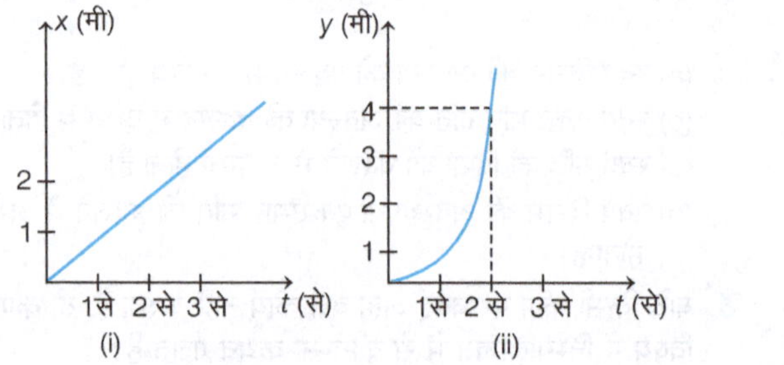

यदि कण का द्रव्यमान 500 ग्राम है, तो कण पर कार्य करने वाला बल (दिशा और परिमाण) ज्ञात कीजिए।

(a) X-अक्ष के साथ 8 न्यूटन

(b) X-अक्ष के साथ 12 न्यूटन

(c) Y-अक्ष के साथ 1 न्यूटन

(d) Y-अक्ष के साथ 3 न्यूटन

25 द्रव्यमान m के एक कण की गति को $y = ut + gt^2$ द्वारा वर्णित किया जाता है। कण पर कार्य करने वाला बल है **NCERT पृष्ठ 54**

(a) शून्य (b) mg

(c) $2mg$ (d) $3mg$

26 90 मी/से की गति से चलती हुई 0.04 किग्रा द्रव्यमान की एक गोली एक भारी लकड़ी के ब्लॉक में प्रवेश करती है और 3 सेकण्ड के बाद रुक जाती है। ब्लॉक द्वारा गोली पर लगाया गया औसत प्रतिरोधक बल है **NCERT पृष्ठ 54**

(a) 1 न्यूटन (b) 1.2 न्यूटन

(c) 2 न्यूटन (d) 3 न्यूटन

27 10^4 किग्रा द्रव्यमान वाले उपग्रह को प्रक्षेपित करते समय 20 सेकण्ड के लिए 5×10^5 न्यूटन का बल लगाया जाता है। 20 सेकण्ड के अन्त में उपग्रह द्वारा प्राप्त वेग है **NCERT पृष्ठ 55**

(a) 4 किमी/से (b) 3 किमी/से

(c) 1 किमी/से (d) 2 किमी/से

28 एक बन्दूक द्वारा गोली पर लगाया गया बल, $F = (100 - 0.5 \times 10^5 t)$ न्यूटन द्वारा प्रदर्शित किया जाता है। गोली 400 मी/से की गति से निकलती है, तत्पश्चात् गोली पर बल शून्य होने तक लगाया गया आवेग ज्ञात कीजिए। **NCERT पृष्ठ 55**

(a) 0.2 न्यूटन-सेकण्ड (b) 0.3 न्यूटन-सेकण्ड
(c) 0.1 न्यूटन-सेकण्ड (d) 0.4 न्यूटन-सेकण्ड

29 प्रारम्भ में विराम में रखे किसी पिण्ड की रेखीय गति के लिए बल-समय (F-t) ग्राफ को निम्न चित्र में दर्शाया गया है। दिखाए गए खण्ड गोलाकार हैं, 4 सेकण्ड में प्राप्त रेखीय संवेग है **NCERT पृष्ठ 55**

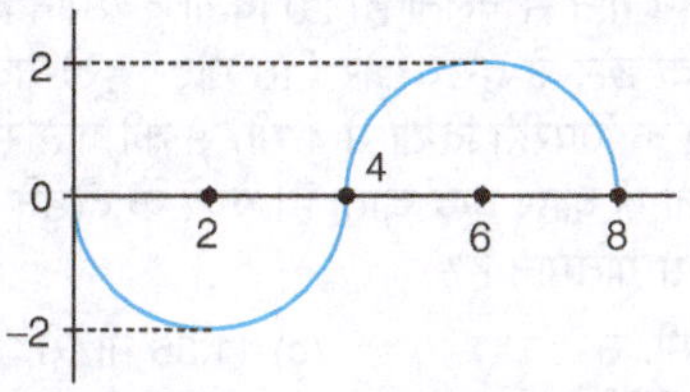

(a) 8 न्यूटन-सेकण्ड (b) 4π न्यूटन-सेकण्ड
(c) 2π न्यूटन-सेकण्ड (d) 8π न्यूटन-सेकण्ड

30 एक बल्लेबाज गेंदबाज की दिशा में गेंद को बिना उसकी प्रारम्भिक गति 12 मी/से में परिवर्तन किए बिना सीधे वापस मारता है। यदि गेंद का द्रव्यमान 0.15 किग्रा है, तो गेंद को दिया गया आवेग ज्ञात कीजिए। (माना गेंद रेखीय गति में गतिमान है) **NCERT पृष्ठ 55**

(a) 1.8 न्यूटन-सेकण्ड (b) 3.6 न्यूटन-सेकण्ड
(c) 3.6 न्यूटन-मीटर (d) 1.8 न्यूटन-मीटर

न्यूटन का गति का तृतीय नियम

31 न्यूटन के गति के तीसरे नियम के सन्दर्भ में निम्नलिखित में से कौन-सा कथन गलत है? **NCERT पृष्ठ 56**

(a) प्रत्येक क्रिया के लिए सदैव समान और विपरीत प्रतिक्रिया होती है।
(b) क्रिया और प्रतिक्रिया एक ही पिण्ड पर कार्य करते हैं।
(c) क्रिया और प्रतिक्रिया के बीच कोई कारण-प्रभाव सम्बन्ध नहीं है।
(d) क्रिया और प्रतिक्रिया बल एक साथ होते हैं।

32 प्रत्येक क्रिया की एकसमान और विपरीत प्रतिक्रिया होती है, जो यह प्रदर्शित करती है कि **NCERT पृष्ठ 56**

(a) क्रिया और प्रतिक्रिया सदैव अलग-अलग निकायों पर कार्य करती हैं।
(b) क्रिया और प्रतिक्रिया के बल एक-दूसरे को निरस्त करते हैं।
(c) क्रिया और प्रतिक्रिया के बल एक-दूसरे को निरस्त नहीं कर सकते हैं।
(d) 'a' और 'c' दोनों

33 एक किताब मेज पर रखी है। मेज पर किताब की क्रिया और किताब पर मेज की प्रतिक्रिया के बीच का कोण क्या है? **NCERT पृष्ठ 56**

(a) 0° (b) 30° (c) 45° (d) 180°

34 एक मेज पर बारह, एक रुपये के सिक्के एक-दूसरे के ऊपर रखे गए हैं, जहाँ प्रत्येक सिक्के का द्रव्यमान 20 ग्राम है। 7वें सिक्के (नीचे से गिने जाने पर) की 8वें सिक्के पर प्रतिक्रिया है ($g = 10$ मी/से^{2}) **NCERT पृष्ठ 56**

(a) 2 न्यूटन (b) 1 न्यूटन (c) 3 न्यूटन (d) 4 न्यूटन

35 100 किग्रा द्रव्यमान की एक मोटर बोट नदी की सतह पर 5 मी/से^{2} के त्वरण से चल रही है और अचानक पानी में ऊँची लहरों के कारण इसका त्वरण घटकर 2.5 मी/से^{2} हो जाता है। ऐसा करने के लिए मोटर द्वारा नाव पर लगाया गया बल है **NCERT पृष्ठ 56**

(a) 200 न्यूटन (b) 800 न्यूटन
(c) 400 न्यूटन (d) 250 न्यूटन

36 एक व्यक्ति स्प्रिंग प्लेटफॉर्म पर खड़ा है। स्प्रिंग बैलेंस की रीडिंग 70 किग्रा-भार है। यदि व्यक्ति प्लेटफॉर्म के बाहर कूदता है, तो स्प्रिंग बैलेंस की रीडिंग में .... होगी/रहेगी। **NCERT पृष्ठ 56**

(a) वृद्धि
(b) कमी
(c) पहले वृद्धि फिर शून्य तक कमी
(d) नियत

37 यदि कोई लिफ्ट ऊपर की दिशा में नियत त्वरण a के साथ गति कर रही है, तो लिफ्ट के फर्श पर m द्रव्यमान द्वारा लगाया गया बल होगा **NCERT पृष्ठ 56**

(a) mg (b) $m(g + a)$
(c) $2ma$ (d) $m(g - a)$

38 6000 किग्रा का रॉकेट ऊर्ध्वाधर फायरिंग के लिए सेट किया गया है। यदि रॉकेट की निकास गति 900 मी/से है, तो 20 मी/से^{2} का प्रारम्भिक ऊर्ध्वाधर त्वरण देने के लिए आवश्यक प्रणोद बल की आपूर्ति के लिए प्रति सेकण्ड उत्सर्जित गैस की मात्रा होगी ($g = 10$ मी/से^{2}) **NCERT पृष्ठ 56**

(a) 185 किग्रा/से (b) 200 किग्रा/से
(c) 240 किग्रा/से (d) 150 किग्रा/से

39 50 मी/से की गति से क्षैतिज रूप से प्रवाहित होने वाली पानी की भाप 10^{-3} मी^{2} अनुप्रस्थ-काट क्षेत्रफल की एक ट्यूब से बाहर निकलती है और पास की एक ऊर्ध्वाधर दीवार से टकराती है। पानी के प्रभाव से दीवार पर कितना बल लगाया जाता है? **NCERT पृष्ठ 56**

(a) 2500 न्यूटन (b) 625 न्यूटन
(c) 650 न्यूटन (d) 2250 न्यूटन

40 3×10^3 किग्रा-भार के एक रॉकेट को 10 मी/से^{2} के प्रारम्भिक त्वरण से ऊपर की ओर उड़ाया जाता है। विस्फोट का प्रारम्भिक प्रणोद होगा ($g = 10$ मी/से^{2} लें) **NCERT पृष्ठ 56**

(a) 2×10^5 न्यूटन
(b) 3×10^5 न्यूटन
(c) 6×10^4 न्यूटन
(d) 5×10^4 न्यूटन

41 2 किग्रा द्रव्यमान का एक पत्थर एक रेलगाड़ी के फर्श पर पड़ा है जो 4 मी/से^{2} से त्वरित हो रहा है। पत्थर पर कार्य करने वाला कुल बल है **NCERT पृष्ठ 56**

(a) 2 न्यूटन (b) 4 न्यूटन
(c) 6 न्यूटन (d) 8 न्यूटन

42 1500 किग्रा द्रव्यमान का एक हेलीकॉप्टर 12 मी/से^{2} के ऊर्ध्वाधर त्वरण के साथ ऊपर उठता है। चालक दल और यात्रियों का कुल द्रव्यमान 500 किग्रा है। निम्नलिखित में से सही कथन चुनें। ($g = 10$ मी/से^{2}) NCERT पृष्ठ 56

(i) चालक दल और यात्रियों द्वारा हेलीकॉप्टर के फर्श पर लगाया गया बल 1.25×10^4 न्यूटन लम्बवत् नीचे की ओर है।

(ii) आसपास की हवा पर हेलीकॉप्टर के रोटर की क्रिया 44×10^3 न्यूटन लम्बवत् नीचे की ओर है।

(iii) आसपास की हवा के कारण हेलीकाप्टर पर बल 44×10^3 न्यूटन लम्बवत् ऊपर की ओर है।

(a) (i) और (ii) (b) (ii) और (iii)
(c) (i) और (iii) (d) ये सभी

संवेग का संरक्षण

43 $2M$ द्रव्यमान की एक कठोर गेंद 30° के कोण पर एक ठोस दीवार से टकराती है और चित्र में दिखाए अनुसार, गति की हानि के बिना परावर्तित हो जाती है।

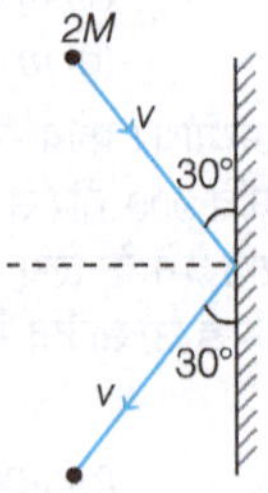

दीवार द्वारा गेंद पर लगाए गए आवेग का मान होगा NCERT पृष्ठ 57

(a) Mv (b) $2Mv$
(c) $\frac{Mv}{2}$ (d) $\frac{Mv}{3}$

44 एक विलगित प्रणाली (अर्थात् एक प्रणाली जिसमें कोई बाहरी बल नहीं है) में, परस्पर क्रिया करने वाले कणों की कुल गति संरक्षित रहती है। NCERT पृष्ठ 57

(a) न्यूटन के प्रथम के अनुसार
(b) न्यूटन के द्वितीय नियम के अनुसार
(c) न्यूटन के तृतीय नियम के अनुसार
(d) 'b' और 'c' दोनों

45 एक 100 किग्रा की बन्दूक 500 मीटर ऊँची चट्टान से क्षैतिज रूप से 1 किग्रा की गेंद दागती है। यह चट्टान के तल से बन्दूक का प्रतिक्षेप वेग है ($g = 10$ मी/से^{2}) NCERT पृष्ठ 57

(a) 0.2 मी/से
(b) 0.4 मी/से
(c) 0.6 मी/से
(d) 0.8 मी/से

46 एक विस्फोट एक चट्टान को क्षैतिज तल में तीन भागों में तोड़ देता है। उनमें से दो एक-दूसरे से समकोण पर अलग हो जाती हैं। 1 किग्रा द्रव्यमान का पहला भाग 12 मी/से की गति से चलता है और 2 किग्रा द्रव्यमान का दूसरा भाग 8 मी/से की गति से चलता है। यदि तीसरा भाग 4 मी/से की गति से चलता है, तो इसका द्रव्यमान है NCERT पृष्ठ 57

(a) 3 किग्रा (b) 5 किग्रा
(c) 7 किग्रा (d) 17 किग्रा

47 200 किग्रा द्रव्यमान की एक ट्रॉली घर्षण रहित ट्रैक पर 36 किमी/घण्टा की एकसमान गति से चलती है। 20 किग्रा द्रव्यमान का एक बच्चा ट्रॉली पर एक छोर से दूसरे छोर (10 मीटर दूर) तक ट्रॉली के सापेक्ष उसकी गति के विपरीत दिशा में 4 मी/से की गति से दौड़ता है और अन्ततः ट्रॉली से बाहर कूद जाता है। बच्चे के दौड़ने के समय से ट्रॉली कितने वेग से गतिमान है? NCERT पृष्ठ 57

(a) 10.36 मी/से (b) 11.36 मी/से
(c) 12.36 मी/से (d) 14.40 मी/से

कण की साम्यावस्था

48 तीन संगामी समतलीय बल 1 न्यूटन, 2 न्यूटन और 3 न्यूटन एक पिण्ड पर अलग-अलग दिशाओं में कार्य कर रहे हैं, जो पिण्ड को सन्तुलन में रख सकते हैं, यदि NCERT पृष्ठ 58

(a) 2 न्यूटन और 3 न्यूटन के बल समकोण पर कार्य करते हैं
(b) 1 न्यूटन और 2 न्यूटन के बल न्यूनकोण पर कार्य करते हैं
(c) 1 न्यूटन और 2 न्यूटन के बल समकोण पर कार्य करते हैं
(d) सम्भव नहीं हो सकता

49 दो बल $\mathbf{F}_1 = 3\hat{i} - 4\hat{j}$ तथा $\mathbf{F}_2 = 2\hat{i} - 3\hat{j}$ एक 2 किग्रा द्रव्यमान वाले पिण्ड पर कार्य कर रहे हैं। वह बल $\mathbf{F}_3$ ज्ञात कीजिए, जो पिण्ड पर कार्य करके उसे स्थिर कर देगा। NCERT पृष्ठ 58

(a) $5\hat{i} + 7\hat{j}$ (b) $-5\hat{i} - 7\hat{j}$
(c) $-5\hat{i} + 7\hat{j}$ (d) $5\hat{i} - 7\hat{j}$

50 चित्र में दिखाए अनुसार, डोरी द्वारा उत्पन्न चार बल बिन्दु P पर कार्य कर रहे हैं, जोकि सन्तुलन की अवस्था में हैं। बल F_1 तथा F_2 (न्यूटन में) हैं। NCERT पृष्ठ 58

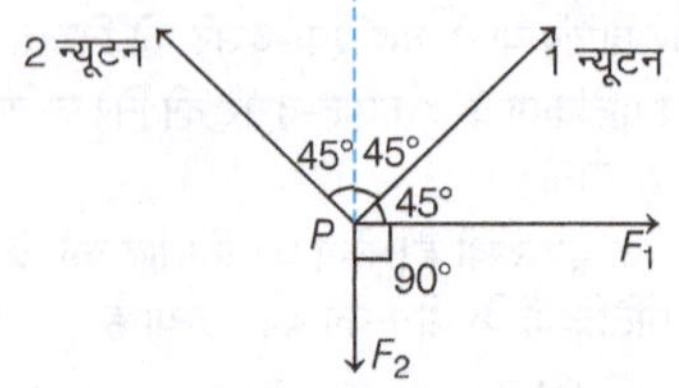

(a) 0.7, 2.1 (b) 4.1, 2.1
(c) 2.31, 1.0 (d) 3.0, 1.4

51 दिया गया चित्र क्षैतिज रूप से फैली संरचना का भाग है। अनुभाग AB को 10 न्यूटन के बल से खींचा गया है। खण्ड BC और BF में तनाव है **NCERT पृष्ठ 58**

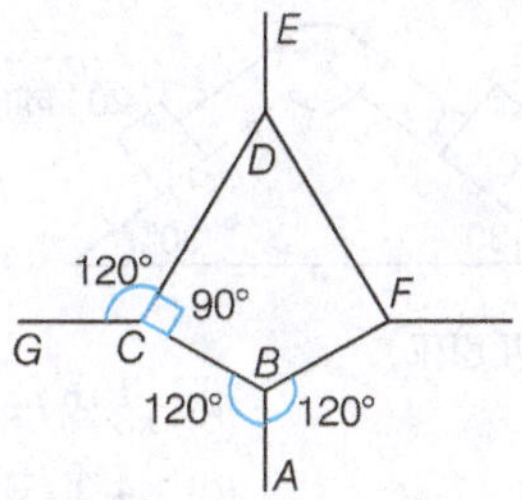

(a) 10 न्यूटन, 11 न्यूटन
(b) 10 न्यूटन, 6 न्यूटन
(c) 10 न्यूटन, 10 न्यूटन
(d) अपर्याप्त डेटा के कारण गणना नहीं की जा सकती

52 एक ब्लॉक को α झुकाव कोण के साथ एक घर्षण रहित आनत तल पर रखा गया है। ब्लॉक को स्थिर रखने के लिए आनत तल को त्वरण a दिया जाता है। तत्पश्चात् a मान है। **NCERT पृष्ठ 58**

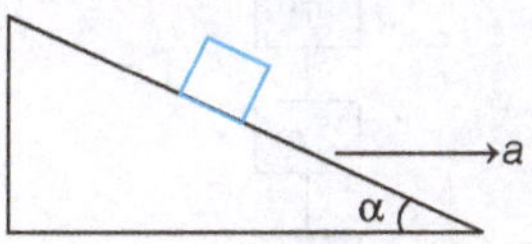

(a) g
(b) $g \tan\alpha$
(c) $\dfrac{g}{\tan\alpha}$
(d) $g \operatorname{cosec}\alpha$

53 बलों के निम्नलिखित समूहों में से कौन-सा सन्तुलन में हो सकता है? **NCERT पृष्ठ 58**

(a) 3 न्यूटन, 4 न्यूटन, 5 न्यूटन
(b) 4 न्यूटन, 5 न्यूटन, 10 न्यूटन
(c) 30 न्यूटन, 40 न्यूटन, 8 न्यूटन
(d) 1 न्यूटन, 3 न्यूटन, 5 न्यूटन

54 5 किग्रा द्रव्यमान का एक ब्लॉक दो डोरियों के साथ निलम्बित है, जैसा कि चित्र में दिखाया गया है। यदि निकाय सन्तुलन में है, तो प्रत्येक डोरी में तनाव ज्ञात करें। ($g = 10$ मी/से^{2}) **NCERT पृष्ठ 58**

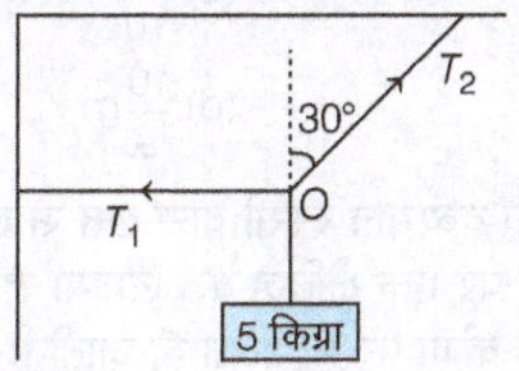

(a) $\left(\dfrac{50}{\sqrt{3}}, \dfrac{100}{\sqrt{3}}\right)$ न्यूटन
(b) $\left(\dfrac{100}{\sqrt{3}}, \dfrac{50}{\sqrt{3}}\right)$ न्यूटन
(c) $\left(\dfrac{150}{\sqrt{5}}, \dfrac{200}{\sqrt{5}}\right)$ न्यूटन
(d) $(50\sqrt{3}, 100\sqrt{3})$ न्यूटन

55 M द्रव्यमान को एक हल्की अवस्तारणीय डोरी से लटकाया जाता है, जैसा कि चित्र में दिखाया गया है। क्षैतिज डोरी का तनाव ज्ञात कीजिए। **NCERT पृष्ठ 58**

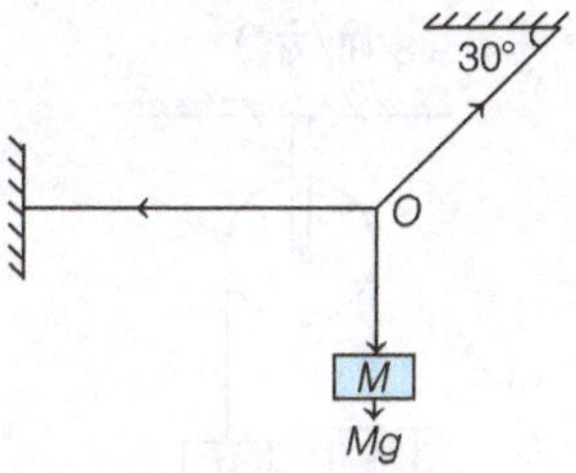

(a) $\sqrt{2}Mg$
(b) $\sqrt{3}Mg$
(c) $2Mg$
(d) $3Mg$

56 4 किग्रा द्रव्यमान का एक ब्लॉक छत से 2 मीटर लम्बाई की एक द्रव्यमान रहित रस्सी द्वारा निलम्बित है। रस्सी के मध्य बिन्दु P पर क्षैतिज दिशा में 70 न्यूटन का बल लगाया जाता है, जैसा कि चित्र में दिखाया गया है। सन्तुलन में ऊर्ध्वाधर के साथ रस्सी द्वारा बनाया गया कोण है। ($g = 10$ मी/से^{2}) **NCERT पृष्ठ 58**

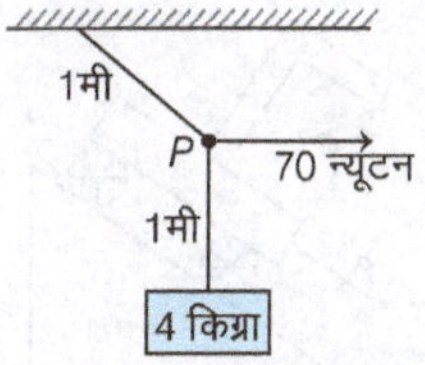

(a) 30°
(b) 40°
(c) 60°
(d) 45°

यान्त्रिकी में सामान्य बल

57 दो द्रव्यमान, $m_1 = 1$ किग्रा और $m_2 = 2$ किग्रा एक हल्के अविस्तारणीय डोरी से जुड़े हुए हैं और एक भारहीन घिरनी के माध्यम से निलम्बित है, जैसा कि चित्र में दिखाया गया है।

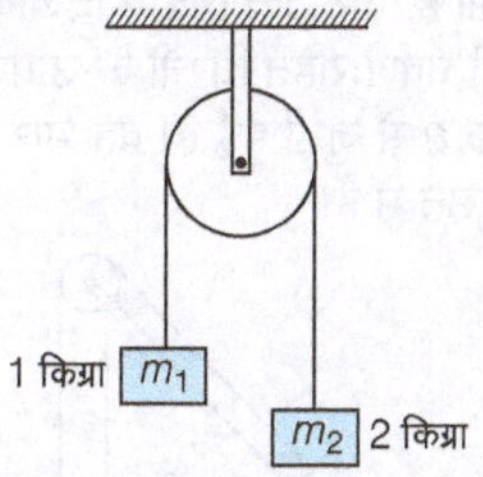

यह मानते हुए कि दोनों द्रव्यमान विराम से शुरू होते हैं, 2 सेकण्ड में निकाय के द्रव्यमान केन्द्र द्वारा तय की गई दूरी है (दिया गया है, $g = 10$ मी/से^{2}) **NCERT पृष्ठ 59**

(a) $\dfrac{20}{9}$ मी
(b) $\dfrac{40}{9}$ मी
(c) $\dfrac{20}{3}$ मी
(d) $\dfrac{1}{3}$ मी

58 तीन बराबर भार A, B और C जिनका द्रव्यमान 2 किग्रा है, एक स्थिर घर्षण रहित घिरनी के ऊपर एक डोरी द्वारा लटके हुए हैं, जैसा कि चित्र में दिखाया गया है। भार B और C को जोड़ने वाली डोरी में तनाव है (दिया गया है, $g = 9.8$ मी/से^{2}) NCERT पृष्ठ 59

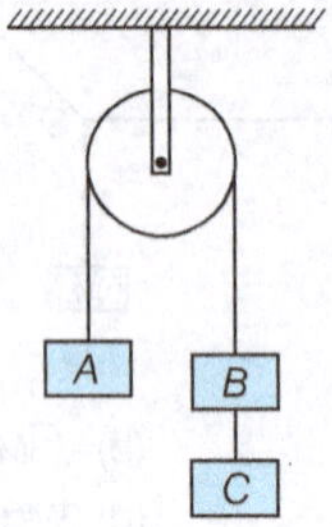

(a) शून्य (b) 9.8 न्यूटन
(c) 13.3 न्यूटन (d) 19.6 न्यूटन

59 m द्रव्यमान का एक लोलक ट्रॉली पर लगे सपोर्ट से लटका हुआ है। जब ट्रॉली a त्वरण के साथ आनत तल पर α-कोण से नीचे की ओर लुढ़कती है, तो डोरी की दिशा (अर्थात् θ कोण) है NCERT पृष्ठ 59

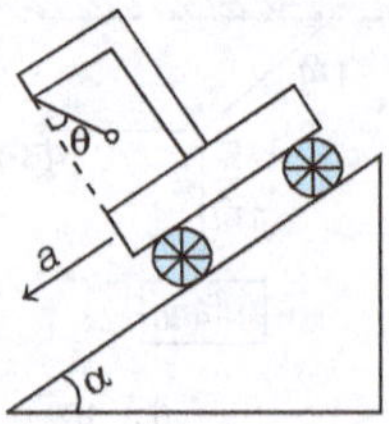

(a) $\tan^{-1}\left(\frac{a - g\sin\alpha}{g\cos\alpha}\right)$ (b) $g\tan\alpha$
(c) $\tan^{-1}\left(\frac{a\sin\alpha}{g}\right)$ (d) $\tan^{-1}\left(\frac{a + g\sin\alpha}{g\cos\alpha}\right)$

60 50 न्यूटन भार वाला ब्लॉक A, 30° ढलान कोण वाले घर्षणरहित आनत तल पर टिका हुआ है, जैसा कि चित्र में दिखाया गया है। A से जुड़ी एक लचीली रस्सी घर्षण रहित घिरनी के ऊपर से गुजरती है और w भार वाले ब्लॉक B से जुड़ी हुई है। वह भार w ज्ञात कीजिए, जिसके लिए निकाय सन्तुलन में है। NCERT पृष्ठ 59

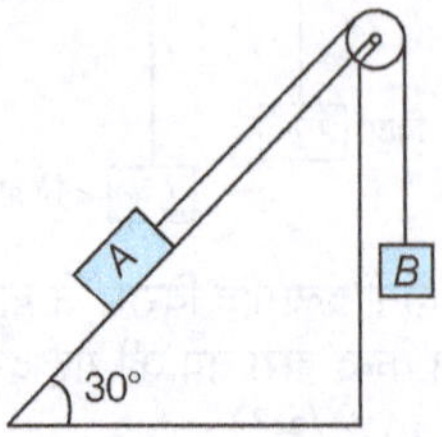

(a) 25 न्यूटन
(b) 50 न्यूटन
(c) 75 न्यूटन
(d) 100 न्यूटन

61 40 किग्रा और 20 किग्रा द्रव्यमान के दो ब्लॉक एक भारहीन रस्सी द्वारा जुड़े हुए हैं जो एक घर्षण रहित घिरनी के ऊपर से गुजरती है, जैसा कि चित्र में दिखाया गया है। NCERT पृष्ठ 59

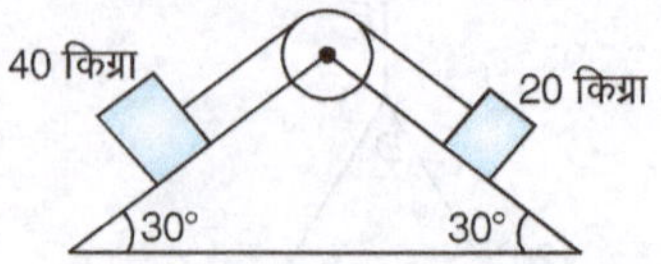

निकाय का त्वरण होगा
(a) 0.7 मी/से^{2} (b) 0.8 मी/से^{2}
(c) 1.6 मी/से^{2} (d) 1.4 मी/से^{2}

62 m, $2m$ और $3m$ द्रव्यमान वाले तीन ब्लॉक रस्सी द्वारा जुड़े हुए हैं, जैसा कि चित्र में दिखाया गया है। ब्लॉक m पर ऊपर की ओर बल F लगाए जाने के बाद, द्रव्यमान नियत गति v से ऊपर की ओर गति करते हैं। $2m$ द्रव्यमान के ब्लॉक पर कुल बल क्या है? ($g = 9.8$ मी/से^{2}) NCERT पृष्ठ 59

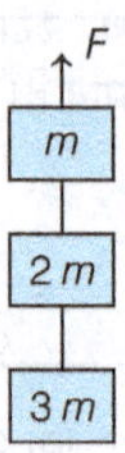

(a) शून्य (b) $2mg$
(c) $3mg$ (d) $6mg$

63 यदि केबिन a त्वरण के साथ ऊर्ध्वाधर दिशा में उतर रहा है और केबिन के फर्श पर M द्रव्यमान द्वारा उत्पन्न प्रतिक्रिया $\frac{9\,mg}{10}$ है, तो a का मान है NCERT पृष्ठ 59

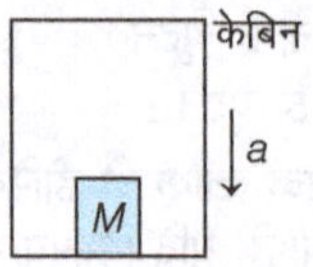

(a) g (b) $\frac{g}{10}$
(c) $\frac{9}{10}g$ (d) $\frac{10}{9}g$

64 10 किग्रा का एक द्रव्यमान रस्सी द्वारा छत से लम्बवत् लटकाया गया है। जब द्रव्यमान पर एक क्षैतिज बल लगाया जाता है, तो रस्सी छत के बिन्दु पर 45° के कोण पर विचलित हो जाती है। यदि निलम्बित द्रव्यमान सन्तुलन में है, तो लगाए गए बल का परिमाण है ($g = 10$ मी/से^{2}) NCERT पृष्ठ 59
(a) 70 न्यूटन (b) 200 न्यूटन
(c) 100 न्यूटन (d) 140 न्यूटन

65 यदि एक बॉक्स त्वरित ट्रेन के डिब्बे में पड़ा है और बॉक्स ट्रेन के सापेक्ष स्थिर है। बॉक्स के त्वरण का कारण कौन-सा बल है? **NCERT पृष्ठ 60**

(a) ट्रेन की दिशा में घर्षण बल (b) ट्रेन की विपरीत दिशा में घर्षण बल
(c) वायु द्वारा लगाया गया बल (d) उपरोक्त में से कोई नहीं

66 एक ट्रॉली अपनी सतह पर एक बॉक्स ले जा रही है जिसका स्थैतिक घर्षण गुणांक 0.3 है। अब ट्रॉली बढ़ते त्वरण के साथ चलना शुरू करती है। ट्रॉली का अधिकतम त्वरण ज्ञात करें, ताकि बॉक्स ट्रॉली पर विपरीत दिशा में न फिसले। **NCERT पृष्ठ 60**

(a) 2 मी/से^{2} (b) 3 मी/से^{2} (c) 4 मी/से^{2} (d) 5 मी/से^{2}

67 एक लड़का अपनी किताब को ऊर्ध्वाधर दीवार पर दबाकर उसे जमीन पर गिरने से रोकता है। यदि उसकी किताब का भार 10 किग्रा है और दीवार का घर्षण गुणांक (μ_s) 0.2 है तो इस प्रयास में उसे कितना न्यूनतम बल लगाना होगा? ($g = 10$ मी/से^{2}) **NCERT पृष्ठ 60**

(a) 300 न्यूटन (b) 400 न्यूटन (c) 500 न्यूटन (d) 600 न्यूटन

68 5 किग्रा और 10 किग्रा द्रव्यमान वाले दो पिण्ड A और B एक-दूसरे के सम्पर्क में एक कठोर विभाजन के सामने एक मेज पर विराम अवस्था में हैं। पिण्डों और मेज के बीच घर्षण गुणांक 0.15 है। A पर क्षैतिज रूप से 200 न्यूटन का बल लगाया जाता है। विभाजन की प्रतिक्रिया क्या है? **NCERT पृष्ठ 60**

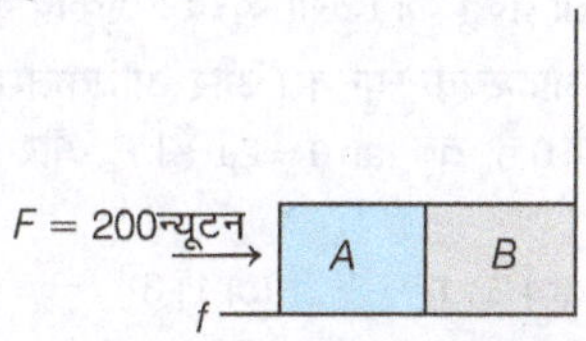

(a) 170 न्यूटन (b) 204 न्यूटन
(c) 177.5 न्यूटन (d) 174 न्यूटन

69 क्षैतिज सतह पर रखे 15 किग्रा द्रव्यमान के एक ब्लॉक को क्षैतिज के साथ 30° के कोण पर कार्यरत् बल F द्वारा खींचा जाता है, जैसा कि चित्र में दिखाया गया है। यदि घर्षण गुणांक (μ) 0.5 है, तो बल F का वह मान जिस पर ब्लॉक बस चलना शुरू कर देगा ($g = 10$ मी/से^{2}) **NCERT पृष्ठ 60**

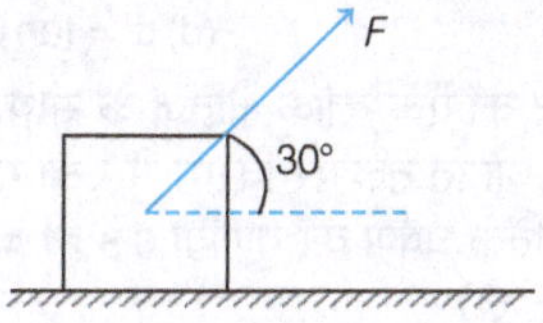

(a) 50 न्यूटन (b) 30 न्यूटन (c) 67 न्यूटन (d) 60 न्यूटन

70 m द्रव्यमान का एक ब्लॉक एक सतह पर रखा गया है जिसका ऊर्ध्वाधर अनुप्रस्थ-काट का क्षेत्रफल $y = \frac{x^2}{3}$ है, यहाँ x और y, SI इकाईयों में हैं। यदि घर्षण गुणांक 0.5 है, तो जमीन से ऊपर की वह अधिकतम ऊँचाई क्या होगी जिस पर ब्लॉक को बिना फिसले रखा जा सकता है? **NCERT पृष्ठ 60**

(a) $\frac{1}{2}$ मी (b) $\frac{3}{8}$ मी (c) $\frac{13}{3}$ मी (d) $\frac{3}{16}$ मी

71 10 किग्रा का द्रव्यमान का एक ब्लॉक किसी खुरदरी खड़ी दीवार के सामने उंगली से दबाकर रखा गया है। यदि ब्लॉक और दीवार के बीच घर्षण गुणांक 0.2 है और गुरुत्वाकर्षण के कारण त्वरण g है, तो ब्लॉक को दीवार के सामने रखने के लिए उंगली द्वारा लगाया जाने वाला न्यूनतम बल है ($g = 10$ मी/से^{2}) **NCERT पृष्ठ 60**

(a) 400 न्यूटन (b) 200 न्यूटन
(c) 600 न्यूटन (d) 500 न्यूटन

72 5 किग्रा और 10 किग्रा द्रव्यमान वाले दो ब्लॉक A और B एक-दूसरे के सम्पर्क में रखे गए हैं, जैसा कि चित्र में दिखाया गया है। ब्लॉक और सतह के बीच घर्षण का गुणांक 0.2 है। ब्लॉक A पर 200 न्यूटन का क्षैतिज बल लगाया जाता है। प्रणाली का त्वरण है ($g = 10$ मी/से^{2}) **NCERT पृष्ठ 60**

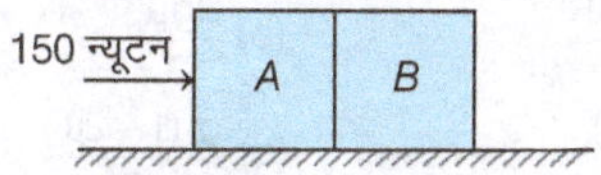

(a) 15 मी/से^{2} (b) 6 मी/से^{2} (c) 8 मी/से^{2} (d) 10 मी/से^{2}

73 निम्नलिखित में से कौन-सा कथन सही है? **NCERT पृष्ठ 60**

(a) घर्षण बल सापेक्ष गति की दिशा में होता है।
(b) स्थैतिक घर्षण का सीमित मान अभिलम्ब प्रतिक्रिया के सीधे समानुपाती होता है।
(c) लोटनी घर्षण, सर्पी घर्षण से बड़ा होता है।
(d) सर्पी घर्षण गुणांक, लम्बाई के आयाम में होता है।

74 m द्रव्यमान का एक ब्लॉक लकड़ी के वेज पर फिसलता है, जो क्षैतिज सतह पर पीछे की ओर खिसकती है। यदि ब्लॉक का द्रव्यमान (m) 8 किग्रा तथा वेज का द्रव्यमान (M) 16 किग्रा है तो वेज के सापेक्ष ब्लॉक के त्वरण का अनुपात है (चित्र में प्रदर्शित सभी सतहों को घर्षण रहित मानिए) **NCERT पृष्ठ 60**

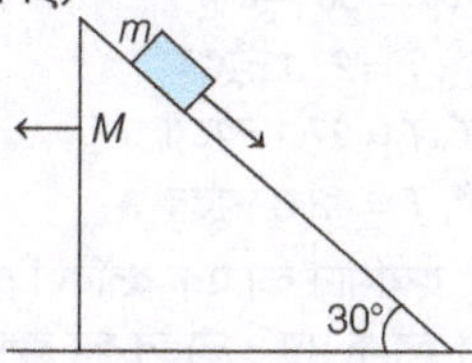

(a) $\sqrt{3}$ (b) $2\sqrt{3}$ (c) 1 (d) $4\sqrt{3}$

75 30 किग्रा द्रव्यमान का एक बन्दर एक द्रव्यमानरहित रस्सी पर चढ़ता है जो अधिकतम 320 न्यूटन का तनाव सहन कर सकती है। निम्नलिखित में से किस स्थिति में रस्सी टूट जाएगी? ($g = 10$ मी/से^{2}) **NCERT पृष्ठ 60**

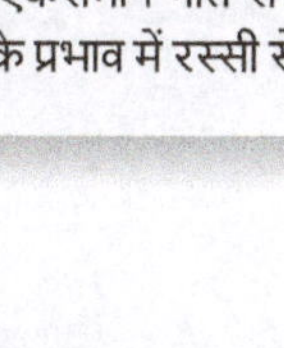

(a) बन्दर 2 मी/से^{2} के त्वरण से ऊपर चढ़ता है।
(b) बन्दर 0.5 मी/से^{2} के त्वरण से ऊपर चढ़ता है।
(c) बन्दर 5 मी/से की एकसमान गति से ऊपर चढ़ता है।
(d) बन्दर गुरुत्वाकर्षण के प्रभाव में रस्सी से स्वतन्त्र रूप से नीचे गिरता है।

76 एक निकाय में तीन द्रव्यमान m_1, m_2 और m_3 हैं जो एक घिरनी P के ऊपर से गुजरने वाली एक डोरी से जुड़े हैं। द्रव्यमान m_1 स्वतन्त्र रूप से लटका हुआ है और m_2 तथा m_3 एक खुरदरी क्षैतिज मेज (घर्षण गुणांक $= \mu$) पर रखे हैं। यदि घिरनी का घर्षण गुणांक तथा द्रव्यमान नगण्य हो, तो द्रव्यमान m_1 का नीचे की ओर त्वरण होगा (दिया है, $m_1 = m_2 = m_3 = m$) **NCERT पृष्ठ 60**

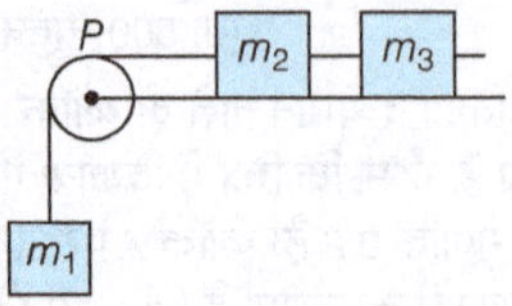

(a) $\frac{g(1-g\mu)}{9}$ (b) $\frac{2g\mu}{3}$
(c) $\frac{g(1-2\mu)}{3}$ (d) $\frac{g(1-2\mu)}{2}$

77 यदि ट्रॉली और सतह के बीच गतिक घर्षण का गुणांक 0.04 तथा डोरी का द्रव्यमान नगण्य माना जाए, तो चित्र में दिखाए अनुसार ब्लॉक और ट्रॉली प्रणाली का त्वरण (a) तथा डोरी में तनाव (T) है ($g = 10$ मी/से^{2}) **NCERT पृष्ठ 60**

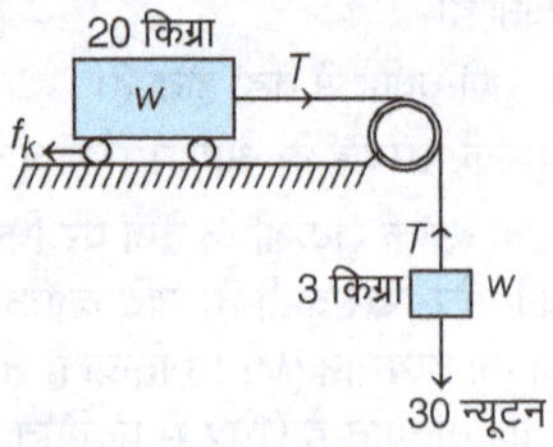

(a) $a = 0.96$ मी/से^{2}, $T = 50$ न्यूटन
(b) $a = 0.42$ मी/से^{2}, $T = 27.1$ न्यूटन
(c) $a = 0.96$ मी/से^{2}, $T = 27.1$ न्यूटन
(d) $a = 0.42$ मी/से^{2}, $T = 42.6$ न्यूटन

78 चित्रानुसार, 10 किग्रा द्रव्यमान का एक ब्लॉक किसी खुरदरे आनत तल पर रखा गया है। ब्लॉक पर 3 न्यूटन का बल लगाया जाता है। तल और ब्लॉक के बीच स्थैतिक घर्षण का गुणांक 0.6 है। बल F का न्यूनतम मान क्या होना चाहिए, जिससे ब्लॉक नीचे की ओर न जाए? ($g = 10$ मी/से^{2}) **NCERT पृष्ठ 60**

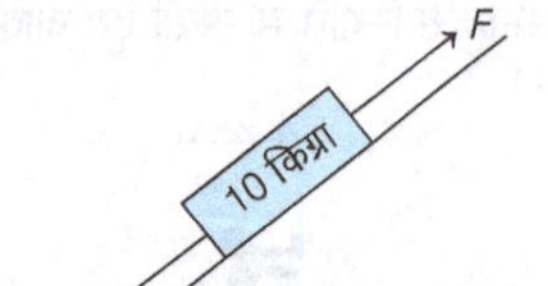

(a) 32 न्यूटन (b) 25 न्यूटन
(c) 23 न्यूटन (d) 18 न्यूटन

79 8 किग्रा द्रव्यमान का एक बॉक्स 30° झुकाव वाले खुरदरे तल पर रखा गया है। क्षैतिज बल F लगाकर इसकी नीचे की ओर गति को रोका जा सकता है, तत्पश्चात् F का वह मान ज्ञात करें जिसके लिए ब्लॉक और झुकी हुई सतह के बीच घर्षण न्यूनतम हो। ($g = 10$ मी/से^{2}) **NCERT पृष्ठ 60**

(a) $\frac{80}{\sqrt{3}}$ (b) $40\sqrt{3}$ (c) $\frac{40}{\sqrt{3}}$ (d) $80\sqrt{3}$

80 एक तख्ते के एक सिरे पर एक बक्सा रखा हुआ है, जिसे धीरे-धीरे दूसरे सिरे पर उठाया जाता है। जैसे ही क्षैतिज के साथ झुकाव का कोण 30° तक पहुँचता है, बक्सा फिसलना शुरू हो जाता है और 4.0 सेकण्ड में तख्ते से 4.0 मीटर नीचे खिसक जाता है। बॉक्स और तख्ते के बीच स्थैतिक और गतिज घर्षण के गुणांक क्रमशः होंगे ($g = 10$ मी/से^{2} लें) **NCERT पृष्ठ 60**

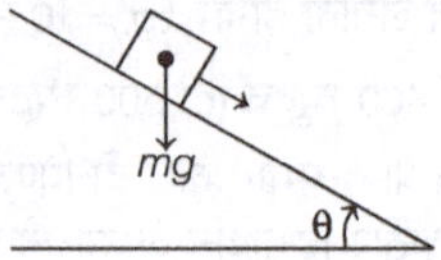

(a) 0.6 और 0.6 (b) 0.6 और 0.5
(c) 0.5 और 0.6 (d) 0.4 और 0.3

81 F_1 और F_2 किसी वस्तु को किसी खुरदरे झुकाव वाले तल पर स्थिर रखने के लिए आवश्यक न्यूनतम और अधिकतम बल हैं। यदि सतह का झुकाव कोण θ है, तब $\tan\theta = 2\mu$ है। F_1 और F_2 का अनुपात ज्ञात कीजिए। **NCERT पृष्ठ 60**

(a) 1:2 (b) 2:1 (c) 1:3 (d) 3:1

82 θ झुकाव वाले आनत तल का ऊपरी भाग पूर्ण रूप से चिकना है, जबकि निचला आधा भाग खुरदरा है। आनत के शीर्ष पर विराम से शुरू होने वाला एक ब्लॉक फिर से तल पर आकर रूक जाता है। ब्लॉक और आनत तल के निचले आधे भाग के बीच घर्षण गुणांक है **NCERT पृष्ठ 60**

(a) $\mu = \frac{1}{\tan\theta}$ (b) $\mu = \frac{2}{\tan\theta}$
(c) $\mu = 2\tan\theta$ (d) $\mu = \tan\theta$

83 4 किग्रा द्रव्यमान का एक ब्लॉक क्षैतिज के साथ 60° का कोण बनाते हुए एक खुरदरे आनत तल पर विराम में रखा गया है। ब्लॉक और तल के बीच स्थैतिक घर्षण का गुणांक 0.8 है। ब्लॉक पर घर्षण बल है ($g = 10$ मी/से^{2} ले) **NCERT पृष्ठ 60**

(a) 16 न्यूटन (b) 35 न्यूटन
(c) 51 न्यूटन (d) 19 न्यूटन

84 एक ब्लॉक, जैसा कि चित्र में दिखाया गया है, एक खुरदरे आनत तल पर रखा गया है। यह आनत तल पर अधिकतम 2 न्यूटन के बल तक विराम में रह सकता है। आनत तल पर ऊपर की ओर अधिकतम बाह्य बल 10 न्यूटन है जो ब्लॉक को स्थानान्तरित नहीं करता है।

ब्लॉक और तल के बीच स्थैतिक घर्षण का गुणांक है ($g = 10$ मी/से^{2} लें) **NCERT पृष्ठ 60**

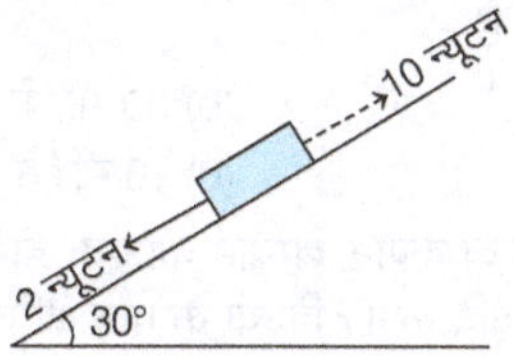

(a) $\frac{2}{3}$ (b) $\frac{\sqrt{3}}{2}$

(c) $\frac{\sqrt{3}}{4}$ (d) $\frac{1}{2}$

85 दो द्रव्यमान $m_1 = 5$ किग्रा तथा $m_2 = 10$ किग्रा एक अविस्तारणीय डोरी द्वारा घर्षण रहित घिरनी पर जुड़े हुए हैं, जैसा कि चित्र में दिखाया गया है। क्षैतिज सतह का घर्षण गुणांक 0.15 है। गति को रोकने के लिए m_2 के ऊपर रखे जाने वाले न्यूनतम भार m का मान है **NCERT पृष्ठ 60**

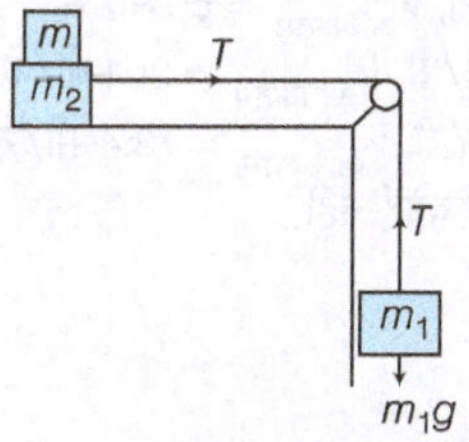

(a) 18.3 किग्रा (b) 23.3 किग्रा

(c) 43.3 किग्रा (d) 10.3 किग्रा

86 दी गई आकृति में, m द्रव्यमान वाला एक पिण्ड A क्षैतिज से θ_1 कोण पर झुके हुए तल पर फिसलता है और μ, पिण्ड A और तल के बीच घर्षण गुणांक है। A, घर्षणरहित घिरनी के ऊपर से गुजरने वाली एक हल्की डोरी द्वारा दूसरे पिण्ड B से जुड़ा हुआ है, जिसका द्रव्यमान भी m है, जो क्षैतिज से θ_2 कोण पर झुके हुए घर्षण रहित तल पर फिसल रहा है। निम्नलिखित में से कौन-सा कथन सही है/हैं? **NCERT पृष्ठ 60**

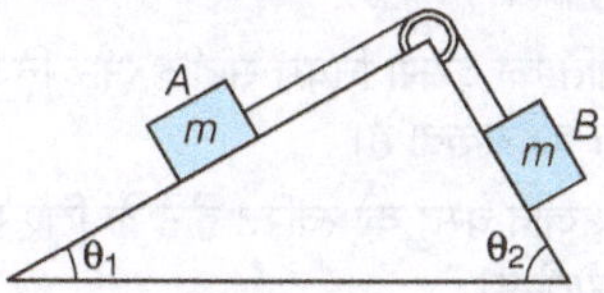

(a) A कभी-भी तल पर ऊपर की ओर नहीं जाएगा।

(b) A, तल ठीक ऊपर की ओर बढ़ना शुरू कर देगा, जब $\mu = \frac{\sin\theta_2 + \sin\theta_1}{\cos\theta_1}$

(c) A को तल पर ऊपर की ओर जाने के लिए θ_2 सदैव θ_1 से अधिक होना चाहिए।

(d) B हमेशा स्थिति गति से नीचे की ओर फिसलेगा।

वृत्तीय गति

87 2 किग्रा द्रव्यमान का एक कण 10 मीटर त्रिज्या के वृत्ताकार पथ पर 5 मी/से की गति से गति रहा है और इसकी गति 3 मी/से^{2} की दर से बढ़ रही है। कण पर लगने वाला बल ज्ञात कीजिए। **NCERT पृष्ठ 63**

(a) 5 न्यूटन (b) 10 न्यूटन (c) 12 न्यूटन (d) 14 न्यूटन

88 एक कण 10 मीटर त्रिज्या के वृत्ताकार पथ पर घूम रहा है। किसी क्षण इसकी गति 5 मी/से है और गति 2 मी/से^{2} की दर से बढ़ रही है। इस क्षण पर कुल त्वरण का परिमाण है। **NCERT पृष्ठ 63**

(a) 5 मी/से^{2} (b) 2 मी/से^{2} (c) 3.2 मी/से^{2} (d) 4.3 मी/से^{2}

89 द्रव्यमान m और $2m$ के दो पत्थरों को क्षैतिज वृत्तों में घुमाया जाता है। भारी पत्थर वाले वृत्त की त्रिज्या $\frac{r}{2}$ और हल्के पत्थर वाले वृत्त की त्रिज्या r है। हल्के पत्थर की स्पर्शीय गति भारी पत्थर की तुलना में n गुना है, जब वे समान अभिकेन्द्रीय बलों का अनुभव करते हैं। n का मान है **NCERT पृष्ठ 63**

(a) 2 (b) 3 (c) 4 (d) 1

90 जब कोई कार समतल सड़क पर वृत्त के अनुदिश गति कर रही होती है, तो अभिकेन्द्र बल (f) द्वारा प्रदान किया जाता है, जहाँ f को निम्न के द्वारा व्यक्त किया जाता है **NCERT पृष्ठ 63**

(a) $f < \mu_s, N = \frac{mv^2}{r}$ (b) $\frac{mv^2}{r} = f \le \mu_s N$

(c) $f = \mu_s N = \frac{mv^2}{r}$ (d) $f = \mu_k N = \frac{mv^2}{r}$

91 यदि कोई कार एकसमान वृत्तीय गति में घूम रही है, तो कार के वेग का मान क्या होना चाहिए, ताकि कार वृत्त से दूर न जाए? **NCERT पृष्ठ 63**

(a) $v < \sqrt{\mu_s Rg}$ (b) $v \le \sqrt{\mu_s Rg}$

(c) $v < \sqrt{\mu_k Rg}$ (d) इनमें से कोई नहीं

92 एक कार R त्रिज्या की एक वृत्ताकार सड़क पर गति कर रही है। सड़क θ कोण पर झुकी हुई है। कार के टायरों और सड़क के बीच घर्षण गुणांक μ है। इस सड़क पर अधिकतम सुरक्षित वेग है **NCERT पृष्ठ 63**

(a) $\sqrt{gR\left(\frac{\mu_s + \tan\theta}{1 - \mu_s \tan\theta}\right)}$ (b) $\sqrt{\frac{g}{R}\left(\frac{\mu_s + \tan\theta}{1 - \mu_s \tan\theta}\right)}$

(c) $\sqrt{\frac{g}{R^2}\left(\frac{\mu_s + \tan\theta}{1 - \mu_s \tan\theta}\right)}$ (d) $\sqrt{gR^2\left(\frac{\mu_s + \tan\theta}{1 - \mu_s \tan\theta}\right)}$

93 साइकिल सवार का साइकिल सहित द्रव्यमान 50 किग्रा है। वह 10 मी/से की गति से 20 मी त्रिज्या के एक वृत्तीय मोड़ को पार करना चाहता है। यदि टायरों और सड़क के बीच घर्षण गुणांक 0.6 है, तो मोड़ को पार करने के लिए सवार द्वारा आवश्यक घर्षण बल है **NCERT पृष्ठ 63**

(a) 300 न्यूटन (b) 600 न्यूटन (c) 500 न्यूटन (d) 150 न्यूटन

94 2 किग्रा द्रव्यमान का एक पत्थर 25 मी लम्बी एक डोरी बाँधकर क्षैतिज वृत्त में घुमाया जाता है। यदि डोरी 200 न्यूटन का अधिकतम तनाव वहन कर सकती है, तो पत्थर को किस अधिकतम गति से घुमाया जा सकता है? **NCERT पृष्ठ 63**

(a) 10 मी/से (b) 50 मी/से
(c) 20 मी/से (d) 25 मी/से

95 एक डिस्क $26\frac{1}{2}$ घूर्णन प्रति मिनट की गति से घूमती है और इसकी त्रिज्या 30 सेमी है। दो सिक्के A और B डिस्क के केन्द्र से क्रमशः 4 सेमी और 28 सेमी की दूरी पर रखे गए हैं। यदि सिक्कों और डिस्क के बीच घर्षण गुणांक 0.2 है, तो कौन-सा सिक्का डिस्क के साथ घूमेगा? **NCERT पृष्ठ 63**

(a) A (b) B
(c) A और B दोनों (d) न तो A और न ही B

96 एक कार 300 मी त्रिज्या के एक वृत्ताकार पथ पर इस प्रकार घूम रही है कि स्पर्शीय त्वरण और अभिकेन्द्रीय त्वरण के परिमाण बराबर हैं। यदि कार 54 किमी/घण्टा की प्रारम्भिक गति से चल रही है, तो उसे अपना पहला चक्कर पूरा करने में लगने वाला समय $t(1-e^{-\pi/2})$ सेकण्ड है। t का मान है **NCERT पृष्ठ 63**

(a) 40 (b) 50 (c) 20 (d) 30

97 580 किग्रा द्रव्यमान वाली एक कार घर्षणरहित सड़क पर 40 मी त्रिज्या के एक झुके हुए वक्र पर चलती है। यदि आनत कोण 45° है, तो कार की गति है **NCERT पृष्ठ 63**

(a) 20 मी/से (b) 30 मी/से
(c) 5 मी/से (d) 10 मी/से

98 m द्रव्यमान का एक कण L लम्बाई की एक डोरी के माध्यम से छत से लटका हुआ है। यदि कण r त्रिज्या के एक क्षैतिज वृत्तीय पथ पर गमन करता है जहाँ, $r=\frac{L}{2}$ है, तो कण की गति होगी **NCERT पृष्ठ 63**

(a) $\sqrt{\sqrt{3}rg}$ (b) $\sqrt{\frac{rg}{\sqrt{3}}}$ (c) $2\sqrt{rg}$ (d) $\sqrt{\frac{rg}{2}}$

99 300 मी त्रिज्या का एक वृत्ताकार रेसट्रैक 15° के कोण पर झुका हुआ है। यदि कार के पहियों और रेसट्रैक के बीच घर्षण गुणांक 0.2 है। तो टायरों पर टूट-फूट से बचने के लिए कार की इष्टतम गति और फिसलने से बचने के लिए अधिकतम स्वीकार्य गति ज्ञात कीजिए। ($g = 9.8$ मी/से^{2} और $\tan 15° = 0.27$) **NCERT पृष्ठ 64**

(a) $v_0 = 48$ मी/से, $v_{\text{अधिकतम}} = 60$ मी/से
(b) $v_0 = 28.1$ मी/से, $v_{\text{अधिकतम}} = 38.1$ मी/से
(c) $v_0 = 62.2$ मी/से, $v_{\text{अधिकतम}} = 73.4$ मी/से
(d) उपरोक्त में से कोई नहीं

अभिकथन-कारण प्रश्न

निर्देश *(प्रश्न क्रमांक 1-12) निम्नलिखित प्रश्नों में, अभिकथन के एक कथन के बाद कारण का एक संगत कथन दिया गया है। निम्नलिखित कथनों में से सही कथन का चयन कीजिए।*

(a) अभिकथन और कारंण दोनों सही हैं और कारण, अभिकथन की सही व्याख्या है।
(b) अभिकथन और कारण दोनों सही हैं,लेकिन कारण, अभिकथन की सही व्याख्या नहीं है।
(c) अभिकथन सही है, लेकिन कारण गलत है।
(d) अभिकथन गलत है, लेकिन कारण सही है।

1 **अभिकथन** यह सदैव आवश्यक है कि वस्तु पर बल लगाते समय बल के बाह्य साधन वस्तु के सम्पर्क में हों।
कारण किसी इमारत के ऊपर से छोड़ा गया पत्थर पृथ्वी के गुरुत्वाकर्षण खिंचाव के कारण नीचे की ओर गति करता है। **NCERT पृष्ठ 49**

2 **अभिकथन** अरस्तू ने बताया कि किसी पिण्ड को गति में रखने के लिए बाह्य बल की आवश्यकता होती है।
कारण प्राकृतिक जगत में सदैव विपरीत बल उपस्थित होते हैं। **NCERT पृष्ठ 50**

3 **अभिकथन** एक पिण्ड क्षण भर के लिए विराम अवस्था में है, लेकिन फिर भी उस समय उस पर कोई बल कार्य कर रहा है।
कारण जब किसी पिण्ड पर कोई बल कार्य करता है, तो उसमें कुछ त्वरण नहीं हो सकता है। **NCERT पृष्ठ 51**

4 **अभिकथन** द्रव्यमान और वेग का गुणनफल (अर्थात् संवेग) गति पर बल के प्रभाव का आधार है।
कारण एक ही समय में एक ही बल विभिन्न पिण्डों के संवेग में समान परिवर्तन का कारण बनता है। **NCERT पृष्ठ 53**

5 **अभिकथन** गति का दूसरा नियम सजीव और निर्जीव दोनों ही वस्तुओं पर लागू किया जा सकता है।
कारण एक सजीव वस्तु को त्वरित होने के लिए एक बाह्य बल की आवश्यकता होती है। **NCERT पृष्ठ 53**

6 **अभिकथन** यदि किसी पिण्ड का संवेग शून्य है, तो इसका अर्थ है कि उस क्षण बल या त्वरण आवश्यक रूप से शून्य है।
कारण किसी पिण्ड पर किसी निश्चित समय में बल केवल गति की दिशा से निर्धारित होता है। **NCERT पृष्ठ 54**

7 **अभिकथन** आवेग बल की क्रिया के दौरान पिण्ड की स्थिति में कोई उल्लेखनीय परिवर्तन नहीं होता है।

कारण आवेग बल के स्थिति में बल की क्रिया का समय बहुत कम होना चाहिए। NCERT पृष्ठ 55

8 **अभिकथन** यदि हम दो पिण्ड A और B के निकाय को समग्र रूप से मानते हैं, तो F_{AB} और F_{BA}, निकाय $(A + B)$ के आन्तरिक बल हैं। ये संयोजित होकर शून्य बल देते हैं।

कारण किसी पिण्ड या कण के निकाय में आन्तरिक बल जोड़े में निरस्त हो जाते हैं। NCERT पृष्ठ 56

9 **अभिकथन** न्यूटन का गति का तृतीय नियम केवल तभी लागू होता है जब पिण्ड गति में हो।

कारण न्यूटन का गति का तीसरा नियम सभी प्रकार के बलों पर लागू होता है, जैसे–गुरुत्वाकर्षण, विद्युत या चुम्बकीय बल आदि। NCERT पृष्ठ 56

10 **अभिकथन** सूक्ष्म स्तर पर, सभी पिण्ड आवेशित घटकों (जैसे-नाभिक और इलेक्ट्रॉन) से बने होते हैं और उनके बीच विभिन्न सम्पर्क बल उपस्थित होते हैं।

कारण ये बल पिण्ड की प्रत्यास्थता, आण्विक संघट्ट और प्रभाव आदि के कारण होते हैं। NCERT पृष्ठ 59

11 **अभिकथन** यदि बल, पिण्ड के वेग के समानान्तर नहीं हैं, बल्कि उसके साथ कुछ कोण बनाता है, तो यह बल की दिशा के साथ वेग v को बदल देता है।

कारण बल के सामान्य वेग का घटक अपरिवर्तित रहता है।

NCERT पृष्ठ 59

12 **अभिकथन** एक झूले पर हमारा शरीर अन्दर की ओर बल के अधीन होता है।

कारण हमें आसन्न गति की दिशा में बाहर की ओर धकेले जाने का अनुभव होता है। NCERT पृष्ठ 63

कथन आधारित प्रश्न

निर्देश *(प्रश्न क्रमांक 1-7) निम्नलिखित प्रश्नों में दो कथन (I और II) दिए गए हैं। दिए गए कथनों के अनुसार, नीचे दिए गए सही विकल्प का चयन करें।*

(a) कथन I और कथन II दोनों असत्य हैं।
(b) कथन I सत्य है, लेकिन कथन II असत्य है।
(c) कथन I असत्य है, लेकिन कथन II सत्य है।
(d) कथन I और कथन II दोनों सत्य हैं।

1 **कथन I** जब हम आम के पेड़ को हिलाते हैं, तो आम नीचे गिर जाते हैं।
कथन II जब कोई वाहन अचानक रुक जाता है, तो यात्री आगे की ओर गिरने लगते हैं। NCERT पृष्ठ 51

2 **कथन I** एक अनुभवी क्रिकेटर गेंद को रोकने के लिए अपने हाथों को अधिक समय देता है, जबकि गेंद को पकड़ते समय उसके हाथ में चोट नहीं लगती।
कथन II नौसिखिया (नया खिलाड़ी) अपना हाथ स्थिर रखता है और गेंद को लगभग तुरन्त पकड़ने की कोशिश करता है। गेंद को तुरन्त रोकने के लिए उसे बहुत अधिक बल लगाने की आवश्यकता होती है और इससे चोट लगती है। NCERT पृष्ठ 53

3 **कथन I** प्रकृति में बल सदैव पिण्डों के युग्म के बीच उत्पन्न होते हैं।
कथन II क्रिया और प्रतिक्रिया बल एक साथ लगने वाले बल नहीं हैं। NCERT पृष्ठ 56

4 **कथन I** मेज पर रखे किसी पिण्ड के लिए समीकरण $mg = R$ तभी सत्य है जब पिण्ड सन्तुलन में हो।

कथन II mg और R की समानता गति के तृतीय नियम पर आधारित है। NCERT पृष्ठ 58

5 यान्त्रिकी में एक समस्या को हल करने के लिए, हमें विभिन्न पिण्डों के समूह पर विचार करना होगा।
कथन I विभिन्न पिण्ड एक-दूसरे पर बल लगाते हैं।

कथन II कुछ पिण्ड गुरुत्वाकर्षण बल का अनुभव करते हैं। NCERT पृष्ठ 59

6 **कथन I** घर्षण हमेशा एक अवांछनीय बल होता है।

कथन II स्थैतिक घर्षण अपनी सीमा μN तक एक स्व-समायोजन बल है, जहाँ μ, स्थैतिक घर्षण का गुणांक है। NCERT पृष्ठ 60

7 **कथन I** जब पत्थर को वृत्ताकार पथ में अधिक गति से घुमाया जाता है, तो अधिक बल की आवश्यकता होती है।

कथन II जब पत्थर को छोटी त्रिज्या के वृत्त में घुमाया जाता है, तो अधिक बल की आवश्यकता होती है। NCERT पृष्ठ 63

सुमेलन प्रकार प्रश्न

1 एक लिफ्ट ऊपर जा रही है। लिफ्ट और यात्रियों का कुल द्रव्यमान 2000 किग्रा है। लिफ्ट की गति में परिवर्तन चित्र में दिखाए अनुसार है
NCERT पृष्ठ 55

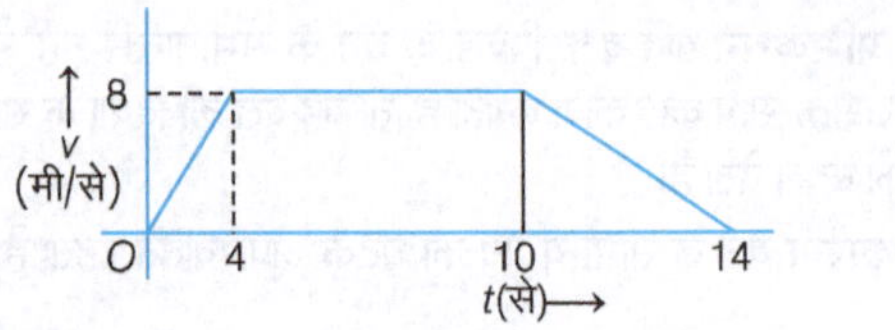

कॉलम I में दी गई मात्राओं का कॉलम II में उनके परिमाण से सुमेलित करें तथा नीचे दिए गए विकल्पों में से सही उत्तर चुनें।

कॉलम I	कॉलम II
A. 1 सेकण्ड पर रस्सी में तनाव (न्यूटन में)	1. 20000
B. 6 सेकण्ड पर रस्सी में तनाव (न्यूटन में)	2. 40/7
C. 12 सेकण्ड पर रस्सी में तनाव (न्यूटन में)	3. 24000
D. गति के दौरान औसत वेग (मी/से में)	4. 16000

कूट

	A	B	C	D		A	B	C	D
(a)	3	4	2	1	(b)	2	3	4	1
(c)	3	1	4	2	(d)	4	2	3	1

2 चलती लिफ्ट में 60 किग्रा द्रव्यमान का एक आदमी भार मापने वाली मशीन पर खड़ा है। अब कॉलम I को कॉलम II से सुमेलित करें तथा नीचे दिए गए विकल्पों में से सही उत्तर चुनें। ($g = 10$ मी/से^{2}, लें)
NCERT पृष्ठ 59

कॉलम I (लिफ्ट की स्थिति)	कॉलम II (वजन मापने वाली मशीन का पाठ्यांक न्यूटन में)
A. जब लिफ्ट 4 मी/से^{2} की एकसमान गति से ऊपर की ओर बढ़ रही हो।	1. 240
B. जब लिफ्ट 6 मी/से^{2} के एकमान त्वरण से नीचे की ओर बढ़ रही हो।	2. 600
C. जब लिफ्ट 6 मी/से^{2} के एकसमान त्वरण से ऊपर की ओर बढ़ रही हो।	3. 0
D. जब लिफ्ट का तन्त्र विफल हो जाता है।	4. 960

कूट

	A	B	C	D		A	B	C	D
(a)	2	1	3	4	(b)	2	1	4	3
(c)	1	3	4	2	(d)	3	1	4	2

3 a_1, a_2, a_3 और a_4 ब्लॉक निकाय के विभिन्न स्थितियों में सामान्य त्वरण हैं। कॉलम I को कॉलम II से सुमेलित करें तथा नीचे दिए गए विकल्पों में से सही उत्तर चुनें।
NCERT पृष्ठ 59

कॉलम I	कॉलम II
A. 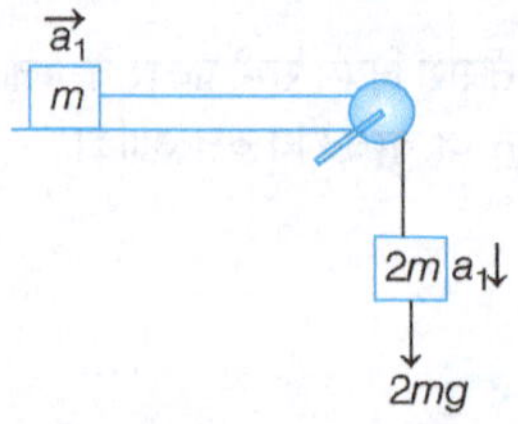 तब, $a_1 = ?$	1. $\frac{g}{5}$
B. 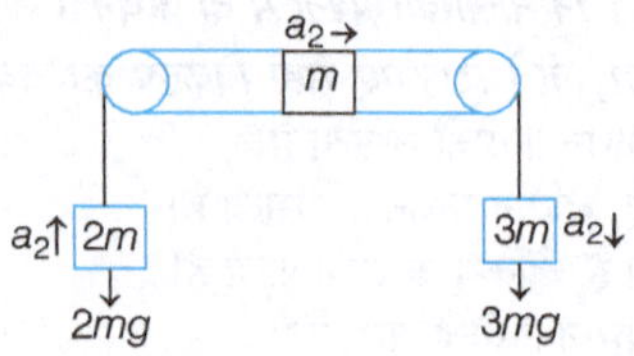 तब, $a_2 = ?$	2. $\frac{g}{3}$
C. 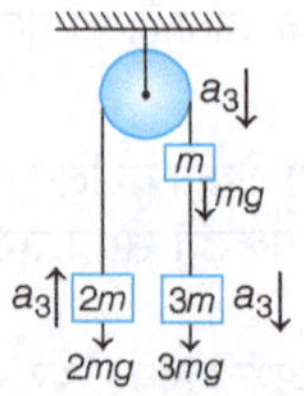 तब, $a_3 = ?$	3. $\frac{g}{6}$
D. 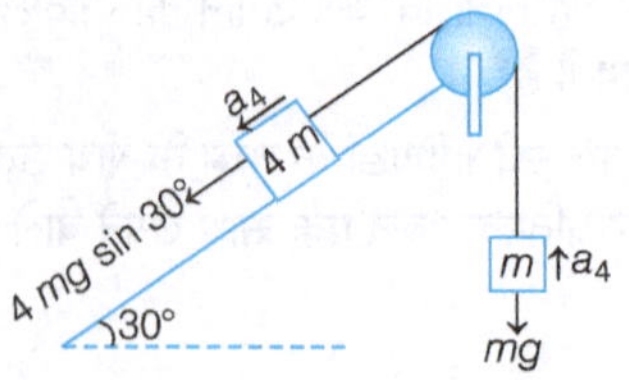 तब, $a_4 = ?$	4. $\frac{2g}{3}$

कूट

	A	B	C	D		A	B	C	D
(a)	4	2	3	1	(b)	3	2	4	1
(c)	4	3	2	1	(d)	3	4	2	1

4 एक पिण्ड विराम से आरम्भ करके l लम्बाई, h ऊँचाई और θ झुकाव कोण वाले चिकने आनत तल पर गति करता है। कॉलम I को कॉलम II से सुमेलित करें तथा नीचे दिए गए विकल्पों में से सही उत्तर चुनें। **NCERT पृष्ठ 59**

	कॉलम I		कॉलम II
A.	आनत तल पर पिण्ड का त्वरण	1.	$\sqrt{\dfrac{2l}{g \sin\theta}}$
B.	तल पर पहुँचने पर पिण्ड का वेग	2.	$g \sin\theta$
C.	तल पर पहुँचने में पिण्ड द्वारा लिया गया समय	3.	$\sqrt{\dfrac{l}{g \sin\theta}}$
D.	आनत तल पर आधी दूरी तक पहुँचने में लिया गया समय	4.	$\sqrt{2gl \sin\theta}$

कूट

	A	B	C	D		A	B	C	D
(a)	1	2	3	4	(b)	2	4	1	3
(c)	2	1	4	3	(d)	3	1	2	4

आंकिक मान प्रकार के प्रश्न

1 $4m$ और m द्रव्यमान के दो ब्लॉक A और B, एक द्रव्यमान रहित और विस्तारणीय डोरी द्वारा जुड़े हुए हैं। सम्पूर्ण प्रणाली एक द्रव्यमान रहित स्प्रिंग द्वारा निलम्बित है, जैसा कि चित्र में दिखाया गया है। डोरी के कट जाने के तुरन्त बाद ब्लॉक B और A के त्वरण के परिमाणों का अनुपात .... है। **NCERT पृष्ठ 53**

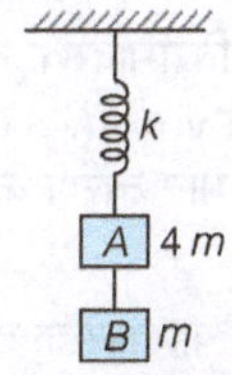

2 एक ब्लॉक क्षैतिज घर्षण रहित सतह पर रखा है। एकसमान रस्सी का एक छोर ब्लॉक से बाँधा गया है जिसे दूसरे छोर पर $2F$ बल लगाकर क्षैतिज दिशा में खींचा जाता है। रस्सी के मध्य में तनाव $NF/4$ है। यदि रस्सी का द्रव्यमान, ब्लॉक के द्रव्यमान का एक-तिहाई है, तो N का मान .... है। **NCERT पृष्ठ 53**

3 विरामावस्था में रखे दो अलग-अलग द्रव्यमानों 4 किग्रा और 12 किग्रा के दो पिण्डों पर समान बल कार्य करता है। समान अन्तिम वेग प्राप्त करने के लिए आवश्यक समय का अनुपात $1 : \alpha$ है। α का मान ... है। **NCERT पृष्ठ 53**

4 चार बल सन्तुलन में एक बिन्दु P पर कार्य कर रहे हैं, जैसा कि चित्र में दिखाया गया है। बल F_2 से F_1 का अनुपात $1 : 3x$ है, x का मान है **NCERT पृष्ठ 57**

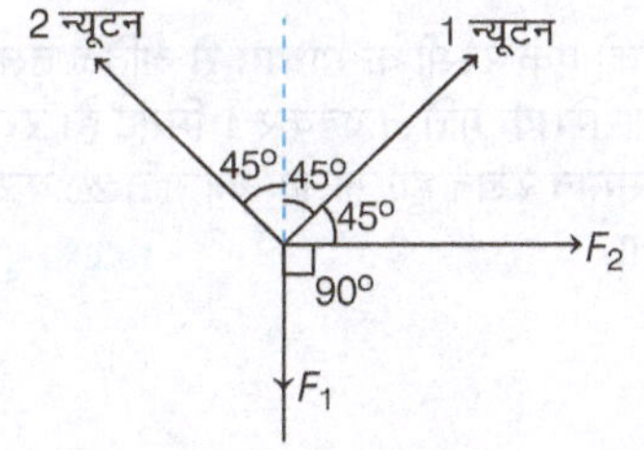

5 दो ब्लॉकों के बीच स्थैतिक घर्षण गुणांक 0.4 है जबकि मेज घर्षण रहित है। ब्लॉकों को एक साथ हिलाने के लिए लगाया जा सकने वाला अधिकतम क्षैतिज बल ...... न्यूटन है। ($g = 10$ मी/से^{2}, लें) **NCERT पृष्ठ 60**

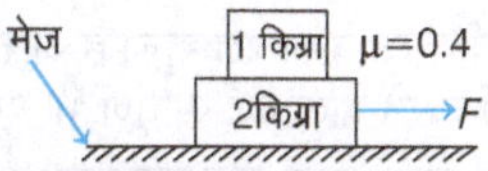

6 विरामावस्था से प्रारम्भ करते हुए, एक पिण्ड 30° के आनत तल पर घर्षण के अभाव में समान दूरी तय करने में लगने वाले समय से चार गुना अधिक समय में नीचे की ओर फिसलता है। पिण्ड और झुकाव तल के बीच घर्षण गुणांक $\dfrac{15}{x\sqrt{3}}$ है, तो x का मान है। **NCERT पृष्ठ 60**

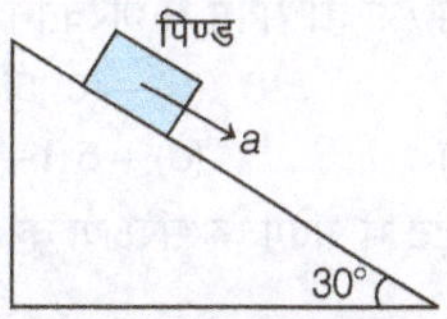

7 एक कार क्षैतिज से 30° पर झुके आनत तल पर ऊपर की ओर तल के समानान्तर 10 मी/से^{2} के त्वरण के साथ गतिमान है। एक बॉब को कार की छत से एक रस्सी द्वारा निलम्बित किया गया है। रस्सी द्वारा ऊर्ध्वाधर के साथ बनाया गया कोण $15x$ (डिग्री में) है। x का मान .... है ($g = 10$ मी/से^{2}) **NCERT पृष्ठ 63**

8 एक कण 15 मी त्रिज्या के वृत्ताकार पथ पर घूम रहा है। किसी क्षण कण की गति 5 मी/से है तथा गति 3 मी/से^{2} की दर से बढ़ रही है। उस क्षण त्वरण का कुल परिमाण है..... **NCERT पृष्ठ 63**

9 एक ब्लॉक प्रारम्भिक वेग v_0 के साथ 30° पर झुके आनत तल पर ऊपर की ओर बढ़ना शुरू करता है। यह $\dfrac{v_0}{2}$ वेग के साथ अपनी प्रारम्भिक स्थिति में वापस आता है। ब्लॉक और झुकाव वाले तल के बीच गतिज घर्षण के गुणांक का मान लगभग $\dfrac{I}{500}$ है, I का मान (निकटतम पूर्णांक में) .... है। **NCERT पृष्ठ 63**

10 10 मी लम्बाई की एक पतली डोरी के एक छोर पर बँधा एक छोटा-सा बॉब एक ऊर्ध्वाधर वृत्त बना रहा है। डोरी में अधिकतम और न्यूनतम तनाव में अनुपात 3 : 1 है। उच्चतम स्थिति पर बॅम्ब का वेग ...... मी/से है। ($g = 10$ मी/से^{2}) **NCERT पृष्ठ 63**

NCERT Exemplar प्रश्न

1 एक गेंद एकसमान स्थानान्तरणीय गति से गतिमान है। इसका अर्थ है
(a) गेंद विरामावस्था में है
(b) पथ एक सरल रेखीय या वृत्तीय हो सकता है और गेंद एकसमान गति से गतिमान है
(c) गेंद के सभी भागों का वेग (परिमाण और दिशा) समान है और वेग नियत है
(d) गेंद का केन्द्र स्थिर वेग से गति करता है और गेंद अपने केन्द्र के चारों ओर समान रूप से घूर्णन करती है

2 एक मीटर स्केल एकसमान वेग से गतिमान है। इसका तात्पर्य है
(a) स्केल पर कार्य करने वाला बल शून्य है, किन्तु स्केल के द्रव्यमान केन्द्र पर एक बल-आघूर्ण कार्य कर सकता है।
(b) स्केल पर कार्य करने वाला बल शून्य है और स्केल के द्रव्यमान केन्द्र पर कार्य करने वाला बल आघूर्ण भी शून्य है।
(c) स्केल पर कार्य करने वाला कुल बल शून्य नहीं हो सकता, लेकिन इस पर लगने वाला बल-आघूर्ण शून्य हो सकता है।
(d) न तो बल और न ही बल-आघूर्ण शून्य हो सकता है।

3 150 ग्राम द्रव्यमान वाली एक क्रिकेट गेंद का प्रारम्भिक वेग $\mathbf{u} = (3\hat{i} + 4\hat{j})$ मी/से है, किन्तु बल्ले से टकराने के बाद अन्तिम वेग $\mathbf{v} = -(3\hat{i} + 4\hat{j})$ मी/से है। संवेग में परिवर्तन (किग्रा-मी/से में) है
(a) शून्य (b) $-(0.45\hat{i} + 0.6\hat{j})$
(c) $-(0.9\hat{i} + 1.2\hat{j})$ (d) $-5(\hat{i} + \hat{j})$

4 कणों के बीच संघट्ट में संवेग के संरक्षण को निम्न द्वारा समझा जा सकता है
(a) ऊर्जा के संरक्षण से (b) केवल न्यूटन के प्रथम नियम से
(c) केवल न्यूटन के द्वितीय नियम से
(d) न्यूटन के द्वितीय और तृतीय दोनों नियम

5 एक हॉकी खिलाड़ी उत्तर की ओर बढ़ रहा है और अचानक प्रतिद्वन्दी से बचने के लिए उसी गति से पश्चिम की ओर मुड़ जाता है। खिलाड़ी पर लगने वाला बल है
(a) पश्चिम की ओर लगने वाला घर्षण बल
(b) दक्षिण की ओर लगने वाला पेशीय बल
(c) दक्षिण-पश्चिम की ओर लगने वाला घर्षण बल
(d) दक्षिण-पश्चिम की ओर लगने वाला पेशीय बल

6 2 किग्रा द्रव्यमान का एक पिण्ड $x(t) = pt + qt^2 + rt^3$ के अनुसार यात्रा करता है, जहाँ $q = 4$ मी/से^{2}, $p = 3$ मी/से और $r = 5$ मी/से^{3} है। $t = 2$ सेकण्ड पर पिण्ड पर कार्य करने वाला बल है
(a) 136 न्यूटन (b) 134 न्यूटन
(c) 158 न्यूटन (d) 68 न्यूटन

7 5 किग्रा द्रव्यमान वाले पिण्ड पर $\mathbf{F} = (-3\hat{i} + 4\hat{j})$ न्यूटन का बल कार्य कर रहा है। यदि $t = 0$ सेकण्ड पर इसका प्रारम्भिक वेग, $\mathbf{u} = (6\hat{i} - 12\hat{j})$ मी/से है, तो जिस समय पर यह Y-अक्ष के साथ वेग प्राप्त करेगा, वह है
(a) कभी नहीं (b) 10 से (c) 2 से (d) 15 से

8 द्रव्यमान m की एक कार विरामावस्था से चलना शुरू करती है और 2 सेकण्ड में पूर्व की ओर $\mathbf{v} = v\hat{\mathbf{i}} (v > 0)$ का वेग प्राप्त करती है। यह मानते हुए कि कार एकसमान त्वरण के साथ चल रही है, कार पर लगाया गया बल है
(a) $\frac{mv}{2}$ पूर्व की ओर और यह कार के इंजन द्वारा लगाया गया है
(b) $\frac{mv}{2}$ पूर्व की ओर और यह सड़क द्वारा टायरों पर लगाए गए घर्षण के कारण है
(c) $\frac{mv}{2}$ से अधिक और यह सड़क के घर्षण को कम करने के लिए इंजन के कारण पूर्व की ओर लगाया गया है
(d) $\frac{mv}{2}$ इंजन द्वारा लगाया गया है

विगत परीक्षाओं के प्रश्न

NEET

1 प्रदर्शित चित्र में एक गुटके A पर 10 न्यूटन का क्षैतिज बल आरोपित किया जाता है। गुटके A व B के द्रव्यमान क्रमशः 2 किग्रा व 3 किग्रा हैं। गुटके एक घर्षणरहित तल के ऊपर खिसकते हैं। गुटके A द्वारा गुटके B पर लगाया गया बल है **NCERT पृष्ठ 65, NEET 2024**

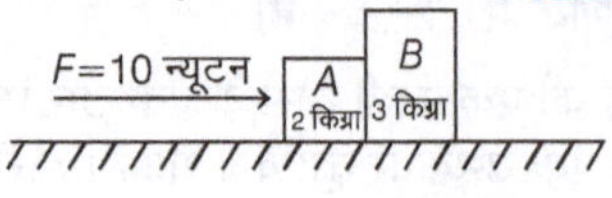

(a) शून्य (b) 4 न्यूटन
(c) 6 न्यूटन (c) 10 न्यूटन

2 एक गोलक को एक रस्सी के माध्यम से क्षैतिज तल में घुमाया जाता है जिसकी प्रारम्भिक गति ω चक्कर 1 मिनट है। रस्सी में तनाव T है। यदि त्रिज्या समान रखते हुए गोलक की गति 2ω कर दी जाए तो रस्सी में तनाव होगा **NCERT पृष्ठ 79, NEET 2024**
(a) T
(b) $4T$
(c) $\frac{T}{4}$
(d) $\sqrt{2}T$

3 एक बन्दूक से गोली एक आयताकार लकड़ी के ब्लॉक पर u वेग से चलाई जाती है। जब गोली ब्लॉक से क्षैतिज रूप से 24 सेमी की दूरी तय करती है, तो गोली का वेग $\frac{u}{3}$ हो जाता है। फिर यह ब्लॉक के दूसरे छोर पर ठीक रुकने से पहले उसी दिशा में ब्लॉक में आगे प्रवेश करती है। ब्लॉक की कुल लम्बाई है **NCERT पृष्ठ 55, NEET 2023**

(a) 24 सेमी (b) 28 सेमी (c) 30 सेमी (d) 27 सेमी

4 एक फुटबॉल खिलाड़ी दक्षिण की ओर बढ रहा है और अचानक एक प्रतिद्वन्दी से बचने के लिए उसी गति से पूर्व की ओर मुड़ता है। मुड़ते समय खिलाड़ी पर कार्य करने वाला बल है **NCERT पृष्ठ 54, NEET 2023**

(a) उत्तर की ओर (b) उत्तर-पूर्व की ओर
(c) दक्षिण-पश्चिम की ओर (d) पूर्व की ओर

5 चलती कार के अधिकतम त्वरण की गणना करें ताकि कार के फर्श पर स्थित पिण्ड स्थिर रहे। पिण्ड और फर्श के बीच स्थैतिक घर्षण का गुणांक 0.15 है। ($g = 10$ मी/से^{2}) **NCERT पृष्ठ 60, NEET 2023**

(a) 150 मी/से^{2} (b) 1.5 मी/से^{2}
(c) 50 मी/से^{2} (d) 1.2 मी/से^{2}

6 0.15 किग्रा द्रव्यमान की एक गेंद को 10 मी की ऊँचाई से गिराया जाता है, यह धरातल से टकराती है और उसी ऊँचाई पर वापस आती है। गेंद को दिए गए आवेग का परिमाण लगभग है ($g = 10$ मी/से^{2}) **NCERT पृष्ठ 55, NEET 2021**

(a) 0 (b) 4.2 किग्रा-मी/से
(c) 2.1 किग्रा-मी/से (d) 1.4 किग्रा-मी/से

7 एक छोटा ब्लॉक $t = 0$ सेकण्ड पर विराम से आरम्भ करते हुए एक चिकने आनत तल पर नीचे की ओर फिसलता है। माना, $t = n - 1$ से $t = n$ समयान्तराल में ब्लॉक द्वारा तय की गई दूरी S_n है, तो अनुपात $\frac{S_n}{S_{n+1}}$ है **NCERT पृष्ठ 59, NEET 2021**

(a) $\frac{2n}{2n-1}$ (b) $\frac{2n-1}{2n}$ (c) $\frac{2n-1}{2n+1}$ (d) $\frac{2n+1}{2n-1}$

8 एक ट्रक स्थिर है और ट्रक से जुड़े एक तन्त्र में एक हल्की रस्सी द्वारा एक लोलक को लटकाया जाता है। ट्रक, अचानक a त्वरण के साथ दाईं ओर चलता है। लोलक झुक जाएगा **NCERT पृष्ठ 51, NEET 2020**

(a) बाईं ओर तथा ऊर्ध्वाधर के साथ लोलक का झुकाव कोण $\sin^{-1}\left(\frac{g}{a}\right)$ होगा।

(b) बाईं ओर तथा ऊर्ध्वाधर के साथ लोलक का झुकाव कोण $\tan^{-1}\left(\frac{a}{g}\right)$ होगा।

(c) बाईं ओर तथा ऊर्ध्वाधर के साथ लोलक का झुकाव कोण $\sin^{-1}\left(\frac{a}{g}\right)$ होगा।

(d) बाईं ओर तथा ऊर्ध्वाधर के साथ लोलक का झुकाव कोण $\tan^{-1}\left(\frac{g}{a}\right)$ होगा।

9 चित्र में दिखाए गए ब्लॉक और ट्रॉली निकाय के त्वरण की गणना करें। ट्रॉली और सतह के बीच गतिक घर्षण गुणांक 0.05 है। (दिया है, $g = 10$ मी/से^{2}, डोरी का द्रव्यमान नगण्य है तथा कोई अन्य घर्षण उपस्थित नहीं है) **NCERT पृष्ठ 61, NEET 2020**

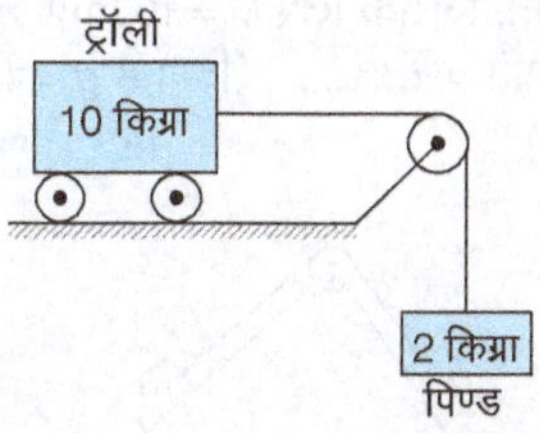

(a) 1.25 मी/से^{2}
(b) 1.50 मी/से^{2}
(c) 1.66 मी/से^{2}
(d) 1.00 मी/से^{2}

10 **v** वेग से गतिमान एक कण पर सदिश त्रिभुज PQR द्वारा दर्शाए गए तीन बल कार्य करते हैं। कण का वेग **NCERT पृष्ठ 58, NEET 2019**

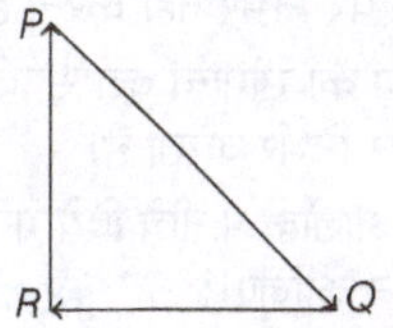

(a) घटेगा
(b) स्थिर रहेगा
(c) सबसे छोटे बल QR के अनुसार बदलेगा
(d) बढ़ेगा

11 वेग $(20\hat{i} + 25\hat{j} - 12\hat{k})$ से हवा में उड़ती हुई एक वस्तु अचानक दो टुकड़ों में टूट जाती है जिनके द्रव्यमान 1 : 5 के अनुपात में है। छोटा द्रव्यमान $(100\hat{i} + 35\hat{j} + 8\hat{k})$ वेग से उड़ता है। बड़े टुकड़े का वेग होगा **NCERT पृष्ठ 58, NEET 2019**

(a) $4\hat{i} + 23\hat{j} - 16\hat{k}$
(b) $-100\hat{i} - 35\hat{j} - 8\hat{k}$
(c) $20\hat{i} + 15\hat{j} - 80\hat{k}$
(d) $-20\hat{i} - 15\hat{j} - 80\hat{k}$

12 m द्रव्यमान का एक पिण्ड किसी खुरदरी क्षैतिज सतह (घर्षण गुणांक $= \mu$) पर रखा गया है। पिण्ड पर क्षैतिज बल लगाया जाता है, लेकिन यह गति नहीं करता है। अभिलम्ब प्रतिक्रिया और वस्तु पर लगने वाले घर्षण बल का परिणामी **F** है, **F** का मान है **NCERT पृष्ठ 61, NEET 2019**

(a) $|\mathbf{F}| = mg + \mu\, mg$
(b) $|\mathbf{F}| = \mu mg$
(c) $|\mathbf{F}| \le mg\sqrt{1+\mu^2}$
(d) $|\mathbf{F}| = mg$

JEE Main

13 दिये गये चित्र में दो आनत तलों पर क्रमशः M व m द्रव्यमान के दो गुटके रखे हैं। दोनों गुटके एक आदर्श पुली से गुजरने वाली हल्की डोरी से जुड़े हैं। तलों की सतहों व गुटकों के बीच घर्षण गुणांक 0.25 है। m का वह मान, जिसके लिए $M = 10$ किग्रा नीचे की ओर 2 मी/से^{2} के त्वरण से गति करे, ... (दिया है $g = 10$ मी/से^{2} तथा $\tan 37° = 3/4$) **NCERT पृष्ठ 61, JEE Main 2024**

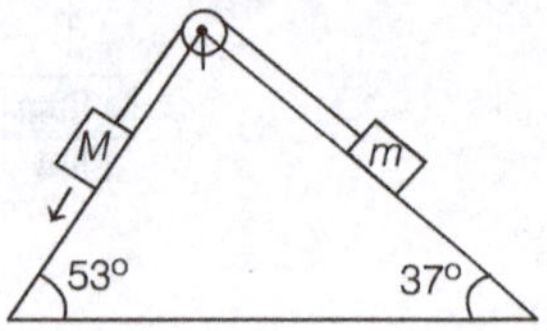

(a) 9 किग्रा (b) 4.5 किग्रा
(c) 2.25 किग्रा (d) 6.5 किग्रा

14 नीचे दो कथन दिये गये हैं

कथन I स्थैतिक घर्षण का सीमान्त बल, सम्पर्क के क्षेत्रफल पर निर्भर करता है तथा पदार्थों पर निर्भर नहीं करता है।

कथन II गतिज घर्षण का सीमान्त बल संपर्क क्षेत्रफल पर निर्भर नहीं करता तथा पदार्थों पर निर्भर करता है।

उपरोक्त कथनों के आलोक में नीचे दिये गये विकल्पों में से सबसे उचित उत्तर का चयन कीजिए। **NCERT पृष्ठ 60, JEE Main 2024**

(a) दोनों कथन I और कथन II सही नहीं हैं।
(b) कथन I सही है, लेकिन कथन II सही नहीं है।
(c) कथन I सही नहीं है, लेकिन कथन II सही है।
(d) दोनों कथन I और कथन II सही हैं।

15 200 ग्राम द्रव्यमान का एक पिण्ड 12.5 न्यूटन/मीटर स्थिरांक वाले स्प्रिंग से बँधा हुआ है, जबकि स्प्रिंग का दूसरा सिरा बिन्दु O पर स्थिर है। यदि पिण्ड 5 रेडियन/सेकण्ड की स्थिर कोणीय गति से एक चिकनी क्षैतिज सतह O के परितः घूर्णन करता है, तो स्प्रिंग में प्रसार का उसकी वास्तविक लम्बाई से अनुपात होगा **NCERT पृष्ठ 63, NEET Main 2023**

(a) 2 : 5 (b) 1 : 2 (c) 2 : 3 (d) 1 : 1

16 एक बैग को 2 मी/से की गति से चलने वाले कन्वेयर बेल्ट पर धीरे से गिराया जाता है। कन्वेयर बेल्ट और बैग के बीच घर्षण गुणांक 0.4 है। प्रारम्भ में, घर्षण के कारण रुकने से पहले बैग बेल्ट पर फिसलता है। फिसलने की गति के दौरान बेल्ट पर बैग द्वारा तय की गई दूरी है ($g = 10$ मी/से^{2}) **NCERT पृष्ठ 60, JEE Main 2023**

(a) 2 मी (b) 0.5 मी (c) 3.2 मी (d) 0.8 मी

17 m द्रव्यमान और L लम्बाई की एकसमान धातु की चेन एक द्रव्यमान रहित और घर्षण रहित घिरनी के ऊपर से गुजरती है। चेन विराम से छोड़ी जाती है, इसकी लम्बाई का एक भाग l एक तरफ लटका हुआ है और इसकी लम्बाई $L-l$ का अतिरिक्त भाग घिरनी के दूसरी तरफ लटका हुआ है। समय के एक निश्चित बिन्दु पर जब $l = \frac{L}{x}$ है, चेन का त्वरण $\frac{g}{2}$ है। x का मान ज्ञात कीजिए। **NCERT पृष्ठ 54, JEE Main 2022**

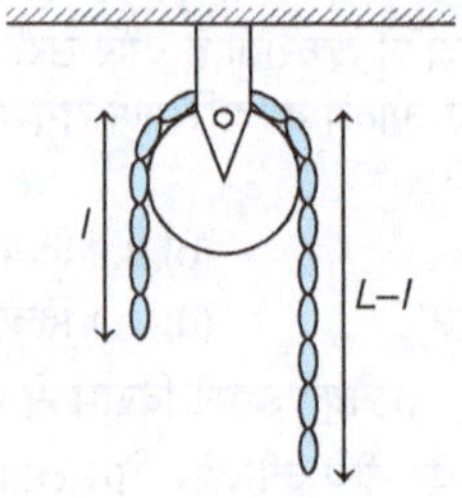

(a) 6 (b) 2 (c) 1.5 (d) 4

स्किल बूस्टर्स

1 m द्रव्यमान की एक बीड चित्र में दिखाए अनुसार परवलयकार पथ पर फिसल रही है। परवलय का समीकरण $x^2 = 4ay$ है। यदि बीड को $y = 6a$ से छोड़ा जाता है, तो इसके $y = a$ पर पहुँचने पर इसका त्वरण होगा (गति को घर्षण रहित मानिए)

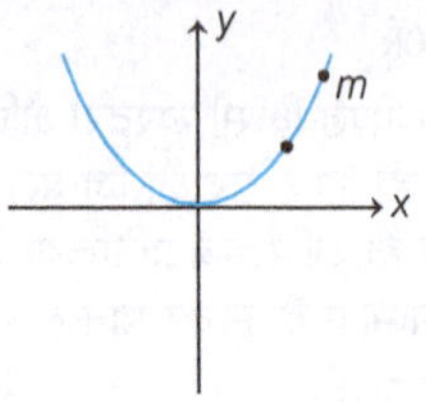

(a) $\frac{\sqrt{5}g}{2}$ (b) $\sqrt{2}g$
(c) g (d) $\frac{g}{\sqrt{2}}$

2 एक हल्की डोरी ABC हैं जिसके सिरे बिन्दु A और C पर स्थिर हैं। यदि चित्र में दिखाए अनुसार, बिन्दु B पर एक भार w जुड़ा है तथा रस्सी अधिकतम तनाव 100 न्यूटन को वहन करने के लिए पर्याप्त मजबूत है, तो प्रणाली के सन्तुलन के लिए w का अधिकतम मान है ($\cos 53° = 3/5$, लें)

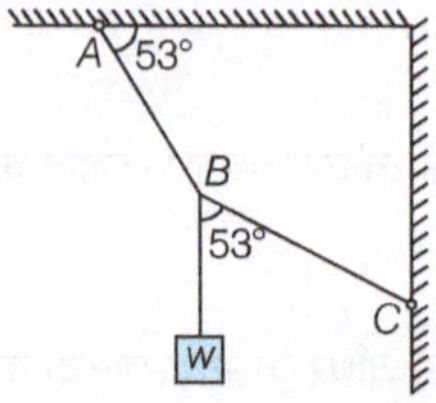

(a) 20 न्यूटन (b) 35 न्यूटन
(c) 50 न्यूटन (d) 44 न्यूटन

3 एक समय परिवर्तनशील बल, $F = 20\sqrt{2t}$, $t = 0$ पर किसी खुरदरी क्षैतिज सतह ($\mu = 0.2$) पर रखे 3 किग्रा ब्लॉक पर कार्य करता है। समय के उस क्षण का अनुपात जब ब्लॉक सतह को छोड़ता है और उस समय के क्षण का अनुपात जब क्षैतिज गति से शुरू होती है, होगा

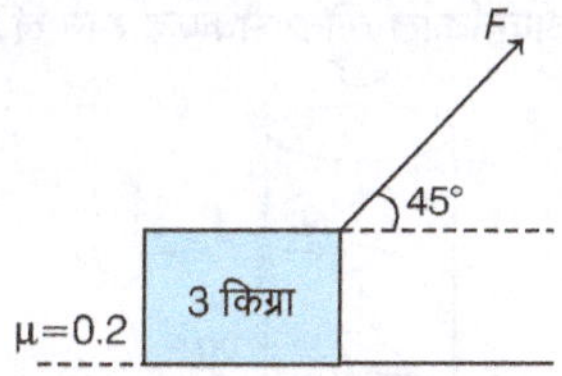

(a) 2 : 3 (b) 3 : 4 (c) 6 : 1 (d) 4 : 1

4 m द्रव्यमान का एक ब्लॉक समान द्रव्यमान m के वेज के ऊपर रखा है। ब्लॉक और वेज दोनों को एक स्थिर झुकाव वाले तल पर रखा जाता है। यदि सभी सतहों को घर्षणहीन माना जाए, तो एक सेकण्ड में धरातल के सापेक्ष ब्लॉक का विस्थापन होगा

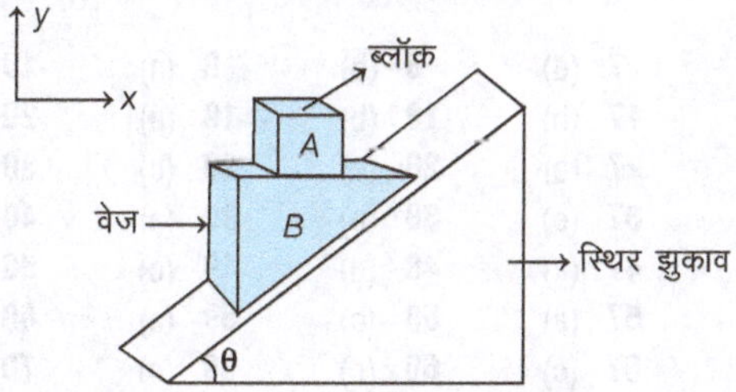

(a) $\dfrac{g\sin\theta}{1+\sin\theta}$ (b) $\dfrac{g\sin^2\theta}{1+\sin^2\theta}$

(c) $\dfrac{2g\sin^2\theta}{1+\sin\theta}$ (d) $\dfrac{2g\sin\theta}{1+\sin^2\theta}$

5 पुली P, 21 न्यूटन ब्लॉक को सन्तुलन में रखने के लिए पर्याप्त है, जैसा कि चित्र में दिखाया गया है। पुली आदर्श हैं। छत से जुड़ी केबल में तनाव है

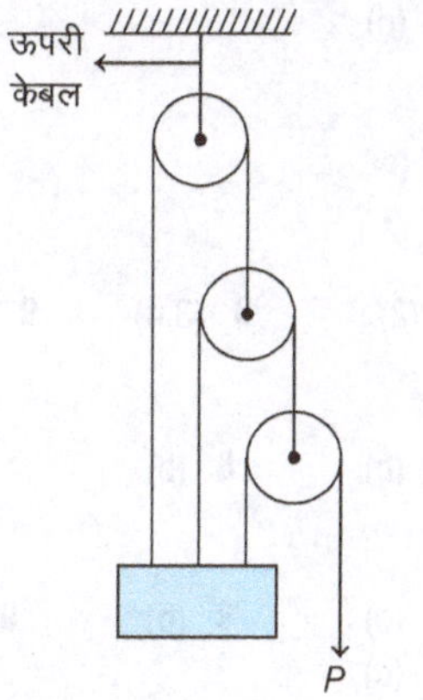

(a) 2 न्यूटन (b) 5 न्यूटन (c) 3 न्यूटन (d) 8 न्यूटन

6 दो समान ब्लॉक I और II जिनमें से प्रत्येक का द्रव्यमान 20 किग्रा है, एक-दूसरे से एक हल्की अविस्तारणीय डोरी द्वारा जुड़े हुए हैं, जैसा कि चित्र में दिखाया गया है और एक खुरदरी सतह पर रखे गए हैं। घिरनी ब्लॉक से जुड़ी हुई हैं। यदि ब्लॉक II पर $40t$ न्यूटन का परिवर्तनशील बल लगाया जाता है, तो एक सेकण्ड के बाद ब्लॉक का त्वरण होगा (यहाँ t सेकण्ड में है)

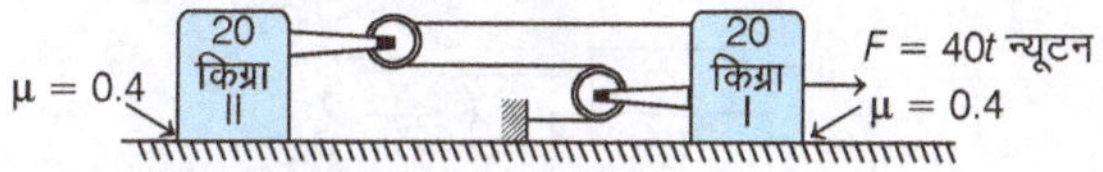

(a) $a_1 = \dfrac{3}{2}$ मी/से^{2}, $a_2 = \dfrac{6}{13}$ मी/से^{2}

(b) $a_1 = \dfrac{4}{13}$ मी/से^{2}, $a_2 = \dfrac{6}{13}$ मी/से^{2}

(c) $a_1 = \dfrac{6}{13}$ मी/से^{2}, $a_2 = \dfrac{8}{13}$ मी/से^{2}

(d) $a_1 = \dfrac{4}{13}$ मी/से^{2}, $a_2 = \dfrac{8}{13}$ मी/से^{2}

7 एक चेन एक वेज पर टिकी हुई है जिसके किनारे क्षैतिज के साथ 30° से 45° का कोण बनाते हैं, जैसा कि चित्र में दिखाया गया है। चेन का केन्द्रीय भाग वेज के ऊपरी सिरे पर स्थित है। वेज के सापेक्ष चेन के विस्थापन को रोकने के लिए वेज को क्षैतिज तल के साथ बाईं ओर किस त्वरण (मी/से^{2} में) से खींचा जाना चाहिए।

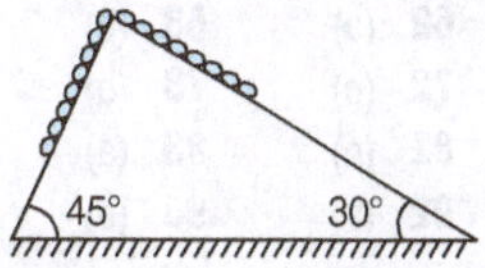

(a) $\dfrac{5(\sqrt{2}+1)}{\sqrt{3}+\sqrt{2}}$ (b) $\dfrac{5(\sqrt{2}-1)}{\sqrt{3}-\sqrt{2}}$

(c) $\dfrac{10(\sqrt{2}+\sqrt{3})}{(\sqrt{2}-1)}$ (d) $\dfrac{10(\sqrt{2}-1)}{\sqrt{3}+\sqrt{2}}$

8 एक बीड C पर क्षैतिज छड़ पर स्वतन्त्र रूप से घूम सकती है। बीड ब्लॉक B और D से एक रस्सी द्वारा जुड़ी है, जैसा कि चित्र में दिखाया गया है। ब्लॉक B और ब्लॉक D के वेगों का अनुपात है $\left(\cos 37° = \dfrac{4}{5}\right)$

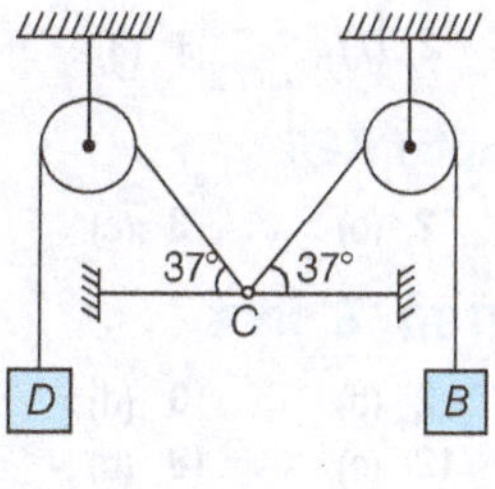

(a) $\dfrac{3}{4}$ (b) $\dfrac{4}{3}$ (c) $\dfrac{2}{3}$ (d) $\dfrac{3}{2}$

9 m द्रव्यमान का एक ब्लॉक $2m$ द्रव्यमान के एक ब्लॉक के ऊपर स्थित है जिसे एक मेज पर रखा गया है। सभी सतहों के बीच गतिक घर्षण का गुणांक $\mu = 1$ है। प्रत्येक द्रव्यमान से एक द्रव्यमान रहित रस्सी जुड़ी हुई है। चित्र में दिखाए अनुसार रस्सी को घिरनी के चारों ओर आधे भाग में लपेटा जाता है। माना घिरनी को आप $6\,mg$ के बल से खींचते हैं, तो आपके हाथ का त्वरण क्या है?

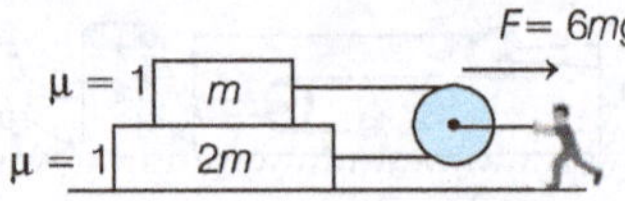

(a) $\frac{5g}{4}$ (b) $\frac{3g}{4}$
(c) $\frac{2g}{3}$ (d) $\frac{5g}{2}$

10 एक पिकनिक पार्क में, रोटर नामक एक उपकरण है, जहाँ लोग एक बड़े सिलेण्डर के अन्दर एक प्लेटफॉर्म पर खड़े होते हैं जो एक ऊर्ध्वाधर अक्ष के चारों ओर घूमता है। जब रोटर एक निश्चित कोणीय वेग तक पहुँच जाता है, तो प्लेटफॉर्म नीचे गिर जाता है। लोगों के नीचे न फिसलने के लिए घर्षण गुणांक का न्यूनतम मान है (त्रिज्या को 2 मी और आवर्तकाल को 2 सेकण्ड मान लें)

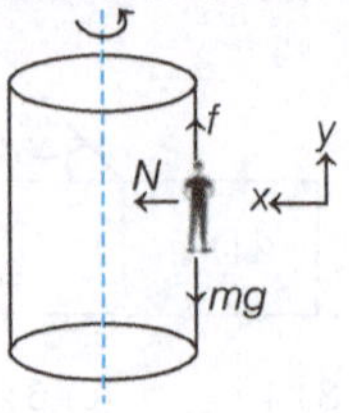

(a) 0.25 (b) 0.5 (c) 0.75 (d) 0.4

प्रश्न कुंजी

शीर्षकवार प्रश्न

1 (d)	2 (a)	3 (a)	4 (c)	5 (d)	6 (c)	7 (d)	8 (b)	9 (a)	10 (c)
11 (a)	12 (a)	13 (a)	14 (b)	15 (b)	16 (b)	17 (b)	18 (b)	19 (a)	20 (c)
21 (c)	22 (d)	23 (a)	24 (c)	25 (c)	26 (b)	27 (c)	28 (c)	29 (c)	30 (b)
31 (b)	32 (d)	33 (d)	34 (b)	35 (d)	36 (c)	37 (b)	38 (b)	39 (a)	40 (c)
41 (d)	42 (b)	43 (a)	44 (d)	45 (b)	46 (b)	47 (a)	48 (d)	49 (c)	50 (a)
51 (c)	52 (b)	53 (a)	54 (a)	55 (b)	56 (c)	57 (a)	58 (c)	59 (a)	60 (a)
61 (c)	62 (a)	63 (b)	64 (c)	65 (a)	66 (b)	67 (c)	68 (c)	69 (c)	70 (d)
71 (d)	72 (c)	73 (b)	74 (b)	75 (a)	76 (c)	77 (c)	78 (a)	79 (a)	80 (b)
81 (c)	82 (c)	83 (a)	84 (b)	85 (b)	86 (c)	87 (a)	88 (c)	89 (a)	90 (b)
91 (b)	92 (a)	93 (a)	94 (b)	95 (a)	96 (c)	97 (a)	98 (b)	99 (b)	

अभिकथन-कारण प्रश्न

1 (d)	2 (a)	3 (c)	4 (c)	5 (b)	6 (d)	7 (a)	8 (a)	9 (d)	10 (a)
11 (b)	12 (b)								

कथन आधारित प्रश्न

1 (d)	2 (d)	3 (c)	4 (b)	5 (b)	6 (c)	7 (d)

सुमेलन मान प्रकार प्रश्न

1 (c)	2 (b)	3 (c)	4 (b)

आंकिक मान प्रकार के प्रश्न

1 (4)	2 (7)	3 (3)	4 (1)	5 (12)	6 (16)	7 (2)	8 (3.4)	9 (173)	10 (20)

NCERT Exemplar प्रश्न

1 (c)	2 (b)	3 (c)	4 (d)	5 (c)	6 (a)	7 (b)	8 (b)

विगत परीक्षाओं के प्रश्न

1 (c)	2 (b)	3 (d)	4 (b)	5 (b)	6 (b)	7 (c)	8 (b)	9 (a)	10 (b)
11 (a)	12 (c)	13 (b)	14 (a)	15 (c)	16 (b)	17 (d)			

स्किल बूस्टर्स

1 (d)	2 (b)	3 (c)	4 (b)	5 (c)	6 (b)	7 (d)	8 (a)	9 (a)	10 (b)

क्रमवार

प्रश्नों का विश्लेषण

कॉन्सेप्ट बिल्डर्स

1 सत्य
2 असत्य
3 आंशिक
4 सत्य
5 असत्य
6 अधिक
7 असत्य
8 सत्य
9 शून्य
10 सत्य
11 असत्य
12 कोई परिवर्तन नहीं
13 सत्य
14 बल निकाय
15 असत्य
16 अनंत
17 असत्य
18 अन्दर की ओर
19 कोई परिवर्तन नहीं
20 अंदर

शीर्षकवार प्रश्न

6 **(c)** जब कोई कण एकसमान या नियत गति के साथ एक वृत्त में गति करता है, तो वह कण अपने ऊपर केन्द्र की ओर एक बाह्य बल का अनुभव करता है जिसे अभिकेन्द्र बल कहते हैं।

इसका अर्थ यह है कि बाह्य बल की अनुपस्थिति में कण वृत्त में एकसमान गति से नहीं घूम सकता है।

11 **(a)** यदि पृथ्वी द्वारा नीचे की ओर लगने वाला आकर्षण बल अचानक बन्द कर दिया जाए, तो ऊपर की ओर लगने वाला स्वतः समायोजित बल भी समाप्त हो जाएगा। जड़त्व के कारण व्यक्ति अपनी विरामावस्था में होने वाले परिवर्तन का विरोध करेगा। अतः व्यक्ति सदैव खड़ा रहेगा।

12 **(a)** एक बार जब अन्तरिक्ष यात्री अपने अन्तरिक्ष यान से बाहर निकल आता है, तो उस पर लगने वाला कुल बल शून्य हो जाता है। इसके कारण अन्तरिक्ष यात्री का कुल त्वरण भी शून्य हो जाता है।

13 **(a)** चूँकि, संवेग पिण्ड के द्रव्यमान के समानुपाती होता है। अतः बड़ी बॉल काँच के पात्र को अधिक संवेग संचारित करेगी तथा उसको तोड़ भी सकती है।

15 **(b)** रॉकेट के इंजन द्वारा लगाया गया बल

$$F = ma = 1.0 \times 10^4 \times 50$$
$$= 5 \times 10^5 \text{ न्यूटन}$$

16 **(b)** न्यूटन के द्वितीय नियम के अनुसार, लगाया गया बल, $F = \dfrac{dp}{dt}$

$$\Rightarrow \quad dp = F \cdot dt \text{ या } dp = kt \cdot dt$$

$$\int_p^{3p} dp = k\int_0^T t\,dt$$

$$\Rightarrow \quad [p]_p^{3p} = k\left[\frac{t^2}{2}\right]_0^T$$

$$\Rightarrow \quad (3p - p) = \frac{1}{2}k[T^2 - 0]$$

$$\Rightarrow \quad T = 2\sqrt{\frac{p}{k}}$$

17 **(b)** संवेग में परिवर्तन,

$$\Delta p = p_f - p_i \qquad \ldots(i)$$
$$\Delta p = F \cdot \Delta t \qquad \ldots(ii)$$

समीकरण (i) तथा (ii) से,

$$F \cdot \Delta t = p_f - p_i$$

$$\Rightarrow \quad 10 \times 0.25 = p_f - mv_i = p_f - 0.5 \times 0$$

$$\Rightarrow \quad p_f = 2.5 \text{ न्यूटन-सेकण्ड}$$

18 **(b)** न्यूटन के द्वितीय नियम के अनुसार,

$$F = n \cdot \left(\frac{\Delta p}{\Delta t}\right)$$

$$\Rightarrow \quad F = n\left(\frac{mv - 0}{\Delta t}\right)$$

$$\therefore \; 144 = n \times \frac{40 \times 10^{-3} \times 1200}{1} \Rightarrow n = 3$$

19 **(a)** धरती पर टकराने से पूर्व गेंद का वेग,

$$v_1^2 = u^2 + 2gh$$

$$\Rightarrow v_1 = \sqrt{2gh}$$

$$= \sqrt{2 \times 10 \times 20} = 20 \text{ मी/से}$$

$$\text{बल} = \frac{|\Delta p|}{\Delta t} = \frac{|mv_2 - mv_1|}{\Delta t}$$

$$= \frac{|m(v_2 - v_1)|}{\Delta t} = \frac{0.1 \times 40}{0.04}$$

$$= 100 \text{ न्यूटन}$$

20 **(c)** न्यूटन के द्वितीय नियम के अनुसार,

$$F = \frac{dp}{dt} = \frac{mdv}{dt} \qquad (\because p = mv)$$

$$\therefore \; (4t^2\,\hat{i} + 2t\,\hat{j}) = \frac{4dv}{dt}$$

$$\Rightarrow \quad \int_0^v dv = \frac{1}{4}\int_0^3 (4t^2\,\hat{i} + 2t\,\hat{j})dt$$

$$\Rightarrow \quad v = \frac{1}{4}\left[\frac{4t^3}{3}\hat{i} + \frac{2t^2}{2}\hat{j}\right]_0^3$$

$$\therefore \quad v = 9\hat{i} + 2.25\hat{j}$$

21 **(c)**

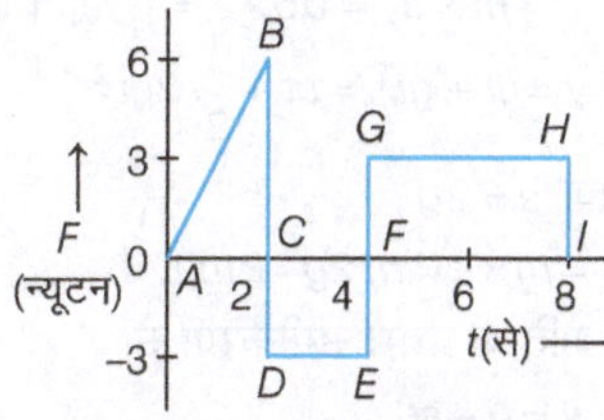

0 से 2 सेकण्ड के लिए संवेग में परिवर्तन,

$$\Delta p_1 = \frac{1}{2} \times 2 \times 6 = 6 \text{ किग्रा-मी/से}$$

2 से 4 सेकण्ड के लिए संवेग में परिवर्तन,

$$\Delta p_2 = 2 \times -3 = -6 \text{ किग्रा-मी/से}$$

4 से 8 सेकण्ड के लिए संवेग में परिवर्तन,

$$\Delta p_3 = \text{आयत का क्षेत्रफल}$$
$$= 4 \times 3 = 12 \text{ किग्रा-मी/से}$$

अतः 0 से 8 सेकण्ड के लिए कुल संवेग में परिवर्तन,

$$\Delta p_{\text{कुल}} = \Delta p_1 + \Delta p_2 + \Delta p_3$$
$$= 12 \text{ न्यूटन-सेकण्ड}$$

22 **(d)** किसी क्षण t पर रॉकेट का त्वरण,

$$a = \frac{v_r \dfrac{dm}{dt}}{M - t\dfrac{dm}{dt}}$$

$$\therefore \quad a = \frac{11000 \times 12}{8000 - 60 \times 12} \approx 18 \text{ मी/से}^2$$

23 **(a)** दिया है, प्रारम्भिक वेग

$$u = 3\hat{i} + 4\hat{j}$$

बल, $F = 2\hat{i} - 3\hat{j}$

$$u_x = 3 \text{ मी/से}$$
$$u_y = 4 \text{ मी/से}$$
$$F_x = 2 \text{ न्यूटन}, \; F_y = -3 \text{ न्यूटन}$$

$$a_x = \frac{F_x}{m} = \frac{2}{1} = 2 \text{ मी/से}^2 \qquad [\because F = ma]$$

$$a_y = \frac{F_y}{m} = \frac{-3}{1} = -3 \text{ मी/से}^2$$

$$s_x = u_x t + \frac{1}{2}a_x t^2 = 18 \text{ मीटर}$$

$$s_y = u_y t + \frac{1}{2}a_y t^2 = -1.5 \text{ मीटर}$$

अतः बिन्दु के x तथा y निर्देशांक $= (18, -1.5)$

24 ***(c)*** $(x-t)$ वक्र एक सरल रेखा है जिसका अर्थ है इसका त्वरण शून्य है तथा X-अक्ष के अनुदिश लगने वाला बल भी शून्य है।

कण का y-t वक्र वक्राकार है।

अतः $y = t^2$

$$a_y = \frac{d^2y}{dt^2} = 2$$

$\therefore$ Y-अक्ष के अनुदिश बल

$= m \times a_y = 0.5 \times 2 = 1$ न्यूटन

25 ***(c)*** $y = ut + gt^2 = ut + \frac{1}{2} \cdot 2gt^2$

त्वरण, $a = 2g$

बल $= m \times a = m \cdot 2g = 2mg$

26 ***(b)*** गति के प्रथम समीकरण से,

$v = u - at$

$0 = 90 - a \times 3 \Rightarrow a = 30$ मी/से²

$F = m \cdot a = 0.04 \times 30 = 12$ न्यूटन

27 ***(c)*** सेटेलाइट पर लगाया गया आवेग, संवेग में परिवर्तन के समतुल्य होता है।

अर्थात् $F \cdot t = m(v - u)$

$5 \times 10^5 \times 20 = 10^4 (v - 0)$

$\Rightarrow$ $v = 1000$ मी/से $= 1$ किमी/से

28 ***(c)*** जब $F = 0$, तो

$100 - 0.5 \times 10^5 t = 0$

$\Rightarrow$ $t = 2 \times 10^{-3}$ सेकण्ड

$\therefore$ आवेग, $I = \int F dt$

$$= \int_0^{2 \times 10^{-3}} (100 - 0.5 \times 10^5 t) dt$$

$$= \left[100t - 0.5 \times 10^5 \frac{t^2}{2}\right]_0^{2 \times 10^{-3}}$$

$= 0.1$ न्यूटन-सेकण्ड

29 ***(c)*** 0 से 4 सेकण्ड के लिए आवेग

= 0 से 4 सेकण्ड के दौरान वक्र का क्षेत्रफल

$$= \frac{\pi r^2}{2} = \frac{\pi (2)^2}{2} = 2\pi \text{ न्यूटन-सेकण्ड}$$

30 ***(b)*** प्रश्नानुसार,

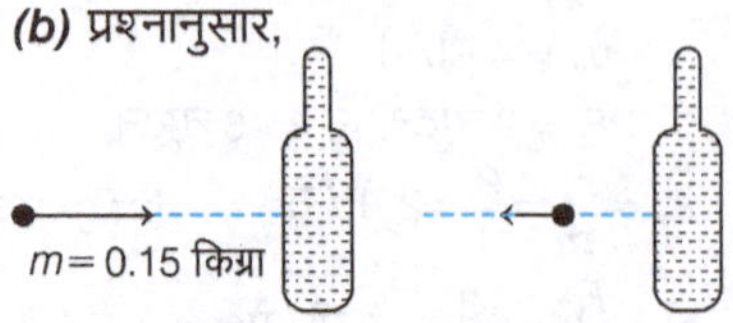

प्रारम्भिक संवेग $=$ $mv = 0.15 \times 12$ = दाएँ से 1.8 न्यूटन-सेकण्ड

अन्तिम संवेग $=$ $mv = 0.15 \times 12$ = बाएँ से 1.8 न्यूटन-सेकण्ड

आवेग = अन्तिम संवेग − प्रारम्भिक संवेग

= 3.6 न्यूटन-सेकण्ड बाईं ओर

34 ***(b)*** प्रश्नानुसार, 7वाँ सिक्का 5 अन्य सिक्कों के भार के नीचे है।

अतः 7वें सिक्के द्वारा 8वें सिक्के पर बल

= 8वें सिक्के के कारण 7वें सिक्के पर बल

= 5 सिक्कों का भार

$= 5mg = 5 \times 20 \times 10^{-3} \times 10 = 1$ न्यूटन

[$\because m = 20$ ग्राम $= 20 \times 10^{-3}$ किग्रा]

35 ***(d)*** बल में परिवर्तन $= 100(5 - 2.5)$

$= 250$ न्यूटन

37 ***(b)*** $f_{\text{आरोपित}}$ = गुरुत्वाकर्षण बल + त्वरण के कारण बल $= mg + ma = m(g + a)$

38 ***(b)*** रॉकेट पर प्रणोद बल,

$$f_t = v\left(\frac{-dm}{dt}\right) \text{ ऊपर की ओर}$$

रॉकेट पर कुल बल,

$f_{\text{कुल}} = f_t - w$

$$\Rightarrow ma = v\left(\frac{-dm}{dt}\right) - mg$$

$$\Rightarrow \left(\frac{-dm}{dt}\right) = \frac{m(g + a)}{v}$$

प्रति सेकण्ड निकलने वाली गैस की दर

$$= \frac{(6000)(10 + 20)}{900} = 200 \text{ किग्रा/से}$$

39 ***(a)*** प्रति सेकण्ड प्रवाहित जल का द्रव्यमान,

m = क्षेत्रफल × वेग × घनत्व

$= 10^{-3} \times 50 \times 1000 = 50$ किग्रा

जल के टकराव के कारण दीवारों पर लगने वाला बल,

$$F = m\left(\frac{v - u}{t}\right) = 50 \times \left(\frac{-50}{1}\right) = -2500$$

$|F| = 2500$ न्यूटन

40 ***(c)*** $F = m(a + g)$

$= (3 \times 10^3)(10 + 10)$

$= 6 \times 10^4$ न्यूटन

41 ***(d)*** पत्थर पर लगने वाला बल,

$F = ma \Rightarrow F = 2 \times 4 = 8$ न्यूटन

42 ***(b)*** (i) यात्री तथा सहायकों द्वारा फर्श पर लगाया गया बल

$= m(g + a) = 500(10 + 12)$

$= 11 \times 10^3$ न्यूटन

यह, ऊर्ध्वाधर रूप से नीचे की ओर कार्य करती है।

(ii) परिवेशी वायु पर हेलीकॉप्टर के रोटर द्वारा लगाई गई क्रिया $= (M + m)(g + a)$

$= (1500 + 500)(10 + 12)$

$= 44 \times 10^3$ न्यूटन

यह, ऊर्ध्वाधर रूप से नीचे की ओर कार्य करती है।

(iii) परिवेशी वायु के कारण हेलीकॉप्टर पर लगने वाला बल, हेलीकॉप्टर के रोटर की प्रतिक्रिया के समान तथा विपरीत होता है।

43 ***(a)*** गेंद के संवेग में परिवर्तन $= \mathbf{p}_f - \mathbf{p}_i$

$= (-p_{fx}\hat{\mathbf{i}} - p_{fy}\hat{\mathbf{j}}) - (p_{ix}\hat{\mathbf{i}} - p_{iy}\hat{\mathbf{j}})$

$= -\hat{\mathbf{i}}(+p_{fx} + p_{ix}) - \hat{\mathbf{j}}(p_{fy} - p_{iy})$

$= -2p_{ix}\hat{\mathbf{i}}$ [$\because p_{fy} - p_{iy} = 0$]

यहाँ, $p_{ix} = p_{fx} = p_i \cos 60° = \frac{Mv}{2}$

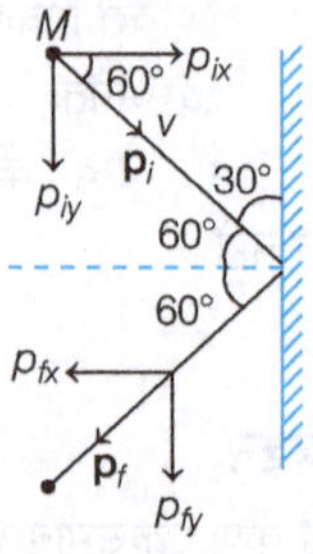

$\because$ गेंद द्वारा लगाया गया आवेग = गेंद के संवेग में परिवर्तन $= Mv$

45 ***(b)*** गेंद द्वारा धरातल पर पहुँचने में लिया गया समय,

$$t = \sqrt{\frac{2h}{g}} = \sqrt{\frac{2 \times 500}{10}} = 10 \text{ सेकण्ड}$$

तय की गई क्षैतिज दूरी $= ut$

$\therefore$ $400 = u \times 10$

$\Rightarrow$ $u = 40$ मी/से

प्रारम्भिक संवेग = अन्तिम संवेग

$0 = Mv + mu$

$$v = -\frac{mu}{M} = -\frac{(1)(40)}{100}$$

$= -0.4$ मी/से

46 ***(b)*** $m_1\mathbf{v}_1 + m_2\mathbf{v}_2 + \mathbf{p}_3 = 0$

चित्रानुसार,

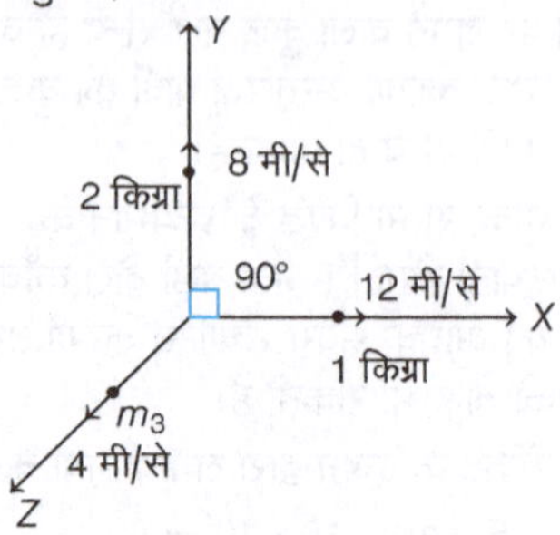

$\therefore$ $(1 \times 12\hat{\mathbf{i}}) + (2 \times 8\hat{\mathbf{j}}) + \mathbf{p}_3 = 0$

$\Rightarrow \quad \mathbf{p}_3 = -(12\hat{\mathbf{i}} + 16\hat{\mathbf{j}})$

$\therefore \quad p_3 = 20$ किग्रा-मी/से

अब $m_3 = \frac{p_3}{v_3} = \frac{20}{4} = 5$ किग्रा

47 *(a)* 200 किग्रा ट्रॉली का वेग = 10 मी/से

माना v' ट्रॉली के वेग का निरपेक्ष मान है तथा v_b यात्रा आरम्भ होने के पश्चात् बच्चे का निरपेक्ष वेग, अतः $v_b = (v' - 4)$

बच्चे के दौड़ को आरम्भ करने से पूर्व संवेग

$p = (200 + 20) \times 10$

$= 2200$ किग्रा-मी/से

बच्चे के दौड़ आरम्भ करने के पश्चात् संवेग

$= 200v' + 20(v' - 4) = 220v' - 80$

रेखीय संवेग संरक्षण के नियम से,

$2200 = 220v' - 80$

$\Rightarrow \quad v' = 10.36$ मी/से

49 *(c)* सन्तुलन की स्थिति में,

$(3\hat{\mathbf{i}} - 4\hat{\mathbf{j}}) + (2\hat{\mathbf{i}} - 3\hat{\mathbf{j}}) + \mathbf{F}_3 = 0$ (दिया है)

$\Rightarrow \quad \mathbf{F}_3 = -5\hat{\mathbf{i}} + 7\hat{\mathbf{j}}$

50 *(a)*

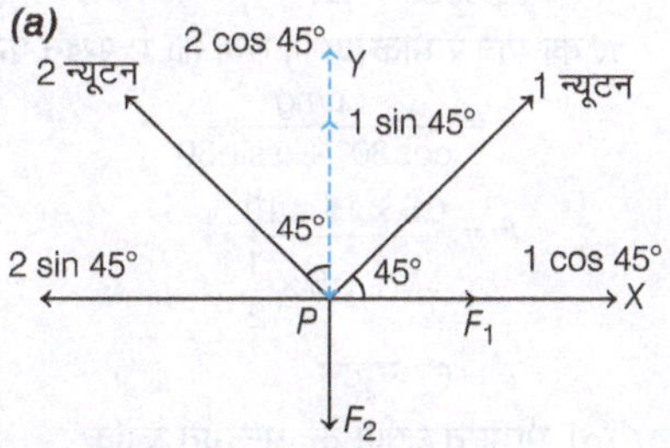

सन्तुलन में, $\Sigma F_x = 0$ तथा $\Sigma F_y = 0$

$\Rightarrow 2\cos 45° + \sin 45° = F_2$

तथा $2\sin 45° = F_1 + \cos 45°$

$\Rightarrow \quad F_1 \simeq 0.7$ न्यूटन तथा $F_2 \simeq 2.1$ न्यूटन

51 *(c)*

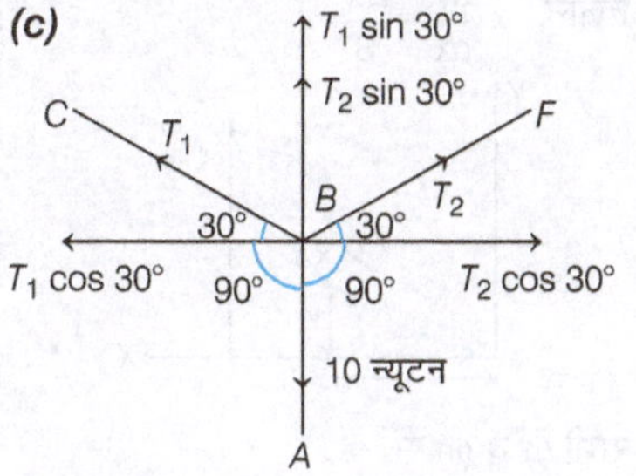

क्षैतिज दिशा के अनुदिश सन्तुलन,

$T_1 \cos 30° = T_2 \cos 30°$

माना $\quad T_1 = T_2 = T$

ऊर्ध्वाधर दिशा के अनुदिश सन्तुलन,

$T_1 \sin 30° + T_2 \sin 30° = 10$

$\Rightarrow \quad T = 10$ न्यूटन

52 *(b)*

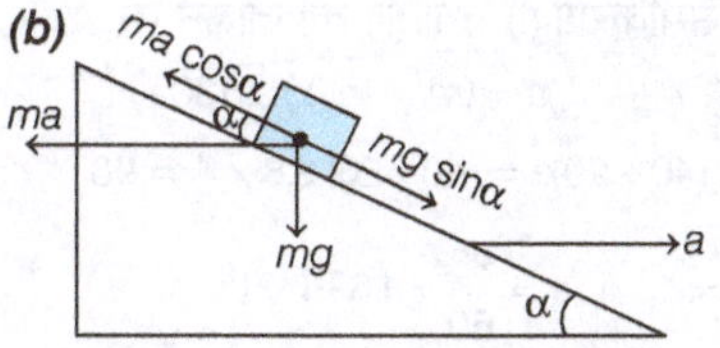

यदि ब्लॉक पर लगने वाले बल सन्तुलन में हैं,

तो $\quad ma\cos\alpha = mg\sin\alpha$

$\Rightarrow \quad a = g\tan\alpha$

54 *(a)* सन्तुलन के समीकरण से,

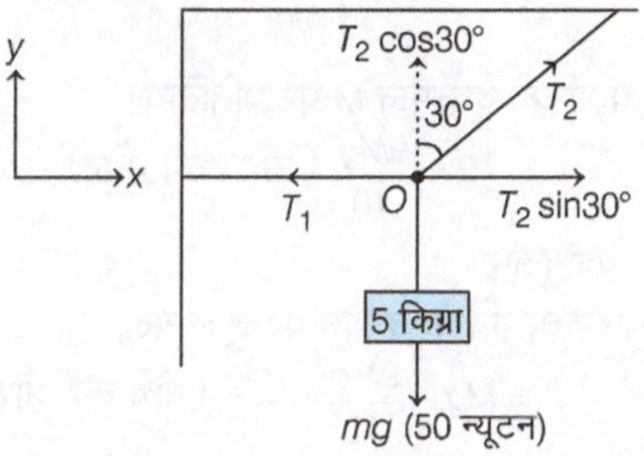

$\Sigma F_x \Rightarrow T_2 \sin 30° - T_1 = 0$

अतः $\quad T_1 = \frac{T_2}{2}$ ...(i)

$\Sigma F_y \Rightarrow T_2 \cos 30° - 50 = 0$

अतः $\quad T_2 = \frac{100}{\sqrt{3}}$ न्यूटन ...(ii)

समीकरण (i) से, $T_1 = \frac{50}{\sqrt{3}}$ न्यूटन

55 *(b)* P के ऊर्ध्वाधर सन्तुलन के लिए,

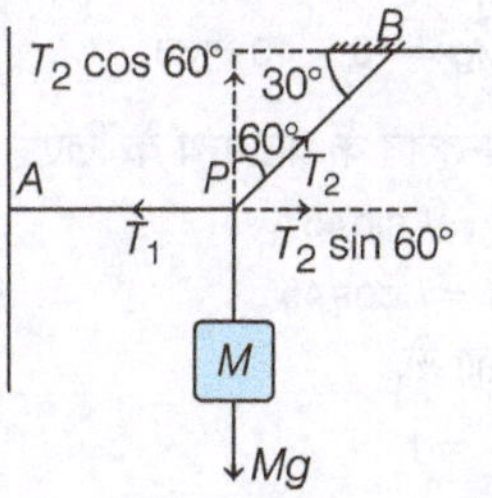

$T_2 \cos 60° = Mg$

अर्थात् $\quad T_2 = 2\,Mg$ ...(i)

P के क्षैतिज सन्तुलन के लिए

$T_1 = T_2 \sin 60° = T_2\,(\sqrt{3}/2)$ ...(ii)

समीकरण (i) से,

$T_1 = (2Mg) \times (\sqrt{3}/2) = \sqrt{3}\,Mg$

56 *(c)*

(a)

4 किग्रा के ब्लॉक का मुक्त पिण्ड आरेख चित्र (a) में प्रदर्शित किया गया है,

सन्तुलन में, $T_2 = 4g = 40$ न्यूटन

बिन्दु P का मुक्त पिण्ड आरेख चित्र (b) में दिखाया गया है,

$T_1 \sin\theta = 70$ न्यूटन ...(i)

$T_1 \cos\theta = T_2 = 40$ न्यूटन ...(ii)

समी (i) को (ii) से भाग देने पर,

$\theta \simeq 60°$

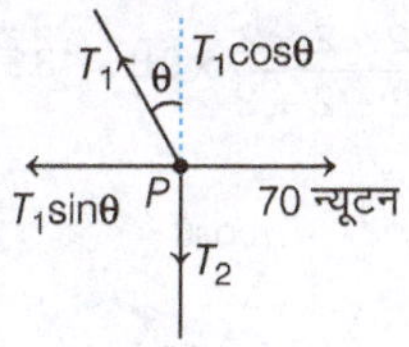

(b)

57 *(a)* $2g - T = 2a$ ...(i)

$T - g = a$ ...(ii)

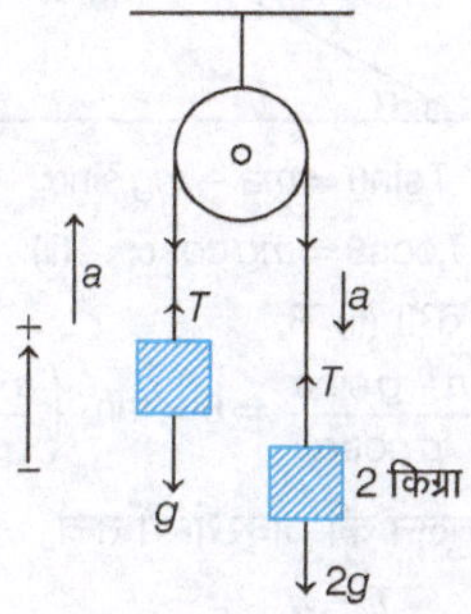

समी (i) तथा (ii) को जोड़ने पर,

$g = 3a \Rightarrow a = \frac{g}{3}$

द्रव्यमान केन्द्र का त्वरण

$= \frac{m_1 a_1 + m_2 a_2}{m_1 + m_2} = \frac{-g}{9}$

$s = ut + \frac{1}{2} a_{CM} t^2 = -\frac{20}{9}$ मी

58 *(c)*

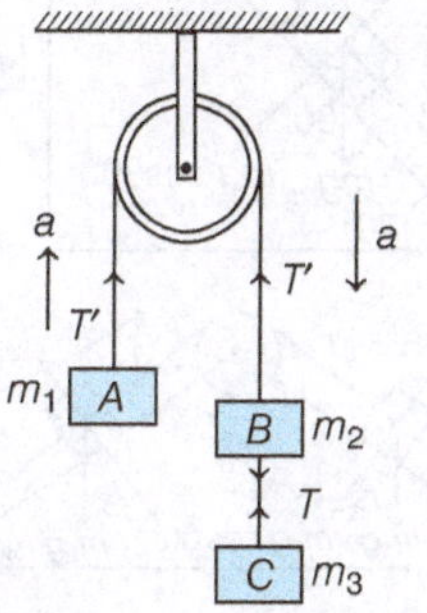

चित्रानुसार,

$(m_2 + m_3)g - T' = (m_2 + m_3)a$ ...(i)

तथा $\quad T' - m_1 g = m_1 a$ ...(ii)

समी (i) तथा (ii) को जोड़ने पर,

$$a=\left(\frac{m_2+m_3-m_1}{m_2+m_3+m_1}\right)g \quad \text{...(iii)}$$

B तथा C के मध्य,

$$m_3g-T=m_3a$$

$$\Rightarrow \quad T=m_3(g-a) \quad \text{...(iv)}$$

a का मान समीकरण (iii) तथा (iv) में रखने पर

$$T=\frac{2m_1m_3}{m_1+m_2+m_3}\times g$$

$$\Rightarrow \quad T=\frac{2\times2\times2}{2+2+2}\times 9.8=13.3 \text{ न्यूटन}$$

59 *(a)*

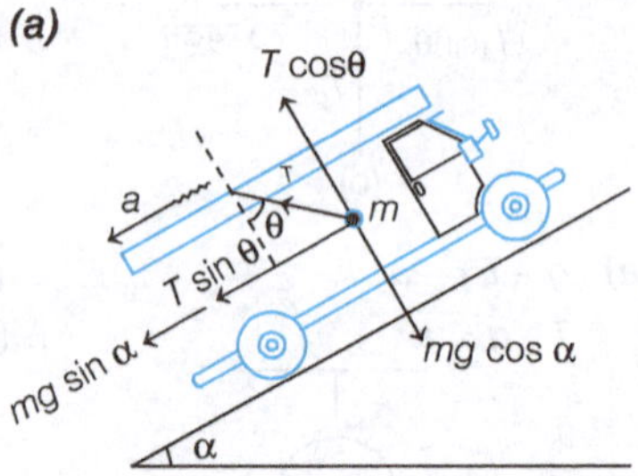

$$\Rightarrow \quad T\sin\theta=ma-mg\sin\alpha \quad \text{...(i)}$$

$$T\cos\theta=mg\cos\alpha \quad \text{...(ii)}$$

समी (i) तथा (ii) से,

$$\tan\theta=\frac{a-g\sin\alpha}{g\cos\alpha} \Rightarrow \theta=\tan^{-1}\left(\frac{a-g\sin\alpha}{g\cos\alpha}\right)$$

60 *(a)* सन्तुलन की अवस्था में तन्त्र,

$$\therefore \quad T=w \quad \text{...(i)}$$

तथा $\quad T=mg\sin 30° \quad$ ...(ii)

समीकरण (i) तथा (ii) से,

$$w=mg\sin30°=(50 \text{ न्यूटन})\times\frac{1}{2}=25 \text{ न्यूटन}$$

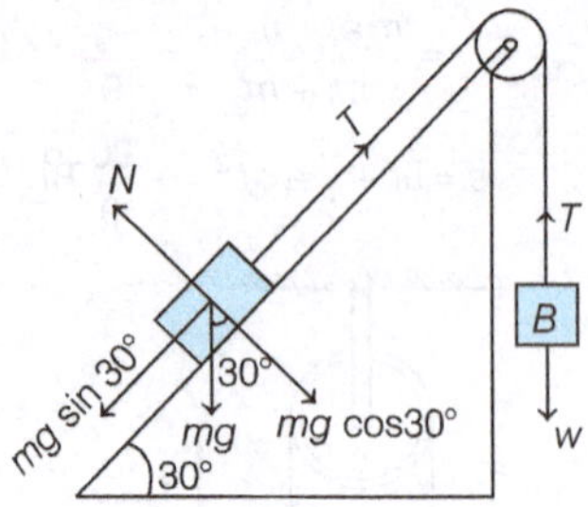

61 *(c)*

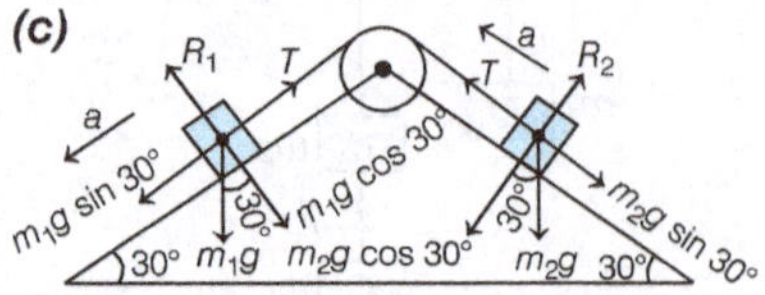

गति के समीकरण से,

$$m_1g\sin30°-T=m_1a \quad \text{...(i)}$$

$$T-m_2g\sin30°=m_2a \quad \text{...(ii)}$$

समीकरण (i) तथा (ii) को जोड़ने पर,

$$(m_1+m_2)a=(m_1-m_2)g\sin30°$$

$$(40+20)a=(40-20)\,9.8\times\frac{1}{2}=98$$

$$\Rightarrow \quad a=\frac{98}{60}=1.6 \text{ मी/से}^2$$

63 *(b)* न्यूटन के गति के तृतीय नियम के अनुसार,

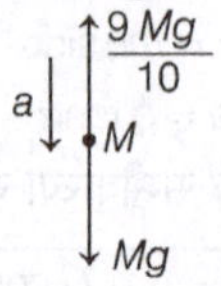

फर्श की द्रव्यमान M पर प्रतिक्रिया

$$=\frac{9Mg}{10} \text{ (ऊपर की ओर)}$$

चित्रानुसार,

M द्रव्यमान के केबिन पर कुल बल, $F_{\text{कुल}}$

$$=Mg-\frac{9Mg}{10}=\frac{Mg}{10} \text{ (नीचे की ओर)}$$

द्वितीय नियम के अनुसार,

$$\frac{Mg}{10}=Ma \Rightarrow a=\frac{g}{10}$$

64 *(c)* प्रणाली के मुक्त पिण्ड आरेख के अनुसार,

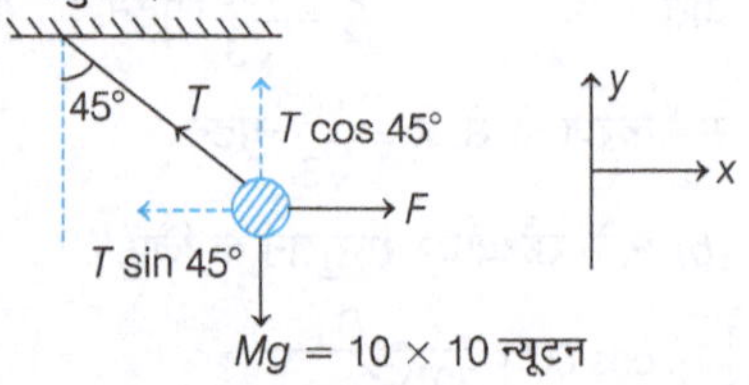

द्रव्यमान के सन्तुलन के प्रतिबन्ध के लिए

$$F=T\sin45° \quad \text{...(i)}$$

$$Mg=T\cos45° \quad \text{...(ii)}$$

समी (i) तथा (ii) से,

$$\frac{F}{Mg}=1$$

$$\Rightarrow \quad F=Mg=10\times10=100 \text{ न्यूटन}$$

66 *(b)* सर्पण से पूर्व ब्लॉक द्वारा प्राप्त सम्भव अधिकतम त्वरण $=\frac{f_s}{m}=\mu g$

$$=0.3\times10$$

$$=3 \text{ मी/से}$$

68 *(c)* बायीं ओर कार्यरत् सीमान्त घर्षण नीचे दिए गए चित्र में दर्शाया गया है

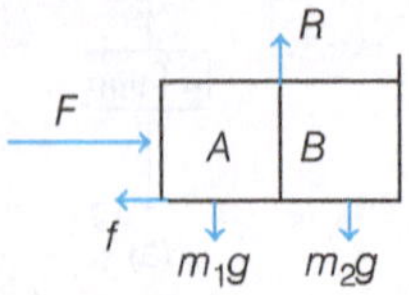

$$f=\mu R=22.5 \text{ न्यूटन}$$

$$[\because R=(m_1+m_2)g]$$

विभाजक के दायीं ओर कार्यरत् कुल बल

$$F'=F-f$$

$$=177.5 \text{ न्यूटन}$$

विभाजक की प्रतिक्रिया = 177.5 न्यूटन (बायीं ओर)

69 *(c)* मुक्त पिण्ड आरेख द्वारा,

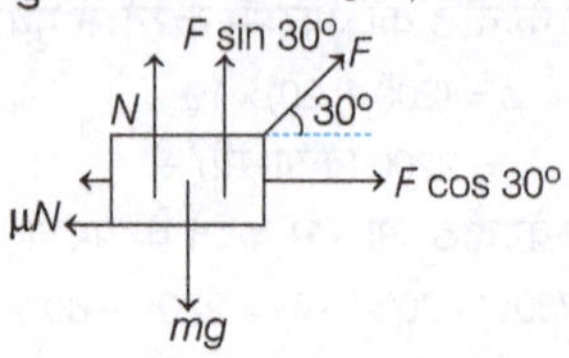

$$N+F\sin30°=mg$$

$$\Rightarrow \quad N=mg-F\sin30° \quad \text{...(i)}$$

$$F\cos30°-\mu N=ma_x$$

$\because$ चूँकि ब्लॉक सर्पण की स्थिति में है

$$a_x=0$$

$$F\cos30°=\mu N \quad \text{...(ii)}$$

N का मान समीकरण (i) तथा (ii) में रखने पर,

$$F=\frac{\mu mg}{\cos30°+\mu\sin30°}$$

$$F=\frac{0.5\times15\times10}{\frac{\sqrt{3}}{2}+0.5\times\frac{1}{2}}$$

$$F=67 \text{ न्यूटन}$$

70 *(d)* सीमान्त घर्षण के अन्तर्गत ब्लॉक,

$$\mu=\tan\theta \quad \text{...(i)}$$

पृष्ठ का समीकरण,

$$y=\frac{x^2}{3}$$

ढलान, $\quad \frac{dy}{dx}=\frac{2x}{3} \quad$ ...(ii)

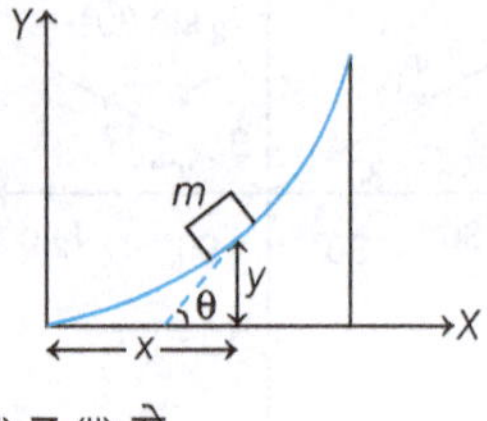

समी (i) व (ii) से,

$$\mu=\frac{2x}{3}$$

$$\Rightarrow \quad x=\frac{3}{4}$$

अतः $\quad y=\frac{3}{16}$ मी

71 *(d)*

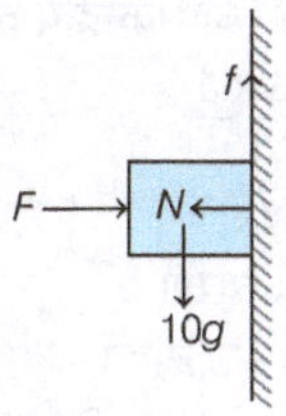

घर्षण गुणांक $\mu = 0.2$ ब्लॉक नीचे नहीं गिरेगा।

$$f = 10g$$
$$\mu N = 10g \qquad (\because f = \mu N)$$
$$\mu F = 10g \qquad (\because N = F)$$
$$F = \frac{10g}{\mu}$$
$$\Rightarrow \quad F = \frac{10 \times 10}{02} \qquad (\because \mu = 02)$$
$$\therefore \quad F = 500 \text{ न्यूटन}$$

72 *(c)* A पर कार्यरत् बल $= \mu m_A g = 10$ न्यूटन

B पर कार्यरत बल $= \mu m_B g = 20$ न्यूटन

चूँकि दो ब्लॉक मिलकर एक ब्लॉक बनाते हैं।

अतः ब्लॉक पर कुल बल

$$F = 150 - 10 - 20 = 120 \text{ न्यूटन}$$

माना a प्रणाली का उभयनिष्ठ त्वरण है।

$$\therefore \quad a = \frac{120}{5+10} = 8 \text{ मी/से}^2$$

73 *(b)* सर्पी घर्षण का घर्षण गुणांक, $\mu_S = \frac{N}{F_{\text{सर्पी}}}$

अतः घर्षण गुणांक (μ_S) की कोई विमा नहीं होती है।

74 *(b)* वेज (Wedge) के लिए मुक्त पिण्ड आरेख,

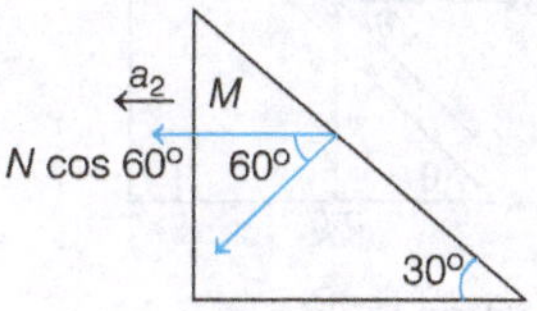

$$N\cos 60° = Ma_2$$
$$\Rightarrow \quad N = 32a_2$$

अब, वेज के सापेक्ष ब्लॉक का मुक्त हस्त आरेख,

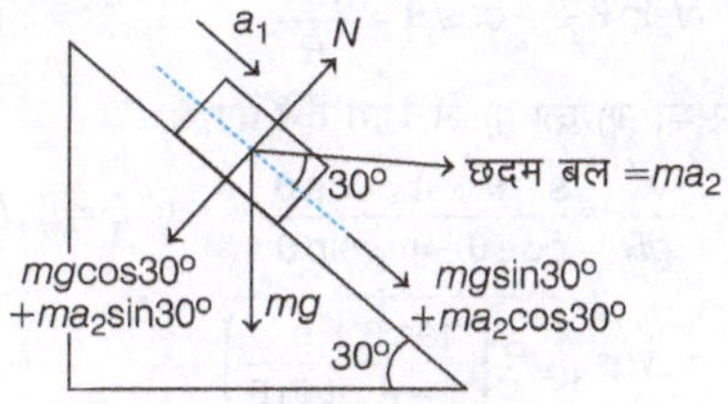

आनत तल के लम्बवत् प्रतिक्रिया,

$$N = 8g\cos 30° - 8a_2 \sin 30°$$

$$\Rightarrow \quad a_2 = \frac{\sqrt{3}}{9}g$$

आनत तल के अनुदिश प्रतिक्रिया,

$$mg\sin 30° + ma_2\cos 30° = ma_1$$
$$\Rightarrow \quad a_1 = \frac{2g}{3}$$
$$\because \text{ अनुपात, } \frac{a_1}{a_2} = \frac{(2g/3)}{(\sqrt{3}/9)g} = 2\sqrt{3}$$

75 *(a)* दिया है, $T = 320$ न्यूटन

बन्दर का त्वरण, $a = 2$ मी/से^{2}

$$R = m(g + a) = 30(10 + 2) = 360 \text{ न्यूटन}$$
$$\therefore R > T$$

अतः रस्सी टूट जाएगी।

76 *(c)* चित्रानुसार, ब्लॉक पर लगे बल

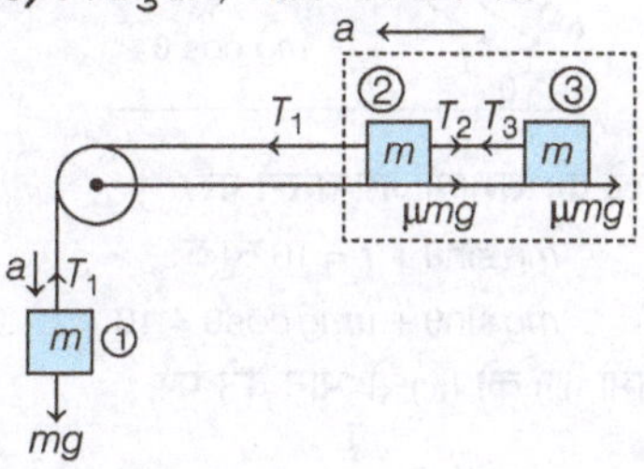

प्रथम ब्लॉक के लिए,

$$mg - T_1 = m \times a \qquad \ldots\text{(i)}$$

दूसरे तथा तीसरे ब्लॉक को एक प्रणाली मानने पर,

अतः $\quad T_1 - 2\,\mu mg = 2m \times a$

...(ii)

समी (i) व (ii) से,

$$mg(1 - 2\mu) = 3m \times a$$
$$\Rightarrow \quad a = \frac{g}{3}(1 - 2\mu)$$

77 *(c)*

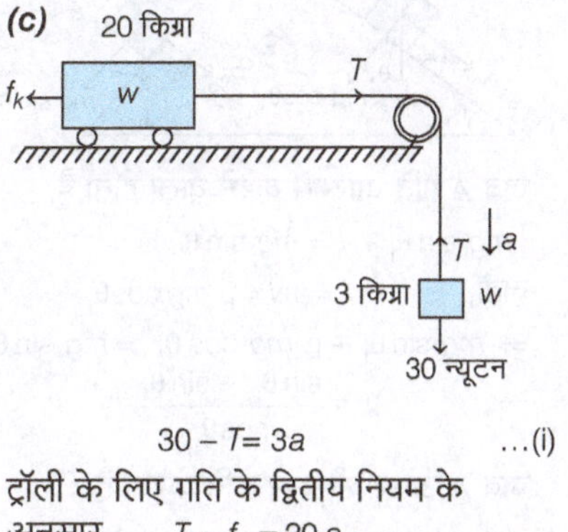

$$30 - T = 3a \qquad \ldots\text{(i)}$$

ट्रॉली के लिए गति के द्वितीय नियम के अनुसार, $\quad T - f_k = 20\,a$

$$f_k = \mu_k N = 0.04 \times 200$$

अतः ट्रॉली के लिए गति का समीकरण,

$$T - 0.04 \times 200 = 20a$$
$$\Rightarrow \quad T - 8 = 20a \qquad \ldots\text{(ii)}$$

समी (i) तथा (ii) को जोड़ने पर

$$a = \frac{22}{23} \text{ मी/से}^2 = 0.96 \text{ मी/से}^2$$

a का मान समी (i) में रखने पर,

$$T = 30 - 3(0.96) = 27.1 \text{ न्यूटन}$$

78 *(a)* मुक्त पिण्ड आरेख के अनुसार,

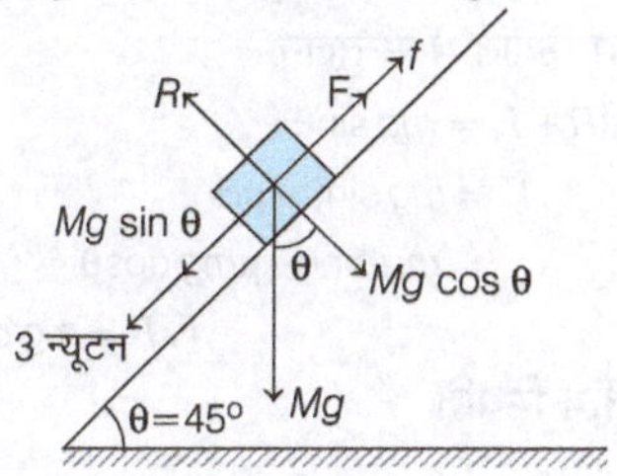

$$3 + Mg\sin\theta = F + f$$
$$\Rightarrow 3 + Mg\sin\theta = F + \mu R \qquad \ldots\text{(i)}$$

इसी प्रकार,

$$Mg\cos\theta = R \qquad \ldots\text{(ii)}$$

R का मान समीकरण (i) तथा (ii) में रखने पर,

$$3 + Mg\sin\theta = F + \mu(Mg\cos\theta) \qquad \ldots\text{(iii)}$$
$$3 + (10 \times 10\sin 45°)$$
$$-(0.6 \times 10 \times 10\cos 45°) = F$$
$$\Rightarrow \quad F \simeq 32 \text{ न्यूटन}$$

79 *(a)*

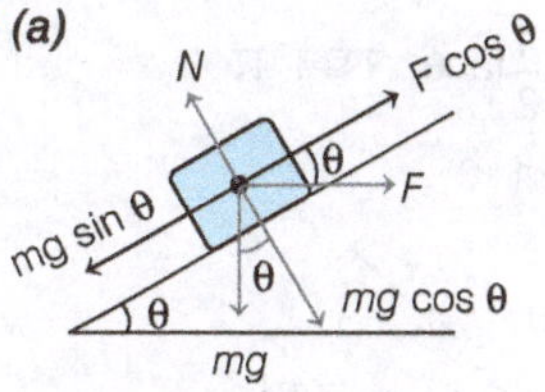

$$F\cos\theta = mg\sin\theta \;\Rightarrow\; F = \frac{80}{\sqrt{3}}$$

80 *(b)*

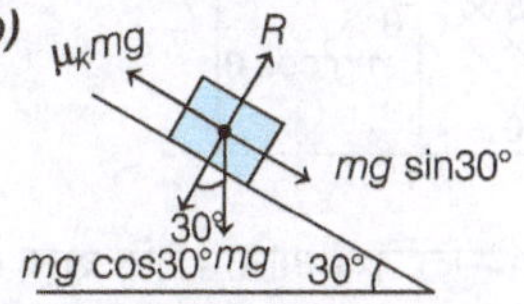

स्थैतिक घर्षण का गुणांक,

$$\mu_s = \tan 30° = \frac{1}{\sqrt{3}} = 0.6$$
$$\Rightarrow \quad a = \frac{4}{8} = 0.5 \text{ मी/से}^2$$

चित्रानुसार, ब्लॉक की गति के लिए,

$$ma = mg\sin 30° - \mu_k mg$$
$$\Rightarrow \quad a = g\sin 30° - \mu_k g$$
$$0.5 = 10 \times \frac{1}{2} - \mu_k \times 10$$
$$\Rightarrow \quad \mu_k = \frac{5 - 0.5}{10} = 0.45 \simeq 0.5$$

81 *(c)* **प्रथम स्थिति**

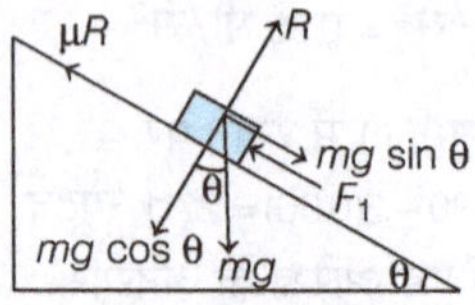

प्रथम स्थिति में सन्तुलन,

$$\mu R + F_1 = mg\sin\theta$$

$$F_1 = mg\sin\theta - \mu R$$

$$= mg\sin\theta - \mu mg\cos\theta$$

$$[\because R = mg\cos\theta]$$

द्वितीय स्थिति

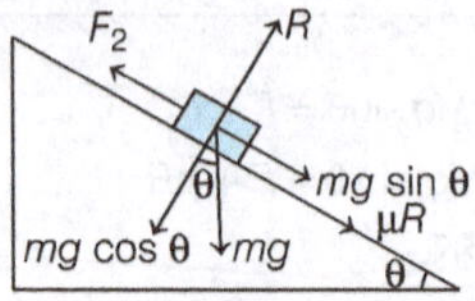

इसी प्रकार द्वितीय स्थिति में सन्तुलन,

$$F_2 = \mu R + mg\sin\theta$$

$$= \mu mg\cos\theta + mg\sin\theta$$

$$[\because R = mg\cos\theta]$$

$$\because \quad \frac{F_1}{F_2} = \frac{\sin\theta - \mu\cos\theta}{\sin\theta + \mu\cos\theta}$$

$\mu = \frac{1}{2}\tan\theta$ रखने पर,

$$F_1 : F_2 = 1 : 3$$

82 *(c)*

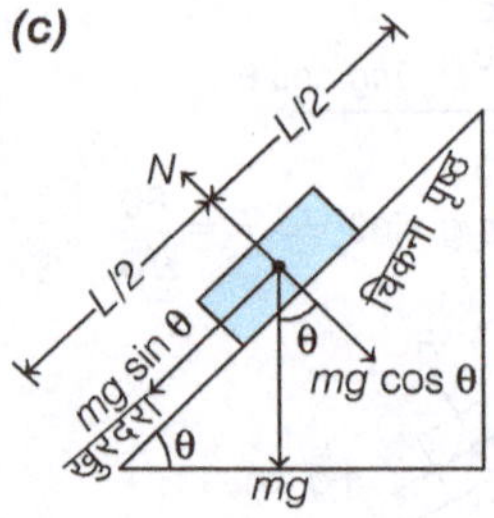

चूँकि, प्रारम्भिक तथा अन्तिम गति शून्य है अतः

गुरुत्वीय बल द्वारा किया गया कार्य

$$f_g \cdot L = f_f \cdot \frac{L}{2} \quad \ldots \text{(i)}$$

(चूंकि, निचले भाग में घर्षण है)

$$f_g = mg\sin\theta$$

तथा $f_f = \mu N = \mu mg\cos\theta$

उपरोक्त मान समीकरण (ii) में रखने पर,

$$\Rightarrow \quad \mu = 2\tan\theta$$

84 *(b)*

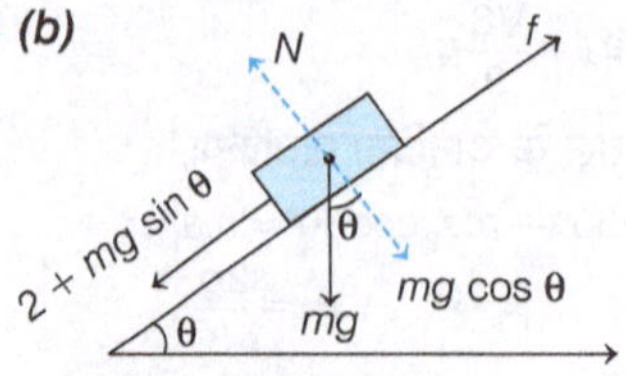

बलों को समायोजित करने पर,

$$2 + mg\sin\theta = f$$

$$\text{या } 2 + mg\sin\theta = \mu\, mg\cos\theta \quad \ldots \text{(i)}$$

इसी प्रकार,

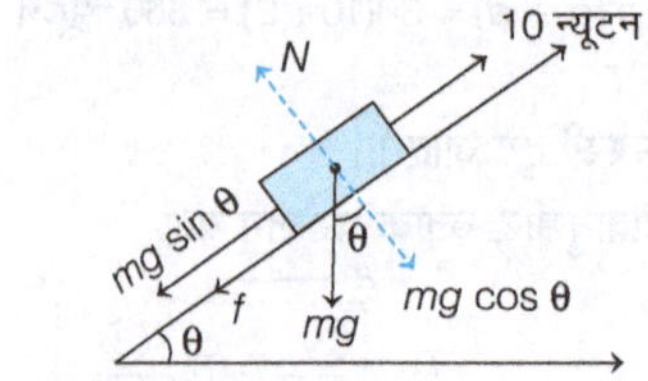

बलों को समायोजित करने पर,

$$mg\sin\theta + f = 10 \text{ न्यूटन}$$

$$\text{या} \quad mg\sin\theta + \mu mg\cos\theta = 10 \quad \ldots \text{(ii)}$$

समी (iii) को (iv) से भाग देने पर,

$$\mu = \frac{\sqrt{3}}{2}$$

85 *(b)* गति को रोकने के लिए,

$$\Rightarrow \quad m_1 g \le \mu(m_2 + m)g$$

$$\Rightarrow 5 \times 10 \le 0.15(10 + m) \times 10$$

$$\Rightarrow \quad m \ge 23.33 \text{ किग्रा} \approx 23.3 \text{ किग्रा}$$

अतः $m_{\text{न्यूनतम}} = 23.3$ किग्रा

86 *(c)* माना A तल पर ऊपर की ओर तथा B नीचे की ओर चित्रानुसार गति करता है,

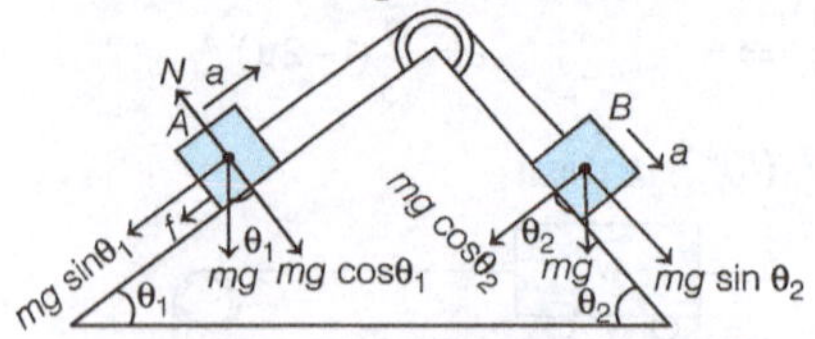

जब A गति आरम्भ करने वाला होता है,

$$mg\sin\theta_1 + f = mg\sin\theta_2$$

जहाँ, $f = \mu N = \mu\, mg\cos\theta_1$

$$\Rightarrow mg\sin\theta_1 + \mu\, mg\cos\theta_1 = mg\sin\theta_2$$

$$\Rightarrow \quad \mu = \frac{\sin\theta_2 - \sin\theta_1}{\cos\theta_1}$$

जब A ऊपर की ओर गति करता है,

$$f = mg\sin\theta_2 - mg\sin\theta_1 > 0$$

$$\Rightarrow \sin\theta_2 > \sin\theta_1 \Rightarrow \theta_2 > \theta_1$$

87 *(a)* त्रिज्य त्वरण (अभिकेन्द्रीय त्वरण)

$$= \frac{v^2}{r} = \frac{5 \times 5}{10}$$

$$= 2.5 \text{ मी/से}^2$$

बल = द्रव्यमान × त्वरण

$$= 2 \times 2.5 = 5 \text{ न्यूटन}$$

88 *(c)* स्पर्शी त्वरण, $a_t = 2$ मी/से^{2}

⇒ त्रिज्य त्वरण,

$$a_r = \frac{v^2}{r} = \frac{(5)^2}{10} = 2.5 \text{ मी/से}^2$$

कुल त्वरण,

$$a = \sqrt{a_r^2 + a_t^2} = 3.2 \text{ मी/से}^2$$

89 *(a)* दी गई स्थिति को नीचे चित्र में दर्शाया गया है

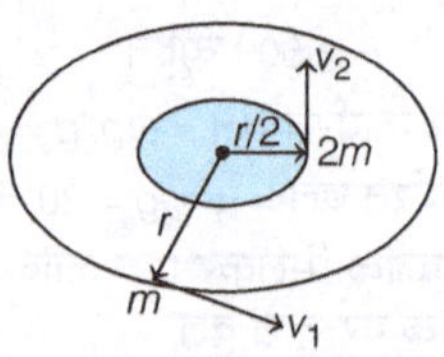

चूँकि, हल्के पत्थर की स्पर्शी गति भारी पत्थर से n गुना है, तो ये समान अभिकेन्द्रीय त्वरण का अनुभव करते हैं

$$(F_C)_{\text{भारी}} = (F_C)_{\text{हल्का}}$$

$$\Rightarrow \quad \frac{2m(v)^2}{(r/2)} = \frac{m(nv)^2}{r}$$

$$\Rightarrow \quad n = 2$$

92 *(a)*

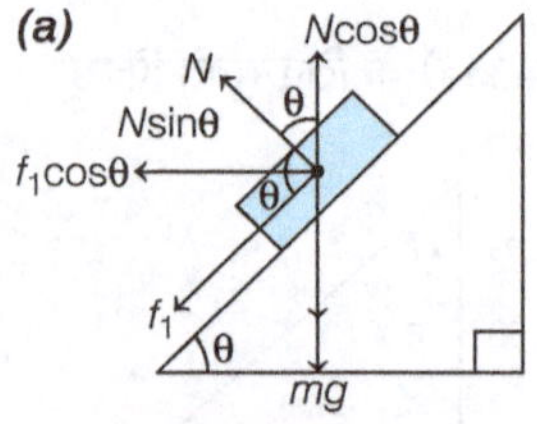

ऊर्ध्वाधर की स्थिति,

$$N\cos\theta = mg + f_1\sin\theta$$

$$\Rightarrow \quad mg = N\cos\theta - f_1\sin\theta \quad \ldots \text{(i)}$$

क्षैतिज सन्तुलन की स्थिति,

$$N\sin\theta + f_1\cos\theta = \frac{mv^2}{R} \quad \ldots \text{(ii)}$$

समी (ii) को (i) से भाग देने पर,

$$\frac{v^2}{gR} = \frac{\sin\theta + \mu_s\cos\theta}{\cos\theta - \mu_s\sin\theta} \quad (\because f_1 = \mu_s N)$$

$$\Rightarrow v = \sqrt{gR\left(\frac{\tan\theta + \mu_s}{1 - \mu_s\tan\theta}\right)}$$

93 *(a)* अभिकेन्द्र बल

$$= \frac{mv^2}{r} = \frac{50 \times 10 \times 10}{20} = 250 \text{ न्यूटन}$$

मोड़ को पार करने के लिए आवश्यक घर्षण बल $= \mu mg = 0.6 \times 50 \times 10$

$= 300$ न्यूटन

चूँकि, अभिकेन्द्र बल से घर्षण बल का मान अधिक है अतः चालक मोड़ को पार करने में सफल होगा।

94 *(b)* चूँकि, $T_{\text{अधिक}} = \dfrac{mv^2_{\text{अधिक}}}{r}$

$\Rightarrow \quad v_{\text{अधिक}} = 50$ मी/से

95 *(a)* दिया है, $\nu = 26\frac{1}{2}$ rpm $= \frac{53}{120}$ rps

$\omega = 2\pi\nu = 2.77$ रेडियन/सेकण्ड

सिक्का, डिस्क के साथ घूर्णन करेगा, यदि

$$\frac{mv^2}{r} \le \mu mg$$

$$m\omega^2 r \le \mu mg$$

दिए गए μ तथा ω के लिए,

$$r \le \frac{\mu g}{\omega^2}$$

$$\frac{\mu g}{\omega^2} = \frac{02 \times 10}{(2.77)^2} \approx 25.9 \text{ सेमी}$$

A सिक्के के लिए, $r = 4$ सेमी

चूँकि उपरोक्त प्रतिबन्ध सन्तुष्ट होता है अतः सिक्का *A* वलय के साथ घूर्णन करेगा।

सिक्के *B* के लिए, $r = 28$ सेमी है। इस स्थिति में उपरोक्त प्रतिबन्ध सन्तुष्ट नहीं होता है। अतः सिक्का *B* घूर्णन नहीं करेगा।

96 *(c)*

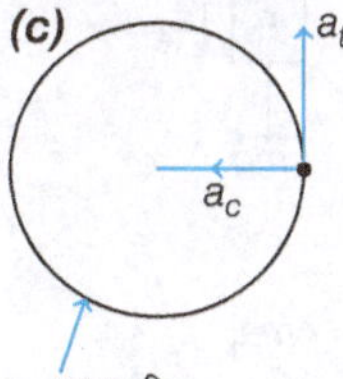

दिया है, स्पर्शी त्वरण का परिमाण

= अभिकेन्द्रीय त्वरण का परिमाण

$$\Rightarrow \quad \frac{dv}{dt} = \frac{v^2}{r} \Rightarrow \frac{dv}{ds}.v = \frac{v^2}{r}$$

$$\Rightarrow \int_{u=15}^{v} \frac{dv}{v} = \frac{1}{r}\int_0^s ds$$

$$\Rightarrow \quad [\ln v]_{15}^{v} = \frac{s}{r}$$

$$\Rightarrow \quad v = 15e^{s/r}$$

$$\Rightarrow \quad \frac{ds}{dt} = 15e^{s/r}$$

$$\Rightarrow \int_0^{\pi r/2} e^{-s/r} ds = 15\int_0^{t_0} dt$$

$$\Rightarrow t_0 = \frac{r}{15}(1 - e^{-\pi/2}) = \frac{300}{15}(1 - e^{-\pi/2})$$

$$\Rightarrow t_0 = 20(1 - e^{-\pi/2}) = t\,(1 - e^{-\pi/2})$$

(दिया है)

$\because \quad t = 20$ से

97 *(a)* मोड़ का कोण,

$$\tan\theta = \frac{v^2}{rg}$$

$$\tan 45° = \frac{v^2}{40 \times 10} \Rightarrow v = 20 \text{ मी/से}$$

98 *(b)* प्रश्नानुसार,

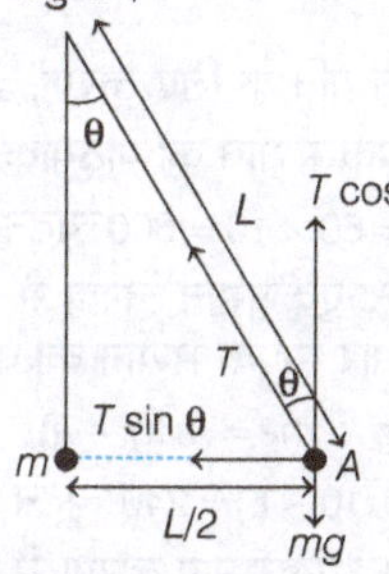

चित्रानुसार,

$$\tan\theta = v^2 / rg$$

$$\Rightarrow \quad v = \sqrt{rg\tan\theta} \quad \text{...(i)}$$

इसी प्रकार, $\sin\theta = \dfrac{L/2}{L} = \dfrac{1}{2}$

$\Rightarrow \quad \theta = 30°$

समी (i) से,

$$v = \sqrt{rg\tan 30°} = \sqrt{\frac{rg}{\sqrt{3}}}$$

99 *(b)* अधिकतम गति,

$$v_o = \sqrt{gR\tan\theta} = 28.1 \text{ मी/से}$$

$$\text{तथा } v_{\text{अधिक}} = \sqrt{\frac{gR(\mu_s + \tan 15°)}{1 - \mu_s \tan 15°}}$$

$$= \sqrt{\frac{9.8 \times 300(02 + 027)}{1 - 02(027)}}$$

$$= 38.1 \text{ मी/से}$$

अभिकथन-कारण प्रश्न

1 *(d)* किसी वस्तु पर बल लगाते समय यह सदैव आवश्यक नहीं है कि बल की बाह्य प्रणाली वस्तु के सम्पर्क में हो।

बल किसी वस्तु/कण पर बिना सम्पर्क के या सम्पर्क में लगाया जा सकता है, यह बल लगाने वाली प्रणाली पर निर्भर करता है। पृथ्वी वस्तु को दूरी से खींचती (बल लगाती) है।

3 *(c)* वेग शून्य ($v = 0$) होने पर एक स्थिर वस्तु में भी कुछ त्वरण हो सकता है, उदाहरण के लिए जब किसी वस्तु को ऊपर की दिशा में फेंका जाता है, तो वह अधिकतम ऊँचाई पर पहुँचकर रुक जाती है, लेकिन उस समय भी उसका त्वरण, गुरुत्वाकर्षण के कारण त्वरण (g) के बराबर होता है।

4 *(c)* हम जानते हैं, संवेग

$$\mathbf{p} = m\mathbf{v}$$

बल **F** में परिवर्तन करके संवेग (**p**) में परिवर्तन लाया जा सकता है,

चूँकि, $\mathbf{F} = \dfrac{d\mathbf{p}}{dt}$ = समय के सापेक्ष संवेग परिवर्तन की दर

$$\Rightarrow d\mathbf{p} = \mathbf{F}dt \quad \Rightarrow \quad md\mathbf{v} = \mathbf{F}dt$$

इसलिए $\mathbf{F}dt$ को स्थिर रखने के लिए, $md\mathbf{v}$ को स्थिर रखना अनिवार्य है, यहाँ m और $d\mathbf{v}$ को एक पिण्ड से दूसरे पिण्ड में बदले जा सकते है। इस प्रकार एक ही समय के लिए एक ही बल विभिन्न पिण्डों के संवेग में अलग-अलग परिवर्तन कर सकता है।

5 *(b)* गति का दूसरा नियम निर्जीव और सजीव दोनों ही वस्तुओं पर लागू किया जा सकता है। उदाहरण के लिए, बाहरी घर्षण बल के बिना, हम जमीन पर नहीं चल सकते।

6 *(d)* यदि किसी पिण्ड का संवेग शून्य हो जाता है, तो उसका वेग भी शून्य हो जायेगा। इसका यह अर्थ नही है कि उस क्षण पिण्ड का बल तथा त्वरण भी अवश्य शून्य हो।

7 *(a)* बल की क्रिया का समय बहुत कम है, इसलिए यह माना जा सकता है कि आवेग बल की क्रिया के दौरान पिण्ड की स्थिति में कोई उल्लेखनीय परिवर्तन नहीं होता है।

8 *(a)* किसी पिण्ड के आन्तरिक बल निरस्त हो जाते हैं क्योंकि वे क्रिया एवं प्रतिक्रिया युग्म बनाते हैं।

9 *(d)* न्यूटन के गति के तीसरे नियम के अनुसार, दो पिण्डों के बीच परस्पर सम्पर्क से एक बल उत्पन्न करना असम्भव है, चाहे वे गतिमान हों या स्थिर। इसका अर्थ है कि गति का तीसरा नियम सभी पिण्डों पर लागू होता है, चाहे वे स्थिर हों या गतिशील और यह नियम सभी प्रकार के बलों पर भी लागू होता है।

12 *(b)* भौतिकी में बल की अवधारणा को बल की अनुभूति की अवधारणा के साथ भ्रमित नहीं किया जाना चाहिए।

कथन आधारित प्रश्न

3 *(c)* क्रिया तथा प्रतिक्रिया बल, एक साथ लगने वाले बल हैं।

4 *(b)* दो बल mg तथा R के मध्य समानता का कोई भी सम्बन्ध गति के तृतीय नियम से नहीं है, क्योंकि दोनों बल mg तथा R भिन्न हो सकते हैं।

5 *(b)* कथन II गलत है इसे निम्न प्रकार संशोधित किया जा सकता है।

असेम्बली में प्रत्येक पिण्ड गुरुत्वाकर्षण का अनुभव करता हैं।

6 *(c)* कथन I गलत है इसे निम्न प्रकार संशोधित किया जा सकता है।

घर्षण कभी-कभी एक अवांछनीय बल होती है, परन्तु सदैव नहीं। अनेक परिस्थितियों जैसे अलग-अलग चलने वाले भागों वाली मशीन में घर्षण की नकारात्मक भूमिका होती है।

7 *(d)* जब पत्थर क्षैतिज वृत्त में घूर्णन करता है, तो आवश्यक अभिकेन्द्र बल निम्न प्रकार प्रदर्शित किया जाता है।

$$F = \frac{mv^2}{r}$$

$$\therefore \quad F \propto v^2, \; F \propto \frac{1}{r}$$

उपरोक्त से स्पष्ट है कि जब पत्थर को अधिक गति से घुमाया जाता है, तो अधिक बल (अभिकेन्द्र बल) की आवश्यकता होती है। पुनः जब पत्थर को छोटी त्रिज्या के वृत्त में घुमाया जाता है, तो अधिक बल की आवश्यकता होती है।

सुमेलन प्रकार प्रश्न

1 *(c)* $t = 0$ से $t = 4$ सेकण्ड पर

त्वरण = $v-t$ वक्र का ढलाना $= \frac{8}{4} = 2$ मी/से^{2}

$t = 4$ सेकण्ड से $t = 10$ सेकण्ड पर

त्वरण = 0

$t = 10$ सेकण्ड से $t = 14$ सेकण्ड

त्वरण $= \frac{8}{4} = -2$ मी/से^{2}

लिफ्ट के लिए,

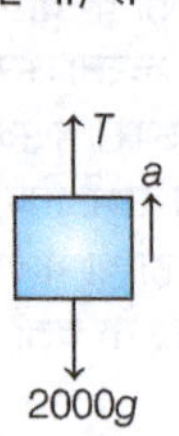

$$T - 2000g = 2000a$$

$$T = 2000(g + a)$$

A. $t = 1$ सेकण्ड पर, $a = 2$ मी/से^{2}

$$T = 2000(g + a)$$

$$= 2000(10 + 2) = 24000 \text{ न्यूटन}$$

B. $t = 6$ सेकण्ड पर, $a = 0$

$$T = 2000(10 + 0) = 20000 \text{ न्यूटन}$$

C. $t = 12$ सेकण्ड पर, $a = -2$ मी/से^{2}

$$T = 2000(10 - 2) = 16000 \text{ न्यूटन}$$

D. $t = 0$ से $t = 14$ सेकण्ड पर

विस्थापन = v-t वक्र का क्षेत्रफल

$= \frac{1}{2}(6 + 14) \times 8 = 80$ मी

औसत गति $= \frac{80}{14} = \frac{40}{7}$ मी/से

अतः, A → 3, B → 1, C → 4, D → 2.

2 *(b)*

A. एकसमान गति के लिए त्वरण, $a = 0$

∴ भार मापक मशीन का पाठ्यांक

$R = mg = 60 \times 10 = 600$ न्यूटन

B. जब लिफ्ट एकसमान त्वरण से नीचे जा रही है, तो भार मापक मशीन का पाठ्यांक

$$= mg - ma = m(g - a)$$

$$= 60(10 - 6) = 240 \text{ न्यूटन}$$

C. जब लिफ्ट एकसमान त्वरण से ऊपर जा रही है, तो भार मापक मशीन का पाठ्यांक

$$= mg + ma = m(g + a)$$

$$= 60(10 + 6) = 960 \text{ न्यूटन}$$

D. जब लिफ्ट की यन्त्रावली विफल हो जाती है, तो या स्वतन्त्र रूप से गिरती है।

अतः इस स्थिति में भार मापक मशीन का पाठ्यांक

$$= 0 \text{ न्यूटन}$$

अतः A → 2, B → 1, C → 4, D → 3.

3 *(c)* A. खिंचाव बल $= 2mg$

कुल द्रव्यमान $= 3m$

$$a_1 = \frac{2mg}{3m} = \frac{2g}{3}$$

B. कुल खिंचाव बल $= 3mg - 2mg = mg$

कुल द्रव्यमान $= 3m + m + 2m = 6m$

$$a_2 = \frac{mg}{6m} = \frac{g}{6}$$

C. कुल खिंचाव बल

$= 3mg + mg - 2mg = 2mg$

कुल द्रव्यमान $= 3m + m + 2m = 6m$

$$a_3 = \frac{2mg}{6m} = \frac{g}{3}$$

D. कुल खिंचाव बल

$= 4mg \sin 30° - mg = mg$

कुल द्रव्यमान $= 4m + m = 5m$

$$a_4 = \frac{mg}{5m} = \frac{g}{5}$$

अतः A → 4, B → 3, C → 2, D → 1.

4 *(b)*

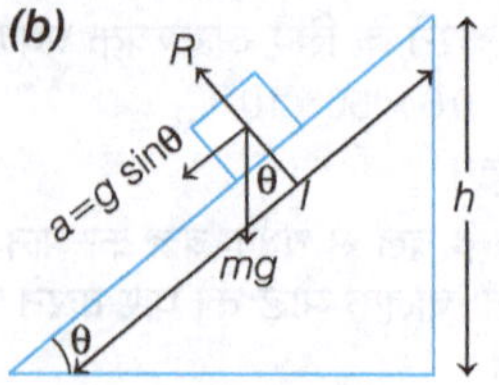

A. $\quad ma = mg\sin\theta$

$\therefore \quad a = g\sin\theta$

B. निचले तल पर गति

$$v = \sqrt{2gh} = \sqrt{2gl\sin\theta}$$

C. $v = u + at$

$$\sqrt{(2gl\sin\theta)} = 0 + g\sin\theta t$$

$$t = \frac{\sqrt{2gl\sin\theta}}{g\sin\theta}$$

$$= \sqrt{\frac{2gl\sin\theta}{g^2\sin^2\theta}} = \sqrt{\frac{2l}{g\sin\theta}}$$

D. यदि $l' = \frac{l}{2}$, तो $t = \sqrt{\frac{l}{g\sin\theta}}$

अतः, A → 2, B → 4, C → 1, D → 3.

आंकिक मान प्रकार के प्रश्न

1 *(4)* रस्सी कटने से पूर्व स्प्रिंग बल,

$f = kx = 5\,mg$

रस्सी कटने के तुरन्त बाद मुक्त पिण्ड आरेख

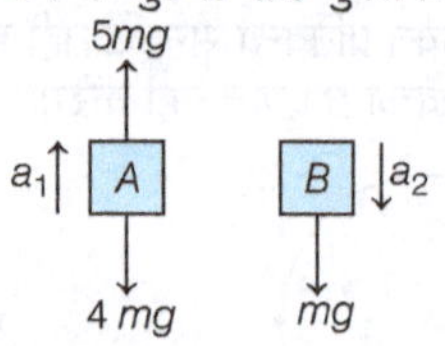

ब्लॉक A के लिए,

$$5mg - 4mg = 4ma_1$$

$$\Rightarrow \quad a_1 = \frac{g}{4}$$

ब्लॉक B के लिए,

$$mg = ma_2$$

$$\Rightarrow \quad a_2 = g$$

A तथा B त्वरणों का अनुपात,

$$\frac{a_1}{a_2} = \frac{\frac{g}{4}}{g} = \frac{1}{4} \Rightarrow a_2 : a_1 = 4 : 1$$

2 *(7)* माना ब्लॉक का द्रव्यमान $= M$

रस्सी का द्रव्यमान $= m$

ब्लॉक तथा रस्सी निकाय का त्वरण

$$a = \frac{2F}{M+m}$$

रस्सी के मध्य में तनाव,

$$T = \left(M + \frac{m}{2}\right)a = \left(M + \frac{m}{2}\right)\left(\frac{2F}{M+m}\right)$$

दिया है, $m = \frac{M}{3}$

$\because \quad T = \frac{7F}{4}$

अतः N का मान 7 है।

3 *(3)* 4 किग्रा द्रव्यमान पर बल, $F = 4a_1$

$\Rightarrow \quad a_1 = \frac{F}{4}$

12 किग्रा के द्रव्यमान पर बल, $F_2 = 12a_2$

$\Rightarrow \quad a_2 = \frac{F}{12}$

गति के समीकरण से, $v = u + at$

4 किग्रा द्रव्यमान के लिए, $v_1 = 0 + \frac{F}{4}t_1$

12 किग्रा द्रव्यमान के लिए,

$$v_2 = 0 + \frac{F}{12}t_2$$

प्रश्नानुसार, $(v_1 = v_2)$

$$\frac{F}{4}t_1 = \frac{F}{12}t_2 \Rightarrow \frac{t_1}{t_2} = \frac{4}{12} = \frac{1}{3}$$

अतः α का मान 3 है।

4 *(1)*

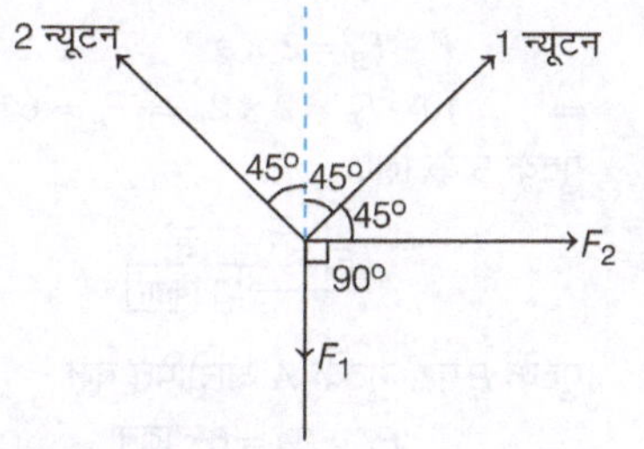

$$F_x = F_2 + 1\cos 45° - 2\cos 45°$$

सन्तुलन के लिए, $F_x = 0$

$$F_2 = -\cos 45° \quad \ldots(i)$$

$$F_y = 1\sin 45° + 2\sin 45° - F_1$$

सन्तुलन के लिए, $F_y = 0$

$$F_1 = 3\sin 45° \quad \ldots(ii)$$

समी (i) तथा (ii) से

$$\frac{F_2}{F_1} = -\frac{\cos 45°}{3\sin 45°} = -\frac{1}{3}$$

अतः, $x = 1$ (ऋणात्मक चिन्ह छोड़ने पर)

5 *(12)* दिया है, $\mu = 0.4$

$\because \quad F = ma$

$$F = (1+2)a = 3a \quad \ldots(i)$$

1 किग्रा ब्लॉक के मुक्त पिण्ड आरेख से,

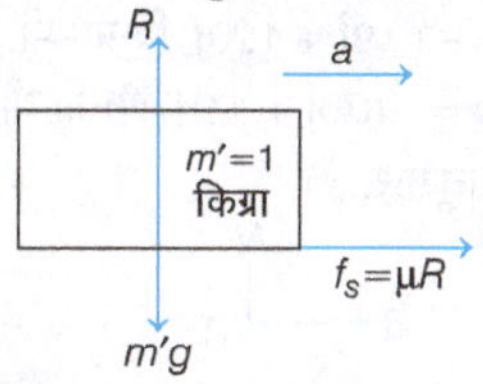

X-दिशा में बलों का समायोजन

$$F_s = \mu R = m'a \quad \ldots(ii)$$

Y-दिशा में बलों का समायोजन,

$$R = m'g$$

$$\mu m'g = m'a$$

$\Rightarrow 0.4 \times 1 \times 10 = 1 \times a$

$\Rightarrow \quad a = 4$ मी/से^{2}

a का मान समीकरण (i) में रखने पर,

$$F = 3 \times 4 = 12 \text{ न्यूटन}$$

6 *(16)* दिया है, घर्षण रहित सतह के लिए ब्लॉक की प्रारम्भिक गति शून्य है।

$$a = g\sin\theta$$

ब्लॉक द्वारा चली गई दूरी,

$$s = 0 \times t_1 + \frac{1}{2} \times g\sin\theta \times t_1^2$$

$$\therefore \quad s = \frac{1}{2}g\sin\theta\, t_1^2 = \frac{g}{4}t_1^2 \quad \ldots(i)$$

घर्षण की उपस्थिति में,

$$a = g\sin\theta - \mu\, g\cos\theta$$

$$= \frac{g}{2} - \frac{\mu\sqrt{3}}{2g}$$

$$= \frac{g}{2}(1 - \sqrt{3}\mu)$$

ब्लॉक द्वारा चली गई दूरी,

$$s = \frac{1}{2}\left[\frac{g}{2}(1-\sqrt{3}\mu)\right]t_2^2 \quad \ldots(ii)$$

समी (ii) को (i) से भाग देने पर,

$$\mu = \frac{15}{16\sqrt{3}}$$

अतः x का मान 16 है।

7 *(2)*

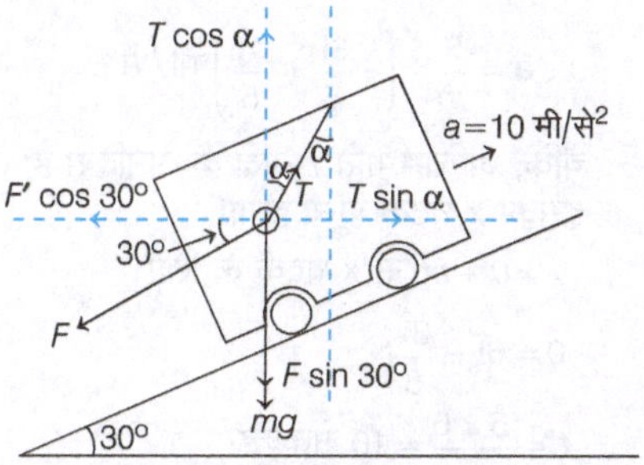

यहाँ कार तन्त्र (Car frame) में F' एक छद्म बल (Pseudo force) है तथा T रस्सी का तनाव है।

सन्तुलन की स्थिति में, $\Sigma F_x = 0$ तथा $\Sigma F_y = 0$

$\Rightarrow \quad F\cos 30° = T\sin\alpha$

$$\Rightarrow \frac{ma\cos 30°}{\sin\alpha} = T \quad \ldots(i)$$

$$F\sin 30° + mg = T\cos\alpha$$

$$\Rightarrow ma\sin 30° + mg = \frac{ma\cos 30°}{\sin\alpha}(\cos\alpha) \quad [\because \text{समी (i) से}]$$

$$\Rightarrow a\sin 30° + g = \frac{a\cos 30°}{\sin\alpha}(\cos\alpha)$$

$$10 \times \frac{1}{2} + 10 = \frac{10 \times \sqrt{3}}{2}\cot\alpha$$

$\Rightarrow \quad \alpha = 30° = 15x$ (दिया है)

अतः x का मान 2 है।

8 *(3.4)* दिया है, $r = 15$ मी, $v = 5$ मी/से,

$a_t = 3$ मी/से^{2}

$\therefore \quad a_r = \frac{v^2}{r} = \frac{5 \times 5}{15} = 1.66$ मी/से^{2}

कुल त्वरण, $a = \sqrt{a_r^2 + a_t^2}$

$\Rightarrow \quad a = 3.4$ मी/से^{2}

9 *(173)* प्रश्नानुसार,

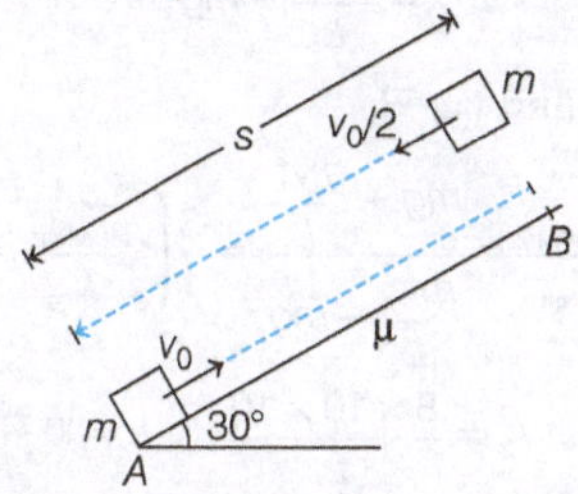

A से B तक जाने के दौरान,

$$a_1 = g\sin 30° + \mu g\cos 30°$$

$$\Rightarrow a_1 = 5 + 5\sqrt{3}\mu \quad \ldots(i)$$

$(\because g = 10$ मी/से$^2)$

$$v_0^2 - 0 = 2a_1 s$$

$$\Rightarrow s = \frac{v_0^2}{2a_1} = \frac{v_0^2}{2(5 + 5\sqrt{3}\mu)} \quad \ldots(ii)$$

[समी (i) से]

B से A तक वापस आने में ब्लॉक का त्वरण

$$a_2 = g\sin 30° - \mu g\cos 30°$$

$$\Rightarrow a_2 = 5 - 5\sqrt{3}\mu \quad \ldots(iii)$$

पुनः गति के समीकरण से,

$$\left(\frac{v_0}{2}\right)^2 - 0 = 2a_2 s \Rightarrow s = \frac{v_0^2}{8a_2}$$

$\Rightarrow \quad s = \dfrac{v_0^2}{8(5-5\sqrt{3}\mu)}$ ...(iv)

समी (ii) तथा (iv) के प्रयोग से,

$\Rightarrow \dfrac{v_0^2}{2(5+5\sqrt{3}\mu)} = \dfrac{v_0^2}{8(5-5\sqrt{3}\mu)}$

$\Rightarrow \quad \mu = \dfrac{\sqrt{3}}{5}$

अतः $\quad \dfrac{l}{500} = \dfrac{\sqrt{3}}{5} = 0.346$

$\Rightarrow l = 0.346 \times 500 = 173$

10 ***(20)*** दिया है, $T_{\text{अधिक}} - mg = \dfrac{mv_1^2}{L}$

$\Rightarrow \quad T_{\text{अधिक}} = mg + \dfrac{mv_1^2}{L}$ ...(i)

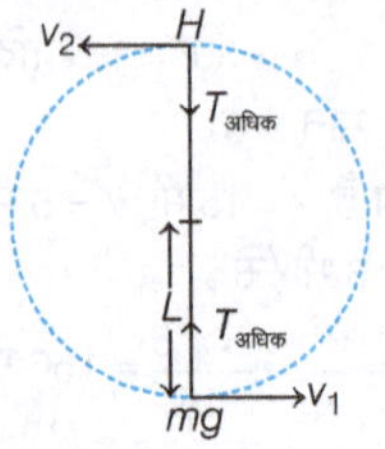

$T_{\text{न्यून}} + mg = \dfrac{mv_2^2}{L}$

$\Rightarrow \quad T_{\text{न्यून}} = \dfrac{mv_2^2}{L} - mg$ ...(ii)

समी (i) व (ii), से,

$$\frac{T_{\text{अधिक}}}{T_{\text{न्यून}}} = \frac{mg + \frac{mv_1^2}{L}}{\frac{mv_2^2}{L} - mg} = \frac{3}{1}\left(\because \frac{T_{\text{अधिक}}}{T_{\text{न्यून}}} = \frac{3}{1}\right)$$

$\Rightarrow \quad v_2^2 = \dfrac{8 \times 10 \times 10}{2}$ ($\because L = 10$ मी)

$\Rightarrow \quad v_2 = 20$ मी/से

NCERT Exemplar प्रश्न

2 ***(b)*** हम जानते हैं, $F = \dfrac{dp}{dt}$

दिया है, मीटर स्केल एकसमान गति के साथ गति कर रहा है।

अतः $\quad dp = 0$

बल, $\quad F = 0$

चूँकि मीटर स्केल के सभी भाग एकसमान गति से गति कर रहे हैं, अतः कुल बल शून्य होगा।

अतः बल-आघूर्ण भी शून्य है।

3 ***(c)*** संवेग में परिवर्तन

= प्रारम्भिक संवेग – अन्तिम संवेग

$m\mathbf{v} - m\mathbf{u} = m(\mathbf{v} - \mathbf{u})$

$= (0.15)[-(3\hat{i} + 4\hat{j}) - (3\hat{i} + 4\hat{j})]$

$= -(0.9\hat{i} + 1.20\hat{j})$ किग्रा-मी/से

अतः $\Delta\mathbf{p} = -(0.9\hat{i} + 1.2\hat{j})$ किग्रा-मी/से

5 ***(c)*** चित्रानुसार,

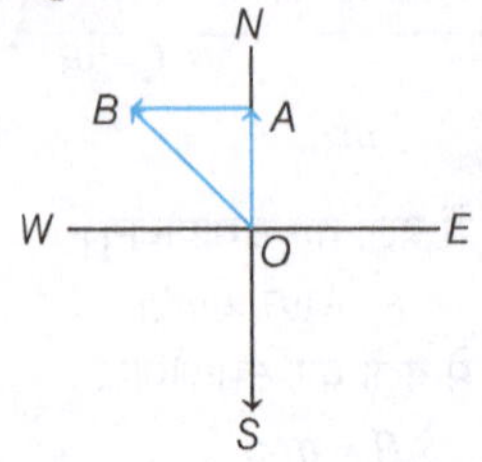

माना $\mathbf{OA} = \mathbf{p}_1$ = उत्तर मुखी खिलाड़ी का प्रारम्भिक संवेग

तथा $\mathbf{AB} = \mathbf{p}_2$ = पश्चिम मुखी खिलाड़ी का अन्तिम वेग

$\mathbf{OB} = \mathbf{OA} + \mathbf{AB}$

संवेग में परिवर्तन $= \mathbf{p}_2 - \mathbf{p}_1$

$= \mathbf{AB} - \mathbf{OA} = \mathbf{AB} + (-\mathbf{OA})$

स्पष्ट रूप से परिणामी AR दक्षिण-पश्चिम दिशा के अनुदिश कार्यरत् है।

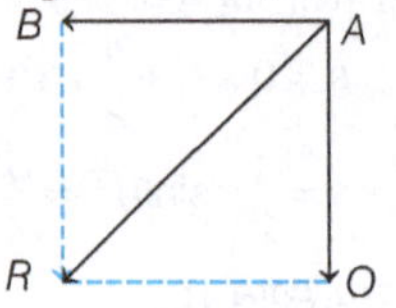

6 ***(a)*** $x(t) = pt + qt^2 + rt^3$

$v = \dfrac{dx}{dt} = p + 2qt + 3rt^2$

$a = \dfrac{dv}{dt} = 0 + 2q + 6rt$

$t = 2$ सेकण्ड पर

$a = 2q + 6 \times 2 \times r$

$= 2 \times 4 + 12 \times 5$

$= 8 + 60 = 68$ मी/से^{2}

बल, $\quad F = ma = 2 \times 68 = 136$ न्यूटन

7 ***(b)*** $t = 0$ पर प्रारम्भिक वेग

$t = 0, \mathbf{u} = (6\hat{i} - 12\hat{j})$ मी/से

मन्दन,

$\mathbf{a} = \dfrac{\mathbf{F}}{m} = \left(-\dfrac{3\hat{i}}{5} + \dfrac{4\hat{j}}{5}\right)$ मी/से^{2}

चूँकि, अन्तिम गति Y-अक्ष के अनुदिश है, तो इसका X-घटक शून्य होगा।

$v = u + at$, से X-घटक के लिए

$0 = 6\hat{i} - \dfrac{3\hat{i}}{5}t$

$t = \dfrac{5 \times 6}{3} = 10$ सेकण्ड

8 ***(b)*** हम जानते हैं, $\mathbf{v} = \mathbf{u} + \mathbf{a}t$

$\Rightarrow \quad v\hat{i} = 0 + \mathbf{a} \times 2 \quad (\because u = 0)$

$\Rightarrow \quad \mathbf{a} = \dfrac{v}{2}\hat{i}$

बल, $\quad \mathbf{F} = m\mathbf{a} = \dfrac{mv}{2}\hat{i}$

इसलिए पूर्व की दिशा में कार पर कार्यरत् बल $\dfrac{mv}{2}$ है।

चूँकि निकाय पर कार्यरत बल केवल घर्षण बल है, तो सड़क द्वारा टायरों पर लगाया गया बल $\dfrac{mv}{2}$ है।

विगत परीक्षाओं के प्रश्न

1 ***(c)*** A तथा B पर कुल बल = 10 न्यूटन

A तथा B दोनों का त्वरण $= F/m$

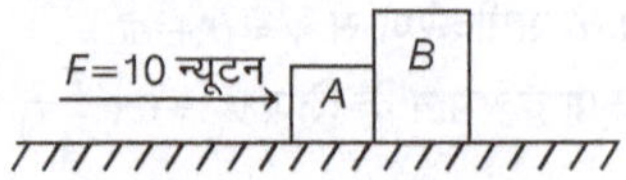

$a = \dfrac{10}{5} = 2$ मी/से^{2}

गुटके A के लिए,

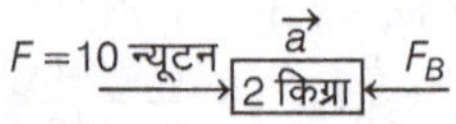

यहाँ, F_B = गुटके A पर, गुटके B द्वारा आरोपित बल है।

$F - F_B = 2 \times a$

$\Rightarrow \quad 10 - F_B = 2 \times 2 \Rightarrow F_B = 6$ न्यूटन

गुटके B के लिए,

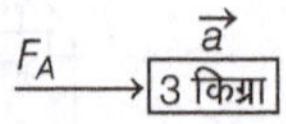

गुटके B पर, गुटके A आरोपित बल,

$F_A = 3a = 6$ न्यूटन

2 ***(b)*** रस्सी में तनाव, अभिकेन्द्रीय बल के बराबर होगा, अतः

$F_c = \dfrac{mv^2}{r} = m\omega^2 r$

प्रश्नानुसार, $T = m\omega^2 r$ तथा $T' = m(2\omega)r$

$\therefore \quad \dfrac{T'}{T} = \dfrac{m \times 4\omega \times r}{m\omega^2 r} \Rightarrow T' = 4T$

3 ***(d)*** प्रश्नानुसार,

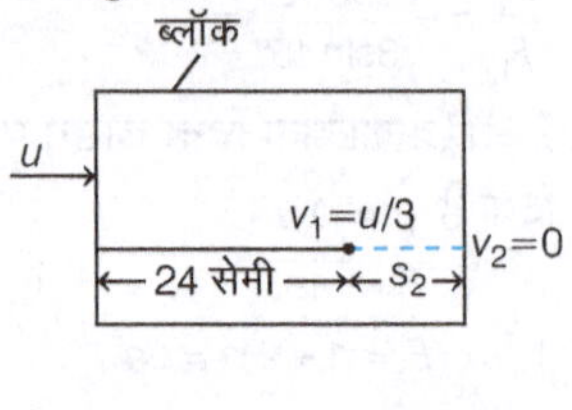

गति के समीकरण से,

$$v^2 = u^2 - 2as$$

$$\Rightarrow \quad v_1^2 = u^2 - 2as$$

$$\Rightarrow \quad \left(\frac{u}{3}\right)^2 = u^2 - 2a \times 0.24$$

$$\Rightarrow \quad 0.48a = \frac{8}{9}u^2$$

$$\Rightarrow \quad a = \frac{8u^2}{9 \times 0.48} = \frac{u^2}{0.54}$$

दिया है, $0 = v_1^2 - 2as_2$

$$\Rightarrow \quad 0 = \left(\frac{u}{3}\right)^2 - 2 \times \frac{u^2}{0.54} \times s_2$$

$$\Rightarrow \quad \frac{u^2}{9} = \frac{2u^2}{0.54} s_2$$

$$\Rightarrow \quad s_2 = \frac{0.54}{9 \times 2} = 0.03 \text{ मी} = 3 \text{ सेमी}$$

$\therefore$ ब्लॉक की कुल लम्बाई,

$$= s_1 + s_2 = 24 + 3 = 27 \text{ सेमी}$$

5 *(b)* दी गई स्थिति के लिए,

$$F = ma = \mu mg$$

$$\Rightarrow \quad a = \mu g = 0.15 \times 10 = 1.5 \text{ मी/से}^2$$

6 *(b)* **प्रथम स्थिति** गेंद 10 मीटर ऊँचाई से गिराई जाती है तथा गेंद धरती से टकराती है। अब, गेंद की धरती से टकराने से पूर्व वेग

$$v_1 = \sqrt{2gh} \Rightarrow v_1 = 10\sqrt{2} \text{ मी/से}$$

द्वितीय स्थिति

गेंद पुनः अपनी प्रारम्भिक ऊँचाई तक वापस आती है। वह वेग जिससे गेंद समान ऊँचाई पर वापस आती है

$$v_2 = -\sqrt{2gh} \Rightarrow v_2 = -10\sqrt{2} \text{ मी/से}$$

अतः गेंद को दिया गया आवेग का परिमाण

$$|\text{आवेग}| = m|\Delta v|$$

$$= 0.15\,|-10\sqrt{2} - (10\sqrt{2})|$$

$$= 0.15\,|-2 \times 10\sqrt{2}|$$

$$= 4.2 \text{ किग्रा-मी/से}$$

7 *(c)* nवें सेकण्ड में वस्तु द्वारा चली गई दूरी,

$$S_n = u + \frac{a}{2}(2n-1)$$

$$\Rightarrow \quad S_n = 0 + \frac{g\sin\theta}{2}(2n-1) \quad \ldots(i)$$

$(n+1)$वें सेकण्ड में तय की गई दूरी

$$S_{n+1} = 0 + \frac{g\sin\theta}{2}[2(n+1)-1] \quad \ldots(ii)$$

समी (i) तथा (ii) से, $\dfrac{S_n}{S_{n+1}} = \dfrac{2n-1}{2n+1}$

9 *(a)* दी गई स्थिति निम्न डायग्राम में दर्शाई गई है

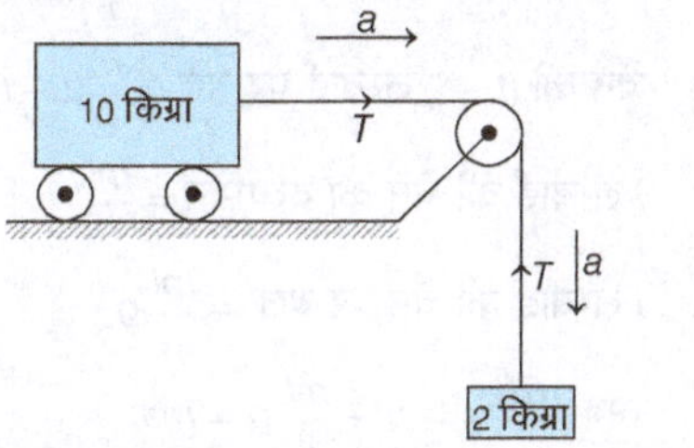

यदि a प्रणाली का त्वरण है, तो 10 किग्रा ट्रॉली के लिए गति का समीकरण,

$$T - \mu R = 10a$$

$$\Rightarrow \quad T - 0.05 \times 10g = 10a$$

$$[\because \mu = 0.05, R = 10g]$$

$$\Rightarrow T - 0.05 \times 10 \times 10 = 10a$$

$$\Rightarrow \quad T - 5 = 10a \quad \ldots(i)$$

2 किग्रा ब्लॉक के लिए गति का समीकरण

$$2g - T = 2a$$

$$20 - T = 2a \quad \ldots(ii)$$

समीकरण (i) तथा (ii) से,

$$20 - 5 = 12a$$

$$\Rightarrow \quad a = \frac{15}{12} = 1.25 \text{ मी/से}^2$$

10 *(b)* चूँकि, तीन बल त्रिभुज की तीन भुजाओं को निरूपित करते हैं तथा ये सभी बल साम्यावस्था में होंगे।

$$\Rightarrow \mathbf{F}_{\text{कुल}} = \mathbf{F}_{PQ} + \mathbf{F}_{QR} + \mathbf{F}_{RP} = 0$$

$$\mathbf{F}_{\text{कुल}} = m \times \mathbf{a} = m\frac{d\mathbf{v}}{dt} = 0$$

$$\Rightarrow \quad \frac{d\mathbf{v}}{dt} = 0 \text{ या } \mathbf{v} = \text{नियत}$$

11 *(a)* दिए गए प्रश्न को आरेखीय रूप में निम्न प्रकार दर्शाया जा सकता है

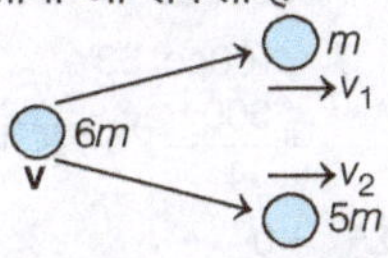

रेखीय संवेग संरक्षण के नियमानुसार,

$$6mv = mv_1 + 5mv_2$$

$$6(20\hat{\mathbf{i}} + 25\hat{\mathbf{j}} - 12\hat{\mathbf{k}})$$

$$= 100\hat{\mathbf{i}} + 35\hat{\mathbf{j}} + 8\hat{\mathbf{k}} + 5v_2$$

$$\Rightarrow 5v_2 = 20\hat{\mathbf{i}} + 115\hat{\mathbf{j}} - 80\hat{\mathbf{k}}$$

$$\Rightarrow \quad v_2 = 4\hat{\mathbf{i}} + 23\hat{\mathbf{j}} - 16\hat{\mathbf{k}}$$

12 *(c)* दी गई स्थिति को निम्न चित्रानुसार दर्शाया जा सकता है

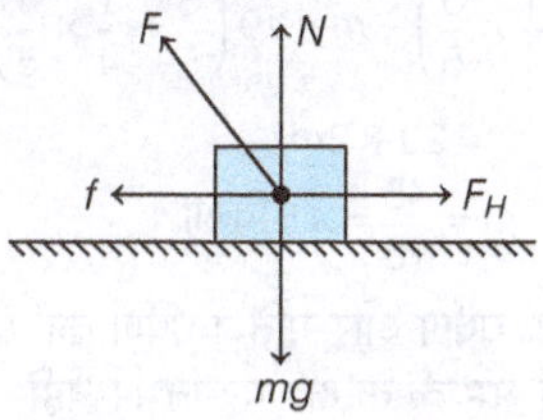

घर्षण बल, $f = \mu N = \mu\, mg\ [\because N = mg]$

मुक्त पिण्ड आरेख के अनुसार, परिणामी बल

$$|\mathbf{F}| = \sqrt{N^2 + f^2}$$

$$= \sqrt{(mg)^2 + (\mu mg)^2}$$

$$= mg\sqrt{1 + \mu^2}$$

यह पिण्ड को गति करने के लिए न्यूनतम आवश्यक बल है। चूँकि पिण्ड गति नहीं करता है

$$\therefore \quad |\mathbf{F}| \le mg\sqrt{1 + \mu^2}$$

13 *(b)*

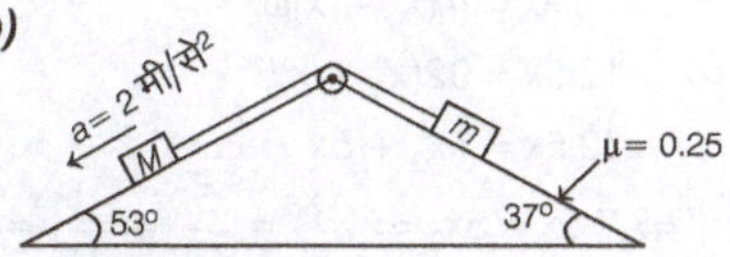

M के लिए मुक्त पिण्ड आरेख निम्न है

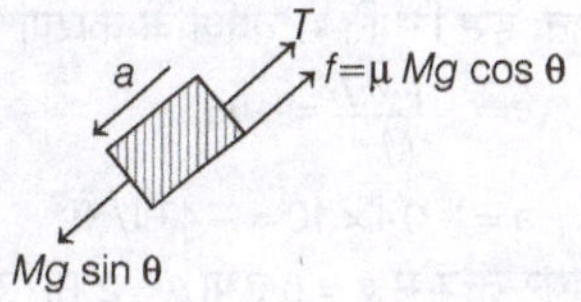

द्रव्यमान M के लिए

$$F_{\text{कुल}} = Ma$$

$$\Rightarrow Mg\sin 53° - \mu Mg\cos 53° - T = Ma$$

या $Mg(\sin 53° - \mu\cos 53°) - T = 2M \quad \ldots(i)$

द्रव्यमान m के लिए मुक्त पिण्ड आरेख निम्न है

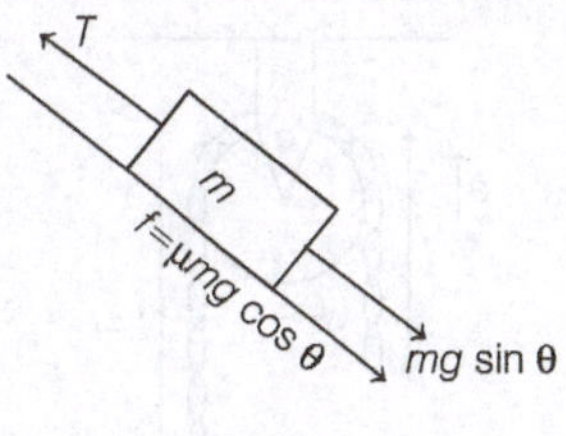

$$T - mg(\sin 37° + \mu\cos 37°) = 2m \quad \ldots(ii)$$

समी (i) तथा (ii) को जोड़ने पर तथा मान रखने पर

$$100\left(\frac{4}{5}-\frac{1}{4}\times\frac{3}{5}\right)-m\times 10\left(\frac{3}{5}+\frac{1}{4}\times\frac{4}{5}\right)$$

$$= 20 + 2m$$

$$\Rightarrow \quad m = \frac{45}{10} = 4.5 \text{ किग्रा}$$

14 ***(a)*** स्थैतिक घर्षण और गतिज घर्षण का सीमित बल सम्पर्क के क्षेत्र पर निर्भर नहीं करता है, बल्कि वह पदार्थों पर निर्भर करता है।

15 ***(c)***

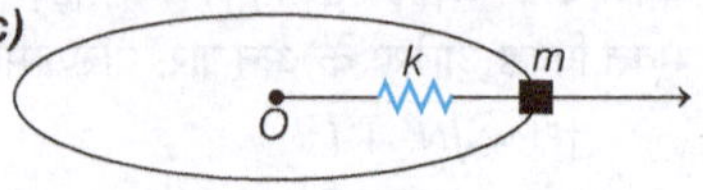

अभिकेन्द्र बल के कारण स्प्रिंग का विस्तार,

$$F = \frac{mv^2}{r} = mr\omega^2,\ r = x_0 + x$$

= वास्तविक लम्बाई + विस्तार

$\because \quad F = kx$

जहाँ, $k = 12.5$ न्यूटन/मी

$$kx = m(x_0 + x)\omega^2$$

$$12.5x = 0.2(x_0 + x)5^2$$

$$12.5x = 5x_0 + 5x$$

$$\Rightarrow 7.5x = 5x_0 \Rightarrow \frac{x}{x_0} = \frac{5}{7.5} = \frac{1}{1.5} = \frac{2}{3}$$

16 ***(b)*** चूँकि बैग, कन्वेयर बेल्ट पर फिसल रहा है अतः इस स्थिति में घर्षण के कारण मन्दन

$$a = \frac{-\mu Mg}{M} = -\mu g$$

$$a = -0.4\times 10 = -4 \text{ मी/से}^2$$

कन्वेयर तन्त्र में $v = 0$ तथा $u = 2$ मी/से

$$v^2 - u^2 = 2as$$

$$\therefore \quad (0)^2 - (2)^2 = 2\times -4\times s$$

या $\quad -4 = -8s$ या $s = \frac{1}{2} = 0.5$ मी

17 ***(d)*** दिया है, सम्पूर्ण चेन की लम्बाई $= L$

चेन का द्रव्यमान $= m$

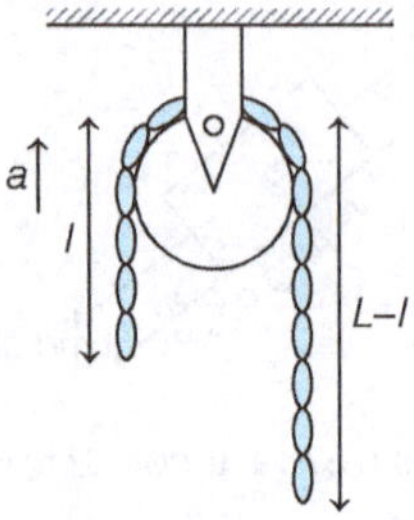

$(L-l)$ लम्बाई की चेन का द्रव्यमान

$$= \frac{m}{L}(L-l)$$

चेन की $(L-l)$ लम्बाई पर बल $= \frac{m}{L}(L-l)g$

l लम्बाई की चेन का द्रव्यमान $= \frac{ml}{L}$

l लम्बाई की चेन पर बल $= \frac{ml}{L}g$

अब $\frac{m(L-l)}{L}g - \frac{ml}{L}g = ma$

$$a = \frac{(L-2l)}{L}g$$

$$\Rightarrow \frac{g}{2} = \frac{L-2l}{L}g,\ L = 4l$$

$$\Rightarrow \quad l = \frac{L}{4} = \frac{1}{x},\ x = 4$$

स्किल बूस्टर्स

1 ***(d)*** $y = a$ पर x-निर्देशांक का मान

$$x^2 = 4a(a) \Rightarrow x = \pm 2a$$

$(2a, a)$ पर वक्र का ढाल

$$m = \tan\theta = \frac{2x}{4a} = \frac{2(2a)}{4} = 1 \Rightarrow \theta = 45°$$

अतः स्पर्शीय त्वरण $= g\sin\theta = \frac{g}{\sqrt{2}}$

2 ***(b)*** x तथा y-दिशाओं में बलों का योग

$\Sigma F_x = 0$

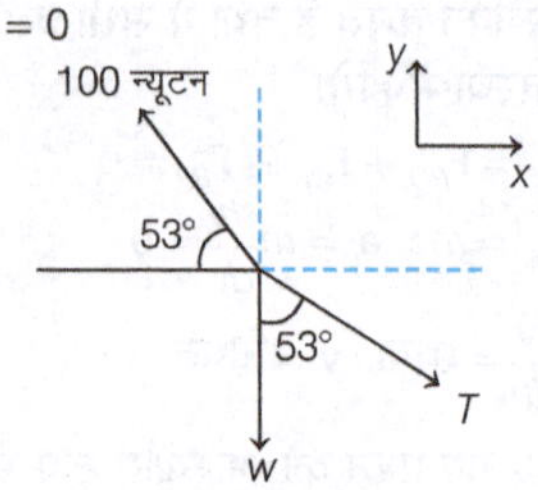

$$T\sin 53° - 100\cos 53° = 0$$

या $\quad T = 100\cot 53°$

$$= \frac{300}{4} = 75 \text{ न्यूटन}$$

$$\Sigma F_y = 0$$

$$100\sin 53° - w - T\cos 53° = 0$$

$$w = 100\sin 53° - T\cos 53°$$

$$= \frac{400}{5} - 75\times\frac{3}{5}$$

$$= 80 - 45 = 35 \text{ न्यूटन}$$

3 ***(c)*** ब्लॉक के मुक्त पिण्ड आरेख से,

$$N = 30 - 20t$$

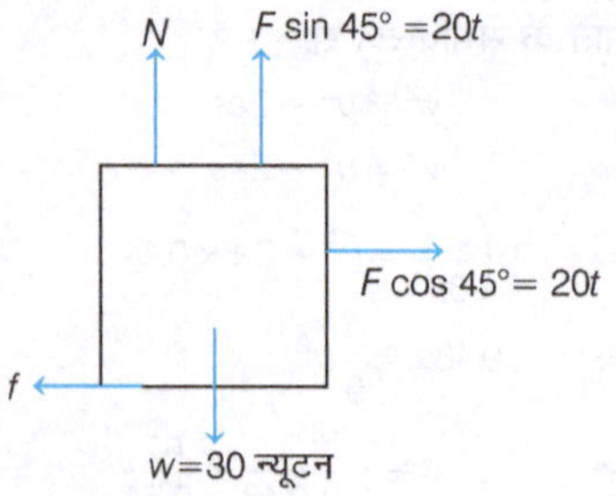

(a) जब $N = 0$ तथा $t_1 = 1.5$ सेकण्ड होता है, तो ब्लॉक का सतह के साथ सम्पर्क समाप्त हो जाता है।

(b) ब्लॉक की क्षैतिज गति आरम्भ होने की स्थिति में,

$$F\cos 45° = f_{\text{अधिकतम}}$$

$$\therefore \quad 20t_2 = \mu(30 - 20t_2)$$

$$20t_2 = 0.2(30 - 20t_2)$$

$$24t_2 = 6$$

$$t_2 = \frac{1}{4} = 0.25 \text{ से}$$

$$\therefore \quad \frac{t_1}{t_2} = \frac{1.5}{0.25} = 6:1$$

4 ***(b)*** ब्लॉक A तथा वेज (Wedge) का मुक्त पिण्ड आरेख निम्न प्रकार है

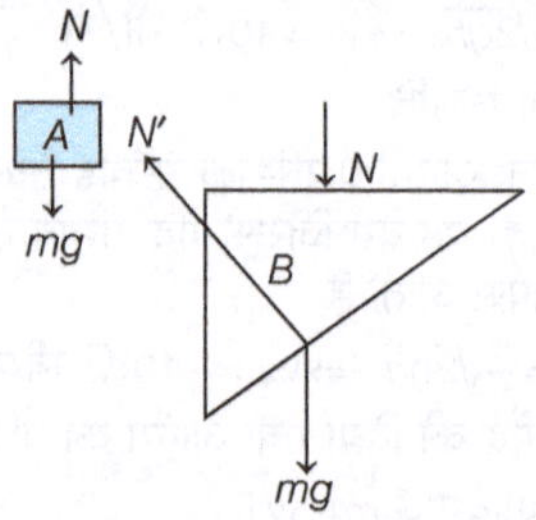

मुक्त पिण्ड आरेख के अनुसार, यह स्पष्ट है कि ब्लॉक x-दिशा में त्वरित नहीं हो सकता, यह केवल y-दिशा में त्वरित होगा।

इसी प्रकार, वेज केवल $+x$-दिशा में गति करेगा।

ब्लॉक A के लिए,

$$mg - N = m(a\sin\theta) \quad \text{...(i)}$$

वेज B के लिए,

$$(N + mg)\sin\theta = ma \quad \text{...(ii)}$$

समी (i) तथा (ii) से,

$$a = \left[\frac{2g\sin\theta}{1+\sin^2\theta}\right]$$

ब्लॉक A का त्वरण,

$$a_A = a\sin\theta$$

$$= \left[\frac{2g\sin\theta}{1+\sin^2\theta}\right]\sin\theta = \left[\frac{2g\sin^2\theta}{1+\sin^2\theta}\right]$$

1 सेकण्ड में ब्लॉक A का विस्थापन,

$$s = 0 + \frac{1}{2}a_A t^2$$

$$= \frac{1}{2}\times\left[\frac{2g\sin^2\theta}{1+\sin^2\theta}\right]\times(1)^2$$

$$= \left[\frac{g\sin^2\theta}{1+\sin^2\theta}\right]$$

5 *(c)*

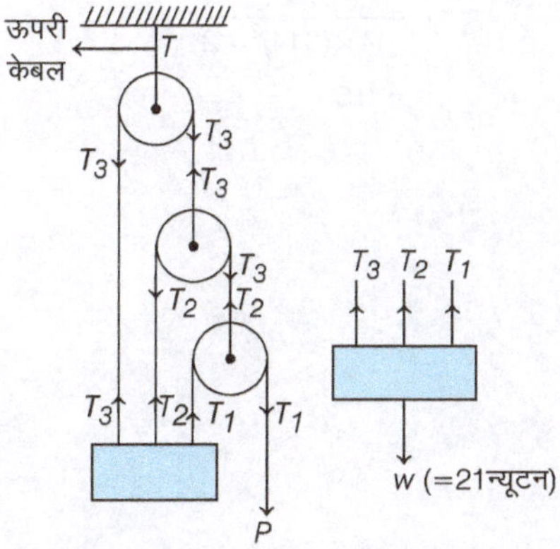

चित्रानुसार, $T_1 = P$

$T_2 = 2T_1 = 2P$

$T_3 = 2T_2 = 4P$

ब्लॉकों की साम्यावस्था में,

$$T_1 + T_2 + T_3 = 21$$

$$\Rightarrow P + 2P + 4P = 21$$

$$\Rightarrow 7P = 21$$

$$\Rightarrow P = 3 \text{ न्यूटन}$$

$$\therefore T = P = 3 \text{ न्यूटन}$$

6 *(b)* दिए गए निकाय को निम्न प्रकार व्यक्त किया जा सकता है

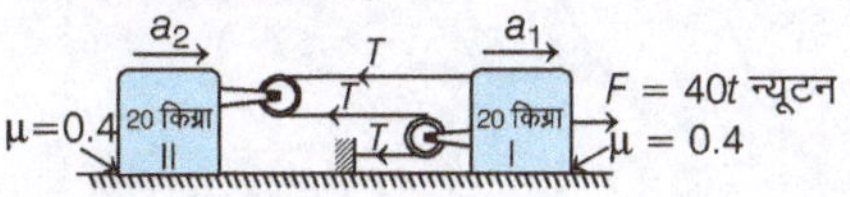

चित्र से,

$2a_2 = 3a_1$

ब्लॉक I के लिए,

$$F - 3T - f = 20a_1 \quad \text{...(i)}$$

ब्लॉक II के लिए,

$$2T - f = 20a_2 = 30a_1 \quad \text{...(ii)}$$

समीकरण (i) तथा (ii) से,

$$F - 3\left(\frac{f}{2} + 15a_1\right) - f = 20a_1$$

$$F = 65a_1 + \frac{5}{2}f \quad \text{...(iii)}$$

जब गति आरम्भ होती है,

$$t = \frac{\mu mg}{40} = 8 \text{ न्यूटन}$$

और $a_1 > 0$

हल करने पर,

$$F = 20 \text{ न्यूटन}$$

$$\Rightarrow t = \frac{1}{2} \text{ से}$$

$t = \frac{1}{2}$ पर ब्लॉकों की गति आरम्भ होती है।

$t = 1$ सेकण्ड पर,

$F = 40$ न्यूटन

समी (iii) से,

$$40 = 65a_1 + 20$$

$$a_1 = \frac{20}{65} = \frac{4}{13} \text{ मी/से}^2$$

$$a_2 = \frac{3}{2}a_1 = \frac{6}{13} \text{ मी/से}^2$$

7 *(d)* किसी भी आकार के आनत तल पर स्थित चेन के भागों को दो अलग-अलग तत्वों के रूप में माना जाता है।

आनत तल के अनुदिश,

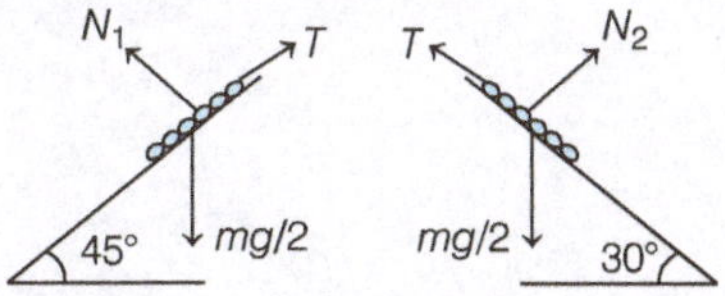

$$\frac{mg}{2}\sin45° - T = \frac{m}{2}a\cos45° \quad \text{...(i)}$$

तथा $$T - \frac{mg}{2}\sin30° = \frac{m}{2}a\cos30° \quad \text{...(ii)}$$

समी (i) तथा (ii) को हल करने पर,

$$a = \frac{g(\sin45° - \sin30°)}{\cos30° + \cos45°}$$

$$= \frac{10\left(\frac{1}{\sqrt{2}} - \frac{1}{2}\right)}{\frac{\sqrt{3}}{2} + \frac{1}{\sqrt{2}}}$$

$$= \frac{10(\sqrt{2}-1)}{\sqrt{3}+\sqrt{2}} \text{ मी/से}^2$$

8 *(a)* रस्सी की लम्बाई के अनुदिश रस्सी पर स्थित सभी बिन्दुओं का वेग घटक समान है।

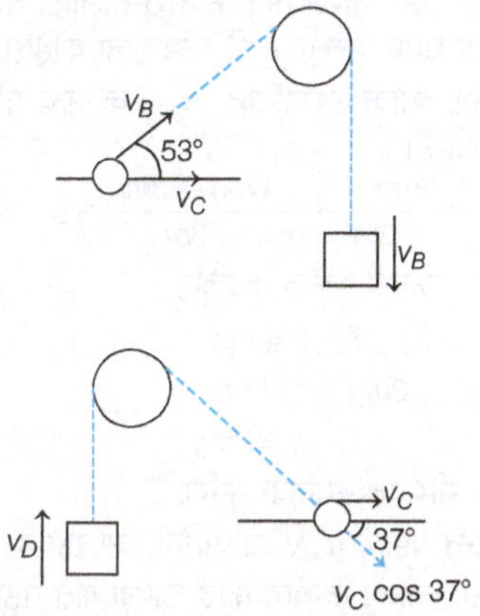

अतः

$$v_B = v_C\cos53° \quad \text{...(i)}$$

$$v_C\cos37° = v_D \quad \text{...(ii)}$$

समी (i) तथा (ii) से,

$$v_D = \frac{v_B\cos37°}{\cos53°} = \frac{v_B\left(\frac{4}{5}\right)}{\left(\frac{3}{5}\right)}$$

$$v_D = \frac{4}{3}v_B$$

$$\Rightarrow \frac{v_B}{v_D} = \frac{3}{4}$$

9 *(a)* दोनों ब्लॉकों के मुक्त पिण्ड आरेख निम्न प्रकार हैं

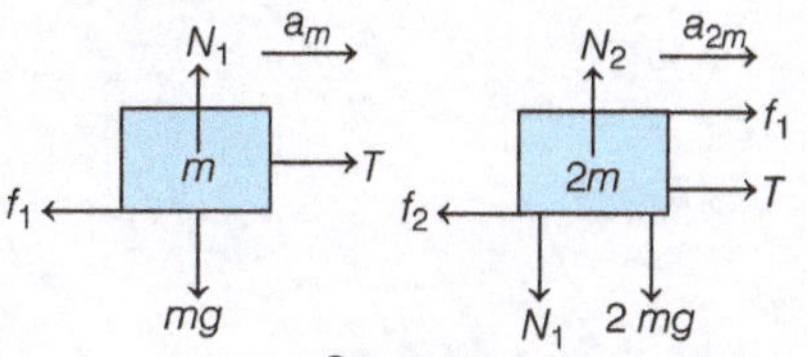

चित्र (a)

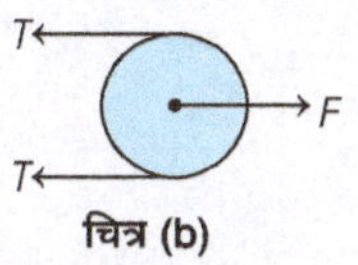

चित्र (b)

जहाँ, f_1 = ब्लॉकों के मध्य घर्षण बल

f_2 = ब्लॉक तथा धरातल के मध्य घर्षण बल

घिरनी के मुक्त पिण्ड आरेख से,

$$T = \frac{F}{2} = 3mg$$

अब पहले यह तय करते हैं कि ब्लॉकों के मध्य फिसलन है या नहीं।

ब्लॉक की त्वरित गति के दौरान ब्लॉकों के मध्य घर्षण बल $\mu_s N$ से कम होना चाहिए।

माना, ब्लॉक उभयनिष्ठ त्वरण के साथ गति करते हैं।

$$a = \frac{6mg - f_2}{3m} = \frac{6mg - 3mg}{3m} = g$$

अतः ऊपरी ब्लॉक के लिए,

$$T - f_1 = ma$$

$$\Rightarrow \quad 3mg - f_1 = mg$$

$$\Rightarrow \quad f_1 = 2mg$$

$f_1 \le$ सीमान्त स्थैतिक घर्षण,

परन्तु यहाँ $f_1, \mu_s N$ से अधिक आ रहा है अतः ब्लॉकों के बीच कोई सापेक्ष गति नहीं होने की अवधारणा गलत है। इसका अर्थ है कि ब्लॉकों के मध्य सापेक्ष गति होती है।

अतः f_1 एक गतिज घर्षण है।

$$a_m = \frac{3mg - \mu mg}{m} = 2g \text{ (दायीं ओर)}$$

$$a_{2m} = \frac{3mg + \mu mg - 3\mu mg}{2m} = g/2$$

(बायीं ओर)

हाथों का त्वरण ज्ञात करने के लिए घिरणी प्रतिबन्ध लागू करने पर,

$$a_p = \frac{a_1 + a_2}{2}$$

घिरनी का त्वरण = हाथ का त्वरण

$$a_p = \frac{a_m + a_2 m}{2}$$

$$= \frac{2g + g/2}{2}$$

$$= 5g/4 \text{ (दायीं ओर)}$$

10 ***(b)*** इस स्थिति में, सतह की अभिलम्ब प्रतिक्रिया, अभिकेन्द्र त्वरण प्रदान करती है तथा घर्षण बल व्यक्ति को ऊर्ध्वाधर फिसलन से बचाता है।

न्यूटन के द्वितीय नियम के नियमानुसार,

$$\Sigma F_x = N = \frac{mv^2}{r} \quad \ldots(i)$$

$$\Sigma F_y = f - mg = 0 \quad \ldots(ii)$$

जहाँ, $f = \mu N$

$$= \frac{\mu m v^2}{r} \quad \ldots(iii)$$

समी (i), (ii) तथा (iii) से,

$$\mu = \frac{rg}{v^2} = \frac{rg}{\left(\frac{2\pi r}{T}\right)^2}$$

$$= \frac{gT^2}{4\pi^2 r}$$

$$= \frac{10 \times 2^2}{4 \times (3.14)^2 \times 2}$$

$$\simeq 0.5$$

05

भौतिकी की Concept Master *Videos* के लिए *Scan* करें

कार्य, ऊर्जा तथा शक्ति

Work, Energy and Power

5 वर्षों में NEET में पूछे गये शीर्षकवार प्रश्न

शीर्षक	वर्षवार प्रश्नों की संख्या				
	2024	2023	2022	2021	2020
अदिश गुणनफल	–	–	–	–	–
कार्य तथा गतिज ऊर्जा की अवधारणाएँ: कार्य ऊर्जा प्रमेय	–	–	–	–	–
कार्य	–	–	–	–	1
गतिज ऊर्जा	–	–	–	1	–
परिवर्तनीय बल द्वारा किया गया कार्य	–	–	–	–	–
परिवर्तनशील बल के लिए कार्य-ऊर्जा प्रमेय	–	1	–	–	–
स्थितिज ऊर्जा की अवधारणा	–	–	–	–	–
यान्त्रिक ऊर्जा का संरक्षण	–	–	–	–	–
स्प्रिंग की स्थितिज ऊर्जा	–	–	–	–	1
शक्ति	1	–	1	1	–
संघट्ट	1	–	–	–	–

NEET में विगत 5 वर्षों में पूछे गये विशेष प्रकार के प्रश्न

प्रकार	वर्ष				
	2024	2023	2022	2021	2020
अभिकथन–कारण	—	—	—	–	—
कथन आधारित	—	—	—	–	–
सुमेलन	—	—	—	—	—

NEET के विगत 5 वर्षों का भारांकन

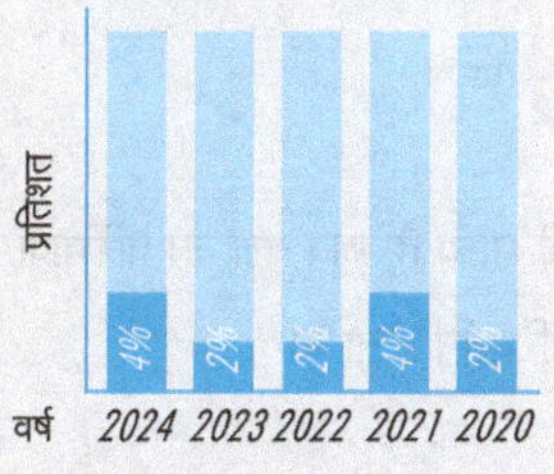

हमारे दैनिक जीवन में कार्य, ऊर्जा तथा शक्ति सामान्यतः प्रयोग किए जाते हैं। इस अध्याय में हम इन तीन भौतिक राशियों से सम्बन्धित विस्तृत अध्ययन करेंगे।

अदिश गुणनफल (Scalar Product)

- किन्हीं भी दो सदिशों (Vectors) **A** और **B** का अदिश गुणनफल या बिन्दु गुणनफल (Dot product) $\mathbf{A}\cdot\mathbf{B} = AB\cos\theta$ के रूप में दर्शाया जाता है।

  जहाँ, θ दो सदिशों **A** और **B** के बीच का कोण है, जैसा कि चित्र में दर्शाया गया है।

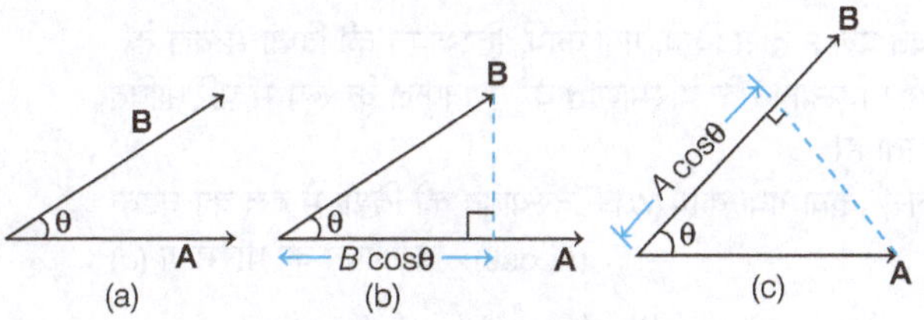

  ज्यामितीय रूप से,

  $\mathbf{A}\cdot\mathbf{B} = A(B\cos\theta) = A$ [चित्र (b) के अनुसार **B** का **A** पर प्रक्षेपण (Projection)]

  $= B\,(A\cos\theta) = B$ [चित्र (c) के अनुसार **A** का **B** पर प्रक्षेपण (Projection)]

- अदिश गुणनफल निम्नलिखित नियमों का पालन करता है

  (i) क्रम विनिमेय नियम (Commutative law) $\mathbf{A}\cdot\mathbf{B} = \mathbf{B}\cdot\mathbf{A}$

  (ii) वितरण नियम (Distributive law) $\mathbf{A}\cdot(\mathbf{B}+\mathbf{C}) = \mathbf{A}\cdot\mathbf{B} + \mathbf{A}\cdot\mathbf{C}$

  इसके अतिरिक्त $\mathbf{A}\cdot(\lambda\mathbf{B}) = \lambda(\mathbf{A}\cdot\mathbf{B})$, जहाँ, λ = एक वास्तविक संख्या है।

- इकाई सदिशों (Unit vectors) $\hat{\mathbf{i}}, \hat{\mathbf{j}}, \hat{\mathbf{k}}$ के लिए

  $\hat{\mathbf{i}}\cdot\hat{\mathbf{i}} = \hat{\mathbf{j}}\cdot\hat{\mathbf{j}} = \hat{\mathbf{k}}\cdot\hat{\mathbf{k}} = 1$ तथा $\hat{\mathbf{i}}\cdot\hat{\mathbf{j}} = \hat{\mathbf{j}}\cdot\hat{\mathbf{k}} = \hat{\mathbf{k}}\cdot\hat{\mathbf{i}} = 0$

- यदि दो सदिश $\mathbf{A} = A_x\hat{\mathbf{i}} + A_y\hat{\mathbf{j}} + A_z\hat{\mathbf{k}}$

  तथा $\mathbf{B} = B_x\hat{\mathbf{i}} + B_y\hat{\mathbf{j}} + B_z\hat{\mathbf{k}}$ दिए हों, तो इनका अदिश गुणनफल

  $$\mathbf{A}\cdot\mathbf{B} = (A_x\hat{\mathbf{i}} + A_y\hat{\mathbf{j}} + A_z\hat{\mathbf{k}})\cdot(B_x\hat{\mathbf{i}} + B_y\hat{\mathbf{j}} + B_z\hat{\mathbf{k}}) = A_xB_x + A_yB_y + A_zB_z$$

- दो सदिशों के मध्य कोण,

  $$\cos\theta = \frac{\mathbf{A}\cdot\mathbf{B}}{|A||B|} = \frac{A_xB_x + A_yB_y + A_zB_z}{\sqrt{A_x^2 + A_y^2 + A_z^2}\sqrt{B_x^2 + B_y^2 + B_z^2}}$$

- किसी सदिश का स्वयं के साथ अदिश गुणनफल, उसके परिमाण (Magnitude) के वर्ग (Square) के समान होता है।

$$\mathbf{A}\cdot\mathbf{A} = A\cdot A\cos 0^\circ = A^2$$

घटक प्रारूप में, $A = \sqrt{A_x^2 + A_y^2 + A_z^2}$ तथा $A \geq 0$

$$\therefore \qquad \mathbf{A}\cdot\mathbf{A} = A^2 = A_x^2 + A_y^2 + A_z^2$$

- अदिश गुणनफल की परिभाषा से यदि **A** तथा **B** परस्पर लम्बवत् (Perpendicular) हों, तब

$$\mathbf{A}\cdot\mathbf{B} = A_xB_x + A_yB_y + A_zB_z = 0$$

कार्य तथा गतिज ऊर्जा की अवधारणाएँ : कार्य-ऊर्जा प्रमेय

(Notions of Work and Kinetic Energy : The Work -Energy Theorem)

- कार्य-ऊर्जा प्रमेय के अनुसार, **किसी कण की गतिज ऊर्जा** (Kinetic energy) **में परिवर्तन, उस कण पर लगाए गए कुल बल** (Net force) **द्वारा किए गए कार्य** (Work) **के बराबर होता है।**

$$K_f - K_i = W$$

जहाँ, K_i तथा K_f, वस्तु की प्रारम्भिक तथा अन्तिम गतिज ऊर्जाएँ हैं तथा W, बल **F** द्वारा **s** विस्थापन में किया गया कार्य है।

कार्य (Work)

- एक नियत बल **F** द्वारा किया गया कार्य, विस्थापन की दिशा में बल के घटक और विस्थापन के परिमाण **d** के गुणनफल के रूप में परिभाषित किया जाता है।

इस प्रकार, किया गया कार्य (W) = विस्थापन की दिशा में बल का घटक ($F\cos\theta$) × विस्थापन का परिमाण (d)

$$W = (F\cos\theta)d = \mathbf{F}\cdot\mathbf{d}$$

- एक वस्तु, बल **F** के प्रभाव में **d** विस्थापन से गुजरती है, जैसा कि चित्र में दिखाया गया है।

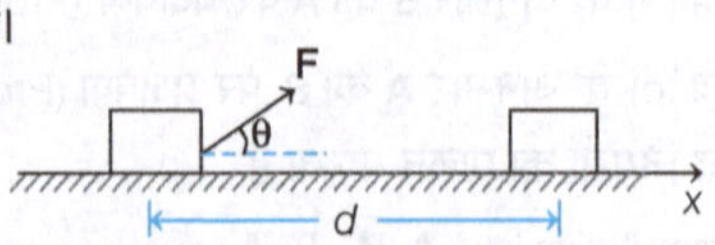

- **किया गया कार्य शून्य होगा, यदि**
  - (i) विस्थापन शून्य है।
  - (ii) बल शून्य है।
  - (iii) बल तथा विस्थापन परस्पर लम्बवत् (चित्रानुसार) हैं।

  अर्थात् $\theta = \frac{\pi}{2}$ रेडियन (= 90°)

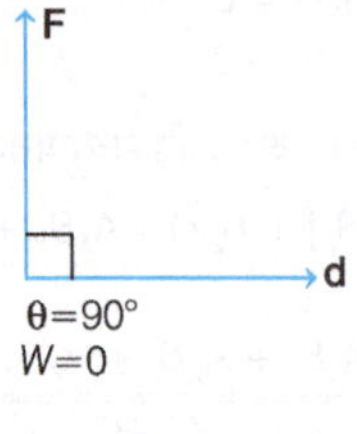

- किया गया कार्य एक अदिश राशि है। यह **धनात्मक** (Positive) या **ऋणात्मक** (Negative) हो सकता है।
  - (i) यदि θ का मान 0° से 90° के मध्य है, तो कार्य **धनात्मक** होगा। इस स्थिति में पिण्ड के वेग (Velocity) में वृद्धि होगी।

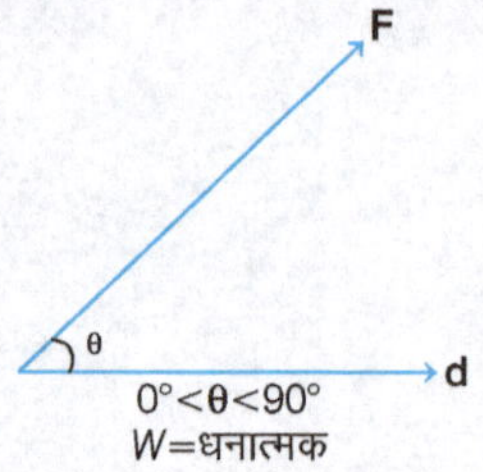

  - (ii) यदि θ का मान 90° से 180° के मध्य है, तो कार्य **ऋणात्मक** होगा। इस स्थिति में पिण्ड के वेग में कमी होगी।

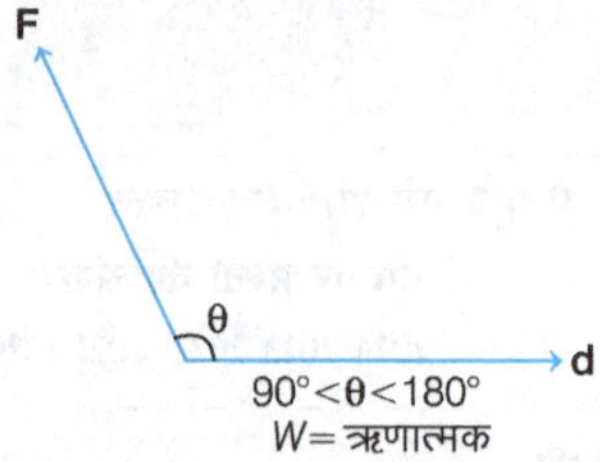

- कार्य तथा ऊर्जा की विमाएँ $[ML^2T^{-2}]$ समान है तथा SI मात्रक जूल (J) है किन्तु कुछ वैकल्पिक मात्रक भी हैं जो नीचे दिए गए हैं।

अर्ग	10^{-7} जूल
इलेक्ट्रॉन वोल्ट (eV)	1.6×10^{-19} जूल
कैलोरी (cal)	4.18 जूल
किलोवाट-घण्टा (kWh)	3.6×10^{6} जूल

गतिज ऊर्जा (Kinetic Energy)

- ऊर्जा (Energy), किसी पिण्ड की कार्य करने की क्षमता (Capacity) या योग्यता (Ability) है जबकि गतिज ऊर्जा किसी गतिशील पिण्ड को रोकने में किए गए कार्य की मात्रा या किसी पिण्ड को उसकी विराम अवस्था से वेग प्रदान करने में किए गए कार्य की मात्रा है।
- यदि किसी m द्रव्यमान की वस्तु को v वेग प्रदान किया जाता है, तो उसकी गतिज ऊर्जा

$$\text{KE} = \frac{1}{2}m\mathbf{v}\cdot\mathbf{v} = \frac{1}{2}mv^2$$

यह एक अदिश राशि है।

- व्यंजक (Expression), $\text{KE} = \frac{1}{2}mv^2$ तब भी मान्य है, जब बल का परिमाण या दिशा या परिमाण और दिशा दोनों में परिवर्तन होता है।

परिवर्तनशील बल द्वारा किया गया कार्य

(Work Done by a Variable Force)

- माना एक पिण्ड परिवर्तनशील बल $F(x)$ की क्रिया के अन्तर्गत प्रारम्भिक स्थिति (x_i) से अन्तिम स्थिति (x_f) तक विस्थापित होता है, जैसा कि चित्र में दिखाया गया है।

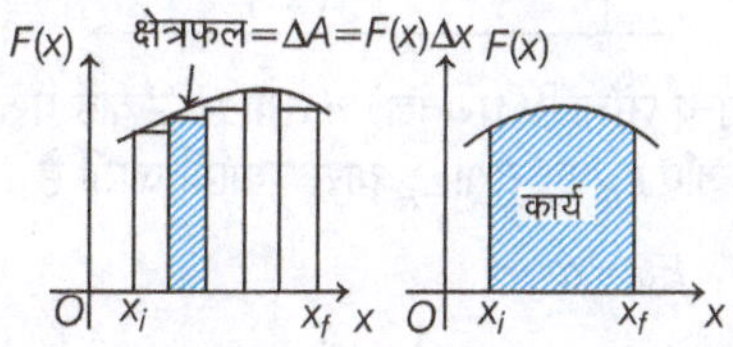

- यदि विस्थापन $(\Delta x \to 0)$ शून्य के बहुत समीप है, तो किया गया कार्य,

$$W = \lim_{\Delta x \to 0} \sum_{x_i}^{x_f} F(x)\,\Delta x = \int_{x_i}^{x_f} F(x)\,dx$$

NEET 2019

= बल $F(x)$ तथा विस्थापन (x) वक्र का क्षेत्रफल

इस प्रकार, एक परिवर्तनशील बल के लिए किए गए कार्य को विस्थापन पर बल के एक निश्चित समाकलन (Definite integral) के रूप में व्यक्त किया जा सकता है।

Marks Maximizer

किए गए कार्य की ज्यामितीय व्याख्या
(Geometrical Interpretation of Work Done)

किया गया कार्य = बल तथा विस्थापन के बीच वक्र का क्षेत्रफल

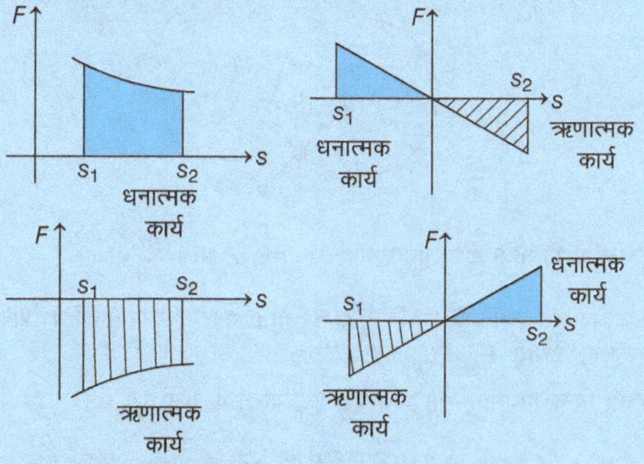

वक्रीय सतह पर वस्तु की गति
(Motion of an Object on a Curved Surface)

- जब एक कार, r त्रिज्या के उत्तल सेतु (Convex bridge) पर गति कर रही है, तो

अभिकेन्द्रीय बल (Centripetal force) $= mg\sin\theta - N = \dfrac{mv^2}{r}$

तथा प्रतिक्रिया बल (Reaction force), $N = mg\cos\theta - \dfrac{mv^2}{r}$

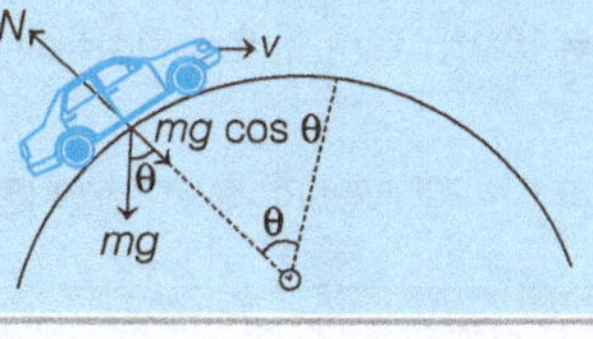

- जब कार, r त्रिज्या के अवतल सेतु (Concave bridge) पर गति करती है, तो

अभिकेन्द्रीय बल (Centripetal force) $= N - mg\cos\theta = \dfrac{mv^2}{r}$

तथा प्रतिक्रिया बल (Reaction force),

$$N = mg\cos\theta + \frac{mv^2}{r}$$

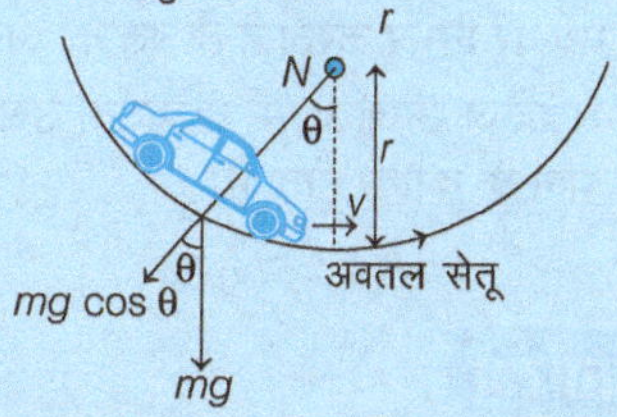

परिवर्तनशील बल के लिए कार्य-ऊर्जा प्रमेय

(The Work-Energy Theorem for a Variable Force)

परिवर्तनीय बल (Variable force) द्वारा किया गया कार्य, गतिज ऊर्जा में परिवर्तन के समान होता है। कार्य-ऊर्जा प्रमेय, न्यूटन के द्वितीय नियम (Newton's second law) का समाकलन (Integral) रूप है।

$$\therefore \quad K_f - K_i = W \qquad \left[\because W = \int_{x_i}^{x_f} F \cdot dx\right]$$

स्थितिज ऊर्जा की अवधारणा

(Concept of Potential Energy)

- स्थितिज ऊर्जा, किसी पिण्ड की स्थिति तथा अभिविन्यास (Configuration) के कारण संग्रहित ऊर्जा (Stored energy) होती है।
- **किसी वस्तु की गुरुत्वीय स्थितिज ऊर्जा** (Gravitational Potential Energy), किसी वस्तु को ऊँचाई (h) तक उठाने में गुरुत्वाकर्षण बल द्वारा किया गया ऋणात्मक कार्य हैं। NEET 2021

$$U(h) = mgh$$

- यदि h को चर (Variable) के रूप में लिया जाता है, तो गुरुत्वाकर्षण बल (F), h के सापेक्ष $U(h)$ के ऋणात्मक अवकलन (Derivative) के बराबर होता है।

इस प्रकार, $\quad F = -\dfrac{d}{dh}U(h) = -mg$

ऋणात्मक चिन्ह दर्शाता है कि dh गुरुत्वाकर्षण बल नीचे की ओर कार्यरत् है।

- व्यंजक $\frac{1}{2}mv^2 = mgh$ दर्शाता है, कि वस्तु को h ऊँचाई से छोड़े जाने पर वस्तु की गुरुत्वीय स्थितिज ऊर्जा को धरातल पर पहुँचने पर वस्तु की गतिज ऊर्जा के रूप में व्यक्त किया जा सकता है।
- गणितीय रूप से, स्थितिज ऊर्जा $U(x)$ को बल $F(x)$ के लिए $F(x) = -\dfrac{dU}{dx}$ के रूप में परिभाषित किया जाता है।

$$\Rightarrow \int_{x_i}^{x_f} F(x)dx = \int_{U_i}^{U_f} dU = U_f - U_i$$

- **संरक्षी तथा असंरक्षी बल द्वारा किया गया कार्य**
(Work Done by Conservative and Non-Conservative Force)
  (i) **संरक्षी बल** (जैसे - गुरुत्वाकर्षण बल) द्वारा किया गया कार्य केवल प्रारम्भिक और अन्तिम स्थितियों पर निर्भर करता है न कि लिए गए पथ पर।
  (ii) यदि किया गया कार्य या गतिज ऊर्जा अन्य कारकों जैसे वस्तु के वेग या लिए गए विशेष पथ पर निर्भर करता है तो बल को असंरक्षी बल कहते हैं।
- संरक्षी बल के लिए स्थितिज ऊर्जा ΔU में परिवर्तन, उस बल द्वारा किए गए कार्य के ऋणात्मक मान के बराबर होता है।

$$\Delta U = -F(x)\,dx$$

Marks Maximizer

चेन की स्थिति में किया गया कार्य (Wrok Done in Case of a Chain)

प्रथम स्थिति निलम्बित भाग (Hanging part) को मेज पर लाने के लिए खिंचाव बल (Pulling force) द्वारा किया गया कार्य,

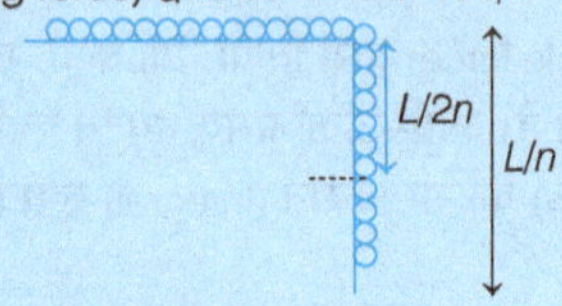

$$\text{निलम्बित भाग का भार} = \frac{mg}{n}$$

$$W = \frac{mgh}{h} = \frac{mg}{n}\frac{L}{2n} = \frac{mgL}{2n^2}$$

द्वितीय स्थिति चेन को आंशिक रूप से खींचने में किया गया कार्य जहाँ $\frac{1}{n_2}$ भाग मेज के किनारे से लटका हुआ है, निम्न प्रकार दिया जाता है,

$$W = \frac{mgL}{2}\left[\frac{1}{n_1^2} - \frac{1}{n_2^2}\right]$$

यान्त्रिक ऊर्जा का संरक्षण

(The Conservation of Mechanical Energy)

- इस नियम के अनुसार, "यदि किसी निकाय पर कार्य करने वाले बल संरक्षी हैं, तो निकाय की कुल यान्त्रिक ऊर्जा संरक्षित रहती है।"
अर्थात् $K_i + U(x_i) = K_f + U(x_f)$
$K + U(x)$ निकाय की **कुल यान्त्रिक ऊर्जा** कहलाती है। गतिज ऊर्जा और स्थितिज ऊर्जा एक बिन्दु से दूसरे बिन्दु पर भिन्न हो सकती हैं किन्तु इनका योग सदैव नियत रहता है।
- **संरक्षी बल की कुछ अन्य विशेषताएँ** निम्न प्रकार हैं:
  (a) यदि कोई बल, अदिश राशि $U(x)$ द्वारा सम्बन्ध $F(x) = -\frac{\Delta U}{\Delta x}$ से प्राप्त किया जा सकता है, तो यह बल, संरक्षी बल होता है।
  (b) संरक्षी बल द्वारा किया गया कार्य अन्तिम बिन्दुओं पर निर्भर करता है।
  (c) संरक्षी बल द्वारा बन्द पथ (Closed path) में किया गया कार्य शून्य होता है।

- जब m द्रव्यमान की गेंद को H ऊँचाई की चट्टान से गिराया जाता है, तो

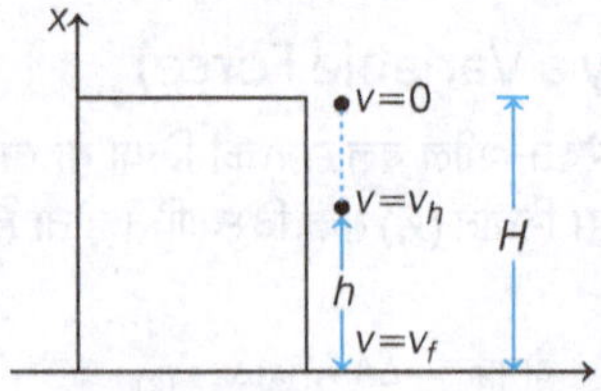

(a) सन्दर्भित शून्य ऊँचाई (धरातल) h तथा H ऊँचाई पर गेंद की कुल यान्त्रिक ऊर्जाएँ E_0, E_h तथा E_H द्वारा दर्शायी जाती है

$$E_H = mgH$$

$$E_h = mgh + \frac{1}{2}mv_h^2$$

NEET 2021

$$E_0 = \frac{1}{2}mv_f^2$$

(b) विभिन्न स्तरों पर गेंद की यान्त्रिक ऊर्जा के संरक्षण के नियम द्वारा

Concept Master Video के लिए

$$v_f = \sqrt{2gH}$$

$$\therefore \quad v_h = \sqrt{2g(H-h)}$$

Marks Maximizer

ऊर्ध्वाधर वृत्त में गति (Motion in a Vertical Circle) जब एक कण ऊर्ध्वाधर वृत्त में गति करता है, तो

NEET 2020, 19

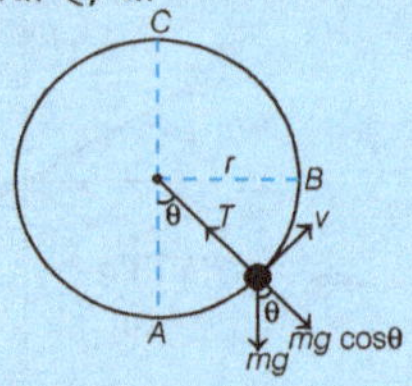

- नितल से किसी θ कोण पर तनाव, $T = mg\cos\theta + \frac{mv^2}{r}$
- ऊर्ध्वाधर वृत्त के किसी भी बिन्दु A, B तथा C पर यान्त्रिक ऊर्जा का संरक्षण मान्य है, अर्थात् $E_A = E_B = E_C$
- किसी बिन्दु द्रव्यमान (m) द्वारा वृत्त पूरा करने के लिए, $T_C \geq 0$

$$\therefore \quad T_C = mg\cos 180° + \frac{mv_C^2}{r} = \frac{mv_C^2}{r} - mg$$

Concept Master Video के लिए

$$\frac{mv_C^2}{r} - mg \geq 0$$

$$\Rightarrow \quad v_C \geq \sqrt{rg} \quad \Rightarrow E_A = E_C$$

$$\Rightarrow \quad \frac{1}{2}mv_A^2 = mg(2r) + \frac{1}{2}m(\sqrt{rg})^2$$

$$\therefore \quad v_A = \sqrt{5rg}$$

अतः ऊर्ध्वाधर वृत्त को पूरा करने के लिए नितल पर न्यूनतम वेग, $\sqrt{5rg}$ है।

- जब डोरी क्षैतिज से $\theta = 90°$ पर होती है, तब न्यूनतम वेग $v_B = \sqrt{3rg}$. होता है।

स्प्रिंग की स्थितिज ऊर्जा

(The Potential Energy of a Spring)

- चित्रानुसार, एक ब्लॉक को द्रव्यमान रहित स्प्रिंग द्वारा संलग्न कर चिकनी क्षैतिज सतह पर रखा जाता है, स्प्रिंग को हल्का एवं द्रव्यमान रहित माना जा सकता है।

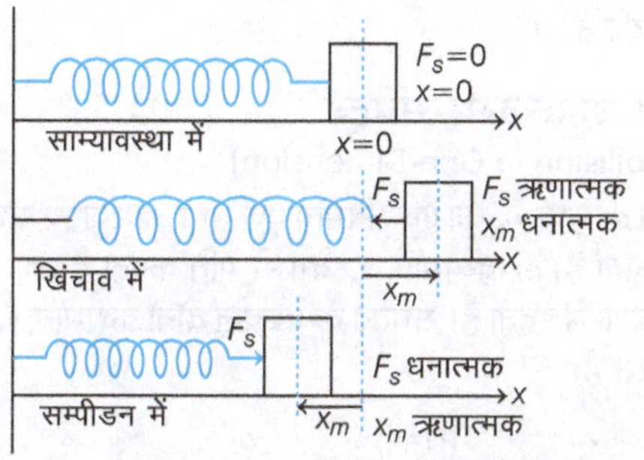

स्प्रिंग बल द्वारा स्प्रिंग को x_m दूरी तक खींचने या सम्पीडित करने में किया गया कार्य, स्प्रिंग की स्थितिज ऊर्जा कहलाती है। इसे निम्न प्रकार प्रदर्शित किया जाता है

$$W_s = \int_0^{x_m} F_s dx = -\int_0^{x_m} kx\, dx = -\frac{kx_m^2}{2}$$

NEET 2023

जहाँ, k = स्प्रिंग नियतांक है।

- स्प्रिंग की स्थितिज ऊर्जा नीचे दिए गए चित्र में प्रदर्शित त्रिभुज के क्षेत्रफल के परिमाण से भी प्राप्त की जा सकती है।

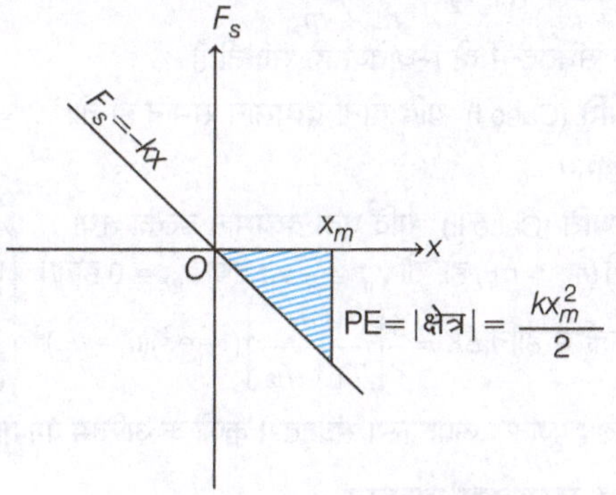

- बाह्य खिंचाव बल द्वारा किया गया कार्य, स्प्रिंग बल द्वारा किए गए कार्य के ऋणात्मक मान के समतुल्य होता है।

$$\therefore \quad W_{बाह्य} = -W_S = +\frac{kx_m^2}{2}$$

- यदि स्प्रिंग को प्रारम्भिक विस्थापन (x_i) से अन्तिम विस्थापन (x_f) तक खींचा या सम्पीड़ित किया जाए, तो स्प्रिंग बल द्वारा किया गया कार्य,

$$W_S = \frac{1}{2} k (x_i^2 - x_f^2)$$

NEET 2019

- स्प्रिंग बल द्वारा चक्रीय प्रक्रम (Cyclic process) में किया गया कार्य शून्य होता है।

$$W_S = -\int_{x_i}^{x_i} kx dx = \frac{1}{2}k(x_i^2 - x_i^2) = 0$$

अर्थात् स्प्रिंग बल द्वारा किया गया कार्य केवल प्रारम्भिक तथा अन्तिम स्थिति पर निर्भर करता है। अतः **स्प्रिंग बल एक संरक्षी बल** है।

- यदि m द्रव्यमान के ब्लॉक को x_m इकाई तक खींचकर विराम से छोड़ा जाए, तो किसी भी बिन्दु x (जहाँ, $-x_m < x < x_m$) पर m की सम्पूर्ण यान्त्रिक ऊर्जा नियत रहती है।

$$\frac{1}{2}kx_m^2 = \frac{1}{2}kx^2 + \frac{1}{2}mv^2$$

जबकि स्प्रिंग-ब्लॉक निकाय में गतिज ऊर्जा, स्थितिज ऊर्जा में या स्थितिज ऊर्जा, गतिज ऊर्जा में परिवर्तित हो जाती है। अतः गतिज ऊर्जा तथा स्थितिज ऊर्जा का योग नियत रहता है। इस स्थिति को ग्राफ द्वारा प्रदर्शित किया गया है।

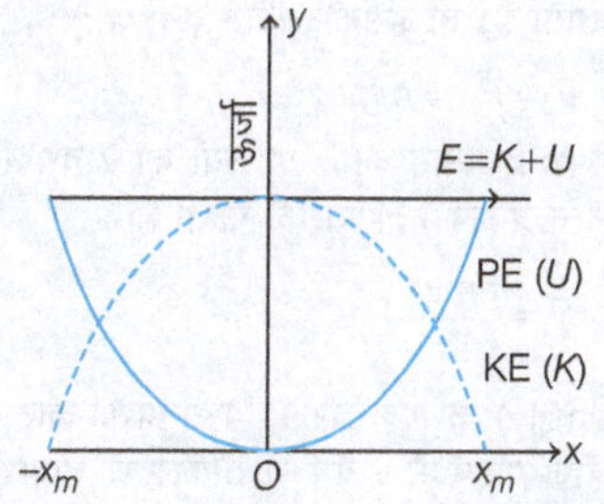

- x के विस्तार (Extension) या सम्पीड़न (Compression) के लिए स्थितिज ऊर्जा

$$U(x) = \frac{1}{2}kx^2$$

- साम्यावस्था की स्थिति में स्प्रिंग की स्थितिज ऊर्जा $U(x)$ शून्य होती है।
- स्प्रिंग की अधिकतम चाल (Maximum speed) निम्न प्रकार प्रदर्शित की जाती है $\quad v_m = \sqrt{\frac{k}{m}}\, x_m$

शक्ति (Power)

- किये गए कार्य या ऊर्जा स्थानान्तरण की दर को शक्ति कहते हैं।
- बल की **औसत शक्ति** को, कार्य (W) और कुल समय (t) के अनुपात के रूप में परिभाषित किया जाता है।

$$P_{av} = \frac{W}{t}$$

- लगभग शून्य समय अन्तराल में औसत शक्ति के सीमान्त मान (Limiting value) को **तात्क्षणिक शक्ति** (Instantaneous power) कहते हैं।

$$P = \frac{dW}{dt} = \mathbf{F} \cdot \mathbf{v}$$

जहाँ, $\mathbf{v}$ = तात्क्षणिक वेग तथा $\mathbf{F}$ = बल

- यह एक **अदिश राशि** है तथा इसकी विमा $[ML^2T^{-3}]$ होती है।
- SI पद्धति में इसका मात्रक **वाट (W)** या **जूल/से** होता है।

कार्य का एक अन्य मात्रक अश्व शक्ति भी होता है।

1 अश्व शक्ति = 746 वाट

- कार्य-समय वक्र की ढाल (slope), तात्क्षणिक शक्ति प्रदान करता है।

$$\tan\theta = P = \frac{dW}{dt}$$

शक्ति-समय वक्र का क्षेत्रफल, किया गया कार्य प्रदान करता है।

$\therefore \quad W = \int P dt = P\text{-}t$ वक्र का क्षेत्रफल

Marks Maximizer

विभिन्न स्थितियों में शक्ति की गणना
(Calculation of Power Under Different Cases)

- यदि एक क्रेन, m द्रव्यमान के पिण्ड को नियत वेग v के साथ धरातल (Ground) से उठाती है, तो इसकी शक्ति (Power)

$$P = Fv = mgv$$

- t समयान्तराल में m द्रव्यमान की n गोलियों को v वेग से दागने में मशीन गन की शक्ति निम्न प्रकार प्रदर्शित की जाती है।

$$P = \frac{nmv^2}{2t}$$

- जब ρ घनत्व (Density) का एक तरल, A अनुप्रस्थ-काट (Cross-section) वाले हौज पाइप से v वेग से निकलकर दीवार पर लम्बवत् रूप से टकराता है, तो तरल द्वारा दीवार पर लगाई गई शक्ति,

$$P = \frac{1}{2}\cdot\frac{mv^2}{t} = \frac{1}{2}\rho A v^3$$

- यदि कोई मोटर, h गहराई के कुएँ से v वेग से पानी उठाती है, तो पम्प की शक्ति,

$$P = \frac{mgh + \frac{1}{2}mv^2}{t}$$

संघट्ट (Collision)

- यह एक विलगित (Isolated) घटना है, जिसमें दो या दो से अधिक संघट्टीय पिण्ड (Colliding bodies) बहुत कम समय के लिए एक-दूसरे पर अत्यधिक बल लगाते हैं।
- सभी प्रकार के रेखीय संघट्टों में कुल रेखीय संवेग (Total linear momentum) संरक्षित (Conserved) रहता है।

अर्थात् प्रणाली का प्रारम्भिक संवेग, अन्तिम संवेग के बराबर होता है।

अतः, $\quad \Delta\mathbf{p}_1 + \Delta\mathbf{p}_2 = 0$

जहाँ, $\quad \mathbf{p} = m\mathbf{v}$

- संघट्ट दो प्रकार का होता है, प्रत्यास्थ और अप्रत्यास्थ संघट्ट।
  - **प्रत्यास्थ संघट्ट** (Elastic collision) वह संघट्ट, जिसमें पिण्ड का संवेग तथा गतिज ऊर्जा दोनों संरक्षित रहते हैं, प्रत्यास्थ संघट्ट कहलाता है।
  - **अप्रत्यास्थ संघट्ट** (Inelastic collision) वह संघट्ट जिसके अन्तर्गत रेखीय संवेग तो संरक्षित रहता है परन्तु गतिज ऊर्जा संरक्षित नहीं रहती, अप्रत्यास्थ संघट्ट कहलाता है।

एक-विमीय संघट्ट (Collision in One-Dimension)

- जब एक पिण्ड की प्रारम्भिक तथा अन्तिम गति, एक सरल रेखा के अनुदिश होती है, तो इसे **एक-विमीय संघट्ट या सीधा-संघट्ट** (Head-on collision) कहते हैं।

एक-विमीय अप्रत्यास्थ संघट्ट
(Inelastic Collision in One-Dimension)

- दो द्रव्यमान m_1 तथा m_2 का एक-विमीय पूर्ण तथा अप्रत्यास्थ संघट्ट नीचे चित्र में दर्शाया गया है। m_1 द्रव्यमान, v_{1i} वेग से गति करता है तथा m_2 द्रव्यमान, विराम अवस्था में रहता है। संघट्ट के पश्चात् दोनों द्रव्यमान, v_{1f} तथा v_{2f} वेग से गति करते हैं।

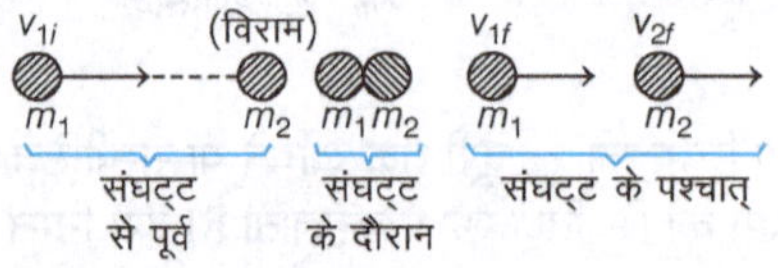

- एक-विमीय पूर्णतया अप्रत्यास्थ संघट्ट में गतिज ऊर्जा में हानि,

$$\Delta K = \frac{1}{2}\frac{m_1 m_2}{(m_1 + m_2)} v_{1i}^2$$

जहाँ, v_{1i} = द्रव्यमान m_1 का प्रारम्भिक वेग

- संघट्ट के पश्चात् दोनों द्रव्यमानों का वेग

$$v_{1f} = \frac{(m_1 - m_2)}{(m_1 + m_2)} v_{1i}, \quad v_{2f} = \frac{2m_1 v_{1i}}{m_1 + m_2}$$

- अप्रत्यास्थ संघट्ट में दो स्थितियाँ हो सकती हैं

प्रथम स्थिति (Case I) यदि दोनों द्रव्यमान समान हो तो, $v_{1f} = 0$ तथा $v_{2f} = v_{1i}$ होगा।

द्वितीय स्थिति (Case II) यदि एक द्रव्यमान हल्का तथा दूसरा भारी $(m_2 > m_1)$ हो, तो $v_{1f} \cong -v_{1i}$ तथा $v_{2f} \cong 0$ होगा।

Concept Master Video के लिए

- गतिज ऊर्जा में हानि, $\Delta K = \frac{1}{2}\left[\frac{m_1 m_2}{m_1 + m_2}\right](1 - e^2)(u_1 - u_2)^2$
- $e = 0$ के लिए पूर्णतया अप्रत्यास्थ संघट्ट में कणों के अन्तिम वेग प्राप्त होते हैं।

एक-विमीय प्रत्यास्थ संघट्ट
(Elastic Collision in One-Dimension)

- प्रत्यास्थ संघट्ट में रेखीय संवेग संरक्षित रहता है। अतः संघट्ट के पश्चात् द्रव्यमानों का वेग निम्न प्रकार दर्शाया जाता है

$$v_1 = \left(\frac{m_1 - em_2}{m_1 + m_2}\right)u_1 + \left[\frac{(1+e)m_2}{m_1 + m_2}\right]u_2$$

तथा $$v_2 = \left[\frac{(1+e)m_1}{m_1 + m_2}\right]u_1 + \left(\frac{m_2 - em_1}{m_1 + m_2}\right)u_2$$

पूर्ण तथा प्रत्यास्थ संघट्ट के लिए अधिकतम प्रत्यावस्थान गुणांक $e = 1$ होता है।

द्वि-विमीय संघट्ट (Collision in Two-Dimensions)

- नीचे दिए गए चित्र में दिखाए अनुसार द्वि-विमीय (Two-dimensions) या समतलीय संघट्ट के लिए x तथा y-घटक निम्न प्रकार प्राप्त किए जाते हैं

$$m_1 v_{1f} = m_1 v_{1f} \cos\theta_1 + m_2 v_{2f} \cos\theta_2$$

$$0 = m_1 v_{1f} \sin\theta_1 - m_2 v_{2f} \sin\theta_2$$

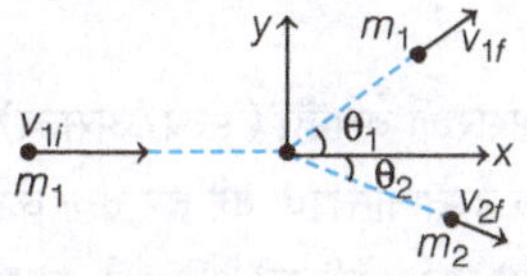

- यदि **संघट्ट प्रत्यास्थ** है, तो

$$\frac{1}{2} m_1 v_{1i}^2 = \frac{1}{2} m_1 v_{1f}^2 + \frac{1}{2} m_2 v_{2f}^2$$

- **पूर्णतया प्रत्यास्थ संघट्ट** में संघट्टीय पिण्डों की कुल ऊर्जा तथा कुल रेखीय संवेग संरक्षित रहता है।
- **फर्श से संघट्ट के बाद गेंद का उछलना**

(i) n वें उछाल के बाद गेंद की गति,

$$v_n = e^n v_0 = e^n \sqrt{2gh_0}$$

(ii) n वें उछाल के बाद गेंद द्वारा तय की गई ऊँचाई, $h_n = e^{2n} h_0$

Caution Points

- दो पिण्डों के लिए, $F_{12} + F_{21} = 0$, जबकि $W_{12} + W_{21} \neq 0$ होता है। जहाँ F_{12} तथा F_{21} उनके मध्य क्रिया तथा प्रतिक्रिया बल है, W_{12} तथा W_{21} इन बलों के द्वारा किया गया कार्य हैं परन्तु कभी-कभी $W_{12} + W_{21} = 0$ भी सत्य होता है।
- कार्य-ऊर्जा प्रमेय का उपयोग करके, किसी बल द्वारा किए गए कार्य की गणना बल की यथार्थ प्रकृति (Exact nature) को जाने बिना की जा सकती है।
- कार्य-ऊर्जा प्रमेय, न्यूटन के द्वितीय नियम का अदिश रूप है। संरक्षी बलों के लिए यान्त्रिक ऊर्जा के संरक्षण का सिद्धान्त, कार्य-ऊर्जा प्रमेय का दूसरा रूप है।

$$W_c = \Delta K. \text{ या } W_c = -\Delta U$$

$$\therefore \quad -\Delta U = \Delta K$$

$$\Rightarrow \quad \Delta(U + K) = 0$$

$$\therefore \quad U + K = \text{कुल यान्त्रिक ऊर्जा} = \text{स्थिर}$$

- कार्य-ऊर्जा प्रमेय सभी प्रकार के जड़त्वीय तन्त्रों के लिए मान्य है। यह अजड़त्वीय तन्त्रों के लिए भी मान्य है परन्तु जब पिण्ड पर कार्य करने वाले कुल बल की गणना में छद्म बल (Pseudo force) को भी सम्मिलित किया जाता है।

(a) जड़त्वीय तन्त्रों के लिए कार्य-ऊर्जा प्रमेय

$$W_c + W_{nc} = \Delta K$$

(b) गैर-जड़त्वीय तन्त्र के लिए कार्य-ऊर्जा प्रमेय

PYQ नोट्स

1. यदि स्थितिज ऊर्जा $U = \frac{A}{r^m} + \frac{B}{r^n}$ के रूप में प्रदर्शित जाती है। जहाँ A, B स्थिरांक तथा m, n धनात्मक नियतांक हैं, तो साम्यावस्था की स्थिति या माध्य स्थिति में बल

$$F = -\frac{dU}{dr} = 0$$

या $\frac{dU}{dr} = 0$ के द्वारा प्रदर्शित किया जाता है।

सन्तुलन के प्रकारों को $\frac{d^2U}{dr^2}$ के चिन्ह द्वारा पहचाना जा सकता है।

स्थिर सन्तुलन	अस्थिर सन्तुलन	उदासीन सन्तुलन
$\frac{dU}{dr}=0, \frac{d^2U}{dr^2}>0$	$\frac{dU}{dr}=0, \frac{d^2U}{dr^2}<0$	$\frac{dU}{dr}=0, \frac{d^2U}{dr^2}=0$

यदि स्थितिज ऊर्जा U का एक कण एक वृत्ताकार पथ पर गति कर रहा है, तो अभिकेन्द्रीय बल,

$$F = -\frac{dU}{dr} = \frac{mv^2}{r}$$

कुल ऊर्जा, $E = \text{KE} + \text{PE} = -\frac{r}{2}\left(\frac{dU}{dr}\right) + U$

[JEE Main 2022, 21, 18]

2. यदि जल m द्रव्यमान प्रवाह की दर से टरबाइन को संचालित करने के लिए h ऊँचाई से गिरता है, तो टरबाइन द्वारा उत्पन्न शक्ति निम्न प्रकार जाती है

$$P_{\text{आउटपुट}} = P_{\text{इनपुट}} - P_{\text{हानि}}$$

यदि $P_{\text{हानि}} = P_{\text{इनपुट}}$, है, तो $x\%$ का

$$P_{\text{आउटपुट}} = P_{\text{इनपुट}}\left(1 - \frac{x}{100}\right) = mgh\left(1 - \frac{x}{100}\right)$$

[NEET 2021]

3. यदि किसी पिण्ड पर संरक्षी या गैर-संरक्षी बल कार्य करते हैं, तो गैर-संरक्षी बल (घर्षण, श्यान बल) द्वारा किया गया कार्य निम्न प्रकार दर्शाया जाता है

$$W_C + W_{NC} = \Delta K \quad \text{या} \quad W_{NC} = E_f - E_i$$

जहाँ, E_i तथा E_f पिण्ड की प्रारम्भिक तथा अन्तिम यान्त्रिक ऊर्जा हैं।

[NEET 2020, 19, 18, 17]

4. संघट्ट के पश्चात् पृथक्करण (Separation) के सापेक्ष वेग तथा संघट्ट से पूर्व सापेक्ष वेग के अनुपात को **प्रत्यावस्थान गुणांक** (Coefficient of restitution) कहते हैं। इसे e से प्रदर्शित करते हैं।

$$e = \frac{v_2 - v_1}{u_1 - u_2}$$

पूर्णतया प्रत्यास्थ संघट्ट के लिए, $e = 1$.
पूर्णतया अप्रत्यास्थ संघट्ट के लिए, $e = 0$
अप्रत्यास्थ संघट्ट के लिए, $e < 1$

[NEET 2018]

Step by Step

Mastering NCERT

- कॉन्सेप्ट बिल्डर्स
- शीर्षकवार प्रश्न
- अभिकथन-कारण प्रश्न
- कथन आधारित प्रश्न
- सुमेलन प्रकार प्रश्न
- आंकिक मान प्रकार के प्रश्न
- NCERT Exemplar प्रश्न
- विगत परीक्षाओं के प्रश्न
- स्किल बूस्टर्स

कॉन्सेप्ट बिल्डर्स

1 बल $\mathbf{F} = 3\hat{i} - 4\hat{j} + 3\hat{k}$ और विस्थापन $\mathbf{s} = 3\hat{i} + 3\hat{j} + \hat{k}$ के बीच का कोण क्या है?

2 यदि कोई बल किसी पिण्ड की गति की दिशा के लम्बवत् कार्य करता है, तो किए गए कार्य की मात्रा क्या है?

3 किसी कण की .... ऊर्जा में परिवर्तन , उस पर कुल बल द्वारा किए गए कार्य के बराबर होता है। (गतिज/स्थितिज)

4 एक निश्चित स्थिति में भार पकड़े हुए व्यक्ति द्वारा किया गया कार्य शून्य होता है। (सत्य/असत्य)

5 सूर्य के चारों ओर एक वृत्ताकार कक्षा में घूमने वाली पृथ्वी पर एक बल कार्य करता है इसलिए बल द्वारा पृथ्वी पर कार्य किया जाना चाहिए। (सत्य/असत्य)

6 किया गया कार्य ऋणात्मक .... नहीं हो (सकता है/हो सकता है।)

7 एक हल्के पिण्ड और एक भारी पिण्ड का संवेग समान है। किस पिण्ड की गतिज ऊर्जा अधिक है?

8 किसी पिण्ड में संवेग के बिना भी ऊर्जा हो सकती है। (सत्य/असत्य)

9 जब किसी पिण्ड का संवेग दोगुना हो जाता है, तो उसकी गतिज ऊर्जा, प्रारम्भिक गतिज ऊर्जा की .... गुना हो जाती है। (दो/चार)

10 किसी स्प्रिंग को सम्पीड़ित या खींचे जाने पर उसकी स्थितिज ऊर्जा .... है? (घटती/बढ़ती)

11 .... बल की क्रिया के अन्तर्गत ऊर्जा के संरक्षण के सिद्धान्त के अनुसार, किसी कण की स्थितिज ऊर्जा और गतिज ऊर्जा का योग स्थिर रहता है। (संरक्षी/घर्षण)

12 स्प्रिंग बल एक असंरक्षी बल है। (सत्य/असत्य)

13 कार्य या ऊर्जा के हस्तान्तरण की दर क्या कहलाती है?

14 यदि पाइप से बहने वाले पानी की गति v है, तो शक्ति v^2 के समानुपाती होगी। (सत्य/असत्य)

15 यदि रेल शून्य घर्षण के साथ समतल सतह पर गति करती हैं, तो इंजन द्वारा अपव्ययित शक्ति क्या है?

16 तात्क्षणिक शक्ति को समय अन्तराल के शून्य के समीप पहुँचने पर औसत शक्ति के सीमित मान के रूप में परिभाषित किया जाता है। (सत्य/असत्य)

17 वह संघट्ट, जिसमें संघट्ट से पहले और बाद में संवेग और गतिज ऊर्जा दोनों संरक्षित रहती हैं, उसे .... संघट्ट कहते हैं। (प्रत्यास्थ/अप्रत्यास्थ)

18 पूर्णतया प्रत्यास्थ संघट्ट में ऊर्जा का विनिमेय .... होगा, यदि संघट्ट करने वाले पिण्डों का द्रव्यमान समान है। (अधिकतम/न्यूनतम)

19 एक-दूसरे की ओर गति करते हुए दो पिण्ड संघट्ट करते हैं और संघट्ट के पश्चात् एक-दूसरे के विपरीत दिशा में दूर चले जाते हैं। इस प्रक्रिया में पिण्ड के तापमान में कुछ वृद्धि होती है। यह किस प्रकार का संघट्ट है?

20 पूर्णतया प्रत्यास्थ संघट्ट के लिए प्रत्यावस्थान गुणांक का मान क्या होता है?

शीर्षकवार प्रश्न

अदिश गुणनफल

1 बल $\mathbf{F} = (3\hat{i} + 4\hat{j} - 5\hat{k})$ इकाई और $\mathbf{d} = (5\hat{i} + 4\hat{j} + 3\hat{k})$ इकाई के बीच का कोण है **NCERT पृष्ठ 71**

(a) $\cos^{-1}(0.49)$ (b) $\cos^{-1}(0.32)$
(c) $\cos^{-1}(0.60)$ (d) $\cos^{-1}(0.90)$

2 दो सदिशों $\mathbf{A} = 3\hat{i} - 4\hat{j} + 5\hat{k}$ और $\mathbf{B} = -\hat{i} + 2\hat{j} + 3\hat{k}$ का अदिश गुणनफल है **NCERT पृष्ठ 71**

(a) 9 (b) 4
(c) 10 (d) 3

3 λ के किस मान के लिए, सदिश $\mathbf{a} = 2\hat{i} + \lambda\hat{j} + 3\hat{k}$ और $\mathbf{b} = 2\hat{i} + \hat{j} - \hat{k}$ लम्बवत् हैं? **NCERT पृष्ठ 71**

(a) 2 (b) –1
(c) 0 (d) –2

4 $(\hat{i} + \sqrt{3}\hat{j})$ दिशा में यात्रा करने वाली प्रकाश की किरण समतल दर्पण पर आपतित होती है। परावर्तन के बाद यह $(\hat{i} - \sqrt{3}\hat{j})$ दिशा में चली जाती है। सही विकल्प का चयन करें। **NCERT पृष्ठ 71**

(a) आपतन कोण 30° है। (b) परावर्तन कोण 60° है।
(c) आपतन कोण 45° है। (d) परावर्तन कोण 45° है।

5 दो सदिश **A** और **B** इस प्रकार हैं कि $|\mathbf{A}+\mathbf{B}| = |\mathbf{A}-\mathbf{B}|$ तो **A** और **B** के बीच का कोण है **NCERT पृष्ठ 71**

(a) 60° (b) 90° (c) 30° (d) 0°

कार्य तथा गतिज ऊर्जा की अवधारणाएँ : कार्य-ऊर्जा प्रमेय

6 समान गतिज ऊर्जा वाली दो गतिशील वस्तुओं को समान मन्दन बल द्वारा रोका जाता है। कौन-सी वस्तु कम दूरी पर रुक जाएगी? **NCERT पृष्ठ 73**

(a) बड़ी वस्तु (b) छोटी वस्तु
(c) दोनों वस्तु समान दूरी पर (d) कह नहीं सकते

7 1400 किलोग्राम भार वाली एक कार 54 किमी प्रति घण्टे की गति से पहाड़ी पर चढ़ रही है। जब मोटर रुकती है, तो वह केवल गन्तव्य तक ही पहुँच पाती है, जो बिन्दु से 10 मीटर की ऊँचाई पर है, तो घर्षण के विरुद्ध किया गया कार्य है (घर्षण द्वारा किया गया कार्य ऋणात्मक है) (g = 10 मी/से^{2}) **NCERT पृष्ठ 73**

(a) 10 किलो-जूल (b) 15 किलो-जूल
(c) 17.5 किलो-जूल (d) 25 किलो-जूल

8 20 ग्राम द्रव्यमान की एक गोली 150 मी/से की गति से चल रही है। यह एक लक्ष्य से टकराती है और 10 सेमी अन्दर घुसने के बाद रुक जाती है। लक्ष्य द्वारा लगाए गए प्रतिरोध के औसत बल का मान है **NCERT पृष्ठ 73**

(a) 2500 न्यूटन (b) 2000 जूल
(c) 2250 न्यूटन (d) 2100 जूल

9 1 ग्राम द्रव्यमान वाली वर्षा जल की एक बूँद, जो 1 किमी की ऊँचाई से गिर रही है। यह 50 मी/से की गति से धरातल से टकराती है। (i) गुरुत्वाकर्षण बल और (ii) वायु के प्रतिरोधक बल द्वारा किया गया कार्य है (g = 10 मी/से^{2}) **NCERT पृष्ठ 73**

(a) (i) –10 जूल और (ii) – 8.25 जूल
(b) (i) 1.25 जूल और (ii) – 8.25 जूल
(c) (i) 100 जूल और (ii) 8.75 जूल
(d) (i) 10 जूल और (ii) – 8.75 जूल

10 एक पिण्ड जो 10 मी/से से गति कर रहा है, 30° के झुकाव वाले किसी खुरदरे आनत तल पर ऊपर की ओर फिसल रहा है। यदि झुकी हुई सतह का घर्षण गुणांक 0.1 है, तो वह ऊँचाई ज्ञात कीजिए, जहाँ तक वह जा सकता है। **NCERT पृष्ठ 73**

(a) 4.26 मी (b) 5.25 मी
(c) 6.25 मी (d) 7.25 मी

11 द्रव्यमान M और लम्बाई L की एक समान केबल को एक क्षैतिज सतह पर इस प्रकार रखा गया है कि उसका $\frac{1}{n}$वाँ भाग सतह के किनारे से नीचे लटका हुआ है। केबल के लटके हुए भाग को सतह तक उठाने के लिए किया गया कार्य है **NCERT पृष्ठ 73**

(a) $\frac{2MgL}{n^2}$ (b) $nMgL$ (c) $\frac{MgL}{n^2}$ (d) $\frac{MgL}{2n^2}$

कार्य

12 एक पिण्ड पर कार्य करने वाला बल $\mathbf{F} = (5\hat{i} + 6\hat{j} - 4\hat{k})$ $\mathbf{d} = 6\hat{i} + 5\hat{k}$ विस्थापन उत्पन्न करता है। बल द्वारा किया गया कार्य है **NCERT पृष्ठ 73**

(a) 18 इकाई (b) 15 इकाई
(c) 12 इकाई (d) 10 इकाई

13 2 किग्रा द्रव्यमान के एक कण पर $(3\hat{i} + \hat{j})$ न्यूटन का एकसमान बल कार्य करता है। इसलिए, कण $(2\hat{i} + \hat{k})$ मीटर से $(4\hat{i} + 3\hat{j} - \hat{k})$ मीटर पर विस्थापित होता है। कण पर बल द्वारा किया गया कार्य है **NCERT पृष्ठ 73**

(a) 9 जूल (b) 6 जूल
(c) 13 जूल (d) 15 जूल

14 पृथ्वी सूर्य के चारों ओर एक वृत्ताकार कक्षा में गति कर रही है, जिस पर एक बल कार्य कर रहा है। इसलिए, बल द्वारा पृथ्वी पर किया गया कार्य है **NCERT पृष्ठ 73**

(a) शून्य (b) धनात्मक
(c) ऋणात्मक (d) इनमें से कोई नहीं

15 पृथ्वी द्वारा सूर्य के चारों ओर अपने दीर्घवृत्ताकार पथ पर एक चक्कर लगाने में गुरुत्वाकर्षण बल द्वारा किया गया कार्य शून्य होता है, क्योंकि **NCERT पृष्ठ 73**

(a) बल सदैव विस्थापन के लम्बवत् होता है
(b) विस्थापन शून्य होता है
(c) विस्थापन शून्य नहीं होता
(d) 'a' और 'c' दोनों

16 निम्न में से किस स्थिति में किया गया कार्य शून्य होगा **NCERT पृष्ठ 73**

(a) एक भारोत्तोलक 100 किग्रा का भार 1 मिनट तक अपने कंधों पर उठाए हुए है
(b) गुरुत्वाकर्षण के विरुद्ध एक लोकोमोटिव, समतल सतह पर 60 किमी/घण्टा की गति से चल रहा है
(c) एक व्यक्ति अपने सिर पर सूटकेस पकड़े हुए बस टर्मिनल पर खड़ा है
(d) उपरोक्त सभी

17 एक गेंद को एक टावर के शीर्ष से छोड़ा जाता है। गेंद की गति के पहले सेकण्ड, दूसरे सेकण्ड और तीसरे सेकण्ड में गुरुत्वाकर्षण बल द्वारा किए गए कार्य का अनुपात है **NCERT पृष्ठ 73**

(a) 1 : 2 : 3 (b) 1 : 4 : 16
(c) 1 : 3 : 5 (d) 1 : 9 : 25

18 0.2 घर्षण गुणांक वाली खुरदरी सतह पर रखी 2 किग्रा द्रव्यमान की वस्तु पर 10 न्यूटन का बल लगाया जाता है। 4 सेकण्ड में लगाए गए बल द्वारा किया गया कार्य है **NCERT पृष्ठ 73**

(a) 120 जूल (b) 240 जूल
(c) 250 जूल (d) 100 जूल

19 1 किग्रा द्रव्यमान के एक ब्लॉक को 10 न्यूटन के बल द्वारा क्षैतिज से 30° के कोण पर आनत सतह पर ऊपर की ओर धकेला जाता है, जैसा कि चित्र में दिखाया गया है।

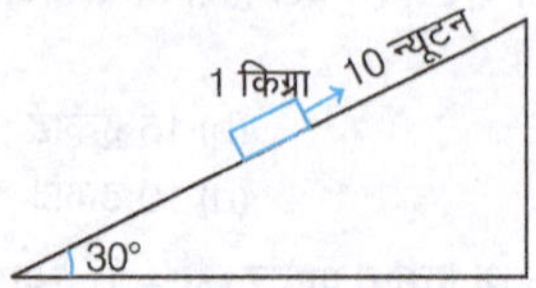

यदि ब्लॉक को झुकाव के साथ 10 मीटर ऊपर धकेला जाता है, तो गुरुत्वाकर्षण के विरुद्ध किया गया कार्य है (g = 10 मी/से^{2}) NCERT पृष्ठ 73

(a) 10 जूल (b) 50 जूल
(c) 100 जूल (d) 150 जूल

20 दी गई वक्राकार सड़क में, यदि कण A को से छोड़ा जाता है तथा घर्षण शून्य हो तो निम्नलिखित में से कौन-सा कथन सही है? NCERT पृष्ठ 73

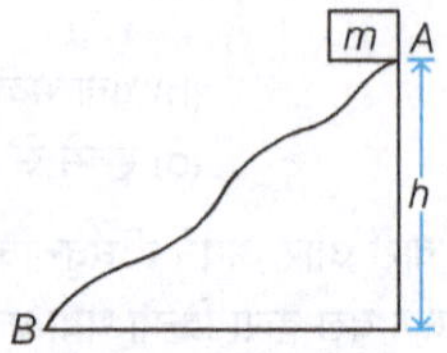

(a) B पर गतिज ऊर्जा mgh होनी चाहिए।
(b) B पर गतिज ऊर्जा शून्य होनी चाहिए।
(c) B पर गतिज ऊर्जा mgh से कम होनी चाहिए।
(d) B पर गतिज ऊर्जा शून्य के बराबर नहीं होनी चाहिए।

गतिज ऊर्जा

21 एक कॉस्मिक किरण प्रयोग में द्वारा एक इलेक्ट्रॉन और एक प्रोटॉन का पता लगाया जाता है, पहले की गतिज ऊर्जा 12 किलो इलेक्ट्रॉन वोल्ट है और दूसरे की गतिज ऊर्जा 120 किलो इलेक्ट्रॉन वोल्ट है। उनकी गति का अनुपात है (जहाँ, m_e और m_p क्रमशः इलेक्ट्रॉन और प्रोटॉन के द्रव्यमान हैं) NCERT पृष्ठ 74

(a) $\sqrt{\frac{1}{10}\frac{m_e}{m_p}}$ (b) $\sqrt{\frac{1}{10}\frac{m_p}{m_e}}$
(c) $\frac{1}{10}\frac{m_e}{m_p}$ (d) $\frac{1}{10}\frac{m_p}{m_e}$

22 वायु अणु की गतिज ऊर्जा (10^{-21} जूल), इलेक्ट्रॉन वोल्ट में इसके मान है NCERT पृष्ठ 74

(a) 6.2 मिली इलेक्ट्रॉन वोल्ट (b) 4.2 मिली इलेक्ट्रॉन वोल्ट
(c) 10.4 मिली इलेक्ट्रॉन वोल्ट (d) 9.7 मिली इलेक्ट्रॉन वोल्ट

23 जब एक व्यक्ति अपनी गति 2 मी/से बढ़ाता है, तो वह पाता है कि उसकी गतिज ऊर्जा दोगुनी हो गई है, व्यक्ति की वास्तविक गति है NCERT पृष्ठ 74

(a) $2(\sqrt{2}-1)$ मी/से (b) $2(\sqrt{2}+1)$ मी/से
(c) 4.5 मी/से (d) इनमें से कोई नहीं

24 दौड़ते हुए एक व्यक्ति की गतिज ऊर्जा उसके आधे द्रव्यमान वाले लड़के की गतिज ऊर्जा की आधी होती है। व्यक्ति अपनी गति में 1 मी/से से वृद्धि कर लेता है। जिससे उसकी गतिज ऊर्जा लड़के के समान होती है। व्यक्ति की वास्तविक गति है NCERT पृष्ठ 74

(a) $\sqrt{2}$ मी/से (b) $\sqrt{2}-1$ मी/से
(c) $\frac{1}{\sqrt{2}-1}$ मी/से (d) $\frac{1}{\sqrt{2}}$ मी/से

25 10 किग्रा द्रव्यमान की एक वस्तु 10 मी/से के वेग से गति कर रही है। इस पर 2 सेकण्ड के लिए 50 न्यूटन का बल कार्य करता है। इसकी गतिज ऊर्जा में प्रतिशत वृद्धि है NCERT पृष्ठ 74

(a) 25% (b) 50% (c) 75% (d) 300%

26 10 ग्राम द्रव्यमान की एक वस्तु नियत स्पर्शीय त्वरण के साथ 6.4 सेमी त्रिज्या के एक वृत्त के अनुदिश गति करती है। यदि गति की शुरुआत के बाद दूसरे चक्कर के अन्त तक कण की गतिज ऊर्जा 8×10^{-4} जूल के बराबर हो जाती है, तो त्वरण का परिमाण है NCERT पृष्ठ 74

(a) 0.15 मी/से^{2} (b) 0.18 मी/से^{2}
(c) 0.2 मी/से^{2} (d) 0.1 मी/से^{2}

27 एक बल जो गति के व्युत्क्रमानुपाती है, एक पिण्ड पर कार्य कर रहा है। विराम से शुरू होने वाले पिण्ड की गतिज ऊर्जा NCERT पृष्ठ 74

(a) नियत रहेगी (b) समय के व्युत्क्रमानुपाती होगी
(c) समय के समानुपाती होगी (d) समय के वर्ग के समानुपाती होगी

28 एक कण की गतिज ऊर्जा 4 गुना बढ़ जाती है। प्रारम्भिक और अन्तिम संवेग के बीच क्या सम्बन्ध होगा? NCERT पृष्ठ 74

(a) $p_2=2p_1$ (b) $p_2=\frac{p_1}{2}$ (c) $p_2=p_1$ (d) $p_2=4p_1$

29 1 ग्राम और 4 ग्राम के दो द्रव्यमान समान गतिज ऊर्जा के साथ गति कर रहे हैं। उनके संवेग के परिमाणों का अनुपात है NCERT पृष्ठ 74

(a) 4 : 1 (b) $\sqrt{2}$ (c) 1 : 2 (d) 1 : 16

30 यदि किसी गतिमान पिण्ड का संवेग उसके प्रारम्भिक मान के 50% तक बढ़ा दिया जाए, तो उसकी गतिज ऊर्जा में प्रतिशत वृद्धि होगी NCERT पृष्ठ 74

(a) 50% (b) 125% (c) 100% (d) 75%

परिवर्तनशील बल द्वारा किया गया कार्य

31 m द्रव्यमान की एक गोली क्षैतिज से 30° के कोण पर दागी जाती है और बन्दूक की नली से v वेग से निकलती है। गोली नीचे की ओर गति करते समय धरातल से h ऊँचाई पर एक मृदु लक्ष्य से टकराती है। लक्ष्य से टकराने से पहले ही गतिज ऊर्जा का आधा भाग शेष रहता है। लक्ष्य से बाहर निकलने के बाद गोली के सम्बन्ध में निम्नलिखित में से कौन-सा कथन सही है? NCERT पृष्ठ 75

(a) गोली का वेग उसके प्रारम्भिक वेग से आधा हो जाएगा।
(b) गोली का वेग उसके प्रारम्भिक वेग के आधे से अधिक होगा।
(c) गोली उसी परवलयिक पथ पर चलती रहेगी।
(d) गोली एक सीधी रेखा में चलेगी।

32 द्रव्यमान m के एक कण पर बल $\mathbf{F} = C\left[\dfrac{x}{(x^2+y^2)^{3/2}}\,\hat{\mathbf{i}} + \dfrac{y}{(x^2+y^2)^{3/2}}\,\hat{\mathbf{j}}\right]$ द्वारा किया गया कार्य ज्ञात कीजिए, जहाँ C उचित विमाओं का एक स्थिरांक है, जब कण को बिन्दु (2, 0) मीटर से बिन्दु (0, 2) मीटर तक मूल बिन्दु के चारों ओर त्रिज्या r के एक वृत्ताकार पथ पर XY-तल में ले जाया जाता है। **NCERT पृष्ठ 75**

(a) $r^2/2$ (b) $b^2/2$
(c) शून्य (d) k/r^3

33 एक कण पर y-दिशा में बल $F = 10 + 10y$ कार्य करता है, जहाँ F न्यूटन में और y मीटर में है। कण को $y = 0$ से $y = 1$ मीटर तक ले जाने के लिए इस बल द्वारा किया गया कार्य है **NCERT पृष्ठ 75**

(a) 5 जूल (b) 15 जूल
(c) 20 जूल (d) 30 जूल

34 जब एक रबर बैण्ड को x दूरी तक खींचा जाता है, तो यह $F = ax + bx^2$ परिमाण का प्रत्यानयन बल लगाता है, जहाँ a और b स्थिरांक हैं। बिना अविस्तारित रबर बैण्ड को L लम्बाई तक खींचने में किया गया कार्य है **NCERT पृष्ठ 75**

(a) $aL^2 + bL^3$ (b) $\dfrac{1}{2}(aL^2 + bL^3)$
(c) $\dfrac{aL^2}{2} + \dfrac{bL^3}{3}$ (d) $\dfrac{1}{2}\left(\dfrac{aL^2}{2} + \dfrac{bL^3}{3}\right)$

35 3 किग्रा द्रव्यमान का एक पिण्ड एक बल के अधीन है, जिसके कारण इसमें विस्थापन होता है, जिसे $s = t^2/3$ मीटर द्वारा प्रदर्शित किया गया है। 2 सेकण्ड में बल द्वारा किया गया कार्य है **NCERT पृष्ठ 75**

(a) 2 जूल
(b) 3.8 जूल
(c) 5.2 जूल
(d) 2.6 जूल

36 एक 10 किग्रा की ईंट X-अक्ष के अनुदिश चलती है। इसके त्वरण को इसकी स्थिति के एक फलन के रूप में चित्र द्वारा दिखाया गया है। ईंट पर त्वरण उत्पन्न करने वाले बल द्वारा $x = 0$ से $x = 8.0$ मीटर तक ले जाने में किया गया कुल कार्य क्या है? **NCERT पृष्ठ 75**

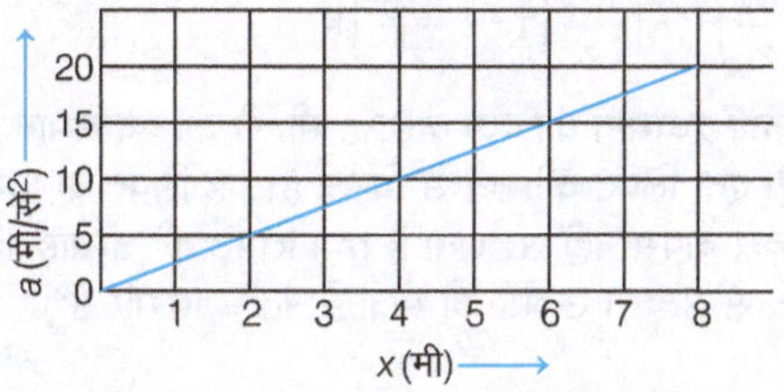

(a) 400 जूल (b) 800 जूल
(c) 200 जूल (d) 100 जूल

37 यदि एक पिण्ड एक बल के अन्तर्गत बिन्दु A से B तक गति करता है, जैसा कि चित्र में दिखाया गया है, तो किया गया कार्य है (बल का न्यूटन में और विस्थापन को मीटर में व्यक्त किया जाता है) **NCERT पृष्ठ 75**

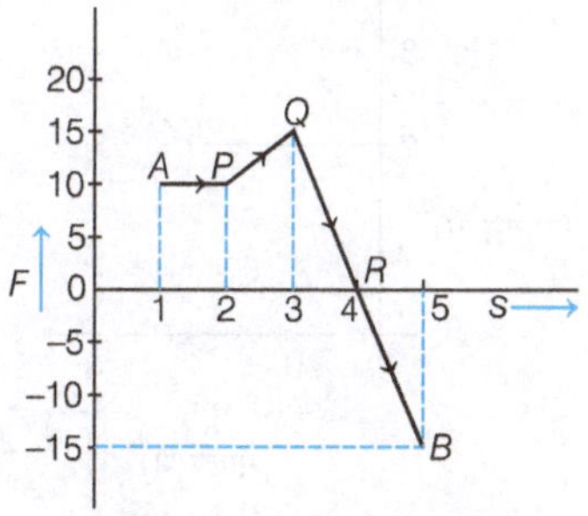

(a) 30 जूल (b) 22.5 जूल
(c) 25 जूल (d) 27 जूल

38 जब एक महिला रेलवे प्लेटफॉर्म की खुरदरी सतह पर ट्रंक को धक्का देती है, तो वह 10 मीटर की दूरी पर 100 न्यूटन का बल लगाती है। इसके बाद, वह धीरे-धीरे थक जाती है और उसके द्वारा लगाया गया बल, दूरी के साथ रैखिक रूप से 50 न्यूटन तक कम हो जाता है। ट्रंक को जिस कुल दूरी तक ले जाया गया है, वह 20 मीटर है। यदि घर्षण बल 5 न्यूटन है, तो 20 मीटर पर दोनों बलों द्वारा किया गया कुल कार्य है **NCERT पृष्ठ 75**

(a) −2000 जूल (b) 500 जूल
(c) 750 जूल (d) −200 जूल

39 एक कण पर $\mathbf{F} = 2x\hat{\mathbf{i}} + 2\hat{\mathbf{j}} + 3z^2\hat{\mathbf{k}}$ न्यूटन का बल कार्य कर रहा है। पिण्ड को (1, 2, 3) मीटर से (3, 6, 2) मीटर तक विस्थापित करने में इस बल द्वारा किया गया कार्य है **NCERT पृष्ठ 75**

(a) −10 जूल (b) 100 जूल
(c) 10 जूल (d) −3 जूल

40 2 किग्रा की वस्तु पर एक बल कार्य करता है, जिससे इसकी स्थिति समय के फलन के रूप में $x = 3t^2 + 5$ द्वारा प्रदर्शित की जाती है। पहले 5 सेकण्ड में इस बल द्वारा किया गया कार्य है **NCERT पृष्ठ 75**

(a) 850 जूल (b) 900 जूल
(c) 950 जूल (d) 875 जूल

परिवर्तनशील बल के लिए कार्य-ऊर्जा प्रमेय

41 10 किलोग्राम द्रव्यमान का एक ब्लॉक 10 मी/से की स्थिर गति से x-दिशा में गति कर रहा है, जो $x = 20$ मीटर से 30 मीटर तक की यात्रा के दौरान एक मंदक बल $F = 0.1x$ जूल/मीटर के अधीन है। इसकी अन्तिम गतिज ऊर्जा होगी **NCERT पृष्ठ 76**

(a) 475 जूल (b) 450 जूल
(c) 275 जूल (d) 250 जूल

42 एक कण एक बल के प्रभाव में विराम से एक-विमीय गति करता है; जो कण द्वारा यात्रा की गई दूरी के साथ बदलता रहता है, जैसा कि चित्र में दिखाया गया है। 3 मीटर की यात्रा करने के बाद कण की गतिज ऊर्जा है **NCERT पृष्ठ 76**

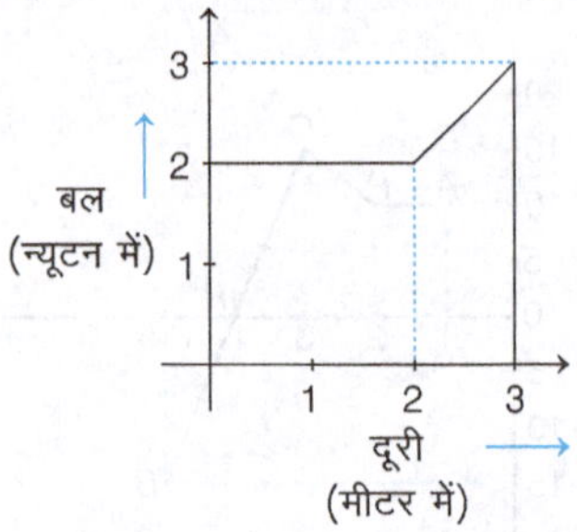

(a) 4 जूल (b) 2.5 जूल (c) 6.5 जूल (d) 5 जूल

43 $m = 1$ किग्रा द्रव्यमान का एक ब्लॉक, $v_1 = 2$ मी/से की गति के साथ एक क्षैतिज सतह पर गतिमान है, $x = 0.10$ मीटर से $x = 2.01$ मीटर तक के खुरदरें स्थान में प्रवेश करता है। इस सीमा में ब्लॉक पर मंदक बल F, खुरदरें सतह की दूरी x के व्युत्क्रमानुपाती है, $F_r = \frac{-k}{x}$ के लिए $0.1 < x < 2\ .01 = 0$ के लिए $x < 0.1$ मीटर और $x > 2.01$ मीटर है। जहाँ $k = 0.5$ जूल है।

इस खुरदरें सतह को को पार करते समय ब्लॉक की गति v क्या है? **NCERT पृष्ठ 76**

(a) 2 मी/से (b) 40 मी/से (c) 1 मी/से (d) 4 मी/से

स्थितिज ऊर्जा की अवधारणा

44 निम्नलिखित में से कौन-सा विकल्प सही है? **NCERT पृष्ठ 76**

(a) स्थितिज ऊर्जा का निरपेक्ष मान निर्धारित नहीं किया जा सकता।
(b) गतिज ऊर्जा का निरपेक्ष मान निर्धारित किया जा सकता है, क्योंकि वेग को सापेक्ष रूप में नहीं मापा जाता।
(c) बल का निरपेक्ष मान निर्धारित नहीं किया जा सकता, क्योंकि त्वरण का मापन सम्भव नहीं है।
(d) उपरोक्त में से कोई नहीं

45 500 ग्राम भार वाली एक मीटर की छड़ को ऊर्ध्वाधर तल में 60° के कोण से विस्थापित किया जाता है, जैसा कि चित्र में दिखाया गया है। इसकी स्थितिज ऊर्जा में परिवर्तन ($g = 10$ मी/से^{2}) है **NCERT पृष्ठ 77**

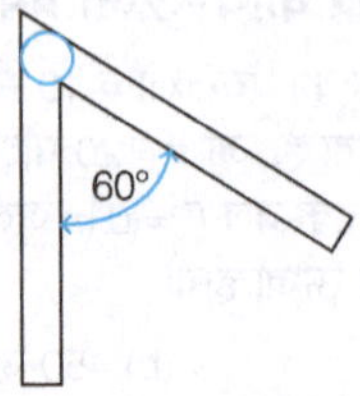

(a) 1.5 जूल (b) 2.5 जूल (c) 30 जूल (d) 45 जूल

46 एक गेंद को एक निश्चित प्रारम्भिक गति के साथ ऊर्ध्वाधर दिशा में ऊपर की ओर प्रक्षेपित किया जाता है। समान द्रव्यमान की एक अन्य गेंद को समान प्रारम्भिक गति के साथ ऊर्ध्वाधर से 60° के कोण पर प्रक्षेपित किया जाता है। उनकी यात्रा के उच्चतम बिन्दु पर, उनकी स्थितिज ऊर्जाओं का अनुपात होगा **NCERT पृष्ठ 77**

(a) 1 : 1
(b) 2 : 1
(c) 3 : 2
(d) 4 : 1

47 एक गेंद अपनी वास्तविक ऊँचाई के 75% तक उछलती है। प्रत्येक उछाल में स्थितिज ऊर्जा में प्रतिशत हानि है **NCERT पृष्ठ 77**

(a) 100% (b) 75%
(c) 50% (d) 25%

48 स्थितिज ऊर्जा $U(x)$ शून्य मानी जा सकती है, जब **NCERT पृष्ठ 77**

(a) $x = 0$ हो
(b) गुरुत्वाकर्षण बल स्थिर हो
(c) गुरुत्वाकर्षण स्रोत से अनन्त दूरी हो
(d) उपरोक्त सभी

49 निम्नलिखित में से किस स्थिति में किसी पिण्ड की स्थितिज ऊर्जा बढ़ जाती है? **NCERT पृष्ठ 77**

(a) यदि कार्य संरक्षी बल द्वारा किया जाता है
(b) यदि कार्य संरक्षी बल के विरुद्ध किया जाता है
(c) यदि कार्य असंरक्षी बल द्वारा किया जाता है
(d) यदि कार्य असंरक्षी बल के विरुद्ध किया जाता है

50 एक निश्चित संरक्षी बल क्षेत्र में एक कण की स्थितिज ऊर्जा $U = \frac{10xy}{z}$ द्वारा प्रदर्शित की गई है। इस पर लगाया गया बल है **NCERT पृष्ठ 77**

(a) $\left(\frac{10y}{z}\right)\hat{\mathbf{i}} + \left(\frac{10x}{z}\right)\hat{\mathbf{j}} + \left(\frac{10xy}{z^2}\right)\hat{\mathbf{k}}$

(b) $-\left(\frac{10y}{z}\right)\hat{\mathbf{i}} - \left(\frac{10x}{z}\right)\hat{\mathbf{j}} + \left(\frac{10xy}{z^2}\right)\hat{\mathbf{k}}$

(c) $-\left(\frac{10y}{z}\right)\hat{\mathbf{i}} - \left(\frac{10x}{z}\right)\hat{\mathbf{j}} - \left(\frac{10xy}{z^2}\right)\hat{\mathbf{k}}$

(d) $\left(\frac{10y}{z}\right)\hat{\mathbf{i}} + \left(\frac{10x}{z}\right)\hat{\mathbf{j}} - \left(\frac{10xy}{z^2}\right)\hat{\mathbf{k}}$

51 0.1 किग्रा द्रव्यमान का एक बोल्ट 5 मी/से की एकसमान गति से नीचे जा रही एक लिफ्ट की छत से गिरता है। यह लिफ्ट के फर्श से टकराकर वापस नहीं उछलता है तथा लिफ्ट की लम्बाई 10 मी है। आघात से उत्पन्न ऊष्मा की मात्रा है। ($g = 10$ मी/ से^{2}) **NCERT पृष्ठ 77**

(a) 5 जूल (b) 10 जूल
(c) 15 जूल (d) 20 जूल

यान्त्रिक ऊर्जा का संरक्षण

52 निम्नलिखित में से कौन-सा विकल्प सही है? **NCERT पृष्ठ 78**

(a) यान्त्रिक ऊर्जा के संरक्षण में केवल संरक्षी बल को दृष्टिगत नहीं रखा जाता है।

(b) ऊर्जा के संरक्षण में संरक्षी और असंरक्षी दोनों बलों को दृष्टिगत जाता है।

(c) ऊर्जा के संरक्षण में केवल संरक्षी बल पर विचार किया जाता है।

(d) नाभिकीय अभिक्रिया में ऊर्जा में परिवर्तित द्रव्यमान को द्रव्यमान-दोष कहा जाता है।

53 जब कोई पिण्ड पृथ्वी की सतह से एक निश्चित ऊँचाई से गिर रहा होता है, तो **NCERT पृष्ठ 78**

(a) इसकी गतिज ऊर्जा लगातार घटती है।
(b) इसकी स्थितिज ऊर्जा लगातार बढ़ती है।
(c) इसकी कुल यान्त्रिक ऊर्जा प्रत्येक बिन्दु पर स्थिर रहती है।
(d) गतिज ऊर्जा और स्थितिज ऊर्जा प्रत्येक बिन्दु पर बराबर होती है।

54 बहुत पतले वायुमण्डल में पृथ्वी की परिक्रमा करने वाला एक कृत्रिम उपग्रह वायुमण्डलीय प्रतिरोध के विरुद्ध अपव्यय के कारण धीरे-धीरे अपनी ऊर्जा खो देता है, चाहे वह कितना भी छोटा क्यों न हो, जैसे-जैसे यह पृथ्वी के करीब आता है, इसकी गति **NCERT पृष्ठ 78**

(a) बढ़ जाती है (b) बराबर
(c) घट जाती है (d) इसमें कमी के बराबर

55 एक 2 किग्रा का ब्लॉक क्षैतिज फर्श पर 4 मी/से की गति से फिसलता है। यह एक असम्पीड़ित स्प्रिंग से टकराता है और इसे सम्पीड़ित करता है, जब तक कि ब्लॉक गतिहीन न हो जाए। गतिज घर्षण बल 15 न्यूटन है और स्प्रिंग स्थिरांक 10000 न्यूटन है। स्प्रिंग को .... लम्बाई तक सम्पीड़ित किया जा सकता है। **NCERT पृष्ठ 78**

(a) 5.5 सेमी (b) 2.5 सेमी
(c) 11.0 सेमी (d) 8.5 सेमी

56 एक गेंद अपनी वास्तविक ऊँचाई के 80% तक उछलती है। प्रत्येक उछाल में इसकी यान्त्रिक ऊर्जा का कितना अंश नष्ट होता है? **NCERT पृष्ठ 78**

(a) 20% (b) 25% (c) 26% (d) 30%

57 एक सरल लोलक चित्र में दिखाए अनुसार A से छोड़ा जाता है। यदि m और l क्रमशः बॉब के द्रव्यमान और लोलक की लम्बाई को दर्शाते हैं, तो B पर गतिज ऊर्जा में वृद्धि है **NCERT पृष्ठ 78**

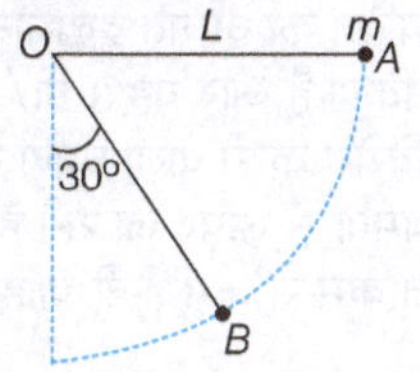

(a) $\frac{mgl}{2}$ (b) $\frac{\sqrt{3}}{2}mgl$ (c) $\frac{mgl}{\sqrt{2}}$ (d) $\frac{2}{\sqrt{3}}mgl$

58 5 किग्रा द्रव्यमान का एक पिण्ड 490 जूल की गतिज ऊर्जा के साथ लम्बवत् ऊपर की ओर फेंका जाता है। जिस ऊँचाई पर पिण्ड की गतिज ऊर्जा वास्तविक मान की आधी हो जाती है, वह है **NCERT पृष्ठ 78**

(a) 12.5 मी (b) 10 मी
(c) 2.5 मी (d) 5 मी

59 जब कोई कण r त्रिज्या के एक ऊर्ध्वाधर वृत्त में चक्कर लगाता है, तो कण की सबसे निचले बिन्दू पर गतिज ऊर्जा और सबसे ऊपरी बिन्दु पर में गतिज ऊर्जा का अनुपात क्या होगा? **NCERT पृष्ठ 78**

(a) 5 : 1 (b) 2 : 3
(c) 5 : 2 (d) 7 : 2

60 k/r^2 वह बल दर्शाता है, जिसके अधीन एक कण r त्रिज्या के एक वृत्त में गति कर रहा है। कण की कुल ऊर्जा है **NCERT पृष्ठ 78**

(a) $\frac{k}{2r}$ (b) $\frac{2k}{r}$
(c) $\frac{-k}{r}$ (d) $-\frac{k}{2r}$

61 द्रव्यमान m का एक बॉब लम्बाई L की एक हल्की डोरी द्वारा निलम्बित है। इसे बिन्दु A पर एक क्षैतिज वेग v_0 प्रदान किया जाता है, जिससे यह ऊर्ध्वाधर तल में एक अर्द्धवृत्ताकार प्रक्षेप वक्र पूरा कर सके। जैसा कि चित्र में दिखाया गया है, डोरी केवल सबसे ऊपरी बिन्दु C पर पहुँचने पर ढीली हो जाती है। बिन्दु A पर बॉब की गति (v_0) है **NCERT पृष्ठ 78**

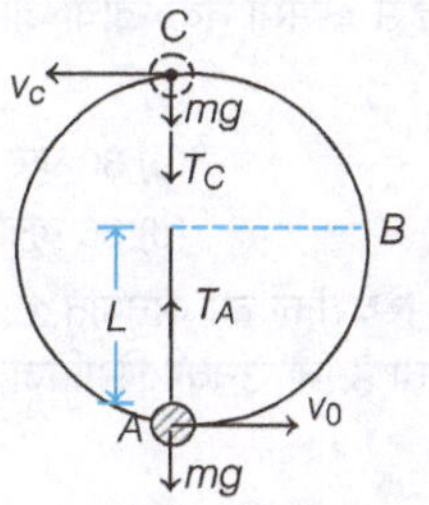

(a) $\sqrt{5gL}$ (b) $\sqrt{2gL}$
(c) $\sqrt{3gL}$ (d) $\sqrt{7gL}$

62 5 मी/से के वेग से क्षैतिज रूप से चलती हुई 20 ग्राम द्रव्यमान की एक गोली 30 ग्राम द्रव्यमान के लकड़ी के एक ब्लॉक से टकराती है और ब्लॉक में धँस जाती है। ब्लॉक को एक द्रव्यमानहीन डोरी द्वारा छत से लटकाया जाता है। ब्लॉक किस ऊँचाई तक उठता है? **NCERT पृष्ठ 78**

(a) 0.5 मीटर
(b) 0.2 मीटर
(c) 0.6 मीटर
(d) 0.1 मीटर

63 कौन-सा ग्राफ कुल यान्त्रिक ऊर्जा के संरक्षण को दर्शाता है? NCERT पृष्ठ 78

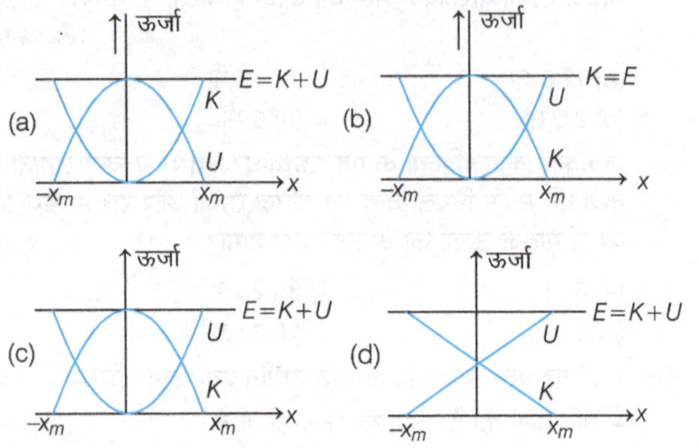

64 द्रव्यमान और ऊर्जा की तुल्यता के अनुसार, निम्नलिखित में से कौन-सा विकल्प गलत है? NCERT पृष्ठ 78

(a) एक विलगित प्रणाली का द्रव्यमान संरक्षित होता है।
(b) पदार्थ न तो बनाया जाता है और न ही नष्ट होता है।
(c) पदार्थ अपनी अवस्था परिवर्तित कर सकता है।
(d) उपरोक्त सभी

स्प्रिंग की स्थितिज ऊर्जा

65 एक स्प्रिंग को 3 सेमी तक खींचने पर उसकी स्थितिज ऊर्जा 15 जूल बढ़ जाती है। यदि इसे 4 सेमी तक खींचा जाता है, तो स्थितिज ऊर्जा में वृद्धि होगी NCERT पृष्ठ 80

(a) 27 जूल (b) 30 जूल
(c) 33 जूल (d) 36 जूल

66 दो स्प्रिंगों के स्प्रिंग स्थिरांकों का अनुपात 2 : 3 है। यदि उन्हें समान बल द्वारा खींचा जाता है, तो उनकी स्थितिज ऊर्जाओं का अनुपात होगा NCERT पृष्ठ 80

(a) 2 : 3 (b) 3 : 2 (c) 4 : 9 (d) 9 : 4

67 यदि एक स्प्रिंग पर 40 सेमी की ऊँचाई से एक ब्लॉक गिराया जाता है, तो यह 10 सेमी तक सम्पीड़ित होती है। यदि स्प्रिंग का बल स्थिरांक 980 न्यूटन-मीटर है, तो ब्लॉक का द्रव्यमान क्या है? NCERT पृष्ठ 80

(a) 1 किग्रा (b) 2 किग्रा
(c) 3 किग्रा (d) 4 किग्रा

68 1000 किग्रा द्रव्यमान की एक कार चिकनी सड़क पर 18 किमी/घण्टा की गति से चलते हुए, 6.25×10^3 न्यूटन/मीटर स्प्रिंग स्थिरांक वाली क्षैतिज रूप से लगी स्प्रिंग से टकराती है। स्प्रिंग का अधिकतम सम्पीड़न है NCERT पृष्ठ 80

(a) 1 मी (b) 2 मी
(c) 3 मी (d) 5 मी

69 90 न्यूटन/सेमी स्प्रिंग स्थिरांक वाली एक स्प्रिंग गन को 16 ग्राम द्रव्यमान की एक गेंद द्वारा 12 सेमी तक सम्पीड़ित किया जाता है। यदि ट्रिगर खींचा जाता है, तो गेंद का वेग होगा NCERT पृष्ठ 80

(a) 50 मी/से (b) 40 मी/से
(c) 90 मी/से (d) 60 मी/से

70 असंरक्षी बल के सम्बन्ध में निम्नलिखित में से कौन-सा विकल्प सही है? NCERT पृष्ठ 80

(a) यह वस्तु के वेग पर निर्भर करता है।
(b) यह वस्तु द्वारा लिए गए विशेष पथ पर निर्भर करता है।
(c) यह वस्तु की प्रारम्भिक और अन्तिम स्थिति पर निर्भर करता है।
(d) 'a' और 'b' दोनों

शक्ति

71 एक पिण्ड पर कार्य करने वाला $(4\hat{i} + \hat{j} - 2\hat{k})$ न्यूटन का बल पिण्ड पर $(\hat{i} + 2\hat{j} + 3\hat{k})$ मी/से का वेग बनाए रखता है। पिण्ड पर लगाई गई शक्ति है NCERT पृष्ठ 83

(a) 4 वाट (b) 5 वाट
(c) शून्य (d) 8 वाट

72 एक किलोवाट की मोटर का उपयोग 10 मीटर गहरे कुएँ से पानी पम्प करने के लिए किया जाता है। प्रति सेकण्ड पम्प किए गए पानी की मात्रा लगभग है NCERT पृष्ठ 83

(a) 1 किग्रा (b) 10 किग्रा
(c) 100 किग्रा (d) 1000 किग्रा

73 एक जल विद्युत ऊर्जा स्टेशन में, नदी में पानी 2 मी/से की गति से बह रहा है, जो 100 मीटर चौड़ी और 5 मीटर गहरी है। नदी से अधिकतम बिजली उत्पांदन होगा NCERT पृष्ठ 83

(a) 1.5 मेगावाट (b) 2 मेगावाट
(c) 2.5 मेगावाट (d) 3 मेगावाट

74 एक मशीन गन 600 मी/से के वेग से प्रति मिनट 360 गोलियाँ दागती है। यदि बन्दूक की शक्ति 5.4 किलोवाट है, तो प्रत्येक गोली का द्रव्यमान है NCERT पृष्ठ 83

(a) 5 किग्रा (b) 0.5 किग्रा
(c) 5 ग्राम (d) 0.5 ग्राम

75 एक इमारत में एक लिफ्ट अधिकतम 10 व्यक्तियों को ले जा सकती है, जिसमें प्रत्येक व्यक्ति का औसत द्रव्यमान 68 किग्रा है। लिफ्ट का द्रव्यमान स्वयं 920 किग्रा है और यह 3 मी/से की स्थिर गति से चलती है। गति का विरोध करने वाला घर्षण बल 6000 न्यूटन है। यदि लिफ्ट अपनी पूरी क्षमता से ऊपर जा रही है, तो मोटर द्वारा लिफ्ट को दी जाने वाली शक्ति कम से कम होनी चाहिए। (g = 10 मी/से^{2}) NCERT पृष्ठ 83

(a) 62360 वाट (b) 48000 वाट
(c) 56300 वाट (d) 66000 वाट

76 समय $t = 0$ सेकण्ड पर, कण X-अक्ष के सापेक्ष चलना शुरू कर देता है। यदि इसकी गतिज ऊर्जा, समय t के साथ समान रूप से बढ़ती है, तो इस पर कार्य करने वाला कुल बल किसके समानुपाती होना चाहिए? NCERT पृष्ठ 83

(a) $\frac{1}{\sqrt{t}}$ (b) $t^{3/2}$

(c) $t^{1/3}$ (d) $t^{4/3}$

77 1 किग्रा द्रव्यमान का एक पिण्ड समय पर निर्भर बल $\mathbf{F} = (2t\,\hat{\mathbf{i}} + 3t^2\hat{\mathbf{j}})$ न्यूटन की क्रिया के अन्तर्गत चलना शुरू करता है, जहाँ $\hat{\mathbf{i}}$ और $\hat{\mathbf{j}}$, X और Y-अक्ष के साथ इकाई सदिश हैं। समय t पर बल द्वारा उत्पन्न की गई शक्ति है NCERT पृष्ठ 83

(a) $(2t^2 + 4t^4)$ वाट (b) $(2t^3 + 3t^4)$ वाट

(c) $(2t^3 + 3t^5)$ वाट (d) $(2t + 3t^3)$ वाट

संघट्ट

78 $2v$ गति से गतिमान m द्रव्यमान की एक गेंद, विरामावस्था में एकसमान दूसरी गेंद से सीधा संघट्ट करती है। यदि प्रत्यावस्थान गुणांक 0.2 है, तो संघट्ट के बाद दोनों गेंदों के वेग का अनुपात क्या होगा? NCERT पृष्ठ 83

(a) $\frac{2}{3}$ (b) $\frac{3}{2}$

(c) $\frac{1}{2}$ (d) $\frac{3}{4}$

79 1 ग्राम द्रव्यमान का एक कण, जो $\mathbf{v}_1 = (3\hat{\mathbf{i}} - 2\hat{\mathbf{j}})$ मी/से वेग से गतिमान है, 2 ग्राम द्रव्यमान और $\mathbf{v}_2 = (4\hat{\mathbf{j}} - 6\hat{\mathbf{k}})$ मी/से वेग से चलने वाले दूसरे कण से पूर्णतया अप्रत्यास्थ संघट्ट का अनुभव करता है। संघट्ट के पश्चात् संयुक्त कण का वेग है NCERT पृष्ठ 83

(a) 2.3 मी/से (b) 4.6 मी/से

(c) 9.2 मी/से (d) 6 मी/से

80 x-दिशा में $2v$ गति से गतिमान द्रव्यमान m का एक कण, y-दिशा में v गति से गतिमान $2m$ द्रव्यमान के दूसरे कण से संघट्ट है। यदि संघट्ट पूर्णतया अप्रत्यास्थ है, तो संघट्ट के दौरान ऊर्जा में प्रतिशत हानि लगभग होगी NCERT पृष्ठ 83

(a) 44% (b) 50%

(c) 56% (d) 62%

81 एक संरेखीय संघट्ट में, प्रारम्भिक गति v_0 वाला एक कण समान द्रव्यमान के एक स्थिर कण से संघट्ट है। यदि कुल अन्तिम गतिज ऊर्जा, वास्तविक गतिज ऊर्जा से 50% अधिक है, तो संघट्ट के बाद दोनों कणों के बीच सापेक्ष वेग का परिमाण है NCERT पृष्ठ 83

(a) $\frac{v_0}{4}$ (b) $\sqrt{2}\,v_0$

(c) $\frac{v_0}{2}$ (d) $\frac{v_0}{\sqrt{2}}$

82 चित्र में दर्शाए गए संघट्ट को समान द्रव्यमान $m_1 = m_2$ वाली दो बिलियर्ड गेंदों के बीच होने पर विचार करें। पहली गेंद को क्यू (Cue) कहा जाता है जबकि दूसरी गेंद को लक्ष्य कहा (Target) जाता है। बिलियर्ड खिलाड़ी लक्ष्य गेंद को कोने की पॉकिट में डालना चाहता है, जो $\theta_2 = 37°$ के कोण पर है। माना संघट्ट प्रत्यास्थ है और घर्षण और घूर्णी गति नगण्य हैं, तो θ_2 का मान होगा NCERT पृष्ठ 83

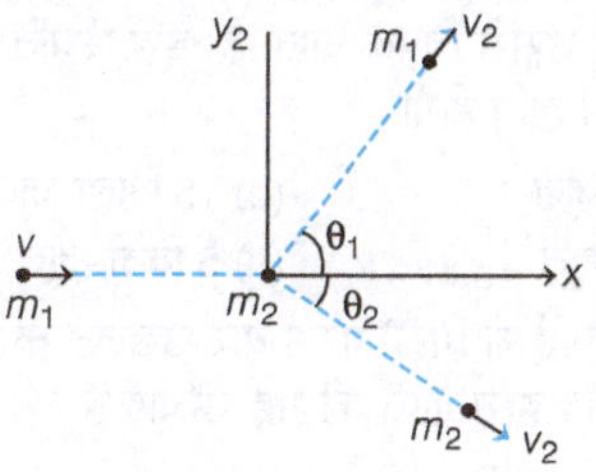

(a) 58° (b) 54°

(c) 53° (d) 90°

83 M द्रव्यमान का पिण्ड, m द्रव्यमान के दूसरे पिण्ड से बहुत भारी है। भारी पिण्ड हल्के पिण्ड से v वेग से प्रत्यास्थ संघट्ट करता है, जो प्रारम्भ में विराम अवस्था में था। संघट्ट के पश्चात् हल्के पिण्ड का वेग है NCERT पृष्ठ 83

(a) $2v$ (b) $3v$

(c) v (d) $v/2$

84. m द्रव्यमान वाला एक गतिशील ब्लॉक $4m$ द्रव्यमान वाले दूसरे स्थिर ब्लॉक से संघट्ट है। संघटट के बाद हल्का ब्लॉक रुक जाता है। जब हल्के ब्लॉक का प्रारम्भिक वेग v है, तो प्रत्यावस्थान गुणांक (e) का मान होगा NCERT पृष्ठ 83

(a) 0.8 (b) 0.25 (c) 0.5 (d) 0.4

85 0.5 किग्रा की एक गेंद दीवार से 30° पर टकराती और प्रत्यास्थ रूप से वापस उछलती है। गेंद की गति 12 मी/से तथा सम्पर्क 1 सेकण्ड तक रहता है। दीवार द्वारा गेंद पर लगाया गया बल है NCERT पृष्ठ 83

(a) $12\sqrt{3}$ न्यूटन (b) $\sqrt{3}$ न्यूटन

(c) $6\sqrt{3}$ न्यूटन (d) $3\sqrt{3}$ न्यूटन

86 $4m$ द्रव्यमान वाला पिण्ड A, u गति से चलते हुए $2m$ द्रव्यमान वाले एक अन्य पिण्ड B से संघट्ट है। संघट्ट आमने-सामने और प्रकृति में प्रत्यास्थ है। संघट्ट के बाद, संघट्टीय पिण्ड A द्वारा व्यय की गई ऊर्जा का अंश है NCERT पृष्ठ 83

(a) $\frac{8}{9}$ (b) $\frac{4}{9}$ (c) $\frac{5}{9}$ (d) $\frac{1}{9}$

87 $2m$ द्रव्यमान वाला एक खिलौना ट्रक, m द्रव्यमान वाली एक खिलौना कार से प्रत्यास्थ रूप से संघट्ट करता है, ट्रक की गति v और कार स्थिर है। टक्कर के बाद कार का वेग ज्ञात कीजिए। NCERT पृष्ठ 83

(a) $\frac{4v}{3}$ (b) $\frac{v}{3}$ (c) v (d) $\frac{2v}{3}$

88 m द्रव्यमान की दो वस्तुएँ, जिनमें से प्रत्येक की गति u मी/से है, 90° पर टकराती है, तो अन्तिम संवेग होगा (माना कि संघट्ट अप्रत्यास्थ है) NCERT पृष्ठ 83

(a) mu (b) $2\ mu$ (c) $\sqrt{2}\ mu$ (d) $2\sqrt{2}\ mu$

89 5×10^3 किग्रा द्रव्यमान का एक पिण्ड, 2 मी/से की गति से गतिमान है, 15×10^3 किग्रा द्रव्यमान के एक अन्य पिण्ड से अप्रत्यास्थ रूप से संघट्ट है और उससे चिपक जाता है। इस स्थिति में निकाय की गतिज ऊर्जा में हानि होगी NCERT पृष्ठ 83

(a) 7.5 किलो-जूल (b) 15 किलो-जूल
(c) 10 किलो-जूल (d) 5 किलो-जूल

90 फर्श पर h ऊँचाई से गिरने पर 3 बार उछलने के बाद e प्रत्यावस्थान गुणांक वाली गेंद द्वारा प्राप्त की गई ऊँचाई है NCERT पृष्ठ 83

(a) e^3h (b) e^4h (c) e^5h (d) e^6h

91 द्रव्यमान m_1 की एक गोलाकार गेंद, द्रव्यमान m_2 की एक अन्य गेंद से संघट्ट करती है, जो विरामावस्था में है। दोनों गेंदों के बीच संघट्ट प्रत्यास्थ है। m_1 द्रव्यमान द्वारा व्यय की गई गतिज ऊर्जा का अंश है NCERT पृष्ठ 83

(a) $\frac{4m_1m_2}{(m_1+m_2)^2}$ (b) $\frac{m_1}{m_1+m_2}$

(c) $\frac{m_2}{m_1+m_2}$ (d) $\frac{m_1m_2}{(m_1+m_2)^2}$

92 गैस कण्टेनर में एक अणु 200 मी/से की गति और अभिलम्ब के साथ 30° के कोण पर एक क्षैतिज दीवार से टकराता है और उसी गति से वापस उछलता है। निम्नलिखित में से कौन-सा विकल्प सही है? NCERT पृष्ठ 84

(a) संवेग संरक्षित नहीं है। (b) यहाँ प्रत्यास्थ संघट्ट है।
(c) यहाँ अप्रत्यास्थ संघट्ट है। (d) 'a' और 'b' दोनों

अभिकथन–कारण प्रश्न

निर्देश *(प्रश्न क्रमांक 1-10) निम्नलिखित प्रश्नों में, अभिकथन के एक कथन के बाद कारण का एक संगत कथन दिया गया है। निम्नलिखित कथनों में से सही कथन का चयन कीजिए।*

(a) अभिकथन और कारण दोनों सही हैं तथा कारण, अभिकथन की सही व्याख्या है।
(b) अभिकथन और कारण दोनों सही हैं, परन्तु कारण, अभिकथन की सही व्याख्या नहीं है।
(c) अभिकथन सही है, लेकिन कारण गलत है।
(d) अभिकथन गलत है, लेकिन कारण सही है।

1 **अभिकथन** यदि किसी पिण्ड का संवेग 50% बढ़ जाता है, तो उसकी गतिज ऊर्जा 125% बढ़ जाएगी।

कारण गतिज ऊर्जा वेग के वर्ग के समानुपाती होती है। NCERT पृष्ठ 74

2 **अभिकथन** यदि निकाय पर केवल संरक्षी बल कार्य करता है, तो कुल यान्त्रिक ऊर्जा संरक्षित रहती है।

कारण संरक्षी बल द्वारा किया गया कार्य, स्थितिज ऊर्जा में परिवर्तन के बराबर होता है। NCERT पृष्ठ 74

3 **अभिकथन** घर्षण के कारण अपेक्षाकृत कम झुकाव वाले तल पर फिसलने वाली वस्तु की स्थिति में यान्त्रिक ऊर्जा में कमी अधिक होती है।

कारण झुकाव के कोण में वृद्धि के साथ ब्लॉक और सतह के बीच घर्षण गुणांक में कमी होती है। NCERT पृष्ठ 78

4. **अभिकथन** घर्षण एक असंरक्षी बल है।

कारण ऐसा इसलिए है, क्योंकि किसी बन्द पथ पर किसी पिण्ड को ले जाने में घर्षण के विरुद्ध किया गया कार्य कभी शून्य नहीं होता है। NCERT पृष्ठ 80

5 **अभिकथन** बल स्थिरांक k_1 और k_2 वाले दो स्प्रिंगों को समान बल द्वारा खींचा जाता है। यदि $k_1 > k_2$ हो, तो पहले को खींचने में किया गया कार्य (W_1), दूसरे को खींचने में किए गए कार्य (W_2) से कम है।

कारण स्प्रिंग बल, $\mathbf{F} = k_1x_1 = k_2x_2$ NCERT पृष्ठ 80

6 **अभिकथन** चक्रीय प्रक्रिया में स्प्रिंग बल द्वारा किया गया कार्य शून्य होता है।

कारण संरक्षी बल द्वारा किया गया कार्य केवल प्रारम्भिक और अन्तिम स्थितियों पर निर्भर करता है। NCERT पृष्ठ 80

7 **अभिकथन** स्प्रिंग की स्थितिज ऊर्जा और स्प्रिंग के विस्तार या सम्पीड़न के बीच का ग्राफ एक परवलयाकार होता है।

कारण किसी खींची या सम्पीड़ित स्प्रिंग की स्थितिज ऊर्जा उसके विस्तार या सम्पीड़न के वर्ग के समानुपाती होती है। NCERT पृष्ठ 81

8 **अभिकथन** एक दिशा में गतिमान ब्लॉक पर लगाया गया बल एक स्थिर शक्ति उत्पन्न करता है, तो गति समान रूप से त्वरित होनी चाहिए।

कारण समय के साथ नियत शक्ति का गुणनफल गतिज ऊर्जा में परिवर्तन के बराबर होता है। NCERT पृष्ठ 83

9 **अभिकथन** एक ही दिशा में गतिमान दो कण पूर्णतया अप्रत्यास्थ संघट्ट में अपनी सम्पूर्ण ऊर्जा नहीं खोते हैं।

कारण संवेग के संरक्षण का सिद्धान्त सभी प्रकार के संघट्टों के लिए मान्य है। NCERT पृष्ठ 84

10 **अभिकथन** m द्रव्यमान की n छोटी गेंदें प्रत्येक सेकण्ड u वेग से सतह पर प्रत्यास्थ संघटट करती हैं। सतह द्वारा अनुभव किया गया बल mnu है।

कारण प्रत्यास्थ संघट्ट के बाद, गेंद उसी वेग से वापस उछलती है। NCERT पृष्ठ 84

कथन आधारित प्रश्न

निर्देश *(प्रश्न क्रमांक 1-8) निम्नलिखित प्रश्नों में दो कथन (I और II) दिए गए हैं। दिए गए कथनों के अनुसार, नीचे दिए गए सही विकल्प का चयन करें।*

(a) दोनों कथन I और II गलत हैं।

(b) कथन I सही है, लेकिन कथन II गलत है।

(c) कथन I गलत है, लेकिन कथन II सही है।

(d) दोनों कथन I और कथन II सही हैं।

1 **कथन I** यदि बल और विस्थापन एक-दूसरे के लम्बवत् हैं, तो किया गया कार्य शून्य होगा।

कथन II किया गया कार्य केवल शून्य या धनात्मक हो सकता है। NCERT पृष्ठ 73

2 **कथन I** एक बन्द पथ में एक संरक्षी बल द्वारा किया गया कार्य शून्य होता है।

कथन II एक संरक्षी बल केवल अन्तिम बिन्दुओं पर निर्भर करता है। NCERT पृष्ठ 73

3 **कथन I** जब एक स्थिर बम दो टुकड़ों में फट जाता है, तो उनकी गति उनके द्रव्यमान के व्युत्क्रम अनुपात के बराबर होती है।

कथन II विस्फोट रैखिक संवेग के संरक्षण के नियम का उल्लंघन करता है। NCERT पृष्ठ 74

4 **कथन I** द्रव्यमान m_1 और m_2 के दो पिण्डों की गतिज ऊर्जा समान होती है, उनके रैखिक संवेग का अनुपात निम्न प्रकार दिया गया है,

$$\frac{p_1}{p_2} = \sqrt{\frac{m_1}{m_2}}$$

कथन II गतिमान पिण्ड की गतिज ऊर्जा चार गुना बढ़ जाती है जब उसकी गति को दोगुना कर दिया जाता है। NCERT पृष्ठ 74

5 **कथन I** किसी पिण्ड को घर्षणरहित झुकाव वाले तल पर ऊपर से आधार तक लाने में किया गया कार्य, उसे ऊर्ध्वाधर पक्ष से नीचे लाने में किए गए कार्य के समान होता है।

कथन II झुकाव वाले तल पर पिण्ड पर गुरुत्वाकर्षण बल, ऊर्ध्वाधर पक्ष के अनुदिश गुरुत्वाकर्षण बल से भिन्न होता है। NCERT पृष्ठ 78

6 **कथन I** जब कोई गेंद किसी खुरदरी सतह पर फिसलती है, तो यान्त्रिक ऊर्जा में कोई हानि नहीं होती है।

कथन II जब पिण्ड ऊँचाई h से सतह पर गिरता है, तो ऊँचाई पर स्थित पिण्ड की स्थितिज ऊर्जा और सतह पर उसी पिण्ड की गतिज ऊर्जा समान होती है। NCERT पृष्ठ 80

7 **कथन I** प्रत्यास्थ टक्कर में प्रारम्भिक गतिज ऊर्जा अन्तिम गतिज ऊर्जा के बराबर होती है।

कथन II जब एक गेंद m_1, दूसरी गेंद m_2 से संघट्ट है, तो संघट्ट के बाद दोनों गेंदें एक साथ पूर्ण प्रत्यास्थ संघट्ट के रूप में गति करती हैं। NCERT पृष्ठ 83

8 **कथन I** u गति से गतिमान m द्रव्यमान का एक कण, M द्रव्यमान के स्थिर बिन्दु कण से टकराता है। यदि अधिकतम स्थितिज ऊर्जा हानि $f(1/2\, mv^2)$ के रूप में दी गई है, तो $f = (m/M + m)$ होगा।

कथन II अधिकतम ऊर्जा हानि तब होती है, जब टक्कर के परिणामस्वरूप कण एक साथ चिपक जाते हैं। NCERT पृष्ठ 83

सुमेलन प्रकार प्रश्न

1 कॉलम I (किया गया कार्य) को कॉलम II (मान) से सुमेलित करें। NCERT पृष्ठ 74

	कॉलम I		कॉलम II
A.	एक व्यक्ति द्वारा कुएँ से बाल्टी बाहर निकालने में और गुरुत्वाकर्षण बल द्वारा किया गया कार्य	1.	धनात्मक और ऋणात्मक
B.	आनत तल पर फिसलने वाले पिण्ड पर घर्षण द्वारा किया गया कार्य	2.	ऋणात्मक
C.	किसी व्यक्ति द्वारा खुरदरी सतह पर सामान खींचने में किया गया कार्य	3.	धनात्मक
D.	कम्पित लोलक को विराम में लाने के लिए, वायु और गुरुत्वाकर्षण बल द्वारा किया गया कार्य	4.	ऋणात्मक और धनात्मक

नीचे दिए गए विकल्पों में से सही विकल्प का चयन करें।

कूट	A	B	C	D		A	B	C	D
(a)	4	1	2	3	(b)	3	2	1	4
(c)	4	2	1	3	(d)	1	2	3	4

2 0.3 किग्रा द्रव्यमान के एक पिण्ड को 10 मीटर लम्बे और 5 मीटर ऊँचे झुकाव वाले तल में ले जाया जाता है और फिर नीचे की ओर फिसलने दिया जाता है। कॉलम I के पदों का सुमेलन कॉलम II में सम्बन्धित पदों से करें। (दिया गया है, $\mu_k = 0.5$) NCERT पृष्ठ 75

	कॉलम I		कॉलम II
A.	वृत्तीय गति में गुरुत्वाकर्षण बल द्वारा किया गया कार्य	1.	18.5 जूल
B.	ऊर्ध्वाधर यात्रा में लगाए गए बल द्वारा किया गया कार्य	2.	10.9 जूल
C.	वृत्तीय गति में घर्षण बल द्वारा किया गया कार्य	3.	0
D.	यात्रा के अन्त में पिण्ड की गतिज ऊर्जा	4.	-7.6 जूल

नीचे दिए गए विकल्पों में से सही विकल्प का चयन करें।

कूट	A	B	C	D
(a)	3	1	2	4
(b)	3	1	4	2
(c)	1	3	4	2
(d)	4	3	2	1

3 चित्र में दिखाए अनुसार X-अक्ष के सापेक्ष गतिमान कण का त्वरण तथा विस्थापन एवं स्थितिज ऊर्जा तथा विस्थापन ग्राफ प्रदर्शित किया गया है। **NCERT पृष्ठ 76**

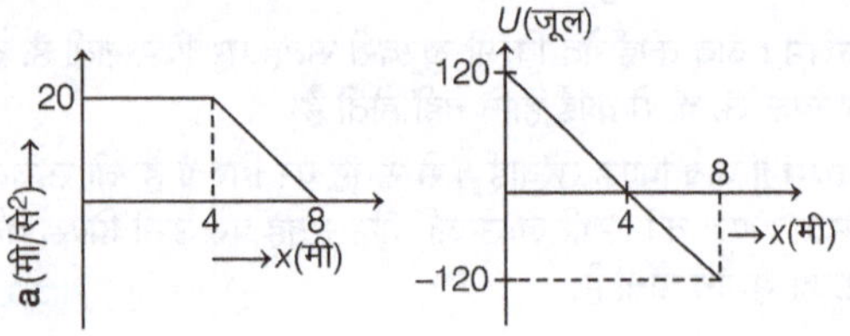

कण का द्रव्यमान 1 किग्रा है तथा $x = 0$ पर वेग 4 मी/से है। $x = 8$ मीटर पर कॉलम I तथा कॉलम II को सुमेलित करें। **NCERT पृष्ठ 76**

	कॉलम I		कॉलम II
A.	अन्तिम गतिज ऊर्जा	1.	120 जूल
B.	संरक्षी बलों द्वारा किया गया कार्य	2.	240 जूल
C.	कुल किया गया कार्य	3.	128 जूल
D.	गुरुत्वाकर्षण के अतिरिक्त अन्य बलों द्वारा किया गया कार्य	4.	-120 जूल

नीचे दिए गए विकल्पों में सही विकल्प का चयन करें।

कूट

	A	B	C	D		A	B	C	D
(a)	2	4	3	1	(b)	4	2	3	1
(c)	3	2	1	4	(d)	3	2	4	1

आंकिक मान प्रकार के प्रश्न

1 बल $\mathbf{F} = (1 + 3x)\,\hat{\mathbf{i}}$, एक कण पर x-दिशा में कार्य करता है, जहाँ F न्यूटन में है और x मीटर में है। $x = 0$ से $x = 4$ मीटर तक विस्थापन के दौरान इस बल द्वारा किया गया कार्य ...... जूल है। **NCERT पृष्ठ 74**

2 m द्रव्यमान का एक ब्लॉक (जैसा कि चित्र में दिखाया गया है) गतिज ऊर्जा K के साथ गतिमान है, जब इसकी गति आधी हो जाती है, तो यह 25 सेमी की दूरी तक एक स्प्रिंग को सम्पीडित करता है। प्रयुक्त स्प्रिंग के स्प्रिंग स्थिरांक का मान $n\,K$ न्यूटन/मीटर है। n का मान है। **NCERT पृष्ठ 74**

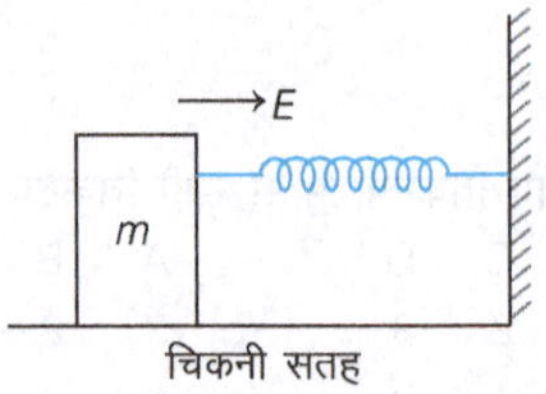

3 4 मीटर लम्बाई की एक पतली डोरी के एक छोर पर बँधा एक छोटा बॉब ऊर्ध्वाधर वृत्त में गति कर रहा है। डोरी में अधिकतम और न्यूनतम तनाव 5 : 1 के अनुपात में है। उच्चतम स्थिति पर बॉब का वेग .... मीटर/सेकण्ड है। ($g = 10$ मी/से²) **NCERT पृष्ठ 78**

4 4 किग्रा द्रव्यमान का एक पिण्ड प्रारम्भ में विराम में है। यह नियम शक्ति के स्रोत P के प्रभाव में एक-विमीय रूप से गति करना शुरू कर देता है। यदि 4 सेकण्ड में इसका विस्थापन $\frac{1}{3}\alpha^2\sqrt{\frac{P}{2}}$ मीटर है, तो α का मान होगा **NCERT पृष्ठ 83**

5 एक चिकनी सतह पर 60 मी/से की गति से क्षैतिज रूप से गतिमान एक ब्लॉक दो बराबर भागों में विभाजित हो जाता है। यदि भागों में से एक, समान दिशा में 80 मी/से की गति से चलता है, तो गतिज ऊर्जा में आंशिक परिवर्तन $x : 9$ x का मान है। **NCERT पृष्ठ 84**

6 1 किग्रा द्रव्यमान का एक पिण्ड, 3 किग्रा द्रव्यमान के एक विराम अवस्था में स्थित पिण्ड से सीधा संघट्ट है। संघट्ट के बाद, छोटा पिण्ड अपनी गति की दिशा के विपरीत दिशा में 2 मी/से की गति से चलता है। संघट्ट से पहले छोटे पिण्ड की प्रारम्भिक गति है **NCERT पृष्ठ 84**

7 8 मी/से की गति वाली एक गेंद विराम अवस्था में स्थित एक अन्य समान गेंद से संघट्ट है। संघट्ट के पश्चात् प्रत्येक गेंद का दिशा अपनी वास्तविक दिशा के साथ 30° का कोण बनाती है। संघट्ट के बाद गेंदों के वेगों का अनुपात $x : y$ है, जहाँ x है। **NCERT पृष्ठ 84**

8 द्रव्यमान m का एक पिण्ड, प्रारम्भिक वेग $u\hat{i}$ के साथ X-अक्ष के सापेक्ष गति कर रहा है। यह स्थिर अवस्था में स्थित $10m$ द्रव्यमान के एक कण से प्रत्यास्थ रूप से संघट्ट है और फिर अपनी प्रारम्भिक गतिज ऊर्जा के आधे भाग के साथ चित्रानुसार गति करता है। यदि $\sin\theta_1 = \sqrt{n}\sin\theta_2$ है, तो n का मान है **NCERT पृष्ठ 84**

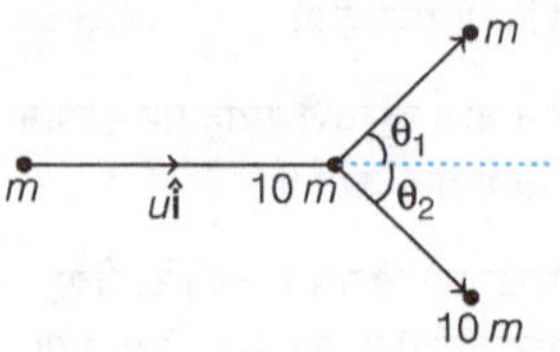

NCERT Exemplar प्रश्न

1 दो झुके हुए घर्षण हीन ट्रैक, एक उत्तरोत्तर और दूसरा तीव्र ढलान वाला, A पर मिलते हैं, जहाँ से दो पत्थरों को विराम से नीचे की ओर छोड़ा जाता है, जैसा कि चित्र में दिखाया गया है।

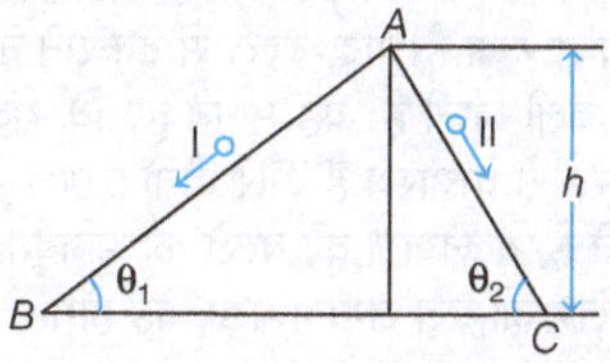

निम्नलिखित में से कौन-सा कथन सही है?

(a) दोनों पत्थर एक ही समय पर तल पर पहुँचते हैं लेकिन समान गति से नहीं।

(b) दोनों पत्थर समान गति से तल पर पहुँचते हैं और पत्थर I, पत्थर II से पहले तल पर पहुँचता है।

(c) दोनों पत्थर समान गति से तल पर पहुँचते हैं और पत्थर II, पत्थर I से पहले तल पर पहुँचता है।

(d) दोनों पत्थर अलग-अलग समय पर और अलग-अलग गति से तल पर पहुँचते हैं।

2 रेखीय सरल आवर्त गति को निष्पादित करने वाले कण के लिए स्थितिज ऊर्जा फलन $U(x) = \frac{1}{2}kx^2$ द्वारा प्रदर्शित किया जाता है, जहाँ k दोलक का बल स्थिरांक है। $k = 0.5$ न्यूटन/मीटर के लिए स्थितिज ऊर्जा $\{U(x)\}$ तथा दूरी (x) का ग्राफ चित्र में दिखाया गया है। कुल ऊर्जा (E) का एक कण $x = \pm x_m$ पर पहुँचने पर वापस मुड़ जाता है। यदि U और K, $x = + x_m$ पर कण क्रमशः स्थितिज ऊर्जा तथा गतिज ऊर्जा को दर्शाते हैं, तो निम्न में से कौन-सा सही है?

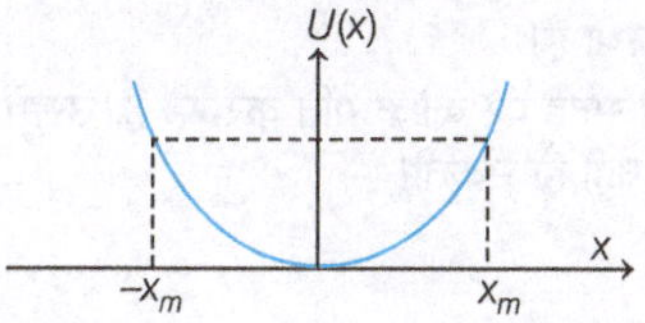

(a) $U = 0, K = E$ (b) $U = E, K = 0$

(c) $U < E, K = 0$ (d) $U = 0, K < E$

3 0.5 किग्रा द्रव्यमान का एक पिण्ड, वेग $v = ax^{3/2}$ के साथ एक सरल रेखा में यात्रा करता है, जहाँ $a = 5$ मी$^{-1/2}$ से$^{-1}$ है। $x = 0$ से $x = 2$ मीटर तक इसके विस्थापन के दौरान कुल बल द्वारा किया गया कार्य है

(a) 1.5 जूल

(b) 50 जूल

(c) 10 जूल

(d) 100 जूल

4 एक पिण्ड नियत ऊर्जा आपूर्ति करने वाले शक्ति स्रोत के प्रभाव में एक दिशा में घूम रहा है। चित्र में दिखाए गए आरेखों में से कौन-सा इसकी गति के लिए विस्थापन-समय वक्र को उचित ढंग से दर्शाता है?

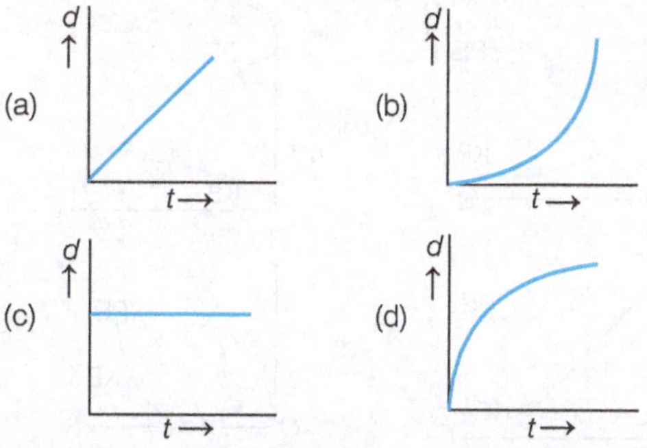

5 पृथ्वी अपनी दीर्घवृत्ताकार कक्षा में सूर्य के चारों ओर एक चक्कर लगाती है। चित्र में दिखाए गए आरेखों में से कौन-सा पृथ्वी की गतिज ऊर्जा में परिवर्तन को सर्वथा उचित प्रकार से दर्शाता है?

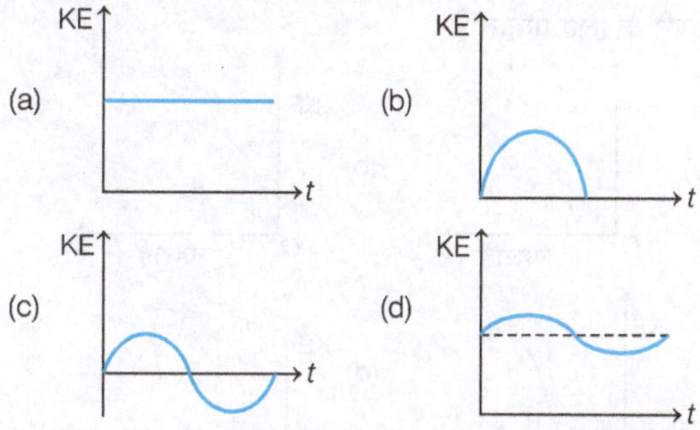

6 चित्र में दिखाए गए आरेखों में से कौन-सा समय के एक फलन के रूप में वायु में दोलन करने वाले एक लोलक की कुल यान्त्रिक ऊर्जा में परिवर्तन को दर्शाता है?

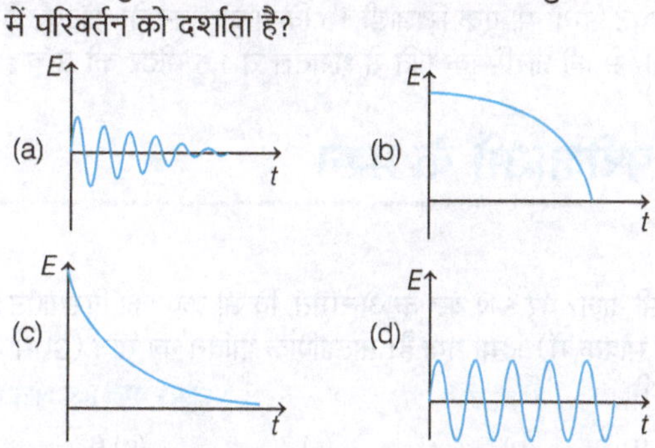

7 5 किग्रा का एक द्रव्यमान 1 मीटर त्रिज्या के एक वृत्ताकार पथ पर घूम रहा है। यदि द्रव्यमान 300 चक्कर प्रति मिनट से गतिमान है, तो इसकी गतिज ऊर्जा (जूल में) होगी।

(a) $250\pi^2$ (b) $100\pi^2$ (c) $5\pi^2$ (d) 0

8 धरातल से h ऊँचाई से गिरने वाली एक वर्षा की बूँद, जब वह $\left(\frac{3h}{4}\right)$ ऊँचाई से गिरती है, तो एक निकट सीमान्त वेग प्राप्त करती है। चित्र में दिखाए गए निम्नलिखित आरेखों में से कौन-सा धरातल पर गिरने के दौरान बूँद की गतिज और स्थितिज ऊर्जा में परिवर्तन को उचित प्रकार से दर्शाता है?

(a)
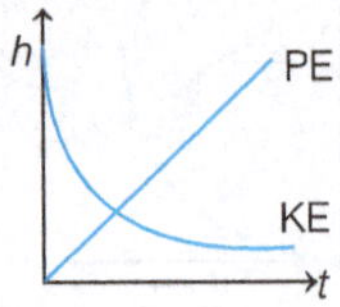

(b)
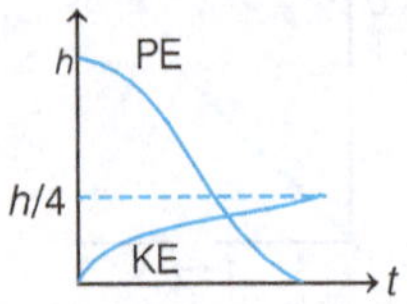

(c)
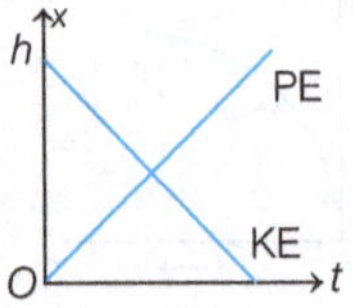

(d)
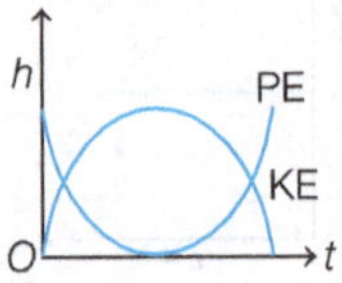

9 चित्र में दिखाए गए आरेखों में से कौन-सा एक लोहे के गोले की गतिज ऊर्जा में परिवर्तन को उचित प्रकार से दर्शाता है, जो एक झील में स्वतन्त्र रूप से गिर रहा है, जिसकी गहराई इसे सीमान्त वेग प्रदान करने के लिए पर्याप्त है?

(a)
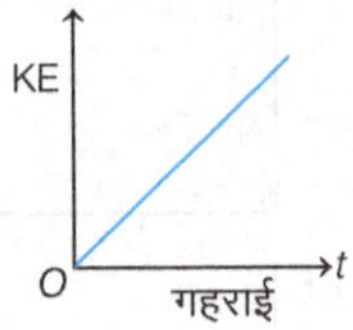

(b)
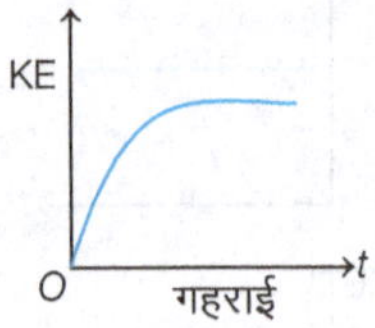

(c)
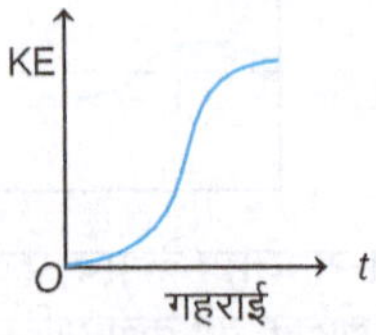

(d)
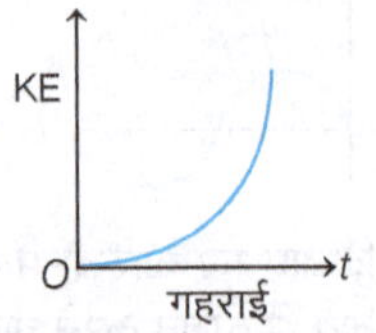

10 शॉटपुट स्पर्धा में, एक खिलाड़ी 10 किग्रा द्रव्यमान के शॉटपुट गेंद को 1 मी/से की प्रारम्भिक गति से धरातल से 1.5 मीटर की ऊँचाई से 45° पर फेंकता है। यह मानते हुए कि वायु प्रतिरोध नगण्य है और गुरुत्वाकर्षण के कारण त्वरण 10 मी/से^{2} है, धरातल पर पहुँचने पर शॉटपुट की गतिज ऊर्जा होगी

(a) 2.5 जूल (b) 5.0 जूल (c) 52.5 जूल (d) 155.0 जूल

11 150 ग्राम द्रव्यमान की एक क्रिकेट गेंद 126 किमी प्रति घण्टे की गति से चलते हुए बल्ले के बीच में टकराती है, जिसे बल्लेबाज ने अपनी मजबूती से पकड़ रखा है। गेंद, बल्ले से टकराने के बाद सीधे गेंदबाज के पास वापस चली जाती है। यह मानते हुए कि गेंद और बल्ले के बीच टक्कर पूरी तरह से प्रत्यास्थ है और दोनों 0.001 सेकण्ड के लिए सम्पर्क में रहते हैं, बल्लेबाज को बल्ले को मजबूती से अपनी जगह पर रखने के लिए जो बल लगाना पड़ा, वह होगा

(a) 10.5 न्यूटन (b) 21 न्यूटन
(c) 1.05×10^4 न्यूटन (d) 2.1×10^4 न्यूटन

12 समान द्रव्यमान वाले दो ब्लॉक M_1 और M_2 एक क्षैतिज घर्षण रहित सतह पर गति करने के लिए स्वतन्त्र हैं और M_2 एक द्रव्यमान रहित स्प्रिंग से जुड़ा हुआ है, जैसा कि चित्र में दिखाया गया है। प्रारम्भ में, M_2 विराम अवस्था में है और M_1, v गति से M_2 की ओर गति कर रहा है और M_2 से सीधे टकराता है, तो निम्नलिखित में से कौन-सा कथन सही है?

(a) जब स्प्रिंग पूरी तरह से सम्पीड़ित होती है, तो M_1 की सम्पूर्ण गतिज ऊर्जा, स्प्रिंग की स्थितिज ऊर्जा के रूप में संग्रहीत हो जाती है।
(b) जब स्प्रिंग पूरी तरह से सम्पीड़ित होती है, तो निकाय का संवर्ग संरक्षित नहीं होती है, हालाँकि अन्तिम गति प्रारम्भिक गति के बराबर होती है।
(c) यदि स्प्रिंग द्रव्यमान रहित है, तो M_1 की अन्तिम अवस्था, विरामावस्था है।
(d) यदि जिस सतह पर ब्लॉक गति कर रहे हैं, उसमें घर्षण है, तो टक्कर प्रत्यास्थ नहीं हो सकती।

विगत परीक्षाओं के प्रश्न

NEET

1 किसी क्षण t पर 5 N बल के अन्तर्गत, किसी कण का विस्थापन $2t - 1$ (SI मात्रक में) दिया गया है। तात्क्षणिक शक्ति का मान (SI मात्रक में) है **NCERT पृष्ठ 83, NEET 2024**

(a) 10 (b) 5 (c) 7 (d) 6

2 समान द्रव्यमान के दो पिण्ड A व B पूर्णतया अप्रत्यास्थ एक-विमीय संघट्ट करते हैं। संघट्ट से पूर्व पिण्ड A वेग v_1 से गति करता है जबकि पिण्ड B विरामावस्था में है। संघट्ट के पश्चात् निकाय का वेग v_2 है। तब अनुपात $v_1 : v_2$ है **NCERT पृष्ठ 84, NEET 2024**

(a) 1:2 (b) 2:1 (c) 4:1 (d) 1:4

3 एक लम्बी स्प्रिंग को 2 सेमी तक खींचने पर उसकी स्थितिज ऊर्जा U हो जाती है। यदि स्प्रिंग को 8 सेमी तक खींचा जाए, तो उसमें संग्रहित स्थितिज ऊर्जा होगी **NCERT पृष्ठ 80, NEET 2023**

(a) $4U$ (b) $8U$ (c) $16U$ (d) $2U$

4 2000 किग्रा (लिफ्ट + यात्री) के अधिकतम भार वाली एक विद्युत लिफ्ट 1.5 मी/से की स्थिर गति से ऊपर की ओर बढ़ रही है। गति का विरोध करने वाला घर्षण बल 3000 न्यूटन है। मोटर द्वारा लिफ्ट को वाट में दी जाने वाली न्यूनतम शक्ति है ($g = 10$ मी/से^{2}) **NCERT पृष्ठ 83, NEET 2022**

(a) 23000 (b) 20000
(c) 34500 (d) 23500

5 एक कण पृथ्वी की सतह से S ऊँचाई से छोड़ा जाता है। एक निश्चित ऊँचाई पर इसकी गतिज ऊर्जा इसकी स्थितिज ऊर्जा की तीन गुनी होती है। पृथ्वी की सतह से ऊँचाई और उस क्षण कण की गति क्रमशः हैं **NCERT पृष्ठ 78, NEET 2021**

(a) $\frac{S}{4}, \frac{3gS}{2}$ (b) $\frac{S}{4}, \frac{\sqrt{3gS}}{2}$
(c) $\frac{S}{2}, \frac{\sqrt{3gS}}{2}$ (d) $\frac{S}{4}, \sqrt{\frac{3gS}{2}}$

6 एक बिन्दु द्रव्यमान m को एक तार की सहायता से त्रिज्या r के एक ऊर्ध्वाधर वृत्त में घुमाया जाता है। द्रव्यमान का सबसे निचले बिन्दु पर वेग $\sqrt{7gr}$ है। सबसे निचले बिन्दु पर तार में तनाव है **NCERT पृष्ठ 78, NEET 2020**

(a) 6 mg (b) 7 mg
(c) 8 mg (d) 1 mg

7 5M द्रव्यमान का एक कण अचानक अपने आप तीन टुकड़ों में टूट जाता है। द्रव्यमान m के दो टुकड़े गति v के साथ परस्पर लम्बवत् दिशा में गति करते हैं। प्रक्रिया के दौरान उत्पन्न ऊर्जा है **NCERT पृष्ठ 83, NEET 2019**

(a) $\frac{3}{5}mv^2$ (b) $\frac{5}{3}mv^2$
(c) $\frac{3}{2}mv^2$ (d) $\frac{4}{3}mv^2$

8 एक कण बिन्दु $(-2\hat{i}+5\hat{j})$ से $(4\hat{j}+3\hat{k})$ तक गति करता है, जब इस पर $(4\hat{i}+3\hat{j})$ न्यूटन का बल लगाया जाता है। बल द्वारा किया गया कार्य है? **NCERT पृष्ठ 74, NEET 2016**

(a) 8 जूल (b) 11 जूल
(c) 5 जूल (d) 2 जूल

9 400 मी/से के वेग से क्षैतिज रूप से चलती 10 ग्राम द्रव्यमान की एक गोली 2 किग्रा द्रव्यमान के एक लकड़ी के ब्लॉक से संघट्ट करती है, जो 5 मीटर लम्बाई की हल्की अविस्तारणीय डोरी द्वारा निलम्बित है। परिणामस्वरूप, ब्लॉक का गुरुत्वाकर्षण केन्द्र 10 सेमी की ऊर्ध्वाधर ऊँचाई तक ऊपर उठा हुआ पाया जाता है। ब्लॉक से क्षैतिज रूप से निकलने के बाद गोली की गति होगी **NCERT पृष्ठ 129, AIPMT 2016**

(a) 100 मी/से (b) 80 मी/से
(c) 120 मी/से (d) 160 मी/से

10 एक गेंद को 20 मीटर की ऊँचाई से प्रारम्भिक वेग v_0 से ऊर्ध्वाधर नीचे की ओर फेंका जाता है। यह धरातल से टकराती है, तथा टक्कर में अपनी 50% ऊर्जा व्यय कर देती है और उसी ऊँचाई पर वापस आ जाती है। प्रारम्भिक वेग v_0 है ($g = 10$ मी/से^{2}) **NCERT पृष्ठ 78, AIPMT 2015**

(a) 14 मी/से (b) 20 मी/से
(c) 28 मी/से (d) 10 मी/से

11 m द्रव्यमान का एक कण एक मशीन द्वारा चलाया जाता है, जो एक नियत शक्ति प्रदान करती है। यदि कण विराम से शुरू होता है, तो t समय पर कण पर बल है **NCERT पृष्ठ 83, AIPMT 2015**

(a) $\sqrt{\frac{mk}{2}}\,t^{-1/2}$ (b) $\sqrt{mk}\,t^{-1/2}$
(c) $\sqrt{2mk}\,t^{-1/2}$ (d) $\frac{1}{2}\sqrt{mk}\,t^{-1/2}$

JEE Main

12 चार कणों जिनके द्रव्यमान क्रमशः $\frac{m}{2}$, m, $2m$ व $4m$ हैं, के संवेग समान हैं। अधिकतम गतिज ऊर्जा वाला कण होगा **NCERT पृष्ठ 74, JEE Main 2024**

(a) A (b) C (c) D (d) B

13 एक पत्थर को क्षैतिज से 30° के कोण पर प्रक्षेपित किया जाता है। प्रक्षेपण बिन्दु पर पत्थर की गतिज ऊर्जा और उड़ान के उच्चतम बिन्दु पर इसकी गतिज ऊर्जा का अनुपात होगा **NCERT पृष्ठ 74, JEE Main 2023**

(a) 1:2 (b) 4:1 (c) 1:4 (d) 4:3

14 0.1 किग्रा द्रव्यमान की एक गोली 400 मी/से की गति से क्षैतिज रूप से चलती हुई एक क्षैतिज खुरदरी सतह पर रखे 3.9 किग्रा द्रव्यमान के लकड़ी के ब्लॉक से संघटट करती है। गोली ब्लॉक में धँस जाती है और रुकने से पहले 20 मीटर चलती है। ब्लॉक और सतह के बीच घर्षण गुणांक है (दिया गया है, $g = 10$ मी/से^{2}) **NCERT पृष्ठ 84, JEE Main 2023**

(a) 0.50 (b) 0.90
(c) 0.25 (d) 0.65

15 200 ग्राम द्रव्यमान की एक गोली जिसकी प्रारम्भिक गतिज ऊर्जा 90 जूल है, एक लम्बे स्विमिंग पूल के अन्दर दागी जाती है, जैसा कि चित्र में दिखाया गया है। यदि इसकी गतिज ऊर्जा 1 सेकण्ड के भीतर 40 जूल तक क्षय हो जाती है, तो पूल की वह न्यूनतम लम्बाई, जिस पर गोली को यात्रा करती है, ताकि वह पूरी तरह से रुक जाए, होगी **NCERT पृष्ठ 74, JEE Main 2022**

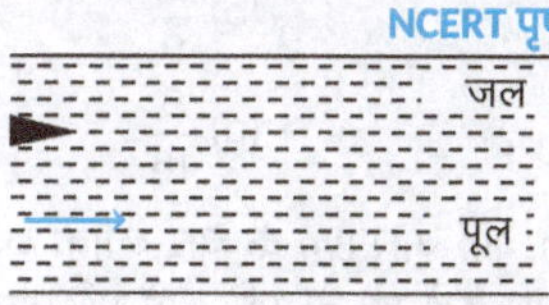

(a) 45 मीटर (b) 90 मीटर
(c) 125 मीटर (d) 25 मीटर

16 m द्रव्यमान का एक ऑटोमोबाइल, जो प्रारम्भ में विराम में है, मूलबिन्दु से शुरू होकर त्वरित होता है, जबकि इंजन नियत P शक्ति की आपूर्ति करता है। स्थिति समय के एक फलन के रूप में प्रदर्शित की जा सकती है। **NCERT पृष्ठ 83, JEE Main 2021**

(a) $\left(\frac{9P}{8m}\right)^{1/2}\cdot t^{3/2}$ (b) $\left(\frac{8P}{9m}\right)^{1/2}\cdot t^{2/3}$ (c) $\left(\frac{9m}{8P}\right)^{1/2}\cdot t^{3/2}$ (d) $\left(\frac{8P}{9m}\right)^{1/2}\cdot t^{3/2}$

स्किल बूस्टर्स

1 X-अक्ष के सापेक्ष गति करने लिए स्वतन्त्र 1 किग्रा के कण की स्थितिज ऊर्जा $U(x) = \left[\frac{x^4}{4} - \frac{x^2}{2}\right]$ जूल द्वारा प्रदर्शित की जाती है। यदि कण की कुल यान्त्रिक ऊर्जा 2 जूल है, तो अधिकतम गति (मी/से) है

(a) $\frac{3}{\sqrt{2}}$ (b) $\sqrt{2}$
(c) $\frac{1}{\sqrt{2}}$ (d) 2

2 एक छोटा ब्लॉक त्रिज्या $R = 6$ मीटर के गोलार्द्ध के शीर्ष से नीचे की ओर खिसकता है, जैसा कि चित्र में दिखाया गया है। जिस ऊँचाई पर ब्लॉक, गोले की सतह से सम्पर्क खो देगा, वह है (माना कि ब्लॉक और गोलार्द्ध के बीच कोई घर्षण नहीं है)

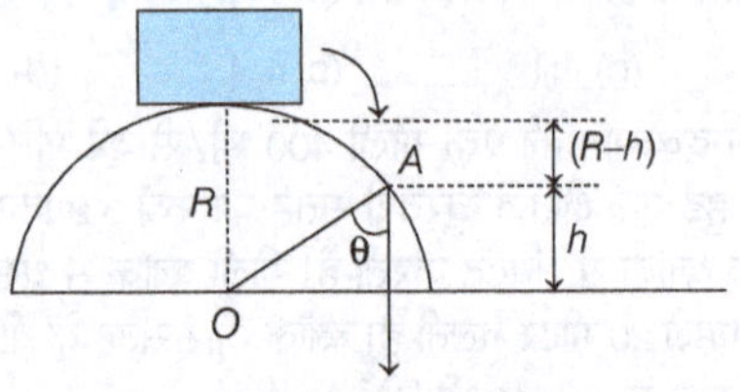

(a) 1 मी (b) 2 मी
(c) 3 मी (d) 4 मी

3 एक तेज गति से चलती कार दो स्प्रिंग (A और B) के संयोजन से बनी एक स्प्रिंग से टकराती है और स्प्रिंग को 8.75 सेमी तक सम्पीड़ित करती है। यदि स्प्रिंग A का स्प्रिंग स्थिरांक 300 न्यूटन/मीटर है और स्प्रिंग B का स्प्रिंग स्थिरांक 400 न्यूटन/मीटर है, तो A और B में संग्रहीत ऊर्जा का अनुपात हैं

(a) $\frac{4}{3}$ (b) $\frac{16}{9}$
(c) $\frac{3}{4}$ (d) $\frac{9}{16}$

4 द्रव्यमान m, $2m$, $4m$ और $8m$ के चार ब्लॉक बर्फ की सतह पर चित्र में दिखाए अनुसार रखे गए हैं। गति v से गतिमान, द्रव्यमान m का एक और ब्लॉक पूर्णतया से अप्रत्यास्थ तरीके से द्रव्यमान m से संघट्ट करता है। उसके बाद की सभी संघट्ट भी पूरी तरह से अप्रत्यास्थ हैं। जब द्रव्यमान m का अन्तिम ब्लॉक चलना शुरू करता है, तब तक कुल ऊर्जा हानि वास्तविक ऊर्जा का P % होती है। P का मान लगभग है

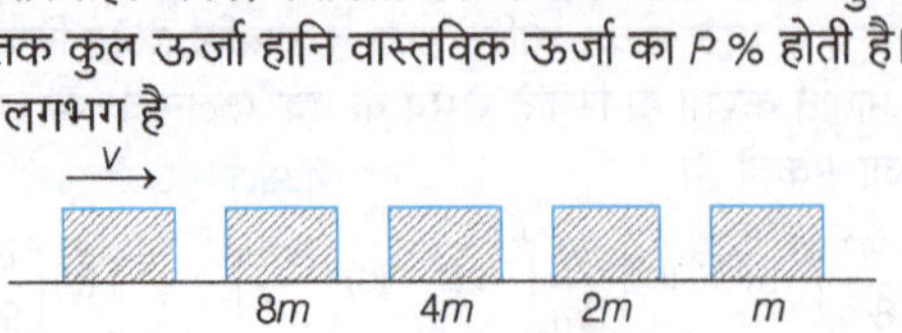

(a) 77 (b) 94
(c) 37 (d) 84

5 एक मशीन पवन ऊर्जा को विद्युत ऊर्जा में परिवर्तित कर सकती है। लेकिन, यह अपने ब्लेड द्वारा अवरोधित पवन ऊर्जा के केवल एक निश्चित अंश को विद्युत ऊर्जा में परिवर्तित कर सकती है। यदि v वायु की गति v है, तो अधिकतम शक्ति का उत्पादन समानुपाती होगा।

(a) v^2 (b) v^3
(c) v^4 (d) $\sqrt{v}$

6 U स्थितिज ऊर्जा है, K गतिज ऊर्जा है और E यान्त्रिक ऊर्जा है। सन्तुलित निकाय के लिए निम्नलिखित में से क्या सम्भव नहीं है?

(a) $U > E$ (b) $U < E$
(c) $E > K$ (d) $K > E$

7 समय $t = 0$ सेकण्ड पर, कण X-अक्ष के सापेक्ष गति करना शुरू कर देता है। यदि इसकी गतिज ऊर्जा समय t के साथ समान रूप से बढ़ती है, तो इस पर कार्य करने वाला शुद्ध बल आनुपातिक होता है।

(a) $\frac{1}{\sqrt{t}}$ (b) $t^{3/2}$
(c) $t^{1/3}$ (d) $t^{4/3}$

8 दो वाहन X और Y का द्रव्यमान क्रमशः 40 किग्रा और 10 किग्रा है। प्रत्येक वाहन पर 80 न्यूटन का बल लगाया जाता है। यदि दोनों वाहन क्रमशः समय t_x और t_y में समान गतिज ऊर्जा प्राप्त करते हैं, तो $\frac{t_x}{t_y}$ होगा

(a) $\frac{1}{8}$ (b) $\frac{1}{2}$
(c) $\frac{2}{1}$ (d) $\frac{1}{4}$

9 $4m$ द्रव्यमान का एक पिण्ड XY-तल पर विरामावस्था में है। यह अचानक तीन टुकड़ों में विस्फोटित हो जाता है। द्रव्यमान m के दो टुकड़े समान गति v से एक-दूसरे के लम्बवत् गति करते हैं। विस्फोट के कारण उत्पन्न कुल गतिज ऊर्जा है

(a) mv^2 (b) $(3/2)\, mv^2$
(c) $2\, mv^2$ (d) $4\, mv^2$

10 दो समान गेंदें A और B को चित्र में दर्शाए गए स्थानों से छोड़ा जाता है। वे क्षैतिज भाग XY पर प्रत्यास्थ रूप से टकराती हैं। टक्कर के बाद A और B द्वारा प्राप्त ऊँचाइयों का अनुपात होगा (घर्षण नगण्य है।)

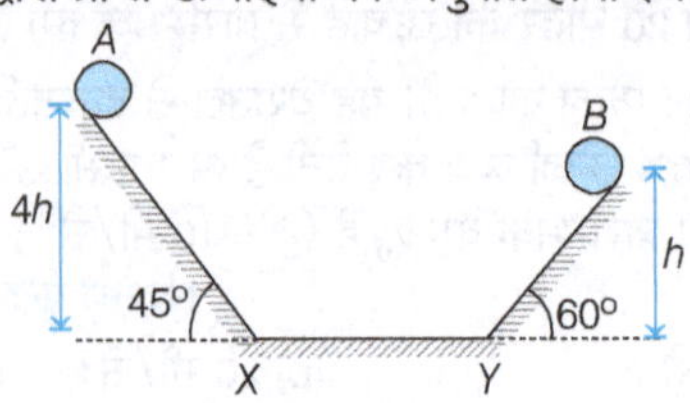

(a) 1 : 4 (b) 3 : 1
(c) 4 : 13 (d) 2 : 13

प्रश्न कुंजी

शीर्षकवार प्रश्न

1 (b)	2 (b)	3 (b)	4 (a)	5 (b)	6 (c)	7 (c)	8 (c)	9 (d)	10 (a)
11 (d)	12 (d)	13 (a)	14 (b)	15 (b)	16 (d)	17 (c)	18 (b)	19 (b)	20 (a)
21 (b)	22 (a)	23 (b)	24 (c)	25 (d)	26 (d)	27 (c)	28 (a)	29 (c)	30 (b)
31 (b)	32 (c)	33 (b)	34 (c)	35 (d)	36 (b)	37 (b)	38 (c)	39 (d)	40 (b)
41 (a)	42 (c)	43 (c)	44 (a)	45 (b)	46 (d)	47 (d)	48 (d)	49 (b)	50 (b)
51 (b)	52 (b)	53 (c)	54 (a)	55 (a)	56 (a)	57 (b)	58 (d)	59 (a)	60 (d)
61 (a)	62 (b)	63 (c)	64 (b)	65 (a)	66 (b)	67 (a)	68 (b)	69 (c)	70 (d)
71 (c)	72 (b)	73 (b)	74 (c)	75 (d)	76 (a)	77 (c)	78 (a)	79 (b)	80 (c)
81 (b)	82 (c)	83 (a)	84 (b)	85 (c)	86 (a)	87 (a)	88 (c)	89 (a)	90 (d)
91 (a)	92 (b)								

अभिकथन-कारण प्रश्न

1 (a)	2 (a)	3 (c)	4 (a)	5 (a)	6 (a)	7 (a)	8 (d)	9 (b)	10 (d)

कथन आधारित प्रश्न

1 (b)	2 (d)	3 (b)	4 (d)	5 (d)	6 (c)	7 (b)	8 (c)

सुमेलन प्रकार प्रश्न

1 (d)	2 (b)	3 (c)

आंकिक मान प्रकार के प्रश्न

1 (28)	2 (24)	3 (10)	4 (4)	5 (10)	6 (4)	7 (1)	8 (10)

NCERT Exemplar प्रश्न

1 (c)	2 (b)	3 (b)	4 (b)	5 (d)	6 (c)	7 (a)	8 (b)	9 (b)	10 (d)
11 (c)	12 (c)								

विगत परीक्षाओं के प्रश्न

1 (a)	2 (b)	3 (c)	4 (c)	5 (d)	6 (c)	7 (d)	8 (c)	9 (c)	10 (b)
11 (a)	12 (a)	13 (d)	14 (c)	15 (a)	16 (d)				

स्किल बूस्टर्स

1 (a)	2 (d)	3 (a)	4 (b)	5 (b)	6 (a)	7 (a)	8 (c)	9 (b)	10 (c)

क्रमवार

प्रश्नों का विश्लेषण

कॉन्सेप्ट बिल्डर्स

1 $90°$	2 शून्य
3 गतिज	4 सत्य
5 असत्य	6 हो सकता है
7 हल्का पिण्ड	8 सत्य
9 चार	10 बढ़ती
11 संरक्षी	12 असत्य
13 शक्ति	14 असत्य
15 शून्य	16 सत्य
17 प्रत्यास्थ	18 अधिकतम
19 अप्रत्यास्थ	20 इकाई

शीर्षकवार प्रश्न

1 *(b)* दिया है, $\mathbf{F} = (3\hat{\mathbf{i}} + 4\hat{\mathbf{j}} - 5\hat{\mathbf{k}})$ इकाई

$\mathbf{d} = (5\hat{\mathbf{i}} + 4\hat{\mathbf{j}} + 3\hat{\mathbf{k}})$ इकाई

$\therefore \quad \mathbf{F}\cdot\mathbf{d} = F_x d_x + F_y d_y + F_z d_z$

$= 3(5) + 4(4) + (-5)(3)$

$= 16$ इकाई

अब, $\quad \mathbf{F}\cdot\mathbf{F} = F^2 = F_x^2 + F_y^2 + F_z^2$

$= 9 + 16 + 25 = 50$ इकाई

$\Rightarrow \quad F = \sqrt{50}$ इकाई

तथा $\quad \mathbf{d}\cdot\mathbf{d} = d^2 = d_x^2 + d_y^2 + d_z^2$

$= 25 + 16 + 9$

$= 50$ इकाई

$\Rightarrow \quad d = \sqrt{50}$ इकाई

$\therefore \quad \cos\theta = \frac{16}{\sqrt{50}\sqrt{50}} = \frac{16}{50} = 0.32$

$\left(\because \cos\theta = \frac{\mathbf{F}\cdot\mathbf{d}}{Fd}\right)$

$\Rightarrow \quad \theta = \cos^{-1}(0.32)$

2 *(b)* दिया है, $\mathbf{A} = 3\hat{\mathbf{i}} - 4\hat{\mathbf{j}} + 5\hat{\mathbf{k}}$

$\mathbf{B} = -\hat{\mathbf{i}} + 2\hat{\mathbf{j}} + 3\hat{\mathbf{k}}$

$\mathbf{A}\cdot\mathbf{B} = (3\hat{\mathbf{i}} - 4\hat{\mathbf{j}} + 5\hat{\mathbf{k}})\cdot(-\hat{\mathbf{i}} + 2\hat{\mathbf{j}} + 3\hat{\mathbf{k}})$

$\mathbf{A}\cdot\mathbf{B} = 4$

3 *(b)* यदि **a** तथा **b** लम्बवत् हैं, तो $\mathbf{a}\cdot\mathbf{b} = 0$

$(2\hat{\mathbf{i}} + \lambda\hat{\mathbf{j}} + 3\hat{\mathbf{k}}).(2\hat{\mathbf{i}} + \hat{\mathbf{j}} - \hat{\mathbf{k}}) = 0$

$4 + \lambda - 3 = 0$

$\lambda = -1$

4 *(a)* यदि θ = आपतन कोण

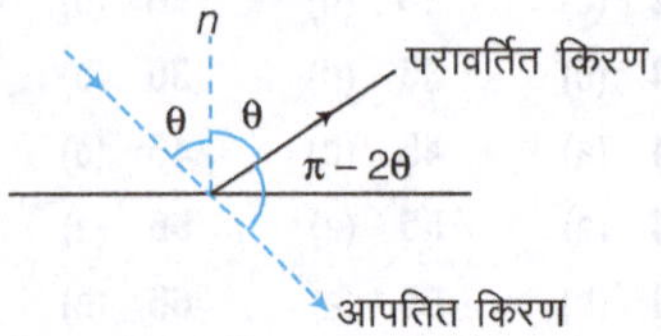

आपतित किरण तथा परावर्तित किरण के मध्य कोण $= \pi - 2\theta$

$\therefore (\hat{\mathbf{i}} + \sqrt{3}\hat{\mathbf{j}})\cdot(\hat{\mathbf{i}} - \sqrt{3}\hat{\mathbf{j}})$

$= |\hat{\mathbf{i}} + \sqrt{3}\hat{\mathbf{j}}|\,|\hat{\mathbf{i}} - \sqrt{3}\hat{\mathbf{j}}|\cos(\pi - 2\theta)$

$1 - 3 = (\sqrt{1+3}\,\sqrt{1+3})(-\cos 2\theta)$

$\cos 2\theta = \frac{-2}{-4} = \frac{1}{2}$

$\cos 2\theta = \cos 60°$

$\therefore \quad \theta = 30°$

5 *(b)* $|\mathbf{A} + \mathbf{B}| = |\mathbf{A} - \mathbf{B}|$

$\Rightarrow |\mathbf{A} + \mathbf{B}|^2 = |\mathbf{A} - \mathbf{B}|^2$

$(\mathbf{A} + \mathbf{B})\cdot(\mathbf{A} + \mathbf{B}) = (\mathbf{A} - \mathbf{B})\cdot(\mathbf{A} - \mathbf{B})$

$\Rightarrow A^2 + B^2 + 2AB\cos\theta$

$= A^2 + B^2 - 2AB\cos\theta$

$\Rightarrow \quad 4AB\cos\theta = 0 \Rightarrow \cos\theta = 0$

$\Rightarrow \quad \theta = 90°$

6 *(c)* दोनों गतिमान वस्तु के लिए कार्य-ऊर्जा प्रमेय के अनुसार,

$\frac{1}{2}m_1v_1^2 = Fx_1$

$\frac{1}{2}m_2v_2^2 = Fx_2$

चूँकि दोनों वस्तुओं की गतिज ऊर्जा समान है

$\frac{1}{2}m_1v_1^2 = \frac{1}{2}m_2v_2^2 \Rightarrow Fx_1 = Fx_2$

$\Rightarrow \quad x_1 = x_2$

अतः दोनों वस्तु समान दूरी पर रूक जाएगी।

7 *(c)* कार द्वारा किया गया कार्य,

अर्थात् $\quad W_g = mgh = 1400 \times 10 \times 10$

कार्य-ऊर्जा प्रमेय के अनुसार,

$W_g + W_f = \frac{1}{2}mv^2$

$1400 \times 10 \times 10 + W_f = \frac{1}{2} \times 1400 \times 15 \times 15$

$\Rightarrow \quad W_f = 17.5$ किलो जूल

8 *(c)* कार्य-ऊर्जा प्रमेय के अनुसार,

$K - K' = W = Fs$

$\therefore \frac{1}{2}mu^2 - 0 = Fs$

$\Rightarrow \quad F = \frac{mu^2}{2s} = \frac{0.02 \times (150)^2}{2 \times 0.1}$

$= 2250$ न्यूटन

9 *(d)* (i) गुरूत्वाकर्षण द्वारा किया गया कार्य,

$W_g = mgh$

$= 10^{-3} \times 10 \times 1 \times 10^3$

$= 10$ जूल

(ii) कार्य-गतिज ऊर्जा प्रमेय के अनुसार,

$\Delta K = W_{\text{गुरुत्व}} + W_{\text{वायु प्रतिरोध}}$

$\Rightarrow \quad \frac{1}{2}mv^2 = mgh + W_{\text{वायु प्रतिरोध}}$

$\Rightarrow W_{\text{वायु प्रतिरोध}} = m\left(\frac{1}{2}v^2 - gh\right)$

$= 10^{-3}\left(\frac{1}{2} \times 50 \times 50 - 10 \times 10^3\right)$

$= -8.75$ जूल

10 *(a)* कार्य-ऊर्जा प्रमेय के अनुसार,

गतिज ऊर्जा = गुरुत्व के विरुद्ध किया गया कार्य + घर्षण के विरुद्ध किया गया कार्य

चित्रानुसार,

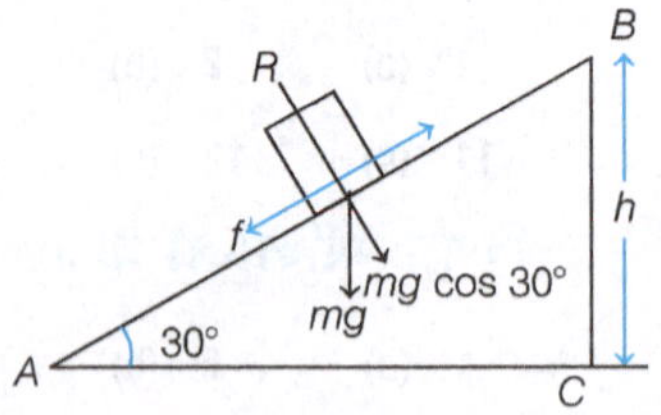

$\frac{1}{2}mv^2 = mgh + \mu R \cdot AB$

$\Rightarrow \quad \frac{1}{2}mv^2 = mgh + \mu mg\cos 30° \cdot \frac{h}{\sin 30°}$

$\left[\because AB = \frac{h}{\sin 30°} \text{ and } R = mg\cos 30°\right]$

$\Rightarrow \frac{1}{2} \times m \times (10)^2 = mgh + \mu mg\cot 30° \times h$

$\Rightarrow \quad h = \frac{50}{11.732} = 4.26$ मी

11 (d)

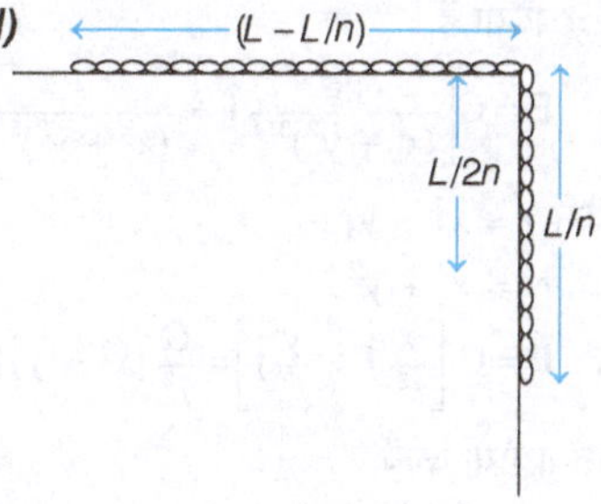

दिया है, केबल का द्रव्यमान = M

अतः केबल के $\frac{1}{n}$वाँ भाग का द्रव्यमान

$$= M/n \quad \ldots(i)$$

केबल के निलम्बित भाग का द्रव्यमान केन्द्र उसके मध्य में है।

अतः मेज के ऊपरी भाग से दूरी $L/2n$

$\therefore$ केबल के लटके हुए भाग की प्रारम्भिक स्थितिज ऊर्जा,

$$U_i = \left(\frac{M}{n}\right)(-g)\left(\frac{L}{2n}\right)$$

$$\Rightarrow \quad U_i = -\frac{MgL}{2n^2} \quad \ldots(ii)$$

जब सम्पूर्ण केबल मेज पर रखी हो, तो स्थितिज ऊर्जा शून्य होगी

$$\therefore \quad U_f = 0 \quad \ldots(iii)$$

कार्य-ऊर्जा प्रमेय कुल से,

$$W_{\text{कुल}} = \Delta U = U_f - U_i$$

$$\Rightarrow \quad W_{\text{कुल}} = 0 - \left(-\frac{MgL}{2n^2}\right)$$

[समी (ii) व (iii) से]

$$\Rightarrow \quad W_{\text{कुल}} = \frac{MgL}{2n^2}$$

12 (d) किया गया कार्य,

$$W = \mathbf{F} \cdot \mathbf{d}$$
$$= (5\hat{i} + 6\hat{j} - 4\hat{k}) \cdot (6\hat{i} + 0\hat{j} + 5\hat{k})$$
$$= 30 + 0 - 20$$
$$= 10 \text{ इकाई}$$

13 (a) विस्थापन,

$$\mathbf{s} = \mathbf{r}_2 - \mathbf{r}_1$$
$$= (4\hat{i} + 3\hat{j} - \hat{k}) - (2\hat{i} + \hat{k})$$
$$= (2\hat{i} + 3\hat{j} - 2\hat{k}) \text{ मी}$$

$\therefore$ किया गया कार्य

$$W = \mathbf{F} \cdot \mathbf{s} = (3\hat{i} + \hat{j}) \cdot (2\hat{i} + 3\hat{j} - 2\hat{k})$$
$$= 9 \text{ जूल}$$

15 (b) गुरुत्वाकर्षण बल एक संरक्षी बल है तथा यह पथ से स्वतन्त्र होता है। चूँकि विस्थापन शून्य है। इसी कारण दीर्घवृत्ताकार पथ पर पृथ्वी द्वारा सूर्य का एक चक्कर लगाने में गुरुत्वाकर्षण बल द्वारा किया गया कार्य शून्य होता है।

16 (d) भारोत्तोलक द्वारा किया गया कार्य शून्य होता है, क्योंकि विस्थापन शून्य होता है।

लोकोमोटिव में गुरुत्वाकर्षण के कारण बल तथा विस्थापन परस्पर लम्बवत् होते हैं इसलिए किया गया कार्य शून्य होता है।

बस टर्मिनल पर खड़े व्यक्ति द्वारा सूटकेस को अपने सिर पर रखा है। इस स्थिति में विस्थापन शून्य होने के कारण किया गया कार्य भी शून्य है।

17 (c) tवें सेकण्ड में विस्थापन,

$$s = gt - \frac{1}{2}g \quad \left[\because s_n = u + \frac{1}{2}g(2t-1)\right]$$

$$= g\left(t - \frac{1}{2}\right)$$

$$\Rightarrow \quad s \propto \left(t - \frac{1}{2}\right)$$

$$s_1 : s_2 : s_3 = \left(1 - \frac{1}{2}\right) : \left(2 - \frac{1}{2}\right) : \left(3 - \frac{1}{2}\right)$$
$$= 1 : 3 : 5$$

$$W = mgs \quad (\because W = Fs)$$
$$W \propto s$$

$$\therefore \quad W_1 : W_2 : W_3 = 1 : 3 : 5$$

18 (b) घर्षण बल विपरीत दिशा में कार्य करता है

$$= \mu mg = 02 \times 2 \times 10 = 4 \text{ न्यूटन}$$

वस्तु पर कार्यरत् कुल बल,

$$\mathbf{F} = 10 \text{ न्यूटन} - 4 \text{ न्यूटन} = 6 \text{ न्यूटन}$$

त्वरण, $\mathbf{a} = \frac{F}{m} = \frac{6}{2} = 3 \text{ मी/से}^2$

$\therefore$ 4 सेकण्ड में तय की गई दूरी,

$$s = \frac{1}{2}at^2$$
$$= \frac{1}{2} \times 3 \times 16 = 24 \text{ मी}$$

लगाए गए बल द्वारा किया गया कार्य,

अर्थात् $\quad W = F \cdot s$

$$= 10 \times 24 = 240 \text{ जूल}$$

19 (b) चित्रानुसार, ब्लॉक पर कई बल कार्यरत् हैं

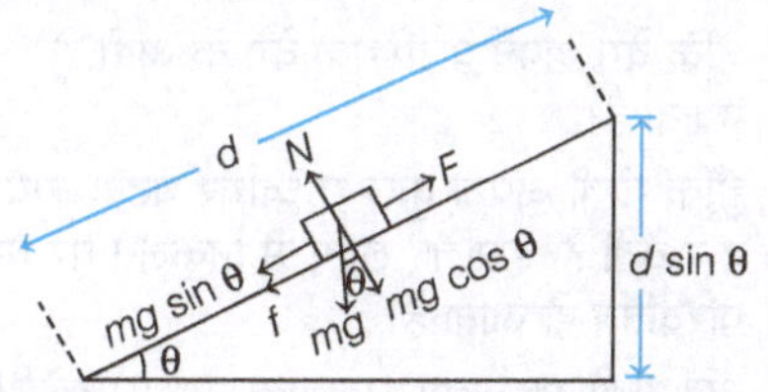

$\therefore$ गुरुत्वाकर्षण के विरुद्ध किया गया कार्य,

$$W_g = mgd\sin\theta$$
$$= (1) \times (10) \times 10 \times \sin 30°$$
$$= 100 \times \frac{1}{2} = 50 \text{ जूल}$$

20 (a) संरक्षी क्षेत्र में स्थितिज ऊर्जा की हानि या गतिज ऊर्जा में वृद्धि के तल प्रारम्भिक तथा अन्तिम बिन्दुओं पर निर्भर करते हैं। अतः B बिन्दु पर गतिज ऊर्जा, स्थितिज ऊर्जा के समान है। अर्थात् mgh

अतः विकल्प (a) सही है, अन्य सभी गलत हैं।

21 (b) पिण्ड की गतिज ऊर्जा,

$$K = \frac{1}{2}mv^2 \Rightarrow K \propto mv^2$$

$$\therefore \quad \frac{K_e}{K_p} = \left(\frac{m_e}{m_p}\right)\left(\frac{v_e}{v_p}\right)^2$$

$$\Rightarrow \quad \frac{v_e}{v_p} = \sqrt{\left(\frac{K_e}{K_p}\right)\left(\frac{m_p}{m_e}\right)}$$

$$= \sqrt{\left(\frac{12}{120}\right)\left(\frac{m_p}{m_e}\right)} = \sqrt{\frac{1}{10} \cdot \frac{m_p}{m_e}}$$

22 (a) वायु के कण की गतिज ऊर्जा,

$$K = \frac{10^{-21}}{1.6 \times 10^{-19}}$$
$$\approx 0.0062 \text{ इलेक्ट्रॉन-वोल्ट}$$
$$\approx 62 \text{ मिली इलेक्ट्रॉन-वोल्ट}$$

23 (b) $\frac{K_1}{K_2} = \left(\frac{v_1}{v_2}\right)^2$

$$\Rightarrow \quad \frac{1}{2} = \frac{v_1^2}{(v_1 + 2)^2} \quad (\because K_2 = 2K_1)$$

$$\Rightarrow \quad v_1^2 + 4v_1 + 4 = 2v_1^2$$

$$\Rightarrow \quad v_1^2 - 4v_1 - 4 = 0$$

$$v_1 = \frac{4 \pm \sqrt{16 + 16}}{2}$$
$$= 2(\sqrt{2} + 1) \text{ मी/से}$$

या $\quad 2(1 - \sqrt{2})$ मी/से

24 (c) माना, लड़के का द्रव्यमान = m

व्यक्ति का द्रव्यमान = M

लड़के का वेग = v

तथा व्यक्ति का वेग = v'

प्रश्नानुसार,

$$\frac{1}{2}Mv'^2 = \frac{1}{2}\left(\frac{1}{2}mv^2\right) \quad \ldots(i)$$

जब व्यक्ति 1 मी/से से गति में वृद्धि कर लेता है, तो

$$\frac{1}{2}M(v' + 1)^2 = 1\left(\frac{1}{2}mv^2\right) \quad \ldots(ii)$$

समी (ii) को समी (i) से भाग देने पर,

$$\frac{\frac{1}{2}M(v'+1)^2}{\frac{1}{2}M(v')^2} = \frac{\frac{1}{2}mv^2}{\frac{1}{4}mv^2}$$

$$\Rightarrow \quad v' = \frac{1}{\sqrt{2}-1} \text{ मी/से}$$

25 *(d)* वस्तु का त्वरण,

$$a = \frac{F}{m} = \frac{50}{10} = 5 \text{ मी/से}^2$$

यदि v अन्तिम वेग है, तो

$$v = u + at = 10 + 5\times 2 = 20 \text{ मी/से}$$

प्रारम्भिक गतिज ऊर्जा $= \frac{1}{2}mu^2$

$$= 5\times 10^2 \text{ जूल}$$

अन्तिम गतिज ऊर्जा $= \frac{1}{2}mv^2$

$$= 20\times 10^2 \text{ जूल}$$

गतिज ऊर्जा में प्रतिशत वृद्धि

$$= \frac{(20-5)\times 10^2}{5\times 10^2}\times 100 = 300\%$$

26 *(d)* गतिज ऊर्जा $= \frac{1}{2}mv^2 = 8\times 10^{-4}$ जूल

$$\Rightarrow \quad v^2 = \frac{8\times 2\times 10^{-4}}{m} = \frac{16\times 10^{-4}}{0.01}$$

$$= 16\times 10^{-2} \quad \ldots(i)$$

गति के तृतीय समीकरण से,

$$v^2 = u^2 + 2a_t s$$

$$\Rightarrow \quad v^2 = 2a_t s \quad [\because u = 0]$$

या $\quad v^2 = 2a_t (4\pi r)$

($\because$ कण द्वारा किये गये 2 घूर्णन)

$$\Rightarrow \quad a_t = \frac{v^2}{8\pi r}$$

$$= \frac{16\times 10^{-2}}{8\times 3.14\times 6.4\times 10^{-2}}$$

[समी (i) से]

$$\therefore \quad a_t = 0.1 \text{ मी/से}^2$$

27 *(c)* $F \propto \frac{1}{v}$

$$\Rightarrow \quad F = \frac{k}{v} \Rightarrow ma = \frac{k}{v}$$

$$\Rightarrow \quad m\frac{dv}{dt} = \frac{k}{v}$$

$$\Rightarrow \int mv\,dv = \int k\,dt$$

$$\Rightarrow \quad m\frac{v^2}{2} = kt \Rightarrow KE \propto t$$

$$\left(\because KE = \frac{1}{2}mv^2\right)$$

28 *(a)* $p_1 = \sqrt{2mK_1} \quad \ldots(i)$

$K_2 = 4K_1$

अतः $\quad p_2 = \sqrt{2mK_2}$

$$= \sqrt{2m(4K_1)} = 2\sqrt{2mK_1}$$

या $\quad p_2 = 2p_1 \quad$ [समी (i) से]

29 *(c)* $p = \sqrt{2mK} \quad \left(\because K = \frac{p^2}{2m}\right)$

समान गतिज ऊर्जा के लिए, $p \propto \sqrt{m}$

$$\Rightarrow \quad \frac{p_1}{p_2} = \sqrt{\frac{m_1}{m_2}} = \sqrt{\frac{1}{4}} = \frac{1}{2} = 1:2$$

30 *(b)* $p_f = p_i + \frac{50}{100}\times p_i$

$$p_f = \frac{3p_i}{2} \quad \ldots(i)$$

$$K_f = \frac{p_f^2}{2m} = \frac{\left(\frac{3p_i}{2}\right)^2}{2m} \quad \text{[समी (i) से]}$$

$$= \frac{9p_i^2}{8m}$$

$\therefore$ गतिज ऊर्जा में प्रतिशत वृद्धि

$$= \frac{\frac{9p_i^2}{8m} - \frac{p_i^2}{2m}}{\frac{p_i^2}{2m}}\times 100$$

$$= \frac{5}{4}\times 100 = 125\%$$

31 *(b)*

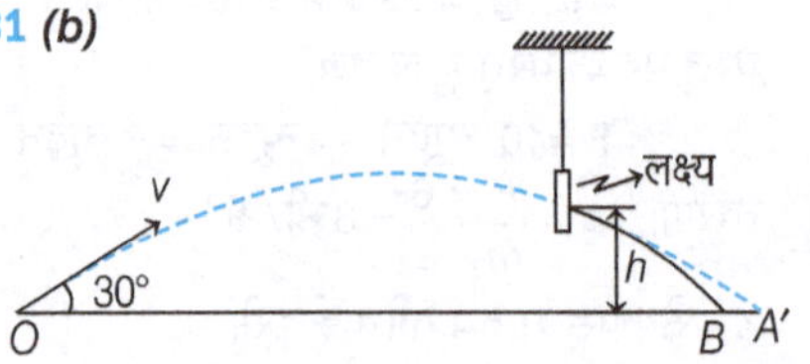

माना लक्ष्य से निकलने के बाद गोली का वेग v' है।

लक्ष्य से निकलने वाली गोली की गतिज ऊर्जा

$$\frac{1}{2}mv'^2 = \frac{1}{2}\left(\frac{1}{2}mv^2\right)$$

या $\quad v' = \frac{v}{\sqrt{2}} = 0.707\,v$

चूँकि वेग अपने प्रारम्भिक वेग के आधे से ज्यादा है।

चूँकि गोली अपना कुछ ऊर्ध्वाधर घटक व्यय कर देती है, इसलिए लक्ष्य से निकलने पर वेग परिवर्तित हो जाता है।

अतः गोली एक अलग परवलयकार पथ पर चलेगी।

32 *(c)* दिया है,

$$\mathbf{F} = C\left[\frac{x}{(x^2+y^2)^{3/2}}\hat{\mathbf{i}} + \frac{y}{(x^2+y^2)^{3/2}}\hat{\mathbf{j}}\right]$$

जैसे $\mathbf{r} = x\hat{\mathbf{i}} + y\hat{\mathbf{j}}$

$\therefore \quad r^2 = x^2 + y^2$

$$\therefore \quad \mathbf{F} = C\left[\frac{x}{r^3}\hat{\mathbf{i}} + \frac{y}{r^3}\hat{\mathbf{j}}\right] = \frac{C}{r^3}[x\hat{\mathbf{i}} + y\hat{\mathbf{j}}]$$

किया गया कार्य

$$W = \int_{r_1}^{r_2}\mathbf{F}\cdot d\mathbf{r}$$

$$= \int_{(0,2)}^{(2,0)}\frac{C}{r^3}[x\hat{\mathbf{i}} + y\hat{\mathbf{j}}]\cdot[dx\hat{\mathbf{i}} + dy\hat{\mathbf{j}}]$$

$$= \frac{C}{r^3}\left[\int_0^2 x\,dx + \int_2^0 y\,dy\right] = 0$$

33 *(b)* कण के $y_1 = 0$ से $y_2 = 1$ मीटर के विस्थापन के लिए बल द्वारा किया गया कार्य

$$W = \int_{y_1}^{y_2}F\,dy = \int_0^{y_1}(10+10y)\,dy$$

$$= \left[10y + 10\frac{y^2}{2}\right]_0^1$$

$$W = 15 \text{ जूल}$$

34 *(c)* $|dW| = |F\,dx|$

$$|W| = \int_0^L (ax+bx^2)\,dx = \left[\frac{ax^2}{2}\right]_0^L + \left[\frac{bx^3}{3}\right]_0^L$$

$$|W| = \frac{aL^2}{2} + \frac{bL^3}{3}$$

35 *(d)* $v = \frac{ds}{dt} = \frac{2t}{3};\ a = \frac{d^2s}{dt^2} = \frac{2}{3}$

त्वरण के नियत होने के कारण बल भी नियत होगा।

किया गया कार्य,

$$W = \int_0^2 F\,ds = \int_0^2 m\frac{d^2s}{dt^2}ds$$

$$= \int_0^2 m\frac{d^2s}{dt^2}\frac{ds}{dt}\cdot dt$$

$$= \int_0^2 3\times\frac{2}{3}\times\frac{2t}{3}\,dt$$

$$= \frac{4}{3}\left(\frac{t^2}{2}\right)_0^2 = 2.6 \text{ जूल}$$

36 *(b)* दिया है, $m = 10$ किग्रा, $x_f = 8$ मी

चित्रानुसार, $a = \alpha x$,

जहाँ, α वक्र का ढाल है

$$\Rightarrow \quad \alpha = \frac{a}{x} = \frac{20}{8} = 2.5 \text{ से}^{-2}$$

धनात्मक x-दिशा में ईंट पर लगाया गया बल या न्यूटन के द्वितीय नियम के अनुसार इसका परिमाण, $\mathbf{F} = ma = m\alpha x$

यदि x_f अन्तिम निर्देशांक है, तो बल द्वारा किया गया कार्य,

$$W = \int_0^{x_f} F dx = m\alpha \times \int_0^{x_f} x dx$$

$$= m\alpha \times \left(\frac{x^2}{2}\right)_0^{x_f} = \frac{m\alpha \times x_f^2}{2}$$

$$= \frac{10 \times 2.5 \times 64}{2} = 800 \text{ जूल}$$

37 *(b)* चित्रानुसार,

$$W_{AB} = W_{12} + W_{23} + W_{34} + W_{45}$$

$$= 10 \times 1 + \frac{1}{2}(10 + 15) \times 1 + \frac{1}{2} \times 1 \times 15 - \frac{1}{2} \times 1 \times 15$$

$$= 10 + 12.5 = 22.5 \text{ जूल}$$

38 *(c)* प्रश्नानुसार,

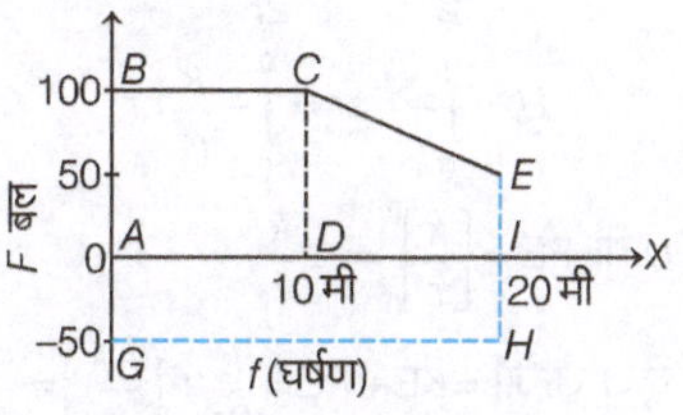

$$\therefore W_F = 100 \times 10 + \frac{1}{2}(100 + 50) \times 10$$

$$= 1000 + 750 = 1750 \text{ जूल}$$

घर्षण बल द्वारा दिया गया कार्य,

W_f = आयत $AGHI$ का क्षेत्रफल

$$W_f = (-50) \times 20 = -1000 \text{ जूल}$$

$$W = W_F + W_f$$

$$= 1750 - 1000 = 750 \text{ जूल}$$

39 *(d)* $W = \int_{r_1}^{r_2} \mathbf{F} \cdot d\mathbf{r}$

$$= \int_{(1,2,3)}^{(3,6,2)} (2x\hat{\mathbf{i}} + 2\hat{\mathbf{j}} + 3z^2\hat{\mathbf{k}}) \cdot (dx\hat{\mathbf{i}} + dy\hat{\mathbf{j}} + dz\hat{\mathbf{k}})$$

$$= \int_1^3 2x\,dx + \int_2^6 2dy + \int_3^2 3z^2\,dz$$

$$= 2\left[\frac{x^2}{2}\right]_1^3 + 2[y]_2^6 + 3\left[\frac{z^3}{3}\right]_3^2$$

$$= (9 - 1) + 2(6 - 2) + (8 - 27)$$

$$= -3 \text{ जूल}$$

40 *(b)* वेग, $v = \frac{dx}{dt} = \frac{d(3t^2 + 5)}{dt}$

और $\quad v = 6t$ मी/से $\quad$ ...(i)

$$W = \int_{x_0}^{x_5} F \cdot dx \quad \text{...(ii)}$$

वस्तु पर कार्यरत् बल,

$$F = ma = m \times \frac{dv}{dt}$$

$$= m \times \frac{d(6t)}{dt} \quad [\because \text{ समी (i) से}]$$

$$F = m \times 6 = 6m = 12 \text{ न्यूटन}$$

$$x = 3t^2 + 5$$

$t = 0$ पर,

$$x_0 = 3 \times (0)^2 + 5 = 5 \text{ मी}$$

तथा $t = 5$ सेकण्ड पर,

$$x_5 = 3 \times (5)^2 + 5 = 80 \text{ मी}$$

समी (ii) में मान रखने पर,

$$W = 12 \times \int_5^{80} dx = 900 \text{ जूल}$$

41 *(a)* $W = K_f - K_i$

$$\Rightarrow K_f = W + K_i = \int_{x_1}^{x_2} F dx + \frac{1}{2}mv^2$$

$$= \int_{20}^{30} -0.1x dx + \frac{1}{2} \times 10 \times (10)^2$$

$$= -0.1\left[\frac{x^2}{2}\right]_{20}^{30} + 500$$

$$\Rightarrow K_f = -25 + 500 = 475 \text{ जूल}$$

42 *(c)*

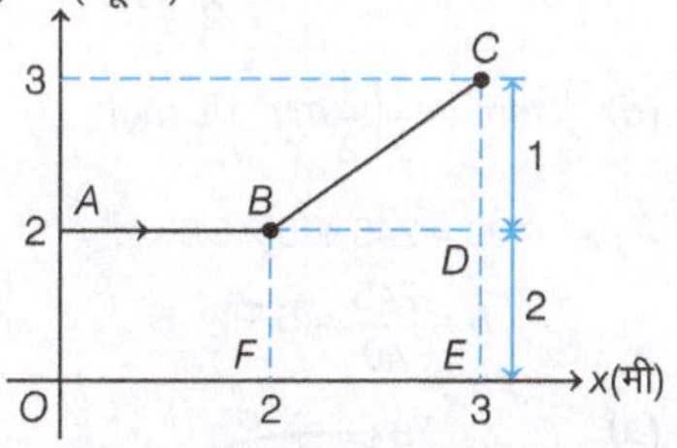

$$W = ABFO + \Delta BCD + BDEF$$

$$= 2 \times 2 + \frac{1}{2} \times 1 \times 1 + 2 \times 1 = 6.5 \text{ जूल}$$

कार्य-ऊर्जा प्रमेय से, $\Delta W = K_f - K_i$

$$\Rightarrow K_f = \Delta W = 6.5 \text{ जूल} \quad [\because K_i = 0]$$

43 *(c)* कार्य-ऊर्जा प्रमेय के अनुसार,

$$K_f = K_i + W = K_i + \int_{x_1}^{x_2} F dx$$

$$K_f = K_i + \int_{0.10}^{2.01} \frac{-k}{x} dx$$

$$= \frac{1}{2}mv_i^2 - |k \ln(x)|_{0.10}^{2.01}$$

$$= \frac{1}{2} \times 1 \times (2)^2 - k \ln(2.01/0.10)$$

$$\Rightarrow K_f = 2 - 0.5 \times 3 \quad [\because k = 0.5 \text{ जूल}]$$

$$= 2 - 1.5 = 0.5 \text{ जूल}$$

$$\Rightarrow v_f = \sqrt{2K_f/m}$$

$$= \sqrt{2 \times 0.5/(1)} = 1 \text{ मी/से}$$

44 *(a)* विकल्प (a) सही है तथा अन्य सभी गलत हैं।

वेग तथा स्थितिज ऊर्जा को केवल सापेक्ष पदों में मापा जाता है। इनके निरपेक्ष मान का निर्धारण करना सम्भव नहीं है।

वेगों का अन्तर तथा स्थितिज ऊर्जा का अन्तर मापा जा सकता है। अतः त्वरण भी मापा जा सकता है।

45 *(b)* $\Delta U = mgh(1 - \cos\theta)$

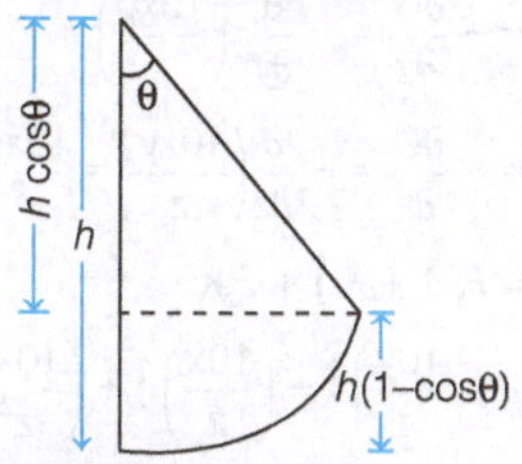

$$= \frac{1}{2} \times 10 \times 1(1 - \cos 60°)$$

$$= 2.5 \text{ जूल}$$

46 *(d)* $h_1 = \frac{u^2 \sin^2 90°}{2g}$

$$h_1 = \frac{u^2}{2g} \quad \text{...(i)}$$

$$h_2 = \frac{u^2 \sin^2 \theta}{2g}$$

$$\theta = (90° - 60°) = 30°$$

(क्षैतिज से बनाया गया कोण)

$$h_2 = \frac{u^2 \sin^2 30°}{2g} = \frac{u^2}{8g} \quad \text{...(ii)}$$

समी (i) को समी (ii) से भाग देने पर,

$$\frac{h_1}{h_2} = \frac{u^2/2g}{u^2/8g} = \frac{4}{1}$$

$$\frac{(PE)_1}{(PE)_2} = \frac{mgh_1}{mgh_2} = \frac{4}{1} = 4:1$$

47 *(d)* $U_i = mgh$

$U_f = mg \times$ (h का 75%)

$$= mg(0.75h)$$

$\therefore$ प्रत्येक उछाल में स्थितिज ऊर्जा में प्रतिशत हानि

$$= \frac{\Delta U}{U_i} \times 100$$

$$= \frac{mgh - 0.75mgh}{mgh} \times 100$$

$$= \frac{0.25mgh}{mgh} \times 100 = 25\%$$

49 *(b)* जब किसी संरक्षी बल के विरुद्ध कार्य किया जाता है, तो किसी पिण्ड की स्थितिज ऊर्जा बढ़ जाती है। जैसे जब किसी वस्तु की ऊँचाई को बढ़ाते हैं, तो उसकी स्थितिज ऊर्जा बढ़ जाती है ऐसा इसलिए होता है, क्योंकि कार्य गुरुत्वाकर्षण बल के विरुद्ध किया जाता है जो एक संरक्षी बल है।

50 *(b)* $F_x = -\frac{\partial U}{\partial x} = -\frac{\partial}{\partial x}\left(\frac{10xy}{z}\right) = -\frac{10y}{z}$

$$F_y = -\frac{\partial U}{\partial y} = -\frac{\partial}{\partial y}\left(\frac{10xy}{z}\right) = -\frac{10x}{z}$$

$$F_z = -\frac{\partial U}{\partial z} = -\frac{\partial}{\partial z}\left(\frac{10xy}{z}\right) = \frac{10xy}{z^2}$$

$\therefore \quad \mathbf{F} = F_x\,\hat{\mathbf{i}} + F_y\,\hat{\mathbf{j}} + F_z\hat{\mathbf{k}}$

$$= -\left(\frac{10y}{z}\right)\hat{\mathbf{i}} - \left(\frac{10x}{z}\right)\hat{\mathbf{j}} + \left(\frac{10xy}{z^2}\right)\hat{\mathbf{k}}$$

51 *(b)* चूँकि बोल्ट का ऐलीवेटर के सापेक्ष वेग शून्य है। अतः टकराव में बोल्ट की स्थितिज ऊर्जा, ऊष्मीय ऊर्जा में परिवर्तित होती है।

उत्पन्न ऊष्मा की मात्रा = mgh

$= (0.1)\times(10)\ (10) = 10$ जूल

52 *(b)* प्रत्यास्थ संघट्ट में केवल यान्त्रिक ऊर्जा का संरक्षण संरक्षी बल के रूप में माना जाता है जबकि ऊर्जा का संरक्षण संरक्षी तथा गैर संरक्षी दोनों के रूप में माना जाता है। द्रव्यमान का नाभिकीय क्रिया में परिवर्तन नाभिकीय ऊर्जा कहलाता है।

54 *(a)* जब एक कृत्रिम उपग्रह पृथ्वी के निकट आता है, तो इसकी स्थितिज ऊर्जा में कमी तथा गतिज ऊर्जा में वृद्धि होती है जिस कारण उपग्रह की गति में वृद्धि होती है।

$\because \quad KE = (1/2)\,mv^2$

चूँकि उपग्रह की कुल ऊर्जा में वातावरणीय प्रतिरोध के कारण सूक्ष्म दर से लगातार हानि होती रहती है।

55 *(a)* ब्लॉक की प्रारम्भिक गतिज ऊर्जा = स्प्रिंग में संचित स्थितिज ऊर्जा + घर्षण के विरुद्ध किया गया कार्य,

$$\frac{1}{2}\times 2\times 4^2 = \frac{1}{2}\times 10000\times x^2 + 15x$$

या $5000x^2 + 15x - 16 = 0$

$$x = \frac{-15\pm 565}{10000}$$

$\Rightarrow \quad x = \frac{550}{10000}$ मी

$\therefore \quad x = 0.055$ मी $= 5.5$ सेमी

56 *(a)* माना एक गेंद को h ऊँचाई से गिराया जाता है, तो $K = mgh$

$\therefore$ दोबारा उछाल के कारण गतिज ऊर्जा में हानि,

$K - K' = mg\,(h - h') = mgh\times 0.2$

$\therefore$ प्रत्येक उछाल में घर्षणात्मक हानि के कारण गतिज ऊर्जा में हानि

$$= \frac{K - K'}{K} = \frac{mgh\times 0.2}{mgh} = 0.2\ \%$$

घर्षण हानि $= 0.2\times 100\% = 20\%$

57 *(b)* स्थितिज ऊर्जा में हानि

$= mgh = mgl\cos 30°$

$= \frac{\sqrt{3}}{2}\,mgl$

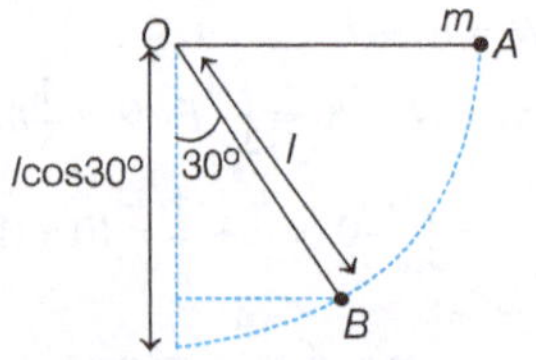

ऊर्जा के संरक्षण के नियमानुसार,

स्थितिज ऊर्जा में हानि = गतिज ऊर्जा में वृद्धि

$\therefore$ गतिज ऊर्जा में वृद्धि $= \frac{\sqrt{3}}{2}\,mgl$

58 *(d)* $\frac{1}{2}mu^2 = \frac{1}{2}\left(\frac{1}{2}mu^2\right) + mgh$

$\Rightarrow \quad 490 = 245 + 5\times 9.8\times h$

$$h = \frac{245}{49} = 5 \text{ मी}$$

59 *(a)*

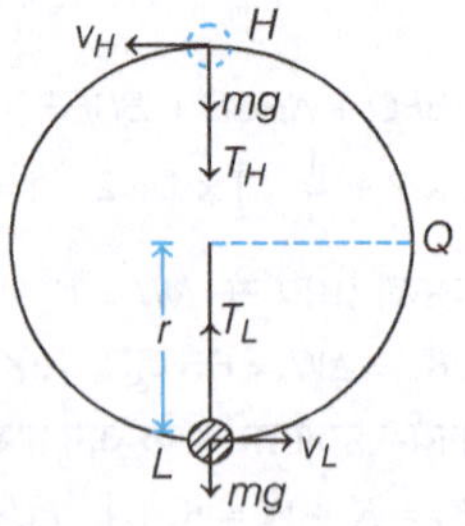

निचले बिन्दु पर,

अर्थात् $\quad E = \frac{1}{2}mv_L^2 \quad$ ...(i)

डोरी में तनाव,

$$T_L = \frac{mv_L^2}{r} + mg$$

सबसे ऊपरी बिन्दु पर (T_H) शून्य हो जाता है

$$mg = \frac{mv_H^2}{r}$$

$\Rightarrow \quad v_H = \sqrt{gr}$

कुल ऊर्जा, $E_T = \frac{1}{2}mv_H^2 + 2mgr$

$= \frac{5}{2}mgr \quad$ ...(ii)

समी (i) व (ii) से,

$$\frac{5}{2}mgr = \frac{1}{2}mv_L^2$$

$\Rightarrow \quad v_L = \sqrt{5gr}$

$$\frac{K_L}{K_H} = \frac{\frac{1}{2}mv_L^2}{\frac{1}{2}mv_H^2} = \left(\frac{v_L}{v_H}\right)^2$$

$$= \frac{5gr}{gr} = \frac{5}{1} = 5:1$$

60 *(d)* $\frac{mv^2}{r} = \frac{k}{r^2} \Rightarrow mv^2 = \frac{k}{r}$

$\therefore \quad KE = \frac{1}{2}mv^2 = \frac{k}{2r}$

$$U = \int_r^0 -F\,dr = \int_r^0 -\frac{k}{r^2}\,dr$$

U या PE $= \left[\frac{k}{r}\right]_r^0 = -\frac{k}{r}$

कुल ऊर्जा $= KE + PE = \frac{k}{2r} + \left(\frac{-k}{r}\right) = \frac{-k}{2r}$

61 *(a)* प्रणाली की कुल यान्त्रिक ऊर्जा E संरक्षित रहती है। सबसे निचले बिन्दु पर प्रणाली की स्थितिज ऊर्जा शून्य होती है।

अतः बिन्दु A पर

$$E = \frac{1}{2}mv_0^2 \quad \text{... (i)}$$

A पर परिणामी बल आवश्यक अभिकेन्द्रीय बल प्रदान करता है।

$$T_A - mg = \frac{mv_0^2}{L}$$

सबसे ऊपरी बिन्दु C पर डोरी में तनाव T_c शून्य हो जाता है।

बिन्दु C पर, $mg = \frac{mv_C^2}{L}$

कुल ऊर्जा, $\quad E = \frac{1}{2}mv_C^2 + 2mgL \quad$ ...(ii)

$\Rightarrow \quad v_C^2 = gL \quad$ ...(iii)

समी (ii) तथा (iii) से,

$$E = \frac{1}{2}mgL + 2mgL$$

$= \frac{5}{2}mgL \quad$ ...(iv)

समी (i) तथा (iv) से,

$\frac{5}{2}mgL = \frac{m}{2}v_0^2$ या $v_0 = \sqrt{5gL}$

62 *(b)*

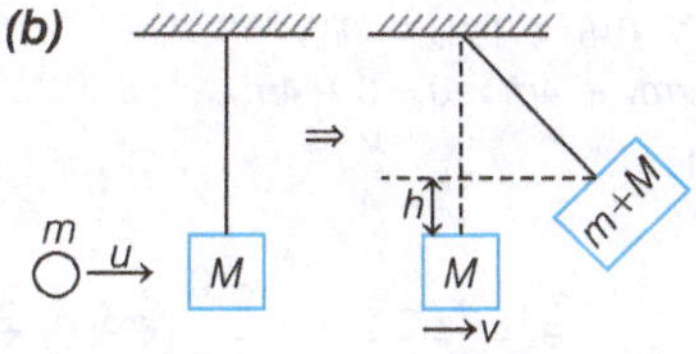

रेखीय संवेग संरक्षण से,

$mu + 0 = (m + M)\,v$

$\therefore \quad v = \left(\dfrac{m}{m+M}\right)u = \left(\dfrac{0.02}{0.02 + 0.03}\right)5$

$\therefore \quad v = 2$ मी/से

यान्त्रिक ऊर्जा के संरक्षण द्वारा

$\dfrac{1}{2}mv^2 = mgh$

$\therefore \quad h = \dfrac{v^2}{2g} = \dfrac{2 \times 2}{2 \times 10} = 0.2$ मी

64 *(b)* 19वीं शताब्दी के अन्त तक प्रत्येक भौतिक शास्त्रियों का मानना था कि प्रत्येक भौतिक तथा रासायनिक प्रक्रिया में एक विलगित निकाय का द्रव्यमान संरक्षित रहता है।

पदार्थ अपनी अवस्था बदल सकता है जैसे ग्लेशियरों की बर्फ पिघलकर एक प्रचण्ड धारा बन जाती है किन्तु पदार्थ नहीं बनता है और न ही नष्ट हो सकता है।

लेकिन आइन्स्टीन ने दिखाया कि पदार्थ को ऊर्जा में तथा ऊर्जा को पदार्थ में परिवर्तित किया जा सकता है। अतः विकल्प (b) सही है अन्य सभी विकल्प गलत हैं।

65 *(a)* $PE \propto x^2$

$\because \quad \dfrac{(PE)_2}{(PE)_1} = \left(\dfrac{x_2}{x_1}\right)^2$

$\Rightarrow (PE)_2 = 15 \times \left(\dfrac{4}{3}\right)^2 = 27$ जूल

66 *(b)* दिए गए स्प्रिंग बल हैं

$F = k_1x_1$ तथा $F = k_2x_2$

$\therefore \quad k_1x_1 = k_2x_2$

$\Rightarrow \quad \dfrac{k_1}{k_2} = \dfrac{x_2}{x_1}$

$\Rightarrow \dfrac{(PE)_1}{(PE)_2} = \dfrac{k_1\,x_1^2}{k_2\,x_2^2} = \dfrac{k_1}{k_2} \times \left(\dfrac{k_2}{k_1}\right)^2$

$= \dfrac{k_2}{k_1} = \dfrac{3}{2} \qquad \left[\because \dfrac{k_1}{k_2} = \dfrac{2}{3}\right]$

67 *(a)* $\dfrac{1}{2}kx^2 = \dfrac{1}{2} \times 980 \times \dfrac{10 \times 10}{100 \times 100}$

$= 4.9$ जूल $\qquad \ldots$(i)

m द्रव्यमान की स्थितिज ऊर्जा में हानि

$= mgh = m \times g \times \dfrac{(40 + 10)}{100}$

$= m \times 9.8 \times \dfrac{1}{2} = 4.9\,m \qquad \ldots$(ii)

ऊर्जा संरक्षण के नियम से,

समी (i) तथा (ii) से

$4.9\,m = 4.9 \Rightarrow m = \dfrac{4.9}{4.9} = 1$ किग्रा

68 *(b)* अधिकतम सम्पीडन पर

$\dfrac{1}{2}mv^2 = \dfrac{1}{2}kx_m^2$

$\Rightarrow 10^3 \times 5 \times 5 = 625 \times 10^3 \times x_m^2$

$\Rightarrow \quad x_m^2 = \dfrac{25}{625} \Rightarrow x_m = 2$ मी

69 *(c)* स्प्रिंग की स्थितिज ऊर्जा में हानि = गेंद की गतिज ऊर्जा में वृद्धि

$\dfrac{1}{2}kx^2 = \dfrac{1}{2}mv^2$

$\Rightarrow 90 \times 10^2 \times (12 \times 10^{-2})^2$

$= 16 \times 10^{-3} \times v^2$

$\Rightarrow \quad v = 90$ मी/से

70 *(d)* यदि किया गया कार्य या गतिज ऊर्जा अन्य कारकों; जैसे—वेग या वस्तु द्वारा लिए गए विशेष पथ पर निर्भर करती है, तो बल को असंरक्षी बल कहते हैं।

71 *(c)* शक्ति, $P = \mathbf{F} \cdot \mathbf{v}$

$= (4\hat{\mathbf{i}} + \hat{\mathbf{j}} - 2\hat{\mathbf{k}}) \cdot (\hat{\mathbf{i}} + 2\hat{\mathbf{j}} + 3\hat{\mathbf{k}})$

$= 4 \times 1 + 1 \times 2 - 2 \times 3 = 0$

72 *(b)* $P = \dfrac{W}{t} = \dfrac{mgh}{t} \qquad [\because W = mgh]$

$\Rightarrow \quad \dfrac{P}{gh} = \dfrac{m}{t} \Rightarrow \dfrac{1000}{10 \times 10} = \dfrac{m}{t}$

$\Rightarrow \quad \dfrac{1000}{100} \times 1 =$ मी $\qquad (\because t = 1$ सेकण्ड$)$

$\Rightarrow \quad m = 10$ किग्रा

73 *(b)* दिया है, नदी का क्षेत्रफल

$A = 100 \times 5 = 500$ मी^{2}

जल का घनत्व, $\rho = 10^3$ किग्रा/मी^{3}

तथा $v = 2$ मी/से

$\therefore$ प्रति सेकण्ड प्रवाहित जल की मात्रा,

$m = A\rho v = 500 \times 10^3 \times 2$

$= 10^6$ किग्रा/से

ऊर्जा स्टेशन की शक्ति, $P =$ प्रति सेकण्ड प्रवाहित जल की गतिज ऊर्जा

$= \dfrac{1}{2}mv^2 = \dfrac{1}{2} \times 10^6 \times 2^2$

$= 2 \times 10^6$ वाट $= 2$ मेगावाट

74 *(c)* यहाँ, $n = \dfrac{360}{60} = 6$ गोली/से

गन की शक्ति = गोली की गतिज ऊर्जा

$5.4 \times 10^3 = \dfrac{1}{2}(nm)v^2$

$2 \times 5400 = 6 \times m(600)^2 \Rightarrow m = 5$ ग्राम

75 *(d)* लिफ्ट तथा यात्रियों का कुल भार

$= (M + 10m)g = (920 + 680) \times 10$

$= 16000$ न्यूटन

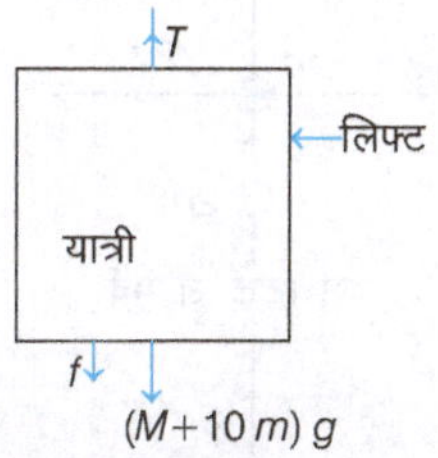

घर्षण बल = 6000 न्यूटन

लिफ्ट की मोटर द्वारा लगाया गया कुल बल (T)

$= 16000 + 6000 = 22000$ न्यूटन

$P = F \cdot v = 22000 \times 3 \quad [\because v = 3$ मी / से$]$

$= 66000$ वाट

76 *(a)* दिया है, $\dfrac{dK}{dt} =$ नियत

$\Rightarrow \quad K \propto t \Rightarrow v \propto \sqrt{t} \quad \left(\because K = \dfrac{1}{2}mv^2\right)$

त्वरण $\quad a = \dfrac{dv}{dt} \Rightarrow a \propto \dfrac{1}{\sqrt{E}}$

इसलिए, $F \propto \dfrac{1}{\sqrt{t}}$

77 *(c)* $\mathbf{a} = \mathbf{F}/m$

$\Rightarrow \quad \mathbf{a} = \dfrac{(2t\hat{\mathbf{i}} + 3t^2\hat{\mathbf{j}})}{1}$

$\Rightarrow \quad \mathbf{a} = (2t\hat{\mathbf{i}} + 3t^2\hat{\mathbf{j}})$ मी/से^{2}

$\int dv = \int a\,dt = \int (2t\hat{\mathbf{i}} + 3t^2\hat{\mathbf{j}})\,dt$

$\mathbf{v} = t^2\hat{\mathbf{i}} + t^3\hat{\mathbf{j}}$

$P = \mathbf{F} \cdot \mathbf{v} = (2t\hat{\mathbf{i}} + 3t^2\hat{\mathbf{j}}) \cdot (t^2\hat{\mathbf{i}} + t^3\hat{\mathbf{j}})$

$= (2t^3 + 3t^5)$ वाट

78 *(a)* $m_1u_1 + m_2u_2 = m_1v_1 + m_2v_2$

$\Rightarrow m \times 2v + m \times 0 = m(v_1 + v_2)$

$\Rightarrow \quad v_1 + v_2 = 2v \qquad \ldots$(i)

प्रत्यावस्थान गुणांक,

$e = \dfrac{v_2 - v_1}{u_1 - u_2} = \dfrac{v_2 - v_1}{2v - 0}$

$\therefore \quad v_2 - v_1 = 2e \times v \qquad \ldots$(ii)

समी (ii) को समी (i) से भाग देने पर,

$\dfrac{v_2 - v_1}{v_2 + v_1} = e \Rightarrow \dfrac{-2v_1}{2v_2} = \dfrac{e - 1}{e + 1}$

$\Rightarrow \quad \dfrac{v_1}{v_2} = \dfrac{1 - e}{1 + e} = \dfrac{1 - 0.2}{1 + 0.2} = \dfrac{2}{3}$

79 *(b)* $m_1\mathbf{v}_1 + m_2\mathbf{v}_2 = (m_1 + m_2)\mathbf{v}$

$1 \times (3\hat{i} - 2\hat{j}) + 2 \times (4\hat{j} - 6\hat{k}) = (1+2)\,\mathbf{v}$

$\Rightarrow 3\hat{i} + 6\hat{j} - 12\hat{k} = 3\mathbf{v}$

$\Rightarrow \quad \mathbf{v} = \hat{i} + 2\hat{j} - 4\hat{k}$

$\therefore \quad v = |\mathbf{v}| = \sqrt{1+4+16}$

$= 4.6$ मी/से

80 *(c)* दो कणों की गति को दृष्टिगत रखने पर,

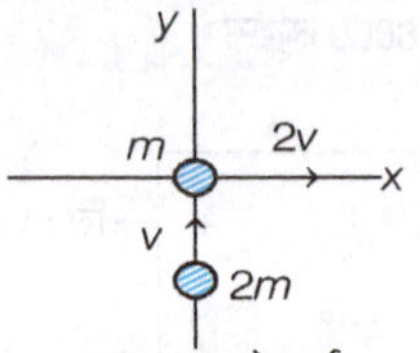

संघट्ट से पूर्व

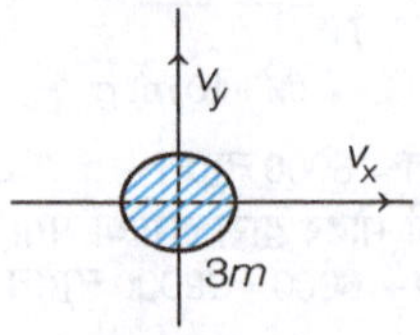

संघट्ट के पश्चात्

x-दिशा में रेखीय संवेग संरक्षण के नियम से,

$(p_i)_x = (p_f)_x$

या $\quad 2mv = (2m + m)\, v_x$

या $\quad v_x = \frac{2}{3}v$

y-दिशा में रेखीय संवेग संरक्षण के नियम से,

$(p_i)_y = (p_f)_y$

या $\quad 2mv = (2m + m)\, v_y$

या $\quad v_y = \frac{2}{3}v$

दो कण निकाय की प्रारम्भिक गतिज ऊर्जा,

$$E_i = \frac{1}{2}m(2v)^2 + \frac{1}{2}(2m)(v)^2$$

दो कण प्रणाली की अन्तिम गतिज ऊर्जा,

$$E_f = \frac{1}{2}(3m)\left(\frac{4v^2}{9} + \frac{4v^2}{9}\right)$$

$$= \frac{3m}{2}\left(\frac{8v^2}{9}\right)$$

$$= \frac{4mv^2}{3}$$

$$\Delta E = E_i - E_f$$

$$= \frac{5}{3}mv^2$$

संघट्ट के दौरान ऊर्जा में प्रतिशत हानि,

$$\frac{\Delta E}{E_i} \times 100 \simeq 56\%$$

81 *(b)* $\frac{1}{2}mv_2^2 + \frac{1}{2}mv_1^2 = \frac{150}{100} \times \frac{1}{2}mv_0^2$

$v_2^2 + v_1^2 = \frac{3}{2}v_0^2 \quad \ldots \text{(i)}$

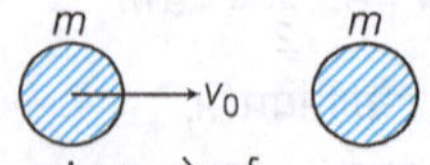

संघट्ट से पूर्व

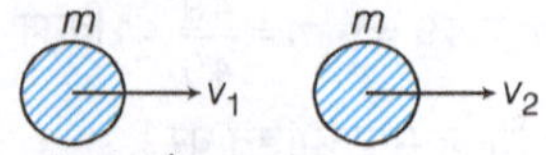

संघट्ट के पश्चात्

संवेग के संरक्षण द्वारा,

$mv_0 = mv_1 + mv_2$

$v_0 = v_2 + v_1 \quad \ldots \text{(ii)}$

दोनों पदों का वर्ग करने पर,

$v_0^2 = v_2^2 + v_1^2 + 2v_1v_2 \quad \ldots \text{(iii)}$

समी (i) तथा (iii) द्वारा

$2v_1v_2 = \frac{-v_0^2}{2}$

$\therefore \quad (v_1 - v_2)^2 = (v_1 + v_2)^2 - 4v_1v_2 = 2v_0^2$

या $\quad v_{\text{सापेक्ष}} = \sqrt{2}\,v_0$

82 *(c)* जब दो समान भार प्रत्यास्थ संघट्ट करते हैं, जिनमें से एक विराम में है) संघट्ट के पश्चात् ये एक-दूसरे से समकोण पर गति करते हैं। अतः प्रश्नानुसार प्रथम गेंद के दूसरी गेंद से टकराने के पश्चात् 90° का कोण बनता है।

इसलिए $\theta_1 = 90° - \theta_2 = 90° - 37° = 53°$.

83 *(a)* $Mv + m \times 0 = Mv_1 + mv_2$

$\Rightarrow \quad M(v - v_1) = mv_2 \quad \ldots \text{(i)}$

गतिज ऊर्जा के संरक्षण से,

(चूँकि संघट्ट प्रत्यास्थ है)

$\frac{1}{2}Mv^2 + \frac{1}{2}m \times 0 = \frac{1}{2}Mv_1^2 + \frac{1}{2}mv_2^2$

$\Rightarrow M(v^2 - v_1^2) = mv_2^2 \quad \ldots \text{(ii)}$

समी (i) को (ii) से भाग देने पर,

$$\frac{M(v - v_1)}{M(v + v_1)(v - v_1)} = \frac{mv_2}{mv_2^2}$$

$v_2 = v + v_1 \quad \ldots \text{(iii)}$

समी (i) तथा (iii) से,

$M(v - v_1) = m(v + v_1)$

$$v_1 = \frac{(M - m)v}{(M + m)}$$

$$v_2 = \frac{2Mv}{(M + m)}$$

चूँकि $\quad M >> m$

अतः $\quad v_1 = v$

$\Rightarrow \quad v_2 = v + v = 2v \quad$ [समी (iii) से]

84 *(b)* $m_1u_1 + m_2u_2 = m_1v_1 + m_2v_2$

$\Rightarrow mv + 4m \times 0 = 0 + 4mv_2$

या $\quad v_2 = \frac{v}{4} \quad \ldots \text{(i)}$

$$e = \frac{v_2 - v_1}{u_1 - u_2} = \frac{\frac{v}{4} - 0}{v - 0} \quad \text{[समी (i) से]}$$

$$= \frac{1}{4} = 0.25$$

85 *(c)* $F = \frac{\Delta p}{\Delta t}$ या $F = \frac{(p_f)_H - (p_i)_H}{\Delta t}$

प्रत्यास्थ संघट्ट में अन्तिम तथा प्रारम्भिक गति समान होती है किन्तु दिशा भिन्न होती है।

$\therefore$ क्षैतिज घटक $(p_f)_H = mv\cos 30°$

तथा $(p_i)_H = -mv\cos 30°$

$$\therefore \quad F = \frac{mv\cos 30° - (-mv\cos 30°)}{\Delta t}$$

$$= \frac{2mv\cos 30°}{\Delta t}$$

$$= \frac{2 \times 0.5 \times 12 \times \cos 30°}{1}$$

$= 6\sqrt{3}$ न्यूटन

86 *(a)*

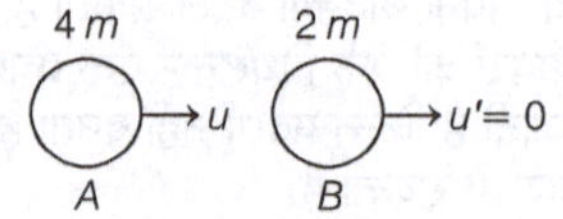

संघट्ट से पूर्व

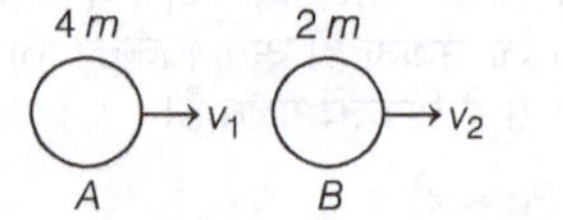

संघट्ट के बाद

$(4m)u + (2m)u' = (4m)v_1 + (2m)v_2$

$4mu = 4mv_1 + 2mv_2 \quad [\because u' = 0]$

या $\quad 2u = 2v_1 + v_2 \quad \ldots \text{(i)}$

संघट्ट से पूर्व A की गतिज ऊर्जा

$(\text{KE})_A = \frac{1}{2}(4m)u^2 = 2mu^2$

संघट्ट से पूर्व B की गतिज ऊर्जा

$(\text{KE})_B = 0$

संघट्ट के बाद A की गतिज ऊर्जा

$(\text{KE})_A = \frac{1}{2}(4m)v_1^2 = 2mv_1^2$

संघट्ट के बाद B की गतिज ऊर्जा

$(\text{KE}')_B = \frac{1}{2}(2m)v_2^2 = mv_2^2$

चूँकि निकाय की प्रारम्भिक गतिज ऊर्जा = निकाय की अन्तिम गतिज ऊर्जा

$\Rightarrow (KE)_A + (KE)_B = (KE')_A + (KE')_B$

$$2mu^2 + 0 = 2mv_1^2 + mv_2^2$$

या $\quad 2u^2 = 2v_1^2 + v_2^2 \quad \ldots(ii)$

समी (i) तथा (ii) से

$$4u^2 = 4v_1^2 + v_2^2 + 4v_1v_2$$

$\Rightarrow 4v_1^2 + 2v_2^2 = 4v_1^2 + v_2^2 + 4v_1v_2$

$\Rightarrow \quad v_2 = 4v_1$

समी (i) से, $2u = 2v_1 + 4v_1$

$$v_1 = \frac{1}{3}u \quad \text{तथा} \quad v_2 = \frac{4}{3}u$$

A के अन्तिम वेग की गणना सीधे सूत्र द्वारा की जा सकता है।

दिया है, संघट्ट के बाद वेग,

$$v_1 = \left(\frac{m_1 - m_2}{m_1 + m_2}\right)u_1 + \frac{2m_2u_2}{m_1 + m_2}$$

$$= \left(\frac{4m - 2m}{4m + 2m}\right)u + \frac{2(2m) \times 0}{(4m + 2m)}$$

$[\because u_2 = u' = 0]$

$$= \frac{2m}{6m}u = \frac{1}{3}u$$

$$\Delta KE = (KE)_A - (KE')_A$$

$$= 2m(u^2 - v_1^2)$$

$$\Delta KE = 2m\left(u^2 - \frac{u^2}{9}\right) = \frac{16\,mu^2}{9}$$

$$\frac{\Delta KE}{(KE)_A} = \frac{16mu^2}{9} \times \frac{1}{2mu^2} = \frac{8}{9}$$

87 *(a)* $m_tu_t + m_cu_c = m_tv_1 + m_cv_2$

$$2mv + 0 = 2mv_1 + mv_2$$

$$2v = 2v_1 + v_2 \quad \ldots(i)$$

प्रत्यास्थ संघट्ट के लिए प्रत्यास्था गुणांक,

$$e = 1$$

$$\frac{v_2 - v_1}{u_t - u_c} = 1$$

$$\Rightarrow \quad \frac{v_2 - v_1}{v - 0} = 1$$

$$\Rightarrow \quad v = v_2 - v_1 \quad \ldots(ii)$$

समी (i) तथा (ii) से,

$$2v_2 - 2v_1 = 2v_1 + v_2 \Rightarrow v_2 = 4v_1$$

$\Rightarrow \quad 2v = \frac{2v_2}{4} + v_2 \quad$ [समी (i) से]

$$\Rightarrow \quad v_2 = \frac{4v}{3}$$

88 *(c)* $|mu\,\hat{\mathbf{i}} + mu\,\hat{\mathbf{j}}| = p_f$

$$\sqrt{m^2u^2 + m^2u^2} = p_f$$

$$\Rightarrow \quad p_f = \sqrt{2}\,mu$$

89 *(a)* पूर्णतः अप्रत्यास्थ संघट्ट के लिए ($e = 0$),

निकाय की गतिज ऊर्जा में हानि:

$$\Delta E_K = \frac{1}{2}\left(\frac{m_1m_2}{m_1 + m_2}\right) \times v_1^2$$

$$= \frac{1}{2} \times \left(\frac{5 \times 10^3 \times 15 \times 10^3}{5 \times 10^3 + 15 \times 10^3}\right) \times 2^2$$

$= 7.5 \times 10^3$ जूल

$= 7.5$ किलो-जूल

90 *(d)* संघट्ट से पूर्व गेंद की गति;

$$v_i = \sqrt{2gh_i}$$

[$v^2 = u^2 + 2gh$ प्रयोग के द्वारा]

तथा संघट्ट के पश्चात्, $v_f = ev_i$

$$\left[\because e = \frac{\text{संघट्ट से पूर्व की गति}}{\text{संघट्ट के पश्चात् की गति}}\right]$$

$$= e\sqrt{2gh_i}$$

∴ दोबारा उछलने पर प्राप्त ऊँचाई,

$$h_f = \frac{v_f^2}{2g} = e^2h_i$$

इसी प्रकार, nवें उछाल में वेग,

$$v_n = e^nv_i = e^n\sqrt{2gh_i}$$

तीसरे उछाल में ऊँचाई,

$$n = 3$$

तथा $\quad h_i = h$

$$\therefore \quad h_3 = e^{2 \times 3}h = e^6h$$

91 *(a)* दिया है, $e = 1$ (प्रत्यास्थ संघट्ट)

$$u_2 = 0$$

संघट्ट के पश्चात दोनों गेंदों के वेग,

$$v_1 = \left(\frac{m_1 - m_2}{m_1 + m_2}\right)u_1 + \left(\frac{2m_2}{m_1 + m_2}\right)u_2$$

$$\therefore \quad v_1 = \left(\frac{m_1 - m_2}{m_1 + m_2}\right)\cdot u_1$$

∴ m_1 द्रव्यमान की प्रारम्भिक गतिज ऊर्जा,

$$K_1 = \frac{1}{2}m_1u_1^2$$

m_1 द्रव्यमान की अन्तिम गतिज ऊर्जा,

$$K_2 = \frac{1}{2}m_1v_1^2$$

$$= \frac{1}{2}m_1\left(\frac{m_1 - m_2}{m_1 + m_2}\right)^2 \cdot u_1^2$$

∴ गतिज ऊर्जा में हानि,

$$\frac{\Delta K}{K_1} = \frac{4m_1m_2}{(m_1 + m_2)^2}$$

92 *(b)* प्रत्यास्थ तथा अप्रत्यास्थ संघट्ट में रेखीय संवेग संरक्षित रहता है लेकिन गतिज ऊर्जा केवल प्रत्यास्थ संघट्ट में नियत रहती है।

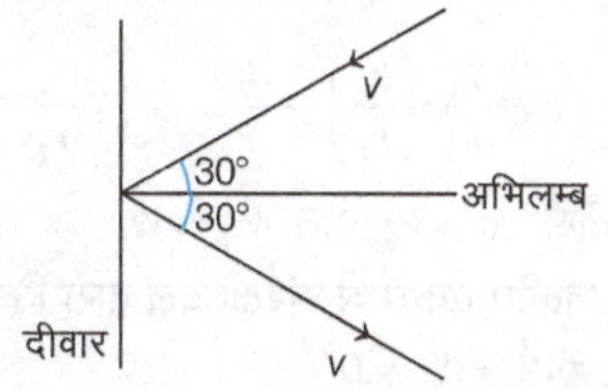

दिया है, गैस के कणों की संघट्ट से पूर्व तथा बाद में गति समान है। अतः इसकी गतिज ऊर्जा संरक्षित है अतः संघट्ट प्रत्यास्थ है।

अभिकथन-कारण प्रश्न

1 *(a)* $p_2 = p_1 + 50\%$ का $p_2 = \frac{3}{2}p_1$

$$\therefore \quad v_2 = \frac{3}{2}v_1$$

चूँकि, $\quad K \propto v^2;$

अतः $\quad K_2 = \frac{9}{4}K_1$

गतिज ऊर्जा में वृद्धि (KE) $= \frac{K_2 - K_1}{K_1} \times 100$

$$= \frac{\frac{9}{4}K_1 - K_1}{K_1} \times 100$$

$$= 125\%$$

3 *(c)* यान्त्रिक ऊर्जा में स्थितिज ऊर्जा तथा गतिज ऊर्जा दोनों सम्मिलित होते हैं। प्रश्नानुसार, यान्त्रिक ऊर्जा का कुछ भाग ऊष्मा में परिवर्तित हो जाता है और यह उस स्थिति में अधिक होता है जब किसी झुके हुए तल पर घर्षण बल बढ़ने के कारण झुकाव कम हो जाता है।

$$f_r = \mu\, mg\cos\theta$$

घर्षण गुणांक तल के झुकाव पर निर्भर नहीं करता है। यह केवल सम्पर्क सतहों की प्रकृति पर निर्भर करता है।

4 *(a)* घर्षण की स्थिति में गतिमान वस्तु द्वारा बन्द पथ पर किया गया कार्य शून्य नहीं होता है, क्योंकि कुछ कार्य ऊष्मीय ऊर्जा में रूपान्तरित हो जाता है।

अतः घर्षण बल एक असंरक्षी बल है।

5 *(a)* हम जानते हैं कि स्प्रिंग बल, $F_s = kx$

दिया है, $F = k_1x_1 = k_2x_2;\ \frac{k_1}{k_2} = \frac{x_2}{x_1}$

स्प्रिंग को खींचने में किया गया कार्य स्थितिज ऊर्जा के बराबर होता है।

$W = E = kx^2$

$$\Rightarrow \frac{W_1}{W_2} = \frac{E_1}{E_2} = \frac{k_1 x_1^2}{k_2 x_2^2}$$

$$= \frac{k_1}{k_2} \cdot \left(\frac{k_2}{k_1}\right)^2 = \frac{k_2}{k_1} \qquad \left(\because \frac{x_1}{x_2} = \frac{k_2}{k_1}\right)$$

$\Rightarrow$ जैसे $k_1 > k_2$, अतः $W_2 > W_1$.

6 *(a)* चक्रीय प्रक्रम में संरक्षी बल द्वारा किया गया कार्य $= W_c = 0$

चूँकि स्प्रिंग बल एक संरक्षी बल है।

$\therefore \quad W_{\text{स्प्रिंग}} = 0$

8 *(d)* कार्य-ऊर्जा प्रमेय के अनुसार,

$$W = \Delta KE = \frac{1}{2}mv^2 \quad \text{...(i)}$$

$$W = P \times t \quad \text{...(ii)}$$

समी (i) तथा (ii) से

$$P \times t = \Delta KE = \frac{1}{2}mv^2 \quad \text{...(iii)}$$

$$v^2 \propto t \quad \text{या} \quad v \propto t^{1/2}$$

$$\frac{dv}{dt} \propto t^{-1/2} \quad \text{या} \quad a \propto t^{-1/2}$$

चूँकि गति एक समान रूप से त्वरित नहीं है। संवेग संरक्षण का सिद्धान्त सभी प्रकार के संघट्ट के लिए मान्य होता है।

9 *(b)* दो कणों के अप्रत्यास्थ संघट्ट में ये आपस में चिपक जाते हैं तथा एक कण के रूप में उभयनिष्ठ वेग से गति करते हैं। पूर्णतः अप्रत्यास्थ संघट्ट में दोनों की गतिज ऊर्जा में अधिकतम हानि होती है। किन्तु ये अपनी पूर्ण ऊर्जा व्यय नहीं करते हैं।

10 *(d)* अभिकथन गलत है, लेकिन कारण सही है। प्रत्यास्थ संघट्ट में गतिज ऊर्जा नियत रहती है इसलिए गेंद समान वेग से पुनः उछलेगी।

$F \times t =$ संवेग में परिवर्तन

$\therefore \quad F \times 1 = m \times n(u + u)$

$\Rightarrow \quad F = 2mnu$

कथन आधारित प्रश्न

1 *(b)* कथन I सही है, लेकिन कथन II गलत है। बल F लगाकर किसी वस्तु को विस्थापित करने में किया गया कार्य

$$W = F \cdot s = Fs\cos\theta$$

यदि $\theta = 0°$ है, तो किया गया कार्य भी शून्य होगा।

कार्य धनात्मक या ऋणात्मक हो सकता है। यदि θ का मान 0° से 90° के मध्य है, तो कार्य धनात्मक होगा और यदि θ का मान 90° से 180° के मध्य है, तो कार्य ऋणात्मक होगा।

3 *(b)* कथन I सही है, लेकिन कथन II गलत है। विस्फोट आन्तरिक बल के कारण होता है इसलिए संवेग संरक्षित रहता है। अतः विस्फोट रेखीय संवेग संरक्षण के नियम का उल्लघंन नहीं करता है।

4 *(d)* दोनों कथन I तथा II सही हैं।

हम जानते हैं कि, $p = \sqrt{2mK}$

समान गतिज ऊर्जा के लिए

$$p \propto \sqrt{m}$$

$$\Rightarrow \quad \frac{p_1}{p_2} = \sqrt{\frac{m_1}{m_2}}$$

5 *(d)* दोनों कथन I तथा II सही हैं। गुरुत्वाकर्षण के विरुद्ध किसी वस्तु को गति देने में किया गया कार्य केवल वस्तु की प्रारम्भिक और अन्तिम स्थिति पर निर्भर करता है, न कि लिए गए पथ पर। झुकाव वाले तल पर पिण्ड पर गुरुत्वाकर्षण बल झुकाव कोण के साथ बदलता रहता है।

6 *(c)* कथन I गलत है, लेकिन कथन II सही है। खुरदरी सतह पर फिसलने की स्थिति में यान्त्रिक ऊर्जा संरक्षित नहीं होती है। इसका कुछ अंश ऊष्मा में परिवर्तित हो जाता है। फिसलन के कारण सम्पर्क बिन्दु का विस्थापन होता है।

7 *(b)* कथन I सही है, लेकिन कथन II गलत है। यदि दोनों पिण्ड एक साथ गति करते हैं, तो संघट्ट को पूर्णतः प्रत्यास्थ संघट्ट के रूप में जाना जाता है।

8 *(c)* कथन I गलत है तथा कथन II सही है।

ऊर्जा, $E = \dfrac{p^2}{2m}$,

जहाँ, p संवेग तथा m गतिमान पिण्ड का द्रव्यमान है।

संघट्ट के परिणामस्वरूप, जब कण आपस में चिपक जाते हैं, तो अधिकतम ऊर्जा की हानि होती है।

अधिकतम ऊर्जा हानि,

$$(\Delta E) = \frac{p^2}{2m} - \frac{p^2}{2(m+M)}$$

जहाँ, $(m + M)$ संघट्ट के बाद परिणामी द्रव्यमान है।

$$\Delta E = \frac{p^2}{2m}\left[1 - \frac{m}{m+M}\right]$$

$$= \frac{p^2}{2m}\left[\frac{M}{m+M}\right]$$

तो, $\quad p = mv$

$$\therefore \quad \Delta E = \frac{m^2v^2}{2m}\left[\frac{M}{m+M}\right]$$

$$= \frac{mv^2}{2}\left[\frac{M}{m+M}\right]$$

व्यंजकों की तुलना करने पर,

$$\Delta E = f\left(\frac{1}{2}mv^2\right), \quad f = \frac{M}{m+M}$$

सुमेलन प्रकार प्रश्न

1 *(d)*

A. एक व्यक्ति कुएँ से बाल्टी निकालकर धनात्मक कार्य करता है लेकिन गुरुत्वाकर्षण बल ऋणात्मक कार्य करता है। जबकि गुरुत्वाकर्षण बल बाल्टी की गति का विरोध करता है।

B. जब एक पिण्ड आनत तल पर नीचे की ओर फिसलता है, तो घर्षण विपरीत दिशा में कार्य करता है जिससे घर्षण द्वारा किया गया कार्य ऋणात्मक होता है।

C. व्यक्ति द्वारा बक्से को खींचने में किया गया कार्य धनात्मक होता है, क्योंकि व्यक्ति द्वारा बक्से की गति की दिशा में बल को लगाया जाता है।

D. वायु प्रतिरोध ऋणात्मक कार्य करके लोलक को धीमा करता है जबकि गुरुत्वाकर्षण धनात्मक कार्य करके गति को बढ़ाता है।

2 *(b)*

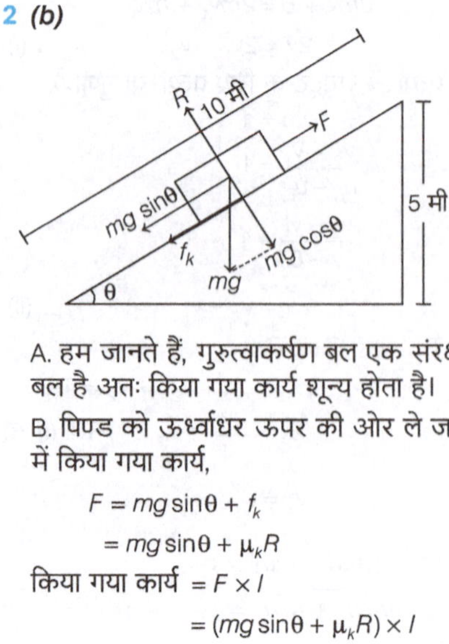

A. हम जानते हैं, गुरुत्वाकर्षण बल एक संरक्षी बल है अतः किया गया कार्य शून्य होता है।

B. पिण्ड को ऊर्ध्वाधर ऊपर की ओर ले जाने में किया गया कार्य,

$$F = mg\sin\theta + f_k$$

$$= mg\sin\theta + \mu_k R$$

किया गया कार्य $= F \times l$

$$= (mg\sin\theta + \mu_k R) \times l$$

$= mg(\sin\theta + \mu_k \cos 30^\circ) \times l$

$= 0.3 \times 9.8 \cdot (\sin 30^\circ + 0.5 \times \cos 30^\circ) \times 10$

$\therefore W = 18.5$ जूल

C. वृत्तीय यात्रा के दौरान घर्षण बल द्वारा किया गया कार्य,

$W = -f_k(l + l) = -2\mu_k mg \cos\theta \times l$

$= -7.6$ जूल

D. यात्रा के अन्त में पिण्ड की गतिज ऊर्जा = तल में नीचे की ओर जाते समय कुल बल द्वारा किया गया कार्य

$= mg(\sin\theta - \mu_k \cos\theta) l$

$= 0.3 \times 9.8 \times (0.5 - 0.13) \times 10$

$\therefore$ गतिज ऊर्जा $= 10.9$ जूल

3 ***(c)*** हम जानते हैं, $v^2 - u^2 = 2ax$

$$\frac{v^2 - u^2}{2} = ax$$

अतः a - x ग्राफ का क्षेत्रफल

$$= \frac{1}{2} \times (8 + 4) \times 20 = 120 \text{ मी}^2/\text{से}^2$$

$$\frac{v^2 - u^2}{2} = 120 \text{ मी/से}^2$$

अतः $\Delta KE = \frac{1}{2} m(v^2 - u^2) = 120$ जूल

सभी बलों द्वारा किया गया कार्य

$= \Delta KE = 120$ जूल

$K_f - K_i = 120$

$$K_f = 120 + K_i \left\{ K_i = \frac{1}{2} mv^2 = 8 \text{ जूल} \right\}$$

$K_f = 128$ जूल

(K_f = अन्तिम गतिज ऊर्जा)

संरक्षी बल द्वारा किया गया कार्य (U - x के बीच ग्राफ द्वारा)

$= U_i - U_f = 240$ जूल

बाह्य बल द्वारा किया गया कार्य = कुल किया गया कार्य – संरक्षी बल द्वारा किया गया कार्य

$= 120 - 240 = -120$ जूल

आंकिक मान प्रकार के प्रश्न

1 ***(28)*** दिया है, $\mathbf{F} = (1 + 3x)\hat{i}$

$$W = \int_0^4 F \cdot dx = \int_0^4 (1 + 3x)\, dx$$

$$W = \left[x + \frac{3x^2}{2} \right]_0^4 = 28 \text{ जूल}$$

2 ***(24)*** गतिज ऊर्जा में परिवर्तन = स्थितिज ऊर्जा में वृद्धि

$$\Rightarrow \frac{1}{2} mv^2 - \frac{1}{2} m\left(\frac{v}{2}\right)^2 = \frac{1}{2} kx^2$$

$$\Rightarrow \quad K - \frac{1}{4} K = \frac{1}{2} k(25 \times 10^{-2})^2$$

$\Rightarrow \quad k = 24K = nK$

$\therefore \quad n = 24$

3 ***(10)***

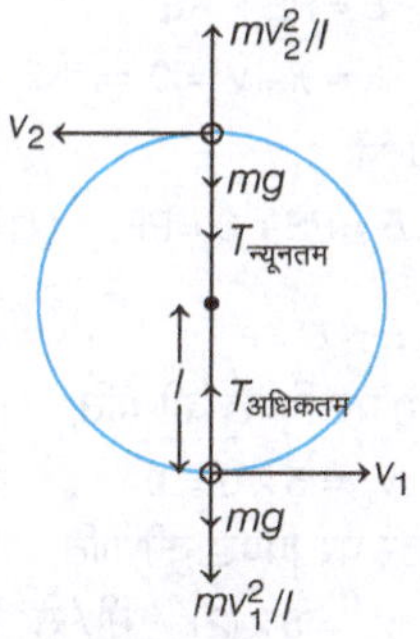

$T_{\text{अधिकतम}} = mg + mv_1^2/l$

तथा $T_{\text{न्यूनतम}} = mv_2^2/l - mg$

$$\because \quad \frac{T_{\text{अधिकतम}}}{T_{\text{न्यूनतम}}} = \frac{mg + mv_1^2/l}{mv_2^2/l - mg} = \frac{5}{1} \text{ (दिया है)}$$

$\Rightarrow mg + mv_1^2/l = 5mv_2^2/l - 5mg$

$v_1 = \sqrt{v_2^2 + 4gl}$

$$\Rightarrow mg + \frac{m}{l}(v_2^2 + 4gl) = \frac{5mv_2^2}{l} - 5mg$$

$$\Rightarrow \quad v_2 = \sqrt{\frac{10gl}{4}} = \sqrt{\frac{10 \times 10 \times 4}{4}}$$

$= \sqrt{100} = 10$ मी/से

4 ***(4)*** $P = F \times v$

$$P = m \times a \times v \Rightarrow P = m\frac{dv}{dt} \cdot v$$

$$\Rightarrow \int P dt = \int mv dv \Rightarrow \quad Pt = \frac{mv^2}{2}$$

$$\Rightarrow \quad v = \sqrt{\frac{2Pt}{m}} \Rightarrow \frac{ds}{dt} = \sqrt{\frac{2Pt}{m}}$$

$$\Rightarrow \quad \int ds = \int \sqrt{\frac{2Pt}{m}}\, dt$$

$$\Rightarrow \quad s = \sqrt{\frac{2P}{m}} \cdot \frac{t^{3/2}}{3/2} = \frac{2}{3}\sqrt{\frac{2P}{m}} \cdot t^{3/2}$$

($\because t = 4$ सेकण्ड तथा $m = 4$ किग्रा)

$$= \frac{4^2}{3}\sqrt{\frac{P}{2}} = \frac{1}{3}\alpha^2\sqrt{\frac{P}{2}} \quad \text{(दिया है)}$$

$\therefore \quad \alpha = 4$

5 ***(10)*** $KE_i = \frac{1}{2} m(60)^2 = 1800m$

संवेग संरक्षण के नियम से,

$mu = m_1 v_1 + m_2 v_2$

$$\therefore v_2 = \frac{m \times 60 - m/2 \times 80}{m/2}$$

$$= \frac{20m}{m/2} = 40 \text{ मी/से}^{-1}$$

$$KE_f = \frac{1}{2} m_1 v_1^2 + \frac{1}{2} m_2 v_2^2$$

$$= \frac{1}{2}\frac{m}{2}(v_1^2 + v_2^2) = 2000m$$

$$\frac{KE_f}{KE_i} = \frac{2000m}{1800m} = \frac{10}{9} = \frac{x}{9} \quad \text{[दिया है]}$$

अतः $x = 10$

6 ***(4)*** संघट्ट से पूर्व,

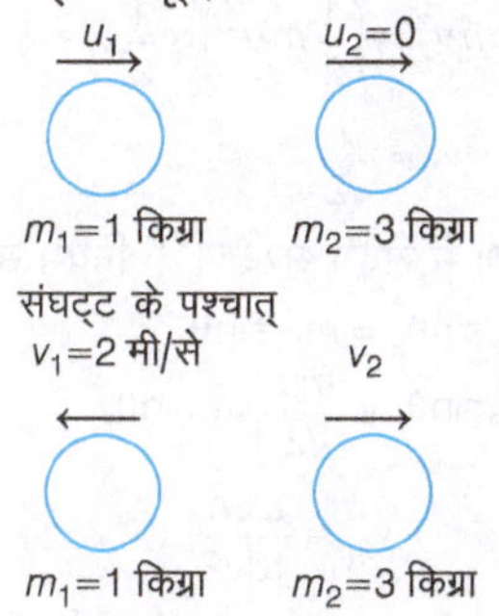

संवेग संरक्षण द्वारा, $p_i = p_f$

$\Rightarrow \quad m_1 u_1 + m_2 u_2 = m_1 v_1 + m_2 v_2$

$\Rightarrow \quad 1 \cdot u_1 + 3 \times 0 = 1 \times (-2) + 3v_2$

$$\Rightarrow \quad v_2 = \frac{u_1 + 2}{3} \quad \ldots \text{(i)}$$

प्रत्यास्थ संघट्ट में गतिज ऊर्जा संरक्षित रहती है

$$\Rightarrow \frac{1}{2} m_1 u_1^2 + \frac{1}{2} m_2 u_2^2 = \frac{1}{2} m_1 v_1^2 + \frac{1}{2} m_2 v_2^2$$

$$\Rightarrow \frac{1}{2} \times 1 \times u_1^2 + \frac{1}{2} \times 3 \times 0$$

$$= \frac{1}{2} \times 1 \times (-2)^2 + \frac{1}{2} \times 3 \times v_2^2$$

$$\Rightarrow \frac{u_1^2}{2} + 2 + \frac{3}{2} v_2^2 = 2 + \frac{3}{2}\left(\frac{u_1 + 2}{3}\right)^2$$

$\Rightarrow \quad u_1^2 - 2u_1 - 8 = 0$

$\Rightarrow (u_1 - 4)(u_1 + 2) = 0$

$\Rightarrow \quad u_1 = 4$ मी/से

7 ***(1)*** प्रश्नानुसार,

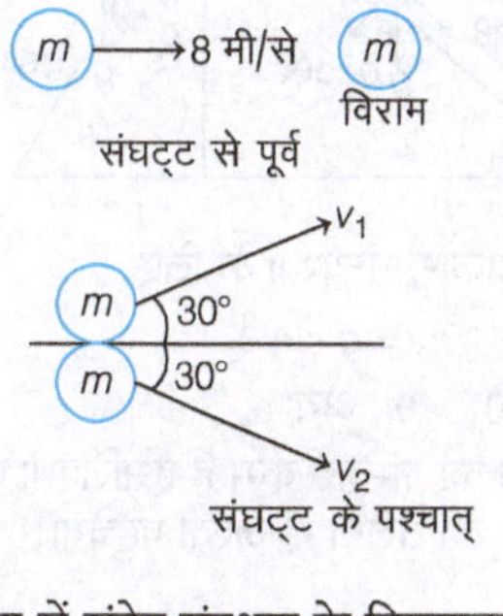

y-दिशा में संवेग संरक्षण के नियमानुसार,

$0 = mv_1 \sin 30° - mv_2 \sin 30°$

$\Rightarrow \quad v_1 = v_2$ या $v_1 : v_2 = 1:1$

चूँकि, $v_1 : v_2 = x : y$ (दिया है)

$\therefore \quad x = 1$

8 *(10)* कण 1 के लिए,

$$K_f = \frac{1}{2} K_i$$

$$\Rightarrow \frac{1}{2} m_1 v_1^2 = \left(\frac{1}{2} m_1 u^2\right) \times \frac{1}{2}$$

$$\Rightarrow \quad v_1 = \frac{u}{\sqrt{2}}$$

y-दिशा में संवेग संरक्षण के नियम से,

$10mv_2 \sin\theta_2 = mv_1 \sin\theta_1$

$10mv_2 \sin\theta_2 = \frac{mu}{\sqrt{2}} \cdot \sqrt{n} \sin\theta_2$

$$\Rightarrow \quad v_2 = \frac{u\sqrt{n}}{10\sqrt{2}} \quad \ldots(i)$$

चूँकि संघट्ट प्रत्यास्थ है अतः गतिज ऊर्जा नियत रहेगी,

$$\Rightarrow \frac{1}{2} mu^2 = \frac{1}{2} mv_1^2 + \frac{1}{2}(10m) v_2^2$$

v_1 तथा v_2 का मान सुमेलित करने पर,

$$u^2 = \left(\frac{u}{\sqrt{2}}\right)^2 + 10\left(\frac{u^2 n}{100 \times 2}\right)$$

$$\Rightarrow \quad \frac{u^2}{2} = \frac{u^2 n}{10 \times 2} \Rightarrow n = 10$$

NCERT Exemplar प्रश्न

1 *(c)* यान्त्रिक ऊर्जा का संरक्षण,

$$\frac{1}{2} mv^2 = mgh \text{ (I तथा II ट्रैक के लिए)}$$

$$v = \sqrt{2gh}$$

चूँकि दोनों पत्थरों की गति समान है।

चित्रानुसार, पत्थर I के लिए, a_1 = आनत तल के अनुदिश त्वरण = $g \sin\theta_1$

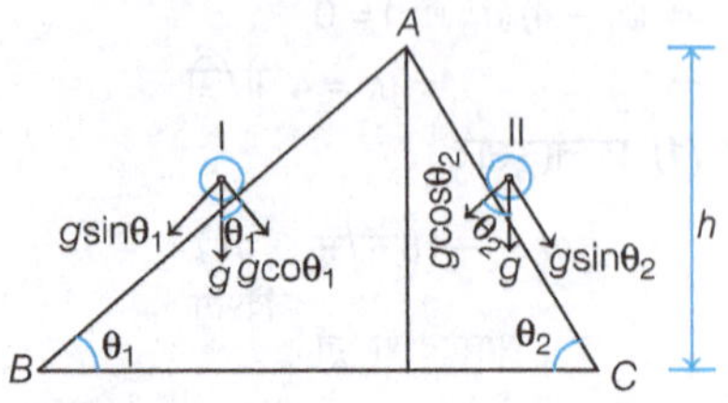

इसी प्रकार, पत्थर II के लिए,

$$a_2 = g \sin\theta_2$$

चूँकि $\theta_2 > \theta_1$, अतः $a_2 > a_1$

ट्रैक II की लम्बाई कम है इसलिए II पत्थर, I पत्थर की तुलना में जल्दी पहुँचेगा।

2 *(b)* कुल ऊर्जा,

$$E = \text{PE} + \text{KE} \quad \ldots(i)$$

$$x = x_m, v = 0 \Rightarrow \text{KE} = 0$$

समी (i) से,

$$E = \text{PE} + 0 = \text{PE} = U(x_m) = \frac{1}{2} kx_m^2$$

$$\Rightarrow \quad E = U$$

3 *(b)* $x = 0$ पर पिण्ड की गति,

$$v_1 = 5 \times 0 = 0$$

$x = 2$ मीटर पर पिण्ड की गति,

$$v_2 = 5 \times (2)^{3/2} \text{ मी/से}$$

कार्य-ऊर्जा प्रमेय के अनुसार,

$$W = \frac{1}{2} m(v_2^2 - v_1^2)$$

$$= \frac{1}{2} 0.5 [(5(2^{3/2}))^2 - (0)^2]$$

$$= 50 \text{ जूल}$$

4 *(b)* दिया है, शक्ति = नियत

हम जानते हैं, शक्ति, $P = \frac{dW}{dt} = \frac{\mathbf{F} \cdot d\mathbf{s}}{dt}$

चूँकि पिण्ड एक-दिशीय गति कर रहा है।

अतः $\mathbf{F} \cdot d\mathbf{s} = Fds \cos 0°$

$$P = \frac{Fds}{dt} = Fv = \text{नियत}$$

$(\because P = \text{नियत})$

विमा [F] [v] = नियत

$\Rightarrow [MLT^{-2}] [LT^{-1}]$ = नियत

$\Rightarrow \quad [L^2 T^{-3}]$ = नियत

(∵ द्रव्यमान नियत है)

$$\Rightarrow \quad L \propto T^{3/2}$$

या विस्थापन $(d) \propto t^{3/2}$

केवल ग्राफ (b) उपरोक्त प्रतिबन्ध को सन्तुष्ट करता है।

5 *(d)* जब पृथ्वी सूर्य के समीप होती है , तो उसकी गति सर्वाधिक होती है जिस कारण गतिज ऊर्जा भी अधिकतम होती है। जब पृथ्वी सूर्य से सबसे दूर होती है, तो इसकी गति न्यूनतम होती है। अतः गतिज ऊर्जा भी न्यूनतम होती है, लेकिन गतिज ऊर्जा कभी-भी शून्य या ऋणात्मक नहीं होती है। इसलिए विकल्प (d) सही है।

6 *(c)* जब लोलक वायु में दोलन करता है, तो वायु के कारण उत्पन्न प्रतिरोध को कम करने के लिए लगातार ऊर्जा की हानि करता है। इसलिए समय के साथ लोलक की कुल यान्त्रिक ऊर्जा लगातार घटती है जोकि ग्राफ (c) द्वारा प्रदर्शित की जाती है।

7 *(a)* $\omega = 300$ घूर्णन/मिनट

$$= \frac{300 \times 2 \times \pi}{60} \text{ प्रति रेडियन}$$

$$= 10\pi \text{ प्रति रेडियन}$$

$$v = \omega R = (10\pi \times 1) = 10\pi \text{ मी/से}$$

$$\text{KE} = \frac{1}{2} mv^2$$

$$= \frac{1}{2} \times 5 \times (10\pi)^2$$

$$= 250\pi^2 \text{ जूल}$$

8 *(b)* जब वर्षा की बूँद गिरती है, तो पहले उसका वेग बढ़ता है परिणामस्वरूप गतिज ऊर्जा भी बढ़ती है। कुछ समय पश्चात् वेग स्थिर हो जाता है इसे सीमान्त वेग कहते हैं। अतः गतिज ऊर्जा भी नियत हो जाती है। किन्तु स्थितिज ऊर्जा लगातार घटती रहती है। अतः प्रश्नानुसार दिया गया ग्राफ (b) उपरोक्त प्रतिबन्ध को दर्शाता है।

9 *(b)* पहले लोहे के गोले का वेग बढ़ता है तथा कुछ समय पश्चात् वेग नियत हो जाता है। अतः गतिज ऊर्जा भी पहले बढ़ती है तथा बाद में नियत हो जाती है। इस स्थिति को ग्राफ (b) द्वारा उचित प्रकार से दर्शाया गया है।

10 *(d)* $(\text{PE})_i + (\text{KE})_i = (\text{PE})_f + (\text{KE})_f$

$$\Rightarrow \quad mgh + \frac{1}{2} mv^2 = 0 + (\text{KE})_f$$

$$\Rightarrow \quad (\text{KE})_f = mgh + \frac{1}{2} mv^2$$

$$\Rightarrow \quad (\text{KE})_f = 10 \times 10 \times 1.5 + \frac{1}{2} \times 10 \times (1)^2$$

$$= 150 + 5 = 155 \text{ जूल}$$

11 *(c)* दिया है, $m = \frac{3}{20}$ किग्रा

Δt = सम्पर्क का समय = 0.001 सेकण्ड

$u = 35$ मी/से

पूर्ण प्रत्यास्थ संघट्ट के लिए,

$v = -35$ मी/से,

गेंद के संवेग में परिवर्तन,

$$\Delta p = m(v - u)$$

$$= \frac{3}{20}(-35 - 35)$$

$$= -\frac{21}{2} \text{ किग्रा-मी/से}$$

$$F = \frac{\Delta p}{\Delta t} = \frac{-21/2}{0.001} \text{ न्यूटन}$$

$$= -1.05 \times 10^4 \text{ न्यूटन}$$

गेंद की दिशा की तुलना में बल की दिशा ऋणात्मक है।

12 *(c)*

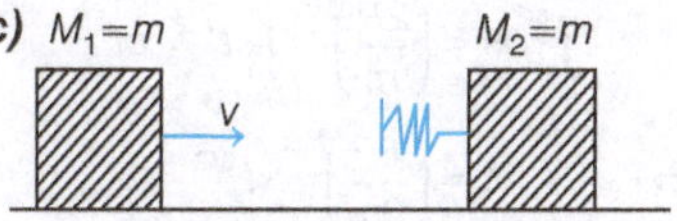

(a) जब तक दोनों ब्लॉकों को समान गति प्राप्त नहीं हो जाती, स्प्रिंग सम्पीड़ित होती रहेगी।

(b) चूँकि सतह घर्षणहीन है अतः निकाय संवेग संरक्षित रहेगा।

(c) यदि स्प्रिंग द्रव्यमान रहित है, तो M_1 द्रव्यमान की सम्पूर्ण ऊर्जा M_2 को स्थानान्तरित हो जाएगी और M_1 विराम अवस्था में आ जाएगा।

(d) यदि घर्षण नगण्य है। तो संघट्ट अप्रत्यास्थ होगा। इसके कारण संघट्ट के दौरान ऊर्जा स्थितिज ऊर्जा के रूप में संचित होगी।

अतः केवल कथन (c) सत्य है।

विगत परीक्षाओं के प्रश्न

1 *(a)* दिया है,

$x = 2t - 1$ मात्रक

बल, $F = 5$ N

तात्क्षणिक शक्ति, $P = F \cdot v$

अतः $P = F\dfrac{dx}{dt}$

$= 5 \times \dfrac{d(2t-1)}{dt} = 5 \times 2 = 10$ मात्रक

2 *(b)* माना दोनों का द्रव्यमान m है।

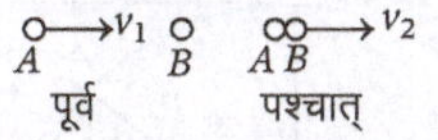

अतः संवेग संरक्षण के सिद्धान्त से,

$m_1u_1 + m_2u_2 = m_1v_1 + m_2v_2$

दोनों द्रव्यमान A तथा B निकाय के रूप में आपस में चिपक जाते हैं।

इसलिए, $mv_1 = 2mv_2$ $[\because u_2 = 0]$

$v_1 = 2v_2 \Rightarrow \dfrac{v_1}{v_2} = \dfrac{2}{1}$

अतः विकल्प (b) सही है।

3 *(c)* $\dfrac{1}{2}kx_1^2 = U$

$\Rightarrow \quad k = \dfrac{2U}{x_1^2}$ ...(i)

जब $x_2 = 8$ सेमी, तो

$U = \dfrac{1}{2}kx_2^2 = \dfrac{1}{2} \times \dfrac{2U}{x_1^2} \times x_2^2$ [समी (i) से]

$= U \cdot \left(\dfrac{x_2}{x_1}\right)^2 = U\left(\dfrac{8}{2}\right)^2 = 16U$

4 *(c)*

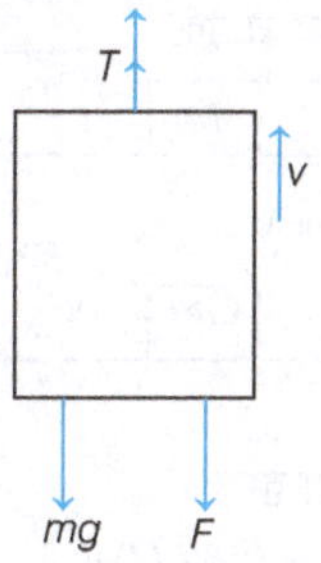

तनाव, $T = mg + F$

$= 2000 \times 10 + 3000$

$= 23000$ न्यूटन

शक्ति, $P = T \cdot v = 23000 \times 1.5$

$= 34500$ वाट

5 *(d)*

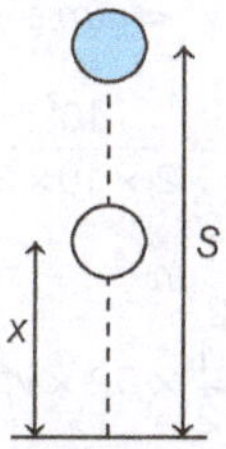

S ऊँचाई पर कुल ऊर्जा,

TE $= mgS + 0 = mgS$

x ऊँचाई पर कुल ऊर्जा,

TE = PE + KE $= mgx + 3mgx$

प्रश्नानुसार, गतिज ऊर्जा $= 3 \times$ स्थितिज ऊर्जा

$mgS = 4\,mgx \Rightarrow x = \dfrac{S}{4}$ ...(i)

$x = \dfrac{S}{4}$ पर कण की गति

KE $= 3 \times mg\dfrac{S}{4}$ [समी (i) से]

$\dfrac{1}{2}mv^2 = \dfrac{3}{4}mgS \Rightarrow v = \sqrt{\dfrac{3}{2}gS}$

6 *(c)* ऊर्ध्वाधर वृत्त के निचले बिन्दु पर बिन्दु द्रव्यमान की गति, $v_l = \sqrt{7gr}$

$\therefore \quad v_l = \sqrt{7gr} > \sqrt{5gr}$

चूँकि बिन्दु द्रव्यमान ऊर्ध्वाधर वृत्त को पूर्ण करता है।

हम जानते हैं,

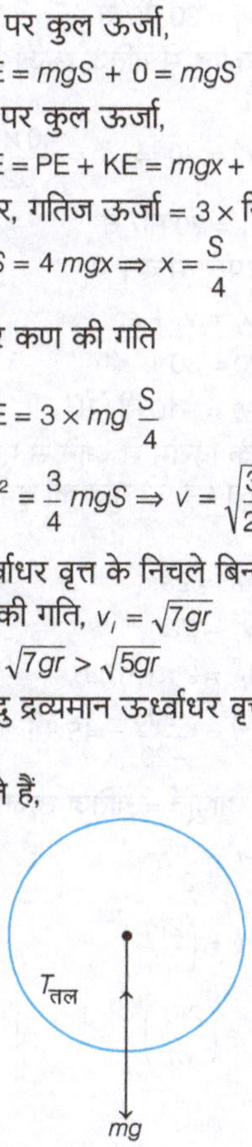

$T_{तल} - mg = \dfrac{mv^2}{r} = \dfrac{m}{r}(\sqrt{7gr})^2$

$\Rightarrow T_{तल} - mg = 7mg \Rightarrow T_{तल} = 8\,mg$

7 *(d)*

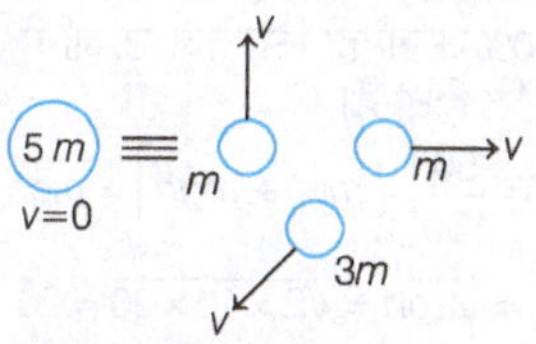

संवेग संरक्षण के नियम द्वारा,

$5m \times 0 = mv\hat{\mathbf{i}} + mv\hat{\mathbf{j}} + 3mv'$

$\Rightarrow \quad \mathbf{v}' = -\dfrac{v}{3}\hat{\mathbf{i}} - \dfrac{v}{3}\hat{\mathbf{j}}$

$\therefore \; |\mathbf{v}'| = \sqrt{\left(-\dfrac{v}{3}\right)^2 + \left(-\dfrac{v}{3}\right)^2} = \dfrac{v\sqrt{2}}{3}$

$\therefore$ उत्पन्न ऊर्जा,

$E = \dfrac{1}{2}mv^2 + \dfrac{1}{2}mv^2 + \dfrac{1}{2} \times 3m\left(\dfrac{v\sqrt{2}}{3}\right)^2$

$= mv^2 + \dfrac{mv^2}{3} = \dfrac{4}{3}mv^2$

8 *(c)* $\Delta\mathbf{s} = \mathbf{r}_2 - \mathbf{r}_1 = 4\hat{\mathbf{j}} + 3\hat{\mathbf{k}} - (-2\hat{\mathbf{i}} + 5\hat{\mathbf{j}})$

$= 2\hat{\mathbf{i}} - \hat{\mathbf{j}} + 3\hat{\mathbf{k}}$

$\mathbf{F} = (4\hat{\mathbf{i}} + 3\hat{\mathbf{j}})$ न्यूटन

$\therefore$ किया गया कार्य, $W = \mathbf{F} \cdot \Delta\mathbf{s}$

$= (4\hat{\mathbf{i}} + 3\hat{\mathbf{j}}) \cdot (2\hat{\mathbf{i}} - \hat{\mathbf{j}} + 3\hat{\mathbf{k}})$

$= 8 - 3 = 5$ जूल

9 *(c)* दिया है, गोली का द्रव्यमान

$m_1 = 10$ ग्राम $= 10 \times 10^{-3}$ किग्रा

वेग, $u_1 = 400$ मी/से,

लकड़ी के ब्लॉक का द्रव्यमान, $m_2 = 2$ किग्रा

माना संघट्ट के पश्चात् गोली तथा ब्लॉक का वेग v_1 तथा v_2 है।

ब्लॉक का उठान = 10 सेमी = 0.1 मी

अधिकतम ऊँचाई पर स्थितिज ऊर्जा = नितल पर गतिज ऊर्जा

$\Rightarrow \quad mgh = \dfrac{1}{2}mv_2^2$

$\Rightarrow \quad v_2 = \sqrt{2gh} = \sqrt{2 \times 9.8 \times 0.1}$

$= 1.4$ मी/से

माना गोली की प्रारम्भिक गति u_1 है, तो संवेग संरक्षण के नियम से,

$m_1u_1 = m_2v_2 + m_1v_1$

$\Rightarrow \quad v_1 = \dfrac{m_1u_1 - m_2v_2}{m_1}$

$= \dfrac{0.01 \times 400 - 2 \times 1.4}{0.01}$

$= 120$ मी/से

10 ***(b)*** जब गेंद धरातल से टकराती है,

$$TE = \frac{1}{2}mv_0^2 + mgh$$

यदि 50% ऊर्जा व्यय हो जाती है, तो केवल शेष 50% ऊर्जा ही स्थितिज ऊर्जा में परिवर्तित होती है।

$$= \frac{50}{100}\left[\frac{1}{2}mv_0^2 + mgh\right] = mgh$$

या $v_0 = \sqrt{2gh} = \sqrt{2 \times 10 \times 20} = 20$ मी/से

11 ***(a)*** चूँकि मशीन नियत शक्ति प्रदान करती है।

अतः $F \cdot v =$ नियत $= k$ (वाट)

$$\Rightarrow m\frac{dv}{dt} \cdot v = k \Rightarrow \int v dv = \frac{k}{m}\int dt$$

$$\Rightarrow \frac{v^2}{2} = \frac{k}{m}t \Rightarrow v = \sqrt{\frac{2kt}{m}}$$

कण पर बल,

$$\mathbf{F} = m\frac{dv}{dt} = m\frac{d}{dt}\left(\frac{2kt}{m}\right)^{1/2}$$

$$= \sqrt{2km} \cdot \left(\frac{1}{2}t^{-1/2}\right) = \sqrt{\frac{mk}{2}} \cdot t^{-1/2}$$

12 ***(a)*** गतिज ऊर्जा K तथा संवेग p निम्न प्रकार सम्बन्धित होते हैं

$$K = \frac{p^2}{2m}$$

समान संवेग के लिए

$$K \propto \frac{1}{m}$$

कण A का द्रव्यमान न्यूनतम है।

$\therefore$ कण A की गतिज ऊर्जा न्यूनतम होगी।

13 ***(d)***

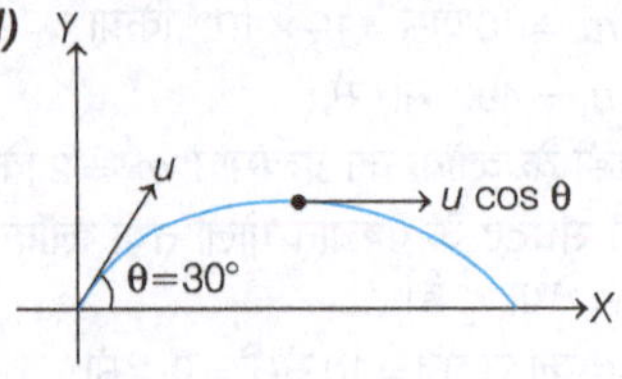

प्रक्षेपण बिन्दु पर कण की गतिज ऊर्जा,

$$K_1 = \frac{1}{2}mu^2$$

उच्चतम बिन्दु पर गतिज ऊर्जा,

$$K_2 = \frac{1}{2}mu^2\cos^2\theta$$

$$= \left(\frac{1}{2}mu^2\right) \times \left(\frac{\sqrt{3}}{2}\right)^2 \quad [\because \theta = 30°]$$

$$= \frac{3}{4}K_1$$

$$\Rightarrow \frac{K_1}{K_2} = \frac{4}{3}$$

14 ***(c)***

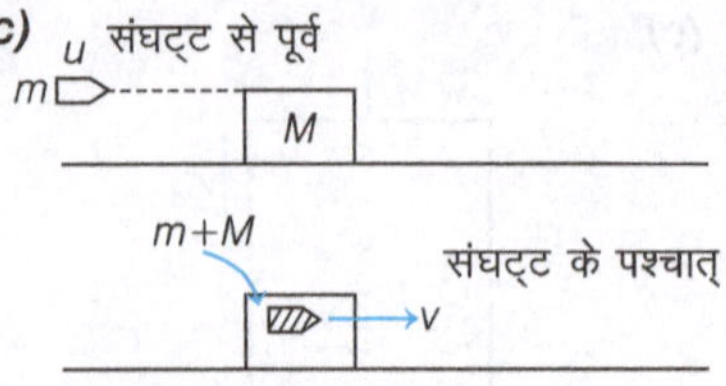

संवेग संरक्षण द्वारा

$$mu = (m + M)v$$

$$\Rightarrow 0.1 \times 400 = (0.1 + 3.9)v$$

$$\Rightarrow v = \frac{0.1 \times 400}{4} = 10 \text{ मी/से}$$

ब्लॉक तथा गोली की गतिज ऊर्जा = घर्षण के विरुद्ध कार्य

$$\Rightarrow \frac{1}{2}(m + M)v^2 = \mu(m + M)g \times S$$

$$\Rightarrow \mu = \frac{v^2}{2gS} = \frac{10^2}{2 \times 10 \times 20} = \frac{1}{4} = 0.25$$

15 ***(a)***

$$KE_i = \frac{1}{2}mv_i^2$$

$$\Rightarrow 90 = \frac{1}{2} \times 0.2 \times v_i^2$$

या $v_i = 30$ मी/से

चूँकि, 1 सेकण्ड में गतिज ऊर्जा 40 जूल कम हो जाती है।

$$\frac{1}{2}mv_f^2 = 40 \Rightarrow v_f^2 = \frac{40 \times 2}{0.2} = 400$$

या $v_f = 20$ मी/से

गोली में उत्पन्न मन्दन

$$v_f = v_i + at$$

या $20 = 30 + a(1)$

$\Rightarrow a = -10$ मी/से^{2}

यदि गोली के विराम में आने से पूर्व पूल की चली गई दूरी l है, तो गति की तृतीय नियम के अनुसार,

$$v^2 - u^2 = 2as$$

तथा $v_f^2 - v_i^2 = 2al$

$$\Rightarrow 0 - (30)^2 = 2 \times (-10)l \quad [\because v_f = 0]$$

$$\Rightarrow l = \frac{-900}{-20} = 45 \text{ मी}$$

16 ***(d)*** ऊर्जा आपूर्ति = गतिज ऊर्जा

$$\Rightarrow Pt = \frac{1}{2}mv^2$$

$$\Rightarrow v = \left(\frac{2Pt}{m}\right)^{1/2}$$

या $\frac{ds}{dt} = \left(\frac{2Pt}{m}\right)^{1/2} \quad \left[\because v = \frac{ds}{dt}\right]$

$$\int_0^s ds = \left(\frac{2P}{m}\right)^{1/2} \int_0^t t^{1/2} \cdot dt$$

$$\Rightarrow s = \left(\frac{8P}{9m}\right)^{1/2} \cdot t^{3/2}$$

स्किल बूस्टर्स

1 ***(a)*** $U(x) = \left(\frac{x^4}{4} - \frac{x^2}{2}\right)$

न्यूनतम मान के लिए,

$$\frac{dU}{dx} = 0$$

$$\Rightarrow \frac{4x^3}{4} - \frac{2x}{2} = 0$$

$$\Rightarrow x^3 - x = 0$$

$$\Rightarrow x(x^2 - 1) = 0$$

$$\Rightarrow x = 0, x = \pm 1$$

न्यूनतम स्थितिज ऊर्जा

$$= \frac{1^4}{4} - \frac{1^2}{2} = \frac{1}{4} - \frac{1}{2} = \frac{-1}{4}$$

संवेग संरक्षण के नियम द्वारा

अधिकतम गतिज ऊर्जा = कुल यान्त्रिक ऊर्जा – न्यूनतम स्थितिज ऊर्जा

अधिकतम गतिज ऊर्जा $= 2 - \left(-\frac{1}{4}\right) = \frac{9}{4}$

$\therefore$ अधिकतम गति $= \sqrt{\frac{2KE}{m}} = \sqrt{\frac{2 \times 9}{1 \times 4}} = \frac{3}{\sqrt{2}}$

2 ***(d)***

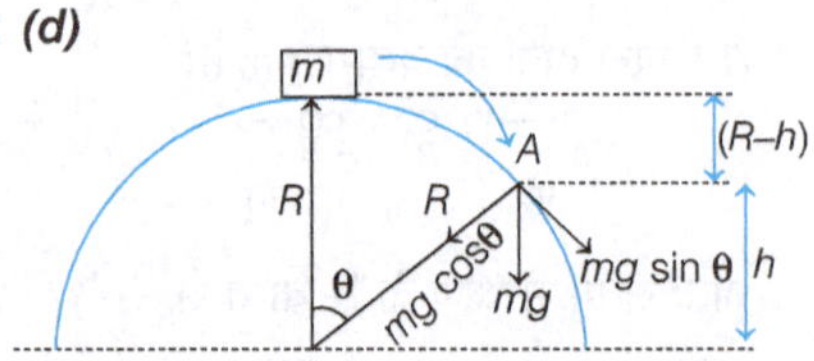

चित्रानुसार,

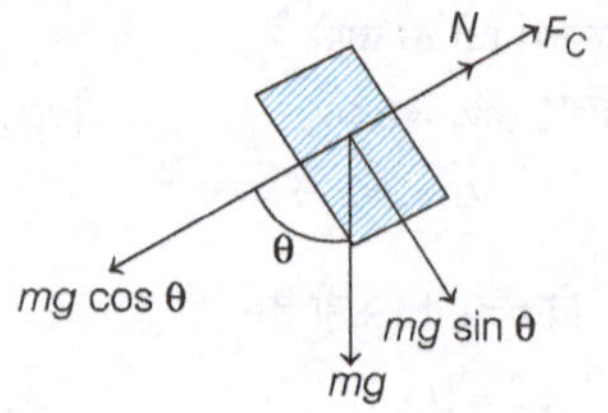

बिन्दु A पर त्रिज्य दिशा के अनुदिश बल समीकरण

$$mg\cos\theta = N + F_C$$

बिन्दु A पर ब्लॉक का सम्पर्क टूट जाता है।

$$N = 0$$

$$\therefore mg\cos\theta = F_C = \frac{mv^2}{R} \quad \ldots(i)$$

जहाँ, v स्पर्शीय वेग है।

$$\cos\theta = \frac{h}{R} \qquad \ldots(ii)$$

संवेग संरक्षण के नियम द्वारा

$$mg(R-h) = \frac{1}{2}mv^2 \qquad \ldots(iii)$$

समी (i), (ii) तथा (iii) द्वारा,

$$mg\left(\frac{h}{R}\right) = \frac{2mg(R-h)}{R}$$

$$h = \frac{2R}{3} = 4 \text{ मी}$$

3 ***(a)*** दिया है,

$k_A = 300$ न्यूटन/मी, $k_B = 400$ न्यूटन/मी

माना जब स्प्रिंग संयोजन को F बल द्वारा सम्पीड़ित किया जाता है, तो स्प्रिंग A, x द्वारा सम्पीड़ित होती है।

इसलिए स्प्रिंग B में सम्पीड़न,

$$x_B = (8.75 - x) \text{ सेमी}$$

श्रेणी संयोजन में दोनों स्प्रिंगों में बल समान होता है।

अतः $F = 300 \times x = 400(8.75 - x)$

$$x = 5 \text{ सेमी}$$

$$x_B = 8.75 - 5 = 3.75 \text{ सेमी}$$

$$\frac{E_A}{E_B} = \frac{\frac{1}{2}k_A(x_A)^2}{\frac{1}{2}k_B(x_B)^2} = \frac{300 \times (5)^2}{400 \times (3.75)^2} = \frac{4}{3}$$

4 ***(b)*** प्रश्नानुसार, सभी संघट्ट प्रत्यास्थ हैं अतः अन्तिम संघट्ट के पश्चात् सभी ब्लॉक एकसाथ गति करते हैं।

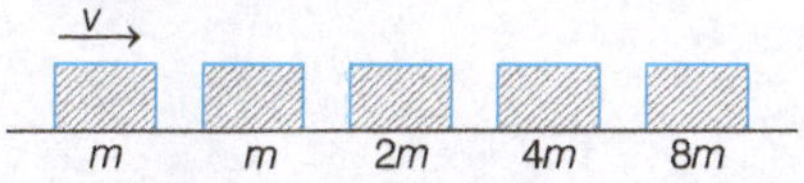

माना अन्तिम वेग v' है तथा संवेग संरक्षण के नियमानुसार,

$$mv = (m + m + 2m + 4m + 8m)v'$$

$$\Rightarrow \quad v' = \frac{v}{16}$$

प्रारम्भिक ऊर्जा, $E_i = \frac{1}{2}mv^2$

अन्तिम ऊर्जा,

$$E_f = \frac{1}{2} \times 16m \times \left(\frac{v}{16}\right)^2 = \frac{1}{2}\frac{mv^2}{16}$$

ऊर्जा हानि,

$$E_i - E_f = \frac{1}{2}mv^2 - \frac{1}{2}m\frac{v^2}{16}$$

$$= \frac{1}{2}mv^2\left[1 - \frac{1}{16}\right]$$

$$= \frac{1}{2}mv^2\left[\frac{15}{16}\right]$$

कुल ऊर्जा हानि, वास्तविक ऊर्जा का P% है

$$\therefore \quad \%P = \frac{\text{ऊर्जा हानि}}{\text{वास्तविक ऊर्जा}} \times 100$$

$$= \frac{\frac{1}{2}mv^2\left[\frac{15}{16}\right]}{\frac{1}{2}mv^2} \times 100 = 93.75\%$$

अतः P का निकटतम मान 94 है।

5 ***(b)*** वायु द्वारा लगाया गया बल,

$$F = m\frac{dv}{dt} + v\frac{dm}{dt}$$

चूँकि, v = नियतांक

$$F = v\frac{dm}{dt} = v\frac{d}{dt}(V_0 \times \rho),$$

$$V_0 = \text{आयतन} = v\rho\frac{d}{dt}(Al)$$

$$= v\rho A\frac{dl}{dt} = v\rho Av = \rho Av^2$$

अतः शक्ति $= Fv = \rho Av^3$

अर्थात् शक्ति $\propto v^3$

6 ***(a)*** ऊर्जा संरक्षण के नियमानुसार,

$$K + U = E$$

$$\Rightarrow \quad K = E - U \qquad \ldots(i)$$

$$\text{या} \quad U = E - K \qquad \ldots(ii)$$

चूँकि गतिज ऊर्जा k सदैव धनात्मक होती है। इसलिए,

$$E - U > 0 \qquad \text{[समी (i) से]}$$

$$E > U$$

चूँकि स्थितिज ऊर्जा ऋणात्मक भी हो सकती है।

$$E - K < 0 \qquad \text{[समी (ii) से]}$$

$$E < K$$

यदि गतिज ऊर्जा तथा स्थितिज ऊर्जा दोनों के पास अल्प धनात्मक मान है,

तो $U < E$ तथा $K < E$

अतः $U > E$ कभी सम्भव ही नहीं है।

7 ***(a)*** दिया है, $\frac{dK}{dt}$ = नियत

जहाँ, K = गतिज ऊर्जा

$$\Rightarrow \quad K \propto t$$

$$\Rightarrow \quad v \propto \sqrt{t} \qquad \left(\because K = \frac{1}{2}mv^2\right) \ldots(i)$$

शक्ति $(P) = Fv$

$$\Rightarrow \quad P = \frac{dK}{dt} = \text{नियत}$$

$$\Rightarrow \quad F \propto \frac{1}{v}$$

$$\Rightarrow \quad F \propto \frac{1}{\sqrt{t}} \qquad \text{[समी (i) से]}$$

8 ***(c)*** त्वरण,

$$a_x = \frac{F}{m_x} = \frac{80}{40} = 2 \text{ मी/से}^2$$

$$\text{तथा} \quad a_y = \frac{F}{m_y} = \frac{80}{10} = 8 \text{ मी/से}^2$$

$$\therefore \quad K_x = K_y$$

$$\frac{1}{2}m_x v_x^2 = \frac{1}{2}m_y v_y^2$$

$$\Rightarrow \frac{1}{2}m_x(a_x t_x)^2 = \frac{1}{2}m_y(a_y t_y)^2$$

$$\Rightarrow \frac{1}{2}40(2 \cdot t_x)^2 = \frac{1}{2}10(8t_y)^2$$

$$\Rightarrow \quad \frac{t_x^2}{t_y^2} = 4$$

$$\Rightarrow \quad \frac{t_x}{t_y} = \frac{2}{1}$$

अतः $t_x : t_y = 2 : 1$ है।

9 ***(b)*** यदि m द्रव्यमान के भाग एक-दूसरे से लम्बवत् दिशा में v वेग से गतिमान है, तो तीसरा भाग $(2m)$ चित्रानुसार गति करेगा।

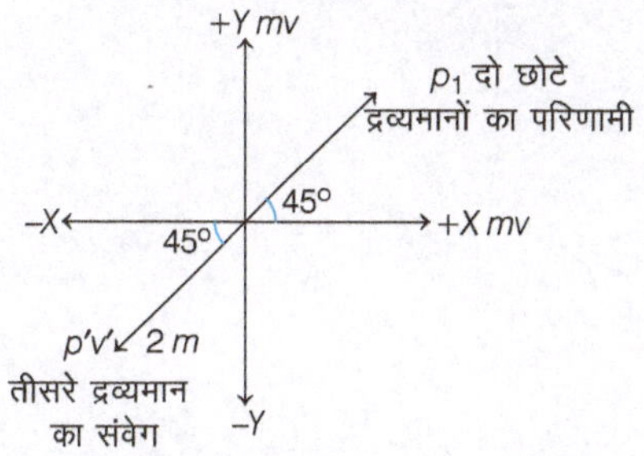

माना तीसरे भाग का वेग v' है, तो संवेग संरक्षण के नियम से

$$p_1 = p'$$

$$\Rightarrow \sqrt{p^2 + p^2 + p'\cos 90^\circ} = 2mv'$$

जहाँ, $p = mv$ छोटे द्रव्यमानों का संवेग

$$\Rightarrow \sqrt{2p^2 + p^2(0)} = 2mv'$$

$$\sqrt{2}(mv) = (2m)v'$$

$$\Rightarrow v' = \frac{v}{\sqrt{2}}$$

अतः विस्फोट के कारण उत्पन्न गतिज ऊर्जा

$$= \frac{1}{2}mv^2 + \frac{1}{2}mv^2 + \frac{1}{2}(2m)v'^2$$

$$= mv^2 + m \times \left(\frac{v}{\sqrt{2}}\right)^2$$

$$= mv^2 + \frac{mv^2}{2} = \frac{3}{2}mv^2$$

10 ***(c)*** दिया है, $m_A = m_B = m$

दो समान गेंदों के मध्य प्रत्यास्थ संघट्ट के लिए

$\therefore \quad v_A = \sqrt{2gh}, v_B = \sqrt{2g(4h)}$

$= 2\sqrt{2gh}$

$\therefore$ A गेंद द्वारा प्राप्त ऊँचाई,

$$h_A = \frac{v_A^2}{2g} = h < 4h$$

यदि गेंद B द्वारा प्राप्त ऊँचाई B, $h_B > h$ है, तो B चित्र में दिखाए गए पथ का अनुसरण करेगी।

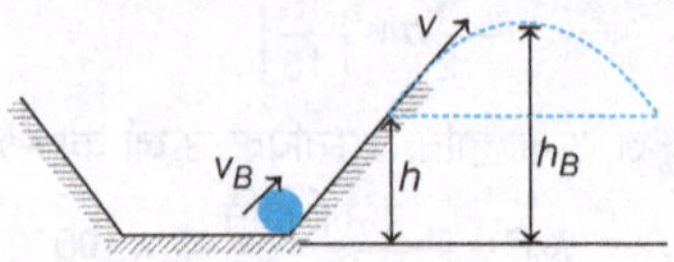

यान्त्रिक ऊर्जा के संरक्षण द्वारा,

$$\frac{1}{2}mv_B^2 = mgh + \frac{1}{2}mv^2$$

$$\Rightarrow \frac{1}{2}m(8gh) = mgh + \frac{1}{2}mv^2$$

$\therefore \qquad v = \sqrt{6gh}$

$\therefore$ गेंद B द्वारा प्राप्त ऊँचाई

$$h_B = h + (h_B)_{\text{अधिकतम}}$$

$$= h + \frac{v^2 \sin^2 60^\circ}{2g}$$

$$= h + \frac{(6gh)\left(\frac{\sqrt{3}}{2}\right)^2}{2g}$$

$$= h + \frac{9h}{4} = \frac{13h}{4}$$

$\therefore$ गेंद A तथा B द्वारा प्राप्त ऊँचाईयों का अनुपात

$$\frac{h_A}{h_B} = \frac{h}{\left(\frac{13h}{4}\right)}$$

$$= \frac{4}{13}$$

06

भौतिकी की Concept Master Videos के लिए Scan करें

कणों के निकाय तथा घूर्णी गति

System of Particles and Rotational Motion

5 वर्षों में NEET में पूछे गये शीर्षकवार प्रश्न

शीर्षक	वर्षवार प्रश्नों की संख्या				
	2024	2023	2022	2021	2020
द्रव्यमान केन्द्र	–	–	1	–	2
दो सदिशों का सदिश गुणनफल	–	–	–	1	–
कोणीय वेग और इसका रेखीय वेग के साथ सम्बन्ध	–	1	1	–	–
बल आघूर्ण तथा कोणीय संवेग	–	–	–	–	1
दृढ़ पिण्ड का सन्तुलन	–	–	–	1	–
जड़त्व आघूर्ण	1	1	1	1	–
नियत अक्ष के परित घूर्णी गति की गतिकी	–	–	1	–	1
एक–स्थिर अक्ष के परितः घूर्णी गति की गतिशीलता	–	–	–	–	–

NEET में विगत 5 वर्षों में पूछे गये विशेष प्रकार के प्रश्न

प्रकार	वर्ष				
	2024	2023	2022	2021	2020
अभिकथन–कारण	—	—	—	–	—
कथन आधारित	—	—	—	–	–
सुमेलन	—	—	—	—	—

NEET के विगत 5 वर्षों का भारांकन

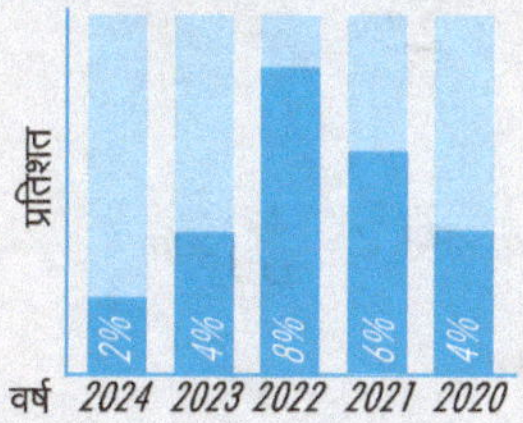

परिचय (Introduction)

- **दृढ़ पिण्ड** (Rigid Body) आदर्श रूप से दृढ़ पिण्ड एक ऐसा पिण्ड है जिसकी एक निश्चित एवं नियत आकृति होती है। इस प्रकार के पिण्ड के सभी कणों के युग्मों के बीच की दूरी बल लगाने पर परिवर्तित नहीं होती है। उदाहरण के लिए, एक पहिए को उसके आकार में होने वाले थोड़े से परिवर्तन (विकृति) पर ध्यान न देकर, दृढ़ पिण्ड माना जा सकता है।
- एक दृढ़ पिण्ड में शुद्ध स्थानान्तरीय गति (Pure translational motion), शुद्ध घूर्णी गति (Pure rotational motion) या इन दोनों का संयोजन हो सकता है।
- एक प्रकार की गति, जिसमें दृढ़ पिण्ड का प्रत्येक कण एक निश्चित समय अन्तराल के लिए एक सीधी रेखा में समान रैखिक दूरी (Linear distance) चलता है, उसे **शुद्ध स्थानान्तरीय गति** कहा जाता है।
- शुद्ध स्थानान्तरीय गति में समय के किसी भी क्षण पर पिण्ड के सभी कणों का वेग समान होता है। चित्र में एक झुके हुए तल पर एक ब्लॉक की स्थानान्तरीय (फिसलने वाली) गति को दर्शाया गया है। यहाँ ब्लॉक के सभी कण एक साथ गति कर रहे हैं, अर्थात् समय के किसी भी क्षण पर उनका वेग (Velocity) समान है।

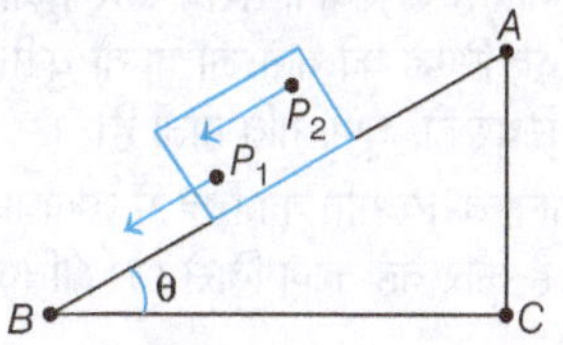

- यदि किसी दृण्ढ़ पिंड को इस प्रकार बाध्य करें कि उसमें स्थानांतरीय गति न हो पाये तो ऐसे दृढ़ पिण्ड की एकमात्र सम्भावित गति **घूर्णन** (Rotation) होगी। वह रेखा या स्थिर अक्ष जिसके परितः ओर पिण्ड घूर्णन कर रहा है, उसकी **घूर्णन अक्ष** (Axis of rotation) कहलाती है।
- एक स्थिर अक्ष के परितः एक **दृढ़ पिण्ड की शुद्ध घूर्णन गति** में, पिण्ड का प्रत्येक कण अलग-अलग त्रिज्याओं के साथ एक वृत्त में घूमता है जो अक्ष के लम्बवत् तल में स्थित होता और इसका केन्द्र अक्ष पर होता है।

- चित्र में Z-अक्ष के परितः एक दृढ़ पिण्ड का घूर्णन दर्शाया गया है। पिण्ड पर प्रत्येक बिन्दु जैसे P_1 या P_2 एक वृत्त का वर्णन करता है जिसका केन्द्र (C_1 या C_2) घूर्णन अक्ष पर होता है।
  वृत्त की त्रिज्या (r_1 या r_2) अक्ष से बिन्दु (P_1 या P_2) की लम्बवत् दूरी होती है। अक्ष पर एक बिन्दु जैसे P_3 स्थिर रहता है।

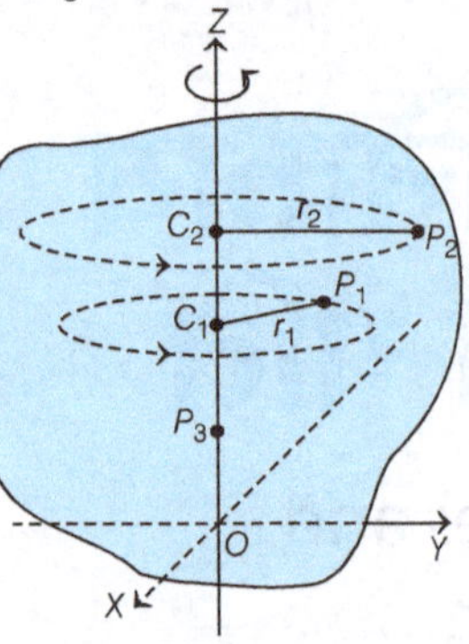

- घूर्णन के कुछ उदाहरणों में, हालाँकि अक्ष स्थिर नहीं हो सकता है। इस प्रकार के घूर्णन का एक प्रमुख उदाहरण एक लट्टू का अपने स्थान पर घूमना है (जैसा कि चित्र में दर्शाया गया है)।

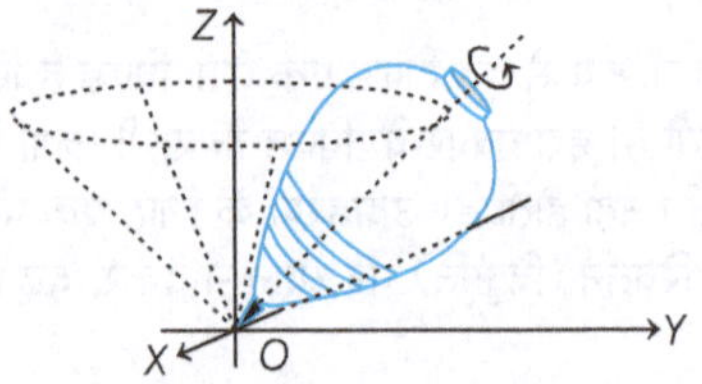

इस प्रकार घूमते लट्टू की अक्ष, भूमि पर इसके सम्पर्क बिन्दु से गुजरने वाले अभिलम्ब (vertical) के परितः एक शंकु बनाती है। अभिलम्ब के परितः लट्टू की अक्ष का इस प्रकार घूमना, **पुरस्सरण** (Precession) कहलाता है।

नोट *धरातल के साथ लट्टू का सम्पर्क बिन्दु स्थिर होता है।*

- एक दृढ़ पिण्ड की लोटनिक गति (Rolling motion) या लुढ़कने की गति स्थानान्तरीय और घूर्णी गतियों का संयोजन होती है।
- एक दृढ़ पिण्ड की गति जो किसी प्रकार से धुरी (Pivot) पर या स्थिर नहीं है या तो शुद्ध स्थानान्तरीय गति है या स्थानान्तरीय और घूर्णी गति का संयोजन होती है। एक ऐसे दृढ़ पिण्ड की गति जो या तो धुरी पर टिका हो या किसी-न-किसी रूप में स्थिर हो, घूर्णी गति होती है।
- एक दृढ़ पिण्ड की शुद्ध स्थानान्तरीय गति को चित्र में दर्शाया गया है। यहाँ प्रत्येक कण का वेग समान है और वह कोण जिसे OP क्षैतिज के साथ बनाता है, समान रहता है
  अर्थात् $\alpha_1 = \alpha_2 = \alpha_3$

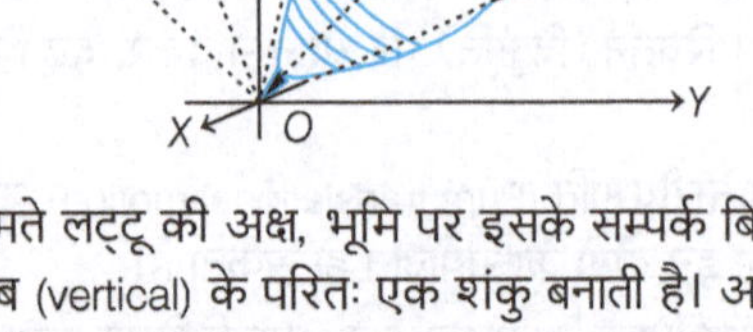

- एक दृढ़ पिण्ड की स्थानान्तरीय एवं घूर्णी गति के संयोजन को चित्र में दर्शाया गया है। किसी भी क्षण, बिन्दुओं O एवं P के वेगों का मान भिन्न होता है।
  यहाँ, $\alpha_1 \neq \alpha_2 \neq \alpha_3$

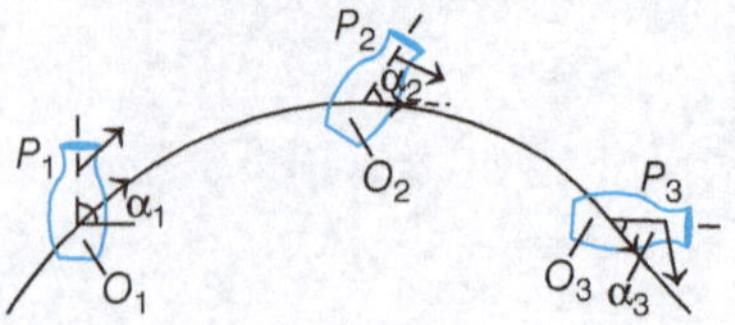

द्रव्यमान केन्द्र (Centre of Mass)

कणों के एक निकाय (System of paricles) का द्रव्यमान केन्द्र वह बिन्दु होता है, जहाँ निकाय का पूर्ण द्रव्यमान केन्द्रित माना जा सकता है एवं सभी बाह्य बल उस पर आरोपित होते हैं।

दो कणों के निकाय का द्रव्यमान केन्द्र (Centre of Mass of a Two Particles System)

माना द्रव्यमान m_1 एवं m_2 के दो कण, मूल बिन्दु O से क्रमशः x_1 एवं x_2 दूरी पर स्थित हैं। द्रव्यमान केन्द्र x_{CM} की स्थिति निम्न प्रकार दी गई है

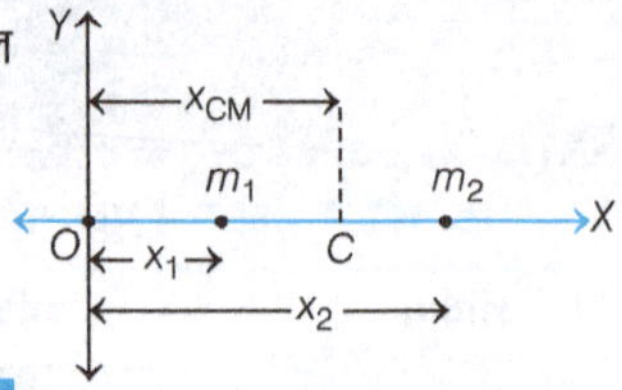

$$x_{CM} = \frac{m_1 x_1 + m_2 x_2}{m_1 + m_2}$$

NEET 2022, 20

नोट *यदि $m_1 = m_2 = m$, तब $x_{CM} = \frac{x_1 + x_2}{2}$ अर्थात् समान द्रव्यमान के दो कणों के लिए, द्रव्यमान केन्द्र उनके ठीक बीच में स्थित होता है।*

n-कणों के निकाय का द्रव्यमान केन्द्र (Centre of Mass of n-particles System)

- **द्रव्यमान केन्द्र**

(i) **n-कणों के निकाय के लिए**

$$x_{CM} = \frac{m_1 x_1 + m_2 x_2 + \ldots + m_n x_n}{m_1 + m_2 + \ldots + m_n} = \frac{\sum_{i=1}^{n} m_i x_i}{\sum_{i=1}^{n} m_i}$$

$$y_{CM} = \frac{m_1 y_1 + m_2 y_2 + \ldots + m_n y_n}{m_1 + m_2 + \ldots + m_n} = \frac{\sum_{i=1}^{n} m_i y_i}{\sum_{i=1}^{n} m_i}$$

$$z_{CM} = \frac{m_1 z_1 + m_2 z_2 + \ldots + m_n z_n}{m_1 + m_2 + \ldots + m_n} = \frac{\sum_{i=1}^{n} m_i z_i}{\sum_{i=1}^{n} m_i}$$

(ii) **दृढ़ पिण्डों के लिए**

$$X = \frac{1}{M}\int x\,dm,\ Y = \frac{1}{M}\int y\,dm \text{ तथा } Z = \frac{1}{M}\int z\,dm$$

जहाँ, M पिण्ड का कुल द्रव्यमान है।

- द्रव्यमान $m_1, m_2, m_3 \ldots m_n$ के n-कणों के एक निकाय के लिए, जिनके मूल बिन्दु के सम्बन्ध में स्थिति सदिश क्रमशः $\mathbf{r}_1, \mathbf{r}_2, \mathbf{r}_3 \ldots \mathbf{r}_n$ हैं, तो निकाय के द्रव्यमान केन्द्र का स्थिति सदिश होगा

$$\mathbf{r}_{CM} = \frac{m_1\mathbf{r}_1 + m_2\mathbf{r}_2 + m_3\mathbf{r}_3 + \ldots + m_n\mathbf{r}_n}{m_1 + m_2 + m_3 + \ldots + m_n} = \frac{\sum_{i=1}^{n} m_i\mathbf{r}_i}{\sum_{i=1}^{n} m_i} = \frac{\sum_{i=1}^{n} m_i\mathbf{r}_i}{M}$$

जहाँ, $M = \sum_{i=1}^{n} m_i$

एक दृढ़ पिण्ड का द्रव्यमान केन्द्र

(Centre of Mass of a Rigid Body)

- दृढ़ पिण्ड के लिए, $\mathbf{r}_{CM} = \frac{1}{M}\int \mathbf{r}dm$
- यदि हम अपने निर्देशांक तंत्र के मूल बिन्दु पर द्रव्यमान केन्द्र का चयन करते हैं, तब

$$\mathbf{r}_{CM} = 0$$

अर्थात् $\int \mathbf{r}dm = 0$

या $\int xdm = \int ydm = \int zdm = 0$

- समभित पिण्डों का द्रव्यमान केन्द्र, जैसे एकसमान छड़, वृत्ताकार प्लेट आदि के लिए उनके केन्द्र पर स्थित होता है।

द्रव्यमान केन्द्र की गति

(Motion of Centre of Mass)

- कणों के एक निकाय के द्रव्यमान केन्द्र को इस प्रकार गतिमान माना जाता है जैसे कि निकाय का पूर्ण द्रव्यमान, द्रव्यमान केन्द्र पर संकेन्द्रित हो और सभी बाह्य बल उसी बिन्दु पर आरोपित हों।
- द्रव्यमान केन्द्र के वेग और त्वरण को क्रमशः निम्न प्रकार दर्शाया जाता है

$$\mathbf{v} = \frac{m_1\mathbf{v}_1 + m_2\mathbf{v}_2 + \ldots + m_n\mathbf{v}_n}{m_1 + m_2 + \ldots + m_n} \text{ तथा}$$

$$\mathbf{a} = \frac{m_1\mathbf{a}_1 + m_2\mathbf{a}_2 + \ldots + m_n\mathbf{a}_n}{m_1 + m_2 + \ldots + m_n}$$

नोट *द्रव्यमान केन्द्र की गति ज्ञात करने के लिए, कणों के निकाय के आन्तरिक बलों के ज्ञान की आवश्यकता नहीं है। इस उद्देश्य के लिए, हमें केवल बाह्य बलों को जानना होगा।*

$$M\mathbf{a}_{CM} = \mathbf{F}_{\text{बाह्य}}$$

- जब कोई प्रक्षेप्य हवा में फटकर टुकड़ों में बिखर जाता है, तो द्रव्यमान केन्द्र उसी परवलयिक (parabolic) प्रक्षेप पथ पर चलता रहता है क्योंकि कुल बाह्य बल (अर्थात् गुरुत्वाकर्षण बल) समान रहता है।

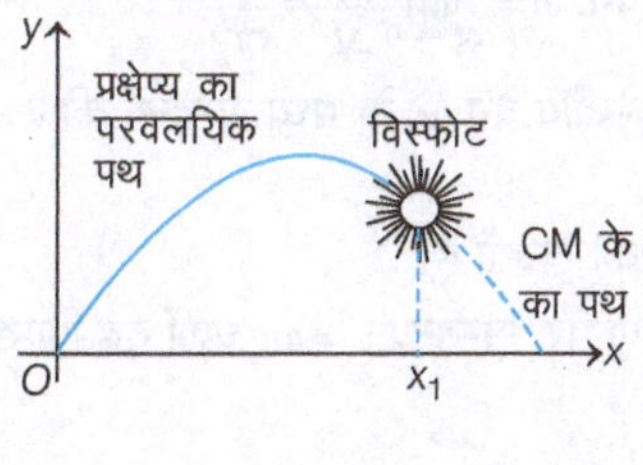

Marks Maximizer

कुछ सममित पिण्डों का द्रव्यमान केन्द्र

अर्द्धवृत्ताकार वलय

$y_{CM} = \frac{2R}{\pi}, \quad x_{CM} = 0$

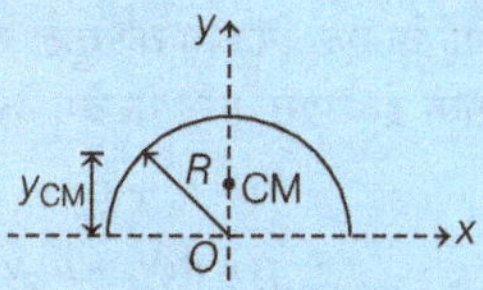

अर्द्धवृत्ताकार डिस्क

$y_{CM} = \frac{4R}{3\pi}, \; x_{CM} = 0$

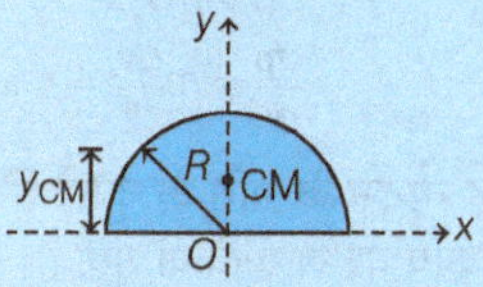

आयताकार प्लेट (समरूपता में)

$x_{CM} = \frac{b}{2},$

$y_{CM} = \frac{L}{2}$

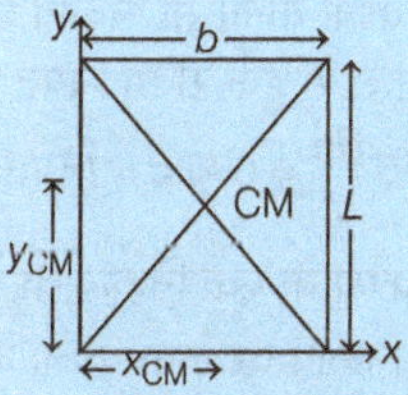

त्रिभुजाकार प्लेट (केन्द्रक पर)

$y_{CM} = \frac{h}{3},$

$x_{CM} = 0$

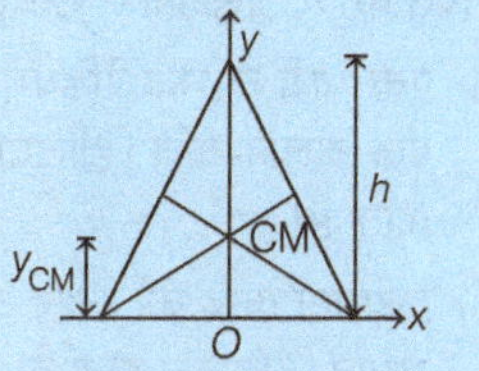

वृत्ताकार शंकु (ठोस)

$y_{CM} = \frac{h}{4},$

$x_{CM} = 0$

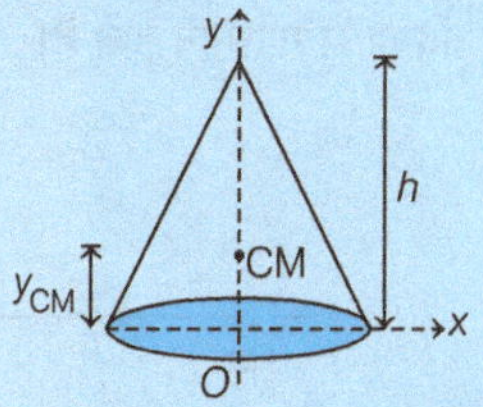

वृत्ताकार शंकु (खोखला)

$y_{CM} = \frac{h}{3},$

$x_{CM} = 0$

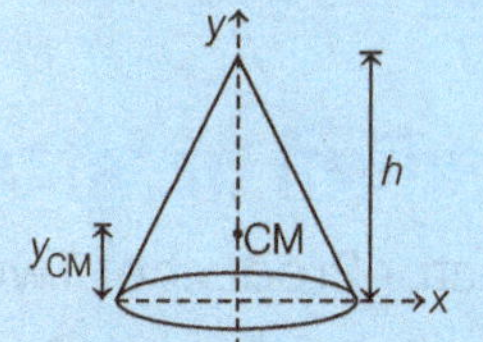

अर्द्धगोलाकार शैल

$y_{CM} = \frac{R}{2},$

$x_{CM} = 0$

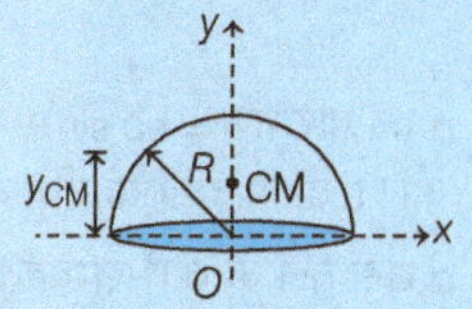

ठोस अर्द्धगोलाकार

$y_{CM} = \frac{3R}{8},$

$x_{CM} = 0$

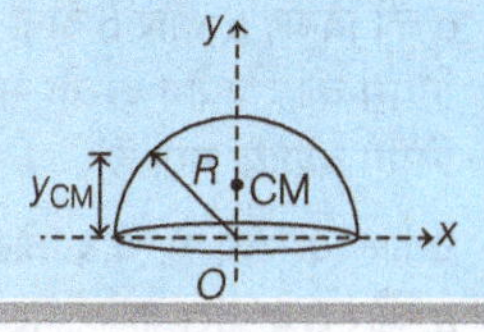

कणों के निकाय का रेखीय संवेग

(Linear Momentum of a System of Particles)

- कणों के एक निकाय का कुल रेखीय संवेग, निकाय के कुल द्रव्यमान तथा इसके द्रव्यमान केन्द्र के वेग के गुणनफल के बराबर होता है।

$$p = p_1 + p_2 + \ldots\ldots\ldots$$
$$p = m_1v_1 + m_2v_2 + \ldots\ldots$$
$$\mathbf{p} = m\mathbf{v}$$
$$\frac{d\mathbf{p}}{dt} = m\frac{d\mathbf{v}}{dt} = m\mathbf{a} = \mathbf{F}_{\text{बाह्य}}$$

यह **न्यूटन के गति के दूसरे नियम** का कथन है, जिसे कणों के एक निकाय पर लागू किया गया है।

- यदि कणों के किसी निकाय पर लगे बाह्य बलों का योग शून्य हो, तो निकाय का कुल रैखिक संवेग नियत रहता है।

अर्थात् $\frac{d\mathbf{p}}{dt} = 0$ या $\mathbf{p}$ = नियत

यह कणों के एक निकाय के **कुल रैखिक संवेग के संरक्षण का नियम** है।

- यदि निकाय पर लगने वाला कुल बाह्य बल शून्य हो, तो द्रव्यमान केन्द्र नियत वेग (Constant velocity) से ही चलता है, जैसे
  (i) एक भारी नाभिक रेडियम (Ra) एक हल्के नाभिक रेडॉन (Rn) और एक अल्फा-कण (हीलियम परमाणु का नाभिक) में विभाजित हो जाता है।
  (ii) द्रव्यमान केन्द्र की स्थिर अवस्था पर भारी नाभिक रेडियम (Ra) का समान विखण्डन होता है। दोनों उत्पन्न कण एक-दूसरे की विपरीत दिशा में गतिमान होते हैं।

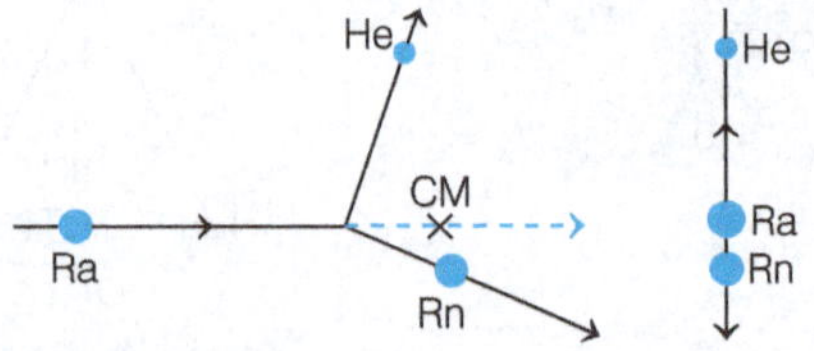

(i) (ii)

दो सदिशों का सदिश गुणनफल

(Vector Product of Two Vectors)

- दो सदिशों **a** और **b** का सदिश गुणनफल एक सदिश *c* होता है; जैसे कि **NEET 2021**
  (i) **c** का परिमाण = $ab \sin\theta$, जहाँ *a* व *b* क्रमशः *a* एवं *b* के परिमाण हैं और θ दो सदिशों के बीच का कोण है।
  (ii) **c** उस तल के अभिलम्बवत् है जिसमें **a** एवं **b** स्थित है।
  (iii) **c** की दिशा, **a** और **b** दोनों पर लम्बवत् है। हम इसे दाएँ हाथ के स्क्रू नियम का उपयोग करके समझ सकते हैं। चित्र (i) में दाएँ हाथ का स्क्रू नियम दर्शाया गया है।

  वैकल्पिक रूप से, यदि कोई दाएँ हाथ की अँगुलियों को सदिशों **a** और **b** के तल के अभिलम्बवत् रेखा के परितः मोड़ता है और यदि अँगुलियाँ **a** से **b** दिशा में मुड़ी हुई हैं, तो उस हाथ का फैला हुआ अँगूठा **c** की दिशा को इंगित करता है, जैसा कि चित्र (ii) में दर्शाया गया है।

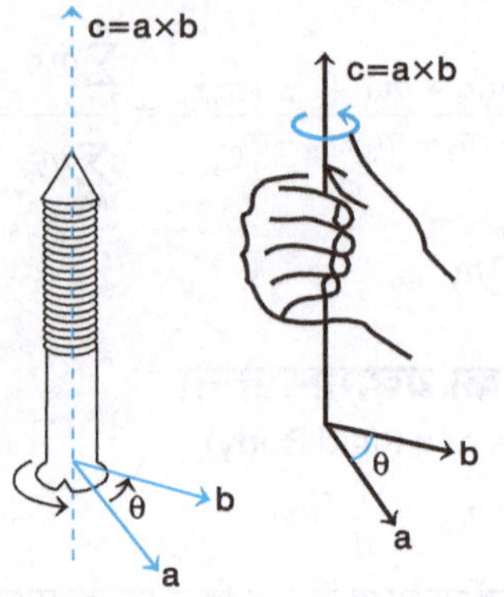

(i) (ii)

- दो सदिशों **a** और **b** का सदिश गुणनफल क्रम-विनिमेय नहीं होता है।

अर्थात् $a \times b = -(b \times a)$

- सदिश गुणनफल सदिश योग के सम्बन्ध में वितरणात्मक (distributive) होते हैं, अर्थात् $\mathbf{a} \times (\mathbf{b}+\mathbf{c}) = \mathbf{a}\times\mathbf{b} + \mathbf{a}\times\mathbf{c}$
- कार्तीय इकाई सदिशों (Cartesian unit vectors) $\hat{\mathbf{i}}, \hat{\mathbf{j}}$ और $\hat{\mathbf{k}}$ के बीच सदिश गुणनफल निम्न होगा

$$\hat{\mathbf{i}}\times\hat{\mathbf{i}} = \mathbf{0}, \quad \hat{\mathbf{j}}\times\hat{\mathbf{j}} = \mathbf{0}, \quad \hat{\mathbf{k}}\times\hat{\mathbf{k}} = \mathbf{0},$$
$$\hat{\mathbf{i}}\times\hat{\mathbf{j}} = \hat{\mathbf{k}}, \quad \hat{\mathbf{j}}\times\hat{\mathbf{k}} = \hat{\mathbf{i}}, \quad \hat{\mathbf{k}}\times\hat{\mathbf{i}} = \hat{\mathbf{j}}$$

यहाँ, **0** शून्य सदिश है।

- यदि $\mathbf{a} = a_x\hat{\mathbf{i}} + a_y\hat{\mathbf{j}} + a_z\hat{\mathbf{k}}$ एवं $\mathbf{b} = b_x\hat{\mathbf{i}} + b_y\hat{\mathbf{j}} + b_z\hat{\mathbf{k}}$,

तब $\mathbf{a}\times\mathbf{b} = \begin{vmatrix} \hat{\mathbf{i}} & \hat{\mathbf{j}} & \hat{\mathbf{k}} \\ a_x & a_y & a_z \\ b_x & b_y & b_z \end{vmatrix}$

कोणीय वेग और इसका रेखीय वेग के साथ सम्बन्ध (Angular Velocity and Its Relation with Linear Velocity)

- Δt अन्तराल पर कण का **औसत कोणीय वेग** $\frac{\Delta\theta}{\Delta t}$ होता है,

अर्थात् $\bar{\omega} = \frac{\Delta\theta}{\Delta t}$

जहाँ, Δ θ कोणीय विस्थापन है।

- **तात्कालिक कोणीय वेग**, $\omega = \lim_{\Delta t \to 0} \frac{\Delta\theta}{\Delta t} = \frac{d\theta}{dt}$
- कोणीय वेग (ω) और रेखीय वेग (*v*) के मध्य सम्बन्ध को $v = \omega r$ के द्वारा दर्शाया जाता है।

जहाँ, *r* वृत्ताकार पथ की त्रिज्या है।

- किसी भी दिए गए क्षण पर, सम्बन्ध $v = \omega r$ घूर्णी दृढ़ पिण्ड के सभी कणों पर लागू होता है।

इस प्रकार, स्थिर अक्ष से लम्बवत् दूरी r_i पर किसी कण के लिए, किसी दिए गए क्षण पर रेखी वेग v_i होगा

$$v_i = \omega r_i$$

- किसी पिण्ड की शुद्ध स्थानान्तरीय गति के कारण किसी भी क्षण में पिण्ड के सभी भागों का वेग समान होता है।
- इसी प्रकार, शुद्ध घूर्णन की विशेषता यह हो सकती है कि किसी भी क्षण में पिण्ड के सभी भागों का कोणीय वेग समान होता है।
- स्थिर अक्ष के परितः घूर्णन के लिए, कोणीय वेग सदिश घूर्णन अक्ष के अनुदिश होता है और उस दिशा में इंगित करता है जिसमें एक दक्षिणावर्त्त स्क्रू आगे बढ़ेगा, स्क्रू का शीर्ष (head) पिण्ड के साथ घूर्णन करता है जैसा कि चित्र में दर्शाया गया है।

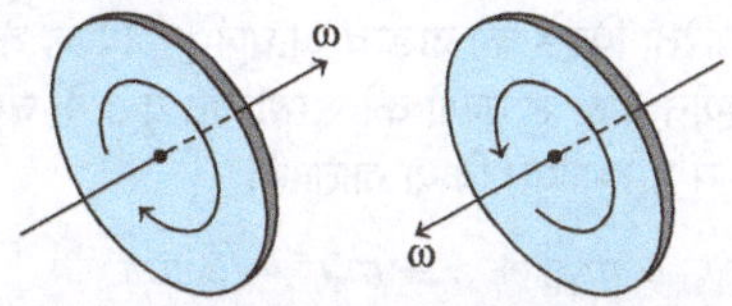

- एक निश्चित अक्ष के परितः घूर्णन के लिए, सदिश ω की दिशा समय के साथ परिवर्तित नहीं होती है। हालाँकि, इसका परिमाण प्रत्येक क्षण परिवर्तित हो सकता है। अधिक व्यापक घूर्णन के लिए, परिमाण और दिशा दोनों प्रत्येक क्षण परिवर्तित हो सकते हैं।
- **कोणीय त्वरण** α को कोणीय वेग के परिवर्तन की दर के रूप में परिभाषित किया जाता है, अर्थात् $\alpha = \frac{d\omega}{dt}$। यदि घूर्णन अक्ष स्थिर हो, तो ω एवं α की दिशा भी स्थिर रहती है। NEET 2023, 22

बल आघूर्ण तथा कोणीय संवेग
(Torque and Angular Momentum)

- घूर्णन अक्ष के परितः बल के घूमने वाले प्रभाव को आघूर्ण (Torque) या **बल का आघूर्ण** (Moment of force) कहते हैं। इसे युग्म (Couple) भी कहा जाता है।
- यदि किसी ऐसे बिन्दु पर एकल कण पर बल **F** कार्यरत है जिसके मूल बिन्दु के सम्बन्ध में स्थिति सदिश, सदिश **r** द्वारा प्रदर्शित किया जाता है जिसे चित्र में दर्शाया गया है, तो बल आघूर्ण को निम्न प्रकार व्यक्त जाता है NEET 2020

$$\tau = \mathbf{r} \times \mathbf{F}$$

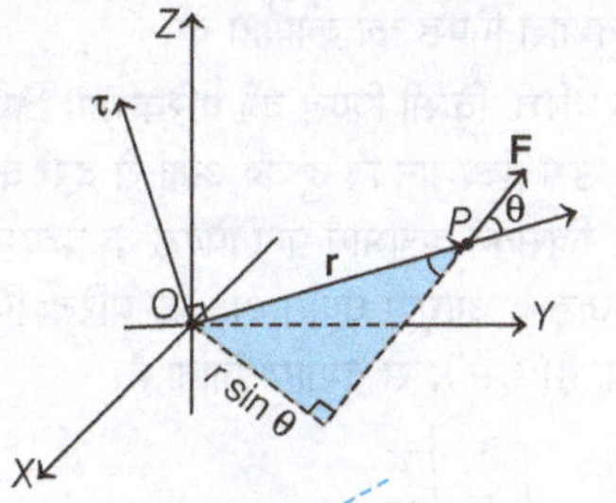

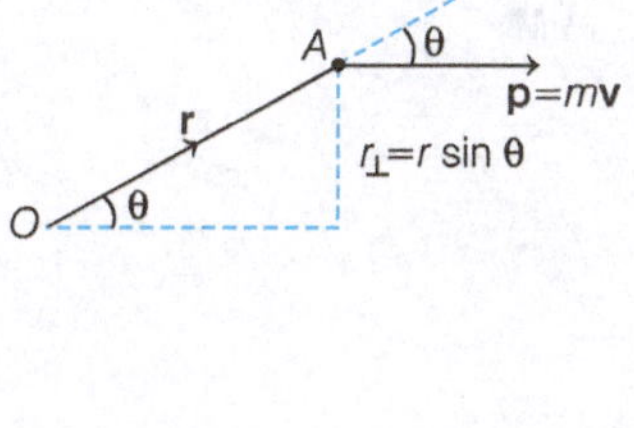

- τ का परिमाण निम्न प्रकार दिया जाता है,

$$\tau = rF \sin\theta = r_\perp F = rF_\perp$$

जहाँ, $r_\perp = r\sin\theta$ मूल बिन्दु से **F** की क्रिया रेखा की लम्वबत् दूरी है तथा $F_\perp\ (= F\sin\theta)$ **r** के लम्बवत् दिशा में **F** का घटक है।

(a) जब $\theta = 0°$ या 180°, तब $\tau = 0$ (अधिकतम)

(b) जब $\theta = 90°$, तब $\tau = rF$ (अधिकतम)

- बल आघूर्ण एक सदिश राशि है एवं इसका SI मात्रक **न्यूटन-मीटर (N-m)** है।
- **कोणीय संवेग** राशि को (रेखीय) संवेग का आघूर्ण भी कहा जा सकता है। यदि मूल बिन्दु के सापेक्ष स्थिति **r** पर रेखीय संवेग **p** एवं द्रव्यमान m के एक कण को ले, तो कोणीय संवेग **L** होगा

$$\mathbf{L} = \mathbf{r} \times \mathbf{p}$$

- कोणीय संवेग सदिश का परिमाण निम्न होगा

$$L = rp\sin\theta$$

- n कणों के एक निकाय का कोणीय संवेग,

$$\mathbf{L} = \mathbf{L}_1 + \mathbf{L}_2 + \mathbf{L}_3 + \ldots\ldots\ldots + \mathbf{L}_n = \sum_{i=1}^{i=n} \mathbf{L}_i = \sum_{i=1}^{i=n} \mathbf{r}_i \times \mathbf{p}_i$$

- एक बिन्दु के परितः कणों के एक निकाय के कुल कोणीय संवेग की समय दर, उसी समान बिन्दु के परितः लिए गए निकाय पर कार्यरत बाह्य आघूर्ण के योग के बराबर होती है।

अर्थात् $$\tau = \tau_{\text{बाह्य}} = \frac{d\mathbf{L}}{dt}$$

- यदि कण के एक निकाय पर कुल बाह्य बल आघूर्ण शून्य है, तो निकाय का कुल कोणीय संवेग संरक्षित रहता है। यदि $\tau_{ext} = 0$, तब

$$\frac{d\mathbf{L}}{dt} = 0 \quad \text{या} \quad \mathbf{L} = \text{नियत}$$

दृढ़ पिण्ड का सन्तुलन (Equilibrium of a Rigid Body)

- एक दृढ़ पिण्ड को **सन्तुलन** में कहा जाता है, यदि इसके कोणीय संवेग तथा रेखीय संवेग दोनों समय के साथ समान रहते हैं। NEET 2021
- यदि पिण्ड पर कार्यरत सभी बलों का परिणामी बल या सदिश योग शून्य हो, तो पिण्ड का रेखीय संवेग नियत रहता है, इसीलिए पिण्ड **स्थानान्तरीय सन्तुलन** (Translatory equilibrium) में है।

$$\mathbf{F}_1 + \mathbf{F}_2 + \ldots\ldots\ldots + \mathbf{F}_n = \sum_{i=1}^{n} \mathbf{F}_i = 0$$

तथा रेखीय संवेग, **p** = नियत

- यदि कुल बल आघूर्ण, अर्थात् दृढ़ पिण्ड पर बल आघूर्ण का सदिश योग शून्य हो, तो पिण्ड का कोणीय संवेग नियत रहता है। इसीलिए, पिण्ड **घूर्णी सन्तुलन** (Rotational equilibrium) में है।

अर्थात् $$\tau_1 + \tau_2 \ldots\ldots + \tau_n = \sum_{i=1}^{n} \tau_i = 0$$

तथा कोणीय संवेग, **L** = नियत

- यदि पिण्ड पर कार्यरत् सभी बल समतलीय है, तो हमें यान्त्रिक सन्तुलन को सन्तुष्ट करने के लिए केवल तीन शर्तों की आवश्यकता होती है। इनमें से दो शर्तें स्थानान्तरीय सन्तुलन के अनुरूप है, तल में किन्हीं दो लम्बवत् अक्षों के अनुदिश बलों के घटकों का योग शून्य होना चाहिए। तीसरी शर्त घूर्णीय सन्तुलन के अनुरूप होती है। बलों के तल के लम्बवत् किसी भी अक्ष के अनुदिश बल-आघूर्ण के घटकों का योग शून्य होना चाहिए।
- एक पिण्ड आंशिक (partial) सन्तुलन में हो सकता है, अर्थात् यह स्थानान्तरीय सन्तुलन में हो सकता है और घूर्णीय सन्तुलन में नहीं हो सकता है या यह घूर्णीय सन्तुलन में हो सकता है और स्थानान्तरीय सन्तुलन में नहीं हो सकता है।
- समान्तर क्रिया रेखाओं वाले समान तथा विपरीत बलों के जोड़े को **युग्म** या **आघूर्ण** कहते हैं। युग्म बिना स्थानान्तरीय के घूर्णन उत्पन्न करता है।
- किसी मूल बिन्दु O के सापेक्ष स्थिति सदिश $\mathbf{r}_1$ और $\mathbf{r}_2$ के साथ A और B बिन्दुओं पर कार्यरत बलों $-\mathbf{F}$ और $\mathbf{F}$ वाले युग्म के लिए चित्र नीचे दर्शाया गया है।

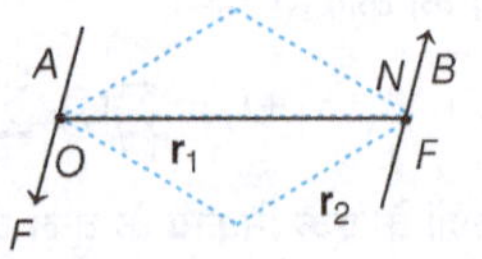

युग्म का आघूर्ण = कुल आघूर्ण = $(\mathbf{r}_2 - \mathbf{r}_1) \times \mathbf{F}$

- **आघूर्ण के सिद्धान्त** के अनुसार, जब कोई वस्तु घूर्णी सन्तुलन में होती है तो उस पर कार्यरत सभी बल-आघूर्ण (टॉर्क) का बीजगणितीय योग शून्य होता है। दक्षिणावर्त बल आघूर्ण को ऋणात्मक और वामावर्त बल आघूर्ण को घनात्मक माना जाता है।
- नीचे चित्र में दिखाए गए लीवर की स्थिति में

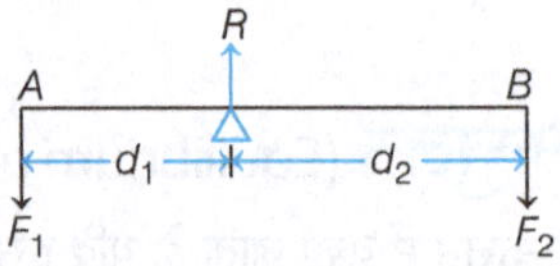

- बल F_1 प्रायः कुछ भार उठाता है इसे लोड (Load) या भार कहा जाता है और आलम्ब से इसकी दूरी ***d* को लोड आर्म** (Load arm) कहते हैं।
- बल F_2, भार उठाने के लिए लगाया गया प्रयास है और आलम्ब से प्रयास की दूरी d_2 प्रयास भुजा (Effort arm) है।

सन्तुलन पर, लोड भुजा × लोड = प्रयास × प्रयास भुजा

$$\Rightarrow \quad F_1 d_1 = F_2 d_2$$

उपरोक्त समीकरण लीवर के लिए आघूर्ण के सिद्धान्त को व्यक्त करता है।

- अनुपात $\frac{F_1}{F_2}$ को **यान्त्रिक लाभ** (MA) कहते हैं।

$$\text{MA} = \frac{F_1}{F_2} = \frac{d_2}{d_1}$$

- भारी भार (load) उठाने के लिए एक छोटा-सा प्रयास लगाया जाता है, यदि $MA > 1$, अर्थात् $d_2 > d_1$

गुरुत्व केन्द्र (Centre of Gravity) यदि किसी पिण्ड को किसी बिन्दु पर इस प्रकार सहारा प्रदान किया जाए कि इस बिन्दु के परितः कुल गुरुत्वीय बल आघूर्ण शून्य हो, तो इस बिन्दु को पिण्ड का गुरुत्व केन्द्र कहते हैं।

$$\Sigma m_i r_i = 0$$

जड़त्व आघूर्ण
(Moment of Inertia)

- जड़त्व आघूर्ण घूर्णी गति में द्रव्यमान के अनुरूप (analogue) होता है।
- किसी अक्ष के परितः पिण्ड का जड़त्व आघूर्ण (I), पिण्ड के कणों के द्रव्यमान तथा घूर्णन अक्ष से कणों की सम्बन्धित दूरी के वर्ग के गुणनफल के योग के रूप में परिभाषित किया जाता है।

$$I = m_1 r_1^2 + m_2 r_2^2 + \ldots + m_n r_n^2 = \sum_{i=1}^{n} m_i r_i^2$$

जहाँ $m_1, m_2 \ldots\ldots m_n$, n-कणों के द्रव्यमान है तथा $r_1, r_2 \ldots\ldots r_n$, घूर्णन अक्ष से उनकी दूरी है, जैसा कि चित्र में दर्शाया गया है।

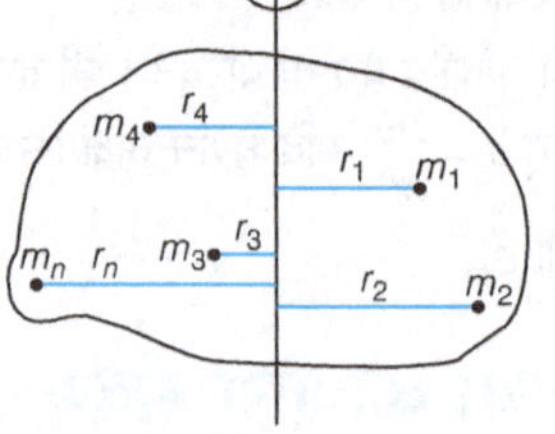

- जड़त्व आघूर्ण का SI मात्रक किग्रा-मीटर^2 है तथा इसका विमीय सूत्र $[ML^2]$ है।
- एक घूर्णनशील पिण्ड की गतिज ऊर्जा

$$K = \frac{1}{2} I\omega^2 \qquad (I = MR^2)$$

जहाँ, I = जड़त्व आघूर्ण तथा

ω = घूर्णनशील पिण्ड का कोणीय वेग

- किसी अक्ष के परितः किसी पिण्ड की **परिक्रमण त्रिज्या** (Radius of gyration) को उस द्रव्यमान बिन्दु की अक्ष से दूरी के रूप में परिभाषित किया जाता है, जिसका द्रव्यमान पूर्ण पिण्ड के द्रव्यमान के बराबर होता है और जिसका जड़त्व आघूर्ण घूर्णन अक्ष के परितः पिण्ड के जड़त्व आघूर्ण के बराबर होता है। इसे K से दर्शाया जाता है। NEET 2023, 22, 21

$$K = \sqrt{\frac{I}{M}}$$

- समान द्रव्यमान वाले कणों के निकाय की परिक्रमण त्रिज्या की गणना निम्न सूत्र का उपयोग करके भी की जाती है।

$$K = \sqrt{\frac{r_1^2 + r_2^2 + r_3^2 + ... + r_n^2}{n}}$$

अतः किसी दिए गए अक्ष के परितः एक पिण्ड की परिक्रमण त्रिज्या, दिए गए अक्ष से घटक कणों की वर्गमूल माध्य दूरी के बराबर होती है।

- किसी दृढ़ पिण्ड की परिक्रमण त्रिज्या, पिण्ड के द्रव्यमान, उसकी आकृति एवं आकार, घूर्णन अक्ष के परितः द्रव्यमान का वितरण, घूर्णन अक्ष की स्थिति और अभिविन्यास पर निर्भर करती है।

*समान्तर अक्षों की प्रमेय
(Theroem of Parallel Axes)

- इसके अनुसार, "किसी भी अक्ष के परितः एक पिण्ड का जड़त्व आघूर्ण, द्रव्यमान केन्द्र से गुजरने वाले समान्तर अक्ष के परितः पिण्ड के जड़त्व आघूर्ण के बराबर होता है, साथ ही पिण्ड के द्रव्यमान और दो समानतर अक्षों के बीच की दूरी के वर्ग का गुणनफल होता है।"
- द्रव्यमान M के एक पिण्ड के लिए दो ऐसे अक्षों को चित्र में दर्शाया गया है। यदि अक्षों के बीच की दूरी a और इन अक्षों के परितः जड़त्व आघूर्ण क्रमशः I_{CM} और I_O है, तब $I_O = I_{CM} + Ma^2$

Concept Master
Video के लिए

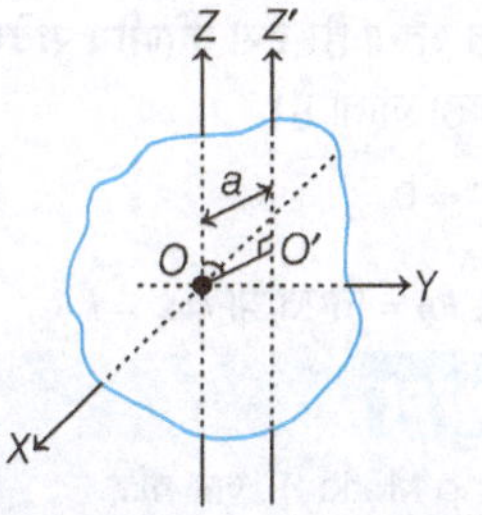

*लम्बवत् अक्षों की प्रमेय (Theorem of Perpendicular Axes)

- इस प्रमेय के अनुसार, "किसी समतल पिण्ड (लैमिना) का अपने तल के लम्बवत् अक्ष के परितः जड़त्व आघूर्ण, लम्बवत् अक्ष के साथ समवर्ती और पिण्ड के तल में स्थित दो लम्बवत् अक्षों के परितः जड़त्व आघूर्ण के योग के बराबर होता है।"

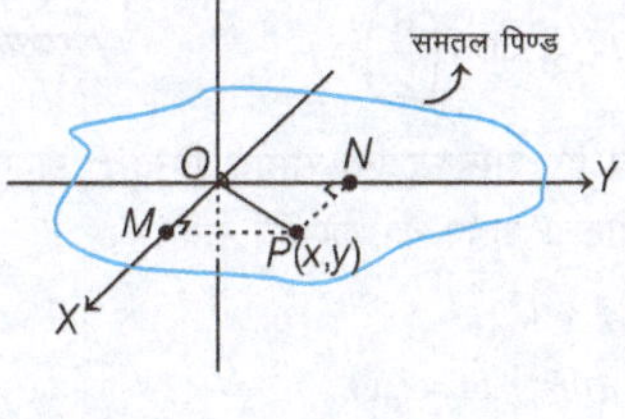

$$I_z = I_x + I_y$$

जहाँ, I_X, I_Y और I_Z क्रमशः X, Y और Z-अक्ष के परितः जड़त्व आघूर्ण है।

विशिष्ट अक्ष के परित : कुछ नियमित पिण्डों के जड़त्व आघूर्ण

क्र.सं.	पिण्ड	घूर्णन अक्ष	आरेख	जड़त्व आघूर्ण
1.	पतला वृत्ताकार वलय, त्रिज्या R	(a) CG से होकर गुजरने वाली तथा उसके तल के लम्बवत् अक्ष के परितः	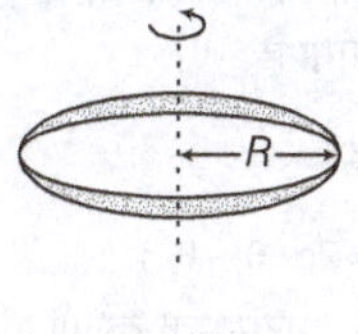	MR^2
		(b) इसके व्यास के परितः	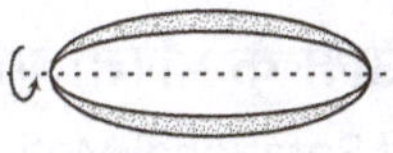	$\frac{1}{2}MR^2$
2.	वृत्ताकार डिस्क त्रिज्या, R	(a) केन्द्र पर डिस्क के लम्बवत्	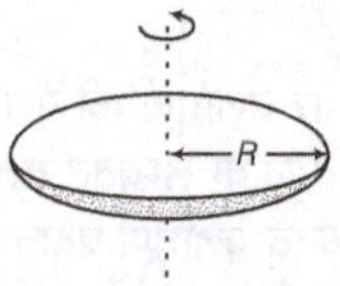	$\frac{1}{2}MR^2$
		(b) इसके व्यास के परितः	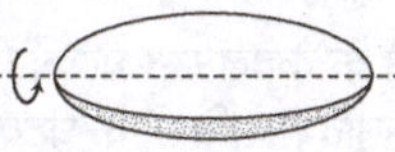	$\frac{1}{4}MR^2$
3.	लम्बी समान पतली छड़	द्रव्यमान केन्द्र और छड़ के लम्बवत् अक्ष के परितः		$\frac{ML^2}{12}$
4.	खोखला बेलन त्रिज्या, R	अपने अक्ष के परितः	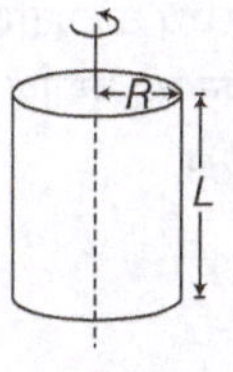	MR^2
5.	ठोस बेलन त्रिज्या, R	अपने अक्ष के परितः	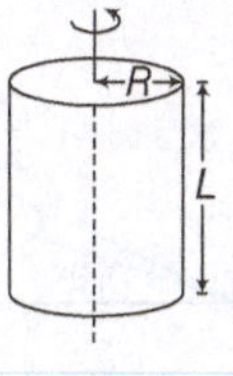	$\frac{1}{2}MR^2$
6.	ठोस गोले की त्रिज्या, R	अपने व्यास अक्ष के परितः	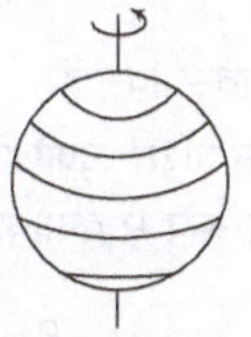	$\frac{2}{5}MR^2$

*यह शीर्षक NCERT के नवीनतम पाठ्यक्रम में नहीं दिया गया है लेकिन NEET के नवीनतम पाठ्यक्रम में दिया गया है।

घूर्णी गति की गतिकी समीकरण

(Kinematic Equation of Rotational Motion)

- एकसमान कोणीय त्वरण के साथ घूर्णी गति के लिए गतिकी समीकरणों को नीचे दिया गया है **NEET 2022, 20, 19**

(i) $\omega = \omega_0 + \alpha t$ (ii) $\theta - \theta_0 = \omega_0 t + \frac{1}{2}\alpha t^2$

(iii) $\omega^2 - \omega_0^2 = 2\alpha(\theta - \theta_0)$

जहाँ, θ_0 एवं ω_0 प्रारम्भिक कोणीय विस्थापन एवं कोणीय वेग है, θ एवं ω अन्तिम कोणीय विस्थापन और कोणीय वेग है तथा α कोणीय त्वरण है।

एक-स्थिर अक्ष के परित: घूर्णी गति की गतिकी

(Dynamics of Rotational Motion About a Fixed Axis)

NEET 2019

- एक दृढ़ पिण्ड पर बलाघूर्ण की गणना करने के लिए, केवल उन बलों पर विचार करें जो अक्ष के लम्बवत् तल में हो। जो बल, अक्ष के समान्तर होते हैं, अक्ष के लम्बवत् बलाघूर्ण प्रदान करेंगे और उन्हें ध्यान में रखने की आवश्यकता नहीं हैं।
- स्थिति सदिशों के केवल उन घटकों पर विचार करें जो अक्ष के लम्बवत् है। अक्ष के अनुदिश सदिशों के घटक के परिणामस्वरूप अक्ष के लम्बवत् बलाघूर्ण होगा और उन्हें ध्यान में रखने की आवश्यकता नहीं है।

बल-आघूर्ण द्वारा किया गया कार्य

(Work Done by a Torque)

- एक निश्चित (स्थिर) अक्ष के परित: घूर्णन करने वाले पिण्ड के एक कण पर कार्यरत बल F_1 द्वारा किए गए कार्य को एवं कण, अक्ष पर केन्द्र C के साथ एक वृत्ताकार पथ को प्रदर्शित करता है। चाप $p_1p'_1\,(ds_1)$ के द्वारा चित्र में कण के विस्थापन को दर्शाया गया है।

ϕ अर्थात्, $dW = \tau d\theta$

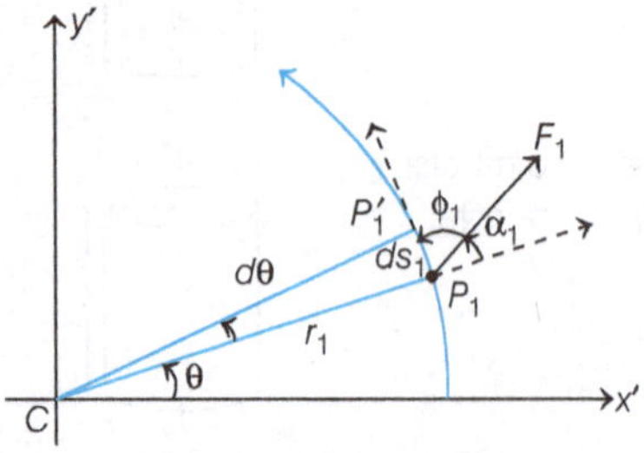

जहाँ, $d\theta$ कोणीय विस्थापन है।

- एक स्थिर अक्ष के परित: घूर्णी गति में तात्क्षणिक शक्ति (instantaneous power) को निम्न रूप में दर्शाया जाता है

$$P = \tau\frac{d\theta}{dt} = \tau\omega$$

स्थानान्तरीय एवं घूर्णी गति में तुलना

क्र. सं.	रेखीय गति	नियत अक्ष के परित: घूर्णी गति
1.	विस्थापन x	कोणीय विस्थापन θ
2.	वेग $v = dx/dt$	कोणीय वेग $\omega = d\theta/dt$
3.	त्वरण $a = dv/dt$	कोणीय त्वरण, $\alpha = d\omega/dt$
4.	द्रव्यमान M	जड़त्व आघूर्ण I
5.	बल $F = Ma$	बल आघूर्ण $\tau = I\alpha$
6.	कार्य $dW = F\,ds$	कार्य $W = \tau d\theta$
7.	गतिज ऊर्जा $K = Mv^2/2$	गतिज ऊर्जा $K = I\omega^2/2$
8.	शक्ति $P = Fv$	शक्ति $P = \tau\omega$
9.	रेखीय संवेग $p = Mv$	कोणीय संवेग $L = I\omega$

स्थिर अक्ष के परित: घूर्णन की स्थिति में कोणीय संवेग

(Angular Momentum in case of Rotations about of Fixed Axis)

- एक स्थिर अक्ष के परित: घूर्णी गति में **कोणीय संवेग** के लिए सामान्य व्यंजक निम्न रूप में दिया गया है।

$$L = \sum_{i=1}^{N} r_i \times p_i \text{ एवं बलाघूर्ण } \tau = I\alpha$$

- यदि घूर्णन करते हुए पिण्ड पर बाह्य बलाघूर्ण शून्य है, तो पिण्ड पर कोणीय संवेग संरक्षित रहता है। इसे **कोणीय संवेग के संरक्षण का नियम** कहा जाता है।

अत: $\frac{dL}{dt} = 0$

जहाँ, $L =$ नियत, $I\omega =$ नियत या $I_1\omega_1 = I_2\omega_2$

Concept Master Video के लिए

Marks Maximizer

- **लोटनी गति** (Rolling Motion): जब कोई पिण्ड स्थानान्तरीय गति के साथ-साथ घूर्णी गति भी करता है, तो इस प्रकार की गति को लोटनी या लुढ़कने की गति कहते हैं।

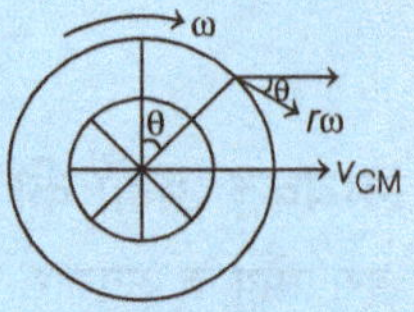

- लुढ़कते हुए पहिए के रिम पर किसी बिन्दु पर वेग,

शुद्ध लुढ़कने के लिए, $v_{CM} = r\omega$

$v_{कुल}$, v_{CM} और ωr का सदिश योग है

अत: $v_{कुल} = 2v_{CM}\cos\left(\frac{\theta}{2}\right)$

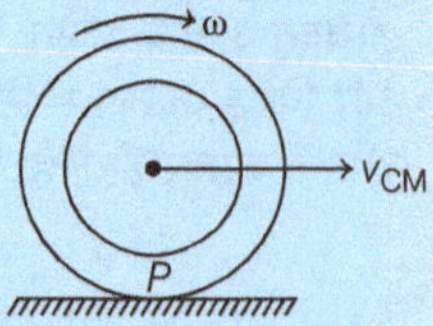

- पहिए के तल पर लम्बवत् एवं सम्पर्क बिन्दु p से गुजरने वाले अक्ष के परित: लोटनी पहिए का कोणीय संवेग,

$L = L_{स्थानान्तरीय} + L_{घूर्णन}$

$L = (I_{CM} + mR^2)\,\omega = I_p\omega$

- लोटनी की गतिज ऊर्जा निम्न होगी

$$KE_{लोटनी} = \frac{1}{2}Mv_{CM}^2 + \frac{1}{2}I\omega^2 = \frac{1}{2}Mv_{CM}^2\left(1 + \frac{K^2}{R^2}\right)$$

- बिना किसी फिसलन के एक आनत तल पर लुढ़कने वाले पिण्ड की विविध भौतिक राशियाँ नीचे दी गई है

(i) पिण्ड का त्वरण $a = \dfrac{g\sin\theta}{1+\dfrac{k^2}{R^2}}$

जहाँ, θ = झुकाव कोण

(ii) तल पर पहुँचने पर पिण्ड का वेग,

$$v = \sqrt{\frac{2gh}{1+\dfrac{k^2}{R^2}}}$$

(iii) एक लुढ़कने वाले पिण्ड द्वारा तल पर पहुँचने में लिया गया समय

$$t = \frac{1}{\sin\theta}\sqrt{\frac{2h(1+k^2/R^2)}{g}}$$

(iv) लुढ़कने के कारण गतिज ऊर्जा में परिवर्तन

$(v_2 > v_1)$

$$\Delta KE = \frac{1}{2}m\left(1+\frac{k^2}{R^2}\right)(v_2^2 - v_1^2)$$

Caution Points

- कणों के निकाय के लिए न्यूटन का द्वितीय नियम,

$$F_{बाह्य} = Ma_{CM}$$

यह किसी कण के लिए न्यूटन के गति के दूसरे नियम एवं तीसरे नियम पर आधारित है।

- किसी निकाय पर कार्यरत् बाह्य बलाघूर्ण, $\tau_{बाह्य} = \dfrac{d\mathbf{L}}{dt}$

यह कणों के लिए न्यूटन के दूसरे नियम एवं न्यूटन के तीसरे नियम पर आधारित है तथा दो कणों के मध्य लगने वाले बल इन कणों को जोड़ने वाली रेखा के अनुदिश कार्य करते हैं।

- स्थितियाँ $\mathbf{F}_{बाह्य} = 0$ एवं $\tau_{बाह्य} = 0$ एक-दूसरे से स्वतन्त्र है। उदाहरण के लिए, एक युग्म में, $F_{बाह्य} = 0$ लेकिन $\tau_{बाह्य} \neq 0$
- जब एक दृढ़ पिण्ड स्थानान्तरीय सन्तुलन की स्थिति में है, अर्थात्, $\sum_{i=1}^{n} F_i = 0$, तब कुल बल आघूर्ण

अर्थात्, $\sum_{i=1}^{n} \tau_i$ मूलबिन्दु से स्वतन्त्र होता है।

- एक ही बिन्दु पर पिण्डों के गुरुत्व केन्द्र और द्रव्यमान केन्द्र पृथ्वी की तुलना में बहुत कम होते हैं।

PYQ नोट्स

1. M द्रव्यमान के एक पिण्ड से यदि द्रव्यमान m का एक भाग हटा दिया जाता है, तो शेष भाग का जड़त्व आघूर्ण निम्न प्रकार दिया जाता है

I = सम्पूर्ण पिण्ड का जड़त्व आघूर्ण – हटाए गए भाग का जड़त्व आघूर्ण **[NEET 2021]**

2. त्रिज्या a और द्रव्यमान m का एक गोला एक क्षैतिज तल के अनुदिश नियत चाल v से लुढ़कता है। यह एक कोण θ पर एक आनत तल से टकराता है और ऊपर की ओर मुड़ जाता है। यदि यह बिना फिसले लुढ़कता है, तो आनत तल पर गोले द्वारा तय की गई दूरी $l = \dfrac{7v^2}{10g\sin\theta}$ है **[JEE Main 2021]**

3. त्रिज्या r के एक पहिये के चारों ओर एक रस्सी लपेटी गई है। पहिये की धुरी क्षैतिज है और इसके परितः जड़त्व आघूर्ण I का है। एक भार mg रस्सी से जुड़ा हुआ है। भार विराम से गिरता है। दूरी h गिरने के बाद, पहिये का कोणीय वेग होगा

$$\omega = \sqrt{\frac{2mgh}{I+mr^2}}$$

[JEE Main 2020]

4. जब द्रव्यमान M, त्रिज्या R और परिक्रमण त्रिज्या K का एक ठोस गोला आनत तल पर लुढ़कता है, तो तल पर बेलन द्वारा तय की गई दूरी होगी $x = \dfrac{v^2}{2g\sin\theta}\left[1+\dfrac{K^2}{R^2}\right]$

जहाँ θ झुकाव कोण है। **[NEET 2019]**

5. यदि जडत्व आघूर्ण I_1 एवं I_2 की दो समान वृत्ताकार डिस्क अपने केन्द्रों से गुजरने वाली उभयनिष्ठ अक्ष के परितः कोणीय गति ω_1 और ω_2 के साथ एक ही दिशा में स्वतन्त्र रूप से घूर्णन कर रही हैं, तथा किसी क्षण, वे एक साथ चिपक जाती हैं और कोणीय गति ω के साथ अपनी उभयनिष्ठ अक्ष के परितः एक ही निकाय के रूप में घूर्णन प्रारम्भ कर देती हैं, तब

$$\omega = \frac{I_1\omega_1 + I_2\omega_2}{I_1 + I_2}$$

[NEET 2017]

6. एक आनत तल पर लुढ़कती हुई वस्तु का त्वरण निम्न प्रकार दिया जाता है $a = \dfrac{g\sin\theta}{1+\dfrac{1}{mr^2}}$

जहाँ, θ = आनत तल का झुकाव कोण,

m = वस्तु का द्रव्यमान और I = द्रव्यमान केन्द्र से गुजरने वाली अक्ष के परितः जड़त्व आघूर्ण **[NEET 2016, 14]**

7. लुढ़कती हुई वस्तु की कुल गतिज ऊर्जा निम्न प्रकार दी जाती है

$$KE_{कुल} = KE_{स्थानान्तरीय} + KE_{घूर्णी}$$

$$KE_{कुल} = \frac{1}{2}mv_{CM}^2\left[1+\frac{k^2}{r^2}\right]$$

[v_{CM} द्रव्यमान केन्द्र का वेग है और k परिक्रमण त्रिज्या है]

(a) लुढ़कते हुए ठोस बेलन की KE, $K = \dfrac{3}{4}mv_{CM}^2$

(b) लुढ़कते हुए ठोस गोले की KE, $K = \dfrac{7}{10}mv_{CM}^2$

(c) लुढ़कते हुए खोखले गोले की KE, $K = \dfrac{5}{6}mv_{CM}^2$ **[NEET 2015]**

Step by Step

Mastering NCERT

- कॉन्सेप्ट बिल्डर्स
- शीर्षकवार प्रश्न
- अभिकथन-कारण प्रश्न
- कथन आधारित प्रश्न
- सुमेलन प्रकार प्रश्न
- आंकिक मान प्रकार के प्रश्न
- NCERT Exemplar प्रश्न
- विगत परीक्षाओं के प्रश्न
- स्किल बूस्टर्स

कॉन्सेप्ट बिल्डर्स

1 एक स्थिर अक्ष के परितः एक दृढ़ पिण्ड के घूर्णन में, पिण्ड का प्रत्येक कण एक वृत्त में घूर्णन करता है, जो अक्ष के समानान्तर एक तल में स्थित होता है। (सत्य/असत्य)

2 एक पृथक निकाय में, यदि निकाय पर बाह्य हो बल शून्य हो, तो द्रव्यमान केन्द्र एकसमान त्वरण के साथ गतिमान होता है। (सत्य/असत्य)

3 द्रव्यमान केन्द्र की गति निर्धारित करने के लिए, कण के निकाय को ……… बलों के ज्ञान की आवश्यकता नहीं है। (आन्तरिक/बाहरी)

4 यदि कोई बाह्य बल नहीं हैं, एक बाइनरी स्टार का द्रव्यमान केन्द्र एक ……… पथ में घूमता है। (सर्पिल/सीधा)

5 सदिश योग के सम्बन्ध में सदिश गुणन वितरण नियम का पालन नहीं करता है। (सत्य/असत्य)

6 एक स्थिर अक्ष के परितः घूर्णन के लिए, सदिश की दिशा बदल जाती है लेकिन परिमाण नहीं। (सत्य/असत्य)

7 एक बिन्दु के परितः कणों के एक निकाय कुल कोणीय संवेग की समय दर …… बल आघूर्ण के योग के बराबर होती है। (आन्तरिक/बाहरी)

8 समान परिमाण के लेकिन भिन्न क्रिया रेखाओं के साथ विपरीत दिशाओं में कार्यरत बलों का युग्म कोई गति उत्पन्न नहीं कर सकता है। (सत्य/असत्य)

9 बल आघूर्ण केवल बल के ….. घटक पर निर्भर करता है। (अनुप्रस्थ/त्रिज्या)

10 यदि कुल बाह्य बल शून्य है तो निकाय पर लगने वाला कुल बल आघूर्ण मूलबिन्दु पर निर्भर करता है। (सत्य/असत्य)

11 किसी पिण्ड का गुरुत्व केन्द्र सदैव उसके द्रव्यमान केन्द्र के साथ सम्पाति होता है (सत्य/असत्य)

12 खोखले पिण्ड का जड़त्व आघूर्ण, समान द्रव्यमान, आकार और आकृति वाले ठोस पिण्डों से अधिक होता है (सत्य/असत्य)

13 लम्बवत् अक्षों की प्रमेय घनाकार पिण्डों पर लागू नहीं की जा सकती है। (सत्य/असत्य)

14 धरातल पर लुढ़कते समय सम्पर्क बिन्दु की तात्क्षणिक चाल ……… होती है। (शून्य/अशून्य)

15 किसी घन के लिए, इसके विपरीत फलक के केन्द्र से गुजरने वाली अक्ष के परितः जड़त्व आघूर्ण होता है। (अधिकतम/न्यूनतम)

16 समानान्तर अक्षों की प्रमेय केवल त्रिविमीय निकायों के लिए लागू होती है। (सत्य/असत्य)

17 एक हेलिकॉप्टर में आवश्यक प्रोपेलर की न्यूनतम संख्या ………… है। (दो/तीन)

18 एक जहाज का तल भारी बनाया जाता है ताकि इसका ……… निम्न रहे। (गुरुत्व केन्द्र/द्रव्यमान केन्द्र)

19 शुद्ध लोटनी गति के लिए, घर्षण के विरुद्ध किया गया कार्य होता है। (शून्य/अशून्य)

20 एक बिल्ली ऊँचाई से धरातल पर गिरती है, वह अपनी पूँछ के अनुदिश शरीर को फैलाती है ताकि उसका जड़त्व आघूर्ण …… हो जाये। (उच्च/निम्न)

शीर्षकवार प्रश्न

द्रव्यमान केन्द्र

1 एक आदर्श दृढ़ पिण्ड के लिए, NCERT पृष्ठ 92

(a) आकार परिवर्तनशील होता है

(b) विरूपण बहुत अधिक होता है

(c) कणों के सभी युग्मों के बीच की दूरी बदल जाती है

(d) आकार पूरी तरह से निश्चित होता है

2 एक गेंद एक समतल सतह पर स्थिर वेग v से लुढ़क रही है। गेंद पर कार्य करने वाले कुल बाह्य बलों का योग होगा NCERT पृष्ठ 93

(a) परिवर्तनीय

(b) नियत

(c) निर्धारित नहीं किया जा सकता

(d) शून्य

3 एक घूमते हुए लट्टू में, अक्ष धरातल के साथ अपने संपर्क बिन्दु के माध्यम से ऊर्ध्वाधर रूप से घूर्णन करता है और एक शंकु को बाहर निकालता है। ऊर्ध्वाधर के परितः लट्टू के अक्ष की इस गति को कहा जाता है **NCERT पृष्ठ 94**

(a) पूर्वगमन (b) स्थानान्तरीय

(c) घूर्णन (d) लोटनी

4 दो कणों के एक निकाय का द्रव्यमान केन्द्र विभाजित हो जाता है, उनके बीच की दूरी **NCERT पृष्ठ 95**

(a) कणों के द्रव्यमान के वर्ग के व्युत्क्रमानुपात होगी

(b) कणों के द्रव्यमान के वर्ग के सीधे अनुपातिक होगी

(c) कणों के द्रव्यमान के व्युत्क्रमानुपात होगी

(d) कणों के द्रव्यमान के सीधे अनुपातिक होगी

5 M द्रव्यमान के तीन समान गोलों में से प्रत्येक 2 मीटर भुजा वाले एक समबाहु त्रिभुज के कोनों पर रखे गए हैं। एक कोने को मूलबिन्दु मानकर, द्रव्यमान केन्द्र का स्थिति सदिश होगा **NCERT पृष्ठ 96**

(a) $\sqrt{3}\,(\hat{i}-\hat{j})$

(b) $\dfrac{\hat{i}}{\sqrt{3}}+\hat{j}$

(c) $\dfrac{\hat{i}+\hat{j}}{3}$

(d) $\hat{i}+\dfrac{\hat{j}}{\sqrt{3}}$

6 दिए गए कणों के निकाय का द्रव्यमान केन्द्र (CM) होगा **NCERT पृष्ठ 97**

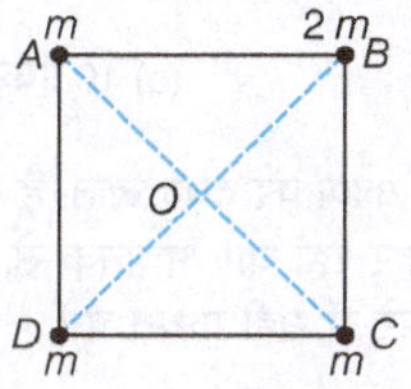

(a) OD (b) OC

(c) OB (d) AO

7 1 किग्रा, 2 किग्रा और 3 किग्रा द्रव्यमान वाले तीन कणों का द्रव्यमान केन्द्र एक निश्चित निर्देशांक निकाय के सापेक्ष (3, 3, 3) पर स्थित है। 4 किग्रा द्रव्यमान वाले चौथे कण को कहाँ रखा जाना चाहिए, ताकि सभी कणों के निकाय का द्रव्यमान केन्द्र एक बिन्दु (1, 1, 1) पर स्थानान्तरित हो जाए? **NCERT पृष्ठ 97**

(a) (–1,–1,–1)

(b) (–2, –2, –2)

(c) (2, 2, 2)

(d) (1, 1, 1)

8 विमाओं के साथ चित्र में प्रदर्शित एकसमान L – आकार की लैमिना (एक पतली सपाट प्लेट) का द्रव्यमान केन्द्र ज्ञात करें। लैमिना का द्रव्यमान 3 किग्रा है। **NCERT पृष्ठ 97**

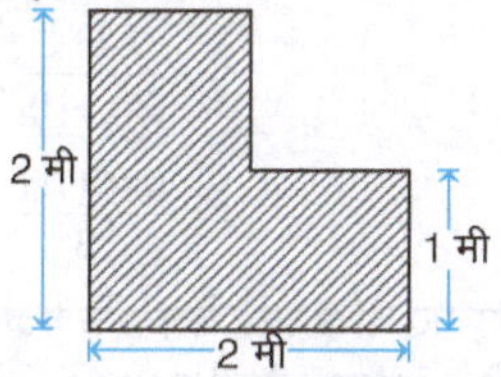

(a) (5/6) मी, (5/6) मी (b) (3/4) मी, (3/4) मी

(c) (5/8) मी, (5/8) मी (d) (3/5) मी, (3/5) मी

9 एक ठोस एकसमान शंकु के द्रव्यमान केन्द्र की उसके शीर्ष से दूरी Z_0 है। यदि इसके आधार की त्रिज्या R और ऊँचाई h है, तो z_0 बराबर है **NCERT पृष्ठ 97**

(a) $\dfrac{h^2}{4R}$ (b) $\dfrac{3h}{4}$ (c) $\dfrac{5h}{8}$ (d) $\dfrac{3h^2}{8R}$

10 1.0 किग्रा, 1.5 किग्रा और 2.5 किग्रा द्रव्यमान के तीन बिन्दु कणों को 4.0 सेमी, 3.0 सेमी और 5.0 सेमी भुजाओं वाले एक समकोण त्रिभुज के तीन कोनों पर रखा गया है जैसा कि चित्र में दर्शाया गया है। निकाय का द्रव्यमान केन्द्र किस बिन्दु पर है? **NCERT पृष्ठ 97**

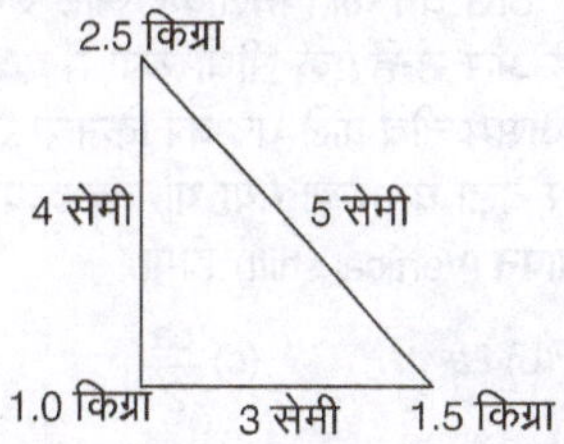

(a) 2.0 सेमी दायीं ओर तथा 1 किग्रा द्रव्यमान से 0.9 सेमी ऊपर

(b) 0.6 सेमी दायीं ओर तथा 1 किग्रा द्रव्यमान से 2.0 सेमी ऊपर

(c) 1.5 सेमी दायीं ओर तथा 1.2 सेमी ऊपर

(d) 0.9 सेमी दायीं ओर तथा 1 किग्रा द्रव्यमान से 2.0 सेमी ऊपर

11 चित्र में दर्शाए अनुसार नगण्य अनुप्रस्थ-काट क्षेत्रफल वाले एक असममित एकसमान छड़ के द्रव्यमान केन्द्र का स्थिति सदिश r_{CM} होगा **NCERT पृष्ठ 97**

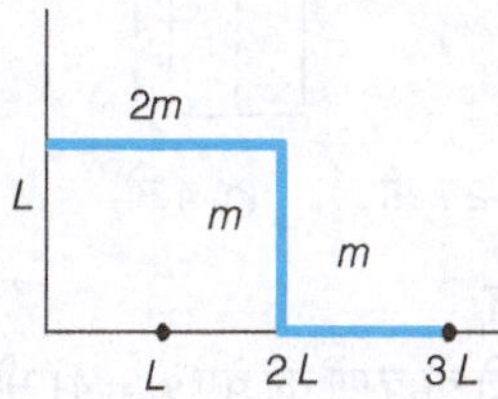

(a) $\mathbf{r}=\dfrac{13}{8}L\,\hat{\mathbf{x}}+\dfrac{5}{8}L\,\hat{\mathbf{y}}$ (b) $\mathbf{r}=\dfrac{11}{8}L\,\hat{\mathbf{x}}+\dfrac{3}{8}L\,\hat{\mathbf{y}}$

(c) $\mathbf{r}=\dfrac{3}{8}L\,\hat{\mathbf{x}}+\dfrac{11}{8}L\,\hat{\mathbf{y}}$ (d) $\mathbf{r}=\dfrac{5}{8}L\,\hat{\mathbf{x}}+\dfrac{13}{8}L\,\hat{\mathbf{y}}$

12 द्रव्यमान $m, 2m, 3m, \ldots, nm$ के कणों को O से $L, 2L, 3L \ldots\ldots nL$ की दूरी पर एक ही रेखा पर रखा गया है। O से द्रव्यमान केन्द्र की दूरी है **NCERT पृष्ठ 97**

(a) $\frac{(2n+1)L}{4}$ (b) $\frac{L}{(2n+1)}$

(c) $\frac{n(n^2+1)L}{2}$ (d) $\frac{(2n+1)L}{3}$

13 यदि चित्र में दर्शाए गए शंकु तथा बेलन के पदार्थ का घनत्व समान है, तो बिन्दु O के सापेक्ष द्रव्यमान केन्द्र COM (y_{COM}) के y-निर्देशांक के सम्बन्ध में निम्नलिखित में से कौन-सा विकल्प सही है। **NCERT पृष्ठ 97**

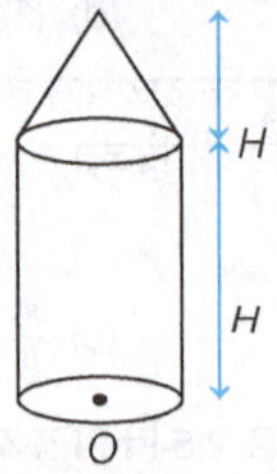

(a) $y_{COM} > H$ (b) $y_{COM} = H$

(c) $y_{COM} < H$ (d) इनमें से कोई नहीं

14 सिरे a वाले एक ठोस घन को पिघलाकर आठ समान छोटे ठोस घनों में ढाला जाता है और उन्हें एक सीधी रेखा में एक दूसरे के ऊपर रखा जाता है, जिसमें नीचे वाले घन का किनारा उसी क्षैतिज तल पर होता है जिस पर बड़ा घन रखा गया था, तब द्रव्यमान केन्द्र में ऊर्ध्वाधर विस्थापन (Vertical shift) होगा **NCERT पृष्ठ 99**

(a) $\frac{3a}{2}$ (b) $2a$ (c) $\frac{5a}{2}$ (d) $3a$

15 T-आकार की प्लेट के द्रव्यमान केन्द्र की O से दूरी है **NCERT पृष्ठ 97**

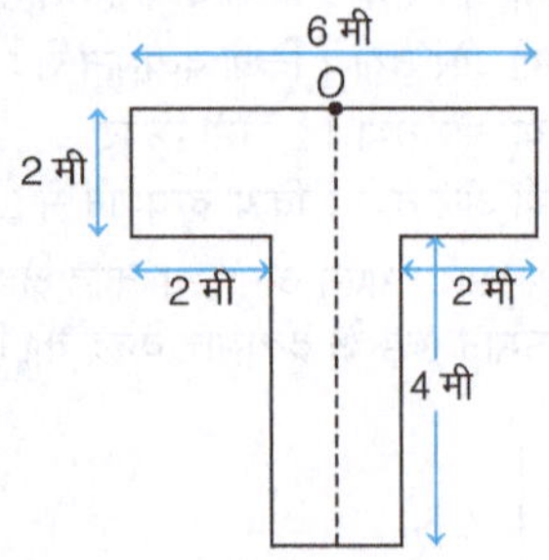

(a) 7 मी (b) 2.7 मी (c) 4 मी (d) 2.2 मी

द्रव्यमान केन्द्र की गति

16 समान द्रव्यमान वाले दो कणों का वेग $\mathbf{v}_1 = 4\hat{\mathbf{i}}$ मी/से और $\mathbf{v}_2 = 4\hat{\mathbf{j}}$ मी/से है। पहले कण का त्वरण $\mathbf{a}_1 = (2\hat{\mathbf{i}} + 2\hat{\mathbf{j}})$ मी/से^{2} है, जबकि दूसरे कण का त्वरण शून्य है। दोनों कणों के द्रव्यमान केन्द्र का पथ होगा? **NCERT पृष्ठ 99**

(a) सीधी रेखा (b) परवलय

(c) वृत्ताकार (d) दीर्घवृत्त

17 55 किग्रा और 65 किग्रा द्रव्यमान वाले दो व्यक्ति एक नाव के विपरीत किनारे पर हैं। नाव की लम्बाई 3 मीटर है और इसका भार 100 किग्रा है। 55 किग्रा का आदमी 65 किग्रा के आदमी के पास जाता है और उसके साथ बैठ जाता है। यदि नाव अभी तक पानी में है, तो निकाय का द्रव्यमान केन्द्र स्थानान्तरित हो जाता है **NCERT पृष्ठ 99**

(a) 3 मी (b) 2.3 मी

(c) शून्य (d) 0.75 मी

18 दो कण A और B प्रारम्भ में विरामावस्था से एक-दूसरे की ओर आकर्षण के पारस्परिक बल के अन्तर्गत चलते हैं। उस क्षण पर, जब A की गति v और B की गति $2v$ है, तो निकाय के द्रव्यमान केन्द्र की गति होगी **NCERT पृष्ठ 99**

(a) शून्य (b) v

(c) 15 (d) $3v$

19 कणों का एक निकाय किसी भी बाह्य बल से मुक्त है, यदि v और a द्रव्यमान केन्द्र का वेग और त्वरण है, तो सही कथन का चयन करें **NCERT पृष्ठ 99**

(a) v और a दोनों शून्य होने चाहिए

(b) v और a दोनों अशून्य होने चाहिए

(c) v शून्य हो सकता है लेकिन a शून्य होना चाहिए

(d) v शून्य होना चाहिए लेकिन a शून्य हो सकता है

20 1 किग्रा द्रव्यमान के एक कण का वेग $\mathrm{v}_1 = 2t\,\hat{\mathrm{i}}$ है. और 2 किग्रा द्रव्यमान के दूसरे कण का वेग $\mathbf{v}_2 = t^2\hat{\mathbf{j}}$ है तो $t = 2s$ पर निकाय के द्रव्यमान केन्द्र पर कुल बल होगा **NCERT पृष्ठ 99**

(a) $\frac{20}{9}$ इकाई (b) $\sqrt{68}$ इकाई

(d) $\frac{\sqrt{80}}{3}$ इकाई (c) 10 इकाई

21 एक प्रक्षेप्य को एक कोण पर दागा जाता है और यह एक परवलयिक पथ का अनुसरण कर रहा था। अचानक से, यह टुकड़ों में फट जाता है। इस स्थिति के बारे में सही कथन चुनें, **NCERT पृष्ठ 100**

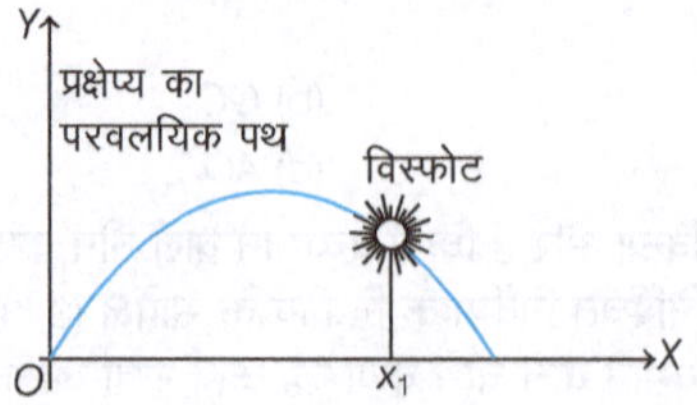

(a) विस्फोट के कारण द्रव्यमान केन्द्र (CM) ऊपर की ओर खिसक जाता है।

(b) विस्फोट के कारण द्रव्यमान केन्द्र (CM) नीचे की ओर खिसक जाता है।

(c) विस्फोट के कारण द्रव्यमान केन्द्र (CM) अपने मूल पथ पर वापस आ जाता है।

(d) द्रव्यमान केन्द्र (CM) उसी परवलयिक पथ पर आगे बढ़ना जारी रखता है।

कणों के एक निकाय का रेखीय संवेग

22 2 किग्रा द्रव्यमान के एक गोले का रेखीय संवेग समय के साथ समीकरण $p = 3t^2 + 4$ के अनुसार परिवर्तित होता रहता है जहाँ p और t, SI मात्रकों में है। इससे यह निष्कर्ष निकलता है कि गोला घूम रहा है **NCERT पृष्ठ 100**

(a) नियत त्वरण से (b) परिवर्तनीय त्वरण से
(c) नियत चाल से (d) नियत वेग से

दो सदिशों का सदिश गुणनफल

23 दो सदिशों $\mathbf{A} = 2\hat{i} + \hat{j} - \hat{k}$ और $\mathbf{B} = -\hat{i} - \hat{j} + 2\hat{k}$ का सदिश गुणनफल हैं **NCERT पृष्ठ 103**

(a) $2\hat{i} + 3\hat{j} - \hat{k}$ (b) $\hat{i} + 3\hat{j} + \hat{k}$
(c) $-\hat{i} + 3\hat{j} + 2\hat{k}$ (d) $\hat{i} - 3\hat{j} - \hat{k}$

24 दो सदिश P और Q अंतरिक्ष में $\mathbf{P} = 2\hat{i} - 3\hat{j} - \hat{k}$ और $\mathbf{Q} = -4\hat{i} + 6\hat{j} - 2\hat{k}$ के रूप में दिए गए है। P और Q के मध्य का कोण का मान है **NCERT पृष्ठ 103**

(a) 90° (b) 0° (c) 30° (d) 60°

25 सदिशों $\mathbf{A} = 2\hat{i} + \hat{j} + \hat{k}$ और $\mathbf{B} = \hat{i} - \hat{j} + 2\hat{k}$ के लम्बवत् इकाई सदिश है **NCERT पृष्ठ 103**

(a) $\frac{1}{\sqrt{3}}(\hat{i} - \hat{j} - \hat{k})$ (b) $\frac{1}{\sqrt{3}}(\hat{i} + \hat{j} - \hat{k})$
(c) $\frac{1}{3}(\hat{i} - \hat{j} - \hat{k})$ (d) $\frac{1}{3}(\hat{i} + \hat{j} - \hat{k})$

कोणीय वेग और इसका रेखीय वेग के साथ सम्बन्ध

26 एक पिण्ड कोणीय वेग $\omega = (3\hat{i} - 4\hat{j} - \hat{k})$ के साथ घूम रहा है। स्थिति सदिश $\mathbf{r} = (5\hat{i} - 6\hat{j} + 6\hat{k})$ वाले एक बिन्दु का रेखीय वेग होगा **NCERT पृष्ठ 105**

(a) $6\hat{i} + 2\hat{j} - 3\hat{k}$ (b) $-18\hat{i} - 23\hat{j} + 2\hat{k}$
(c) $-30\hat{i} - 23\hat{j} + 2\hat{k}$ (d) $6\hat{i} - 2\hat{j} + 8\hat{k}$

27 कोणीय गति के साथ अपने अक्ष के परितः घूर्णन करने वाली एक गोलाकार प्लेट (चकती) को हल्के से (बिना किसी स्थानान्तरणीय धक्के के) पूर्णरूप से घर्षण रहित मेज पर रखा गया है। चकती की त्रिज्या R है। मान लीजिए कि v_A, v_B और v_C चकती पर बिन्दुओं A, B और C के रेखीय वेगों के परिमाण हैं जैसा कि नीचे दिखाया गया है, तो **NCERT पृष्ठ 105**

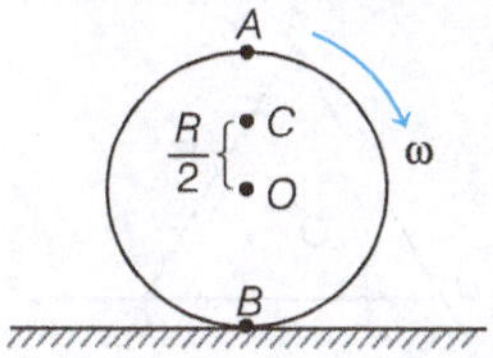

(a) $v_A > v_B > v_C$ (b) $v_A < v_B < v_C$
(c) $v_A = v_B > v_C$ (d) $v_A = v_B < v_C$

28 बिन्दु द्रव्यमान m_1 और m_2 को नगण्य द्रव्यमान और L लम्बाई की दृढ़ छड़ के विपरीत सिरों पर रखा गया है। छड़ को इसके लम्बवत् अक्ष के परितः घुमाया जाता है। इस छड़ पर बिन्दु P की स्थिति जिसके माध्यम से अक्ष गुजरना चाहिए, ताकि कोणीय वेग ω_0 के साथ घूर्णन करने वाली छड़ को सेट करने के लिए आवश्यक कार्य न्यूनतम हो, द्वारा दिया गया है। **NCERT पृष्ठ 105**

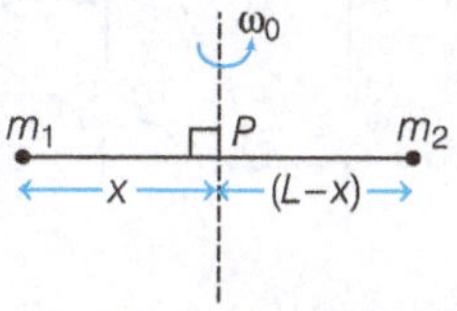

(a) $x = \frac{m_1 L}{m_1 + m_2}$ (b) $x = \frac{m_1}{m_2} L$
(c) $x = \frac{m_2}{m_1} L$ (d) $x = \frac{m_2 L}{m_1 + m_2}$

बल आघूर्ण और कोणीय संवेग

29 एक बिन्दु द्रव्यमान m एक द्रव्यमान रहित डोरी से जुड़ा हुआ है जिसका दूसरा सिरा P पर स्थिर है। जैसा कि चित्र में दिखाया गया है। द्रव्यमान, XY-तल में केन्द्र O और स्थिर कोणीय गति ω के साथ वृत्तीय गति से गुजर रहा है। यदि O एवं P के परितः निकाय का कोणीय संवेग, क्रमशः L_O और L_P हैं, तो **NCERT पृष्ठ 106**

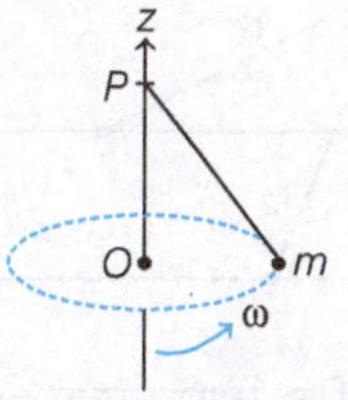

(a) L_O एवं L_P समय के साथ नहीं बदलते है।
(b) L_O समय के साथ बदलता है जबकि L_P स्थिर रहता है।
(c) L_O स्थिर रहता है जबकि L_P समय के साथ बदलता है।
(d) L_O और L_P दोनों समय के साथ बदलते हैं।

30 मान लीजिए कि F, स्थिति सदिश r वाले कण पर कार्य करने वाला बल है और मूल बिन्दु के परितः इस बल का बल आघूर्ण है। तब, **NCERT पृष्ठ 106**

(a) $r \cdot \tau = 0$ एवं $F \cdot \tau \neq 0$ (b) $r \cdot \tau = 0$ एवं $F \cdot \tau = 0$
(c) $r \cdot \tau \neq 0$ एवं $F \cdot \tau \neq 0$ (d) $r \cdot \tau = 0$ एवं $F \cdot \tau = 0$

31 XY-तल में एक अक्ष के परितः एक बिन्दु (1 मीटर, 0, 3 मीटर) पर कार्य करने वाले बल $\mathbf{F} = 2\hat{i} + 3\hat{j}$ न्यूटन का बल आघूर्ण क्या होगा जिसका समीकरण $y = 3x$ है **NCERT पृष्ठ 106**

(a) $\frac{9}{\sqrt{10}}$ न्यूटन-मीटर (b) $\frac{19}{\sqrt{10}}$ न्यूटन-मीटर
(c) 6 न्यूटन-मीटर (d) 0

32 चित्र XY-तल में एक चकती को दर्शाया गया है। दो अक्ष Z और Z' इस तल के लम्बवत् गुजरते हैं। बिन्दु P पर चकती के तल में एक बल F कार्यरत है। निम्न में से कौन-सा कथन सही है? (बिन्दु P, Z-अक्ष की तुलना में Z'-अक्ष के अधिक निकट है) **NCERT पृष्ठ 106**

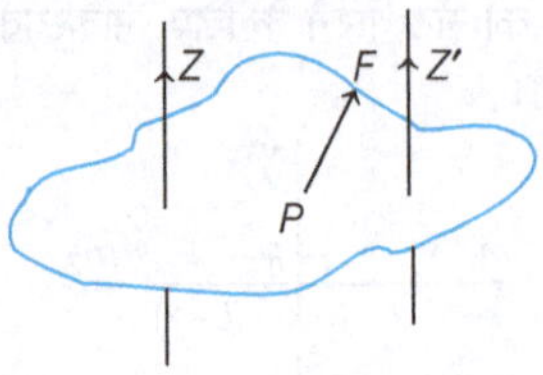

(a) Z-अक्ष के परितः F द्वारा उत्पन्न बल आघूर्ण, τ, $-\hat{k}$ के अनुदिश है।

(b) Z'-अक्ष के परितः F द्वारा उत्पन्न बल आघूर्ण τ, $-\hat{k}$ के अनुदिश है।

(c) Z-अक्ष के परितः F द्वारा उत्पन्न बल आघूर्ण τ, Z'-अक्ष के परितः F द्वारा उत्पन्न बल आघूर्ण की तुलना में परिमाण में कम है।

(d) कुल बल आघूर्ण $\tau + \tau'$ द्वारा दिया जाता है।

33 चित्र में दो समान कण 1 और 2 दिखाए गए हैं, जिनमें से प्रत्येक का द्रव्यमान m है, जो समान्तर रेखाओं के साथ समान चाल (v) से विपरीत दिशाओं में गति कर रहे हैं। किसी विशेष क्षण पर, r_1 और r_2 उनसे सम्बन्धित स्थिति सदिश हैं जो बिन्दु A से खींचे गए हैं जो कि समान्तर रेखाओं के तल में है। सही विकल्प चुनें। **NCERT पृष्ठ 107**

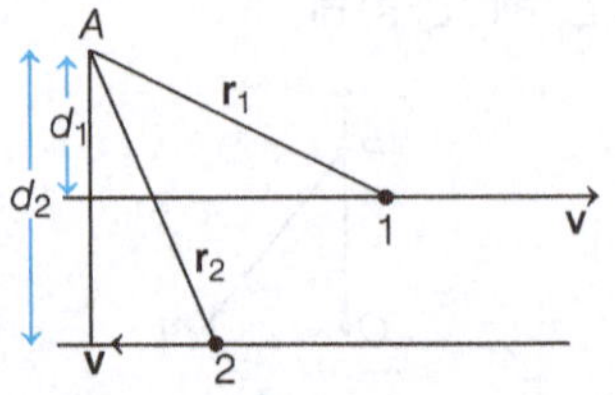

(a) कण 1 का A के परितः कोणीय संवेग $mv(d_1) \otimes$ है।

(b) कण 2 का A के परितः कोणीय संवेग $mv\, r_2 \odot$ है।

(c) A के परितः निकाय का कुल कोणीय संवेग $L = mv(r_1 + r_2) \odot$ है।

(d) A के परितः निकाय का कुल कोणीय संवेग $L = mv\,(d_2 - d_1) \otimes$ है।

जहाँ, $\odot$ पृष्ठ से बाहर आने वाले एक इकाई सदिश को दर्शाता है और $\otimes$ पृष्ठ में जाने वाले एक इकाई सदिश को दर्शाता है।

34 कणों के एक निकाय पर अक्ष के परितः कुल बाह्य बल आघूर्ण शून्य होता है। निम्नलिखित में से कौन-सा कथन गलत है? **NCERT पृष्ठ 106**

(a) बल अक्ष पर एक बिन्दु से त्रिज्य रूप से कार्य कर सकते हैं।

(b) बल घूर्णन अक्ष पर कार्य कर सकते हैं

(c) बल घूर्णन अक्ष के लम्बवत् कार्य कर सकते हैं

(d) कुछ बलों द्वारा उत्पन्न बल आघूर्ण अन्य बलों द्वारा उत्पन्न बल आघूर्ण के बराबर और विपरीत हो सकते हैं।

35 एक साइकिल रिम को 2-डोरी A और B का उपयोग करके अक्ष के सिरों को पकड़कर एक ऊर्ध्वाधर तल में अपने अक्ष पर घुमाया जाता है इस तरह कि रिम ऊर्ध्वाधर है। यदि आप एक डोरी छोड़ते हैं, तो रिम झुक जाएगी। अब, एक हाथ में दोनों डोरी के साथ रिम को ऊर्ध्वाधर स्थिति में रखते हुए, दूसरे हाथ से पहिये को तेजी से घुमाएँ। फिर, अपने हाथ से एक डोरी, मान लीजिए B को छोड़ दें। **NCERT पृष्ठ 107**

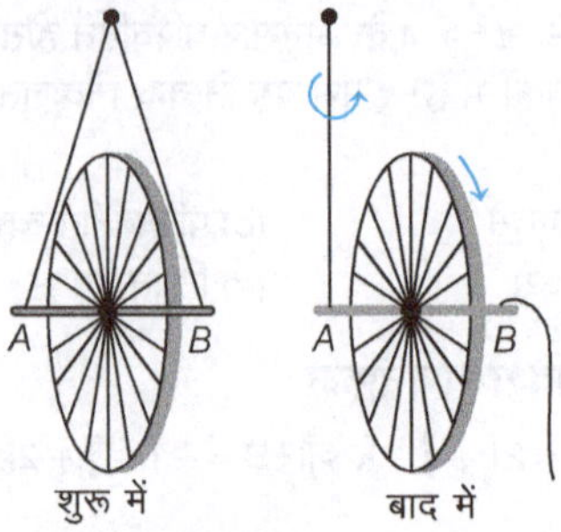

क्या होगा यदि हम डोरी B को छोड़ दें?

(a) रिम घूमना बन्द कर देगा।

(b) रिम ऊर्ध्वाधर तल में घूमेगा और घूर्णन तल डोरी A के चारों ओर घूमेगा।

(c) रिम क्षैतिज तल में घूमेगा।

(d) A पर डोरी मुड़ी हुई है।

36 एक बल $\mathbf{F} = \alpha\hat{i} + 3\hat{j} + 6\hat{k}$ एक बिन्दु $\mathbf{r} = 2\hat{i} - 6\hat{j} - 12\hat{k}$ पर कार्य कर रहा है। α का मान, जिसके लिए मूल बिन्दु के परितः कोणीय संवेग संरक्षित है, वह होगा **NCERT पृष्ठ 108**

(a) -1 (b) 2 (c) 0 (d) 1

37 द्रव्यमान m का एक बॉब लम्बाई l की एक अविस्तारणीय डोरी से जुड़ा हुआ है, जो एक ऊर्ध्वाधर सहारे से निलम्बित है। बॉब एक क्षैतिज वृत्त में कोणीय गति ω रेडियन/से से घूमता है या ऊर्ध्वाधर सहारे के परितः घूमता है। निलम्बन बिन्दु के परितः **NCERT पृष्ठ 108**

(a) कोणीय संवेग संरक्षित है।

(b) कोणीय संवेग परिमाण में बदलता है लेकिन दिशा में नहीं

(c) कोणीय संवेग दिशा में बदलता है लेकिन परिमाण में नहीं

(d) कोणीय संवेग दिशा और परिमाण दोनों में बदलता है

दृढ़ पिण्ड का संतुलन

38 ABC एक समबाहु त्रिभुज है जिसका केन्द्र O है। F_1, F_2 और F_3 क्रमशः AB, BC और AC भुजाओं पर कार्यरत तीन बलों को दर्शाते हैं। यदि O के परितः कुल बल आघूर्ण शून्य है, तो F_3 का परिमाण होगा **NCERT पृष्ठ 109**

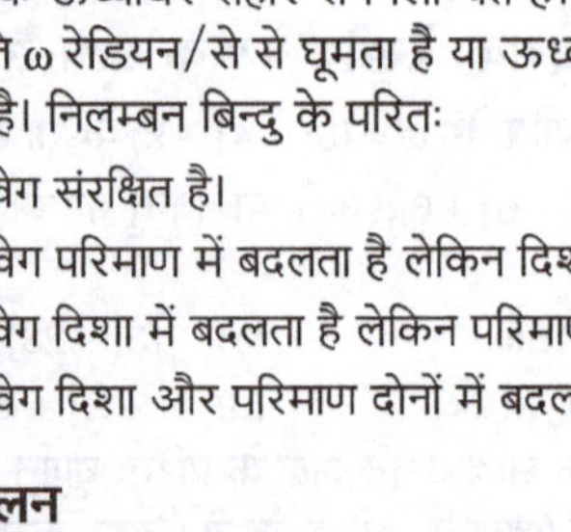

(a) $F_1 + F_2$ (b) $F_1 - F_2$

(c) $\frac{F_1 + F_2}{2}$ (d) $2(F_1 + F_2)$

39 एक आदमी एक गर्म हवा के गुब्बारे से जुड़ी रस्सी से लटका हुआ है। आदमी का द्रव्यमान गुब्बारे और उसके अन्दर के द्रव्यमान से अधिक है। निकाय हवा में स्थिर है। यदि आदमी अब रस्सी का उपयोग करके गुब्बारे पर चढ़ता है, तो आदमी और गुब्बारे के निकाय का द्रव्यमान केन्द्र **NCERT पृष्ठ 109**

(a) स्थिर रहेगा
(b) ऊपर जाएगा
(c) नीचे जाएगा
(d) पहले ऊपर जाएगा और फिर वापस आएगा

40 लम्बाई L की एक दृढ़ छड़ पर कुछ बल कार्य करते हैं। F अंकित वाले सभी बलों का परिमाण समान है। निम्नलिखित में से कौन-सा कथन सही है? **NCERT पृष्ठ 110**

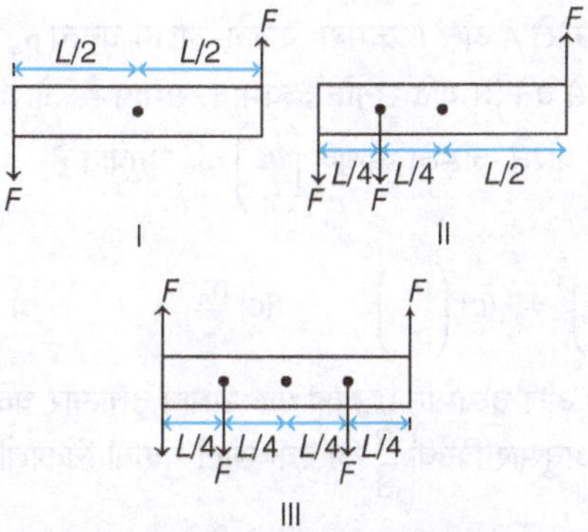

(a) दोनों I और II स्थितियों में छड़ के केन्द्र के परितः एक अशून्य शुद्ध बल आघूर्ण कार्य करेगा।
(b) दोनों II और III स्थितियों में छड़ के केन्द्र के परितः एक अशून्य शुद्ध बल आघूर्ण कार्य करेगा।
(c) दोनों I और III स्थितियों में छड़ के केन्द्र के परितः एक अशून्य शुद्ध बल आघूर्ण कार्य करेगा।
(d) सभी स्थितियों में शुद्ध बल आघूर्ण शून्य है।

41 सी-सॉ के खेल में, सी-सॉ को संतुलन में रखने के लिए लड़के B का दाएँ किनारे से विस्थापन कितना होना चाहिए? **NCERT पृष्ठ 111**
(M_1 = 40 किग्रा और M_2 = 60 किग्रा)

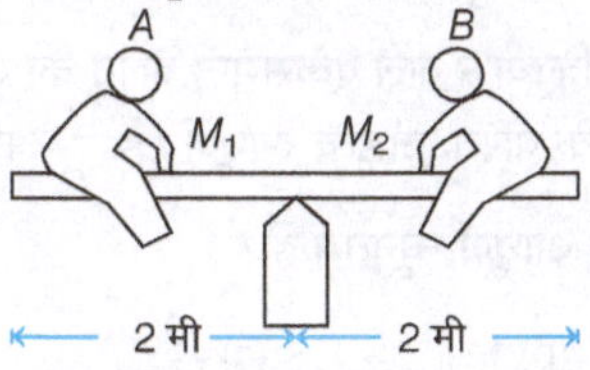

(a) $\frac{4}{3}$ मी (b) 1 मी (c) $\frac{2}{3}$ मी (d) शून्य

42 भार w की एक छड़ चाकू के दो समानान्तर A और B द्वारा समर्थित हैं और क्षैतिज स्थिति में सन्तुलन में है। चाकू एक-दूसरे से d दूरी x पर हैं। छड़ का द्रव्यमान केन्द्र A से दूरी x पर है। A पर अभिलम्ब प्रतिक्रिया है **NCERT पृष्ठ 111**

(a) $\frac{wx}{d}$ (b) $\frac{wd}{x}$ (c) $\frac{w(d-x)}{x}$ (d) $\frac{w(d-x)}{d}$

43 1 मीटर लम्बाई और 5.5 किग्रा द्रव्यमान की एक समान छड़ के प्रत्येक सिरे से 10 सेमी की दूरी पर रखे गए दो छुरदार टेकों से सहारा प्रदान किया गया है। एक किनारें से 30 सेमी पर 45 न्यूटन का भार लटकाया गया है। छुरदार टेकों पर प्रतिक्रियाएँ है **NCERT पृष्ठ 111**

(a) 60 न्यूटन, 40 न्यूटन
(b) 75 न्यूटन, 25 न्यूटन
(c) 61.2 न्यूटन, 38.8 न्यूटन
(d) 55 न्यूटन, 45 न्यूटन

44 क्रमशः 1.5 ग्राम और 2.5 ग्राम द्रव्यमान की दो बिन्दु वस्तुएँ, 16 सेमी की दूरी पर हैं। गुरुत्व केन्द्र 1.5 ग्राम द्रव्यमान वाली वस्तु से x दूरी पर है, जहाँ x है **NCERT पृष्ठ 111**

(a) 10 सेमी
(b) 6 सेमी
(c) 13 सेमी
(d) 3 सेमी

45 70 सेमी लम्बी और 4 किलोग्राम द्रव्यमान वाली एक धातु की छड़ को प्रत्येक सिरे से 10 सेमी की दूरी पर रखे दो छुरदार टेकों पर टिकाया गया है। एक छोर से 30 सेमी की दूरी पर 6 किलोग्राम का वजन लटकाया गया है। छुरदार टेकों पर क्या प्रतिक्रियाएँ होती हैं? (मान लें कि छड़ एकसमान अनुप्रस्थ और समरूप है) **NCERT पृष्ठ 111**

(a) 45 न्यूटन और 43 न्यूटन
(b) 50 न्यूटन और 35 न्यूटन
(c) 55 न्यूटन और 43 न्यूटन
(d) 54 न्यूटन और 30 न्यूटन

46 निम्नलिखित में से कौन-से कथन सही हैं? **NCERT पृष्ठ 112**

(a) किसी पिण्ड का द्रव्यमान केन्द्र सदैव पिण्ड के गुरुत्व केन्द्र के साथ सम्पाती होता है।
(b) किसी पिण्ड का द्रव्यमान केन्द्र वह बिन्दु है जिस पर पिण्ड पर कुल गुरुत्वीय बल आघूर्ण शून्य होता है।
(c) किसी पिण्ड पर एक युग्म पिण्ड में स्थानान्तरीय और घूर्णी गति दोनों उत्पन्न करता है।
(d) एक से अधिक यान्त्रिक लाभ का अर्थ है कि एक बड़े भार को उठाने के लिए छोटे प्रयास का उपयोग किया जा सकता है।

47 20 किग्रा वजन वाली 3 मीटर लम्बी सीढ़ी घर्षण रहित दीवार पर टिकी हुई है। इसके पैर दीवार से 1 मीटर की दूरी पर फर्श पर टिके हुए हैं जैसा कि चित्र में दिखाया गया है। दीवार और फर्श के प्रतिक्रिया बल ज्ञात कीजिए। **NCERT पृष्ठ 113**

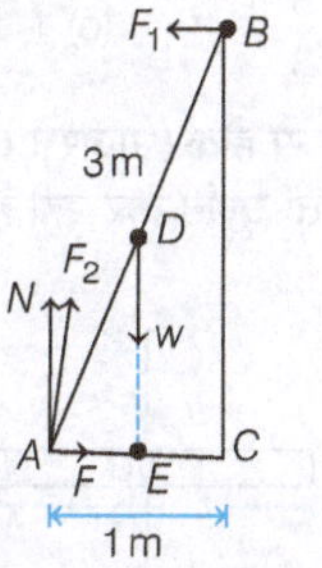

(a) 34.6 न्यूटन एवं 199 न्यूटन
(b) 25 न्यूटन एवं 175 न्यूटन
(c) 30 न्यूटन एवं 180 न्यूटन
(d) 35 न्यूटन एवं 160 न्यूटन

जड़त्व आघूर्ण

48 दो द्रव्यमानों को एक हल्की छड़ से जोड़ा गया है और निकाय नियत अक्ष के परितः घूम रहा है जैसा कि चित्र में दिखाया गया है। अक्ष के परितः निकाय का जड़त्व आघूर्ण है NCERT पृष्ठ 114

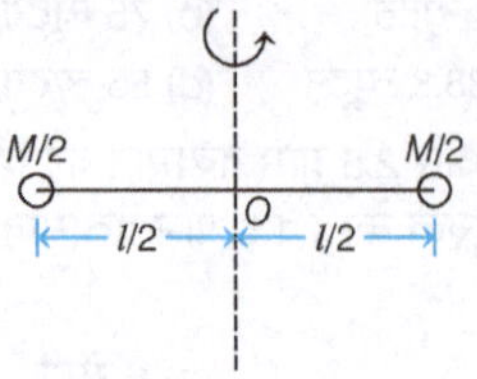

(a) $\frac{Ml^2}{2}$ (b) $\frac{Ml^2}{4}$ (c) Ml^2 (d) $\frac{Ml^2}{6}$

49 त्रिज्या R और द्रव्यमान 9 M की एक वृत्ताकार चकती से, द्रव्यमान M और त्रिज्या $R/3$ की एक छोटी चकती को संकेन्द्रित रूप से काटा जाता है। चकती के तल के लम्बवत् और केन्द्र से गुजरने वाले एक अक्ष के परितः शेष चकती का जड़त्व आघूर्ण है NCERT पृष्ठ 114

(a) $4MR^2$ (b) $\frac{40}{9}MR^2$ (c) $10MR^2$ (d) $\frac{37}{9}MR^2$

50 द्रव्यमान M और लम्बाई l की दो समान छड़ें कोण α पर एक क्षैतिज तल में स्थित हैं। छड़ के तल के लम्बवत् और O से गुजरने वाले अक्ष के परितः दो छड़ों की निकाय का जड़त्व आघूर्ण है NCERT पृष्ठ 114

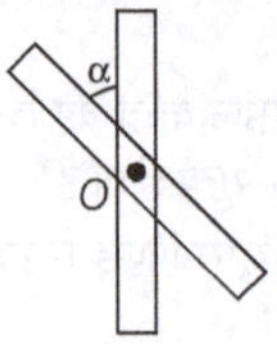

(a) $\frac{Ml^2}{3}$ (b) $\frac{2l^2}{12}$

(c) $\frac{ml^2}{4}$ (d) $\frac{Ml^2}{6}$

51 समतल में स्पर्श रेखा अक्ष पर समान त्रिज्या वाली चकती और वलय की परिक्रमण त्रिज्या का अनुपात ज्ञात कीजिए। NCERT पृष्ठ 115

(a) $\sqrt{\frac{5}{6}}$ (b) $\sqrt{\frac{5}{3}}$ (c) 1 (d) $\frac{2}{3}$

52 एक छड़ अपने केन्द्र से होकर गुजरने वाली और इसकी लम्बाई के लम्बवत् अक्ष के परितः घूर्णन कर रही है। छड़ के लिए परिक्रमण त्रिज्या क्या होगी? NCERT पृष्ठ 115

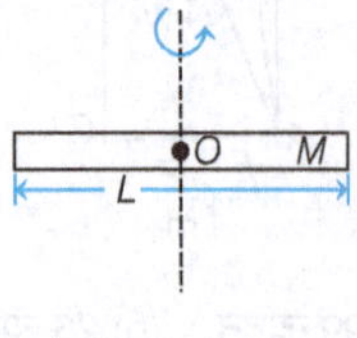

(a) $L/12$ (b) $L/\sqrt{12}$ (c) $L/6$ (d) $L/\sqrt{6}$

53 द्रव्यमान M और त्रिज्या R की एक चकती अपने व्यास में से एक के परितः घूर्णन कर रही है। चकती के लिए घूर्णन त्रिज्या का मान है NCERT पृष्ठ 115

(a) $R/4$ (b) $R/2$ (c) $R/6$ (d) $2R/3$

54 द्रव्यमान M और लम्बाई L की एक पतली तार को वृत्ताकार वलय बनाने के लिए मोड़ा गया है। इस वलय का अपने अक्ष के परितः जड़त्व आघूर्ण है। NCERT पृष्ठ 116

(a) $\frac{1}{4\pi^2}ML^2$ (b) $\frac{1}{12}ML^2$ (c) $\frac{1}{3\pi^2}ML^2$ (d) $\frac{1}{\pi^2}ML^2$

55 दो ठोस गोले A और B क्रमशः अलग-अलग घनत्व ρ_A एवं ρ_B की धातुओं से बने हैं। यदि उनके द्रव्यमान समान हैं, तो उनके सम्बन्धित व्यास के परितः जड़त्व आघूर्ण $\left(\frac{I_B}{I_A}\right)$ का अनुपात है NCERT पृष्ठ 116

(a) $\left(\frac{\rho_B}{\rho_A}\right)^{\frac{2}{3}}$ (b) $\left(\frac{\rho_A}{\rho_B}\right)^{\frac{2}{3}}$ (c) $\frac{\rho_A}{\rho_B}$ (d) $\frac{\rho_B}{\rho_A}$

56 त्रिज्या R और द्रव्यमान $9M$ की एक समान वृत्ताकार चकती से, चित्र में दिखाए अनुसार त्रिज्या $\frac{R}{3}$ की एक छोटी चकती निकाली जाती है।

चकती के तल के लम्बवत् और चकती के केन्द्र से गुजरने वाले एक अक्ष के परितः शेष चकती का जड़त्व आघूर्ण है NCERT पृष्ठ 116

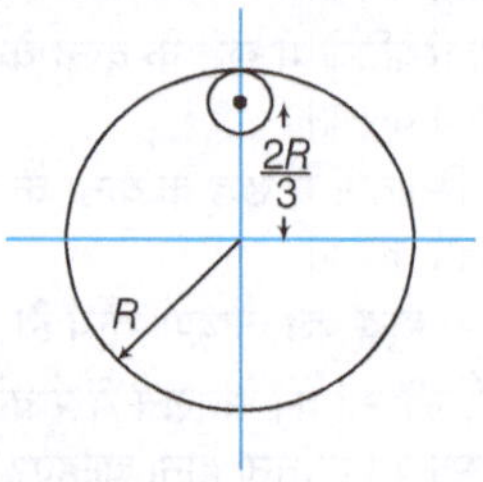

(a) $4MR^2$ (b) $\frac{40}{9}MR^2$ (c) $10MR^2$ (d) $\frac{37}{9}MR^2$

57 लम्बाई l और त्रिज्या R वाले एकसमान बेलन का उसके लम्बवत् समद्विभाजक के परितः जड़त्व आघूर्ण I है, $\frac{l}{R}$ अनुपात क्या होगा है जिससे जड़त्व आघूर्ण न्यूनतम हो? NCERT पृष्ठ 116

(a) $\frac{\sqrt{3}}{2}$ (b) 1 (c) $\frac{3}{\sqrt{2}}$ (d) $\sqrt{\frac{3}{2}}$

58 30 सेमी लम्बाई (आन्तरिक त्रिज्या 10 सेमी और बाहरी त्रिज्या 20 सेमी) वाले एक खोखले बेलन का उसके अक्ष के पारित जड़त्व आघूर्ण I होगा। समान द्रव्यमान के पतले बेलन का स्वरों के अक्ष के परितः जड़त्वाघूर्ण t है तो इसकी त्रिज्या है NCERT पृष्ठ 116

(a) 16 सेमी (b) 14 सेमी
(c) 12 सेमी (d) 18 सेमी

59 तीन समान गोलाकार गोले, जिनमें से प्रत्येक का द्रव्यमान m और त्रिज्या r है, चित्र में दिखाए अनुसार रखे गए हैं। एक अक्ष XX' पर विचार करें जो दो गोले को स्पर्श रहा है और तीसरे गोले के व्यास से गुजर रहा है। **NCERT पृष्ठ 116**

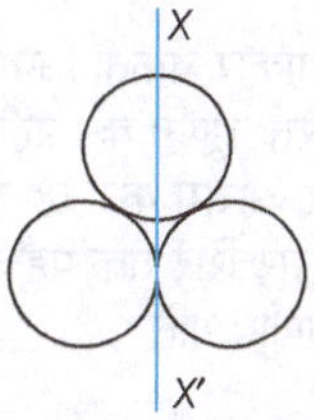

इन तीन गोलाकार गोले से मिलकर बने निकाय का XX' अक्ष के परितः जड़त्व आघूर्ण है

(a) $4mr^2$ (b) $\frac{11}{5}mr^2$

(c) $3mr^2$ (d) $\frac{16}{5}mr^2$

60 धरातल पर लम्बवत् रखी एक समान छड़ विरामावस्था से गिरती है। इसका पैर धरातल पर नहीं फिसलता है, तो गलत कथन का चयन कीजिए। **NCERT पृष्ठ 116**

(a) छड़ के किसी भी भाग का त्वरण किसी भी स्थिति में g से अधिक नहीं हो सकता है।

(b) छड़ की किसी भी स्थिति पर, उस पर अलग-अलग बिन्दुओं का त्वरण अलग-अलग होता है।

(c) छड़ पर किसी विशेष बिन्दु का छड़ की अलग-अलग स्थितियों के लिए अलग-अलग त्वरण होता है।

(d) छड़ पर किसी भी बिन्दु का अधिकतम त्वरण, किसी भी स्थिति पर, $1.5\,g$ है।

लम्बवत् और समान्तर अक्षों के प्रमेय

61 लम्बाई L और द्रव्यमान M की एक पतली एकसमान छड़ का जड़त्व आघूर्ण, इसके एक सिरे से $\frac{L}{3}$ की दूरी पर स्थित और छड़ के लम्बवत् एक बिन्दु से गुजरने वाले एक अक्ष के परितः होगा

Old NCERT पृष्ठ 167

(a) $\frac{ML^2}{12}$ (b) $\frac{ML^2}{9}$ (c) $\frac{7ML^2}{48}$ (d) $\frac{ML^2}{48}$

62 भुजा a और द्रव्यमान m वाली एकसमान वर्गाकार प्लेट पर विचार करें। इस प्लेट का अपने तल के लम्बवत् तथा इसके एक कोने से होकर गुजरने वाले अक्ष के पारित जड़त्व आघूर्ण है **Old NCERT पृष्ठ 167**

(a) $\frac{5}{6}ma^2$ (b) $\frac{1}{12}ma^2$ (c) $\frac{7}{12}ma^2$ (d) $\frac{2}{3}ma^2$

63 सात समान वृत्ताकार समतलीय चकती, जिनमें से प्रत्येक का द्रव्यमान M और त्रिज्या R है, सममित रूप से वेल्ड की गई हैं, जैसा कि चित्र में दिखाया गया है। इस व्यवस्था का तल के अभिलम्बवत् अक्ष तथा बिन्दु P से जाने वाले अक्ष के परितः जड़त्वाघूर्ण है। **Old NCERT पृष्ठ 167**

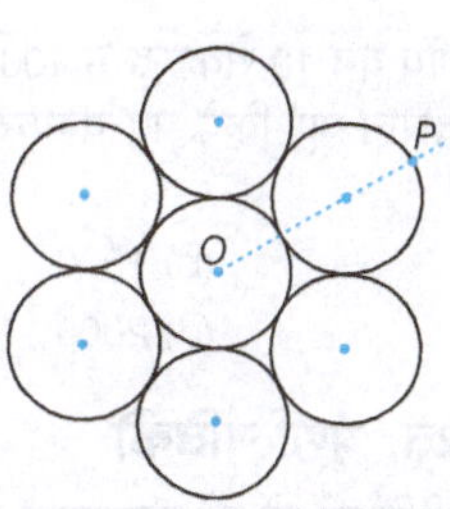

(a) $\frac{19}{2}MR^2$ (b) $\frac{55}{2}MR^2$ (c) $\frac{73}{2}MR^2$ (d) $\frac{181}{2}MR^2$

64 भुजा a और द्रव्यमान m वाले घन की आकृति के संदर्भ में, सही विकल्प चुनें। (O घन का केन्द्र है) **Old NCERT पृष्ठ 167**

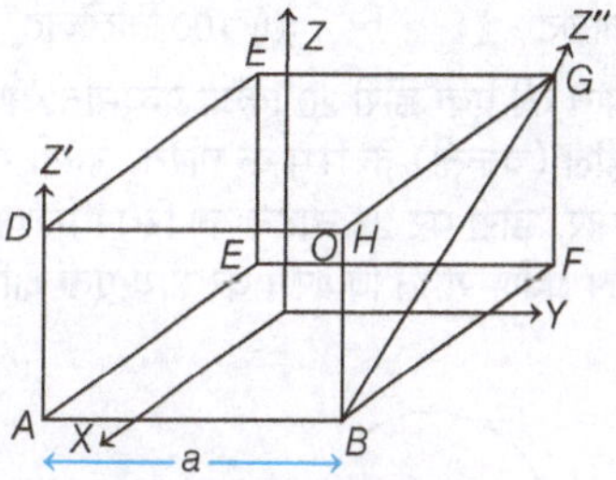

(a) Z-अक्ष के परितः घन का जड़त्वाघूर्ण $I_Z = I_X + I_Y$

(b) Z'-अक्ष के परितः घन का जड़त्वाघूर्ण $I_{Z'} = I_Z + \frac{ma^2}{2}$

(c) Z''-अक्ष के परितः घन का जड़त्वाघूर्ण $= I_Z + \frac{ma^2}{2}$

(d) $I_X \neq I_Y$

एक नियत अक्ष के परितः शुद्ध घूर्णी गतिकी

65 एक कार का पहिया 1200 rpm की दर से घूम रहा है। त्वरण को 10 सेकण्ड तक दबाने पर, यह 4500 rpm पर घूमने लगता है। पहिये का कोणीय त्वरण है **NCERT पृष्ठ 117**

(a) 30 रेडियन/से (c) 1880 डिग्री/से

(b) 40 रेडियन/से (d) 1980 डिग्री/से

66 जब एक छत के पंखे को बन्द कर दिया जाता है, तो इसका कोणीय वेग आधा हो जाता है तथा यह 36 चक्कर लगाता है। विरामावस्था से पहले यह कितने चक्कर लगाएगा?
(समान कोणीय मंदता मान लें) **NCERT पृष्ठ 117**

(a) 36 (b) 24 (c) 18 (d) 12

67 एक मोटर के पहिये की कोणीय गति 16 सेकण्ड में 1200 rpm से 3120 rpm तक बढ़ जाती है **NCERT पृष्ठ 117**

(i) इसका कोणीय त्वरण क्या है, यह मानते हुए कि त्वरण एकसमान है?

(ii) इस दौरान मोटर कितने चक्कर लगाती है?

(a) 4π रेडियन/से^{2} और 200 (b) 2π रेडियन/से^{2} और 470

(c) 4π रेडियन/से^{2} और 576 (d) 3π रेडियन/से^{2} और 390

68 एक पहिए का कोणीय वेग 10 सेकण्ड में 100 rpm से 300 rpm तक बढ़ जाता है। उस दौरान पूर्ण किये गए चक्करों की संख्या होगी **NCERT पृष्ठ 117**

(a) 600 (b) 1500
(c) 1000 (d) 2000

एक स्थिर अक्ष के परितः घूर्णी गतिकी

69 एक रोटर को 100 रेडियन/से की एकसमान कोणीय गति पर बनाए रखने के लिए, एक इंजन को 100 न्यूटन-मीटर का बल आघूर्ण संचारित करने की आवश्यकता होती है। इंजन की शक्ति है **NCERT पृष्ठ 119**

(a) 10 किलोवाट (c) 10 किलोवाट
(b) 100 किलोवाट (d) 100 किलोवाट

70 नगण्य द्रव्यमान की एक डोरी 20 किग्रा द्रव्यमान और 20 सेमी त्रिज्या वाले फ्लाईव्हील (चकती) के रिम के परितः लपेटी गई है। चित्र में दिखाए अनुसार, डोरी पर 25 न्यूटन का स्थिर खिंचाव लगाया जाता है। फ्लाईव्हील घर्षण रहित बियरिंग के साथ एक क्षैतिज धुरी पर लगा हुआ है **NCERT पृष्ठ 119**

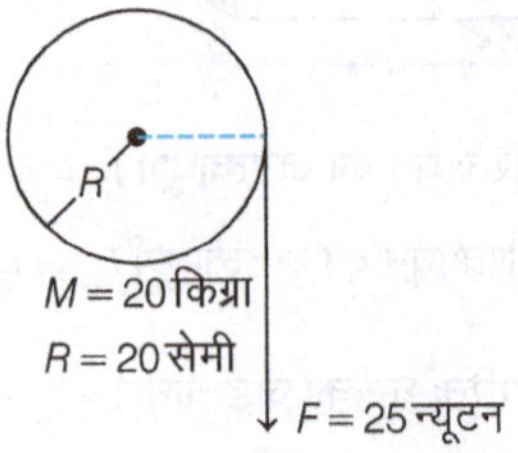

फ्लाईव्हील के कोणीय त्वरण की गणना करें

(a) 12.50 रेडियन/से (b) 6 रेडियन/से
(c) 10 रेडियन/से (d) 8 रेडियन/से^{2}

71 जड़त्व आघूर्ण 0.4 किग्रा-मी^{2} और त्रिज्या 0.2 मी वाला एक फ्लाईव्हील एक केन्द्रीय अक्ष के परितः घूर्णन करने के लिए स्वतन्त्र है। यदि इसके परितः एक डोरी लपेटी जाती है और इसे 10 न्यूटन के बल से खींचा जाता है, तो 4 सेकण्ड के बाद इसका कोणीय वेग होगा **NCERT पृष्ठ 119**

(a) 10 रेडियन/से (b) 5 रेडियन/से
(c) 20 रेडियन/से (d) 15 रेडियन/से

72 द्रव्यमान M और त्रिज्या r वाला एक खोखला बेलन तथा ठोस गोला इसके केन्द्र से गुजरने वाले एक अक्ष के परितः घूर्णन कर रहा है। यदि उन पर समान परिमाण के बल आघूर्ण लगाए जाएं, तो उत्पन्न कोणीय त्वरणों का अनुपात होगा **NCERT पृष्ठ 119**

(a) $\frac{2}{5}$ (b) $\frac{5}{2}$ (c) $\frac{5}{4}$ (d) $\frac{4}{5}$

73 50 किग्रा द्रव्यमान तथा 0.5 मीटर त्रिज्या वाला एक ठोस बेलन क्षैतिज अक्ष के परितः घूर्णन करने के लिए स्वतन्त्र है। एक द्रव्यमानहीन डोरी बेलन के परितः लपेटी गई है, जिसका एक सिरा इससे जुड़ा हुआ है तथा दूसरा स्वतंत्र रूप से लटका हुआ है। 2 घूर्णन/से का कोणीय त्वरण उत्पन्न करने के लिए डोरी में आवश्यक तनाव है **NCERT पृष्ठ 119**

(a) 25 न्यूटन (b) 50 न्यूटन
(c) 78.5 न्यूटन (d) 157 न्यूटन

74 एक पतली क्षैतिज वृत्ताकार चकती अपने केन्द्र से गुजरने वाले एक ऊर्ध्वाधर अक्ष के परितः घूर्णन कर रही है। एक कीट चकती के रिम के पास एक बिन्दु पर आराम कर रहा है। कीट अब चकती के व्यास के अनुदिश इसके दूसरे सिरे तक पहुँचता है। कीट की यात्रा के दौरान, चकती की कोणीय गति **NCERT पृष्ठ 119**

(a) लगातार घटती है
(b) लगातार बढ़ती है
(c) पहले बढ़ती है और फिर घटती है
(d) अपरिवर्तित रहती है

75 10 किग्रा-मी^{2} जड़त्व आघूर्ण का एक फ्लाईव्हील 50 रेडियन/से के कोणीय वेग से घूम रहा है। इसे 10 सेकण्ड में विरामावस्था में आ जाता है। आवश्यक औसत शक्ति है **NCERT पृष्ठ 119**

(a) 1250 वाट (b) 625 वाट (c) 2500 वाट (d) 500 वाट

76 समान जड़त्वाघूर्ण की दो चकतियाँ, चकतियों के तल के लम्बवत् तथा केन्द्रों से गुजरने वाले अक्षों के पारितः कोणीय वेग ω_1 तथा ω_2 से घूर्णन करती है। यह एक-दूसरे के सम्पर्क में इस प्रकार आती है कि इनके घूर्णन अक्ष सम्पाती हो जाते है तो, इस प्रक्रिया के दौरान ऊर्जा की हानि के लिए व्यंजक होगा **NCERT पृष्ठ 119**

(a) $\frac{1}{2}I(\omega_1+\omega_2)^2$ (b) $\frac{1}{4}I(\omega_1-\omega_2)^2$
(c) $I(\omega_1+\omega_2)^2$ (d) $\frac{1}{8}I(\omega_1-\omega_2)^2$

77 चित्र में दिखाए अनुसार किसी खुरदरी क्षैतिज सतह पर रखे द्रव्यमान M तथा त्रिज्या R वाले वलय के शीर्ष पर बल F लगाया जाता है। फिसलन को रोकने के लिए घर्षण पर्याप्त है। वलय पर कार्य करने वाला घर्षण बल है **NCERT पृष्ठ 119**

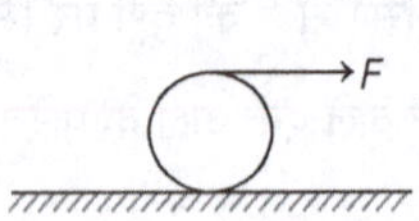

(a) $\frac{F}{2}$ दायी ओर (b) $\frac{F}{13}$ बायी ओर
(c) $\frac{2F}{3}$ दायी ओर (d) शून्य

78 एक पहिया जिसका जड़त्व आघूर्ण अपने ऊर्ध्वाधर अक्ष के परितः 2 किग्रा-मी^{2} है, यह अक्ष के परितः 60 rpm की दर से घूमता है। एक मिनट में पहिये के घूमने को रोकने वाला बल आघूर्ण होगा **NCERT पृष्ठ 119**

(a) $\frac{2\pi}{15}$ न्यूटन-मी (b) $\frac{\pi}{12}$ न्यूटन-मी
(c) $\frac{\pi}{15}$ न्यूटन-मी (d) $\frac{\pi}{18}$ न्यूटन-मी

स्थिर अक्ष के परित: घूर्णन की स्थिति में कोणीय संवेग

79 एक आइस स्केटर (ice sketer) अपनी भुजाओं को फैलाकर 3π रेडियन/से$^{-1}$ पर घूमता है। यदि उसकी भुजाओं को मोड़ने पर जड़त्व आघूर्ण, भुजाओं को फैलाने पर जड़त्व आघूर्ण का 75% है, तो जब वह अपनी भुजाओं को मोड़ती है, तो उसका कोणीय वेग होगा NCERT पृष्ठ 122

(a) π रेडियन/से (b) 2π रेडियन/से
(c) 3π रेडियन/से (d) 4π रेडियन/से

80 8 रेडियन/से की गति से घूर्णन करने वाली 2 किग्रा-मी^{2} जड़त्व आघूर्ण वाली एक चकती को 4 रेडियन/से की गति से घूमने वाली 4 किग्रा/मी^{2} जड़त्व आघूर्ण वाली एक अन्य चकती पर रखा जाता है। संयुक्त चकती की कोणीय आवृत्ति क्या है? NCERT पृष्ठ 122

(a) 4 रेडियन/से (b) $\frac{3}{16}$ रेडियन/से
(c) $\frac{16}{3}$ रेडियन/से (d) $\frac{16}{5}$ रेडियन/से

81 यदि घर्षण बल नगण्य है और लड़की अपने हाथ मोड़ती है, तो (प्रारम्भ में लड़की कुर्सी पर घूम रही है) NCERT पृष्ठ 122

(a) $I_{लड़की}$ घट जाएगा (b) $I_{लड़की}$ बढ़ जाएगा
(c) $\omega_{लड़की}$ घट जाएगा (d) $\omega_{लड़की}$ समान रहता है

82 जब कलाबाज अपना शरीर मोड़ता है, तो (मान लें कि कोई बाह्य बल आघूर्ण नहीं है) NCERT पृष्ठ 122

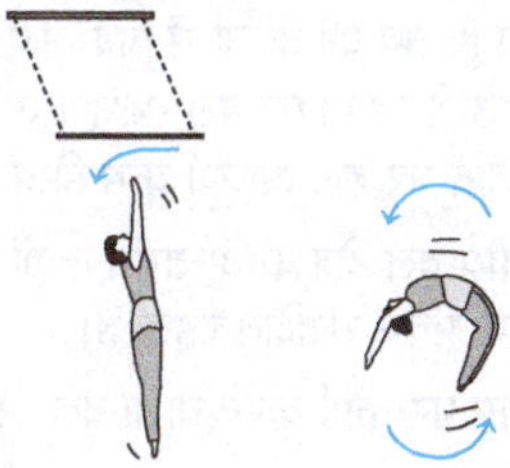

(a) $I_{कला बाज}$ घटता है
(c) $I_{कला बाज}$ बढ़ता है
(b) $\omega_{कला बाज}$ घटता है
(d) $\omega_{कला बाज}$ समान रहता है

83 एक नर्तक अपनी भुजाओं को फैलाकर कोणीय गति ω से अपने घूमता है। जब वह अपने हाथों को अन्दर खींचता है, तो उसका जड़त्व आघूर्ण 40% कम हो जाता है, तब उसका नया कोणीय वेग होगा NCERT पृष्ठ 122

(a) $\frac{3\omega}{5}$ (b) $\frac{4\omega}{5}$
(c) $\frac{5\omega}{4}$ (d) $\frac{5\omega}{3}$

84 एक मंच पर खड़ा एक व्यक्ति अपनी फैली हुई भुजाओं में भार रखता है। निकाय एक केन्द्रीय ऊर्ध्वाधर अक्ष के परितः स्वतन्त्र रूप से घूमता है। अब यदि वह भार को अपने शरीर से अन्दर की ओर खींचता है, तो गलत कथन चुनें। NCERT पृष्ठ 122

(a) निकाय का कोणीय वेग बढ़ जाएगा।
(b) निकाय का कोणीय संवेग कम हो जाएगा।
(c) निकाय की गतिज ऊर्जा बढ़ जाएगी।
(d) उसे भार खींचने के लिए कुछ ऊर्जा का विस्तार करना होगा।

अभिकथन-कारण प्रश्न

निर्देश प्रश्न *क्रमांक 1-10) निम्नलिखित प्रश्नों में, अभिकथन के एक कथन के बाद कारण का एक संगत कथन दिया गया है। निम्नलिखित कथनों में से सही कथन का चयन कीजिए।*

(a) अभिकथन और कारण दोनों सही हैं तथा कारण, अभिकथन की सही व्याख्या है।
(b) अभिकथन और कारण दोनों सही हैं, लेकिन कारण, अभिकथन की सही व्याख्या नहीं है।
(c) अभिकथन सही है, लेकिन कारण गलत है।
(d) अभिकथन गलत है, लेकिन कारण सही है।

1 अभिकथन विरामावस्था में कणों के निकाय का द्रव्यमान केन्द्र विरामावस्था में ही रहता है।
कारण कणों के निकाय पर कार्य करने वाला बाह्य बल शून्य होता है। NCERT पृष्ठ 99

2 अभिकथन द्रव्यमान केन्द्र की गति, गति के स्थानान्तरीय भाग का वर्णन करती है।
कारण स्थानान्तरीय गति का अर्थ हमेशा सीधी रेखा में गति होता है। NCERT पृष्ठ 99

3 अभिकथन एक संरक्षी बल के प्रभाव में कणों के एक निकाय का द्रव्यमान केन्द्र उसी पथ पर गति करता है जिस पर समान द्रव्यमान और समान प्रारंभिक स्थितियों वाला एक कण गति करता है।
कारण कणों की एक पृथक निकाय की कुल ऊर्जा स्थिर रहती है। NCERT पृष्ठ 100

4 अभिकथन गति में एक दृढ़ पिण्ड का कोणीय वेग पूरे पिण्ड के लिए परिभाषित किया गया है।
कारण शुद्ध घूर्णी गति करने वाले एक दृढ़ पिण्ड पर सभी बिन्दुओं का कोणीय वेग समान होता है। NCERT पृष्ठ 103

5 **अभिकथन** एक सीढ़ी के फिसलने की संभावना अधिक होती है। जब आप उस पर ऊँचे होते हैं, तब की तुलना में जब आप चढ़ना शुरू करते हैं।
कारण सीढ़ी पर ऊँचे स्थान पर बल आघूर्ण अधिक होता है और ऊपर की ओर जाने पर बल आघूर्ण कम होता है। NCERT पृष्ठ 105

6 **अभिकथन** केन्द्रीय बल क्षेत्र के अन्तर्गत कणों के एक निकाय के लिए, कुल कोणीय संवेग संरक्षित रहता है।
कारण ऐसे निकाय पर कार्य करने वाला बल आघूर्ण शून्य होता है। NCERT पृष्ठ 105

7 **अभिकथन** कणों के एक पृथक निकाय का कुल संवेग स्थिर रहता है।
कारण कणों के निकाय पर कोई बाह्य बल कार्य नहीं कर रहा है। NCERT पृष्ठ 107

8 **अभिकथन** किसी दृढ़ पिण्ड पर लगने वाला बल आघूर्ण उसके कोणीय संवेग के परिवर्तन की दर के बराबर होता है।
कारण बल आघूर्ण किसी पिण्ड पर लगने वाले घूर्णी बल का माप है। NCERT पृष्ठ 107

9 **अभिकथन** ग्लोबल वार्मिंग के कारण, दिन की अवधि घट रही है।
कारण पृथ्वी का कोणीय संवेग एक नियत राशि है। NCERT पृष्ठ 108

10 **अभिकथन** बाहरी बल के प्रभाव में दृढ़ पिण्ड का आकार और आकृति अप्रभावित रहती है।
कारण दृढ़ पिण्ड में दो कणों के बीच की दूरी नियत रहती है। NCERT पृष्ठ 109

कथन आधारित प्रश्न

निर्देश *(प्रश्न क्रमांक 1-8) निम्नलिखित प्रश्नों में दो कथन (I और II) दिए गए हैं। दिए गए कथनों के अनुसार, नीचे दिए गए सही विकल्प का चयन करें।*

(a) कथन I और कथन II दोनों गलत हैं।
(b) कथन I सही है लेकिन कथन II गलत है।
(c) कथन I गलत है लेकिन कथन II सही है।
(d) कथन I और कथन II दोनों सही हैं।

1 **कथन I** चक्रवात में भँवर की गति खतरनाक रूप से अधिक होती है।
कथन II यदि किसी पिण्ड पर कोई बाह्य बल आघूर्ण कार्य नहीं करता है, तो उसका कोणीय वेग संरक्षित रहता है। NCERT पृष्ठ 103

2 **कथन I** लुढ़कते समय, किसी दृढ़ पिण्ड के सभी बिन्दुओं का रेखीय वेग समान होता है।
कथन II घूर्णी गति रेखीय वेग को प्रभावित नहीं करती है। NCERT पृष्ठ 103

3 **कथन I** सामान्य घूर्णी गति के लिए, कोणीय संवेग L और कोणीय वेग ω को समान्तर होने की आवश्यकता नहीं है।
कथन II सामान्य स्थानान्तरीय गति के लिए, संवेग p और वेग v सदैव लम्बवत् होते हैं। NCERT पृष्ठ 107

4 **कथन I** यदि पिण्ड पर कुल बल शून्य है, तो पिण्ड का कुल रेखीय संवेग समय के साथ परिवर्तित नहीं होता है।
कथन II यदि दृढ़ पिण्ड पर कुल बल आघूर्ण शून्य है, तो पिण्ड का कुल कोणीय संवेग समय के साथ परिवर्तित नहीं होता है। NCERT पृष्ठ 109

5 **कथन I** त्वरण के दौरान दृढ़ पिण्ड का आयतन स्थिर रहता है।
कथन II बल की क्रिया के अन्तर्गत दृढ़ पिण्ड का आकार आसानी से बदल सकता है। NCERT पृष्ठ 109

6 **कथन I** चित्र में प्रदर्शित लीवर के लिए अनुपात F_1/F_2 यान्त्रिक लाभ के बराबर है, अर्थात्

$$MA = \frac{F_1}{F_2} + \frac{d_2}{d_1}$$

कथन II लीवर में संतुलन पर, भार भुजा $\times$ प्रयास भुजा = भार $\times$ प्रयास NCERT पृष्ठ 110

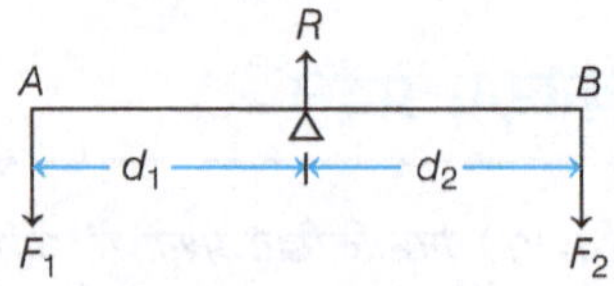

7 **कथन I** बल आघूर्ण एक सदिश राशि है।
कथन II कोणीय संवेग कोणीय वेग के समान्तर नहीं हो सकता है। NCERT पृष्ठ 114

8 **कथन I** एक सीधी रेखा में गति करने वाले कण का कोणीय संवेग सदैव नियत बिन्दु के सम्बन्ध में नियत होता है।
कथन II घूर्णन अक्ष की स्थिति के सापेक्ष किसी पिण्ड का जड़त्व आघूर्ण समान रहता है। NCERT पृष्ठ 114

सुमेलन प्रकार प्रश्न

1 कॉलम I (दिया गया उदाहरण) को कॉलम II (गति के प्रकार) से सुमेलित करें। नीचे दिए गए विकल्पों में से सही उत्तर चुनें। **NCERT पृष्ठ 92**

कॉलम I	कॉलम II
A. 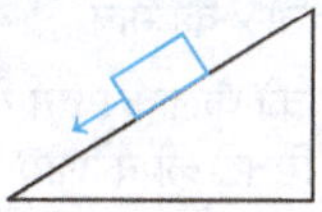 आनत तल पर एक ब्लॉक	1. लोटनी
B. 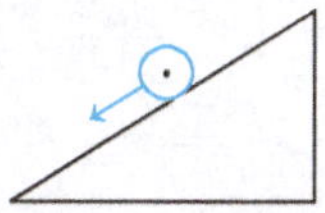 आनत तल पर बेलन	2. स्थानान्तरीय
C. 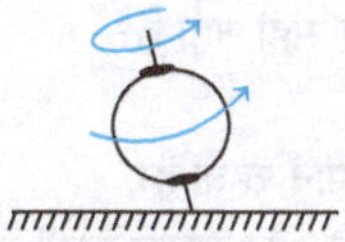 घुमता हुआ लट्टू	3. घूर्णन
D. 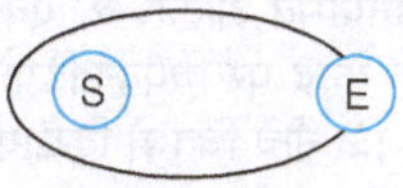 पृथ्वी-सूर्य निकाय	4. पुरस्सरण

कूट

	A	B	C	D
(a)	4	1	4	3
(b)	2	3	1	4
(c)	3	1	2	4
(d)	3	1	2	4

2 कॉलम I (विभिन्न निकायों का घूर्णन) को कॉलम II (उनका जड़त्व आघूर्ण) से मिलाएँ। नीचे दिए गए विकल्पों में से सही उत्तर चुनें। **NCERT पृष्ठ 114**

कॉलम I	कॉलम II
A. त्रिज्या r का पतला गोलाकार वलय जिसकी अक्ष समतल के लम्बवत् है औरकेन्द्र से होकर गुजरती है।	1. $MR^2/2$
B. त्रिज्या R का पतला गोलाकार वलय जिसकी इसके व्यास से होकर गुजरती है।	2. $ML^2/12$
C. लम्बाई L की पतली छड़, जिसका अक्ष छड़ के लम्बवत् है और मध्य-बिन्दु से होकर गुजरता है।	3. MR^2
D. त्रिज्या R की गोलाकार चकती, जिसका अक्ष उसके व्यास से होकर गुजरता है।	4. $MR^2/4$

कूट

	A	B	C	D		A	B	C	D
(a)	3	2	2	1	(b)	2	3	1	2
(c)	3	1	2	1	(d)	3	1	2	4

3 कॉलम I (विभिन्न पिण्डों का घूर्णन) को कॉलम II (उनका जड़त्व आघूर्ण) से मिलाएँ। नीचे दिए गए विकल्पों में से सही उत्तर चुनें। **NCERT पृष्ठ 114**

कॉलम I	कॉलम II
A. व्यास से गुजरने वाले अक्ष के परितः त्रिज्या R की गोलाकार चकती	1. $MR^2/4$
B. बेलन की धुरी से गुजरने वाले अक्ष के परितः त्रिज्या R का खोखला बेलन	2. MR^2
C. बेलन की धुरी से गुजरने वाले अक्ष के परितः त्रिज्या R का ठोस बेलन	3. $MR^2/2$
D. व्यास से गुजरने वाले अक्ष के परितः त्रिज्या R का ठोस गोला	4. $(2/5)MR^2$

कूट

	A	B	C	D		A	B	C	D
(a)	4	3	2	1	(b)	1	2	3	4
(c)	1	3	2	4	(d)	2	1	3	4

आंकिक मान प्रकार के प्रश्न

1 तीन समान गोले, जिनमें से प्रत्येक का द्रव्यमान M है, एक समकोण त्रिभुज के कोने पर रखे गए हैं, जिनकी परस्पर लम्बवत् भुजाएँ 6 मीटर के बराबर हैं। परस्पर लम्बवत् भुजाओं के प्रतिच्छेद बिन्दु को मूल बिन्दु के रूप में लें, तो निकाय के द्रव्यमान केन्द्र के स्थिति सदिश का परिमाण $\sqrt{x}$ होगा। x का मान है **NCERT पृष्ठ 92**

2 द्रव्यमान $m = 4$ किग्रा का एक कण क्षैतिज से 45° के कोण पर 10 मी/से की प्रारम्भिक गति से प्रक्षेपित किया जाता है। जब कण उच्चतम बिन्दु पर होता है, तो प्रक्षेपण बिन्दु के परितः कण के भार का बल आघूर्ण-N_k होता है। N का मान ......($g = 10$ मी/से^{2}) है **NCERT पृष्ठ 105**

3 लम्बाई L की एक ट्यूब को द्रव्यमान m के एक असम्पीड्य तरल से पूरी तरह से भर दिया जाता है और दोनों सिरों को बन्द कर दिया जाता है। जब ट्यूब को कोणीय वेग ω के साथ इसके एक सिरे के परितः क्षैतिज तल में घुमाया जाता है। दूसरे सिरे पर द्रव द्वारा लगाया गया बल $\frac{mL\omega^2}{n}$ है, तो n का मान है। **NCERT पृष्ठ 105**

4 त्रिज्या R और मोटाई $R/6$ वाली एक वृत्ताकार चकती में इसके केन्द्र से गुजरने वाली और इसके तल के लम्बवत् अक्ष के परितः जड़त्व आघूर्ण I है। इसे पिघलाया जाता है और एक ठोस गोले में ढाला जाता है। इसके व्यास के परितः गोले का जड़त्व आघूर्ण $\frac{I}{n}$ है n का मान .... है। **NCERT पृष्ठ 114**

5 किसी पिण्ड के द्रव्यमान केन्द्र से 3 सेमी दूर स्थित किसी अक्ष के परितः घूर्णन त्रिज्या 5 सेमी है। अपने द्रव्यमान केन्द्र से गुजरने वाली समान्तर अक्ष के परितः घूर्णन त्रिज्या x सेमी है, तब x का मान है ...... **NCERT Pg. 114**

6 0.03 मीटर लम्बाई का एक आयताकार बॉक्स क्षैतिज रूप से रखा गया है, जिसमें से एक सिरा 20 मीटर की ऊँचाई वाले प्लेटफॉर्म के किनारे पर है। जब इसे छोड़ा जाता है, तो यह $t = 0.01$ सेकण्ड में मेज से फिसल जाता है। जब यह धरातल से टकराता है, तो घूर्णन कोण .... (रेडियन में) होगा। **NCERT पृष्ठ 116**

7 6 ग्राम द्रव्यमान और 250 मी/से की गति से एक गोली एक दरवाजे में दागी जाती है और दरवाजे के ठीक केन्द्र में धंस जाती है। दरवाज़ा 120 सेमी चौड़ा है और इसका वजन 15 किलोग्राम है। यह एक सिरे पर टिका हुआ है और एक ऊर्ध्वाधर अक्ष के परितः घूमता है, गोली के अन्दर धँसने के ठीक बाद दरवाजे की कोणीय गति 15×10^{-x} रेडियन/सेकण्ड है, तो x का मान ...... है **NCERT पृष्ठ 121**

8 एक बच्चा अपनी दोनों भुजाओं को फैलाकर टर्न टेबल के बीच में खड़ा है। टर्न टेबल 22 चक्कर/मिनट की कोणीय गति से घूम रही है। यदि वह अपने हाथों को पीछे मोड़ता है और अपने जड़त्व आघूर्ण को प्रारम्भिक मान से 2/3 गुना कम कर देता है, तो बच्चे की कोणीय गति ... रेडियन/से है। **NCERT पृष्ठ 122**

NCERT Exemplar प्रश्न

1 निम्नलिखित में से किसके लिए द्रव्यमान केन्द्र पिण्ड के बाहर होता है?

(a) एक पेन्सिल (b) एक शॉट पुट

(c) एक पासा (d) एक चूड़ी

2 निम्नलिखित में से कौन-सा बिन्दु चित्र में दिखाए गए निकाय के द्रव्यमान केन्द्र की सम्भावित स्थिति है?

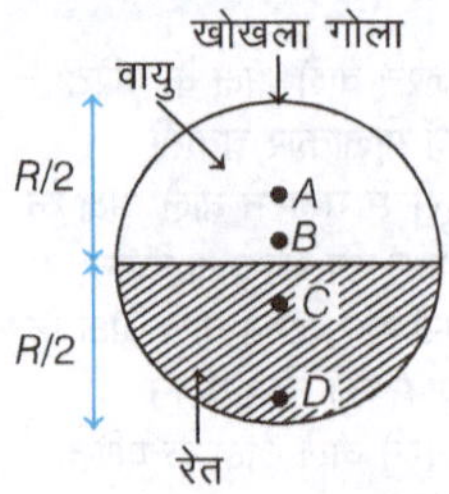

(a) A (b) B

(c) C (d) D

3 द्रव्यमान m का एक कण एकसमान वेग v के साथ YZ-तल में घूर्णन कर रहा है, जिसका प्रक्षेप पथ धनात्मक Y-अक्ष के समानान्तर चल रहा है और Z-अक्ष को चित्र में $z = a$ पर प्रतिच्छेद कर रहा है। जब यह Y स्थिरांक पर एक दीवार से प्रत्यास्थ रूप से उछलता है, तो मूल बिन्दु के परितः इसके कोणीय संवेग में परिवर्तन होता है।

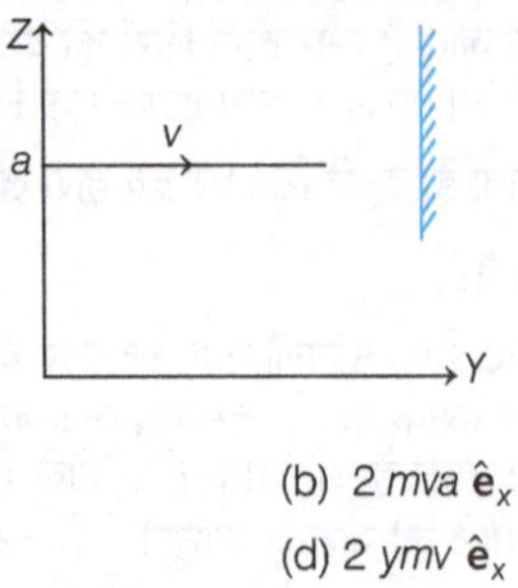

(a) $mva\,\hat{\mathbf{e}}_x$ (b) $2\,mva\,\hat{\mathbf{e}}_x$

(c) $ymv\,\hat{\mathbf{e}}_x$ (d) $2\,ymv\,\hat{\mathbf{e}}_x$

4 जब एक चकती एकसमान कोणीय वेग से घूर्णन करती है, तो निम्नलिखित में से कौन-सा कथन सही नहीं है?

(a) घूर्णन समान रहता है।

(b) घूर्णन अक्ष का अभिविन्यास समान रहता है।

(c) घूर्णन की गति शून्य नहीं होती है और समान रहती है।

(d) कोणीय त्वरण शून्य नहीं होता है और समान रहता है।

5 एकसमान वर्गाकार प्लेट में अनियमित आकार का एक छोटा टुकड़ा Q निकाला गया है और प्लेट के केन्द्र पर चिपका दिया गया है, जिससे पीछे एक छेद रह गया है जैसा कि नीचे चित्र में दिखाया गया है। Z-अक्ष के परितः जड़त्व आघूर्ण

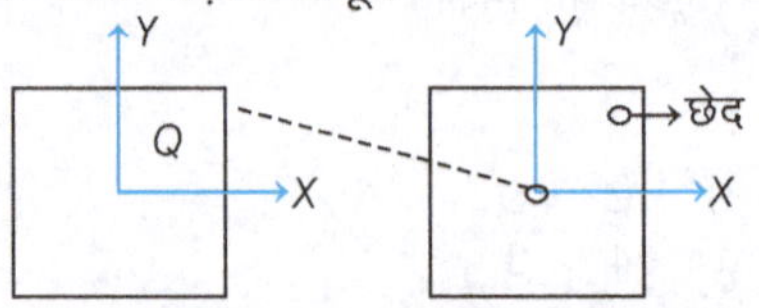

(a) बढ़ता है (b) घटता है

(c) वही रहता है (d) अप्रत्याशित तरीके से बदल जाता है

6 1 मीटर लम्बाई वाली एक असमान छड़ का घनत्व $\rho(x) = a(1 + bx^2)$ द्वारा दिया जाता है, जहाँ a और b स्थिरांक हैं और $0 \le x \le 1$ है। छड़ का द्रव्यमान केन्द्र होगा

(a) $\frac{3(2+b)}{4(3+b)}$ (b) $\frac{4(2+b)}{3(3+b)}$ (c) $\frac{3(3+b)}{4(2+b)}$ (d) $\frac{4(3+b)}{3(2+b)}$

7 त्रिज्या R और द्रव्यमान M के एक वलय जैसे प्लेटफॉर्म से बना एक हिंडौला कोणीय गति ω से घूर्णन कर रहा है। इस पर द्रव्यमान M का एक व्यक्ति खड़ा है। किसी क्षण, व्यक्ति प्लेटफॉर्म से दूर रेडियल दिशा में कूद जाता है, (जैसा कि प्लेटफॉर्म से देखा जाता है)। इसके पश्चात् प्लेटफॉर्म की गति होगी

(a) 2ω (b) ω

(c) $\frac{\omega}{2}$ (d) 0

8 समय t के साथ एक घूर्णनशील दृढ़ पिण्ड पर एक बिन्दु की कोणीय स्थिति θ में परिवर्तन को निम्न चित्र द्वारा दिखाया गया है।

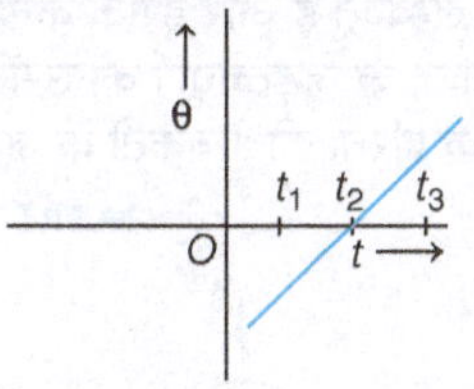

पिण्ड किस दिशा में घूर्णन कर रहा है?

(a) दक्षिणावर्त

(b) वामावर्त

(c) दक्षिणावर्त या वामावर्त हो सकता है

(d) उपरोक्त में से कोई नहीं

9 त्रिज्या R की एक चकती क्षैतिज अक्ष के परितः कोणीय गति ω_0 से घूर्णन कर रही है। इसे एक क्षैतिज मेज पर रखा गया है। गतिज घर्षण का गुणांक μ_K है। मेज के सम्पर्क में आने से पहले इसके द्रव्यमान केन्द्र का वेग क्या था?

(a) $\omega_0 R$

(b) 0

(c) $\frac{\omega_0 R}{2}$

(d) $2\omega_0 R$

विगत परीक्षाओं के प्रश्न

NEET

1 एक पतली छड़ का इसके मध्य बिन्दु से गुजरने वाली छड़ के लम्बवत् अक्ष के परितः जड़त्व आघूर्ण 2400 ग्राम-सेमी² है। 400 ग्राम की छड़ की लम्बाई लगभग है **NCERT पृष्ठ 114, NEET 2024**

(a) 8.5 सेमी (b) 17.5 सेमी

(c) 20.7 सेमी (c) 72.0 सेमी

2 10 मीटर लम्बाई की दृढ़ छड़ के दो सिरों पर 10 किग्रा तथा 20 किग्रा द्रव्यमान की दो वस्तुएँ 10 किग्रा द्रव्यमान से निकाय के द्रव्यमान के केन्द्र की दूरी है **NCERT पृष्ठ 97, NEET 2022**

(a) $\frac{20}{3}$ मी (b) 10 मी

(c) 5 मी (d) $\frac{10}{3}$ मी

3 एक पतली एकसमान चकती के केन्द्र से गुजरने वाली तथा एवं इसके तल के लम्बवत् अक्ष के पारित घूर्णन की त्रिज्या से अनुपात का मान होगा। **NCERT पृष्ठ 115, NEET 2022**

(a) $\sqrt{2}:1$ (b) $4:1$

(c) $1:\sqrt{2}$ (d) $2:1$

4 एकसमान कोणीय त्वरण के साथ गतिमान एक फ्लाई व्हील की कोणीय गति 16 सेकण्ड में 1200 rpm से 3120 rpm में बदल जाती है। कोणीय त्वरण रेडियन/सेकण्ड में है **NCERT पृष्ठ 117, NEET 2022**

(a) 4π (b) 12π

(c) 104π (d) 2π

5 द्रव्यमान M और त्रिज्या R की एक वृत्ताकार रिंग से, 90° सेक्टर के अनुरूप एक चाप निकाला जाता है। रिंग के केन्द्र से गुजरने वाली और रिंग के तल के लम्बवत् अक्ष के परितः रिंग के शेष भाग का जड़त्व आघूर्ण MR^2 का K गुना है। तब, K का मान है **NCERT पृष्ठ 115, NEET 2021**

(a) $\frac{3}{4}$ (b) $\frac{7}{8}$ (c) $\frac{1}{4}$ (d) $\frac{1}{8}$

6 एक वाहन के पहिये की कोणीय गति 14 सेकण्ड में 360 rpm से 1200 rpm तक बढ़ जाती है। इसका कोणीय त्वरण है **NCERT पृष्ठ 117, NEET (Oct.) 2020**

(a) 2π रेडियन/सेकण्ड² (b) 28π रेडियन/सेकण्ड²

(c) 120π रेडियन/सेकण्ड² (d) 1 रेडियन/सेकण्ड²

7 एक कण विरामावस्था से शुरू होकर त्रिज्या r के एक वृत्त में घूमता है। यह nवें चक्कर में v_0 मी/से का वेग प्राप्त करता है। इसका कोणीय त्वरण होगा **NCERT पृष्ठ 117, NEET 2019**

(a) $\frac{v_0}{n}$ रेडियन/सेकण्ड² (b) $\frac{v_0^2}{2\pi n r^2}$ रेडियन/सेकण्ड²

(c) $\frac{v_0^2}{4\pi n r^2}$ रेडियन/सेकण्ड² (d) $\frac{v_0^2}{2\pi n r}$ रेडियन/सेकण्ड²

8 बल $F = (4\hat{i} + 5\hat{j} - 6\hat{k})$ न्यूटन का बल आघूर्ण बिन्दु (2, –2, –2) के परितः (2,0,–3) पर होगा **NCERT पृष्ठ 106, NEET 2018**

(a) $-7\hat{i} + 8\hat{j} - 4\hat{k}$ (b) $-4\hat{i} - \hat{j} - 8\hat{k}$

(c) $-8\hat{i} - 4\hat{j} - 7\hat{k}$ (d $-7\hat{i} - 4\hat{j} - 8\hat{k}$

JEE Main

9 M द्रव्यमान व R त्रिज्या की एक पतली वृत्ताकार चकती क्षैतिज तल में इसके केन्द्र से गुजरने वाली इसके तल के लम्बवत् अक्ष के परितः ω कोणीय वेग से घूम रही है। समान आकृति की $M/2$ द्रव्यमान की दूसरी चकती समअक्षीय रूप से इसके ऊपर धीरे से रख दी जाती है, तब निकाय का नया कोणीय वेग है **NCERT पृष्ठ 105, JEE Main 2024**

(a) $\frac{4}{5}\omega$ (b) $\frac{2}{3}\omega$ (c) $\frac{5}{4}\omega$ (d) $\frac{3}{2}\omega$

10 प्रदर्शित चित्र के अनुसार समान द्रव्यमान के एक खोखले गोले तथा ठोस बेलन की क्रमशः AB अक्षों के परितः जड़त्व आघूर्ण के लिए इनकी घूर्णन त्रिज्याओं का अनुपात $\sqrt{8/x}$ है। x का मान है **NCERT पृष्ठ 115, JEE Main 2024**

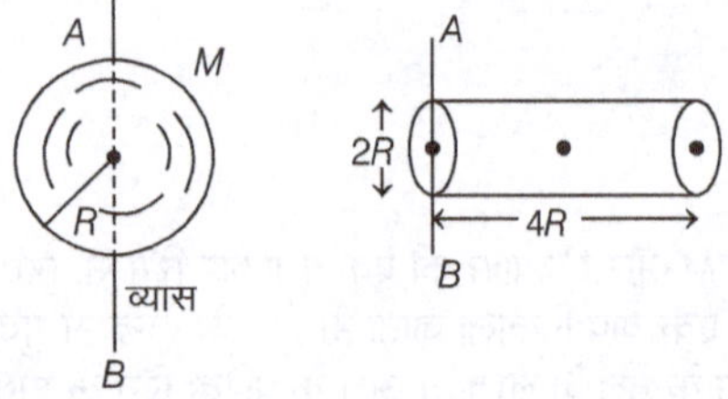

(a) 17 3 (b) 51 (c) 67 (d) 34

11 R त्रिज्या तथा M द्रव्यमान की एक चकती (डिस्क) v चाल से क्षैतिज दिशा में बिना फिसले लुढ़कती है। इसके बाद यह एक चिकने आनत तल पर ऊपर की ओर गति करती है जैसा कि चित्र में दर्शाया गया है। चकती द्वारा आनत तल पर चढ़ सकने की अधिकतम ऊँचाई है **NCERT पृष्ठ 93, JEE Main 2024**

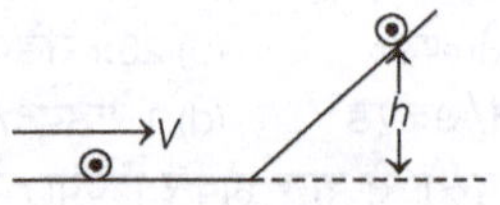

(a) $\frac{3v^2}{4g}$ (b) $\frac{1v^2}{2g}$ (c) $\frac{2v^2}{3g}$ (d) $\frac{v^2}{g}$

12 नीचे एक त्रिभुजाकार प्लेट दिखाई गई है। बिन्दु P पर एक बल $\mathbf{F} = 4\hat{i} - 3\hat{j}$ लगाया जाता है। बिन्दु O और Q पर बिन्दु P के सापेक्ष बल आघूर्ण है **NCERT पृष्ठ 106, JEE Main 2021**

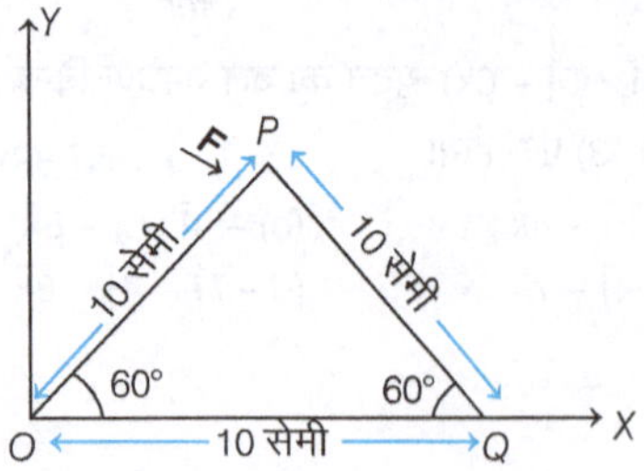

(a) $-15-20\sqrt{3}, 15-20\sqrt{3}$ (b) $15+20\sqrt{3}, 15-20\sqrt{3}$
(c) $15-20\sqrt{3}, 15+20\sqrt{3}$ (d) $-15+20\sqrt{3}, 15+20\sqrt{3}$

13 चित्र में क्रमशः त्रिज्या R और r वाली दो ठोस चकती दिखाई गई हैं। यदि दोनों के लिए प्रति इकाई क्षेत्र द्रव्यमान समान है, तो अक्ष AB (जो चकती के तल के लम्बवत् है और इसके केन्द्र से होकर गुजरती है) के परितः बड़ी चकती के जड़त्वाघूर्ण का उसके तल पर स्थित उसके व्यासों में से एक के परितः छोटी चकती के जड़त्वाघूर्ण से अनुपात क्या है? **NCERT पृष्ठ 115, JEE Main 2021**

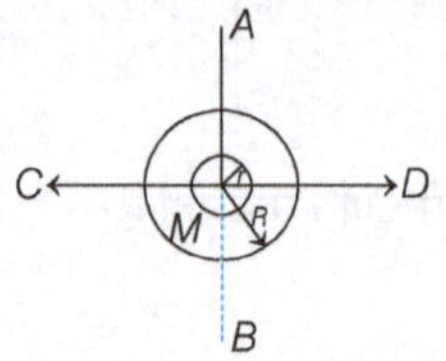

दिया गया है, M बड़ी चकती का द्रव्यमान है। (MI का अर्थ है जड़त्व आघूर्ण)

(a) $R^2 : r^2$ (b) $2r^4 : R^4$ (c) $2R^2 : r^2$ (d) $2R^4 : r^4$

14 त्रिज्या a वाली एक वृत्ताकार चकती का प्रति इकाई क्षेत्रफल द्रव्यमान उसके केन्द्र से दूरी r पर निर्भर करता है, जैसे $\sigma(r) = A + Br$ अक्ष के परितः चकती का जड़त्व आघूर्ण, समतल के लम्बवत् और उसके केन्द्र से होकर गुजरता है **NCERT पृष्ठ 115, JEE Main 2020**

(a) $2\pi a^4\left(\frac{A}{4}+\frac{B}{5}\right)$ (b) $2\pi a^4\left(\frac{aA}{4}+\frac{B}{5}\right)$
(e) $\pi a^4\left(\frac{A}{4}+\frac{aB}{5}\right)$ (d) $2\pi a^4\left(\frac{A}{4}+\frac{aB}{5}\right)$

15 दो समान वृत्ताकार चकती अपने केन्द्रों से होकर गुजरते हुए अपनी सामान्य अक्ष के चारों ओर एक ही दिशा में स्वतन्त्र रूप से घूम रही हैं। पहली चकती का जड़त्व आघूर्ण और कोणीय वेग क्रमशः 0.1 किग्रा-मी^{2} और 10 रेडि/से है, जबकि दूसरी चकती का जड़त्व आघूर्ण और कोणीय वेग क्रमशः 0.2 किग्रा-मी^{2} और 5 रेडि/से है। किसी क्षण वे एक साथ चिपक जाते हैं और किसी कोणीय गति के के साथ अपनी सामान्य अक्ष के चारों ओर एक एकल निकाय के रूप में घूमना प्रारम्भ कर देते हैं। संयुक्त निकाय की गति ऊर्जा है **NCERT पृष्ठ 122, JEE Main 2020**

(a) $\frac{10}{3}$ जूल (b) $\frac{20}{3}$ जूल (e) $\frac{5}{3}$ जूल (d) $\frac{2}{3}$ जूल

16 द्रव्यमान $m_A = m, m_B = 2m, m_C = 3m$ तथा $m_D = 4m$ वाले चार कण A, B, C तथा D एक वर्ग के कोनों पर हैं। उनके त्वरण समान परिमाण के हैं और दिशाएँ दर्शाई गई हैं। कणों के द्रव्यमान केन्द्र का त्वरण (मी/से में है) **NCERT पृष्ठ 99, JEE Main 2019**

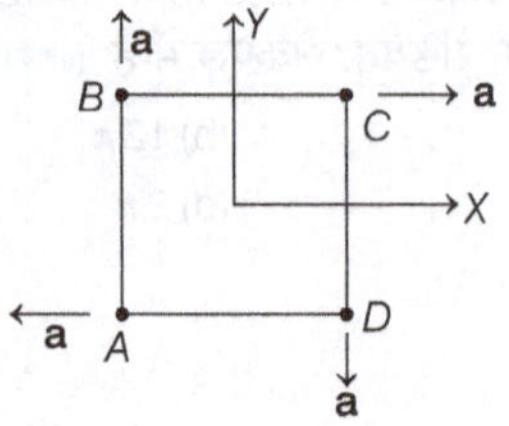

(a) $\frac{a}{5}(\hat{i}-\hat{j})$ (b) $a(\hat{i}-\hat{j})$ (c) शून्य (d) $\frac{a}{5}(\hat{i}+\hat{j})$

स्किल बूस्टर्स

1 भुजा की लम्बाई L वाली एक वर्गाकार प्लेट और व्यास L की एक वृत्ताकार चकती को प्लेट के किनारे के मध्य-बिन्दु पर एक-दूसरे को सहसमतलीय रूप से स्पर्श करते हुए चित्र में दिखाए अनुसार रखा गया है। यदि दोनों प्लेटें एक ही सामग्री से बनी हैं, तो बिन्दु O के सापेक्ष संयुक्त प्लेट का द्रव्यमान केन्द्र है

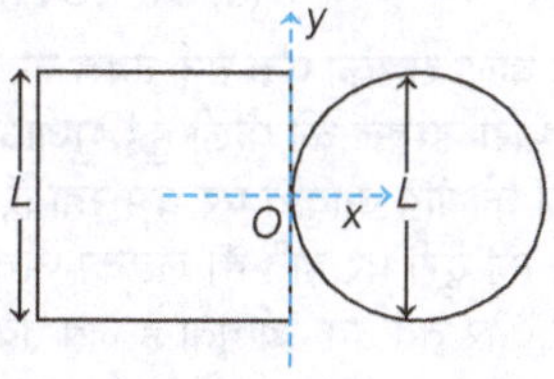

(a) $\left(\frac{3\pi + 4}{\pi - 4}\right)L = X$-अक्ष के परितः

(b) $\left(\frac{\pi - 4}{\pi + 4}\right)L = X$-अक्ष के परितः

(c) $\left(\frac{3\pi + 4}{\pi - 4}\right)\frac{L}{2} = X$-अक्ष के परितः

(d) $\left(\frac{\pi - 4}{\pi + 4}\right)\frac{L}{2} = X$-अक्ष के परितः

2 लम्बाई AB को द्रव्यमान m की एक अंगूठी के चाप के रूप में काटा गया है जो इसके वक्रता केन्द्र O पर $45°$ का कोण बनाती है। यदि इस चाप को वक्रता केन्द्र से गुजरते हुए Z-अक्ष के परितः XY-तल में घूमने दिया जाए, तो Z-अक्ष के परितः वृत्ताकार चाप AB का जड़त्व आघूर्ण है

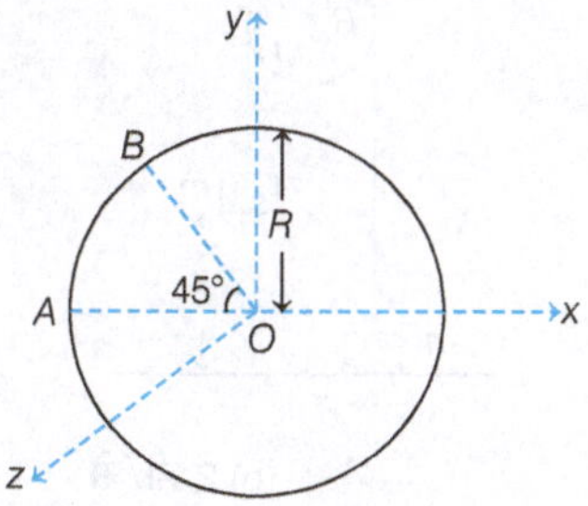

(a) $\frac{1}{2}mR^2$ (b) $\frac{2}{3}mR^2$

(c) $\frac{1}{8}mR^2$ (d) $\frac{1}{6}mR^2$

3 50 किलोग्राम भार वाले एक ट्राइसाइकिल में दो बड़े रियर व्हील हैं जो 1 मीटर की दूरी पर हैं और एक छोटा फ्रण्ट व्हील दो बड़े पहियों के सममित है जो फ्रण्ट व्हील से 1.5 मीटर पीछे हैं। यदि ट्राइसाइकिल का गुरुत्व केन्द्र फ्रण्ट व्हील के पीछे 30 सेमी की क्षैतिज दूरी पर है और सवार जिसका वजन 70 किलोग्राम है, फ्रण्ट व्हील से 10 सेमी पीछे है जैसा कि चित्र में दिखाया गया है, जहाँ r को सवार के लिए और t ट्राइसाइकिल के लिए माना गया है, प्रत्येक रियर व्हील पर प्रणोद (thrust) है

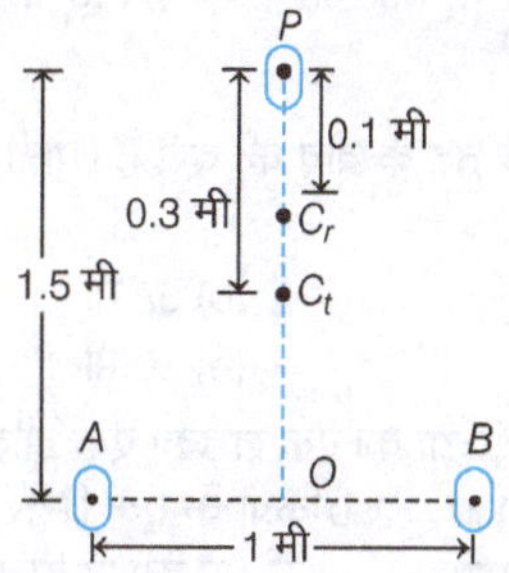

(a) 348 न्यूटन

(b) 526 न्यूटन

(c) 214 न्यूटन

(d) 386 न्यूटन

4 एक गोलाकार प्लेटफॉर्म एक ऊर्ध्वाधर घर्षण रहित धुरी पर लगा हुआ है। इसकी त्रिज्या $r = 2$ मीटर है और इसका जड़त्व आघूर्ण $I = 200$ किग्रा-मीटर^2 है। यह शुरू में विरामावस्था की स्थिति में है। एक 70 किलोग्राम का आदमी प्लेटफॉर्म के किनारे पर खड़ा है और धरातल के सापेक्ष $v_0 = 1.0$ मी/से की गति से किनारे पर चलना शुरू करता है। प्लेटफॉर्म का कोणीय वेग 0.7 रेडियन/से है। जब आदमी प्लेटफॉर्म के परितः एक बार चल चुका होता है, ताकि वह उस पर अपनी मूल स्थिति में आ जाए, तो धरातल के सापेक्ष उसका कोणीय विस्थापन है

(a) $\frac{6}{5}\pi$

(b) $\frac{5}{6}\pi$

(c) $\frac{4}{5}\pi$

(d) $\frac{5}{4}\pi$

5 द्रव्यमान $m = 50$ किग्रा का एक लड़का स्थिर पानी में तैरते हुए $M = 100$ किग्रा द्रव्यमान और $l = 10$ मीटर लम्बाई वाली लकड़ी के एक सपाट तख्त AB के सिरे A पर खड़ा है। तख्त का सिरा समुद्र तट से 30 मीटर की दूरी पर है जैसा कि दिए गए चित्र में दिखाया गया है। लड़का समुद्र तट की ओर तख्त पर 6 मीटर की दूरी तक चलता है।

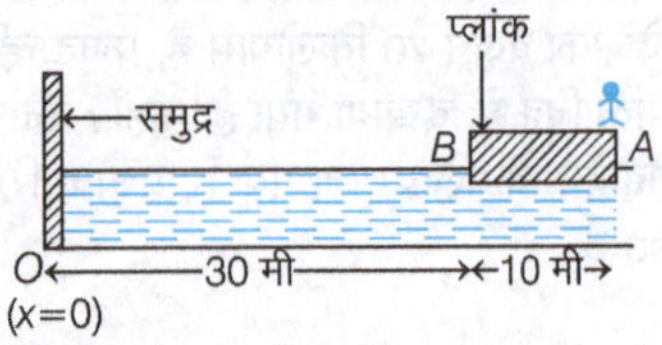

लड़के और समुद्र तट के बीच की दूरी है (पानी की चिपचिपाहट को नगण्य माने)

(a) 28 मी (b) 32 मी
(c) 36 मी (d) 30 मी

6 द्रव्यमान $m = 50$ किग्रा का एक लड़का एक झील में स्थिर पानी पर तैरते हुए द्रव्यमान $M = 250$ किग्रा के एक स्थिर लम्बे तख्त पर खड़ा है। वह तख्त के सापेक्ष $v = 6$ मी/से वेग से दौड़ना शुरू करता है। झील के किनारे पर स्थिर पर्यवेक्षक के सापेक्ष लड़के का वेग है

(a) 3.5 मी/से
(b) 5.0 मी/से
(c) 8.5 मी/से
(d) 6.0 मी/से

7 द्रव्यमान m और लम्बाई l का एक पिण्ड एक समान गति v के साथ एक क्षैतिज वृत्त में घूमता है। डोरी में तनाव T है। डोरी की लम्बाई धीरे-धीरे कम हो जाती है ताकि वृत्त के केन्द्र के परितः पिण्ड का कोणीय संवेग नियत रहे। उस समय जब डोरी की लम्बाई $\frac{l}{2}$ है, डोरी में तनाव होगा

(a) $3T$
(b) $\frac{T}{2}$
(c) $\frac{3}{2}T$
(d) $8T$

8 द्रव्यमान $M = 0.4$ किग्रा और लम्बाई $L = 1$ मी की एक समान छड़ AB एक क्षैतिज घर्षण रहित मेज पर रखी है, जिसका सिरा A मेज से जुड़ा हुआ है। द्रव्यमान $m = 02$ किग्रा की एक गेंद छड़ के लम्बवत् $u = 5$ मी/से वेग से मेज की सतह पर गति करते हुए छड़ के मुक्त सिरे B से टकराती है। यदि टक्कर प्रत्यास्थ है, तो टक्कर के बाद छड़ का कोणीय वेग है

(a) 4.0 रेडियन/से (b) 4.5 रेडियन/से
(c) 5.0 रेडियन/से (d) 6.0 रेडियन/से

9 एक हल्के वजन वाला लड़का एक टर्न-टेबल पर खड़े होकर बराबर द्रव्यमान के दो भारी डम्बल को फैली हुई भुजाओं से पकड़ता है, जो 2 रेडियन/से की कोणीय आवृत्ति पर घूम रहा है, जब डम्बल घूर्णन अक्ष से 80 सेमी की दूरी पर होते हैं। लड़का अचानक डम्बल को अपनी छाती की ओर तब तक खींचता है जब तक कि वे घूर्णन अक्ष से 40 सेमी की दूरी पर नहीं आ जाते। टर्न-टेबल की घूर्णन की नई कोणीय आवृत्ति ω_2 बराबर होगी

(a) 4 रेड़ियन/से (b) 8 रेड़ियन/से
(c) 16 रेड़ियन/से (d) 12 रेड़ियन/से

10 द्रव्यमान $m_1 = 2$ किग्रा का एक ब्लॉक एक हल्के धागे के माध्यम से $m_2 = 4$ किग्रा के ब्लॉक से जुड़ा हुआ है जो एक चरखी के ऊपर से जा रहा है जो द्रव्यमान $M = 8$ किग्रा और त्रिज्या $R = 10$ सेमी की एक ठोस चकती है। प्रारम्भ में द्रव्यमान m_1, का ब्लॉक फर्श पर है और द्रव्यमान m_2 का ब्लॉक फर्श से $h = 1$ मी की ऊँचाई पर रखा गया है। अब द्रव्यमान m_2 का ब्लॉक छोड़ा गया है। फर्श से टकराने से ठीक पहले इस ब्लॉक की गति है

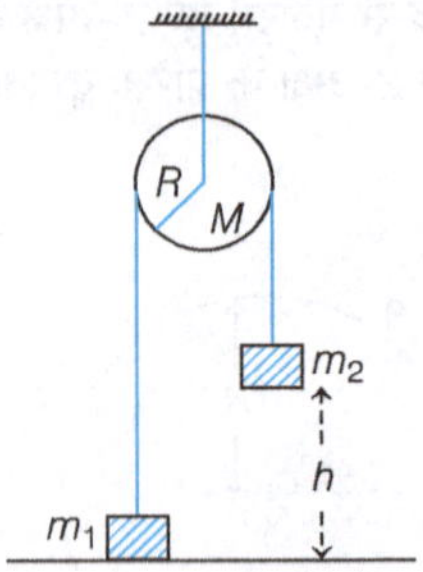

(a) 5 मी/से (b) 2 मी/से
(c) 12 मी/से (d) 8 मी/से

प्रश्न कुंजी

शीर्षकवार प्रश्न

1 (d)	2 (d)	3 (a)	4 (c)	5 (d)	6 (c)	7 (b)	8 (a)	9 (b)	10 (d)
11 (a)	12 (d)	13 (c)	14 (a)	15 (d)	16 (a)	17 (c)	18 (a)	19 (c)	20 (b)
21 (d)	22 (b)	23 (d)	24 (b)	25 (a)	26 (c)	27 (c)	28 (d)	29 (c)	30 (d)
31 (a)	32 (b)	33 (d)	34 (c)	35 (b)	36 (a)	37 (a)	38 (a)	39 (a)	40 (a)
41 (c)	42 (d)	43 (c)	44 (a)	45 (c)	46 (a)	47 (a)	48 (b)	49 (b)	50 (d)
51 (a)	52 (b)	53 (b)	54 (a)	55 (b)	56 (a)	57 (d)	58 (a)	59 (a)	60 (a)
61 (b)	62 (d)	63 (d)	64 (b)	65 (d)	66 (d)	67 (c)	68 (d)	69 (a)	70 (a)
71 (c)	72 (a)	73 (d)	74 (c)	75 (a)	76 (b)	77 (d)	78 (c)	79 (d)	80 (c)
81 (a)	82 (a)	83 (d)	84 (b)						

अभिकथन कारण प्रश्न

1 (a)	2 (c)	3 (a)	4 (b)	5 (a)	6 (a)	7 (a)	8 (a)	9 (d)	10 (a)

कथन आधारित प्रश्न

1 (b)	2 (a)	3 (b)	4 (d)	5 (b)	6 (b)	7 (d)	8 (b)

सुमेलन प्रकार प्रश्न

1 (a)	2 (d)	3 (b)

आंकिक मान प्रकार के प्रश्न

1 (8)	2 (200)	3 (2)	4 (5)	5 (4)	6 (10)	7 (2)	8 (33)

NCERT Exemplar प्रश्न

1 (d)	2 (c)	3 (b)	4 (d)	5 (b)	6 (a)	7 (a)	8 (b)	9 (b)

विगत परीक्षाओं के प्रश्न

1 (a)	2 (a)	3 (a)	4 (a)	5 (a)	6 (a)	7 (c)	8 (d)	9 (b)	10 (c)
11 (a)	12 (b)	13 (d)	14 (d)	15 (b)	16 (a)				

स्किल बूस्टर्स

1 (d)	2 (c)	3 (b)	4 (b)	5 (c)	6 (b)	7 (d)	8 (d)	9 (b)	10 (b)

क्रमवार

प्रश्नों का विश्लेषण

कॉन्सेप्ट बिल्डर्स

1 असत्य	2 असत्य
3 आन्तरिक	4 सीधा
5 असत्य	6 असत्य
7 बाह्य	7 असत्य
9 अनुप्रस्थ	10 असत्य
11 असत्य	12 सत्य
13 सत्य	14 शून्य
15 न्यूनतम	16 असत्य
17 दो	18 गुरुत्व केन्द्र
19 शून्य	20 उच्च

शीर्षकवार प्रश्न

2 *(d)* चूँकि गेंद का द्रव्यमान केन्द्र नियत वेग से घूम रहा है, इसलिए गेंद पर लगने वाला कुल बाह्य बल शून्य है।

4 *(c)* माना, निकाय का द्रव्यमान केन्द्र मूल बिन्दु पर स्थित है।

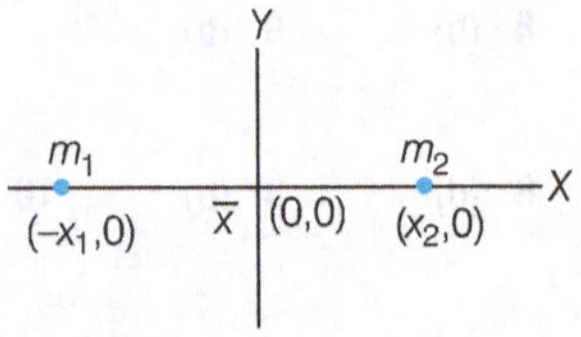

$$\therefore \quad 0 = [m_1(-x_1) + m_2 x_2]/(m_1 + m_2)$$

$$\Rightarrow \quad \frac{x_1}{x_2} = \frac{m_2}{m_1}$$

5 *(d)*

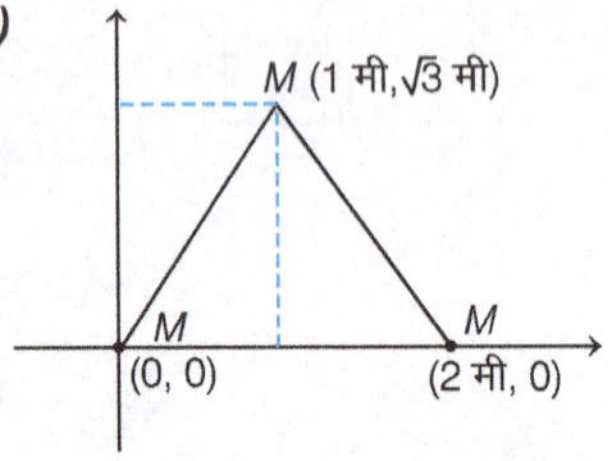

$$x = \frac{M \times 0 + M \times 1 + M \times 2}{M + M + M} = 1$$

$$y = \frac{M \times 0 + M(\sqrt{3}) + M \times 0}{M + M + M}$$

$$y = \frac{\sqrt{3}M}{3M} = \frac{1}{\sqrt{3}}$$

अतः द्रव्यमान केन्द्र का स्थिति सदिश $\left(\hat{i} + \frac{\hat{j}}{\sqrt{3}}\right)$ है।

6 *(c)* यदि सभी द्रव्यमान समान थे, तो CM 'O' पर था। लेकिन B पर द्रव्यमान 2 मी है, इसीलिए निकाय का द्रव्यमान केन्द्र B की ओर स्थानान्तरित हो जाएगा, इसीलिए द्रव्यमान केन्द्र रेखा OB पर होगा।

7 *(b)* कणों के निकाय का द्रव्यमान केन्द्र

$$X_{CM} = \frac{1 \times x_1 + 2 \times x_2 + 3 \times x_3}{1 + 2 + 3} = 3$$

$$[\because X_{CM} = Y_{CM} = Z_{CM} = 3]$$

$$\Rightarrow \quad x_1 + 2x_2 + 3x_3 = 18 \quad \ldots(i)$$

जब चौथा कण रखा जाता है, तब

$$X_{CM} = Y_{CM} = Z_{CM} = 1. \text{ (दिया है)}$$

$$\Rightarrow X_{CM} = \frac{1 \times x_1 + 2 \times x_2 + 3 \times x_3 + 4 \times x_4}{(1 + 2 + 3 + 4)}$$

$$\Rightarrow x_1 + 2x_2 + 3x_3 + 4x_4 = 10 \quad \ldots(ii)$$

समी (i) और समी (ii) को हल करने पर

$$4x_4 = 10 - 18$$

$$\Rightarrow \quad x_4 = -2$$

इसी प्रकार, $y_4 = -2, z_4 = -2$

8 *(a)* हम L-आकार को तीन वर्गों से मिलकर बना हुआ मान सकते है, जिनमें से प्रत्येक की लम्बाई 1 मी है, जैसा कि चित्र में दर्शाया गया है। सम्पूर्ण L-आकार का द्रव्यमान केन्द्र इन द्रव्यमान बिन्दुओं C_1, C_2 एवं C_3 का द्रव्यमान केन्द्र है।

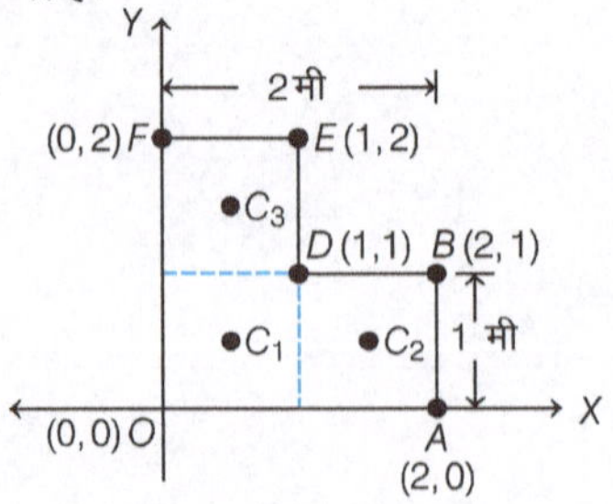

अतः

$$X = \frac{[1(1/2) + 1(3/2) + 1(1/2)]}{(1 + 1 + 1)} = \frac{5}{6} \text{ मी}$$

$$Y = \frac{[1(1/2) + 1(1/2) + 1(3/2)]}{(1 + 1 + 1)}$$

$$= \frac{5}{6} \text{ मी}$$

9 *(b)* जैसा कि चित्र में दर्शाया गया है

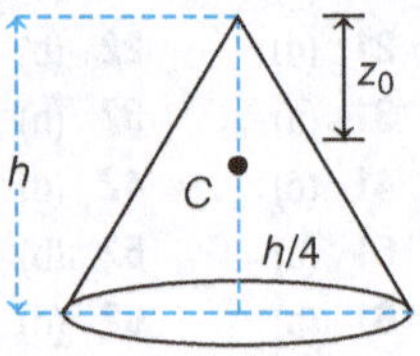

$$h - z_0 = \frac{h}{4}$$

या $\quad z_0 = h - \frac{h}{4} = \frac{3h}{4}$

10 *(d)* हम चित्र में दर्शाए अनुसार, मूल बिन्दु चुनते हैं

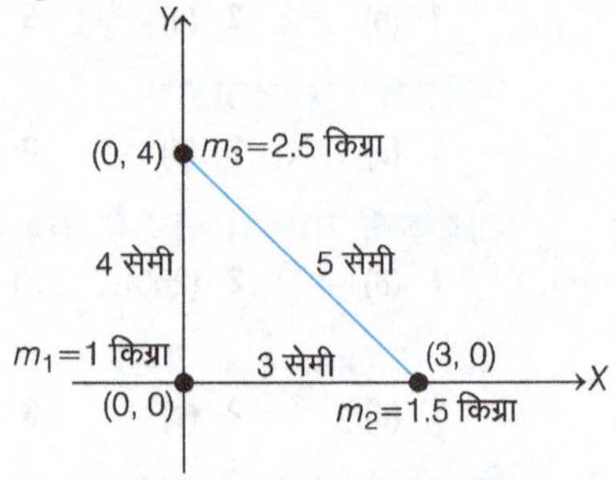

$$X_{CM} = \frac{1 \times 0 + 1.5 \times 3 + 2.5 \times 0}{1 + 1.5 + 2.5}$$

$$= 0.9 \text{ सेमी}$$

इसी प्रकार,

$$Y_{CM} = \frac{1 \times 0 + 1.5 \times 0 + 2.5 \times 4}{1 + 1.5 + 2.5}$$

$$= 2.0 \text{ सेमी}$$

11 *(a)*

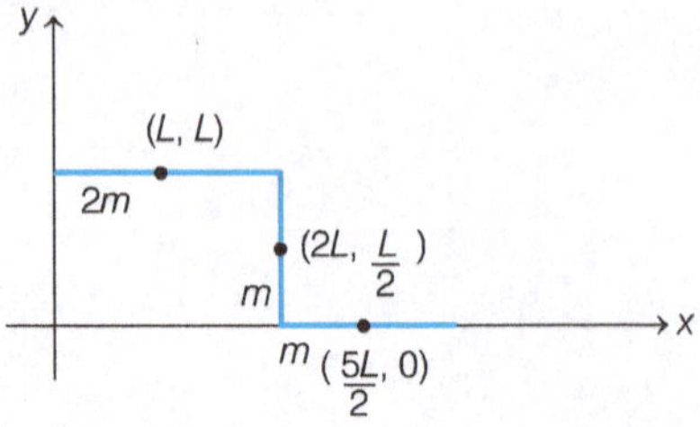

$$\text{अत:} \; X_{CM} = \left(\frac{2mL + 2mL + m\frac{5L}{2}}{4m}\right)$$

$$= \frac{13}{8}L$$

एवं $Y_{CM} = \dfrac{2mL + m \times \frac{L}{2} + m \times 0}{4m} = \dfrac{5L}{8}$

द्रव्यमान केन्द्र का स्थिति सदिश

$$r_{CM} = X_{COM}\hat{\mathbf{x}} + Y_{COM}\hat{\mathbf{y}} = \frac{13}{8}L\hat{\mathbf{x}} + \frac{5}{8}L\hat{\mathbf{y}}$$

12 *(d)* $\because X_{CM} = \dfrac{mL + 2m\times 2L + \ldots + nm\cdot nL}{m + 2m + \ldots + nm}$

$$= \frac{L(1^2 + 2^2 + \ldots + n^2)}{(1 + 2 + \ldots + n)}$$

$$= L\frac{\sum n^2}{\sum n} = L\frac{\frac{n(n+1)(2n+1)}{6}}{\frac{n(n+1)}{2}}$$

$$= \frac{(2n+1)L}{3}$$

13 *(c)* ∵ शंकु एवं बेलन का घनत्व समान है।

$$M_{\text{बेलन}} = M_1 = \rho\pi R^2 H$$

$$M_{\text{शंकु}} = M_2 = \frac{\rho\pi R^2 H}{3} = \frac{M_1}{3}$$

$$Y_{CM} = \frac{M_1 y_1 + M_2 y_2}{M_1 + M_2}$$

$$= \frac{M_1(H/2) + M_2(H + H/4)}{M_1 + M_2}$$

$$Y_{CM} = \frac{11H}{16} < H$$

14 *(a)* $(Y_{CM})_i = \dfrac{a}{2}$

आयतन = नियत

$$(a)^3 = 8(r)^3$$

$$\Rightarrow \quad r = \frac{a}{2}$$

$$(Y_{CM})_f = \frac{8 \times \frac{a}{2}}{2} = 2a$$

ऊर्ध्वाधर विस्थापन $= 2a - \dfrac{a}{2} = \dfrac{3a}{2}$

15 *(d)* $y_{CM} = \dfrac{A_1 y_1 + A_2 y_2}{A_1 + A_2}$

$$= \frac{12 \times 1 + 8 \times 4}{12 + 8} = 2.2 \text{ मी}$$

16 *(a)* द्रव्यमान केन्द्र का वेग,

$$\mathbf{v}_{CM} = \frac{m_1\mathbf{v}_1 + m_2\mathbf{v}_2}{m_1 + m_2}$$

$$= \frac{(\mathbf{v}_1 + \mathbf{v}_2)m}{2m} \quad [\because m_1 = m_2 = m]$$

$$= \frac{4\hat{\mathbf{i}} + 4\hat{\mathbf{j}}}{2} = 2(\hat{\mathbf{i}} + \hat{\mathbf{j}}) \text{ मी/से}$$

इसी प्रकार, द्रव्यमान केन्द्र का त्वरण,

$$\mathbf{a}_{CM} = \frac{\mathbf{a}_1 + \mathbf{a}_2}{2}$$

$$= \frac{2\hat{\mathbf{i}} + 2\hat{\mathbf{j}} + 0}{2} = (\hat{\mathbf{i}} + \hat{\mathbf{j}}) \text{ मी/से}^2$$

चूँकि उपरोक्त मानों से यह देखा जा सकता है कि v_{CM}, a_{CM} के समान्तर है। इसीलिए पथ सीधी रेखा में होगा।

17 *(c)* यहाँ पूर्ण निकाय पर, शुद्ध बाह्य बल शून्य है, इसीलिए द्रव्यमान का केन्द्र अपरिवर्तित रहता है।

18 *(a)* चूँकि, निकाय पर कोई बाह्य बल नहीं लगाया गया है इसीलिए, $F_{\text{बाह्य}} = 0$ है, अतः CM का कोई त्वरण नहीं है, इसका अर्थ है कि CM का वेग स्थिर रहता है।

CM का प्रारम्भिक वेग, $v_{i\,CM} = 0$

⇒ CM का अन्तिम वेग, $v_{f\,CM} = 0$

19 *(c)* COM का वेग नियत रहता है यदि निकाय पर कोई बाह्य बल न लगा हो।

$$a_{COM} = 0$$

20 *(b)* $t = 2$ से पर,

$$\mathbf{a}_1 = \frac{d\mathbf{v}_1}{dt} = 2\hat{\mathbf{i}},$$

$$\mathbf{a}_2 = \frac{d\mathbf{v}_2}{dt} = 4\hat{\mathbf{j}}$$

$$\mathbf{F}_{\text{कुल}} = (m_1 + m_2)\,\mathbf{a}_{CM}$$

$$= \frac{(m_1 + m_2)(m_1\mathbf{a}_1 + m_2\mathbf{a}_2)}{m_1 + m_2}$$

$$\mathbf{F}_{\text{कुल}} = m_1\mathbf{a}_1 + m_2\mathbf{a}_2$$

$$\mathbf{F}_{\text{कुल}} = 1(2\hat{\mathbf{i}}) + 2(4\hat{\mathbf{j}}) = 2\hat{\mathbf{i}} + 8\hat{\mathbf{j}}$$

$$|\mathbf{F}_{\text{कुल}}| = \sqrt{2^2 + 8^2} = \sqrt{68} \text{ इकाई}$$

21 *(d)* विस्फोट आन्तरिक बलों के कारण होता है, इसीलिए विस्फोट के बाद CM की गति उसी परवलयिक पथ का अनुसरण करेगी, जैसा कि विस्फोट न होने पर करती है।

22 *(b)* अतः $F = \dfrac{dp}{dt}$

$$\Rightarrow \quad F = \frac{d}{dt}(3t^2 + 4) = 6t$$

$$ma = 6t,\ 2a = 6t$$

$$\Rightarrow \quad a = (3t) \text{ मी/से}^2$$

अतः $\quad a \propto t$

अतः गोला, परिवर्तनशील त्वरण के साथ घूम रहा है।

23 *(d)* सदिश गुणन,

$$\mathbf{A} \times \mathbf{B} = \begin{vmatrix} \hat{\mathbf{i}} & \hat{\mathbf{j}} & \hat{\mathbf{k}} \\ 2 & 1 & -1 \\ -1 & -1 & 2 \end{vmatrix}$$

$$= \hat{\mathbf{i}} - 3\hat{\mathbf{j}} - \hat{\mathbf{k}}$$

24 *(b)* $\mathbf{P} \times \mathbf{Q} = \begin{vmatrix} \hat{\mathbf{i}} & \hat{\mathbf{j}} & \hat{\mathbf{k}} \\ 2 & -3 & 1 \\ -4 & 6 & -2 \end{vmatrix}$

$$\therefore \quad PQ\sin\theta = \hat{\mathbf{i}}(6 - 6) - \hat{\mathbf{j}}(-4 + 4) + \hat{\mathbf{k}}(12 - 12)$$

$$\Rightarrow \quad PQ\sin\theta = 0 \Rightarrow \theta = 0°$$

25 *(a)* $\mathbf{A} \times \mathbf{B} = \begin{vmatrix} \hat{\mathbf{i}} & \hat{\mathbf{j}} & \hat{\mathbf{k}} \\ 2 & 1 & 1 \\ 1 & -1 & 2 \end{vmatrix}$

$$= 3\hat{\mathbf{i}} - 3\hat{\mathbf{j}} - 3\hat{\mathbf{k}}$$

$$\therefore |\mathbf{A} \times \mathbf{B}| = \sqrt{3^2 + (-3)^2 + (-3)^2} = 3\sqrt{3}$$

सदिश **A** और **B** के लम्बवत् इकाई सदिश,

$$\hat{\mathbf{n}} = \frac{\mathbf{A} \times \mathbf{B}}{|\mathbf{A} \times \mathbf{B}|} = \frac{1}{\sqrt{3}}(\hat{\mathbf{i}} - \hat{\mathbf{j}} - \hat{\mathbf{k}})$$

26 *(c)* रैखिक वेग, $\mathbf{v} = \boldsymbol{\omega} \times \mathbf{r}$

$$= \begin{vmatrix} \hat{\mathbf{i}} & \hat{\mathbf{j}} & \hat{\mathbf{k}} \\ 3 & -4 & -1 \\ 5 & -6 & 6 \end{vmatrix}$$

$$= -30\hat{\mathbf{i}} - 23\hat{\mathbf{j}} + 2\hat{\mathbf{k}}$$

27 *(c)* किसी बिन्दु पर वर्गाकार प्लेट (चकती पर वेग) $v = R\omega$, जहाँ R, O से बिन्दु की दूरी है।

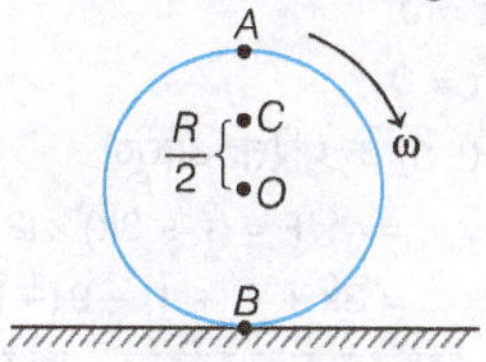

अतः, $\quad R_A = R_B$

$$v_A = v_B$$

$$R_C < R_A \text{ or } R_B \Rightarrow v_A = v_B > v_C$$

28 *(d)* इस छड़ पर बिन्दु P की स्थिति, जिसके माध्यम से अक्ष को गुजरना चाहिए, ताकि छड़ को न्यूनतम कोणीय वेग ω_0 के साथ घूमने के लिए आवश्यक कार्य, अनेक द्रव्यमान का केन्द्र है।

$$m_1 x = m_2(L - x) \Rightarrow m_1 x = m_2 L - m_2 x$$

$$\Rightarrow \quad x = \frac{m_2 L}{m_1 + m_2}$$

29 *(c)*

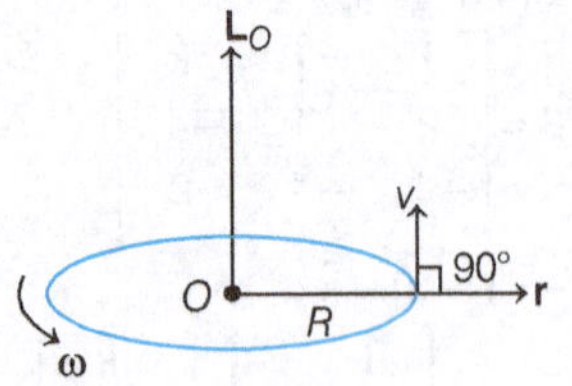

L_O के लिए,

$|\mathbf{L}| = (mvr \sin\theta)$

$= m(R\omega)(R)\sin 90°$

$= mR^2\omega$

= नियत

L_O की दिशा सदैव ऊपर की ओर रहती है इसीलिए L_O नियत है।

L_P के लिए,

$|\mathbf{L}_P| = (mvr \sin\theta)$

$= (m)(R\omega)(l)\sin 90°$

$= (mRl\omega)$.

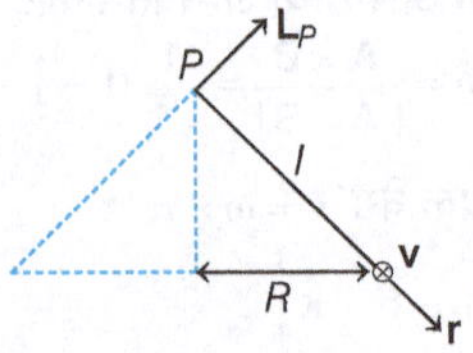

L_P का परिमाण नियत रहेगा लेकिन L_P की दिशा बदलती रहती है, अर्थात् यह समय के साथ परिवर्तित रहती है।

30 *(d)* आघूर्ण, $\tau = \mathbf{r} \times \mathbf{F}$

τ, r और F वाले समतल पर लम्बवत् है, तब

$\mathbf{r} \cdot \tau = 0$

$\mathbf{F} \cdot \tau = 0$

31 *(a)* (1, 0, 3) के परितः आघूर्ण

$= \mathbf{r} \times \mathbf{F} = (\hat{i} + 3\hat{k}) \times (2\hat{i} + 3\hat{j})$

$= 3\hat{k} + 6(+\hat{j}) + 9(-\hat{i})$

अक्ष के अनुदिश एक सदिश, रेखा पर स्थित दो बिन्दुओं जैसे (0, 0) और (1, 3) को मिलाकर पाया जा सकता है।

सदिश $\mathbf{r} = \hat{i} + 3\hat{j}$ हो सकता है।

r के अनुदिश आघूर्ण के अवयव

$= \dfrac{\tau \cdot \mathbf{r}}{|\mathbf{r}|}$

$= \dfrac{(-9\hat{i} + 6\hat{j} + 3\hat{k}) \cdot (\hat{i} + 3\hat{j})}{\sqrt{1^2 + 3^2}}$

$= \dfrac{9}{\sqrt{10}}$ न्यूटन-मी

32 *(b)* Z-अक्ष के परितः आघूर्ण τ

$\tau = \mathbf{r} \times \mathbf{F}$, जो $\hat{k}$ के अनुदिश है।

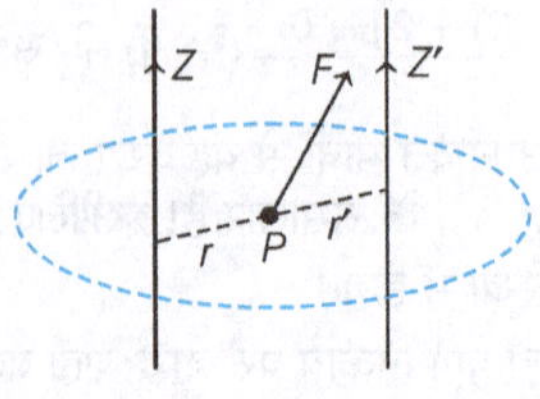

Z′-अक्ष के परितः आघूर्ण

$\tau' = \mathbf{r}' \times \mathbf{F}$, जो $-\hat{k}$ के अनुदिश है।

जैसा कि $|\tau| = Fr$

$r_\perp > r'_\perp$

$\Rightarrow \quad |\tau|_Z > |\tau|_{Z'}$

हम सदैव एक उभयनिष्ठ अक्ष के परितः परिणामी आघूर्ण की गणना करते हैं इसीलिए, कुल आघूर्ण τ + τ′ द्वारा नहीं दिया जाता है क्योंकि τ एवं τ′ उभयनिष्ठ अक्ष के परितः नहीं है।

33 *(d)* एक कण के लिए, $\mathbf{L}_1 = \mathbf{r}_1 \times m\mathbf{v}$ u कागज के तल से बाहर है तथा $\mathbf{r}_1$ और $(m\mathbf{v})$ पर लम्बवत् है।

इसी प्रकार, $\mathbf{L}_2 = \mathbf{r}_2 \times m(-\mathbf{v}) \otimes$

S कागज के तल में तथा $\mathbf{r}_2$ एवं $-m\mathbf{v}$ के लम्बवत् है। अतः A के परितः कुल कोणीय संवेग

$\mathbf{L} = \mathbf{L}_1 + \mathbf{L}_2$

$= \mathbf{r}_1 \times m\mathbf{v} + (-\mathbf{r}_2 \times m\mathbf{v})$

$|\mathbf{L}| = mv\,d_1 - mvd_2$ अब $d_2 > d_1$,

कुल कोणीय संवेग अन्दर की ओर होगा।

अतः $\mathbf{L} = m\mathbf{v}(d_2 - d_1) \otimes$

34 *(c)* हम जानते हैं कि कणों के निकाय पर आघूर्ण,

$\tau = \mathbf{r} \times \mathbf{F} = rF \sin\theta\, \hat{n}$ ...(i)

जब बल घूर्णन अक्ष के लम्बवत् कार्य कर रहे हो।

$\theta = 90°, |\tau| = rF$ [समी (i) से]

35 *(b)* रिम ऊर्ध्वाधर तल में घूमता रहता है और घूर्णन तल डोरी A के परितः घूमता है अर्थात् रिम का घूर्णन अक्ष या उसका कोणीय संवेग डोरी A के परितः घूमता है।

36 *(a)* चूँकि मूल बिन्दु के परितः कोणीय संवेग संरक्षित रहता है।

अर्थात् L = नियत

आघूर्ण, $\tau = 0$

$\Rightarrow \quad \mathbf{r} \times \mathbf{F} = 0$

$\Rightarrow \quad \begin{vmatrix} \hat{i} & \hat{j} & \hat{k} \\ 2 & -6 & -12 \\ \alpha & 3 & 6 \end{vmatrix} = 0$

$\Rightarrow \quad (-36 + 36)\hat{i} - (12 + 12\alpha)\hat{j} + (6 + 6\alpha)\hat{k} = 0$

$\Rightarrow \quad (1 + \alpha) = 0$

$\Rightarrow \quad \alpha = -1$

38 *(a)* यदि हम दक्षिणावर्त आघूर्ण ऋणात्मक लेते हैं तब कुल आघूर्ण का परिमाण

$\tau_{कुल} = \tau_{F_1} + \tau_{F_2} + \tau_{F_3}$

$0 = F_1 r + F_2 r - F_3 r$

$\Rightarrow \quad F_3 = F_1 + F_2$

39 *(a)* क्योंकि निकाय वायु में स्थिर है, इस पर लगने वाला कुल ऊर्ध्वाधर बल शून्य होता है। इसीलिए निकाय का द्रव्यमान, जो प्रारम्भ में स्थिर है, सदैव स्थिर रहेगा।

40 *(a)* स्थिति I में, इसके केन्द्र परितः कुल आघूर्ण

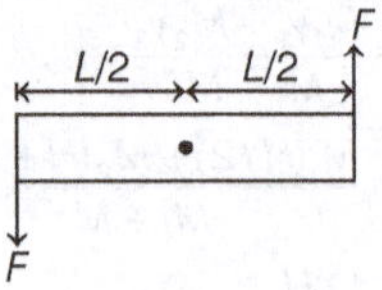

$\tau = F \times \dfrac{L}{2} + F \times \dfrac{L}{2} = FL$

स्थिति II में, इसके केन्द्र के परितः कुल आघूर्ण

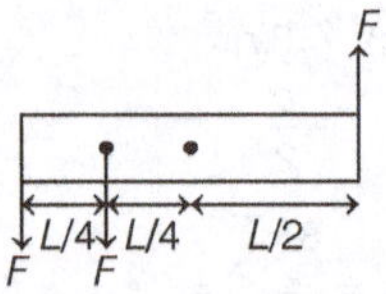

$\tau = F \times \dfrac{L}{2} + F \times \dfrac{L}{4} + F \times \dfrac{L}{2}$

$= \dfrac{5}{4} FL$

स्थिति III में, इसके केन्द्र के परितः कुल आघूर्ण

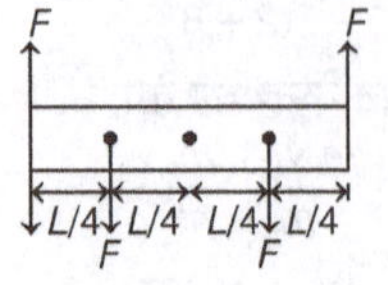

$\tau = -F \times \dfrac{L}{2} + F \times \dfrac{L}{4} - F \times \dfrac{L}{4} + F \times \dfrac{L}{2}$

$= 0$

41 *(c)* घूर्णी सन्तुलन के लिए,

$$M_1g \times r_A = M_2g \times x$$

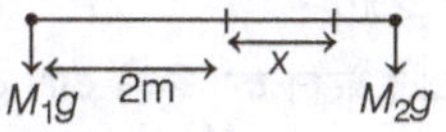

$$(40 \times 10) \times 2 = (60 \times 10)x$$

$$\Rightarrow \quad x = \frac{8}{6} = \frac{4}{3} \text{ मी}$$

इसीलिए 60 किग्रा भार के लड़के का विस्थापन

$$= 2 - \frac{4}{3} = \frac{2}{3} \text{ मी}$$

42 *(d)* क्योंकि भार w लम्बवत् प्रतिक्रियाओं को सन्तुलित करता है।

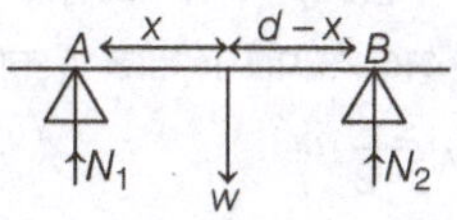

इसीलिए, $\quad w = N_1 + N_2 \quad$ ...(i)

COM के परितः आघूर्ण को सन्तुलित करने पर,

$$N_1x = N_2(d - x)$$

समी (i) से,

$$N_1x = (w - N_1)(d - x)$$

$$\Rightarrow \quad N_1 = \frac{w(d - x)}{d}$$

43 *(c)*

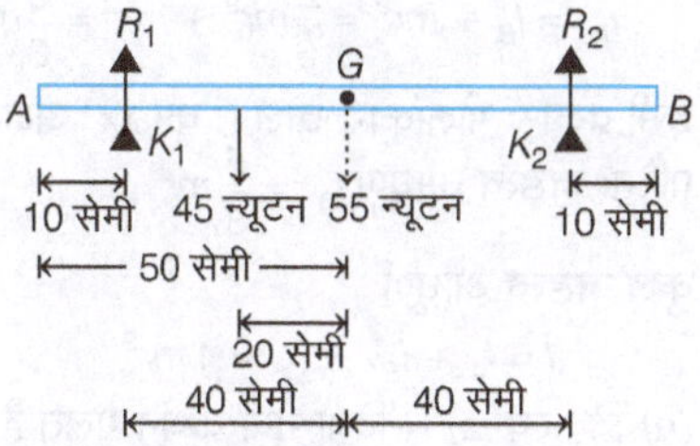

छड़ के स्थानान्तरीय

$$R_1 + R_2 - 45 \text{ न्यूटन} - 55 \text{ न्यूटन} = 0$$

$$R_1 + R_2 = 45 \text{ न्यूटन} + 55 \text{ न्यूटन}$$

$$= 100 \text{ न्यूटन} \quad \text{...(i)}$$

घूर्णी साम्यावस्था के लिए G के पारितः आघूर्ण लेने पर

$$-R_1(40) + 45(20) + R_2(40) = 0$$

$$R_1 - R_2 = \frac{900}{40} = 22.5 \text{ न्यूटन} \quad \text{...(ii)}$$

समी (i) एवं (ii) को हल करने पर,

$$R_1 = 61.2 \text{ न्यूटन}$$

$$R_2 = 38.8 \text{ न्यूटन}$$

44 *(a)* गुरुत्व केन्द्र G के परितः बलों के आघूर्ण को लेने वा

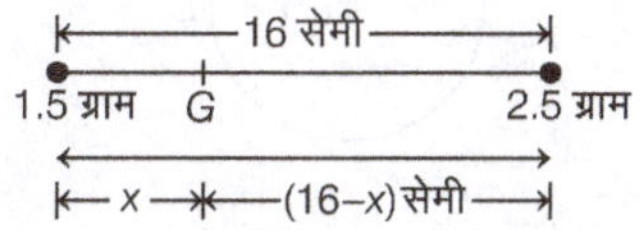

अर्थात् $\quad 1.5x = 2.5(16 - x)$

$$\Rightarrow \quad 8x = 80$$

$$\therefore \quad x = 10 \text{ सेमी}$$

45 *(c)*

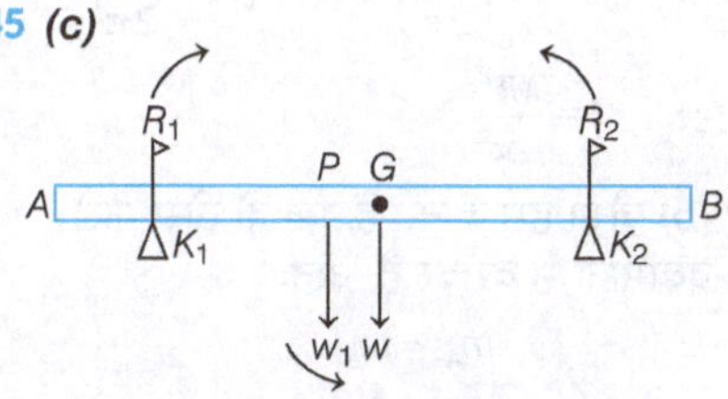

छड़ का अनुप्रस्थ-काट में एकसमान और समरूप है। इसीलिए, G छड़ के केन्द्र में है।

छड़ के स्थानान्तरण सन्तुलन के लिए,

$$R_1 + R_2 - w_1 - w = 0$$

या $R_1 + R_2 - m_1g - mg = 0 \quad$ ...(i)

घूर्णी सन्तुलन के लिए

$$-R_1(K_1G) + w_1(PG) + R_2(K_2G) = 0 \quad \text{...(ii)}$$

दिया है, $w = 4.0\,g$ न्यूटन

एवं $\quad w_1 = 6.0\,g$ न्यूटन,

जहाँ g = गुरुत्व के कारण त्वरण,

$g = 9.8$ मी/से^{2} लेते हुए

समी (i) में संख्यात्मक मान डालने पर,

$$R_1 + R_2 - 4.0\,g - 6.0g = 0$$

$$\Rightarrow \quad R_1 + R_2 = 10.00\,g \quad \text{...(iii)}$$

$$= 98.00 \text{ न्यूटन}$$

समी (ii) से,

$$-0.25\,R_1 + 0.05\,w_1 + 0.25\,R_2 = 0$$

या $\quad R_1 - R_2 = \dfrac{0.05 \times 6.0g}{0.25}$

$$= 1.2g \text{ न्यूटन}$$

$$= 11.76 \text{ न्यूटन} \quad \text{...(iv)}$$

समी (iii) एवं (iv) से,

$$R_1 = 54.88 \text{ न्यूटन} \simeq 55 \text{ न्यूटन}$$

$$\Rightarrow \quad R_2 = 43.12 \text{ न्यूटन}$$

47 *(a)* पाइथागोरस प्रमेय से

$$BC = \sqrt{AB^2 - AC^2}$$

$$= \sqrt{8} = 2\sqrt{2} \text{ मी}$$

स्थानान्तरण सन्तुलन के लिए

$$N - w = 0 \quad \text{...(i)}$$

एवं $\quad F - F_1 = 0 \quad$ ...(ii)

घूर्णी सन्तुलन के लिए

$$2\sqrt{2}\,F_1 - (1/2)w = 0 \quad \text{...(iii)}$$

अब, $w = 20 \times g = 20 \times 9.8$ न्यूटन

$$= 196 \text{ न्यूटन}$$

समी (i) से, $N = 196.0$ न्यूटन

समी (iii) से, दीवार का प्रतिक्रिया बल

$$F_1 = w/4\sqrt{2}$$

$$= 34.6 \text{ न्यूटन}$$

समी (ii) से,

$$F = F_1 = 34.6 \text{ न्यूटन}$$

$\therefore$ फर्श का प्रतिक्रिया बल

$$F_2 = \sqrt{F^2 + N^2}$$

$$= \sqrt{(34.6)^2 + (196)^2}$$

$$= 199 \text{ न्यूटन}$$

48 *(b)* कुल जड़त्व आघूर्ण

$$I = \frac{M}{2}\left(\frac{l}{2}\right)^2 + \frac{M}{2}\left(\frac{l}{2}\right)^2$$

$$= \frac{Ml^2}{8} + \frac{Ml^2}{8} = \frac{Ml^2}{4}$$

49 *(b)* O के परितः पूर्ण चकती का जड़त्व आघूर्ण

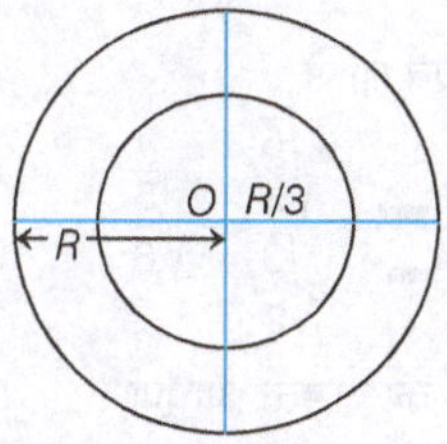

$$I_1 = \frac{1}{2}(9M)R^2 = \frac{9}{2}MR^2$$

हटाए गए भाग का जड़त्व आघूर्ण,

$$I_2 = \frac{1}{2}M\left(\frac{R}{3}\right)^2 = \frac{L}{18}MR^2$$

$\therefore$ O के परितः चकती के शेष भाग का जड़त्व आघूर्णS $I = I_1 - I_2 = \dfrac{40}{9}MR^2$

50 *(d)* छड़ों के मध्य का कोण से कोई अन्तर नहीं पड़ेगा।

$\therefore$ कुल जड़त्व आघूर्ण

$$I = I_1 + I_2 = \frac{Ml^2}{12} + \frac{Ml^2}{12} = \frac{Ml^2}{6}$$

51 *(a)* चकती के लिए, व्यास के परितः जड़त्व आघूर्ण $I_d = \frac{mr^2}{4}$ एवं स्पर्श रेखा अक्ष के परितः जड़त्व आघूर्ण

$$I_{\text{चकती}} = \frac{mr^2}{4} + mr^2$$

$$I_{\text{चकती}} = \frac{5mr^2}{4}$$

माना चकती की परिक्रमण त्रिज्या $k_{\text{चकती}}$ है।

$$\Rightarrow \quad I_{\text{चकती}} = mk^2_{\text{चकती}}$$

$$\Rightarrow \quad \frac{5mr^2}{4} = mk^2_{\text{चकती}}$$

$$\Rightarrow \quad k_{\text{चकती}} = \sqrt{\frac{5}{4}}r \quad \ldots\text{(i)}$$

वलय के लिए, व्यास के परितः जड़त्व आघूर्ण

$$I'_a = mr^2/2$$

स्पर्श रेखा अक्ष के परितः जड़त्व आघूर्ण

$$I_{\text{वलय}} = \frac{mr^2}{2} + mr^2$$

$$= \frac{3}{2}mr^2$$

माना रिंग की परिक्रमण त्रिज्या $k_{\text{वलय}}$ है।

$$\Rightarrow \quad I_{\text{वलय}} = m\,k^2{}_{\text{वलय}}$$

$$\Rightarrow \quad \frac{3}{2}mr^2 = mk^2{}_{\text{वलय}}$$

$$\Rightarrow \quad k_{\text{वलय}} = \sqrt{\frac{3}{2}}r \quad \ldots\text{(ii)}$$

समी (i) एवं (ii) से,

$$\therefore \quad \frac{k_{\text{चकती}}}{k_{\text{वलय}}} = \frac{\sqrt{\frac{5}{4}}r}{\sqrt{\frac{3}{2}}r} = \sqrt{\frac{5}{6}}$$

52 *(b)* छड़ का जड़त्व आघूर्ण

$$I_{\text{rod}} = \frac{ML^2}{12} \quad \ldots\text{(i)}$$

परिक्रमण त्रिज्या का उपयोग करके

$$I = Mk^2 \quad \ldots\text{(ii)}$$

समी (i) एवं (ii) की तुलना करने पर, परिक्रमण की त्रिज्या

$$k = L/\sqrt{12}$$

53 *(b)* इसके व्यास के अनुदिश अक्ष के परितः

$$I_{\text{चकती}} = \frac{MR^2}{4} \quad \ldots\text{(i)}$$

परिक्रमण त्रिज्या का उपयोग करके

$$I = Mk^2 \quad \ldots\text{(ii)}$$

समी (i) एवं (ii) की तुलना करने पर

$$k = \frac{R}{2}$$

54 *(a)*

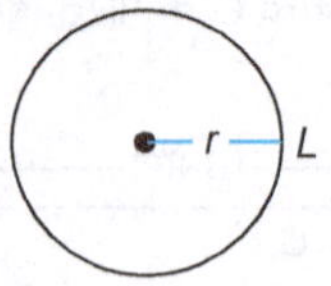

$$\Rightarrow \quad r = \frac{L}{2\pi} \quad \ldots\text{(i)}$$

इसके अक्ष के परितः वलय का जड़त्व आघूर्ण

$$I = Mr^2$$

$$\Rightarrow \quad I = M\left(\frac{L}{2\pi}\right)^2 \qquad \left[\because r = \frac{L}{2\pi}\right]$$

$$\Rightarrow \quad I = \frac{ML^2}{4\pi^2}$$

55 *(b)* जैसा हम जानते हैं, कि दो ठोस गोले द्रव्यमानों में बराबर है, अतः

$$m_A = m_B$$

$$\Rightarrow \quad \frac{4}{3}\pi R_A^3\rho_A = \frac{4}{3}\pi R_B^3\rho_B$$

$$\Rightarrow \quad \frac{R_A}{R_B} = \left(\frac{\rho_B}{\rho_A}\right)^{1/3}$$

व्यास के परितः ठोस गोले का जड़त्व आघूर्ण

$$I = \frac{2}{5}mR^2$$

$$\Rightarrow \quad \frac{I_A}{I_B} = \left(\frac{R_A}{R_B}\right)^2. \quad (\text{अब } m_A = m_B)$$

$$\therefore \quad \frac{I_A}{I_B} = \left(\frac{\rho_B}{\rho_A}\right)^{2/3} \Rightarrow \frac{I_B}{I_A} = \left(\frac{\rho_A}{\rho_B}\right)^{2/3}$$

56 *(a)* शेष ठोस का जड़त्व आघूर्ण
= पूर्ण ठोस का जड़त्व आघूर्ण
− हटाए गए भाग का जड़त्व आघूर्ण

$$\therefore \quad I = \frac{9MR^2}{2} - \left[\frac{M(R/3)^2}{2} + M\left(\frac{2R}{3}\right)^2\right]$$

$$= MR^2\left(\frac{9}{2} - \frac{1}{18} - \frac{4}{9}\right) \Rightarrow I = 4MR^2$$

57 *(d)* एक ठोस बेलन का उसकी लम्बाई के लम्बवत् समद्विभाजक के सापेक्ष जड़त्व आघूर्ण

$$I = \frac{mR^2}{4} + \frac{ml^2}{12}$$

$$= \frac{m^2}{4\pi\rho l} + \frac{ml^2}{12} \qquad [\because \rho\pi R^2 l = m]$$

I को अधिकतम करने के लिए

$$\frac{dI}{dl} = -\frac{m^2}{4\pi\rho}\left(\frac{1}{l^2}\right) + \frac{ml}{6} = 0$$

$$\Rightarrow \quad \frac{m^2}{4\pi\rho} = \frac{ml^3}{6}$$

अब, $m = \rho\pi R^2 l$ रखने पर,

$$\therefore \quad l^3 = \frac{3}{2\pi\rho}\cdot\rho\pi R^2 l \Rightarrow \frac{l}{R} = \sqrt{\frac{3}{2}}$$

58 *(a)* खोखले बेलन का अपने अक्ष के परितः जड़त्व आघूर्ण, $I_1 = \frac{M}{2}(R_1^2 + R_2^2)$

जहाँ, R_1 = आन्तरिक त्रिज्या एवं
R_2 = बाहरी त्रिज्या

त्रिज्या R के पतले खोखले बेलन का अपने अक्ष के परितः जड़त्व आघूर्ण, $I_2 = MR^2$ दिया है, $I_1 = I_2$ एवं दोनों बेलनों का द्रव्यमान (M) समान है। अतः $\frac{M}{2}(R_1^2 + R_2^2) = MR^2$

$$(10^2 + 20^2)/2 = R^2 \Rightarrow R \approx 16\,\text{cm}$$

59 *(a)* XX'-अक्ष के परितः खोल A का जड़त्व आघूर्ण $I_A = \frac{2}{3}mr^2$

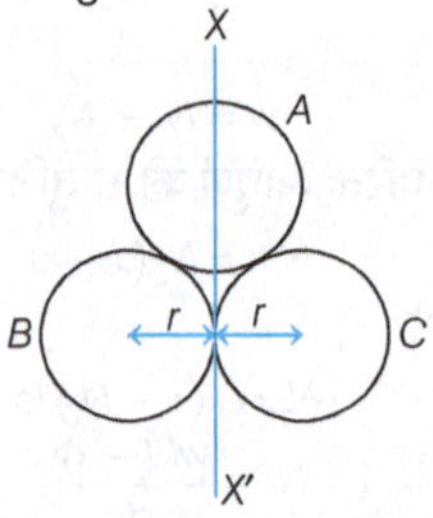

XX'-अक्ष के परितः खोल B का जड़त्व आघूर्ण

$$I_{B'} = I_B + mr^2 = \frac{2}{3}mr^2 + mr^2 = \frac{5}{3}mr^2$$

इसी प्रकार, गोलाकार खोल C का XX'-अक्ष के परितः जड़त्व आघूर्ण $I_{C'} = \frac{5}{3}mr^2$

कुल जड़त्व आघूर्ण

$$I = I_A + I_{B'} + I_{C'} = 4\,mr^2$$

60 *(a)* विकल्प (a) में दिया गया कथन गलत है और इसे इस प्रकार सुधारा जा सकता है, घूर्णन के कारण, निचले भाग का त्वरण g से अधिक है।

61 *(b)*

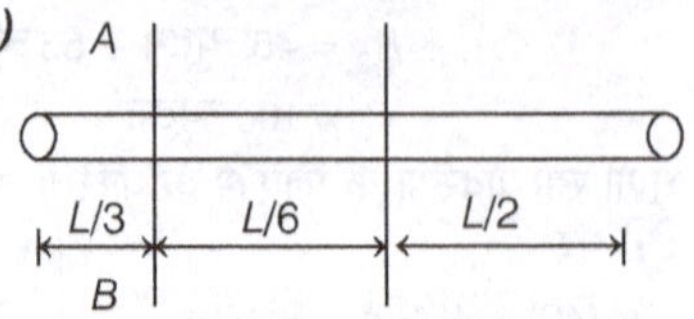

समान्तर अक्ष प्रमेय लागू करने पर, एक सिरे से $\frac{L}{3}$ दूरी पर एक अक्ष AB के परितः जड़त्व आघूर्ण $I = I_{CM} + Mx^2$

$$= \frac{ML^2}{12} + M\left(\frac{L}{6}\right)^2 \left(\because x = \frac{L}{2} - \frac{L}{3} = \frac{L}{6}\right)$$

$$\Rightarrow \quad I = \frac{ML^2}{9}$$

62 *(d)*

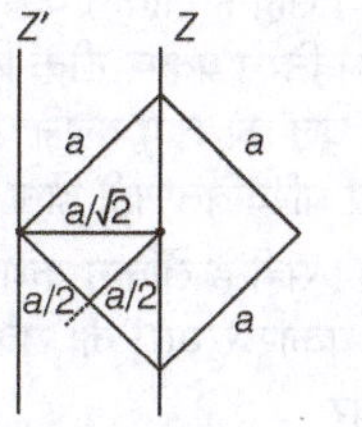

$$I_{Z'} = I_Z + m\left(\frac{a}{\sqrt{2}}\right)^2$$

$$= \frac{ma^2}{6} + \frac{ma^2}{2} = \frac{2}{3}ma^2$$

63 *(d)* केन्द्र से होकर जाने वाले अक्ष के परितः बाह्य चकती का जड़त्व आघूर्ण

$$= \frac{MR^2}{2} + M(2R)^2$$

$$= MR^2\left(4 + \frac{1}{2}\right) = \frac{9}{2}MR^2$$

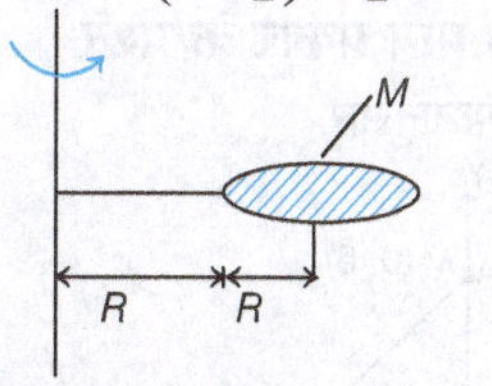

ऐसी 6 चकतियों के लिए,

जड़त्व आघूर्ण $= 6 \times \frac{9}{2}MR^2 = 27MR^2$

इसीलिए, निकाय का जड़त्व आघूर्ण

$$I_0 = \frac{MR^2}{2} + 27MR^2 \Rightarrow I_0 = \frac{55}{2}MR^2$$

अतः $I_P = \frac{55}{2}MR^2 + (7M \times 9R^2)$

$$\Rightarrow I_P = \frac{181}{2}MR^2 \Rightarrow I_p = \frac{181}{2}MR^2$$

64 *(b)* लम्बवत् अक्षों की प्रमेय केवल लैमिना (समतल) पिण्डों के लिए लागू होता है अर्थात्

$$I_Z \neq I_X + I_Y.$$

$Z' \parallel Z$ और उनके बीच की दूरी

$$= a\frac{\sqrt{2}}{2} = \frac{a}{\sqrt{2}}$$

अब, समान्तर अक्षों के सिद्धान्त के अनुसार,

$$I_{Z'} = I_Z + m\left(\frac{a}{\sqrt{2}}\right)^2 = I_Z + \frac{ma^2}{2}$$

Z'', Z के समान्तर नहीं है, इसीलिए समान्तर अक्षों का सिद्धान्त लागू नहीं किया जा सकता है

अर्थात् $I'_Z \neq I_Z + \frac{ma^2}{2}$

चूँकि, X और Y-अक्ष सममित है

अतः $I_X = I_Y$

65 *(d)* कोणीय त्वरण

$$\alpha = \frac{\omega - \omega_0}{t} = \frac{2\pi(\nu - \nu_0)}{t}$$

दिया है, $\nu = 4500 \text{ rpm} = \frac{4500}{60}$ से$^{-1}$

$$\nu_0 = 1200 \text{ rpm} = \frac{1200}{60} \text{ से}^{-1}$$

$$t = 10 \text{ से}$$

दिए गए मानों को प्रतिस्थापित करने पर,

$$\alpha = \frac{\omega - \omega_0}{t}$$

$$= \frac{\frac{2\pi}{60}(4500 - 1200)}{10}$$

$$= 11\pi \text{ रेडियन/से}^2 = \frac{11\pi \times 180}{\pi}$$

$$= 1980 \text{ डिग्री से}^{-2}$$

66 *(d)* 36 घूर्णन में कुल कोणीय विस्थापन

$$\theta = 36 \times 2\pi$$

$\omega_2^2 - \omega_1^2 = 2\alpha\theta$ का प्रयोग करके, हमें प्राप्त होता है

$$(\omega/2)^2 - \omega^2 = 2\alpha(36 \times 2\pi) \quad \ldots(i)$$

इसी प्रकार,

$$0^2 - (\omega/2)^2 = 2\alpha\,(n \times 2\pi) \quad \ldots(ii)$$

समी (i) को समी (ii) से विभाजित करने पर

$$\frac{-\frac{3}{4}\omega^2}{-\omega^2/4} = \frac{36}{n}$$

$$\Rightarrow \quad n = 12$$

67 *(c)* (i) $\omega_0 = \frac{2\pi \times 1200}{60}$ रेडियन/से

$$= 40\,\pi \text{ रेडियन/से}$$

इसी प्रकार, $\omega = \frac{2\pi \times 3120}{60}$

$$= 104\pi \text{ रेडियन/से}$$

$\therefore$ कोणीय त्वरण

$$\alpha = \frac{\omega - \omega_0}{t}$$

$$= \frac{104\pi - 40\pi}{16} = 4\pi \text{ रेडियन/से}^2$$

(ii) जैसा कि हम जानते है कि

$$\theta = \omega_0 t + \frac{1}{2}\alpha t^2$$

$$= 40\,\pi \times 16 + \frac{1}{2} \times 4\pi \times 16^2$$

$$= 1152\,\pi \text{ रेडियन}$$

चक्करों की संख्या $= \frac{1152\pi}{2\pi} = 576$

68 *(d)* हम जानते हैं, कि

$$\alpha = \frac{\omega - \omega_0}{t} = \frac{600\pi - 200\pi}{10}$$

$$= 40\pi \text{ रेडियन/से}^2$$

अब, $\theta = \frac{\omega^2 - \omega_0^2}{2\alpha} = \frac{(600\pi)^2 - (200\pi)^2}{2 \times 40\pi}$

$$\theta = 4000\,\pi$$

$\therefore$ चक्करों की संख्या $n = \frac{\theta}{2\pi} = \frac{4000\pi}{2\pi} = 2000$

69 *(a)* इंजन की शक्ति

$$P = \tau\omega = 100 \times 100$$

$$= 10 \times 10^3 \text{ W} = 10 \text{ किलोवाट}$$

70 *(a)* आघूर्ण, $\tau = FR = 25 \times 0.20$

$$= 5.0 \text{ न्यूटन-मी}$$

$$I = \frac{MR^2}{2} = \frac{20 \times (0.2)^2}{2}$$

$$= 0.4 \text{ किग्रा-मी}^2$$

$\therefore$ कोणीय त्वरण

$$\alpha = \frac{\tau}{I} = 5.0/0.4 = 12.50 \text{ रेडियन/से}^2$$

71 *(c)* $\mathbf{r} \times \mathbf{F} = I\alpha = I\frac{(\omega_2 - \omega_1)}{t}$

$$[\tau = r \times F \text{ और से } \tau = I\alpha]$$

$$\Rightarrow \omega_2 - \omega_1 = \frac{r \times F \times t}{I}$$

$$= \frac{10 \times 0.2 \times 4}{0.4} = 20 \text{ रेडियन/से}$$

72 *(a)* खोखले बेलन के लिए,

$$\alpha_1 = \frac{\tau}{I_1}(\tau = I\alpha)$$

ठोस गोले के लिए, $\alpha_2 = \frac{\tau}{I_2}$

$$\therefore \quad \frac{\alpha_1}{\alpha_2} = \frac{I_2}{I_1} = \frac{\frac{2}{5}MR^2}{MR^2} = \frac{2}{5}$$

73 *(d)* $\tau = T \times r = T \times 0.5$

$$\tau = \frac{T}{2} \text{ न्यूटन-मी} \quad \ldots(i)$$

अतः $\tau = I\alpha \quad \ldots(ii)$

समी (i) एवं (ii) से,

$$\frac{T}{2} = I\alpha = \left(\frac{mR^2}{2}\right) \times (2 \times 2\pi)$$

$$\left(\because I_{\text{ठोस बेलन}} = \frac{mR^2}{2}\right)$$

$$\Rightarrow \quad T = 50\,\pi = 157 \text{ न्यूटन}$$

74 *(c)* कीट-चकती निकाय का जड़त्व आघूर्ण

$$\text{MI} = \frac{1}{2}MR^2 + mx^2$$

स्पष्ट रूप से, जैसे-जैसे कीट, चकती के व्यास के साथ आगे बढ़ता है। जड़त्व आघूर्ण पहले घटता है और फिर बढ़ता है। कोणीय गति के संरक्षण से, कोणीय गति पहले बढ़ती है ओर फिर घटती है।

75 *(a)* किया गया कार्य $= \Delta KE = \frac{1}{2} I(\omega_1^2 - \omega_2^2)$

इस स्थिति में, $\omega_2 = 0$,

किया गया कार्य $= \frac{1}{2} \times 10 \times 50^2$

$= 12500$ जूल

अतः औसत शक्ति $= \frac{\text{किया गया कार्य}}{\text{समय}}$

$= \frac{12500}{10} = 1250$ वाट

76 *(b)* निकाय की अन्तिम कोणीय चाल

$$\omega = \frac{I_1\omega_1 + I_2\omega_2}{I_1 + I_2}$$

ऊर्जा की हानि

$$= \frac{1}{2}I\omega_1^2 + \frac{1}{2}I\omega_2^2 - \frac{1}{2}(2I)\omega^2 \quad (\because I_1 = I_2)$$

$$= \frac{1}{4}I(\omega_1 - \omega_2)^2$$

77 *(d)* सम्पर्क बिन्दु P क्षण भर के लिए विरामावस्था में है तथा वलय (वलय) के परितः घूमता है।

$\therefore \quad \alpha = \frac{\tau_P}{I_P} = \frac{F(2R)}{2MR^2} = \frac{F}{MR}$

$F + f = Ma = M(R\alpha) = F$

$F + f = F \quad (\therefore f = 0)$

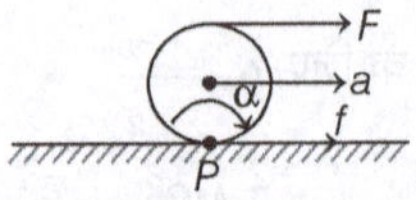

78 *(c)* $\omega = \omega_0 + \alpha t$ का प्रयोग करके,

$\Rightarrow \quad 0 = 2\pi - \alpha 60$

$\Rightarrow \quad \alpha = \frac{\pi}{30}$

$\therefore \quad \tau = I\alpha = 2 \times \frac{\pi}{30} = \frac{\pi}{15}$ न्यूटन-मी

79 *(d)* जैसा कि हम जानते हैं, कि $I_2\omega_2 = I_1\omega_1$

$\therefore \quad \omega_2 = \frac{I_1}{I_2} \times \omega_1 = \frac{I_1}{\frac{75I_1}{100}} \times 3\pi$

$= \frac{4}{3} \times 3\pi = 4\pi$ रेडियन/से

80 *(c)* हम जानते हैं कि,

$I_1\omega_1 + I_2\,\omega_2 = (I_1 + I_2)\omega$

या $\quad 2 \times 8 + 4 \times 4 = (2 + 4)\omega$

या $\quad \omega = \frac{16 + 16}{6} = \frac{32}{6}$

$= \frac{16}{3}$ रेडियन/से

82 *(a)* जैसे-जैसे कलाबाज अपना शरीर मोड़ता है, जड़त्व आघूर्ण घटता जाएगा और इसीलिए कलाबाज का ω बढ़ जाएगा क्योंकि कलाबाज पर कोई बाहरी आघूर्ण कार्य नहीं कर रहा है।

83 *(d)* $I_1\omega_1 = I_2\omega_2$

$\omega_2 = \frac{I\omega \times 100}{60I} = \frac{5\omega}{3}$

84 *(b)* कोणीय संवेग के संरक्षण के नियम के अनुसार, $L = I\omega =$ स्थिर, इसलिए जब कोणीय वेग बढ़ता है, तो निकाय का जड़त्व आघूर्ण कम हो जाएगा, जिससे L स्थिर रहता है।

अभिकथन-कारण प्रश्न

1 *(a)* यदि निकाय पर कार्य करने वाला बाह्य बल शून्य है, तो द्रव्यमान केन्द्र स्थिर ही रहेगा।

2 *(c)* यह आवश्यक नहीं है कि पिण्ड की स्थानान्तरीय गति हमेशा सीधी रेखा में हो, बिना घूर्णन के किसी पिण्ड की परवलयिक गति भी स्थानान्तरीय गति होती है।

3 *(a)* यदि कणों के एक पृथक निकाय की कुल ऊर्जा स्थिर रहती है, तो निकाय का द्रव्यमान केन्द्र उसी पथ पर चलेगा जिस पर समान द्रव्यमान और समान प्रारम्भिक स्थितियों वाला एकल कण चलता है।

7 *(a)* कणों के एक निकाय का कुल संवेग, निकाय में सभी कणों के संवेगों का सदिश योग होता है। यदि निकाय पर कोई बाह्य बल कार्य नहीं कर रहा है, तो निकाय का कुल संवेग स्थिर रहेगा।

8 *(a)* एक दृढ़ पिण्ड पर कार्य करने वाला बल आघूर्ण निम्न प्रकार व्यक्त किया जाता है।

$$\tau = \frac{dL}{dt}$$

बल आघूर्ण एक दृढ़ पिण्ड पर कार्य करने वाले घूर्णी बल का माप है।

9 *(d)* ध्रुवीय बर्फ के पिघलने के कारण भूमध्य रेखा के निकट अधिक पानी पहुँच रहा है और इसलिए पृथ्वी का जड़त्व आघूर्ण बढ़ रहा है। चूँकि $L =$ नियतांक, $\omega \propto \frac{1}{T}$, इसलिए ω में कमी हो रही है और T में वृद्धि हो रही है।

कथन आधारित प्रश्न

3 *(b)* कथन I सही है लेकिन कथन II गलत है। सामान्य स्थानान्तरीय गति के लिए, संवेग $p = mv$, अतः **p** और **v** हमेशा समानान्तर होते हैं।

5 *(b)* कथन I सही है लेकिन कथन II गलत है। कथन II को निम्न प्रकार ठीक किया जा सकता है। बल को लागू करने पर दृढ़ पिण्ड का आकार परिवर्तित नहीं होना चाहिए।

6 *(b)* कथन I सही है लेकिन कथन II गलत है। इसे निम्न प्रकार सुधारा जा सकता है सन्तुलन पर

भार भुजा $\times$ भार $=$ प्रयास $\times$ प्रयास भुजा

$$F_1 d_1 = F_2 d_2$$

$$\Rightarrow \quad \frac{F_1}{F_2} = \frac{d_2}{d_1}$$

$\frac{F_1}{F_2}$ के अनुपात को यान्त्रिक लाभ (MA) कहते हैं।

8 *(b)* कथन I सही है लेकिन कथन II गलत है। किसी पिण्ड का जड़त्व आघूर्ण, अक्ष के परिवर्तित होने पर परिवर्तित हो जाता है।

आंकिक मान प्रकार के प्रश्न

1 *(8)* प्रश्नानुसार

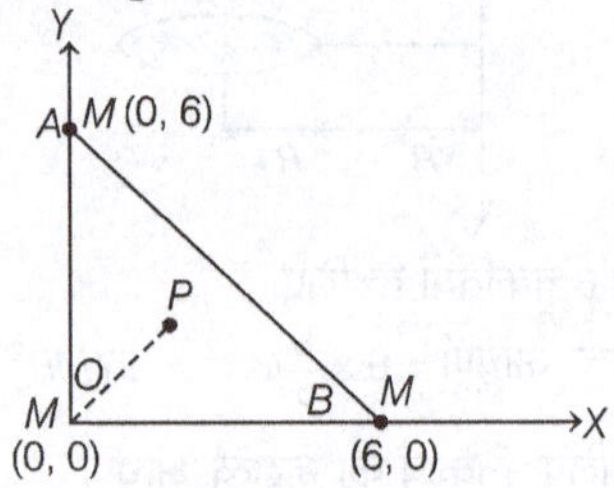

अब, $X_{CM} = \frac{x_1m_1 + x_2m_2 + x_3m_3}{m_1 + m_2 + m_3}$

$= \frac{0(M) + 6(M) + 0(M)}{M + M + M} = 2\,\hat{\mathbf{i}}$

एवं $Y_{CM} = \frac{y_1m_1 + y_2m_2 + y_3m_3}{m_1 + m_2 + m_3}$

$= \frac{0(M) + 0(M) + 6\hat{\mathbf{j}}\,(M)}{M + M + M} = 2\,\hat{\mathbf{j}}$

$\therefore$ CM का स्थिति सदिश

$\mathbf{OP} = 2\hat{\mathbf{i}} + 2\hat{\mathbf{j}}$

$|\mathbf{OP}| = \sqrt{2^2 + 2^2} = \sqrt{8} = \sqrt{x}$

$\therefore \quad x = 8$

2 *(200)*

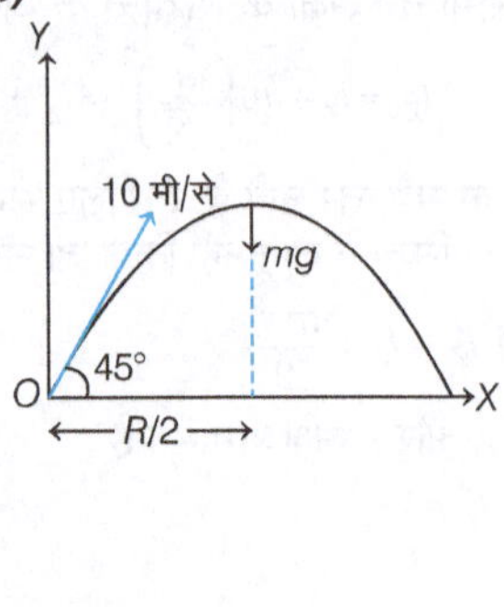

कण की परास

$$R = \frac{u^2 \sin 2\theta}{g} = \frac{(10)^2 \sin 90°}{10} = 10 \text{ मी}$$

अब प्रक्षेप्य बिन्दु के परितः कण के भार का बल आघूर्ण,

$$\tau = \mathbf{r} \times \mathbf{F}$$

यहाँ, $\mathbf{r} = \frac{\mathbf{R}}{2}$, $\mathbf{F} = mg$

$$\therefore \quad \tau = \frac{R}{2}\hat{\mathbf{i}} \times (4 \times 10)(-\hat{\mathbf{j}})$$

$$= \frac{10}{2} \times (40)(\hat{\mathbf{i}} \times (-\hat{\mathbf{j}}))$$

$$= -200\hat{\mathbf{k}} = -N\hat{\mathbf{k}}$$

$$\therefore \quad N = 200$$

3 *(2)* लम्बाई का द्रव्यमान $dx = \frac{m}{L}dx$

$\therefore$ केन्द्राभिमुख बल $= \left(\frac{m}{L}dx\right)x\omega^2$

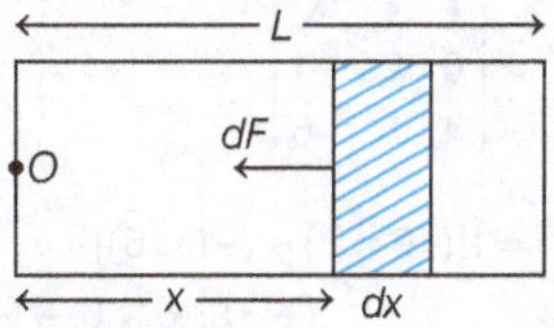

$$dF = \frac{m}{L}\omega^2 x dx$$

$$F = \int dF = \frac{m\omega^2}{L}\int_0^L x\, dx$$

$$= \frac{mL\omega^2}{2} = \frac{mL\omega^2}{n}$$

$$\therefore \quad n = 2$$

4 *(5)* गोले का आयतन = चकती का आयतन

$$\frac{4}{3}\pi R_1^3 = \pi R^2 \times \frac{R}{6}$$

$$\Rightarrow \quad R_1 = \frac{R}{2}$$

अब, गोले का इसके व्यास के परितः जड़त्व आघूर्ण

$$I' = \frac{2}{5}MR_1^2$$

$$= \frac{2}{5}M\left(\frac{R}{2}\right)^2 = \frac{2}{5}\frac{MR^2}{4}$$

$$= \frac{1}{5}\left(\frac{MR^2}{2}\right)\left[\because I = \frac{MR^2}{2}\right]$$

$$= \frac{I}{5} = \frac{I}{n}$$

$$\therefore \quad n = 5$$

5 *(4)* जैसा कि हम जानते है, कि परिक्रमण त्रिज्या,

$$k \propto \sqrt{I}$$

$$\therefore \quad \frac{k_1}{k_2} = \sqrt{\frac{I_1}{I_2}}$$

$$\Rightarrow \quad \frac{5}{x} = \sqrt{\frac{I_c + m(3)^2}{I_c}} \Rightarrow \frac{5}{x} = \sqrt{1 + \frac{9m}{mx^2}}$$

$$\Rightarrow \quad x = \sqrt{25 - 9}$$

$$\Rightarrow \quad x = \sqrt{16} = 4 \text{ सेमी}$$

6 *(10)* यहाँ, बॉक्स को गिरने में लगा समय,

$$T = \sqrt{\frac{2h}{g}} = \sqrt{\frac{2 \times 20}{10}} = 2 \text{ से}$$

$\because$ बॉक्स किनारों के परितः घूमता है।

कोणीय = कोणीय संवेग में परिवर्तन

$$\tau \times t = I\omega$$

$$\Rightarrow \quad mg \times \frac{l}{2} \times t = \frac{ml^2}{3}\omega$$

$$\Rightarrow \quad \omega = \frac{3gt}{2l}$$

$$= \frac{3 \times 10 \times 0.01}{2 \times 0.03} = 5 \text{ रेडियन/से}$$

अब, घूर्णन कोण $= \omega \times T$

$$= 5 \times 2 = 10 \text{ रेडियन}$$

7 *(2)* जैसा कि ज्ञात है दरवाजे के केन्द्र पर गोली धँस गई है,

अतः $r = \frac{1.2}{2} = 0.6$ मी

अब, गोली द्वारा दरवाजे पर स्थानान्तरित कोणीय आघूर्ण

$$L = mv \times r$$

$$= 6 \times 10^{-3} \times 250 \times 0.6$$

$$= 0.98 \text{ जूल-से}$$

एक सिरे पर ऊर्ध्वाधर अक्ष के परितः दरवाजे का जड़त्व आघूर्ण

$$I = \frac{Ml^2}{3} = \frac{15 \times 1.2}{3} = 6 \text{ किग्रा-मी}^2$$

जैसा कि हम जानते हैं, कि

$$L = I\omega$$

$$\omega = \frac{L}{I} = \frac{0.9}{6}$$

$$= 0.15 = 15 \times 10^{-2} \text{ रेडियन/से}$$

प्रश्नानुसार

$$= 15 \times 10^{-x} \text{ रेडियन/से}$$

अतः x का मान 2 है।

8 *(33)* कोणीय संवेग के संरक्षण के नियम के अनुसार,

$$I_1\omega_1 = I_2\omega_2$$

$$\omega_2 = \frac{I_1}{I_2}\omega_1 = \frac{I}{(2/3)I} \times 22$$

$$= \frac{3}{2} \times 22 = 33 \text{ रेडियन/से}$$

NCERT Exemplar प्रश्न

3 *(b)* प्रारम्भिक वेग $\mathbf{v}_i = v\hat{\mathbf{e}}_y$

दीवार के परावर्तन के पश्चात् अन्तिम वेग $\mathbf{v}_f = -v\hat{\mathbf{e}}_y$ प्रक्षेप्य को स्थिति सदिश $\mathbf{r} = y\hat{\mathbf{e}}_y + a\mathbf{e}_z$ के रूप में दर्शाया जाता है।

अतः कोणीय संवेग में परिवर्तन

$$\mathbf{r} \times m(\mathbf{v}_f - \mathbf{v}_i) = 2mva\hat{\mathbf{e}}_x$$

4 *(d)* हम जानते हैं, कि कोणीय त्वरण,

$$\alpha = \frac{d\omega}{dt}$$

दिया है, ω = नियत

$$\Rightarrow \quad \alpha = \frac{d\omega}{dt} = \frac{0}{dt} = 0$$

अतः कोणीय त्वरण शून्य होता है।

6 *(a)* असमान पिण्ड के द्रव्यमान केन्द्र के निर्देशांक

$$R = \frac{\int x dm}{\int dm}$$

जहाँ, $dm = \rho(x)dx$

यहाँ, $\rho(x) = a(1 + bx^2)$

$$\Rightarrow \quad R = \frac{\int_0^L xa(1 + bx^2) \cdot dx}{\int_0^L a(1 + bx^2) \cdot dx}$$

$$= \frac{\left[\frac{ax^2}{2} + \frac{abx^4}{4}\right]_0^L}{\left[ax + \frac{abx^3}{3}\right]_0^L}$$

$$= \frac{\frac{a}{2} + \frac{ab}{4}}{a + \frac{ab}{3}} \quad [\because \text{दिया है, } L = 1 \text{ मी}]$$

$$= \frac{3(2 + b)}{4(3 + b)}$$

7 *(a)* जैसा कि ज्ञात है, कि निकाय पर कोई बाह्य बल आघूर्ण कार्य नहीं करता है। अतः कोणीय संवेग संरक्षित रहना चाहिए।

अर्थात् $I\omega =$ नियत ...(i)

समी (i) से, $I_1\omega_1 = I_2\omega_2$

यहाँ, ω_1 एवं ω_2 कूदने से पहले एवं बाद में कोणीय वेग है।

$$\omega_2 = \frac{I_1\omega_1}{I_2} = \frac{2MR^2\omega}{MR^2} = 2\omega$$

विगत परीक्षाओं के प्रश्न

1 *(a)* दिया है, जड़त्व आघूर्ण,
$I = 2400$ ग्राम-सेमी^{2}

छड़ का द्रव्यमान, $m = 400$ ग्राम

हम जानते हैं, कि पतली छड़ का जड़त्व आघूर्ण,

$$I = \frac{ml^2}{12}$$

$$\Rightarrow \frac{12 \times I}{m} = l^2$$

$$\Rightarrow l^2 = \frac{12 \times 2400}{400}$$

$$\Rightarrow l^2 = 12 \times 6$$

$$\Rightarrow l = \sqrt{72} = 8.48$$

$\simeq 8.5$ सेमी

2 *(a)* नीचे चित्र में दी गई स्थिति को दर्शाया गया है

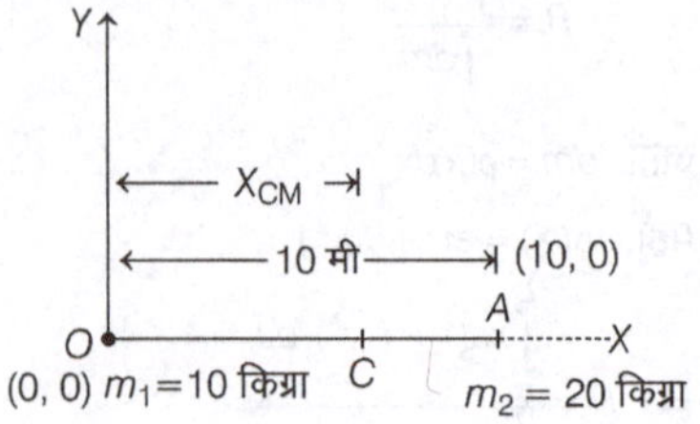

माना, 10 किग्रा द्रव्यमान से द्रव्यमान केन्द्र की स्थिति X_{CM} होगी,

$$\therefore X_{CM} = \frac{m_1x_1 + m_2x_2}{m_1 + m_2}$$

$$= \frac{10 \times 0 + 20 \times 10}{10 + 20}$$

$$= \frac{200}{30} = \frac{20}{3} \text{ मी}$$

3 *(a)* किसी पिण्ड की परिक्रमण त्रिज्या,

$$K = \sqrt{\frac{I}{m}}$$

$$\therefore \frac{K_1}{K_2} = \sqrt{\frac{I_1}{I_2}} \quad \ldots \text{(i)}$$

$I_1 =$ एक पतली एकसमान चकती का जड़त्व आघूर्ण, जो इसके केन्द्र से होकर गुजरती है तथा समतल के अभिलम्ब होती है।

$$I_1 = \frac{MR^2}{2}$$

$I_2 =$ चकती का उसके व्यास के परितः जड़त्व आघूर्ण

$$I_2 = \frac{MR^2}{4}$$

$$\therefore \frac{K_1}{K_2} = \sqrt{\frac{MR^2/2}{MR^2/4}} = \sqrt{2}$$

$$K_1 : K_2 = \sqrt{2} : 1$$

4 *(a)* दिया है, फ्लाईव्हील की प्रारम्भिक कोणीय गति

$$\omega_0 = 2\pi \text{ रेडियन} \times 1200 \text{ rpm}$$

$$= 2\pi \text{ रेडियन} \times \frac{1200}{60} \text{ rps}$$

$$= 40\,\pi \text{ रेडियन/से}$$

इसी प्रकार फ्लाईव्हील की अन्तिम कोणीय वेग

$$\omega = 104\,\pi \text{ रेडियन/से}$$

समय, $t = 16$ से

घूर्णन गति के समीकरण द्वारा

$$\omega = \omega_0 + \alpha t$$

$$\Rightarrow 104\pi = 40\pi + \alpha \times 16$$

$$\Rightarrow \alpha = \frac{104\,\pi - 40\,\pi}{16} = 4\pi \text{ रेडियन/से}$$

5 *(a)* हटाए गए वृत्ताकार वलय का द्रव्यमान

$$M' = \frac{M}{4}$$

अब शेष बचे भाग का जड़त्व आघूर्ण,

$$I'' = I - I' = MR^2 - \frac{MR^2}{4}$$

$$\Rightarrow I'' = \frac{3MR^2}{4}$$

$I'' = KMR^2$ के साथ तुलना करने पर

K का मान $= 3/4$

6 *(a)* पहिए की प्रारम्भिक कोणीय चाल

$$\omega_0 = 2\pi f_0 = 2\pi \times \frac{360}{60}$$

$$= 12\pi \text{ रेडियन/से}$$

पहिए की अन्तिम कोणीय चाल

$$\omega = 2\pi f = 2\pi \times \frac{1200}{60}$$

$$= 40\pi \text{ रेडियन/से}$$

तथा $t = 14$ सेकण्ड

$$\omega = \omega_0 + \alpha t$$

$$\because \alpha = \frac{\omega - \omega_0}{t}$$

$$= \frac{40\pi - 12\pi}{14}$$

$$= \frac{28\pi}{14}$$

$$= 2\pi \text{ रेडियन/से}^2$$

7 *(c)* वृत्ताकार गति के लिए गति के तृतीय नियम से,

$$\omega^2 - \omega_0^2 = 2\alpha\theta$$

$$\Rightarrow \left(\frac{v_0}{r}\right)^2 - 0 = 2\alpha(2\pi n)$$

$$\Rightarrow \alpha = \frac{v_0^2}{4\pi n r^2} \text{ रेडियन/से}^2$$

8 *(d)* बल आघूर्ण $= \mathbf{r} \times \mathbf{F}$

$$= (\mathbf{r}_1 - \mathbf{r}_2) \times \mathbf{F}$$

$$= [0\hat{\mathbf{i}} + 2\hat{\mathbf{j}} - 1\hat{\mathbf{k}}] \times [4\hat{\mathbf{i}} + 5\hat{\mathbf{j}} - 6\,\hat{\mathbf{k}}]$$

$$= \begin{vmatrix} \hat{\mathbf{i}} & \hat{\mathbf{j}} & \hat{\mathbf{k}} \\ 0 & 2 & -1 \\ 4 & 5 & -6 \end{vmatrix}$$

$$= \hat{\mathbf{i}}[(-6 \times 2) - (-1 \times 5)] - \hat{\mathbf{j}}[(-6 \times 0) - (-1 \times 4)] + \hat{\mathbf{k}}[(0 \times 5) - 2 \times 4]$$

$$= -7\hat{\mathbf{i}} - 4\hat{\mathbf{j}} - 8\hat{\mathbf{k}}$$

9 *(b)* **मुख्य बिन्दु**

इस प्रकार की समस्याओं को हल करने के लिए कोणीय संवेग संरक्षण का उपयोग करते है।

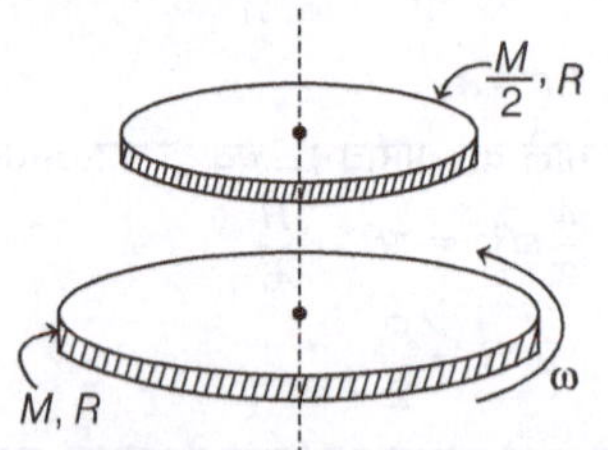

यहाँ कोई बाह्य बलाघूर्ण नहीं है

अतः निकाय का कोणीय संवेग संरक्षित रहेगा

$$I_1\omega_1 = I_2\omega_2 \quad \ldots\text{(i)}$$

यहाँ $I_1 =$ चकती का जड़त्व आघूर्ण, द्रव्यमान M तथा त्रिज्या $R = MR^2/2$

$\omega_1 =$ चकती की कोणीय वेग $\omega = 1$

$I_2 =$ दोनों चकतियों के संयोजन का जड़त्व आघूर्ण

$$= \frac{1}{2}\left(M + \frac{M}{2}\right) \times R^2 = \frac{3}{4}MR^2$$

अतः समीकरण (i)

$$\frac{MR^2}{2}\times\omega=\frac{3}{4}MR^2\times\omega_2$$

या $\omega_2=\frac{2}{3}\omega$

10 *(c)* खोखले गोले के लिए जड़त्व आघूर्ण

$$I_1=\frac{2}{3}mR^2 \text{ या } \left(\sqrt{\frac{2}{3}}R\right)^2 m$$

∴ $K_1=\sqrt{\frac{2}{3}}R$ ...(i) [∵ $I=mK^2$]

ठोस गोले के लिए जड़त्व आघूर्ण

$$I_2=\frac{1}{4}mR^2+\frac{m}{3}(4R)^2=\left(\sqrt{\frac{67}{12}}R\right)^2 m$$

∴ $K_2=\sqrt{\frac{67}{12}}R$ ...(ii)

समी (i) व (ii) का अनुपात लेने पर,

$$\frac{K_1}{K_2}=\sqrt{\frac{2}{3}}R\times\sqrt{\frac{12}{67}}\times\frac{1}{R}=\sqrt{\frac{8}{67}}$$

दिए समी से मिलान करने पर x का मान 67 प्राप्त हुआ।

11 *(a)*

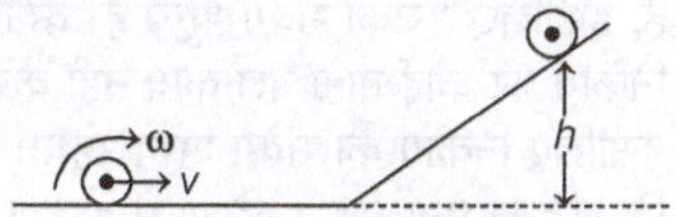

ऊर्जा संरक्षण के अनुसार

$$\frac{1}{2}mv^2+\frac{1}{2}I\omega^2=mgh$$

चकती के लिए, $I=\frac{mr^2}{2}$ तथा $v=r\omega$

जब चकती फिसलेगी नहीं,

तब $\frac{1}{2}mv^2+\frac{1}{2}\frac{mr^2}{2}\times\frac{v^2}{r^2}=mgh$

⇒ $\left(\frac{1}{2}+\frac{1}{4}\right)mv^2=mgh$

या $h=\frac{3v^2}{4g}$

12 *(b)* दिया है, $\mathbf{F}=4\hat{i}-3\hat{j}$

क्षैतिज एवं ऊर्ध्वाधर दिशा में स्थिति सदिश के घटकों को हल करने पर,

∴ क्षैतिज घटक,

$r_x=r\cos\theta$
$=10\times\frac{1}{2}=5$ इकाई

ऊर्ध्वाधर घटक, $r_y=r\sin\theta$
$=10\times\frac{\sqrt{3}}{2}=5\sqrt{3}$ इकाई

∴ O के सम्बन्ध में स्थिति सदिश,

$$\mathbf{r}_O=5\hat{i}+5\sqrt{3}\hat{j}$$

Q के सम्बन्ध में स्थिति सदिश,

$$\mathbf{r}_Q=-5\hat{i}+5\sqrt{3}\hat{j}$$

O के सम्बन्ध में बिन्दु P पर बल आघूर्ण

$$\tau_O=\mathbf{r}_O\times\mathbf{F}$$
$$=(5\hat{i}+5\sqrt{3}\hat{j})\times(4\hat{i}-3\hat{j})$$
$$=(15+20\sqrt{3})(-\hat{k})$$
$$|\tau_O|=15+20\sqrt{3}$$

Q के सम्बन्ध में बिन्दु P पर बल आघूर्ण,

$$\tau_Q=\mathbf{r}_Q\times\mathbf{F}$$
$$=(4\hat{i}-3\hat{j})\times(-5\hat{i}+5\sqrt{3}\hat{j})$$
$$=(-15+20\sqrt{3})\hat{k}$$
$$=(15-20\sqrt{3})(-\hat{k})$$
$$|\tau_Q|=15-20\sqrt{3}$$

13 *(d)* माना द्रव्यमान प्रति इकाई क्षेत्रफल σ है।

∴ छोटी चकती का द्रव्यमान, $M'=\pi r^2\sigma$

बड़ी चकती का द्रव्यमान, $M=\pi R^2\sigma$

∴ अपने तल पर स्थित अपने व्यास के एक भाग के परितः छोटी चकती का जड़त्व आघूर्ण

$$I'=\frac{1}{4}M'r^2$$

⇒ $I'=\frac{\pi\sigma r^4}{4}$

और चकती के अक्ष (तल के लम्बवत्) के परितः तथा इसके केन्द्र से गुजरने वाली बड़ी चकती का जड़त्व आघूर्ण

$$I=\frac{1}{2}MR^2=\frac{\pi\sigma R^4}{2}$$

∴ $\frac{I}{I'}=\frac{\frac{\pi\sigma R^4}{2}}{\frac{\pi\sigma r^4}{4}}=\frac{2R^4}{r^4}$ ⇒ $\frac{I}{I'}=\frac{2R^4}{r^4}$

14 *(d)*

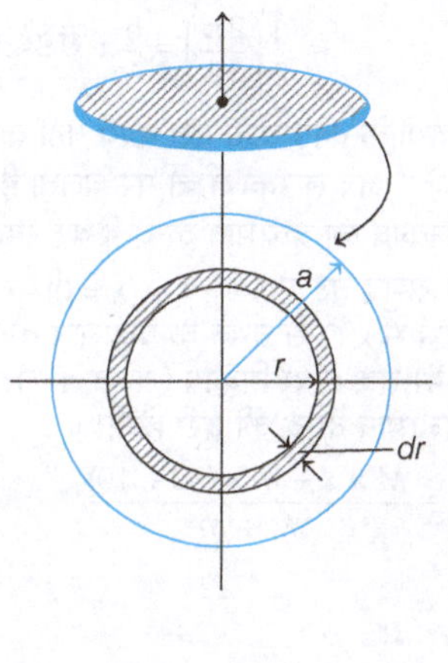

दिया है, द्रव्यमान प्रति इकाई क्षेत्रफल

$$\sigma(r)=A+Br$$

प्राथमिक वलय का द्रव्यमान

$$dm=\sigma(r)\cdot dA=(A+Br)2\pi r\,dr$$

इस प्राथमिक वलय का अक्ष के परितः जड़त्व आघूर्ण

$$dI=dm\cdot r^2$$
$$=2\pi r^3(A+Br)\cdot dr$$

त्रिज्या a की पूर्ण चकती का जड़त्व आघूर्ण

$$I=\int_0^a dI=\int_0^a 2\pi r^3(A+Br)\,dr$$
$$=\left[2\pi A\frac{r^4}{4}+2\pi B\frac{r^5}{5}\right]_0^a$$
$$=2\pi a^4\left(\frac{A}{4}+\frac{aB}{5}\right)$$

15 *(b)*

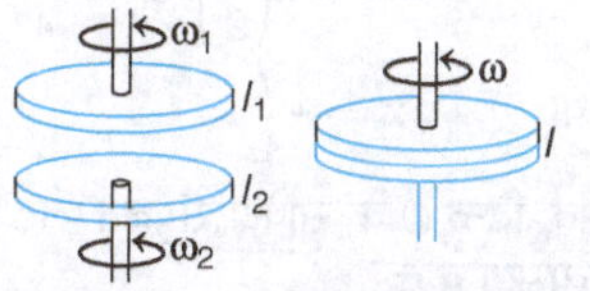

चूँकि कोई बाहरी बल आघूर्ण नहीं है, इसलिए निकाय का कोणीय संवेग संरक्षित है।

$$L_1+L_2=L_{\text{निकाय}}$$

⇒ $I_1\omega_1+I_2\omega_2=(I_1+I_2)\omega$

⇒ $\omega=\frac{I_1\omega_1+I_2\omega_2}{I_1+I_2}$

$$\omega=\frac{0.1\times10+0.2\times5}{(0.1+0.2)}$$

तथा $\omega=\frac{20}{3}$ रेडियन/से

संयुक्त निकाय की गतिज ऊर्जा

$$K=\frac{1}{2}I_{\text{निकाय}}\omega^2=\frac{1}{2}(0.1+0.2)\times\left(\frac{20}{3}\right)^2$$
$$=\frac{20}{3}\text{ जूल}$$

16 *(a)* असतत् द्रव्यमानों के निकाय के लिए द्रव्यमान केन्द्र (CM) का त्वरण,

$$a_{CM}=\frac{m_Aa_A+m_Ba_B+m_Ca_C+m_Da_D}{m_A+m_B+m_C+m_D}$$

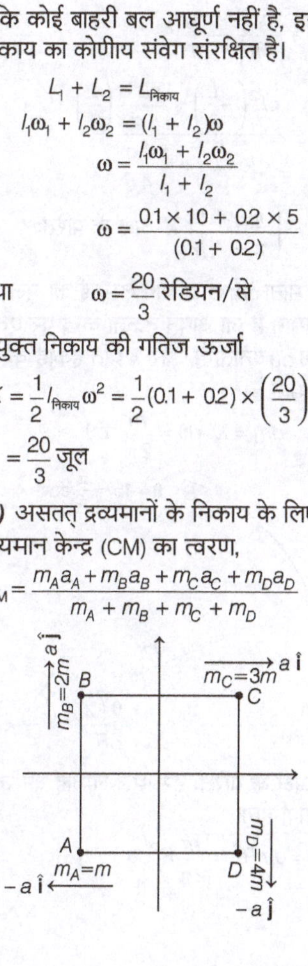

$$a_{CM} = \frac{-ma\hat{i}+2ma\hat{j}+3ma\hat{i}-4ma\hat{j}}{m+2m+3m+4m}$$

$$= \frac{2a\hat{i}-2a\hat{j}}{10}$$

$$= \frac{a}{5}(\hat{i}-\hat{j}) \text{ मी/से}^2$$

स्किल बूस्टर्स

1 *(d)* निकाय X-अक्ष के परितः सममित है, इसीलिए निकाय का CM, X-अक्ष के अनुदिश स्थित होगा।

वर्गाकार प्लेट का द्रव्यमान, $m_1 = \sigma L^2$

तथा $x_1 = -\frac{L}{2}$

वृत्ताकार चकती का द्रव्यमान

$$m_2 = \pi\left(\frac{L}{2}\right)^2 \sigma = \frac{\pi L^2 \sigma}{4}$$

तथा $x_2 = +\frac{L}{2}$

अब, बिन्दु O के सापेक्ष संयुक्त प्लेट का द्रव्यमान केन्द्र

$$X_{cm} = \frac{m_1x_1 + m_2x_2}{m_1 + m_2}$$

$$= \frac{\sigma L^2\left(-\frac{L}{2}\right) + \frac{\pi L^2\sigma}{4}\left(\frac{L}{2}\right)}{\sigma L^2 + \frac{\pi L^2 \sigma}{4}}$$

$$= \left(\frac{\pi-4}{\pi+4}\right)\frac{L}{2} \text{ X-अक्ष के परितः}$$

2 *(c)* माना dm छोटी चाप लम्बाई का मूल द्रव्यमान है जो अपने वक्रता केन्द्र पर एक कोण $d\theta$ बनाता है ओर λ प्रति इकाई कोण द्रव्यमान है।

तब $dm = \lambda \cdot d\theta = \frac{m}{2\pi} \cdot d\theta$

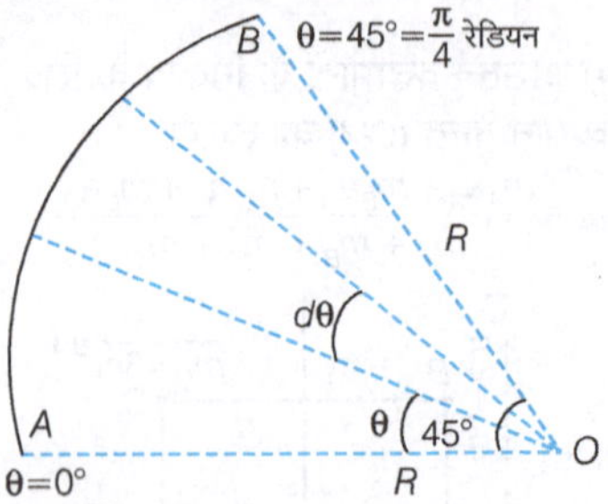

Z-अक्ष के परितः इस मूल लम्बाई का जड़त्व आघूर्ण होगा

$$dI = dmR^2 = \frac{m}{2\pi}R^2 d\theta$$

इसीलिए, Z-अक्ष के परितः चाप लम्बाई AB का जड़त्व आघूर्ण

$$I = \frac{m}{2\pi}R^2\int_0^{\pi/4} d\theta$$

$$= \frac{m}{2\pi}\cdot R^2 \frac{\pi}{4} = \frac{1}{8}mR^2$$

3 *(b)* C_r पर बल $= 70g = 700$ न्यूटन

C_t पर बल $= 50g = 500$ न्यूटन

सन्तुलन की स्थिति में, बिन्दु O के परितः निकाय पर बल आघूर्ण सन्तुलित होना चाहिए

अतः P पर बलाघूर्ण $= C_r$ पर बलाघूर्ण $+ C_t$ पर बलाघूर्ण

$$F_P \times 1.5 = 700 \times 0.1 + 500 \times 0.3$$

$$F_P = \frac{70+150}{1.5} = 146.6 \text{ न्यूटन}$$

अब पिछले पहिए का बल AB के मध्य बिन्दु पर कार्य करता है। यदि T प्रत्येक पिछले पहिए पर जोर (Thrust) है, तब बिन्दु O पर बल $= 2T$

$\therefore$ $2T + F_P =$ निकाय का कुल भार

$2T + 146.6 = 1200$ न्यूटन

$T = 526.7$ न्यूटन ≈ 526 न्यूटन

4 *(b)* प्लेटफॉर्म के सापेक्ष व्यक्ति का कोणीय वेग,

$$\omega_r = \omega + \frac{v_0}{r}$$

$$= 0.7 + \frac{1}{2} = 1.2 \text{ रेडियन/से}$$

व्यक्ति द्वारा एक चक्कर पूर्ण करने में लिया गया समय,

$$T = \frac{2\pi}{\omega_r} = \frac{2\pi}{12} \text{ से}$$

अब, जमीन के सापेक्ष व्यक्ति का कोणीय विस्थापन,

$$\theta = \omega_0 T = \frac{v_0 t}{r}$$

$$= \frac{1}{2}\left(\frac{2\pi}{12}\right) = \frac{5}{6}\pi \text{ रेडियन}$$

5 *(c)* क्योंकि कोई बाह्य बल कार्य नहीं करता है, इसीलिए जब लड़का तख्ते पर चलता है तब भी निकाय का द्रव्यमान केन्द्र स्थिर रहता है। माना समुद्र तट मूल बिन्दु O $(x = 0)$ पर है। प्रारम्भ में x, O से तख्ते के द्रव्यमान केन्द्र की दूरी है। तब, O से निकाय (तख्ता + लड़का) के द्रव्यमान केन्द्र की दूरी होगी।

$$x_{CM} = \frac{M \times x + m \times (30+10)}{M+m}$$

$$= \frac{100x + 50 \times 40}{100+50}$$

$$= \frac{100x + 2000}{150}$$

क्योंकि लड़का समुद्र तट की ओर गति करता है निकाय का द्रव्यमान केन्द्र स्थिर रहना चाहिए, इसीलिए तख्ता समुद्र तट से दूर चला जाएगा। यदि तख्ते द्वारा चली गई दूरी x' है तो जब लकड़ा तख्ते पर 6 मीटर चलता है तो समुद्र तट से द्रव्यमान केन्द्र की दूरी होगी

$$x'_{CM} = \frac{100(x+x') + 50(40-6+x')}{100+50}$$

$$= \frac{100x + 150x' + 1700}{150}$$

क्योंकि $x_{CM} = x'_{CM}$

$$\frac{100x+2000}{150} = \frac{100x + 150x' + 1700}{150}$$

$$\Rightarrow \quad x' = \frac{300}{150} = 2 \text{ मी}$$

$\therefore$ समुद्र तट से लड़के की दूरी

$$= 40 - 6 + 2 = 36 \text{ मी}$$

6 *(b)* निकाय (लड़का + तख्ता) विरामावस्था में है, इसीलिए उसका संवेग शून्य है। क्योंकि निकाय पर कोई बाह्य बल कार्य नहीं करता है इसीलिए निकाय का संवेग शून्य रहेगा। माना कि लड़का धनात्मक x-दिशा में दौड़ता है। तख्ते के सापेक्ष लड़के का वेग होगा

$$\mathbf{v}_{bp} = v\hat{\mathbf{i}}$$

अब, $\mathbf{v}_{bp} = \mathbf{v}_b - \mathbf{v}_p$

जहाँ $\mathbf{v}_b =$ जमीन के सापेक्ष लड़के का वेग

और $\mathbf{v}_p =$ जमीन के सापेक्ष तख्ते का वेग

अतः $\mathbf{v}_b = \mathbf{v}_{bp} + \mathbf{v}_p$

$$= v\hat{\mathbf{i}} + v_p\hat{\mathbf{i}}$$

$$= (v + v_p)\hat{\mathbf{i}}$$

तख्ते + लड़के का कुल संवेग $= 0$

$$\Rightarrow \quad M\mathbf{v}_p + m\mathbf{v}_b = 0$$

$$\Rightarrow \quad Mv_p\hat{\mathbf{i}} + mv_b\hat{\mathbf{i}} = 0$$

$$\Rightarrow \quad Mv_p\hat{\mathbf{i}} + m(v+v_p)\hat{\mathbf{i}} = 0$$

जो प्रदान करता है, $v_p = -\frac{mv}{M+m}$

$\therefore$ लड़के का वेग,

$$\mathbf{v}_b = \left(v - \frac{mv}{M+m}\right)\hat{\mathbf{i}} = \frac{mv}{M+m}\hat{\mathbf{i}}$$

$$= \left(\frac{250 \times 6}{250+50}\right)\hat{\mathbf{i}}$$

$\therefore |v_p| = 5$ मी/से

7 *(d)* क्षैतिज वृत्त में एकसमान गति के लिए, डोरी में तनाव अभिकेन्द्रीय बल के बराबर होता है।

$$T = \frac{mv^2}{r} = \frac{mv^2}{l} \quad (\because r = l)$$

वृत्त के केन्द्र के परितः कोणीय वेग,

$L = mvr = mvl =$ नियत $= k$ (दिया है)

$$\therefore \quad v = \frac{k}{ml}$$

$$\therefore \quad T = \frac{m}{l}\left(\frac{k}{ml}\right)^2 = \frac{k^2}{ml^3}$$

जब $l' = \frac{l}{2}$,

$$T' = \frac{k^2}{m\left(\frac{l}{2}\right)^3} = \frac{8k^2}{ml^3} = 8T$$

8 *(d)*

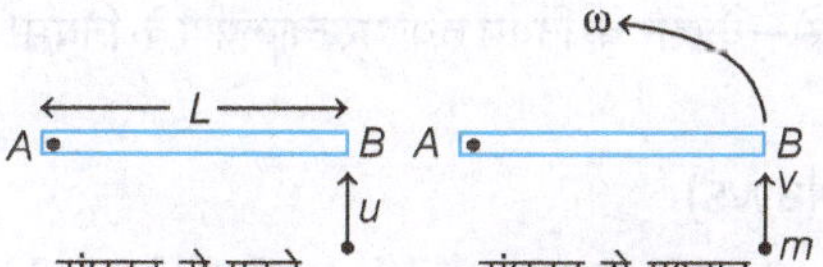

संघट्ट से पहले   संघट्ट से पश्चात्

(a) माना v टक्कर के बाद गेंद का वेग $e = 1$ है क्योंकि टक्कर पूर्णतयाः प्रत्यास्थ है,

पहुँच का वेग = पृथक्करण का वेग

या $\quad u = \omega L - v$

$$\Rightarrow \quad \omega = \frac{u + v}{L} \quad \ldots (i)$$

$\because$ यहाँ कोई बाह्य बल आघूर्ण नहीं है, अतः बिन्दु A के परितः कोणीय संवेग संरक्षित रहता है, अर्थात्

$$muL = mvL + I\omega$$

$$\omega = \frac{3(u - v)m}{ML} \quad \ldots (ii)$$

समी (i) एवं (ii) से,

$$v = \left(\frac{3m - M}{3m + M}\right)u \quad \ldots (iii)$$

अब समी (iii) एवं (i) से,

$$\omega = \frac{6mu}{(3m + M)L}$$

$$= \frac{6 \times 0.2 \times 5}{(3 \times 0.2 + 0.4) \times 1}$$

$= 6.0$ रेडियन/से

9 *(b)* माना, प्रत्येक डंबल का द्रव्यमान m है, तो कुल प्रारम्भिक कोणीय संवेग

$$= mr_1^2\omega_1 + mr_1^2\omega_1 = 2mr_1^2\omega_1$$

जब शरीर डंबल को अपनी छाती की ओर खींचता है, तो अन्तिम कोणीय संवेग $= 2mr_2^2\omega_2$

कोणीय संवेग के संरक्षण के सिद्धान्त से

प्रारम्भिक कोणीय संवेग = अन्तिम कोणीय संवेग

$$2mr_1^2\omega_1 = 2mr_2^2\omega_2$$

$$\omega_2 = \frac{r_1^2}{r_2^2}\omega_1 = \frac{(0.8)^2}{(0.4)^2} \times 2 = \frac{0.64}{0.16} \times 2$$

$= 4 \times 2 = 8$ रेडियन/से

10 *(b)* प्रारम्भ में m_2 फर्श से h ऊँचाई पर विरामावस्था में है तथा m_2 और पुली भी विरामावस्था में है। अतः निकाय की कुल प्रारम्भिक ऊर्जा,

$$E_i = 0 + m_2gh = m_2gh$$

जब m_2 छोड़ा जाता है, तो यह गिरना शुरू हो जाता है तथा m_1 ऊपर उठने लगता है माना फर्श से टकराने से ठीक पहले m_2 की गति v है।

इस क्षण पर m_1 के ऊपर उठने की गति भी v है और इस क्षण पर m_1 की ऊँचाई h है। इसीलिए, निकाय की अन्तिम कुल ऊर्जा

$E_f =$ ऊँचाई h पर m_1 की PE $+ m_1$ एवं m_2 की KE + पुली की घूर्णन KE

$$= m_1gh + \frac{1}{2}m_1v^2 + \frac{1}{2}m_2v^2 + \frac{1}{2}I\omega^2$$

$$= m_1gh + \frac{1}{2}v^2(m_1 + m_2)$$

$$+ \frac{1}{2} \times \left(\frac{1}{2}MR^2\right) \times \left(\frac{v}{R}\right)^2$$

$$= m_1gh + \frac{1}{2}v^2\left(m_1 + m_2 + \frac{M}{2}\right)$$

ऊर्जा के संरक्षण से, $E_f = E_i$

$$\Rightarrow m_1gh + \frac{1}{2}v^2\left(m_1 + m_2 + \frac{M}{2}\right) = m_2gh$$

$$v = \left[\frac{2(m_2 - m_1)gh}{m_1 + m_2 + \frac{M}{2}}\right]^{\frac{1}{2}}$$

$m_1 = 2$ किग्रा, $m_2 = 4$ किग्रा रखने पर,

$M = 8$ किग्रा, $h = 1$ मी

$g = 10$ मी/से^{2} तब

$$v = \sqrt{\frac{2 \times 2 \times 10 \times 1}{10}}$$

$v = \sqrt{4} = 2$ मी/से

07

भौतिकी की Concept Master *Videos* के लिए *Scan* करें

गुरुत्वाकर्षण
Gravitation

प्रत्येक भौतिक वस्तु में पृथ्वी की ओर आकर्षित होने की प्रवृत्ति होती है। किसी वस्तु की यह प्रवृत्ति कुछ नियमों द्वारा नियन्त्रित होती है; जैसे—केप्लर के नियम तथा गुरुत्वाकर्षण के नियम।

केप्लर के नियम (Kepler's laws)

ये तीन वैज्ञानिक नियम हैं, जो सूर्य के चारों ओर ग्रहों की गति का वर्णन करते हैं, जिन्हें नीचे दिया गया है।

1. **कक्षाओं का नियम** (Law of Orbits) सभी ग्रह दीर्घवृत्तीय कक्षाओं में गति करते हैं, जिसमें सूर्य दीर्घवृत्त के किसी एक नाभि पर स्थित होता है जैसा कि नीचे चित्र में दर्शाया गया है।

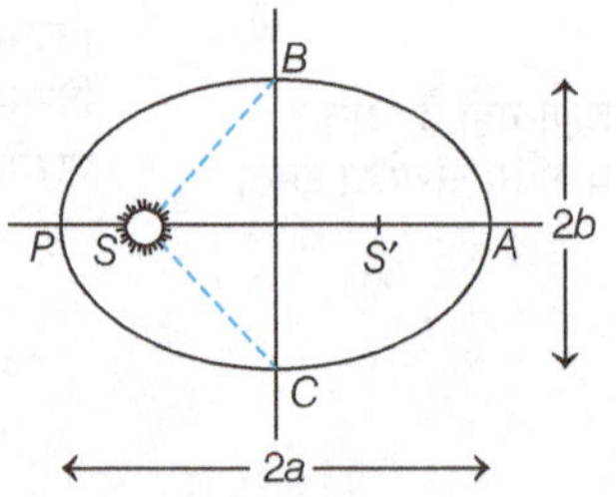

सूर्य के निकटतम बिन्दु *P* को **उपसौर** (Perihelion) तथा सबसे दूर के बिन्दु *A* को **अपसौर** (Aphelion) कहा जाता है।

2. **क्षेत्रफलों का नियम** (Law of Areas) सूर्य से किसी ग्रह को मिलाने वाली रेखा समान समय अन्तराल में समान क्षेत्रफल तय करती है। नीचे दिए गए चित्र में दिखाया गया ग्रह *P*, सूर्य से दूर होने पर धीमी गति से चलता हुआ प्रतीत होता है, लेकिन जब यह सूर्य के निकट होता है, तो वह तेज गति से चलता हुआ प्रतीत होता है।

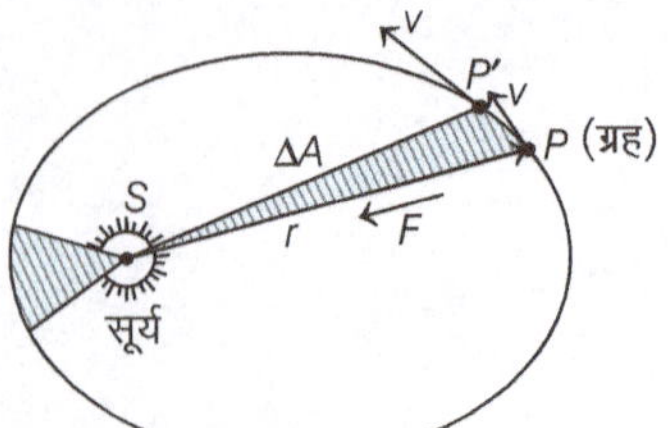

5 वर्षों में NEET में पूछे गये शीर्षकवार प्रश्न

शीर्षक	वर्षवार प्रश्नों की संख्या				
	2024	2023	2022	2021	2020
केप्लर के नियम	–	–	–	–	–
गुरुत्वाकर्षण का सार्वत्रिक नियम एवं गुरुत्वाकर्षण नियतांक	–	–	–	–	–
गुरुत्वीय त्वरण और इसका परिवर्तन	1	–	1	–	2
गुरुत्वीय स्थितिज ऊर्जा	1	1	–	–	–
पलायन वेग एवं भू-उपग्रह	–	1	–	2	–

NEET में विगत 5 वर्षों में पूछे गये विशेष प्रकार के प्रश्न

प्रकार	वर्ष				
	2024	2023	2022	2021	2020
अभिकथन–कारण	—	—	—	–	—
कथन आधारित	—	—	—	–	-
सुमेलन	—	1	—	—	-

NEET के विगत 5 वर्षों का भारांकन

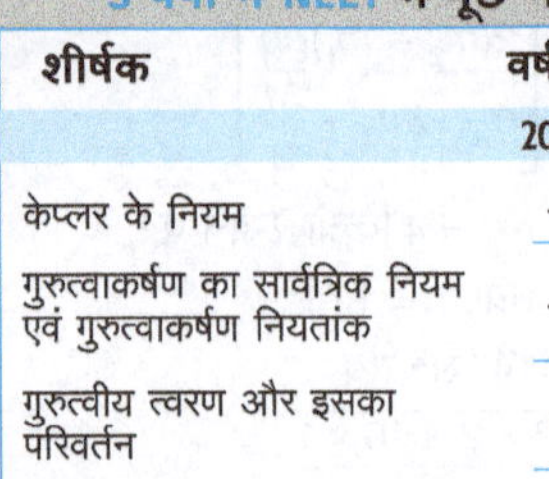

m द्रव्यमान के ग्रह द्वारा Δt समय अन्तराल में प्रसर्पित (Swept out) क्षेत्रफल ΔA को निम्न प्रकार व्यक्त किया जाता है।

$$\Delta \mathbf{A} = \frac{1}{2}(\mathbf{r} \times \mathbf{v}\Delta t)$$

अतः
$$\frac{\Delta \mathbf{A}}{\Delta t} = \frac{1}{2}\frac{\mathbf{r} \times \mathbf{p}}{m} = \frac{\mathbf{L}}{2m} \qquad \left(\because \mathbf{v} = \frac{\mathbf{p}}{m}\right)$$

जहाँ, **v** वेग है तथा **L** कोणीय संवेग है जो $(\mathbf{r} \times \mathbf{p})$ के समतुल्य है।

किसी केन्द्रीय बल F के लिए, जोकि **r** के अनुदिश निर्देशित है, **L** एक नियतांक है जब ग्रह सूर्य के चारों ओर परिक्रमा कर रहा होता है इसीलिए $\Delta \mathbf{A}/\Delta t$ एक नियतांक है।

- क्षेत्रफलों के नियम को कोणीय संवेग (Angular momentum) के संरक्षण के परिणाम के रूप में समझा जा सकता है, जो किसी भी केन्द्रीय बल के लिए मान्य है।
- एक **केन्द्रीय बल** (Central force) ऐसा बल होता है, जो सूर्य तथा ग्रह को मिलाने वाले सदिश के अनुदिश कार्य करता है।

3. **आवर्तकालों का नियम** (Law of Periods) किसी ग्रह के परिक्रमण काल का वर्ग उस ग्रह द्वारा खींचे गये दीर्घवृत्त के अर्द्ध-दीर्घ अक्ष के घन के अनुक्रमानुपाती होता है।

अर्थात् $T^2 \propto a^3$ **NEET 2019**

जहाँ, a = अर्द्ध-दीर्घ अक्ष तथा T = आवर्तकाल या परिक्रमण काल

गुरुत्वाकर्षण का सार्वत्रिक नियम (Universal Law of Gravitation)

- इसके अनुसार, ब्रह्माण्ड में प्रत्येक पिण्ड हर दूसरे पिण्ड को एक बल के द्वारा आकर्षित करता है जो उनके द्रव्यमान के गुणनफल के अनुक्रमानुपाती एवं उनके बीच की दूरी के वर्ग के व्युत्क्रमानुपाती होता है।
- दूरी r से पृथक् किए गए दो बिन्दु द्रव्यमान m_1 एवं m_2 के मध्य लगने वाले गुरुत्वाकर्षण बल F को निम्न प्रकार व्यक्त किया जाता है।

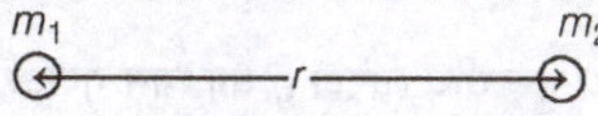

$$F \propto \frac{m_1 m_2}{r^2} \Rightarrow F = G\frac{m_1 m_2}{r^2}$$

जहाँ, G एक **सार्वत्रिक गुरुत्वाकर्षण नियतांक** (Universal gravitational constant) है और माना जाता है कि इसका मान सभी पदार्थों के लिए प्रत्येक स्थान पर समान रहता है।

- किसी बिन्दु द्रव्यमान m_2 पर किसी अन्य बिन्दु द्रव्यमान m_1 के कारण लगने वाले बल **F** को सदिश रूप में निम्न प्रकार व्यक्त किया जा सकता है।

$$\mathbf{F} = -G \cdot \frac{m_1 m_2}{r^2} \cdot \hat{\mathbf{r}} \text{ या } \mathbf{F} = -G\frac{m_1 m_2}{|\mathbf{r}|^3}\mathbf{r}$$

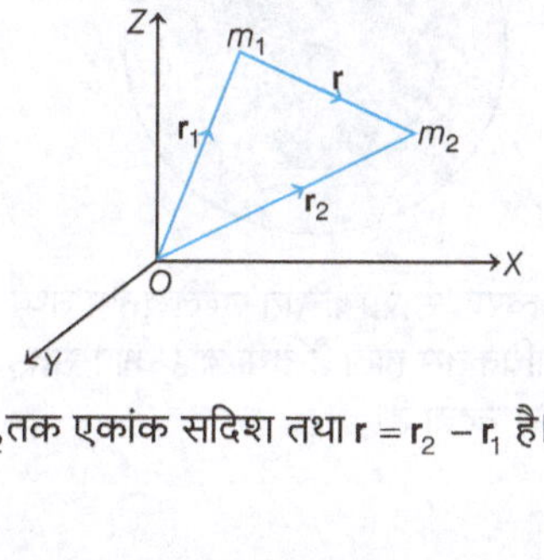

जहाँ, $\hat{\mathbf{r}}$, m_1 से m_2 तक एकांक सदिश तथा $\mathbf{r} = \mathbf{r}_2 - \mathbf{r}_1$ है।

- **गुरुत्वाकर्षण बल की विशेषताएँ** (Characteristics of the Gravitational Force)
  - गुरुत्वीय या गुरुत्वाकर्षण बल प्रकृति में आकर्षी (Attractive) होता है और बिन्दु द्रव्यमानों को मिलाने वाली रेखा के अनुदिश निर्देशित होता है, अर्थात् बल $\hat{\mathbf{r}}, -\hat{\mathbf{r}}$ के अनुदिश है।
  - m_2 के कारण m_1 पर गुरुत्वीय बल की दिशा **r** के अनुदिश होती है, इसलिए न्यूटन के तृतीय नियम के अनुसार, यह बल निश्चित रूप से $-\mathbf{F}$ है।
  - यदि $\mathbf{F}_{12}$, पिण्ड 2 के कारण पिण्ड 1 पर गुरुत्वीय बल है और $\mathbf{F}_{21}$, पिण्ड 1 के कारण पिण्ड 2 पर गुरुत्वीय बल है, तो वे $\mathbf{F}_{12} = -\mathbf{F}_{21}$ के रूप में परस्पर एक-दूसरे से सम्बन्धित है।
  - गुरुत्वीय बल, एक केन्द्रीय बल के साथ-साथ संरक्षी बल (Conservative force) तथा प्रकृति में सबसे कमजोर बल है।
  - यह उस माध्यम की प्रकृति से स्वतन्त्र होता है, जिसमें बिन्दु द्रव्यमान मौजूद होते हैं।
  - यह अन्तरग्रहीय (Interplanetary) दूरी जैसी लम्बी दूरियों तथा अन्तरपरमाण्विक दूरी (Interatomic distance) जैसी छोटी दूरियों के लिए भी सही है।
  - यह कण की प्रारम्भिक और अन्तिम स्थिति पर निर्भर करता है, इसलिए बन्द पथ के चारों ओर गुरुत्व द्वारा किया गया कार्य शून्य होता है।
  - गुरुत्वाकर्षण का सार्वत्रिक नियम **बिन्दु द्रव्यमान** को सन्दर्भित करता है, जबकि हम विस्तारित वस्तुओं की विवेचना (Deal) करते हैं जिनका आकार असीमित होता है।
  - यदि हमारे पास बिन्दु द्रव्यमानों का संग्रह है तो उनमें से किसी एक पर बल अन्य बिन्दु द्रव्यमानों के कारण गुरुत्वाकर्षण बलों के सदिश योग के बराबर होता है जैसा कि चित्र में दर्शाया गया है।

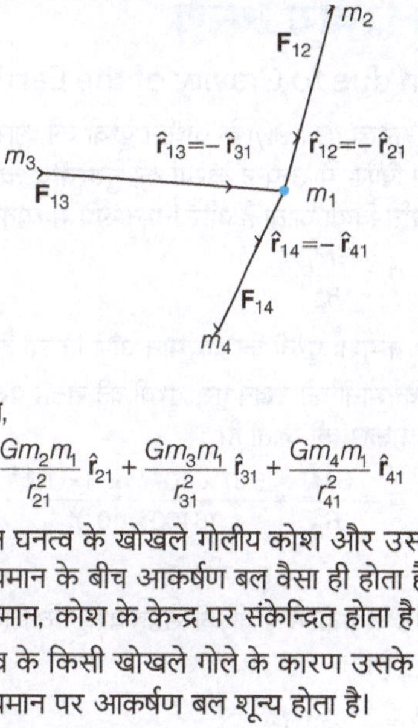

m_1 पर कुल बल,

$$\mathbf{F}_1 = \frac{Gm_2 m_1}{r_{21}^2}\hat{\mathbf{r}}_{21} + \frac{Gm_3 m_1}{r_{31}^2}\hat{\mathbf{r}}_{31} + \frac{Gm_4 m_1}{r_{41}^2}\hat{\mathbf{r}}_{41}$$

- किसी एकसमान घनत्व के खोखले गोलीय कोश और उसके बाहर स्थित किसी बिन्दु द्रव्यमान के बीच आकर्षण बल वैसा ही होता है जैसा कि कोश का सम्पूर्ण द्रव्यमान, कोश के केन्द्र पर संकेन्द्रित होता है।
- एकसमान घनत्व के किसी खोखले गोले के कारण उसके अन्दर स्थित किसी बिन्दु द्रव्यमान पर आकर्षण बल शून्य होता है।

गुरुत्वाकर्षण नियतांक
(The Gravitational Constant)

- गुरुत्वीय नियतांक या गुरुत्वाकर्षण नियतांक G के मान की सर्वप्रथम गणना अंग्रेज वैज्ञानिक **हेनरी कैवेन्डिश** ने 1798 में की थी।
- उनके द्वारा उपयोग किए गए उपकरण का योजनाबद्ध चित्र नीचे दर्शाया गया है।

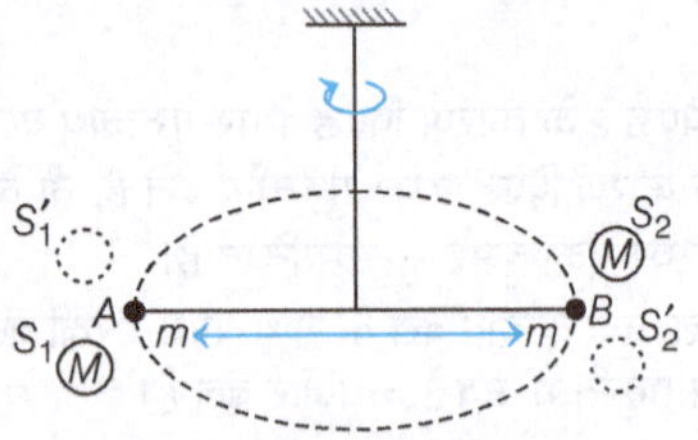

S_1 तथा S_2 दो विशाल गोले हैं, जिन्हें A तथा B पर स्थित द्रव्यमानों के दोनों ओर रखा जाता है। जब बड़े गोले S_1' एवं S_2' को द्रव्यमानों के दूसरी ओर ले जाया जाता है, तब प्रति एकांक कोण पर प्रत्यानयन बलाघूर्ण τ के कारण छड़ AB एक कोण θ से थोड़ा घूर्णन करती है। इस कोण θ को प्रयोगात्मक रूप से मापा जाता है।

- यदि M एवं m बड़े गोले के द्रव्यमान तथा उसके निकट के छोटे गोले के केन्द्रों के बीच की दूरी d है, तब गुरुत्वीय नियतांक की गणना निम्न सूत्र द्वारा की जाती है

$G = \frac{\tau\theta d^2}{MmL}$ जहाँ, L छड़ AB की लम्बाई है।

- इस प्रकार θ का प्रेक्षण करके उपरोक्त समीकरण की सहायता से G का मान परिकलित किया जा सकता है। वर्तमान में इसका स्वीकृत मान $G = 6.67 \times 10^{-11}$ न्यूटन-मी²/किग्रा² है।

पृथ्वी का गुरुत्वीय त्वरण
(Acceleration due to Gravity of the Earth)

- जब कोई पिण्ड गुरुत्व (Gravity) के अधीन पृथ्वी की ओर गिरता है, तो गुरुत्व के कारण पिण्ड में उत्पन्न त्वरण को **गुरुत्वीय त्वरण** कहते हैं, जिसे g से प्रदर्शित किया जाता है और निम्न रूप में व्यक्त किया जाता है।

$$g = \frac{GM_E}{R_E^2}$$

जहाँ, M_E तथा R_E क्रमशः पृथ्वी का द्रव्यमान और त्रिज्या है।

- G, M_E तथा R_E के मानों को रखने पर, पृथ्वी की सतह पर गुरुत्वीय त्वरण की गणना निम्न प्रकार की जाती है।

$$g = \frac{GM_E}{R_E^2} = \frac{6.67 \times 10^{-11} \times 6 \times 10^{24}}{(6400 \times 10^3)^2}$$
$$= 9.8 \text{ मी/से}^2$$

- **पृथ्वी के घनत्व ρ के पदों में** पृथ्वी की सतह पर g के लिए व्यंजक निम्न प्रकार दिया जाता है।

$$g = \frac{4}{3}\pi G\rho . R_E$$

पृथ्वी की सतह के नीचे तथा ऊपर गुरुत्वीय त्वरण
(Acceleration due to Gravity Below and Above the Surface of the Earth)

- नीचे दिए गए चित्र के अनुसार, पृथ्वी की सतह से एक निश्चित ऊँचाई h पर स्थित बिन्दु P पर g का मान निम्न दिया जाता है **NEET 2020**

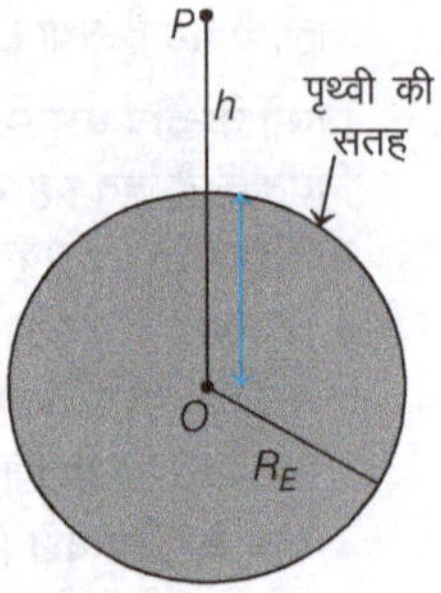

$$g(h) = \frac{GM_E}{(R_E + h)^2} = \frac{g}{\left(1 + \frac{h}{R_E}\right)^2}$$

जहाँ, g = पृथ्वी की सतह पर गुरुत्वीय त्वरण

$h << R_E$, के लिए, $g(h) \approx g\left(1 - \frac{2h}{R_E}\right)$

अतः ऊँचाई के साथ g का मान गुणक $(1 - 2h/R_E)$ द्वारा घटता है।

- पृथ्वी की सतह से किसी गहराई d पर स्थित बिन्दु P जैसा चित्र में दिखाया गया है पर g का मान निम्न सूत्र द्वारा दिया जाता है।

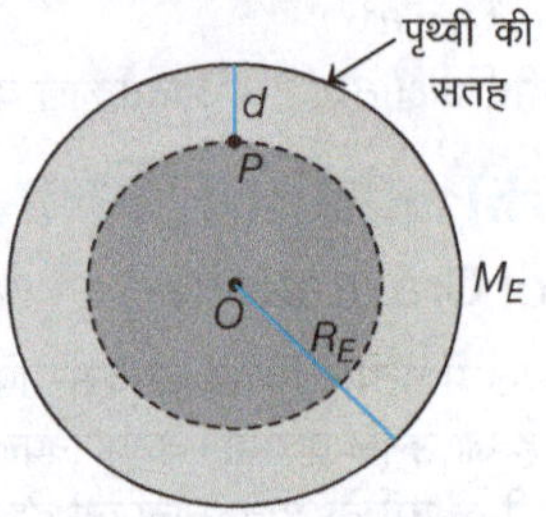

$$g(d) = g\left(1 - \frac{d}{R_E}\right)$$

- अतः गहराई के साथ गुरुत्वीय त्वरण g का मान गुणक $\left(1 - \frac{d}{R_E}\right)$ द्वारा घटता जाता है तथा पृथ्वी के केन्द्र पर शून्य हो जाता है।
- जैसा कि नीचे चित्र में दर्शाया गया है, पृथ्वी के केन्द्र से r दूरी पर स्थित बिन्दु P पर पृथ्वी के अन्दर गुरुत्वीय त्वरण निम्न सूत्र द्वारा प्राप्त होता है।

$$g(r) = \left(\frac{GM_E}{R_E^3}\right) r$$

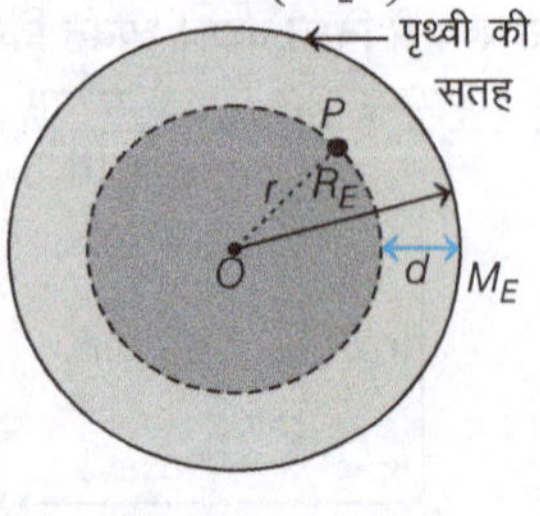

पृथ्वी के गुरुत्वीय त्वरण से सम्बन्धित उल्लेखनीय तथ्य यह है कि सतह पर इसका मान अधिकतम होता है तथा चाहे आप सतह से ऊपर जाये या नीचे, यह मान सदैव घटता है। **NEET 2020**

गुरुत्वीय स्थितिज ऊर्जा
(Gravitational Potential Energy)

- किसी बिन्दु पर किसी पिण्ड की गुरुत्वीय स्थितिज ऊर्जा, गुरुत्वीय बल के विरुद्ध किसी पिण्ड को अनन्त से किसी बिन्दु तक लाने में किए गए कार्य की मात्रा है।
- यदि m_1 और m_2 अनन्त दूरी से पृथक् किए गए दो द्रव्यमान हैं, जब उन्हें r दूरी पर लाया जाता है, तो निकाय की गुरुत्वीय स्थितिज ऊर्जा

$$U = -\frac{Gm_1m_2}{r}$$

जहाँ, ऋणात्मक चिह्न यह दर्शाता है कि दोनों पिण्ड एक-दूसरे को आकर्षित करते हैं।

- गुरुत्वीय स्थितिज ऊर्जा एक अदिश राशि है। इसका विमीय सूत्र $[ML^2T^{-2}]$ एवं SI मात्रक जूल है।
- **द्रव्यमान *m* के एक पिण्ड की गुरुत्वीय स्थितिज ऊर्जा में परिवर्तन** जब इसे पृथ्वी के केन्द्र से r_1 से r_2 दूरी तक एक ऊर्ध्वाधर पथ पर उठाया जाता है, निम्न प्रकार प्रदर्शित किया जाता है।

$$U_{12} = U(r_2) - U(r_1) = -GM_E m\left(\frac{1}{r_2} - \frac{1}{r_1}\right)$$

जहाँ, M_E = पृथ्वी का द्रव्यमान

- पृथ्वी की सतह से h ऊँचाई पर द्रव्यमान m के किसी पिण्ड की गुरुत्वीय स्थितिज ऊर्जा ($r_1 = 0, r_2 = R_E + h$) होगी

$$U_h = -\frac{GM_E m}{(R_E + h)}$$

जहाँ, R_E = पृथ्वी की त्रिज्या है।

- पृथ्वी की सतह पर द्रव्यमान m के किसी पिण्ड की गुरुत्वीय स्थितिज ऊर्जा ($r_1 = 0, r_2 = R$), निम्न सूत्र द्वारा दी जाती है

$$U_{\text{सतह}} = -\frac{GM_E m}{R_E}$$

- जब द्रव्यमान m के किसी पिण्ड से सम्बद्ध स्थितिज ऊर्जा जब इसको पृथ्वी की सतह से h ऊँचाई तक उठाया जाता है, निम्न सूत्र द्वारा दी जाती है

$$U_h = \frac{mgh}{\left(1 + \frac{h}{R_E}\right)}$$

$h << R_E$ के लिए, $U_h = mgh$

- पृथ्वी के गुरुत्वीय बल के कारण **गुरुत्वीय विभव** (Gravitional potential) को उस बिन्दु पर एकांक द्रव्यमान के पिण्ड की स्थितिज ऊर्जा के रूप में परिभाषित किया जाता है।
- द्रव्यमान m के पिण्ड से r दूरी पर स्थित किसी बिन्दु पर गुरुत्वीय विभव

$$V = \frac{U}{m} = -\frac{Gm}{r}$$

(यदि हम $V = 0$ को $r \to \infty$ के रूप में चुनते हैं) NEET 2023

Marks Maximizer

- **कुछ सतत, द्रव्यमान वितरणों का गुरुत्वीय विभव**
  - **द्रव्यमान *M* एवं त्रिज्या *R* की एकसमान वलय** अक्ष पर गुरुत्वीय विभव,

$$V = -\frac{GM}{(R^2 + x^2)^{1/2}}$$

  - **द्रव्यमान *M* और त्रिज्या *R* की एकसमान डिस्क** अक्ष पर गुरुत्वीय विभव,

$$V = -\frac{2GM}{R^2}\left[x - \sqrt{R^2 + x^2}\right]$$

  - **द्रव्यमान *M* और त्रिज्या *R* का पतला गोलीय कोश** केन्द्र से r दूरी पर गुरुत्वीय विभव

(i) कोश के अन्दर, $V(r < R) = -\frac{GM}{R}$

(ii) कोश की सतह पर, $V(r = R) = -\frac{GM}{R}$

(iii) कोश के बाहर, $V(r > R) = -\frac{GM}{R}$

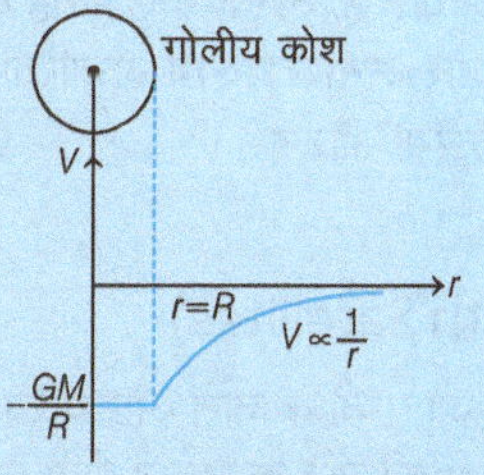

- **गुरुत्वाकर्षण क्षेत्र**
  - किसी भौतिक पिण्ड के चारों ओर का स्थान, जिसमें उसका गुरुत्वाकर्षण खिंचाव (Gravitational pull) अनुभव किया जा सकता है, उसका **गुरुत्वाकर्षण क्षेत्र** (Gravitational field) कहलाता है।
  - द्रव्यमान M के पिण्ड के कारण, पिण्ड के केन्द्र से r दूरी पर स्थित एक बिन्दु पर **गुरुत्वाकर्षण क्षेत्र की तीव्रता**

$$E = -\frac{GM}{r^2}$$

जहाँ, ऋणात्मक चिह्न यह दर्शाता है कि गुरुत्वाकर्षण तीव्रता आकर्षी प्रकृति की होती है।

  - गुरुत्वाकर्षण विभव (V) एवं गुरुत्वाकर्षण क्षेत्र की तीव्रता (E) एक-दूसरे से निम्न सम्बन्ध के द्वारा सम्बन्धित है

$$E = -\frac{dV}{dr} \Rightarrow dV = -\mathbf{E} \cdot dr$$

पलायन वेग (Escape Velocity)

- किसी पिण्ड को पृथ्वी की सतह से ऊर्ध्वारतः ऊपर की ओर प्रक्षेपित करने के लिए आवश्यक न्यूनतम गति, जिससे वह अनन्त (अर्थात् पृथ्वी से पलायन) तक पहुँच सकें उसे **पलायन वेग** कहते हैं। इसे निम्न प्रकार प्रदर्शित किया जाता है

$$v_e = \sqrt{\frac{2GM_E}{R_E}} = \sqrt{2gR_E}$$

NEET 2021

- पृथ्वी के घनत्व ρ के पदों में पृथ्वी की सतह पर पलायन वेग निम्न सूत्र द्वारा व्यक्त किया जाता है

$$v_e = \sqrt{\frac{8\pi\rho GR^2}{3}}$$

- पृथ्वी पर पलायन वेग 11.2 किमी/सेकण्ड है एवं चन्द्रमा के लिए पलायन वेग पृथ्वी की तुलना में 5 गुना कम, 2.3 किमी/से है।

  यही कारण है कि **चन्द्रमा पर वायुमण्डल नहीं है** यदि चन्द्रमा की सतह पर इससे अधिक वेग वाले गैसीय अणु बनते हैं, तो वे चन्द्रमा के गुरुत्वाकर्षण खिंचाव से पलायन कर जायेंगे।
- यदि किसी पिण्ड को किसी ग्रह से v चाल से प्रक्षेपित किया जाता है, जो पलायन वेग v_e $(v < v_e)$ से कम है, तब पिण्ड एक निश्चित ऊँचाई तक पहुँच जायेगा और या तो यह ग्रह के चारों ओर एक कक्षा में घूम सकता है या वापस ग्रह पर गिर सकता है।
- यदि किसी ग्रह की सतह से पिण्ड के प्रक्षेपण की गति (v) उस ग्रह की पलायन गति (v_e) से अधिक है, तो पिण्ड उस ग्रह के गुरुत्वाकर्षण क्षेत्र से बाहर निकल जाएगा और अन्तरतारकीय अन्तरिक्ष (Intersteller space) में v' गति से परिक्रमण करेगा और इसे $v' = \sqrt{v^2 - v_e^2}$ द्वारा दिया जाता है।

भू-उपग्रह (Earth Satellites)

- भू-उपग्रह वे पिण्ड हैं जो पृथ्वी के चारों ओर परिक्रमण करते हैं। इनकी गति, सूर्य के परितः ग्रहों की गति के समान होती है और इसीलिए केप्लर के ग्रहीय गति के नियम इन पर भी समान रूप से लागू होते हैं।
- **पृथ्वी का एकमात्र प्राकृतिक उपग्रह चन्द्रमा है** यह लगभग 27.3 दिनों के परिक्रमण काल के साथ वृत्ताकार कक्षा में घूमता है जो कि चन्द्रमा के अपने अक्ष के परितः घूर्णन काल (Rotational period) के लगभग बराबर है।
- **उपग्रह की कक्षीय गति** (Orbital Speed of the Satellite) इसे पृथ्वी के परितः एक निश्चित कक्षा में उपग्रह को स्थापित करने के लिए आवश्यक न्यूनतम गति के रूप में परिभाषित किया जाता है। पृथ्वी की सतह से h ऊँचाई पर उपग्रह की कक्षीय गति निम्न प्रकार से दी जाती है

$$v_o = \sqrt{\frac{GM_E}{R_E + h}} = R_E\sqrt{\frac{g}{R_E + h}}$$

  जब कोई उपग्रह पृथ्वी की सतह के पास परिक्रमा करता है अर्थात् $h << R_E$, तब उसका कक्षीय वेग, $v_o = \sqrt{gR_E} \approx 7.92$ किमी/घण्टा उपग्रह की कक्षीय गति उपग्रह के द्रव्यमान से स्वतन्त्र होती है।
- **उपग्रह का आर्वतकाल** (Time Period of a Satellite) यह उपग्रह द्वारा पृथ्वी के परितः एक चक्कर पूर्ण करने में लिया गया समय है और इसे निम्न सूत्र द्वारा दिया जाता है।

$$T = \frac{2\pi(R_E + h)}{v_o} = \frac{2\pi(R_E + h)^{3/2}}{\sqrt{GM_E}} = \frac{2\pi}{R_E}\sqrt{\frac{(R_E + h)^3}{g}}$$

  जब कोई उपग्रह पृथ्वी की सतह के निकट परिक्रमा करता है, अर्थात् $h << R_E$, तब $T_o = 2\pi\sqrt{\frac{R_E}{g}} \approx 85$ मिनट
- **पृथ्वी की सतह से उपग्रह की ऊँचाई** इसे निम्न रूप में दिया जा सकता है

Concept Master Video के लिए

$$h = \left(\frac{T^2R_E^2g}{4\pi^2}\right)^{1/3} - R_E$$

NEET 2021

एक परिक्रमा करने वाले उपग्रह की ऊर्जा (Energy of an Orbiting Satellite)

- चाल v के साथ एक वृत्ताकार कक्षा में परिक्रमा करने वाले उपग्रह की **गतिज ऊर्जा**,

$$KE = \frac{1}{2}mv^2 = \frac{GmM_E}{2(R_E + h)}$$

  पृथ्वी की केन्द्र से $(R + h)$ दूरी पर **स्थितिज ऊर्जा**

$$PE = -\frac{GmM_E}{(R_E + h)} \text{ और, } KE = \frac{|PE|}{2}$$

- **एक उपग्रह की कुल ऊर्जा**,

$$TE = KE + PE = \frac{GmM_E}{2(R_E + h)} - \frac{GmM_E}{(R_E + h)} = -\frac{GmM_E}{2(R_E + h)} = \frac{PE}{2}$$

- पृथ्वी की सतह के बिल्कुल निकट परिक्रमा करने वाले उपग्रह के लिए, अर्थात् $h << R_E$

  कुल ऊर्जा, $TE = -\frac{GM_Em}{2R_E}$
- इस प्रकार, वृत्तीय परिक्रमा करने वाले उपग्रह की कुल ऊर्जा ऋणात्मक होती है, तथा स्थितिज ऊर्जा ऋणात्मक होती है, लेकिन परिमाण में धनात्मक गतिज ऊर्जा की दोगुनी होती है।
- उपग्रह की गतिज ऊर्जा, कुल ऊर्जा के ऋणात्मक के बराबर होती है जबकि स्थितिज ऊर्जा, कुल ऊर्जा के दोगुने के बराबर होती है।

  अर्थात् $KE = -(TE), PE = 2(TE)$
- जब उपग्रह की कक्षा दीर्घवृत्तीय हो जाती है, तो KE तथा PE दोनों बिन्दु-दर-बिन्दु परिवर्तित होते हैं, लेकिन TE नियत रहता है। यह वृत्ताकार कक्षा की स्थिति में ऋणात्मक होता है।
- उपग्रह हमेशा पृथ्वी से सीमित दूरी पर होते हैं और इसीलिए उनका TE धनात्मक या शून्य नहीं हो सकता है। यदि कुल ऊर्जा धनात्मक या शून्य है, तो उपग्रह अनन्त तक पलायन कर जाते हैं।
- किसी उपग्रह को उसकी कक्षा से अनन्त तक ले जाने के लिए आवश्यक ऊर्जा को **उपग्रह की बन्धन ऊर्जा** (Binding energy) कहते हैं, यह उपग्रह की कुल ऊर्जा का ऋणात्मक होता है।

  बन्धन ऊर्जा, $E_b = -(TE) = \frac{GM_Em}{2(R_E + h)}$

Caution Points

- जब कोई अन्तरिक्ष यात्री अन्तरिक्ष उपग्रह (Space satellite) के अन्दर होता है, तो उसे भारहीनता का अनुभव होता है, क्योंकि अन्तरिक्ष यात्री और उपग्रह दोनों ही पृथ्वी की ओर स्वतन्त्र रूप से गिर रहे होते हैं।
- अनन्त के सापेक्ष किसी वस्तु की गुरुत्वीय स्थितिज ऊर्जा (PE = 0) ऋणात्मक होती है। उपग्रह की कुल ऊर्जा भी ऋणात्मक होती है, इसका अर्थ है कि उपग्रह पृथ्वी से बंधा हुआ है।
- दो पिण्डों के बीच गुरुत्वाकर्षण बल केन्द्रीय होता है, इसलिए यह आवश्यक नहीं है कि गुरुत्वाकर्षण बल उनके द्रव्यमान केन्द्र को मिलाने वाली रेखा के अनुरूप हो।
- गोलीय कोश के अन्दर एक कण द्वारा अनुभव किया जाने वाला गुरुत्वाकर्षण बल शून्य होता है। विद्युत परिरक्षण के विपरीत, गुरुत्वाकर्षण परिरक्षण सम्भव नहीं है, अर्थात् कोश के अन्दर स्थित किसी पिण्ड पर बाह्य पिण्ड के कारण लगने वाले गुरुत्वाकर्षण बल के प्रभाव से गोलीय कोश बचाव नहीं करता है।

PYQ नोट्स

1. **अक्षांश λ पर पृथ्वी के घूर्णन के कारण गुरुत्वीय त्वरण** में परिवर्तन निम्न होगा

$$g_\lambda = g - \omega^2 R \cos^2 \lambda$$

जहाँ, R = पृथ्वी की त्रिज्या

एवं ω = पृथ्वी के घूर्णन की कोणीय गति है।

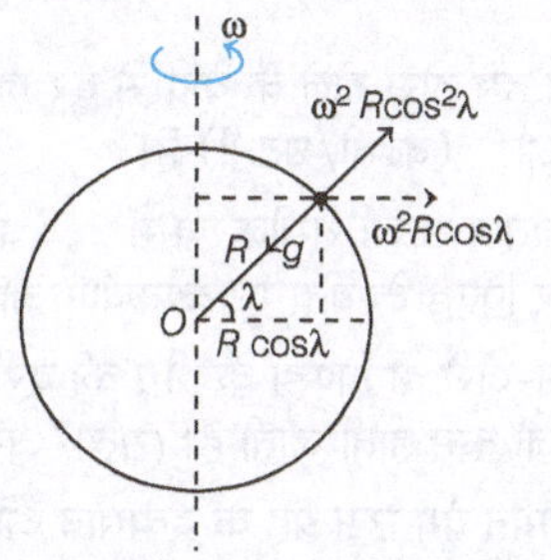

ध्रुव पर, $\lambda = 90° \Rightarrow g_\lambda = g$

भूमध्य रेखा पर, $\lambda = 0 \Rightarrow g_\lambda = (g - \omega^2 R)$

इसीलिए, ध्रुव पर गुरुत्वीय त्वरण अधिकतम तथा भूमध्य रेखा पर गुरुत्वीय त्वरण निम्नतम होता है। **[JEE Main 2023, 21]**

2. किसी बिन्दु पर गुरुत्वाकर्षण क्षेत्र की तीव्रता का परिमाण, जब द्रव्यमान m का कोई पिण्ड उस बिन्दु पर गुरुत्वाकर्षण बल F का अनुभव करता है, निम्न प्रकार से दिया जाता है

$$I = \frac{F}{m} = -\frac{Gm}{r^2}$$

[NEET 2022]

ऋणात्मक चिन्ह दर्शाता है कि गुरुत्वाकर्षण क्षेत्र की तीव्रता आकर्षी प्रवृत्ति की है।

3. **पृथ्वी के केन्द्र से अन्दर और बाहर दूरी r के साथ गुरुत्वीय त्वरण g में परिवर्तन निम्न प्रकार है**

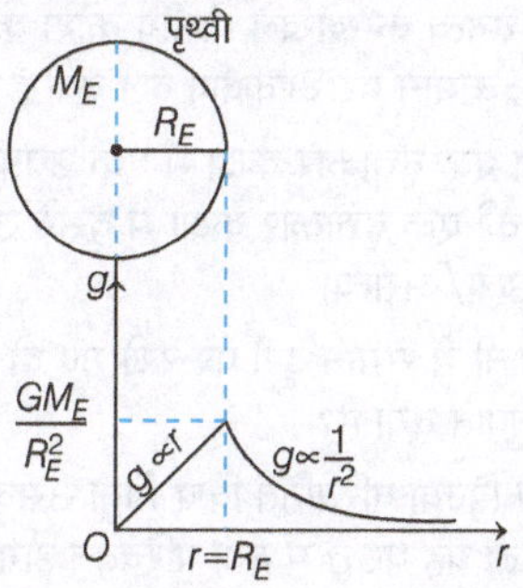

पृथ्वी के अन्दर, $g = \left(\frac{GM_E}{R_E^3}\right) \cdot r, 0 < r < R_E$

सतह पर, $g = \frac{GM_E}{R_E^2}, r = R_E$

पृथ्वी के बाहर, $g = \frac{GM_E}{r^2}, r > R_E$

[NEET 2016]

Step by Step

Mastering NCERT

- कॉन्सेप्ट बिल्डर्स
- शीर्षकवार प्रश्न
- अभिकथन-कारण प्रश्न
- कथन आधारित प्रश्न
- सुमेलन प्रकार प्रश्न
- आंकिक मान प्रकार के प्रश्न
- NCERT Exemplar प्रश्न
- विगत परीक्षाओं के प्रश्न
- स्किल बूस्टर्स

कॉन्सेप्ट बिल्डर्स

1 किसी ग्रह की परिक्रमा के आवर्तकाल का...... (वर्ग/घन), ग्रह द्वारा खींचे गए दीर्घवृत्त के अर्द्ध-दीर्घ अक्ष के..... (वर्ग/घन) के समानुपाती होता है।

2 द्रव्यमान या भार में से कौन-सी मूल राशि है?

3 पृथ्वी के गुरुत्व के कारण बल पृथ्वी की सतह से दूरी बढ़ने के साथ..... (बढ़ता/घटता है)।

4 गुरुत्वाकर्षण स्थिरांक G के मान को सार्वभौमिक स्थिरांक कहा जाता है क्योंकि इसका मान ब्रह्माण्ड में किसी भी पिण्ड के युग्म के लिए समान होता है। (सत्य/असत्य)

5 एक समान घनत्व के खोखले गोलीय कोश के कारण उसके अंदर स्थित बिंदु द्रव्यमान पर आकर्षण बल क्या है?

6 त्रिज्या R की एक वृत्ताकार कक्षा में एक उपग्रह का आवर्तकाल T है। त्रिज्या $9R$ की एक वृत्ताकार कक्षा में दूसरे उपग्रह का आवर्तकाल $27T$ है। (सत्य/असत्य)

7 वायु और पानी में समान दूरी पर रखे गए दो पिण्डों के बीच आकर्षण बल का अनुपात क्या है?

8 यदि ग्रह की त्रिज्या परिवर्तित किए बिना उसका घनत्व दोगुना कर दिया जाए, तो ग्रह पर g में क्या परिवर्तन होगा?

9 दीर्घवृत्ताकार कक्षा में परिक्रमा करने वाले ग्रह को एक ऐसे प्रक्षेप पथ का अनुसरण करना होता है, जिससे उसका क्षेत्रीय वेग स्थिर रहे। (सत्य/असत्य)

10 गुरुत्वीय बल चंद्रमा के वेग के... (समानांतर/लम्बवत्) कार्य करता है।

11 G का मान द्रव्यमान की प्रकृति और आकार पर निर्भर करता है। (सत्य/असत्य)

12 गुरुत्वीय त्वरण का मान केन्द्र पर...... (अधिकतम/शून्य) होता है।

13 गुरुत्वीय त्वरण का मान पृथ्वी के घूर्णन के कारण बढ़ता है। (सत्य/असत्य)

14 पृथ्वी की सतह के नीचे गुरुत्वीय त्वरण किस कारक से कम हो जाता है?

15 जब हम ठोस गोले के केंद्र से दूर जाते हैं, तो गुरुत्वीय स्थितिज ऊर्जा.... (बढ़ती/घटती) है।

16 स्थितिज ऊर्जा समीकरण में .... (धनात्मक /ऋणात्मक) चिह्न पृथ्वी और पिण्ड के बीच गुरुत्वाकर्षण आकर्षण के कारण होता है।

17 जैसे-जैसे दो पिण्डो के बीच की दूरी बढ़ती है, गुरुत्वीय स्थितिज ऊर्जा कम होती जाती है। (सत्य/असत्य)

18 पलायन वेग उस ग्रह के द्रव्यमान और त्रिज्या पर निर्भर करता है जिसकी सतह से पिण्ड प्रक्षेपित होता है, इसलिए विभिन्न ग्रहों के लिए पलायन वेग का मान अलग-अलग होता है। (सत्य/असत्य)

19 एक वृत्ताकार परिक्रमा करने वाले उपग्रह की कुल ऊर्जा परिमाण में.....(धनात्मक/ऋणात्मक) होता है।

20 एक उपग्रह की गतिज ऊर्जा उपग्रह की स्थितिज ऊर्जा से दोगुनी होती है। (सत्य/असत्य)

शीर्षकवार प्रश्न

केप्लर के नियम

1 एक ग्रह सूर्य के चारों ओर एक दीर्घवृत्तीय कक्षा में घूर्णन करता है। यदि v_p और v_a क्रमशः उपभू और अपभू पर ग्रह के वेग हैं, तो दीर्घवृत्तीय कक्षा की उत्केन्द्रता होगी NCERT पृष्ठ 128

(a) $\frac{v_p - v_a}{v_p + v_a}$ (b) $\frac{v_p + v_a}{v_p - v_a}$ (c) $\frac{v_p}{v_a}$ (d) $\frac{v_a - v_p}{v_a + v_p}$

2 सूर्य और पृथ्वी के बीच की दूरी R है। यदि सूर्य और पृथ्वी के बीच की दूरी $3R$ हो जाती है, तो वर्ष की कुल अवधि होगी NCERT पृष्ठ 128

(a) 3 वर्ष (b) $\sqrt{3}$ वर्ष
(c) $3\sqrt{3}$ वर्ष (d) 9 वर्ष

3 एक ग्रह सूर्य के चारों ओर एक दीघवृत्तीय पथ पर गति करता है जैसा कि चित्र में दिखाया गया है। यदि t_1 और t_2 ग्रह द्वारा क्रमशः बराबर क्षेत्रफल SAB और SCD को तय करने में लिया गया समय है, तो NCERT पृष्ठ 128

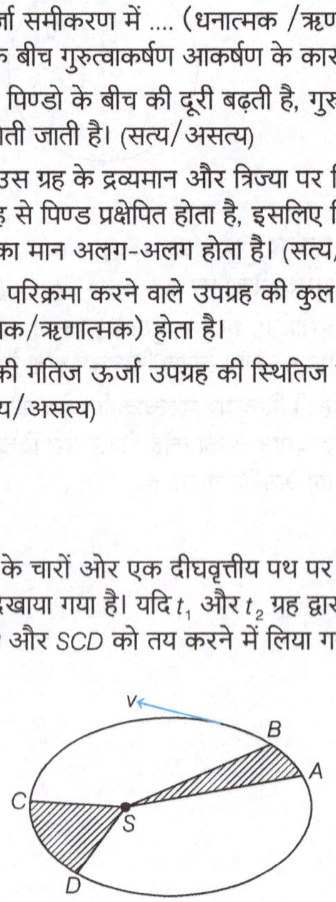

(a) $t_1 > t_2$ (b) $t_1 < t_2$ (c) $t_1 = t_2$ (d) $t_1 = \sqrt{t_2}$

4 पृथ्वी सूर्य के चारों ओर एक दीर्घवृत्तीय पथ पर घूमती रहती है। पृथ्वी का कोणीय संवेग L किग्रा-मी^{2}/से है, द्रव्यमान M किग्रा है और परिक्रमण काल T सेकण्ड है। एक चक्कर में त्रिज्या सदिश द्वारा तय किया गया क्षेत्रफल (मी^{2} में) है **NCERT पृष्ठ 128**

(a) $\frac{LT}{2M}$ (b) $\frac{LT}{3M}$

(c) $\frac{LT}{M}$ (d) $\frac{2LT}{M}$

5 सूर्य के चारों ओर घूमने वाला एक ग्रह क्षेत्रफल A_1 को 2 दिनों में, A_2 को 3 दिनों में और A_3 को 6 दिनों में तय करता है, तो $A_1 : A_2 : A_3$ है **NCERT पृष्ठ 128**

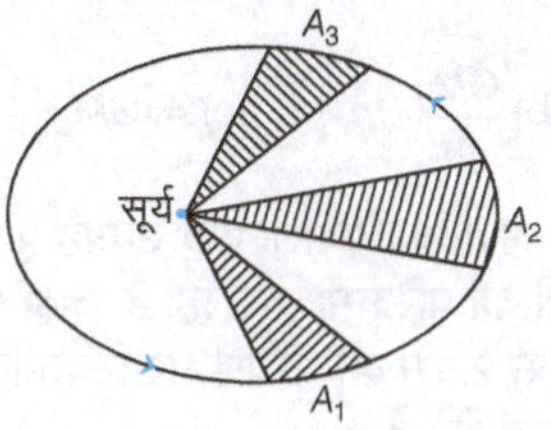

(a) 3 : 2 : 6 (b) 6 : 2 : 3

(c) 2 : 3 : 6 (d) 3 : 6 : 2

6 क्षेत्रफलों के नियम को निम्न प्रकार व्यक्त किया जा सकता है **NCERT पृष्ठ 128**

(a) $\frac{\Delta A}{\Delta t} = \frac{L}{2m}$ (b) $\frac{\Delta A}{\Delta t} = \frac{L}{m}$

(c) $\frac{\Delta A}{\Delta t} = 2\,(r \times p)$ (d) $\frac{\Delta A}{\Delta t} = \frac{2L}{m}$

7 मान लीजिए कि एक ग्रह सूर्य के चारों ओर एक दीर्घवृत्तीय कक्षा में घूम रहा है जैसा कि नीचे दिखाया गया है।

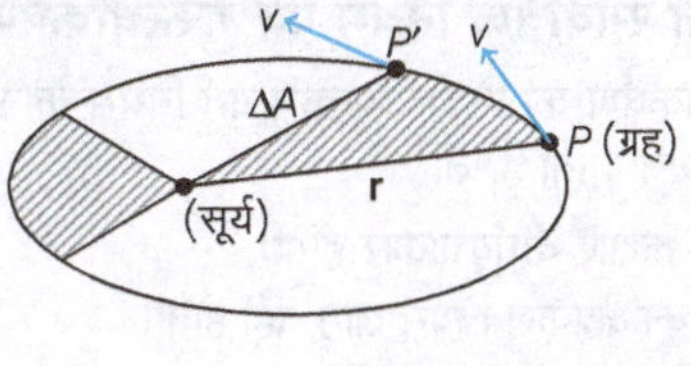

समय अंतराल Δt में द्रव्यमान m के ग्रह द्वारा तय किया गया क्षेत्रफल होगा **NCERT पृष्ठ 128**

(a) $\Delta A = \frac{1}{2}|\mathbf{r} \times \mathbf{v}\Delta t|$ (b) $\Delta A = \frac{1}{2}|\mathbf{r} \times \mathbf{v}|$

(c) $\Delta A = \frac{1}{2}|\mathbf{r} \times \mathbf{p}|$ (d) $\Delta A = \frac{1}{3}|\mathbf{r} \times \mathbf{v}|$

8 ग्रहों की गति में, किसी ग्रह के स्थिति सदिश का क्षेत्रीय वेग कोणीय वेग ω और सूर्य से ग्रह की दूरी r पर निर्भर करता है। इसलिए, क्षेत्रीय वेग के लिए सही संबंध निम्न मे से कौन-सा है? **NCERT पृष्ठ 128**

(a) $\frac{dA}{dt} \propto \omega r$ (b) $\frac{dA}{dt} \propto \omega^2 r$

(c) $\frac{dA}{dt} \propto \omega r^2$ (d) $\frac{dA}{dt} \propto \sqrt{\omega r}$

9 माना कि चित्र में उपभू P पर ग्रह की गति v_p है, और सूर्य-ग्रह की दूरी SP, r_p है। उपभू A पर संगत राशि (r_A, v_A) है। ग्रह का द्रव्यमान m_p है

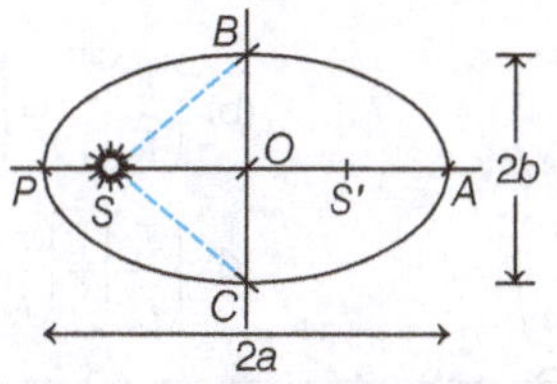

P पर कोणीय सवेंग का परिमाण होगा **NCERT पृष्ठ 128**

(a) $L_P = \frac{m_P r_P}{v_P}$ (b) $L_P = \frac{m_P v_P}{r_P}$

(c) $L_P = m_P r_P v_P$ (d) $L_P = m_P v_P$

10 एक ग्रह चित्र में दिखाए अनुसार सूर्य के चारों ओर एक दीर्घवृत्तीय पथ पर घूम रहा है। ग्रह की रेखीय गति किस बिंदु पर न्यूनतम है? **NCERT पृष्ठ 128**

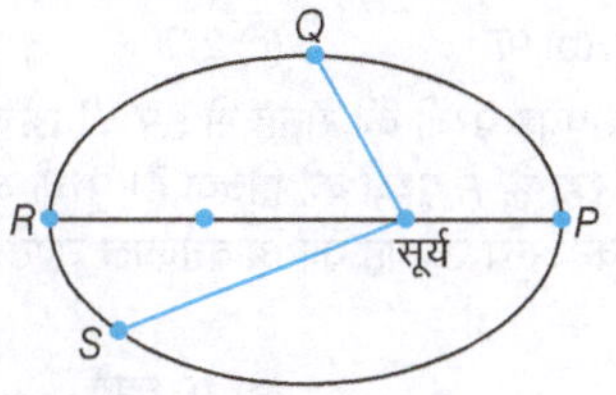

(a) P (b) S (c) Q (d) R

11 किसी ग्रह के अधिकतम और न्यूनतम वेग क्रमशः 3×10^4 मी/से और 1×10^3 मी/से हैं। यदि अधिकतम दूरी 4×10^4 किमी है, तो सूर्य से ग्रह की न्यूनतम दूरी होगी **NCERT पृष्ठ 128**

(a) 4×10^3 किमी (b) 3×10^3 किमी

(c) $(4/3) \times 10^3$ किमी (d) 1×10^3 किमी

12 सूर्य के चारों ओर एक दीर्घवृत्तीय कक्षा में स्थित ग्रह की गतिज ऊर्जाएँ, क्रमशः A, B और C स्थिति पर K_A, K_B और K_C हैं। AC दीर्घ अक्ष है और SB सूर्य (S) की स्थिति पर AC के लम्बवत् है जैसा कि चित्र में दिखाया गया है, तो **NCERT पृष्ठ 128**

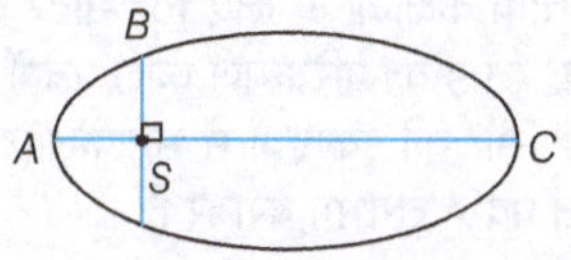

(a) $K_B < K_A < K_C$ (b) $K_A > K_B > K_C$

(c) $K_A < K_B < K_C$ (d) $K_B > K_A > K_C$

13 ग्रह की परिक्रमा का आवर्तकाल T वर्षों में 84 है। 10^{10} मीटर की इकाइयों में अर्द्ध-प्रमुख अक्ष (a) 287 है। 10^{-34} वर्ष^2/मी^{3} की इकाइयों में भागफल (T^2/a^3) लगभग है **NCERT पृष्ठ 128**

(a) 3 यूनिट (b) 4 यूनिट

(c) 2 यूनिट (d) 1 यूनिट

14 ग्रहों की गति के केप्लर के नियम के अनुसार, यदि T आवर्तकाल और r कक्षीय त्रिज्या को दर्शाता है, तो दो ग्रहों के लिए, ये निम्न प्रकार संबंधित हैं NCERT पृष्ठ 128

(a) $\left(\frac{T_1}{T_2}\right)^3 = \left(\frac{r_1}{r_2}\right)^2$ (b) $\left(\frac{T_1}{T_2}\right)^{3/2} = \left(\frac{r_1}{r_2}\right)$

(c) $\left(\frac{T_1}{T_2}\right)^2 = \left(\frac{r_1}{r_2}\right)^3$ (d) $\left(\frac{T_1}{T_2}\right) = \left(\frac{r_1}{r_2}\right)^{2/3}$

15 यह मानते हुए कि पृथ्वी और मंगल ग्रह सूर्य के चारों ओर वृत्ताकार कक्षाओं में गति करते हैं, जबकि मंगल की कक्षा पृथ्वी की कक्षीय त्रिज्या से 1.52 गुना है, तो मंगल वर्ष की लम्बाई (दिनों में) होगी NCERT पृष्ठ 128

(a) $(1.52)^{2/3} \times 365$ (b) $(1.52)^{3/2} \times 365$

(c) $(1.52)^2 \times 365$ (d) $(1.52)^3 \times 365$

16 त्रिज्या R वाले ग्रह का परिक्रमण काल T है। त्रिज्या $9R$ वाले ग्रह का आवर्तकाल ज्ञात करें। NCERT पृष्ठ 128

(a) $3\sqrt{3}\,T$ (b) $9T$ (c) $27T$ (d) $9\sqrt{3T}$

17 एक भूस्थिर उपग्रह पृथ्वी की सतह से $5R$ की ऊँचाई पर पृथ्वी की परिक्रमा कर रहा है, R पृथ्वी की त्रिज्या है। पृथ्वी की सतह से $2R$ की ऊँचाई पर एक अन्य उपग्रह का आवर्तकाल घण्टे में होगा NCERT पृष्ठ 128

(a) 5 घण्टे (b) 10 घण्टे

(c) $6\sqrt{2}$ घण्टे (d) $6/\sqrt{2}$ घण्टे

18 निम्न तालिका केप्लर के आवर्तकाल के नियम की पुष्टि करने के लिए ग्रहों की गति के मापन से प्राप्त आकड़ों को दर्शाती है।

ग्रह	a	T	Q
बुध	5.79	0.24	2.95
शुक्र	10.8	0.615	A
पृथ्वी	15.0	1.00	2.96
मंगल	22.8	1.88	2.98

यहाँ, a = दीर्घवृत्तीय कक्षाओं के लिए 10^{10} मीटर की इकाइयों में एक अर्द्ध-दीर्घ अक्ष, T ग्रह का परिक्रमण काल (वर्षों में) और $Q = 10^{-34}$ वर्ष²/मी³ की इकाइयों में भागफल (T^2/a^3) है। दी गई तालिका में लुप्त पद A लगभग बराबर है NCERT पृष्ठ 128

(a) 3 इकाई (b) 2 इकाई (c) 2.5 इकाई (d) 3.5 इकाई

19 दो उपग्रह A और B एक ही ग्रह के चारों ओर एक ही तल में स्थित सहसमतलीय वृत्ताकार कक्षाओं में चक्कर लगाते हैं। उनका परिक्रमण काल क्रमशः 1 घण्टा और 8 घण्टा है तथा A की कक्षा की त्रिज्या 10^4 किमी है। जब वे एक-दूसरे के समीप होते हैं, तो A के सापेक्ष B की गति (किमी/घण्टा में) होगी NCERT पृष्ठ 128

(a) $3\pi \times 10^4$ (b) शून्य

(c) $2\pi \times 10^4$ (d) $\pi \times 10^4$

20 अनंत दूरी पर स्थित द्रव्यमान m_1 और m_2 वाले दो पिण्ड प्रारम्भ में विराम अवस्था में हैं। उन्हें परस्पर गुरुत्वीय बल के अन्तर्गत एक-दूसरे की ओर बढ़ने दिया जाता है, जब उनके बीच की दूरी r है, तब उनका का सापेक्ष वेग है NCERT पृष्ठ 128

(a) $\sqrt{\frac{2G}{r}(m_1 m_2)}$ (b) $\sqrt{\frac{2G}{r}}(\sqrt{m_1} + \sqrt{m_2})$

(c) $\sqrt{\frac{r}{2G(m_1 m_2)}}$ (d) $\sqrt{\frac{2G(m_1 - m_2)}{r}}$

21 यदि किसी ग्रह के लिए, T^2 और r^3 के बीच एक ग्राफ बनाया जाता है, तो उसका ढलान (Slope) होगा (जहाँ, M_s सूर्य का द्रव्यमान है) NCERT पृष्ठ 128

(a) $\frac{4\pi^2}{GM_S}$ (b) $\frac{GM_S}{4\pi}$ (c) $4\pi GM_S$ (d) GM_S

22 पृथ्वी के समान आवर्तकाल वाला एक उपग्रह पृथ्वी की सतह से $6R$ ऊँचाई पर पृथ्वी की परिक्रमा कर रहा है, जहाँ R पृथ्वी की त्रिज्या है। पृथ्वी की सतह से $2.5\,R$ की ऊँचाई पर स्थित किसी अन्य उपग्रह का आवर्तकाल (घण्टों में) है NCERT पृष्ठ 128

(a) $3\sqrt{2}$ (b) $1.5\sqrt{2}$ (c) $6\sqrt{2}$ (d) $12\sqrt{2}$

23 सूर्य से पृथ्वी की औसत दूरी L_1 है। यदि पृथ्वी का एक वर्ष = D दिन है, अन्य ऐसे ग्रह का एक वर्ष, जिसकी सूर्य से औसत दूरी L_2 है, होगा NCERT पृष्ठ 128

(a) $D\left(\frac{L_2}{L_1}\right)^{1/2}$ दिन (b) $D\left(\frac{L_2}{L_1}\right)^{3/2}$ दिन

(c) $D\left(\frac{L_2}{L_1}\right)^{2/3}$ दिन (d) $D\left(\frac{L_2}{L_1}\right)$ दिन

गुरुत्वाकर्षण का सार्वत्रिक नियम एवं गुरुत्वाकर्षण नियतांक

24 यदि गुरुत्वाकर्षण का नियम व्युत्क्रम वर्ग नियम के स्थान पर व्युत्क्रम घन नियम बन जाता है, तो NCERT पृष्ठ 129

(a) ग्रहों की कक्षाएँ दीर्घवृत्ताकार होंगी।

(b) केप्लर का क्षेत्रफल नियम लागू नहीं होता।

(c) पृथ्वी की सतह पर हाथ से फेंके गए पत्थर की प्रक्षेप्य गति लगभग परवलयिक होगी।

(d) एकसमान घनत्व के गोलाकार खोल के अंदर कोई गुरुत्वीय बल नहीं होगा।

25 केप्लर का तीसरा नियम बताता है कि सूर्य के चारों ओर किसी ग्रह का परिक्रमण काल T का वर्ग, सूर्य और ग्रह के बीच औसत दूरी r की तीसरी घात के समानुपाती होता है अर्थात् $T^2 = kr^3$, जहाँ k नियत है। यदि सूर्य और ग्रह के द्रव्यमान क्रमशः M और m हैं, तो न्यूटन के गुरुत्वाकर्षण नियम के अनुसार, उनके बीच आकर्षण बल $F = \frac{GMm}{r^2}$ है, जहाँ G गुरुत्वाकर्षण नियतांक है। G और k के बीच संबंध इस प्रकार वर्णित है NCERT पृष्ठ 129

(a) $k = 1/G$ (b) $Gk = 4\pi^2$ (c) $GMk = 4\pi^2$ (d) $k = G$

26 4:3 के अनुपात में द्रव्यमान वाले दो बिंदु द्रव्यमान m_1 और m_2 एक मीटर की दूरी से पृथक होते हैं। यदि m_1 और m_2 के बीच एक और बिंदु द्रव्यमान M रखा जाता है, तो m_1 और m_3 के बीच का बल, m_2 और m_3 के बीच के बल का $\left(\frac{1}{3}\right)$वां होता है। तब, m_1 और m_3 के बीच की दूरी होगी **NCERT पृष्ठ 129**

(a) $\frac{2}{7}$ मीटर (b) $\frac{1}{4}$ मीटर (c) $\frac{2}{3}$ मीटर (d) $\frac{1}{3}$ मीटर

27 त्रिज्या R के दो समान गोले एक-दूसरे को स्पर्श करते हुए रखे गए हैं। उनके बीच आकर्षण का गुरुत्वीय बल R पर कैसे निर्भर करता है? **NCERT पृष्ठ 129**

(a) $R^{\frac{1}{2}}$ (b) $\frac{1}{R^2}$ (c) R^3 (d) R^4

28 न्यूटन ने पेड़ से गिरते सेब के अपने अवलोकन के आधार पर एक सार्वभौमिक नियम बनाया। न्यूटन का तर्क था कि R_m त्रिज्या की कक्षा में चक्कर लगा रहा चंद्रमा, पृथ्वी के गुरुत्व के कारण अभिकेन्द्रीय त्वरण के अधीन था, जिसका परिमाण इस प्रकार दिया गया है **NCERT पृष्ठ 129**

(a) $a_m = \frac{v^3}{R_m}$ (b) $a_m = \frac{4\pi^2 R_m}{T^2}$ (c) $a_m = \frac{mv^2}{R_m}$ (d) $a_m = \frac{\pi^2 R_m}{T^2}$

29 एक ग्रह सूर्य के चारों ओर एक वृत्ताकार कक्षा में चक्कर लगा रहा है जिसकी त्रिज्या r और आवर्तकाल T है। यदि ग्रह और तारे के बीच बल $r^{-3/2}$ के समानुपाती है, तो आवर्तकाल का वर्ग किसके समानुपाती होगा? **NCERT पृष्ठ 129**

(a) $r^{3/2}$ (b) r^2 (c) r (d) $r^{5/2}$

30 m, $2m$, $3m$ और $4m$ द्रव्यमान के चार कणों को a भुजा वाले एक वर्ग के कोनों पर क्रम से रखा गया है। वर्ग के केंद्र पर रखे m द्रव्यमान के कण पर कार्य करने वाले गुरुत्वीय बल का परिमाण होगा **NCERT पृष्ठ 129**

(a) शून्य (b) $\frac{4\sqrt{2}\, Gm^2}{a^2}$ (c) $\frac{6Gm^2}{a^2}$ (d) $\frac{24Gm^2}{a^2}$

31 वह ऊँचाई जिस पर किसी पिण्ड का भार पृथ्वी की सतह (त्रिज्या R) पर उसके भार का (1/16)वाँ भाग हो जाता है, वह है **NCERT पृष्ठ 129**

(a) $5R$ (b) $15\,R$ (c) $3\,R$ (d) $4\,R$

32 यदि किसी ग्रह का द्रव्यमान पृथ्वी के द्रव्यमान का 2% है। ग्रह पर पृथ्वी के गुरुत्वाकर्षण खिंचाव और पृथ्वी पर ग्रह के गुरुत्वाकर्षण खिंचाव का अनुपात होगा **NCERT पृष्ठ 129**

(a) 1 : 20 (b) 2 : 5 (c) 1 : 1 (d) 1 : 50

33 दो समान बिंदु द्रव्यमान दूरी d_1 से पृथक किए जाते हैं। उनके बीच कार्य करने वाला गुरुत्वीय बल F_1 है। यदि पृथक्करण दूरी को घटाकर d_2 कर दिया जाए, तो नया गुरुत्वीय बल F_2 होगा **NCERT पृष्ठ 129**

(a) $F_2 = F_1$ (b) $F_2 = F_1\left(\frac{d_1}{d_2}\right)^2$ (c) $F_2 = F_1\left(\frac{d_2}{d_1}\right)^2$ (d) $F_2 = F_1\left(\frac{d_1}{d_2}\right)$

34 द्रव्यमान m और M के दो गोले वायु में स्थित हैं और उनके बीच गुरुत्वीय बल F है। द्रव्यमानों के चारों ओर का स्थान अब विशिष्ट गुरुत्व 3 के द्रव से भर गया है। अब गुरुत्वीय बल होगा **NCERT पृष्ठ 129**

(a) F (b) $\frac{F}{3}$

(c) $\frac{F}{9}$ (d) $3\,F$

35 एक समबाहु त्रिभुज ABC के शीर्षों पर m किग्रा के तीन समान द्रव्यमान स्थिर किए गए हैं और त्रिभुज के केन्द्रक G पर $2m$ द्रव्यमान रखा गया है जैसा कि नीचे चित्र में दिखाया गया है।

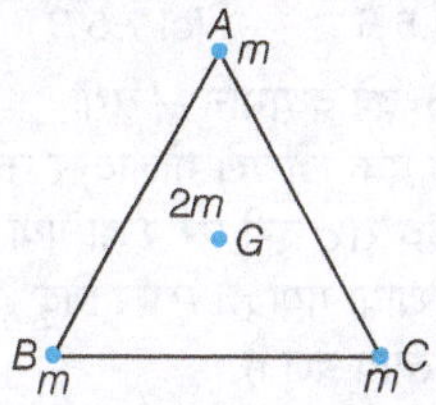

($AG=BG=CG=$ 1मी)

त्रिभुज के केन्द्रक G पर रखे $2m$ द्रव्यमान पर लगने वाला बल होगा **NCERT पृष्ठ 129**

(a) $\frac{2\,Gm^2}{\sqrt{2}}$ (b) $2Gm^2$

(c) $6Gm^2$ (d) शून्य

36 द्रव्यमान M और त्रिज्या R वाले तीन समान गोले इस प्रकार रखे गए हैं कि प्रत्येक अन्य दो को स्पर्श करता है। अन्य दो के कारण किसी भी गोले पर लगने वाले गुरुत्वीय बल का परिमाण है **NCERT पृष्ठ 129**

(a) $\frac{\sqrt{3}}{4}\frac{GM^2}{R^2}$ (b) $\frac{3}{2}\frac{GM^2}{R^2}$

(c) $\frac{\sqrt{3}\,GM^2}{R^2}$ (d) $\frac{\sqrt{3}}{2}\frac{GM^2}{R^2}$

37 एक बिंदु द्रव्यमान m को नीचे चित्रानुसार भुजा a इकाई वाले वर्ग $ABCD$ के केंद्र पर रखा गया है। **NCERT पृष्ठ 129**

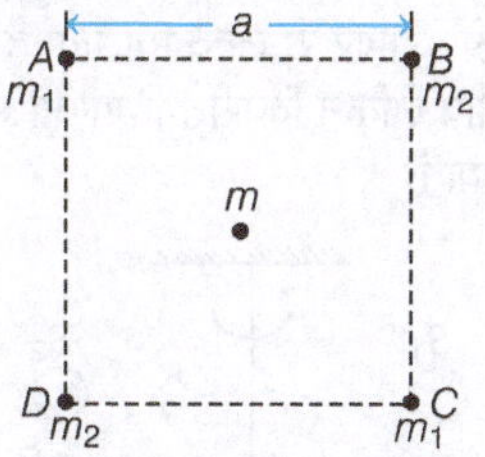

वर्ग के कोनों पर रखे द्रव्यमान m_1 एवं m_2 के कारण द्रव्यमान m पर परिणामी गुरुत्वीय बल है

(a) $\frac{Gm_1m_2}{(a\sqrt{2})^2}$ (b) $\frac{2Gm\,(m_1+m_2)}{a^2}$

(c) शून्य (d) $\frac{Gm\,(m_1+m_2)}{(a\sqrt{2})^2}$

38 एक द्रव्यमान M को दो भागों, m तथा $(M-m)$ में विभाजित किया जाता है, जिन्हें फिर एक निश्चित दूरी से पृथक किया जाता है। m/M का कौन-सा अनुपात दो भागों के बीच गुरुत्वीय बल को अधिकतम करताहै? **NCERT पृष्ठ 129**

(a) 1/3 (b) 1/2 (c) 1/4 (d) 1/5

39 द्रव्यमान m तथा $5m$ और त्रिज्या R तथा $2R$ वाले दो गोलाकार पिण्डों को उनके केन्द्रों के बीच प्रारंभिक दूरी $12R$ के बराबर रखते हुए मुक्त स्थान में छोड़ा जाता है। यदि वे केवल गुरुत्वीय बल के कारण एक-दूसरे को आकर्षित करते हैं, तो टक्कर से पहले छोटे पिण्ड द्वारा तय की गई दूरी है **NCERT पृष्ठ 129**

(a) $2.5R$ (b) $4.5R$ (c) $7.5R$ (d) $1.5R$

40 एक बिंदु द्रव्यमान m को द्रव्यमान M तथा एकसमान घनत्व के एक खोखले गोलाकार कोश के बाहर गोले के केंद्र से d दूरी पर रखा गया है, जैसा कि चित्र में दिखाया गया है। P पर बिंदु द्रव्यमान m पर गुरुत्वीय बल है

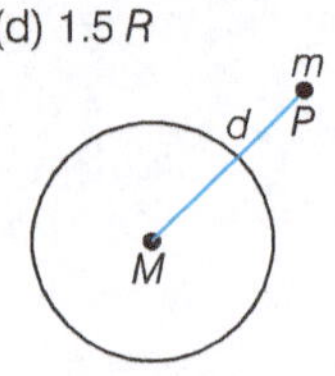

(a) $\frac{GmM}{d^2}$ (b) शून्य (c) $\frac{2\,GmM}{d^2}$ (d) $\frac{GmM}{2d^2}$

41 द्रव्यमान M, त्रिज्या R और एकसमान घनत्व वाले एक खोखले गोलाकार खोल के कारण, इसके अंदर स्थित बिंदु द्रव्यमान m पर आकर्षण बल होगा **NCERT पृष्ठ 129**

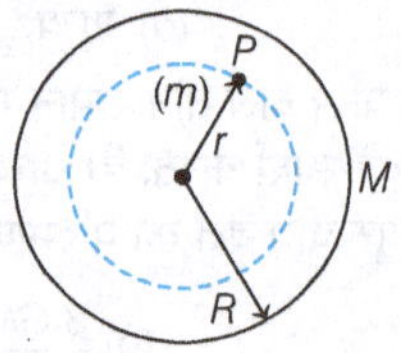

(a) $\frac{GmM}{r^2}$ (b) $\frac{Gm\,M}{R^2}$ (c) शून्य (d) $\frac{GmM}{2r^2}$

42 दर्शाया गया चित्र गुरुत्वाकर्षण स्थिरांक का मान निर्धारित करने के लिए कैवेंडिश (Cavendish) के प्रयोग का योजनाबद्ध निरूपण है। छड़ AB के सिरों पर दो छोटे सीसे के गोले लगे हुए हैं। छड़ को एक महीन तार द्वारा एक कठोर सहारे से लटकाया गया है। दो बड़े सीसे के गोले छोटे गोलों के समीप लेकिन विपरीत दिशाओं में लाए गए हैं जैसा कि चित्र में दिखाया गया है **NCERT पृष्ठ 131**

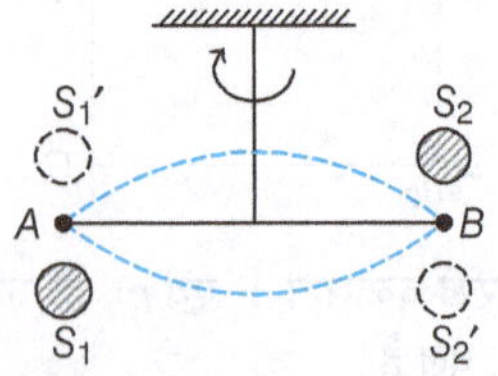

बड़े गोले, समीप के छोटे गोलों को एक बल द्वारा आकर्षित करते हैं जो

(a) बराबर और विपरीत हैं (b) बराबर लेकिन एक ही दिशा में हैं
(c) असमान और विपरीत हैं (d) शून्य है

गुरुत्वीय त्वरण और इसका परिवर्तन

43 यदि M_E पृथ्वी का द्रव्यमान है और R_E इसकी त्रिज्या है, तो गुरुत्वीय त्वरण और गुरुत्वाकर्षण नियतांक का अनुपात होगा **NCERT पृष्ठ 132**

(a) $\frac{R_E^2}{M_E}$ (b) $\frac{M_E}{R_E^2}$ (c) $M_E R_E^2$ (d) $\frac{M_E}{R_E}$

44 गुरुत्वीय त्वरण g और पृथ्वी का घनत्व ρ निम्नलिखित में से किस संबंध से संबंधित हैं? (जहाँ, G गुरुत्वाकर्षण नियतांक है और R_e पृथ्वी की त्रिज्या है।) **NCERT पृष्ठ 132**

(a) $\rho = \frac{4\pi G R_E}{3g}$ (b) $\rho = \frac{3g}{4\pi G R_E}$

(c) $\rho = \frac{3G}{4\pi g R_E}$ (d) $\rho = \frac{4\pi g R_E}{3G}$

45 चंद्रमा का द्रव्यमान पृथ्वी का (1/8) है, लेकिन गुरुत्वीय बल पृथ्वी का (1/6) है। ऐसा इस तथ्य के कारण है कि **NCERT पृष्ठ 132**

(a) चंद्रमा पृथ्वी का उपग्रह है
(b) पृथ्वी की त्रिज्या चंद्रमा की (8/6) है
(c) पृथ्वी की त्रिज्या चंद्रमा की $\sqrt{\frac{8}{6}}$ है
(d) चंद्रमा की त्रिज्या पृथ्वी की (6/8) है

46 यदि g पृथ्वी की सतह पर गुरुत्वीय त्वरण है, तो सतह पर रखे m द्रव्यमान के कण पर कार्य करने वाला बल है **NCERT पृष्ठ 132**

(a) mg (b) $\frac{GmM_E}{R_E^2}$

(c) $\frac{GmM_E}{(1-2R_E)^2}$ (d) 'a' और 'b' दोनों

47 उस ग्रह का द्रव्यमान क्या होगा जिसके उपग्रह का आवर्तकाल T है और कक्षीय त्रिज्या r है? **NCERT पृष्ठ 132**

(a) $\frac{4\pi^2 r^3}{GT^2}$ (b) $\frac{2\pi r^3}{GT^2}$ (c) $\frac{4\pi^2 r^2}{GT^2}$ (d) $\frac{2\pi^3 r^3}{GT^2}$

48 न्यूटन के गुरुत्वाकर्षण के नियम के अनुसार, माना F_1, और F_2 स्थिति r_1 व r_2 पर दो द्रव्यमानों m_1 और m_2 के बीच लगने वाले बल हैं, जहाँ

$$\mathbf{F}_1 = -\mathbf{F}_2 = -\frac{\mathbf{r}_{12}}{r_{12}^3} G M_0^2 \left(\frac{m_1 m_2}{M_0^2}\right)^n$$

जहाँ, M_0 द्रव्यमान के आयाम का एक स्थिरांक है, $\mathbf{r}_{12} = \mathbf{r}_1 - \mathbf{r}_2$ और n एक संख्या है। ऐसी स्थिति में, **NCERT पृष्ठ 132**

(a) पृथ्वी पर गुरुत्वीय त्वरण अलग-अलग वस्तुओं के लिए अलग-अलग होगा
(b) केप्लर के तीनों नियमों में से कोई भी मान्य नहीं होगा
(c) केवल तीसरा नियम मान्य होगा
(d) केवल दूसरा और तीसरा नियम मान्य होगा

49 यदि पृथ्वी का द्रव्यमान दोगुना कर दिया जाए और इसकी त्रिज्या आधी कर दी जाए, तो गुरुत्व के कारण नया त्वरण g' होगा **NCERT पृष्ठ 132**

(a) $g' = 4g$ (b) $g' = 8g$ (c) $g' = g$ (d) $g' = 16g$

50 एक ग्रह का घनत्व पृथ्वी के घनत्व से दोगुना है, लेकिन इसकी सतह पर गुरुत्वीय त्वरण पृथ्वी की सतह पर त्वरण के समान ही है। पृथ्वी की त्रिज्या R के पदों में इसकी त्रिज्या होगी **NCERT पृष्ठ 132**

(a) $R/4$ (b) $R/2$ (c) $R/3$ (d) $R/8$

51 माना, पृथ्वी की सतह पर गुरत्वीय त्वरण 10 मी/से^{2} है और मंगल की सतह पर, यह 4.0 मी/से^{2} है। एक 60 किग्रा का यात्री एक स्थिर वेग से चलने वाले अंतरिक्ष यान में पृथ्वी से मंगल ग्रह जाता है। आकाश में अन्य सभी वस्तुओं की उपेक्षा करें। कौन-सा वक्र समय के एक फलन के रूप में यात्री के भार (शुद्ध गुरुत्वीय बल) को उत्तम प्रकार से प्रदर्शित करता है? **NCERT पृष्ठ 132**

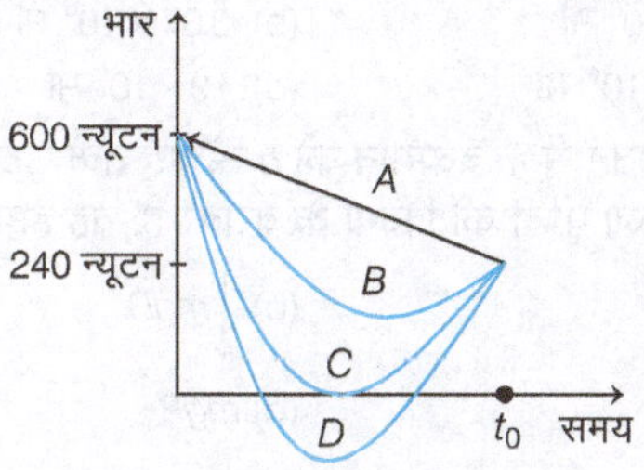

(a) A (b) B (c) C (d) D

52 यदि सूर्य का द्रव्यमान दस गुना छोटा हो जाए और पृथ्वी के लिए गुरुत्व स्थिरांक G परिमाण में दस गुना बड़ा हो जाए, तब पृथ्वी के लिए, **NCERT पृष्ठ 132**

(a) जमीन पर चलना अधिक आसान हो जाएगा।
(b) पृथ्वी पर गुरुत्व के कारण त्वरण नहीं बदलेगा।
(c) बारिश की बूँदें बहुत धीमी गति से गिरेंगी।
(d) हवाई जहाज़ों को बहुत तेज़ चलना पड़ेगा।

53 यदि कोई यह मानता है कि पृथ्वी के कारण गुरुत्वीय बल पृथ्वी के केंद्र से दूरी के व्युत्क्रम वर्ग के अनुपात में घटता है, तब a_m (चंद्रमा का अभिकेन्द्रीय त्वरण), R_m, (पृथ्वी के केंद्र से चंद्रमा की दूरी), g (पृथ्वी की सतह पर गुरुत्वीय त्वरण) और R_E (पृथ्वी की त्रिज्या) के बीच निम्नलिखित में से कौन-सा संबंध सही है? **NCERT पृष्ठ 132**

(a) $\frac{g}{a_m} = \frac{R_m}{R_E}$ (b) $\frac{g}{a_m} = \left(\frac{R_m}{R_E}\right)^2$

(c) $\frac{g}{a_m} = \left(\frac{R_E}{R_m}\right)^2$ (d) $\frac{g}{a_m} = \frac{R_E}{R_m}$

54 चंद्रमा का आवर्तकाल $T = 27.3$ दिन है तथा कक्षा की त्रिज्या $R_m = 3.84 \times 10^8$ मीटर है, पृथ्वी के गुरुत्व के कारण अभिकेन्द्रीय त्वरण का मान है **NCERT पृष्ठ 132**

(a) पृथ्वी की सतह पर गुरुत्वीय त्वरण g के मान से बहुत छोटा
(b) पृथ्वी की सतह पर गुरुत्वीय त्वरण g के मान के बराबर
(c) पृथ्वी की सतह पर गुरुत्वीय त्वरण g के मान से बहुत बड़ा
(d) चंद्रमा की सतह पर गुरुत्वीय त्वरण g' के मान के बराबर

55 पृथ्वी का वह कोणीय वेग ज्ञात कीजिए, जिससे भूमध्य रेखा पर किसी पिण्ड का भार शून्य हो जाए। **NCERT पृष्ठ 133**

(a) 1.25 रेडियन/से (b) 1.25×10^{-1} रेडियन/से
(c) 1.25×10^{-2} रेडियन/से (d) 1.25×10^{-3} रेडियन/से

56 पृथ्वी की सतह पर गुरुत्वीय त्वरण का मान 9.8 मी/से^{2} है। इसकी सतह से वह ऊँचाई जिस पर गुरुत्वीय त्वरण घटकर 4.9 मी/से^{2} हो जाता है, लगभग है (पृथ्वी की त्रिज्या $= 6.4 \times 10^{-6}$ मीटर लें) **NCERT पृष्ठ 133**

(a) 9.0×10^6 मी (b) 2.6×10^6 मी
(c) 6.4×10^6 मी (d) 1.6×10^6 मी

57 पृथ्वी की सतह पर एक पिण्ड का भार w है। पृथ्वी की त्रिज्या के आधे के बराबर ऊँचाई पर इसका भार होगा **NCERT पृष्ठ 133**

(a) $\frac{w}{2}$ (b) $\frac{2w}{3}$
(c) $\frac{4w}{9}$ (d) $\frac{8w}{27}$

58 पृथ्वी की सतह से किसी ऊँचाई (h) पर g का मान $\left(\frac{g}{2}\right)$ हो जाता है? **NCERT पृष्ठ 133**

(g = पृथ्वी की सतह पर गुरुत्वीय त्वरण और R = पृथ्वी की त्रिज्या लें)

(a) $3R$ (b) $\sqrt{2}R$ (c) $(\sqrt{2}-1)R$ (d) $\frac{1}{\sqrt{2}}R$

59 पृथ्वी की त्रिज्या R है। पृथ्वी की सतह से ऊर्ध्वाधर ऊपर एक बिंदु की ऊँचाई, जिस पर गुरुत्वीय त्वरण सतह पर इसके मान का 1% हो जाता है, वह है **NCERT पृष्ठ 133**

(a) $8R$ (b) $9R$ (c) $10R$ (d) $20R$

60 पृथ्वी की सतह पर एक पिण्ड का भार 45 न्यूटन है। पृथ्वी की त्रिज्या के आधे के बराबर ऊँचाई पर पृथ्वी के कारण उस पर गुरुत्वीय बल क्या है? **NCERT पृष्ठ 133**

(a) 35 न्यूटन (b) 20 न्यूटन (c) 18 न्यूटन (d) 40 न्यूटन

61 वह ऊँचाई क्या है जिस पर गुरुत्वीय त्वरण पृथ्वी की सतह पर अपने मान का 51% कम हो जाता है? **NCERT पृष्ठ 133**

(a) $\frac{2R}{5}$ (b) $\frac{3R}{7}$ (c) $\frac{4R}{9}$ (d) $\frac{3R}{11}$

62 जब किसी पिण्ड को पृथ्वी की सतह से 32 किमी नीचे ले जाया जाता है तो उसके भार में कितनी प्रतिशत कमी होती है? (पृथ्वी की त्रिज्या, $R = 6400$ किमी लें) **NCERT पृष्ठ 133**

(a) 0.4% (b) 0.5% (c) 0.6% (d) 0.7%

63 पृथ्वी के केंद्र से 2000 किमी की दूरी पर गुरुत्वीय त्वरण ज्ञात कीजिए। (दिया गया है, R_E=6400 किमी, r=2000 किमी और $M_E = 6 \times 10^{24}$ किग्रा) **NCERT पृष्ठ 133**

(a) 1.53 मी/से^{2} (b) 7.12 मी/से^{2}
(c) 3.06 मी/से^{2} (d) 1.8 मी/से^{2}

64 पृथ्वी की सतह पर एक पिण्ड का भार 200 न्यूटन है। पृथ्वी के केंद्र तक जाते हुए आधे रास्ते पर इसका भार कितना होगा? **NCERT पृष्ठ 133**

(a) 200 न्यूटन (b) 250 न्यूटन
(c) 100 न्यूटन (d) 150 न्यूटन

65 उत्तरी ध्रुव पर एक स्प्रिंग तुला पर एक बॉक्स का भार 196 न्यूटन है। यदि इसे भूमध्य रेखा पर स्थानांतरित कर दिया जाए, तो उसी तुला पर दर्ज इसका भार लगभग होगा (मान लीजिए, उत्तरी ध्रुव पर $g = 10$ मी/से^{2} और पृथ्वी की त्रिज्या $= 6400$ किमी) **NCERT पृष्ठ 133**

(a) 195.66 न्यूटन (b) 195.33 न्यूटन
(c) 194.66 न्यूटन (d) 194.33 न्यूटन

66 पृथ्वी से 1 किमी की ऊँचाई पर गुरुत्वीय त्वरण पृथ्वी की सतह से नीचे d गहराई पर त्वरण के समान होता है। तब, **NCERT पृष्ठ 133**

(a) $d = \frac{1}{2}$ किमी (b) $d = 1$ किमी
(c) $d = \frac{3}{2}$ किमी (d) $d = 2$ किमी

67 निम्नलिखित में से कौन-सा कथन गलत है।/हैं? **NCERT पृष्ठ 133**

(a) गुरुत्वीय त्वरण ऊँचाई के साथ घटता है।
(b) गुरुत्वीय त्वरण गहराई बढ़ने के साथ बढ़ता है (पृथ्वी को एकसमान घनत्व का गोला मान लें)।
(c) गुरुत्वीय त्वरण अक्षांश के साथ बढ़ता है।
(d) गुरुत्वीय त्वरण वस्तु के द्रव्यमान से स्वतंत्र होता है।

गुरुत्वीय स्थितिज ऊर्जा

68 द्रव्यमान m का एक पिण्ड पृथ्वी की सतह से nR ऊँचाई पर छोड़ा जाता है। गुरुत्वीय स्थितिज ऊर्जा में परिवर्तन है **NCERT पृष्ठ 134**

(a) $nMgR$ (b) $\left(\frac{n}{n+1}\right)mgR$ (c) $\frac{GMm}{R(n+1)}$ (d) $\left(\frac{n}{n-1}\right)mgR$

69 चित्र में दिखाए अनुसार कणों के एक निकाय की गुरुत्वीय स्थितिज ऊर्जा है **NCERT पृष्ठ 134**

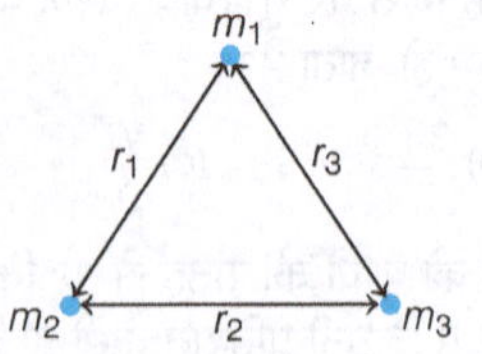

(a) $\frac{Gm_1m_2}{r_1} + \frac{Gm_2m_3}{r_3} + \frac{Gm_1m_3}{r_3}$

(b) $\left(\frac{-Gm_1m_2}{r_1}\right) + \left(\frac{-Gm_2m_3}{r_2}\right) + \left(\frac{-Gm_1m_3}{r_3}\right)$

(c) $\frac{-Gm_1m_2}{r_1} - \frac{Gm_2m_3}{r_2} + \frac{Gm_1m_3}{r_3}$

(d) $\frac{Gm_1m_2}{r_1} + \frac{Gm_2m_3}{r_2} - \frac{Gm_1m_3}{r_3}$

70 दो बिंदु द्रव्यमान m_1 और m_2, एक-दूसरे से r दूरी पर स्थित हैं। निकाय की गुरुत्वीय स्थितिज ऊर्जा G_1 है। जब कणों के बीच की दूरी दोगुनी हो जाती है, तो गुरुत्वीय स्थितिज ऊर्जा G_2 होती है। तब, $\frac{G_1}{G_2}$ का अनुपात होगा **NCERT पृष्ठ 134**

(a) 1 (b) 2 (c) 3 (d) 4

71 पृथ्वी का द्रव्यमान 6×10^{24} किग्रा है और चंद्रमा का द्रव्यमान 7.4×10^{22} किग्रा है। निकाय की स्थितिज ऊर्जा -7.79×10^{28} जूल है। पृथ्वी और चंद्रमा के बीच औसत दूरी है ($G = 6.67 \times 10^{-11}$ न्यूटन-मी^{2}/किग्रा^{2} **NCERT पृष्ठ 134**

(a) 3.8×10^8 मी (b) 3.37×10^6 मी
(c) 7.60×10^4 मी (d) 1.9×10^2 मी

72 पृथ्वी की सतह से m द्रव्यमान को h ऊँचाई तक उठाने के लिए किया गया कार्य, जो पृथ्वी की त्रिज्या के बराबर है, वह होगा **NCERT पृष्ठ 134**

(a) $2mgR$ (b) $\frac{1}{2}mgR$
(c) $\frac{3}{2}mgR$ (d) mgR

73 पृथ्वी के केंद्र से r दूरी ($r > R$) पर गुरुत्वीय स्थितिज ऊर्जा होगी माना, M_E = पृथ्वी का द्रव्यमान और R = पृथ्वी की त्रिज्या) **NCERT पृष्ठ 134**

(a) $\frac{-GM_E}{R}$ (b) $\frac{GM_E}{R}$
(c) $\frac{-GM_E}{r}$ (d) $\frac{+GM_E}{r}$

74 पृथ्वी की सतह से कितनी ऊँचाई पर गुरुत्वीय स्थितिज ऊर्जा और g का मान क्रमशः -5.4×10^7 जूल/किग्रा^{2} और 6.0 मी/से^{2} हैं? (मान लीजिए, पृथ्वी की त्रिज्या 6400 किमी है) **NCERT पृष्ठ 134**

(a) 1600 किमी (b) 1400 किमी
(c) 2000 किमी (d) 2600 किमी

75 m द्रव्यमान वाले तीन कणों को L भुजा वाले समबाहु त्रिभुज के शीर्षों पर रखा गया है। इन कणों के कारण केन्द्र पर गुरुत्वीय स्थितिज है **NCERT पृष्ठ 134**

(a) $-\frac{3Gm}{L}$ (b) $\frac{-8\,Gm}{\sqrt{3}\,L}$ (c) $-\frac{3\sqrt{3}\,Gm}{L}$ (d) $\frac{-4Gm}{\sqrt{3}L}$

76 यदि गुरुत्वीय बल r^{-2} के स्थान पर $r^{-\frac{5}{2}}$ के अनुसार परिवर्तित होता है, तो पृथ्वी के केंद्र से r दूरी पर स्थित एक कण की स्थितिज ऊर्जा निम्न में से किसके समानुपाती होगी? **NCERT पृष्ठ 134**

(a) r^{-1} (b) r^{-2} (c) $r^{-\frac{3}{2}}$ (d) $r^{\frac{3}{2}}$

77 द्रव्यमान m के उपग्रह को द्रव्यमान M और त्रिज्या R वाले ग्रह की सतह से $2R$ ऊँचाई पर एक वृत्ताकार कक्षा में प्रक्षेपित करने के लिए आवश्यक न्यूनतम ऊर्जा है **NCERT पृष्ठ 134**

(a) $\frac{GmM}{3R}$ (b) $\frac{2GMm}{R}$ (c) $\frac{3GMm}{2R}$ (d) $\frac{5GMm}{6R}$

पलायन वेग और उपग्रह

78 पृथ्वी से किसी पिण्ड का पलायन वेग निर्भर करता है
(i) पिण्ड के द्रव्यमान पर
(ii) उस स्थान पर जहाँ से उसे प्रक्षेपित किया जाता है
(iii) प्रक्षेपण की दिशा पर
(iv) उस स्थान की ऊँचाई पर जहाँ से पिण्ड प्रक्षेपित किया जाता है
NCERT पृष्ठ 135
(a) (i) और (ii) (b) (ii) और (iv)
(c) (i) और (iii) (d) (iii) और (iv)

79 किसी वस्तु को चंद्रमा की सतह से फेंका जाता है। वस्तु के लिए पलायन वेग NCERT पृष्ठ 135
(a) $\sqrt{2g'R_m}$ जहाँ g' = चंद्रमा पर गुरुत्वीय त्वरण है और R_m = चंद्रमा की त्रिज्या है।
(b) $\sqrt{2g'R_E}$, जहाँ g' = चंद्रमा पर गुरुत्वीय त्वरण है और R_E = पृथ्वी की त्रिज्या है।
(c) $\sqrt{2gR_m}$,जहाँ g = पृथ्वी पर गुरुत्वीय त्वरण है और R_m = चंद्रमा की त्रिज्या है।
(d) $\sqrt{3gR_m}$,जहाँ g पृथ्वी पर गुरुत्वीय त्वरण है तथा R_m = चंद्रमा की त्रिज्या है।

80 पृथ्वी से किसी पिण्ड का पलायन वेग v_e है। यदि पृथ्वी के द्रव्यमान को स्थिर रखते हुए पृथ्वी की त्रिज्या अपने मान के (1/4)वें भाग तक सिकुड़ जाती है, तो पलायन वेग होगा NCERT पृष्ठ 135
(a) दोगुना (b) आधा
(c) तिनगुना (d) अपरिवर्तित

81 एक उपग्रह त्रिज्या r की वृत्ताकार कक्षा में है। किसी बिंदु पर, इसे अपनी गति की दिशा के अनुदिश एक आवेग दिया जाता है, जिससे इसका वेग n गुना बढ़ जाता है। यदि अब यह दीर्घवृत्त के केन्द्र पर रखे ग्रह के साथ दीर्घवृत्ताकार कक्षा में चला जाता है तो n का अधिकतम संभव मान हो सकता है NCERT पृष्ठ 135
(a) $\sqrt{2}$ (b) 2 (c) $\sqrt{2+1}$ (d) $\frac{1}{\sqrt{2}-1}$

82 यदि पृथ्वी की सतह पर पलायन वेग 11.1 किमी/घण्टा है, तो चंद्रमा की सतह पर पलायन वेग ज्ञात कीजिए। चंद्रमा का द्रव्यमान पृथ्वी के द्रव्यमान का $\left(\frac{1}{81}\right)$ गुना है तथा चंद्रमा की त्रिज्या पृथ्वी की त्रिज्या का $\left(\frac{1}{4}\right)$ गुना है। NCERT पृष्ठ 135
(a) 2.46 किमी/घण्टा (b) 3.46 किमी/घण्टा
(c) 4.4 किमी/घण्टा (d) इनमें से कोई नहीं

83 पृथ्वी पर पलायन वेग (v_e) एवं उस ग्रह पर पलायन वेग (v_p) से अनुपात क्या होगा जिसकी त्रिज्या और माध्य घनत्व पृथ्वी के तीन गुना है? NCERT पृष्ठ 135
(a) $1:3\sqrt{3}$ (b) 1 : 4 (c) $1:\sqrt{2}$ (d) 1 : 2

84 यदि v_e पलायन वेग है और v_0, पृथ्वी की सतह के निकट कक्षा के लिए उपग्रह का कक्षीय वेग है, तो दोनों के मध्य सम्बन्ध है NCERT पृष्ठ 136
(a) $v_o = \sqrt{2}v_e$ (b) $v_o = v_e$ (c) $v_e = \frac{v_o}{2}$ (d) $v_e = \sqrt{2}v_o$

85 एक उपग्रह त्रिज्या r की एक वृत्ताकार कक्षा में पृथ्वी की परिक्रमा कर रहा है, इसकी NCERT पृष्ठ 137
(a) गतिज ऊर्जा r के साथ बदलती है
(b) कोणीय संवेग $\frac{1}{\sqrt{r}}$ के साथ बदलता है
(c) रेखीय गति $\frac{1}{r}$ के साथ बदलती है
(d) परिक्रमण की आवृत्ति $\frac{1}{r^{3/2}}$ के साथ बदलती है

86 निम्नलिखित में से कौन-सा कथन गलत है? NCERT पृष्ठ 137
(a) उपग्रह का कक्षीय वेग कक्षा की त्रिज्या के साथ बढ़ता है।
(b) उपग्रह का कक्षीय वेग उसके पलायन वेग से कम होता है।
(c) चंद्रमा पर पलायन वेग पृथ्वी पर कम होता है।
(d) यदि उपग्रह का द्रव्यमान बढ़ता है, तो उसका कक्षीय वेग अपरिवर्तित रहता है।

87 केंद्र से r दूरी पर परिक्रमा कर रहे उपग्रह का कक्षीय कोणीय संवेग L है। यदि दूरी बढ़ाकर $16r$ कर दी जाए, तो नया कोणीय संवेग होगा NCERT पृष्ठ 137
(a) $16L$ (b) $64L$ (c) $\frac{L}{4}$ (d) $4L$

88 एक उपग्रह पृथ्वी की सतह से h ऊँचाई पर एक वृत्तीय कक्षा में इस प्रकार परिक्रमा कर रहा है कि $h << R$, जहाँ R पृथ्वी की त्रिज्या है। यह मानते हुए कि पृथ्वी के वायुमण्डल के प्रभाव की उपेक्षा की जा सकती है। उपग्रह को पृथ्वी के गुरुत्वाकर्षण क्षेत्र से पलायन करने के लिए आवश्यक गति में न्यूनतम वृद्धि होगी NCERT पृष्ठ 137
(a) $\sqrt{\frac{gR}{2}}$ (b) $\sqrt{gR}$ (c) $\sqrt{2gR}$ (d) $\sqrt{gR}(\sqrt{2}-1)$

89 पृथ्वी की सतह के समीप एक उपग्रह का कक्षीय वेग v है। यदि यह उपग्रह पृथ्वी की त्रिज्या के आधे भाग की ऊँचाई पर परिक्रमा करना प्रारम्भ करता है, तो कक्षीय वेग होगा NCERT पृष्ठ 137
(a) $\sqrt{\frac{2}{3}}v$ (b) $\sqrt{\frac{2}{5}}v$ (c) $\sqrt{\frac{2}{7}}v$ (d) $\sqrt{\frac{2}{9}}v$

90 द्रव्यमान M का एक उपग्रह पृथ्वी के केंद्र के चारों ओर त्रिज्या R की एक वृत्तीय कक्षा में है। पृथ्वी की ओर गिरता हुआ समान द्रव्यमान का एक उल्कापिण्ड उपग्रह से पूर्ण रूप से अप्रत्यास्थ रूप से टकराता है। टक्कर से ठीक पहले , उपग्रह और उल्कापिण्ड की गति समान है। संयुक्त पिण्ड की बाद की गति होगी NCERT पृष्ठ 137
(a) त्रिज्या R की समान वृत्तीय कक्षा में
(b) एक दीर्घवृत्ताकार कक्षा में
(c) इस प्रकार कि यह अनंत तक पलायन करें
(d) एक अलग त्रिज्या की वृत्तीय कक्षा में

एक परिक्रमा करते उपग्रह की ऊर्जा

91 नीचे दिया गया चित्र वृत्ताकार गति में एक उपग्रह की औसत त्रिज्या r के साथ ऊर्जा E के परिवर्तनों को दर्शाता है। सही कथन चुनें। NCERT पृष्ठ 138

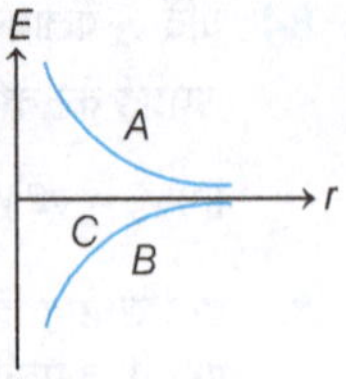

(a) A गतिज ऊर्जा को दर्शाता है, B कुल ऊर्जा को दर्शाता है और C उपग्रह की स्थितिज ऊर्जा को दर्शाता है।

(b) A और B क्रमशः गतिज ऊर्जा और स्थितिज ऊर्जा हैं और C उपग्रह की कुल ऊर्जा है।

(c) A और B क्रमशः स्थितिज ऊर्जा और गतिज ऊर्जा हैं तथा C उपग्रह की कुल ऊर्जा है।

(d) C और A गतिज और स्थितिज ऊर्जा हैं तथा B उपग्रह की कुल ऊर्जा है।

92 निम्नलिखित में से कौन-सा कथन सही है? NCERT पृष्ठ 138

(a) परिक्रमा करने वाले उपग्रह की गतिज ऊर्जा उसकी कुल ऊर्जा की आधी होती है।

(b) परिक्रमा करने वाले उपग्रह की स्थितिज ऊर्जा कक्षा की त्रिज्या में वृद्धि के साथ बढ़ती है।

(c) परिक्रमा करने वाले उपग्रह की कुल ऊर्जा धनात्मक होती है।

(d) परिक्रमा करने वाले उपग्रह की स्थितिज ऊर्जा उसकी कुल ऊर्जा की आधी होती है।

93 द्रव्यमान m का एक क्षुद्रग्रह, प्रारंभ में $10\,R_E$ दूरी पर, V गति से पृथ्वी की ओर आ रहा है। यह v_f (R_E और M_E पृथ्वी की त्रिज्या और द्रव्यमान हैं) गति से पृथ्वी से टकराता है, तब NCERT पृष्ठ 138

(a) $v_f^2 = v_i^2 + \dfrac{2Gm}{R_E}\left(1+\dfrac{1}{10}\right)$ (b) $v_f^2 = v_i^2 + \dfrac{2GM_E}{R_E}\left(1+\dfrac{1}{10}\right)$

(c) $v_f^2 = v_i^2 + \dfrac{2GM_E}{R_E}\left(1-\dfrac{1}{10}\right)$ (d) $v_f^2 = v_i^2 + \dfrac{2Gm}{R_E}\left(1-\dfrac{1}{10}\right)$

94 किसी पिण्ड का पलायन वेग v_e है। एक पिण्ड को $2v_e$ वेग से प्रक्षेपित किया जाता है। यह अंतरग्रहीय अंतरिक्ष में किस स्थिर वेग से घूमेगा? NCERT पृष्ठ 138

(a) v_e (b) $\sqrt{5}\, v_e$

(c) $\sqrt{3}\, v_e$ (d) $\sqrt{2}\, v_e$

95 3×10^{31} किग्रा द्रव्यमान वाले और 2×10^{11} मी दूरी पर स्थित दो तारे अपने सामान्य द्रव्यमान केंद्र O के चारों ओर एक तल में घूमते हैं। एक उल्कापिण्ड O से होकर गुजरता है और तारे के घूर्णन तल के लम्बवत् गति करता है। इस दोहरे तारे के गुरुत्वाकर्षण क्षेत्र से पलायन करने के लिए, O पर उल्कापिण्ड की न्यूनतम गति होनी चाहिए (गुरुत्वाकर्षण नियतांक $G = 6.67 \times 10^{-11}$ न्यूटन-मी^{2}/किग्रा^{2}) NCERT पृष्ठ 138

(a) 2.8×10^5 मी/से (b) 3.8×10^4 मी/से

(c) 2.4×10^4 मी/से (d) 1.4×10^5 मी/से

96 दो उपग्रह A और B का द्रव्यमान क्रमशः m और $2m$ है। A, त्रिज्या R की एक वृत्ताकार कक्षा में है और B, पृथ्वी के परितः त्रिज्या $2R$ की एक वृत्ताकार कक्षा में है, उनकी गतिज ऊर्जाओं का अनुपात, T_A / T_B क्या होगा? NCERT पृष्ठ 138

(a) $\dfrac{1}{2}$ (b) 2 (c) $\sqrt{\dfrac{1}{2}}$ (d) 1

97 गति v के साथ एक वृत्ताकार कक्षा में उपग्रह की गतिज ऊर्जा होगी NCERT पृष्ठ 138

(a) $\text{KE} = \dfrac{-GmM_E}{2(R_E + h)}$ (b) $\text{KE} = \dfrac{GmM_E}{(R_E + h)}$

(c) $\text{KE} = \dfrac{GmM_E}{2\,(R_E + h)}$ (d) $\text{KE} = -\dfrac{1}{2}mv^2$

98 एक उपग्रह की कक्षा की त्रिज्या r है और इसकी गतिज ऊर्जा K है। यदि कक्षा की त्रिज्या को दोगुना कर दिया जाए, तो नई गतिज ऊर्जा K' क्या होगी? NCERT पृष्ठ 138

(a) $2\,K$ (b) $\dfrac{K}{2}$ (c) $4\,K$ (d) $\dfrac{K}{4}$

99 यदि अनंत पर गुरुत्वीय स्थितिज ऊर्जा शून्य मानी जाती है, तो पृथ्वी के केंद्र से दूरी $(R_E + h)$ पर स्थितिज ऊर्जा है NCERT पृष्ठ 138

(a) $\text{PE} = \dfrac{GmM_E}{(R_E + h)}$ (b) $\text{PE} = \dfrac{-GmM_E}{(R_E + h)}$

(c) $\text{PE} = mgh$ (d) $\text{PE} = \dfrac{-GmM_E}{2(R_E + h)}$

100 एक उपग्रह की स्थितिज ऊर्जा इस प्रकार दी गई है, $\text{PE} = \lambda\,(\text{KE})$ जहाँ, PE = उपग्रह की स्थितिज ऊर्जा और KE = उपग्रह की गतिज ऊर्जा है। स्थिरांक λ का मान है NCERT पृष्ठ 138

(a) -2 (b) 2 (c) $-1/2$ (d) $+1/2$

अभिकथन-कारण प्रश्न

निर्देश *(प्रश्न क्रमांक 1-10) निम्नलिखित प्रश्नों में, अभिकथन के एक कथन के बाद कारण का एक संगत कथन दिया गया है। निम्नलिखित कथनों में से सही कथन का चयन कीजिए।*

(a) अभिकथन और कारण दोनों सही हैं तथा कारण, अभिकथन की सही व्याख्या है।

(b) अभिकथन और कारण दोनों सही हैं, परन्तु कारण, अभिकथन की सही व्याख्या नहीं है।

(c) अभिकथन सही है, लेकिन कारण गलत है।

(d) अभिकथन गलत है, लेकिन कारण सही है।

1 **अभिकथन** जब कोई ग्रह सूर्य के चारों ओर दीर्घवृत्तीय कक्षा में घूमता है, तो सूर्य के चारों ओर उसका कोणीय संवेग संरक्षित रहता है।

कारण किसी ग्रह-सूर्य निकाय की कुल यान्त्रिक ऊर्जा संरक्षित रहती है। NCERT पृष्ठ 129

2 **अभिकथन** वायु में दो द्रव्यमानों के बीच गुरुत्वाकर्षण बल F है। यदि उन्हें पानी में डुबोया जाए, तो बल F समान रहेगा।

कारण गुरुत्वाकर्षण बल उस माध्यम से स्वतन्त्र होता है जिसमें द्रव्यमान मौजूद होते हैं। NCERT पृष्ठ 129

3 **अभिकथन** एक समान घनत्व के खोखले गोलीय कोश के कारण, इसके अन्दर स्थित बिन्दु द्रव्यमान पर आकर्षण बल शून्य होता है।

कारण गोलीय कोश के विभिन्न क्षेत्र, इसके अन्दर स्थित बिन्दु द्रव्यमान को विभिन्न दिशाओं में आकर्षित करते हैं। ये बल एक-दूसरे को पूर्ण रूप से निष्क्रिय कर देते हैं। NCERT पृष्ठ 129

4 **अभिकथन** पृथ्वी के केन्द्र पर गुरुत्वीय त्वरण शून्य होता है।

कारण पृथ्वी के केन्द्र पर किसी वस्तु का द्रव्यमान शून्य होता है। NCERT पृष्ठ 132

5 **अभिकथन** जैसे-जैसे हम पृथ्वी की सतह से ऊपर जाते हैं, हम पृथ्वी की सतह की तुलना में हल्का महससू करते हैं।

कारण पृथ्वी की सतह से ऊपर जाने पर गुरुत्वीय त्वरण कम हो जाता है। NCERT पृष्ठ 133

6 **अभिकथन** चन्द्रमा के लिए पलायन चाल 2.3 किमी/सेकण्ड है जो पृथ्वी के लिए पलायन चाल से पांच गुना कम है।

कारण पलायन चाल चन्द्रमा पर गुरुत्वीय त्वरण और चन्द्रमा की त्रिज्या पर निर्भर करता है और ये दोनों पृथ्वी की त्रिज्या से छोटे होते हैं। NCERT पृष्ठ 135

7 **अभिकथन** चन्द्रमा पर कोई वायुमण्डल नहीं होता है।

कारण चन्द्रमा के लिए पलायन वेग बहुत कम होता है। NCERT पृष्ठ 135

8 **अभिकथन** पृथ्वी की सतह से एक ट्रक का पलायन वेग, एक बाइक के पलायन वेग के बराबर होता है।

कारण किसी पिण्ड का पलायन वेग पिण्ड के द्रव्यमान पर निर्भर करता है। NCERT पृष्ठ 136

9 **अभिकथन** उपग्रह का वेग पृथ्वी की सतह से उसकी ऊँचाई बढ़ने पर घटता है और पृथ्वी की सतह के निकट अधिकतम होता है।

कारण उपग्रह का वेग पृथ्वी की सतह से ऊपर उसकी ऊँचाई के वर्गमूल के व्युत्क्रमानुपाती होता है। NCERT पृष्ठ 137

10 **अभिकथन** उपग्रह की कुल ऊर्जा हमेशा ऋणात्मक होती है चाहे उसकी कक्षा की प्रकृति कुछ भी हो, अर्थात् अण्डाकार या वृत्ताकार और यह धनात्मक या शून्य नहीं हो सकती।

कारण यदि कुल ऊर्जा धनात्मक या शून्य है, तो उपग्रह अपनी कक्षा छोड़ देगा। NCERT पृष्ठ 138

कथन आधारित प्रश्न

निर्देश *(प्रश्न क्रमांक 1-10) निम्नलिखित प्रश्नों में दो कथन (I और II) दिए गए हैं। दिए गए कथनों के अनुसार, नीचे दिए गए सही विकल्प का चयन करें।*

(a) कथन I और कथन II दोनों असत्य हैं।
(b) कथन I सत्य है, लेकिन कथन II असत्य है।
(c) कथन I असत्य है, लेकिन कथन II सत्य है।
(d) कथन I और कथन II दोनों सत्य हैं।

1 **कथन I** किसी भी ग्रह को सूर्य से मिलाने वाली रेखा समान समय अंतराल में समान क्षेत्रफल तय करती है।

कथन II किसी ग्रह के परिक्रमण काल का वर्ग ग्रह द्वारा खींची गई दीर्घवृत्त के दीर्घ अक्ष के घन के समानुपाती होता है। NCERT पृष्ठ 128

2 **कथन I** सूर्य के चारों ओर परिक्रमा करने वाले ग्रह के लिए, कोणीय गति, कोणीय संवेग और गतिज ऊर्जा समय के साथ परिवर्तित होती रहती है।

कथन II घूमते हुए ग्रह पर कोई बलाघूर्ण कार्य नहीं करता है। NCERT पृष्ठ 129

3 **कथन I** ग्रह सूर्य से दूर होने पर जब वे सूर्य के पास होते है उसकी तुलना में धीमी गति से चलते हैं।

कथन II किसी ग्रह का कोणीय वेग स्थिर राशि है। NCERT पृष्ठ 129

4 **कथन I** पृथ्वी की सतह पर गुरुत्वीय त्वरण ऊँचाई के साथ घटता है।

कथन II पृथ्वी की सतह पर गुरुत्वीय त्वरण पृथ्वी की त्रिज्या से स्वतंत्र होता है। NCERT पृष्ठ 133

5 **कथन I** यदि उपग्रह की ऊँचाई पृथ्वी की त्रिज्या से n गुना बढ़ा दी जाए, तो कक्षीय वेग पृथ्वी की सतह के निकट कक्षीय वेग का $\left(\frac{1}{\sqrt{1+n}}\right)$ गुना हो जाएगा।

कथन II यदि किसी उपग्रह की कक्षा की त्रिज्या पृथ्वी की त्रिज्या से n गुना बढ़ा दी जाए, तो उसका कक्षीय वेग पृथ्वी की सतह के निकट कक्षीय वेग का $\left(\frac{1}{\sqrt{n}}\right)$ गुना होगा। NCERT पृष्ठ 133

6 **कथन I** पृथ्वी की सतह पर किसी भी वस्तु का पलायन वेग वस्तु के द्रव्यमान पर निर्भर करता है।

कथन II पृथ्वी की सतह पर पलायन वेग, चंद्रमा की सतह पर पलायन वेग से पाँच गुना कम होता है। NCERT पृष्ठ 135

7 **कथन I** वृत्तीय कक्षा में परिक्रमा करने वाले उपग्रह के लिए गतिज ऊर्जा का मान स्थितिज ऊर्जा से कम होता है।

कथन II यदि किसी उपग्रह की कुल ऊर्जा धनात्मक हो जाती है, तो उपग्रह पृथ्वी के गुरुत्वाकर्षण बल से पलायन कर जाएगा। NCERT पृष्ठ 138

8 **कथन I** स्थितिज ऊर्जा का परिमाण परिक्रमा करने वाले उपग्रह की कुल ऊर्जा के परिमाण का आधा होता है।

8 **कथन I** स्थितिज ऊर्जा का परिमाण परिक्रमा करने वाले उपग्रह की कुल ऊर्जा के परिमाण का आधा होता है।

कथन II परिक्रमा करने वाले उपग्रह की कुल ऊर्जा ऋणात्मक होती है जिसके परिणामस्वरूप उपग्रह पृथ्वी से बंधा होता है। NCERT पृष्ठ 138

9 **कथन I** भूस्थिर उपग्रहों को इस प्रकार प्रक्षेपित किया जाता है कि वे भूमध्यरेखीय तल के साथ संकेन्द्रित और समतलीय कक्षा में पश्चिम से पूर्व की ओर परिक्रमा करें तथा उनका परिक्रमण काल 24 घण्टे हो।

कथन II पृथ्वी के उपग्रह की वृत्ताकार कक्षा में आवर्तकाल उपग्रह के द्रव्यमान से स्वतंत्र होता है। NCERT पृष्ठ 137

10 **कथन I** एक उपग्रह S पृथ्वी के चारों ओर दीर्घवृत्तीय कक्षा में घूम रहा है। उपग्रह का द्रव्यमान पृथ्वी के द्रव्यमान की तुलना में बहुत छोटा है, तो S का त्वरण हमेशा पृथ्वी के केंद्र की ओर निर्देशित होता है।

कथन II यदि पृथ्वी के चारों ओर परिक्रमा करने वाले उपग्रह की गतिज ऊर्जा को दोगुना कर दिया जाए, तो यह तीव्र गति से घूमेगा। NCERT पृष्ठ 138

सुमेलन प्रकार प्रश्न

1 समान त्रिज्या R, लेकिन द्रव्यमान M और $4M$ वाले दो समान ठोस गोलों की केन्द्र से, केन्द्र की दूरी $6R$ है, जैसा कि चित्र में दर्शाया गया है। दोनों गोले स्थिर रखे गए हैं। द्रव्यमान M का एक प्रक्षेप्य, द्रव्यमान M के गोले की सतह से सीधे दूसरे गोले के केन्द्र की ओर प्रक्षेपित किया जाता है। N वह बिन्दु है, जहाँ कुल गुरुत्वाकर्षण शून्य है।

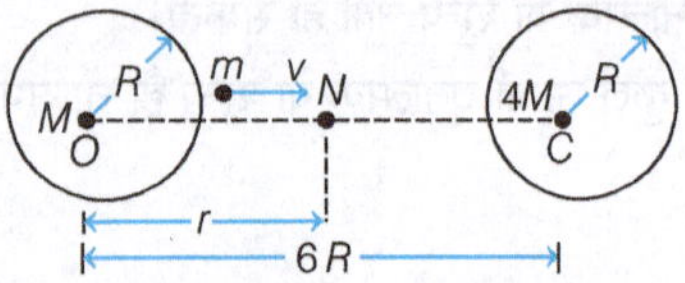

उपर्युक्त स्थिति के सन्दर्भ में, कॉलम I (राशियाँ) को कॉलम II (गणितीय व्यंजक) से सुमेलित करें और नीचे दिए गए कूट से सही उत्तर चुनें। NCERT पृष्ठ 129

कॉलम I	कॉलम II
A. उदासीन बिन्दु N की दूरी r	1. $\sqrt{\frac{3GM}{5R}}$
B. प्रक्षेप्य की न्यूनतम गति $v_{न्यूनतम}$, जिससे यह दूसरे गोले की सतह तक पहुँच सके।	2. $2R$
C. वह गति जिससे प्रक्षेप्य दूसरे गोले से सेकण्डों में टकराता है यदि $v_{न्यूनतम}$ के साथ प्रक्षेपित किया जाता है।	3. $\sqrt{\frac{27GM}{5R}}$
D. बिन्दु O तथा C के बीच की दूरी	4. $6R$

कूट

	A	B	C	D
(a)	4	2	3	1
(b)	3	2	1	4
(c)	2	1	3	4
(d)	3	1	4	2

2 द्रव्यमान m का एक उपग्रह पृथ्वी के चारों ओर v वेग से परिक्रमा कर रहा है। उपरोक्त स्थिति के सन्दर्भ में, कॉलम I (ऊर्जा के प्रकार) को कॉलम II (व्यंजक) से सुमेलित करें और नीचे दिए गए कूट से सही उत्तर चुनें। NCERT पृष्ठ 138

कॉलम I	कॉलम II
A. उपग्रह की गतिज ऊर्जा	1. $-\frac{1}{2}mv^2$
B. उपग्रह की स्थितिज ऊर्जा	2. $\frac{1}{2}mv^2$
C. उपग्रह की कुल ऊर्जा	3. $-mv^2$
D. उपग्रह की बन्धन ऊर्जा	4. mv^2

कूट

	A	B	C	D		A	B	C	D
(a)	4	2	3	1	(b)	2	3	1	4
(c)	3	4	1	2	(d)	3	4	2	1

3 कॉलम I (राशियाँ) को कॉलम II (सम्बन्ध) से सुमेलित करें एवं दिए गए कूट से सही उत्तर का चयन करें। NCERT पृष्ठ 138

कॉलम I	कॉलम II
A. परिक्रमा करने वाले उपग्रह की गतिज ऊर्जा	1. $\sqrt{\frac{2GM}{R}}$
B. परिक्रमा करने वाले उपग्रह का कक्षीय वेग	2. $\frac{GM}{R^2}$
C. पृथ्वी की सतह पर गुरुत्वीय त्वरण	3. $\sqrt{\frac{GM}{R}}$
D. पृथ्वी की सतह पर पलायन वेग	4. $\frac{GMm}{2R}$

कूट

	A	B	C	D		A	B	C	D
(a)	1	3	4	2	(b)	3	4	2	1
(c)	4	3	2	1	(d)	1	2	4	3

आंकिक मान प्रकार के प्रश्न

1 बृहस्पति ग्रह पृथ्वी की त्रिज्या के 5.2 गुना दूरी पर स्थित है। सूर्य के चारों ओर बृहस्पति का परिक्रमण काल (वर्षों में) ..... है।
NCERT पृष्ठ 128

2 यदि पृथ्वी अचानक अपने मूल आयतन के 1/27 गुना तक सिकुड़ जाये, द्रव्यमान अपरिवर्तित रहें, तब दिन की अवधि (घंटे में) ... होगी।
NCERT पृष्ठ 128

3 सूर्य के चारों ओर पृथ्वी की कक्षा को एक वृत्त मानते हुए, 10^{19} किलोग्राम की इकाई में सूर्य के द्रव्यमान का अनुमान लगाएं। सूर्य और पृथ्वी के बीच की दूरी 1.49×10^{11} मीटर है।
($G = 6.67 \times 10^{-11}$ न्यूटन-मी^{2}/किग्रा^{2})
NCERT पृष्ठ 137

4 यदि ग्रह x पर गुरुत्वीय त्वरण ग्रह y पर 9 गुना है। एक आदमी ग्रह x की सतह पर 2 मीटर की ऊंचाई तक छलांग लगाता है, तो ग्रह y पर उसके द्वारा प्राप्त अधिकतम ऊंचाई ...... मीटर होगी। NCERT पृष्ठ 132

5 यदि पृथ्वी सापेक्ष घनत्व 11.3 के सीसे से बनी होती, तो पृथ्वी की सतह पर गुरुत्वीय त्वरण का मान $\frac{x}{100}$ मी/से^{2} होता। यदि पृथ्वी की त्रिज्या 6.4×10^6 मीटर है और $G = 6.67 \times 10^{-11}$ न्यूटन-मी^{2}/किग्रा^{2} है, तो x का मान क्या है?
NCERT पृष्ठ 137

6 पृथ्वी की सतह से कितनी ऊँचाई (किमी में) पर गुरुत्वीय त्वरण का मान, पृथ्वी की सतह पर इसके मान का आधा होगा?
(R_e =6400 किमी)
NCERT पृष्ठ 133

7 यदि द्रव्यमान समान रखते हुए पृथ्वी की त्रिज्या को 4% कम कर दिया जाए, तो पलायन वेग में परिवर्तन .....% होगा। NCERT पृष्ठ 135

8 यदि ग्रह A का द्रव्यमान ग्रह B से 9 गुना और त्रिज्या 2 गुनी है, तो ग्रह B के गुरुत्वीय बल से बाहर निकलने के लिए रॉकेट द्वारा आवश्यक न्यूनतम गति $\frac{x}{1000}$ किमी/सेकण्ड है, x का मान .... है (दिया गया है, ग्रह A का पलायन वेग = 11.2 किमी/सेकण्ड है)। NCERT पृष्ठ 135

9 एक अंतरिक्ष यान पृथ्वी की सतह से 10 किमी/सेकण्ड के वेग से प्रक्षेपित किया जाता है। अंतरिक्ष यान द्वारा प्राप्त की गई अधिकतम ऊँचाई xR होगी, जहाँ R पृथ्वी की त्रिज्या है। x का मान .... लें
NCERT पृष्ठ 138

10 दो उपग्रह एक ग्रह के चारों ओर वामावर्त दिशा में समतलीय वृत्तीय कक्षाओं में चक्कर लगाते हैं। उनका परिक्रमण काल क्रमशः 1 घण्टा और 8 घण्टे है। निकटतम उपग्रह की कक्षा की त्रिज्या 2×10^3 किमी है। जब दोनों उपग्रह निकटतम होते हैं, उस क्षण पर, निकट वाले उपग्रह से दूर स्थित उपग्रह की कोणीय गति π/x रेडियन/घण्टा होती है, जहाँ x है
NCERT पृष्ठ 138

NCERT Exemplar प्रश्न

1 पृथ्वी एक अनुमानित गोला है। यदि आंतरिक भाग में ऐसा पदार्थ हो जो प्रत्येक स्थान पर समान घनत्व का न हो, तो पृथ्वी की सतह पर गुरुत्वीय त्वरण
(a) केंद्र की ओर निर्देशित होगा लेकिन प्रत्येक स्थान पर समान नहीं होगा।
(b) प्रत्येक स्थान पर समान मान का होगा लेकिन केंद्र की ओर निर्देशित नहीं होगा।
(c) केंद्र की ओर निर्देशित परिमाण में प्रत्येक स्थान पर समान होगा।
(d) किसी भी बिंदु पर शून्य नहीं हो सकता।

2 पृथ्वी के विभिन्न बिंदु सूर्य से कुछ अलग दूरी पर हैं और इसलिए गुरुत्वाकर्षण के कारण अलग-अलग बलों का अनुभव करते हैं। एक दृढ़ पिण्ड के लिए, हम जानते हैं कि यदि विभिन्न बल इसके विभिन्न बिंदुओं पर कार्य करते हैं, तो परिणामी गति इस प्रकार होती है जैसे कि CM (द्रव्यमान केंद्र) पर कुल बल कार्य करता है जो स्थानांतरण का कारण बनता है और CM पर कुल बलाघूर्ण, CM के माध्यम से एक अक्ष के परितः घूमने का कारण बनता है। पृथ्वी-सूर्य निकाय (पृथ्वी को एक समान घनत्व वाले गोले के रूप में अनुमानित करते हुए) के लिए,
(a) बलाघूर्ण शून्य है।
(b) बलाघूर्ण पृथ्वी को घुमाता है।
(c) दृढ़ पिण्ड का परिणाम लागू नहीं होता, क्योंकि पृथ्वी लगभग एक दृढ़ पिण्ड नहीं है।
(d) बलाघूर्ण के कारण पृथ्वी सूर्य के चारों ओर घूमती है।

3 पृथ्वी की परिक्रमा करने वाले उपग्रहों का जीवन सीमित होता है और कभी-कभी उपग्रहों का मलबा पृथ्वी पर गिरता है। ऐसा इसलिए होता है क्योंकि
(a) उपग्रहों में सौर सेल और बैटरियाँ खत्म हो जाती हैं।
(b) गुरुत्वाकर्षण के नियम उपग्रह के अंदर की ओर सर्पिल प्रक्षेप पथ की भविष्यवाणी करते हैं।
(c) श्यान बलों के कारण उपग्रह की गति और ऊँचाई धीरे-धीरे कम होती जाती है।
(d) अन्य उपग्रहों से टकराव के कारण होता है

4 पृथ्वी और चंद्रमा दोनों ही सूर्य के गुरुत्वींय बल के अधीन हैं। सूर्य से देखने पर, चंद्रमा की कक्षा
(a) अण्डाकार होगी।
(b) पूरी तरह अण्डाकार नहीं होगी क्योंकि इस पर कुल गुरुत्वाकर्षण बल केंद्रीय नहीं है।
(c) अण्डाकार नहीं है लेकिन अनिवार्य रूप से एक बन्द वक्र होगा।
(d) पृथ्वी के अतिरिक्त अन्य ग्रहों के प्रभाव के कारण अण्डाकार होने से काफी विचलित होता है।

5 हमारे सौर मण्डल में, अंतर-ग्रहीय क्षेत्र में पदार्थ के टुकड़े (ग्रहों की तुलना में आकार में बहुत छोटे) होते हैं जिन्हें क्षुद्रग्रह कहा जाता है। वे

(a) सूर्य के चारों ओर नहीं घूमेंगे, क्योंकि उनका द्रव्यमान सूर्य की तुलना में बहुत कम है।

(b) अपने छोटे द्रव्यमान के कारण अनियमित रूप से घूमेंगे और बाहरी अंतरिक्ष में चले जाएँगे।

(c) बंद कक्षाओं में सूर्य के चारों ओर घूमेंगे लेकिन केप्लर के नियमों का पालन नहीं करेंगे।

(d) ग्रहों के समान कक्षाओं में घूमेंगे और केप्लर के नियमों का पालन करेंगे।

6 $2M$, m और M द्रव्यमान के कण क्रमशः बिंदु A, B और C पर हैं, जहाँ $AB = 1/2(BC)$ है। m, M से अत्यधिक छोटा है और समय $t = 0$ पर, वे सभी चित्र में दिए अनुसार विराम अवस्था में हैं। बाद में, किसी भी टक्कर से पहले,

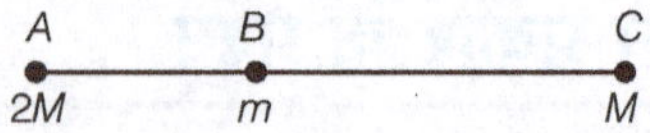

(a) m विराम अवस्था में रहेगा। (b) m, M की ओर गति करेगा।
(c) m, $2M$ की ओर गति करेगा। (d) m में दोलन गति होगी।

7 पृथ्वी की सतह पर किसी विस्तारित पिण्ड का द्रव्यमान केंद्र और उसका गुरुत्वीय केंद्र

(a) पिण्ड के किसी भी आकार के लिए हमेशा एक ही बिंदु पर होते हैं।

(b) केवल गोलीय पिण्डों के लिए हमेशा एक ही बिंदु पर होते हैं।

(c) कभी भी एक ही बिंदु पर नहीं हो सकते।

(d) 100 मीटर से कम आकार की वस्तुओं के लिए एक-दूसरे के समीप होते हैं।

विगत परीक्षाओं के प्रश्न

NEET

1 एक ग्रह का द्रव्यमान पृथ्वी के द्रव्यमान का 1/10 वाँ भाग है तथा इसका व्यास पृथ्वी के व्यास का आधा है। उस ग्रह पर गुरुत्वीय त्वरण है **NCERT पृष्ठ 132, NEET 2024**

(a) 19.6 मी/से^{2} (b) 9.8 मी/से^{2}
(c) 4.9 मी/से^{2} (d) 3.92 मी/से^{2}

2 M द्रव्यमान तथा R त्रिज्या की पृथ्वी के तल से $2R$ ऊँचाई पर स्थित एक वृत्ताकार कक्षा में m द्रव्यमान के किसी उपग्रह को पृथ्वी तल से प्रक्षेपित करने के लिए न्यूनतम आवश्यक ऊर्जा है **NCERT पृष्ठ 138, NEET 2024**

(a) $\frac{5GmM}{6R}$ (b) $\frac{2GmM}{3R}$ (c) $\frac{GmM}{2R}$ (d) $\frac{GmM}{3R}$

3 द्रव्यमान m और $9m$ वाले दो पिण्ड R दूरी पर रखे गए हैं। पिण्डों को मिलाने वाली रेखा पर गुरुत्वीय विभव, जहाँ गुरुत्वाकर्षण क्षेत्र शून्य के बराबर है होगा (G = गुरुत्वाकर्षण नियतांक) **NCERT पृष्ठ 138, NEET 2023**

(a) $-\frac{12Gm}{R}$ (b) $-\frac{16Gm}{R}$ (c) $-\frac{20Gm}{R}$ (d) $-\frac{8Gm}{R}$

4 60 ग्राम द्रव्यमान वाले पिण्ड को किसी विशेष बिंदु पर रखने पर 3.0 न्यूटन का गुरुत्वीय बल लगता है। उस बिंदु पर गुरुत्वाकर्षण क्षेत्र की तीव्रता का परिमाण है **NCERT पृष्ठ 129, NEET 2022**

(a) 50 न्यूटन/किग्रा (b) 20 न्यूटन/किग्रा
(c) 180 न्यूटन/किग्रा (d) 0.05 न्यूटन/किग्रा

5 पृथ्वी की सतह से पलायन वेग v है। पृथ्वी की त्रिज्या से चार गुना और समान द्रव्यमान घनत्व वाले किसी अन्य ग्रह की सतह से पलायन वेग है **NCERT पृष्ठ 135, NEET 2021**

(a) v (b) $2v$ (c) $3v$ (d) $4v$

6 पृथ्वी पर पलायन वेग (v_e) का उस ग्रह पर पलायन वेग (v_p) से अनुपात क्या होगा, जिसकी त्रिज्या और माध्य घनत्व पृथ्वी से दोगुना है **NCERT पृष्ठ 135, NEET 2016**

(a) $1:2\sqrt{2}$ (b) $1:4$
(c) $1:\sqrt{2}$ (d) $1:2$

7 द्रव्यमान m का एक उपग्रह पृथ्वी (त्रिज्या R की) की सतह से h ऊँचाई पर परिक्रमा कर रहा है। g_0 के पदों में उपग्रह की कुल ऊर्जा पृथ्वी की सतह पर गुरुत्वीय त्वरण का मान है **NCERT पृष्ठ 138, NEET 2016**

(a) $\frac{mg_0R^2}{2(R+h)}$ (b) $-\frac{mg_0R^2}{2(R+h)}$
(c) $\frac{2mg_0R^2}{R+h}$ (d) $-\frac{2mg_0R^2}{R+h}$

8 पृथ्वी का एक सुदूर संवेदन उपग्रह पृथ्वी की सतह से 0.25×10^6 मीटर की ऊँचाई पर एक वृत्तीय कक्षा में परिक्रमण करता है। यदि पृथ्वी की त्रिज्या 6.38×10^6 मीटर है और $g = 9.8$ मी/से^{2} है, तो उपग्रह की कक्षीय गति है **NCERT पृष्ठ 137, AIPMT 2015**

(a) 7.76 किमी/से (b) 8.56 किमी/से
(c) 9.13 किमी/से (d) 6.67 किमी/से

9 एक उपग्रह S पृथ्वी के चारों ओर एक दीर्घवृत्तीय कक्षा में घूम रहा है। उपग्रह का द्रव्यमान पृथ्वी के द्रव्यमान की तुलना में बहुत कम है, तब **NCERT पृष्ठ 137, AIPMT 2015**

(a) पृथ्वी के केंद्र के परितः S का कोणीय संवेग दिशा में बदलता है, लेकिन इसका परिमाण स्थिर रहता है।

(b) S की कुल यांत्रिक ऊर्जा समय के साथ आवधिक रूप से बदलती रहती है।

(c) S का रेखीय संवेग परिमाण में स्थिर रहता है।

(d) S का त्वरण हमेशा पृथ्वी के केंद्र की ओर निर्देशित होता है।

10 ब्लैक होल एक ऐसी वस्तु है जिसका गुरुत्वाकर्षण क्षेत्र इतना दृढ होता है कि प्रकाश भी उससे पलायन नहीं कर सकता। पृथ्वी (द्रव्यमान $= 5.98 \times 10^{24}$ किग्रा) को ब्लैक होल बनने के लिए लगभग कितनी त्रिज्या तक संपीडित करना होगा? **NCERT पृष्ठ 135, AIPMT 2014**

(a) 10^{-9} मी (b) 10^{-6} मी
(c) 10^{-2} मी (d) 10^{-7} मी

JEE Main

11 m द्रव्यमान के एक समान चार कणों को एक वर्ग के कोनों पर रखा गया है। यदि किसी एक द्रव्यमान पर अन्य द्रव्यमानों द्वारा आरोपित गुरुत्वीय बल $\left(\frac{2\sqrt{2}+1}{32}\right)\frac{Gm^2}{L^2}$ हो, तो वर्ग की भुजा की लम्बाई है **NCERT पृष्ठ 135, JEE Main 2024**

(a) $L/2$ (b) $4L$
(c) $2L$ (d) $3L$

12 चन्द्रमा का द्रव्यमान एक ग्रह के द्रव्यमान का 1/144 गुना है तथा इसका व्यास ग्रह के व्यास का 1/16 गुना है। यदि ग्रह पर पलायन वेग v हो, तो चंद्रमा पर पलायन वेग होगा **NCERT पृष्ठ 135, JEE Main 2024**

(a) $\frac{v}{3}$ (b) $\frac{v}{12}$
(c) $\frac{v}{6}$ (d) $\frac{v}{4}$

स्किल बूस्टर्स

1 गैसीय ग्रह का द्रव्यमान घनत्व केंद्र से दूरी r के अनुसार निम्न सम्बन्ध से बदलता रहता है

$$\rho(r) = \rho_0\left(1 - \frac{r^2}{R^2}\right)$$

एक वैज्ञानिक ग्रह के गुणों का अध्ययन करने के लिए उस पर एक अंतरिक्ष यान उतारना चाहता है। किस बिंदु पर, अंतरिक्ष यान अधिकतम आकर्षी बल का अनुभव करेगा?

(a) $x = \sqrt{\frac{1}{3}}R$ (b) $x = R$ (c) $x = \sqrt{\frac{3}{4}}R$ (d) $\sqrt{\frac{5}{9}}R$

2 पृथ्वी के केंद्र से लम्बवत दूरी $\frac{R}{3}$ पर पृथ्वी की एक जीवा के साथ एक सुरंग खोदी गई है। मान लें कि सुरंग की दीवार घर्षण रहित है। सुरंग के केंद्र से x दूरी पर द्रव्यमान m पर दीवार द्वारा लगाया गया बल ज्ञात करें।

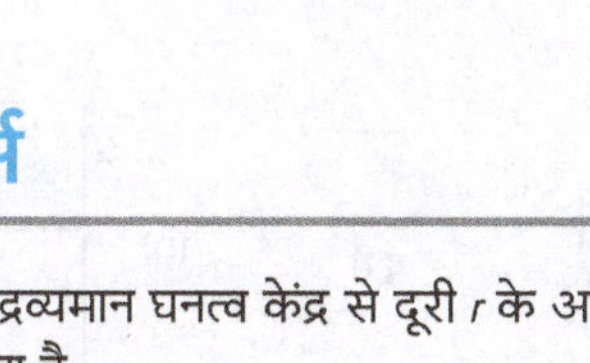

13 दो ग्रहों A और B के पलायन वेग 1 : 2 के अनुपात में हैं। यदि उनकी त्रिज्याओं का अनुपात क्रमशः 1 : 3 है, तो ग्रह A के गुरुत्वीय त्वरण तथा ग्रह B के गुरुत्वीय त्वरण का अनुपात होगा **NCERT पृष्ठ 135, JEE Main 2023**

(a) 4/3 (b) 3/4 (c) 3/2 (d) 2/3

14 एक दूसरे से कुछ दूरी पर रखे गए समान द्रव्यमान वाले दो पिण्ड एक दूसरे को F बल से आकर्षित करते हैं। यदि एक वस्तु का एक तिहाई द्रव्यमान दूसरी वस्तु में स्थानांतरित हो जाता है, तो नया बल होगा **NCERT पृष्ठ 129, JEE Main 2022**

(a) $\frac{2}{9}F$ (b) $\frac{16}{9}F$ (c) $\frac{8}{9}F$ (d) F

15 त्रिज्या R का एक ठोस गोला गुरुत्वाकर्षण द्वारा अपने केंद्र से $3R$ पर रखे गए एक कण को F बल से आकर्षित करता है। अब, गोले में त्रिज्या $(R/2)$ का एक गोलाकार गुहा बनाया जाता है (जैसा कि चित्र में दिखाया गया है) और बल F_2 हो जाता है। तब $F_1 : F_2$ का मान है **NCERT पृष्ठ 129, JEE Main 2021**

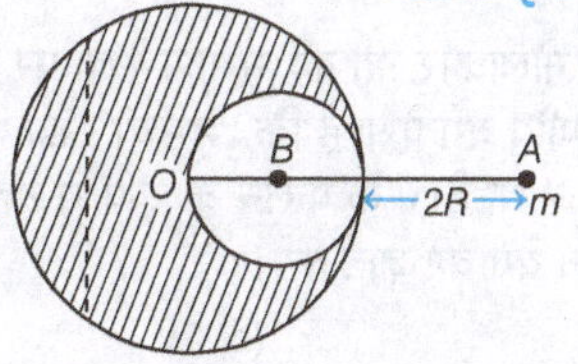

(a) 25 : 36 (b) 36 : 25 (c) 50 : 41 (d) 41 : 50

(a) $\frac{mg\sqrt{\frac{R^2}{9} + x^2}}{R}$ (b) $\frac{mgx}{\sqrt{\frac{R^2}{(a + x^2)}}}$

(c) $\frac{mg}{3}$ (d) $\frac{mgx}{R}$

3 A, B, C और D चार द्रव्यमान हैं, जिनमें से प्रत्येक का द्रव्यमान m है, जो a भुजा वाले एक वर्ग के शीर्षों पर स्थित हैं। ये हमेशा वेग v के साथ उभयनिष्ठ वृत्त के अनुदिश चलते हैं। v ज्ञात करें ताकि ये हमेशा वर्ग के शीर्षों पर रहें।

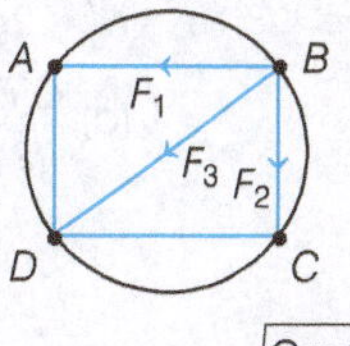

(a) $\sqrt{\frac{Gm(2\sqrt{2}+1)}{2\sqrt{2}\,a}}$ (b) $\sqrt{\frac{Gm(\sqrt{2}+1)}{2a}}$

(c) $\sqrt{\frac{Gm\sqrt{2}(2+1)}{a}}$ (d) $\sqrt{\frac{Gm(\sqrt{2}+5)}{2a}}$

4 किसी ग्रह का कृत्रिम उपग्रह एक वृत्ताकार कक्षा में चक्कर लगाता है जिसकी त्रिज्या ग्रह की त्रिज्या से 7 गुना अधिक है। गति की प्रक्रिया में, उपग्रह ब्रह्माण्डीय धूल के कारण थोड़ा प्रतिरोध अनुभव करता है। यह मानते हुए कि प्रतिरोधी बल उपग्रह की गति पर निर्भर करता है, अर्थात् $F = kv$ (जहाँ k एक नियतांक है), ज्ञात करे कि उपग्रह ग्रह की सतह पर गिरने तक कक्षा में कितने समय तक रहेगा।
(दिया गया है, m = उपग्रह का द्रव्यमान, g = ग्रह की सतह पर गुरुत्वीय त्वरण और R = ग्रह की त्रिज्या)

(a) $\frac{m}{k\sqrt{2gR}}(\sqrt{7}-1)$

(b) $\frac{m}{k\sqrt{gR}}(\sqrt{7}-1)$

(c) $\frac{2m}{k\sqrt{2gR}}(\sqrt{7}-1)$

(d) $\frac{m}{2k\sqrt{gR}}(\sqrt{7}-1)$

5 एक घूमते हुए गोलाकार ग्रह की भूमध्य रेखा पर एक बिंदु का वेग v है। ग्रह का कोणीय वेग ऐसा है कि, भूमध्य रेखा पर g का मान ध्रुव पर g के मान का आधा है। v के फलन के रूप में ग्रह पर एक ध्रुवीय कण के लिए पलायन वेग को ज्ञात करे।

(a) $6v$ (b) $2v$
(c) $4v$ (d) $3v$

6 एक दोहरा तारा, गुरुत्वीय निकाय के द्रव्यमान केंद्र के परितः घूमने वाले दो तारों का एक निकाय है। दोहरे तारे के घटकों के बीच की दूरी होगी (दिया है, कुल द्रव्यमान M है और आवर्तकाल T है)

(a) $\left(\frac{GMT^2}{\pi^2}\right)^{1/3}$ (b) $\left(\frac{GMT^2}{4\pi^2}\right)^{1/3}$

(c) $\left(\frac{GMT^2}{2\pi^2}\right)^{1/3}$ (d) $\left(\frac{GMT}{3\pi^2}\right)^{1/3}$

7 पृथ्वी का अपने अक्ष के परितः घूर्णन करने का कोणीय वेग ω है। ध्रुवों के निकट पृथ्वी की सतह पर गुरुत्वीय त्वरण g है। भूमध्य रेखा पर तौली गई वस्तु, एक ध्रुव पर पृथ्वी की सतह से नीचे d गहराई पर लिए गए पाठ्यांक के समान पाठ्यांक देता है $(d << R)$ d का मान है

(a) $\frac{\omega^2R^2}{g}$ (b) $\frac{\omega^2R^2}{2g}$

(c) $\frac{2\omega^2R^2}{g}$ (d) $\frac{\omega^2R^2}{\sqrt{2}g}$

8 एक बिंदु द्रव्यमान m_0 तथा द्रव्यमान m_0 एवं लम्बाई l वाली एक पतली एकसमान छड़ की गुरुत्वीय स्थितिज ऊर्जा ज्ञात कीजिए, यदि ये छड़ के केन्द्र से मापी गई दूरी d पर एक सरल रेखा के अनुदिश स्थित है।

(a) $-\frac{Gm_0^2}{l}\log_e\left(\frac{d+r}{d-r}\right)$ (b) $-\frac{Gm_0^2}{l}\log_e\left(\frac{d+2l}{d-2l}\right)$

(c) $-\frac{Gm_0^2}{l}\log_e\left(\frac{2d+l}{2d-l}\right)$ (d) $-\frac{Gm_0^2}{2l}\log_e\left(\frac{d+l}{d-l}\right)$

9 त्रिज्या R, द्रव्यमान m के एक वलय तथा समान द्रव्यमान m और समान त्रिज्या R के एक ठोस गोला उनके केंद्रों को धनात्मक X-अक्ष पर रखते हुए रखे गये हैं। पर्यवेक्षक ऋणात्मक X-अक्ष पर कुछ परिमित दूरी से धनात्मक X-अक्ष की ओर गति कर रहा है। वलय का तल X-अक्ष के लम्बवत् है। यदि पर्यवेक्षक केवल ठोस गोले की सतह तक ही गति करता है, तो कुल गुरुत्वाकर्षण क्षेत्र X-अक्ष के अनुदिश तय की गई दूरी के साथ निम्न में से किस रूप में परिवर्तित होता रहता है?

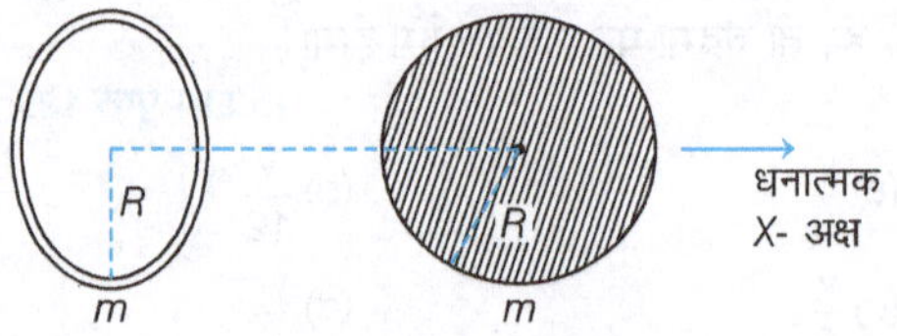

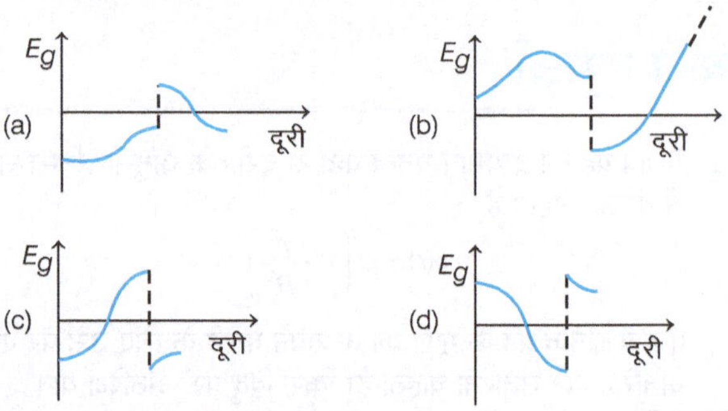

10 किसी स्थान पर गुरुत्वीय क्षेत्र $\mathbf{E}_g = 4\hat{i} + \hat{j}$ न्यूटन/किग्रा है। निम्न में से किस पथ के अनुदिश गति करने पर इस क्षेत्र द्वारा किया गया कार्य शून्य होगा?

(a) $x + y = 6$ (b) $x + 4y = 6$
(c) $4x + y = 6$ (d) $x - 4y = 6$

प्रश्न कुंजी

शीर्षकवार प्रश्न

1 (a)	2 (c)	3 (c)	4 (a)	5 (c)	6 (a)	7 (a)	8 (c)	9 (c)	10 (d)
11 (c)	12 (b)	13 (a)	14 (c)	15 (b)	16 (c)	17 (c)	18 (a)	19 (d)	20 (b)
21 (a)	22 (c)	23 (b)	24 (c)	25 (c)	26 (c)	27 (d)	28 (b)	29 (d)	30 (b)
31 (c)	32 (c)	33 (b)	34 (a)	35 (d)	36 (a)	37 (c)	38 (b)	39 (c)	40 (a)
41 (c)	42 (a)	43 (b)	44 (b)	45 (c)	46 (d)	47 (a)	48 (a)	49 (b)	50 (b)
51 (c)	52 (d)	53 (b)	54 (a)	55 (d)	56 (b)	57 (c)	58 (c)	59 (b)	60 (b)
61 (b)	62 (b)	63 (c)	64 (c)	65 (b)	66 (d)	67 (b)	68 (b)	69 (b)	70 (b)
71 (a)	72 (b)	73 (c)	74 (d)	75 (c)	76 (c)	77 (d)	78 (b)	79 (a)	80 (a)
81 (a)	82 (a)	83 (a)	84 (d)	85 (d)	86 (a)	87 (d)	88 (d)	89 (a)	90 (d)
91 (b)	92 (b)	93 (c)	94 (c)	95 (a)	96 (d)	97 (c)	98 (b)	99 (b)	100 (a)

अभिकथन-कारण प्रश्न

1 (b)	2 (a)	3 (a)	4 (c)	5 (a)	6 (a)	7 (a)	8 (c)	9 (a)	10 (a)

कथन आधारित प्रश्न

1 (d)	2 (c)	3 (b)	4 (b)	5 (d)	6 (a)	7 (d)	8 (c)	9 (d)	10 (b)

सुमेलन प्रकार प्रश्न

1 (c)	2 (b)	3 (c)

आंकिक मान प्रकार के प्रश्न

1 (12)	2 (3)	3 (1972)	4 (18)	5 (2221)	6 (2650)	7 (2)	8 (5279)	9 (4)	10 (3)

NCERT Exemplar प्रश्न

1 (d)	2 (a)	3 (c)	4 (b)	5 (d)	6 (c)	7 (d)

विगत परीक्षाओं के प्रश्न

1 (d)	2 (a)	3 (b)	4 (a)	5 (d)	6 (a)	7 (b)	8 (a)	9 (d)	10 (c)
11 (c)	12 (a)	13 (b)	14 (c)	15 (c)					

स्किल बूस्टर्स

1 (d)	2 (c)	3 (a)	4 (b)	5 (b)	6 (b)	7 (a)	8 (c)	9 (b)	10 (c)

क्रमवार

प्रश्नों का विश्लेषण

कॉन्सेप्ट बिल्डर्स

1 वर्ग, घन	2 द्रव्यमान
3 घटता है	4 सत्य
5 शून्य	6 सत्य
7 1 : 1	8 यह दोगुना हो जाता है
9 सत्य	10 लम्बवत्
11 असत्य	12 शून्य
13 असत्य	14 $1-\dfrac{d}{R_E}$
15 घटता है	16 ऋणात्मक
17 असत्य	18 सत्य
19 ऋणात्मक	20 असत्य

शीर्षकवार प्रश्न

1 *(a)* $\dfrac{v_p}{v_a}=\dfrac{a(1+e)}{a(1-e)}$

$$e=\frac{v_p-v_a}{v_a+v_p}$$

2 *(c)* केप्लर नियम से,

$$\left(\frac{T_2}{T_1}\right)^2=\left(\frac{r_2}{r_1}\right)^3$$

$$T_2=3\sqrt{3}T_1=3\sqrt{3}\text{ वर्ष}$$

4 *(a)* यहाँ, $\dfrac{dA}{dt}=\dfrac{L}{2M}$

$$\Rightarrow \quad dA=\frac{L}{2M}\times dt$$

$$\Rightarrow \quad A=\frac{L}{2M}\times T=\frac{LT}{2M}$$

5 *(c)* ग्रहों की गति के केप्लर नियम से,

$$\frac{dA}{dt}=\text{नियत}$$

$$\therefore \quad \frac{A_1}{t_1}=\frac{A_2}{t_2}=\frac{A_3}{t_3}$$

$$\Rightarrow \quad \frac{A_1}{2}=\frac{A_2}{3}=\frac{A_3}{6}$$

$$\therefore \quad A_1:A_2:A_3=2:3:6$$

6 *(a)* क्षेत्रफल, $\Delta A=\dfrac{1}{2}r\,(v\Delta t)$

तब, क्षेत्रीय वेग,

$$\frac{\Delta A}{\Delta t}=\frac{1}{2}\cdot\frac{rv\Delta t}{\Delta t}=\frac{1}{2}rv$$

$$=\frac{mvr}{2m}=\frac{L}{2m}=\text{नियत}$$

7 *(a)* समय अन्तराल Δt में दिए गए ग्रह द्वारा तय क्षेत्रफल है।

$$\Delta A=\frac{1}{2}|\mathbf{r}\times\mathbf{PP'}|$$

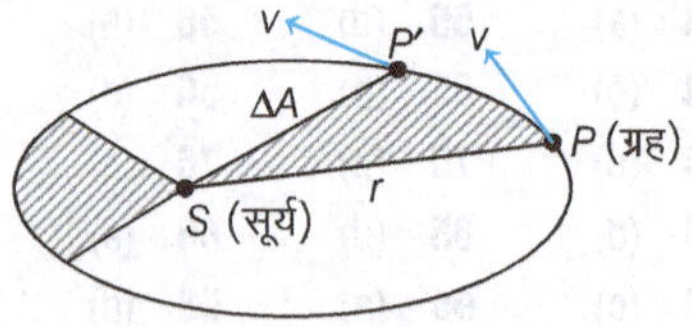

$$\Rightarrow \quad \Delta A=\frac{1}{2}|\mathbf{r}\times\mathbf{v}\Delta t|$$

8 *(c)* केप्लर के द्वितीय नियम से, क्षेत्रीय वेग को निम्नवत् दिया जा सकता है

$$\frac{dA}{dt}=\frac{L}{2m}=\frac{I\omega}{2m}=\frac{mr^2\omega}{2m}$$

$$\Rightarrow \quad \frac{dA}{dt}\propto\omega r^2$$

9 *(c)* किसी कण के लिए, कोणीय संवेग

$$\mathbf{L}=\mathbf{r}\times\mathbf{p}$$

अतः कोणीय संवेग का परिमाण

$$|\mathbf{L}|=|\mathbf{r}||\mathbf{p}|\sin\theta$$

या $\quad L=mvr\sin\theta$

जब $\theta=90°$, तब

$$L_P=m_Pr_Pv_P$$

10 *(d)* $m_1v_1r_1=m_2v_2r_2$

लेकिन $\quad m_1=m_2$

$$\Rightarrow \quad \frac{v_1}{v_2}=\frac{r_2}{r_1}$$

बिन्दु R एवं P के लिए, $\dfrac{v_R}{v_P}=\dfrac{r_P}{r_R}$

अतः $\quad r_R>r_P$

$\therefore \quad v_R<v_P$

11 *(c)* कोणीय संवेग के संरक्षण के नियम से,

$$L=mvr=\text{नियत}$$

$$m\,v_{\text{अधिकतम}}\;r_{\text{न्यूनतम}}=m\,v_{\text{न्यूनतम}}\;r_{\text{अधिकतम}}$$

$$\Rightarrow \quad v_{\text{अधिकतम}}\cdot r_{\text{न्यूनतम}}=v_{\text{न्यूनतम}}\cdot r_{\text{अधिकतम}}$$

$$\text{या} \quad r_{\text{न्यूनतम}}=\frac{v_{\text{न्यूनतम}}\cdot r_{\text{अधिकतम}}}{v_{\text{अधिकतम}}}$$

$$=\frac{1\times10^3\times4\times10^4}{3\times10^4}$$

$$=\frac{4}{3}\times10^3\text{ किमी}$$

12 *(b)* प्रश्नानुसार,

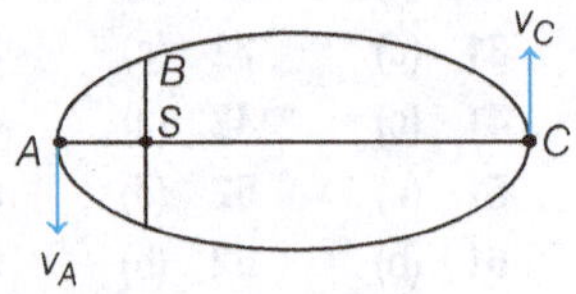

$$v_A=v_{\text{अधिकतम}},\ v_C=v_{\text{न्यूनतम}}$$

इसीलिए, हम लिख सकते हैं,

$$v_A>v_B>v_C \quad \ldots(\text{i})$$

किसी बिन्दु पर ग्रह की गतिज ऊर्जा, (KE)

$$K=\frac{1}{2}mv^2$$

समी (i), से हम लिख सकते हैं

$$K_A>K_B>K_C$$

13 *(a)* $\dfrac{T^2}{a^3}=\dfrac{(84)^2}{(287\times10^{10})^3}$

$$=2.98\times10^{-34}\text{ वर्ष}^2/\text{मी}^3$$

$$\approx3.00\times10^{-34}\text{ वर्ष}^2/\text{मी}^3$$

14 *(c)* ग्रहों की गति के केप्लर के तृतीय नियम से,

$$\frac{T_1^2}{r_1^3}=\frac{T_2^2}{r_2^3}=\text{नियत}$$

$$\text{या} \quad \left(\frac{T_1}{T_2}\right)^2=\left(\frac{r_1}{r_2}\right)^3$$

15 *(b)* यदि मंगल और पृथ्वी का आवर्तकाल क्रमशः T_m एवं T_e, हो, तब केप्लर के तृतीय नियम के अनुसार, $\dfrac{T_m^2}{T_e^2}=\dfrac{R_{ms}^3}{R_{es}^3}$

$$\therefore \quad T_m=\left(\frac{R_{ms}}{R_{es}}\right)^{3/2}\cdot T_e$$

$$\therefore \quad T_m=(1.52)^{3/2}\times365\text{ दिन}$$

16 *(c)* केप्लर के ग्रहों की गति के तृतीय नियम से,

$$\frac{T_1}{T_2}=\left(\frac{a_1}{a_2}\right)^{3/2}$$

$$\therefore \quad \frac{T}{T_2}=\left(\frac{R}{9R}\right)^{3/2}\Rightarrow T_2=27T$$

17 *(c)* केप्लर के तृतीय नियम से, $T^2\propto r^3$

$$\text{अतः} \quad \frac{T_2^2}{T_1^2}=\frac{r_2^3}{r_1^3}=\frac{(3R)^3}{(6R)^3}$$

$$\Rightarrow \quad T_2=\frac{T_1}{2\sqrt{2}}=\frac{24}{2\sqrt{2}}=6\sqrt{2}\text{ घण्टे}$$

18 *(a)* दिया है, भागफल, $Q = \frac{T^2}{a^3}$

शुक्र के लिए,

$a = 10.8$ इकाई

$= 10.8 \times 10^{10}$ मीटर

$T = 0.615$ वर्ष

$\Rightarrow \quad Q = \frac{T^2}{a^3} = \frac{(0.615)^2}{(10.8)^3 \times 10^{30}}$ वर्ष^2/मी^{3}

$\Rightarrow \quad A = 3.00 \times 10^{-34}$ वर्ष^{2}मी^{3}

$= 3$ इकाई

19 *(d)* केप्लर नियम से,

$\frac{T_A^2}{T_B^2} = \frac{r_A^3}{r_B^3} \Rightarrow \frac{1^2}{8^2} = \frac{(10^4)^3}{r_B^3}$

$\therefore \quad r_B = 4 \times 10^4$ किमी

उपग्रह की चाल A,

$v_A = \frac{2\pi r_A}{T_A} = \frac{2\pi \times 10^4}{1}$

$= 2\pi \times 10^4$ किमी/घण्टा

उपग्रह की चाल B,

$v_B = \frac{2\pi r_B}{T_B} = \frac{2\pi \times 4 \times 10^4}{8}$

$= \pi \times 10^4$ किमी/घण्टा

A के सापेक्ष B की चाल, जब वे एक-दूसरे के समीप हो, तब

$v_{BA} = v_A - v_B$

$= 2\pi \times 10^4 - \pi \times 10^4$

$= \pi \times 10^4$ किमी/घण्टा

20 *(b)* m_2 के कारण m_1, पर लगाया गया बल,

$\frac{Gm_1m_2}{r^2} = m_1a_1 \Rightarrow a_1 = \frac{Gm_2}{r^2}$

इसी प्रकार, $a_2 = \frac{Gm_1}{r^2}$

$\because \quad 2as = v^2 - u^2$

अब, $2 \times \frac{Gm_2}{r^2} \times r = v_1^2$

$\Rightarrow \quad v_1 = \sqrt{\frac{2Gm_1}{r}}$ और $v_2 = \sqrt{\frac{2Gm_2}{r}}$

$v_{rel} = v_1 + v_2$

$v_{rel} = \sqrt{\frac{2G}{r}}(\sqrt{m_1} + \sqrt{m_2})$

21 *(a)* केप्लर के आवर्त नियम से,

$T^2 \propto r^3$

$\Rightarrow \quad T^2 = \left(\frac{4\pi^2}{GM_S}\right) r^3$

$\therefore$ T^2 एवं r^3 ग्राफ का ढलान $\frac{4\pi^2}{GM_S}$ है।

22 *(c)* $r_1 = 6R + R = 7R$,

$r_2 = 2.5R + R = 3.5R$

$T_1 = 24$ घण्टे

केप्लर के आवर्त नियम से,

$T_2 = \left(\frac{r_2}{r_1}\right)^{3/2} \times T_1 = \left(\frac{3.5R}{7R}\right)^{3/2} \times 24$

$= 6\sqrt{2}$ घण्टे

24 *(c)* $F = \frac{GMm}{a^3} = \frac{mv^2}{a}$

कक्षीय चाल, $v = \frac{\sqrt{GM}}{a}$

एक ग्रह के चक्कर का आवर्तकाल,

$T = \frac{2\pi r}{v}$

$T = \frac{2\pi a}{\frac{\sqrt{GM}}{a}} = \frac{2\pi a^2}{\sqrt{GM}}$

$\Rightarrow \quad T \propto a^2$

इसीलिए, सूर्य के चारों ओर ग्रह की कक्षा दीर्घवृत्तीय नहीं होगी, क्योंकि दीर्घवृत्तीय कक्षा $T^2 \propto a^3$ के लिए बल $F = \left(\frac{GM}{a^3}\right)m = g'm$.

चूँकि, g' = गुरुत्वीय त्वरण स्थिर है, इसीलिए प्रक्षेप्य द्वारा अनुसरण किया जाने वाला पथ लगभग परवलयिक ($T \propto a^2$) होगा।

25 *(c)* जैसा कि हम जानते हैं कि, परिक्रमण अवधि,

$T = \frac{2\pi r}{v} = 2\pi \frac{r}{\sqrt{GM/r}} = 2\pi \frac{r^{3/2}}{\sqrt{GM}}$

$\Rightarrow \quad T^2 = \frac{4\pi^2}{GM} r^3 = kr^3$

$\therefore \quad k = \frac{4\pi^2}{GM} \quad \Rightarrow \quad GMk = 4\pi^2$

26 *(c)* माना, बिन्दु द्रव्यमान M, m_1 से x मीटर की दूरी पर रखा जाता है,

एवं, $\frac{m_1}{m_2} = \frac{4}{3}$

दिया है, $F_{13} = \frac{1}{3} F_{23}$

$\frac{Gm_1M}{x^2} = \frac{1}{3} \frac{Gm_2M}{(1-x)^2}$

$\Rightarrow \quad \frac{m_1}{m_2} = \frac{x^2}{3(1-x)^2}$

$\frac{4}{3} = \frac{x^2}{3(1-x)^2}$

$\therefore \quad x = \frac{2}{3}$ मीटर

27 *(d)* $M = \rho \times \frac{4}{3}\pi R^3$

अत:, $F = \frac{GM^2}{4R^2} = \frac{G\left(\rho \times \frac{4}{3}\pi R^3\right)^2}{4R^2}$

$= \frac{4G\rho^2\pi^2R^4}{9}$

$\therefore \quad F \propto R^4$

28 *(b)* वृत्ताकार गति के लिए, अभिकेन्द्र त्वरण,

$a_m = \frac{v^2}{R_m}$

$a_m = \left(\frac{2\pi R_m}{T}\right)^2 \times \frac{1}{R_m} = \frac{4\pi^2 R_m}{T^2}$

29 *(d)* प्रश्नानुसार,

बल $= \frac{GMm}{r^{3/2}} = m\omega^2 r$

$\Rightarrow \quad \frac{GMm}{r^{3/2}} = \frac{4\pi^2 mr}{T^2}$

$\Rightarrow \quad T^2 = \left(\frac{4\pi^2}{GM}\right) \cdot r^{5/2}$

$\Rightarrow \quad T^2 \propto r^{5/2}$

30 *(b)*

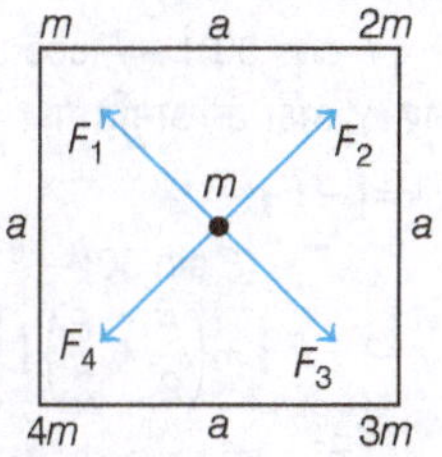

अत: परिणामी बल,

$F_{24} = F_4 - F_2$

$F_{24} = \frac{Gm\,4m}{\left(\frac{a}{\sqrt{2}}\right)^2} - \frac{Gm(2m)}{\left(\frac{a}{\sqrt{2}}\right)^2} = \frac{4Gm^2}{a^2}$

इसी प्रकार,

$F_{13} = \frac{Gm(3m)}{\left(\frac{a}{\sqrt{2}}\right)^2} - \frac{Gm(m)}{\left(\frac{a}{\sqrt{2}}\right)^2} = \frac{4Gm^2}{a^2}$

अब, बलों के मध्य कोण 90° है,

अत: परिणामी बल होगा,

$F = 4\sqrt{2}\,\frac{Gm^2}{a^2}$

31 *(c)* $F = \frac{GMm}{(R+h)^2}$

तब, प्रश्नानुसार, $\frac{GMm}{(R+h)^2} = \frac{1}{16}\frac{GMm}{R^2}$

$h = 3R$

33 *(b)*

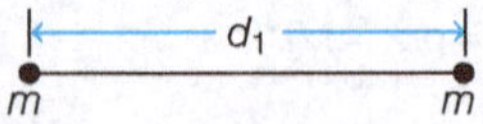

गुरुत्वीय बल, $F_1 = \frac{Gm\cdot m}{d_1^2} = \frac{Gm^2}{d_1^2}$

इसी प्रकार,

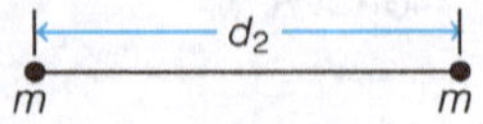

गुरुत्वीय बल, $F_2 = \frac{Gm^2}{d_2^2}$

∵ $\frac{F_1}{F_2} = \left(\frac{d_2}{d_1}\right)^2$

∴ $F_2 = F_1\left(\frac{d_1}{d_2}\right)^2$

35 *(d)*

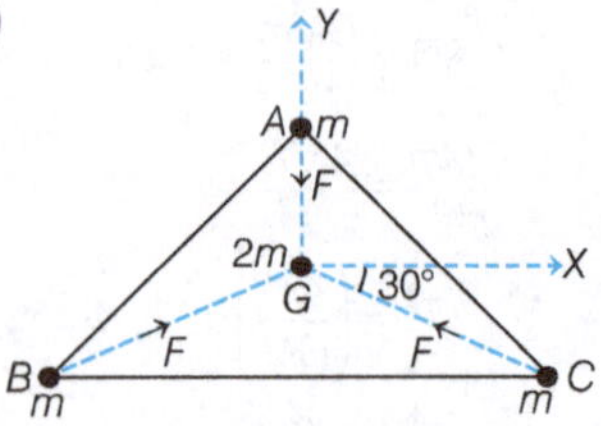

$\Rightarrow |\mathbf{F}_{x(\text{कुल})}|$

$= |F\cos 30^\circ\,\hat{\mathbf{i}} - F\cos 30^\circ\,\hat{\mathbf{i}}| = 0$

इसी प्रकार, Y-अक्ष के अनुदिश

$|\mathbf{F}_{y(\text{कुल})}| = |-F\,\hat{\mathbf{j}} + (F\sin 30^\circ + F\sin 30^\circ)\,\hat{\mathbf{j}}|$

$= \left|-F\,\hat{\mathbf{j}} + \left(\frac{F}{2} + \frac{F}{2}\right)\hat{\mathbf{j}}\right|$

$= |F\hat{\mathbf{j}} - F\hat{\mathbf{j}}| = 0$

$\mathbf{F}_{\text{कुल}}$ = A, B एवं C पर द्रव्यमानों के कारण G पर द्रव्यमान का परिणामी बल,

$= \sqrt{F^2_{x(\text{कुल})} + F^2_{y(\text{कुल})}} = 0$

36 *(a)*

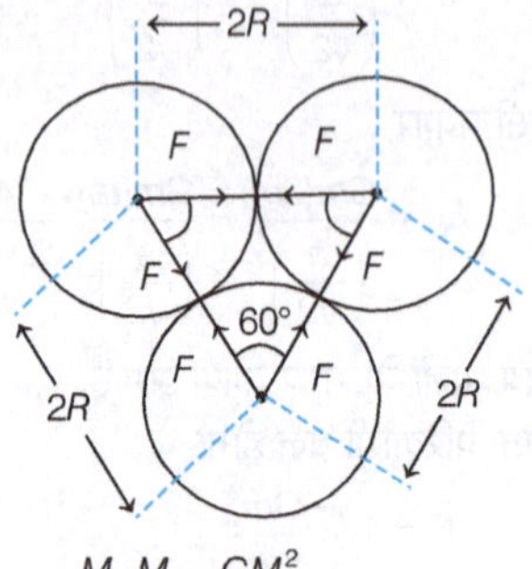

$F = G\cdot\frac{M\cdot M}{(2R)^2} = \frac{GM^2}{4R^2}$

$F_{\text{कुल}} = \sqrt{F^2 + F^2 + 2F^2\cos 60^\circ} = \sqrt{3}F$

∴ $F_{\text{कुल}} = \frac{\sqrt{3}}{4}\frac{GM^2}{R^2}$

37 *(c)* $|\mathbf{F}_1| = \left[\frac{Gmm_1}{(a/\sqrt{2})^2}\right]$

$|\mathbf{F}_2| = \left[\frac{Gmm_2}{(a/\sqrt{2})^2}\right]$

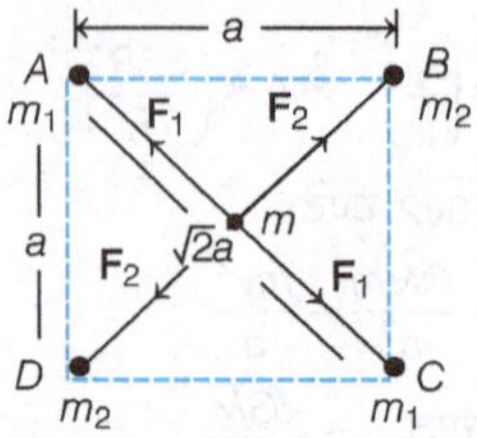

$\mathbf{F}_{\text{कुल}(BD)} = \mathbf{F}_2 - \mathbf{F}_2 = 0$

$\mathbf{F}_{\text{कुल}(AC)} = \mathbf{F}_1 - \mathbf{F}_1 = 0$

∴ m पर कुल बल $|\mathbf{F}_{\text{कुल}}|$ = शून्य

38 *(b)* $F = \frac{Gm(M-m)}{r^2}$

उच्चतम बल के लिए, $\frac{dF}{dm} = 0$

$\Rightarrow M - 2m = 0 \Rightarrow \frac{m}{M} = \frac{1}{2}$

39 *(c)*

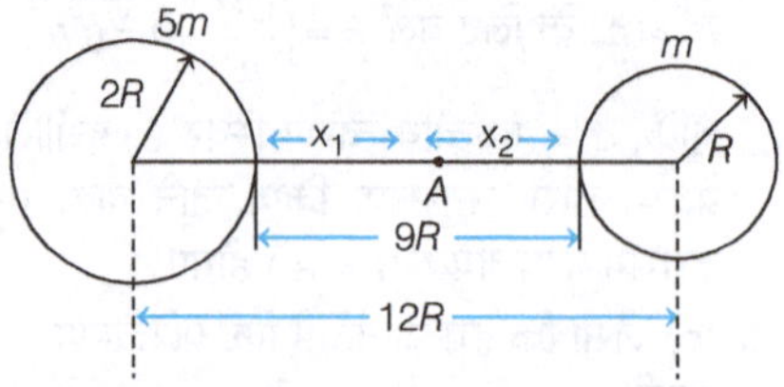

∴ $x_1 + x_2 = [12R - (R + 2R)] = 9R$

$F = G\cdot\frac{5m\cdot m}{(12R)^2}$

$a_1 = \frac{F}{5m} = \frac{Gm}{(12R)^2}$

$x_1 = \frac{1}{2}a_1t^2 = \frac{1}{2}\cdot\frac{Gm}{(12R)^2}\cdot t^2$

$a_2 = \frac{F}{m} = \frac{5Gm}{(12R)^2}$

$x_2 = \frac{1}{2}a_2t^2 = \frac{1}{2}\cdot\frac{5Gm}{(12R)^2}\cdot t^2$

$\frac{1}{2}\cdot\frac{Gm}{(12R)^2}\cdot t^2 + \frac{1}{2}\cdot\frac{5Gm}{(12R)^2}\cdot t^2 = 9R$

$\Rightarrow \quad t^2 = \frac{3R(12R)^2}{Gm}$

∴ $x_2 = \frac{1}{2}\cdot\frac{5Gm}{(12R)^2}\times\frac{3R(12R)^2}{Gm}$

$= 7.5R$

43 *(b)* पृथ्वी की सतह पर गुरुत्वीय त्वरण,

$g = \frac{GM_E}{R_E^2} \Rightarrow \frac{g}{G} = \frac{M_E}{R_E^2}$

44 *(b)* पृथ्वी के घनत्व के पदों में गुरुत्वीय त्वरण,

$g = \frac{4}{3}\pi\rho G R_E$

∴ $\rho = \frac{3g}{4\pi G R_E}$

45 *(c)* $\frac{g_m}{g_E} = \frac{1}{6}$

$g = \frac{GM}{R^2}$

$\Rightarrow \quad g \propto \frac{M}{R^2}$

∴ $\frac{g_m}{g_E} = \left(\frac{M_m}{M_E}\right)\left(\frac{R_E}{R_m}\right)^2 = \frac{R_E^2}{8R_m^2} = \frac{1}{6}$

∴ $R_E = \sqrt{\frac{8}{6}}R_m$

47 *(a)* $F = G\frac{Mm}{r^2}$

इसी प्रकार, $M\omega^2 r = \frac{4\pi M^2}{T^2} = \frac{GmM}{r^2}$

$\Rightarrow \quad M = \frac{4\pi^2 r^3}{GT^2}$

48 *(a)* दिया है,

$\mathbf{F}_1 = -\mathbf{F}_2 = \frac{-\mathbf{r}_{12}}{\mathbf{r}_{12}^3}GM_0^2\left(\frac{m_1m_2}{M_0^2}\right)^n$

$g = \frac{|\mathbf{F}_1|}{\text{द्रव्यमान}} = \frac{GM_0^2(m_1m_2)^n}{r_{12}^2(M_0)^{2n}} \times \frac{1}{\text{द्रव्यमान}}$

चूँकि, g वस्तु के द्रव्यमान पर निर्भर करता है, विभिन्न वस्तुओं के लिए g का मान अलग होता है।

49 *(b)* गुरुत्वीय त्वरण,

$g' = \frac{GM'}{R'^2} = \frac{G(2M)}{(R/2)^2} = \frac{8GM}{R^2}$

∴ $g' = 8g$

50 *(b)* $g = g'$

∴ $\frac{G}{R^2}\left[\frac{4}{3}\pi R^3\rho\right] = \frac{G}{R'^2} \times \frac{4}{3}\pi R'^3(2\rho)$

$\Rightarrow \quad R' = \frac{R}{2}$

52 *(d)* दिए गए आरेख को ध्यान में रखते हुए,

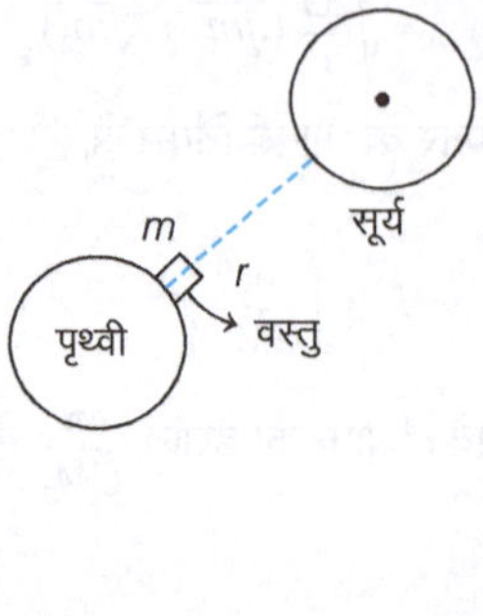

पृथ्वी के कारण वस्तु पर बल,

$$F = \frac{G'M_E m}{R^2} = \frac{10GM_E m}{R^2}$$

$$= 10\left(\frac{GM_E m}{R^2}\right)$$

$$= (10g)\, m = 10\, mg \quad \text{...(i)}$$

अब, सूर्य के कारण वस्तु पर बल,

$$F' = \frac{GM_s' m}{r^2} = \frac{G(M_s)m}{10r^2}$$

$r >> R$ (पृथ्वी की त्रिज्या)

$\Rightarrow F'$ का मान अत्यधिक कम है, अतः सूर्य के प्रभाव को नगण्य माना जाता है।

अब, $g' = 10g$

$= mg' = 10\, mg$ [समी (i) से]

अर्थात् $v_e \propto g$

$\Rightarrow \quad g' > g \Rightarrow \quad v_e' > v_e$

अतः बारिश की बूँदे बहुत तेजी से गिरेगी। पृथ्वी के बढ़े हुए गुरुत्वीय बल पर काबू पाने के लिए हवाई जहाजों को बहुत तेजी से यात्रा करनी पड़ेगी।

53 *(b)* चन्द्रमा का केन्द्राभिमुख त्वरण होगा

$$a_m \propto \frac{1}{R_m^2} \quad \text{...(i)}$$

गुरुत्वीय त्वरण,

$$g \propto \frac{1}{R_E^2} \quad \text{...(ii)}$$

समी (ii) को समी (i) से विभाजित करने, पर

$$\frac{g}{a_m} = \frac{R_m^2}{R_E^2} = \left(\frac{R_m}{R_E}\right)^2$$

54 *(a)* केन्द्राभिमुख त्वरण,

$$a = \frac{4\pi^2 R_m}{T^2} = \frac{4\times\left(\frac{22}{7}\right)^2 \times (3.84\times 10^8)}{(27.3\times 24\times 60\times 60)^2}$$

≈ 0.0027 मी/से^{2}

55 *(d)* यहाँ, $g' = g\left(1 - \frac{R\omega^2}{g}\right) = 0$

या, $\omega = \sqrt{\frac{g}{R}} = \sqrt{\frac{10}{6400\times 10^3}}$

$= \frac{1}{800} = 1.25\times 10^{-3}$ रेडियन/से

56 *(b)* दिया है कि कुछ ऊँचाई h पर गुरुत्वीय त्वरण,

$g_h = 4.9$ मी/से$^2 \approx \frac{g}{2}$ ... (i)

$\therefore$ पृथ्वी की सतह एवं कुछ ऊँचाई h पर गुरुत्वीय त्वरण का अनुपात होगा

$$\left(1 + \frac{h}{R_e}\right) = \sqrt{\frac{g}{g_h}} = \sqrt{2} \quad \text{[समी (i) से]}$$

$\therefore \quad \frac{h}{R_e} = \sqrt{2} - 1$

या $\quad h = 0.414 \times R_e$

$h = 0.414 \times 6400$ किमी

$= 2.6\times 10^6$ मीटर

57 *(c)* $w' = mg'$ ...(i)

$$g' = g\left(\frac{R_E}{R_E + h}\right)^2$$

प्रश्नानुसार,

$$h = \left(\frac{R_E}{2}\right)$$

$$\therefore \quad g' = g\left[\frac{R_E}{\frac{3R_E}{2}}\right]^2 = \frac{4}{9}g \quad \text{...(ii)}$$

समी (ii) को समी (i) से घटाने पर,

$$w' = \frac{4\, mg}{9}$$

$$= \frac{4}{9}w$$

58 *(c)* $g' = g\left(\frac{R}{R+h}\right)^2$

$\Rightarrow \quad \frac{g}{2} = g\left(\frac{R}{R+h}\right)^2$

$\Rightarrow \quad h = (\sqrt{2} - 1)R$

59 *(b)* $\frac{g'}{g} = \left(\frac{R}{R+h}\right)^2$

$\Rightarrow \quad \left(\frac{1}{100}\right) = \left(\frac{R}{R+h}\right)^2$

$\therefore \quad h = 10R - R = 9R$

60 *(b)* $g' = \frac{g}{\left(1 + \frac{h}{R_E}\right)^2} = \frac{g}{\left(1 + \frac{R_E/2}{R_E}\right)^2}$

$$= \frac{4g}{9} \quad \text{...(i)}$$

पृथ्वी की सतह पर पिण्ड का भार

$w = mg = 45$ न्यूटन ...(ii)

तब, ऊँचाई h पर पिण्ड का भार होगा

$$w' = mg' = \frac{4}{9}mg \quad \text{...(iii)}$$

समी (ii) एवं (iii) से,

$w' = \frac{4}{9}\times 45 = 20$ न्यूटन

61 *(b)* $g_h = g\left(\frac{R}{R+h}\right)^2$

दिया है, $g_h = g - 0.51g = 0.49g$

$\therefore \quad \frac{49}{100}g = g\left(\frac{R}{R+h}\right)^2$

$\therefore \quad h = \frac{3R}{7}$

62 *(b)* $g_d = g\left(1 - \frac{d}{R}\right) = g\left(1 - \frac{32}{6400}\right) = \frac{199}{200}g$

$\therefore$ भार में प्रतिशत % कमी

$$= \left(\frac{mg - mg_d}{mg}\times 100\right)\%$$

$$= \left(\frac{g - \frac{199}{200}g}{g}\times 100\right)\% = 0.5\%$$

63 *(c)* $d = R_E - r = 6400 - 2000$

$= 4400$ किमी $= 4.4\times 10^6$ मीटर

$$g' = g\left(1 - \frac{d}{R_E}\right) = 9.8\left(1 - \frac{4.4\times 10^6}{6.4\times 10^6}\right)$$

$= 3.06$ मी/से^{2}

64 *(c)* $mg' = mg\left(1 - \frac{d}{R}\right)$

इस प्रकार, पृथ्वी के केन्द्र से आधे रास्ते $\left(\text{अर्थात्} = \frac{R}{2}\right)$ पर पिण्ड का भार,

$$mg' = 200\times\left(1 - \frac{R/2}{R}\right)$$

$= 200\left(1 - \frac{1}{2}\right) = 200\times\frac{1}{2} = 100$ न्यूटन

65 *(b)* ध्रुव पर बॉक्स का द्रव्यमान,

$m = \frac{w_p}{g_p} = \frac{196}{10} = 19.6$ किग्रा

अब, भूमध्य रेखा पर गुरुत्वीय त्वरण, पृथ्वी के घूर्णन के कारण,

$$g_e = g_p - R\omega^2 \quad \text{...(i)}$$

$g_p = 10$ मी/से^{2}, $R = 6400\times 10^3$ मीटर

$\omega = \frac{2\pi}{T}$ और $T = 24\times 3600$ सेकण्ड

अब दिए गए मानों को समी. (i) में गतिस्थापित करने पर,

$g_e = g_p - 0.034 = 10 - 0.034$

$= 9.966$ मी/से^{2}

अतः भूमध्य रेखा पर बॉक्स का भार,

$w_e = g_e \times m = 9.966\times 19.6$

$= 195.33$ न्यूटन

66 *(d)* यदि $h << R$

$$gh = g\left(1-\frac{2h}{R}\right)$$

एवं $g_d = g\left(1-\frac{d}{R}\right)$

दिया है, जब $h = 1$ किमी, अतः $g_d = g_h$

या $g\left(1-\frac{d}{R}\right) = g\left(1-\frac{2h}{R}\right)$

$\Rightarrow d = 2h$ या $d = 2$ किमी

68 *(b)* $\Delta U = U_H - U_E$

$$= -\frac{GMm}{R+nR} + \frac{GMm}{R}$$

$$= \left[\frac{n}{n+1}\right] mgR$$

69 *(b)* कुल गुरुत्वीय स्थितिज ऊर्जा

$$= \frac{-Gm_1m_2}{r_1} - \frac{Gm_2m_3}{r_2} - \frac{Gm_1m_3}{r_3}$$

$$= \left(\frac{-Gm_1m_2}{r_1}\right) + \left(\frac{-Gm_2m_3}{r_2}\right) + \left(\frac{-Gm_1m_3}{r_3}\right)$$

70 *(b)* m_1 ←— r —→ m_2

हम जानते हैं कि

$$G_1 = \frac{-Gm_1m_2}{r} \quad \ldots(i)$$

जब कण के बीच की दूरी दोगुनी अर्थात् $2r$ हो जाती है, तब

$$G_2 = -\frac{Gm_1m_2}{2r} \quad \ldots(ii)$$

समी (i) को समी (ii) से भाग देने पर,

$$\frac{G_1}{G_2} = 2$$

71 *(a)* पृथ्वी-चन्द्रमा निकाय की स्थितिज ऊर्जा,

$$U = -\frac{GM_E \cdot M_m}{r}$$

$$\therefore \quad r = -\frac{GM_E\, M_m}{U}$$

$$= -\frac{6.67\times10^{-11}\times 6\times10^{24}\times 7.4\times10^{22}}{-7.79\times10^{28}}$$

$= 3.8\times10^8$ मी

72 *(b)* जैसा कि हम जानते हैं, कि पृथ्वी की सतह पर द्रव्यमान m के पिण्ड की स्थितिज ऊर्जा,

$$U_1 = -\frac{GMm}{R}$$

$$U_2 = -\frac{GMm}{(R+h)}$$

यहाँ, $h = R$ (दिया है)

$$\Rightarrow \quad U_2 = -\frac{GMm}{2R}$$

अतः स्थितिज ऊर्जा में परिवर्तन,

$$\Delta U = U_2 - U_1$$

$$\Delta U = -\frac{GMm}{2R} + \frac{GMm}{R} = \frac{mgR}{2}$$

74 *(d)* $V_g = -\frac{GM}{R+h}$

$$g' = \frac{GM}{(R+h)^2} \Rightarrow \frac{|V_g|}{g'} = R+h$$

$$\frac{5.4\times10^7}{6.0} = R+h$$

$\Rightarrow \quad h = 2600$ किमी

75 *(c)*

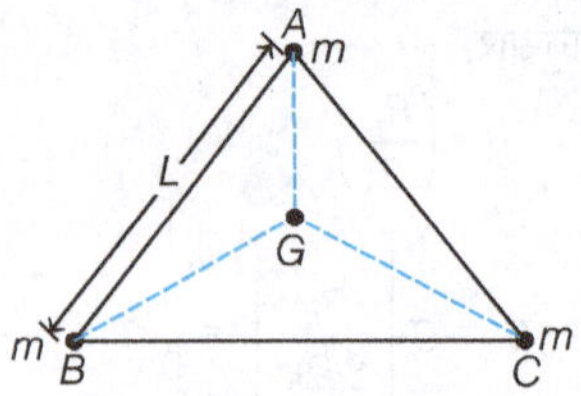

$$V_T = V_A + V_B + V_C$$

$$\Rightarrow \quad V_T = -\frac{Gm}{AG} - \frac{Gm}{BG} - \frac{Gm}{CG}$$

इसी प्रकार, $AG = BG = CG = \frac{2}{3}\times\left(\frac{\sqrt{3}\,L}{2}\right)$

$$= \frac{\sqrt{3}\,L}{3}$$

$$\Rightarrow \quad V_T = -Gm\left(\frac{1}{AG}+\frac{1}{BG}+\frac{1}{CG}\right)$$

$$= -Gm\left(\frac{3\times3}{\sqrt{3}L}\right) = \frac{-3\sqrt{3}\,Gm}{L}$$

76 *(c)* $F \propto \frac{1}{r^{\frac{5}{2}}}$ के लिए, $U = -\int F\cdot dr$

$$= \int\left(\frac{1}{r^{\frac{5}{2}}}\right)\cdot dr = -\frac{2}{3}r^{-3/2}$$

$$\therefore \quad U \propto r^{-\frac{3}{2}}$$

77 *(d)* गुरुत्वीय स्थितिज ऊर्जा,

$$U = -\frac{GMm}{r}$$

कक्षीय गति, $v_o = \sqrt{\frac{GM}{R+h}}$

कुल ऊर्जा,

$$E_f = \frac{1}{2}mv_o^2 - \frac{GMm}{R+h}$$

$$= \frac{1}{2}m\frac{GM}{3R} - \frac{GMm}{3R} = -\frac{GMm}{6R}$$

अब, $E_i = -\frac{GMm}{R} + \text{KE}$

लेकिन $E_i = E_f$

$$-\frac{GMm}{6R} = -\frac{GMm}{R} + \text{KE}$$

$$\Rightarrow \quad \text{KE} = \frac{5GMm}{6R}$$

80 *(a)* दिया है,

पृथ्वी की सतह पर पलायन वेग,

$$v_e = \sqrt{\frac{2GM_E}{R_E}}$$

$$\Rightarrow \quad v_e' = \sqrt{\frac{2GM_E}{R'}} = \sqrt{\left(\frac{2\,GM_E}{R_E/4}\right)}$$

$$= 2\sqrt{\frac{2GM_E}{R_E}}$$

या $v_e' = 2\,v_e$

81 *(a)* उपग्रह को ग्रह के चारों ओर चक्कर लगाने के लिए $v_0 \le v_e$

तथा $v_e = \sqrt{2v_0}$

$\therefore \quad n \le \sqrt{2}$

82 *(a)* $v_e = 11.1$ किमी/घण्टा

$v_e = \sqrt{2gR_E}$ या $v_e = \sqrt{\frac{2GM_E}{R_E}}$

$\therefore$ चन्द्रमा की सतह पर पलायन वेग,

$$v_m = \sqrt{\frac{2G\,M_m}{R_m}} = \sqrt{\frac{2G\frac{M_E}{81}}{\frac{R_E}{4}}}$$

$$= \frac{2}{9}v_e = \frac{2}{9}\times 11.1$$

$= 2.46$ किमी/घण्टा

83 *(a)* $v_e = \sqrt{2gR}$

$$g = \frac{4}{3}G\pi\rho R$$

$$\Rightarrow \quad v_e = R\sqrt{\frac{8}{3}\pi G\rho} \quad \ldots(i)$$

$$v_p = 3R\sqrt{\frac{8}{3}\pi G3\rho} \quad \ldots(ii)$$

समी (i) को समी (ii), से भाग देने पर,

$$\frac{v_e}{v_p} = \frac{R\sqrt{\frac{8}{3}\pi G\rho}}{3R\sqrt{\frac{8}{3}\pi G3\rho}}$$

$$\Rightarrow \quad \frac{v_e}{v_p} = \frac{1}{3\sqrt{3}} = 1 : 3\sqrt{3}$$

84 *(d)* पलायन वेग, $v_e = \sqrt{\frac{2GM_E}{R}}$

कक्षीय वेग, $v_o = \sqrt{\frac{GM_E}{R}} = \frac{v_e}{\sqrt{2}}$

$$\therefore \quad v_e = \sqrt{2}\,v_o$$

87 *(d)* कोणीय संवेग,

$$L = mvr = m\sqrt{\frac{GM}{r}}\, r = m\sqrt{GMr}$$

$\therefore \quad L \propto \sqrt{r}$

चूँकि $L' \propto \sqrt{16r} \quad \Rightarrow \quad L' = 4L$

88 *(d)* $v_o = \sqrt{\dfrac{GM}{R+h}}$

चूँकि, $R >> h$

$\therefore \quad v_o = \sqrt{\dfrac{GM}{R}} = \sqrt{gR}$

उपग्रह की पलायन गति,

$$v_e = \sqrt{\frac{2\,GM}{R+h}} = \sqrt{\frac{2\,GM}{R}} = \sqrt{2gR}$$

$\therefore$ वेग में परिवर्तन,

$$\Delta v = v_e - v_o = \sqrt{gR}\,(\sqrt{2} - 1)$$

89 *(a)* पृथ्वी के केन्द्र से दूरी R पर उपग्रह का वेग,

$$v = \sqrt{\frac{GM}{R}}$$

अब, ऊँचाई $\dfrac{R}{2}$ पर वेग होगा

$$v' = \sqrt{\frac{GM}{R + \frac{R}{2}}} = \sqrt{\frac{2}{3}\frac{GM}{R}} = \sqrt{\frac{2}{3}}\, v$$

90 *(d)* माना, उपग्रह और उल्कापिण्ड का प्रारम्भिक संवेग क्रमशः p_1 एवं p_2 है।

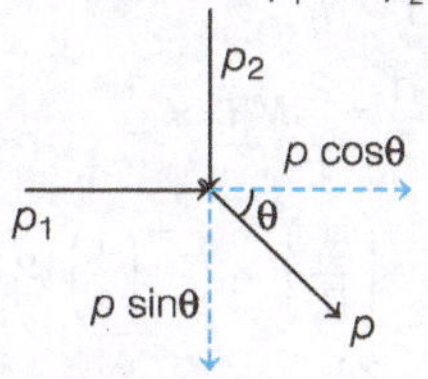

अब, p का परिमाण,

$$p = \sqrt{p_1^2 + p_2^2}$$

$$p = \sqrt{2}\, mv \quad [\because p_1 = p_2 = mv]$$

$$2mv' = \sqrt{2}\, mv$$

$$v' = \frac{v}{\sqrt{2}}$$

इसीलिए, वेग केवल तभी कम हो सकता है, जब पृथ्वी की सतह से ऊँचाई बढ़ती है, इसलिए विकल्प (d) सही है।

93 *(c)* क्षुद्रग्रह की प्रारम्भिक ऊर्जा,

$$E_i = K_i + U_i = \frac{1}{2}mv_i^2 - \frac{GM_E m}{10R_E}$$

क्षुद्रग्रह की अन्तिम ऊर्जा,

$$E_f = \frac{1}{2}mv_f^2 - \frac{GM_E m}{R_E}$$

ऊर्जा संरक्षण के नियम के अनुसार, $E_i = E_f$

$$\frac{1}{2}mv_i^2 - \frac{GM_E m}{10R_E} = \frac{1}{2}mv_f^2 - \frac{GM_E m}{R_E}$$

$$\Rightarrow \quad v_f^2 = v_i^2 + \frac{2GM_E}{R_E}\left(1 - \frac{1}{10}\right)$$

94 *(c)* ऊर्जा के संरक्षण का नियम लागू करने पर,

$$U_i + K_i = U_f + K_f$$

$$-\frac{GMm}{R} + \frac{1}{2}m(2v_e)^2 = 0 + \frac{1}{2}mv^2$$

$$v = \sqrt{3}\, v_e$$

95 *(a)*

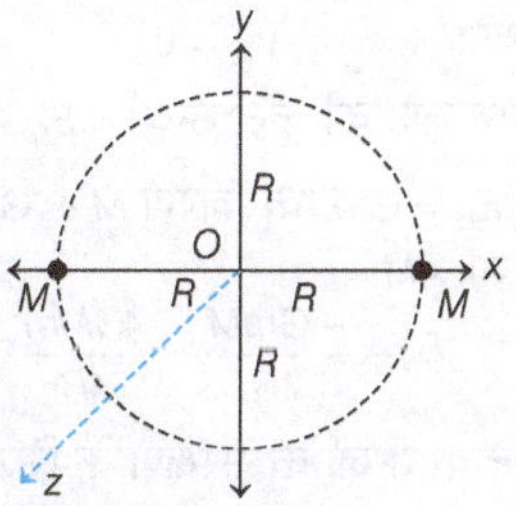

वृत्त का व्यास,

$$2R = 2 \times 10^{11} \text{ मी}$$

$$\Rightarrow \quad R = 10^{11} \text{ मी}$$

O मूल $\hat{j}$ पर उल्कापिण्ड की स्थितिज ऊर्जा,

$$U_{\text{total}} = -\frac{2\,GMm}{R}$$

उल्कापिण्ड की गतिज ऊर्जा,

$$K = \frac{1}{2}mv^2$$

ऊर्जा के संरक्षण सिद्धान्त के द्वारा,

$$\Rightarrow \frac{1}{2}mv^2 - \frac{2\,GMm}{R} = 0$$

$$\Rightarrow v^2 = \frac{4\,GM}{R}$$

$$= \frac{4 \times 6.67 \times 10^{-11} \times 3 \times 10^{31}}{10^{11}}$$

$$\Rightarrow \quad v = 2.83 \times 10^5 \text{ मी/से}$$

96 *(d)* एक वृत्ताकार कक्षा में उपग्रह की कक्षीय गति होगी,

$$v_o = \sqrt{\left(\frac{GM}{r_o}\right)}$$

इसीलिए, उपग्रह A एवं B की गतिज ऊर्जा,

$$T_A = \frac{1}{2}m_A v_{oA}^2 = \frac{GMm}{2R}$$

$$T_B = \frac{1}{2}m_B v_{oB}^2 = \frac{GM(2m)}{2(2R)} = \frac{GMm}{2R}$$

अतः इनकी गतिज ऊर्जा का अनुपात होगा,

$$\frac{T_A}{T_B} = 1$$

97 *(c)* उपग्रह की गतिज ऊर्जा, $K = \dfrac{1}{2}mv_o^2$

$$= \frac{1}{2}m\left(\sqrt{\frac{GM_E}{(R_E + h)}}\right)^2$$

$$= \frac{1}{2}\frac{GmM_E}{(R_E + h)}$$

98 *(b)* उपग्रह की गतिज ऊर्जा, $K = \dfrac{GmM_E}{2\,(R_E + h)}$.

$$\Rightarrow \quad K = \frac{GmM_E}{2r}$$

इसीलिए, $K \propto \dfrac{1}{r} \Rightarrow \dfrac{K_1}{K_2} = \dfrac{r_2}{r_1}$

$$\Rightarrow \quad \frac{K}{K_2} = \left(\frac{2r}{r}\right)$$

$$\therefore \quad K_2 = \frac{K}{2}$$

अभिकथन-कारण प्रश्न

1 *(b)* केप्लर के दूसरे नियम के अनुसार, ग्रह का कोणीय संवेग नियत रहता है।

3 *(a)* एक बिन्दु P (द्रव्यमान m) खोखले गोलाकार कोश के अन्दर स्थित है, जैसा कि चित्र में दर्शाया गया है।

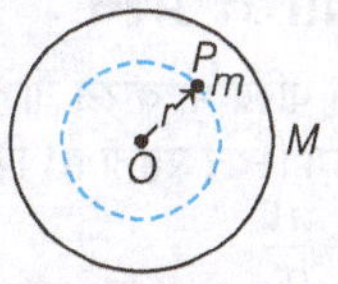

खोखले गोलाकार कोश के अन्दर बिन्दु P के लिए, F_P = शून्य गोलाकार कोश के विभिन्न क्षेत्रों के कारण गुरुत्वीय बल आकर्षित होते हैं और इसीलिए समरूपता से, यह देखा जा सकता है कि ये बल एक-दूसरे को पूर्ण रूप से निष्क्रिय कर देते हैं।

अतः अभिकथन और कारण सही है और कारण अभिकथन की सही व्याख्या करता है।

4 *(c)* पृथ्वी की सतह से नीचे गहराई d पर गुरुत्वीय त्वरण, $g' = g\left(1 - \dfrac{d}{R}\right)$

केन्द्र पर, $d = R \Rightarrow g' = 0$

किसी वस्तु का द्रव्यमान किसी भी स्थान पर नियत रहता है, इसीलिए यह पृथ्वी के केन्द्र पर शून्य नहीं होता है।

6 *(a)* चन्द्रमा के लिए पलायन वेग $= \sqrt{2g'R_m}$, जहाँ g' और R_m दोनों पृथ्वी पर संगत मानों से छोटे हैं, इसीलिए मानों को प्रतिस्थापित करने पर, नीचे गणना के अनुसार, चन्द्रमा पर पलायन वेग 2.3 किमी/सेकण्ड प्राप्त होता है।

$\because \quad g' = g/6$

और $R_m = 1760$ किमी

$\Rightarrow$ पलायन वेग

$$= \sqrt{2 \times \frac{9.8}{6} \times 1760 \times 10^3} \text{ मी/से}$$

$= 2.3$ किमी/से

$\because \quad (v_i)_{\text{नियत}}$ (पृथ्वी) $= 11.2$ किमी/से

और $\quad (v_i)_{\text{नियत}}$ (चन्द्रमा) $= 2.3$

इस प्रकार, चन्द्रमा के लिए पलायन वेग पृथ्वी की तुलना में पाँच गुना कम है।

अतः कारण और अभिकथन दोनों सही हैं एवं कारण, अभिकथन की सही व्याख्या करता है।

7 *(a)* वायुमण्डल की उपस्थिति के लिए,

$$v_{\text{rms}} < v_{\text{पलायन}}$$

चन्द्रमा का पलायन वेग बहुत कम होता है।

8 *(c)* कारण सही नहीं है, लेकिन इसका सही उत्तर इस प्रकार दिया जा सकता है किसी पिण्ड का पलायन वेग पिण्ड के द्रव्यमान से स्वतन्त्र होता है।

$$v_e = \sqrt{2gR}$$

कथन आधारित प्रश्न

2 *(c)* सूर्य की परिक्रमा करने वाले ग्रह के लिए कोणीय संवेग स्थिर रहता है। पिण्ड का बल आघूर्ण, $\tau = \frac{d\mathbf{L}}{dt}$

$\Rightarrow \frac{d\mathbf{L}}{dt} = 0 \quad (\because \mathbf{L}$ नियत है)

3 *(b)* ग्रह का क्षेत्रीय वेग नियत है, इसका कारण यह है कि रेखीय चाल बदलती रहती है। ग्रह जब सूर्य के समीप होता है, तो रेखीय चाल अधिक होती है और जब वह सूर्य से दूर होता है, तो कम होती है।

7 *(d)* यदि स्थितिज ऊर्जा, गतिज ऊर्जा के बराबर होती है, तो उपग्रह पृथ्वी के गुरुत्वाकर्षण खिंचाव से पलायन कर जाएगा।

सुमेलन प्रकार प्रश्न

1 *(c)* A.

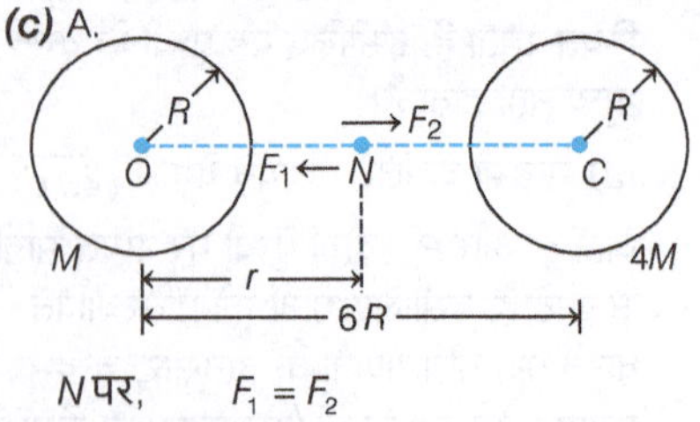

N पर, $\quad F_1 = F_2$

$$\Rightarrow \frac{GmM}{r^2} = \frac{Gm(4M)}{(6R - r)^2}$$

$\Rightarrow \quad r = 2R$

इस प्रकार, $ON = r = 2R$.

B. प्रक्षेप्य को M से न्यूनतम चाल से प्रक्षेपित करना कण को ऐसी चाल से प्रक्षेपित करना पर्याप्त है, जिससे वह N तक पहुँच सकें। N के बाद, प्रक्षेप्य $4M$ द्वारा आकर्षित होगा।

उदासीन बिन्दु पर, गति शून्य के समीप पहुँच जाती है,

अर्थात् $\quad v_N = 0$

N पर कण की कुल ऊर्जा $= E_N$

$\Rightarrow E_N =$ GPE के कारण M + GPE के कारण $4M$

$$E_N = \frac{-GmM}{2R} - \frac{4GMm}{4R} \quad \ldots\text{(i)}$$

यान्त्रिक ऊर्जा के संरक्षण के सिद्धान्त से

$$\frac{1}{2}mv^2 - \frac{GmM}{R} - \frac{4GMm}{5R} = -\frac{GMm}{2R} - \frac{4GMm}{4R}$$

$$\Rightarrow v_{\text{न्यूनतम}} = \sqrt{\frac{3GM}{5R}}$$

C. ऊर्जा के संरक्षण के सिद्धान्त को लागू करने पर,

$$v_f = \sqrt{\frac{27\,GM}{5R}}$$

अतः $A \to 2, B \to 1, C \to 3, D \to 4$.

2 *(b)*

A. यदि उपग्रह का वेग v और द्रव्यमान m, हो तब

$$\text{KE} = \frac{1}{2}mv^2 \quad \ldots\text{(i)}$$

B. हम जानते हैं, कि उपग्रह की स्थितिज ऊर्जा

$= -2 \times$ उपग्रह की गतिज ऊर्जा

$$\Rightarrow \quad \text{PE} = -mv^2 \quad \ldots\text{(ii)}$$

C. कुल ऊर्जा,

$$= \text{KE} + \text{PE}$$

$$= \frac{1}{2}mv^2 - mv^2 = -\frac{1}{2}mv^2$$

D. बन्धन ऊर्जा $= -$ (कुल ऊर्जा)

$$= mv^2$$

अतः $A \to 2, B \to 3, C \to 1, D \to 4$.

3 *(c)* घूमते हुए उपग्रह का कक्षीय वेग,

$$v_o = \sqrt{\frac{GM}{R}}$$

$\therefore$ गतिज ऊर्जा,

$$K = \frac{1}{2}mv_o^2 = \frac{GMm}{2R}$$

पृथ्वी की सतह पर गुरुत्वीय त्वरण, $g = \frac{GM}{R^2}$

पृथ्वी सतह पर पलायन वेग,

$$v_e = \sqrt{\frac{2GM}{R}}$$

आंकिक मान प्रकार के प्रश्न

1 *(12)* केप्लर नियम से,

$$T_2^2 = \left(\frac{R_2}{R_1}\right)^3 T_1^2 \Rightarrow T_2^2 = \left(\frac{5.2R}{R}\right)^3 \times 1$$

$\Rightarrow \quad T_2 = 11.86 \approx 12$ वर्ष

2 *(3)* दिया है, $V_f = \frac{1}{27}V_i$

$$\frac{4}{3}\pi R_f^3 = \frac{1}{27} \times \frac{4}{3}\pi R_i^3$$

$$\Rightarrow \quad R_f = \frac{R_i}{3}$$

कोणीय संवेग के संरक्षण द्वारा $L \propto \frac{I}{T}$

$$\therefore \quad \frac{I_i}{T_i} = \frac{I_f}{T_f}$$

$$\frac{2}{5}MR_i^2 \times \frac{1}{T_i} = \frac{2}{5}MR_f^2 \times \frac{1}{T_f}$$

$$\therefore \quad T_f = \left(\frac{R_f}{R_i}\right)^2 \times T_i = \left(\frac{1}{3}\right)^2 \times 24$$

$$T_f = \frac{24}{9}$$

अतः, $\quad T_f = 2.66$ घण्टे ≈ 3 घण्टे

3 *(1972)* पृथ्वी की कक्षीय गति

$$v = \sqrt{\frac{GM}{r}}$$

इस प्रकार, $T = \frac{2\pi r}{v}$

$$T = 2\pi r\sqrt{\frac{r}{GM}} \Rightarrow M = \frac{4\pi^2 r^3}{GT^2}$$

$$= \frac{4 \times (3.14)^2 \times (1.49 \times 10^{11})^3}{(6.67 \times 10^{-11})(365 \times 24 \times 3600)^2}$$

$M = 1.972 \times 10^{22}$ क्रिग्रा

$= 1972 \times 10^{19}$ क्रिग्रा

$= 1972$ इकाई

4 *(18)* दिया है,

$$g_x = 9g_y$$

हम जानते हैं, कि

$$v^2 = 2gh \Rightarrow h = \frac{v^2}{2g}$$

$\therefore$ ग्रह पर x, $h_x = \dfrac{v^2}{2g_x}$

ग्रह y पर, $h_y = \dfrac{v^2}{2g_y}$

अब, $\dfrac{h_x}{h_y} = \dfrac{g_y}{g_x} = \dfrac{1}{9} \Rightarrow h_y = 9h_x$

$\therefore$ $h_y = 9 \times 2$

$h_y = 18$ मीटर

5 *(2221)* दिया है, पृथ्वी का घनत्व

$\rho = 11.3 \times 10^3$ किग्रा/मी^{3}

पृथ्वी की सतह पर गुरुत्वीय त्वरण के कारण

$$g = \frac{GM}{R^2} = \frac{G}{R^2} \cdot \frac{4}{3}\pi R^3 \cdot \rho$$

$$= \frac{4}{3} \times \frac{22}{7} \times 6.67 \times 10^{-11} \times 6.4 \times 10^6 \times 11.3 \times 10^3$$

$= 22.21$ मी/से^{2}

$$\therefore \frac{x}{100} = 22.21$$

$$\Rightarrow x = 2221$$

6 *(2650)* माना ऊँचाई h पर गुरुत्वीय त्वरण g' है।

अतः $g' = \dfrac{g}{2}$

$$\therefore g' = g\left(\frac{R}{R+h}\right)^2$$

$$\therefore \frac{g}{2} = g\left(\frac{R}{R+h}\right)^2$$

$h = 2649.6$ किमी $\simeq 2650$ किमी

7 *(2)* दिया है, पलायन वेग,

$$v_e = \sqrt{\frac{2GM}{R}}$$

अतः त्रिज्या 4%, तक घट जाती है, तब

$$R_1 = (R - 04R) = 0.96R$$

$$\therefore v_e' = \sqrt{\frac{2GM}{0.96R}}$$

$$\Rightarrow \frac{v_e}{v_e'} = \sqrt{0.96}$$

$$\Rightarrow v_e' = 1.02v_e$$

$\therefore$ पलायन वेग में % परिवर्तन

$$= \frac{v_e' - v_e}{v_e} \times 100\% = 2\%$$

8 *(5279)* ग्रह A सतह पर पलायन वेग,

$v_A = \sqrt{\dfrac{2GM}{R}} = 112$ किमी/सेकण्ड

$\therefore$ ग्रह B की सतह पर पलायन वेग,

$$v_B = \sqrt{\frac{2G\left(\frac{M}{9}\right)}{\frac{R}{2}}}$$

$$= \sqrt{\frac{4}{9}\frac{GM}{R}} = \frac{\sqrt{2}}{3} \times v_A$$

$$\Rightarrow v_B = \frac{1.414}{3} \times 112$$

$\Rightarrow$ $v_B = 5279$ किमी/सेकण्ड

$$\therefore \frac{x}{1000} = 5279 \Rightarrow x = 5279$$

9 *(4)* अंतरिक्ष यान की प्रारम्भिक ऊर्जा,

$$= \frac{1}{2}mv_0^2 - \frac{GMm}{R}$$

$\therefore$ अन्तिम ऊर्जा $= -\dfrac{GMm}{R+h}$

ऊर्जा के संरक्षण के नियम द्वारा,

$$\frac{1}{2}mv_0^2 - \frac{GMm}{R} = -\frac{GMm}{R+h}$$

$$\Rightarrow \frac{h}{R+h} = \frac{v_0^2}{2gR}$$

$$\Rightarrow \frac{h}{R+h} = \frac{(10 \times 10^3)^2}{2 \times 9.8 \times 6400 \times 10^3} = 0.8$$

$$\Rightarrow h = 4R$$

10 *(3)* केप्लर के तृतीय नियम को लागू करने पर,

$$\left(\frac{T_1}{T_2}\right)^2 = \left(\frac{R_1}{R_2}\right)^3$$

$$\Rightarrow \frac{2000}{R_2} = \left(\frac{1}{8}\right)^{2/3}$$

$\Rightarrow$ $R_2 = 8000$ किमी

$\omega_1 = \dfrac{2\pi}{1}$ रेडियन/घण्टा

$\omega_2 = \dfrac{2\pi}{8} = \dfrac{\pi}{4}$ रेडियन/घण्टा

कक्षा के समीप के उपग्रह की चाल,

$v_1 = \omega_1 R_1 = (2\pi) \times 2 \times 10^3$ किमी/घण्टा

कक्षा के दूर के उपग्रह की चाल,

$$v_2 = \omega_2 R_2 = \left(\frac{\pi}{4}\right) \times 8000$$

$= \pi \times 2 \times 10^3$ किमी/घण्टा

इस प्रकार, निकट वाले उपग्रह से दूर वाले उपग्रह की सापेक्ष कोणीय गति, $\omega = \dfrac{v_1 - v_2}{R_2 - R_1}$

$$= \frac{2\pi \times 2 \times 10^3 - \pi \times 2 \times 10^3}{8000 - 2000}$$

$= \dfrac{2\pi \times 10^3}{6000} = \dfrac{\pi}{3}$ किमी/घण्टा

तुलना करने पर, $\omega = \dfrac{\pi}{x}$

$$\therefore x = 3$$

NCERT Exemplar प्रश्न

2 *(a)* पृथ्वी गुरुत्वाकर्षक आकर्षण के कारण वृत्ताकार गति में सूर्य के चारों ओर परिक्रमा करती है। आकर्षण का बल त्रिज्यात (Radia) प्रकृति का होगा, जैसे स्थिति सदिश **r** एवं बल **F** के बीच अंक शून्य है, अतः बल आघूर्ण

$$|\tau| = |\mathbf{r} \times \mathbf{F}| = rF\sin 0° = 0$$

3 *(c)* चूँकि पृथ्वी उपग्रह परिबद्ध निकाय की कुल ऊर्जा ऋणात्मक है $\left(\text{अर्थात्} \dfrac{-GMm}{2a}\right)$

इसीलिए, उपग्रह पर कार्यरत् श्यान बल के कारण, ऊर्जा लगातार कम होती जाती है और कक्षा की त्रिज्या या ऊँचाई धीरे-धीरे कम होती जाती है। अतः उपग्रहों का अपशिष्ट पृथ्वी पर गिरता है।

6 *(c)* द्रव्यमान $2M, m$ एवं M के कण बिन्दु A, B और C पर है, जैसा कि नीचे दर्शाया गया है।

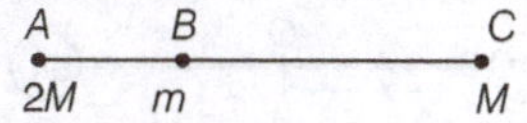

A के कारण B पर बल,

$F_{BA} = \dfrac{G(2Mm)}{(AB)^2}$ BA की ओर,

C के कारण B पर बल,

$F_{BC} = \dfrac{GMm}{(BC)^2}$ BA की ओर BC

$$BC = 2AB$$

$$\Rightarrow F_{BC} = \frac{GMm}{4(AB)^2} < F_{BA}$$

इसीलिए, m A की ओर गति करेगा अर्थात् $2m$

विगत परीक्षाओं के प्रश्न

1 *(d)* हम जानते हैं कि,

$$g = \frac{GM}{R^2}$$

प्रश्नानुसार,

$$g = \frac{G\left(\frac{M}{10}\right)}{\left(\frac{R}{2}\right)^2} = \frac{GM \times 4}{R^2 \times 10} = \frac{GM}{R^2} \times \frac{2}{5}$$

अतः $\dfrac{g'}{g} = \dfrac{\dfrac{GM}{R^2} \times \dfrac{2}{5}}{\dfrac{GM}{R^2}}$

$\Rightarrow \quad g' = \dfrac{2}{5} \times g = \dfrac{2}{5} \times 9.8 = 3.92$ मी/से^{2}

2 *(a)* दिया है, ऊँचाई, $h = 2R$

सतह से, $r_1 = R$

तथा $\quad r_2 = 2R + R = 3R$

तब r_1 से r_2 तक उपग्रह को प्रक्षेपित करने के लिए आवश्यक ऊर्जा (ΔE) पृथ्वी के तल की ऊर्जा तथा कक्षीय ऊर्जा के अन्तर के समान होगी।

$$\Delta E = GMm\left(\frac{1}{r_1} - \frac{1}{r_2}\right) = GMm\left(\frac{1}{R} - \frac{1}{3R}\right)$$

$$= \frac{2}{3}\left(\frac{GMm}{R}\right)$$

सतह पर ऊर्जा $= \dfrac{1}{2}mv^2$

$$v^2 = \frac{GM}{r_{\text{उपग्रह}}} = \frac{GM}{3R}$$

$\therefore$ न्यूनतम ऊर्जा

$$= \Delta E + \frac{GMm}{6R} = \frac{2}{3}\left(\frac{GMm}{R}\right) + \left(\frac{GMm}{6R}\right)$$

$$= \frac{5}{6}\frac{GMm}{R}$$

3 *(b)* दी गई स्थिति को नीचे दर्शाया गया है

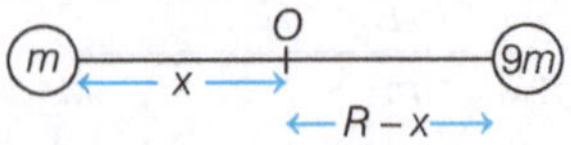

क्योंकि बिन्दु O पर गुरुत्वाकर्षण बल शून्य है,

अतः $\dfrac{Gm}{x^2} = \dfrac{G(9m)}{(R-x)^2}$

$$\Rightarrow \left(\frac{1}{x}\right)^2 = \left(\frac{3}{R-x}\right)^2 \Rightarrow \frac{1}{x} = \frac{3}{R-x}$$

$$\Rightarrow \quad 3x = R - x \Rightarrow x = \frac{R}{4}$$

$\therefore$ बिन्दु O पर गुरूत्वीय, विभव

$$V = \frac{-Gm}{x} + \left[\frac{-G(9m)}{R-x}\right] = \frac{-Gm}{\frac{R}{4}} - \frac{9Gm}{R - \frac{R}{4}}$$

$$= -\frac{4Gm}{R} - \frac{12Gm}{R} = -\frac{16Gm}{R}$$

4 *(a)* दिया है, पिण्ड का द्रव्यमान $m = 60$ ग्राम

$= 6 \times 10^{-2}$ किग्रा

गुरुत्वीय बल, $F = 3.0$ न्यूटन

गुरुत्वीय क्षेत्र तीव्रता का परिमाण

$$I = \frac{F}{m} = \frac{3}{6 \times 10^{-2}} = 50 \text{ न्यूटन/किग्रा}$$

5 *(d)* पलायन वेग, $v_e = R\sqrt{\dfrac{8}{3}\pi\rho G} = v$

$\rho =$ नियत $\Rightarrow v_e \propto R$

$$\therefore \quad v'_e = \left(\frac{R'}{R}\right)v_e = \left(\frac{4R}{R}\right)v = 4v$$

6 *(a)* पृथ्वी का पलायन वेग,

$$v_e = \sqrt{2gR} = R\sqrt{\frac{8}{3}\pi G\rho}$$

$$\Rightarrow \quad v_e = R\sqrt{\frac{8}{3}\pi G\rho} \quad \text{...(i)}$$

$$v_p = 2R\sqrt{\frac{8}{3}\pi G 2\rho} \quad \text{...(ii)}$$

समी (i) से, समी (ii) को भाग देने पर,

$$\frac{v_e}{v_p} = \frac{R\sqrt{\frac{8}{3}\pi G\rho}}{2R\sqrt{\frac{8}{3}\pi G 2\rho}} \Rightarrow \frac{v_e}{v_p} = \frac{1}{2\sqrt{2}}$$

7 *(b)* ऊँचाई h पर उपग्रह की कुल ऊर्जा,

$$= \text{KE} + \text{PE} = \frac{GMm}{2(R+h)} - \frac{GMm}{(R+h)}$$

$$= \frac{-GMm}{2(R+h)} = \frac{-GMmR^2}{2R^2(R+h)}$$

$$= \frac{-mg_0R^2}{2(R+h)}$$

8 *(a)* उपग्रह का कक्षीय वेग,

$$v_o = \sqrt{\frac{GM_e}{R_e\left[1 + \frac{h}{R_e}\right]}} \Rightarrow v_o = \sqrt{\frac{gR_e}{1 + \frac{h}{R_e}}}$$

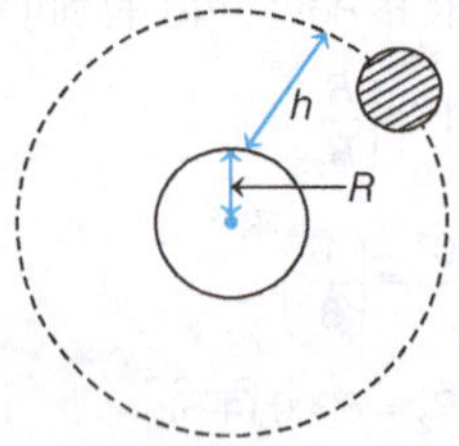

g, R_e एवं h के मानों को प्रतिस्थापित करने पर,

$$v_o = \sqrt{60 \times 10^6} \text{ मी/से} = 7.76 \text{ किमी/से}$$

10 *(c)* $v_e = \sqrt{\dfrac{2GM}{R'}}$

$$c = \sqrt{\frac{2GM}{R'}}$$

$$R' = \frac{2GM}{c^2} = \frac{2 \times 6.67 \times 10^{-11} \times 6 \times 10^{24}}{9 \times 10^{16}}$$

$$= 0.889 \times 10^{-2} \approx 10^{-2} \text{ मीटर}$$

11 *(c)* माना वर्ग की भुजा x है

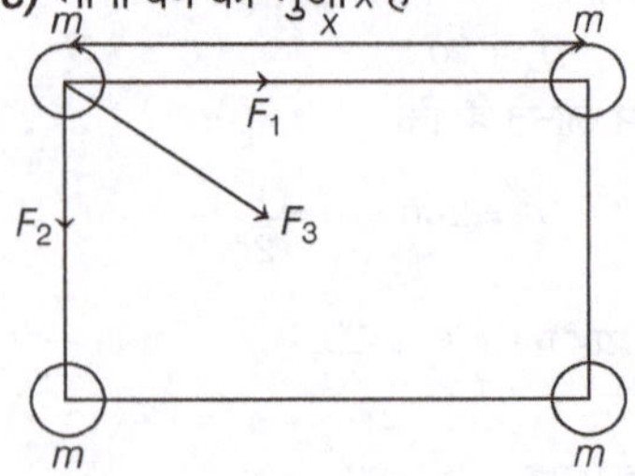

एक द्रव्यमान पर अन्य तीन द्रव्यमानों के कारण गुरुत्वीय बल,

$$F = \mathbf{F}_1 + \mathbf{F}_2 + \mathbf{F}_3$$

$$= \frac{\sqrt{2} \cdot Gm^2}{x^2} + \frac{Gm^2}{(\sqrt{2}x)^2}$$

$$= \frac{Gm^2}{x^2}\left(\sqrt{2} + \frac{1}{2}\right) = \frac{Gm^2}{x^2}\left(\frac{2\sqrt{2}+1}{2}\right)$$

बल, $F = \left(\dfrac{2\sqrt{2}+1}{32}\right)\dfrac{Gm^2}{L^2}$

अतः $\dfrac{1}{x^2}\left(\dfrac{2\sqrt{2}+1}{2}\right) = \dfrac{2\sqrt{2}+1}{(32)L^2}$

$$\Rightarrow \quad x = 4L$$

12 *(a)* गृह के सतह पर पलायन वेग, $v = \sqrt{\dfrac{2GM}{R}}$

चन्द्रमा की सतह पर पलायन वेग है

$$v' = \sqrt{\frac{2GM'}{R'}}$$

$$= \sqrt{\frac{2G\left(\frac{M}{144}\right)}{\left(\frac{R}{16}\right)}} = \frac{1}{3}\sqrt{\frac{2GM}{R}} = \frac{v}{3}$$

13 *(b)* सतह से किसी ग्रह का पलायन वेग,

$$v_e = \sqrt{2gR}$$

दो ग्रह A और B के लिए

$$\frac{(v_e)_A}{(v_e)_B} = \sqrt{\frac{g_A}{g_B}}\sqrt{\frac{R_A}{R_B}} \quad \text{...(i)}$$

समी (i) से, $\quad \dfrac{1}{2} = \sqrt{\dfrac{g_A}{g_B}}\sqrt{\dfrac{1}{3}}$

या $\quad \sqrt{\dfrac{g_A}{g_B}} = \dfrac{\sqrt{3}}{2}$ or $\dfrac{g_A}{g_B} = \dfrac{3}{4}$

14 *(c)* प्रारम्भ में, दो द्रव्यमानों के मध्य लगने वाला बल,

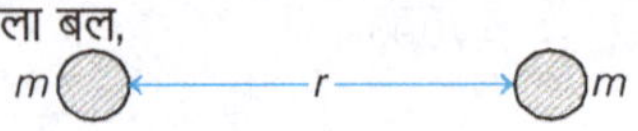

$$F = \frac{Gm \times m}{r^2} = \frac{Gm^2}{r^2}$$

जब पहले द्रव्यमान का $\frac{1}{3}$वां भाग अन्य को स्थानान्तरित होता है तो द्रव्यमान $\frac{4}{3}m$ एवं $\frac{2}{3}m$ होंगे।

अब आकर्षी प्राकर्षण बल होगा

$$F' = \frac{G\frac{4m}{3}\times\frac{2m}{3}}{r^2}$$

$$\Rightarrow \quad F' = \frac{8}{9}\frac{Gm^2}{r^2} \Rightarrow F' = \frac{8}{9}F$$

15 (c) $M' = \rho\cdot\frac{4}{3}\pi\left(\frac{R}{2}\right)^3 = \frac{M}{8}$

गुरुत्वीय बल की संकल्पना का प्रयोग करके,

$$F_1 = \frac{GMm}{(3R)^2} = \frac{GMm}{9R^2} \quad \text{...(i)}$$

एवं $F_{cavity} = \frac{GM'm}{(AB)^2} = \frac{G(M/8)m}{(2R+R/2)^2}$

$$= \frac{4GMm}{25\times 8R^2} \quad \text{...(ii)}$$

$$\therefore \quad F_2 = F_1 - F_{cavity} = \frac{GMm}{9R^2} - \frac{4}{25\times 8}\frac{GMm}{R^2}$$

$$= \frac{41}{50\times 9}\frac{GMm}{R^2}$$

$$\because \quad \frac{F_1}{F_2} = \frac{50}{41}$$

स्किल बूस्टर्स

1 (d)

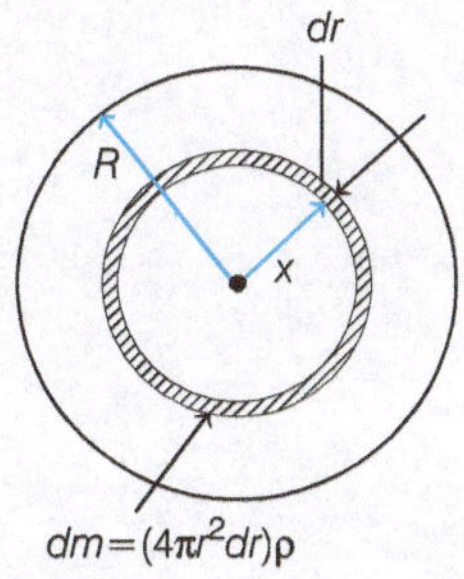

गुरुत्वीय क्षेत्र,

$$E = \frac{G}{x^2}\int_0^x (4\pi r^2 dr)(\rho(r))$$

$$= \frac{G}{x^2}\int_0^x (4\pi r^2)\rho_0\left(1-\frac{r^2}{R^2}\right)dr$$

$$= \frac{4\pi G\rho_0}{x^2}\left[\frac{r^3}{3}-\frac{r^5}{5R^2}\right]_0^x$$

$$= 4\pi G\rho_0\left(\frac{x}{3}-\frac{x^3}{5R^2}\right)$$

गुरुत्वीय क्षेत्र अधिकतम होने के लिए ,

$$\frac{d}{dx}\left[4\pi G\rho_0\left(\frac{x}{3}-\frac{x^3}{5R^2}\right)\right] = 0$$

$$\Rightarrow \quad 4\pi G\rho_0\left(\frac{1}{3}-\frac{3x^2}{5R^2}\right) = 0 \Rightarrow x = \sqrt{\frac{5}{9}}R$$

2 (c) यहाँ, $F = mg' = mg\left[1-\frac{\sqrt{\frac{R^3}{9}+x^2}}{9}\right]$

$$\frac{mg\sqrt{\frac{R^2}{9}+x^2}}{R}\times\frac{\frac{R}{3}}{\sqrt{\frac{R^2}{9}+x^2}} = \frac{mg}{3}$$

3 (a) यहाँ,

$$F_{net} = \sqrt{2}F_1 + F_3 = \frac{mv^2}{R}$$

$$\sqrt{2}a = 2R$$

या $R = \frac{a}{\sqrt{2}}$

इस प्रकार, $\sqrt{2}\frac{Gm^2}{a^2} + \frac{Gm^2}{2a^2} = \frac{mv^2}{a}\sqrt{2}$

या $v = \sqrt{\frac{Gm(2\sqrt{2}+1)}{2\sqrt{2}a}}$

4 (b) माना, m ग्रह का द्रव्यमान है।

कक्षीय त्रिज्या r पर उपग्रह की कुल ऊर्जा,

$$E = -\frac{GMm}{2r}$$

$$\Rightarrow \quad dE = +\frac{GMm}{2r^2}dr \quad \text{...(i)}$$

एवं $\frac{dE}{dt} = -F\times v = -(kv^2)v = -kv^3$

$$= -k\left(\frac{GM}{r}\right)^{3/2}$$

या $dE = -k\left(\frac{GM}{r}\right)^{3/2}dt$ ...(ii)

समी (i) एवं (ii) से,

$$\frac{GMm}{2r^2}dr = -k\left(\frac{GM}{r}\right)^{3/2}dt$$

$$dt = -\frac{GMm}{2r^2}\cdot\left(\frac{r}{GM}\right)^{3/2}\cdot\frac{1}{k}dr$$

$$= -\frac{m}{2\sqrt{GM}}\cdot\frac{1}{k}\cdot\frac{1}{\sqrt{r}}dr$$

$$\int_0^t dt = -\frac{m}{2k\sqrt{GM}}\int_{7R}^{R}\frac{1}{\sqrt{r}}dr$$

$$t = -\frac{m}{k\sqrt{GM}}[\sqrt{r}]_{7R}^{R}$$

$$t = -\frac{mR}{k\sqrt{GM}}(\sqrt{7}-1)$$

$$t = \frac{m}{k\sqrt{gR}}(\sqrt{7}-1) \quad \left(\because g = \frac{GM}{R^2}\right)$$

5 (b) $mg_{\text{खम्बा}} = \frac{GMm}{R^2} \Rightarrow GM = gR^2$

$(\because g_{\text{खम्बा}} = g)$

भूमध्य रेखा पर,

$$\frac{GMm}{R^2} - mg' = \frac{mv^2}{R}$$

$$\Rightarrow mg - \frac{mg}{2} = \frac{mv^2}{R} \text{ or } g = \frac{2v^2}{R}$$

अब, ध्रुव पर कण की कुल ऊर्जा, $E_T = U + K$

या $E_T = -\frac{GMm}{R} + 0$

$\therefore$ बन्धन ऊर्जा $= |E_T| = \frac{GMm}{R} = mgR$

$$\therefore \quad \frac{1}{2}mv_e^2 = mgR = m\frac{2v^2}{R}R$$

$$\Rightarrow \quad v_e = 2v$$

6 (b) माना, d = तारों के बीच की दूरी व d_1 और d_2 निकाय के द्रव्यमान केन्द्र से तारों की दूरी है।

$$\therefore \quad d_1 = \left(\frac{d}{m_1+m_2}\right)m_2$$

एवं $d_2 = \left(\frac{d}{m_1+m_2}\right)m_1$

$m_1 + m_2 = M$ (दिया है)

$$\therefore \quad d_1 = \frac{d}{M}m_2$$

और $d_2 = \frac{d}{M}m_1$

$$\frac{Gm_1m_2}{d^2} = m_1\omega^2 d_1 = m_2\omega^2 d_2$$

$$\therefore \frac{Gm_1(M-m_1)}{d^2} = m_1\omega^2\left[\frac{d}{M}(M-m_1)\right]$$

इसीलिए, $GM = \omega^2 d^3$

$$\Rightarrow \quad GM = \left(\frac{2\pi}{T}\right)^2 d^3$$

$$\therefore \quad d = \left[\frac{GMT^2}{4\pi}\right]^{1/3}$$

7 (a) $\left(1-\frac{d}{R}\right) = g - \omega^2 R$

$$\Rightarrow \quad \omega^2 R = \frac{gd}{R}$$

$$\Rightarrow \quad d = \frac{\omega^2 R^2}{g}$$

8 *(c)* चित्र में दिखायें गए अनुसार एक अवयव पर विचार करें

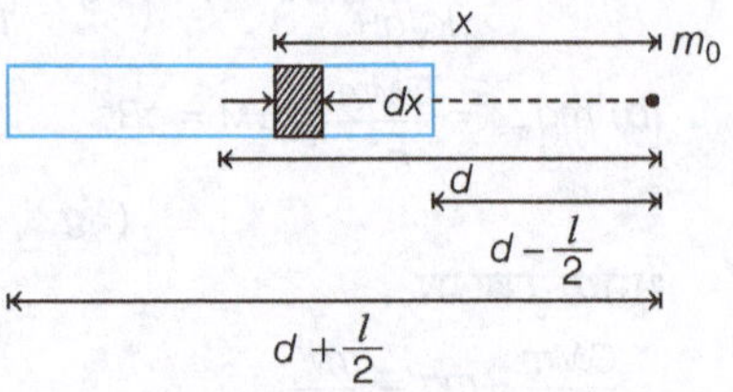

$$dm = \frac{m_0}{l}dx$$

d_m एवं बिन्दु द्रव्यमान के बीच गुरुत्वीय स्थितिज ऊर्जा,

$$dU = -\frac{Gm_0 dm}{x}$$

$$= -\frac{Gm_0^2}{l}\cdot\frac{1}{x}dx$$

$$U = \frac{Gm_0^2}{l}\int_{d-\frac{l}{2}}^{d+\frac{l}{2}}\frac{1}{x}dx$$

$$= -\frac{Gm_0^2}{l}\ln\left(\frac{d+\frac{1}{2}}{d-\frac{1}{2}}\right)$$

या $\quad U = -\frac{Gm_0^2}{l}\ln\left(\frac{2d+l}{2d-l}\right)$

9 *(b)* प्रारम्भ में, दोनों के कारण क्षेत्र धनात्मक X-अक्ष के अनुदिश है। दोनों के कारण क्षेत्र तब तक बढ़ता है, जब तक कि पर्यवेक्षक, वलय के केन्द्र तक नहीं पहुँच जाता है। यहाँ वलय के कारण क्षेत्र शून्य (कुल क्षेत्र नहीं) है। बाद में, वलय कारण क्षेत्र ऋणात्मक है और गोले के कारण क्षेत्र धनात्मक है। कही, बीच में क्षेत्र शून्य हो जाता है और बाद में गोले का प्रभाव वलय से अधिक होगा। अब क्षेत्र धनात्मक है और तब तक बढ़ता है जब तक पर्यवेक्षक गोले की सतह तक नहीं पहुँच जाता है।

10 *(c)* जब किसी कण को क्षेत्र के लम्बवत् पथ पर ले जाया जाता है तो किया गया कार्य शून्य होगा।

अब क्षेत्र $\mathbf{E}_g$ द्वारा x-अक्ष के साथ बनाया गया कोण,

$$\tan\theta = \frac{E_y}{E_x} = \frac{1}{4}$$

क्षेत्र सदिश के लम्बवत् रेखा का ढलान,

$m = -4$

($\because$ लम्बवत् रेखा के लिए $m_1 \times m_2 = -1$)

इस प्रकार कण का पथ $y = -4x + C$ या $y + 4x = c$ के अनुदिश होगा।

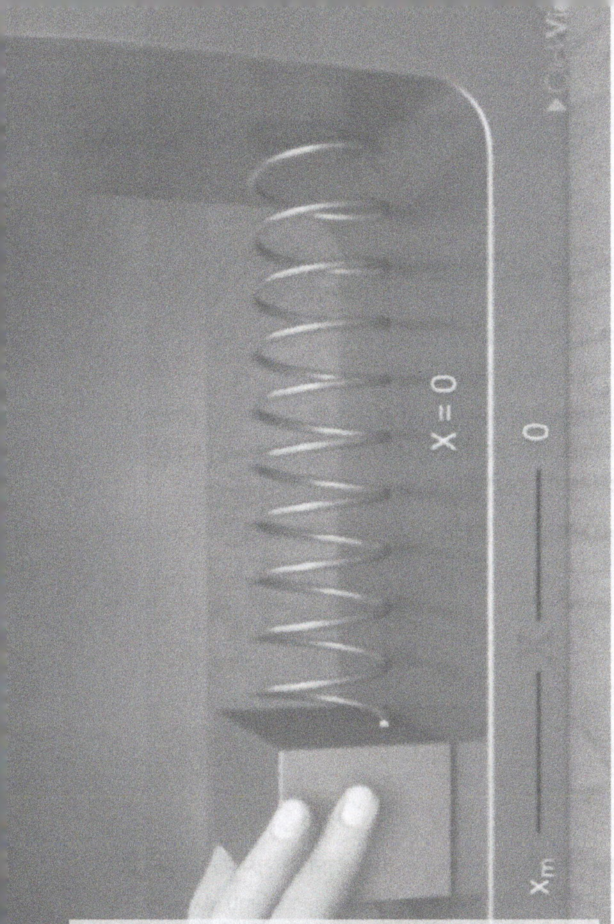

08

ठोसों के यान्त्रिक गुण

Mechanical Properties of Solids

5 वर्षों में NEET में पूछे गये शीर्षकवार प्रश्न

शीर्षक	वर्षवार प्रश्नों की संख्या				
	2024	2023	2022	2021	2020
ठोसों का प्रत्यास्थ व्यवहार	–	–	–	–	–
प्रतिबल एवं विकृति	–	1	–	–	–
प्रतिबल–विकृति वक्र	–	–	–	–	–
प्रत्यास्थता गुणांक	1	–	–	–	1
पदार्थों के प्रत्यास्थ व्यवहार के अनुप्रयोग	–	–	–	–	–

NEET में विगत 5 वर्षों में पूछे गये विशेष प्रकार के प्रश्न

प्रकार	वर्ष				
	2024	2023	2022	2021	2020
अभिकथन-कारण	–	–	1	–	–
कथन आधारित	–	–	–	–	–
सुमेलन	–	–	–	–	–

NEET के विगत 5 वर्षों का भारांकन

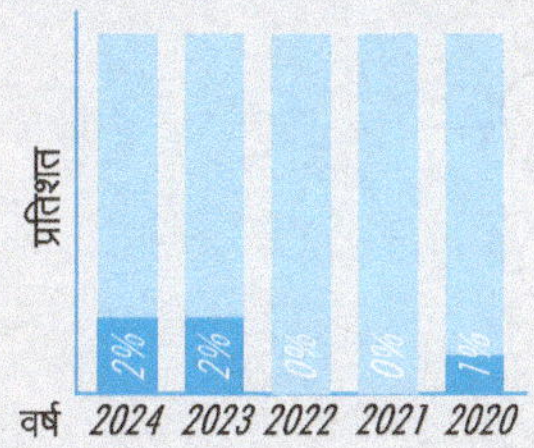

- किसी भी ठोस का आकार व आकृति निश्चित होते हैं। ठोस के आकार एवं आकृति को परिवर्तित करने के लिए बाह्य बल की आवश्यकता होती है।
- किसी पिण्ड पर लगने वाला वह बाह्य बल जिससे पिण्ड के आकार व आकृति में परिवर्तन हो जाता है, **विरूपक बल** (Deforming force) कहलाता है।
- किसी पिण्ड का वह गुण जिसके कारण वह लगाए गए बाह्य बल को हटा लेने पर अपने मूल आकार व आकृति को प्राप्त कर लेता है, **प्रत्यास्थता** (Elasticity) कहलाता है।
- ऐसे पदार्थ जो विरूपक बल हटा लेने परअपने मूल आकार व आकृति को प्राप्त कर लेते है, **प्रत्यास्थ पदार्थ** (Elastic substance) कहलाते हैं।
- किसी पिण्ड की अपने मूल स्वरूप को पुनः प्राप्त करने में असमर्थता को **सुघट्यता** या प्लास्टिसिटी (Plasticity) कहते हैं। इस गुण वाले पदार्थों को **सुघट्य या प्लास्टिक पदार्थ** (Plastic substances) कहते हैं। जैसे पुट्टी, मिट्टी, बैकलाइट आदि।

*ठोसों का प्रत्यास्थ व्यवहार
(Elastic Behaviour of Solids)

- ठोस में प्रत्येक परमाणु या अणु, अपने निकटवर्ती परमाणुओं या अणुओं से घिरा होता है। ये अन्तर-परमाणु या अन्तर-आण्विक बलों द्वारा एक साथ बँधे होते हैं और एक स्थिर सन्तुलन स्थिति में रहते हैं।
- जब कोई ठोस विरूपित (Deformed) होता है, तो परमाणु या अणु अपनी सन्तुलन की स्थिति से विस्थापित हो जाते हैं जिससे अन्तर-परमाणु या अन्तर-आण्विक दूरी में परिवर्तन होता है।
- जब पिण्ड से विरूपक बल हटा लिया जाता है, तो अन्तर-परमाणु बल पिण्ड को वापस उसकी मूल स्थिति में लाने का प्रयास करता है। इस प्रकार **पिण्ड अपना मूल आकार व आकृति प्राप्त कर लेता है।**

** यह शीर्षक NCERT के नवीनतम पाठ्यक्रम में सम्मिलित नहीं है, लेकिन NEET के नवीनतम पाठ्यक्रम में दिया गया है।*

- चित्र में दिखाए गए स्प्रिंग-बॉल निकाय के मॉडल को लेकर प्रत्यानयन तन्त्र (Restoring mechanism) को देखा जा सकता है। यहाँ बॉल परमाणुओं को तथा स्प्रिंग अन्तर परमाणविक बलों को व्यक्त करती हैं।

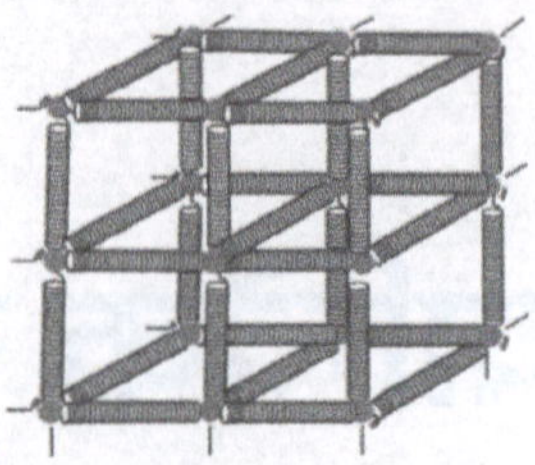

प्रतिबल एवं विकृति (Stress and Strain)

- जब किसी पिण्ड या वस्तु पर विरूपक बल लगाया जाता है, तो पिण्ड या वस्तु में प्रत्यानयन बल (Restoring force) उत्पन्न हो जाता है। पिण्ड की अनुप्रस्थ काट के प्रति इकाई क्षेत्रफल पर लगने वाले प्रत्यानयन बल को **प्रतिबल** कहते हैं।

इस प्रकार, प्रतिबल $(\sigma) = \dfrac{\text{प्रत्यानयन बल } (F)}{\text{अनुप्रस्थ-काट का क्षेत्रफल } (A)}$

इसका **SI मात्रक** न्यूटन/मी^{2} या पास्कल (Pa) होता है तथा **विमीय सूत्र** (Dimensional formula) $[ML^{-1}T^{-2}]$ होता है।

- प्रतिबल निम्न तीन प्रकार के होते हैं

(i) **अनुदैर्ध्य प्रतिबल** (Longitudinal stress) पिण्ड की लम्बाई के अनुदिश प्रति इकाई क्षेत्रफल पर लगने वाले प्रत्यानयन बल को **अनुदैर्ध्य प्रतिबल** कहते हैं। NEET 2023

यह दो प्रकार का होता है

(a) **तनन प्रतिबल** (Tensile stress) जब किसी वस्तु को उसकी अनुप्रस्थ काट के क्षेत्रफल पर अभिलम्बवत् रूप से लगाए गए दो समान बलों द्वारा खींचा जाता है, तो वस्तु के प्रति इकाई क्षेत्रफल पर लगने वाले प्रत्यानयन बल को तनन प्रतिबल कहते हैं।

(b) **सम्पीडन प्रतिबल** (Compressive stress) जब किसी वस्तु को लगाए गए बलों की क्रिया के अन्तर्गत सम्पीडित किया जाता है, तो वस्तु के प्रति इकाई क्षेत्रफल पर लगने वाले प्रत्यानयन बल को **सम्पीडन प्रतिबल** कहते हैं।

(ii) **स्पर्शीय या अपरूपण प्रतिबल** (Tengential or Shearing stress) लगाए गए स्पर्शीय बलों के कारण प्रति इकाई क्षेत्रफल पर उत्पन्न प्रत्यानयन बल को स्पर्शीय या अपरूपण प्रतिबल कहते हैं।

(iii) **जलीय या आयतनात्मक प्रतिबल** (Hydraulic or Volumetric stress) यदि किसी वस्तु की सभी सतहों पर समान अभिलम्ब बल (Normal force) लगाए जाते हैं, तो वस्तु के आयतन में परिवर्तन हो जाता है। इस स्थिति में, प्रति इकाई क्षेत्रफल पर लगने वाले आन्तरिक प्रत्यानयन बल को जलीय या आयतनात्मक प्रतिबल कहते हैं और इसका परिमाण जलीय दाब (प्रति इकाई क्षेत्रफल पर लगने वाला बल) के बराबर होता है।

- विरूपक बल लगाने पर किसी वस्तु के अभिविन्यास (Configuration) में होने वाले सापेक्षिक परिवर्तन को **विकृति** (Strain) कहते हैं।

इस प्रकार, विकृति $= \dfrac{\text{वस्तु के अभिविन्यास में परिवर्तन } (\Delta x)}{\text{मूल अभिविन्यास } (x)}$

यह एक विमाहीन राशि है।

- विकृति निम्न तीन प्रकार की होती है

(i) **अनुदैर्ध्य विकृति** (Longitudinal strain) किसी वस्तु की लम्बाई में परिवर्तन (ΔL) तथा वास्तविक (मूल) लम्बाई (L) के अनुपात को अनुदैर्ध्य विकृति कहते हैं।

इस प्रकार, अनुदैर्ध्य विकृति $= \dfrac{\Delta L}{L}$

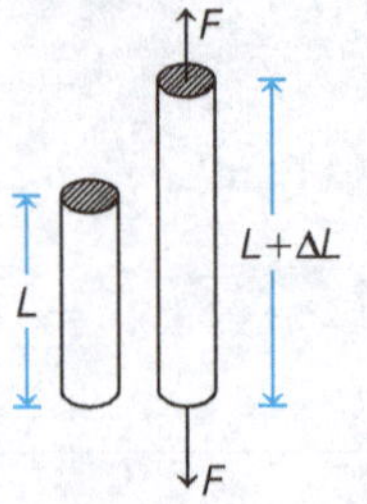

(ii) **अपरूपण विकृति** (Shearing strain) बेलन के सम्मुख फलकों के बीच के सापेक्षिक विस्थापन (relative displacement) (Δx) तथा बेलन की लम्बाई (L) के अनुपात को अपरूपण विकृति कहते हैं।

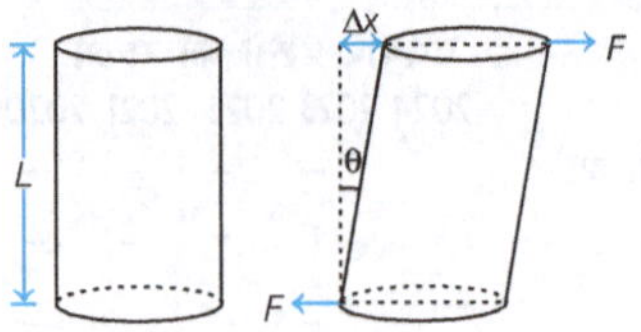

इस प्रकार, अपरूपण विकृति $= \dfrac{\Delta x}{L} = \tan\theta$

जहाँ, θ, ऊर्ध्वाधर से बेलन का कोणीय विस्थापन है।

प्रायः θ का मान बहुत कम होता है, इसलिए $\tan\theta$ लगभग कोण θ के बराबर ही होता है अर्थात् $\tan\theta \simeq \theta$

(iii) **आयतनात्मक विकृति** (Volumetric Stress) जलीय दाब के कारण उत्पन्न विकृति को आयतनात्मक विकृति कहते हैं और इसे आयतन में परिवर्तन (ΔV) तथा प्रारम्भिक आयतन (V) के अनुपात के रूप में परिभाषित करते हैं।

इस प्रकार, आयतन विकृति $= \dfrac{\Delta V}{V}$

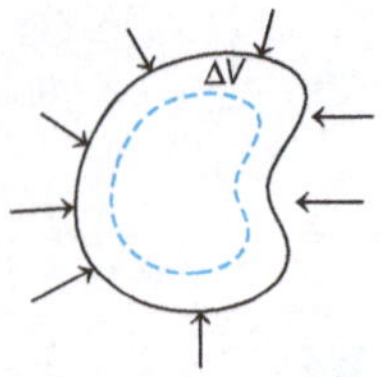

*नोट आरोपित बल के लम्बवत् विकृति को **पार्श्व विकृति** (Lateral strain) कहते हैं।*

हुक का नियम (Hook's Law)

इस नियम के अनुसार, लघु विरूपणों के लिए, प्रतिबल तथा विकृति एक-दूसरे के समानुपाती होते हैं।

अर्थात् प्रतिबल ∝ विकृति

⇒ प्रतिबल = $k \times$ विकृति

जहाँ, k एक अनुक्रमानुपातिकता स्थिरांक है जिसे **प्रत्यास्थता गुणांक** (Modulus of elasticity) कहते हैं।

k का SI मात्रक न्यूटन/मी² तथा विमा $[ML^{-1}T^{-2}]$ होता है।

प्रतिबल-विकृति वक्र (Stress-Strain Curve)

प्रतिबल तथा विकृति के बीच खींचा गया ग्राफ हमें धात्विक तार के सरल निकाय को बताता है, जो बढ़ते तनाव के अधीन है।

- ***O* से *A* तक** यह वक्र का प्रारम्भिक भाग है, जोकि एक सीधी रेखा है। यह भाग दर्शाता है कि प्रतिबल, विकृति के सीधे समानुपातिक है अर्थात् इस भाग में हुक के नियम का पालन किया जाता है।
- ***A* से *B* तक** इस भाग में प्रतिबल, विकृति के समानुपातिक नहीं है। यद्यपि भार हटा लेने के पश्चात् वस्तु अपनी प्रारम्भिक अवस्था को प्राप्त कर लेती है।
- **बिन्दु *B*** को पराभव बिन्दु (या प्रत्यास्थ सीमा) के रूप में जाना जाता है तथा संगत प्रतिबल को पदार्थ की पराभव सामर्थ्य (Yield strength) (σ_y) कहते हैं।

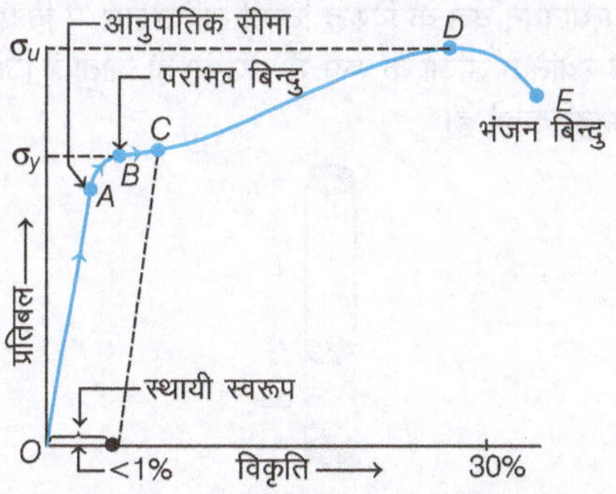

NEET 2019

- **बिन्दु *B*** से दूर, विकृति, प्रतिबल की तुलना में अधिक तेजी से बढ़ती है।
- **बिन्दु *B* से *C* तक** जब बिन्दु *B* व *D* के बीच किसी बिन्दु *C* पर भार हटा दिया जाता है, तो वस्तु अपनी प्रारम्भिक विमाओं को पुनः प्राप्त नहीं करती है। इस स्थिति में जब प्रतिबल शून्य होता है, तब भी विकृति शून्य नहीं होती है। तब यह कहा जाता है कि वस्तु में स्थायी विरूपण हो गया है।
- **बिन्दु *D*** ग्राफ पर इस बिन्दु को वस्तु के पदार्थ की पराभव तनन सामर्थ्य (Ultimate tensile strength) (σ_u) कहते हैं।
- **बिन्दु *E*** यह भंजन बिन्दु (Fracture point) है। इस बिन्दु से आगे प्रतिबल आरोपित करने पर तार टूट जाता है। इसे भंजन प्रतिबल भी कहते हैं।
- बिन्दु *C* व *E* के बीच जितनी अधिक दूरी होगी, पदार्थ उतना ही अधिक **तन्य** (Ductile) होगा।
- बिन्दु *C* व *E* के बीच जितनी कम दूरी होगी, पदार्थ उतना ही अधिक **भँगुर** (Brittle) होगा।
- **इलास्टोमर** ऐसे पदार्थ जिन्हें तानित करके अधिक विकृति उत्पन्न की जा सकती है, उन्हें इलास्टोमर (Elastomer) कहते हैं।
- चित्र में हृदय में उपस्थित महाधमनी के प्रत्यास्थ ऊतक के लिए, प्रतिबल-विकृति वक्र दर्शाया गया है।

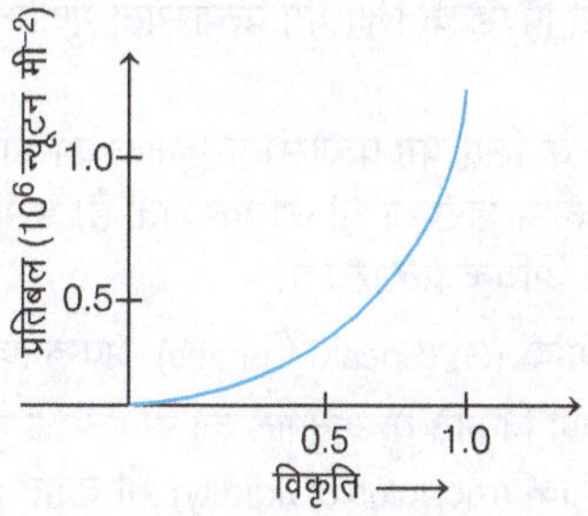

- प्रतिबल-विकृति व्यवहार, पदार्थ से पदार्थ में भिन्न होता है। उदाहरण के लिए, रबर को उसकी मूल लम्बाई से कई गुना तक खींचा जा सकता है फिर भी यह अपने मूल आकार में वापस आ जाती है।

Marks Maximizer

प्रत्यास्थता में भिन्नता (Variation in Elasticity)

- **तापमान का प्रभाव** तापमान बढ़ने पर प्रत्यास्थता कम हो जाती है। अनीलिंग (annealing) अर्थात् बारी-बारी से गर्म व ठण्डा करने पर भी प्रत्यास्थता कम हो जाती है।
- **अशुद्धियों का प्रभाव** यदि अशुद्धि अधिक प्रत्यास्थ है, तो पदार्थ की प्रत्यास्थता बढ़ जाती है। परन्तु यदि अशुद्धि अधिक प्लास्टिक है, तो पदार्थ की प्रत्यास्थता कम हो जाती है।
- **प्रत्यास्थ विश्रांति काल** विरूपक बल हटा लेने के पश्चात्, वस्तु के मूल आकार में आने तक लगने वाले समय को प्रत्यास्थ विश्रांति काल (elastic relaxation time) कहते हैं। क्वार्ट्ज के लिए यह न्यूनतम तथा काँच के लिए उच्चतम होता है।

प्रत्यास्थता गुणांक (Elastic Moduli)

प्रतिबल तथा विकृति के अनुपात को **प्रत्यास्थता गुणांक** कहते हैं। यह पदार्थ की एक विशेषता होती है। इसका मात्रक तथा विमा, प्रतिबल के समान अर्थात् **न्यूटन/मी² या पास्कल** तथा $[ML^{-1}T^{-2}]$ होते हैं।

- प्रतिबल तथा विकृतियों के प्रकार के आधार पर, प्रत्यास्थता गुणांक निम्न तीन प्रकार के होते हैं

(i) **यंग प्रत्यास्थता गुणांक** (Young's Modulus of Elasticity) तनन (या सम्पीड़न) प्रतिबल (σ) तथा अनुदैर्ध्य विकृति (ε) के अनुपात को यंग प्रत्यास्थता गुणांक कहते हैं। इसे '*Y*' से प्रदर्शित करते हैं। NEET 2020

इस प्रकार, $Y = \dfrac{\sigma}{\varepsilon} = \dfrac{FL}{A \cdot \Delta L} = \dfrac{MgL}{\pi r^2 \Delta L}$

जहाँ, M = वस्तु का द्रव्यमान; A = वस्तु का क्षेत्रफल

ΔL = विकृति के फलस्वरूप लम्बाई में परिवर्तन

g = गुरुत्वीय त्वरण तथा L = वस्तु की लम्बाई

- इसका मात्रक न्यूटन/मी^{2} या पास्कल तथा विमीय सूत्र $[ML^{-1}T^{-2}]$ होते हैं।
- धातुओं के लिए यंग प्रत्यास्थता गुणांक का मान, अलॉय (मिश्र धातु) तथा इलास्टोमर की अपेक्षा अधिक होता है।
- किसी आदर्श पिण्ड के लिए यंग प्रत्यास्थता गुणांक का मान अनन्त होता है।
- किसी पदार्थ के लिए यंग प्रत्यास्थता गुणांक का मान अधिक होने पर उस पदार्थ की प्रत्यास्थता भी अधिक होती है। इसलिए स्टील, रबड़ की तुलना में अधिक प्रत्यास्थ है।

(ii) **अपरूपण गुणांक** (*G*) (Shear Modulus) अपरूपण प्रतिबल (σ_s) तथा संगत अपरूपण विकृति के अनुपात को अपरूपण गुणांक कहते हैं। इसे दृढ़ता गुणांक (modulus of rigidity) भी कहते हैं। NEET 2022

$$\therefore \eta \text{ या } G = \frac{\text{अपरूपण प्रतिबल}}{\text{अपरूपण विकृति}} = \frac{FL}{A\Delta x} = \frac{F}{A\tan\theta}$$

$$G = \frac{F}{A\theta} \quad [\because \tan\theta \approx \theta, \theta \text{ की लघु त्रिज्या के लिए}]$$

$$\text{या} \quad \sigma_s = G \times \theta \qquad \left[\sigma_s = \frac{F}{A}\right]$$

जहाँ, θ = अपरूपण कोण

- अपरूपण गुणांक का SI मात्रक न्यूटन/मी^{2} होता है तथा विमीय सूत्र $[ML^{-1}T^{-2}]$ होता है।
- अधिकांश पदार्थों के लिए $Y > G$ तथा अधिकतर द्रव्यों के लिए $G \approx \frac{Y}{3}$ होता है।
- यंग प्रत्यास्थता गुणांक तथा अपरूपण गुणांक केवल ठोसों के लिए ही प्रासंगिक होते हैं, क्योंकि ठोसों में ही लम्बाई व आकार होता है।

(iii) **आयतन गुणांक** (*B*) (Bulk Modulus) जलीय प्रतिबल तथा संगत जलीय विकृति के अनुपात को आयतन गुणांक कहते हैं।

$$\therefore \quad B = \frac{-p}{\frac{\Delta V}{V}}$$

- ऋणात्मक चिह्न दर्शाता है कि दाब में वृद्धि होने पर आयतन में कमी होती है।
- आयतन गुणांक का मात्रक तथा विमा, दाब के समान अर्थात् न्यूटन/मी^{2} या पास्कल तथा $[ML^{-1}T^{-2}]$ होते हैं।
- साम्यावस्था निकाय के लिए, यदि p धनात्मक तथा ΔV, ऋणात्मक है, तो आयतन गुणांक B सदैव धनात्मक होगा।
- आयतन गुणांक के व्युत्क्रम को **सम्पीड्यता** (Compressibility) कहते हैं। इसे दाब में एकांक वृद्धि पर आयतन में भिन्नात्मक परिवर्तन द्वारा परिभाषित करते हैं।

$$\text{सम्पीड्यता,} \quad K = \frac{1}{B} = \frac{-\Delta V}{Vp}$$

- आयतन गुणांक ठोसों, द्रवों तथा गैसों के लिए प्रासंगिक होता है।
- ठोसों के लिए आयतन गुणांक, द्रवों और गैसों की अपेक्षा कहीं अधिक होता है, अर्थात् $B_{\text{ठोस}} > B_{\text{द्रव}} > B_{\text{गैस}}$

पॉयसन अनुपात (Poisson's Ratio)

- आरोपित बल की लम्बवत् दिशा में होने वाली विकृति को **पार्श्व विकृति** (lateral strain) कहते हैं।
- प्रत्यास्थता सीमा के अन्दर, किसी तानित तार में पार्श्व विकृति तथा अनुदैर्ध्य विकृति के अनुपात को **पॉयसन अनुपात** कहते हैं।

$$\text{पॉयसन अनुपात, } \sigma = \frac{\text{पार्श्व विकृति}}{\text{अनुदैर्ध्य विकृति}} = -\frac{\frac{\Delta d}{d}}{\frac{\Delta L}{L}}$$

जहाँ, Δd = व्यास में परिवर्तन, d = मूल या प्रारम्भिक व्यास

ΔL = लम्बाई में परिवर्तन

तथा L = मूल या प्रारम्भिक लम्बाई

यहाँ, ऋणात्मक चिह्न दर्शाता है कि लम्बाई में वृद्धि होने पर तार की त्रिज्या घटती है।

- यह एक शुद्ध संख्या है, इसलिए इसका कोई मात्रक या विमा नहीं होती है। इसका मान पदार्थ की प्रकृति पर निर्भर करता है।
- **स्टील (इस्पात)** के लिए **इसका मान** 0.28 और 0.30 के मध्य होता है तथा **एल्युमिनियम मिश्र धातुओं** के लिए इसका मान लगभग 0.33 होता है।

तानित तार में प्रत्यास्थ स्थितिज ऊर्जा (Elastic Potential Energy in a Stretched Wire)

- आन्तरिक प्रत्यानयन बल के विरुद्ध किसी तानित तार में किए गए कार्य की मात्रा तार में स्थैतिक ऊर्जा के रूप में संग्रहीत हो जाता है जिसे **प्रत्यास्थ स्थितिज ऊर्जा** कहते हैं।

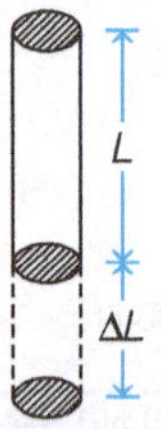

किया गया कार्य, W = औसत बल × लम्बाई में वृद्धि NEET 2019

$$W = \frac{F}{2} \times \Delta L = \frac{1}{2} \cdot \frac{F}{A} \times \frac{\Delta L}{L} \times AL$$

जहाँ, L = तार की लम्बाई

ΔL = लम्बाई में वृद्धि

F = विरूपक बल

तानित तार में प्रत्यास्थ स्थितिज ऊर्जा,

$$U = \frac{1}{2} \times \text{प्रतिबल} \times \text{विकृति} \times \text{तार का आयतन}$$

- **तार में प्रति एकांक आयतन प्रत्यास्थ स्थितिज ऊर्जा,** $u = \frac{U}{V}$

$$u = \frac{1}{2} \times \text{प्रतिबल } (\sigma) \times \text{विकृति } (\varepsilon) = \frac{1}{2}\sigma\varepsilon$$

पदार्थों के प्रत्यास्थ व्यवहार के अनुप्रयोग (Applications of Elastic Behaviour of Materials)

- चित्र में एक बीम को उसके सिरों पर स्थिर किया गया है और उसके मध्य में भार डाला गया है (जैसा कि नीचे दर्शाया गया है) तब केन्द्र में अवनमन (depression)

$$\delta = \frac{wl^3}{4bd^3Y}$$

जहाँ, Y = यंग प्रत्यास्थता गुणांक, w = बीम का भार, l = बीम की लम्बाई
b = बीम की चौड़ाई तथा d = बीम की मोटाई

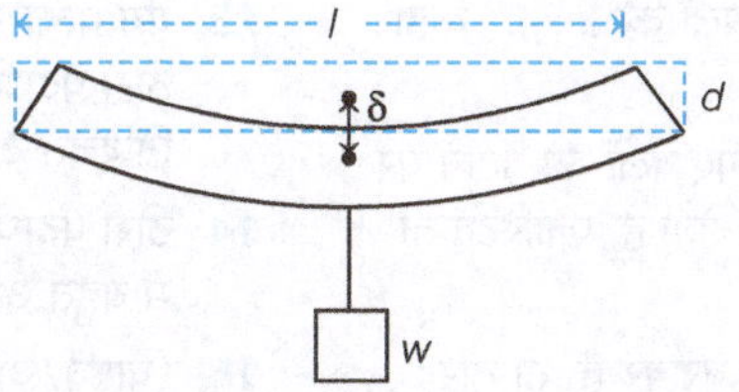

- किसी दिए गए भार हेतु झुकाव को कम करने के लिए अधिक यंग प्रत्यास्थता गुणांक (Y) वाले पदार्थ का उपयोग किया जाना चाहिए।

Caution Points

- किसी एक दिशा में लगाया गया विरूपक बल, दूसरी दिशा में विकृति उत्पन्न कर सकता है। ऐसी स्थिति में प्रतिबल तथा विकृति के बीच आनुपातिकता को केवल एक प्रत्यास्थता गुणांक द्वारा वर्णित नहीं किया जा सकता है।
- चूँकि प्रतिबल, बल के समान एक सदिश राशि नहीं है इसलिए प्रतिबल को किसी विशिष्ट दिशा में आरोपित नहीं किया जा सकता है।

PYQ नोट्स

1. अपने स्वयं के भार के कारण किसी तार में विस्तार,
$$e = \frac{l^2dg}{2Y}$$
(जहाँ, l = तार की लम्बाई, d = घनत्व तथा Y यंग प्रत्यास्थता गुणांक है) **[NEET 2022]**

2. यदि यंग प्रत्यास्थता गुणांक Y_1 व Y_2 वाले समान लम्बाई व त्रिज्या के दो तारों को सिरे-से-सिरे तक जोड़ा जाता है तथा कुछ बल द्वारा भारित किया जाता है, तो संयोजन एक एकल तार के समान व्यवहार करता है जिसका यंग प्रत्यास्थता गुणांक निम्न प्रकार दिया जाता है, **[JEE Main 2021]**
$$Y = \frac{2Y_1Y_2}{Y_1 + Y_2}$$

3. यदि तनाव T_1 व T_2 के कारण किसी तार की लम्बाईयाँ क्रमशः l_1 व l_2 हों, तो अतानित तार की लम्बाई, **[NEET 2021]**
$$l = \frac{l_1T_2 - l_2T_1}{T_2 - T_1}$$

4. जब तार के मुक्त सिरे पर लटकी M द्रव्यमान की वस्तु को किसी द्रव में डुबोया जाता है, तो तार में उत्पन्न विस्तार
$$= \frac{(Mg - V\rho g)L}{AY}$$
(जहाँ, L = तार की लम्बाई, V = द्रव में डूबी वस्तु का आयतन,
A = तार की अनुप्रस्थ-काट का क्षेत्रफल तथा ρ = द्रव का घनत्व है।) **[JEE Main 2019]**

Step by Step

Mastering NCERT

- कॉन्सेप्ट बिल्डर्स
- शीर्षकवार प्रश्न
- अभिकथन–कारण प्रश्न
- कथन आधारित प्रश्न
- सुमेलन प्रकार प्रश्न
- आंकिक मान प्रकार के प्रश्न
- NCERT Exemplar प्रश्न
- विगत परीक्षाओं के प्रश्न
- स्किल बूस्टर्स

कॉन्सेप्ट बिल्डर्स

1 किसी ठोस में दो अणुओं के बीच कार्य करने वाले बलों को .... कहा जाता है

2 किसी पिण्ड का वह गुण जिसके कारण वह लगाए गए बलों को हटाने पर अपने मूल आकार और आकृति को पुनः प्राप्त कर लेता है, प्लास्टिकता कहलाता है। (सत्य/असत्य)

3 यदि लगाया गया प्रतिबल, यंग प्रत्यास्थता गुणांक के बराबर है, तो तार की लम्बाई ..... (दोगुनी/तीनगुना) हो जाती है।

4 पिण्ड की लम्बाई के साथ प्रति इकाई क्षेत्रफल पर कार्य करने वाले प्रत्यानयन बल को (अनुदैर्ध्य/स्पर्शीय) ...... प्रतिबल कहा जाता है।

5 ठोस में अन्तर-परमाण्विक बल केवल आकर्षक प्रकृति के होते हैं। (सत्य/असत्य)

6 तनन और सम्पीडन प्रतिबल को .... (स्पर्शीय प्रतिबल/अनुदैर्ध्य प्रतिबल) भी कहा जा सकता है।

7 प्रत्यास्थ सीमा के अन्तर्गत प्रतिबल- विकृति ग्राफ का ढलान क्या देता है?

8 हुक के नियम में आनुपातिकता स्थिरांक k क्या है?

9 यदि किसी तार को उसकी मूल लम्बाई से दोगुनी लम्बाई तक खींचा जाता है, तो विकृति का मान क्या होगा?

10 ठोस पदार्थों में किस प्रकार का प्रत्यास्थता गुणांक पाया जाता है?

11 यंग प्रत्यास्थता गुणांक का सूत्र क्या है?

12 एक तार के पदार्थ का यंग प्रत्यास्थता गुणांक, प्रत्यास्थ अशुद्धि के प्रतिशत में वृद्धि के साथ ....। (बढ़ता/घटता है)

13 यंग प्रत्यास्थता गुणांक और अपरूपण प्रत्यास्थता गुणांक केवल ठोस पदार्थों के लिए प्रासंगिक हैं क्योंकि ठोस पदार्थों का एक निश्चित आकार होता है। (सत्य/असत्य)

14 ठोस पदार्थों का आयतन प्रत्यास्थता गुणांक, तरल पदार्थों की तुलना में बहुत अधिक...... होता हैं। (बड़ा/छोटा)

15 (पार्श्व/अनुदैर्ध्य)...... विकृति से (पार्श्व/अनुदैर्ध्य) .... विकृति के अनुपात को पॉयसन अनुपात कहा जाता है।

16 सामान्य प्रतिबल के अन्तर्गत रबर का एक टुकड़ा 1000% विकृति प्रदर्शित कर सकता है, फिर भी जब इसे हटा दिया जाता है तो यह अपनी मूल लम्बाई पर लौट आता है। यह दर्शाता है कि रबर के टुकड़े में प्रत्यास्थ प्रत्यानयन बल कठोरता से संरक्षित हैं। (सत्य/असत्य)

17 यदि तार का पॉयसन अनुपात 0.5 है, तो इसे भारित करने पर इसका आयतन परिवर्तित नहीं होगा । (सत्य/असत्य)

18 जब एक तार को तनन प्रतिबल के अन्तर्गत रखा जाता है, तो अन्तर-परमाण्विक बलों के विरूद्ध कार्य किया जाता है। यह कार्य तार में प्रत्यास्थ स्थितिज ऊर्जा के रूप में संग्रहीत होता है। (सत्य/असत्य)

19 विरूपक बल के कारण अणुओं के बीच की दूरी या तो बढ़ जाती है या घट जाती है। इससे स्थितिज ऊर्जा में ...(वृद्धि/कमी) होती है।

20 यदि दो किनारों से सम्बद्ध यंग प्रत्यास्थता गुणांक Y वाली धातु की एक बीम को केन्द्र पर भारित किया जाता है, तो केन्द्र पर अवनमन ...... $\left[\frac{1}{Y}/\frac{1}{Y^2}\right]$ के समानुपाती होता है

शीर्षकवार प्रश्न

परिचय

1 वे पदार्थ जो विरूपक बल हटाने के बाद अपने आकार को पुनः प्राप्त करने की प्रवृत्ति नहीं रखते हैं, उन्हें कहा जाता है NCERT पृष्ठ 167

(a) प्लास्टिक (b) प्रत्यास्थ
(c) गैर-प्लास्टिक परन्तु प्रत्यास्थ (d) प्रत्यास्थ पॉयसन अनुपात

2 दो समान ठोस गेंदें, एक हाथीदाँत की और दूसरी गीली मिट्टी की, फर्श पर समान ऊँचाई से गिराई जाती हैं। फर्श से टकराने के बाद, NCERT पृष्ठ 167

(a) हाथीदाँत की गेंद, गीली मिट्टी की गेंद की तुलना में अधिक ऊँचाई तक उठेगी
(b) हाथीदाँत की गेंद, गीली मिट्टी की गेंद की तुलना में कम ऊँचाई तक उठेगी
(c) दोनों गेंदें समान ऊँचाई तक उठेंगी
(d) गेंद की दिशा यादृच्छिक होगी

ठोसों का प्रत्यास्थ व्यवहार

3 जब दो परमाणुओं के बीच की दूरी, सामान्य सन्तुलन दूरी r_0 से कम होती है, तो परमाणुओं के बीच प्रतिकर्षण बल उपस्थित होता हैं, जो शून्य होता है Old NCERT पृष्ठ 236

(a) $r = r_0$ पर (b) $r < r_0$ पर (c) $r > r_0$ पर (d) $r = 0$ पर

4 जब कोई ठोस विकृत होता है, तो परमाणु या अणु अपनी सन्तुलन स्थिति से विस्थापित हो जाते हैं, जिसके कारण **Old NCERT पृष्ठ 236**

(a) तापमान में परिवर्तन होता है
(b) आयतन में परिवर्तन होता है
(c) गतिज ऊर्जा में परिवर्तन होता है
(d) अन्तर-परमाणु दूरी में परिवर्तन होता है

5 एक ठोस में, प्रत्येक परमाणु पड़ोसी परमाणुओं से घिरा होता है, ये एक साथ बद्ध होते हैं **Old NCERT पृष्ठ 236**

(a) सहसंयोजक बन्ध द्वारा
(b) अन्तर-परमाणु बल द्वारा
(c) नाभिकीय बलों द्वारा
(d) गुरुत्वाकर्षण बलों द्वारा

प्रतिबल एवं विकृति

6 एक वर्गाकार क्रॉस-सेक्शन की एक समान छड़ घर्षणरहित क्षैतिज सतह पर रखी है। इसके एक सिरे से इसे खींचने के लिए एक क्षैतिज बल लगाया जाता है, तब **NCERT पृष्ठ 168**

(a) छड़ की पूरी लम्बाई में एक समान प्रतिबल है
(b) छड़ पर कोई प्रतिबल नहीं है, क्योंकि बल केवल एक सिरे पर लगाया गया है
(c) छड़ बिना किसी प्रतिबल के गति करती है
(d) छड़ के उस सिरे पर उत्पन्न प्रतिबल धीरे-धीरे शून्य हो जाता है, जहाँ कोई बल नहीं लगाया जाता है

7 A और B दो तार हैं और A की त्रिज्या B की त्रिज्या से दोगुनी है। उन्हें एक ही भार द्वारा खींचा जाता है, तो B पर प्रतिबल है **NCERT पृष्ठ 168**

(a) A पर प्रतिबल के बराबर
(b) A पर प्रतिबल का चार गुना
(c) A पर प्रतिबल का दोगुना
(d) A पर प्रतिबल का आधा

8 2.0 मिमी त्रिज्या वाला एक स्टील का तार, जो 4 किलोग्राम का भार वहन करता है, छत से लटका हुआ है। दिया गया है कि $g = 3.1\pi$ मी/से^{2}, तार में उत्पन्न होने वाला तनन प्रतिबल क्या होगा? **NCERT पृष्ठ 168**

(a) 6.2×10 न्यूटन/मी^{2}
(b) 5.2×10 न्यूटन/मी^{2}
(c) 3.1×10 न्यूटन/मी^{2}
(d) 4.8×10 न्यूटन/मी^{2}

9 Mg द्रव्यमान को निलंबित करने पर अनुप्रस्थ काट A के क्षेत्रफल वाले प्रत्यास्थ तार की लम्बाई, प्रारम्भिक लम्बाई l की दोगुनी हो जाती है। तार पर तात्क्षणिक प्रतिबल क्रिया है **NCERT पृष्ठ 168**

(a) Mg/A (b) $Mg/2A$ (c) $2Mg/A$ (d) $4Mg/A$

10 तार का भंजन प्रतिबल निर्भर करता है **NCERT पृष्ठ 168**

(a) तार की लम्बाई पर
(b) तार की त्रिज्या पर
(c) तार के पदार्थ पर
(d) तार के अनुप्रस्थ-काट की आकृति पर

11 0.1 मीटर भुजा वाले एल्युमीनियम के एक घन पर 100 न्यूटन का अपरूपण बल लगाया जाता है। घन का शीर्ष फलक नीचे के फलक के सापेक्ष 0.02 सेमी विस्थापित होता है। अपरूपण विकृति होगी **NCERT पृष्ठ 168**

(a) 0.02 (b) 0.1 (c) 0.005 (d) 0.002

12 एक समान घन, आयतन सम्पीड़न के अधीन है। यदि इसके प्रत्येक भाग में 1% की कमी हो जाती है, तो आयतन प्रतिबल है **NCERT पृष्ठ 168**

(a) 0.01
(b) 0.06
(c) 0.02
(d) 0.03

13 द्रव्यमान m और M के दो ब्लॉक एक घर्षणरहित स्थिर घिरनी के ऊपर से गुजरने वाले अनुप्रस्थ-काट क्षेत्रफल A के धातु के तार के माध्यम से जुड़े हुए हैं जैसा कि चित्र में दर्शाया गया है। फिर निकाय को छोड़ दिया जाता है। यदि $M = 4m$ हो, तो तार में उत्पन्न प्रतिबल है **NCERT पृष्ठ 168**

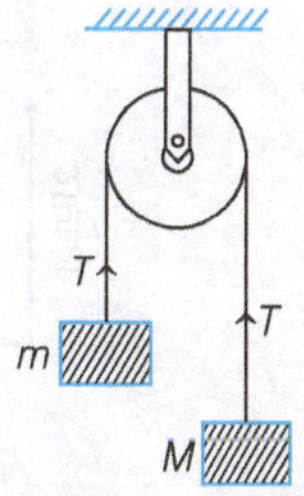

(a) $\frac{2mg}{3A}$ (b) $\frac{4mg}{3A}$ (c) $\frac{8mg}{5A}$ (d) $\frac{3mg}{4A}$

14 तार A और B द्रव्यमान m से जुड़े हुए हैं जैसा कि चित्र में दर्शाया गया है। तार एक ही पदार्थ के हैं और उनकी त्रिज्याएँ r_A और r_B हैं। B के सिरे को $mg/3$ के बल से खींचा जाता है। उपरोक्त स्थिति के संदर्भ में, निम्नलिखित में से कौन-सा कथन सही है? **NCERT पृष्ठ 168**

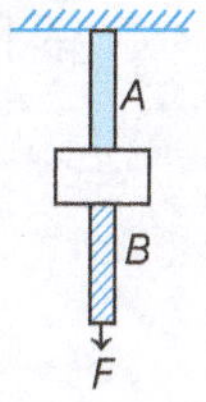

(a) A, B से पहले टूटता है, जब $r_A = r_B$
(b) A, B के बाद टूटता है, जब $r_A < 2r_B$
(c) न तो A और न ही B टूटेगा, यदि $r_A = 2r_B$
(d) 2 किग्रा बल लगाने पर A टूटता है

15 दो ब्लॉक एक तार से बंधे हैं और एक घिरनी के ऊपर लटकाए गए हैं जैसा कि चित्र में दर्शाया गया है। ब्लॉकों के द्रव्यमान क्रमश : 1 किग्रा और 4 किग्रा हैं और घिरनी घर्षणरहित है। उपरोक्त स्थिति के संदर्भ में, निम्नलिखित में से कौन-सा कथन गलत है? **NCERT पृष्ठ 168**

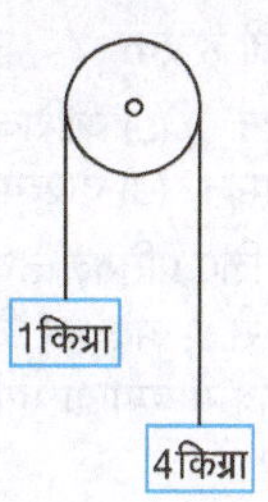

(a) तार में तनाव 10 न्यूटन है।
(b) तार में तनाव 16 न्यूटन है।
(c) यदि भंजन प्रतिबल 3.18×10^9 हो, तब तार की त्रिज्या 4×10^{-5} मी होनी चाहिए जिससे की तार न टूटे
(d) तार का भंजन प्रतिबल इसके पदार्थ पर निर्भर करता है

हुक का नियम

16 यदि किसी पिण्ड पर प्रतिबल बढ़ाया जाता है, तो हुक के प्रत्यास्थता नियम के अनुसार, प्रतिबल और विकृति का अनुपात

(a) बढ़ता है (b) घटता है NCERT पृष्ठ 169

(c) शून्य हो जाता है (d) नियत रहता है

17 प्रत्यास्थता की सीमा के भीतर, निम्नलिखित में से कौन-सा ग्राफ हुक के नियम का पालन करता है? NCERT पृष्ठ 169

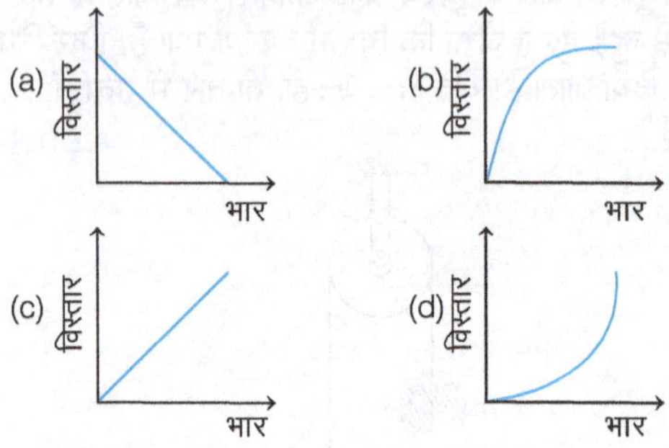

प्रतिबल-विकृति वक्र

18 प्रतिबल (जो प्रति इकाई क्षेत्र पर लगाए गए बल के परिमाण के बराबर है) तथा धातु में उत्पन्न विकृति के बीच एक ग्राफ खींचा जाता है जैसा की चित्र में दर्शाया गया है।

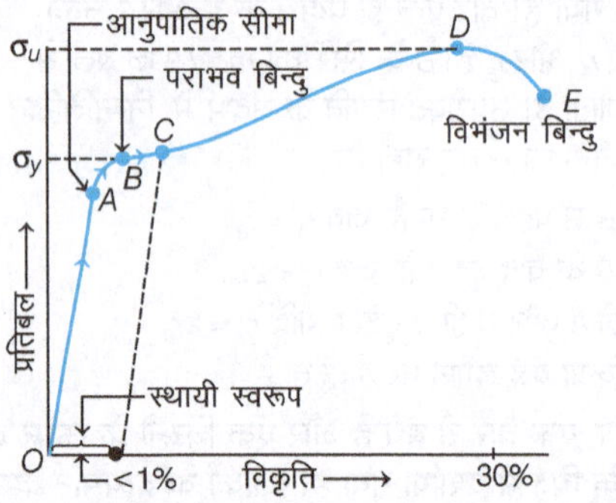

ग्राफ से हम क्षेत्र O से A में देख सकते हैं कि वक्र रेखीय है। इस क्षेत्र में, हुक के नियम का पालन किया जाता है। इस प्रकार क्षेत्र O से A में ठोस वस्तु व्यवहार करती है एक NCERT पृष्ठ 169

(a) प्रत्यास्थ पिण्ड के समान (b) आंशिक रूप से प्रत्यास्थ पिण्ड के समान

(c) प्लास्टिक पिण्ड के समान (d) अप्रत्यास्थ पिण्ड के समान

19 दो पदार्थों P और Q के लिए प्रतिबल तथा विकृति के मध्य वक्र खींचते समय, एक छात्र गलती से Y-अक्ष पर विकृति और X-अक्ष पर प्रतिबल रख देता है जैसा कि चित्र में दर्शाया गया है। तब, निम्नलिखित में से कौन-सा कथन सही है? NCERT पृष्ठ 169

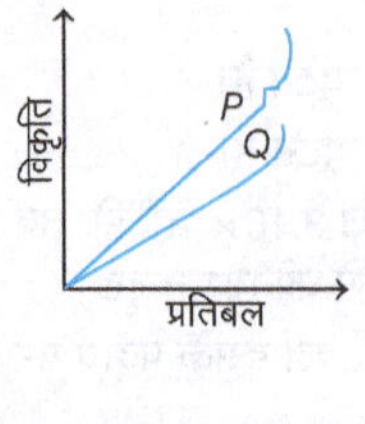

(a) P में Q की अपेक्षा में अधिक तनन सामर्थ्य है

(b) P, Q से अधिक तन्य है

(c) P, Q से अधिक भंगुर है

(d) P का यंग प्रत्यास्थता गुणांक Q की तुलना में अधिक है

20 एक छात्र द्वारा दो प्रतिबल-विकृति ग्राफ A और B खींचे गए हैं (जैसा कि नीचे दर्शाया गया है) परन्तु वह यह निर्दिष्ट करना भूल गया कि A और B के लिए क्या शर्तें हैं। निम्नलिखित में से कौन सा कथन A और B के लिए गलत स्थितियाँ दर्शाता है? NCERT पृष्ठ 169

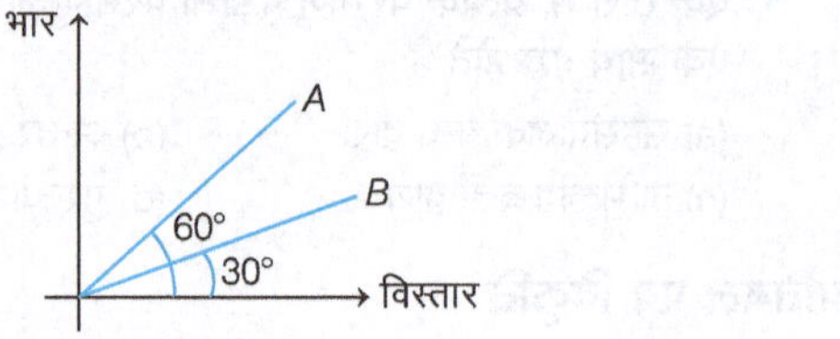

(a) यदि A और B समान आयामों के दो अलग-अलग तारों के बने हैं, तो $Y_A : Y_B = \sqrt{3} : 1$

(b) यदि A और B समान लम्बाई और समान सामग्री के दो अलग-अलग तारों के बनाए गए हैं, तो तार A, B से अधिक मोटा है।

(c) A का विस्तार B की तुलना में कम है।

(d) उपरोक्त में से कोई नहीं

21 समान व्यास के एक ताँबे और स्टील के तार को सिरे-से-सिरे तक जोड़ा गया है। इस मिश्रित तार पर एक विरूपक बल F लगाया जाता है जिससे लम्बाई में कुल 1 सेमी की वृद्धि होती है। दोनों तारों में होगा NCERT पृष्ठ 170

(a) समान प्रतिबल एवं विकृति

(b) समान प्रतिबल परन्तु असमान विकृति

(c) समान विकृति परन्तु असमान प्रतिबल

(d) असमान प्रतिबल एवं विकृति

22 पीतल की प्रत्यास्थता सीमा 379 मेगा-पास्कल है। पीतल की छड़ का न्यूनतम व्यास क्या होना चाहिए, यदि इसे अपनी प्रत्यास्थ सीमा को पार किए बिना 400 न्यूटन भार वहन करना हो? NCERT पृष्ठ 169

(a) 0.90 मिमी (b) 1.00 मिमी

(c) 1.16 मिमी (d) 1.36 मिमी

प्रत्यास्थता गुणांक

23 जब एक तार पर भार w लटकाया जाता है, तो वह 1 मिमी लम्बा हो जाता है। यदि तार एक घिरनी के ऊपर से होकर जाता है और दोनों सिरों पर $2w$ के दो भार लटकाए जाते हैं, तो तार की लम्बाई (मिमी में) होगी NCERT पृष्ठ 170

(a) l (b) $2l$ (c) शून्य (d) $l/2$

24 दो तारों A और B के यंग प्रत्यास्थता गुणांकों का अनुपात 7 : 4 है। तार A, 2 मीटर लम्बा है और उसकी त्रिज्या R है। तार B 1.5 मीटर लम्बा है और उसकी त्रिज्या 2 मिमी है। यदि किसी दिए गए भार के लिए दोनों तार समान लम्बाई तक खिंचते हैं, तो R का मान लगभग है NCERT पृष्ठ 170

(a) 1.3 मिमी (b) 1.7 मिमी

(c) 1.5 मिमी (d) 1.9 मिमी

25 20×10^8 न्यूटन/मी^{2} का प्रतिबल लगाने पर एक पूर्ण प्रत्यास्थ तार की लम्बाई दोगुनी हो जाती है। इसका यंग प्रत्यास्थता गुणांक होगा **NCERT पृष्ठ 170**

(a) 40×10^8 न्यूटन/मी^{2} (b) 20×10^8 न्यूटन/मी^{2}
(c) 10×10^8 न्यूटन/मी^{2} (d) 5×10^8 न्यूटन/मी^{2}

26 2 मीटर लम्बा एक तार 10 सेमी^{3} ताँबे से बनाया गया है। इस पर एक बल F लगाया जाता है जिससे इसकी लम्बाई 2 मिमी बढ़ जाती है। 8 मीटर लम्बा एक अन्य तार ताँबे के समान आयतन से बनाया गया है। यदि इस पर समान बल F लगाया जाए, तो इसकी लम्बाई बढ़ जाएगी **NCERT पृष्ठ 170**

(a) 0.8 सेमी (b) 1.6 सेमी
(c) 2.4 सेमी (d) 3.2 सेमी

27 पीतल की एक छड़ का व्यास 4 मिमी है और पीतल का यंग प्रत्यास्थता गुणांक 9×10^{10} न्यूटन /मी^{2} है। इसे इसकी लम्बाई का 0.1% तक खींचने के लिए आवश्यक बल है **NCERT पृष्ठ 170**

(a) 360π न्यूटन (b) 36 न्यूटन
(c) $36\pi \times 10^5$ न्यूटन (d) $144\pi \times 10^3$ न्यूटन

28 लम्बाई L और त्रिज्या r के निम्नलिखित चार तार एक ही पदार्थ से बने हैं। जब वे समान तनाव में होते हैं, तो किस तार में सबसे अधिक वृद्धि होगी ? **NCERT पृष्ठ 170**

(a) $L = 200$ सेमी, $r = 0.5$ मिमी (b) $L = 150$ सेमी, $r = 0.3$ मिमी
(c) $L = 400$ सेमी, $r = 02$ मिमी (d) $L = 250$ सेमी, $r = 0.1$ मिमी

29 लम्बाई L और अनुप्रस्थ-काट क्षेत्रफल A का एक तार एक भार द्वारा खींचा गया है। तार में उत्पन्न वृद्धि l है। यदि तार के पदार्थ का यंग प्रत्यास्थता गुणांक Y है, तो तार का बल स्थिरांक है **NCERT पृष्ठ 170**

(a) $\frac{YL}{A}$ (b) $\frac{YA}{L}$ (c) $\frac{YA}{l}$ (d) $\frac{Yl}{A}$

30 एक ही पदार्थ के दो तारों की त्रिज्याओं का अनुपात 2 : 1 है और लम्बाईयों का अनुपात 1 : 2 है। यदि समान बल लगाया जाए, तो उनकी लम्बाई में परिवर्तन का अनुपात होगा **NCERT पृष्ठ 170**

(a) 1 : 1 (b) 1 : 2 (c) 1 : 4 (d) 1 : 8

31 दो तार एक ही पदार्थ से बने हैं और उनका आयतन भी समान है। पहले तार का अनुप्रस्थ-काट क्षेत्रफल A है और दूसरे तार का अनुप्रस्थ-काट क्षेत्रफल $3A$ है। यदि बल F लगाने पर पहले तार की लम्बाई Δl द्वारा बढ़ जाती है, तो दूसरे तार को समान रूप से खींचने के लिए कितने बल की आवश्यकता होगी? **NCERT पृष्ठ 170**

(a) $4F$ (b) $6F$ (c) $9F$ (d) F

32 2 मीटर अविस्तारित स्टील के तार के सिरे पर बांधा गया 15 किलो का द्रव्यमान वृत्त के निचले भाग में 2 चक्कर प्रति सेकण्ड के कोणीय वेग के साथ एक ऊर्ध्वाधर वृत्त में घुमाया जाता है। तार का अनुप्रस्थ काट 0.02 सेमी^{2} है। जब द्रव्यमान अपने पथ के निम्नतम बिन्दु पर होता है, तो तार का विस्तार होगा
($g = 10$ मी/से^{2}, $Y_s = 2 \times 10^{11}$ न्यूटन/मी^{2} लें) **NCERT पृष्ठ 170**

(a) 0.24 मिमी (b) 1.52 मिमी
(c) 2.52 मिमी (d) 3.52 मिमी

33 2 न्यूटन तनाव होने पर एक रबर की रस्सी की लम्बाई l_1 मीटर है और 8 न्यूटन तनाव होने पर यह l_2 मीटर है। 14 न्यूटन तनाव होने पर लम्बाई होगी **NCERT पृष्ठ 170**

(a) $(2.5l_2 - 1.5l_1)$ मी (b) $(6l_2 - 1.5l_1)$ मी
(c) $(2l_1 - l_2)$ मी (d) $(2l_2 - l_1)$ मी

34 दो तार एक ही पदार्थ से बने हैं और उनका आयतन समान है। जहाँ, तार 1 का अनुप्रस्थ-काट का क्षेत्रफल A है और तार 2 का अनुप्रस्थ-काट का क्षेत्रफल $4A$ है। यदि बल F_1 लगाने पर तार 1 की लम्बाई Δx बढ़ जाती है, तो तार 2 को समान मात्रा में खींचने के लिए कितने बल की आवश्यकता होगी? **NCERT पृष्ठ 170**

(a) $4F_1$ (b) $8F_1$ (c) $12F_1$ (d) $16F_1$

35 3.2 मीटर लम्बा ताँबे का तार और 1.6 मीटर लम्बा स्टील का तार, जिनमें प्रत्येक का व्यास 4 मिमी है, सिरे से सिरे तक जुड़े हुए हैं। भार द्वारा खींचे जाने पर, कुल विस्तार 1.3 मिमी पाया जाता है। लगाया गया भार है ($Y_{\text{ताँबा}} = 1.2 \times 10^{11}$ न्यूटन/मी^{2}), $Y_{\text{स्टील}} = 2 \times 10^{11}$ न्यूटन/मी^{2})

(a) 1.6×10^2 न्यूटन (b) 1.8×10^2 न्यूटन **NCERT पृष्ठ 170**
(c) 3.2×10^2 न्यूटन (d) 4.7×10^2 न्यूटन

36 एक ताँबे के तार और एक स्टील के तार जिनका व्यास और लम्बाई क्रमशः 50 सेमी और 200 सेमी हैं, को एक दूसरे से जोड़कर एक बल लगाया जाता है जो उनकी संयुक्त लम्बाई को 2 सेमी बढ़ा देता है। यदि ताँबे और स्टील के लिए यंग प्रत्यास्थता गुणांक क्रमशः 12×10^{11} डाइन/सेमी^{2} और 20×10^{11} डाइन/सेमी^{2} है, तो प्रत्येक तार में विस्तार होगा **NCERT पृष्ठ 170**

(a) 0.46 सेमी, 1.54 सेमी (b) 1.32 सेमी, 0.68 सेमी
(c) 1.59 सेमी, 0.41 सेमी (d) 0.58 सेमी, 1.42 सेमी

37 समान लम्बाई और समान अनुप्रस्थ-काट क्षेत्रफल वाली दो स्प्रिंग ऐसे पदार्थों से बनी हैं जिनके यंग प्रत्यास्थता गुणांक 3 : 2 के अनुपात में हैं। उन्हें निलंबित किया जाता है और उन पर समान द्रव्यमान से भारित किया जाता है है। दोनों स्प्रिंग के बल स्थिरांकों का अनुपात है **NCERT पृष्ठ 170**

(a) $\sqrt{3} : \sqrt{2}$ (b) 3 : 2
(c) $3\sqrt{3} : 2\sqrt{2}$ (d) 9 : 4

38 दो तार, जिनमें से एक ताँबे का बना है और दूसरा स्टील का बना है, के सिरे एक दूसरे से जुड़े हुए हैं जैसा कि चित्र में दर्शाया गया है। ताँबे के तार का अनुप्रस्थ काट का क्षेत्रफल स्टील के तार से दोगुना है। ये दोनों तार F परिमाण के सम्पीडन बल के अधीन हैं। यदि दोनों तारों की लम्बाई में परिवर्तन समान हो, तो उनकी लम्बाई का अनुपात क्या होगा? **NCERT पृष्ठ 170**

($Y_C = 1.1 \times 10^{11}$ न्यूटन/मी^{2}, $Y_S = 2 \times 10^{11}$ न्यूटन/मी^{2})

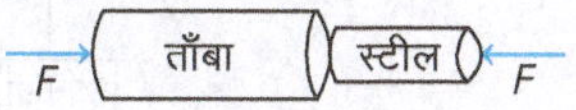

(a) 2.3 (b) 1.1
(c) 3 (d) 1.65

39 दो अलग-अलग तार A और B पर 2 न्यूटन का बल लगाने पर उनमें क्रमशः 2 मिमी और 3 मिमी का खिंचाव उत्पन्न होता हैं। मान लीजिए कि दोनों तार एक ही पदार्थ से बने हैं और तार B की त्रिज्या, तार A की त्रिज्या की 3 गुनी है। तार A और B की लम्बाई $a : b$ के अनुपात में है। तब $a : b$ का मान होगा **NCERT पृष्ठ 170**

(a) 2 : 25 (b) 2 : 27 (c) 27 : 2 (d) 25 : 2

40 6 मीटर लम्बाई और A अनुप्रस्थ-काट क्षेत्रफल वाला एक धातु का तार एक दृढ़ सिरे से जुड़ा हुआ है। 10 मीटर लम्बाई और समान अनुप्रस्थ-काट क्षेत्रफल वाला एक अन्य धातु का तार पहले तार के मुक्त सिरे पर जुड़ा हुआ है। दूसरे तार के मुक्त सिरे से 10 किग्रा द्रव्यमान का एक पिण्ड लटका हुआ है। यदि तारों के यंग प्रत्यास्थता गुणांक Y_1 और Y_2 क्रमशः 1.2×10^{11} न्यूटन/मी^{2} और 2×10^{11} न्यूटन/मी^{2} हैं, तो दोनो तारों के निकाय का प्रभावी बल स्थिरांक है **NCERT पृष्ठ 170**

(a) $10^{12} A$ (b) $2 \times 10^{11} A$ (c) $2 \times 10^{12} A$ (d) $10^{10} A$

41 एक स्टील की छड़ $ABCD$, 40 सेमी लम्बी है, जो तीन भागों AB, BC और CD से बनी है जैसा कि चित्र में दिखाया गया है। छड़ पर 40 किलो न्यूटन का खिंचाव है। भागों AB और CD का व्यास 60 मिमी है जबकि भाग BC का व्यास 25 मिमी है। छड़ का कुल विस्तार (मिमी में) है (स्टील का यंग प्रत्यास्थता गुणांक $= 2 \times 10^{11}$ न्यूटन/मी^{2}) **NCERT पृष्ठ 170**

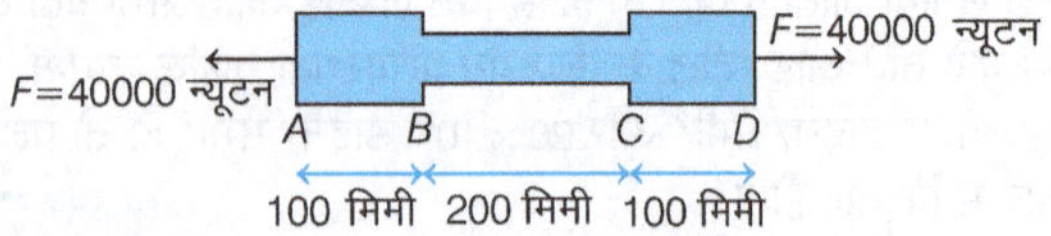

(a) 0.0637 (b) 0.084 (c) 0.0657 (d) 0.096

42 दो समांतर स्टील के तार A और B ऊपरी सिरे पर एक दृढ़ सिरे से जुड़े हुए हैं और उनके निचले सिरे एकसमान भार के अधीन हैं। तारों की लम्बाई 4 : 7 के अनुपात में है और उनकी त्रिज्याएँ 5 : 2 के अनुपात में हैं। यदि तार A की लम्बाई में 1 मिमी की वृद्धि होती है, तो तार B की लम्बाई में वृद्धि की गणना करें। **NCERT पृष्ठ 170**

(a) 4.86 मिमी (b) 3.42 मिमी
(c) 2.89 मिमी (d) 3.32 मिमी

43 5 किग्रा के तीन बराबर द्रव्यमानों को 0.002 सेमी^{2} के अनुप्रस्थ-काट क्षेत्रफल और 2×10^{11} न्यूटन/मी^{2} के यंग प्रत्यास्थता गुणांक वाली एक द्रव्यमान रहित डोरी से जोड़ा गया है। घर्षण की अनुपस्थिति में डोरियों में अनुदैर्ध्य विकृति होगी **NCERT पृष्ठ 170**

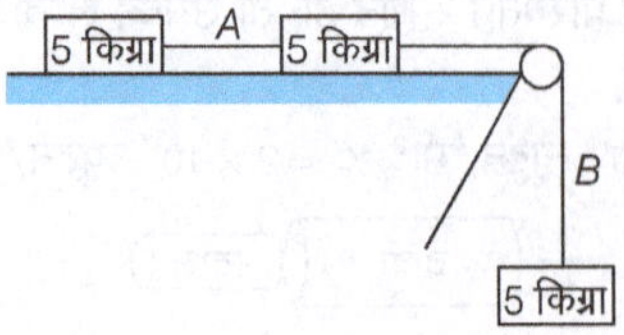

(a) A में 10^{-4} (b) B में 8.33×10^{-4}
(c) A में 4.16×10^{-4} (d) 'b' और 'c' दोनों

44 दिए गए चित्र में, स्टील और पीतल के तारों के व्यास, लम्बाई और यंग प्रत्यास्थता गुणांक का अनुपात क्रमशः p, q और r हैं। उनकी लम्बाईयों में वृद्धि का संगत अनुपात होगा **NCERT पृष्ठ 170**

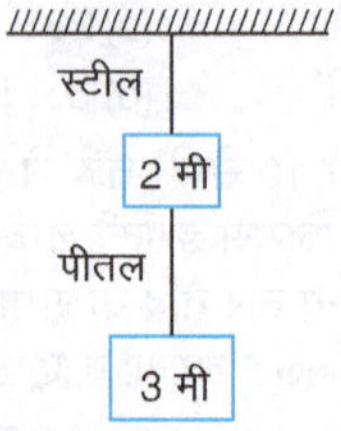

(a) $\frac{3q}{5p^2r}$ (b) $\frac{5q}{3p^2r}$ (c) $\frac{3q}{5pr}$ (d) $\frac{5q}{3pr}$

45 स्टील का यंग प्रत्यास्थता गुणांक, पीतल के यंग प्रत्यास्थता गुणांक से दोगुना है। समान लम्बाई और समान अनुप्रस्थ-काट क्षेत्रफल वाले दो तार, एक स्टील का और दूसरा पीतल का, एक ही छत से लटकाए गए हैं। यदि हम चाहते हैं कि तारों के निचले सिरे एक ही स्तर पर हों, तो स्टील और पीतल के तारों में जोड़ा गया भार का अनुपात होना चाहिए **NCERT पृष्ठ 170**

(a) 1 : 2 (b) 2 : 1
(c) 4 : 1 (d) 1 : 1

46 द्रव्यमान m का एक पत्थर L लम्बाई वाले तार के एक सिरे से बँधा हुआ है। तार का व्यास D है और यह लम्बवत् लटका हुआ है। पत्थर अब क्षैतिज तल में घूमता है और ऊर्ध्वाधर तल से θ कोण बनाता है। यदि तार का यंग प्रत्यास्थता गुणांक Y है, तो तार की लम्बाई में वृद्धि होगी **NCERT पृष्ठ 170**

(a) $\frac{4mgL}{\pi D^2 Y}$ (b) $\frac{4mgL}{\pi D^2 Y \sin\theta}$
(c) $\frac{4mgL}{\pi D^2 Y \cos\theta}$ (d) $\frac{4mgL}{\pi D^2 Y \tan\theta}$

47 $2L$ लम्बाई और $2R$ त्रिज्या वाले एक क्षैतिज मोटे ताँबे के तार के एक सिरे को L लम्बाई और R त्रिज्या वाले दूसरे क्षैतिज पतले ताँबे के तार के सिरे से वेल्ड किया जाता है। जब इस व्यवस्था को दोनों सिरों पर बल लगाकर खींचा जाता है, तो पतले तार में वृद्धि का मोटे तार में वृद्धि से अनुपात होगा **NCERTपृष्ठ 170**

(a) 0.25 (b) 0.50
(c) 2 (d) 4

48 एक पूर्णतः दृढ़ पिण्ड के लिए, **NCERT पृष्ठ 170**

(a) यंग प्रत्यास्थता गुणांक अनन्त होता है और आयतन प्रत्यास्थता गुणांक शून्य होता है।
(b) यंग प्रत्यास्थता गुणांक शून्य होता है और आयतन प्रत्यास्थता गुणांक अनन्त होता है।
(c) यंग प्रत्यास्थता गुणांक अनन्त होता है और आयतन प्रत्यास्थता गुणांक भी अनन्त होता है।
(d) यंग प्रत्यास्थता गुणांक शून्य होता है और आयतन प्रत्यास्थता गुणांक भी शून्य होता है।

49 स्टील का एक खोखला बेलनाकार स्तम्भ 12000 किलोग्राम का भार वहन करता है। स्तम्भ की आन्तरिक और बाहरी त्रिज्याएँ क्रमशः 20 सेमी और 30 सेमी हैं। यह मानते हुए कि भार वितरण एकसमान है। स्तम्भ की सम्पीडन विकृति होगी ($Y_S = 2\times10^{11}$ पास्कल) **NCERT पृष्ठ 170**

(a) 3.75×10^{-6} (b) 375×10^{6}
(c) 3.75×10^{-4} (d) 3.75×10^{-3}

50 l मीटर लम्बाई और A वर्ग मीटर अनुप्रस्थ-काट क्षेत्रफल वाली लोहे की छड़ को दोनों सिरों से F न्यूटन के बल से खींचा जाता है, ताकि छड़ में विस्तार उत्पन्न हो। निम्नलिखित में से कौन-सा कथन सही है? **NCERT पृष्ठ 170**

(a) विस्तार, अनुप्रस्थ काट A के समानुपाती होता है।
(b) विस्तार, यंग प्रत्यास्थता गुणांक के समानुपाती होता है।
(c) विस्तार, लम्बाई l के व्युत्क्रमानुपाती होता है।
(d) विस्तार, A के व्युत्क्रमानुपाती होता है।

51 4 मिमी त्रिज्या और 100 सेमी लम्बाई वाले एक तार के ऊपरी सिरे को क्लैम्प किया गया है और इसके दूसरे सिरे को 30° के कोण पर घुमाया गया है। तब, अपरूपण कोण है **NCERT पृष्ठ 172**

(a) 12° (b) 0.12° (c) 1.2° (d) 0.012°

52 30 सेमी भुजा और 4 सेमी मोटाई वाले एक वर्गाकार सीसे के स्लैब पर (इसके संकीर्ण फलक पर) 8×10^{4} न्यूटन परिमाण का अपरूपण बल लगाया जाता है। निचला किनारा फर्श पर स्थिर है। यदि सीसे का अपरूपण प्रत्यास्थता गुणांक 5.6×10^{9} पास्कल है, तो ऊपरी किनारा कितना विस्थापित होगा? **NCERT पृष्ठ 172**

(a) 3.6×10^{-5} मी (b) 3.6×10^{-3} मी
(c) 3.6×10^{-4} मी (d) 3.6×10^{4} मी

53 5 सेमी भुजा वाले एक एल्युमिनियम घन पर एक स्पर्शरेखीय बल लगाया जाता है। घन की ऊपरी सतह को निचली सतह के सापेक्ष 0.025 सेमी काटा जाता है। स्पर्शरेखीय बल (डाइन में) है ($G = 2.08\times10^{11}$ डाइन/सेमी^{2} लें) **NCERT पृष्ठ 172**

(a) 18×10^{8} (b) 25×10^{8}
(c) 26×10^{9} (d) 18×10^{9}

54 40 सेमी भुजा और 20 सेमी मोटाई वाले एक वर्गाकार सीसे के स्लैब पर (इसके ऊपरी फलक पर) 12×10^{4} न्यूटन का अपरूपण बल लगाया जाता है। निचला किनारा फर्श पर स्थिर है। ऊपरी किनारा कितना विस्थापित होगा? **NCERT पृष्ठ 172**

(सीसे का अपरूपण प्रत्यास्थता गुणांक 5.6×10^{9} न्यूटन/मी^{2})

(a) 0.16 मिमी (b) 0.11 मिमी
(c) 0.11 सेमी (d) 1.6 सेमी

55 जब एक गोलाकार रबर की गेंद पर 100 वायुमण्डल का दाब लगाया जाता है, तो इसका आयतन 0.01% कम हो जाता है। रबर के पदार्थ का आयतन प्रत्यास्थता गुणांक (डाइन/सेमी^{2} में) है **NCERT पृष्ठ 173**

(a) 10×10^{12} (b) 100×10^{12}
(c) 1×10^{12} (d) 20×10^{12}

56 त्रिज्या R का एक ठोस गोला, जो आयतन प्रत्यास्थता गुणांक B के पदार्थ से बना है, एक बेलनाकार कण्टेनर में एक तरल से घिरा हुआ है। क्षेत्रफल A का एक द्रव्यमान रहित पिस्टन तरल की सतह पर तैरता है। जब तरल को सम्पीड़ित करने के लिए पिस्टन पर एक द्रव्यमान M रखा जाता है, तो गोले की त्रिज्या में आंशिक परिवर्तन $\frac{\delta R}{R}$ है **NCERT पृष्ठ 173**

(a) $\frac{Mg}{BA}$ (b) $\frac{Mg}{2BA}$ (c) $\frac{Mg}{3BA}$ (d) $\frac{Mg}{4BA}$

57 यदि किसी पदार्थ की संपीड्यता 4×10^{-5} प्रति वायुमण्डल है, दाब 100 वायुमण्डल है और आयतन 100 सेमी^{3} है, तो ΔV ज्ञात करें। **NCERT पृष्ठ 173**

(a) 0.4 सेमी^{3} (b) 0.8 सेमी^{3} (c) 0.6 सेमी^{3} (d) 0.2 सेमी^{3}

58 एक महासागर की अनुमानित गहराई 2700 मी है। पानी की संपीड्यता 45.4×10^{-11} पास्कल $^{-1}$ है और पानी का घनत्व 10^3 किग्रा/मी^{3} है। समुद्र के तल पर पानी में कितना आंशिक सम्पीडन प्राप्त होगा? **NCERT पृष्ठ 173**

(a) 0.8×10^{-2} (b) 1.0×10^{-2} (c) 1.2×10^{-2} (d) 1.4×10^{-2}

59 एक समान तार (यंग प्रत्यास्थता गुणांक, $Y = 2\times10^{11}$ न्यूटन/मी^{2}) 4×10^{6} न्यूटन/मी^{2} के अनुदैर्ध्य प्रतिबल के अधीन है। यदि तार में कुल आयतन परिवर्तन 0.01% है, तो तार की त्रिज्या में आंशिक कमी है **NCERT पृष्ठ 173**

(a) 0.4×10^{-4} (b) 0.6×10^{-4}
(c) 1.2×10^{-4} (d) 2.2×10^{-4}

60 एक घन पर 4×10^{4} न्यूटन/मी^{2} का दाब लगता है। घन की प्रत्येक भुजा 2% छोटी हो जाती है। घन का आयतन प्रत्यास्थता गुणांक है **NCERT पृष्ठ 173**

(a) 5.2×10^{4} न्यूटन/मी^{2} (b) 7.4×10^{4} न्यूटन/मी^{2}
(c) 2.6×10^{4} न्यूटन/मी^{2} (d) 6.67×10^{5} न्यूटन/मी^{2}

61 निम्नलिखित में से कौन-सा कथन गलत है? **NCERT पृष्ठ 173**

(a) ठोसों के लिए आयतन प्रत्यास्थता गुणांक द्रवों की तुलना में बहुत अधिक होता है।
(b) गैसें सबसे कम सम्पीडीय होती हैं।
(c) सन्तुलन में एक निकाय के लिए , आयतन प्रत्यास्थता गुणांक का मान सदैव धनात्मक होता है।
(d) आयतन प्रत्यास्थता गुणांक का SI मात्रक दाब के मात्रक के समान होता है।

62 निम्नलिखित में से कौन-सा कथन गलत है? **NCERT पृष्ठ 173**

(a) यंग प्रत्यास्थता गुणांक और अपरूपण प्रत्यास्थता गुणांक केवल ठोसों के लिए प्रासंगिक हैं।
(b) आयतन प्रत्यास्थता गुणांक तरल पदार्थ और गैसों के लिए प्रासंगिक है।
(c) धातुओं में यंग प्रत्यास्थता गुणांक का मान इलास्टोमर्स की तुलना में अधिक होता है।
(d) मिश्र धातुओं में यंग प्रत्यास्थता गुणांक का मान धातुओं की तुलना में अधिक होता है।

63 किसी पदार्थ का पॉयसन अनुपात 0.8 है। यदि इस पदार्थ के तार पर बल लगाया जाए, तो अनुप्रस्थ-काट का क्षेत्रफल 3% कम हो जाता है। इसकी लम्बाई में प्रतिशत वृद्धि है **NCERT पृष्ठ 174**

(a) 2.2% (b) 1.2% (c) 1.86% (d) 1.75%

64 जैसा कि चित्र में दिखाया गया है, 10 मीटर लम्बाई वाले एक धातु के सिलेण्डर पर एक समान सम्पीडन बल F लगाया जाता है। सिलेण्डर की लम्बाई और आयतन में परिवर्तन क्रमशः 3% और 9% हैं। पॉयसन अनुपात होगा **NCERT पृष्ठ 174**

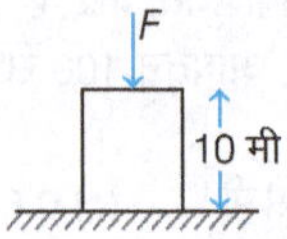

(a) 3% (b) 2% (c) 1% (d) 4%

65 यदि किसी तार का आयतन, तनन प्रतिबल के अधीन नियत रहता है, तो तार के पदार्थ के पॉयसन अनुपात का मान है **NCERT पृष्ठ 174**

(a) 0.1 (b) 0.2 (c) 0.4 (d) 0.5

66 किसी पदार्थ का पॉयसन अनुपात 0.5 है। यदि एक समान छड़ पर 2×10^{-3} का अनुदैर्ध्य प्रतिबल लगाया जाता है, तो आयतन में प्रतिशत परिवर्तन है **NCERT पृष्ठ 174**

(a) 0.6% (b) 0.4%
(c) 0.2% (d) शून्य

67 किसी पदार्थ का पॉयसन अनुपात 0.4 है। यदि इस पदार्थ के तार पर बल लगाया जाता है, तो अनुप्रस्थ-काट का क्षेत्रफल 2% कम हो जाता है। इसकी लम्बाई में प्रतिशत वृद्धि है **NCERT पृष्ठ 174**

(a) 3% (b) 2.5% (c) 1% (d) 0.5%

68 पॉयसन अनुपात के सम्बन्ध में निम्नलिखित में से कौन-सा कथन सही है? **NCERT पृष्ठ 174**

(a) यह अनुदैर्ध्य विकृति और पार्श्व विकृति का अनुपात होता है।
(b) इसका मान पदार्थ की प्रकृति से स्वतन्त्र होता है।
(c) यह एक विमाहीन तथा मात्रक विहीन राशि है।
(d) पॉयसन अनुपात का प्रायोगिक मान 0 और 1 के बीच होता है।

69 यदि स्टील और ताँबे की एक स्प्रिंग ($Y_{\text{स्टील}} > Y_{\text{ताँबा}}$) को समान रूप से खींचा जाता है, तब यह दर्शाता है कि **NCERT पृष्ठ 174**

(a) ताँबे की स्प्रिंग पर कम कार्य किया जाता है।
(b) स्टील की स्प्रिंग पर कम कार्य किया जाता है।
(c) दोनों स्प्रिंग पर बराबर कार्य किया जाता है।
(d) ऑकडे अपर्याप्त है

70 जब किसी तार पर भार का मान 3 किग्रा-भार से 5 किग्रा-भार तक बढ़ाया जाता है, तो इसका विस्तार 0.61 मिमी से बढ़कर 1.02 मिमी हो जाता है। तार के विस्तार के दौरान किया जाने वाला आवश्यक कार्य है **NCERT पृष्ठ 174**

(a) 16×10^{-3} जूल (b) 8×10^{-2} जूल
(c) 20×10^{-2} जूल (d) 11×10^{-3} जूल

पदार्थों के प्रत्यास्थ व्यवहार के अनुप्रयोग

71 ओवरब्रिज स्टील से बनाया जाता है, परन्तु एल्युमीनियम से नहीं, क्योंकि स्टील **NCERT पृष्ठ 174**

(a) एल्युमीनियम से अधिक प्रत्यास्थ है।
(b) एल्युमीनियम से कम प्रत्यास्थ है।
(c) एल्युमीनियम से अधिक सुघटय है।
(d) एल्युमीनियम से कम सुघटय है।

72 1 मिमी व्यास का एक तार 1000 न्यूटन के तनाव के कारण टूट जाता है। पहले तार के समान पदार्थ परन्तु 2 मिमी व्यास का एक अन्य तार किस तनाव के कारण टूट जायेगा ? **NCERT पृष्ठ 174**

(a) 500 न्यूटन (b) 1000 न्यूटन
(c) 10000 न्यूटन (d) 4000 न्यूटन

73 स्टील में, भंजन बिन्दु पर यंग प्रत्यास्थता गुणांक और विकृति क्रमशः 2×10^{11} न्यूटन/मी^{2} और 0.15 है। स्टील के भंजन बिन्दु पर प्रतिबल है **NCERT पृष्ठ174**

(a) 1.33×10^{11} न्यूटन/मी^{2} (b) 1.33×10^{12} न्यूटन/मी^{2}
(c) 7.5×10^{-13} न्यूटन/मी^{2} (d) 3×10^{10} न्यूटन/मी^{2}

74 लम्बाई L और घनत्व ρ की एक समान छड़ को क्षैतिज त्वरण α के साथ एक चिकने फर्श पर खींचा जा रहा है। छड़ के मध्य बिन्दु से गुजरने वाले अनुप्रस्थ-काट पर प्रतिबल का परिमाण है **NCERT पृष्ठ174**

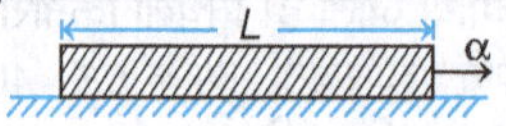

(a) $L\rho\alpha$ (b) $\frac{L\rho\alpha}{2}$
(c) $\frac{2}{3}L\rho\alpha$ (d) इनमें से कोई नहीं

75 एक धातु की छड़ दो सिरों पर सम्बद्ध (supported) है। यदि धातु की छड़ पर केन्द्र में एक भारी भार लगाया जाता है, तो छड़ के केन्द्र में अवनमन समानुपाती होता है (Y = छड़ का यंग प्रत्यास्थता गुणांक) **NCERT पृष्ठ 174**

(a) $\frac{1}{Y^2}$ (b) $\frac{1}{Y}$ (c) Y (d) Y^2

76 यदि धातु की बीम की मध्य स्थिति से लटके हुए भार को दोगुना कर दिया जाए, तो धातु की बीम के केन्द्र में अवनमन **NCERT पृष्ठ 174**

(a) चार गुना बढ़ जाएगा (b) तीन गुना बढ़ जाएगा
(c) दोगुना हो जाएगा (d) छह गुना बढ़ जाएगा

77 एक क्रेन द्वारा भार उठाने के लिए उपयोग की जाने वाली रस्सी के अनुप्रस्थ-काट का क्षेत्रफल 5×10^{-4} वर्ग मीटर है। क्रेन की अधिकतम भार उठाने की क्षमता 10 मीट्रिक टन है। क्रेन की भार उठाने की क्षमता को 20 मीट्रिक टन तक बढ़ाने के लिए, रस्सियों के अनुप्रस्थ-काट का आवश्यक क्षेत्रफल होगा (g = 10 मी/से^{2}) **NCERT पृष्ठ 174**

(a) 6.25×10^{-4} मी^{2} (b) 10×10^{-4} मी^{2}
(c) 1×10^{-4} मी^{2} (d) 1.67×10^{-4} मी^{2}

78 यह मानते हुए कि किसी पर्वत के आधार पर अपरूपण प्रतिबल उसके भार के कारण प्रति इकाई क्षेत्र पर लगने वाले बल के बराबर है, पृथ्वी पर किसी पर्वत की अधिकतम संभव ऊँचाई की गणना करें, यदि किसी सामान्य चट्टान का भंजन प्रतिबल 9×10^7 न्यूटन/मी^{2} है और उसका घनत्व 1.5×10^3 किग्रा मी^{3} है। ($g = 10$ मी/से^{2} लें) NCERT पृष्ठ 175

(a) 4 किमी (b) 8 किमी (c) 10 किमी (d) 6 किमी

79 धातु की दो पट्टियों को उनके सिरों पर चार रिवेट द्वारा जोड़ा गया है, जिनमें से प्रत्येक का व्यास 8 मिमी है। मान लें कि प्रत्येक रिवेट को भार का एक चौथाई भाग वहन करना है। यदि रिवेट पर अपरूपण प्रतिबल 5.38×10^7 पास्कल से अधिक नहीं है, तो रिवेट स्ट्रिप द्वारा लगाया जा सकने वाला अधिकतम तनाव है NCERT पृष्ठ 175

(a) 101×10^2 न्यूटन (b) 108×10^2 न्यूटन
(c) 88×10^2 न्यूटन (d) 120×10^2 न्यूटन

80 2 मीटर लम्बाई वाले स्टील के तार को 4 मिमी तक खींचा जाता है। तार का क्रॉस सेक्शनल क्षेत्र 2 मिमी है। यदि स्टील का यंग प्रत्यास्थता गुणांक 2×10^{11} न्यूटन/मी^{2} है, तो तार में संग्रहित प्रत्यास्थ स्थितिज ऊर्जा होगी NCERT पृष्ठ 175

(a) 2 जूल (b) 4 जूल (c) 0.5 जूल (d) 1.6 जूल

81 समान पदार्थ और लम्बाई वाले दो तारों, जिनके व्यासों का अनुपात 1 : 2 अनुपात है, को समान भार से खींचा जाता है। दोनों तारों के लिए प्रति इकाई आयतन में प्रत्यास्थ स्थितिज ऊर्जा का अनुपात है NCERT पृष्ठ 175

(a) 1 : 1 (b) 2 : 1 (c) 4 : 1 (d) 16 : 1

82 जब द्रव्यमान M का एक ब्लॉक L लम्बाई के एक लम्बे तार से लटकाया जाता है, तो तार की लम्बाई $(L + l)$ हो जाती है। खींचे गए तार में संग्रहित प्रत्यास्थ स्थितिज ऊर्जा है NCERT पृष्ठ 175

(a) mgL (b) $(1/2)\ mgL$
(c) $(1/2)\ mgL$ (d) mgL

83 लम्बाई L का एक धातु का तार एक दृढ़ सिरे से लम्बवत् लटका हुआ है। जब द्रव्यमान M का एक पिण्ड तार के निचले सिरे से जुड़ा होता है, तो तार में विस्तार l होता है, तो निम्नलिखित में से कौन सा कथन गलत है? NCERT पृष्ठ 175

(a) द्रव्यमान m की गुरुत्वीय स्थितिज ऊर्जा में हानि mgl है।
(b) तार में संग्रहित प्रत्यास्थ स्थितिज ऊर्जा mgl है।
(c) तार में संग्रहित प्रत्यास्थ स्थितिज ऊर्जा $(1/2)mgl$ है।
(d) उत्पन्न ऊष्मा $(1/2)mgl$ है।

अभिकथन-कारण प्रश्न

निर्देश *(प्रश्न क्रमांक 1-10) निम्नलिखित प्रश्नों में, अभिकथन के एक कथन के बाद कारण का एक संगत कथन दिया गया है। निम्नलिखित कथनों में से सही कथन का चयन कीजिए।*

(a) अभिकथन और कारण दोनों सही हैं तथा कारण, अभिकथन की सही व्याख्या है।
(b) अभिकथन और कारण दोनों सही हैं, परन्तु कारण, अभिकथन की सही व्याख्या नहीं है।
(c) अभिकथन सत्य है, परन्तु कारण असत्य है।
(d) अभिकथन असत्य है, परन्तु कारण सत्य है।

1 **अभिकथन** रबर के लिए विकृति, स्टील की तुलना में अधिक होती है।
कारण रबर स्टील की तुलना में कम प्रत्यास्थ है। NCERT पृष्ठ 167

2 **अभिकथन** लम्बे समय तक उपयोग करने के बाद स्प्रिंग तुला गलत पाठ्यांक दिखाता है।
कारण स्प्रिंग तुला में समय के साथ स्प्रिंग की प्रत्यास्थ सामर्थ्य समाप्त हो जाती है। NCERT पृष्ठ 168

3 **अभिकथन** रस्सियाँ हमेशा कई पतले तारों को एक साथ गूँथकर बनाई जाती हैं।
कारण इससे निर्माण में सहायता, लचीलापन और मजबूती मिलती है। NCERT पृष्ठ 169

4 **अभिकथन** किसी वस्तु में उत्पन्न विस्तार, लगाए गए बल के समानुपाती होता है।
कारण प्रत्यास्थ सीमा के अन्दर, प्रतिबल, विकृति के व्यत्क्रमानुपाती होता है। NCERT पृष्ठ 170

5 **अभिकथन** पूर्णतया प्लास्टिक पिण्ड के लिए यंग प्रत्यास्थता गुणांक शून्य होता है।
कारण पूर्णतया प्लास्टिक पिण्ड के लिए प्रत्यानयन बल शून्य होता है। NCERT पृष्ठ 170

6 **अभिकथन** जब स्प्रिंग पर भार डाला जाता है, तो उसमें अपरूपण प्रतिबल उत्पन्न होता है।
कारण स्पर्शीय प्रतिबल के अनुप्रयोग के अन्तर्गत स्प्रिंग का आकार अपरिवर्तित रहता है। NCERT पृष्ठ 172

7 **अभिकथन** जलीय दाब द्वारा उत्पन्न विकृति, प्रकृति में आयतनिक होती है।
कारण यह आयतन में परिवर्तन ΔV और प्रारम्भिक आयतन V का अनुपात होता है। NCERT पृष्ठ 173

8 **अभिकथन** गैसों में सम्पीड्यता अधिक होती है।
कारण सम्पीड्यता को प्रति इकाई दाब में कमी के कारण आयतन में होने वाले भिन्नात्मक परिवर्तन के रूप में परिभाषित किया जाता है। NCERT पृष्ठ 173

9 **अभिकथन** पृथ्वी पर किसी पर्वत की अधिकतम ऊँचाई ~10 किमी है।

कारण पर्वत का आधार एकसमान सम्पीडन के अधीन नहीं होता है तथा चट्टान को कुछ अपरूपण प्रतिबल प्रदान करता है, जिसके अधीन वह प्रवाहित हो सकता है। NCERT पृष्ठ 173

10 **अभिकथन** जब किसी ठोस गोले को उच्च दाब पर द्रव में रखा जाता है, तो वह सभी ओर से समान रूप से सम्पीडित होता है।

कारण द्रव द्वारा लगाया गया बल सतह के प्रत्येक बिन्दु पर लम्बवत् दिशा में कार्य करता है। NCERT पृष्ठ 174

कथन आधारित प्रश्न

निर्देश *(प्रश्न क्रमांक 1-8) निम्नलिखित प्रश्नों में दो कथन (I और II) दिए गए हैं। दिए गए कथनों के अनुसार, नीचे दिए गए सही विकल्प का चयन करें।*

(a) दोनों कथन I और II गलत हैं।
(b) कथन I सही है, परन्तु कथन II गलत है।
(c) कथन I गलत है, परन्तु कथन II सही है।
(d) दोनों कथन I और II सही हैं।

1 **कथन I** किसी वस्तु पर स्पर्शीय बल आरोपित करने के परिणामस्वरूप, वस्तु के विपरीत फलकों के बीच एक सापेक्षिक विस्थापन होता है।
कथन II द्रव द्वारा लगाया गया बल, डूबी हुई वस्तु की सतह के ऊपरी और निचले बिन्दुओं पर लम्बवत् कार्य करता है। NCERT पृष्ठ 169

2 **कथन I** जलीय प्रतिबल, द्रव द्वारा प्रति इकाई क्षेत्रफल पर लगाए गए बल के बराबर और विपरीत होता है।
कथन II विकृति वस्तु की विमाओं में परिवर्तन तथा प्रारंभिक विमा का अनुपात है। NCERT पृष्ठ 169

3 **कथन I** कम तन्य वस्तु की पराभव सामर्थ्य तथा भंजन बिन्दु बहुत दूर होते हैं।
कथन II विभिन्न प्रकार के पदार्थों के प्रतिबल-विकृति वक्र समान होते हैं। NCERT पृष्ठ 169

4 **कथन I** इलास्टोमर्स को प्रत्यास्थ रूप से विकृति के अधिक मान तक खींचा जा सकता है।
कथन II इलास्टोमर्स का यंग प्रत्यास्थता गुणांक बहुत अधिक होता है। NCERT पृष्ठ 170

5 **कथन I** खोखली शाफ्ट समान लम्बाई और समान द्रव्यमान वाली ठोस छड़ से अधिक मजबूत होती है।
कथन II छोटी छड़ की तुलना में लम्बी छड़ को मोड़ना कठिन होता है। NCERT पृष्ठ172

6 **कथन I** पॉयसन अनुपात का मान पदार्थ की प्रकृति से स्वतन्त्र होता है।
कथन II पॉयसन अनुपात का प्रायोगिक मान 0 और 1 के बीच होता है। NCERT पृष्ठ 174

7 **कथन I** जब किसी तार को तनन प्रतिबल के अन्तर्गत रखा जाता है, तो अन्तर-परमाण्विक बलों के विरुद्ध कार्य किया जाता है।
कथन II एक घन की भुजा की लम्बाई L, विस्तारित लम्बाई ΔL और प्रत्यास्थ स्थितिज ऊर्जा W है। यदि भुजा की लम्बाई दोगुनी हो जाती है और प्रत्यास्थ स्थितिज ऊर्जा समान रहती है, तो परिवर्तित विस्तारित लम्बाई, ΔL का 1/2 गुना होती है। NCERT पृष्ठ 174

8 **कथन I** गोल सिरों वाला खम्भा, सिरों पर वितरित आकार वाले खम्भे की तुलना में कम भार वहन करता है।
कथन II 1 मान वाले सुरक्षा कारक का अर्थ है कि एक संरचना या घटक अपने निर्देशित भार से अधिक भार सहन कर सकता है। NCERT पृष्ठ 174

सुमेलन प्रकार प्रश्न

1 कॉलम I (राशि) का कॉलम II (मात्रक) से सुमेलन कीजिए। NCERT पृष्ठ 170

	कॉलम I		कॉलम II
A.	प्रतिबल × विकृति	1.	जूल
B.	$\frac{YA}{l}$	2.	न्यूटन/मी
C.	Yl^3	3.	जूल/मी^{3}
D.	$\frac{Fl}{AY}$	4.	मीटर

नीचे दिए गए विकल्पों में से सही उत्तर का चयन कीजिए।

कूट

	A	B	C	D		A	B	C	D
(a)	3	2	1	4	(b)	2	1	3	4
(c)	3	4	1	2	(d)	1	2	4	3

2 अनुप्रस्थ-काट क्षेत्रफल A वाली एक छड़ अपने सिरों पर आरोपित बराबर एवं विपरीत तनन बल के अधीन है। छड़ के समतल भाग पर विचार करें जिसका अभिलम्ब, छड़ की अक्ष के साथ θ कोण बनाता है।

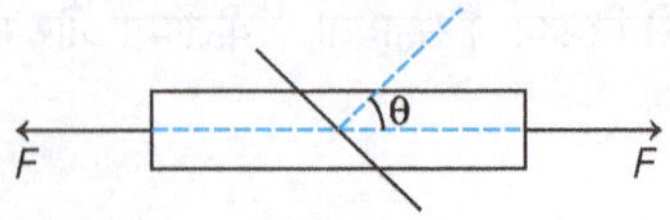

कॉलम I (प्रतिबल) का कॉलम II से सुमेलन कीजिए। **NCERT पृष्ठ 172**

	कॉलम I		कॉलम II
A.	इस समतल पर तनन प्रतिबल होगा	1.	0°
B.	इस समतल पर अपरूपण प्रतिबल होगा	2.	$\left(\frac{F}{A}\right)\cos^2\theta$
C.	θ .... पर तनन सामर्थ्य अधिकतम होगी	3.	$\left(\frac{F}{2A}\right)\sin 2\theta$
D.	θ ... पर अपरूपण प्रतिबल अधिकतम होगा	4.	45°

नीचे दिए गए विकल्पों में से सही उत्तर का चयन कीजिए।

कूट

	A	B	C	D		A	B	C	D
(a)	3	2	4	1	(b)	2	3	1	4
(c)	2	3	4	1	(d)	3	2	1	4

3 कॉलम I (प्रतिबल) का कॉलम II (विशेषता) से सुमेलन कीजिए। **NCERT पृष्ठ 173**

	कॉलम I		कॉलम II
A.	अनुदैर्ध्य प्रतिबल	1.	तार के अनुप्रस्थ-काट क्षेत्रफल से स्वतन्त्र होता है।
B.	अपरूपण प्रतिबल	2.	दाब में परिवर्तन
C.	भंजन प्रतिबल	3.	तार की लम्बाई बढ़ती या घटती है।
D.	आयतनात्मक प्रतिबल	4.	आकृति परिवर्तित होती है।

नीचे दिए गए विकल्पों में से सही उत्तर का चयन कीजिए।

कूट

	A	B	C	D		A	B	C	D
(a)	3	4	2	1	(b)	4	3	2	1
(c)	3	4	1	2	(d)	1	2	3	4

4 कॉलम I (प्रत्यास्थता गुणांक) का कॉलम II (मान) से सुमेलन कीजिए। **NCERT पृष्ठ 173**

	कॉलम I		कॉलम II
A.	पूर्णतः प्रत्यास्थ पिण्ड के लिए यंग प्रत्यास्थता गुणांक	1.	अधिकतम
B.	अधिकाँश पदार्थों के लिए दृढ़ता गुणांक	2.	न्यूनतम
C.	ठोसों के लिए आयतन प्रत्यास्थता गुणांक	3.	$\frac{Y}{3}$
D.	गैसों के लिए आयतन प्रत्यास्थता गुणांक	4.	अनन्त

नीचे दिए गए विकल्पों में से सही उत्तर का चयन कीजिए।

कूट

	A	B	C	D
(a)	4	1	2	3
(b)	4	3	1	2
(c)	1	2	4	3
(d)	3	4	1	2

आंकिक मान प्रकार के प्रश्न

1 रैखिक प्रतिबल और रैखिक विकृति के लिए पदार्थ का प्रत्यास्थ व्यवहार चित्र में दिखाया गया है। 4×10^4 के रैखिक विकृति के लिए ऊर्जा घनत्व ...... किलोजूल मी^{2} है। मान लें कि पदार्थ 4×10^{-4} के रैखिक विकृति तक प्रत्यास्थ है। **NCERT पृष्ठ 169**

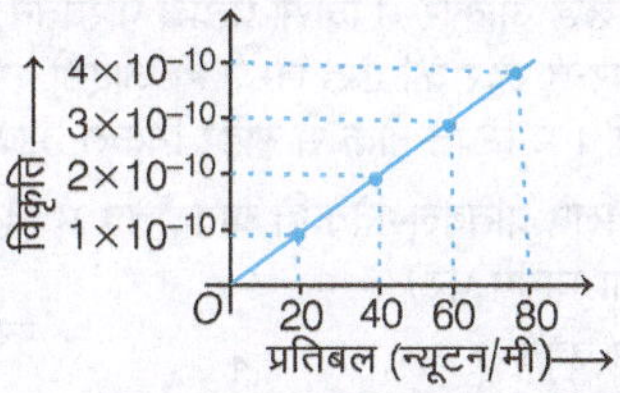

2 2.2 मीटर लम्बा ताँबे का तार और 1.6 मीटर लम्बा स्टील का तार, दोनों का व्यास 3.0 मिमी है, सिरे से सिरे तक जुड़े हुए हैं। जब इन्हें भार द्वारा खींचा जाता है, तो शुद्ध विस्तार 0.70 मिमी पाया जाता है। लगाया गया भार ...... (न्यूटन में) है।
($Y_C = 1.1\times10^{11}$न्यूटन/मी^{2}, $Y_S = 2\times10^{11}$ न्यूटन/मी^{2}) **NCERT पृष्ठ 170**

3 एक तार की लम्बाई l_1 और l_2 हो जाती है जब इस पर क्रमशः 60 न्यूटन और 80 न्यूटन का तनाव बल लगाया जाता है। यदि $10l_2 = 11l_1$ है, तो तार की प्राकृतिक लम्बाई $7l_1/x$ है। यहाँ x का मान है...... **NCERT पृष्ठ 170**

4 एक स्टील की छड़ की त्रिज्या 10 मिमी और लम्बाई 5 मीटर है। 6.28 किलो न्यूटन के बल से इसे इसकी लम्बाई के अनुदिश खींचा जाता है। स्टील का यंग प्रत्यास्थता गुणांक 2.0×10^{11} न्यूटन/मी^{2} है। तार में उत्पन्न अनुदैर्ध्य विकृति.... $\times10^{-5}$ है। **NCERT पृष्ठ 170**

5 एक ही पदार्थ से बने दो तारों पर 1 : 3 के अनुपात में बल लगाया जाता है। उनकी लम्बाइयाँ 3 : 1 के अनुपात में हैं तथा व्यास 1 : 2 के अनुपात में हैं। उनके विस्तारों का अनुपात $\frac{x}{4}$ है। यहाँ x का मान है ... **NCERT पृष्ठ 170**

6 ठीक 2 मीटर लम्बाई वाले एक तार का यंग प्रत्यास्थता गुणांक निर्धारित करने के लिए एक प्रयोग में, 1 किग्रा का भार लगाने पर तार की लम्बाई में विस्तार 0.4 मिमी मापा गया, जिसकी अनिश्चितता ± 0.02 मिमी है और तार का व्यास 0.4 मिमी मापा गया जिसमें अनिश्चितता ± 0.01 मिमी है। यंग प्रत्यास्थता गुणांक (ΔY) के मापन

में त्रुटि $X \times 10^{10}$ न्यूटन/मी² पाई गई। X का मान है ($g = 10$ मी/से²)
NCERT पृष्ठ 170

7 एक धातु के घन, जिसकी प्रत्येक भुजा 5 सेमी लम्बी है, पर 50 kgf का अपरूपण बल लगाया जाता है। ऊपरी सतह निचली सतह के सापेक्ष 0.2 सेमी विस्थापित होती है। प्रत्यास्थता का अपरूपण प्रत्यास्थता गुणांक $X \times 10^5$ न्यूटन/मी$^{-2}$ है। X का मान है ......
NCERT पृष्ठ 172

8 4 मीटर लम्बे और 2 मिमी व्यास वाले एक ताँबे के तार के एक सिरे पर 10 किलोग्राम का द्रव्यमान लगा हुआ है। तार का पॉयसन अनुपात और यंग प्रत्यास्थता गुणांक क्रमशः 0.4 और 1.2×10^{11} न्यूटन/मी² हैं। यदि तार में उत्पन्न पार्श्व सम्पीडन $X \times 10^8$ है, तो X का मान है
NCERT पृष्ठ 174

9 10 मीटर लम्बे स्टील के तार को 2 सेमी तक खींचे जाने पर उसमें संग्रहित प्रत्यास्थ स्थितिज ऊर्जा 80 जूल है। तार का अनुप्रस्थ-काट क्षेत्रफल... मिमी² है। ($Y = 2.0 \times 10^{11}$ न्यूटन/मी² लें)
NCERT पृष्ठ 174

10 एक रबर रस्सी गुलेल का अनुप्रस्थ-काट क्षेत्रफल 2 मिमी² है तथा अविस्तारित लम्बाई 1 मीटर है। इसे 1.1 मीटर तक खींचा जाता है तथा 20 ग्राम द्रव्यमान की मिसाइल को प्रक्षेपित करने के लिए छोड़ा जाता है। रबर का यंग प्रत्यास्थता गुणांक 4×10^8 न्यूटन/मी² है। प्रक्षेप्य का प्रक्षेपण वेग ..... मी/से है।
NCERT पृष्ठ 174

NCERT Exemplar प्रश्न

1 एक आदर्श द्रव का दृढ़ता गुणांक होता है
(a) अनन्त
(b) शून्य
(c) इकाई
(d) कुछ परिमित छोटा अशून्य नियत मान

2 वह अधिकतम भार क्या होगा जो एक तार बिना टूटे झेल सकता है, जब उसकी लम्बाई उसकी मूल लम्बाई की आधी कर दी जाती है?
(a) पहले का दोगुना (b) पहले का आधा
(c) पहले का चार गुना (d) पहले के समान

3 एक स्प्रिंग को उसके मुक्त सिरे पर भार लगाकर खींचा जाता है। स्प्रिंग में उत्पन्न विकृति है
(a) आयतनात्मक (b) अपरूपण
(c) अनुदैर्ध्य और अपरूपण (d) अनुदैर्ध्य

4 द्रव्यमान M की एक दृढ़ छड़ को l लम्बाई के तीन तारों द्वारा सममित रूप से सपोर्ट दिया जाता है। तारों का प्रत्येक सिरा ताँबे का और बीच वाला लोहे का है। यदि प्रत्येक तार में तनाव समान है, तो उनके व्यासों का अनुपात है
(a) $\frac{Y_{\text{कॉपर}}}{Y_{\text{लोहा}}}$ (b) $\sqrt{\frac{Y_{\text{लोहा}}}{Y_{\text{कॉपर}}}}$ (c) $\frac{Y^2_{\text{लोहा}}}{Y^2_{\text{कॉपर}}}$ (d) $\frac{Y_{\text{लोहा}}}{Y_{\text{कॉपर}}}$

5 2L लम्बाई और अनुप्रस्थ-काट क्षेत्र A वाले एक हल्के स्टील के तार को, प्रत्यास्थ सीमा के भीतर, दो स्तम्भों के बीच क्षैतिज रूप से फैलाया जाता है जैसा कि चित्र में दिखाया गया है। तार के मध्य-बिन्दु से एक द्रव्यमान m लटका हुआ है, तार में उत्पन्न विकृति है

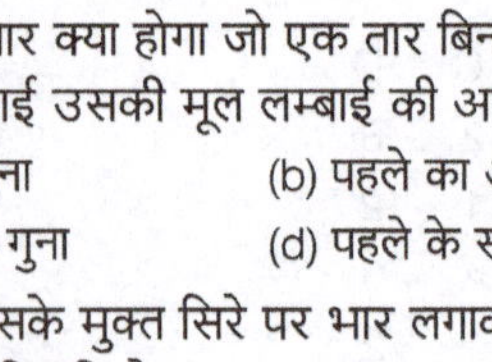

(a) $\frac{x^2}{2L^2}$ (b) $\frac{x}{L}$
(c) x^2 / L (d) $x^2 / 2L$

6 एक आयताकार फ्रेम को दो आधारों पर समान लम्बाई की दो डोरियों द्वारा सममित रूप से लटकाया जाना है (चित्र)। यह निम्नलिखित तीन तरीकों में से किसी एक में किया जा सकता है।

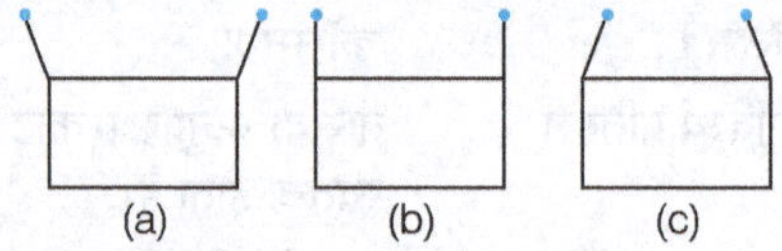

डोरियों में तनाव होगा
(a) सभी स्थितियों में बराबर (b) (a) में न्यूनतम
(c) (b) में न्यूनतम (d) (c) न्यूनतम

7 समान आयामों की दो बेलनाकार छड़ों, एक रबर की और दूसरी स्टील की, पर विचार करें। दोनों छड़ें एक सिरे पर छत से मजबूती से जुड़ी हुई हैं। प्रत्येक छड़ के केन्द्र में एक द्रव्यमान M जुड़ा हुआ है। तब,
(a) दोनों छड़ें लम्बी हो जाएँगी, परन्तु आकार में कोई प्रत्यक्ष परिवर्तन नहीं होगा
(b) स्टील की छड़ लम्बी हो जाएगी और उसका आकार बदल जाएगा, परन्तु रबर की छड़ केवल लम्बी हो जाएगी
(c) केवल रबर की छड़ लम्बी होगी
(d) स्टील की छड़ आकार में किसी प्रत्यक्ष परिवर्तन के बिना लम्बी हो जाएगी, परन्तु रबर की छड़ लम्बी हो जाएगी, तथा उसका निचला किनारा बीच में स्थित नोक से बाहर निकल आएगा

8 दो पदार्थों के लिए प्रतिबल-विकृति ग्राफ चित्र में दिखाए गए हैं, तब (समान पैमाना मानने पर)

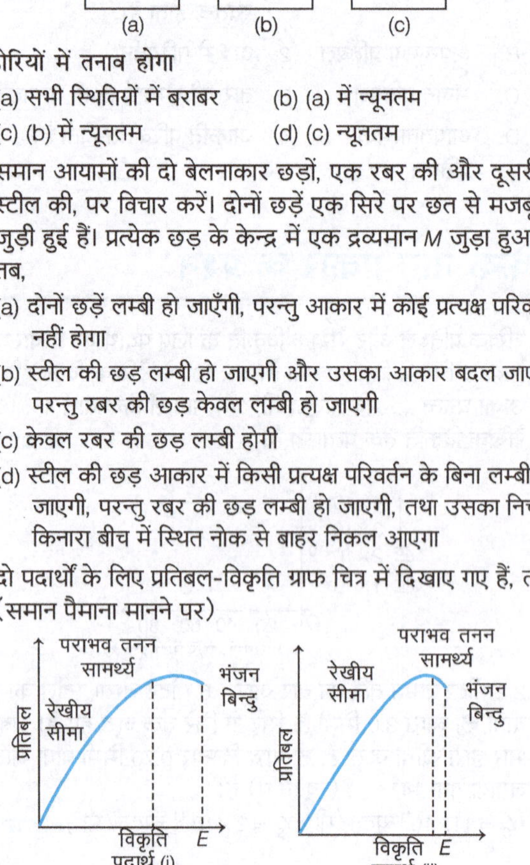

(a) पदार्थ (ii) पदार्थ (i) से अधिक प्रत्यास्थ है और इसलिए पदार्थ (ii) अधिक तन्य है
(b) पदार्थ (i) और (ii) में समान प्रत्यास्थता और समान भंगुरता है
(c) पदार्थ (ii), (i) की तुलना में प्रतिबल के अधिक क्षेत्र पर प्रत्यास्थ है
(d) पदार्थ (ii) पदार्थ (i) से कम भंगुर है

9 एक तार को छत से लटकाया जाता है और उसके दूसरे सिरे से लटके हुए भार F की क्रिया के अन्तर्गत खींचा जाता है। छत द्वारा तार पर लगाया गया बल, भार के बराबर और विपरीत होता है, तब
(a) तार के किसी भी अनुप्रस्थ-काट A पर, तनन प्रतिबल $F/2A$ है
(b) तार के किसी भी अनुप्रस्थ-काट A पर, तनन प्रतिबल शून्य है
(c) तार के किसी भी अनुप्रस्थ-काट A पर, तनन प्रतिबल $2F/A$ है
(d) तार के किसी भी अनुप्रस्थ-काट A पर, तनाव F है

10 l मीटर लम्बी तथा नगण्य द्रव्यमान वाली एक छड़ को उसके दोनों सिरों पर समान लम्बाई के दो तारों स्टील (तार A) तथा एल्युमीनियम (तार B), द्वारा लटकाया गया है। (चित्र)।

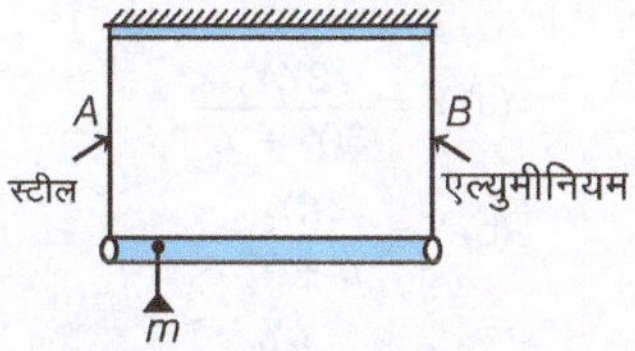

तार A और B का अनुप्रस्थ काट क्षेत्रफल क्रमशः 1.0 मिमी² और 2.0 मिमी² हैं। तब, $Y_{Al} = 70 \times 10^9$ न्यूटन/मी² $Y_{स्टील} = 200 \times 10^9$ न्यूटन/मी²
(a) द्रव्यमान m को तार A के पास लटकाया जाना चाहिए ताकि दोनों तारों में समान प्रतिबल हो
(b) द्रव्यमान m को B के पास लटकाया जाना चाहिए ताकि दोनों तारों में समान प्रतिबल हो
(c) द्रव्यमान m को तारों के बीच में लटकाया जाना चाहिए ताकि दोनों तारों में समान प्रतिबल हो
(d) द्रव्यमान m को तार B के पास लटकाया जाना चाहिए ताकि दोनों तारों में समान प्रतिबल हो

11 समान व्यास के एक ताँबे और स्टील के तार को सिरे से सिरे तक जोड़ा जाता है। इस मिश्रित तार पर एक विरूपक बल F लगाया जाता है जो कुल लम्बाई 1 सेमी देता है। दोनों तारों में
(a) समान प्रतिबल होगा
(b) भिन्न प्रतिबल होगा
(c) समान विकृति होगी
(d) इनमें से कोई नहीं

12 लम्बाई L और त्रिज्या r का एक तार एक सिरे पर मजबूती से टिका हुआ है। तार के दूसरे सिरे को बल F से खींचने पर इसकी लम्बाई l बढ़ जाती है। यदि समान पदार्थ का, परन्तु लम्बाई $2L$ और त्रिज्या $2r$ का एक अन्य तार $2F$ बल से खींचा जाए, तो इसकी लम्बाई में वृद्धि होगी
(a) l
(b) $2l$
(c) $l/2$
(d) $l/4$

13 गहरे समुद्र में एक रबर की गेंद को कितनी गहराई तक ले जाना चाहिए ताकि उसका आयतन 0.1% कम हो जाए? (मान लीजिए, समुद्री जल का घनत्व $= 10^3$ किग्रा/मी³, रबर का आयतन प्रत्यास्थता गुणांक $= 9 \times 10^8$ न्यूटन/मी², $g = 10$ मी/से²)
(a) 9 मी
(b) 18 मी
(c) 90 मी
(d) 180 मी

विगत परीक्षाओं के प्रश्न

NEET

1 1 मी लम्बाई के स्टील के तार की प्रत्यास्थ सीमा तथा इसका प्रत्यास्थता गुणांक क्रमशः 8×10^8 न्यूटन/मी² तथा 2×10^{11} न्यूटन/मी² हैं, तो इस तार की लम्बाई में वृद्धि है
NCERT पृष्ठ 170, NEET 2024
(a) 4 मिमी (b) 0.4 मिमी (c) 40 मिमी (d) 8 मिमी

2 मान लीजिए कि एक तार छत (दृढ़ आधार) से लटका हुआ है और इसे इसके मुक्त सिरों से जुड़े भार w द्वारा खींचा जाता है। अनुप्रस्थ काट क्षेत्र A के तार के किसी भी बिन्दु पर अनुदैर्ध्य बल है
NCERT पृष्ठ 168, NEET 2023
(a) $\frac{w}{A}$ (b) $\frac{w}{2A}$ (c) शून्य (d) $\frac{2w}{A}$

3 नीचे दो कथन दिए गए हैं: एक को अभिकथन (A) और दूसरे को कारण (R) के रूप में लेबल किया गया है।

अभिकथन (A) एक स्प्रिंग का खिंचाव स्प्रिंग की सामग्री के अपरूपण प्रत्यास्थता गुणांक द्वारा निर्धारित किया जाता है।

कारण (R) एक ताँबे की कुण्डलित स्प्रिंग में समान आयामों के स्टील स्प्रिंग की तुलना में अधिक तनन शक्ति होती है। उपरोक्त कथनों के आधार पर नीचे दिए गए विकल्पों में से सबसे उपयुक्त उत्तर चुनें।
NEET पृष्ठ172, NEET 2022
(a) A और R दोनों सत्य हैं और R, A का सही स्पष्टीकरण नहीं है।
(b) A सत्य है लेकिन R असत्य है।
(c) A असत्य है लेकिन R सत्य है।
(d) A और R दोनों सत्य हैं तथा R, A का सही स्पष्टीकरण है।

4 लम्बाई L और अनुप्रस्थ-काट क्षेत्रफल A का एक तार एक दृढ़ सहारे से लटका हुआ है। जब द्रव्यमान M को इसके मुक्त सिरे से लटकाया जाता है, तो तार की लम्बाई L_1 में बदल जाती है। यंग प्रत्यास्थता गुणांक का व्यंजक है
NCERT पृष्ठ 170, NEET 2020
(a) $\frac{Mg(L_1 - L)}{AL}$ (b) $\frac{MgL}{AL_1}$
(c) $\frac{MgL}{A(L_1 - L)}$ (d) $\frac{MgL_1}{AL}$

5 एक गोलाकार वस्तु का आयतन प्रत्यास्थता गुणांक B है। यदि इसे एक समान दाब p के अधीन किया जाता है, तो त्रिज्या में आंशिक कमी होगी
NCERT पृष्ठ 173, NEET 2017

(a) $\frac{p}{B}$ (b) $\frac{B}{3p}$
(c) $\frac{3p}{B}$ (d) $\frac{p}{3B}$

6 निश्चित आयतन v के ताँबे को l लम्बाई के तार में खींचा जाता है। जब इस तार पर एक स्थिर बल F लगाया जाता है, तो तार में उत्पन्न विस्तार Δl होता है। निम्नलिखित में से कौन-सा ग्राफ एक सीधी रेखा है?
NCERT पृष्ठ 170, AIPMT 2014

(a) Δl बनाम $\frac{1}{l}$
(b) Δl बनाम l^2
(c) Δl बनाम $\frac{1}{l^2}$
(d) Δl बनाम l

JEE Main

7 यंग प्रत्यास्थता गुणांक को समीकरण $Y = 49000 \frac{m}{l} \frac{\text{डाइन}}{\text{सेमी}^2}$ से ज्ञात किया गया है। यहाँ M द्रव्यमान तथा l तार का खिंचाव है। एक ग्राफ पेपर पर M-l ग्राफ से प्रेक्षण लेकर यंग प्रत्यास्थता गुणांक में त्रुटि ज्ञात की जाती है। खिंचाव-अक्ष तथा भार-अक्ष पर क्रमशः 0.02 सेमी तथा 5 ग्राम सूक्ष्मतम माप के भाग हैं। यदि M तथा l के मान क्रमशः 500 ग्राम एवं 2 सेमी हैं। तब Y में प्रतिशत त्रुटि है,
NCERT पृष्ठ 170, JEE Main 2024

(a) 0.02% (b) 0.5%
(c) 0.2% (d) 2%

8 एकसमान भार के अन्तर्गत, तार A जिसकी लम्बाई 5.0 मीटर और अनुप्रस्थ-काट क्षेत्रफल 2.5×10^{-5} मी^{2} है, एकसमान रूप से उसी मात्रा में प्रसारित होता है, जितना कि दूसरे तार B जिसकी लम्बाई 6.0 मीटर और अनुप्रस्थ-काट क्षेत्रफल 3.0×10^{-5} मी^{2} है। तार A के यंग प्रत्यास्थता गुणांक का तार B के यंग प्रत्यास्थता गुणांक से अनुपात है
NCERT पृष्ठ 170, JEE Main 2023

(a) 1 : 2 (b) 1 : 4
(c) 1 : 1 (d) 1 : 10

9 समान लम्बाई और समान त्रिज्या वाले दो तारों के सिरों को आपस में जोड़ा गया है और भारित किया जाता है। दोनों तारों के पदार्थों के यंग प्रत्यास्थता गुणांक क्रमशः Y_1 और Y_2 हैं। यदि संयोजन एकल तार के रूप में व्यवहार करता है, तो इसका यंग प्रत्यास्थता गुणांक है
NCERT पृष्ठ 170, JEE Main 2021

(a) $Y = \frac{2Y_1Y_2}{3(Y_1 + Y_2)}$
(b) $Y = \frac{2Y_1Y_2}{Y_1 + Y_2}$
(c) $Y = \frac{Y_1Y_2}{2(Y_1 + Y_2)}$
(d) $Y = \frac{Y_1Y_2}{Y_1 + Y_2}$

10 समान लम्बाई के दो स्टील के तारों को समान भार के अन्तर्गत छत से लटकाया जाता है। यदि प्रति इकाई आयतन में उनकी संग्रहित ऊर्जाओं का अनुपात 1 : 4 है, तो उनके व्यासों का अनुपात क्या होगा?
NCERT पृष्ठ 174, JEE Main 2020

(a) $\sqrt{2} : 1$ (b) $1 : \sqrt{2}$
(c) 2 : 1 (d) 1 : 2

स्किल बूस्टर्स

1 एक प्रबलित कंक्रीट स्तम्भ में लोहे की सलाखों से भरा कंक्रीट होता है। लोहा कुल अनुप्रस्थ-काट के क्षेत्रफल का छठा भाग घेरता है और कंक्रीट का यंग प्रत्यास्थता गुणांक, लोहे के यंग प्रत्यास्थता गुणांक का आठवाँ भाग है। कंक्रीट स्तम्भ पर सम्पीड़न भार w है। कंक्रीट पर भार का अंश है

(a) 0.62 (b) 0.43 (c) 0.74 (d) 0.92

2 4.5 मीटर लम्बी और 6 मिमी व्यास वाली नायलॉन की रस्सी का एक सिरा एक पेड़ की शाखा से बंधा हुआ है। 100 न्यूटन भार का एक बंदर पेड़ की चोटी को पकड़ने के लिए कूदता है और वहीं रुक जाता है। रस्सी का विस्तार ज्ञात कीजिए (दिया गया है, नायलॉन का यंग प्रत्यास्थता गुणांक $= 4.8 \times 10^{11}$ न्यूटन/मी^{2} और नायलॉन का पॉयसन अनुपात = 0.2)

(a) 0.332 μमी (b) 0.521 μमी
(c) 0.285 μमी (d) 0.712 μमी

3 एक प्रयोग में, पीतल और स्टील के तारों जिनमें प्रत्येक की लम्बाई 1 मीटर है, तथा अनुप्रस्थ-काट क्षेत्रफल 1 मिमी^{2} है, का उपयोग किया जाता है। तारों को शृंखला में जोड़ा जाता है और संयुक्त तार का एक सिरा एक दृढ़ सहारे से जोड़ा जाता है और दूसरा सिरा विस्तार के अधीन है।

0.2 मिमी का शुद्ध विस्तार उत्पन्न करने के लिए आवश्यक प्रतिबल है (स्टील और पीतल के लिए यंग प्रत्यास्थता गुणांक क्रमशः 120×10^9 न्यूटन/मी^{2} और 60×10^9 न्यूटन/मी^{2} हैं)

(a) 1.2×10^6 न्यूटन/मी^{2}
(b) 0.2×10^6 न्यूटन/मी^{2}
(c) 8×10^6 न्यूटन/मी^{2}
(d) 4.0×10^5 न्यूटन/मी^{2}

4 0.5 किग्रा द्रव्यमान का एक पत्थर 0.7 मिमी व्यास और 0.8 मीटर लम्बे एल्युमीनियम तार के एक सिरे से जुड़ा हुआ है और लम्बवत् लटका हुआ है। अब पत्थर को क्षैतिज तल में इस प्रकार से घुमाया जाता है कि तार ऊर्ध्वाधर बीम के साथ 85° का कोण बनाता है। तार की लम्बाई में वृद्धि है (एल्युमीनियम का यंग प्रत्यास्थता गुणांक $= 7 \times 10^{10}$ न्यूटन/मी², $\sin 85° = 0.9962, \cos 85° = 0.0872$)

(a) 1.60 मिमी (b) 0.16 मिमी
(c) 1.67 मिमी (d) 0.61 मिमी

5 एक बोतल में त्रिज्या a और लम्बाई b का एक छेद है। लम्बाई b और त्रिज्या $(a + \Delta a)$ का एक कॉर्क, जहाँ $(\Delta a << a)$ छेद में पूरी तरह से फिट होने के लिए सम्पीड़ित किया जाता है (चित्र देखें)। यदि कॉर्क का आयतन प्रत्यास्थता गुणांक B है तथा बोतल और कॉर्क के बीच घर्षण गुणांक μ है, तो कॉर्क को बोतल में धकेलने के लिए आवश्यक बल होगा

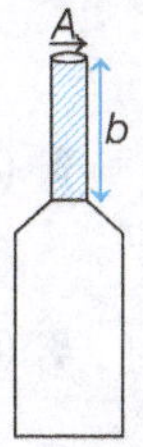

(a) $(\pi\mu Bb)a$ (b) $(2\pi\mu Bb)\,\Delta a$
(c) $(\pi\mu Bb)\,\Delta a$ (d) $(4\pi\mu Bb)\,\Delta a$

6 2 मीटर लम्बाई की एक हल्की छड़ को उसके सिरों से बँधे समान लम्बाई के दो ऊर्ध्वाधर तारों के माध्यम से क्षैतिज रूप से लटकाया गया है। तारों में से एक स्टील से बना है और इसका अनुप्रस्थ-काट क्षेत्रफल $A_1 = 0.1$ सेमी² है और दूसरा पीतल का है और इसका क्रॉस-सेक्शन $A_2 = 0.2$ सेमी² है। छड़ के अनुदिश वह स्थिति ज्ञात करें जिसमें भारलटकाने पर दोनों तारों में समान प्रतिबल उत्पन्न हो। (स्टील के लिए $Y = 20 \times 10^{10}$ न्यूटन/मी² तथा पीतल के लिए $Y = 10^{10}$ न्यूटन/मी²)

(a) 1.33 मी (b) 1 मी (c) 2.33 मी (d) 1.3 मी

7 L लम्बाई वाले एक लम्बे धातु के तार का एक सिरा छत से बँधा है। दूसरा सिरा स्प्रिंग स्थिरांक k वाले द्रव्यमान रहित स्प्रिंग से बँधा है। द्रव्यमान m स्प्रिंग के मुक्त सिरे से स्वतन्त्र रूप से लटका हुआ है। तार के अनुप्रस्थ-काट क्षेत्रफल और यंग प्रत्यास्थता गुणांक क्रमशः A और Y हैं। यदि द्रव्यमान को थोड़ा नीचे खींचकर छोड़ा जाए, तो यह दोलन करने लगता है। दोलन का आवर्तकाल ज्ञात कीजिए।

(a) $2\pi\sqrt{\dfrac{m(YA + kL)}{YAk}}$ (b) $\dfrac{1}{2\pi}\sqrt{\dfrac{mYA + kL}{YAk}}$

(c) $2\pi\sqrt{\dfrac{YAk}{mYA + kL}}$ (d) $2\pi\sqrt{\dfrac{kL}{YAk + mYA}}$

8 एक लड़के की गुलेल रबर की रस्सी से बनी है जिसकी लम्बाई 42 सेमी, अनुप्रस्थ-काट का व्यास 6 मिमी है और द्रव्यमान नगण्य है। लड़का उस पर 0.02 किग्रा वजन का पत्थर रखता है और स्थिर बल लगाकर रस्सी को 20 सेमी तक खींचता है। जब पत्थर छोड़ा जाता है तो वह 20 मी/से के वेग से उड़ जाता है। खींचते समय रस्सी के अनुप्रस्थ-काट के क्षेत्रफल में परिवर्तन की उपेक्षा करें। रबर का यंग प्रत्यास्थता गुणांक लगभग है

(a) 10^6 न्यूटन/मी² (b) 10^4 न्यूटन/मी²
(c) 10^8 न्यूटन/मी² (d) 10^3 न्यूटन/मी²

9 अनुप्रस्थ-काट क्षेत्रफल A के एकसमान तार से बने पेंडुलम का आवर्तकाल T है। जब इसके गोलक में अतिरिक्त द्रव्यमान M जोड़ा जाता है तो आवर्तकाल, T_M में परिवर्तित हो जाता है। यदि तार के पदार्थ का यंग प्रत्यास्थता गुणांक Y है, तो $1/Y$ बराबर है
(g = गुरुत्वीय त्वरण)

(a) $\left[1 - \left(\dfrac{T}{T_M}\right)^2\right]\dfrac{A}{Mg}$ (b) $\left[\left(\dfrac{T_M}{T}\right)^2 - 1\right]\dfrac{Mg}{A}$

(c) $\left[1 - \left(\dfrac{T_M}{T}\right)^2\right]\dfrac{A}{Mg}$ (d) $\left[\left(\dfrac{T_M}{T}\right)^2 - 1\right]\dfrac{A}{Mg}$

10 10 सेमी त्रिज्या और 25 किग्रा द्रव्यमान का एक गोला 5 मीटर लम्बाई और 4 मिमी व्यास वाले स्टील के तार के निचले सिरे से जुड़ा हुआ है जिसे एक कमरे की छत से लटकाया गया है। आधार बिन्दु फर्श से 521 सेमी ऊपर है। जब गोले को एक साधारण पेण्डुलम के रूप में झूलते हुए सेट किया जाता है, तो इसका सबसे निचला बिन्दु फर्श को स्पर्श करता है। गेंद का वेग उसकी सबसे निचली स्थिति के अनुसार परिकलित करें। स्टील का यंग प्रत्यास्थता गुणांक $= 20 \times 10^{10}$ न्यूटन/मी², तार की अविस्तारित = 500 सेमी, स्टील के तार की त्रिज्या = 0.05 सेमी

(a) 23.31 मी/से (b) 25.3 मी/से
(c) 31.26 मी/से (d) 24.1 मी/से

प्रश्न कुंजी

शीर्षकवार प्रश्न

1 (a)	2 (a)	3 (a)	4 (d)	5 (b)	6 (d)	7 (b)	8 (c)	9 (c)	10 (c)
11 (d)	12 (d)	13 (c)	14 (a)	15 (a)	16 (d)	17 (c)	18 (a)	19 (b)	20 (a)
21 (b)	22 (c)	23 (b)	24 (b)	25 (b)	26 (d)	27 (a)	28 (d)	29 (b)	30 (d)
31 (c)	32 (a)	33 (d)	34 (d)	35 (d)	36 (d)	37 (b)	38 (b)	39 (b)	40 (d)
41 (d)	42 (a)	43 (d)	44 (b)	45 (b)	46 (c)	47 (c)	48 (c)	49 (a)	50 (d)
51 (b)	52 (c)	53 (c)	54 (b)	55 (c)	56 (c)	57 (a)	58 (c)	59 (a)	60 (d)
61 (b)	62 (d)	63 (c)	64 (c)	65 (d)	66 (d)	67 (b)	68 (c)	69 (b)	70 (a)
71 (a)	72 (d)	73 (d)	74 (b)	75 (b)	76 (c)	77 (b)	78 (d)	79 (b)	80 (d)
81 (d)	82 (b)	83 (b)							

अभिकथन-कारण प्रश्न

1 (a)	2 (a)	3 (a)	4 (c)	5 (a)	6 (c)	7 (a)	8 (a)	9 (a)	10 (a)

कथन आधारित प्रश्न

1 (b)	2 (d)	3 (a)	4 (b)	5 (b)	6 (a)	7 (b)	8 (b)

सुमेलन प्रकार प्रश्न

1 (a)	2 (b)	3 (c)	4 (b)

आंकिक मान प्रकार के प्रश्न

1 (16)	2 (176.78)	3 (10)	4 (100)	5 (1)	6 (4)	7 (49)	8 (20.81)	9 (20)	10 (40)

NCERT Exemplar प्रश्न

1 (b)	2 (d)	3 (c)	4 (b)	5 (a)	6 (c)	7 (d)	8 (c)	9 (d)	10 (b)
11 (a)	12 (a)	13 (c)							

विगत परीक्षाओं के प्रश्न

1 (a)	2 (a)	3 (b)	4 (c)	5 (d)	6 (b)	7 (d)	8 (c)	9 (b)	10 (a)

स्किल बूस्टर्स

1 (b)	2 (a)	3 (c)	4 (c)	5 (d)	6 (a)	7 (a)	8 (a)	9 (d)	10 (c)

क्रमवार

प्रश्नों का विश्लेषण

कॉन्सेप्ट बिल्डर्स

1 अंतराण्विक बल
2 असत्य
3 दो गुना
4 अनुदैर्ध्य
5 असत्य
6 अनुदैर्ध्य प्रतिबल
7 प्रत्यास्थता गुणांक
8 प्रत्यास्थता गुणांक
9 1
10 यंग प्रत्यास्थता गुणांक
11 $Y = \frac{F \times L}{A \times \Delta L}$
12 वृद्धि
13 सत्य
14 बड़ा
15 पार्श्व, अनुदैर्ध्य
16 असत्य
17 सत्य
18 सत्य
19 वृद्धि
20 $\frac{1}{Y}$

शीर्षकवार प्रश्न

3 *(a)* जब परमाणुओं के बीच की दूरी कम होती है, तो प्रतिकर्षण बल (Repulsive force) बढ़ता है, इसलिए $r = r_0$ पर प्रतिकर्षण बल उपस्थित होता है।

6 *(d)* जब एक समान छड़ को खींचने के लिए उस पर क्षैतिज बल लगाया जाता है, तो छड़ के प्रत्येक अनुप्रस्थ-काट में एक त्वरण उत्पन्न होता है। इस प्रकार छड़ का प्रत्येक खण्ड (section) एक तनाव का अनुभव करता है, जो दूसरे सिरे पर शून्य होता है। इसलिए छड़ में उत्पन्न प्रतिबल धीर-धीरे छड़ के उस सिरे पर शून्य हो जाता है जहाँ कोई बल नहीं लगाया जाता है।

7 *(b)* दिया है, $r_A = 2r_B$

अब, प्रतिबल = बल/क्षेत्रफल $= \frac{F}{\pi r^2}$

$\therefore$ प्रतिबल $\propto \frac{1}{r^2}$

$$\frac{(\text{प्रतिबल})_B}{(\text{प्रतिबल})_A} = \left(\frac{r_A}{r_B}\right)^2 = (2)^2$$

$\Rightarrow (\text{प्रतिबल})_B = 4 \times (\text{प्रतिबल})_A$

8 *(c)* दिया है, तार की त्रिज्या,

$r = 2$ मिमी $= 2 \times 10^{-3}$ मी

भार, $m = 4$ किग्रा तथा $g = 3.1\pi$ मी/से

$\therefore$ तनन प्रतिबल $= \frac{\text{बल } (F)}{\text{क्षेत्रफल } (A)} = \frac{mg}{\pi r^2}$

$$= \frac{4 \times 3.1 \times \pi}{\pi \times (2 \times 10^{-3})^2}$$

$= 3.1 \times 10^6$ न्यूटन/मी^{2}

9 *(c)* जब तार की लम्बाई दो गुनी हो जाती है, तो इसका अनुप्रस्थ-काट का क्षेत्रफल घटकर आधा रह जाता है क्योंकि तार का आयतन नियत है। ($V = AL$)

इसलिए

तात्क्षणिक प्रतिबल $= \frac{\text{बल}}{\text{क्षेत्रफल}} = \frac{Mg}{A/2} = \frac{2Mg}{A}$

11 *(d)* दिया है, घन की भुजा की लम्बाई, $L = 0.1$ मी

अपरूपण बल, $F = 100$ न्यूटन

तथा विस्थापित दूरी,

$x = 0.02$ सेमी $= 0.02 \times 10^{-2}$ मी

अपरूपण विकृति,

$$\phi = \frac{x}{L} = \frac{0.02 \times 10^{-2}}{0.1} = 0.002$$

12 *(d)* आयतन (V) में प्रतिशत परिवर्तन

= 3 × लम्बाई में प्रतिशत परिवर्तन

= 3(1%) = 3%

$\therefore$ $\Delta V = V$ का 3%

$\Rightarrow$ आयतनिक विकृति, $\frac{\Delta V}{V} = \frac{3}{100} = 0.03$

13 *(c)* तार में तनाव, $T = \left(\frac{2mM}{m + M}\right) g$

$$\text{प्रतिबल} = \frac{\text{तनाव}}{\text{क्षेत्रफल}} = \frac{2mM}{A(m+M)} g$$

$$= \frac{2(m \times 4m)g}{A(m + 4m)} = \frac{8mg}{5A}$$

14 *(a)* दिया है, तार A व B की त्रिज्याएँ क्रमशः r_A व r_B हैं।

बल, $F = \frac{mg}{3}$

$\therefore$ तार B में प्रतिबल = बल/क्षेत्रफल $= \frac{mg}{3\pi r_B^2}$

[$\because$ तार B का क्षेत्रफल $= \pi r_B^2$]

इसी प्रकार, तार A में प्रतिबल

$$= \frac{F + mg}{\pi r_A^2} = \frac{\frac{mg}{3} + mg}{\pi r_A^2}$$

जब, $r_A = r_B$

तार B में प्रतिबल $= \frac{mg}{3\pi r_B^2}$

तार A में प्रतिबल, $= \frac{4}{3} \frac{mg}{\pi r_A^2}$

$\therefore$ A में प्रतिबल > B में प्रतिबल

यदि $r_A = 2r_B$, तब

A में प्रतिबल = B में प्रतिबल इसका अर्थ है कि या तो तार A या तार B टूटेगा।

यदि $r_A < 2r_B$, तब तार A में प्रतिबल, तार B के प्रतिबल से अधिक होगा।

$\therefore$ तार A जल्दी टूट सकता है।

अतः विकल्प (a) में दिया गया कथन सही है तथा अन्य विकल्प गलत है।

15 *(a)* दिया है, ब्लॉक द्रव्यमान, $m_1 = 1$ किग्रा तथा $m_2 = 4$ किग्रा

$\because$ तनाव, $T = \frac{2m_1 m_2}{m_1 + m_2} \times g$

$= \frac{2 \times 1 \times 4}{1 + 4} \times 10$ ($\because g = 10$ मी/से^{2})

= 16 न्यूटन

यदि भंजन प्रतिबल

$= 3.18 \times 10^9$ न्यूटन/मी^{2}, तब

भंजन बल = भंजन प्रतिबल × क्षेत्रफल

$\Rightarrow$ $16 = 3.18 \times 10^9 \times \pi r^2$

$\Rightarrow$ $r = \sqrt{\frac{16}{3.18 \times 10^9 \times 3.14}}$

$= 4 \times 10^{-5}$ मी

इस प्रकार, विकल्प (a) में दिया गया कथन सही है तथा अन्य विकल्प गलत हैं।

17 *(c)* प्रत्यास्थता सीमा के भीतर, हुक के नियमानुसार,

प्रतिबल $\propto$ विकृति

या $\frac{\text{भार}}{\text{क्षेत्रफल}} \propto \frac{\text{विस्तार}}{\text{मूल विमा}}$

या भार $\propto$ विस्तार

अतः विकल्प (c) में दिया गया ग्राफ, हुक के नियम का पालन करता है।

19 *(b)* दिए गए ग्राफ से, समान प्रतिबल के लिए, P में Q की तुलना में अधिक विकृति उत्पन्न होती है, P, Q की अपेक्षा अधिक तन्य है।

अतः विकल्प (b) में दिया गया कथन सही है तथा अन्य विकल्प गलत हैं।

20 *(a)* यदि A व B दो अलग-अलग धातुओं के आदर्श (identical) तार हैं, तब

यंग प्रत्यास्थता गुणांक, $Y = \frac{Fl}{A\Delta l}$

$\Rightarrow \quad F = \frac{YA}{l} \cdot \Delta l \Rightarrow \frac{F}{\Delta l} = \frac{YA}{l}$

अतः भार-विस्तार ग्राफ का ढलान

$= \frac{F}{\Delta l} = \frac{YA}{l}$

चूँकि तार आदर्श है

$\frac{(\text{ढलान})_A}{(\text{ढलान})_B} = \frac{\tan\theta_A}{\tan\theta_B} = \frac{\tan 60°}{\tan 30°} = \frac{Y_A}{Y_B}$

$[\because \theta_A = 60°$ तथा $\theta_B = 30°]$

$\Rightarrow \quad Y_A : Y_B = 3:1$

परन्तु विस्तार, $\Delta l = \frac{Fl}{AY}$

$\Rightarrow \quad \Delta l \propto \frac{1}{Y}$

तब तार A व B के लिए,

$\frac{\Delta l_B}{\Delta l_A} = \frac{Y_A}{Y_B} = \frac{3}{1}$

$\therefore \quad \Delta l_B > \Delta l_A$

चूँकि, तार A के लिए विस्तार, तार B की तुलना में कम है, अतः तार A, B की तुलना में अधिक मोटा है।

अतः विकल्प (a) में दिया गया कथन गलत है तथा अन्य विकल्प सही हैं।

21 *(b)* प्रतिबल = बल/क्षेत्रफल

चँकि, प्रत्येक तार का व्यास समान है, अतः दोनों तारों के लिए अनुप्रस्थ काट का क्षेत्रफल समान होगा। पुनः दोनों तारों में समान विरूपण बल F कार्यरत् है तथा दोनों तारों का अनुप्रस्थ काट का क्षेत्रफल A है, अतः दोनों तारों में प्रतिबल भी समान होगा।

परन्तु यंग प्रत्यास्थता गुणांक, $Y = \frac{\text{प्रतिबल}}{\text{विकृति}}$

या विकृति $= \frac{\text{प्रतिबल}}{Y}$

चूँकि, Y का मान दोनों तारों के लिए अलग-अलग है अतः दोनों तारों के लिए विकृति का मान भी अलग-अलग होगा।

22 *(c)* पीतल की छड़ में प्रतिबल,

$\sigma = \frac{F}{A} = \frac{4F}{\pi d^2_{\text{न्यूनतम}}} \quad \left[\because A = \frac{\pi d^2}{4}\right]$

प्रतिबल के प्रत्यास्थता सीमा से अधिक न होने के लिए

$\sigma \le 379 \text{ MPa}$

$\Rightarrow \quad \frac{4F}{\pi d^2_{\text{न्यूनतम}}} \le 379 \times 10^6$

$\therefore \quad d^2_{\text{न्यूनतम}} = \frac{1600}{\pi \times 379 \times 10^6}$

$\Rightarrow \quad d_{\text{न्यूनतम}} = 1.16 \times 10^{-3}$ मी $= 1.16$ मिमी

23 *(b)*

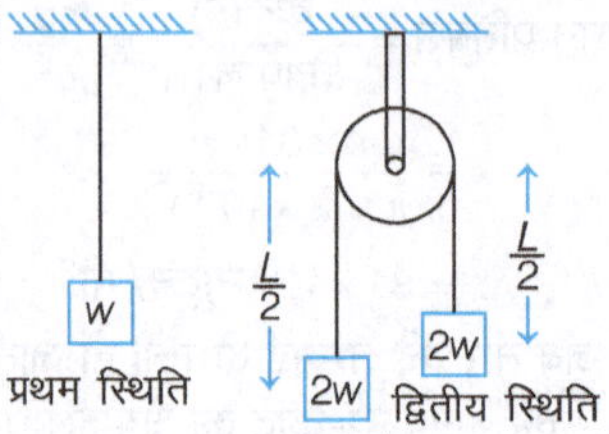

प्रथम स्थिति में, $Y = \frac{\left(\frac{w}{A}\right)}{\frac{l}{L}} = \frac{wL}{Al}$

दूसरी स्थिति में, $Y = \frac{\frac{2w}{A}}{\frac{2l'}{L}} = \frac{wL}{Al'}$

$\Rightarrow \quad l' = l$

इसलिए, दोनों भुजाओं में विस्तार $\Rightarrow 2l' = 2l$

24 *(b)* तार A की लम्बाई में परिवर्तन

= तार B की लम्बाई में परिवर्तन

$\therefore \quad \Delta l_1 = \Delta l_2$

$\frac{Fl_1}{\pi r_1^2 Y_1} = \frac{Fl_2}{\pi r_2^2 Y_2}$

$\frac{2}{(R^2 \times 7)} = \frac{1.5}{(2^2 \times 4)}$

$\Rightarrow \quad R = 1.7$ मिमी

25 *(b)* दिया है, प्रतिबल $F = 20 \times 10^8$ न्यूटन/मी^{2}

यंग प्रत्यास्थता गुणांक = बल/विकृति

$\because$ विकृति $= \frac{\text{लम्बाई में परिवर्तन}}{\text{मूल लम्बाई}}$

$= \frac{2L - L}{L} = 1$

$\therefore \quad Y =$ प्रतिबल $= 20 \times 10^8$ न्यूटन/मी^{2}

26 *(d)* लम्बाई में परिवर्तन, $l = \frac{FL}{AY} = \frac{FL^2}{VY}$

$\therefore \quad l \propto L^2$

$\frac{l_2}{l_1} = \left[\frac{L_2}{L_1}\right]^2 = \left(\frac{8}{2}\right)^2 = 16$

$\Rightarrow \quad l_2 = 16 l_1 = 16 \times 2$ मिमी

$= 32$ मिमी $= 3.2$ सेमी

27 *(a)* लम्बाई में परिवर्तन,

$l = 0.1\%, L = 0.001 L$

$\Rightarrow \quad \frac{l}{L} = 0.001$

यंग प्रत्यास्थता गुणांक, $Y = \frac{F}{A} \cdot \frac{L}{l}$

$\therefore \quad F = YA\frac{l}{L}$

$= 9 \times 10^{10} \times \pi \times (2 \times 10^{-3})^2 \times 0.001$

$= 360\pi$ न्यूटन

28 *(d)* यंग प्रत्यास्थता गुणांक

$Y = \frac{FL}{A\Delta L} = \frac{TL}{\pi r^2 \Delta L}$

$\Rightarrow \quad \Delta L = \frac{TL}{\pi r^2 Y}$

चूँकि तार समान पदार्थ के बने हैं अतः Y का मान सभी के लिए समान होगा। चूँकि T भी समान है, अतः $\Delta L \propto \frac{L}{r^2}$

इस प्रकार, $\frac{L}{r^2}$ लम्बाई में सबसे अधिक वृद्धि के लिए समान है। $L = 250$ सेमी तथा $r = 0.1$ मिमी के लिए लम्बाई में वृद्धि 25×10^7 मी होगी इसलिए, इसका विस्तार अधिक होगा।

29 *(b)* तार का यंग प्रत्यास्थता गुणांक

$Y = \frac{F/A}{l/L} \Rightarrow F = \frac{YAl}{L}$

बल स्थिरांक, $k = \frac{F}{l} = \frac{YA}{L}$

30 *(d)* दिया है, दोनों तारों की त्रिज्याओं का अनुपात $r_1 : r_2 = 2:1$

$\Rightarrow \quad \frac{r_1}{r_2} = \frac{2}{1}$

और उनकी लम्बाईयों का अनुपात

$l_1 : l_2 = 1:2 \Rightarrow \frac{l_1}{l_2} = \frac{1}{2}$

$\because \quad Y = \frac{Fl}{A\Delta l} \Rightarrow \Delta l = \frac{Fl}{AY}$

$\Delta l \propto \frac{l}{A}$

$\therefore \quad \frac{\Delta l_1}{\Delta l_2} = \frac{l_1 A_2}{l_2 A_1} \Rightarrow \frac{\Delta l_1}{\Delta l_2} = \frac{l_1}{l_2} \cdot \frac{r_2^2}{r_1^2}$

$= \frac{1}{2} \cdot \left(\frac{1}{2}\right)^2 = \frac{1}{8}$

31 *(c)* तार 1 के लिए, $Y_1 = \frac{F_1 l_1}{A_1 \Delta l}$ ...(i)

तार 2 के लिए, $Y_2 = \frac{F_2 l_2}{A_2 \Delta l}$ ...(ii)

$\because$ आयतन, $V = Al$ या $l = \frac{V}{A}$

l का मान समी (i) व (ii) में रखने पर,

$Y_1 = \frac{F_1 V}{A_1^2 \Delta l}$ और $Y_2 = \frac{F_2 V}{A_2^2 \Delta l}$

∵ प्रश्नानुसार, तार समान पदार्थ के बने हैं, अर्थात्

$$Y_1 = Y_2$$

$$\Rightarrow \frac{F_1 V}{A_1^2 \Delta l} = \frac{F_2 V}{A_2^2 \Delta l}$$

$$\Rightarrow \frac{F_1}{F_2} = \frac{A_1^2}{A_2^2} = \frac{1}{9}$$

$[\because A_1 = A$ और $A_2 = 3A]$

या $F_2 = 9F_1 = 9F$ $[\because F_1 = F]$

32 *(a)* जब द्रव्यमान ऊर्ध्वाधर वृत्त के निम्नतम बिन्दु पर है, तब खिंचाव बल

$$F = mg + mr\omega^2 = mg + mr(2\pi v)^2$$

$$= 15 \times 10 + 15 \times 2 \times (2\pi \times 2)^2$$

= 4887 न्यूटन

$$\because \Delta L = \frac{FL}{AY}$$

$$\therefore \Delta L = \frac{4887 \times 2}{0.02 \times 10^{-4} \times 2 \times 10^{11}}$$

= 0.24 मिमी

33 *(d)* माना तार की वास्तविक लम्बाई l है।

$$\therefore Y = \frac{T}{A} \frac{l}{\Delta l}$$

अब, $Y = \frac{2}{A} \frac{l}{(l_1 - l)} = \frac{8}{A} \frac{l}{(l_2 - l)}$

$$= \frac{14}{A} \frac{l}{(l_3 - l)}$$

$$\therefore 2(l_3 - l) = 14(l_1 - l)$$

$$2l_3 + 12l = 14l_1 \quad \ldots(i)$$

पुनः, $8(l_3 - l) = 14(l_2 - l)$

$$\Rightarrow 8l_3 + 6l = 14l_2 \quad \ldots(ii)$$

l_3 प्राप्त करने के लिए, समी (i) व (ii) को हल करने पर

$\therefore l_3 = (2l_2 - l_1)$ मी

34 *(d)* यहाँ दोनों तारों के आयतन समान हैं।

$$\therefore A_1 l_1 = A_2 l_2$$

$$\Rightarrow l_2 = \frac{A_1 l_1}{A_2} = \frac{A l_1}{4A} = \frac{l_1}{4} \Rightarrow \frac{l_1}{l_2} = 4$$

अब, $\Delta x_1 = \frac{F_1 l_1}{AY}$ $[\because \Delta l = \Delta x]$

और $\Delta x_2 = \frac{F_2 l_2}{4AY}$

$$\because \Delta x_1 = \Delta x_2$$

$$\Rightarrow \frac{F_1 l_1}{AY} = \frac{F_2 l_2}{4AY}$$

$$\Rightarrow F_2 = 4F_1 \times \frac{l_1}{l_2} = 4F_1 \times 4$$

$$\therefore F_2 = 16F_1$$

35 *(d)* दोनों तारों के तनन प्रतिबल समान हैं परन्तु प्रतिबल = यंग प्रत्यास्थता गुणांक × विकृति

$$\therefore \frac{w}{A} = Y_C \times \frac{\Delta L_C}{L_C} = Y_S \times \frac{\Delta L_S}{L_S} \quad \ldots(i)$$

$$\therefore \frac{\Delta L_C}{\Delta L_S} = \frac{L_C}{L_S} \times \frac{Y_S}{Y_C}$$

यहाँ, ताँबे के तार के लिए, $L_C = 3.2$ मी,

$Y_C = 1.2 \times 10^{11}$ न्यूटन/मी²

स्टील के तार के लिए, $L_S = 1.6$ मी,

$Y_S = 2 \times 10^{11}$ न्यूटन/मी²

$$\therefore \frac{\Delta L_C}{\Delta L_S} = \left(\frac{3.2 \text{ मी}}{1.6 \text{ मी}}\right) \times \frac{(2 \times 10^{11} \text{ न्यूटन/मी}^2)}{(1.2 \times 10^{11} \text{ न्यूटन/मी}^2)}$$

$$= \frac{10}{3} \quad \ldots(ii)$$

कुल विस्तार,

$\Delta L_C + \Delta L_S = 1.3$ मिमी

$= 13 \times 10^{-4}$ मी ...(iii)

समी (ii) व (iii) को हल करने पर,

$\Delta L_C = 10 \times 10^{-4}$ मी

और $\Delta L_S = 3 \times 10^{-4}$ मी

समी (i) से,

$$w = A \times Y_C \times \frac{\Delta L_C}{L_C}$$

$$= \pi \times (2 \times 10^{-3})^2 \times 1.2 \times 10^{11} \times \frac{10 \times 10^{-4}}{32}$$

$= 4.7 \times 10^2$ न्यूटन

36 *(d)* माना ताँबे व स्टील के तारों की लम्बाईयाँ क्रमशः L_1 व L_2 तथा यंग प्रत्यास्थता गुणांक Y_1 व Y_2 हैं। $L_1 = 50$ सेमी, $L_2 = 200$ सेमी;

$Y_1 = 12 \times 10^{11}$ डाइन/सेमी²,

$Y_2 = 20 \times 10^{11}$ डाइन/सेमी²

यदि l_1 व l_2 क्रमशः दोनों तारों की लम्बाईयों में होने वाली वृद्धियाँ हैं, तब

$l_1 + l_2 = 2$ सेमी ...(i)

यदि आरोपित बल F हो तब

$$l_1 = \frac{F \times L_1}{a \times Y_1} = \frac{F \times 50}{a \times 12 \times 10^{11}} \quad \ldots(ii)$$

तथा,

$$l_2 = \frac{F \times L_2}{a \times Y_2} = \frac{F \times 200}{a \times 20 \times 10^{11}} \quad \ldots(iii)$$

समी (ii) व (iii) को जोड़ने पर,

$$l_1 + l_2 = \frac{F \times 50}{a \times 12 \times 10^{11}} + \frac{F \times 200}{a \times 20 \times 10^{11}}$$

या $l_1 + l_2 = \frac{F}{a} \times 14.16 \times 10^{-11}$ ...(iv)

समी (i) व (iv) से,

$$\frac{F}{a} \times 14.16 \times 10^{-11} = 2$$

और $\frac{F}{a} = \frac{2}{14.16 \times 10^{-11}}$

समी (ii) में $\frac{F}{a}$ का मान रखने पर,

$l_1 = 0.58$ सेमी

तथा $l_2 = 2 - l_1 = 2 - 0.58$

$= 1.42$ सेमी

37 *(b)* हम जानते हैं कि $Y = \frac{FL}{Al}$

बल स्थिरांक, $k = \frac{F}{l} = Y\frac{A}{L}$

$$\therefore k \propto Y$$

$$\frac{k_1}{k_2} = \frac{Y_1}{Y_2} = \frac{3}{2}$$

38 *(b)* दिया है, $A_C = 2A_S$, $l_C = l_S$

स्टील के लिए, $Y_S = \frac{FL_S}{A_S l_S}$

$$\Rightarrow L_S = \frac{A_S l_S Y_S}{F}$$

ताँबे के लिए, $Y_C = \frac{FL_C}{A_C l_C}$

$$\Rightarrow L_C = \frac{A_C l_C Y_C}{F}$$

$$\therefore \frac{L_C}{L_S} = \frac{A_C l_C Y_C}{A_S l_S Y_S}$$

$$\Rightarrow \frac{L_C}{L_S} = \frac{2A_S l_S (1.1 \times 10^{11})}{A_S l_S (2 \times 10^{11})}$$

$[\because A_C = 2A_S, l_C = l_S]$

$$\Rightarrow \frac{L_C}{L_S} = \frac{2(1.1)}{2} = 1.1$$

39 *(b)* दिया है, $\Delta L_A = 2$ मिमी $= 0.002$ मी

$\Delta L_B = 3$ मिमी $= 0.003$ मी

बल, $F = 2$ न्यूटन

$$\because \frac{r_B}{r_A} = \frac{3}{1} \quad \ldots(i)$$

चूँकि $Y_A = Y_B$

हुक के नियम से प्रतिबल = $Y \times$ विकृति

$$\frac{F}{A} = Y\left(\frac{\Delta L}{L}\right)$$

$$\Rightarrow L = \frac{Y \Delta L A}{F}$$

$$\Rightarrow \frac{L_A}{L_B} = \frac{Y_A}{Y_B} \times \frac{\Delta L_A}{\Delta L_B} \times \frac{A_A}{A_B} \times \frac{F_B}{F_A}$$

$$\Rightarrow \frac{L_A}{L_B} = \frac{Y_A}{Y_A} \times \frac{0.002}{0.003} \times \frac{\pi r_A^2}{\pi r_B^2} \times \frac{2}{2}$$

$\Rightarrow \dfrac{L_A}{L_B} = \dfrac{0.002}{0.003} \times \dfrac{r_A^2}{9r_A^2}$ [समी (i) से]

$\Rightarrow \dfrac{L_A}{L_B} = \dfrac{a}{b} = \dfrac{2}{27}$

40 *(d)* यंग प्रत्यास्थता गुणांक के लिए, सामान्य व्यंजक का प्रयोग करने पर, तार का बल नियतांक निम्न प्रकार लिखा जा सकता है।

$$k = \frac{F}{\Delta L} = \frac{YA}{L}$$

तारों के श्रेणी क्रम संयोजन के लिए,

$$k_{तुल्य} = \frac{k_1 k_2}{k_1 + k_2}$$

मान रखने पर,

$$k_{तुल्य} = \frac{\left(\frac{Y_1A}{L_1}\right)\left(\frac{Y_2A}{L_2}\right)}{\frac{Y_1A}{L_1} + \frac{Y_2A}{L_2}} = \frac{(Y_1Y_2)A}{Y_1L_2 + Y_2L_1}$$

$$\Rightarrow k_{तुल्य} = \frac{(1.2 \times 10^{11} \times 2 \times 10^{11})\,A}{1.2 \times 10^{11} \times 10 + 2 \times 10^{11} \times 6}$$

$$= \frac{2.4 \times 10^{11}}{24}$$

[$\because L_1 = 6$ मी तथा $L_2 = 10$ मी]

$$\Rightarrow k_{तुल्य} = 10^{10} A$$

41 *(d)* अक्षीय बल 40 किलो न्यूटन, छड़ के प्रत्येक तीनों भागों में संचरित होता है।

भाग AB में प्रतिबल,

$$= \frac{40000}{\frac{\pi}{4} \times (60)^2} = 14.15 \text{ न्यूटन/मिमी}^2$$

भाग BC में प्रतिबल

$$= \frac{40000}{\frac{\pi}{4} \times (25)^2} = 81.48 \text{ न्यूटन/मिमी}^2$$

भाग CD में प्रतिबल = 14.15 न्यूटन/मिमी^{2}

इस प्रकार, छड़ का कुल विस्तार = AB, BC व CA भागों में विस्तार,

$$= \left(\frac{14.15}{2 \times 10^5} \times 100\right) 2 + \left(\frac{81.48}{2 \times 10^5} \times 200\right)$$

$= 0.096$ मिमी

42 *(a)* माना $L_A = 4\,L$ तथा $r_A = 5\,r$

तब, $L_B = 7\,L$ तथा $r_B = 2\,r$

तथा, $l_A = 1$ मिमी

स्टील के तार A के लिए,

$$Y = \frac{F \times L_A}{\pi r_A^2 \times l_A} = \frac{F \times 4L}{\pi \times (5r)^2 \times 1}$$

या $$Y = \frac{4FL}{25\pi r^2} \quad \ldots(i)$$

स्टील के तार B के लिए

$$Y = \frac{F \times L_B}{\pi r_B^2 \times l_B} = \frac{F \times 7L}{\pi \times (2r)^2 \times 1}$$

या $$Y = \frac{7F \times L}{4\pi r^2 l_B} \quad \ldots(ii)$$

समी (i) व (ii) से,

$$\frac{F \times 7L}{4\pi r^2 \times l_B} = \frac{4FL}{25\pi r^2}$$

या $$l_B = \frac{7 \times 25}{9 \times 4} = 4.86 \text{ मिमी}$$

43 *(d)* गति को परिभाषित करने वाली समीकरणों से,

$$5g - T_B = 5a,\ T_A = 5a$$

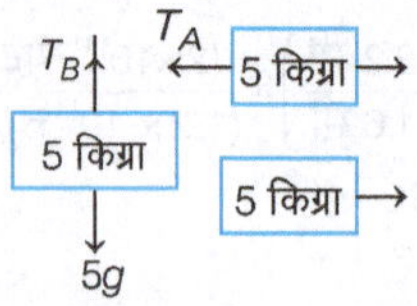

हल करने पर,

$$a = \frac{3g}{9} = \frac{g}{3} \Rightarrow T_A = \frac{5}{3}g$$

तथा $T_B = \dfrac{10}{3}g$

A में उत्पन्न विकृति

$$= \frac{T_A}{aY} = \frac{5}{3}\,\frac{g}{(0.002 \times 10^{-4})\,2 \times 10^{11}}$$

$$= 4.16 \times 10^{-4}$$

B में उत्पन्न विकृति

$$= \frac{T_B}{aY} = \frac{10}{3}\,\frac{g}{(0.002 \times 10^{-4})\,2 \times 10^{11}}$$

$$= 8.33 \times 10^{-4}$$

44 *(b)*

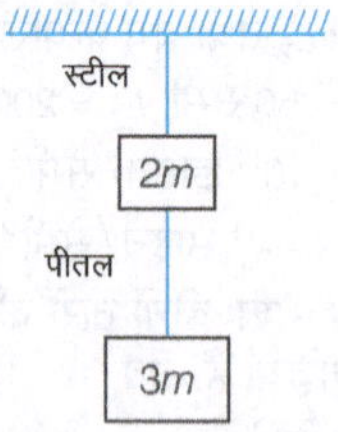

जैसा कि $Y = \dfrac{FL}{A\Delta L} = \dfrac{4FL}{\pi D^2 \Delta L}$ $\left[\because A = \dfrac{\pi D^2}{4}\right]$

$$\therefore \quad \Delta L = \frac{4FL}{\pi D^2 Y}$$

$$\therefore \quad \frac{\Delta L_s}{\Delta L_b} = \frac{F_s}{F_b}\,\frac{L_s}{L_b}\,\frac{D_b^2}{D_s^2}\,\frac{Y_b}{Y_s} \quad \ldots(i)$$

यहाँ, $F_s = (2m + 3m)\,g = 5mg$

$F_b = 3mg$

$\because \dfrac{D_s}{D_b} = p,\ \dfrac{L_s}{L_b} = q,\ \dfrac{Y_s}{Y_b} = r$ [दिया है]

समी (i) से,

$$\therefore \frac{\Delta L_s}{\Delta L_b} = \left(\frac{5\,mg}{3\,mg}\right)(q)\left(\frac{1}{p}\right)^2\left(\frac{1}{r}\right)$$

$$= \frac{5q}{3p^2 r}$$

45 *(b)* दिया है, $Y_s = 2Y_b$,

$L_s = L_b,\ A_s = A_b$

$\Delta L = \dfrac{wL}{AY}$ [जहाँ, बल $F = w$]

$$\Delta L_s = \Delta L_b \Rightarrow \frac{w_sL_s}{A_sY_s} = \frac{w_bL_b}{A_bY_b}$$

$$\Rightarrow \frac{w_s}{w_b} = \frac{Y_s}{Y_b} = \frac{2Y_b}{Y_b} = \frac{2}{1}$$

46 *(c)* स्थिति को चित्र में दर्शाया गया है

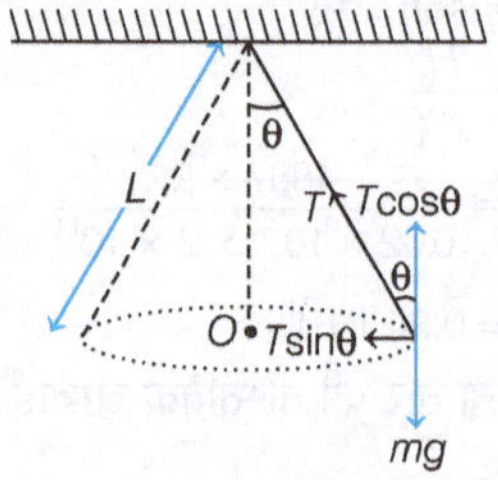

पत्थर की ऊर्ध्वाधर साम्यावस्था के लिए,

$$T\cos\theta = mg$$

तथा $$T = \frac{mg}{\cos\theta} \quad \ldots(i)$$

चूँकि $$Y = \frac{TL}{A\Delta L}$$

$$\Rightarrow \Delta L = \frac{TL}{AY}$$

$$= \frac{mgL}{\cos\theta(\pi D^2/4)Y} \quad \text{[समी (i) से]}$$

$$= \frac{4mgL}{\pi D^2 Y \cos\theta}$$

47 *(c)* तार में विस्तार,

$$\Delta l = \frac{FL}{AY} = \frac{FL}{(\pi r^2)Y}$$

$$\therefore \quad \Delta l \propto \frac{L}{r^2}$$

पतले तार तथा मोटे तार के विस्तारों का अनुपात, $\dfrac{\Delta l_1}{\Delta l_2} = \dfrac{L/R^2}{2L/(2R)^2} = 2$

48 *(c)* पूर्णतः दृढ़ पिण्ड प्रतिबल होने पर भी कोई विकृति उत्पन्न नहीं करेगा।

$$\therefore \quad Y = \text{प्रतिबल/विकृति} = \frac{\text{प्रतिबल}}{0} = \infty$$

तथा किसी दृढ़ पिण्ड के लिए आयतन प्रत्यास्थता गुणांक अनन्त होता है, क्योंकि दृढ़ पिण्ड असम्पीड्य होते हैं।

49 *(a)* दिया है, स्तम्भ की आन्तरिक त्रिज्या
$r_1 = 20$ सेमी $= 0.2$ मी
स्तम्भ की बाह्य त्रिज्या,
$r_2 = 30$ सेमी $= 0.3$ मी
$\therefore \quad A = \pi(r_2^2 - r_1^2) = 0.16$ मी^{2}
स्तम्भ का सम्पीड़न बल
$F = Mg = 120000$ न्यूटन
अब, $\quad Y = \dfrac{FL}{Al}$
विकृति $= \dfrac{l}{L} = \dfrac{F}{AY} = \dfrac{120000}{0.16 \times 2 \times 10^{11}}$
$= 3.75 \times 10^{-6}$

50 *(d)* चूँकि, $\Delta l = \dfrac{Fl}{AY}$, इस प्रकार विस्तार, अनुप्रस्थ-काट के क्षेत्रफल (A) के व्युत्क्रमानुपाती है।

51 *(b)* दिया है, तार की त्रिज्या,
$r = 4$ मिमी $= 4 \times 10^{-3}$ मी
मरोड़ी कोण, $\theta = 30°$ तथा तार की लम्बाई
$L = 100$ सेमी $= 1$ मी
$\therefore \quad L\phi = r\theta$
$\Rightarrow \quad \phi = \dfrac{r\theta}{L} = \dfrac{4 \times 10^{-3} \times 30°}{1} = 0.12°$

52 *(c)* यहाँ, $\quad \eta = 5.6 \times 10^9$ पॉस्कल
$F = 8 \times 10^4$ न्यूटन
संकीर्ण फलक का क्षेत्रफल,
$A = (30 \times 4)$ सेमी^{2}
$= 120 \times 10^{-4}$ मी^{2}
फर्श से संकीर्ण फलक की दूरी,
$L = 30$ सेमी $= 30 \times 10^{-2}$ मी
यदि स्लैब का ऊपरी किनारा x दूरी से विस्थापित होता है, तब
$x = \dfrac{FL}{A\eta} = \dfrac{8 \times 10^4 \times 30 \times 10^{-2}}{120 \times 10^{-4} \times 5.6 \times 10^9}$
$= 3.6 \times 10^{-4}$ मी

53 *(c)* दिया है, $L = 5$ सेमी
पार्श्व विस्थापन, $x = 0.025$ सेमी
अपरूपण गुणांक
$G = 2.08 \times 10^{11}$ डाइन/सेमी^{2}
अपरूपण विकृति,
$\theta = \dfrac{x}{L} = \dfrac{0.025}{5} = 0.005$
$\therefore \quad G = \dfrac{F}{A\theta}$
$\Rightarrow \quad F = GA\theta = 2.08 \times 10^{11} \times (5)^2 \times 0.005$
$= 26 \times 10^9$ डाइन

54 *(b)* सीसे की स्लैब स्थिर है तथा बल संकीर्ण फलक के समान्तर लगाया गया है, जैसा कि चित्र में दर्शाया गया है।

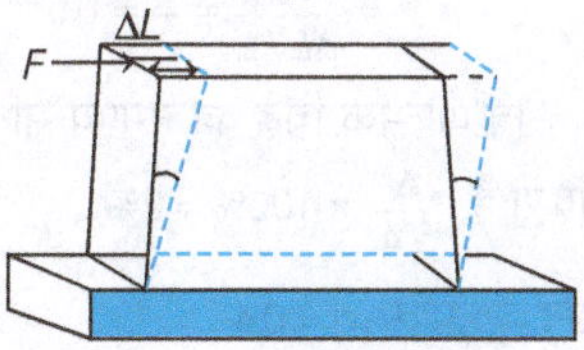

उस फलक का क्षेत्रफल जिसके समान्तर बल लगा है,
$A = 40$ सेमी $\times$ 20 सेमी
$= 0.08$ मी^{2}
यदि स्पर्शीय बल F के कारण स्लैब के ऊपरी किनारे का विस्थापन ΔL हो, तब $\Delta L = \dfrac{FL}{\eta A}$
$\Rightarrow \quad \Delta L = \dfrac{12 \times 10^4 \times 0.4}{5.6 \times 10^9 \times 0.08} = 0.11$ मिमी

55 *(c)* यहाँ, $p = 100$ वायुमण्डलीय दाब
$= 10^7$ न्यूटन/मी^{2}
तथा $\quad \Delta V = 0.01 \quad V$
$\therefore \quad \dfrac{\Delta V}{V} = 0.0001$
$|B| = \dfrac{p}{\Delta V / V} = \dfrac{10^7}{0.0001}$
$= 1 \times 10^{11}$ न्यूटन/मी^{2}
$= 1 \times 10^{12}$ डाइन/सेमी^{2}
[$\because$ 1 न्यूटन $= 10^5$ डाइन]

56 *(c)* हम जानते हैं कि, $B = \dfrac{Mg / A}{\delta V / V}$
$\Rightarrow \quad \dfrac{\delta V}{V} = \dfrac{Mg}{BA} \quad \ldots$(i)
अब, $\quad V = \dfrac{4}{3}\pi R^3 \quad \ldots$(ii)
अवकलन करने पर,
$\delta V = 4\pi R^2 \delta R \quad \ldots$(iii)
समी (iii) को समी (ii) से भाग करने पर,
$\dfrac{\delta V}{V} = \dfrac{3\delta R}{R}$
$\therefore \quad \dfrac{\delta R}{R} = \dfrac{Mg}{3BA}$ [समी (i) से]

57 *(a)* सम्पीड्यता
$|K| = \dfrac{1}{|\text{आयतन प्रत्यास्थता गुणांक}|}$
आयतन प्रत्यास्थता गुणांक, $|B| = \dfrac{pV}{\Delta V}$
$\Rightarrow \quad K = \dfrac{1}{\left(\dfrac{pV}{\Delta V}\right)} = \dfrac{\Delta V}{pV}$
दिया है, $K = 4 \times 10^{-5}$ प्रति वायुमण्डल,
$p = 100$ वायुमण्डल और $V = 100$ सेमी^{3}.
$\therefore \quad \Delta V = K(p \cdot V)$
$= 4 \times 10^{-5}(100 \times 10^{-6} \times 100)$
$= 0.4 \times 10^{-6}$ सेमी^{3} $= 0.4$ सेमी^{3}

58 *(c)* दिया है, समुद्र की गहराई
$d = 2700$ मी
पानी का घनत्व, $\rho = 10^3$ किग्रा/मी^{3}
तथा सम्पीड्यता $= 45.4 \times 10^{-11}$ पॉस्कल$^{-1}$
समुद्र के तल पर दाब
$p = \rho g d = 10^3 \times 10 \times 2700$
$= 27 \times 10^6$ पॉस्कल
अतः आंशिक सम्पीड़न
= सम्पीड़न $\times$ दाब
$= 45.4 \times 10^{-11} \times 27 \times 10^6$
$= 1.2 \times 10^{-2}$

59 *(a)* दिया है, $\dfrac{\Delta V}{V} = 0.01\% = 1 \times 10^{-4}$
विकृति $= \dfrac{\Delta l}{l} = \dfrac{\text{प्रतिबल}}{Y}$
$= \dfrac{4 \times 10^6}{2 \times 10^{11}} = 2 \times 10^{-5}$
जैसा कि हम जानते हैं, $V = \pi r^2 l$
$\Delta V = 2\pi r l \Delta r + \pi r^2 \Delta l$
$\Rightarrow \quad \dfrac{\Delta V}{V} = \dfrac{2\pi r l \Delta r + \pi r^2 \Delta l}{\pi r^2 l} = 2\dfrac{\Delta r}{r} + \dfrac{\Delta l}{l}$
$\Rightarrow 1 \times 10^{-4} = 2\dfrac{\Delta r}{r} + 02 \times 10^{-4}$
$\Rightarrow \quad \dfrac{\Delta r}{r} = \dfrac{0.8 \times 10^{-4}}{2} = 0.4 \times 10^{-4}$

60 *(d)* माना प्रत्येक घन की प्रारम्भिक लम्बाई l है।
प्रारम्भिक लम्बाई $= \left(1 - \dfrac{2}{100}\right) l = \dfrac{49}{50} l$
प्रारम्भिक आयतन, $\quad V_i = l^3$
अन्तिम में परिवर्तन, $V_f = \left(\dfrac{49}{50} l\right)^3$
$\therefore$ आयतन में परिवर्तन $\Delta V = V_f - V_i$
$= \left(\dfrac{49}{50} l\right)^3 - l^3$
$\therefore \quad \dfrac{\Delta V}{V} = \left(\dfrac{49}{50}\right)^3 - 1 = 0.058 \approx 0.06$
आयतन प्रत्यास्थता गुणांक,
$B = \dfrac{-\Delta p}{\left(\dfrac{\Delta V}{V}\right)} = \dfrac{4 \times 10^4}{0.06}$
$= 6.67 \times 10^5$ न्यूटन/मी^{2}

61 *(b)* विकल्प (b) में दिया गया कथन गलत है और इसे निम्न प्रकार सही किया जा सकता है।
गैसें, ठोसों की तुलना में 10 लाख गुना सम्पीड्य होती हैं इसलिए ठोस सबसे कम सम्पीड्य होते हैं

62 *(d)* विकल्प (d) में दिया गया कथन गलत है और इसे निम्न प्रकार सही किया जा सकता है धातुओं के लिए यंग प्रत्यास्थता गुणांक का मान, मिश्र धातुओं तथा इलास्टोमर की तुलना में बहुत अधिक होता है।

63 *(c)* पॉयसन अनुपात

$$\sigma = \frac{\text{पार्श्व विकृति}}{\text{अनुदैर्ध्य विकृति}} = \frac{\left(\frac{\Delta d}{d}\right)}{\left(\frac{\Delta l}{l}\right)}$$

$$A = \pi\left(\frac{d}{2}\right)^2$$

$$\Delta A = \frac{2\pi d \cdot \Delta d}{4}$$

$$\therefore \frac{\Delta A}{A} = 2\frac{\Delta d}{d} \Rightarrow \frac{\Delta d}{d} = \frac{\Delta A}{2A}$$

$$\text{अतः}, \ \sigma = \frac{\frac{\Delta A}{2A}}{\frac{\Delta L}{L}}$$

$$\therefore \frac{\Delta L}{L} = \frac{\Delta A}{2\sigma A} = \frac{3\%}{2 \times 0.8} = 1.86\%$$

64 *(c)* बेलन (सिलेण्डर) का आयतन, $V = \pi r^2 L$

$$\therefore \quad \Delta V = \pi 2r\Delta r L + \pi r^2 \Delta L$$

$$\Rightarrow \frac{\Delta V}{V} = \frac{2\pi r L \, \Delta r}{\pi r^2 L} + \frac{\pi r^2 \Delta L}{\pi r^2 L}$$

$$= 2\frac{\Delta r}{r} + \frac{\Delta L}{L}$$

$$\Rightarrow \quad 9\% = 2\frac{\Delta r}{r} + 3\%$$

$$\Rightarrow \quad 2\frac{\Delta r}{r} = 6\% \Rightarrow \frac{\Delta r}{r} = 3\%$$

पॉयसन अनुपात

$$\sigma = \frac{\frac{\Delta r}{r}}{\frac{\Delta L}{L}} = \frac{3}{3} = 1\%$$

65 *(d)* $V = \pi r^2 L$

दोनों पक्षों का अवकलन करने पर,

$$\Delta V = \pi(2r\Delta r)L + \pi r^2 \Delta L$$

$$\because \quad \Delta V = 0$$

$$\text{अतः}, 0 = 2\pi r L \Delta r + \pi r^2 \Delta L$$

$$\therefore \frac{\Delta r / r}{\Delta L / L} = -\frac{1}{2}$$

$$\text{पॉयसन अनुपात} = \frac{\text{पार्श्व विकृति}}{\text{अनुदैर्ध्य विकृति}}$$

$$= \frac{\Delta r / r}{\Delta L / L} = \frac{1}{2} = 0.5$$

[ऋणात्मक चिह्न को नगण्य मानने पर]

67 *(b)* दिया है, $\frac{\Delta A}{A} \times 100\% = 2\%$

पॉयसन अनुपात, $\sigma = 0.4$

$$\text{क्षेत्रफल}, A = \pi r^2 = \pi\left(\frac{d}{2}\right)^2 = \frac{\pi d^2}{4} \quad \ldots(i)$$

$$\text{या} \quad d^2 = \frac{4A}{\pi}$$

दोनों पक्षों का अवकलन करने पर

$$2d \cdot \Delta d = \frac{4}{\pi} \cdot \Delta A$$

$$\text{अतः} \quad \Delta A = \frac{\pi d \cdot \Delta d}{2} \quad \ldots(ii)$$

समी (ii) को समी (i) से भाग करने पर,

$$\frac{\Delta A}{A} = \frac{\pi \cdot \frac{d}{2} \cdot \Delta d}{\pi \cdot d^2 / 4} = 2 \cdot \frac{\Delta d}{d}$$

$$2\% = 2 \cdot \frac{\Delta d}{d} \quad \text{या} \quad \frac{\Delta d}{d} = 1\%$$

प्रश्नानुसार, पॉयसन अनुपात

$$\sigma = \frac{\Delta d / d}{\Delta l / l} = 0.4$$

$$\frac{\Delta d}{d} = 0.4\left(\frac{\Delta l}{l}\right) \Rightarrow \frac{1}{0.4} \cdot \frac{\Delta d}{d} = \frac{\Delta l}{l}$$

लम्बाई में प्रतिशत वृद्धि

$$\text{अर्थात्} \quad \left(\frac{\Delta l}{l}\right) \times 100\% = 2.5 \times 1\% = 2.5\%$$

68 *(c)* विकल्प (c) में दिया गया कथन सही है तथा अन्य विकल्प गलत हैं तथा इन्हें निम्न प्रकार सही किया जा सकता है।
पार्श्व विकृति तथा अनुदैर्ध्य विकृति के अनुपात को पॉयसन अनुपात σ कहते हैं, इसका मान पदार्थ की प्रकृति पर निर्भर करता है।
यह दो समान राशियों का अनुपात है, इसलिए यह एक विमाहीन तथा मात्रक विहीन राशि है।
पॉयसन अनुपात का प्रायोगिक मान 0 तथा 0.5 के मध्य होता है।

69 *(b)* किया गया कार्य, $W = \frac{1}{2} \times F \times \Delta L$

$$\text{दिए गए } F \text{ के लिए}, \ W \propto \Delta L \quad \ldots(i)$$

$$\text{तथा} \quad \Delta L = \frac{FL}{AY}$$

$$\Delta L \propto \frac{1}{Y} \quad \ldots(ii)$$

$$\text{समी (i) व (ii) से}, \quad W \propto \frac{1}{Y}$$

$$\Rightarrow \quad \frac{W_{\text{स्टील}}}{W_{\text{कॉपर}}} = \frac{Y_{\text{कॉपर}}}{Y_{\text{स्टील}}}$$

$$Y_{\text{कॉपर}} < Y_{\text{स्टील}}$$

$$\Rightarrow \quad W_{\text{स्टील}} < W_{\text{कॉपर}}$$

इस प्रकार स्टील की स्प्रिंग पर कम कार्य किया जाता है।

70 *(a)* 3 किग्रा-भार के अन्तर्गत तार को 0.61 मिमी तक खींचने में किया गया कार्य,

$$W_1 = \frac{1}{2} \times \text{खिंचाव बल} \times \text{विस्तार}$$

$$= \frac{1}{2} \times 3 \times 9.8 \times 0.61 \times 10^{-3}$$

$$= 8.967 \times 10^{-3} \text{ जूल}$$

5 किग्रा भार के अन्तर्गत तार को 1.02 मिमी तक खींचने में किया गया कार्य

$$W_2 = \frac{1}{2} \times 5 \times 9.8 \times 1.02 \times 10^{-3}$$

$$= 24.99 \times 10^{-3} \text{ जूल}$$

अतः तार को 0.61 मिमी से 1.02 मिमी तक खींचने में किया गया कार्य

$$\Delta W = W_2 - W_1$$

$$= (24.99 - 8.967) \times 10^{-3}$$

$$\simeq 16 \times 10^{-3} \text{ जूल}$$

72 *(d)* दिया है, $d_1 = 1$ मिमी, $d_2 = 2$ मिमी,
$F_1 = 1000$ न्यूटन, $F_2 = ?$

भंजन बल या तनाव ∝ अनुप्रस्थ-काट का क्षेत्रफल

$$\therefore \quad \frac{F_2}{F_1} = \left(\frac{d_2}{d_1}\right)^2$$

$$\Rightarrow \quad \frac{F_2}{1000} = \left(\frac{2}{1}\right)^2$$

$$\Rightarrow \quad F_2 = 1000 \times 4 = 4000 \text{ न्यूटन}$$

73 *(d)* दिया है, यंग प्रत्यास्थता गुणांक
$= 2 \times 10^{11}$ न्यूटन/मी²

विकृति = 0.15

$$\therefore \quad Y = \text{प्रतिबल/विकृति}$$

$$\Rightarrow \text{प्रतिबल} = Y \times \text{विकृति} = 2 \times 10^{11} \times 0.15$$

$$= 3 \times 10^{10} \text{ न्यूटन/मी}^2$$

74 *(b)* बल, $F = m\alpha = \rho V \alpha$

$$\because \quad m = \rho V$$

$$\therefore \text{आयतन } (V) = \text{क्षेत्रफल } (A) \times \text{लम्बाई } (L)$$

$$\therefore \quad F = \rho A \frac{L}{2} \alpha$$

$$\left[\because \text{छड़ के मध्य बिन्दु के लिए, लम्बाई} = \frac{L}{2}\right]$$

$\Rightarrow \quad F = \frac{L}{2} A\rho\alpha$

$\therefore$ प्रतिबल $= \frac{F}{A} = \frac{1}{2} L\rho\alpha$

75 *(b)* लम्बाई *l*, चौड़ाई *b* तथा गहराई *d* वाली किसी छड़ को जब केन्द्र पर भार *w* द्वारा भारित किया जाता है, तो छड़ में होने वाला झुकाव या अवनमन

$$\delta = \frac{wl^3}{4bd^3Y}$$

अर्थात् $\quad \delta \propto \frac{1}{Y}$

76 *(c)* चूँकि छड़ के केन्द्र पर अवनमन, भार के अनुक्रमानुपाती होता है

अर्थात् $\quad \delta \propto w$

$$\frac{\delta_2}{\delta_1} = \frac{w_2}{w_1} = \frac{2w_1}{w_1} = 2$$

$\therefore \quad \delta_2 = 2\delta_1$

अतः छड़ के केन्द्र पर अवनमन, दो गुना हो जाएगा।

77 *(b)* दिया है, $A_1 = 5 \times 10^{-4}$ मी^{2}

भार, $\quad F_1 = 10$ मीट्रिक टन $\times g$

$= 10^4 g$ न्यूटन

दूसरी स्थिति में,

$F_2 = 20$ मीट्रिक टन $\times g$

$= 2 \times 10^4 g$ न्यूटन

प्रत्यास्थ सीमा की स्थिति में,

$$\frac{F_1}{A_1} = \frac{F_2}{A_2} \Rightarrow A_2 = \frac{F_2}{F_1} A_1$$

$$= \frac{2 \times 10^4 g}{10^4 g} \times 5 \times 10^{-4}$$

$= 10 \times 10^{-4}$ मी^{2}

78 *(d)* ऊँचाई *h* तथा आधार क्षेत्रफल *A* वाले पर्वत का भार

$$w = Ah\rho g$$

इसलिए पर्वत के स्वयं के भार के कारण इसके आधार पर दाब,

$$p = \frac{w}{A} = \frac{Ah\rho g}{A} = h\rho g$$

पर्वत का अस्तित्व होगा, यदि

$h\rho g \leq$ भंजन प्रतिबल

$\therefore \quad h \leq \frac{\text{भंजन प्रतिबल}}{\rho g}$

$h \leq \frac{9 \times 10^7}{1.5 \times 10^3 \times 10} = 6$ किमी

$\therefore \quad h_{max} = 6$ किमी

79 *(b)* रिवेट की त्रिज्या

$r = \frac{8}{2}$ मिमी $= 4 \times 10^{-3}$ मी

अधिकतम प्रतिबल $= 5.38 \times 10^7$ पास्कल

रिवेट पर अधिकतम भार

= अधिकतम प्रतिबल

× अनुप्रस्थ काट का क्षेत्रफल

$= 5.38 \times 10^7 \times \pi \times (4 \times 10^{-3})^2$

$= 2700$ न्यूटन

$\therefore$ रिवेट स्ट्रिप द्वारा लगाया गया अधिकतम तनाव $= 4 \times 2700 = 10800$ न्यूटन

$= 108 \times 10^2$ न्यूटन

80 *(d)* दिया है, $l = 2$ मी

$\Delta l = 4$ मिमी $= 4 \times 10^{-3}$ मी

$A = 2$ मिमी^{2} $= 2 \times 10^{-6}$ मी

$Y = 2 \times 10^{11}$ न्यूटन/मी^{2}

तार में संग्रहित प्रत्यास्थ स्थितिज ऊर्जा

$u = \frac{1}{2} \times$ प्रतिबल $\times$ विकृति

$\times$ तार का आयतन

$= \frac{1}{2} \times Y \times (\text{विकृति})^2 \times$ तार का आयतन

$$= \frac{1}{2} \times 2 \times 10^{11} \times \left(\frac{4 \times 10^{-3}}{2}\right)^2 \times 2 \times 2 \times 10^{-6}$$

$\therefore \quad u = 1.6$ जूल

81 *(d)* प्रति आयतन प्रत्यास्थ स्थितिज ऊर्जा

$$u = \frac{1}{2} \frac{(\text{प्रतिबल})^2}{Y}$$

$\Rightarrow \quad u \propto (\text{प्रतिबल})^2$

$$\therefore \quad \frac{u_1}{u_2} = \frac{(\text{प्रतिबल})_1^2}{(\text{प्रतिबल})_2^2} = \frac{(F_1/A_1)^2}{(F_2/A_2)^2}$$

$\left[\because \frac{F}{A} = \text{प्रतिबल}\right]$

चूँकि, दोनों तारों को समान भार से खींचा जाता है।

$F_1 = F_2$

$$\therefore \quad \frac{u_1}{u_2} = \left(\frac{A_2}{A_1}\right)^2 = \left(\frac{D_2^2}{D_1^2}\right)^2 = \left(\frac{D_2}{D_1}\right)^4$$

$$= \left(\frac{2}{1}\right)^4 = \frac{16}{1}$$

82 *(b)* किसी तार को खींचने में, आन्तरिक प्रत्यानयन बल के विरुद्ध किया गया कार्य, तार में प्रत्यास्थ स्थितिज ऊर्जा के रूप में संचित हो जाता है।

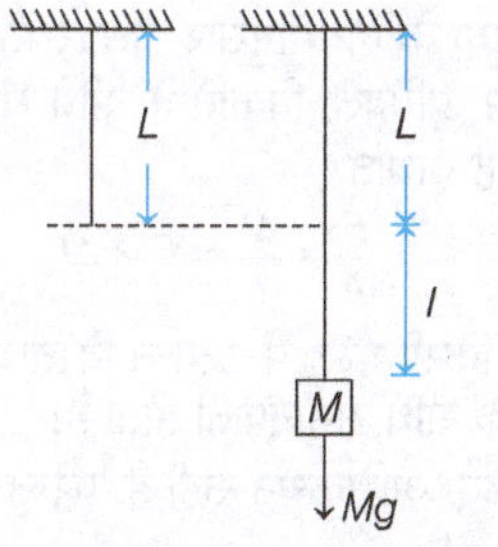

$U = W = \frac{1}{2} \times$ बल $(F) \times$ विस्तार (l)

$$= \frac{1}{2} Fl = \frac{1}{2} \times Mg \times l = \frac{1}{2} Mgl$$

83 *(b)* द्रव्यमान *m* की गुरुत्वीय स्थितिज ऊर्जा में हानि $= mgl$

तार में संगहित प्रत्यास्थ स्थितिज ऊर्जा = कृत कार्य $= \frac{1}{2} \times$ खिंचाव बल $\times$ विस्तार

$= \frac{1}{2} mgl$

$\therefore$ उत्पन्न ऊष्मा $= \frac{1}{2} mgl$

अतः विकल्प (b) में दिया गया कथन गलत है तथा अन्य विकल्प सही है।

अभिकथन-कारण प्रश्न

1 *(a)* किसी पदार्थ की प्रत्यास्थता, प्रतिबल एवं विकृति का अनुपात होती है। दी गई स्थिति में, रबर में उत्पन्न विकृति, स्टील में उत्पन्न विकृति की तुलना में अधिक है।

चूँकि रबर, स्टील की तुलना में अधिक प्रत्यास्थ है। इसलिए, अभिकथन और कारण दोनों सही हैं और कारण, अभिकथन की सही व्याख्या है।

2 *(a)* स्प्रिंग तुला को अधिक समय तक उपयोग करने के बाद गलत रीडिंग दिखाई देती है, क्योंकि समय के साथ इसमें मौजूद स्प्रिंग की प्रत्यास्थ सामर्थ्य समाप्त हो जाती है। इसलिए अभिकथन और कारण दोनों सही हैं और कारण, अभिकथन की सही व्याख्या है।

3 *(a)* किसी त्रिज्या का एक एकल तार, व्यावहारिक रूप से एक दृढ़ छड़ होगा। इसलिए, रस्सियों को हमेशा कई पतले तारों से बनाया जाता है, जैसे पिगटेल में, जिसके परिणामस्वरूप निर्माण में सहायता, लचीलापन तथा सामर्थ्य प्राप्त होती है।

इसलिए अभिकथन और कारण दोनों सही हैं और कारण, अभिकथन की सही व्याख्या है।

4 *(c)* हुक के नियमानुसार, प्रत्यास्थता सीमा के अन्दर, प्रतिबल, विकृति के सीधे समानुपाती होता है अर्थात्

$$\Rightarrow \quad \frac{F}{A} \propto \frac{\Delta l}{l} \Rightarrow F \propto \Delta l$$

अतः किसी वस्तु में उत्पन्न विस्तार, आरोपित बल के सीधे समानुपाती होता है।

इसलिए, अभिकथन सही है, परन्तु कारण गलत है।

5 *(a)* किसी पदार्थ का यंग प्रत्यास्थता गुणांक,

$$Y = \frac{\text{प्रतिबल}}{\text{विकृति}}$$

$$\therefore \text{प्रतिबल} = \frac{\text{प्रत्यानयन बल } (F)}{\text{क्षेत्रफल } (A)}$$

चूँकि प्रत्यानयन बल, प्लास्टिक पिण्ड के लिए शून्य है, अतः

$$\therefore \quad Y = 0$$

इसलिए, अभिकथन तथा कारण दोनों सही हैं और कारण, अभिकथन की सही व्याख्या है।

6 *(c)* जब किसी स्प्रिंग को भारित किया जाता है तब अपरूपण प्रतिबल उत्पन्न होता है, जो स्प्रिंग की आकृति को परिवर्तित कर देता है, इसलिए, अभिकथन सही है, परन्तु कारण गलत है।

7 *(a)* चूँकि, द्रव द्वारा लगाया गया दाब प्रत्येक बिन्दु पर एक अभिलम्ब बल लगाता है इसलिए जलीय दाब द्वारा उत्पन्न विकृति को आयतनात्मक विकृति कहते हैं और इसे आयतन में परिवर्तन (ΔV) तथा प्रारम्भिक आयतन के अनुपात के रूप में परिभाषित किया जाता है।

अर्थात् आयतनात्मक विकृति $= \frac{\Delta V}{V}$

इस प्रकार, अभिकथन तथा कारण दोनों सही हैं और कारण अभिकथन की सही व्याख्या है।

8 *(a)* गैसों में अणु, अपने पड़ोसी अणुओं से अनियमित रूप से युग्मित रहते हैं।

चूँकि सम्पीड्यता को दाब में प्रति इकाई वृद्धि या कमी पर आयतन में भिन्नात्मक परिवर्तन द्वारा परिभाषित किया जाता है।

$$K = 1/B = -(1/\Delta p) \times (\Delta V/V)$$

जहाँ, B = आयतन प्रत्यास्थता गुणांक

Δp = दाब में परिवर्तन

इसलिए गैसों में, दाब में प्रति इकाई वृद्धि या कमी के साथ आयतन में भिन्नात्मक परिवर्तन अधिक महत्त्वपूर्ण नहीं है। इसीलिए गैसों की सम्पीड्यता उच्चतम होती है।

इस प्रकार, अभिकथन तथा कारण दोनों सही हैं और कारण अभिकथन की सही व्याख्या है।

9 *(a)* पृथ्वी पर किसी पर्वत की अधिकतम ऊँचाई ~10 किमी है।

चूँकि पर्वत का आधार एक समान सम्पीड़न के अधीन नहीं होता है तथा यह चट्टानों को कुछ अपरूपण प्रतिबल प्रदान करता है जिसके फलस्वरूप वे प्रवाह कर सकते हैं।

इस प्रकार, गणितीय रूप से यह गणना की गई है कि प्रत्यास्थता सीमा के अन्दर, किसी पर्वत की अधिकतम ऊँचाई ~10 किमी है।

इस प्रकार, अभिकथन तथा कारण दोनों सही हैं और कारण अभिकथन की सही व्याख्या है।

10 *(a)* यदि किसी ठोस गोले को उच्च दाब पर द्रव में रखा जाता है तो यह चारों ओर से समान रूप से सम्पीड़ित होता है। द्रव द्वारा लगाया गया बल, सतह के प्रत्येक बिन्दु पर है। लम्बवत् दिशा में कार्य करता है तथा गोले को जलीय सम्पीड़न के अधीन कहा जाता है।

इससे, इसके ज्यामितीय आकार में कोई परिवर्तन किए बिना इसके आयतन में कमी आ जाती है।

इस प्रकार, अभिकथन तथा कारण दोनों सही हैं और कारण, अभिकथन की सही व्याख्या है।

कथन आधारित प्रश्न

1 *(b)* कथन I सही है, परन्तु कथन II गलत है।

सापेक्ष विस्थापन इसलिए होता है क्योंकि स्पर्शीय बल पिण्ड के केवल एक फलक पर कार्य करता है।

द्रव द्वारा लगाया गया बल, डूबे हुए पिण्ड की सतह के प्रत्येक बिन्दु पर लम्बवत् दिशा में कार्य करता है।

3 *(a)* दोनों कथन I तथा कथन II गलत हैं।

यदि किसी पिण्ड की पराभव सामर्थ्य तथा भंजन बिन्दु एक-दूसरे से काफी दूर हैं, तो पिण्ड तन्य होता है।

प्रतिबल-विकृति वक्र, पदार्थ से पदार्थ में भिन्न होता है।

4 *(b)* कथन I सही है परन्तु कथन II गलत है।

इलास्टोमर वे पदार्थ होते हैं जिन्हें प्रत्यास्थ रूप से विकृति के बड़े मान तक खींचा जा सकता है।

दिए गए प्रतिबल के लिए, विकृति के कारण इलास्टोमर का यंग प्रत्यास्थता गुणांक बहुत कम होता है।

5 *(b)* कथन I सही है, परन्तु कथन II गलत है।

लम्बी छड़ की तुलना में, छोटी छड़ को मोड़ना कठिन है। जैसा कि हम जानते हैं कि

अपरूपण के लिए मरोड़ कोण, $\phi \propto \frac{1}{L}$

इसका अर्थ है कि L सदैव अपरूपण कोण के लिए उत्तरदायी होता है और यदि L अधिक है, तो कोण छोटा होगा।

6 *(a)* दोनों कथन I तथा कथन II गलत हैं।

पॉयसन अनुपात का मान पदार्थ की प्रकृति पर निर्भर करता है। पॉयसन अनुपात का प्रायोगिक मान 0 तथा 0.5 के मध्य होता है।

7 *(b)* कथन I सही हैं, परन्तु कथन II गलत है।

घन की भुजा की लम्बाई में वृद्धि से पूर्व इसकी प्रत्यास्थ स्थितिज ऊर्जा

$$W_1 = \frac{1}{2} \times Y \times \left(\frac{\Delta L}{L}\right)^2 \times L^3$$

घन की भुजा की लम्बाई में वृद्धि के बाद प्रत्यास्थ ऊर्जा

$$W_2 = \frac{1}{2} \times Y \times \left(\frac{\Delta L_1}{2L}\right)^2 \times (2L)^3$$

$$\because \quad W_1 = W_2$$

$$\Rightarrow \quad \frac{1}{2} \times Y \times \left(\frac{\Delta L}{L}\right)^2 \times L^3 = \frac{1}{2} \times Y \times \left(\frac{\Delta L_1}{2L}\right)^2 \times (2L)^3$$

$$\Delta L_1 = \frac{1}{\sqrt{2}} \Delta L$$

8 *(b)* कथन I सही है, परन्तु कथन II गलत है।

मान 1 वाले सुरक्षा कारक का अर्थ है कि कोई संरचना या घटक उसी समय विफल हो जाएगा। जब यह निर्देशित भार तक पहुँच जाएगा तथा इस समय यह किसी भी अतिरिक्त भार को सहन नहीं कर पाएगा।

सुमेलन प्रकार प्रश्न

1 *(a)* A. प्रतिबल × विकृति

= न्यूटन/मी^{2} = (न्यूटन-मी)/मी^{3}

= जूल/मी^{3}

B. $\frac{YA}{l} = \frac{\text{न्यूटन/मी}^2 \times \text{मी}^2}{\text{मी}}$ = न्यूटन/मी

C. Yl^3 = न्यूटन/मी^{2} × मी^{3}

= न्यूटन-मी = जूल

D. $Fl/AY = \frac{\text{न्यूटन} \times \text{मी}}{\text{मी}^2 \times \text{न्यूटन/मी}^2}$ = मी

अत: A → 3, B → 2, C → 1 तथा D → 4

2 *(b)* अभिलम्ब के अनुदिश F का वियोजन भाग, इस तल पर तनन प्रतिबल है तथा तल के समान्तर वियोजन भाग तल पर अपरूपण प्रतिबल है जैसा कि नीचे दर्शाया गया है

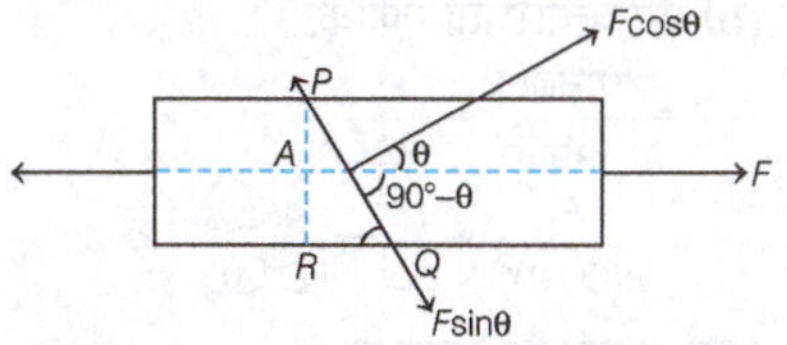

दिया है,
छड़ की अनुप्रस्थ-काट का क्षेत्रफल $= A$
माना समतल की अनुप्रस्थ काट का क्षेत्रफल $= A'$

तब ΔPQR से,

$\because \quad \frac{A}{A'} = \sin(90° - \theta) = \cos\theta$

$\therefore$ क्षेत्रफल, $A' = \frac{A}{\cos\theta} = A\sec\theta$

A. तनन प्रतिबल = बल/क्षेत्रफल

$$= \frac{F\cos\theta}{A\sec\theta} = \frac{F}{A}\cos^2\theta$$

(समतल खण्ड का क्षेत्रफल $= A\sec\theta$)

B. अपरूपण प्रतिबल = बल/क्षेत्रफल

$$= \frac{F\sin\theta}{A\sec\theta} = \frac{F}{A}\sin\theta\cos\theta$$

$$= \frac{F}{2A}\sin 2\theta$$

C. तनन प्रतिबल या सामर्थ्य तब अधिकतम होगी जब $\cos^2\theta$ का मान अधिकतम होगा अर्थात् $\cos\theta = 1$ या $\theta = 0°$

D. अपरूपण प्रतिबल तब अधिकतम होगा, जब $\sin 2\theta$ अधिकतम होगा अर्थात् $2\theta = 90°$, i.e. $\theta = 45°$.

अतः, $A \to 2, B \to 3, C \to 1$ तथा $D \to 4$

3 *(c)* A. अनुदैर्ध्य प्रतिबल तनन या सम्पीडन प्रतिबल हो सकता है। तनन प्रतिबल के दौरान, तार की लम्बाई बढ़ती है तथा सम्पीडन प्रतिबल के दौरान, तार की लम्बाई घटती है।

B. जब विरूपण बल किसी पिण्ड की सतह पर स्पर्श रेखीय रूप से लगता है, तो स्पर्श रेखीय या अपरूपण प्रतिबल उत्पन्न होता है और पिण्ड का आकार बदल जाता है।

C. भंजन प्रतिबल, तार की अनुप्रस्थ-काट के क्षेत्रफल से स्वतन्त्र होता है।

D. आयतन प्रत्यास्थता गुणांक, दाब में परिवर्तन के बराबर होता है।

अतः, $A \to 3, B \to 4, C \to 1$ तथा $D \to 2$

आंकिक मान प्रकार के प्रश्न

1 *(16)* ग्राफ से, यंग प्रत्यास्थता गुणांक की गणना निम्न प्रकार की जा सकती है।

$$Y = \frac{\text{प्रतिबल}}{\text{विकृति}} = \frac{80 - 20}{4\times10^{-10} - 1\times10^{-10}}$$

$$= 20\times10^{10} \text{ न्यूटन/मी}^2$$

ऊर्जा घनत्व

$$E = \frac{1}{2}\times\text{प्रतिबल}\times\text{विकृति}$$

$$= \frac{1}{2}\times Y\times(\text{विकृति})^2$$

$\therefore$ विकृति $= 4\times10^{-4}$

$$\therefore E = \frac{1}{2}\times20\times10^{10}\times(4\times10^{-4})^2$$

$$= 16\times10^3 \text{ जूल/मी}^3$$

$$= 16 \text{ किलो जूल/मी}^3$$

2 *(176.78)* ताँबा तथा स्टील के तार समान तनन प्रतिबल के अधीन हैं, क्योंकि इनमें समान तनाव है और इनकी अनुप्रस्थ-काट का क्षेत्रफल भी समान है।

अब, प्रतिबल = विकृति × यंग प्रत्यास्थता गुणांक

$$\frac{W}{A} = \frac{\Delta L_C}{L_C}\times Y_C = \frac{\Delta L_S}{L_S}\times Y_S$$

जहाँ, C तथा S क्रमशः ताँबा तथा स्टील को व्यक्त करते हैं।

अब, $\frac{\Delta L_C}{\Delta L_S} = \frac{Y_S}{Y_C}\times\frac{L_C}{L_S}$

$$\Rightarrow \frac{\Delta L_C}{\Delta L_S} = \frac{2\times10^{11}}{1.1\times10^{11}}\times\frac{2.2}{1.6} = 2.5 \quad \text{...(i)}$$

तथा

$$\because \Delta L_C + \Delta L_S = 7\times10^{-4} \text{ मी} \quad \text{...(ii)}$$

समी (i) व (ii) से

$\Delta L_C = 5\times10^{-4}$ मी, $\Delta L_S = 2\times10^{-4}$ मी

$$Y = \frac{F\times L}{A\times\Delta L} \Rightarrow F = \frac{YA\Delta L}{L}$$

$$F = \frac{1.1\times10^{11}\times\pi\times(1.5)^2\times10^{-6}\times5\times10^{-4}}{2.2}$$

$= 176.78$ न्यूटन

3 *(10)* हम जानते हैं कि, $F = kx$

$$\therefore \quad F = \frac{YA}{l_0}\cdot x$$

जब, $F = 60$ न्यूटन

$$60 = k(l_1 - l_0) \quad \text{...(i)}$$

जब $F = 80$ न्यूटन

$$80 = k(l_2 - l_0) \quad \text{...(ii)}$$

अतः $\frac{80}{60} = \frac{k(l_2 - l_0)}{k(l_1 - l_0)}$

$$10l_2 = 11l_1, \; l_2 = 1.1l_1$$

$$\frac{80}{60} = \frac{(1.1l_1 - l_0)}{l_1 - l_0}$$

$$4l_1 - 4l_0 = 3.3l_1 - 3l_0 \Rightarrow 0.7l_1 = l_0$$

$$\Rightarrow \quad l_0 = \frac{7}{10}l_1$$

अतः $x = 10$

4 *(100)* हम जानते हैं कि

$$\text{विकृति} = \frac{\text{प्रतिबल}}{Y} \quad \left(\text{प्रतिबल} = \frac{F}{A}\right)$$

$$\text{विकृति} = \frac{F}{A\cdot Y}$$

$$\text{अनुदैर्ध्य विकृति} = \frac{62.8\times1000}{\pi r^2\times2\times10^{11}}$$

$$= \frac{200}{2}\times10^{-5} = 100\times10^{-5}$$

अतः $x = 100$

5 *(1)* यंग प्रत्यास्थता गुणांक, $Y = \frac{F}{A}\times\frac{l}{\Delta l}$

$$\Rightarrow \quad Y = \frac{F}{\pi r^2}\times\frac{l}{\Delta l}$$

$$\Rightarrow \quad \Delta l = \frac{Fl}{\pi r^2 Y} \Rightarrow \Delta l \propto \frac{Fl}{r^2}$$

($\because$ दोनों तारों के लिए, Y समान है)

$$\therefore \quad \frac{\Delta l_1}{\Delta l_2} = \frac{F_1}{F_2}\times\frac{l_1}{l_2}\times\frac{r_2^2}{r_1^2}$$

$$= \frac{1}{3}\times\frac{3}{1}\times\frac{1}{4} = \frac{1}{4}$$

इसलिए x का मान 1 है।

6 *(4)* दिया है, $L = 2$ मी

$l = 0.4$ मिमी
$= 0.4\times10^{-3}$ मी
$d = 0.4$ मिमी
$= 0.4\times10^{-3}$ मी

विस्तार की लम्बाई,

$\Delta l = \pm\, 0.02$ मिमी

तार के व्यास में अनिश्चितता,

$\Delta d = \pm\, 0.01$ मिमी

यंग प्रत्यास्थता गुणांक,

$$Y = \frac{mg\times L}{A\times l} = \frac{mgL}{\pi\left(\frac{d}{2}\right)^2 l} = \frac{4mgL}{\pi(d)^2 l} \quad \text{...(i)}$$

समी (i) में दिए गए मान रखने पर,

$$Y = \frac{4\times1\times10\times2}{\pi\times(0.4\times10^{-3})^2\times0.4\times10^{-3}}$$

$= 0.398\times10^{12}$ न्यूटन/मी^{2}

$$\frac{\Delta Y}{Y} = \frac{\Delta l}{l} + 2\frac{\Delta d}{d}$$

$$= \frac{0.02}{0.4} + 2 \times \frac{0.01}{0.4} = 0.1$$

$$\Rightarrow \Delta Y = 0.1 \times Y$$

$$= 0.1 \times 0.398 \times 10^{12}$$

$$\simeq 4 \times 10^{10} \text{ न्यूटन/मी}^2$$

अतः x का मान 4 है।

7 ***(49)*** दिया है, $L = 5$ सेमी $= 5 \times 10^{-2}$ मी

$F = 50$ Kgf $= 490$ न्यूटन

$\Delta L = 0.2$ सेमी $= 0.2 \times 10^{-2}$ मी

अपरूपण प्रतिबल,

$$= \frac{F}{A} = \frac{F}{L^2} = \frac{490}{(5 \times 10^{-2})^2}$$

$$= 19.6 \times 10^4 \text{ न्यूटन/मी}^2$$

अपरूपण विकृति,

$$= \frac{\Delta L}{L} = \frac{0.2 \times 10^{-2}}{5 \times 10^{-2}} = 0.04$$

अपरूपण प्रत्यास्थता गुणांक,

$$G = \frac{\text{अपरूपण प्रतिबल}}{\text{अपरूपण विकृति}} = \frac{19.6 \times 10^4}{0.04}$$

$$= 49 \times 10^5 \text{ न्यूटन/मी}^2$$

8 ***(20.81)*** बल, $F = mg = 98$ न्यूटन

व्यास, $D = 2$ मिमी $= 2 \times 10^{-3}$ मी

पॉयसन अनुपात, $\sigma = 0.4$

यंग प्रत्यास्थता गुणांक

$Y = 1.2 \times 10^{11}$ न्यूटन/मी^{2},

तार की लम्बाई, $l = 4$ मी

$$\because, \quad Y = \frac{4F}{\pi D^2} \times \frac{l}{\Delta l} \Rightarrow \frac{\Delta l}{l} = \frac{4F}{\pi D^2 Y}$$

$$\text{पॉयसन अनुपात, } \sigma = \frac{-\frac{\Delta D}{D}}{\frac{\Delta l}{l}}$$

$$\Rightarrow -\Delta D = \sigma \cdot \frac{\Delta l}{l} \cdot D$$

पार्श्व सम्पीड़न $= -\Delta D$

$$= \sigma D \frac{\Delta l}{l} = \sigma D \times \frac{4F}{\pi D^2 Y} = \frac{4\sigma F}{\pi D Y}$$

$$= \frac{4 \times 0.4 \times 98}{3.14 \times 2 \times 10^{-3} \times 1.2 \times 10^{11}}$$

$$= 20.81 \times 10^{-8}$$

9 ***(20)*** स्टील के तार की लम्बाई, $L = 10$ मी

लम्बाई में परिवर्तन,

$\Delta L = 2$ सेमी $= 2 \times 10^{-2}$ मी

$Y = 2 \times 10^{11}$ न्यूटन/मी^{2}

हम जानते हैं कि प्रत्यास्थ स्थितिज ऊर्जा

$$U = \frac{1}{2} \times Y \times (\text{विकृति})^2 \times (A \times L)$$

$$\Rightarrow A = \frac{2U}{Y \times (\text{ विकृति })^2 \times L}$$

$$= \frac{2U}{Y \times \left(\frac{\Delta L}{L}\right)^2 \times L} = \frac{2UL}{Y \times (\Delta L)^2}$$

$$= \frac{2 \times 80 \times 10}{2 \times 10^{11} \times (2 \times 10^{-2})^2}$$

$$= 2 \times 10^{-5} \text{ मी}^2 = 20 \text{ मिमी}^2$$

10 ***(40)*** दिया है, $l = 1$ मी,

$A = 2$ मिमी$^2 = 2 \times 10^{-6}$ मी^{2}

$\Delta l = 1.1 - 1 = 0.1$ मी

$Y = 4 \times 10^8$ न्यूटन/मी^{2}

$$\text{तनाव, } F = \frac{YA\Delta l}{l}$$

$$= \frac{4 \times 10^8 \times 2 \times 10^{-6} \times 0.1}{1}$$

$= 80$ न्यूटन

मिसाइल की गतिज ऊर्जा = प्रत्यास्थ स्थितिज ऊर्जा

$$\frac{1}{2} mv^2 = \frac{1}{2} \times \text{तनाव} \times \text{विस्तार}$$

$$v = \sqrt{\frac{F \times \Delta l}{m}} = \sqrt{\frac{80 \times 0.1}{0.02}}$$

($\because$ 20 ग्राम = 0.02 किग्रा)

$\Rightarrow v = 40$ मी/से

NCERT Exemplar प्रश्न

2 ***(d)*** भंजन प्रतिबल = भंजन बल/अनुप्रस्थ काट का क्षेत्रफल जब तार की लम्बाई परिवर्तित होती है, तो अनुप्रस्थ-काट का क्षेत्रफल नियत रहता है। अतः भंजन बल भी समान रहेगा। इस प्रकार, जब तार की लम्बाई घटकर अपनी प्रारम्भिक लम्बाई की आधी रह जाती है, तो तार द्वारा बिना टूटे सहन किया जा सकने वाला अधिकतम भार भी समान रहता है।

3 ***(c)*** नीचे दर्शाए गए चित्र पर विचार करें, जहाँ एक स्प्रिंग को उसके मुक्त सिरे पर भार लगाकर खींचा जा रहा है। स्पष्ट है कि स्प्रिंग की लम्बाई तथा आकृति परिवर्तित हो जाती है।

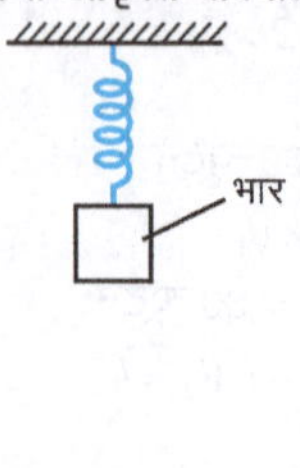

इस प्रकार, लम्बाई में परिवर्तन, अनुदैर्ध्य विकृति के अनुरूप होता है तथा आकार में परिवर्तन अपरूपण विकृति के अनुरूप होता है।

4 ***(b)*** यंग प्रत्यास्थता गुणांक,

$$Y = \frac{\text{प्रतिबल}}{\text{विकृति}} = \frac{FL}{A\Delta L}$$

$$= \frac{F}{\pi(D/2)^2} \times \frac{L}{\Delta L} = \frac{4FL}{\pi D^2 \Delta L}$$

जहाँ, D तार का व्यास है।

$$D^2 = \frac{4FL}{\pi \Delta L Y} \Rightarrow D = \sqrt{\frac{4FL}{\pi \Delta L Y}}$$

अतः, $D \propto \sqrt{\frac{1}{Y}}$ (क्योंकि F तथा $\frac{L}{\Delta L}$ नियत है)

ताँबे तथा लोहे के तारों के व्यासों का अनुपात

$$\frac{D_{\text{कॉपर}}}{D_{\text{लोहा}}} = \sqrt{\frac{Y_{\text{लोहा}}}{Y_{\text{कॉपर}}}}$$

5 ***(a)*** नीचे दर्शाए गए चित्र पर विचार करें

दिया है, तार की लम्बाई $= 2L$

तार की अनुप्रस्थ काट का क्षेत्रफल $= A$

लम्बाई, $DO = x$

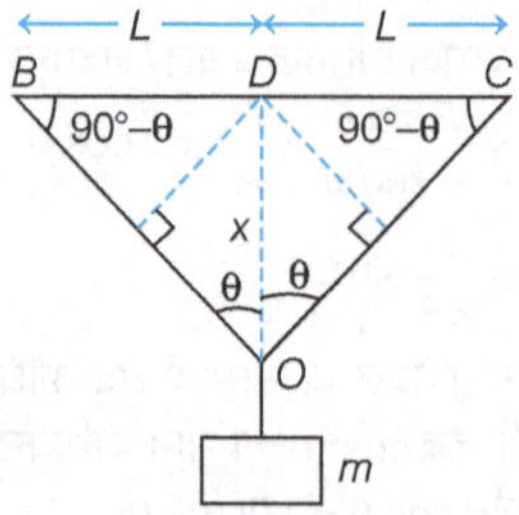

अतः लम्बाई में परिवर्तन,

$$\Delta L = BO + OC - (BD + DC)$$

$$= 2BO - 2BD$$

$(\because BO = OC, BD = DC)$

$$= 2\,(BO - BD)$$

$$= 2[(x^2 + L^2)^{1/2} - L]$$

$[\because \Delta BDO, BO^2 = BD^2 + DO^2$ तथा $BD = L$ में $]$

$$= 2L\left[\left(1 + \frac{x^2}{L^2}\right)^{1/2} - 1\right]$$

$$= 2L\left[1 + \frac{1}{2}\frac{x^2}{L^2} - 1\right] = \frac{x^2}{L} \quad (\because x << L)$$

$$\therefore \text{ विकृति} = \frac{\Delta L}{2L} = \frac{x^2/L}{2L} = \frac{x^2}{2L^2}$$

6 *(c)* आयताकार फ्रेम के मुक्त पिण्ड आरेख पर विचार करें

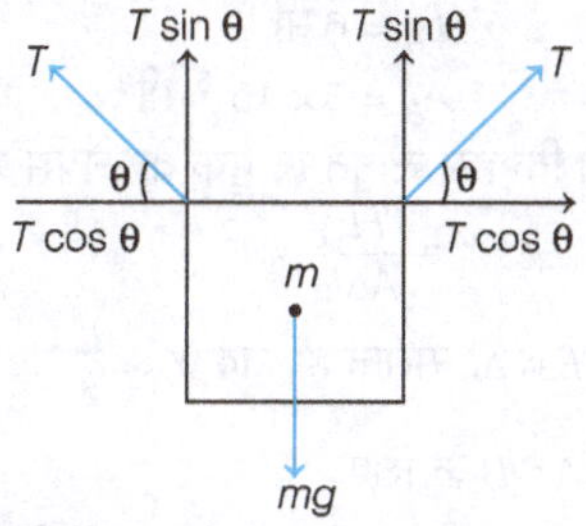

उपरोक्त चित्र से,

ऊर्ध्वाधर बलों का सन्तुलन

$2T\sin\theta - mg = 0$ (T = रस्सी में तनाव)

$\Rightarrow \quad 2T\sin\theta = mg$ ...(i)

अब कुल क्षैतिज बल $T\cos\theta - T\cos\theta = 0$

अब समी (i) से, $T = \dfrac{mg}{2\sin\theta}$

$\therefore \quad T \propto \dfrac{1}{\sin\theta}$

चूँकि स्थिति (b) में $\sin\theta$ अधिकतम है, अत: (b) में तनाव न्यूनतम होगा।

7 *(d)* चित्र पर विचार करें।

एक द्रव्यमान M दो बेलनाकार छड़ों के केन्द्र पर संयोजित है जैसा कि चित्र में दर्शाया गया है। चूँकि, द्रव्यमान दोनों छड़ों से जुड़ा है इसलिए दोनों छड़ों की लम्बाईयों में वृद्धि हो जाएगी, परन्तु पदार्थ के अलग-अलग प्रत्यास्थ गुणों के कारण, स्टील की छड़ की आकृति में कोई परिवर्तन नहीं होता है, जबकि रबर की छड़ के लिए, उसका निचला किनारा बीच में स्थित नोंक से बाहर निकल जाएगा।

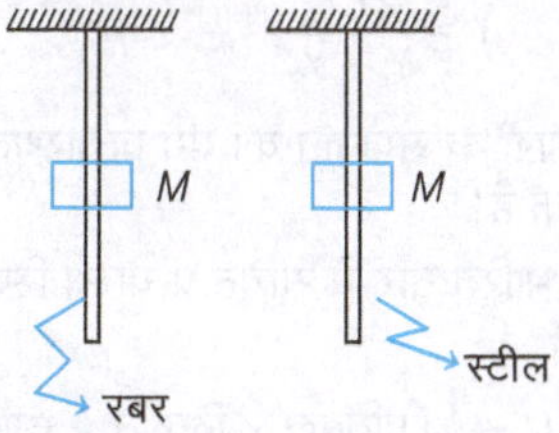

8 *(c)* दोनों ग्राफों से स्पष्ट है कि पराभव तनन सामर्थ्य, पदार्थ (ii) के लिए अधिकतम है, अतः पदार्थ (ii), पदार्थ (i) की तुलना में अधिक क्षेत्र में प्रत्यास्थ है। पदार्थ (ii) के लिए, भंजन बिन्दु निकट है इसलिए यह अधिक भंगुर है।

9 *(d)* एक तार को छत से लटकाया गया है और इसे इसके दूसरे सिरे पर लटके भार F की क्रिया के अन्तर्गत खींचा जाता है जैसा कि चित्र में दर्शाया गया है।

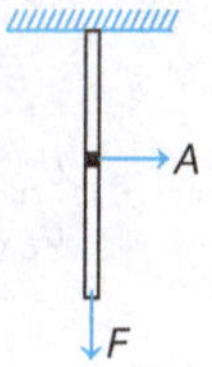

स्पष्ट है कि तार की अनुप्रस्थ-काट पर बल F आरोपित है।

$\therefore$ प्रतिबल $= \dfrac{\text{तनाव}}{\text{क्षेत्रफल}} = \dfrac{F}{A}$

जहाँ, A = तार की अनुप्रस्थ-काट का क्षेत्रफल तार की किसी अनुप्रस्थ-काट A पर तनाव = आरोपित बल = F

10 *(b)* माना द्रव्यमान m, सिरे B से x दूरी पर प्रश्नानुसार $a_B = 2a_A$ रखा है।

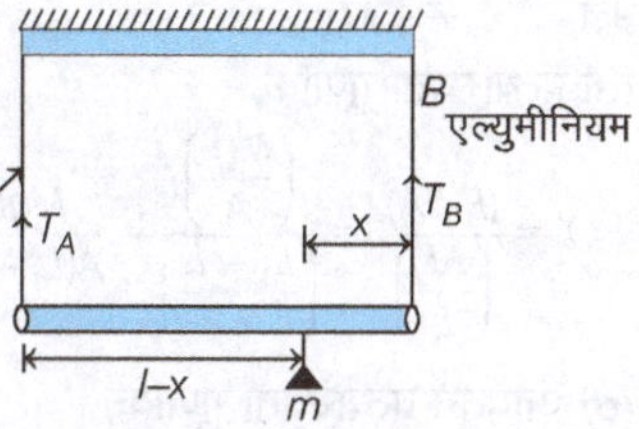

तन्त्र के घूर्णी सन्तुलन के लिए,

$\Sigma\tau = 0$ (कुल आघूर्ण = 0)

$\Rightarrow \quad T_B x - T_A(l - x) = 0$

$\Rightarrow \quad \dfrac{T_B}{T_A} = \dfrac{l - x}{x}$

तार A में प्रतिबल, $S_A = \dfrac{T_A}{a_A}$

तार B में प्रतिबल, $S_B = \dfrac{T_B}{a_B}$

जहाँ, a_A और a_B, तार A व B के क्रमशः अनुप्रस्थ-काट के क्षेत्रफल हैं।

प्रश्नानुसार, $a_B = 2a_A$

अब, समान प्रतिबलों के लिए, $S_A = S_B$

$\Rightarrow \quad \dfrac{T_A}{a_A} = \dfrac{T_B}{a_B}$

$\Rightarrow \quad \dfrac{T_B}{T_A} = \dfrac{a_B}{a_A} = 2$

$\Rightarrow \quad \dfrac{l - x}{x} = 2$

$\Rightarrow \quad \dfrac{l}{x} - 1 = 2 \qquad \left[\because \dfrac{T_B}{T_A} = \dfrac{l - x}{x}\right]$

$\Rightarrow \quad x = \dfrac{l}{3}$

$\therefore \quad l - x = l - l/3 = \dfrac{2l}{3}$

अतः द्रव्यमान m, तार B के निकट रखा जाना चाहिए।

समान विकृति के लिए,

$(\text{विकृति})_A = (\text{विकृति})_B$

$\Rightarrow \quad \dfrac{S_A}{Y_A} = \dfrac{S_B}{Y_B}$

(जहाँ, Y_A तथा Y_B यंग प्रत्यास्थता गुणांक हैं।)

$\Rightarrow \quad \dfrac{T_A/a_A}{Y_{\text{स्टील}}} = \dfrac{T_B/a_B}{Y_{\text{Al}}}$

$\Rightarrow \quad \dfrac{Y_{\text{स्टील}}}{Y_{\text{Al}}} = \dfrac{T_A}{T_B} \times \dfrac{a_B}{a_A} = \left(\dfrac{x}{l - x}\right)\left(\dfrac{2a_A}{a_A}\right)$

$\Rightarrow \dfrac{200 \times 10^9}{70 \times 10^9} = \dfrac{2x}{l - x}$

$\Rightarrow \quad \dfrac{20}{7} = \dfrac{2x}{l - x} \Rightarrow \dfrac{10}{7} = \dfrac{x}{l - x}$

$\Rightarrow 10l - 10x = 7x \Rightarrow 17x = 10l$

$\Rightarrow \quad x = \dfrac{10l}{17}$

$\Rightarrow \quad l - x = l - \dfrac{10l}{17} = \dfrac{7l}{17}$

अतः द्रव्यमान m, तार A के निकट रखा जाना चाहिए।

11 *(a)* उस चित्र पर विचार करें जहाँ संयोजन पर एक विरूपक बल F लगाया जाता है।

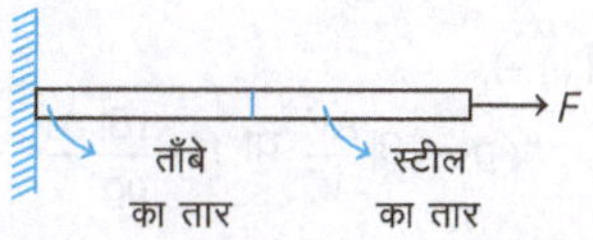

स्टील के तार के लिए

$Y_{\text{स्टील}} = \dfrac{\text{प्रतिबल}}{\text{विकृति}} = \dfrac{F/A}{\text{विकृति}}$

चूँकि दोनों तारों के लिए F तथा A समान हैं अतः दोनों तारों के लिए प्रतिबल भी समान होंगे।

$(\text{विकृति})_{\text{स्टील}} = \dfrac{\text{प्रतिबल}}{Y_{\text{स्टील}}}$,

$(\text{विकृति})_{\text{ताँबा}} = \dfrac{\text{प्रतिबल}}{Y_{\text{ताँबा}}}$

$\because \quad Y_{\text{स्टील}} \neq Y_{\text{ताँबा}}$

अतः दोनों तारों में विकृति अलग-अलग होंगी।

12 *(a)* दिया है, तार की लम्बाई, $L_1 = L$ और $L_2 = 2L$

तारों की त्रिज्याएँ, $r_1 = r$ और $r_2 = 2r$

तारों पर लगने वाले बल, $F_1 = F$ और $F_2 = 2F$

यंग प्रत्यास्थता गुणांक, $Y = \dfrac{FL}{Al}$

$l = \dfrac{FL}{\pi r^2 Y}$

दोनों तारों के विस्तारों का अनुपात,

$\dfrac{l_2}{l_1} = \dfrac{F_2}{F_1}\dfrac{L_2}{L_1}\left(\dfrac{r_1}{r_2}\right)^2 = 2 \times 2 \times \left(\dfrac{1}{2}\right)^2 = 1$

$\therefore \quad l_2 = l_1$, अर्थात् लम्बाई में वृद्धि समान है। अर्थात् l.

13 *(c)* दिया है, आयतन में कमी

$$\frac{\Delta V}{V} = 0.1\ \%$$

समुद्र के जल का घनत्व = 10^3 किग्रा/मी^{3}

रबर का आयतन प्रत्यास्थता गुणांक

$$= 9 \times 10^8 \text{ न्यूटन/मी}^2$$

गुरुत्वीय त्वरण

$$g = 10 \text{ मी/से}^2$$

माना h गहराई पर रबर की गेंद को ले जाया जाता है।

तब $\quad p = h\rho g \quad$ ...(i)

आयतन प्रत्यास्थता गुणांक की परिभाषा से

$$B = -\frac{p}{\Delta V / V}$$

ऋणात्मक चिह्न दर्शाता है कि दाब में वृद्धि होने पर, आयतन में कमी होती है।

$$\therefore \quad p = |B| \frac{\Delta V}{V}$$

समी (i) से,

$$h\rho g = |B| \frac{\Delta V}{V} \text{ या } h = \frac{|B|}{\rho g} \frac{\Delta V}{V}$$

दिए गए मान रखने पर,

$$h = \frac{9 \times 10^8}{10^3 \times 10}\left(\frac{0.1}{100}\right) = 90 \text{ मी}$$

विगत परीक्षाओं के प्रश्न

1 *(a)* तार की लम्बाई = 1 मी

प्रत्यास्थ सीमा, $E = 8 \times 10^8$ न्यूटन/मी^{2}

यंग गुणांक, $Y = 2 \times 10^{11}$ न्यूटन/मी^{2}

हम जानते हैं कि, $Y = \frac{F}{A}\frac{l}{\Delta l}$

यहाँ, $\frac{F}{A}$ = प्रत्यास्थ सीमा E

$$\Rightarrow \quad Y = E\frac{l}{\Delta l}$$

$$\Rightarrow \quad \Delta l = \frac{E}{Y} l$$

$$\Rightarrow \quad \Delta l = \frac{8 \times 10^8}{2 \times 10^{11}} \times 1$$

$$= 4 \times 10^{-3} \text{ मी}$$

$$= 4 \text{ मिमी}$$

3 *(b)* जब एक कुण्डलीदार स्प्रिंग को खींचा जाता है, तो न तो इसकी लम्बाई और न ही इसका आयतन परिवर्तित होता है, परन्तु केवल इसकी आकृति में परिवर्तन होता है। इस प्रकार, कुण्डलीदार स्प्रिंग का खिंचाव, अपरूपण प्रत्यास्थता गुणांक से निर्धारित किया जाता है।

स्टील के लिए, यंग प्रत्यास्थता गुणांक का मान, ताँबे के लिए यंग प्रत्यास्थता गुणांक के मान से अधिक होता है जिसके फलस्वरूप स्टील स्प्रिंग की तनन सामर्थ्य, ताँबे की स्प्रिंग की तनन सामर्थ्य से अधिक होगी।

अतः A सत्य है, परन्तु R असत्य है।

4 *(c)* यहाँ तार की लम्बाई में परिवर्तन

$$\Delta L = (L_1 - L)$$

अनुप्रस्थ-काट का क्षेत्रफल = A

बल, $\quad F = Mg$

यंग प्रत्यास्थता गुणांक,

$$Y = \frac{(F/A)}{\left(\frac{\Delta L}{L}\right)} = \frac{\left(\frac{Mg}{A}\right)}{\left(\frac{L_1 - L}{L}\right)} = \frac{MgL}{A(L_1 - L)}$$

5 *(d)* आयतन प्रत्यास्थता गुणांक,

$$B = \frac{F/A}{\Delta V / V}$$

$$\Rightarrow \quad \frac{\Delta V}{V} = \frac{p}{B}$$

$$\Rightarrow \quad \left|\frac{\Delta V}{V}\right| = \frac{p}{B}$$

आयतन में आंशिक

$$\frac{\Delta V}{V} = 3\frac{\Delta R}{R} \qquad \left[\because V = \frac{4}{3}\pi R^3\right]$$

गोले की त्रिज्या में कमी के कारण गोले का आयतन भी कम होगा।

$$\text{अतः } \frac{\Delta V}{V} = \frac{3\Delta R}{R} = \frac{p}{B} \Rightarrow \frac{\Delta R}{R} = \frac{p}{3B}$$

6 *(b)* यंग प्रत्यास्थता गुणांक

$$Y = \frac{F \times l}{A \times \Delta l} \quad \text{...(i)}$$

$$\because, \ V = A \times l = \text{स्थिरांक} \quad \text{...(ii)}$$

समी (i) व (ii) से,

$$Y = \frac{F \times l^2}{V \times \Delta l}$$

$$\Rightarrow \quad \Delta l = \frac{F}{V \times Y} \times l^2 \Rightarrow \Delta l \propto l^2$$

7 *(d)* दिया है,

$$Y = 49000 \times \frac{M}{l} \text{ डाइन/मी}^2$$

$\therefore$ Y में प्रतिशत त्रुटि है,

$$\frac{\Delta Y}{Y} \times 100 = \frac{\Delta M}{M} \times 100 + \frac{\Delta l}{l} \times 100$$

$\Rightarrow$ Y में प्रतिशत त्रुटि

$$= \frac{\Delta M}{M} \times 100 + \frac{\Delta l}{l} \times 100$$

$$= \frac{5}{500} \times 100 + \frac{0.02}{2} \times 100$$

$$= 1 + 1 = 2\%$$

8 *(c)* दिया है, $L_A = 5$ मी,

$$A_A = 2.5 \times 10^{-5} \text{ मी}^2$$

$$L_B = 6 \text{ मी}$$

$$A_B = 3 \times 10^{-5} \text{ मी}^2$$

जैसा कि हम जानते हैं, हुक के नियम से,

$$Y = \frac{FL}{A\Delta L}$$

यदि F व ΔL समान हों, तब $Y \propto \frac{L}{A}$

तार A व B के लिए

$$\frac{Y_A}{Y_B} = \frac{L_A}{L_B} \cdot \frac{A_B}{A_A} = \frac{5}{6} \cdot \frac{3 \times 10^{-5}}{2.5 \times 10^{-5}}$$

$$\Rightarrow \quad \frac{Y_A}{Y_B} = \frac{1}{1}$$

9 *(b)* दिया है, दोनों तारों की लम्बाई

$$l_1 = l_2 = l$$

तारों की त्रिज्या, $r_1 = r_2 = r$

चूँकि यंग प्रत्यास्थता गुणांक अलग है इसलिए तार 1 व 2 की लम्बाइयों में परिवर्तन Δl_1 व Δl_2 होगा।

जैसा कि हम जानते हैं

$$Y = \frac{Fl}{A\Delta l} \Rightarrow \Delta l = \frac{Fl}{YA}$$

चूँकि तार श्रेणीक्रम में हैं,

अतः लम्बाई में कुल परिवर्तन,

$$\Delta l = \Delta l_1 + \Delta l_2$$

$$\frac{F(2l)}{Y\pi r^2} = \frac{Fl}{Y_1 \pi r^2} + \frac{Fl}{Y_2 \pi r^2}$$

$$\Rightarrow \quad \frac{2}{Y} = \frac{1}{Y_1} + \frac{1}{Y_2} \Rightarrow \frac{2}{Y} = \frac{Y_2 + Y_1}{Y_1 Y_2}$$

$$\Rightarrow \quad Y = \frac{2Y_1 Y_2}{Y_1 + Y_2}$$

यह तारों के संयोजन का यंग प्रत्यास्थता गुणांक है।

10 *(a)* भारित तार में संचित प्रत्यास्थ स्थितिज ऊर्जा

$$U = \frac{1}{2}(\text{प्रतिबल} \times \text{विकृति} \times \text{आयतन})$$

$\therefore$ प्रति इकाई आयतन में संचित ऊर्जा

$$u = \frac{U}{\text{आयतन}} = \frac{1}{2} \times \text{प्रतिबल} \times \text{विकृति}$$

$$= \frac{1}{2}\left(\frac{F}{A}\right)^2 \times \frac{1}{Y}$$

$$\therefore \quad \frac{u_A}{u_B} = \frac{\frac{1}{2Y} \cdot \frac{F^2}{A_A^2}}{\frac{1}{2Y} \cdot \frac{F^2}{A_B^2}} = \frac{A_B^2}{A_A^2}$$

$\Rightarrow \quad \frac{u_A}{u_B} = \frac{d_B^4}{d_A^4} \quad \left(\because A = \pi \frac{d^2}{4}\right)$

यहाँ, $\frac{u_A}{u_B} = \frac{1}{4}$

अतः $\frac{d_B^4}{d_A^4} = \frac{1}{4}$ या $\frac{d_B}{d_A} = \frac{1}{\sqrt{2}}$

$\Rightarrow \quad \frac{d_A}{d_B} = \sqrt{2} : 1$

स्किल बूस्टर्स

1 **(b)** चूँकि विकृति $= \frac{\sigma_C}{Y_C} = \frac{\sigma_i}{Y_i}$

जहाँ, सबस्क्रिप्ट c व i क्रमशः कंक्रीट व आयरन को सन्दर्भित करते हैं। माना

$$\frac{xw}{A_C Y_C} = \frac{w - xw}{A_i Y_i}$$

$$\Rightarrow \quad x = \frac{A_C Y_C}{A_i Y_i + A_C Y_C}$$

$$\Rightarrow \quad x = \frac{A_C Y_C}{\frac{1}{6} A_C \times 8Y_C + A_C Y_C}$$

$$\left(\because A_i = \frac{1}{6} A_C, Y_i = 8Y_C\right)$$

$$= \frac{3}{7} = 0.43$$

2 **(a)** दिया है, $l = 4.5$ मी

$r = \frac{6}{2}$ मिमी $= 3 \times 10^{-3}$ मी

$F = w = 100$ न्यूटन

तथा यंग प्रत्यास्थता गुणांक

$Y = 4.8 \times 10^{11}$ न्यूटन/मी²

चूँकि, $Y = \frac{Fl}{A\Delta l} \Rightarrow \Delta l = \frac{Fl}{AY} = \frac{Fl}{\pi r^2 Y}$

$$= \frac{100 \times 4.5}{3.14\,(3 \times 10^{-3})^2 \times 4.8 \times 10^{11}}$$

$= 3.32 \times 10^{-5}$ मी $= 0.332\ \mu$ मी

3 **(c)** दिए गए प्रयोग में, संयुक्त तार को बल F द्वारा खींचा जाता है

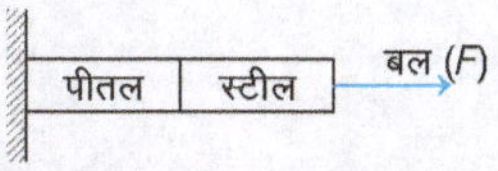

तार में कुल विस्तार = पीतल के तार में विस्तार + स्टील के तार में विस्तार ...(i)

अनुप्रस्थ-काट क्षेत्रफल (A) वाले तार का यंग प्रत्यास्थता गुणांक जब तार पर कुछ बल लगाया गया हो

$$Y = \frac{Fl}{A\Delta l} \Rightarrow \Delta l = \frac{Fl}{AY}$$

समी (i) से,

$$\Delta l_{\text{कुल}} = \left(\frac{Fl}{AY}\right)_{\text{पीतल}} + \left(\frac{Fl}{AY}\right)_{\text{स्टील}}$$

चूँकि समान बल लगाया गया है, तब

$$\Delta l_{\text{कुल}} = \frac{F}{A}\left(\frac{l}{Y_{\text{पीतल}}} + \frac{1}{Y_{\text{स्टील}}}\right)$$

यहाँ, $\Delta l_{\text{कुल}} = 0.2$ मिमी

$= 0.2 \times 10^{-3}$ मी

और $l = 1$ मी

$Y_{\text{पीतल}} = 60 \times 10^9$ न्यूटन/मी²

$Y_{\text{स्टील}} = 120 \times 10^9$ न्यूटन/मी²

मान रखने पर,

$$0.2 \times 10^{-3} = \frac{F}{A}\left(\frac{1}{60 \times 10^9} + \frac{1}{120 \times 10^9}\right)$$

$\Rightarrow$ प्रतिबल $= \frac{F}{A} = 8 \times 10^6$ न्यूटन/मी²

4 **(c)** ऊर्ध्वाधर तथा क्षैतिज दिशा में T को हल करने पर

$$T\cos\theta = mg \quad \text{...(i)}$$

$$T\sin\theta = \frac{mv^2}{r} \quad \text{...(ii)}$$

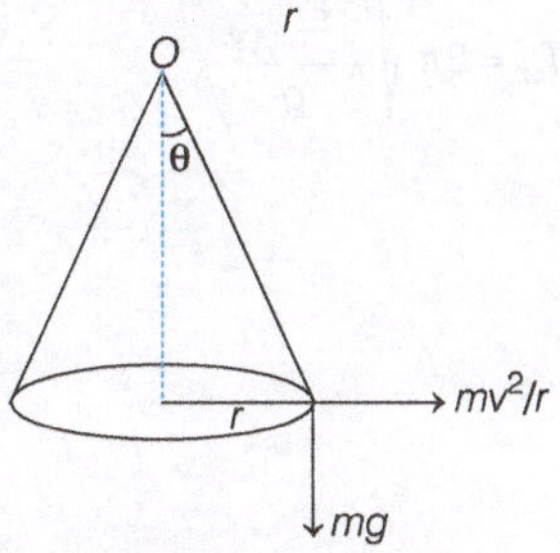

$$\therefore \quad T = \frac{mg}{\cos\theta} = \frac{mg}{\cos 85^\circ}$$

$= \frac{0.5 \times 9.8}{0.0872} = 56.19$ न्यूटन

$$\text{चूँकि,} \quad Y = \frac{\frac{T}{A}}{\frac{\Delta l}{l}} \Rightarrow \Delta l = \frac{Tl}{YA}$$

$$= \frac{56.19 \times 0.8}{7 \times 10^{10} \times \pi \times (0.35 \times 10^{-3})^2}$$

$= 1.67 \times 10^{-3}$ मी $= 1.67$ मिमी

5 **(d)** चूँकि, प्रतिबल $= \frac{\text{अभिलम्ब बल}}{\text{क्षेत्रफल}}$

$$= \frac{N}{A} = \frac{N}{(2\pi a)\,b}$$

$$V = \pi a^2 b$$

$$\Delta V = 2\pi ab\Delta a$$

प्रतिबल = $B \times$ विकृति

$$\frac{N}{(2\pi a)b} = B\,\frac{2\pi a\Delta a \times b}{\pi a^2 b} \quad \left[\because \text{विकृति} = \frac{\Delta V}{V}\right]$$

$$\Rightarrow \quad N = B\,\frac{(2\pi a)^2\,\Delta a b^2}{\pi a^2 b}$$

कॉर्क को धकेलने के लिए आवश्यक बल

$$F = \mu N = \frac{\mu \times B \times 4\pi^2\, a^2 b^2 \Delta a}{\pi a^2 b}$$

$$= (4\pi\mu Bb)\,\Delta a$$

6 **(a)** (i) स्टील तार में प्रतिबल $= \frac{T_1}{A_1}$

पीतल के तार में प्रतिबल $= \frac{T_2}{A_2}$

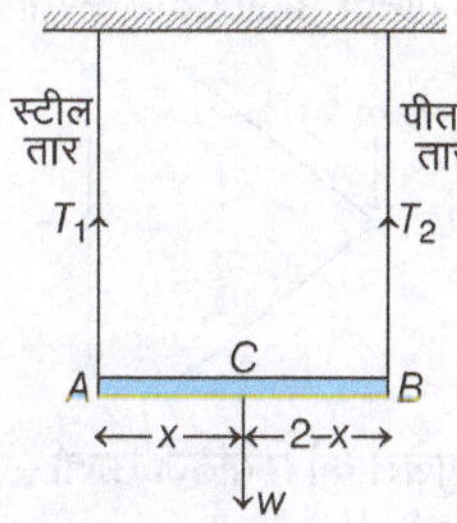

चूँकि दोनों समान हैं

अतः, $\frac{T_1}{A_1} = \frac{T_2}{A_2}$

$\Rightarrow \quad \frac{0.1}{02} = \frac{1}{2}$

माना स्टील के तार से दूरी x है

$\therefore \quad T_1 x = T_2 (2 - x)$

$\Rightarrow \quad \frac{T_1}{T_2} = \frac{2 - x}{x}$

$\Rightarrow \quad x = 4 - 2x \quad \left(\because \frac{T_1}{T_2} = \frac{1}{2}\right)$

$\therefore \quad 3x = 4 \Rightarrow x = \frac{4}{3} = 1.33$ मी

7 **(a)** तार, स्प्रिंग नियतांक $k' = \frac{AY}{L}$ वाले स्प्रिंग के समतुल्य है।

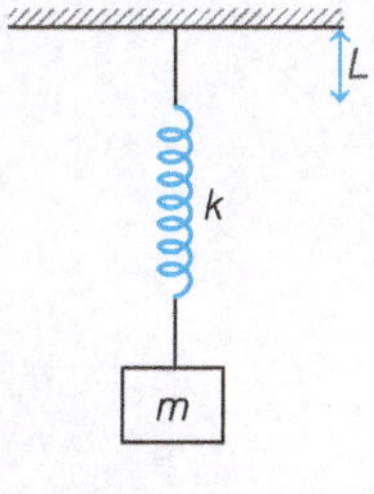

यहाँ k' तथा k श्रेणी संयोजन में हैं।

इसलिए,

$$k_{तुल्य} = \frac{k' k}{k' + k} = \frac{(AY/L)k}{\left(\frac{AY}{L}\right) + k}$$

$$= \frac{AYk}{AY + kL}$$

$$\therefore \quad T = 2\pi\sqrt{\frac{m}{k_{eq}}}$$

$$= 2\pi\sqrt{\frac{m(AY + kL)}{AYk}}$$

8 *(a)* जब रबर की गुलेल को खींचा जाता है, तो यह स्थितिज ऊर्जा संग्रहीत करता है और जब इसे छोड़ा जाता है, तो यह स्थितिज ऊर्जा, पत्थर को गतिज ऊर्जा प्रदान करती है।

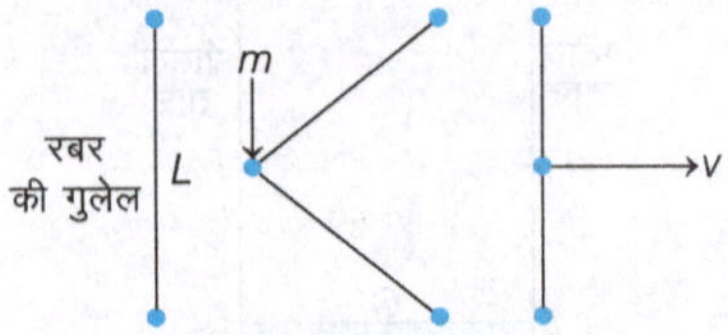

इसलिए, गुलेल की स्थितिज ऊर्जा = पत्थर की गतिज ऊर्जा

$$\Rightarrow \quad \frac{1}{2}Y\left(\frac{\Delta L}{L}\right)A \cdot L = \frac{1}{2}mv^2$$

यहाँ, $\Delta l = 20$ सेमी = 0.2 मी

$L = 42$ सेमी = 0.42 मी

$$\therefore \quad A = \pi r^2 = \pi\left(\frac{d}{2}\right)^2$$

$$= \pi\left(\frac{6 \times 10^{-3}}{2}\right)^2$$

$$= \pi(3 \times 10^{-3})^2$$

$$= 9\pi \times 10^{-6} \text{ मी}^2$$

मान रखने पर,

$$Y = \frac{mv^2L}{A(\Delta L)^2} = \frac{0.02 \times (20)^2 \times 0.42}{9\pi \times 10^{-6} \times (0.2)^2}$$

$$\approx 3.0 \times 10^6 \text{ न्यूटन/मी}^2$$

अतः यंग प्रत्यास्थता गुणांक का निकटतम मान 10^6 न्यूटन/मी^{2} है।

9 *(d)* $T = 2\pi\sqrt{\frac{L}{g}}$ ...(i)

$$T_M = 2\pi\sqrt{\frac{L + \Delta L}{g}}$$

यहाँ, $T_M = 2\pi\sqrt{\frac{L + \frac{MgL}{AY}}{g}}$ ...(ii)

समी (i) व (ii) को हल करने पर

$$\frac{1}{Y} = \frac{A}{Mg}\left[\left(\frac{T_M}{T}\right)^2 - 1\right]$$

10 *(c)* $\because \Delta l = 521 - 500 - 20 = 1$ सेमी

$= 0.01$ मी

$\because T - mg = mv^2/R$

$$\therefore \quad T = m\left(g + \frac{v^2}{R}\right) = m$$

$$\left(g + \frac{v^2}{l}\right)\Delta l = \frac{Tl}{AY} = \frac{m\left(g + \frac{v^2}{l}\right)l}{(\pi d^2/4)Y}$$

$$= \frac{mg\,l + mv^2}{(\pi d^2/4)Y}$$

$$\therefore \quad v = \sqrt{\frac{\pi d^2\,\Delta lY}{4m} - gl}$$

$$= \sqrt{\frac{(3.14)(4 \times 10^{-3})^2(0.01)(2 \times 10^{11})}{4 \times 25} - 9.8 \times 5}$$

$= 31.26$ मी/से

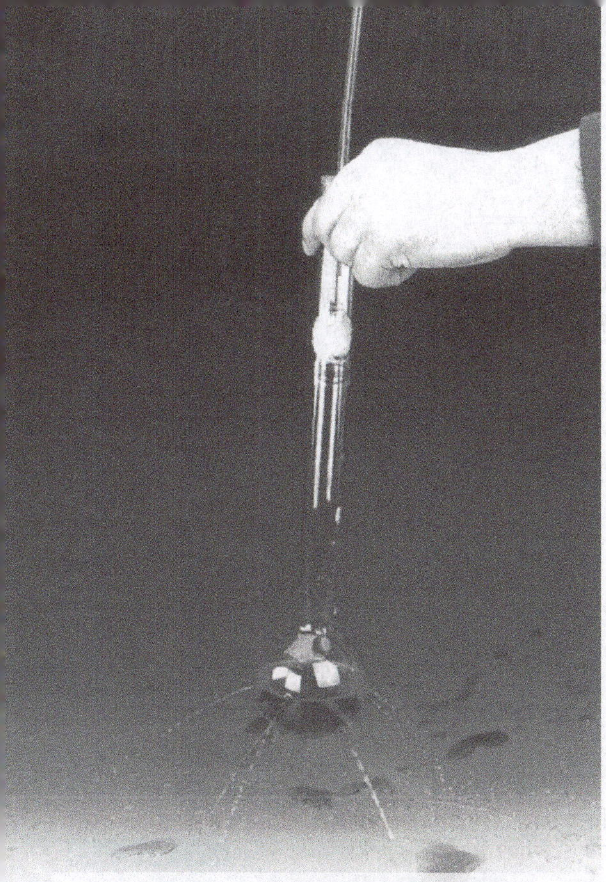

09

भौतिकी की Concept Master *Videos* के लिए *Scan* करें

तरलों के यान्त्रिकी गुण

Mechanical Properties of Fluids

5 वर्षों में NEET में पूछे गये शीर्षकवार प्रश्न

शीर्षक	वर्षवार प्रश्नों की संख्या				
	2024	2023	2022	2021	2020
दाब	–	–	–	–	–
द्रवों का प्रवाह	–	–	–	–	–
बरनौली का सिद्धान्त	–	1	–	–	–
श्यानता	–	–	1	1	–
पृष्ठ तनाव	1	1	1	–	1

NEET में विगत 5 वर्षों में पूछे गये विशेष प्रकार के प्रश्न

प्रकार	वर्ष				
	2024	2023	2022	2021	2020
अभिकथन-कारण	—	—	—	–	—
कथन आधारित	—	—	—	–	–
सुमेलन	—	—	—	—	–

NEET के विगत 5 वर्षों का भारांकन

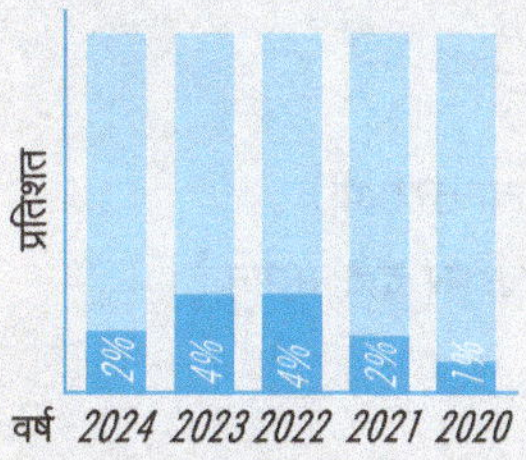

- **तरल** वे पदार्थ होते हैं जो प्रवाहित हो सकते हैं। द्रव तथा गैसें, तरलों की श्रेणी के अन्तर्गत आते हैं।
- ठोस के विपरीत, तरल पदार्थ का अपना कोई निश्चित आकार नहीं होता है। ठोसों तथा द्रवों का एक निश्चित आयतन होता है जबकि गैस अपने पात्र (Container) के कुल आयतन को भर देती है।
- तरल पदार्थों का मुख्य गुण यह है कि वे अपरुपण प्रतिबल (Shear stress) के प्रति बहुत कम प्रतिरोध प्रदर्शित करते हैं। अर्थात् बहुत कम अपरुपण आरोपित करने से इनकी आकृति परिवर्तित हो जाती है। तरल पदार्थों का अपरुपण प्रतिबल, ठोसों की तुलना में लगभग लाखों गुना कम होता है।

दाब एवं पास्कल का नियम (Pressure and Pascal's Law)

- विरामावस्था में तरल पदार्थ द्वारा, तरल के सम्पर्क में आने वाली सतह के प्रति एकांक क्षेत्रफल पर लगने वाले बल को **दाब** कहते हैं।
- जब कोई वस्तु किसी तरल में डुबोई जाती है, तो तरल वस्तु की सतह पर एक बल आरोपित करता है। यह बल सम्पर्क में आने वाली सतह के लम्बवत् होता है।
- यदि क्षेत्रफल A पर लगने वाले अभिलम्बवत् बल का परिमाण F हो, तब दाब को निम्न प्रकार परिभाषित कर सकते हैं

$$\text{दाब } (p) = \frac{\text{बल } (F)}{\text{क्षेत्रफल } (A)}$$

- यदि क्षेत्रफल बहुत छोटा हो, तब **तात्कालिक दाब** (Instantaneous pressure) p को निम्न प्रकार परिभाषित कर सकते हैं

$$p = \lim_{\Delta A \to 0} \frac{\Delta F}{\Delta A} = \frac{dF}{dA}$$

- यह **एक अदिश राशि** है तथा इसका **SI मात्रक न्यूटन/मी²** होता है।
- **घनत्व** को किसी पिण्ड के द्रव्यमान और उसके आयतन के अनुपात के रूप में परिभाषित किया जाता है।

$$\therefore \qquad \rho = \frac{m}{V}$$

जहाँ, ρ = घनत्व, V = आयतन तथा m = द्रव्यमान

- यह एक अदिश राशि है और इसका SI मात्रक किग्रा/मी^{3} होता है।
- द्रव असम्पीड्य होते हैं और इसीलिए इनका घनत्व सभी दाबों पर लगभग नियत रहता है। दूसरी ओर, गैसें दाब के साथ घनत्व में अत्यधिक भिन्नता प्रदर्शित करती हैं।
- **पास्कल का नियम** (Pascal's law) इस नियम के अनुसार विरामावस्था में रखे हुए द्रव पर लगाए गए दाब में परिवर्तन, द्रव के अन्य सभी बिन्दुओं पर सभी दिशाओं में समान रूप से प्रसारित होता है।
- **द्रव स्तम्भ द्वारा लगाया गया दाब,** $p = \rho gh$

  जहाँ, h = द्रव स्तम्भ की ऊँचाई

  g = गुरुत्वीय त्वरण

  तथा ρ = द्रव का घनत्व
- **गहराई के साथ दाब में परिवर्तन** (Variation in Pressure with Depth) वायुमण्डल में किसी द्रव के खुले पृष्ठ के नीचे गहराई पर दाब p, वायुमण्डलीय दाब p_a की तुलना में ρgh मात्रा अधिक होता है। अर्थात्

  $$\text{दाब, } p = p_a + \rho gh$$

  एक ऊर्ध्वाधर बेलनाकार स्तम्भ पर दाब के द्वारा गुरुत्वाकर्षण का प्रभाव नीचे दर्शाया गया है।

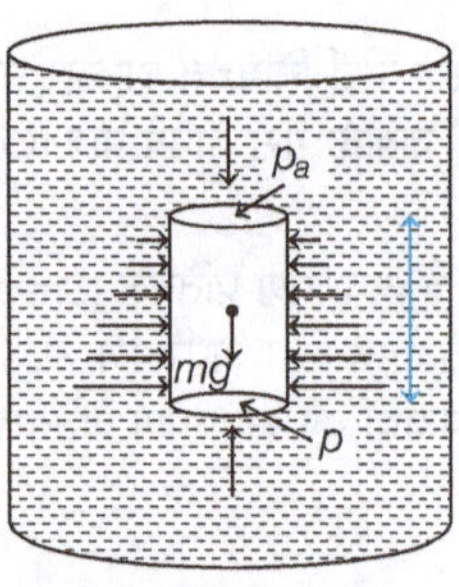

दाब की भिन्नता

- h गहराई पर अतिरिक्त दाब $p - p_a$, **गेज दाब** (Gauge pressure) कहलाता है, अर्थात् $p - p_a = \rho gh$
- वायुमण्डल द्वारा आरोपित दाब को **वायुमण्डलीय दाब** कहते हैं। किसी बिन्दु पर वायुमण्डलीय दाब, उस बिन्दु से वायुमण्डल के शीर्ष तक फैल इकाई अनुप्रस्थ-काट क्षेत्रफल वाले वायु के स्तम्भ के भार के बराबर होता है।
- चित्र में प्रदर्शित समान क्षैतिज स्तर (समान गहराई) के सभी बिन्दुओं x, y व z पर द्रव दाब समान है। **द्रवस्थैतिक विरोधोक्ति** (Hydrostatic paradox) के उदाहरण के माध्यम से इस परिणाम को अच्छी तरह से समझा जा सकता है।

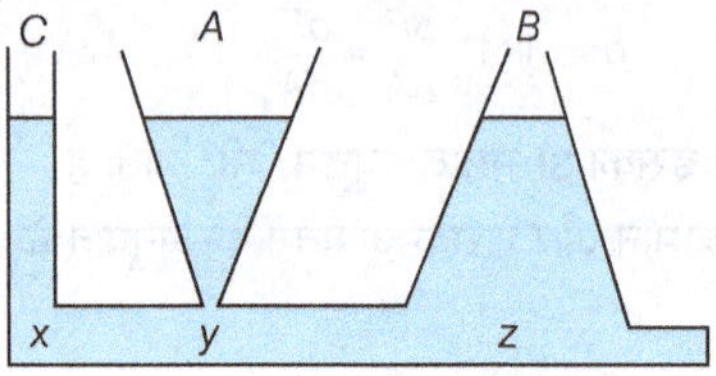

द्रव स्थैतिक विरोधोक्ति

- **वायुमण्डलीय दाब को यथार्थतापूर्वक मरकरी बैरोमीटर** (पारा वायुदाबमापी) (Mercury barometer) की सहायता से मापा जाता है। पारा वायुदाबमापी को नीचे चित्र में दर्शाया गया है।

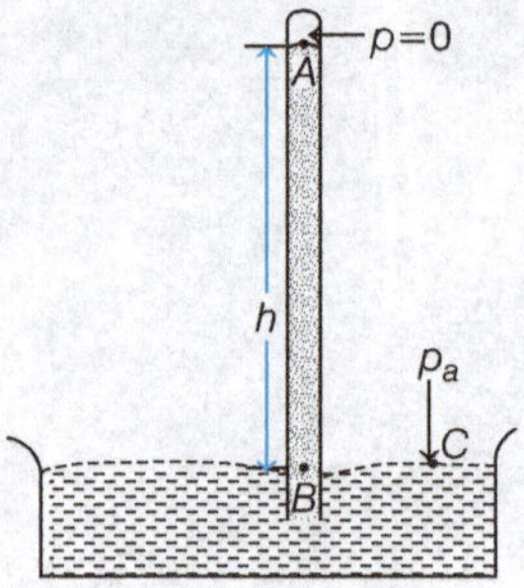

पारा वायुदाबमापी

बिन्दु A पर केवल पारे की वाष्प उपस्थित है जिसका दाब नगण्य है अर्थात्, $p_A = 0$

बिन्दु C पर दाब जोकि वायुमण्डलीय दाब p_a है, बिन्दु B पर दाब के बराबर है। बिन्दु B पर दाब, बिन्दुओं A व B के बीच उपस्थित पारे के द्वारा आरोपित दाब के बराबर हैं जोकि ρgh है। **NEET 2020, 2019**

अर्थात् $p_B = p_C = p_a = \rho gh$

जहाँ, p_a, ρ तथा h क्रमशः वायुमण्डलीय दाब, पारे का घनत्व तथा पारे स्तम्भ की ऊँचाई है।

- समुद्र तल पर बैरोमीटर में पारे स्तम्भ की ऊँचाई लगभग 76 सेमी होती है जोकि 1 वायुमण्डल के समतुल्य है।
- p_a = 1 वायुमण्डल = 1.013×10^5 पास्कल = पारे का 76 सेमी

  1 टॉर = 133 पास्कल = पारे का 1 मिमी, 1 बार = 10^5 पास्कल
- मिमी (Hg) तथा टॉर मात्रकों का उपयोग औषध विज्ञान (Medicine) तथा शरीर क्रिया विज्ञान (Physiology) में किया जाता है जबकि बार का उपयोग मौसम विज्ञान (Meterology) में किया जाता है।
- दाबान्तर (Pressure difference) को मापने के लिए खुली-नली मैनोमीटर (दाबान्तरमापी) का उपयोग किया जाता है। इसे नीचे चित्र में दर्शाया गया है।

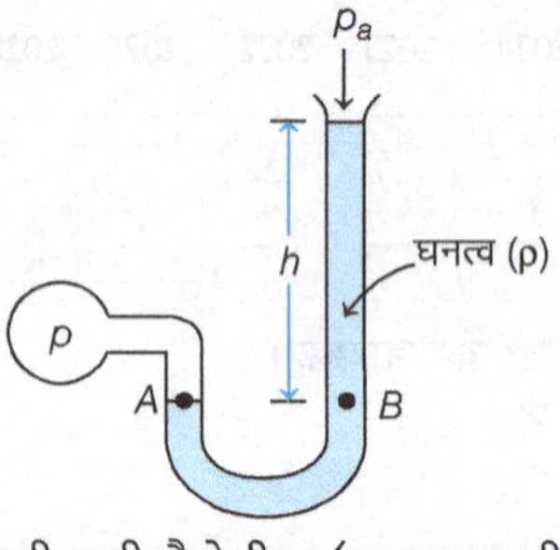

खुली-नली मैनोमीटर (दाबान्तरमापी)

- तरल से भरी U-नलिका के दोनों ओर A व B पर दाब समान है।

  अर्थात् $p_A = p_B$

  $\therefore \quad p = p_a + \rho gh$

  $\therefore \quad p - p_a$ = गेज दाब = ρgh
- खुली-नली मैनोमीटर, गेज दाब $(p - p_a)$ अर्थात् ρgh को मापने के लिए प्रयुक्त किया जाता है।

द्रव चालित मशीन (Hydraulic Machine)

- एक पात्र में रखे तरल के किसी भाग पर जब बाह्य दाब आरोपित किया जाता है, तो यह बिना किसी क्षति के सभी दिशाओं में समान रूप से संचरित हो जाता है। यह पास्कल के नियम का अन्य रूप है और दैनिक जीवन में इसके अनेक अनुप्रयोग हैं।
- **द्रव चालित उत्थापक (लिफ्ट)** तथा **द्रव चालित ब्रेक,** पास्कल के नियम पर आधारित हैं। इन युक्तियों में दाब संचरण के लिए तरल पदार्थों का उपयोग किया जाता है।
- पास्कल के नियम के अनुप्रयोग पर आधारित **द्रव चालित उत्थापक** का उपयोग भारी वस्तुओं को सहारा देने या उठाने के लिए किया जाता है। यह एक बल गुणन (Force multiplying) उपकरण है जिसका गुणन कारक (Multiplication factor), दो पिस्टनों के क्षेत्रफलों के अनुपात के बराबर होता है।
- द्रव चालित उत्थापक में, जैसा कि चित्र में दर्शाया गया है, दोनों पिस्टन एक तरल से भरे स्थान द्वारा पृथक रहते हैं।

  माना छोटे पिस्टन का क्षेत्रफल = A_1

  बड़े पिस्टन का क्षेत्रफल = A_2

  छोटे पिस्टन पर नीचे की ओर लगने वाला बल = F_1

  बड़े पिस्टन पर ऊपर की ओर लगने वाला बल = F_2

  पास्कल के नियम से, बाह्य दाब p, सम्पूर्ण द्रव पर एक समान रूप से संचरित हो जाता है।

  ∴ $$p = \frac{F_1}{A_1} = \frac{F_2}{A_2} \Rightarrow F_2 = \left(\frac{A_2}{A_1}\right)F_1$$

  परन्तु $A_2 > A_1 \Rightarrow F_2 > F_1$

  अतः भारी भार जैसे कार, ट्रक आदि कम बल आरोपित करके उठाए जा सकते हैं।

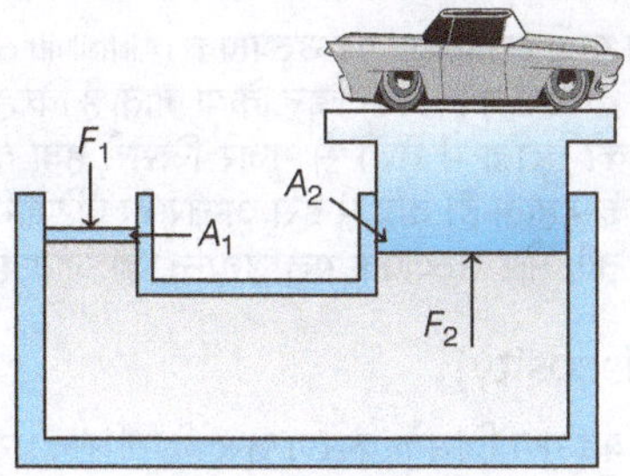

द्रव चालित उत्थापक (लिफ्ट)

द्रवों का प्रवाह (Flow of Liquids)

- यदि किसी भी समय द्रव के कणों का वेग समय के साथ परिवर्तित नहीं होता है, तो इस प्रकार के प्रवाह को **स्थिर** (Steady) या **धारा रेखीय प्रवाह** (Streamline flow) कहते हैं।
  - धारा रेखीय प्रवाह में, द्रव के कणों द्वारा अनुसरण किए जाने वाले पथ को **धारा रेखा** (Stramline) के रूप में जाना जाता है।
  - धारा रेखीय प्रवाह में किसी बिन्दु पर कणों का वेग, उस बिन्दु पर वक्र की स्पर्श रेखा (Tangent) के अनुदिश होता है।
- यदि द्रव किसी क्षैतिज सतह पर विभिन्न वेगों की परतों के रूप में बहता है तो द्रव के प्रवाह को **स्तरीय प्रवाह** (Laminar flow) कहते हैं।

(a) धारा रेखीय प्रवाह में तरल का प्रक्षेप पथ

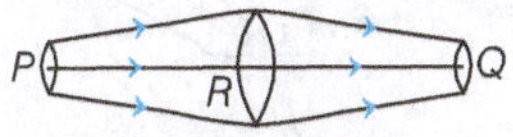

(b) धारा रेखीय प्रवाह का क्षेत्र

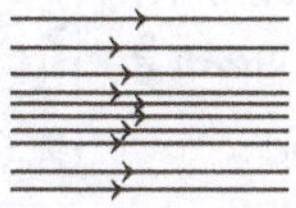
(c) स्तरीय प्रवाह

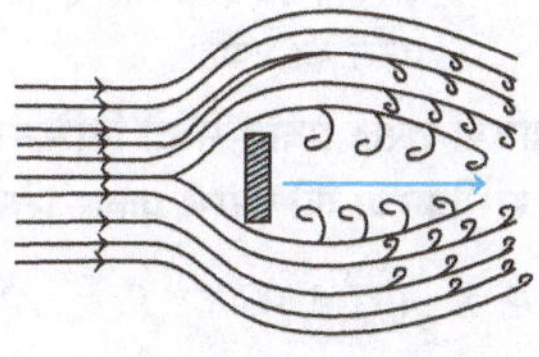
(d) विक्षुब्ध प्रवाह

- वह प्रवाह जिसमें तरल पदार्थ का वेग इसके क्रान्तिक वेग से अधिक होता है तथा कणों की गति अनियमित (irregular) होती है, को विक्षुब्ध प्रवाह (Turbulent flow) कहते हैं। चित्र (d) में लम्बवत् रखी एक समतल प्लेट से टकराने वाले हवा के जैट के विक्षुब्ध प्रवाह के उदाहरण को दर्शाया गया है।
- **क्रान्तिक वेग** द्रव का वह वेग जहाँ तक प्रवाह धारा रेखीय तथा उसके ऊपर, विक्षुब्ध हो जाता है, क्रान्तिक वेग (Critical velocity) कहलाता है।
- **सातत्य समीकरण** (Equation of continuity) इस समीकरण के अनुसार जब कोई असम्पीड्य तथा अश्यान द्रव, किसी असमान अनुप्रस्थ-काट वाली नली से बहता है, तो नली के प्रत्येक बिन्दु पर द्रव के वेग तथा अनुप्रस्थ-काट के क्षेत्रफल का गुणनफल समान रहता है, अर्थात्

  $$A_1 v_1 = A_2 v_2$$

  जहाँ, A = अनुप्रस्थ-काट का क्षेत्रफल

  v = प्रवाह का वेग
- सातत्य का समीकरण, द्रव्यमान के संरक्षण के सिद्धान्त पर आधारित है, अर्थात् आयतन प्रवाह या प्रवाह दर Av, सम्पूर्ण पाइप प्रवाह के दौरान नियत रहता है।
- उपरोक्त चित्र (b) में (धारा रेखीय प्रवाह का क्षेत्र) चूँकि, $A_R > A_Q$ है इसलिए, $v_R < v_Q$ अर्थात् R से Q तक गुजरते समय तरल त्वरित (Accelerated) हो जाता है।

बरनौली का सिद्धान्त (Bernoulli's Principle)

- इस सिद्धान्त के अनुसार, "यदि कोई आदर्श तरल (असम्पीड्य तथा अश्यान) धारा रेखीय प्रवाह में बह रहा है, तो तरल के प्रति एकांक आयतन की कुल ऊर्जा अर्थात् दाब ऊर्जा, गतिज ऊर्जा तथा स्थितिज ऊर्जा का योग नली की प्रत्येक अनुप्रस्थ-काट पर नियत रहता है।"

  इस प्रकार, $p + \frac{1}{2}\rho v^2 + \rho g h =$ नियतांक

  या $$\frac{p}{\rho g} + \frac{v^2}{2g} + h = \text{नियतांक}$$

जहाँ, $\frac{p}{\rho g}$ = दाब शीर्ष, $\frac{v^2}{2g}$ = वेग शीर्ष तथा h = गुरुत्व शीर्ष

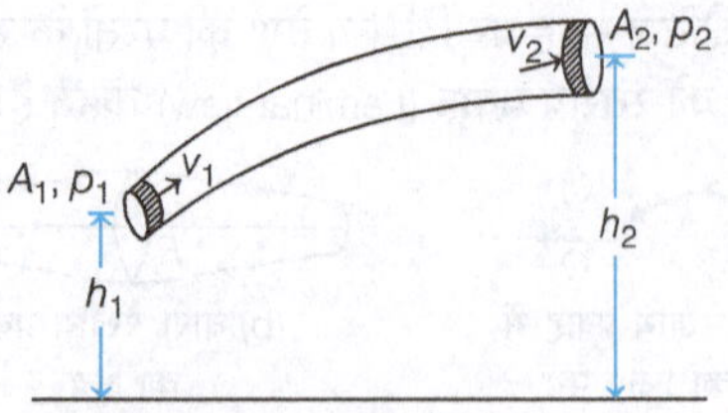

परिवर्ती अनुप्रस्थ-काट के किसी पाइप में आदर्श तरल का प्रवाह

Concept Master Video के लिए

किसी आदर्श तरल प्रवाह में दो विभिन्न बिन्दुओं के लिए, बरनौली समीकरण को निम्न प्रकार लिखा जा सकता है

$$p_1 + \frac{1}{2}\rho v_1^2 + \rho g h_1 = p_2 + \frac{1}{2}\rho v_2^2 + \rho g h_2$$

- बरनौली समीकरण आदर्श रूप से शून्य श्यानता वाले या अश्यान तरलों पर लागू होता है।

बहि:स्राव की चाल : टॉरिसेली का नियम (Speed of Efflux : Torricelli's Law)

- किसी तरल का बहिर्गमन (Outflow), बहि:स्राव कहलाता है तथा बहिर्गमन करने वाले तरल की चाल बहि:स्राव चाल कहलाती है।
- जब कोई टैंक नीचे दर्शाए गए चित्रानुसार बन्द होता है, तो बहि:स्राव

$$v_1 = \sqrt{2gh + \frac{2(p - p_a)}{\rho}}$$

जहाँ, ρ = तरल का घनत्व

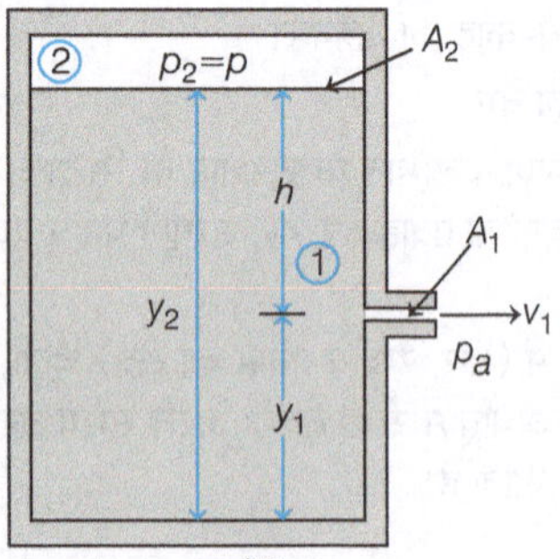

पात्र पर आरोपित टॉरिसेली का नियम

- जब टैंक वायुमण्डल में खुला होता है, तब $p = p_a \Rightarrow v_1 = \sqrt{2gh}$ यह मुक्त रुप से गिरते पिण्ड की चाल तथा यह समीकरण **टॉरिसेली के नियम** को भी व्यक्त करता है।
- छिद्र से बाहर आने वाले द्रव द्वारा तय की गई क्षैतिज दूरी **परास** (Range) कहलाती है तथा यह निम्न प्रकार दी जाती है

$$R = 2\sqrt{hy_1}$$

$h = \frac{y_2}{2}$ पर R अधिकतम होगा

∴ $R_{\text{अधिकतम}} = y_2$

Marks Maximizer

वेन्चुरीमीटर एक ऐसा उपकरण है जिसका उपयोग असम्पीड्य तरलों के प्रवाह वेग को मापने के लिए किया जाता है। दिए गए चित्र के अनुसार, चौड़ी गर्दन (Wide neck) पर तरल का वेग $v_1 = \sqrt{\frac{2\rho_m gh}{\rho}} \cdot \left[\left(\frac{A}{a}\right)^2 - 1\right]^{-1/2}$

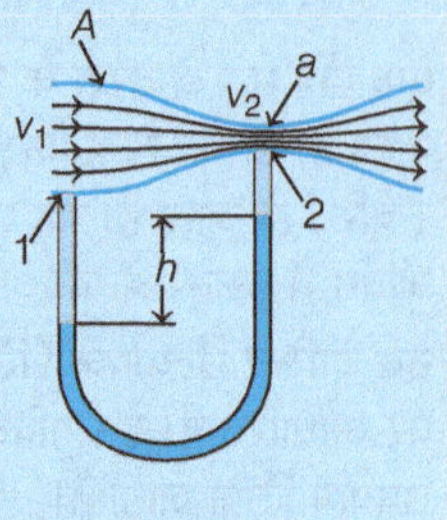

जहाँ, ρ_m = U-नली में भरे तरल का घनत्व, ρ = तरल का घनत्व, h = U-नली में ऊँचाइयों में अन्तर

NEET 2023

गतिक उत्थापक (Doynamic Lift)

- यह एक ऐसा बल है जो किसी पिण्ड या वस्तु जैसे हवाई जहाज के पंख, जलपर्णी (Hydrofoil) या घूमती हुई गेंद पर तरल पदार्थ के माध्यम से अपनी गति के कारण कार्य करता है। घूमती हुई गेंद का अपने परवलयिक प्रक्षेप पथ से विचलन, बरनौली सिद्धान्त के आधार पर समझाया जा सकता है।
  (i) **जब गेंद बिना चक्रण के हवा में चल रही होती है,** तो गेंद के ऊपर और नीचे हवा की गति समान होती है, इसलिए दाब में अन्तर शून्य होता है। इस प्रकार, हवा द्वारा गेंद पर ऊपर या नीचे कोई बल नही लगाया जाता है।
  (ii) **जब गेंद हवा में चक्रण के साथ चल रही होती है,** तो गेंद के ऊपर और नीचे हवा की गति समान नहीं होती है, इसलिए दाब में अन्तर आ जाता है जिसके कारण गेंद पर एक अशून्य बल कार्य करता है।
- **मैग्नस प्रभाव** (Magnus effect) जब गेंद चक्रण के साथ हवा में चल रही होती है, तो हवा के वेगों में अन्तर के परिणामस्वरूप ऊपर एवं निचले पृष्ठों पर दाबान्तर उत्पन्न हो जाते हैं जिससे गेंद पर एक शुद्ध ऊर्ध्वाधर बल कार्य करता है।

  चक्रण के कारण इस गतिक उत्थापक को **मैग्नस प्रभाव** कहते हैं।
- **वायुयान के पंख या ऐयरोफॉइल पर उत्थापक** (Airfoil lift on aircraft wing) वायुयान के पंखों को इस प्रकार डिजाइन किया जाता है कि हवा, पंखों के शीर्ष के ऊपर, नीचे की तुलना में तेजी से गुजरे जिससे हवा का दाब, नीचे की तुलना में ऊपर कम होता है। दाब में इस अन्तर के परिणामस्वरूप पंखों पर एक शुद्ध ऊपर की ओर उत्थापक बल उत्पन्न हो जाता है।

श्यानता (Viscosity)

- किसी तरल का वह गुण जिसके कारण उसकी विभिन्न परतों के बीच एक आन्तरिक घर्षण बल कार्य करता है जो उनकी सापेक्ष गति का विरोध करता है, **श्यानता** कहलाता है।

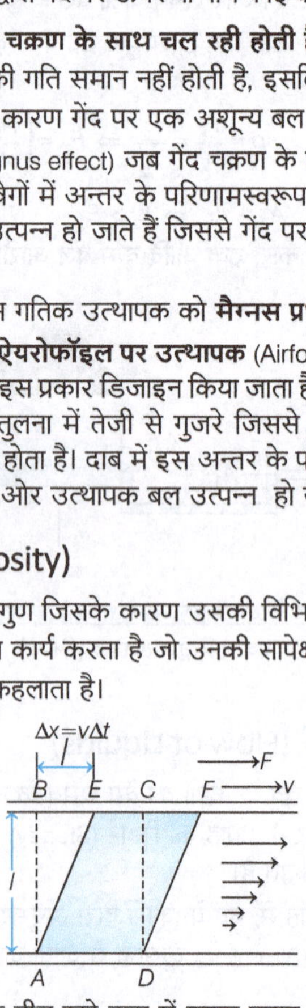

दो समान्तर प्लेटों के बीच रखे द्रव्य में श्यान प्रवाह के लिए वेग वितरण

- परतों का वेग नीचे (शून्य वेग) से ऊपर की परत (वेग v) तक समान रूप से बढ़ता है।
- किसी तरल पदार्थ के लिए **श्यानता गुणांक** अपरुपण प्रतिबल तथा विकृति दर के अनुपात के रूप में परिभाषित किया जाता है।

$$\eta = \frac{F/A}{v/l} = \frac{Fl}{vA}$$

जहाँ, F = तरल की परतों पर कार्य करने वाला स्पर्शरेखीय बल
A = अनुप्रस्थ-काट का क्षेत्रफल
v = दो परतों के मध्य सापेक्ष गति
l = दो परतों के बीच की दूरी
इसका SI मात्रक **पॉइजुली** (Poiseullie) (Pl) होता है।

- तरल पदार्थों की श्यानता तापमान के साथ घटती है जबकि गैसों के लिए श्यानता में वृद्धि होती है।
- **स्टोक्स का नियम** (Stoke's law) η श्यानता वाले तरल में v वेग से गतिमान r त्रिज्या के गोले पर एक श्यान बल कार्यरत् होता है। इस बल को निम्न सूत्र द्वारा व्यक्त किया जाता है

$$F = 6\pi\eta rv$$

- **सीमान्त वेग** (Terminal velocity) श्यान तरल पदार्थ से गिरते समय किसी पिण्ड द्वारा प्राप्त अधिकतम नियत वेग को सीमान्त वेग कहते हैं।

$$v = \frac{2}{9} \times \frac{r^2(\rho - \sigma)g}{\eta}$$

NEET 2019

जहाँ, r = गोलाकार पिण्ड की त्रिज्या
v = सीमान्त वेग, η = तरल पदार्थ का श्यानता गुणांक
ρ = गोलाकार पिण्ड का घनत्व
तथा σ = तरल पदार्थ का घनत्व

Marks Maximizer

- जब एक गोलाकार गेंद को एक श्यान द्रव में गिराया जाता है, तो प्रारम्भ में गेंद का वेग बढ़ जाता है, परन्तु कुछ समय पश्चात् गेंद एक स्थिर वेग प्राप्त कर लेती है।
- गेंद का **वेग-समय ग्राफ** नीचे दर्शाया गया है।

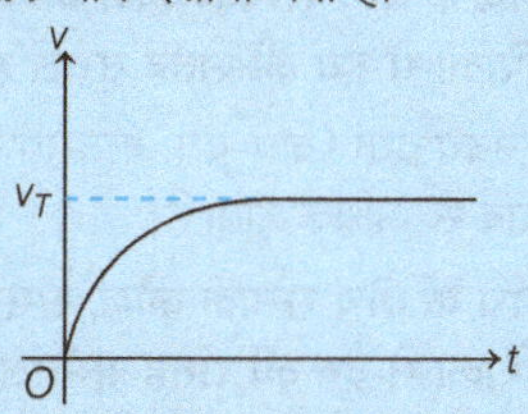

जहाँ, v_T = गेंद द्वारा प्राप्त सीमान्त वेग

पृष्ठ तनाव (Surface Tension)

- विरामावस्था में रखे द्रव का वह गुण जिसके कारण द्रव का पृष्ठ न्यूनतम पृष्ठ क्षेत्रफल घेरता है और एक फैली हुई झिल्ली की तरह कार्य करता है, **पृष्ठ तनाव** कहलाता है। इसका SI मात्रक न्यूटन/मी तथा विमा $[MT^{-2}]$ है।
- श्यानता के समान, **किसी द्रव का पृष्ठ तनाव, प्रायः तापमान के साथ घटता है।**
- अत्यधिक घुलनशील अशुद्धियों में पृष्ठ तनाव बढ़ता है और अघुलनशील अशुद्धियों में पृष्ठ तनाव घटता है।
- किसी सतह फिल्म के क्षेत्रफल में इकाई वृद्धि करने में किए गए कार्य की मात्रा को **पृष्ठीय ऊर्जा** कहते हैं। इसे निम्न प्रकार व्यक्त किया जाता है

$$\text{पृष्ठीय ऊर्जा} = \frac{\text{पृष्ठीय क्षेत्रफल में वृद्धि करने में किया गया कार्य}}{\text{पृष्ठीय क्षेत्रफल में वृद्धि}}$$

इसका SI मात्रक जूल तथा विमा $[ML^2T^{-2}]$ है।

- **पृष्ठीय ऊर्जा तथा पृष्ठ तनाव में सम्बन्ध** (Relation between surface energy and surface tension) पृष्ठ तनाव प्रति एकांक लम्बाई (या प्रति एकांक क्षेत्रफल पृष्ठीय ऊर्जा) पर लगने वाला बल है जो किसी द्रव और अन्य किसी पदार्थ की सतह के बीच अन्तरापृष्ठ के तल में कार्य करता है।

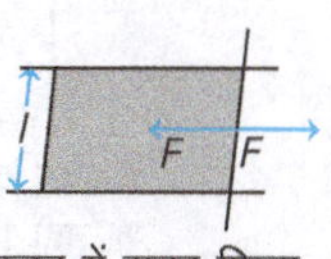

सन्तुलन में सतह फिल्म

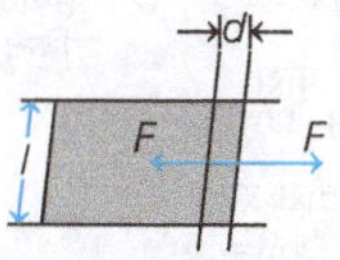

किसी अतिरिक्त विस्थापन d तक तनित फिल्म

उपरोक्त चित्र में प्रदर्शित तरल फिल्म का पृष्ठ तनाव,

$$S = \frac{F}{2l} \quad \ldots(i)$$

$$\text{तथा पृष्ठीय ऊर्जा, } E = \frac{\text{कार्य}}{\text{क्षेत्रफल}} = \frac{F \times d}{2 \times l \times d} = \frac{F}{2l} \quad \ldots(ii)$$

समी (i) व (ii) से,
पृष्ठ तनाव (S) = पृष्ठीय ऊर्जा (E)
अतः पृष्ठ तनाव, संख्यात्मक रूप से तरल के प्रति एकांक क्षेत्रफल में पृष्ठीय ऊर्जा के बराबर होता है।
$\therefore$ पृष्ठ तनाव S वाले तरल का पृष्ठीय क्षेत्रफल ΔA बढ़ाने में कृत कार्य

$$W = \text{पृष्ठ तनाव} \times \text{पृष्ठीय क्षेत्रफल में परिवर्तन}$$
$$= S \times \Delta A$$

सम्पर्क कोण (Angle of Contact)

- जब कोई तरल किसी ठोस सतह के सम्पर्क के आता है, तो इसका मुक्त पृष्ठ, सम्पर्क बिन्दु पर वक्राकार हो जाता है।
- तरल सतह तथा ठोस सतह की स्पर्शरेखा द्वारा तरल के अन्दर बनाया गया कोण (θ), सम्पर्क कोण कहलाता है।
- चित्र में अन्तरापृष्ठीय तनाव वाले पानी की बूँदों की विभिन्न आकृतियाँ (i) कमल के पत्ते पर (ii) साफ प्लास्टिक की प्लेट पर, दर्शाई गई हैं। सम्पर्क रेखा पर, तीनों माध्यमों के बीच पृष्ठ तनाव संतुलन में होना चाहिए।

यदि $S_{la} \cos\theta + S_{sl} = S_{sa}$
जहाँ, S_{la} = तरल-वायु अन्तरापृष्ठ का पृष्ठ तनाव
S_{sl} = ठोस-तरल अन्तरापृष्ठ का पृष्ठ तनाव
तथा S_{Sa} = ठोस-वायु अन्तरापृष्ठ का पृष्ठ तनाव

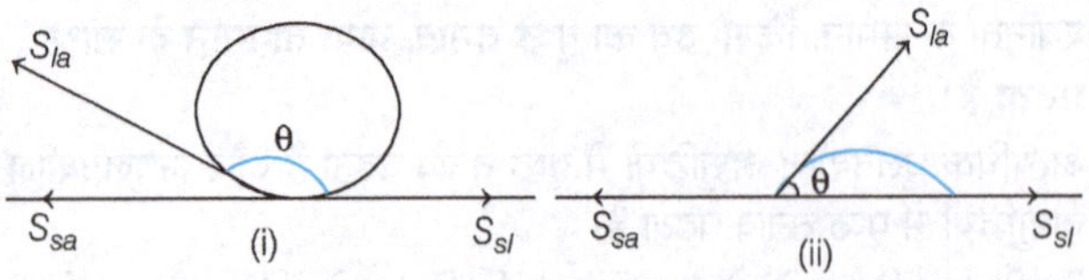

(i) यदि $S_{sl} > S_{la}$, अर्थात् $\theta > 90°$ तब **द्रव, ठोस की सतह को नहीं भिगोता है।**

(ii) यदि $S_{sl} < S_{la}$, अर्थात् $\theta < 90°$ तब **द्रव, ठोस की सतह को भिगो देता है।**

(iii) यदि $S_{la} = S_{sa}$, अर्थात् $\theta = 90°$ तब **द्रव, ठोस सतह को नहीं भिगोता है।**

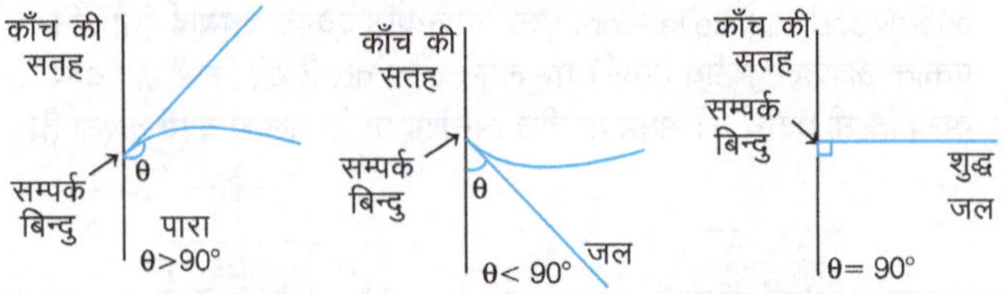

(i) द्रव ठोस सतह को नहीं भिगोता है। (ii) द्रव ठोस सतह को भिगोता है। (iii) द्रव ठोस सतह को नहीं भिगोता है।

बूँद एवं बुलबुले (Drops and Bubbles)

पृष्ठ तनाव का एक परिणाम यह है कि, एक गोलाकार बूँद के अन्दर का दाब p_i, बाह्य दाब p_0 से अधिक होता है।

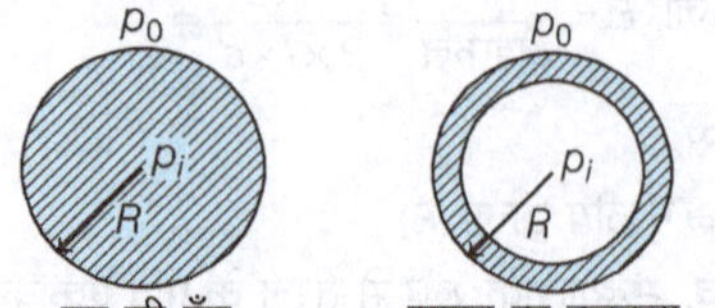

द्रव की बूँद साबुन का बुलबुला

द्रव बूँद के अन्दर आधिक्य दाब, $(p_i - p_0) = \dfrac{2S}{R}$

साबुन के बुलबुले के अन्दर आधिक्य दाब, $(p_i - p_0) = \dfrac{4S}{R}$ NEET 2022, 19

एक साबुन के बुलबुले के दो पृष्ठ होते है जो हवा के सम्पर्क में होते हैं, अर्थात् बुलबुले की बाहरी एवं भीतरी परत। अतः साबुन के बुलबुले का आधिक्य दाब, द्रव की बूँद के आधिक्य दाब से दोगुना होता है।

केशिका उन्नयन (Capillary Rise)

- द्रव में डूबे रहने पर केशिका में द्रव के ऊपर चढ़ने या नीचे गिरने की घटना को केशिका उन्नयन कहते है।
- जब एक केशिका नली को पानी में डाला जाता है जैसा कि चित्र में दर्शाया गया है, तो पानी व काँच के बीच सम्पर्क कोण, न्यून कोण (Acute angle) होता है इसलिए, केशिका में पानी का पृष्ठ अवतल (Concave) होता है।
- शीर्ष पृष्ठ की दोनों भुजाओं के बीच दाबान्तर

$$p_i - p_0 = \frac{2S}{r}\cos\theta$$

- केशिका नली में द्रव स्तम्भ की ऊँचाई, $h = \dfrac{2S\cos\theta}{r\rho g}$ NEET 2020

जहाँ, r = केशिका नली की त्रिज्या,
θ = सम्पर्क कोण
तथा ρ = द्रव का घनत्व

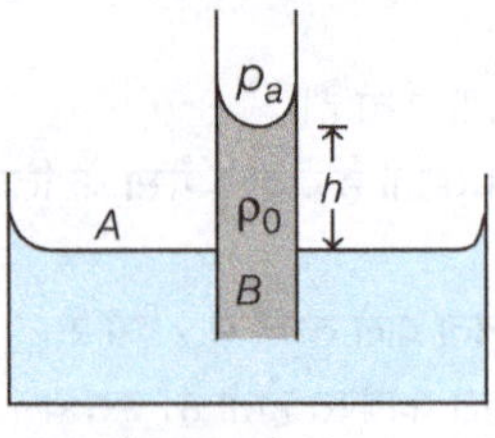

जल में डूबी हुई कोशिका नली

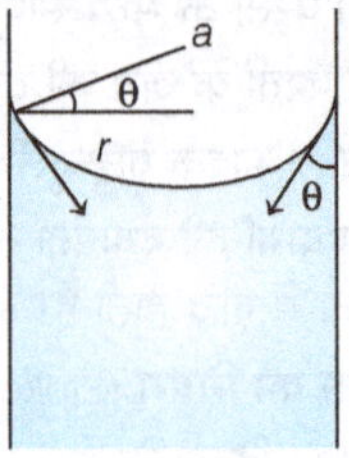

कोशिका नली का बड़ा आकार

- नवचन्द्रक (Meniscus) की त्रिज्या a के पदों में केशिका उन्नयन h निम्न प्रकार दिया जाता है

$$h = \frac{2S\cos\theta}{r\rho g} \quad \ldots(i)$$

तथा $$r = a\cos\theta \quad \ldots(ii)$$

∴ समी (i) व (ii) से,

$$h = \frac{2S}{a\rho g}$$

केशिका में निम्नलिखित स्थितियाँ होती है

(i) **जब द्रव एवं काँच के बीच सम्पर्क कोण न्यून कोण होता है, तो केशिका में द्रव की सतह अवतल होती है।**

नली के अन्दर नवचन्द्रक (वायु-द्रव अन्तरापृष्ठ) पर द्रव का दाब, वायुमण्डलीय दाब से कम होता है।

(ii) **जब द्रव एवं काँच के बीच सम्पर्क कोण अधिक (Obtuse) कोण होता है, तो केशिका में द्रव की सतह उत्तल होती है।**

नली के अन्दर नवचन्द्रक (वायु-द्रव अन्तरापृष्ठ) पर द्रव का दाब, वायुमण्डलीय दाब से अधिक होता है।

(iii) **जब द्रव एवं काँच के बीच सम्पर्क कोण, समकोण (Right angle) होता है, तो केशिका में द्रव की सतह समतल (Plane) होती है।**

नली के अन्दर नवचन्द्रक पर द्रव का दाब, वायुमण्डलीय दाब के बराबर होता है।

Caution Points

- बल एक सदिश राशि है, परन्तु बल और क्षेत्रफल का अनुपात अर्थात् दाब एक अदिश राशि है।
- तरल की अवधारणा को तरल के गुणों द्वारा वर्णित किया जा सकता है जोकि तरल में एक बिन्दु से दूसरे बिन्दु तक परिवर्तित होते रहते हैं।
- टायर दाब गेज तथा रक्त दाब गेज (स्फिग्मोमैनोमीटर, Sphygmomanometer) जैसे दाब मापने वाले उपकरण केवल गेज दाब का मापन करते हैं।
- तरल पदार्थ के धारा रेखीय प्रवाह की दो धारा रेखाएँ एक-दूसरे को कभी प्रतिच्छेद नहीं करती है।

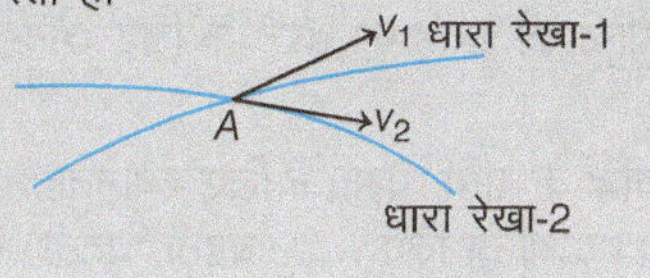

- दो धारा रेखाओं का एक-दूसरे को काटना यह दर्शाता है कि प्रतिच्छेद बिन्दु पर कण के दो अलग-अलग वेग हैं जोकि असम्भव है।
- श्यान द्रवों के लिए, श्यान बल द्वारा किया गया कार्य ऊर्जा हानि में परिवर्तित हो जाता है।

  श्यान द्रव के लिए ऊर्जा समीकरण बरनौली के समीकरण का संशोधित रूप है।

  $$p_1 + \frac{1}{2}\rho v_1^2 + \rho g h_1 = p_2 + \frac{1}{2}\rho v_2^2 + \rho g h_2 + E_{\text{हानि}}$$

- पृष्ठ तनाव, किसी तरल के पृष्ठ पर अतिरिक्त स्थितिज ऊर्जा के रूप में उपस्थित पृष्ठीय ऊर्जा है।

  यह तरल के आन्तरिक अणुओं की स्थितिज ऊर्जा नहीं है। पृष्ठ की अतिरिक्त स्थितिज ऊर्जा, दो पदार्थों के अन्तरापृष्ठ पर उत्पन्न होती है जिनमें से कम-से-कम एक तरल हो।

PYQ नोट्स

1. यदि द्रव्यमान m तथा घनत्व σ का एक गोलाकार पिण्ड, घनत्व ρ वाले श्यान तरल में गिराया जाता है। कुछ समय बाद, पिण्ड स्थिर वेग से गति करता है, तब पिण्ड पर श्यान बल

   $F_v = mg - \frac{\rho m}{\sigma} g = mg\left(1 - \frac{\rho}{\sigma}\right)$ होगा।

   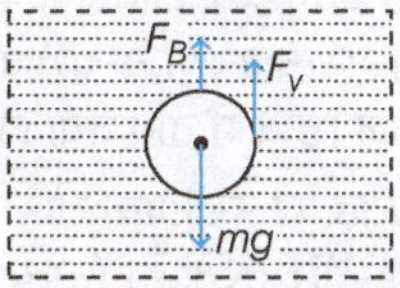

   [NEET 2021]

2. जब त्रिज्याओं R_1 व R_2 वाले दो साबुन के बुलबुले मिलकर एक उभयनिष्ठ सतह (पृष्ठ) बनाते हैं, तो उभयनिष्ठ पृष्ठ की वक्रता त्रिज्या $R = \frac{R_1 R_2}{R_2 - R_1}$ **[JEE Main 2021]**

3. यदि त्रिज्या r और सीमान्त वेग v वाली द्रव की N बूँदों को मिलाकर एक बड़ी बूँद बनाई जाए, तो इस नई बूँद का सीमान्त वेग $v' = vN^{\frac{2}{3}}$ होता है। **[NEET 2020]**

4. यदि घनत्व ρ का द्रव, v वेग से अनुप्रस्थ-काट के क्षेत्रफल A वाले पाइप से बह रहा है और एक प्लेट से टकराता है, तो द्रव द्वारा प्लेट पर लगाया गया बल

   $F = v(\rho A v) = \rho A v^2$ होता है। **[NEET 2019]**

5. जब r त्रिज्या वाला एक गोलाकार पिण्ड, किसी श्यान द्रव में गिरता है, तो

   शक्ति = ऊष्मा उत्पादन की दर

   $$P = F \cdot v_T = 6\pi\eta r v_T \cdot v_T$$

   $$= \frac{24}{81}\,\frac{\pi r^5 g^2 (\rho - \sigma)}{\eta}$$

   [NEET 2017]

6. यदि r त्रिज्या का एक लम्बा बेलनाकार पात्र, एक निश्चित द्रव से भरा है। यदि पात्र को कोणीय वेग ω से इसकी अक्ष के परितः घुमाया जाता है, तो पात्र में चढ़े द्रव की ऊँचाई निम्न प्रकार दी जाती है

   $$p_0 + \frac{1}{2}\rho\omega^2 r^2 = p_0 + \rho g h$$

   $$\therefore \quad h = \frac{\omega^2 r^2}{2g}$$

   [NEET 2016]

   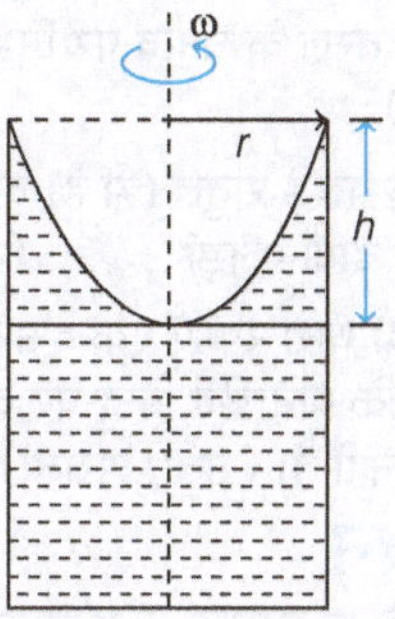

7. यदि केशिका नली की लम्बाई, नली में चढ़े द्रव की ऊँचाई (h) से कम या बराबर है, तो द्रव के ऊपरी सिरे पर पहुँचने के बाद, नवचन्द्रक की त्रिज्या में वृद्धि हो जाती है। **[NEET 2015]**

Step by Step

Mastering NCERT

- कॉन्सेप्ट बिल्डर्स
- शीर्षकवार प्रश्न
- अभिकथन-कारण प्रश्न
- कथन आधारित प्रश्न
- सुमेलन प्रकार प्रश्न
- आंकिक मान प्रकार के प्रश्न
- NCERT Exemplar प्रश्न
- विगत परीक्षाओं के प्रश्न
- स्किल बूस्टर्स

कॉन्सेप्ट बिल्डर्स

1 जब कोई वस्तु विराम अवस्था में द्रव में डुबोई जाती है, तो द्रव उसकी सतह पर एक शुद्ध बल लगाता है। यह बल सदैव वस्तु की सतह के लम्बवत लगता है। (सत्य/असत्य)

2 मनुष्यों के लिए रेत पर चलना कठिन है, जबकि ऊँट का रेत पर चलना आसान है। ऐसा इसलिए है, क्योंकि छोटे क्षेत्र के लिए दाब का मान कम होता है। (सत्य/असत्य)

3 पास्कल के नियम के अनुसार, विराम अवस्था में, द्रव में समान ऊँचाई पर स्थित सभी वस्तुओं पर दाब ..... (समान/भिन्न) होता है।

4 कार की ब्रेक प्रणाली में ब्रेक पैडल से जुड़ा पिस्टन बड़ा होता है, जबकि ब्रेकशू से जुड़े पिस्टन का क्षेत्रफल छोटा होता है। (सत्य/असत्य)

5 छोटे पिस्टन पर लगाया गया छोटा बल, बड़े पिस्टन पर बहुत बड़े बल के रूप में दिखाई देता है। यह अवधारणा किस नियम पर अधारित है?

6 वायुमण्डल में खुले द्रव की सतह के नीचे गहराई पर दाब p, वायुमण्डलीय दाब से अधिक होता है। अतिरिक्त दाब क्या कहलाता है?

7 द्रव का दाब गहराई में कमी के साथ .... (बढ़ता/घटता) जाता है।

8 एक टैंक के तल पर स्थित छिद्र से प्रति सेकण्ड बाहर निकलने वाले तरल की मात्रा, तरल के घनत्व पर निर्भर नहीं करती है। (सत्य/असत्य)

9 भौतिक तुला के पलड़े संतुलन में हैं। दाएँ पलड़े से नीचे हवा प्रवाहित की जाती है, तो दायाँ पलड़ा .... (ऊपर/नीचे) हिलेगा।

10 स्थिर धारा में दो धारा रेखाएँ एक दूसरे को नहीं काटती हैं, क्योंकि इसका अर्थ है कि प्रतिच्छेद बिन्दु पर द्रव कण के दो संभावित वेग होंगे जो संभव नहीं है। (सत्य/असत्य)

11 मच्छरों को पानी की सतह पर तैरने के लिए कौन-सा बल सहायता करता है?

12 तापमान में वृद्धि के साथ, गैसों के लिए श्यानता ...... (बढ़ती/घटती) है और तरल पदार्थों के लिए ...... (बढ़ती/घटती) है।

13 पानी में डूबे हुए व्यक्ति द्वारा अपने अंगों को हिलाने के लिए आवश्यक बल हवा में उसी गति के लिए आवश्यक बल से कम है। यह पानी के...... (दाब/उछाल) के कारण होता है।

14 पृथ्वी के वायुमण्डल में प्रवेश करते समय एक अंतरिक्षयान में आग लग जाती है। यह हवा के .... (पृष्ठ तनाव/श्यानता) के कारण होता है।

15 गैस से भरा बंद डिब्बा क्षैतिज दिशा में एकसमान त्वरण के साथ आगे बढ़ रहा है। गुरुत्वाकर्षण के प्रभाव की उपेक्षा करें। पिछले डिब्बे के सापेक्ष अगले डिब्बे में दाब क्या होगा?

16 पानी की सतह पर रखी एक लोहे की सुई पृष्ठ के तनाव के कारण पानी में धीरे-धीरे तैरती है। (सत्य/असत्य)

17 सम्पर्क बिन्दु पर तरल सतह की स्पर्शरेखा और तरल के अन्दर ठोस सतह के बीच के कोण को ..... (सम्पर्क कोण/झुकाव कोण) कहा जाता है

18 जब काँच की केशिका को पारे के टैंक में लम्बवत रूप में डुबोया जाता है, तो केशिका में पारे का स्तर ...... (वही रहेगा/गिर जाएगा)

19 केशिका में तरल ऊँचाई तक ऊपर उठता या गिरता है, वह सीधे किसके समानुपाती होती है?

20 यदि अलग-अलग त्रिज्या वाले दो साबुन के बुलबुले एक ट्यूब से जुड़े हैं, तो हवा ...... (बड़े/छोटे) बुलबुल से ...... (बड़े/छोटे) बुलबुले की ओर बहती है।

शीर्षकवार प्रश्न

दाब

1 तरल पदार्थ ..... के लिए बहुत कम प्रतिरोध प्रदान करते हैं। **NCERT पृष्ठ 180**

(a) दाब (b) अभिलम्ब प्रतिबल
(c) अरूपण प्रतिबल (d) श्यानता

2 निम्नलिखित में से किसका आयतन उसके पात्र के पूरे आयतन के बराबर है? **NCERT पृष्ठ 180**

(a) नाइट्रोजन (b) पानी (c) लकड़ी (d) मिट्टर का तेल

3 दो जांघ की हड्डियाँ (फीमर), जिनमें से प्रत्येक के अनुप्रस्थ-काट का क्षेत्रफल 10 सेमी^{2} है, 40 किग्रा भार वाले मानव शरीर के ऊपरी भाग को सहारा देती है। फीमर द्वारा लगाए गए औसत दाब का अनुमान लगाएँ। **NCERT पृष्ठ 181**

(a) 2×10^5 न्यूटन/मी^{2}
(b) 3×10^4 न्यूटन/मी^{2}
(c) 2.5×10^3 न्यूटन/मी^{2}
(d) 6×10^4 न्यूटन/मी^{2}

4 यदि झील की आधी गहराई पर दाब झील के तल पर दाब के $\frac{3}{4}$ के बराबर है, तो झील की गहराई क्या है? ($p_{atm} = 10^5$ न्यूटन/मी^{2}) **NCERT पृष्ठ 182**

(a) 20 मी (b) 10 मी (c) 40 मी (d) 5 मी

5 तरल पदार्थ के अन्दर किसी बिन्दु पर, दाब निर्भर नहीं करता है **NCERT पृष्ठ 182**

(a) तरल की सतह के नीचे बिन्दु की गहराई पर
(b) तरल की प्रकृति पर
(c) उस बिन्दु पर गुरुत्वाकर्षण के कारण त्वरण पर
(d) बीकर में तरल के कुल भार पर

6 नीचे दिया गया चित्र विरामावस्था पर एक तरल के आन्तरिक भाग में किसी अल्पांश को दर्शाता है। यह अल्पांश आयतन एक समकोण प्रिज्म के आकार में है। मान लीजिए कि आयतन अल्पांश इतना छोटा है कि हम गुरुत्वाकर्षण के प्रभाव को अनदेखा कर सकते हैं, लेकिन स्पष्टता के लिए इसे वृहद पैमाने पर खींचा गया है। **NCERT पृष्ठ 182**

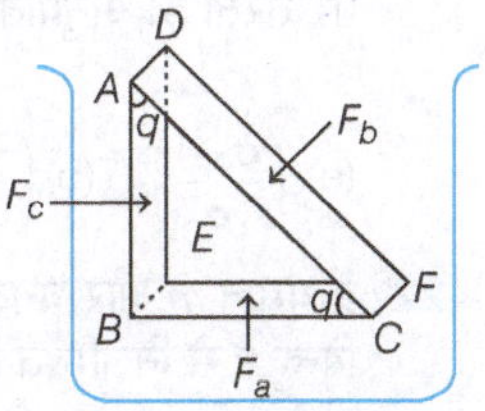

निम्न में से कौन-सा के आयतन अल्पांश के संतुलन के लिए सही है?

(a) $F_b \sin\theta = F_c$ (b) $F_c \cos\theta = F_b$
(c) $F_b \cos\theta = F_c$ (d) $F_a \cos\theta = F_b$

7 घनत्व ρ की तरल युक्त एक L-आकार की नली को चित्र के अनुसार त्वरण के साथ क्षैतिज रूप से त्वरित किया जाता है। नली का सिरा B बंद है जबकि सिरा A खुला है। यदि वायुमण्डलीय दाब p_0 है, तो बिन्दु B पर दाब क्या होगा? **NCERT पृष्ठ 183**

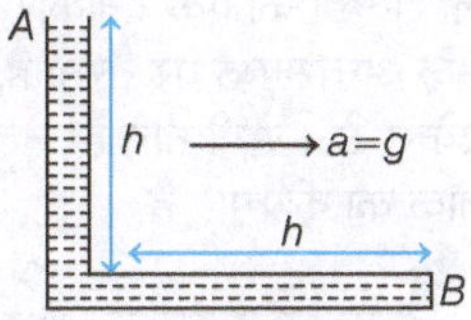

(a) $\frac{p_0}{2}$ (b) p_0 (c) $\frac{2}{3}p_0$ (d) $2p_0$

8 एकसमान अनुप्रस्थ-काट वाली U-नली में तरल पदार्थ जल और पारा हैं। यदि पारे के स्तम्भों की ऊँचाइयों में अन्तर 2 सेमी है, तो जल स्तम्भ h की ऊँचाई है **NCERT पृष्ठ 184**

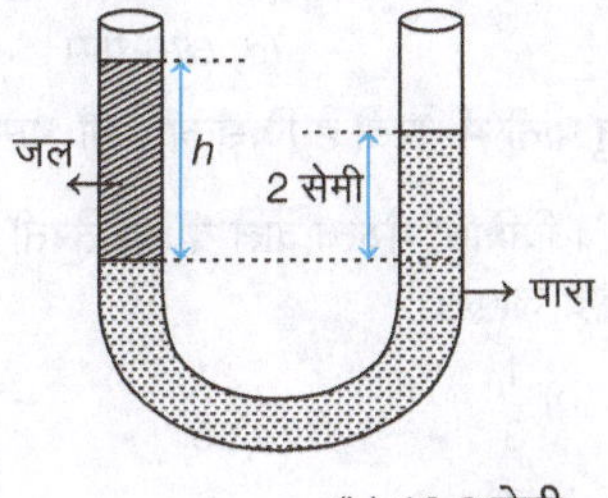

(a) 6.8 सेमी (b) 13.6 सेमी
(c) 27.2 सेमी (d) 54 सेमी

9 झील की 1/3 गहराई पर दाब, झील के तल पर दाब के आधे के बराबर है। यदि जल बैरोमीटर की ऊँचाई 10 मीटर है, तो झील की गहराई है **NCERT पृष्ठ 184**

(a) 60 मी (b) 30 मी (c) 40 मी (d) 20 मी

10 एक आदमी का हृदय 150 मिमी पारे के दाब पर प्रति मिनट धमनियों के माध्यम से 5 लीटर रक्त पम्प करता है। यदि पारे का घनत्व 13.6×10^3 किग्रा/मी^{3} है और $g = 10$ मी/से^{2} है, तो हृदय की शक्ति वाट में है **NCERT पृष्ठ 184**

(a) 1.70 (b) 2.35 (c) 3.0 (d) 1.50

11 एक लम्बा बेलनाकार पात्र किसी तरल से आधा भरा हुआ है। जब पात्र को उसके ऊर्ध्वाधर अक्ष के चारों ओर घुमाया जाता है, तो तरल दीवार के पास ऊपर की ओर उठता है। यदि पात्र की त्रिज्या 5 सेमी है और इसकी घूर्णन गति 2 चक्कर प्रति सेकण्ड है, तो केन्द्र और भुजाओं के बीच ऊँचाई में अन्तर (सेमी में) होगा। **NCERT पृष्ठ 184**

(a) 0.1 (b) 1.2 (c) 0.4 (d) 2.0

12 नीचे दिए गए चित्र में दी गई जानकारी का उपयोग करके एथिल एल्कोहॉल का घनत्व ज्ञात कीजिए। **NCERT पृष्ठ 184**

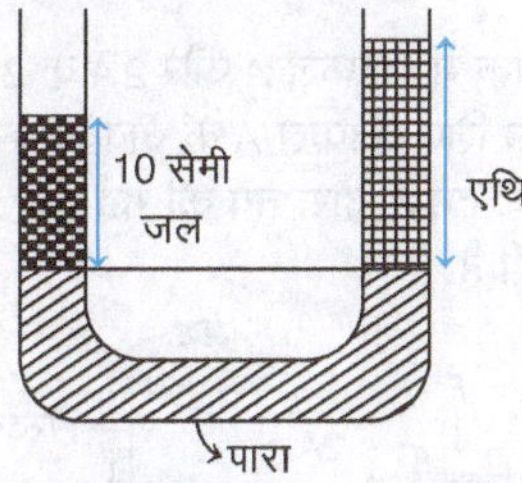

(a) 0.83 ग्राम/सेमी^{3} (b) 0.5 ग्राम/सेमी^{3}
(c) 1.83 ग्राम/सेमी^{3} (d) 0.12 ग्राम/सेमी^{3}

13 घनत्व ρ का एक तरल पदार्थ क्षैतिज गति v के साथ त्रिज्या a के एक नली पाइप से बह रहा है और एक जाल से टकराता है। तरल पदार्थ का 50% भाग बिना प्रभावित हुए जाल में गुजरता है, 25% भाग अपने सम्पूर्ण संवेग को खो देता है और 25% भाग उसी गति से वापस लौट जाता है। जाल पर परिणामी दाब होगा **NCERT पृष्ठ 184**

(a) ρv^2 (b) $\frac{1}{2}\rho v^2$ (c) $\frac{1}{4}\rho v^2$ (d) $\frac{3}{4}\rho v^2$

14 एक छात्रा पारा दाबान्तरमापी उपयोग करके एक पात्र में भरी गैस के दाब को मापती है और वह पारा वायुदाबमापी का उपयोग करके वायुमण्डलीय दाब को भी मापती है। उसने निम्नलिखित निरूपण दिए **NCERT पृष्ठ 184**

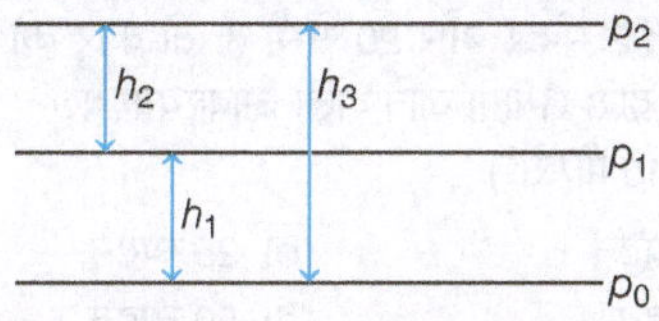

यदि p_1 = वायुमण्डलीय दाब, p_2 = निरपेक्ष दाब हो, तो

(a) गेज दाब = $h_1 + h_2$ (b) गेज दाब = $h_3 - h_1$
(c) गेज दाब = h_3 (d) निरपेक्ष दाब = h_1

15 एक द्रव चालित दाब लिफ्ट को अधिकतम 3000 किग्रा भार वाली कार को उठाने के लिए डिज़ाइन किया गया है। भार वहन करने वाले छोटे पिस्टन के अनुप्रस्थ-काट का क्षेत्रफल 425 सेमी^{2} है। अधिकतम दाब क्या है जिसे छोटे पिस्टन को सहन करना होगा? **NCERT पृष्ठ 185**

(a) 6.92×10^5 न्यूटन/मी^{2} (b) 3.68×10^5 न्यूटन/मी^{2}
(c) 5.7×10^5 न्यूटन/मी^{2} (d) 2.1×10^6 न्यूटन/मी^{2}

16 एक द्रव चालित उत्थापक में अवयवों के क्षेत्रफल A_1 और A_2 ($A_1 >> A_2$) हैं। एक पिस्टन बड़े बल F_1 को संतुलित करने के लिए छोटे अवयव पर F_2 बल लगता है। निम्नलिखित में से कौन-सा कथन सही है? **NCERT पृष्ठ 185**

(a) $F_2 \propto \frac{A_1}{A_2}$
(b) F_1 द्वारा किया गया कार्य > F_2 द्वारा किया गया कार्य
(c) छोटे अवयव वाले भाग में दाब बड़े से अधिक होता है
(d) यदि छोटे अवयव वाले भाग के पिस्टन का वेग v_2 है और बड़े क्षेत्र वाले अवयव के पिस्टन का वेग v_1 है, तो $\frac{v_2}{v_1} = \frac{A_1}{A_2}$

17 एक द्रव चालित उत्थापक में क्षेत्रफल A और $2A$ के 2 अवयव हैं। एक भारी कार को उठाने के लिए क्षेत्रफल A के अवयव पर एक बल F लगाया जाता है। यदि पिस्टन P_1 द्वारा तय की गई दूरी x है, तो पिस्टन P_2 द्वारा तय की गई दूरी है **NCERT पृष्ठ 185**

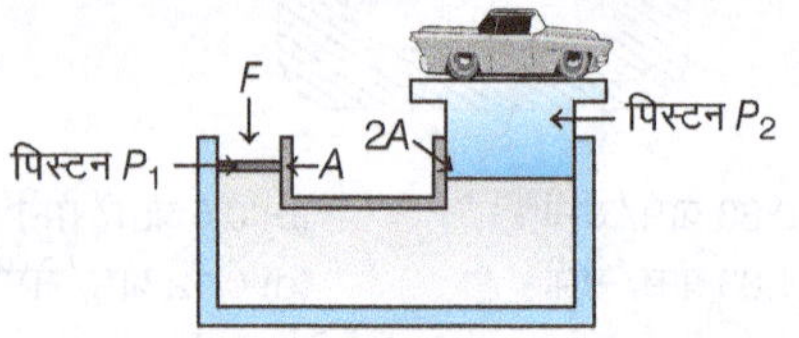

(a) x (b) $2x$ (c) $\frac{x}{2}$ (d) $4x$

18 पानी से भरी दो अलग-अलग अनुप्रस्थ-काट वाली सिरिंज (सुइयों के बिना) पानी से भरी एक कसकर लगाई गई रबर ट्यूब द्वारा जुड़ी हुई है। छोटे पिस्टन और बड़े पिस्टन के व्यास क्रमशः 1.0 सेमी और 3.0 सेमी है। यदि छोटे पिस्टन को 6.0 सेमी अन्दर की ओर धकेला जाए, तो बड़ा पिस्टन कितना बाहर की ओर जाएगा? **NCERT पृष्ठ 185**

(a) 0.67 सेमी (b) 0.5 सेमी (c) 0.75 सेमी (d) 1.00 सेमी

19 500 किलोग्राम द्रव्यमान वाली एक कार को दो पिस्टन वाले द्रव चालित जैक द्वारा उठाया जाता है। यदि बड़े और छोटे पिस्टन के व्यास क्रमशः 2 मीटर और 20 सेमी हैं, तो कार को उठाने के लिए छोटे पिस्टन द्वारा लगाया जाने वाला आवश्यक बल (माना, $g = 10$ मी/से^{2}) **NCERT पृष्ठ 185**

(a) 5000 न्यूटन (b) 25 न्यूटन
(c) 500 न्यूटन (d) 50 न्यूटन

20 एक पतली एकसमान बेलनाकार शीट, जो दोनों सिरों से बंद है, आंशिक रूप से पानी से भरी हुई है। यह पानी में आधी डूबी हुई अवस्था में लम्बवत तैर रही है। यदि ρ_c पानी के सापेक्ष कोश के पदार्थ का सापेक्षिक घनत्व है, तो सही कथन यह है कि कोश है **NCERT पृष्ठ 186**

(a) आधे से अधिक भरा हुआ, यदि ρ_c, 0.5 से कम है।
(b) आधे से अधिक भरा हुआ, यदि ρ_c, 1.0 से अधिक है।
(c) आधा भरा हुआ, यदि ρ_c, 0.5 से अधिक है।
(d) आधे से कम भरा हुआ, यदि ρ_c, 0.5 से कम है।

21 त्रिज्या R के एक गोले में त्रिज्या r की एक संकेन्द्रित गुहिका है। गोले के पदार्थ का सापेक्षिक घनत्व σ है। यह पानी से भरे टैंक में रखे जाने पर तैरता है। अनुपात $\frac{R}{r}$ है **NCERT पृष्ठ 186**

(a) $\left(\frac{\sigma-1}{\sigma}\right)^{\frac{1}{3}}$ (b) $\left(\frac{\sigma}{\sigma-1}\right)^{\frac{1}{3}}$ (c) $\left(\frac{\sigma+1}{\sigma}\right)^{2}$ (d) $\left(\frac{\sigma}{\sigma+1}\right)^{3}$

22 द्रव्यमान m और घनत्व D का एक घन दृढ़ता k वाली एक स्प्रिंग द्वारा बिन्दु P से निलम्बित है। इस निकाय को d घनत्व वाले तरल से भरे बीकर में रखा गया है। स्प्रिंग में प्रसार है। ($D > d$ मानते हुए) **NCERT पृष्ठ 186**

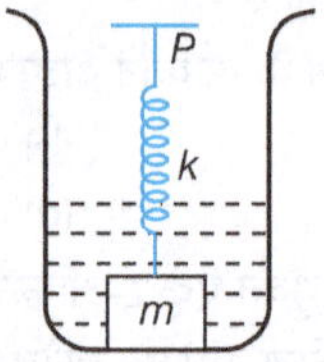

(a) $\frac{mg}{k}\left(1-\frac{d}{D}\right)$ (b) $\frac{mg}{k}\left(1-\frac{D}{d}\right)$ (c) $\frac{mg}{k}\left(1+\frac{d}{D}\right)$ (d) शून्य

23 10 सेमी भुजा वाला लकड़ी का एक घनाकार ब्लॉक (खण्ड) तेल और पानी के बीच के अन्तरापृष्ठ पर तैरता है, इसकी निचली सतह क्षैतिज और इण्टरफेस से 4 सेमी नीचे है। तेल का घनत्व 0.6 ग्राम/सेमी^{3} है। ब्लॉक का द्रव्यमान है **NCERT पृष्ठ 186**

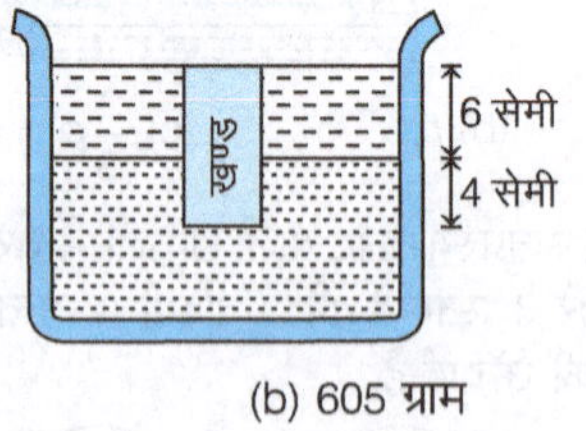

(a) 706 ग्राम (b) 605 ग्राम
(c) 760 ग्राम (d) 670 ग्राम

24 एक ठोस वस्तु पानी में तैरती है जिसका $\frac{1}{5}$ वाँ भाग पानी में डूबा हुआ है। यदि यह 1.4 विशिष्ट गुरुत्व वाले द्रव में तैरती है, तो इसका कितना भाग डूब जाएगा? **NCERT पृष्ठ 186**

(a) $\frac{1}{6}$ (b) $\frac{1}{3}$ (c) $\frac{1}{5}$ (d) $\frac{1}{7}$

25 बर्फ का एक टुकड़ा पानी के एक बीकर में पानी पर तैरता है जिसका $\left(\frac{9}{10}\right)$ वाँ भाग पानी में डूबा हुआ है। यदि पानी के बीकर को चंद्रमा पर ले जाया जाए, जहाँ गुरुत्वाकर्षण पृथ्वी के गुरुत्वाकर्षण का $\left(\frac{1}{6}\right)$ है, तो इसके आयतन का कितना भाग डूब जाएगा? NCERT पृष्ठ 186

(a) $\frac{9}{10}$ (b) $\frac{27}{50}$ (c) $\frac{2}{3}$ (d) शून्य

26 l बराबर भुजाओं वाला स्टील का एक घनाकार ब्लॉक एक पात्र में पारे पर तैर रहा है। स्टील और पारे का घनत्व ρ_s और ρ_m है। पारे के स्तर से ऊपर ब्लॉक की ऊँचाई निम्न प्रकार दी गई है NCERT पृष्ठ 186

(a) $l\left(1+\frac{\rho_s}{\rho_m}\right)$ (b) $l\left(1-\frac{\rho_s}{\rho_m}\right)$

(c) $l\left(1+\frac{\rho_m}{\rho_s}\right)$ (d) $l\left(1-\frac{\rho_m}{\rho_s}\right)$

द्रव का प्रवाह

27 धारा रेखीय प्रवाह में, NCERT पृष्ठ 186

(a) कण की गति सदैव एकसमान रहती है
(b) प्रत्येक कण का वेग सदैव एक निश्चित बिन्दु पर एक समान होती है
(c) एक निश्चित बिन्दु पर पहुँचने वाले सभी कणों की गतिज ऊर्जा समान होती है
(d) एक निश्चित बिन्दु पर पहुँचने वाली सभी कणों की स्थितिज ऊर्जा समान होती है

28 एक असम्पीड्य तरल क्षेत्रफल A के एकसमान अनुप्रस्थ-काट वाले पाइप में बहता है जिसे चित्र में दिखाए अनुसार क्रमशः अनुप्रस्थ-काट क्षेत्रफल $\frac{A}{3}$ तथा $\frac{2A}{3}$ वाले दो निकास O_1 से O_2 में विभाजित किया गया हैं। O_1 पर तरल प्रवाह का वेग 3 मी/से और पाइप में यह 6 मी/से है। O_2 पर तरल प्रवाह की गति है NCERT पृष्ठ 187

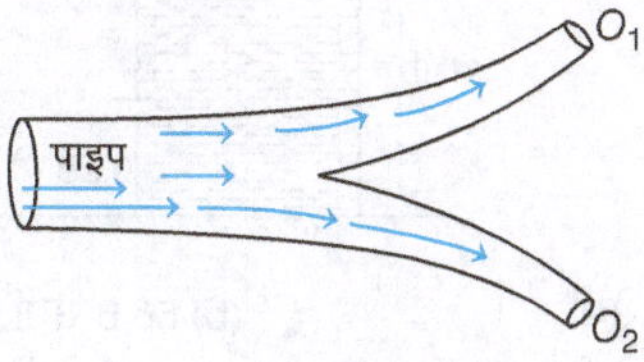

(a) 3 मी/से (b) 7.5 मी/से
(c) 4 मी/से (d) 6 मी/से

29 तरल के धारारेखीय प्रवाह (जो असम्पीड्य है) की स्थिति में, धारा रेखाओं A, B और C पर विचार करें (जैसा कि चित्र में दर्शाया गया है)

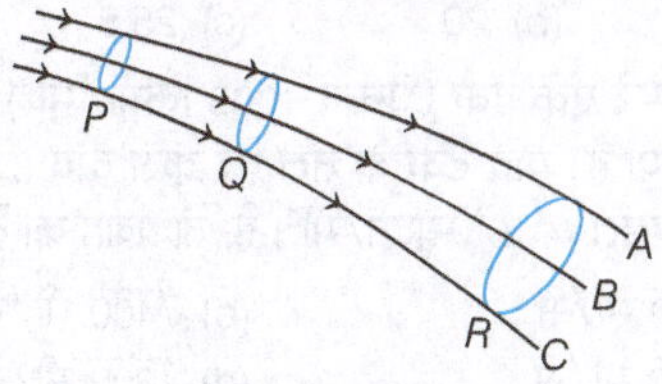

मान लीजिए, P, Q और R धारा प्रवाह की दिशा में लम्बवत् तीन तल हैं, तब निम्न में से कौन-सा सही है? NCERT पृष्ठ 187

(a) $m_P > m_Q > m_R$, जहाँ m = प्रति सेकण्ड द्रव्यमान प्रवाह
(b) $v_P > v_Q > v_R$
(c) $n_P > n_Q > n_R$, जहाँ n = प्रति इकाई समय क्षेत्र को पार करने वाले कणों की संख्या
(d) $m_P < m_Q < m_R$

30 एक द्रव विभिन्न व्यासों के पाइप से बहता है। एक बिन्दु O_2 पर द्रव का वेग 2 मी/से है, जहाँ व्यास 6 सेमी है। किसी बिन्दु पर, जहाँ व्यास 3 सेमी है, तरल का वेग होगा NCERT पृष्ठ 187

(a) 1 मी/से (b) 4 मी/से (c) 8 मी/से (d) 16 मी/से

31 एक असम्पीड्य तरल किसी क्षैतिज नली के माध्यम से बहता है जैसा कि चित्र में दर्शाया गया है (नलिकाओं का क्षेत्र चिह्नित है), तो तरल का वेग v है NCERT पृष्ठ 187

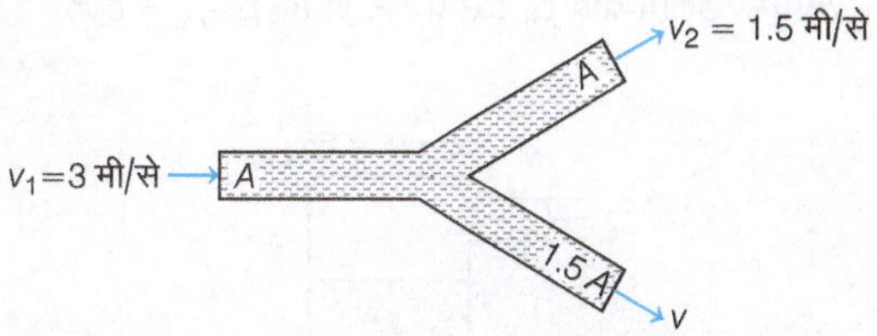

(a) 3.0 मी/से (b) 1.5 मी/से
(c) 1.0 मी/से (d) 2.25 मी/से

32 विक्षुब्ध प्रवाह में, नली की दीवारों के सम्पर्क में रहने वाले तरल के अणुओं का वेग होता है NCERT पृष्ठ 187

(a) शून्य (b) अधिकतम
(c) क्रांतिक वेग के बराबर (d) कोई भी मान हो सकता है

33 एक स्तरीय प्रवाह में, ट्यूब की दीवारों के सम्पर्क में तरल का वेग होता है NCERT पृष्ठ 187

(a) शून्य
(b) अधिकतम
(c) शून्य और अधिकतम के बीच में
(d) क्रांतिक वेग के बराबर

बरनौली का सिद्धान्त

34 बरनौली के समीकरण के अनुसार,

$$\frac{p}{\rho g}+h+\frac{1}{2}\frac{v^2}{g} = \text{नियतांक}$$

पद $\frac{p}{\rho g}$, h तथा $\frac{1}{2}\frac{v^2}{g}$, सामान्यतया कहलाते हैं क्रमशः NCERT पृष्ठ 188

(a) गुरुत्वाकर्षण शीर्ष, दाब शीर्ष और वेग शीर्ष
(b) गुरुत्व, गुरुत्वाकर्षण शीर्ष और वेग शीर्ष
(c) दाब शीर्ष, गुरुत्वाकर्षण शीर्ष और वेग शीर्ष
(d) गुरुत्व, दाब और वेग शीर्ष

35 जैसा कि चित्र में दर्शाया गया है, असमान अनुप्रस्थ-काट क्षेत्रफल वाली नालिका में दाबान्तर ज्ञात कीजिए। यदि $\Delta p = ?, d_1 = 5$ सेमी, $v_1 = 4$ सेमी, $d_2 = 2$ सेमी। **NCERT पृष्ठ 188**

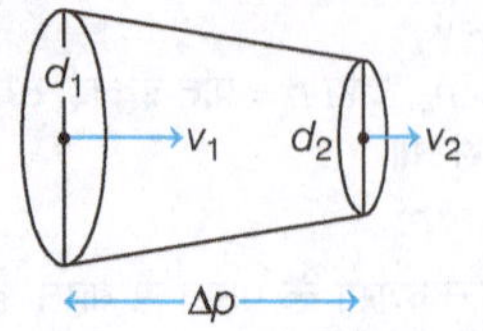

(a) 304200 पास्कल (b) 304500 पास्कल
(c) 302500 पास्कल (d) 303500 पास्कल

36 एक सीलबंद टैंक में 2-छिद्र हैं जैसा कि नीचे दर्शाया गया है। एक सबसे ऊपर और दूसरा सबसे नीचे। माना कि निचले छिद्र के ऊपर भरे पानी की ऊँचाई h है और दाब p उत्पन्न करने वाला एक संपीडन शीर्ष छिद्र से जुड़ा है। निचले छिद्र से प्राप्त पानी का वेग है (वायुमण्डलीय दाब p_0 इस प्रकार लें कि $p - p_a = \rho gh$) **NCERT पृष्ठ 188**

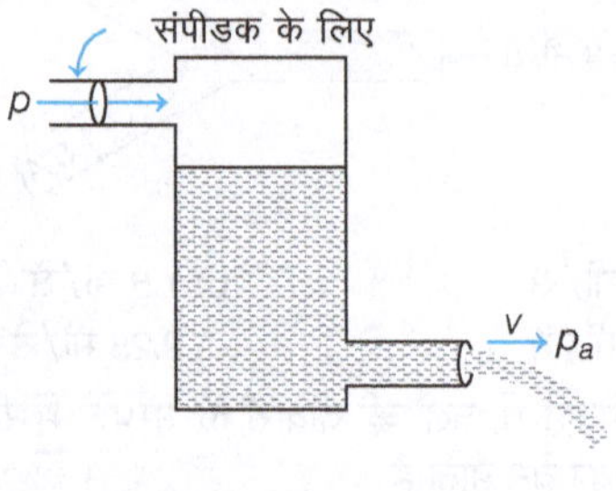

(a) $\sqrt{2gh}$ (b) $\sqrt{gh}$ (c) $2\sqrt{gh}$ (d) 0

37 फर्श पर रखी एक पानी की टंकी में ऊर्ध्वाधर दीवार में एक के ऊपर एक दो छोटे छिद्र बने हैं। छिद्र फर्श से 2.4 सेमी और 7.6 सेमी ऊपर हैं। यदि छिद्रों से पानी की धारा एक ही बिन्दु पर फर्श से टकराती है, तो टैंक में पानी की ऊँचाई है **NCERT पृष्ठ 189**

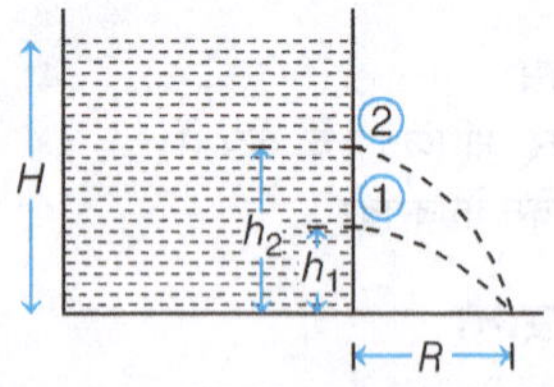

(a) 10 सेमी (b) 5 सेमी (c) 2.5 सेमी (d) 6.8 सेमी

38 दर्शाए गऐ चित्र के लिए छोटे छिद्र से बाहर निकलने वाले तरल की सीमा ज्ञात करें ($g = 10$ मी/से^{2}) **NCERT पृष्ठ 189**

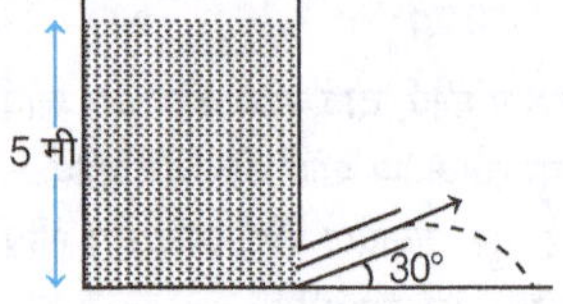

(a) 5 मी (b) 12.6 मी (c) 8.7मी (d) 10 मी

39 जैसा कि संलग्न चित्र में दर्शाया गया है, सिलेण्डर के किनारे दो छोटे छिद्रों से पानी क्षैतिज रूप से बहता है और दोनों धाराएँ एक ही बिन्दु पर भूमि से टकराती हैं। यदि छिद्र Q जमीन से h ऊँचाई पर है और पानी का स्तर ज़मीन से H ऊँचाई पर है, तो भूमि से P की ऊँचाई है **NCERT पृष्ठ 189**

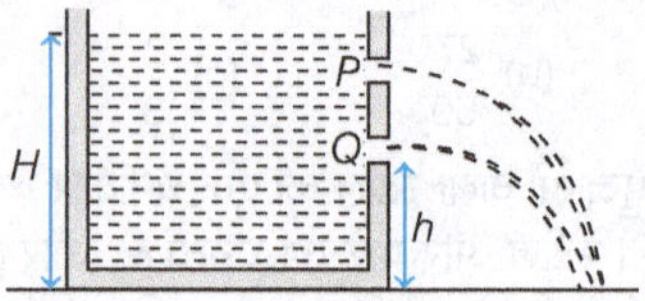

(a) $2h$ (b) H/h
(c) $H - h$ (d) $H/2$

40 10×10^{-5} मी^{2} अनुप्रस्थ-काट क्षेत्रफल वाले एक नल से लगातार पानी बह रहा है। नल से निकलते समय पानी का वेग 1 मी/से है। नल से 0.15 मी नीचे पानी की धारा का अनुप्रस्थ-काट क्षेत्रफल है। ($g = 10$ मी/से$^{-2}$) **NCERT पृष्ठ 189**

(a) 5.0×10^{-4} मी^{2} (b) 5.0×10^{-5} मी^{2}
(c) 1.0×10^{-5} मी^{2} (d) 2.0×10^{-5} मी^{2}

41 किसी टैंक में H गहराई तक पानी भरा हुआ है। जिसकी दीवारें ऊर्ध्वाधर हैं। पानी की सतह से h ऊँचाई पर दीवारों में से एक में एक छिद्र किया जाता है। छिद्र से निकलने वाली पानी की धारा टैंक से R दूरी पर फर्श से टकराती हैं, जहाँ R दिया गया है **NCERT पृष्ठ 189**

(a) $R = \sqrt{h(H-h)}$ (b) $R = \sqrt{h(H+h)}$
(c) $R = 2\sqrt{h(H-h)}$ (d) $R = 2\sqrt{h(H+h)}$

42 यदि नीचे चित्र में दर्शाए अनुसार भूमि से 0.25 मी की ऊँचाई पर एक छोटा छिद्र बनाया जाता है, तो पानी की धारा की क्षैतिज सीमा होगी **NCERT पृष्ठ 189**

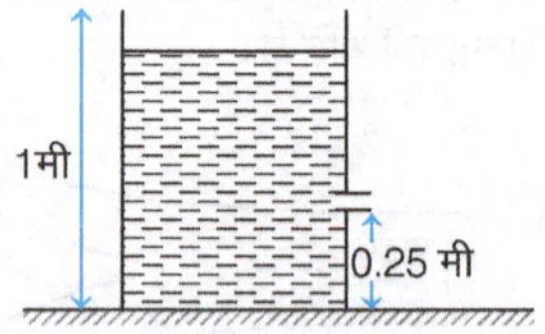

(a) 46.5 सेमी (b) 56.6 सेमी
(c) 76.6 सेमी (d) 86.6 सेमी

43 20 मी ऊँचाई का एक बेलन पूरी तरह से पानी से भरा हुआ है। सिलेण्डर के तल के पास दीवार में एक छिद्र के माध्यम से पानी के प्रवाह का वेग (मी/से में) है **NCERT पृष्ठ 189**

(a) 10 (b) 20 (c) 25.5 (d) 5

44 पानी से भरे एक टैंक (घनत्व 1000 किग्रा/मी^{3}) के तल पर एक छिद्र बनाया गया है। यदि टैंक के तल पर कुल दाब 3 वायुमण्डल (1 वायुमण्डल $= 10^5$ न्यूटन/मी^{2}) है, तो प्रवाह का वेग है **NCERT पृष्ठ 189**

(a) $\sqrt{200}$ मी/से (b) $\sqrt{400}$ मी/से
(c) $\sqrt{500}$ मी/से (d) $\sqrt{800}$ मी/से

45 "दिल के दौरे" से ठीक पहले, प्रभावित "धमनी" के माध्यम से रक्त प्रवाह का वेग NCERT पृष्ठ 189

(a) बढ़ जाता है (b) घट जाता है
(c) वही रहता है (d) रुका जाता है

46 एक हवाई जहाज एकसमान गति से समतल उड़ान में है और इसके प्रत्येक पंख का क्षेत्रफल 10 मी^{2} है। यदि ऊपरी और निचली सतहों पर हवा की गति क्रमशः 80 मी/से और 70 मी/से हैं, तो हवाई जहाज का द्रव्यमान है ($g = 10$ मी/से^{2} और $\rho_{\text{वायु}} = 1$ किग्रा/मी^{3}) NCERT पृष्ठ 190

(a) 2500 किग्रा (b) 1500 किग्रा
(c) 3000 किग्रा (d) 4000 किग्रा

47 एक क्षैतिज हवाई जहाज के पंख पर हवा इस प्रकार प्रवाहित हो रही है कि इसकी गति ऊपरी सतह पर 120 मी/से और निचली सतह पर 90 मी/से है। यदि हवा का घनत्व 1.3 किग्रा/मी^{3} है और पंख 10 मी लम्बा है और इसकी औसत चौड़ाई 2 मीटर है, तो पंख के दोनों तरफ दाबान्तर है NCERT पृष्ठ 190

(a) 4095.0 पास्कल (b) 409.50 पास्कल
(c) 40.950 पास्कल (d) 4.0950 पास्कल

48 निम्नलिखित में से कौन-सा कथन गलत है? NCERT पृष्ठ 190

(a) लम्बवत रखी गई प्लेट से टकराने वाली हवा की धारा विक्षुब्ध प्रवाह का एक उदाहरण है
(b) ऑटोमोबाइल के कार्बरेटर मे एक वेन्चुरी चैनल (नोजल) होता है जिसके माध्यम से हवा उच्च गति से बहती है।
(c) तरल पदार्थ के अन्दर घूमे बिना गेंद ऊपर की ओर एक शुद्ध बल का अनुभव करती है।
(d) उपरोक्त में से कोई नहीं

49 एक गेंद बिना घूमे एक तरल पदार्थ के माध्यम से एक सीधी रेखा में गति कर रही है (जैसा कि चित्र में दर्शाया गया है) यदि p_A और p_B, A और B पर दाब के मान हैं, तो NCERT पृष्ठ 190

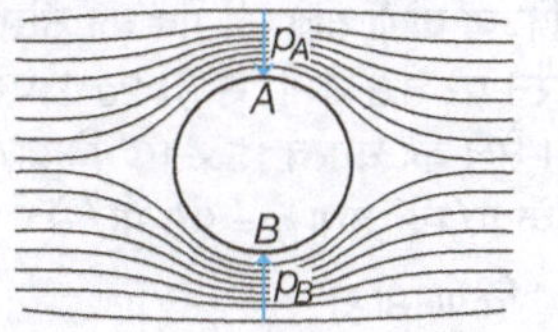

(a) $p_A < p_B$ (b) $p_B < p_A$ (c) $p_A \times p_B = 1$ (d) $p_A / p_B = 1$

50 एक गेंद बिना घूमे एक तरल पदार्थ के माध्यम से एक सीधी रेखा में गति कर रही है जैसा कि चित्र में दर्शाया गया है। तो, गेंद अनुभव करती है NCERT पृष्ठ 190

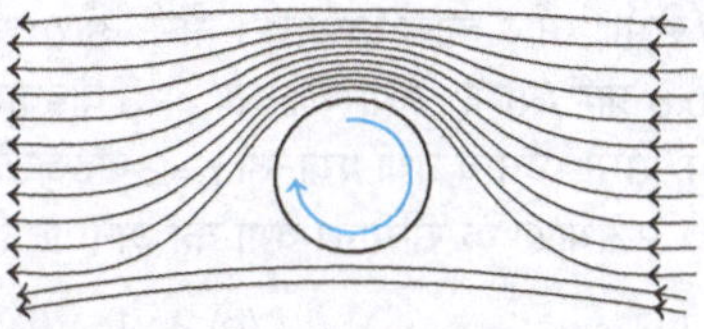

(a) एक ऊपर की ओर बल (b) एक नीचे की ओर बल
(c) एक बाईं ओर बल (d) एक दाईं और बल

51 एक पूरी तरह से भरे हुए बोइंग हवाई जहाज का द्रव्यमान 3.3×10^5 किग्रा है। इसका कुल पंख क्षेत्रफल 500 मी^{2} है। यह 960 किमी/घण्टा की गति से समतल उड़ान में है।
(i) पंखों की निचली और ऊपरी सतहों के बीच दाबान्तर का अनुमान लगाइए।
(ii) निचली सतह के सापेक्ष पंख की ऊपरी सतह पर हवा की गति से आंशिक वृद्धि का अनुमान लगाएँ। हवा का घनत्व $\rho = 1.2$ किग्रा/मी^{3} NCERT पृष्ठ 190

(a) $6.5 \times 10^{+3}$ न्यूटन/मी^{2}, 0.01 (b) 6.5×10^3 न्यूटन/मी^{2}, 0.09
(c) 6.5×10^3 न्यूटन/मी^{2} 0.08 (d) 2.5×10^3 न्यूटन/मी^{2} 0.02

52 एक बेहोश कुत्ते की बड़ी धमनी में रक्त के प्रवाह को वेन्चुरीमीटर के माध्यम से मोड़ दिया जाता है। वेन्चुरीमीटर के चौड़े भाग के अनुप्रस्थ-काट का क्षेत्रफल धमनी के अनुप्रस्थ-काट के क्षेत्रफल $A = 8$ मिमी^{2} के बराबर है। वेन्चुरीमीटर के संकरे भाग का क्षेत्रफल, $a = 4$ मिमी^{2} और रक्त का घनत्व, $\rho = 1.06 \times 10^3$ किग्रा/मी^{3} है। धमनी में दाब में कमी 24 पास्कल है, तो धमनी मे रक्त की गति क्या है? NCERT पृष्ठ 191

(a) 0.5 मी/से (b) 0.125 मी/से
(c) 1.25 मी/से (d) 2.5 मी/से

श्यानता

53 जैसे-जैसे पानी का तापमान बढ़ता है, उसकी श्यानता NCERT पृष्ठ 191

(a) अपरिवर्तित रहती है
(b) घट जाती है
(c) बढ़ती है
(d) घटना या बढ़ना बाह्य दाब पर निर्भर करता है

54 गर्म हवा के लिए श्यानता गुणांक होता है NCERT पृष्ठ 191

(a) ठण्डी हवा के लिए श्यानता गुणांक से अधिक
(b) ठण्डी हवा के लिए श्यानता गुणांक से कम
(c) ठण्डी हवा के लिए श्यानता गुणांक के समान
(d) बाह्य दाब के आधार पर बढ़ता या घटता है

55 हमारे पास तीन बीकर A, B और C हैं जिनमें तीन अलग-अलग तरल पदार्थ भरे हैं। उन्हें तेजी से हिलाकर एक मेज पर रखा जाता है, तब जो तरल NCERT पृष्ठ 191

(a) सबसे अधिक श्यान होता है सबसे पहले विरामावस्था में आता है
(b) सबसे अधिक श्यान होता है सबसे अंत में विरामावस्था में आता है
(c) सबसे अधिक श्यान होता है सबसे पहले धीमा होता है परन्तु सबसे अंत में विरामावस्था में आता है
(d) वे सभी एक ही समय में विरामावस्था में आते हैं

56 एक वस्तु किसी श्यान द्रव में गति कर रही है। निम्नलिखित में से कौन-सा कथन गलत है? NCERT पृष्ठ 194

(a) वस्तु पर श्यान बल तापमान बढ़ने के साथ घटता है
(b) श्यान बल वस्तु के वेग पर निर्भर करता है
(c) यदि वस्तु को नुकीला बनाया जाए, तो श्यान बल कम हो जाता है
(d) श्यान बल प्रवाह के वेग के प्रति समान्तर निर्देशित होता है

57 0.10 वर्ग मीटर क्षेत्रफल का एक धातु ब्लॉक एक रस्सी के माध्यम से 0.010 किग्रा के एक ब्लॉक से जुड़ा है जोकि एक आदर्श पुली के ऊपर से गुजरती है (पुली को द्रव्यमान रहित और घर्षण रहित माना गया है), जैसा कि चित्र में प्रदर्शित है। 0.30 मिमी की फिल्म की मोटाई वाला तरल ब्लॉक और टेबल के बीच रखा गया है। जब ब्लॉक को छोड़ा जाता है, तो यह 0.85 मी/से के नियत वेग से दायीं ओर गति करने लगता है। द्रव का श्यानता गुणांक ज्ञात कीजिए। NCERT पृष्ठ 191

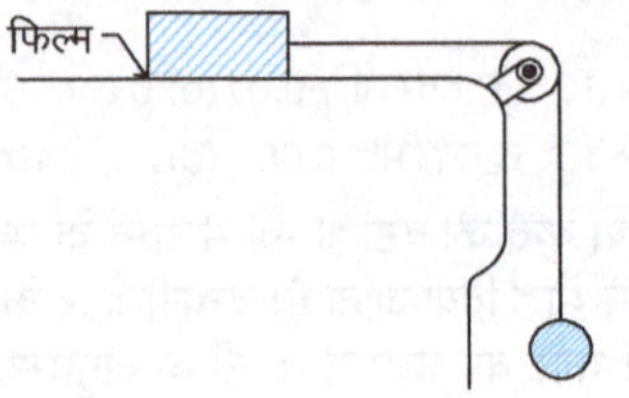

(a) 4×10^{-2} पास्कल-से
(b) 3.45×10^{-3} पास्कल-से
(c) 5×10^{-2} पास्कल-से
(d) 7×10^{-7} पास्कल-से

58 एक पिण्ड किसी श्यान द्रव में सीमान्त वेग से अधिक वेग से घूम रहा है, तो त्वरण व वेग के बीच वक्र ज्ञात कीजिए। NCERT पृष्ठ 192

(a)
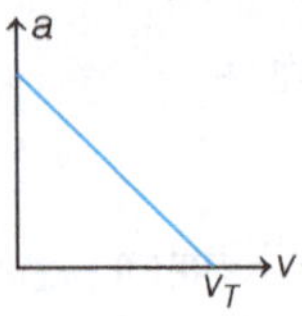

(b)
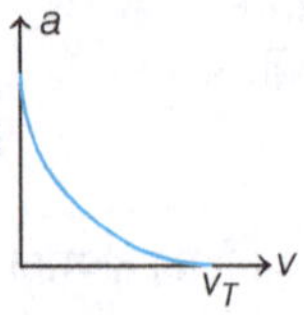

(c)
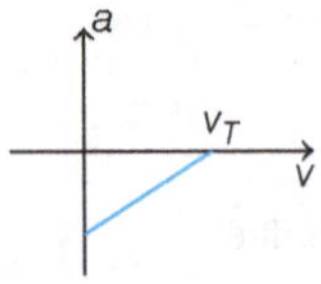

(d)
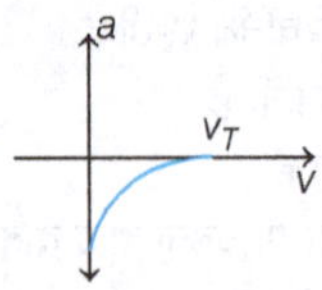

59 द्रव्यमान m और घनत्व ρ_1 की एक गोलाकार गेंद को जब ग्लिसरॉल से भरे पात्र में गिराया जाता है, तो कुछ समय बाद गेंद का वेग नियत हो जाता है। यदि ग्लिसरॉल का घनत्व ρ_2 है, तो गेंद का वेग नियत होने पर उस पर लगने वाला श्यान बल होगा NCERT पृष्ठ 192

(a) $\dfrac{m\rho_1}{\rho_2}g$ (b) $\dfrac{m(\rho_1+\rho_2)}{(\rho_1-\rho_2)}g$ (c) $mg\dfrac{\rho_2}{\rho_1}$ (d) $mg\left[\dfrac{\rho_1-\rho_2}{\rho_1}\right]$

60 श्यान तरल से भरा पात्र निरंतर $3v_0$ चाल के साथ लम्बवत् नीचे की ओर गति कर रहा है। दर्शाए गए क्षण में, त्रिज्या r का एक गोला लम्बवत् रूप से नीचे की ओर (तरल में) v_0 चाल से गति कर रहा है। श्यानता गुणांक η है। तरल और पात्र के बीच कोई सापेक्ष गति नहीं है। तब दर्शाए गए क्षण में, गोले पर कार्यरत श्यान बल का परिमाण है NCERT पृष्ठ 192

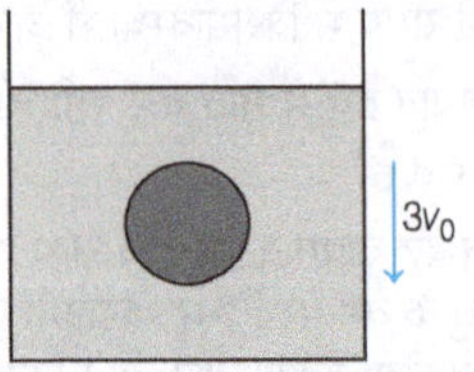

(a) $6\pi\eta r v_0$ (b) $12\pi\eta r v_0$ (c) $18\pi\eta r v_0$ (d) $24\pi\eta r v_0$

61 वर्षा की दो बूंदें 9:4 के अनुपात में अलग-अलग सीमान्त वेगों के साथ बादलों से पृथ्वी पर पहुँचती हैं। उनके आयतन का अनुपात है NCERT पृष्ठ 192

(a) 3 : 2
(b) 27 : 8
(c) 64 : 81
(d) 8 : 27

62 0.3 मिमी त्रिज्या की वर्षा की एक बूंद का हवा में सीमान्त वेग 1 मी/से है। हवा का श्यानता गुणांक 18×10^{-5} पॉइज़ है। इस पर लगने वाला श्यान बल है NCERT पृष्ठ 192

(a) 101.73×10^{-4} डाइन
(b) 101.73×10^{-5} डाइन
(c) 16.95×10^{-5} डाइन
(d) 16.95×10^{-4} डाइन

63 एक श्यान द्रव में किसी स्तम्भ में गिरते एक छोटे आकार के गोलाकार पिण्ड के लिए समय t के साथ वेग v में परिवर्तन को कौन दर्शाता है? NCERT पृष्ठ 192

(a)
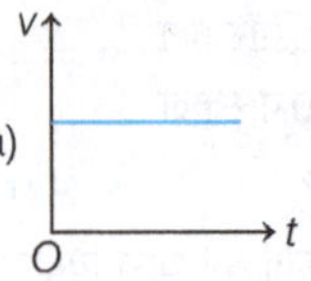

(b)
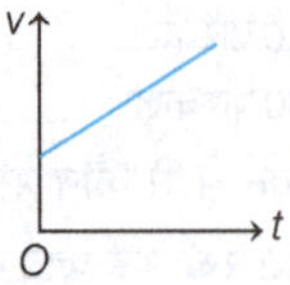

(c)
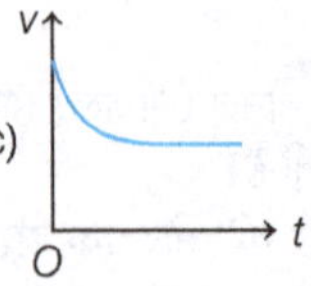

(d)
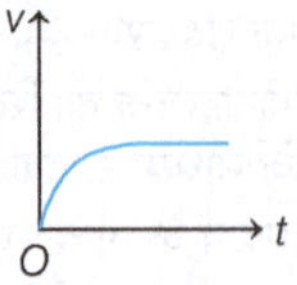

64 हवा में h ऊँचाई से विरामावस्था से पानी की छोटी सी बूँद गिरती है। अंतिम वेग आनुपातिक है NCERT पृष्ठ 192

(a) $\sqrt{h}$
(b) h
(c) $1/h$
(d) h^0

65 2.0 मिमी त्रिज्या वाली तांबे की गेंद का सीमान्त वेग 20°C पर तेल की टंकी से गिरने पर 6.5 सेमी/से है। 20°C पर तेल की श्यानता की गणना करें। तेल का घनत्व 1.5×10^3 किग्रा/ मी³ तांबे का घनत्व 8.9×10^3 किग्रा/मी³ तथा $g = 9.8$ मी/से² NCERT पृष्ठ 192

(a) 1×10^{-1} किग्रा-मी/से
(b) 9.9×10^{-1} किग्रा-मी/से
(c) 24.3×10^{-2} किग्रा-मी/से
(d) 2×10^{-2} किग्रा-मी/से

66 दो ठोस गोले P और Q पर विचार करें, जिनमें से प्रत्येक का घनत्व 8 ग्राम/सेमी³ और व्यास क्रमशः 1 सेमी और 0.5 सेमी हैं। गोले P को घनत्व 0.8 ग्राम/सेमी³ तथा श्यानता η=3 पॉइजुली है। गोले Q को 1.6 ग्राम/सेमी³ घनत्व तथा श्यानता η=2 पॉइजुली वाले द्रव में डुबोया जाता है। P तथा Q के सीमान्त वेगों का अनुपात है NCERT पृष्ठ 192

(a) 3 : 1
(b) 9 : 1
(c) 2 : 4
(d) 4 : 2

पृष्ठ तनाव

67 एक द्रव को खुले कटोरे में वायुमण्डल में रखा गया है। दर्शाए अनुसार दो क्रमिक परतों A और B पर विचार करें। निम्नलिखित में से कौन-सा कथन सही है? NCERT पृष्ठ 193

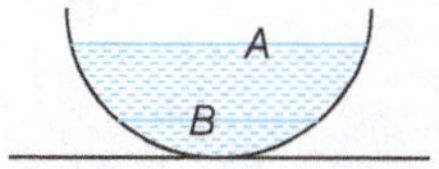

(a) सतह A की कुल ऊर्जा = सतह B की कुल ऊर्जा

(b) सतह A में अणुओं की संख्या > सतह B में अणुओं की संख्या

(c) परत B के एक अणु की ऊर्जा, परत A की ऊर्जा के बराबर है

(d) सतह B क एक अणु पर कुल बल शून्य है

68 किसी द्रव का उसके क्वथनांक पर पृष्ठ तनाव NCERT पृष्ठ 191

(a) शून्य हो जाता है (b) अनन्त हो जाता है

(c) कमरे क तापमान पर मान के बराबर होता है

(d) कमरे के तापमान पर मान का आधा होता है

69 एक फ्रेम $ABCD$ पर एक द्रव फिल्म बनाई गई है जैसा कि चित्र में दर्शाया गया है। तार CD बिना घर्षण के फिसल सकता है। द्रव फिल्म को तोड़े बिना CD से लटकाए जा सकने वाले द्रव्यमान का अधिकतम मान है NCERT पृष्ठ 194

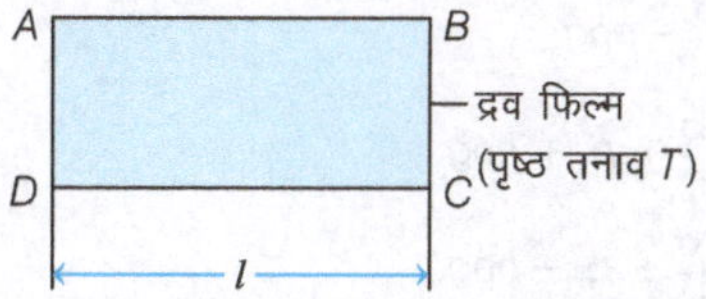

(a) $\frac{Tl}{g}$ (b) $\frac{2Tl}{g}$ (c) $\frac{g}{2Tl}$ (d) Tl

70 एक छोटी बूंद को एक साफ ठोस सतह पर ड्रॉपर का उपयोग करके गिराया जाता है, तो निम्नलिखित में से कौन-सा कथन सही है/हैं?

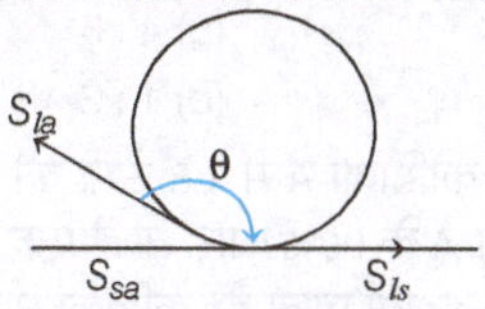

जहाँ, S_{la} = द्रव और वायु का पृष्ठीय बल,

S_{sa} = ठोस और वायु का पृष्ठीय बल,

और S_{ls} = द्रव और ठोस का पृष्ठीय बल NCERT पृष्ठ 195

(a) यदि $S_{ls} > S_{la}$ है, तो सम्पर्क कोण 90° से कम है।

(b) यदि $S_{ls} > S_{la}$ है, तो सम्पर्क कोण 90° के बराबर है।

(c) यदि $S_{ls} > S_{la}$ है, तो तरल ठोस सतह पर फैलता है।

(d) यदि $S_{ls} > S_{la}$ है, तो तरल ठोस सतह पर नहीं फैलता है।

71 एक 10 सेमी लम्बा तार पानी की सतह पर क्षैतिज रूप से रखा गया है और 2×10^{-2} न्यूटन के बल से धीरे-धीरे ऊपर खींचा जाता है। तार को संतुलन में रखने के लिए, पानी का न्यूटन/मी में पृष्ठ तनाव है NCERT पृष्ठ 195

(a) 0.1 (b) 0.2 (c) 0.001 (d) 0.002

72 2 मीटर लम्बी एक लकड़ी की छड़ी पानी की सतह पर तैर रही है। पानी का पृष्ठ तनाव 0.07 न्यूटन/मी है। छड़ी के एक ओर साबुन का घोल लगाने से पृष्ठ तनाव 0.06 न्यूटन/मी कम हो जाता है। छड़ी पर नेट बल होगा NCERT पृष्ठ 195

(a) 0.07 न्यूटन

(b) 0.06 न्यूटन

(c) 0.01 न्यूटन

(d) 0.02 न्यूटन

73 10^{-2} मी^{2} की दो काँच की प्लेटों को, जिनके बीच 0.05 मिमी मोटी पानी की परत है, अलग करने के लिए आवश्यक बल है (पानी का पृष्ठ तनाव 70×10^{-3} न्यूटन/मी है) NCERT पृष्ठ 195

(a) 28 न्यूटन (b) 14 न्यूटन

(c) 50 न्यूटन (d) 38 न्यूटन

74 एक U-आकार के तार और हल्के स्लाइडर के बीच एक पतली तरल फिल्म बनाई गई है, जो चित्र में दर्शाएअनुसार 1.5×10^{-2} न्यूटन का भार सहन कर रही हैं। स्लाइडर की लम्बाई 30 सेमी है और इसका भार नगण्य है। तरल फिल्म का पृष्ठ तनाव है NCERT पृष्ठ 195

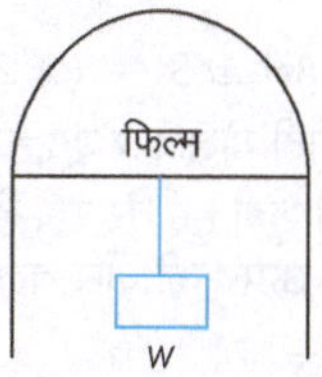

(a) 0.0125 न्यूटन/मी (b) 0.1 न्यूटन/मी

(c) 0.05 न्यूटन/मी (d) 0.025 न्यूटन/मी

75 यदि अलग-अलग त्रिज्या वाले दो साबुन के बुलबुले एक नलिका से जुड़े हुए हैं NCERT पृष्ठ 196

(a) हवा बड़े बुलबुले से छोटे बुलबुल की ओर तब तक बहती है जब तक कि उनके आकार बराबर नहीं हो जाते

(b) हवा बड़े बुलबुले से छोटे बुलबुले की ओर तब तक बहती है जब तक कि उनके आकार आपस में बदल नहीं जाते

(c) हवा छोटे बुलबुले से बड़े बुलबुले की ओर बहती है

(d) हवा का कोई प्रवाह नही है।

76 दो साबुन के बुलबुले के अन्दर दाब 1.01 वायुमण्डल और 1.02 वायुमण्डल है। उनके मुक्त पृष्ठ क्षेत्र का अनुपात है NCERT पृष्ठ 196

(a) 2 : 1 (b) 1 : 8 (c) 101 : 102 (d) 4 : 1

77 यदि T पृष्ठ तनाव है, तो व्यास d से व्यास D तब साबुन के बुलबुले को फुलाने में किया गया कार्य है NCERT पृष्ठ 196

(a) $\pi(D^2 - d^2)T$

(b) $2\pi(D^2 - d^2)T$

(c) $4\pi(D^2 - d^2)T$

(d) $8\pi(D^2 - d^2)T$

78 एक साबुन के बुलबुले की त्रिज्या R और मोटाई $d(<<R)$ है जैसा कि चित्र में दर्शाया गया है। यह गोलाकार बूंद में गिर जाता है। बूंद में आधिक्य दाब और बुलबुले के अन्दर आधिक्य दाब का अनुपात है **NCERT पृष्ठ 196**

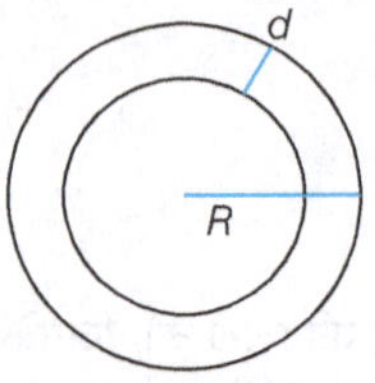

(a) $\left[\frac{R}{3d}\right]^{\frac{1}{3}}$ (b) $\left[\frac{R}{6d}\right]^{\frac{1}{3}}$ (c) $\left[\frac{R}{24d}\right]^{\frac{1}{3}}$ (d) $\left[\frac{R}{9d}\right]^{\frac{1}{3}}$

79 बूंदों और बुलबुलों का आकार गोलाकार होने का कारण है **NCERT पृष्ठ 196**

(a) न्यूनतम ऊर्जा युक्त पृष्ठ (b) अधिकतम ऊर्जा युक्त पृष्ठ
(c) उच्च दाब (d) कम दाब

80 त्रिज्या r की एक गोलाकार बूंद संतुलन में है। यदि बुलबुले की त्रिज्या Δr से बढ़ाई जाती है, तो अतिरिक्त पृष्ठ ऊर्जा (S= पृष्ठ तनाव) है **NCERT पृष्ठ 196**

(a) $4\pi r\,\Delta r\,S$ (b) $8\pi r\,\Delta r\,S$ (c) $2\pi r\,\Delta r\,S$ (d) $10\pi r\,\Delta r\,S$

81 घनत्व d की एक छोटी गोलाकार बूंद, घनत्व ρ और पृष्ठ तनाव T के एक तरल में ठीक आधी डूबी हुई तैर रही है। बूंद की त्रिज्या है (ध्यान दें कि, पृष्ठ तनाव बूंद पर ऊपर की ओर बल लगाता है) **NCERT पृष्ठ 196**

(a) $r = \sqrt{\frac{3T}{(2d-\rho)g}}$ (b) $r = \sqrt{\frac{T}{(d-\rho)g}}$
(c) $r = \sqrt{\frac{T}{(d+\rho)g}}$ (d) $r = \sqrt{\frac{2T}{3(d+\rho)g}}$

82 समतापी परिस्थितियों में त्रिज्या r वाले साबुन के बुलबुले को $3r$ त्रिज्या वाले बुलबुले में बदलने के लिए फुलाया जाता है। यदि साबुन के घोल का पृष्ठ तनाव σ है, तो उसे फुलाने में व्यय होने वाली ऊर्जा है **NCERT पृष्ठ 196**

(a) $3\pi\sigma r^2$ (b) $6\pi\sigma r^2$ (c) $12\pi\sigma r^2$ (d) $64\pi\sigma r^2$

83 पारे की दो छोटी बूंदें, जिनमें से प्रत्येक की त्रिज्या r है, जो संगठित होकर R त्रिज्या वाली एक बड़ी बूंद बनाती हैं। परिवर्तन से पहले और बाद में कुल पृष्ठ ऊर्जाओं का अनुपात है **NCERT पृष्ठ 196**

(a) $1:2^{1/3}$ (b) $2^{1/3}:1$ (c) $2:1$ (d) $1:2$

84 पानी की सतह के ठीक नीचे त्रिज्या r वाले वायु बुलबुले के अंदर आधिक्य दाब ρ_1 है। सतह के ठीक बाहर समान त्रिज्या वाली बूंद के अन्दर आधिक्य दाब ρ_2 है। यदि T पृष्ठ तनाव है, तो **NCERT पृष्ठ 196**

(a) $p_1 = 2p_2$ (b) $p_1 = p_2$ (c) $p_2 = 2p_1$ (d) $p_2 = 0,\ p_1 = 0$

85 प्रयोग के तापमान पर पानी का पृष्ठ तनाव 7.30×10^{-2} न्यूटन/मी है। (1 वायुमण्डल दाब $= 1.01\times10^5$ पास्कल पानी का घनत्व $=1000$ किग्रा/मी^{3} और $g = 9.80$ मी/से^{2})। 1 मिमी त्रिज्या वाले बुलबुले के अन्दर दाब की गणना करें। **NCERT पृष्ठ 196**

(a) 3×10^2 पास्कल (b) 8×10^4 पास्कल
(c) 1.01×10^5 पास्कल (d) 7×10^3 पास्कल

86 एक यांत्रिक पम्प द्वारा किसी ट्यूब के मुँह पर फुलाया गया साबुन का बुलबुला, समय के साथ एक नियत दर पर आयतन में बढ़ता है। बुलबुले के अन्दर दाब की समय-निर्भरता को सही ढंग से दर्शाने वाला ग्राफ द्वारा दिया गया है **NCERT पृष्ठ 196**

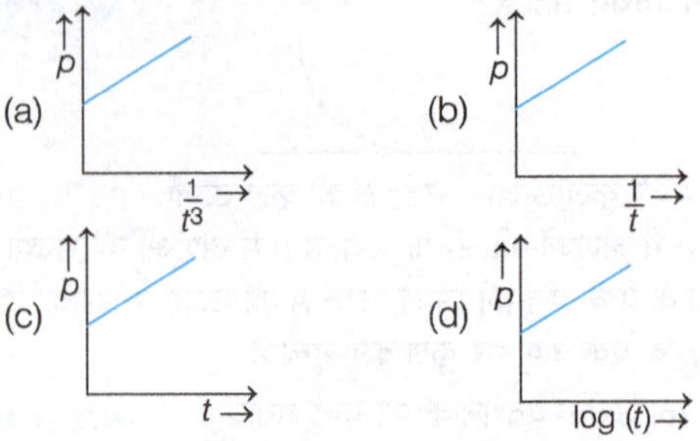

87 यदि घनत्व ρ वाले साबुन के घोल से भरे पात्र के अन्दर h गहराई पर त्रिज्या r का वायु का बुलबुला बनता है, तो बुलबुले के अन्दर कुल दाब है (यहाँ, p_0 वायुमण्डलीय दाब को है और σ पृष्ठ तनाव को दर्शाता है) **NCERT पृष्ठ 196**

(a) $\frac{2\sigma}{r} + h\rho g$

(b) $\frac{2\sigma}{r} - h\rho g$

(c) $\frac{2\sigma}{r} + p_0 + h\rho g$

(d) $\frac{2\sigma}{r} + p_0 - h\rho g$

88 0.3 सेमी और 0.4 सेमी त्रिज्या वाली दो केशिका नली को एक ही तरल में डुबोया जाता है। तरल जिस ऊँचाई से ऊपर उठेगा, उसका अनुपात है **NCERT पृष्ठ 197**

(a) 3 : 4 (b) 4 : 3
(c) 1 : 1 (d) 1 : 2

89 एक द्रव काँच की कोशिका A में 1.8 सेमी की ऊँचाई तक ऊपर उठता है। केशिका A के 90% व्यास वाली एक अन्य काँच की केशिका B को उसी द्रव में डुबाया जाता है। केशिका B में द्रव का उन्नयन है **NCERT पृष्ठ 197**

(a) 1.4 सेमी
(b) 1.8 सेमी
(c) 2.0 सेमी
(d) 2.2 सेमी

90 2.00 मिमी व्यास वाली एक केशिका नली का निचला सिरा एक बीकर में पानी की सतह से 8.00 सेमी नीचे डूबा हुआ है। पानी में इसके सिरे पर एक अर्द्धगोलाकार बुलबुला बनाने के लिए नली में कितना दाब आवश्यक है? **NCERT पृष्ठ 197**

(a) 2×10^5 पास्कल
(b) 1.01784×10^5 पास्कल
(c) 3×10^3 पास्कल
(d) 2.438×10^5 पास्कल

91 एक केशिका नली A को पानी में डुबोया गया है। दूसरी समान नली B को साबुन-पानी के घोल में डुबोया गया है। निम्नलिखित में से कौन-सा दो नलियों में द्रव स्तम्भों की सापेक्ष प्रकृति को दर्शाता है?

NCERT पृष्ठ 197

(a) 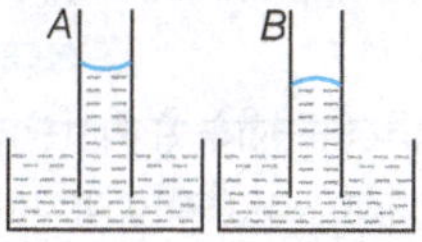

(b) 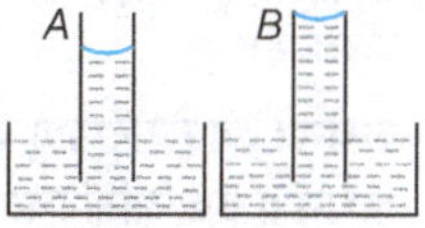

(c) 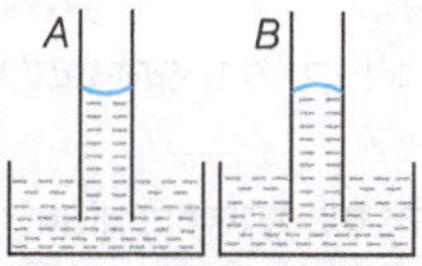

(d) 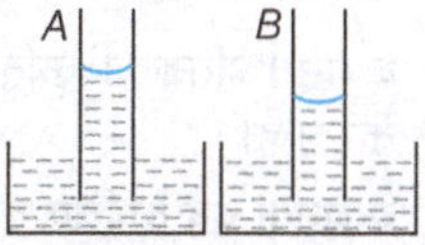

92 एक ही पदार्थ से बनी लेकिन अलग-अलग त्रिज्या वाली दो केशिकाओं को एक द्रव मे डुबोया गया है। एक केशिका में द्रव की वृद्धि 2.2 सेमी है और दूसरी में 6.6 सेमी है। उनकी त्रिज्याओं का अनुपात है

NCERT पृष्ठ 197

(a) 9 : 1
(b) 1 : 9
(c) 3 : 1
(d) 1 : 3

93 यदि M त्रिज्या r की केशिका नली में ऊपर उठने वाले पानी का द्रव्यमान है, तो त्रिज्या $2r$ की केशिका नली में ऊपर उठने वाले पानी का द्रव्यमान होगा

NCERT पृष्ठ 197

(a) $2M$
(b) $4M$
(c) $\frac{M}{2}$
(d) M

94 त्रिज्या r की केशिका नली का निचला सिरा पानी मे लम्बवत रखा जाता है। फिर, केशिका में पानी के ऊपर उठने के साथ, उत्सर्जित ऊष्मा है

NCERT पृष्ठ 197

(a) $\frac{\pi^2 r^2 h^2}{2} dg$
(b) $\frac{\pi r^2 h^2 dg}{2}$
(c) $-\frac{\pi^2 h^2 dg}{2}$
(d) $-\frac{\pi r^2 h^2 dg}{2}$

अभिकथन-कारण प्रश्न

निर्देश *(प्रश्न क्रमांक 1-10) निम्नलिखित प्रश्नों में, अभिकथन के एक कथन के बाद कारण का एक संगत कथन दिया गया है। निम्नलिखित कथनों में से सही कथन का चयन कीजिए।*

(a) अभिकथन और कारण दोनों सही हैं और कारण अभिकथन की सही व्याख्या है।
(b) अभिकथन और कारण दोनों सही हैं, लेकिन कारण अभिकथन की सही व्याख्या नहीं है।
(c) अभिकथन सही है, लेकिन कारण गलत है।
(d) अभिकथन गलत है, लेकिन कारण सही है।

1 **अभिकथन** जब आप टूथपेस्ट को दूसरे सिरे से बाहर निकालने के लिए नली के एक सिरे को दबाते हैं, तो पास्कल का सिद्धान्त प्रेक्षित होता है।
कारण संपीडित द्रव पर लगाए गए दाब में परिवर्तन द्रव के प्रत्येक भाग और पात्र की दीवारों तक बिना किसी क्षति के प्रसारित होता है।

NCERT पृष्ठ 182

2 **अभिकथन** गार्डन होज पाइप से तेज गति से बह रहे पानी की धारा को जब ऊपर की ओर लम्बवत् रखा जाता है, तो वह फव्वारे की तरह फैलती है, परन्तु जब उसे नीचे की ओर लंबवत रखा जाता है, तो वह संकीर्ण हो जाती है।
कारण उर्ध्वप्रवाह की चाल कम हो जाती है, क्योंकि इसका अनुप्रस्थ-काट का क्षेत्रफल बढ़ जाता है और अनुप्रवाह की चाल बढ़ जाती है, क्योंकि इसका अनुप्रस्थ-काट का क्षेत्रफल घट जाता है।

NCERT पृष्ठ 187

3 **अभिकथन** सर्दियों में मशीन के पुर्जे जाम हो जाते हैं।
कारण मशीन में उपयोग होने वाले स्नेहक की श्यानता कम तापमान पर बढ़ जाती है।

NCERT पृष्ठ 190

4 **अभिकथन** अलग-अलग वेग की परतों के रूप में क्षैतिज सतह पर तरल के धारारेखीय प्रवाह को विक्षुब्ध प्रवाह कहा जाता है।
कारण जब कोई तरल पदार्थ पाइप में बह रहा होता है, तो नली की अक्ष के अनुदिश तरल परत का वेग अधिकतम होता है और दीवार की ओर बढ़ने पर धीरे-धीरे कम होता जाता है।

NCERT पृष्ठ 191

5 **अभिकथन** एक ऑटोमोबाइल का आकार इस प्रकार से डिज़ाइन किया गया है कि इसका अगला भाग उस तरल पदार्थ के धारा रेखीय प्रतिरूप जैसा दिखता है जिसक माध्यम से यह गति करता है।
कारण तरल पदार्थ द्वारा लगाया जाने वाला प्रतिरोध कम होता है।

NCERT पृष्ठ 191

6 **अभिकथन** तरल में गिरने वाले पिण्ड पर कोई परिणामी बल कार्य नही करता है, जिसका वेग सीमान्त वेग के बराबर होता है।
कारण पिण्ड का भार ऊपर की ओर उत्प्लावन बल द्वारा संतुलित होता है।

NCERT पृष्ठ 192

7 **अभिकथन** एक तरल पदार्थ ठोस सतह से चिपक जाएगा।
कारण तरल पदार्थ और ठोस के बीच पृष्ठीय ऊर्जा ठोस-वायु और द्रव-वायु अन्तरापृष्ठ के बीच पृष्ठीय ऊर्जाओं के योग से कम होती है।

NCERT पृष्ठ 193

8 **अभिकथन** कभी-कभी कीड़े पानी की सतह पर चल सकते हैं।
कारण कीटों पर गुरुत्वाकर्षण बल पृष्ठ तनाव के कारण लगने वाले बल द्वारा संतुलित होता है।

NCERT पृष्ठ 195

9 **अभिकथन** एक बुलबुला एक बूंद से भिन्न होता है, क्योंकि इसमें दो अन्तरापृष्ठ होते हैं।
कारण एक बूंद के अन्दर आधिक्य दाब सीधे उसके पृष्ठीय क्षेत्रफल के समानुपाती होता है।

NCERT पृष्ठ 196

10 **अभिकथन** पृष्ठ तनाव के कारण एक तरल पदार्थ एक पतली प्रत्यास्थ फिल्म के समान कार्य करता है।
कारण पानी अपने कम पृष्ठ तनाव के कारण एक संकीर्ण केशिका नली में ऊपर उठता है।

NCERT पृष्ठ 196

कथन आधारित प्रश्न

निर्देश *(प्रश्न क्रमांक 1-8) निम्नलिखित प्रश्नों में दो कथन (I और II) दिए गए हैं। दिए गए कथनों के अनुसार, नीचे दिए गए सही विकल्प का चयन करें।*

(a) कथन I और कथन II दोनों गलत हैं।
(b) कथन I सही है, लेकिन कथन II गलत है।
(c) कथन I गलत है, लेकिन कथन II सही हैं।
(d) कथन I और कथन II दोनों सही हैं।

1 **कथन I** धारा रेखीय प्रवाह में प्रत्येक द्रव कण अपने पूर्ववर्ती कण के पथ का अनुसरण समान वेग से करता है।
कथन II धारा रेखीय प्रवाह में कणों की वेग क्रांतिक वेग से कम होता है। NCERT पृष्ठ 187

2 **कथन I** घर्षण जैसा विक्षोभ कभी-कभी वांछनीय होता है।
कथन II विक्षोभ मिश्रण को बढ़ावा देती है और द्रव्यमान, गति और ऊर्जा के स्थानान्तरण की दर को बढ़ाती है। NCERT पृष्ठ 187

3 **कथन I** बरनौली का समीकरण आदर्श रूप से अश्यान तरल पदार्थों पर लागू होता है।
कथन II बरनौली की प्रमेय में द्रव को संपीड़ित होना चाहिए। NCERT पृष्ठ 188

4 **कथन I** श्यान बल वस्तु के वेग के समानुपाती होता है।
कथन II श्यान एक खिंचाव बल है जो गति की दिशा के विपरीत कार्य करता है। NCERT पृष्ठ 190

5 **कथन I** द्रव में परमाणु या अणु यादृच्छिक तरीके से व्यवस्थित होते हैं।
कथन II द्रव अनिश्चित अवधि के लिए स्पशरिखीय या अपरुपण प्रतिबल को वहन कर सकता है। NCERT पृष्ठ 191

6 **कथन I** प्रतिबल विकृति या विकृति की दर के परिवर्तन दर पर निर्भर करता है।
कथन II द्रव के लिए श्यानता गुणांक को अपरूपण प्रतिबल और विकृति दर के अनुपात के रूप में परिभाषित किया जाता है। NCERT पृष्ठ 191

7 **कथन I** वर्षा की सभी बूँदें एक ही स्थिर वेग से पृथ्वी की सतह पर गिरती हैं।
कथन II श्यान माध्यम में गिरने वाली वस्तु अन्ततः एक सीमान्त वेग प्राप्त करती है। NCERT पृष्ठ 192

8 **कथन I** साबुन के बुलबुले पानी की तुलना में अधिक स्थिर होते हैं, क्योंकि साबुन का पृष्ठ तनाव कम होता है।
कथन II पृष्ठ तनाव द्रव के पृष्ठ क्षेत्रफल को न्यूनतम करता है। NCERT पृष्ठ 196

सुमेलन प्रकार प्रश्न

1 कॉलम I (स्थिति) को कॉलम II (कारण या सिद्धान्त) के साथ सुमेलित कीजिए। नीचे दिए गए विकल्पों से सही उत्तर का चयन कीजिए। NCERT पृष्ठ 192

	कॉलम I		कॉलम II
A.	हाइड्रॉलिक लिफ्ट (द्रव चालित उत्थापक)	1.	आर्किमिडीज का सिद्धान्त
B.	एक रेजर ब्लेड को ट्रे मे पानी की सतह पर तैरने के लिए बनाया जा सकता है।	2.	पास्कल का नियम
C.	पानी के जलाशय का बाँध नीचे के स्तर पर मोटा बनाया जाता है	3.	पृष्ठ तनाव
D.	जहाज, समुद्र के पानी के ऊपर तैरता है।	4.	दाब

कूट

	A	B	C	D		A	B	C	D
(a)	2	3	4	1	(b)	2	3	1	4
(c)	2	1	3	4	(d)	1	2	3	4

2 कॉलम I (स्थिति) को कॉलम II (मान या परिवर्तन) के साथ सुमेलित करें। नीचे दिए गए विकल्पों में से सही उत्तर का चयन करें। NCERT पृष्ठ 192

	कॉलम I		कॉलम II
A.	जब एक बड़ी बूंद, n-आदर्श बूंदों में विभाजित होती है, तब	1.	शून्य
B.	जब n-आदर्श बूंदें मिलकर एक बड़ी बूंद बनाती है, तब	2.	तापमान बढ़ता है
C.	द्रव की बूंद का पृष्ठ तनाव .... के लिए घटता है	3.	ऊर्जा अवशोषित होती है
D.	जल का पृष्ठ तनाव क्वथनांक तापमान पर होता है	4.	ऊर्जा मुक्त होती है

कूट

	A	B	C	D		A	B	C	D
(a)	3	4	1	2	(b)	3	4	2	1
(c)	4	3	1	2	(d)	1	2	3	4

3 कॉलम I (पद या राशि) को कॉलम II (विमा) के साथ सुमेलित करें। नीचे दिए गए विकल्पों में से सही उत्तर का चयन करें। NCERT पृष्ठ 199

	कॉलम I		कॉलम II
A.	श्यानता गुणांक	1.	$[ML^0T^{-2}]$
B.	घनत्व	2.	$[M^0L^0T^0]$
C.	पृष्ठ तनाव	3.	$[ML^{-1}T^{-1}]$
D.	विशिष्ट गुरुत्व	4.	$[ML^{-3}T^0]$

कूट

	A	B	C	D
(a)	2	3	4	1
(b)	1	4	3	2
(c)	3	4	1	2
(d)	1	2	3	4

आंकिक मान प्रकार के प्रश्न

1 50 सेमी लम्बाई की एक नली 200 ग्राम द्रव्यमान के एक असंपीडनीय तरल से पूरी तरह भरी हुई है और दोनों सिरों से बंद है। फिर नली को एक समान कोणीय वेग $\sqrt{xF}$ रेडियन/से के साथ इसके एक सिरे के चारों ओर क्षैतिज तल में घुमाया जाता है, जहाँ दूसरे सिरे पर तरल द्वारा लगाया गया बल F है, तो x का मान ....होगा। NCERT पृष्ठ 183

2 800 किग्रा/मी^{3} घनत्व का एक आदर्श तरल एक मुड़े हुए पाइप (जैसा कि चित्र में दर्शाया गया है) के माध्यम से आसानी से प्रवाहित होता है, जिसका अनुप्रस्थ-काट का क्षेत्रफल a से $a/2$ तक कम हो जाता है। पाइप में दाब 4800 पास्कल है। चौड़े भाग पर तरल पदार्थ का वेग कितना होगा? (दिया है, $g = 10$ मी/से^{2}) NCERT पृष्ठ 188

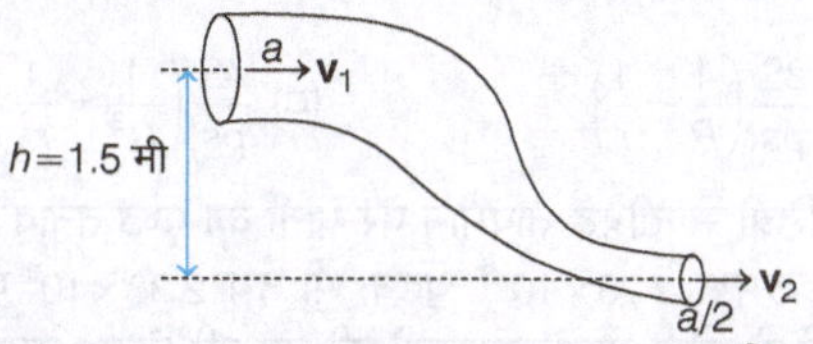

3 चित्र में दिखाए अनुसार, एक पानी की टंकी पर विचार करें। इसका अनुप्रस्थ-काट का क्षेत्रफल 0.4 मी^{2} है। टंकी के तल के पास एक छिद्र B है जिसका अनुप्रस्थ-काट क्षेत्रफल 1 सेमी^{2} है। ऊपर के पानी पर 28 किग्रा का भार डाला जाता है। जब पानी के स्तर की ऊँचाई तल से 73 सेमी ऊपर होती है, तो छिद्र B से निकलने वाले पानी का वेग v मी/से होता है। निकटतम पूर्णांक तक पूर्णांकित v का मान ..... है (माना g का मान 10 मी/से^{2} है) NCERT पृष्ठ 189

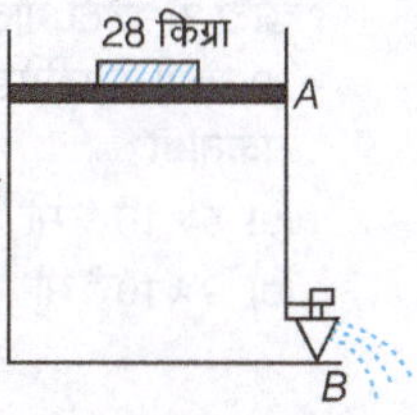

4 80 ग्राम द्रव्यमान और 8 ग्राम/न्यूटन घनत्व वाली एक छोटी गेंद को ग्लिसरीन से भरे पात्र में डाला जाता है और कुछ समय बाद इसका वेग नियत हो जाता है। यदि ग्लिसरीन का घनत्व 1.3 ग्राम/न्यूटन है, तो गेंद पर कार्य करने वाले श्यान बल का मान $x \times 10^{-2}$ न्यूटन है। x का मान ...... है
(माना $g = 10$ मी/से^{2}) NCERT पृष्ठ 192

5 मान लीजिए कि आप ओलिक अम्ल का एक तनु घोल लेते हैं, जिसकी सान्द्रता 0.1 सेमी^{3} ओलिक अम्ल प्रति सेमी^{3} घोल है। फिर, आप $\left(\frac{3}{40\pi}\right)^{1/3} \times 10^{-3}$ सेमी त्रिज्या की 10 गोलाकार बूंदों पर विचार करके 4 सेमी^{2} क्षेत्रफल वाले इस घोल (एकल अणु मोटाई) की एक पतली फिल्म बनाते हैं। फिर औलिक अम्ल परत की मोटाई $x \times 10^{-14}$ मीटर होगी है। यहाँ x का मान ..... है। NCERT पृष्ठ 194

6 त्रिज्या 0.01 मीटर का एक साबुन का बुलबुला त्रिज्या 0.09 मीटर के दूसरे साबुन के बुलबुले के अन्दर बनता है। एक समतुल्य साबुन के बुलबुले की त्रिज्या, जिसमें वायुमण्डलीय दाब के सम्बन्ध में छोटे, बुलबुले के अन्दर समान आधिक्य दाब होता है, $x \times 10^{-3}$ मीटर है, तो x का मान .....होगा। NCERT पृष्ठ 196

7 जब 0.01 सेमी त्रिज्या वाली एक लम्बी काँच की केशिका नली को तरल में डुबोया जाता है, तो तरल उसके अन्दर 10 सेमी की ऊँचाई तक बढ़ जाता है। यदि तरल और काँच के बीच सम्पर्क कोण 0° के निकट है, तो तरल का पृष्ठ तनाव, (मिलीन्यूटन मी में) निकटतम पूर्णांक तक है ($\rho_{(तरल)} = 900$ किग्रा/मी^{3}, $g = 10$ मी/से^{2} लें) NCERT पृष्ठ 197

NCERT Exemplar प्रश्न

1 एक लम्बा सिलेण्डर श्यान तेल से भरा हुआ है। एक गोल कंकड़ शून्य प्रारंभिक वेग के साथ ऊपर से गिराया जाता है। चित्र में दिखाए गए ग्राफ में से, उस ग्राफ का चयन करें जो समय t के एक फलन के रूप में कंकड़ के वेग v को दर्शाता है।

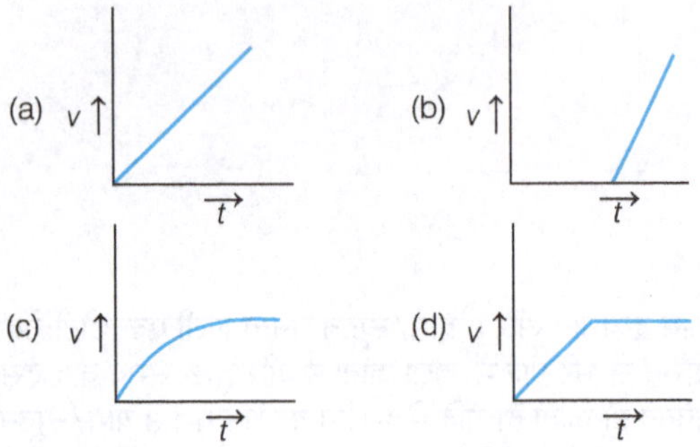

2 निम्न में से कौन-सा आरेख एक धारा रेखीय प्रवाह का प्रतिनिधित्व नहीं करता है?

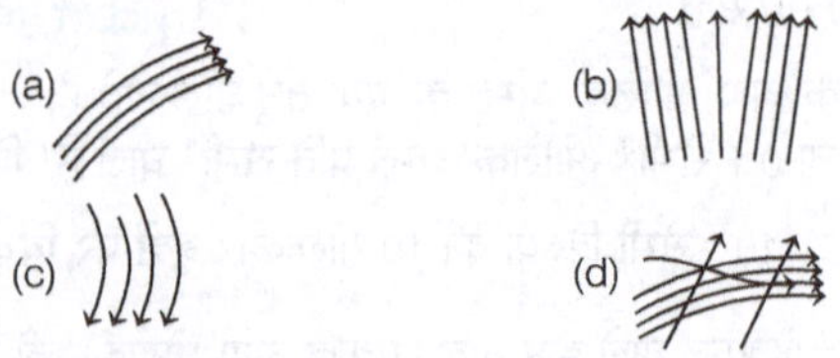

3 एक धारा रेखीय के साथ,

(a) सभी द्रव कणों का वेग स्थिर रहता है।
(b) किसी दी गई स्थिति को पार करने वाले सभी द्रव कणों का वेग स्थिर होता है।
(c) किसी दिए गए क्षण पर सभी द्रव कणों का वेग स्थिर होता है।
(d) सभी द्रव कणों की चाल स्थिर रहता है।

4 जल-काँच के अन्तरापृष्ठ पर सम्पर्क कोण 0° एथिइल एल्कोहॉल 0°, पारा-काँच पर 140° और मिथाइल आयोडाइड-काँच 30° है। इन चार तरल पदार्थों में से एक युक्त पात्र में एक काँच की कोशिका डाली जाती है। यह देखा गया है कि नवचन्द्रक उत्तल है। पात्र में तरल है

(a) पानी (b) एथिल एल्कोहल
(c) पारा (d) मिथाइल आयोडाइड

5 सतह के अणु के लिए,

(a) उस पर कुल बल शून्य है
(b) एक नीचे की ओर कुल बल है
(c) स्थितिज ऊर्जा अन्दर के अणु की तुलना में कम है
(d) स्थितिज ऊर्जा अन्दर के अणु की ऊर्जा के बराबर है

6 दाब एक अदिश राशि है, क्योंकि

(a) यह बल और क्षेत्रफल का अनुपात है और बल तथा क्षेत्रफल दोनों सदिश हैं
(b) यह बल के परिमाण और क्षेत्रफल का अनुपात है
(c) यह क्षेत्रफल के समानान्तर बल के घटक का अनुपात है
(d) यह चुने गए क्षेत्रफल के आकार पर निर्भर नहीं करता है

7 यदि किसी तरल की एक बूंद को छोटी बूंदों में तोड़ा जाता है, तो बूंद का तापमान घट जाता है। माना R त्रिज्या की एक बूंद को N छोटी बूंदों में तोड़ा जाता है जिनमें से प्रत्येक की त्रिज्या r है। बूंद के तापमान में कमी का आकलन कीजिए।
(S = पृष्ठ तनाव, s = विशिष्ट ऊष्मा)

(a) $\frac{3S}{\rho s}\left(\frac{1}{R^2}-\frac{1}{r^2}\right)$ (b) $\frac{3S}{\rho s}\left(\frac{1}{R}-\frac{1}{r}\right)$

(c) $\frac{2S}{\rho s}\left(\frac{1}{R}-\frac{1}{r}\right)^2$ (d) $\frac{4S}{\rho s}\left(\frac{1}{R^2}-\frac{1}{r^2}\right)$

8 20 डिग्री सेण्टीग्रेड तापमान पर पानी का पृष्ठ तनाव तथा वाष्प दाब क्रमशः 7.25×10^{-2} न्यूटन/मी तथा 2.33×10^{3} पास्कल हैं। छोटी से छोटी गोलाकार पानी की बूंद की त्रिज्या क्या होगी जिसे 20 डिग्री सेण्टीग्रेड तापमान पर बिना वाष्पन के तैयार किया जा सकता है?

(a) 5×10^{-4} मी (b) 6.25×10^{-5} मी
(c) 9×10^{-2} मी (d) 3×10^{-5} मी

विगत परीक्षाओं के प्रश्न

NEET

1 4.5 सेमी त्रिज्या की एक पतली समतल वृत्ताकार चकती को पानी की सतह पर धीरे से रख दिया जाता है। यदि पानी का पृष्ठ तनाव 0.07 न्यूटन/मी हो, तो इसको पानी की सतह से अलग करने के लिए आवश्यक आधिक्य बल है। **NCERT पृष्ठ 194, NEET 2024**

(a) 19.8 मिली-न्यूटन (b) 198 न्यूटन
(c) 1.98 मिली-न्यूटन (d) 99 न्यूटन

2 साबुन के विलयन से 2 सेमी त्रिज्या का साबुन का बुलबुला बनाने के लिए आवश्यक ऊर्जा की मात्रा लगभग (साबुन के विलयन का पृष्ठीय तनाव = 0.03 न्यूटन/मी) है **NCERT पृष्ठ 193, NEET 2023**

(a) 5.06×10^{-4} जूल
(b) 3.01×10^{-4} जूल
(c) 50.1×10^{-4} जूल
(d) 30.16×10^{-4} जूल

3 एक वायुदाबमापी का निर्माण एक द्रव (घनत्व = 760 किग्रा/मी^{3}) का उपयोग करक किया जाता है। जब एक पारा वायुदाबमापी 76 सेमी पढ़ता है, तो द्रव स्तम्भ की ऊँचाई क्या होगी?
(पारे का घनत्व = 13600 किग्रा/मी^{3}) **NCERT पृष्ठ 184, NEET 2020**

(a) 1.36 मी (b) 13.6 मी (c) 136 मी (d) 0.76 मी

4 त्रिज्या r वाली एक केशिका नली को पानी में डुबोया जाता है और इसमें पानी h ऊँचाई तक ऊपर उठता है। केशिका नली में पानी का द्रव्यमान 5 ग्राम है। त्रिज्या $2r$ वाली एक अन्य केशिका नली को पानी में डुबोया जाता है। इस नली में ऊपर उठने वाले पानी का द्रव्यमान है **NCERT पृष्ठ 197, NEET 2020**

(a) 5.0 ग्राम (b) 10.0 ग्राम (c) 20.0 ग्राम (d) 2.5 ग्राम

5 1 मिमी त्रिज्या वाला एक साबुन का बुलबुला, 2.5×10^{-2} न्यूटन/मी के पृष्ठ तनाव वाले अपमार्जक विलयन से बनाया जाता है। बुलबुले के अन्दर का दाब, एक पात्र में पानी की मुक्त सतह के नीचे एक बिन्दु Z_0 के बराबर है। यदि $g = 10$ मी/से^{2} तथा पानी का घनत्व = 10^3 किग्रा/मी^{3} हो, तो Z_0 का मान है **NCERT पृष्ठ 196, NEET 2019**

(a) 10 सेमी (b) 1 सेमी
(c) 0.5 सेमी (d) 100 सेमी

6 त्रिज्या r का एक छोटा गोला एक श्यान द्रव में विरामावस्था से गिरता है। परिणामस्वरूप, श्यान बल के कारण ऊष्मा उत्पन्न होती है। जब गोला सीमान्त वेग प्राप्त कर लेता है, तो ऊष्मा उत्पादन की दर समानुपाती होती है **NCERT पृष्ठ 192, NEET 2018**

(a) r^5 (b) r^2 (c) r^3 (d) r^4

7 एक U-नालिका जिसके दोनों सिरे वायुमण्डल की ओर खुले हैं, आंशिक रूप से पानी से भरी हुई है। तेल, जो पानी में अमिश्रणीय है, को एक ओर से तब तक डाला जाता है जब तक कि यह दूसरी ओर के जल स्तर से 10 मिमी ऊपर न आ जाए। इस बीच पानी अपने मूल स्तर 65 मिली ऊपर उठ जाता है (आरेख देखें)। तेल का घनत्व है **NCERT पृष्ठ 184, NEET 2017**

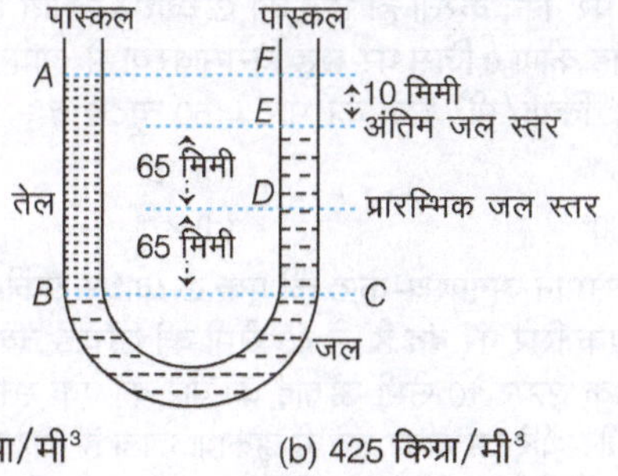

(a) 650 किग्रा/मी^{3} (b) 425 किग्रा/मी^{3}
(c) 800 किग्रा/मी^{3} (d) 928 किग्रा/मी^{3}

8 द्रव की एक आयताकार फिल्म को (4 सेमी × 2 सेमी) से 5 सेमी × 4 सेमी तक फैलाया जाता है। यदि किया गया कार्य 3×10^{-4} जूल है, तो द्रव के पृष्ठ तनाव का मान है **NCERT पृष्ठ 194, NEET 2016**

(a) 0.250 न्यूटन/मी (b) 0.125 न्यूटन/मी
(c) 0.2 न्यूटन/मी (d) 8.0 न्यूटन/मी

9 घनत्व ρ_1, ρ_2 और ρ_3 ($\rho_1 > \rho_2 > \rho_3$ के साथ) के तीन तरल पदार्थ, जिनके पृष्ठ तनाव T का मान समान है, तीन समान केशिकाओं में समान ऊँचाई तक चढ़ते हैं। सम्पर्क कोण θ_1, θ_2 और θ_3 के बीच सही सम्बन्ध है **NCERT पृष्ठ 197, NEET 2016**

(a) $\frac{\pi}{2} > \theta_1 > \theta_2 > \theta_3 \geq 0$ (b) $0 \leq \theta_1 < \theta_2 < \theta_3 < \frac{\pi}{2}$
(c) $\frac{\pi}{2} < \theta_1 < \theta_2 < \theta_3 < \pi$ (d) $\pi > \theta_1 > \theta_2 > \theta_3 > \frac{\pi}{2}$

10 एक केशिका नली में पानी h ऊँचाई तक चढ़ता है। यदि पानी की सतह के ऊपर केशिका नली की लम्बाई h से कम कर दी जाए, तो **NCERT पृष्ठ 197, AIPMT 2015**

(a) पानी केशिका नली के शीर्ष तक चढ़ता है और बिना अतिप्रवाह के वहीं रुक जाता है।
(b) पानी शीर्ष से थोड़ा नीचे एक बिन्दु तक चढ़ता है और वहीं रुक जाता है।
(c) पानी बिल्कुल भी ऊपर नहीं उठता।
(d) पानी केशिका नली की नोक तक चढ़ता है और फिर फव्वारे की तरह बहने लगता है।

11 त्रिज्या r वाले द्रव की गोलाकार बूंदों की एक निश्चित संख्या मिलकर त्रिज्या R और आयतन V वाली एक बूंद बनाती है। यदि T द्रव का पृष्ठ तनाव है, तो **NCERT पृष्ठ 196, AIPMT 2014**

(a) ऊर्जा = $4VT\left(\frac{1}{r}-\frac{1}{R}\right)$ मुक्त होती है
(b) ऊर्जा = $3VT\left(\frac{1}{r}+\frac{1}{R}\right)$ अवशोषित होती है
(c) ऊर्जा = $3VT\left(\frac{1}{r}-\frac{1}{R}\right)$ मुक्त होती है
(d) ऊर्जा न तो मुक्त होती है और नही अवशोषित होती है

JEE Main

12 एक साबुन के बुलबुले में अधिक्य दाब दूसरे साबुन के बुलबुले के अन्दर अधिक्य दाब से तीन गुना है। प्रथम तथा द्वितीय बुलबुले के आयतनों का अनुपात है **NCERT पृष्ठ 196, JEE Main 2024**

(a) 1 : 81 (b) 1 : 9 (c) 1 : 3 (d) 1 : 27

13 बर्फ का एक घन आंशिक रूप से पानी तथा आंशिक कैरोसिन तेल में तैरता है। जल में डूबे बर्फ के आयतन तथा कैरोसिन तेल में डूबे बर्फ के आयतन का अनुपात है
(कैरोसिन तेल का विशिष्ठ गुरुत्व = 0.8, बर्फ के विशिष्ठ गुरुत्व = 0.9) **NCERT पृष्ठ 188, JEE Main 2024**

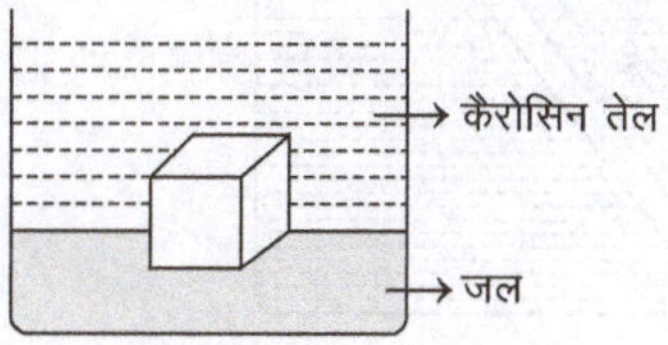

(a) 8 : 9 (b) 5 : 4 (c) 1 : 1 (d) 9 : 10

14 चित्र में दिए गए घनत्व का एक द्रव दर्शाया गया है जो अलग-अलग अनुप्रस्थ-काट की क्षैतिज नलिकाओं में लगातार बह रहा है। A पर अनुप्रस्थ-काट का क्षेत्रफल 1.5 सेमी^{2} है और B पर 25 मिमी^{2} है। यदि B पर द्रव की गति 60 सेमी/से है, तो $(p_A - p_B)$ है

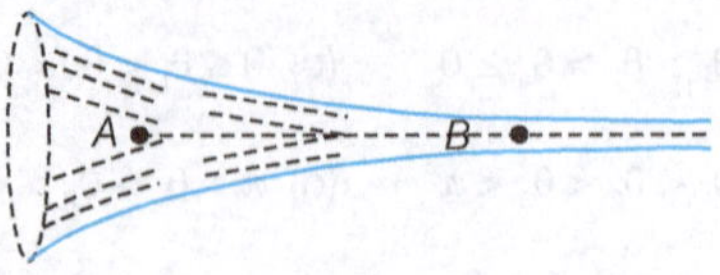

(दिया है, p_A और p_B बिन्दु A और B पर द्रव दाब हैं। घनत्व, $\rho = 1000$ किग्रा/मी^{3} तथा A व B नलिका की अक्ष पर हैं)

NCERT पृष्ठ 187, JEE Main 2023

(a) 36 पास्कल
(b) 135 पास्कल
(c) 175 पास्कल
(d) 27 पास्कल

15 घनत्व ρ वाले द्रव की एक बूंद घनत्व σ और पृष्ठ तनाव 7.5×10^{-4} न्यूटन/सेमी वाले द्रव में आधी डूबी हुई तैर रही है। बूंद की त्रिज्या सेमी में होगी (g = 10 मी/से^{2} लें) **NCERT पृष्ठ 192, JEE Main 2022**

(a) $\frac{15}{\sqrt{(2\rho-\sigma)}}$ (b) $\frac{15}{\sqrt{(\rho-\sigma)}}$

(c) $\frac{3}{2\sqrt{(\rho-\sigma)}}$ (d) $\frac{3}{20\sqrt{(2\rho-\sigma)}}$

16 जब त्रिज्या a और $b(b > a)$ वाले दो साबुन के बुलबुले आपस में मिलते हैं, तो उभयनिष्ठ पृष्ठ की वक्रता त्रिज्या होती है

NCERT पृष्ठ 196, JEE Main 2021

(a) $\frac{ab}{b-a}$ (b) $\frac{a+b}{ab}$ (c) $\frac{b-a}{ab}$ (d) $\frac{ab}{a+b}$

17 दो समान बेलनाकार पात्र भूमि पर रखे गए हैं और प्रत्येक में घनत्व d का समान तरल उपस्थित है। दोनों पात्रों का आधार क्षेत्र S है परन्तु एक पात्र में तरल की ऊंचाई x_1 है और दूसरे में x_2 है। जब दोनों बेलनों को तल के बहुत समीप नगण्य मात्रा के एक पाइप के माध्यम से जोड़ा जाता है, तो एक तरल एक पात्र से दूसरे पात्र में तब तक बहता है जब तक कि यह एक नई ऊँचाई पर संतुलन में नही आ जाता। इस प्रक्रिया में निकाय की ऊर्जा में परिवर्तन है।

NCERT पृष्ठ 183, JEE Main 2020

(a) $gdS(x_2^2 + x_1^2)$ (b) $\frac{3}{4}gdS(x_2 - x_1)^2$

(c) $gdS(x_2 + x_1)^2$ (d) $\frac{1}{4}gdS(x_2 - x_1)^2$

18 पानी एक क्षैतिज नली में बहता है (चित्र देखें)। बिन्दु A और B के बीच पानी का दाब 700 न्यूटन/मी^{2} से बदलता है, जहाँ अनुप्रस्थ-काट के क्षेत्रफल क्रमशः 40 सेमी^{2} और 20 सेमी^{2} हैं। नली के माध्यम से पानी के प्रवाह की दर ज्ञात करें। (पानी का घनत्व = 1000 किग्रा/मी^{3})

NCERT पृष्ठ 188, JEE Main 2020

(a) 3020 सेमी^{3}/से (b) 2420 सेमी^{3}/से
(c) 2720 सेमी^{3}/से (d) 1810 सेमी^{3}/से

स्किल बूस्टर्स

1 एक पतली एकसमान नली द्वारा एक वलय बनाई जाती है। वलय को एक ऊर्ध्वाधर तल में रखा जाता है और वलय के आधे आयतन को ρ_1 और ρ_2 $(\rho_1 > \rho_2)$ घनत्व वाले दो अमिश्रणीय द्रवों से भरा जाता है। यदि R वलय की त्रिज्या है और दोनों द्रवों का आयतन बराबर है, तो उभयनिष्ठ अन्तरापृष्ठ और ऊर्ध्वाधर गुजरने वाले त्रिज्या सदिश के बीच का कोण है

(a) $\theta = \tan^{-1}\frac{\pi}{2}\left(\frac{\rho_1}{\rho_2}\right)$ (b) $\theta = \tan^{-1}\frac{\pi}{2}\left(\frac{\rho_1-\rho_2}{\rho_1+\rho_2}\right)$

(c) $\theta = \tan^{-1}\left(\frac{\rho_1}{\rho_2}\right)$ (d) $\theta = \tan^{-1}\left(\frac{\rho_1-\rho_2}{\rho_1+\rho_2}\right)$

2

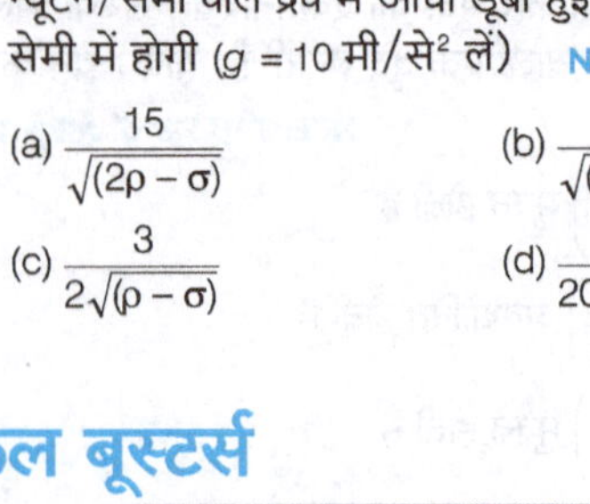

उपरोक्त आरेख में, एक छड़ AB को बिन्दु A पर रखा गया है और बीकर को पानी से भर दिया गया है। मान लें कि अनुप्रस्थ-काट का क्षेत्रफल 10^{-2} मी^{2} है और उत्पलावन बल छड़ के डूबे हुए भाग AB के केंद्र पर कार्य करता है। छड़ को ऊर्ध्वाधर स्थिति में गिरने दिया जाता है। वह कोण θ जिस पर छड़ विरामावस्था में आयेगी (पानी का घनत्व = 10^3 किग्रा/मी^{3}, छड़ का भार = 50 न्यूटन, g = 10 मी/से^{2})

(a) 30° (b) 45°
(c) 60° (d) 37°

3 एक समान अनुप्रस्थ-काट की एक ऊर्ध्वाधर संकीर्ण काँच की नली, जो एक सिरे पर बंद है, में 40 सेमी की ऊँचाई तक हवा भरी हुई है, जिसके ऊपर 10 सेमी ऊँचाई का पारे का एक स्तम्भ है। यदि नली को धीर-धीरे ऊर्ध्वाधर तल में झुकाया जाता है और ऊध्वार्धर के साथ 60° का कोण बनाते हुए स्थिति में लाया जाता है, तो नली के अन्दर फसे वायु स्तम्भ की नई लम्बाई (वायुमण्डलीय दबाव = 76 सेमी पारे पर) है

(a) 45.47 सेमी (b) 43.47 सेमी
(c) 42.47 सेमी (d) 44.47 सेमी

4 V आयतन की पानी की एक बूंद को एक दूसरे के समानान्तर रखे दो गिलासों के बीच दबाया जाता है ताकि यह क्षेत्र A पर फैल जाए। यदि T पानी का पृष्ठ तनाव है, तो काँच की प्लेटों को अलग करने के लिए आवश्यक अभिलम्ब बल है

(a) $\frac{TA^2}{V}$ (b) $\frac{2TA^2}{V}$ (c) $\frac{4TA^2}{V}$ (d) $\frac{TA^2}{2V}$

5 एक आयताकार तार फ्रेम है जिसमें साबुन के विलयन की एक पतली फिल्म है। अनुप्रस्थ-काट क्षेत्रफल A के द्रव्यमान रहित पतले तार की एक गोलाकार अँगूठी फिल्म की सतह पर रखी गई है। अँगूठी की त्रिज्या R है। अब, अँगूठी के अन्दर का भाग चुभन वाला है। यदि साबुन के घोल का पृष्ठ तनाव T है और तार का यंग मापांक Y है, तार की त्रिज्या में परिवर्तन होगा

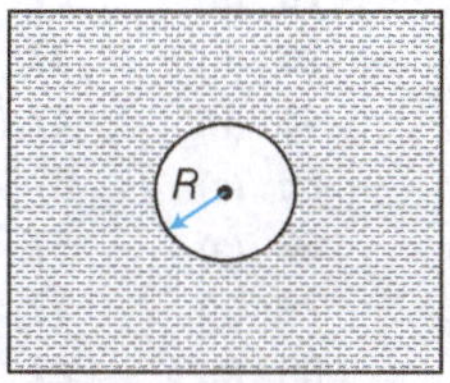

(a) $\frac{TR^2}{AY}$ (b) $\frac{2TR^2}{AY}$

(c) $\frac{TR^2}{3AY}$ (d) $\frac{TR^2}{2AY}$

6 आंतरिक त्रिज्या r और लम्बाई l की एक क्षैतिज केशिका नली को त्रिज्या R के एक बेलनाकार पात्र के किनारे में डाला जाता है। पात्र में कैस्टर का तेल भरा जाता है जिसकी श्यानता η हैं। कैस्टर के तेल का स्तर एक बेलनाकार पात्र में वेग v से डूबता है और केशिका नली से इस स्तर की ऊँचाई h है, तो v है

(a) $\frac{r^4\rho gh}{R^2\eta l}$ (b) $\frac{r^4\rho gh}{4R^2\eta l}$

(c) $\frac{r^4\rho gh}{8R^2\eta l}$ (d) $\frac{r^4\rho gh}{16R^2\eta l}$

7 प्राचीन ग्रीस में उपयोग की जाने वाली एक जल घड़ी (क्लेप्सिड्रा) के एक छोटे छिद्र O (चित्र देखें) के साथ एक पात्र के रूप में डिज़ाइन किया गया है। समय को पात्र से भरे पानी के स्तर के अनुसार निर्धारित किया जाता है। समय पैमान को एक समान बनाने के लिए पात्र के आकार के अनुरूप समीकरण क्या होना चाहिए? (पात्र दीर्घ अक्ष के परितः सममित है और a = छिद्र का क्षेत्रफल और v = वह चाल है जिससे पानी की सतह नीचे गिरती है)

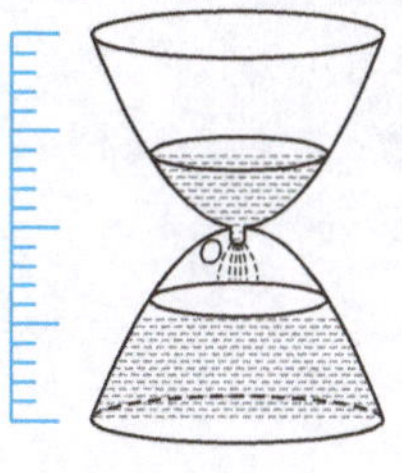

(a) $y = kx^4$, जहाँ $k = \frac{\pi^2 v^2}{ga^2}$ (b) $y = kx^4$, जहाँ $k = \frac{2\pi^2 v^2}{ga^2}$

(c) $y = kx^4$, जहाँ $k = \frac{\pi v^2}{ga^2}$ (d) $y = kx^4$, जहाँ $k = \frac{\pi^2 v^2}{2ga^2}$

8 अधाःहत पहिये (चित्र देखें) के ब्लेड पर कार्य करने वाला बल ज्ञात करें, यदि ब्लेड से टकराने के बाद धारा ब्लेड के वेग के साथ आगे बढ़ना जारी रखती है। जल शीर्ष की ऊँचाई h है, पहिये की त्रिज्या R है और पहिये का कोणीय वेग ω है और धारा का अनुप्रस्थ-काट क्षेत्रफल A है।

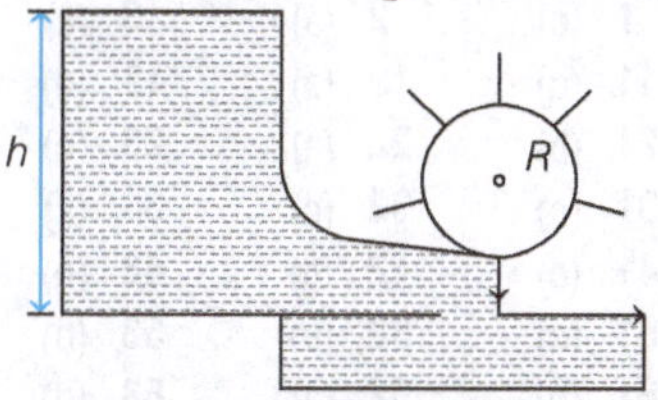

(a) $\rho A(\sqrt{2gh} - \omega R)^2$ (b) $\rho A(\sqrt{2gh} + \omega R)^2$

(c) $\frac{\rho A}{2}(\sqrt{2gh} - \omega R)^2$ (d) $\frac{\rho A}{2}(\sqrt{2gh} + \omega R)^2$

9 3 मीटर भुजा वाले एक घनाकार पात्र में बिन्दु C पर ढक्कन के साथ एक छोटा छिद्र है जैसा कि चित्र में दर्शाया गया है। पानी का स्तर D तक है (BC =0.5 सेमी और BD = 2 मीटर)। यदि पात्र को एक नियत त्वरण a_0 =9 मी/से^{2} दिया जाता है और छिद्र को एक साथ खोल दिया जाता है, तो बाहर बहने वाले पानी की मात्रा है (दिया है, g = 10 मी/से^{2})

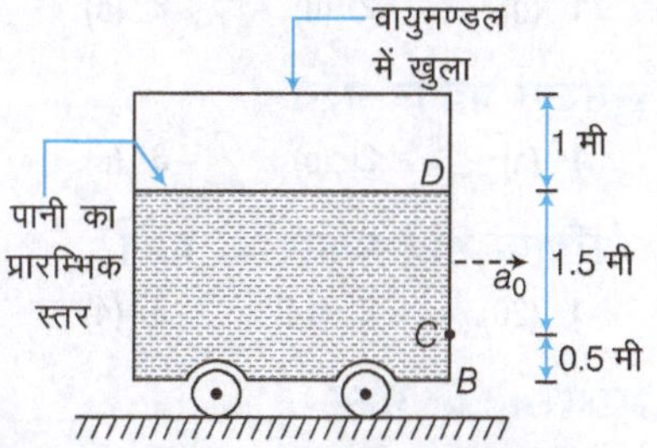

(a) 2150 लीटर (b) 4150 लीटर

(c) 3150 लीटर (d) 2750 लीटर

10 एक आयताकार टैंक में H ऊँचाई तक स्थिर अवस्था में पानी भरा हुआ है। निम्न में से कौन-सा ग्राफ टैंक के शीर्ष से टैंक के तल तक y ऊँचाई पर मापे गए क्षेत्रफल पर पात्र की भुजा की प्रति इकाई चौड़ाई (कागज़ के लम्बवत् मापा गया) पर द्रव स्थैतिक प्रणोद F के परिवर्तन को सबसे अच्छे तरीके से दर्शाता है?

(a) 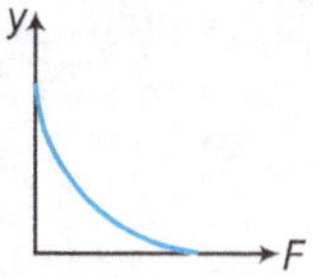

(b) 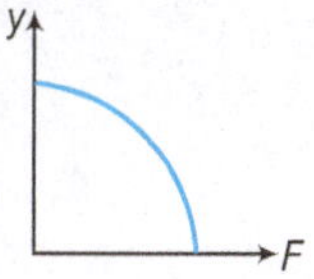

(c) 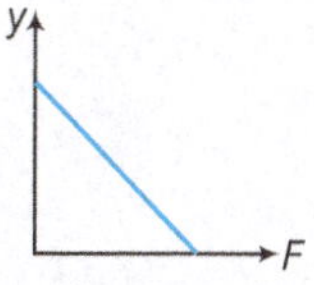

(d) 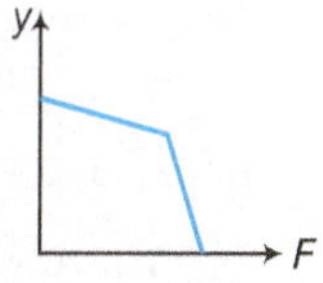

प्रश्न कुंजी

शीर्षकवार प्रश्न

1 (c)	2 (a)	3 (a)	4 (b)	5 (d)	6 (a)	7 (b)	8 (c)	9 (b)	10 (a)
11 (d)	12 (a)	13 (d)	14 (b)	15 (a)	16 (d)	17 (c)	18 (a)	19 (d)	20 (a)
21 (b)	22 (a)	23 (c)	24 (d)	25 (a)	26 (b)	27 (b)	28 (b)	29 (b)	30 (c)
31 (c)	32 (c)	33 (a)	34 (c)	35 (b)	36 (c)	37 (a)	38 (c)	39 (c)	40 (b)
41 (c)	42 (d)	43 (b)	44 (b)	45 (a)	46 (b)	47 (a)	48 (c)	49 (d)	50 (a)
51 (c)	52 (b)	53 (b)	54 (a)	55 (a)	56 (a)	57 (b)	58 (c)	59 (d)	60 (b)
61 (b)	62 (a)	63 (d)	64 (d)	65 (b)	66 (a)	67 (d)	68 (a)	69 (b)	70 (d)
71 (a)	72 (d)	73 (a)	74 (d)	75 (c)	76 (d)	77 (b)	78 (c)	79 (a)	80 (b)
81 (a)	82 (d)	83 (b)	84 (b)	85 (c)	86 (b)	87 (c)	88 (b)	89 (c)	90 (b)
91 (d)	92 (c)	93 (a)	94 (b)						

अभिकथन-कारण प्रश्न

1 (a)	2 (a)	3 (a)	4 (d)	5 (a)	6 (c)	7 (a)	8 (a)	9 (c)	10. (c)

कथन आधारित प्रश्न

1 (d)	2 (d)	3 (b)	4 (d)	5 (b)	6 (d)	7. (c)	8. (d)

सुमेलन प्रकार प्रश्न

1 (a)	2 (b)	3 (c)

आंकिक मान प्रकार के प्रश्न

1 (20)	2 (14)	3 (4)	4 (67)	5 (25)	6 (9)	7 (45)

NCERT Exemplar प्रश्न

1 (c)	2 (d)	3 (b)	4 (c)	5 (b)	6 (b)	7 (b)	8 (b)

विगत परीक्षाओं के प्रश्न

1 (a)	2 (b)	3 (b)	4 (b)	5 (b)	6 (a)	7 (d)	8 (b)	9 (b)	10 (a)
11 (c)	12 (d)	13 (c)	14 (c)	15 (a)	16 (a)	17 (d)	18 (c)		

स्किल बूस्टर्स

1 (d)	2 (a)	3 (c)	4 (b)	5 (b)	6 (c)	7 (d)	8 (a)	9 (c)	10 (b)

क्रमवार

प्रश्नों का विश्लेषण

कॉन्सेप्ट बिल्डर्स

1 सत्य
2 असत्य
3 समान
4 असत्य
5 पास्कल का नियम
6 गेज दाब
7 घटता है
8 सत्य
9 नीचे
10 सत्य
11 पृष्ठ तनाव
12 बढ़ता, घटता
13 उत्क्षेप
14 श्यानता
15 पिछले डिब्बे की तुलना में कम
16 सत्य
17 सम्पर्क कोण
18 गिर जाएगा
19 तरल का पृष्ठ तनाव
20 छोटा, बड़ा

शीर्षकवार प्रश्न

1 **(c)** तरल पदार्थों का मुख्य गुण यह है कि वे अपरूपण बल के लिए बहुत कम प्रतिरोध प्रदर्शित करते हैं अर्थात् बहुत कम अपरूपण प्रतिबल लगाने पर उनकी आकृति/आकार परिवर्तित हो जाता है।

3 **(a)** आरोपित बल,

$F = 40$ किलोभार $= 400$ न्यूटन

($g = 10$ मी/से^{2}, लेने पर)

तब औसत दाब,

$$p_{av} = \frac{F}{A} = \frac{400}{20 \times 10^{-4}}$$

$= 2 \times 10^5$ न्यूटन/मी^{2}

4 **(b)** दिया है,

$$p_{h/2} = \frac{3}{4}(p_{\text{तली}})$$

$$\Rightarrow p_0 + \rho g \frac{h}{2} = \frac{3}{4}(p_0 + \rho g h)$$

$$\Rightarrow \quad h = \frac{p_0}{\rho g} = \frac{10^5}{10^3 \times 10}$$

$= 10$ मी

5 **(d)** द्रव के अन्दर किसी बिन्दु पर दाब,

$$p = \frac{F}{A} = \rho g h$$

यह तरल के भार पर निर्भर नहीं करता है।

6 **(a)** साम्यावस्था में,

$\Sigma F_x = 0$ और $\Sigma F_y = 0$

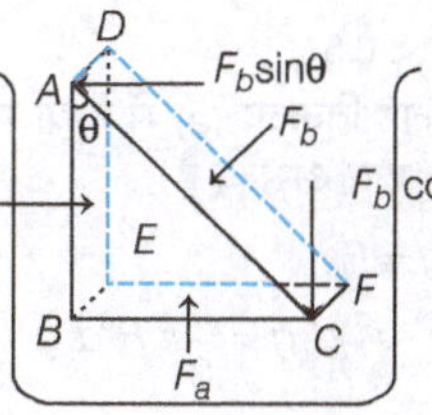

$\Rightarrow F_b \sin\theta = F_c$ तथा $F_b \cos\theta = F_a$

7 **(b)** सिरे B पर द्रव द्वारा आरोपित दाब

$$p = p_0 + \rho g h - \rho g h = p_0$$

8 **(c)** $\rho_1 h_1 = \rho_2 h_2$, $13.6 \times 2 = 1 \times h$

$h = 27.2$ सेमी

9 **(b)** $p_0 + \frac{h}{3} dg = \frac{1}{2}(hdg + p_0)$

$$p_0 + \frac{hdg}{3} = \frac{p_0}{2} + \frac{hdg}{2}$$

$$\frac{Hdg}{2} = hdg\left(\frac{1}{6}\right)$$

$h = 3H = 30$ मी

10 **(a)** किसी व्यक्ति के हृदय पम्पिंग दर

$$= \frac{dV}{dt} = \frac{5 \times 10^{-3}}{60} \text{ मी}^3\text{/से}$$

हृदय की शक्ति $= p \cdot \frac{dV}{dt} = \rho g h \cdot \frac{dV}{dt}$

$(\because p = \rho g h)$

$$= \frac{(13.6 \times 10^3)\ (10) \times (0.15 \times 5 \times 10^{-3})}{60}$$

$= 1.70$ वाट

11 **(d)**

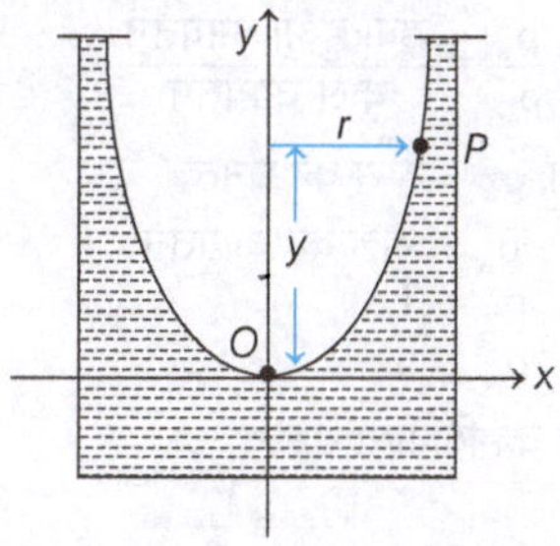

यदि p_0 वायुमण्डलीय दाब हो तो बिन्दु P पर कुल दाब,

$$p = p_0 + \frac{1}{2}\rho r^2 \omega^2 - \rho g y$$

घर्षण करते तरल की पृष्ठ के किसी बिन्दु के लिए $p = p_0$

अतः किसी पृष्ठ बिन्दु के लिए,

$$p_0 = p_0 + \frac{1}{2}\rho r^2 \omega^2 - \rho g y$$

$$y = \frac{r^2 \omega^2}{2g}$$

$$= \frac{(4\pi)^2 (0.05)^2}{2 \times 10}$$

$= 0.02$ मी $= 2$ सेमी

12 **(a)** U-नली की बाँयीं भुजा पर दाब,

$$p_1 = p_0 + \rho_1 g h_1$$

$$= p_0 + \rho_1 10(10 \times 10^{-2})$$

या $\quad p_1 = p_0 + \rho_1$

U-नली की दाँयीं भुजा पर दाब

$$p_2 = p_0 + \rho_2 10(12 \times 10^{-2})$$

या $\quad p_2 = p_0 + 12\rho_2$

$\therefore \quad p_1 = p_2$

$\Rightarrow p_0 + \rho_1 = p_0 + 12\rho_2$

$\therefore$ ईथाइल एल्कोहॉल का घनत्व,

$$\rho_2 = \frac{\rho_1}{12} = \frac{1000}{12}$$

$= 833.3$ किग्रा/मी^{3}

$= 0.83$ ग्राम/सेमी^{3}

13 **(d)** तरल प्रवाह के प्रति एकांक समय का द्रव्यमान, $\frac{dm}{dt} = \rho A v$

$\therefore$ अपने सम्पूर्ण संवेग को खोने वाले 25% द्रव के संवेग परिवर्तन की दर,

$$\frac{dp_1}{dt} = \frac{1}{4}\left(\frac{dm}{dt}\right) v = \frac{1}{4}\rho A v^2 \quad \text{...(i)}$$

उस चाल से वापस आने वाली 25% द्रव के संवेग परिवर्तन की दर,

$$\frac{dp_2}{dt} = \frac{1}{4}\left(\frac{dm}{dt}\right) \times 2v = \frac{1}{2}\rho A v^2 \quad \text{...(ii)}$$

[$\because$ वेग में कुल परिवर्तन $= 2v$]

जाल पर कुल दाब, $p = \frac{F_{\text{कुल}}}{A}$

समी (i) व (ii) से,

$$p = \frac{3}{4}\rho v^2 A / A = \frac{3}{4}\rho v^2$$

14 *(b)* दिए गए चित्र से, हम लिख सकते है,

$p_1 = \rho g h_1$

$\Rightarrow \quad p' = p_2 = \rho g(h_1 + h_2) = \rho g h_3$

इसी प्रकार, $p'' = p_2 - p_1$

$= \rho g(h_3 - h_1) = \rho g h_2$

$\therefore$ ऊँचाई के पदों में,

निरपेक्ष दाब $= h_3 = h_1 + h_2$

गेज दाब $= h_2 = h_3 - h_1$

15 *(a)* छोटे पिस्टन पर दाब,

$$p = \frac{F}{A} = \frac{3000 \times 9.8}{425 \times 10^{-4}}$$

$= 6.92 \times 10^5$ न्यूटन/मी^{2}

16 *(d)* पास्कल के नियम से,

$$\Rightarrow \frac{F_1}{A_1} = \frac{F_2}{A_2} \Rightarrow F_2 \propto A_2/A_1$$

तथा $V_1 = V_2 \Rightarrow A_1 x_1 = A_2 x_2$

$$\Rightarrow A_1 \cdot \frac{d}{dt} x_1 = A_2 \frac{d}{dt} x_2$$

$$\Rightarrow \quad A_1 v_1 = A_2 v_2$$

$$\Rightarrow \quad \frac{v_2}{v_1} = \frac{A_1}{A_2}$$

चूँकि दोनों अवयवों में दाब समान है, अतः बल F_1 द्वारा किया गया कार्य, बल F_2 द्वारा किए गए कार्य के बराबर होगा। इस प्रकार विकल्प (d) में दिया गया कथन सत्य है, शेष असत्य हैं।

17 *(c)* चूँकि उत्थापक में तरल पूर्णतः अश्यान है, तब

$\therefore \quad V_1 = V_2 \Rightarrow A_1 x_1 = A_2 x_2$

$$\Rightarrow \quad x_2 = \frac{A_1}{A_2} x_1 = \frac{Ax}{2A} = \frac{x}{2}$$

18 *(a)* $V_1 = V_2$

$L_1 A_1 = L_2 A_2$

$$L_2 = \frac{A_1}{A_2} L_1$$

$$= \frac{\pi(1/2 \times 10^{-2})^2}{\pi(3/2 \times 10^{-2})^2} \times 6 \times 10^{-2}$$

$= 0.67 \times 10^{-2}$ मी

$= 0.67$ सेमी

19 *(d)* पास्कल नियम के अनुसार,

$$\frac{F_2}{\pi r_2^2} = \frac{w}{\pi r_1^2}$$

$$\Rightarrow \quad F_2 = w\left(\frac{r_2}{r_1}\right)^2$$

$$= 5 \times 10^3 \left(\frac{0.1}{1}\right)^2$$

$= 50$ न्यूटन

20 *(a)* तैरने की स्थिति में, कुल भार = उत्प्लावन

$$\therefore \; V_1 \rho_c g + (xV_2)(1)g = \left(\frac{V_1 + V_2}{2}\right)(1)g$$

[चूँकि उत्प्लावन केवल आधे भाग पर है]

[$\because \rho_{जल} = 1$ किग्रा/मी^{3}]

$$\Rightarrow \quad x = 0.5 + (0.5 - \rho_c)\frac{V_1}{V_2}$$

यहाँ हम देख सकते हैं, $x > 0.5$

यदि $\rho_c < 0.5$

इस प्रकार विकल्प (a) में दिया गया कथन सही है, शेष असत्य हैं।

21 *(b)* $Mg = F_h$

$$\frac{4}{3}\pi(R^3 - r^3)d_s g = \frac{4}{3}\pi R^3 d_l g$$

(d_s = ठोसों का घनत्व,

d_l = द्रव का घनत्व, $\frac{d_s}{d_l} = \sigma$)

$$\frac{R}{r} = \left(\frac{\sigma}{\sigma - 1}\right)^{\frac{1}{3}}$$

22 *(a)*

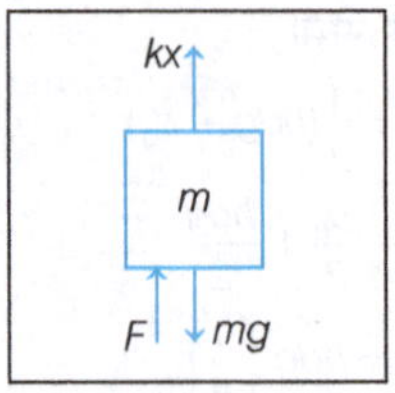

मुक्त निकाय आरेख से,

$mg = F + kx$ [F = उप्लावक बल]

$mg - F = kx$

$$mg\left(1 - \frac{d}{D}\right) = kx \Rightarrow x = \frac{mg}{k}\left(1 - \frac{d}{D}\right)$$

23 *(c)* तैरने के नियम से,

$F_{B_{जल}} + F_{B_{तेल}} = w$

$\Rightarrow \rho_w A l_w g + \rho_0 \cdot A \cdot l_0 g = mg$

$\Rightarrow \quad m = 1 \times 100 \times 4 + 0.6 \times 100 \times 6$

$= 760$ ग्राम

24 *(d)* $\dfrac{\rho_s}{\rho_w} = \dfrac{\text{डूबा हुआ आयतन}}{\text{कुल आयतन}}$ ...(i)

यहाँ, ρ_s = ठोस का घनत्व

ρ_w = जल का आयतन

$$\frac{\rho_s}{\rho_w} = \frac{1}{5}$$

द्रव का विशिष्ट गुरुत्व 1.4,

$$\frac{\rho_s}{\rho_e} = \frac{V_s}{V}$$

ρ_l = द्रव या तरल का घनत्व

$$\frac{\rho_s}{1.4\rho_w} = \frac{V_s}{V} \quad \therefore \quad \frac{V_s}{V} = \frac{1}{7}$$

25 *(a)* किसी तरल में डूबे हुए घन का भाग g के मान से स्वतन्त्र होता है। इस प्रकार, डूबा हुआ आयतन समान रहेगा।

26 *(b)*

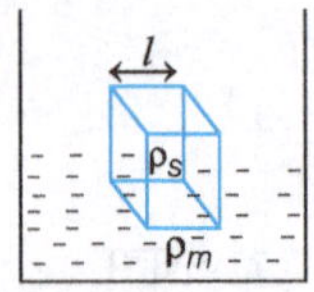

माना पारे की सतह से ब्लॉक की ऊँचाई h है तथा विस्थापित पारे का आयतन $= (l - h) \cdot l^2$

$\therefore$ विस्थापित पारे का भार $= (l - h) \cdot l^2 \cdot \rho_m \cdot g$

यह ब्लॉक के भार के बराबर है जोकि निम्न प्रकार हैं

$\rho_s \cdot l^3 \cdot g$

अतः आर्किमिडीज के सिद्धान्त के अनुसार

$(l - h) l^2 \cdot \rho_m \cdot g = \rho_s \cdot l^3 \cdot g$

$$\text{अतः } h = l\left(1 - \frac{\rho_s}{\rho_m}\right)$$

28 *(b)* सांतत्य समीकरण से,

$A_1 v_1 = A_2 v_2 + A_3 v_3$

$$\Rightarrow A \times 6 = \frac{A}{3} \times 3 + \frac{2A}{3} \cdot v_3$$

$\therefore \quad v_3 = 7.5$ मी/से

29 *(b)* $\Delta m_P = \Delta m_Q = \Delta m_R$, तब

$A_P v_P \rho_P \Delta t = A_Q v_Q \rho_Q \Delta t$

$= A_R v_R \rho_R \Delta t$ ...(i)

अश्यान तरलों के प्रवाह के लिए

$\rho_P = \rho_R = \rho_Q$

इस प्रकार समी (i) से

$\Rightarrow \quad A_P v_P = A_R v_R = A_Q v_Q$

दिए गए चित्र से हम कह सकते हैं कि

$A_R > A_Q > A_P$

30 *(c)* सांतत्य समीकरण के अनुसार,

$A_1 v_1 = A_2 v_2$

($\because A_1 = \pi r_1^2$ और $A_2 = \pi r_2^2$)

$$\therefore \quad v_2 = v_1 \left(\frac{r_1}{r_2}\right)^2 = 2 \times \left(\frac{3}{3/2}\right)^2$$

$= 2 \times 2^2 = 8$ मी/से

31 *(c)* $M = m_1 + m_2$

$\Rightarrow \quad Av_1 = Av_2 + 1.5Av$

$\Rightarrow \quad A \times 3 = A \times 1.5 + 1.5Av$

$\Rightarrow \quad v = 1.0$ मी/से

35 *(b)* सांतत्य के सिद्धान्त से,

$A_1 v_1 = A_2 v_2 \Rightarrow \pi r_1^2 v_1 = \pi r_2^2 v_2$

$(2.5 \times 10^{-2})^2 \times 4 = (10^{-2})^2 \cdot v_2$

$\Rightarrow \quad v_2 = 25$ मी/से

बरनौली प्रमेय से,

$$p_1 + \frac{1}{2}\rho v_1^2 = p_2 + \frac{1}{2}\rho v_2^2$$

$$p_1 - p_2 = \frac{1}{2}\rho(v_2^2 - v_1^2)$$

[$\because$ जल का घनत्व, $\rho = 10^3$ किग्रा/मी^{3}]

$$= \frac{1}{2} \times 10^3(25^2 - 4^2)$$

$$= 304500 \text{ पास्कल}$$

36 ***(c)*** नीचे दिए गए चित्र के विभिन्न भागों पर बरनौली समीकरण का उपयोग करने पर

$$p_a + \frac{1}{2}\rho v^2 + \rho g y_1 = p + \frac{1}{2}\rho v_2^2 + \rho g y_2$$

$$= p + \rho g y_2 \quad [\because v_2 = 0]$$

$$v^2 = \frac{2}{\rho}[p - p_a + \rho g(y_2 - y_1)] \quad \ldots(i)$$

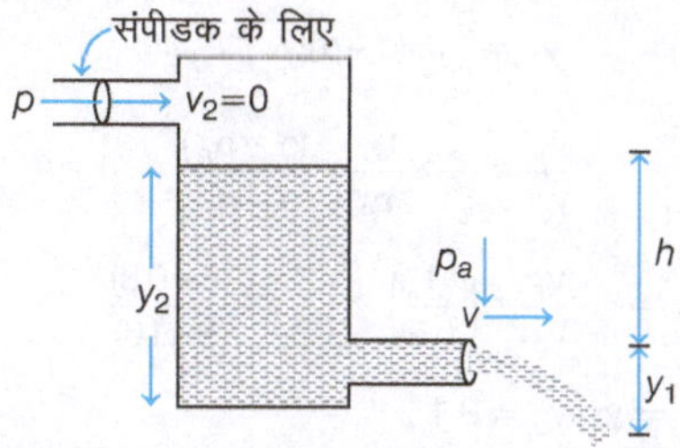

दिया है, $y_2 - y_1 = h$

अतः $v = 2\sqrt{gh}$

37 ***(a)*** पात्र या कण्टेनर के छिद्र से निकलने वाले पानी के जैट के लिए,

$$R = 2\sqrt{(H-h_1)\cdot h_1}$$

$$= 2\sqrt{(H-h_2)\cdot h_2}$$

$$\therefore \quad (H-h_1)\cdot h_1 = (H-h_2)\cdot h_2$$

$$\Rightarrow (H-2.4)\times 2.4 = (H-7.6)\times 7.6$$

$$\therefore \quad H = 10 \text{ सेमी}$$

38 ***(c)*** बहिःस्राव वेग,

$$v = \sqrt{2gh} = \sqrt{2\times10\times5} = 10 \text{ मी/से}$$

$$\text{परास, } R = \frac{u^2\sin 2\theta}{g}$$

$$= \frac{(10)^2\sin 2\times 30^\circ}{10}$$

$$\approx 8.7 \text{ मी}$$

39 ***(c)*** बिन्दु P तथा Q के लिए पानी की परास

बिन्दु Q के लिए, $x = 2\sqrt{(H-h)h}$

बिन्दु P के लिए, $x = 2\sqrt{h'(H-h')}$

$$\therefore \quad 2\sqrt{h(H-h)} = 2\sqrt{h'(H-h')}$$

हल करने पर, $h' = (H-h)$

40 ***(b)*** बिन्दुओं 1 व 2 के लिए बरनौली की प्रमेय लागू करने पर,

$$p_0 + \rho g h + \frac{1}{2}\rho v_1^2 = p_0 + \frac{1}{2}\rho v_2^2$$

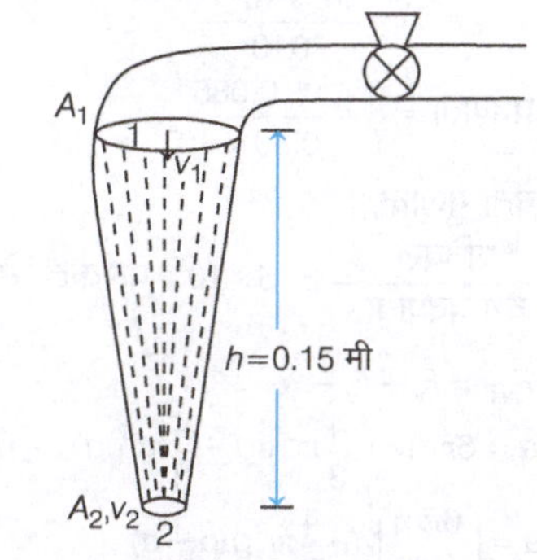

$$\Rightarrow \quad v_2^2 = v_1^2 + 2gh$$

$$\Rightarrow \quad v_2^2 = (1)^2 + 2\times10\times0.15 = 4$$

$$\therefore \quad v_2 = 2 \text{ मी/से}$$

सांतत्य समीकरण से,

$$A_1v_1 = A_2v_2$$

$$\Rightarrow \quad A_2 = \frac{A_1v_1}{v_2} = \frac{10\times10^{-5}\times1}{2}$$

$$= 5\times10^{-5} \text{ मी}^2$$

41 ***(c)*** बहिःस्राव वेग, $v = \sqrt{2gh}$ ..(i)

माना पानी, फर्श से टकराने में t समय लेता है, तब

$$s = \frac{1}{2}gt^2 \text{ या } (H-h) = \frac{1}{2}gt^2$$

$$\Rightarrow \quad t = \sqrt{\frac{2(H-h)}{g}} \quad \ldots(ii)$$

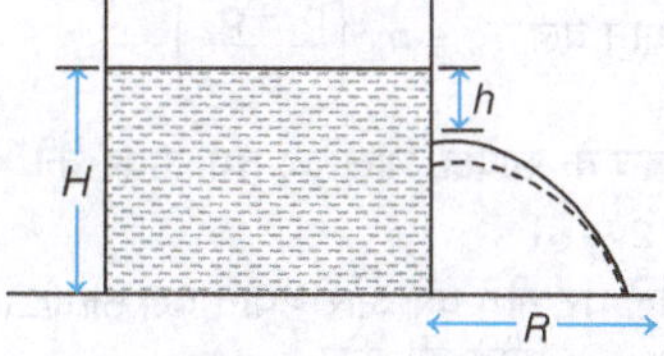

$$R = vt$$

समी (i) व (ii) से,

$$R = \sqrt{2g\cdot h}\times\sqrt{\frac{2(H-h)}{g}}$$

$$R = 2\sqrt{h(H-h)}$$

42 ***(d)***

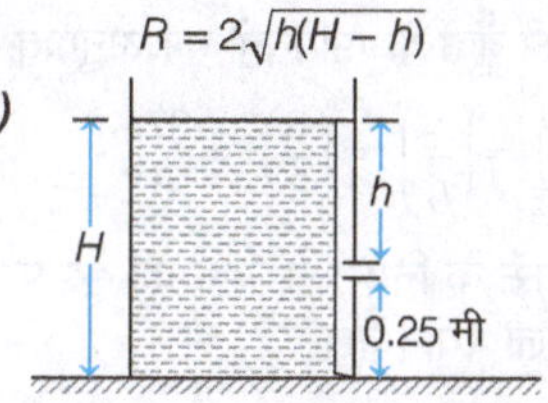

पानी की धारा की परास, $R = 2\sqrt{h(H-h)}$

$$= 2\sqrt{(1-0.25)0.25} = 86.6 \text{ सेमी}$$

43 ***(b)*** टॉरिसेली प्रमेय के अनुसार, पानी का बहिःस्राव वेग $v = \sqrt{2gh} = \sqrt{2\times10\times20}$

$$= 20 \text{ मी/से}$$

44 ***(b)*** टॉरिसेली प्रमेय का उपयोग करने पर,

वेग $v = \sqrt{2gh}$ ...(i)

तथा $p_2 - p_1 = \rho g(h_2 - h_1)$

यहाँ, $h_2 = h$ और $h_1 = 0$ तब $p_2 - p_1 = \rho g h$

$$h = \frac{p_2 - p_1}{\rho g} \quad \ldots(ii)$$

समी (i) व (ii) से,

$$v = \sqrt{\frac{2g\times(p_2-p_1)}{\rho g}}$$

$$= \sqrt{\frac{2\times(3\times10^5 - 1\times10^5)}{1000}}$$

$$= \sqrt{\frac{4\times10^5}{1000}} = \sqrt{400} \text{ मी/से}$$

46 ***(b)*** बरनौली प्रमेय से,

$$p_1 + \frac{1}{2}\rho v_1^2 = p_2 + \frac{1}{2}\rho v_2^2$$

$$p_1 - p_2 = \frac{1}{2}\rho(v_2^2 - v_1^2) \quad \ldots(i)$$

$$mg = (p_1 - p_2)2A$$

$$= \frac{1}{2}\rho(2A)(v_2^2 - v_1^2) \text{ [समी (i) से]}$$

$$= \frac{1}{2}\times1\times2\times10\times(80^2 - 70^2)$$

$$mg = 10\times1500$$

$$\therefore \quad m = 1500 \text{ किग्रा}$$

47 ***(a)*** बरनौली प्रमेय से,

$$p_1 - p_2 = \frac{1}{2}\rho(v_2^2 - v_1^2)$$

$$\Rightarrow \quad p_1 - p_2 = \frac{1}{2}\times1.3\times[(120)^2 - (90^2)]$$

$$= 4095 \text{ पास्कल}$$

48 ***(c)*** विकल्प (c) में दिया गया कथन गलत है और इसे निम्न प्रकार सही किया जा सकता है धारा रेखाओं की सममितता से यह स्पष्ट है कि संगत बिन्दुओं पर गेंद के ऊपर व नीचे द्रव का वेग समान है जिसके परिमाणस्वरूप शून्य दाबान्तर होता है। इसलिए, द्रव पर ऊपर या नीचे की ओर बल नहीं लगता है।

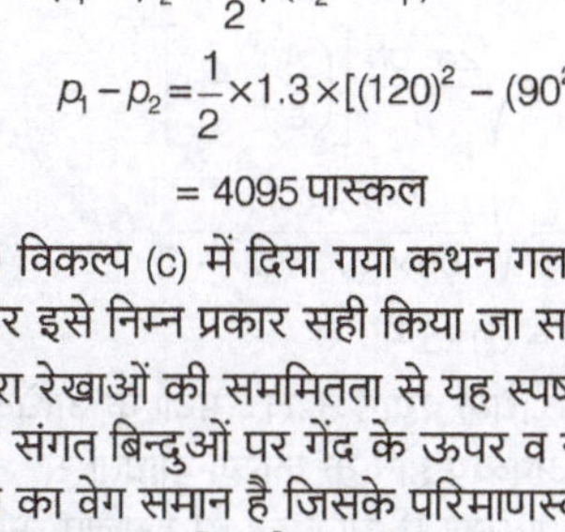

49 *(d)* चूँकि गेंद चक्रण नहीं कर रही है, तब बरनौली प्रमेय से,

$$p_A = p_B \Rightarrow (p_A / p_B) = 1$$

51 *(c)* बोइंग हवाई जहाज दाबान्तर के कारण लगाने वाले ऊर्ध्वाधर बल द्वारा सन्तुलित होता है।

$$\Delta p \times A = mg$$

$$\Delta p = (3.3 \times 10^5 \times 9.8)/500$$

$$= 6.5 \times 10^3 \text{ न्यूटन/मी}^2$$

बरनौली समीकरण से,

अर्थात् $p_1 + \left(\frac{1}{2}\right)\rho v_1^2 + \rho g h_1$

$$= p_2 + \left(\frac{1}{2}\right)\rho v_2^2 + \rho g h_2$$

$$v_2 - v_1 = \frac{2\Delta p}{\rho\,(v_2 + v_1)}$$

$$(\Delta p = p_1 - p_2) \quad \ldots(i)$$

औसत चाल लेने पर,

$$v_{\text{औसत}} = (v_2 + v_1)/2 = 960 \text{ किमी/घण्टा}$$

$$= 267 \text{ मी/से}$$

$$v_2 - v_1/v_{\text{औसत}} = \frac{\Delta p}{\rho v_{\text{औसत}}^2}$$

$$\Rightarrow \quad \frac{v_2 - v_1}{v_{\text{औसत}}} = \frac{6.5 \times 10^3}{1.2 \times (267)^2} \approx 0.08$$

52 *(b)* $A = 8$ मिमी^{2} संकीर्ण भाग का क्षेत्रफल $a = 4$ मिमी^{2} तथा रक्त का घनत्व अर्थात् ρ 1.06×10^3 किग्रा/मी^{3} है। क्षेत्रफलों का अनुपात

$$\frac{A}{a} = 2$$

धमनी में दाब मे कमी $= \rho_m gh = 24$ पास्कल

इस प्रकार धमनी में रक्त की चाल,

$$v = \sqrt{\frac{2\rho_m gh}{\rho}} \left[\left(\frac{A}{a}\right)^2 - 1\right]^{-1/2}$$

$$\Rightarrow v = \sqrt{\frac{2 \times 24}{1.06 \times 10^3 \times (2^2 - 1)}}$$

$$\simeq 0.125 \text{ मी/से}$$

55 *(a)* अधिक श्यान तरल, ऊर्जा के अधिक दर पर अपव्यय होने के कारण शीघ्रता से विरामावस्था में आ जाता है। इसलिए अधिक श्यान तरल, सबसे पहले विरामावस्था में आयेगा।

56 *(a)* विकल्प (a) में दिया गया कथन गलत है और इसे निम्न प्रकार सही किया जा सकता है श्यान बल, श्यानता में कमी होने पर घटता है। यदि तरल, एक गैस है तब इसकी श्यानता, तापमान के बढ़ने के साथ बढ़ जाती है।

इस प्रकार वस्तु पर लगने वाला श्यान बल, तापमान में कमी के साथ घटता है।

57 *(b)* अपरूपण बल, F = तनाव

$$= mg = 9.8 \times 10^{-2} \text{ न्यूटन}$$

तरल का अपरूपण प्रतिबल

$$= F/A = \frac{9.8 \times 10^{-2}}{0.10}$$

$$\text{वेग प्रवणता} = \frac{v}{l} = \frac{0.085}{0.30 \times 10^{-3}}$$

श्यानता गुणांक,

$$\eta = \frac{\text{प्रतिबल}}{\text{वेग प्रवणता}} = 3.45 \times 10^{-3} \text{ पास्कल-से}$$

58 *(c)* $F_{\text{net}} = F_v + F_u - w$

$$Ma = 6\pi r\eta v + \frac{4}{3}\pi r^3 \sigma g - \frac{4}{3}\pi r^3 \rho g$$

$$a = \left(\frac{6\pi r\eta}{M}\right)v - \frac{4}{3}\pi r^3 g(\rho - \sigma)$$

$Y = mX + C$ से तुलना करने पर,

$$m = \tan\theta = \frac{6\pi r\eta}{M} = +\text{ve}$$

$$\text{और } C = -\frac{4}{3}\pi r^3 g(\rho - \sigma) = -\text{ve}$$

59 *(d)*

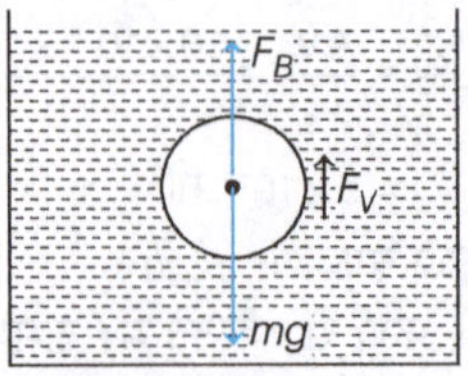

जब गोलाकार गेंद नियत वेग से चलती है तब,

$$F_B + F_v = mg$$

$$\Rightarrow \quad \sigma_2 V_g + F_v = mg$$

$$\Rightarrow \rho_2 \cdot \frac{m}{\rho_1} g + F_v = mg$$

$$\therefore \text{ श्यान बल, } F_v = mg\left(\frac{\rho_1 - \rho_2}{\rho_1}\right)$$

60 *(b)* द्रव के सापेक्ष, गोले का वेग ऊपर की ओर $2v_0$ है।

$\therefore$ गोले पर नीचे की ओर श्यान बल $6\pi\eta r 2v_0$ $= 12\pi\eta r v_0$ नीचे की ओर

61 *(b)* वर्षा की बूँद का सीमान्त वेग,

$$v \propto r^2 \Rightarrow \frac{r_1}{r_2} = \sqrt{\frac{9}{4}} = \frac{3}{2}$$

$\therefore$ वर्षा की बूँदों के आयतनों का अनुपात,

$$\frac{V_1}{V_2} = \left(\frac{r_1}{r_2}\right)^3 = \left(\frac{3}{2}\right)^3 = \frac{27}{8}$$

62 *(a)* स्टोक्स के नियम से, वर्षा की बूँद पर लगने वाला श्यान बल,

$$F_v = 6\pi\eta r v_t$$

$$= 6 \times \pi \times 18 \times 10^{-5} \times 0.03 \times 100$$

$$= 101.73 \times 10^{-4} \text{ डाइन}$$

63 *(d)* स्टोक के नियम से, मंदन बल, वेग के अनुक्रमानुपाती होती है। अतः प्रारम्भिक वेग में वृद्धि होगी। जब श्यान बल तथा उत्प्लावक बल, गुरुत्व बल के समान होते हैं तब शुद्ध बल तथा इसीलिए त्वरण शून्य हो जाते हैं। (इस स्थिति में) गोलाकार वस्तु एक नियत वेग से गति करती है जिसे सीमान्त वेग कहते हैं।

65 *(b)* सीमान्त वेग,

$$v_T = \frac{2a^2(\rho - \sigma)g}{9\eta}$$

$$6.5 \times 10^{-2} = \frac{2 \times (2 \times 10^{-3})^2 \times (8.9 - 1.5) \times 10^3 \times 9.8}{9\eta}$$

$$\eta = 9.9 \times 10^{-1} \text{ किग्रा-मी/से}$$

66 *(a)* सीमान्त वेग,

$$v_T = \frac{2}{9}\frac{r^2}{\eta}(d - \rho)g$$

$$\frac{v_P}{v_Q} = \frac{r_P^2}{r_Q^2} \times \frac{\eta_Q}{\eta_P} \times \frac{(d - \rho_P)}{(d - \rho_Q)}$$

$$\Rightarrow \quad \frac{v_P}{v_Q} = \left(\frac{1}{0.5}\right)^2 \times \left(\frac{2}{3}\right) \times \frac{(8 - 0.8)}{(8 - 1.6)}$$

$$\Rightarrow v_P : v_Q = 3:1$$

67 *(d)* चूँकि, द्रव के अन्दर द्रव अणु, सभी ओर से समान रूप से घिरा हुआ है, इसलिए पृष्ठ B के अणु पर शुद्ध बल शून्य होगा।

इस प्रकार विकल्प (d) में दिया गया कथन सही है जबकि शेष गलत हैं।

69 *(b)* द्रव फिल्म में दो पृष्ठ होते हैं। इसलिए ऊपर की ओर बल $= 2Tl$

प्रश्नानुसार, तार से लटके पिण्ड का भार (mg) = पृष्ठ तनाव $(2Tl)$ के कारण ऊपर की ओर बल,

$$m = \frac{2Tl}{g}$$

70 *(d)* प्रश्नानुसार, स्थिति को निम्न प्रकार दर्शाया जा सकता है,

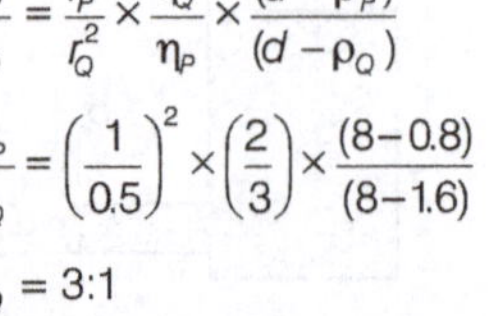

चित्र से,

$$S_{la}\cos\theta + S_{ls} = S_{sa}$$

$\because \theta > 90°$ तथा $\cos\theta$ ऋणात्मक है

इसका तात्पर्य यह है कि $S_{ls} > S_{la}$। अतः द्रव ठोस सतह पर नहीं फैलता है।

71 *(a)* पृष्ठ तनाव,

$$T = \frac{F}{2l} = \frac{2 \times 10^{-2}}{2 \times 10 \times 10^{-2}} = 0.1 \text{ न्यूटन/मी}$$

72 *(d)* छड़ी के एक ओर बल,

$F_1 = T_1 \times L = 0.07 \times 2 = 0.14$ न्यूटन

छड़ी की दूसरी ओर बल,

$F_2 = T_2 \times L = 0.06 \times 2 = 0.12$ न्यूटन

इस प्रकार, छड़ी पर कुल बल,

$= F_1 - F_2 = 0.14 - 0.12$

$= 0.02$ न्यूटन

73 *(a)* दो ग्लास प्लेटों को अलग करने के लिए आवश्यक बल,

$$F = \frac{2TA}{t}$$

$$= \frac{2 \times 70 \times 10^{-3} \times 10^{-2}}{0.05 \times 10^{-3}}$$

$= 28$ न्यूटन

74 *(d)* एक द्रव फिल्म के दो मुक्त पृष्ठ होते हैं

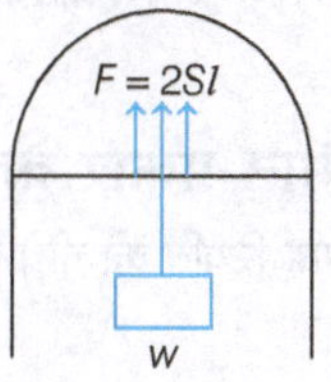

$\therefore \quad 2Sl = w$

$\Rightarrow \quad S = w/2l$

$$\Rightarrow \quad S = \frac{1.5 \times 10^{-2}}{2 \times 30 \times 10^{-2}}$$

$\therefore \quad S = 0.025$ न्यूटन/मी

75 *(c)* साबुन के बुलबुले के अन्दर आधिक्य दाब,

$$\Delta p = \frac{4S}{r} \Rightarrow \Delta p \propto \frac{1}{r}$$

चूँकि, तरल उच्च दाब से निम्न दाब की ओर प्रवाहित होता है, इसलिए वायु छोटे बुलबुले से बड़े बुलबुले की ओर प्रवाहित होती है।

76 *(d)* साबुन के बुलबुले के लिए, $\Delta p = \frac{4T}{R}$

$$\frac{\Delta p_1}{\Delta p_2} = \frac{R_2}{R_1} \Rightarrow \frac{R_2}{R_1} = \frac{0.01}{0.02}$$

$$\frac{S_1}{S_2} = \left(\frac{R_1}{R_2}\right)^2 = 4:1$$

77 *(b)* कृत कार्य $= 8\pi T[r_2^2 - r_1^2]$

$$= 8\pi T\left[\frac{D^2}{4} - \frac{d^2}{4}\right]$$

$$= 2\pi[D^2 - d^2]T$$

78 *(c)* $p_1 = \frac{4T}{R}, p_2 = \frac{2T}{R'}$

परन्तु, $4\pi R^2 d = \frac{4}{3}\pi R'^3$

$$R' = (3R^2 d)^{\frac{1}{3}}$$

$$\therefore \quad \frac{p_2}{p_1} = \frac{2T/R'}{4T/R} = \frac{R}{2R'}$$

$$\frac{p_2}{p_1} = \left(\frac{R}{24d}\right)^{1/3}$$

80 *(b)* यदि त्रिज्या में Δr, की वृद्धि होती है, तब अतिरिक्त पृष्ठीय ऊर्जा

$= |4\pi(r + \Delta r)^2 - 4\pi r^2| S$

$= (4\pi r^2 + 4\pi \Delta r^2 + 8\pi r \Delta r - 4\pi r^2)S$

$= 8\pi r \, \Delta r \, S$

(चूँकि, Δr^2 बहुत छोटा है, अतः इसे नगण्य मानने पर)

81 *(a)* बूँद का मुक्त पिण्ड आरेख (FBD)

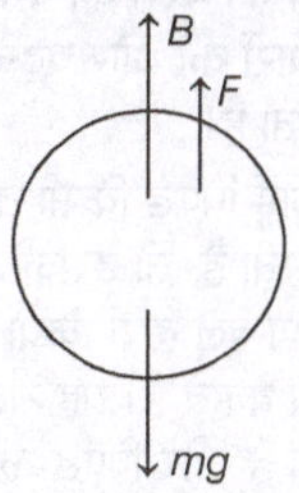

$B + F = mg$

[$B \rightarrow$ उत्पलावक बल]

$$\left(\frac{2}{3}\pi r^3\right)\rho g + T(2\pi r) = d\left(\frac{4}{3}\pi r^3\right)g$$

$$T(2\pi r) = \left(\frac{2}{3}\pi r^3\right)g\,[2d - \rho]$$

$$r = \sqrt{\frac{3T}{(2d - \rho)g}}$$

82 *(d)* पृष्ठ क्षेत्रफल में वृद्धि

$= 36\pi r^2 - 4\pi r^2 = 32\pi r^2$

चूँकि, बुलबुले के दो पृष्ठ होते हैं अतः पृष्ठ क्षेत्रफल में कुल वृद्धि $= 64\pi r^2$

$\therefore$ व्यय ऊर्जा = कृत कार्य

= पृष्ठ तनाव × क्षेत्रफल $= 64\pi\sigma r^2$

83 *(b)* बड़ी बूँद की त्रिज्या,

$$R = n^{1/3} r = 2^{1/3} r$$

$$\Rightarrow \quad \frac{r^2}{R^2} = 2^{-2/3}$$

$$\frac{\text{प्रारम्भिक पृष्ठीय ऊर्जा}}{\text{अन्तिम पृष्ठीय ऊर्जा}}$$

$$= \frac{2(4\pi r^2 T)}{(4\pi R^2 T)} = 2\left(\frac{r^2}{R^2}\right)$$

$$= 2 \times 2^{-2/3} = 2^{1/3} = 2^{1/3} : 1$$

84 *(b)* पानी की सतह के ठीक नीचे वायु के बुलबुले के अन्दर आधिक्य दाब, $p_1 = \frac{2T}{r}$ केवल मुक्त सतह के कारण होता है तथा बूँद के अन्दर आधिक्य दाब,

$$p_2 = \frac{2T}{r}$$

$\therefore \quad p_1 = p_2$

85 *(c)* बुलबुले के अन्दर दाब

$p_i = p_o + 2S/r$

$= 1.01 \times 10^5 + (2 \times 7.30 \times 10^{-2}/10^{-3})$

$= 1.01146 \times 10^5$ पास्कल

86 *(b)* बॉयल के नियम से,

$pV =$ नियतांक (k)

$$\Rightarrow \quad p = \frac{k}{V} \text{ या } \frac{dp}{dt} = k.\frac{d}{dt}\left(\frac{1}{V}\right)$$

$$\text{अतः } \frac{dp}{dt} = \frac{-kc}{V^2} \qquad \text{...(i)}$$

अब, $\frac{dV}{dt} = c$; से

या $\int dV = \int c\,dt$ या $V = ct$ ...(ii)

समी (i) व (ii) से,

$$\frac{dp}{dt} = \frac{-kc}{c^2 t^2} \Rightarrow dp = -\frac{k}{c}.t^{-2} dt$$

दोनों पक्षों का समाकलन करने पर,

$$\int dp = -\frac{k}{c}\int t^{-2} dt \Rightarrow p \propto \frac{1}{t}$$

87 *(c)* वायु के बुलबुले के अन्दर कुल दाब,

$p_t = p + p_o + h\rho g$

$$= \frac{2\sigma}{r} + p_o + h\rho g \quad \left(\because p = \frac{2\sigma}{r}\right)$$

88 *(b)* केशिका उन्नयन की ऊँचाई,

$$h \propto \frac{1}{r}$$

$$\Rightarrow \quad \frac{h_1}{h_2} = \left(\frac{r_2}{r_1}\right) = \frac{0.4}{0.3} = \frac{4}{3}$$

89 *(c)* केशिका नली के लिए,

$h_A = 1.8$ सेमी,

$d_B = 0.9 d_A$

केशिका उन्नयन की ऊँचाई,

$$h = \frac{2S\cos\theta}{\rho r g} \Rightarrow h \propto \frac{1}{r} \propto \frac{1}{d}$$

$$\therefore \quad \frac{h_B}{h_A} = \left(\frac{d_A}{d_B}\right) = \left(\frac{d_A}{0.9 d_A}\right) = \frac{10}{9}$$

$$\therefore \quad h_B = \frac{10}{9} \times h_A$$

$$= \frac{10 \times 1.8}{9} = 2 \text{ सेमी}$$

90 *(b)* किसी तरल में गैस के बुलबुले में आधिक्य दाब $2S/r$ होता है, जहाँ S, द्रव-गैस अन्तरापृष्ठ का पृष्ठ तनाव है। इस स्थिति में केवल एक तरल सतह है।

बुलबुले के बाहर दाब p_0 = वायुमण्डलीय दाब + 8 सेमी ऊँचाई वाले जल स्तम्भ के कारण दाब

$$p_0 = (1.01 \times 10^5 + 0.08 \times 1000 \times 9.8)$$
$$= 1.01784 \times 10^5 \text{ पास्कल}$$

91 *(d)* साबुन के विलयन का पृष्ठ तनाव S, शुद्ध जल तथा नली में केशिका अन्तरापृष्ठ की तुलना में कम होता है।

$$h = \frac{2S \cos\theta}{\rho r g}$$

इस प्रकार, साबुन के विलयन के लिए h का मान कम होता है।

दोनों स्थितियों में सम्पर्क कोण न्यून कोण होगा।

92 *(c)* चूँकि, $h \propto \frac{1}{r}$ या $\frac{r_1}{r_2} = \frac{h_2}{h_1} = \frac{6.6}{2.2} = \frac{3}{1}$

93 *(a)* केशिका नली में चढ़े द्रव की ऊँचाई,

$$h = \frac{2S\cos\theta_c}{\rho r g} \Rightarrow h \propto \frac{1}{r}$$

इस प्रकार, जब त्रिज्या दोगुनी कर दी जाती है, तब ऊँचाई आधी हो जाती है।

$$\therefore \quad h' = \frac{h}{2} \Rightarrow M = \rho \times \pi r^2 h$$

$$\therefore \quad M' = \rho\pi r'^2 h'$$

$$\therefore \quad \frac{M'}{M} = 2 \Rightarrow M' = 2M$$

94 *(b)* केशिका नली में पानी की ऊँचाई,

$$h = \frac{2S\cos\theta}{rdg}$$

जल स्तम्भ में चढ़े जल की स्थितिज ऊर्जा में वृद्धि,

$$\Delta E_P = mg\frac{h}{2} \quad \ldots(i)$$

तथा $\quad m = \pi r^2 hd$

समी (i) से,

$$\Delta E_p = (\pi r^2 hd)\left(\frac{hg}{2}\right) = \frac{\pi r^2 h^2 dg}{2}$$

अब, उत्पन्न ऊष्मा = स्थितिज ऊर्जा में वृद्धि

$$\Delta W = \Delta E_p = \frac{\pi r^2 h^2 dg}{2}$$

अभिकथन-कारण प्रश्न

2 *(a)* सांतत्य के समीकरण से, द्रव की आयतन प्रवाह दर अर्थात् $Q = Av$ = नियतांक

इस स्थिति में, ऊर्ध्वप्रवाह (ऊपर की ओर) के वेग में कमी के कारण अन्तरापृष्ठ के अनुप्रस्थ-काट के क्षेत्रफल में वृद्धि हो जाती है, जबकि जल के वेग में वृद्धि के कारण अनुप्रवाह (नीचे की ओर) के अनुप्रस्थ-काट के क्षेत्रफल में कमी हो जाती है।

3 *(a)* सर्दियों में मशीनों के पुर्जे जाम हो जाते हैं, क्योंकि मशीनों में उपयोग किए जाने वाले स्नेहक की श्यानता, तापमान कम होने पर बढ़ जाती है।

4 *(d)* अभिकथन गलत है, क्योंकि इस प्रकार के प्रवाह को स्तरीय प्रवाह (Laminar flow) कहते हैं। जब कोई तरल पदार्थ, पाइप या नली में प्रवाहित होता है, तो नली की अक्ष के साथ तरल पदार्थ की परत का वेग अधिकतम होता है और दीवारों की ओर बढ़ने पर धीरे-धीरे कम हो जाता है।

5 *(a)* जब कोई पिण्ड किसी तरल पदार्थ से होकर गुजरता है, तो इसकी गति का विरोध द्रव के घर्षण बल द्वारा किया जाता है जिसे द्रव का प्रतिरोध कहते हैं। यह सतह के लम्बवत् कार्य करता है और पिण्ड की गति बढ़ने पर बढ़ता है। इसी कारण एक ऑटोमोबाइल का आकार इस प्रकार डिजाइन किया जाता है कि यह उस तरल पदार्थ के धारा रेखीय प्रतिरूप जैसा दिखता है जिसके माध्यम से यह गति करता है ताकि वायु का घर्षण न्यूनतम हो। साथ ही तरल द्वारा लगाया जाने वाला प्रतिरोध कम होता है।

6 *(c)* किसी पिण्ड का भार, ऊपर की ओर लगने वाले दो बलों अर्थात् उत्प्लावन बल तथा श्यान बल द्वारा संतुलित होता है। किसी द्रव में सीमान्त वेग के बराबर वेग से गिरते पिण्ड पर कोई परिणामी बल कार्य नहीं करता है, क्योंकि यह बल (श्यान बल) पिण्ड के भार द्वारा संतुलित होता है।

7 *(a)* यदि द्रव तथा ठोस के बीच की पृष्ठीय ऊर्जा, ठोस-वायु और द्रव-वायु अन्तरापृष्ठ के बीच की पृष्ठीय ऊर्जाओं के योग से कम हो, तो द्रव ठोस सतह से चिपक जाएगा।

9 *(c)* द्रव की बूँद के अन्दर आधिक्य दाब, $p = \frac{2\sigma}{R}$ अर्थात् $p \propto \frac{1}{R}$ या

$$p \propto \frac{1}{\text{पृष्ठ क्षेत्रफल}}$$

कथन आधारित प्रश्न

2 *(d)* तरल पदार्थ आदि को मिलाने के लिए ऊष्मा विनिमय में विक्षोभ का उपयोग होता है।

3 *(b)* बरनौली प्रमेय के अनुप्रयोग का एक प्रतिबन्ध यह है कि तरल असम्पीडित होना चाहिए, क्योंकि तरल पदार्थों की प्रत्यास्थ ऊर्जा को भी ध्यान में नहीं रखा जाता है।

5 *(b)* एक तरल पदार्थ अनिश्चित अवधि के लिए स्पर्शरेखीय या अपरूपण प्रतिबल सहन नहीं कर सकता है।

यह तब प्रवाहित होना प्रारम्भ करता है, जब इस पर अपरूपण प्रतिबल आरोपित होता है।

आंकिक मान प्रकार के प्रश्न

1 *(20)* दी गई स्थिति को नीचे चित्र में दर्शाया गया है,

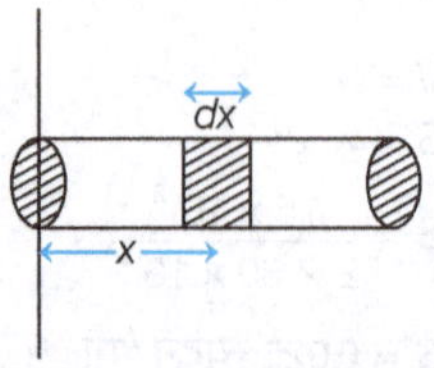

घूर्णन के कारण दूसरे सिरे पर तरल द्वारा आरोपित बल,

$$F = \int (dm)\omega^2 x$$

जहाँ, $dm = \frac{m}{L} \cdot dx$

$$\therefore \; F = \int_0^L \frac{m}{L} dx \cdot \omega^2 x = \frac{m}{L} \cdot \omega^2 \left[\frac{x^2}{2}\right]_0^L$$

$$F = \frac{m\omega^2 L}{2}$$

$$\omega = \sqrt{20F} = \sqrt{xF} \quad \text{(दिया है)}$$

$$\therefore \; x = 20$$

2 *(14)* बरनौलीं प्रमेय से,

$$\frac{p_1}{\rho}+gh_1+\frac{1}{2}v_1^2=\frac{p_2}{\rho}+gh_2+\frac{1}{2}v_2^2$$

$$\frac{p_1-p_2}{\rho}=g(h_2-h_1)+\frac{1}{2}(v_2^2-v_1^2)$$

$$\frac{4800}{800}=10\times(0-1.5)+\frac{1}{2}(v_2^2-v_1^2)$$

$$v_2^2-v_1^2=42 \qquad \ldots(i)$$

सांतत्य के समीकरण से,

$$a_1v_1=a_2v_2$$

$$av_1=\frac{a}{2}.v_2 \Rightarrow v_2=2v_1$$

समी (i) में मान रखकर हल करने पर,

$v_1=\sqrt{14}=\sqrt{x}$ (दिया है)

∴ $x=14$

3 *(4)*

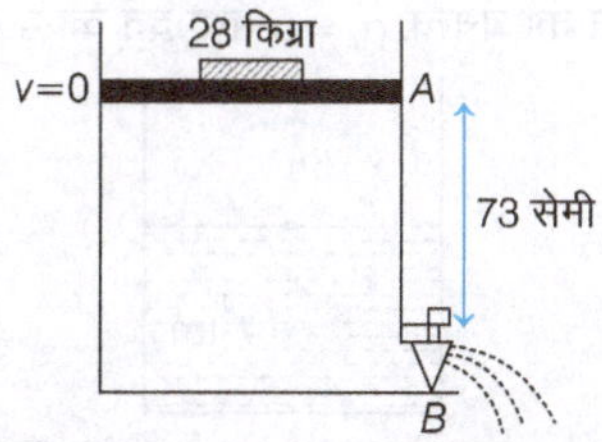

बरनौली समीकरण का उपयोग करने पर,

$$p_0+\frac{mg}{A}+\rho gh+\frac{\rho v_A^2}{2}=p_0+\frac{\rho v_B^2}{2}$$

$$\Rightarrow 0+\frac{(28)10}{0.4}+1000\times10\times0.73+\frac{\rho(0)^2}{2}$$

$$=0+\frac{1000\times v_B^2}{2}$$

$v_B=4$ मी/से

4 *(67)* श्यान बल,

$F=mg-$ उत्प्लावन बल

$F=mg-V\sigma g$

$F=mg-\frac{m}{\rho}\sigma g,$

$$F=80\times10^{-3}\times10\left[1-\frac{1.3}{8}\right]$$

अर्थात् $F=67\times10^{-2}$ न्यूटन

∵ $F=x\times10^{-2}$ न्यूटन (दिया है)

∴ $x=67$

5 *(25)* चूँकि, हम जानते हैं कि फिल्म का आयतन = फिल्म का क्षेत्रफल × मोटाई

परन्तु, फिल्म का आयतन = 10 गोलाकार बूँदों का आयतन

$$4t_T=10\times\frac{4}{3}\pi r^3=10^{-9} \text{ सेमी}^3$$

फिल्म की मोटाई, $t_T=\frac{10^{-9}}{4}$ सेमी

ओलिक अम्ल परत की मोटाई,

$=0.1\,t_T$

$=25\times10^{-14}$ मी

तुलना करने पर, $x\times10^{-14}$ मी,

$x=25$

6 *(9)* दी गई स्थिति को नीचे दर्शाया गया है

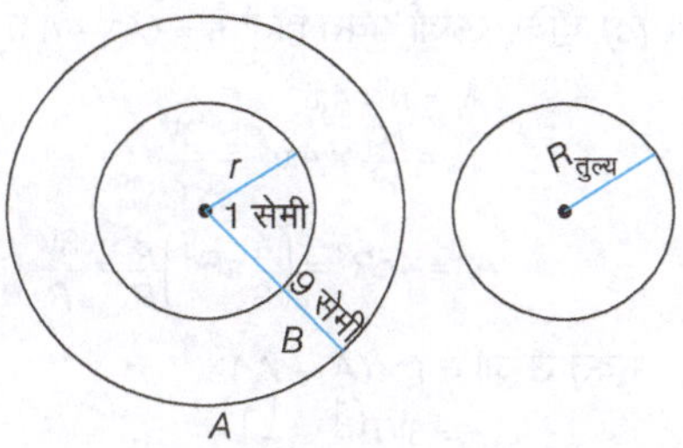

$r_A=9$ सेमी,

$r_B=1$ सेमी

साबुन के बुलबुले के अन्दर आधिक्य दाब

$$(\Delta_p)_{\text{excess}}=\frac{4S}{r_A}+\frac{4S}{r_B}$$

प्रश्नानुसार,

$$\frac{4S}{r_A}+\frac{4S}{r_B}=\frac{4S}{R_{\text{तुल्य}}}\Rightarrow\frac{1}{r_A}+\frac{1}{r_B}=\frac{1}{R_{\text{तुल्य}}}$$

$\Rightarrow$ $R_{\text{तुल्य}}=\frac{9}{10}=0.9$ सेमी $=9\times10^{-3}$ मी

$R_{\text{तुल्य}}=x\times10^{-3}$ मी (दिया है)

$\Rightarrow$ $x=9$

7 *(45)* केशिका नली में तरल की ऊँचाई

$$h=\frac{2S\cos\theta}{\rho gr}\Rightarrow S=\frac{\rho grh}{2\cos\theta}$$

$$S=\frac{900\times10\times10\times10^{-5}\times10\times10^{-2}}{2\times1}$$

$=45\times10^{-3}$ न्यूटन/मी

$=45$ मी न्यूटन/मी

NCERT Exemplar प्रश्न

1 *(c)* जब कंकड़ श्यान तेल के माध्यम से गिर रहा हो, तो श्यान बल, $F=6\pi\eta rv$

सर्वप्रथम वेग गुरुत्व के कारण बढ़ता है और फिर नियत हो जाता है। इसे सीमान्त वेग कहते हैं।

3 *(b)* जैसा कि हम जानते हैं तरल के धारा रेखीय प्रवाह के लिए, किसी विशेष स्थिति पर प्रत्येक कण का वेग स्थिर हो जाता है, क्योंकि प्रवाह की नली के दो अनुप्रस्थ-काटों के बीच $Av=$ नियतांक (सांतत्य का नियम)

7 *(b)* $\frac{4}{3}\pi R^3=N\times\frac{4}{3}\pi r^3\Rightarrow N=\frac{R^3}{r^3}$

अब, पृष्ठीय क्षेत्रफल में परिवर्तन,

$$\Delta A=4\pi(R^2-Nr^2)$$

मुक्त ऊर्जा $=S\times\Delta A$

$=S\times4\pi(R^2-Nr^2)$

मुक्त ऊर्जा $=ms\Delta\theta$

$$S\times4\pi(R^2-Nr^2)=\left(\frac{4}{3}\pi R^3\times\rho\right)s\Delta\theta$$

$$\Delta\theta=\frac{3S}{\rho s}\left(\frac{R^2}{R^3}-\frac{Nr^2}{R^3}\right)=\frac{3S}{\rho s}\left(\frac{1}{R}-\frac{1}{r}\right)$$

8 *(b)* वाष्प दाब = बूँद में आधिक्य दाब

$$p=\frac{2S}{R}$$

$$\Rightarrow R=\frac{2S}{p}=\frac{2\times7.28\times10^{-2}}{2.33\times10^{3}}$$

$=6.25\times10^{-5}$ मी

विगत परीक्षाओं के प्रश्न

1 *(a)* चकती की त्रिज्या, $r=4.5$ सेमी

$=4.5\times10^{-2}$ मी

पृष्ठ तनाव, $S=0.07$ न्यूटन/मी

वृत्ताकार चकती को पानी की सतह से अलग करने के लिए आवश्यक बल,

$$F=S\times2\pi r=0.07\times2\times3.14\times4.5\times10^{-2}$$

$=1.9782\times10^{-2}$ न्यूटन

$=19.8$ मिली-न्यूटन

2 *(b)* आवश्यक ऊर्जा की मात्रा,

$E=2SA$

$=2\times0.03\times4\pi(2\times10^{-2})^2$

$=3.01\times10^{-4}$ जूल

3 *(b)* $p_{\text{द्रव}}=p_{\text{पारा}}$

$\Rightarrow$ $h_l\rho_l g=h_m\rho_m g$

$$\Rightarrow \quad h_l=\frac{h_m\rho_m}{\rho_l}=\frac{0.76\times13600}{760}=13.6 \text{ मी}$$

4 *(b)* केशिका नली में पानी की ऊँचाई,

$$h=\frac{2S\cos\theta}{\rho gr}\Rightarrow h\propto\frac{1}{r}$$

$$\Rightarrow \quad \frac{h_1}{h_2}=\frac{r_2}{r_1}=\frac{2r}{r}=2$$

∵ $m=A\cdot h\cdot\rho$

$$\therefore \quad \frac{m_2}{m_1}=\frac{A_2h_2\rho}{A_1h_1\rho}=\frac{\pi(r_2)^2}{\pi(r_1)^2}\frac{h_2}{h_1}=\frac{4}{2}=2$$

$\Rightarrow$ $m_2=2\times m_1=10$ ग्राम

5 *(b)* बुलबुले के अन्दर दाब,

$$p_1 = p_0 + \frac{4S}{r} \quad \ldots(i)$$

पानी की सतह के नीचे Z_0 गहराई पर दाब,

$$p_2 = p_0 + Z_0\rho g \quad \ldots(ii)$$

समी (i) व (ii) से,

$$p_0 + \frac{4S}{r} = p_0 + Z_0\rho g$$

$$\Rightarrow \quad Z_0 = \frac{4S}{r\rho g}$$

$$\Rightarrow \quad Z_0 = \frac{4 \times 2.5 \times 10^{-2}}{1 \times 10^{-3} \times 10^3 \times 10} = 1 \text{ सेमी}$$

6 *(a)* उत्पादित ऊष्मा की दर $\frac{dQ}{dt} = F \times v_T$

जहाँ F, श्यान बल तथा v_T सीमान्त वेग है

$$\because \quad F = 6\pi\eta r v_T$$

$$\Rightarrow \quad \frac{dQ}{dt} = 6\pi\eta r v_T^2 \quad \ldots(i)$$

सीमान्त वेग के सम्बन्ध से,

$$v_T \propto r^2 \quad \ldots(ii)$$

समी (i) व (ii) से,

$$\frac{dQ}{dt} \propto r \cdot (r^2)^2$$

या $$\frac{dQ}{dt} \propto r^5$$

7 *(d)* $p_1 = p_2$

$$h_{\text{तेल}} \cdot \rho_{\text{तेल}}\, g = h_{\text{पानी}} \cdot \rho_{\text{पानी}} \cdot g$$

$$\rho_{\text{तेल}} = \frac{h_{\text{पानी}} \cdot \rho_{\text{पानी}} \cdot g}{h_{\text{तेल}} \cdot g}$$

चित्र से, $$\rho_{\text{तेल}} = \frac{(65 + 65) \times 1000}{(65 + 65 + 10)}$$

$$= 928 \text{ किग्रा/मी}^3$$

8 *(b)* दिया है, पृष्ठ क्षेत्रफल में परिवर्तन,

$$\Delta A = (5 \times 4 - 4 \times 2) \times 2$$

($\because$ फिल्म के दो पृष्ठ हैं)

$$= 24 \times 10^{-4} \text{ मी}^2$$

अतः कृत कार्य, $W = S \cdot \Delta A$

$$3 \times 10^{-4} = S \times 24 \times 10^{-4}$$

$$\therefore \quad S = \frac{1}{8} = 0.125 \text{ न्यूटन/मी}$$

9 *(b)* केशिका नली के लिए आरोहन सूत्र (ascent formula) के अनुसार,

$$h = \frac{2T\cos\theta}{\rho g r}$$

$$\therefore \quad \frac{\cos\theta_1}{\rho_1} = \frac{\cos\theta_2}{\rho_2} = \frac{\cos\theta_3}{\rho_3}$$

अतः $\cos\theta \propto \rho$

$$\therefore \quad \rho_1 > \rho_2 > \rho_3$$

$$\therefore \quad \cos\theta_1 > \cos\theta_2 > \cos\theta_3$$

$$0 \le \theta_1 < \theta_2 < \theta_3 < \frac{\pi}{2}$$

10 *(a)* $h = \frac{2\sigma}{\rho S R}$ या $R \propto \frac{1}{h}$

जब ऊँचाई घटती है, तब नवचन्द्रक (meniscus) की त्रिज्या बढ़ती है।

11 *(c)* चूँकि, ऊर्जा मुक्त होती है $= (A_i - A_f)T$

$$A_i = n \times 4\pi r^2$$

$$= \frac{R^3}{r^3} \times 4\pi r^2 = \frac{3V}{r}$$

$$A_f = 4\pi R^2 = \left(\frac{4}{3}\pi R^3\right)\frac{3}{R} = \frac{3V}{R}$$

मुक्त ऊर्जा $= T \times (A_i - A_f)$

$$= 3VT\left(\frac{1}{r} - \frac{1}{R}\right)$$

12 *(d)* दिया है,

हम जानते हैं कि साबुन के बुलबुले के अन्दर आधिक्य दाब,

$$\Delta p = \frac{4T}{r}$$

$$\Rightarrow \quad \frac{p_A}{p_B} = \frac{r_B}{r_A} \Rightarrow \frac{3}{1} = \frac{r_B}{r_A} \Rightarrow \frac{r_A}{r_B} = \frac{1}{3}$$

अतः, $$\frac{V_A}{V_B} = \frac{1}{27}$$

13 *(c)*

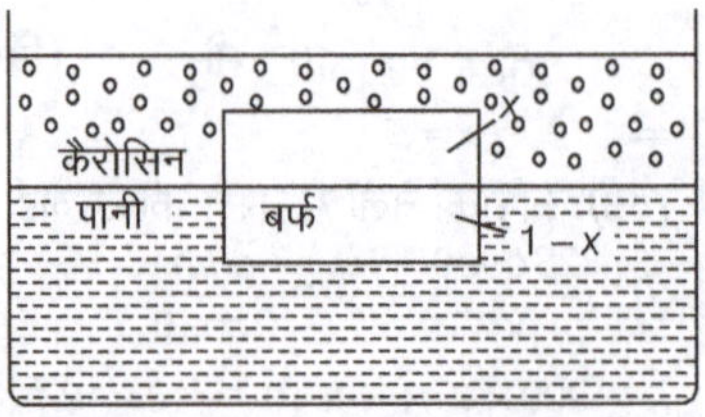

माना बर्फ के टुकड़े का x भाग कैरोसिन में है, तथा $1 - x$ भाग पानी में है।

तब, बर्फ के घन का भार = कैरोसिन द्वारा उत्क्षेप + बर्फ पर पानी द्वारा उत्क्षेप

$$\Rightarrow \quad V \cdot \rho_{\text{बर्फ}} \cdot g = xV \cdot \rho_{\text{कैरोसिन}} \cdot g$$

$$+ (1 - x)V \cdot \rho_{\text{पानी}} \cdot g$$

$$\Rightarrow \quad \rho_{\text{बर्फ}} = x\rho_{\text{कैरोसिन}} + (1 - x)\rho_{\text{पानी}}$$

$$\Rightarrow \quad \frac{\rho_{\text{बर्फ}}}{\rho_{\text{पानी}}} = x\left(\frac{\rho_{\text{कैरोसिन}}}{\rho_{\text{पानी}}}\right) + (1 - x)$$

मान रखने पर

$$0.9 = x0.8 + 1 - x$$

$$\Rightarrow \quad 0.2x = 0.1$$

$$\Rightarrow \quad x = 1/2$$

अतः शेष $\frac{1}{2}$ भाग पानी में है

$\therefore$ डूबे हुए आयतन का अनुपात $= \frac{1}{2} : \frac{1}{2}$ या 1 : 1

14 *(c)* $A_1 v_1 = A_2 v_2$

$$\Rightarrow \quad v_1 = \frac{A_2 v_2}{A}$$

$$= \frac{25 \times 10^{-6} \times 0.6}{1.5 \times 10^{-4}}$$

$$= 0.1 \text{ मी/से}$$

बरनौली प्रमेय के अनुसार,

$$p_A - p_B = \frac{1}{2}\rho(v_2^2 - v_1^2)$$

$$= \frac{1}{2} \times 1000[(0.6)^2 - (0.1)^2]$$

$$= 500[0.35] = 175.00$$

$$= 175 \text{ पास्कल}$$

15 *(a)* दिया है, द्रव की बूँद का घनत्व, $\rho_d = \rho$, द्रव का घनत्व, $\rho_l = \sigma$ तथा द्रव का पृष्ठ तनाव

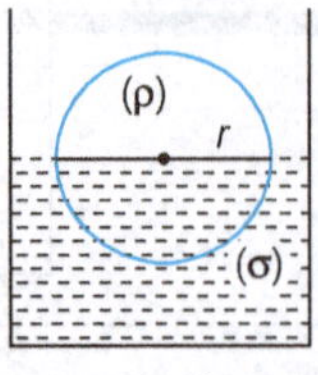

$$S = 7.5 \times 10^{-4} \text{ न्यूटन/सेमी}$$

$$= 7.5 \times 10^{-2} \text{ न्यूटन/मी}$$

पृष्ठ तनाव पर उत्प्लावक बल $= mg$

$$\Rightarrow \sigma\frac{V}{2}g + 2\pi RS = \rho v g$$

$$\Rightarrow \quad 2 \times R = \frac{(2\rho - \sigma)}{2} - \frac{4}{3}\pi R^3 g$$

$$= \sqrt{\frac{3T}{g(2\rho - \sigma)}} = \sqrt{\frac{3 \times 7.5 \times 10^{-2}}{10(2\rho - \sigma)}}$$

$$= \frac{15}{\sqrt{(2\rho - \sigma)}} \text{ सेमी}$$

16 *(a)*

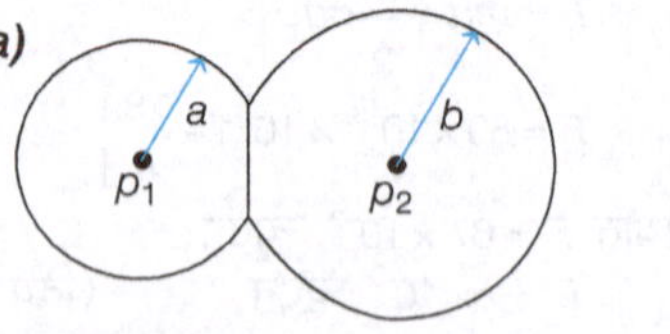

बुलबुले 1 के अन्दर दाब, $p_1 = p_0 + \frac{4S}{a}$

जहाँ, p_0, प्रारम्भिक दाब है

बुलबुले 2 के अन्दर दाब, $p_2 = p_0 + \frac{4S}{b}$

उभयनिष्ठ सतह पर आधिक्य दाब

$$p_{ex} = p_1 - p_2$$

माना उभयनिष्ठ सतह की त्रिज्या r है

$$\Rightarrow \quad \frac{4S}{r} = \left(p_0 + \frac{4S}{a}\right) - \left(p_0 + \frac{4S}{b}\right)$$

$$\Rightarrow \quad r = \frac{ab}{b - a}$$

17 *(d)* संयोजन से पूर्व

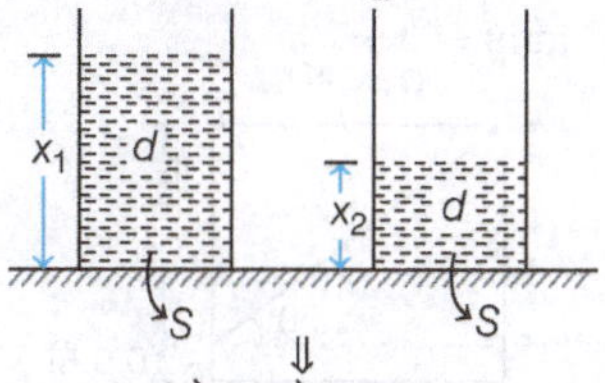

⇓

संयोजन से पश्चात्

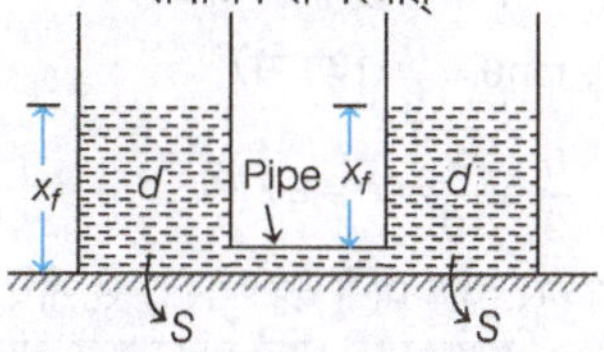

प्रारम्भिक आयतन के संरक्षण से,

$(V_{\text{निकाय}})_{\text{प्रारम्भिक}} = (V_{\text{निकाय}})_{\text{अंतिम}}$

$Sx_1 + Sx_2 = Sx_f + Sx_f$

$x_f = \frac{x_1 + x_2}{2}$ ...(i)

अब, निकाय की प्रारम्भिक ऊर्जा,

$(U_{\text{निकाय}})_{\text{प्रारम्भिक}} = M_1gh_1 + M_2gh_2$

$= dV_1gh_1 + dV_2gh_2$

$= dSx_1g\left(\frac{x_1}{2}\right) + dSx_2g\left(\frac{x_2}{2}\right)$

$= \frac{1}{2}dSg(x_1^2 + x_2^2)$ ...(ii)

निकाय की अंतिम ऊर्जा

$(U_{\text{निकाय}})_{\text{अंतिम}} = M'gh' + M'gh'$

$= dV'gh' + dV'gh'$

$= dSx_fg\left(\frac{x_f}{2}\right) + dSx_fg\left(\frac{x_f}{2}\right)$

$= dSgx_f^2 = dSg\left(\frac{x_1 + x_2}{2}\right)^2$ ...(iii)

[समी (i) से]

इस प्रकार निकाय की ऊर्जा में परिवर्तन

$\Delta U_{\text{निकाय}} = (U_{\text{निकाय}})_{\text{अंतिम}} - (U_{\text{निकाय}})_{\text{प्रारम्भिक}}$

$= -\frac{1}{4}gdS(x_2 - x_1)^2$

18 *(c)* खण्ड A व B के लिए, सांतत्य के समीकरण से, $A_Av_A = A_Bv_B$

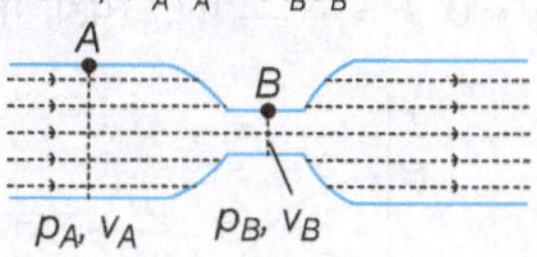

$\Rightarrow \quad 2v_A = v_B$ ...(i)

अब बरनौली समीकरण का उपयोग करने पर,

$\Rightarrow p_A - p_B = \frac{1}{2}\rho(v_B^2 - v_A^2)$

$\Rightarrow \quad 700 = \frac{1}{2} \times 1000\,(v_B^2 - v_A^2)$

$\Rightarrow v_B^2 - v_A^2 = 1.4$ ...(ii)

समी (i) व (ii) से,

$\Rightarrow \quad v_A = 68$ सेमी/से

पानी का आयतन प्रवाह दर

$= A_A \cdot v_A = 2720$ सेमी^{3}/से

स्किल बूस्टर्स

1 *(d)*

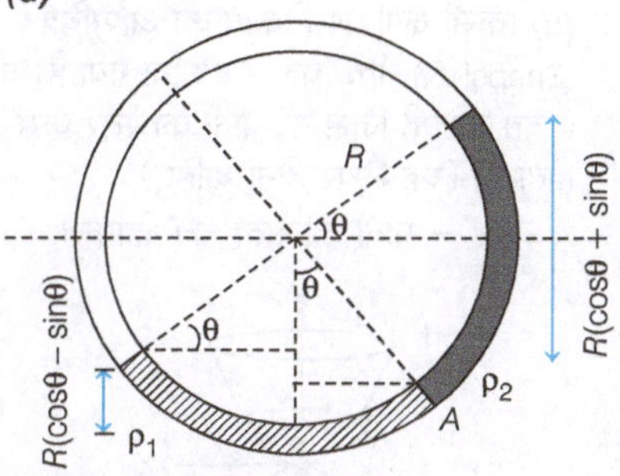

बिन्दु A पर संतुलित दाब,

$\rho_1gR(\cos\theta - \sin\theta) = \rho_2gR(\sin\theta + \cos\theta)$

$\frac{\rho_1}{\rho_2} = \frac{\sin\theta + \cos\theta}{\cos\theta - \sin\theta} = \frac{\tan\theta + 1}{1 - \tan\theta}$

$\rho_1 - \rho_1\tan\theta = \rho_2 + \rho_2\tan\theta$

$(\rho_1 + \rho_2)\tan\theta = \rho_1 - \rho_2$

$\theta = \tan^{-1}\left(\frac{\rho_1 - \rho_2}{\rho_1 + \rho_2}\right)$

2 *(a)* माना G छड़ का मध्य बिन्दु है तथा E, AB का मध्य बिन्दु है।

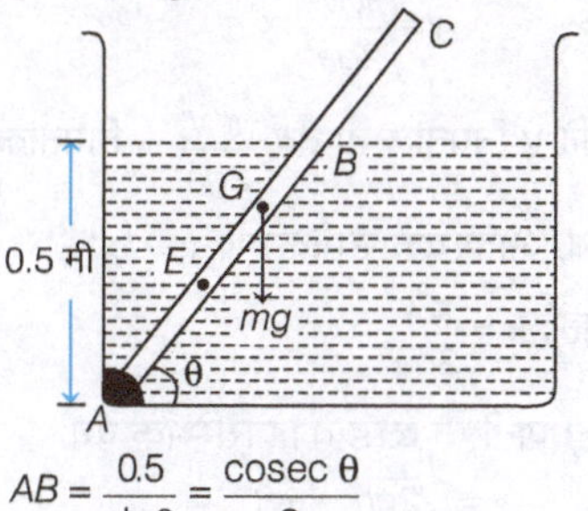

$AB = \frac{0.5}{\sin\theta} = \frac{\operatorname{cosec}\theta}{2}$

AB का आयतन $= \frac{10^{-2}}{2}\operatorname{cosec}\theta$

AB द्वारा हटाए गए जल का भार,

$w = \frac{(10^{-2}\operatorname{cosec}\theta)}{2} \times 10^3 \times 10$

$= 50\operatorname{cosec}\theta$

यह भार (w), बिन्दु E पर लम्बवत् ऊपर की ओर कार्य करने वाला उत्प्लावन बल है, जबकि छड़ का भार mg, बिन्दु G पर लम्बवत् नीचे की ओर है। अब बिन्दु A के परितः इन बलों का आघूर्ण लेने पर,

$(50\operatorname{cosec}\theta)(AE\cos\theta) = 50\,(AG\cos\theta)$

यहाँ, $AE = \frac{1}{2}AB = \frac{1}{4}\operatorname{cosec}$ तथा $AG = 1$

$\therefore \; 50 \times \frac{1}{4}\operatorname{cosec}^2\theta\cos\theta = 50\cos\theta$

$\operatorname{cosec}^2\theta = 4$

$\operatorname{cosec}\theta = 2$ या $\sin\theta = \frac{1}{2}$ या $\theta = 30°$

3 *(c)* $p_1 = p_0 + 10$ (पारे के सेमी में)

तथा $p_2 = p_0 + 5$ (पारे के सेमी में)

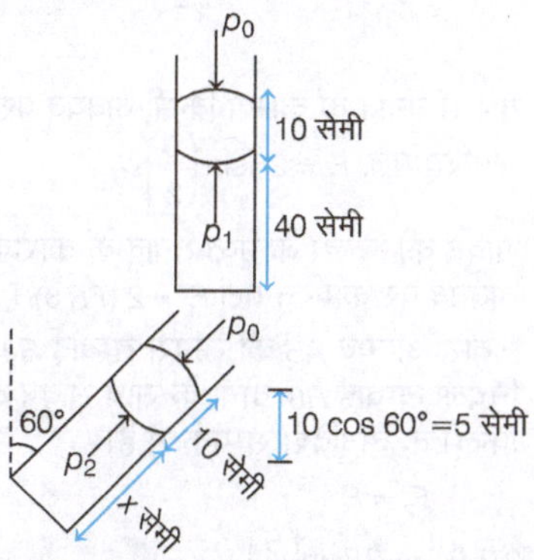

इस प्रक्रिया में, तापमान में कोई परिवर्तन नहीं होता है। इसलिए,

$p_1V_1 = p_2V_2$

$\therefore \; (p_0 + 10)\,40A = (p_0 + 5)xA$

$\Rightarrow \quad (76 + 10)\,40 = (76 + 5)x$

$x = \frac{86}{81} \times 40 = 42.47$ सेमी

4 *(b)* $d = 2R\cos\theta$

पानी-काँच के लिए,

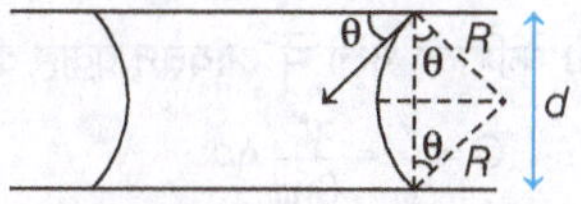

$\therefore \; d = 2R \Rightarrow R = \frac{d}{2}$

आधिक्य दाब, $\Delta p = T\left[\frac{1}{R_1} + \frac{1}{R_2}\right]$

यहाँ किसी एक सतह के लिए, $R_1 = R$

तथा दूसरी सतह के लिए, $R_2 = \infty$

$\therefore \quad \Delta p = \frac{T}{R} = \frac{2T}{d}$

$V = Ad \Rightarrow d = \frac{V}{A}$

$\therefore \quad \Delta p = \frac{2TA}{V}$ $\therefore$ बल, $F = A \cdot \Delta p = \frac{2TA^2}{V}$

5 ***(b)*** F, तार में तनाव है,

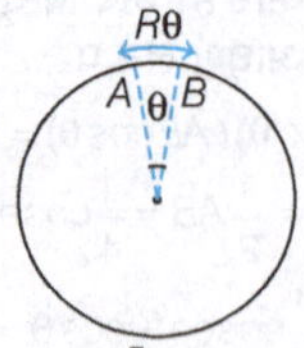

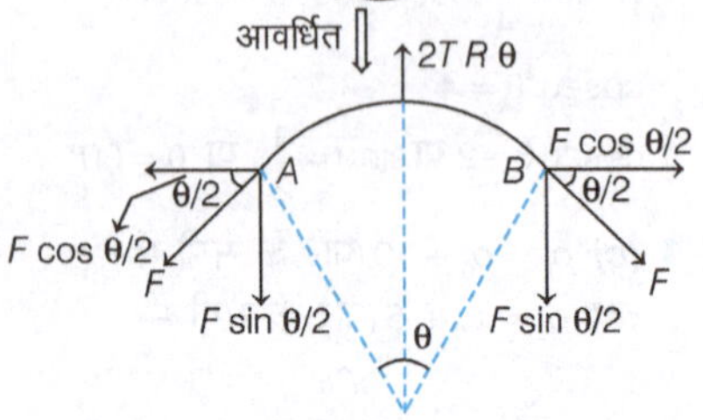

तार में तनाव के कारण किसी अवयव पर, कार्यरत् बल, $F_1 = 2F\sin\left(\frac{\theta}{2}\right)\downarrow$

साबुन की फिल्म के पृष्ठ तनाव के कारण अवयव पर कार्यरत् बल $F_2 = 2\,(TR\theta)\uparrow$

$\because$ तार, अवयव AB की ऊपरी लम्बाई $R\theta$ व निचली लम्बाई $R\theta$ दोनों के साथ साबुन की फिल्म के अनुदिश सम्पर्क में है।

$$F_2 = F_1$$

$$2(TR\theta) = 2F\sin\left(\frac{\theta}{2}\right)$$

$$2(TR\theta) = 2F\left(\frac{\theta}{2}\right) \left(\because \theta \text{ छोटा है}, \sin\frac{\theta}{2} = \frac{\theta}{2}\right)$$

$$F = 2TR$$

$$Y = \frac{FL}{A\Delta L} = \frac{FR}{A\Delta R}$$

$$\Delta R = \frac{FR}{AY} = (2TR)\frac{R}{AY}$$

$$\Delta R = \frac{2TR^2}{AY}$$

6 ***(c)*** केशिका नली में आयतन प्रवाह दर,

$$Q = \frac{V}{t} = \frac{\pi r^4}{8\eta l}\Delta p \qquad \text{...(i)}$$

$$\Delta p = \rho gh \qquad \text{...(ii)}$$

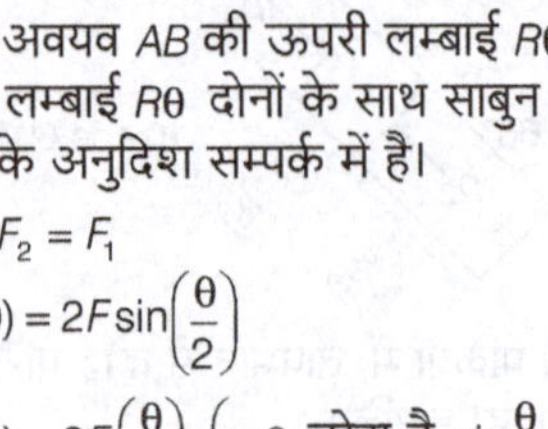

केशिका नली में आयतन प्रवाह दर,

$$\frac{V}{t} = A'v' = \pi r^2 v' \qquad \text{...(iii)}$$

समी (i) में समी (ii) से मान रखने पर,

$$\pi r^2 v' = \frac{\pi r^4}{8\eta l}.\rho gh \text{ या } v' = \frac{r^2\rho gh}{8\eta l} \qquad \text{...(iv)}$$

सांतत्य के समीकरण से,

$$v'A' = vA$$

$$\pi r^2 v' = v.\pi R^2$$

$$\Rightarrow \quad v = \frac{r^2}{R^2}.v'$$

$$\text{या} \quad v = \frac{r^2}{R^2}.\frac{r^2\rho gh}{8\eta l} = \frac{r^4\rho gh}{8R^2\eta l}$$

7 ***(d)*** किसी क्षण पर निकाय का आशुचित्र (Snapshot) नीचे चित्र में दर्शाया गया है। यहाँ v, वह चाल है जिस पर पानी का स्तर कम होता है। (यह स्थिर होना चाहिए)

$A = \pi x^2$ = पानी की सतह का क्षेत्रफल

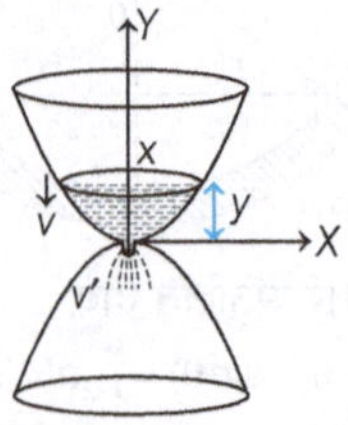

$v' = \sqrt{2gy}$ = छिद्र के माध्यम से पानी की चाल

a = छिद्र का क्षेत्रफल (दिया है)

इस क्षण पर सांतत्य समीकरण से

$$Av = av'$$

$$\pi x^2 v = a\sqrt{2gy}$$

$$2gy = \frac{\pi^2 x^4 v^2}{a^2}$$

$$\Rightarrow \quad y = \frac{\pi^2 v^2}{2ga^2}.x^4$$

यदि V नियतांक हो तब, $\frac{\pi^2 v^2}{2ga^2}$ = नियतांक $= k$

तब, आवश्यक समीकरण, $y = kx^4$

जहाँ, $k = \frac{\pi^2 v^2}{2ga^2}$

8 ***(a)*** पानी के ब्लेड का प्रारम्भिक वेग,

$$v = \sqrt{2gh} - \omega R$$

एकांक समय में ब्लेड पर लगने वाले पानी का द्रव्यमान,

$$m = \rho Av = \rho A(\sqrt{2gh} - \omega R)$$

टक्कर के पश्चात् ब्लेड के सापेक्ष पानी का वेग शून्य हो जाता है (दिया गया है)

$\therefore$ एकांक समय में संवेग में परिवर्तन $= mv$

न्यूटन के द्वितीय नियमानुसार, एकांक समय में आवश्य बल $= mv = \rho A(\sqrt{2gh} - \omega R)^2$

9 ***(c)*** हम जानते हैं कि

$$\tan\theta = \frac{a_0}{g} = \frac{9}{10}$$

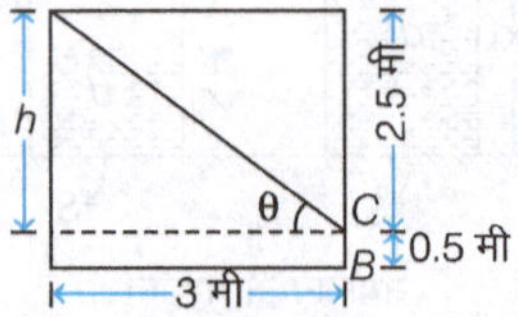

परन्तु, $\tan\theta = \frac{h}{3}$ (चित्र से)

$$\frac{h}{3} = \frac{9}{10} \Rightarrow h = 2.7 \text{ मी}$$

इस प्रकार, जब पानी का स्तर C से नीचे जाता है, तो C से थोड़ा भी पानी बाहर नहीं आता है।

पानी का प्रारम्भिक आयतन,

$$V_i = 3 \times 3 \times 2 = 18 \text{ मी}^3$$

पानी का अंतिम आयतन,

$$V_f = \frac{1}{2} \times 3 \times 2.7 \times 3 + 3 \times 0.3 \times 3$$

$$= 14.85 \text{ मी}^3$$

$\therefore$ छलकने वाले पानी का आयतन

$$= V_i - V_f = 18 - 14.85$$

$$= 3.15 \text{ मी}^3 = 3150 \text{ लीटर}$$

10 ***(b)*** बिन्दु, Q_2 पर दाब $= \rho g\,(H - y)$

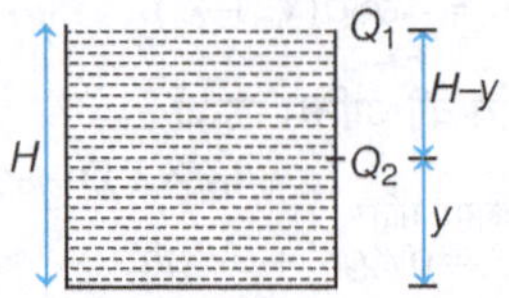

Q_1 व Q_2 के बीच क्षेत्रफल,

$$Q_2 = (H - y)\,(1) = H - y$$

Q_1 व Q_2 के बीच औसत बल $= \rho g\left(\frac{H-y}{2}\right)$

$\therefore$ आवश्यक बल, $F = \rho g\left(\frac{H-y}{2}\right)(H - y)$

$$= \frac{1}{2}\rho g(H - y)^2$$

$$\text{अतः} \qquad (H - y)^2 = \frac{2}{\rho g}F$$

$y = H, F = 0$ पर (यहाँ, गहराई $= 0$)

$y = 0,\ F = \frac{\rho gH^2}{2}$ पर, (यहाँ, गहराई $= h$)

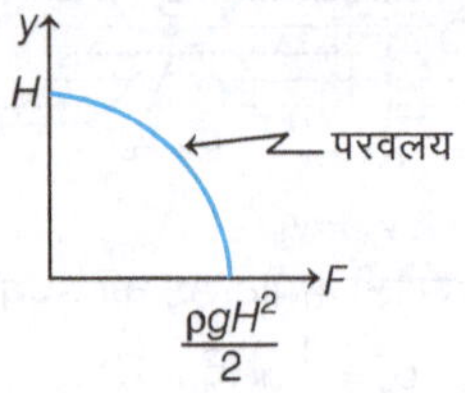

10

भौतिकी की Concept Master *Videos* के लिए *Scan* करें

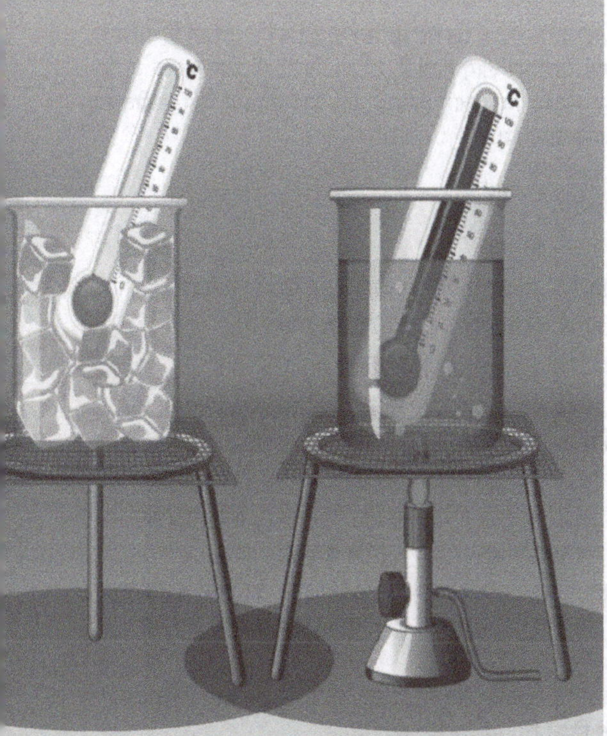

द्रव्य के तापीय गुण

Thermal Properties of Matter

5 वर्षों में NEET में पूछे गये शीर्षकवार प्रश्न

शीर्षक	वर्षवार प्रश्नों की संख्या				
	2024	2023	2022	2021	2020
तापमान और ऊष्मा	—	—	—	—	—
तापमान का मापन	—	—	—	—	—
आदर्श गैस समीकरण तथा परमताप	—	—	—	—	—
तापीय प्रसार	1	—	—	—	—
विशिष्ट ऊष्मा धारिता	—	—	—	—	1
ऊष्मामिति	—	—	—	—	—
अवस्था परिवर्तन	—	—	—	—	—
ऊष्मा स्थानान्तरण	—	—	1	—	1
न्यूटन का शीतलन नियम	—	—	—	1	—

NEET में विगत 5 वर्षों में पूछे गये विशेष प्रकार के प्रश्न

प्रकार	वर्ष				
	2024	2023	2022	2021	2020
अभिकथन-कारण	—	—	—	–	—
कथन आधारित	—	—	—	–	–
सुमेलन	—	—	—	—	—

NEET के विगत 5 वर्षों का भारांकन

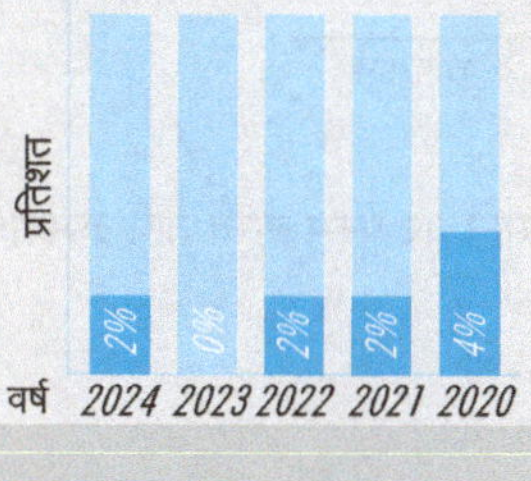

तापमान और ऊष्मा (Temperature and Heat)

- **ताप** वह गुण है जिसके आधार पर हम किसी पिण्ड के सापेक्ष अन्य किसी पिण्ड की तप्तता (Hotness) अथवा शीतलता (Coldness) का अनुमान लगाते हैं।
- एक पिण्ड जिसका ताप दूसरे पिण्ड की अपेक्षा अधिक होता है, उसे अधिक **तप्त** (Hotter) कहा जाता है। किसी तप्त बर्तन के तापमान को उच्च तथा बर्फ के टुकड़े के तापमान को निम्न कहा जाता है। **तप्त तथा शीत एक दूसरे से सम्बन्धित पद** है।
- ऊष्मा का स्थानान्तरण, निकाय तथा उसके परिवेशी माध्यम (Medium) के मध्य तब तक होता रहता है जब तक कि पिण्ड तथा इसका परिवेशी माध्यम समान तापमान पर न आ जाएँ।
- ऊष्मा ऊर्जा का एक रूप हैं जिसका स्थानान्तरण दो (अथवा अधिक) निकाय के बीच अथवा किसी निकाय तथा उसके परिवेश के बीच तापमान में अन्तर के कारण होता है।
- ऊर्जा का **SI मात्रक जूल (J)** जबकि **तापमान का SI मात्रक केल्विन (K)** होता है तथा **डिग्री सेल्सियस (°C)** सामान्य उपयोग में आने वाला तापमान का मात्रक है।
- जब किसी वस्तु को गर्म किया जाता हैं तो उसमें कई परिवर्तन हो सकते हैं। इसके तापमान में वृद्धि हो सकती है, इसमें प्रसार हो सकता है अथवा अवस्था में परिवर्तन हो सकता है।

तापमान का मापन (Measurement of Temperature)

- तापमान मापने के लिए जिन उपकरणों का उपयोग किया जाता है उन्हें **तापमापी** (Thermometers) कहा जाता है, जबकि तापमान मापन से सम्बन्धित विज्ञान को **थर्मोमेट्री** (Thermometry) कहा जाता है।
- पदार्थों के कई भौतिक गुणों में तापमान के साथ परिवर्तन होते हैं। इनमें से कुछ गुणों का उपयोग तापमापी बनाने के लिए आधार के रूप में किया जाता है। **सामान्य उपयोग में किये जाने वाला गुण "तापमान के साथ किसी द्रव के आयतन में परिवर्तन" है।**
- **सामान्यतः काँच तापमापियों** में पारा, ऐल्कोहॉल आदि का उपयोग किया जाता है, ऐसे द्रव पदार्थों का आयतन विस्तृत परास (Wide sange) में तापमान के साथ रैखिक रूप में परिवर्तित होता रहता है।
- किसी भी मानक मापक्रम को परिभाषित करने के लिए, दो नियत सन्दर्भ बिन्दुओं (Reference points) की आवश्यकता होती है।

- जल का **हिमांक** (Freezing) तथा भाप बिन्दु (Boiling point) दो सुविधाजनक नियत बिन्दु है, जिन्हें क्रमशः हिमांक तथा क्वथनांक कहते हैं। ये दो नियत बिन्दु वह तापमान है जिन पर शुद्ध जल, मानक दाब के अधीन जमता (Freeze) और उबलता (Boil) है।

हिमांक बिन्दु और भाप बिन्दु के विभिन्न पैमाने

पैमाना	हिमांक बिन्दु/निम्नतम सन्दर्भ बिन्दु	भाप बिन्दु/उच्चतम सन्दर्भ बिन्दु	मात्रक
सेल्सियस	0	100	°C
फॉरेनहाइट	32	212	°F
केल्विन	273.15	373.15	K

- फॉरेनहाइट तापमान t_F और सेल्सियस तापमान t_C के लिए दो पैमानों पर तापमान को रूपान्तरित करने के लिए निम्न सम्बन्ध होता है

$$\frac{t_F - 32}{180} = \frac{t_C}{100}$$

दोनों पैमानों के बीच अन्तर को नीचे दर्शाया गया है।

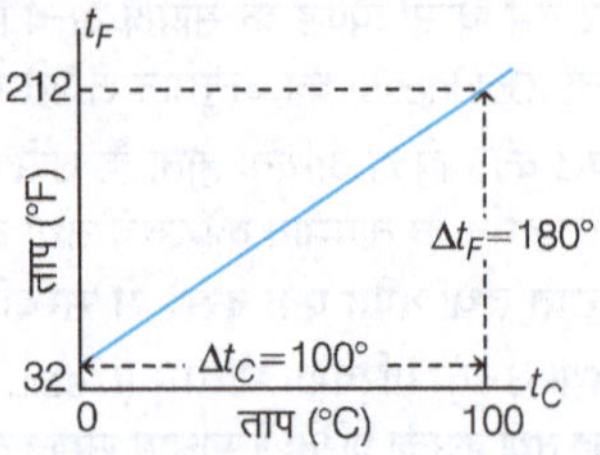

Marks Maximizer

दोषपूर्ण तापमापी से सही तापमान का मापन

$$\text{तापमान} = \frac{\text{दोषपूर्ण पैमाने पर तापमान पाठ्यांक} - \text{निम्नतम निश्चित बिन्दु}}{\text{उच्चतम निश्चित बिन्दु} - \text{निम्नतम निश्चित बिन्दु}}$$

आदर्श गैस समीकरण तथा परमताप

(Ideal Gas Equation and Absolute Temperature)

- प्रयोग दर्शाते हैं कि कम घनत्व पर सभी गैसें समान प्रसार व्यवहार प्रदर्शित करती हैं।
- वे चर जो गैस की दी गई राशि (द्रव्यमान) के व्यवहार का वर्णन करते हैं, दाब, आयतन तथा तापमान (p, V तथा T) होते हैं।
- हम जानते हैं, कि जब गैस के तापमान को नियत रखा जाता है, तब pV = नियतांक (**बॉयल नियम**) और जब गैस के दाब को नियत रखा जाता है, तब गैस की किसी दी गई मात्रा के लिए $\frac{V}{T}$ = नियतांक (**चार्ल्स नियम**)

  अतः $\frac{pV}{T}$ भी एक नियतांक होना चाहिए। इस सम्बन्ध को **आदर्श गैस नियम** कहते हैं।

- इसे अधिक सामान्य रूप में लिखा जा सकता है। यह न केवल किसी एक गैस की दी गई मात्रा पर लागू होता है, बल्कि किसी भी कम घनत्व वाली गैस की किसी भी मात्रा पर लागू होता है और इसे **आदर्श गैस समीकरण** के रूप में जाना जाता है।

  अर्थात् $\frac{pV}{T} = \mu R$

  अथवा $pV = \mu RT$

  जहाँ, p = दाब, T = तापमान, V = आयतन, μ = गैस के प्रतिदर्श में मोल की संख्या तथा R को **सार्वत्रिक गैस नियतांक** कहते हैं।

  R = 8.31 जूल/मोल केल्विन

- आदर्श गैस समीकरण से, हमें ज्ञात होता है कि दाब तथा आयतन का गुणनफल सीधे ताप के अनुक्रमानुपाती होता हैं।

  अर्थात् $pV \propto T$

- यह सम्बन्ध, $pV \propto T$ किसी नियत आयतन गैस तापमापी के तापमान मापन के लिए गैस का उपयोग करने की अनुमति देता है।
- किसी गैस का आयतन नियत रखने पर, $p \propto T$ प्राप्त होता है। इस प्रकार, किसी नियत आयतन गैस तापमापी में, ताप को दाब के पदों में मापा जाता है।
- नियत आयतन पर रखी किसी कम घनत्व की गैस द्वारा **दाब तथा आयतन के बीच ग्राफ** निम्न चित्र में दर्शाया गया है

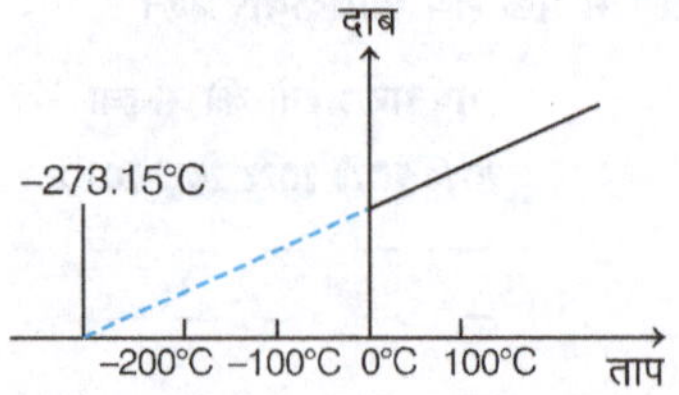

निम्न तापमान पर, वास्तविक गैसों पर मापन आदर्श गैस नियम द्वारा पूर्वानुमानित मानों से विचलित हो जाते हैं।

लेकिन यह सम्बन्ध विस्तृत ताप परास में रैखिक है तथा ऐसा प्रतीत होता है कि यदि गैस गैसीय अवस्था में ही बनी रहें तो तापमान घटने के साथ दाब शून्य तक पहुँच सकता है।

- कम घनत्व की गैसों के लिए रेखाओं का बहिर्वेशन (Extrapolation) उसी तापमान – 273.15°C को इंगित करता है जिसे **परम शून्य ताप** कहा जाता है। केल्विन पैमाने पर इसका मान 0 केल्विन है।

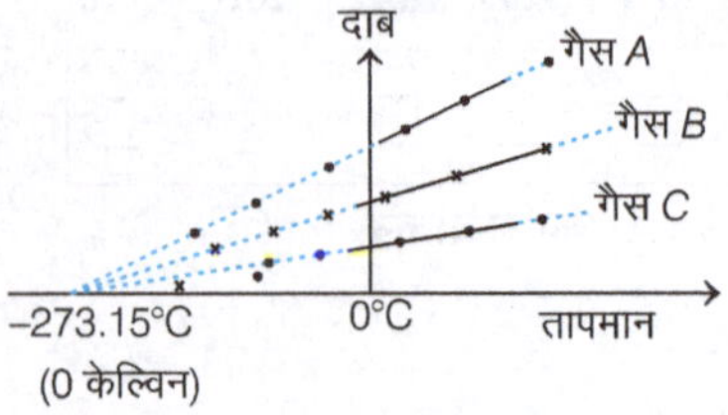

- केल्विन, सेल्सियस तथा फॉरेनहाइट ताप पैमाने पर परम शून्य ताप क्रमशः 0K, – 273.15°C तथा – 459.69°F होता है।

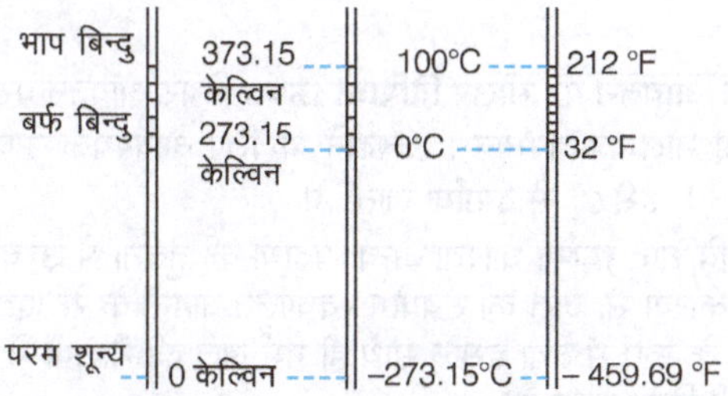

उपरोक्त चित्र, केल्विन, सेल्सियस, तथा फॉरेनहाइट तापमान पैमानों में तुलना को दर्शाता है।

- केल्विन तथा सेल्सियस तापमान पैमानों में मात्रक का आकार समान है, अतः इन पैमानों पर तापमान निम्न प्रकार सम्बन्धित होते हैं

$$T = T_c + 273.15$$

तापीय प्रसार (Thermal Expansion)

- किसी पिण्ड के तापमान में वृद्धि होने पर उसकी विमाओं में वृद्धि होने को **तापीय प्रसार**, कहते है। यह ठोसों, द्रवों तथा गैसो में होता है।
- **ठोसों में**, तापीय प्रसार लम्बाई, क्षेत्रफल तथा आयतन में होता है।
- **द्रवों तथा गैसों** में केवल आयतन प्रसार होता हैं क्योंकि ये कोई निश्चित आकार नहीं रखते हैं।
- **गैसों में**, किसी भी क्षण पर गैस की अवस्था उसके आयतन, तापमान तथा दाब पर निर्भर करती है।

अतः गैस को नियत आयतन अथवा नियत दाब पर गर्म कर सकते है।

ठोसों में तापीय प्रसार के प्रकार (Types of Thermal Expansion in Solid)

- ये तीन प्रकार के होते हैं, जैसे कि नीचे दिया गया है।

(i) **रैखिक प्रसार** (Linear Expansion) किसी पिण्ड के तापमान में वृद्धि के कारण लम्बाई में होने वाले प्रसार को रैखिक प्रसार कहते है।

तापमान (Δt) में वृद्धि के कारण किसी पिण्ड की लम्बाई (Δl) में होने वाले प्रसार को निम्न सूत्र से व्यक्त किया गया है

$$\frac{\Delta l}{l} = \alpha\,\Delta t \Rightarrow \alpha = \frac{\Delta l}{l\Delta T}$$

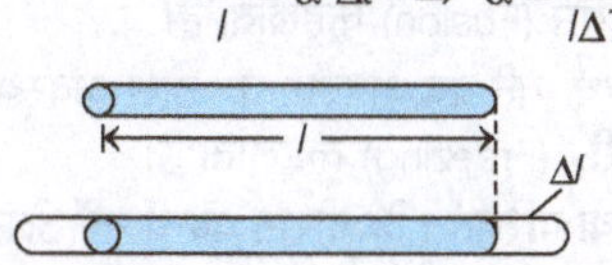

जहाँ, α रैखिक प्रसार गुणांक है।

सामान्यतः धातुएँ अधिक प्रसारित होती है और α_l के मान अपेक्षाकृत अधिक होते हैं।

(ii) **क्षेत्र प्रसार** (Area Expansion) किसी पिण्ड के तापमान में वृद्धि के कारण क्षेत्र में होने वाले प्रसार को क्षेत्र प्रसार कहते हैं। तापमान (Δt) में वृद्धि के कारण किसी पिण्ड के क्षेत्र (ΔA) में होने वाले प्रसार को निम्न सूत्र द्वारा व्यक्त किया गया है

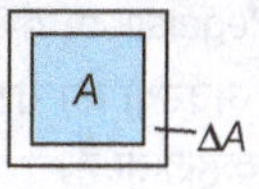

$$\frac{\Delta A}{A} = \beta\Delta T = 2\alpha\Delta T \qquad [\because \beta = 2\alpha]$$

$$\Rightarrow \quad \beta = \frac{\Delta A}{A\Delta T}$$ जहाँ, β क्षेत्र प्रसार गुणांक है।

(iii) **आयतन प्रसार** (Volume Expansion) किसी पिण्ड के तापमान में वृद्धि के कारण आयतन में होने वाले प्रसार को आयतन प्रसार कहते है। तापमान (Δt) में वृद्धि के कारण किसी पिण्ड के आयतन (ΔV) में होने वाले प्रसार को निम्न सूत्र द्वारा व्यक्त किया जाता है

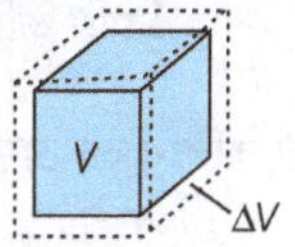

$$\frac{\Delta V}{V} = \gamma\Delta T = 3\alpha\Delta T \qquad [\because \gamma = 3\alpha]$$

$$\gamma = \frac{\Delta V}{V\Delta T}$$

जहाँ, γ आयतन प्रसार गुणांक है।

- α, β और γ के मात्रक $°C^{-1}$ या K^{-1} के समान हैं।
- α, β या γ का मान धातुओं की प्रकृति पर निर्भर करता है।
- α, β और γ का सम्बन्ध इस प्रकार दिया गया है, $\alpha : \beta : \gamma = 1 : 2 : 3$

जल का असामान्य विस्तार (Anomalous Expansion of Water)

सामान्य स्थिति में, पदार्थ गर्म करने पर फैलता है और ठण्डा करने पर सिकुड़ता है लेकिन पानी या जल की स्थिति में, यह 0°C से 4°C के बीच गर्म करने पर सिकुडता है। (अर्थात् इस सीमा में, आयतन प्रसार गुणांक ऋणात्मक होता है) अर्थात् कमरे के तापमान से ठण्डा करने पर पानी की एक निश्चित मात्रा का आयतन कम हो जाता है जैसा कि चित्र (a) में दिखाया गया है। 4°C से नीचे, आयतन में वृद्धि होती है और इसलिए, घनत्व घट जाता है जैसा कि चित्र (b) में दिखाया गया है ।

इस प्रकार, इसका अर्थ है जल एक असामान्य व्यवहार प्रदर्शित करता है। **4°C पर जल का घनत्व अधिकतम होता हैं।**

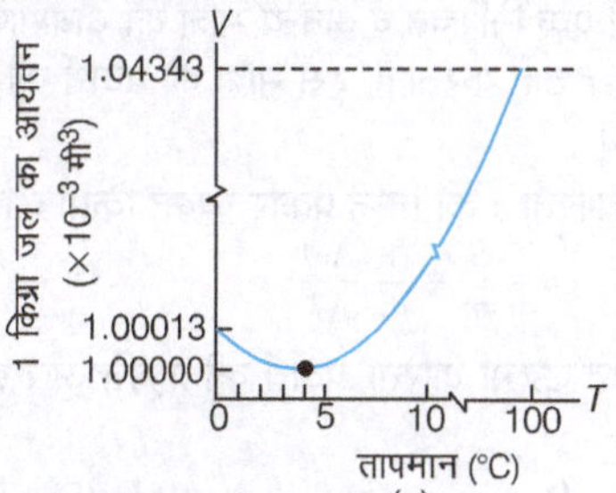

(a)

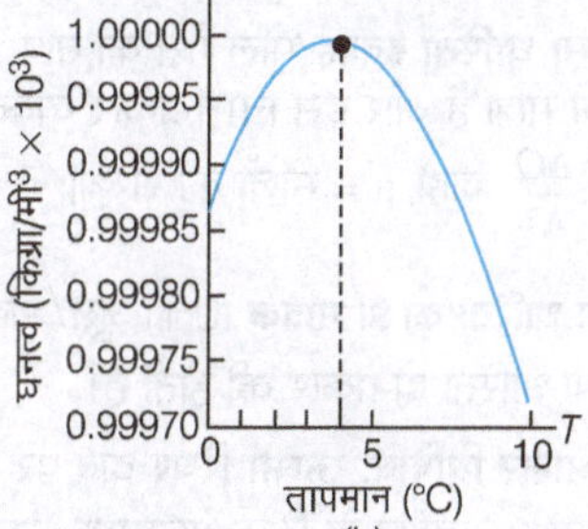

(b)

जल का तापीय प्रसार

- सामान्य ताप पर, ठोसों तथा द्रवों की अपेक्षा गैसों में अपेक्षाकृत अधिक प्रसार होता है।
- द्रवों के लिए आयतन प्रसार गुणांक अपेक्षाकृत ताप पर निर्भर नहीं करता है। परन्तु गैसों के लिए यह ताप पर निर्भर करता है।
- आदर्श गैस के लिए, नियत दाब पर आयतन प्रसार गुणांक निम्न प्रकार दिया गया है

$$\gamma = \frac{1}{T} \text{ प्रति केल्विन}$$

0°C पर, $\gamma = 3.7 \times 10^{-3}$ प्रति केल्विन जो ठोसों तथा द्रवों की तुलना में बहुत अधिक है।

तापीय प्रतिबल (Thermal Stress)

- जब किसी धातु की छड़ (Metal rod) जिसके सिरे स्थिर होते हैं को गर्म किया जाता है तो छड़ में सम्पीडन विकृति उत्पन्न हो जाती है। तापमान में वृद्धि के कारण छड़ में उत्पन्न प्रतिबल को **तापीय प्रतिबल** कहा जाता है।

तापीय प्रतिबल $= Y \frac{\Delta l}{l} = Y\alpha \, \Delta T$

जहाँ, Y = यंग प्रत्यास्थता गुणांक, ΔT = ताप में परिवर्तन, Δl = लम्बाई में परिवर्तन और α = धातुएँ का रैखिक प्रसार

विशिष्ट ऊष्मा धारिता (Specific Heat Capacity)

- किसी पदार्थ के ताप में परिवर्तन, जब पदार्थ द्वारा ऊष्मा की एक निश्चित मात्रा अवशोषित अथवा अस्वीकार (reject) की जाती है, तो उस को पदार्थ की **ऊष्मा धारिता** कहा जाता है।

किसी पदार्थ की ऊष्मा धारिता, $S = \frac{\Delta Q}{\Delta T}$ दी गई है, जहाँ ΔQ पदार्थ के ताप में T से $T + \Delta T$ तक परिवर्तन करने के लिए पदार्थ को प्रदान की गई आवश्यक ऊष्मा की मात्रा है।

- किसी पदार्थ के एकांक द्रव्यमान में एकांक ताप-परिवर्तन के लिए वह पदार्थ ऊष्मा की एक निश्चित व अनन्य मात्रा का अवशोषण अथवा बहिष्करण (Given off) करता है, इस मात्रा को पदार्थ की **विशिष्ट ऊष्मा धारिता** कहते हैं।
- विशिष्ट ऊष्मा धारिता s को निम्न प्रकार व्यक्त किया जाता है

$$s = \frac{S}{m} = \frac{1}{m} \cdot \frac{\Delta Q}{\Delta T}$$

NEET 2020

- पदार्थ की विशिष्ट ऊष्मा धारिता, पदार्थ की प्रकृति और इसके ताप पर निर्भर करती है।
- **विशिष्ट ऊष्मा धारिता का SI मात्रक** (Unit) जूल/किग्रा – केल्विन है।
- **मोलर विशिष्ट ऊष्मा धारिता** इकाई मोल गैस का ताप 1°C बढ़ाने के लिए आवश्यक ऊष्मा की मात्रा है और इसे निम्न प्रकार व्यक्त किया जाता है

$$c = \frac{S}{\mu} = \frac{1}{\mu} \cdot \frac{\Delta Q}{\Delta T} \quad \text{जहाँ, } \mu = \text{ मोलों की संख्या}$$

मोलर विशिष्ट ऊष्मा धारिता का SI मात्रक (Unit) जूल/मोल केल्विन होता है।

- मोलर विशिष्ट ऊष्मा धारिता दो प्रकार की होती है।

(i) **स्थिर दाब पर मोलर विशिष्ट ऊष्मा** स्थिर दाब पर गैस के इकाई मोल का तापमान 1°C बढ़ाने के लिए आवश्यक ऊष्मा की मात्रा है। इसे C_p से दर्शाया जाता है।

(ii) **स्थिर आयतन पर मोलर विशिष्ट ऊष्मा** स्थिर आयतन पर गैस के इकाई मोल का तापमान 1°C बढ़ाने के लिए आवश्यक ऊष्मा की मात्रा है। इसे C_V से दर्शाया जाता है।

- जल की विशिष्ट ऊष्मा धारिता अन्य पदार्थों की तुलना में उच्चतम होती है। इस कारण से, जल का उपयोग स्वचालित वाहनों के रेडिएटरों में शीतलक के रूप में तथा इसके साथ ही गर्म जल की थैलियों में हीटर के रूप में भी किया जाता है।
- उच्च विशिष्ट ऊष्मा धारिता के कारण, गर्मियों के दौरान जमीन की तुलना में जल अधिक धीरे-धीरे गर्म होता है जिसके परिणामस्वरूप समुद्र से आने वाली वायु शीतलन प्रभाव देती है।

ऊष्मामिति (Calorimetry)

- **ऊष्मामिति** (Calorimetry) का अर्थ है ऊष्मा का मापन, अर्थात् यह किसी पदार्थ की विशिष्ट ऊष्मा या गुप्त ऊष्मा को मापनें की एक विधि है। वह उपकरण जिससे ऊष्मा का मापन किया जा सकता है, **कैलोरीमीटर** कहलाता है।
- जब कोई उच्च ताप का पिण्ड किसी निम्न ताप के पिण्ड के सम्पर्क में लाया जाता है, तो गर्म पिण्ड द्वारा लुप्त ऊष्मा, ठण्डे पिण्ड द्वारा लब्धि ऊष्मा के बराबर होती है, बशर्ते कि ऊष्मा का कोई भी भाग परिवेश में पलायन न करें।

ऊष्मामिति के सिद्धान्त के अनुसार

अधिक गर्म वस्तु द्वारा लुप्त ऊष्मा = अधिक ठण्डी वस्तु द्वारा ऊष्मा लब्धि

$m_1 s_1 \Delta T_1 = m_2 s_2 \Delta T_2$

जहाँ, m_1 = गर्म वस्तु का द्रव्यमान, m_2 = ठण्डी वस्तु का द्रव्यमान

s_1 = गर्म वस्तु की विशिष्ट ऊष्मा

और s_2 = ठण्डी वस्तु की विशिष्ट ऊष्मा

अवस्था परिवर्तन (Change of State)

- सामान्य रूप में द्रव्य की तीन अवस्थाएँ होती हैं; ठोस, द्रव तथा गैस। इन अवस्थाओं में से किसी एक अवस्था से दूसरी अवस्था में संक्रमण (Transition) को अवस्था परिवर्तन कहते हैं।
- स्थिर ताप पर पदार्थ का ठोस अवस्था से द्रव अवस्था में परिवर्तन **गलन** (Melting) या **संलयन** (Fusion) कहलाता है।
- स्थिर ताप पर पदार्थ की द्रव अवस्था का ठोस अवस्था में परिवर्तन **फ्रीजिंग (हिमकारी)** (Freezing) कहलाता है।
- ठोस से द्रव अवस्था परिवर्तन के दौरान पदार्थ की ठोस तथा द्रव दोनों अवस्थाएँ ठोस तथा द्रव तापीय साम्य (Thermal equilibrium) में सहवर्ती (Co-exist) होती है।
- वह ताप जिस पर किसी पदार्थ की ठोस तथा द्रव अवस्थाएँ परस्पर तापीय साम्य में होती हैं उसे उस पदार्थ का **गलनांक** (Melting point) कहते है।
- मानक वायुमण्डलीय दाब पर किसी पदार्थ के गलनांक को **प्रसामान्य** (Normal) **गलनांक** कहते है।
- वह घटना जिसमें दाब बढ़ने पर बर्फ पिघलती है और दाब घटने पर पुनः जम जाती है, **पुनर्हिमायन** (Regelation) कहलाती है।
- स्थिर ताप पर पदार्थ की द्रव अवस्था का गैस अवस्था में परिवर्तन **वाष्पीकरण** (Vaporisation) कहलाता है।

- वाष्पीकरण के दौरान, पदार्थ की द्रव तथा गैस दोनों अवस्थाएँ तापीय साम्यावस्था (Thermal equilibrium) में सहवर्ती होती है। वह ताप जिस पर किसी पदार्थ की द्रव तथा वाष्प दोनों अवस्थाएँ तापीय साम्यावस्था में परस्पर सहवर्ती होती हैं उसे उस पदार्थ का **क्वथनांक** (Boiling point) कहते है।
- क्वथनांक दाब के बढ़ने पर बढ़ता है तथा दाब के घटने पर घटता है।
- मानक वायुमण्डलीय दाब पर किसी पदार्थ के क्वथनांक को **प्रसामान्य क्वथनांक** (Normal boiling point) कहते है।
- द्रव अवस्था से गुजरे बिना किसी पदार्थ का ठोस अवस्था से वाष्प अवस्था में, परिवर्तन **ऊर्ध्वपातन** (Sublimation) कहलाता है तथा ऐसे पदार्थ को ऊर्ध्वपातज (Sublime) पदार्थ कहते हैं।
- ऊर्ध्वपातन की प्रक्रिया के दौरान किसी पदार्थ की ठोस तथा वाष्प दोनों अवस्थाएँ तापीय साम्यावस्था में सहवर्ती होती है।

किसी पदार्थ का ताप उसकी अवस्था परिवर्तन (प्रावस्था परिवर्तन) की अवधि में नियत रहता है। नीचे दिखाए गए चित्र में जल का प्रावस्था (Phase) आरेख दर्शाया गया हैं।

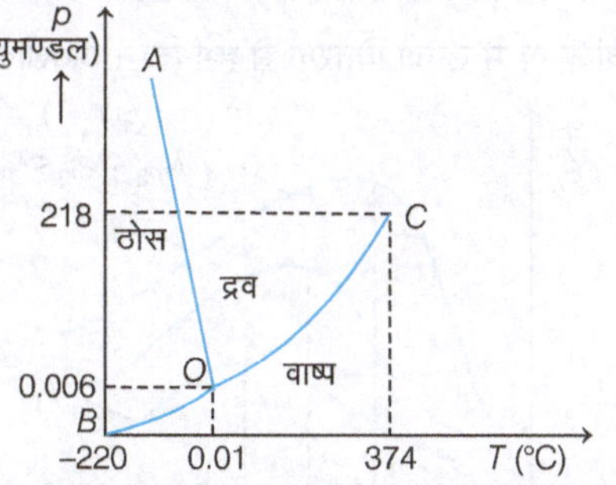

(i) प्रावस्था आरेख (Phase diagram) p-T तल को **ठोस क्षेत्र, वाष्प क्षेत्र** तथा **द्रव क्षेत्र** में विभाजित करता है।

(ii) इन क्षेत्रों को वक्रों जैसे **ऊर्ध्वपातन वक्र** (BO) **संगलन वक्र** (AO) तथा **वाष्पन वक्र** (CO) द्वारा पृथक किया जाता है।

(iii) ऊर्ध्वपातन वक्र BO पर बिन्दु ऐसी अवस्थाओं को दर्शाते हैं जिस पर ठोस तथा वाष्प प्रावस्थाएँ सहवर्ती होती है। सगंलन वक्र AO पर बिन्दु उस अवस्था को दर्शाते हैं जिसमें ठोस तथा द्रव प्रावस्थाएँ सहवर्ती होती है। वाष्पन वक्र CO पर बिन्दु उस अवस्था को दर्शाते हैं जिसमें द्रव तथा वाष्प प्रावस्थाएँ सहवर्ती होती है।

(iv) वह ताप तथा दाब जिस पर सगंलन वक्र, वाष्पन वक्र तथा ऊर्ध्वपातन वक्र मिलते हैं तथा किसी पदार्थ की तीनों प्रावस्थाएँ सहवर्ती होती हैं उसे **पदार्थ का त्रिक बिन्दु** (Triple point of substance) कहते है।

(v) जल के त्रिक बिन्दु को ताप 273.16 केल्विन तथा दाब 6.11×10^{-3} पास्कल द्वारा दर्शाते हैं।

गुप्त ऊष्मा (Latent Heat)

- किसी पदार्थ के तापमान में कोई परिवर्तन किए बिना उसकी अवस्था में परिवर्तन के दौरान प्रति एकांक द्रव्यमान में स्थानान्तरित ऊष्मा की मात्रा को पदार्थ की **गुप्त ऊष्मा** कहा जाता है।

$$Q \propto m \Rightarrow Q = mL$$

जहाँ, L = पदार्थ की गुप्त ऊष्मा

- इसका **SI मात्रक जूल/किग्रा** है, और प्रयोगात्मक मात्रक कैलोरी/ग्राम है।
- पदार्थों की गुप्त ऊष्मा दो प्रकार की होती है।

(i) किसी पदार्थ के एकांक द्रव्यमान की अवस्था को उसके गलनांक पर ठोस से द्रव में बदलने के लिए आवश्यक ऊष्मा की मात्रा को **गलन की गुप्त ऊष्मा L_F** (Latent heat of fusion) कहते हैं। जल के लिए, इसका मान 3.33×10^5 जूल/किग्रा होता है।

(ii) किसी पदार्थ के एकांक द्रव्यमान की अवस्था को उसके क्वथनांक पर द्रव से वाष्प में बदलने के लिए आवश्यक ऊष्मा की मात्रा को **वाष्पन की गुप्त ऊष्मा** (Latent heat of vaporisation, L_v) कहते हैं। जल के लिए इसका मान 22.6×10^5 जूल/किग्रा होता है।

- 1 वायुमण्डलीय दाब पर जल के लिए ताप तथा ऊष्मा के मध्य आरेख को नीचे दिखाया गया है।

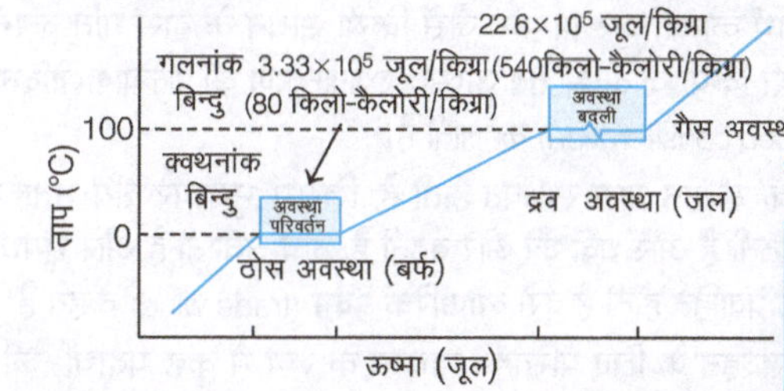

Concept Master Video के लिए

- उपरोक्त चित्र में, हम देखते है कि प्रावस्था रेखाओं की प्रवणताएँ (Slopes) समान नहीं हैं जो यह दर्शाता है कि विभिन्न अवस्थाओं की विशिष्ट ऊष्मा समान नहीं है।

ऊष्मा स्थानान्तरण (Heat Transfer)

- तापान्तर के कारण एक निकाय से दूसरे निकाय में अथवा किसी निकाय के एक भाग से उसके दूसरे भाग में ऊर्जा के स्थानान्तरण को ऊष्मा स्थानान्तरण कहते है।
- ऊष्मा स्थानान्तरण तीन अलग-अलग साधन से होता है, अर्थात् **चालन, संवहन** तथा **विकिरण**।

चालन (Conduction)

- किसी पिण्ड के दो संलग्न भागों के बीच उनके तापों में अन्तर के कारण ऊष्मा स्थानान्तरण की यन्त्रावली को चालन कहते हैं।
- इस विधि में, पदार्थ के कणों की किसी भी वास्तविक गति के बिना आण्विक टकराव के माध्यम से निम्न ताप पर ऊष्मा का स्थानान्तरण पिण्ड के एक भाग से दूसरे भाग तक होता है।
- गैसें खराब तापीय चालक होती हैं जबकि द्रवों की चालकता ठोस तथा गैसों के मध्य की होती है।
- ऊष्मा (ऊष्मा धारा) प्रवाह की दर H, तापान्तर ΔT और अनुप्रस्थ काट के क्षेत्रफल A के समानुपाती और लम्बाई L के व्युत्क्रमानुपाती होती है।

अर्थात्, $H = K.A\dfrac{\Delta T}{L} = \dfrac{KA(T_1 - T_2)}{L}$

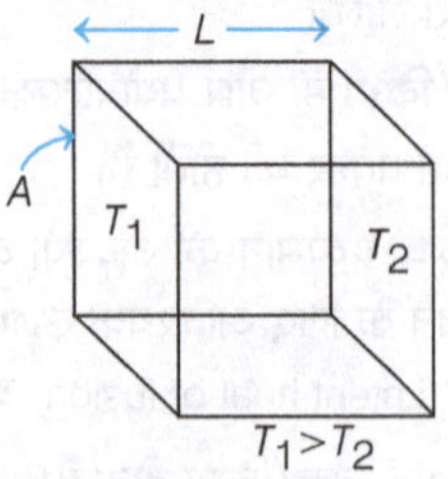

Concept Master Video के लिए

जहाँ, K को पदार्थ की **ऊष्मा चालकता** कहते हैं। **K का SI मात्रक जूल/से-मी-केल्विन** या वाट/मी-केल्विन है। NEET 2019

संवहन (Convection)

- ऊष्मा संचरण की वह विधि जिसमें पदार्थ के कणों की वास्तविक गति के द्वारा ऊष्मा का प्रवाह उच्च ताप के क्षेत्र से निम्न ताप के क्षेत्र की ओर होता है, **संवहन** कहलाती है।
- यदि गर्म पदार्थ को ब्लोअर या पम्प जैसे किसी साधन के द्वारा गति करने के लिए विवश किया जाता है, तब ऊष्मा स्थानान्तरण की प्रक्रिया **प्रणोदित संवहन** (Forced consecration) कहलाती है।
- पृथ्वी पर, एक संवहन धारा स्थापित होती है, जिसमें भूमध्यरेखीय सतह पर वायु ऊपर उठती हैं और ध्रुवों की ओर बढ़ती है, नीचे उतरती है और भूमध्य रेखा की ओर प्रवाहित होती है इसे **व्यापारिक पवन** (trade wind) कहते हैं।
- चालन और संवहन के लिए परिवहन माध्यम के रूप में कुछ पदार्थों की आवश्यकता होती है।

विकिरण (Radiation) NEET 2022

- वह क्रियाविधि जिसमें ऊष्मा को बिना किसी माध्यम के एक स्थान से दूसरे स्थान तक स्थानान्तरित किया जाता है, **विकिरण** कहलाती है।
- विद्युत चुम्बकीय तरंगों द्वारा स्थानान्तरित की गई ऊर्जा को **विकिरण ऊर्जा** (Radiant energy) कहते हैं। यह ऊष्मा के स्थानान्तरण का सबसे तीव्र तरीका है।
- किसी पिण्ड के द्वारा उसके तापमान के आधार पर उत्सर्जित विद्युत चुम्बकीय विकिरणों; जैसे लाल तप्त लोहे से विकिरण या तन्तु (फिलामेंट) लैम्प से प्रकाश को **तापीय विकिरण** (Thermal radiation) कहा जाता है।
- जब तापीय विकिरण अन्य पिण्डों पर पड़ता है, तो आंशिक रूप से परावर्तित तथा आंशिक रूप से अवशोषण होता है। विकिरण द्वारा एक पिण्ड द्वारा अवशोषित की जाने वाली ऊष्मा की मात्रा के रंग पर निर्भर करती है।

  अर्थात्, $Q = Q_a + Q_r + Q_t \Rightarrow \dfrac{Q_a}{Q} + \dfrac{Q_r}{Q} + \dfrac{Q_t}{Q} = 1 \Rightarrow a + r + t = 1$

  जहाँ, a, r और t **अवशोषण गुणांक, परावर्तन गुणांक** और **संचरण गुणांक** है।
- एक पिण्ड (Body) होगा
  (i) **पूर्ण परावर्तक,** यदि $a = t = 0$ और $r = 1$
  (ii) **पूर्ण अवशोषक,** यदि $r = t = 0$ और $a = 1$
  (iii) **पूर्ण प्रेषक,** यदि $a = r = 0$ और $t = 1$
- एक अच्छा परावर्तक एक बुरा अवशोषक होता है।
- हम गर्मियों में श्वेत अथवा हल्के रंग के वस्त्र पहनते हैं ताकि वे सूर्य से कम-से-कम ऊष्मा अवशोषित करें। हालाँकि सर्दियों में हम गहरे रंग के वस्त्र पहनते हैं जो सूर्य से अधिक ऊष्मा को अवशोषित करके हमारे शरीर को गर्म (Warm) रखते है।
- खाना पकाने के बर्तनों की पेंदी को काला कर दिया जाता है ताकि वे आग से अधिकतम ऊष्मा अवशोषित करके पकाये जाने वाले भोजन में स्थानांतरित कर दें।

कृष्णिका विकिरण (Black Body Radiation)

- कृष्णिका ऐसी वस्तु है, जो अपने पृष्ठ पर गिरने वाले सम्पूर्ण विकिरण को अवशोषित कर लेती है।
- **वीन विस्थापन नियम** के अनुसार, जैसे-जैसे कृष्णिका के ताप T में वृद्धि होती है, अधिकतम उत्सर्जन के अनुरूप तरंगदैर्ध्य λ_m तक घटती जाती है। इस प्रकार

  $$\lambda_m T = b \text{ (नियतांक)}$$ NEET 2019

  जहाँ b **वीन का नियतांक है** तथा इसका मान 2.9×10^{-3} मी-केल्विन होता है।
- कृष्णिका विकिरण में ऊर्जा वितरण से हमें निम्न अवलोकन प्राप्त होते हैं

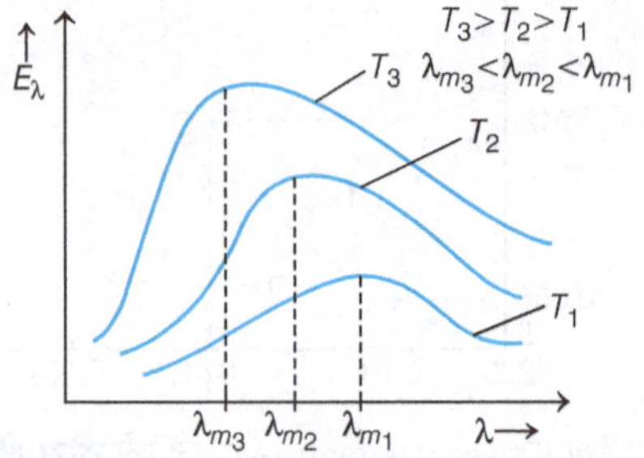

  (i) जैसे-जैसे कृष्णिका का ताप बढ़ता है, E_λ के अधिकतम मान के अनुरूप तरंगदैर्ध्य बाई ओर विस्थापित हो जाता है।
  (ii) ताप में वृद्धि के साथ निश्चित तरंगदैर्ध्य के विकिरण से सम्बन्धित ऊर्जा भी बढ़ती है।
  (iii) वक्र के अन्तर्गत क्षेत्रफल परम ताप की चौथी घात अर्थात् $E \propto T^4$ के साथ बढ़ता हुआ पाया जाता है।
  (iv) कृष्णिका विकिरण वक्र की सबसे महत्त्वपूर्ण विशेषता यह है कि ये सार्वत्रिक हैं। ये केवल तापमान पर निर्भर करते हैं न कि कृष्णिका के आकार, आकृति या पदार्थ पर।

स्टीफन बोल्ट्ज़मान नियम (Stefan-Boltzmann Law)

- इस नियम के अनुसार, किसी आदर्श कृष्णिका (अर्थात् कृष्णिका की उत्सर्जन क्षमता) के द्वारा एकांक क्षेत्रफल प्रति सेकण्ड उत्सर्जित विकिरण ऊर्जा उसके परमताप की चतुर्थघात के अनुक्रमानुपाती होती है।
  अर्थात् $$H = A\sigma T^4$$
- जहाँ, σ = **स्टीफन बोल्ट्ज़मान नियतांक** और इसका मान SI मात्रक में 5.67×10^{-8} वाट मी$^{-2}$/ केल्विन^4 होता है, जहाँ A कृष्णिका पृष्ठ का क्षेत्रफल और T कृष्णिका का परमताप है।
- **उस वस्तु के लिए जिसकी उत्सर्जकता** (Emissivity) e है, तब प्रति सेकण्ड उत्सर्जित ऊर्जा को दिया गया है
  $$H = Ae\sigma T^4$$
  जहाँ, $e = 1$ आदर्श विकिरक के लिए।

- तापमान T पर एक पिण्ड, जिसके परिवेश का तापमान T_s है, ऊर्जा उत्सर्जित करने के साथ-साथ ऊर्जा प्राप्त भी करता है। अतः किसी आदर्श विकिरक के लिए विकिरित ऊर्जा के क्षय (हानि) की कुल दर है,
$$H = \sigma A\,(T^4 - T_s^4)$$
उत्सर्जकता e वाले पिण्ड के लिए, उपरोक्त सूत्र निम्न प्रकार से रूपान्तरित हो जाएगा
$$H = e\,\sigma\, A(A^4 - T_s^4)$$

न्यूटन का शीतलन नियम

(Newton's Law of Cooling)

इस नियम के अनुसार, "किसी वस्तु के शीतलन की दर, उस वस्तु तथा उसके वातावरण के तापान्तर के अनुक्रमानुपाती होती है, यदि तापान्तर लघु है।" गणितीय रूप से, $-\dfrac{dQ}{dt} = k(T_2 - T_1)$ **NEET 2021, 19**

जहाँ, k एक धनात्मक नियतांक है जो पिण्ड के पृष्ठ के क्षेत्रफल तथा उसकी प्रकृति पर निर्भर करता है।

- न्यूटन के शीतलन नियम के अनुसार, जब कोई वस्तु विकिरण द्वारा ठण्डी होती है, तो वस्तु का ताप तीव्रता से घटता है जैसा की नीचे ग्राफ में दिखाया गया है

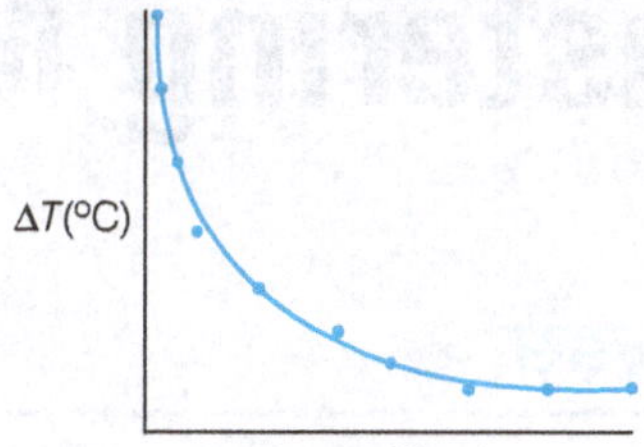

- यदि कोई पिण्ड T_1 से T_2 तक के लघु तापान्तर से विकिरण द्वारा कम समय t में ठण्डा हो जाता है, जबकि परिवेशी ताप T_0 है, तब
$$\frac{dQ}{dt} = ms\frac{dT_2}{dt} = k$$
$$\frac{T_1 - T_2}{t} = k\left[\frac{T_1 + T_2}{2} - T_0\right]$$

Caution Points

- जब कोई द्रव और उसकी वाष्प साम्यवस्था में होते हैं (जैसे जल और भाप) तो उनका ताप और दाब एक समान होता है। एकमात्र कारक जो दो प्रावस्थाओं में भिन्न होता है, वह है साम्यवस्था में उनका मोलर आयतन (घनत्व)। यह साम्यवस्था में किसी भी संख्या की प्रावस्थाओं (phases) वाले तन्त्र के लिए सत्य है।
- संवहन तब होता है जब द्रव में उपस्थित प्रवाहित पदार्थ तापान्तर के कारण इधर-उधर घूमता है। उदाहरण के लिए, यदि हमारे पास प्रवाहित जल के नल के नीचे एक गर्म धातु की छड़ है, तो यह जल के सीधे सम्पर्क (चालन) के माध्यम के कारण ऊष्मा का क्षय करती है। इसलिए नहीं कि जल चारों ओर (संवहन) घूमने लगता है।

PYQ नोट्स

1. किसी भी पैमाने पर तापमान को दूसरे पैमाने में परिवर्तित करने के लिए निम्न सूत्र का उपयोग किया जाता है **[JEE Main 2023]**
$$\frac{\text{किसी पैमाने } (T) \text{ पर पाठ्यांक} - \text{निम्नतम निश्चित बिन्दु (LFP)}}{\text{उच्चतम निश्चित बिन्दु} - \text{निम्नतम निश्चित बिन्दु}}$$
2. जब m द्रव्यमान की एक गोली v मी/से की गति से चलती हुई एक स्थिर लकड़ी के लक्ष्य से टकराती है और इसकी कुल गतिज ऊर्जा का n% गोली में ऊष्मा में परिवर्तित हो जाता है जबकि शेष भाग लकड़ी में ऊष्मा में परिवर्तित हो जाता है, तो गोली के ताप में वृद्धि की गणना निम्न सूत्र का उपयोग करके की जाती है
$$(ms\,\Delta T)_{\text{गोली}} = \frac{n}{100}\left(\frac{1}{2}mv^2\right)$$
जहाँ, s गोली के पदार्थ की विशिष्ट ऊष्मा है। **[JEE Main 2022]**
3. त्रिज्या r_1 और r_2 के दो धात्विक ठोस गोले को तापमान 1 केल्विन तक बढ़ाने के लिए आवश्यक ऊष्मा का अनुपात इस प्रकार दिया गया है
$$\frac{Q_1}{Q_2} = \left(\frac{r_1}{r_2}\right)^3$$ **[NEET 2020]**
4. **चालक फलकों (Slabs) का संयोजन**

(i) **श्रेणी संयोजन**

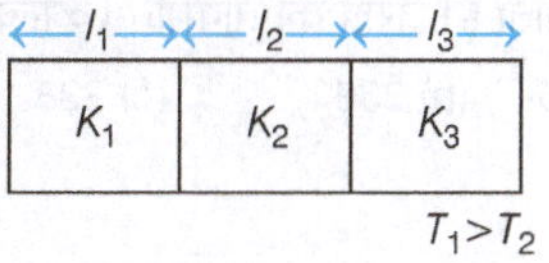

$$H = \frac{Q}{t}$$
$$= \frac{(T_1 - T_2)}{\dfrac{l_1}{K_1A} + \dfrac{l_2}{K_2A} + \dfrac{l_3}{K_3A}}$$

समतुल्य तापीय चालकता,
$$K = \frac{l_1 + l_2 + l_3}{\dfrac{l_1}{K_1} + \dfrac{l_2}{K_2} + \dfrac{l_3}{K_3}}$$

(ii) **समान्तर संयोजन** $H = \dfrac{Q}{t}$
$$= (K_1A_1 + K_2A_2 + K_3A_3)\frac{(T_1 - T_2)}{l}$$

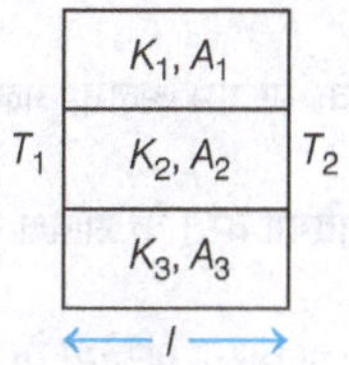

और समतुल्य तापीय चालकता,
$$K = \frac{K_1A_1 + K_2A_2 + K_3A_3}{A_1 + A_2 + A_3}$$
[NEET 2016]

Step by Step

Mastering NCERT

- कॉन्सेप्ट बिल्डर्स
- शीर्षकवार प्रश्न
- अभिकथन-कारण प्रश्न
- कथन आधारित प्रश्न
- सुमेलन प्रकार प्रश्न
- आंकिक मान प्रकार के प्रश्न
- NCERT Exemplar प्रश्न
- विगत परीक्षाओं के प्रश्न
- स्किल बूस्टर्स

कॉन्सेप्ट बिल्डर्स

1 ऊष्मा ऊर्जा का वह रूप है जो तापमान में अंतर के आधार पर दो या अधिक निकायों और उनके परिवेश के बीच स्थानांतरित होती है। (सत्य/असत्य)

2 किस तापमान पर सेंटीग्रेड और फ़ारेनहाइट पैमाने के पाठ्यांक समान होते हैं?

3 बर्फ और भाप बिन्दु के मान क्रमशः ....°F (38/32) और ....°F (212/100) हैं।

4 दिए गए तापमान को अन्य मात्रकों में परिवर्तित करके रिक्त स्थान भरें –40° F= .... °C = ... K

5 .... (रबर/लकड़ी) गर्म होने पर सिकुड़ जाती है।

6 परीक्षण नली और बीकर पाइरेक्स काँच या सिलिका से बने होते हैं क्योंकि उनमें रेखीय विस्तार गुणांक का मान बहुत कम होता है। (सत्य/असत्य)

7 धातु की डिस्क को गर्म करने पर उसमें बने छिद्र का आकार घट जाता है। (सत्य/असत्य).

8 निम्न विशिष्ट ऊष्मा वाले पदार्थ, उच्च विशिष्ट ऊष्मा वाले पदार्थों की तुलना में .... (अधिक/कम) तेजी से ठण्डे होते हैं।

9 जल असामान्य व्यवहार प्रदर्शित करता है , यह 0°C और 4°C के बीच गर्म होने पर संकुचित जाता है। (सत्य/असत्य)

10 ....°C पर पानी का घनत्व अधिकतम होता है। (0/4)

11 किसी ठोस के लिए आयतन प्रसार गुणांक एक स्थिरांक है जो तापमान के साथ परिवर्तित नहीं होता है। (सत्य/असत्य)

12 दो पिंड तापमान T पर तापीय साम्यावस्था प्राप्त करते हैं , तब $m_1 s_1 (T - T_1) = m_2 s_2 (T - T_2)$। (सत्य/असत्य)

13 जल के गलनांक के .... (कम/ऊँचा) होने के कारण पुनर्हिमयान (relegation) होता है।

14 विशिष्ट ऊष्मा तापमान-समय वक्र की ढ़ाल के .... (समानुपाती/व्युत्क्रमानुपाती) होती है।

15 उस प्रक्रिया का नाम बताइए जिसमें ठोस अवस्था, द्रव अवस्था से गुजरे बिना वाष्प अवस्था में परिवर्तित हो जाती है।

16 जल के त्रिक बिन्दु का केल्विन में मान क्या है?

17 ऊष्मीय चालकता क्रमशः K_1 और K_2 के दो समान धातु के तार श्रेणीक्रम में जुड़े हुए हैं। संयोजन की प्रभावी ऊष्मीय चालकता .... है।

18 चालन और संवहन वे प्रक्रियाएँ है, जिनमें अणुओं की टक्कर से ऊष्मा का स्थानांतरण होता है। (सत्य/असत्य)

19 अधिकांश वास्तविक पिण्डों की उत्सर्जन क्षमता और अवशोषण क्षमता का अनुपात .... होता है (एक/एक से कम)

20 न्यूटन का शीतलन नियम किसी भी तापांतर के लिए मान्य है। (सत्य/असत्य)

शीर्षकवार प्रश्न

तापमान और ऊष्मा

1 गर्मी के दिनों में मेज पर रखा बर्फीला पानी का गिलास अंततः गर्म हो जाता है, जबकि उसी मेज पर रखा गर्म चाय का कप ठण्डा हो जाता है क्योंकि NCERT पृष्ठ 202

(a) इसके आसपास के माध्यम अलग-अलग तापमान पर हैं।
(b) ऊष्मा प्रवाह की दिशा वस्तु के सापेक्ष आसपास के तापमान पर निर्भर करती है।
(c) गर्म करना या ठण्डा करना परिवेश के तापमान पर निर्भर नहीं करता।
(d) 'a' और 'b' दोनों

2 ठोस के एक भाग से दूसरे भाग तक ऊष्मा प्रवाहित करने के लिए निम्न में से क्या आवश्यक है? NCERT पृष्ठ 202

(a) एकसमान तापमान
(b) घनत्व प्रवणता
(c) तापमान प्रवणता
(d) एकसमान घनत्व

तापमान का मापन

3 सेल्सियस पैमाने वाले एक थर्मामीटर को पिघलती बर्फ से गर्म तरल तक ले जाने पर थर्मामीटर में पारे का स्तर कुल दूरी के $\left(\frac{3}{5}\right)$ वें भाग तक बढ़ जाता है। तरल का तापमान (केल्विन में) है NCERT पृष्ठ 203

(a) 313.15 (b) 330 (c) 333.15 (d) 217.15

4 एक दोषपूर्ण थर्मामीटर के निश्चित बिंदु 5°C और 95°C हैं। जब थर्मामीटर 64°C दर्शाता है तो सही तापमान क्या होगा? NCERT पृष्ठ 203

(a) 60 °C (b) 75.5 °C
(c) 60.5 °C (d) 65.5 °C

5 फारेनहाइट तापमान (F) तथा सेल्सियस तापमान (C) के मध्य ग्राफ को नीचे दिखाया गया है। F और C के बीच सही संबंध जो ग्राफ से प्राप्त किया जा सकता है, वह है NCERT पृष्ठ 203

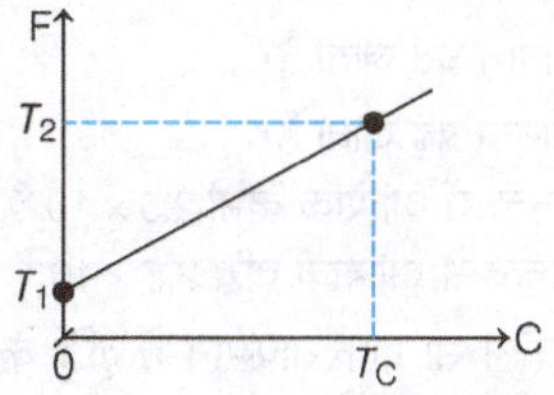

(a) $\frac{F-32}{T_2-T_1}=\frac{T_c}{C}$ (b) $\frac{F-T_1}{T_2-T_1}=\frac{C}{T_C}$
(c) $\frac{F-32}{T_2-T_1}=\frac{C}{T_C}$ (d) $\frac{C}{T_1-T_2}=\frac{F-32}{T_C}$

6 सेण्टीग्रेड या सेल्सियस पैमाने (°C) पर, किसी पिण्ड का तापमान 30°C बढ़ जाता है। फारेनहाइट पैमाने (°F) पर तापमान में वृद्धि होगी NCERT पृष्ठ 203

(a) 50° (b) 40° (c) 30° (d) 54°

7 एक रेखीय पैमाने के अनुसार अंशांकित एक थर्मामीटर उबलते पानी के सम्पर्क में होने पर x_0 और बर्फ के सम्पर्क में होने पर $x_0/3$ का मान पढ़ता है। किसी वस्तु का तापमान °C में क्या है, यदि वस्तु के संपर्क में यह थर्मामीटर $x_0/2$ का मान पढ़ता है? NCERT पृष्ठ 203

(a) 35 (b) 60 (c) 40 (d) 25

8 दो निरपेक्ष पैमाने A और B में पानी के त्रिक बिंदु 400 A और 300 B निर्धारित हैं। T_A और T_B के बीच संबंध है (पानी का त्रिक बिंदु 273.16 केल्विन तापमान और 6.11×10^{-3} वायुमण्डलीय दाब पर है जहाँ पानी गैस, तरल और ठोस अवस्थाओं के सह-अस्तित्व में रहता है) NCERT पृष्ठ 203

(a) $T_A=\frac{4}{3}T_B$ (b) $T_B=\frac{4}{7}T_A$ (c) $T_A=\frac{4}{7}T_B$ (d) $T_B=T_A$

आदर्श गैस समीकरण और परमताप

9 एक वास्तविक गैस आदर्श गैस समीकरण का अधिक सही ढंग से पालन करती है जब NCERT पृष्ठ 204

(a) तापमान बहुत कम है और दाब बहुत अधिक है
(b) तापमान बहुत अधिक है और दाब कम है
(c) तापमान और दाब, दोनों बहुत कम हैं
(d) तापमान और दाब, दोनों बहुत अधिक हैं

10 जब यह V आयतन घेरती हो, तब दाब p, तापमान T पर 5 ग्राम ऑक्सीजन के लिए अवस्था समीकरण होगा NCERT पृष्ठ 204

(a) $pV=5RT$ (b) $pV=\frac{5}{2}RT$
(c) $pV=\frac{5}{16}RT$ (d) $pV=\frac{5}{32}RT$

11 यदि 27°C पर किसी गैस को उसके मूल आयतन से तीन गुना प्रसारित होने दिया जाए तथा दाब आधा कर दिया जाए, तो गैस का नया तापमान क्या होगा? NCERT पृष्ठ 204

(a) 390 केल्विन
(b) 300 केल्विन
(c) 250 केल्विन
(d) 450 केल्विन

12 एक आदर्श गैस दाब p_1 और तापमान T_1 पर एक सिलेण्डर में भरी है। गैस के प्रारंभिक मोल n_1 हैं सिलेण्डर से गैस लीक हो जाती है और अंतिम दाब p_2 और तापमान T_2 प्राप्त करती है। सिलेण्डर में मौजूद गैस के नए मोल हैं। NCERT पृष्ठ 204

(a) $\frac{p_2T_2}{p_1n_1T_2}$ (b) $\frac{n_1T_2p_2}{T_2p_1}$
(c) $\frac{n_1T_1p_2}{T_2p_1}$ (d) डाटा अपर्याप्त है

तापीय प्रसार

13 द्रव्यमान M और त्रिज्या R की एक समान धातु की वृत्ताकार डिस्क, जो घर्षण रहित बियरिंग पर लगी हुई है, अपने केंद्र से गुजरने वाली और अपने तल के लम्बवत् एक अक्ष के चारों ओर (कोणीय आवृत्ति ω के साथ) घूम रही है। तब डिस्क का तापमान ΔT से बढ़ जाता है। यदि धातु का रेखीय प्रसार गुणांक α है, तो निम्न में से कौन-सा कथन सही है? NCERT पृष्ठ 205

(a) जड़त्व आघूर्ण $MR^2 \propto \Delta t$ से बढ़ जाता है।
(b) जड़त्व आघूर्ण अपरिवर्तित रहता है।
(c) कोणीय आवृत्ति $2\,\alpha\omega\Delta T$ से बढ़ जाती है।
(d) कोणीय आवृत्ति $\alpha\omega\Delta T$ से घट जाती है।

14 एक द्विधात्विक पट्टी में धातु X और Y शामिल हैं। इसे आधार पर दृढ़ता से लगाया गया है जैसा कि चित्र में दिखाया गया है। धातु X का प्रसार गुणांक धातु Y की तुलना में अधिक है। जब द्विधात्विक पट्टी को ठण्डे स्थान में रखा जाता है, तो NCERT पृष्ठ 205

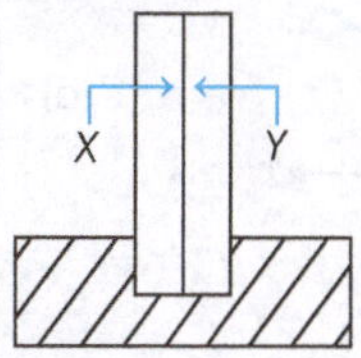

(a) यह दाईं ओर मुड़ जाएगा
(b) यह बायीं ओर मुड़ जाएगा
(c) यह झुकेगा नहीं बल्कि संकुचित होगा
(d) यह न तो झुकेगा और न ही संकुचित होगा

15 लोहे की एक छड़ की लम्बाई 20°C पर 10 सेमी है। 19°C पर, यह होगी (लोहे की छड़ के लिए, $\alpha=-11\times10^{-6}\,°C^{-1}$) NCERT पृष्ठ 205

(a) 11×10^{-6} सेमी, लम्बी
(b) 11×10^{-5} सेमी, छोटी
(c) 11×10^{-6} सेमी, छोटी
(d) 11×10^{-5} सेमी, लम्बी

16 एक सर्वेक्षक (Surveyor) का 30 मीटर स्टील टेप 20°C के तापमान पर सही है। जिस दिन तापमान 35°C है, उस दिन इस टेप द्वारा मापी गई दो बिंदुओं के बीच की दूरी 26 मीटर है। बिंदुओं के बीच की वास्तविक दूरी है ($\alpha/_{\text{स्टील}} = 1.2 \times 10^{-5}$°C) NCERT पृष्ठ 205

(a) 25.9953 मी (b) 26.0046 मी
(c) 27.995 मी (d) 24.0046 मी

17 88 सेमी लम्बी एक तांबे की छड़ और अज्ञात लम्बाई वाली एक एल्युमीनियम की छड़ की लम्बाई में समान वृद्धि तापमान में वृद्धि से स्वतंत्र होती है। एल्युमीनियम की छड़ की लम्बाई है
($\alpha_{cu} = 1.7 \times 10^{-5}$ केल्विन$^{-1}$ और $\alpha_{Al} = 2.2 \times 10^{-5}$/केल्विन$^{-1}$ है। NCERT पृष्ठ 205

(a) 113.9 सेमी (b) 88 सेमी
(c) 68 सेमी (d) 6.8 सेमी

18 पीतल की छड़ का तापमान कितना बढ़ाया जाए कि उसकी लम्बाई 1% बढ़ जाए? (दिया है, पीतल के लिए $\alpha = 0.00002$°C^{-1} है) NCERT पृष्ठ 205

(a) 300 °C (b) 400 °C (c) 500 °C (d) 550 °C

19 एक एल्युमीनियम तथा दूसरी स्टील की छड़ जिनकी प्रारंभिक लम्बाई l_1 तथा l_2 है, को एक साथ जोड़कर $l_1 + l_2$ लम्बाई की एक छड़ बनाई गई है। एल्युमीनियम और स्टील के लिए रेखीय प्रसार गुणांक क्रमशः α_a और α_s हैं। यदि प्रत्येक छड़ की लंबाई उनके तापमान को t°C बढ़ाने पर समान मात्रा में बढ़ जाती है, तो l_1 का $l_1 + l_2$ के साथ अनुपात ज्ञात करें। NCERT पृष्ठ 205

(a) $\frac{\alpha_s}{\alpha_a}$ (b) $\frac{\alpha_a}{\alpha_s}$

(c) $\frac{\alpha_s}{\alpha_a + \alpha_s}$ (d) $\frac{\alpha_a}{\alpha_a + \alpha_s}$

20 आयतन प्रसार गुणांक α_V नियत नहीं है। यह तापमान पर निर्भर करता है। धातुओं के लिए तापमान T के साथ α_V का परिवर्तन है NCERT पृष्ठ 205

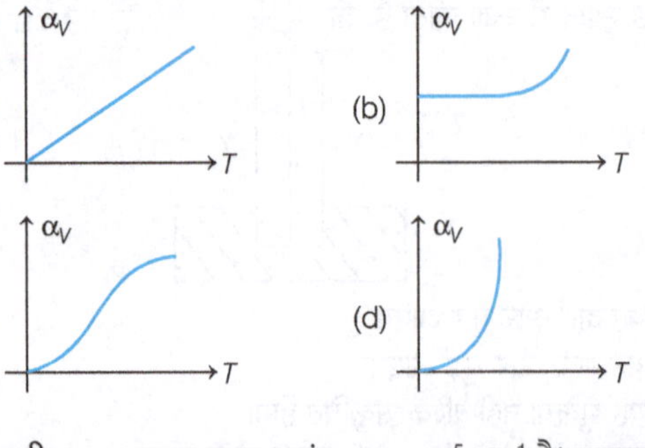

21 ग्लिसरीन का आयतन प्रसार गुणांक 49×10^{-5}°C^{-1} है। तापमान में 30°C की वृद्धि के लिए घनत्व में आंशिक परिवर्तन क्या है? NCERT पृष्ठ 205

(a) 0.0155 (b) 0.0143 (c) 0.0255 (d) 0.0355

22 एक आदर्श गैस के लिए, आयतन प्रसार गुणांक दिया जाता है NCERT पृष्ठ 205

(a) $\frac{nR\Delta T}{p}$ (b) $\frac{\Delta T}{T}$ (c) $\frac{R\Delta T}{T}$ (d) $\frac{1}{T}$

23 273 केल्विन ताप पर 100 सेमी लंबाई और 20 सेमी चौड़ाई वाली एक एल्युमीनियम प्लेट है। 100°C पर, अनुप्रस्थ-काट के क्षेत्रफल में 2 सेमी^{2} वृद्धि होती है। प्लेट का रेखीय प्रसार गुणांक है NCERT पृष्ठ 205

(a) 5×10^{-6}°C^{-1} (b) 6.6×10^{-6}°C^{-1}
(c) 10^{-2}°C^{-1} (d) 2×10^{-6}°C^{-1}

24 किसी द्रव का आयतन प्रसार गुणांक 49×10^{-5} केल्विन$^{-1}$ है। जब तापमान 30°C बढ़ा दिया जाता है, तो निम्न में से कौन-सा कथन सही है?

(a) इसका घनत्व घट जाता है। NCERT पृष्ठ 206
(b) इसका घनत्व बढ़ जाता है।
(c) इसके घनत्व में आंशिक कमी 2.5×10^{-2} है।
(d) इसके घनत्व में आंशिक वृद्धि 2.5×10^{-2} है।

25 निम्न में से कौन सा ग्राफ तापमान में वृद्धि के साथ पानी के आयतन में परिवर्तन को दर्शाता है? NCERT पृष्ठ 206

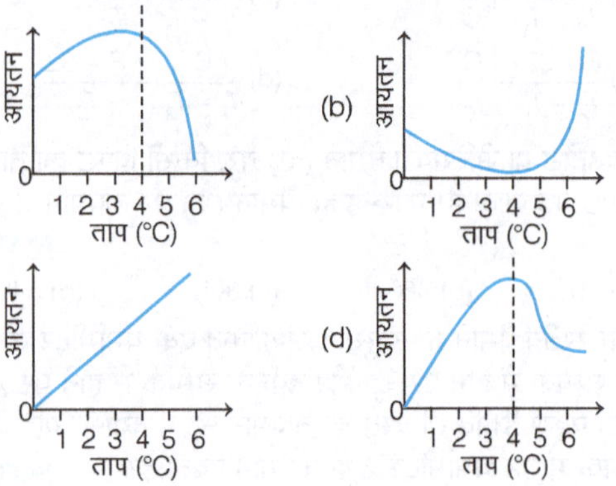

26 कश्मीर में सर्दियों में वातावरण का तापमान –10°C से नीचे चला जाता है। इसके कारण डल झील का पानी, जीव-जन्तु और वनस्पतिक जीवन

(a) सर्दियों में नष्ट हो जाता है। NCERT पृष्ठ 206
(b) सर्दियों में जम जाता है और गर्मियों में पुनर्जीवित हो जाता है।
(c) झील की केवल ऊपरी परत जमी होने के कारण बचे रहते हैं।
(d) उपरोक्त में से कोई नहीं

27 27°C पर 1.8 मीटर लंबे पीतल के तार को दो दृढ़ आधारों के बीच कुछ तनाव के साथ खीच कर रखा गया है। यदि तार 2.0 मिमी है और इसे –39°C के तापमान तक ठण्डा किया जाता है, तो तार में उत्पन्न तनाव क्या है? (दिया है, पीतल का रेखीय प्रसार गुणांक = 2.0×10^{-5}°C^{-1} और पीतल का यंग प्रत्यास्थता गुणांक = 0.91×10^{11} न्यूटन/मी^{2}) NCERT पृष्ठ 207

(a) 3.77×10^{-2} न्यूटन (b) 5.3×10^2 न्यूटन
(c) 2.5×10^2 न्यूटन (d) 4.3×10^2 न्यूटन

28 दो अलग-अलग पदार्थों की छड़ें जिनके तापीय प्रसार गुणांक तथा यंग प्रत्यास्थता गुणांक क्रमशः α_1 और α_2 तथा γ_1 और γ_2 हैं, दो दृढ़ दीवारों के बीच स्थिर की गई हैं। छड़ों को इस प्रकार गर्म किया जाता है, जिससे कि उनका तापमान समान रूप से बढ़े। छड़ों में कोई झुकाव नहीं है। यदि $\alpha_1/\alpha_2 = 2/3$ और दो छड़ों में उत्पन्न तनाव बराबर हैं, तो Y_1/Y_2 है NCERT पृष्ठ 207

(a) 3/2 (b) 1 (c) 2/3 (d) 1/2

29 3 मीटर लंबाई का एक तार जिसका व्यास 30°C पर 1 मिमी है, को निम्न तापमान – 170° C पर रखा गया है और एक सिरे पर 10 किग्रा का वजन लटकाकर खींचा जाता है, तब तार की लम्बाई में परिवर्तन है ($Y = 2 \times 10^{11}$ न्यूटन-मी$^{-2}$, $g = 10$ मी/से^{2} और $\gamma = 1.2 \times 10^{-5}$ ° C^{-1})

NCERT पृष्ठ 207

(a) – 5.3 मिमी (b) – 2.5 मिमी
(c) – 52 मिमी (d) – 25 मिमी

30 एक द्रव को 353 केल्विन के तापमान पर गर्म किया जाता है। गर्म करने के कारण निष्कासित द्रव्यमान, शेष द्रव्यमान का $\left(\frac{1}{50}\right)$ है, द्रव का प्रसार गुणांक है NCERT पृष्ठ 207

(a) 1.6×10^{-5}/°C (b) 2.5×10^{-4}/°C
(c) 29×10^{-5}/°C (d) 32×10^{-4}/°C

विशिष्ट ऊष्मा धारिता

31 सामान्य तापमान और दाब पर, निम्न में से किसकी विशिष्ट ऊष्मा धारिता का मान सबसे अधिक है? NCERT पृष्ठ 208

(a) पानी (b) एल्युमीनियम (c) बर्फ (d) पारा

32 यदि पदार्थ द्वारा दी गई या मुक्त की गई ऊष्मा की मात्रा के फलस्वरूप पदार्थ के तापमान में कोई परिवर्तन नहीं होता है, तो पदार्थ की विशिष्ट ऊष्मा धारिता का मान है NCERT पृष्ठ 208

(a) शून्य (b) ऋणात्मक (c) 1 (d) अनंत

33 एक रेफ्रिजरेटर 20°C पर 100 ग्राम पानी को एक घंटे में –10°C की बर्फ में बदल देता है। प्रति मिनट हटाई गई ऊष्मा की मात्रा क्या होगी? (बर्फ की विशिष्ट ऊष्मा = 0.5 कैलोरी / ग्राम °C , गलन की गुप्त ऊष्मा = 80 कैलोरी / ग्राम) NCERT पृष्ठ 209

(a) 150 कैलोरी /मिनट (b) 145 कैलोरी /मिनट
(c) 160.3 कैलोरी /मिनट (d) 175 कैलोरी /मिनट

34 A, B और C में से किस पदार्थ की ऊष्मा धारिता सबसे कम है? यदि इन सभी पदार्थों को समान दर पर ऊष्मा प्रदान की जाती है, तापमान और समय के बीच ग्राफ को नीचे दिखाया गया है।

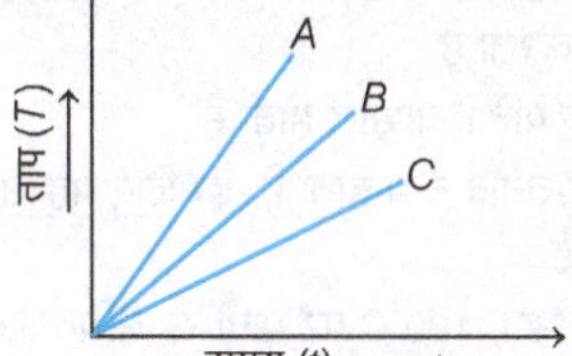

NCERT पृष्ठ 208

(a) A (b) B
(c) C (d) सभी की विशिष्ट ऊष्मा समान होती है

35 एक सामान्य आहार 60 किलोग्राम भार वाले व्यक्ति को एक दिन में 200 किलो कैलोरी प्रदान करता है। यदि इस ऊर्जा का उपयोग व्यक्ति को बिना किसी वातावरण हानि के गर्म रखने में किया जाता है, तो व्यक्ति के तापमान में कितनी वृद्धि होगी? मानव शरीर की विशिष्ट ऊष्मा 0.83 कैलोरी/ग्राम °C है। NCERT पृष्ठ 208

(a) 8.2 °C (b) 4.01 °C (c) 6.0 °C (d) 5.03 °C

36 एक निश्चित पदार्थ का द्रव्यमान 1 मोल के लिए 50 ग्राम है। जब इस पदार्थ के 25 ग्राम नमूने में 300 जूल ऊष्मा डाली जाती है, तो इसका तापमान 25°C से 45°C तक बढ़ जाता है। नमूने की विशिष्ट ऊष्मा धारिता और मोलर ऊष्मा धारिता की गणना करें। NCERT पृष्ठ 208

(a) 600 जूल/किग्रा °C, 45 जूल/मोल °C
(b) 450 जूल/किग्रा °C, 30 जूल/मोल °C
(c) 600 जूल/किग्रा °C, 30 जूल/मोल °C
(d) 700 जूल/किग्रा °C, 80 जूल/मोल °C

37 एक धातु ब्लॉक 2.4 किलोग्राम एल्युमीनियम,1.6 किग्रा पीतल और 0.8 किग्रा तांबे के मिश्रण से बनाया गया है। इस ब्लॉक का तापमान 20°C से 80°C तक बढ़ाने के लिए आवश्यक ऊष्मा की मात्रा है (एल्युमीनियम , पीतल और तांबे की विशिष्ट ऊष्माएँ क्रमशः 0.216, 0.0917 और 0.0931 कैलोरी किग्रा$^{-1}$°C^{-1} हैं) NCERT पृष्ठ 208

(a) 96.2 कैलोरी (b) 44.4 कैलोरी
(c) 86.2 कैलोरी (d) 62.8 कैलोरी

38 एक ही पदार्थ से बने दो गोलों के व्यासों का अनुपात 2 : 3 है। उनकी ऊष्मा धारिताओं का अनुपात है: NCERT पृष्ठ 208

(a) 32 : 8 (b) 27 : 8
(c) 16 : 3 (d) 64 : 27

39 5 मोल हीलियम का बुलबुला पानी में डूबा हुआ है और पानी का तापमान 50°C बढ़ा दिया जाता है। प्रसार के दौरान हीलियम में जोड़ी गई ऊष्मा की मात्रा है ($R = 2$ कैलोरी/केल्विन मोल$^{-1}$) NCERT पृष्ठ 208

(a) 1400 कैलोरी
(b) 625 कैलोरी
(c) 1000 कैलोरी
(d) 1750 कैलोरी

ऊष्मामिति

40 समान द्रव्यमान वाले दो समान पिण्डों को तापमान θ_1 और θ_2 ($\theta_1 > \theta_2$) तक गर्म किया जाता है और एक साथ मिश्रित किया जाता है। यदि मिश्रण का तापमान θ है, तो NCERT पृष्ठ 209

(a) $\theta = \frac{\theta_1 + \theta_2}{2}$
(b) θ कभी भी $\frac{\theta_1 + \theta_2}{2}$ बराबर नहीं होता
(c) θ सशर्त रूप से $\frac{\theta_1 + \theta_2}{2}$ बराबर है
(d) $\theta > \frac{\theta_1 + \theta_2}{2}$

41 समान द्रव्यमान वाले तीन अलग-अलग द्रवों A,B और C के तापमान क्रमशः 12°C, 19°C और 28°C हैं। जब A और B को मिलाया जाता है तो तापमान 16°C होता है और जब B और C को मिलाया जाता है, तो तापमान 23°C होता है। जब A और C को मिलाया जाता है तो तापमान है NCERT पृष्ठ 209

(a) 18.2 °C (b) 22 °C
(c) 20.2 °C (d) 25.2 °C

अवस्था परिवर्तन

42 गर्म करने पर बर्फ की अवस्था में होने वाले परिवर्तन (पैमाने पर नहीं) को दर्शाने वाले तापमान और समय के ग्राफ (चित्र) को देखें। निम्नलिखित में से कौन-सा कथन सही है? **NCERT पृष्ठ 210**

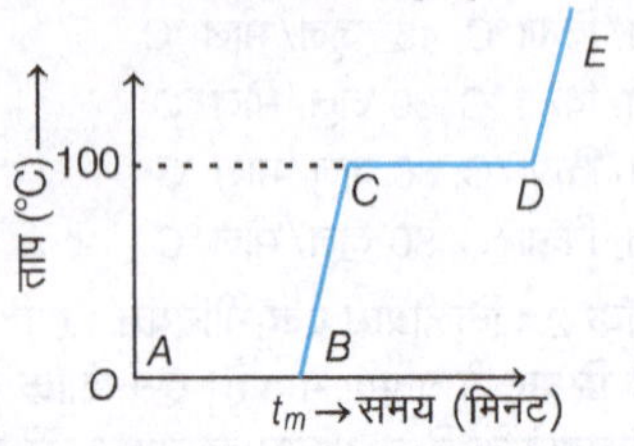

(a) क्षेत्र AB तापीय संतुलन में बर्फ और पानी को दर्शाता है।
(b) बिंदु B पर पानी उबलना प्रारम्भ हो जाता है।
(c) C पर सम्पूर्ण जल भाप में परिवर्तित हो जाता है।
(d) C से D क्वथनांक बिंदु से नीचे संतुलन में पानी और भाप को दर्शाता है।

43 एक किलोग्राम पदार्थ को H ऊष्मा देने पर तापमान के T में होने वाले परिवर्तन को नीचे ग्राफ के माध्यम से दर्शाया गया है। बिंदु O पर पदार्थ ठोस अवस्था में है। ग्राफ से, निम्न में से कौन-सा कथन सही है? **NCERT पृष्ठ 210**

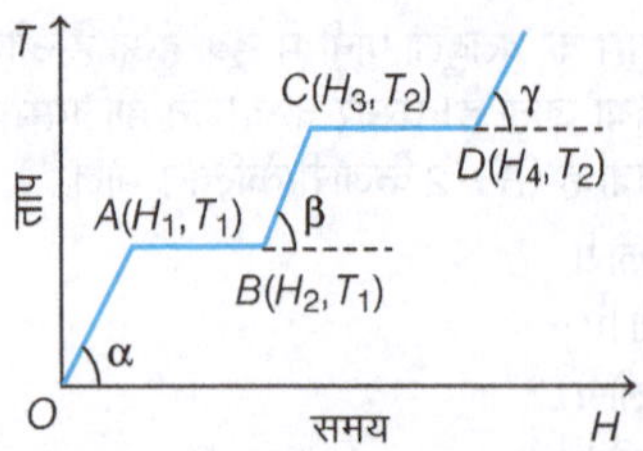

(a) T_2 ठोस का गलनांक बिन्दु है।
(b) AB ठोस से द्रव अवस्था में परिवर्तन को दर्शाता है।
(c) $(H_3 + H_1)$ पदार्थ के गलन की गुप्त ऊष्मा को दर्शाता है।
(d) $(H_3 - H_1)$ द्रव के वाष्पीकरण की कुल गुप्त ऊष्मा को दर्शाता है।

44. 0°C पर बर्फ के एक टुकड़े को धीरे-धीरे गर्म किया जाता है और 100°C पर भाप में बदल दिया जाता है। इनमें से कौन-सा वक्र इस घटना को गुणात्मक रूप से दर्शाता है? **NCERT पृष्ठ 210**

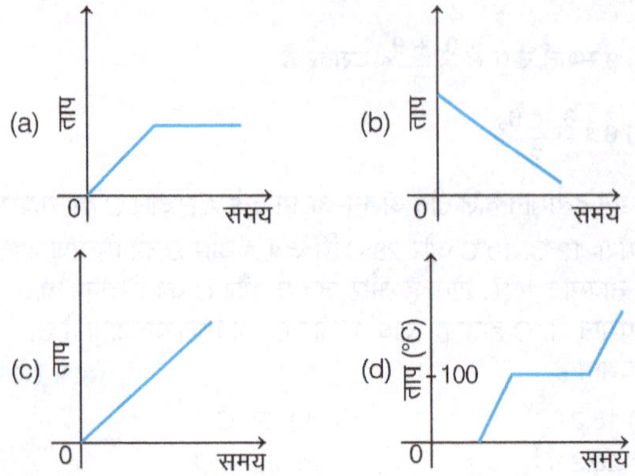

45 यदि एक तार को बर्फ की एक स्लैब के ऊपर चित्रानुसार दबाया जाए, तो **NCERT पृष्ठ 210**

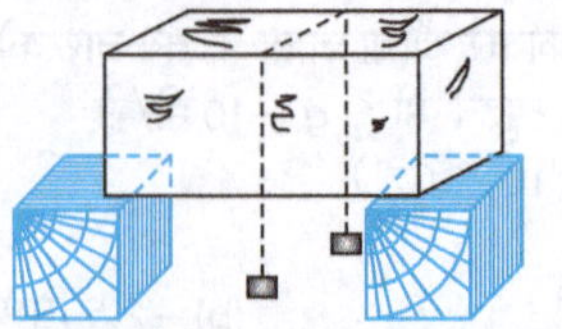

(a) यह स्लैब को दो भागों में काटता है और कुछ समय बाद दूसरी ओर चला जाता है।
(b) यह बर्फ की स्लैब से होकर गुजरता है और स्लैब विभाजित नहीं होता है।
(c) यह स्लैब के ऊपर रहता है (जैसा कि शुरू में रखा गया था)।
(d) बर्फ की स्लैब पूरी तरह पिघल जाती है।

46 चित्र में दिए गए जल के अवस्था आरेख के लिए, वक्र OA, AB और AC क्रमशः हैं **NCERT पृष्ठ 210**

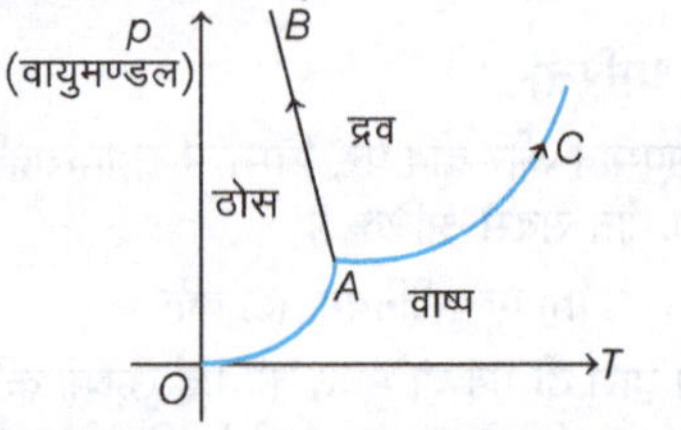

(a) उर्ध्वपातन वक्र, वाष्पीकरण वक्र और संगलन वक्र
(b) उर्ध्वपातन वक्र, संगलन वक्र और वाष्पीकरण वक्र
(c) संगलन वक्र, वाष्पीकरण वक्र और उर्ध्वपातन वक्र
(d) संगलन वक्र, उर्ध्वपातन वक्र और वाष्पीकरण वक्र

47 किसी पदार्थ के वाष्पीकरण की गुप्त ऊष्मा सदैव होती है **NCERT पृष्ठ 213**
(a) इसकी गलन की गुप्त ऊष्मा से अधिक
(b) ऊर्ध्वपातन की गुप्त ऊष्मा से अधिक
(c) ऊर्ध्वपातन की गुप्त ऊष्मा के बराबर होती है
(d) इसकी गलन की गुप्त ऊष्मा से कम

48 भाप से जलना उबलते पानी से जलने की तुलना में अधिक गंभीर है क्योंकि **NCERT पृष्ठ 213**
(a) 100°C पर भाप उतनी ही ऊष्मा वहन करती है जितनी 100°C पर पानी वहन करता है
(b) भाप अधिक प्रतिक्रियाशील होती है
(c) भाप का पृष्ठ तनाव कम होता है, इसलिए यह सतह को अधिक तेजी से जलाती है
(d) 100°C पर भाप, 100°C पर पानी से अधिक ऊष्मा वहन करती है

49 द्रव्यमान m ग्राम का एक बर्फ का टुकड़ा (ऊष्मा धारिता = 2100 जूल किग्रा$^{-1}$ °C^{-1} तथा गुप्त ऊष्मा = -3.36×10^5 जूल/किग्रा) वायुमण्डलीय दाब – 5°C पर है। इसे 420 जूल ऊष्मा दी जाती है, जिससे बर्फ पिघलना शुरू हो जाती है। अंत में, जब बर्फ-पानी का मिश्रण साम्यावस्था में होता है, तो पाया जाता है कि 1 ग्राम बर्फ पिघल गई है। यह मानते हुए कि इस प्रक्रिया में कोई अन्य ऊष्मा विनिमय नहीं है, तो m का मान ज्ञात करें। **NCERT पृष्ठ 213**

(a) 8 ग्राम (b) 2 ग्राम (c) 4 ग्राम (d) 6 ग्राम

50 कैलोरीमीटर में रखी गई – 12°C पर 3 किग्रा बर्फ को वायुमण्डलीय दाब पर 100°C की भाप में परिवर्तित करने के लिए आवश्यक ऊष्मा की गणना करें। दिया है, बर्फ की विशिष्ट ऊष्मा धारिता 2100 जूल/किग्रा केल्विन, पानी की विशिष्ट ऊष्मा धारिता 4186 जूल/किग्रा केल्विन, बर्फ के गलन की गुप्त ऊष्मा 3.35×10^5 जूल/किग्रा तथा भाप की गुप्त ऊष्मा 2.256×10^6 जूल/किग्रा है। **NCERT पृष्ठ 213**

(a) 8×10^4 जूल (b) 9.1×10^6 जूल
(c) 4×10^{-3} जूल (d) 7×10^6 जूल

ऊष्मा स्थानान्तरण

51 20 सेमी भुजा वाले एक थर्मोकोल घन के आइसबॉक्स की मोटाई 5 सेमी है। यदि बॉक्स में 5 किग्रा बर्फ डाली जाती है, तो 10 घण्टे बाद बॉक्स में बची बर्फ की मात्रा है (बाहर का तापमान 50°C, थर्मोकोल का ऊष्मीय चालकता गुणांक 0.01 जूल/सेकण्ड मोल °C और बर्फ के गलन की गुप्त ऊष्मा 335×10^3 जूल/किग्रा है) **NCERT पृष्ठ 215**

(a) 2.42 किग्रा (b) 3.7 किग्रा (c) 4.7 किग्रा (d) 3.9 किग्रा

52 समान लम्बाई और व्यास वाली दो छड़ों की ऊष्मीय चालकता क्रमशः 3 और 7 इकाई है। यदि उन्हें श्रेणीक्रम में जोड़ा जाए तो दी गई इकाइयों में संयोजन की ऊष्मीय चालकता होगी। **NCERT पृष्ठ 215**

(a) 4.2 (b) 2.43
(c) 1.43 (d) 0.53

53 एक मिश्रित स्लैब दो पदार्थों से बना है जिनकी ऊष्मीय चालकता क्रमशः K और $2K$ तथा मोटाई t और $4t$ हैं। स्लैब की बाहरी सतह का तापमान T_1 और T_2 ($T_2 > T_1$) है। स्थिर अवस्था में स्लैब से होने वाले ऊष्मा प्रवाह की दर $\left(\frac{A(T_2 - T_1)K}{t}\right)f$ है। f का मान ज्ञात करें। **NCERT पृष्ठ 216**

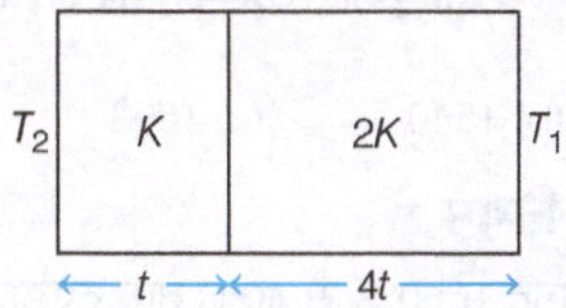

(a) 3 (b) $\frac{2}{3}$ (c) $\frac{1}{3}$ (d) 1

54 1000 सेमी^{2} क्षेत्रफल और 0.4 सेमी मोटाई वाली काँच की खिड़की से ऊष्मा हानि की दर की गणना करें, जब अंदर का तापमान 37°C और बाहर का तापमान –5°C है। काँच का चालकता गुणांक 2.2×10^{-3} कैलोरी/से-सेमी-केल्विन है। **NCERT पृष्ठ 216**

(a) 450 कैलोरी/से (b) 231 कैलोरी/से
(c)439 कैलोरी/से (d) 650 कैलोरी/से

55 ऊष्मा A से B की ओर लगातार प्रवाहित हो रही है। A से x दूरी पर P पर तापमान T इस प्रकार है कि **NCERT पृष्ठ 216**

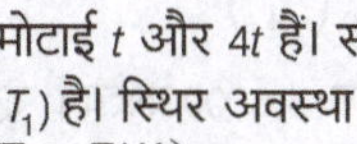

(a) T, x के साथ रैखिक रूप से घटता है
(b) T, x के साथ रैखिक रूप से बढ़ता है
(c) T, x के साथ चरघातांकी रूप से घटता है
(d) T, x के साथ बढ़ता है क्योंकि $T \propto x^2$

56 स्थिर तापमान वाली भट्टी द्वारा 2 सेमी मोटाई वाले एक आयताकार स्टील टैंक में पानी उबाला जाता है। वाष्पीकरण के कारण, पानी का स्तर 9 मिनट में 1 सेमी की स्थिर दर से गिरता है। भट्टी के तापमान की गणना करें। दिया है, स्टील के लिए $K = 0.2$ कैलोरी/से-मी। **NCERT पृष्ठ 216**

(a) 150 °C (b) 110 °C (c) 130 °C (d) 200 °C

57 2 मीटर लम्बी तथा 50 इकाई ऊष्मीय चालकता वाली एक छड़ को 1 मीटर लम्बी तथा 100 इकाई ऊष्मीय चालकता वाली दूसरी छड़ से जोड़ा गया है। मुक्त सिरों के तापमान क्रमशः 70°C तथा 50°C हैं, तो सन्धि बिन्दु का तापमान होगा **NCERT पृष्ठ 216**

(a) 60 °C (b) 54 °C (c) 64 °C (d) 68 °C

58 समान लम्बाई और समान पदार्थ वाली दो छड़ें, जब उन्हें अंत-से-अंत (अर्थात श्रृंखला में) जोड़ा जाता है, तो वे 12 सेकण्ड में एक निश्चित मात्रा में ऊष्मा स्थानांतरित करती हैं। परन्तु जब उन्हें समानांतर में जोड़ा जाता है, तो वे अपने सिरों के बीच समान तापमान अंतर के अन्तर्गत कितने समय में समान ऊष्मा स्थानांतरित करेंगी **NCERT पृष्ठ 216**

(a) 24 से (b) 3 से (c) 38 से (d) 1.5 से

59 ऊष्मीय चालकता K_1 वाले पदार्थ से बना त्रिज्या R का एक ठोस बेलन, ऊष्मीय चालकता K_2 वाले पदार्थ से बने आंतरिक त्रिज्या R और बाहरी त्रिज्या $2R$ के एक खोखले बेलन से घिरा हुआ है। संयुक्त निकाय के दोनो सिरे दो अलग-अलग तापमानों पर रखे जाते हैं। बेलनाकार सतह पर कोई ऊष्मा की हानि नहीं होती है और निकाय स्थिर अवस्था में है। निकाय की प्रभावी ऊष्मीय चालकता है **NCERT पृष्ठ 216**

(a) $K_1 + K_2$ (b) $\frac{K_1 + 3K_2}{4}$ (c) $\frac{K_1K_2}{K_1 + K_2}$ (d) $\frac{3K_1 + K_2}{4}$

60 एक ही पदार्थ से निर्मित और समान अनुप्रस्थ-काट वाली तीन छड़ें चित्र में दिखाए अनुसार जोड़ी गई हैं। प्रत्येक छड़ की लम्बाई समान है। बाएँ और दाएं सिरे को क्रमशः 0°C और 90°C पर रखा गया है। तीनों छड़ों की सन्धि का तापमान होगा। **NCERT पृष्ठ 216**

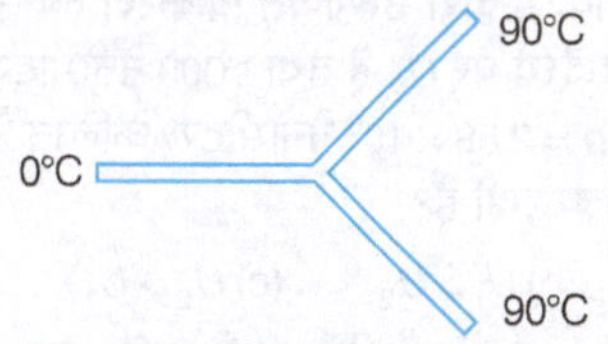

(a) 45°C (b) 90°C (c) 30°C (d) 60°C

61 पृथ्वी के भूमध्यरेखीय और ध्रुवीय क्षेत्रों में असमान सौर ऊष्मा प्राप्त होती है। उत्पन्न होने वाली संवहन धारा को कहा जाता है **NCERT पृष्ठ 217**

(a) थल समीर (b) जल समीर (c) व्यापारिक पवन (d) बवण्डर

62 ऊष्मा की वह मात्रा जिसे कोई पिण्ड विकिरण द्वारा अवशोषित कर सकता है **NCERT पृष्ठ 217**

(a) पिण्ड के रंग और तापमान दोनों पर निर्भर करती है
(b) केवल पिण्ड के रंग पर निर्भर करती है
(c) केवल पिण्ड के तापमान पर निर्भर करती है
(d) पिण्ड के घनत्व पर निर्भर करती है

63 गुलाब जामुन (गोलाकार माना जाता है) को ओवन में गर्म किया जाना है। दो आकारों में उपलब्ध हैं। इनमें से एक-दूसरे से दोगुना बड़ा (त्रिज्या में) है। पिज्जा (वृत्ताकार माना जाता है) को भी ओवन में गर्म किया जाना है। वे भी दो आकारों में उपलब्ध हैं, तथा एक, दूसरे से दोगुना बड़ा (त्रिज्या में) है।

सभी चारों को एक साथ ओवन के तापमान पर गर्म करने के लिए रखा जाता है। नीचे दिए गए विकल्पों में से सही कथन चुनें। NCERT पृष्ठ 218

(a) दोनों आकार के गुलाब जामुन उसी समय गर्म हो जाएंगे।
(b) छोटा गुलाब जामुन, बड़े जामुन से पहले गर्म हो जाता है।
(c) बड़ा पिज़्ज़ा, छोटे पिज़्ज़ा से पहले गर्म हो जाता है।
(d) बड़ा पिज़्ज़ा छोटे गुलाब जामुन से पहले गर्म हो जाता है

64 खाना पकाने के बर्तनों के तले काले कर दिए जाते हैं जिससे कि ये NCERT पृष्ठ 218

(a) आग से न्यूनतम ऊष्मा अवशोषित करें।
(b) आग से अधिकतम ऊष्मा अवशोषित करें।
(c) विकिरण का उत्सर्जन करें।
(d) ऊष्मा को अपने परिवेश में परावर्तित करें।

65 तापमानों T_1, T_2 व T_3 पर तीन कृष्णिका पिण्डों की विकिरण तीव्रता एवं तरंगदैर्घ्यों के मध्य ग्राफ को चित्र में दर्शाया गया है। तब NCERT पृष्ठ 218

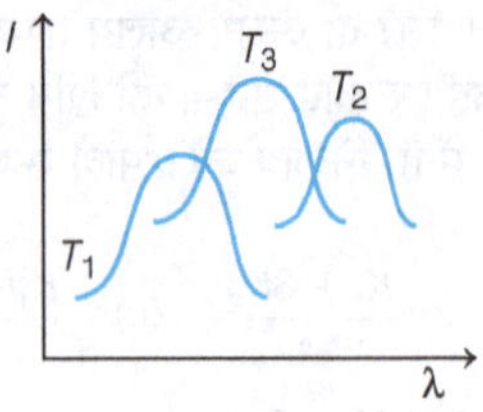

(a) $T_3 > T_2 > T_1$ (b) $T_1 > T_2 > T_3$
(c) $T_2 > T_3 > T_1$ (d) $T_1 > T_3 > T_2$

66 एक कृष्णिका पिण्ड 5760 केल्विन के तापमान पर है। 250 नैनोमीटर तरंगदैर्घ्य पर पिण्ड द्वारा उत्सर्जित विकिरण की ऊर्जा U_1 है 500 नेनोमीटर तरंगदैर्घ्य पर U_2 है तथा 1000 नेनोमीटर पर U_3 है तथा वीन स्थिरांक $b = 2.88 \times 10^6$ नेनोमीटर/केल्विन है। निम्न में से कौन-सा विकल्प सही है? NCERT पृष्ठ 218

(a) $U_3 = 0$ (b) $U_1 > U_2$ (c) $U_2 > U_1$ (d) $U_1 = 0$

67 तरंगदैर्घ्य $\lambda_m = 5.5 \times 10^7$ मीटर सूर्य के तापमान 5500 केल्विन के अनुरूप है। यदि भट्टी की तरंगदैर्घ्य $\lambda_m = 11 \times 10^{-7}$ मीटर के बराबर है, तो भट्टी का तापमान है NCERT पृष्ठ 218

(a) 5000 केल्विन (b) 1750 केल्विन
(c) 3750 केल्विन (d) 2750 केल्विन

68 यदि किसी तारे की त्रिज्या R है और यह कृष्णिका पिण्ड के रूप में कार्य करता है, तो तारे का तापमान क्या होगा, जिसमें ऊर्जा उत्पादन की दर Q है? (σ = स्टीफन स्थिरांक) NCERT पृष्ठ 219

(a) $\dfrac{Q}{4\pi R^2\sigma}$ (b) $\left[\dfrac{Q}{4\pi R^2\sigma}\right]^{\frac{1}{2}}$ (c) $\left[\dfrac{Q}{4\pi R^2\sigma}\right]^{\frac{1}{4}}$ (d) $\left[\dfrac{4\pi R^2 Q}{\sigma}\right]^{\frac{1}{4}}$

69 दो पिण्डों A और B के तापमान क्रमशः 727°C और 327°C हैं, उनके द्वारा विकीर्णित ऊष्मा की दरों $(H_A : H_B)$ का अनुपात है NCERT पृष्ठ 219

(a) 727 : 327 (b) 5 : 3 (c) 25 : 9 (d) 625 : 81

70 एक गोले की विकिरण शक्ति की गणना कीजिए जिसका तापमान 227°C, त्रिज्या 2 मी तथा उत्सर्जन क्षमता 0.8 है। NCERT पृष्ठ 219

(a) 142.5 किलोवाट (b) 1500 किलोवाट
(c) 1255 किलोवाट (d) 1575 किलोवाट

71 100 वाट लैम्प का फिलामेंट किस तापमान पर संचालित होगा, यदि यह 1.0 सेमी^{2} क्षेत्र का पूर्णतः कृष्णिका पिण्ड माना जाता है? NCERT पृष्ठ 219

(a) 3449 केल्विन (b) 2049 केल्विन
(c) 3000 केल्विन (d) 3010 केल्विन

72. मुख्य वोल्टेज में परिवर्तन के कारण, एक विद्युत के बल्ब का तापमान 3000 केल्विन से 4000 केल्विन तक बढ़ जाता है। बिजली की खपत में प्रतिशत वृद्धि क्या है? NCERT पृष्ठ 219

(a) 216 (b) 100 (c) 150 (d) 178

73 समान क्षेत्रफल वाली तीन बहुत बड़ी प्लेटें समानांतर और एक दूसरे के समीप रखी गई हैं। उन्हें आदर्श कृष्ण सतह माना जाता है और उनकी तापीय चालकता बहुत अधिक है। पहली और तीसरी प्लेट को क्रमशः $2T$ और $3T$ तापमान पर रखा जाता है। स्थिर अवस्था की स्थिति में मध्य वाली (दूसरी) प्लेट का तापमान है। NCERT पृष्ठ 219

(a) $\left(\dfrac{65}{2}\right)^{1/4} T$ (b) $\left(\dfrac{97}{4}\right)^{1/4} T$ (c) $\left(\dfrac{97}{2}\right)^{1/4} T$ (d) $(97)^{1/4} T$

74 यदि सूर्य का तापमान = 6000 केल्विन, सूर्य की त्रिज्या = 7.2×10^5 किमी, पृथ्वी की त्रिज्या = 6000 किमी तथा पृथ्वी और सूर्य के बीच की दूरी = 15×10^7 किमी है, तो पृथ्वी पर प्रकाश की तीव्रता ज्ञात कीजिए। NCERT पृष्ठ 219

(a) 1473 (b) 1540 (c) 1693 (d) 1841

न्यूटन का शीतलन नियम

75 एक पिण्ड 7 मिनट में 60°C से 40°C तक ठण्डा हो जाता है, तो अगले 7 मिनट के बाद उसका तापमान क्या होगा? परिवेश का तापमान 10°C है। NCERT पृष्ठ 220

(a) 40°C (b) 30°C (c) 15°C (d) 28°C

76 एक बीकर में t समय पर द्रव का तापमान $\theta(t)$ है और परिवेश का तापमान θ_0 है, तो न्यूटन के शीतलन के नियम के अनुसार, $\log_e(\theta - \theta_0)$ और t के बीच सही ग्राफ है NCERT पृष्ठ 220

(a)
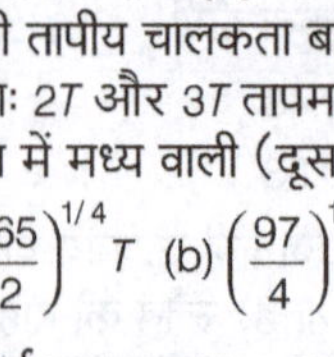

(b)
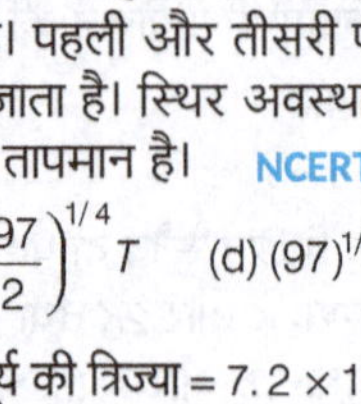

(c)
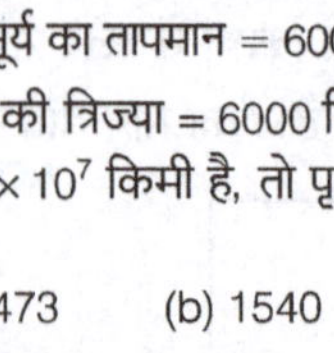

(d)
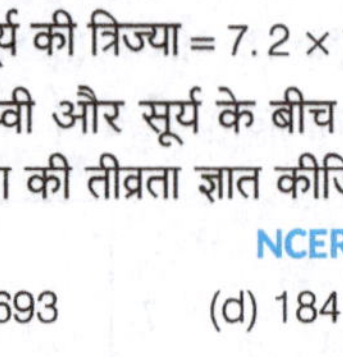

अभिकथन-कारण प्रश्न

निर्देश *(प्रश्न क्रमांक 1-10) निम्नलिखित प्रश्नों में, अभिकथन के एक कथन के बाद कारण का एक संगत कथन दिया गया है। निम्नलिखित कथनों में से सही कथन का चयन कीजिए।*

(a) अभिकथन और कारण दोनों सही हैं, और कारण, अभिकथन की सही व्याख्या है।
(b) अभिकथन और कारण दोनों सही हैं, लेकिन कारण, अभिकथन की सही व्याख्या नहीं है।
(c) अभिकथन सही है, परन्तु कारण गलत है।
(d) अभिकथन गलत है, परन्तु कारण सही है।

1 **अभिकथन** यदि विभिन्न पदार्थों के समान द्रव्यमानों में समान मात्रा में ऊष्मा जोड़ी जाए, तो तापमान में परिणामी परिवर्तन भी समान होता है।
कारण प्रत्येक पदार्थ को अपने तापमान में प्रति इकाई द्रव्यमान, प्रति डिग्री सेंटीग्रेड (या प्रति केल्विन) परिवर्तन लाने के लिए ऊष्मा के एक अद्वितीय मान की आवश्यकता होती है। **NCERT पृष्ठ 208**

2 **अभिकथन** जल का त्रिक बिन्दु आधुनिक तापमापी में एक मानक स्थिर बिन्दु है।
कारण वायुमण्डलीय दाब में परिवर्तन के कारण बर्फ का गलनांक और पानी का क्वथनांक परिवर्तित हो जाता है। **NCERT पृष्ठ 211**

3 **अभिकथन** कंक्रीट की छतों से बने घर गर्मी के दिनों में बहुत गर्म हो जाते हैं।
कारण कंक्रीट की ऊष्मा चालकता धातु की तुलना में बहुत कम होती है। **NCERT पृष्ठ 214**

4 **अभिकथन** जब किसी दीवार के दोनों ओर तापमान का अन्तर बढ़ जाता है, तो उसकी तापीय ऊष्मा चालकता बढ़ जाती है।
कारण ऊष्मा चालकता दीवार के पदार्थ की प्रकृति पर निर्भर करती है। **NCERT पृष्ठ 214**

5 **अभिकथन** NH_3 को CO_2 की तुलना में अधिक आसानी से द्रवीकृत किया जाता है।
कारण NH_3 का क्रान्तिक तापमान CO_2 से अधिक होता है। **NCERT पृष्ठ 214**

6 **अभिकथन** ठण्डे दिन में पीतल का गिलास लकड़ी की ट्रे की तुलना में अधिक ठण्डा लगता है।
कारण पीतल की ऊष्मा चालकता लकड़ी की अपेक्षा कम होती है। **NCERT पृ.215**

7 **अभिकथन** सूर्य की सतह से विकिरण, उसके परम तापमान की चतुर्थ घात के अनुसार परिवर्तित होता है।
कारण सूर्य एक कृष्णिका पिण्ड नहीं है। **NCERT पृष्ठ 218**

8 **अभिकथन** उच्च तापमानों पर, कृष्णिका पिण्ड की शिखर उत्सर्जन तरंगदैर्घ्य निम्न तरंगदैर्घ्य में परिवर्तित हो जाती है।
कारण किसी कृष्णिका की शिखर उत्सर्जन तरंगदैर्घ्य, तापमान की चतुर्थ घात के समानुपाती होती है। **NCERT पृष्ठ 218**

9 **अभिकथन** 300 केल्विन पर किसी पिण्ड की ऊष्मा हानि की दर R है। 900 केल्विन पर हानि की दर $81R$ हो जाती है।
कारण यह न्यूटन के शीतलन नियम के अनुसार है। **NCERT पृष्ठ 219**

10 **अभिकथन** पिण्ड सभी तापमानों पर ऊष्मा विकिरित करते हैं।
कारण ऊष्मा के विकिरण की दर परम तापमान की चतुर्थ घात के समानुपाती होती है। **NCERT पृष्ठ 219**

कथन आधारित प्रश्न

निर्देश *(प्रश्न क्रमांक 1-8) निम्नलिखित प्रश्नों में दो कथन (I और II) दिए गए हैं। दिए गए कथनों के अनुसार, नीचे दिए गए सही विकल्प का चयन करें।*

(a) दोनों कथन I और II असत्य हैं।
(b) कथन I सत्य है, लेकिन कथन II असत्य है।
(c) कथन I गलत है, लेकिन कथन II सत्य है।
(d) दोनों कथन I और II सत्य हैं।

1 **कथन I** खुले बर्तन में रखा पानी चंद्रमा की सतह पर शीघ्रता से वाष्पित हो जाता है।
कथन II चन्द्रमा की सतह का तापमान, पानी के क्वथनांक से बहुत अधिक होता है। **NCERT पृष्ठ 203**

2 **कथन I** किसी दिए गए ठोस की विशिष्ट ऊष्माधारिता को कैलोरीमिति के सिद्धान्त का उपयोग करके निर्धारित किया जा सकता है।
कथन II ऊष्मा लाभ, क्षय ऊष्मा के बराबर होता है। **NCERT पृष्ठ 209**

3 **कथन I** वाष्पन के दौरान तापमान नियत रहता है।
कथन II वाष्पन के दौरान, द्रव और वाष्प दोनों अवस्थाएँ साम्यावस्था में सहवर्ती होती हैं। **NCERT पृष्ठ 211**

4 **कथन I** संवहन पदार्थ की वास्तविक गति द्वारा ऊष्मा स्थानांतरण की एक विधि है।
कथन II संवहन केवल गैसों में ही सम्भव है। **NCERT पृष्ठ 211**

5 **कथन I** ऊष्मा का चालन ठोस और तरल पदार्थ; जैसे-पारा और पिघली धातुओं में होता है।
कथन II विकिरण में ऊर्जा, ऊष्मा स्रोत से दिए गए पिण्ड में 3×10^8 मी/से की चाल से सीधे प्रवाहित होती है। **NCERT पृष्ठ 211**

6 **कथन I** थर्मस बोतल एक दोहरी दीवार वाला काँच का बर्तन होता है जिसकी आन्तरिक और बाह्य दीवारें चाँदी से लेपित होती हैं।
कथन II फ्लास्क में, चालन और संवहन हानियों को कम करने के लिए दीवारों के बीच का स्थान खाली कर दिया जाता है। **NCERT पृष्ठ 217**

7 **कथन I** प्रयोगात्मक रूप से तरल की ऊष्मा चालकता मापते समय, ऊपरी परत को गर्म और निचली परत को ठण्डा रखा जाता है।

कथन II इससे संवहन द्वारा द्रव को गर्म होने से बचाया जा सकता है। **NCERT पृष्ठ 217**

8 **कथन I** न्यूटन के शीतलन नियम के अनुसार, पिण्ड की ऊष्मा हानि की दर $\left(-\frac{dQ}{dt}\right)$ तापमान में अन्तर के सीधे अनुक्रमानुपाती होती है।

कथन II यह नियम सभी प्रकार के तापमानों के अन्तर के लिए लागू होता है। **NCERT पृष्ठ 220**

सुमेलन प्रकार प्रश्न

1 10 ग्राम ऑक्सीजन को 10°C के तापमान पर 3 वायुमण्डलीय दाब पर रखा जाता है। स्थिर दाब पर गर्म करने पर गैस 10 लीटर तक फैल जाती है। दी गई स्थिति के सन्दर्भ में, कॉलम I (भौतिक राशि) को कॉलम II (मान) से सुमेलित करें। नीचे दिए गए विकल्पों में से सही उत्तर चुनें। ($R = 0.0821$ वायुमण्डल-ली/केल्विन-मोल) **NCERT पृष्ठ 206**

कॉलम I		कॉलम II
A.	प्रसार से पहले गैस का आयतन (लीटर में)	1. 4.13
B.	प्रसार के बाद गैस का तापमान (केल्विन में)	2. 1.0
C.	प्रसार से पहले गैस का घनत्व (ग्राम/लीटर में)	3. 2.42
D.	प्रसार के बाद गैस का घनत्व (ग्राम/लीटर में)	4. 1169.4

कूट

	A	B	C	D
(a)	3	4	2	1
(b)	4	3	1	2
(c)	3	4	1	2
(d)	4	2	3	1

2 कॉलम I (मिश्रण) को कॉलम II (तापमान) से सुमेलित करें। नीचे दिए गए विकल्पों में से सही उत्तर चुनें। तीन द्रव *A*, *B* और *C* जिनकी विशिष्ट ऊष्माएँ और द्रव्यमान समान हैं, जिनके तापमान क्रमशः 20°C, 40°C और 60°C हैं। मिश्रण का तापमान जब **NCERT पृष्ठ 209**

कॉलम I	कॉलम II
A. *A* और *B* मिश्रित हैं	1. 33.3°C
B. *A* और *C* मिश्रित हैं	2. 52°C
C. *B* और *C* मिश्रित हैं	3. 50°C
D. *A*, *B* और *C* तीनों मिश्रित है।	4. उपरोक्त में से कोई नहीं

कूट

	A	B	C	D
(a)	1	3	2	1
(b)	1	2	3	4
(c)	1	4	2	3
(d)	1	3	4	2

3 कॉलम I (राशि) को कॉलम II (विमा) से सुमेलित करें। नीचे दिए गए विकल्पों में से सही उत्तर चुनें। **NCERT पृष्ठ 219**

कॉलम I	कॉलम II
A. ऊष्मीय प्रतिरोध	1. $[MT^{-3}K^{-4}]$
B. स्टीफन नियतांक	2. $[M^{-1}L^{-2}T^{3}K]$
C. वीन नियतांक	3. $[MT^{2}T^{-3}]$
D. ऊष्मा धारा	4. [LK]

कूट

	A	B	C	D
(a)	1	2	3	4
(b)	1	4	3	2
(c)	2	1	4	3
(d)	2	1	3	4

आंकिक मान प्रकार के प्रश्न

1 एक सेकण्ड पेण्डुलम घड़ी में स्टील का तार लगा है। घड़ी 20°C पर कैलिब्रेट की गई है। एक सप्ताह में घड़ी द्वारा क्षय समय *x* सेकण्ड है जब तापमान 30°C तक बढ़ जाता है, *x* का मान (निकटतम पूर्णांक) है ($\alpha = 1.2 \times 10^{-5}\,°C^{-1}$ लें) **NCERT पृष्ठ 205**

2 एक बन्द पात्र में 50 ग्राम पानी को 30° से 25°C तक ठंडा होने में 2 मिनट लगते हैं। यदि 100 ग्राम द्रव्यमान का कोई अन्य तरल पदार्थ 30°C से 25°C तक ठण्डा होने में उतना ही समय लेता है, तो तरल पदार्थ की विशिष्ट ऊष्मा $x \times 10^{-1}$ किलो कैलोरी/किग्रा है। *x* का मान ...... है। (पात्र का जल तुल्यांक 30 ग्राम है) **NCERT पृष्ठ 208**

3 एक गोली एक ठोस वस्तु में घुस जाती है और पिघल जाती है। यदि इसकी गतिज ऊर्जा का आधा भाग इसे गर्म करने में उपयोग किया जाता है, तो गोली का प्रारंभिक वेग *x* मी/से है।

यदि गोली का प्रारंभिक तापमान 27°C है और गलनांक 327°C है, तो *x* का मान .... है।

(दिया है, सीसे की गलन की गुप्त ऊष्मा $= 2.5 \times 10^4$ जूल किग्रा और सीसे की विशिष्ट ऊष्मा धारिता $= 125$ जूल/किग्रा-केल्विन) **NCERT पृष्ठ 209**

4 एक वॉटर हीटर 2 किग्रा/मिनट की दर से बहते पानी को 20°C से 60°C तक गर्म करता है। यदि हीटर बर्नर पर चलता है, तो ईंधन के दहन की दर x ग्राम/मिनट होगी, x का मान .... है।
(दहन की ऊष्मा = 8×10^3 जूल/ग्राम तथा जल की विशिष्ट ऊष्मा = 42 जूल / ग्राम°C)
NCERT पृष्ठ 208

5 एक बीकर की 30°C पर आयतन क्षमता 600 cc है, जब इसे 30°C पर V_m आयतन तक आंशिक रूप से भरा जाता है, तो पाया जाता है कि तापमान में परिवर्तन होने पर बीकर का खाली आयतन स्थिर रहता है। यदि $\gamma = 6 \times 10^{6}\,°C^{-1}$ और $\gamma_{पारा} = 1.5 \times 10^{4}\,°C^{-1}$ है। जहाँ γ आयतन प्रसार गुणांक है, तो V_m .....है।
NCERT पृष्ठ 207

6 एक डबल-पैन विण्डो में दो ग्लास शीट हैं, जिनमें से प्रत्येक का क्षेत्रफल 1 मी² और मोटाई 0.01 मीटर है। जिनको 0.05 मीटर मोटी स्थिर वायु परत द्वारा अलग किया गया हैं। स्थिर अवस्था में, कमरे का ग्लास इंटरफ़ेस और ग्लास आउटडोर इंटरफ़ेस क्रमशः 27°C और 0°C के नियत तापमान पर है। विण्डों के शीशे से ऊष्मा प्रवाह की दर ...... वाट है (दिया) है, $K_{कांच}$ = 0.8 वाट/मी-केल्विन, $K_{वायु}$ = 0.08 वाट/मी-केल्विन
NCERT पृष्ठ 215

7 एक धातु की गेंद का पृष्ठीय क्षेत्रफल 200 सेमी² है तथा तापमान 527°C है। इसे 27°C तापमान पर एक पात्र में रखा गया है। यदि धातु की उत्सर्जकता 0.4 तथा $\sigma = 5.67 \times 10^{8}$जूल/मी² से² केल्विन-मी है, तो गेंद से ऊष्मा हानि की दर लगभग है .... NCERT पृष्ठ 219

NCERT Exemplar प्रश्न

1 एक समान धातु की छड़ अपने लम्बवत द्विभाजक के परितः नियत कोणीय गति से घूमती है। यदि इसका तापमान थोड़ा बढ़ाने के लिए इसे समान रूप से गर्म किया जाता है, तो
(a) इसकी घूर्णन गति बढ़ जाती है
(b) इसकी घूर्णन गति कम हो जाती है
(c) इसकी घूर्णन गति समान रहती है
(d) इसकी गति बढ़ जाती है क्योंकि इसका जड़त्व आघूर्ण बढ़ जाता है

2 एक एल्युमीनियम के गोले को पानी में डुबोया जाता है। निम्न में से कौन-सा कथन सत्य है?
(a) 0°C तापमान वाले जल में उत्प्लावकता 4°C तापमान वाले जल की अपेक्षा कम होगी।
(b) 0°C तापमान वाले जल में उत्प्लावकता 4°C तापमान वाले जल की अपेक्षा अधिक होगी।
(c) 0°C पर जल में उत्प्लावकता 4°C तापमान वाले जल के समान होगी।
(d) 4°C पर जल में उत्प्लावकता गोले की त्रिज्या के आधार पर कम या अधिक हो सकती है।

3 जैसे-जैसे तापमान बढ़ता है, लोलक का आवर्तकाल
(a) केन्द्र प्रभावी लम्बाई बढ़ने पर बढ़ जाता है, चाहे इसका द्रव्यमान केन्द्र अभी भी गोलक के केन्द्र पर रहता है।
(b) प्रभावी लम्बाई बढ़ने पर घट जाती है, चाहे इसका द्रव्यमान केन्द्र अभी भी गोलक के केन्द्र पर ही रहता है।
(c) गोलक के केन्द्र से नीचे द्रव्यमान केन्द्र स्थानांतरित होने के कारण प्रभावी लम्बाई बढने पर बढ़ जाता है
(d) प्रभावी लम्बाई समान रहने पर घट जाता है परन्तु द्रव्यमान का केंद्र गोलक के केन्द्र के ऊपर स्थानांतरित हो जाता है।

4 ऊष्मा का संबंध है
(a) अणुओं की यादृच्छिक गति की गतिज ऊर्जा से
(b) अणुओं की व्यवस्थित गति की गतिज ऊर्जा से
(c) अणुओं की यादृच्छिक और व्यवस्थित गति की कुल गतिज ऊर्जा से
(d) कुछ स्थितियों में यादृच्छिक गति की गतिज ऊर्जा और अन्य में व्यवस्थित गति की गतिज ऊर्जा से

5 कमरे के तापमान T पर एक धातु के गोले की त्रिज्या R है और धातु का रेखीय प्रसार गुणांक α है। गोले को तापमान ΔT से गर्म किया जाता है, जिससे इसका नया तापमान $T + \Delta T$ से जाता है, गोले के आयतन में वृद्धि लगभग है
(a) $2\pi R\alpha\Delta T$ (b) $\pi R^2\alpha\Delta T$
(c) $4\pi R^3\alpha\Delta T / 3$ (d) $4\pi R^3\alpha\Delta T$

6 100 ग्राम पानी को – 10°C तक अतिशीतित किया जाता है। इस बिंदु पर, यंत्रवत् या अन्य किसी गड़बड़ी के कारण इसका कुछ भाग अचानक बर्फ में जम जाता है। परिणामी मिश्रण का तापमान क्या होगा और कितना द्रव्यमान जम जाएगा?
(S_W = 1 कैलोरी/ग्राम °C और = 80 कैलोरी/ग्राम)
(a) 0°C, 12.5 ग्राम
(b) 20°C, 50 ग्राम
(c) 30°C, 30 ग्राम
(d) 50°C, 10 ग्राम

7 एक समान छड़ (रेखीय प्रसार गुणांक, α) के तापमान में थोड़ी वृद्धि होने पर उसके लंबवत् द्विभाजक के परितः जड़त्व आघूर्ण में होने वाली वृद्धि ज्ञात कीजिए।
(a) $2 / \alpha\Delta T$
(b) $4 / \alpha\Delta T$
(c) $6 / \alpha\Delta T$
(d) $3 / \alpha T$

8. जब 57°C ताप पर गर्म चाय पी जाती है तो ताँबे से भरी दाँत की गुहा के अन्दर विकसित तनाव की गणना करें। आप शरीर (दांत) का तापमान 37°C तथा $\alpha = 1.7 \times 10^{5}/°C$ ले सकते हैं और ताँबे के लिए आयतन प्रत्यास्थता मापांक
140×10^9 न्यूटन/मी² है।
(a) 5×10 न्यूटन/मी²
(b) 3×10^2 न्यूटन/मी²
(c) 1.428×10^8 न्यूटन/मी²
(d) 3.46×10^5 न्यूटन/मी²

विगत परीक्षाओं के प्रश्न

NEET

1 0.5×10^{11} न्यूटन/मी^{2} यंग प्रत्यास्थता गुणांक तथा 10^{-5}°C^{-1} रेखीय ऊष्मीय प्रसार गुणांक की 1मी लम्बी व 10^{-3}मी^{2} अनुप्रस्थ-काट क्षेत्रफल की एक धात्विक छड़ को 0°C से 100°C तक बिना विस्तार या मोड़ के गर्म किया जाता है। इसमें उत्पन्न संपीडित बल है
NCERT पृष्ठ 207, NEET 2024

(a) 5×10^3 न्यूटन (b) 50×10^3 न्यूटन
(c) 100×10^3 न्यूटन (c) 2×10^3 न्यूटन

2 100 किलोवाट के ट्रांसमीटर द्वारा 1 घण्टे में आदर्श रूप से विकरित की जाने वाली ऊर्जा है **NCERT पृष्ठ 218, NEET 2022**

(a) 36×10^7 जूल (b) 36×10^4 जूल
(c) 36×10^5 जूल (d) 1×10^5 जूल

3 जब कमरे का तापमान 20°C है तो एक कप कॉफी t मिनट में 90°C से 80°C तक ठण्डी हो जाती है। समान कमरे के तापमान 20°C पर, कॉफी के एक समान कप को 80°C से 60°C तक ठण्डा होने में कितना समय लगेगा? **NCERT पृष्ठ 220, NEET 2021**

(a) $\frac{13}{10}t$ (b) $\frac{13}{5}t$ (c) $\frac{10}{13}t$ (d) $\frac{5}{13}t$

4 त्रिज्या r_1 और r_2 ($r_1 = 1.5r_2$) वाले दो ठोस तांबे के गोलों का तापमान 1 केल्विन तक बढ़ाने के लिए आवश्यक ऊष्मा की मात्रा का अनुपात है। **NCERT पृष्ठ 208, NEET 2020**

(a) $\frac{9}{4}$ (b) $\frac{3}{2}$
(c) $\frac{5}{3}$ (d) $\frac{27}{8}$

5 सतह क्षेत्रफल A का एक गहरा आयताकार तालाब, जिसमें पानी (घनत्व = ρ, विशिष्ट ऊष्मा धारिता = s), भरा हुआ है एक ऐसे क्षेत्र में स्थित है जहाँ बाह्य वायु का तापमान – 26° C पर नियत है। एक निश्चित क्षण पर, इस तालाब में जमी बर्फ की परत की मोटाई x है। बर्फ की ऊष्मीय चालकता K और इसकी विशिष्ट गलन की गुप्त ऊष्मा L लेते हुए, इस क्षण बर्फ की परत की मोटाई में वृद्धि की दर है **NCERT पृष्ठ 215, NEET 2019**

(a) $26\,K/\rho R(L-4S)$ (b) $26\,K/(\rho x^2 - L)$
(c) $26\,K/(\rho x L)$ (d) $26K/\rho R(L+4S)$

6 145°C तापमान पर एक धातु की छड़ 17 वाट की दर से ऊर्जा विकरित करती है। यदि इसका तापमान 273°C तक बढ़ा दिया जाए, तो यह किस दर से ऊर्जा विकरित करेगी? **NCERT पृष्ठ 219, NEET 2017**

(a) 17.5 वाट (b) 50.3 वाट
(c) 49.6 वाट (d) 67.5 वाट

7 एक पिण्ड 10 मिनट में $3T$ से $2T$ तक ठण्डा हो जाता है। कमरे का तापमान T है। मान लें कि न्यूटन का शीतलन नियम लागू होता है। तब अगले 10 मिनट के अंत में पिण्ड का तापमान होगा **NCERT पृष्ठ 219, NEET 2016**

(a) $\frac{7}{4}T$ (b) $\frac{3}{2}T$
(c) $\frac{4}{3}T$ (d) T

8 बर्फ का एक टुकड़ा h ऊँचाई से गिरता है , जिससे वह पूरी तरह पिघल जाता है। बर्फ द्वारा उत्पादित ऊष्मा का केवल एक-चौथाई भाग ही अवशोषित किया जाता है तथा बर्फ की समस्त ऊर्जा गिरने के दौरान ऊष्मा में परिवर्तित हो जाती है। h का मान है। (बर्फ की गुप्त ऊष्मा = 3.4×10^5 जूल/किग्रा तथा $g = 10$ न्यूटन/किग्रा)
NCERT पृष्ठ 213, NEET 2016

(a) 544 किमी (b) 136 किमी (c) 68 किमी (d) 34 किमी

9 एक धातु की छड़ के दोनों सिरों के तापमान को 100°C तथा 110°C पर व्यवस्थित रखा जाता है। छड़ में ऊष्मा प्रवाह की दर 4.0 जूल/से पायी जाती है। यदि सिरों को 200 °C और 210°C के तापमान पर व्यवस्थित रखा जाए, तो ऊष्मा प्रवाह की दर होगी **NCERT पृष्ठ 215, AIPMT 2015**

(a) 44.0 जूल/से (b) 16.8 जूल/से (c) 8.0 जूल/से (d) 4.0 जूल/से

10 पानी की एक निश्चित मात्रा पहले 5 मिनट में 70°C से 60°C तक तथा अगले 5 मिनट में 54°C तक ठण्डी हो जाती है। परिवेश का तापमान है
NCERT पृष्ठ 220, AIPMT 2014

(a) 45°C (b) 20°C (c) 42°C (d) 10°C

JEE Main

11 सेल्सियस पैमाने पर एक वस्तु का तापमान 40°C बढ़ता है। फॉरेनहाइट पैमाने पर ताप वृद्धि है **NCERT पृष्ठ 203, JEET Main 2024**

(a) 68°F (b) 70°F (c) 75°F (d) 72°F

12 100 ग्राम लोहे की कील को 1.5 किग्रा के हथौड़े से 60 मी/से के वेग से पीटा जाता है। कील के तापमान में कितनी वृद्धि होगी, यदि हथौड़े की एक-चौथाई ऊर्जा कील को गर्म करने में खर्च हो जाती है? (लोहे की विशिष्ट ऊष्मा धारिता = 0.42 जूल/ग्राम)
NCERT पृष्ठ 213, JEET Main 2022

(a) 675°C (b) 1600°C (c) 16.07°C (d) 6.75°C

13 5.0 किग्रा द्रव्यमान के एक तांबे के ब्लॉक को 500°C के तापमान पर गर्म किया जाता है और एक बड़े बर्फ के ब्लॉक पर रखा जाता है। अधिकतम कितनी बर्फ पिघल सकती है? (तांबे की विशिष्ट ऊष्मा = 0.39 जूल / ग्राम°C और जल की गलन की गुप्त ऊष्मा = 335जूल / ग्राम) **NCERT पृष्ठ 213, JEE Main 2022**

(a) 1.5 किग्रा (b) 5.8 किग्रा (c) 2.9 किग्रा (d) 3.8 किग्रा

14 40°C पर, 1 मिमी त्रिज्या का एक पीतल का तार छत से लटका हुआ है। तार के मुक्त सिरे से एक छोटा द्रव्यमान M लटका हुआ है। जब तार को 40°C से 20°C तक ठण्डा किया जाता है, तो यह अपनी मूल लंबाई 0.2 मीटर पर वापस आ जाता है। M का मान लगभग है (पीतल का रेखीय प्रसार गुणांक और यंग प्रत्यास्थता गुणांक क्रमशः 10^{-5}°C और 10^{11} न्यूटन/मी^{2} है, ($g = 10$ मी/से^{2}) **NCERT पृष्ठ 207, JEE Main 2019**

(a) 1.5 किग्रा (b) 9 किग्रा (c) 0.5 किग्रा (d) 0.9 किग्रा

15 समान विमाओं वाली दो छड़ें A और B, 30°C तापमान पर हैं। यदि A को 180°C तक गर्म किया जाता है और B को T °C तक गर्म किया जाता है, तब नई लम्बाई समान होती है। यदि A और B के रेखीय प्रसार गुणांकों का अनुपात 4 : 3 है , तो T का मान है
NCERT पृष्ठ 205, JEE Main 2019

(a) 230°C (b) 270°C (c) 200°C (d) 250°C

स्किल बूस्टर्स

1 एक पिण्ड P एक अन्य बड़े पिण्ड Q से लंबाई L, अनुप्रस्थ-काट क्षेत्र A और तापीय चालकता K की चालक छड़ के माध्यम से जुड़ा हुआ है। इस संयोजन को तापमान T_A वाले वातावरण में रखा गया है और पिण्ड Q का तापमान भी T_A पर व्यवस्थित है । माना पिण्ड P की ऊष्मा धारिता C है और यह प्रारम्भ में तापमान T_1 पर है । यदि समय t सेकण्ड में, पिण्ड P का तापमान T_2 तक गिर जाता है तो, सही विकल्प चुनें।

(a) $\log\left(\frac{T_2 - T_A}{T_1 - T_A}\right) = -\left(K_1 + \frac{KA}{LC}\right)t$

(b) $\log\left(\frac{T_2 - T_A}{T_1 - T_A}\right) = -\left(K_1 + \frac{KA}{LC}.t\right)$

(c) $\log\left(\frac{T_1 - T_A}{T_1 - T_A}\right) = -\left(K_1 + \frac{KA}{LC}.t\right)$

(d) $\log\left(\frac{T_1 - T_A}{T_2 - T_A}\right) = -\left(K_1 + \frac{KA}{LC}\right)t$

2 एक समद्विबाहु त्रिभुज का निर्माण l_1 लम्बाई और रेखीय प्रसार गुणांक α_1 की एक पतली छड़ को आधार मानकर तथा l_2 लम्बाई और रेखीय प्रसार गुणांक α_2 की दो पतली छड़ों को दो भुजाओं के रूप में उपयोग करके किया जाता है। यदि तापमान में परिवर्तन होने पर आधार के शीर्ष और मध्य-बिंदु के बीच की दूरी अपरिवर्तित रहती है, तो सही संबंध है

(a) $\frac{l_1}{l_2} = \sqrt{\frac{\alpha_2}{\alpha_1}}$ (b) $\frac{l_1}{l_2} = \sqrt{\frac{\alpha_1}{\alpha_2}}$

(c) $\frac{l_1}{l_2} = 2\sqrt{\frac{\alpha_2}{\alpha_2}}$ (d) $\frac{l_1}{l_2} = 2\sqrt{\frac{\alpha_1}{\alpha_2}}$

3 किसी पदार्थ की विशिष्ट ऊष्मा तापमान के साथ निम्न प्रकार परिवर्तित होती रहती है, ($C = 0.2 + 0.14t + 0.023t^2$ कैलोरी/ग्राम °C^{-2}) ग्राम पदार्थ का तापमान 5°C से 15°C तक बढ़ाने के लिए कितनी ऊष्मा की आवश्यकता होगी

(a) 24 कैलोरी (b) 56 कैलोरी (c) 82 कैलोरी (d) 100 कैलोरी

4 छः समान चालक छड़ों को चित्र में दर्शाए अनुसार जोड़ा गया है।

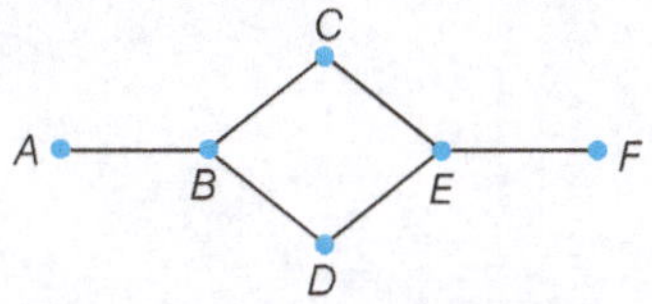

सिरे A और F को क्रमशः 200°C और 0°C पर बनाए रखा जाता है। B का तापमान होगा

(a) 100°C (b) 55.56°C (c) 66.67°C (d) 80°C

5 एक ऊष्मा स्रोत का तापमान 10^3 केल्विन है। यह एक जलाशय से जुड़ा है जिसका तापमान 10^2 केल्विन है। कनेक्टिंग स्लैब 2 मीटर मोटाई के तांबे से बना है। यदि तांबे की चालकता 0.1 वाट/केल्विन-मी है, तो स्थिर अवस्था में स्लैब के माध्यम से ऊर्जा फ्लक्स है

(a) 90 वाट/मी (b) 65 वाट/मी

(c) 45 वाट/मी (d) 180 वाट/मी

6 एक कृष्ण पिण्ड द्वारा उत्सर्जित शक्ति P है और यह तरंगदैर्घ्य λ_0 पर अधिकतम ऊर्जा उत्सर्जित करती है। अब यदि कृष्ण पिण्ड का तापमान परिवर्तित कर दिया जाए, जिससे कि यह $\frac{3}{4}\lambda_0$ तरंगदैर्घ्य पर अधिकतम ऊर्जा उत्सर्जित करे, तो इसके द्वारा उत्सर्जित शक्ति nP हो जाती है। n का मान है

(a) $\frac{256}{81}$ (b) $\frac{4}{3}$

(c) $\frac{3}{4}$ (d) $\frac{81}{256}$

7 समान लम्बाई और समान अनुप्रस्थ-काट क्षेत्रफल वाली तीन छड़ें श्रेणीक्रम में जुड़ी हुई हैं। उनकी ऊष्मीय चालकताएँ 2 : 3 : 4 के अनुपात में है। यदि स्थिर अवस्था में प्रथम और अन्तिम छड़ के खुले सिरे क्रमशः 200 °C और 18°C तापमान पर हैं, तो दोनों संधियों के तापमान की गणना करें।

(a) 116°C, 74°C (b) 120°C, 180°C

(c) 125°C, 50°C (d) 130°C, 40°C

8 ऊष्मा धारिता C_1 और C_2 वाले धातु के दो ब्लॉक लम्बाई l, अनुप्रस्थ-काट क्षेत्रफल A और निम्न ऊष्मा चालकता K वाली छड़ से आपस में जुड़े हुए हैं। मान लीजिए कि पूरा निकाय आसपास से ऊष्मीय रूप से पृथक है और छड़ की ऊष्मा धारिता नगण्य है। समय के फलन के रूप में ब्लॉकों के बीच तापमान में अंतर है $\left(\tau = \frac{KA(C_1 + C_2)}{C_1C_2}t\right)$

(a) $(T_0).e^{\frac{t}{\tau}}$ (b) $(T_0)e^{\frac{t}{\tau}}$ (c) $(T_0).e^{\frac{t^2}{\tau^2}}$ (d) $(T_0).e^{-\frac{t^2}{\tau}}$

9 आदर्श छड़ों की एक बड़ी संख्या जिनकी लंबाई l, अनुप्रस्थ-काट का क्षेत्रफल A और ऊष्मीय चालकता K है, को चित्र में दिखाए अनुसार व्यवस्थित किया गया है।

सिरे A और B को क्रमशः तापमान θ_1 और $\theta_2 (\theta_2 < \theta_2)$ पर बनाए रखा जाता है। यदि प्रत्येक छड़ की पार्श्व सतह ऊष्मारोधी है, तो स्थिर अवस्था में ऊष्मा स्थानांतरण की दर होगी

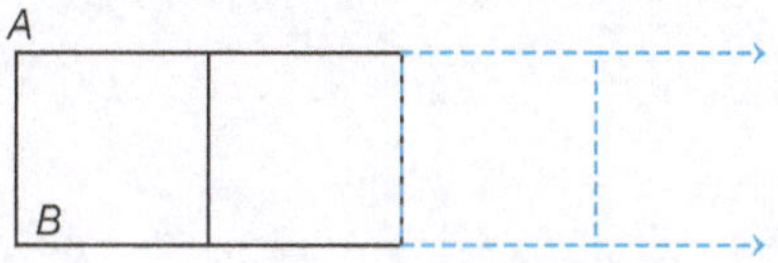

(a) $\frac{KA(\theta_1 - \theta_1)}{l}$ (b) $\frac{KA(\theta_1 - \theta_2)}{l(\sqrt{3} - 1)}$

(c) $\frac{KA(\theta_1 - \theta_2)}{2l}$ (d) $\frac{KA(\theta_1 - \theta_2)}{l(\sqrt{2} - 1)}$

10 उत्सर्जकता $e_1 = 0.8$ और $e_2 = 0.4$ वाले दो गोलाकार पिण्डों को एक आदर्श कृष्ण पिण्ड के अंदर रखा गया है, जिसे तापमान T पर व्यवस्थित रखा गया है । इस निकाय द्वारा प्रति सेकण्ड उत्सर्जित की जाने वाली ऊर्जा है

(a) $E = 0.4\,\sigma AT^4$ (b) $E = 0.8\,\sigma AT^4$

(c) $E = 0.6\,\sigma AT^4$ (d) $E = \sigma AT^4$

प्रश्न कुंजी

शीर्षकवार प्रश्न

1 (b)	2 (c)	3 (c)	4 (d)	5 (b)	6 (d)	7 (d)	8 (a)	9 (b)	10 (d)
11 (d)	12 (c)	13 (a)	14 (b)	15 (b)	16 (a)	17 (c)	18 (c)	19 (c)	20 (c)
21 (b)	22 (d)	23 (a)	24 (a)	25 (b)	26 (c)	27 (a)	28 (a)	29 (a)	30 (b)
31 (a)	32 (d)	33 (d)	34 (a)	35 (b)	36 (c)	37 (b)	38 (b)	39 (d)	40 (c)
41 (c)	42 (a)	43 (b)	44 (d)	45 (b)	46 (b)	47 (a)	48 (d)	49 (a)	50 (b)
51 (c)	52 (a)	53 (c)	54 (b)	55 (a)	56 (b)	57 (b)	58 (b)	59 (b)	60 (d)
61 (c)	62 (a)	63 (b)	64 (b)	65 (d)	66 (c)	67 (d)	68 (c)	69 (d)	70 (a)
71 (b)	72 (a)	73 (c)	74 (c)	75 (d)	76 (a)				

अभिकथन-कारण प्रश्न

1 (d)	2 (a)	3 (b)	4 (d)	5 (a)	6 (c)	7 (c)	8 (c)	9 (c)	10 (d)

कथन आधारित प्रश्न

1 (b)	2 (d)	3 (d)	4 (b)	5 (d)	6 (d)	7 (d)	8 (b)

सुमेलन प्रकार प्रश्न

1 (c)	2 (a)	3 (c)

आंकिक मान प्रकार के प्रश्न

1 (36)	2 (5)	3 (500)	4 (42)	5 (24)	6 (41.5)	7 (182)

NCERT Exemplar प्रश्न

1 (b)	2 (a)	3 (a)	4 (a)	5 (d)	6 (a)	7 (a)	8 (c)

विगत परीक्षाओं के प्रश्न

1 (b)	2 (a)	3 (b)	4 (d)	5 (c)	6 (c)	7 (b)	8 (b)	9 (d)	10 (a)
11 (d)	12 (c)	13 (c)	14 (b)	15 (a)					

स्किल बूस्टर्स

1 (a)	2 (c)	3 (c)	4 (c)	5 (c)	6 (a)	7 (a)	8 (a)	9 (b)	10 (d)

क्रमवार

प्रश्नों का विश्लेषण

कॉन्सेप्ट बिल्डर्स

1	सत्य	2	– 40°C
3	32,212	4	– 40, 233.15
5	रबर	6	सत्य
7	असत्य	8	अधिक
9	सत्य	10	4
11	असत्य	12	सत्य
13	कम करना	14	व्युत्क्रमानुपाती
15	उर्ध्वपात	16	273.16
17	$\frac{2K_1K_2}{K_1+K_2}$	18	सत्य
19	1	20	असत्य

शीर्षकवार प्रश्न

1 *(b)* जब किसी पिण्ड और उसके आसपास के माध्यम का तापमान भिन्न होता है, तो उनके बीच ऊष्मा स्थानांतरण होता है।

3 *(c)* दिया है, $\Delta T = T_b - T_f = 100$

द्रव का तापमान, T = निचले और ऊपरी निश्चित बिंदु के बीच की दूरी का $\left(\frac{3}{5}\right)$

$\Rightarrow \quad T = \frac{3}{5} \times 100 = 60°C$

केल्विन पैमाने पर,

$T_k = 273.15 + 60 = 333.15$ केल्विन

4 *(d)* थर्मामीटर के लिए

$$\frac{\text{किसी पैमाने पर पाठ्यांक} - \text{निचला स्थिर बिन्दु}}{\text{ऊपरी स्थिर बिन्दु} - \text{निचला स्थिर बिन्दु}}$$

अर्थात, $\frac{X - LFP}{UFP - LFP} = \frac{C - 0}{100 - 0} = \frac{64 - 5}{95 - 5}$

$= 0.655$

$\Rightarrow \quad C = 65.5\,°C$

5 *(b)*

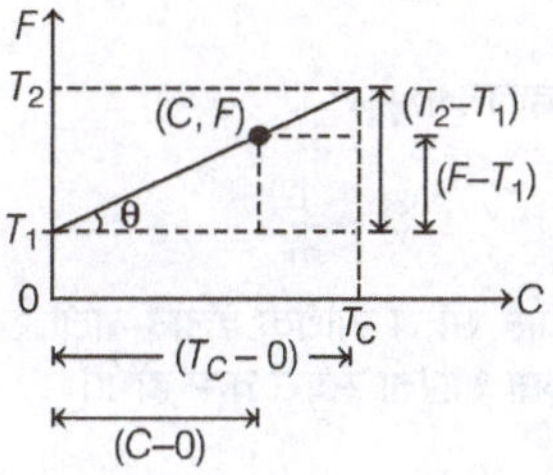

ग्राफ का ढलान निम्न प्रकार दिया जाता है

$$\tan\theta \frac{T_2 - T_1}{T_c - .0} = \frac{T_2 - T_1}{T_c} \quad \ldots(i)$$

इसी प्रकार, किसी भी स्वेच्छा से माने गए बिंदु (C, F) के लिए

$$\tan\theta = \frac{F - T_1}{C - 0} = \frac{F - T_1}{C} \quad \ldots(ii)$$

समी (i) और (ii) से, हमें प्राप्त

$$\frac{T_2 - T_1}{T_c} = \frac{F - T_1}{C} \Rightarrow \frac{F - T_1}{T_2 - T_1} = \frac{C}{T_c}$$

6 *(d)* $\frac{F_1 - 32}{180} = \frac{C_1}{100} \quad \ldots(i)$

या $\frac{F_2 - 32}{180} = \frac{C_1}{100} \quad \ldots(ii)$

समी (i) को समी (ii) से घटाने पर,

$$\frac{F_2 - F_1}{180} = \frac{C_2 - C_1}{100}$$

दिया गया है, $C_2 - C_1 = 30°C$

$\Rightarrow F_2 - F_1 = \frac{180}{100} \times 30°C = 54°F$

7 *(d)* तापमापी के सिद्धान्त से,

$$\frac{T - 0}{100 - 0} = \frac{\frac{x_0}{2} - \frac{x_0}{3}}{x_0 = -\frac{x_0}{3}} \text{ या } T = 25°C$$

8 *(a)* प्रश्नानुसार, पानी का त्रिक बिंदु केल्विन पैमाने पर 273.16 केल्विन, A पैमाने पर 400 A और B पैमाने पर 300 B है, इसलिए

273.16 केल्विन = 400 A = 300 B

$\Rightarrow \quad A = \frac{273.16}{400}$ केल्विन

और $B = \frac{273.16}{300}$ केल्विन

यदि T_A और T_B जल के त्रिक बिंदु हों, तो

$$\frac{273.16}{400} T_A = \frac{273.16}{300} T_B$$

$\Rightarrow \quad T_A = \frac{4}{3} T_B$

10 *(d)* 5 ग्राम ऑक्सीजन में मोलों की संख्या,

$$n = \frac{5}{32}$$

आदर्श गैस समीकरण द्वारा

$$pV = nRT$$

$$PV = \frac{5}{32} RT$$

11 *(d)* चूँकि, मोलों की संख्या में परिवर्तन शून्य है।

$\therefore \quad n_i = n_f$

$\because \quad \frac{p_i V_i}{RT_i} = \frac{pV_f}{RT_f}$

$\Rightarrow \quad \frac{p_i V_i}{300R} = \frac{\frac{p_i}{2} 3V_i}{RT_f}$

$\Rightarrow \quad T_f = 450$ केल्विन

12 *(c)* चूँकि मोलों की संख्या परिवर्तित हो रही है। परन्तु आयतन नियत है, अतः

$$\frac{p}{nT} = \frac{R}{V} = \text{नियत}$$

$\Rightarrow \quad \frac{p_1}{n_1 T_1} = \frac{p_2}{n_2 T_2} \Rightarrow n_2 = \frac{n_1 T_1 p_2}{T_2 p_1}$

13 *(a)* वृत्ताकार डिस्क का जड़त्व आघूर्ण,

$$I = \frac{1}{2} MR^2$$

$\therefore \quad \frac{\Delta I}{I} = \frac{2\Delta R}{R} = 2 \times \alpha\, \Delta t$

$\therefore \quad \Delta I = (2\alpha\, \Delta t)\frac{1}{2} MR^2 = MR^2 \alpha \Delta t$

चूँकि कोणीय संवेग नियत होता है

$\therefore \quad I\omega$ = नियत

$\therefore I\, \Delta\omega + \omega \Delta I = 0$

$\Rightarrow \quad \Delta\omega = -\omega \times \frac{\Delta I}{I} = -\omega\,(2\alpha\, \Delta t)$

इस प्रकार, विकल्प (a) में दिया गया कथन सही है, शेष गलत हैं।

14 *(b)* धातु X का प्रसार गुणांक धातु Y की तुलना में अधिक है, इसलिए द्विधात्विक पट्टी को ठण्डे स्थान में रखने पर, X, Y की तुलना में अधिक संकुचित होगी। इसलिए, पट्टी बाईं ओर मुड़ जाएगी।

15 *(b)* रेखीय प्रसार के अनुसार,

$$\frac{L_1}{L_2} = \frac{1 + \alpha(\Delta\theta_1)}{1 + \alpha\,(\Delta\theta_2)}$$

$$\frac{10}{L_2} = \frac{1 + 11 \times 10^{-6} \times 20}{1 + 11 \times 10^{-6} \times 19}$$

$\Rightarrow \quad L_2 = 9.99989$ सेमी

लम्बाई में कमी

$= 10 - 9.99989 = 0.00011$

$= 11 \times 10^{-5}$ सेमी

16 *(a)* माना T वास्तविक मान से तापमान में वृद्धि है, तो

$T = 35°C - 20°C = 15°C$

अब निम्न सम्बन्ध से,

मापी गई लम्बाई = वास्तविक लम्बाई $(1 + \alpha_l T)$

$\Rightarrow \quad 26 - l(1.2 \times 10^{-5} \times 15)$

$\Rightarrow \quad l = \frac{26}{1.00018} = 25.9953$ मी

17 *(c)* चूँकि, दोनों छड़ों के लिए प्रसार समान है।

$$(\Delta l)_{Cu} = (\Delta l)_{Al}$$

$\Rightarrow \quad L_{Cu}\alpha_{Cu}\Delta T = L_{Al}\alpha_{Al}\,\Delta T$ ....(i)

दिए गए मानों को प्रतिस्थापित करने पर,

$$L_{Al} = \frac{88 \times 1.7 \times 10^{-5}}{2.2 \times 10^{-5}} = 68 \text{ सेमी}$$

18 *(c)* $\Delta T = \frac{\Delta L}{L\alpha} = \frac{1}{100 \times 0.00002} = 500°C$

19 *(c)* $\Delta l_1 = \Delta l_2$ या $l_1\alpha_a t = l_2\alpha_s t$

$\therefore \quad \frac{l_1}{l_2} = \frac{\alpha_s}{\alpha_a}$

या $\frac{l_1}{l_1 + l_1} = \frac{\alpha_s}{\alpha_\alpha + \alpha_s}$

21 *(b)* दिया है, $\alpha_V = 49 \times 10^{-5}\,°C^{-1}$

$\Delta T = 30°C$

$V' = V + \Delta V = V(1 + \alpha_V \Delta T)$

$\therefore \quad V' = 1.0147V$

$\rho' = \frac{m}{V'} = \frac{m}{1.0147V} = 0.9855\rho$

अतः घनत्व में आंशिक परिवर्तन

$$= \frac{\rho - \rho'}{\rho} = 0.0143$$

22 *(d)* $\quad pV = \mu RT$ ...(i)

नियत दाब पर, $p\Delta V = \mu R\Delta T$ ...(ii)

समी (ii) को समी (i) से भाग देने पर,

$$\frac{\Delta V}{V} = \frac{\Delta T}{T}$$

परन्तु, $\quad \frac{\Delta V}{V} = \alpha_v \Delta T$

अर्थात् $\alpha_v = \frac{1}{T}$ (आदर्श गैस के लिए)

23 *(a)* प्लेट का प्रारम्भिक क्षेत्रफल,

$A = (100 \times 20)$ सेमी^{2} = 2000 सेमी^{2}

अब, क्षेत्रफल प्रसार गुणांक दिया गया है

$$\beta = \frac{\Delta A}{A\Delta T} = \frac{2}{2000 \times 10^2}$$

$$\beta = 1 \times 10^{-5}/°C$$

परन्तु $\quad \beta = 2\alpha$

$\Rightarrow \quad \alpha = 5 \times 10^{-6}/°C$

24 *(a)* तापमान के साथ घनत्व में परिवर्तन निम्न सम्बन्ध के अनुसार होता है

$$\rho' = \frac{\rho}{1 + \alpha_V \Delta\theta}$$

इसीलिए, तापमान के साथ इसका घनत्व घटता जाता है।

आंशिक कमी,

$$\frac{\rho' - \rho}{\rho} = \left(\frac{1}{1 + 49 + 10^{-5} \times 30} - 1\right)$$

$$= -1.5 \times 10^{-2}$$

25 *(b)* पानी को 0°C से 4°C तक गर्म करने पर यह संकुचित होता है। इस प्रकार, इसका घनत्व बढ़ता है और आयतन घटता है। अतः विकल्प (b) में सही ग्राफ दिखाया गया है।

27 *(a)* तार में ऊष्मीय विकृति, $\frac{\Delta l}{l} = \alpha\Delta T$

तथा संगत प्रतिबल,

$$Y \times \text{प्रतिबल} = Y \propto \Delta T$$

तार में उत्पन्न तनाव F है

F = प्रतिबल × अनुप्रस्थ-काट का क्षेत्रफल

$= Y\alpha\Delta T \times A = YA\alpha\Delta T$

यहाँ, $A = \pi r^2 = 3.14(1.0 \times 10^{-3}$ मी$)^2$

$= 3.14 \times 10^{-6}$ मी^{2}

और $\Delta T = 27° - (-39°) = 66°C$

$\therefore \quad F = 3.77 \times 10^2$ न्यूटन

28 *(a)* तापीय प्रतिबल $= Y \propto \Delta T$

दोनों छड़ों को समान प्रतिबल के लिए गर्म किया जाता है।

$\therefore Y_1\alpha_1\Delta T_1 = Y_2\alpha_2\Delta T_2$

तब $\quad \Delta T_1 = \Delta T_2 \Rightarrow \frac{Y_1}{Y_2} = \frac{\alpha_2}{\alpha_1} = \frac{3}{2}$

29 *(a)* तापमान में परिवर्तन के कारण तार की लम्बाई में संकुचन को दिया गया है

$\Delta L_1 = \alpha L\Delta T = 1.2 \times 10^{-5} \times 3 \times (-170 - 30)$

$= -7.2 \times 10^{-3}$ मी

$$A = 3.14 \times \left(\frac{1}{2} \times 10^{-3}\right)^2$$

$= 0.785 \times 10^{-6}$ मी^{2}

लम्बाई में प्रसार,

$$\Delta L_2 = \frac{FL}{AY} = \frac{mgL}{AY}$$

$$= \frac{(10 \times 10) \times 3}{(0.785 \times 10^{-6})(2 \times 10^{-11})}$$

$= 1.91 \times 10^{-3}$ मी

परिणामी लम्बाई में परिवर्तन $= \Delta L_1 + \Delta L_2$

$= -5.3 \times 10^{-3} = -5.3$ मिमी

30 *(b)* $\Delta m = \rho\Delta V$

आयतन प्रसार गुणांक निम्न प्रकार दिया जाता है

$$\gamma = \frac{\Delta V}{V\Delta T} = \frac{\Delta m}{m\Delta T} = \frac{\frac{x}{50}}{x(353 - 273)}$$

$\Rightarrow \gamma = 2.5 \times 10^{-4}$ /°C

31 *(a)* विशिष्ट ऊष्मा धारिताएँ निम्नानुसार दी गई हैं

जल $= 4.18 \times 10^3$ जूल/किलोग्राम केल्विन

एल्युमिनियम $= 9.01 \times 10^2$ जूल/किग्रा-केल्विन

बर्फ $= 2.06 \times 10^3$ जूल/किग्रा-केल्विन

पारा $= 1.4 \times 10^2$ जूल किग्रा-केल्विन

इस प्रकार, पानी की विशिष्ट ऊष्मा धारिता का मान उच्चतम होता है।

32 *(d)* अनन्त ऊष्मीय धारिता का तात्पर्य है कि पदार्थ द्वारा ऊष्मा दी जाए या छोड़ी जाए, तापमान में व्यावहारिक रूप से कोई परिवर्तन नहीं होगा।

33 *(d)* $\Delta Q_1 = ms\Delta T = 100 \times 0.5 \times 20$

$= 1000$ कैलोरी

$\Delta Q_2 = mL = 100 \times 80$

$= 8000$ कैलोरी

अब, बर्फ को 0°C से –10°C तक ठण्डा करने में हटाई गई ऊष्मा।

$\Delta Q_3 = 100 \times 0.5 \times 10 = 500$ कैलोरी

एक घण्टे में हटाई गई कुल ऊष्मा,

$\Delta Q = 2000 + 8000 + 500$

$= 10500$ कैलोरी

$\therefore$ प्रति मिनट हटाई गई ऊष्मा

$= \frac{10500}{60} = 175$ कैलोरी/मिनट

34 *(a)* ऊष्मा धारिता $S = \frac{\Delta Q}{\Delta T}$

$\Rightarrow \quad \Delta T = \frac{\Delta Q}{S} = \frac{K\Delta T}{S}$

जहाँ K = ऊष्मा आपूर्ति की दर

$\Rightarrow \quad \Delta T = \frac{K}{S} \cdot \Delta t$

$y = m.x$ से तुलना करने पर,

ग्राफ का ढ़लान $m = \frac{K}{S}$

या ढलान $(m) \propto \frac{1}{S}$

$\Rightarrow \quad S \propto \frac{1}{m}$

अर्थात् सबसे अधिक ढलान वाली रेखा की ऊष्मा धारिता सबसे कम होगी।

35 *(b)* $Q = ms\,\Delta T$

$\Rightarrow \Delta T = \dfrac{Q}{ms} = \dfrac{2\times 10^5}{60\times 10^3 \times 0.83}$

$= 4.01°C$

36 *(c)* $\Delta T = 45°C - 25°C = 20°C$

पदार्थ की ऊष्मा धारिता

$= \dfrac{\Delta Q}{\Delta T} = \dfrac{300}{20} = 15$ जूल/°C

विशिष्ट ऊष्मा धारिता,

$s = \dfrac{1}{m}.\dfrac{\Delta Q}{\Delta T} = \dfrac{1}{0.025}\times 15$

$= 600$ जूल/किग्रा °C

25 ग्राम नमूने में मोलों की संख्या,

अर्थात, $\mu = \dfrac{25}{50} = 0.5$ मोल

मोलर ऊष्मा धारिता

$C = \dfrac{1}{\mu}.\dfrac{\Delta Q}{\Delta T} = \dfrac{1}{0.5}\times 15 = 30$ जूल/मोल °C

37 *(b)* $\Delta T = T_2 - T_1$

$= (80-20)°C = 60°C$

$Q = m_1s_1\Delta T + m_2s_2\Delta T + m_3s_3\Delta T$

$= (2.4\times 0.216 + 1.6\times 0.0917 + 0.8 \times 0.0931)(60)$

$= 44.376$ कैलोरी ≈ 44.4 कैलोरी

38 *(b)* किसी पदार्थ की विशिष्ट क्षमता निम्न प्रकार दी जाती है,

$s = \dfrac{\Delta Q}{m\Delta T}$

$\therefore \quad \dfrac{s_1}{s_2} = \dfrac{m_2}{m_1}$

परन्तु $\quad m = \rho V$

$\therefore \quad \dfrac{m_1}{m_2} = \dfrac{V_1}{V_2} = \dfrac{\frac{4}{3}.\pi(r_1)^3}{\frac{4}{3}.\pi(r_2)^3} = \dfrac{(r_1)^3}{(r_2)^3}$

$\Rightarrow \quad \dfrac{m_1}{m_2} = \left(\dfrac{2}{3}\right)^3 = \dfrac{8}{27}$

$\therefore \quad \dfrac{s_1}{s_2} = \dfrac{m_2}{m_1} = \dfrac{27}{8} \Rightarrow s_1 : s_2 = 27:8$

39 *(d)* हम जानते हैं, $Q = nC_p\Delta T$

जहाँ, $n =$ मोलों की संख्या।

$\therefore \quad Q = 5\times\dfrac{7R}{2}\times 50 = 35\times\dfrac{2}{2}\times 50$

$\Rightarrow \quad Q = 1750$ कैलोरी

40 *(c)* कैलोरीमिति के सिद्धान्त से,

$m_1s_1(\theta_1 - \theta) = m_2s_2(\theta - \theta_2)$

$\Rightarrow \quad \theta = \dfrac{m_1s_1\theta_1 + m_2s_2\theta_2}{m_1s_1 + m_2s_2}$

जब $\quad m_1 = m_2$ और $s_1 = s_2$ तब

$\theta = \dfrac{\theta_1 + \theta_2}{2}$

41 *(c)* जब द्रव A और B को मिलाया जाता है, तो

$s_A(16-12) = s_B(19-16) \Rightarrow \dfrac{s_A}{s_B} = \dfrac{3}{4}$

और जब तरल पदार्थ B और C को मिलाया जाता है, तब

$\dfrac{s_B}{s_C} = \dfrac{5}{4} \Rightarrow \dfrac{s_A}{s_C} = \dfrac{s_A}{s_B}\times\dfrac{s_B}{s_C}$

$= \dfrac{3}{4}\times\dfrac{5}{4} = \dfrac{15}{16} \quad \ldots(i)$

यदि θ वह तापमान है जब A और C मिश्रित होते हैं, तब

$s_A(\theta - 12) = s_C(28-\theta) \quad \ldots(ii)$

$\Rightarrow \quad \dfrac{s_A}{s_C} = \dfrac{28-\theta}{\theta - 12} \quad \ldots(iii)$

समी (i) और (ii) को हल करने पर,

$\theta = 20.2°C$

42 *(a)* प्रक्रिया AB के दौरान, निकाय का तापमान 0°C है।

अतः यह कला परिवर्तन को दर्शाता है, अर्थात् तापमान 0°C रहते हुए बर्फ का पानी में रूपांतरण।

BC, 0°C से 100°C तक पानी के तापमान में वृद्धि को दर्शाता है, अर्थात पानी C पर उबलना प्रारम्भ कर देता है।

अब, पानी भाप में परिवर्तित होना प्रारम्भ हो जाता है जिसे CD द्वारा दर्शाया जाता है ।

इसलिए, C से D क्वथनांक बिंदु पर तापीय साम्यावस्था में पानी और भाप को दर्शाता है।

इस प्रकार, विकल्प (a) में दिया गया कथन सही है, शेष गलत हैं।

43 *(b)* चूँकि AB क्षेत्र में तापमान नियत है, इसलिए इस तापमान पर पदार्थ ठोस से द्रव में परिवर्तित हो जाता है और $(H_2 - H_1)$ द्वारा ऊष्मा अवशोषित कर ली जाती है। इस ऊष्मा को ठोस के गलन की ऊष्मा के रूप में जाना जाता है। CD क्षेत्र में तापमान नियत रहता है, इसलिए इस तापमान पर पदार्थ द्रव से गैस में बदल जाता है और पदार्थ द्वारा $(H_4 - H_3)$ ऊष्मा अवशोषित कर ली जाती है। इस ऊष्मा को द्रव के वाष्पीकरण की ऊष्मा के रूप में जाना जाता है। इस प्रकार, विकल्प (b) में दिया गया कथन सही है, शेष गलत हैं।

47 *(a)* चूँकि अत्यधिक प्रसार के लिए अधिक ऊर्जा की आवश्यकता होती है, इसलिए किसी पदार्थ के वाष्पन की गुप्त ऊष्मा सदैव संगलन की गुप्त ऊष्मा से अधिक होती है।

49 *(a)* 1 ग्राम बर्फ को पिघलाने के लिए आवश्यक ऊष्मा,

$Q = mL = \dfrac{1}{1000}\times 3.36\times 10^5 = 336$ जूल

m ग्राम बर्फ का तापमान-5°C से 0°C तक बढ़ाने के लिए प्रयुक्त ऊष्मा,

$\Delta Q = 420 - 336 = 84$ जूल

परन्तु $\Delta Q = ms\Delta T$

$\Rightarrow \quad 84 = m\times 2100\times 5$

$\Rightarrow \quad m = 0.008$ किग्रा $= 8$ ग्राम

50 *(b)* $Q_1 =$ बर्फ को −12°C से 0°C पर बर्फ में परिवर्तित के लिए आवश्यक ऊष्मा

$= ms_i\Delta T_1$

$\Delta Q_1 = 3\times 2100\times[0-(-12)]$

$= 75600$ जूल

$Q_2 =$ 0°C पर बर्फ को पिघलाकर 0°C पर जल बनाने के लिए आवश्यक ऊष्मा

$= mLi = 3\times(3.35\times 10^5)$

$= 1005000$ जूल

$Q_3 =$ 0°C पर पानी को 100°C पर पानी में परिवर्तित करने के लिए आवश्यक ऊष्मा

$= ms_w\Delta T_2 = (3)(4186)\times(100)$

$= 1255800$ जूल

$Q_4 =$ 100°C पर पानी को 100°C पर भाप में परिवर्तित करने के लिए आवश्यक ऊष्मा,

$= mL_s$

$= 3\times(2.256\times 10^6)$

$= 6768000$ जूल

इसलिए, $Q = Q_1 + Q_2 + Q_3 + Q_4$

$= 9.1\times 10^6$ जूल

51 *(c)* $A = 6l^2 = 6\times(20\times 10^{-2})^2$

$A = 24\times 10^{-2}$ मी^{2}

$\Delta T = 50 - 0 = 50°C$

अब, सभी फलकों के माध्यम से बॉक्स में प्रवेश करने वाली कुल ऊष्मा

$Q = \dfrac{KA\Delta T}{x}\times t$ ($x =$ बॉक्स की मोटाई)

$Q = (0.01)\times\dfrac{(24\times 10^{-2})(50)\times(36\times 10^3)}{5\times 10^{-2}}$

$\Rightarrow Q = 86400$ जूल

माना टिन में पिघले पदार्थ की मात्रा m किग्रा है

$\therefore \quad Q = mL_f$

$\Rightarrow m = \frac{86400}{335 \times 10^3} = 0.258$ किग्रा

तो, शेष बची बर्फ की मात्रा

$= 5 - 0.258 = 4.7$ किग्रा

52 *(a)* $R_{\text{समतुल्य}} = R_1 + R_2$

$\therefore \frac{2L}{K_{\text{समतुल्य}} A} = \frac{L}{3 \times A} + \frac{L}{7 \times A}$

$\Rightarrow K_{\text{समतुल्य}} = 42$

53 *(c)* स्थिर अवस्था में मिश्रित स्लैब के माध्यम से ऊष्मा प्रवाह की दर,

$$\frac{Q}{T} = \frac{T_2 - T_1}{\frac{l_1}{K_1 A} + \frac{l_2}{K_2 A}}$$

$$\Rightarrow \frac{Q}{T} = \frac{A(T_2 - T_1)}{\frac{t}{K} + \frac{4t}{2K}}$$

$$= \frac{A(T_2 - T_1)K}{3t}$$

उपरोक्त समीकरण को दिए गए ऊष्मा प्रवाह दर के समीकरण से तुलना करने पर,

$$f = \frac{1}{3}$$

54 *(b)* ऊष्मा हानि की दर,

$$H = \frac{Q}{t} = \frac{KA(T_1 - T_1)}{x}$$

$$= \frac{2.2 \times 10^{-3} \times 1000 \times 42}{0.4}$$

$= 231$ कैलोरी/से

55 *(a)* चूँकि ऊष्मा A से B की ओर प्रवाहित हो रही है

इसलिए,

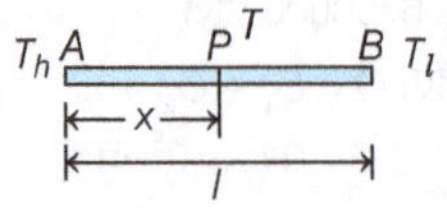

जहाँ, T_h = उच्च तापमान और T_l = निम्न तापमान

ऊष्मीय धारा, $H = \frac{\Delta Q}{\Delta t} = \frac{KA(T_h - T_l)}{l}$

$$= \frac{KA(T_h - T)}{x}$$

$$\frac{x}{l}(T_h - T_l) = T_h - T$$

$$\Rightarrow \quad T = T_h - \left(\frac{T_h - T_l}{l}\right)x$$

इसलिए, T, x के साथ T_h से T_l तक रेखीय रूप से घटता है।

56 *(b)* माना टैंक के तल का क्षेत्रफल = A सेमी^{2}

9 मिनट (या 540 सेकण्ड) में वाष्पित होने वाले पानी का आयतन = $(A \times 1)$ सेमी^{3}

540 सेकण्ड में वाष्पित होने वाले पानी का द्रव्यमान = A सेमी^{3} × 1 ग्राम/सेमी^{3} = A ग्राम

$\therefore \quad Q = mL = A \times 540$ कैलोरी

परन्तु, $Q = \frac{KA(T_1 - T_2)}{x} \times t$

या $T_1 - T_2 = \frac{Qx}{KAt} = \frac{A \times 540 \times 2}{0.2 \times A \times 540} = 10$

भट्ठी का कुल तापमान, अर्थात्

$$T_1 = T_2 + 10 = 100 + 10 = 110°\text{C}$$

57 *(b)* माना θ संधि का तापमान है,

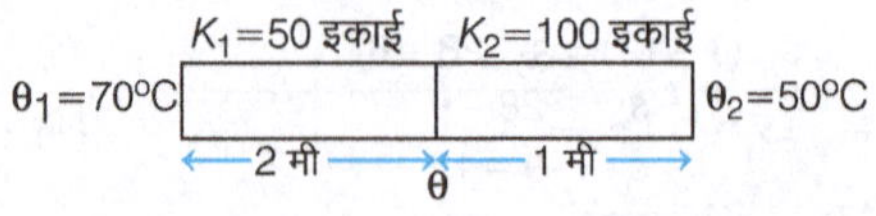

$$H_1 = H_2$$

$$\Rightarrow K_1 \frac{A\Delta\theta_1}{l_1} = K_2 \frac{A\Delta\theta_2}{l_2}$$

$$\Rightarrow \quad K_1 \frac{\Delta\theta_1}{l_1} = K_2 \frac{\Delta\theta_2}{l_2}$$

$$50 \frac{(70 - \theta)}{2} = 100 \frac{(\theta - 50)}{1}$$

$$\Rightarrow \quad \theta = 54°\text{C}$$

58 *(b)* ऊष्मा स्थानांतरण के लिए आवश्यक समय,

$$\Delta t = \frac{\Delta Q(\Delta x)}{KA(\Delta T)}$$

समान्तर संयोजन $A \rightarrow 2$ गुना और लम्बाई आधी हो जाती है, अर्थात $\Delta x \rightarrow 1/2$ गुना जैसा कि चित्र दर्शाया गया है

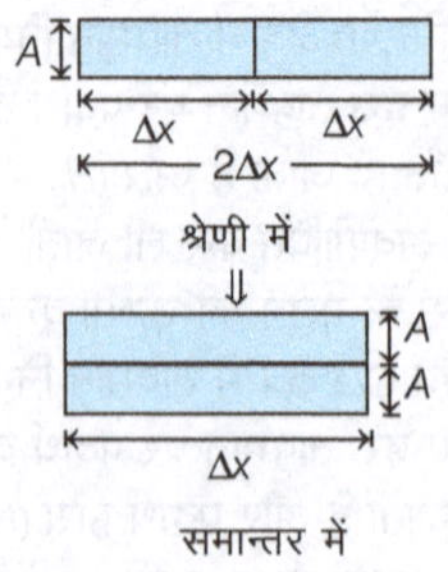

$$\therefore \quad \frac{\Delta t_1}{\Delta t_2} = \frac{\Delta x_1}{A_1} \times \frac{A_2}{\Delta x_2}$$

$$= \frac{\Delta x_1}{\Delta x_2} \times \frac{A_2}{A_1} = 2 \times 2 = 4$$

$\Rightarrow \quad \Delta t_2 = \frac{1}{4} \Delta t_1 = \frac{1}{4} \times 12 = 3$ सेकण्ड

59 *(b)* संयुक्त निकाय में ऊष्मा के प्रवाह की दर,

$$\Rightarrow \frac{KA(\theta_1 - \theta_2)}{l} = \frac{K_1 A_1 (\theta_1 - \theta_2)}{l} + \frac{K_2 A_2 (\theta_1 - \theta_2)}{l}$$

$$\Rightarrow \quad KA = K_1 A_1 + K_2 A_2$$

$$\Rightarrow K\pi(2R)^2 = K_1(\pi R^2) + K_2 \pi[(2R)^2 - R^2]$$

$$\Rightarrow \pi R^2(K \times 4) = \pi R^2(K_1 + 3K_2)$$

$$\therefore \quad K = \frac{K_1 + 3K_2}{4}$$

60 *(d)* माना संधि का तापमान θ है, तब

$$H = H_1 + H_2$$

$$\Rightarrow \frac{KA(\theta - 0)}{L} = \frac{KA(90° - \theta)}{L} + \frac{KA(90° - \theta)}{L}$$

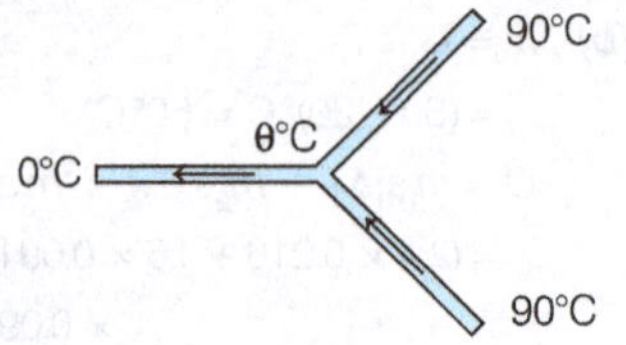

या $\quad \theta = 90°\text{C} - \theta + 90°\text{C} - \theta$

या $\quad \theta = 180°\text{C} - 2\theta$

या $\quad 3\theta = 180°\text{C}$ या $\theta = 60°\text{C}$

63 *(b)* गोले के लिए सतह से आयतन का अनुपात, बड़े गोले की तुलना में छोटे के लिए अधिक होता है। इसलिए एक छोटा गुलाब जामुन, बड़े की तुलना में अधिक ऊष्मा अवशोषित करेगा और अधिक गर्म हो जाएगा। पिज्जा की स्थिति में छोटे एवं बड़े के लिए अधिक अन्तर नहीं आता है।

65 *(d)* वीन के नियम के अनुसार,

$$\lambda_m \propto \frac{1}{T}$$

तब ग्राफ से,

$$(\lambda_m)_1 < (\lambda_m)_3 < (\lambda_m)_2$$

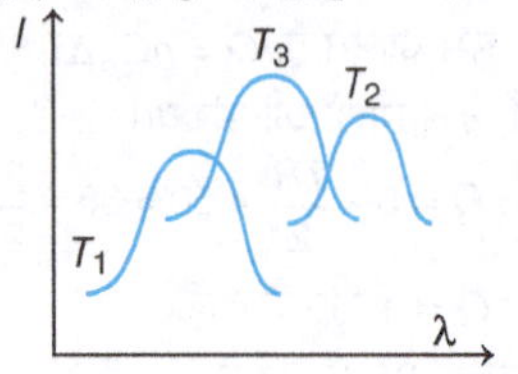

इसलिए, $\quad T_1 > T_3 > T_2$

66 *(c)* वीन के नियम के अनुसार,

$$\lambda_m = \frac{b}{T}$$

या $\lambda_m = \frac{288 \times 10^6 \text{ नैनोमीटर} - \text{केल्विन}}{5760 \text{ केल्विन}}$

$\Rightarrow$ $\lambda_m = 500$ नैनोमीटर

$\because$ λ_m = अधिकतम ऊर्जा के अनुरूप तरंगदैर्ध्य,

अतः $U_2 > U_1$

67 *(d)* वीन के विस्थापन नियम के अनुसार,

$$\lambda_m T = b$$

या $\lambda_m \propto \frac{1}{T}$

$$\frac{(\lambda_m)_s}{(\lambda_m)_f} \propto \frac{T_f}{T_s} \text{ या } T_f = T_s \times \frac{(\lambda_m)_s}{(\lambda_m)_f}$$

$= 5500$ केल्विन $\times \frac{(5.5 \times 10^{-7} \text{ मी})}{(11 \times 10^{-7} \text{ मी})}$

$= 2750$ केल्विन

68 *(c)* स्टीफन के नियम के अनुसार,

$$Q = \sigma \, eAT^4$$

कृष्णिका पिण्ड के लिए, $e = 1$

$\Rightarrow$ $T = \left[\frac{Q}{\sigma(4\pi R^2)}\right]^{1/4}$

69 *(d)* दिया है, $T_A = 727°C$ और

$T_B = 327°C$

जैसा कि हम जानते हैं, $Q \propto T^4$

$\Rightarrow$ $\frac{Q_A}{Q_B} = \frac{H_A}{H_B} = \left(\frac{273 + 727}{273 + 327}\right)^4 = \frac{625}{81}$

70 *(a)* दिया है, गोले का तापमान,

$T = 227°C$

$= 273 + 227 = 500$ केल्विन

त्रिज्या, $r = 2$ मी

उत्सर्जन क्षमता, $e = 0.8$

$\therefore$ गोले की विकिरण शक्ति = प्रति सेकण्ड विकिरित ऊर्जा $= \sigma AeT^4$

$= 5.67 \times 10^{-8} \times 4\pi \times 2^2 \times 0.8 \times (500)^4$

$= 142430.4$ वाट

$= 42.4$ किलोवाट ≈ 142.5 किलोवाट

71 *(b)* $\sigma = 5.67 \times 10^{-5}$ अर्ग सेमी$^{-2}$से$^{-1}$ केल्विन$^{-4}$

लैम्प की शक्ति = 100 वाट = 100 जूल/से

$\therefore$ ऊर्जा उत्सर्जन की दर,

$E = 100 \times 10^7$ अर्ग/सेमी

($\because$ 1 जूल $= 10^7$ अर्ग)

क्षेत्रफल, $A = 1$ सेमी^{2}, तापमान, $T = ?$

स्टेफॉन-बोल्ट्ज़मान नियम के अनुसार,

$$E = \sigma T^4 \times A$$

$$\therefore \quad T = \left(\frac{E}{\sigma A}\right)^{1/4}$$

$$= \left(\frac{100 \times 10^7}{5.67 \times 10^{-5} \times 1}\right)^{1/4}$$

$= 2049$ केल्विन

72 *(a)* $P_1 = \sigma T_2^4 = \sigma(3000)^4$ ...(i)

$P_2 = \sigma T_2^4 = \sigma(4000)^4$ ...(ii)

$\because$ $\frac{P_1}{P_1} = \frac{(4000)^4}{(3000)^4} = \frac{256}{81}$

जैसा कि हम जानते हैं, शक्ति में प्रतिशत वृद्धि $= \frac{P_2 - P_1}{P_1} \times 100 = 216\%$

73 *(c)* प्राप्त ऊर्जा की दर = उत्सर्जित ऊर्जा की दर

$\sigma A(3T)^4 - \sigma A(T')^4$

$= \sigma A(T')^4 - \sigma A\,(2T)^4$

$\Rightarrow (3T)^4 - (T')^4 = (T')^4 - (2T)^4$

$= T' = \left(\frac{97}{2}\right)^{1/4} T$

74 *(c)*

तीव्रता $= \frac{P}{4\pi d^2}$

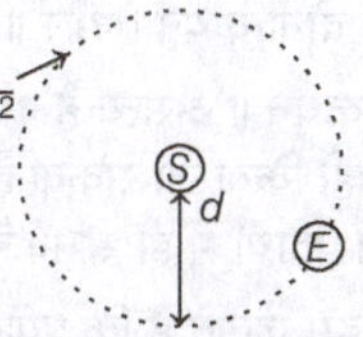

विकिरण की तीव्रता $= \frac{\text{ऊर्जा}}{\text{क्षेत्रफल} \times \text{समय}}$

अब सूर्य द्वारा प्रति इकाई समय में विकिरित ऊर्जा

$$= \sigma T^4 \times 4\pi R_s^2$$

यह ऊर्जा $4\pi d^2$ के गोले पर फैल जाती है, अतः पृथ्वी पर तीव्रता

$$= \frac{\sigma T^4 \times 4\pi R_s^2}{4\pi d^2} = \frac{\sigma T^4 R_s^2}{d^2}$$

$$= \frac{5.67 \times 10^{-8} \times (6 \times 10^3) \times (7.2 \times 10^5)^2}{(15 \times 10^7)^2}$$

$$= \frac{5.67 \times 6^4 \times (7.2)^2}{(15)^2}$$

$= 1693$ वाट/मी^{2}

75 *(d)* प्रथम स्थिति में,

$T_1 = 60°C, T_2 = 40°C$

$T_0 = 10°C, \ t = 7$ मिनट $= 420$ सेकण्ड

न्यूटन के शीतलन नियम के अनुसार,

$$ms \frac{T_1 - T_2}{t} = k\left(\frac{T_1 + T_2}{2} - T_0\right)$$

$$ms \times \frac{20}{420} = K \times 40 \quad \text{...(i)}$$

द्वितीय स्थिति में,

$$ms \times \frac{40 - T_2}{420} = k\left(\frac{40 + T_2}{2} - T_0\right) \quad \text{...(ii)}$$

समी (ii) को समी (i) से भाग करने पर,

$$20 + \frac{T_2}{2} - 10 = 80 - 2T_2$$

$\Rightarrow$ $T_2 = 28°C$

76 *(a)* $-\frac{d\theta}{dt} = k\,(\theta - \theta_0)$

$$= \int \frac{d\theta}{\theta - \theta_0} = \int -kdt$$

$\Rightarrow \log(\theta - \theta_0) = -kt + C$

जो ऋणात्मक ढलान वाली एक सीधी रेखा है। इस प्रकार, विकल्प (a) में दिया गया ग्राफ सही है।

अभिकथन-कारण प्रश्न

1 *(d)* यदि विभिन्न पदार्थों के समान द्रव्यमानों में ऊष्मा की समान मात्रा जोड़ी जाए, तो परिणामी तापमान में परिवर्तन समान नहीं होता है।

इसका तात्पर्य यह है कि प्रत्येक पदार्थ के इकाई द्रव्यमान के तापमान को एक इकाई से परिवर्तित करने के लिए अवशोषित या मुक्त की गई ऊष्मा की मात्रा का एक अद्वितीय मान होता है। अतः अभिकथन गलत है परन्तु कारण सही है।

3 *(b)* कंक्रीट की छतों से बने घर गर्मी के दिनों में बहुत गर्म हो जाते हैं, क्योंकि कंक्रीट ऊष्मीय चालकता (हालांकि धातु के आकार से बहुत छोटा) अभी भी पर्याप्त रूप से कम नहीं है।

इसलिए, अभिकथन और कारण सही हैं लेकिन कारण, अभिकथन की सही व्याख्या नहीं है।

4 *(d)* दीवार की ऊष्मीय चालकता केवल दीवार के पदार्थ की प्रकृति पर निर्भर करती है, उसके दोनों किनारों के बीच तापमान के अंतर पर नहीं। अतः अभिकथन गलत है परन्तु कारण सही है।

5 *(a)* किसी गैस को केवल दाब द्वारा तभी द्रवित किया जा सकता है जब उसे क्रांतिक तापमान से नीचे ठण्डा किया जाता है।

NH_3 का क्रांतिक तापमान CO_2 से अधिक है, अर्थात

$$T_{NH_3} = 405 \text{ केल्विन}$$

और $$T_{CO_2} = 304.1 \text{ केल्विन}$$

इसलिए, NH_3 को CO_2 की तुलना में अधिक सरलता से द्रवीकृत किया जा सकता है।
अतः, अभिकथन और कारण दोनों सही हैं और कारण, अभिकथन की सही व्याख्या है।

6 *(c)* पीतल की ऊष्मीय चालकता अधिक होती है, अर्थात पीतल ऊष्मा का अच्छा चालक है। इसलिए, जब पीतल के गिलास को स्पर्श किया जाता है, तो ऊष्मा मानव शरीर से गिलास में तेजी से प्रवाहित होती है। परिणामस्वरूप, गिलास ठण्डा दिखाई देता है। दूसरी ओर, लकड़ी एक खराब चालक है। इसलिए, इस स्थिति में मानव शरीर से लकड़ी की ट्रे में ऊष्मा प्रवाहित नहीं होती है। इस प्रकार, यह तुलनात्मक रूप से अधिक गर्म दिखाई देती है। अतः अभिकथन सही है, परन्तु कारण गलत है।

7 *(c)* 6000 केल्विन के उच्च तापमान पर, सूर्य पूर्ण विकिरण उत्सर्जित करते हुए एक कृष्णिका पिण्ड के समान कार्य करता है।
स्टीफन के नियम से यह निष्कर्ष निकलता है कि

$$E \propto T^4$$

अर्थात् सूर्य की सतह से आने वाला विकिरण उसके परम तापमान की चतुर्थ घात के अनुसार परिवर्तित होता है।
अतः अभिकथन सही है, परन्तु कारण गलत है।

8 *(c)* वीन के नियम के अनुसार, किसी पिण्ड की शिखर उत्सर्जन तरंगदैर्ध्य उसके परम तापमान के व्युत्क्रमानुपाती होती है।

$$\lambda_m = \frac{\text{नियतांक}}{T}$$

अतः अभिकथन सही है, परन्तु कारण गलत है।

9 *(c)* यहां स्टीफन का नियम लागू होता है न कि न्यूटन का शीतलन नियम।
स्टीफन के नियम के अनुसार,

$$\frac{E_2}{E_1} = \left(\frac{T_2}{T_1}\right)^4 = \left(\frac{900}{300}\right)^4 = 81$$

$$\Rightarrow \quad \frac{E_2}{R} = 81$$

इसलिए, $E_2 = 81R$

अतः, अभिकथन सही है परन्तु कारण गलत है।

10 *(d)* अभिकथन गलत है क्योंकि परम शून्य तापमान (0 केल्विन) पर ऊष्मा न तो उत्सर्जित होती है और न ही अवशोषित होती है।
कारण स्टीफन के नियम का कथन है, जैसे

$$E \propto T^4$$

अतः, अभिकथन गलत है परन्तु कारण सही है।

कथन आधारित प्रश्न

1 *(b)* चंद्रमा की सतह पर वायुमण्डलीय दाब कम है। इससे क्वथनांक कम होता है।
इस प्रकार, पृथ्वी की तुलना में चन्द्रमा पर पानी सरलता से वाष्पित हो जाता है।
अतः कथन I सत्य है, परन्तु कथन II असत्य है।

2 *(d)* उष्मामिति का अर्थ है ऊष्मा का मापन, पिण्ड द्वारा खोई गई ऊष्मा ठण्डे पिण्ड द्वारा प्राप्त ऊष्मा के बराबर होती है बशर्ते कि आसपास की ओर कोई ऊष्मा न निकलने दी जाए।
अतः दोनों कथन I और II सत्य हैं।

3 *(d)* द्रव से वाष्प में अवस्था परिवर्तन के दौरान पदार्थ की द्रव और वाष्प दोनों अवस्थाएँ तापीय साम्यावस्था में सह-अस्तित्व में रहती हैं।
अतः दोनों कथन I और II सत्य हैं।

4 *(b)* कथन II असत्य है और इसे निम्न प्रकार से सही किया जा सकता है, संवहन केवल तरल पदार्थों में ही संभव है।

7 *(d)* हम जानते हैं कि प्रयोगात्मक रूप से तरल पदार्थों की ऊष्मीय चालकता मापने के लिए उन्हें ऊपर से गर्म करना पड़ता है, अर्थात ऊपरी परत को गर्म ठण्डा रखा जाता है, जिससे कि तरल पदार्थों में संवहन को रोका जा सके।
अतः कथन I और कथन II दोनों सत्य हैं।

8 *(b)* कथन II असत्य है और इसे निम्न प्रकार सही किया जा सकता है, न्यूटन का शीतलन नियम केवल तापमान के छोटे अंतर के लिए ही सत्य है।

सुमेलन प्रकार प्रश्न

1 *(c)* प्रारंभिक स्थिति में,
दिया गया है, $m = 10$ ग्राम
$\Rightarrow$ मोलों की संख्या, n

$$\Rightarrow \quad = \frac{M}{M_0} = \frac{10}{32}$$

$$\Rightarrow \quad P_1 = 3 \text{ वायुमण्डलीय दाब}$$

$$T_1 = 10°C = 10 + 273 = 283 \text{ केल्विन}$$

A. माना प्रसार से पूर्व गैस का आयतन $= V_1$
आदर्श गैस समीकरण से,

$$p_1V_1 = nRT_1$$

$$\Rightarrow \quad V_1 = \frac{nRT}{p_1}$$

$$= \frac{10 \times 0.0821 \times 283}{32 \times 3}$$

$$= 2.42 \text{ लीटर}$$

B. नियत दाब पर, चार्ल्स के नियम को लागू करने पर

$$\frac{V_1}{T_1} = \frac{V_2}{T_2} \quad \ldots(i)$$

दिया है, $V_2 = 10$ लीटर, $T_2 = ?$
समी (i) से,

$$T_2 = \left(\frac{V_2}{V_1}\right) \times T_1 = \left(\frac{10}{2.42}\right) \times 283$$

$$= 1169.4 \text{ केल्विन}$$

C. प्रसार से पूर्व पहले घनत्व,

$$d_1 = \frac{\text{द्रव्यमान}}{V_1} = \frac{10}{2.42} = 4.13 \text{ ग्राम/लीटर}$$

D. प्रसार के पश्चात् घनत्व

$$d_2 = \frac{\text{द्रव्यमान}}{V_2} = \frac{10}{10} = 1 \text{ ग्राम/लीटर}$$

अतः, $A \rightarrow 3, B \rightarrow 4, C \rightarrow 1$ और $D \rightarrow 2$

2 *(a)*

A. जब समान विशिष्ट ऊष्मा और द्रव्यमान m और $2m$ वाले दो पदार्थों A और B को एक साथ मिलाया जाता है, तब

$$(m)\,(s)\,(\theta - 20°) = (2\,m)\,(s)\,(40° - \theta)$$

$$\Rightarrow \theta - 20° = 80° - 2\theta$$

$$\Rightarrow \quad \theta = \frac{100°}{3} = 33.3°C$$

B. जब तरल पदार्थ A और C को एक साथ मिलाया जाता है, तब

$$(m)\,(s)\,(\theta - 20°) = (3m)\,(s)\,(60° - \theta)$$

$$\Rightarrow \theta - 20° = 180° - 3\theta$$

$$\Rightarrow \quad \theta = 50°C$$

C. जब तरल पदार्थ B और C को एक साथ मिलाया जाता है, तब

$$(2m)\,(s)\,(\theta - 40°) = (3m)\,(s)\,(60° - \theta)$$

$$\Rightarrow 2\theta - 80 = 180 - 3\theta$$

$$\Rightarrow \theta = 52°C$$

D. जब A, B और C तीनों को मिलाया जाता है, तब

$$(m)(s)(\theta - 20^\circ) + (2m)(s)(\theta - 40^\circ) = (3\,m)(s)(60^\circ - \theta)$$

या $\theta = 46.67^\circ C$

अतः, $A \to 1, B \to 3, C \to 2$ और $D \to 4$

3 ***(c)*** A. तापीय प्रतिरोध $= \dfrac{L}{KA}$

$$\text{विमा} = \frac{[L]}{\left[\dfrac{ML^2T^{-2}}{T} \times \dfrac{L}{L^2K}\right]L^2} = [M^{-1}\,L^{-2}T^3K]$$

B. स्टीफन-बोल्ट्ज़मान नियम से

पिण्ड द्वारा प्रति एकांक समय में उत्सर्जित ऊष्मा

$$= \frac{\Delta Q}{\Delta t} = e\sigma AT^4 \Rightarrow \sigma = \frac{\Delta Q/\Delta t}{eAT^4}$$

e = उत्सर्जन क्षमता (विमाहीन नियतांक)

σ (स्टीफन-बोल्ट्जमान नियतांक) की विमा $= \dfrac{[ML^2T^{-2}]}{[TL^2K^4]} = [MT^{-3}K^{-4}]$

C. वीन के विस्थापन नियम से,

$$\lambda_m T = \text{नियतांक}$$

यहाँ, $\lambda_m T$ नियतांक को वीन नियतांक कहते हैं। इसका मान 2.9×10^{-3} मी/केल्विन तथा विमाएँ [LK] हैं।

D. ऊष्मा धारा, $H = \dfrac{\Delta Q}{\Delta t} = \dfrac{KA(T_h - T_l)}{L}$

H की विमा $[ML^2T^{-3}]$ है।

अतः $A \to 2, B \to 1, C \to 4$ और $D \to 3$

आंकिक मान प्रकार के प्रश्न

1 ***(36)*** सेकण्ड लोलक का आवर्तकाल है

$$T = 2 \text{ सेकण्ड}$$

तार की लम्बाई में वृद्धि के कारण आवर्तकाल में परिवर्तन होता है,

$$\Delta T = \frac{1}{2}T\alpha\Delta\theta$$
$$= \frac{1}{2} \times 2 \times 1.2 \times 10^{-5} \times 10$$
$$= 1.2 \times 10^{-4} \text{ से}$$

नया आवर्तकाल,

$$T' = T + \Delta T = 2 + (1.2 \times 10^{-4})$$

$\Rightarrow \quad T' = 2.00012$ सेकण्ड

$\therefore$ एक सप्ताह में समय क्षय

$$\Delta t = \left(\frac{\Delta T}{T'}\right)t$$
$$= \frac{1.2 \times 10^{-4}}{2.00012} \times (7 \times 24 \times 3600)$$

$\Rightarrow \quad \Delta T = 36.28$ से ≈ 36 सेकण्ड

अतः x का मान 36 है।

2 ***(5)*** चूँकि दोनों तरल पदार्थों के लिए परिवेश समान है और दोनों को ठण्डा होने में समान समय लगता है, इसलिए

$$\left(\frac{dQ}{dt}\right)_w = \left(\frac{dQ}{dt}\right)_l$$

$$\Rightarrow \frac{(m_wC_w + w)\Delta T}{t} = \frac{(m_lC_l + w)\Delta T}{t}$$

जहाँ, w = पात्र का जल तुल्यांक

$$\Rightarrow m_wC_w = M_lC_l$$

$$\Rightarrow \quad C_1 = \frac{m_wC_w}{m_l} = \frac{50 \times 1}{100}$$

$\Rightarrow \quad C_l = 0.5$ किलो कैलोरी/किग्रा $= -5 \times 10^{-1}$ किलो कैलोरी/किग्रा

अतः x का मान 5 है।

3 ***(500)*** कैलोरीमिति के सिद्धान्त से, आवश्यक ऊष्मा, $\Delta Q = ms\,\Delta\theta$

माना गोली का द्रव्यमान m है।

$$\Delta\theta = 327^\circ - 27^\circ = 300^\circ C$$

$\Rightarrow \quad \Delta Q_1 = m \times 125 \times 300$

$\Rightarrow \quad \Delta Q_1 = m \times 3.75 \times 10^4$

गोली को पिघलाने के लिए आवश्यक ऊष्मा,

$$\Delta Q_2 = mL_1 = m \times 2.5 \times 10^4$$

अब, गोली की गतिज ऊर्जा,

$$KE = \frac{1}{2}mv^2$$

गतिज ऊर्जा का आधा $= \dfrac{1}{4}mv^2$

ऊष्मामिति के सिद्धान्त से,

KE में हानि $= \Delta Q_1 + \Delta Q_2$

$$\frac{1}{4}mv^2 = m(3.75 + 2.5) \times 10^4$$

$\Rightarrow \quad v = 500$ मी/से

अतः x का मान 500 है।

4 ***(42)*** प्रश्नानुसार,

$$\frac{\Delta Q}{\Delta T} = \frac{m}{\Delta t} \cdot s\Delta T$$

परन्तु $\dfrac{\Delta Q}{\Delta T} = m' \times$ दहन ऊष्मा

$$\Rightarrow \frac{2}{60} \times 42 \times 10^3 \times (60 - 20) = m' \times 8 \times 10^3 \times 10^3$$

$$\Rightarrow m' = \frac{2 \times 42 \times 10^3 \times 40}{60 \times 8 \times 10^3 \times 10^3} \text{ किग्रा/से}$$

$$= \frac{2 \times 42 \times 10^3 \times 40 \times 10^3 \times 60}{60 \times 8 \times 10^3 \times 10^3} \text{ ग्राम/मि}$$

$\Rightarrow m' = 42$ ग्राम/मिनट

अतः x का मान 42 है।

5 ***(24)*** बीकर के आयतन में परिवर्तन = पारे के आयतन में परिवर्तन,

$$\Rightarrow \quad V_b\gamma_b\Delta T = V_m\gamma_m\Delta T$$

$$\Rightarrow V_m = \frac{V_b\gamma_b}{\gamma_m} = \frac{600 \times 6 \times 10^{-6}}{1.5 \times 10^{-4}}$$

$= 24$ सेमी^{3} $\Rightarrow V_m = 24$ cc

6 ***(41.5)*** दी गई स्थिति नीचे दर्शाई गई है।

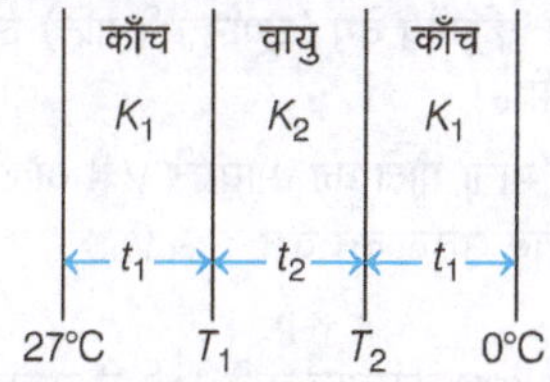

खिड़की के शीशे से होकर ऊष्मा प्रवाह की दर है,

$$H = \frac{\Delta T}{R}$$

जहाँ, R कुल तापीय प्रतिरोध है

$$\therefore \quad R = \frac{t_1}{K_1A_1} + \frac{t_2}{K_2A_2} + \frac{t_1}{K_1A_1}$$
$$= \frac{2t_1}{K_1A_2} + \frac{t_2}{K_2A_2}$$
$$= \frac{2 \times 0.01}{0.8 \times 1} + \frac{0.05}{0.08 \times 1}$$

$= 0.65$ केल्विन/वाट

$\therefore \quad H = \dfrac{27 - 0}{0.65} = 41.5$ वाट

7 ***(182)*** स्टीफन के नियम से, ऊष्मा हानि की दर,

$$\frac{Q}{t} = \sigma Ae\,(T_1^4 - T_2^4)$$

चूँकि $T_1 = 273 + 527 = 800$ केल्विन

$T_2 = 273 + 27 = 300$ केल्विन

$$\therefore \quad \frac{Q}{T} = 5.67 \times 10^{-8} \times 2 \times 10^{-2} \times 0.4 \times ([(800)^4 - (300)^4])$$
$$= 182.12$$

$\Rightarrow \quad \dfrac{Q}{T} \simeq 182$ जूल/से

NCERT Exemplar प्रश्न

1 *(b)* जैसे ही छड़ को गर्म किया जाता है, इसमें प्रसार होता है। चूंकि, निकाय पर कोई बाह्य बल आघूर्ण नहीं कर रहा है, इसलिए कोणीय संवेग संरक्षित होना चाहिए।

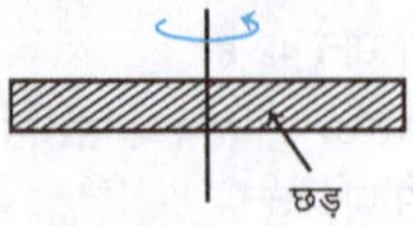

$L = I_\omega =$ नियतांक $\Rightarrow I_1\omega_1 = I_2\omega_2$

छड़ के प्रसार के कारण,

$I_2 > I_1$

$\Rightarrow \quad \frac{\omega_2}{\omega_1} = \frac{I_1}{I_2} < 1 \Rightarrow \omega_2 < \omega_1$

अतः कोणीय वेग (घूर्णन की गति) कम हो जाती है।

2 *(a)* माना गोले का आयतन V है और ρ घनत्व है, तब उत्प्लावन बल, $F = V\rho g$

$F \propto \rho$

अतः 0°C तापमान वाले जल में उत्प्लावकता 4°C तापमान वाले जल की अपेक्षा कम होगी।

3 *(a)* नीचे चित्र में L लम्बाई का एक लोलक इस प्रकार दिखाया गया है

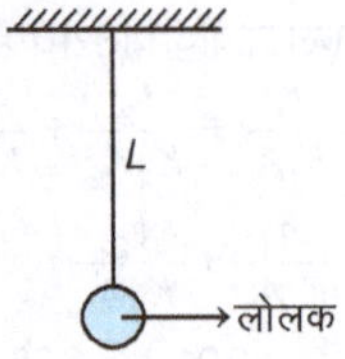

हम जानते हैं कि, लोलक का आवर्तकाल

$T = 2\pi\sqrt{\frac{L}{g}} \Rightarrow T \propto \sqrt{L}$

जैसे-जैसे तापमान बढ़ता है, लोलक की लम्बाई बढ़ती जाती है। निकाय का द्रव्यमान केन्द्र अभी भी लोलक के केन्द्र पर ही बना हुआ है।

5 *(d)* माना गोले की त्रिज्या R है। जैसे-जैसे तापमान बढ़ता है, गोले की त्रिज्या भी बढ़ती है, जैसा कि चित्र में दर्शाया है।

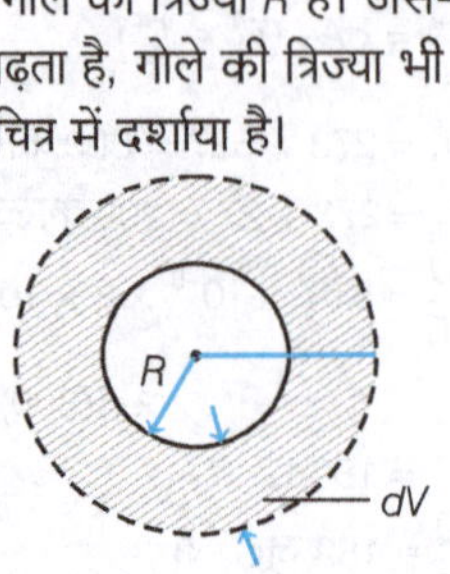

प्रारम्भिक आयतन, $V = \frac{4}{3}\pi R^3$

रेखीय प्रसार गुणांक $= \alpha$

$\therefore$ आयतन प्रसार गुणांक $= 3\alpha$

$\therefore \quad \frac{1}{V}\frac{dV}{dT} = 3\alpha$

$\Rightarrow dV = 3V\,\alpha dt \simeq 4\pi R^3 \alpha \Delta T$

$=$ आयतन में वृद्धि

6 *(a)* पानी के तापमान को $-10°$ C से 0°C तक लाने के लिए आवश्यक ऊष्मा, $Q = ms_W\Delta T$

$= 100 \times 1 \times 10 = 1000$ कैलोरी

चूँकि, यह पानी से बर्फ में रूपांतरण है, इसलिए ऊष्मा मुक्त होगी।

$\therefore \; Q = ml$ या $m = \frac{Q}{l} = \frac{1000}{80} = 12.5$ ग्राम

चूँकि बर्फ का छोटा द्रव्यमान बनता है, इसलिए मिश्रण का तापमान 0°C रहेगा क्योंकि पानी 0°C बर्फ के साथ –10°C पर नहीं रह सकता।

7 *(a)* जब तापमान में ΔT की वृद्धि होती है, तब छड़ की लम्बाई में वृद्धि दी गई है।

$\Delta l = l\,\alpha\Delta T \quad \ldots(i)$

$\therefore$ छड़ का नया जड़त्व आघूर्ण,

$I' = \frac{M}{12}(l + \Delta t)^2$

$I' = \frac{M}{12}(l^2 + 2l\Delta l) \quad (\because \Delta l^2 \approx 0)$

$I' = \frac{Ml^2}{12} + \frac{Ml\Delta l}{6} = I + \frac{Ml\Delta l}{6}$

$\therefore$ जड़त्व आघूर्ण में वृद्धि,

$\Delta I = I' - I = \frac{Ml.\Delta l}{6} = 2 \times \left(\frac{Ml^2}{12}\right)\frac{\Delta l}{l}$

$\Delta I = 2I\,\alpha\,\Delta T$ (समी (i) से)

8 *(c)* आयतन प्रसार गुणांक,

$\alpha_V = 3\alpha = 5.1 \times 10^{-5}/°C$

$\frac{\Delta V}{V} = \alpha_V \Delta T \quad \ldots(i)$

उत्पन्न तापीय प्रतिबल

$= B \times$ आयतनी विकृति

$= B \times \frac{\Delta V}{V} = B \times \alpha_V \Delta T$

$= 140 \times 10^9 \times (5.1 \times 10^{-5} \times 20)$

$= 1.428 \times 10^8$ न्यूटन/मी^{2}

विगत परीक्षाओं के प्रश्न

1 *(b)* दिया है,

यंग गुणांक, $Y = 0.5 \times 10^{11}$ न्यूटन/मी$^{-2}$

ऊष्मीय प्रसार गुणांक, $\alpha = 10^{-5}\,°C^{-1}$

लम्बाई, $l = 1$m

अनुप्रस्थ-काट क्षेत्रफल, $A = 10^{-3}m^2$

$\Delta T = 100°C$

हम जानते हैं, कि प्रतिबल $= Y \cdot \frac{\Delta l}{l}$

यहाँ, $\Delta l = l\alpha\Delta T = 1 \times 10^{-5} \times 100 = 10^{-3}$

$\Rightarrow \quad \frac{F}{A} = Y \cdot \frac{10^{-3}}{1}$

संपीडित बल, $F = 0.5 \times 10^{11} \times 10^{-3} \times 10^{-3}$

$= 0.5 \times 10^5 = 50 \times 10^3$ न्यूटन

2 *(a)* दिया है,

शक्ति, $P = 100$ किलोवाट $= 100 \times 10^3$ वाट

समय, $t = 1$ घण्टा $= 3600$ सेकण्ड

ऊर्जा, $E =$ शक्ति $\times$ समय

$= 100 \times 10^3 \times 3600$

$= 36 \times 10^7$ जूल

3 *(b)* प्रथम स्थिति में,

न्यूटन के शीतलन नियम का उपयोग करते हुए, शीतलन की दर

$= \frac{dT}{dt} = K\left[\frac{T_i + T_f}{2} - T_0\right]$

$\Rightarrow \quad \frac{90 - 80}{t} = K\left[\frac{90 + 80}{2} - 20\right]$

$\Rightarrow \quad K = \frac{2}{13t}$

दूसरी स्थिति में,

$\frac{80 - 60}{t_1} = \frac{2}{13t}\left[\frac{60 + 80}{2} - 20\right]$

$\frac{20}{t_2} = \frac{2}{13t}[50] \Rightarrow t_1 = \frac{13}{5}t$

4 *(d)* चूँकि, आवश्यक ऊष्मा,

$Q = mc\Delta T = \left(\frac{4}{3}\pi r^3.\rho\right)c\Delta T$

$[\because m = V_{\text{गोला}}\,\rho]$

चूँकि, π, ρ, c और T नियतांक हैं।

$\Rightarrow \; Q \propto r^3$ या $\frac{Q_1}{Q_2} = \frac{r_1^3}{r_2^3}$

$= \left(\frac{r_1}{r_2}\right)^3 = \left(\frac{1.5r_2}{r_2}\right) = \frac{27}{8}$

5 *(c)* दिया है, $\theta_0 = 0°C, \theta_1 = -26°C$

$\frac{dQ}{dt} = \frac{KA(\theta_0 - \theta_1)}{x}$

$\Rightarrow \frac{\rho A dx L}{dt} = \frac{KA(\theta_0 - \theta_1)}{x}$

$\Rightarrow \quad \frac{dx}{dt} = \frac{KA(\theta_0 - \theta_1)}{\rho A \times L}$

$= \frac{K[0 - (-26)]}{\rho x L} = \frac{26K}{\rho x L}$

6 *(c)* स्टीफन के नियम से, $E \propto T^4$

$$\frac{E_1}{E_2} = \frac{P_1}{P_2} = \left(\frac{T_1}{T_2}\right)^4$$

$$\Rightarrow \quad \frac{P_1}{P_2} = \left(\frac{418}{546}\right)^4 \Rightarrow p_2 = \frac{1}{0.343} \times 17$$

$\Rightarrow \quad p_2 = 49.6$ वाट

7 *(b)* न्यूटन के शीतलन नियम के अनुसार,

$$\Delta T = \Delta T_0 E^{-\lambda t}$$

$$\Rightarrow \quad 3T - 2T = (3T - T)e^{-\lambda \times 10} \quad \ldots(i)$$

पुनः अगले 10 मिनट के लिए,

$$T' - T = (2T) \times e^{-\lambda(20)} \quad \ldots(ii)$$

समी (i) और (ii) से,

$$T' - T = (2T) \times (e^{-\lambda \times 10})^2 = (2T)\left(\frac{1}{2}\right)^2 = \frac{T}{2}$$

$$\therefore \quad T' = T + \frac{T}{2} = \frac{3T}{2}$$

8 *(b)* जैसा कि दिया गया है, इसकी ऊर्जा का केवल एक चौथाई भाग बर्फ द्वारा अवशोषित किया जाता है।

इसलिए, $\frac{mgh}{4} = mL_f$

$$\Rightarrow \quad h = \frac{mL_f \times 4}{mg}$$

$= \frac{L_f \times 4}{g} = \frac{3.4 \times 10^5 \times 4}{10 \times 1000}$ किमी

$= 136$ किमी

9 *(d)* चूँकि, $\frac{dQ}{dt} \propto \Delta T$ तथा $\Delta T_1 = \Delta T_2$

अतः $\frac{dQ_2}{dt} = 4$ जूल/से

10 *(a)* माना परिवेश का तापमान t °C है।

प्रथम स्थिति के लिए,

$$\frac{(70-60)}{5 \text{ मिनट}} = K(65°C - t°C)$$

(65°, 70°C और 60°C का औसत है)

$$\frac{10}{5 \text{मिनट}} = K(65°C - t°C) \quad \ldots(i)$$

द्वितीय स्थिति के लिए,

$$\frac{(60-54)}{5 \text{ मिनट}} = K(57°C - t) \quad \ldots(ii)$$

समी (i) और (ii) से,

$$T = 45°C$$

11 *(d)* फॉरेनहाइट व सेल्सियम पैमाने के मध्य सम्बन्ध

$$\frac{F-32}{9} = \frac{C}{5}$$

सेल्सियस एवं फॉरेनहाइट में परिवर्तन इस प्रकार सम्बन्धित है।

$$\Delta C = \frac{5}{9}\Delta F$$

दिया है, $\Delta C = 40°C$

$$40 = \frac{5}{9}\Delta F$$

$$\Delta F = 72° \text{ F}$$

अर्थात् विकल्प (d) सही है।

12 *(c)* कील द्वारा ऊष्मा ऊर्जा लाभ,

$$\frac{1}{4}\left[\frac{1}{3}m_2 V^2\right] = m_1 s \Delta T$$

$$\Rightarrow \frac{1}{4}\left[\frac{1}{2} \times 1.5 \times 60^2\right] = 0.1 \times 420 \times \Delta T$$

$$\Rightarrow \quad \Delta T = \frac{675}{42} = 16.07°C$$

13 *(c)* ब्लॉक द्वारा दी गई ऊष्मा,

$$\Delta Q = ms\Delta T$$

$$= 5 \times 0.39 \times 10^3 \, (500 - 0)$$

$= 9.75 \times 10^5$ जूल

m किग्रा बर्फ पिघलाने के लिए बर्फ द्वारा ली गई ऊष्मा,

$$Q_2 = mL_f$$

$$Q_2 = m \times 335 \times 10^3$$

अतः, ऊष्मामिति के सिद्धान्त के अनुसार,

$$m \times 335 \times 10^3 = 9.75 \times 10^5$$

$\Rightarrow \quad m \simeq 2.9$ किग्रा

14 *(b)* भार के कारण प्रसार शीतलन के संकुचन के बराबर होगा।

$$\Rightarrow \quad \frac{Mgl}{AY} = l\alpha\Delta T$$

$$\Rightarrow \quad M = \frac{\alpha \Delta TAY}{g}$$

$$= \frac{10^{-5} \times 10^{11} \times 20 \times \pi \times (10^{-3})^2}{10}$$

$\therefore \quad m = 2\pi$ किग्रा $= 6.28$ किग्रा

m का मान प्रति विकल्प 9 किग्रा के निकट होगा।

15 *(a)* नई लम्बाईयाँ समान हैं,

अर्थात् $\Delta l_1 = \Delta l_2$

$$\Rightarrow l_0 \alpha_1 (180 - 30) = l_0 \alpha_2 (T - 30)$$

या $\frac{\alpha_1}{\alpha_2} = \frac{(T-30)}{150}$

दिया है, $\alpha_1 : \alpha_2 = 4 : 3$

$$\therefore \quad \frac{T-30}{150} = \frac{4}{3}$$

या $T = 200 + 30 = 230°C$

स्किल बूस्टर्स

1 *(a)* शीतलन की दर = प्रति सेकण्ड विकिरण द्वारा शीतलन + प्रति सेकण्ड चालन द्वारा शीतलन

$$\therefore \quad \frac{dT}{dt} = K_1(T - T_A) + \frac{KA}{LC}(T - T_A)$$

$$\Rightarrow \quad \int_{T_1}^{T_2} \frac{dT}{T - T_A} = -\left(K_1 + \frac{KA}{LC}\right)\int_0^t dt$$

$$\Rightarrow \log\left(\frac{T_2 - T_A}{T_1 - T_A}\right) = -\left(K_1 + \frac{KA}{LC}\right) \cdot t$$

नोट चालन में ,

$$\frac{dQ}{dt} = \frac{KA(T - T_A)}{L} = C\left(-\frac{dT}{dt}\right)$$

$$\therefore \quad -\frac{dT}{dt} = \frac{KA}{LC}(T - T_A)$$

2 *(c)* दी गई शर्त है,

प्रारम्भ में, $L = \sqrt{l_2^2 - \left(\frac{l_1}{2}\right)^2}$

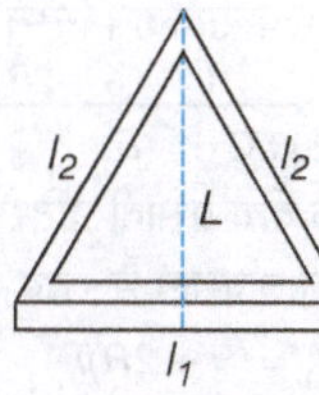

तापमान परिवर्तन के पश्चात्,

$$L = \sqrt{l_1' - \left(\frac{l_2'}{2}\right)^2}$$

बराबर रखने पर,

$$l_2^2 - \frac{l_1^2}{4} = l_2'^2 - \frac{l_1'^2}{4}$$

$$\Rightarrow l_2^2 - \frac{l_1^2}{4} = l_2^2(1 + \alpha_2\Delta T)^2 - \frac{l_1^2}{4}(1 + \alpha_1\Delta T)^2$$

$$\Rightarrow \frac{l_1^2}{4}[(1 + \alpha_1\Delta T)^2 - 1]]$$

$$= l_2^2[(1 + \alpha_2\Delta T)^2 - 1]$$

$$\Rightarrow \frac{l_2^2}{4}[(\alpha_1^2 \, \Delta T^2 + 2\Delta T.\alpha_1)$$

$$= l_2^2[(\alpha_2^2\Delta T^2 + 2\alpha_2\Delta T)$$

चूँकि, $\alpha_1^2\Delta T^2, \alpha_2^2\Delta T^2$ यह बहुत छोटा है अतः इन्हें नगण्य माना जा सकता है

$$\Rightarrow \frac{l_1^2}{4}.2\Delta T.\alpha_2 = l_2^2.2\alpha_2\Delta T$$

$\Rightarrow \quad \dfrac{l_1^2}{l_2^2} = 4\dfrac{\alpha_2}{\alpha_1}$

$\Rightarrow \quad \dfrac{l_1}{l_2} = 2\sqrt{\dfrac{\alpha_2}{\alpha_1}}$

3 *(c)* $\dfrac{dQ}{dt} = mC$

$\Rightarrow \quad dQ = mC\,dt$

$\Rightarrow \quad Q = \int mCdt = m\int Cdt$

$= m\int_5^{15} (0.2 + 0.14t + 0.023t^2)\,dt$

$= 2\left(0.2t + \dfrac{0.14t^2}{2} + \dfrac{0.023t^3}{3}\right)_5^{15}$

$= 82$ कैलोरी

4 *(c)* माना प्रत्येक छड़ का तापीय प्रतिरोध R है

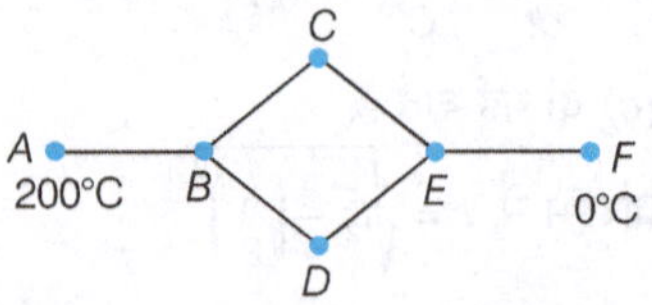

इसका समतुल्य संयोजन निम्न प्रकार है

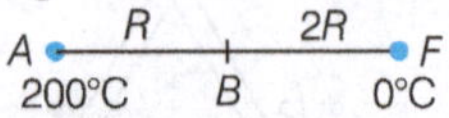

B और F के बीच प्रभावी प्रतिरोध $2R$ है।

यदि T, B का तापमान है , तब

$RT_2 + 2RT_1 = (R + 2R)T$

$\Rightarrow \quad \dfrac{T_1 + T_2}{3} = T \Rightarrow \dfrac{200 + 0}{3} = T$

$\Rightarrow \quad T = 66.67°C$

5 *(c)* $\dfrac{\Delta Q}{\Delta t} = \dfrac{KA(T_1 - T_2)}{l}$

ऊर्जा फ्लक्स, $\dfrac{\Delta Q}{A\Delta t} = \dfrac{K(T_1 - T_2)}{l}$

$= \dfrac{(0.1)(1000 - 100)}{2}$ ($\because l = 2$ मी)

$= 45$ वाट/मी^{2}

6 *(a)* $\lambda_{(\text{उच्च }1)}T_1 = \lambda_{(\text{उच्च }2)}T_2$

या $\quad \dfrac{T_1}{T_2} = \dfrac{\lambda_{(\text{उच्च }2)}}{\lambda_{(\text{उच्च }1)}}$ ...(i)

$\dfrac{T_1}{T_2} = \dfrac{\frac{3}{4}\lambda_0}{\lambda_0} = \dfrac{3}{4}$ ...(ii)

$P \propto T^4$

$\Rightarrow \quad \dfrac{P_1}{P_2} = \left(\dfrac{T_1}{T_2}\right)^4 = \left(\dfrac{3}{4}\right)^4 = \dfrac{81}{256}$

दिया है, $P_1 = P$ और $P_2 = nP$

$\Rightarrow \quad \dfrac{P_1}{P_2} = \dfrac{P}{nP} = \dfrac{81}{256}$

$\Rightarrow \quad n = \dfrac{256}{81}$

7 *(a)* माना θ और θ_1 क्रमशः संधि B और C के तापमान हैं।

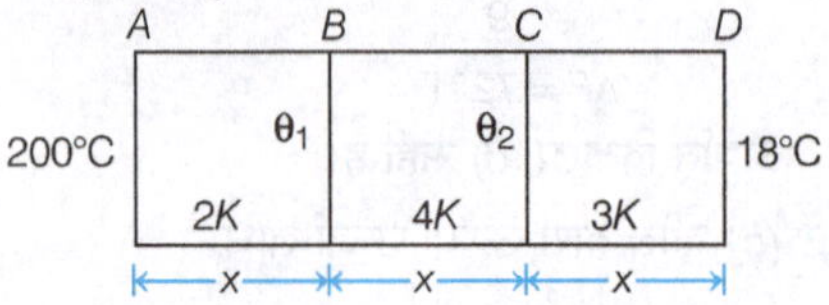

स्थिर अवस्था में, प्रत्येक छड़ से ऊष्मा प्रवाह की दर समान होगी।

$\dfrac{Q}{t} = \dfrac{2K \times A(200 - \theta_1)}{x}$

$= \dfrac{4K \times A(\theta_1 - \theta_2)}{x}$

$= \dfrac{3K \times A(\theta_2 - 18)}{x}$

$2(200 - \theta_1) = 4(\theta_1 - \theta_2) = 3(\theta_2 - 18)$

$200 - \theta_1 = 2\theta_1 - 2\theta_2$

और $4\theta_1 - 4\theta_2 = 3\theta_2 - 54$

$\Rightarrow \quad 3\theta_1 - 2\theta_2 = 200$

और $4\theta_1 - 7\theta_2 = -54$

θ_1 और θ_2 के लिए दिए गए व्यंजकों को हल करने पर

$\theta_2 = 74°C$ और $\theta_1 = 116°C$

8 *(a)* समय t पर तापमान T_1 और T_2, तथा समय $dt + t$ पर तापमान $T_1 + dT_1$ व $T_2 + dT_2$ है।

अब, प्रति सेकण्ड स्थानांतरित ऊष्मा,

$\dfrac{dQ}{dt} = \dfrac{KAT}{l}$ ...(i)

तथा $\quad dT = dT_1 + dT_2$ ...(ii)

जैसा कि हम जानते हैं,

ऊष्मा में हानि = ऊष्मा में वृद्धि

$\therefore \quad C_1dT_1 = C_2DT_2$ ...(iii)

समी (ii) और (iii) से,

$dT = \left(\dfrac{C_1 + C_2}{C_2}\right)dT_1$ ...(iv)

चूँकि, ऊष्मा में हानि निम्न प्रकार दी जाती है, तब

$dQ = -C_1Dt_1$

$\Rightarrow \quad \dfrac{dQ}{dt} = -C_1\dfrac{dT_1}{dt} = \dfrac{KAT}{l}$

इसलिए, $\dfrac{-C_1C_2\,dT}{C_1 + C_2\,dt} = \dfrac{KA}{l}T$

$\Rightarrow \quad \dfrac{dT}{T} = \dfrac{-KA(C_1 + C_2)}{C_1C_2}dt$

दोनों पक्षों का समाकलन करने पर,

$\int_{T_0}^{T}\dfrac{dT}{T} = \int_0^t \dfrac{-KA(C_1 + C_2)}{C_1C_2}dt$

$\ln\dfrac{T}{T_0} = \dfrac{-KA(C_1 + C_2)}{C_1C_2} \times t$

$\Rightarrow \quad T = T_0 \exp\left[\dfrac{-KA(C_1 + C_2)}{C_1C_2}t\right]$

$\Rightarrow \quad T = T_0e^{\frac{-t}{\tau}}$

9 *(b)* माना प्रत्येक छड़ का तापीय प्रतिरोध R तथा A और B के एक्रॉस समतुल्य तापीय प्रतिरोध R' है। ऊष्मा परिपथ C और D के एक्रॉस समतुल्य तापीय प्रतिरोध भी R' दर्शाएगा।

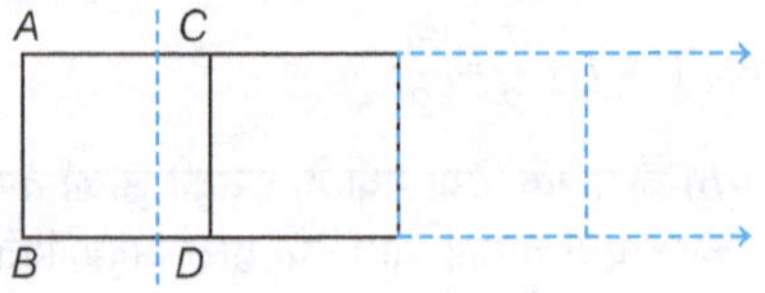

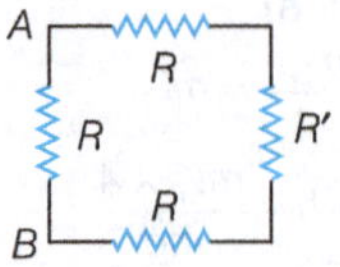

इसलिए AB के एक्रॉस समतुल्य प्रतिरोध

$R' = \dfrac{R(R + R' + R)}{R + (R + R' + R)} \quad \left(\because R = \dfrac{R_1R_2}{R_1 + R_2}\right)$

$R'^2 + 2RR' - 2R^2 = 0 = (\sqrt{3} - 1)R$

$(-\sqrt{3} - 1)R$ मान संभव नहीं है, क्योंकि ऋणात्मक तापीय प्रतिरोध का यहाँ कोई अर्थ नहीं है।

अब, चूँकि, $R = \dfrac{l}{KA}$

$\therefore \quad R' = \dfrac{(\sqrt{3} - 1)l}{KA}$

A और B के बीच तापमान अंतर $B = \theta_1 - \theta_2$

इसलिए, ऊष्मा प्रवाह की दर

$= \dfrac{\theta_1 - \theta_2}{R}$

$= \dfrac{KA(\theta_1 - \theta_2)}{(\sqrt{3} - 1)l}$

10 *(d)* चूँकि, दोनों पिण्ड $e = 1$ वाले पूर्ण कृष्ण पिंड के अन्दर रखे गए हैं, अतः निकाय का विकिरण। कृष्ण पिण्ड के विकिरण के समान होगा, $E = \sigma AT^4$

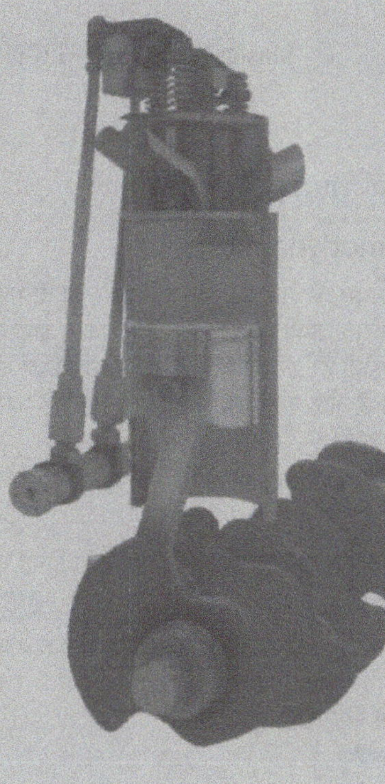

11

भौतिकी की Concept Master *Videos* के लिए *Scan* करें

ऊष्मागतिकी

Thermodynamics

- ऊष्मागतिकी, भौतिक विज्ञान (Physics Science) की वह शाखा है, जो ऊष्मा एवं ताप की अवधारणा तथा ऊष्मा के ऊर्जा के अन्य रूपों में अन्तरा-रूपान्तरण (Inter-conversion) की विवेचना करती है।
- ऊष्मागतिकी एक स्थूल विज्ञान (Macroscopic science) है, यह स्थूल निकाय की विवेचना करता है और द्रव्य की आण्विक संरचना से सम्बन्धित नहीं है।
- ऊष्मागतिकी में किसी गैस की अवस्था, स्थूल चरों (Macroscopic variables) जैसे—दाब, आयतन, तापमान, आन्तरिक ऊर्जा और एन्ट्रॉपी द्वारा निर्धारित की जाती है।
- यान्त्रिकी के विपरीत, ऊष्मागतिकी में सम्पूर्ण निकाय की गति पर विचार नहीं किया जाता है।

तापीय साम्य (Thermal Equilibrium)

- किसी ऊष्मागतिक निकाय को तब तापीय साम्य में कहा जाता है जब निकाय को अभिलक्षणित (Characterise) करने वाले स्थूल चर (जैसे–दाब, आयतन, तापमान, द्रव्यमान, संरचना आदि) समय के साथ परिवर्तित नहीं होते हैं।
- दो निकायों को तापीय साम्य में कहा जाता है यदि उन्हें तापीय सम्पर्क में लाने पर उनके बीच ऊष्मा का कोई नैट प्रवाह नहीं होता है।
- यहाँ दो प्रकार की सीमाएँ (Boundaries) हैं जो किसी ऊष्मागतिक निकाय को उसके परिवेश (Surroundings) से अलग करती हैं।
  - **रुद्धोष्म दीवार** (Adiabatic Wall) यह दो निकायों को अलग करने वाली एक ऊष्मारोधी (Insulating) दीवार है जो एक निकाय से दूसरे निकाय में ऊर्जा (ऊष्मा) का प्रवाह नहीं होने देती है।
  - **सुचालक दीवार** (Diathermic Wall) यह दो निकायों को अलग करने वाली एक चालक दीवार है जो एक निकाय से दूसरे निकाय में ऊर्जा (ऊष्मा) का प्रवाह होने देती है।

ऊष्मागतिकी का शून्य कोटि नियम (Zeroth Law of Thermodynamics)

- ऊष्मागतिकी के शून्य कोटि नियम के अनुसार, यदि कोई दो निकाय *A* और *B* पृथक् रूप से किसी तीसरे निकाय *C* के साथ तापीय साम्य में हैं, तो निकाय *A* व *B* भी एक-दूसरे के साथ तापीय साम्य (Thermal equilibrium) में होंगे।
- यदि दो निकाय *A* व *B*, किसी तीसरे निकाय *C* के साथ सुचालक दीवार के द्वारा सम्पर्क में हैं, तो *A* व *B* के स्थूल चर तब तक परिवर्तित होते हैं जब तक दोनों निकाय *A* व *B*, तीसरे निकाय *C* के साथ तापीय साम्य में नहीं आ जाते हैं।

5 वर्षों में NEET में पूछे गये शीर्षकवार प्रश्न

शीर्षक	वर्षवार प्रश्नों की संख्या				
	2024	2023	2022	2021	2020
ऊष्मागतिकी का शून्य एवं प्रथम कोटि नियम	–	–	–	–	–
ऊष्मागतिकी अवस्था चर तथा ऊष्मागतिकी प्रक्रम	1	–	1	–	1
ऊष्मागतिकी का द्वितीय नियम तथा कार्नो इंजन	–	1	–	–	–

NEETमें विगत 5 वर्षों में पूछे गये विशेष प्रकार के प्रश्न

प्रकार	वर्ष				
	2024	2023	2022	2021	2020
अभिकथन–कारण	—	—	—	–	—
कथन आधारित	—	—	—	–	–
सुमेलन	—	—	—	—	—

NEET के विगत 5 वर्षों का भारांकन

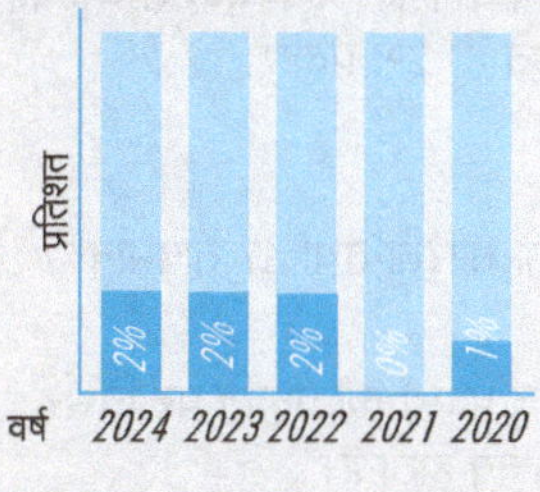

इससे प्रदर्शित होता है कि दोनों निकाय A व B, तीसरे निकाय C के साथ पृथक् रूप से तापीय साम्य में हैं। इस स्थिति को नीचे चित्र (a) में दर्शाया गया है।

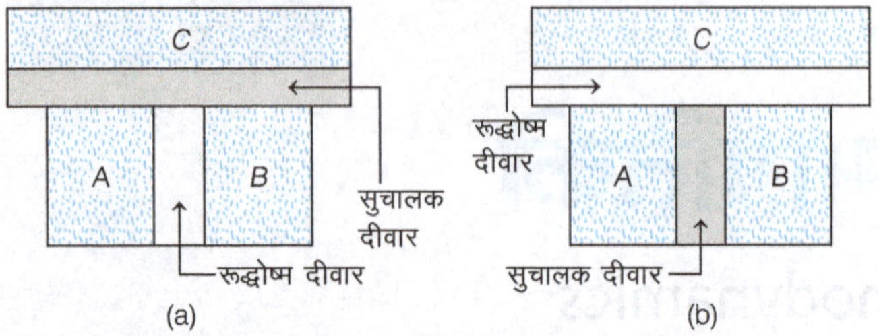

- अब A व B के बीच की रुद्धोष्म दीवार को सुचालक दीवार से प्रतिस्थापित कर दिया जाता है और एक रुद्धोष्म दीवार C को A व B से अलग कर देती है। A और B एक-दूसरे के साथ तापीय साम्य में हैं। इस स्थिति को ऊपर चित्र (b) में दर्शाया गया है।

  उपरोक्त दोनों प्रयोग (Experiments), ऊष्मागतिकी के शून्य कोटि नियम को सिद्ध करते हैं।

ऊष्मा, आन्तरिक ऊर्जा एवं कार्य

(Heat, Internal Energy and Work)

- **तापमान** (Temperature) किसी पिण्ड की ऊष्णता अथवा गर्माहट (Hotness) की माप है। जब दो पिण्ड, तापीय सम्पर्क में रखे जाते हैं, तो इससे ऊष्मा के प्रवाह की दिशा निर्धारित होती है।
- **ऊष्मा** (Heat) यह निकाय तथा परिवेश (Surroundings) के बीच तापान्तर के कारण होने वाला ऊर्जा का स्थानान्तरण है।
- किसी निकाय की **आन्तरिक ऊर्जा** (Internal energy) U, अणुओं की गति के कारण गतिज ऊर्जा तथा अणुओं की कम्पन गति (Vibrational motion) से सम्बन्धित स्थितिज ऊर्जा का योग होती है। इसका मान,केवल निकाय की दी गई अवस्था पर निर्भर करता है तथा उस स्थिति तक पहुँचने के लिए तय किए गए मार्ग (Path) पर निर्भर नहीं करता है। इस प्रकार किसी गैस के दिए गए द्रव्यमान की आन्तरिक ऊर्जा, दाब, आयतन एवं तापमान के विशिष्ट मानों द्वारा वर्णित अवस्था पर निर्भर करती है।
- आदर्श गैस की स्थिति में, आन्तरिक ऊर्जा केवल तापमान पर निर्भर करती है और वास्तविक गैस की स्थिति में, आन्तरिक ऊर्जा तापमान तथा आयतन दोनों पर निर्भर करती है।
- ऊष्मागतिकी में ऊष्मा तथा कार्य, अवस्था चर (State variables) नहीं हैं। ये ऊर्जा स्थानान्तरण की विधियाँ हैं जिनके परिणामस्वरूप निकाय की आन्तरिक ऊर्जा में परिवर्तन होता है।
- कार्य, उन साधनों (जैसे पिस्टन से जुड़े कुछ भार को ऊपर उठाने या नीचे करके पिस्टन को गति देना) द्वारा उत्पन्न ऊर्जा का स्थानान्तरण है जिनमें तापान्तर समाहित नहीं होता है।
- ऊष्मागतिक निकाय की अवस्था को उसकी आन्तरिक ऊर्जा से निर्दिष्ट किया जाता है, उसकी ऊष्मा से नहीं। इस प्रकार, निकाय से ऊष्मा की निश्चित मात्रा की आपूर्ति की जाती है या निकाय द्वारा या निकाय पर एक निश्चित कार्य किया जाता है।

ऊष्मागतिकी का प्रथम नियम

(First Law of Thermodynamics)

- ऊष्मागतिकी के प्रथम नियम के अनुसार, किसी निकाय को दी गई कुल ऊर्जा, निकाय की आन्तरिक ऊर्जा में परिवर्तन तथा निकाय द्वारा किए गए कार्य के योग के बराबर होती है। इसका अर्थ है कि ऊष्मा ऊर्जा को न तो उत्पन्न किया जा सकता है और न ही नष्ट किया जा सकता है परन्तु इसे परिवर्तित किया जा सकता है।

  इसे ऊर्जा का संरक्षण नियम भी कहा जाता है।

  अर्थात् दी गई ऊष्मा, $\Delta Q = \Delta U + \Delta W$

  जहाँ, ΔQ = निकाय को दी गई ऊष्मा, ΔW = निकाय द्वारा किया गया कार्य

  तथा ΔU = आन्तरिक ऊर्जा में परिवर्तन **NEET 2019**
- आन्तरिक ऊर्जा $\Delta U = \Delta Q - \Delta W$ में ΔQ तथा ΔW प्रारम्भिक अवस्था से अन्तिम अवस्था तक जाने में लिए गए पथ (Path) पर निर्भर करते हैं। परन्तु $\Delta Q - \Delta W$, पथ से स्वतन्त्र होता है।

Marks Maximizer

चिन्ह परिपाटी

$+Q$, यदि निकाय को ऊष्मा स्थानान्तरित की जाती है।

$-Q$, यदि निकाय से ऊष्मा स्थानान्तरित की जाती है।

$+W$, यदि निकाय द्वारा कार्य किया जाता है।

$-W$, यदि निकाय पर कार्य किया जाता है।

विशिष्ट ऊष्मा धारिता (Specific Heat Capacity)

- किसी पदार्थ के एकांक द्रव्यमान का ताप एक डिग्री बढ़ाने के लिए आवश्यक ऊष्मा की मात्रा को **पदार्थ की विशिष्ट ऊष्मा धारिता** कहते हैं। इसे निम्न प्रकार व्यक्त किया जाता है

$$Q = ms\,\Delta T$$

इस प्रकार, $s = \dfrac{Q}{m\,\Delta T} = \dfrac{Q}{m(T_2 - T_1)}$

यहाँ $ms = S$ = ऊष्मा धारिता

- **यह पदार्थ की प्रकृति एवं उसके तापमान पर निर्भर करती है।** इसका SI मात्रक जूल/किग्रा-केल्विन होता है।
- **मोलर विशिष्ट ऊष्मा धारिता** (Molar Specific Heat Capacity) किसी पदार्थ के एक मोल का ताप एक डिग्री बढ़ाने के लिए आवश्यक ऊष्मा की मात्रा को मोलर विशिष्ट ऊष्मा धारिता कहते हैं। इस प्रकार

$$C = \frac{S}{\mu} = \frac{1}{\mu}\cdot\frac{\Delta Q}{\Delta T}$$

जहाँ, μ पदार्थ के मोलों की संख्या, S ऊष्मा धारिता तथा ΔT तापमान में अन्तर है।

यह पदार्थ की मात्रा से स्वतन्त्र होती है परन्तु पदार्थ की प्रकृति पर निर्भर करती है। इसका SI मात्रक जूल/मोल केल्विन होता है।

- N परमाणुओं वाले किसी ठोस पर विचार करें। ये परमाणु अपनी माध्य स्थिति के परितः कम्पन करते हैं।

  यहाँ 1D में किसी दोलक की औसत ऊर्जा $= \left(\frac{1}{2}k_BT\right)$

परन्तु 3D में औसत ऊर्जा = $3k_BT$

इस प्रकार, **कुल ऊर्जा** $U = 3k_BT \times N_A = 3RT$

ठोस के लिए, नियत दाब पर, $\Delta Q = \Delta U + p\,\Delta V$;

$$C = \frac{\Delta Q}{\Delta T} = \frac{\Delta U}{\Delta T} = 3R$$

नोट *यह कमरे के तापमान पर मान्य (Valid) है और कार्बन इसका एक अपवाद है।*

- **नियत आयतन पर विशिष्ट ऊष्मा तथा नियत दाब पर विशिष्ट ऊष्मा एक-दूसरे से निम्न प्रकार सम्बन्धित होती हैं**

$$C_p - C_V = R \qquad \text{...(i)}$$

जहाँ R, गैस नियतांक है।

समी (i) को **मेयर का सूत्र** (Mayer's formula) भी कहते हैं।

जल की विशिष्ट ऊष्मा धारिता

(Specific Heat Capacity of Water)

- जल की विशिष्ट ऊष्मा धारिता तापमान के साथ बहुत कम मात्रा में परिवर्तित होती है।

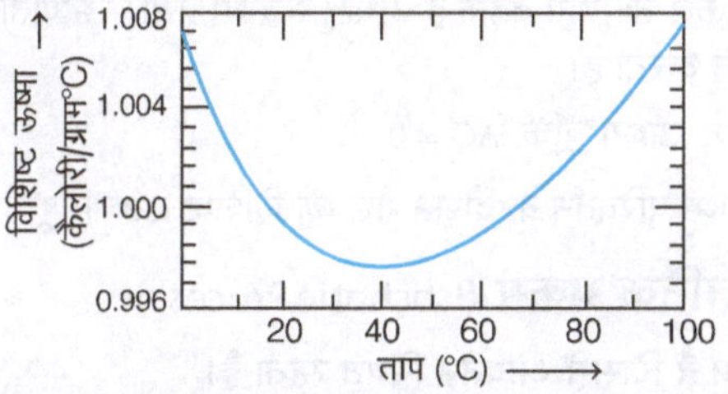

- पुराने समय में, **कैलोरी** का उपयोग, ऊष्मा की इकाई के रूप में किया जाता था। पहले इसे जल के 1 ग्राम का ताप 1°C बढ़ाने के लिए आवश्यक ऊष्मा की मात्रा के रूप में परिभाषित किया गया था।
- 1 कैलोरी को 1 ग्राम जल का तापमान 14.5°C से 15.5°C तक बढ़ाने के आवश्यक ऊष्मा की मात्रा के रूप में परिभाषित किया जाता है।
- SI इकाई में जल की विशिष्ट ऊष्मा 4186 जूल/किग्रा-केल्विन अर्थात् 4186 जूल/किग्रा-केल्विन होती है।

ऊष्मागतिकी अवस्था चर तथा अवस्था का समीकरण

(Thermodynamic State Variables and Equation of State)

- किसी ऊष्मागतिक निकाय की प्रत्येक साम्यावस्था को पूर्ण रूप से कुछ स्थूल चरों के विशिष्ट मानों द्वारा वर्णित किया जाता है और इन्हें **अवस्था चर** (State Variables) कहते हैं।
- ऊष्मागतिक अवस्था चर दो प्रकार के होते हैं
  - (i) **विस्तीर्ण चर** (Extensive Variable) निकाय के आकार को दर्शाते हैं। उदाहरण—आन्तरिक ऊर्जा U, आयतन V, कुल द्रव्यमान M, ऊष्मा दर ΔQ आदि।
  - (ii) **गहन चर** (Intensive Variable) निकाय के आकार को नहीं दर्शाते हैं। उदाहरण—दाब p, तापमान T तथा घनत्व ρ।
- गहन चर तथा विस्तीर्ण चर का गुणनफल, विस्तीर्ण होता है।
- अवस्था चरों के मध्य सम्बन्ध को **अवस्था का समीकरण** (Equation of state) कहते हैं।

उदाहरण—एक आदर्श गैस के लिए, अवस्था का समीकरण, **आदर्श गैस समीकरण** (Ideal gas equation) है अर्थात् $pV = \mu RT$

ऊष्मागतिकीय प्रक्रम

(Thermodynamic Process)

NEET 2022

स्थैतिककल्प प्रक्रम (Quasi-Static Process)

- **यह एक आदर्श प्रक्रम होता है जिसमें प्रत्येक अवस्था पर, निकाय साम्यावस्था में रहता है।** इस प्रक्रम के दौरान, निकाय के चर (p, T, V) इतने धीमे परिवर्तित होते हैं कि यह अपने परिवेश के साथ साम्यावस्था (तापीय और यान्त्रिक) में बना रहता है।

समतापीय प्रक्रम (Isothermal Process)

- **यह वह प्रक्रम है जिसमें अवस्था परिवर्तन के दौरान निकाय का तापमान नियत बना रहता है।**
- इस प्रक्रम से सम्बन्धित महत्वपूर्ण बिन्दु निम्न प्रकार हैं
  - (i) **अवस्था समीकरण** (Equation of State) इस प्रक्रम में, p व V परिवर्तित होते हैं परन्तु T नियत बना रहता है अर्थात् ताप में परिवर्तन $\Delta T = 0$

    इस प्रकार, $p_1V_1 = p_2V_2$
  - (ii) **कृत कार्य** $W = \mu RT \ln\left(\frac{V_2}{V_1}\right) = \mu RT \ln\left(\frac{p_1}{p_2}\right)$

    कृत कार्य की प्रकृति को ज्ञात करने के लिए निम्न दो स्थितियाँ उत्पन्न होती हैं

    स्थिति I यदि $V_f > V_i$, तब $W > 0$

    अतः यह एक समतापी प्रसार है जिसका अर्थ है कि गैस ऊष्मा अवशोषित करती है।

    स्थिति II यदि $V_f < V_i$, तब $W < 0$

    अतः यह एक **समतापी सम्पीड़न** (Isothermal compression) है जिसमें निकाय द्वारा गैस पर कार्य किया जाता है और ऊष्मा मुक्त होती है।
  - (iii) चूँकि, एक आदर्श गैस के लिए, आन्तरिक ऊर्जा (U), तापमान T पर निर्भर करती है। इस प्रकार, समतापी प्रक्रम में आदर्श गैस की आन्तरिक ऊर्जा में कोई परिवर्तन नहीं होता है ($\Delta U = 0$)।

    अतः **ऊष्मागतिकी के प्रथम नियम** के अनुसार, $\Delta Q = \Delta W$, अर्थात् समतापी परिवर्तन में दी गई ऊष्मा, बाह्य परिवेश के विरुद्ध कार्य करने में उपयोग की जाती है।
  - (iv) **p-V वक्र या सूचक आरेख** (p-V Curve or Indicator Diagram) किसी स्थिर तापमान के लिए, दाब-आयतन वक्र, **समतापी रेखा** कहलाता है। दो समतापी रेखाएँ एक-दूसरे को कभी नहीं काटती हैं। p-V वक्र एक आयताकार अतिपरवलय (Rectangular hyperbola) होता है।

    समतापी रेखा वक्र का ढलान, $\tan\theta = \frac{dp}{dV} = \frac{-p}{V}$

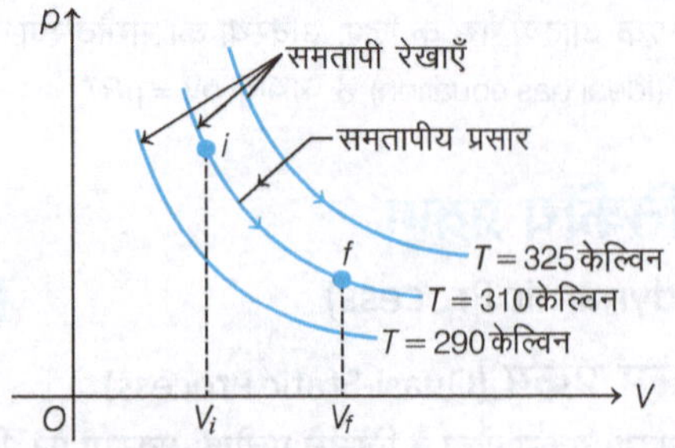

(v) समतापी रेखा तथा आयतन अक्ष के बीच का क्षेत्रफल, समतापी प्रक्रम में किए गए कार्य को व्यक्त करता है।

(vi) **विशिष्ट ऊष्मा** (Specific heat) समतापी परिवर्तन के दौरान किसी गैस की विशिष्ट ऊष्मा अनन्त होती है।

चूँकि, $\Delta T = 0$

$\therefore \quad C = \dfrac{Q}{m\,\Delta T} = \dfrac{Q}{m \times 0} = \infty$

Marks Maximizer

***p-V* ग्राफ का *V-T* तथा *p-T* ग्राफ में रूपान्तरण**

(Conversion of *p-V* Graph into *V-T* and *p-T* Graph)

(i) *p-V* ग्राफ का *V-T* ग्राफ में रूपान्तरण

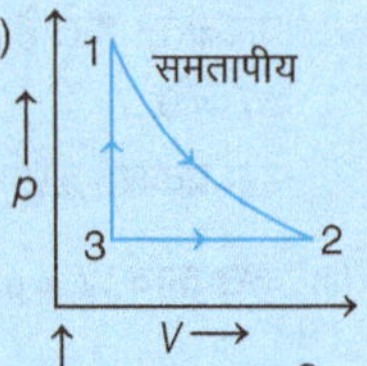

$p - V$ ग्राफ में

$1 \rightarrow 2$: तापमान नियत है

$2 \rightarrow 3$: दाब नियत है

$\therefore$ आदर्श गैस समीकरण का उपयोग करने पर,

$V = \left(\dfrac{nR}{p}\right) T$

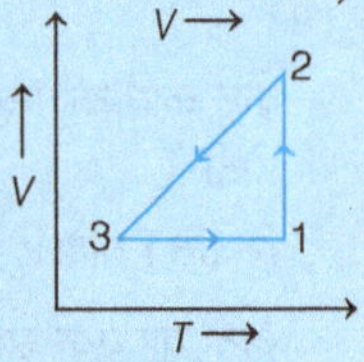

अर्थात् *V-T* ग्राफ मूलबिन्दु से गुजरने वाली एक सीधी रेखा है।

$3 \rightarrow 1$: आयतन नियत है।

(ii) *p-V* ग्राफ का *p-T* ग्राफ में रूपान्तरण

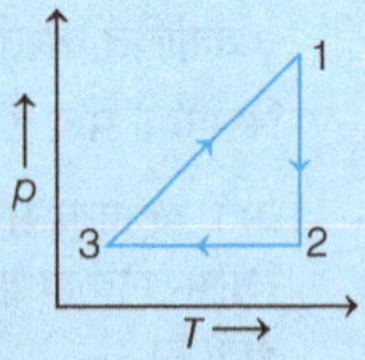

$3 \rightarrow 1$: आयतन नियत है

$\therefore pV = nRT \Rightarrow p = \left(\dfrac{nR}{V}\right) T$

अर्थात् *p-T* ग्राफ, मूलबिन्दु से गुजरने वाली एक सीधी रेखा होगी।

रुद्धोष्म प्रक्रम (Adiabatic Process)

रुद्धोष्म प्रक्रम में, निकाय तथा परिवेश के बीच ऊष्मा का आदान-प्रदान नहीं होता है। NEET 2019

इस प्रक्रम में, *p*, *V* तथा *T* परिवर्तित हो जाते हैं, परन्तु $\Delta Q = 0$

इस प्रक्रम से सम्बन्धित महत्वपूर्ण बिन्दु निम्नवत् हैं

(i) **प्रक्रम समीकरण** pV^{γ} = नियतांक,

जहाँ $\gamma = \dfrac{C_p}{C_V}$

उपरोक्त समीकरण निम्न प्रकार भी लिखा जा सकता है

$TV^{\gamma - 1}$ = नियतांक या $p^{1-\gamma}T^{\gamma}$ = नियतांक

(ii) **किया गया कार्य** $W = \dfrac{\mu R(T_1 - T_2)}{\gamma - 1} = \dfrac{p_1V_1 - p_2V_2}{\gamma - 1}$

(iii) **सूचक आरेख** रुद्धोष्म प्रक्रम में *p - V* वक्र का ढलान, समतापी प्रक्रम में *p - V* वक्र के ढलान का γ गुना होता है।

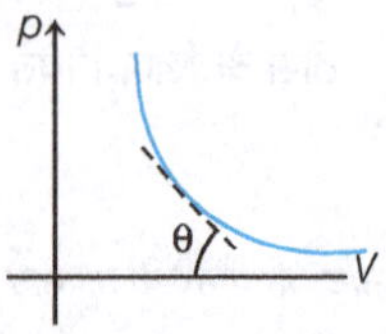

अर्थात् $\tan\theta = -\gamma\left(\dfrac{p}{V}\right)$

चूँकि $\gamma > 1$, अतः *p-V* ग्राफ में वक्र, समतापी प्रक्रम की अपेक्षा रुद्धोष्म प्रक्रिया में अधिक तीव्र होता है।

(iv) **रुद्धोष्म प्रक्रम का प्रथम नियम** इस प्रक्रम में, $\Delta Q = 0$

$\therefore \quad \Delta U = -\Delta W$

यदि ΔW = धनात्मक, तब ΔU = ऋणात्मक

इस प्रकार तापमान घटता है अर्थात् रुद्धोष्म प्रसार शीतलन (Cooling) उत्पन्न करता है।

यदि ΔW = ऋणात्मक, तब ΔU = धनात्मक

इस प्रकार तापमान बढ़ता है अर्थात् रुद्धोष्म प्रसार ऊष्णता (Heating) उत्पन्न करता है।

(v) **विशिष्ट ऊष्मा** चूँकि, $\Delta Q = 0$

$\therefore$ रुद्धोष्म परिवर्तन के दौरान गैस की विशिष्ट ऊष्मा शून्य हो जाती है।

समआयतनिक प्रक्रम (Isochoric Process)

यह वह प्रक्रम है जिसमें आयतन नियत रहता है।

इस प्रक्रम से सम्बन्धित महत्वपूर्ण बिन्दु निम्नवत् हैं

(i) **प्रक्रम समीकरण** $\dfrac{p}{T}$ = नियतांक है।

(ii) **कृत कार्य** $W = p \cdot \Delta V = 0$ चूँकि *V* = नियतांक है।

(iii) **सूचक आरेख** *p-V* वक्र, दाब अक्ष के समान्तर एक सीधी रेखा होती है। NEET 2020

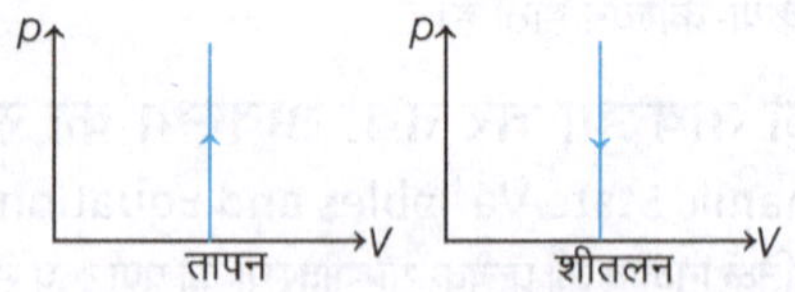

(iv) समआयतनिक शीतलन में, दाब तथा तापमान दोनों घटते हैं। अतः ΔQ और ΔU दोनों ऋणात्मक होते हैं।

(v) समआयतनिक प्रसार में, दाब तथा तापमान दोनों बढ़ते हैं। अतः ΔQ और ΔU दोनों धनात्मक होते हैं।

समदाबी प्रक्रम (Isobaric Process)

यह वह प्रक्रम है जिसमें दाब नियत रहता है।

इस प्रक्रम से सम्बन्धित महत्वपूर्ण बिन्दु निम्नवत् हैं

(i) **प्रक्रम समीकरण**, $\dfrac{V}{T}$ = नियतांक है।

(ii) **किया गया कार्य**, $W = p(V_2 - V_1) = \mu R(T_2 - T_1)$ है।

(iii) p-V **वक्र**, आयतन अक्ष के समान्तर सीधी रेखा होती है।

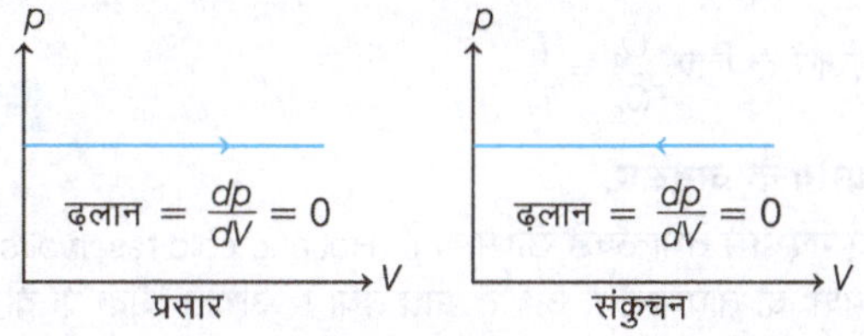

(iv) समदाबी प्रक्रम में, तापमान में परिवर्तन के कारण, आन्तरिक ऊर्जा परिवर्तित हो जाती है। अतः अवशोषित ऊष्मा, आंशिक रूप से आन्तरिक ऊर्जा को बढ़ाने तथा आंशिक कार्य करने में व्यय होती है।

(v) समदाबीय प्रसार में, तापमान में वृद्धि होती है। इस प्रकार आन्तरिक ऊर्जा धनात्मक होती है। चूँकि इसमें आयतन बढ़ता है, अतः निकाय में कृत कार्य तथा ऊष्मा प्रवाह धनात्मक होता है।

(vi) समदाबीय संकुचन में, तापमान में कमी होने के कारण, आन्तरिक ऊर्जा ऋणात्मक होती है। इसके अतिरिक्त आयतन में कमी के कारण, ΔW व ΔQ दोनों ऋणात्मक होते हैं।

चक्रीय प्रक्रम (Cyclic Process)

यह वह प्रक्रम है जिसमें निकाय अपनी प्रारम्भिक अवस्था में लौट आता है। इस प्रक्रम से सम्बन्धित महत्वपूर्ण बिन्दु निम्नवत् हैं

Concept Master Video के लिए

(i) चूँकि प्रारम्भिक तथा अन्तिम अवस्थाएँ समान हैं, अतः चक्रीय प्रक्रम के लिए $\Delta U = 0$

(ii) कुल अवशोषित ऊष्मा, निकाय द्वारा किए गए कार्य के बराबर होती है।

(iii) चक्रीय प्रक्रम के दौरान कृत कार्य की गणना $p-V$ वक्र पर चक्र द्वारा घेरे गए क्षेत्रफल से की जा सकती है।

नोट *यदि चक्र दक्षिणावर्त है, तो निकाय द्वारा किया गया कार्य धनात्मक होता है परन्तु यदि चक्र वामावर्त है, तो निकाय द्वारा किया गया कार्य ऋणात्मक होता है।*

Marks Maximizer

समतापीय एवं रुद्धोष्म वक्रों के बीच तुलना

(Comparison between Isothermal and Adiabatic Curves)

(i) जब समान प्रारम्भिक अवस्था से समान आयतन तक सम्पीड़ित किया जाता है।

अन्तिम दाब : $p_a < p_b$

अन्तिम तापमान : $T_a < T_b$

कृत कार्य : $W_a < W_b$

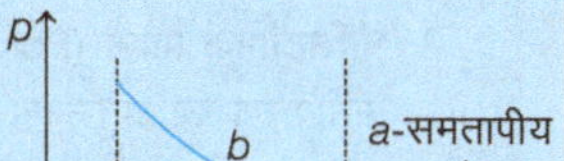

(ii) जब समान प्रारम्भिक अवस्था से समान आयतन तक प्रसारित किया जाता है।

अन्तिम दाब : $p_a > p_b$

अन्तिम तापमान : $T_a > T_b$

कृत कार्य : $W_a > W_b$

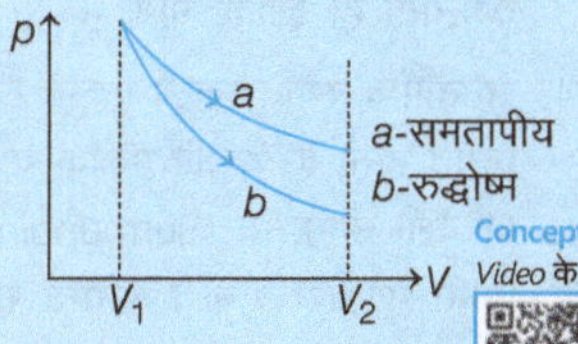

Concept Master Video के लिए

ऊष्मागतिकी का द्वितीय नियम

(Second Law of Thermodynamics)

यह ऊष्मागतिकी के प्रथम नियम का खण्डन करता है।

ऊष्मागतिकी के द्वितीय नियम के अनुसार, किसी भी ऊष्मा इंजन की दक्षता (η), 1 के बराबर नहीं हो सकती या किसी भी रेफ्रिजरेटर का निष्पादन गुणांक (Coefficient of performance) अनन्त के बराबर नहीं हो सकता है।

केल्विन-प्लांक तथा क्लॉसियस के दो कथनों में क्रमशः पूर्ण ऊष्मा इंजन और पूर्ण रेफ्रिजरेटर की सम्भावना का खण्डन किया जाता है।

केल्विन-प्लांक कथन (Kelvin-Planck statement) कोई भी ऐसा प्रक्रम सम्भव नहीं है जिसका एकमात्र परिणाम किसी ऊष्माशय से ऊष्मा का अवशोषण (Absorption) करना तथा उस ऊष्मा का कार्य में रूपान्तरण करना हो।

क्लॉसियस कथन (Clausius Statement) कोई भी ऐसा प्रक्रम सम्भव नहीं है जिसका एकमात्र परिणाम, किसी ठण्डे पिण्ड से किसी गर्म पिण्ड में ऊष्मा का स्थानान्तरण सम्भव हो।

उत्क्रमणीय एवं अनुत्क्रमणीय प्रक्रम

(Reversible and Irreversible Process)

- **उत्क्रमणीय प्रक्रम** एक उत्क्रमणीय प्रक्रम वह प्रक्रम होता है जिसे बाह्य परिस्थितियों को अत्यन्त अल्प रूप से बदलकर विपरीत दिशा में वापस लाया जा सकता है।
- **एक उत्क्रमणीय प्रक्रम की मुख्य शर्तें निम्नवत् हैं**
  - (i) प्रचालन चक्र के किसी भी चरण में दाब व तापमान, परिवेश के दाब व तापमान से भिन्न नहीं होने चाहिए।
  - (ii) चक्र में होने वाली सभी प्रक्रियाएँ, अत्यन्त धीमी होनी चाहिए।
  - (iii) घर्षण, श्यानता, अप्रत्यास्थता आदि जैसे विघटनकारी बल (Dissipative force) अनुपस्थित होने चाहिए।
  - (iv) प्रचालन चक्र के दौरान, चालन, संवहन या विकिरण के कारण ऊर्जा की कोई हानि नहीं होनी चाहिए।
- **अनुत्क्रमणीय प्रक्रम** (Irreversible Process)
- ऐसा प्रक्रम जिसे विपरीत दिशा में ठीक प्रकार से नहीं लाया जा सकता, अनुत्क्रमणीय प्रक्रम कहलाता है।
- प्रकृति में होने वाले अधिकांश प्रक्रम अनुत्क्रमणीय होते हैं।
- **अनुत्क्रमणीय प्रक्रम की मुख्य शर्तें निम्नवत् हैं**
  - (i) ऊष्मागतिक साम्यावस्था के लिए स्थितियाँ अर्थात् यान्त्रिक, तापीय या रासायनिक साम्यावस्था सन्तुष्ट नहीं होती हैं क्योंकि एक प्राकृतिक प्रक्रिया स्थैतिक रूप से नहीं होती है।
  - (ii) विघटनकारी प्रभाव, जैसे—अप्रत्यास्थता, श्यानता, घर्षण, भँवर-निर्माण आदि सदैव उपस्थित रहते हैं।

कार्नो इंजन (Carnot Engine)

- कार्नो इंजन एक सैद्धान्तिक इंजन है जो सभी प्रायोगिक दोषों से मुक्त होता है और इसकी दक्षता अधिकतम होती है और यह एक आदर्श ऊष्मा इंजन है। यह एक उत्क्रमणीय ऊष्मा इंजन है जो दो तापमानों के बीच प्रचालित होता है।

- जैसे ही इंजन कार्य करना प्रारम्भ करता है, इंजन में क्रियाशील पदार्थ एक चक्र से गुजरता है जिसे **कार्नो चक्र** (Carnot cycle) कहते हैं। कार्नो चक्र को नीचे चित्र में दर्शाया गया है।

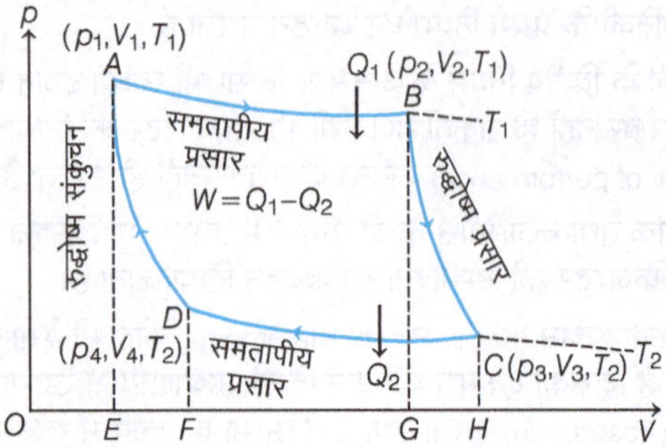

- एक कार्नो चक्र में निम्नलिखित चार प्रक्रम होते हैं

(i) **समतापीय प्रसार (AB)** प्रक्रम AB में, पदार्थ, स्रोत से तापमान T_1 पर Q_1 ऊष्मा अवशोषित करता है तथा W_1 कार्य करता है जिसे निम्न प्रकार दिया जाता है

समतापीय प्रसार, $W_{A \to B} = W_1 = Q_1 = \mu R T_1 \ln\left(\frac{V_2}{V_1}\right)$

(ii) **रुद्धोष्म प्रसार (BC)** यह प्रक्रम रुद्धोष्म वक्र BC से व्यक्त किया गया है। इस प्रक्रम में ऊष्मा का कोई स्थानान्तरण नहीं होता है, पदार्थ का तापमान T_2 तक कम हो जाता है तथा उससे कुछ कार्य W_2 किया जाता है।

रुद्धोष्म प्रसार, $W_{B \to C} = W_2 = \frac{\mu R (T_1 - T_2)}{\gamma - 1}$

(iii) **समतापीय संकुचन (CD)** यह प्रक्रम, समतापीय रेखा CD से व्यक्त किया गया है। इस प्रक्रम में पदार्थ तापमान T_2 पर सिंक से Q_2 ऊष्मा निष्कासित (Reject) करता है और पदार्थ पर W_3 कार्य किया जाता है जिसे निम्न प्रकार दिया जाता है।

समतापीय संकुचन, $W_{C \to D} = W_3$
$= Q_2 = \mu R T_2 \ln\left(\frac{V_3}{V_4}\right)$

(iv) **रुद्धोष्म संकुचन (DA)** यह प्रक्रम रुद्धोष्म वक्र DA से व्यक्त किया जाता है। इस प्रक्रम में पदार्थ पर W_4 कार्य किया जाता है जिसे निम्न प्रकार दिया जाता है

रुद्धोष्म संकुचन $W_{D \to A} = W_4 = \mu R \left[\frac{T_1 - T_2}{\gamma - 1}\right]$

- **सम्पूर्ण चक्र के दौरान किया गया कुल कार्य**

$W = W_1 + W_2 + (-W_3) + (-W_4)$
$= W_1 - W_3 =$ क्षेत्रफल ABCD (क्योंकि $W_2 = W_4$)
$= \mu R T_1 \ln\left(\frac{V_2}{V_1}\right) - \mu R T_2 \ln\left(\frac{V_3}{V_4}\right)$

- इंजन द्वारा प्रति चक्र किया गया कुल कार्य, संख्यात्मक रूप से कार्नो चक्र को दर्शाने वाले लूप के क्षेत्रफल के बराबर होता है।
- **कार्नो चक्र की दक्षता** (Efficiency of Carnot Cycle) इंजन की दक्षता को किए गए कार्य तथा दी गई ऊष्मा के अनुपात के रूप में परिभाषित किया जाता है।

अर्थात् $\eta = \frac{W}{Q_1} = \frac{Q_1 - Q_2}{Q_1} = 1 - \frac{Q_2}{Q_1} = 1 - \frac{T_2}{T_1}$

कार्नो इंजन के लिए, $\frac{Q_1}{Q_2} = \frac{T_1}{T_2}$

NEET 2023

- **कार्नो प्रमेय के अनुसार,**

(i) दिए गए गर्म तथा ठण्डे ऊष्माशयों (Hot and cold reservoirs) के क्रमशः दो तापमानों T_1 अर्थात् स्रोत तथा T_2 अर्थात् सिंक के बीच कार्यरत् किसी भी इंजन की दक्षता, कार्नो इंजन की दक्षता से अधिक नहीं हो सकती है।

(ii) कार्नो इंजन की दक्षता, कार्यकारी पदार्थ की प्रकृति (nature) से स्वतन्त्र होती है।

- समान तापमानों के बीच कार्य करने वाले सभी उत्क्रमणीय ऊष्मा इंजन समान रूप से दक्ष (Efficient) होते हैं और कोई भी ऊष्मा इंजन, कार्नो इंजन से अधिक दक्ष नहीं हो सकता है (क्योंकि यह एक आदर्श इंजन है)।

Caution Points

- किसी पिण्ड का तापमान, इसकी औसत आन्तरिक ऊर्जा पर निर्भर करता है तथा इसकी गतिज ऊर्जा पर निर्भर नहीं करता है।
- जब निकाय को ऊष्मा दी जाती है, तो ऊष्मा धारिता, प्रक्रम पर निर्भर करती है।

PYQ नोट्स

1. पॉलिट्रॉपिक प्रक्रम में कृत कार्य, $W = \frac{-nRdT}{x-1}, x \neq 1$

रुद्धोष्म प्रक्रम में कृत कार्य के अनुरूप

$W = \frac{nR(T_1 - T_2)}{x-1} = \frac{p_1V_1 - p_2V_2}{x-1} \ (x \neq 1)$

[NEET 2021]

2. पॉलिट्रॉपिक प्रक्रम के लिए समीकरण

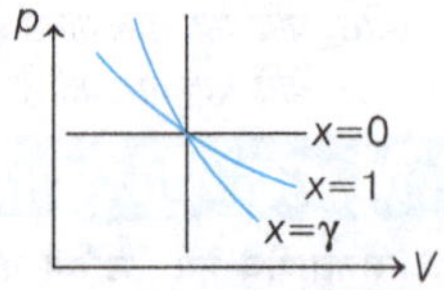

(a) $pV^x =$ नियतांक
(b) $TV^{x-1} =$ नियतांक
(c) $p^{1-x}T^x =$ नियतांक

$x = 0$ के लिए, प्रक्रम समदाबीय है ($p =$ नियत)
$x = 1$ के लिए, प्रक्रम समतापीय है ($pV =$ नियत)
$x = \gamma$ के लिए, प्रक्रम रुद्धोष्म है ($pV^\gamma =$ नियत) [JEE Main 2019]

3. **पॉलिट्रॉपिक प्रक्रम** (Polytropic Process) वह प्रक्रम जो दिए गए समीकरण का अनुसरण करता है, पॉलिट्रॉपिक प्रक्रम कहलाता है।

अर्थात् $pV^x =$ नियतांक

जहाँ x, **प्रसार या सम्पीडन का पॉलिट्रॉपिक सूचकांक** (Index) कहलाता है। इसका मान $-\infty$ से $+\infty$ के बीच होता है। [NEET 2016]

4. समतापीय स्थैतिककल्प प्रक्रमों में, निकाय द्वारा ऊष्मा अवशोषित या निर्गत होती है, यद्यपि प्रत्येक चरण में गैस का ताप वही होता है जो परिवेशी ऊष्माशय (Surrounding reservoir) का है। निकाय तथा ऊष्मा भण्डार के मध्य अत्यन्त सूक्ष्म तापान्तर के कारण ऐसा सम्भव हो पाता है। [JEE Main 2016]

Step by Step

Mastering NCERT

- कॉन्सेप्ट बिल्डर्स
- शीर्षकवार प्रश्न
- अभिकथन-कारण प्रश्न
- कथन आधारित प्रश्न
- सुमेलन प्रकार प्रश्न
- आंकिक मान प्रकार के प्रश्न
- NCERT Exemplar प्रश्न
- विगत परीक्षाओं के प्रश्न
- स्किल बूस्टर्स

कॉन्सेप्ट बिल्डर्स

1 कौन-सा नियम बताता है कि जब दो निकाय A और B एक तीसरे निकाय के साथ पृथक् रूप से तापीय साम्य में होते हैं तो वे परस्पर एक-दूसरे के साथ भी तापीय सन्तुलन में होते हैं।

2 कौन-सा ऊष्मागतिक चर शून्य कोटि नियम द्वारा परिभाषित किया जाता है?

3 किस प्रकार की आण्विक गति किसी एकपरमाणुक गैस की आन्तरिक ऊर्जा के लिए उत्तरदायी है?

4 आदर्श गैस की स्थिति में, आन्तरिक ऊर्जा केवल .... (दाब/तापमान) पर निर्भर करती है परन्तु वास्तविक गैस की स्थिति में .... (दाब/आयतन) एवं तापमान पर निर्भर करती है।

5 चक्रीय प्रक्रम में, निकाय द्वारा अवशोषित (Absorbed) कुल ऊष्मा निकाय द्वारा किए गए कार्य के समान होती है क्योंकि आन्तरिक ऊर्जा एक अवस्था फलन (State function) होती है। (सत्य/असत्य)

6 ऊष्मागतिकी का कौन-सा नियम यान्त्रिक ऊर्जा को ऊष्मीय ऊर्जा में परिवर्तन को दर्शाता है?

7 ΔQ एवं ΔW प्रायः पथ पर/से .... (निर्भर/स्वतन्त्र) होते हैं।

8 नियत दाब पर ठोस की मोलर विशिष्ट ऊष्मा क्षमता $3R$ होती है। (सत्य/असत्य)

9 एक समतापीय प्रक्रिया में, ऊष्माशय (Reservoir) से निकाय में स्थानान्तरित ऊष्माशय के तापमान को प्रभावित करती है। (सत्य/असत्य)

10 घर्षण रहित गतिशील पिस्टन से संयोजित सिलेण्डर में एक आदर्श गैस का अर्द्ध-स्थैतिक समतापीय प्रसार एक उत्क्रमणीय प्रक्रिया है। (सत्य/असत्य)

11 एक समतापीय अर्द्ध-स्थैतिक प्रक्रिया में, आयतन में परिवर्तन के दौरान गैस का तापमान समान होता है। (सत्य/असत्य)

12 यदि एक आदर्श गैस को समतापीय रूप से सम्पीड़ित किया जाता है, तो निकाय द्वारा ऊष्मा .... (मुक्त/अवशोषित) की जाती है।

13 एक समतापीय प्रक्रम में, यदि एक आदर्श गैस का आयतन आधा कर दिया जाता है, तो गैस द्वारा किया गया कार्य .... (धनात्मक/ऋणात्मक) होता है।

14 रुद्धोष्म प्रक्रम में गैस की विशिष्ट ऊष्मा का मान क्या होता है?

15 रुद्धोष्म प्रक्रम में, गैस की अवस्था (p_1, V_1, T_1) से (p_2, V_2, T_2) में परिवर्तित हो जाती है, इसलिए $T_1V_1^{\gamma-1} = T_2V_2^{\gamma-1}$ है। (सत्य/असत्य)

16 जब एक चक्रीय प्रक्रम को दक्षिणावर्त (Clockwise) प्रदर्शित किया जाता है, तो प्रक्रम में किया गया कार्य .... (धनात्मक/ऋणात्मक) होता है।

17 रुद्धोष्म प्रक्रम में, $W > 0$ एवं $T_2 < T_1$ होता है। (सत्य/असत्य)

18 एक प्रक्रम केवल .... (उत्क्रमणीय/अनुत्क्रमणीय) होता है, जब निकाय प्रत्येक चरण में परिवेश के साथ सन्तुलन में होता है।

19 किसी ऊष्माशय के साथ तापीय सम्पर्क में रखे तरल को हिलाने से ऊष्माशय की आन्तरिक ऊर्जा में वृद्धि होगी। यह एक उत्क्रमणीय प्रक्रम है। (सत्य/असत्य)

20 उच्च और निम्न तापमान के मध्य प्रचालित सभी ताप इंजनों के निष्पादन के मानक के रूप में किस चक्र का उपयोग किया जाता है?

शीर्षकवार प्रश्न

तापीय साम्यावस्था एवं ऊष्मागतिकी का शून्य कोटि नियम

1 दिए गए चित्र में, दो निकाय A एवं B को अचालक दीवार (रुद्धोष्म दीवार) द्वारा पृथक् किया गया है एवं परिवेश को भी अचालक दीवार (Insulated wall) द्वारा विद्युतरोधी (Insulated) बनाया गया है। NCERT पृष्ठ 227

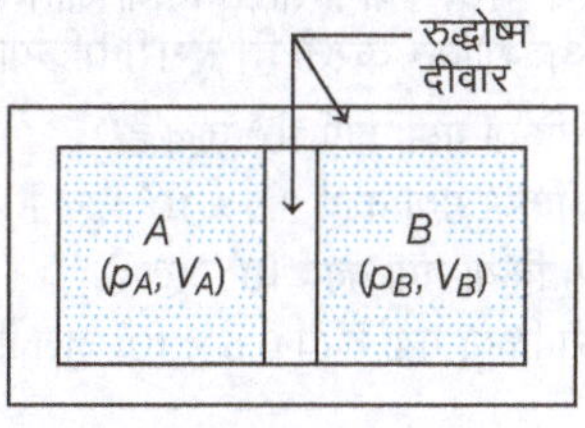

उपरोक्त जानकारी के अनुसार उचित विकल्प चुनें।

(a) A एवं B का दाब समय के साथ परिवर्तित होगा।

(b) A एवं B का तापमान समय के साथ परिवर्तित होगा।

(c) A एवं B की ऊष्मागतिकीय अवस्था समय के साथ परिवर्तित होगी।

(d) A का तापमान परिवर्तित होगा जबकि B का नहीं।

2 यदि दो निकाय एक-दूसरे के साथ तापीय सन्तुलन में हैं, तो इसका तात्पर्य है कि उनके NCERT पृष्ठ 227

(a) द्रव्यमान समान हैं तथा तापमान असमान हैं।

(b) तापमान समान हैं।

(c) द्रव्यमान एवं तापमान दोनों समान हैं।

(d) द्रव्यमान असमान हैं तथा तापमान समान हैं।

3 यदि एक निकाय परिवेश के साथ तापीय सन्तुलन में है, तो इसका तात्पर्य है कि NCERT पृष्ठ 227

(a) परिवेश एवं निकाय का तापमान समान होगा।
(b) परिवेश एवं निकाय का दाब एवं आयतन समान होगा।
(c) परिवेश एवं निकाय का दाब, आयतन एवं तापमान असमान है।
(d) निकाय में कोई रासायनिक परिवर्तन नहीं होता है।

4 निम्न में से उचित विकल्प का चयन कीजिए। NCERT पृष्ठ 228

(a) शून्य नियम तापमान की अवधारणा (Concept) देता है।
(b) तापमान, पिण्ड (Body) की ऊष्णता का मापन करता है।
(c) ऊष्मा, उच्च तापमान वाले पिण्ड से निम्न तापमान वाले पिण्ड की ओर तब तक प्रवाहित होती है, जब तक वे तापीय साम्य में नहीं आ जाते हैं।
(d) उपरोक्त सभी।

5 शून्य नियम के अनुसार, कौन-सी भौतिक राशि (Physical Quantity) दो निकाय के तापीय सन्तुलन में समान मान रखती है? NCERT पृष्ठ 228

(a) दाब (b) तापमान
(c) आयतन (d) संघटन

6 शून्य नियम के अनुसार, यदि दो निकाय A एवं B पृथक् रूप से निकाय C के साथ साम्य (Equilibrium) में हैं, तब NCERT पृष्ठ 228

(a) $T_A = T_B$
(b) $T_A > T_C, T_B > T_C$ एवं $T_A = T_B$
(c) $T_A = T_C$ एवं $T_A \neq T_B$
(d) $T_A < T_C, T_B < T_C$ एवं $T_A = T_B$

7 दो गैसों को प्रारम्भिक अवस्था (p_A, V_A) एवं (p_B, V_B) से निश्चित ऊष्मा-पार्थ दीवार (Diathermic wall) द्वारा पृथक् किया गया है।

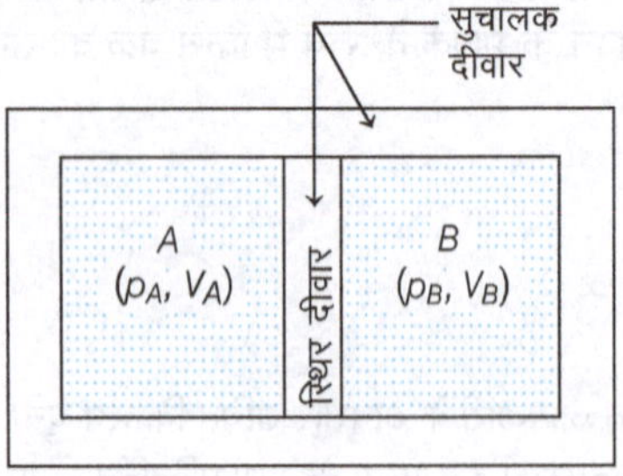

उचित कथन का चयन करें। NCERT पृष्ठ 228

(a) A एवं B की ऊष्मागतिकी अवस्थाएँ समय के साथ परिवर्तित नहीं होंगी।
(b) सन्तुलन प्राप्त होने तक दोनों निकायों के मध्य ऊर्जा प्रवाह होता रहेगा।
(c) सन्तुलन प्राप्त होने तक दोनों निकायों की स्थिति परिवर्तित हो जाएगी।
(d) (b) एवं (c) दोनों

ऊष्मा, आन्तरिक ऊर्जा एवं कार्य : ऊष्मागतिकी का प्रथम नियम

8 एक स्थिर गति v से गतिमान एक गतिशील बॉक्स में निहित गैस की आन्तरिक ऊर्जा NCERT पृष्ठ 229

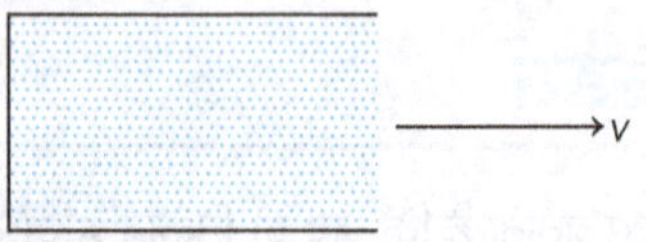

(a) v पर निर्भर होती है।
(b) v पर निर्भर नहीं होती है।
(c) केवल आण्विक ऊर्जा पर निर्भर होती है।
(d) 'b' एवं 'c' दोनों

9 चित्र में दर्शाए गए एक निकाय को गतिशील पिस्टन वाले सिलेण्डर में निहित गैस के एक निश्चित द्रव्यमान के रूप में समझें। NCERT पृष्ठ 229

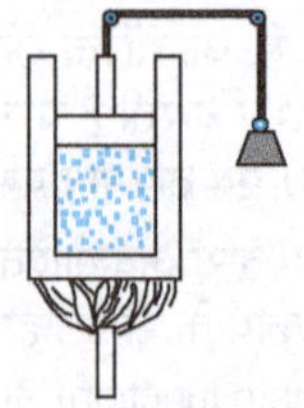

गैस की अवस्था एवं आन्तरिक ऊर्जा को परिवर्तित किया जा सकता है

(a) गैस की तुलना में उच्च तापमान पर पिण्ड को सिलेण्डर के सम्पर्क में रखकर
(b) पिस्टन को नीचे पुश (Push) करके
(c) या तो 'a' या 'b'
(d) न तो 'a' और न ही 'b'

10 किसी निकाय की आन्तरिक ऊर्जा को परिवर्तित किया जा सकता है NCERT पृष्ठ 230

(a) निकाय से ऊष्मा निकालकर
(b) निकाय पर कार्य करके
(c) यदि निकाय परिवेश पर कुछ कार्य करता है
(d) उपरोक्त सभी

11 एक निकाय को 200 कैलोरी ऊष्मा प्रदान की जाती है एवं परिवेश पर निकाय द्वारा किया गया कार्य 40 जूल है, तब आन्तरिक ऊर्जा होगी NCERT पृष्ठ 20

(a) 600 जूल की वृद्धि (b) 800 जूल का ह्रास
(c) 800 जूल की वृद्धि (d) 50 जूल का ह्रास

12 एक आदर्श गैस 7×10^5 जूल की ऊष्मा को अवशोषित करके अवस्था 1 से अवस्था 2 में जाती है और 5.5×10^5 जूल का बाह्य कार्य करती है। तत्पश्चात् इसे एक अन्य प्रक्रिया में उन्हीं दो अवस्थाओं के मध्य स्थानान्तरित किया जाता है जिसमें यह 10^5 जूल ऊष्मा को अवशोषित करती है। दूसरी प्रक्रिया में NCERT पृष्ठ 230

(a) गैस पर किया गया कार्य 10^5 जूल है।
(b) गैस पर किया गया कार्य 0.5×10^5 जूल है।
(c) गैस द्वारा किया गया कार्य 10^5 जूल है।
(d) गैस द्वारा किया गया कार्य 0.5×10^5 जूल है।

13 एक विद्युत उपकरण, निकाय को 6000 जूल/मिनट ऊष्मा की आपूर्ति करता है। यदि निकाय 90 वाट की शक्ति प्रदान करता है, तो आन्तरिक ऊर्जा को 2.5×10^3 जूल तक बढ़ाने में कितना समय लगेगा? NCERT पृष्ठ 230

(a) 2.5×10^2 सेकण्ड
(b) 4.1×10^1 सेकण्ड
(c) 2.4×10^3 सेकण्ड
(d) 2.5×10^1 सेकण्ड

14 एक गैस को दो भिन्न-भिन्न प्रक्रियाओं ACB एवं ADB के माध्यम से A से B तक ले जाया सकता है। NCERT पृष्ठ 230

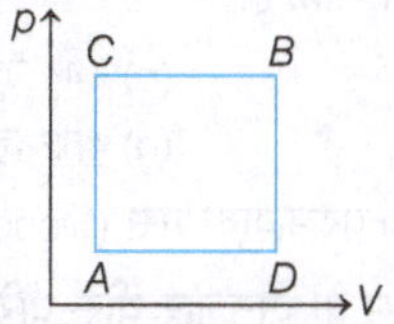

यदि पथ ACB का उपयोग किया जाता है, तो निकाय में 60 जूल ऊष्मा प्रवाहित होती है एवं निकाय द्वारा 30 जूल कार्य किया जाता है। यदि पथ ADB का उपयोग करके निकाय द्वारा किया गया कार्य 10 जूल है, तो पथ ADB में निकाय में ऊष्मा प्रवाह है

(a) 80 जूल (b) 40 जूल (c) 100 जूल (d) 20 जूल

15 एक गैस को 15 मीटर^3 से 10 मीटर^3 के आयतन तक 45 न्यूटन/मी^{2} के स्थिर दबाव पर सम्पीडित किया जाता है, तथा हीटिंग के माध्यम से गैस में 100 जूल ऊर्जा स्थानान्तरित की जाती है। गैस की आन्तरिक ऊर्जा है NCERT पृष्ठ 231

(a) 325 जूल (b) 425 जूल (c) 350 जूल (d) 450 जूल

16 1 सेमी^{3} पानी अपने क्वथनांक पर 1700 सेमी^{3} आयतन की भाप बनाने के लिए 550 कैलोरी ऊष्मा अवशोषित करता है, वायुमण्डलीय दबाव 1.013×10^5 न्यूटन/मी^{2} है एवं ऊष्मा का यान्त्रिक समतुल्य 4.19 कैलोरी है, इस प्रक्रिया में अन्तराण्विक बलों पर नियन्त्रण पाने में व्यय की गई ऊर्जा है NCERT पृष्ठ 231

(a) 499 कैलोरी (b) 508.9 कैलोरी
(c) 509.8 कैलोरी (d) 500 कैलोरी

17 नीचे दर्शाए गए चित्र में एक गतिशील पिस्टन वाले सिलेण्डर में गैस है, तब NCERT पृष्ठ 231

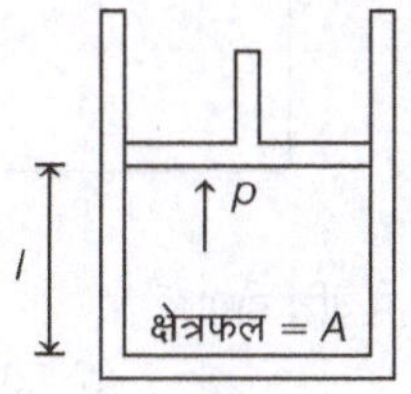

(a) $\Delta W = pV$ (b) $\Delta W = \Delta\, pV$
(c) $\Delta W = p\,\Delta V$ (d) $\Delta W = p\,\Delta V + V\,\Delta p$

18 एक आदर्श एकपरमाणुक गैस A से B तक निम्नलिखित तीन प्रकारों p, q तथा r द्वारा ली जाती है जोकि p-V वक्र में दर्शाया गया है NCERT पृष्ठ 231

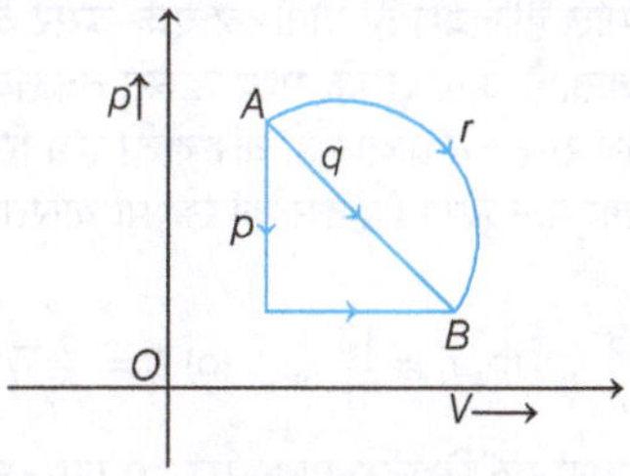

तब निम्न में से किस प्रकार से आन्तरिक ऊर्जा समान होगी?

(a) p एवं r
(b) q एवं r
(c) p एवं q
(d) प्रत्येक प्रकार में आन्तरिक ऊर्जा परिवर्तन समान रहेगा

विशिष्ट ऊष्मा धारिता

19 स्थिर दाब पर गैस की विशिष्ट ऊष्मा $C_p = 4.3 \times 10^3$ कैलोरी/ग्राम °C एवं स्थिर आयतन पर $C_V = 3.3 \times 10^3$ कैलोरी/ग्राम°C है। यदि 1 किग्रा गैस को 10°C से 20°C तक निश्चित दाब पर गर्म किया जाता है, तब गैस को स्थिर दाब पर बनाए रखने के लिए उस पर किया गया बाह्य कार्य होगा NCERT पृष्ठ 231

(a) 10^5 कैलोरी (b) 10^4 कैलोरी
(c) 5×10^3 कैलोरी (d) 10^{17} कैलोरी

20 यदि एक एकपरमाणुक गैस का दाब स्थिर रखते हुए बहुत धीरे-धीरे ऊष्मा Q की आपूर्ति की जाती है, तब गैस द्वारा किया गया कार्य होगा NCERT पृष्ठ 231

(a) $\frac{2}{3}Q$ (b) $\frac{3}{5}Q$
(c) $\frac{2}{5}Q$ (d) $\frac{1}{5}Q$

21 किसी μ मोल वाले पदार्थ की मोलर विशिष्ट ऊष्मा धारिता C को दर्शाया जाता है NCERT पृष्ठ 231

(a) $\frac{1}{\mu}\frac{\Delta Q}{\Delta T}$ द्वारा
(b) पदार्थ की मात्रा से भिन्न
(c) तापमान वृद्धि में परिवर्तन के आधार पर
(d) (a) एवं (c) दोनों

22 किसी पदार्थ की ऊष्मा क्षमता को बढ़ाया जा सकता है NCERT पृष्ठ 231

(a) पदार्थ का द्रव्यमान कम करके
(b) तापमान बढ़ाकर
(c) पदार्थ का द्रव्यमान बढ़ाकर
(d) 'b' एवं 'c' दोनों

23 एक कठोर अचालक बॉक्स A जिसमें T_0 तापमान पर एक मोल नाइट्रोजन है और दूसरा कठोर अचालक बॉक्स B जिसमें $\frac{8}{3}T_0$ ताप पर एक मोल हीलियम है, दोनों को एक-दूसरे के साथ तापीय सम्पर्क में रखा जाता है और उनके मध्य ऊष्मा तब तक प्रवाहित होती है जब तक तापीय सन्तुलन प्राप्त नहीं कर लेते। इस स्थिति में गैस का अन्तिम तापमान होगा (बॉक्स की ऊष्मा धारिता को नगण्य समझें) NCERT पृष्ठ 231

(a) $T_f = \frac{3}{7}T_0$ (b) $T_f = \frac{13}{8}T_0$ (c) $T_f = \frac{8}{13}T_f$ (d) $T_f = \frac{7}{3}T_0$

24 कमरे के ताप एवं स्थिर आयतन पर 40 ग्राम ऑक्सीजन का ताप 60°C बढ़ाने के लिए आवश्यक ऊष्मा की मात्रा है (R = 8.3 जूल/मोल/केल्विन) NCERT पृष्ठ 231

(a) 1.52 किलो जूल (b) 1.56 किलो जूल
(c) 1.62 किलो जूल (d) 1.63 किलो जूल

25 ऊष्मा का यान्त्रिक तुल्यांक, ... की मात्रा के समान होता है। NCERT पृष्ठ 232

(a) 1 कैलोरी ऊष्मा द्वारा उत्पन्न किया गया कार्य
(b) कैलोरी एवं जूल के मध्य परिवर्तन फैक्टर
(c) 'a' एवं 'b' दोनों
(d) न तो 'a' और न ही 'b'

26 विकल्पों में दिए गए निम्नलिखित ग्राफ से किस ग्राफ में ताप के साथ पानी की विशिष्ट ताप क्षमता की भिन्नता को उचित रूप से दर्शाया गया है? NCERT पृष्ठ 232

(a)
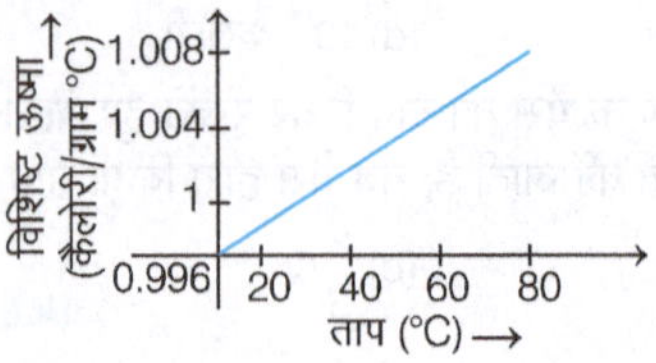

(b)
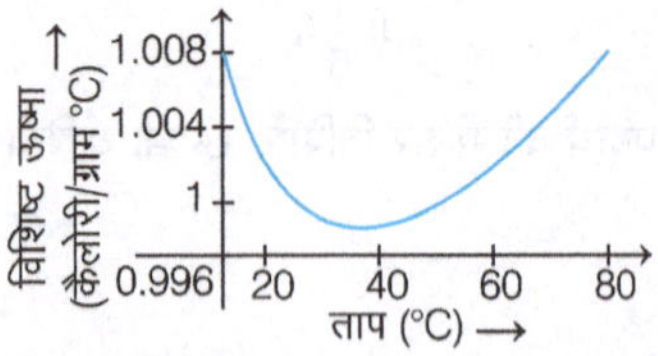

(c)
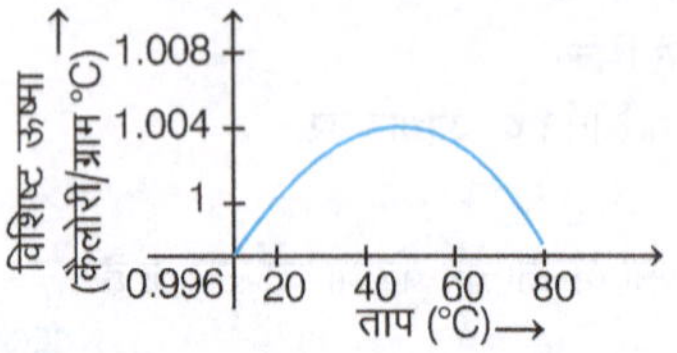

(d)
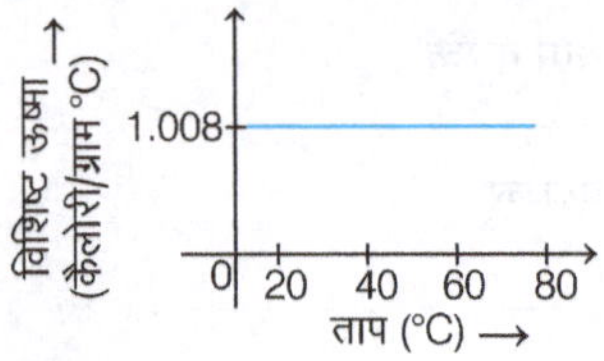

27 एक आदर्श गैस के लिए, स्थिर दाब और आयतन पर मोलर विशिष्ट ऊष्मा धारिता क्रमशः C_p एवं C_V हैं, सही विकल्प का चयन कीजिए। NCERT पृष्ठ 232

(a) $C_V = \left(\frac{\Delta U}{\Delta T}\right)_V$ (b) $C_p = \left(\frac{\Delta U}{\Delta T}\right)_p + \left(\frac{p\,\Delta V}{\Delta T}\right)_p$
(c) $p\left(\frac{\Delta V}{\Delta T}\right)_p = R$ (d) इनमें से सभी

28 स्थिर दाब पर 2 मोल आदर्श गैस का तापमान 25°C से 35°C तक बढ़ाने के लिए 310 जूल ऊष्मा की आवश्यकता होती है। स्थिर आयतन पर समान मात्रा के माध्यम से गैस का ताप बढ़ाने के लिए आवश्यक ऊष्मा की मात्रा होगी NCERT पृष्ठ 232

(a) 384 जूल (b) 144 जूल
(c) 276 जूल (d) 452 जूल

29 एक मोल आदर्श एकपरमाणुक गैस (Monoatomic gas) T_0 तापमान पर $\frac{p}{V}$ = नियत, नियम के अनुसार धीरे-धीरे प्रसार करती है यदि अन्तिम तापमान $3T_0$ है, तो दी गई ऊष्मा की मात्रा होगी NCERT पृष्ठ 232

(a) $2RT_0$ (b) $\frac{3}{2}RT_0$
(c) $\frac{1}{2}RT_0$ (d) $4RT_0$

30 यदि एक आदर्श गैस की नियत आयतन पर मोलर विशिष्ट ऊष्मा धारिता $\frac{3}{2}R$ है, तो नियत दाब पर मोलर विशिष्ट ऊष्मा धारिता होगी NCERT पृष्ठ 232

(a) $\frac{1}{2}R$ (b) $\frac{5}{2}R$
(c) $\frac{7}{2}R$ (d) $\frac{9}{2}R$

31 जब एकपरमाणुक गैस का आयतन V_0 से बढ़कर $2V_0$ हो जाता है, तब इसका दाब भी p_0 से $3p_0$ हो जाता है। NCERT पृष्ठ 232

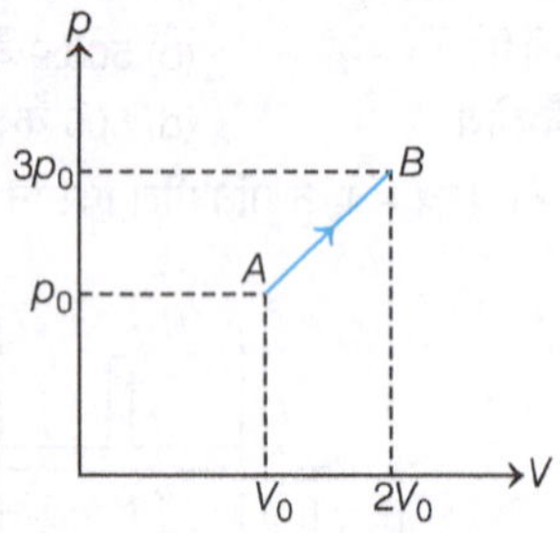

आन्तरिक ऊर्जा में वृद्धि होगी

(a) $15p_0V_0$ (b) $7.5p_0V_0$
(c) $12.5p_0V_0$ (d) $5p_0V_0$

ऊष्मागतिकी अवस्था चर एवं अवस्था समीकरण

32 निम्न चरों में से अवस्था चर है **NCERT पृष्ठ 232**

(a) ऊष्मा (b) कार्य
(c) आन्तरिक ऊर्जा (d) ये सभी

33 ऐसी स्थिति पर विचार करें जिसमें पेट्रोल वाष्प और वायु का मिश्रण एक चिंगारी द्वारा से प्रज्वलित होता हैं। तब गैसों में विस्फोट होता है। **NCERT पृष्ठ 233**

(a) प्रारम्भ में तापमान एवं दाब असमान होते हैं
(b) प्रारम्भ में अवस्था चरों द्वारा वर्णित नहीं किया जा सकता है
(c) एक निश्चित समय अवधि के बाद परिवेश के साथ सन्तुलन की स्थिति हो सकती है
(d) उपरोक्त सभी

34 साम्यावस्था में किसी निकाय को दो भागों में विभाजित किया जाता है। निकाय को अवस्था चरों के सापेक्ष विभाजन से पूर्व एवं पश्चात् नीचे चित्र में दर्शाया गया है। **NCERT पृष्ठ 233**

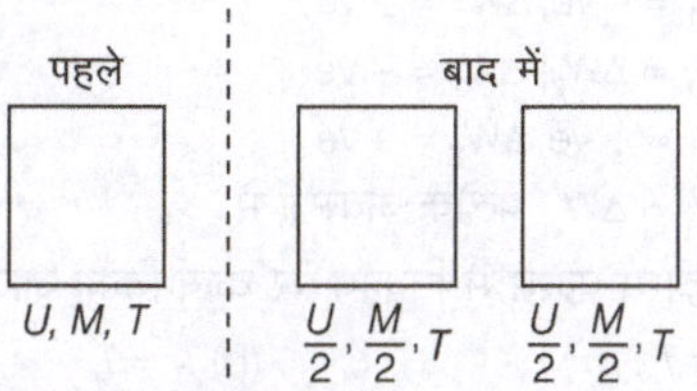

तब उपरोक्त से हम कह सकते हैं कि

(a) U एक विस्तीर्ण (Extensive) अवस्था चर है तथा M एवं T गहन (Intensive) अवस्था चर हैं।
(b) T एक विस्तीर्ण अवस्था चर है जबकि U एवं M गहन अवस्था चर हैं।
(c) U एवं M विस्तीर्ण अवस्था चर हैं जबकि T गहन अवस्था चर है।
(d) U, M एवं T सभी विस्तीर्ण अवस्था चर हैं।

35 2 मोल आदर्श गैस हेतु $\frac{pV}{T}$ का मान लगभग होगा **NCERT पृष्ठ 233**

(a) R (b) $2R$ (c) $\frac{R}{2}$ (d) $3R$

36 निम्न में से गहन गुण कौन-सा है? **NCERT पृष्ठ 233**

(a) आयतन (b) द्रव्यमान
(c) अपवर्तनांक (d) भार

37 निम्न में से उचित विकल्प का चयन कीजिए। **NCERT पृष्ठ 233**

(a) गैस में छोटे आण्विक बलों की उपेक्षा करते हैं, इसकी आन्तरिक ऊर्जा इसके अणुओं की विभिन्न यादृच्छिक गतियों से सम्बन्धित गतिज ऊर्जाओं का योग होती है।
(b) गैस दी गई अवस्था में निश्चित मात्रा में ऊष्मा रखती है।
(c) गैस दी गई अवस्था में निश्चित मात्रा में कार्य करती है।
(d) 'b' एवं 'c' दोनों

38 एक प्रणाली जैसा कि नीचे दिए गए चित्र में दिखाया गया है, प्रारम्भ में अवस्था (p, T) पर एक स्थैतिककल्प प्रक्रम के माध्यम से अवस्था (p', T') में ले जाता है। तब उचित कथन का चयन कीजिए। **NCERT पृष्ठ 233**

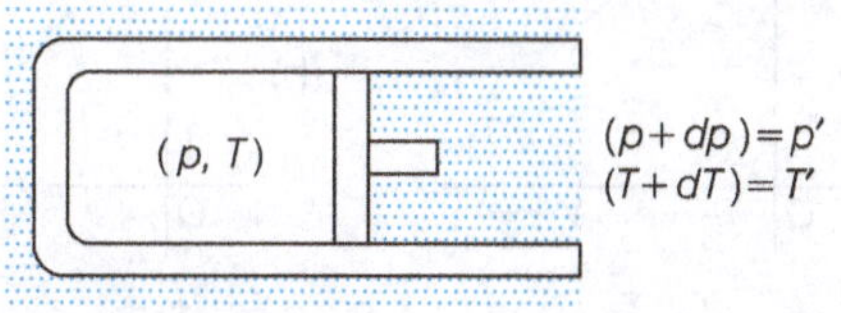

(a) निकाय के बाहरी दाब को अचानक परिवर्तित करना चाहिए।
(b) स्थैतिककल्प प्रक्रम एक काल्पनिक अवधारणा नहीं है और इसे किसी भी प्रकार से सिद्ध नहीं किया जा सकता।
(c) निकाय एवं परिवेश के ऊष्माशय के मध्य अत्यन्त अल्प तापमान अन्तर लाकर तापमान को परिवर्तित किया जा सकता है।
(d) प्रक्रम के विभिन्न चरण असाम्यावस्था में होंगे।

ऊष्मागतिकी प्रक्रम

39 एक स्थैतिककल्प प्रक्रम से तात्पर्य है कि **NCERT पृष्ठ 233**

(a) यह एक लगभग स्थैतिक प्रक्रम है
(b) निकाय के p, V एवं T में परिवर्तन इस प्रकार से होता है कि यह प्रत्येक क्षण परिवेश के साथ साम्यावस्था में रहता है
(c) 'a' एवं 'b' दोनों
(d) न तो 'a', और न ही 'b'

40 जब समतापीय परिवर्तन में गैस को ऊष्मा दी जाती है तो परिणाम होगा **NCERT पृष्ठ 234**

(a) आन्तरिक ऊर्जा में वृद्धि
(b) तापमान में वृद्धि
(c) गैस द्वारा बाह्य कार्य किया जायेगा
(d) बाह्य कार्य किया जाएगा एवं आन्तरिक ऊर्जा में वृद्धि होगी

41 किसी दिए गए आदर्श गैस के समतापीय प्रक्रम $A \rightarrow B$ हेतु ग्राफ में क्षेत्रफल 20 जूल है, तब **NCERT पृष्ठ 234**

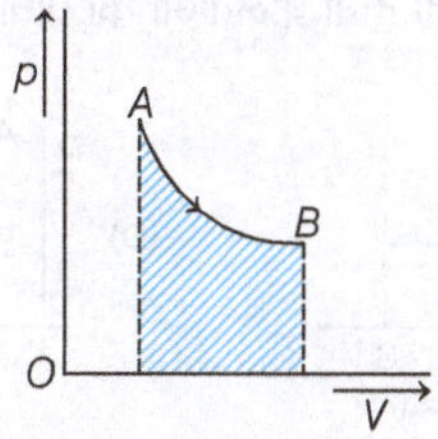

(a) $\Delta Q = 0$ (b) $\Delta Q = +20$ जूल
(c) $\Delta U = -20$ जूल (d) $\Delta U = 20$ जूल

42 निम्न में उस ग्राफ की पहचान करें जो तापमान T_1 एवं T_2 ($T_2 > T_1$) पर समताप रेखा का सही प्रतिनिधित्व करता है। **NCERT पृष्ठ 234**

(a)
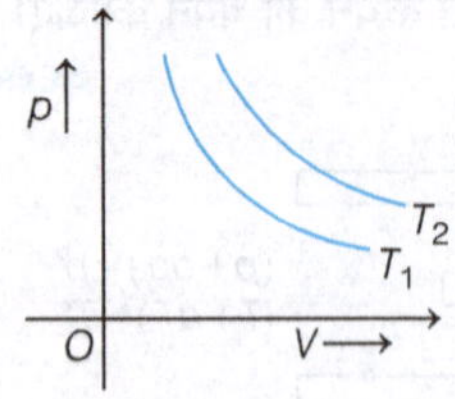

(b)
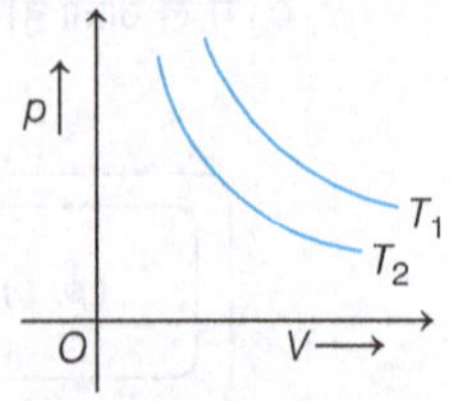

(c)
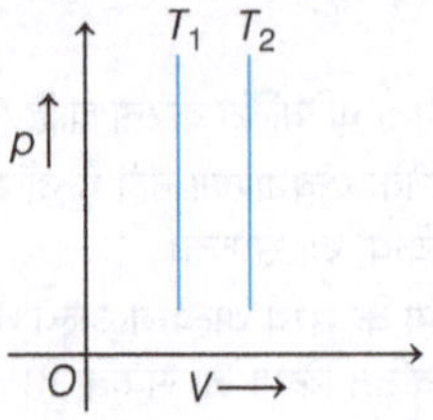

(d)
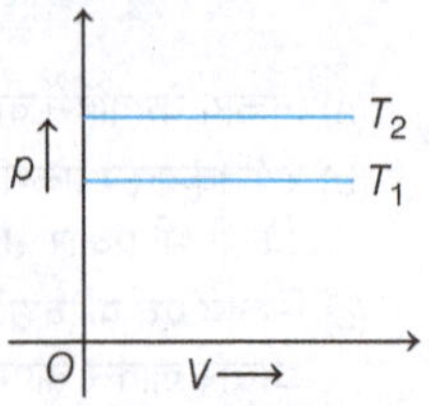

43 दिए गए वक्र (Curve) में से, कौन-सा वर्क समतापीय प्रक्रम को प्रदर्शित करता है? **NCERT पृष्ठ 234**

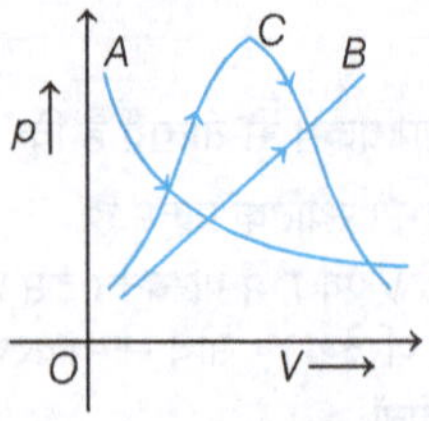

(a) वक्र A (b) वक्र B (c) वक्र C (d) इनमें से कोई नहीं

44 स्थिर तापमान 500 केल्विन पर एक आदर्श गैस के 10 मोल को 50 लीटर से 5 लीटर तक सम्पीडित किया जाता है। प्रक्रम में किया गया कार्य है ($R = 8.31$ जूल/मोल केल्विन) **NCERT पृष्ठ 234**

(a) -1.2×10^4 जूल (b) -2.4×10^4 जूल
(c) -4.8×10^4 जूल (d) -9.6×10^4 जूल

45 एक आदर्श गैस का 1 मोल प्रारम्भिक अवस्था A से अन्तिम अवस्था B तक दो प्रक्रमों द्वारा जाता है। यह पहले आयतन V से $3V$ तक समतापीय प्रसार से गुजरता है एवं तत्पश्चात् स्थिर दाब पर इसका आयतन $3V$ से घटाकर V कर दिया जाता है। उचित p-V ग्राफ का चयन कीजिए जो दोनों प्रक्रियाओं का प्रतिनिधित्व करता है। **NCERT पृष्ठ 234**

(a)
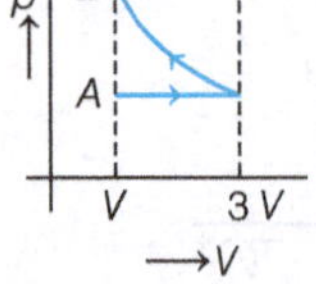

(b)
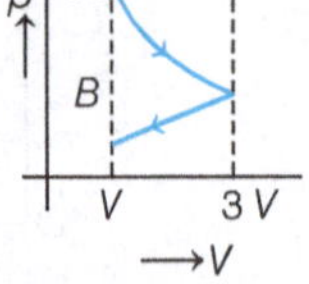

(c)
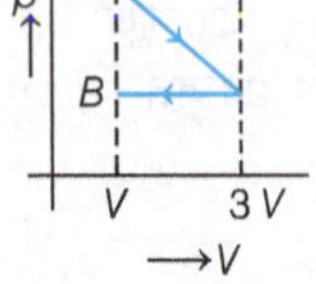

(d)
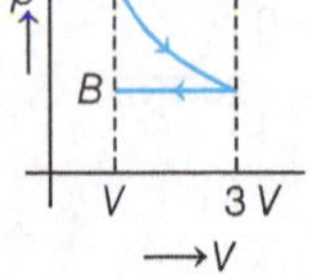

46 समतापीय एवं रुद्धोष्म वक्र का ढलान (Slope) सम्बन्धित है **NCERT पृष्ठ 234**

(a) $\left(\frac{dp}{dV}\right)_{iso} = \left(\frac{dp}{dV}\right)_{ad}$ (b) $\left(\frac{dp}{dV}\right)_{iso} = \gamma\left(\frac{dp}{dV}\right)$

(c) $\left(\frac{dp}{dV}\right)_{ad} = \frac{3}{2}\left(\frac{dp}{dV}\right)_{iso}$ (d) $\left(\frac{dp}{dV}\right)_{ad} = \gamma\left(\frac{dp}{dV}\right)_{iso}$

47 दो समान सिलेण्डर A एवं B में समान तापमान T एवं आयतन V पर समान आदर्श गैस रखी गई हैं। गैस A का द्रव्यमान m_A एवं B का द्रव्यमान m_B है। प्रत्येक सिलेण्डर में गैस का आयतन $3V$ तक विस्तारित (Expand) होता है। सिलेण्डर A एवं B में दाब परिवर्तन क्रमशः Δp एवं $2\,\Delta p$ है, तब **NCERT पृष्ठ 234**

(a) $3m_A = 2m_B$ (b) $2m_A = m_B$
(c) $5m_A = m_B$ (d) $4m_A = 3m_B$

48 समतापीय प्रसार एवं संपीडन हेतु, (जहाँ ΔW_1 एवं ΔW_2 विस्तार एवं संपीडन द्वारा किए गए कार्य है) **NCERT पृष्ठ 235**

(a) $\Delta W_1 = -$ ve; $\Delta W_2 = +$ ve
(b) $\Delta W_1 = \Delta W_2$; $\Delta W_2 = -$ ve
(c) $\Delta W_1 = +$ ve; $\Delta W_2 = -$ ve
(d) $\Delta W_1 = \Delta W_2$, प्रत्येक अवस्था में

49 यदि रुद्धोष्म प्रक्रम में निकाय पर कार्य किया जाए, तब **NCERT पृष्ठ 235**

(a) $T_f < T_i$ (b) $T_f = T_i$
(c) $T_f > T_i$ (d) जानकारी अपर्याप्त है

50 एक आदर्श गैस को रुद्धोष्म रूप से उसके आयतन के आधे तक संपीडित करने पर उसका तापमान 2 गुना तक बढ़ जाता है। इसका अवस्था समीकरण होगा **NCERT पृष्ठ 235**

(a) $pV^{3/2} =$ नियत (b) $pV^{4/3} =$ नियत
(c) $pV^{1/2} =$ नियत (d) $pV^2 =$ नियत

51 रुद्धोष्म प्रक्रम हेतु निम्न में से कौन-सा सम्बन्ध सही है? (जहाँ $\gamma = C_p / C_V$) **NCERT पृष्ठ 235**

(a) $p^{1-\gamma}T^{\gamma} =$ नियत (b) $p^{\gamma}T^{1-\gamma} =$ नियत
(c) $pT^{\gamma} =$ नियत (d) $p^{\gamma}T =$ नियत

52 रुद्धोष्म प्रक्रम में दाब को $\frac{2}{3}$% तक बढ़ाया जाता है। यदि $\frac{C_p}{C_V} = \frac{3}{2}$ है, तो आयतन में हानि होगी लगभग **NCERT पृष्ठ 235**

(a) $\frac{4}{9}$% (b) $\frac{2}{3}$% (c) 4% (d) $\frac{9}{4}$%

53 एक गैस दो प्रक्रमों द्वारा V_i से V_f में ली जाती है। प्रथम प्रक्रम समतापीय एवं द्वितीय रुद्धोष्म प्रक्रम है। निम्न ग्राफ में से उचित p-V ग्राफ का चयन कीजिए। **NCERT पृष्ठ 235**

(a) $(\text{ढलान})_{\text{समतापीय}} = (\text{ढलान})_{\text{रुद्धोष्म}}$
(b) $(\text{ढलान})_{\text{समतापीय}} > (\text{ढलान})_{\text{रुद्धोष्म}}$
(c) $(\text{ढलान})_{\text{समतापीय}} < (\text{ढलान})_{\text{रुद्धोष्म}}$
(d) डाटा अपर्याप्त है

54 समतापीय उत्क्रमणीय (Reversible) में, 25°C तापमान पर 128 ग्राम ऑक्सीजन का आयतन 75 लीटर से 150 लीटर तक बढ़ जाता है। गैस द्वारा किए गए कार्य की मात्रा होगी **NCERT पृष्ठ 235**

(a) $2.3 \times 900 R \log_{10} 2$ (b) $R \log_{10} 2$
(c) $2.3 \times 1192 R \log_{10} 2$ (d) $900 R \log_{10} 2$

55 1 मोल आदर्श गैस का आयतन $\frac{p}{V^2}$ = नियत नियम के अनुसार प्रसारित होता है। गैस का तापमान $2T_0$ होने तक गैस द्वारा किया गया कार्य होगा **NCERT पृष्ठ 235**

(a) $\frac{1}{2} RT_0$ (b) $\frac{1}{3} RT_0$
(c) $\frac{2}{3} RT_0$ (d) $\frac{1}{3} R(5T_0)$

56 समदाबीय प्रक्रम में, द्विपरमाणुक गैस (Diatomic gas) द्वारा किया गया कार्य 10 जूल है, गैस को दी गई ऊष्मा होगी (द्विपरमाणुक गैस हेतु $C_p = \frac{7}{2} R$) **NCERT पृष्ठ 235**

(a) 35 जूल (b) 30 जूल
(c) 45 जूल (d) 60 जूल

57 एक आदर्श गैस 1 वायुमण्डल दाब एवं 27°C तापमान तब तक सम्पीडित की जाती है जब तक प्रारम्भिक दाब 8 गुना नहीं हो जाता है। तब अन्तिम तापमान होगा $\left(\gamma = \frac{3}{2}\right)$ **NCERT पृष्ठ 235**

(a) 627°C (b) 527°C (c) 427°C (d) 327°C

58 एक आदर्श गैस एक ऐसे प्रक्रम से गुजरती है जिसमें दाब एवं घनत्व ग्राफ में दर्शाए अनुसार परिवर्तन होते हैं। तब **NCERT पृष्ठ 235**

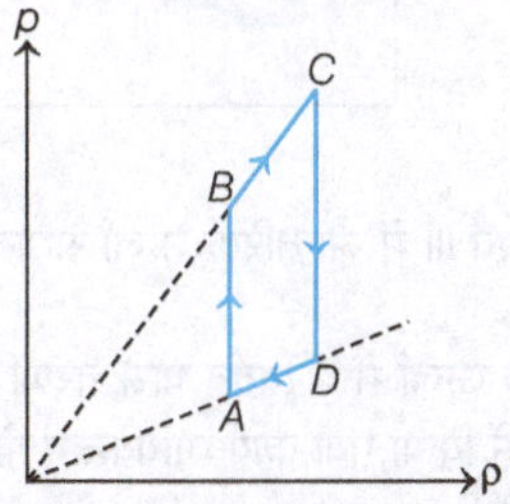

(a) BC प्रक्रम में, गैस की आन्तरिक ऊर्जा नियत रहेगी।
(b) AB प्रक्रम में, गैस द्वारा किया गया कार्य ऋणात्मक होगा।
(c) AB प्रक्रम में, गैस द्वारा किया गया कार्य धनात्मक होगा।
(d) उपरोक्त में से कोई नहीं

59 यदि गैस को नियत दाब पर गर्म किया जाता है, तब बाह्य कार्य हेतु उपयोग की जाने वाली ऊष्मा का अंश दिया जाता है **NCERT पृष्ठ 235**

(a) $\left(\frac{1}{\gamma^2} - 1\right)$ (b) $\left(1 - \frac{1}{\gamma}\right)$
(c) $\left(\frac{1}{\gamma} - 1\right)$ (d) $\frac{1}{\gamma}$

60 द्विपरमाणुक गैस को रुद्धोष्म रूप से 2 वायुमण्डलीय दाब पर सम्पीडित किया जाता है, जिससे इसका तापमान 25°C से 919°C तक बढ़ जाता है। अन्तिम अवस्था में गैस का दाब होगा ($\gamma = 1.4$) **NCERT पृष्ठ 235**

(a) 68.7 वायुमण्डल (b) 256 वायुमण्डल
(c) 8 वायुमण्डल (d) 225 वायुमण्डल

61 किसी गैस का 1 मोल सम्बन्ध $V = AT^{3/2}$ के अनुसार प्रसारित होता है। जब तापमान 80 केल्विन तक परिवर्तित होता है तो किया गया कार्य होगा **NCERT पृष्ठ 235**

(a) 100 R (b) 80 R
(c) 120 R (d) 70 R

62 किसी गैस हेतु, $p = \frac{AT^2 - 2BT}{V}$ है, जहाँ p दाब, V आयतन एवं A, B नियतांक हैं। नियत दाब पर तापमान T_1 से T_2 तक परिवर्तन करने हेतु गैस द्वारा किया गया कार्य है **NCERT पृष्ठ 235**

(a) $A - \frac{B}{2}(T_2 - T_1)$ (b) $A(T_2^2 - T_1^2) - 2B(T_2 - T_1)$
(c) $A(T_1^2 - T_2^2) - 2B(T_1 - T_2)$ (d) $A(T_1 - T_2)^2 - B(T_1 - T_2)$

63 एक सिलेण्डर में एक मोल आदर्श गैस भरी है। अवस्था A से अवस्था B तक गैस द्वारा अपनाए गए पथ हेतु p-V आरेख नीचे दर्शाया गया है। गैस को अवस्था A से अवस्था B में ले जाने पर किया गया कार्य है **NCERT पृष्ठ 235**

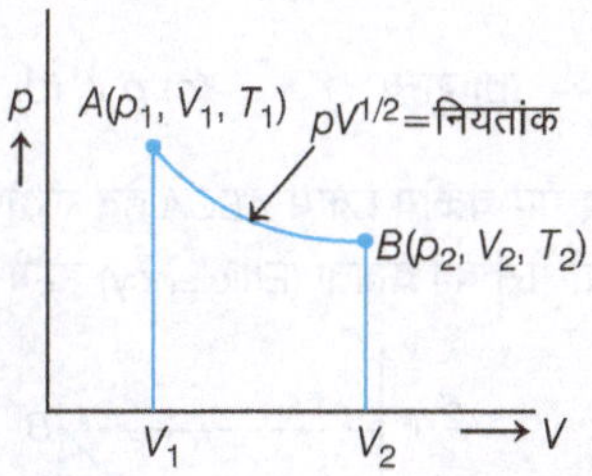

(a) $2p_1V_1^{1/2}[\sqrt{V_2} - \sqrt{V_1}]$
(b) $2p_1V_1^{3/2}[\sqrt{V_2} - \sqrt{V_1}]$
(c) $2p_1V_1^{-1/2}[\sqrt{V_2} - \sqrt{V_1}]$
(d) $2p_1V_1^{-3/2}[\sqrt{V_2} - \sqrt{V_1}]$

64 ऑक्सीजन $(O_2)\left(\gamma = \frac{7}{5}\right)$ की एक निश्चित मात्रा को समतापीय रूप से तब तक सम्पीडित किया जाता है जब तक इसका दाब दोगुना नहीं हो जाता है। इसके पश्चात् गैस को रुद्धोष्म रूप से तब तक प्रसारित होने दिया जाता है जब तक यह अपना प्रारम्भिक आयतन प्राप्त नहीं कर लेती है। तब प्रारम्भिक दाब (p_1) के पदों में अन्तिम दाब (p_3) है **NCERT पृष्ठ 235**

(a) $p_3 = \frac{p_1}{(2)^{3/5}}$ (b) $p_3 = \frac{p_1}{(2)^{2/5}}$
(c) $p_3 = \frac{p_1}{(2)^{1/5}}$ (d) $p_3 = \frac{p_1}{(2)^{4/5}}$

65 निम्न चित्र किसी गैस हेतु दो प्रक्रम A एवं B को दर्शाता है, यदि ΔQ_A एवं ΔQ_B निकाय द्वारा अवशोषित की गई ऊष्मा की मात्रा एवं ΔU_A और ΔU_B आन्तरिक ऊर्जा में परिवर्तन हैं, तब NCERT पृष्ठ 235

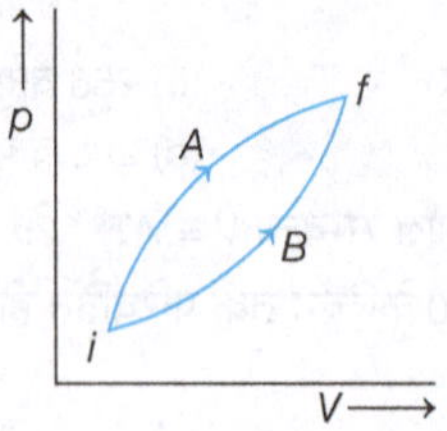

(a) $\Delta Q_A > \Delta Q_B, \Delta U_A > \Delta U_B$ (b) $\Delta Q_A < \Delta Q_B, \Delta U_A < \Delta U_B$
(c) $\Delta Q_A > \Delta Q_B, \Delta U_A = \Delta U_B$ (d) $\Delta Q_A = \Delta Q_B, \Delta U_A = \Delta U_B$

66 एक ऊष्मागतिकी निकाय के चक्रीय प्रक्रम $ABCDA$ से गुजरता हैं जैसा कि चित्र में दर्शाया गया है। चक्र में निकाय द्वारा किया गया कार्य होगा NCERT पृष्ठ 235

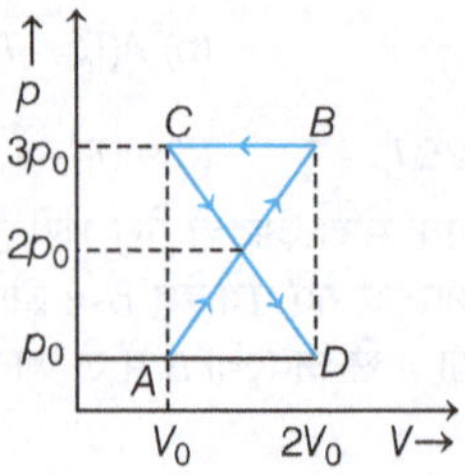

(a) $\frac{p_0V_0}{2}$ (b) शून्य (c) p_0V_0 (d) (d) $2p_0V_0$

67 नीचे दर्शाए गए चक्रीय प्रक्रम $ABCA$ हेतु रुद्धोष्म घातांक γ के साथ एक आदर्श गैस की दक्षता (Efficiency) होगी NCERT पृष्ठ 235

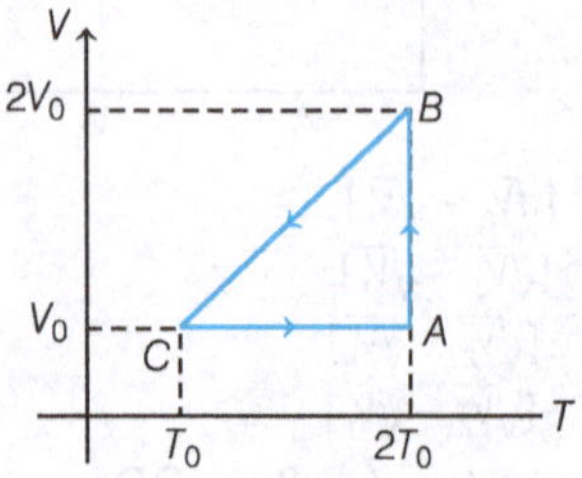

(a) $\frac{(2\ln 2-1)}{\gamma/(\gamma-1)}$ (b) $\frac{(1-1\ln 2)}{\gamma/(\gamma-1)}$
(c) $\frac{(2\ln 2+1)}{\gamma/(\gamma-1)}$ (d) $\frac{(2\ln 2-1)}{\gamma/(\gamma+1)}$

68 समदाबीय प्रक्रम हेतु, उचित कथन का चयन कीजिए। NCERT पृष्ठ 235
(a) $pV =$ नियत
(b) गैस द्वारा अवशोषित ऊष्मा आंशिक रूप से आन्तरिक ऊर्जा में वृद्धि करने एवं आंशिक रूप से कार्य करने में व्यय होती है
(c) निकाय प्रारम्भिक अवस्था में वापिस आ जाता है
(d) 'a' एवं 'b' दोनों

69 नीचे दिया गया p-V आरेख इंजन के चक्र को दर्शाता है। इसमें वक्र 1 से 2 समतापीय, 2 से 3 रुद्धोष्म, 3 से 1 भी रुद्धोष्म प्रक्रम हैं NCERT पृष्ठ 235

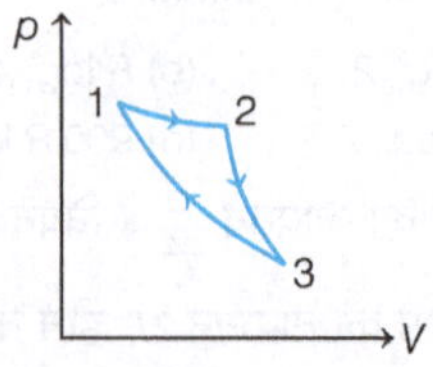

यहाँ कुछ स्थितियाँ ऐसी हैं जिसमें प्रक्रम विद्यमान नहीं है। उचित कथन का चयन कीजिए।
(a) इस प्रकार के प्रक्रम में ऊष्मा यान्त्रिक ऊर्जा में परिवर्तित हो जाती है, जो कि सम्भव नहीं है।
(d) दो रुद्धोष्म प्रक्रमों को दर्शाने वाले वक्र एक-दूसरे को नहीं काटते हैं।
(c) एक रुद्धोष्म प्रक्रम तथा एक समतापीय प्रक्रम को दर्शाने वाले वक्र एक-दूसरे को नहीं काटते हैं।
(d) (a) और (b) दोनों

70 नीचे दिया गया p-V आरेख एक आदर्श गैस की अवस्था A से B के परिवर्तन को दर्शाता है। चित्र में चार विभिन्न भाग I, II, III एवं IV समान अवस्था परिवर्तन को दर्शाते हैं। तब निम्न में से कौन-सा कथन सत्य है? NCERT पृष्ठ 235

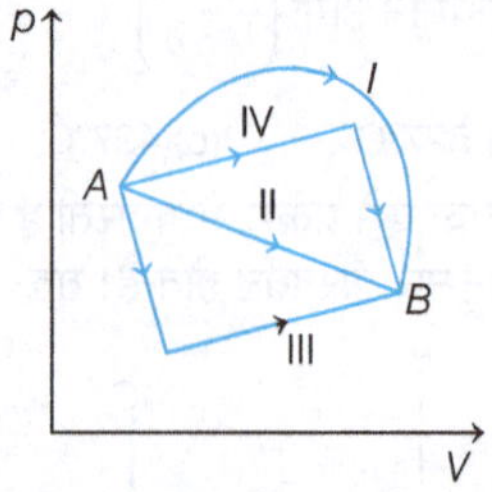

(a) चरण IV एवं III में आन्तरिक ऊर्जा समान होगी जबकि चरण I एवं II में नहीं।
(b) आन्तरिक ऊर्जा में परिवर्तन चारों चरणों में समान होगा।
(c) चरण III में किया गया कार्य अधिकतम होगा।
(d) चरण II में किया गया कार्य अधिकतम होगा।

71 गैस द्वारा अवस्था A से अवस्था C में जाने हेतु अनुसरण किए गए दो पथों को चित्र में दर्शाया गया है।

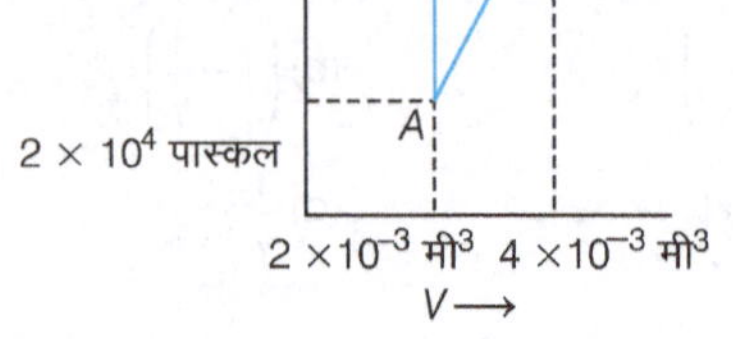

AB प्रक्रम में, 400 जूल ऊष्मा निकाय में संकलित की गई एवं BC प्रक्रम में, 100 जूल ऊष्मा निकाय में संकलित की गई। प्रक्रम AC में अवशोषित ऊष्मा होगी **NCERT पृष्ठ 235**

(a) 300 जूल (b) 380 जूल
(c) 500 जूल (d) 460 जूल

72 चित्र में दर्शाए गए चक्रीय प्रक्रम $abca$ द्वारा एक आदर्श गैस का नमूना लिया गया। यदि पथ ca के साथ गैस की आन्तरिक ऊर्जा में परिवर्तन −180 जूल है तथा पथ ab में अवशोषित ऊष्मा 250 जूल एवं पथ bc में 60 जूल है, तो पथ abc के अनुदिश गैस द्वारा किया गया कार्य होगा **NCERT पृष्ठ 235**

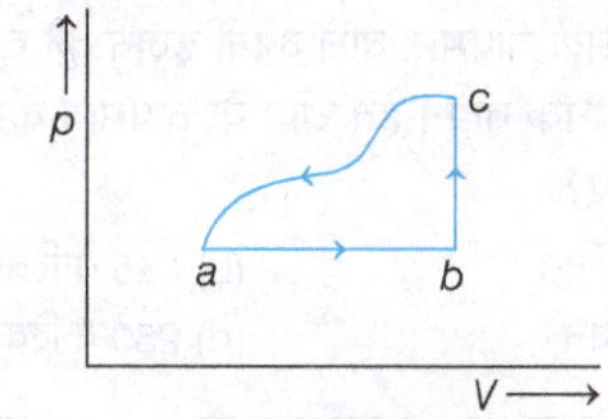

(a) 120 जूल (b) 130 जूल
(c) 100 जूल (d) 140 जूल

73 एक कण्टेनर में 27°C तापमान पर 1 मोल गैस भरी है एवं चलायमान पिस्टन द्वारा कण्टेनर में 1 वायुमण्डल का नियत दाब बनाए (Maintain) रखा गया है। गैस को तापमान 127°C तक संपीडित किया जाता है। किया गया कार्य होगा (गैस हेतु $C_p = 7.03$ कैलोरी/मोल-केल्विन है) **NCERT पृष्ठ 235**

(a) 703 जूल (b) 831 जूल
(c) 121 जूल (d) 2035 जूल

74 किसी विशेष प्रयोग में एक आदर्श गैस रुद्धोष्म प्रसार (Adiabatic expansion) के माध्यम से समीकरण VT^3 = नियत को सन्तुष्ट (Satisfy) करता है। विशिष्ट ऊष्माओं का अनुपात γ होगा **NCERT पृष्ठ 235**

(a) 1.5 (b) 3 (c) $\frac{5}{3}$ (d) $\frac{4}{3}$

75 नीचे दर्शाए गए चित्र में एक मोल आदर्श गैस का प्रारम्भिक आयतन V_1, दाब $2p$ एवं तापमान T है। यह गैस एक चक्रीय प्रक्रम $ABCDA$ से गुजरती है जैसा कि चित्र में दर्शाया गया है। पूर्ण चक्र में कुल किया गया कार्य होगा **NCERT पृष्ठ 235**

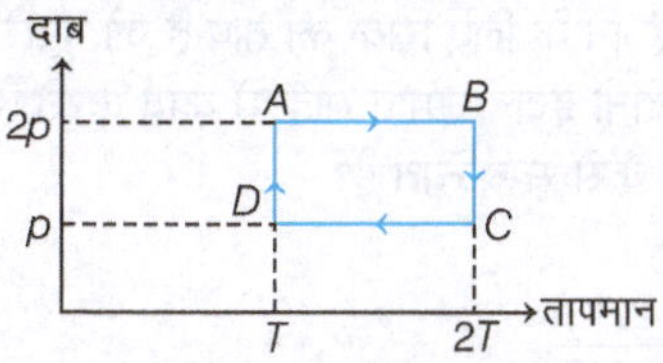

(a) शून्य (b) $\frac{1}{2} RT \ln 2$
(c) $RT \ln 2$ (d) $\frac{3}{2} RT \ln 2$

76 एक मोल आदर्श द्विपरमाणुक गैस (Ideal diatomic gas) पथ AB के अनुदिश A से B की ओर संक्रमण (Transition) करता है जैसा कि चित्र में दर्शाया गया है।

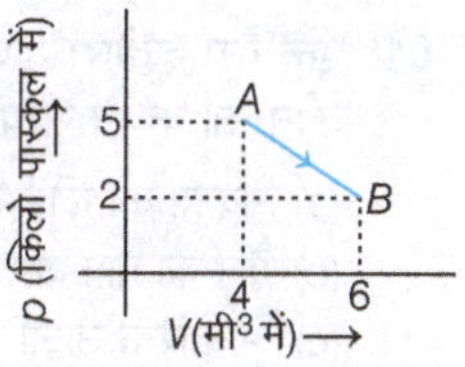

संक्रमण के दौरान गैस की आन्तरिक ऊर्जा में परिवर्तन होगा **NCERT पृष्ठ 235**

(a) 20 किलो जूल (b) −20 किलो जूल
(c) 20 जूल (d) −12 किलो जूल

77 एक आदर्श गैस के आयतन को विभिन्न प्रक्रमों द्वारा प्रारम्भिक आयतन के आधे तक सम्पीडित किया जाता है। किस प्रक्रम द्वारा गैस पर अधिकतम कार्य किया जाएगा? **NCERT पृष्ठ 235**

(a) रुद्धोष्म (b) समदाबीय
(c) समआयतनिक (d) समतापीय

78 दाब p पर आयतन V वाली एक एकपरमाणुक गैस समतापीय रूप से आयतन $2V$ तक एवं तत्पश्चात् रुद्धोष्म रूप से आयतन $16V$ तक प्रसारित होती है। तब गैस का अन्तिम दाब होगा $\left(\gamma = \frac{5}{3}\right)$ **NCERT पृष्ठ 235**

(a) $64p$ (b) $32p$ (c) $\frac{p}{64}$ (d) $16p$

79 एक आदर्श गैस को चक्र $A \to B \to C \to A$ के माध्यम से लिया जाता है जैसा कि चित्र में दर्शाया गया है। यदि चक्र में गैस को दी जाने वाली कुल ऊष्मा आपूर्ति 5 जूल है, तब प्रक्रम $C \to A$ में गैस द्वारा किया गया कार्य है **NCERT पृष्ठ 235**

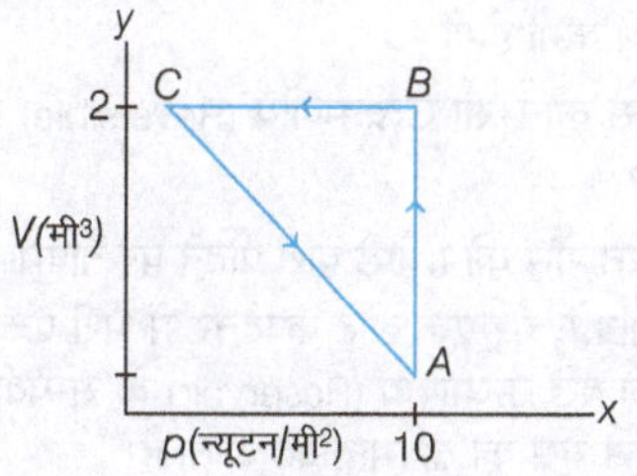

(a) −5 जूल (b) −10 जूल (c) −15 जूल (d) −20 जूल

80 एक आदर्श गैस को पथ AB के अनुदिश ले जाया जाता है जैसा कि चित्र में दर्शाया गया है। गैस द्वारा किया गया कार्य है **NCERT पृष्ठ 235**

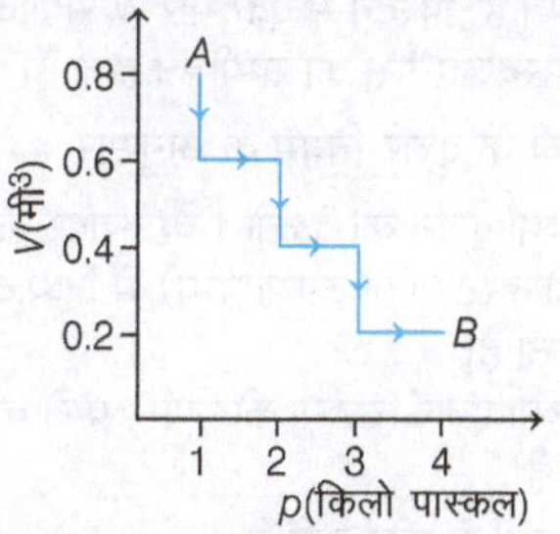

(a) 600 जूल (b) 1200 जूल (c) −600 जूल (d) −1200 जूल

81 एक गैस रुद्धोष्म रूप से सम्पीडित होती है तब निम्नलिखित में से कौन-सा कथन सत्य नहीं है? NCERT पृष्ठ 235

(a) निकाय को कोई ऊष्मा आपूर्ति नहीं की जाती है।
(b) गैस का ताप बढ़ता है।
(c) आन्तरिक ऊर्जा में कोई परिवर्तन नहीं होता है।
(d) आन्तरिक ऊर्जा में परिवर्तन गैस पर किए गए कार्य के समान है।

82 27°C तापमान एवं 2×10^7 न्यूटन-मी^{2} दाब पर V आयतन वाली गैस की एक निश्चित मात्रा तब तक समतापीय रूप से प्रसारित होती है जब तक कि उसका आयतन दोगुना न हो जाए। अन्त में यह रुद्धोष्म रूप से प्रसारित होती है जब तक इसका आयतन पुनः दोगुना नहीं हो जाता। गैस का अन्तिम दाब होगा ($\gamma = 1.5$) NCERT पृष्ठ 235

(a) 3.536×10^5 पास्कल (b) 3.536×10^6 पास्कल
(c) 1.25×10^6 पास्कल (d) 1.25×10^5 पास्कल

83 STP पर एक लीटर शुष्क हवा रुद्धोष्म रूप से 3 लीटर की मात्रा तक प्रसारित होती है।
यदि $\gamma = 1.40$ है तब वायु द्वारा किया गया कार्य है ($3^{1.4} = 4.6555$) [वायु को आदर्श गैस रूप में लें] NCERT पृष्ठ 235

(a) 100.8 जूल (b) 86.0 जूल (c) 48 जूल (d) 60.7 जूल

ऊष्मागतिकी का द्वितीय नियम तथा कार्नो इंजन

84 ऊष्मागतिकी प्रक्रम उत्क्रमणीय (Reversible) होता है, यदि NCERT पृष्ठ 236

(a) निकाय एवं परिवेश प्रारम्भिक स्थिति में वापस आ जाएँ।
(b) निकाय एवं परिवेश प्रारम्भिक स्थिति में वापस न आ जाएँ।
(c) ताप में वृद्धि होगी
(d) ताप में कमी होगी

85 निम्न में से कौन-सा उत्क्रमणीय (Reversible) प्रक्रम को वर्णित करता है? NCERT पृष्ठ 236

(a) आयरन रॉड को हथौड़े द्वारा पीटने पर तापमान में वृद्धि।
(b) तापमान T_2 पर एक छोटे कण्टेनर में भरी एक गैस को उच्च तापमान T_2 को बड़े ऊष्माशय (Reservoir) के सम्पर्क में लाया जाता है जिससे गैस का तापमान बढ़ जाता है।
(c) घर्षण रहित पिस्टन से संयोजित सिलेण्डर में एक आदर्श गैस का अर्द्ध-स्थैतिक समतापीय विस्तार।
(d) एक आदर्श गैस रुद्धोष्म दीवारों के साथ पिस्टन सिलेण्डर व्यवस्था में संलग्न है। पिस्टन में एक भार W संयोजित किया जाता है जिसके परिणामस्वरूप गैस का सम्पीड़न होता है।

86 ऊष्मागतिकी के दूसरे नियम के अनुसार NCERT पृष्ठ 236

(a) एक ऊष्मा इंजन की दक्षता 1 के बराबर नहीं हो सकती।
(b) एक रेफ्रिजरेटर (या ऊष्मा पम्प) में निष्पादन गुणांक का मान अनन्त हो सकता है।
(c) एक ऊष्मा इंजन, ऊष्मा को पूर्ण रूप से कार्य में परिवर्तित कर सकता है।
(d) उपरोक्त में से कोई नहीं।

87 कार्नो इंजन हेतु, कार्यशील पदार्थ को T_1 से T_2 तक या इसके विपरीत ले जाने हेतु कौन-सा प्रक्रम चुना जाना चाहिए? NCERT पृष्ठ 237

(a) समआयतनिक (b) समतापीय
(c) रुद्धोष्म (d) समदाबीय

88 एक कार्नो इंजन 627°C पर ऊष्माशय से 3×10 कैलोरी ऊष्मा लेता है और इसे 27°C पर एक सिंक को देता है तब इंजन द्वारा किया गया कार्य है NCERT पृष्ठ 238

(a) 4.2×10^6 जूल (b) 8.4×10^6 जूल
(c) 16.8×10^6 जूल (d) शून्य

89 17°C पर सिंक तापमान वाले कार्नो इंजन की दक्षता 50% है। इसकी दक्षता 60% तक बढ़ाने हेतु स्रोत के तापमान को कितना परिवर्तित करना चाहिए? NCERT पृष्ठ 238

(a) 225 केल्विन (b) 145 केल्विन
(c) 75 केल्विन (d) 250 केल्विन

90 एक कार्नो इंजन 227°C तापमान पर 6×10^5 केल्विन ऊष्मा अवशोषित करता है, यदि सिंक का तापमान 127°C पर बनाए रखा जाता है तो इंजन द्वारा प्रति चक्र किया गया कार्य है। NCERT पृष्ठ 238

(a) 15×10^8 जूल
(b) 15×10^4 जूल
(c) 5×10^5 जूल
(d) 2×10^4 जूल

91 कार्नो इंजन की दक्षता $\frac{1}{6}$ है। जब सिंक का तापमान 62°C कम किया जाता है, तो इसकी दक्षता दोगुनी हो जाती है। स्रोत और सिंक का तापमान क्रमशः होगा NCERT पृष्ठ 238

(a) 62°C, 124°C
(b) 99°C, 37°C
(c) 124°C, 62°C
(d) 37°C, 99°C

92 दो आदर्श कार्नो इंजन तापमान T_1 एवं T_2 के मध्य कैस्केड प्रणाली में कार्य करते हैं। (एक इंजन द्वारा छोड़ी गई समस्त ऊष्मा, दूसरे इंजन द्वारा कार्य करने के लिए उपयोग की जाती है) पहले इंजन के ऊष्मा भण्डार का ताप T_1 एवं दूसरे इंजन के शीतलन भण्डार का ताप T_2 है। T पहले इंजन के लिए सिंक का ताप है जो दूसरे इंजन का स्रोत भी है। यदि दोनों इंजन समान मात्रा में कार्य करते हैं, तो ताप T, ताप T_1 एवं T_2 से कैसे सम्बन्धित है? NCERT पृष्ठ 238

(a) $T = 0$
(b) $T = \dfrac{2T_1T_2}{T_1 + T_2}$
(c) $T = \sqrt{T_1T_2}$
(d) $T = \dfrac{T_1 + T_2}{2}$

93 नीचे दिया गया चित्र एक कार्नो चक्र दर्शाता है, जहाँ कार्नो इंजन दो ताप पमानों T_1 एवं T_2 के मध्य प्रचलित है एवं क्रियाशील पदार्थ एक आदर्श गैस है

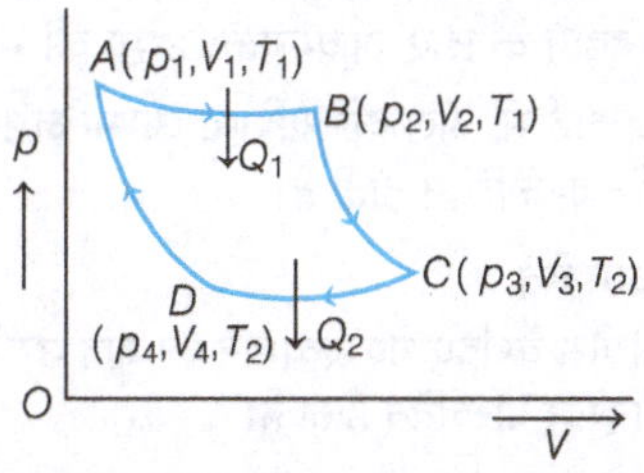

एक सम्पूर्ण चक्र में गैस द्वारा किया गया कुल कार्य है **NCERT पृष्ठ 238**

(a) $\mu RT_2 \log \frac{V_2}{V_1} - \mu RT_1 \log \frac{V_3}{V_4}$

(b) $\mu RT_1 \log \frac{V_2}{V_1} - \mu RT_2 \log \frac{V_3}{V_4}$

(c) $\mu RT_1 \log \frac{V_2}{V_1} + \mu RT_2 \log \frac{V_3}{V_4}$

(d) शून्य

94 एक कार्नो इंजन की दक्षता 1/4 है। जब सिंक के तापमान को 50 केल्विन तक घटाते हैं (स्रोत को स्थिर रखकर), तो दक्षता हो जाती है। सिंक का वास्तविक ताप क्या है? **NCERT पृष्ठ 238**

(a) 350 केल्विन (b) 400 केल्विन
(c) 425 केल्विन (d) 450 केल्विन

अभिकथन-कारण प्रश्न

निर्देश *(प्रश्न क्रमांक 1-10) निम्नलिखित प्रश्नों में, अभिकथन के एक कथन के बाद कारण का एक संगत कथन दिया गया है। निम्नलिखित कथनों में से सही कथन का चयन कीजिए।*

(a) अभिकथन और कारण दोनों सही हैं और कारण, अभिकथन की सही व्याख्या है।
(b) अभिकथन और कारण दोनों सही हैं परन्तु कारण,अभिकथन की सही व्याख्या नहीं है।
(c) अभिकथन सही है परन्तु कारण गलत है।
(d) अभिकथन गलत है परन्तु कारण सही है।

1 **अभिकथन** समीकरण $\Delta Q = \Delta U + p\,\Delta V$ में, दोनों ओर की राशियाँ गहन (Intensive) हैं।
कारण गहन चर जैसे p एवं विस्तीर्ण चर जैसे ΔV का गुणन विस्तीर्ण (Extensive) होता है। **NCERT पृष्ठ 233**

2 **अभिकथन** समतापीय प्रक्रम में, पिण्ड में आपूर्ति की जाने वाली पूर्ण ऊष्मा ऊर्जा, आन्तरिक ऊर्जा में परिवर्तित हो जाती है।
कारण ऊष्मागतिकी के प्रथम नियम अनुसार, $\Delta Q = \Delta U + \Delta W$ होता है। **NCERT पृष्ठ 234**

3 **अभिकथन** रुद्धोष्म प्रक्रम में कार्य, पथ से स्वतन्त्र होता है।
कारण रुद्धोष्म प्रक्रम में, किया गया कार्य आन्तरिक ऊर्जा में परिवर्तन के ऋणात्मक मान के बराबर होता है। **NCERT पृष्ठ 235**

4 **अभिकथन** समआयतनिक एवं समदाबीय प्रक्रिया के दौरान गैस द्वारा अवशोषित ऊष्मा पूर्ण रूप से इसकी आन्तरिक ऊर्जा एवं तापमान को परिवर्तित कर देती है।
कारण एक समआयतनिक प्रक्रम में आयतन स्थिर रहता है। **NCERT पृष्ठ 235**

5 **अभिकथन** चक्रीय प्रक्रम में, $\Delta U = 0$
कारण चक्रीय प्रक्रम का तात्पर्य उत्क्रमणीय प्रक्रम से है। **NCERT पृष्ठ 236**

6 **अभिकथन** ऊष्मागतिकी का प्रथम नियम ऊर्जा संरक्षण पर आधारित होता है।
कारण ऊष्मागतिकी का द्वितीय नियम, प्रथम नियम का खण्डन करता है। **NCERT पृष्ठ 236**

7 **अभिकथन** तरल में घूर्णन ब्लेड (Rotating blade) का एक निर्धारित समय के पश्चात् रूक जाना एक अनुत्क्रमणीय प्रक्रम है।
कारण अनुत्क्रमणीयता तब उत्पन्न होती है जब निकाय एक असाम्यावस्था स्थिति प्राप्त करता है। **NCERT पृष्ठ 236**

8 **अभिकथन** उत्क्रमणीय कार्नो इंजन एक विशेष पदार्थ के साथ दूसरे पदार्थ का उपयोग करने वाले इंजन से अधिक दक्ष नहीं हो सकता है।
कारण कार्नो इंजन की दक्षता $= \frac{T_2}{T_1}$ **NCERT पृष्ठ 238**

9 **अभिकथन** कार्नो चक्र की दक्षता 100% हो सकती है।
कारण कार्नो इंजन एक उत्क्रमणीय इंजन है। **NCERT पृष्ठ 238**

10 **अभिकथन** माना एक अनुत्क्रमणीय ऊष्मा इंजन I है और R एक उत्क्रमणीय ऊष्मा इंजन है जोकि तापमान T_1 एवं T_2 पर समान स्रोत एवं सिंक के मध्य क्रियाशील हैं। यदि इन्हें कुछ इस प्रकार संयोजित किया जाता है कि I एक ऊष्मा इंजन एवं R एक रेफ्रिजरेटर $(T_1 > T_2)$ के समान कार्य करता है तब $\eta_R < n_I$
कारण ऊष्मागतिकी के द्वितीय नियम अनुसार, उत्क्रमणीय कार्नो इंजन की दक्षता अधिकतम होती है। **NCERT पृष्ठ 239**

कथन आधारित प्रश्न

निर्देश *(प्रश्न क्रमांक 1-8) निम्नलिखित प्रश्नों में दो कथन (I और II) दिए गए हैं। दिए गए कथनों के अनुसार, नीचे दिए गए सही विकल्प का चयन करें।*

(a) कथन I और कथन II दोनों गलत हैं।
(b) कथन I सत्य है, परन्तु कथन II गलत है।
(c) कथन I गलत है, परन्तु कथन II सत्य है।
(d) कथन I और कथन II दोनों सत्य हैं।

1 **कथन I** तापमान समग्र रूप से कणों की गति से सम्बन्धित है, न कि कणों की आन्तरिक (अव्यवस्थित) गति की ऊर्जा से।

कथन II कोई निकाय साम्यावस्था में है या नहीं, यह परिवेश एवं दीवार की प्रकृति पर निर्भर नहीं करता है जोकि निकाय को परिवेश से पृथक् करती है। **NCERT पृष्ठ 227**

2 चित्र (a) में एक गैस को विभाजन दीवार वाले बॉक्स में रखा गया है।

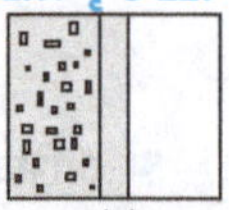

(a)

यदि बॉक्स से विभाजन दीवार को अचानक हटा दिया जाता है जैसा कि चित्र (b) में दर्शाया गया है, जिससे गैस का मुक्त प्रसार होता है तो, **NCERT पृष्ठ 228**

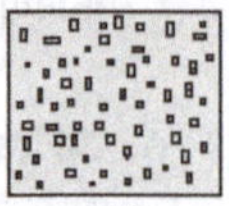

(b)

कथन I यह सन्तुलन की अवस्था में नहीं है।

कथन II अवस्था चरों का उपयोग स्थिति की व्याख्या करने के लिए किया जाता है।

3 **कथन I** ΔQ एवं ΔW पथ पर निर्भर नहीं करते।

कथन II $\Delta Q - \Delta W$ पथ पर निर्भर करता हैं। **NCERT पृष्ठ 230**

4 **कथन I** एक कैलोरी 1 ग्राम पानी का तापमान 1°C अर्थात् 14.5°C से 15.5°C तक बढ़ाने के लिए आवश्यक ऊष्मा की मात्रा के बराबर है।

कथन II SI इकाई में, जल की विशिष्ट ऊष्मा क्षमता 2148 जूल/किग्रा-केल्विन होती है। **NCERT पृष्ठ 232**

5 समतापीय प्रक्रम हेतु,

कथन I किसी गैस के दिए गए द्रव्यमान का दाब उसके आयतन के व्युत्क्रम के अनुसार परिवर्तित होता है।

कथन II गैस के प्रसार के दौरान गैस द्वारा परिवेश पर कार्य किया जाता है। **NCERT पृष्ठ 234**

6 **कथन I** केल्विन एवं प्लांक आदर्श रेफ्रिजरेटर या ऊष्मा पम्प की सम्भावना का खण्डन करते हैं।

कथन II क्लॉसियस कथन आदर्श ऊष्मा इंजन की सम्भावना का खण्डन करता है। **NCERT पृष्ठ 236**

7 **कथन I** एक प्रक्रम उत्क्रमणीय (Reversible) है, यदि वह स्थैतिककल्प है।

कथन II यदि कोई विघटनकारी प्रभाव न हो तो एक प्रक्रम उत्क्रमणीय होता है। **NCERT पृष्ठ 236**

8 **कथन I** एक चिंगारी द्वारा प्रज्वलित पेट्रोल और वायु के मिश्रण की दहन अभिक्रिया एक अनुत्क्रमणीय अभिक्रिया है।

कथन II किसी तरल पदार्थ के गर्म भाग से दूसरे ठण्डे भाग में ऊष्मा का स्थानान्तरण एक अनुत्क्रमणीय अभिक्रिया है। **NCERT पृष्ठ 236**

सुमेलन प्रकार प्रश्न

1 कॉलम I (राशि) को कॉलम II (मान) से मिलान करें और नीचे दिए गए विकल्पों में से सही उत्तर चुनें। **NCERT पृष्ठ 234**

कॉलम I		कॉलम II	
A.	1 कैलोरी =	1.	4.186 जूल/ग्राम केल्विन
B.	$p\left(\frac{\Delta V}{\Delta T}\right)_p =$	2.	R
C.	ठोसों की विशिष्ट ऊष्मा क्षमता	3.	ΔQ
D.	समतापीय प्रक्रम हेतु, ΔW	4.	$3R$

कूट

	A	B	C	D		A	B	C	D
(a)	4	1	2	3	(b)	1	2	4	3
(c)	1	4	2	3	(d)	2	1	4	3

2 कॉलम I (ऊष्मागतिकी प्रक्रम) को कॉलम II (विशेषता) से मिलान करें और नीचे दिए गए विकल्पों में से सही उत्तर चुनें। **NCERT पृष्ठ 235**

कॉलम I		कॉलम II	
A.	समतापीय	1.	नियत आयतन
B.	समदाबीय	2.	नियत तापमान
C.	समआयतनिक	3.	निकाय एवं परिवेश के मध्य ऊष्मा प्रवाह नहीं होता है
D.	रुद्धोष्म	4.	नियत दाब

कूट

	A	B	C	D		A	B	C	D
(a)	1	2	3	4	(b)	4	2	3	1
(c)	2	4	1	3	(d)	3	1	2	4

3 कॉलम I (प्रक्रम) को कॉलम II (प्रथम नियम के आकलन) से सुमेलित करें। NCERT पृष्ठ 235

	कॉलम I		कॉलम II
A.	समतापीय	1.	$Q = W = \Delta E_{\text{प्रारम्भिक}} = 0$
B.	रुद्धोष्म	2.	$\Delta E_{\text{प्रारम्भिक}} = -W$
C.	समदाबीय	3.	$\Delta E_{\text{प्रारम्भिक}} = 0, Q = W$
D.	मुक्त विस्तार	4.	$\Delta E_{\text{प्रारम्भिक}} + W = \Delta E_{\text{प्रारम्भिक}} + p\,\Delta V$

नीचे दिए गए विकल्पों में से सही विकल्प का चुनाव करें।

कूट

	A	B	C	D		A	B	C	D
(a)	3	2	4	1	(b)	2	3	1	4
(c)	4	3	2	1	(d)	4	2	3	1

4 नीचे दिए गए चित्र के अनुसार कॉलम I को कॉलम II से सुमेलित करें।

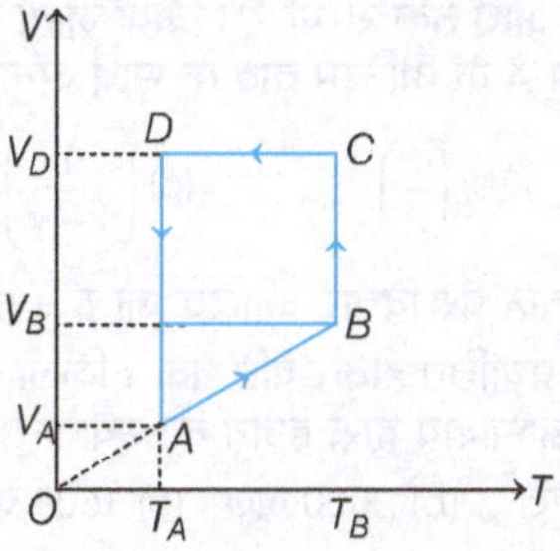

NCERT पृष्ठ 238

आयतन अनुपात $\frac{V_B}{V_A} = 2$ एवं $\frac{V_D}{V_A} = 4$

बिन्दु A पर तापमान,

$T_A = 27°\text{C}$ एवं $R = 8.314$

	कॉलम I		कॉलम II
A.	बिन्दु B पर गैस का तापमान	1.	12471
B.	$A \to B$ प्रक्रम में ऊष्मा अवशोषित (जूल में)	2.	−7483
C.	$C \to D$ प्रक्रम में ऊष्मा मुक्त (जूल में)	3.	6914
D.	$B \to C$ प्रक्रम में ऊष्मा अवशोषित (जूल में)	4.	400

नीचे दिए गए विकल्पों में से सही विकल्प का चुनाव करें।

कूट

	A	B	C	D
(a)	1	4	3	2
(b)	4	1	3	2
(c)	4	1	2	3
(d)	3	2	1	4

आंकिक मान प्रकार के प्रश्न

1 एक आदर्श गैस के एक मोल का तापमान 35°C तक बढ़ाने के लिए किए गए कार्य की मात्रा (निकटतम पूर्णांक) में क्या होगी, यदि यह $V = aT^{1/3}$ स्थिति के अनुसार प्रसारित हो रही है। NCERT पृष्ठ 232

2 ऊष्मागतिकी प्रक्रम में, दाब, AV^3 के अनुसार आयतन पर निर्भर करता है। तापमान 100°C से 300°C के परिवर्तन के दौरान किया गया कार्य .... μR होगा। जहाँ μ = गैस में मोल की संख्या है। NCERT पृष्ठ 231

3 प्रक्रम $p = \frac{a}{T}$ हेतु एकपरमाणुक गैस की मोलर विशिष्ट ऊष्मा $\frac{x}{2}R$ है। यदि a नियत है, तो x का मान .... होगा। NCERT पृष्ठ 232

4 1 मोल आदर्श गैस को स्थिर दाब पर गर्म करने पर गैस का तापमान 10 केल्विन तक बढ़ाने के लिए 207 जूल ऊष्मा की आवश्यकता होती है, यदि समान गैस को नियत आयतन पर 10 केल्विन तापमान बढ़ाने हेतु गर्म किया जाए तब ऊष्मा .... की आवश्यकता होती है। (R = 8.3 जूल-मोल-केल्विन) NCERT पृष्ठ 232

5 एक गैस को 35 न्यूटन/मी^{2} के स्थिर दाब पर आयतन 20 मी^{3} से 15 मी^{3} तक सम्पीडित किया जाता है। इस प्रकार गर्म करके गैस में 100 जूल की ऊर्जा जोड़ी जाती है। आन्तरिक ऊर्जा .... है। NCERT पृष्ठ 233

6 एक गैस को $\gamma = 1.5$ के साथ रुद्धोष्म प्रक्रम के माध्यम से लिया जाता है जिसमें आयतन 1600 सेमी^{3} से 400 सेमी^{3} तक सम्पीडित होता है। यदि प्रारम्भिक दाब 200 केल्विन पास्कल है तब प्रक्रम में गैस द्वारा किए गए कार्य का निरपेक्ष मान .... जूल है। NCERT पृष्ठ 235

7 एक कार्नो इंजन दो ऊष्माशयों (Reservoirs) के मध्य तापमान 1200 केल्विन एवं 400 केल्विन पर प्रचालित है। इंजन 1200 जूल कार्य प्रति चक्कर प्रदर्शित करता है। निम्न दाब ऊष्माशय को इंजन द्वारा प्रति चक्र दी जाने वाली ऊष्मा .... जूल है। NCERT पृष्ठ 232

8 एक आदर्श कार्नो इंजन, जिसकी दक्षता 40% है, 500 केल्विन पर ऊष्मा प्राप्त करता है। यदि इसकी दक्षता 50% है, तो समान दिए गए तापमान हेतु लिया गया तापमान .... केल्विन है। NCERT पृष्ठ 238

NCERT Exemplar प्रश्न

1 नीचे आदर्श गैस हेतु p-V आरेख दिया गया है।

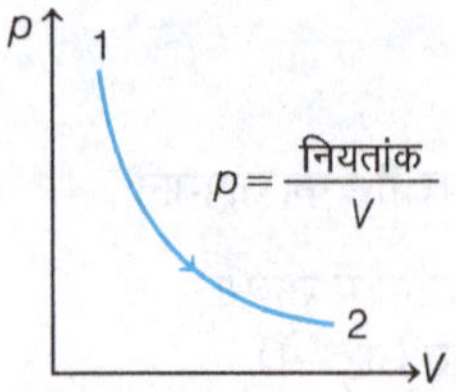

निम्न में से कौन-सा आरेख T-p आरेख को प्रदर्शित करता है?

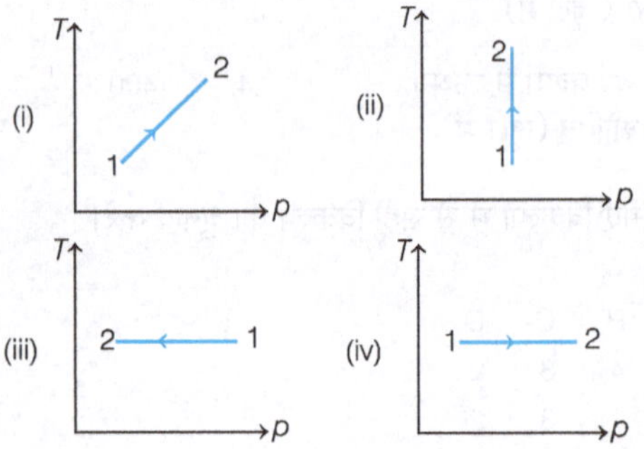

(a) (iv) (b) (ii)
(c) (iii) (d) (i)

2 चित्र में दर्शाए p-V आरेख में एक आदर्श गैस चक्रीय प्रक्रम $ABCDA$ से गुजरती है। गैस द्वारा किए गए कार्य की मात्रा है।

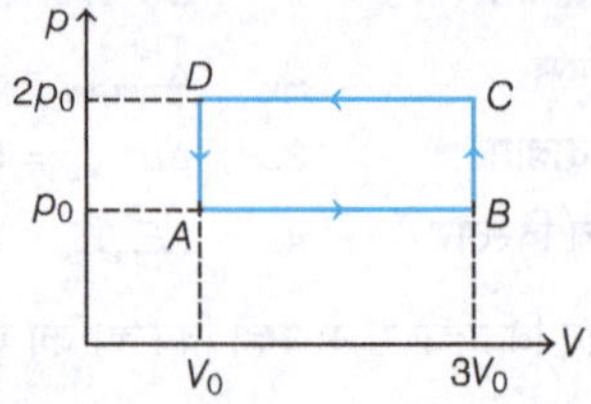

(a) $6p_0V_0$ (b) $-2p_0V_0$ (c) $+2p_0V_0$ (d) $+4p_0V_0$

3 दो कन्टेनरों A व B में समान दाब, आयतन तथा तापमान पर एक आदर्श गैस भरी है। कन्टेनर A में भरी गैस को समतापीय रूप से इसके वास्तविक आयतन के आधे तक सम्पीडित किया जाता है जबकि कन्टेनर B में भरी गैस को रुद्धोष्म रूप से इसके वास्तविक आयतन के आधे तक सम्पीडित किया जाता है। गैस B के अन्तिम दाब का गैस A के अन्तिम दाब के साथ अनुपात है

(a) $2^{\gamma-1}$ (b) $\left(\frac{1}{2}\right)^{\gamma-1}$ (c) $\left(\frac{1}{1-\gamma}\right)^2$ (d) $\left(\frac{1}{\gamma-1}\right)^2$

4 एक कार्नो चक्र पर विचार कीजिए जो $T_1 = 500$ केल्विन एवं $T_2 = 300$ केल्विन पर प्रचालित होकर प्रति चक्र 1 किलो जूल यान्त्रिक कार्य उत्पन्न करता है। ऊष्माशय द्वारा इंजन को स्थानान्तरित ऊष्मा ज्ञात कीजिए।

(a) 1000 जूल (b) 2000 जूल (c) 1500 जूल (d) 2500 जूल

विगत परीक्षाओं के प्रश्न

NEET

1 एक ऊष्मागतिक निकाय को चक्रीय प्रक्रम $abcda$ से ले जाया जाता है। पथ bc के अनुदिश गैस द्वारा कृत काय है

NCERT पृष्ठ 238, NEET 2024

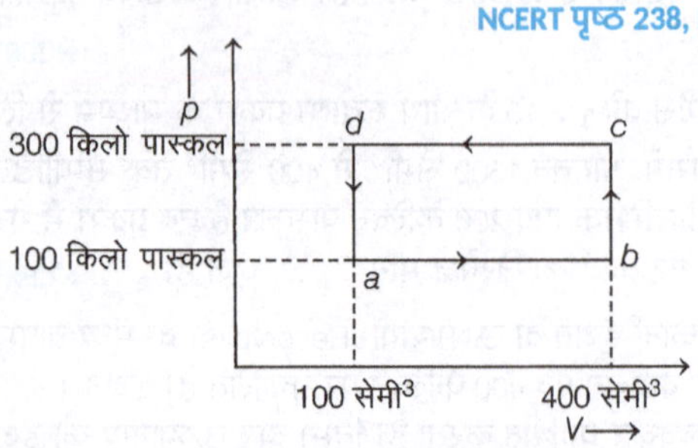

(a) शून्य (b) 30 जूल
(c) −90 जूल (c) −60 जूल

2 एक कार्नो इंजन की दक्षता 50% है, जब स्रोत का तापमान 327°C है। सिंक का तापमान है

NCERT पृष्ठ 238, NEET 2023

(a) 15°C (b) 100°C
(c) 200°C (d) 27°C

3 एक आदर्श गैस प्रारम्भिक अवस्था से चार भिन्न-भिन्न प्रक्रमों से गुजरती है जैसा कि नीचे दिए गए चित्र में दर्शाया गया है। ये प्रक्रम रुद्धोष्म, समतापीय, समदाबीय एवं समआयतनिक हैं। 1, 2, 3, एवं 4 प्रक्रम में कौन-सा प्रक्रम रुद्धोष्म प्रक्रम को दर्शाता है? NCERT पृष्ठ 235, NEET 2022

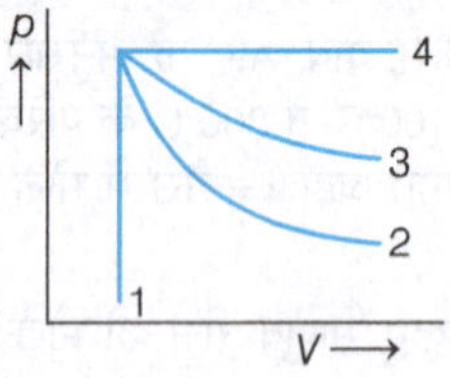

(a) 2 (b) 3 (c) 4 (d) 1

4 ऊष्मागतिकी प्रक्रम से गुजरने वाले पिस्टन सिलेण्डर असेम्बली में एक आदर्श गैस के लिए p-V आरेख चित्र में दर्शाया गया है। प्रक्रम है

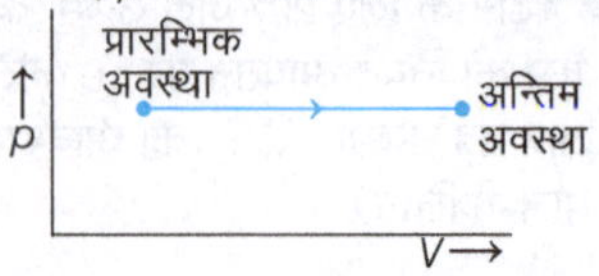

NCERT पृष्ठ 235, NEET 2020

(a) रुद्धोष्म (b) समआयतनिक (c) समदाबीय (d) समतापीय

5 400°C पर 1 सेमी^{3} आयतन का 1 ग्राम पानी सामान्य वायुमण्डलीय दाब ($\approx 1 \times 10^5$ पास्कल) के अन्तर्गत समान ताप पर भाप में परिवर्तित होता है। उत्पन्न भाप का आयतन 1671 सेमी^{3} है। यदि पानी के वाष्पीकरण की विशिष्ट गुप्त ऊष्मा 2256 जूल/ग्राम है, तो आन्तरिक ऊर्जा में परिवर्तन है **NCERT पृष्ठ 231, NEET 2019**

(a) 2423 जूल (b) 2089 जूल (c) 167 जूल (d) 2256 जूल

6 निम्न में से कौन से प्रक्रम में निकाय से न तो ऊष्मा अवशोषित होती है और न ही मुक्त की जाती है? **NCERT पृष्ठ 235, NEET 2019**

(a) रुद्धोष्म (b) समदाबीय (c) समआयतनिक (d) समतापीय

7 100°C ताप एवं सामान्य दाब 1.013×10^5 न्यूटन/मीटर^2 पर 0.1 ग्राम जल के नमूने को 100°C पर भाप में परिवर्तित करने के लिए 54 कैलोरी ऊष्मा ऊर्जा की आवश्यकता होती है। यदि उत्पन्न भाप का आयतन 167.1 cc है, तो नमूने की आन्तरिक ऊर्जा में परिवर्तन है **NCERT पृष्ठ 230, NEET 2018**

(a) 42.2 जूल (b) 208.8 जूल (c) 104.3 जूल (d) 84.5 जूल

8 एक गैस को समतापीय रूप से प्रारम्भिक आयतन से आधे आयतन पर संपीडित किया जाता है। समान गैस को रुद्धोष्म प्रक्रम द्वारा प्रारम्भिक आयतन से आधे आयतन तक पुनः सम्पीडित किया जाता है, तब **NCERT पृष्ठ 235, NEET 2016**

(a) रुद्धोष्म प्रक्रम के माध्यम से गैस को सम्पीडित करने के लिए अधिकतम कार्य की आवश्यकता होगी।
(b) गैस को समतापीय या रुद्धोष्म रूप से सम्पीडित करने के लिए समान मात्रा में कार्य की आवश्यकता होगी।
(c) किसी भी प्रक्रम में (समतापीय एवं रुद्धोष्म प्रक्रम के माध्यम से सम्पीडन) अधिक कार्य की आवश्यकता होती है, यह गैस की परमाण्विकता पर निर्भर करता है।
(d) गैस को समतापीय रूप से सम्पीडित करने हेतु अधिक कार्य करने की आवश्यकता होगी।

9 एक आदर्श एकपरमाणुक गैस का एक मोल समीकरण pV^3 = नियत द्वारा वर्णित प्रक्रम से गुजरता है। इस प्रक्रम के दौरान ऊष्मा धारिता होती है **NCERT पृष्ठ 235, NEET 2016**

(a) $\frac{3}{2}R$ (b) $\frac{5}{2}R$ (c) $2R$ (d) R

JEE Main

10 एक बन्द चेम्बर में 27°C पर एक वास्तविक गैस प्रदर्शित चित्र के अनुसार एक चक्रीय प्रक्रम से गुजरती है। A से B पथ के लिए गैस $pV^3 = RT$ समीकरण का अनुसरण करती है। चक्र पूर्ण करने के लिए कुल कार्य है (यदि R = 8 जूल/मोल केल्विन) **NCERT पृष्ठ 235, JEE Main 2024**

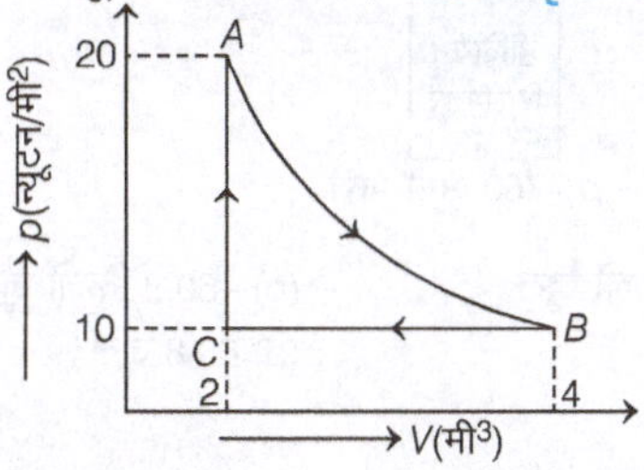

(a) 20 जूल (b) 22.5 जूल (c) −20 जूल (d) 205 जूल

11 दिये गये चक्रीय प्रक्रम से गुजरने वाले किसी निकाय द्वारा अवशोषित ऊष्मा है **NCERT पृष्ठ 235, JEE Main 2024**

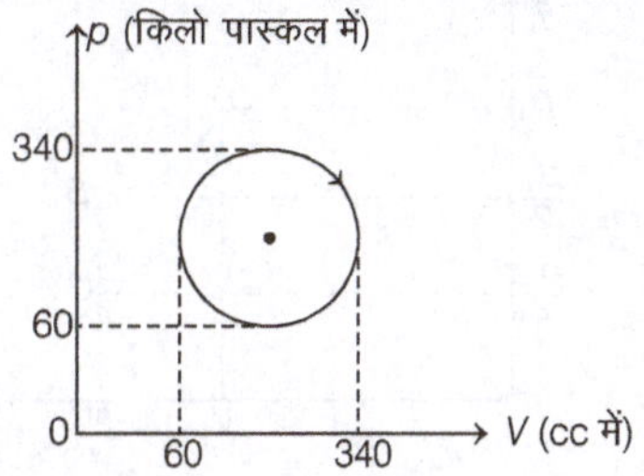

(a) 61.6 जूल (b) 19.6 जूल
(c) 616 जूल (d) 431.2 जूल

12 माना कि दो कण्टेनर A एवं B में समान दाब (p), आयतन (V) एवं तापमान पर एकपरमाणुक गैस भरी है। कण्टेनर A की गैस को समतापीय रूप से प्रारम्भिक आयतन के $\frac{1}{8}$ तक सम्पीड़ित किया जाता है जबकि कण्टेनर B की गैस को रुद्धोष्म प्रक्रम द्वारा प्रारम्भिक आयतन के $\frac{1}{8}$ तक सम्पीड़ित किया जाता है। तब B में गैस का अन्तिम दाब एवं A में गैस का अन्तिम दाब का अनुपात है **NCERT पृष्ठ 235, JEE Main 2023**

(a) 1/8 (b) 4
(c) $8^{3/2}$ (d) 8

13 चित्र में दर्शाए गए चक्रीय प्रक्रम $ABCA$ के द्वारा एक आदर्श गैस का नमूना लिया जाता है। यह AB प्रक्रम के दौरान 40 जूल ऊष्मा अवशोषित करता है, BC के दौरान ऊष्मा अवशोषित नहीं की जाती है तथा CA के दौरान 60 जूल ऊष्मा मुक्त होती है। भाग BC के दौरान गैस पर 50 जूल कार्य किया जाता है। A पर गैस की आन्तरिक ऊर्जा 1560 जूल है। भाग CA के दौरान गैस द्वारा किया गया कार्य है **NCERT पृष्ठ 235, JEE Main 2022**

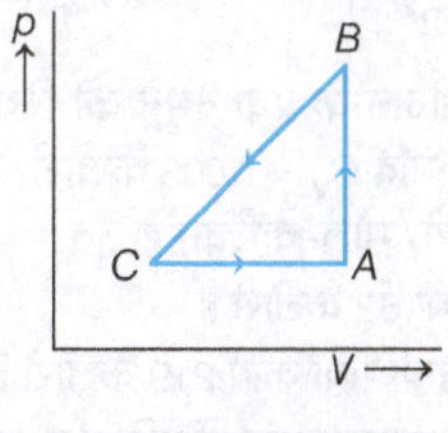

(a) 20 जूल (b) 30 जूल
(c) −30 जूल (d) −60 जूल

14 यदि (p_1V_1) पर एक आदर्श गैस के एक मोल को उत्क्रमणीय और समतापीय रूप से (A से B) विस्तारित करने की अनुमति दी जाती है, तो इसका दाब मूल दाब के आधे तक कम हो जाता है। (चित्र देखें) इसके पश्चात् नियत आयतन पर ठण्डा किया जाता है जब तक कि इसका दाब प्रारम्भिक मान ($B \to C$) के एक-चौथाई तक कम न हो जाए। फिर इसे उत्क्रमणीय रुद्धोष्म सम्पीडन ($C \to A$) द्वारा इसकी प्रारम्भिक स्थिति में लाया जाता है।

गैस द्वारा किया गया कुल कार्य होगा NCERT पृष्ठ 234, JEE Main 2021

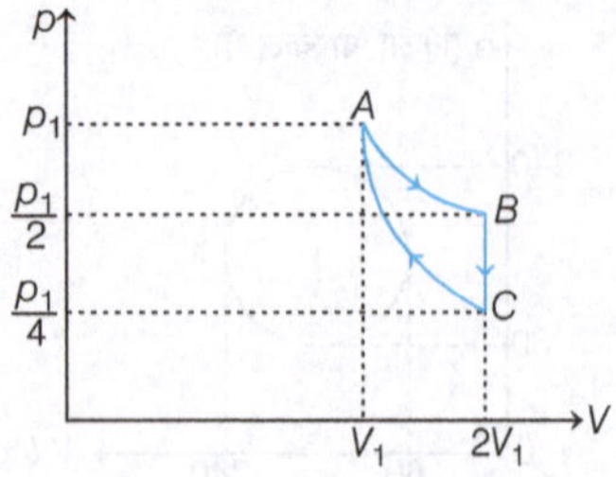

(a) $RT\left[\ln 2 - \frac{1}{2(\gamma - 1)}\right]$ (b) $-\frac{RT}{2(\gamma - 1)}$

(c) 0 (d) $RT \ln 2$

20 दो कार्नो इंजनों A व B को श्रेणी में प्रचालित किया जाता है। प्रथम इंजनों A, तापमान T_1 (= 600 केल्विन) पर ऊष्मा प्राप्त करता है तथा तापमान T_2 पर एक ऊष्माशय को मुक्त करता है।

दूसरा इंजन B, प्रथम इंजन द्वारा मुक्त की गई ऊष्मा को प्राप्त करता है और तापमान T_3 (= 400 केल्विन) पर ऊष्माशय को मुक्त करता है। तापमान T_2 की गणना करें, यदि दोनों इंजनों के कार्य आउटपुट समान हैं। NCERT पृष्ठ 237, JEE Main 2019

(a) 600 केल्विन
(b) 500 केल्विन
(c) 400 केल्विन
(d) 300 केल्विन

स्किल बूस्टर्स

1 एक गैस को बेलनाकार पात्र में भरा गया है। यदि समतापीय स्थिति में इसका दाब एवं आयतन नियम $p \propto V^{-3}$ का अनुसरण करता है तब नियत तापमान पर गैस का आयतन प्रत्यास्थता गुणांक (Bulk modulus) होगा

(a) $2p$ (b) $\frac{p}{3}$

(c) $3p$ (d) $\frac{p}{2}$

2 एक घनाकार बॉक्स में इसके आधे तक एकपरमाणुक गैस का नमूना भरा जाता है। अब बॉक्स को पूर्ण रूप से भरने के लिए गैस का प्रसार इस प्रकार किया जाता है कि उसका तापमान सम्पूर्ण प्रक्रम के दौरान स्थिर रहता है। प्रक्रम में गैस द्वारा किया गया कार्य है

(a) $RT(2 - \sqrt{2})$ (b) $\frac{2}{3} RT(2^{2/3} - 1)$

(c) $\frac{3}{2} RT\left(1 - \frac{1}{2^{2/3}}\right)$ (d) $\frac{R}{T}(2 - \sqrt{2})$

3 10 ग्राम ऑक्सीजन के एक नमूने को स्थिर दाब पर 100°C तक गर्म किया जाता है। यदि C_V = 0.003 कैलोरी/मोल-केल्विन एवं R = 1.98 कैलोरी/मोल-केल्विन है तब

(a) दी गई ऊष्मा 62 कैलोरी है
(b) गैस द्वारा किया गया कार्य 219 कैलोरी है
(c) गैस की आन्तरिक ऊर्जा में परिवर्तन 157 कैलोरी है
(d) गैस द्वारा कोई भी कार्य नहीं किया जाता है

4 एक प्रायोगिक व्यवस्था में, एक पिस्टन और सिलेण्डर व्यवस्था द्वारा एक विलोडक युक्ति संयोजित है। पिस्टन घर्षण रहित है एवं वायुमण्डलीय दाब (101.3 किलो पास्कल) द्वारा नीचे रखा जाता है। विलोडक युक्ति औसतन बल आघूर्ण $\frac{1}{2\pi}$ न्यूटन-मीटर के साथ तरल को मिश्रित करने हेतु 9500 चक्कर लगाता है। मिश्रण के कारण $\frac{1}{\sqrt{\pi}}$ मी² व्यास वाला पिस्टन बाहर की ओर 10 सेमी तक गतिमान होता है। निकाय हेतु स्थानान्तरित कुल कार्य होगा

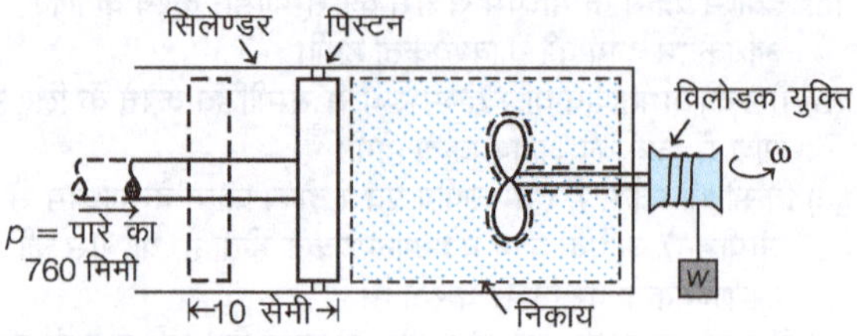

(a) 2.53 किलो जूल
(b) –2.53 किलो जूल
(c) 9497.47 किलो जूल
(d) -9497.47 किलो जूल

5 एक सिलेण्डर में सम्पीडित हीलियम है, जिसका उपयोग मूल रूप से पूरी तरह से फ्लैट मुड़े हुए 0.6 मी³ आयतन वाले लचीले गुब्बारे को फुलाने के लिए किया जाता है। यदि बैरोमीटर 760 मिमी पारा पढ़ता है, तो गुब्बारे पर वायुमण्डल द्वारा किया गया कार्य है

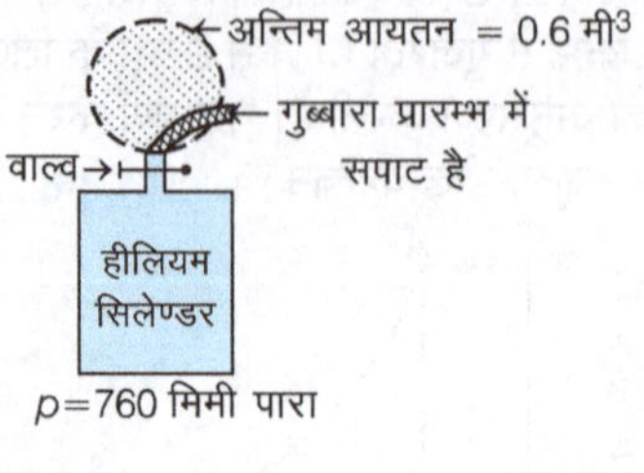

(a) 60.8 किलो जूल (b) –60.8 किलो जूल
(c) 0 (d) 60.8 जूल

6 द्रव्यमान m और अनुप्रस्थ-काट क्षेत्रफल A का एक अचालक पिस्टन, एक सिलेण्डर पर रखा गया है।

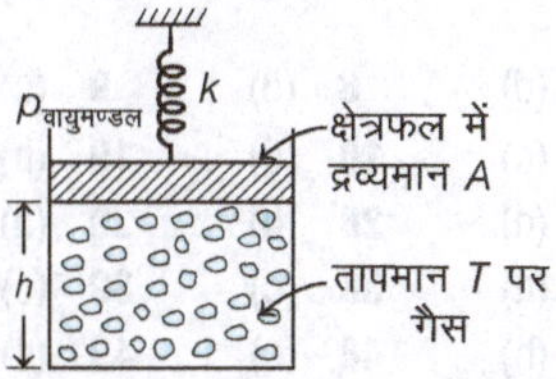

पिस्टन की प्रारम्भिक ऊँचाई h है तथा स्प्रिंग को स्प्रिंग स्थिरांक k के साथ शिथिल किया जाता है। तब

(a) विद्यमान मोलों की संख्या, $n = \dfrac{\left(p_{वायुमण्डल} - \dfrac{mg}{A}\right)Ah}{RT}$

(b) विद्यमान मोलों की संख्या, $n = \dfrac{\left(p_{वायुमण्डल} + \dfrac{mg}{A}\right)nh}{RT}$

(c) ऊष्मित गैस द्वारा पिस्टन को विस्थापित करने में किया गया कार्य $= mgx + p_{वायुमण्डल}\ Ax - kx^2$ (x = पिस्टन का विस्थापन)

(d) ऊष्मित गैस द्वारा पिस्टन को विस्थापित करने में किया गया कार्य $= mgx + p_{वायुमण्डल}\ Ax - kx^2$

7 एक बड़ी वस्तु 273 केल्विन पर और दूसरी बड़ी वस्तु 373 केल्विन पर है। लगभग 8 जूल की थोड़ी मात्रा में ऊर्जा ठण्डी वस्तु से गर्म वस्तु में स्वचालित रूप से स्थानान्तरित हो जाती है। तब

(a) $\Delta S_{गर्म\ वस्तु} = 0.0256$ जूल/केल्विन

(b) $\Delta S_{ठण्डी\ वस्तु} = -0.0263$ जूल/केल्विन

(c) $\Delta S_{गर्म} + \Delta S_{ठण्डी} < 0$

(d) $\Delta S_{गर्म} + \Delta S_{ठण्डी} > 0$

8 वायुमण्डलीय दाब पर, 1 ग्राम पानी उबालने पर 1671 सेमी^{3} की भाप में परिवर्तित हो जाता है। पानी के वाष्पीकरण की गुप्त ऊष्मा 539 कैलोरी-ग्राम$^{-1}$ (1 कैलोरी = 4.18 जूल एवं 1 वायुमण्डल $= 1.013 \times 10^5$ न्यूटन/मी^{2} है।

यदि 1 ग्राम पानी की ऊर्जा के सभी रूपों का योग E है, तो 1 ग्राम भाप की ऊर्जा के सभी रूपों का योग क्या है?

(a) $E + 170$ जूल
(b) $E + 2236$ जूल
(c) $E + 2083$ जूल
(d) $E + 539$ जूल

9 20 किलोग्राम द्रव्यमान का एक पत्थर 15 मीटर की ऊँचाई से 200 किलोग्राम पानी वाले टैंक में गिराया जाता है। प्रारम्भ में, पत्थर और पानी एक ही तापमान पर हैं।

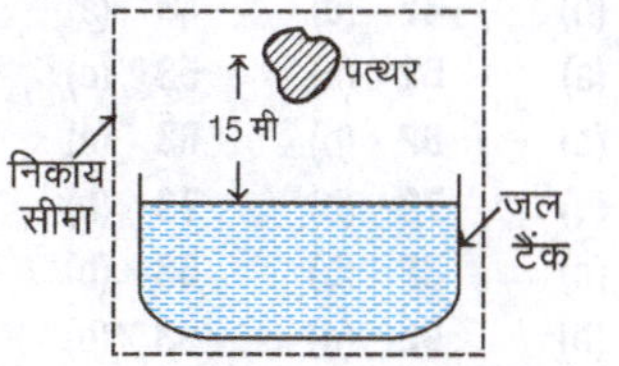

जब पत्थर पानी में प्रवेश करने वाला होता है, तो क्रमशः ΔQ, ΔW एवं ΔU हैं

(a) 2943 जूल, −2943 जूल, 0
(b) −2943 जूल, 2943 जूल, 0
(c) 0, 2943 जूल, 0
(d) 0, 0, 0

10 दो सिलेण्डर A और B, पिस्टन से संयोजित हैं, जिनमें 300 केल्विन पर समान मात्रा में एक आदर्श द्विपरमाणुक गैस भरी जाती है। पिस्टन A, गतिमान होने हेतु स्वतन्त्र है जबकि B को स्थिर रखा गया है। प्रत्येक सिलेण्डर में गैस को समान मात्रा में ऊष्मा दी जाती है। यदि A की गैस के तापमान में वृद्धि 30 केल्विन है, तो B की गैस के तापमान में वृद्धि होगी

(a) 30 केल्विन
(b) 18 केल्विन
(c) 50 केल्विन
(d) 42 केल्विन

प्रश्न कुंजी

शीर्षकवार प्रश्न

1 (c)	2. (b)	3 (a)	4 (d)	5 (b)	6 (a)	7 (d)	8 (d)	9 (c)	10 (d)
11 (c)	12 (b)	13 (a)	14 (b)	15 (a)	16 (b)	17 (c)	18 (d)	19 (b)	20 (c)
21 (d)	22 (c)	23 (b)	24 (b)	25 (b)	26 (b)	27 (d)	28 (b)	29 (d)	30 (b)
31 (b)	32 (c)	33 (d)	34 (c)	35 (b)	36 (c)	37 (a)	38 (c)	39 (c)	40 (c)
41 (b)	42 (a)	43 (a)	44 (d)	45 (d)	46 (d)	47 (b)	48 (c)	49 (c)	50 (d)
51 (a)	52 (a)	53 (c)	54 (c)	55 (b)	56 (a)	57 (d)	58 (a)	59 (b)	60 (b)
61 (c)	62 (b)	63 (a)	64 (b)	65 (c)	66 (b)	67 (a)	68 (b)	69 (d)	70 (b)
71 (d)	72 (b)	73 (b)	74 (d)	75 (c)	76 (b)	77 (a)	78 (c)	79 (a)	80 (d)
81 (c)	82 (b)	83 (b)	84 (a)	85 (c)	86 (a)	87 (c)	88 (b)	89 (b)	90 (c)
91 (b)	92 (d)	93 (b)	94 (d)						

अभिकथन-कारण प्रश्न

1 (d)	2 (d)	3 (a)	4 (a)	5 (c)	6 (b)	7 (b)	8 (c)	9 (d)	10 (d)

कथन आधारित प्रश्न

1 (a)	2 (b)	3 (a)	4 (b)	5 (d)	6 (a)	7 (d)	8 (d)

सुमेलन प्रकार प्रश्न

1 (b)	2 (c)	3 (a)	4 (c)

आंकिक मान प्रकार के प्रश्न

1 (291)	2 (50)	3 (7)	4 (124)	5 (275)	6 (320)	7 (600)	8 (600)

NCERT Exemplar प्रश्न

1 (c)	2 (b)	3 (a)	4 (d)

विगत परीक्षाओं के प्रश्न

1 (a)	2 (d)	3 (a)	4 (c)	5 (b)	6 (a)	7 (b)	8 (a)	9 (d)	10 (d)
11 (a)	12 (b)	13 (b)	14 (a)	15 (b)					

स्किल बूस्टर्स

1 (c)	2 (c)	3 (c)	4 (d)	5 (b)	6 (b)	7 (c)	8 (c)	9 (d)	10 (d)

क्रमवार

प्रश्नों का विश्लेषण

कॉन्सेप्ट बिल्डर्स

1 ऊष्मागतिकी का शून्य कोटि नियम

2 तापमान

3 यादृच्छिक स्थानान्तरीय गति

4 तापमान, आयतन

5 सत्य

6 प्रथम नियम

7 निर्भर

8 सत्य

9 असत्य

10 सत्य

11 सत्य

12 अवशोषित

13 ऋणात्मक

14 शून्य

15 सत्य

16 धनात्मक

17 सत्य

18 उत्क्रमणीय (Reversible)

19 असत्य

20 कार्नो चक्र

शीर्षकवार प्रश्न

8 *(d)* एक गतिशील बॉक्स में विद्यमान गैस की आन्तरिक ऊर्जा, केवल आणिवक ऊर्जा पर निर्भर करती है, अर्थात् यह गैस के अणुओं की गतिज ऊर्जा तथा स्थितिज ऊर्जा का योग है। गतिशील बक्से की गतिज ऊर्जा आन्तरिक ऊर्जा में सम्मिलित नहीं होती है। इस प्रकार आन्तरिक ऊर्जा बॉक्स की चाल पर निर्भर नहीं करती है।

9 *(c)* जब सिलेण्डर को गैस की तुलना में उच्च तापमान वाली किसी वस्तु के सम्पर्क में रखा जाता है, तो तापमान अन्तर गर्म वस्तु से गैस की ओर ऊर्जा (ऊष्मा) के प्रवाह का कारण बनता है। इससे गैस की आन्तरिक ऊर्जा बढ़ जाती है। इसी प्रकार यदि हम पिस्टन को नीचे की ओर दबाते हैं अर्थात् निकाय पर कार्य करते हैं, तो इससे गैस की आन्तरिक ऊर्जा में वृद्धि होती है। इस प्रकार गैस की आन्तरिक ऊर्जा या गैस की अवस्था को विकल्प (a) एवं (b) में उल्लेखित तरीकों में से किसी एक द्वारा परिवर्तित किया जा सकता है।

11 *(c)* दिया गया है, $dQ = +200$ कैलोरी

$= 200 \times 4.2 = 840$ जूल

और $dW = +40$ जूल

ऊष्मागतिकी के प्रथम नियम अनुसार,

$$dQ = dU + dW$$

$$\Rightarrow \quad dU = dQ - dW = 840 - 40 = 800 \text{ जूल}$$

इसलिए, निकाय की आन्तरिक ऊर्जा में 800 जूल की वृद्धि होती है।

12 *(b)* ऊष्मागतिकी के प्रथम नियम अनुसार,

$$\therefore \quad dU = dQ - dW$$

प्रथम प्रक्रिया में,

$$dU = 7 \times 10^5 - 5.5 \times 10^5$$

$$= 1.5 \times 10^5 \text{ जूल}$$

अब, dU एक अवस्था फलन है जो द्वितीय प्रक्रम में समान रहेगा।

$$\therefore \quad dW = dQ - dU$$

$$= 1 \times 10^5 - 1.5 \times 10^5$$

$$\Rightarrow \quad dW = -0.5 \times 10^5 \text{ जूल}$$

$\therefore$ ऋणात्मक चिह्न गैस पर किए गए कार्य को दर्शाता है।

13 *(a)* दिया गया है, निकाय को दी गई ऊष्मा

$$\frac{\Delta Q}{\Delta t} = 6000 \text{ जूल/मिनट} = \frac{6000}{60}$$

$$= 100 \text{ जूल/से}$$

दी गई शक्ति, $P = \frac{\Delta W}{\Delta t} = 90$ वाट

आन्तरिक ऊर्जा में वृद्धि

$$\Delta U = 2.5 \times 10^3 \text{ जूल}$$

ऊष्मागतिकी के प्रथम नियम के अनुसार,

$$\Delta Q = \Delta U + \Delta W$$

या $$\frac{\Delta Q}{\Delta t} = \frac{\Delta U}{\Delta t} + \frac{\Delta W}{\Delta t} \quad \text{...(i)}$$

समीकरण (i) पर मान रखने पर,

$$100 = \frac{2.5 \times 10^3}{\Delta t} + 90$$

$$\Rightarrow \quad \Delta t = 2.5 \times 10^2 \text{ सेकण्ड}$$

14 *(b)* चित्र में दर्शाए गए पथ ACB हेतु,

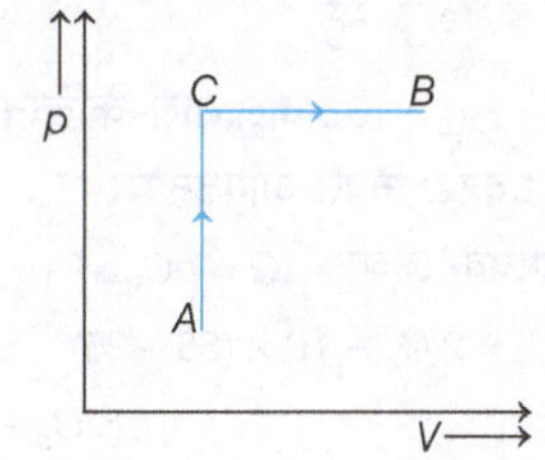

ऊष्मागतिकी के प्रथम नियम अनुसार, दी गई ऊष्मा

$$\Delta Q = \Delta W + \Delta U$$

$$\Rightarrow \Delta Q_{ACB} = \Delta W_{ACB} + (U_B - U_A)$$

दिए गए मानों को रखने पर,

$$U_B - U_A = 60 - 30 = 30 \text{ जूल} \quad \text{...(i)}$$

इसी प्रकार चित्र में दर्शाए गए पथ ADB हेतु,

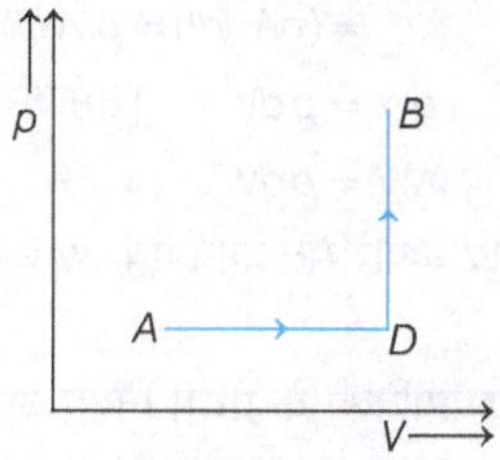

$$\Delta Q_{ADB} = \Delta W_{ADB} + (U_B - U_A)$$

$$\Delta Q_{ADB} = 10 + 30 \text{ [समीकरण (i) द्वारा]}$$

$$= 40 \text{ जूल}$$

15 *(a)* दिया गया है,

$p = 45$ न्यूटन/मी^{2}

$V_1 = 15$ मी^{3}

$V_2 = 10$ मी^{3}

$Q = 100$ जूल

ऊष्मागतिकी के प्रथम नियम अनुसार,

$$W = p\,\Delta V = 45(15 - 10)$$

$$= 45 \times 5 = 225 \text{ जूल}$$

चूँकि आयतन घटता है अतः गैस पर किया गया कार्य ऋणात्मक होगा।

$$\therefore \quad W = -225 \text{ जूल}$$

अब, जोड़ी गई ऊर्जा

$$Q = 100 \text{ जूल}$$

$$\therefore \quad Q = \Delta U + W \Rightarrow \Delta U = Q - W$$

$$= 100 - (-225) = 325 \text{ जूल}$$

16 *(b)* दिया गया है,

$p = 1.013 \times 10^5$ न्यूटन/मी^{2}

$V_1 = 1$ सेमी^{3} और $V_2 = 1700$ सेमी^{3}

अब भाप द्वारा किया गया कार्य,

$$\Delta W = p\,\Delta V$$

$$= 1.013 \times 10^5 \times [1700 - 1] \times 10^6$$

$$= 172.1 \text{ जूल} = 41.1 \text{ कैलोरी}$$

अन्तराणविक बलों पर नियन्त्रण हेतु व्यय की गयी ऊर्जा

$$= 550 - 44.1 = 508.9 \text{ कैलोरी}$$

17 ***(c)*** दिए गए निकाय हेतु,

आयतन $V = lA$

माना पिस्टन dl दूरी तय करता है,

$\Rightarrow \quad dV = A\,dl$, स्थिरांक A हेतु ...(i)

पिस्टन पर बल = (दाब) (क्षेत्रफल) = pA

इसलिए कार्य = बल × दूरी

$= (pA)(dl) = p(A\,dl)$

$\Rightarrow \quad dW = p\,dV$ [समीकरण (i) से]

$\Rightarrow \quad \Delta W = p\,dV$

यहाँ, ΔW = परिमित कार्य एवं dW = बहुत कम कार्य

19 ***(b)*** ऊष्मागतिकी के प्रथम नियम अनुसार,

$\Delta Q = \Delta U + \Delta W$

अब, नियत दाब पर किया गया कार्य,

$(\Delta W)_p = (\Delta Q)_p - \Delta U$

$= (\Delta Q)_p - (\Delta Q)_V \quad [\because (\Delta Q)_V = \Delta U]$

तथा $(\Delta Q)_p = mC_p\Delta T$

$(\Delta Q)_V = mC_V\Delta T$

$\Rightarrow (\Delta W)_p = m(C_p - C_V)\,\Delta T$

$= 1 \times (4.3\times 10^3 - 3.3\times 10^3) \times (20-10)$

$= 1\times 1\times 10^3 \times 10$

$(\Delta w)_p = 10^4$ कैलोरी

20 ***(c)*** $W = p\,\Delta V = \mu R\,\Delta T$

$Q = \mu C_p T = \mu \times \frac{5}{2}R\,\Delta T = \frac{5}{2}W$

$\Rightarrow W = \frac{2}{5}Q$

22 ***(c)*** पदार्थ की ऊष्मा धारिता,

$S = \frac{\text{द्रव्यमान द्वारा ऊष्मा अवशोषित}}{\text{तापमान में वृद्धि}}$

इसलिए, यदि दिया गया द्रव्यमान बढ़ता है या तापमान घटता है तब इसकी ऊष्मा धारिता बढ़ेगी।

23 ***(b)*** निकाय की आन्तरिक ऊर्जा में परिवर्तन,

$\Delta U = nC_V\Delta T = nC_V(T_f - T_i)$

नाइट्रोजन गैस हेतु,

$C_V = \frac{5}{2}R$

$\therefore \quad \Delta U = 1\times\frac{5}{2}R(T_f - T_0)$

हीलियम गैस हेतु, $C_V = \frac{3}{2}R$

$\therefore \quad \Delta U = 1\times\frac{3}{2}R\left(T_f - \frac{8}{3}T_0\right)$

चूँकि $\Delta U_{\text{निकाय}} = 0$

$\therefore \Delta U_{\text{N}} + \Delta U_{\text{He}} = 0$

$\Rightarrow \frac{5}{2}R(T_f - T_0) + \frac{3}{2}R\left(T_f - \frac{8}{3}T_0\right) = 0$

$\Rightarrow \frac{5}{2}RT_f - \frac{5}{2}RT_0 + \frac{3}{2}RT_f - 4RT_0 = 0$

$\Rightarrow \quad T_f = \frac{13}{8}T_0$

24 ***(b)*** दिया गया है, ऑक्सीजन का द्रव्यमान,

$m = 40$ ग्राम

$\Delta T = 60°C$

अब, ऑक्सीजन अणु का मोलर द्रव्यमान,

$M = 32$ ग्राम/मोल

$\therefore$ मोल की संख्या, $n = \frac{m}{M} = \frac{40}{32} = 1.25$ मोल

मोलर विशिष्ट ऊष्मा O_2, $C_V = \frac{5}{2}R$

ऊष्मा की आवश्यक मात्रा $\Delta Q = nC_V\Delta T$

$= 1.25 \times \frac{5}{2}R \times 60$

$= 1558.125$ जूल $= 1.558$ किलो जूल

$= 1.56$ जूल

25 ***(b)*** ऊष्मा का यान्त्रिक तुल्यांक एक स्थिरांक है जो यान्त्रिक कार्य को ऊष्मा ऊर्जा से सम्बन्धित करता है। विशेष रूप से, यह मात्रा निर्धारित करता है कि कितना कार्य ऊष्मा ऊर्जा की कैलोरी के समान है। यह स्थिरांक ऊष्मागतिकी गणनाओं में कैलोरी और जूल (ऊर्जा की SI इकाई) को परिवर्तित करने की अनुमति देता है।

28 ***(b)*** नियत दाब पर,

आवश्यक ऊष्मा, $\Delta Q = nC_p\Delta T$

$\Rightarrow \quad 310 = 2\times C_p \times (35-25)$

$\Rightarrow \quad C_p = \frac{310}{20}$

$= 15.5$ जूल/मोल-केल्विन

इसी प्रकार, नियत आयतन पर

आवश्यक ऊष्मा, $\Delta Q = nC_V\Delta T$

$= 2(C_p - R)\times(35-25)$

$(\because C_p - C_V = R)$

$= 2\times(15.5 - 8.3)\times 10$

$= 2\times 7.2\times 10 = 144$ जूल

29 ***(d)*** दिया गया है, pV^{-1} = नियत

हम जानते हैं कि, pV^x = नियत

$\Rightarrow \quad x = -1$

मोलर ऊष्मा क्षमता,

$C = C_V + \frac{R}{1-x} = \frac{R}{\gamma - 1} + \frac{R}{1-x}$

आदर्श एकपरमाणुक गैस हेतु,

$\gamma = \frac{5}{3}$

$\therefore \quad C = \frac{R}{\frac{5}{3}-1} + \frac{R}{1-(-1)}$

$\Rightarrow \quad C = 2R$

$\Delta Q = \mu C\,\Delta T = 1(2R)(3T_0 - T_0)$

$\Rightarrow \quad \Delta Q = 4RT_0$

इसलिए ऊष्मा आपूर्ति $4RT_0$ है।

30 ***(b)*** यहाँ, $C_V = \frac{3}{2}R$

चूँकि, $C_p - C_V = R$

$\Rightarrow \quad C_p = C_V + R$

$= \frac{3}{2}R + R = \frac{5}{2}R$

31 ***(b)*** $\because \Delta U = nC_V\Delta T$

$= \frac{3}{2}(nR\,\Delta T) = \frac{3}{2}(p_2V_2 - p_1V_1)$

$= \frac{3}{2}(6p_0V_0 - p_0V_0) = 7.5p_0V_0$

33 ***(d)*** जब पेट्रोल वाष्प और वायु का मिश्रण चिंगारी से प्रज्वलित होता है, तो एक विस्फोटक रासायनिक अभिक्रिया होती है। इस अभिक्रिया के प्रारम्भिक चरण के दौरान, तापमान और दाब एक समान नहीं होते हैं। यह एक असाम्यावस्था स्थिति को दर्शाता है। इसलिए, इसकी प्रारम्भिक स्थिति को अवस्था चरों द्वारा वर्णित नहीं किया जा सकता है। हालाँकि, समय के साथ गैस एक समान तापमान और दाब प्राप्त कर सकती है। इस प्रकार यह समय के साथ तापीय और यान्त्रिक साम्यावस्था में आ जाती है।

34 ***(c)*** विस्तीर्ण स्थिति चर निकाय के आकार को इंगित करते हैं जबकि गहन चर आकार को इंगित नहीं करते हैं। इसलिए, यदि निकाय सन्तुलन में है, तो यह दो समान भागों में विभाजित हो जाता है तथा प्रत्येक भाग के अपरिवर्तित रहने वाले चर गहन चर होते हैं। इसके विपरीत, वे चर जिनके मान प्रत्येक भाग में आधे हो जाते हैं, विस्तीर्ण चर होते हैं। अतः दिए गए मानों से, हम कह सकते हैं कि आन्तरिक ऊर्जा (U) और द्रव्यमान (M) विस्तीर्ण अवस्था चर हैं और तापमान एक गहन अवस्था चर है।

35 *(b)* हम जानते हैं, $pV = nRT$

$\Rightarrow \quad \frac{pV}{T} = nR = 2R \quad [\because n = 2]$

37 *(a)* चूँकि ऊष्मागतिकी में ऊष्मा एवं कार्य अवस्था चर नहीं हैं। वे किसी निकाय में ऊर्जा हस्तान्तरण के माध्यम हैं जो आन्तरिक ऊर्जा में परिवर्तन के परिणाम स्वरूप होता है। इसलिए कथन, जैसे किसी निश्चित अवस्था में गैस में एक निश्चित मात्रा में ऊष्मा होती है या किसी निश्चित अवस्था में एक गैस में एक निश्चित मात्रा में कार्य होता है, निरर्थक है। इसके विपरीत, किसी निश्चित अवस्था में गैस में एक निश्चित मात्रा में आन्तरिक ऊर्जा होती है और निकाय को एक निश्चित मात्रा में ऊष्मा की आपूर्ति की जाती है या निकाय द्वारा एक निश्चित मात्रा में कार्य किया जाता है, यह कथन सार्थक है।

38 *(c)* स्थैतिककल्प प्रक्रम के माध्यम से गैस को अवस्था (p, T) से (p', T') तक ले जाने हेतु बाह्य दाब को बहुत कम मात्रा में परिवर्तित किया जाना चाहिए, जो इस निकाय के दाब को परिवेश के दाब के बराबर बनाए रखने की अनुमति प्रदान करता है।

यह प्रक्रिया अनन्त काल तक धीरे-धीरे जारी रहती है जब तक कि निकाय दाब p' प्राप्त नहीं कर लेता है। इसी प्रकार तापमान को परिवेश के ऊष्माशय एवं निकाय के मध्य एक अत्यन्त अल्प तापमान अन्तर के द्वारा परिवर्तित किया जा सकता है। साथ ही क्रमिक रूप से अलग अलग तापमानों T व T' वाले ऊष्माशयों का चयन करने पर, निकाय तापमान T' प्राप्त कर लेता है।

40 *(c)* जब समतापीय परिवर्तन में किसी गैस को ऊष्मा दी जाती है, तो परिणाम गैस द्वारा किया गया बाह्य कार्य होता है क्योंकि जब समतापीय परिवर्तन होता है, तो तापमान समान रहता है।

अतः $\Delta U = 0$

41 *(b)* आदर्श गैस के समतापीय प्रक्रम में,

$$\Delta U = 0$$

इसलिए, $\Delta Q = \Delta W$ (ऊष्मागतिकी के प्रथम नियम से)

वक्र का मध्य क्षेत्रफल किए गए कार्य की मात्रा को प्रदर्शित करता है। अर्थात्

$$\Delta W = +20 \text{ जूल}$$

$\Rightarrow \quad \Delta Q = +20$ जूल

42 *(a)* समतापीय प्रक्रम में,

$$pV = \text{नियत}$$

इसलिए, p-V एक आयताकार अतिपरवलय (Hyperbola) है।

चूँकि, $\quad T_2 > T_1$

$\Rightarrow \quad (pV)_{T_2 \text{पर}} > (pV)_{T_1 \text{ पर}}$

अतः विकल्प (a) में दिया गया ग्राफ सही स्थिति को प्रदर्शित करता है।

43 *(a)* समतापीय प्रक्रम में, तापमान नियत होता है। आदर्श गैस समीकरण से, $pV = \mu RT$

नियत तापमान पर, pV = नियत

इसलिए दाब p के घटने पर, आयतन V बढ़ना चाहिए ताकि pV नियत बना रहे। p और V के मध्य इस विपरीत सम्बन्ध को वक्र A द्वारा सही दर्शाया गया है।

44 *(d)* दिया गया है, $\mu = 10$ मोल,

$T = 500$ केल्विन

$V_1 = 50$ लीटर और $V_2 = 5$ लीटर

नियत ताप पर किया गया कार्य (समतापीय प्रक्रम में),

$$W = 2.3\,\mu RT \log_{10}\left(\frac{V_2}{V_1}\right)$$

$$= 2.3 \times 10 \times 8.31 \times 500 \times \log_{10}\left(\frac{5}{50}\right)$$

$$= -9.5565 \times 10^4 \text{ जूल}$$

$$\approx -9.60 \times 10^4 \text{ जूल}$$

45 *(d)* प्रथम चरण में, गैस V से $3V$ तक समतापीय प्रसार करती है। इस प्रक्रम हेतु समीकरण, pV = नियत

इससे तात्पर्य है कि दाब आयतन के व्युत्क्रमानुपाती है।

इस प्रकार के प्रक्रम के p-V वक्र को नीचे चित्र में दर्शाया गया है।

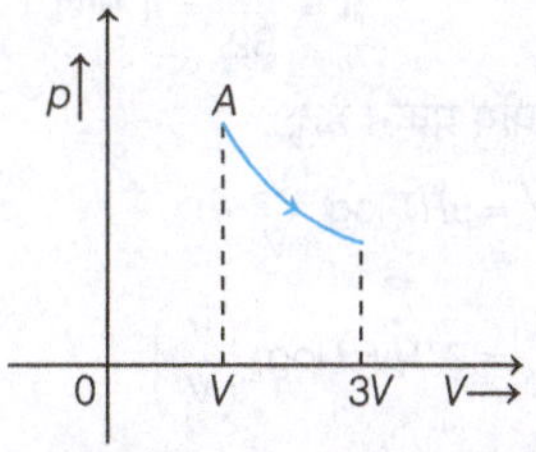

इसके पश्चात्, नियत दाब पर आयतन $3V$ से V तक घट जाता है। अतः आदर्श गैस का अन्तिम p - V वक्र निम्न होगा

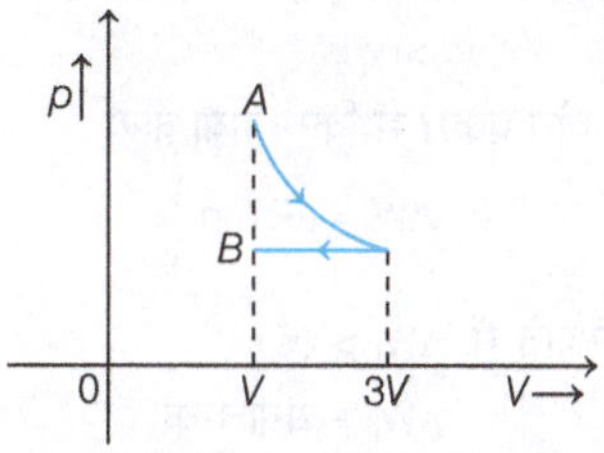

46 *(d)* समतापीय प्रक्रम हेतु,

$$pV = \text{नियत}$$

ढलान $\left(\frac{dP}{dV}\right)_{\text{समतापीय}} = -\frac{p}{V} \quad \ldots(\text{i})$

रुद्धोष्म प्रक्रम हेतु, pV^γ = नियत

$\therefore \quad$ ढलान $\left(\frac{dp}{dV}\right)_{\text{रुद्धोष्म}} = -\frac{\gamma p}{V} \quad \ldots(\text{ii})$

समीकरण (i) एवं (ii) से,

$$\left(\frac{dp}{dV}\right)_{\text{रुद्धोष्म}} = \gamma\left(\frac{dp}{dV}\right)_{\text{समतापीय}}$$

47 *(b)* आदर्श गैस समीकरण से,

$$pV = \mu RT$$

गैस A हेतु, $p_1 V_1 = \frac{m}{M} RT$

$$p_1 = \left(\frac{RT}{M}\right)\frac{m_A}{V_1}$$

और $\quad p_2 = \left(\frac{RT}{M}\right)\frac{m_A}{V_2}$

$\therefore \quad \Delta p = p_1 - p_2$

$$= \frac{RT}{M} m_A \left[\frac{1}{V_1} - \frac{1}{V_2}\right]$$

$$= \frac{RT}{M} m_A \left[\frac{1}{V} - \frac{1}{3V}\right]$$

$[\because V_1 = V, V_2 = 3V]$

$\Rightarrow \quad \Delta p = \left(\frac{RT}{M}\right)\frac{2m_A}{3V} \quad \ldots(\text{i})$

गैस B हेतु,

$$2\,\Delta p = \left(\frac{RT}{M}\right)\frac{2m_B}{3V} \quad \ldots(\text{ii})$$

समीकरण (i) को (ii) से भाग करने पर

$$2 = \frac{m_B}{m_A} \text{ या } m_B = 2m_A$$

48 *(c)* समतापीय प्रसार में,

$V_2 > V_1$

समतापीय प्रक्रम में किया गया कार्य

$\Delta W = \mu RT \ln \frac{V_2}{V_1}$

इस स्थिति में, $\Delta W_1 > 0$

$\Rightarrow \quad \Delta W_1 =$ धनात्मक

इसी प्रकार, समतापीय सम्पीडन में,

$V_1 > V_2 \Rightarrow \Delta W_2 < 0$

$\Rightarrow \quad \Delta W_2 =$ ऋणात्मक

49 *(c)* रुद्धोष्म प्रक्रम में, ऊष्मा नियत होती है इसलिए ऊष्मागतिकी के प्रथम नियम से,

$\Delta Q = \Delta U + \Delta W$

$\Rightarrow \Delta U + \Delta W = 0$

जब कार्य निकाय पर किया जाता है

$\Delta W = -\text{ve}$

$\Rightarrow \quad \Delta U = -\Delta W = +\text{ve}$

चूँकि $\quad \Delta U = \mu C_V \Delta T = +\text{ve}$

$\Rightarrow \quad \Delta T = +\text{ve}$

$\Rightarrow T$ बढ़ता है या $T_f > T_i$

50 *(d)* रुद्धोष्म प्रक्रम हेतु,

$pV^{\gamma-1} = TV^{\gamma-1} =$ नियतांक

$\Rightarrow \quad \frac{T_1}{T_2} = \left(\frac{V_2}{V_1}\right)^{\gamma-1}$

यहाँ, $T_2 = 2T_1$ और $V_2 = \frac{V_1}{2}$

$\left(\frac{1}{2}\right)^{\gamma-1} = \left(\frac{1}{2}\right)$

$\Rightarrow \quad \gamma - 1 = 1$ और $\gamma = 2$

$\Rightarrow \quad pV^{\gamma} = pV^2 =$ नियतांक

51 *(a)* रुद्धोष्म परिवर्तन हेतु,

अवस्था समीकरण $pV^{\gamma} =$ नियतांक

आदर्श गैस हेतु,

$pV = \mu RT$

$\Rightarrow \quad V = \frac{\mu RT}{p}$

इसलिए, $p\left(\frac{\mu RT}{p}\right)^{\gamma} =$ नियतांक

$\Rightarrow \quad \frac{p}{p^{\gamma}} T^{\gamma} = \frac{\text{नियतांक}}{(\mu R)^{\gamma}} =$ नियतांक

$\Rightarrow \quad p^{1-\gamma}T^{\gamma} =$ नियतांक

52 *(a)* रुद्धोष्म प्रक्रम में,

$pV^{\gamma} =$ नियत $= K$ (माना)

दिया गया है, $\frac{C_p}{C_V} = \gamma = \frac{3}{2}$

$\therefore \quad pV^{3/2} = K$

दोनों पक्षों का log लेने पर,

$\log p + \frac{3}{2} \log V = \log K$

$\therefore \quad \frac{\Delta p}{p} + \frac{3}{2}\frac{\Delta V}{V} = 0$

$\Rightarrow \quad \frac{\Delta V}{V} = -\frac{2}{3}\frac{\Delta p}{p}$

$\Rightarrow \quad \frac{\Delta V}{V} \times 100 = -\frac{2}{3}\left(\frac{\Delta p}{p} \times 100\right)$

$= -\frac{2}{3} \times \frac{2}{3} = -\frac{4}{9}\%$

ऋणात्मक चिह्न आयतन में $\frac{4}{9}\%$ कमी को दर्शाता है।

53 *(c)* समतापीय वक्र का ढलान

$= -\tan\phi = \frac{dp}{dV} = -\frac{p}{V}$

[$\because$ समतापीय प्रक्रम हेतु, $pV =$ नियतांक

$\Rightarrow \quad p\,dV + V\,dp = 0$ या $\frac{dp}{dV} = -\frac{p}{V}$]

रुद्धोष्म वक्र में ढलान (Slope)

$-\tan\phi = \frac{d}{dV}\left(\frac{\text{नियतांक}}{V^{\gamma}}\right) = -\gamma\left(\frac{p}{V}\right)$

[$\because$ रुद्धोष्म प्रक्रम हेतु, $pV^{\gamma} =$ नियतांक]

हम जानते हैं, कि

$\gamma > 1$

इसलिए, $(\text{ढलान})_{\text{रुद्धोष्म}} > (\text{ढलान})_{\text{समतापीय}}$

54 *(c)* $\because$ ऑक्सीजन में मोलों की संख्या

$\mu = \frac{128}{32} = 4$ मोल

समतापीय प्रक्रम हेतु,

$W = \mu RT \log_e \frac{V_2}{V_1}$

$= 2.3\,\mu RT \log_{10}\left(\frac{V_2}{V_1}\right)$

$\Rightarrow \quad 2.3 \times 4 \times RT \times \log_{10}\frac{150}{75}$

$= 2.3 \times 1192R \log_{10} 2$

55 *(b)* चूँकि $\frac{p}{V^2} =$ नियतांक $= k$

$\Rightarrow \quad p = kV^2$

किया गया कार्य,

$W = \int_{V_1}^{V_2} p\,dV = \int_{V_1}^{V_2} kV^2 dV$

$W = k\left[\frac{V^3}{3}\right]_{V_1}^{V_2} = \frac{k}{3}[V_2^3 - V_1^3]$

चूँकि $p = kV^2$

$W = \frac{1}{3}[p_2V_2 - p_1V_1]$

$= \frac{1}{3}[\mu R\,\Delta T] = \frac{1}{3}[\mu R(T_2 - T_1)]$

$= \frac{1}{3}R(2T_0 - T_0) = \frac{1}{3}RT_0$

56 *(a)* नियत दाब पर आदर्श गैस समीकरण,

$p\,\Delta V = nR\,\Delta T \quad$ ...(i)

$\therefore$ किया गया कार्य, $W = p\,\Delta V$

$W = nR\,\Delta T \quad$ ...(ii)

नियत दाब पर, गैस को ऊष्मा दी जाती है,

$Q = nC_p\Delta T$

समीकरण (i) एवं (ii) से,

$\frac{W}{Q} = \frac{nR\,\Delta T}{nC_p\Delta T}$

$= \frac{R}{C_p} = \frac{R}{(7/2)R} = \frac{2}{7}$

$\therefore \quad W = 10$ जूल

$\Rightarrow \quad \frac{10}{Q} = \frac{2}{7} \Rightarrow Q = 35$ जूल

57 *(d)* निम्न सम्बन्ध के उपयोग से,

$\frac{T_2}{T_1} = \left(\frac{p_2}{p_1}\right)^{\frac{\gamma-1}{\gamma}}$

$\Rightarrow \quad \frac{T_2}{T_1} = \left(\frac{8}{1}\right)^{\frac{1.5-1}{1.5}} = \left(\frac{8}{1}\right)^{1/3} = 2$

$\Rightarrow \quad T_2 = 2T_1$

$\Rightarrow \quad T_2 = 2(273 + 27)$

$= 600$ केल्विन $= 327°C$

58 *(a)* $\rho = \frac{pM}{RT}$ और $\rho \propto \frac{1}{V}$

AB के दौरान, ρ नियत है आयतन भी नियत है एवं किया गया कार्य शून्य है।

BC के दौरान, $p \propto \rho$

अर्थात् $T =$ नियत

और इसलिए $U =$ नियत

59 *(b)* $dQ = nC_p dT \quad$ ...(i)

$dW = dQ - dV$

समीकरण (i) से,

$$dW = nC_p dT - nC_V dT$$

$$dW = n\,dT = (C_p - C_V)$$

dQ को दोनों ओर विभाजित करने पर,

$$\frac{dW}{dQ} = \frac{n\,dT(C_p - C_V)}{dQ}$$

$$\Rightarrow \frac{dW}{dQ} = \frac{n\,dT(C_p - C_V)}{nC_p dt} \text{ [समीकरण (i) से,]}$$

$$= 1 - \frac{C_V}{C_p}$$

$$\Rightarrow \frac{dW}{dQ} = 1 - \frac{1}{\gamma} \quad \left(\because \frac{C_p}{C_V} = \gamma\right)$$

60 ***(b)*** दिया गया है,

$T_i = 25°C = 298$ केल्विन

$T_f = 919°C = 1192$ केल्विन

$p_i = 2$ वायुमण्डल, $\gamma = 1.4$

$pV^\gamma =$ नियतांक

$$\Rightarrow \frac{T^\gamma}{p^{\gamma-1}} = \text{नियतांक} \qquad [\because pV = nRT]$$

$$\therefore \left(\frac{T_i}{T_f}\right)^\gamma = \left(\frac{p_i}{p_f}\right)^{\gamma-1} \Rightarrow p_f = p_i\left(\frac{T_f}{T_i}\right)^{\frac{\gamma}{\gamma-1}}$$

$$\Rightarrow p_f = 2\left(\frac{1192}{298}\right)^{\left(\frac{1.4}{1.4-1}\right)}$$

$= 256$ वायुमण्डल

61 ***(c)*** दिया गया है, $V = AT^{3/2}$

$$\frac{dV}{V} = \frac{\frac{3}{2}AT^{1/2}dT}{AT^{3/2}} = \frac{3}{2}\frac{dT}{T} \qquad \text{...(i)}$$

अब, $dW = p\,dV = \frac{RT}{V}dV$

समीकरण (i) से,

$$dW = RT\,\frac{3}{2}\frac{dT}{T}$$

$$W = \int_{T_1}^{T_2} R\,\frac{3}{2}dT$$

$$W = \frac{3}{2}R(T_2 - T_1) = \frac{3}{2}R \times 80$$

$$W = 120R$$

62 ***(b)*** दिया गया है,

$$p = \frac{AT^2 - 2BT}{V} \Rightarrow pV = AT^2 - 2BT$$

चूँकि, दाब नियत है।

$$\therefore \quad p\,dV = (2AT - 2B)\,dT \qquad \text{...(i)}$$

$$W = \int_{V_1}^{V_2} (2AT - 2B)\,dT$$

$$[\because W = \int p\,dV]$$

$$= [AT^2 - 2BT]_{T_1}^{T_2}$$

$$W = A(T_2^2 - T_1^2) - 2B(T_2 - T_1)$$

63 ***(a)*** पथ A से B,

$pV^{1/2} =$ नियत $= k$

$$\Rightarrow \quad p = kV^{-1/2}$$

$$W = \int_{V_1}^{V_2} p\,dV = \int_{V_1}^{V_2} kV^{-1/2}dV$$

$$= k\int V^{-1/2}dV = k\left[\frac{V^{1/2}}{1/2}\right]_{V_1}^{V_2}$$

$$= 2k[\sqrt{V_2} - \sqrt{V_1}]$$

$$W = 2p_1V_1^{1/2}[\sqrt{V_2} - \sqrt{V_1}]$$

64 ***(b)***

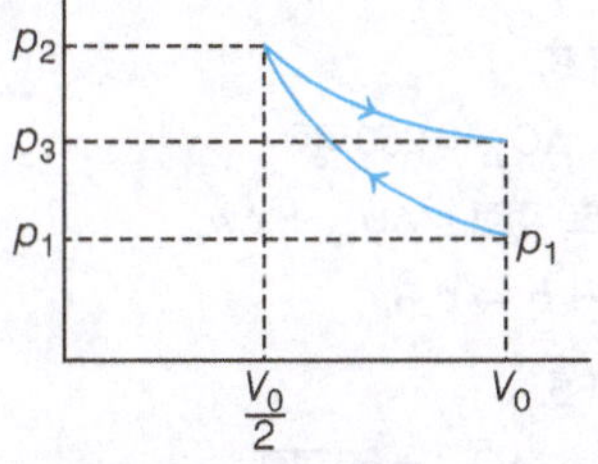

$$p_1V_0 = 2p_1V'$$

$$\Rightarrow \quad V' = \frac{V_0}{2} \text{ (समतापीय)}$$

रुद्धोष्म विस्तार,

$$2p_1\left(\frac{V_0}{2}\right)^{7/5} = p_3V_0^{7/5} \Rightarrow p_3 = \frac{p_1}{2^{2/5}}$$

65 ***(c)*** प्रक्रम A के लिए,

$$\Delta Q_A = \Delta U_A + W_A$$

प्रक्रम B के लिए,

$$\Delta Q_B = \Delta U_B + W_B$$

अब, हम जानते हैं कि,

प्रक्रम द्वारा किया गया कार्य

$= p$-V वक्र का क्षेत्रफल

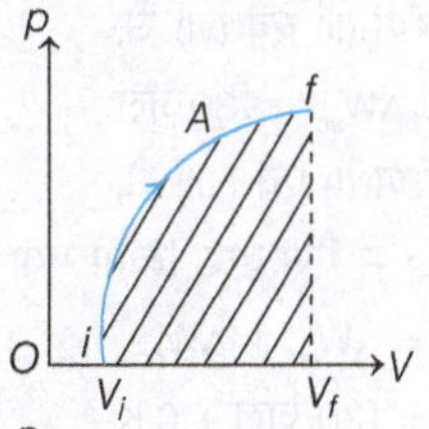

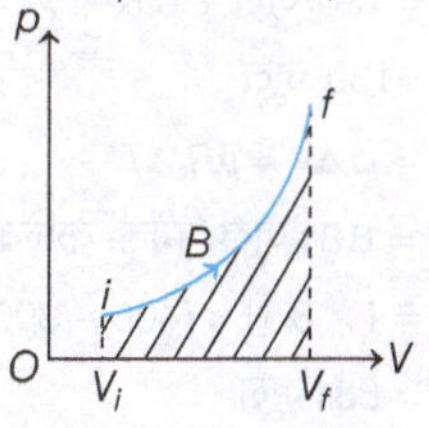

उपरोक्त ग्राफ से,

$$W_A > W_B \qquad \text{...(i)}$$

दोनों प्रक्रम में प्रारम्भिक एवं अन्तिम चरण समान हैं, इसलिए

$$\Delta U_A = \Delta U_B \qquad \text{...(ii)}$$

इसलिए समीकरण (i) एवं (ii) से,

$$\Delta Q_A > \Delta Q_B$$

66 ***(b)*** $WABCDA = \Delta OBC$ का क्षेत्रफल

$+\Delta AOD$ का क्षेत्रफल

$$= \frac{1}{2}V_0p_0 + \left(\frac{-1}{2}V_0p_0\right) = 0$$

67 ***(a)*** चूँकि, $W_{BC} = p\,\Delta V = nR\,\Delta T$

$$= -nR(2T_0 - T_0) = -nRT_0$$

$$W_{AB} = p\,\Delta V = 0 \qquad (\because \Delta V = 0)$$

और $\quad W_{CA} = nRT\ln\left(\frac{V_2}{V_1}\right)$

$$= 2nRT_0\ln\left(\frac{2V_0}{V_0}\right)$$

$$= +2nRT_0\ln 2$$

किया गया कार्य $= W_{CA} + W_{BC} + W_{AB}$

$$= 2nRT_0\ln 2 - nRT_0 + 0$$

$$= nRT_0(2\ln 2 - 1)$$

इनपुट ऊष्मा,

$$\Delta Q_{BC} = nC_p\Delta T = \frac{nR\gamma T_0}{\gamma - 1}$$

$$\therefore \text{ दक्षता} = \frac{\text{किया गया कार्य}}{\text{इनपुट ऊष्मा}} = \frac{(2\ln 2 - 1)}{\gamma/(\gamma - 1)}$$

68 ***(b)*** समदाबीय प्रक्रम में,

$$\frac{V}{T} = \text{नियत}$$

गैस द्वारा किया गया कार्य,

$$W = p(V_2 - V_1) = nR\mu\,(T_2 - T_1)$$

चूँकि तापमान परिवर्तित होता है, इसलिए आन्तरिक ऊर्जा भी परिवर्तित होती है।

ऊष्मागतिकी के प्रथम नियम अनुसार, हम कह सकते हैं कि, अवशोषित ऊष्मा आंशिक रूप से आन्तरिक ऊर्जा को बढ़ाने और आंशिक रूप से कार्य करने में व्यय होती है।

69 ***(d)*** दिया गया प्रक्रम चक्रीय प्रक्रम है, अर्थात् यह अपनी मूल अवस्था 1 पर वापस आ जाता है।

इसलिए $dU = 0$

ऊष्मागतिकी के प्रथम नियम से,

$$dQ = dU + dW = 0 + dW = dW$$

इसलिए दी गई कुल ऊष्मा गैस (यान्त्रिक ऊर्जा) द्वारा किए गए कार्य में परिवर्तित हो जाती है जो ऊष्मागतिकी के दूसरे नियम द्वारा सम्भव नहीं है। जब गैस 2 से 3 तक रुद्धोष्म रूप से प्रसार करती है तब गैस को बिना ऊष्मा की आपूर्ति के समान अवस्था में वापस लौटना सम्भव नहीं है। अतः प्रक्रम 3 से 1 रुद्धोष्मीय नहीं होता है। इससे तात्पर्य है कि दो रुद्धोष्मीय प्रक्रम आपस में एक-दूसरे को विभाजित नहीं करते हैं।

70 *(b)* $dU_{A \to B} = \mu C_V dT = \mu C_V (T_B - T_A)$

जोकि केवल A एवं B के निश्चित तापमान पर निर्भर करते हैं जोकि स्थिर है। इसका अर्थ है कि सभी स्थितियों के लिए आन्तरिक ऊर्जा समान रहती है।

$dW_{A \to B} = p - V$ वक्र का क्षेत्रफल, जोकि पथ 1 हेतु अधिकतम है।

71 *(d)*

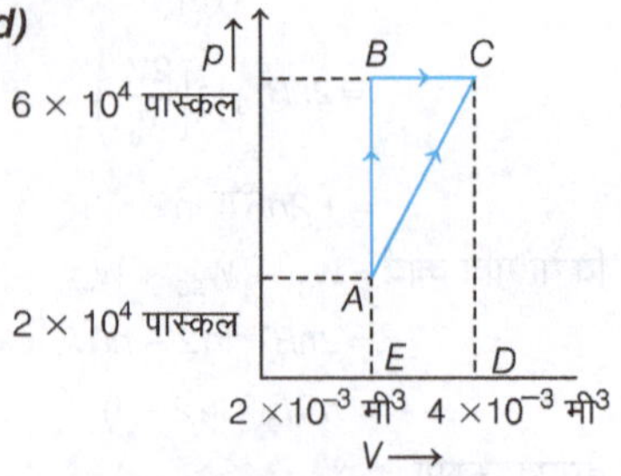

प्रक्रम AB समआयतनिक है, $\Delta V = 0$

इसलिए कोई कार्य नहीं किया जाता है।

प्रक्रम AB में जोड़ी गयी ऊष्मा

$$\Delta Q = 400 \text{ जूल}$$

अब, $\Delta Q = \Delta U + \Delta W$

चूँकि, $\Delta W = 0$

$\Rightarrow \quad \Delta U = \Delta Q = 400$ जूल

BC में किया गया कार्य,

$$\Delta W = p(V_2 - V_1)$$
$$= 6 \times 10^4 (4 \times 10^{-3} - 2 \times 10^{-3})$$
$$= 6 \times 10^4 \times 2 \times 10^{-3} = 120 \text{ जूल}$$

प्रक्रम BC हेतु ΔU

$$\Delta U = \Delta Q - \Delta W$$
$$= (100 - 120) \text{ जूल} = -20 \text{ जूल}$$

अवस्था A से अवस्था C तक जाने हेतु आन्तरिक ऊर्जा में वृद्धि,

$$400 - 20 = 380 \text{ जूल}$$

प्रक्रम AC में किया गाय कार्य

= समलम्ब $ACDEA$ का क्षेत्रफल

$$= \frac{1}{2}(p_2 + p_1) \times (V_2 - V_1)$$
$$= \frac{1}{2}(6 \times 10^4 + 2 \times 10^4) \times (4 \times 10^{-3} - 2 \times 10^{-3})$$
$$= 80 \text{ जूल}$$

पुनः $\Delta Q = \Delta U + \Delta W$ का उपयोग करने पर

जहाँ, $\Delta U = 380$ जूल एवं $\Delta W = 80$ जूल

$$= 380 + 80 = 460 \text{ जूल}$$

प्रक्रम AC में निकाय द्वारा अवशोषित ऊष्मा 460 जूल है।

72 *(b)* **प्रक्रम $a \to b$ में,**

दिया है,

$$\Delta Q_{ab} = 250 \text{ जूल} \quad \text{...(i)}$$

$\therefore$ 250 जूल $= \Delta U_{ab} + \Delta w_{ab}$ ...(ii)

प्रक्रम $b \to c$ में,

दिया है,

$$\Delta Q_{bc} = 60 \text{ जूल}$$

V नियत है, इसलिए $\Delta V = 0$

$\Rightarrow \quad \Delta dW_{bc} = p(\Delta V)_{bc} = 0$

$\Rightarrow \quad 60$ जूल $= \Delta U_{bc} + 0$

$\Rightarrow \quad \Delta U_{bc} = 60$ जूल ...(iii)

प्रक्रम $c \to a$ में,

दिया है,

$$\Delta U_{ca} = -180 \text{ जूल} \quad \text{...(iv)}$$

अब, पूर्ण चक्र हेतु

$$\Delta U_{abca} = \Delta U_{ab} + \Delta U_{bc} + \Delta U_{ca} = 0 \quad \text{...(v)}$$

समीकरण (iii), (iv) एवं (v) से,

$$\Delta U_{ab} = -60 + 180$$
$$= 120 \text{ जूल} \quad \text{...(vi)}$$

समीकरण (ii) एवं (vi) से,

$$\Delta W_{ab} = 130 \text{ जूल} \quad \text{...(vii)}$$

समीकरण (i) एवं (vii) से,

पथ abc में गैस द्वारा किया गया कार्य

$$\Delta W_{abc} = \Delta W_{ab} + \Delta W_{bc}$$
$$= 130 \text{ जूल} + 0 \text{ K}$$
$$= 130 \text{ जूल}$$

73 *(b)* $W = p\,\Delta V = \mu R\,\Delta T$

$R = 8.31$ जूल/मोल-केल्विन

$\therefore \quad W = 1 \times 8.31 \times (400 - 300)$

$\Rightarrow W = 831$ जूल

74 *(d)* VT^3 = नियतांक

$\Rightarrow T(V)^{1/3}$ = नियतांक ...(i)

रुद्धोष्म प्रक्रम हेतु,

$TV^{\gamma - 1}$ = नियतांक ...(ii)

समीकरण (i) एवं (ii) की तुलना से,

$$\gamma - 1 = \frac{1}{3} \Rightarrow \gamma = \frac{4}{3}$$

75 *(c)* $\Delta W_{AB} = 1 \times R(2T - T) = RT$

$$\Delta W_{BC} = 1 \times R2T \ln \frac{2p}{p} = 2RT \ln 2$$

$$\Delta W_{CD} = 1 \times R(T - 2T) = -RT$$

$$\Delta W_{DA} = -RT \ln 2$$

$\therefore \quad \Delta W = \Delta W_{AB} + \Delta W_{BC} + \Delta W_{CD} + \Delta W_{DA}$

$= RT \ln 2$

76 *(b)* A से B तक में संक्रमण से गैस की परिवर्तित आन्तरिक ऊर्जा,

$$\Delta U = nC_V dT = n\left(\frac{5R}{2}\right)(T_B - T_A)$$
$$= nR\,\frac{5}{2}\left(\frac{p_B V_B}{nR} - \frac{p_A V_A}{nR}\right)$$
$$= -\frac{4 \times 10^4}{2} = -20 \text{ किलो-जूल}$$

77 *(a)* दिया गया है, आदर्श गैस को प्रारम्भिक आयतन से आधे तक सम्पीडित किया गया है।

अर्थात् $V_0 = \frac{V}{2}$

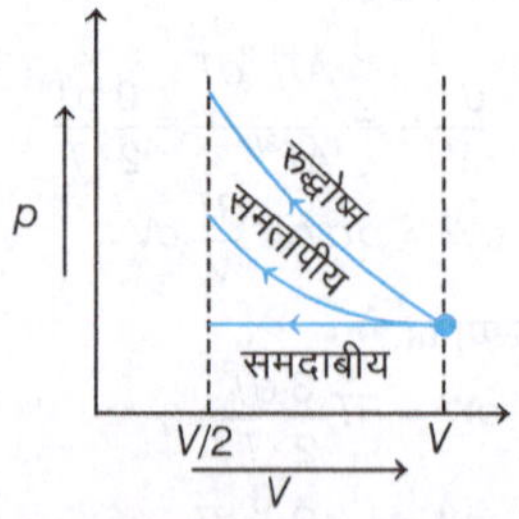

समआयतनिक प्रक्रम वह प्रक्रम है जिसमें आयतन नियत होता है अर्थात् निकाय द्वारा किया गया कार्य शून्य होता है।

$$W_{\text{समआयतनिक}} = 0$$

हम जानते हैं,

गैस पर किया गया कार्य = वक्र का क्षेत्रफल

$$W_{\text{रुद्धोष्म}} > W_{\text{समतापीय}} > W_{\text{समदाबीय}}$$

78 *(c)* समतापीय विस्तार हेतु,

$$pV = p' \times 2V \qquad [\because V' = 2V]$$

$\Rightarrow \quad p' = \frac{p}{2}$

रुद्धोष्म प्रसार हेतु,

pV^{γ} = नियतांक

$\Rightarrow \quad p'V^{\gamma} = p''V''^{\gamma}$

$\Rightarrow \quad \frac{p}{2}(2V)^{5/3} = p''(16V)^{5/3}$

$\Rightarrow \quad p'' = \frac{p}{2}\left[\frac{2V}{16V}\right]^{5/3} = \frac{p}{64}$

79 *(a)* $dQ = 5$ जूल

$dU = 0$ (चक्रीय प्रक्रम)

$\Rightarrow dQ = dW_{AB} + dW_{BC} + dW_{CA}$

$\Rightarrow \quad 5 = 10 + 0 + dW_{CA}$

$\Rightarrow dW_{CA} = -5$ जूल

80 *(d)* ध्यान दें कि आयतन को Y-अक्ष के अनुदिश दर्शाया गया है,

$W = \int p\,dV$ = क्षेत्रफल

$= (0.6 - 0.8) \times 10^3 + (0.4 - 0.6) \times 2 \times 10^3 + (02 - 0.4) \times 3 \times 10^{-3}$

$= -1200$ जूल

81 *(c)* चूँकि, दिया गया प्रक्रम रुद्धोष्म है,

$\Delta Q = 0$

ऊष्मागतिकी के प्रथम नियमानुसार,

$\Delta Q = \Delta U + \Delta W \Rightarrow \Delta U = -\Delta W$

प्रक्रम रुद्धोष्म सम्पीडन (Adiabatic compression) है, इसलिए आयतन घटेगा।

अतः $\quad \Delta W = -$ ve

$\Rightarrow \quad \Delta U = +$ ve

इस प्रकार गैस को रुद्धोष्म रूप से सम्पीडित करने पर निकाय की आन्तरिक ऊर्जा तापमान परिवर्तन के साथ धनात्मक रूप से वृद्धि करती है।

82 *(b)*

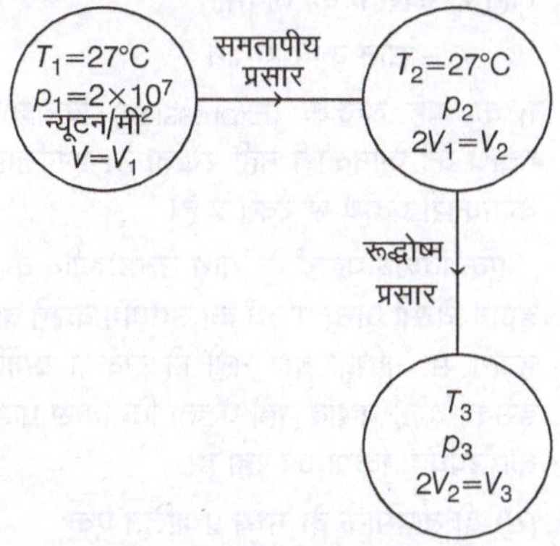

जब गैस का प्रसार समतापीय रूप से हो,

$p_1V_1 = p_2V_2$

दिया गया है, $V_2 = 2V_1$

$\Rightarrow \quad p_2 = p_1 \times \frac{V_1}{V_2}$ या $p_2 = p_1 \times \frac{V_1}{2V_1} = \frac{p_1}{2}$

या $\quad p_2 = \frac{2 \times 10^7}{2} = 1 \times 10^7$ न्यूटन/मी²

अब, गैस का रुद्धोष्म रूप से प्रसार होगा।

$\Rightarrow \quad p_2V_2^{\gamma} = p_3V_3^{\gamma}$

दिया गया है, $V_3 = 2V_2$

इसलिए $p_2V_2^{\gamma} = p_3(2V_2)^{\gamma}$

$\Rightarrow \quad p_3 = \frac{p_2}{2^{\gamma}} = \frac{1 \times 10^7}{2^{1.5}}$

$\Rightarrow \quad p_3 = \frac{1 \times 10^7}{(2^{3/2})}$

$= 3.536 \times 10^6$ पास्कल

83 *(b)* दिया गया प्रसार प्रक्रम प्रकृति में रुद्धोष्म है।

$V_1 = 1$ लीटर $= 10^{-3}$ मी³

$V_2 = 3$ लीटर $= 3 \times 10^3$ मी³

$p_1 = 1$ वायुमण्डल

$= 1.01 \times 10^5$ पास्कल

$p_1V_1^{\gamma} = p_2V_2^{\gamma}$ का उपयोग करने पर,

$p_1 \times 1^{\gamma} = p_2 \times (3)^{\gamma}$

जहाँ, $\gamma = 1.40$ and $(3)^{1.4} = 4.6555$

इसलिए, $p_2 = \frac{p_1}{4.6555} \approx 022$ वायुमण्डल

$= 022 \times 1.01 \times 10^5$ पास्कल

रुद्धोष्म प्रसार में किया गया कार्य,

$W = \frac{(p_1V_1 - p_2V_1)}{\gamma - 1}$

$= \frac{(1.01 \times 10^5 \times 10^{-3} - 022 \times 1.01 \times 10^5 \times 3 \times 10^{-3})}{(1.40 - 1)}$

$= 0.85 \times 1.01 \times 10^5 \times 10^{-3}$

$= 85.85$ जूल

≈ 86 जूल

88 *(b)* $\eta = 1 - \frac{T_2}{T_1} = \frac{W}{Q}$

$= 1 - \frac{300}{900} = \frac{W}{3 \times 10^6}$

$\Rightarrow W = 2 \times 10^6$ कैलोरी

$= 2 \times 42 \times 10^6$ जूल

$= 8.4 \times 10^6$ जूल

89 *(b)* $\frac{50}{100} = 1 - \frac{290}{T_1} \left(\because \eta = 1 - \frac{T_2}{T_1}\right)$

$\Rightarrow \quad T_1 = 580$ केल्विन

$\frac{60}{100} = 1 - \frac{290}{T'_1}$

$\Rightarrow \quad T'_1 = 725$ केल्विन

$\therefore \quad \Delta T' = T'_1 - T_1$

$= 725 - 580 = 145$ केल्विन

90 *(c)* दिया गया है,

$Q_1 = 6 \times 10^5$ कैलोरी

$T_1 = 227°C = 227 + 273 = 500$ केल्विन

$T_2 = 127°C = 127 + 273 = 400$ केल्विन

$\frac{Q_2}{Q_1} = \frac{T_2}{T_1}$

$\Rightarrow Q_2 = \frac{T_2}{T_1} \times Q_1 = \frac{400}{500} \times 6 \times 10^5$

$= 4.8 \times 10^5$ कैलोरी

$W = Q_1 - Q_2$

$= (6 \times 10^5 - 4.8 \times 10^5) \times 42$ जूल

$= 5.04 \times 10^5$ जूल $\approx 5 \times 10^5$ जूल

91 *(b)* $\eta = 1 - \frac{T_2}{T_1}$

प्रारम्भिक दक्षता, $\eta = \frac{1}{6}$

$\therefore \quad \frac{1}{6} = 1 - \frac{T_2}{T_1}$

$\Rightarrow \quad \frac{T_2}{T_1} = \frac{5}{6}$

अन्तिम दक्षता, $\quad \eta = \frac{2}{6}$

$T_{\text{सिंक}} = T'_2 = T_2 - 62$

इसलिए $\quad \eta = 1 - \frac{T'_2}{T'_1}$

$\Rightarrow \quad \frac{2}{6} = 1 - \frac{T_2 - 62}{T_1} \quad [\because T'_1 = T_1]$

$\Rightarrow \frac{T_2}{T_1} - \frac{62}{T_1} = \frac{4}{6}$

$\Rightarrow \frac{5}{6} - \frac{62}{T_1} = \frac{4}{6} \quad \left[\because \frac{T_2}{T_1} = \frac{5}{6}\right]$

$\approx 99°$ C

$\Rightarrow \quad T_2 = \frac{5}{6} \times T_1 = 310$ केल्विन

$= 37°$ C

92 *(d)* दिए गए कार्नो इंजनों कैस्केड विन्यास में प्रचालित हैं जैसा कि चित्र में दर्शाया गया है

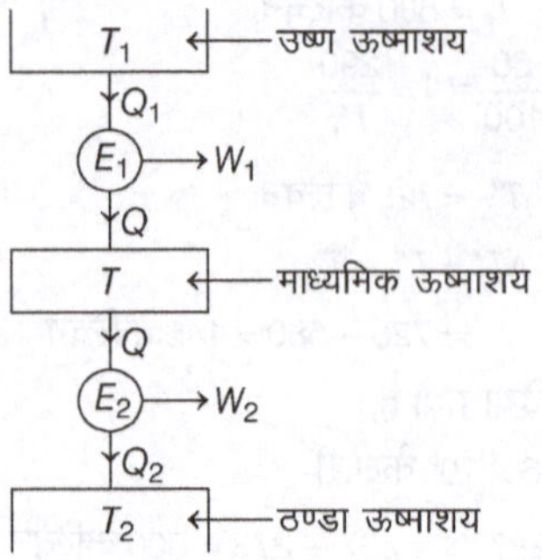

इंजन 1 द्वारा किया गया कार्य

$$W_1 = Q_1 - Q = k(T_1 - T)$$

इंजन 2 द्वारा किया गया कार्य

$$W_2 = Q - Q_2 = k(T - T_2)$$

इसलिए, $\frac{W_1}{W_2} = \frac{T_1 - T}{T - T_2}$

$$\frac{W_1}{W_2} = 1 \text{ (दिया गया है)}$$

$$\Rightarrow \quad T - T_2 = T_1 - T \Rightarrow T = \frac{T_1 + T_2}{2}$$

93 *(b)* $W_{\text{कुल}} = W_{A \to B} + W_{B \to C} + W_{C \to D} + W_{D \to A}$

समतापीय प्रक्रम $A \to B$ का अवलोकन करने के पश्चात्

गैस द्वारा किया गया कार्य

$$W_{\text{समतापी}} = \mu RT \log \frac{V_f}{V_i}$$

$$\Rightarrow \quad W = \mu RT_1 \log \left(\frac{V_2}{V_1}\right) \quad \text{...(i)}$$

जहाँ W धनात्मक है क्योंकि

$$V_2 > V_1$$

रुद्धोष्म प्रक्रम $B \to C$ का अवलोकन करने पर,

गैस पर किया गया कार्य $W_{\text{रुद्धोष्म}} = \frac{\mu R(T_i - T_f)}{\gamma - 1}$

$$\Rightarrow \quad W = \frac{-\mu R(T_1 - T_2)}{(\gamma - 1)} \quad \text{...(ii)}$$

यहाँ W धनात्मक है, $T_2 < T_1$

समतापीय प्रक्रम $C \to D$ अवलोकन करने पर गैस द्वारा किया गया कार्य

$$W_{\text{समतापी}} = \mu RT_2 \log \left(\frac{V_4}{V_3}\right)$$

$$\Rightarrow \quad W = -\mu RT_2 \log \left(\frac{V_3}{V_4}\right) \quad \text{...(iii)}$$

रुद्धोष्म प्रक्रम $D \to A$ अवलोकन करने पर

गैस पर किया गया कार्य $W_{\text{रुद्धोष्म}} = \frac{\mu R(T_2 - T_1)}{\gamma - 1}$

$$W = -\frac{\mu R(T_1 - T_2)}{\gamma - 1} \quad \text{...(iv)}$$

समीकरण (i), (ii), (iii) एवं (iv) को जोड़ने पर,

$$\Rightarrow \quad W_{\text{कुल}} = \mu RT_1 \log \frac{V_2}{V_1} - \mu RT_2 \log \frac{V_3}{V_4}$$

94 *(d)* $\eta = \frac{T_1 - T_2}{T_1} \Rightarrow \frac{1}{4} = \frac{T_1 - T_2}{T_1}$

जैसा कि सिंक के तापमान को 50 केल्विन तक कम किया जाता है तब दक्षता $\frac{1}{3}$ हो जाती है।

$$\therefore \quad \frac{1}{3} = \frac{T_1 - (T_2 - 50)}{T_1}$$

$$\Rightarrow \quad \frac{1}{3} = \frac{T_1 - T_2}{T_1} + \frac{50}{T_2}$$

समीकरण (i) से,

$$\frac{1}{3} = \frac{1}{4} + \frac{50}{T_1}$$

$$\Rightarrow \quad \frac{50}{T_1} = \frac{1}{12}$$

$$\Rightarrow \quad T_1 = 600 \text{ केल्विन}$$

T_1 का मान समीकरण (i) में रखने पर,

$$T_2 = 450 \text{ केल्विन}$$

इसलिए मूल तापमान 450 केल्विन है।

अभिकथन-कारण प्रश्न

1 *(d)* समीकरण $\Delta Q = \Delta U + p\,\Delta V$ में, ΔQ निकाय के कुल द्रव्यमान के समानुपाती है और इसलिए यह विस्तीर्ण (Extensive) है। दाएँ पक्ष में ΔU भी एक विस्तीर्ण चर है। गहन चर (p) एवं विस्तीर्ण चर (ΔV) का गुणन भी विस्तीर्ण होता है।

4 *(a)* समआयतनिक प्रक्रम में, आयतन नियत है इसलिए किया गया कार्य,

$$\Delta W = p\,\Delta V = 0$$

ऊष्मागतिकी के प्रथम नियम अनुसार,

$$\Delta Q = \Delta U + \Delta W$$

$$\Rightarrow \quad \Delta Q = \Delta U$$

इसलिए गैस द्वारा अवशोषित ऊष्मा आन्तरिक ऊर्जा एवं तापमान को परिवर्तित करती है।

5 *(c)* चक्रीय प्रक्रम में, निकाय प्रारम्भिक अवस्था में पुनः आ जाता है जैसा कि चित्र में दर्शाया गया है।

इसलिए $\Delta U = 0$

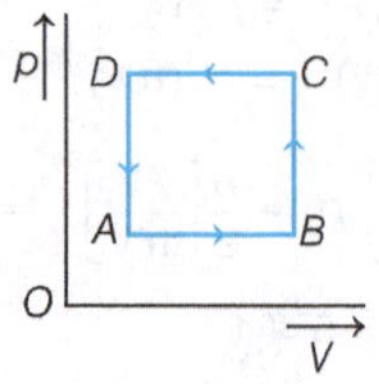

चक्रीय प्रक्रम में,

$A \to B \to C \to D \to A$, निकाय अपनी प्रारम्भिक अवस्था में पुनः वापस आ जाता है परन्तु निकाय पर कुछ कार्य किया जाता है और निकाय ऊष्मा निष्कासित करता है। निकाय पर किया गया कार्य विपरीत नहीं होता है। चक्रीय प्रक्रम के साथ उत्क्रमणीयता का कोई योगदान नहीं होता है।

7 *(b)* अनुत्क्रमणीयता मुख्य रूप से निम्न के कारण उत्पन्न होती है

(i) विघटनकारी कारक जैसे घर्षण, श्यानता आदि।

(ii) विभिन्न प्रक्रम निकाय को असाम्यावस्था की स्थिति में ले जाते हैं।

इसलिए, जब तरल में ब्लेड निश्चित समय घूमते हैं तब श्यानता के कारण कुछ समय पश्चात् निकाय अपरिवर्तनीय होकर कार्य करना बन्द कर देता है। अतः यह एक अनुत्क्रमणीय (Irreversible) प्रक्रम है।

8 *(c)* कार्नो इंजन की दक्षता,

$$\eta = 1 - \frac{T_2}{T_1}$$

जहाँ T_2 = सिंक का तापमान

T_1 = स्रोत का तापमान

η का यह व्यंजक (Expression) क्रियाशील पदार्थ की जानकारी नहीं रखता है। इसलिए η कार्यकारी पदार्थ से स्वतन्त्र है।

$\therefore$ एक विशेष पदार्थ के साथ उत्क्रमणीय कार्नो इंजन किसी अन्य पदार्थ का उपयोग करने वाले इंजन से अधिक दक्ष नहीं हो सकता क्योंकि इसका कोई प्रभाव नहीं पड़ता कि किस पदार्थ का उपयोग किया जा रहा है।

9 *(d)* दो तापमानों के मध्य प्रचालित एक उत्क्रमणीय ऊष्मा इंजन को कार्नो इंजन कहते हैं। इस इंजन की दक्षता अधिकतम होती है परन्तु 100% नहीं होती है।

कार्नो इंजन की दक्षता,

$\eta = 1 - \frac{T_2}{T_1}$, जहाँ T_1 एवं T_2 केल्विन में हैं।

या $\eta = 1 - \frac{Q_2}{Q_1}$

पूर्ण ऊष्मा आपूर्ति सम्पूर्ण रूप से कार्य में परिवर्तित नहीं होती है ऊष्मागतिकी के द्वितीय नियम से इसलिए, $Q_2 \neq 0$

$\Rightarrow \eta \neq 1$, इसलिए $\eta \neq 100\%$

10 *(d)* उत्क्रमणीय प्रक्रम की दक्षता सदैव अनुत्क्रमणीय प्रक्रम से अधिक होती है। इसलिए अभिकथन गलत है परन्तु कारण सही है।

कथन आधारित प्रश्न

3 *(a)* चूँकि, U एक अवस्था चर है, अतः ΔU गैस द्वारा एक अवस्था से दूसरी अवस्था में जाते समय अनुसरण किए गए पथ पर निर्भर नहीं करती है, अपितु प्रारम्भिक एवं अन्तिम अवस्था पर निर्भर करती है।

जबकि, ΔQ एवं ΔW सामान्य रूप से प्रारम्भिक अवस्था से अन्तिम अवस्था में जाते समय अनुसरण पथ पर निर्भर होते हैं।

$$\Delta Q - \Delta W = \Delta U$$

इस संयोजन से यह सिद्ध होता है कि $\Delta Q - \Delta W$ पथ पर निर्भर नहीं हैं।

4 *(b)* कथन I सही है लेकिन कथन II गलत है और इसे निम्न प्रकार सही किया जा सकता है।

SI इकाई में,

पानी की विशिष्ट ऊष्मा धारिता 4186 जूल/किलो ग्राम-केल्विन या 4.186 जूल/ग्राम-केल्विन है।

5 *(d)* समतापीय प्रक्रम हेतु, तापमान नियत होता है इसलिए गैस समीकरण

$pV =$ नियतांक

अर्थात् गैस के दिए गए द्रव्यमान का दाब, आयतन के व्युत्क्रम के अनुसार बदलता है। समतापीय प्रसार में, गैस ऊष्मा अवशोषित करती है एवं परिवेश पर कार्य करती है।

6 *(a)* केल्विन एवं प्लैंक कथन, आदर्श ऊष्मा इंजन की सम्भावना का खण्डन (Deny) करते हैं एवं क्लॉसियस कथन आदर्श रेफ्रीजरेटर की सम्भावना का खण्डन (Deny) करता हैं।

सुमेलन प्रकार प्रश्न

1 *(b)* A. 1 कैलोरी = 4.186 जूल/ग्राम-केल्विन = 1 ग्राम

पानी का तापमान 14.5°C से 15.5°C तक वृद्धि करने हेतु आवश्यक ऊष्मा

B. $p\left(\frac{\Delta V}{\Delta T}\right)_p = R$

C. ठोस की विशिष्ट ऊष्मा धारिता = $3R$

D. समतापीय प्रक्रम हेतु, $\Delta T = 0$

$\Rightarrow \quad \Delta U = 0$

ऊष्मागतिकी के प्रथम नियम से,

$\Delta W + \Delta U = \Delta Q$

$\Rightarrow \quad \Delta W = \Delta Q$

अतः $A \to 1, B \to 2, C \to 4$ तथा $D \to 3$

3 *(a)* समतापीय प्रक्रम हेतु,

$T =$ नियत, $\Delta E_{ini} = 0$

$\Rightarrow \quad \Delta Q = \Delta W$

रुद्धोष्म प्रक्रम हेतु,

$\Delta Q = 0 \Rightarrow \Delta E_{ini} = -\Delta W$

मुक्त प्रसार हेतु,

$\Delta Q = \Delta W = \Delta E_{ini} = 0$

अतः $A \to 3, B \to 2, C \to 4$ तथा $D \to 1$

4 *(c)* A. प्रक्रम $A \to B$ समदाबीय

$\frac{V}{T} =$ नियतांक

अतः $\frac{V_A}{T_A} = \frac{V_B}{T_B}$

$\Rightarrow \quad T_B = \frac{V_B}{V_A} \cdot T_A = 2 \times 300 = 600$ केल्विन

B. प्रक्रम में अवशोषित ऊष्मा

$A \to B$

$$Q_1 = nC_p dT$$
$$= 2\left(\frac{5R}{2}\right)(600 - 300) = 1500R$$
$$= 1500 \times 8.314 = 12471 \text{ जूल}$$

C. प्रक्रम $C \to D$ में ऊष्मा निष्कासित

$C \to D$ एक समआयतनिक प्रक्रम है,

$$Q_2 = nC_V dT$$
$$= 2 \times \frac{3}{2} R \times (300 - 600) = -900R$$
$$= -900 \times 8.314 = -7482.6 \text{ जूल}$$
$$\approx -7483 \text{ J}$$

D. प्रक्रम $B \to C$ में अवशोषित ऊष्मा

प्रक्रम $B \to C$ समतापीय प्रक्रम है

$$Q_3 = W_2 = nRT_B \log\left(\frac{V_D}{V_B}\right)$$
$$= 2 \times R \times 600 \log_e 2$$
$$= 1200R \times 0.693 = 831.6R$$
$$= 831.6 \times 8.314$$
$$= 6913.9 \text{ जूल} = 6914 \text{ जूल}$$

चूँकि $A \to 4, B \to 1, C \to 2$ और $D \to 3$

आंकिक मान प्रकार के प्रश्न

1 *(291)* दिया गया है, $V = aT^{1/3}$

$\Rightarrow \quad dV = \frac{1}{3} aT^{-2/3} dT$

किया गया कार्य,

$dW = p\,dV$

परन्तु $pV = nRT \Rightarrow p = \frac{nRT}{V}$

$\therefore \quad dW = \frac{nRT}{aT^{1/3}} \times \frac{1}{3} aT^{-2/3} dT$

$$W = R\int_{T_1}^{T_2} dT = R(T_2 - T_1)$$
$$= 8.31 \times 35 = 290.85 \text{ जूल}$$
$$W \approx 291 \text{ जूल}$$

2 *(50)* दिया गया है, $p = aV^3$

$T_1 = 100°C, T_2 = 300°C, \Delta T = 200°C$

आदर्श गैस समीकरण से,

$pV = \mu RT$

$AV^3 \cdot V = \mu RT$

दोनों पक्षों का अवकलन (Differentiation) करने पर,

$4AV^3 dV = \mu R\, dT$

$4p\,dV = \mu R\, dT$

$p\,dV = \frac{\mu R\, dT}{4}$

किया गया कार्य,

$$W = p\,dV = \frac{\mu R\, dT}{4} = \frac{\mu R}{4}\Delta T$$
$$= \frac{\mu R}{4} \times 200$$
$$W = 50\mu R$$

3 *(7)* $\quad \Delta Q = \Delta W + \Delta U$

$\Rightarrow \quad C = \frac{\Delta Q}{\Delta T} = \frac{\Delta W}{\Delta T} + \frac{\Delta U}{\Delta T}$

या $C = \frac{\Delta W}{\Delta T} + C_V$ $(\because \Delta U = C_V \Delta T)$

$$C = \frac{p\,\Delta V}{\Delta T} + C_V \quad (\because \Delta W = p\,\Delta V) \quad \ldots(i)$$

$pV = RT$ प्रक्रम हेतु

($\because$ एकपरमाणुक गैस हेतु $\mu = 1$)

$$V = \frac{RT}{p} = \frac{RT^2}{a}$$

$$\Rightarrow \quad \frac{dV}{dT} = \frac{2RT}{a} \quad \ldots(ii)$$

समी (ii) का मान समी (i) पर रखने पर,

$$p\left(\frac{2RT}{a}\right) + C_V = \frac{a}{T}\left(\frac{2RT}{a}\right) + C_V \quad \left(\because p = \frac{a}{T}\right)$$

$$\Rightarrow \quad C = 2R + C_V = 2R + \frac{3}{2}R$$

($\because C_V = \frac{3}{2}R$ एकपरमाणुक गैस हेतु)

$$C = \frac{7}{2}R$$

इसलिए, x का मान 7 है।

4 ***(124)*** हम जानते हैं कि,

$$C_p - C_V = R$$

C_p, 10 केल्विन तापमान बढ़ाने के लिए आवश्यक ऊष्मा है।

$\therefore$ $C_p = 20.7$ जूल/मोल-केल्विन

$C_V = 20.7 - 8.3 = 12.4$ जूल/मोल-केल्विन

इसलिए 10 केल्विन तापमान बढ़ाने हेतु आवश्यक ऊष्मा

$Q = 12.4 \times 10 = 124$ जूल

5 ***(275)*** ऊष्मागतिकी के प्रथम नियम अनुसार,

$$W = p\,\Delta V$$
$$= 35 \times (20 - 15)$$
$$= 175 \text{ जूल}$$

चूँकि आयतन घट रहा है अतः गैस पर किया गया कार्य ऋणात्मक होगा।

$\therefore \quad W = -175$ जूल

निकाय में जोड़ी गयी ऊर्जा 100 जूल है।

इसलिए, $Q = \Delta U + W$

$\Rightarrow \quad \Delta U = Q - W$

$= 100 - (-175) = 275$ जूल

6 ***(320)*** दिया गया है, आदर्श गैस का नमूना रुद्धोष्म प्रक्रम से लिया गया है ($\gamma = 1.5$) जब

$V_1 = 1600$ सेमी^{3} $= 16 \times 10^{-2}$ सेमी^{3}

$V_2 = 400$ सेमी^{3} $= 4 \times 10^{-2}$ सेमी^{3}

$p_1 = 200$ किलो पास्कल $= 2 \times 10^5$ पास्कल

रुद्धोष्म प्रक्रम का समीकरण,

$$p_1 V_1^{\gamma} = p_2 V_2^{\gamma}$$

$\therefore \quad p_2 = 16 \times 10^5$

रुद्धोष्म प्रक्रम में किया गया कार्य,

$$W = \frac{p_1 V_1 - p_2 V_2}{\gamma - 1}$$
$$= \frac{320 - 480}{0.5}$$
$$W = -320 \text{ जूल}$$

इसलिए रुद्धोष्म प्रक्रम में किया गया कार्य 320 जूल है।

7 ***(600)*** दिए गए कार्नो इंजन हेतु, कार्य आउटपुट,

$$W = Q_1 - Q_2 \quad \ldots(i)$$

एवं निष्कासित ऊष्मा,

$$\Rightarrow \quad \frac{Q_1}{Q_2} = \frac{T_1}{T_2} \Rightarrow \frac{Q_1}{Q_2} = \frac{1200}{400}$$

$\therefore \quad Q_1 = 3Q_2 \quad \ldots(ii)$

समीकरण (i) एवं (ii) से,

$$W = 3Q_2 - Q_2$$

$\Rightarrow \quad 1200 = 2Q_2$

$\Rightarrow \quad Q_2 = 600$ जूल

8 ***(600)*** दिया गया है, कार्नो इंजन की दक्षता,

$$\eta_1 = 40\% = 0.4$$

अब, दक्षता $\eta_2 = 50\% = 0.5$

$$\eta = 1 - \frac{T_2}{T_1}$$

स्थिति I हेतु,

$$0.4 = 1 - \frac{T_2}{500}$$

$$\Rightarrow \quad \frac{T_2}{500} = 0.6$$

$T_2 = 300$ केल्विन

स्थिति II हेतु,

$$\frac{300}{T_1} = 1 - 0.5$$

$\Rightarrow \quad T_1 = 600$ केल्विन

NCERT Exemplar प्रश्न

1 ***(c)*** प्रश्न के अनुसार, गैस समीकरण

pV = नियतांक

इसलिए, हम कह सकते हैं कि गैस समतापीय प्रक्रम में है।

दिए गए p-V ग्राफ से, यह भी देखा जा सकता है कि गैस का प्रसार हो रहा है क्योंकि बढ़ते आयतन के साथ गैस का दाब कम हो रहा है अर्थात् नियत तापमान पर $p_2 < p_1$ है। यह स्थिति विकल्प (iii) के T–p ग्राफ में उचित प्रकार से दर्शाई गई है।

2 ***(b)*** प्रश्न में दिए गए p-V ग्राफ से,

प्रक्रम $ABCDA$ में किया गया कार्य

= वक्र $ABCDA$ का क्षेत्रफल

$$W_{\text{कुल}} = W_{AB} + W_{BC} + W_{CD} + W_{DA} \quad \ldots(i)$$

जहाँ, $W_{BC} = W_{DA} = 0$ $(\because \Delta V = 0)$

$$W_{AB} = p_0(3V_0 - V_0) = 2p_0V_0$$
$$W_{CD} = 2p_0(V_0 - 3V_0) = -4p_0V_0$$

समीकरण (i) में मान रखने पर,

$$W_{\text{कुल}} = 2p_0V_0 + 0 - 4p_0V_0 + 0$$
$$= -2p_0V_0$$

इसलिए, गैस द्वारा किया गया कार्य $= -2p_0V_0$

3 ***(a)*** प्रश्न के अनुसार, दोनों प्रक्रमों में गैस का सम्पीड़न सम्मिलित है।

समतापीय प्रक्रम (गैस A) हेतु,

$$p_1V_1 = p_2V_2$$

$\Rightarrow \quad p_0(2V_0) = p_2(V_0) \Rightarrow p_2 = 2p_0$

रुद्धोष्म प्रक्रम (गैस B) हेतु,

$$p_1V_1^{\gamma} = p_2V_2^{\gamma}$$

$\Rightarrow \quad p_0(2V_0)^{\gamma} = p_2(V_0)^{\gamma}$

$$\Rightarrow \quad p_2 = \left(\frac{2V_0}{V_0}\right)^{\gamma} p_0$$

या $\quad p_2 = (2)^{\gamma} p_0$

इसलिए, $\frac{(p_2)_B}{(p_2)_A}$ = अन्तिम दाब का अनुपात

$$= \frac{(2)^{\gamma} p_0}{2p_0} = 2^{\gamma - 1}$$

जहाँ, γ = गैस हेतु विशिष्ट ऊष्मा धारिता का अनुपात है।

4 *(d)* दिया गया है, स्रोत का तापमान,

$T_1 = 500$ केल्विन

सिंक का तापमान, $T_2 = 300$ केल्विन

प्रति चक्र किया गया कार्य,

$W = 1$ किलो जूल $= 1000$ जूल

प्रति चक्र इंजन से ऊष्मा का स्थानान्तरण,

$Q_1 = ?$

कार्नो इंजन की दक्षता

$$\eta = 1 - \frac{T_2}{T_1} = 1 - \frac{300}{500} = \frac{2}{5}$$

तथा $\eta = \frac{W}{Q_1}$

या $Q_1 = \frac{W}{\eta} = \frac{1000}{(2/5)} = 2500$ जूल

विगत परीक्षाओं के प्रश्न

1 *(a)* समआयतनिक प्रक्रम में किया गया कार्य सदैव शून्य होता है।

2 *(d)* कार्नो इंजन की दक्षता,

$\eta = 50\% = 0.5$

स्रोत का तापमान, $T = 327°C$

$= (327 + 27)$ केल्विन $= 600$ केल्विन

यदि η सिंक का तापमान है तब,

$$\eta = 1 - \frac{T_2}{T_1} \Rightarrow 0.5 = 1 - \frac{T_2}{600}$$

$$\Rightarrow \frac{T_2}{600} = 0.5$$

$\Rightarrow T_2 = 300$ केल्विन $= 27°C$

3 *(a)* वक्र 1 समआयतनिक प्रक्रम है क्योंकि आयतन नियत है।

जबकि वक्र 2 एवं वक्र 3, में वक्र 3 का ढलान, वक्र 2 की तुलना में छोटा है। इसलिए वक्र 3 समतापीय प्रक्रम एवं वक्र 2 रुद्धोष्म प्रक्रम को प्रदर्शित करता है।

5 *(b)* दिया गया है, पानी का द्रव्यमान,

$m = 1$ ग्राम

1 ग्राम पानी का आयतन

$= 1$ सेमी$^3 = 10^{-6}$ मी^{3}

1 ग्राम भाप का आयतन

$= 1671$ सेमी^{3}

$= 1671 \times 10^{-6}$ मी^{3}

दाब, $p = 1 \times 10^5$ पास्कल

पानी के वाष्पीकरण हेतु गुप्त ऊष्मा,

$L = 2256$ जूल/ग्राम

आयतन में परिवर्तन,

$\Delta V = (1671 - 1) \times 10^{-6}$ मी^{3}

$= 1670 \times 10^{-6}$ मी^{3} ...(i)

ऊष्मा आपूर्ति,

$\Delta Q_1 = mL = 1 \times 2256$

$= 2256$ जूल

चूँकि भाप प्रसार करती है, प्रसार में किया गया कार्य,

$\Delta W = p\,\Delta V$

$= 1 \times 10^5 \times 1670 \times 10^{-6}$

$= 167$ जूल ...(iii)

ऊष्मागतिकी के प्रथम नियम अनुसार,

$\Delta Q = \Delta U + \Delta W$

$\Rightarrow \Delta U = \Delta Q - \Delta W = 2256 - 167$

$= 2089$ जूल

7 *(b)* 100°C तापमान पर पानी को भाप में परिवर्तित करने के दौरान व्यय ऊष्मा,

$\Delta Q = 54$ कैलोरी

$= 54 \times 4.18$ जूल

$= 225.72$ जूल

सामान्य दाब,

$p = 1.013 \times 10^5$ न्यूटन/मी^{2}

परिवर्तन के दौरान कुल किया गया कार्य,

$\Delta W = p\,\Delta V$

$= p\,[V_{\text{भाप}} - V_{\text{जल}}]$

यहाँ, $V_{\text{भाप}} = 167.1$ cc $= 167.1 \times 10^{-6}$ मी^{3}

$V_{\text{जल}} = 0.1$ ग्राम

$= 0.1$ cc $= 0.1 \times 10^6$ मी^{3}

$\therefore \Delta W = 1.013 \times 10^5\,[(167.1 - 0.1) \times 10^{-6}]$

$= 16.917$ जूल

अब ऊष्मागतिकी के प्रथम नियम अनुसार,

$\Delta Q = \Delta U + \Delta W$

$\Rightarrow \Delta U = \Delta Q - \Delta W$

$\Rightarrow \Delta U = 225.72 - 16.917 = 208.8$ जूल

8 *(a)*

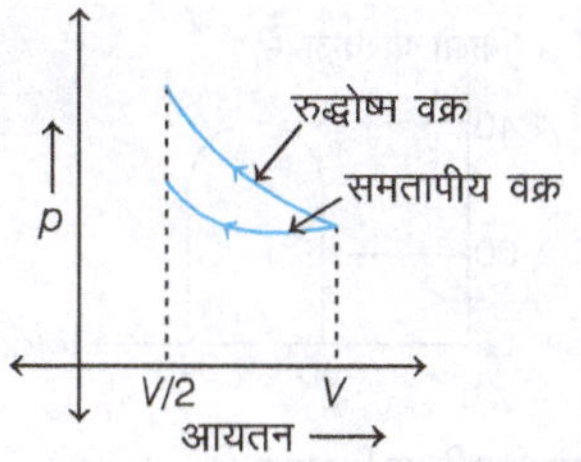

चूँकि, समतापीय वक्र का ढलान, रुद्धोष्म वक्र से कम है। इसलिए रुद्धोष्म प्रक्रम के लिए p-V वक्र के अन्तर्गत क्षेत्रफल का मान रुद्धोष्म वक्र में समतापीय वक्र की तुलना में अधिक है।

रुद्धोष्म प्रक्रम में किया गया कार्य समतापीय प्रक्रम में किए गए कार्य से अधिक होगा।

9 *(d)* दिया गया है, $pV^3 =$ नियतांक

पॉलीट्रॉपिक प्रक्रम हेतु,

$pV^\alpha =$ नियत

$$\Rightarrow C = C_V + \frac{R}{1-\alpha}$$

$$= \frac{3}{2}R + \frac{R}{1-3} = R$$

10 *(d)* $W_{AB} = \int p\,dV$

(*T* को नियत मानते हुए)

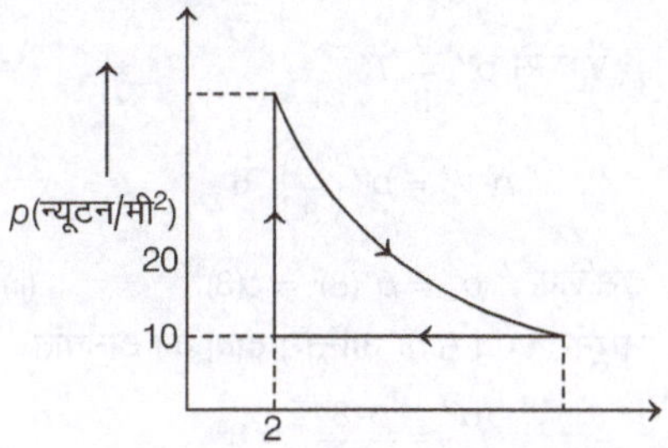

$$= \int \frac{RT}{V^3}\,dV = RT\int_2^4 V^{-3}\,dV$$

$$= 8 \times 300 \times \left[-\frac{1}{2}\left(\frac{1}{4^2} - \frac{1}{2^2}\right)\right]$$

$= 225$ जूल

$W_{BC} = p\int_4^2 dV = 10(2 - 4) = -20$ जूल

$W_{CA} = 0$

$\therefore W_{\text{चक्र}} = 205$ जूल

11 *(a)*

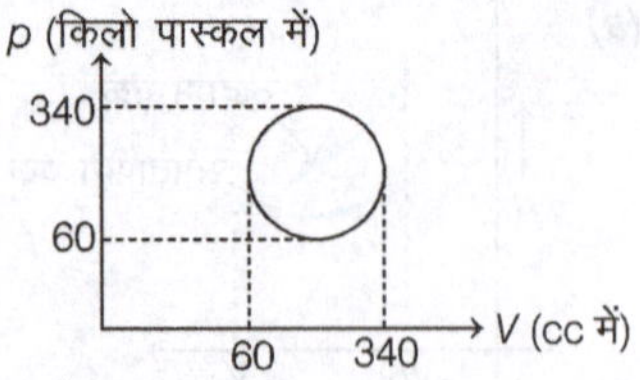

ऊष्मागतिकी समीकरण से,

$$W = \Delta U + \Delta Q$$

$\Delta U = 0$ (चक्रीय प्रक्रम)

$\therefore \Delta Q = W = p\text{-}V$ वक्र का क्षेत्रफल

$= \pi \times (140 \times 10^3$ पास्कल) $\times (140 \times 10^{-6}$ मी^{3})

$\Delta Q = 61.6$ जूल

ऊष्मा अवशोषण 61.6 जूल है।

12 *(b)* कण्टेनर A हेतु, परिवर्तन समतापीय है।

p, V, T से, $p', \frac{V}{8}, T$

बॉयल के नियम से,

$$p' \frac{V}{8} = pV \text{ या } p' = 8p$$

कण्टेनर B हेतु, परिवर्तन रुद्धोष्म है।

$$\left(\gamma = \frac{5}{3}\right)$$

p, V, T से $p'', \frac{V}{8}, T'$

$$p \cdot V^\gamma = p'' \left(\frac{V}{8}\right)^\gamma \text{ से}$$

इसलिए, $p'' = p \cdot (8)^\gamma = p(8)^{5/3}$ ...(ii)

नमूनों A एवं B के अन्तिम दाबों का अनुपात

$$\frac{p''}{p'} = \frac{p \cdot 8^{5/3}}{p \cdot 8} = 8^{\frac{5}{3}-1}$$

$$= 8^{2/3} = 2^2 = 4$$

13 *(b)* चक्रीय प्रक्रम हेतु,

AB एक समआयतनिक प्रक्रम है, इसलिए किया गया कार्य शून्य है।

$\Rightarrow \Delta Q_{AB} = \Delta U_{AB}$

$\Rightarrow \Delta U_{AB} = \Delta Q_{AB} = 40$ जूल (दिया गया है)

BC एक रुद्धोष्म प्रक्रम है, एवं

$\Delta Q_{BC} = 0$ (दिया गया है)

$\Rightarrow \Delta U_{BC} + \Delta W_{BC} = 0$

$\Rightarrow \Delta U_{BC} = -\Delta W_{BC} = -(-50)$

(दिया गया है, $\Delta W_{BC} = -50$ जूल)

$\Rightarrow \Delta U_{BC} = 50\text{ J}$

अब, चूँकि प्रक्रम चक्रीय है,

$\Delta U_{ABCA} = 0$

$\Rightarrow \Delta U_{AB} + \Delta U_{BC} + \Delta U_{CA} = 0$

$\Rightarrow \Delta U_{CA} = -(\Delta U_{AB} + \Delta U_{BC})$

$= -(40 + 50) = -90\text{ J}$

अब, प्रक्रम CA हेतु,

$\Delta U_{CA} + \Delta W_{CA} = \Delta Q_{CA}$

$\Rightarrow -90 + \Delta W_{CA} = -60$

दिया गया है, $\Delta Q_{CA} = -60$

इसलिए, $\Delta W_{CA} = 90 - 60 = 30$ जूल

14 *(a)* माना कि p_i, p_f, V_i एवं V_f प्रारम्भिक एवं अन्तिम दाब व आयतन हैं।

दिया गया है, AB समतापीय प्रक्रम है ($\Delta T = 0$)

BC समआयतनिक प्रक्रम है ($\Delta V = 0$)

एवं CA रुद्धोष्म प्रक्रम है ($\Delta Q = 0$)

चूँकि समतापीय कार्य

$$(W_{AB}) = p_1 V_1 \ln \frac{V_f}{V_i}$$

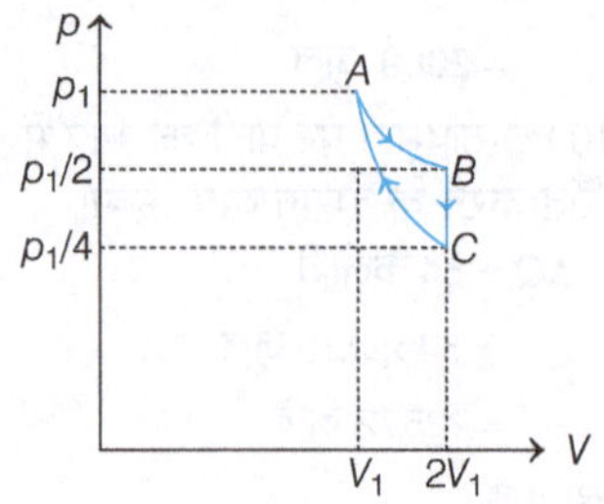

जहाँ V_i एवं V_f, A एवं B पर क्रमशः आयतन है

$\therefore W_{AB} = p_1 V_1 \ln \frac{2V_1}{V_1} = p_1 V_1 \ln 2$

$\therefore \Delta V = 0$

$\therefore W_{BC} = 0$

चूँकि, W_{CA} एक रुद्धोष्म प्रक्रम में किया गया कार्य है,

$$W_{CA} = \frac{1}{1-\gamma}(p_f V_f - p_i V_i)$$

$$\Rightarrow W_{CA} = \frac{1}{1-\gamma}\left(p_1 V_1 - \frac{p_1}{4} \times 2V_1\right)$$

$$= \frac{1}{1-\gamma} \frac{p_1 V_1}{2}$$

$\therefore$ कुल किया गया कार्य

$$W_{\text{कुल}} = W_{AB} + W_{BC} + W_{CA}$$

$$= p_1 V_1 \ln 2 + 0 + \frac{1}{1-\gamma} \frac{p_1 V_1}{2}$$

$$= p_1 V_1 \left[\ln 2 + \frac{1}{2}(1-\gamma)\right]$$

आदर्श गैस के नियम से, $pV = nRT$

$$\therefore W_{\text{कुल}} = RT\left[\ln 2 - \frac{1}{2(\gamma - 1)}\right] (\because n = 1)$$

15 *(b)*

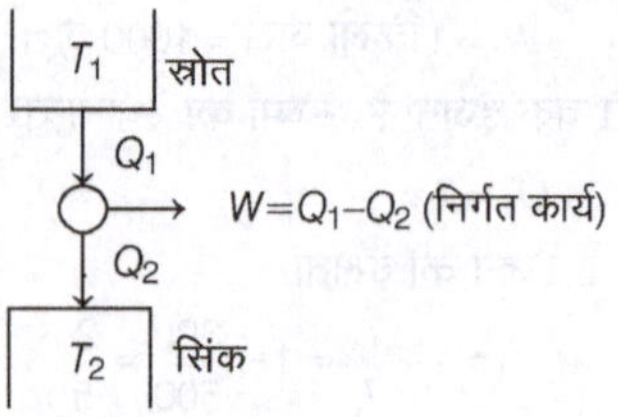

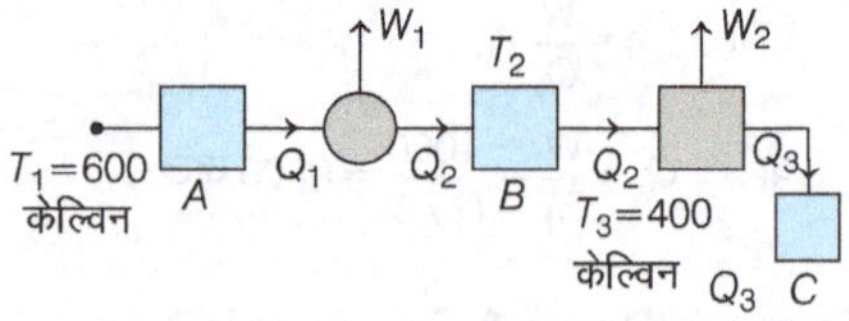

कार्नो इंजन सिद्धान्त के अनुसार,

$$W_1 = Q_1 - Q_2$$

(स्रोत A एवं B से निर्गत कार्य आउटपुट)

$$W_2 = Q_2 - Q_3$$

(स्रोत B एवं C से कार्य आउटपुट)

दी गयी स्थिति के अनुसार, यदि दो इंजनों के निर्गत कार्य समान हैं, तो

$$Q_1 - Q_2 = Q_2 - Q_3$$

$$\Rightarrow \frac{Q_1}{Q_2} + \frac{Q_3}{Q_2} = 2 \quad \text{...(i)}$$

इसलिए, $\frac{T_1}{T_2} + \frac{T_3}{T_2} = 2$

$$\Rightarrow T_2 = \frac{T_1 + T_3}{2}$$

$$= \frac{600 + 400}{2}$$

$T_2 = 500$ केल्विन

स्किल बूस्टर्स

1 *(c)* दिया गया है समतापीय स्थिति में दाब

$pV^3 =$ नियतांक

दाब के सापेक्ष अवकलन (Differentiate) करने पर,

$$V^3 = p\,3V^2 \frac{dV}{dp} = 0$$

$$\Rightarrow V = -3\frac{p\,dV}{dp} = 0$$

$$\Rightarrow V_1 = -3\frac{p\,dV}{dp}$$

$\frac{dp \cdot V}{dV} = -3p$

$\left[\text{आयतन प्रत्यास्थता गुणांक}, B = -\frac{dp}{\frac{dV}{V}}\right]$

$\therefore \quad B = -\left(\frac{d\,pV}{dV}\right) = -(-3p) = 3p$

2 *(c)* गैस का प्रारम्भिक आयतन $V_1 = V$ एवं अन्तिम आयतन $V_2 = 2V$ है। माना कि प्रारम्भिक तापमान $T_1 = T$ है।

तब $T_1V_1^{\gamma-1} = T_2V_2^{\gamma-1}$

$TV^{2/3} = T_2(2V)^{2/3}$

$T_2 = \frac{T}{2^{2/3}}$

प्रक्रम में गैस द्वारा किया गया कार्य

$W = \frac{R(T_1 - T_2)}{\gamma - 1}$

$= \frac{R\left(T - \frac{T}{2^{2/3}}\right)}{\left(\frac{5}{3} - 1\right)} = \frac{3}{2}RT\left(1 - \frac{1}{2^{2/3}}\right)$

3 *(c)* $pV = nRT \Rightarrow p\,dV = nR\,dT$

$\Rightarrow W = nR\,dT$

$= \frac{10}{32} \times 1.98$ कैलोरी/मोल-केल्विन $\times 100$ केल्विन

परन्तु $\Delta T = 100°C = 100$ केल्विन

$\therefore \quad W = 62$ कैलोरी

$C_V = 5.03$ कैलोरी/मोल-केल्विन

एवं $R = 1.98$ कैलोरी/मोल-केल्विन

$C_p = C_V + R = 5.03 + 1.98$

$= 7.01$ कैलोरी/मोल-केल्विन

इसलिए दी गई ऊष्मा,

$Q = nC_p\Delta T = \frac{10}{32} \times 7.01 \times 100$

$= 219$ कैलोरी

इसलिए, $\Delta U = \Delta Q - \Delta W$

$= 219 - 62 = 157$ कैलोरी

157 कैलोरी का उपयोग गैस के तापमान बढ़ाने के लिए किया जाता है।

4 *(d)* निकाय पर विडोलक द्वारा किया गया कार्य

$= W_1 = -2\pi NT$

$= -2\pi \times 9500 \times \frac{1}{2\pi}$ (न्यूटन-मी)

$= -9500$ न्यूटन-मी

निकाय द्वारा परिवेश पर किया गया कार्य

= पिस्टन कार्य (निकाय हेतु धनात्मक कार्य)

$= (p \cdot A) \times l = p \times \frac{\pi d^2}{4} \times l$

$= 101.3 \times \frac{\pi}{4} \times \frac{1}{\pi} \times 10 \times 10^{-2}$

$= \frac{1013 \times 10^{-2}}{4} = 2.53$ किलो जूल

इसलिए, निकाय हेतु स्थानान्तरित कुल कार्य,

$W_{\text{कुल}} = -9500 + 2.53$

$= -9497.47$ किलो जूल

5 *(b)* विस्थापन कार्य

$= \int_{\text{सिलेण्डर}} p\,dV + \int_{\text{गुब्बारा}} p\,dV = 0 + \int_{\text{गुब्बारा}} p\,dV$

$= 101.3$ किलो पास्कल $\times 0.6$ मी^{3}

$= 60.795$ किलो-जूल $= 60.8$ किलो-जूल

चूँकि गुब्बारा वातावरण में दाब प्रेषित करता है।

$\therefore$ वातावरण द्वारा किया गया कार्य

$= -60.8$ किलो-जूल

6 *(b)* $pV = nRT$

$\left(p_{\text{वायुमण्डल}} + \frac{mg}{A}\right)Ah = nRT$

$\Rightarrow \quad n = \frac{\left(p_{\text{वायुमण्डल}} + \frac{mg}{A}\right)Ah}{RT}$

गैस गर्म होने पर पिस्टन को गुरुत्व, स्प्रिंग एवं वायुमण्डलीय दाब (atm) के विपरीत ऊपर की ओर धकेलती है।

$\therefore W_{\text{गैस}} = p_{\text{वायुमण्डल}} \cdot A \cdot x + \frac{1}{2}kx^2 + mgx$

7 *(c)* $\Delta S_{\text{गर्म}} = \frac{Q}{T_h} = \frac{R}{373}$

$= -0.0214$ जूल/केल्विन

$\Delta S_{\text{ठण्डा}} = \frac{Q}{T_C} = \frac{-8}{273}$

$= -0.0293$ जूल/केल्विन

$\therefore \Delta S_{\text{गर्म}} + \Delta S_{\text{ठण्डा}} = -0.0507$ जूल/केल्विन

8 *(c)* $\Delta W = p\,\Delta V$

$= 1.013 \times 10^5 (1671 \times 10^{-6} - 1 \times 10^{-6})$

$= 169.2$ जूल ≈ 170 जूल

$\Delta Q = 539 \times 4.18 = 2253$ जूल

$\Delta U = \Delta Q - \Delta W$

$= 2253 - 170 = 2083$ जूल

इसलिए, 1 ग्राम भाप में ऊर्जा के सभी रूपों का योग $E + 2083$ जूल है।

9 *(d)* जब पत्थर, पानी में प्रवेश करने वाला होता है तो,

$\Delta KE = mgh = 2943$ जूल

$\Delta PE = -2943$ जूल

$\Delta U = 0$

$\Delta Q = \Delta W = 0$

10 *(d)* A का पिस्टन गति करने हेतु मुक्त है।

$\therefore$ ऊष्मा नियत दाब पर दी जाती है,

$\Delta Q_A = nC_p(\Delta T)_A$

जब B का पिस्टन स्थिर होता है, तो नियत आयतन पर दी गई ऊष्मा,

$\Delta Q_B = nC_V(\Delta T)_B$

$\Delta Q_A = \Delta Q_B$

$\Rightarrow nC_p\Delta T_A = nC_V\Delta T_B$

$\Rightarrow \quad \Delta T_B = \frac{C_p}{C_V} \cdot \Delta T_A = \gamma\,\Delta T_A$

दिया गया है, $\gamma = 1.4$, $\Delta T_A = 300$ केल्विन

$\therefore \quad \Delta T_B = 1.4 \times 30 = 42$ केल्विन

12

भौतिकी की Concept Master Videos के लिए *Scan* करें

अणुगति सिद्धान्त
Kinetic Theory

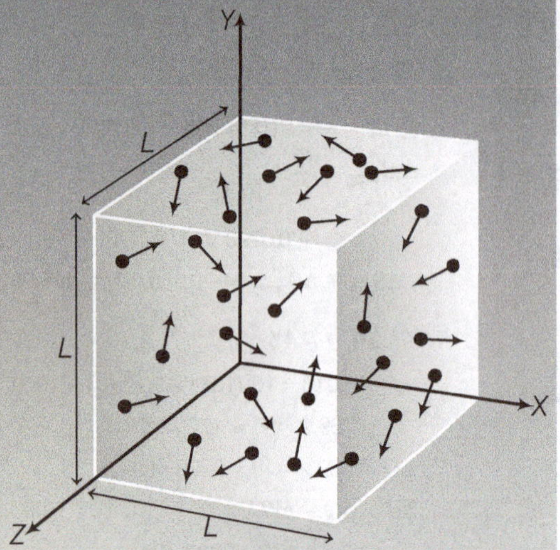

- अणुगति सिद्धान्त गैसों के व्यवहार की व्याख्या इस धारणा के आधार पर करता है कि गैस अत्यंत तीव्र गति से गतिमान परमाणुओं या अणुओं से मिलकर बनी होती है। यह तभी सम्भव है जब दो गैसीय अणुओं के बीच लगने वाले अन्तरापरमाणु बल को उपेक्षणीय माना जा सकता हो।
- इसे मैक्सवेल, बोल्ट्जमान और अन्य वैज्ञानिकों द्वारा विकसित किया गया था तथा यह सिद्धान्त गैस के दाब एवं ताप की एक आण्विक व्याख्या प्रस्तुत करता है तथा यह गैस नियमों और आवोगाद्रो की परिकल्पना के अनुरूप है। यह बहुत-सी गैसों की विशिष्ट ऊष्मा धारिता की सही प्रकार से व्याख्या करता है तथा यह मापनीय गुणों; जैसे-श्यानता, चालकता, विसरण को आण्विक प्राचालों (Molecular parameters) जैसे अणुओं के आकारों एवं द्रव्यमानों से सम्बन्धित करता है।

द्रव्य की आण्विक प्रकृति (Molecular Nature of Matter)

- द्रव्य की आण्विक प्रकृति को परमाणु परिकल्पना के द्वारा समझाया जा सकता है जिसे कुछ वैज्ञानिक; जैसे- फाइनमैन (Feynman), डॉल्टन (Dalton), गै-लुसाक (Gay-Lussac) द्वारा 19वीं शताब्दी में प्रस्तुत किया गया है।
- **फाइनमैन परमाणु परिकल्पना** (Feynman's Atomic Hypothesis) सभी वस्तुएँ परमाणुओं से मिलकर बनी होती हैं जो अत्यन्त सूक्ष्म कण होते हैं और चारों ओर अनवरन गति (Perpetual motion) करते रहते हैं जब ये कम दूरी पर स्थित होते हैं, तो एक-दूसरे को आकर्षित करते हैं, लेकिन एक-दूसरे के अत्यन्त निकट होने पर प्रतिकर्षित करने लगते हैं।
- **जॉन डॉल्टन की परमाणु परिकल्पना** (John Dalton Atomic Hypothesis) वैज्ञानिक आण्विक सिद्धान्त का श्रेय जॉन-डॉल्टन को जाता है।
  - (i) **प्रथम नियम** (First Law) प्रथम नियम के अनुसार किसी दिए गए यौगिक में अवयवों के द्रव्यमानों का अनुपात नियत रहता है। इसे **द्रव्य का आण्विक सिद्धान्त** भी कहा जाता है। उन्होंने दो नियम प्रस्तावित किए जो तत्त्वों के यौगिकों में परिवर्तित होने पर पालन किए जाने वाले निश्चित एवं विविध अनुपातों के नियमों पर आधारित थे।
  - (ii) **द्वितीय नियम** (Second Law) द्वितीय नियम के अनुसार जब दो तत्व मिलकर एक से अधिक यौगिक बनाते हैं, तो एक तत्व के निश्चित द्रव्यमान के लिए अन्य तत्वों के द्रव्यमान लघु पूर्णांकों के अनुपात में होते हैं।

5 वर्षों में NEET में पूछे गये शीर्षकवार प्रश्न

शीर्षक	वर्षवार प्रश्नों की संख्या				
	2024	2023	2022	2021	2020
द्रव्य की आण्विक प्रकृति	–	–	–	–	–
गैसों का व्यवहार	1	–	1	–	2
आदर्श गैसों का अणुगति सिद्धान्त	–	–	1	–	–
ऊर्जा के समविभाजन का नियम	–	–	–	–	1
विशिष्ट ऊष्मा धारिता	–	–	–	–	–
माध्य मुक्त पथ	–	–	–	–	2

NEET में विगत 5 वर्षों में पूछे गये विशेष प्रकार के प्रश्न

प्रकार	वर्ष				
	2024	2023	2022	2021	2020
अभिकथन-कारण	–	–	–	–	–
कथन आधारित	–	–	–	–	–
सुमेलन	–	–	1	–	–

NEET के विगत 5 वर्षों का भारांकन

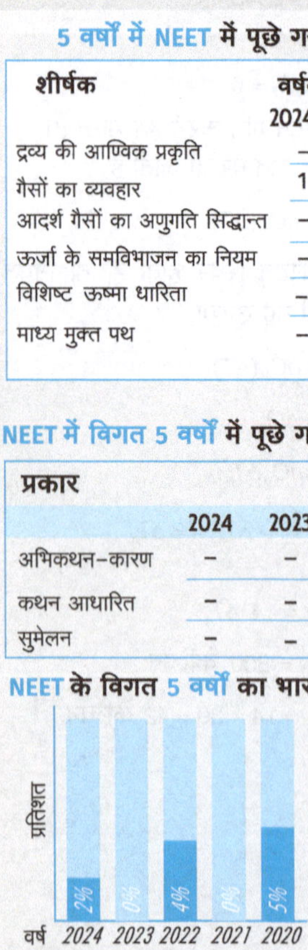

- **गै-लुसाक का नियम** (Gay-Lussac's Law) जब गैसें रासायनिक रूप से संयोजित होकर कोई अन्य गैस बनाती हैं, तो उनके आयतन लघु पूर्णांकों के अनुपात में होते हैं।
- **द्रव्य के आण्विक सिद्धान्त के अनुसार**
  (i) गैसों में परमाणु अत्यधिक स्वतन्त्र होते हैं और अधिक दूरी तक बिना संघट्ट किये गति कर सकते हैं। यदि इन्हें बन्द करके न रखा जाए, तो गैसें विसरित हो जाती हैं। वह औसत दूरी जिसे कोई अणु बिना संघट्ट किये तय कर सकता है, माध्य मुक्त पथ (Mean free path) कहलाती है। गैसों में माध्य मुक्त पथ हजारों ऐंग्स्ट्रॉम की कोटि का होता है।
  (ii) ठोसों और द्रवों में समीपता अन्तर परमाणुक बल को महत्त्वपूर्ण बनाती है। ये बल अधिक दूरियों पर आकर्षण और अल्प दूरी पर प्रतिकर्षण बल होते हैं। जब परमाणु एक-दूसरे से कुछ ऐंग्स्ट्रॉम की दूरी पर होते हैं, तो **एक-दूसरे को आकर्षित करते हैं, परन्तु बहुत निकट आने जाने पर प्रतिकर्षित करने लगते हैं।**
  (iii) गतिक सन्तुलन मे, जब अणु एक-दूसरे से संघट्ट करते हैं, तो संघट्ट की अवधि में उनकी चालों में परिवर्तन हो जाता है। जबकि केवल औसत गुण नियत बने रहते हैं।

गैसों का व्यवहार (Behaviour of Gases)

- **गैसों के व्यवहार को निम्न कथनों के माध्यम से समझा जा सकता है**
  (i) निम्न दाब और बहुत उच्च ताप जिससे ऊपर गैसें द्रवित (या ठोस) हो जाती हैं, अपने दाब, ताप एवं आयतन के मध्य निम्नलिखित सम्बन्ध दर्शाती हैं

$$pV = kT$$

  जहाँ, T केल्विन या निरपेक्ष पैमाने पर ताप है और k गैस के दिए गए नमूने के लिए नियतांक है, परन्तु आयतन के साथ परिवर्तित होता है।
  (ii) परमाणुओं या अणुओं के सापेक्ष, k दिए गए (गैस के) नमूने में अणुओं की संख्या (N) के अनुक्रमानुपाती होता है।
  अर्थात् $$k = Nk_B$$
  यह ज्ञात किया है कि सभी गैसों के लिए k_B का मान समान होता है और यह **बोल्ट्ज़मान नियतांक** (Boltzamnn Constant) कहलाता है।

$$k_B = \frac{pV}{NT}$$

  (iii) **आवोगाद्रो की परिकल्पना** (Avogadro's Hypothesis) के अनुसार, स्थिर ताप एवं दाब पर सभी गैसों के प्रति एकांक आयतन में अणुओं की संख्या समान होती है।
  अर्थात् $$\frac{p_1V_1}{N_1T_1} = \frac{p_2V_2}{N_2T_2} = k_B$$
  किसी 22.4 लीटर गैस में अणुओं की संख्या 6.02×10^{23} होती है। इस संख्या को **आवोगाद्रो संख्या** कहा जाता है तथा **इसे N_A द्वारा प्रदर्शित** किया जाता है।
  (iv) किसी 22.4 लीटर गैस का द्रव्यमान STP (मानक ताप = 273 केल्विन एवं मानक दाब = 1 वायुमण्डलीय) पर उस गैस के ग्राम में आण्विक भार के बराबर होता है। पदार्थ की इस मात्रा को **एक मोल** कहा जाता है।
  (v) **आदर्श गैस के समीकरण** को निम्न प्रकार लिखा जा सकता है

$$pV = \mu RT$$ NEET 2022

  जहाँ, μ मोलों की संख्या है, $R = N_Ak_B$ एक **सार्वत्रिक गैस नियतांक है,** T केल्विन में परमताप तथा $R = 8.314$ जूल/मोल केल्विन
  तथा $$\mu = \frac{M}{M_o} = \frac{N}{N_A}$$
  जहाँ, M, N अणुओं वाली गैस का द्रव्यमान, M_0 मोलर द्रव्यमान एवं N_A आवोगाद्रो संख्या है।
  $\therefore$ $$pV = k_BNT \text{ या } p = k_BnT$$
  जहाँ, n संख्या घनत्व अर्थात् प्रति एकांक आयतन में अणुओं की संख्या है।
  उपरोक्त दी गई आदर्श गैस समीकरण का अन्य उपयोगी रूप निम्न प्रकार है

$$p = \frac{\rho RT}{M_0}$$ NEET 2020

  जहाँ, ρ गैस का द्रव्यमान घनत्व है।
  (vi) यदि गैस सभी दाबों और तापों पर सम्बन्ध $pV = \mu RT$ का पूर्णतः पालन करती है, तो यह **आदर्श गैस** कहलाती है।
  - **निम्न दाब और उच्च ताप पर वास्तविक गैसें आदर्श गैस के समान व्यवहार करने लगती हैं।** इसे निम्नलिखित ग्राफ द्वारा प्रदर्शित किया गया है

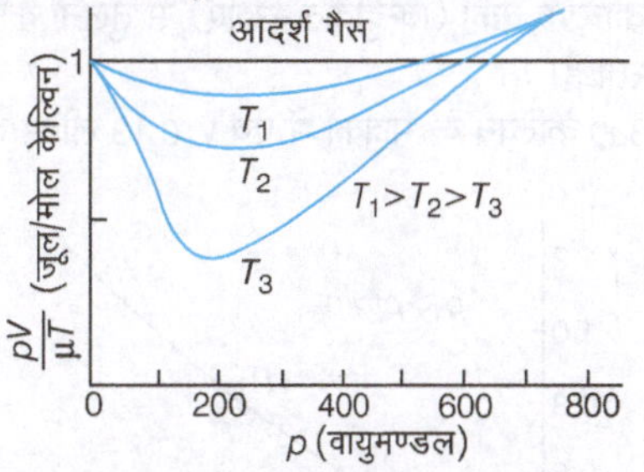

  तीन भिन्न तापों T_1, T_2 तथा T_3 पर एक वास्तविक गैस उपरोक्त चित्र के अनुसार आदर्श गैस व्यवहार से विचलित हो जाती है।
  - आदर्श गैस किसी गैस का सरल सैद्धान्तिक निदर्श (Simple theoretical model) है। कोई भी वास्तविक गैस वास्तव में आदर्श गैस नहीं होती है। निम्न दाब और उच्च ताप पर वास्तविक गैस के अणु दूर-दूर होते हैं तथा उनके बीच आण्विक क्रियाएँ (Molecular interactions) उपेक्षणीय होती है।
  - आण्विक क्रियाओं की अनुपस्थिति में गैस एक आदर्श गैस की तरह व्यवहार करती है।
  (vii) नियत ताप पर, किसी गैस के दिए गए द्रव्यमान का दाब उसके आयतन के व्युत्क्रमानुपाती होता है, अर्थात्

$$pV = \text{नियतांक}$$

  या $$p \propto \frac{1}{V}$$
  इसे **बॉयल का नियम** कहते हैं।
  - निम्न ग्राफ मापों के लिए विभिन्न तापों पर प्रायोगिक p-V वक्रों (ठोस रेखाएँ) तथा बॉयल के नियम के द्वारा पूर्वानुमानित सैद्धान्तिक वक्रों (बिन्दुकित रेखाएँ) के बीच तुलना को प्रदर्शित करता है।

p का मान 22 वायुमण्डल के मात्रकों में है और V का मान 0.09 लीटर के मात्रकों में है।

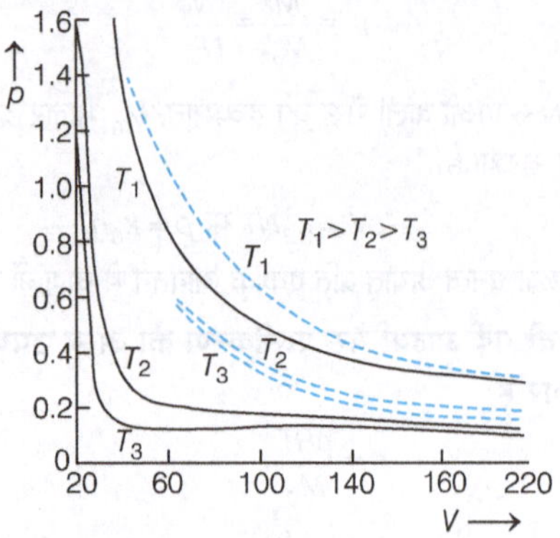

(viii) नियत दाब पर किसी गैस का आयतन उसके परमताप के अनुक्रमानुपाती होता है, अर्थात् $V \propto T$

यह **चार्ल्स का नियम** कहलाता है।

- निम्न ग्राफ तीन भिन्न दाबों पर CO_2 के लिए प्रायोगिक T-V वक्र (पूर्ण रेखाओं द्वारा प्रदर्शित) की चार्ल्स के नियमानुसार प्राप्त सैद्धान्तिक वक्रों (बिन्दुकित रेखाएँ) से तुलना को प्रदर्शित करता है।

  T, 300 केल्विन के मात्रकों में एवं V, 0.13 लीटर के मात्रकों में है।

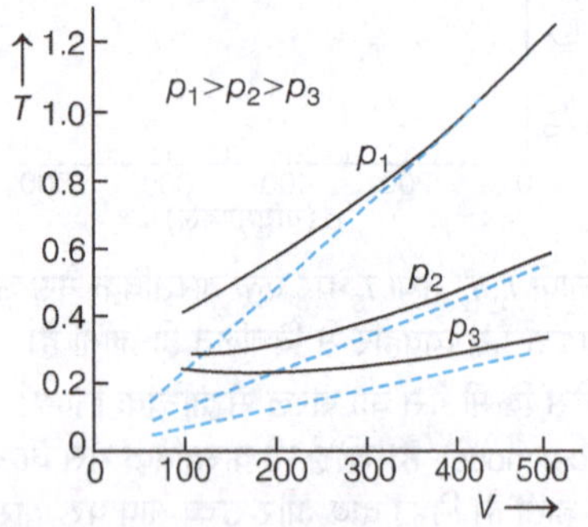

(ix) आदर्श गैसों के मिश्रण का कुल दाब मिश्रण में विद्यमान गैसों के आंशिक दाबों के योग के बराबर होता है।

अर्थात् $p = p_1 + p_2 + ... = \frac{\mu_1 RT}{V} + \frac{\mu_2 RT}{V} + ...$

यह **डॉल्टन का आंशिक दाब का नियम** कहलाता है।

आदर्श गैसों का अणुगति सिद्धान्त

(Kinetic Theory of an Ideal Gas)

यह द्रव्य की आण्विक संरचना पर आधारित है। **यह गैसों के स्थूल गुणों** (Macroscopic properties) **जैसे दाब, ताप को सूक्ष्म गुणों** (Microscopic properties) **जैसे चाल तथा गैस अणुओं की गति ऊर्जा से सम्बन्धित करता है।**

- सामान्य ताप और दाब पर आणुओं के बीच की औसत दूरी अणु के आकार (2 ऐंग्स्ट्रॉम) की तुलना में 10 गुने से भी अधिक होती है। इस प्रकार अणुओं की बीच अन्योन्य क्रिया उपेक्षणीय होती है।
- जब अणु एक-दूसरे के समीप आते हैं तब वे अन्तर आण्विक बल का अनुभव करते हैं और उनके वेग परिवर्तित हो जाते हैं। यह आण्विक क्रिया **संघट्ट** कहलाती है।
- अणुओं के होने वाले परस्पर सभी संघट्ट या पात्र की दीवारों तथा अणुओं के बीच होने वाले सभी संघट्ट **प्रत्यास्थ** होते हैं अर्थात् **कुल गतिज ऊर्जा तथा संवेग संरक्षित रहते हैं।**
- **गैस द्वारा आरोपित कुल दाब** निम्न सूत्र द्वारा प्राप्त होता है

$$p = \frac{1}{3} nm\bar{v}^2$$ NEET 2021

$$= \frac{1}{3}\rho\bar{v}^2$$

जहाँ, $\rho = nm$

$$= \frac{Nm}{V} = \text{गैस का घनत्व}$$

यहाँ, $\bar{v}^2$ **वर्ग माध्य चाल** को प्रदर्शित करता है।

- **गैस के ताप की आण्विक व्याख्या** निम्न समीकरण द्वारा की जाती है,

$$pV = \frac{2}{3}E$$

- **आदर्श गैस की आन्तरिक ऊर्जा E** जो पूर्णतः गतिज ऊर्जा होती है, निम्न सूत्र द्वारा प्राप्त होती है,

$$E = N \times \frac{1}{2} m\bar{v}^2$$

जहाँ, $N (= nv)$ गैस के किसी नमूने में अणुओं की कुल संख्या है।

- किसी आदर्श गैस के **एक मोल की औसत गतिज ऊर्जा** निम्न है,

$$E = \frac{3}{2} k_B NT$$

या $$\frac{E}{N} = \frac{1}{2} m\bar{v}^2 = \frac{3}{2} k_B T$$

- किसी गैस के अणु की औसत गतिज ऊर्जा गैस के परमताप के अनुक्रमानुपाती होती है यह दाब, आयतन या आदर्श गैस की प्रकृति पर निर्भर नहीं करता है।
- साम्यावस्था में विभिन्न गैसों के अणुओं की औसत गतिज ऊर्जा समान होगी,

अर्थात् $$\frac{1}{2} m_1\bar{v}_1^2 = \frac{1}{2} m_2\bar{v}_2^2 = \frac{3}{2} k_B T$$

- अक्रिय आदर्श गैसों के मिश्रण के लिए कुल दाब मिश्रण की प्रत्येक गैस के दाब के योग द्वारा प्राप्त होता है। जिसे निम्न सूत्र द्वारा दिया जाता है

$$p = \frac{1}{3}[n_1 m_1 \bar{v}_1^2 + n_2 m_2 \bar{v}_2^2 + ...]$$

$\Rightarrow p = (n_1 + n_2 + ...)k_B T$ (डाल्टन का आंशिक दाब का नियम)

Marks Maximizer

- एक अणु की वर्ग माध्य चाल,
$$\bar{v}^2 = \frac{3k_BT}{m} = \frac{3RT}{M_0}$$
$\bar{v}^2$ का वर्गमूल, **वर्ग माध्य मूल** (rms) **चाल** के रूप में जाना जाता है। यह v_{rms} द्वारा प्रदर्शित की जाती है।

अर्थात् $$v_{rms} = \sqrt{\frac{3k_BT}{m}} = \sqrt{\frac{3RT}{M_0}}$$ **NEET 2020, 2021**

- वह चाल जिससे अधिकतम अणु गति करते हैं, गैस के अणुओं की **अधिकतम सम्भव चाल** कहलाती है।
$$v_{mp} = \sqrt{\frac{2KT}{m}} = \sqrt{\frac{2RT}{M_0}}$$
- किसी दिए गए ताप पर गैस के अणुओं की चालों के समान्तर माध्य को अणुओं की **औसत चाल** कहते हैं।
$$v_{av} = \sqrt{\frac{8kT}{\pi m}} = \sqrt{\frac{8RT}{\pi M_0}}$$
- v_{rms}, v_{av} तथा v_{rms} के बीच निम्न सम्बन्ध होता है
$$v_{rms} > v_{av} > v_{mp}$$

ऊर्जा के समविभाजन का नियम
(Law of Equipartition of Energy)

- इस नियम के अनुसार, **तापीय साम्यावस्था में किसी निकाय के लिए, कुल ऊर्जा समान रूप से सभी सम्भव ऊर्जा रूपों में वितरित होती है तथा प्रत्येक रूप में औसत ऊर्जा $\frac{1}{2}k_BT$ होती है।**
- किसी एकल अणु की गतिज ऊर्जा होती निम्न है
$$\varepsilon_t = \frac{1}{2}mv_x^2 + \frac{1}{2}mv_y^2 + \frac{1}{2}mv_z^2$$
- T ताप पर तापीय साम्यावस्था में किसी गैस के लिए, ऊर्जा का औसत मान जिसे $< \varepsilon_t >$ द्वारा निर्दिष्ट किया जाता है, $\frac{3}{2}k_BT$ होता है।

चूँकि, यहाँ कोई वरीय दिशा (Preferred direction) नही है, अतः
$$< \frac{1}{2}mv_x^2 > = < \frac{1}{2}mv_y^2 > = < \frac{1}{2}mv_z^2 > = \frac{1}{2}k_BT$$ **NEET 2020, 2021**

- किसी अणु की स्वतन्त्रता की कोटि सरल रेखा में गति के लिए एक, समतल में गति के लिए दो तथा दिक् स्थान (Space) में गति के लिए तीन होती है।
- एक पिण्ड के पूर्ण रूप से एक स्थान से दूसरे स्थान तक की गति को **स्थानान्तरण** (Translation) कहा जाता है। इस प्रकार, दिक स्थान (Space) में गति करने के लिए **स्वतन्त्र अणु की स्थानान्तरीय स्वतन्त्रता की कोटि तीन** होती है।
- एक परमाणुक गैस के अणुओं में केवल **स्थानान्तरीय स्वतन्त्रता कोटि** होती है।
- द्विपरमाणुक गैस के अणु दो परमाणुओं से बने होते हैं जो बन्ध के माध्यम से एक-दूसरे से दृढ़ता से जुड़े रहते हैं। इस प्रकार, द्विपरमाणुक गैस के अणुओं की **स्वतन्त्रता की कोटि पाँच** होती है, अर्थात् 3 स्थानान्तरीय तथा 2 घूर्णीय। अतः **कुल ऊर्जा, स्थानान्तरीय ऊर्जा (ε_t) तथा घूर्णी ऊर्जा (ε_r) का योग होती है।**

अर्थात् $$\varepsilon_t + \varepsilon_r = \frac{1}{2}mv_x^2 + \frac{1}{2}mv_y^2 + \frac{1}{2}mv_z^2 + \frac{1}{2}I_1\omega_1^2 + \frac{1}{2}I_2\omega_2^2$$

- CO जैसे द्विपरमाणुक अणु, सामान्य ताप पर भी कम्पन करते हैं, अर्थात् इनके परमाणु अन्तरापरमाणुक अक्ष के अनुदिश दोलन करते हैं और कुल ऊर्जा में कम्पन ऊर्जा ε_v का भी योगदान करते हैं।
$$\varepsilon_v = \frac{1}{2}m\left(\frac{dy}{dt}\right)^2 + \frac{1}{2}ky^2 \Rightarrow \varepsilon = \varepsilon_t + \varepsilon_r + \varepsilon_v$$
जहाँ, k दोलित्र का बल नियतांक तथा y कम्पन निर्देशांक है।
- किसी अणु की प्रत्येक स्थानान्तरीय एवं घूर्णीय स्वतन्त्रता कोटि ऊर्जा में $\frac{1}{2}k_BT$ का योगदान देती है, जबकि प्रत्येक कम्पन की आवृत्ति $2 \times \frac{1}{2}k_BT = k_BT$ होती है, चूँकि कम्पन में गतिज और स्थितिज दोनों प्रकार की ऊर्जाएँ निहित होती हैं।

Concept Master Video के लिए

विशिष्ट ऊष्मा धारिता (Specific Heat Capacity)

(i) **एक परमाणुक गैस के लिए**

स्वतन्त्रता की कोटि, $f = 3$ (केवल स्थानान्तरीय)

इस प्रकार की गैस के 1 मोल की कुल आन्तरिक ऊर्जा
$$U = \frac{3}{2}k_BT\,N_A = \frac{3}{2}RT$$

नियत आयतन पर मोलर विशिष्ट ऊष्मा, $C_V = \frac{dU}{dT} = \frac{3}{2}R$

नियत दाब पर मोलर विशिष्ट ऊष्मा, $C_p = C_V + R = \frac{5}{2}R$

$[\because C_p - C_V = R]$

$\therefore$ विशिष्ट ऊष्माओं का अनुपात, $\gamma = \frac{C_P}{C_V} = \frac{5}{3}$

(ii) **द्विपरमाणुक गैस के लिए** (दृढ़ द्विपरमाणुक के लिए)

$f = 5$ (3 स्थानान्तरीय + 2 घूर्णीय)

इसी प्रकार, $U = \frac{5}{2}k_BTN_A = \frac{5}{2}RT$

मोलर विशिष्ट ऊष्मा निम्न हैं
$$C_V = \frac{5}{2}R, C_p = \frac{7}{2}R \Rightarrow \gamma = \frac{C_p}{C_V} = \frac{7}{5}$$

यदि द्विपरमाणुक अणु दृढ़ नहीं हैं, वरन् इसमें एक अतिरिक्त कम्पन रूप भी सम्मिलित होता है, तब
$$U = \left(\frac{5}{2}k_BT + k_BT\right)N_A = \frac{7}{2}RT$$
$$\Rightarrow \quad C_V = \frac{7}{2}R, C_p = \frac{9}{2}R$$
तथा $$\gamma = \frac{9}{7}$$

(iii) **बहुपरमाणुक गैस के लिए**

स्वतन्त्रता की कोटि = $(6+f)$ (3 स्थानान्तरीय + 3 घूर्णीय + f कम्पन)

कुल आन्तरिक ऊर्जा, $U = \left(\frac{3}{2}k_BT + \frac{3}{2}k_BT + f\,k_BT\right)N_A$

$\Rightarrow \quad C_V = (3+f)R$ तथा $C_P = (4+f)R$

जहाँ, f = कम्पनों की संख्या

$\Rightarrow \quad \gamma = \frac{(4+f)}{(3+f)}$

- **ठोस की विशिष्ट ऊष्मा** $C = \frac{\Delta Q}{\Delta T} = \frac{\Delta U}{\Delta T} = 3R$ है।

अतः कुल ऊर्जा, $\quad U = 3k_BTN_A = 3RT$

Marks Maximizer

- यदि एक गैस के n_1 अणुओं को अन्य गैस के n_2 अणुओं के साथ मिलाया जाता है तथा आगे भी इसी प्रकार ...., तब

$$C_{V_{\text{मिश्रित}}} = \frac{n_1C_{V_1} + n_2C_{V_2} + ...}{n_1 + n_2 + ...}$$

जहाँ $C_{V_{\text{मिश्रित}}} \rightarrow$ नियत ताप पर मोलर विशिष्ट ऊष्मा

- C_{V_1} तथा C_{V_2} प्रथम गैस तथा द्वितीय गैस की क्रमशः मोलर विशिष्ट ऊष्मा है। इसलिए, $C_{P_{\text{मिश्रित}}} = C_{V_{\text{मिश्रित}}} + R$

Concept Master Video के लिए

माध्य मुक्त पथ (Mean Free Path)

- दो क्रमागत संघट्टों के मध्य अणु द्वारा तय की गई औसत दूसरी **अणु का माध्य मुक्त पथ** (l) कहलाता है। अणु द्वारा उस समय Δt में तय किया गया आयतन जिसमें कोई एक अणु इससे टकराता है, नीचे दर्शाया गया है।

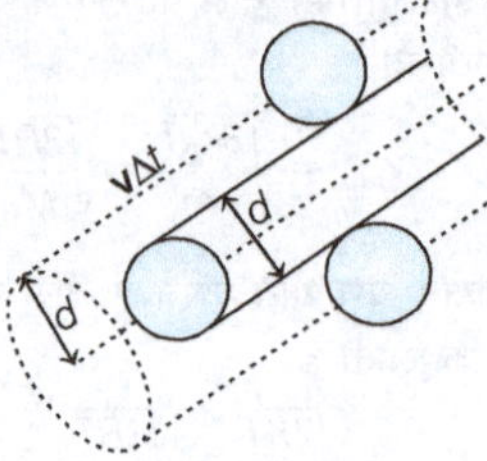

माध्य मुक्त पथ, $l = \frac{1}{\sqrt{2}\,n\pi d^2}$

जहाँ, $\quad d$ = प्रत्येक अणु का व्यास

तथा $\quad n$ = एकांक आयतन में अणुओं की संख्या

- गैस अणुओं के **संघट्ट की दर** $n\pi d^2 <v>$ है

अथवा दो क्रमिक संघट्टों के बीच औसत अंतराल निम्न है

$$t = \frac{1}{n\pi <v> d^2}$$

- गैसों में माध्य मुक्त पथ हजारों ऐंग्स्ट्रॉमों की कोटि का होता है।

Caution Points

- पात्र की दीवारों के अतिरिक्त तरल में प्रत्येक स्थान पर दाब स्थित होता है। गैस की परत के दोनों ओर समान मात्रा में दाब होने के कारण पात्र में गैस की परत साम्यवस्था में रहती है।
- गैस में माध्य मुक्त पथ अन्तर परमाणुक दूरी का 100 गुना और अणु के आकार का 1000 गुना होता है। सामान्यतः सामान्य दाब और ताप पर ठोसों और द्रवों में अन्तराण्विक दूरियाँ, इनकी अन्तरापरमाण्विक दूरियों की 10 गुना होती हैं।
- किसी कमरे में हवा के अणु अपनी उच्च चाल और संघट्ट के कारण नीचे नहीं गिरते और गुरुत्व के कारण जमीन पर नहीं आते हैं। साम्यवस्था में, कम ऊँचाई पर घनत्व में बहुत कम वृद्धि होती है। यह प्रभाव बहुत छोटा होता है, चूँकि सामान्य ऊँचाई के लिए स्थितिज ऊर्जा, औसत गतिज ऊर्जा से बहुत कम होती है।
- कुछ राशियों के वर्गों का औसत, सदैव एन राशियों के औसत के वर्ग के बराबर नहीं होता है अर्थात् $<v^2> \neq (<v>)^2$

PYQ नोट्स

1. जब तापमान T_1 और T_2 पर दो आदर्श बहुपरमाणुक गैसों को इस प्रकार मिश्रित किया जाता है कि ऊर्जा की हानि न हो और यदि f_1 तथा f_2, m_1 तथा m_2, n_1 तथा n_2 क्रमशः पहली और दूसरी गैस के लिए स्वतन्त्रता की कोटियाँ, द्रव्यमान, मोलों की संख्या हो, तो दोनों गैसों के मिश्रण का ताप निम्न सूत्र द्वारा प्राप्त होता है,

$$T_{\text{मिश्रित}} = \frac{n_1f_1T_1 + n_2f_2T_2}{n_1f_1 + n_2f_2}$$

[JEE Main 2021]

2. T तापमान पर f स्वतन्त्रता की कोटि वाली n मोलों की गैस के लिए

- गैस आन्तरिक ऊर्जा निम्न सूत्र द्वारा प्राप्त होती है, $U = nC_VT = \frac{nfRT}{2}$

[NEET 2021]

- गैस की आन्तरिक ऊर्जा में परिवर्तन निम्न सूत्र द्वारा प्राप्त होता है

$$\Delta U = \frac{nfR\Delta T}{2} = \frac{f}{2}(nR\Delta T) = \frac{f}{2}(W_{p\,=\,\text{नियत}})$$

जहाँ, $W_{p=\text{नियत}} = nR\Delta T$ = नियत दाब पर गैस द्वारा किया गया कार्य।

[NEET 2019]

Step by Step

Mastering NCERT

- कॉन्सेप्ट बिल्डर्स
- शीर्षकवार प्रश्न
- अभिकथन-कारण प्रश्न
- कथन आधारित प्रश्न
- सुमेलन प्रकार प्रश्न
- आंकिक मान प्रकार के प्रश्न
- NCERT Exemplar प्रश्न
- विगत परीक्षाओं के प्रश्न
- स्किल बूस्टर्स

कॉन्सेप्ट बिल्डर्स

1 समान ताप और दाब पर सभी गैसों के समान आयतन में अणुओं की संख्या समान होती है। यह नियम डॉल्टन द्वारा प्रस्तावित किया गया था। (सत्य/असत्य)

2 ....(स्थैतिक/गतिशील) साम्यावस्थ में, अणु टकराते हैं और संघट्ट के दौरान अपनी गति परिवर्तित करते हैं।

3 वास्तविक गैसें .... (उच्च/निम्न) दाब और .... (उच्च/निम्न) ताप पर आदर्श गैस की भाँति व्यवहार करती हैं।

4 जब किसी गैस के दिए गए द्रव्यमान का तापमान स्थिर रखा जाता है, तो उसका दाब गैस के आयतन के साथ .... (समानुपात/व्युत्क्रमानुपात) में परिवर्तित होता है।

5 एक आदर्श गैस को स्थिर आयतन पर तब तक गर्म किया जाता है जब तक उसका दाब दोगुना नहीं हो जाता, तब, अणुओं की वर्ग माध्य चाल .... (आधी/दोगुनी) हो जाती है।

6 यदि स्थिर दाब पर किसी गैस का आयतन दोगुना कर दिया जाए, तो उसके अणु की औसत स्थानान्तरीय गतिज ऊर्जा भी दोगुनी हो जाएगी। (सही/गलत)

7 जब गैस का तापमान .... (आधा/चार गुना) हो जाता है, तो गैस का rms वेग दोगुना हो जाता है।

8 किसी गैस का माध्य मुक्त पथ गैस के घनत्व और दाब के साथ परिवर्तित होता है। (सत्य/असत्य)

9 प्रकृति में ऐसा सबसे सरल प्रमाण क्या है जिसके आधार पर हम समझ सकते हैं कि परमाणु बिन्दु द्रव्यमान नहीं हैं?

10 कार चलाते समय टायर में वायु दाब .... (बढ़ता/घटता) है।

11 जैसे-जैसे बुलबुला झील के तल से ऊपर की ओर आता है, उसकी त्रिज्या बढ़ती जाती है। (सत्य/असत्य)

12 द्विपरमाणुक अणु की स्वतन्त्रता की कोटि क्या है?

13 साम्यावस्था में, कुल ऊर्जा सभी सम्भावित ऊर्जा प्रक्रिया में समान रूप से वितरित होती है, प्रत्येक प्रक्रिया की औसत ऊर्जा .... $k_B T$ के बराबर होती है। इसे ऊर्जा के समविभाजन के नियम के रूप में जाना जाता है।

14 किसी गैस अणु की औसत गतिज ऊर्जा गैस के तापमान से किस प्रकार सम्बन्धित है?

15 हीलियम गैस को एक बंद पात्र में भरा गया है जिसका तापीय प्रसार गुणांक नगण्य है। जब इसे 300 केल्विन से 600 केल्विन तक गर्म किया जाता है, तो हीलियम परमाणु की औसत गतिज ऊर्जा ...... (आधी/दोगुनी) हो जाती है।

16 किसी गैस की स्वतन्त्रता की कोटि (n) और γ के बीच क्या सम्बन्ध होता है?

17 27°C तापमान पर ऑक्सीजन अणु और हाइड्रोजन अणु की गतिज ऊर्जा का अनुपात ...... है।

18 यदि ऊष्मागतिक अवस्था (p_1, V_1, T_1) में एक अक्रियाशील गैस के μ_1 मोल को पर एक अन्य अक्रियाशील गैस (p_2, V_2, T_2) के μ_2 मोल के साथ मिलाया जाता है और परिणामी मिश्रण (p, V, T) पर होता है, तब $\frac{\mu_1 p_1 V_1}{T_1} + \frac{\mu_2 p_2 V_2}{T_2} = \frac{pV}{T}\mu$ (सत्य/असत्य)

19 त्रिविमीय में ठोस के किसी अणु या परमाणु की औसत ऊर्जा $3k_B T$ है। (सत्य/असत्य)

20 किसी गैस अणु का औसत मुक्त पथ दो क्रमागत संघट्टों के बीच अणुओं द्वारा तय की गई औसत दूरी के रूप में परिभाषित किया जाता है। (सत्य/असत्य)

शीर्षकवार प्रश्न

द्रव्य की आण्विक प्रकृति

1 गैसों का अणुगति सिद्धान्त गैसों की श्यानता को किससे सम्बन्धित करता है? **NCERT पृष्ठ 244**

(a) तापमान (b) वेग
(c) आण्विक आकार (d) दाब

2 जब तत्व संयोजित होकर यौगिक बनाते हैं, तो उनके द्वारा पालन किए जाने वाले निश्चित और विविध अनुपात के नियमों को किसके द्वारा प्रस्तावित किया गया है? **NCERT पृष्ठ 244**

(a) मैक्सवेल (b) जॉन डाल्टन
(c) अवोगाद्रो (d) न्यूटन

गैसों का व्यवहार

3 दी गई V-T आकृति से, p_1 और p_2 के बीच सम्बन्ध ज्ञात कीजिए। **NCERT पृष्ठ 246**

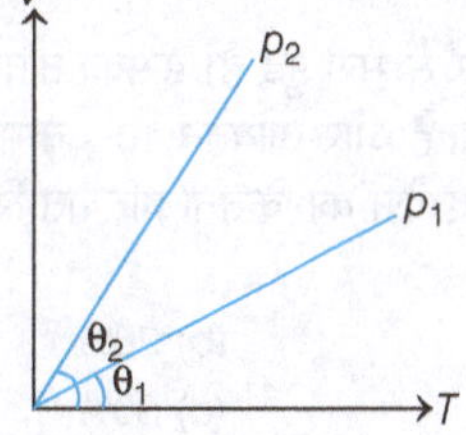

(a) $p_1 = p_2$ (b) $p_2 > p_1$ (c) $p_1 > p_2$ (d) $p_1 \geq p_2$

4 27°C और 1.2 वायुमण्डलीय दाब पर 4.0 लीटर के नमूने में 0.75 मोल गैस है। यदि समान तापमान और दाब पर अतिरिक्त 0.25 मोल गैस मिला दी जाए, तो गैस का कुल आयतन है **NCERT पृष्ठ 246**

(a) 1.5 लीटर (b) 5.33 लीटर (c) 3 लीटर (d) 4.5 लीटर

5 दो गैसों के आण्विक द्रव्यमानों का अनुपात $\frac{7}{8}$ है। दो गैसों के मोलों की संख्या का अनुपात क्या होगा, यदि वे दो अलग-अलग पात्रों में हैं और प्रत्येक गैस का द्रव्यमान समान है? **NCERT पृष्ठ 246**

(a) $\frac{8}{7}$ (b) $\frac{7}{8}$ (c) $\frac{7}{5}$ (d) $\frac{5}{7}$

6 दाब p और तापमान T पर 5 ग्राम ऑक्सीजन के लिए अवस्था समीकरण, जब यह V आयतन घेरती है होगा **NCERT पृष्ठ 246**

(a) $pV = \left(\frac{5}{32}\right)RT$ (b) $pV = 5RT$

(c) $pV = \left(\frac{5}{2}\right)RT$ (d) $pV = \left(\frac{5}{16}\right)RT$

7 एक पात्र में तापमान T पर 32 ग्राम O_2 है। गैस का दाब p है। एक समान पात्र में तापमान $2T$ पर 4 ग्राम H_2 का दाब होगा **NCERT पृष्ठ 246**

(a) $8p$ (b) $4p$ (c) p (d) $\frac{p}{8}$

8 घर्षण रहित पिस्टन वाले दो समान पात्रों A और B में समान तापमान T तथा समान आयतन V पर समान आदर्श गैस भरी है। A और B में गैसों के द्रव्यमान क्रमशः m_A और m_B हैं। गैसों को समतापी रूप से अन्तिम आयतन $2V$ तक फैलने दिया जाता है। A और B में गैस के दाब में परिवर्तन क्रमशः Δp और $1.5\,\Delta p$ पाया जाता हैं। तब, **NCERT पृष्ठ 246**

(a) $9m_A = 4m_B$ (b) $3m_A = 2m_B$

(c) $2m_A = 3m_B$ (d) $4m_A = 9m_B$

9 $pV = \mu RT$ को पुनः इस प्रकार लिखा जा सकता है **NCERT पृष्ठ 246**

(a) $pV = k_B NT$ (N = पूर्ण गैस में अणुओं की कुल संख्या)

(b) $p = k_B nT$ (n = संख्या घनत्व)

(c) $p = \rho RT / M_0$ (ρ द्रव्यमान घनत्व तथा M_0 = मोलर द्रव्यमान)

(d) उपरोक्त सभी

10 दो पात्रों में अलग-अलग दो आदर्श गैसें A और B एक ही तापमान पर हैं तथा A का दाब B के दाब से दोगुना है। ऐसी स्थितियों में, A का घनत्व B के घनत्व का 1.5 गुना पाया जाता है। A और B के आणविक भार का अनुपात है **NCERT पृष्ठ 246**

(a) $\frac{2}{3}$ (b) $\frac{3}{4}$ (c) 2 (d) $\frac{1}{2}$

11 किसी पात्र में एक गैस भरी हुई है। इसका तापमान केल्विन पैमाने पर 25% बढ़ा दिया गया है और आयतन 10% कम कर दिया गया है। दाब स्थिर रखने के लिए गैस का कितना प्रतिशत रिसाव होना चाहिए? **NCERT पृष्ठ 246**

(a) 25% (b) 20%

(c) 28% (d) 30%

12 निम्न में से कौन-सा ग्राफ आदर्श गैस के व्यवहार को दर्शाता है? **NCERT पृष्ठ 246**

(a)
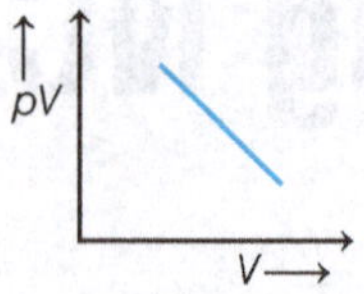

(b)
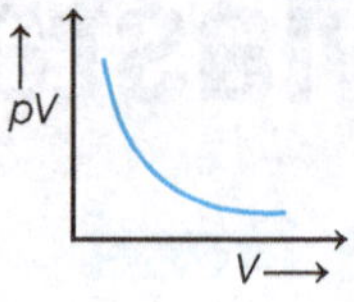

(c)
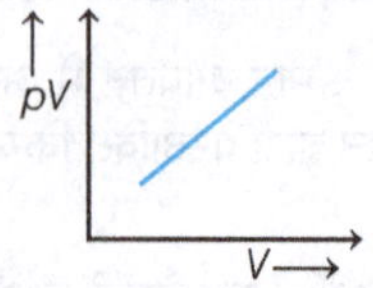

(d)
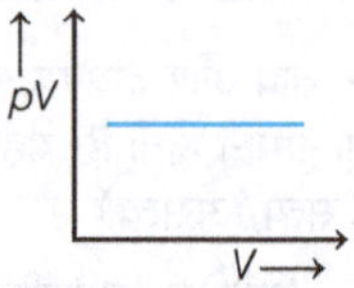

13 संतृप्त वाष्प को तापमान में किसी भी परिवर्तन के बिना इसके आधे आयतन तक संपीड़ित किया जाता है, तब दाब होगा **NCERT पृष्ठ 246**

(a) दोगुना (b) आधा (c) समान (d) शून्य

14 100 मिमी दाब पर 1 मोल गैस का आयतन 200 मिली लीटर है। 400 मिमी दाब और समान तापमान पर गैस के दो मोल का आयतन कितना है? **NCERT पृष्ठ 246**

(a) 50 मिली लीटर (b) 100 मिली लीटर

(c) 200 मिली लीटर (d) 400 मिली लीटर

15 एक आदर्श गैस के लिए, तापमान नियत रखते हुए गैस का दाब 20% कम कर दिया जाता है। आयतन में प्रतिशत परिवर्तन है **NCERT पृष्ठ 246**

(a) 20% बढ़ जाता है (b) 20% कम हो जाता है

(c) 25% बढ़ जाता है (d) 25% कम हो जाता है

16 किसी एक परमाणु गैस (V मी^{3} में, T °C में) के लिए वायुमण्डलीय दाब पर आयतन-तापमान ग्राफ है **NCERT पृष्ठ 246**

(a)
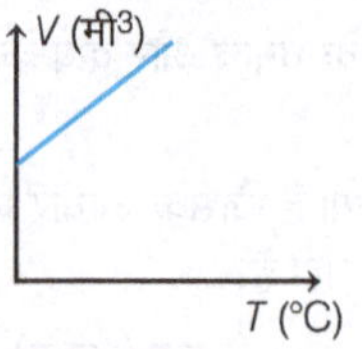

(b)
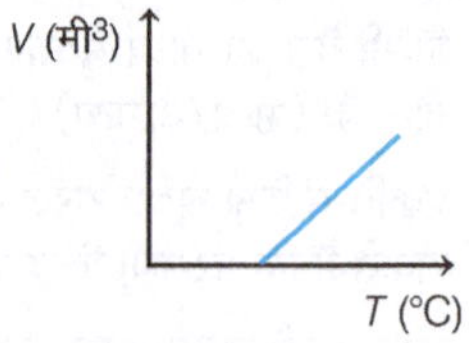

(c)
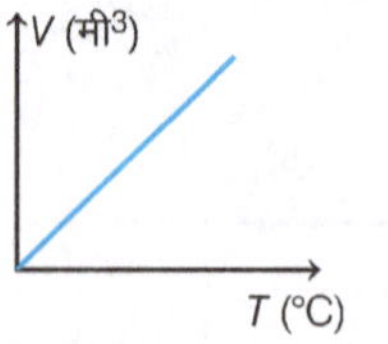

(d)
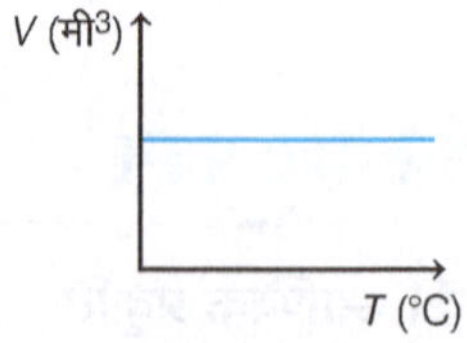

17 27°C पर एक आदर्श गैस को नियत दाब पर गर्म किया जाता है, जिससे उसका आयतन दोगुना हो जाता है। गैस के तापमान में वृद्धि होगी **NCERT पृष्ठ 246**

(a) 300°C (b) 54°C (c) 327°C (d) 600°C

18 जब नियत आयतन पर किसी गैस का तापमान 1°C बढ़ता है, तो उसका दाब 0.4% बढ़ जाता है। इसका प्रारम्भिक तापमान क्या है? **NCERT पृष्ठ 246**

(a) 250°C (b) 125°C (c) 195°C (d) 329°C

19 एक मोटरकार के टायर में 15°C पर वायु भरी है। यदि तापमान 35°C तक बढ़ जाता है, तो दाब में अनुमानित प्रतिशत वृद्धि क्या होगी? (टायर के प्रसार को उपेक्षित करें) NCERT पृष्ठ 246

(a) 7 (b) 9
(c) 11 (d) 13

20 निम्न में से कौन-सा आरेख (ग्राफ) आदर्श गैस व्यवहार को सही प्रकार से प्रदर्शित करता है? NCERT पृष्ठ 246

(a) 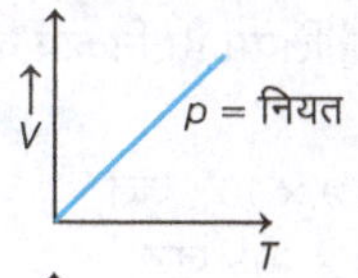

(b) 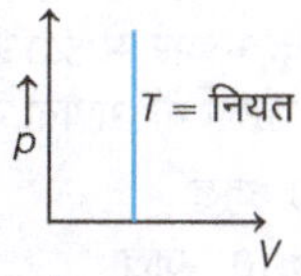

(c) 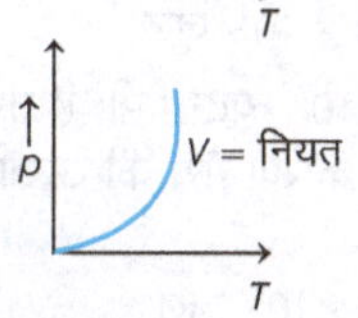

(d) 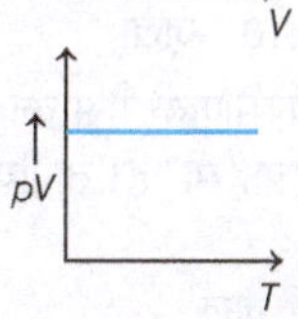

21 तापमान T और दाब p पर आयतन V के एक पात्र में गैस 1 के μ_1 मोल, गैस 2 के μ_2 मोल और गैस 3 के μ_3 मोल वाली अक्रियाशील आदर्श गैसों के मिश्रण पर विचार कीजिए। गैसों के मिश्रण का कुल दाब होगा NCERT पृष्ठ 246

(a) $\frac{\mu_1\mu_2\mu_3 V}{RT}$ (b) $\frac{RT}{\mu_1\mu_2\mu_3 V}$

(c) $(\mu_1+\mu_2+\mu_3)\frac{RT}{V}$ (d) $\mu_1\mu_2\mu_3\frac{RT}{V}$

आदर्श गैसों का अणुगति सिद्धान्त

22 एक खुले मुँह वाले पात्र में 75°C पर वायु भरी जाती है। पात्र को तापमान T तक गर्म किया जाता है, जिससे 25% वायु बाहर निकल जाती है। पात्र का आयतन स्थिर मानते हुए, T का मान है NCERT पृष्ठ 248

(a) 444°C (b) 191°C (c) 171°C (d) 200°C

23 एक पात्र में 76 सेमी पारे के दाब वाली एक गैस भरी हुई है, जो एक निश्चित तापमान पर है। पात्र में समान तापमान पर अधिक गैस भरकर गैस का द्रव्यमान 75% बढ़ाया जाता है। गैस का परिणामी दाब है NCERT पृष्ठ 248

(a) 114 सेमी पारा (b) 112 सेमी पारा
(c) 113 सेमी पारा (d) 122 सेमी पारा

24 दृढ़ द्विपरमाणुक गैस के दो मोलों की कुल घूर्णीय गतिज ऊर्जा है NCERT पृष्ठ 248

(a) RT (b) $\frac{RT}{2}$ (c) $\frac{5RT}{2}$ (d) $2RT$

25 एक आदर्श गैस के अणु के पात्र की दीवार से टकराने पर, इसकी NCERT पृष्ठ 248

(a) केवल कुल गतिज ऊर्जा संरक्षित रहती है।
(b) केवल कुल संवेग संरक्षित रहता है।
(c) कुल गतिज ऊर्जा और कुल संवेग संरक्षित रहते हैं।
(d) न तो कुल गतिज ऊर्जा और न ही कुल संवेग संरक्षित होता है।

26 300 केल्विन पर एक गैस एक पात्र में बन्द है। अब, पात्र को तेज गति से चलती ट्रेन पर रखा गया है। जब ट्रेन चल रही होती है, तो गैस का तापमान NCERT पृष्ठ 248

(a) 300 केल्विन से ऊपर हो जाता है (b) 300 केल्विन से नीचे गिर जाता है
(c) अपरिवर्तित रहता है (d) अस्थिर हो जाता है

27 जब एक घनाकार बॉक्स में + x-दिशा में गति कर रहे एक समस्थानिक गैस के अणु बॉक्स की दीवार से प्रत्यास्थ रूप से टकराते हैं, तो गैस के कारण दीवारों पर लगाया गया दाब (जहाँ, n = प्रति इकाई आयतन में अणुओं की संख्या, m = द्रव्यमान और $\bar{v}^2$ = वर्ग माध्य चाल) NCERT पृष्ठ 248

(a) $3nmv^{-2}$ (b) $\frac{1}{3}nmv^{-2}$
(c) nmv^{-2} (d) इनमें से कोई नहीं

28 एक आदर्श गैस की आन्तरिक ऊर्जा होती है NCERT पृष्ठ 248

(a) अणुओं की गतिज ऊर्जा के रूप में
(b) अणुओं की स्थितिज ऊर्जा के रूप में
(c) अणुओं की गतिज और स्थितिज ऊर्जा दोनों के रूप में
(d) अणुओं की गुरुत्वाकर्षण स्थितिज ऊर्जा के रूप में

29 किसी गैस के अणु की औसत स्थानान्तरीय गतिज ऊर्जा होती है NCERT पृष्ठ 248

(a) $\frac{3}{2}k_BT$ (b) k_BT
(c) $\frac{1}{2}k_BT$ (d) $\frac{2}{3}k_BT$

30 ऑक्सीजन और हाइड्रोजन एक ही तापमान T पर हैं। ऑक्सीजन के अणुओं की माध्य गतिज ऊर्जा का हाइड्रोजन के अणुओं की माध्य गतिज ऊर्जा से अनुपात होगा NCERT पृष्ठ 248

(a) 16 : 1 (b) 1 : 1 (c) 4 : 1 (d) 1 : 4

31 किस तापमान पर गैस के अणु की गतिज ऊर्जा 27°C के मान की आधी होती है? NCERT पृष्ठ 248

(a) 13.5°C (b) 150°C (c) 75 केल्विन (d) – 123°C

32 तापमान T पर एक कण्टेनर में दो गैसों के आण्विक द्रव्यमानों का अनुपात 3: 2 है। दो गैसों के अणुओं की गतिज ऊर्जाओं का अनुपात क्या है? NCERT पृष्ठ 248

(a) 3 : 2 (b) 9 : 4 (c) 1 : 1 (d) 4 : 9

33 नियत दाब पर, आदर्श गैस के लिए निम्नलिखित में से कौन-सा सम्बन्ध सत्य है? (जहाँ, r = गैस का घनत्व और v = गैस की rms चाल) NCERT पृष्ठ 248

(a) $\bar{v} \propto \sqrt{\rho}$ (b) $\bar{v} \propto \frac{1}{\rho}$ (c) $\bar{v} \propto \rho$ (d) $\bar{v} \propto \frac{1}{\sqrt{\rho}}$

34 300 केल्विन पर एक नाइट्रोजन अणु की वर्ग माध्य मूल चाल है (माना, $k_B = 1.38 \times 10^{-23}$ जूल/केल्विन और $N_A = 6.2 \times 10^{23}$) NCERT पृष्ठ 248

(a) $\sqrt{534}$ मी/से (b) 534 मी/से
(c) 16.34 मी/से (d) $\sqrt{216}$ मी/से

35 एक गैस अणु का rms वेग 300 मी/से है। आधे परमताप पर दोगुने अणुभार वाली गैस के अणुओं का rms वेग है **NCERT पृष्ठ 248**

(a) 300 मी/से (b) 600 मी/से
(c) 75 मी/से (d) 150 मी/से

36 1 वायुमण्डलीय दाब पर किसी गैस के लिए, अणुओं की rms चाल 127°C पर 200 मी/से है। 2 वायुमण्डलीय दाब और 227°C पर, अणुओं की rms चाल होगी **NCERT पृष्ठ 248**

(a) $100\sqrt{5}$ मी/से (b) 80 मी/से
(c) 100 मी/से (d) $80\sqrt{5}$ मी/से

37 यदि He का द्रव्यमान हाइड्रोजन के द्रव्यमान का 4 गुना है, तो समान तापमान पर He का औसत वेग है **NCERT पृष्ठ 248**

(a) H-माध्य मान का 2 गुना (b) H-माध्य मान का 1/2 गुना
(c) H-माध्य मान का 2 गुना (d) H-माध्य मान के समान

38 किसी गैस के दिए गए द्रव्यमान के अणुओं का 27°C और 1.0×10^5 न्यूटन/मी² दाब पर rms वेग 200 मी/से है। जब गैस का तापमान और दाब क्रमशः 127 °C और 0.05×10^5 न्यूटन/मी² हैं, तो इसके अणुओं का rms वेग (मी/से में) है **NCERT पृष्ठ 248**

(a) $\frac{400}{\sqrt{3}}$ (b) $\frac{100\sqrt{2}}{3}$ (c) $\frac{100}{3}$ (d) $100\sqrt{2}$

39 एक आदर्श गैस ($\gamma = 1.5$) को रुद्धोष्म रूप से प्रसारित किया जाता है। अणुओं के वर्ग माध्य मूल वेग को 2.0 गुना कम करने के लिए गैस को कितनी बार प्रसारित करना होगा? **NCERT पृष्ठ 248**

(a) 4 बार (b) 16 बार
(c) 8 बार (d) 2 बार

40 0°C तापमान पर, निम्नलिखित में से किस गैस की वर्ग माध्य मूल चाल अधिकतम होगी? **NCERT पृष्ठ 248**

(a) H_2 (b) N_2
(c) O_2 (d) सभी गैसों के लिए समान

41 नीचे विभिन्न तापमानों पर गैस के वेग के मैक्सवेल वितरण के आरेख दिए गए हैं। सही सम्बन्ध पहचानें। **NCERT पृष्ठ 248**

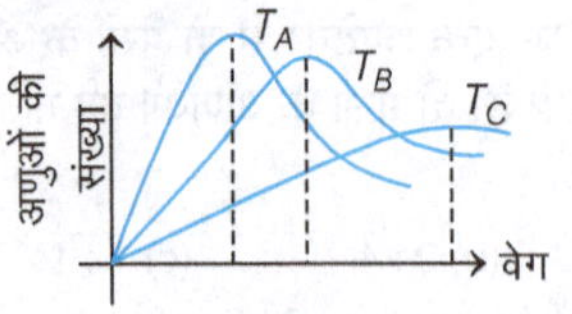

(a) $T_A > T_B > T_C$ (b) $T_A < T_B < T_C$
(c) $T_A = T_B = T_C$ (d) $T_A < T_B > T_C$

42 27°C पर ऑक्सीजन गैस के अणुओं की rms चाल v है। 327°C पर इसका मान होगा **NCERT पृष्ठ 248**

(a) v (b) $\sqrt{2}v$ (c) $\frac{3v}{\sqrt{2}}$ (d) $\frac{v}{\sqrt{2}}$

43 किसी गैस के अणुओं की वर्ग माध्य मूल चाल 1260 मी/से है। गैस के अणुओं की औसत चाल है **NCERT पृष्ठ 248**

(a) 1161 मी/से (b) 1671 मी/से
(c) 912 मी/से (d) 1040 मी/से

ऊर्जा के समविभाजन का नियम

44 NTP पर 1 ग्राम हीलियम का तापमान T_1 केल्विन से T_2 केल्विन तक बढ़ाने के लिए आवश्यक ऊष्मा ऊर्जा की मात्रा है **NCERT पृष्ठ 252**

(a) $\frac{3}{8}N_A k_B (T_2 - T_1)$ (b) $\frac{3}{2}N_A k_B (T_2 - T_1)$
(c) $\frac{3}{4}N_A k_B (T_2 - T_1)$ (d) $\frac{3}{4}N_A k_B \left(\frac{T_2}{T_1}\right)$

45 7°C पर एक गुब्बारे में 5.0 ग्राम-मोल हीलियम है। निकाय की कुल आन्तरिक ऊर्जा की गणना करें। **NCERT पृष्ठ 252**

(a) 5×10^4 जूल (b) 2.9×10^4 जूल
(c) 1.74×10^4 जूल (d) 8×10^4 जूल

46 1 किग्रा द्विपरमाणुक गैस का दाब 8×10^4 न्यूटन/मी² है तथा गैस का घनत्व 4 किग्रा/मी³ है। तापीय गति के कारण गैस की ऊर्जा क्या है? **NCERT पृष्ठ 252**

(a) 3×10^4 जूल (b) 5×10^4 जूल
(c) 6×10^4 जूल (d) 7×10^4 जूल

47 मध्यम तापमान पर CO के अणु में ऊर्जा होती है **NCERT पृष्ठ 252**

(a) $\frac{7}{2}k_B T$ (b) $\frac{5}{2}k_B T$
(c) $\frac{3}{2}k_B T$ (d) $\frac{1}{2}k_B T$

48 बहुपरमाणुक अणुओं के एक मोल के लिए कुल ऊर्जा का मान है **NCERT पृष्ठ 252**

(a) $\left(\frac{3}{2}k_B T + \frac{f}{2}k_B T\right) N_A$ (b) $\left(3k_B T + \frac{f}{2}k_B T\right) N_A$
(c) $(3k_B T + fk_B) N_A$ (d) $\left(\frac{3}{2}k_B T + fk_B T\right) N_A$

49 एक गैस मिश्रण में तापमान T पर 2 मोल नाइट्रोजन तथा 4 मोल जेनॉन (Xenon) हैं। सभी कम्पन विधा को नगन्य मानते हुए निकाय की कुल आन्तरिक ऊर्जा है **NCERT पृष्ठ 252**

(a) $4RT$ (b) $5RT$
(c) $15RT$ (d) $11RT$

50 T ताप पर एक गैस मिश्रण में 3 मोल ऑक्सीजन और 5 मोल आर्गन हैं। केवल स्थानान्तरीय और घूर्णीय गति पर विचार करते हुए, निकाय की कुल आन्तरिक ऊर्जा है **NCERT पृष्ठ 252**

(a) 12 RT (b) 15 RT
(c) 20 RT (d) 4 RT

विशिष्ट ऊष्मा धारिता

51 यदि γ विशिष्ट ऊष्माओं का अनुपात है तथा R सार्वभौमिक गैस नियतांक है, तो स्थिर आयतन C_V पर मोलर विशिष्ट ऊष्मा निम्न प्रकार दी जाती है **NCERT पृष्ठ 253**

(a) γR (b) $\frac{(\gamma - 1)R}{\gamma}$
(c) $\frac{R}{\gamma - 1}$ (d) $\frac{\gamma R}{\gamma - 1}$

52 दृढ़ द्विपरमाणुक अणुओं से बनी एक गैस को प्रारम्भ में मानक स्थिति में रखा गया, फिर गैस को रुद्धोष्म रूप से उसके प्रारम्भिक आयतन के पाँचवें भाग तक संपीड़ित किया गया। अन्तिम अवस्था में एक घूर्णन करते अणु की औसत गतिज ऊर्जा क्या होगी? NCERT पृष्ठ 253

(a) 1.44 जूल
(b) 4.55 जूल
(c) 787.98×10^{-23} जूल
(d) 757.3×10^{-23} जूल

53 द्विपरमाणुक अणुओं वाली एक गैस A की विशिष्ट ऊष्माएँ C_p और C_v क्रमशः (जूल/मोल-केल्विन की इकाइयों में) 29 और 22 हैं। द्विपरमाणुक अणुओं वाली एक अन्य गैस B के संगत मान 30 और 21 हैं। यदि उन्हें आदर्श गैसों के रूप में माना जाता है, तो NCERT पृष्ठ 253

(a) A में कम्पन विधा है लेकिन B में कोई नहीं है।
(b) A और B दोनों में प्रत्येक की कम्पन विधा है।
(c) A में एक कम्पन विधा है और B में दो हैं।
(d) A दृढ़ है लेकिन B में कम्पन विधा है।

54 मोलर विशिष्ट ऊष्माओं के अनुपात $\frac{C_p}{C_v} = \gamma$ को स्वतंत्रता की कोटि f के रूप में व्यक्त किया जा सकता है NCERT पृष्ठ 253

(a) $\left(1+\frac{f}{3}\right)$ (b) $\left(1+\frac{2}{f}\right)$
(c) $\left(f+\frac{f}{2}\right)$ (d) $\left(1+\frac{1}{f}\right)$

55 जैसे-जैसे तापमान शून्य की ओर बढ़ता है, अर्थात् $T \to 0$ केल्विन NCERT पृष्ठ 253

(a) सभी पदार्थों की विशिष्ट ऊष्मा शून्य के समीप हो जाती है।
(b) सभी पदार्थों की विशिष्ट ऊष्मा अनन्त के समीप पहुँचती है।
(c) सभी पदार्थों की विशिष्ट ऊष्मा शून्य या समीप हो सकती है।
(d) कुछ पदार्थों की विशिष्ट ऊष्मा शून्य के समीप पहुँच जाती है।

56 एक आदर्श गैस के अणु की स्वतन्त्रता की कोटि 5 है। गैस नियत दाब पर प्रसारित होने में 50 जूल कार्य करती है। इस प्रसार के दौरान गैस द्वारा अवशोषित ऊष्मा है NCERT पृष्ठ 253

(a) 100 जूल (b) 125 जूल (c) 150 जूल (d) 175 जूल

माध्य मुक्त पथ

57 हमने समान संख्या घनत्व वाली दो अलग-अलग गैसें लीं। यदि उनके अणुओं के व्यासों का अनुपात 4 : 1 है, तो उनके माध्य मुक्त पथों का अनुपात क्या होगा? NCERT पृष्ठ 254

(a) 1 : 4 (b) 4 : 1 (c) 2 : 1 (d) 1 : 16

58 STP पर वायु के अणु के लिए माध्य मुक्त पथ है ($d = 2 \times 10^{-10}$ मी और $n = 2.7 \times 10^{25}$ मी^{3}) NCERT पृष्ठ 254

(a) 3.5×10^{-7} मी (b) 4×10^{-7} मी
(c) 2.05×10^{-7} मी (d) 5×10^{-7} मी

59 एक विलगित बंद कक्ष में सीमित एक आदर्श गैस पर विचार करें। जैसे-जैसे गैस रुद्धोष्म प्रक्रिया के अन्तर्गत प्रसारित होती है, अणुओं के बीच संघट्ट का औसत समय V^q के रूप में बढ़ता है, जहाँ, V गैस का आयतन है। q का मान है $\left(\gamma = \frac{C_p}{C_V}\right)$ NCERT पृष्ठ 254

(a) $\frac{3\gamma+5}{6}$ (b) $\frac{3\gamma-5}{6}$
(c) $\frac{\gamma+1}{2}$ (d) $\frac{\gamma-1}{2}$

60 समदाबीय प्रक्रिया में, परमताप दोगुना हो जाता है। माध्य मुक्त पथ (λ) और विश्रान्ति काल (τ) क्रमशः होंगे NCERT पृष्ठ 254

(a) $\frac{1}{2}$ गुना और 2 गुना (b) 2 गुना और $\sqrt{2}$ गुना
(c) $\sqrt{2}$ गुना और $\frac{1}{\sqrt{2}}$ गुना (d) 2 गुना और $\frac{1}{2}$ गुना

अभिकथन-कारण प्रश्न

निर्देश *(प्रश्न क्रमांक 1-10) निम्नलिखित प्रश्नों में अभिकथन के बाद कारण का संगत कथन दिया गया है। निम्नलिखित कथनों में से सही कथन का चयन कीजिए।*

(a) अभिकथन और कारण दोनों सही हैं तथा कारण, अभिकथन का सही स्पष्टीकरण है।
(b) अभिकथन और कारण दोनों सही हैं, लेकिन कारण, अभिकथन का सही स्पष्टीकरण नहीं है।
(c) अभिकथन सही है, लेकिन कारण गलत है।
(d) अभिकथन गलत है, लेकिन कारण सही है।

1 **अभिकथन** गैसों में अणु बिना टकराए तेजी से और लम्बी दूरी तक गति करते हैं।
कारण गैसों में अन्तर-परमाणुक बल नगण्य होते हैं। NCERT पृष्ठ 246

2 **अभिकथन** वह गैस जो सभी दाबों और तापमानों पर $pV = \mu RT$ को सन्तुष्ट करती है, आदर्श गैस कहलाती है।
कारण कम दाब और उच्च ताप पर एक वास्तविक गैस आदर्श गैस की भाँति व्यवहार करती है। NCERT पृष्ठ 246

3 **अभिकथन** गैसें किसी पात्र की तली पर नहीं आती है।
कारण गैसों में उच्च गतिज ऊर्जा होती है। NCERT पृष्ठ 246

4 **अभिकथन** किसी आदर्श गैस के दिए गए द्रव्यमान के सभी अणुओं की कुल स्थानान्तरीय गतिज ऊर्जा उसके दाब और आयतन के गुणनफल का 1.5 गुना होती है।
कारण गैस के अणु एक दूसरे से टकराते हैं और संघट्ट के कारण अणुओं के वेगों में परिवर्तन होता है। NCERT पृष्ठ 248

5 **अभिकथन** यदि गैस युक्त गैस कक्ष को स्थानान्तरीय रूप से गति कराया जाए, तो गैस का तापमान बढ़ जाएगा।
कारण स्थानान्तरीय गति से कक्ष की कुल गतिज ऊर्जा में वृद्धि होगी। NCERT पृष्ठ 248

6 **अभिकथन** एक आदर्श गैस का दाब $\left(\frac{1}{3}nmv^{-2}\right)$ के बराबर होता है।
कारण आदर्श गैस का दाब आयतन बढ़ने पर बढ़ता है। NCERT पृष्ठ 248

7 **अभिकथन** मैक्सवेलियन वेग वितरण वाली गैस के अणुओं का वर्ग माध्य मूल वेग किसी भी तापमान पर उनके अधिकतम सम्भावित वेग से अधिक होता है।
कारण किसी गैस के बहुत कम अणुओं के वेग बहुत अधिक होते हैं। NCERT पृष्ठ 249

8 **अभिकथन** एक परमाणुक गैस की स्वतन्त्रता की कोटि सदैव तीन होती है, जबकि हम कम्पन के प्रभाव को माने या न मानें।
कारण सभी ताप (कम या अधिक) पर एक आदर्श गैस की कम्पन गतिज ऊर्जा शून्य होती है। NCERT पृष्ठ 252

9 **अभिकथन** एक रैखिक त्रिपरमाणुक अणु की स्वतन्त्रता की कोटि की संख्या 7 है।
कारण किसी निकाय में स्वतन्त्रता की कोटि की संख्या कणों की संख्या पर निर्भर करती है। NCERT पृष्ठ 252

10 **अभिकथन** गैस अणुओं का माध्य मुक्त पथ गैस के घनत्व पर निर्भर नहीं करता है।
कारण गैस अणुओं के माध्य मुक्त पथ को दो क्रमागत संघट्टों के बीच एक अणु द्वारा तय की गई औसत दूरी के रूप में परिभाषित किया जाता है। NCERT पृष्ठ 254

कथन आधारित प्रश्न

***निर्देश** (प्रश्न क्रमांक 1-8) निम्नलिखित प्रश्नों में दो कथन (I और II) दिए गए हैं। दिए गए कथनों के आधार पर, नीचे दिए गए सही विकल्प का चयन कीजिए।*

(a) कथन I और कथन II दोनों गलत हैं।
(b) कथन I सही है, लेकिन कथन II गलत है।
(c) कथन I गलत है, लेकिन कथन II सही है।
(d) कथन I और कथन II दोनों सही हैं।

1 **कथन I** परमाणु सिद्धान्त आणविक गुणों को गैस के स्थूल गुणों से सम्बन्धित करता है।
कथन II अणुगति सिद्धान्त के अनुसार, गैसों में अन्तर-परमाणुक बल नगण्य होते हैं। NCERT पृष्ठ 244

2 **कथन I** निम्न दाब और उच्च ताप पर एक वास्तविक गैस एक आदर्श गैस की भाँति व्यवहार करती है।
कथन II बॉयल के नियम के अनुसार, दाब तथा आयतन के बीच ग्राफ सीधी रेखा होता है। NCERT पृष्ठ 246

3 **कथन I** गैस के एक अणु की औसत गतिज ऊर्जा गैस के परमताप पर निर्भर नहीं करती है।
कथन II गैस के अणुओं और पात्र की दीवार के बीच संघट्ट प्रत्यास्थ होता है। NCERT पृष्ठ 248

4 **कथन I** गैसों के अणुगति सिद्धान्त में, गैस के कणों और पात्र की दीवारों के बीच संघट्ट को प्रत्यास्थ माना जाता है।
कथन II गैस के अणुओं को बिन्दु अर्थात्, आयतनहीन कण माना जाता है, जिनमें कोई अन्तर-आणविक बल नहीं होते तथा वे निरन्तर यादृच्छिक गति करते रहते हैं। NCERT पृष्ठ 248

5 **कथन I** यदि किसी गैस के नमूने को अधिक समय तक छोड़ दिया जाए, तो वह अन्ततः स्थिर अवस्था में पहुँच जाएगी।
कथन II अणुओं का घनत्व और वितरण, दूरी, स्थिति और समय पर निर्भर नहीं करता है। NCERT पृष्ठ 248

6 **कथन I** एक आदर्श गैस के दाब और आयतन का गुणनफल उसके अणुओं की स्थानान्तरीय गतिज ऊर्जा के बराबर होगा।
कथन II द्विपरमाणुक गैस के अणुओं में केवल स्थानान्तरीय स्वतन्त्रता की कोटि होती है। NCERT पृष्ठ 252

7 **कथन I** ऊर्जा के समविभाजन के नियम के अनुसार, तापीय साम्यवस्था में स्वतन्त्रता की प्रत्येक कोटि के लिए ऊर्जा $\frac{1}{2}k_BT$ होती है।
कथन II प्रत्येक कम्पन विधा केवल 1 स्वतन्त्रता की कोटि देती है। NCERT पृष्ठ 252

8 **कथन I** गैस अणुओं के दो क्रमागत संघट्टों के बीच की औसत दूरी उसकी संख्या घनत्व के व्युत्क्रमानुपाती होती है।
कथन II गैस के अणुओं के दो क्रमागत संघट्टों के बीच का समय गैस के अणुओं के व्यास से स्वतन्त्र होता है। NCERT पृष्ठ 254

सुमेलन प्रकार प्रश्न

1 कॉलम I (p, V और T का सम्बन्ध) को कॉलम II (सम्बन्धित नियम) से सुमेलित करें। **NCERT पृष्ठ 246**

कॉलम I		कॉलम II	
A.	$pV = k_BNT$	1.	डॉल्टन का नियम
B.	$p \propto \frac{1}{V}, T =$ स्थिर	2.	बॉयल का नियम
C.	$V \propto T, p =$ स्थिर	3.	आदर्श गैस समीकरण
D.	$p = p_1 + p_2 + \ldots$	4.	चार्ल्स का नियम

नीचे दिए गए विकल्पों में से सही उत्तर चुनें।

कूट

	A	B	C	D
(a)	3	2	1	4
(b)	2	3	1	4
(c)	3	2	4	1
(d)	3	4	1	2

2 गैस का एक अणु एक कक्ष की दीवार से प्रत्यास्थ रूप से टकराता है जैसा कि नीचे चित्र में दिखाया गया है कॉलम I (भौतिक राशि) को कॉलम II (सूत्र) से सुमेलित करें। **NCERT पृष्ठ 248**

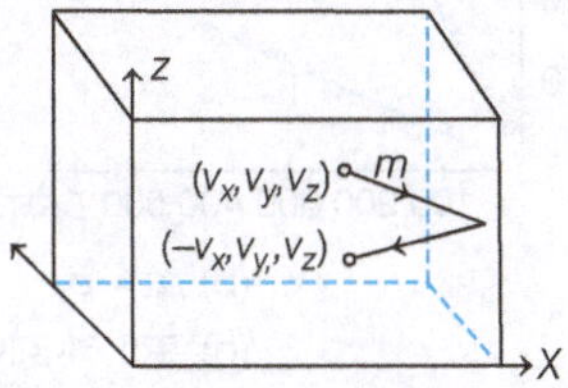

कॉलम I		कॉलम II	
A.	दीवार पर संवेग में परिवर्तन	1.	nmv_x^{-2}
B.	v_x के कारण कुल संवेग	2.	$2mv_x$
C.	X-अक्ष के साथ संघट्ट के कारण दाब	3.	$(nmv_x^2 A\Delta t)$
D.	X-अक्ष के साथ कुल दाब	4.	nmv_x^2

नीचे दिए गए विकल्पों में से सही उत्तर चुनें।

कूट

	A	B	C	D		A	B	C	D
(a)	2	3	1	4	(b)	2	3	4	1
(c)	1	4	2	3	(d)	1	2	4	3

3 कॉलम I में विभिन्न प्रकृति की गैसें दी गई हैं, तो कॉलम I को कॉलम II के सापेक्ष रूद्धोष्म नियतांक (γ) से सुमेलित करें। **NCERT पृष्ठ 253**

कॉलम I		कॉलम II	
A.	अदृढ़ द्विपरमाणुक गैस	1.	1.67
B.	अरैखिक त्रिपरमाणुक गैस	2.	1.4
C.	दृढ़ द्विपरमाणुक गैस	3.	1.33
D.	एक परमाणुक गैस	4.	1.28

नीचे दिए गए विकल्पों में से सही उत्तर चुनें।

कूट

	A	B	C	D		A	B	C	D
(a)	4	3	2	1	(b)	4	1	3	2
(c)	1	4	2	3	(d)	4	2	1	3

आंकिक मान प्रकार के प्रश्न

1 किसी गैस के लिए प्रति अणु औसत स्वतन्त्रता की कोटि 6 है। स्थिर दाब पर प्रसारित होने पर गैस 30 जूल कार्य करती है। गैस द्वारा अवशोषित ऊष्मा ...... जूल है। **NCERT पृष्ठ 253**

2 प्रक्रिया $pT = A$ में, एक गैस की मोलर ऊष्मा धारिता 37.35 जूल/मोल-केल्विन है, जहाँ A एक नियतांक है। गैस के अणु की स्वतन्त्रता की कोटि की संख्या ...... है। **NCERT पृष्ठ 253**

3 कोई एक परमाणुक गैस $\frac{2Q}{3}$ कार्य करती है, जहाँ Q उसे दी जाने वाली ऊष्मा है। इस परिवर्तन के दौरान गैस की मोलर ऊष्मा धारिता ...... $\frac{R}{2}$ होगी। (जहाँ, R गैस नियतांक है) **NCERT पृष्ठ 253**

4 जब स्थिर ताप पर एक अतिरिक्त निम्न दाब ΔP लगाया जाता है, तो एक आदर्श गैस के आयतन के परिमाण में परिवर्तन, स्थिर दाब पर ताप को निम्न मात्रा ΔT कम करने पर होने वाले परिवर्तन के समान होता है। गैस का प्रारम्भिक तापमान और दाब क्रमशः 340 केल्विन और 2 वायुमण्डलीय हैं। यदि $|\Delta T| = C|\Delta p|$, तो C का मान (केल्विन/वायुमण्डल में) ...... है। **NCERT पृष्ठ 246**

5 एक इंजन 20°C और 1 वायुमण्डलीय दाब पर 5 मोल वायु लेता है तथा इसे रुद्धोष्म रूप से मूल आयतन के (1/10) वें भाग तक संपीड़ित करता है। यह मानते हुए कि वायु दृढ़ अणुओं से बनी एक द्विपरमाणुक आदर्श गैस है, इस प्रक्रिया के दौरान इसकी आन्तरिक ऊर्जा में परिवर्तन 'X' किलो-जूल होता है। निकटतम पूर्णांक तक 'X' का मान ... ... है। **NCERT पृष्ठ 253**

6 वह तापमान, जिस पर हाइड्रोजन अणुओं का वर्ग माध्य मूल वेग पृथ्वी से उनके पलायन वेग के बराबर होता है, ... $\times 10^4$ केल्विन के निकटतम होता है। बोल्ट्ज़मान स्थिरांक $k_B = 1.38 \times 10^{-23}$ जूल/केल्विन, आवोगाद्रो संख्या $N_A = 6.02 \times 10^{26}$/किग्रा, पृथ्वी की त्रिज्या $= 6.4 \times 10^6$ मी, पृथ्वी पर गुरुत्वाकर्षण त्वरण = 10 मी/से^{2}। **NCERT पृष्ठ 248**

7 STP पर एक गैस अणु का माध्य मुक्त पथ 2×10^{-7} मी है। अणु का व्यास ...... एंग्स्ट्रॉम (निकटतम पूर्णांक) है। (दिया गया है, बोल्ट्ज़मान स्थिरांक 1.4×10^{-23} जूल/केल्विन है) NCERT पृष्ठ 254

8 2 किग्रा द्विपरमाणुक गैस का दाब 12×10^4 न्यूटन/मी² है। इसका घनत्व 8 किग्रा/मी³ है। तापीय गति के कारण गैस की ऊर्जा $x \times 10^3$ जूल है, x का मान .... है। NCERT पृष्ठ 252

9 किसी निश्चित तापमान पर वायु में ध्वनि का वेग 350 मी/से है। उसी तापमान पर हीलियम में ध्वनि का वेग .... मी/से है। ($\gamma_{वायु} = \frac{7}{5}$ लें, वायु का आणविक द्रव्यमान = 29 u) NCERT पृष्ठ 253

10 किसी पात्र में 14 ग्राम नाइट्रोजन भरी हुई है। गैस के अणु की rms गति को दोगुना करने के लिए गैस को हस्तान्तरित की जाने वाली ऊष्मा की मात्रा ... जूल है। ($R = 8.32$ जूल/मोल-केल्विन लें) NCERT पृष्ठ 253

NCERT Exemplar प्रश्न

1 NTP पर एक घनाकार पात्र (जिसका फलक क्षैतिज और ऊर्ध्वाधर है) में एक आदर्श गैस है। पात्र को एक रॉकेट द्वारा ले जाया जा रहा है जो ऊर्ध्वाधर दिशा में 500 मी/से की गति से आगे बढ़ रहा है। पात्र के अन्दर गैस का दाब धरातल पर हमारे द्वारा मापे गए दाब की तुलना में

(a) वही रहता है, क्योंकि 500 मी/से गैस के v_{rms} से बहुत छोटा है

(b) वही रहता है, क्योंकि पूरे पात्र की गति दीवारों के सापेक्ष गैस अणुओं की सापेक्ष गति को प्रभावित नहीं करती है

(c) $(v_{rms}^2 + 500^2)/v_{rms}^2$ के बराबर गुणांक से बढ़ेगा, जहाँ v_{rms} गैस का वर्ग माध्य मूल वेग था

(d) पात्र की ऊपरी दीवार और निचली दीवार पर अलग-अलग होगा

2 300 केल्विन पर V आयतन के एक घन $ABCDEFGH$ में 1 मोल आदर्श गैस भरी है (चित्र देखें)। घन का एक फलक $EFGH$ एक ऐसे पदार्थ का बना है जो उस पर पड़ने वाले किसी भी गैस अणु को पूरी तरह से अवशोषित कर लेता है। किसी भी दिए गए समय पर,

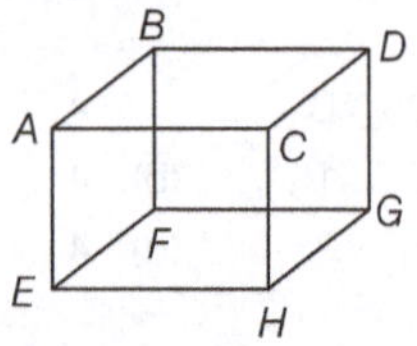

(a) $EFGH$ पर दाब शून्य होगा

(b) सभी फलकों पर दाब समान होगा

(c) $EFGH$ का दाब $ABCD$ पर दाब का दोगुना होगा

(d) $EFGH$ पर दाब $ABCD$ पर दाब का आधा होगा

3 बॉयल का नियम .... के लिए लागू होता है

(a) रुद्धोष्म प्रक्रिया (b) समतापीय प्रक्रिया

(c) समदाबीय प्रक्रिया (d) समआयनिक प्रक्रिया

4 एक आदर्श गैस युक्त सिलेण्डर ऊर्ध्वाधर स्थिति में है तथा इसमें द्रव्यमान M का एक पिस्टन है जो बिना घर्षण के ऊपर या नीचे गति करने में सक्षम है (चित्र देखें)। यदि तापमान बढ़ा दिया जाए, तो

(a) गैस के p और V दोनों परिवर्तित हो जाएंगे

(b) चार्ल्स के नियम के अनुसार केवल p बढ़ेगा

(c) V परिवर्तित होगा लेकिन p नहीं

(d) p परिवर्तित होगा लेकिन V नहीं

5 एक आदर्श गैस के दिए गए द्रव्यमान के लिए स्थिर दाब के दो अलग-अलग मानों पर आयतन तथा तापमान के बीच ग्राफ चित्र में दर्शाए गए हैं। p_1 और p_2 के बीच सम्बन्ध के बारे में क्या अनुमान लगाया जा सकता है?

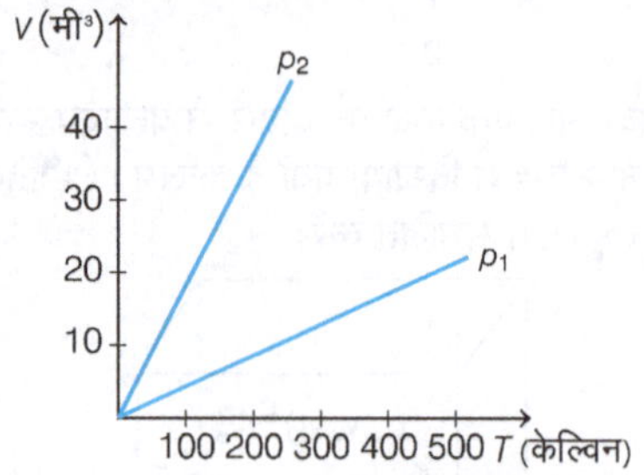

(a) $p_1 > p_2$ (b) $p_1 = p_2$

(c) $p_1 < p_2$ (d) डेटा अपर्याप्त है

6 $T = 300$ केल्विन पर $V = 1.00$ मी³ आयतन वाले एक बॉक्स में 1 मोल H_2 गैस भरी हुई है। गैस को $T = 3000$ केल्विन के ताप तक गर्म किया जाता है तथा गैस हाइड्रोजन परमाणुओं वाली गैस में परिवर्तित हो जाती है। अन्तिम दाब (सभी गैसों को आदर्श मानते हुए) होगा

(a) प्रारम्भिक दाब के समान (b) प्रारम्भिक दाब का 2 गुना

(c) प्रारम्भिक दाब का 10 गुना (d) प्रारम्भिक दाब का 20 गुना

7 V आयतन वाले एक पात्र में 1 मोल हाइड्रोजन तथा 1 मोल ऑक्सीजन का मिश्रण है (दोनों को समान माना जाता है)। माना v तथा $(v + dv)$ के बीच गति के साथ हाइड्रोजन अणुओं के अंश को $f_1(v)dv$ द्वारा तथा इसी प्रकार ऑक्सीजन के लिए $f_2(v)dv$ दर्शाया जाता है। तब

(a) $f_1(v) + f_2(v) = f(v)$ मैक्सवेल के वितरण नियम का पालन करता है

(b) $f_1(v)$ और $f_2(v)$ मैक्सवेल के वितरण नियम का अलग-अलग पालन करेंगे

(c) न तो $f_1(v)$ और न ही $f_2(v)$ मैक्सवेल के वितरण नियम का पालन करेंगे

(d) $f_2(v)$ और $f_1(v)$ समान होंगे

8 एक फुले हुए रबर के गुब्बारे में एक आदर्श गैस का 1 मोल है, इसका दाब p, आयतन V और तापमान T है। यदि तापमान $1.1\,T$ तक बढ़ जाता है और आयतन $1.05\,V$ तक बढ़ा दिया जाता है, तो अन्तिम दाब होगा

(a) $1.1\,p$ (b) p

(c) p से कम (d) p और $1.1p$ के बीच

9 हाइड्रोजन जैसे द्विपरमाणुक अणुओं में स्थानान्तरीय तथा घूर्णीय गति दोनों के कारण ऊर्जा होती है। अणुगति सिद्धान्त के समीकरण $pV = \frac{2}{3}E$, से E है

(a) प्रति इकाई आयतन कुल ऊर्जा

(b) ऊर्जा का केवल स्थानान्तरीय भाग, क्योंकि घूर्णीय ऊर्जा स्थानान्तरीय ऊर्जा की तुलना में बहुत कम होती है

(c) ऊर्जा का केवल स्थानान्तरीय भाग, क्योंकि दीवार से संघट्ट के दौरान दाब रैखिक संवेग में परिवर्तन से सम्बन्धित होता है

(d) ऊर्जा का स्थानान्तरीय भाग, क्योंकि अणुओं की घूर्णीय ऊर्जा किसी भी चिह्न की हो सकती है तथा सभी अणुओं पर इसका औसत शून्य होता है

10 जब एक आदर्श गैस को रुद्धोष्म रूप से संपीड़ित किया जाता है, तो इसका ताप बढ़ जाता है और अणुओं में औसतन पहले की तुलना में अधिक गतिज ऊर्जा होती है। गतिज ऊर्जा बढ़ जाती है,

(a) केवल दीवार के गतिशील भागों से संघट्ट के कारण

(b) पूरी दीवार से संघट्ट के कारण

(c) आयतन के अन्दर अणु गति के दौरान उनके त्वरित हो जाने के कारण

(d) अणुओं के बीच ऊर्जा के पुनर्वितरण के कारण

विगत परीक्षाओं के प्रश्न

NEET

1 निम्न ग्राफ में एक आदर्श गैस के तीन दाबों p_1, p_2 व p_3 पर T-V वक्र प्रदर्शित करता है (जहाँ T तापमान, V आयतन) जिसकी चार्ल्स नियम की बिन्दु रेखा द्वारा तुलना की गई है। **NCERT पृष्ठ 246, NEET 2024**

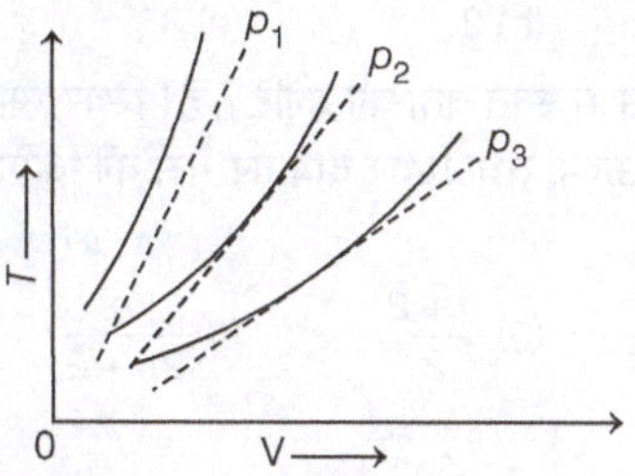

तब सही सम्बन्ध है

(a) $p_3 > p_2 > p_1$ (b) $p_1 > p_3 > p_2$

(c) $p_2 > p_1 > p_3$ (d) $p_1 > p_2 > p_3$

2 यदि अन्तरा-आणविक बल लुप्त हो जाएं तो STP पर 4.5 किग्रा जल में उपस्थित अणुओं द्वारा घेरा गया आयतन है **NCERT पृष्ठ 246, NEET 2022**

(a) 5.6×10^3 मी^{3} (b) 5.6×10^{-3} मी^{3}

(c) 5.6 मी^{3} (d) 5.6×10^6 मी^{3}

3 कॉलम I को कॉलम II से सुमेलित करें और नीचे दिए गए कूट से सही उत्तर चुनें। **NCERT पृष्ठ 248, NEET 2021**

	कॉलम I		कॉलम II
A.	गैस अणुओं का वर्ग माध्य मूल	1.	$\frac{1}{3}nmv^{-2}$
B.	आदर्श गैस द्वारा लगाया गया दाब	2.	$\sqrt{\frac{3RT}{M}}$
C.	एक अणु की औसत गतिज ऊर्जा	3.	$\frac{5}{2}RT$
D.	एक द्विपरमाणुक गैस के 1 मोल की कुल आन्तरिक ऊर्जा	4.	$\frac{3}{2}k_BT$

कूट

	A	B	C	D		A	B	C	D
(a)	3	1	4	2	(b)	2	3	4	1
(c)	2	1	4	3	(d)	3	2	1	4

4 एक सिलेण्डर में 249 किलो पास्कल दाब और 27°C ताप पर हाइड्रोजन गैस भरी है, इसका घनत्व है
($R = 8.3$ जूल/मोल-केल्विन) **NCERT पृष्ठ 246, NEET 2020**

(a) 0.2 किग्रा/मी^{3}

(b) 0.1 किग्रा/मी^{3}

(c) 0.02 किग्रा/मी^{3}

(d) 0.5 किग्रा/मी^{3}

5 एक आदर्श गैस समीकरण को इस प्रकार लिखा जा सकता है $p = \frac{\rho RT}{M_0}$, जहाँ ρ और M_0 क्रमशः हैं **NCERT पृष्ठ 246, NEET 2020**

(a) द्रव्यमान घनत्व, गैस का द्रव्यमान

(b) संख्या घनत्व, मोलर द्रव्यमान

(c) द्रव्यमान घनत्व, मोलर द्रव्यमान

(d) संख्या घनत्व, गैस का द्रव्यमान

6 किसी गैस अणु के लिए औसत मुक्त पथ l अणु के व्यास d पर निर्भर करता है, क्योंकि **NCERT पृष्ठ 254, NEET 2020**

(a) $l \propto \frac{1}{d^2}$ (b) $l \propto d$

(c) $l \propto d^2$ (d) $l \propto \frac{1}{d}$

7 किसी पात्र में भरी गैस का तापमान बढ़ने से क्या होगा? **NCERT पृष्ठ 252, NEET 2019**

(a) इसकी गतिज ऊर्जा में वृद्धि

(b) इसके दाब में कमी

(c) अन्तराण्विक दूरी में कमी

(d) इसके द्रव्यमान में वृद्धि

8 किस तापमान पर ऑक्सीजन अणुओं की rms चाल पृथ्वी के वायुमण्डल से बाहर निकलने के लिए पर्याप्त हो जाएगी? (दिया है, ऑक्सीजन अणु का द्रव्यमान $m = 2.76 \times 10^{-26}$ किग्रा, बोल्ट्जमान स्थिरांक $k_B = 1.38 \times 10^{-23}$ जूल/केल्विन) NCERT पृष्ठ 248, NEET 2018

(a) 5.016×10^4 केल्विन
(b) 8.326×10^4 केल्विन
(c) 2.508×10^4 केल्विन
(d) 1.254×10^4 केल्विन

9 एक गैस मिश्रण में तापमान T पर 2 मोल O_2 और 4 मोल Ar हैं। सभी कम्पन विधा की उपेक्षा करते हुए निकाय की कुल आन्तरिक ऊर्जा है NCERT पृष्ठ 252, NEET 2017

(b) $4RT$ (b) $15RT$
(c) $9RT$ (d) $11RT$

10 किसी आदर्श गैस का दिया गया नमूना दाब p और परमताप T पर V आयतन घेरती है। गैस के प्रत्येक अणु का द्रव्यमान m है। निम्नलिखित में से कौन गैस का घनत्व देता है? NCERT पृष्ठ 248, NEET 2016

(a) p/kT (b) pm/kT
(c) p/kTV (d) mkT

11 एक मोल एक परमाणुक आदर्श गैस, समीकरण pV^3 = नियतांक द्वारा प्रक्रम के अन्तर्गत कार्य करती है। इस प्रक्रिया के दौरान गैस की ऊष्मा धारिता है NCERT पृष्ठ 253, NEET 2016

(a) $\frac{3}{2}R$ (b) $\frac{5}{2}R$
(c) $2R$ (d) R

JEE Main

12 एक दिये गये तापमान पर सभी गैसों के अणुओं के लिए कौन-सा घटक समान रहता है NCERT पृष्ठ 252, JEE Main 2024

(a) चाल (b) संवेग
(c) द्रव्यमान (d) गतिज ऊर्जा

13 T तापमान पर एक गैस मिश्रण में आर्गन के 8 मोल तथा ऑक्सीजन के 6 मोल उपस्थित हैं। सभी कम्पन अवस्थाओं को नगण्य मानते हुए, निकाय की कुल आन्तरिक ऊर्जा है NCERT पृष्ठ 250, JEE Main 2024

(a) $29RT$ (b) $27RT$
(c) $21RT$ (d) $20RT$

14 एक आदर्श गैस का दाब p और ताप T का सम्बन्ध समीकरण pT^2 = स्थिरांक का पालन करता है। गैस का आयतन प्रसार गुणांक होगा NCERT पृष्ठ 246, JEE Main 2023

(a) $3T^2$ (b) $3/T$
(c) $3/T^3$ (d) $3/T^2$

15 ध्वनि दो मोल हीलियम और n मोल हाइड्रोजन के मिश्रण में संचरित होती है। यदि मिश्रण में गैस के अणुओं की rms चाल ध्वनि की गति की $\sqrt{2}$ गुना है, तो n का मान होगा NCERT पृष्ठ 253, JEE Main 2022

(a) 1 (b) 2 (c) 3 (d) 4

16 किसी गैस में स्वतन्त्रता की कोटि n है। स्थिर आयतन पर गैस की विशिष्ट ऊष्मा तथा स्थिर दाब पर गैस की विशिष्ट ऊष्मा का अनुपात होगा NCERT पृष्ठ 253, JEE Main 2022

(a) $\frac{n}{n+2}$ (b) $\frac{n+2}{2}$ (c) $\frac{n}{2n+2}$ (d) $\frac{n}{n-2}$

स्किल बूस्टर्स

1 यदि हम यह मान लें कि आदर्श गैसें निम्न प्रकार व्यवहार करती हैं ।

I. स्थिर ताप पर, दाब आयतन के वर्ग के व्युत्क्रमानुपाती होता है।

II. स्थिर दाब पर, आयतन ताप की $\frac{2}{3}$ घात के साथ समानुपात रूप से परिवर्तित होता है।

III. 273 केल्विन और 1 वायुमण्डलीय दाब पर, 1 मोल आदर्श गैस 22.4 लीटर आयतन घेरती है।

तो, आदर्श गैस समीकरण है

(a) $pV = nRT$
(b) $pV^2 = n^2RT$
(c) $pV^2 = n^2RT^2$
(d) $pV^2 = n^2RT^{\frac{4}{3}}$

2 घर्षण रहित पिस्टन वाले दो समान पात्र A और B में समान तापमान T और समान आयतन V पर समान आदर्श गैस भरी है। गैस A और B के द्रव्यमान क्रमशः m_A और m_B हैं। गैसों को समान अन्तिम आयतन $2V$ तक समतापी रूप से प्रसारित होने दिया जाता है। गैस A और B में के दाब में परिवर्तन क्रमशः Δp और $15\,\Delta p$ होता है। तब,

(a) $9m_A = 4m_B$ (b) $3m_A = 2m_B$
(c) $2m_A = 3m_B$ (d) $4m_A = 9m_B$

3 एकसमान अनुप्रस्थ-काट क्षेत्रफल A वाली एक पतली नली में दाब p पर वायु भरी हुई है। $2\sqrt{3}$ सेमी लम्बाई के मध्य भाग में पारा भरा हुआ है तथा क्षैतिज स्थिति में वायु के दोनों ओर समान दाब है। जब नली को ऊर्ध्वाधर से 30° के कोण पर रखा जाता है,

तो पारा स्तम्भ के ऊपर तथा नीचे वायु स्तम्भों की लम्बाई क्रमशः 44 सेमी तथा 40 सेमी होती है। यदि निकाय को 30°C पर रखा जाता है, तो पारे का दाब p (सेमी में) है।

(a) 45.8 (b) 31.4 (c) 58.6 (d) 52.8

4 लकड़ी का एक आयताकार ब्लॉक ताप T और द्रव्यमान घनत्व ρ वाली गैस में 2 मी/से के वेग से गति कर रहा है। माना वेग X-अक्ष के साथ है और वेग की दिशा के लम्बवत ब्लॉक के अनुप्रस्थ-काट का क्षेत्रफल 50 सेमी^{2} है। यदि गैस के अणु का द्रव्यमान m है, तो ब्लॉक पर प्रतिरोध बल है

(a) $2\rho\sqrt{\frac{kT}{m}}$ (b) $4\rho\sqrt{\frac{kT}{m}}$

(c) $8\rho\sqrt{\frac{kT}{m}}$ (d) $6\rho\sqrt{\frac{kT}{m}}$

5 यदि 15 ग्राम द्रव्यमान नाइट्रोजन गैस को 300 केल्विन तापमान पर एक पात्र में बंद कर दिया जाए, जिससे यह बाह्य निकाय को कोई ऊर्जा न दे सके। नाइट्रोजन अणुओं की वर्ग माध्य मूल चाल को दोगुना करने के लिए आवश्यक ऊष्मा की मात्रा है

(a) 10 किलो जूल (b) 20 किलो जूल

(c) 30 किलो जूल (d) 25 किलो जूल

6 जब 180°C पर 0.44 किग्रा वायु रुद्धोष्म रूप से अपने मूल आयतन से तीन गुना तक प्रसारित है और इस प्रक्रिया के दौरान तापमान में 15°C की कमी आती है। प्रक्रिया के दौरान किया गया कार्य 52.5 किलो जूल है। तब C_v और C_p के मान हैं

(a) क्रमशः 1.01 किलोजूल/किग्रा-केल्विन और 0.72 किलोजूल/किग्रा-केल्विन

(b) क्रमशः 0.72 किलोजूल/किग्रा-केल्विन और 1.01 किलोजूल/किग्रा-केल्विन

(c) क्रमशः 0.52 किलोजूल/किग्रा-केल्विन और 1.01 किलोजूल/किग्रा-केल्विन

(d) क्रमशः 0.72 किलोजूल/किग्रा-केल्विन और 0.52 किलोजूल/किग्रा-केल्विन

7 माना किसी पृथक कक्ष में एक आदर्श गैस स्थित है। जैसे-जैसे गैस रुद्धोष्म प्रसार से गुजरती है, अणुओं के बीच संघटट का औसत समय V^q के रूप में बढ़ता है, जहाँ V गैस का आयतन है।
q का मान है $\left(\gamma = \frac{C_p}{C_V}\right)$

(a) $\frac{3\gamma+5}{6}$ (b) $\frac{3\gamma-5}{6}$ (c) $\frac{\gamma+1}{2}$ (d) $\frac{\gamma-1}{2}$

8 नगण्य द्रव्यमान का 40 सेमी लम्बा एक खोखला बेलन घर्षण रहित क्षैतिज सतह पर स्थित है। बेलन के एक भाग में नाइट्रोजन तथा दूसरे भाग में ऑक्सीजन है। नाइट्रोजन और ऑक्सीजन की मात्रा एक ऊर्ध्वाधर बिना छिद वाली झिल्ली द्वारा पृथक की जाती हैं। नाइट्रोजन का दाब ऑक्सीजन के दाब से दोगुना है। यदि झिल्ली टूट जाती है, तो सिलेण्डर गति करता है

(a) 17.2 सेमी (b) 7.2 सेमी

(c) 2.7 सेमी (d) 4.2 सेमी

9 एक आदर्श एकपरमाणुक गैस को स्थिर आयतन पर तापमान T_1 से T_2 तक गर्म किया जाता है । गैस को pV^n = नियतांक नियम के अनुसार उसके प्रारम्भिक तापमान तक प्रसारित किया जाता है। यह पाया गया कि दोनों प्रक्रियाओं में एन्ट्रॉपी (Entropy) परिवर्तन समान हैं । तब, प्रसार की विशिष्ट ऊष्मा है

(a) $\frac{3}{2}R$ (b) $\frac{5}{2}R$

(c) $\frac{7}{2}R$ (d) $\frac{1}{3}R$

10 10.35 मीटर भुजा लम्बाई वाला एक घनाकार बॉक्स जिसका दाब 27°C पर लगभग $\sqrt{2}\times10^{-3}$ पास्कल है। बॉक्स में आणविक त्रिज्या $\frac{1}{\sqrt{\pi}}$ ऐंग्स्ट्रॉम वाली एक आदर्श गैस है। यदि गैस का परमाणु/अणु n अन्तराणविक संघटट करता है, तो गैस के परमाणु/अणु की दीवार से संघटट की संख्या है

(a) $3n$ (b) $5n$ (c) $2n$ (d) $\frac{1}{2}n$

प्रश्न कुंजी

शीर्षकवार प्रश्न

1 (c)	2 (b)	3 (c)	4 (b)	5 (a)	6 (a)	7 (b)	8 (b)	9 (d)	10 (b)
11 (c)	12 (d)	13 (c)	14 (b)	15 (c)	16 (a)	17 (a)	18 (a)	19 (a)	20 (a)
21 (c)	22 (b)	23 (c)	24 (c)	25 (c)	26 (c)	27 (b)	28 (a)	29 (a)	30 (b)
31 (d)	32 (c)	33 (d)	34 (c)	35 (d)	36 (a)	37 (b)	38 (a)	39 (b)	40 (a)
41 (b)	42 (b)	43 (a)	44 (a)	45 (c)	46 (b)	47 (a)	48 (c)	49 (d)	50 (b)
51 (c)	52 (c)	53 (a)	54 (b)	55 (a)	56 (d)	57 (d)	58 (c)	59 (c)	60 (b)

अभिकथन-कारण प्रश्न

1 (a)	2 (b)	3 (a)	4 (b)	5 (d)	6 (c)	7 (b)	8 (c)	9 (b)	10 (d)

कथन आधारित प्रश्न

1 (c)	2 (b)	3 (c)	4 (d)	5 (d)	6 (a)	7 (b)	8 (b)

सुमेलन प्रकार प्रश्न

1 (c)	2 (b)	3 (a)

आंकिक मान प्रकार के प्रश्न

1 (120)	2 (5)	3 (9)	4 (170)	5 (46)	6 (1)	7 (2)	8 (75)	9 (1029)	10 (9360)

NCERT Exmplar प्रश्न

1 (b)	2 (d)	3 (b)	4 (c)	5 (a)	6 (d)	7 (b)	8 (d)	9 (c)	10 (a)

विगत परीक्षाओं के प्रश्न

1 (d)	2 (c)	3 (c)	4 (a)	5 (a)	6 (a)	7 (a)	8 (b)	9 (d)	10 (b)
11 (d)	12 (d)	13 (c)	14 (b)	15 (b)	16 (a)				

स्किल बूस्टर्स

1 (d)	2 (b)	3 (b)	4 (b)	5 (a)	6 (b)	7 (c)	8 (c)	9 (a)	10 (b)

क्रमवार

प्रश्नों का विश्लेषण

कॉन्सेप्ट बिल्डर्स

1 असत्य	2 गतिशील
3 निम्न, उच्च	4 व्युत्क्रमानुपात
5 दोगुना	6 सत्य
7 चार	8 असत्य
9 ब्राउनियन गति	10 बढ़ता
11 सत्य	12 5
13 $\frac{1}{2}k_BT$	14 $\frac{1}{2}mv^2 = \frac{3}{2}kT$
15 दोगुना	16 $\gamma = \left(1+\frac{2}{n}\right)$
17 1 : 1	18 सत्य
19 सत्य	20 सत्य

शीर्षकवार प्रश्न

3 *(c)* ढाल $= \frac{V}{T}$

परन्तु $pV = nRT$

$$\Rightarrow \quad \frac{V}{T} \propto \frac{1}{p}$$

$\therefore$ ढाल $\propto \frac{1}{p}$

चित्र से,

$$\tan\theta_2 > \tan\theta_1$$

अर्थात् $\quad \frac{1}{p_2} > \frac{1}{p_1}$

$$\Rightarrow \quad p_1 > p_2$$

4 *(b)* दिया है, $V_1 = 4.0$ लीटर, $\mu_1 = 0.75$ मोल

जब 0.25 मोल गैस को मिलाया जाता है, तो

$$\mu_2 = \mu_1 + 0.25 = 0.75 + 0.25 = 1 \text{ मोल}$$

स्थिर p और T पर,

$$\frac{V_1}{\mu_1} = \frac{V_2}{\mu_2}$$

$$\Rightarrow \quad \frac{4}{0.75} = \frac{V_2}{1}$$

$$\Rightarrow \quad V_2 = \frac{4}{0.75} = 5.33 \text{ लीटर}$$

5 *(a)* किसी गैस के मोलों की संख्या

$$\mu = \frac{M}{M_0} = \frac{\text{कुल द्रव्यमान}}{\text{आण्विक द्रव्यमान}}$$

दिया है, दो गैसों के लिए $\frac{(M_0)_1}{(M_0)_2} = \frac{7}{8}$ और M समान है, इसलिए दो गैसों के मोलों की संख्या का अनुपात

$$\frac{\mu_1}{\mu_2} = \frac{\frac{M}{(M_0)_1}}{\frac{M}{(M_0)_2}} = \frac{(M_0)_2}{(M_0)_1} = \frac{8}{7}$$

6 *(a)* मोलों की संख्या, $\mu = \frac{M}{M_0} = \frac{5}{32}$

आदर्श गैस समीकरण से,

$$pV = \mu RT = \frac{5}{32}RT$$

7 *(b)* O_2 वाले पहले पात्र के लिए मोलों की संख्या, $\mu_1 = \frac{m_1}{M_1} = \frac{32}{32} = 1$

जब आयतन $= V$ और तापमान $= T$, तब

$$p_1V = RT \quad \ldots(\text{i})$$

H_2 वाले दूसरे पात्र के लिए मोलों की संख्या

$$\mu_2 = \frac{m_2}{M_2} = \frac{4}{2} = 2$$

जब आयतन $= V$ और तापमान $= 2T$, तब

$$p_2V = 2R(2T) = 4RT$$

समी (i) और (ii) से,

$$p_2 = 4p_1 = 4p \quad [\because p_1 = p \text{ (दिया है)}]$$

8 *(b)* माना p_1 और p_2 पात्र A में भरी गैस के प्रारम्भिक और अन्तिम दाब हैं, तब

$$p_1 = \frac{\mu_A RT}{V}$$

और $\quad p_2 = \frac{\mu_A RT}{2V}$

$$\therefore \Delta p = p_2 - p_1 = -\frac{\mu_A RT}{2V}$$

$$\Rightarrow \quad \Delta p = -\left(\frac{m_A}{M}\right)\frac{RT}{2V} \quad \ldots(\text{i})$$

इसी प्रकार, पात्र B में गैस के लिए

$$1.5\,\Delta p = -\left(\frac{m_B}{M}\right)\frac{RT}{2V} \quad \ldots(\text{ii})$$

समी (ii) को समी (i) से भाग देने पर,

$$1.5 = \frac{m_B}{m_A} \text{ या } \frac{3}{2} = \frac{m_B}{m_A}$$

$$\Rightarrow \quad 3m_A = 2m_B$$

9 *(d)* आदर्श गैस समीकरण को निम्न प्रकार लिखा जा सकता है

$$pV = \mu RT \quad \ldots(\text{i})$$

और $R = N_Ak_B =$ सार्वत्रिक गैस नियतांक $\ldots$(ii)

यहाँ, $\quad \mu = \frac{m}{M_0} = \frac{N}{N_A} \quad \ldots$(iii)

समी (i), (ii) और (iii) का उपयोग करके,

$$pV = k_BNT \quad \ldots(\text{iv})$$

या $\quad p = k_BnT$

जहाँ, $n =$ संख्या घनत्व $= \frac{N}{V}$

समी (iv) से,

$$p = \frac{\rho RT}{M_0} \quad \left[\because V = \frac{M_0}{\rho}\right]$$

अतः दिए गए सभी विकल्प सही हैं।

10 *(b)* दी गई स्थिति के अनुसार,

$$\rho_A = 1.5\rho_B \text{ तथा } p_A = 2p_B$$

आदर्श गैस समीकरण के अनुसार,

दाब, $\quad p = \frac{\rho RT}{M} \Rightarrow M = \frac{\rho RT}{p}$

जहाँ, R और T नियतांक हैं।

इसलिए $\quad M \propto \frac{\rho}{p} \Rightarrow \frac{M_A}{M_B} = \frac{\rho_A}{\rho_B} \times \frac{p_B}{p_A}$

$$= 1.5 \times \frac{1}{2} = 0.75 = \frac{3}{4}$$

11 *(c)* आदर्श गैस समीकरण से,

प्रारम्भ में, $pV = \mu RT \quad \ldots$(i)

अन्त में, $p\Delta V = \mu_1 R\Delta T$

दिया है, $\Delta V = \left(1 - \frac{10}{100}\right)V = \frac{9}{10}V$

और $\quad \Delta T = \left(1 + \frac{25}{100}\right)T = \frac{5}{4}T$

$$\therefore p \times \frac{9}{10}V = \mu_1 R \times \frac{5}{4}T \quad \ldots(\text{ii})$$

समी (ii) को समी (i) से विभाजित करने पर,

$$\frac{9}{10} = \frac{\mu_1}{\mu} \times \frac{5}{4} \Rightarrow \frac{\mu_1}{\mu} = \frac{18}{25}$$

$\therefore$ लीक हुई गैस का प्रतिशत $= \frac{\mu - \mu_1}{\mu} \times 100$

$$= \left(1 - \frac{18}{25}\right) \times 100 = 28\%$$

13 *(c)* संपीडन करने पर दाब समान होगा, क्योंकि वाष्प का कुछ भाग दाब बढ़ने के कारण द्रव में परिवर्तित हो जाएगा।

14 *(b)* गैस समीकरण $\frac{p_1V_1}{n_1} = \frac{p_2V_2}{n_2}$ से

$$\frac{100\times 200}{1} = \frac{400\times v_2}{2}$$

$\Rightarrow \quad v_2 = 100$ मिली लीटर

15 *(c)* बॉयल के नियम के अनुसार,

$$p_1V_1 = p_2V_2$$

चूँकि दाब 20% कम हो जाता है, इसलिए

$$p_2 = \frac{80}{100}p_1$$

$$p_1V_1 = \frac{80}{100}p_1V_2$$

$$\Rightarrow \quad V_2 = \frac{100}{80}V_1$$

$\therefore$ आयतन में प्रतिशत वृद्धि $= \frac{V_2 - V_1}{V_1} \times 100$

$$= \frac{100-80}{80}\times 100 = 25\%$$

17 *(a)* चार्ल्स के नियम के अनुसार,

$$\frac{V_1}{V_2} = \frac{T_1}{T_2}$$

दिया है, $T_1 = 27°\text{C} + 273 = 300$ केल्विन,

$$V_1 = V, V_2 = 2V$$

$$\therefore \quad \frac{1}{2} = \frac{300}{T_2}$$

$\Rightarrow \quad T_2 = 600$ केल्विन $= 600 - 273$

$= 327°\text{C}$

तापमान में वृद्धि, $\Delta T = 327 - 27 = 300°\text{C}$

18 *(a)* स्थिर आयतन पर, $\frac{p_1}{p_2} = \frac{T_1}{T_2}$

$$\Rightarrow \frac{p}{p+\frac{0.4}{100}p} = \frac{T}{T+1}$$

$$\therefore \quad T = 250°\text{C}$$

19 *(a)* चूँकि, आयतन नियत रहता है

$$\therefore \quad \frac{p_1}{T_1} = \frac{p_2}{T_2} \Rightarrow \frac{p_1}{p_2} = \frac{T_1}{T_2}$$

$$\Rightarrow \quad \frac{p_2}{p_1} = \frac{308}{288}$$

$\therefore$ दाब में प्रतिशत वृद्धि $= \frac{p_2 - p_1}{p_1} \times 100$

$$= \frac{308-288}{288}\times 100$$

$$= 6.94\% \simeq 7\%$$

20 *(a)* हम जानते हैं कि, आदर्श गैस समीकरण

$$pV = nRT$$

नियत दाब पर, $V \propto T$

अतः ग्राफ मूल बिन्दु से गुजरने वाली एक सीधी रेखा है।

21 *(c)* गैसों के मिश्रण का कुल दाब

$$p = p_1 + p_2 + p_3 \quad \ldots\text{(i)}$$

समी (i) से,

$$p = \mu_1\frac{RT}{V} + \mu_2\frac{RT}{V} + \mu_3\frac{RT}{V}$$

$$= (\mu_1 + \mu_2 + \mu_3)\frac{RT}{V}$$

22 *(b)* दिया है, $T_1 = 75°\text{C} = 348$ केल्विन

आदर्श गैस समीकरण से,

$$pV = nRT = pV = \frac{m}{M}RT$$

$$\Rightarrow \quad T \propto \frac{1}{m} \Rightarrow \frac{T_1}{T_2} = \frac{m_2}{m_1}$$

चूँकि 25% गैस बाहर निकल जाती है, इसलिए

$$m_2 = 75\% m_1$$

या $\quad m_2 = \frac{3}{4}m_1$

$$\Rightarrow \quad \frac{T_1}{T_2} = \frac{\frac{4}{3}m_1}{m_1}$$

$$\Rightarrow \quad T_2 = \frac{4}{3}\times 343 = 464\,\text{K} = 191°\text{C}$$

23 *(c)* दिया है, $p_1 = 76$ सेमी पारा

किसी गैस द्वारा आरोपित दाब निम्न प्रकार दिया जाता है

$$p = \frac{1}{2}\frac{M}{V}\bar{v}^2$$

स्थिर ताप पर, $\bar{v}^2$ और V भी नियतांक हैं।

$$\therefore \quad p \propto M$$

$$\Rightarrow \quad \frac{p_2}{p_1} = \frac{M_2}{M_1}$$

$$\Rightarrow \quad \frac{p_2}{76} = \frac{M_1 + \frac{3}{4}M_1}{M_1}$$

$$\Rightarrow \quad p_2 = \frac{7}{4}\times 76$$

$\Rightarrow p_2 = 133$ सेमी पारे का दाब

29 *(a)* हम जानते हैं कि,

$$pV = \frac{2}{3}E \quad \ldots\text{(i)}$$

आदर्श गैस समीकरण,

$$pV = k_BNT \quad \ldots\text{(ii)}$$

समी (i) और (ii) से,

$$\frac{2}{3}E = k_BNT$$

$$\Rightarrow \quad \frac{E}{N} = \frac{3}{2}k_BT$$

$\therefore$ गैस के अणु की औसत स्थानान्तरीय गतिज ऊर्जा $= \frac{3}{2}k_BT$

30 *(b)* गैस के अणुओं के लिए माध्य गतिज ऊर्जा,

$$E = \frac{3}{2}k_BT$$

$$\Rightarrow \quad E \propto T$$

$$\therefore \quad \frac{E_O}{E_H} = \frac{T_1}{T_2} \quad \ldots\text{(i)}$$

प्रश्न के अनुसार, दोनों गैसें समान ताप T पर हैं।

इसलिए, $\quad \frac{E_O}{E_H} = \frac{T}{T} = \frac{1}{1} \Rightarrow E_o : E_H = 1:1$

31 *(d)* किसी गैस के अणु की गतिज ऊर्जा,

$$E = \left(\frac{3}{2}\right)k_BT$$

$$\therefore \quad E \propto T \text{ या } \frac{E_1}{E_2} = \frac{T_1}{T_2}$$

$$\Rightarrow \quad \frac{E}{E/2} = \frac{300}{T_2}$$

$\therefore \quad T_2 = 150$ केल्विन

$= -123°\text{C}$

32 *(c)* एक अणु की औसत गतिज ऊर्जा निम्न होती है

$$\text{KE} = \frac{3}{2}k_BT$$

चूँकि दोनों गैसों के लिए तापमान T समान है, इसलिए KE का अनुपात है

$$\frac{(\text{KE})_1}{(\text{KE})_2} = \frac{1}{1}$$

33 *(d)* एक आदर्श गैस के कारण दाब निम्न प्रकार से दिया जाता है

चूँकि N और p नियतांक हैं, इसलिए

$$\bar{v} \propto \frac{1}{\sqrt{p}}$$

34 *(c)* एक अणु के लिए, $v_{rms} = \sqrt{\frac{3k_BT}{m}}$

तथा $\quad m = \frac{M_{N_2}}{N_A} = \frac{28}{6.02\times 10^{23}}$

$$\therefore \quad v_{rms} = \sqrt{\frac{3\times 1.38\times 10^{-23}\times 300}{4.65\times 10^{-23}}}$$

$\simeq 16.34$ मी/से

35 *(d)* दिया है, $v_{rms} = 300$ मी/से

वर्ग माध्य मूल वेग $v_{rms} = \sqrt{\frac{3k_BT}{m}}$ ...(i)

$$v'_{rms} = \sqrt{\frac{3k_B\left(\frac{T}{2}\right)}{2m}} = \frac{1}{2}\sqrt{\frac{3k_BT}{m}}$$

$$= \frac{v_{rms}}{2} \quad \text{[समी (i) से]}$$

$$= \frac{300}{2} = 150 \text{ मी/से}$$

36 *(a)* चूँकि, $v_{rms} \propto \sqrt{T}$

$$\therefore \quad \frac{v_{rms_2}}{v_{rms_1}} = \sqrt{\frac{T_2}{T_1}} \quad ...(i)$$

$$\therefore \quad v_{rms_2} = \sqrt{\frac{500}{400}} \times 200$$

$$= 100\sqrt{5} \text{ मी/से}$$

37 *(b)* समान तापमान पर औसत गति निम्न प्रकार से दी जाती है,

$$\bar{v} \propto \frac{1}{\sqrt{M}}$$

$$\frac{\bar{v}_H}{\bar{v}_{He}} = \sqrt{\frac{M_{He}}{M_H}}$$

दिया है, $M_{He} = 4M_H$

$$\therefore \quad \frac{\bar{v}_H}{\bar{v}_{He}} = \sqrt{\frac{4}{1}} = 2 \Rightarrow \bar{v}_{He} = \frac{1}{2}\bar{v}_H$$

39 *(b)* $v_{rms} \propto \sqrt{T}$

$$\frac{T'}{T} = \left(\frac{v'_{rms}}{v_{rms}}\right) = \left(\frac{v_{rms}/2}{v_{rms}}\right)^2 = \frac{1}{4}$$

रुद्धोष्म प्रक्रिया के दौरान, $TV^{\gamma-1} = T'V'^{\gamma-1}$

$$\Rightarrow \quad \frac{V'}{V} = (4)^{\frac{1}{1.5-1}} = 4^2 = 16$$

$$\therefore \quad V' = 16V$$

41 *(b)* मैक्सवेल का वितरण नियम

$$v \propto \sqrt{T}$$

जैसे-जैसे तापमान बढ़ता है, सर्वाधिक सम्भावित चाल का मान बढ़ता है, परन्तु सर्वाधिक सम्भावित चाल वाले कण आंशिक रूप से घट जाते हैं।

42 *(b)* हम जानते हैं कि

$$v_{rms} = \sqrt{\frac{3RT}{M}}$$

इसी प्रकार, $v_{rms} \propto \sqrt{T}$

$$\Rightarrow \quad \frac{(v_{rms})_1}{(v_{rms})_2} = \sqrt{\frac{T_1}{T_2}}$$

$$\Rightarrow \quad \frac{v}{(v_{rms})_2} = \sqrt{\frac{300}{600}} = \frac{1}{\sqrt{2}}$$

$$\Rightarrow \quad (v_{rms})_2 = v\sqrt{2}$$

43 *(a)* किसी गैस अणु की वर्ग माध्य चाल निम्न प्रकार से दी जाती है

$$v_{rms} = \sqrt{\frac{3RT}{M}} \text{ और } v_{av} = \sqrt{\frac{8RT}{\pi M}}$$

दिया है, $v_{rms} = 1260$ मी/से

$$\text{इसलिए,} \quad \frac{v_{av}}{v_{rms}} = \frac{\sqrt{\frac{8RT}{\pi M}}}{\sqrt{\frac{3RT}{M}}} \Rightarrow \frac{v_{av}}{1260} = \sqrt{\frac{8}{3\pi}}$$

$$\Rightarrow \quad v_{av} = 1260 \times \sqrt{\frac{8}{3\pi}}$$

$$\Rightarrow \quad v_{av} = 1161 \text{ मी/से}$$

44 *(a)* किसी गैस की ऊर्जा, $E = \frac{3}{2}Nk_BT$

$$\because \quad N = \mu N_A$$

$$\therefore \quad E = \frac{3}{2} \cdot \mu \cdot N_A \cdot k_BT$$

हीलियम अणु के लिए, $\mu = \frac{m}{M} = \frac{1}{4}$

$\therefore$ तापमान को T_1 से T_2 तक बढ़ाने के लिए आवश्यक ऊष्मा ऊर्जा,

$$\Delta E = \frac{3}{8}N_Ak_B\Delta T$$

$$= \frac{3}{8}N_Ak_B(T_2 - T_1)$$

45 *(c)* दिया है, हीलियम के मोलों की संख्या = 5

परमाणुओं की संख्या (He एकपरमाणुक है)

$$= 5 \times 6.023 \times 10^{23}$$

$$= 30.015 \times 10^{23}$$

$$= 3.0 \times 10^{24} \text{ परमाणु}$$

अब, प्रति अणु औसत गतिज ऊर्जा = $\frac{3}{2}k_BT$

तापमान, $T = 273 + 7 = 280$ केल्विन

$\therefore$ सभी परमाणुओं की कुल ऊर्जा = कुल आन्तरिक ऊर्जा

$$= \frac{3}{2}k_BT \times \text{परमाणुओं की संख्या}$$

$$= \frac{3}{2} \times 1.38 \times 10^{-23} \times 280 \times 3.0 \times 10^{24}$$

$$= 1.74 \times 10^4 \text{ जूल}$$

46 *(b)* दिया है, द्रव्यमान = 1 किग्रा

घनत्व = 4 किग्रा/मी³

$$\therefore \text{ आयतन} = \frac{\text{द्रव्यमान}}{\text{घनत्व}} = \frac{1}{4} \text{ मी}^3$$

दाब = 8×10^4 न्यूटन/मी²

द्विपरमाणुक गैस की आन्तरिक ऊर्जा,

$$E = \frac{5}{2}k_BNT = \frac{5}{2}p \times V$$

$$= \frac{5}{2} \times 8 \times 10^4 \times \frac{1}{4} = 5 \times 10^4 \text{ जूल}$$

47 *(a)* कम्पन ऊर्जा $= \frac{1}{2}m\left(\frac{dy}{dt}\right)^2 + \frac{1}{2}ky^2$

$\therefore$ कुल ऊर्जा,

$$E = \underbrace{3\left(\frac{1}{2}k_BT\right)}_{\text{स्थानान्तरीय माध्यम}} + \underbrace{2\left(\frac{1}{2}k_BT\right)}_{\text{घूर्णीय माध्यम}} + \underbrace{2\left(\frac{1}{2}k_BT\right)}_{\text{कम्पन माध्यम}}$$

$$= \frac{7}{2}k_BT$$

48 *(c)* $U = \left(\frac{3}{2}k_BT + \frac{3}{2}k_BT + fk_BT\right)N_A$

$$= (3k_BT + fk_BT)N_A$$

49 *(d)* किसी गैस के n मोलों की आन्तरिक ऊर्जा निम्न द्वारा दी जाती है

$$U = \frac{1}{2}nfRT$$

नाइट्रोजन की स्वतन्त्रता की कोटि 5 है।

$$U_N = \frac{1}{2} \times 2 \times 5RT = 5RT$$

जेनॉन (Xenon) की स्वतन्त्रता की कोटि 3 है।

$$U_{X_e} = \frac{1}{2} \times 4 \times 3RT = 6RT$$

तब, कुल आन्तरिक ऊर्जा $U = U_N + U_{X_e}$

$$= 5RT + 6RT = 11RT$$

50 *(b)* f स्वतन्त्रता की कोटि वाली गैस की आन्तरिक ऊर्जा निम्न है

$$U = \frac{nfRT}{2}$$

एक द्विपरमाणुक गैस O_2 के कारण आन्तरिक ऊर्जा

$$U_1 = \frac{n_1f_1RT}{2}$$

$$= 3 \times \frac{5}{2}RT$$

Ar गैस के कारण आन्तरिक ऊर्जा जो एक परमाणुक गैस है

$$U_2 = \frac{n_2f_2RT}{2} = 5 \times \frac{3}{2}RT$$

$\therefore$ कुल आन्तरिक ऊर्जा $= U_1 + U_2$

$$\Rightarrow \quad U = 15RT$$

51 *(c)* मेयर सूत्र से,

$$C_p - C_V = R \quad ...(i)$$

$$\text{और} \quad \gamma = \frac{C_p}{C_V}$$

$$\Rightarrow \quad \gamma C_V = C_p \quad ...(ii)$$

समी (i) में समी (ii) प्रतिस्थापित करने पर,

$$\gamma C_V - C_V = R$$

$$\Rightarrow \quad C_V(\gamma - 1) = R$$

$$\therefore \quad C_V = \frac{R}{\gamma - 1}$$

52 *(c)* द्विपरमाणुक गैस के लिए, $\gamma = \frac{7}{5}$

रुद्धोष्म प्रक्रम के लिए, $T_1V_1^{\gamma-1} = T_2V_2^{\gamma-1}$

$$(300)\, V_1^{\frac{7}{5}-1} = T_2\left(\frac{V_1}{5}\right)^{\frac{7}{5}-1}$$

$\Rightarrow \quad T_2 = 570.9 \simeq 571$ केल्विन

घूर्णीय अणु की औसत गतिज ऊर्जा

$$= k_BT = 1.38 \times 10^{-23} \times 571$$
$$= 787.98 \times 10^{-23} \text{ जूल}$$

53 *(a)* दी गई स्थिति के लिए,

गैस A के लिए, $C_p = 29, C_V = 22$

गैस B के लिए, $C_p = 30, C_V = 27$

$$\gamma = \frac{C_p}{C_V} = 1 + \frac{2}{f}$$

गैस के लिए $A, 1 + \frac{2}{f} = \frac{29}{22} \approx 1.3$

$\Rightarrow \quad f = 6.67 \approx 7$

गैस B के लिए, $1 + \frac{2}{f} = \frac{30}{21} \approx 1.4 \Rightarrow f = 5$

अतः केवल गैस A स्वतन्त्रता की कोटि में कम्पन विद्या है।

54 *(b)* किसी गैस के एक मोल के लिए, आन्तरिक ऊर्जा

$$U = \frac{f}{2}RT$$

जहाँ, f = स्वतन्त्रता की कोटि

$$\because \quad C_V = \frac{dU}{dT} = \frac{f}{2}R$$
$$C_p = R + C_V$$
$$\Rightarrow \quad C_p = \left(1 + \frac{f}{2}\right)R$$
$$\gamma = \frac{C_p}{C_V} + 1 + \frac{2}{f}$$

56 *(d)* नियत दाब पर किया गया कार्य, $W = nR\Delta T$

$$50 = nR\Delta T$$
$$\Rightarrow \quad \Delta T = \frac{50}{nR}$$

$f = 5$ के लिए,

$$C_p = \left(1 + \frac{f}{2}\right)R = \left(1 + \frac{5}{2}\right)R = \frac{7}{2}R$$

अवशोषित ऊष्मा $= nC_p\Delta T$

$$= n \times \frac{7}{2}R \times \frac{50}{nR} = 175 \text{ जूल}$$

57 *(d)* माध्य मुक्त पथ, $l = \frac{1}{\sqrt{2}\, n\pi d^2}$

$$\Rightarrow \quad l \propto \frac{1}{d^2} \qquad (\because n_1 = n_2)$$

$$\Rightarrow \quad \frac{l_1}{l_2} = \frac{d_2^2}{d_1^2} = \left(\frac{1}{4}\right)^2 = \frac{1}{16}$$

58 *(c)* माध्य मुक्त पथ, $l = \frac{1}{\sqrt{2}\, n\pi d^2}$

मान रखने पर,

$$l = \frac{1}{\sqrt{2} \times 2.7 \times 10^{25} \times 3.14 \times (2 \times 10^{-10})^2}$$
$$= 2.05 \times 10^{-7} \text{ मी}$$

अभिकथन-कारण प्रश्न

1 *(a)* गैसों में अन्तर-परमाणुक बल नगण्य होते हैं। इसलिए गैसों में अणु स्वतन्त्र होते हैं और बिना संघट्ट किए तेज गति से लम्बी दूरी तय करते हैं।

अतः अभिकथन और कारण सही हैं तथा कारण, अभिकथन का सही स्पष्टीकरण है।

2 *(b)* निम्न दाब और उच्च तापमान पर एक वास्तविक गैस आदर्श गैस की भाँति व्यवहार करती है और समीकरण $pV = \mu RT$ का पालन करती है। इसलिए, अभिकथन और कारण सही हैं लेकिन कारण, अभिकथन का सही स्पष्टीकरण नहीं है।

3 *(a)* अभिकथन और कारण दोनों सही हैं और कारण, अभिकथन का सही स्पष्टीकरण है। चूँकि गैसों में गतिज ऊर्जा होती है, वे अपने कम द्रव्यमान के कारण नीचे की ओर नहीं जाती है। इन गैसों पर गुरुत्वाकर्षण का प्रभाव नगण्य है।

4 *(b)* एक आदर्श गैस के लिए द्रव्यमान के सभी अणुओं (n मोल) की कुल स्थानान्तरीय गतिज ऊर्जा,

$$= \frac{3}{2}\mu RT = \frac{3}{2}pV \qquad [\because pV = \mu RT]$$
$$= 1.5pV$$

गैस के अणुओं के आपस में टकराने के कारण उनके वेग में निरन्तर परिवर्तन होता रहता है। इसलिए, अभिकथन और कारण सही हैं लेकिन कारण, अभिकथन का सही स्पष्टीकरण नहीं है।

5 *(d)* गैस कक्ष की स्थानान्तरीय गति कक्ष की कुल गतिज ऊर्जा को बढ़ाती है, लेकिन यह निकाय की आन्तरिक ऊर्जा में योगदान नहीं करती है। इसलिए, कक्ष में गैस का तापमान समान रहता है। इसलिए, अभिकथन गलत है, लेकिन कारण सही है।

6 *(c)* एक आदर्श गैस का दाब $= \frac{1}{3}nm\bar{v}^2$

इसके अतिरिक्त, एक आदर्श गैस का दाब,

$$p = \frac{\mu RT}{V}$$

यदि μ और T नियतांक हैं, तो $p \propto \frac{1}{V}$

इसलिए, एक आदर्श गैस का दाब आयतन में कमी के साथ बढ़ता है। इसलिए, अभिकथन सही है, लेकिन कारण गलत है।

8 *(c)* यदि गैस एक परमाणुक है, तो कोई कम्पन ऊर्जा नहीं है, इसलिए स्वतन्त्रता की कोटि सदैव तीन होती है। अतः अभिकथन सही है, लेकिन कारण गलत है।

9 *(b)* एक रैखिक त्रिपरमाणुक अणु की स्वतन्त्रता की कोटि की संख्या 7 है। अतः अभिकथन सही है।

10 *(d)* गैस अणुओं का माध्य मुक्त पथ गैस के घनत्व के व्युत्क्रमानुपाती होता है।

कथन आधारित प्रश्न

1 *(c)* कथन II सही है, लेकिन कथन I गलत है। अणुगति सिद्धान्त गैस के स्थूल गुणों के साथ श्यानता, चालन और विसरण जैसे आण्विक गुणों को जोड़ता है।

2 *(b)* कथन I सही है और कथन II गलत है। बॉयल के नियम के अनुसार,

$$p \propto \frac{1}{V}$$
$$\Rightarrow \quad pV = \text{नियत}$$

$\therefore$ आरेख का ग्राफ आयताकार अतिपरवलय है।

3 *(c)* गैस अणुओं की औसत गतिज ऊर्जा निम्न है

$$\text{KE} = \frac{3}{2}k_BT$$
$$\Rightarrow \quad \text{KE} \propto T$$

गैस अणुओं और पात्र की दीवारों के बीच संघट्ट प्रत्यास्थ होता है।

4 *(d)* दोनों कथन सही हैं, क्योंकि गैस के कण लगातार एक-दूसरे से तथा पात्र की दीवारों से टकराते रहते हैं तथा गैस अणुओं द्वारा घेरा गया कुल आयतन पात्र के कुल आयतन के सापेक्ष नगण्य है। गैस के अणुओं को असंपीड्य भी माना जाता है, इसलिए इनका संघट्ट प्रत्यास्थ होता है।

6 *(a)* गैस के अणुओं की स्थानान्तरीय गतिज ऊर्जा होती है, $K = \frac{3}{2}pV$

द्विपरमाणुक गैस के लिए स्वतन्त्रता की कोटि, 3 स्थानान्तरीय और 2 घूर्णीय गति से सम्बन्धित होती है।

7 *(b)* कथन I सही है लेकिन कथन II गलत है, क्योंकि प्रत्येक कम्पन में स्वतन्त्रता की कोटि 2 होती है।

8 *(b)* कथन I सही है लेकिन कथन II गलत है, क्योंकि गैस अणुओं के दो क्रमिक सघट्टों के बीच का समय गैस के व्यास के वर्ग के व्युत्क्रमानुपाती होता है।

सुमेलन प्रकार प्रश्न

2 *(b)* A. चूँकि वेग का केवल x-घटक परिवर्तित होता है, इसलिए अणु के संवेग में निम्न परिवर्तन होता है

$$= -mv_x - (mv_x)$$

चूँकि टक्कर प्रत्यास्थ होती है, इसलिए अणु और दीवार का कुल संवेग संरक्षित रहता है। इसलिए, दीवार के संवेग में परिवर्तन (दीवार को दिया गया संवेग) $= 2mv_x$

B. लम्बाई $v_x \Delta t$ के सिलेण्डर के आयतन के अन्दर Δt समय में दीवार तक पहुँचने वाले v_x वेग से गतिमान अणुओं की संख्या $nAv_x\Delta t$ है। जैसा कि नीचे दिर्शाया गया है। जहाँ, n संख्या घनत्व है।

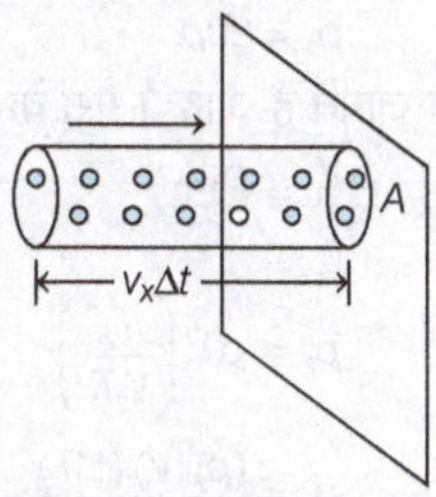

लेकिन इनमें से औसतन आधे अणुओं द्वारा दीवार से टकराने में लगा समय,

$$\Delta t = \frac{1}{2} nAv_x \Delta t$$

Δt समय में दीवार पर स्थानान्तरित कुल संवेग $= (2mv_x)\left(\frac{1}{2} nAv_x \Delta t\right) = (nmv_x^2)A\Delta t$

C. दाब $= \frac{F}{A} = \frac{\text{संवेग}}{\text{क्षेत्रफल} \times \text{समय}}$

$$= \frac{(nmv_x^2)\,A\Delta t}{A\Delta t} = nmv_x^2$$

D. चूँकि सभी अणुओं के वेगों का x-घटक समान नहीं है, इसलिए हम औसत $\bar{v}_x^2$ ज्ञात करते हैं।

$\therefore$ कुल दाब, $p = nm\bar{v}_x^2$

इसलिए, $A \to 2, B \to 3, C \to 4$ और $D \to 1$

3 *(a)* (A)-(4), B-(3), C-(2), D-(1)

रुद्रोष्म नियतांक, $\gamma = 1 + \frac{2}{f}$

f = स्वतन्त्रता की कोटि की संख्या

एकपरमाणु गैस के लिए, $f = 3$

$$\gamma = 1 + \left(\frac{2}{3}\right) = 1.67$$

दृढ़ द्विपरमाणु गैस के लिए, $f = 5$

$$\gamma = 1 + \left(\frac{2}{5}\right) = 1.4$$

अदृढ़ द्विपरमाणु गैस के लिए, $f = 7$

$$\gamma = 1 + (2/7) = 1.28$$

अरैखिक त्रिपरमाणु गैस के लिए, $f = 6$

$$\gamma = 1 + \left(\frac{2}{6}\right) = 1.33$$

आंकिक मान प्रकार के प्रश्न

1 **(120)** दिया है, $f = 6$

जैसा कि हम जानते हैं

$$\gamma = 1 + \frac{2}{f} = 1 + \frac{2}{6} = \frac{4}{3}$$

बाह्य कार्य के लिए दी गई ऊर्जा की मात्रा,

$$\frac{\Delta W}{\Delta Q} = \left(1 - \frac{1}{\gamma}\right)$$

$$\Rightarrow \quad \frac{30}{\Delta Q} = \left(1 - \frac{1}{4/3}\right) = 1 - \frac{3}{4} = \frac{1}{4}$$

$$\Rightarrow \quad \Delta Q = 30 \times 4 = 120 \text{ जूल}$$

2 **(5)** दिया है, $C = 37.35$ जूल/मोल-केल्विन

$$pT = A$$

जैसा कि हम जानते हैं

$$pV = RT \Rightarrow p = \frac{RT}{V}$$

$$\Rightarrow \quad \frac{A}{T} = \frac{RT}{V} \qquad (\because pT = A)$$

$$\Rightarrow \quad V = \frac{RT^2}{A}$$

इसलिए $\frac{dV}{dT} = \frac{2RT}{A}$

या $\quad dV = \frac{2RT}{A} \cdot dT$

जब तापमान में परिवर्तन dT होता है तब कृत कार्य

$$dW = pdV = \frac{A}{T} \cdot \frac{2RT}{A} \cdot dT = 2RdT$$

उष्मागतिकी के प्रथम नियम से,

$$dQ = dU + dW$$

$$CdT = C_V \cdot dT + 2RdT$$

$$C = C_V + 2R \Rightarrow C_V = C - 2R$$

परन्तु $C_V = \frac{f}{2} \cdot R$ ($\because f$ = स्वातन्त्रय की कोटि)

$$\frac{f}{2} R = C - 2R$$

या $\quad f = (C - 2R)\frac{2}{R}$

$$= \left(\frac{37.35 - 2 \times 8.3}{8.3}\right) \times 2 = 5$$

3 **(9)** किया गया कार्य, $W = \frac{2Q}{3}$

ऊष्मागतिकी के प्रथम नियम के अनुसार,

$$Q = \Delta U + W \Rightarrow Q = \Delta U + \frac{2Q}{3}$$

$$\Rightarrow \Delta U = \frac{Q}{3} \qquad \text{...(i)}$$

लेकिन, $\Delta U = nC_V \Delta T$

$$\Rightarrow \quad \Delta U = n\left(\frac{3R}{2}\right)\Delta T \qquad \text{...(ii)}$$

[एक परमाणुक गैस के लिए, $C_V = \frac{3R}{2}$]

समी (i) और (ii) से,

$$n\left(\frac{3R}{2}\right)\Delta T = \frac{Q}{3}$$

$$n\left(\frac{9R}{2}\right)\Delta T = Q$$

$$n\left(\frac{9R}{2}\right)\Delta T = nC\Delta T \Rightarrow C = \frac{9R}{2}$$

4 **(170)** आदर्श गैस समीकरण से, $pV = nRT$

नियत ताप पर, p और V में कम परिवर्तन के लिए, $\quad \Delta(pV) = \Delta(nRT)$

$$\Rightarrow \quad p\Delta V + V\Delta p = 0$$

$$\Rightarrow \quad |\Delta p| = \frac{p\Delta V}{V} \qquad \text{...(i)}$$

पुनः आदर्श गैस समीकरण से,

$$pV = nRT$$

नियत दाब पर V और T में कम परिवर्तन के लिए,

$$\Delta(pV) = \Delta(nRT)$$

$$\Rightarrow \quad |\Delta T| = \frac{p\Delta V}{nR} \qquad \text{...(ii)}$$

$$\therefore \quad \frac{|\Delta T|}{|\Delta p|} = \frac{\left(\frac{p\Delta V}{nR}\right)}{\left(\frac{p\Delta V}{V}\right)} = \frac{V}{nR}$$

$$\Rightarrow \quad |\Delta T| = \frac{V}{nR}|\Delta p| = \frac{T}{p}|\Delta p|$$

$$\Rightarrow |\Delta T| = \frac{340}{2}|\Delta p| \Rightarrow |\Delta T| = 170\,|\Delta p|$$

दिया है, $\quad |\Delta T| = C|\Delta p|$

$\therefore \quad C = 170$ केल्विन/वायुमण्डल

5 **(46)** दिया है, वायु द्विपरमाणुक गैस है।

$$\gamma = 1 + \frac{2}{f} = \frac{7}{5}$$

रूद्धोष्म परिवर्तन के लिए $T_i V_i^{\gamma-1} = T_f V_f^{\gamma-1}$

$$\Rightarrow \quad 293 V^{\frac{7}{5}-1} = T_f \left(\frac{V}{10}\right)^{\frac{7}{5}-1}$$

$$\Rightarrow \quad T_f = 298 \times 10^{2/5} \text{ केल्विन}$$

आन्तरिक ऊर्जा में परिवर्तन,

$$\Delta U = \frac{nfR\,(T_f - T_i)}{2}$$

$$= \frac{5 \times 5 \times \frac{25}{3} \times (293 \times 10^{2/5} - 293)}{2}$$

$= 46144$ जूल ≈ 46 किलो जूल

अतः X का मान 46 है।

6 **(1)** हम जानते हैं कि rms वेग, $v_{\text{rms}} = \sqrt{\frac{3k_B T}{m}}$

पलायन वेग, $v_e = \sqrt{2gR_e}$

दिया है, $\quad v_{\text{rms}} = v_e$

या $\sqrt{\frac{3k_B T}{m}} = \sqrt{2gR_e} \Rightarrow T = \frac{2gR_e m}{3 \times k_B}$

दिए गए मानों को प्रतिस्थापित करने पर,

$$T = \frac{2 \times 10 \times 6.4 \times 10^6 \times 2}{3 \times 1.38 \times 10^{-23} \times 6.02 \times 10^{26}}$$

$\approx 10^4$ केल्विन

7 **(2)** माध्य मुक्त पथ, $\lambda = \frac{1}{\sqrt{2}\pi n d^2}$

इस प्रकार, $\lambda = \frac{1}{\sqrt{2}\pi d^2 \left(\frac{p}{k_B T}\right)}$

$$\Rightarrow d^2 = \frac{k_B T}{\sqrt{2}\pi p \lambda}$$

$$= \frac{1.4 \times 10^{-23} \times 273}{\sqrt{2} \times 3.14 \times 1.01 \times 10^5 \times 2 \times 10^{-7}}$$

$\Rightarrow \quad d \approx 2 \times 10^{-10} = 2$ एंग्स्ट्रॉम

8 **(75)** आयतन, $V = \frac{m}{\rho} = \frac{2}{8} = \frac{1}{4}$ मी^{3}

द्विपरमाणुक गैस के लिए तापीय गति के कारण ऊर्जा,

$$\text{KE} = \frac{5}{2} nRT = \frac{5}{2} pV$$

$$= \frac{5}{2} \times 12 \times 10^4 \times \frac{1}{4}$$

$= 7.5 \times 10^4$ जूल

KE $= 75 \times 10^3$ जूल

इसलिए, x का मान 75 है।

9 **(1029)** जैसा कि हम जानते हैं कि $v = \sqrt{\frac{\gamma RT}{M}}$

वायु के लिए, $\quad v_a = \sqrt{\frac{\gamma_a RT}{M_a}}$

हीलियम के लिए, $v_{\text{He}} = \sqrt{\frac{\gamma_{\text{He}} RT}{M_{\text{He}}}}$

अब, $\quad \frac{v_a}{v_{\text{He}}} = \sqrt{\frac{\gamma_a M_{\text{He}}}{\gamma_{\text{He}} M_a}}$

$$\frac{350}{v_{\text{He}}} = \sqrt{\frac{\frac{7}{5} \times 4}{\frac{5}{3} \times 29}}$$

$\therefore \quad v_{\text{He}} \approx 1029$ मी/से

10 **(9360)** $\because v_{\text{rms}} \propto \sqrt{T}$

$$\therefore \quad \frac{(v_{\text{rms}})_2}{(v_{\text{rms}})_1} = \sqrt{\frac{T_2}{T_1}}$$

$\frac{2v_{\text{rms}}}{v_{\text{rms}}} = \sqrt{\frac{T_2}{300}} = 1200$ केल्विन

अब, आवश्यक ऊष्मा की मात्रा,

$$Q = \frac{f}{2} nR\,(T_2 - T_1)$$

द्विपरमाणुक गैस के लिए, $f = 5$

$$Q = \frac{5}{2} \times \frac{14}{28} \times 8.32 \times (1200 - 300)$$

$\Rightarrow \quad Q = 9360$ जूल

NCERT Exemplar प्रश्न

3 **(b)** बॉयल का नियम तब लागू होता है, जब तापमान स्थिर होता है,

अर्थात् $pV = \mu RT =$ नियत

$\Rightarrow pV =$ नियत (स्थिर तापमान पर)

$\Rightarrow p \propto \frac{1}{V}$ (जहाँ, $p =$ दाब और $V =$ आयतन)

चूँकि इस प्रक्रिया को समतापी प्रक्रम कहा जाता है, इसलिए बॉयल का नियम समतापी प्रक्रम के लिए लागू होता है।

4 **(c)**

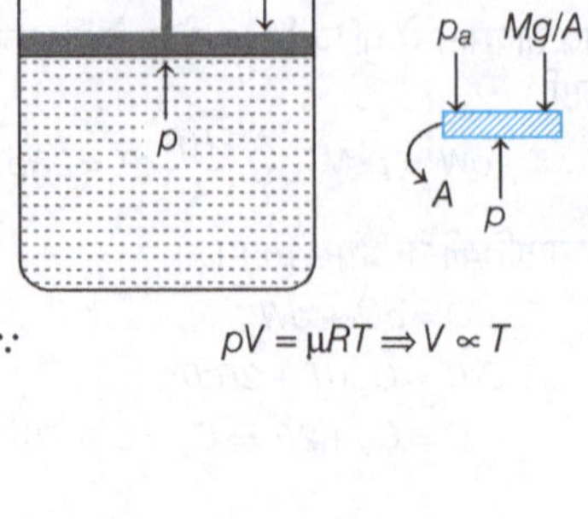

$\because \quad pV = \mu RT \Rightarrow V \propto T$

इसलिए, जब तापमान T बढ़ता है, तो स्थिर दाब पर आयतन V बढ़ता है।

अतः V परिवर्तित होगा, परन्तु p नहीं।

5 **(a)** हम जानते हैं कि एक आदर्श गैस के लिए,

$$pV = \mu RT$$

$$\Rightarrow \quad V = \left(\frac{\mu R}{p}\right) T$$

V-T ग्राफ का ढाल, $m = \frac{dV}{dT} = \frac{\mu R}{p}$

या $\quad p \propto \frac{1}{m}$

इस प्रकार, $\quad \frac{p_1}{p_2} = \frac{m_2}{m_1} > 1$

या $\quad p_1 > p_2$

6 **(d)** $\quad \mu_2 = 2\mu_1$

अब, आदर्श गैस समीकरण से,

$$pV = \mu RT$$

चूँकि पात्र का आयतन V नियत है।

इसलिए, $\quad p \propto \mu T$

$$\Rightarrow \quad \frac{p_2}{p_1} = \frac{\mu_2 T_2}{\mu_1 T_1} = \frac{(2\mu_1)(3000)}{\mu_1 (300)} = 20$$

$$\Rightarrow \quad p_2 = 20 p_1$$

8 **(d)** हम जानते हैं आदर्श गैस के लिए,

$$\frac{p_1 V_1}{T_1} = \frac{p_2 V_2}{T_2}$$

$$\Rightarrow \quad p_2 = p_1 V_1 \left(\frac{T_2}{V_2 T_1}\right)$$

$$\Rightarrow \quad p_2 = \frac{(p)(V)(1.1T)}{(1.05)\,V(T)} \approx 1.05p$$

विगत परीक्षाओं के प्रश्न

1 **(d)** चार्ल्स के नियम से, केल्विन पैमाने पर नियत दाब के लिए गैस का आयतन, उसके तापमान के अनुक्रमानुपाती होता है।

यह स्पष्ट है, कि p_1 के लिए T उच्च है।

अतः $p_1 > p_2 > p_3$.

वैकल्पिक विधि

हम जानते हैं, $pV = nRT$

$$\Rightarrow \quad \frac{T}{V} = \frac{p}{nR}$$

$$\text{ढाल} = \frac{p}{nR}$$

अर्थात् ढाल $\propto p$

अतः, $\quad p_1 > p_2 > p_3$

2 *(c)* $n = \frac{4.5}{1.8 \times 10^{-2}} = 250$

$\therefore \; V = \frac{nRT}{p} = \frac{250 \times 8.3 \times 273}{10^5} = 5.6$ मी^{3}

3 *(c)* किसी अणु की औसत गतिज ऊर्जा,

$$KE_{av} = \frac{3}{2}k_B T$$

चूँकि, 1 मोल द्विपरमाणुक गैस की कुल आन्तरिक ऊर्जा, $\Delta U = \frac{nfRT}{2}$

$\Rightarrow \quad \Delta U = \frac{5RT}{2}$

सही मिलान है A→2, B→1, C→4 और D→3.

4 *(a)* चूँकि, आदर्श गैस समीकरण से,

$$\rho = \frac{pM}{RT} = \frac{249 \times 10^3 \times 2 \times 10^{-3}}{8.3 \times 300}$$

$\Rightarrow \; \rho = 0.2$ किग्रा/मी^{3}

5 *(a)* आदर्श गैस समीकरण,

$$p = \frac{\rho RT}{M_0} \Rightarrow p \cdot \frac{M_0}{\rho} = RT$$

$\Rightarrow \; pV = RT$

जहाँ, $V = \frac{M_0}{\rho}$

अतः, ρ और M_0 क्रमशः गैस का द्रव्यमान घनत्व और द्रव्यमान है।

6 *(a)* किसी गैस अणु के लिए माध्य मुक्त पथ/निम्न प्रकार दिया गया है

$$l = \frac{1}{\sqrt{2}\pi n d^2}$$

$\Rightarrow \quad l \propto \frac{1}{d^2}$

जहाँ, d = गैस के अणु का व्यास है।

7 *(a)* जैसे-जैसे पात्र में गैस का तापमान बढ़ता है, गतिज ऊर्जा भी बढ़ती है। ऐसा इसलिए है क्योंकि गैस की औसत गतिज ऊर्जा निम्न प्रकार से दी जाती है।

$$KE = \frac{f}{2}nRT \quad \text{...(i)}$$

समी (i) से, $KE \propto T$

8 *(b)* पृथ्वी की सतह पर पलायन वेग,

$$v_e = \sqrt{2gR}$$

$\Rightarrow \quad v_e = \sqrt{2 \times 9.8 \times 6.4 \times 10^6}$

$= 11200$ मी/से

प्रश्न के अनुसार,

$$v_{rms} = v_e$$

$\Rightarrow \; \sqrt{\frac{3k_B T}{M_{O_2}}} = 11.2 \times 10^3$

या $\quad T = \frac{(11.2 \times 10^3)^2 \, (M_{O_2})}{(3k_B)}$

$$T = \frac{(11.2 \times 10^3)^2 \, (2.76 \times 10^{-26})}{(3 \times 1.38 \times 10^{-23})}$$

$= 8.326 \times 10^4$ केल्विन

9 *(d)* निकाय की कुल आन्तरिक ऊर्जा = ऑक्सीजन अणुओं की आन्तरिक ऊर्जा + आर्गन अणुओं की आन्तरिक ऊर्जा

$$= \frac{f_1}{2}n_1 RT + \frac{f_2}{2}n_2 RT$$

$$= \frac{5}{2} \times 2RT + \frac{3}{2} \times 4RT = 11RT$$

10 *(b)* जैसा कि हम जानते हैं कि

$$p = \frac{1}{3}\rho v_{rms}^2 = \frac{1}{3}\rho\frac{3RT}{M_0} = \frac{\rho RT}{M_0}$$

$\Rightarrow \quad \rho = \frac{pM_0}{RT} = \frac{pmN_A}{kN_A T} \Rightarrow \rho = \frac{pm}{kT}$

11 *(d)* जैसा कि हम जानते हैं कि α सूचकांक वाले पोलीट्रोपिक प्रक्रम (Polytropic process) के लिए विशिष्ट ऊष्मा

$$= C_V + \frac{R}{1-\alpha}$$

$\because$ प्रक्रम, pV^3 = नियत

$\Rightarrow \quad \alpha = 3$

$\therefore \quad C = C_V + \frac{R}{1-\alpha}$

$$= \frac{fR}{2} + \frac{R}{1-3}$$

जहाँ, $C_V = \frac{fR}{2} = \frac{3R}{2}$

एक परमाणुक गैस के लिए, $f = 3$

$\Rightarrow \quad C = \frac{3R}{2} - \frac{R}{2} = R$

12 *(d)* दिए गए ताप पर सभी गैस के अणुओं की गतिज ऊर्जा समान है।

13 *(c)* आर्गन एक परमाणुक है, इसकी स्वतन्त्रता की कोटि 3 है। ऑक्सीजन 5 कोटि स्वतन्त्रता के साथ द्विपरमाणुक मिश्रण की कुल आन्तरिक ऊर्जा = Ar की आन्तरिक ऊर्जा + O_2 की आन्तरिक ऊर्जा

$$= 8 \times \frac{3}{2}RT + 6 \times \frac{5}{2}RT$$

$$= (12 + 15)\,RT = 27\,RT$$

14 *(b)* किसी दिए गए प्रक्रम के लिए,

pT^2 = नियत

$\frac{nRT}{V} \cdot T^2$ = नियत (k)

या $\quad T^3 = \frac{k}{nR} \cdot V$

या $\quad 3T^2 = \frac{k}{nR} \cdot \left(\frac{dV}{dT}\right)$

$\Rightarrow \; \frac{1}{V} \cdot \left(\frac{dV}{dT}\right) = \frac{3}{T}$

15 *(b)* द्विपरमाणुक गैस H_2 के लिए

$$C_{p_2} = \frac{7}{2}R, \; C_{V_2} = \frac{5}{2}R$$

एक परमाणुक गैस He, के लिए

$$C_{p_1} = \frac{5}{2}R, C_{V_1} = \frac{3}{2}R$$

विशिष्ट ऊष्मा अनुपात,

$$\gamma = \frac{n_1 C_{p_1} + n_2 C_{p_2}}{n_1 C_{V_1} + n_2 C_{V_2}}$$

$$= \frac{2 \times \frac{5}{2}R + n \times \frac{7}{2}R}{2 \times \frac{3}{2}R + n \times \frac{5}{2}R}$$

$$\gamma = \frac{10 + 7n}{6 + 5n} \quad \text{...(i)}$$

दिया है, $v_{rms} = \sqrt{2} \times v_{ध्वनि}$

$\Rightarrow \quad \sqrt{\frac{3RT}{M}} = \sqrt{2} \times \sqrt{\frac{\gamma RT}{M}} \Rightarrow \gamma = \frac{3}{2}$

समी (i) से, $\frac{3}{2} = \frac{10 + 7n}{6 + 5n} \Rightarrow n = 2$

16 *(a)* $\therefore$ गैस के एक मोल की आन्तरिक ऊर्जा,

$$U = \frac{n}{2}k_B T \times N_A = \frac{n}{2}RT$$

$\therefore \quad C_V = \frac{dU}{dT} = \frac{d}{dt}\left(\frac{n}{2}RT\right) = \frac{nR}{2}$

और $\quad C_p = C_V + R$

$$= \frac{nR}{2} + R = R\left(\frac{n}{2} + 1\right)$$

$\therefore \quad \frac{C_V}{C_p} = \frac{\frac{nR}{2}}{R\left(\frac{n}{2}+1\right)} = \frac{n}{n+2}$

स्किल बूस्टर्स

1 *(d)* स्थिर ताप पर, $p \propto \frac{1}{V^2}$ ...(i)

स्थिर दाब पर, $V \propto T^{2/3}$ ...(iii)

स्थिर दाब और ताप के लिए,

$$V \propto n \quad \text{...(iii)}$$

अब समी (i), (ii) और (iii) को संयोजित करने पर,

$$pV^2 \propto n^2 T^{\frac{4}{3}}$$

$$pV^2 = n^2 R T^{\frac{4}{3}}$$

2 *(b)* माना p_1 और p_2 पात्र A में भरी गैस के प्रारम्भिक और अन्तिम दाब हैं, तब

$$p_1 = \frac{\mu_A RT}{V}$$

तथा $$p_2 = \frac{\mu_A RT}{2V}$$

$$\therefore \quad \Delta p = p_2 - p_1 = -\frac{\mu_A RT}{2V}$$

$$\Rightarrow \quad \Delta p = -\left(\frac{m_A}{M}\right)\frac{RT}{2V} \quad \ldots(i)$$

इसी प्रकार, पात्र B में गैस के लिए,

$$1.5\Delta p = -\left(\frac{m_B}{M}\right)\frac{RT}{2V} \quad \ldots(ii)$$

समी (i) को समी (ii) से विभाजित करने पर,

$$1.5 = \frac{m_B}{m_A} \text{ या } \frac{3}{2} = \frac{m_B}{m_A} \Rightarrow 3m_A = 2m_B$$

3 *(b)* जब पारा बीच में होता है, तब दोनों ओर वायु स्तम्भ की लम्बाई $= \frac{44+40}{2} = 42$ सेमी

जब ट्यूब को ऊर्ध्वाधर से 30° पर रखा जाता है तथा यदि p_1 और p_2 ट्यूब के नीचे और ऊपर दाब है, तो $p_1 - p_2 = 2\sqrt{3}\cos 30°$

$$= 2\sqrt{3} \times \frac{\sqrt{3}}{2} = 3 \text{ सेमी पारे का दाब} \ldots(i)$$

अब बॉयल के नियम से,

$$p_1V_1 = p_2V_2 = pV$$

$$p_1 \times A \times 40 = p_2 \times A \times 44 = p \times A \times 42$$

$$p_1 \times 40 = p_2 \times 44 = p \times 42 \quad \ldots(ii)$$

समी (i) और (ii) से,

$$\frac{p \times 42}{40} - \frac{p \times 42}{44} = 3$$

$$p\left[\frac{42}{40} - \frac{42}{44}\right] = 3$$

$$p\left[\frac{21}{20} - \frac{21}{22}\right] = 3 \Rightarrow p\left[\frac{21}{220}\right] = 3$$

$$p = 31.4 \text{ सेमी पारे का दाब}$$

4 *(b)* माना प्रति इकाई आयतन में अणुओं की संख्या n है और गैस की rms चाल v है।

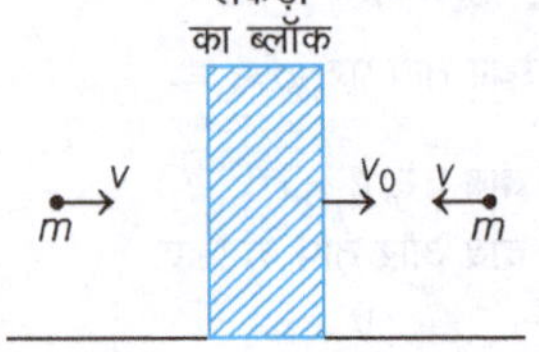

ब्लॉक के प्रथम फलक के सापेक्ष अणुओं की सापेक्ष चाल $= v + v_0$

प्रति संघट्ट ब्लॉक में स्थानान्तरित संवेग,

$$= 2m(v + v_0)$$

समय t में संघट्टों की सख्या

$$= \frac{1}{2}(v + v_0)nAT$$

t समय में कुल संवेग $= m(v + v_0)^2 nAT$

इसी प्रकार, दूसरे फलक के लिए, t समय में कुल संवेग

$$p = m(v - v_0)^2 nAt$$

$$\text{कुल बल} = \frac{dP}{dt} = (4mnAv)v_0$$

$$= (4\rho Av)v_0 \quad [\because mn = \rho]$$

$$= 4\rho\sqrt{\frac{kT}{m}} \quad \left[\because v = \frac{kT}{m}\right]$$

5 *(a)* जैसा कि हम जानते हैं

$$v_{rms} = \sqrt{\frac{3RT}{m}} \text{ या } v_{rms} \propto \sqrt{T}$$

इसलिए, rms चाल को दोगुना करने के लिए, तापमान को चार गुना बढ़ाना होगा।

$$\therefore \quad T_f = 1200 \text{ केल्विन}$$

द्विपरमाणुक गैस के लिए प्रारम्भिक ऊर्जा,

$$U_i = \frac{5}{2}nRT$$

$$= \frac{5}{2} \times \frac{15}{28} \times 8.314 \times 300 \quad \left[\because n = \frac{m}{M}\right]$$

$$= 3340.45 \text{ जूल}$$

अब, जब गैस का तापमान 1200 केल्विन तक बढ़ाया जाता है,

इसकी आन्तरिक ऊर्जा,

$$U_f = \frac{5}{2} \times \frac{15}{28} \times 8.314 \times 1200$$

$$= 13361.6 \text{ जूल}$$

दी की गई ऊष्मा की मात्रा,

$$\Delta Q = U_f - U_i$$

$$= 13361.6 - 3340.45 = 10021.35 \text{ जूल}$$

$$= 10 \times 10^3 \text{ जूल} = 10 \text{ किलो जूल}$$

6 *(b)* $m = 0.44$ किग्रा

$$T_1 = 180 + 273 = 453 \text{ केल्विन}$$

$$\frac{V_2}{V_1} = 3, T_2 = 15 + 273 = 288 \text{ केल्विन}$$

$$W_{12} = 52.5 \text{ किलो जूल}, \frac{C_p}{C_V} = 1.41$$

रुदोष्म प्रक्रम,

$$W_{12} = \frac{mR(T_1 - T_2)}{\gamma - 1}$$

$$52.5 = \frac{0.44 \times R(453 - 288)}{1.41 - 1}$$

$$\Rightarrow \quad R = 0.296 \text{ इकाई}$$

$$\therefore C_p - C_V = 0.296 \text{ इकाई} \Rightarrow \frac{C_p}{C_V} = 1.41$$

$$\Rightarrow (1.41 - 1)C_V = 0.296$$

$$\Rightarrow \quad C_V = 0.722 \text{ किलो जूल/किग्रा-केल्विन}$$

$$C_p = 1.018 \text{ किलो जूल/किग्रा-केल्विन}$$

7 *(c)* हम जानते हैं कि अणुओं के बीच संघट्ट का औसत समय,

$$\tau = \frac{1}{n\pi\sqrt{2}\, v_{rms} d^2}$$

$$\Rightarrow \quad \tau \propto \frac{1}{nv_{rms}}$$

$$\because \quad n \propto \frac{1}{V}$$

$$v_{rms} \propto \sqrt{T}$$

तथा इस प्रकार, हम लिख सकते हैं,

$$n = kV^{-1} \text{ तथा } v_{rms} = k_2 T^{\frac{1}{2}}$$

जहाँ, k_1 और k_2 स्थिरांक हैं।

$$\Rightarrow \quad \tau \propto \frac{V}{\sqrt{T}}$$

रुद्धोष्म प्रक्रम के लिए,

$$V^{\gamma - 1} = \text{नियतांक या } T \propto V^{1-\gamma}$$

इस प्रकार, हम लिख सकते हैं

$$\tau \propto VT^{-\frac{1}{2}} \propto V(V^{1-\gamma})^{-\frac{1}{2}} \Rightarrow \tau \propto V^{\frac{\gamma+1}{2}}$$

चूँकि, दिया गया है कि अणुओं के बीच संघट्ट का औसत समय V^q बढ़ता है, तब तुलना करने पर,

$$q = \frac{\gamma + 1}{2}$$

8 *(c)* झिल्ली हटाने से पहले सिलेण्डर

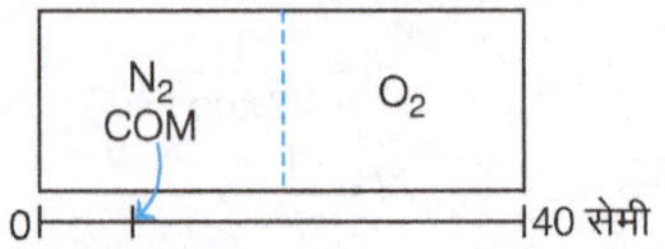

हम मानते हैं कि तापमान समान है,

N_2 पर द्रव्यमान केन्द्र है

या $$p_{N_2} > p_{O_2}$$

चूँकि, इसमें कोई बाह्य बल सम्मिलित नहीं है।

$$\Delta X = X_{COM\,(\text{अन्तिम})} - X_{COM\,(\text{प्रारम्भिक})}$$

अब $$p_{N_2}V_{N_2} = n_{N_2}kT$$

और $$p_{O_2}V_{O_2} = n_{O_2}kT$$

$$\Rightarrow \quad \frac{p_{N_2}}{p_{O_2}} = \frac{n_{N_2}}{n_{O_2}} \Rightarrow \frac{n_{N_2}}{n_{O_2}} = \frac{2}{1}$$

$$\because \quad p_{N_2} = 2p$$

तथा गैसों के लिए दिए गए आयतन का द्रव्यमान,

$$m_{N_2} = n_{N_2} M_{N_2}$$

$$\Rightarrow \quad m_{O_2} = n_{O_2} M_{O_2}$$

अब $X_{COM \atop (\text{प्रारम्भिक})} = \frac{\Sigma Xm}{\Sigma m}$

$= \frac{n_{N_2}M_{N_2}X_{N_2} + n_{O_2}M_{O_2}X_{O_2}}{(n_{N_2}M_{N_2} + n_{O_2}M_{O_2})}$

$= \frac{(1 \times 28.01 \times 10 + 1 \times 32 \times 30)}{2 \times 28.01 + 1 \times 32}$

= 17.27 सेमी

तथा $X_{COM \atop (\text{अन्तिम})} = \frac{2 \times 28.01 \times 20 + 1 \times 32 \times 20}{2 \times 28.01 + 32}$

= 20 सेमी

$\therefore \quad \Delta x$ = सिलेण्डर द्वारा विस्थापित दूरी

$= X_{(\text{अन्तिम})} - X_{(\text{प्रारम्भिक})}$

= 20 − 17.27

= 2.7 सेमी

जैसे ही द्रव्यमान केन्द्र (COM) दाईं ओर गति करता है, सिलेण्डर बायीं ओर गति करता है।

9 ***(a)*** ΔS_T (स्थिर आयतन प्रक्रिया)

$= mC_V \ln\left(\frac{T_2}{T_1}\right)$

ΔS_2 (पॉलीट्रोपिक प्रक्रम, pV^n = स्थिर)

$= mC_v \times \left(\frac{\gamma - n}{n-1}\right) \ln\left(\frac{T_2}{T_1}\right)$

चूँकि, दोनों प्रक्रियाओं के लिए एन्ट्रॉपी (Entropy) में परिवर्तन समान है,

$$\frac{\Delta S_2}{\Delta S_1} = 1 \Rightarrow \frac{\gamma + n}{n+1} = 1$$

एक परमाणुक गैस के लिए, $\gamma = \frac{5}{3}$

$$\frac{\frac{5}{3} - n}{n-1} = 1 \Rightarrow \frac{5}{3} - n = n - 1$$

$$\Rightarrow \quad 2n = \frac{5}{3} + 1 = \frac{8}{3} \quad \Rightarrow n = \frac{4}{3}$$

एकपरमाणुक आदर्श गैस के लिए,

C_V = स्थिर आयतन पर मोलर विशिष्ट ऊष्मा

$= \frac{3}{2}R$

∴ पॉलीट्रोपिक प्रक्रिया के लिए मोलर विशिष्ट ऊष्मा निम्न है

$$C_n = C_V \left|\left(\frac{\gamma - n}{1-n}\right)\right| = C_V \left|\left(\frac{\frac{5}{3} - \frac{4}{3}}{1 - \frac{4}{3}}\right)\right|$$

$$= C_V \left(\frac{\frac{1}{3}}{\frac{-1}{3}}\right) = C_V = \frac{3}{2}R$$

10 ***(b)*** ∴ λ = माध्य मुक्त पथ

$= \frac{kT}{4\pi\sqrt{2} \cdot r^2 \cdot p}$

$= \frac{1.38 \times 10^{-23} \times 300}{4\pi\sqrt{2}\left(\frac{1}{\sqrt{\pi}} \times 10^{-10}\right)^2 \times (\sqrt{2} \times 10^{-3})}$

$= \frac{1.38 \times 300 \times 10^{-23}}{8 \times 10^{-23}}$

= 51.75 मी

इसके अतिरिक्त, बॉक्स की भुजा की लम्बाई

= 10.35 मी

∴ संघट्ट आवृत्ति निम्न प्रकार दी जाती है

$$V = \frac{\lambda}{t_{\text{आण्विक संघट्ट}}} = \frac{l_{\text{बॉक्स}}}{t_{\text{दीवार संघट्ट}}}$$

$$\therefore \quad \frac{t_{\text{दीवार संघट्ट}}}{t_{\text{आण्विक संघट्ट}}} = \frac{\lambda}{l_{\text{बॉक्स}}} = \frac{51.75}{10.35} = 5$$

इसलिए, दीवार संघट्ट अन्तर-आण्विक संघट्ट की तुलना में लगभग 5 गुना अधिक होते हैं।

इसलिए, दीवार संघट्ट

= 5 × अन्तरा-आण्विक संघट्ट = 5*n*

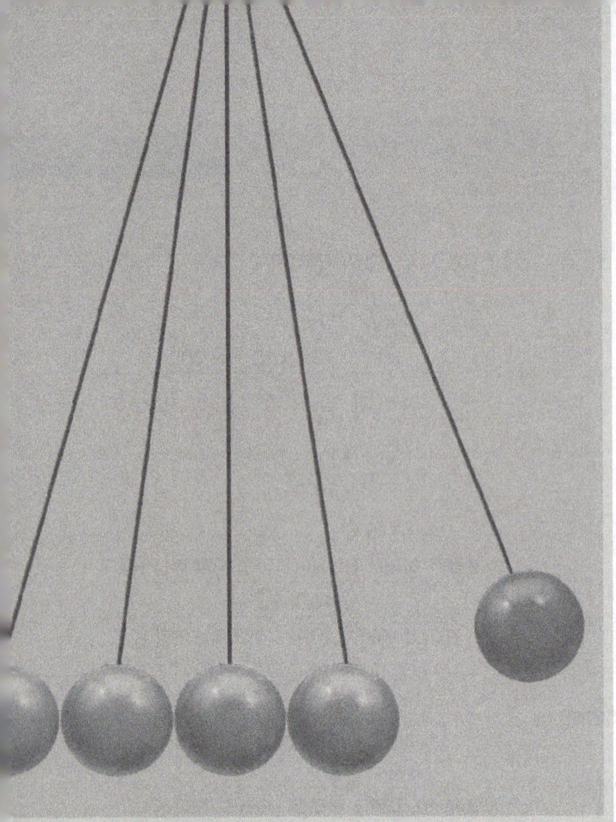

13

भौतिकी की Concept Master *Videos* के लिए *Scan* करें

दोलन

Oscillations

5 वर्षों में NEET में पूछे गये शीर्षकवार प्रश्न

शीर्षक	वर्षवार प्रश्नों की संख्या				
	2024	2023	2022	2021	2020
आवर्ती एवं दोलनी गति	–	–	–	–	1
सरल आवर्त गति	1	1	–	–	1
सरल आवर्त गति तथा एक समान वृत्तीय गति	–	–	–	–	–
सरल आवर्त गति में वेग तथा त्वरण	–	–	–	–	–
सरल आवर्त गति के लिए बल का नियम	–	–	–	1	–
सरल आवर्त गति में ऊर्जा	–	–	–	1	–
सरल लोलक	1	–	1	–	–

NEET में विगत 5 वर्षों में पूछे गये विशेष प्रकार के प्रश्न

प्रकार	वर्ष				
	2024	2023	2022	2021	2020
अभिकथन–कारण	1	—	—	–	—
कथन आधारित	1	—	—	–	–
सुमेलन	1	—	–	–	–

NEET के विगत 5 वर्षों का भारांकन

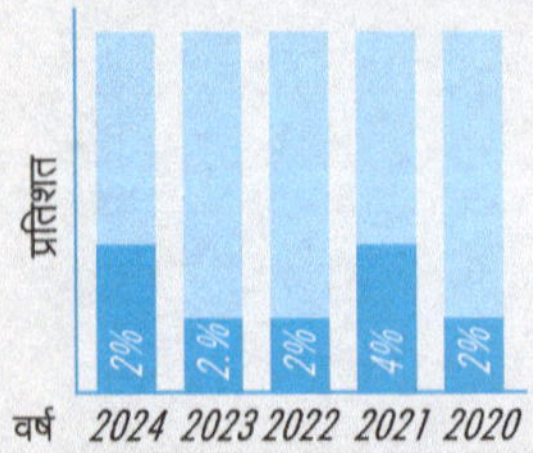

आवर्ती एवं दोलनी गति

(Periodic and Oscillatory Motion)

- वह गति जो एक निश्चित समयान्तराल के बाद स्वयं को दोहराती है, **आवर्ती गति** कहलाती है; जैसे—सूर्य के चारों ओर पृथ्वी की परिक्रमा। **NEET 2020**
- दिया गया ग्राफ आवर्तकाल T के लिए आवर्ती गति प्रदर्शित करता है।

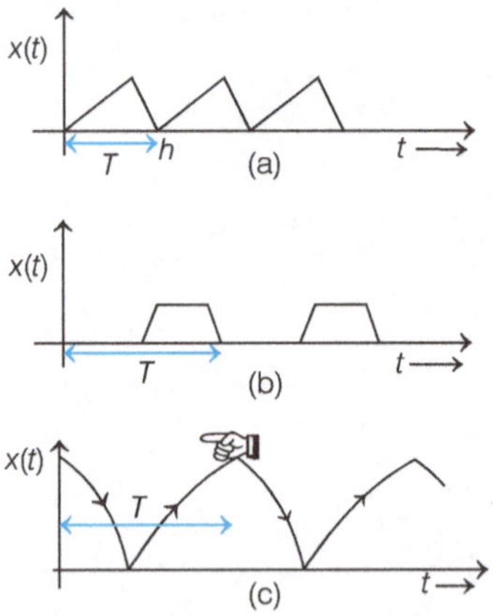

- वह गति जिसमें कोई वस्तु अपनी साम्य स्थिति के इधर-उधर अथवा आगे-पीछे गति करती है, **दोलनी गति** कहलाती है।
- यदि किसी पिण्ड को उसकी संतुलन की स्थिति से थोड़ा सा विस्थापित करें, तो उस पर एक बल कार्य करता है जो पिण्ड को सन्तुलन की स्थिति में लाने का प्रयत्न करता है, जिससे **दोलन** या **कम्पन्न** उत्पन्न होते हैं।
- किसी पिण्ड की दोलनी या कम्पन्नीय गति, आवर्ती गति होती है तथा एक निश्चित बिन्दु के चारों ओर सीमित होती है।
- प्रत्येक दोलनी गति आवर्ती होती है परन्तु प्रत्येक आवर्ती गति का दोलनी गति होना आवश्यक नहीं है, उदाहरणार्थ; वृत्तीय गति, आवर्ती गति है परन्तु यह दोलनी नहीं है।

आवर्तकाल तथा आवृत्ति (Time Period and Frequency)

- समय का वह सबसे छोटा अन्तराल जिसके बाद गति दोहराई जाती है, उसका **आवर्तकाल** कहलाता है। इसे T द्वारा निरुपित किया जाता है तथा इसका SI मात्रक सेकण्ड है।
- आवर्तकाल T का व्युत्क्रम प्रति एकांक समय में होने वाले आवर्तों की संख्या को प्रदर्शित करता है। यह राशि आवर्ती गति की **आवृत्ति** कहलाती है। इसे प्रतीक ν से प्रदर्शित किया जाता है।
- आवृत्ति ν तथा आवर्तकाल T के बीच सम्बन्ध, निम्न प्रकार दिया जाता है

$$\nu = \frac{1}{T}$$

- आवृत्ति का SI मात्रक **'हर्ट्ज'** है।

  1 हर्ट्ज = 1 Hz = 1 दोलन प्रति सेकण्ड = 1 सेकण्ड$^{-1}$
- **कोणीय आवृत्ति**, $\omega = 2\pi\nu = \frac{2\pi}{T}$

  इसका SI मात्रक रेडियन-सेकण्ड$^{-1}$ है।

विस्थापन (Displacement)

- विस्थापन दोलन की माध्य स्थिति (अथवा साम्य स्थिति) के सापेक्ष स्थिति परिवर्तन [चित्र (a)] अथवा कोण [चित्र (b)] को प्रदर्शित करता है।

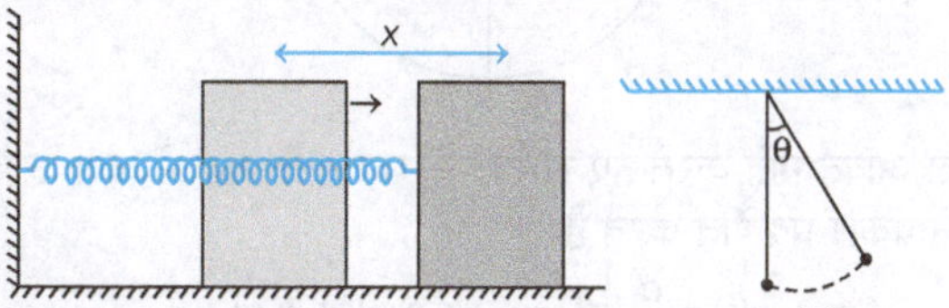

(a) (b)

- सरल लोलक के लिए ऊर्ध्वाधर से मापा गया कोण θ, विस्थापन चर को समय के फलन के रूप में प्रदर्शित करता है।
- विस्थापन की दिशा के आधार पर इसके धनात्मक अथवा ऋणात्मक मान हो सकते हैं।
- विस्थापन को समय के गणितीय फलन के रूप में दर्शाया जा सकता है।
- आवर्ती गति की स्थिति में यह फलन समय में आवर्ती होता है।

  एक सरलतम आवर्ती फलन $x = f(t) = A\cos\omega t$ द्वारा दिया जाता है।

  यदि इस फलन का कोणांक (argument) ωt, 2π के सरल गुणक के रूप में बढ़ता है, तो फलन का मान समान रहता है।

आवर्ती फलन (Periodic Function)

- एक गणितीय फलन जो आवर्ती गति को प्रदर्शित करता है, आवर्ती फलन कहलाता है।

  एक फलन $f(t)$ आवर्ती कहलाता है यदि $f(t) = f(t+T)$ जहाँ, T आवर्ती फलन का आवर्तकाल है। T का मान

$$T = \frac{2\pi}{\omega}$$

- किसी आवर्ती फलन को उपयुक्त गुणांकों के विभिन्न आवर्तकालों के ज्या (sine) और कोज्या (cosine) के फलनों के अध्यारोपण के रूप में व्यक्त किया जा सकता है।
- ज्या (sine) और कोज्या (cosine) फलनों का एक रैखिक संयोजन जैसे $f(t) = A\sin\omega t + B\cos\omega t$, भी समान समय T के साथ आवर्ती फलन है।

  इसे निम्न प्रकार लिख सकते हैं

$$f(t) = D\sin(\omega t + \phi)$$

जहाँ, $D = \sqrt{A^2 + B^2}$

तथा $\phi = \tan^{-1}\left(\frac{B}{A}\right)$

NEET 2019

सरल आवर्त गति

(Simple Harmonic Motion)

- यह दोलनी गति का सरलतम रूप है। यह एक विशेष प्रकार की आवर्ती गति है जिसमें एक कण अपनी माध्य स्थिति के इधर-उधर प्रत्यानयन बल के प्रभाव में गति करता है।
- यह गति तब उत्पन्न होती है जब दोलन करने वाले पिण्ड का त्वरण, माध्य स्थिति से विस्थापन के अनुक्रमानुपाती होता है तथा इसकी दिशा सदैव माध्य स्थिति की ओर होती है।

  त्वरण, $a \propto -x \Rightarrow a = -kx$

  या $\frac{d^2x}{dt^2} = -kx$

  जहाँ, x = समय t पर विस्थापन
- दोलन गति करते एक कण को X-अक्ष के मूल बिन्दु के आगे-पीछे $+A$ तथा $-A$ सीमा में चित्र में दर्शाया गया है।

दोलनी गति, **सरल आवर्त गति** कहलाती है, यदि कण का मूल बिन्दु से विस्थापन x समय के साथ निम्न प्रकार परिवर्तित होता है

$$x(t) = A\cos(\omega t + \phi)$$

जहाँ, $x(t)$ = समय t के फलन के रूप में विस्थापन x

A = आयाम

ω = कोणीय आवृत्ति $\left(\frac{2\pi}{T}\right)$

$(\omega t + \phi)$ = कला (समय पर निर्भर)

तथा ϕ = प्रारम्भिक कला नियतांक

- सरल आवर्त गति के लिए **समय के निरंतर फलन के रूप में विस्थापन** नीचे दिखाया गया है।

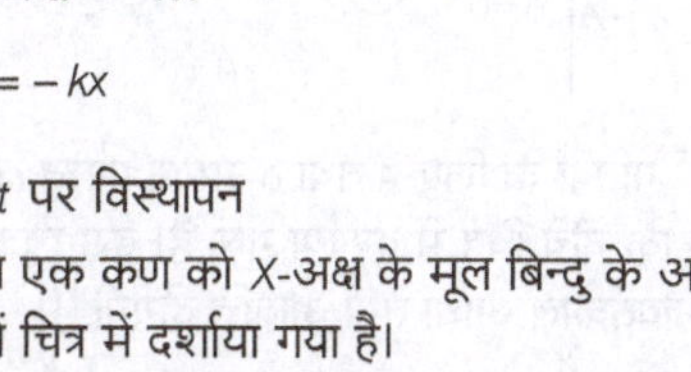

- SHM का **आयाम** कण के अधिकतम विस्थापन का परिमाण है।
- समय का कोज्या (cosine) फलन +1 से –1 के बीच परिवर्तित होने पर विस्थापन चरम मान A तथा $-A$ के बीच परिवर्तित होता है।

- दो सरल आवर्त गतियों के लिए ω तथा ϕ समान हो सकते हैं परन्तु उनके आयाम A तथा B अलग हो सकते हैं जैसा कि चित्र में प्रदर्शित है।

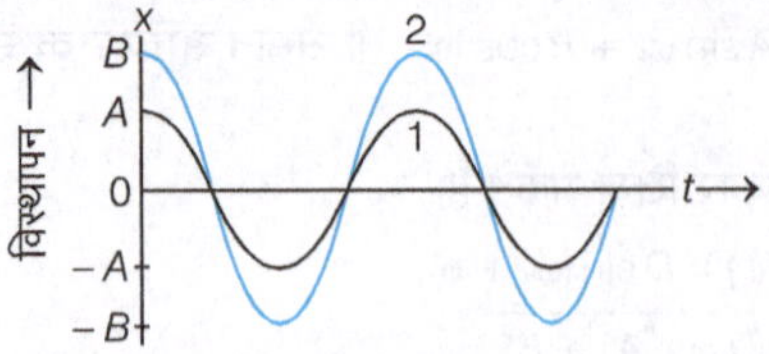

- जब दी गई सरल आवर्त गति के लिए आयाम A स्थिर हो, तब समय t पर कण की गति की अवस्था (स्थिति तथा वेग) कोज्या (cosine) फलन के कोणांक $(\omega t + \phi)$ से ज्ञात की जाती है। समय पर निर्भर राशि, $(\omega t + \phi)$ **गति की कला** कहलाती है।
- कला का $t = 0$ पर मान ϕ होता है जिसे कला नियतांक (या कला कोण) कहते हैं। यदि आयाम ज्ञात हो, तब $t = 0$ पर विस्थापन से ϕ ज्ञात किया जा सकता है।
- दो सरल आवर्त गतियों के लिए A तथा ω समान परन्तु कला कोण ϕ भिन्न-भिन्न हो सकते हैं, जैसा कि नीचे चित्र में दर्शाया गया है

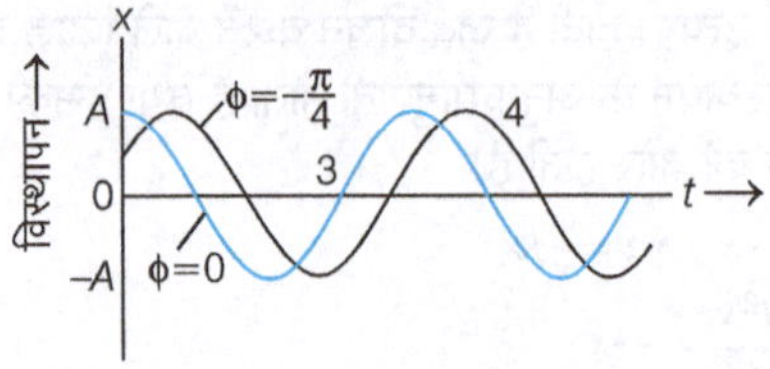

- दो सरल आवर्त गतियों के लिए A तथा ϕ समान परन्तु ω भिन्न-भिन्न हो सकते हैं, जैसा कि नीचे चित्र में दर्शाया गया है। इस चित्र में वक्र b का वक्र a की अपेक्षा आवर्तकाल आधा तथा आवृत्ति दोगुनी है।

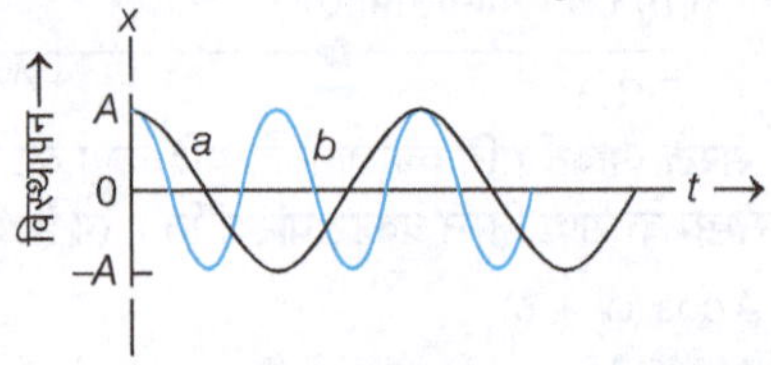

सरल आवर्त गति तथा एकसमान वृत्तीय गति

(Simple Harmonic Motion and Uniform Circular Motion)

- वृत्त के किसी भी व्यास पर एकसमान वृत्तीय गति का प्रक्षेप, सरल आवर्त गति करता है।
- दिया गया चित्र, A त्रिज्या के वृत्तीय पथ पर ω कोणीय चाल से वामावर्त (anti-clockwise) दिशा में एकसमान वृत्तीय गति करते कण P की ऐसी ही गति को ग्राफीय रूप में प्रदर्शित करता है।

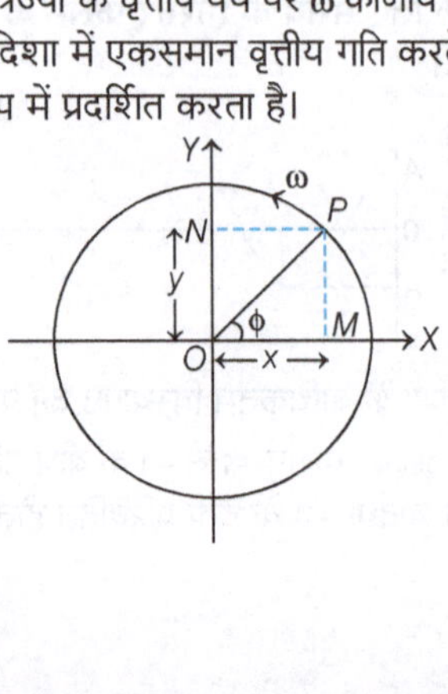

- बिन्दु P से X तथा Y-अक्ष पर डाले गये लम्ब के पाद बिन्दु M तथा N सरल आवर्त गति को प्रदर्शित करते हैं तथा उनकी गतियों के समीकरण निम्न प्रकार दिए जाते हैं

$$x = A\cos\phi = A\cos\omega t$$
$$y = A\sin\phi = A\sin\omega t$$

NEET 2019

- M तथा N की सरल आवर्त गतियों के बीच कलान्तर $\frac{\pi}{2}$ है।

सरल आवर्त गति में वेग तथा त्वरण

(Velocity and Acceleration in Simple Harmonic Motion)

- **वेग** सरल आवर्त गति करते कण की किसी क्षण समय के सापेक्ष विस्थापन के परिवर्तन की दर को कण का वेग कहते हैं।
- कण P' का वेग $v(t)$, सन्दर्भ बिन्दु P के वेग v का प्रक्षेप है, जैसा कि चित्र में प्रदर्शित किया गया है।

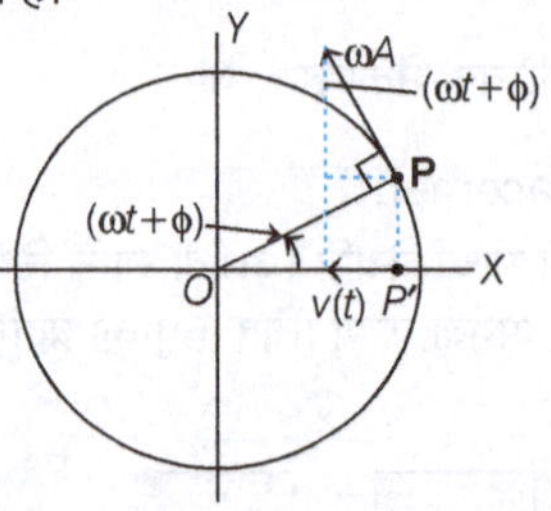

- सरल आवर्त गति करते हुए समय t के फलन के रूप में कण के वेग को निम्न प्रकार प्रदर्शित करते हैं

$$v(t) = \frac{d}{dt}x(t) = -\omega A\sin(\omega t + \phi)$$
$$= -\omega\sqrt{A^2 - x^2}$$
$$v(t) = -\omega A \ (x = 0 \text{ के लिए})$$

- साम्य स्थिति पर, वेग अधिकतम $(-\omega A)$ तथा $x = A$ अर्थात् चरम सीमा पर वेग न्यूनतम (शून्य) होता है।
- **त्वरण** सरल आवर्त गति करते कण का किसी क्षण समय के सापेक्ष वेग परिवर्तन की दर त्वरण कहलाती है।
- कण P' का त्वरण $a(t)$, संदर्भ कण P के त्वरण के प्रक्षेप के बराबर होता है।

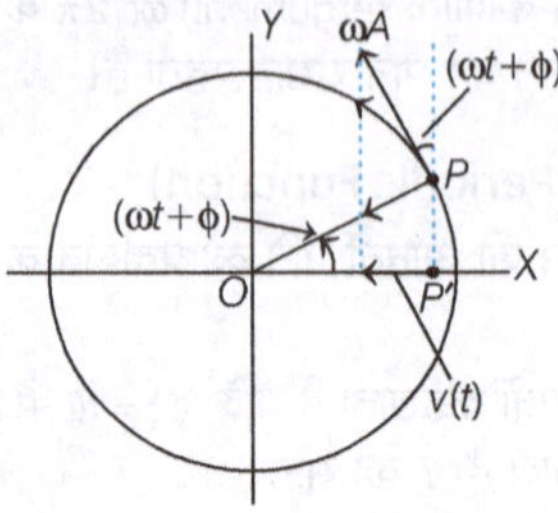

- सरल आवर्त गति कर रहे कण का त्वरण, समय t के फलन में निम्न प्रकार दिया जाता है

$$a(t) = \frac{d}{dt}v(t)$$
$$= -\omega^2 A\cos(\omega t + \phi) = -\omega^2 x(t)$$

NEET 2023

- $x = 0$ अर्थात् साम्य स्थिति में त्वरण शून्य होता है $[a(t) = 0]$
- $x = A$ अर्थात् चरम स्थिति पर $a(t) = -\omega^2 A$
- सरल आवर्त गति कर रहे कण का विस्थापन, वेग एवं त्वरण नीचे चित्र में दर्शाए गए हैं। इनका आवर्तकाल समान है परन्तु कला में अन्तर है। **NEET 2020**

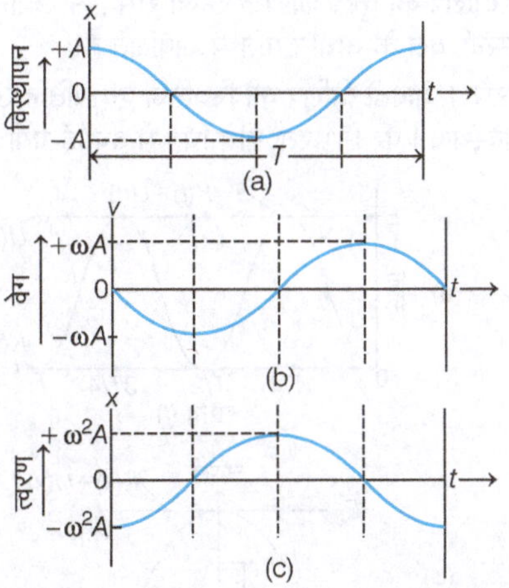

सरल आवर्त गति के लिए बल का नियम
(Force Law for Simple Harmonic Motion)

- सरल आवर्त गति कर रहे m द्रव्यमान के कण पर लगने वाला बल

$$F(t) = ma = -m\omega^2 x(t)$$

अर्थात् $\quad F(t) = -kx(t)$

जहाँ $\quad k = m\omega^2$

$$\Rightarrow \quad \omega = \sqrt{\frac{k}{m}}$$

- त्वरण की भाँति बल भी सदैव माध्य स्थिति की ओर कार्य करता है, अतः कभी-कभी इसे सरल आवर्त गति में **प्रत्यानयन बल** (restoring force) कहते हैं।
- जब कोई कण ऐसे बल के अधीन दोलनी गति करता है जो विस्थापन $x(t)$ के अनुक्रमानुपाती हो, तब यह **सरल आवर्ती दोलक** (linear harmonic oscillator) कहलाता है।
- वास्तविक संसार में, बल में x^2, x^3 आदि वाले कुछ अतिरिक्त छोटे पद हो सकते हैं, इन्हें **अरेखीय दोलक** कहते हैं।

स्प्रिंग के दोलन* (Oscillations Due to a Spring)

- जब एक सरल रेखीय आवर्ती दोलक से सम्बद्ध स्प्रिंग से जुड़े m द्रव्यमान के ब्लॉक को खींचकर या दबाकर नीचे प्रदर्शित चित्र के अनुसार छोड़ देते हैं, तब यह अपनी साम्य स्थिति के आगे तथा पीछे एक प्रत्यानयन बल के अधीन दोलन करने लगता है।

  प्रत्यानयन बल, $F = -kx$; जहाँ k = स्प्रिंग का नियतांक

उपरोक्त समीकरण सरल आवर्त गति के बल के नियम के समान है, अतः यह निकाय सरल आवर्त गति कर रहा है जिसकी कोणीय आवृत्ति $\omega = \sqrt{\frac{k}{m}}$

तथा आवर्तकाल $T = 2\pi\sqrt{\frac{m}{k}}$ **NEET 2021**

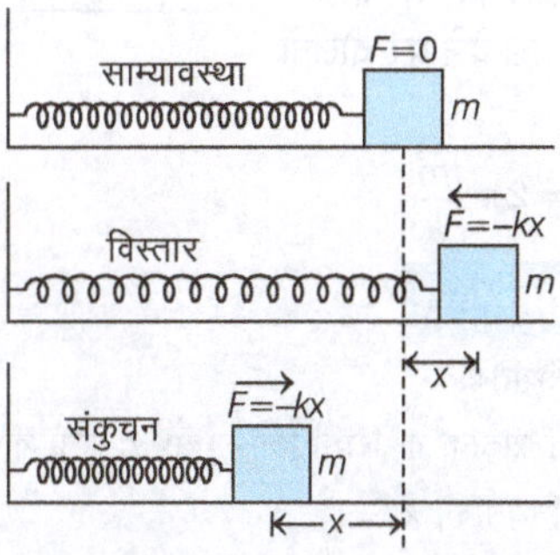

- कठोर स्प्रिंग के लिए k का मान अधिक जबकि नर्म स्प्रिंग के लिए k का मान कम होता है।

स्प्रिंगों का संयोजन (Combination of Springs)

(i) **समान्तर क्रम में जुड़े स्प्रिंग** समान्तर संयोजन में जुड़े स्प्रिंगों का स्प्रिंग नियतांक निम्न प्रकार दिया जाता है

$$k_P = k_1 + k_2$$

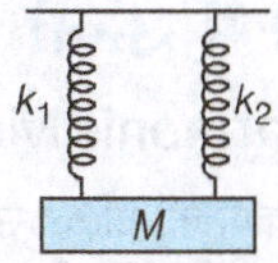

समान्तर संयोजन के कम्पन की आवृत्ति,

$$\nu_P = \frac{1}{2\pi}\sqrt{\frac{k_P}{m}} = \frac{1}{2\pi}\sqrt{\frac{k_1 + k_2}{m}}$$

(ii) **श्रेणीक्रम में जुड़े स्प्रिंग** श्रेणीक्रम संयोजन में जुड़े स्प्रिंगों का स्प्रिंग नियतांक निम्न प्रकार दिया जाता है

$$k_s = \frac{k_1 k_2}{k_1 + k_2}$$

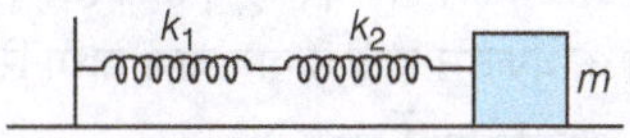

श्रेणीक्रम संयोजन के लिए कम्पन्न की आवृत्ति निम्न प्रकार दी जाती है

$$\nu_s = \frac{1}{2\pi}\sqrt{\frac{k_s}{m}} = \frac{1}{2\pi}\sqrt{\frac{k_1 k_2}{m(k_1 + k_2)}}$$

- चित्र में प्रदर्शित स्प्रिंग-द्रव्यमान निकाय को जब कुछ खींचकर छोड़ देते हैं, तब इसके दोलनों का आवर्तकाल

$$T = 2\pi\sqrt{\frac{m_{eq}}{k_{eq}}}$$

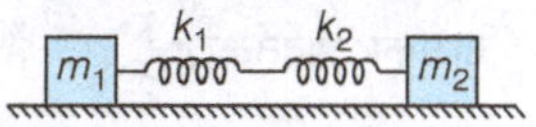

**यह शीर्षक NCERT के नवीनतम पाठ्यक्रम में नहीं है लेकिन NEET के नवीनतम पाठ्यक्रम में दिया गया है।*

जहाँ, m_{eq} = निकाय का समानीत द्रव्यमान (reduced mass)

$$= \frac{m_1 m_2}{m_1 + m_2} \text{ तथा } k_{eq} = \frac{k_1 k_2}{k_1 + k_2}$$

- चित्र में प्रदर्शित स्प्रिंग-द्रव्यमान निकाय को साम्य स्थिति से थोड़ा विस्थापित कर छोड़ देने पर दोलनों का आवर्तकाल,

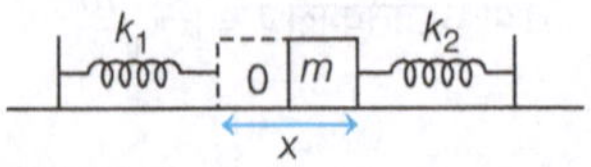

$$T = 2\pi\sqrt{\frac{m}{k}}$$

Marks Maximizer

तुल्य स्प्रिंग की स्थितियाँ

- यदि k स्प्रिंग नियतांक के स्प्रिंग की लम्बाई n गुना कर दें, तब इसका प्रभावी स्प्रिंग नियतांक, $k' = \frac{k}{n}$

  तथा आवर्तकाल, $T' = \sqrt{n}T$
- यदि k स्प्रिंग-नियतांक के स्प्रिंग को n बराबर भागों में काटें, तब प्रत्येक नए भाग का स्प्रिंग-नियतांक

  $k' = nk$

  तथा प्रत्येक नए भाग का आवर्तकाल, $T' = \frac{T}{\sqrt{n}}$

सरल आवर्त गति में ऊर्जा
(Energy in Simple Harmonic Motion)

- सरल आवर्त गति कर रहे कण की गतिज ऊर्जा एवं स्थितिज ऊर्जा, शून्य तथा अधिकतम मान के बीच परिवर्तित होती है।
- सरल आवर्त गति कर रहे कण की **गतिज ऊर्जा** K को निम्न प्रकार दी जाती है

$$K = \frac{1}{2}mv^2 = \frac{1}{2}m\omega^2 A^2 \sin^2(\omega t + \phi)$$
$$= \frac{1}{2}kA^2 \sin^2(\omega t + \phi) = \frac{1}{2}k(A^2 - x^2)$$

- सरल आवर्त गति में गतिज ऊर्जा भी समय का आवर्त फलन है, क्योंकि यह विस्थापन के अधिकतम होने पर शून्य होती है।
- गतिज ऊर्जा तब अधिकतम होती है जब कण माध्य स्थिति में होता है।
- गतिज ऊर्जा का आवर्तकाल $\frac{T}{2}$ होता है।
- सरल आवर्त गति कर रहे कण की **स्थितिज ऊर्जा** निम्न प्रकार दी जाती है

$$U = \frac{1}{2}kx^2 = \frac{1}{2}kA^2\cos^2(\omega t + \phi)$$

- सरल आवर्त गति कर रहे कण की स्थितिज ऊर्जा भी आवर्ती होती है, जिसका आवर्तकाल $\frac{T}{2}$ होता है। **NEET 2021**
- सरल आवर्त गति कर रहे **कण की कुल ऊर्जा**

$$E = U + K = \frac{1}{2}kA^2 = \frac{1}{2}m\omega^2 A^2$$

- यदि प्रारम्भिक ऊर्जा $U_0 = 0$, तब

$$E_{max} = U_{max} = K_{max} = \frac{1}{2}kA^2$$

यदि प्रारम्भिक ऊर्जा $U_0 \neq 0$, तब

$$E_{max} = U_{max} = \frac{1}{2}kA^2 + U_0 \text{ परन्तु } K_{max} = \frac{1}{2}kA^2$$

- एक आवर्ती दोलित्र की कुल यान्त्रिक ऊर्जा समय से स्वतन्त्र होती है जैसा कि किसी संरक्षी बल के अधीन गति में अपेक्षित हैं।
- एक रेखीय सरल आवर्ती दोलित्र की स्थितिज एवं गतिज ऊर्जाओं की समय तथा विस्थापन पर निर्भरता नीचे चित्र में दर्शाई गयी है।

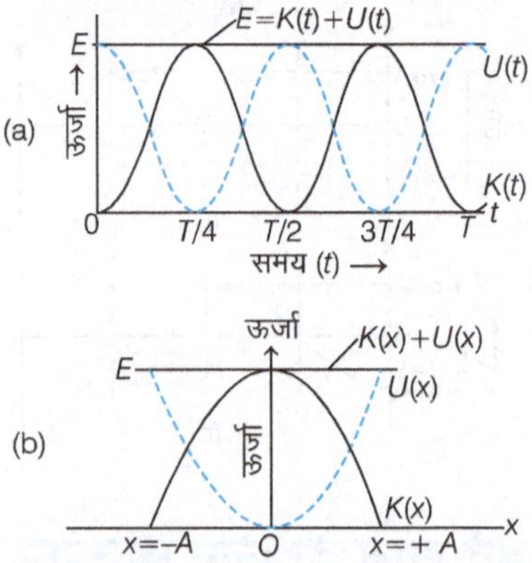

- सरल आवर्त गति के एक पूर्ण दोलन में गतिज ऊर्जा एवं स्थितिज ऊर्जा दोनों दो बार अपना अधिकतम मान प्राप्त करती हैं।
- $x = 0$ (माध्य स्थिति) के लिए ऊर्जा गतिज एवं $x = \pm A$ (चरम स्थिति) पर ऊर्जा पूर्ण रूप से स्थितिज होती है। इसका अर्थ है कि इस गति के दौरान इन सीमाओं के बीच, गतिज ऊर्जा बढ़ती है, जबकि इसके संगत समान मात्रा में स्थितिज ऊर्जा घटती है।

सरल लोलक (Simple Pedulum)

- व्यवहार में सरल लोलक, एक हल्की, लचकदार एवं अतान्य डोरी से लटका भारी परन्तु आकार में छोटा धातु का गोलक (bob) होता है।

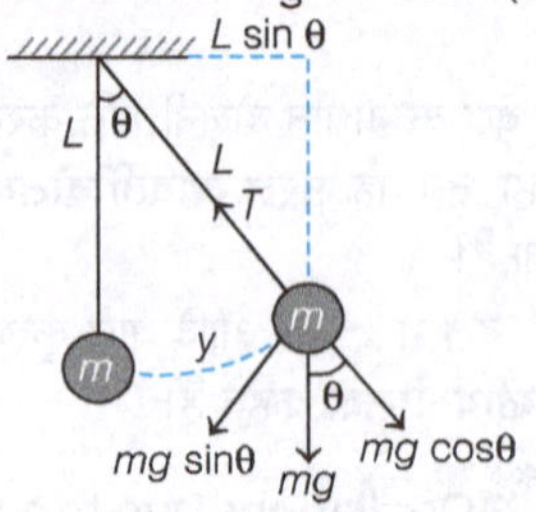

- लघु कोणीय विस्थापन θ के लिए, प्रत्यानयन बल-आघूर्ण

$$\tau = -mg(L\sin\theta) = I\alpha$$

प्रत्यानयन त्वरण, $\alpha = \frac{-mgL}{I}\sin\theta$

कोणीय आवृत्ति, $\omega = \sqrt{\frac{g}{L}} = \sqrt{\frac{mgL}{I}}$

तथा आवर्तकाल, $T = 2\pi\sqrt{\frac{I}{mgL}} = 2\pi\sqrt{\frac{L}{g}}$ **NEET 2022**

Marks Maximizer

- l लम्बाई के सरल लोलक का आवर्तकाल, जब

(i) यह θ कोण पर झुके नत समतल पर नीचे की ओर बिना घर्षण के गति कर रहे वाहन की छत से लटका हो

$$T = 2\pi\sqrt{\frac{l}{g_{eff}}}$$

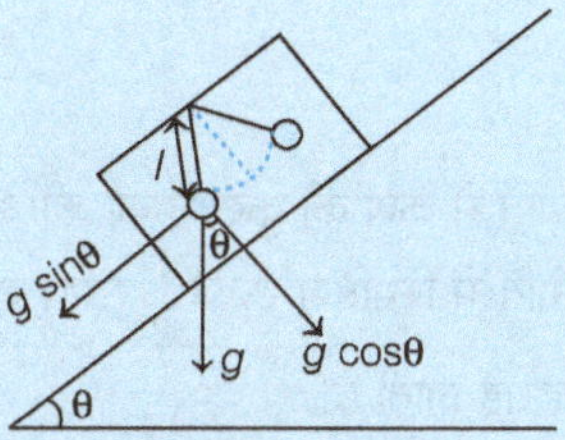

जहाँ, $g_{eff} = g\cos\theta$

(ii) ρ घनत्व का गोलक, σ घनत्व के द्रव में डूबा हो

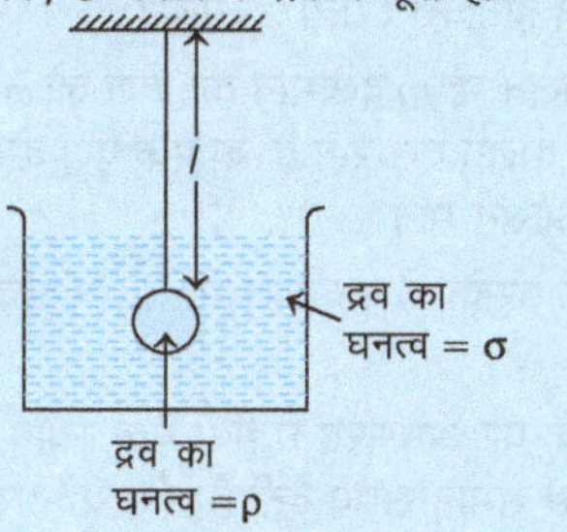

$$T = 2\pi\sqrt{\frac{l}{g_{eff}}}$$

जहाँ, $g_{eff} = g\left(1 - \frac{\sigma}{\rho}\right)$

(iii) यह लिफ्ट की छत से लटका है जोकि ऊर्ध्वाधर ऊपर या नीचे a त्वरण से गति कर रही है

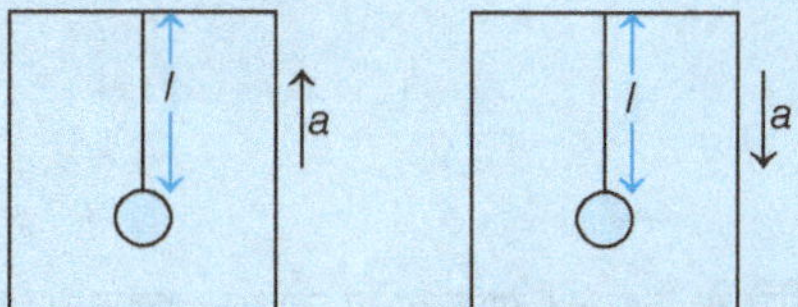

(ऊपर की ओर) (नीचे की ओर)

$T = 2\pi\sqrt{\frac{l}{g_{eff}}}$ $T = 2\pi\sqrt{\frac{l}{g_{eff}}}$

जहाँ, $g_{eff} = (g + a)$ जहाँ, $g_{eff} = (g - a)$

Concept Master Video के लिए

Caution Points

- वृत्तीय गति, व्युत्क्रम-वर्ग के बल नियम (जैसे-ग्रहीय गति) के साथ ही साथ $-m\omega^2 r$ के दो विमीय सरल आवर्ती बल के कारण उत्पन्न हो सकती हैं।
- एक कण एक सरल आवर्ती बल के अधीन ωA के प्रारम्भिक वेग के साथ A त्रिज्या के वृत्तीय पथ पर एकसमान रूप से गति करेगा।
- दी गई चाल ω से रेखीय सरल आवर्त गति को पूर्णतः स्पष्ट करने के लिए दो प्रारम्भिक स्थितियों की आवश्यकता होती है जोकि या तो (i) प्रारम्भिक स्थिति एवं प्रारम्भिक वेग या (ii) आयाम तथा कला या (iii) ऊर्जा तथा कला हो सकती हैं।
- स्वैच्छिक आयाम तथा कला की दो सरल आवर्त गतियों का संयोजन आवश्यक रूप से आवर्ती नहीं होता है।
- एक आवर्ती गति को सदैव उपयुक्त आयामों वाली अनन्त आवर्ती गतियों की संख्या के योग से प्रदर्शित किया जा सकता है।
- सरल आवर्त गति का आवर्त इसके आयाम, ऊर्जा तथा कला से स्वतन्त्र होता है जबकि ग्रहीय कक्षाओं का आवर्त, केन्द्रीय वस्तु से उसकी दूरी पर निर्भर करता है।
- छोटे कोणीय विस्थापन के लिए सरल लोलक की गति सरल आवर्त गति होती है।

PYQ नोट्स

1. जब एक कण A आयाम से सरल आवर्त गति कर रहा हो, तब माध्य स्थिति से वह दूरी जिस पर उसकी गतिज ऊर्जा, उसकी स्थितिज ऊर्जा के बराबर हो जाए **[JEE Main 2023]**

$$x = \pm\frac{A}{\sqrt{2}}$$

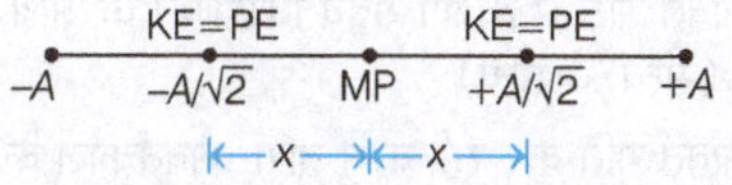

2. सरल आवर्त गति करती वस्तु के एक पूर्ण आवर्त के लिए औसत गतिज ऊर्जा, औसत स्थितिज ऊर्जा के बराबर होती है तथा इसका मान निम्न प्रकार दिया जाता है **[JEE Main 2021]**

$$\langle KE\rangle = \langle PE\rangle = \frac{1}{4}m\omega^2A^2$$

जहाँ, m, ω तथा A क्रमशः सरल आवर्त गति करते कण के द्रव्यमान, कोणीय आवृत्ति तथा आयाम हैं।

3. दो आवर्ती फलनों का योग भी आवर्ती फलन होता है। $\sin\omega t + \cos\omega t$ एक आवर्ती फलन है। **[NEET 2020]**

4. h ऊँचाई से गिरती वस्तु को लगा समय निम्न प्रकार दिया जाता है

$$t = \sqrt{\frac{2h}{g}}$$ **[NEET 2019]**

5. सरल आवर्त गति में एक पूर्ण चक्र के लिए औसत वेग शून्य होता है। **[NEET 2019]**

Step by Step

Mastering NCERT

- कॉन्सेप्ट बिल्डर्स
- शीर्षकवार प्रश्न
- अभिकथन–कारण प्रश्न
- कथन आधारित प्रश्न
- सुमेलन प्रकार प्रश्न
- आंकिक मान प्रकार के प्रश्न
- NCERT Exemplar प्रश्न
- विगत परीक्षाओं के प्रश्न
- स्किल बूस्टर्स

कॉन्सेप्ट बिल्डर्स

1 दोलनी गति वह गति है, जो एक निश्चित समयान्तराल के बाद दोहराई जा रही हो, परन्तु आगे-पीछे न हो। (सत्य/असत्य)

2 वस्तु की आवर्ती गति की आवृत्ति तथा आवर्तकाल के बीच क्या सम्बन्ध होता है?

3 एक गणितीय फलन $f(t)$ आवर्ती फलन कहलाता है यदि $f(t) = f(t+T)$ (सत्य/असत्य)

4 फलन $e^{-\omega t}$ आवर्ती है परन्तु $\log(\omega t)$ एक आवर्ती फलन नहीं है। (सत्य/असत्य)

5 यदि कोई फलन केवल एक ज्या (sine) अथवा कोज्या (cosine) फलन के द्वारा प्रदर्शित हो, तब यह फलन क्या कहलाता है?

6 सरल आवर्त गति के लिए बल नियम का गणितीय व्यंजक क्या है?

7 एकसमान वृत्तीय गति के वृत्त के किसी व्यास पर डाले गये प्रक्षेप की गति .... गति कहलाती है।

8 सरल आवर्त गति में, कण माध्य स्थिति के निकट (तेज/धीमा) तथा चरम स्थिति के निकट .... (तेज/धीमा) गति करता है।

9 सरल आवर्त गति में त्वरण सदैव विस्थापन के साथ समान कला में होता है। (सत्य/असत्य)

10 सरल आवर्त गति कर रही वस्तु द्वारा आवर्तकाल के बराबर समय में तय की गई कुल दूरी क्या होगी, जबकि इसका आयाम A है?

11 एक स्प्रिंग की सरल आवर्त गति के लिए प्रत्यानयन बल कौन प्रदान करता है?

12 सरल आवर्त गति में कण की कुल ऊर्जा की आवृत्ति होती है.........।

13 सरल आवर्त गति में स्थितिज ऊर्जा $\frac{T}{2}$ समय बाद तथा गतिज ऊर्जा $\frac{T}{4}$ समय बाद दोहराई जाती है।

14 सरल आवर्त गति में किसी कण की किसी क्षण गतिज ऊर्जा का क्या सूत्र होता है?

15 विस्थापन, वेग तथा त्वरण का आवर्तकाल समान परन्तु कला भिन्न-भिन्न होती है। (सत्य/असत्य)

16 एक पूर्ण दोलन में, m द्रव्यमान का कण जो ω कोणीय आवृत्ति से A आयाम का दोलन कर रहा है, के एक पूर्ण दोलन के लिए गतिज ऊर्जा का औसत मान .... है।

17 दोलक घड़ी इसके दोलन काल में ...... (वृद्धि/कमी) के कारण तेज चलती है।

18 स्प्रिंग दोलक पर आधारित घड़ी प्रत्येक स्थान पर जैसे-पहाड़ या चाँद या उपग्रह में समान समय देती है। (सत्य/असत्य)

19 यदि एक दोलक को पहाड़ की चोटी पर ले जाएँ, तो क्या दोलक का आवर्तकाल घटेगा?

20 दोलक की माध्य स्थिति में डोरी में तनाव $\left(mg + \frac{mv^2}{l}\right)$ होता है। (सत्य/असत्य)

शीर्षकवार प्रश्न

आवर्ती तथा दोलनी गति

1 निम्न में से कौन एक आवर्ती तथा दोलनी दोनों है? **NCERT पृष्ठ 260**

(a) एक स्वतन्त्रतापूर्वक लटकी दण्ड चुम्बक को उसकी N-S दिशा से विस्थापित कर छोड़ने पर।

(b) भाप के इंजन में सिलेण्डर के अन्दर पिण्ड की आगे-पीछे गति।

(c) पृथ्वी का अपनी अक्ष के परितः घूर्णन

(d) कमान से छोड़ा गया तीर

2 एक कीड़े के लिए x-t ग्राफ चुनिए जो एक ढलान पर एक समान रूप से ऊपर चढ़ता है और नीचे फिसलकर वापस प्रारम्भिक बिन्दु पर आ जाता है तथा इस क्रिया को समान रूप से दोहराता है। **NCERT पृष्ठ 260**

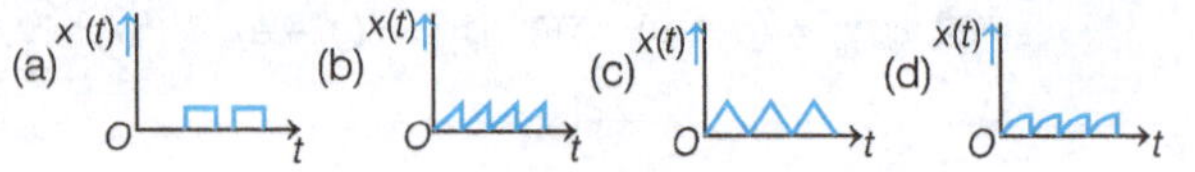

3 औसत रूप से, मानव का हृदय एक मिनट में 75 बार धड़कता है। विस्पन्द आवृत्ति तथा मानव हृदय का आवर्तकाल क्रमशः है **NCERT पृष्ठ 260**

(a) 1 हट्‌र्ज, 0.8 सेकण्ड (b) 1 हट्‌र्ज, 1 सेकण्ड

(c) 1.25 हट्‌र्ज 0.8 सेकण्ड (d) 2 हट्‌र्ज, 0.5 सेकण्ड

4 आवर्ती फलन $f(t) = A \sin \omega t$ स्वयं को कितने समय बाद दोहराता है? **NCERT पृष्ठ 261**

(a) 2π (b) 3π

(c) π (d) $\frac{\pi}{2}$

5 एक कण 4 सेमी के आयाम से दोलनी गति कर रहा है। यदि कण का आवर्तकाल 1 सेकण्ड है, तब कण को माध्य स्थिति से 2 सेमी तक पहुँचने में लगा समय है **NCERT पृष्ठ 261**

(a) $\left(\frac{1}{2}\right)$ सेकण्ड (b) $\left(\frac{1}{4}\right)$ सेकण्ड

(c) $\left(\frac{1}{12}\right)$ सेकण्ड (d) $\left(\frac{1}{6}\right)$ सेकण्ड

6 आवर्ती गति में एक कण का विस्थापन $x(t) = 20 \cos \omega t$ से व्यक्त किया गया है। यदि कण का आवर्तकाल 4 सेकण्ड है, तब 1 सेकण्ड पर कण का विस्थापन होगा **NCERT पृष्ठ 261**

(a) 10 मी (b) 15 मी

(c) 0 (d) 20 मी

7 फलन $\log \omega t$ **NCERT पृष्ठ 261**

(a) एक आवर्ती फलन है

(b) एक अनावर्ती फलन है

(c) दोलनी गति को व्यक्त कर सकता है

(d) वृत्तीय गति को व्यक्त कर सकता है

8 निम्न में से आवर्ती फलन चुनिए। **NCERT पृष्ठ 261**

(a) $A \sin^3 (\omega t)^2$ (b) $\sin \omega t + \cos \omega t$

(c) $\tan (\omega t)^3$ (d) $e^{\omega t}$

सरल आवर्त गति

9 एक चिकने घुमावदार कटोरे के अन्दर एक गेंद की गति, जब वह निचले बिन्दु से थोड़ा ऊपर एक बिन्दु से छोड़ी जाती है, है **NCERT पृष्ठ 262**

(a) सरल आवर्त गति (b) अनावर्ती गति

(c) परवलयिक (d) आवर्ती परन्तु सरल आवर्त गति नहीं

10 दो वक्रों के द्वारा निरुपित दो सरल आवर्त गतियों के आवर्तकालों के बीच सम्बन्ध है **NCERT पृष्ठ 262**

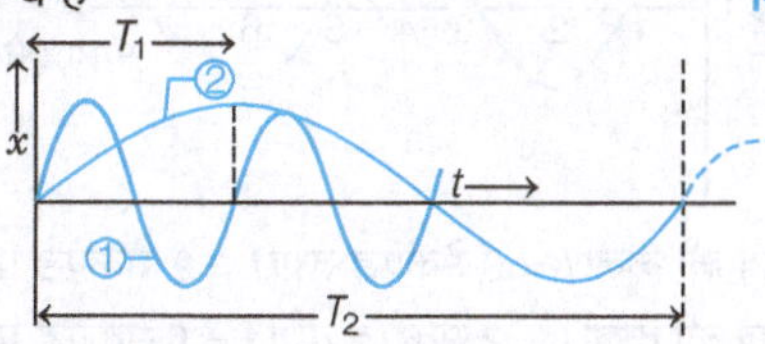

(a) $T_1 = 4T_2$ (b) $T_2 = 4T_1$ (c) $T_2 = 2T_1$ (d) $T_1 = 2T_2$

11 एक कण का विस्थापन $x = k \sin^2 \omega t$ द्वारा दिया गया है। कण की गति सम्बन्धित है **NCERT पृष्ठ 262**

(a) $\frac{\omega}{\pi}$ आवृत्ति की सरल आवर्त गति से

(b) $\frac{3\omega}{2\pi}$ आवृत्ति की सरल आवर्त गति से

(c) गैर सरल आवर्त गति से

(d) $\frac{\omega}{2\pi}$ आवृत्ति की सरल आवर्त गति से

12 चित्र विभिन्न क्षणों पर मूल बिन्दु $(x = 0)$ के परितः $+A$ तथा $-A$ के बीच गति करते कण के चित्रों को प्रदर्शित करता है। कण इस प्रकार गति करता है कि $x = 0$ पर वेग अधिकतम तथा $x = \pm A$ पर न्यूनतम है। **NCERT पृष्ठ 262**

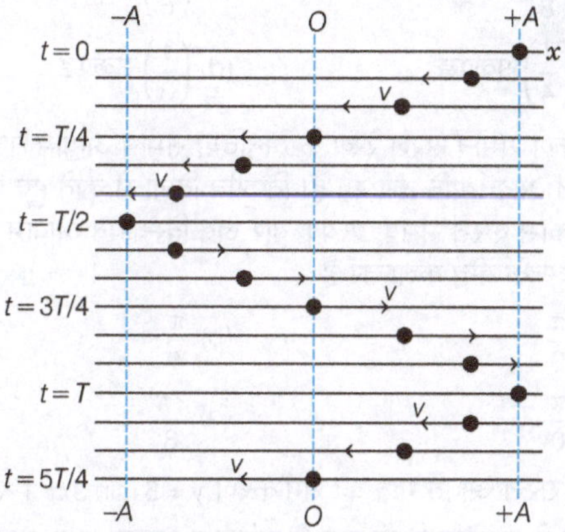

कण की गति के लिए सही विस्थापन समीकरण है

(a) $A \sin \omega t$

(b) $A \cos \omega t$

(c) $A \tan \omega t$

(d) $A \cot \omega t$

13 जब $y_1 = a \sin \omega t$ तथा $y_2 = b \cos \omega t$ द्वारा निरूपित दो विस्थापनों को अध्यारोपित किया जाता है, तो गति होती है **NCERT पृष्ठ 262**

(a) सरल आवर्ती गति

(b) आयाम $\frac{a}{b}$ के साथ सरल आवर्ती

(c) आयाम $\sqrt{a^2 + b^2}$ के साथ सरल आवर्ती

(d) आयाम $\frac{(a+b)}{2}$ के साथ सरल आवर्ती

14 दो सरल आवर्त गतियों को $y_1 = 5(\sin 2\pi + \sqrt{3} \cos 2\pi t)$ तथा $y_2 = 5 \sin\left(2\pi t + \frac{\pi}{4}\right)$ द्वारा दर्शाया गया है उनके आयामों का अनुपात है। **NCERT पृष्ठ 262**

(a) 1 : 1 (b) 2 : 1

(c) 1 : 3 (d) $\sqrt{3} : 1$

15 जब फलन $x = A\sin^2\omega t + B\cos^2\omega t + C\sin\omega t\cos\omega t$ सरल आवर्त गति को प्रदर्शित करता है, तो निम्न में से कौन-सा गलत है? NCERT पृष्ठ 262

(a) यदि $A = 0, B = 0$ तब यह सरल आवर्त गति होगी
(b) यदि $A = -B, C = 2B$, आयाम $= |B\sqrt{2}|$
(c) यदि $A = B, C = 0$, आयाम $= |B|$
(d) यदि $A = B, C = 2B$, तब यह सरल आवर्त गति होगी।

16 एक सरल आवर्त गति कर रही वस्तु का आवर्तकाल 3 सेकण्ड है। समय $t = 0$ से कितने समय बाद, इसका विस्थापन इसके आयाम का आधा होगा? NCERT पृष्ठ 262

(a) $\left(\frac{1}{8}\right)$ सेकण्ड
(b) $\left(\frac{1}{6}\right)$ सेकण्ड
(c) $\left(\frac{1}{4}\right)$ सेकण्ड
(d) $\left(\frac{1}{3}\right)$ सेकण्ड

17 दो कण समान सरल रेखा के अनुदिश समान आयाम तथा आवृत्ति से सरल आवर्त गति कर रहे हैं। विपरीत दिशा में जाते हुए एक-दूसरे को क्रॉस करते समय, प्रत्येक बार जब विस्थापन आयाम का आधा हो, तब उनके बीच कलान्तर हैं NCERT पृष्ठ 262

(a) $\frac{\pi}{3}$
(b) $\frac{\pi}{4}$
(c) $\frac{\pi}{6}$
(d) $\frac{2\pi}{3}$

18 एक सरल आवर्त गति को समीकरण $y = 5(\sin 3\pi t + \sqrt{3}\cos 3\pi t)$ सेमी से प्रदर्शित किया गया है। गति का आयाम तथा आवर्तकाल है NCERT पृष्ठ 262

(a) 5 सेमी, $\frac{2}{3}$ सेकण्ड
(b) 10 सेमी, $\frac{3}{2}$ सेकण्ड
(c) 5 सेमी, $\frac{3}{2}$ सेकण्ड
(d) 10 सेमी, $\frac{2}{3}$ सेकण्ड

19 यदि x, v तथा a, T आवर्तकाल से सरल आवर्त गति कर रहे कण के क्रमशः विस्थापन, वेग तथा त्वरण को प्रदर्शित करें, तो निम्न में से कौन समय के साथ परिवर्तित नहीं होगा? NCERT पृष्ठ 262

(a) $\frac{aT}{v}$
(b) $aT + 2\pi v$
(c) $\frac{aT}{x}$
(d) $a^2T + 4\pi^2v^2$

20 यदि सरल आवर्त गति $\frac{d^2x}{dt^2} + \alpha x = 0$, द्वारा प्रदर्शित की जाती है, तो इसका आवर्तकाल है NCERT पृष्ठ 262

(a) $2\pi\sqrt{\alpha}$
(b) $2\pi\alpha$
(c) $\frac{2\pi}{\sqrt{\alpha}}$
(d) $\frac{2\pi}{\alpha}$

21 निम्न में से कौन-सा व्यंजक सरल आवर्त गति को व्यक्त नहीं करता है? NCERT पृष्ठ 262

(a) $x = A\cos\omega t + B\sin\omega t$
(b) $x = A\cos(\omega t + \alpha)$
(c) $x = B\sin(\omega t + \beta)$
(d) $x = A\sin\omega t\cos^2\omega t$

22 सरल आवर्त गति की समीकरण है NCERT पृष्ठ 262

(a) $\frac{d^2x}{dt^2} = -\omega^2 x$
(b) $\frac{d^2x}{dt^2} = -\omega^2 t$
(c) $\frac{d^2x}{dt^2} = -\omega x$
(d) $\frac{d^2x}{dt^2} = -\omega t$

23 $x = a\sin(\omega t + \delta)$ तथा $y = a\sin\left(\omega t + \delta + \frac{\pi}{2}\right)$ द्वारा प्रदर्शित दो सरल आवर्त गतियाँ किसी कण पर एक साथ कार्य करती हैं, तब कण की गति होगी NCERT पृष्ठ 262

(a) वृत्तीय, वामावर्त
(b) वृत्तीय, दक्षिणावर्त
(c) दीर्घवृत्तीय, वामावर्त
(d) दीर्घवृत्तीय, दक्षिणावर्त

24 निम्न में से कौन सरल आवर्त गति का अभिलक्षण नहीं है? NCERT पृष्ठ 262

(a) गति आवर्ती है
(b) गति माध्य स्थिति के दोनों ओर सरल रेखा में है
(c) ऊर्जा रूपान्तरण के लिए दोलन उत्तरदायी हैं
(d) कण का त्वरण, चरम स्थिति की ओर है

25 एक कण का विस्थापन $y = 4\cos^2\left(\frac{t}{2}\right)\sin(1000t)$ द्वारा दिया गया है। यह व्यंजक कितनी सरल आवर्त गतियों के अध्यारोपण का परिणाम माना जा सकता है? NCERT पृष्ठ 262

(a) 2
(b) 3
(c) 1
(d) 4

26 सरल आवर्त गति करते कण का विस्थापन-समय वक्र चित्र में प्रदर्शित किया गया है। सही कथन का चयन कीजिए। NCERT पृष्ठ 263

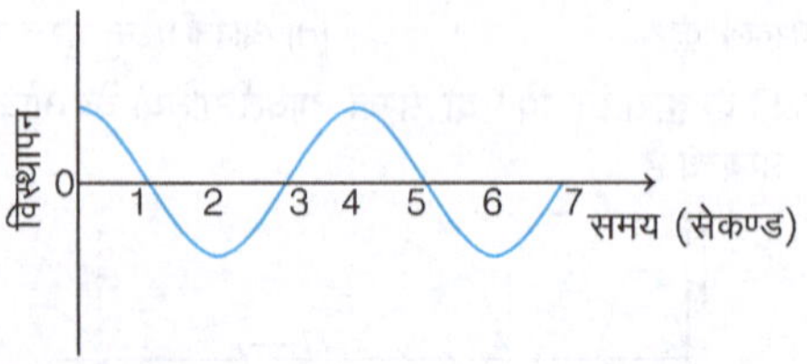

(a) दोलित्र की कला $t = 0$ सेकण्ड तथा $t = 2$ सेकण्ड पर समान है
(b) दोलित्र की कला $t = 2$ सेकण्ड तथा $t = 6$ सेकण्ड पर समान है
(c) दोलित्र की कला $t = 1$ सेकण्ड तथा $t = 7$ सेकण्ड पर समान है
(d) दोलित्र की कला $t = 3$ सेकण्ड तथा $t = 5$ सेकण्ड पर समान है

27 सरल आवर्त गति कर रहे एक कण का विस्थापन-समय ग्राफ चित्र में दर्शाया गया है। कौन-सा/से कथन गलत हैं? **NCERT पृष्ठ 263**

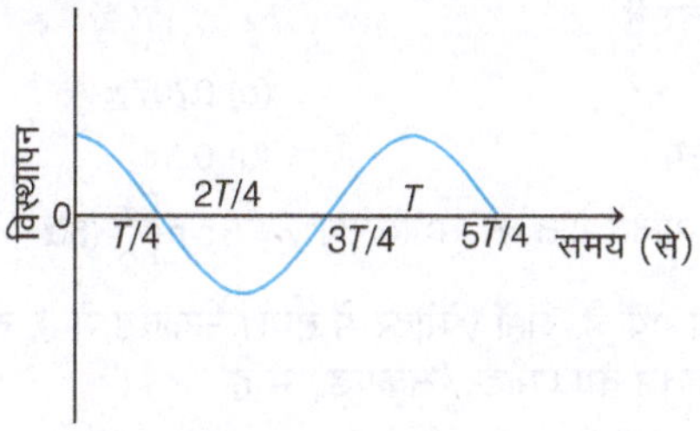

(a) बल $t = \frac{3T}{4}$ पर बल शून्य है।

(b) $t = \frac{4T}{4}$ पर त्वरण अधिकतम है।

(c) $t = \frac{T}{4}$ पर वेग अधिकतम है।

(d) $t = \frac{T}{2}$ पर दोलन की स्थितिज ऊर्जा, गतिज ऊर्जा के बराबर है।

सरल आवर्त गति तथा एकसमान वृत्तीय गति

28 एक गेंद क्षैतिज तल में एकसमान वृत्तीय गति में गति कर रही है। दीवार पर गेंद की छाया प्रदर्शित करेगी **NCERT पृष्ठ 264**

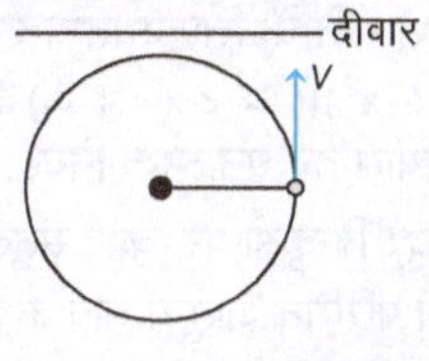

(a) प्रक्षेप्य गति
(b) एकसमान वृत्तीय गति
(c) सरल आवर्त गति
(d) असमान वृत्तीय गति

29 चित्र एक वृत्ताकार गति को दर्शाता है। वृत्त की त्रिज्या, परिक्रमण काल, प्रारम्भिक स्थिति तथा परिक्रमण की दिशा चित्र में दर्शायी गई है। **NCERT पृष्ठ 264**

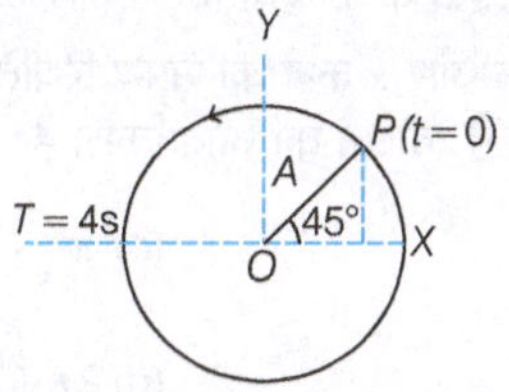

घूर्णन करते कण P के त्रिज्य सदिश के X-प्रक्षेप की सरल आवर्त गति है

(a) $A\cos\left(\frac{2\pi}{4}t + \frac{\pi}{4}\right)$

(b) $A\cos\left(\frac{\pi}{4}t + \frac{\pi}{4}\right)$

(c) $A\cos\left(\frac{\pi}{3}t + \frac{\pi}{2}\right)$

(d) $A\cos\left(\frac{2\pi}{3}t + \frac{\pi}{2}\right)$

30 1610 में, गैलीलियो ने बृहस्पति ग्रह के चार चन्द्रमा पाए। उन्होंने पृथ्वी से एक चन्द्रमा कैलिस्टो (Callisto) की गति का अवलोकन किया और नीचे दिखाए गए ग्राफ में उनके डेटा से पता चलता है कि इसकी गति सरल आवर्त गति है **NCERT पृष्ठ 264**

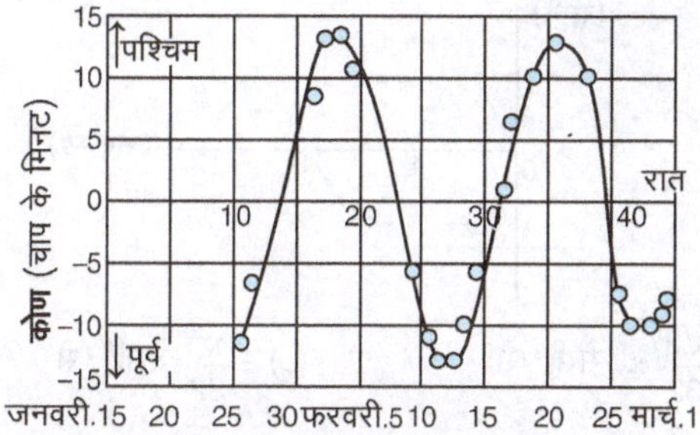

अब गलत कथन का चयन कीजिए

(a) कैलिस्टो चन्द्रमा की गति वास्तव में सरल आवर्त गति नहीं है।
(b) कैलिस्टो चन्द्रमा की गति वास्तव में एकसमान वृत्तीय गति है।
(c) गैलीलियों ने गति के तल की रेखा में एकसमान वृत्तीय कक्षा के प्रक्षेपों का प्रेक्षण किया।
(d) कैलिस्टो चन्द्रमा की गति वास्तव में सरल आवर्त गति है।

सरल आवर्त गति में वेग तथा त्वरण

31 सरल आवर्त गति का समीकरण $y = 3\sin(50t - x)$ है, जहाँ x तथा y मीटर में तथा t सेकण्ड में है। कण का अधिकतम वेग (मी/से) में है **NCERT पृष्ठ 266**

(a) 3 (b) 50 (c) 150 (d) 25

32 एक लोकोमोटिव के सिलेण्डर हेड में पिस्टन का स्ट्रोक (आयाम का दोगुना) 2.0 मीटर है। यदि पिस्टन 100 रेडियन प्रति मिनट की कोणीय आवृत्ति के साथ सरल आवर्त गति करता है, तो इसकी अधिकतम चाल है? **NCERT पृष्ठ 266**

(a) 50 मी/मिनट
(b) 100 मी/मिनट
(c) 200 मी/मिनट
(d) 75 मी/मिनट

33 कोणीय आवृत्ति 100 रेडियन/सेकण्ड तथा 1000 रेडियन/सेकण्ड की दो सरल आवर्त गतियों के विस्थापन आयाम समान हैं। उनके अधिकतम त्वरणों का अनुपात है **NCERT पृष्ठ 266**

(a) 1 : 10 (b) $1 : 10^2$ (c) $1 : 10^3$ (d) $1 : 10^4$

34 एक चिकनी क्षैतिज सतह पर पिण्ड के दोलन को समीकरण $x = A\cos\omega t$ द्वारा प्रदर्शित किया गया है, जहाँ x = समय t पर विस्थापन तथा ω = दोलन की आवृत्ति। निम्न में से कौन-सा ग्राफ a का t के साथ परिवर्तन को सही प्रकार दर्शाता है? **NCERT पृष्ठ 266**

(a)
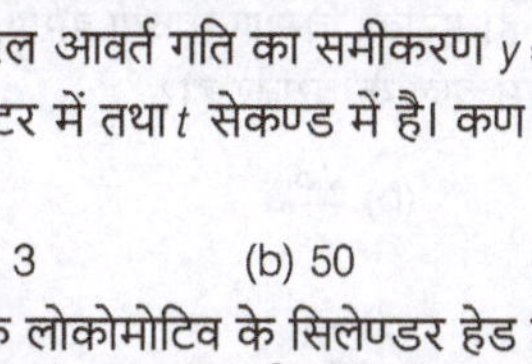

(b)
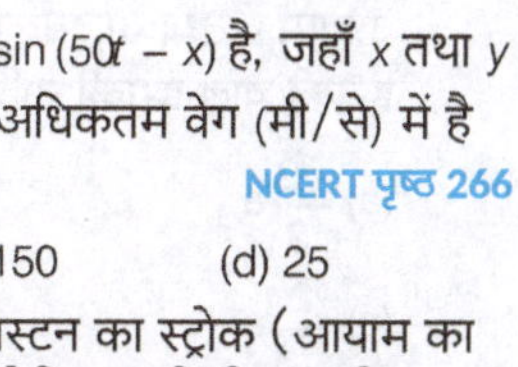

(c)
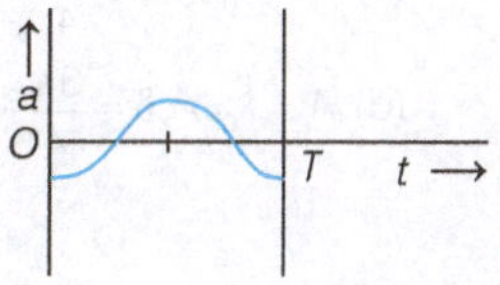

(d)
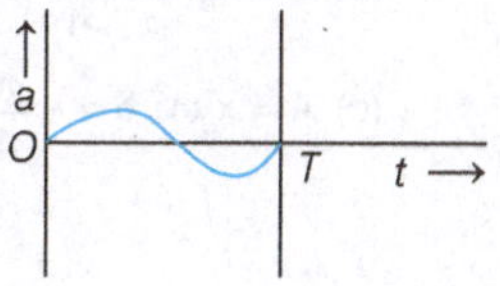

35 सरल आवर्त गति कर रहे एक कण का *x-t* ग्राफ नीचे दिखाया गया है। समय $t = \frac{4}{3}$ सेकण्ड पर कण का त्वरण है NCERT पृष्ठ 266

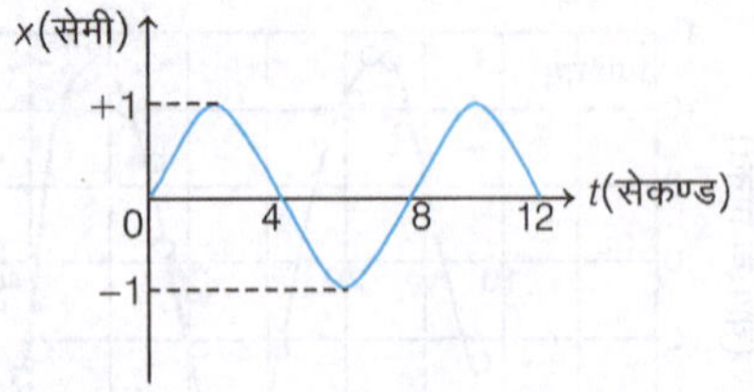

(a) $\frac{\sqrt{3}}{32}\pi^2$ सेमी^{2}/से^{2} (b) $-\frac{\pi^2}{32}$ सेमी^{2}/से^{2}
(c) $\frac{\pi^2}{32}$ सेमी^{2}/से^{2} (d) $-\frac{\sqrt{3}}{32}\pi^2$ सेमी^{2}/से^{2}

36 एक कण सरल आवर्त गति कर रहा है। इसका अधिकतम त्वरण α तथा अधिकतम वेग β है, तब इसके कम्पनों का आवर्तकाल होगा NCERT पृष्ठ 266

(a) $\frac{\beta^2}{\alpha^2}$ (b) $\frac{\alpha}{\beta}$ (c) $\frac{\beta^2}{\alpha}$ (d) $\frac{2\pi\beta}{\alpha}$

37 एक कण माध्य स्थिति से सरल आवर्त गति प्रारम्भ करता है। इसका आयाम *a* तथा आवर्तकाल *T* है। इसका विस्थापन क्या होगा, जब इसकी चाल इसकी अधिकतम चाल के बराबर हो? NCERT पृष्ठ 266

(a) $\frac{\sqrt{2}}{3}a$ (b) $\frac{\sqrt{3}}{2}a$
(c) $\frac{2}{\sqrt{3}}a$ (d) $\frac{a}{\sqrt{2}}$

38 स्प्रिंग से जुड़ी और सरल आवर्त गति कर रही एक वस्तु का विस्थापन समीकरण $x = 2\cos(2\pi t)$ द्वारा दिया जाता है, जहाँ *x* सेमी में तथा *t* सेकण्ड में है। वह समय जिस पर सबसे पहले अधिकतम चाल होती है, है NCERT पृष्ठ 266

(a) 0.2 सेकण्ड (b) 0.25 सेकण्ड
(c) 0.3 सेकण्ड (d) 0.4 सेकण्ड

39 दो सरल आवर्त गतियों को समीकरण $y_1 = 0.1\sin\left(100\pi t + \frac{\pi}{3}\right)$ तथा $y_2 = 0.1\cos \pi t$ द्वारा दर्शाया गया है। कण 1 के वेग का कण 2 के वेग के सापेक्ष कलान्तर है NCERT पृष्ठ 266

(a) $-\frac{\pi}{6}$ (b) $-\frac{\pi}{3}$ (c) $\frac{\pi}{3}$ (d) $\frac{\pi}{6}$

40 एक बिन्दु द्रव्यमान *X*-अक्ष के अनुदिश नियम $X = X_0\cos\left(\omega t - \frac{\pi}{4}\right)$ के अनुसार दोलन करता है। यदि कण के त्वरण को $a = A\cos(\omega t + \delta)$ लिखा जाए, तब NCERT पृष्ठ 266

(a) $A = x_0, \delta = \frac{-\pi}{4}$ (b) $A = x_0\omega^2, \delta = \frac{\pi}{4}$
(c) $A = x_0\omega^2, \delta = -\frac{\pi}{4}$ (d) $A = x_0\omega^2, \delta = \frac{3\pi}{4}$

41 सरल आवर्त गति कर रहे कण के तात्क्षणिक वेग तथा त्वरण के बीच कलान्तर है NCERT पृष्ठ 266

(a) π (b) 0.707π
(c) शून्य (d) 0.5π

42 सरल आवर्त गति का समीकरण $y = 3\sin\left[\frac{\pi}{2}(50t - \phi)\right]$ द्वारा दर्शाया गया है, जहाँ *y* मीटर में तथा *t* सेकण्ड में है, तो कण का अधिकतम वेग (मीटर/सेकण्ड) में है NCERT पृष्ठ 266

(a) 3π (b) 50π
(c) 75π (d) 25π

43 एक निकाय सरल आवर्त गति कर रहा है। जब माध्य स्थिति से पिण्ड का विस्थापन 4 सेमी तथा 5 सेमी है, तो पिण्ड के संगत वेग क्रमशः 10 सेमी सेकण्ड$^{-1}$ तथा 8 सेमी सेकण्ड$^{-1}$ हैं। पिण्ड का आवर्तकाल है NCERT पृष्ठ 266

(a) 2π सेकण्ड (b) $\frac{\pi}{2}$ सेकण्ड
(c) π सेकण्ड (d) $\frac{3\pi}{2}$ सेकण्ड

सरल आवर्त गति के लिए बल का नियम

44 *X*-अक्ष के अनुदिश गति के लिए स्वतन्त्र एक कण की स्थितिज ऊर्जा $U(x) = k[1 - \exp(-x^2)]\,(-\infty < x < +\infty)$ के लिए द्वारा दी गई है। जहाँ, *k* उचित आयाम का धनात्मक नियतांक है, तब NCERT पृष्ठ 267

(a) मूल बिन्दु से दूर बिन्दुओं पर, कण संतुलन में है
(b) *x* के किसी भी परिमित अशून्य मान के लिए मूल बिन्दु से दूर निर्देशित एक बल होता है।
(c) इसकी कुल यान्त्रिक ऊर्जा $\frac{k}{2}$ है तथा यह मूल बिन्दु पर इसकी गतिज ऊर्जा के बराबर होता है।
(d) कण की गति सरल आवर्ती है।

45 *m* द्रव्यमान का एक कण, स्थितिज ऊर्जा $U = U_0 + \alpha x^2$, जहाँ U_0 तथा α नियतांक और *x* कण का साम्य स्थिति से विस्थापन है, से दोलन कर रहा है। दोलन का आवर्तकाल है NCERT पृष्ठ 267

(a) $2\pi\sqrt{\frac{m}{\alpha}}$ (b) $\pi\sqrt{\frac{m}{2\alpha}}$
(c) $\pi\sqrt{\frac{2m}{\alpha}}$ (d) $2\pi\sqrt{\frac{m}{\alpha^2}}$

46 *m* द्रव्यमान का एक पिण्ड स्थितिज क्षेत्र $U(x) = U(1 - \cos ax)$ में रखा है, जहाँ *U* तथा *a* नियतांक हैं। दोलनों का आवर्तकाल है NCERT पृष्ठ 267

(a) $2\pi\sqrt{\frac{2m}{Ua^2}}$ (b) $2\pi\sqrt{\frac{m}{Ua^2}}$
(c) $2\pi\sqrt{m^2Ua}$ (d) $2\pi\sqrt{\frac{m}{Ua}}$

47 एक कण 10 सेमी की दूरी पर स्थित दो बिन्दुओं A व B की दिशा को के बीच रैखिक सरल आवर्त गति में है (चित्र)। A से B की ओर की दिशा को धनात्मक दिशा के रूप में लें तथा गलत कथन चुनें। **NCERT पृष्ठ 267**

$AO = OB = 5$ सेमी, $BC = 8$ सेमी

(a) जब कण B की ओर जाते हुए A से 3 सेमी दूरी पर है तब इसके वेग, त्वरण तथा बल के चिन्ह धनात्मक हैं।

(b) B की ओर जाते हुए C पर कण के वेग का चिन्ह ऋणात्मक है।

(c) A की ओर जाते हुए B से 4 सेमी दूरी पर कण के वेग, त्वरण तथा बल के चिन्ह ऋणात्मक हैं।

(d) जब कण बिन्दु B पर है, तब इसके त्वरण तथा बल के चिन्ह ऋणात्मक हैं।

48 एक ब्लॉक सन्तुलन की स्थिति के बायीं ओर है, जैसा कि चित्र में दिखाया गया है। यदि अब इसे $\frac{mg}{k}$ से खींचा जाता है, तो स्प्रिंग में शुद्ध खिंचाव है **Old NCERT पृष्ठ 352**

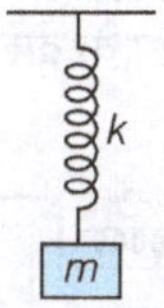

(a) $\frac{mg}{k}$ (b) $\frac{mg}{2k}$ (c) $\frac{2mg}{k}$ (d) $\frac{mg}{4k}$

49 एक ब्लॉक घर्षणरहित सतह पर सरल आवर्त गति में है, जैसा कि चित्र में दर्शाया गया है। $x = 0$ स्थिति स्प्रिंग की बिना खिंची हुई स्थिति को दर्शाती है। यदि स्प्रिंग को खींचकर ब्लॉक को $x = A$ पर छोड़ा जाए, तो $x = 0$ पर ब्लॉक की चाल है **Old NCERT पृष्ठ 352**

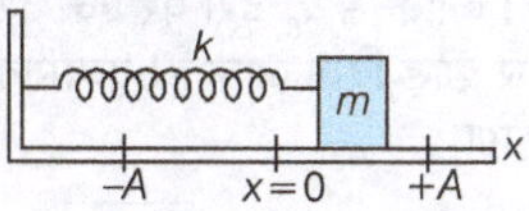

(a) 0 (b) $A^2\sqrt{\frac{k}{m}}$ (c) $A^2\sqrt{\frac{2k}{m}}$ (d) $A\sqrt{\frac{k}{m}}$

50 जैसा कि चित्र में दर्शाया गया है, m द्रव्यमान, A आयाम के साथ सरल आवर्त गति में दोलन कर रहा है। स्प्रिंग नियतांक k_1 के साथ स्प्रिंग में प्रसार है **Old NCERT पृष्ठ 352**

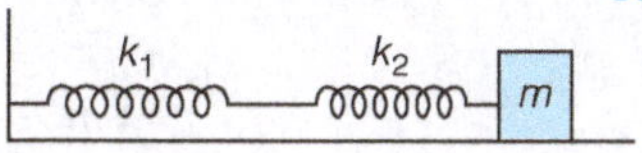

(a) $\frac{k_1A}{k_2}$ (b) $\frac{k_2A}{k_1}$ (c) $\frac{k_1A}{k_1+k_2}$ (d) $\frac{k_2A}{k_1+k_2}$

51 दिखाए गए चित्र में, ब्लॉक को A दूरी से एक ओर ले जाया जाता है। ब्लॉक पर शुद्ध बल का परिमाण है **Old NCERT पृष्ठ 352**

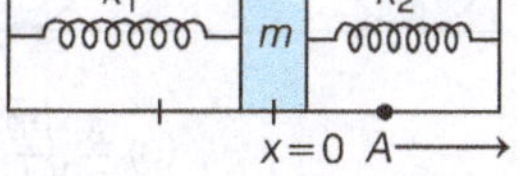

(a) $(k_1 - k_2)A$ (b) $(k_2 - k_1)A$

(c) $(k_1 + k_2)A$ (d) $\left(\frac{k_1+k_2}{2}\right)A$

52 चित्र में एक स्प्रिंग द्रव्यमान निकाय, एक लिफ्ट की छत से सन्तुलन में लटका है। लिफ्ट अचानक 9 मी/से^{2} के त्वरण से त्वरित होने लगती है, तो दोलन की आवृत्ति है **Old NCERT पृष्ठ 352**

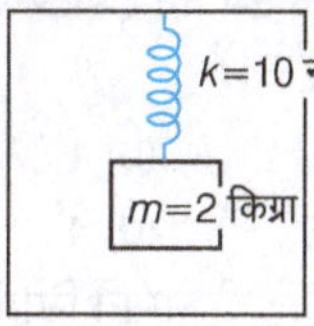

(a) 10 हर्ट्ज

(b) 4 हर्ट्ज

(c) 2.8 हर्ट्ज

(d) 0 हर्ट्ज

53 चित्र में दिखाए गए निकाय का आवर्तकाल है **Old NCERT पृष्ठ 352**

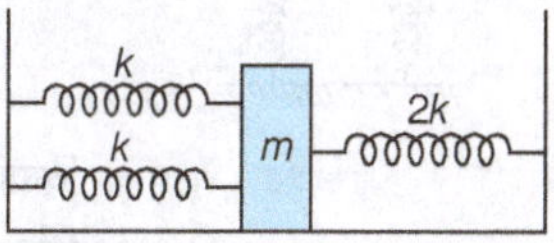

(a) $2\pi\sqrt{\frac{m}{3k}}$ (b) $2\pi\sqrt{\frac{2m}{k}}$

(c) $2\pi\sqrt{\frac{m}{4k}}$ (d) $2\pi\sqrt{\frac{m}{k}}$

54 दिए गए स्प्रिंग-द्रव्यमान निकाय का आवर्तकाल किस निकाय के बराबर है? **Old NCERT पृष्ठ 352**

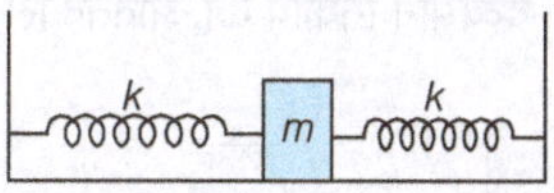

(a) 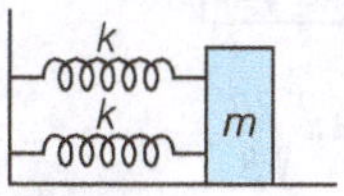

(b) 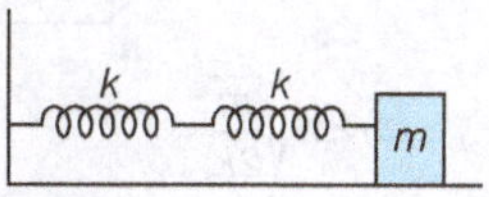

(c) 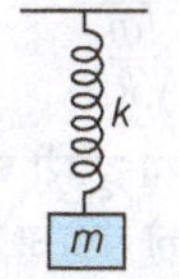

(d) 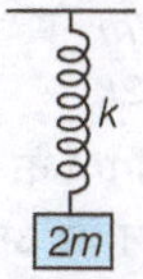

55 k_1 तथा k_2 बल नियतांक के दो स्प्रिंग m द्रव्यमान से चित्रानुसार जुड़े हैं। द्रव्यमान के दोलनों की आवृत्ति f है। यदि k_1 और k_2 दोनों को उनके मूल मान से चार गुना कर दिया जाए, तो दोलन की आवृत्ति हो जाएगी **Old NCERT पृष्ठ 352**

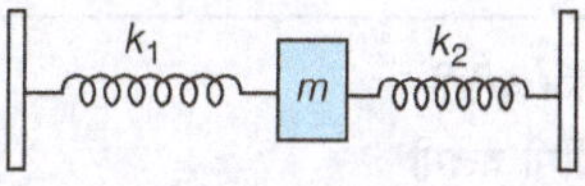

(a) $f/2$ (b) $f/4$

(c) $4f$ (d) $2f$

56 जब 1.0 किलोग्राम द्रव्यमान का एक पिण्ड हल्के, ऊर्ध्वाधर स्प्रिंग से लटकाया जाता है, तो इसकी लम्बाई 5 सेमी बढ़ जाती है। यदि 2.0 किलोग्राम के पिण्ड को स्प्रिंग से लटकाकर, 10 सेमी खींचकर छोड़ दिया जाए, तो इसमें अधिकतम वेग (मीटर सेकण्ड$^{-1}$ में) होगा (गुरुत्वीय त्वरण = 10 मी/से^{2}) **Old NCERT पृष्ठ 352**

(a) 0.5 (b) 1
(c) 2 (d) 4

57 20 किग्रा द्रव्यमान की एक ट्रे दो समान स्प्रिंगों पर टिकी हुई है, जिनमें प्रत्येक स्प्रिंग का स्प्रिंग नियतांक k है। जब ट्रे को दबाकर छोड़ दिया जाता है, तो यह 1.5 सेकण्ड में सरल आवर्त गति करती है। जब ट्रे पर m द्रव्यमान का ब्लॉक रख दिया जाता है, तो दोलनों का आवर्तकाल 3 सेकण्ड हो जाता है। ब्लॉक का द्रव्यमान है **Old NCERT पृष्ठ 352**

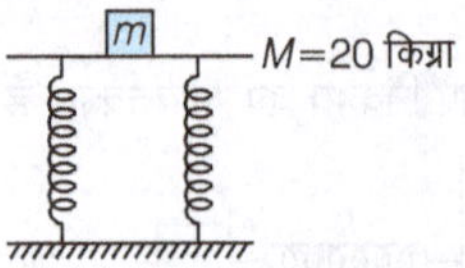

(a) 20 किग्रा (b) 40 किग्रा
(c) 60 किग्रा (d) 80 किग्रा

58 एक m द्रव्यमान को नगण्य द्रव्यमान के स्प्रिंग से ऊर्ध्वाधर रूप से लटकाया जाता है, तो निकाय n आवृत्ति के साथ दोलन करता है। यदि उसी स्प्रिंग से $4m$ द्रव्यमान लटकाया जाए, तो निकाय की आवृत्ति क्या होगी? **Old NCERT पृष्ठ 352**

(a) $\frac{n}{4}$ (b) $4n$ (c) $\frac{n}{2}$ (d) $2n$

59 दिए गए स्प्रिंग-द्रव्यमान निकाय का आवर्तकाल है **Old NCERT पृष्ठ 352**

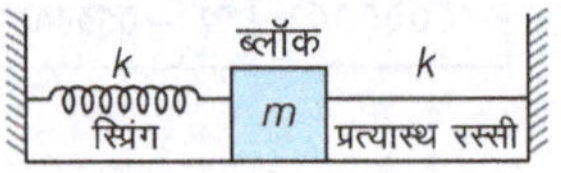

(a) $2\pi\sqrt{\frac{m}{2k}}$ (b) $2\pi\sqrt{\frac{m}{k}}$
(c) $(\sqrt{2}+1)\pi\sqrt{\frac{m}{2k}}$ (d) $(\sqrt{2}+1)\pi\sqrt{\frac{m}{k}}$

60 एक घड़ी P, स्प्रिंग A के दोलन पर आधारित है तथा दूसरी घड़ी Q, स्प्रिंग B के दोलन पर आधारित है। दोनों घड़ियों को चन्द्रमा पर ले जाया जाता है ($k_A = k_B$) **Old NCERT पृष्ठ 352**

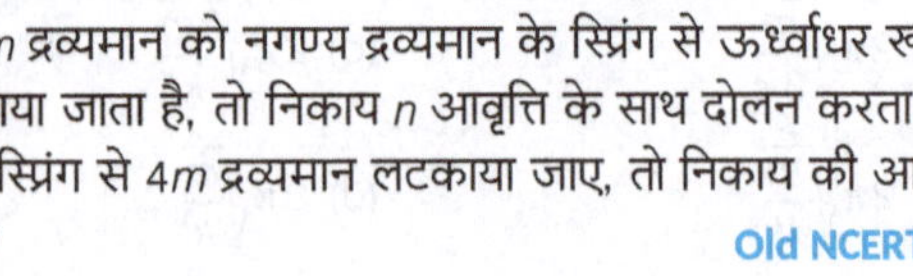

(a) P, Q से तेज चलेगी
(b) P, Q से धीमी चलेगी
(c) चन्द्रमा पर दोनों एक दर से चलेगी
(d) अधिक जानकारी की आवश्यकता है

61 चित्र में प्रदर्शित समान चार स्प्रिंग वाले एक सरल आवर्त दोलित्र का आवर्तकाल होगा **Old NCERT पृष्ठ 352**

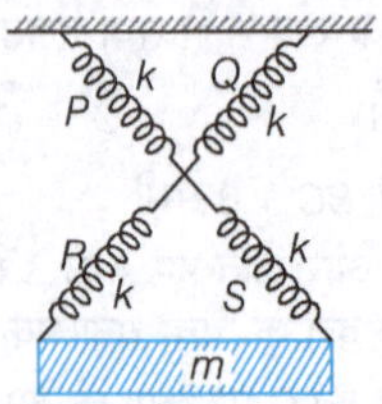

(a) $T = 2\pi\sqrt{\frac{m}{4k}}$ (b) $T = 2\pi\sqrt{\frac{m}{2k}}$
(c) $T = 2\pi\sqrt{\frac{m}{k}}$ (d) $T = 2\pi\sqrt{\frac{2m}{k}}$

62 चार द्रव्यमान रहित स्प्रिंग जिनके बल नियतांक क्रमशः $2k, 2k, k$ और $2k$ हैं, एक घर्षणहीन तल पर रखे हुए द्रव्यमान M से जुड़े हैं (जैसा कि चित्र में दर्शाया गया है)। यदि द्रव्यमान M क्षैतिज दिशा में विस्थापित होता है, तो निकाय के दोलन की आवृत्ति होगी **Old NCERT पृष्ठ 352**

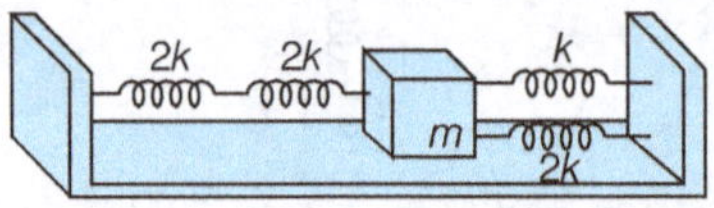

(a) $\frac{1}{2\pi}\sqrt{\frac{k}{4M}}$ (b) $\frac{1}{2\pi}\sqrt{\frac{4k}{M}}$ (c) $\frac{1}{2\pi}\sqrt{\frac{k}{7M}}$ (d) $\frac{1}{2\pi}\sqrt{\frac{7k}{M}}$

63 बल नियतांक k वाले स्प्रिंग का एक सिरा ऊर्ध्वाधर दीवार पर और दूसरा सिरा चिकनी क्षैतिज सतह पर रखे m द्रव्यमान के एक ब्लॉक से जोड़ा गया है। ब्लॉक से x_0 दूरी पर एक दूसरी दीवार है। स्प्रिंग को $2x_0$ तक दबाकर छोड़ दिया जाता हैं। द्रव्यमान के दीवार से टकराने में लगा समय होगा **Old NCERT पृष्ठ 352**

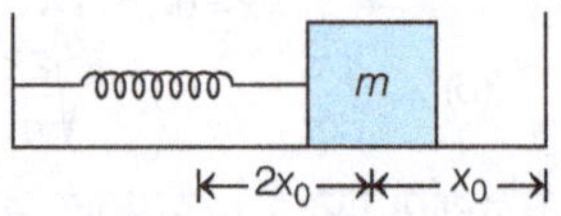

(a) $\frac{1}{6}\pi\sqrt{\frac{k}{m}}$ (b) $\sqrt{\frac{k}{m}}$
(c) $\frac{2\pi}{3}\sqrt{\frac{m}{k}}$ (d) $\frac{\pi}{4}\sqrt{\frac{k}{m}}$

64 m द्रव्यमान के दो समान कण परस्पर एक-दूसरे से एक हल्के स्प्रिंग, जिसका कठोरता गुणांक k है, से जुड़े हैं। लघु दोलनों का आवर्तकाल बराबर होगा **Old NCERT पृष्ठ 352**

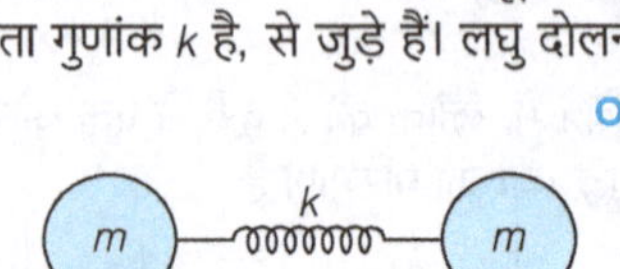

(a) $2\pi\sqrt{\frac{m}{k}}$ (b) $\frac{\pi}{2}\sqrt{\frac{m}{k}}$
(c) $\pi\sqrt{\frac{m}{2k}}$ (d) $\pi\sqrt{\frac{2m}{k}}$

65 m द्रव्यमान का एक ब्लॉक दो स्प्रिंगों S_1 तथा S_2 से जुड़ा है, जैसा कि चित्र में दर्शाया गया है। ब्लॉक के दोलनों की आवृत्ति f है। यदि स्प्रिंग S_2 हटा दिया जाए, तब ब्लॉक के दोलनों की नई आवृत्ति होगी **Old NCERT पृष्ठ 352**

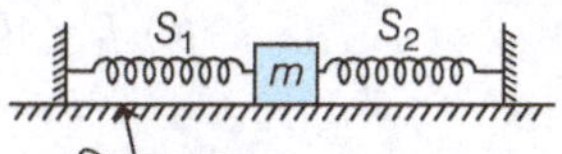

(a) f (b) $2f$
(c) $\frac{f}{\sqrt{2}}$ (d) $\sqrt{2}f$

66 एक स्प्रिंग 4 किग्रा के द्रव्यमान के साथ सरल आवर्त गति कर रहा है। स्प्रिंग का बल नियतांक 100 न्यूटन/मी है। यदि किसी क्षण पर इसका वेग 40 सेमी/से है, तो माध्य स्थिति से विस्थापन होगा (यहाँ, आयाम 0.5 मीटर है) **Old NCERT पृष्ठ 352**

(a) 0.06 मी (b) 0.3 मी
(c) 0.49 मी (d) 1.0 मी

67 एक ऊर्ध्वाधर स्प्रिंग, द्रव्यमान निकाय चन्द्रमा पर ले जाया जाता है। यह चन्द्रमा पर दोलन प्रारम्भ करता है। सही कथन चुनें। **Old NCERT पृष्ठ 352**

(a) आवर्तकाल $\frac{T_{\text{पृथ्वी}}}{\sqrt{6}}$ हो जाएगा।
(b) वह सन्तुलन स्थिति जिसके परितः स्प्रिंग-द्रव्यमान निकाय ऊर्ध्वाधर दिशा में दोलन करता है, अप्रसारित स्थिति से $\frac{mg}{6k}$ है।
(c) चन्द्रमा पर k घटता है।
(d) चन्द्रमा पर k बढ़ता है।

सरल आवर्त गति में ऊर्जा

68 1 किग्रा का एक द्रव्यमान सरल आवर्त गति कर रहा है, जिसे $x = 6.0\cos\left(100t + \frac{\pi}{4}\right)$ सेमी द्वारा दिया गया है। अधिकतम गतिज ऊर्जा क्या है? **NCERT पृष्ठ 268**

(a) 3 जूल (b) 6 जूल
(c) 9 जूल (d) 18 जूल

69 सरल आवर्त गति में किसी वस्तु के विस्थापन के लिए व्यंजक $x = A\cos\omega t$ है। $t = \frac{T}{4}$ पर स्थितिज ऊर्जा है **NCERT पृष्ठ 268**

(a) $\frac{1}{2}kA^2$ (b) $\frac{1}{8}kA^2$
(c) $\frac{1}{4}kA^2$ (d) शून्य

70 सरल आवर्त गति में माना स्थितिज ऊर्जा में परिवर्तन का आवर्तकाल T_1 है और स्थिति में परिवर्तन का आवर्तकाल T_2 है, तो T_1 और T_2 के बीच सम्बन्ध है **NCERT पृष्ठ 268**

(a) $T_1 = T_2$ (b) $T_1 = 2T_2$
(c) $2T_1 = T_2$ (d) $T_1 = 3T_2$

71 सरल आवर्त गति कर रहे एक कण के लिए, इसकी गतिज ऊर्जा एवं स्थितिज ऊर्जा का विस्थापन d के साथ ग्राफ खींचा गया है। निम्न में से कौन एक इन्हें सही से दर्शाता है। (ग्राफ सांकेतिक है तथा पैमाने के अनुसार नहीं खीचें गए हैं) **NCERT पृष्ठ 268**

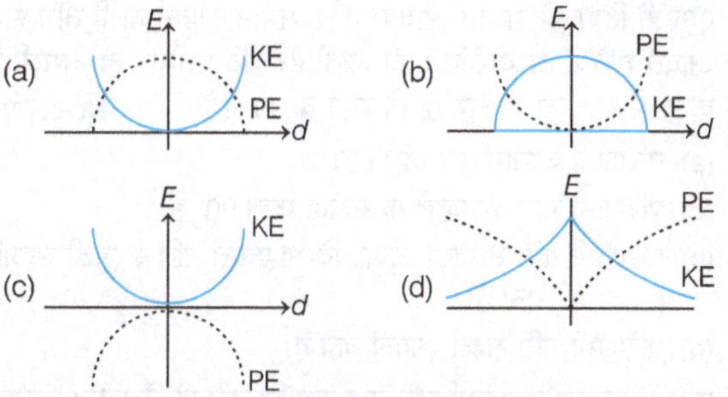

72 यदि किसी ग्रह का द्रव्यमान और व्यास पृथ्वी से दोगुना है, तो इस ग्रह पर सेकण्ड लोलक का आवर्तकाल कितना होगा? **NCERT पृष्ठ 268**

(a) $\frac{1}{\sqrt{2}}$ से (b) $2\sqrt{2}$ से
(c) 1 से (d) 2 से

73 सरल आवर्त गति कर रहे एक कण का आयाम A है। यदि कण की स्थितिज ऊर्जा, इसकी कुल ऊर्जा की आधी है तो कण का विस्थापन है **NCERT पृष्ठ 268**

(a) $\frac{A}{4}$ (b) $\frac{A}{3}$ (c) $\frac{A}{2}$ (d) $\frac{A}{\sqrt{2}}$

74 जब सरल आवर्त गति कर रहे कण का विस्थापन उसके आयाम का एक-चौथाई है, तो कुल ऊर्जा का कौन-सा अंश गतिज ऊर्जा है? **NCERT पृष्ठ 268**

(a) $\frac{16}{15}$ (b) $\frac{15}{16}$ (c) $\frac{5}{4}$ (d) $\frac{3}{4}$

75 एक स्प्रिंग तुला का पैमाना 0 से 50 किग्रा तक पढ़ता है। पैमाने की लम्बाई 20 सेमी है। m द्रव्यमान का एक ब्लॉक इस तुला से लटकाया गया है। जब इसे विस्थापित कर छोड़ देते हैं, तो यह 0.5 सेकण्ड आवर्तकाल से दोलन करता है। m का मान क्या है? (g = 10 मी/से^{2}) **NCERT पृष्ठ 268**

(a) 16 किग्रा (b) 24 किग्रा (c) 20 किग्रा (d) 10 किग्रा

76 1 किग्रा द्रव्यमान का एक ब्लॉक 100 न्यूटन/मी के स्प्रिंग नियतांक के एक स्प्रिंग से बांधा गया है। ब्लॉक को संतुलन की स्थिति से 10 सेमी की दूरी तक खींचा जाता है। जब ब्लॉक संतुलन की स्थिति से 5 सेमी दूर होता है, तो उसकी गतिज ऊर्जा है **NCERT पृष्ठ 268**

(a) 0.375 जूल (b) 0.0125 जूल (c) 0.125 जूल (d) 0.0375 जूल

77 एक सरल लोलक का कोणीय वेग एवं आयाम क्रमशः ω तथा a हैं। माध्य स्थिति से x विस्थापन पर, इसकी गतिज ऊर्जा K तथा स्थितिज ऊर्जा U है, तो K से U का अनुपात है **NCERT पृष्ठ 268**

(a) $\left(\frac{a^2 - x^2\omega^2}{x^2\omega^2}\right)$ (b) $\frac{x^2\omega^2}{(a^2 - x^2\omega^2)}$
(c) $\left(\frac{a^2 - x^2}{x^2}\right)$ (d) $\frac{x^2}{a^2 - x^2}$

78 एक सरल आवर्त गति में, विस्थापन आयाम का आधा है, तो कुल ऊर्जा का कौन-सा अंश गतिज है? NCERT पृष्ठ 268

(a) शून्य (b) $\frac{1}{4}$ (c) $\frac{1}{2}$ (d) $\frac{3}{4}$

79 एक ही दिशा में समान आयाम और समान आवर्त वाली तीन सरल आवर्त गतियाँ अध्यारोपित की जाती हैं। यदि प्रत्येक का अगली गति से कला में 45° का अन्तर है, तो सही कथन चुनें। NCERT पृष्ठ 268

(a) परिणामी आयाम $(1+\sqrt{2})a$ है।
(b) परिणामी गति का पहले के सापेक्ष कला 90° है।
(c) परिणामी गति से जुड़ी ऊर्जा, किसी एकल गति से जुड़ी ऊर्जा की $(3-2\sqrt{2})$ गुना है।
(d) परिणामी गति सरल आवर्ती नहीं है।

80 एक पिण्ड सरल आवर्त गति कर रहा है। इसकी स्थितिज ऊर्जा (PE), गतिज ऊर्जा (KE) तथा कुल ऊर्जा (TE), विस्थापन x के फलन के रूप में मापी गयी हैं, तो पिण्ड के सम्बन्ध में निम्नलिखित में से कौन-सा कथन सही है? NCERT पृष्ठ 268

(a) गतिज ऊर्जा अधिकतम है, जब $x = 0$
(b) कुल ऊर्जा शून्य है, जब $x = 0$
(c) गतिज ऊर्जा अधिकतम है, जब x अधिकतम है
(d) स्थितिज ऊर्जा अधिकतम है, जब $x = 0$

81 नीचे दिया गया ग्राफ सरल आवर्त गति करने वाले कण के लिए समय t के साथ स्थितिज ऊर्जा $U(t)$, गतिज ऊर्जा $K(t)$ का परिवर्तन दर्शाता है। सही कथन का चयन करें। NCERT पृष्ठ 268

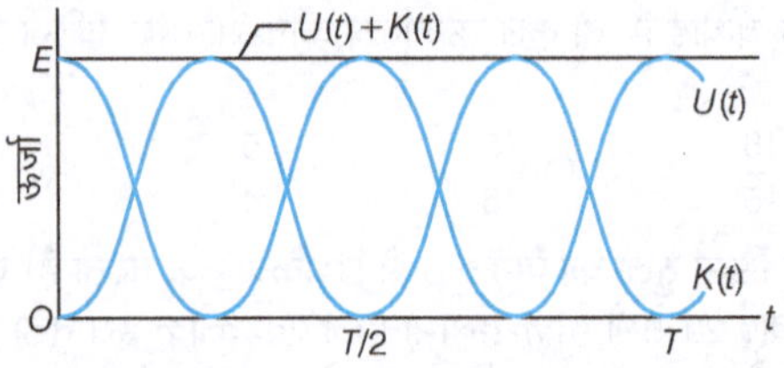

(a) स्थितिज एवं गतिज ऊर्जाओं के परिवर्तन का आवर्तकाल समान है।
(b) कुल यान्त्रिक ऊर्जा $t = \frac{T}{2}$ पर अधिकतम है।
(c) गतिज ऊर्जा ऋणात्मक तथा स्थितिज ऊर्जा धनात्मक है।
(d) स्थितिज ऊर्जा ऋणात्मक तथा गतिज ऊर्जा धनात्मक है।

82 मूल बिन्दु से प्रारम्भ करके, एक पिण्ड 2 सेकण्ड के आवर्तकाल के साथ सरल आवर्त दोलन करता है। कितने समय बाद इसकी गतिज ऊर्जा कुल ऊर्जा का 75% होगी? NCERT पृष्ठ 268

(a) $\frac{1}{3}$ से (b) $\frac{1}{4}$ से (c) $\frac{1}{6}$ से (d) $\frac{1}{12}$ से

83 एक निकाय जिसमें एक गेंद है, एक घर्षणरहित क्षैतिज तल पर दोलन कर रही है। द्रव्यमान की स्थिति, जब इसकी स्थितिज ऊर्जा एवं गतिज ऊर्जा दोनों बराबर हैं, होगी NCERT पृष्ठ 268

(a) A (b) $A/\sqrt{2}$
(c) $A/2$ (d) $A/\sqrt{3}$

84 एक स्प्रिंग में जुड़ा ब्लॉक सरल आवर्त गति कर रहा है। यदि वेग के परिवर्तन का आवर्तकाल T_1 तथा गतिज ऊर्जा में परिवर्तन का आवर्तकाल T_2 है, तो T_1 तथा T_2 में सम्बन्ध है NCERT पृष्ठ 268

(a) $T_1 = T_2$ (b) $T_1 = 2T_2$
(c) $T_1 = T_2/2$ (d) $T_1 = 4T_2$

सरल लोलक

85 दो लोलकों की आवृत्तियों का अनुपात 2 : 3 है, तो उनकी लम्बाईयों का अनुपात है NCERT पृष्ठ 270

(a) $\sqrt{2/3}$ (b) $\sqrt{3/2}$
(c) 4/9 (d) 9/4

86 एक सरल लोलक एक लिफ्ट से छत से लटका है। जब लिफ्ट विराम में है, तो इसका आवर्तकाल T है। लिफ्ट किस त्वरण से ऊपर की ओर त्वरित होनी चाहिए कि इसका आवर्तकाल $\frac{T}{2}$ हो जाए? (गुरुत्वीय त्वरण को g लें) NCERT पृष्ठ 270

(a) $2g$ (b) $3g$
(c) $4g$ (d) g

87 एक सरल लोलक का आवर्तकाल T_1 है, जब यह पृथ्वी की सतह पर है तथा आवर्तकाल T_2 है, जब इसे पृथ्वी की सतह से $2R$ ऊँचाई पर ले जाते हैं, जहाँ R, पृथ्वी की त्रिज्या है। $\frac{T_1}{T_2}$ का मान है NCERT पृष्ठ 270

(a) 1/9 (b) 1/3
(c) $\sqrt{3}$ (d) 3

88 m द्रव्यमान तथा l_0 लम्बाई की एक एकसमान छड़ एक सिरे पर कीलकित है तथा ऊर्ध्वाधर दिशा में लटकी है। छड़ के लघु कोणीय दोलनों का आवर्तकाल है NCERT पृष्ठ 270

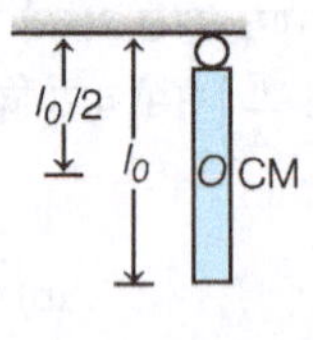

(a) $3\pi\sqrt{\frac{2l_0}{3g}}$ (b) $4\pi\sqrt{\frac{l_0}{3g}}$
(c) $4\pi\sqrt{\frac{2l_0}{3g}}$ (d) $2\pi\sqrt{\frac{2l_0}{3g}}$

89 वायु में दोलन कर रहे सरल लोलक का आवर्तकाल T है। लोलक के दोलक को अश्यान द्रव में पूर्ण रूप से डुबोया गया है। द्रव का घनत्व, गोलक के पदार्थ के घनत्व का $\frac{1}{16}$ है। यदि गोलक पूरे समय द्रव में रहे, तो द्रव में दोलन का आवर्तकाल है NCERT पृष्ठ 270

(a) $2T\sqrt{\frac{1}{10}}$ (b) $2T\sqrt{\frac{1}{14}}$
(c) $4T\sqrt{\frac{1}{14}}$ (d) $4T\sqrt{\frac{1}{15}}$

90 सरल आवर्त गति कर रहे एक सरल लोलक की लम्बाई 21% बढ़ायी जाती है। बढ़ी हुई लम्बाई के लोलक के आवर्तकाल में प्रतिबल वृद्धि है

(a) 10% (b) 11% NCERT पृष्ठ 270

(c) 21% (d) 42%

91 सरल लोलक का गोलक जल में t आवर्तकाल से सरल आवर्त गति करता है, जबकि गोलक के वायु में दोलनों का आयाम t_0 है। जल के घर्षण को नगण्य लेते हैं और गोलक का घनत्व $\left(\frac{4}{3}\right) \times 1000$ किग्रा-मी³ दिया है। t तथा t_0 के बीच क्या सम्बन्ध है? NCERT पृष्ठ 270

(a) $t = \frac{t_0}{2}$ (b) $t = t_0$

(c) $t = 2t_0$ (d) $t = 4t_0$

अभिकथन-कारण प्रश्न

निर्देश *(प्रश्न संख्या 1-12) निम्नलिखित प्रश्नों में, अभिकथन के एक कथन के बाद कारण का एक संगत कथन दिया गया है। निम्नलिखित कथनों में से सही कथन का चयन कीजिए।*

(a) अभिकथन एवं कारण दोनों सही हैं और कारण, अभिकथन की सही व्याख्या है।

(b) अभिकथन एवं कारण दोनों सही हैं और कारण, अभिकथन की सही व्याख्या नहीं है।

(c) अभिकथन सही है, परन्तु कारण गलत है।

(d) अभिकथन गलत है, परन्तु कारण सही है।

1 **कथन** कम्पन्न एवं दोलन दो अलग प्रकार की गतियाँ हैं।

कारण कम्पन्न के लिए, आवृत्ति अधिक तथा दोलन के लिए आवृत्ति कम होती है। NCERT पृष्ठ 260

2 **कथन** $x(t) = A\sin\omega t$ प्रकृति में आवर्ती है परन्तु एक दोलनी गति को व्यक्त नहीं कर सकती है।

कारण $\sin\theta$ एक ज्यावक्रीय आवर्ती फलन है। NCERT पृष्ठ 260

3 **कथन** एक दोलनी गति के लिए, सन्तुलन की स्थिति को यह कहकर दर्शाया जा सकता है कि यह आवर्ती गति के लिए एक बिन्दु है, जहाँ वस्तु पर कुल बाह्य बल शून्य है।

कारण दोलनी गति के लिए, यदि पिण्ड सन्तुलन की अवस्था से विस्थापित किया जाए, तो एक प्रत्यानयन बल कार्य करता है जो पिण्ड को सन्तुलन की स्थिति में वापस लाने का प्रयत्न करता है। NCERT पृष्ठ 260

4 **कथन** $x = A\cos\omega t$ तथा $x = A\sin\omega t$ कण की प्रारम्भिक स्थिति के अनुसार समान गति को दर्शा सकता है।

कारण यदि $x = A\cos\omega t$ के कोणांक ωt को 2π रेडियन बढ़ाया जाता है, तो x का मान समान रहता है। NCERT पृष्ठ 261

5 **कथन** यदि एक स्प्रिंग-द्रव्यमान निकाय की सरल आवर्त गति का आयाम बढ़ाते हैं, तो सरल आवर्त गति का आवर्तकाल नियत रहता है।

कारण यदि आयाम बढ़ाया जाता है, तो पिण्ड को एक दोलन पूर्ण करने के लिए अधिक दूरी तय करनी होगी। NCERT पृष्ठ 263

6 **कथन** सरल आवर्त गति एकसमान वृत्तीय गति के व्यास का प्रक्षेप है, जिसमें बाद वाली गति होती है।

कारण सरल आवर्त गति, एकसमान गति है। NCERT पृष्ठ 266

7 **कथन** सरल आवर्त गति कर रहे कण जिसका आयाम 0.05 मी तथा आवर्तकाल 2 सेकण्ड है, का अधिकतम वेग 0.157 मी/से होता है।

कारण माध्य स्थिति पर कण का वेग न्यूनतम है। NCERT पृष्ठ 266

8 **कथन** एक कठोर स्प्रिंग से जुड़े m द्रव्यमान के ब्लॉक के दोलनों की आवृत्ति अधिक होती है।

कारण कठोर स्प्रिंग के स्प्रिंग नियतांक k का मान अधिक होता है। Old NCERT पृष्ठ 352

9 **कथन** सरल आवर्त गति में एक कण की कुल ऊर्जा का स्थिति के सापेक्ष ग्राफ एक सरल रेखा है, जिसका ढ़लान शून्य है।

कारण सरल आवर्त गति में कण की कुल ऊर्जा पूरी गति के समय नियत रहती है। NCERT पृष्ठ 268

10 **कथन** यदि सरल आवर्त दोलित्र का आयाम दोगुना कर दें, तो इसकी कुल ऊर्जा दोगुनी हो जाती है।

कारण कुल ऊर्जा आवर्ती दोलित्र के कम्पन्नों के आयाम के वर्ग के अनुक्रमानुपाती होती है। NCERT पृष्ठ 268

11 **कथन** यदि एक लोलक मुक्त रूप से गिर रहा हो, तो इसका आवर्तकाल शून्य हो जाता है।

कारण मुक्त रूप से गिर रही वस्तु का त्वरण g के बराबर होता है। NCERT पृष्ठ 270

12 **कथन** एक दोलक घड़ी, सामान्य तल से पहाड़ की चोटी पर ले जाने पर तेज चलती है।

कारण गुरुत्वीय त्वरण का मान सामान्य तल की अपेक्षा पहाड़ की चोटी पर कम होता है। NCERT पृष्ठ 270

कथन आधारित प्रश्न

निर्देश *(प्रश्न संख्या 1-6) निम्नलिखित प्रश्नों में दो कथन (I और II) दिए गए हैं। दिए गए कथनों के अनुसार, नीचे दिए गए सही विकल्प का चयन करें।*

(a) कथन I तथा कथन II दोनों गलत हैं।

(b) कथन I सत्य तथा कथन II गलत है।

(c) कथन I गलत तथा कथन II सत्य है।

(d) कथन I तथा कथन II दोनों सत्य हैं।

1 **कथन I** सरल आवर्त गति में एक कण के विस्थापन तथा त्वरण में कलान्तर π रेडियन होता है।
कथन II सरल आवर्त गति में कुल यान्त्रिक ऊर्जा नियत रहती है। **NCERT पृष्ठ 266**

2 **कथन I** यदि पृथ्वी के केन्द्र अर्थात् व्यास के अनुदिश होते हुए छेद किया जाए और एक सिरे पर एक गेंद इसमें डाली जाए, तो वह छेद के दूसरे सिरे से बाहर नहीं आएगी।
कथन II यह सरल आवर्त गति करेगी तथा इसे गिराने के 43.2 मिनट बाद दूसरे सिरे पर दिखाई देगी। **NCERT पृष्ठ 267**

3 **कथन I** सरल आवर्त गति करते ω कोणीय आवृत्ति वाले कण की गतिज ऊर्जा तथा स्थितिज ऊर्जा, 2ω कोणीय आवृत्ति के साथ सरल आवर्ती रूप में परिवर्तित होती है।
कथन II गतिज ऊर्जा एवं स्थितिज ऊर्जा 2ω कोणीय आवृत्ति से आवर्ती रूप से परिवर्तित होती हैं परन्तु सरल आवर्ती रूप से नहीं। **NCERT पृष्ठ 268**

4 **कथन I** सरल आवर्त गति में माध्य स्थिति पर स्थितिज ऊर्जा सदैव शून्य रहती है और चरम स्थिति पर अधिकतम होती है।
कथन II सरल आवर्त गति में गतिज ऊर्जा, माध्य स्थिति पर अधिकतम तथा चरम स्थिति पर शून्य होती है। **NCERT पृष्ठ 268**

5 **कथन I** जब झूले में बैठा कोई व्यक्ति खड़ा हो जाता है, तो झूले का आवर्तकाल बढ़ जाता है।
कथन II व्यक्ति के खड़ा होने की स्थिति में, झूले की प्रभावी लम्बाई बढ़ जाती है। **NCERT पृष्ठ 270**

6 **कथन I** यदि सरल लोलक की लम्बाई 4% बढ़ाई जाए, तो इसके संगत आवर्तकाल में 2% की कमी होगी।
कथन II सरल लोलक का आवर्तकाल इसकी लम्बाई के वर्गमूल के अनुक्रमानुपाती होता है। **NCERT पृष्ठ 270**

सुमेलन प्रकार प्रश्न

1 एक सरल आवर्त दोलित्र में एक ब्लॉक है जो $k = 200$ न्यूटन/मी की डोरी से जुड़ा है।

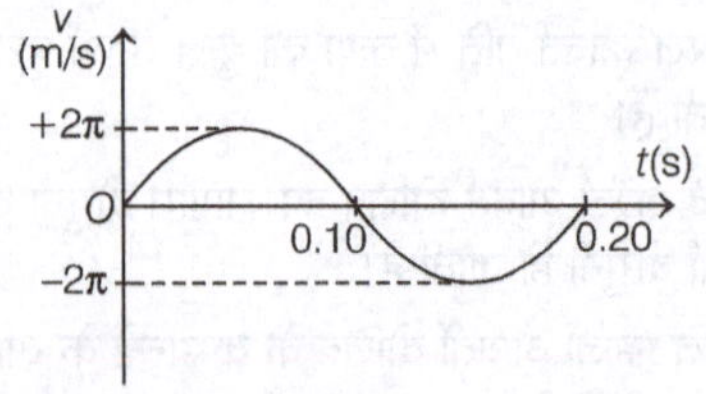

ब्लॉक एक घर्षण रहित सतह पर सन्तुलन $x = 0$ से फिसलता है। ब्लॉक के वेग (u) को समय t के फलन के रूप में एक ग्राफ में नीचे दर्शाया गया है, तब स्तम्भ I का स्तम्भ II के संगत मानों के साथ मिलान कीजिए। **NCERT पृष्ठ 262**

स्तम्भ I		स्तम्भ II
A. ब्लॉक का द्रव्यमान किग्रा	1.	−0.20
B. $t = 0.105$ पर ब्लॉक का त्वरण (मी/से^{2})	2.	0.20
C. ब्लॉक की अधिकतम गतिज ऊर्जा (जूल)	3.	−200
D. $t = 0$ पर ब्लॉक का विस्थापन (मी)	4.	4.0

नीचे दिए गए विकल्पों में से सही चुनिए।

कोड

	A	B	C	D
(a)	2	3	1	4
(b)	1	2	4	3
(c)	2	3	4	1
(d)	3	2	4	1

2 क्षैतिज तल में सरल आवर्त गति कर रही वस्तु जिसका विस्थापन $x = A\cos\omega t$ द्वारा दिया गया है, स्तम्भ I (राशि) तथा स्तम्भ II (मान) का मिलान कीजिए। **NCERT पृष्ठ 263**

स्तम्भ I		स्तम्भ II
A. v_{max} /आयाम, बराबर है	1.	$T/8$
B. a_{max} /आयाम, बराबर है	2.	$T/12$
C. यदि वस्तु $x = +A$ से प्रारम्भ करें, तो $+A/\sqrt{2}$ पर पहुँचने में लगा समय	3.	ω
D. यदि वस्तु $x = 0$ से प्रारम्भ करे और दायीं ओर गति करें, तो $+\frac{A}{2}$ तक पहुँचने में लगा समय	4.	ω^2

नीचे दिए गए विकल्पों में से सही चुनिए।

कोड

	A	B	C	D		A	B	C	D
(a)	3	1	4	2	(b)	3	4	1	2
(c)	4	3	2	1	(d)	3	4	2	1

3 एक स्प्रिंग को 30 सेमी दबाने पर, 30 न्यूटन का प्रत्यानयन बल उत्पन्न होता है। 5 किग्रा द्रव्यमान का एक पिण्ड उसके ऊपर रखा गया है। स्तम्भ I में दी गई विभिन्न राशियों का उनके संगत स्तम्भ II में दिए गए मानों से मिलान कीजिए। [$g = 10$ मी/से^{2}] NCERT Pg. 267

	स्तम्भ I		स्तम्भ II
A.	स्प्रिंग का बल नियतांक (न्यूटन/मी में)	1.	50
B.	पिण्ड के भार के कारण विस्थापन (सेमी में)	2.	100
C.	दोलन की कोणीय आवृत्ति (सेकण्ड$^{-1}$ में), जब पिण्ड को विस्थापित करते हैं	3.	$2\sqrt{5}$
D.	दोलनों का आवर्तकाल (सेकण्ड में) जब पिण्ड को विस्थापित करते हैं	4.	$\frac{\pi}{\sqrt{5}}$

नीचे दिए गए विकल्पों में से सही चुनिए।

कोड

	A	B	C	D
(a)	2	1	4	3
(b)	1	3	2	4
(c)	2	4	3	1
(d)	2	1	3	4

आंकिक मान प्रकार के प्रश्न

1 एक कण आयाम A तथा आवर्तकाल T से सरल आवर्त गति कर रहा है। जब उसकी चाल, अधिकतम चाल की आधी है, तब कण का विस्थापन $\sqrt{x}A/2$ है। x का मान ……… है। NCERT पृष्ठ 266

2 एक बिन्दु आवर्तकाल T से सरल आवर्त गति कर रहा है और गति का समीकरण $x = a\sin\left(\omega t + \frac{\pi}{6}\right)$ दिया गया है। $\frac{T}{x}$ समय बीत जाने पर, बिन्दु का वेग इसके अधिकतम वेग का आधा हो जाता है, तो x का मान ……… है। NCERT पृष्ठ 266

3 एक कण 5 सेमी आयाम के साथ सरल आवर्त गति कर रहा है। जब कण माध्य स्थिति से 4 सेमी दूरी पर है, तो SI मात्रकों में इसके वेग का परिमाण, इसके त्वरण के परिमाण के बराबर हो जाता है। तब इसका आवर्तकाल $\frac{x}{3}\pi$ सेकण्ड है। x का मान ……… है। NCERT पृष्ठ 266

4 60 किग्रा द्रव्यमान का एक व्यक्ति ऊर्ध्वाधर दिशा में सरल आवर्त गति करते एक प्लेटफॉर्म पर खड़ा है। प्लेटफॉर्म का माध्य स्थिति से विस्थापन निम्न प्रकार बदलता है $y = 0.5\sin(2\pi ft)$, व्यक्ति $\sqrt{\frac{g}{n\pi^2}}$ आवृत्ति के साथ उच्चतम बिन्दु पर भारहीनता का अनुभव करता है। n का मान ……… है। NCERT पृष्ठ 263

5 एक कुण्डलिनी स्प्रिंग से जुड़ा 8 किग्रा द्रव्यमान का आयताकार ब्लॉक 2 मी आयाम तथा 3.14 सेकण्ड आवर्तकाल से सरल आवर्त गति करता है। स्प्रिंग द्वारा ब्लॉक पर लगाया गया अधिकतम बल ……… न्यूटन है। Old NCERT पृष्ठ 352

6 पीतल का एक भारी गोला, एक भारहीन अप्रत्यास्थ स्प्रिंग से लटका है और एक सरल लोलक के रूप में इसका आवर्तकाल T है। जब गोला, पीतल के $\frac{1}{10}$ आवृत्ति के अश्यान द्रव में डुबोया जाता है, तो यह $\sqrt{\frac{x}{9}}T$ आवर्तकाल के सरल लोलक के रूप में कार्य करता है। x का मान ……… है। Old NCERT पृष्ठ 352

7 स्प्रिंग से जुड़ा 1 किग्रा द्रव्यमान का एक ब्लॉक घर्षणरहित क्षैतिज मेज पर 1 हर्ट्ज आवृत्ति से कम्पन्न कर रहा है। मूल स्प्रिंग के समान दो स्प्रिंग समान्तर क्रम में 4 किग्रा द्रव्यमान के ब्लॉक से जुड़े हैं तथा उसी मेज पर रखे हैं। 4 किग्रा द्रव्यमान के कम्पन्नों की आवृत्ति ……… हर्ट्ज है। Old NCERT पृष्ठ 263

8 0.2 किग्रा द्रव्यमान का कण $\frac{25}{\pi}$ हर्ट्ज आवृत्ति से सरल आवर्त गति कर रहा है। 4 सेमी की स्थिति में, कण की गतिज ऊर्जा 0.5 जूल तथा स्थितिज ऊर्जा 0.4 जूल है, तो दोलनों का आयाम ……… सेमी है। Old NCERT पृष्ठ 352

9 एक ग्रह का द्रव्यमान तथा व्यास पृथ्वी की अपेक्षा दोगुने हैं। इस ग्रह पर लोलक के दोलनों का आवर्तकाल $x\sqrt{3}$ सेकण्ड है। x का मान ……… है। (यदि यह पृथ्वी पर सेकण्ड लोलक है।) NCERT पृष्ठ 270

NCERT Exemplar प्रश्न

1 एक कण का विस्थापन समीकरण $y = 3\cos\left(\frac{\pi}{4} - 2\omega t\right)$ द्वारा दिया गया है। कण की गति है

(a) आवर्तकाल $2\pi/\omega$ के साथ सरल आवर्ती
(b) आवर्तकाल π/ω के साथ सरल आवर्ती
(c) आवर्ती परन्तु सरल आवर्ती नहीं
(d) अनावर्ती

2 एक कण का विस्थापन समीकरण $y = \sin^3 \omega t$, द्वारा व्यक्त किया जाता है। इस कण की गति

(a) आवर्ती गति नहीं है।
(b) आवर्ती तो है लेकिन सरल आवर्ती गति नहीं है।
(c) सरल आवर्त गति है जिसका दोलनकाल $2\pi/\omega$ है।
(d) सरल आवर्त गति है जिसका दोलनकाल π/ω है।

3 चार कणों के त्वरण एवं विस्थापन के बीच सम्बन्ध नीचे दिए हैं। इनमें किस कण की गति सरल आवर्त गति है?

(a) $a_x = +2x$ (b) $a_x = +2x^2$
(c) $a_x = -2x^2$ (d) $a_x = -2x$

4 एक कण का समय के साथ विस्थापन-परिवर्तन निम्न सम्बन्ध द्वारा दिया जाता है $y = a\sin\omega t + b\cos\omega t$ । तब

(a) गति दोलनी है परन्तु सरल आवर्त गति नहीं है।
(b) गति $(a+b)$ आयाम की सरल आवर्त गति है।
(c) गति $(a^2 + b^2)$ आयाम की सरल आवर्त गति है।
(d) गति $\sqrt{a^2 + b^2}$ आयाम की सरल आवर्त गति है।

5 चार लोलक A, B, C एवं D एक ही प्रत्यास्थ आधार से चित्र के अनुसार लटकाये गये हैं। A एवं C की लम्बाई बराबर है, B की लम्बाई A से कम है जबकि D की लम्बाई A से अधिक है। यदि A को एक अनुप्रस्थ विस्थापन दिया जाये, तो

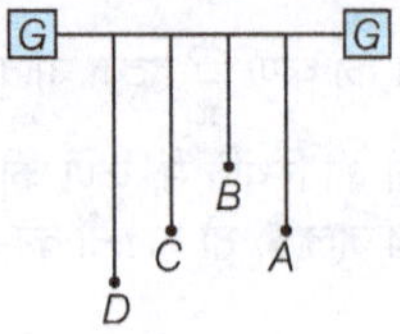

(a) D अधिकतम आयाम से कम्पन्न करेगा।
(b) C अधिकतम आयाम से कम्पन्न करेगा।
(c) B अधिकतम आयाम से कम्पन्न करेगा।
(d) सभी (चारों) लोलक समान आयाम से कम्पन्न करेंगे।

6 चित्र में एक कण की वृत्तीय गति दर्शाई गई है। वृत्त की त्रिज्या, कण का परिक्रमण काल, परिक्रमण की दिशा एवं प्रारम्भिक स्थिति आकृति पर अंकित है। परिक्रमण करते कण P के त्रिज्या सदिश के x- प्रक्षेप की सरल आवर्त गति है

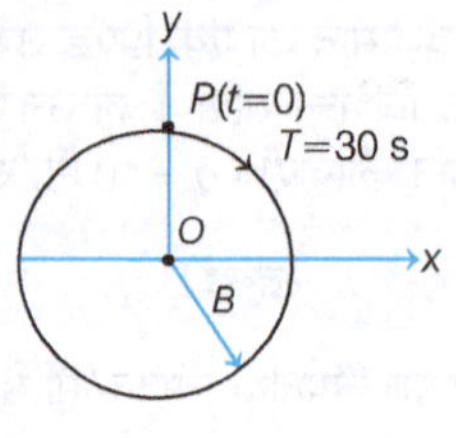

(a) $x(t) = B\sin\left(\frac{2\pi t}{30}\right)$
(b) $x(t) = B\cos\left(\frac{\pi t}{15}\right)$
(c) $x(t) = B\sin\left(\frac{\pi t}{15} + \frac{\pi}{2}\right)$
(d) $x(t) = B\cos\left(\frac{\pi t}{15} + \frac{\pi}{2}\right)$

7 एक कण की गति का समीकरण $x = a\cos(\alpha t)^2$ है। इसकी गति

(a) आवर्ती गति है परन्तु दोलनी नहीं है।
(b) आवर्ती भी है और दोलनी भी।
(c) दोलनी है परन्तु आवर्ती नहीं
(d) न तो आवर्ती है न ही दोलनी।

8 सरल आवर्त गति करते हुए कण की अधिकतम चाल 30 सेमी/से तथा अधिकतम त्वरण 60 सेमी/से^{2} है। इसका आवर्तकाल है

(a) π सेकण्ड (b) $\frac{\pi}{2}$ सेकण्ड
(c) 2π सेकण्ड (d) $\frac{\pi}{t}$ सेकण्ड

9 जब m द्रव्यमान को अलग-अलग k_1 तथा k_2 स्प्रिंग नियतांक के स्प्रिंगों से जोड़ते हैं, तो उनके दोलनों की आवृत्तियाँ ν_1 व ν_2 हैं। यदि उस द्रव्यमान को उन स्प्रिंगों के साथ चित्र में दिखाए अनुसार जोड़कर दोलन कराया जाए, तो दोलन की आवृत्ति होगी

(a) $\nu_1 + \nu_2$ (b) $\sqrt{\nu_1^2 + \nu_2^2}$
(c) $\left(\frac{1}{\nu_1} + \frac{1}{\nu_2}\right)^{-1}$ (d) $\sqrt{\nu_1^2 - \nu_2^2}$

विगत परीक्षाओं के प्रश्न

NEET

1 यदि $x = 5\sin\left(\pi t + \frac{\pi}{3}\right)$ m सरल आवर्त गति करते हुए एक कण की गति को प्रदर्शित करती है, तो गति का आयाम तथा आवर्तकाल क्रमशः हैं **NCERT पृष्ठ 262, NEET 2024**

(a) 5 cm, 2 s (b) 5 m, 2 s (c) 5 cm, 1 s (d) 5 m, 1 s

2 यदि एक सरल लोलक में गोलक का द्रव्यमान, इसके मूल द्रव्यमान के तीन गुने तक बढ़ा दिया जाता है तथा इसकी प्रारम्भिक लम्बाई आधी कर दी जाती है, तो दोलन का नया आवर्तकाल, प्रारम्भिक आवर्तकाल का $\frac{x}{2}$ गुना हो जाता है। तब x का मान है **NCERT पृष्ठ 270, NEET 2024**

(a) $\sqrt{3}$ (b) $\sqrt{2}$ (c) $2\sqrt{3}$ (d) 4

3 सरल आवर्त गति कर रहे एक कण का x-t ग्राफ चित्र में दर्शाया गया है। कण का $t = 2$ सेकण्ड पर त्वरण है **NCERT पृष्ठ 262, NEET 2023**

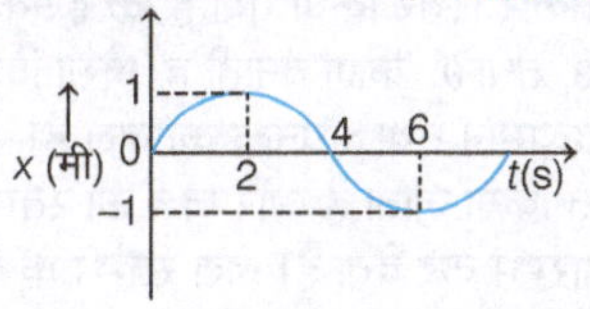

(a) $-\frac{\pi^2}{8}$ मी/से^{2} (b) $\frac{\pi^2}{16}$ मी/से^{2} (c) $-\frac{\pi^2}{16}$ मी/से^{2} (d) $\frac{\pi^2}{8}$ मी/से^{2}

4 100 सेमी तथा 121 सेमी लम्बाई के दो लोलक समान कला में कम्पन्न कर रहे हैं। किसी क्षण, दोनों अपनी माध्य स्थिति पर समान कला में हैं। छोटे लोलक के कितने कम्पन्नों के बाद दोनों माध्य स्थिति पर पुनः समान कला में होंगे? **NCERT पृष्ठ 270, NEET 2022**

(a) 9 (b) 10 (c) 8 (d) 11

5 एक पिण्ड n आवृत्ति से सरल आवर्त गति कर रहा है, इसकी स्थितिज ऊर्जा की आवृत्ति है **NCERT पृष्ठ 261, NEET 2021**

(a) n (b) $2n$ (c) $3n$ (d) $4n$

6 सरल आवर्त गति करते कण के विस्थापन एवं त्वरण के बीच कलान्तर होता है **NCERT पृष्ठ 261, NEET 2020**

(a) $\frac{3\pi}{2}$ रेडियन (b) $\frac{\pi}{2}$ रेडियन (c) शून्य (d) π रेडियन

7 सरल आवर्त गति कर रहे एक कण के एक पूर्ण दोलन के लिए औसत वेग होता है **NCERT पृष्ठ 266, NEET 2019**

(a) $A\omega$ (b) $\frac{A\omega^2}{2}$ (c) शून्य (d) $\frac{A\omega}{2}$

8 एक लोलक एक पर्याप्त ऊँचाई की मीनार की छत से लटका है तथा एक सरल आवर्त दोलित्र की भाँति स्वतन्त्रतापूर्वक दोनों ओर गति कर रहा है। लोलक के गोलक की माध्य स्थिति से 5 मी की दूरी पर त्वरण 20 मी/से^{2} है। दोलन का आवर्तकाल है **NCERT पृष्ठ 270, NEET 2018**

(a) 2 सेकण्ड (b) π सेकण्ड (c) 2π सेकण्ड (d) 1 सेकण्ड

9 एक कण 3 सेमी के आयाम के साथ रेखीय सरल आवर्त गति कर रहा है। जब कण माध्य स्थिति से 2 सेमी की दूरी पर है, तो इसके वेग का परिमाण इसके त्वरण के बराबर है, तो इसका आवर्तकाल (सेकण्ड में) है **NCERT पृष्ठ 276, NEET 2017**

(a) $\frac{\sqrt{5}}{\pi}$ (b) $\frac{\sqrt{5}}{2\pi}$ (c) $\frac{4\pi}{\sqrt{5}}$ (d) $\frac{2\pi}{\sqrt{3}}$

10 m द्रव्यमान का एक पिण्ड एक स्प्रिंग के निचले सिरे से जुड़ा है, जिसका ऊपरी सिरा स्थिर है। स्प्रिंग का द्रव्यमान नगण्य है। जब m द्रव्यमान को धीरे से नीचे खींचकर, छोड़ते हैं तो यह 3 सेकण्ड के आवर्तकाल से दोलन करता है। जब द्रव्यमान m को 1 किग्रा से बढ़ाते हैं, तो दोलनों का आवर्तकाल 5 सेकण्ड हो जाता है। m (किग्रा में) का मान .... है। **NCERT पृष्ठ 270, NEET 2016**

(a) $\frac{3}{4}$ (b) $\frac{4}{3}$

(c) $\frac{16}{9}$ (d) $\frac{9}{16}$

JEE Main

11 पृथ्वी तल से R ऊँचाई पर एक स्थान पर एक सरल लोलक छोटे दोलन कर रहा है जिसका आवर्तकाल $T_1 = 4$ s है। यदि इसे पृथ्वी सतह से $2R$ ऊँचाई पर किसी बिन्दु पर ले जाया जाता है, तो इसका आवर्तकाल T_2 है (R = पृथ्वी की त्रिज्या)। सही सम्बन्ध चुनिए। **NCERT पृष्ठ 270, JEE Main 2024**

(a) $T_1 = T_2$ (b) $2T_1 = T_2$

(c) $2T_1 = 3T_2$ (d) $3T_1 = 2T_2$

12 एक कण $x = -A$ तथा $x = +A$ के बीच सरल आवर्त गति करता है। यदि कण $x = 0$ से $\frac{A}{2}$ तक जाने में 2 सेकण्ड लेता है, तो कण को $x = \frac{A}{2}$ से A तक जाने में लगा समय है **NCERT पृष्ठ 260, JEE Main 2023**

(a) 3 सेकण्ड

(b) 1.5 सेकण्ड

(c) 4 सेकण्ड

(d) 2 सेकण्ड

13 L लम्बाई का एक सरल लोलक एक वाहन की छत से लटका है, जो α झुकाव के नत तल पर बिना घर्षण के गति कर रहा है। इसके दोलनों का आवर्तकाल होगा **NCERT पृष्ठ 270, JEE Main 2022**

(a) $2\pi\sqrt{L/(g\cos\alpha)}$

(b) $2\pi\sqrt{L/(g\sin\alpha)}$

(c) $2\pi\sqrt{L/g}$

(d) $2\pi\sqrt{L/(g\tan\alpha)}$

स्किल बूस्टर्स

1 एक सरल लोलक का गोलक पानी से भरी धातु की एक खोखली गेंद है। दोलन करते गोलक की तली के निकट बन्द किया गया छेद अचानक खुल जाता है। प्रेक्षण के समय, जब तक गोलक से पानी बाहर आ रहा है, तब आवर्तकाल होगा

(a) पहले बढ़ेगा और उसके बाद मूल मान तक घटेगा

(b) पहले घटेगा और उसके बाद मूल मान तक बढ़ेगा

(c) अपरिवर्तित रहेगा

(d) एक नियत मान तक बढ़ेगा

2 दो समान ब्लॉक A तथा B, प्रत्येक का द्रव्यमान m है, एक चिकने फर्श पर रखे हैं और k स्प्रिंग नियतांक तथा L सामान्य लम्बाई के स्प्रिंग से जुड़े हैं जबकि स्प्रिंग अपनी सामान्य लम्बाई में है। एक तीसरा समान ब्लॉक C (द्रव्यमान m), v चाल से A तथा B को मिलाने वाली रेखा के अनुदिश गति करते हुए A से टकराता है (टक्कर की प्रकृति प्रत्यास्थ मानिए)। तब स्प्रिंग का अधिकतम संकुचन है

(a) $v\sqrt{\dfrac{m}{2k}}$ (b) $m\sqrt{\dfrac{v}{2k}}$ (c) $\sqrt{\dfrac{mv}{k}}$ (d) $\dfrac{mv}{2k}$

3 चित्र में दिखाए गए निकाय के m द्रव्यमान के ब्लॉक को इसकी सन्तुलन की स्थिति से विस्थापित करके छोड़ देते हैं। आवर्तकाल होगा

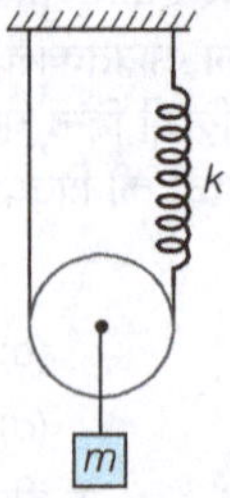

(a) $2\pi\sqrt{\dfrac{m}{2k}}$ (b) $2\pi\sqrt{\dfrac{m}{k}}$ (c) $2\pi\sqrt{\dfrac{m}{4k}}$ (d) $2\pi\sqrt{\dfrac{2m}{k}}$

4 m द्रव्यमान का एक ठोस एक समान सिलेण्डर क्षैतिज तल में लघु दोलन करता है, यदि इसे इसकी माध्य स्थिति से थोड़ा विस्थापित किया जाए, जैसा कि चित्र में दर्शाया गया है। प्रारम्भ में स्प्रिंग अपनी स्वाभाविक लम्बाई में हैं और तल एवं सिलेण्डर के बीच घर्षण बल के कारण दोलन के समय सिलेण्डर तल पर फिसलता नहीं है। प्रत्येक स्प्रिंग का बल नियतांक k है। दोलनों का आवर्तकाल है

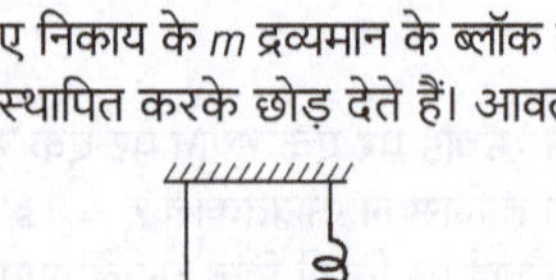

(a) $\pi\sqrt{\dfrac{3m}{k}}$ (b) $\dfrac{\pi}{4}\sqrt{\dfrac{3m}{k}}$

(c) $\dfrac{\pi}{2}\sqrt{\dfrac{3m}{k}}$ (d) $2\pi\sqrt{\dfrac{m}{2k}}$

5 50 न्यूटन के डिस्क (अर्द्धवृत्ताकार) के कम्पन्नों का स्वाभाविक आवर्तकाल है—(अर्द्धवृत्ताकार डिस्क का द्रव्यमान केन्द्र, डिस्क के केन्द्र से $\dfrac{4r}{3\pi}$ दूरी पर होता है। पूर्णतः घूर्णन गति मान लें)

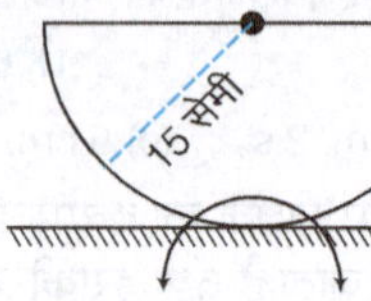

(a) 0.71 सेकण्ड

(b) 0.96 सेकण्ड

(c) 0.85 सेकण्ड

(d) 0.52 सेकण्ड

6 एकसमान अनुप्रस्थ काट के क्षेत्रफल A की एक नली को एक क्षैतिज सतह पर इस प्रकार स्थिर किया गया है कि इसकी दो भुजाएँ क्षैतिज सतह के साथ θ_1 तथा θ_2 कोण बनाती हैं, जैसा कि चित्र में दर्शाया गया है। नली में m द्रव्यमान तथा ρ घनत्व का जल है। अब, हवा को एक भुजा में प्रवाहित किया जाता है और जल का स्तम्भ छोटे आयाम के दोलन करना प्रारम्भ कर देता है। जल स्तम्भ के दोलनों का आवर्तकाल है (जल को आदर्श मानें)।

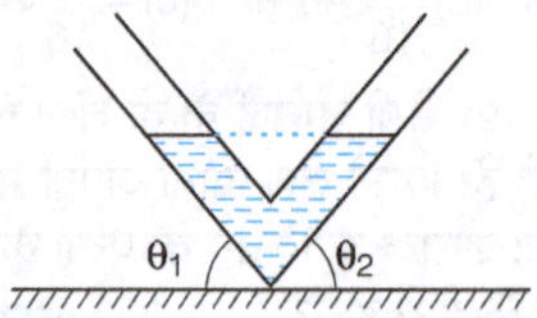

(a) $2\pi\sqrt{\dfrac{m}{2\rho g A(\sin\theta_1+\sin\theta_2)}}$ (b) $2\pi\sqrt{\dfrac{m}{\rho g A(\sin\theta_1+\sin\theta_2)}}$

(c) $\pi\sqrt{\dfrac{2m}{\rho g A(\sin\theta_1+\sin\theta_2)}}$ (d) उपरोक्त में से कोई नहीं

7 m द्रव्यमान तथा A अनुप्रस्थ-काट क्षेत्रफल का एक चिकना पिस्टन एक गैस जार में सन्तुलन में हैं जब गैस का दाब p_0 है। जब पिस्टन को थोड़ा विस्थापित किया जाता है, तो पिस्टन के दोलन की कोणीय आवृत्ति है—(गैस की अवस्था में परिवर्तन को रुद्धोष्म परिवर्तन मानें तथा γ गैस की विशिष्ट ऊष्माओं का अनुपात है)

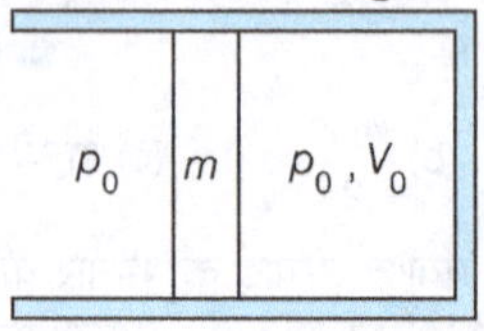

(a) $\sqrt{\dfrac{\gamma p_0 A^2}{3mV_0}}$ (b) $\sqrt{\dfrac{\gamma p_0 A^2}{\sqrt{2}\,mV_0}}$

(c) $\sqrt{\dfrac{\gamma p_0 A^2}{mV_0}}$ (d) $\sqrt{\dfrac{2\gamma p_0 A^2}{mV_0}}$

8 चित्र में एक द्रव से भरा एक बर्तन दिखाया गया है जिसका घनत्व तली से ऊँचाई h के साथ निम्न प्रकार बदलता है $\rho = \rho_0\left(4 - \frac{3h}{h_0}\right)$ जहाँ ρ_0 एक नियतांक है तथा h_0 बर्तन में द्रव की ऊँचाई है। सूक्ष्म विमाओं, $\frac{5}{2}\rho_0$ घनत्व तथा m द्रव्यमान का एक ठोस ब्लॉक बर्तन की तल से छोड़ा गया है। ब्लॉक सरल आवर्त गति करेगा, जिसकी दोलनों की आवृत्ति है

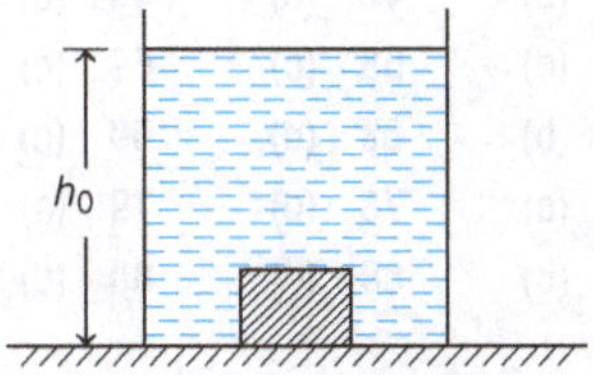

(a) $\frac{1}{2\pi}\sqrt{\frac{3g}{4h_0}}$ (b) $\frac{1}{2\pi}\sqrt{\frac{6g}{5h_0}}$

(c) $\frac{1}{2\pi}\sqrt{\frac{2g}{3h_0}}$ (d) $\frac{1}{2\pi}\sqrt{\frac{3g}{5h_0}}$

9 m द्रव्यमान का एक समान तख्ता (plank) केवल क्षैतिज दिशा में चलने के लिए स्वतन्त्र है, इसे $2m$ द्रव्यमान और R त्रिज्या के एक ठोस सिलेण्डर के शीर्ष पर रखा गया है। तख्ता k स्प्रिंग नियतांक के एक हल्के स्प्रिंग के माध्यम से एक स्थिर दीवार से जोड़ा गया है। सिलेण्डर तथा तख्ते के बीच व साथ ही साथ सिलेण्डर तथा जमीन के बीच कोई फिसलन नहीं है। निकाय के दोलनों का आवर्तकाल है

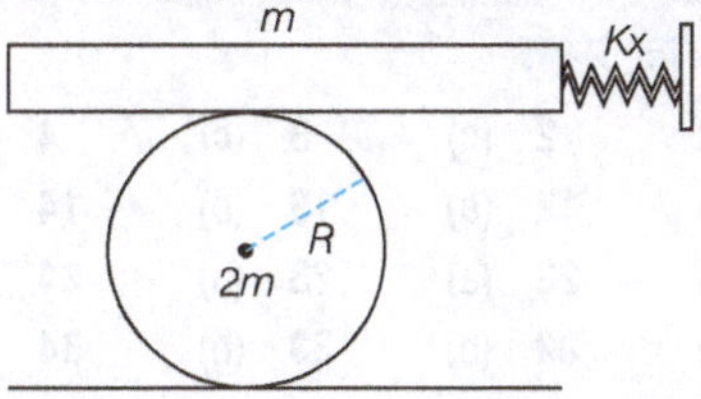

(a) $2\pi\sqrt{\frac{m}{k}}$ (b) $\pi\sqrt{\frac{7m}{k}}$

(c) $2\pi\sqrt{\frac{5m}{k}}$ (d) $\pi\sqrt{\frac{m}{k}}$

10 एकसमान क्षैतिज तख्ता दो बेलनाकार ड्रमों पर टिका है, जो अपनी क्षैतिज अक्षों के परितः समान कोणीय वेग से परस्पर विपरीत दिशाओं में चक्रण कर रहे हैं। अक्षों के बीच की दूरी $2L$ है तथा तख्तें एवं ड्रमों के बीच घर्षण गुणांक μ है। यदि तख्ते को उसकी लम्बाई के अनुदिश संतुलन की स्थिति से थोड़ा विस्थापित कर छोड़ दिया जाए, तो यह सरल आवर्त गति करेगा, जिसका आवर्तकाल होगा

(a) $4\pi\sqrt{\frac{L}{\mu}}$ (b) $4\pi\sqrt{\frac{L}{\mu g}}$

(c) $2\pi\sqrt{\frac{L}{\mu}}$ (d) $2\pi\sqrt{\frac{L}{\mu g}}$

प्रश्न कुंजी

शीर्षकवार प्रश्न

1 (b)	2 (c)	3 (c)	4 (a)	5 (c)	6 (c)	7 (b)	8 (b)	9 (a)	10 (b)
11 (c)	12 (b)	13 (c)	14 (b)	15 (c)	16 (c)	17 (d)	18 (d)	19 (c)	20 (c)
21 (d)	22 (a)	23 (b)	24 (d)	25 (b)	26 (b)	27 (d)	28 (c)	29 (a)	30 (d)
31 (c)	32 (b)	33 (b)	34 (c)	35 (d)	36 (d)	37 (b)	38 (b)	39 (a)	40 (d)
41 (d)	42 (c)	43 (c)	44 (d)	45 (c)	46 (b)	47 (b)	48 (c)	49 (d)	50 (d)
51 (c)	52 (c)	53 (c)	54 (a)	55 (d)	56 (b)	57 (c)	58 (c)	59 (c)	60 (b)
61 (c)	62 (b)	63 (c)	64 (d)	65 (c)	66 (c)	67 (b)	68 (d)	69 (d)	70 (c)
71 (b)	72 (b)	73 (d)	74 (b)	75 (a)	76 (a)	77 (c)	78 (d)	79 (a)	80 (a)
81 (a)	82 (c)	83 (b)	84 (b)	85 (d)	86 (b)	87 (b)	88 (d)	89 (d)	90 (a)
91 (c)									

अभिकथन-कारण प्रश्न

1 (d)	2 (d)	3 (b)	4 (b)	5 (c)	6 (c)	7 (c)	8 (a)	9 (a)	10 (d)
11 (d)	12 (d)								

कथन आधारित प्रश्न

1 (d)	2 (d)	3 (c)	4 (c)	5 (c)	6 (c)

सुमेलन प्रकार प्रश्न

1 (c)	2 (b)	3 (d)

आंकिक मान प्रकार के प्रश्न

1 (3)	2 (12)	3 (8)	4 (2)	5 (64)	6 (10)	7 (0.7)	8 (6)	9 (2)

NCERT Exemplar प्रश्न

1 (b)	2 (b)	3 (d)	4 (d)	5 (b)	6 (a)	7 (c)	8 (a)	9. (b)

विगत परीक्षाओं के प्रश्न

1 (b)	2 (b)	3 (c)	4 (d)	5 (b)	6 (d)	7 (c)	8 (b)	9 (c)	10 (d)
11 (d)	12 (c)	13 (a)							

स्किल बूस्टर्स

1 (a)	2 (a)	3 (c)	4 (c)	5 (b)	6 (b)	7 (c)	8 (b)	9 (b)	10 (d)

क्रमवार

प्रश्नों का विश्लेषण

कॉन्सेप्ट बिल्डर्स

1 असत्य

2 आवृत्ति $= \dfrac{1}{\text{आवर्तकाल}}$

3 सत्य

4 असत्य

5 आवर्ती फलन

6 $F = -kx$

7 आवर्ती

8 तेज, धीमा

9 असत्य

10 4 A

11 प्रत्यास्थता

12 शून्य

13 असत्य

14 $E_k = \dfrac{kA^2}{2}\cos^2 \omega t$

15 सत्य

16 $\dfrac{1}{4}m\omega^2 A^2$

17 कमी

18 सत्य

19 नहीं

20 सत्य

शीर्षकवार प्रश्न

3 **(c)** हृदय की विस्पन्द आवृत्ति

$$= \frac{75}{1\text{मिनट}} = \frac{75}{60}\text{ सेकण्ड}^{-1}$$

$$= 1.25 \text{ हर्ट्ज}$$

आवर्तकाल, $T = \dfrac{1}{\text{आवृत्ति}}$

$$= \frac{1}{1.25} = 0.8 \text{ सेकण्ड}$$

5 **(c)** क्योंकि कण दोलनी गति कर रहा है और इसका विस्थापन समीकरण,

$$y = a\sin\omega t$$

$$2 = 4\sin\omega t$$

$$\frac{1}{2} = \sin\omega t$$

$$\sin\frac{\pi}{6} = \sin\omega t$$

$$\Rightarrow \quad \omega t = \frac{\pi}{6}$$

$$\Rightarrow \quad \frac{2\pi}{T}\cdot t = \frac{\pi}{6} \quad \left(\because \omega = \frac{2\pi}{T}\right)$$

$$\Rightarrow \quad t = \frac{T}{12} = \frac{1}{12}\text{ सेकण्ड}$$

6 **(c)** दिया है, $x(t) = 20\cos\omega t$

$$x(t) = 20\cos\frac{2\pi}{T}\cdot t \quad \ldots \text{(i)} \quad \left(\because \omega = \frac{2\pi}{T}\right)$$

दिया है, $T = 4$ सेकण्ड तथा $t = 1$ सेकण्ड

समी (i) में मान रखने पर हमें प्राप्त होता है

$$\therefore \quad x(t) = 20\cos\frac{2\pi}{4}\cdot 1 = 0$$

7 **(b)** यह देखा जा सकता है कि जैसे $t \to \infty$, तब $\log \omega t$, ∞ की ओर बढ़ता है। अतः यह किसी भी प्रकार की दोहराई जाने वाली गति को प्रदर्शित नहीं कर सकता है।

8 **(b)** फलन $(\sin\omega t + \cos\omega t)$ एक आवर्ती फलन को व्यक्त करता है जिसका आवर्तकाल $2\pi/\omega$ है।

विकल्प (a) में, $A\sin^3(\omega t)^2$ एक आवर्ती फलन नहीं है क्योंकि इसमें sin के मान की तृतीय घात तथा t के मान की दो घात हैं।

विकल्प (c) में, $\tan(\omega t)^3$ एक आवर्ती फलन नहीं है क्योंकि इसमें t की तृतीय घात है।

विकल्प (d) में, फलन $e^{\omega t}$ आवर्ती नहीं है, क्योंकि इसका मान समय के घटने पर बढ़ता है।

10 **(b)** ग्राफ से स्पष्ट है कि वक्र 1 द्वारा 1 दोलन पूर्ण करने में लगा समय, वक्र 2 द्वारा एक चौथाई दौलन करने में लगे समय के बराबर है।

अर्थात् $T_1 = \dfrac{T_2}{4} \Rightarrow T_2 = 4T_1$

11 **(c)** सरल आवर्त गति कर रहे एक कण के लिए

$$x = k\sin^2 \omega t$$

$$\Rightarrow \quad \frac{dx}{dt} = 2k\omega(\sin\omega t)(\cos\omega t)$$

$$\Rightarrow \quad \frac{d^2x}{dt^2} = 2k\omega^2\cos 2\omega t$$

परन्तु, $\dfrac{d^2x}{dt^2} = a$

$$\therefore \quad a = 2k\omega^2\cos 2\omega t$$

दी गई समीकरण सरल आवर्त गति के प्रतिबन्ध को संतुष्ट नहीं करता है।

12 **(b)** फोटोग्राफों के प्रेक्षण से हम दी गई गति के लिए विस्थापन-समय ग्राफ खींच सकते हैं।

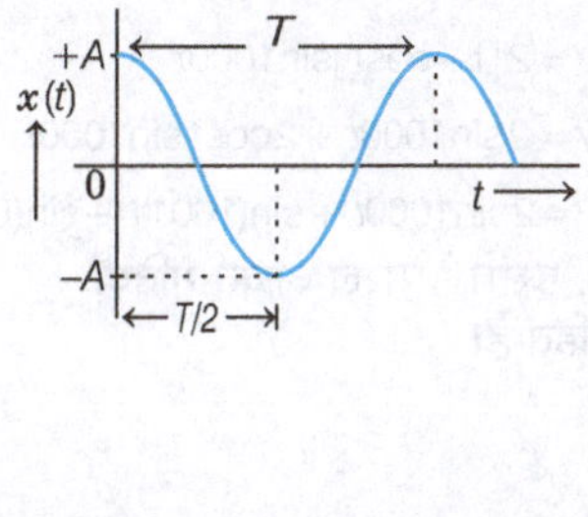

चित्र से, $t = 0$ पर कण $x = +A$ पर है तथा $T = \dfrac{T}{4}$ पर माध्य स्थिति को पार करता है और $t = \dfrac{T}{2}$ ऋण दिशा में दूसरी ओर $-A$ पर $t = \dfrac{T}{2}$ पर पहुँचता है।

अतः, $x(t) = A\cos\omega t$

13 **(c)** परिणामी विस्थापन दिया जाता है,

$$y = y_1 + y_2 = \sqrt{a^2 + b^2}\sin(\omega t + \phi)$$

यहाँ, आयाम $= \sqrt{a^2 + b^2}$

14 **(b)** दी गई समीकरण,

$$y_1 = 5(\sin 2\pi t + \sqrt{3}\cos 2\pi t)$$

$$= 10\left(\frac{1}{2}\sin 2\pi t + \frac{\sqrt{3}}{2}\cos 2\pi t\right)$$

$$= 10\left(\cos\frac{\pi}{3}\sin 2\pi t + \sin\frac{\pi}{3}\cos 2\pi t\right)$$

$$= 10\left[\sin\left(2\pi t + \frac{\pi}{3}\right)\right]$$

$$\Rightarrow A_1 = 10$$

इसी प्रकार, $y_2 = 5\sin\left(2\pi t + \dfrac{\pi}{4}\right)$

$$\Rightarrow \quad A_2 = 5$$

$$\text{अतः} \quad \frac{A_1}{A_2} = \frac{10}{5} = \frac{2}{1} = 2:1$$

15 **(c)** दिया गया फलन,

$$x = A\sin^2 \omega t + B\cos^2 \omega t + C\sin\omega t\cos\omega t$$

$$x = \frac{A}{2}(1 - \cos 2\omega t) + \frac{B}{2}(1 + \cos 2\omega t) + \frac{C}{2}\sin 2\omega t$$

$A = B; C = 0$; के लिए

$$x = \frac{B}{2}(1 - \cos 2\omega t) + \frac{B}{2}(1 + \cos 2\omega t) = B$$

इस स्थिति में, कण $x = B$ पर विराम में है। B आयाम नहीं है।

16 **(c)** हम जानते हैं,

$$y = a\sin\omega t$$

$$y = a\sin\frac{2\pi}{T}t \quad \left(\because \omega = \frac{2\pi}{T}\right)$$

दिया है, $T = 3$ सेकण्ड

जब विस्थापन इसके आयाम का आधा होगा, अर्थात्

$$\frac{a}{2} = a\sin\frac{2\pi t}{3}$$

$$\frac{1}{2} = \sin\frac{2\pi t}{3}$$

$$\sin\frac{\pi}{6} = \sin\frac{2\pi t}{3}$$

$$\Rightarrow \quad t = \frac{1}{4} \text{ सेकण्ड}$$

17 *(d)* सरल आवर्त गति करते एक कण के लिए समीकरण,

$$x = A\sin(\omega t + \phi)$$

$$A\sin(\omega t + \phi) = \frac{A}{2} \qquad \left[\because \text{दिया है } x = \frac{A}{2}\right]$$

$$\sin(\omega t + \phi) = \frac{1}{2}$$

$$\sin(\omega t + \phi) = \sin\frac{\pi}{6}$$

$$\omega t + \phi = \frac{\pi}{6} \text{ या } \frac{5\pi}{6}$$

अतः दो कणों के बीच कलान्तर जब वे विपरीत दिशाओं में, $x = \frac{A}{2}$ पर एक-दूसरे को पार कर रही हैं, निम्न प्रकार है

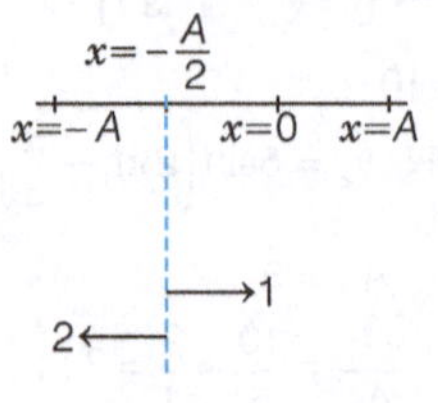

$$\Delta\phi = \frac{5\pi}{6} - \frac{\pi}{6} = \frac{2\pi}{3}$$

18 *(d)* दी गई समीकरण,

$$y = 5(\sin 3\pi t + \sqrt{3}\cos 3\pi t)$$

$$= 10\left(\frac{1}{2}\sin 3\pi t + \frac{\sqrt{3}}{2}\cos 3\pi t\right)$$

$$= 10\left(\cos\frac{\pi}{3}\sin 3\pi t + \sin\frac{\pi}{3}\cos 3\pi t\right)$$

$$= 10\left[\sin\left(3\pi t + \frac{\pi}{3}\right)\right]$$

उपरोक्त समीकरण की तुलना $y = A\sin(\omega t + \phi)$ से करने पर,

$\Rightarrow$ आयाम = 10 सेमी,

$$\omega = 3\pi$$

तथा आवर्तकाल,

$$T = \frac{2\pi}{\omega} = \frac{2\pi}{3\pi} = \frac{2}{3} \text{ सेकण्ड}$$

19 *(c)* $\frac{aT}{x} = \frac{\omega^2 xT}{x} = \omega^2 T$

$$= \frac{4\pi^2}{T^2}T \qquad \left(\because \omega = \frac{2\pi}{T}\right)$$

$$= \frac{4\pi^2}{T} = \text{नियतांक}$$

20 *(c)* सरल आवर्त गति का समीकरण,

$$\frac{d^2x}{dt^2} + \alpha x = 0$$

अथवा $\frac{d^2x}{dt^2} = -\alpha x$

इसकी तुलना सरल आवर्त गति के समीकरण से करने पर,

$$\frac{d^2x}{dt^2} = -\omega^2 x;$$

$$\omega^2 = \alpha \text{ या } \omega = \sqrt{\alpha}$$

$$\therefore \quad T = \frac{2\pi}{\omega} = \frac{2\pi}{\sqrt{\alpha}}$$

21 *(d)* सरल आवर्त गति को एक ज्या फलन अथवा कोज्या फलन अथवा दोनों के रेखीय संयोजन से व्यक्त किया जाता है।

अतः, विकल्प (a), (b) तथा (c) सरल आवर्त गति को व्यक्त करती हैं, जबकि विकल्प (d) दो फलनों (ज्या तथा कोज्या) का गुणनफल है तथा एक सरल आवर्त गति को व्यक्त नहीं करता है।

23 *(b)* दिया है, $x = a\sin(\omega t + \delta)$ ... (i)

$$y = a\sin\left(\omega t + \delta + \frac{\pi}{2}\right)$$

$$\Rightarrow \quad y = a\cos(\omega t + \delta) \quad \text{...(ii)}$$

समी (i) तथा (ii) का वर्ग करके जोड़ने पर,

$$x^2 + y^2 = a^2$$

यह एक वृत्त का समीकरण है।

$(\omega t + \delta) = 0$ पर, $x = 0, y = a$

$(\omega t + \delta) = \frac{\pi}{2}$ पर, $x = a, y = 0$

$(\omega t + \delta) = \pi$ पर, $x = 0, y = -a$

$(\omega t + \delta) = \frac{3\pi}{2}$ पर, $x = -a, y = a$

अतः स्पष्ट है कि कण की गति दक्षिणावर्त दिशा में अनुप्रस्थ है।

25 *(b)* $y = 4\cos^2\left(\frac{t}{2}\right)\sin(1000t)$

$$y = 2[1 + \cos t]\sin 1000t$$

$$y = 2\sin 1000t + 2\cos t \sin 1000t$$

$$= 2\sin 1000t + \sin(1001)t + \sin(999)t$$

अतः, इसमें 3 सरल आवर्त गतियाँ समाहित हैं।

26 *(b)* वक्र से स्पष्ट है कि $t = 2$ सेकण्ड तथा $t = 6$ सेकण्ड के संगत बिन्दुओं के बीच की दूरी λ है जो एक आवर्तकाल से सम्बन्धित है। अतः ये बिन्दु समान कला में होने चाहिए।

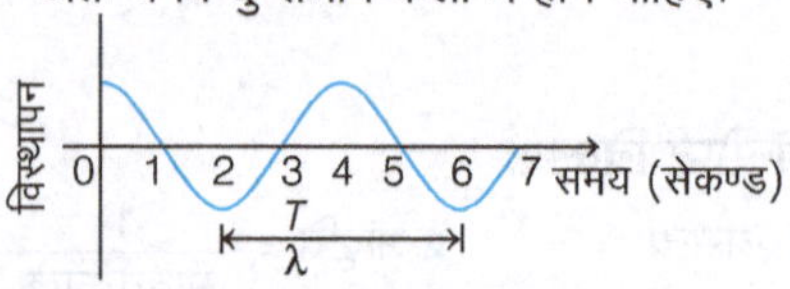

27 *(d)* नीचे दिए गए चित्र से,

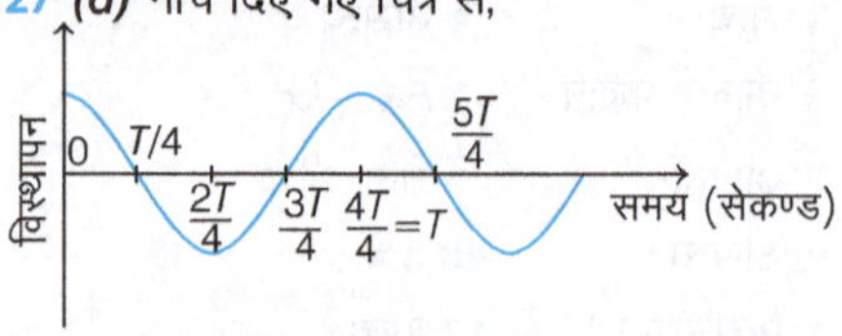

इस चित्र से स्पष्ट है कि $t = \frac{2T}{4} = \frac{T}{2}$ पर, कण चरम स्थिति पर होगा, अतः गतिज ऊर्जा = 0 तथा स्थितिज ऊर्जा = अधिकतम

28 *(c)* नीचे दिए अनुसार, परछाई दीवार पर सरल आवर्त गति करती है।

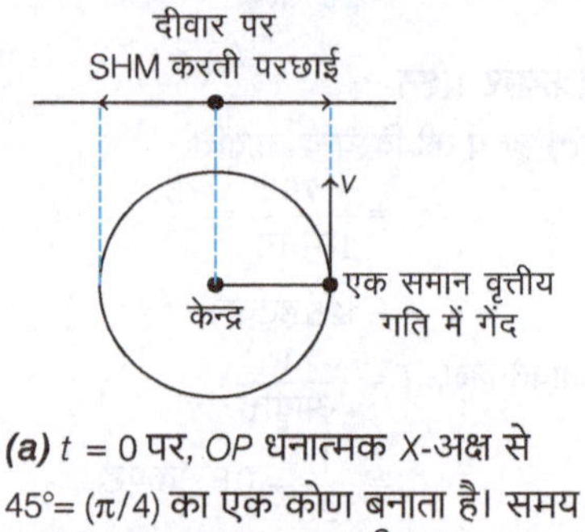

29 *(a)* $t = 0$ पर, OP धनात्मक X-अक्ष से $45° = (\pi/4)$ का एक कोण बनाता है। समय t बाद, यह वामावर्त दिशा में $\frac{2\pi}{T}t$ का एक कोण तय करता है तथा X-अक्ष से $\left(\frac{2\pi}{T}t + \frac{\pi}{4}\right)$ का कोण बनाता है।

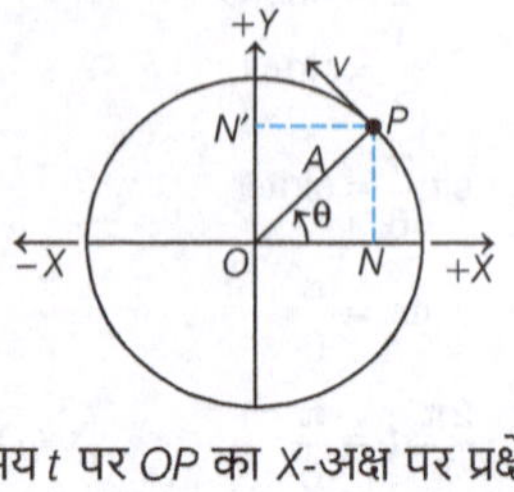

$\therefore$ समय t पर OP का X-अक्ष पर प्रक्षेप दिया गया है

$$x(t) = A\cos\left(\frac{2\pi}{T}t + \frac{\pi}{4}\right)$$

$T = 4$ सेकण्ड के लिए,

$$x(t) = A\cos\left(\frac{2\pi}{4}t + \frac{\pi}{4}\right)$$

30 *(d)* वास्तविकता में, कैलिस्टो चन्द्रमा की गति एकसमान वृत्तीय गति है। तथापि, गैलीलियों ने गति के तल की एक रेखा में एकसमान वृत्तीय गति के प्रक्षेप का अवलोकन किया था।

अतः, जब इसे पृथ्वी से देखा जाता है, तो यह ईधर-ऊधर अर्थात् सरल आवर्त गति दिखाई देती है।

अतः विकल्पों (a), (b) तथा (c) में दिये गये सभी कथन सही हैं।

31 *(c)* कण का अधिकतम वेग,

$$v_{max} = A\omega = 3 \times 50 = 150 \text{ मी/से}$$

32 *(b)* दिया है, पिस्टन की कोणीय आवृत्ति

$\omega = 100$ रेडियन मिनट

तथा आघात की लम्बाई = 2 मीटर

∴ सरल आवर्त गति का आयाम

$$A = \frac{\text{आघात की लम्बाई}}{2} = \frac{2}{2} = 1 \text{ मीटर}$$

अब, $v_{max} = \omega A$

$$= 100 \times 1 = 100 \text{ मीटर/मिनट}$$

33 *(b)* $\frac{(a_{max})_1}{(a_{max})_2} = \frac{\omega_1^2}{\omega_2^2} = \frac{(100)^2}{(1000)^2} = 1 : 10^2$

34 *(c)* चूँकि $x(t) = A\cos\omega t$

$\Rightarrow \quad v(t) = \frac{d}{dt}\{x(t)\} = -\omega A\sin\omega t$

और $a(t) = \frac{d}{dt}\{v(t)\} = -\omega^2 A\cos\omega t$

यदि $t = 0$, तब $a = -\omega^2 A$

यदि $t = \frac{T}{4}$, तब $a = 0$

यदि $t = \frac{T}{2}$, तब $a = +\omega^2 A$

हम देखते हैं कि केवल ग्राफ (c) उपरोक्त परिणामों को संतुष्ट करेगा।

35 *(d)* दिए गए ग्राफ से,

$T = 8$ सेकण्ड

कोणीय आवृत्ति

$$\omega = \frac{2\pi}{T} = \frac{2\pi}{8} = \left(\frac{\pi}{4}\right) \text{ रेडियन/सेकण्ड}$$

जब $x = A\sin\omega t$

∴ त्वरण, $a = \frac{d^2x}{dt^2} = -\omega^2 x$

$$= -\left(\frac{\pi^2}{16}\right)\sin\left(\frac{\pi}{4}t\right) \quad (\because A = 1)$$

$t = \frac{4}{3}$ सेकण्ड रखने पर,

$$a = -\frac{\sqrt{3}}{32}\pi^2 \text{ सेमी/से}^2$$

36 *(d)* $\frac{\alpha}{\beta} = \frac{A\omega^2}{A\omega} \Rightarrow \omega = \frac{\alpha}{\beta}$

परन्तु, $\omega = \frac{2\pi}{T}$

$\therefore \quad \frac{2\pi}{T} = \frac{\alpha}{\beta}$

$\Rightarrow \quad T = \frac{2\pi\beta}{\alpha}$

अतः इसके कम्पन्नों का आवर्तकाल,

$$T = \frac{2\pi\beta}{\alpha}$$

37 *(b)* माना किसी क्षण t पर कण का विस्थापन

$$x = a\sin\omega t$$
$$v = \omega\sqrt{a^2 - x^2}$$

माध्य स्थिति में, $x = 0$

$\therefore \quad v_{max} = \omega a$

प्रश्न के अनुसार,

$$v = \frac{v_{max}}{2} = \frac{a\omega}{2}$$

लेकिन, $v = \omega\sqrt{a^2 - x^2}$

$\therefore \quad \frac{a\omega}{2} = \omega\sqrt{a^2 - x^2}$

$\Rightarrow \quad x = \frac{\sqrt{3}}{2}a$

38 *(b)* $v = \frac{dx}{dt} = -4\pi \times \sin(2\pi t)$

$v = v_{max} \rightarrow \sin(2\pi t) = \sin 90°$

$\therefore \quad 2\pi t = \frac{\pi}{2}$

$\Rightarrow \quad t = \frac{1}{4} = 0.25$ सेकण्ड

39 *(a)* दिया है, $y_1 = 0.1\sin\left(100\pi t + \frac{\pi}{3}\right)$

$$v_1 = \frac{dy_1}{dt} = 0.1 \times 100\pi\cos\left(100\pi t + \frac{\pi}{3}\right)$$

$$v_1 = 10\pi\sin\left(100\pi t + \frac{5\pi}{6}\right)$$

और $y_2 = 0.1\cos\pi t$

$$v_2 = \frac{dy_2}{dt} = -0.1\sin\pi t$$

$\Rightarrow \quad v_2 = 0.1\sin(\pi t + \pi)$

अतः, कलान्तर $\Delta\phi = \phi_1 - \phi_2$

$$= \left(100\pi t + \frac{5\pi}{6}\right) - (\pi t + \pi)$$

$$= \frac{5\pi}{6} - \pi \ (t = 0 \text{ पर})$$

$$\Delta\phi = -\frac{\pi}{6}$$

40 *(d)* दिया है, $x = x_0\cos\left(\omega t - \frac{\pi}{4}\right)$

त्वरण, $a = \frac{d^2x}{dt^2}$

$$= -\omega^2 x_0\cos\left(\omega t - \frac{\pi}{4}\right)$$

$$= \omega^2 x_0\cos\left(\omega t + \frac{3\pi}{4}\right)$$

अतः, $A = \omega^2 x_0$ और $\delta = \frac{3\pi}{4}$

41 *(d)* सरल आवर्त गति कर रहे कण के लिए,

$$x = A\sin\omega t$$

$\therefore \quad v = \frac{dx}{dt} = A\omega\cos\omega t$

$$= A\omega\sin\left(\omega t + \frac{\pi}{2}\right)$$

त्वरण,

$$a = \frac{dv}{dt} = -A\omega^2\sin\omega t$$

$$= A\omega^2\sin(\omega t + \pi)$$

त्वरण तथा वेग के बीच कलान्तर

$$\left(\pi - \frac{\pi}{2}\right) = \frac{\pi}{2} = 0.5\pi$$

42 *(c)* $y = 3\sin\left[\frac{\pi}{2}(50t - \phi)\right]$

वेग, $v = \frac{dy}{dt}$

$$v = 3(25\pi)\cos\left[\frac{\pi}{2}(50t - \phi)\right]$$

अतः, $v_{max} = 75\pi$

43 *(c)* क्योंकि बल सदैव त्वरण की दिशा में है

$$10 = \omega\sqrt{a^2 - 16} \quad \ldots(i)$$

$$8 = \omega\sqrt{a^2 - 25} \quad \ldots(ii)$$

$$\left(\frac{5}{4}\right)^2 = \frac{a^2 - 16}{a^2 - 25}$$

$\Rightarrow \quad a^2 = \frac{369}{9} = 41$

समी (i) से,

$$10 = \omega\sqrt{41 - 16} = \omega \times 5$$

या $\omega = 2$

$$\frac{2\pi}{T} = 2$$

या $T = \pi$ सेकण्ड

44 *(d)* $F(x) = -\frac{dU}{dx}$

दिया है, $U(x) = k[1 - \exp(-x^2)]$

$\therefore \quad F = -\frac{dU}{dx} = -2kx\exp(-x^2)$

यहाँ, ऋण चिह्न दर्शाता है कि x के किसी निश्चित अशून्य मान के लिए, बल, मूल बिन्दु की ओर दिष्ट है। इसका तात्पर्य है कि कण पर एक प्रत्यानयन बल कार्य कर रहा है।

अतः कण की गति सरल आवर्त गति है।

$x = 0$ पर $F = 0$

अतः, सन्तुलन की स्थिति में कण पर कार्य करने वाला बल शून्य है।

इसके अतिरिक्त $x = 0$ पर कण की स्थितिज ऊर्जा न्यूनतम है तथा $x = \pm\infty$ पर स्थितिज ऊर्जा अधिकतम है।

45 *(c)* $U = U_0 + \alpha x^2$

$$F = -\frac{dU}{dx} = -2\alpha x$$

$\Rightarrow m\omega^2 x = -2\alpha x$

$$\Rightarrow \quad \omega = \sqrt{\frac{2\alpha}{m}}$$

आवर्तकाल, $T = \frac{2\pi}{\omega} = 2\pi\sqrt{\frac{m}{2\alpha}}$

$$\Rightarrow \quad T = \pi\sqrt{\frac{2m}{\alpha}}$$

46 *(b)* दिया है, $U(x) = U(1-\cos ax)$

हम जानते हैं कि

$$F = -\frac{dU}{dx}$$
$$= -Ua\sin ax$$

ax अत्यन्त सूक्ष्म है अतः $\sin ax \sim ax$

$\therefore \quad F = -Ua^2x \quad \ldots(i)$

अतः पिण्ड सरल आवर्त गति करता है, अतः सरल आवर्त गति के लिए,

$F = -kx \quad \ldots(ii)$

समी (i) तथा (ii) से

$$k = Ua^2$$

अतः दोलन का आवर्तकाल

$$T = 2\pi\sqrt{\frac{m}{k}}$$
$$= 2\pi\sqrt{\frac{m}{Ua^2}}$$

47 *(b)* चित्र से,

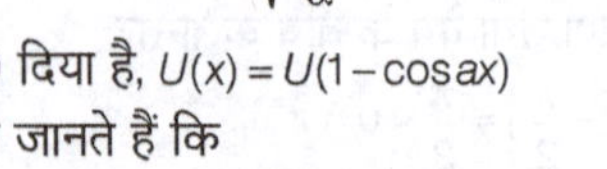

जहाँ, A से B की ओर दिशा को धनात्मक लिया गया है।

जब B की ओर जाते हुए कण C पर है, तो वेग B की ओर है। अतः यह भी धनात्मक होगा।

48 *(c)* सन्तुलन में, ब्लॉक का मुक्त-पिण्ड आरेख दिए गए चित्र की भाँति ले सकते हैं।

$\therefore \quad mg = kx$

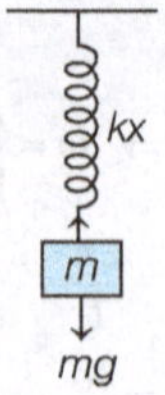

$\Rightarrow$ खिंचाव, $x = mg/k$

अब $\frac{mg}{k}$ अतिरिक्त खिंचाव के साथ

कुल खिंचाव $= \frac{mg}{k} + \frac{mg}{k} = \frac{2mg}{k}$

49 *(d)* सरल आवर्त गति में निकाय की कुल

ऊर्जा $= \frac{1}{2}kA^2 \quad \ldots(i)$

सरल आवर्त गति में निकाय की गतिज ऊर्जा

$= \frac{1}{2}mv^2 \quad \ldots(ii)$

सन्तुलन की स्थिति, अर्थात् $x = 0$ पर, निकाय की ऊर्जा केवल गतिज होगी।

$\therefore$ समी (i) तथा (ii) से,

$$\frac{1}{2}kA^2 = \frac{1}{2}mv^2$$

$$\Rightarrow \quad v = \sqrt{\left(\frac{k}{m}\right)A^2} = A\sqrt{\frac{k}{m}}$$

50 *(d)* माना k_1 तथा k_2 स्प्रिंग नियतांकों के साथ स्प्रिंगों में प्रसार क्रमशः x_1 तथा x_2 हैं।

तब $\quad x_1 + x_2 = A \quad \ldots(i)$

और $\quad k_1x_1 = k_2x_2$

या $\quad \frac{x_1}{x_2} = \frac{k_2}{k_1} \quad \ldots(ii)$

समी (ii) से x_2 का मान समी (i) में रखने पर,

$$x_1 + \frac{k_1}{k_2}x_1 = A \quad \ldots(iii)$$

$$k_2x_1 + k_1x_1 = Ak_2$$

इन समीकरणों को हल करने पर

$$x_1 = \left(\frac{k_2}{k_1 + k_2}\right)A$$

51 *(c)* स्थिति को निम्न प्रकार चित्रित कर सकते हैं।

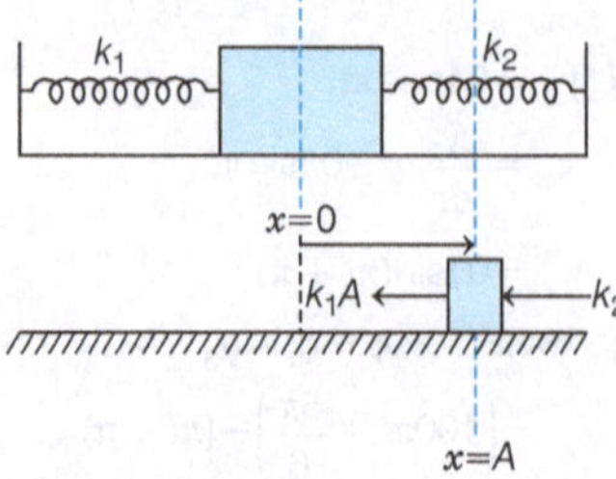

स्प्रिंग का प्रत्यानयन बल, $F = -kx$

मुक्त-पिण्ड-आरेख से, $|\mathbf{F}_{\text{कुल}}| = -(k_1 + k_2)A$

बल का कुल परिमाण,

$$|\mathbf{F}_{\text{कुल}}| = (k_1 + k_2)A$$

52 *(c)* स्प्रिंग-द्रव्यमान निकाय के दोलन की आवृत्ति,

$$\nu = 2\pi\sqrt{\frac{m}{k}}$$

अतः स्पष्ट है कि, यह गुरुत्वीय त्वरण से स्वतन्त्र है।

दिया है, $m = 2$ किग्रा, $k = 10$ न्यूटन/मीटर

$$\Rightarrow \quad \nu = 2\pi\sqrt{\frac{2}{10}}$$
$$= 2.8 \text{ हर्ट्ज}$$

53 *(c)* क्योंकि, तीनों स्प्रिंग समान्तर क्रम में हैं, अतः कुल स्प्रिंग नियतांक

$$= k + k + 2k = 4k$$

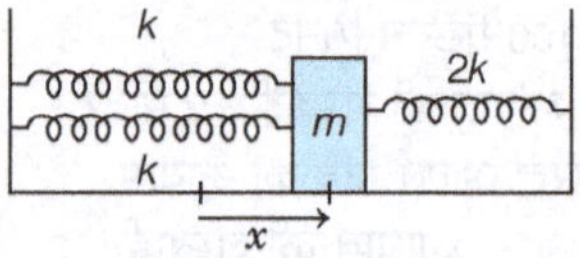

$\therefore$ द्रव्यमान m पर कुल प्रत्यानयन बल,

$|\mathbf{F}_{\text{कुल}}| = -4kx \quad \ldots(i)$

सरल आवर्त गति में बल,

$|\mathbf{F}_{\text{SHM}}| = -m\omega^2 x \quad \ldots(ii)$

समी (i) तथा (ii) की तुलना करने पर

$$m\omega^2 = 4k$$

$$\Rightarrow \quad \omega = \sqrt{\frac{4k}{m}}$$

$$\therefore \quad T = \frac{2\pi}{\omega} = 2\pi\sqrt{\frac{m}{4k}}$$

54 *(a)* निकायों के लिए,

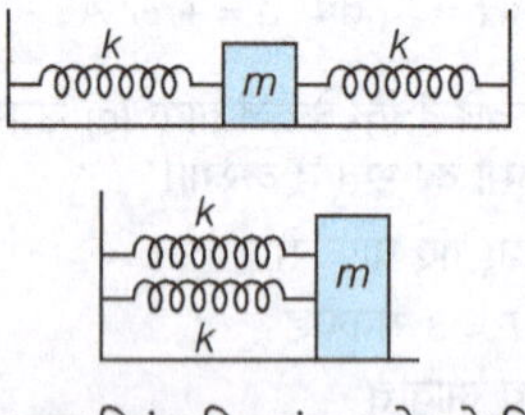

यहाँ समान स्प्रिंग नियतांक k के दो स्प्रिंग हैं, जो m द्रव्यमान से समान्तर क्रम में जुड़े हैं। अतः दोनों निकायों के आवर्तकाल समान हैं।

55 *(d)* प्रारम्भ में दोलनों की आवृत्ति,

$$= \frac{1}{2\pi}\sqrt{\frac{k_1 + k_2}{m}} \quad \ldots(i)$$

जब k_1 तथा k_2 के मान प्रारम्भिक मान के चार गुना हो जाए, तब

$$= \frac{1}{2\pi}\sqrt{\frac{4k_1 + 4k_2}{m}} = 2f$$

[$\because$ समी (i) प्रयुक्त करने पर]

56 *(b)* दिया है, $m_1 = 1$ किग्रा

लम्बाई में वृद्धि,

$l_1 = 5$ सेमी $= 5\times10^{-2}$ मीटर

$\therefore m_1 g = kl_1$

$\Rightarrow k = \frac{m_1 g}{l_1} = \frac{1\times10}{5\times10^{-2}} = 200$ न्यूटन/मीटर

अब, यदि स्प्रिंग से 2 किग्रा का ब्लॉक लटकाया जाए और खींचें, तब ब्लॉक का आवर्तकाल,

$$T = 2\pi\sqrt{\frac{m}{k}} = 2\pi\sqrt{\frac{2}{200}}$$

$= \frac{\pi}{5}$ सेकण्ड

अधिकतम वेग, $v_{max} = A\omega$

जहाँ, A = आयाम

$=10$ सेमी $=10\times10^{-2}$ मीटर (दिया है)

$$\Rightarrow v_{max} = A\times\frac{2\pi}{T}$$

$$= 10\times10^{-2}\times\frac{2\pi}{\pi/5}$$

$=1$ मी/सेकण्ड

57 *(c)* स्प्रिंगों से समान्तर संयोजन का प्रभावी स्प्रिंग नियतांक के लिए,

$k_{eff} = k + k = 2k$

आवर्तकाल का सूत्र,

$$T = 2\pi\sqrt{\frac{M}{k_{eff}}} = 2\pi\sqrt{\frac{M}{2k}} \quad \ldots(i)$$

जब m द्रव्यमान का ब्लॉक ट्रे पर रखा जाता है, तब

$$T' = 2\pi\sqrt{\frac{M+m}{2k}} \quad \ldots(ii)$$

समी (i) तथा (ii) से,

$$\frac{T'}{T} = \sqrt{\frac{M+m}{M}}$$

$$\frac{3}{1.5} = \sqrt{\frac{20+m}{20}}$$

$\Rightarrow \quad m = 60$ किग्रा

58 *(c)* स्प्रिंग-द्रव्यमान निकाय की आवृत्ति

$$n = \frac{1}{2\pi}\sqrt{\frac{k}{m}}$$

और $\quad n \propto \frac{1}{\sqrt{m}} \Rightarrow \frac{n_1}{n_2} = \sqrt{\frac{m_2}{m_1}}$

लेकिन $\quad m_1 = m, m_2 = 4m, n_1 = n$

$\therefore \quad \frac{n}{n_2} = \sqrt{\frac{4m}{m}} = 2$

या $\quad n_2 = \frac{n}{2}$

59 *(c)* जब स्प्रिंग को दबाया जाता है, तो यह कोई प्रत्यानयन बल प्रदान नहीं करता है।

अतः $\quad T = \frac{T_1}{2} + \frac{T_2}{2}$

$$T = \frac{2\pi}{2}\sqrt{\frac{m}{2k}} + \frac{2\pi}{2}\sqrt{\frac{m}{k}}$$

$$= (\sqrt{2}+1)\pi\sqrt{\frac{m}{2k}}$$

60 *(b)* एक स्प्रिंग लोलक का आवर्तकाल गुरुत्व तथा तल के झुकाव से स्वतन्त्र है, परन्तु M तथा k पर निर्भर करता है।

$$T = 2\pi\sqrt{\frac{M}{k}}$$

$T_A > T_B$

जब $M_A = 2$ किग्रा, $M_B = 1$ किग्रा

$k_A = k_B$

अतः, P धीमा होगा।

61 *(c)* $x = k + k = 2k$ [P, Q के लिए]

तथा $y = k + k = 2k$ [R, S के लिए]

x तथा y दोनों श्रेणीक्रम में हैं।

$\therefore \quad \frac{1}{k'} = \frac{1}{x} + \frac{1}{y} = \frac{1}{k}$

आवर्तकाल, $T = 2\pi\sqrt{\frac{m}{k}} = 2\pi\sqrt{\frac{m}{k}}$

62 *(b)* बायीं ओर के दो स्प्रिंग श्रेणी क्रम में हैं, अतः इनका परिणामी नियताक है,

$$\frac{1}{\left(\frac{1}{2k}+\frac{1}{2k}\right)} = k$$

दायीं ओर के M द्रव्यमान के दो स्प्रिंग समान्तर क्रम में हैं। उनका परिणामी स्प्रिंग नियतांक है

$$(k + 2k) = 3k$$

k तथा $3k$ मान के समान्तर क्रम में लगे स्प्रिंगों का तुल्य स्प्रिंग नियतांक

$$k + 3k = 4k$$

$\therefore$ द्रव्यमान की आवृत्ति

$$n = \frac{1}{2\pi}\sqrt{\frac{4k}{M}}$$

63 *(c)* हम जानते हैं कि दबी हुई स्थिति से माध्य स्थिति तक तय करने के लिए आवश्यक

समय $= \frac{T}{4}$

जब, $\quad Y = A\sin\omega t$

$\therefore \quad x_0 = 2x_0\sin\omega t$

परन्तु $\quad \omega = \frac{2\pi}{T}$ अथवा $x_0 = 2x_0\sin\frac{2\pi}{T}t$

या $\quad \frac{1}{2} = \sin\frac{2\pi}{T}t$

या $\quad \frac{2\pi}{T}t = \frac{\pi}{6}; t = \frac{T}{12}$

दीवार से टकराने में लगा समय,

$$\frac{T}{4} + \frac{T}{12} = \frac{T}{3}$$

यदि k बल नियतांक के स्प्रिंग से m द्रव्यमान जुड़ा हो,

$$T = 2\pi\sqrt{\frac{m}{k}}$$

$\therefore$ दीवार से टकराने में लगा समय

$$= \frac{T}{3} = \frac{2\pi}{3}\sqrt{\frac{m}{k}}$$

64 *(d)* समानीत द्रव्यमान,

$$\mu = \frac{(m)(m)}{m+m} = \frac{m}{2}$$

आवश्यक दोलनों का आवर्तकाल,

$$T = 2\pi\sqrt{\frac{\mu}{k}} = \pi\sqrt{\frac{2m}{k}}$$

65 *(c)* प्रभावी बल नियतांक,

$k_{eff} = 2k$

$$f = \frac{1}{2\pi}\sqrt{\frac{2k}{m}}$$

जब एक स्प्रिंग हटा लिया जाता है, k_{eff}, k के बराबर हो जाता है तथा नयी आवृत्ति होगी

$$f' = \frac{1}{2\pi}\sqrt{\frac{k}{m}} \Rightarrow f' = \frac{f}{\sqrt{2}}$$

66 *(c)* $v = \omega\sqrt{A^2 - x^2}$

$$v = \sqrt{\frac{k}{m}}\sqrt{A^2 - x^2}$$

$$v = 5\sqrt{A^2 - x^2} = 40\times10^{-2}$$

$$\frac{40^2}{5^2}\times10^{-4} = (0.50)^2 - x^2$$

$\Rightarrow \quad x = 0.49$ मीटर

67 *(b)* यदि पृथ्वी गुरुत्व जनित त्वरण g है, तब चन्द्रमा पर गुरुत्व जनित त्वरण $\frac{g}{6}$ है।

अतः जब स्प्रिंग-द्रव्यमान निकाय चन्द्रमा पर ले जाया जाता है, तब मुक्त-पिण्ड-आरेख नीचे दर्शाया गया है।

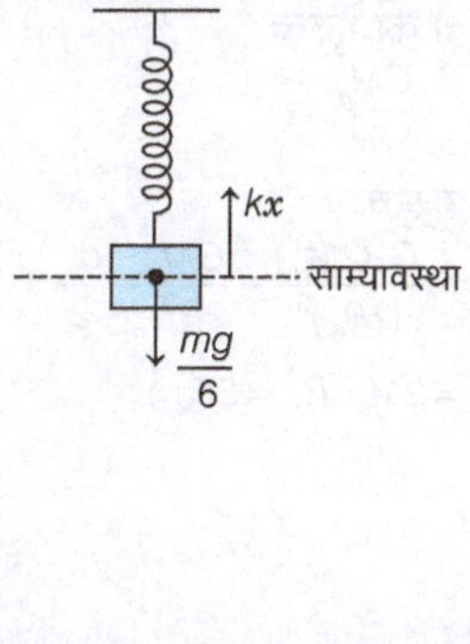

सन्तुलन में, $kx = \frac{mg}{6}$

जहाँ k स्प्रिंग नियतांक तथा x स्प्रिंग में वृद्धि है।

$\Rightarrow \quad x = \frac{mg}{6k}$

68 *(d)* दिया है, $m = 1$ किग्रा

सरल आवर्त गति की दी गई समीकरण

$x = 6.0\cos\left(100t + \frac{\pi}{4}\right)$

यहाँ $A = 6.0$ सेमी $= \frac{6}{100}$ मी

और $\omega = 100$ रेडियन/से

अधिकतम गतिज ऊर्जा

$= \frac{1}{2}m(A\omega)^2 = \frac{1}{2}\times 1\times\left[\frac{6}{100}\times 100\right]^2$

$= 18$ जूल

69 *(d)* सरल आवर्त गति कर रही एक वस्तु की स्थितिज ऊर्जा,

$U(x) = \frac{1}{2}kx^2$

दिया है, $x = A\cos\omega t$

$\Rightarrow \quad U(x) = \frac{1}{2}kA^2\cos^2\omega t$

$t = \left(\frac{T}{4}\right)$ पर,

$U(x) = \frac{1}{2}kA^2\cos^2\left(\frac{2\pi}{T}\times\frac{T}{4}\right)$

$= 0 \qquad \left(\because \omega = \frac{2\pi}{T}\right)$

70 *(c)* सरल आवर्त गति के लिए विस्थापन

$x(t) = A\cos(\omega t + \phi) \qquad \ldots(i)$

$\Rightarrow \quad T_2 = 2\pi/\omega$

स्थितिज ऊर्जा,

$PE = \frac{1}{2}kx^2 = \frac{1}{2}kA^2\cos^2(\omega t + \phi) \ldots(ii)$

$= \frac{1}{2}kA^2\frac{[1 + \cos 2(\omega t + \phi)]}{2}$

$\therefore \quad T_1 = \frac{2\pi}{2\omega} = \frac{\pi}{\omega}$

$\Rightarrow \quad T_1 = \frac{T_2}{2}$

$\Rightarrow 2T_1 = T_2$

72 *(b)* पृथ्वी का गुरुत्व,

$g_e = \frac{GM_e}{R^2}$

ग्रह का गुरुत्व,

$g_P = \frac{G\cdot(2M_e)}{(2R_e)^2} = \frac{GM}{2R^2} = \frac{g_e}{2}$

$(\because M_P = 2M_e, R_P = 2R_e)$

अतः आवर्तकाल,

$T_P = 2\pi\sqrt{\frac{l}{g_P}} = 2\pi\sqrt{\frac{l}{g_e/2}}$

$= 2\pi\sqrt{\frac{l}{g_e}\times 2} = \sqrt{2}\times T_e$

$\Rightarrow \quad T_P = \sqrt{2}\times 2$

$\Rightarrow \quad T_P = 2\sqrt{2}$ से

73 *(d)* जैसा कि दिया है,

$U = \frac{1}{2}E$

$\therefore \quad \frac{1}{2}m\omega^2x^2 = \frac{1}{2}\left(\frac{1}{2}m\omega^2A^2\right)$

$\Rightarrow \quad x^2 = \frac{A^2}{2} \quad \Rightarrow x = \frac{A}{\sqrt{2}}$

74 *(b)* सरल आवर्त गति के लिए गतिज ऊर्जा,

$K = \frac{1}{2}m\omega^2(A^2 - x^2)$

$x = \frac{A}{4}$ पर,

$K = \frac{1}{2}m\omega^2\left[A^2 - \left(\frac{A}{4}\right)^2\right]$

$= \frac{1}{2}\left(\frac{15}{16}m\omega^2A^2\right)$

कण की कुल ऊर्जा,

$E = \frac{1}{2}m\omega^2A^2$

$\therefore \quad \frac{K}{E} = \frac{\frac{1}{2}\left(\frac{15}{16}m\omega^2A^2\right)}{\frac{1}{2}m\omega^2A^2}$

$\Rightarrow \quad \frac{K}{E} = \frac{15}{16}$

75 *(a)* पैमाने की लम्बाई 20 सेमी है तथा पैमाना 50 किग्रा तक पढ़ता है।

$\therefore \quad F = mg = 50\times 10$

$= 500$ न्यूटन

स्प्रिंग नियतांक,

$k = \frac{F}{x} = \frac{500}{0.2} = 2500$ न्यूटन/मी

$T = 2\pi\sqrt{\frac{m}{k}}$

$\Rightarrow \quad m = \frac{T^2k}{4\pi^2}$

$= \frac{(0.5)^2\times(2500)}{4\times(3.14)^2} = 16$ किग्रा

76 *(a)* सरल आवर्त गति के लिए आवृत्ति,

$\omega = \sqrt{\frac{k}{m}} = \sqrt{\frac{100}{1}} = 10$ रेडियन/से

अब, $x = 0.05$ मीटर पर ब्लॉक का वेग,

$v = \omega\sqrt{A^2 - x^2}$

$= 10\sqrt{(0.1)^2 - (0.05)^2}$

$= 10\sqrt{7.5\times 10^{-3}}$ मी/से

अतः गतिज ऊर्जा,

$K = \frac{1}{2}mv^2$

$= \frac{1}{2}\times 1\times 0.75$

$\Rightarrow \quad K = 0.375$ जूल

77 *(c)* सरल आवर्त गति में कण की गतिज ऊर्जा,

$K = \frac{1}{2}m\omega^2(a^2 - x^2) \qquad \ldots(i)$

स्थितिज ऊर्जा,

$U = \frac{1}{2}m\omega^2x^2 \qquad \ldots(ii)$

समी (i) तथा (ii) से प्राप्त होता है,

$\frac{K}{U} = \frac{\frac{1}{2}m\omega^2(a^2 - x^2)}{\frac{1}{2}m\omega^2(x^2)}$

$\frac{K}{U} = \frac{a^2 - x^2}{x^2}$

78 *(d)* सरल आवर्त गति कर रहे कण की क्षण t की कुल ऊर्जा,

$E = \frac{1}{2}m\omega^2a^2 \qquad \ldots(i)$

और क्षण t पर कण की गतिज ऊर्जा,

$K = \frac{1}{2}m\omega^2(a^2 - x^2) \qquad \ldots(ii)$

जब, $x = \frac{a}{2}$

$K = \frac{1}{2}m\omega^2\left(a^2 - \frac{a^2}{4}\right)$

$= \frac{1}{2}m\omega^2\times\frac{3}{4}a^2 \qquad \ldots(iii)$

समी (i) तथा (ii) से,

$\frac{K}{E} = \frac{3}{4}$

$\Rightarrow \quad K = \frac{3}{4}E$

79 *(a)* माना सरल आवर्त गति को प्रदर्शित किया गया है,

$y_1 = a\sin\left(\omega t - \frac{\pi}{4}\right); \; y_2 = a\sin\omega t$

और $y_3 = a\sin\left(\omega t + \frac{\pi}{4}\right)$.

अध्यारोपण पर परिणामी सरल आवर्त गति होगी

$$y = a\left[\sin\left(\omega t - \frac{\pi}{4}\right) + \sin\omega t + \sin\left(\omega t + \frac{\pi}{4}\right)\right]$$

$$= a\left[2\sin\omega t\cos\frac{\pi}{4} + \sin\omega t\right]$$

$$= [a(1+\sqrt{2})\sin\omega t]$$

अतः परिणामी आयाम, $A = (1+\sqrt{2})a$

80 *(a)* सरल आवर्त गति कर रहे पिण्ड की गतिज ऊर्जा,

$$KE(x) = \frac{1}{2}m\omega^2(A^2 - x^2)$$

जहाँ, A आयाम है, अतः $x = 0$ पर गतिज ऊर्जा,

$$KE(0) = \frac{1}{2}m\omega^2 A^2 = (KE)_{\text{अधिकतम}}$$

81 *(a)* सरल आवर्त गति कर रहे कण की गतिज ऊर्जा एवं स्थितिज ऊर्जा $\frac{T}{2}$ आवर्तकाल से आवर्ती है।

स्थितिज एवं गतिज ऊर्जाओं के परिवर्तन का आवर्तकाल समान हैं।

82 *(c)* दी गई सूचना से,

$$\text{गतिज ऊर्जा} = \text{कुल ऊर्जा} \times \frac{75}{100}$$

$$\Rightarrow \frac{m\omega^2A^2}{2}\cos^2\omega t = \frac{m\omega^2A^2}{2} \times \frac{3}{4}$$

$$\Rightarrow \cos\omega t = \frac{\sqrt{3}}{2}$$

$$\Rightarrow \omega t = \frac{\pi}{6}$$

या
$$\frac{2\pi}{T} \times t = \frac{\pi}{6}$$

$$\Rightarrow t = \frac{T}{12}$$

$$\Rightarrow t = \frac{1}{6} \text{ सेकण्ड}$$

83 *(b)* निकाय की कुल गतिज ऊर्जा = गतिज ऊर्जा + स्थितिज ऊर्जा $= \frac{1}{2}kA^2$ ...(i)

यदि गतिज ऊर्जा = स्थितिज ऊर्जा, तब समी (i) को निम्न प्रकार लिखा जा सकता है,

$$\frac{1}{2}kA^2 = 2 \times PE$$

$$= 2\left(\frac{1}{2}kx^2\right)$$

या
$$\frac{1}{2}kx^2 = \frac{1}{2}\left[\frac{1}{2}kA^2\right]$$

$$\Rightarrow x = A/\sqrt{2}$$

84 *(b)* सरल आवर्त गति कर रहे ब्लॉक के लिए, वेग $v = -A\omega\sin(\omega t + \phi)$ ...(i)

$$\Rightarrow T_1 = \frac{2\pi}{\omega}$$

$$\text{गतिज ऊर्जा} = \frac{1}{2}mv^2$$

$$= \frac{1}{2}mA^2\omega^2\sin^2(\omega t + \phi)$$

$$= mA^2\omega^2[1-\cos(2\omega + 2\phi)]$$

$$\Rightarrow T_2 = \frac{2\pi}{2\omega} \quad \text{...(ii)}$$

$$\therefore T_2 = \frac{T_1}{2}$$

अतः $T_1 = 2T_2$

85 *(d)* l लम्बाई के सरल लोलक का आवर्तकाल T के लिए,

$$T = 2\pi\sqrt{\frac{l}{g}} = \frac{1}{\text{आवृत्ति}(n)}$$

$$\therefore \frac{n_1}{n_2} = \sqrt{\frac{l_2}{l_1}}$$

$$\Rightarrow \frac{l_1}{l_2} = \left(\frac{n_2}{n_1}\right)^2$$

$$\Rightarrow \frac{l_1}{l_2} = \left(\frac{3}{2}\right)^2 = \frac{9}{4}$$

86 *(b)* एक सरल लोलक का आवर्तकाल जो प्रारम्भ में विराम में है,

$$T = 2\pi\sqrt{\frac{l}{g}} \quad \text{...(i)}$$

जब लिफ्ट एक त्वरण a से ऊपर उठ रही हो, तब आवर्तकाल होगा

$$T' = 2\pi\sqrt{\frac{l}{g+a}}$$

दिया है, $T' = \frac{T}{2}$

$$\Rightarrow T' = \frac{T}{2} = 2\pi\sqrt{\frac{l}{g+a}} \quad \text{...(ii)}$$

समी (ii) को समी (i) से भाग देने पर,

$$\frac{1}{2} = \sqrt{\frac{g}{g+a}}$$

$$\Rightarrow a = 3g$$

87 *(b)* h ऊँचाई पर गुरुत्वीय त्वरण

$$g' = g\left(1 + \frac{h}{R}\right)^{-2}$$

$$= g\left(1 + \frac{2R}{R}\right)^{-2} \quad (\text{दिया है, } h = 2R)$$

$$= g(3)^{-2}$$

$$\because \frac{T_1}{T_2} = \sqrt{\frac{g'}{g}}$$

$$\therefore \frac{T_1}{T_2} = \sqrt{\frac{g(3)^{-2}}{g}} = \sqrt{\frac{1}{3^2}}$$

$$\Rightarrow T_2 = 3T_1 \Rightarrow \frac{T_1}{T_2} = \frac{1}{3}$$

88 *(d)* दोलन बिन्दु के परितः छड़ का जड़त्व-आघूर्ण, $I = \frac{1}{3}ml_0^2$

इसके अतिरिक्त, लोलक की लम्बाई l = दोलन अक्ष से छड़ के द्रव्यमान केन्द्र की दूरी $= l_0/2$

$\therefore$ दोलन का आवर्तकाल,

$$T = 2\pi\sqrt{\frac{I}{mgl}} = 2\pi\sqrt{\frac{\frac{1}{3}ml_0^2}{mg\left(\frac{l_0}{2}\right)}}$$

$$\Rightarrow T = 2\pi\sqrt{\frac{2l_0}{3g}}$$

89 *(d)* प्रारम्भिक आवर्तकाल,

$$T = 2\pi\sqrt{\frac{L}{g}} \quad \text{...(i)}$$

यहाँ, $\rho_{\text{तरल}} = \frac{\rho_{\text{लोलक}}}{16} = \frac{\rho}{16}$ (दिया है)

$\therefore$ गोलक पर लगा कुल बल है,

$$F_{\text{कुल}} = V\rho g - V \cdot \frac{\rho}{16} \cdot g \quad \text{...(ii)}$$

गोलक पर लगे कुल बल को इस प्रकार भी लिखा जा सकता है,

$$F_{\text{कुल}} = V\rho g_{\text{eff}} \quad \text{...(iii)}$$

समी (ii) तथा (iii) के अनुसार,

$$V\rho g_{\text{eff}} = V\rho g - V\rho g/16$$

$$\Rightarrow g_{\text{eff}} = \frac{15}{16}g \quad \text{...(iv)}$$

गोलक का नया आवर्तकाल होगा

$$T' = 2\pi\sqrt{\frac{16}{15}\frac{L}{g}}$$

$$\Rightarrow T' = \frac{4}{\sqrt{15}} \times T$$

(समी (i) को प्रयुक्त करने पर)

90 *(a)* $T = 2\pi\sqrt{\frac{l}{g}}$

$$l = \left(\frac{g}{4\pi^2}\right)T^2$$

$$\therefore \text{प्रतिशत परिवर्तन} = x + y + \frac{xy}{100}$$

(प्रतिशत के पदों में केवल दो चरों के लिए मान्य)

$x \rightarrow$ दोनों चरों में प्रतिशत परिवर्तन

$\therefore$ लम्बाई में प्रतिशत वृद्धि

$$= x + x + \frac{x^2}{100}$$

$$21 = 2x + \frac{x^2}{100}$$

$$\Rightarrow \quad x = 10\%$$

91 *(c)* वायु में सरल लोलक का आवर्तकाल,

$$T = t_0 = 2\pi\sqrt{\frac{l}{g}} \quad \ldots(i)$$

जल में, गोलक का प्रभावी भार,

w' = गोलक का वायु में भार – उत्प्लावन बल

$\Rightarrow \rho V g_{eff} = (\rho - \rho')Vg$

जहाँ, ρ' = जल का घनत्व

ρ = गोलक का घनत्व

$$\therefore \quad g_{eff} = \left(1 - \frac{\rho'}{\rho}\right)g$$

$$\therefore \quad t = 2\pi\sqrt{\frac{l}{\left(1 - \frac{\rho'}{\rho}\right)g}} \quad \ldots(ii)$$

समी (i) तथा (ii) से,

$$\frac{t}{t_0} = \sqrt{\left(\frac{1}{1 - \frac{\rho'}{\rho}}\right)}$$

$$= \sqrt{\frac{1}{1 - \frac{1000}{(4/3) \times 1000}}}$$

$$\Rightarrow \quad t = 2t_0$$

अभिकथन-कारण प्रश्न

1 *(d)* दोलन और कम्पन्न के बीच कोई महत्त्वपूर्ण अन्तर नहीं है। ऐसा प्रतीत होता है कि जब आवृत्ति, छोटी होती है, तो इसे दोलन कहते हैं (जैसे—किसी पेड़ की शाखा का कम्पन्न), जबकि जब आवृत्ति अधिक होती है, तो इसे कम्पन्न कहते हैं (जैसे—संगीत वाद्ययंत्र के तार के कम्पन्न)।

2 *(d)* $x(t) = A\sin\omega t$ एक ज्यावक्रीय आवर्ती फलन है जो एक दोलनी गति को व्यक्त कर सकता है।

3 *(b)* दोलनी या कम्पनिक गति में, एक वस्तु सन्तुलन की स्थिति के परितः प्रत्यानयन बल के कारण गति करती है।

जब वस्तु सन्तुलन की स्थिति में होती है, तो उस पर कोई परिणामी बाह्य बल कार्य नहीं करता है, अर्थात् $F_{\text{कुल}} = 0$ अतः, यदि इसे वहाँ विराम में छोड़ दिया जाए तो यह सदैव वहीं रहेगी।

यदि वस्तु को उस स्थिति से सूक्ष्म विस्थापन दिया जाए, तो एक बल कार्य करता है जिसे प्रत्यानयन बल कहते हैं, जो वस्तु को सन्तुलन की स्थिति में लाने का प्रयत्न करता है और दोलन या कम्पन्नों को उत्पन्न करता है।

4 *(b)* $x = A\cos\omega t$ और $x = A\sin\omega t$ दोनों आवर्ती गति के अन्तर्गत कण के विस्थापन को प्रदर्शित करते हैं। यदि $t = 0$ पर $x = A$, तो हम इसके विस्थापन को निम्न प्रकार प्रदर्शित कर सकते हैं

$$x = A\cos\omega t$$

और यदि $x = 0$, तो हम इसके विस्थापन को निम्न प्रकार प्रदर्शित कर सकते हैं

$$x = A\sin\omega t$$

इसका तात्पर्य है कि, $x = A\cos\omega t$ तथा $x = A\sin\omega t$ दोनों कण की प्रारम्भिक स्थिति के आधार पर समान गति को व्यक्त करते हैं। चूँकि, $x = A\cos\omega t$, 2π रेडियन के आवर्तकाल के आवर्ती फलन को प्रदर्शित करता है। इसलिए, यदि इस फलन के कोणांक ωt को 2π रेडियन के पूर्णांक गुणक से बढ़ाया जाए, तो फलन का मान समान रहता है।

5 *(c)* स्प्रिंग-द्रव्यमान निकाय के दोलनों का आवर्तकाल,

$$T = 2\pi\sqrt{\frac{m}{k}}$$

जो आयाम से स्वतन्त्र है।

इस प्रकार, यदि निकाय का आयाम बढ़ाया जाता है, तो T का मान समान रहता है।

6 *(c)* सरल आवर्त गति को निम्न प्रकार प्रदर्शित करते हैं $v = \omega\sqrt{a^2 - y^2}$।

विस्थापन y में परिवर्तन पर वेग v परिवर्तित होता है। इस प्रकार, सरल आवर्त गति एक एकसमान गति नहीं है।

7 *(c)* कण का अधिकतम वेग,

$$v_{max} = \omega A = \frac{2\pi}{T} \times A$$

$$v_{max} = \frac{2\pi}{2} \times 0.05$$

$$v_{max} = 0.157 \text{ मी/से}$$

कण का वेग चरम स्थिति में न्यूनतम है।

8 *(a)* चूँकि एक स्प्रिंग-द्रव्यमान निकाय के दोलनों की आवृत्ति,

$$f = \frac{1}{2\pi}\sqrt{\frac{k}{m}}$$

इसका तात्पर्य है कि, समी (i) के अनुसार कठोर स्प्रिंग से जुड़े m द्रव्यमान के ब्लॉक के दोलनों की आवृत्ति अधिक होती है।

10 *(d)* आयाम a से दोलन करते एक सरल आवर्ती दोलित्र की कुल यान्त्रिक ऊर्जा

$$E = \frac{1}{2}m\omega^2 a^2, \text{ अर्थात् } E \propto a^2$$

इसलिए, ऊर्जा आवर्ती दोलित्र के कम्पन्नों के आयाम के वर्ग के अनुक्रमानुपाती होती है।

11 *(d)* सरल लोलक का आवर्तकाल जब यह a त्वरण से नीचे गिर रहा है,

$$T = 2\pi\sqrt{\frac{l}{g - a}} \quad \ldots(i)$$

मुक्त रूप से गिरने की स्थिति में,

$$a = g$$

$\therefore$ समीकरण (i) से,

$$T = 2\pi\sqrt{\frac{l}{g - g}}$$

$$\Rightarrow \quad T = \infty$$

12 *(d)* पर्वत के शिखर पर, गुरुत्व जनित त्वरण (g) का मान, समतल पर इसके मान से कम होता है।

चूँकि, $T \propto \frac{1}{\sqrt{g}}$, अतः लोलक घड़ी के कम्पन्नों का आवर्तकाल इसके कारण बढ़ जाता है, और यह एक कम्पन्न को पूर्ण करने में अधिक समय लेता है। अतः, लोलक घड़ी धीमी हो जाएगी।

सुमेलन प्रकार प्रश्न

1 *(c)* दोलनी आवर्त, $T = 0.20$ से (ग्राफ से दिया है)

परिभाषा से, $\omega = \sqrt{\frac{k}{m}} = \frac{2\pi}{T}$

$$\therefore \quad m = \frac{kT^2}{4\pi^2}$$

$$= \frac{200 \times (0.20)^2}{4 \times 10} = 0.20 \text{ किग्रा}$$

तथा, $v_{\text{अधिकतम}} = \omega a = 2\pi$ (ग्राफ से दिया है)

$$a = \frac{2\pi}{\omega} = \frac{2\pi}{\left(\frac{2\pi}{T}\right)}$$

$$= T = 0.20 \text{ मीटर}$$

[$t = 0$ पर, वेग शून्य है। इस प्रकार, ब्लॉक अपने बायीं चरम स्थिति अर्थात् $x = -0.20$ मीटर पर है]

ब्लॉक का त्वरण $= -\omega^2 a$

$$= -\frac{4\pi^2}{T^2}a$$

$$= -\frac{4\times 10\times 0.20}{(0.20)^2} = -200 \text{ मी/से}^2$$

ब्लॉक की अधिकतम गतिज ऊर्जा

$$K_{\text{अधिकतम}} = \frac{1}{2}mv^2_{\text{अधिकतम}} = \frac{1}{2}m\omega^2 a^2$$

$$= \frac{1}{2}m\left(\frac{4\pi^2}{T^2}\right)a^2$$

$$= \frac{1}{2}\times 0.20\times\frac{4\times 10}{(0.20)^2}\times(0.20)^2$$

$= 4$ जूल

2 *(b)* सरल आवर्त गति कर रही एक वस्तु के लिए,

A. $v_{\text{अधिकतम}} = A\omega$

$$\Rightarrow \frac{v_{\text{अधिकतम}}}{\text{आयाम}} = \frac{A\omega}{A} = \omega$$

B. $a_{\text{अधिकतम}} = A\omega^2$

इसलिए, $\frac{a_{\text{अधिकतम}}}{\text{आयाम}} = \frac{A\omega^2}{A} = \omega^2$

C. यदि वस्तु $x = +A$, से प्रारम्भ करती है, तो इसकी समीकरण,

$$x = A\cos\omega t$$

$x = +A/\sqrt{2}$ के लिए,

$$\frac{A}{\sqrt{2}} = A\cos\omega t$$

$$\cos\omega t = \frac{1}{\sqrt{2}} = \cos\left(\frac{\pi}{4}\right)$$

$$\Rightarrow \frac{2\pi}{T}\times t = \frac{\pi}{4}$$

$$\Rightarrow t = T/8$$

D. यदि वस्तु $x = 0$ से प्रारम्भ करे, तो इसका समीकरण

$$x = A\sin\omega t$$

$x = +A/2$ के लिए,

$$\Rightarrow \frac{A}{2} = A\sin\omega t$$

$$\therefore \frac{1}{2} = \sin\omega t$$

$$\Rightarrow \sin\frac{\pi}{6} = \sin\omega t$$

$$\Rightarrow \omega t = \frac{\pi}{6}$$

$$\frac{2\pi}{T}\cdot t = \frac{\pi}{6}$$

$$\Rightarrow t = \frac{T}{12}$$

3 *(d)* बल नियतांक,

$$k = \frac{F}{y} = \frac{30}{0.3} = 100 \text{ न्यूटन/मीटर}$$

जब 5 किग्रा भार रखा जाता है,

बल, $F' = mg = 5\times 10 = 50$ न्यूटन

$$\therefore \text{ विस्थापन} = \frac{F'}{k} = \frac{50}{100} = 0.5 \text{ मी} = 50 \text{ सेमी}$$

आवर्तकाल, $T = 2\pi\sqrt{\frac{m}{k}} = 2\pi\sqrt{\frac{5}{100}} = \frac{\pi}{\sqrt{5}}$ से

कोणीय आवृत्ति,

$$\omega = \frac{2\pi}{T} = \frac{2\pi}{\frac{\pi}{\sqrt{5}}} = 2\sqrt{5} \text{ रेडियन/से}$$

आंकिक मान प्रकार के प्रश्न

1 *(3)* दिया है, सरल आवर्त गति में कण का आयाम $= A$

अधिकतम वेग, $v = A\omega$

माना विस्थापन y है, जब चाल

$$v_2 = \frac{v}{2} \Rightarrow v_2 = \frac{A\omega}{2}$$

तरंग वेग के समीकरण से,

$$v_2^2 = \omega^2(A^2 - y^2)$$

$$\because \left(\frac{\omega A}{2}\right)^2 = \omega^2(A^2 - y^2)$$

$$\Rightarrow \frac{\omega^2 A^2}{4} = \omega^2(A^2 - y^2)$$

$$\Rightarrow \frac{A^2}{4} = A^2 - y^2$$

$$\Rightarrow y = \frac{\sqrt{3}}{2}A = \frac{A\sqrt{x}}{2}$$

इस प्रकार, $x = 3$

2 *(12)* दिया है, सरल आवर्त गति का समीकरण,

$$x = a\sin\left(\omega t + \frac{\pi}{6}\right)$$

वेग दिया जाता है,

$$v = \frac{dx}{dt}$$

$$\frac{a\omega}{2} = a\omega\cos\left(\omega t + \frac{\pi}{6}\right)$$

$$\frac{1}{2} = \cos\left(\omega t + \frac{\pi}{6}\right)$$

$$\omega t + \frac{\pi}{6} = \frac{\pi}{3} \quad \left[\because \cos\frac{\pi}{3} = \frac{1}{2}\right]$$

$$\Rightarrow \omega t = \frac{\pi}{6}$$

$$\frac{2\pi}{T}t = \frac{\pi}{6} \quad \left[\because \omega = \frac{2\pi}{T}\right]$$

$$t = \frac{T}{12}$$

$\therefore x$ का मान 12 है।

3 *(8)* सरल आवर्त गति के लिए,

$$v = \omega\sqrt{A^2 - x^2}$$

$$a = -\omega^2 x$$

दिया है, आयाम, $A = 5$ सेमी

और विस्थापन, $x = 4$ सेमी

इस समय पर (जब $x = 4$ सेमी)

$$|v_{x=4}| = |a_{x=4}|$$

या $|\omega\sqrt{5^2 - 4^2}| = |-4\omega^2|$

$$\Rightarrow 3\omega = +4\omega^2$$

$$\Rightarrow \omega = \frac{3}{4} \text{ रेडियन/से}$$

अतः आवर्तकाल,

$$T = \frac{2\pi}{\omega} = 2\pi\times\frac{4}{3}$$

$$= \frac{8\pi}{3} \text{ सेकण्ड}$$

$\therefore x$ का मान 8 है।

4 *(2)* क्योंकि $y = 0.5\sin(2\pi ft)$

भारहीनता के लिए, $a = g$

$$\therefore g = |-\omega^2 A|$$

$$\omega^2 = \frac{g}{A}$$

$$4\pi^2 f^2 = \frac{g}{A}$$

$$\Rightarrow f^2 = \frac{g}{A\times 4\pi^2}$$

$$\Rightarrow f = \sqrt{\frac{g}{A\times 4\pi^2}} = \sqrt{\frac{g}{0.5\times 4\times\pi^2}}$$

$$= \sqrt{\frac{g}{2\pi^2}} = \sqrt{\frac{g}{n\pi^2}} \text{ (दिया है)}$$

$$\therefore n = 2$$

5 *(64)* दिया है, $A = 2$ मीटर, $T = 3.14$ सेकण्ड तथा $M = 8$ किग्रा

$T = 3.14$ सेकण्ड $= \pi$ सेकण्ड

$$\Rightarrow T = \frac{2\pi}{\omega} \Rightarrow \omega = 2$$

स्प्रिंग द्वारा लगाया गया अधिकतम बल,

$$F_{\text{अधिकतम}} = Ma_{\text{अधिकतम}}$$

$$= M\times(A\omega^2) = 8\times 2\times 2^2$$

$F_{\text{अधिकतम}} = 64$ न्यूटन

6 *(10)* वायु में एक लोलक का आवर्तकाल,

$$T = 2\pi\sqrt{\frac{l}{g}} \quad \text{...(i)}$$

द्रव में गोले का प्रभावी भार,

$w' =$ गोलक का वायु में भार − उत्प्लावन बल

$\rho V g_{eff} = mg - m'g$

$= (\rho - \rho')Vg$

जैसे ρ' = द्रव का घनत्व

ρ = गोले का घनत्व

$\rho' = \frac{\rho}{10}$

$\therefore\ g_{eff} = \left(\frac{\rho - \rho/10}{\rho}\right)g = \frac{9}{10}g$

इस प्रकार, $T' = 2\pi\sqrt{\frac{l}{g_{eff}}} = 2\pi\frac{l}{\frac{9}{10}g}$

$\frac{T'}{T} = \sqrt{\frac{10}{9}}$

$T' = \sqrt{\frac{10}{9}}T$

अतः x का मान 10 है।

7 *(0.7)* जैसा कि हम जानते हैं कि, एक स्प्रिंग की आवृत्ति।

$\nu = \frac{1}{2\pi}\sqrt{\frac{k}{m}}$

$\Rightarrow\quad 1 = \frac{1}{2\pi}\sqrt{\frac{k}{1}} \quad (\because \nu = 1, m = 1)$

$\Rightarrow\quad k = 4\pi^2$ न्यूटन/मीटर

जब दो स्प्रिंगों के समान्तर क्रम से 4 किग्रा का ब्लॉक जोड़ा जाता है, तब

$k_{eq} = k + k = 2k$

आवृत्ति, $\nu' = \frac{1}{2\pi}\sqrt{\frac{k_{eq}}{m'}} = \frac{1}{2\pi}\sqrt{\frac{2k}{4}}$

$= \frac{1}{2\pi}\sqrt{\frac{2\times 4\pi^2}{4}} \quad (\because k = 4\pi^2)$

$\nu' = 0.7$ हर्ट्ज

8 *(6)* $\therefore$ आवृत्ति दी जाती है

$f = \frac{1}{2\pi}\sqrt{\frac{k}{m}}$

$\Rightarrow\quad \frac{25}{\pi} = \frac{1}{2\pi}\sqrt{\frac{k}{0.2}}$

$\Rightarrow\quad k = 500$ न्यूटन/मी

निकाय की कुल ऊर्जा,

$T = \frac{1}{2}kA^2$

गतिज ऊर्जा + स्थितिज ऊर्जा $= \frac{1}{2}kA^2$

$0.5 + 0.4 = \frac{1}{2}\times 500 \times A^2$

$\Rightarrow\quad A^2 = \frac{2\times 0.9}{500}$

$\Rightarrow\quad A = 0.06$ मीटर

$\Rightarrow\quad A = 6$ सेमी

9 *(2)* दिया है, $m_p = 2M_e$,

$R_p = 2R_e$

इस प्रकार, $g_p = \frac{GM_p}{(R_p)^2} = \frac{2GM_e}{4R_e^2} = \frac{g_e}{2}$

इस ग्रह पर लोलक का आवर्तकाल,

$T_p = 2\pi\sqrt{\frac{l}{g_p}} = 2\pi\sqrt{\frac{2l}{g_e}} = \sqrt{2}\times T_e$

$= \sqrt{2}\times 2 = 2\sqrt{2}$ से $= x\sqrt{2}$ (दिया है)

$\therefore\quad x = 2$

NCERT Exemplar प्रश्न

1 *(b)* दिया है, $y = 3\cos\left(\frac{\pi}{4} - 2\omega t\right)$

कण का वेग, $v = \frac{dy}{dt} = 6\omega\sin\left(\frac{\pi}{4} - 2\omega t\right)$

त्वरण, $a = \frac{dv}{dt} = 12\omega^2\cos\left(\frac{\pi}{4} - 2\omega t\right)$

$\Rightarrow\quad a = -4\omega^2 y$

$\Rightarrow$ क्योंकि त्वरण, $a \propto -y$

अतः गति सरल आवर्त गति है।

समीकरण से स्पष्ट है कि,

$\omega' = 2\omega$

$\Rightarrow\quad \frac{2\pi}{T'} = 2\omega$

$\Rightarrow\quad T' = \frac{2\pi}{2\omega} = \frac{\pi}{\omega}$

अतः गति $\frac{\pi}{\omega}$ आवर्त के साथ सरल आवर्त गति है।

2 *(b)* दी गई गति का समीकरण है,

$y = \sin^3\omega t$

$= (3\sin\omega t - \sin 3\omega t)/4$

$(\because \sin 3\theta = 3\sin\theta - 4\sin^3\theta)$

$\Rightarrow\quad \frac{dy}{dt} = \left[\frac{d}{dt}(3\sin\omega t) - \frac{d}{dt}(\sin 3\omega t)\right]/4$

$\Rightarrow 4\frac{dy}{dt} = 3\omega\cos\omega t - [3\omega\cos 3\omega t]$

$\Rightarrow\quad 4\times\frac{d^2y}{dt^2} = -3\omega^2\sin\omega t + 9\omega^2\sin 3\omega t$

$\Rightarrow\quad \frac{d^2y}{dt^2} = \frac{9\omega^2\sin 3\omega t - 3\omega^2\sin\omega t}{4}$

$\Rightarrow\quad \frac{d^2y}{dt^2}$, y के अनुक्रमानुपाती नहीं है।

इस प्रकार, गति सरल आवर्त गति नहीं है। क्योंकि व्यंजक में ज्या फलन है, अतः यह आवर्ती होगा।

3 *(d)* सरल आवर्त गति कर रहे कण के लिए, त्वरण $a \propto -$ विस्थापन (x)

जो केवल (d) विकल्प में सही दिया है।

4 *(d)* प्रश्न के अनुसार,

$y = a\sin\omega t + b\cos\omega t \quad \ldots(i)$

माना $\quad a = A\sin\phi$ and $b = A\cos\phi$

अब, $a^2 + b^2 = A^2\sin^2\phi + A^2\cos^2\phi = A^2$

$\Rightarrow\quad A = \sqrt{a^2 + b^2}$

अब a, b तथा A के मान समी (i) में रखने पर

$\Rightarrow y = A\sin\phi\cdot\sin\omega t + A\cos\phi\cdot\cos\omega t$

$= A\sin(\omega t + \phi)$

$\Rightarrow\quad \frac{dy}{dt} = A\omega\cos(\omega t + \phi)$

$\Rightarrow \frac{d^2y}{dt^2} = -A\omega^2\sin(\omega t + \phi)$

$= -Ay\omega^2 = (-A\omega^2)y \Rightarrow \frac{d^2y}{dt^2} \propto -y$

इस प्रकार, यह सरल आवर्त गति का एक समीकरण है, जिसका आयाम $A = \sqrt{a^2 + b^2}$

5 *(b)*

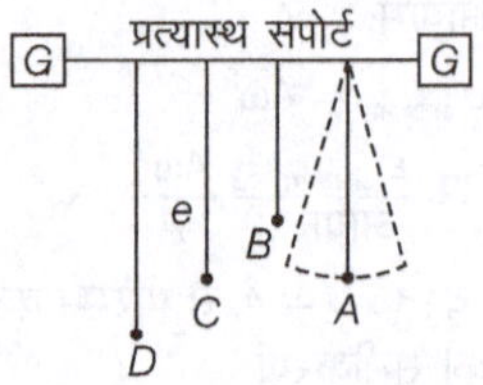

A तथा C की समान लम्बाई है, अतः वे अनुनाद में होंगे, अतः इस कारण उनके दोलनों का आवर्तकाल, $T = 2\pi\sqrt{\frac{l}{g}}$ समान होगा और इस प्रकार आवृत्ति भी समान होगी। इसलिए, C अधिकतम आवृत्ति से कम्पन्न करेगा।

6 *(a)* माना वृत्तीय गति कर रहे कण का कोणीय वेग ω है तथा तब यह Q पर है, तो θ कोण बनाता है, जैसा कि चित्र में दर्शाया गया है।

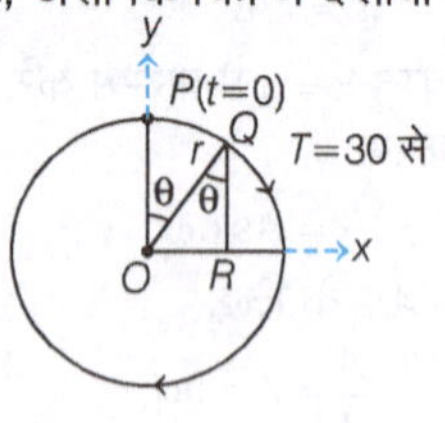

स्पष्टतः $\theta = \omega t$

अब, हम लिख सकते हैं,

$QR = OQ\cos(90° - \theta)$

$= OQ\sin\theta = OQ\sin\omega t$

$= r\sin\omega t\ (\because OQ = r)$

$\Rightarrow\quad x = r\sin\omega t = B\sin\omega t\ (\because r = B)$

$= B\sin\frac{2\pi}{T}t = B\sin\left(\frac{2\pi}{30}t\right)$

स्पष्टतः यह समीकरण सरल आवर्त गति प्रदर्शित करती है।

7 *(c)* क्योंकि $x = a\cos(\alpha t)^2$
एक कोज्या फलन है, अतः यह एक दोलनी गति है। अब t के स्थान पर $(t+T)$ रखने पर,

$$x(t+T) = a\cos[\alpha(t+T)]^2$$
$$= a\cos(\alpha t^2 + \alpha T^2 + 2\alpha t\,T)$$
$$\neq x(t)$$

जहाँ T, को दिये गये फलन का आवर्त माना गया है।
अतः, यह आवर्ती नहीं है।

8 *(a)* माना सरल आवर्त गति कर रहे कण का समीकरण, $y = A\sin\omega t$

कण का वेग, $v = \dfrac{dy}{dt} = A\,\omega\cos\omega t$

⇒ अधिकतम चाल,
$(v)_{max} = A\omega = 30$ सेमी (दिया है) ...(i)

कण का त्वरण, $a = \dfrac{dx^2}{dt^2} = -A\omega^2\sin\omega t$

अधिकतम त्वरण, $|a_{\text{अधिकतम}}| = \omega^2 A$
$= 60$ सेमी/से^{2} (दिया है) ...(ii)

समी (i) तथा (ii) से
$$\omega(\omega A) = 60 \Rightarrow \omega(30) = 60$$
⇒ $\omega = 2$ रेडियन/से
⇒ $\dfrac{2\pi}{T} = 2$ रेडियन/से ⇒ $T = \pi$ mes

9 *(b)*

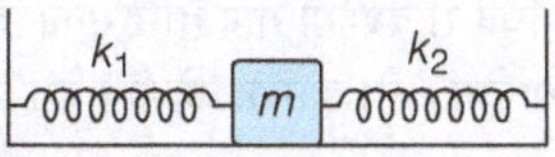

तुल्य स्प्रिंग नियतांक $= k_{eq} = k_1 + k_2$
स्प्रिंग-ब्लॉक निकाय के दोलनों का आवर्तकाल, $T = 2\pi\sqrt{\dfrac{m}{k_{eq}}} = 2\pi\sqrt{\dfrac{m}{k_1+k_2}}$

तुल्य दोलन आवृत्ति,
⇒ $\nu = \dfrac{1}{T} = \dfrac{1}{2\pi}\times\sqrt{\dfrac{k_1+k_2}{m}}$ ...(i)

प्रारम्भ में जब द्रव्यमान दोनों स्प्रिंगों से अलग-अलग जुड़ा है, जैसा कि चित्र में दर्शाया गया है, तब

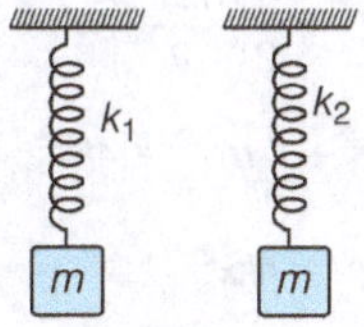

$\nu_1 = \dfrac{1}{2\pi}\sqrt{\dfrac{k_1}{m}}$ ...(ii)

और $\nu_2 = \dfrac{1}{2\pi}\sqrt{\dfrac{k_2}{m}}$ ...(iii)

समी (i) से हमें प्राप्त होता है,

$$\nu = \frac{1}{2\pi}\left[\frac{k_1}{m} + \frac{k_2}{m}\right]^{1/2}$$
$$= \frac{1}{2\pi}\left[\frac{4\pi^2\nu_1^2}{1} + \frac{4\pi^2\nu_2^2}{1}\right]^{1/2}$$

$\left[\because \text{समी (ii) से, } \dfrac{k_1}{m} = 4\pi^2\nu_1^2 \text{ और समी (iii) से, } \dfrac{k_2}{m} = 4\pi^2\nu_2^2\right]$

$$= \frac{2\pi}{2\pi}[\nu_1^2 + \nu_2^2]^{1/2} \Rightarrow \nu = \sqrt{\nu_1^2 + \nu_2^2}$$

विगत परीक्षाओं के प्रश्न

1 *(b)* दिया है, $x = 5\sin\left(\pi t + \dfrac{\pi}{3}\right)$ मी ...(i)

सरल आवर्त गति के लिए मानक समीकरण
$x = A\sin(\omega t + \phi)$ ...(ii)

अतः समी (i) तथा समी (ii) की तुलना करने पर, $A = 5$ तथा $\omega = \pi$
⇒ $\dfrac{2\pi}{T} = \pi \Rightarrow T = 2$

अतः विकल्प (b) सही है

2 *(b)* गोलक का आवर्तकाल, $T = 2\pi\sqrt{\dfrac{l}{g}}$

प्रश्नानुसार, $T = 2\pi\sqrt{\dfrac{l}{g}} = \dfrac{2\pi\sqrt{l}}{\sqrt{2g}}$

अर्थात $\dfrac{T'}{T} = \dfrac{T}{\sqrt{2}} = \dfrac{x}{2}T$

अतः $x = \sqrt{2}$

4 *(d)* माना लम्बे तथा छोटे लोलकों के आवर्तकाल क्रमशः T_1 तथा T_2 हैं।
चूँकि $T = 2\pi\sqrt{l/g}$

⇒ $\dfrac{T_1}{T_2} = \sqrt{\dfrac{l_1}{l_2}} = \sqrt{\dfrac{1.21}{1}} = 1.1 = \dfrac{11}{10}$

⇒ $10T_1 = 11T_2$
∴ लम्बे लोलक के 10 कम्पन्न = छोटे लोलक के 11 कम्पन्न
∴ छोटे लोलक के कम्पन्नों की न्यूनतम संख्या = 11

5 *(b)* गतिज ऊर्जा तथा स्थितिज ऊर्जा की एक पूर्व दोलन के लिए आवृत्ति 2 है। इसलिए, n आवृत्ति से सरल आवर्त गति कर रही वस्तु की स्थितिज ऊर्जा की आवृत्ति $2n$ है।

6 *(d)* सरल आवर्त गति में किसी कण का विस्थापन समीकरण $y = a\sin\omega t$ है तथा कण के त्वरण का समीकरण
$$A = a\omega^2\sin\omega t = a\omega^2\sin(\omega t + \pi)$$
∴ कण के विस्थापन तथा त्वरण के बीच कलान्तर
$= (\omega t + \pi) - \omega t = \pi$ रेडियन

7 *(c)* सरल आवर्त गति कर रहे कण का औसत वेग है,
$$v_{\text{औसत}} = \frac{\text{कुल विस्थापन}}{\text{कुल समय}} = \frac{x_f - x_i}{T}$$
∵ विस्थापन $x_f - x_i = 0$
∴ $v_{\text{औसत}} = \dfrac{0}{T} = 0$

8 *(b)* सरल आवर्त गति कर रहे कण का किसी क्षण (स्थिति x पर) त्वरण
$$a = -\omega^2 x$$
⇒ $|a| = \omega^2 x$ ...(i)

यहाँ $x = 5$ मीटर, $|a| = 20$ मी/से^{2}
समी (i) में दिये गये मान रखने पर,
$$20 = \omega^2 \times 5$$
⇒ $\omega^2 = \dfrac{20}{5} = 4$
या $\omega = 2$ रेडियन/से
हम जानते हैं कि,
आवर्तकाल, $T = \dfrac{2\pi}{\omega}$ ...(ii)
ω का मान समी (i) में रखने पर,
$T = \dfrac{2\pi}{2} = \pi$ सेकण्ड

9 *(c)* दिया है, $x = 2$ सेमी
$$|v| = |a| \Rightarrow \omega\sqrt{A^2 - x^2} = \omega^2 x$$
⇒ $\omega = \dfrac{\sqrt{A^2 - x^2}}{x} = \dfrac{\sqrt{9-4}}{2}$

⇒ कोणीय वेग, $\omega = \dfrac{\sqrt{5}}{2}$

∴ गति का आवर्तकाल, $T = \dfrac{2\pi}{\omega} = \dfrac{4\pi}{\sqrt{5}}$ सेकण्ड

10 *(d)* क्योंकि हम जानते हैं, कि
आवर्तकाल, $T = 2\pi\sqrt{\dfrac{m}{k}}$

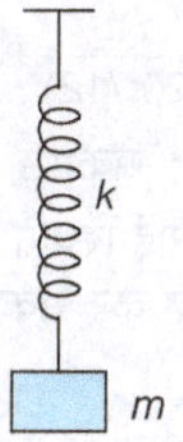

स्थिति I $T_1 = 2\pi\sqrt{\dfrac{m}{k}}$ ...(i)

स्थिति II जब द्रव्यमान m को 1 किग्रा बढ़ाया जाए, तब
$$T_2 = 2\pi\sqrt{\frac{m+1}{k}}$$ ...(ii)

समी (i) तथा (ii) से हमें ज्ञात होता है,

$$\frac{T_2}{T_1} = \sqrt{\frac{m+1}{m}}$$

$$\therefore \quad m = \frac{9}{16} \text{ किग्रा}$$

11 *(d)* दिया है, सरल लोलक का आवर्तकाल

$$T = 2\pi\sqrt{\frac{l}{g}}$$

तथा गुरूत्वाकर्षण के कारण त्वरण दिया है।

$$g = \frac{GM}{r^2}$$

$$T = 2\pi\sqrt{\frac{lr^2}{GM}} \text{ or } T \propto r \quad \ldots\text{(i)}$$

अब ऊँचाई R के लिए

$$T_1 \propto (R+R) \quad \ldots\text{(ii)}$$

$$T_2 \propto (R+2R) \quad \ldots\text{(iii)}$$

समी (ii) और (iii) से

$$\frac{T_1}{T_2} = \frac{R+R}{R+2R} = \frac{2}{3}$$

$$\Rightarrow \quad 3T_1 = 2T_2$$

12 *(c)* माना सरल आवर्त गति कर रहे कण का समीकरण, $y = A\sin\omega t$

समय t_1 पर, $y = A/2$

$$\therefore \quad \frac{A}{2} = A\sin\omega t_1 \Rightarrow \frac{1}{2} = \sin\omega t_1$$

$$\Rightarrow \quad \frac{1}{2} = \sin(\omega \times 2) \quad (\because t_1 = 2 \text{ सेकण्ड})$$

$$\Rightarrow \quad \omega = \frac{\pi}{12} \quad \ldots\text{(i)}$$

पुनः समय t_2 पर, $y = A$

$$\therefore \quad A = A\sin\omega t_2 \Rightarrow 1 = \sin\omega t_2$$

$$\sin\frac{\pi}{2} = \sin\omega t_2 \Rightarrow t_2 = \frac{\pi}{2\omega}$$

$\therefore$ कण को $\frac{A}{2}$ से A तक जाने में लगा समय,

$$t = t_2 - t_1 = \frac{\pi}{2\omega} - 2$$

$$= \frac{\pi}{2(\pi/12)} - 2 \quad \text{[समी (i) से]}$$

$$= 4 \text{ सेकण्ड}$$

13 *(a)* प्रश्न में दी गई स्थिति को नीचे दर्शाए गए अनुसार, प्रदर्शित कर सकते हैं।

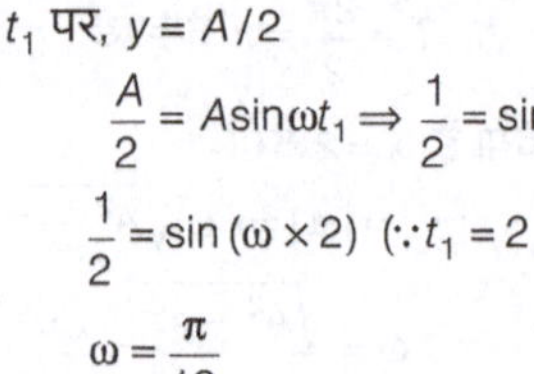

$$\therefore g_{\text{प्रभावी}} = g\cos\alpha$$

$$\therefore \quad T = 2\pi\sqrt{\frac{L}{g_{\text{प्रभावी}}}}$$

$$= 2\pi\sqrt{\frac{L}{g\cos\alpha}}$$

स्किल बूस्टर्स

1 *(a)*

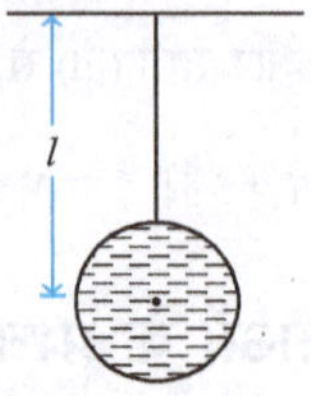

जल से भरी खोखली गोलीय गेंद,

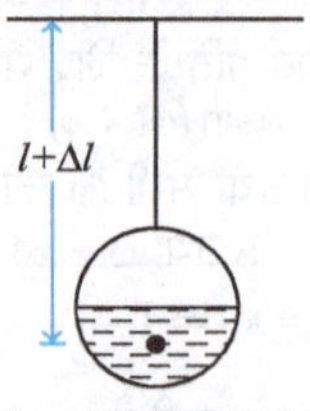

जल से आधी भरी खोखली गोलीय गेंद,

$$T_1 = 2\pi\sqrt{\frac{l+\Delta l}{g}}$$

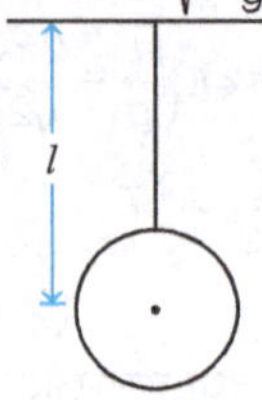

खोखली गोलीय गेंद,

$$T_2 = 2\pi\sqrt{\frac{l}{g}}$$

तथा $\quad T_1 > T_2$

अतः आवर्तकाल पहले बढ़ता है और उसके बाद पूर्व मान तक घटता है।

2 *(a)* दी गई स्थिति को नीचे दिए गए चित्र में देख सकते हैं।

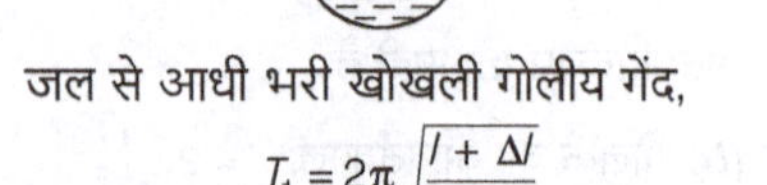

यदि टक्कर प्रत्यास्थ है, तो C रुक जाएगा और A चाल v से B की ओर गति प्रारम्भ करेगा।

अधिकतम संकुचन (माना x) पर, A तथा B दोनों समान चाल $\frac{v}{2}$ से गति करेंगे।

$\therefore$ अधिकतम संकुचन पर ऊर्जा संरक्षण लागू करने पर,

$$\frac{1}{2}mv^2 = \frac{1}{2}(2m)\left(\frac{v}{2}\right)^2 + \frac{1}{2}kx^2$$

$$\Rightarrow \quad x = v\sqrt{\frac{m}{2k}}$$

3 *(c)* माना l वह लम्बाई है जिसे द्रव्यमान m रुकने से पहले नीचे गति करता है। इस स्थिति में, दोनों स्प्रिंग समान लम्बाई से खिचेंगे। क्योंकि डोरी अतान्य है, इसलिए स्प्रिंग $2l$ लम्बाई से खिचेंगा।

डोरी तथा स्प्रिंग में तनाव समान है। संतुलन की स्थिति में,

$$mg = 2(k \times 2l)$$

यदि ब्लॉक को नीचे की ओर सूक्ष्म दूरी x से खींचा जाए, तो

$$F = mg - 2k(2l + 2x) = -4kx \quad \ldots\text{(i)}$$

क्योंकि, $F \propto x$ तथा ऋण चिह्न दर्शाता है कि यह माध्य स्थिति की ओर दिष्ट है। इस प्रकार, यह सरल आवर्त गति करता है।

सरल आवर्त गति के लिए,

$$F = -k_{eq}x \quad \ldots\text{(ii)}$$

समी (i) तथा (ii) से हमें प्राप्त होता है,

$$k_{eq} = 4k$$

$$\therefore \text{ आवर्तकाल, } T = 2\pi\sqrt{\frac{m}{4k}}$$

4 *(c)* सिलेण्डर के दोलनों के दौरान फोटोग्राफी नीचे चित्र में दर्शाया गया है। इसका विस्थापन x तथा वेग v है। इसका कोणीय वेग $\omega = \frac{v}{R}$

(शुद्ध लोटनी गति के कारण)

क्योंकि सिलेण्डर का केन्द्र प्रारम्भिक स्थिति से x दूरी पर है, अतः इसके रिम से किसी बिन्दु पर जुड़े स्प्रिंग में $2x$ दूरी से संकुचन तथा वृद्धि होगी। इस प्रकार, इस बीच की स्थिति में, दोलन करते निकाय की कुल ऊर्जा,

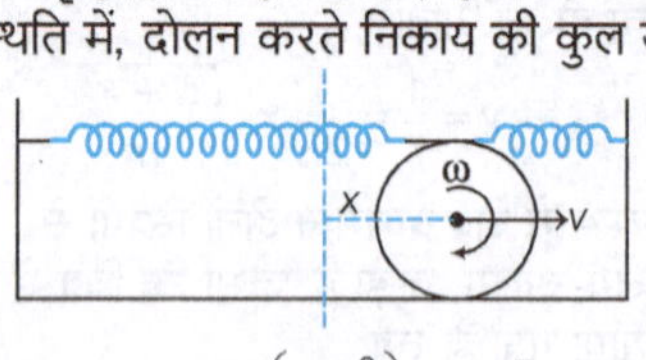

$$E_T = \frac{1}{2}mv^2 + \frac{1}{2}\left(\frac{mR^2}{2}\right)\omega^2 + \left[\frac{1}{2}k(2x)^2\right]2$$

$$= \frac{1}{2}mv^2 + \frac{1}{4}mv^2 + 4kx^2$$

$$= \frac{3}{4}mv^2 + 4kx^2$$

$$\frac{dE_T}{dt} = \frac{3}{4}m \cdot 2v \cdot a + 4k \cdot 2x \cdot v = 0$$

$$[\because E_T \text{ नियत है}]$$

$$\Rightarrow \frac{3}{2}ma = -8kx$$

$$\Rightarrow a = -\left(\frac{16k}{3m}\right)x$$

$$\therefore \quad \omega = \sqrt{\frac{16k}{3m}}$$

$$\Rightarrow \quad T = \frac{2\pi}{\omega} = 2\pi\sqrt{\frac{3m}{16k}} = \frac{\pi}{2}\sqrt{\frac{3m}{k}}$$

5 *(b)* प्रत्यानयन बल आघूर्ण है,

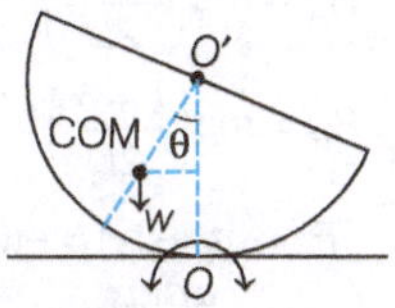

$$\tau = -w\left(\frac{4r}{3\pi}\sin\theta\right)$$

या $\tau = -\left(w\frac{4r}{3\pi}\right)\theta$ $\quad$ ($\because \theta$ सूक्ष्म है)

$$I\alpha = -w\frac{4r}{3\pi}\theta \quad (\text{यहाँ } I = I_0)$$

$$I_0' = \frac{1}{2}mr^2, I_0' = I_{COM} + m\left(\frac{4r}{3\pi}\right)^2$$

$$\because I_{COM} = \frac{1}{2}mr^2 - m\left(\frac{4r}{3\pi}\right)^2$$

$$\therefore \quad I_0 = \frac{1}{2}mr^2 - m\left(\frac{4r}{3\pi}\right)^2 + m\left(r - \frac{4r}{3\pi}\right)^2$$

$$= \frac{1}{2}mr^2 - m\left(\frac{4r}{3\pi}\right)^2$$

$$+ mr^2 + m\left(\frac{4r}{3\pi}\right)^2 - 2mr\cdot\frac{4r}{3\pi}$$

$$= \frac{3}{2}mr^2 - \frac{8}{3\pi}mr^2$$

$$= \frac{9\pi - 16}{6\pi}mr^2 = 0.651mr^2$$

$$\therefore \alpha = -w\frac{4r}{3\pi}\cdot\frac{1}{0.65mr^2}\cdot\theta$$

$$= -50\times\frac{4\times 0.15}{3\times 3.14}\times\frac{1}{0.65\times 5\times(0.15)^2}\theta$$

$$= -(43.55)\theta$$

$$\therefore \omega = \sqrt{43.55} = 6.6 \text{ सेकण्ड}^{-1}$$

$$\Rightarrow T = \frac{2\times 3.14}{6.6} \simeq 0.96 \text{ सेकण्ड}$$

6 *(b)* रुक-रुक कर खींचे गये दोलन करते पानी के स्तम्भ का फोटो नीचे दर्शाया गया है।

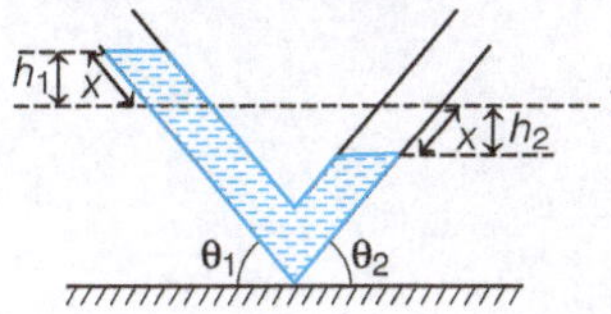

कार्यरत् दाब

$$dp = \rho g\,(h_1 + h_2)$$

$$= \rho g\,(\sin\theta_1 + \sin\theta_2)x$$

प्रत्यानयन बल

$$F = -\rho g\,(\sin\theta_1 + \sin\theta_2)Ax$$

त्वरण, $a = -\dfrac{\rho g\,(\sin\theta_1 + \sin\theta_2)}{m}Ax$

इसकी तुलना $a = -\omega^2 x$ से करने पर,

$$\omega = \sqrt{\frac{\rho g\,(\sin\theta_1 + \sin\theta_2)A}{m}}$$

$\therefore$ जल स्तम्भ के दोलनों का आवर्तकाल

$$T = 2\pi\sqrt{\frac{m}{\rho g A(\sin\theta_1 + \sin\theta_2)}}$$

7 *(c)* रुद्धोष्म प्रक्रम में,

$$pV^\gamma = C$$

$$\ln p + \gamma\ln V = \ln C$$

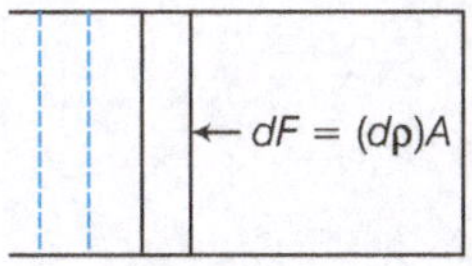

दोनों ओर का अवकलन करने पर,

$$\frac{dp}{p} + \frac{\gamma dV}{V} = 0$$

या $\quad dp = \dfrac{-\gamma p}{V}dV$

जहाँ, dV = गैस के आयतन में परिवर्तन = Adx

$$dp = \frac{dF}{A},$$

$$p = p_0, V = V_0$$

और $dV = Adx$ उपरोक्त समी में मान रखने पर,

$$\left|\frac{dF}{A}\right| = \frac{\gamma p_0}{V_0}Adx$$

$$\Rightarrow \quad \left|\frac{dF}{dx}\right| = \frac{\gamma p_0 A^2}{V_0}$$

$$\therefore \quad k_{eff} = \frac{\gamma p_0 A^2}{V_0}$$

$$\therefore \quad \omega = \sqrt{\frac{k_{eff}}{m}} = \sqrt{\frac{\gamma p_0 A^2}{mV_0}}$$

8 *(b)* ब्लॉक का घनत्व है, $\rho_{\text{ब्लॉक}} = \dfrac{5}{2}\rho_0$

तली से h ऊँचाई पर ब्लॉक पर कार्य करने वाला परिणामी बल,

$$F = \left[\frac{m}{\frac{5}{2}\rho_0}\right]\rho_0\left[4 - \frac{3h}{h_0}\right]g - mg$$

जब ब्लॉक संतुलन की स्थिति में है, $F = 0$

$$\therefore \quad \frac{2}{5}\left(4 - \frac{3h}{h_0}\right) = 1$$

$$\Rightarrow \quad 4 - \frac{3h}{h_0} = \frac{5}{2}$$

$$\frac{3h}{h_0} = 4 - \frac{5}{2} = \frac{3}{2}$$

$$\Rightarrow \quad h = \frac{h_0}{2}$$

माना ब्लॉक अपनी माध्य स्थिति से x दूरी ऊपर की ओर गति करता है। अब, परिणामी बल है

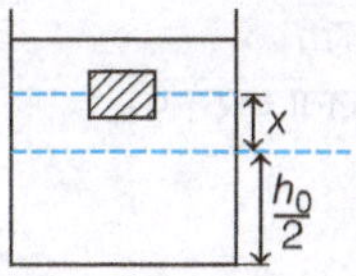

$$F_R = \left[\frac{m}{\frac{5}{2}\rho_0}\right]\rho_0\left\{4 - \frac{3\left(\frac{h_0}{2} + x\right)}{h_0}\right\}g - mg$$

$$= -\left[\frac{6mg}{5h_0}\right]x$$

ब्लॉक का त्वरण ,

$$a = \frac{F_R}{m} = -\left(\frac{6g}{5h_0}\right)x$$

इस प्रकार, ब्लॉक सरल आवर्त गति करता है

तथा $\omega = \sqrt{\dfrac{6g}{5h_0}}$ $\quad f = \dfrac{1}{2\pi}\sqrt{\dfrac{6g}{5h_0}}$

9 *(b)* माना तल x दूरी से तथा सिलेण्डर का केन्द्र $\dfrac{x}{2}$ दूरी से विस्थापित होता है।

अब निकाय की यान्त्रिक ऊर्जा, E = KE (प्लांक) + PE (स्प्रिंग) + KE (सिलेण्डर)

$$= \frac{1}{2}mv^2 + \frac{1}{2}kx^2 + \frac{1}{2}I_P\omega^2 \qquad \ldots(\text{i})$$

क्योंकि $I_P = 3mR^2$ सिलेण्डर के केन्द्र का वेग, तल के वेग का आधा होगा, अर्थात्

$$v_{\text{सिलेण्डर}} = \frac{v}{2}$$

$$\omega R = \frac{v}{2}$$

$$\Rightarrow \quad \omega = \frac{v}{2R}$$

ω का मान समी (i) में रखने पर,

$$E = \frac{1}{2}mv^2 + \frac{1}{2}kx^2 + \frac{1}{2}(3mR^2)\left(\frac{v}{2R}\right)^2$$

$$= \frac{1}{2}mv^2 + \frac{1}{2}kx^2 + \frac{3}{8}mv^2$$

$$= \frac{7}{8}mv^2 + \frac{1}{2}kx^2 \quad \ldots\text{(ii)}$$

समी (i) को समय t के सापेक्ष अवकलित करने पर,

$$\frac{dE}{dt} = \frac{7}{8}m\cdot 2v\left(\frac{dv}{dt}\right) + \frac{1}{2}k\cdot 2x\cdot\frac{dx}{dt}$$

$$= \frac{7}{4}mv\cdot a + kx\cdot v$$

यहाँ, $\frac{7}{4}ma + kx = 0$

या $\quad a = -\frac{4k}{7m}x$

$a = -\omega^2 r$ से तुलना करने पर,

$$\Rightarrow \quad T = 2\pi\sqrt{\frac{7m}{4k}} = \pi\sqrt{\frac{7m}{k}}$$

10 *(d)* क्योंकि तल ऊर्ध्वाधर के साथ-साथ क्षैतिज दिशा में भी संतुलन में है।

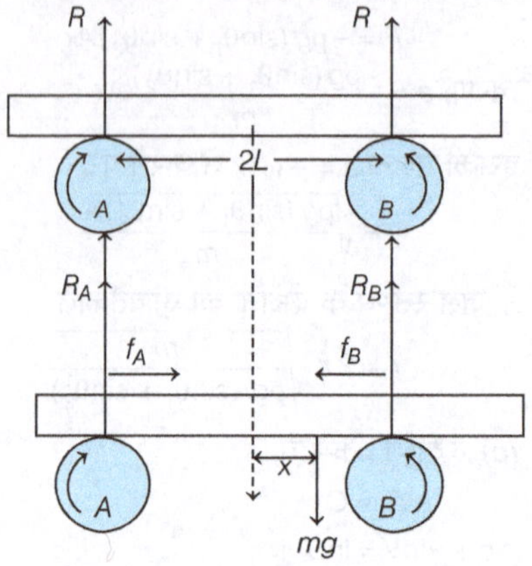

जब तल को दायीं ओर x दूरी विस्थापित किया जाता है, तो तल का ऊर्ध्वाधर संतुलन

$$R_A + R_B = mg \quad \ldots\text{(i)}$$

घूर्णी संतुलन के लिए,

$$R_A\,(L + x) = R_B(L - x) \quad \ldots\text{(ii)}$$

समी (i) तथा (ii) को हल करने पर

$$R_A = mg\left(\frac{L - x}{2L}\right)$$

और $\quad R_B = mg\left(\frac{L + x}{2L}\right)$

अब, $\quad F = -(f_B - f_A) = -\mu(R_B - R_A)$

$$= -\frac{\mu mgx}{L}$$

$\therefore \quad k = \frac{\mu mg}{L}$

इसलिए, $\quad T = 2\pi\sqrt{\frac{m}{k}} = 2\pi\sqrt{\frac{L}{\mu g}}$

14

भौतिकी की Concept Master *Videos* के लिए *Scan* करें

तरंगें

Waves

5 वर्षों में NEET में पूछे गये शीर्षकवार प्रश्न

शीर्षक	वर्षवार प्रश्नों की संख्या				
	2024	2023	2022	2021	2020
अनुप्रस्थ तथा अनुदैर्ध्य तरंगें	–	–	–	–	–
प्रगामी तरंगों में विस्थापन सम्बन्ध	–	–	–	–	–
प्रगामी तरंग की चाल	–	–	1	–	–
तरंगों के अध्यारोपण का सिद्धान्त	–	–	–	–	–
तरंगों का परावर्तन	–	1	–	–	1
विस्पन्द	–	–	–	–	1

NEET में विगत 5 वर्षों में पूछे गये विशेष प्रकार के प्रश्न

प्रकार	वर्ष				
	2024	2023	2022	2021	2020
अभिकथन–कारण	—	—	—	–	—
कथन आधारित	—	—	—	–	–
सुमेलन	—	—	—	—	—

NEET के विगत 5 वर्षों का भारांकन

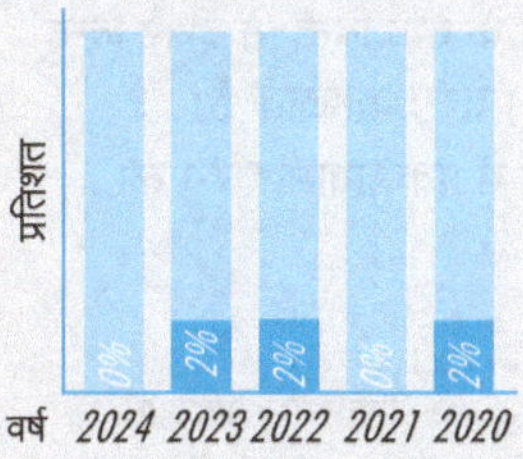

परिचय (Introduction)

- **तरंग** (Wave) एक पैटर्न (प्रतिरूप) है, जो माध्यम के कणों के अपनी साम्य स्थिति के चारों ओर बार-बार कम्पन द्वारा तथा वास्तविक भौतिक स्थानान्तरण या समग्र रूप से पदार्थ के प्रवाह के बिना भौतिक माध्यम में गति करती है।
- तरंगें ऊर्जा का परिवहन करती हैं तथा विक्षोभ का पैटर्न एक बिन्दु से दूसरे बिन्दु तक संचरित होता है।
- जब तालाब के शांत जल में एक कंकड़ (पत्थर का टुकड़ा) गिराया जाता है, तो पानी की सतह पर वृत्ताकार उर्मिकाएँ (Ripples) जिन्हें तरंगें या स्पन्दन (Pulses) कहा जाता है, बिना माध्यम के कणों की गति के एक बिन्दु से दूसरे बिन्दु तक बाहर की ओर संचरित होती है, जैसा कि चित्र (a) और (b) में दिखाया गया है।

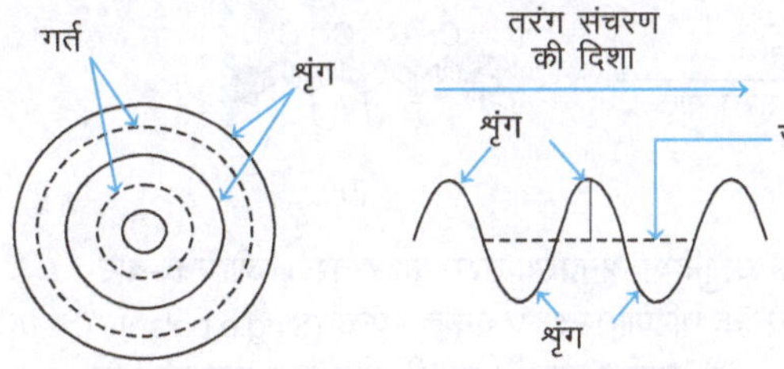

(a) शीर्ष दृश्य (b) ऊर्ध्वाधर भाग

- **तरंगें मुख्यतः तीन प्रकार की होती है,** जो निम्न प्रकार हैं
  (i) **यान्त्रिक तरंगें** (Mechanical waves) इन तरंगों को अपने संचरण के लिए एक माध्यम की आवश्यकता होती है, अर्थात् ये निर्वात् के माध्यम से संचरित नहीं हो सकती हैं; जैसे—तार पर तरंगें, जल तरंगें, ध्वनि तरंगें, भूकम्पीय तरंगें आदि । ये तरंगें न्यूटन के नियमों द्वारा नियन्त्रित होती हैं और भौतिक माध्यमों: जैसे—पानी, वायु, चट्टान आदि में उपस्थित हो सकती हैं। इनमें घटक कणों का दोलन सम्मिलित होता है तथा ये माध्यम के प्रत्यास्थ गुणों पर निर्भर करते हैं। ये तरंगें या तो अनुप्रस्थ या अनुदैर्ध्य प्रकृति की होती हैं।

  (ii) **विद्युत चुम्बकीय तरंगें** (Electromagnetic waves) इन तरंगों को अपने संचरण के लिए किसी माध्यम की आवश्यकता नहीं होती है और इसलिए ये निर्वात् में भी गमन कर सकती हैं; जैसे—प्रकाश, रेडियो तरंगें, X-किरणें इत्यादि।

ये तरंगें एक-दूसरे के लम्बवत् दोलनशील विद्युत और चुम्बकीय क्षेत्र के रूप में गमन करती हैं और इन्हें **गैर-यान्त्रिक तरंगें** (Non-mechanical waves) भी कहा जाता है। सूर्य और अधिक दूरी पर स्थित तारों से प्रकाश अन्तरतारकीय अंतरिक्ष के माध्यम से हम तक पहुँचता है, जो लगभग निर्वात् होता है। निर्वात् में, सभी विद्युत चुम्बकीय तरंगों की चाल (c) समान होती है जहाँ, c = 299,792,458 मी/से है।

(iii) **द्रव्य तरंगें** (Matter Waves) ये तरंगे द्रव्य के इलेक्ट्रॉन, प्रोट्रॉन, न्यूट्रॉन, परमाणु तथा अणु जैसे घटकों से सम्बन्धित होती हैं। जब ये गति में होती हैं, तो इन्हें **द्रव्य तरंगें या दे-ब्रॉग्ली तरंगें** (De-Broglie Waves) कहा जाता है। ये तरंगें द्रव्य के क्वांटम यान्त्रिकीय विवरण में महत्त्वपूर्ण हो जाती हैं।

उदाहरण इलेक्ट्रॉन सूक्ष्मदर्शी, तीव्र गति से संचरित होने वाले इलेक्ट्रॉनों से सम्बद्ध द्रव्य तरंगों का उपयोग करते हैं। नाभिक के चारों ओर परिक्रमा करने वाले एक इलेक्ट्रॉन के साथ एक द्रव्य तरंग सम्बद्ध होती है, जैसा कि नीचे दिए गए चित्र में दिखाया गया है।

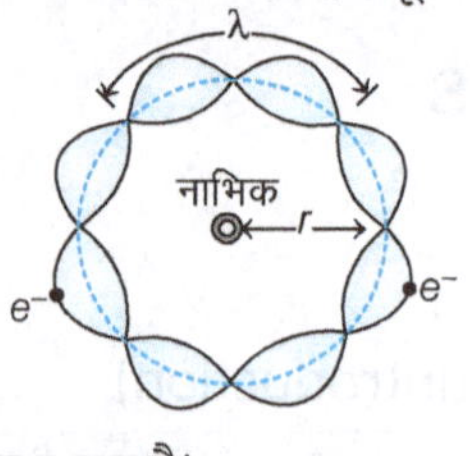

अनुप्रस्थ तथा अनुदैर्ध्य तरंगें

(Transverse and Longitudinal Waves)

- **अनुप्रस्थ तरंगें** (Transverse Waves) यदि माध्यम के घटक कण तरंग संचरण की दिशा के लम्बवत् दोलन करते हैं, तो ऐसी तरंग को अनुप्रस्थ तरंग कहते हैं। ये तरंगें एक माध्यम से शृंग (Crests) और गर्त (Troughs) के रूप में संचरित होती है, जैसा कि नीचे चित्र में दर्शाया गया है।

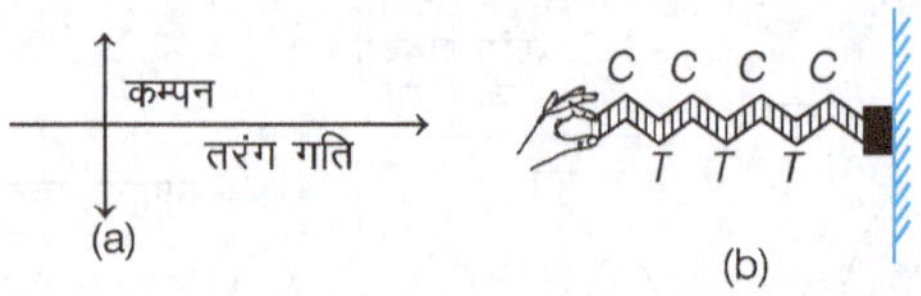

- एक तनी हुई ड़ोरी के अनुदिश अनुप्रस्थ तरंग का संचरण, जो एक-बार ऊपर तथा नीचे झटके के परिणामस्वरूप एकल स्पन्द (Single pulse) के रूप में होता है, चित्र (a) में दर्शाया गया है। दूसरी ओर, जब हम डोरी के एक सिरे को सतत आवर्ती ज्यावक्रीय ऊपर तथा नीचे झटके देते हैं, तो **आवर्त (ज्यावक्रीय) तरंग के रूप** में एक अनुप्रस्थ तरंग तनी हुई डोरी के अनुदिश संचरण करती है जैसा कि चित्र में दिखाया गया है

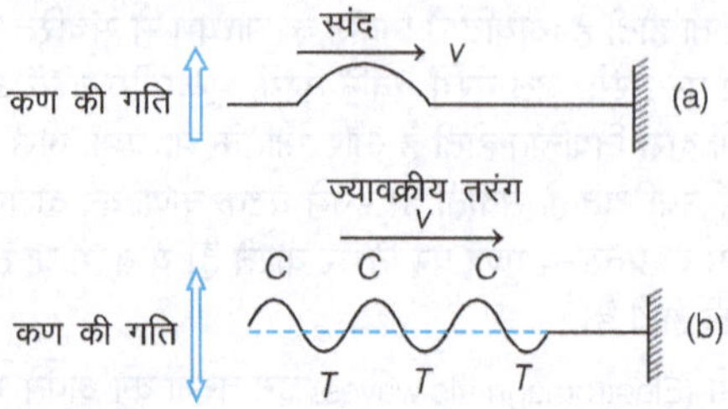

- अनुप्रस्थ तरंगों का संचरण केवल उन्हीं माध्यमों में हो सकता है, जो अपरूपण प्रतिबलों को वहन कर सके; जैसे—ठोसों में हो सकता है तरल में संचरण नहीं हो सकता।

- **अनुदैर्ध्य तरंगें** (Longitudinal Waves) यदि माध्यम के घटक कण तरंग संचरण की दिशा के अनुदिश दोलन करते हैं, तो तरंग को अनुदैर्ध्य तरंग कहा जाता है। ये तरंगें संपीडन (Compression) और विरलन (Rarefaction) के रूप में संचरित होती हैं और तरंगों को दाब और संपीडन तरंगों (Compressional waves) के रूप में भी जाना जाता है।
- दाब प्रति इकाई क्षेत्र पर लगने वाला बल है, इसलिये ध्वनि तरंगों द्वारा उत्पन्न विक्षोभ प्रत्यानयन (Restoring) बल के समानुपाती होता है।
- संपीडन या विरलन एक क्षेत्र से दूसरे क्षेत्र में चला जाता है, जिससे वायु में विक्षोभ (ध्वनि तरंगों) का संचरण सम्भव हो जाता है।
- वायु में ध्वनि तरंगों का संचरण दिखाया गया है और चित्र (b) में प्रदर्शित स्प्रिंग पर तरंगें, अनुदैर्ध्य तरंगों का उदाहरण है।

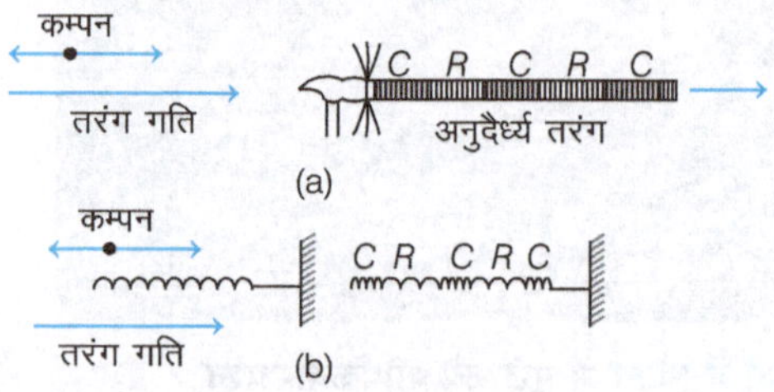

- तरल पदार्थों के साथ-साथ ठोस में भी संपीडन विकृति को वहन करने का गुण होता है, इसलिए अनुदैर्ध्य तरंगें सभी प्रत्यास्थ माध्यम में संचरित हो सकती है।
- एक ही माध्यम में अनुप्रस्थ तरंगों और अनुदैर्ध्य तरंगों की चाल भिन्न भिन्न होती है।
- समुन्द्र में उत्पन्न तरंगें, अनुप्रस्थ और अनुदैर्ध्य तरंगों का संयोजन होती हैं।

जल के पृष्ठ पर निम्न दो प्रकार की तरंग होती हैं

(i) **केशिकात्वीय तरंगें** (Capillary Waves) ये तरंगें लघु तरंगदैर्ध्य (कुछ सेमी से अधिक नहीं) की उर्मिकाएँ (Ripples) होती हैं तथा जल के पृष्ठ तनाव के कारण प्रत्यानयन बल (Restoring force) उत्पन्न होता है।

(ii) **गुरुत्व तरंगें** (Gravity Waves) इन तरंगों की तरंगदैर्ध्य कुल मिली मीटर से कई सौ मीटर परास तक होती है। इन तरंगों को उत्पन्न करने वाला प्रत्यानयन बल (Restoring force) गुरुत्वीय खिचाव होता है, जो जल की सतह को उसके निम्नतम स्तर तक रखता है।

प्रगामी तरंगों में विस्थापन सम्बन्ध

(Displacement Relation in a Progessive Waves)

- एक अनुप्रस्थ या अनुदैर्ध्य तरंग जो माध्यम के एक बिन्दु से दूसरे बिन्दु तक संचरण करती है, प्रगामी (Progessive) तरंग कहलाती है।
- स्थिति x और समय t पर धनात्मक x-दिशा में एक प्रगामी तरंग का विस्थापन सम्बन्ध निम्न प्रकार दिया गया है

$$y(x,t) = a \sin(kx - \omega t + \phi_0)$$

विस्थापन ← $y(x,t)$; आयाम ← a; कोणीय तरंग संख्या ← k; कोणीय आवृति ← ω; प्रारम्भिक अवस्था ← ϕ_0

- यदि विस्थापन समीकरण को ज्या (Sine) और कोज्या (Cosine) फलन का एक रैखिक संयोजन माना जाये, तो

$$y(x,t) = A\sin(kx - \omega t) + B\cos(kx - \omega t)$$

जहाँ, आयाम $a = \sqrt{A^2 + B^2}$

और कला $\phi = \tan^{-1}\left(\frac{B}{A}\right)$

- एक अनुप्रस्थ प्रगामी तरंग में **शृंग** अधिकतम धनात्मक विस्थापन और **गर्त** अधिकतम ऋणात्मक विस्थापन का एक बिन्दु होता है।

प्रगामी तरंग गति के विस्थापन से सम्बन्धित कुछ महत्त्वपूर्ण परिभाषाएँ नीचे दी गई हैं

- **आयाम** (Amplitude) माध्यम के घटक कण के अपनी साम्य स्थिति से अधिकतम विस्थापन के परिमाण को आयाम कहा जाता है। इसे a से प्रदर्शित किया जाता है।
- **कला** (Phase) विस्थापन के समीकरण में ज्या या कोज्या के कोणांक को कला कहते हैं। इसे ϕ द्वारा दर्शाया जाता है।
- **तरंगदैर्ध्य** (Wavelength) यह समान कला के दो बिन्दुओं के बीच की न्यूनतम दूरी या तरंग में दो शृंगों या गर्तों के बीच की दूरी है। इसे λ से दर्शाया जाता है।
- **कोणीय तरंग संख्या** (Angular Wave Number) संचरण की दिशा के अनुदिश प्रति एकांक दूरी में अवस्था परिवर्तन की दर को कोणीय तरंग संख्या के रूप में जाना जाता है।

कोणीय तरंग संख्या, $k = \frac{2\pi}{\lambda}$ रेडियन/मी

- **दोलन की अवधि** (Period of Oscillation) एक कण को एक दोलन पूर्ण करने में लगने वाला समय दोलन की अवधि कहलाता है इसे T से प्रदर्शित करते हैं।

$$T = \frac{2\pi}{\omega}$$

- **आवृत्ति** (Frequency) प्रति सेकण्ड किए गए दोलनों की संख्या को आवृत्ति कहते हैं।

$$\nu = \frac{1}{T} = \frac{\omega}{2\pi} \text{ (हर्ट्ज में)}$$

- **कोणीय आवृत्ति** (Angular Frequency) समय के साथ कला परिवर्तन की दर को तरंग की कोणीय आवृत्ति कहा जाता है।

यह स्पष्ट रूप से $\frac{2\pi}{T}$ के बाराबर होती है क्योंकि T में कला परिवर्तन 2π होता है।

$$\omega = \frac{2\lambda}{T}$$

या $$\omega = 2\pi f \qquad \left(\because T = \frac{1}{f}\right)$$

कोणीय आवृत्ति का मात्रक रेडियन/से होता है।

- विभिन्न समय पर X-अक्ष की धनात्मक दिशा के अनुदिश संचरित एक आवर्त तरंग को नीचे दिए गए चित्र में दिखाया गया है

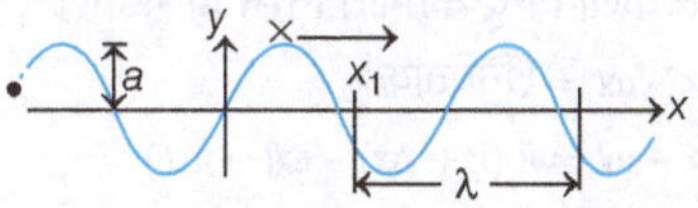

(a)

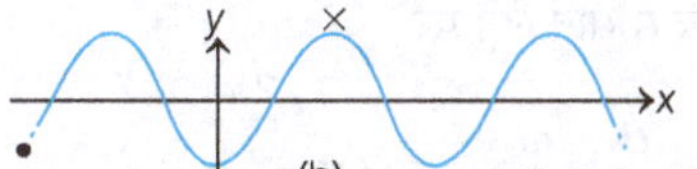

(b)

- ठोस बिन्दु (•) माध्यम के कण को प्रदर्शित करता है और तरंग के संचरण पर यह अपनी माध्य स्थिति के सापेक्ष दोलन करता है। यह देखा जा सकता है कि समय के साथ शृंग (x) धनात्मक X-दिशा के साथ आगे बढ़ती है। इस प्रकार, तरंग धनात्मक X-दिशा के साथ गमन करती है।

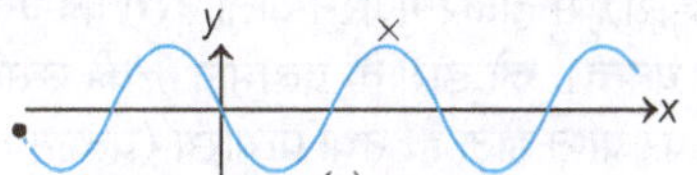

(c)

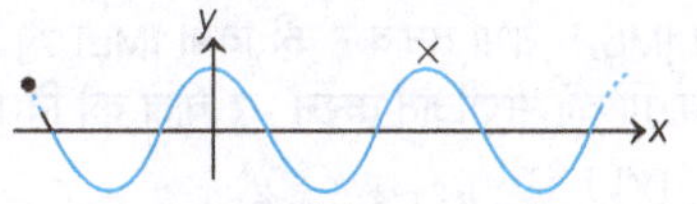

(d)

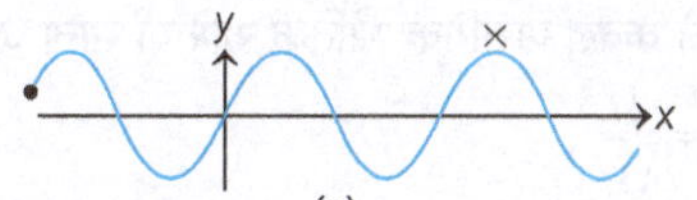

(e)

प्रगामी तरंग की चाल

(The Speed a of Travelling Wave)

- यदि प्रगामी तरंग के सभी बिन्दु पर तरंग प्रतिरूप एक साथ समान गति में होता है, तो प्रगामी तरंग का तरंग प्रारूप स्थिर रहता है। इस स्थिति में तरंग की कला भी स्थिर होती है।

माना आवर्त तरंग का संचरण t से $t + \Delta t$ समय में होता है। जहाँ Δt एक लघु समयान्तराल है। सम्पूर्ण तरंग पैटर्न दाईं ओर स्थानान्तरित हो जाता है। तरंग का शृंग (या किसी निश्चित कला वाला एक बिन्दु) Δt समय में दाईं ओर Δx दूरी गमन करता है।

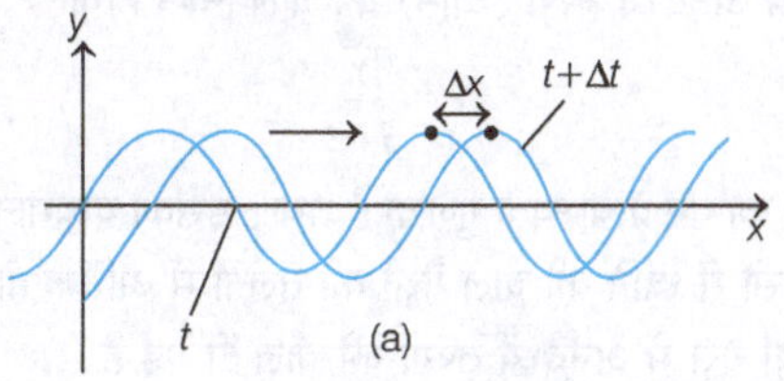

(a)

तो, तरंग की चाल $\frac{\Delta x}{\Delta t}$ है,

तरंग पर निश्चित कला बिन्दु की गति निम्न दी गई है

$$kx - \omega t = (\text{नियतांक})$$

$$kx - \omega t = k(x + \Delta x) - \omega(t + \Delta t)$$

$$k\Delta x - \omega \Delta t = 0$$

$\Delta x, \Delta t$ का अल्पतम मान लेने पर

$$\frac{dx}{dt} = \frac{\omega}{k} = v \Rightarrow v = \frac{\frac{2\pi}{T}}{2\pi/\lambda} = \frac{\lambda}{T}$$

यह सभी प्रगामी तरंगों के लिए एक व्यापक सम्बन्ध है।

तनित डोरी पर अनुप्रस्थ तरंग की चाल

(Speed of a Transverse Wave on Stretched String)

किसी माध्यम (डोरी) से होकर गुजरने वाली तरंग का वेग उसके जड़त्व, रैखिक द्रव्यमान घनत्व μ जो डोरी के द्रव्यमान m को उसकी लम्बाई L से विभाजित करने पर प्राप्त होता है। तथा प्रत्यास्थ (प्रत्यानयन बल) गुणों पर निर्भर करता है।

यहाँ, μ की विमा $[ML^{-1}]$ तथा तनाव T की विमा $[MLT^{-2}]$ बल के समान होती है। इन विमाओं को संयोजित करने पर चाल की विमा प्राप्त होती है।

$$\left[\frac{T}{\mu}\right] = \frac{[MLT^{-2}]}{[ML^{-1}]} = [L^2T^{-2}] = [v^2]$$

यदि T तथा μ को केवल प्रासंगिक भौतिक राशियाँ माना जायें, तो

$$v = \sqrt{\frac{T}{\mu}}$$

NEET 2022

चाल (v) केवल माध्यम T के गुणों (प्रत्यानयन बल के कारण) और μ (जडत्व गुण के कारण) पर निर्भर करती है। यह तरंग की तरंगदैर्ध्य या आवृत्ति पर स्वतः निर्भर नहीं करती है।

अनुदैर्ध्य तरंग की चाल (ध्वनि की चाल)

(Speed of Longitudinal Wave (Speed of Sound))

- किसी माध्यम में अनुदैर्ध्य तरंगों (ध्वनि) की चाल के लिए व्यापक सूत्र है

$$v = \sqrt{\frac{B}{\rho}}$$

जहाँ, B द्रव का आयतन प्रत्यास्थता गुणांक और ρ इसका द्रव्यमान घनत्व है।

छड़ (Bar) में अनुदैर्ध्य तरंग (ध्वनि) की चाल निम्न होगी

$$v = \sqrt{\frac{Y}{\rho}}$$

जहाँ, Y छड़ का यंग प्रत्यास्थता गुणांक है तथा ρ इसका द्रव्यमान घनत्व है।

- द्रवों तथा ठोसों में ध्वनि की चाल गैसों की तुलना में अधिक होती है।
- किसी आदर्श गैस में अनुदैर्ध्य तरंगों की चाल दी गई है

$$v = \sqrt{\frac{p}{\rho}}$$

जहाँ, p गैस का दाब और ρ इसका घनत्व है।

इस सम्बन्ध को **न्यूटन का सूत्र** भी कहते हैं।

- रुद्धोष्म परिवर्तन के लिए एक आदर्श गैस में ध्वनि की चाल के लिए संशोधित न्यूटन का सूत्र $v = \sqrt{\frac{\gamma p}{\rho}}$ है।

जहाँ γ, स्थिर दाब तथा स्थिर आयतन पर किसी गैस की विशिष्ट ऊष्माओं का अनुपात है, अर्थात् $\gamma = \frac{C_p}{C_V}$

- न्यूटन के सूत्र के इस संशोधन को **लाप्लास संशोधन** (Laplace correction) कहते हैं।

वायु के लिए, $\gamma = \frac{7}{5}$

$\therefore v$ (STP पर) = 331.3 मी/से

जो वायु में ध्वनि की वास्तविक चाल के तुल्य होती है।

तरंगों के अध्यारोपण का सिद्धान्त

(Principle of Superposition of Waves)

- जब दो या दो से अधिक तरंगें एक ही माध्यम में संचरण करती हैं, तो परिणामी विस्थापन प्रत्येक तरंग के कारण होने वाले विस्थापन का बीजगणितीय योग होता है। इसे तरंगों के **अध्यारोपण के सिद्धान्त** के रूप में जाना जाता है।
- यदि $y_1(x-vt), y_2(x-vt), y_3(x-vt), \ldots, y_n(x-vt)$ माध्यम में n तरंगों के विक्षोभो के कारण विस्थापन है, तो परिणामी विस्थापन $y(x,t) = ii\sum_{i=1}^{n} y_i(x-vt)$ द्वारा व्यक्त किया जाता है।
- यह व्यतिकरण की घटना पर आधारित होता है।
- दो तरंगों के लिए जो केवल भिन्न कलाओं में हैं, का परिणामी विस्थापन निम्न प्रकार व्यक्त किया जाता है

$$y(x,t) = a\sin(kx - \omega t) + a\sin(kx - \omega t + \phi)$$

$$= 2a\cos\frac{\phi}{2}\sin\left(kx - \omega t + \frac{\phi}{2}\right)$$

जहाँ, आयाम $A(\phi) = 2a\cos\frac{\phi}{2}$

- अध्यारोपण के सिद्धान्त के अनुसार, समान आयाम तथा तरंगदैर्ध्य की दो आवर्त तरंगों का परिणाम चित्र (a) और (b) में दर्शाया गया है।

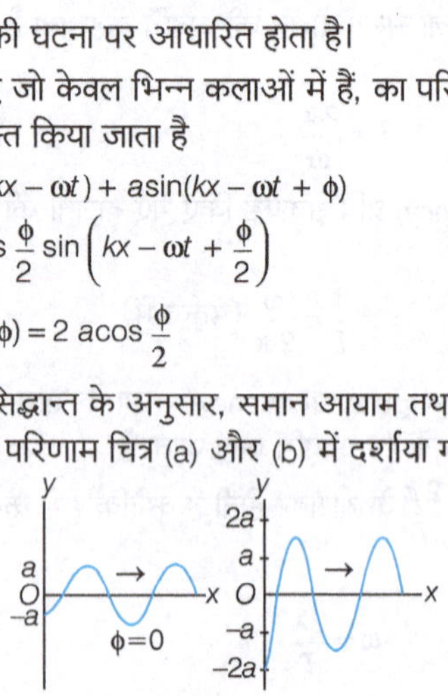

(a)

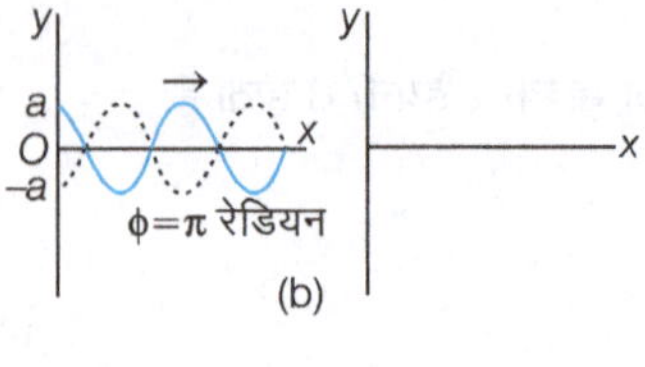

(b)

- कलान्तर $\phi = 0$ के लिए परिणामी तरंग का आयाम $2a$ है, अर्थात् तरंगें समान कला में हैं, जैसा चित्र (a) में दर्शाया गया है।
- दूसरी ओर, कलान्तर, $\phi = \pi$ के लिए, परिणामी तरंग का आयाम प्रत्येक क्षण पर सर्वत्र शून्य होता है, अर्थात् तरंगें पूर्णतः कला से बाहर होती है।

तरंगों का परावर्तन (Reflection of Waves)

- जब एक प्रगामी तरंग किसी माध्यम से संचरण करते हुए एक दृढ़ परिसीमा (Rigid boundary) तक पहुँचती है, तो यह परावर्तित हो जाती है, इस घटना को तरंगों का परावर्तन कहते हैं।

एक दृढ़ सिरे से परावर्तन (Reflection from a Fixed End)

- यदि परावर्तित सिरा एक स्थिर या दृढ़ परिसीमा है, तो परावर्तित तरंग का आकार वही होता है जो आपतित स्पन्द (Incident Pulse) का होता है परन्तु परावर्तन पर, π या 180° का कालान्तर उत्पन्न हो जाता है।
- यदि आपतित प्रगामी तरंग का समीकरण $y_1(x, t) = a \sin (kx - \omega t)$ है, तो दृढ़ परिसीमा से पर परावर्तित तरंग को निम्न समीकरण के द्वारा निरूपित करते हैं

  $y_r(x, t) = a \sin (kx - \omega t + \pi) = -a \sin (kx - \omega t)$
- अध्यारोपण के सिद्धान्त के अनुसार, यदि आपतित एवं परावर्तित तरंगों में कलान्तर π हो, तो परिणामी विस्थापन शून्य होता है।
- एक दृढ़ परिसीमा पर स्पन्द का परावर्तन नीचे चित्र में दिखाया गया है

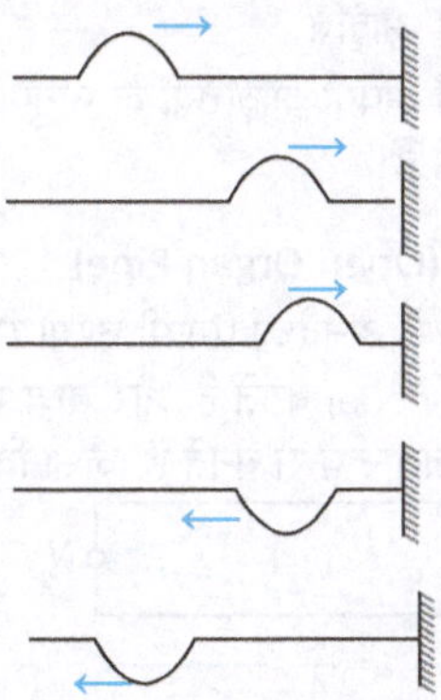

मुक्त सिरे से परावर्तन (Reflection from Free End)

- यदि परिसीमा सिरा दृढ़ नहीं अपितु गति के लिए पूर्ण स्वतन्त्र है, (जैसे एक डोरी एक ऐसे छल्ले से बंधी है जो किसी छड़ पर स्वतन्त्र रूप से गति कर सके) तो परावर्तित स्पन्द की कला तथा आयाम वही होगा जो आपतित स्पन्द का होता है।
- इस स्थिति में, आपतित तरंग y_i और परावर्तित तरंग y_r का समीकरण इस प्रकार दिया गया है

  $y_i = A \sin(\omega t - kx)$, $y_r = A \sin(\omega t - kx + \pi)$

  परिसीमा पर कुल अधिकतम विस्थापन प्रत्येक स्पन्द के आयाम का दो गुना होता है। मुक्त सिरे पर स्पन्द का परावर्तन अग्र चित्र में दर्शाया गया है।

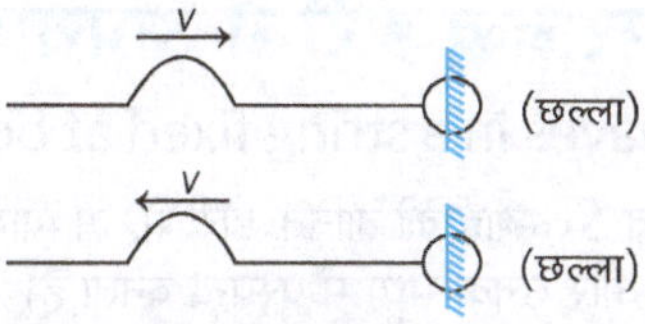

- यदि परिसीमा पूर्णतः दृढ़ नहीं है, अथवा वह किन्हीं दो भिन्न प्रत्यास्थ (Elastic) माध्यमों के बीच अंतरापृष्ठ है तब आपतित तरंग का कुछ भाग परावर्तित हो जाता है तथा कुछ भाग दूसरे माध्यम में संचारित (Transmitted) हो जाता है, जैसा कि चित्र में दर्शाया गया है।

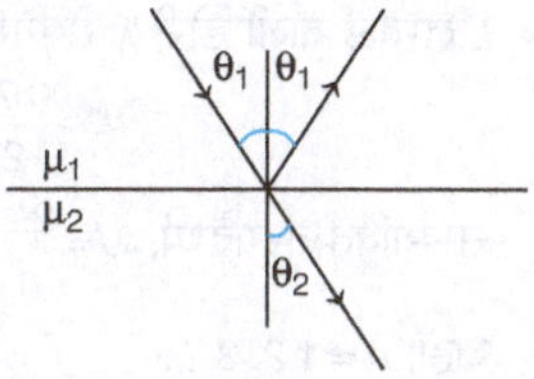

अप्रगामी तरंगें तथा सामान्य विधाएँ (Stationary Waves and Normal Modes)

- समान आयाम, आवृत्ति, तरंगदैर्ध्य और चाल वाली विपरीत दिशाओं में संचरण करती दो प्रगामी तरंगों के अध्यारोपण से अप्रगामी तरंग का निर्माण होता है।
- माना समान आयाम, आवृत्ति, तरंगदैर्ध्य और चाल वाली विपरीत दिशा में गमन करती दो तरंगें y_1 तथा y_2 हैं

  $$y_1(x, t) = a \sin (\omega t - kx)$$
  $$y_2(x, t) = a` \sin(\omega t + kx)$$

  अध्यारोपण का सिद्धान्त परिणामी तरंग विस्थापन को निम्न प्रकार व्यक्त करता है

  $$y(x, t) = y_1(x, t) + y_2(x, t)$$
  $$= a \sin(kx - \omega t) + a \sin(kx + \omega t)$$
  $$y(x, t) = 2a \sin kx \cos\omega t = 2a \sin kx$$

अप्रगामी तरंगों की निम्नलिखित विशेषताएँ होती हैं

(i) आयाम प्रत्येक बिन्दु पर भिन्न होता है परन्तु डोरी का प्रत्येक घटक समान कोणीय आवृत्ति ω या आवर्तकाल से दोलन करता है।

(ii) तरंग के विभिन्न घटकों के दोलनों के बीच में कोई कलान्तर नहीं होता है।

(iii) तरंग प्रतिरूप न तो बाईं ओर और न दाईं ओर गमन करता है इसीलिए इन्हें स्थिर या अप्रगामी तरंगें कहा जाता है।

- अप्रगामी तरंगों में, निकाय किसी स्वेच्छ (Arbitrary) आवृत्ति से दोलन नहीं कर सकता है, वरन् इसकी विशेषता प्राकृतिक आवृत्तियों या दोलन के सामान्य तरीकों का एक समुच्चय होती हैं।
- जिन बिन्दुओं पर आयाम शून्य होता है (अर्थात् जहाँ कोई गति नहीं होती है) उन्हें **निस्पन्द** (Nodes) कहते हैं तथा जिन बिन्दुओं पर आयाम अधिकतम होता है उन्हें **प्रस्पन्द** (Anti-nodes) कहते हैं।
- निस्पन्द (Nodes) की स्थिति $X = \frac{n\lambda}{2}$ जहाँ, $n = 0, 1, 2, 3, \ldots$
- प्रस्पन्द (Anti-nodes) की स्थिति, $x = \left(n + \frac{1}{2}\right)\frac{\lambda}{2}$

  जहाँ, $n = 0, 1, 2, ..$
- किन्हीं दो क्रमिक निस्पन्दों या दो क्रमिक प्रस्पन्दों के मध्य दूरी $\frac{\lambda}{2}$ होती है।

दोनों सिरों पर बद्ध डोरी में अप्रगामी तरंगें

(Stationary waves in a string fixed at both ends)

- दोनों सिरों पर बद्ध L लम्बाई की तानित डोरी में, अप्रगामी तरंगों के दृढ़ सिरे पर निस्पन्द और उनके मध्य में प्रस्पन्द बनता है।
- L लम्बाई वाली डोरी λ से निम्न प्रकार सम्बन्धित होती है

$$L = \frac{n\lambda}{2} \quad \text{जहाँ, } n = 1, 2, 3, \ldots$$

सम्भावित तरंगदैर्ध्य, $\lambda = \frac{2L}{n}$ के संगत आवृत्तियाँ $\nu = \frac{nv}{2L}$ होती है।

जहाँ, $n = 1, 2, 3, \ldots$

- किसी निकाय की न्यूनतम सम्भावित प्राकृतिक आवृत्ति को निकाय की मूल विधा (Fundamental mode) या प्रथम सन्नादी (First harmonic) कहते हैं।

$\therefore$ किसी भी सिरे पर बद्ध तानित डोरी के लिए आवृत्ति निम्न प्रकार दी जाती है

$$\nu = \frac{v}{2L} \quad [x = 1 \text{ के लिए}]$$

- दोनों सिरों पर बद्ध तानित डोरी में दोलन की प्रथम छः सन्नादियाँ (Harmonics) नीचे चित्र में दर्शायी गई हैं

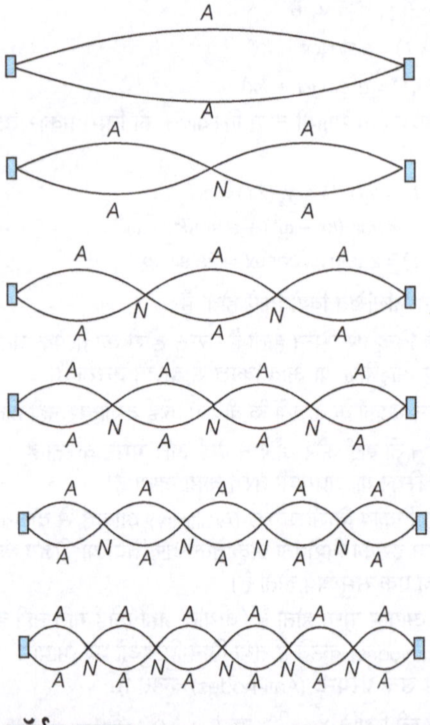

(a) मूल या प्रथम सन्नादी

(b) द्वितीय सन्नादी

(c) तृतीय सन्नादी

(d) चतुर्थ सन्नादी

(e) पंचम सन्नादी

(f) छठी सन्नादी

Concept Master Video के लिए

बन्द ऑर्गन पाइप (Closed Organ Pipe)

- एक बन्द ऑगर्न पाइप में अनुदैर्ध्य अप्रगामी तरंगें इस प्रकार बनती है कि पाइप का खुला सिरा एक प्रस्पन्द (Anti-node) के रूप में तथा पाइप का बन्द सिरा एक निस्पन्द (Node) के रूप में व्यवहार करता है, जैसा कि चित्र में दर्शाया गया है।

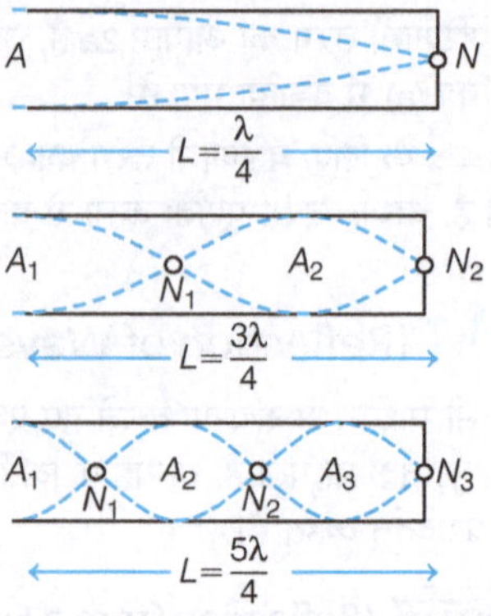

(a) मूल या प्रथम सन्नादी

(b) तृतीय सन्नादी

(c) पंचम सन्नादी

- पाइप की लम्बाई (L) तथा तरंगदैर्ध्य (λ) में निम्न सम्बन्ध है

$$L = \left(n + \frac{1}{2}\right)\frac{\lambda}{2}; \; n = 0, 1, 2, 3, \ldots \text{ के लिए}$$

- सम्भावित तरंगदैर्ध्य निम्न सम्बन्ध से प्रतिबंधित होगी

$$\lambda = \frac{2L}{\left(n + \frac{1}{2}\right)}$$

$$\nu = \left(n + \frac{1}{2}\right)\frac{v}{2L}$$

NEET 2023

- मूल विधा ($n = 0$) के लिए, $L = \frac{\lambda}{4}$ या $\lambda = 4L$
- $\therefore$ मूल (प्रथम सन्नादी) आवृत्ति
- केवल विषम सन्नादियाँ अपनी आवृत्तियों के अनुपात 1 : 3 : 5 : ... में बन्द पाइप में उपस्थित होती हैं।

खुला ऑर्गन पाइप (Open Organ Pipe)

- एक खुले ऑर्गन पाइप में अनुदैर्ध्य प्रगामी तरंगें में पाइप के दोनों खुले सिरों पर प्रस्पन्द (Anti-node) बनते हैं और मध्य में एक या अधिक निस्पन्द (Node) संतुलित रूप से बनते हैं, जैसा कि नीचे दिखाया गया है

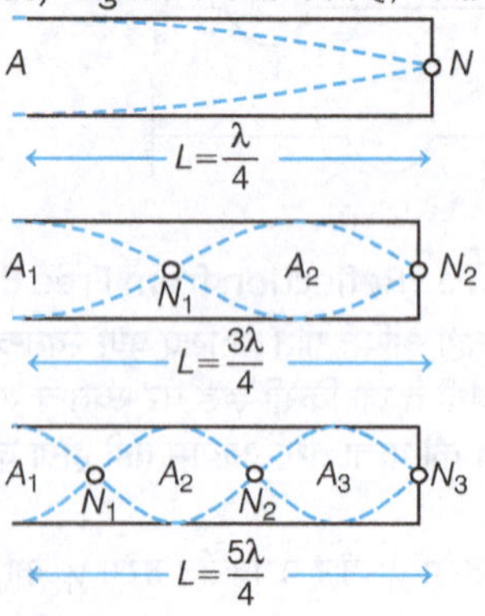

(a) मूल या प्रथम सन्नादी

(b) तृतीय सन्नादी

(c) पंचम सन्नादी

पाइप की लम्बाई $L = \frac{n\lambda}{2}$ जहाँ, $n = 1, 2, 3, ..$

सम्भावित तरंगदैर्ध्य $\lambda = \frac{2L}{n}$ के संगत आवृत्तियाँ, $\nu = \frac{nv}{2L}$ होती है।

NEET 2023

- मूल विधा में, पाइप के केन्द्र पर केवल एक निस्पन्द (Node) बनता है। इसलिए $L = \frac{\lambda}{2}$ अथवा $\lambda = 2L$

∴ मूल (प्रथम सन्नादी) आवृत्ति,

$$\nu = \frac{v}{\lambda} = \frac{v}{2L}$$

सभी सन्नादियाँ अपनी आवृत्तियों के अनुपात 1 : 2 : 3 : 4 : ... में खुले पाइप में उपस्थित है।

- निस्पन्दों (Nodes) पर, दाब परिवर्तन उच्चतम होता है, जबकि विस्थापन न्यूनतम (शून्य) होता है।
- प्रस्पन्दो (Anti-nodes) पर, दाब परिवर्तन न्यूनतम होता है और विस्थापन अधिकतम होता है।
- यदि बाह्य आवृत्ति (External frequency) प्राकृतिक आवृत्तियों में से एक के समीप होती है, तो निकाय **अनुनाद** (Resonance) प्रदर्शित करता है।

Marks Maximizer

ऑर्गन पाइप में, प्रस्पन्द (Anti-node) बिल्कुल खुले सिरे पर नहीं बनता है। परावर्तन खुले सिरे से थोड़ा ऊपर होता है। यदि ऑर्गन पाइप की लम्बाई L और अन्तः संशोधन e है तो खुले पाइप में वायु स्तंभ की लम्बाई $(L + 2e)$ और बन्द पाइप में, $(L + e)$ होगी।

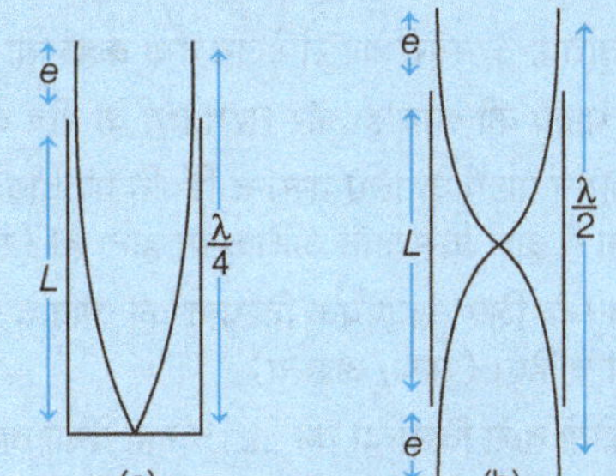

(a) बन्द ऑर्गन पाइप के लिए (b) खुले ऑर्गन पाइप के लिए

- खुले ऑर्गन पाइप के लिए, $f = \frac{nv}{2(L + 2e)}$

जहाँ, $n = 1, 2, 3, ..$

- बन्द ऑर्गन पाइप के लिए, $f = (2n + 1)\frac{v}{4(L + e)}$

जहाँ $n = 0, 1, 2, 3, ..$

Concept Master Video के लिए

विस्पन्द (Beat)

- कम अन्तर आवृत्तियों वाली दो ध्वनि तरंगों के अध्यारोपण सिद्धान्त के कारण किसी निश्चित स्थिति पर समय के साथ ध्वनि की तीव्रता में होने वाला परिवर्तन **विस्पन्द** कहलाता है।

माना लगभग समान आवृत्ति की दो तरंगें y_1 और y_2 हैं।

$y_1 = a \sin \omega_1 t = a \sin 2\pi\nu_1 t$ और $y_2 = a \sin \omega_2 t = a \sin 2\pi \nu_2 t$

$$\therefore \quad y = 2a \cos \pi (\nu_1 - \nu_2) t \cdot \sin \pi (\nu + \nu_2) t$$

- **विस्पन्द आवृत्ति** (Beat Frequency) प्रति सेकण्ड बनने वाले विस्पन्दों की संख्या को $|\nu_1 - \nu_2|$ के रूप में व्यक्त किया जाता है, अर्थात् या तो $(\nu_1 - \nu_2)$ या $(\nu_2 - \nu_1)$ के रूप में व्यक्त किया जाता है। जहाँ ν_1 और ν_2 दो ध्वनि तरंगों की आवृत्तियाँ हैं।
- **विस्पन्द काल** (Beat Period) यह विस्पन्द आवृत्ति का व्युत्क्रम है, जिसे निम्न प्रकार व्यक्त किया जाता है

$$T = \frac{1}{|\nu_1 - \nu_2|}$$

- विस्पन्द (Beat) सुनने के लिए आवश्यक शर्त यह है कि $|\nu_1 - \nu_2|$, 10 हर्ट्ज से अधिक नहीं होना चाहिए।
- दो सन्नादी तरंगों का अध्यारोपण, जिनमें से एक की आवृत्ति चित्र (a) में, 11 हर्ट्ज तथा दूसरी की आवृत्ति 9 हर्ट्ज चित्र (b) में दी गई है, जिनसे 2 हर्ट्ज आवृत्ति के स्पन्दन उत्पन्न होते हैं, जैसा कि चित्र (c) में दर्शाया गया है

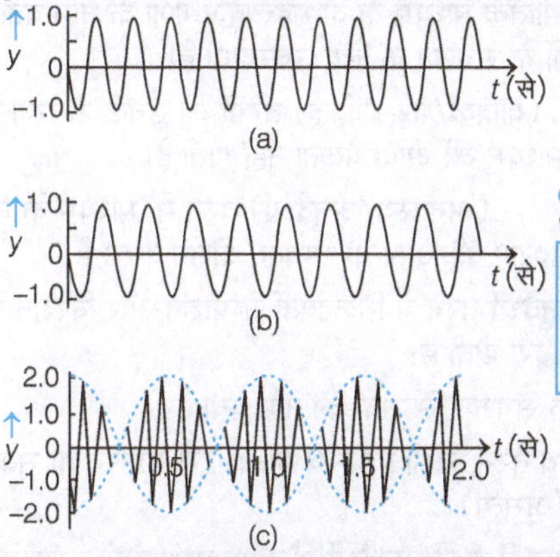

Concept Master Video के लिए

Caution Points

- ध्वनि तरंग वायु अणुओं के संपीडन और विरलन की एक श्रृंखला होती है। अन्य शब्दों में हवा, वायु अणुओं का समग्र रूप से संचलन है।
- आवृत्ति प्रगामी तरंग वह तरंग है जिसमें माध्यम के कण समान आवृत्ति के साथ लेकिन तत्कालिक समय पर विभिन्न कला में दोलन करते हैं।
- यह अप्रगामी तरंग में, दो निस्पन्दों के बीच समय में एक ही कला में होते हैं जबकि कणों का आयाम समान नहीं होता है।

PYQ नोट्स

1. M द्रव्यमान की एक भारी गेंद को m द्रव्यमान $(m <<< M)$ की एक हल्की डोरी द्वारा कार की छत से लटकाया जाता है। जब कार विराम की स्थिति में होती है, तो डोरी में अनुप्रस्थ तरंगों की गति v होती है, जब कार का त्वरण a होता है, तो कार की गति v' तक बढ़ जाती है, तब $\frac{v}{v'} = \sqrt{\frac{g}{(g^2 + a^2)^{1/2}}}$ **[NEET 2019]**
2. बन्द ऑर्गन पाइप में क्रमिक आवृत्ति के बीच अन्तर $\frac{2v}{4l}$ होता है। **[NEET 2017]**
3. l लम्बाई की एकसमान (Uniform) डोरी को एक दृढ़ आलम्ब (Support) से लटकाया जाता है। एक लघु तरंग स्पन्द इसके निचले सिरे पर उत्पन्न होता है और अवलम्ब सिरे तक पहुँचने में उसके द्वारा लिया गया समय t है तब $\int_0^l \frac{dx}{\sqrt{x}} = \int_0^t \sqrt{g}\,dt$ **[JEE Main 2016]**

Step by Step

Mastering NCERT

- कॉन्सेप्ट बिल्डर्स
- शीर्षकवार प्रश्न
- अभिकथन-कारण प्रश्न
- कथन आधारित प्रश्न
- सुमेलन प्रकार प्रश्न
- आंकिक मान प्रकार के प्रश्न
- NCERT Exemplar प्रश्न
- विगत परीक्षाओं के प्रश्न
- स्किल बूस्टर्स

कॉन्सेप्ट बिल्डर्स

1 एक तरंग कोणीय संवेग को स्थानान्तरित (कर सकती है।/नहीं कर सकती है।)

2 किसी भौतिक माध्यम के दो महत्त्वपूर्ण गुणों के नाम बताइए जो उसमें से तरंगों के संचरण के लिए उत्तरदायी हैं।

3 .... (यांत्रिक/गैर-यांत्रिक) तरंगों को उनके संचरण के लिए किसी माध्यम की आवश्यकता नहीं होती हैं।

4 एक .... (अनुप्रस्थ/अनुदैर्ध्य) तरंग में, माध्यम के घटक कण तरंग संचरण की दिशा के लम्बवत् दोलन करते हैं।

5 एक अनुदैर्ध्य तरंग में निकटवर्ती सम्पीडन और विरलन के बीच की कितनी दूरी होती है?

6 तरंग के संचरण स्थिरांक का नाम क्या है?

7 अनुप्रस्थ तरंगें, सभी प्रत्यास्थ माध्यमो में संचरित हो सकती है। (सत्य/असत्य)

8 महासागर में लहरें अनुदैर्ध्य और अनुप्रस्थ दोनों तरंगों का संयोजन होती हैं। (सत्य/असत्य)

9 धनात्मक X-दिशा में प्रगामी तरंग का विस्थापन समीकरण क्या है?

10 किसी माध्यम में ध्वनि तरंग की चाल उस तरंग की आवृत्ति पर निर्भर करती है। (सत्य/असत्य)

11 पानी के अंदर गोताखोर वायु में उत्पन्न ध्वनि नहीं सुन सकते। [सत्य/असत्य]

12 बरसात के दिनों में ध्वनि तेजी से गमन करती है। [सत्य/असत्य]

13 यदि दो तरंगें $y_1 = A\sin(\omega t - kx)$ और $y_2 = A\sin(\omega t - kx + 2\pi/3)$ एक-दूसरे पर अध्यारोपित हों, तो परिणामी तरंग का आयाम क्या होगा?

14 रुद्धोष्म स्थिति के लिए, एक आदर्श गैस में ध्वनि की गति के लिए संशोधित न्यूटन सूत्र को .... के रूप में जाना जाता है।

15 एक तार n लूप में कम्पन कर रहा है। उस तार में निस्पन्दों की संख्या क्या है?

16 विभिन्न आवृत्तियों के स्वरों का संयोजन क्या कहलाता हैं?

17 बन्द ऑर्गन पाइप की लम्बाई और तरंगदैर्ध्य के बीच क्या सम्बन्ध है?

18 खुला एवं ऑर्गन पाइप के लिए प्रस्पन्द स्थिति पर दाब परिवर्तन न्यूनतम होता है और विस्थापन अधिकतम होता है। (सत्य/असत्य)

19 विस्पन्द सुनने के लिए आवश्यक विस्पन्द की आवृत्ति 10 हर्ट्ज से अधिक होनी चाहिए। (सत्य/असत्य)

20 दो प्रकाश स्रोतों द्वारा विस्पन्दों को ...... (नहीं देखा जा सकता है/देखा जा सकता है।)

शीर्षकवार प्रश्न

परिचय

1 जब हमारी ध्वनि मोबाइल फोन के माध्यम से रिसीवर तक स्थानांतरित होती है, तो तरंगों के अंतररूपांतरण का सही संभावित क्रम है NCERT पृष्ठ 279

(a) ध्वनि तरंगें → विद्युत धारा संकेत → विद्युत चुम्बकीय तरंगें (रेडियो तरंगें)

(b) ध्वनि तरंगें → विद्युत चुम्बकीय तरंगें → विद्युत धारा संकेत

(c) ध्वनि तरंगें → विद्युत धारा संकेत → ध्वनि तरंग

(d) विद्युत चुम्बकीय तरंगें → ध्वनि तरंगें → विद्युत धारा संकेत

2 निम्नलिखित में से किस तरंग को संचरण के लिए माध्यम की आवश्यकता होती है? NCERT पृष्ठ 279

(a) प्रकाश तरंगें (b) रेडियो तरंगें

(c) एक्स-किरणें (d) भूकंपीय तरंगें

3 यांत्रिक तरंगों के लिए निम्नलिखित में से कौन-सा कथन गलत है? NCERT पृष्ठ 279

(a) इन तरंगों को संचरण के लिए माध्यम की आवश्यकता होती हैं, ये निर्वात् में संचरण नहीं कर सकती।

(b) इनमें घटक कणों का दोलन सम्मिलित होता है।

(c) वे माध्यम के प्रत्यास्थ गुणों पर निर्भर करते हैं।

(d) सभी माध्यमों में उनकी गति समान होती है।

4 एक-दूसरे से जुड़े हुए स्प्रिंगों का एक संयोजन एक सिरें पर स्थित है जैसा कि नीचे चित्र में दिखाया गया है। यदि दूसरे सिरें A को अचानक खींचा जाता है और छोड़ दिया जाता है, तो निम्नलिखित में से कौन-सा कथन सही है? NCERT पृष्ठ 279

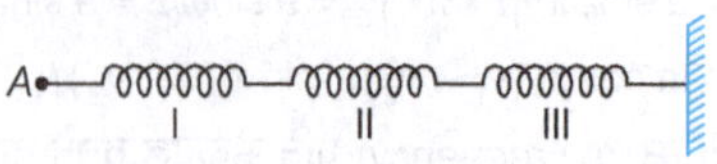

(a) सिरे A पर उत्पन्न होने वाला विक्षोभ दूसरे सिरे तक संचरित होगा लेकिन प्रत्येक स्प्रिंग अपनी साम्यावस्था में केवल छोटे दोलन ही करेगी।

(b) चूँकि स्प्रिंग II, I से जुड़ी हुई है, इसलिए यह भी खिंचेगी या संपीडित होगी।

(c) स्प्रिंग I और III अपनी साम्यावस्था से विस्थापित हो जाएंगे जबकि स्प्रिंग II अपनी साम्य स्थिति में छोटे दोलन करेगी।

(d) 'a' और 'b' दोनों

अनुप्रस्थ तथा अनुदैर्ध्य तरंगें

5 अनुप्रस्थ तरंग में माध्यम के कण कम्पन्न करते हैं **NCERT पृष्ठ 280**

(a) वृत्ताकार पथ में (b) अण्डाकार पथ में

(c) संचरण की दिशा के लंबवत् (d) संचरण की दिशा के समान्तर

6 कम्पनशील क्वार्ट्ज क्रिस्टल द्वारा उत्पन्न पराश्रव्य (Ultrasonic) तरंगें होती हैं **NCERT पृष्ठ 280**

(a) केवल अनुदैर्ध्य (b) केवल अनुप्रस्थ

(c) अनुदैर्ध्य और अनुप्रस्थ दोनों

(d) न तो अनुदैर्ध्य और न ही अनुप्रस्थ

7 जल की सतह पर उत्पन्न तरंगें दो प्रकार की होती हैं; केशिकात्वीय तरंगें और गुरुत्व तरंगें। इनके विषय में निम्न में से कौन-सा कथन गलत है? **NCERT पृष्ठ 281**

(a) केशिकात्वीय तरंगें काफी छोटी तरंगदैर्ध्य (कुछ सेंटीमीटर) की तरंगें होती हैं।

(b) गुरुत्व तरंगों की तरंगदैर्ध्य सामान्यतः कई मीटर से लेकर कई सौ मीटर तक होती है।

(c) गुरुत्व तरंगों में प्रत्यानयन बल पृष्ठ तनाव होता है जबकि केशिकत्वीय तरंगों में गुरुत्व खिंचाव होता है।

(d) जल तरंगों में कणों की गति में ऊपर-नीचे तथा आगे-पीछे दोनों गतियाँ सम्मिलित होती हैं।

प्रगामी तरंगों में विस्थापन सम्बन्ध

8 एक प्रत्यास्थ तरंग का विस्थापन फलन $y = 3\sin\omega t + 4\cos\omega t$, द्वारा दिया जाता है जहाँ y सेमी में है ओर t सेकण्ड में है। परिणामी आयाम होगा **NCERT पृष्ठ 281**

(a) 15 सेमी (b) 4 सेमी (c) 5 सेमी (d) 3 सेमी

9 एक सामान्य तरंग गति को $y = 5(\sin 4\pi t + \sqrt{3}\cos 4\pi t)$ द्वारा दर्शाया जाता है इसका आयाम है **NCERT पृष्ठ 281**

(a) 5 (b) $5\sqrt{5}$ (c) $10\sqrt{3}$ (d) 10

10 विभिन्न समयों पर धनात्मक X-अक्ष के अनुदिश एक सरल आर्वत तरंग का संचरण नीचे दिए गए चित्र में दर्शाया गया है। **NCERT पृष्ठ 282**

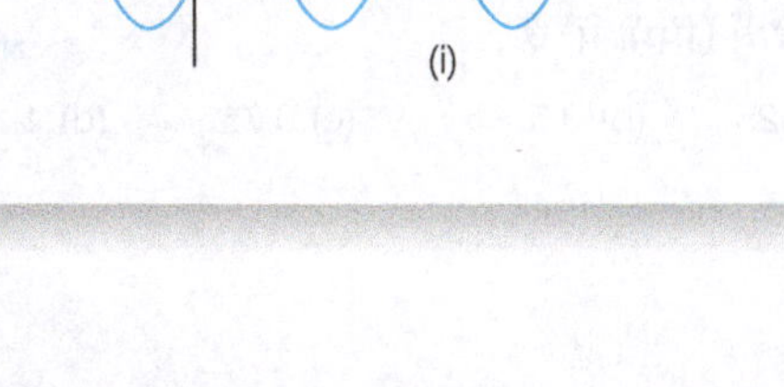

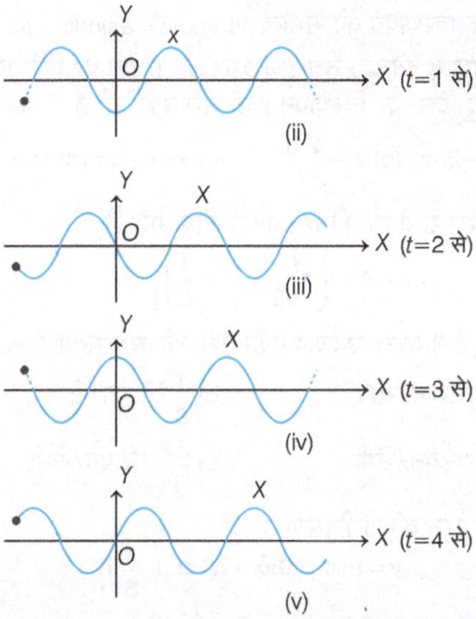

तब 4 सेकण्ड में मूल बिंदु O को पार करने वाले दोलनों की संख्या है

(a) 1 (b) 2

(c) 3 (d) 4

11 स्थिति x और समय t के फलन के रूप में विस्थापन को $y(x, t) = a\sin(kx - \omega t + \phi)$ द्वारा प्रदर्शित किया जाता है। यदि a एक धनात्मक स्थिरांक है, तो $y(x, t)$ के संभावित मान की सीमा है **NCERT पृष्ठ 282**

(a) $-a \le y(x, t) \le a$ (b) $-\frac{a}{2} \le y(x, t) \le \frac{a}{2}$

(c) $-1 \le y(x, t) \le +1$ (d) $0 \le y(x, t) \le a$

12 एक तरंग को समीकरण $y = 10\sin\left(\frac{2\pi}{45}t + \alpha\right)$, द्वारा दिया गया है। यदि $t = 0$ पर विस्थापन 5 सेमी है, तब $t = 7.5$ सेकण्ड पर कुल कला है **NCERT पृष्ठ 282**

(a) π (b) $\pi/6$ (c) $\pi/2$ (d) $\pi/3$

13 दो दी गई तरंगों के बीच कलान्तर है

$$y_1 = a_1\sin\left(\omega t - \frac{2\pi}{\lambda}x\right)$$

$$y_2 = a_2\cos\left(\omega t - \frac{2\pi}{\lambda}x + \phi\right)$$

NCERT पृष्ठ 282

(a) $\frac{2\pi}{\lambda}(\phi)$ (b) ϕ

(c) $\frac{\pi}{2} + \phi$ (d) $\phi - \frac{\pi}{2}$

14 एक अनुदैर्ध्य तरंग 0.6 मी/से की चाल से गमन करती है और तरंग की आवृत्ति 60 हर्ट्ज है। दो लगातार संपीडनों के बीच पृथक्करण की दूरी है **NCERT पृष्ठ 283**

(a) 0.5 सेमी (b) 1 सेमी (c) 1.5 सेमी (d) 2 सेमी

15 तरंग के विस्थापन को समीकरण $y(x,t) = a\sin(kx - \omega t + \phi)$ द्वारा दिया गया है, बिन्दु x तथा $t = 0$ पर $\phi = 0$ लेने पर विस्थापन y' है, तो वह बिंदु जिस पर विस्थापन x के समान है, वह हैं NCERT पृष्ठ 283

(a) $x + 2n\pi$ (b) $x + \frac{2n\pi}{k}$ (c) $kx + 2n\pi$ (d) $kx + \frac{\pi}{2}$

16 एक तरंग समीकरण निम्न प्रकार दिया गया है

$$y = 4\sin\left[\pi\left(\frac{x}{9} - \frac{t}{5} + \frac{1}{6}\right)\right]$$

जहाँ, x सेमी और t सेकण्ड में है। तरंग की तरंग संख्या है NCERT पृष्ठ 283

(a) $\frac{\pi}{9}$ रेडियन/सेमी (b) $\frac{1}{6}$ रेडियन/सेमी
(c) $\frac{\pi}{5}$ रेडियन/सेमी (d) $\frac{2\pi}{9}$ रेडियन/सेमी

17 प्रगामी तरंग की समीकरण है

$$y = a\sin\left(10\pi x + 11\pi t + \frac{\pi}{3}\right)$$

तरंग की तरंगदैर्ध्य है NCERT पृष्ठ 283

(a) 2 इकाई (b) 0.1 इकाई (c) 0.5 इकाई (d) 1 इकाई

18 एक सरल प्रगामी तरंग समीकरण को निम्न प्रकार दिया गया है

$$y = 2\cos 2\pi(330t - x)$$

तरंग का आवर्तकाल क्या है? NCERT पृष्ठ 283

(a) $\frac{1}{330}$ से (b) $2\pi \times 330$ से (c) $(2\pi \times 330)^{-2}$ से (d) $\frac{6284}{330}$ से

19 एक ज्यावक्रीय तरंग में, किसी निश्चित बिन्दु को अधिकतम विस्थापन से शून्य विस्थापन तक जाने में लगने वाला आवश्यक समय 0.14 सेकण्ड है, तरंग की आवृत्ति है NCERT पृष्ठ 283

(a) 0.42 हर्ट्ज (b) 2.7 हर्ट्ज (c) 1.79 हर्ट्ज (d) 0.56 हर्ट्ज

20 एक प्रगामी तरंग का समीकरण इस प्रकार दिया जा सकता है

$$y = 15\cos(660\pi t - 0.02\pi x) \text{ सेमी}$$

तरंग की आवृत्ति है NCERT पृष्ठ 283

(a) 330 हर्ट्ज (b) 342 हर्ट्ज (c) 365 हर्ट्ज (d) 660 हर्ट्ज

21 धनात्मक x-दिशा में गमन करने वाली तरंग जिसका विस्थापन y-दिशा के अनुदिश 1 मीटर है, को तरंगदैर्ध्य (2π) मीटर और आवृत्ति $(1/\pi)$ हर्ट्ज है, को निम्न में से किस समीकरण द्वारा दर्शाया जाता है? NCERT पृष्ठ 283

(a) $y = \sin(x - 2t)$ (b) $y = \sin(2\pi x - 2\pi t)$
(c) $y = \sin(70\pi x - 20\pi t)$ (d) $y = \sin(2\pi x + 2\pi t)$

22 तरंग की तरंग संख्या की गणना करें। NCERT पृष्ठ 283

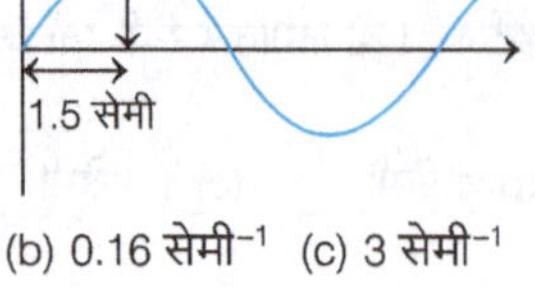

(a) 1.5 सेमी$^{-1}$ (b) 0.16 सेमी$^{-1}$ (c) 3 सेमी$^{-1}$ (d) 2 सेमी$^{-1}$

प्रगामी तरंग की चाल

23 किसी माध्यम में कण का विस्थापन $y = 10^{-6}\sin\left(100t + 20x + \frac{\pi}{4}\right)$ मीटर द्वारा व्यक्त किया जा सकता है जहाँ t सेकण्ड में है और x मीटर में है। तरंग की गति है NCERT पृष्ठ 284

(a) 2000 मी/से (b) 5 मी/से
(c) 20 मी/से (d) 5π मी/से

24 प्रगामी तरंग का समीकरण $y = 0.2\sin 2\pi\left(\frac{t}{0.01} - \frac{x}{0.3}\right)$ है, जहाँ x और y मीटर में तथा t सेकण्ड में है। तरंग के संचरण का वेग है NCERT पृष्ठ 284

(a) 30 मी/से (b) 40 मी/से
(c) 300 मी/से (d) 400 मी/से

25 x दिशा में गमन करने वाली तरंग का विस्थापन $y = 10^{-4}\sin\left(600t - 2x + \frac{\pi}{3}\right)$ मीटर द्वारा व्यक्त किया जाता है, जहाँ x मीटर तथा t सेकण्ड में व्यक्त किया जाता है। तरंग गति मी/से में है। NCERT पृष्ठ 284

(a) 300 (b) 600
(c) 1200 (d) 200

26 $y = 0.02\sin(x + 30t)$ द्वारा वर्णित एक अनुप्रस्थ तरंग रैखिक घनत्व 12 ग्राम/मी की एक फैली हुई डोरी पर संचरित होती है। डोरी में तनाव है NCERT पृष्ठ 285

(a) 216 न्यूटन (b) 1.08 न्यूटन
(c) 10.8 न्यूटन (d) 0.0108 न्यूटन

27 20 मीटर लम्बे स्टील के तार का द्रव्यमान 10 ग्राम है। यदि तार पर 125 न्यूटन का तनाव है, तो तार पर अनुप्रस्थ तरंगों की चाल है NCERT पृष्ठ 285

(a) 100 मी/से (b) 200 मी/से
(c) 400 मी/से (d) 500 मी/से

28 चित्र में एक तार पर ज्यावक्रीय तरंग दर्शाई गई है। यदि तरंग की आवृत्ति 100 हर्ट्ज है, तो दी गई तरंग का वेग और तरंगदैर्ध्य हैं NCERT पृष्ठ 285

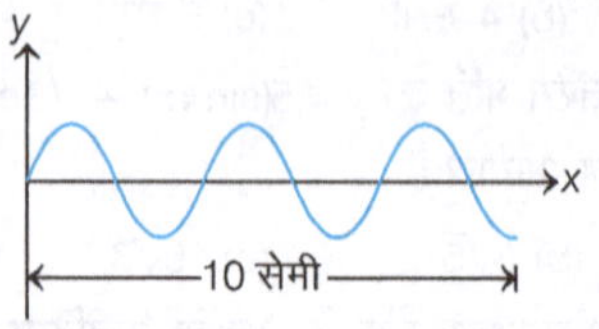

(a) 0.04, 4 मी/से (b) 0.06 मी, 6 मी/से
(c) 0.08 मी, 12 मी/से (d) 0.06 मी, 10 मी/से

29 एक पराश्रव्य स्कैनर की प्रचालन आवृत्ति 3.2 मेगा हर्ट्ज है। एक ऊतक में ध्वनि की चाल 1.6 किमी/घण्टा है। ऊतक में ध्वनि की तरगदैर्ध्य (मिमी में) है NCERT पृष्ठ 285

(a) 0.25 (b) 0.5 (c) 0.75 (d) 1

30 एक पिंड माध्यम A से 100 मिमी तथा माध्यम B से 0.25 मीटर लम्बी तरंगें भेजता है। यदि माध्यम A में तरंगों का वेग 80 मी/से है तो, माध्यम B में तरंगों का वेग (मी/से में) होगा। NCERT पृष्ठ 285

(a) 7 (b) 2
(c) 3 (d) 4

31 ध्वनि तरंगें गर्म वायु में 350 मी/से तथा पीतल में 3500 मी/सेकण्ड से होकर गुजरती हैं। 700 हर्ट्ज की ध्वनिक तरंग जब गर्म वायु से पीतल में प्रवेश करती है, तो इसकी तरंगदैर्ध्य में ....होती है। NCERT पृष्ठ 285

(a) 100 गुना कमी (b) 20 गुनी वृद्धि
(c) 10 गुनी वृद्धि (d) 20 गुना कमी

32 एक भूकम्प पृथ्वी में अनुप्रस्थ (S) और अनुदैर्ध्य (P) दोनों ध्वनि तरंगें उत्पन्न करता है। S तरंग की चाल लगभग 4 किमी/से है और P तरंग की चाल लगभग 8 किमी/से है। एक सीस्मोग्राफ भूकम्प से P और S तरंगों को रिकॉर्ड करता है। प्रथम P तरंग, प्रथम S तरंग से 4 मिनट पहले पहुँचती है। भूकम्प का केंद्र लगभग ...... (किमी में) की दूरी पर स्थित है। NCERT पृष्ठ 285

(a) 792 (b) 384
(c) 1920 (d) 3840

33 एक डोरी तंरग समीकरण को $y = 0002\cos(300t - 15x)$ द्वारा व्यक्त किया गया है और द्रव्यमान घनत्व $\mu = 0.1$ किग्रा/मी है डोरी में तनाव बल होगा NCERT पृष्ठ 285

(a) 30 न्यूटन (b) 20 न्यूटन
(c) 40 न्यूटन (d) 45 न्यूटन

34 एक ही पदार्थ से बनी दो डोरियाँ A और B समान तनाव से खिंची जाती हैं। डोरी A की त्रिज्या B की त्रिज्या से दो गुनी है। एक अनुप्रस्थ तरंग v_A चाल से A डोरी में तथा अन्य डोरी B में v_B चाल से गमन करती है। v_A / v_B का अनुपात है NCERT पृष्ठ 285

(a) 1/2 (b) 2
(c) 1/4 (d) 4

35 यदि 1 मोल वायु का द्रव्यमान 290×10^{-3} किग्रा है, तो मानक तापमान और दाब (न्यूटन के सूत्र का उपयोग करके) पर वायु मे ध्वनि की चाल होगी NCERT पृष्ठ 285

(a) 250 मी/से (b) 280 मी/से
(c) 300 मी/से (d) 380 मी/से

36 विभिन्न माध्यमों में ध्वनि की चाल (स्थिर तापमान पर) का सही क्रम है NCERT पृष्ठ 285

(a) $v_{\text{वायु}} > v_{\text{ठोस एल्युमीनियम}} > v_{\text{द्रव जल}}$ (b) $v_{\text{ठोस एल्युमीनियम}} > v_{\text{वायु}} > v_{\text{द्रव जल}}$

(c) $v_{\text{ठोस एल्युमीनियम}} > v_{\text{द्रव जल}} > v_{\text{वायु}}$ (d) $v_{\text{द्रव जल}} > v_{\text{ठोस एल्युमीनियम}} > v_{\text{वायु}}$

37 एक अनुप्रस्थ तरंग 2.06×10^4 न्यूटन से तनी हुई स्टील पर v वेग से गमन करती है, जब इसमें तनाव T को परिवर्तित कर दिया जाता है, तो वेग $\frac{v}{2}$ में परिवर्तित हो जाता है। T का निकटतम मान है NCERT पृष्ठ 285

(a) 102×10^2 न्यूटन (b) 5.15×10^3 न्यूटन
(c) 250×10^4 न्यूटन (d) 305×10^4 न्यूटन

38 L लम्बाई की एक डोरी दो बिन्दुओं के बीच में जकड़ी हुई है और इसमें अनुप्रस्थ तरंग की चाल 500 मी/से है। अब डोरी को ओर अधिक कसने से तनाव चार गुना बढ़ जाता है। तनाव बढ़ाते समय लम्बाई में परिवर्तन नगण्य होता है। अनुप्रस्थ तरंग की नई चाल है। NCERT पृष्ठ 285

(a) 125 मी/से (b) 250 मी/से
(c) 500 मी/से (d) 1000 मी/से

39 एक तार पर तनाव इस प्रकार है कि तनाव के कारण लम्बाई में वृद्धि इसकी मूल लम्बाई से $\frac{1}{n}$ गुना वृद्धि हो जाती है। अनुदैर्ध्य कम्पन और अनुप्रस्थ कम्पन की मूल आवृत्ति का अनुपात होगा NCERT पृष्ठ 286

(a) $1 : n$ (b) $n^2 : 1$ (c) $\sqrt{n} : 1$ (d) $n : 1$

40 वह तापमान, जिस पर वायु में ध्वनि की चाल 0°C पर उसकी चाल की दोगुनी हो जाती है NCERT पृष्ठ 286

(a) 800° C (b) 819°C (c) 846°C (d) 750°C

41 यदि किसी गैस मे ध्वनि का प्रारंभिक वेग 340 मी/से है और गैस का तापमान 20°C बढ़ जाता है, तो गैस में ध्वनि के नए वेग की गणना करें (प्रारम्भिक अवस्था के लए STP स्थितियां मान लें।) NCERT पृष्ठ 286

(a) 352 मी/से (b) 390 मी/से
(c) 380 मी/से (d) 360 मी/से

42 6000 किग्रा/मी^{3} घनत्व वाले द्रव का आयतन प्रत्यास्थता मापांक 1.5×10^9 न्यूटन/मी^{2} है। उस द्रव में ध्वनि की चाल है NCERT पृष्ठ 286

(a) 400 मी/से (b) 600 मी/से
(c) 500 मी/से (d) 450 मी/से

43 किसी द्रव में ध्वनि तरंग की चाल निर्भर करती है NCERT पृष्ठ 286

(a) माध्यम के घनत्व के समानुपाती
(b) माध्यम के आयतन मापांक के वर्ग के समानुपाती
(c) घनत्व के वर्गमूल के व्युत्क्रमानुपाती
(d) माध्यम के आयतन मापांक के वर्गमूल के व्युत्क्रमानुपाती

44 यंग मापांक Y_1 तथा Y_2 वाली दो ठोस छड़ों के यंग मापांक का अनुपात $\frac{Y_1}{Y_2} = 4$ हैं। यदि छड़ें समान घनत्व वाले पदार्थों से बनी हैं, तो ठोस छड़ों में अनुदैर्ध्य तरंगों की चाल का अनुपात v_1 / v_2 होगा NCERT पृष्ठ 286

(a) 2 (b) 1 (c) 3 (d) 4

45 एक छात्र ने स्थिर तापमान पर दाब p वाली गैस में ध्वनि के वेग में परिवर्तन को दर्शाते हुए निम्न चार ग्राफ बनाए। इनमें से कौन-सा सही है? **NCERT पृष्ठ 286**

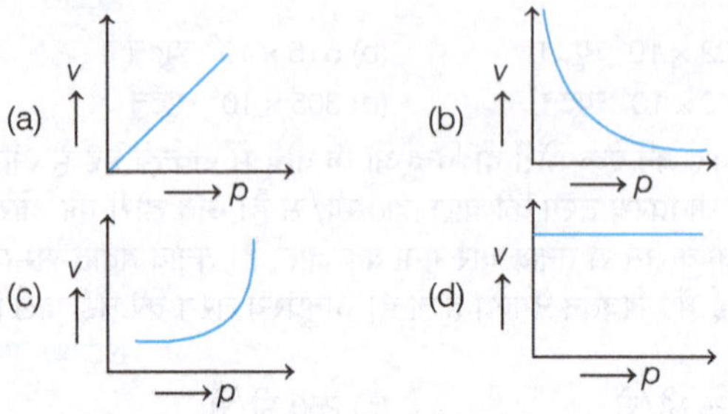

46 लाप्लास संशोधन के अनुसार, ध्वनि तरंगों के संचरण के दौरान माध्यम में दाब में परिवर्तन होता है **NCERT पृष्ठ 287**

(a) रुद्धोष्म (b) समतापीय
(c) समदाबीय (d) सम आयतनिक

तरंगों के अध्यारोपण का सिद्धान्त

47 समान और विपरीत विस्थापन वाली दो स्पंदें विपरीत दिशा में चलते हुए, $t = t_1$ पर चित्र में दर्शाये अनुसार, अतिव्यापन (Overlap) करती हैं। $t = t_1$ पर तरंग का परिणामी विस्थापन होगा **NCERT पृष्ठ 287**

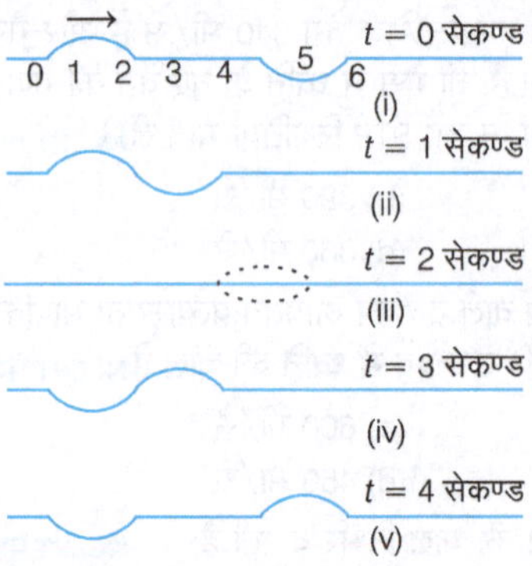

(a) प्रत्येक स्पंद के विस्थापन का दोगुना
(b) प्रत्येक स्पंद के विस्थापन का आधा
(c) शून्य
(d) तरंग के विस्थापन का $\frac{4}{3}$

48 माना कि तरंग $y(x, t) = a\sin(kx - \omega t)$ किसी खुली परिसीमा से परावर्तित हो जाती है और फिर आपतित तथा परावर्तित तरंगें एक-दूसरे पर अध्यारोपित होती हैं, तो परिणामी तरंग का आयाम है **NCERT पृष्ठ 287**

(a) $2a\cos kx$ (b) $2a\sin kx$
(c) $2a\sin\left(\frac{kx}{2}\right)$ (d) $a\sin kx$

49 समान आयाम A और समान आवृत्ति की दो तरंगें ϕ कलान्तर के साथ किसी माध्यम में समान दिशा में गमन करती हैं। परिणामी तरंग का आयाम है **NCERT पृष्ठ 288**

(a) 0 (b) A
(c) $2A$ (d) 0 से $2A$ के बीच

50 समान आवृत्ति की दो ज्या तरंगें किसी माध्यम में एक ही दिशा में संचरण करती है। प्रत्येक तरंग का आयाम A है और दो तरंगों के बीच कलान्तर 120° है परिणामी आयाम होगा **NCERT पृष्ठ 288**

(a) A (b) $2A$
(c) $4A$ (d) $\sqrt{2}A$

51 एक ही समय पर दो तरंगे एक ही दिशा में एक क्षेत्र से गुजर रही हैं। यदि इन तरंगों के समीकरण $y_1 = a\sin\frac{2\pi}{\lambda}(vt - x)$ और $y_2 = b\sin\frac{2\pi}{\lambda}[(vt - x) + x_0]$ है, तो $x_0 = \frac{\lambda}{2}$ के लिए परिणामी तरंग का आयाम होगा **NCERT पृष्ठ 288**

(a) $|a - b|$ (b) $|a + b|$
(c) $\sqrt{a^2 + b^2}$ (d) $\sqrt{a^2 + b^2 + 2ab\cos x}$

तरंगों का परावर्तन

52 जब एक तरंग एक दृढ़ परिसीमा से लम्बवत् परावर्तित होती है, तो परावर्तित तरंग में .... कला परिवर्तन होता है (यह मानते हुए कि कोई अवशोषण नहीं हुआ है) **NCERT पृष्ठ 289**

(a) $\pi/2$ (b) $\pi/4$
(c) π (d) 2π

53 दोनों सिरों पर एक तनी हुई डोरी की मूल आवृत्ति को कम करने के लिए इसके .... की जाती है। **NCERT पृष्ठ 289**

(a) तनाव में वृद्धि
(b) तरंग के वेग में वृद्धि
(c) लम्बाई में वृद्धि
(d) रैखिक द्रव्यमान घनत्व में कमी

54 द्रव्यमान घनत्व μ_1 और μ_2 वाली दो डोरी AB तथा BC, B पर बँधी हैं इन्हें A तथा C के मध्य खीचा जाता है। A सिरे पर एक तरंग स्पन्द उत्पन्न होता है और सन्धि B की ओर बढ़ता है। दिया गया है कि $(\mu_2 > \mu_1)$ **NCERT पृष्ठ 289**

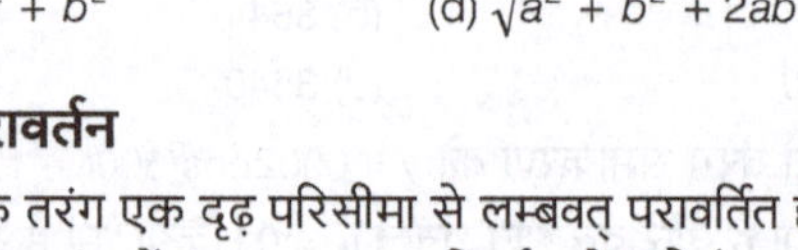

यदि परावर्तित तरंग तथा प्रेषित तरंग के वेग का परिमाण क्रमशः v_r और v_t है, तो सही सम्बन्ध है **NCERT पृष्ठ 289**

(a) $v_r > v_t$ (b) $v_r < v_t$
(c) $v_r > v_t$ और $v_t = 0$ (d) $v_r \le v_t$

55 यदि एक संचरित तरंग एक सीमा से मिलती है जो पूर्ण रूप से कठोर नही है या दो अलग-अलग प्रत्यास्थ माध्यमों के बीच एक अन्तराफलक है, तो निम्न में से कौन-सा कथन सही है? NCERT पृष्ठ 289

(a) आपतित तरंग का एक भाग परावर्तित हो जाता है तथा एक भाग दूसरे माध्यम में संचरित हो जाता है।
(b) आपतित तरंग सीमा से पूर्णतः परावर्तित हो जाती है।
(c) तरंग का केवल एक भाग परावर्तित होता है तथा शेष भाग लुप्त हो जाता है।
(d) उपरोक्त में से कोई नहीं

56 अप्रगामी तरंगों में निस्पंद (Nodes) पर NCERT पृष्ठ 290

(a) दाब मे परिवर्तन अधिकतम होता है।
(b) दाब में परिवर्तन न्यूनतम है।
(c) विस्थापन में परितर्वन अधिकतम होता है।
(d) घनत्व में परिवर्तन न्यूनतम होता है।

57 एक तार पर एक अप्रगामी तरंग उत्पन्न होती है। अप्रगामी तरंगों के लिए निम्न में से कौन सा कथन सही है? NCERT पृष्ठ 290

(a) अप्रगामी तरंग का आयाम बिंदु-दर-बिंदु भिन्न होता है लेकिन डोरी का प्रत्येक घटक समान कोणीय आवृत्ति ω या आवर्तकाल से दोलन करता है।
(b) सम्पूर्ण डोरी विभिन्न बिन्दुओं पर भिन्न-भिन्न आयामों के साथ कम्पन करती है।
(c) तरंग प्रतिरूप न तो दाईं ओर और न ही बाईं ओर गमन करता हैं।
(d) उपरोक्त सभी

58 4 किग्रा भार से खींची गई एक डोरी की मूल आवृत्ति 256 हर्ट्ज है। इसका सप्तक बनाने के लिए आवश्यक भार है (रैखिक द्रव्यमान घनत्व में परिवर्तन नगण्य है) NCERT पृष्ठ 291

(a) 4 किग्रा-भार (b) 12 किग्रा-भार
(c) 16 किग्रा-भार (d) 24 किग्रा-भार

59 तनाव के अधीन एक तार 600 हर्ट्ज की मूल आवृत्ति के साथ कम्पन करता है। यदि तार की लम्बाई दोगुनी कर दी जाए, त्रिज्या आधी कर दी जाए और तार को तनाव के नौवें हिस्से के अधीन कम्पन कराया जाए, तो मूल आवृत्ति हो जाएगी NCERT पृष्ठ 291

(a) 400 हर्ट्ज (b) 600 हर्ट्ज
(c) 300 हर्ट्ज (d) 200 हर्ट्ज

60 2.0 मीटर लम्बी तथा सिरों पर बद्ध एक डोरी को 240 हर्ट्ज वाइब्रेटर द्वारा चलाया जाता है। डोरी अपने तृतीय सन्नादी में कम्पन करती है। तरंग की चाल और इसकी मूल आवृत्ति है NCERT पृष्ठ 291

(a) 180 मी/से, 80 हर्ट्ज
(b) 320 मी/से, 80 हर्ट्ज
(c) 320 मी/से, 120 हर्ट्ज
(d) 180 मी/से, 120 हर्ट्ज

61 एक खुली नली डोरी के साथ अनुनाद में है। यदि नली को पानी में इस प्रकार डुबोया जाए कि नली की लम्बाई का 75% भाग पानी के अन्दर हो, तो नली की आवृत्ति (ν_0) का, तार की आवृत्ति से अनुपात क्या है? NCERT पृष्ठ 292

(a) 1 (b) 2 (c) 2/3 (d) 3/2

62 पर्याप्त लम्बाई का एक खुला पाइप ऊर्ध्वाधर रूप से v चाल से पानी में डूब रहा है। यदि किसी क्षण पर, पानी के ऊपर ट्यूब की लम्बाई l है, तो पाइप की मूल आवृत्ति मे परिवर्तन किस दर पर होगा? (ध्वनि की चाल = c) NCERT पृष्ठ 292

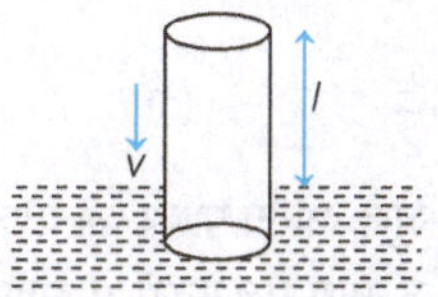

(a) $\frac{cv}{2l^2}$ (b) $\frac{cv}{4l^2}$ (c) $\frac{c}{2(vl^2)}$ (d) $\frac{c}{4(vl^2)}$

63 बन्द ऑर्गन पाइप की मूल आवृत्ति खुले पाइप की प्रथम अधिस्वरक (First overtone) आवृत्ति के समान है। खुले पाइप की लम्बाई 50 सेमी है। बन्द पाइप की लम्बाई है। NCERT पृष्ठ 292

(a) 25 सेमी (b) 100 सेमी
(c) 200 सेमी (d) 12.5 सेमी

64 85 सेमी लम्बाई का एक पाइप एक सिरे से बन्द है। पाइप में वायु स्तम्भ के सम्भावित प्राकृतिक दोलनों की संख्या ज्ञात कीजिए जिनकी आवृत्तियाँ 1250 हर्ट्ज से कम हैं। वायु में ध्वनि का वेग 340 मी/से है। NCERT पृष्ठ 292

(a) 12 (b) 8 (c) 6 (d) 4

65 दोनों सिरों पर खुले एक पाइप में वायु स्तम्भ निश्चित आवृत्ति से दोलन कर रहा है। दिए गए कथनों मे से कौन-सा कथन दोनों सिरों पर खुले वायु स्तम्भ के लिए सही है? NCERT पृष्ठ 292

(a) पाइप का प्रत्येक सिरा एक प्रस्पंद के रूप में कार्य करता है।
(b) दोनों सिरों पर खुला वायु स्तम्भ सभी सन्नादी उत्पन्न करता है।
(c) पाइप का प्रत्येक सिरा एक निस्पन्द होता है।
(d) (a) और (b) दोनो

66 यदि वायु में ध्वनि की चाल 330 मीटर/सेकण्ड है, तो 1 मीटर लम्बाई वाले एक खुल ऑर्गन पाइप में उपस्थित ध्वनियों की संख्या ज्ञात कीजिए जिसकी आवृत्ति ≤1000 हर्ट्ज है। NCERT पृष्ठ 293

(a) 2 (b) 4 (c) 8 (d) 6

67 nवीं सन्नादी में दोनों सिरों पर खुला एक ऑर्गन पाइप 1000 हर्ट्ज के स्रोत के साथ अनुनाद में है। यदि पाइप की लम्बाई 16.6 सेमी और वायु में ध्वनि की चाल 332 मीटर/सेकण्ड है, तो n का मान ज्ञात करें। NCERT पृष्ठ 293

(a) 3 (b) 2 (c) 1 (d) 4

68 30 सेमी लम्बा एक पाइप दोनों सिरों से खुला है। वायु में ध्वनि की चाल 330 मी/से है। पाइप की कौन-सी सन्नादी विधा 1.1 किलो हर्ट्ज स्रोत पर प्रतिध्वनित होती है? **NCERT पृष्ठ 293**

(a) पहली सन्नादी (b) तीसरी सन्नादी
(c) दूसरी सन्नादी (d) पांचवी सन्नादी

69 दोनों सिरों पर खुला L लम्बाई का एक ऑर्गन पाइप 480 हर्ट्ज की स्वरित्र द्विभुज से बजाने पर अपने पहले सन्नादी मे कम्पन करता पाया जाता है। एक सिरे पर बन्द पाइप की लम्बाई कितनी होनी चाहिए, ताकि वह भी उसी स्वरित्र द्विभुज के साथ अपने पहले सन्नादी में कम्पन करे? **NCERT पृष्ठ 293**

(a) $\frac{L}{4}$ (b) $\frac{L}{2}$ (c) L (d) $2L$

70 l लम्बाई वाले एक खुले ऑर्गन पाइप को एक दूसरे $(l + x)$ लम्बाई के खुले ऑर्गन पाइप के साथ मूल स्वरों में बजाया जाता है। वायु में ध्वनि की चाल v है। यदि $x << l$, तो सुनी जाने वाली विस्पन्द आवृत्ति होगी **NCERT पृष्ठ 293**

(a) $\frac{vx}{2l^2}$ (b) $\frac{vx}{4l^2}$ (c) $\frac{vl^2}{2x}$ (d) $\frac{vx^2}{2l}$

71 एक व्यक्ति एक लम्बे पाइप के खुले सिरे में फूंक मारता है। परिणामस्वरूप, वायु का एक उच्च दाब वाला स्पंदन पाइप से नीचे की ओर प्रवाहित होता है। जब यह स्पंदन पाइप के दूसरे सिरे तक पहुँचता है, **NCERT पृष्ठ 293**

(a) तो एक उच्च दाब स्पंद पाइप में ऊपर की ओर गमन करना प्रारम्भ कर देता है, यदि पाइप का दूसरा सिरा खुला है।
(b) तो कम दाब वाला स्पंद पाइप में ऊपर की ओर गमन करना प्रारम्भ कर देता है, यदि पाइप का दूसरा सिरा खुला है।
(c) तो कम दाब वाला स्पंद पाइप से नीचे की ओर गमन करना प्रारम्भ कर देता है, यदि पाइप का दूसरा सिरा बन्द है।
(d) तो एक उच्च दाब वाला स्पंद पाइप में ऊपर की ओर गमन करना प्रारंभ कर देता है, यदि पाइप का दूसरा सिरा आधा बन्द है।

72 दो खुले ऑर्गन पाइप जब एक साथ मूल विधा मे बजाए जाते हैं, तो 4 विस्पन्द/सेकण्ड उत्पन्न करते हैं। यदि पाइप की लम्बाई क्रमशः 100 सेमी और 102.5 सेमी है, तो ध्वनि का वेग क्या होगा? **NCERT पृष्ठ 293**

(a) 496 मी/से (b) 328 मी/से
(c) 49600 मी/से (d) 32800 मी/से

विस्पन्द

73 दो सितार तार A और B, 'धा' स्वर बजाते हुए, थोड़ा बेसुरे हो जाते हैं और 5 हर्ट्ज आवृत्ति का विस्पन्द उत्पन्न करते हैं तार B का तनाव थोड़ा बढ़ा दिया जाता है और विस्पन्द की आवृत्ति 3 हर्ट्ज तक कम हो जाती है। यदि A की आवृत्ति 427 हर्ट्ज है, तो B की मूल आवृत्ति क्या होगी? **NCERT पृष्ठ 293**

(a) 422 हर्ट्ज (b) 420 हर्ट्ज
(c) 424 हर्ट्ज (d) 419 हर्ट्ज

74 अज्ञात आवृत्ति का एक स्रोत 250 हर्ट्ज की ज्ञात आवृत्ति के स्रोत के साथ ध्वनि करने पर 4 विस्पन्द/सेकण्ड उत्पन्न करता है। अज्ञात आवृत्ति के स्रोत का द्वितीय सन्नादी 513 हर्ट्ज की आवृत्ति के स्रोत के साथ ध्वनि करने पर 5 विस्पन्द/सेकण्ड उत्पन्न करता है। अज्ञात आवृत्ति है **NCERT पृष्ठ 293**

(a) 254 हर्ट्ज (b) 246 हर्ट्ज
(c) 240 हर्ट्ज (d) 260 हर्ट्ज

75 जब दो स्वरित्र द्विभुज (द्विभुज 1 और 2) एक साथ बजाए जाते हैं, तो 4 विस्पन्द/सेकण्ड सुनाई देते हैं। अब, द्विभुज 2 के कांटे पर कुछ टेप चिपका दी जाती है। जब स्वरित्र द्विभुज को फिर से बजाया जाता है, तो 6 विस्पन्द/सेकण्ड सुनाई देते हैं। यदि द्विभुज 1 की आवृत्ति 200 हर्ट्ज है, तो द्विभुज 2 की मूल आवृत्ति क्या थी? **NCERT पृष्ठ 293**

(a) 200 हर्ट्ज (b) 202 हर्ट्ज
(c) 196 हर्ट्ज (d) 204 हर्ट्ज

76 एक स्वरित्र द्विभुज P को 500 हर्ट्ज आवृत्ति वाले दूसरे स्वरित्र द्विभुज Q से बजाया जाता है और 4 विस्पन्द उत्पन्न होते हैं। अब P को थोड़ा भारित किया जाता है और 100% बढ़ी हुई विस्पन्द आवृत्ति सुनाई देती है। P की मूल आवृत्ति है **NCERT पृष्ठ 293**

(a) 504 हर्ट्ज (b) 508 हर्ट्ज
(c) 496 हर्ट्ज (d) 492 हर्ट्ज

77 क्रमशः 2 मीटर और 2.02 मीटर तरंगदैर्ध्य वाली दो तरंगें समान वेग से गमन करती हैं और प्रति सेकण्ड 2 विस्पन्द उत्पन्न करने के लिए एक-दूसरे पर आरोपित होती हैं। तरंगों का वेग है **NCERT पृष्ठ 293**

(a) 400 मी/से (b) 402 मी/से
(c) 404 मी/से (d) 406 मी/से

78 वायु में दो निस्पन्द की तरंगदैर्ध्य $\frac{80}{175}$ मी और $\frac{80}{173}$ मी हैं। प्रत्येक निस्पन्द एक निश्चित तरंगदैर्ध्य के तीसरे निस्पन्द के साथ 4 विस्पन्द उत्पन्न करता है। वायु में ध्वनि की चाल है **NCERT पृष्ठ 293**

(a) 400 मी/से (b) 300 मी/से
(c) 280 मी/से (d) 320 मी/से

79 दो ध्वनि स्रोत जिनकी तरंगदैर्ध्य क्रमशः 5.0 मीटर और 5.5 मीटर हैं, प्रत्येक 320 मीटर/सेकण्ड वेग से गैस में संचरित होते हैं। प्रति सेकण्ड उत्पन्न विस्पन्दों की संख्या है **NCERT पृष्ठ 293**

(a) 1 (b) 6 (c) 12 (d) 0

80 n_1 और n_2 आवृत्तियों के दो स्वरित्र द्विभुज प्रति सेकण्ड n विस्पन्द उत्पन्न करते हैं। यदि n_2 और n ज्ञात हैं, तो n_1 दिया जा सकता है **NCERT पृष्ठ 293**

(a) $\frac{n_2}{n} + n_2$ (b) $n_2 n$ (c) $n_2 \pm n$ (d) $\frac{n_2}{n} - n_2$

81 दो कम्पन करने वाले स्वरित्र द्विभुज $y_1 = 4\sin 500\pi t$ तथा $y_2 = 2\sin 506\pi t$ की प्रगामी तरंगें उत्पन्न करते हैं। प्रति मिनट उत्पादित विस्पन्दों की संख्या है **NCERT पृष्ठ 293**

(a) 360 (b) 180
(c) 3 (d) 60

अभिकथन-कारण प्रश्न

निर्देश *(प्रश्न क्रमांक 1-10) निम्नलिखित प्रश्नों में, अभिकथन के एक कथन के बाद कारण का एक संगत कथन दिया गया है। निम्नलिखित कथनों में से सही कथन का चयन कीजिए।*

(a) अभिकथन और कारण दोनों सही हैं और कारण अभिकथन की सही व्याख्या है।

(b) अभिकथन और कारण दोनों सही हैं,लेकिन कारण अभिकथन की सही व्याख्या नहीं है।

(c) अभिकथन सही है, लेकिन कारण गलत है।

(d) अभिकथन गलत है, लेकिन कारण सही है।

1 **अभिकथन** अनुप्रस्थ तरंगें ठोसों और डोरी (तनाव में) में संभव हैं लेकिन तरल पदार्थों में नहीं।

कारण ठोसों और डोरी का अपरूपण गुणांक शून्य नहीं होता, लेकिन तरल पदार्थों का अपरूपण गुणांक लगभग शून्य होता है। NCERT पृष्ठ 280

2 **अभिकथन** अनुदैर्ध्य तरंगें ठोस ओर तरल दोनों के माध्यम से संचरित हो सकती हैं।

कारण ठोसों के साथ-साथ तरल पदार्थों में भी गैर-शून्य आयतन प्रत्यास्थता मापांक होता है, अर्थात् वे सम्पीडन तनाव को सहन कर सकते हैं। NCERT पृष्ठ 280

3 **अभिकथन** किसी पर्वत की चोटी पर ध्वनि की चाल पृथ्वी की सतह के निकट ध्वनि की चाल से अधिक होती है।

कारण ध्वनि की चाल दाब के वर्गमूल के समानुपाती होती है। NCERT पृष्ठ 285

4 **अभिकथन** एक संकीर्ण पाइप की मूल आवृत्ति समान लम्बाई के चौड़े व्यास वाले पाइप की मूल आवृत्ति से अधिक होती है।

कारण लाप्लास अंत्य संशोधन के अनुसार, यदि पाइप की त्रिज्या कम है, तो आवृत्ति अधिक होनी चाहिए। NCERT पृष्ठ 287

5 **अभिकथन** दो प्रगामी दृश्य तरंगों के परिणामी का आयाम $A(\phi)$ निम्न समीकरणों द्वारा व्यक्त किया जाता है

$y_1(x, t) = A\sin(kx - \omega T)$ और

$y_2(x, t) = A\sin(kx - \omega T + \phi))$

ϕ के रूप में घटता है 0 से π तक बढ़ जाता है।

कारण उपर्युक्त दो तरंगों के परिणामी का आयाम $A(\phi) = 2A\cos(\phi/2)$ द्वारा व्यक्त किया गया है। NCERT पृष्ठ 287

6 **अभिकथन** जब तापमान स्थिर रहता है, तो वायुदाब में परिवर्तन ध्वनि की चाल को प्रभावित नहीं करता है।

कारण ध्वनि की चाल दाब के वर्ग के समानुपाती होती है। NCERT पृष्ठ 285

7 **अभिकथन** दो कला असम्बद्ध तरंगों के बीच व्यतिकरण सम्भव नहीं है।

कारण दो तरंगों के बीच व्यतिकरण होने के लिए निरंतर कलान्तर होना आवश्यक नही है। NCERT पृष्ठ 293

8 **अभिकथन** दो सन्नादी तरंगों, जिनमें से एक की आवृत्ति 11 हर्ट्ज तथा दूसरी की आवृत्ति 9 हर्ट्ज है, के अध्यारोपण से 2 हर्ट्ज आवृत्ति के स्पंदन उत्पन्न होते हैं।

कारण लगभग बराबर आवृत्तियों की सन्नादी तरंगें व्यक्तिकरण करके विस्पन्द उत्पन्न करती है जिसकी विस्पन्द आवृत्ति , $\nu_{\text{विस्पंद}} = |\nu_1 - \nu_2|$ NCERT पृष्ठ 293

9 **अभिकथन** एक ऑर्गन पाइप मे अनुप्रस्थ तरंग वायु के माध्यम से गमन करती है।

कारण वायु में केवल प्रत्यास्थ आयतन होता है। NCERT पृष्ठ 292

10 **अभिकथन** भिन्न-भिन्न विस्पन्द सुनने के लिए दो स्रोतों की आवृत्तियों का अंतर 10 से कम होना चाहिए।

कारण विस्पन्दों की संख्या जितनी अधिक होगी, भ्रम भी उतना ही अधिक होगा। NCERT पृष्ठ 293

कथन आधारित प्रश्न

निर्देश *(प्रश्न क्रमांक 1-8) निम्नलिखित प्रश्नों में दो कथन (I और II) दिए गए हैं। दिए गए कथनों के अनुसार, नीचे दिए गए सही विकल्प का चयन करें।*

नीचे दिए गए विकल्पों में से चुनें।

(a) कथन I और कथन II दोनों गलत हैं।

(b) कथन I सही है, लेकिन कथन II गलत है।

(c) कथन I गलत है, लेकिन कथन II सही है।

(d) कथन I और कथन II दोनों सही हैं।

1 **कथन I** एक स्टील की छड़ अलग-अलग चाल वाली अनुदैर्ध्य और अनुप्रस्थ दोनों तरंगों को संचरित कर सकती है।

कथन II वायु अनुदैर्ध्य और अनुप्रस्थ दोनों तरंगों को संचरित कर सकती है। NCERT पृष्ठ 280

2 **कथन I** अनुप्रस्थ ध्वनि तरंग गैसों में नहीं होती है।

कथन II गैसें अपरूपण विकृति को सहन नहीं कर सकतीं। NCERT पृष्ठ 280

3 **कथन I** पानी में चलती मोटर बोट द्वारा उत्पन्न तरंगें अनुदैर्ध्य और अनुप्रस्थ दोनों प्रकार की होती हैं।

कथन II अनुदैर्ध्य और अनुप्रस्थ तरंगें एक साथ उत्पन्न नहीं हो सकती। NCERT पृष्ठ 280

4 **कथन I** आर्द्रता में वृद्धि के साथ ध्वनि का वेग बढ़ता है।

कथन II ध्वनि का वेग माध्यम पर निर्भर नहीं करता है। NCERT पृष्ठ 284

5 **कथन I** बरसात के दिन ध्वनि सूखे दिन की अपेक्षा धीमी चाल से गमन करती है।

कथन II जब वायु में नमी उपस्थित होती है तो वायु का घनत्व बढ़ जाता है। NCERT पृष्ठ 284

6 **कथन I** हाइड्रोजन गैस में ध्वनि का वेग ऑक्सीजन गैस में ध्वनि के वेग से कम होता है।

कथन II हाइड्रोजन का घनत्व ऑक्सीजन के घनत्व से अधिक होता है। NCERT पृष्ठ 286

7 **कथन I** खुले ऑर्गन पाइप द्वारा उत्पन्न ध्वनि बन्द ऑर्गन पाइप द्वारा उत्पन्न ध्वनि की तुलना में अधिक समृद्ध होती है।

कथन II खुले ऑर्गन पाइप की स्थिति में, बाह्य वायु दोनों सिरों से पाइप में प्रवेश कर सकती है। NCERT पृष्ठ 292

8 **कथन I** अलग-अलग विस्पन्दों को सुनने के लिए, ध्वनि निकायों की आवृत्तियों में 10 हर्ट्ज से कम कर अन्तर होना चाहिए।

कथन II ध्वनि की श्रवण अवधि 0.1 सेकण्ड है, इसलिए कान 10 हर्ट्ज से अधिक आवृत्ति की ध्वनियों के मध्य अन्तर नहीं कर सकता है। NCERT पृष्ठ 293

सुमेलन प्रकार प्रश्न

1 एक तार के साथ गमन करने वाली तरंग को $y(x,t) = 0.005\sin(80x - 3t)$ द्वारा वर्णित किया गया हैं जिसमें संख्यात्मक स्थिरांक SI मात्रकों में हैं। तरंग गति के उपरोक्त समीकरण के संदर्भ में कॉलम I (तरंग की विशेषताएँ) को कॉलम II (संबंधित मान) से सुमेलित करें। NCERT पृष्ठ 283

कॉलम I		कॉलम II	
A.	तरंग की तरंग संख्या	1.	0.0785 SI मात्रक
B.	तरंग की तरंगदैर्ध्य	2.	0.48 SI मात्रक
C.	तरंग की आवृत्ति	3.	0.005 SI मात्रक
D.	दूरी $x = 30$ सेमी और समय $t = 20$ सेकण्ड पर तरंग का विस्थापन y	4.	80 SI मात्रक

नीचे दिए गए विकल्पों में से सही उत्तर चुनें।

कूट

	A	B	C	D		A	B	C	D
(a)	4	1	2	3	(b)	2	1	3	4
(c)	1	4	3	2	(d)	3	1	4	3

2 यदि आपतित प्रगामी तरंग $y(x,t) = a\sin(kx - \omega t)$ द्वारा दी गई है, तो कॉलम I (स्थिति) को कॉलम II (विस्थापन का समीकरण) से सुमेलित करें। NCERT पृष्ठ 283

कॉलम I		कॉलम II	
A.	कठोर परिसीमा से परिवर्तित तरंग	1.	$a\sin(kx - \omega t)$
B.	खुली परिसीमा से परावर्तित तरंग	2.	$-a\sin(kx - \omega wt)$
C.	कठोर परिसीमा पर परिणामी विस्थापन	3.	$2a\sin(kx - \omega t)$
D.	खुली परिसीमा पर परिणामी विस्थापन	4.	0

नीचे दिए गए विकल्पों में से सही उत्तर चुनें।

कूट

	A	B	C	D
(a)	2	1	4	3
(b)	1	2	3	4
(c)	2	1	3	4
(d)	1	2	3	4

3 कॉलम । में निकाय (दोनों सिरों पर बंधी एक डोरी) के दोलन की विभिन्न विधा दर्शायी गई हैं और कॉलम ॥ में संगत विधा के नाम हैं। कॉलम । को कॉलम ॥ से सुमेलित करें। **NCERT पृष्ठ 291**

कॉलम ।		कॉलम ॥
A.	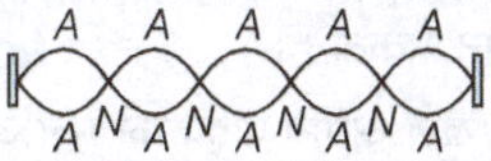	1. मूल विधा
B.	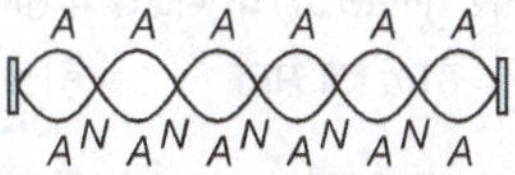	2. दूसरा सन्नादी
C.	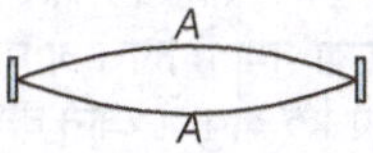	3. छठा सन्नादी
D.	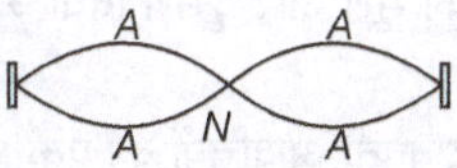	4. पाँचवाँ सन्नादी

नीचे दिए गए विकल्पों में से सही उत्तर चुनें।

कूट

	A	B	C	D		A	B	C	D
(a)	4	2	3	1	(b)	4	3	1	2
(c)	3	2	1	4	(d)	2	3	1	4

4 कम्पन करने वाले वायु स्तंभ निस्पन्द (जो एक सिरे पर बन्द है) की लम्बाई L, स्थिर तरंगों की संभावित तरंगदैर्ध्य l, तरंग वेग v और प्रणाली के सामान्य निस्पन्द या प्राकृतिक आवृत्तियों n मानते हुए कॉलम । (विशेषताएँ) को कॉलम ॥ (संबंधित मान) से सुमेलित करें। **NCERT पृष्ठ 292**

कॉलम ।		कॉलम ॥	
A.	ν	1.	$\dfrac{2L}{(n+1/2)}; n = 0, 1, 2, 3, \ldots$
B.	λ	2.	$\left(n+\dfrac{1}{2}\right)\dfrac{v}{2L}; n = 0, 1, 2, 3, \ldots$
C.	ν_0 (मूलभूत विधा)	3.	$v/4L$
D.	सबसे लम्बी तरंगदैर्ध्य	4.	$4L$

नीचे दिए गए विकल्पों में से सही उत्तर चुनें।

कूट

	A	B	C	D
(a)	2	1	3	4
(b)	4	2	3	1
(c)	3	4	2	1
(d	2	3	1	4

5 कॉलम । में वायु स्तम्भ के विषम सन्नादी का आंकड़ा सूचीबद्ध है और कॉलम ॥ में संबंधित सन्नादी के नाम हैं। कॉलम । को कॉलम ॥ से सुमेलित करें। **NCERT पृष्ठ 292**

कॉलम ।		कॉलम ॥
A.		1. तीसरा सन्नादी
B.		2. पाँचवाँ सन्नादी
C.		3. नौवा सन्नादी
D.		4. सातवां सन्नादी

नीचे दिए गए विकल्पों में से सही उत्तर चुनें।

कूट

	A	B	C	D
(a)	1	2	3	4
(b)	4	3	2	1
(c)	2	3	4	1
(d)	3	2	1	4

आंकिक मान प्रकार के प्रश्न

1 18 मीटर लम्बी और 8 किलोग्राम द्रव्यमान की एकसमान रस्सी एक दृढ़ आधार से ऊर्ध्वाधर लटकी हुई है। इसके निचले सिरे पर 1 किलोग्राम द्रव्यमान का एक ब्लॉक जुड़ा हुआ है। रस्सी के निचले सिरे A पर 3 सेमी तरंगदैर्ध्य की एक अनुप्रस्थ तरंग उत्पन्न होती है। जब तरंग शीर्ष पर पहुँचती है, तो तरंगदैर्ध्य .... सेमी होगी। **NCERT पृष्ठ 285**

2 2×10^{-3} किग्रा/सेमी^{3} घनत्व का एक तार 1 मीटर की दूरी पर स्थित दो क्लैम्प के बीच खींचा गया है। तार में परिणामी विकृति 40.5×10^{-4} है। तार में अनुप्रस्थ कम्पन की सबसे कम आवृत्ति .... हर्ट्ज है। (तार का यंग मापांक, $Y = 9\times10^{19}$ न्यूटन/मी^{2}) **NCERT पृष्ठ 286**

3 90 सेमी लम्बाई का एक गिटार तार 120 हर्ट्ज की मूल आवृत्ति से कम्पन करता है। 180 हर्ट्ज की मूल आवृत्ति उत्पन्न करने वाले तार की लम्बाई ....सेमी होगी। **NCERT पृष्ठ 291**

4 दोनों सिरों पर स्थिर एक तार कम्पन के निम्नतम विधा में कम्पन कर रहा है जिसके लिए एक सिरे से इसकी लम्बाई के 1/4 भाग पर एक बिंदु अधिकतम विस्थापन का बिंदु है। इस विधा में कम्पन की आवृत्ति 78 हर्ट्ज है। जब यह अगले उच्च विधा में कम्पन करता है जिससे यह बिंदु पुनः अधिकतम विस्थापन का बिंदु बन जाता है, तो इस बिंदु पर आवृत्ति .... हर्ट्ज होती है। NCERT पृष्ठ 291

5 एक तार को दोनों सिरों पर जकड़ा गया है और यह अपने चौथे सन्नादी में कम्पन कर रहा है। स्थिर तरंग का समीकरण $y = 0.3\sin(0.157x)\cos(200\pi t)$ है। तार की लम्बाई .... मीटर है। (निकटतम पूर्णांक तक पूर्णांकित) NCERT पृष्ठ 291

6 एक बेलनाकार नली के खुले सिरे के पास आवृत्ति f का कम्पन करने वाला स्वरित्र द्विभुज रखा गया है।
नली के दूसरे सिरे पर एक चल परावर्तक पिस्टन लगा है जैसा कि चित्र में दिखाया गया है।

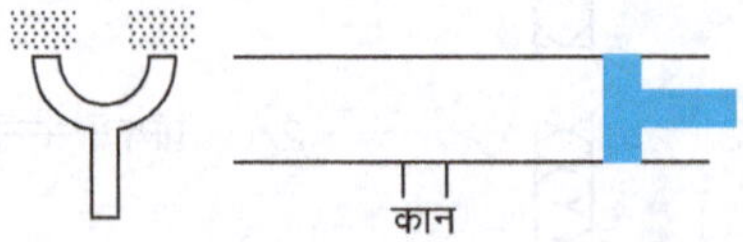

जैसे ही पिस्टन 6.25 सेमी आगे बढ़ता है, ध्वनि की तीव्रता अधिकतम से न्यूनतम तक परिवर्तित हो जाती है। यदि वायु में ध्वनि की चाल 320 मी/से है, तो f का मान क्या होगा? NCERT पृष्ठ 292

7 एक ऑर्गन पाइप एक सिरे पर बन्द है जिसकी मूल आवृत्ति 1600 हर्ट्ज है। इस पाइप द्वारा उत्पन्न अधिस्वरक की अधिकतम संख्या क्या है, जिसे एक सामान्य व्यक्ति सुन सकता है। NCERT पृष्ठ 292

8 वह तापमान जिस पर किसी खुले ऑर्गन पाइप की मूल आवृत्ति ट्यूब की सामग्री के रैखिक विस्तार गुणांक (α) के संदर्भ में तापमान में छोटे बदलाव से स्वतंत्र होती है, $\frac{1}{n\alpha}$ है। n का मान .... है। NCERT पृष्ठ 293

9 1 मीटर लम्बे खुले ऑर्गन पाइप को 27°C तापमान और 1 वायुमण्डलीय दाब वाली गैस में रखा गया है जिसका घनत्व वायु के घनत्व से चार गुना है। यह मानते हुए कि वायु में ध्वनि की चाल 320 मी/से है, तो इस पाइप की मूल और दूसरी विधा आवृत्ति में अंतर .... हर्ट्ज है। NCERT पृष्ठ 293

10 20 स्वरित्र द्विभुज का एक सेट बढ़ती आवृत्तियों की एक श्रृंखला में व्यवस्थित है। यदि प्रत्येक द्विभुज पिछले द्विभुज के सम्बन्ध में 4 विस्पन्द उत्पन्न करता है और अंतिम द्विभुज की आवृत्ति पहले की आवृत्ति से दोगुनी है, तो अंतिम द्विभुज की आवृत्ति क्या होगी? NCERT पृष्ठ 291

NCERT Exemplar प्रश्न

1 पानी में चलती मोटरबोट द्वारा उत्पन्न जल तरंगें हैं
(a) न तो अनुदैर्ध्य और न ही अनुप्रस्थ
(b) अनुदैर्ध्य और अनुप्रस्थ दोनों
(c) केवल अनुदैर्ध्य
(d) केवल अनुप्रस्थ

2 तरंगदैर्ध्य λ की ध्वनि तरंगें किसी माध्यम में v मी/से की चाल से गमन करती हैं और दूसरे माध्यम में प्रवेश करती है जहाँ इसकी चाल $2v$ मी/से है। दूसरे माध्यम में ध्वनि तरंगों की तरंगदैर्ध्य है
(a) λ (b) $\frac{\lambda}{2}$
(c) 2λ (d) 4λ

3 वायु में ध्वनि तरंग की चाल
(a) तापमान से स्वतंत्र होती है
(b) दाब के साथ बढ़ती है
(c) आर्द्रता में वृद्धि के साथ बढ़ती है
(d) आर्द्रता में वृद्धि के साथ घट जाती है

4 माध्यम के तापमान में परिवर्तन से .... में परिवर्तन होता है।
(a) ध्वनि तरंगों की आवृत्ति (b) ध्वनि तरंगों के आयाम
(c) ध्वनि तरंगों की तरंगदैर्ध्य (d) ध्वनि तरंगों की प्रबलता

5 किसी माध्यम से गुजरने वाली अनुदैर्ध्य तरंगों के संचरण के दौरान प्रेषित राशि होती है
(a) पदार्थ (b) ऊर्जा
(c) ऊर्जा और पदार्थ (d) ऊर्जा पदार्थ और चाल

6 एक ध्वनि तरंग संपीडन और विरलन के रूप में वायु स्तंभ से गुजर रही है। क्रमिक संपीडन और विरलन में,
(a) घनत्व स्थिर रहता है
(b) बॉयल के नियम का पालन किया जाता है
(c) वायु का आयतन प्रत्यास्थता मापांक दोलन करता है
(d) ऊष्मा का स्थानांतरण नहीं होता है

7 समतल प्रगामी तरंग का समीकरण $y_i = 0.6\sin 2\pi\left(t - \frac{x}{2}\right)$ द्वारा व्यक्त किया जाता है। सघन माध्यम से परावर्तन पर, इसका आयाम आपतित तरंग के आयाम का $\left(\frac{2}{3}\right)$ हो जाता है। परावर्तित तरंग का समीकरण है
(a) $y_r = 0.6\sin 2\pi\left(t + \frac{x}{2}\right)$ (b) $y_r = -0.4\sin 2\pi\left(t + \frac{x}{2}\right)$
(c) $y_r = 0.4\sin 2\pi\left(t + \frac{x}{2}\right)$ (d) $y_r = -0.4\sin 2\pi\left(t - \frac{x}{2}\right)$

विगत परीक्षाओं के प्रश्न

NEET

1 एक खुले पाइप द्वारा उत्पादित मूल सन्नादी की आवृत्तियों तथा समान लम्बाई वाले बन्द पाइप द्वारा उत्पादित मूल सन्नादी की आवृत्तियों का अनुपात है **NCERT पृष्ठ 292, NEET 2023**

(a) 2 : 1 (b) 1 : 3 (c) 3 : 1 (d) 1 : 2

2 यदि एक तनी हुई डोरी में प्रारम्भिक तनाव को दोगुना कर दिया जाए, तो डोरी के अनुदिश अनुप्रस्थ तरंग की प्रारम्भिक और अंतिम चाल का अनुपात होगा **NCERT पृष्ठ 285, NEET 2022**

(a) 2 : 1 (b) $1 : \sqrt{2}$ (c) 1 : 2 (d) 1 : 1

3 किसी संगीत वाद्य यंत्र के तार की लम्बाई 90 सेमी है तथा इसकी मूल आवृत्ति 120 हर्ट्ज है। इसे कितनी दूरी पर दबाया जाए जिससे मूल आवृत्ति 180 हर्ट्ज उत्पन्न हो? **NCERT पृष्ठ 290, NEET 2020**

(a) 75 सेमी (b) 60 सेमी (c) 45 सेमी (d) 80 सेमी

4 एक गिटार में, एक ही सामग्री से निर्मित दो तार A और B थोड़े बेसुरे हैं और 6 हर्ट्ज आवृत्ति का विस्पन्द उत्पन्न करते हैं। जब B में तनाव थोड़ा कम किया जाता है, तो विस्पन्द की आवृत्ति 7 हर्ट्ज तक बढ़ जाती है। यदि A की आवृत्ति 530 हर्ट्ज है, तो B की मूल आवृत्ति क्या होगी? **NCERT पृष्ठ 293, NEET 2020**

(a) 524 हर्ट्ज (b) 530 हर्ट्ज
(c) 537 हर्ट्ज (d) 523 हर्ट्ज

5 800 हर्ट्ज आवृत्ति वाला एक स्वरित्र द्विभुज एक अनुनाद स्तंभ नली में अनुनाद उत्पन्न करता है जिसका ऊपरी सिरा खुला है और निचला सिरा पानी की सतह से बन्द है। क्रमिक अनुनाद 9.75 सेमी, 31.25 सेमी और 52.75 सेमी लम्बाई पर देखे जाते हैं। वायु में ध्वनि की चाल है **NCERT पृष्ठ 292, NEET 2019**

(a) 500 मी/से (b) 156 मी/से
(c) 344 मी/से (d) 172 मी/से

6 एक खुले ऑर्गन पाइप में मूल आवृत्ति एक बन्द ऑर्गन पाइप के तीसरे सन्नादी के बराबर होती है। यदि बन्द ऑर्गन पाइप की लम्बाई 20 सेमी है, तो खुले ऑर्गन पाइप की लम्बाई है **NCERT पृष्ठ 293, NEET 2018**

(a) 12.5 सेमी (b) 8 सेमी (c) 13.3 सेमी (d) 16 सेमी

7 कांच की नली में अनुनाद उत्पन्न करने के लिए स्वरित्र द्विभुज का उपयोग किया जाता है। इस नली में वायु स्तंभ की लम्बाई को एक परिवर्तनीय पिस्टन द्वारा समायोजित किया जा सकता है। 27°C कमरे के तापमान पर, 20 सेमी और 73 सेमी की स्तम्भ लम्बाई पर दो क्रमिक अनुनाद उत्पन्न होते हैं। यदि स्वरित्र द्विभुज की आवृत्ति 320 हर्ट्ज है, तो 27°C पर वायु में ध्वनि का वेग क्या होगा? **NCERT पृष्ठ 292, NEET 2018**

(a) 350 मी/से (b) 339 मी/से
(c) 330 मी/से (d) 300 मी/से

8 एक सिरे पर बन्द और दूसरे सिरे पर खुली एक नली के दो निकटतम सन्नादी 220 हर्ट्ज और 260 हर्ट्ज हैं। सिस्टम की मूल आवृत्ति क्या है? **NCERT पृष्ठ 292, NEET 2017**

(a) 10 हर्ट्ज (b) 20 हर्ट्ज
(c) 30 हर्ट्ज (d) 40 हर्ट्ज

9 एक खुले ऑर्गन पाइप के दूसरे अधिस्वरक की आवृत्ति, एक / मीटर लम्बाई के बन्द पाइप के पहले अधिस्वरक के समान होती है। खुले पाइप की लम्बाई होगी **NCERT पृष्ठ 293, NEET 2016**

(a) L (b) $2L$
(c) $\frac{L}{2}$ (d) $4L$

10 समान आयाम वाली तीन ध्वनि तरंगों की आवृत्तियाँ $(n-1)$, n, $(n+1)$ हैं, वे विस्पन्द देने के लिए एक-दूसरे पर अध्यारोपित होती हैं। प्रति सेकण्ड उत्पादित विस्पन्दों की संख्या होगी **NCERT पृष्ठ 293, NEET 2016**

(a) 1 (b) 4
(c) 3 (d) 2

11 लम्बाई L तथा द्रव्यमान m_1 की एकसमान रस्सी दृढ़ आधार से ऊर्ध्वाधर लटकी हुई हैं। द्रव्यमान m_2 का एक ब्लॉक रस्सी के मुक्त सिरे से जुड़ा हुआ है। तरंगदैर्ध्य λ_1 का एक अनुप्रस्थ स्पन्द रस्सी के निचले सिरे पर उत्पन्न होता है। रस्सी के शीर्ष पर पहुँचने पर स्पन्द की तरंगदैर्ध्य λ_2 होती है। $\frac{\lambda_2}{\lambda_1}$ का अनुपात है **NCERT पृष्ठ 285, NEET 2016**

(a) $\sqrt{\frac{m_1+m_2}{m_2}}$ (b) $\sqrt{\frac{m_2}{m_1}}$
(c) $\sqrt{\frac{m_1+m_2}{m_1}}$ (d) $\sqrt{\frac{m_1}{m_2}}$

12 एक डोरी को 75.0 सेमी की दूरी पर स्थित निश्चित बिंदुओं के बीच खींचा गया है। इसमें 420 हर्ट्ज और 315 हर्ट्ज की अनुनाद आवृत्तियाँ पाई जाती हैं। इन दोनों के बीच कोई अन्य अनुनाद आवृत्तियाँ नहीं हैं। इस डोरी के लिए निम्नतम अनुनाद आवृत्ति है **NCERT पृष्ठ 291, AIPMT 2015**

(a) 155 हर्ट्ज
(b) 205 हर्ट्ज
(c) 10.5 हर्ट्ज
(d) 105 हर्ट्ज

13 एक वायु स्तंभ, जो एक सिरे पर बन्द है और दूसरे सिरे पर खुला है, एक स्वरित्र द्विभुज के साथ अनुनादित होता है उसी स्वरित्र द्विभुज के साथ अनुनादित होने वाले स्तंभ की अगली बड़ी लम्बाई है **NCERT पृष्ठ 292, AIPMT 2015**

(a) 100 सेमी (b) 150 सेमी
(c) 200 सेमी (d) 66.7 सेमी

14 20 सेमी लम्बाई वाले एक बन्द ऑर्गन पाइप की मूल आवृत्ति दोनों सिरों पर खुले ऑर्गन पाइप के दूसरे अधिस्वरक के समान है। दोनों सिरों पर खुले ऑर्गन पाइप की लम्बाई है **NCERT पृष्ठ 292, AIPMT 2015**

(a) 80 सेमी (b) 100 सेमी
(c) 120 सेमी (d) 140 सेमी

15 यदि n_1, n_2 और n_3 तीन खण्डों की मूल आवृत्तियाँ हैं जिनमें एक डोरी विभाजित है, तो डोरी की मूल आवृत्ति n निम्न द्वारा व्यक्त की जा सकती है **NCERT पृष्ठ 292, AIPMT 2014**

(a) $\frac{1}{n}=\frac{1}{n_1}+\frac{1}{n_2}+\frac{1}{n_3}$
(b) $\frac{1}{\sqrt{n}}=\frac{1}{\sqrt{n_1}}+\frac{1}{\sqrt{n_2}}+\frac{1}{\sqrt{n_3}}$
(c) $\sqrt{n}=\sqrt{n_1}+\sqrt{n_2}+\sqrt{n_3}$
(d) $n=n_1+n_2+n_3$

JEE Main

16 एक बन्द ऑर्गन पाइप की मूल आवृत्ति का मान किसी खुले ऑर्गन पाइप के प्रथम सन्नादी की आवृत्ति के बराबर है। यदि खुले पाईप की लम्बाई 60 सेमी हो, तो बन्द पाईप की लम्बाई होगी **NCERT पृष्ठ 292, JEE Main 2024**

(a) 30 सेमी (b) 45 सेमी
(c) 60 सेमी (d) 15 सेमी

17 एक समतल प्रगामी तरंग $y = 2\cos 2\pi\,(330t - x)$ m द्वारा प्रदर्शित की गई है। तरंग की आवृत्ति है **NCERT पृष्ठ 281, JEE Main 2024**

(a) 660 हर्ट्ज (b) 330 हर्ट्ज
(c) 165 हर्ट्ज (d) 340 हर्ट्ज

18 प्रति एकांक लम्बाई 7.0×10^{-3} किग्रा/मी द्रव्यमान वाला एक स्टील का तार 70 न्यूटन के तनाव में है। तार में अनुप्रस्थ तरंगों की चाल होगी **NCERT पृष्ठ 285, JEE Main 2023**

(a) 10 मी/से (b) 200π मी/से
(c) 100 मी/से (d) 50 मी/से

19 निम्न में से कौन-सा समीकरण एक प्रगामी तरंग को उचित प्रकार से दर्शाता है जिसकी तरंगदैर्ध्य $\lambda = 4.0$ सेमी तथा आवृत्ति $\nu = 100$ हर्ट्ज है तथा धनात्मक x-अक्ष दिशा में गमन करती है। **NCERT पृष्ठ 283, JEE Main 2022**

(a) $y = A\sin[(0.50\pi\,\text{सेमी}^{-1})x-(100\pi\,\text{से}^{-1})t]$
(b) $y = A\sin 2\pi[(0.25\,\text{सेमी}^{-1})x-(50\,\text{से}^{-1})t]$
(c) $y = A\sin\left[\left(\frac{2\pi}{4}\,\text{सेमी}^{-1}\right)x-\left(\frac{2\pi}{100}\,\text{से}^{-1}\right)t\right]$
(d) $y = A\sin\pi(0.5\,\text{सेमी}^{-1})x-(200\,\text{से}^{-1})t]$

20 अज्ञात आवृत्ति का एक स्वरित्र द्विभुज A, ज्ञात आवृत्ति 340 हर्ट्ज के द्विभुज के साथ 5 विस्पन्द/सेकण्ड उत्पन्न करता है। जब द्विभुज A भर जाता है, तो विस्पन्द आवृत्ति घटकर 2 विस्पन्द/सेकण्ड हो जाती है। द्विभुज A की आवृत्ति क्या है? **NCERT पृष्ठ 291, JEE Main 2021**

(a) 342 हर्ट्ज (b) 345 हर्ट्ज
(c) 335 हर्ट्ज (d) 338 हर्ट्ज

21 धनात्मक x-दिशा के अनुदिश गमन करने वाली एक प्रगामी तरंग को $y(x,t) = A\sin(kx - \omega t + \phi)$ द्वारा दर्शाया गया है। $t = 0$ पर इस तरंग की स्थिति चित्र में दर्शायी गई है। **NCERT पृष्ठ 285, JEE Main 2019**

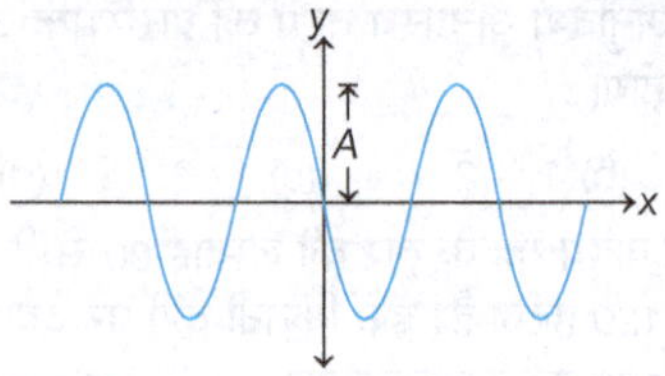

इस तरंग के लिए कला (ϕ) है

(a) $-\frac{\pi}{2}$ (b) π
(c) 0 (d) $\frac{\pi}{2}$

22 एक प्रगामी सन्नादी तरंग को समीकरण $y(x,t) = 10^{-3}\sin(50t + 2x)$ द्वारा व्यक्त किया जाता है, जहाँ x और y मीटर में हैं और t सेकण्ड में है। निम्न में से कौन-सा कथन तरंग के सम्बन्ध में सही है? **NCERT पृष्ठ 285, JEE Main 2019**

(a) तरंग ऋणात्मक X-अक्ष के अनुदिश 25 मी/से की चाल से संचरित हो रही है।
(b) तरंग धनात्मक X-अक्ष के अनुदिश 25 मी/से की चाल से संचरित हो रही है।
(c) तरंग धनात्मक X-अक्ष के अनुदिश 100 मी/से की चाल से संचरित हो रही है।
(d) तरंग ऋणात्मक X-अक्ष के अनुदिश 100 मी/से की चाल से संचरित हो रही है।

23 $2L$ लम्बाई का एक तार, समान लम्बाई तथा भिन्न त्रिज्या r तथा $2r$ वाले दो तारों A और B को जोड़कर बनाया गया है दोनों तार एक ही पदार्थ से बने हैं। यह एक ऐसी आवृत्ति पर कम्पन कर रहा है कि दो तारों का जोड़ एक निस्पन्द बनाता है। यदि तार A में प्रस्पन्दों की संख्या p है तथा तार B में प्रस्पन्द q हैं, तो अनुपात $p:q$ है **NCERT पृष्ठ 285, JEE Main 2019**

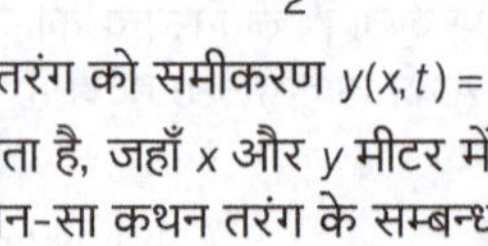

(a) 3 : 5 (b) 4 : 9
(c) 1 : 2 (d) 1 : 4

स्किल बूस्टर्स

1 राम एक अलग कमरे में बैठा था, जो द्रव्यमान m_1 तथा m_2 वाली दो द्वि-परमाणविक गैसों से भरा था। एक बर्तन को कमरे के कोने में गिरा दिया गया। यदि दो गैसों में ध्वनि की अलग-अलग चाल क्रमशः v_1 और v_2 है, तो उस चाल की गणना करें, जिसके माध्यम से ध्वनि राम की ओर गमन करेगी।

(a) $\sqrt{\dfrac{m_1v_1^2 + m_2v_2^2}{2(m_1 + m_2)}}$ (b) $\sqrt{\dfrac{2(m_1v_1^2 + m_2v_2^2)}{m_1 + m_2}}$

(c) $\sqrt{\dfrac{m_1v_1^2 + m_2v_2^2}{m_1 + m_2}}$ (d) $\sqrt{\dfrac{m_1v_1^2 + m_2v_2^2}{m_1 + m_2}}$

2 एक प्रगामी सामान्य सन्नादी तरंग X-अक्ष के अनुदिश वायु में घूम रही है। स्रोत से दिए गए बिंदु $x = x_0$ पर और एक निश्चित क्षण $t = t_0$ पर इस तरंग के भाग को क्रमशः विस्थापन-समय $(y-t)$ ग्राफ और वेग-समय $(v-t)$ ग्राफ द्वारा नीचे तरंग रूप में दर्शाया गया है। तरंग का वेग v_0 है और इसकी कोणीय आवृत्ति ω है। निम्नलिखित में से कौन-सा समीकरण उपरोक्त तरंगों के लिए $x = x_0$ पर पूर्ण तरंग को सही प्रदर्शित करेगा?

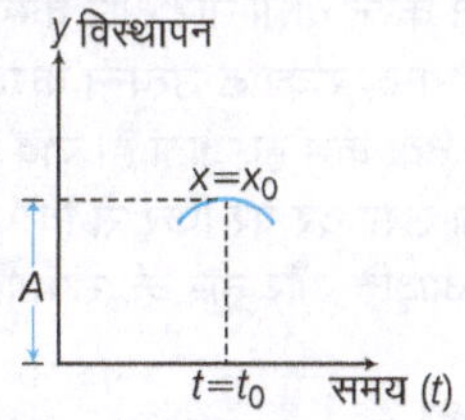

y-t ग्राफ

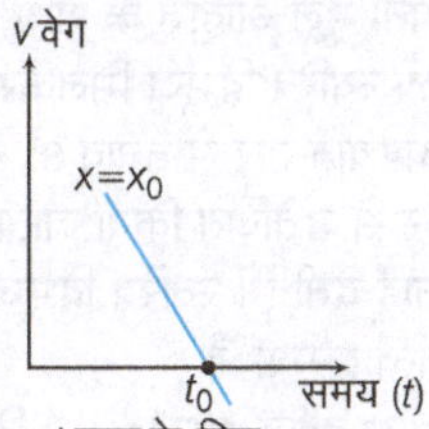

v-t ग्राफ के लिए $x = x_0$

(a) $y = -A\left[\cos\left\{\dfrac{2\pi}{T}(t - t_0) - \dfrac{\pi}{2}\right\}\right]$

(b) $y = -A\left[\sin\left\{\dfrac{2\pi}{T}(t - t_0) + \dfrac{\pi}{2}\right\}\right]$

(c) $y = A\left[\sin\left\{\dfrac{2\pi}{T}(t - t_0) + \dfrac{\pi}{2}\right\}\right]$

(d) $y = A\left[\cos\left\{\dfrac{2\pi}{T}(t - t_0) - \dfrac{\pi}{2}\right\}\right]$

3 एक डोरी का द्रव्यमान 10 ग्राम तथा लम्बाई $L = 3$ मीटर है। इसके दोनों सिरें $d = 2$ मीटर की दूरी पर दो दीवारों से बंधे हैं। दो ब्लॉक, जिनमें से प्रत्येक का द्रव्यमान $m = 2$ किग्रा है, डोरी से लटके हुए हैं, जैसा कि चित्र में दिखाया गया है। बिंदु P_1 से भेजा गया तरंग स्पंद बिंदु P_2 पर कितने समय में पहुंचेगा?

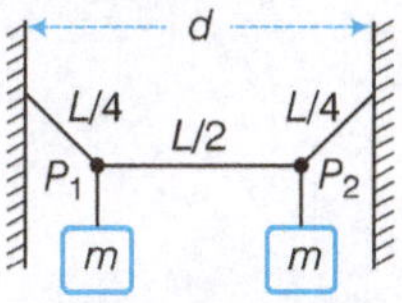

(a) 52.9 मिनट (b) 42.9 मिनट
(c) 32.9 मिनट (d) 22.9 मिनट

4 द्रव्यमान m का एक ब्लॉक द्रव्यमान m_0 और लम्बाई L_0 की एक ऊर्ध्वाधर डोरी से जुड़ा हुआ है जैसा कि चित्र में दिखाया गया है। पूरी प्रणाली एक ग्रह पर रखी गई है। जिसका द्रव्यमान पृथ्वी के द्रव्यमान का तीन गुना है और जिसकी त्रिज्या पृथ्वी की त्रिज्या से 3 गुनी हैं। पृथ्वी पर गुरुत्वीय त्वरण g है। डोरी के एक सिरे A से दूसरे सिरे B तक जाने के लिए एक तरंग स्पन्द द्वारा लिया गया समय है

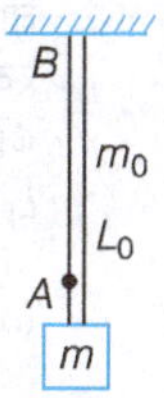

(a) $\left[\dfrac{\sqrt{m + m_0} - \sqrt{m}}{\sqrt{m_0}}\right]\sqrt{\dfrac{2L_0}{g}}$ (b) $\left[\dfrac{\sqrt{m + m_0} - \sqrt{m}}{\sqrt{m_0}}\right]\sqrt{\dfrac{3L_0}{g}}$

(c) $\left[\dfrac{\sqrt{m + m_0} - \sqrt{m}}{\sqrt{m_0}}\right]\sqrt{\dfrac{L_0}{2g}}$ (d) $2\left[\dfrac{\sqrt{m + m_0} - \sqrt{m}}{\sqrt{m_0}}\right]\sqrt{\dfrac{3L_0}{g}}$

5 चित्र में, एक धातु का तार दिखाया गया है जिसका रैखिक द्रव्यमान घनत्व 2.25×10^{-2} किग्रा/मीटर है, जिसके मुक्त सिरे पर 5 किग्रा द्रव्यमान का एक गुटका लटका हुआ है। यदि गुटके को किसी द्रव में पूर्ण रूप से डुबोया जाता है, जिसका घनत्व गुटके के घनत्व के साथ $\dfrac{17}{81}$ का अनुपात रखता है, तो डोरी में अनुप्रस्थ तरंग की चाल होगी

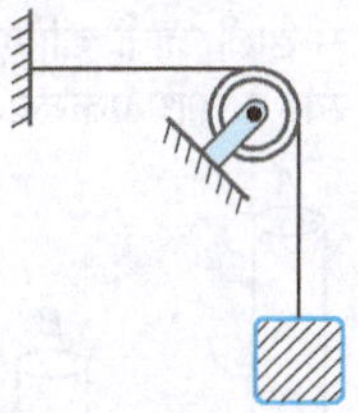

(a) 46.7 मी/से
(b) 41.5 मी/से
(c) 37.2 मी/से
(d) 31.7 मी/से

6 दर्शाई गई व्यवस्था में, क्षैतिज सतह चिकनी है और घिरनी आदर्श है। डोरी का प्रति एकांक लम्बाई का द्रव्यमान μ है और इसका द्रव्यमान ब्लॉकों के द्रव्यमान से बहुत कम है। $t = 0$ पर, प्रणाली को विराम से छोड़ा जाता है (ब्लॉक m_2 और घिरनी के बीच की प्रारंभिक दूरी L_0 है) और बिंदु A पर एक अनुप्रस्थ स्पन्द उत्पन्न होता है। स्पन्द को घिरनी तक पहुँचने में लगने वाला समय है (दिया है, $m_1 = 10$ किग्रा, $m_2 = 10$ किग्रा, $\mu = 20$ ग्राम/मी, $L_0 = 4$ मीटर और $g = 10$ मी/से^{2})

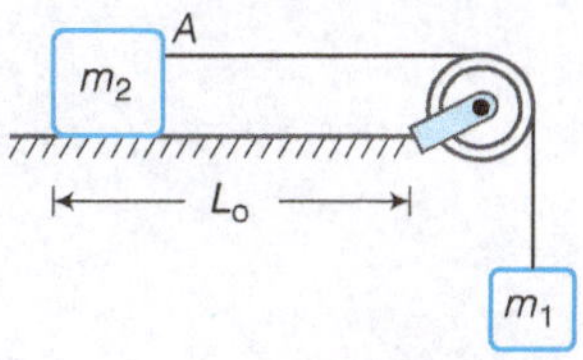

(a) 0.01 (b) 0.06
(c) 0.08 (d) 0.02

7 एक निश्चित तार एक सिरे पर एक दृढ़ आधार पर आबद्ध है, तथा दूसरे सिरे पर एक भार है जो एक घिरनी से होकर गुजरता है। जब तार की लम्बाई L को कम्पन कराया जाता है, तो यह एक निश्चित स्वरित्र द्विभुज के साथ अनुनादित होता है। भार को पूरी तरह से पानी और मिट्टी के तेल में अलग-अलग डुबोने पर, संगत लम्बाई L_w और L_k पाई जाती हैं। भार (ठोस) का विशिष्ट गुरुत्व है

(a) $\left[1+\left(\frac{L_w}{L}\right)^2\right]^{-1}$

(b) $\frac{L_w}{L}+1$

(c) $1+\frac{L}{L_w}$

(d) $\left[1-\left(\frac{L_w}{L}\right)^2\right]^{-1}$

8 एकसमान अनुप्रस्थ काट वाली, लेकिन असमान भुजा लम्बाई L_1 और $L_2 (L_2 < L_1)$ वाली एक U-नली में घनत्व ρ_1 का द्रव h ऊँचाई तक भरा हुआ है, जैसा कि चित्र में दिखाया गया है। घनत्व $\rho_2 \left(=\frac{\rho_1}{2}\right)$ का एक अन्य द्रव भुजा A में डाला जाता है। दोनों द्रव अमिश्रणीय हैं। दूसरे द्रव की कितनी लम्बाई A में डाली जानी चाहिए, ताकि A का पहला अधिस्वरक B के मूल स्वर के साथ एकरूप हो जाए?

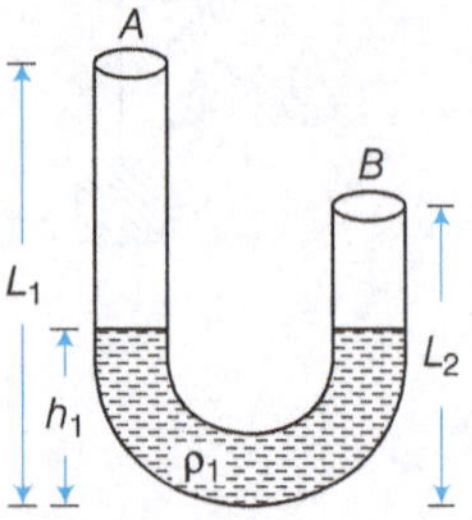

(a) $\frac{L_1-3L_2+2h}{3}$

(b) $\frac{2(L_1-3L_2+2h)}{3}$

(c) $\frac{L_1-3L_2+2h}{2}$

(d) $\frac{3(L_1-3L_2+2h)}{4}$

9 1 मीटर लम्बाई वाली एक धातु की छड़ को दो बिंदुओं पर आबद्ध किया गया है जैसा कि चित्र में दिखाया गया है। दो सिरों से क्लैम्प की दूरी क्रमशः 5 सेमी और 15 सेमी है। छड़ के प्राकृतिक अनुदैर्ध्य दोलनों की न्यूनतम आवृत्ति ज्ञात कीजिए। दिया है कि, छड़ के पदार्थ का यंग मापांक $Y = 1.6 \times 10^{11}$ पास्कल और घनत्व $\rho = 2500^{-3}$ किग्रा/मी^{3} है।

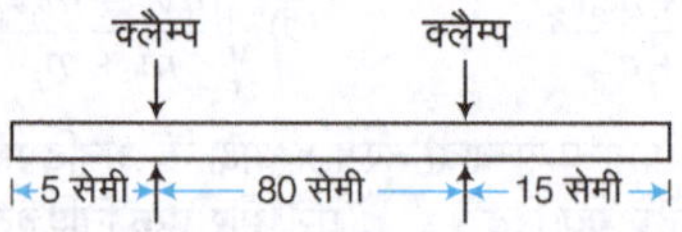

(a) 30 किलोहर्ट्ज

(b) 40 किलोहर्ट्ज

(c) 50 किलोहर्ट्ज

(d) 25 किलोहर्ट्ज

10 1 मिमी व्यास का एक धातु का तार 50 सेमी की दूरी पर स्थित दो चाकू के किनारों पर टिका हुआ है। तार में तनाव 100 न्यूटन है। अपनी मूल आवृत्ति के साथ कम्पन करने वाला तार और कम्पन करने वाला स्वरित्र द्विभुज मिलकर 5 विस्पन्द/सेकण्ड उत्पन्न करते हैं। तत्पश्चात् तार में तनाव 81 न्यूटन तक कम हो जाता है। जब दोनों को फिर से उत्तेजित किया जाता है, तो उसी दर पर फिर से विस्पन्द सुनाई देती है। स्वरित्र द्विभुज की आवृत्ति और तार की सामग्री का घनत्व क्रमशः हैं

(a) 90 हर्ट्ज, 1274×10^4 किग्रा/मी^{3}

(b) 100 हर्ट्ज, 1.724×10^4 किग्रा/मी^{3}

(c) 95 हर्ट्ज, 1.724×10^4 किग्रा/मी^{3}

(d) 95 हर्ट्ज, 1274×10^4 किग्रा/मी^{3}

प्रश्न कुंजी

शीर्षकवार प्रश्न

1 (a)	2 (d)	3 (d)	4 (d)	5 (c)	6 (a)	7 (c)	8 (c)	9 (d)	10 (a)
11 (a)	12 (c)	13 (c)	14 (b)	15 (b)	16 (a)	17 (a)	18 (a)	19 (c)	20 (a)
21 (a)	22 (b)	23 (b)	24 (a)	25 (a)	26 (c)	27 (d)	28 (a)	29 (b)	30 (b)
31 (c)	32 (c)	33 (c)	34 (a)	35 (b)	36 (c)	37 (b)	38 (d)	39 (c)	40 (b)
41 (a)	42 (b)	43 (c)	44 (a)	45 (d)	46 (a)	47 (c)	48 (b)	49 (d)	50 (a)
51 (a)	52 (c)	53 (c)	54 (a)	55 (a)	56 (a)	57 (a)	58 (c)	59 (d)	60 (b)
61 (b)	62 (b)	63 (d)	64 (c)	65 (d)	66 (d)	67 (c)	68 (c)	69 (b)	70 (a)
71 (b)	72 (d)	73 (a)	74 (a)	75 (c)	76 (c)	77 (c)	78 (d)	79 (b)	80 (c)
81 (b)									

अभिकथन-कारण प्रश्न

1 (a)	2 (a)	3 (d)	4 (a)	5 (a)	6 (c)	7 (c)	8 (a)	9 (d)	10 (c)

कथन आधारित प्रश्न

1 (b)	2 (d)	3 (b)	4 (b)	5 (a)	6 (a)	7 (d)	8 (d)

सुमेलन प्रकार प्रश्न

1 (a)	2 (a)	3 (b)	4 (a)	5 (c)

आंकिक मान प्रकार के प्रश्न

1 (9)	2 (67.5)	3 (60)	4 (234)	5 (80)	6 (1280)	7 (6)	8 (2)	9 (80)	10 (152)

NCERT Exemplar प्रश्न

1 (b)	2 (c)	3 (c)	4 (c)	5 (b)	6 (d)	7 (b)

विगत परीक्षाओं के प्रश्न

1 (a)	2 (b)	3 (b)	4 (a)	5 (c)	6 (c)	7 (b)	8 (b)	9 (b)	10 (a)
11 (a)	12 (d)	13 (b)	14 (c)	15 (a)	16 (d)	17 (b)	18 (c)	19 (d)	20 (c)
21 (b)	22 (a)	23 (c)							

स्किल बूस्टर्स

1 (d)	2 (c)	3 (c)	4 (d)	5 (b)	6 (c)	7 (d)	8 (b)	9 (b)	10 (d)

क्रमवार

प्रश्नों का विश्लेषण

कॉन्सेप्ट बिल्डर्स

1 नहीं कर सकते

2 प्रत्यास्थ और जड़त्व के गुण

3 गैर-यांत्रिक 4 अनुप्रस्थ

5 $\frac{\lambda}{2}$ 6 कोणीय तरंग संख्या

7 असत्य 8 सत्य

9 $y(x,t) = a\sin(kx - \omega t + \phi)$

10 असत्य 11 सत्य

12 असत्य 13 A

14 लाप्लास संशोधन

15 $n+1$ 16 निस्पन्द

17 $L\left(\frac{n+1}{2}\right)\frac{\lambda}{2}, n = 0, 1, 2, 3$

18 सत्य 19 असत्य

20 नहीं कर सकते

शीर्षकवार प्रश्न

1 *(a)* एक मोबाइल फोन में, प्रारम्भ में ध्वनि तरंगों को विद्युत धारा संकेत में परिवर्तित किया जाता है। तत्पश्चात् इन संकेतों को विद्युत चुम्बकीय तरंगों (रेडियो तरंगों) के रूप में परिवर्तित कर प्रेषित किया जाता है।

2 *(d)* भूकम्पीय तरंगें यान्त्रिक तरंगें होती हैं इसलिए उनके संचरण के लिए एक भौतिक माध्यम की आवश्यकता होती है।

3 *(d)* विकल्प (d) में दिया गया कथन गलत है और इसे निम्न प्रकार सही किया जा सकता है। यान्त्रिक तरंगों की चाल माध्यम में भिन्न-भिन्न होती हैं। शेष कथन सही हैं।

4 *(d)* जब सिरे A को अचानक खींचकर छोड़ा जाता है, तो स्प्रिंग अपनी सन्तुलन लम्बाई से विचलित हो जाती है। चूँकि स्प्रिंग II स्प्रिंग I से जुड़ी हुई है, इसलिए यह भी विस्तारित या संकुचित हो जाएगी और इसी प्रकार यह विक्षोभ प्रक्रिया आगे भी चलती रहेगी। सिरे A पर उत्पन्न विक्षोभ दूसरे सिरे तक संचरित होगा, लेकिन प्रत्येक स्प्रिंग अपनी सन्तुलन स्थिति के चारों ओर केवल लघु दोलन ही करेगी।

7 *(c)* विकल्प (c) में दिया गया कथन गलत है और इसे निम्न प्रकार सही किया जा सकता है।
गुरुत्वीय तरंगें उत्पन्न करने वाला प्रत्यानयन बल गुरुत्व का खिंचाव है, जो जल की सतह को उसके सबसे निचले स्तर पर रखता है। ये तरंगें घटते आयाम के साथ बहुत नीचे तक फैल जाती हैं।

8 *(c)* दिया है, एक प्रत्यास्थ तरंग का विस्थापन,

$$y = 3\sin\omega t + 4\cos\omega t$$

माना $3 = a\cos\phi$ ...(i)

$4 = a\sin\phi$ ...(ii)

समी (i) और (ii) का वर्ग करके जोड़ने पर

$$a^2\cos^2\phi + a^2\sin^2\phi = 3^2 + 4^2$$

$$\Rightarrow a^2(\cos^2\phi + \sin^2\phi) = 25$$

$$a^2 \cdot 1 = 25$$

$$\Rightarrow a = 5$$

इसी प्रकार,

$$y = 5\cos\phi\sin\omega t + 5\sin\phi\cos\omega t$$

$$= 5(\cos\phi\sin\omega t + \sin\phi\cos\omega t)$$

$$= 5\sin(\omega + \phi)$$

त्रिकोणमितीय सर्वसमिका द्वारा,

$\sin(A+B) = \sin A\cos B + \cos A\sin B$

उपरोक्त समीकरण की सामान्य समीकरण $y = A\sin(\omega t + \phi)$ से तुलना करने पर, हमें प्राप्त होता है

परिणामी आयाम = 5 सेमी

9 *(d)* $y = 5(\sin 4\pi t + \sqrt{3})\cos 4\pi t)$

$$= [5\sin 4\pi t + 5\sqrt{3}\cos 4\pi t] \quad ...(i)$$

बायीं ओर प्रगामी तरंग के लिए, इसकी चाल का सामान्य समीकरण,

$$= A\sin(kx + \omega t) + B\cos(kx + \omega t) \quad ...(ii)$$

$$= a\sin(kx + \omega t + \phi)$$

$$a = \sqrt{A^2 + B^2},$$

और $\phi = \tan^{-1}\left(\frac{B}{A}\right)$

समी (i) और (ii) की तुलना करने पर

$A = 5$ तथा $B = 5\sqrt{3}$

$\therefore$ आयाम $a = \sqrt{5^2 + (5\sqrt{3})^2}$

$$= \sqrt{25 + 75} = \sqrt{100} = 10$$

10 *(a)* दी गई आकृति में समय के सापेक्ष X की स्थिति पर विचार करते हैं।
$t = 0$ पर, शृंग X मूलबिन्दु से तरंग के एक चौथाई विस्थापन पर है। यह समय के साथ $+X$ अक्ष के अनुदिश आगे बढ़ता है और $t = 4$ सेकण्ड पर, यह एक पूर्ण तरंग या दोलन अर्थात् एक गर्त और एक श्रृग द्वारा विस्थापित होता है। इस प्रकार, केवल एक तरंग 4 सेकण्ड में मूलबिन्दु को पार करती है।

11 *(a)* तरंग समीकरण
$y(x,t) = a\sin(kx - \omega t + \phi)$ एक ज्या फलन है। चूँकि ज्या फलन -1 और $+1$ बीच परिवर्तित होता है। इसलिए विस्थापन $y(x,t)$ a और $-a$ के बीच परिवर्तित होगा।
$y(x,t)$ के सम्भावित मानों का परास है

$$-a \le y(x,t) \le a$$

12 *(c)* दिया है, तरंग समीकरण

$$y = 10\sin\left(\frac{2\pi}{45}t + \alpha\right)$$

सम्पूर्ण कला $\left(\frac{2\pi}{45}t + \alpha\right)$

यदि $t = 0$, $y = 5$ सेमी पर, तब उपरोक्त समीकरण से हम लिख सकते हैं

$$5 = 10\sin\alpha$$

$$\sin\alpha = \frac{1}{2} \Rightarrow \alpha = \frac{\pi}{6}$$

यदि $t = 7.5$ सेकण्ड $= \left(\frac{15}{2}\right)$ सेकण्ड, तब

$$\text{सम्पूर्ण कला} = \frac{2\pi}{45} \times \frac{15}{2} + \frac{\pi}{6}$$

$$= \frac{\pi}{3} + \frac{\pi}{6} = \frac{\pi}{2}$$

13 *(c)* दिया है

$$y_1 = a_1\sin\left(\omega t - \frac{2\pi}{\lambda}x\right) \quad ...(i)$$

$$y_2 = a_2\cos\left(\omega t - \frac{2\pi}{\lambda}x + \phi\right)$$

$$y_2 = a_2\sin\left(\omega t - \frac{2\pi}{\lambda}x + \phi + \frac{\pi}{2}\right) \quad ...(ii)$$

तरंगों के बीच कलान्तर निम्न प्रकार दिया है

$$\Delta\phi = \left[\omega t - \frac{2\pi x}{\lambda} + \phi + \frac{\pi}{2}\right] - \left[\omega t - \frac{2\pi x}{\lambda}\right]$$

$$= \phi + \frac{\pi}{2} = \frac{\pi}{2} + \phi$$

14 *(b)* दिया है, $v = 0.6$ मी/से, $f = 60$ हर्ट्ज
जैसा कि हम जानते हैं कि,

$$\lambda = \frac{v}{f}$$

$$\Rightarrow \quad \lambda = \frac{0.6}{60} \Rightarrow \lambda = 0.01 \text{ मीटर}$$

अर्थात् $\lambda = 1$ सेमी

15 *(b)* दी गई समीकरण में $\theta = 0$ लेने पर, $t = 0$ पर विस्थापन $y'(x,0) = a\sin x$ हो जाता है।

$= a\sin(kx + 2n\pi)$

ज्या फलन प्रत्येक 2π कोण में परिवर्तन के बाद अपना मान दोहराता है।

$$= a\sin k\left(x + \frac{2n\pi}{k}\right)$$

$\Rightarrow$ बिन्दुओं x और $x + \frac{2n\pi}{k}$ पर विस्थापन समान हैं, जहाँ $n = 1, 2, 3, \ldots$

16 *(a)* दिया है, तरंग समीकरण

$$y(x,t) = 4\sin\left[\pi\left(\frac{x}{9} - \frac{t}{5} + \frac{1}{6}\right)\right] \quad \ldots(i)$$

एक तरंग का सामान्य समीकरण है
$y(x,t) = a\sin(kx - \omega t + \phi)$
समी (i) की सामान्य समीकरण के साथ तुलना करने पर,

$$k = \left(\frac{\pi}{9}\right) \text{ रेडियन/सेमी}$$

जहाँ, k कोणीय तरंग संख्या है।

17 *(a)* दिया है, तरंग समीकरण

$$y(x,t) = a\sin\left(10\pi x + 11\pi t + \frac{\pi}{3}\right) \quad \ldots(i)$$

तरंग के सामान्य समीकरण
$y = A\sin(kx + \omega t + \phi)$ के साथ समी (i) की तुलना करने पर,

$$k = 10\pi$$

$$\lambda = \frac{2\pi}{k}$$

$$\Rightarrow \quad \lambda = \frac{2\pi}{10\pi} = 0.2 \text{ इकाई}$$

18 *(a)* दिया है, तरंग समीकरण,

$$y = 2\cos 2\pi(330t - x)$$

$$y = 2\cos(2\pi \times 330t - 2\pi x) \quad \ldots(i)$$

$y = A\cos(\omega t - kx + \phi)$ से समी (i) की तुलना करने पर,

$$\omega = 2\pi \times 330$$

$$\Rightarrow \text{आवर्तकाल } T = \frac{2\pi}{\omega} = \frac{2\pi}{2\pi \times 330}$$

$$= \left(\frac{1}{330}\right) \text{ सेकण्ड}$$

19 *(c)* माना तरंग के एक कण द्वारा एक दोलन पूरा करने में लिया गया समय T है।
$\Rightarrow T = 4 \times$ (किसी कण द्वारा अधिकतम विस्थापन से शून्य तक गमन करने में लगा समय)

$$\Rightarrow \quad T = 4 \times 0.14 \text{ सेकण्ड}$$

$$= 0.56 \text{ सेकण्ड}$$

$$\text{आवृत्ति, } \nu = \frac{1}{T}$$

$$= \frac{1}{0.56} = \frac{100}{56} = 1.79 \text{ हर्ट्ज}$$

20 *(a)* दिया है, तरंग समीकरण

$$y = 15\cos(660\pi t - 0.02\pi x)$$

प्रगामी तरंग की सामान्य समीकरण के साथ तुलना करने पर,

$$y(x,t) = a\cos(\omega x - kx)$$

$$= a\cos\left(\frac{2\pi}{T}t - \frac{2\pi}{\lambda}x\right)$$

$$\frac{2\pi}{T} = 660\pi \text{ या } \frac{1}{T} = 330$$

$$\text{या} \quad \nu = \frac{1}{T} = 330 \text{ हर्ट्ज}$$

21 *(a)* दिया है $a = 1$ मीटर, $\lambda = 2\pi$ मीटर और $\nu = \left(\frac{1}{\pi}\right)$ हर्ट्ज

$$\because \quad y = a\sin(kx - \omega t)$$

$$= \sin\left(\frac{2\pi}{2\pi} \times x - 2\pi \times \frac{1}{\pi}t\right)$$

$$\left(\because k = \frac{2\pi}{\lambda} \text{ and } \omega = 2\pi\nu\right)$$

$$y = \sin(x - 2t)$$

22 *(b)* एक तरंग के दो क्रमिक शृंग या गर्तों के बीच की दूरी को तरंगदैर्ध्य के रूप में परिभाषित किया जा सकता है।
अतः $\lambda = 15 \times 4 = 6$ सेमी

$$\nu = \frac{1}{\lambda}, \ \nu = \frac{1}{6}$$

$$\nu = 0.16 \text{ प्रति सेमी}$$

23 *(b)* दिया है, तरंग समीकरण,

$$y = 10^{-6}\sin 100t + 20x + \frac{\pi}{4} \quad \ldots(i)$$

मानक तरंग समीकरण
$y = a\sin(\omega t + kx + \phi)$ के साथ समी (i) की तुलना करने पर,

$\omega = 100$ प्रति रेडियन

$k = 20$ रेडियन/मिनट, $\phi = \frac{\pi}{4}$

$$\Rightarrow \text{तरंग वेग}, \ v = \frac{\omega}{k} = \frac{100}{20} = 5 \text{ मी/से}$$

24 *(a)* दिया है,

$$y = 0.2\sin 2\pi\left[\frac{t}{0.01} - \frac{x}{0.3}\right]$$

$$= 0.2\sin\left[\frac{2\pi t}{0.01} - \frac{2\pi x}{0.3}\right]$$

$$= 0.2\sin\left[\pi + \left(\frac{2\pi x}{0.3} - \frac{2\pi t}{0.1}\right)\right]$$

$$= 0.2\sin\left(\frac{2\pi x}{0.3} - \frac{2\pi t}{0.01} + \pi\right) \quad \ldots(i)$$

मानक तरंग समीकरण
$y = a\sin(kx - \omega t + \phi)$ के साथ समी (i) की तुलना करने पर,

$$\omega = \frac{2\pi}{0.01} \text{ रेडियन/सेकण्ड}$$

$$k = \frac{2\pi}{0.3} \text{ रेडियन/सेकण्ड और } \phi = \pi$$

$\Rightarrow$ तरंग वेग,

$$v = \frac{\omega}{k} = \frac{2\pi/0.01}{2\pi/0.3} = \frac{0.3}{0.7} = 30 \text{ मी/से}$$

25 *(a)* दिया है,

$$y = 10^{-4}\sin\left(600t - 2x + \frac{\pi}{3}\right) \text{ मी}$$

मानक तरंग समीकरण
$y = a\sin(\omega t - kx + \phi)$ से तुलना करने पर,
कोणीय चाल, $\omega = 600$ प्रति सेकण्ड
संचरण स्थिरांक, $k = 2$ प्रति मीटर

$$\therefore \quad \text{वेग} = \frac{\omega}{k} = \frac{600}{2} = 300 \text{ मी/से}$$

26 *(c)* जैसा कि हम जानते हैं,

$$v = \frac{\omega}{k} = \frac{30}{1} = 30 \text{ मी/से}$$

$$\text{और} \quad T = v^2\mu = (30)^2 \times 12 \times 10^{-3}$$

$$= 10.8 \text{ न्यूटन}$$

27 *(d)* दिया है, लम्बाई $(L) = 20$ मीटर द्रव्यमान $(M) = 10$ ग्राम, $= 10^{-2}$ किग्रा
तनाव $(T) = 125$ न्यूटन
तार की प्रति एकांक लम्बाई का द्रव्यमान,

$$\mu = \frac{M}{L} = \frac{10^{-2}}{20} = 5 \times 10^{-4} \text{ किग्रा/मी}$$

तार पर अनुप्रस्थ तरंग की चाल,

$$v = \sqrt{\frac{T}{\mu}} = \sqrt{\frac{125}{5 \times 10^{-4}}} = 5 \times 10^2 \text{ मी/से}$$

$$\Rightarrow v = 500 \text{ मी/से}$$

28 *(a)* दिया है, तरंग की आवृत्ति, $\nu = 100$ हर्ट्ज

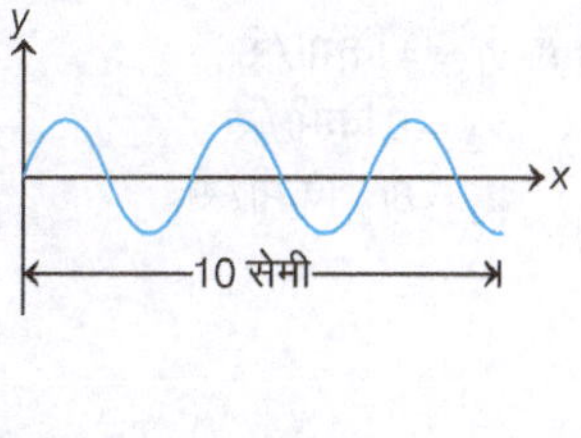

उपरोक्त चित्र से, $\frac{5}{2}\lambda = 10$ सेमी

$\Rightarrow \lambda = 4$ सेमी या 0.04 मीटर

अब, तरंग का वेग, $v = \nu\lambda$

$v = 100 \times 0.04 = 4$ मी/से

29 *(b)* दिया है, पराश्रव्य स्कैनर की आवृत्ति

$\nu = 3.2$ मेगा हर्ट्ज $= 3.2 \times 10^6$ हर्ट्ज

$= 3.2 \times 10^6$ प्रति सेकण्ड

$v = 1.6$ किमी/सेकण्ड

$= 1.6 \times 10^3$ मी/से

हम जानते हैं कि,

तरंगदैर्ध्य, $\lambda = \frac{v}{\nu} = \frac{1.6 \times 10^3}{3.2 \times 10^6}$

$= 0.5 \times 10^{-3}$ मीटर $= 0.5$ मिमी

30 *(b)* दिया है, $\lambda_A = 100$ मिमी $= 0.10$ मी

$\lambda_B = 0.25$ मी, $v_A = 80$ सेमी/से $= 0.80$ मी/से

चूँकि तरंग की आवृत्ति दोनों माध्यमों में समान रहती है

$\therefore \quad v = \frac{v_A}{\lambda_A} = \frac{v_B}{\lambda_B}$

$\therefore \quad v_B = \frac{\lambda_B}{\lambda_A} \times v_A = \frac{0.25}{0.10} \times 0.80$

$\Rightarrow \quad v_B = 2$ मी/से

31 *(c)* दिया है, $v_{\text{वायु}} = 350$ मी/से

$v_{\text{पीतल}} = 3500$ मी/से

जब ध्वनि तरंग एक माध्यम से दूसरे माध्यम में जाती हैं तो उसकी आवृत्ति (ν) समान रहती है।

आवृत्ति, $\nu = \frac{\text{वेग}}{\text{तरंगदैर्ध्य}} = \frac{v}{\lambda}$

चूँकि ν दोनों माध्यमों में समान रहती है,

इसलिए $\frac{v_{\text{वायु}}}{\lambda_{\text{वायु}}} = \frac{v_{\text{पीतल}}}{\lambda_{\text{पीतल}}}$

$\lambda_{\text{पीतल}} = \lambda_{\text{वायु}} \times \frac{v_{\text{पीतल}}}{v_{\text{वायु}}}$

$= \lambda_{\text{वायु}} \times \frac{3500}{350} = 10\,\lambda_{\text{वायु}}$

32 *(c)* माना S और P तरंगों की चाल v_1 व v_2 हैं और इन तरंगों द्वारा सीस्मोग्राफ तक पहुँचने में लिया गया समय t_1 तथा t_2 है। जबकि भूकम्प का केन्द्र सीस्मोग्राफ से d दूरी पर स्थित है, तो

$d = v_1 t_1 = v_2 t_2 \quad \ldots(i)$

दिया है, $v_1 = 4$ किमी/से

और $v_2 = 8$ किमी/से

$\therefore \quad 4t_1 = 8t_2$ किमी/से

$\Rightarrow \quad t_1 = 2t_2 \quad \ldots(ii)$

और $t_1 - t_2 = 4$ मिनट

$= 240$ सेकण्ड

$\therefore \; 2t_2 - t_2 = 240$

समी. (ii) का उपयोग करके

या $\quad t_2 = 240$ सेकण्ड

t_2 का मान समी (ii) में रखने पर,

$t_1 = 2 \times 240$ सेकण्ड

$= 480$ सेकण्ड

$d = 4 \times 480 = 1920$ किमी

33 *(c)* दिया गया तरंग समीकरण,

$y = 0.002 \cos(300t - 15x)$

द्रव्यमान घनत्व, $\mu = 0.1$ किग्रा/मी

दिए गए तरंग समीकरण की तुलना

$y = a\cos(\omega t - kx)$ से करने पर

$\omega = 300$ रेडियन/से,

$k = 15$ रेडियन/मी

$\therefore$ तरंग का वेग, $v = \frac{\omega}{k} = \frac{300}{15} = 20$ मी/से

डोरी में तरंग की चाल,

$v = \sqrt{\frac{T}{\mu}} \Rightarrow T = v^2 \times \mu \quad \ldots(i)$

$T = 400 \times 0.1$

$\Rightarrow \quad T = 40$ न्यूटन

34 *(a)* दिया है, तार A की त्रिज्या = 2 (तार B की त्रिज्या)

अर्थात् $\quad r_A = 2r_B$

तनाव, $\quad T_B = T_A$

डोरी A का द्रव्यमान, m_A = आयतन × घनत्व

$= (\pi r_A^2) \times l_A \times \rho_A \quad \ldots(i)$

इसी प्रकार, $m_B = (\pi r_B^2) \times l_B \times \rho_B \quad \ldots(ii)$

समी (i) को समी (ii) से विभाजित करने पर,

$\therefore \quad \frac{m_A}{m_B} = \frac{r_A^2 l_A}{r_B^2 l_B}$

$\Rightarrow \quad \frac{m_A / l_A}{m_B / l_B} = \frac{r_A^2}{r_B^2} \quad \ldots(iii)$

रैखिक द्रव्यमान घनत्व,

$\mu = \frac{m}{l}$

$\Rightarrow \quad \frac{\mu_A}{\mu_B} = \frac{m_A / l_A}{m_B / l_B} = \left(\frac{r_A}{r_B}\right)^2$

हम जानते हैं तरंग की अनुप्रस्थ चाल

$v = \sqrt{\frac{T}{\mu}}$

$\Rightarrow \quad \frac{v_A}{v_B} = \sqrt{\frac{\mu_B}{\mu_A}} = \frac{r_B}{r_A} = \frac{1}{2} \; (\because r_A = 2r_B)$

35 *(b)* हम जानते हैं कि, मानक ताप तथा दाब (STP) पर किसी गैस के 1 मोल अणुओं द्वारा घेरा गया आयतन 22.4 लीटर होता है, इसलिए STP पर वायु का घनत्व,

$\rho_0 = \frac{\text{वायु के 1 मोल अणुओं का द्रव्यमान}}{\text{STP पर वायु के 1 मोल अणुओं का आयतन}}$

$= \frac{29.0 \times 10^{-3}}{22.4 \times 10^{-3}} = 129$ किग्रा/मी^{3}

STP पर वायुमण्डलीय दाब,

$p = 1.01 \times 10^5$ न्यूटन/मी^{2}

अतः माध्यम में ध्वनि की चाल के लिए न्यूटन के नियमानुसार,

STP पर वायु में ध्वनि की चाल,

$v = \sqrt{\frac{p}{\rho_0}} = \left[\frac{1.01 \times 10^5}{129}\right]^{1/2}$

$= 279.81$ मी/से ≈ 280 मी/से

36 *(c)* $v_{\text{ठोस (एल्युमीनियम)}} = 6420$ मी/से

$v_{\text{द्रव (जल)}} = 1482$ मी/से

$v_{\text{वायु}} = 343$ मी/से

$\therefore$ सही क्रम है

$v_{\text{ठोस (एल्युमीनियम)}} > v_{\text{द्रव (जल)}} > v_{\text{वायु}}$

37 *(b)* डोरी में अनुप्रस्थ तरंग की चाल

$v = \sqrt{\frac{T}{\mu}} \quad \ldots(i)$

जब वेग v है, तब तनाव,

$T_1 = 2.06 \times 10^4$ न्यूटन

इसी प्रकार, जब वेग $\frac{v}{2}$ है तब तनाव T है, अतः

समी (i) से,

$\frac{v}{\frac{v}{2}} = \sqrt{\frac{T_1}{T}}$

$\Rightarrow \quad T = \frac{T_1}{4} = \frac{2.06 \times 10^4}{4}$

$T = 5.15 \times 10^3$ न्यूटन

38 *(d)* $v = \sqrt{\frac{T}{\mu}}$; μ = डोरी की प्रति एकांक लम्बाई का द्रव्यमान

$v \propto \sqrt{T}$

$\frac{v_2}{v_1} = \sqrt{\frac{T_2}{T_1}}$

$v_2 = v_1\sqrt{\frac{T_2}{T_2}} = 500\sqrt{\frac{4T}{T}}$

$= 1000$ मी/से

39 *(c)* जैसा कि हम जानते हैं,

अनुदैर्ध्य तरंग का वेग $v_1 = \sqrt{\frac{Y}{\rho}}$

और अनुप्रस्थ तरंग का वेग,

$$v_2 = \sqrt{\frac{T}{m}} = \sqrt{\frac{T}{\rho s}}$$

$$\therefore \frac{v_1}{v_2} = \sqrt{\frac{Ys}{T}} = \sqrt{\frac{Y}{T/s}} = \sqrt{\frac{Y}{Y\left(\frac{\Delta l}{l}\right)}} = \sqrt{n}$$

40 *(b)* वायु में ध्वनि की चाल निम्न प्रकार दी गई हैं,

$$v = \sqrt{\frac{\gamma RT}{M}}$$

जहाँ, T = परम तापमान, γ = रुद्धोष्म स्थिरांक

R = गैस स्थिरांक और M = वायु का आण्विक द्रव्यमान

चूँकि, γ और M स्थिरांक हैं।

$$\therefore v \propto \sqrt{T} \Rightarrow \frac{v_t}{v_0} = \sqrt{\frac{273 + t}{273}}$$

प्रश्नानुसार, $v_t = 2v_0$

$$\frac{2v_0}{v_0} = \sqrt{\frac{273+t}{273}}$$

$$2 = \sqrt{\frac{273+t}{273}}$$

दोनों पक्षों का वर्ग करने पर,

$$4 = \frac{273+t}{273}$$

$$1092 = 273 + t$$

$$819°\text{C} = t$$

41 *(a)* तापमान परिवर्तन के कारण गैस में ध्वनि का वेग,

$$v = \sqrt{\frac{T}{\mu}}, v \propto \sqrt{T}$$

$$\frac{v'}{v} = \sqrt{\frac{T'}{T}} \Rightarrow \frac{v'}{v} = \sqrt{\frac{20 + 273}{273}}$$

$$\frac{v'}{340} = \sqrt{\frac{293}{273}}$$

$$v' = 340 \times \sqrt{1.073} = 340 \times 1.036$$

$v' = 352.24$ मी/से

$v' = 352$ मी/से

42 *(b)* दिया है, द्रव का आयतन प्रत्यास्थता मापांक $(B) = 1.5 \times 10^9$ न्यूटन/मी^{2}

घनत्व $(\rho) = 6000$ किग्रा/मी^{3}

तो, द्रव में ध्वनि की चाल,

$$v = \sqrt{\frac{B}{\rho}}$$

$\therefore \quad v = \sqrt{\frac{1.5 \times 10^9}{6000}} = 600$ मी/से

43 *(c)* किसी तरल पदार्थ में ध्वनि तरंगों की चाल, $v = \sqrt{\frac{B}{\rho}}$, जहाँ B आयतन प्रत्यास्थता मापांक है और ρ माध्यम का घनत्व है।

$$v \propto \frac{1}{\sqrt{\rho}}$$

($\because$ किसी भी द्रव के लिए, B = नियत)

$v = \sqrt{B}$ ($\because$ माध्यम के लिए, ρ = नियत)

अतः ध्वनि तरंग की चाल घनत्व के वर्गमूल के व्युत्क्रमानुपाती तथा माध्यम के आयतन मापांक के वर्गमूल के समानुपात पर निर्भर करती है।

44 *(a)* एक छड़ में तरंग की चाल, $v = \sqrt{\frac{Y}{\rho}}$

तो, ठोस छड़ों में अनुदैर्ध्य तरंगों की चाल का अनुपात है

$$\frac{v_1}{v_2} = \sqrt{\frac{Y_1\rho_2}{Y_2\rho_1}}$$

चूँकि, ठोस छड़ समान घनत्व वाले पदार्थों से बनी होती है, अर्थात्

$$\rho_1 = \rho_2 \Rightarrow \frac{v_1}{v_2} = \sqrt{\frac{Y_1}{Y_2}} = \sqrt{2} = 2$$

$$\left[\text{प्रश्नानुसार}, \frac{Y_1}{Y_2} = 4\right]$$

45 *(d)* गैस में ध्वनि की चाल गैस के दाब पर तब तक निर्भर करती है, जब तक तापमान स्थिर रहता है अर्थात् दाब में परिवर्तन होने के कारण चाल एकसमान रहती है।

46 *(a)* लाप्लास संशोधन के अनुसार ध्वनि तरंगों के संचरण में दाब परिवर्तन बहुत तीव्र चाल से होता है परिणामस्वरूप ऊष्मा प्रवाह को स्थिर तापमान पर बनाए रखने के लिए बहुत कम समय प्राप्त होता है। इसलिए ये परिवर्तन रूद्धोष्म प्रकृति का होता है।

47 *(c)* अध्यारोपण के सिद्धान्त के अनुसार, दो स्पंदों के कारण विस्थापन एक-दूसरे को निरस्त कर देगें। अर्थात् $t = t_1$ सेकण्ड पर, परिणामी विस्थापन शून्य होता है।

48 *(b)* आपतित तरंग, $y_1 = a \sin(kx - \omega t)$

परावर्तित तरंग, $y_2 = a \sin(kx + \omega t)$

अध्यारोपण के सिद्धान्त के अनुसार, अप्रगामी तरंग समीकरण

$$y(x,t) = y_1 + y_2$$
$$= a[\sin(kx - \omega t) + \sin(kx + \omega t)]$$
$$= 2a \sin kx \cos \omega t \quad \ldots(\text{i})$$

समी (i) की तुलना

$y(x,t) = A(x) \cos \omega t$ से करने पर

आयाम, $A(x) = 2a \sin kx$

49 *(d)* समान आयाम A और समान आवृत्ति की दो तरंगें, जो एक ही दिशा में गमन कर रही है, के समीकरण

$$y_1(x,t) = A \sin(kx - \omega t)$$
$$y_2(x,t) = A \sin(kx - \omega t + \phi)$$
$$y(x,t) = A \sin(kx - \omega t) + A \sin(kx - \omega t + \phi)$$
$$= A\left[2 \sin\left[\frac{(kx - \omega t + (kx - \omega t + \phi)}{2}\right] \cos\frac{\phi}{2}\right]$$
$$= 2A \cos\frac{\phi}{2} \sin\left(kx - \omega t + \frac{\phi}{2}\right)$$

$\therefore$ परिणामी आयाम $= 2A \cos\frac{\phi}{2}$

चूँकि, दिया गया कोज्या फलन (Cosine function) 0 से π के मध्य परिवर्तित होता है अतः तरंग का परिमाण 0 से $2A$ के मध्य परिवर्तित होगा।

50 *(a)* समान आयाम और समान आवृत्ति की दो तरंगों के परिणामी का आयाम जब वे कलान्तर ϕ वाले माध्यम में एक ही दिशा में गमन करती हैं, तो इसका समीकरण निम्न प्रकार व्यक्त किया जाता है

$$A(\phi) = 2A \cos\left(\frac{\phi}{2}\right)$$

दिया है, $\phi = 120°$

$$\Rightarrow \quad A(\phi) = 2A \cos\left(\frac{120°}{2}\right)$$

या $\quad A(\phi) = 2A \times \frac{1}{2} = A$

51 *(a)* माना ϕ_1 और ϕ_2 पहली और दूसरी तरंगों के कोण को दर्शाते है, तो

$$\phi_2 = \frac{2\pi}{\lambda}[(vt - x) + x_0]$$

$$\phi_1 = \frac{2\pi}{\lambda}(vt - x) \Rightarrow x_0 = \frac{\lambda}{2}$$

$$\Rightarrow \phi_2 - \phi_1 = \pi \left(\because \Delta\phi = \frac{2\pi}{\lambda}\Delta x\right)$$

इसलिए कलान्तर $\phi = \pi$, अतः परिणामी तरंग का आयाम है

$$R = \sqrt{a^2 + b^2 + 2ab\cos\phi}$$
$$= \sqrt{a^2 + b^2 + 2ab\cos\pi}$$
$$= \sqrt{(a-b)^2} = a - b$$

$\therefore \quad R = |a - b|$

52 *(c)* परावर्तित तरंग का आकार आपतित तरंग के समान होता है, लेकिन π या 180° परावर्तन के कारण इसमें कला परिवर्तन होता है। ऐसा इसलिए है क्योंकि परिसीमा (Boundary) दृढ़ है और परिसीमा पर प्रत्येक समय विक्षोभ का विस्थापन शून्य होता है।

53 *(c)* डोरी अप्रगामी तरंगों से गुजर रही है।

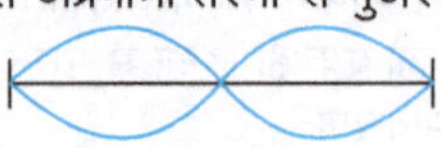

$$v = \sqrt{\frac{T}{\mu}} \quad \text{...(i)}$$

$$\lambda = kL \quad \text{...(ii)}$$

जहाँ, k एक स्थिरांक है

अब ,$f = \frac{v}{\lambda}$

समी (i) और (ii) से

$$f = \frac{\sqrt{\frac{T}{\mu}}}{kL}$$

यहाँ, T और μk स्थिरांक हैं।

$$\therefore \quad f \propto \frac{1}{L}$$

अतः आवृत्ति को कम करने के लिए, लम्बाई में वृद्धि की जा सकती है।

55 *(a)* यदि परिसीमा (Boundary) दो भिन्न प्रत्यास्थ माध्यमों के बीच एक अन्तरापृष्ठ (Interface) है, जिसका अर्थ है कि परिसीमा पूर्ण रूप से दृढ़ नहीं है, तो आपतित तरंग का एक भाग परावर्तित हो जाता है तथा दूसरा भाग अन्य माध्यम में संचरित हो जाता है। इस प्रकार, विकल्प (a) में दिया गया कथन सही है लेकिन शेष कथन गलत हैं।

56 *(a)* अप्रगामी तरंगों में, दाब और घनत्व में परिवर्तन निस्पंद पर अधिकतम होता है जबकि विस्थापन न्यूनतम (शून्य) होता है।

58 *(c)* अष्टक का अर्थ है, आवृत्ति 2 : 1 के अनुपात में है। अर्थात् $\frac{f'}{f} = \frac{2}{1}$

हम जानते हैं कि $f \propto \sqrt{T}$

$$\therefore \quad \frac{f'}{f} = \sqrt{\frac{T'}{T}} = \frac{2}{1}$$

$$\Rightarrow \quad T' = 4T$$

तो, अन्तिम भार $T' = 4 \times 4 = 16$ किग्रा-भार

59 *(d)* किसी तार में तरंगों की सम्भावित आवृत्तियाँ निम्न प्रकार दी गई हैं,

$$\nu_n = \frac{nv}{2l}$$

मूलभूत आवृत्ति $\nu_0 = \frac{v}{2L}$ ...(i)

$(\because n = 1)$

तरंग वेग, $v = \sqrt{\frac{T}{\mu}} = \sqrt{\frac{T}{(m/L)}}$ ...(ii)

$$\left(\because \mu = \frac{m}{L}\right)$$

तार का द्रव्यमान, m = आयतन × घनत्व

$$= (\pi r^2 \times L) \times \rho$$

$$\Rightarrow \quad \mu = \frac{m}{L} = \pi r^2 \rho$$

समी (ii) में π का मान प्रतिस्थापित करने पर,

$$\Rightarrow \quad v = \sqrt{\frac{T}{\pi r^2 \rho}} = \frac{1}{r}\sqrt{\frac{T}{\pi \rho}}$$

समी (i) में v का मान प्रतिस्थापित करने पर ,

$$\nu_0 = \frac{1}{2rL}\sqrt{\frac{T}{\pi\rho}}$$

$$\therefore \quad \frac{\nu_{01}}{\nu_{02}} = \frac{L_2}{4} \times \frac{r_2}{r_1}\sqrt{\frac{T_1}{T_2}}$$

$$\Rightarrow \quad \frac{600}{\nu_{02}} = \frac{2}{1} \times \frac{1}{2} \times \sqrt{\frac{T}{T/9}} = 3$$

$$\therefore \quad \nu_{02} = \frac{600}{3} = 200 \text{ हर्ट्ज}$$

60 *(b)* डोरी में कम्पन की आवृत्ति nवें सन्नादी में निम्न प्रकार दी गई है

$$f_n = n \cdot \frac{v}{2l} \quad \text{...(i)}$$

जहाँ, $n = 3$, $f_3 = 240$ हर्ट्ज तथा $l = 2$ मीटर

इन मानों को समी (i) में प्रतिस्थापित करने पर,

$$\therefore \quad 240 = 3 \times \frac{v}{2 \times 2}$$

$$\Rightarrow \quad v = \frac{4 \times 240}{3} = 320 \text{ मी/से}$$

मूल आवृत्ति, $f = \frac{f_n}{n} = \frac{f_3}{3}$

$$= \frac{240}{3} = 80 \text{ हर्ट्ज}$$

61 *(b)* जब खुली नली को जल में डुबोया जाता है, तो यह एक सिरे पर बन्द नली बन जाती है, जैसा कि नीचे दिखाया गया है,

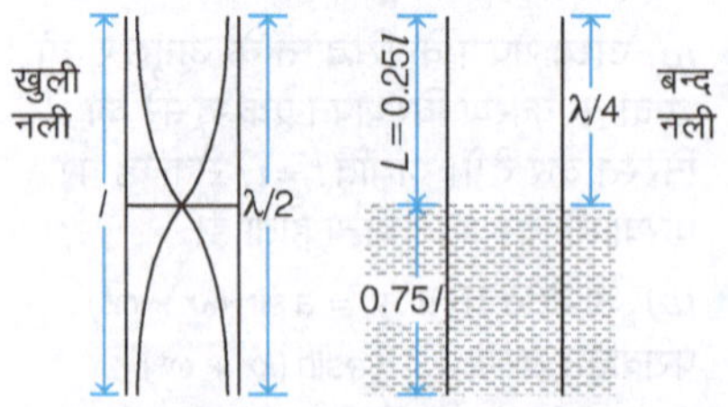

खुली नली के लिए मूल आवृत्ति $= \frac{v}{2l}$

डोरी की मूल आवृत्ति $(\nu_0) = \frac{v}{2l}$

बन्द नली के लिए मौलिक आवृत्ति

$$\nu_{(\text{बन्द ट्यूब})} = \frac{v}{4L}$$

बन्द नली के लिए अनुनाद हेतु उपलब्ध लम्बाई = $0.25\,l$

$$\Rightarrow \quad L = 0.25\,l$$

$$\therefore \quad \nu_{0\,(\text{बन्द ट्यूब})} = \frac{v}{4(0.25l)} = \frac{v}{2l} \times 2$$

= 2 × डोरी की आवृत्ति

$$\Rightarrow \quad \frac{\nu_{0(\text{बन्द ट्यूब})}}{\nu_{0\,(\text{स्ट्रिंग})}} = 2$$

62 *(b)* समय t पर, जल के ऊपर नली की लम्बाई, $l = (l_1 - vt) = \frac{\lambda}{4}$

मौलिक आवृत्ति, $f_0 = \frac{c}{4l}$

$$f_0 = \frac{c}{4(l_1 - vt)}$$

$$\frac{df_0}{dt} = \frac{-c(-v)}{4(l_1 - vt)^2} = \frac{+cv}{4l^2}$$

$$\left|\frac{df_0}{dt}\right| = \frac{cv}{4l^2}$$

63 *(d)* दिया है, खुले ऑर्गन पाइप की लम्बाई, $l = 50$ सेमी

प्रथम अधिस्वरक के लिए, $n = 2$

$$f_0 = \frac{nv}{2l} = \frac{2v}{2 \times 50} = \frac{v}{50}$$

बन्द ऑर्गन पाइप की लम्बाई, $l_2 = 1$

मौलिक आवृत्ति, $f_c = \frac{v}{4l}$

दिया गया, $f_0 = f_c$

$$\frac{v}{50} = \frac{v}{4l}$$

$$l = \frac{50}{4}$$

$$l = 125 \text{ सेमी}$$

64 *(c)* एक सिरे से बन्द ऑर्गन पाइप के लिए n वें सन्नादी दोलन की आवृत्ति निम्नानुसार दी गई है,

$$v = \frac{(2n+1)v}{4L}$$

दिया है, $v = 340$ मी/से

$L = 85$ सेमी $= 0.85$ मी

$v = 1250$ हर्ट्ज

प्रश्नानुसार,

$$\frac{(2n+1)v}{4L} < 1250$$

उपरोक्त सम्बन्ध में दिए गए मानों को प्रतिस्थापित करने पर,

$$\Rightarrow \quad (2n+1) < 1250 \times \frac{4 \times 0.85}{340}$$

$$(2n+1) < 12.5$$

$\Rightarrow \quad 2n < 11.50$

$n < 575$

अतः $n = 0, 1, 2, 3, 4, 5$ हो सकता है।

अतः हमारे पास 6 सम्भावित प्राकृतिक दोलन हैं जिनकी आवृत्तियाँ 1250 हर्ट्ज से कम हैं।

65 *(d)* पाइप में वायु स्तंभ दोनों सिरों से खुला होता है तथा प्रत्येक सिरा प्रस्पन्द के रूप में कार्य करता है। इस पाइप में सम्भावित n वें सन्नादी की आवृत्ति निम्न प्रकार दी गई है,

$v_n = \frac{nv}{2L}$, जहाँ $n = 0, 1, 2, \ldots$

इस प्रकार, दोनों सिरों पर खुला एक वायु स्तम्भ सभी सन्नादी उत्पन्न करता है, इस प्रकार विकल्पों में दिए गए कथन (a) तथा (b) दोनों सही हैं लेकिन कथन (c) गलत है।

66 *(d)* दिया है, वायु में ध्वनि की चाल, $v = 330$ मी/से

ऑर्गन पाइप की लम्बाई, $L = 1$ मीटर

आवृत्ति, $\nu = 1000$ हर्ट्ज

एक खुले ऑर्गन पाइप के लिए मूल आवृत्ति

$$\nu_1 = \frac{v}{2L} = \frac{330}{2 \times 1} = 165 \text{ हर्ट्ज}$$

$\therefore$ खुले ऑर्गन पाइप में उपस्थित स्वरों की संख्या $= \frac{\nu}{\nu_1} = \frac{1000}{165} = 6.06 \sim 6$

67 *(c)* दिया है, $\nu = 1000$ हर्ट्ज, $v = 332$ मी/से और $L = 16.6$ सेमी $= 16.6 \times 10^{-2}$ मी

दोनों सिरों पर खुले ऑर्गन पाइप में n वें सन्नादी की आवृत्ति,

$$\nu = \frac{nv}{2L} \text{ या } n = \frac{2\nu L}{v}$$

उपरोक्त सम्बन्ध में दिए गए मानों को प्रतिस्थापित करने पर,

$$n = \frac{2 \times 1000 \times 16.6 \times 10^{-2}}{332} = 1$$

68 *(c)* एक खुले ऑर्गन पाइप में n वें सन्नादी की आवृत्ति, $\nu_n = \frac{nv}{2L}$, जहाँ $n = 1, 2, 3, \ldots$ (i)

दिया है, $L = 30$ सेमी $= 0.3$ मीटर

$v = 330$ मी/से

दिए गए मान समी (i) में प्रतिस्थापित करने पर,

$$\nu_n = \frac{n \times 330}{2 \times 0.3} = \left(\frac{n \times 330}{0.6}\right) = 550n \text{ हर्ट्ज}$$

इस प्रकार, एक खुले पाइप की कुछ विधा निम्न प्रकार हैं

I. $n = 1$ के लिए, मूल विधा (सन्नादी)

$\nu_1 = 550 \times 1 = 550$ हर्ट्ज

$\Rightarrow \quad \nu_1 = 550$ हर्ट्ज

II. $n = 2$ के लिए, दूसरा सन्नादी

$\nu_2 = 2\nu_0 = 2 \times 550$

$= 1100$ हर्ट्ज $= 1.1$ किलो हर्ट्ज

इस प्रकार आवृत्ति का एक स्रोत 1.1 हर्ट्ज दूसरे सन्नादी पर अनुनादित होगा।

69 *(b)* चूँकि खुले और बन्द पाइपों में माध्यम, आवृत्ति और सन्नादी की संख्या समान होती है। इसलिए दोनों स्थितियों में निस्पन्द और तरंगों की संख्या समान होगी

खुले पाइप के दानों सिरों में,

$$L_1 = \frac{2 \times \lambda_1}{4} \Rightarrow \lambda_1 = 2L_1$$

$$\nu_1 = \frac{c}{\lambda_1} = \frac{c}{2L_1}$$

खुले पाइप के एक सिरे पर,

$$L_2 = \frac{\lambda_2}{4} \Rightarrow \lambda_2 = 4L_2$$

चूँकि, माध्यम और स्वरित्र द्विभुज समान हैं।

$\therefore \quad \nu_1 = \nu_2$

$c_1 = c_2 = c$

$\nu_1 = \frac{c}{4L_1}$

या, $\quad \frac{c}{2L_1} = \frac{c}{4L_2}$

$\Rightarrow \quad L_2 = \frac{L_1}{2}$

अतः प्रथम अनुनाद सन्नादी के लिए एक सिरे वाले बन्द पाइप की लम्बाई दोनों सिरे वाले खुले पाइप की लम्बाई की आधी होगी।

70 *(a)* प्रति सेकण्ड विस्पन्दों (Beats) की संख्या

$$= n_1 - n_2$$

$$= \frac{v}{2l} - \frac{v}{2(l+x)} = \frac{v(l+x-l)}{2l(l+x)}$$

$$= \frac{vx}{2l(l+x)} = \frac{vx}{2l^2} \quad (\because x << l)$$

71 *(b)* खुले सिरे पर, दाब तरंग की कला 180° पर परिवर्तित होती है, इसलिए संपीडन विरलन के रूप में लौटता है। बन्द सिरे पर, कोई कला परिवर्तन नहीं होता है। इसलिए, संपीडन, संपीडन के रूप में और विरलन, विरलन के रूप में लौटता है।

अतः उच्च दाब स्पन्द के कारण खुले पाइप के लिए, निम्न दाब स्पन्द ऊपर की ओर गमन करना प्रारम्भ कर देता है। इसी प्रकार, बन्द पाइप के लिए, उच्च दाब स्पन्द पाइप के ऊपर तथा नीचे की ओर गमन करना प्रारम्भ कर देता है।

72 *(d)* $\Delta n = n_1 - n_2 = \frac{v}{2}\left(\frac{1}{l_1} - \frac{1}{l_2}\right)$

$$4 = \frac{v}{2}\left(\frac{1}{100} - \frac{1}{10.5}\right)$$

$$4 = \frac{v}{2}\left(\frac{2.5}{100 \times 102.5}\right)$$

$$v = \frac{4 \times 2 \times 100 \times 102.5}{2.5}$$

$= 32800$ मी/से

73 *(a)* किसी डोरी का तनाव बढ़ने पर उसकी आवृत्ति बढ़ जाती है। यदि $B(\nu_B)$ की मूल आवृत्ति $A(\nu_A)$ की मूल आवृत्ति (ν_A) से अधिक है, तो ν_B में अग्रिम वृद्धि के कारण विस्पन्द आवृत्ति में वृद्धि होनी चाहिए परन्तु विस्पन्द आवृत्ति में कमी पाई जाती है। यह दर्शाता है कि

$\nu_B < \nu_A$

$\because \quad \nu_A - \nu_B = 5$ हर्ट्ज

$\nu_A = 427$ हर्ट्ज,

अतः $\nu_B = 422$ हर्ट्ज

74 *(a)* दिया है, ज्ञात आवृत्ति 250 हर्ट्ज है और अज्ञात आवृत्ति 4 विस्पन्द/सेकण्ड उत्पन्न करती है, अतः दो स्थिति सम्भावित हैं

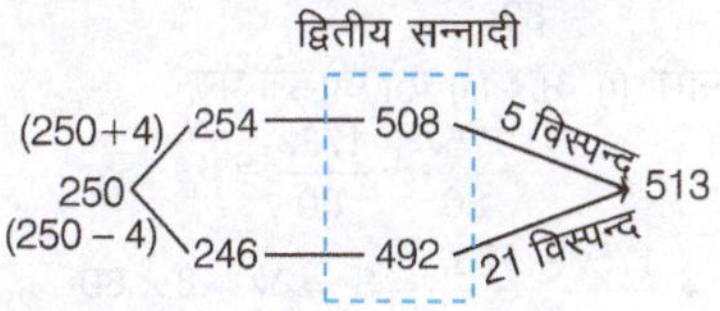

अतः अज्ञात आवृत्ति 254 हर्ट्ज है।

75 *(c)* द्विभुज 2 की आवृत्ति = द्विभुज 1 की आवृत्ति ± विस्पन्द आवृत्ति

$= 200 \pm 4 = 196$ या 204 हर्ट्ज

चूँकि द्विभुज के काँटें पर टेप लगाने से, इसकी आवृत्ति कम हो जाती है, लेकिन प्रति सेकण्ड विस्पन्दों की संख्या 6 है, अर्थात् अब आवृत्ति अंतर में वृद्धि हो जाती है। यह तभी संभव है जब टेप लगाने से पहले, द्विभुज 2 की आवृत्ति स्वरित्र द्विभुज 1 की आवृत्ति से कम हो। अतः द्विभुज 2 की मूल आवृत्ति 196 हर्ट्ज थी।

76 *(c)* $n_Q = 500$ हर्ट्ज

$n_P = 496$ हर्ट्ज या 504 हर्ट्ज

जब $n_P = 496$ है तो भारित होने पर इसकी आवृत्ति कम हो जाएगी तथा n_B के साथ अन्तर बढ़ जाएगा।

जब इसकी आवृत्ति घटकर 492 हर्ट्ज हो जाएगी तो 8 यह विस्पन्द उत्पन्न करेगा। अतः 496 हर्ट्ज P की मूल आवृत्ति है।

77 *(c)* $b = n_2 - n_1$

$$2 = \frac{v}{\lambda_2} - \frac{v}{\lambda_1}$$

$$2 = v\left(\frac{1}{2.02} - \frac{1}{2}\right)$$

$$2 = v\left(\frac{100}{202} - \frac{1}{2}\right)$$

$$2 = v\left(\frac{200 - 202}{404}\right)$$

$$2 = v \times \frac{2}{404} \Rightarrow v = 404 \text{ मी/से}$$

78 *(d)* माना वायु में ध्वनि की चाल v तथा तृतीय निस्पन्द की आवृत्ति f है।

दिया है,

$$f_1 = \frac{v}{\frac{80}{175}} = \frac{175v}{80}$$

$$f_2 = \frac{v}{\frac{80}{173}} = \frac{173v}{80}$$

प्रश्नानुसार,

$$\frac{175v}{80} - f = 4 \quad \ldots(i)$$

$$f - \frac{173v}{80} = 4 \quad \ldots(ii)$$

समी (i) और (ii) को जोड़ने पर,

$$\frac{175v}{80} - \frac{173v}{80} = 8$$

$$\Rightarrow \frac{175v - 173v}{80} = 8 \Rightarrow 2v = 8 \times 80$$

$$\Rightarrow v = 320 \text{ मी/से}$$

79 *(b)* $\because$ आवृत्ति $= \dfrac{\text{वेग}}{\text{तरंगदैर्ध्य}}$

$$\therefore f_1 = \frac{v}{\lambda_1} = \frac{330}{5} = 66$$

$$f_2 = \frac{v}{\lambda_2} = \frac{330}{5.5} = 60 \text{ हर्ट्ज}$$

प्रति सेकण्ड विस्पन्दों की संख्या

$$= f_1 - f_2 = 66 - 60 = 6$$

80 *(c)* विस्पन्द आवृत्ति = विस्पन्दों की संख्या/सेकण्ड

$$n = n_2 \sim n_1$$

$$\therefore \quad n_1 = n_2 \pm n$$

81 *(b)* प्रगामी तरंग के दिए गए समीकरणों से ,

$\omega_1 = 500\,\pi$ और $\omega_2 = 506\,\pi$

$\therefore n_1 = 250, n_2 = 253$

अतः विस्पन्द आवृत्ति

$= n_2 - n_1 = 253 - 250 = 3$ विस्पन्द प्रति सेकण्ड

$\therefore$ प्रति मिनट विस्पन्दों की संख्या $= 180$

अभिकथन-कारण प्रश्न

1. *(a)* जल की सतह पर दिखई देने वाली लहरें अनुप्रस्थ तरंगें होती हैं। अनुप्रस्थ तरंगें खुली तरल सतह पर सम्भव होती हैं।

2. *(a)* अनुदैर्ध्य तरंगों में संपीडन सम्मिलित होता है और वे ठोस और तरल पदार्थ दोनों के माध्यम से फैल सकती है। चूँकि ठोस और तरल पदार्थ दोनों में आयतन मापांक होता है, अर्थात् वे संपीडन तनाव को सहन कर सकते हैं। इसलिए अभिकथन और कारण दोनों सही है, और कारण अभिकथन की सही व्याख्या है।

3. *(d)* ध्वनि की चाल, $v = \sqrt{\dfrac{\gamma p}{\rho}}$

अर्थात् $\quad v \propto \sqrt{p}$

इसलिए ध्वनि की चाल दाब के वर्गमूल के समानुपाती होती है।

इसलिए अभिकथन गलत है, लेकिन कारण सही है।

4 *(a)* माना ध्वनि की चाल $= v$

पाइप की लम्बाई और त्रिज्या क्रमशः L और r हैं।

बन्द ऑर्गन पाइप के लिए पाइप की मूल आवृत्ति,

$$\nu = \frac{v}{4(L + e)}$$

यहाँ, $\quad e = 0.6\,r$

खुले ऑर्गन पाइप के लिए,

$$\nu = \frac{v}{2(L + e)}$$

यहाँ, $e = 1.2\,r$

इस प्रकार, कारण अभिकथन की सही व्याख्या है।

5 *(a)* तरंगों के अध्यारोपण के सिद्धान्त से, दो प्रगामी प्रकाश तरंगों का कुल विस्थापन

$y_1(x, t) = A\sin(kx - \omega t)$

और $y_2(x, t) = A\sin(kx - \omega t + \phi)$

$$y(x,t) = 2A\cos\frac{\phi}{2}\sin\left(kx - \omega t + \frac{\phi}{2}\right)$$

प्रारम्भिक कला कोण $= \dfrac{\phi}{2}$

दी गई तरंग का परिणामी आयाम

$$A(\phi) = 2A\cos\frac{\phi}{2}$$

चूँकि, $0 \le \phi \le \pi$ से कोज्या फलन घटता है। इस प्रकार परिणामी आयाम भी $0 \le \phi < \pi$ के लिए घटता है।

इसलिए अभिकथन और कारण दोनों सही हैं और कारण अभिकथन की सही व्याख्या है।

7 *(c)* दो अलग-अलग वायलिन द्वारा उत्पन्न तरंगें व्यतिकरण नहीं करती हैं क्योंकि दो तरंगें केवल तभी व्यतिकरण करती हैं जब उनके बीच कलान्तर पूर्ण समय स्थिर रहता है। इसलिए अभिकथन सही है लेकिन कारण गलत है।

8 *(a)* $v_{\text{विस्पन्द}} = |v_1 - v_2|$

दिया है, $\nu_1 = 11$ हर्ट्ज

$\nu_2 = 9$ हर्ट्ज

$\Rightarrow \quad \nu_2 = 9$ हर्ट्ज

$\Rightarrow \quad \nu_{\text{विस्पन्द}} = |11 - 9| = 2$ हर्ट्ज

अतः अभिकथन और कारण दोनों सही हैं। तथा कारण, अभिकथन की सही व्याख्या है।

9 *(d)* चूँकि अनुप्रस्थ तरंग उस माध्यम से संचारित हो सकती है जिसमें आकार की प्रत्यास्थता होती है।

वायु में केवल आयतन प्रत्यास्थता होती है इसलिए अनुप्रस्थ तरंग वायु में संचरित नहीं हो सकती। अतः अभिकथन गलत है लेकिन कारण सही है।

10 *(c)* सुनने की दृढ़ता के गुण के अनुसार, सुनी गई ध्वनि की छाप हमारे दिमाग पर (1/10) सेकण्ड तक बनी रहती है। इसलिए अलग-अलग विस्पन्दों को सुनने के लिए दो क्रमिक विस्पन्दों के बीच का समय-अन्तराल (1/10) सेकण्ड से अधिक होना चाहिए, इस प्रकार दो आवृत्तियों के बीच का अन्तर 10 से कम होना चाहिए। साथ ही प्रति सेकण्ड विस्पन्दों की संख्या आवृत्तियों का अन्तर प्रदान करती है। इसलिए विस्पन्दों की संख्या जितनी अधिक होगी, भ्रम उतना ही कम होगा अतः अभिकथन सही है, लेकिन कारण गलत है।

कथन-आधारित प्रश्न

1 *(b)* कथन I सही है लेकिन कथन II गलत है। कथन II को सही किया जा सकता है क्योंकि वायु केवल अनुदैर्ध्य तरंगों, जैसे-ध्वनि तरंगों को संचरित कर सकती है।

2 *(d)* कथन I और II दोनों सही हैं। गैसों में ध्वनि तरंगें सदैव अनुदैर्ध्य होती हैं, क्योंकि गैसें कर्तन प्रतिबल को सहन नहीं कर सकती हैं।

3 *(b)* कथन I सही है, लेकिन कथन II गलत है। मोटर बोट का प्रोपेलर जल की सतह को पार्श्व में काटता है और इसे पश्च दिशा में भी धकेलता है। इसलिए इसके परिणामस्वरूप अनुदैर्ध्य और अनुप्रस्थ दोनों तरंगें उत्पन्न होंगी।

4. *(b)* कथन I सही है लेकिन कथन II गलत है। किसी भी माध्यम में ध्वनि की चाल (न्यूटन द्वारा व्युत्पन्न) निम्न रूप में दी जाती है

$$\text{चाल} = \sqrt{\frac{\text{माध्यम का प्रत्यास्थता मापांक}}{\text{माध्यम का घनत्व}}}$$

गैसीय माध्यम में ध्वनि का वेग, $v = \sqrt{\frac{K}{\rho}}$

जहाँ, k गैस का आयतन प्रत्यास्थता मापांक है। $K = \gamma p$, जहाँ p गैस का दाब है और γ इसकी मुख्य ऊष्मा धारिताओं का अनुपात $\left(\frac{C_p}{C_V}\right)$ है। नम वायु के लिए, ρ शुष्क वायु से कम होता है और γ थोड़ा अधिक होता है।

∴ आर्द्रता बढ़ने पर ध्वनि का वेग बढ़ जाता है।

5 *(a)* कथन I और कथन II दोनों गलत हैं। जब वायु में नमी होती है, तो जलवाष्प का घनत्व शुष्क वायु की तुलना में कम होता है। ध्वनि का वेग घनत्व के वर्गमूल के व्युत्क्रमानुपाती होता है, इसलिए ध्वनि शुष्क वायु की तुलना में नम वायु मे तेजी से गमन करती है। इसलिए बारिश के दिन ध्वनि शुष्क दिन की तुलना में तेजी से गमन करती है।

6 *(a)* कथन I और कथन II दोनों गलत हैं। गैसीय माध्यम में ध्वनि का वेग $v = \sqrt{\frac{\gamma p}{\rho}}$ द्वारा व्यक्त किया जाता है। स्पष्ट रूप से, गैस में ध्वनि का वेग गैस के घनत्व के वर्गमूल के व्युत्क्रमानुपाती होता है। ऑक्सीजन का घनत्व हाइड्रोजन के घनत्व का 16 गुना है, इसलिए हाइड्रोजन में ध्वनि का वेग ऑक्सीजन में ध्वनि के वेग का चार गुना होता है।

7 *(d)* कथन I और कथन II दोनों सही हैं। खुले ऑर्गन पाइप द्वारा उत्पन्न ध्वनि अधिक समृद्ध होती है क्योंकि (i) इसमें सभी सन्नादी होते हैं कोई सन्नादी लुप्त नहीं है। (ii) खुले ऑर्गन पाइप में मूल स्वर की आवृत्ति समान लम्बाई के बन्द ऑर्गन पाइप में मूल आवृत्ति की दोगुनी होती है। खुले पाइप की मूल आवृत्ति,

$$f_0 = \frac{v}{2L}$$

बन्द पाइप में मूल आवृत्ति, $f_c = \frac{v}{4L}$

$$\therefore \quad f_0 = 2f_c$$

8 *(d)* श्रवण निर्बधता के गुण के अनुसार, सुनी गई ध्वनि का प्रभाव हमारे मस्तिष्क पर $\frac{1}{10}$ सेकण्ड तक बना रहता है। इसलिए प्रति सेकण्ड विस्पन्दों की संख्या 10 से कम होनी चाहिए। इसलिए दो स्रोतों की आवृत्ति में अन्तर 10 से कम होना चाहिए।

अतः कथन I और कथन II दोनों सही हैं।

सुमेलन प्रकार प्रश्न

1 *(a)* दिया गया तरंग समीकरण,

$$y(x, t) = 0.005 \sin(80x - 3t) \quad \ldots(i)$$

A. एक दायीं ओर की प्रगामी तरंग के लिए मानक तरंग समी निम्न प्रकार दिया गया है

$$y(x, t) = a \sin(kx - \omega t) \quad \ldots(ii)$$

समी (ii) की समी (i) से तुलना करने पर, हमें प्राप्त होता है

आयाम, $a = 0.005$ मात्रक

तरंग संख्या, $k = 80$ SI मात्रक

कोणीय आवृत्ति $\omega = 3$ SI मात्रक

B. तरंगदैर्ध्य, $\lambda = \frac{2\pi}{k} = \frac{2\pi}{80} = 0.0785$ मात्रक

C. आवृत्ति, $\nu = \frac{1}{T}$

$\because T = \frac{2\pi}{\omega} = \frac{2\pi}{3} = 2.09$ सेकण्ड

$\Rightarrow \nu = \frac{1}{2.09}$

$= 0.48$ SI मात्रक

D. $x = 30$ सेमी और समय $t = 20$ सेकण्ड पर, विस्थापन y निम्न प्रकार दिया गया है

$y = 0.005 \sin(80.0 \times 0.3 - 3 \times 20)$

$= 0.005 \sin(-36)$

≈ 0.005 SI इकाई

अतः A → 4, B → 1, C → 2, D → 3

2 *(a)* दिया गया आपतित तरंग समीकरण,

$$y(x, t) = a \sin(kx - \omega t)$$

A. दृढ़ परिसीमा से परावर्तित तरंग का कला परिवर्तन π रेडियन होता है।

$$y_{r_1} = (x, t) = a\sin(kx - \omega t + \pi)$$
$$= -a\sin(kx - \omega t)$$

B. खुली परिसीमा से परावर्तित तरंग आपतित तरंग के साथ समान कला में होगी।

$y_{r2}(x, t) = a\sin(kx - \omega t)$

C. दृढ़ परिसीमा पर परिणामी विस्थापन

$= y(x, t), + y_{r1}(x, t)$

$= [a\sin(kx - \omega t)] + [-a\sin(kx - \omega t)] = 0$

D. खुली परिसीमा पर परिणामी विस्थापन

$= y(x, t) + y_{r2}(x, t)$

$= a\sin(kx - \omega t) + a\sin(kx - \omega t)$

$= 2a\sin(kx - \omega x)$

अतः A → 2, B → 1, C → 4 और D → 3

3. *(b)* दोनों सिरों पर बन्धी डोरी के लिए, निश्चित अन्त बिन्दु निस्पन्द के रूप में व्यवहार करते हैं।

A. चित्र से निस्पन्द की संख्या = 6

क्रमिक निस्पन्दों के बीच की दूरी $= \frac{\lambda}{2}$

डोरी की लम्बाई $L = 5\left(\frac{\lambda}{2}\right) = \frac{5\lambda}{2} \quad \ldots(i)$

हम जानते हैं, $L = \frac{n\lambda}{2} \quad \ldots(ii)$

$n = 1, 2, 3, ..$

समी (i) और (ii) की तुलना करने पर,

$n = 5$

इस प्रकार, यह पाँचवे सन्नादी को प्रदर्शित करता है।

B. निस्पन्दों की संख्या = 7

$\Rightarrow \quad L = 6\left(\frac{\lambda}{2}\right) \quad \ldots(i)$

पुनः $L = \frac{n\lambda}{2}$ से तुलना करने पर

$n = 6$

इस प्रकार यह छठें सन्नादी को प्रदर्शित करता है।

C. निस्पन्दों की संख्या = 2

$\Rightarrow \quad L = \frac{\lambda}{2}$

$\Rightarrow \quad n = 1$

इस प्रकार, यह प्रथम सन्नादी या मूल विधा का प्रदर्शित करता है।

D. निस्पन्दों की संख्या = 3

या $\quad L = 2\left(\frac{\lambda}{2}\right) = \lambda$

अतः $\quad n = 2$

इस प्रकार यह दूसरे सन्नादी को प्रदर्शित करता है।

अतः A → 4, B → 3, C → 1 और D → 2

4 *(a)* बन्द ऑर्गन पाइप के लिए,

A. प्रणाली के सामान्य विधा या प्राकृतिक आवृत्तियाँ हैं

$$\nu = \frac{v}{\lambda} = \left(n + \frac{1}{2}\right)\frac{v}{2L};$$

जहाँ, $n = 0, 1, 2, 3,$ ...(i)

B. पाइप का सिरा $x = 0$ पर मानते हुए, जोकि निस्पन्द स्थिति है। दूसरे सिरा $x = L$ एक प्रस्पन्द स्थिति है।

जहाँ, $L = \left(n + \frac{1}{2}\right)\frac{\lambda}{2}$ जहाँ, $n = 0, 1, 2,$ ...(ii)

तो इस पाइप में तरंगों की सम्भावित तरंगदैर्ध्य निम्न प्रकार दी गई है

$$\lambda = \frac{2L}{\left(n + \frac{1}{2}\right)}$$

जहाँ, $n = 0, 1, 2, 3, ...$

C. मूल विधा के लिए,समी (i) $n = 0$ रखने पर,

$$\nu_0 = \frac{v}{4L}$$

D. सबसे लम्बी तरंगदैर्ध्य के लिए, $n = 0$

$$\lambda = \frac{2L}{0 + \frac{1}{2}} = 4L$$

अतः $A \to 2, B \to 1, C \to 3$ तथा $D \to 4$

5 *(c)* क्रमिक प्रस्पन्दों के बीच की दूरी $= \frac{\lambda}{2}$

विस्पन्द और प्रस्पन्दों के बीच की दूरी $= \frac{\lambda}{4}$

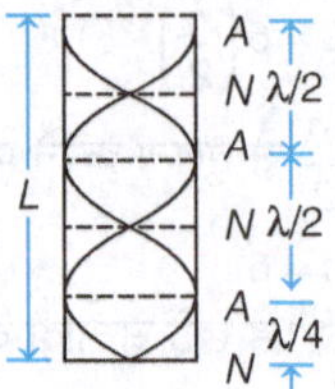

A. चित्रानुसार,

$$\Rightarrow \quad L = \lambda + \frac{\lambda}{4} = \frac{5\lambda}{4} \quad ...(i)$$

एक सिरे पर बन्द वायु स्तम्भ के लिए,

$$L = \left(n + \frac{1}{2}\right)\frac{\lambda}{2} = (2n + 1)\frac{\lambda}{4} \quad ...(ii)$$

समी (i) और (ii) की तुलना करने पर,

$$(2n + 1) = 5, \; n = 2$$

तो 5वाँ सन्नादी घटित होता है।

B. इसी प्रकार, $L = 2\lambda + \frac{\lambda}{4} = \frac{9\lambda}{4}$

$$\Rightarrow \frac{(2n+1)\lambda}{4} = \frac{9\lambda}{4} \Rightarrow n = 4$$

अतः यह 9वें सन्नादी को प्रदर्शित करता है।

C. $L = \frac{3\lambda}{2} + \frac{\lambda}{4} = \frac{7\lambda}{4}$

$$\Rightarrow \frac{(2n+1)\lambda}{4} = \frac{7\lambda}{4} \Rightarrow n = 3$$

अतः यह 7वें सन्नादी को दर्शाता है।

D. $L = \frac{\lambda}{2} + \frac{\lambda}{4} = \frac{3\lambda}{4}$

$$\Rightarrow \quad \frac{(2n+1)\lambda}{4} = \frac{3\lambda}{4} \Rightarrow n = 2$$

यह तीसरे सन्नादी को दर्शाता है।

अतः $A \to 2, B \to 3, C \to 4, D \to 1$

आंकिक मान प्रकार के प्रश्न

1 *(9)* चूँकि तनाव परिवर्तनीय है, इसलिए A और B सिरों पर तरंग का वेग भिन्न होगा।

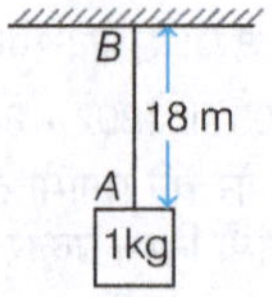

दिया है, $T_A = g$ और $T_B = (8 + 1)\,g = 9g$

हम जानते हैं, $v = \sqrt{\frac{T}{\mu}}$

$$\therefore \quad v_A = \sqrt{\frac{T_A}{\mu}} \text{ तथा } v_B = \sqrt{\frac{T_B}{\mu}}$$

$$\frac{v_A}{v_B} = \sqrt{\frac{T_A}{\mu} \times \frac{\mu}{T_B}} = \sqrt{\frac{T_A}{T_B}} + \sqrt{\frac{g}{9g}} = \frac{1}{3}$$

$$\frac{v_A}{v_B} = \frac{1}{3} \quad \Rightarrow \quad v_B = 3v_A$$

किसी तरंग की आवृत्ति केवल स्रोत पर निर्भर करती है।

$\therefore A$ और B पर तरंग की आवृत्ति बराबर होनी चाहिए।

$$f_A = f_B$$

$$\Rightarrow \quad \frac{v_A}{\lambda_A} = \frac{v_B}{\lambda_B} \quad [\because v = \lambda_f]$$

$$\Rightarrow \quad \lambda_B = \frac{v_B}{v_A} \times \lambda_A = 3 \times 3$$

$[\therefore \lambda_A = 3$ सेमी$]$

$= 9$ सेमी

2 *(67.5)* दिया है, तार का घनत्व

$$d = 2 \times 10^{-3} \text{ किग्रा/सेमी}^3$$

$$= 2 \times 10^3 \text{ किग्रा/मी}^3$$

तार में विकृति, $\varepsilon = 405 \times 10^{-4}$

और $Y = 9 \times 10^9$ न्यूटन/मी^{2}

तार में कम्पन की न्यूनतम आवृत्ति,

$$f = \frac{1}{2L}\sqrt{\frac{Y \times \varepsilon}{d}}$$

$$= \frac{1}{2 \times 1}\sqrt{\frac{9 \times 10^9 \times 40.5 \times 10^{-4}}{2 \times 10^3}}$$

$$= \frac{135}{2} = 67.5 \text{ हर्ट्ज}$$

3 *(60)* हम जानते हैं, $f = \frac{v}{2L}$

$$120 = \frac{v}{2L} \quad ...(i)$$

और $\quad 180 = \frac{v}{2L'}$ ...(ii)

समी (ii) को समी (i) से विभाजित करने पर,

$$\frac{L'}{L} = \frac{120}{180} = \frac{2}{3}$$

$$L' = 90 \times \frac{2}{3} = 60 \text{ सेमी}$$

4 *(234)* दोनों सिरों पर स्थिर एक डोरी में अधिकतम विस्थापन उसकी लम्बाई के $\frac{1}{4}$वें भाग पर है।

जब $n = 2, 6, ..,$

$n = 2$ के लिए

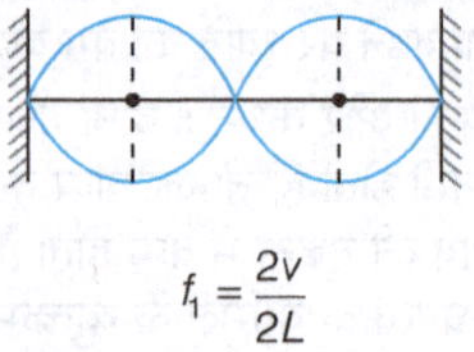

$$f_1 = \frac{2v}{2L} \quad ...(i)$$

और $n = 6$ के लिए

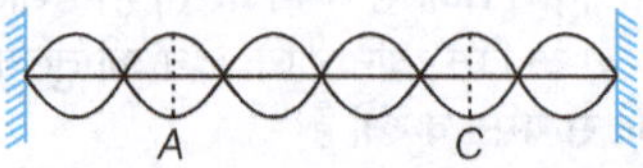

$$f_2 = \frac{6v}{2L} \quad ...(ii)$$

समी (ii) को समी (i) से विभाजित करने पर

$$\frac{f_2}{f_1} = \frac{\frac{6v}{2L}}{\frac{2v}{2L}} = 3$$

$f_2 = 3f_1 = 3 \times 78 = 234$ हर्ट्ज

$f_2 = 3f_1 = 3 \times 78 = 234$ हर्ट्ज

5 *(80)* अप्रगामी तरंग की दी गई समीकरण,

$$y = 0.3 \sin(0.157x)\cos((200\,\pi t)$$

अप्रगामी तरंग की सामान्य समीकरण, $y = a\sin kx \cos \omega t$ से इसकी तुलना करने पर,

$$k = \left(\frac{2\pi}{\lambda}\right) = 0.157$$

$$\lambda = \frac{2\pi}{0.157} = 4\pi^2 \left(\because \frac{1}{2\pi} \approx 0.157\right) \quad \dots\text{(i)}$$

$$\omega = 200\pi = \frac{2\pi}{T}$$

$\Rightarrow T = \frac{1}{20}$ सेकण्ड

एक कम्पन करने वाली डोरी के nवें सन्नादी के साथ बद्ध सम्भावित तरंगदैर्ध्य, $\lambda = \frac{2l}{n}$

या $l = n\left(\frac{\lambda}{2}\right)$

अब, प्रश्नानुसार, डोरी दोनों सिरों पर स्थिर है तथा 4वें सन्नादी में दोलन करती है, तब

$$4\left(\frac{\lambda}{2}\right) = 1 \Rightarrow 2\lambda = 1$$

$$l = 2 \times 4\pi^2 = 8\pi^2$$

समी (i) का उपयोग करके

$$\pi^2 \approx 10$$

अतः $l = 80$ मी

6 ***(1280)*** जब पिस्टन को 6.25 सेमी चलाया जाता है, तो पथ अन्तर में परिवर्तन

$= 2 \times 6.25 = 12.50$ सेमी

चूँकि, ध्वनि की तीव्रता अधिकतम से न्यूनतम की ओर परिवर्तित होती है, इसलिए पथान्तर में परिवर्तन $= \frac{\lambda}{2}$

$\therefore \quad \frac{\lambda}{2} = 12.50$ सेमी

$\Rightarrow \quad \lambda = 12.50 \times 2 = 25$ सेमी

दिया है, वायु में ध्वनि का वेग,

$v = 320$ मी/से $= 32000$ सेमी/सेकण्ड

कम्पन स्वरित्र द्विभुज की आवृत्ति, $f = \frac{v}{\lambda}$

$= \frac{32000}{25} = 1280$ हर्ट्ज

7 ***(6)*** व्यक्ति की क्रान्तिक श्रव्य आवृत्ति $= 20000$ हर्ट्ज

यदि एक बन्द पाइप Nवें विधा में कम्पन करता है, तो कम्पन की आवृत्ति,

$$n = \frac{(2N-1)v}{4l} = (2N-1)n_1$$

जहाँ, n_1 बन्द पाइप के कम्पन की मूल आवृत्ति है।

$\therefore \quad 20000 = (2N-1) \times 1600$

$= \frac{200}{16} = 2N - 1$

$\Rightarrow \quad N = 6.75 \Rightarrow N \approx 7$

एक बन्द ऑर्गन पाइप में अधिस्वरकों की संख्या = (कम्पन के विधा की संख्या) −1

$= 7 - 1 = 6$

8 ***(2)*** एक खुले ऑर्गन पाइप की मूल आवृत्ति,

$$f = \frac{v}{2L}$$

जहाँ, L खुले ऑर्गन पाइप की लम्बाई है।

$$L = L_0 + [1 + (T - T_0)]$$

ध्वनि का वेग, $v = \sqrt{\frac{\gamma RT}{M}}$

अब लघु $(T - T_0)$ के लिए,

$$f(T) = f(T_0)$$

$$\frac{v}{2L} = \frac{v_0}{2L_0}$$

$$\Rightarrow \frac{\sqrt{\frac{\gamma RT}{M}}}{2L_0\,[1 + \alpha(T - T_0)]} = \sqrt{\frac{\frac{\gamma RT_0}{M}}{2L_0}}$$

$$\Rightarrow \quad \frac{\sqrt{T}}{1 + \alpha(T - T_0)} = \sqrt{T_0}$$

$$\Rightarrow \quad \sqrt{\frac{T}{T_0}} = 1 + \alpha(T - T_0)$$

$$\Rightarrow \left[1 + \left(\frac{T - T_0}{T_0}\right)\right]^{1/2} = 1 + \alpha(T - T_0)$$

द्विपद सन्निकटन के द्वारा

$$\Rightarrow \quad 1 + \frac{1}{2}\left(\frac{T - T_0}{T_0}\right) = 1 + \alpha(T - T_0)$$

$$\Rightarrow \alpha = \frac{1}{2T_0} \text{ या } T_0 = \frac{1}{2\alpha} = \frac{1}{n\alpha}$$

$\therefore \quad n = 2$

9 ***(80)*** दिया है, वायु में ध्वनि की चाल,

$$v_{\text{वायु}} = 320 \text{ मी/से}$$

$$\frac{\rho_{\text{वायु}}}{\rho_{\text{गैस}}} = \frac{1}{4}$$

अब, लाप्लास सूत्र का उपयोग करते हुए माध्यम में ध्वनि की चाल है

$$\because \quad v = \sqrt{\frac{\gamma p}{\rho}}$$

$$\Rightarrow \frac{v_{\text{वायु}}}{v_{\text{गैस}}} = \sqrt{\frac{\rho_{\text{वायु}}}{\rho_{\text{गैस}}}} = \sqrt{\frac{1}{4}} = \frac{1}{2}$$

$$\Rightarrow v_{\text{गैस}} = \frac{v_{\text{वायु}}}{2} = \frac{320}{2} = 160 \text{ मी/से}$$

अब खुले ऑर्गन पाइप के लिए,

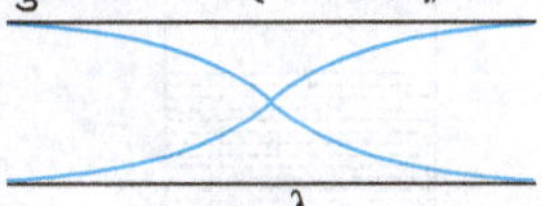

$L = \frac{\lambda}{2}$

मूल आवृत्ति,

$$\therefore \quad f_1 = \frac{v}{\lambda} = \frac{v}{2L} \quad \dots\text{(i)}$$

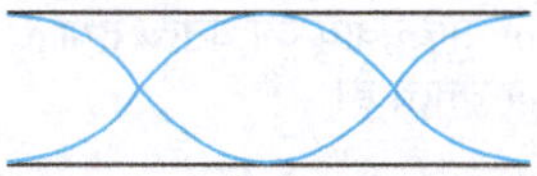

$L = \lambda$

$$f_2 = \frac{v}{\lambda} = \frac{v}{L} \quad \dots\text{(ii)}$$

$$\therefore \Delta f = f_2 - f_1 = \frac{v}{L} - \frac{v}{2L} = \frac{v}{2L} = \frac{160}{2 \times 1}$$

$= 80$ हर्ट्ज

10 ***(152)*** माना $f_1 = f_0$, तब

$$f_2 = f_0 + 4$$

$$f_3 = f_0 + 2 \times 4$$

$$f_4 = f_0 + 3 \times 4$$

$$\vdots \quad \vdots \quad \vdots$$

$$f_{20} = f_0 + 19 \times 4$$

अब, $f_{20} = 2f_1$

$\Rightarrow \quad f_0 + 19 \times 4 = 2f_0 \Rightarrow f_0 = 76$ हर्ट्ज

अतः $f_{20} = 76 + 19 \times 4 = 152$ हर्ट्ज

NCERT Exemplar प्रश्न

1 ***(b)*** पानी में चलने वाली मोटर बोट द्वारा उत्पन्न जल तरंगें अनुदैर्ध्य और अनुप्रस्थ दोनों प्रकार के होती हैं। पानी की सतह पर उत्पन्न तरंगें अनुप्रस्थ तरंगें होती हैं। पानी के अंदर अनुदैर्ध्य तरंगें नाव के पतवार के कम्पन के कारण उत्पन्न होती हैं।

2 ***(c)*** दिया है, $v' = 2v$

माना पहले माध्यम में ध्वनि तरंगों की आवृत्ति ν और दूसरे माध्यम में ध्वनि की आवृत्ति ν' है।

चूँकि, दोनों माध्यमों में आवृत्ति समान रहती हैं,

$$\nu = \nu'$$

$$\Rightarrow \quad \frac{v}{\lambda} = \frac{v'}{\lambda'} \quad (\because v = \nu\lambda)$$

$$\Rightarrow \quad \lambda' = \left(\frac{v'}{v}\right)\lambda$$

जहाँ, λ तथा λ' तरंगदैर्ध्य हैं और v एवं v' क्रमशः प्रथम, द्वितीय माध्यम में ध्वनि तरंगों की चाल है।

अतः $\quad \lambda' = \left(\frac{2v}{v}\right)\lambda = 2\lambda$

3 ***(c)*** वायु में ध्वनि की चाल v द्वारा दी गई है,

$$v = \sqrt{\frac{\gamma p}{\rho}}$$

वायु के लिए λ और ρ स्थिरांक हैं

$\therefore v \propto \frac{1}{\sqrt{\rho}}$, जहाँ ρ वायु का घनत्व है।

$$\Rightarrow \quad \frac{v_2}{v_1} = \sqrt{\frac{\rho_2}{\rho_1}}$$

जहाँ, ρ_1 शुष्क वायु का घनत्व तथा ρ_2 नम वायु का घनत्व है।

जैसे, $\rho_2 < \rho_2 = \frac{v_2}{v_1} > 1$

$\Rightarrow \quad v_2 > v_1$

आर्द्रता में वृद्धि के साथ वायु में ध्वनि तरंग की चाल बढ़ जाती है।

4 *(c)* किसी माध्यम में ध्वनि तरंग की चाल,

$$v \propto \sqrt{T}$$

जहाँ, T माध्यम का तापमान है।

$$v = \nu\lambda$$

यदि आवृत्ति n स्थिर रहती है, तो

$v \propto \lambda$ या $\lambda \propto v \Rightarrow \lambda \propto \sqrt{T}$ [समी (i) से]

5 *(b)* अनुदैर्ध्य तरंगों के संचरण के दौरान माध्यम के किसी भी भाग की कोई भौतिक चाल नहीं होती है। इसलिए केवल ऊर्जा माध्यम के कणों तक संचारित होती है।

6 *(d)* सम्पीडन और विरलन के कारण माध्यम (वायु) का घनत्व परिवर्तित होता है। सम्पीडित क्षेत्रों पर घनत्व अधिकतम होता है तथा विरलन क्षेत्रों पर घनत्व न्यूनतम होता है। चूँकि घनत्व परिवर्तित हो रहा है, इसलिए बॉयल के नियम का पालन नहीं हो रहा है। जबकि, आयतन प्रत्यास्थता मापांक स्थिर रहता है। सम्पीडन एवं विरलन का समय बहुत छोटा है, अर्थात् हम रुद्धोष्म प्रक्रिया मान सकते हैं और इसलिए ऊष्मा का स्थानांतरण नहीं होगा।

7 *(b)* आपतित तरंग का समीकरण

$$y_i = 0.6\sin 2\pi\left(t - \frac{x}{2}\right)$$

परावर्तित तरंग का समीकरण

$$y_2 = A_r \sin 2\pi\left(t + \frac{x}{2} + \pi\right)$$

[∵ सघन माध्यम में, फेज परिवर्तन π होता है।]

धनात्मक संकेत संचरण की दिशा के उत्क्रम होने के कारण है।

परावर्तित तरंग का आयाम,

$$A_r = \frac{2}{3} \times A_i$$

$$= \frac{2}{3} \times 0.6$$

$$= 0.4 \text{ इकाई}$$

$$\therefore \quad y_r = -0.4\sin 2\pi\left(t + \frac{x}{2}\right)$$

[$\because \sin(\pi + \theta) = -\sin\theta$]

विगत परीक्षाओं के प्रश्न

1 *(a)* एक खुले पाइप की मूल आवृत्ति,

$$f_o = \frac{v}{2l}$$

एक बन्द पाइप की मूल आवृत्ति,

$$f_c = \frac{v}{4l} \Rightarrow \frac{f_o}{f_c} = \frac{\frac{v}{2l}}{\frac{v}{4l}} = \frac{2}{1}$$

$\therefore \quad f_o : f_c = 2 : 1$

2 *(b)* डोरी में अनुप्रस्थ तरंग का वेग, $v \propto \sqrt{T}$

$$\therefore \quad \frac{v_1}{v_2} = \sqrt{\frac{T_1}{T_2}} = \sqrt{\frac{T}{2T_1}} \qquad [\because T_2 = 2T_1]$$

$$= \frac{1}{\sqrt{2}}$$

$v_1 : v_2 = 1 : \sqrt{2}$

3 *(b)* हम जानते हैं कि, $f \propto \frac{1}{l}$

$$\Rightarrow \frac{f_1}{f_2} = \frac{l_2}{l_1}$$

$$\Rightarrow l_2 = \frac{f_1 l_1}{f_2} = \frac{120 \times 0.9}{180}$$

$$= \frac{2}{3} \times 0.9 = 0.6 \text{ मीटर} = 60 \text{ सेमी}$$

4 *(a)* विस्पन्द गठन की अज्ञात आवृत्ति की स्थिति में,

$(\nu_B) = \nu_A \pm$ विस्पन्द

जहाँ, $\nu_A = 530$ हर्ट्ज और विस्पन्द $= 6$ हर्ट्ज

$\Rightarrow \nu_A = 530 \pm 6 = 536$ या 524 हर्ट्ज

B में तनाव थोड़ा कम हो जाता है, तो विस्पन्द की आवृत्ति 7 हर्ट्ज तक बढ़ जाती है।

यह सम्भव है, यदि हम B की मूल आवृत्ति 524 हर्ट्ज लें।

5 *(c)* एक अनुनाद नली पर कम्पन स्वरित्र द्विभुज के लिए, निम्न पहला अनुनाद लम्बाई पर प्राप्त होता है

$$l_1 = \frac{\lambda}{4}$$

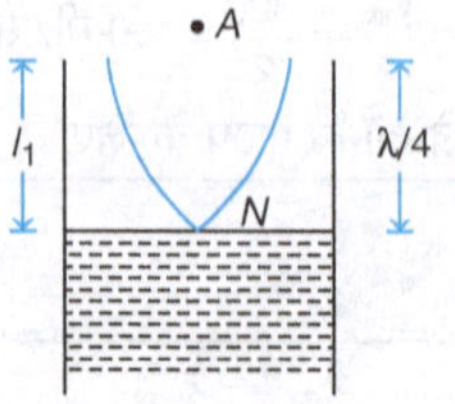

और दूसरे अनुनाद के लिए लम्बाई

$$l_2 = \frac{\lambda}{4} + \frac{\lambda}{2} = \frac{3\lambda}{4} \qquad \text{...(ii)}$$

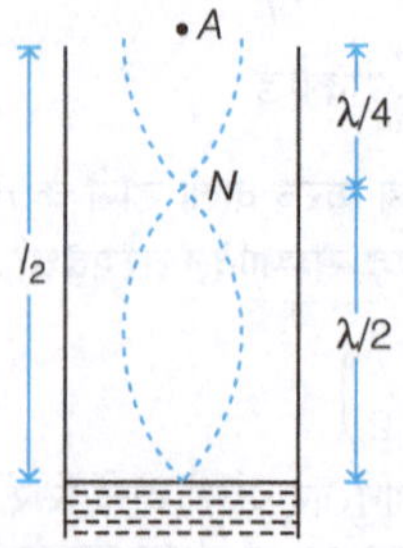

समी (i) और (ii) से,

$$l_2 - l_1 = \frac{3\lambda}{4} - \frac{\lambda}{4} = \frac{\lambda}{2}$$

$$\Rightarrow \quad \lambda = 2(l_2 - l_1)$$

$$\Rightarrow \quad v = 2f(l_2 - l_1) \quad \text{...(iii)} \left(\because \lambda = \frac{v}{f}\right)$$

$f = 800$ हर्ट्ज, $l_1 = 9.75$ सेमी

$l_2 = 31.25$ सेमी

$\Rightarrow \quad v = 2 \times 800(31.25 - 9.75)$

$= 34400$ सेमी/से

$= 344$ मी/से

6 *(c)* एक खुले ऑर्गन पाइप के लिए मूल आवृत्ति निम्न प्रकार दी गई है,

$$f = \frac{v}{2L}$$

एक बन्द ऑर्गन पाइप के लिए तीसरा सन्नादी निम्न प्रकार दिया गया है

$$f' = \frac{3v}{4L'}$$

प्रश्नानुसार, $\quad f = f'$

$$\Rightarrow \quad \frac{v}{2L} = \frac{3v}{4L'}$$

$$L = \frac{2}{3}L'$$

दिया है, $\quad L' = 20$ सेमी

$$\Rightarrow \quad L = \frac{2}{3} \times 20$$

$$= \frac{40}{3} \text{ सेमी} = 13.3 \text{ सेमी}$$

7 *(b)* प्रथम अनुनाद के लिए, $l_1 = \frac{\lambda}{4}$

दूसरे अनुनाद के लिए, $l_2 = \frac{3\lambda}{4}$

$$\therefore \quad (l_2 - l_1) = \frac{3\lambda}{4} - \frac{\lambda}{4}$$

या $\lambda = 2(l_2 - l_1)$ ...(i)

$\because$ ध्वनि तरंग का वेग निम्न प्रकार दिया गया है

$$v = \nu\lambda$$

जहाँ, n आवृत्ति है,

$\Rightarrow$ $v = \nu[2(l_2 - l_1)]$ [समी (i) से]

यहाँ, $\nu = 320$ हर्ट्ज

$l_2 = 0.73$ मी, $l_1 = 0.20$ मी

$\Rightarrow$ $v = 2[320(0.73 - 020)]$

$= 339.2$ मी/से $\cong 339$ मी/से

8 *(b)* दो निकटतम सन्नादी आवृत्तियाँ 220 हर्ट्ज और 260 हर्ट्ज हैं।

$\therefore$ $\frac{(2n-1)v}{4l} = 220$ हर्ट्ज ...(i)

अगला सन्नादी निम्न पर होता है

$\frac{(2n+1)v}{4l} = 260$ हर्ट्ज ...(ii)

समी (i) को समी (ii) से घटाने पर,

$$\frac{v[(2n+1)-(2n-1)]}{4l} = 260 - 220$$

$$2\left(\frac{v}{4l}\right) = 40$$

$\Rightarrow$ $\frac{v}{4l} = 20$ हर्ट्ज

$\therefore$ निकाय की मूल आवृत्ति,

$\frac{v}{4l} = 20$ हर्ट्ज

9 *(b)* एक खुले ऑर्गन पाइप के लिए,

$v_n = \frac{n}{2L}\nu$, जहाँ $n = 1, 2, 3, \ldots$

दूसरे अधिस्वर के लिए, $n = 3$

$\nu_{2_0} = \frac{3v}{2L_1}\nu$ ...(i)

बन्द ऑर्गन पाइप के लिए,

$$\nu_n = \left(\frac{2n+1}{4L}\right)v$$

जहाँ, $n = 0, 1, 2, 3$

बन्द ऑर्गन पाइप के लिए प्रथम अधिस्वर, $n = 1$

$v_{1_c} = \frac{3v}{4L}$ ...(ii)

$\therefore$ $v_{2_0} = \nu_{1_c}$

$\Rightarrow$ $\frac{3v}{2L_1} = \frac{3v}{4L} \Rightarrow L_1 = 2L$

10 *(a)* विस्पन्द आवृत्ति $= f_1 - f_2$

$= n - (n-1) = 1$

और इसी प्रकार n और $n+1$ के लिए विस्पन्द आवृत्ति $= n + 1 - n = 1$

11 *(a)* अनुप्रस्थ स्पंद की तरंगदैर्ध्य, $\lambda = \frac{v}{f}$ ...(i)

हम जानते हैं, $v = \sqrt{\frac{T}{\mu}}$ ...(ii)

समी (i) और (ii) से,

$$\lambda = \frac{1}{f}\sqrt{\frac{T}{\mu}} \Rightarrow \lambda \propto \sqrt{T}$$

अतः दो अलग-अलग स्थितियों के लिए,

$$\frac{\lambda_2}{\lambda_1} = \sqrt{\frac{T_2}{T_1}} = \sqrt{\frac{m_1 + m_2}{m_2}}$$

12 *(d)* दिया है, $l = 75$ सेमी

$f_1 = 420$ हर्ट्ज और $f_2 = 315$ हर्ट्ज

चूँकि, दोनों सिरों पर स्थिर एक तार के लिए दो क्रमागत अनुनादी आवृत्तियाँ, $f_1 = \frac{nv}{2l}$

$$f_2 = \frac{(n+1)v}{2l}$$

$\Rightarrow$ $f_2 - f_1 = 420 - 315$

$\Rightarrow \frac{(n+1)v}{2l} - \frac{nv}{2l} = 105$ हर्ट्ज

$\Rightarrow$ $\frac{v}{2l} = 105$ हर्ट्ज

13 *(b)* वायु स्तंभ की सबसे छोटी लम्बाई वायु स्तंभ के कंपन की मूल विधा से जुड़ी होती है जैसा कि चित्र में दिखाया गया है।

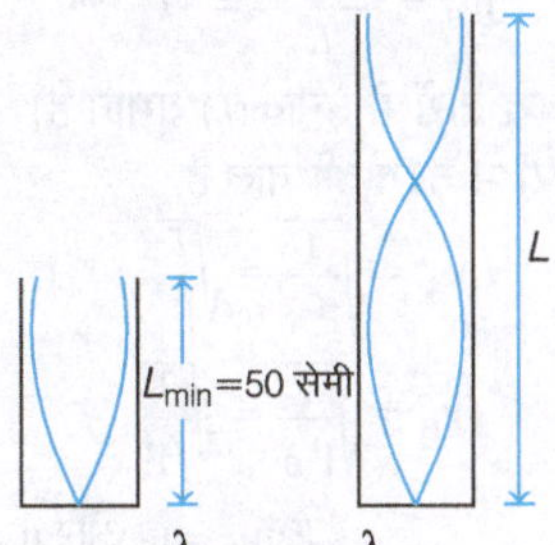

$\because$ $L_{min} = \frac{\lambda}{4} \Rightarrow 50 = \frac{\lambda}{4}$

$\Rightarrow$ $\lambda = 200$ सेमी

वायु स्तंभ की अगली उच्चतर लम्बाई,

$$L = \frac{\lambda}{4} + \frac{\lambda}{2} = \frac{\lambda + 2\lambda}{4} = \frac{3\lambda}{4}$$

$$= \frac{3}{4} \times 200 = 150 \text{ सेमी}$$

14 *(c)* बन्द और खुले ऑर्गन पाइप की मूल आवृत्तियाँ निम्नानुसार दी गई हैं,

$$\nu_c = \frac{v}{4l} \Rightarrow \nu_0 = \frac{v}{2l'}$$

दिया है,

खुले पाइप का दूसरा अधिस्वर (एक तिहाई सन्नादी बंद पाइप की मूल आवृत्ति के बराबर है)

अर्थात् $3\nu_0 = \nu_c$

$\Rightarrow$ $3\frac{v}{2l'} = \frac{v}{4l}$

$\Rightarrow$ $l' = 6l = 6 \times 20 = 120$ सेमी

15 *(a)* दिया है,

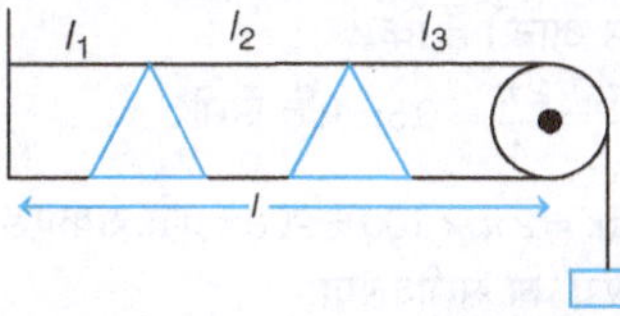

प्रथम भाग, $n_1 = \frac{v}{2l_1} \Rightarrow l_1 = \frac{v}{2n_1}$ के लिए,

दूसरा भाग, $n_2 = \frac{v}{2l_2} \Rightarrow l_2 = \frac{v}{2n_2}$ के लिए,

तृतीय भाग, $n_3 = \frac{v}{2l_3} \Rightarrow l_3 = \frac{v}{2n_3}$ के लिए,

सम्पूर्ण तार के लिए,

$$n = \frac{v}{2l} \Rightarrow l = \frac{v}{2n}$$

$$l = l_1 + l_2 + l_3$$

$$\frac{v}{2n} = \frac{v}{2n_1} + \frac{v}{2n_2} + \frac{v}{2n_3}$$

$$\frac{1}{n} = \frac{1}{n_1} + \frac{1}{n_2} + \frac{1}{n_3}$$

16 *(d)* बन्द ऑर्गन पाइप की मूल आवृत्ति

$f_1 = \frac{v}{4L_1}$, $v =$ ध्वनि की चाल

$L_1 =$ बन्द ऑर्गन पाइप की लम्बाई

खुले ऑर्गन पाइप के प्रथम अधिस्वर की आवृत्ति $f_2 = 2 \cdot \frac{v}{2L_2}$,

$L_2 =$ खुले ऑर्गन पाइप की लम्बाई

दिया है, $f_1 = f_2$ और $L_2 = 60$ सेमी

$\therefore$ $\frac{v}{4L_1} = 2 \cdot \frac{v}{2L_2}$

$\Rightarrow$ $L_1 = \frac{L_2}{4} = \frac{60}{4} = 15$ सेमी

17 *(b)* तरंग समीकरण

$$y = 2\cos 2\pi(330t - x)$$

$$y = 2\cos(2\pi \times 330t - 2\pi x)$$

मानक तरंग समीकरण से तुलना करने पर

$$y = A\cos(\omega t - kx)$$

अतः कोणीय आवृत्ति

$\omega = 2\pi \times 330$ रेडियन/सेकण्ड

$\therefore$ रेखीय आवृत्ति

$$f = \frac{\omega}{2\pi} = \frac{2\pi \times 330}{2\pi} = 330 \text{ हर्ट्ज}$$

18 *(c)* अनुप्रस्थ तरंग की चाल,

$$v = \sqrt{\frac{T}{\mu}} = \sqrt{\frac{70}{7.0 \times 10^{-3}}}$$

$$v = 100 \text{ मी/से}$$

19 *(d)* हम जानते हैं कि

$$k = \frac{2\pi}{\lambda} = \frac{2\pi}{4} = 0.5\pi \text{ प्रति सेमी}$$

$$\omega = 2\pi k = 2\pi \times 100 = 200\pi \text{ प्रति सेकण्ड}$$

तथा तरंग का समीकरण

$$y = A\sin(kx - \omega t)$$

k तथा ω के मान रखने पर,

$$y = A\sin\pi[(0.5)x - 200t]$$

अतः विकल्प (d) सही है।

20 *(c)* दिया है, $f = 340$ हर्ट्ज

माना स्वरित्र द्विभुज A की विस्पन्द आवृत्ति f_A है स्वरित्र द्विभुज A के भरने के बाद की आवृत्ति f'_A है

पहली स्थिति में, विस्पन्द आवृत्ति = 5

$\Rightarrow \quad f_A = 340 \pm 5$

$\Rightarrow \quad f_A = 345$ हर्ट्ज या 335 हर्ट्ज

स्वरित्र द्विभुज A भरने के बाद

$f'_A = 340 \pm 2$

$\Rightarrow \quad f'_A = 342$ हर्ट्ज या 338 हर्ट्ज

भरने पर A की आवृत्ति बढ़ जाती है।

अतः स्वरित्र द्विभुज A की मूल आवृत्ति 335 हर्ट्ज है।

21 *(b)* $t = 0$ पर दिए गए स्नैपशॉट से,

$y = 0$ पर, $x = 0$

और $y = -ve$ जब x शून्य से बढ़ता है।

किसी भी प्रगामी तरंग की मानक अभिव्यक्ति निम्न प्रकार दी जाती है

$$y = A\sin(kx - \omega t + \phi)$$

यहाँ, ϕ कलान्तर है।

$$y = A\sin(kx + \phi)$$

$\therefore \quad \phi = \pi$

$$y = A\sin(kx + \pi)$$

$$y = -A\sin(kx)$$

$\Rightarrow \quad y = 0$ पर $x = 0$

$n > 0$ पर, $y = -(ve)$

जो दिए गए स्नैपशॉट को संतुष्ट करता है।

22 *(a)* तरंग समीकरण निम्न प्रकार दिया गया है,

$$y = 10^{-3}\sin(50t + 2x)$$

तरंग की चाल तरंग की कला में विभेदन करके प्राप्त की जाती है।

अब, दिए गए समीकरण से तरंग की कला,

$$\phi = 50t + 2x = \text{नियत}$$

ϕ को t के सापेक्ष अवकलित करने पर,

$$\frac{d}{dx}(50t + 2x) = \frac{d}{dt}(\text{नियत})$$

$$\Rightarrow \quad 50 + 2\left(\frac{dx}{dt}\right) = 0$$

$$\Rightarrow \quad \frac{dx}{dt} = \frac{-50}{2} = -25 \text{ मी/से}$$

अतः तरंग ऋणात्मक x-दिशा में 25 मी/से की चाल से संचरित हो रही है।

23 *(c)*

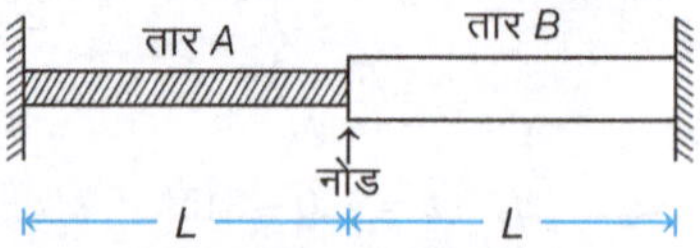

माना तारों की प्रति एकांक लम्बाई का द्रव्यमान क्रमशः μ_A और μ_B है।

$\because$ समान पदार्थ के लिए घनत्व भी समान होता है।

इसलिए, $\mu_A = \dfrac{\rho\pi r^2 L}{L} = \mu$

और $\quad \mu_B = \dfrac{\rho 4\pi r^2 L}{L} = 4\mu$

दोनों बद्ध तारों में तनाव (T) समान है।

तो, तारों में तरंग की चाल है

$$v_A = \sqrt{\frac{T}{\mu_A}} = \sqrt{\frac{T}{\mu}}$$

$$v_B = \sqrt{\frac{T}{\mu_B}} = \sqrt{\frac{T}{4\mu}}$$

$[\because \mu_A = \mu$ और $\mu_B = 4\mu]$

तो, ऐसे तारों के निकाय में nवाँ सन्नादी,

$$f_{n\text{वाँ}} = \frac{pv}{2L} \Rightarrow f_A = \frac{pv_A}{2L} = \frac{p}{2L}\sqrt{\frac{T}{\mu}}$$

(p प्रस्पन्द के लिए)

इसी प्रकार, $f_B = \dfrac{qv_B}{2L} = \dfrac{q}{2L}\sqrt{\dfrac{T}{4\mu}}$

$$= \frac{1}{2}\left(\frac{q}{2L}\sqrt{\frac{T}{\mu}}\right) \text{ (} q \text{ प्रस्पन्द के लिए)}$$

चूँकि, आवृत्तियाँ f_A और f_B समान दी गई हैं।

इसलिए, $f_A = f_B$

$$\Rightarrow \quad \frac{p}{2L}\sqrt{\frac{T}{\mu}} = \frac{q}{2}\left[\frac{1}{2L}\sqrt{\frac{T}{\mu}}\right]$$

$$\frac{p}{q} = \frac{1}{2} \Rightarrow p : q = 1 : 2$$

स्किल बूस्टर्स

1 *(d)* पहली गैस के मोलो की संख्या

$$n_1 = \frac{m_1}{M_{01}}$$

दूसरी गैस के मोलों की संख्या,

$$n_2 = \frac{m_2}{M_{02}}$$

जहाँ, M_{01}, M_{02} गैसों के आण्विक द्रव्यमान हैं।

माना $M_{0\text{मिश्रण}}$ मिश्रण का आण्विक द्रव्यमान है।

तब, $\quad m_1 + m_2 = \left(\dfrac{m_1}{M_{01}} + \dfrac{m_2}{M_{02}}\right) M_{0\text{मिश्रण}}$

$$\therefore \quad M_{0\text{mix}} = \frac{m_1 + m_2}{\dfrac{m_1}{M_{01}} + \dfrac{m_2}{M_{02}}} \quad \text{...(i)}$$

हम जानते हैं कि

$$v_1 = \sqrt{\frac{\gamma RT}{M_{01}}}, \; v_2 = \sqrt{\frac{\gamma RT}{M_{02}}}$$

$$v_{\text{मिश्रण}} = \sqrt{\frac{\gamma RT}{M_{0\text{ मिश्रण}}}}$$

$$\therefore \quad M_{01} = \frac{\gamma RT}{v_1^2}, \; M_{02} = \frac{\gamma RT}{v_2^2}$$

$$M_{0\text{mix}} = \frac{\gamma RT}{v_{\text{mix}}^2}$$

समी (i) से,

$$\frac{\gamma RT}{v_{\text{कमरा}}^2} = \frac{m_1 + m_2}{\dfrac{m_1 v_1^2}{\gamma RT} + \dfrac{m_2 v_2^2}{\gamma RT}}$$

$$\Rightarrow \quad v_{\text{कमरा}}^2 = \frac{m_2 v_1^2 + m_2 v_2^2}{m_1 + m_2}$$

$\therefore$ कमरे में ध्वनि की चाल,

$$v_{\text{कमरा}} = \sqrt{\frac{m_1 v_1^2 + m_2 v_2^2}{m_1 + m_2}}$$

2 *(c)* $t = t_0$ पर, $\dfrac{dy}{dt} = 0$ और $y = A$

(पहले ग्राफ से)

$t > t_0$ के लिए, v ऋणात्मक है और $t < t_0$ के लिए, v धनात्मक है (दूसरे ग्राफ से)।

हमें प्रत्येक विकल्प के लिए इन शर्तों की जाँच करनी है। आइए हम इसे सही विकल्प (c) के साथ करते हैं।

$$\frac{dy}{dt} = A\frac{2\pi}{T}\cos\left[\frac{2\pi}{T}(t - t_0) + \frac{\pi}{2}\right]$$

$$= \frac{2\pi}{T} A\sin\left\{\frac{2\pi}{T}(t - t_0)\right\}$$

$\therefore t < t_0$ के लिए, $\frac{dy}{dt}$ धनात्मक है और $t > t_0$ के लिए, $\frac{dy}{dt}$ ऋणात्मक है।

3 **(c)** चित्र में,

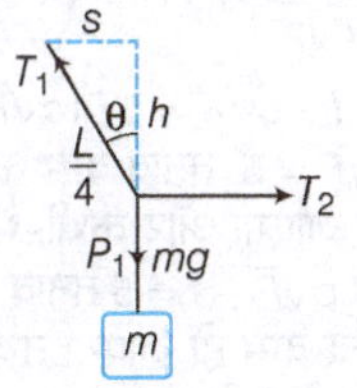

$$s = \frac{0.5}{2} = 0.25 \text{ मीटर}$$

$$\frac{L}{4} = \frac{3}{4} = 0.75 \text{ मीटर}$$

$$h = \sqrt{(0.75)^2 - (0.25)^2}$$

$$= 0.707 \text{ मीटर}$$

लामी प्रमेय से,

$$\frac{mg}{\sin(90° + \theta)} = \frac{T_2}{\sin(180° - \theta)}$$

$$T_2 = mg \tan\theta = (2)(9.8)\left(\frac{0.25}{0.707}\right)$$

$$= 6.93 \text{ न्यूटन}$$

डोरी की प्रति एकांक लम्बाई का द्रव्यमान है,

$$\mu = \frac{10 \times 10^{-3}}{3} = 3.33 \times 10^{-3} \text{ किग्रा/मी}$$

$$\therefore \text{स्पन्द की चाल, } v = \sqrt{\frac{T_2}{\mu}} = \sqrt{\frac{6.93}{3.33 \times 10^{-3}}}$$

$$= 45.62 \text{ मी/से}$$

$$\text{लिया गया समय} = \frac{P_1P_2}{v} = \frac{L/2}{v}$$

$$= \frac{1.5}{45.62} = 0.0329 \text{ सेकण्ड}$$

$$= 32.9 \text{ सेकण्ड}$$

4 **(d)** $g_p = \frac{G.3M}{(3R)^2} = \frac{g}{3}$

$$\mu = \frac{m_0}{L_0}$$

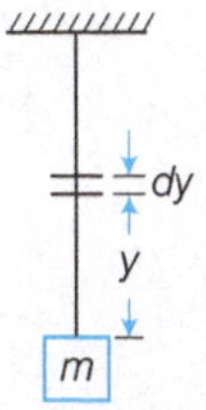

विभेदक तत्व के स्थान पर तनाव,

$$F = \left[m + \frac{m_0}{L_0}y\right]g_p$$

$$\text{और} \quad v = \sqrt{\frac{F}{\mu}} = \sqrt{\frac{\left(m + \frac{m_0}{L_0}y\right)g}{3\left(\frac{m_0}{L_0}\right)}}$$

$$\therefore \quad \frac{dy}{dt} = \sqrt{\frac{\left(m + \frac{m_0}{L_0}y\right)g}{3\left(\frac{m_0}{L_0}\right)}}$$

$$\Rightarrow \int_0^{L_0} \frac{dy}{\sqrt{mL_0 + m_0y}} = \sqrt{\frac{g}{3m_0}}\int_0^t dt$$

$$\therefore \quad t = 2\left[\frac{\sqrt{m + m_0} - \sqrt{m}}{\sqrt{m_0}}\right]\sqrt{\frac{3L_0}{g}}$$

5 **(b)** $\rho_{द्रव} = \frac{17}{81}\rho$, (जहाँ ρ = ब्लॉक का घनत्व)

ब्लॉक का आयतन, $V = \frac{m}{\rho} = \frac{5}{\rho}$

उत्प्लावक बल, B_F

$$= V\rho_L g = \frac{5}{\rho} \cdot \frac{17}{81}\rho . g = \frac{85}{81}g$$

$$\therefore \text{डोरी में तनाव, } T = \text{भार} - B_F = 5g - \frac{85}{81}g$$

$$= \frac{320}{81}g$$

$\therefore$ डोरी में अनुप्रस्थ तरंग की चाल $v = \sqrt{\frac{T}{\mu}}$

$$\text{या } v = \sqrt{\frac{\frac{320}{81}g}{2.25 \times 10^{-2}}} = \sqrt{1722} = 41.5 \text{ मी/से}$$

6 **(c)** माना निकाय का त्वरण a है, तब

$$m_1g - T = m_1a$$

$$\Rightarrow \quad 100 - T = 10a \quad \text{....(i)}$$

$$\text{और} \quad T = m_2a$$

$$\Rightarrow \quad T = 10a \quad \text{...(ii)}$$

समी (i) और (ii) से,

$a = 5$ मी/से^{2}, $T = 50$ न्यूटन

$$v = \sqrt{\frac{T}{\mu}} = \sqrt{\frac{50}{0.02}} = 50 \text{ मी/से}$$

धरातलीय तंत्र में, अनुप्रस्थ स्पन्द की चाल

$$= v + at \ (t \text{ समय पर})$$

$$\therefore \quad \frac{dl}{dt} = v + at$$

$$\Rightarrow \int_0^t (v + at)dt = L_0 \Rightarrow L_0 = vt + \frac{1}{2}at^2$$

$$\Rightarrow \quad 4 = 50t + 2.5t^2$$

$$2.5t^2 + 50t - 4 = 0$$

$$\Rightarrow t = \frac{-50 \pm \sqrt{2500 + 40}}{5} = 0.08 \text{ सेकण्ड}$$

7 **(d)** प्रारंभ में $F_1 = v\rho_s g$

$$\text{तथा} \quad F_2 = v(\rho_s - \rho_w)g$$

$$F_3 = v(\rho_s - \rho_k)g$$

अब, $f \propto \frac{\sqrt{F}}{L}$ (अन्य घटक स्थिर रहने पर)

$$\left[\because f = \frac{n}{2L}\sqrt{\frac{F}{\mu}}\right]$$

तार उसी स्वरित्र द्विभुज के साथ अनुनादित होता है, इसलिए

$$\frac{\sqrt{F}}{L} = \text{नियत या } \frac{F}{L^2} = \text{नियत}$$

$$\therefore \quad \frac{F_1}{L^2} = \frac{F_2}{L_w^2} = \frac{F_3}{L_k^2}$$

$$\therefore \quad \frac{v\rho_s g}{L^2} = \frac{v(\rho_s - \rho_w)g}{L_w^2} \quad \text{...(i)}$$

$$\text{और} \quad \frac{v\rho_\rho g}{L^2} = \frac{v(\rho_s - \rho_k)g}{L_k^2} \quad \text{...(ii)}$$

समी (i) से

$$\frac{\rho_s}{L^2} = \frac{\rho_s - \rho_w}{L_w^2}$$

$$1 - \frac{\rho_w}{\rho_s} = \left(\frac{L_w}{L}\right)^2$$

$$\Rightarrow \quad \frac{\rho_w}{\rho_s} = 1 - \left(\frac{L_w}{L}\right)^2$$

$\frac{\rho_s}{\rho_w} = \left[1 - \left(\frac{L_w}{L}\right)^2\right]^{-1}$, जो ठोस का विशिष्ट गुरुत्व है।

8 **(b)** माना h' A में डाले गए दूसरे द्रव की लम्बाई है। पहला तरल पदार्थ, भुजा A में Y स्तर नीचे आता है और भुजा B में समान स्तर Y ऊपर उठता है।

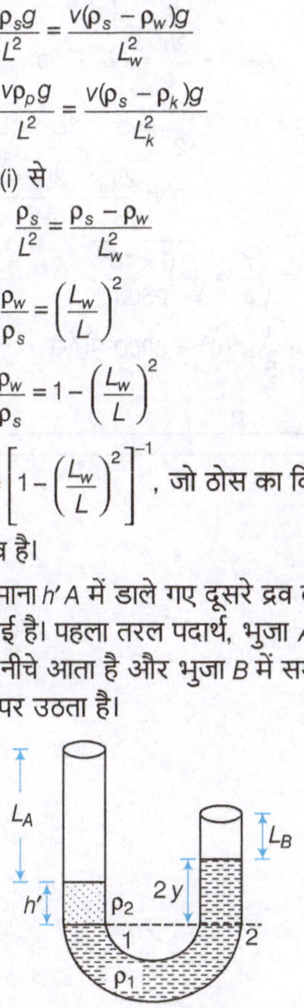

1 पर दाब = 2 का दाब

$$\rho_2 g h' = \rho_1 g(2y)$$

$$y = \frac{\rho_2}{2\rho_i}, h' = \frac{h'}{4}\left[\because \frac{\rho_2}{\rho_i} = \frac{1}{2}\right]$$

A में वायु स्तंभ की लम्बाई,

$$L_A = (L_1 - h) - (h' - y)$$

$$L_A = L_1 - h - \left(h' - \frac{h'}{4}\right)$$

$$= L_1 - h - \frac{3h'}{4}$$

वायु स्तंभ B की लम्बाई

$$L_B = L_2 - h + y = L_2 - h + \frac{h'}{4}$$

यह दिया गया है कि A का पहला अधिस्वरक मूल स्वर के साथ एकरूप है।

B. इस प्रकार, $3\left[\frac{v}{4L_A}\right] = \frac{v}{4L_B}$

$$L_A = 3L_B$$

$$\therefore \quad L_1 - h - \frac{3h'}{h} = 3\left[L_2 - h + \frac{h'}{4}\right]$$

$$\Rightarrow \quad 4 - h - \frac{3h'}{4} = 3L_2 - 3h + \frac{3h'}{4}$$

$$\frac{3h'}{2} = L_1 - 3L_2 + 2h$$

$$\Rightarrow \quad h' = \frac{2(L_1 - 3L_2 + 2h)}{4}$$

9 *(b)* $v = \sqrt{\frac{Y}{\rho}} = \sqrt{\frac{1.6\times 10^{11}}{2500}}$

$$= \frac{4}{5}\times 10^4 = 8000 \text{ मी/से}$$

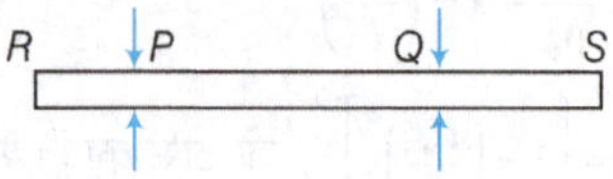

और Q और P, निस्पन्द बनते हैं और S और R, प्रस्पन्द बनते हैं।

क्षेत्र PQ में, $n_1\lambda = 80$ सेमी ...(i)

$(n_1 = 1, 2, 3, ...)$

क्षेत्र RP में,

$$(2n_2 - 1)\frac{\lambda}{4} = 5 \text{ सेमी}$$

$$\Rightarrow \quad (2n_2 - 1)\lambda = 20 \text{ सेमी} \quad ...(ii)$$

$$(n_2 = 1, 2, 3, ...)$$

क्षेत्र QS में,

$$(2n_3 - 1)\frac{\lambda}{4} = 15 \text{ सेमी}$$

$$\Rightarrow \quad (2n_3 - 1)\lambda = 60 \text{ सेमी} \quad ...(iii)$$

$$(n_3 = 1, 2, 3, ...)$$

समी (i) और (ii) से,

$$\frac{n_1}{2n_2 - 1} = 8 \quad ...(iv)$$

समी (i) और (iii) से,

$$\frac{n_1}{2n_3 - 1} = \frac{8}{3} \quad ...(v)$$

न्यूनतम आवृत्ति के लिए n_1, n_2 और n_3 सबसे कम होना चाहिए।

इसलिए, $n_1 = 8, n_2 = 1, n_3 = 2$

न्यूनतम आवृत्ति के लिए,

समी (iv) और (v) से

$$\lambda = \frac{20}{2(1) - 1} = 20 \text{ सेमी या } \lambda = 02 \text{ मी}$$

$$\therefore f_{min} = \frac{v}{\lambda} = \frac{8000}{0.2} = 40 \text{ किलोहर्ट्ज}$$

10 *(d)* यहाँ, कम्पन करने वाली डोरी मे केवल तनाव (F) परिवर्तित होता है। इसलिए,

$$f_0 = \frac{1}{2L}\sqrt{\frac{F}{\mu}} = c\sqrt{F}$$

जहाँ, $c = \frac{1}{2L\sqrt{\mu}}$ और F तनाव है।

प्रश्नानुसार, $f - c\sqrt{F} = 5$ या $c\sqrt{F} - f = 5$ I

यदि, $f - c\sqrt{F} = 5$, तनाव कम करने पर, विस्पन्द बढ़ जाएगा और कभी-भी 5 नहीं हो सकता। यदि $c\sqrt{F} - f = 5$ तनाव में कमी के साथ, विस्पन्द कम हो जाएगा तथा $c\sqrt{F}$ बढ़ जायेगा, f से छोटा हो जायेगा।

इसलिए, दी गई समस्या के अनुसार,

$$c\sqrt{200} - f = 5$$

$$f - c\sqrt{81} = 5$$

$$f + 5 = 10c$$

$$f - 5 = 9c$$

$$\therefore \quad \frac{f+5}{f-5} = \frac{10}{9}$$

$$\Rightarrow \quad f = 95 \text{ हर्ट्ज}$$

अब $f + 5 = 10c$ का प्रयोग करते हुए

$$\Rightarrow \quad 95 + 5 = 10c$$

या, $c = 10$

$$\Rightarrow \quad \frac{1}{2L\sqrt{\mu}} = 10$$

$$\mu = \frac{1}{4\times 100\times (0.5)^2} = 0.01$$

या $\rho \times$ अनुप्रस्थ-काट का क्षेत्रफल = 0.01

$$\rho = \frac{0.01}{\pi\left(\frac{10^{-3}}{2}\right)^2}$$

$$\rho = 1274\times 10^4 \text{ किग्रा/मी}^3$$

Chapter at a Glance

अध्याय के सभी महत्त्वपूर्ण बिन्दुओं के त्वरित रिव्यू
हेतु पूर्णत: रंगीन आकर्षक इन्फोग्राफिक्स

मात्रक एवं मापन (अध्याय एक दृष्टि में)

मात्रकों की प्रणाली

मूल मात्रकों तथा व्युत्पन्न मात्रकों के एक सम्पूर्ण सम्मुचय को मात्रकों की प्रणाली कहा जाता है। मात्रकों की ऐसी तीन प्रणालियाँ निम्न प्रकार हैं

- **CGS प्रणाली** इस प्रणाली को गौसियन प्रणाली भी कहा जाता है। इस प्रणाली में लम्बाई, द्रव्यमान एवं समय के लिए आधार इकाइयाँ क्रमशः सेण्टीमीटर, ग्राम एवं सेकण्ड हैं।
- **FPS प्रणाली** यह प्रणाली एक ब्रिटिश प्रणाली है, जो लम्बाई, द्रव्यमान एवं समय के लिए क्रमशः फुट, पाउण्ड एवं सेकण्ड का उपयोग करती है।
- **MKS प्रणाली** यह प्रणाली एक फ्रांसीसी प्रणाली है, जो लम्बाई, द्रव्यमान और समय के लिए क्रमशः मीटर, किलोग्राम एवं सेकण्ड का उपयोग करती हैं।

SI मात्रक

- SI मात्रक अन्तर्राष्ट्रीय स्तर पर स्वीकृत मात्रकों की प्रणाली है।
- इस प्रणाली में सात मूल मात्रक तथा दो पूरक मात्रक होते हैं।

व्युत्पन्न मात्रक

अन्य सभी भौतिक राशियों के माप के मात्रक जिन्हें मूल मात्रक से प्राप्त किया जा सकता है, व्युत्पन्न मात्रक कहलाते हैं।

मूल मात्रक

वे भौतिक राशियाँ जो अन्य भौतिक राशियों से स्वतन्त्र होती हैं तथा अन्य भौतिक राशियों के सन्दर्भ में परिभाषित नहीं होती हैं, मूल या आधार राशियाँ कहलाती हैं।

मात्रक

भौतिक राशियों को मापने के लिए उपयोग किए जाने वाले सन्दर्भ मानक को मात्रक कहा जाता है।

पूरक मात्रक

- **समतल कोण** यह चाप की लम्बाई और वृत्त की त्रिज्या का अनुपात है। इसका मात्रक रेडियन है, जिसका प्रतीक 'rad' है।

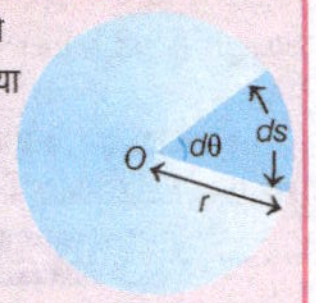

अर्थात्, $d\theta = \frac{dS}{r}$

- **ठोस कोण** यह गोलीय सतह के अवरोधित क्षेत्रफल तथा इसकी त्रिज्या के वर्ग का अनुपात है। इसका मात्रक स्टेरेडियन है, जिसका प्रतीक 'Sr' है।

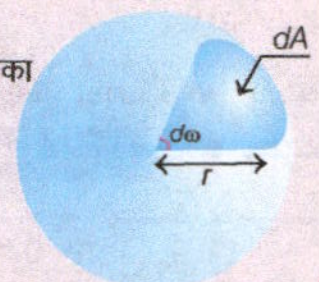

$d\Omega = \frac{dA}{r^2}$

सार्थक अंक

- सभी अशून्य अंक सार्थक होते हैं।
- दो अशून्य अंकों के बीच के सभी शून्य सार्थक होते हैं, चाहे दशमलव बिन्दु कहीं भी हो।
- यदि संख्या 1 से कम है, तो दशमलव बिन्दु के दाईं ओर शुन्य और पहले अशून्य अंक के बाईं ओर शून्य सार्थक नहीं होते हैं।
- यदि संख्या 1 से छोटी होती है तब अन्तिम अशून्य अंक के बाद शून्य सार्थक होते हैं।
- दशमलव बिन्दु के बिना किसी संख्या माना कि सीमांत शून्य जैसे 1500 में दो सार्थक अंक होते हैं।

सटीकता और परिशुद्धता

- माप की सटीकता इस बात का द्योतक है कि मापा गया मान राशि के वास्तविक मान के कितने समीप है।
- परिशुद्धता हमें बताती है कि राशि को किस वियोजन या सीमा तक मापा जाता है।

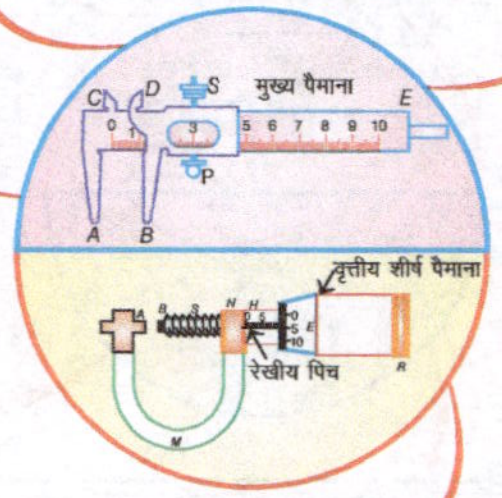

सीमाएँ

- यह त्रिकोणमितीय, घातांकीय और लघुगणकीय पदों वाले सूत्रों को स्थापित नहीं कर सकता है।
- यदि कोई भौतिक राशि तीन भौतिक राशियों पर निर्भर करती है, जिनमें से दो राशियों की विमा समान है, तो हम उनके बीच सम्बन्ध स्थापित नहीं कर सकते।

विमीय सूत्र

वह व्यंजक जो दर्शाता है कि कैसे और कौन-सी मूल राशियाँ भौतिक राशि की विमा को दर्शाती हैं।
उदाहरण के लिए, त्वरण $= [M^0L^1T^{-2}]$
द्रव्यमान घनत्व $= [ML^{-3}T^0]$

भौतिक राशि की विमा

भौतिक राशि की विमा वह घात है जिस तक आधार राशियों के मात्रकों को उस राशि के व्युत्पन्न मात्रक को प्रदर्शित करने के लिए बढ़ाया जाता है।

विमीय विश्लेषण के उपयोग

- मात्रकों का एक प्रणाली से दूसरी प्रणाली में रूपान्तरण

$$n_2 = n_1\left[\frac{M_1}{M_2}\right]^a\left[\frac{L_1}{L_2}\right]^b\left[\frac{T_1}{T_2}\right]^c$$

- समीकरण की विमीय शुद्धता की जाँच करना। यदि समीकरण के दोनों ओर आने वाले सभी पदों की विमा समान हों तो भौतिक राशि समीकरण विमीय रूप से शुद्ध होगी,
- भौतिक राशियों के बीच सम्बन्ध निकालना। यदि, $Q = f(x, y, z)$
माना, $Q \propto X^a, Q \propto Y^b, Q \propto Z^c$
इस प्रकार, $Q \propto X^a Y^b Z^c$

गुणनफल की त्रुटि

माना $Z = AB$, A और B का मापा गया मान $A \pm \Delta A$ और $B \pm \Delta B$, है, तो गुणनफल की अधिकतम सापेक्ष त्रुटि,

$$\left(\frac{\Delta Z}{Z}\right) = \pm\left[\frac{\Delta A}{A} + \frac{\Delta B}{B}\right]$$

प्रतिशत त्रुटि

जब आंशिक त्रुटि या सापेक्ष त्रुटि प्रतिशत में व्यक्त की जाती है, तो
प्रतिशत त्रुटि,

$$(\delta a) = \frac{\Delta a_{माध्य}}{a_m} \times 100\,\%$$

भागफल की त्रुटि

माना $Z = A/B$, तो मापा गया मान

$$Z \pm \Delta Z = \frac{A \pm \Delta A}{B \pm \Delta B} = Z\left(1 \pm \frac{\Delta A}{A}\right)\left(1 \pm \frac{\Delta B}{B}\right)^{-1}$$

∴ इसलिए, भागफल की अधिकतम सापेक्ष त्रुटि

$$\pm\frac{\Delta Z}{Z} = \pm\left(\frac{\Delta A}{A} + \frac{\Delta B}{B}\right)$$

मापी गई राशि घात के रूप में बढ़ते पर त्रुटि

माना A और B की n वीं घात है। तब

$$Z = \frac{A^n}{B^n}$$

$$\pm\frac{\Delta Z}{Z} = \pm n\frac{\Delta A}{A} \pm n\frac{\Delta B}{B}$$

अधिकतम सापेक्ष त्रुटि

$$\frac{\Delta Z}{Z} = \pm\left(n\frac{\Delta A}{A} + \frac{n\Delta B}{B}\right)$$

योग या अन्तर की त्रुटि

- दो भौतिक राशियों A तथा B में सीमित त्रुटियाँ क्रमशः $\pm\Delta A$ तथा $\pm\Delta B$ हैं, तब
- योग $Z = A + B$ के लिए, अधिकतम सम्भव त्रुटि, $\Delta Z = \Delta A + \Delta B$
- अन्तर $Z = A - B$ के लिए, अधिकतम सम्भव त्रुटि, $\Delta Z = \Delta A + \Delta B$

त्रुटियों का संयोजन (Combination of Errors)

गणितीय संक्रियाएँ; जैसे–जोड़, घटा, भाग, गुणा, आदि करते समय, त्रुटि संयोजन भौतिक राशियों पर की गई गणितीय संक्रिया के प्रकार पर निर्भर करता है।

माप में त्रुटि (Error in Measurement)

- राशि के वास्तविक और मापे गए मान के बीच के अन्तर को माप की त्रुटि कहा जाता है।
त्रुटि = वास्तविक मान – मापा गया मान

सापेक्ष त्रुटि/आंशिक त्रुटि

- मापी गई राशि के माध्य मान और माध्य निरपेक्ष त्रुटि का अनुपात सापेक्ष त्रुटि/आंशिक त्रुटि कहते है।

$$\text{सापेक्ष त्रुटि}\,(\delta a) = \frac{\text{माध्य निरपेक्ष त्रुटि}}{\text{माध्य मान}}$$

$$\delta a = \frac{\Delta a_{माध्य}}{a_m}$$

व्यवस्थित त्रुटि (Systematic Error)

- **उपकरणीय त्रुटि**
ये मापक यन्त्र के अंशांकन के अपूर्ण डिजाइन अथवा निर्माण के कारण होती है।
- **प्रयोगात्मक तकनीक**
त्रुटि यह प्रयोगात्मक व्यवस्था की सीमा के कारण होती है।
- **व्यक्तिगत त्रुटि**
ये त्रुटियाँ पर्यवेक्षक की अनुभवहीनता के कारण होती हैं, जैसे कि उपकरण की उचित सैटिंग की कमी तथा उपयुक्त सावधानी के बिना अवलोकन करना।
- **बाह्य कारणों से होने वाली त्रुटि**
विभिन्न कारक जैसे ताप, दाब आयतन इत्यादि में परिवर्तन से कारण होने वाली त्रुटि बाह्य कारणों से होने वाली त्रुटि कहलाती है।

अल्पतमांक त्रुटि (Least Count Error)

- यह त्रुटि मापक यन्त्र के अल्पतमांक द्वारा लगाई गई सीमा के कारण होती है।
- यह मापक यन्त्र के वियोजन (रिज़ॉल्यूशन) से संलग्न अनिश्चितता है।

निरपेक्ष त्रुटि (Absolute Error)

- किसी राशि के वास्तविक मान तथा मापे गए मान के बीच के अन्तर के परिमाण को निरपेक्ष त्रुटि कहते हैं।
- इसे $|\Delta a|$ द्वारा दर्शाया जाता है।
- वास्तविक मान $= |\Delta a|$ – मापा गया मान

माध्य निरपेक्ष त्रुटि (Mean Absolute Error)

सभी मापों में निरपेक्ष त्रुटि के परिमाणों का अंकगणितीय माध्य

$$\Delta a_{माध्य} = \sum_{i=1}^{n}\frac{|\Delta a_i|}{n}$$

यादृच्छिक त्रुटियाँ (Random Errors)

- यादृच्छिक त्रुटियाँ वे त्रुटियाँ हैं, जो माप में अनियमित रूप से होती हैं। उनके चिह्न और परिमाण दोनों यादृच्छिक होते हैं।
- ऐसी त्रुटियों का कोई सटीक कारण नहीं होता है। ये त्रुटियाँ प्रयोगात्मक स्थिति में यादृच्छिक और अप्रत्याशित उतार-चढ़ाव के कारण उत्पन्न होती हैं।
- उदाहरण के लिए, वोल्टेज आपूर्ति में उतार-चढ़ाव, प्रयोगात्मक उपकरणों का यान्त्रिक कम्पन।

सकल त्रुटि (Gross Error)

- ये त्रुटियाँ पर्यवेक्षक की अत्यधिक लापरवाही के कारण उत्पन्न हो सकती हैं।
- बिना किसी उपकरण को उपयुक्त रूप समायोजित किए अवलोकनों को रिकॉर्ड करना।
- किसी अवलोकन को गलत तरीके से पढ़ना।

सरल रेखा में गति (अध्याय एक दृष्टि में)

एकसमान तथा असमान चाल

- **एकसमान चाल** वह चाल जिसमें कोई वस्तु समान समय अन्तराल में समान दूरी तय करती है।
- **असमान चाल** वह चाल जिसमें कोई वस्तु असमान समय अन्तराल में समान दूरी तय करती है।

तात्क्षणिक चाल

किसी विशेष क्षण पर वस्तु की चाल को वस्तु की तात्क्षणिक चाल कहते है।

तात्क्षणिक चाल,

$$s_i = \lim_{\Delta t \to 0} \frac{\Delta s}{\Delta t} \text{ or } s_i = \frac{ds}{dt}$$

तात्क्षणिक वेग

किसी गतिमान पिण्ड का किसी निश्चित क्षण पर वेग तात्क्षणिक वेग कहलाता है।

तात्क्षणिक वेग,

$$v_i = \lim_{\Delta t \to 0} \frac{\Delta x}{\Delta t} \text{ or } v_i = \frac{dx}{dt}$$

एकसमान तथा असमान वेग

- **एकसमान वेग** यदि कोई वस्तु समान समय अन्तराल में समान विस्थापन तय करती है, तो उसका वेग एकसमान हो सकता है।
- **असमान वेग** यदि कोई वस्तु असमान वेग से गति कर रही है, तो उसका विस्थापन समान समय अन्तराल में असमान होगा।

निर्देश तन्त्र

- **निर्देश तन्त्र** एक निर्देशांक प्रणाली है जिसमें किसी क्षण के सापेक्ष एक पर्यवेक्षक किसी वस्तु की स्थिति, विस्थापन, त्वरण का वर्णन कर सकता है।
- **जड़त्वीय निर्देश तन्त्र** वह निर्देश तन्त्र जो या तो स्थिर होता है या एकसमान गति की स्थिति में होता है।
- **गैर जड़त्वीय निर्देश तन्त्र** वह निर्देश तन्त्र का वह रूप है, जो जड़त्वीय निर्देश तन्त्र के सापेक्ष त्वरित गति करता है।

विस्थापन

- किसी विशेष दिशा में किसी वस्तु की स्थिति में परिवर्तन को त्वरण कहते है।
- विस्थापन, $\Delta x = x_2 - x_1$
- **स्थिति I** $x_2 > x_1$, Δx धनात्मक है
- **स्थिति II** $x_1 > x_2$, Δx ऋणात्मक है
- **स्थिति III** $x_1 = x_2$, Δx शून्य है

चाल

- किसी वस्तु द्वारा तय की गई दूरी तथा उस दूरी को तय करने में लगे समय के अनुपात को चाल कहते हैं।

$$\text{चाल} = \frac{\text{तय की गई दूरी}}{\text{लिया गया समय}}$$

- चाल एक अदिश राशि है।
- **औसत चाल** वस्तु द्वारा तय की गई कुल दूरी तथा लिए गए कुल समय के अनुपात को औसत चाल कहते हैं।

$$\text{औसत चाल} = \frac{\text{तय की गई कुल दूरी}}{\text{लिया गया कुल समय}}$$

$$v_{avg} = \frac{s_1 + s_2}{t_1 + t_2}$$

वेग

- समय के साथ किसी वस्तु की स्थिति में परिवर्तन की दर को उस वस्तु का वेग कहते हैं।

$$\text{वेग} = \frac{\text{विस्थापन}}{\text{समय}}$$

- यह एक सदिश राशि है।
- **औसत वेग–** स्थिति या विस्थापन में परिवर्तन को उस समय अन्तराल से विभाजित किया जाता है,जिसमें वह विस्थापन होता है।

स्थिति

- वह बिन्दु जहाँ कोई वस्तु स्थित होती है, उसे स्थिति कहते हैं।
- स्थिति निर्देशांक अक्ष द्वारा निर्धारित होती है, जो लम्बाई के मात्रकों में निर्धारित होती है तथा जिसकी धनात्मक और ऋणात्मक दिशा होती है।

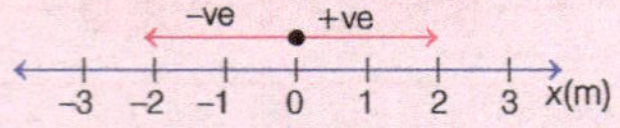

धनात्मक और ऋणात्मक दिशाओं में स्थिति

दूरी

- किसी वस्तु द्वारा किसी निश्चित समय अन्तराल में तय किए गए पथ की लम्बाई को वस्तु द्वारा तय की गई दूरी के रूप में जाना जाता है।
- इसका SI मात्रक मीटर है।
- **उदाहरण** t=0 पर t=t पर

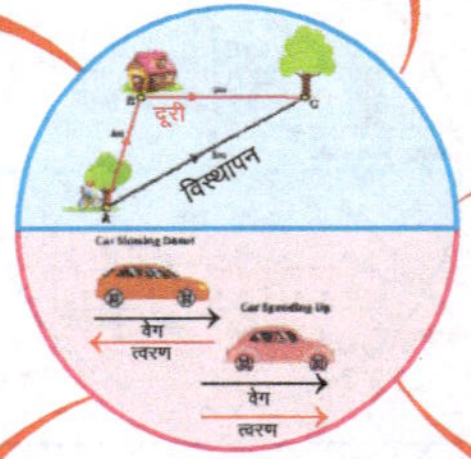

गतिज समीकरण

- एकसमान रूप से त्वरित गति के लिए, विस्थापन, समय, प्रारम्भिक वेग, अन्तिम वेग और त्वरण को तीन सरल समीकरणों द्वारा निर्धारित किया जाता है, जिन्हें गति के गतिज समीकरण कहा जाता है।
- **वेग-समय सम्बन्ध**

$$v = u + at$$

- **स्थिति-समय सम्बन्ध**

$$x = ut + \frac{1}{2}at^2$$

- **स्थिति-वेग सम्बन्ध**

$$v^2 = u^2 + 2ax$$

एकसमान गति

- एक वस्तु एक सीधी रेखा के सापेक्ष समान अन्तराल में समान दूरी तय करती है।

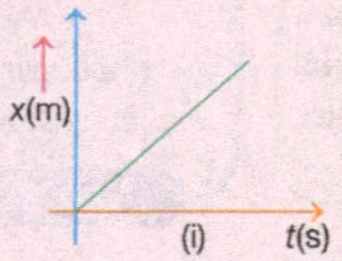

- **जब वस्तु स्थिर होती है** माना कि कोई वस्तु मूल बिन्दु से दूरी पर स्थिर है। ग्राफ (ii) से यह स्पष्ट है कि, वस्तु की स्थिति समय के सापेक्ष समान रहती है।

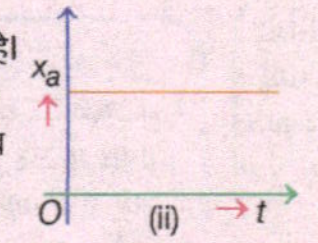

असमान गति

- एक वस्तु असमान समय अन्तराल में समान विस्थापन तय करती है।

किसी निकाय की गति अथवा उसकी गति की दिशा या दोनों समय के साथ बदलती हैं।

- **जब वस्तु परिवर्तनशील गति में होती है** वस्तु समान समय अन्तराल में असमान दूरी तय करती है। परावर्ती गति का स्थिति-समय ग्राफ एक सीधी रेखा नहीं होगा।

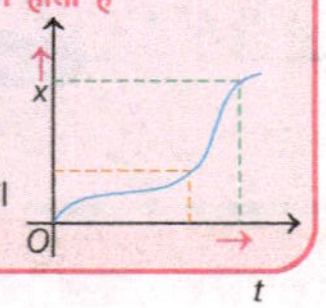

सापेक्ष वेग

किसी वस्तु का किसी अन्य वस्तु के सन्दर्भ में वेग, सापेक्ष वेग कहलाता है।

गुरुत्वाकर्षण के अधीन वस्तु की गति

- जब कोई वस्तु ऊर्ध्वाधर रूप से ऊपर की ओर फेंकी जाती है अथवा पृथ्वी की ओर गिरती है, तो उसकी गति को गुरुत्वाकर्षण के अधीन गति कहते हैं।

$$v = u + (\pm g)t$$

$$h = ut + \frac{1}{2}(\pm g)t^2$$

$$v^2 = u^2 + 2(\pm g)h$$

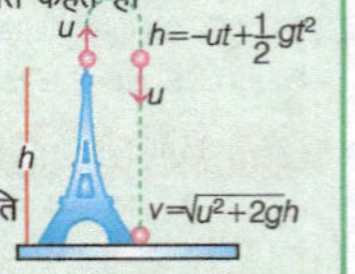

- ऊपर की ओर गति की स्थिति में, गुरुत्वाकर्षण के कारण त्वरण को ऋणात्मक माना जाता है और नीचे की ओर गति के लिए, को धनात्मक माना जाता है।

मुक्त पतन

– मुक्त पतन को ऐसी स्थिति के रूप में परिभाषित किया जाता है, जिसमें कोई वस्तु केवल गुरुत्वाकर्षण के प्रभाव में गति करती है

मुक्त पतन केवल नीचे की ओर गति है जिसमें कोई प्रारम्भिक बल या वेग नहीं होता।

–किसी भी वस्तु का बिना सहारे के पृथ्वी पर मुक्त पतन एक प्राकृतिक घटना है।

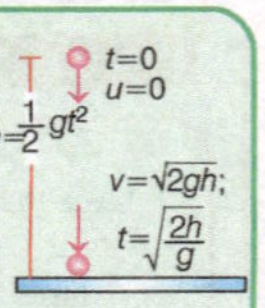

त्वरण

- समय के साथ वेग में परिवर्तन की दर त्वरण कहलाती है यह एक सदिश राशि है।
- SI मात्रक मीटर प्रति वर्ग(m/s^2) सेकण्ड है। इसका विमीय $[M^0L^1T^{-2}]$ सूत्र है।
- **औसत त्वरण** वेग परिवर्तन को समय अन्तराल से विभाजित करने पर औसत त्वरण प्राप्त होता है।

$$\text{औसत त्वरण} = \frac{\Delta v}{\Delta t} = \frac{\mathbf{v}_2 - \mathbf{v}_1}{t_2 - t_1}$$

एकसमान और असमान त्वरण

- **एकसमान त्वरण** यदि कोई वस्तु एकसमान त्वरण के साथ गति कर रही है, तो इसका अर्थ है कि वस्तु का वेग समय के समान अन्तराल के लिए समान है।
- **असमान त्वरण** यदि किसी वस्तु में परिवर्तनशील या असमान त्वरण है, तो

तात्क्षणिक त्वरण

– किसी निश्चित क्षण पर पिण्ड की गति में उत्पन्न त्वरण को तात्क्षणिक त्वरण कहते है।

तात्क्षणिक त्वरण,

$$\mathbf{a}_{in} = \lim_{\Delta t \to 0} \frac{\Delta \mathbf{v}}{\Delta t} = \frac{dv}{dt}$$

सापेक्ष वेग का उदाहरण

- यदि एक बस, A वेग सदिश v_A के साथ और दूसरी बस B, वेग सदिश के साथ चल रही है, तो बस के सापेक्ष वस्तु A का वेग के रूप में दिया जाता है। बस A के सम्बन्ध में बस B का सापेक्ष वेग,

$$\mathbf{v}_{BA} = \mathbf{v}_B - \mathbf{v}_A$$

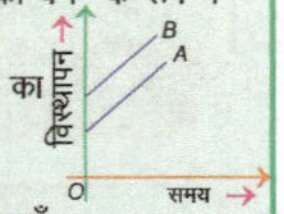

- **स्थिति I** यदि है, तो दो वस्तुएँ तथा B एक नियत दूरी पर स्थिर हैं।

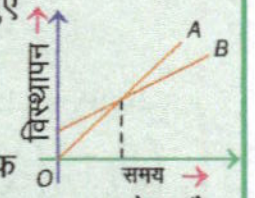

- स्थिति II यदि है, तो एक ग्राफ दूसरे की तुलना में अधिक ढलान वाला होता है और वे एक उभयनिष्ठ बिन्दु पर मिलते हैं।

स्थिति-समय ग्राफ

- **धनात्मक त्वरण** जब गतिशील वस्तु द्वारा तय की गई दूरी समय के साथ बढ़ती जाती है, तो वस्तु का त्वरण धनात्मक होता है।

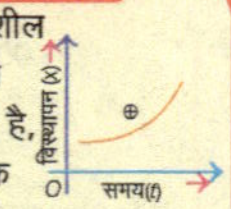

- **ऋणात्मक त्वरण** जब किसी गतिशील वस्तु द्वारा तय की गई दूरी समय के साथ घटती जाती है, तो वस्तु का त्वरण ऋणात्मक होता है।

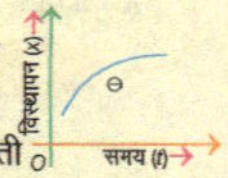

- **शून्य त्वरण** जब चलती वस्तु समान समय में समान दूरी तय करती है, तो वस्तु का त्वरण शून्य होता है।

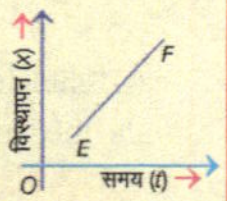

वेग-समय ग्राफ

- **धनात्मक त्वरण** यदि कोई वस्तु शून्य प्रारम्भिक वेग वाले धनात्मक त्वरण के साथ आगे बढ़ रही हो, तो समय के साथ उसका वेग बढ़ता जाता है।

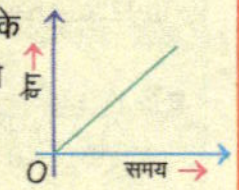

- **ऋणात्मक त्वरण** यदि कोई वस्तु कुछ धनात्मक प्रारम्भिक वेग के साथ ऋणात्मक त्वरण के साथ आगे बढ़ रही हो, तो समय के साथ उसका वेग घटता जाता है। यह ग्राफ एक सीधी रेखा है जिसका ढलान ऋणात्मक है।

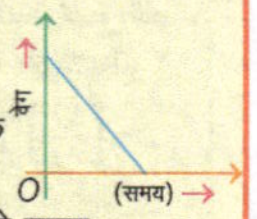

- **शून्य त्वरण** वस्तु का वेग समय के साथ नहीं बदलता है।

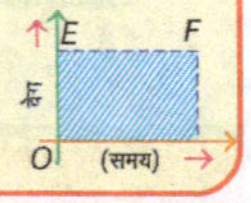

समतल में गति (अध्याय एक दृष्टि में)

सह-प्रारम्भिक सदिश

- वे सदिश जिनका प्रारम्भिक बिन्दु समान होता है, सह-प्रारम्भिक सदिश कहलाते हैं।
- प्रारम्भिक बिन्दु O से दो सदिश **A** और **B** खींचे गए हैं, इसलिए A तथा B को सह-प्रारम्भिक सदिश कहा जाता है।

समान सदिश

दो सदिशों को समान कहा जाता है, यदि उनका परिमाण और दिशा समान हो।

इकाई सदिश

एक सदिश जिसका परिमाण इकाई के बराबर हो, परन्तु जिसकी एक विशिष्ट दिशा हो, उसे इकाई सदिश कहते हैं।

$$\hat{\mathbf{A}} = \frac{\mathbf{A}}{|\mathbf{A}|} = \frac{\text{सदिश}}{\text{सदिश का परिमाण}}$$

वास्तविक संख्या से सदिश की गुणा

यदि किसी सदिश को वास्तविक संख्या से गुणा किया जाता है, तो परिणामी सदिश भी एक सदिश होता है जिसका परिमाण बदल जाता है, परन्तु दिशा वही रहती है।

$|\lambda \mathbf{A}| = \lambda\, |\mathbf{A}|$, if $\lambda > 0$

जहाँ, λ एक अदिश संख्या है।

सदिशों का वियोजन

किसी भी सदिश को एक ही समतल में स्थित दो दिए गए सदिशों **a** तथा **b** के अनुदिश घटकों में हल किया जा सकता है।

$$\mathbf{A} = \lambda_1 \mathbf{a} + \lambda_2 \mathbf{b}$$

जहाँ, λ_1 तथा λ_2 वास्तविक संख्याएँ हैं।

समान्तर चतुर्भुज नियम

- यदि एक ही समय में किसी कण पर कार्य करने वाले दो सदिशों को एक ही बिन्दु से खींचे गए समान्तर चतुर्भुज की आसन्न भुजा द्वारा परिमाण और दिशा में दर्शाया जाता है, तो उनका परिणामी सदिश समान्तर चतुर्भुज के विकर्ण के अनुदिश होता है।

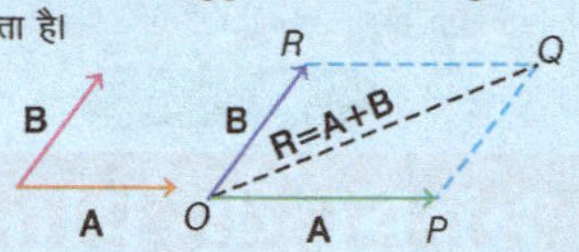

संरेखीय सदिश

- दो या अधिक सदिशों को संरेखीय कहा जाता है, जब वे एक ही रेखा या समान्तर रेखाओं के साथ कार्य करते हैं।
- उदाहरण के लिए, रस्साकशी

सदिश राशियाँ

- वे भौतिक राशियाँ जिनमें परिमाण और दिशा दोनों होते हैं।
- ये त्रिभुज नियम या जोड़ और घटाव के समान्तर चतुर्भुज नियम का पालन करती हैं।
- उदाहरण के लिए, समय, द्रव्यमान, लम्बाई, आदि।

भौतिक राशियाँ

यह किसी पदार्थ या प्रणाली का भौतिक गुण है जिसे माप द्वारा परिमाणित किया जा सकता है।

अदिश राशियाँ

- वे भौतिक राशियाँ जिनमें केवल परिमाण होता है, परन्तु कोई दिशा नहीं होती।
- इसे उचित मात्रक के साथ एक ही संख्या द्वारा पूरी तरह से निर्दिष्ट किया जाता है।
- उदाहरण के लिए, समय, द्रव्यमान, लम्बाई, आदि।

सदिशों का योग

- दो सदिशों को जोड़ा जा सकता है, यदि वे दोनों एक ही प्रकृति के हों।
- **सदिश योग का त्रिभुज नियम**
- यदि दो सदिशों को त्रिभुज की दो भुजाओं द्वारा परिमाण और दिशा दोनों में दर्शाया जा सकता है, तो वे समान क्रम में होते हैं तब त्रिभुज की तीसरी भुजा द्वारा प्रदर्शित उनका परिणामी विपरीत क्रम में लिया जाता है।

परिणामी सदिश, **R = A + B**

सदिशों के योग के गुण

(i) यह विनिमेय नियम का पालन करता है, अर्थात्

A + B = B + A

(i) यह विनिमेय नियम का पालन करता है, अर्थात्

(A + B) + C = A + (B + C)

(iii) यह बंटन नियम का पालन करता है, अर्थात्

$\lambda\,(\mathbf{A} + \mathbf{B}) = \mathbf{A}\lambda + \lambda \mathbf{B}$

(iv) यह पहचान नियम का पालन करता है, अर्थात्

A + 0 = A

एकसमान वृत्तीय गति

- जब कोई वस्तु एकसमान गति से वृत्तीय पथ का अनुसरण करती है, तो वस्तु की गति को एकसमान वृत्तीय गति कहते हैं।
- **कोणीय विस्थापन**

  वृत्तीय पथ के केन्द्र पर त्रिज्या सदिश द्वारा दिए गए समय में बनाया गया कोण है। यह एक सदिश राशि है।
- **कोणीय त्वरण**

  किसी कण के कोणीय वेग में परिवर्तन की समय दर को कोणीय त्वरण कहते है। इसे द्वारा दर्शाया जाता है। $\alpha = \lim_{\Delta t \to 0} \frac{\Delta \omega}{\Delta t} = \frac{d\omega}{dt}$
- **अभिकेन्द्रीय त्वरण**

  एकसमान वृत्तीय गति से सम्बंधित त्वरण को अभिकेन्द्रीय त्वरण कहते हैं।

  अभिकेन्द्रीय त्वरण, $= \frac{v^2}{r}$

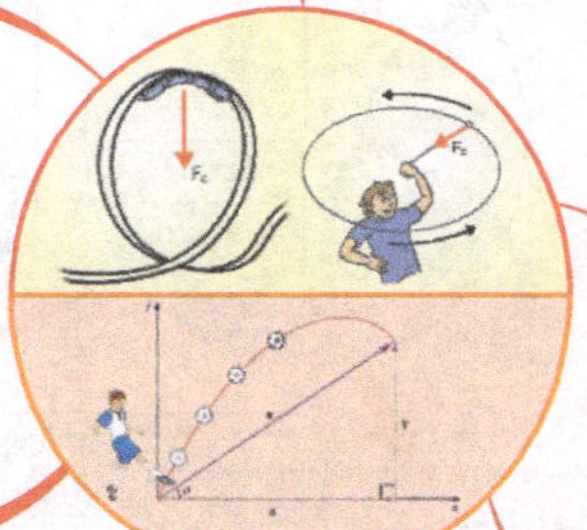

सदिशों का घटाव

इसे निम्न प्रकार व्यक्त किया जाता है

R = A + (– B)

R = A – B

सदिशों के घटाव के गुण

(i) यह विनिमेय गुणों का पालन नहीं करता है, अर्थात्, $\mathbf{A} - \mathbf{B} \neq \mathbf{B} - \mathbf{A}$

(ii) यह साहचर्य नियम का पालन नहीं करता है, अर्थात्, $\mathbf{A} - (\mathbf{B} - \mathbf{C}) \neq (\mathbf{A} - \mathbf{B}) - \mathbf{C}$

(iii) यह वितरण नियम का पालन करता है, अर्थात्, $\lambda\,(\mathbf{A} - \mathbf{B}) = \lambda \mathbf{A} - \lambda \mathbf{B}$

(iv) यह पहचान नियम का पालन करता है, अर्थात्, **A – 0 = A**

सापेक्ष वेग

वस्तु A का वस्तु B के सापेक्ष वेग,

$$\mathbf{v}_{AB} = \mathbf{v}_A - \mathbf{v}_B$$

वस्तु B का वस्तु A के सापेक्ष वेग,

$$\mathbf{v}_{BA} = \mathbf{v}_B - \mathbf{v}_A$$

स्पष्ट रूप से, $\mathbf{v}_{AB} = -\,\mathbf{v}_{BA}$

वर्षा की समस्या

वर्षा का सापेक्ष वेग,

$$v_{rm} = \sqrt{v_r^2 + v_m^2 + 2v_r v_m \cos 90^\circ}$$

$$= \sqrt{v_r^2 + v_m^2}$$

$$\tan\theta = \frac{BD}{OB} = \frac{v_m}{v_r}$$

$$\theta = \tan^{-1}\left(\frac{v_m}{v_r}\right)$$

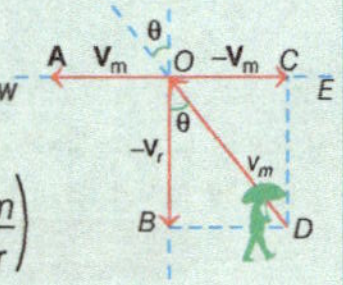

अधिकतम ऊँचाई

यह उड़ान के दौरान प्रक्षेप्य के बिन्दु से ऊपर किसी वस्तु द्वारा प्राप्त की गई अधिकतम ऊर्ध्वाधर ऊँचाई होती है।

अधिकतम ऊँचाई, $H = \frac{u^2 \sin^2\theta}{2g}$

क्षैतिज परास

इसके उड्डयन काल में प्रक्षेप्य द्वारा तय की गई दूरी को क्षैतिज परास कहते है।

क्षैतिज परास, $R = \frac{u^2 \sin 2\theta}{g}$

यहाँ, अधिकतम क्षैतिज परास,

$R_{max} = \frac{u^2}{g}$ [$\because \theta = 45^\circ$]

उड्डयन काल

कुल समय, जिसके लिए प्रक्षेप्य उड़ान में है, अर्थात् प्रक्षेप्य की गति के दौरान का समय उड्डयन काल कहलाता है।

कुल उड्डयन काल, $T = \frac{2u \sin\theta}{g}$

प्रक्षेप्य गति

प्रक्षेप्य गति, गति का एक रूप है जिसमें किसी वस्तु को पृथ्वी की सतह से कुछ प्रारम्भिक वेग के साथ फेंका जाता है और यह केवल गुरुत्वाकर्षण की क्रिया के अन्तर्गत एक वक्राकार पथ पर चलती है

प्रक्षेप्य का समीकरण

- **क्षैतिज दिशा (OX) में गति**

  समय, $t = \frac{x}{u\cos\theta}$
- **ऊर्ध्वाधर दिशा (OY) में गति**

  कुल ऊर्ध्वाधर दूरी,

$$y = x\tan\theta - \left(\frac{1}{2}\frac{g}{u^2\cos^2\theta}\right)x^2$$

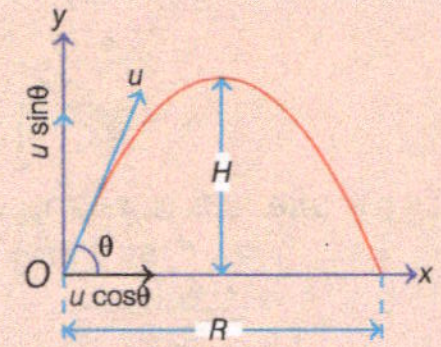

स्थिति सदिश

- यह हमें मूल O बिन्दु से किसी वस्तु की न्यूनतम दूरी के बारे में बताता है।
- यह मूल बिन्दु O के सम्बन्ध में वस्तु की दिशा के बारे में भी बताता है।

विस्थापन

XY-तल में किसी वस्तु के स्थिति सदिश $\mathbf{r}_1 = x_1\hat{\mathbf{i}} + y_1\hat{\mathbf{j}}$ तथा $\mathbf{r}_2 = x_2\hat{\mathbf{i}} + y_2\hat{\mathbf{j}}$ हैं, तो विस्थापन इस प्रकार दिया जाता है

$$\Delta \mathbf{r} = \mathbf{r}_2 - \mathbf{r}_1 = \Delta x\,\hat{\mathbf{i}} + \Delta y\,\hat{\mathbf{j}}$$

तात्क्षणिक त्वरण

किसी वस्तु के इस तात्कालिक त्वरण को निम्न प्रकार व्यक्त किया जा सकता है।

$$\mathbf{a} = \lim_{\Delta t \to 0} \frac{\Delta \mathbf{v}}{\Delta t} = \frac{d\mathbf{v}}{dt}$$

औसत त्वरण

किसी वस्तु का औसत त्वरण, औसत वेग और समय अन्तराल का अनुपात होता है। अर्थात्,

$$\mathbf{a} = \frac{\Delta \mathbf{v}}{\Delta t} = \bar{a}_x\,\hat{\mathbf{i}} + \bar{a}_y\,\hat{\mathbf{j}}$$

तात्क्षणिक वेग

तात्कालिक वेग को निम्न द्वारा दिया जाता है

$$\mathbf{v} = \lim_{\Delta t \to 0} \frac{\Delta \mathbf{r}}{\Delta t} = \frac{d\mathbf{r}}{dt}$$

औसत वेग

किसी वस्तु का औसत वेग, विस्थापन और समय अन्तराल का अनुपात होता है।

अर्थात्, $\mathbf{v} = \frac{\Delta \mathbf{r}}{\Delta t} = v_x\,\hat{\mathbf{i}} + v_y\,\hat{\mathbf{j}}$

गति के नियम (अध्याय एक दृष्टि में)

लोटनिक घर्षण

- जब कोई वस्तु बिना फिसले किसी सतह पर लुढ़कती है, तो सतह के बीच लगने वाले घर्षण बल को लोटनिक घर्षण कहा जाता है।

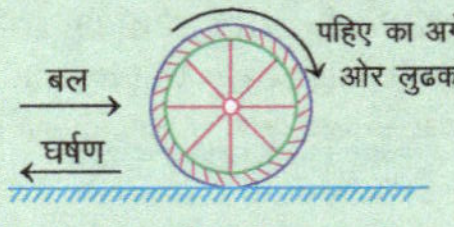

उदाहरण

- लुढ़कने वाले भाग के बीच घर्षण को कम करने के लिए बॉल बियरिंग का उपयोग किया जाता है।

गतिज घर्षण

- यदि वस्तु किसी सतह पर फिसल रही है, तो उनकी सतहों के बीच घर्षण बलों को गतिज घर्षण या सर्पी घर्षण कहा जाता है।
- यदि लगाया गया बल घर्षण बल के सीमान्त मान से अधिक है, अर्थात्, $f_K < (f_s)_{max}$ तो ब्लॉक झुके हुए तल पर फिसलना प्रारम्भ कर देता है।

इसलिए, $f_K < f_L$ (लगभग)

$f_K < (f_s)_{max}$

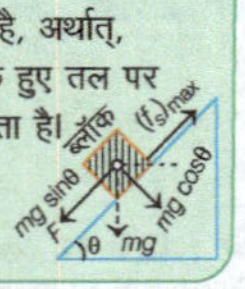

स्थैतिक घर्षण

- यदि कोई पिण्ड किसी अन्य पिण्ड की सतह पर फिसलता है, तो यह उनकी सतहों के बीच कार्य करने वाला घर्षण बल है।
- जब लगाया गया बल, स्थैतिक घर्षण से कम होता है, तो पिण्ड गति नहीं करता है।

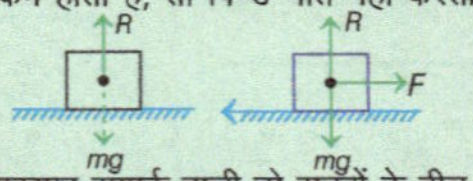

- परस्पर सम्पर्क वाली दो सतहों के बीच स्थैतिक घर्षण का अधिकतम मान सीमान्त घर्षण कहलाता है।

घर्षण

- जब कोई पिण्ड किसी अन्य पिण्ड की सतह पर फिसलता है या फिसलने का प्रयास करता है, तो सम्पर्क में सतह के समान्तर, विपरीत दिशा में एक बल विकसित होता है। यह घर्षण बल है।
- यह असंरक्षी बल (non-conservative force) है, अर्थात् इस बल द्वारा किया गया कार्य पथ पर निर्भर करता है।

विराम कोण

- झुकाव के कोण का मान जिस पर स्थैतिक घर्षण का बल सीमान्त घर्षण के बराबर होता है। बढ़ाया जाता है।
- यदि घर्षण का कोण α (ब्लॉक फिसलने की प्रवृत्ति रखता है) है, तो $\alpha = \mu_s$

विराम कोण = घर्षण कोण

घर्षण कोण

- लम्बवत् प्रतिक्रिया और सीमान्त घर्षण के परिणामी द्वारा लम्बवत् प्रतिक्रिया के साथ बनाया गया कोण, घर्षण कोण कहलाता है।
- घर्षण कोण, $\alpha = \tan^{-1} \mu_s$

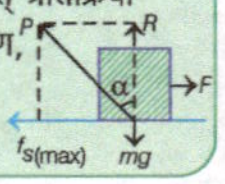

जड़त्व का नियम

- किसी वस्तु का वह गुण जिसके कारण वह बाह्य बल की अनुपस्थिति में अपनी विरामावस्था या गति या दिशा नहीं बदल सकती।

न्यूटन का प्रथम नियम

- प्रत्येक वस्तु अपनी विरामावस्था या एकसमान गति की अवस्था में सीधी रेखा में तब तक बनी रहती है जब तक कि उसे किसी बाह्य बल द्वारा उस अवस्था को बदला न जाए।

यदि किसी पिण्ड पर कुल बाह्य बल शून्य है, तो उसका त्वरण शून्य होगा। यदि कुल बाह्य बल है, तो त्वरण शून्य नहीं हो सकता है।

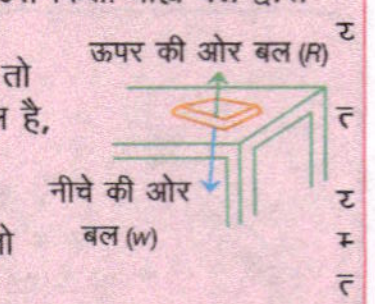

उदाहरण

यदि कोई वस्तु विरामावस्था में ही बनी रहे, तो मेज पर रखी पुस्तक तब तक वही रहेगी जब तक कि हम उसे हटा न दें।

- खिड़की पर चलाई गई गोली खिड़की से होकर साफ छिद्र बनाती हुई निकल जाती है जबकि पत्थर पूरी खिड़की को तोड़ देता है।

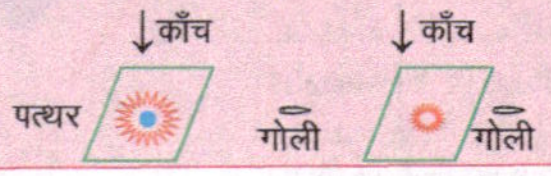

आवेग

- संवेग में अनन्त परिवर्तन उत्पन्न करने के लिए कुछ समय के लिए कार्य करने वाला एक बड़ा बल।

आवेग $= F \cdot \Delta t = \Delta p$

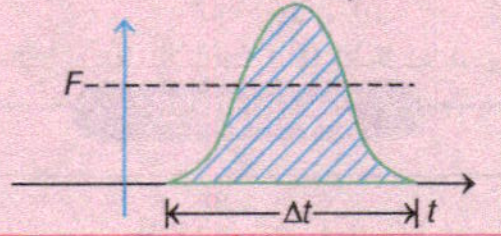

रेखीय संवेग

- किसी कण के रेखीय संवेग को उसके द्रव्यमान और वेग के गुणनफल के रूप में परिभाषित किया जाता है।

$p = mv$

- इसका SI मात्रक किलोग्राम-मीटर/सेकण्ड है।
- यह एक सदिश राशि है।
- इसका विमीय सूत्र $[MLT^{-1}]$ है।

यदि –P नियत है, तो $v \propto \frac{1}{m}$

- पिण्ड जितना भारी होगा, उसका वेग उतना ही कम होगा।

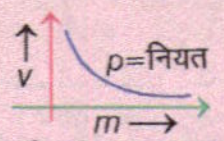

- **यदि स्थिर है, तो $p \propto m$.** सबसे भारी पिण्ड का संवेग सबसे अधिक होगा।

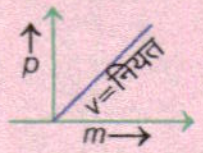

न्यूटन का द्वितीय नियम

- किसी पिण्ड के रेखीय संवेग में परिवर्तन की दर आरोपित बल के समानुपाती होती है और बल जिस दिशा में कार्य करता है, उसी दिशा में होता है।
- $F = \frac{\Delta p}{\Delta t}$ (प्रयोग के आधार पर)
- स्थिर द्रव्यमान के लिए, $F = ma$

एक समतल सड़क पर कार की वृत्ताकार गति

- जब कोई वाहन वक्राकार सड़क पर गति करता है, तो उसे कुछ अभिकेन्द्रीय बल की आवश्यकता होती है। वक्र पर घूमाते समय वाहन के पहियों की प्रवृत्ति वक्राकार पथ को छोड़कर और पुनः सरल रेखीय पथ को प्राप्त करने की होती है।

- कार के सड़क पर बने रहने के लिए, घर्षण का अधिकतम बल अभिकेन्द्रीय बल के बराबर या उससे अधिक होना चाहिए।

$$\frac{mv^2}{r} \le \mu_s mg \Rightarrow v \le \sqrt{\mu_s rg}$$

अधिकतम वेग, $v_{max} = \sqrt{\mu_s rg}$

- अधिकतम वेग जिसके साथ कोई वाहन बिना फिसले समतल वक्र की ओर घूम सकता है, $v = \sqrt{\mu_s rg}$

वृत्तीय गति की गतिशीलता

- जब कोई वस्तु वृत्ताकार पथ पर चलती है, तो उस पर एक बल कार्य करता है, जिसकी दिशा पथ के केन्द्र की ओर होती है, इस बल को अभिकेन्द्रीय बल कहते हैं।
- इसे $F = \frac{mv^2}{r}$ के रूप में दिया जाता है।

उदाहरण

- v_A के न्यूनतम होने की शर्त, जिसके लिए पिण्ड वृत्तीय पथ को पूर्ण करता है।

$v_A = \sqrt{5gR}, T_A = 6mg$

$v_B = \sqrt{gR}, T_B = 0$

$v_C = \sqrt{3gR}, T_C = 3mg$

$v_P = \sqrt{gR(3+2\cos\theta)}$

$T_P = 3mg(1+\cos\theta)$

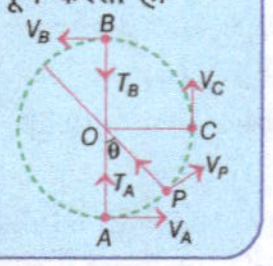

न्यूटन का तृतीय नियम

- जब कोई पिण्ड दूसरे पिण्ड पर बल लगाता है, तो दूसरा पिण्ड भी पहले पिण्ड पर बल लगाता है। दोनों बल परिमाण में बराबर और दिशा में विपरीत होते हैं।

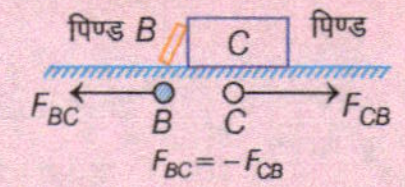

$F_{BC} = -F_{CB}$

रेखीय संवेग संरक्षण का नियम

- कुल संवेग,

$$\mathbf{p} = \mathbf{p}_1 + \mathbf{p}_2 + \ldots + \mathbf{p}_n = \sum_{i=1}^{N} \mathbf{p}_i$$

- यदि किसी निकाय पर कार्य करने वाला परिणामी बाह्य बल शून्य है, तो प्रणाली का रेखीय संवेग संरक्षित रहता है।

अर्थात्, $p_i = p_f$

अरस्तू की भ्रामकता

- अरस्तू ने कहा कि किसी वस्तु को गति में रखने के लिए एक बाह्य बल की आवश्यकता होती है।
- उनका कथन इस तथ्य पर आधारित है कि सदैव लगाया गया प्रतिरोधक बल हमेशा गति को रोक देगा।

उदाहरण

- लुढ़कती हुई गेंद जो घर्षण के कारण रुक जाती है।
- विरोधी बल जैसे घर्षण और श्यान बल सदैव प्रकृति में उपस्थित होते हैं।

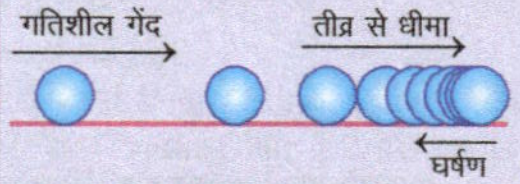

यदि कोई घर्षण नहीं होता, तो एकसमान गति की स्थिति को बनाए रखने के लिए किसी बाह्य बल की आवश्यकता नहीं होती, तो जड़त्व का नियम प्रस्तावित होता है।

एक बंकन सड़क पर कार की गति

- टायर और सड़क के बीच घर्षण की अधिक मात्रा टायरों में अत्यधिक घिसाव उत्पन्न करती है। इससे बचने के लिए, वक्राकार सड़क को बाह्य परिधि की ओर ऊपर की ओर झुका हुआ ढलान प्रदान किया जाता है।

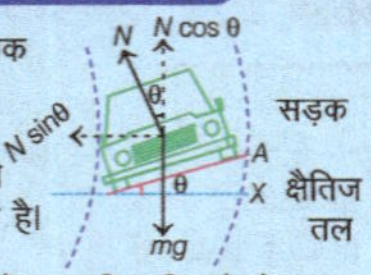

- वक्राकार सड़क के बाहरी किनारे को उसके आन्तरिक किनारे से ऊपर उठाने की प्रणाली को वक्राकार सड़क का बंकन कहा जाता है। बंकन सड़क पर वाहन का अधिकतम वेग,

विशेष स्थिति जब, $\mu_s = 0$,

$$v_{max} = \sqrt{rg\tan\theta} \qquad v_{max} = \sqrt{\frac{rg(\mu_s + \tan\theta)}{(1-\mu_s\tan\theta)}}$$

अर्थात्, बंकन कोण, $\theta = \tan^{-1}\left(\frac{v^2}{rg}\right)$

साइकिल चालक का झुकना

- जब कोई साइकिल चालक समतल सड़क पर वृत्ताकार पथ पर गति करता है, तो उसे पथ के केन्द्र की ओर आवश्यक अभिकेन्द्रीय बल की आवश्यकता होती है।

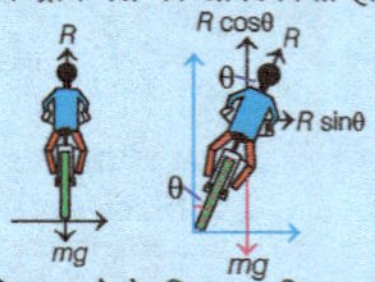

- सुरक्षित मुड़ने के लिए साइकिल चालक का झुकाव, $R\sin\theta = mv^2/r$

तथा $R\cos\theta = mg$

बिना फिसले अधिकतम गति, $v = \sqrt{rg\tan\theta}$

कण का सन्तुलन

- समवर्ती बलों (Concurrent forces) की क्रिया के अन्तर्गत पिण्ड तभी सन्तुलन में होगा जब बलों का सदिश योग शून्य हो।
- गणितीय रूप से, $\Sigma F_{net} = 0$

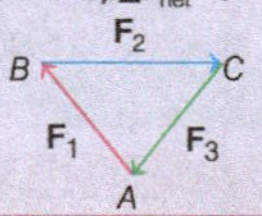

स्थैतिक सन्तुलन

वह भौतिक अवस्था जिसमें किसी निकाय के सभी घटक विरामावस्था में होते हैं और सम्पूर्ण निकाय में कुल बल तथा कुल बल आघूर्ण दोनों शून्य होते हैं।

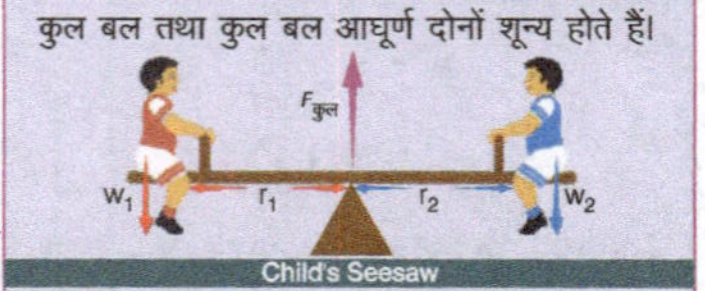

r धुरी बिन्दु (Pivot Point) या प्वॉइंट बिन्दु से उस बिन्दु तक की दूरी है जहाँ बल लगाया जाता है। बल का परिमाण F तथा W भार है।

$W_1 r_1 = W_2 r_2$

कार्य, ऊर्जा एवं शक्ति (अध्याय एक दृष्टि में)

किए गए धनात्मक कार्य की प्रकृति

- जब किसी वस्तु पर बल लगाया जाता है तथा वह उसी दिशा में विस्थापित होती है, तो किए गए कार्य को धनात्मक कार्य कहा जाता है।
- जब θ न्यूनतम कोण होता है, cosθ तो का मान धनात्मक होता है, $0 \le \theta < 90^\circ$.
- जब किया गया कार्य, $(W) = Fs\cos\theta =$ धनात्मक

किए गए ऋणात्मक कार्य की प्रकृति

- जब बल आरोपित किया जाता है तथा विस्थापन विपरीत दिशा में होता है, तो इसे ऋणात्मक कार्य कहा जाता है।
- जब θ अधिक कोण $90^\circ < \theta < 180$. होता है, तो cos θ ऋणात्मक होता है।

शून्य कार्य

यदि कोई पिण्ड आरोपित बल की दिशा के लम्बवत् दिशा में विस्थापित होता है, तो किया गया कार्य शून्य होता है।
किया गया कार्य, $(W) = Fs\cos 90^\circ =$ शून्य

संरक्षी बल

किसी वस्तु को विस्थापित करने में बल द्वारा किया गया कार्य केवल वस्तु की प्रारम्भिक और अन्तिम स्थिति पर निर्भर करता है।

असंरक्षी बल

यदि किसी वस्तु को एक स्थिति से दूसरी स्थिति में विस्थापित करने में बल द्वारा किया गया कार्य दो स्थितियों के बीच के पथ पर निर्भर करता है।

स्थितियाँ

(i) यदि $p =$ नियत, इसे निम्न प्रकार दर्शाया जाता है
$KE \propto \frac{1}{m}$

(ii) यदि KE= नियत,
$p^2 \propto m$
अथवा
$p \propto \sqrt{m}$

(iii) यदि द्रव्यमान=नियत,
$p^2 \propto KE$

नियत बल द्वारा किया गया कार्य

- विस्थापन की दिशा में बल के घटक तथा विस्थापन के परिमाण का गुणनफल, किया गया कार्य कहलाता है।
- नियत बल द्वारा किया गया कार्य निम्न प्रकार व्यक्त जाता है

$W = \mathbf{F}\cdot\mathbf{s} \Rightarrow Fs\cos\theta$

(i) यदि $\theta = 0^\circ$, $W = Fs\cos 0^\circ = Fs$
(ii) यदि $\theta = 90^\circ$; $W = Fs\cos 90^\circ = 0$
(iii) यदि $\theta = 180^\circ$; $W = Fs\cos 180 = -Fs$

अदिश गुणन

- सदिश A एवं B के परिमाण तथा उनके बीच के कोण के कोज्या का गुणनफल अदिश गुणन कहलाता है। तब,
$\mathbf{A}\cdot\mathbf{B} = AB\cos\theta$
- यह एक अदिश राशि है।
- इसे डॉट गुणन (dot product) भी कहते हैं।

कार्य

यदि किसी पिण्ड पर आरोपित बल उसे विस्थापित कर देता है, तो कार्य को किया गया माना जाता है।

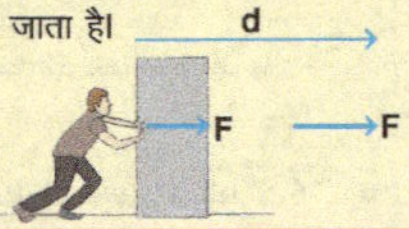

परिवर्ती बल द्वारा किया गया कार्य

माना एक परिवर्ती बल F किसी पिण्ड पर एक निश्चित दिशा माना-अक्ष में, कार्य करता है।

- बल का परिमाण पर निर्भर करता है।

किया गया कार्य, $\Delta W = F(x)\,\Delta x =$ आयत $abcd$ का क्षेत्रफल

- $W_{x_i} - x_f = F\text{-}x$ वक्र के अन्तर्गत क्षेत्रफल

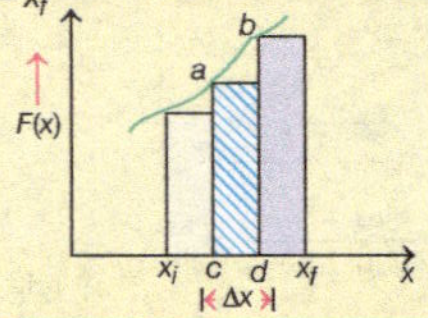

गतिज ऊर्जा

- किसी पिण्ड की गति के कारण निहित ऊर्जा होती है, उसे गतिज ऊर्जा कहते हैं।

अर्थात् $KE = \frac{1}{2}mv^2$

- गतिज ऊर्जा तथा रेखीय संवेग में सम्बन्ध

रेखीय संवेग, $p = \sqrt{2mKE}$

यान्त्रिक ऊर्जा का संरक्षण

यदि किसी पिण्ड पर संरक्षी बल कार्य कर रहा हो, तो उसकी यान्त्रिक ऊर्जा नियत रहती है

कार्य-ऊर्जा प्रमेय

- नियत बल के लिए

हम गति के समीकरण का प्रयोग करते हैं
$v^2 - u^2 = 2as$
अथवा $\frac{1}{2}mv^2 - \frac{1}{2}mu^2 = mas$
अथवा $\frac{1}{2}mv^2 - \frac{1}{2}mu^2 = W$ or $K_f - K_i = W$

- परिवर्ती बल के लिए

m द्रव्यमान के किसी पिण्ड पर परिवर्ती बल कार्य करता है तथा वह अपनी दिशा $(\theta = 0^\circ)$ में विस्थापन उत्पन्न करता है, तब
$dW = \mathbf{F}\cdot d\mathbf{s} = Fds\cos 0^\circ = Fds$
गतिज ऊर्जा में परिवर्तन, $K_f - K_i = \int_{x_i}^{x_f} Fds$

ऊर्जा

- किसी पिण्ड की ऊर्जा को कार्य करने हेतु उसकी क्षमता द्वारा परिभाषित किया जाता है।
- यह एक अदिश राशि है।
- इसका विमीय सूत्र $[ML^2T^{-2}]$ है।
- इसे कार्य के मात्रक, अर्थात् SI में जूल तथा CGS प्रणाली में अर्ग में मापा जाता है।

स्थितिज ऊर्जा

- समान क्षेत्र में अपनी स्थिति अथवा विन्यास के आधार पर पिण्ड की ऊर्जा कहलाती है
- स्थितिज ऊर्जा का विमीय सूत्र $[ML^2T^{-2}]$ है।
- स्थितिज ऊर्जा का SI मात्रक जूल (J) है।

गुरुत्वीय स्थितिज ऊर्जा

यह पृथ्वी की सतह से ऊपर स्थित होने के कारण पिण्ड में उपस्थित ऊर्जा है,
अर्थात् गुरुत्वीय स्थितिज ऊर्जा, $U = mgh$

प्रत्यास्थ स्प्रिंग में ऊर्जा का संरक्षण

गतिज ऊर्जा को स्थितिज ऊर्जा में तथा स्थितिज ऊर्जा को गतिज ऊर्जा में परिवर्तित किया जाता है। यद्यपि, कुल यान्त्रिक ऊर्जा नियत बनी रहती है।

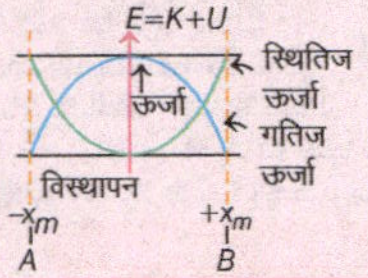

खिंचे हुए स्प्रिंग की यान्त्रिक ऊर्जा

यदि द्रव्यमान वाले किसी पिण्ड को स्थिति X_m तक बढ़ाया जाता है तथा विरामावस्था से छोड़ दिया जाता है, तो किसी भी कक्षीय बिन्दु x पर कुल यान्त्रिक ऊर्जा,

$$\frac{1}{2}kx_m^2 = \frac{1}{2}kx^2 + \frac{1}{2}mv^2$$

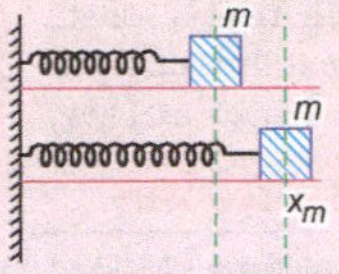

संघट्ट

दो पिण्डों के बीच के संघट्ट को लघु समय अन्तराल के लिए पिण्डों की परस्पर क्रिया (Mutual intraction) के रूप में परिभाषित किया जाता है जिसके परिणामस्वरूप परस्पर क्रिया करने वाले पिण्डों की ऊर्जा और संवेग में परिवर्तन होता है।

शक्ति

- कार्य करने की दर को शक्ति कहते हैं।
औसत शक्ति, $P_{av} =$ कार्य करने की दर
$P_{av} = \frac{W}{t}$
- तात्कालिक शक्ति
$P_{av} = \frac{dW}{dt} = F\cdot\frac{ds}{dt} = \mathbf{F}\cdot\mathbf{v}$
- शक्ति एक अदिश राशि है।
- शक्ति का विमीय सूत्र $[ML^2T^{-3}]$ होता है।
- शक्ति का SI मात्रक वाट (W) होता है।
- 1 अश्व शक्ति = 746 W

द्विविमीय प्रत्यास्थ संघट्ट

M_1 एवं M_2 द्रव्यमानों वाले दो पिण्डों A व B पर विचार करें जो U_1 व U_2 वेगों के साथ तिरछी दिशा में गति करते हैं।

- संघट्ट के पश्चात्, दोनों पिण्ड आपस में चिपक जाते हैं तथा एक दिशा में गति करते हैं जिससे संवेग संरक्षित रहता है।
- X-अक्ष के अनुदिश संरक्षण,
$M_1u_1\cos\theta + M_2u_2 = (M_1 + M_2)\,v\cos\phi$
Y-axis $M_1u_1\sin\theta = (M_1 + M_2)\,v\sin\phi$
- v_1 वेग से गतिमान M_1 क्षैतिज के साथ θ कोण बनाता है।
- संघट्ट के पश्चात दोनों पिण्ड क्षैतिज के साथ ϕ कोण बनाते हैं।

मुक्त रूप से गिरता हुआ पिण्ड

मुक्त रूप से गिरते हुए पिण्ड की यान्त्रिक ऊर्जा सभी स्थितियों में नियत रहती है।
$E_A = E_B = E_C =$ नियत

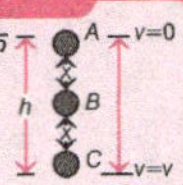

एकविमीय प्रत्यास्थ संघट्ट

- दो पूर्णतः प्रत्यास्थ पिण्डों A एवं B पर विचार करें जिनके द्रव्यमान क्रमशः M_1 व M_2 हैं तथा वेगों U_1 व U_2 के साथ एक सीधी रेखा में गतिमान हैं।
- यदि A का वेग B से अधिक है, अर्थात्, U_1 तब U_2 दोनों पिण्ड संघट्ट करते हैं।
$\frac{1}{2}M_1u_1^2 + \frac{1}{2}M_2u_2^2 = \frac{1}{2}M_1v_1^2 + \frac{1}{2}M_2v_2^2$
- इस प्रकार के संघट्ट में संवेग तथा गतिज ऊर्जा दोनों संरक्षित रहते हैं तथा संघट्ट के पश्चात् भी दोनों पिण्ड एक सीधी रेखा में चलते रहते हैं।

$$v_1 = \frac{(m_1 - m_2)u_1 + 2m_2u_2}{m_1 + m_2},$$

$$v_2 = \frac{(m_2 - m_1)u_2 + 2m_1u_1}{m_1 + m_2}$$

प्रत्यास्थ संघट्ट

वे संघट्ट जिनमें निकाय का संवेग तो संरक्षित होता है, परन्तु गतिज ऊर्जा असंरक्षित होती है, अप्रत्यास्थ संघट्ट कहलाते हैं।

अप्रत्यास्थ संघट्ट

वे संघट्ट जिनमें निकाय का संवेग तो संरक्षित होता है, परन्तु गतिज ऊर्जा असंरक्षित होती है, अप्रत्यास्थ संघट्ट कहलाते हैं।

पूर्णतः अप्रत्यास्थ संघट्ट

वे संघट्ट जिनमें टकराने वाले पिण्ड संघट्ट के पश्चात् एकसाथ चिपक जाते हैं तथा फिर एक समान गति से चलते हैं, पूर्णतः अप्रत्यास्थ संघट्ट कहलाते हैं।

एकविमीय में अप्रत्यास्थ संघट्ट

वह संघट्ट जिसमें गतिज ऊर्जा की कुछ हानि के साथ संवेग संरक्षित रहता है तथा टकराने वाले पिण्ड संघट्ट के पश्चात् भी समान सीधी रेखा में गति करते हैं।
पूर्णतः अप्रत्यास्थ संघट्ट के लिए, $v_2 - v_1 = 0$ and तथा इसलिए, $e = 0$.

द्विविमीय प्रत्यास्थ संघट्ट

M_1 व M_2 द्रव्यमान वाले दो पिण्डों A तथा B पर विचार करें जो क्रमशः U_1 व U_2 वेगों के साथ एक समान सीधी रेखा में गति करते हैं। संघट्ट के पश्चात् दोनों पिण्ड θ व ϕ कोण बनाने वाली दिशा में क्रमशः v_1 व v_2 वेगों के साथ गति करते हैं।
यहाँ $M_1u_1 + M_2u_2 = M_1v_1$
$\cos\theta + M_2v_2\cos\phi$
$0 = M_1v_1\sin\theta + (-M_2v_2\sin\phi)$
$\Rightarrow M_1v_1\sin\theta - M_2v_2\sin\phi = 0$

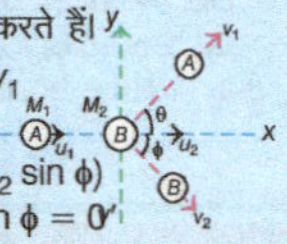

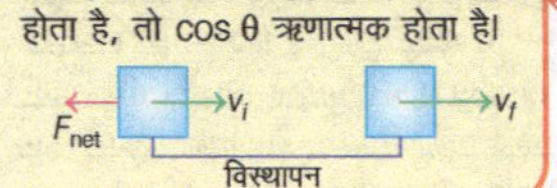

कणों का निकाय तथा घूर्णन गति (अध्याय एक दृष्टि में)

एकसमान पतली छड़ का द्रव्यमान केन्द्र

- एकसमान पतली छड़ AB, का द्रव्यमान केन्द्र M तथा लम्बाई L है, तो
- X-अक्ष के अनुदिश द्रव्यमान केन्द्र, $X_{cm} = \frac{L}{2}$

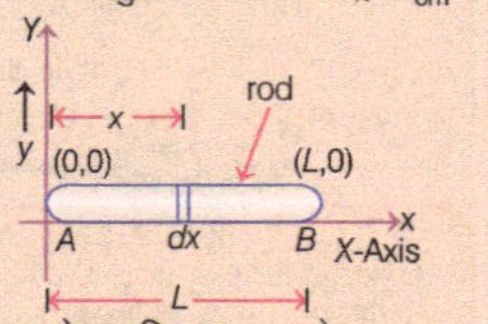

- Y-अक्ष के अनुदिश द्रव्यमान केन्द्र,

$$Y_{cm} = \frac{1}{M}\int y\,dm = 0$$

$\therefore$ $y = 0$, पतली छड़ के लिए

दो कणों के एक निकाय के लिए

- मूल बिन्दु से दो कणों के एक निकाय के द्रव्यमान केन्द्र की दूरी मूल बिन्दु से उनकी दूरियों के द्रव्यमान भारित माध्य के बराबर होती है।

$$X_{cm} = \frac{m_1x_1 + m_2x_2}{m_1 + m_2}$$

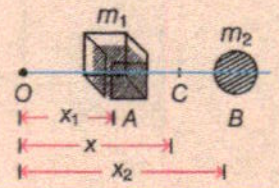

द्रव्यमान केन्द्र

- निकाय में वह बिन्दु जहाँ निकाय के पूर्ण द्रव्यमान को केन्द्रित माना जा सकता है।

n-कणों के निकाय के लिए

- माना n -कणों का एक निकाय है जिनका द्रव्यमान X निर्देशांक x- x_1, x_2, x_3, x_n पर m_1, m_2, m_3 है।

द्रव्यमान केन्द्र, $X_{cm} = \frac{\sum_{i=1}^{n} m_i x_i}{\sum m_i}$

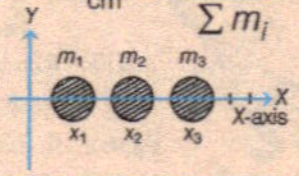

द्रव्यमान केन्द्र की गति

- द्रव्यमान केन्द्र का वेग, $v_{CM} = \frac{\sum_{i=1}^{n} m_i v_i}{M}$
- द्रव्यमान केन्द्र का त्वरण, $A_{CM} = \frac{\sum_{i=1}^{n} m_i a_i}{M}$
- यहाँ कणों के एक निकाय का द्रव्यमान केन्द्र इस प्रकार घूर्णन करता है कि निकाय का सम्पूर्ण द्रव्यमान उस बिन्दु पर केन्द्रित हो।

कोणीय संवेग

- इसे निश्चित अक्ष के चारों ओर कण के रैखिक संवेग के आघूर्ण के रूप में परिभाषित किया जाता है।
- कोणीय संवेग, $\mathbf{L} = (\mathbf{r} \times \mathbf{v})m$
- कोणीय संवेग का SI मात्रक kg m^2s^{-1} है।

बल आघूर्ण (आघूर्ण)

- घूर्णन अक्ष के परितः किसी बल के घूमने वाले प्रभाव को बल आघूर्ण कहा जाता है तथा इसे बल के परिमाण एवं घूर्णन अक्ष से बल की रेखा की लम्बवत् दूरी के गुणनफल द्वारा मापा जाता है।

$$\tau = \mathbf{r} \times \mathbf{F}$$

- बल आघूर्ण या आघूर्ण एक सदिश राशि है।

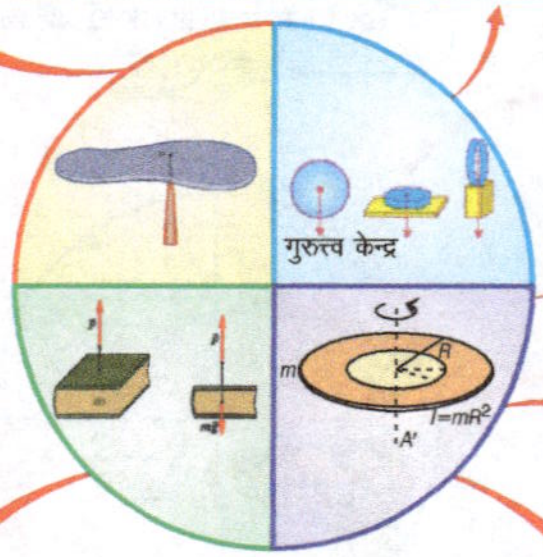

कोणीय तथा रेखीय वेगों में सम्बन्ध

यदि किसी पिण्ड पर कार्य करने वाला कुल बाह्य बलाघूर्ण शून्य है, तो उसका कोणीय संवेग नियत रहता है। $\frac{d\mathbf{L}}{dt} = \tau_{ext}$

यदि $\tau_{ext} = 0$; $\frac{d\mathbf{L}}{dt} = 0$; $\mathbf{L}$ = नियत

उदाहरण

जब कोई गोताखोर एक निश्चित ऊँचाई से पानी में कूदता है, तो वह अपने द्रव्यमान केन्द्र से गुजरने वाली अक्ष के परितः कोणीय वेग तथा कोणीय संवेग उत्पन्न करता है। वह अपने शरीर को हवा में मोड़ता है जिससे शरीर का जड़त्व आघूर्ण कम हो जाए। इसके परिणामस्वरूप, कोणीय वेग में वृद्धि होती है। इस प्रकार वह हवा में लुढ़क जाता है। पानी के पास पहुँचने पर वह को ω कम करने के लिए अपनी भुजा को खोलता है।

बल-युग्म के गुण

- बल-युग्म का आघूर्ण एक सदिश राशि है।
- बल-युग्म को केवल एक समान व विपरीत बल-युग्म द्वारा ही सन्तुलित किया जा सकता है।
- बल-युग्म को उसके आघूर्ण को प्रभावित किए बिना स्थानान्तरित किया जा सकता है।
- किसी बिन्दु के परितः बल-युग्म का आघूर्ण उसके तल में सदैव नियत रहता है।

आघूर्णों का सिद्धान्त

- यदि कोई पिण्ड घूर्णन सन्तुलन में है, तो इन सभी बलों के आघूर्णों का बीजगणितीय योग शून्य होता है।
- यान्त्रिक लाभ

$$MA = \frac{F_1}{F_2} = \frac{d_2}{d_1}$$

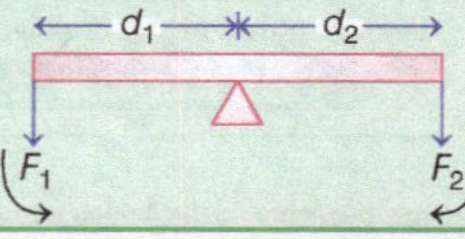

बल-युग्म/आघूर्ण

- समान परिमाण के परन्तु भिन्न-भिन्न क्रिया रेखाओं के साथ विपरीत दिशा में कार्य करने वाले बलों का एक बल युग्म कहलाता है
- माना एक युग्म बल तथा एवं पर कार्य कर रहा है, तब बल-युग्म का आघूर्ण, आघूर्ण के बराबर होता है।

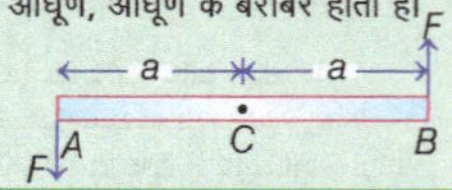

गुरुत्व केन्द्र

- यदि पिण्ड का कुल भार एक बिन्दु पर इस प्रकार माना जाए कि इस बिन्दु के चारों ओर कुल गुरुत्वाकर्षण बल आघूर्ण शून्य हों

लम्बवत् अक्ष की प्रमेय

- अपने तल के लम्बवत् अक्ष के परितः एक समतलीय पिण्ड का जड़त्व आघूर्ण अन्य दोनों लम्बवत् अक्षों के परितः जड़त्व आघूर्ण के योग के बराबर होता है।
- $I_z = I_x + I_y$

यहाँ, I_x, I_y, I_z तथा I_z समतल पिण्ड के जड़त्व आघूर्ण हैं।

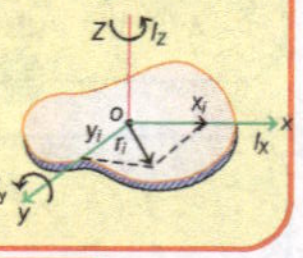

दृढ़ पिण्ड का सन्तुलन

- एक दृढ़ पिण्ड को सन्तुलन में कहा जाता है, यदि इसकी रेखीय संवेग तथा कोणीय संवेग दोनों समय के साथ परिवर्तित नहीं होती हैं।
- सन्तुलन की अवस्था में किसी पिण्ड में रेखीय त्वरण या कोणीय त्वरण नहीं होता है।

दृढ़ पिण्ड

- एक ऐसा पिण्ड जिसका आकार पूर्ण रूप से परिभाषित तथा अपरिवर्तित हो और ऐसे पिण्ड के सभी कणों के युग्मों के बीच की दूरी उस पर कोई बल लगाने पर भी नहीं बदलती हो।

स्थानान्तरीय सन्तुलन

- यदि दृढ़ पिण्ड पर कार्य करने वाला कुल बल शून्य है, परन्तु कुल बल आघूर्णशून्य है, तो दृढ़ पिण्ड को स्थानान्तरीय सन्तुलन में

घूर्णन सन्तुलन

- यदि दृढ़ पिण्ड पर कार्य करने का कुल आघूर्ण शून्य है, परन्तु कुल बल अशून्य नहीं है, तो दृढ़ पिण्ड केवल घूर्णन सन्तुलन में होता है।

दो सदिशों का सदिश गुणन

- दो सदिशों के सदिश गुणन को निम्न $\mathbf{A} \times \mathbf{B}$ प्रकार दिया जाता है

$\mathbf{R} = \mathbf{A} \times \mathbf{B}$

$\mathbf{R} = AB \sin\theta$

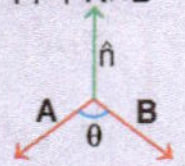

सदिश गुणन के गुण

(i) $\mathbf{A} \times \mathbf{B} = -\mathbf{B} \times \mathbf{A}$

(ii) $\mathbf{A} \times (\mathbf{B} + \mathbf{C}) = (\mathbf{A} \times \mathbf{B}) + (\mathbf{A} \times \mathbf{C})$

(iii) $\mathbf{A} = a_x\hat{\mathbf{i}} + a_y\hat{\mathbf{j}} + a_z\hat{\mathbf{k}}$

तथा $\mathbf{B} = b_x\hat{\mathbf{i}} + b_y\hat{\mathbf{j}} + b_z\hat{\mathbf{k}}$

तब $\mathbf{A} \times \mathbf{B} = \begin{vmatrix} \mathbf{i} & \mathbf{j} & \mathbf{k} \\ a_x & a_y & a_z \\ b_x & b_y & b_z \end{vmatrix}$

कोणीय तथा रेखीय वेगों में सम्बन्ध

एक निश्चित अक्ष के परितः घूमने वाले कण का रेखीय वेग निम्न प्रकार दिया जाता है

$$v = \omega r$$

यहाँ ω कण का कोणीय वेग है।

जड़त्व आघूर्ण

- किसी पिण्ड का वह गुण जिसके कारण वह अपनी विरामावस्था अथवा अक्ष के परितः एकसमान घूर्णन को परिवर्तित करने पर बल आघूर्ण का विरोध करता है।
- जड़त्व आघूर्ण को निम्न प्रकार दिया जाता है

$$I = \sum_{i=1}^{n} m_i r_i^2$$

- घूर्णन त्रिज्या $K = \sqrt{\frac{I}{m}}$

नियमित आकार का जड़त्व आघूर्ण

(i) लम्बाई की पतली छड़, L,

$I = \frac{1}{12}ML^2$

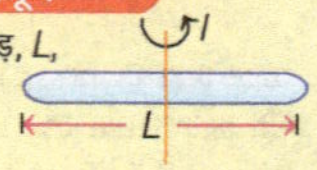

(ii) त्रिज्या R का वृत्ताकार छल्ला,

$I = MR^2$

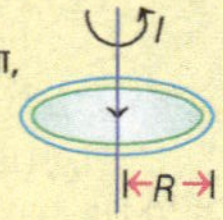

(iii) त्रिज्या R का ठोस गोल,

$I = \frac{2}{5}MR^2$

(iv) त्रिज्या R की वृत्ताकार डिस्क,

$I = \frac{1}{4}MR^2$

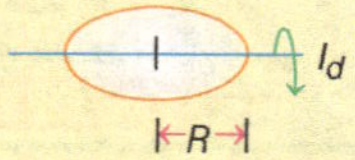

समान्तर अक्ष की प्रमेय

- किसी अक्ष के परितः किसी पिण्ड का जड़त्व आघूर्ण, उस पिण्ड के द्रव्यमान केन्द्र से गुजरने वाली समान्तर अक्ष के परितः जड़त्व आघूर्ण तथा पिण्ड के द्रव्यमान एवं दोनों समान्तर अक्षों के बीच की दूरी के वर्ग के गुणनफल के योग के बराबर होता है।
- $I = I_{cm} + mr^2$

यहा, I_{cm} द्रव्यमान केन्द्र के परितः जड़त्व आघूर्ण, M पटल का द्रव्यमान तथा r दो समान्तर

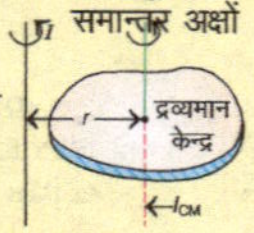

गति के प्रकार

- **शुद्ध स्थानान्तरीय गति** पिण्ड के सभी कणों का वेग समान होता है तथा वे किसी भी समय समान्तर पथ पर गति करते हैं।
- **शुद्ध घूर्णन गति** पिण्ड का प्रत्येक कण एक वृत्त में घूमता है, जो घूर्णन अक्ष के लम्बवत् तल में स्थित होता है तथा इसका केन्द्र अक्ष पर होता है। वह रेखा या स्थिर अक्ष जिसके चारों ओर पिण्ड घूम रहा हो, घूर्णन अक्ष के रूप में जाना जाता है।
- **लोटनी गति** शुद्ध घूर्णन गति तथा शुद्ध स्थानान्तरीय गति के संयोजन को लोटनी गति कहते हैं।

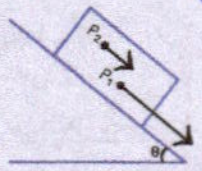

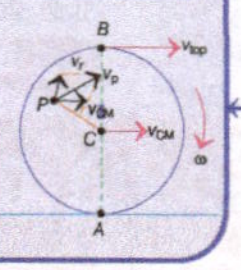

गुरुत्वाकर्षण (अध्याय एक दृष्टि में)

केप्लर का तृतीय नियम : परिक्रमण काल का नियम

- सूर्य के चारों ओर किसी ग्रह के परिक्रमण काल (T) का वर्ग, उनकी दीर्घवृत्ताकार कक्षा के अर्द्ध-दीर्घ अक्ष (a) के घन के समानुपाती होता है। अर्थात् $T^2 \propto a^3$
- वृत्ताकार कक्षा के लिए, $a = b = r$ (त्रिज्या)

$\therefore \quad T^2 \propto r^3$

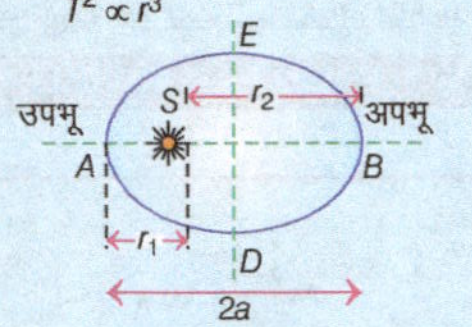

केप्लर का प्रथम नियम : कक्षाओं का नियम

- सभी ग्रह सूर्य के चारों ओर दीर्घवृत्ताकार कक्षाओं में घूर्णन करते हैं और सूर्य दीर्घवृत्त के एक केन्द्र पर स्थित होता है।
- जब कोई ग्रह सूर्य से सबसे दूर होता है, तो उसका वेग न्यूनतम होता है और जब वह सूर्य के सबसे निकट होता है, तो उसका वेग अधिकतम होता है।

यहाँ, $\frac{dA}{dt} = \frac{L}{2m} =$ नियतांक

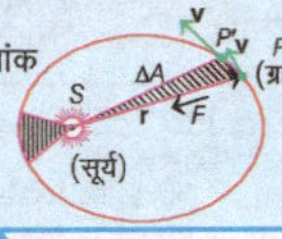

न्यूटन का सार्वभौमिक नियम

- ब्रह्माण्ड में प्रत्येक भौतिक कण दूसरे कण पर एक आकर्षण बल लगाता है जिसे गुरुत्वाकर्षण बल कहते हैं।
- दो कणों के बीच कार्य करने वाला गुरुत्वाकर्षण बल उनके द्रव्यमान के गुणनफल के समानुपाती तथा पिण्डों के बीच की दूरी के वर्ग के व्युत्क्रमानुपाती होता है।
- $F = -\frac{Gm_1m_2}{r^2}$
- सदिश रूप, $\mathbf{F} = \frac{Gm_1m_2}{r^2}\hat{r}$

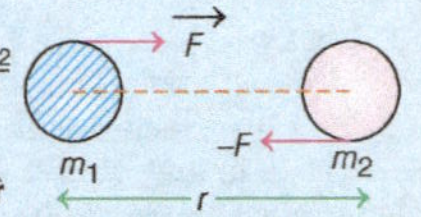

- दो कणों के बीच कार्य करने वाला गुरुत्वाकर्षण बल कण और माध्यम की प्रकृति पर निर्भर नहीं करता है।
- यह बल सदैव आकर्षण वाला होता है।
- यह बल प्रकृति में संरक्षी है।
- यहाँ, $F \propto \frac{1}{r^2}$, तब F और r के बीच का ग्राफ अतिपरवलय होगा।

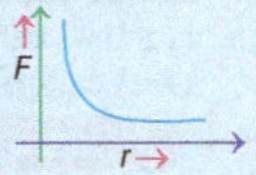

गुरुत्वीय विभव

- किसी बिन्दु पर गुरुत्वीय विभव, किसी अन्य पिण्ड के गुरुत्वाकर्षण क्षेत्र में उसकी स्थिति के कारण एक इकाई द्रव्यमान से जुड़ी स्थितिज ऊर्जा है।
- अनन्त पर, गुरुत्वीय विभव शून्य होता है, क्योंकि वहाँ गुरुत्वाकर्षण बल शून्य होता है।
- यहाँ, $V = -\frac{W}{m}$

गुरुत्वीय स्थितिज ऊर्जा

दो द्रव्यमानों के एक निकाय की ऊर्जा, एक द्रव्यमान के गुरुत्वाकर्षण क्षेत्र द्वारा दूसरे द्रव्यमान को अनन्त से उसकी वर्तमान स्थिति में लाने में किए गए कार्य के ऋणात्मक के बराबर होती है।

ऊर्जा का ग्राफ

- उपग्रह की कुल ऊर्जा,

$E = -\frac{GM_em}{2r}$

- पृथ्वी की सतह के समीप चक्कर लगाने वाले उपग्रह के लिए,

$U = -\frac{GM_em}{R_e}; K = \frac{GM_em}{2R_e}; E = -\frac{GM_em}{2R_e}$

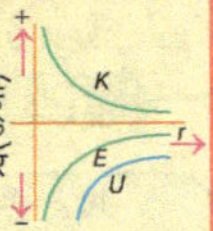

पृथ्वी के गुरुत्वाकर्षण क्षेत्र में रखा गया पिण्ड

- स्थितिज ऊर्जा, $U = -\frac{GM_em}{r}$
- $W_{BA} = -GM_em\left[\frac{1}{r} - \frac{1}{r_1}\right]$

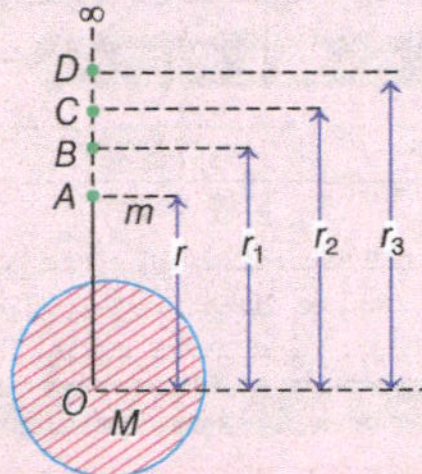

अक्षीय घूर्णन के कारण g में परिवर्तन

यदि λ अक्षांश पर g का प्रेक्षित मान g_λ द्वारा दर्शाया जाता है, तो भूमध्य रेखा पर

$g_\lambda = g_e - R_e\omega^2\cos^2\lambda$

ध्रुवों पर, $\lambda = 0°$, $\cos\lambda = 1$

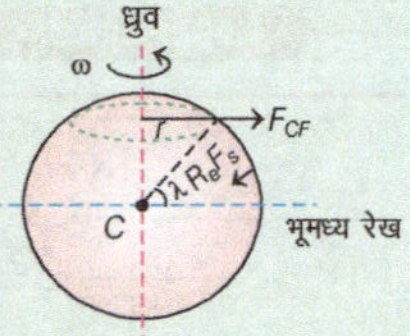

केप्लर का प्रथम नियम : कक्षाओं का नियम

- सभी ग्रह सूर्य के चारों ओर दीर्घवृत्ताकार कक्षाओं में घूर्णन करते हैं और सूर्य दीर्घवृत्त के एक केन्द्र पर स्थित होता है।
- दीर्घवृत्त की उत्केन्द्रता, $\sqrt{1 - \frac{b^2}{a^2}}$

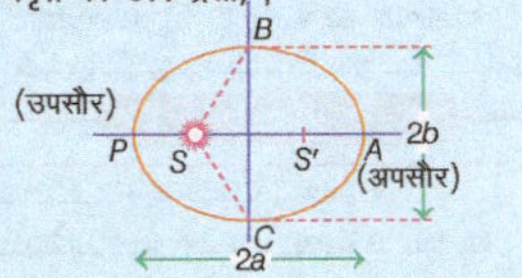

ऊर्जा

पृथ्वी (ग्रह) के चारों ओर त्रिज्या की एक वृत्ताकार कक्षा में, उपग्रह की गुरुत्वीय स्थितिज ऊर्जा,

$U = -\frac{GM_em}{r}$

- गतिज ऊर्जा, $K = \frac{1}{2}mv_0^2 = \frac{1}{2}m\left(\sqrt{\frac{GM_e}{r}}\right)^2$

$K = \frac{GM_em}{2r}$

- कुल ऊर्जा, $E = -\frac{GM_em}{2r}$

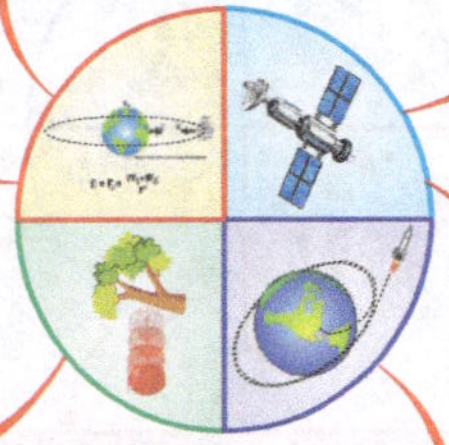

कक्षीय गति का ग्राफ

- यहाँ, कक्षीय गति

$v_o = \sqrt{\frac{Gm_e}{r}}$ (अभिकेन्द्र बल के कारण)

$v_o = \sqrt{\frac{GM_e}{R_e + h}}$ $(r = R_e + h)$

इस प्रकार, $v_o = \sqrt{\frac{gR_e^2}{(R_e + h)}}$

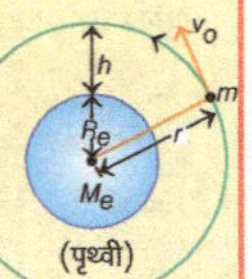

पृथ्वी के आकार के कारण में परिवर्तन

- पृथ्वी पूर्ण गोलीय आकार में नहीं है। यह ध्रुवों पर चपटी और भूमध्य रेखा पर उभरी हुई है।
- भूमध्यरेखीय त्रिज्या, ध्रुवीय त्रिज्या से लगभग 21 किमी अधिकतम है।
- पृथ्वी की सतह पर,

$g = \frac{GM_e}{R_e^2}$ या $g \propto \frac{1}{R_e^2}$

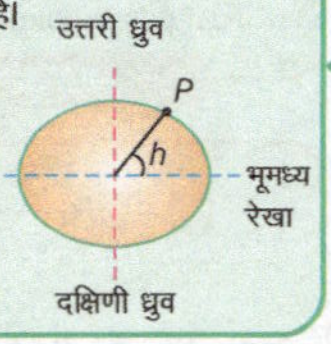

पृथ्वी की सतह से ऊँचाई पर ऊपर जाने पर के मान में कमी के घटक है

- एकांक द्रव्यमान वाले पिण्ड पर कार्य करने वाले गुरुत्वाकर्षण बल को गुरुत्वीय त्वरण के रूप में जाना जाता है।
- न्यूटन के द्वितीय नियम के अनुसार, गुरुत्वीय त्वरण, $g = \frac{F}{m}$ or $\frac{GM}{R^2} = g$ या $g = \frac{4}{3}\pi G R\rho$
- गुरुत्वाकर्षण
– गुरुत्वीय त्वरण पृथ्वी के केन्द्र की ओर निर्देशित होता है।
– यह एक सदिश राशि है।
– पृथ्वी की सतह के पास, गुरुत्वीय त्वरण का मानक मान लगभग 9.81 मी/से^{2} होता है।

पलायन चाल

- वह न्यूनतम गति जिसके साथ किसी पिण्ड को पृथ्वी की सतह से लम्बवत् ऊपर की ओर प्रक्षेपित करना होता है, ताकि वह पृथ्वी के गुरुत्वाकर्षण क्षेत्र को पार कर जाए और कभी वापस पृथ्वी पर न लौटे।
- अनन्त पर, $U_\infty = 0$ और $K_\infty = 0$

तब, $v_e = \sqrt{\frac{2GM_e}{R_e}}$

गुरुत्वीय त्वरण के पदों में, $v_e = \sqrt{2gR_e}$

इस प्रकार, $v_e = 11.2 \times 10^3$ मी/से या 11.2 किमी/से,

उपग्रह

वे पिण्ड जो किसी ग्रह के चारों ओर चक्कर लगाते हैं, उन्हें उपग्रह कहते हैं।

आवर्तकाल

पृथ्वी के चारों ओर एक चक्कर पूरा करने में उपग्रह द्वारा लिया गया समय इसका आवर्तकाल या परिक्रमण काल (T) कहलाता है।

यहाँ, $T = \frac{2\pi r^{3/2}}{\sqrt{GM_e}}$

$T = 2\pi\sqrt{\frac{(R_e + h)^3}{gR_e^2}}$

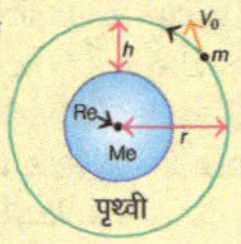

कक्षीय गति का ग्राफ

कक्षीय गति में परिवर्तन दिया गया है

$v_o = \sqrt{\frac{GM}{r}}$

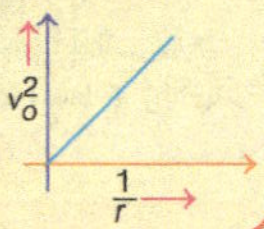

गहराई के कारण में परिवर्तन

- $g' = \frac{GM_e}{R_e^3}(R_e - d)$
- $g' = g\left(\frac{R_e - d}{R_e}\right)$

or $g' = g\left(1 - \frac{d}{R_e}\right)$

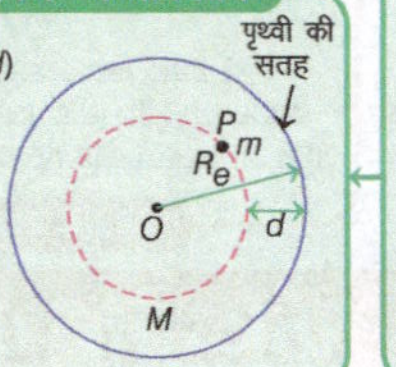

ऊँचाई के कारण g में परिवर्तन

- ऊँचाई h पर गुरुत्वीय त्वरण,

$g' = \frac{GM_e}{(R_e + h)^2}$

$\therefore \quad g' = g\left(1 - \frac{2h}{R_e}\right)$ (if $h << R_e$)

- पृथ्वी की सतह से g ऊँचाई पर ऊपर जाने पर के मान में कमी के घटक है $\left(1 - \frac{2h}{R_e}\right)$.

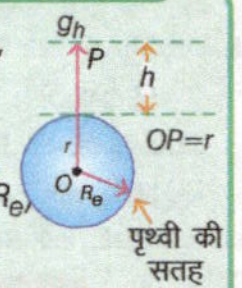

पलायन ऊर्जा

- न्यूनतम गतिज ऊर्जा जिसके साथ किसी पिण्ड को पृथ्वी की सतह से ऊपर की ओर प्रक्षेपित किया जाना चाहिए, जिससे वह पृथ्वी के गुरुत्वाकर्षण क्षेत्र को पार करते हुए अनन्त तक जा सके $U_e = \frac{1}{2}mv_e^2 = \frac{GM_em}{R_e} = mgR_e$

तथ्य

- चन्द्रमा पर कोई वायुमण्डल नहीं है।

चन्द्रमा की सतह पर पलायन वेग

$v_e = \sqrt{2g_mR_m} = \sqrt{2 \times 1.63 \times 1.74 \times 10^6}$
$= 2.38$ किमी/से

जोकि चन्द्रमा पर गैस अणु के वेग से कम है।

- ब्लैक होल ब्लैक होल में पलायन वेग प्रकाश की गति से अधिक होता है।

तब, $v_e = \sqrt{\frac{2GM}{R}} \geq c$

यहाँ, $c = 3 \times 10^8$ मी/से

आवर्तकाल का ग्राफ

- आवर्तकाल में परिवर्तन $T^2 \propto r^3$ है।
- इसलिए, उपग्रह केप्लर के ग्रहों की गति के तृतीय नियम का पालन करता है
- पृथ्वी की सतह से उपग्रह की दूरी जितनी अधिक होगी, उसका परिक्रमण काल उतना ही अधिक होगा

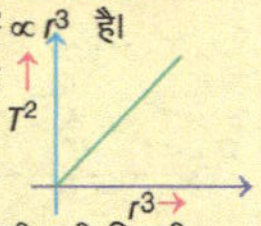

ठोसों के यान्त्रिक गुण (अध्याय एक दृष्टि में)

अभिलम्ब प्रतिबल

- किसी पिण्ड के अन्दर किसी भी सतह पर प्रति इकाई क्षेत्रफल में कार्य करने वाले प्रत्यानयन बल को अभिलम्ब प्रतिबल कहा जाता है।

सामान्य प्रतिबल $= \frac{F_N}{A}$

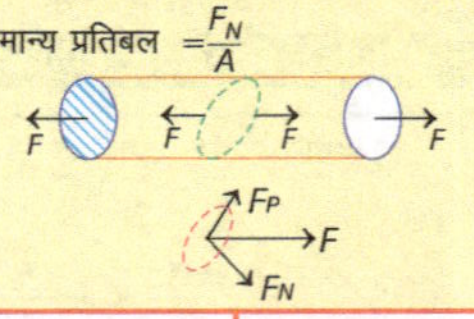

अनुदैर्ध्य प्रतिबल

- जब किसी पिण्ड की लम्बाई के अनुदिश अनुप्रस्थ-काट क्षेत्रफल पर कोई विरूपक बल कार्य कर रहा होता है, तो यह पिण्ड की लम्बाई को परिवर्तित कर देता है।
- अनुदैर्ध्य प्रतिबल $= \frac{F}{A}$

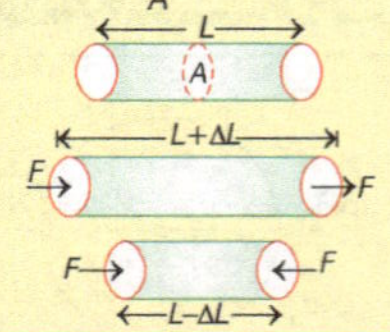

आयतन प्रतिबल

- जब किसी पिण्ड पर लगने वाला विरूपक बल पिण्ड के प्रत्येक बिन्दु पर एकसमान कार्य करता है, जोकि सतह के लम्बवत् होता है, तो उस पिण्ड का आयतन परिवर्तित हो जाता है।
- अनुदैर्ध्य प्रतिबल $= \frac{F}{ds}$

= पिण्ड पर अतिरिक्त दाब (Δp)

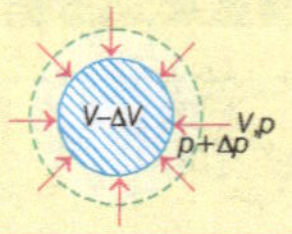

स्पर्शीय या कर्तन प्रतिबल

- जब किसी पिण्ड की सतह पर स्पर्शीय रूप से बल कार्य करता है, तब यह पिण्ड के आकार को परिवर्तित कर देता है तथा पिण्ड को कर्तनीय कहा जाता है।
- यदि बेलन का अनुप्रस्थ-काट क्षेत्रफल A है F तथा

स्पर्शीय प्रतिबल $= \frac{F}{A}$

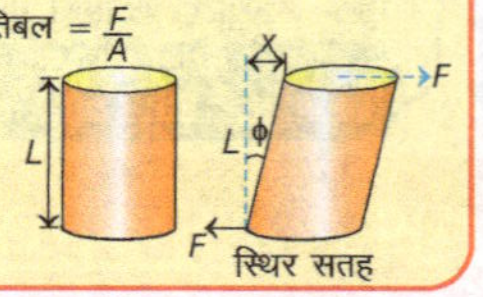

प्रतिबल

- जब किसी पिण्ड पर विरूपक बल लगाया जाता है, तो पिण्ड में एक प्रत्यानयन बल विकसित होता है। प्रति इकाई क्षेत्रफल पर लगने वाला यह प्रत्यानयन बल, प्रतिबल कहलाता है।
- यह प्रत्यानयन बल आरोपित बल के परिमाण में बराबर परन्तु दिशा में विपरीत होता है।

$$\text{प्रतिबल} = \frac{\text{प्रत्यानयन बल } (F)}{\text{अनुप्रस्थ-काट का क्षेत्रफल } (A)}$$

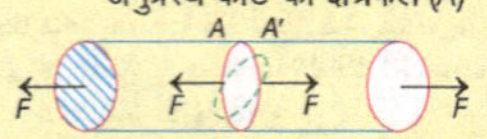

- इसका SI मात्रक न्यूटन/मी^{2} या पास्कल तथा CGS प्रणाली में डाइन/सेमी^{2} होता है।

ठोसों का प्रत्यास्थ एवं सुघट्य व्यवहार

- वह पिण्ड जो विरूपक बल हटाने पर अपने मूल आकार और आकृति में वापस आ जाता है, प्रत्यास्थ पिण्ड कहलाता हैं तथा इस गुण को प्रत्यास्थता कहा जाता हैं,
- यदि कोई पिण्ड विरूपक बल हटाने के बाद भी अपने मूल आकार एवं आकृति को पुनः प्राप्त करने की कोई प्रवृत्ति नहीं दर्शाता है, तो उसे सुघट्य पिण्ड कहते हैं तथा इस गुण को सुघट्यता (Plasticity) कहते हैं।

विकृति

जब किसी पिण्ड पर विरूपक बल आरोपित किया जाता है, तो पिण्ड का आकार एवं आकृति परिवर्तित हो जाती है। पिण्ड के आकार व आकृति में आंशिक परिवर्तन को विकृति के रूप में जाना जाता है।

अनुदैर्ध्य विकृति

जब पिण्ड बाह्य बलों द्वारा विकृत होता है, तो प्रति इकाई मूल लम्बाई से लम्बाई में परिवर्तन के अनुपात को अनुदैर्ध्य कहते है।

$$\text{अनुदैर्ध्य विकृति} = \frac{\text{लम्बाई में परिवर्तन}}{\text{मूल लम्बाई}} = \frac{\Delta L}{L}$$

आयतन विकृति

- आरोपित विरूपक बल के कारण पिण्ड के आयतन में आंशिक परिवर्तन तथा मूल आयतन के अनुपात को आयतन विकृति कहते है।

$$\text{आयतन विकृति} = \frac{\text{आयतन में परिवर्तन}}{\text{प्रारम्भिक आयतन}} = \frac{\Delta V}{V}$$

कर्तन विकृति

- यदि विरूपक बल किसी वस्तु के आयतन में परिवर्तन किए बिना केवल उसके आकार में परिवर्तित करता है, तो वस्तु में उत्पन्न विकृति को कर्तन विकृति कहते है।

$$\text{कर्तन विकृति} = \frac{\Delta x}{L} = \tan\theta$$

इलास्टोमर

- ऐसे पदार्थ जिनमें बहुत बड़ा प्रत्यास्थ क्षेत्र होता है, परन्तु वे हुक के नियम का पालन नहीं करते हैं।
- कोई भी उपयुक्त रूप से परिभाषित सुघट्य क्षेत्र नहीं है।

उदाहरण महाधमनी के ऊतक, रबड़ आदि।

हुक का नियम

- इस नियम के अनुसार, विकृति के छोटे मानों के लिए पिण्ड में उत्पन्न प्रतिबल, विकृति के समानुपाती होता है।

$$\frac{\text{प्रतिबल}}{\text{विकृति}} = E = \text{नियत}$$

- पिण्ड के प्रत्यास्थता गुणांक का मान जितना अधिक होगा, वह उतना ही अधिक प्रत्यास्थ होगा।
- हुक का नियम एक अनुभवजन्य नियम है तथा अधिकांश पदार्थों के लिए मान्य पाया जाता है। यद्यपि कुछ ऐसे पदार्थ हैं जो इस रेखीय सम्बन्ध को प्रदर्शित नहीं करते हैं।

उदाहरण फोम एवं जैल, जैविक ऊतक जैसे टेंडन, लिगामेंट तथा कार्टिलेज आदि।

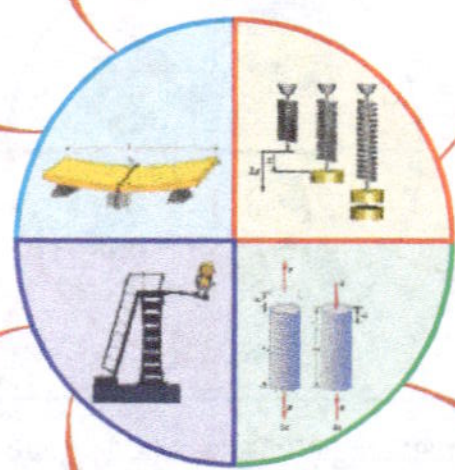

प्रतिबल-विकृति वक्र

- जब किसी तार को भार द्वारा खींचा (भंजक प्रतिबल) जाता है, तो यह देखा जाता है कि भार के कम मान के लिए तार में उत्पन्न विस्तार, भार के समानुपाती होता है।
- यदि भार को धीरे-धीरे बढ़ाया जाता है, तो तार की लम्बाई भी धीरे-धीरे बढ़ती है।

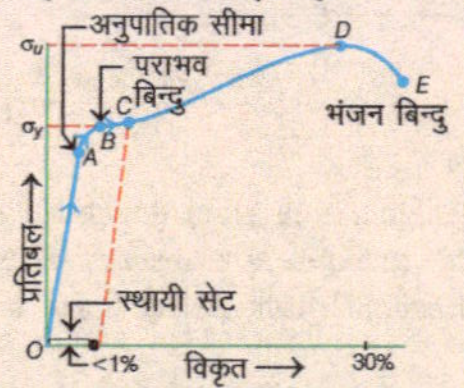

यहाँ S_U = परम तनन सामर्थ्य
तथा S_y = पराभव सामर्थ्य

- यदि परम सामर्थ्य (ultimate strength) तथा भंजन बिन्दु (fracture points) समीप हैं, तो पदार्थ को भंगुर (brittle) कहा जाता है।
- यदि ये बहुत दूर हैं, तो पदार्थ को तन्य (ductile) कहा जाता है।

पदार्थों के प्रत्यास्थ व्यवहार के अनुप्रयोग

- एक मृदु इस्पात (Mild steel) में पराभव सामर्थ्य (σ_y) तथा उठान क्षमता kg होती है, तो रस्सी का अनुप्रस्थ-काट का क्षेत्रफल कम से कम होना चाहिए $A \geq \frac{Mg}{\sigma_y}$
- लम्बाई l चौड़ाई b तथा गहराई d वाली एक छड़ जब केन्द्र पर भार W द्वारा भारित की जाती है, तो वह इसके द्वारा शिथिल होती है। $\delta = \frac{Wl^3}{4bd^3Y}$

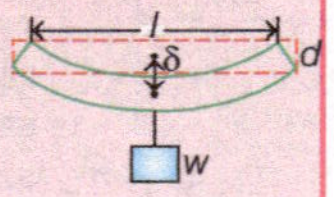

विकृत पिण्ड में संग्रहीत ऊर्जा

- जब किसी तार को खींचा जाता है, तो तार में उत्पादित आन्तरिक प्रत्यानयन बल के विपरीत एक बाह्य कार्य किया जाता है। यह कार्य तार में प्रत्यास्थ स्थितिज ऊर्जा के रूप में संग्रहित होता है।

स्थितिज ऊर्जा, $U = W = \frac{1}{2} \times$ भार $\times$ लम्बाई में विस्तार

- तार के प्रति इकाई आयतन में संग्रहीत ऊर्जा या ऊर्जा घनत्व को निम्न प्रकार दिया जाता है

$$U' = \frac{U}{V} = \frac{1}{2} \times \text{प्रतिबल} \times \text{विकृति}$$

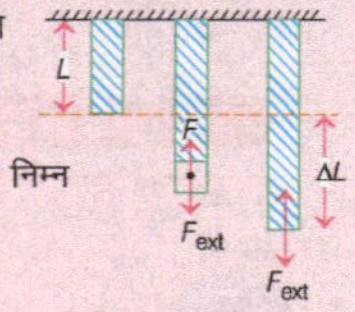

पॉयसन अनुपात

- प्रत्यास्थ सीमा के अन्तर्गत, पार्श्व विकृति तथा अनुदैर्ध्य विकृति के अनुपात को पॉयसन अनुपात कहा जाता है।

$$\text{पॉयसन अनुपात}, \sigma = \frac{\text{पार्श्व विकृति}}{\text{अनुदैर्ध्य विकृति}} = \frac{-L}{D} \cdot \frac{\Delta D}{\Delta L}$$

- पॉयसन अनुपात एक स्थिरांक है, जब तक कि कोई पदार्थ प्रकृति में प्रत्यास्थ, समरूप तथा समदैशिक बना रहे।
- यह एक शुद्ध संख्या है तथा इसकी कोई विमा नहीं होती है।
- इसका मान केवल पदार्थ की प्रकृति पर निर्भर करता है।

पॉयसन अनुपात को प्रभावित करने वाले कारक

- आघात करने (Hammering) तथा लुढ़कने (rolling) से पदार्थ की प्रत्यास्थता बढ़ जाती है।
- अनीलिकरण (annealing) द्वारा पदार्थ की प्रत्यास्थता कम हो जाती है।
- **तापमानः** तापमान में वृद्धि के साथ अधिकांश पदार्थों की प्रत्यास्थता कम हो जती है।

प्रत्यास्थता गुणांक

- प्रतिबल एवं विकृति के अनुपात को प्रत्यास्थता गुणांक कहते हैं।
- संरचनात्मक तथा विनिर्माण अभियान्त्रिकी डिजाइनों के लिए इसका बहुत महत्व है।

यंग प्रत्यास्थता गुणांक

किसी पिण्ड में उत्पन्न अनुदैर्ध्य प्रतिबल तथा अनुदैर्ध्य विकृति के अनुपात को पिण्ड के पदार्थ का यंग प्रत्यास्थता गुणांक कहा जाता है।

$$Y = \frac{\text{अनुदैर्ध्य प्रतिबल}}{\text{अनुदैर्ध्य विकृति}} = \frac{FL}{A\Delta L}$$

आयतन प्रत्यास्थता गुणांक

किसी पदार्थ में उत्पन्न आयतन प्रतिबल तथा आयतन विकृति के अनुपात को उस पदार्थ का आयतन प्रत्यास्थता गुणांक कहा जाता है।

$$B = \frac{\text{आयतन या सामान्य प्रतिब}}{\text{आयतन विकृति}}$$

$$B = \frac{-F/A}{\Delta V/V} = -\frac{pV}{\Delta V}$$

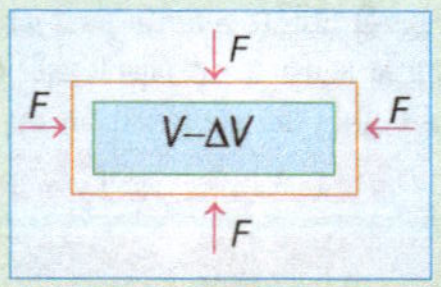

दृढ़ता गुणांक

- किसी वस्तु में उत्पन्न स्पर्शीय प्रतिबल तथा कर्तन विकृति के अनुपात को दृढ़ता गुणांक कहा जाता है।

इसे G या η से दर्शाया जाता है।

- स्पर्शीय प्रतिबल (कर्तन प्रतिबल) $= \frac{F}{A}$
- दृढ़ता गुणांक को निम्न प्रकार दिया जाता है

$$\eta \text{ या } G = \frac{\text{स्पर्शीय प्रतिबल}}{\text{कर्तन विकृति}}$$

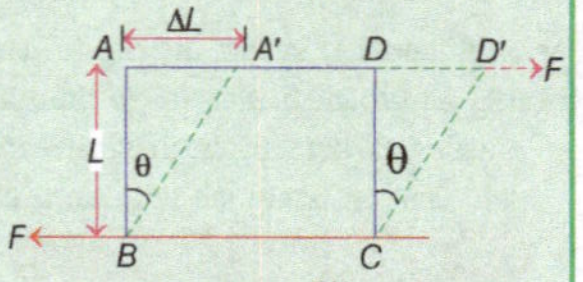

या कर्तन गुणांक, $\eta = \frac{F/A}{\theta} = \frac{F}{A\theta}$

तरल पदार्थ के यान्त्रिक गुण(अध्याय एक दृष्टि में)

पास्कल के नियम के अनुप्रयोग

• **हाइड्रोलिक लिफ्ट**

इसका उपयोग भारी वजन उठाने के लिए किया जाता है। इसे अलग-अलग अनुप्रस्थ-काट वाले दो बेलनाकार पात्रों के संयोजन द्वारा बनाया जाता है। प्रत्येक बेलनाकार पात्र में वायुरोधी घर्षण रहित पिस्टन होते हैं। पात्र के अन्दर एक असम्पीडनीय तरल भरा जाता है।

$$p = \frac{F_1}{A_1}; F_2 = pA_2 = \frac{F_1}{A_1}A_2$$

$A_2 >> A_1$, इसलिए $F_2 >>> F_1$

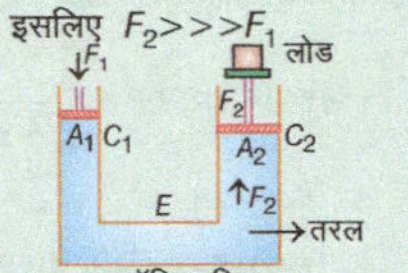

• **हाइड्रोलिक ब्रेक**

हाइड्रोलिक ब्रेक की कार्यप्रणाली भी पास्कल के नियम पर आधारित है।

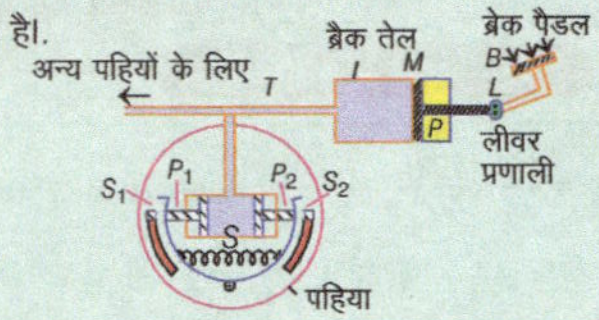

द्रव स्थैतिकी मिथ्याभास

तरल द्वारा आरोपित दाब केवल द्रव स्तम्भ की ऊँचाई पर निर्भर करता है तथा उस पात्र के आकार से स्वतन्त्र होता है, जिसमें इसे रखा गया है

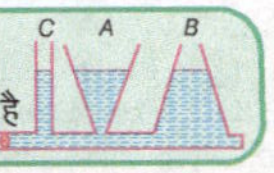

गहराई के साथ दाब में परिवर्तन

• किसी बेलनाकार पात्र में रखे गए घनत्व वाले स्थिर तरल पर विचार कीजिए इस प्रकार दाब सभी दिशाओं में वितरित होगा, परन्तु पात्र की ऊँचाई पर निर्भर करेगा।

• दाब में अन्तर, $p_2 - p_1 = h\rho g$

• यदि बिन्दु को तरल की सतह पर स्थानान्तरित कर दिया जाए तब

$p = p_a + h\rho g$

• गेज दाब

$= p - p_a = h\rho g$

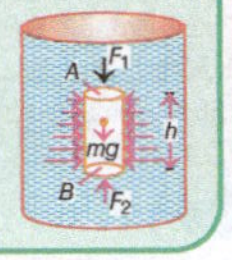

बर्नोली का सिद्धान्त

• किसी असम्पीडनीय तथा अश्यान तरल पदार्थ के धारारेखीय प्रवाह में, प्रवाह के प्रत्येक बिन्दु पर दाब ऊर्जा, गतिज ऊर्जा तथा स्थितिज ऊर्जा का योग नियत रहता है,

$$p + \frac{1}{2}\rho v^2 + \rho gh = \text{नियत}$$

• दाब शीर्ष, वेग शीर्ष तथा गुरुत्वाकर्षण शीर्ष के पदों में,

$$\frac{p}{\rho g} + \frac{v^2}{2g} + h = \text{नियत}$$

पृष्ठीय ऊर्जा

स्थिर तापमान पर तरल के मुक्त पृष्ठ के क्षेत्रफल में ससंजक बल (cohesive force) के विपरीत इकाई विस्तार करने में किया गया कार्य, पृष्ठीय ऊर्जा कहलाता है।

$$\text{पृष्ठीय ऊर्जा} = \frac{\text{सतह के क्षेत्रफल में बढ़ाने में किया गया कार्य}}{\text{सतह के क्षेत्रफल में वृद्धि}}$$

पृष्ठीय ऊर्जा घनत्व

किसी तरल का पृष्ठ तनाव संख्यात्मक रूप से तरल के इकाई पृष्ठ क्षेत्रफल की पृष्ठीय ऊर्जा के बराबर होता है।

$$T = \frac{E_S}{A} = \frac{\text{पृष्ठीय ऊर्जा}}{\text{पृष्ठ क्षेत्रफल}}$$

पृष्ठ तनाव

यह स्थिर तरल सतहों की न्यूनतम सम्भव पृष्ठीय क्षेत्रफल में सिकुड़ने की प्रवृत्ति होती है तथा एक फैली हुई झिल्ली की तरह व्यापार करती है

• **पृष्ठ तनाव का मापन** $S = \frac{F}{l}$

माना तरल पृष्ठ पर कहीं भी एक काल्पनिक रेखा PQ स्पर्श रेखा से खींची गई है। यह रेखा दो भागों में विभाजित है। रेखा का एक भाग दूसरे भाग पर आकर्षण बल लगाता है। यह तरल के पृष्ठ की रेखा व तल के लम्बवत् है।

• पृष्ठ तनाव का SI मात्रक न्यूटन/मीटर तथा विमीय सूत्र $[MT^{-2}]$ है।

• यह एक अदिश राशी है परिणाम नियत है तथा दिशा परिभाषित नही है

• पृष्ठ तनाव का CGS मात्रक डाइन/सेमी है।

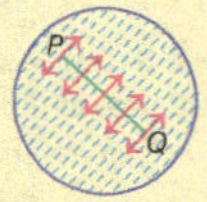

पृष्ठ तनाव को प्रभावित करने वाले कारक

• **तापमान** तरल पदार्थों का पृष्ठ तनाव तापमान में वृद्धि के साथ घटता है तथा एक विशेष तापमान पर शून्य हो जाता है जिसे **क्रान्तिक ताप** कहा जाता है। छोटे तापान्तरों के लिए, पृष्ठ तनाव निम्न प्रकार लगभग रेखीय रूप से घटता है।

$$S_t = S_0(1 - \alpha t)$$

• **अशुद्धियों का मिश्रण**

अशुद्धियों के मिश्रण के साथ तरल पदार्थ का पृष्ठ तनाव परिवर्तित हो जाता है। तरल पदार्थ की सतह पर धूल कणों जैसे दूषित पदार्थों की उपस्थिति में पृष्ठ तनाव कम हो जाता है।

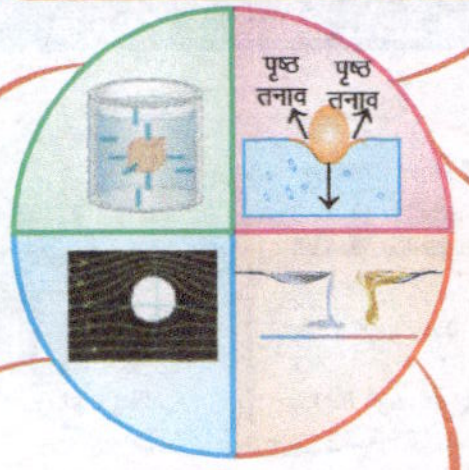

पृष्ठ तनाव का उदाहरण

तरल पदार्थ के छिड़काव से ठण्डक हो जाती है, क्योंकि जब तरल पदार्थ का छिड़काव किया जाता है, तो अधिक संख्या में छोटी बूँदें बनती हैं। परिणामस्वरूप, पृष्ठीय क्षेत्रफल या पृष्ठीय ऊर्जा बढ़ जाती है। इस प्रकार, आन्तरिक ऊर्जा कम हो जाती है जो तापमान पर निर्भर करती है।

विक्षुब्ध प्रवाह

जब कोई द्रव अपने क्रान्तिक वेग से अधिक वेग से प्रवाहित होता है, तो द्रव के कणों की गति अव्यवस्थित तथा अनियन्त्रित हो जाती है।

वायुमण्डलीय दाब

पृथ्वी के चारों ओर स्थित गैसीय आवरण को पृथ्वी का वायुमण्डल कहा जाता है। वायुमण्डल द्वारा लगाए गए दाब को वायुमण्डलीय दाब कहा जाता है।

धारारेखीय प्रवाह

द्रव का स्थिर प्रवाह वह प्रवाह होता है जिसमें द्रव का प्रत्येक कण अपने पूर्ववर्ती कण के समान पथ का अनुसरण करता है तथा प्रत्येक बिन्दु पर समान वेग होता है।

श्यानता

किसी तरल पदार्थ का वह गुण जिसके कारण वह अपनी विभिन्न परतों के बीच सापेक्ष गति का विरोध करता है।

• श्यानता का SI मात्रक Nsm^{-2} है और इसे प्वॉइजुली (Pl) कहते हैं।

सम्पर्क कोण

सम्पर्क बिन्दु पर तरल के पृष्ठ की स्पर्शी तथा आन्तरिक ठोस सतह के बीच के कोण को उस ठोस के साथ तरल का सम्पर्क कोण कहा जाता है।

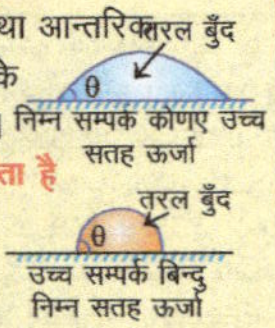

• **सम्पर्क कोण का मान निम्न पर निर्भर करता है**

सम्पर्क में ठोस एवं तरल की प्रकृति पर

सम्पर्क में सतह की सफाई पर

तरल के तापमान पर

• वे तरल जो ठोस को गीला करते हैं (पानी काँच को गीला करता है) उनका सम्पर्क कोण $\theta < 90°$ (न्यून कोण)

काँच के साथ साधारण पानी, $\theta = 8°$

काँच के साथ शुद्ध पानी, $\theta = 0°$

• वे तरल जो ठोस को गीला नहीं करते (काँच और पारा), उनका सम्पर्क कोण) $\theta > 90°$ (अधिक कोण

काँच के साथ पारा, $\theta = 135°$

बूँदें तथा बुलबुल

• **आधिक्य दाब**

सन्तुलन में, किसी बूँद या बुलबुले के अन्दर का दाब इसकी बाह्य सतह के दाब से अधिक होता है। इन दोनों दाबों के अन्तर को अतिरिक्त दाब कहा जाता है।

• **तरल बूँद के अन्दर आधिक्य दाब**

$$\Delta p = \frac{2S}{R}$$

साधारण स्थिति में,

$p = p_0 =$ वायुमण्डलीय दाब

$$p_i = p + \frac{2S}{R} = p_0 + \frac{2S}{R}$$

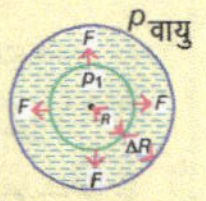

तरल की वक्रीय सतह के दोनों ओर दाब के अन्तर को दाब आधिक्य कहा जाता है।

• **साबुन के बुलबुले के अन्दर आधिक्य दाब**

$$\Delta p = \frac{4S}{R}$$

साधारण स्थिति में,

$p = p_0 =$ वायुमण्डलीय दाब

$$p_i = p + \frac{4S}{R} = p_0 + \frac{4S}{R}$$

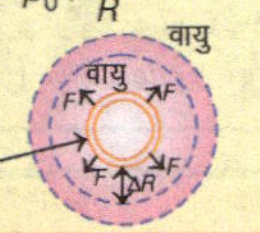

दाब

• किसी बिन्दु पर तरल का दाब, प्रति इकाई क्षेत्रफल में स्थिर तरल द्वारा लगाया गया प्रणोद है। $p = F/A$

• दाब का SI मात्रक न्यूटन/मी है। इसे पास्कल (Pa) नाम दिया गया है।

• दाब का CGS मात्रक डाइन/सेमी² है।

अविरतता या समीकरण

भिन्न-भिन्न अनुप्रस्थ-काट वाले पाइप में से अश्यान (non-viscous) तथा असम्पीड्नीय (incompressible) द्रव के धारारेखीय प्रवाह के दौरान, अनुप्रस्थ-काट क्षेत्रफल तथा सामान्य द्रव वेग का गुणनफल सम्पूर्ण प्रवाह के दौरान नियत रहता है।

श्यानता गुणांक

न्यूटन ने पाया कि तरल पदार्थ की दो परतों के बीच कार्य करने वाला श्यान बल निम्न होता है

(i) $F \propto A$

(ii) $F \propto \frac{dv}{dz}$

अतः, $F = \eta A \frac{dv}{dz}$

$$\eta = \frac{F/A}{dv/dz} \text{ or } \frac{F/A}{v/z}$$

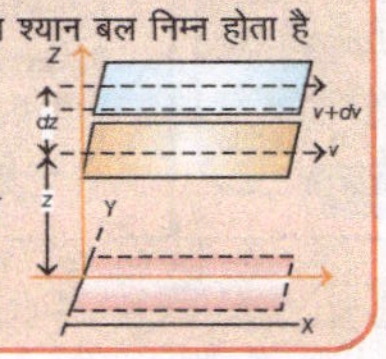

केशिकात्व

• एक केशिका संकीर्ण नली में तरल के उन्नयन तथा अवनमन की घटना को केशिकात्व के रूप में जाना जाता है।

जब केशिका नली के साथ तरल का सम्पर्क कोण न्यून कोण होता है, तो केशिका नली में तरल का उन्नयन होता है।

जब केशिका नली के साथ तरल का सम्पर्क कोण अधिक, कोण ($\theta > 90°$) होता है, तो तरल केशिका नली में तरल का अवनमन हो जाता है।

• सन्तुलन में तरल, $h = \frac{2S}{r\rho g}\cos\theta$

पास्कल का नियम

किसी पात्र के अन्दर सन्तुलन में रखे गए तरल पदार्थ के किसी भी भाग पर दाब आरोपित है, फिर यह दाब परिमाण में कम हुए बिना सभी दिशाओं में तरल पदार्थ के प्रत्येक भाग में संचारित होता है।

क्रान्तिक वेग

द्रव का वह अधिकतम वेग जिस पर उसका प्रवाह सुव्यवस्थित रहता है तथा जिसके ऊपर उसका प्रवाह विक्षुब्ध हो जाता है, क्रान्तिक वेग कहलाता है।

स्टॉक का नियम

जब एक सजातीय तरल में त्रिज्या r का एक छोटा गोला v वेग के साथ गति करता है, तो गोले पर कार्यरत श्यान बल को धीमा कर देता है, $F = 6\pi\eta rv$

स्तरीय प्रवाह

यदि द्रव किसी क्षैतिज सतह पर विभिन्न वेगों की परतों के रूप में बहता है, तो द्रव के प्रवाह को लेमिनार प्रवाह कहा जाता है।

सीमान्त वेग

किसी श्यान माध्यम में स्वतन्त्र रूप से गिरने वाले पिण्ड द्वारा प्राप्त नियत वेग को सीमान्त वेग कहा जाता है।

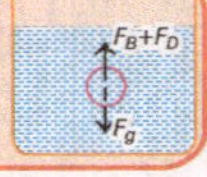

द्रव्य के तापीय गुण (अध्याय एक दृष्टि में)

ऊष्मा

ऊष्मा ऊर्जा का वह रूप है, जो तापान्तर के कारण दो (या अधिक) निकायों या एक निकाय तथा उसके आस-पास के बीच स्थानान्तरित होती है।

- **ऊष्मा का संचरण**
जब विभिन्न तापमानों पर दो पिण्डों को एक-दूसरे के सम्पर्क में लाया जाता है, तो ऊष्मा उच्च तापमान से निम्न तापमान की ओर प्रवाहित होती है। ऊष्मा के इस प्रवाह को ऊष्मा का संचरण कहते हैं।
- **एक कैलोरी**
एक कैलोरी, एक ग्राम पानी के तापमान को 1°C बढ़ाने (जैसे 14.5°C से 15.5°C तक) के लिए आवश्यक ऊष्मा ऊर्जा की मात्रा के बराबर होती है।

तापमान

तापमान किसी पिण्ड की गर्मी या ठण्डक की डिग्री का माप है तथा यह पिण्ड की स्थिति है जो ऊष्मा प्रवाह की दिशा निर्धारित करती है।

- **तापमान का मापन**
कुछ निर्दिष्ट पैमानों पर थर्मामीटर का उपयोग करके तापमान की माप को प्राप्त किया जाता है यह पिण्ड के तापमान को केल्विन (K), डिग्री सेंटीग्रेड (°C) और डिग्री फॉरेनहाइट (°F) में मापता है।
- **ग्राफ**
फॉरेनहाइट तापमान(T_F) तथा सेल्सियस या सेंटीग्रेड तापमान (T_C) का ग्राफ

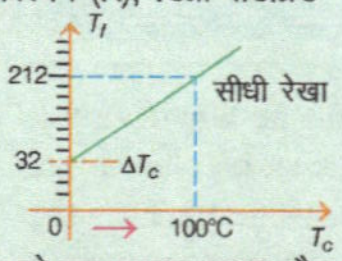

- **तापमान का रूपान्तरण**
जल का हिमांक और भाप बिन्दु, फॉरेनहाइट पैमाने पर क्रमशः 32°F और 212°F है और सेल्सियस पैमाने पर क्रमशः 0° और 100°C है।
यहाँ सेल्सियस पैमाने में दो सन्दर्भ बिन्दुओं के बीच 100 समान अन्तराल और फॉरेनहाइट पैमाने में 180 विभाजन हैं।

फॉरेनहाइट के लिए $T_f = \frac{9}{5}T_c + 32$, **केल्विन के लिए** : $T_k = T_c + 273.15$

- **विभिन्न पैमानों का सम्बन्ध** $\frac{C}{100} = \frac{F-32}{180} = \frac{R}{80} = \frac{K-273.15}{100}$

आदर्श गैस समीकरण

- **आदर्श गैस समीकरण**
आदर्श गैस सम्बन्ध निम्न प्रकार है
$pV = R \times (nT) \Rightarrow \frac{pV}{T} = nR$ (स्थिर)

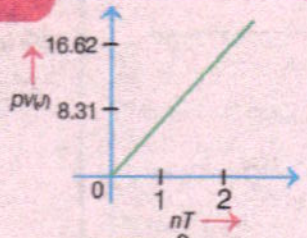

दो चरों के लिए,
$\frac{p_f V_f}{T_f} = \frac{p_i V_i}{T_i}$ ∵ $R = 8.314$ J/mol K^{-1}

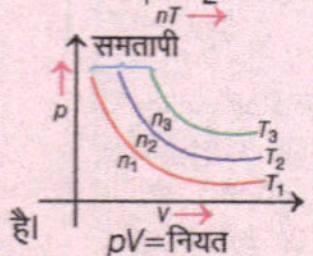

- **बॉयल का नियम**
यह अंग्रेजी रसायनज्ञ रॉबर्ट बॉयल द्वारा दिया गया है।
यहाँ, स्थिर तापमान पर दाब, आयतन के व्युत्क्रमानुपाती होता है।
अर्थात् , $p \propto \frac{1}{V}$
- **चार्ल्स का नियम**
यह फ्रांसीसी वैज्ञानिक जैक्स चार्ल्स द्वारा दिया गया है।
यहाँ, स्थिर दाब पर गैस का आयतन, तापमान के अनुक्रमानुपाती होता है। $V \propto T$

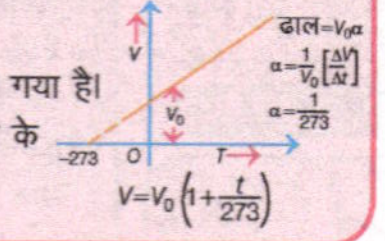

निरपेक्ष तापमान

- सैद्धान्तिक रूप से, अधिकतम तापमान की कोई सीमा नहीं होती है, परन्तु न्यूनतम तापमान के लिए एक नियत बिन्दु होता है जिसे निरपेक्ष तापमान कहा जाता है।
ग्राफ द्वारा अनुमान लगाया गया है,
- ग्राफ द्वारा अनुमान लगाया गया है, –273.15°C

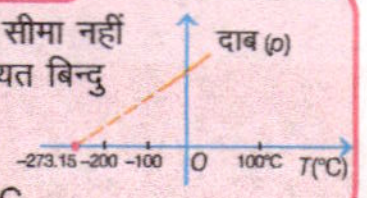

प्रसार गुणांकों के मध्य सम्बन्ध

- प्रसार गुणांक निम्न प्रकार दिया जा सकता है
$\alpha_l = \frac{\Delta l}{l\Delta T}, \alpha_A = \frac{\Delta A}{A\Delta T}, \alpha_V = \frac{\Delta V}{V\Delta T}$
- प्रसार गुणांकों के मध्य सम्बन्ध को इस प्रकार दिया गया है
$\alpha_l : \alpha_A : \alpha_V = 1 : 2 : 3$

क्षेत्रीय प्रसार

- तापमान में वृद्धि के कारण किसी वस्तु के क्षेत्रफल में होने वाले प्रसार को क्षेत्रीय प्रसार कहते हैं।
- क्षेत्रफल में प्रसार, $A = A_0(1 + \alpha_A \Delta T)$

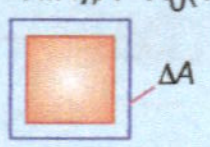

तापीय प्रसार

दी गई ऊष्मा के कारण किसी वस्तु की विमाओं में परिवर्तन की घटना को तापीय प्रसार कहते हैं।

आयतन प्रसार

तापमान में वृद्धि के कारण किसी वस्तु के आयतन में होने वाले प्रसार को आयतन प्रसार कहते हैं।
आयतन में प्रसार,
$V = V_0(1 + \alpha_V \Delta T)$

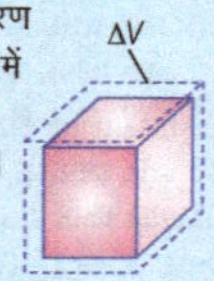

रेखीय प्रसार

- तापमान में वृद्धि के कारण किसी पिण्ड की लम्बाई में होने वाले प्रसार को रेखीय प्रसार कहते हैं।
- लम्बाई में प्रसार, $L = L_0(1 + \alpha_l \Delta T)$

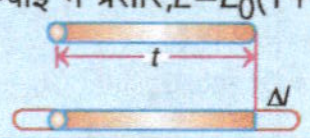

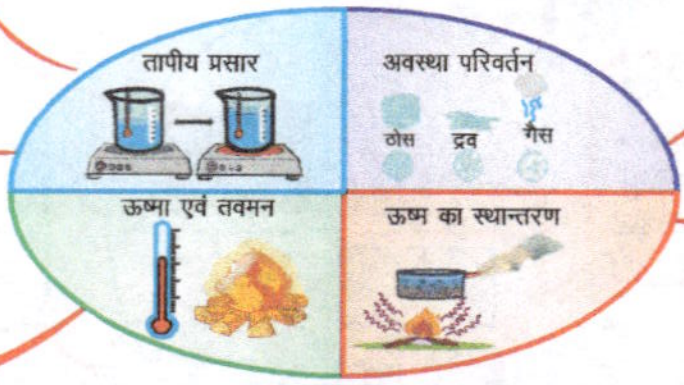

पानी का आसामान्य प्रसार

- पानी 0°C से 4°C के बीच गर्म होने पर सिकुड़ता है।
जब पानी को कमरे के तापमान से नीचे ठण्डा किया जाता है, तो दी गई पानी की मात्रा का आयतन तब तक कम होता जाता है जब तक कि उसका तापमान 4°C तक नहीं पहुँच जाता है तथा 4°C से नीचे होने पर आयतन पुनः बढ़ जाता है।
- यदि पानी की ऊपरी परत का तापमान 4°C से कम हो जाता है, तो यह कम सघन हो जाता है तथा सतह पर बना रहता है।

ऊष्मा धारिता,

एकांक इकाई अर्थात् 1°C द्वारा तापमान परिवर्तन के लिए आवश्यक ऊष्मा की मात्रा, को ऊष्माधारिता कहते है इसे S द्वारा दर्शाया जाता है तथा इसका SI मात्रक जूल/केल्विन होता है।
ऊष्मा धारिता, $S = \frac{\Delta Q}{\Delta T}$

- **विशिष्ट ऊष्मा धारिता,**
किसी पदार्थ के इकाई द्रव्यमान के तापमान में इकाई वृद्धि के लिए आवश्यक ऊष्मा की मात्रा को विशिष्ट ऊष्मा धारिता या विशिष्ट ऊष्मा के रूप में जाना जाता है।
विशिष्ट ऊष्मा धारिता का SI मात्रक जूल किग्रा $^{-1}$ केल्विन $^{-1}$ है।
विशिष्ट ऊष्मा धारिता, $s = \frac{1}{m}\frac{\Delta Q}{\Delta T}$
- **विशिष्ट ऊष्मा और मोलर विशिष्ट ऊष्मा धारिता के मध्य सम्बन्ध**
मोलर विशिष्ट ऊष्मा धारिता,, $C = \frac{\Delta Q}{n\Delta T}$
$C = Ms$
M=पदार्थ का आण्विक द्रव्यमान

गुप्त ऊष्मा

किसी पदार्थ के उसके अवस्था में परिवर्तन के दौरान, तापमान में कोई परिवर्तन हुए बिना प्रति इकाई द्रव्यमान में स्थानान्तरित होने वाली ऊष्मा की मात्रा को गुप्त ऊष्मा कहते है।

- $Q = mL \Rightarrow L = \frac{Q}{m}$
- वाष्पीकरण की गुप्त ऊष्मा, $V_f = \frac{Q}{m}$
- संलयन की गुप्त ऊष्मा,, $F_v = \frac{Q}{m}$
- इसका SI मात्रक जूल/किग्रा है।
- $L_{\text{बर्फ का गलनांक}}$=80 कैलोरी/ग्राम
- $L_{\text{पानी का वाष्पन}}$=540 कैलोरी/ग्राम

अवस्था परिवर्तन

किसी पदार्थ की एक अवस्था से दूसरी अवस्था में रूपान्तरण की प्रक्रिया को अवस्था परिवर्तन कहते हैं।

- **संलयन तथा गलनांक** (Fusion and Melting Point) ठोस से द्रव में अवस्था परिवर्तन की प्रक्रिया को संलयन कहते हैं। जिस तापमान पर ठोस अवस्थाएँ द्रवित हो जाती हैं, उसे गलनांक कहते हैं।
- **हिमांक बिन्दु** (Freezing point) द्रव से ठोस में अवस्था परिवर्तन की प्रक्रिया को हिमांक कहते हैं। जिस तापमान पर द्रव जमना प्रारम्भ होता है उसे हिमांक बिन्दु कहते हैं।
- **वाष्पीकरण तथा क्वथनांक** (Vaporisation and Boiling Point)
द्रव से वाष्प अवस्था में परिवर्तन की प्रक्रिया को वाष्पीकरण कहते हैं। जिस तापमान पर पदार्थ की द्रव और वाष्प अवस्थाएँ एक साथ रहती हैं, उसे क्वथनांक कहते हैं।
- **ऊर्ध्वपातन** (Sublimation) ठोस से सीधे वाष्प अवस्था में परिवर्तन की प्रक्रिया को ऊर्ध्वपातन कहते हैं।
- वह तापमान और दाब जिस पर किसी पदार्थ की तीनों अवस्थाएँ एक साथ सह-अस्तित्व में होती हैं, उसे त्रिक बिन्दु के रूप में जाना जाता है

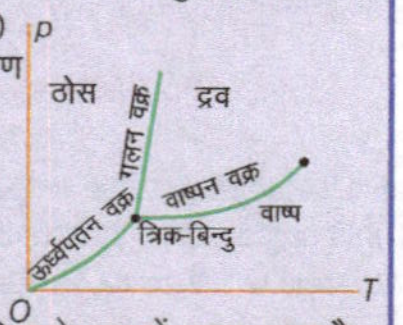

कैलोरीमिति

गर्म पिण्ड द्वारा दी गई=ऊष्मा ठण्डे पिण्ड द्वारा प्राप्त ऊष्मा, $m_1 s_1 \Delta T = m_2 s_2 \Delta T$
कैलोरीमीटर ऊष्मा की मात्रा मापने के लिए उपयोग किया जाने वाला उपकरण है।

ऊष्मा स्थानान्तरण

- **चालन** आण्विक कम्पन (अर्थात्, आण्विक टकराव) के कारण होने वाला ऊष्मा का स्थानान्तरण चालन कहलाता है।
- **ऊष्मीय चालकता** पदार्थ की ऊष्मा को अपने माध्यम से संचालित करने की क्षमता को ऊष्मीय चालकता के रूप में जाना जाता है।
ऊष्मा स्थानान्तरण, $Q = KA\frac{\Delta T}{L}t$
- **संवहन** वह प्रक्रिया है जिसमें ऊष्मा को उच्च तापमान वाले क्षेत्र से कम तापमान वाले क्षेत्र में पदार्थ की वास्तविक गति द्वारा एक बिन्दु से दूसरे बिन्दु पर स्थानान्तरित किया जाता है। जैसे कि भूमि की हवा, समुद्री हवा।
- **विकिरण** हस्तक्षेप करने वाले माध्यम को गर्म किए बिना एक स्थान से दूसरे स्थान पर ऊष्मा के स्थानान्तरण की विधि को विकिरण कहते है।

कृष्णिका विकिरण

एक ऐसा पिण्ड जो अपने ऊपर पड़ने वाले सभी विकिरणों को अवशोषित कर लेता है, उसे कृष्णिका के रूप में जाना जाता है। यह सबसे तीव्र दर पर विद्युत चुम्बकीय तरंग का उत्सर्जित करता है जिसे कृष्णिका विकिरण कहा जाता है।

- **स्टीफन-बोल्ट्जमैन का नियम** एक पूर्ण कृष्णिका के इकाई क्षेत्र द्वारा प्रति सेकण्ड उत्सर्जित कुल ऊर्जा उसके सापेक्ष तापमान की चतुर्थ घात के समानुपाती होती है। अर्थात्, $E = \sigma T^4$,
वीन का विस्थापन नियम तरंगदैर्ध्य जिसके अनुरूप एक कृष्णिका द्वारा उत्सर्जित ऊर्जा अधिकतम होती है और निरपेक्ष तापमान के व्युत्क्रमानुपाती होती है।
- **वीन का विस्थापन नियम तरंगदैर्ध्य** जिसके अनुरूप एक कृष्णिका द्वारा उत्सर्जित ऊर्जा अधिकतम होती है और निरपेक्ष तापमान के व्युत्क्रमानुपाती होती है। $\lambda_m \propto 1/T$ or $\lambda_m T = b$.

न्यूटन का शीतलन नियम

किसी पिण्ड के ठण्डा होने की दर पिण्ड और उसके आस-पास के तापमान के अन्तर के सीधे आनुपातिक होती है, $-\frac{dQ}{dt} \propto (T - T_0)$ अथवा ऊष्मा क्षय की दर, $-\frac{dQ}{dt} = k(T - T_0)$

ऊष्मागतिकी (अध्याय एक दृष्टि में)

आदर्श गैस की आन्तरिक ऊर्जा

- इसमें आर्कषण का कोई आण्विक बल नहीं होता हैं, इसलिए अन्तर-आण्विक बल शून्य होते हैं तथा गैस में अन्तर-आण्विक स्थितिज ऊर्जा नहीं होती है।

इस प्रकार, $U=U_K+U_P$; $U_P=0$, $U=U_K$

वास्तविक गैसों की आन्तरिक ऊर्जा

- अन्तर आण्विक बल नगण्य नहीं होते हैं।
- वास्तविक गैस के अणु एक-दूसरे पर आकर्षण बल लगाते हैं, इसलिए समान परिस्थितियों में वास्तविक गैस की आन्तरिक ऊर्जा आदर्श गैस की तुलना में कम होती है।

ऊष्मा

- वह ऊर्जा जो किसी निकाय तथा उसके परिवेश के बीच तापान्तर के कारण स्थानान्तरित होती है। ऊष्मा का SI मात्रक जूल है।

कार्य

- कार्य से तात्पर्य निकाय द्वारा अथवा निकाय पर किए कार्य से है।
- किया गया कार्य, $W=\int_{V_i}^{V_f} dW=\int_{V_i}^{V_f} pdV$
- यदि निकाय का प्रसार होता है, $V_f > V_i$ अर्थात् W = धनात्मक
- यदि निकाय सिकुड़ता है, $V_f < V_i$ अर्थात् W = ऋणात्मक

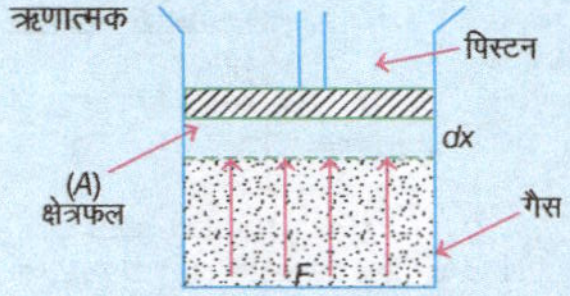

पानी की विशिष्ट ऊष्मा धारिता

- एक ग्राम पानी के तापमान को 1°C बढ़ाने के लिए आवश्यक ऊष्मा की मात्रा।
- पानी की विशिष्ट ऊष्मा धारिता तापमान के साथ कुछ परिवर्तित हो जाती है।

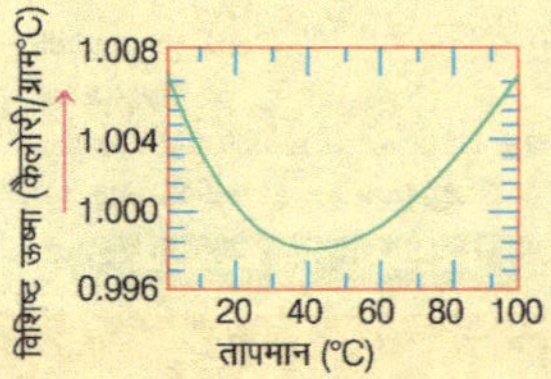

आन्तरिक ऊर्जा

- ऊष्मागतिकी निकाय के अणुओं के विन्यास एवं गति के कारण उत्पन्न ऊर्जा को आन्तरिक ऊर्जा कहते हैं।
- आन्तरिक गतिज ऊर्जा U_K यह अणुओं की गति के कारण होती है।
- आन्तरिक स्थितिज ऊर्जा U_P यह अणुओं के विन्यास के कारण होती है।

इस प्रकार, कुल आन्तरिक ऊर्जा, $U = U_K + U_P$

शून्य नियम

- यदि दो निकाय A व B किसी निकाय C के साथ ऊष्मागतिकीय संतुलन में हैं, तो वे पारस्परिक रूप से ऊष्मागतिकीय संतुलन में भी होंगे।

ऊष्मागतिकी संतुलन

- जब विस्तीर्ण चर (जैसे दाब, आयतन, तापमान, द्रव्यमान, संरचना आदि) जो निकाय को अभिलक्षित करते हैं, समय के साथ परिवर्तित नहीं होते हैं, तो निकाय को सन्तुलन में कहा जाता है।

ऊष्मागतिकी निकाय

- ऊष्मागतिकी निकाय अधिक संख्याओं में कणों का एक संयोजन है जिससे संयोजन में दाब, आयतन तथा तापमान का एक निश्चित मान हो।
- ऊष्मागतिकी निकाय तीन प्रकार के होते हैं, जो खुला निकाय, बन्द निकाय तथा विलगित निकाय हैं।

विशिष्ट ऊष्मा धारिता

- किसी पदार्थ के इकाई द्रव्यमान के तापमान में इकाई परिवर्तन के लिए आवश्यक ऊष्मा की मात्रा को विशिष्ट ऊष्मा धारिता कहते है, $s=\frac{1}{m}\left(\frac{\Delta Q}{\Delta T}\right)$

मोलर विशिष्ट ऊष्मा धारिता

- प्रति मोल ऊष्मा धारिता को मोलर विशिष्ट ऊष्मा कहा जाता है।

$$C=\frac{S}{n}=\frac{1}{n}\left(\frac{\Delta Q}{\Delta T}\right)$$

- मोलर विशिष्ट ऊष्मा धारिता का SI मात्रक जूल/मोल -केल्विन है।

C_p एवं के C_V मध्य सम्बन्ध

- आदर्श गैस के लिए C_p एवं C_V के मध्य सम्बन्ध निम्न प्रकार है, $C_p - C_V = R$

इसे **मेयर का सूत्र** कहा जाता है।

- C_p एवं C_V के अनुपात को γ द्वारा दर्शाया जाता है।

$$\gamma = C_p/C_V$$

अर्थात् $C_p=\left(\frac{\Delta Q}{\Delta T}\right)_p$ और $C_V=\left(\frac{\Delta Q}{\Delta T}\right)_V$

ऊष्मागतिकी अवस्था चर

- यह कुछ विस्तीर्ण चर के विशिष्ट मानों द्वारा निकाय की सन्तुलन अवस्थाओं का वर्णन करता है।
– अवस्था चरों के मध्य सम्बन्ध को अवस्था समीकरण कहा जाता है।
– एक आदर्श गैस के लिए, अवस्था समीकरण आदर्श गैस सम्बन्ध है,जो निम्न प्रकार है, $pV=nRT$
– नियत तापमान के लिए, दाब-आयतन वक्र को **समताप** कहा जाता है।

ऊष्मागतिकी का प्रथम नियम

- किसी निकाय को दी गई ऊष्मा, निकाय द्वारा किए गए कार्य तथा निकाय की आन्तरिक ऊर्जा में वृद्धि के योग के बराबर होती है, $Q = \Delta U + W$
- आन्तरिक ऊर्जा में परिवर्तन $dU = dQ - dW$
- सीमा यह नियम ऊष्मा के प्रवाह की दिशा की व्याख्या नहीं करता है, चाहे वह गर्म छड़ से ठण्डी छड़ की ओर प्रवाहित हो अथवा ठण्डी छड़ से गर्म छड़ की ओर।

–सम्पूर्ण ऊष्मा को कार्य में परिवर्तित करना असम्भव है।

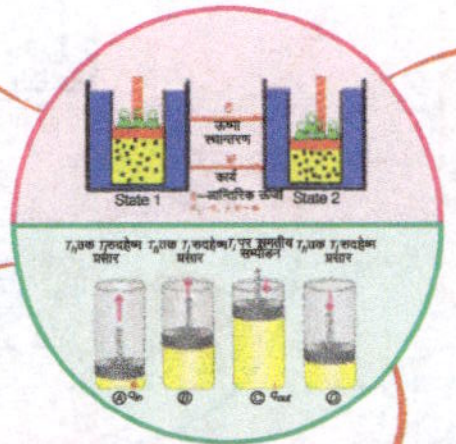

अर्द्ध-स्थैतिक प्रक्रम

एक काल्पनिक प्रक्रम जिसमें प्रत्येक चरण में निकाय का तापमान नियत रहता है। प्रायोगिक रूप से, एक प्रक्रम जो पर्याप्त रूप से धीमा होता है, उसे अर्द्ध-स्थैतिक प्रक्रम माना जाता है।

समतापी प्रक्रम

- वह प्रक्रम जिसमें ऊष्मागतिकी निकाय का तापमान नियत रहता है।

उदाहरण बर्फ (अथवा किसी ठोस) का गलनांक पर पिघलना।

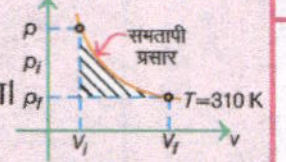

- आरेख p-V

बॉयल के नियम का अनुसरण करता है, $p_iV_i = p_fV_f$

अतः, pV = नियत

- किया गया कार्य

– किया गया कार्य $=p$–V वक्र के नीचे का क्षेत्रफल

$$W_{समताप} = 2.303\, nRT \log\left(\frac{V_f}{V_i}\right)$$

– यदि $V_f > V_i$ तब $W > 0$ (समतापी प्रसार)
– यदि $V_f < V_i$ तब $W < 0$ (समतापी सम्पीड़न)

कार्नो इंजन

- कार्नो इंजन एक आदर्श ऊष्मा इंजन है, जिसे सन् 1824 में सोडी कार्नो द्वारा परिकल्पित किया गया था। यह उत्क्रमणीय इंजन है, जो दो तापमानों के मध्य संचालित होता है।

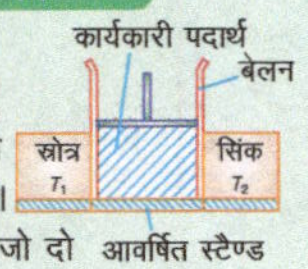

- कार्नो इंजन की दक्षता

– किए गए कार्य तथा दी गई ऊष्मा का अनुपात

अर्थात्, $\eta = \frac{\text{किया गया कार्य}}{\text{प्रदत्त ऊष्मा}} = \frac{W_{कुल}}{Q_1}$

– चक्रीय प्रक्रम में, $\Delta U=0$, इसलिए

$$\Delta W = \Delta Q$$

– कार्नो इंजन की अन्तिम दक्षता

$$\eta = 1-\frac{T_2}{T_1} = 1-\frac{Q_2}{Q_1}$$

ऊष्मागतिकी का द्वितीय नियम

- ऊष्मागतिकी के प्रथम नियम पर प्रतिबन्ध लगाने वाले सिद्धान्त को ऊष्मागतिकी का द्वितीय नियम कहते हैं। गणितीय रूप से, इस नियम को निम्न प्रकार दर्शाया जाता है, $\Delta S_{uni} > 0$

जहाँ, ΔS_{uni} ब्रह्माण्ड की एन्ट्रॉपी में परिवर्तन है,

उदाहरण जीवों के क्षय होने की प्रक्रिया एन्ट्रॉपी बढ़ाने की प्रवृत्ति को दर्शाती है।

केल्विन-प्लांक का कथन

- किसी वस्तु से ली गई सम्पूर्ण ऊष्मा को कार्य में परिवर्तित नहीं किया जा सकता (यद्यपि, कुल कार्य को ऊष्मा में परिवर्तित किया जा सकता है)

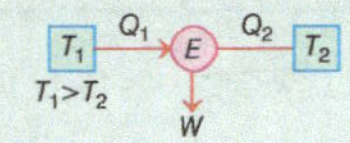

रुद्धोष्म प्रक्रम

- वह प्रक्रम जिसमें निकाय तथा परिवेश के बीच ऊष्मा का कोई आदान-प्रदान नहीं होता है।

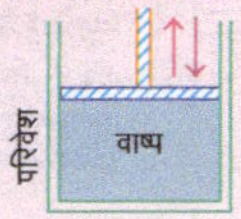

- p-V आरेख

ऊष्मागतिकी के प्रथम नियम से,

$\Delta Q = \Delta U + \Delta W$

– रुद्धोष्म प्रक्रम,

pV^{γ} = नियत

अतः $p_iV_i^{\gamma} = p_fV_f^{\gamma}$

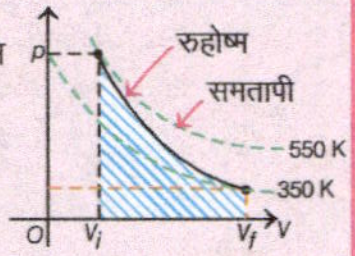

- किया गया कार्य

– रुद्धोष्म प्रक्रम में किया गया कार्य,

$$W=\int_{V_i}^{V_f} pdV=\int_{V_i}^{V_f} \frac{K}{V^{\gamma}}dV$$

–किया गया कार्य, $W=\frac{nR\,(T_i - T_f)}{\gamma - 1}$

कार्नो चक्र

- कार्नो इंजन में कार्यकारी पदार्थ (आदर्श गैस) एक उत्क्रमणीय चक्र से गुजरने की अनुमति देता है जिसे कार्नो चक्र कहा जाता है।

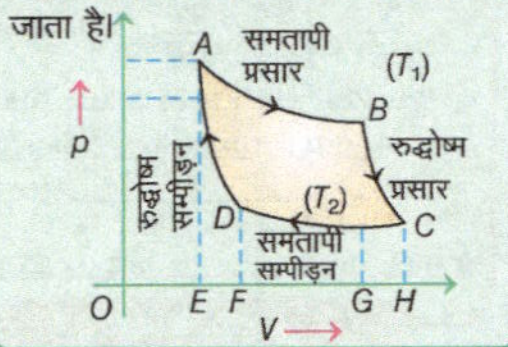

कार्नो प्रमेय

- समान तापमानों के बीच कार्य करने वाले सभी उत्क्रमणीय इंजनों की दक्षताएँ समान होती हैं तथा इनकी दक्षताएँ समान तापमानों के बीच कार्य करने वाले कार्नो इंजन से अधिक नहीं हो सकती हैं।

कार्नो प्रशीतक, $\frac{Q_1}{Q_2}=\frac{T_1}{T_2}$

निष्पादन गुणांक, $K=\frac{Q_2}{Q_1-Q_2}=\frac{T_2}{T_1-T_2}$

क्लॉसियस का कथन

- ऊष्मा स्वचालित रूप से निम्न तापमान से उच्च तापमान की ओर प्रवाहित नहीं हो, सकती।

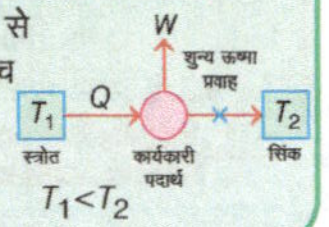

समआयतनिक प्रक्रम

- निकाय का आयतन स्थिर रहता है, यदि निकाय को ऊष्मा दी जाती है, तो इसका दाब बढ़ जाता है तथा यदि ऊष्मा निकाली जाती है, तो दाब कम हो जाता है।

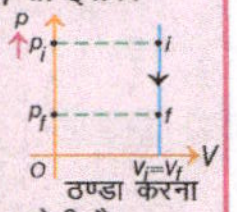

- किया गया कार्य, $\Delta W = 0$
- आन्तरिक ऊर्जा भी परिवर्तित होती है।

$$\Delta U = nC_V\Delta T$$

समदाबि प्रक्रम

- निकाय का दाब स्थिर बना रहता है।
- किया गया कार्य, $W = nR\,(T_f - T_i)$
- जैसे-जैसे गैस का तापमान परिवर्तित होता है, वैसे-वैसे इसकी आन्तरिक ऊर्जा भी परिवर्तित होती है।

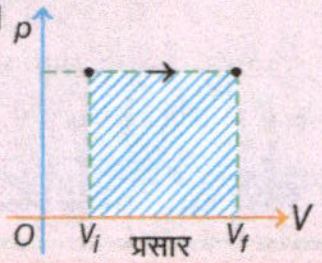

अणुगति सिद्धान्त (अध्याय एक दृष्टि में)

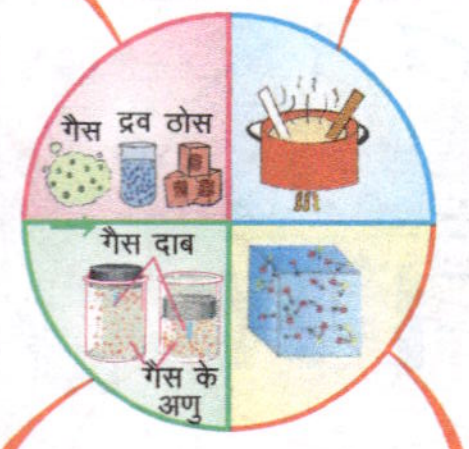

आवोगाद्रो की परिकल्पना

- दाब और तापमान की समान परिस्थितियों में सभी गैसों के समान आयतन में अणुओं की संख्या समान होगी।
- आवोगाद्रो की संख्या, $N_A = 6.023 \times 10^{23}$
- घनत्व, $\rho = \frac{PM_0}{RT}$

वास्तविक गैस और आदर्श गैस का व्यवहार

- वास्तविक गैस निम्न दाब और उच्च तापमान पर लगभग आदर्श गैस की भाँति व्यवहार करती है।

$$pV = \mu RT \Rightarrow \frac{pV}{\mu T} = R$$

- निम्न दाब पर वास्तविक गैस का व्यवहार आदर्श गैस के समीप होता है $(T_1 > T_2 > T_3)$

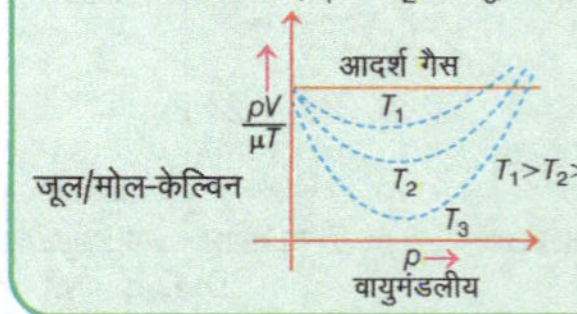

बॉयल का नियम

- इस नियम के अनुसार, स्थिर तापमान पर, गैस की निश्चित मात्रा का आयतन उसके दाब (p) के व्युत्क्रमानुपाती होता है।

इसलिए, $V \propto \frac{1}{p}$ (स्थिर तापमान)

- $p_1V_1 = p_2V_2$ = नियत
- तापमान T_1 और T_2 के लिए p-V वक्र इस प्रकार दर्शाया गया है।

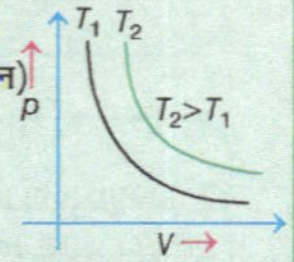

चार्ल्स का नियम

- इस नियम के अनुसार, स्थिर दाब पर गैस की निश्चित मात्रा का आयतन गैसों के निरपेक्ष (T) तापमान के समानुपाती होता है।

इसलिए, $V \propto T$ (स्थिर दाब)

- $\frac{V_1}{T_1} = \frac{V_2}{T_2}$ तथा $V_t = V_0\left(\frac{273 + t}{273}\right)$

$p_2 > p_1$

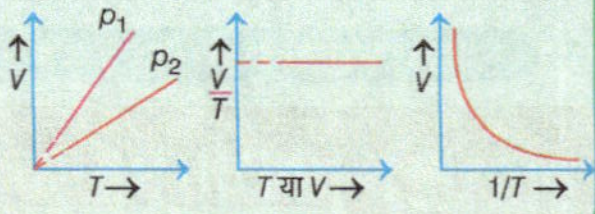

परमाणु परिकल्पना

- सभी वस्तुएँ परमाणुओं से बनी होती हैं। परमाणु छोटे कण होते हैं जो निरन्तर गति में घूमते रहते हैं, जब वे कुछ दूरी पर होते हैं, तो एक दूसरे को आकर्षित करते हैं, परन्तु एक-दूसरे से मिलने पर प्रतिकर्षित होते हैं।

पदार्थ की आणविक प्रकृति

- **रिचर्ड फेनमैन** 20वीं सदी में, रिचर्ड फेनमैन ने पाया कि पदार्थ परमाणुओं से बना होता है।
- **जॉन डाल्टन** उन्होंने निश्चित और बहुगुणित अनुपातों (multiple proportions) के नियमों को समझाने के लिए परमाणु सिद्धान्त का प्रस्ताव रखा।
- **गेलुसाक** जब गैसें रासायनिक रूप से संयोजित होकर दूसरी गैस बनाती हैं, तो उनका आयतन छोटे पूर्णांकों के अनुपात में होता है।
- एक परमाणु का आकार लगभग एक ऐंगस्ट्राम (10^{-10} मीटर) होता है।
- गैसों में अन्तर-परमाणु दूरी दसों ऐंगस्ट्रॉम में होती है।
- गतिशील सन्तुलन में अणु टकराते हैं और संघट्ट के दौरान अपनी गति बदलते हैं। केवल औसत गुण स्थिर होते हैं।

गैसों का व्यवहार

- गैस में अणु एक-दूसरे से बहुत दूर होते हैं तथा दो अणुओं के संघट्ट की स्थिति को छोड़कर उनके बीच पारस्परिक अन्योन्य क्रियाएँ नगण्य होती हैं।
- वह निम्न दाब व उच्च ताप जिस पर गैसे द्रवित होती है, $pV = Nk_BT$, को संतुष्ट करता है प्रेक्षण बताता है कि k_B सभी गैसों के लिए समान होता है।
- **विभिन्न गैसों के लिए**

$$\frac{p_1V_1}{N_1T_1} = \frac{p_2V_2}{N_2T_2} = \frac{p_3V_3}{N_3T_3} ..... = k_B = \text{स्थिर।}$$

बोल्ट्जमान स्थिरांक,

$$k_B = 1.38 \times 10^{-23} \text{ जूल /केल्विन}$$

गेलुसाक का नियम

- स्थिर आयतन पर, गैस की एक निश्चित मात्रा का दाब निरपेक्ष ताप के समानुपाती होता है।

इसलिए, $p \propto T$

$\frac{p_1}{T_1} = \frac{p_2}{T_2}$ और $p_t = p_0 + p_0 \times \frac{t}{273}$

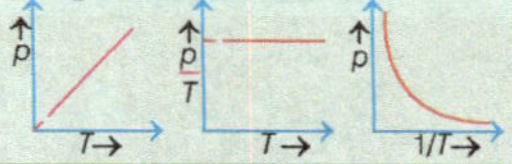

गैसों की आन्तरिक ऊर्जा

- **एक परमाणुक गैसें**

एक परमाणुक गैस के एक मोल की कुल आन्तरिक ऊर्जा, $U = \frac{3}{2}RT$

- **द्वि-परमाणुक गैसें**

द्वि-परमाणुक गैस के एक मोल की कुल आन्तरिक ऊर्जा, $U = \frac{5}{2}RT$

- **त्रि-परमाणुक गैसें**

त्रि-परमाणुक गैस के एक मोल की कुल आन्तरिक ऊर्जा, $U = \frac{7}{2}RT$

- **ठोस**

ठोस के एक मोल की कुल आन्तरिक ऊर्जा, $U = 3RT$

आदर्श गैस का आण्विक सिद्धान्त

- यह गैसों के व्यवहार की व्याख्या करता है। इस सिद्धान्त का उपयोग करके विभिन्न गुणों जैसे दाब, ताप, ऊर्जा आदि की व्याख्या की जा सकती हैं।

गैसों के आण्विक सिद्धान्त की मान्यता

- सम्पूर्ण गैस में अणुओं का घनत्व और वितरण एक समान होता है।
- संघट्ट के दौरान को छोड़कर यहाँ गैस के अणुओं के बीच कोई अन्तर-आण्विक बल नहीं होता है।
- एक आदर्श गैस की विशिष्ट ऊष्मा धारिताएँ C_p और C_V तापमान पर निर्भर नहीं करती हैं।

डाल्टन का आंशिक दाब का नियम

गैर अन्त:क्रिया वाली आदर्श गैस के मिश्रण का कुल दाब, मिश्रण में विभिन्न गैसों द्वारा लगाए गए आंशिक दाबों के योग के बराबर होता है।

$$p = p_1 + p_2 + p_3 + ...$$

माध्य मुक्त पथ

- दो क्रमिक संघट्टों के बीच एक अणु द्वारा तय की गई औसत दूरी को अणु के माध्य मुक्त पथ के रूप में जाना जाता है।
- माध्य मुक्त पथ, $\lambda = \frac{1}{\sqrt{2}n\pi d^2}$

यहाँ,

d = प्रत्येक अणु का व्यास तथा

n = प्रति इकाई आयतन में अणुओं की संख्या

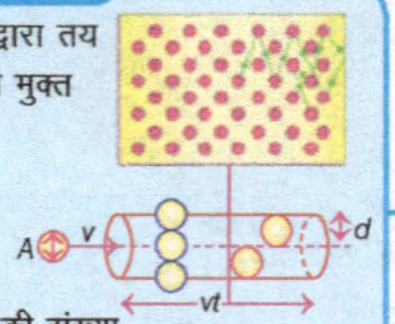

- गैसों के माध्य मुक्त पथ लगभग हजारों एंगस्ट्रॉम में होता है।

मूलभूत मान्यताएँ

- गैस के अणु को व्यास d वाले कठोर गोले के रूप में माना जाता है।
- विचाराधीन अणु को छोड़कर गैस के सभी अणु विरामावस्था में हैं।

ऊर्जा के समविभाजन का नियम

- तापीय सन्तुलन में एक गतिशील निकाय के लिए कुल ऊर्जा सभी स्वतन्त्र कोटियों के बीच समान रूप से वितरित की जाती है तथा प्रत्येक अणु से सम्बन्धित ऊर्जा प्रति स्वतन्त्र कोटि (1/2) k_BT होती है।
- स्थानान्तरण ऊर्जा $< E_t > = (3/2)\, k_B T$.

स्वतन्त्र कोटियाँ

किसी गतिशील निकाय की स्थिति और विन्यास का पूर्ण रूप से वर्णन करने के लिए आवश्यक शर्तों या निर्देशांक अथवा स्वतन्त्र राशियों की कुल संख्या।

स्वतन्त्र कोटि,, $f = 3N - k$

- **एक परमाणुक गैस** जैसे- हीलियम, नियॉन, ऑर्गन के लिए, स्थानान्तरीय स्वतन्त्र कोटि होती है।

यदि $N = 1$ और $k = 0$, तब $f = 3 \times 1 - 0 = 3$

- **द्वि-परमाणुक गैस** जैसे- ऑक्सीजन, हाइड्रोजन, नाइट्रोजन आदि के लिए $\therefore f = 5$
- **त्रि-परमाणुक गैस** जैसे- के लिए, स्थानान्तरीय स्वतन्त्र कोटि, H_2S, SO_2

$f = 7, f = 6$ (अरेखीय के लिए)

तापमान की आण्विक व्याख्या

- आण्विक सिद्धान्त में, तापमान की आण्विक व्याख्या यह बताती है कि एक आदर्श गैस के अणुओं की औसत गतिज ऊर्जा अणुओं के निरपेक्ष ताप के समानुपाती होती है।
- ठोस, तरल पदार्थ और गैसों में आण्विक व्यवस्था

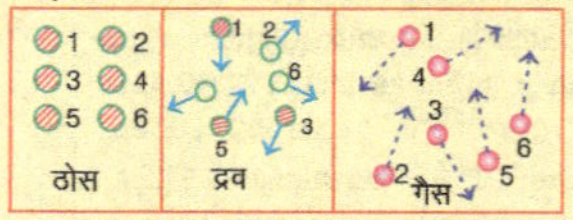

एक आदर्श गैस का दाब

- पात्र की दीवारों के इकाई क्षेत्रफल पर गैस के अणुओं द्वारा लगाया गया बल गैस का दाब कहलाता है।
- आवेग = संवेग में परिवर्तन

$F\Delta t = \Delta p_x = -2mv_x$

- आरोपित औसत बल,

$$F = -\frac{2mv_x}{\Delta t} = \frac{(-2mv_x)}{\left(\frac{2l}{v_x}\right)}$$

$$F = -\frac{mv_x^2}{l}$$

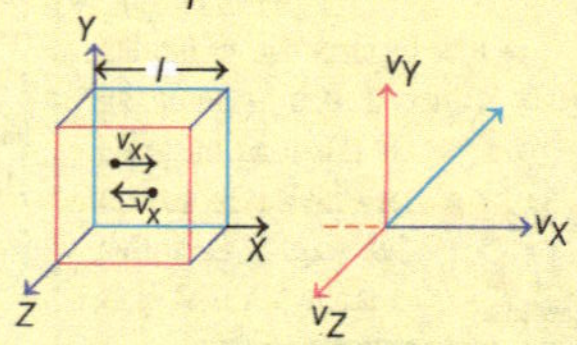

- आदर्श गैस का दाब, , $p = \frac{1}{3}\frac{mn}{V}v_{rms}^2$

n = अणुओं की संख्या

सबसे सम्भावित गति

जिस गति से अधिकांश अणु गति करते हैं उसे सबसे सम्भावित गति कहा जाता है।

$$v_{\text{सम्भावित}} = \sqrt{\frac{2RT}{M}} = \left(\sqrt{\frac{2}{3}}\right) v_{rms} = 0.816 v_{rms}$$

तापमान की अवधारणा

- **ताप और rms गति के बीच सम्बन्ध**

$$\frac{1}{3}Mv_{rms}^2 = RT \Rightarrow v_{rms} = \sqrt{\frac{3RT}{M}}$$

- **तापमान और आण्विक गतिज ऊर्जा के बीच सम्बन्ध**

$$E = \frac{3}{2}kT$$

गैस का तापमान, वर्ग-माध्य-मूल वेग के वर्ग के समानुपाती होता है।

औसत गति

यह अणुओं की गति के औसत के बराबर होता है

अर्थात्, $v_{\text{औसत}} = \frac{v_1 + v_2 + ... + v_n}{n}$

- सबसे सम्भावित गति, औसत गति और rms गति के बीच सम्बन्ध निम्न प्रकार दिया गया है

$$v_{\text{सम्भावित}} : v_{\text{औसत}} : v_{rms} = \sqrt{\frac{2RT}{M}} : \sqrt{\frac{8RT}{\pi M}} : \sqrt{\frac{3RT}{M}}$$

वर्ग-माध्य मूल गति

यह गति, वेगों के वर्ग के माध्य मूल मानों के वर्गमूल के बराबर होती है।

$$v_{rms} = \sqrt{\left(\frac{v_1^2 + v_2^2 + v_3^2 + ... v_n^2}{n}\right)}$$

दोलन (अध्याय एक दृष्टि में)

आवर्तकाल एवं आवृत्ति

- समय का वह लघुतम अन्तराल जिसके पश्चात् एक आवर्ती गति दोहराई जाती है, उसे आवर्तकाल कहते हैं

उदाहरण

- बुध ग्रह की परिक्रमा का आवर्तकाल 88 पृथ्वी दिवस होता है।
- क्वार्ट्ज क्रिस्टल के कम्पन के आवर्तकाल को माइक्रोसेकण्ड (10^{-6}) अर्थात् μs के मात्रक द्वारा दर्शाया जाता है।
- प्रति इकाई समय में की संख्या को आवृत्ति कहा जाता है। आवृत्ति एवं आवर्तकाल के मध्य सम्बन्ध को निम्न प्रकार दर्शाया जाता है

$$\text{आवृत्ति} = \frac{1}{\text{आवर्तकाल}}$$

- आवृत्ति का SI मात्रक हर्ट्ज (Hz) होता है।
1 हर्ट्ज = 1 दोलन प्रति सेकण्ड

दोलनी गति

- आवर्ती गति जिसमें कोई कण (अथवा वस्तु) एक ही पथ पर एक निश्चित बिन्दु के चारों ओर आगे-पीछे या इधर-उधर गति करता है, तो उसे दोलनी अथवा कम्पनिक गति कहते हैं।

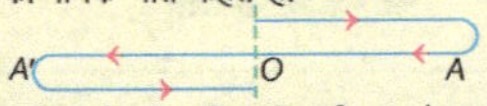

- प्रत्येक दोलनी गति अनिवार्य रूप से एक आवर्ती गति होती है, परन्तु प्रत्येक आवर्ती गति अनिवार्य रूप से दोलनी गति नहीं होती है।

उदाहरण

- किसी इंजन के पिस्टन की गति।
- ठोस पदार्थों में अणुओं की गति।

आवर्ती गति

- जब कोई कण (या पिण्ड) एक निश्चित पथ पर इस प्रकार गति करता है कि वह एक निश्चित समय अन्तराल के पश्चात् अपनी गति को दोहराता है, तो इस गति को आवर्ती गति कहते हैं। यदि $y(t)$ कण का विस्थापन है तब $y(t) = y(t+T) = y(t+2T) = \ldots$

उदाहरण

- पृथ्वी की अपने अक्ष के चारों ओर घूर्णन गति।
- दीर्घवृत्ताकार कक्षा में सूर्य के चारों ओर पृथ्वी की गति।

विस्थापन

- मूल बिन्दु के सापेक्ष कण की स्थिति में परिवर्तन, परन्तु दोलन में हम विस्थापन शब्द का उपयोग माध्य स्थिति अथवा सन्दर्भ बिन्दु के सापेक्ष स्थिति में परिवर्तन के रूप में करते हैं।

उदाहरण

- माना एक पिण्ड अपने एक सिरे पर स्प्रिंग से जुड़ा हुआ है, जिसका दूसरा सिरा दृढ़ दीवार से जुड़ा है। सामान्यतः समय के साथ दोलन की माध्य स्थिति से ब्लॉक के रूप में विस्थापन चर को मापना सुविधाजनक होता है।

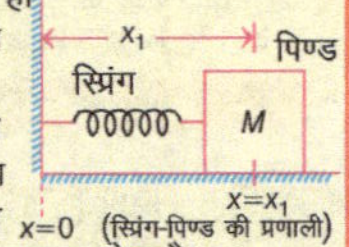

आवर्ती फलन

- वह फलन जो नियमित समय अन्तराल अथवा आवर्तकाल में अपने मान को दोहराता है, आवर्ती फलन कहलाता है।
$f(t) = A\cos\omega t$ (कोज्या फलन)
$f(t) = A\sin\omega t$ (ज्या फलन)
इसके अतिरिक्त $f(t) = A\sin\omega t + B\cos\omega t$
- किसी भी आवर्ती फलन को उपयुक्त गुणांक के साथ विभिन्न समय अन्तराल के ज्या तथा कोज्या फलन के अध्यारोपण के रूप में व्यक्त किया जा सकता है।

प्रत्यानयन बल

- जब कण अपनी सन्तुलन की स्थिति से विस्थापित होता है, तो कण को सन्तुलन की स्थिति में लाने के लिए लगने वाले बल को प्रत्यानयन बल कहते हैं।
- सन्तुलन की स्थिति में प्रत्यानयन बल का मान शून्य होता है।

U-नली में द्रव का दोलन

- बल, $F = -mg = -(A\cdot 2y\cdot\sigma)g$
- सम्पूर्ण द्रव का द्रव्यमान, $M = A.2h.\sigma$
- त्वरण, $a = -\omega^2 y$
- आवर्तकाल, $T = 2\pi\sqrt{\frac{h}{g}}$

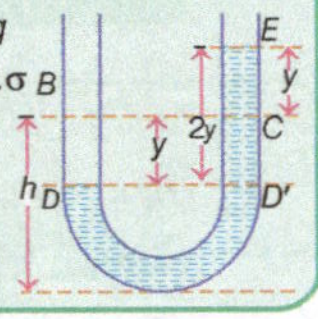

अवमन्दित दोलन

- किसी पिण्ड का दोलन जिसका आयाम समय के साथ घटता जाता है।
– अवमन्दित बल, $F_d = -br$
– अवमन्दित दोलित्र का विस्थापन,
$x = x_m e^{-bt/2m}\cos(\omega t + \phi)$
समय के साथ आयाम निम्न प्रकार घटता जाता है,
$x = x_m e^{-(bt/2m)t}$

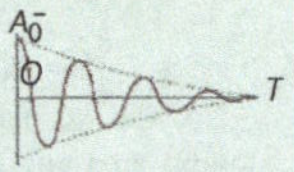

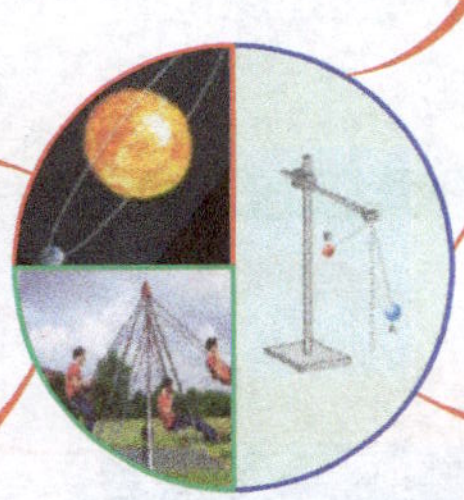

सरल लोलक

- यदि किसी बिन्दु द्रव्यमान (point mass) को एक दृढ़ आधार से द्रव्यमानरहित, अविस्तारीय तथा पूर्णतः लचीली डोरी द्वारा लटकाया जाता है, तो इस व्यवस्था को सरल लोलक कहते हैं।
- गोलक पर कार्य करने वाला प्रत्यानयन बल,
$F = -mg\sin\theta$
- यदि θ बहुत छोटा है, $F = -mg\frac{x}{L}$
- गोलक का त्वरण,
$a = \frac{F}{m} = -\frac{gx}{L}$
- आवर्तकाल, $T = 2\pi\sqrt{\frac{L}{g}}$
- **प्रभावी लम्बाई**
लोलक का आवर्तकाल इसकी प्रभावी लम्बाई पर निर्भर करता है, $T \propto \sqrt{L}$ या $T^2 \propto L$

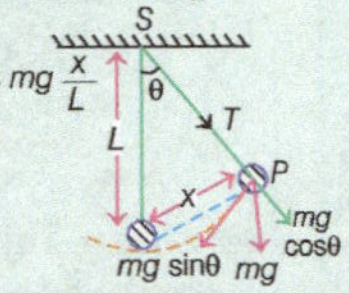

स्प्रिंग से जुड़े पिण्ड की गति

- माना m द्रव्यमान का एक कण कोणीय आवृत्ति ω के साथ SHM कर रहा है,
- पिण्ड का त्वरण,
$a = \frac{F}{m}$ या $a = -\omega^2 x$
- आवर्तकाल, $T = 2\pi\sqrt{\frac{m}{k}}$

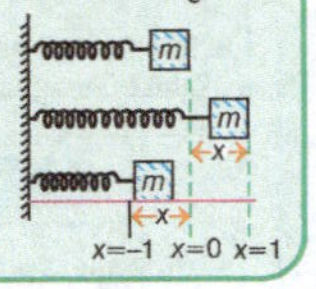

शर्तें

- क्षैतिज त्वरण के साथ चलते हुए वाहन से लटके लोलक का आवर्तकाल, $T = 2\pi\sqrt{\frac{L}{g'}} = 2\pi\sqrt{\frac{L}{g^2+a^2}}$
- वाहन की छत से लटके हुए सरल लोलक जो बिना किसी घर्षण के एक झुके हुए तल से नीचे की ओर गति करता है, का आवर्तकाल
$T = 2\pi\sqrt{\frac{L}{g\cos\theta}}$
- यदि सरल लोलक को किसी तरल के अन्दर लाया जाता है, तो प्रभावी त्वरण,
$g' = g\left[1 - \frac{\sigma}{\rho}\right]$

ऊर्ध्वाधर तल

- x दूरी पर पिण्ड पर कार्य करने वाला कुल बल,
$F = F_2 + mg = -k(l + x) + kl$
- पिण्ड का त्वरण, $a = \frac{F}{m} = -\frac{k}{m}x$
- आवर्तकाल, $T = 2\pi\sqrt{\frac{m}{k}}$

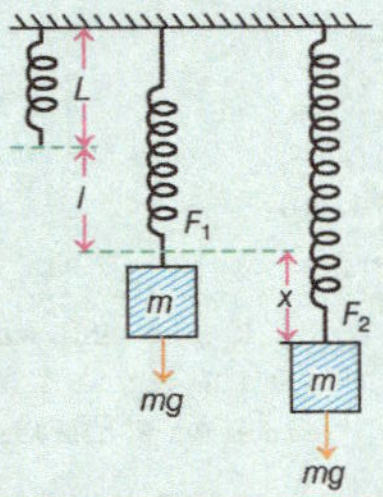

SHM में ऊर्जा

SHM करने वाले किसी कण में गतिज ऊर्जा तथा स्थितिज ऊर्जा दोनों होती हैं।

सरल आवर्त गति

- यदि कोई कण किसी निश्चित बिन्दु के चारों ओर (सन्तुलन की स्थिति) इस प्रकार आगे-पीछे गति करता है कि
– गति एक सीधी रेखा में बनी रहती है।
– कण पर कार्य करने वाला बल या त्वरण सदैव संतुलन की स्थिति की ओर निर्देशित होना चाहिए।
– सरल आवर्त गति में, यदि कण पर कार्य करने वाला बल F है तथा उसका विस्थापन y है,तो $F \propto -y$ या $F = -ky$

SHM के समीकरण

SHM करने वाले कण की गति को निम्नलिखित समीकरणों द्वारा व्यक्त किया जा सकता है, $x(t) = A\cos(\omega t + \phi)$
$y(t) = A\sin(\omega t + \phi)$

SHM एवं एकसमान वृत्तीय गति

जब कोई कण वृत्त की परिधि पर एकसमान गति से घूम रहा हो, तो व्यास के अनुदिश किसी भी व्यास पर कण की स्थिति से डाले गए लम्ब के पाद (foot) की गति, सरल आवर्त गति होती है।

SHM के अभिलक्षण

- **आयाम Amplitude**
SHM करने वाले कण का अधिकतम विस्थापन।
- **कला** दोलन करने वाले कण की कला वह राशि है, जो उस क्षण कण की गति की स्थिति तथा दिशा को सन्दर्भित करती है।
$x = A\cos(\omega t + \phi)$
जहाँ, ϕ कलान्तर है।

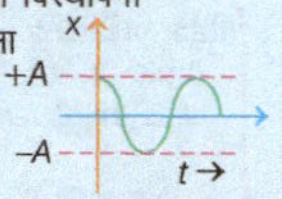

- **वेग** किसी भी क्षण, SHM करने वाले कण के समय के सापेक्ष विस्थापन परिवर्तन की दर को उसका वेग कहा जाता है।
$v = \omega\sqrt{A^2 - x^2}$
– माध्य स्थिति पर, $x = 0, v = \omega A$
– चरम स्थिति पर, $x = A$,
$v = 0$ (न्यूनतम वेग)
$v(t) = -\omega A\sin(\omega t + \phi)$

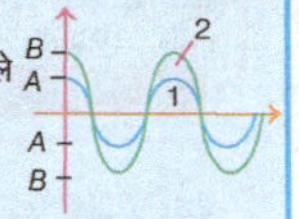

- **त्वरण** किसी भी क्षण, SHM करने वाले कण के समय के सापेक्ष वेग परिवर्तन की दर को त्वरण कहा जाता है।
$a = \omega^2 A$
– माध्य स्थिति पर, $x = 0, a = 0$
– चरम स्थिति पर, $x = A, a = -\omega^2 A$
$a(t) = -\omega^2 A\cos(\omega t + \phi)$

S.H.M में वक्र

- माना कण अपनी सरल आवर्त गति सन्तुलन की स्थिति से प्रारम्भ करता है, इसलिए
- **समय-विस्थापन समीकरण**
$y = A\sin\omega t$

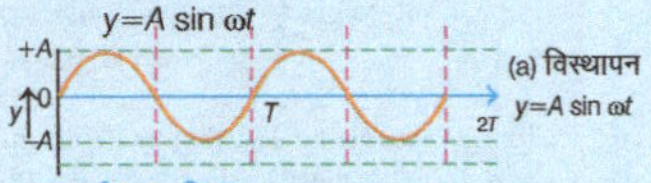

- **समय-वेग समीकरण**
$v = \frac{dy}{dt} = A\omega\cos\omega t$

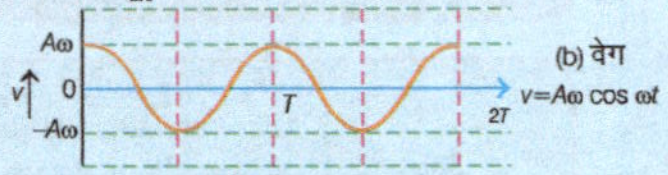

- **समय-त्वरण समीकरण**
$a = \frac{dv}{dt} = -A\omega^2\sin\omega t$

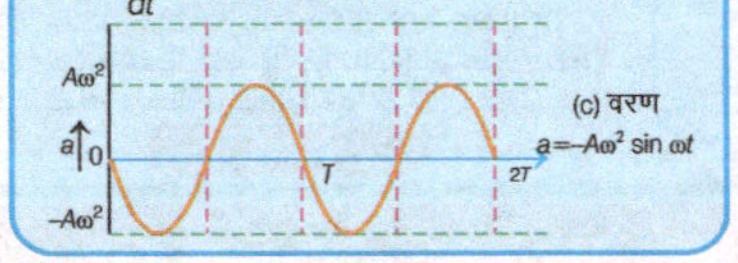

गतिज ऊर्जा

सरल आवर्त गति में अपने वेग के कारण किसी कण में गतिज ऊर्जा होती है।
गतिज ऊर्जा, $K = \frac{1}{2}k(A^2 - x^2)$

स्थितिज ऊर्जा

- जब कोई कण अपनी सन्तुलन की स्थिति से विस्थापित होता है, तो वह प्रत्यानयन बल के विरुद्ध कार्य करता है जो स्थितिज ऊर्जा के रूप में संग्रहीत होता है।
- स्थितिज ऊर्जा, $U = \frac{1}{2}M\omega^2 x^2$

कुल ऊर्जा

- एक आवर्ती दोलन की कुल यान्त्रिक ऊर्जा समय अथवा विस्थापन से स्वतन्त्र होती है, जबकि अधिकतम विस्थापन पर निर्भर करती है।
कुल ऊर्जा, $E = \frac{1}{2}kA^2$

तरंगें (अध्याय एक दृष्टि में)

पदार्थ

- इस प्रकार की तरंगें सूक्ष्म कणों; जैसे–इलेक्ट्रॉन, प्रोटॉन तथा अन्य मूल कणों से सम्बन्धित होती हैं।
- ये तरंगें एक गतिशील कण की प्रकृति के समान तरंग को दर्शाती हैं।

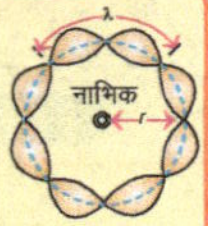

यान्त्रिक तरंग

- वे तरंगें जिन्हें अपने संचरण के लिए माध्यम की आवश्यकता होती है, यान्त्रिक अथवा प्रत्यास्थ तरंगें कहलाती हैं।

उदाहरण ध्वनि तरंगें, भूकम्पीय तरंगें, जल तरंगें आदि।

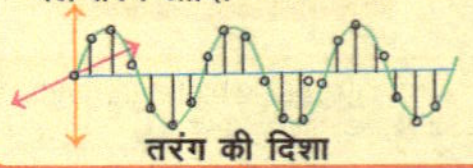

विद्युतचुम्बकीय तरंग

वे तरंगें जिन्हें अपने संचरण के लिए माध्यम की आवश्यकता नहीं होती, विद्युतचुम्बकीय अथवा अप्रत्यास्थ तरंगें कहलाती हैं।

उदाहरण दृश्य प्रकाश, पराबैंगनी, ऊष्मा तरंगें, आदि।

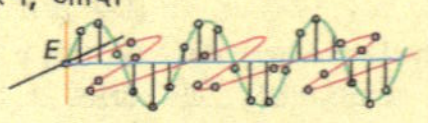

अनुप्रस्थ तरंगें

जब किसी माध्यम के कण तरंग के संचरण की दिशा के लम्बवत् कम्पन करते हैं, तो उस तरंग को अनुप्रस्थ तरंग कहते हैं।

उदाहरण संगीत वाद्ययन्त्र के तारों में उत्पन्न तरंगें, दृश्य प्रकाश, आदि।

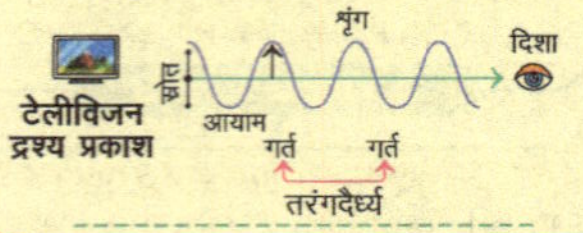

अनुदैर्ध्य तरंग

जब किसी माध्यम के कण तरंग के संचरण की दिशा में कम्पन करते हैं, तो इस तरंग को अनुदैर्ध्य तरंग कहते हैं।

उदाहरण स्प्रिंग तरंगें, ध्वनि तरंगें, आदि।

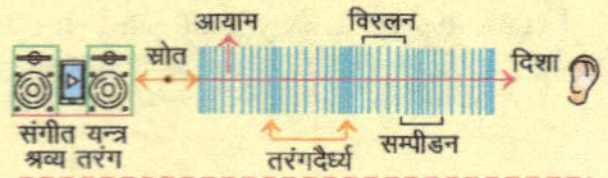

तरंगों की परिभाषा

तरंग वह विक्षोभ है, जो किसी माध्यम (या निर्वात्) में उत्पन्न होता है, जिसमें ऊर्जा तथा संवेग माध्यम के कणों के संचरण के बिना प्रसारित होती है।

अनुप्रस्थ तरंगों के लिए माध्यम

- कणों की गति तरंग के संचरण की दिशा के लम्बवत् होती है। जैसे-जैसे तरंग संचरित होती है, माध्यम का प्रत्येक तत्व कर्तन विकृति का अनुभव करता है।
- यहाँ केवल उन माध्यमों में संचरण होता है, जो कर्तन प्रतिबल को सहन कर सकते हैं, जैसे ठोस एवं तरल पदार्थों की सतह परन्तु गैसों में तथा तरल पदार्थों के अन्दर नहीं।

अनुदैर्ध्य तरंगों के लिए माध्यम

- इस्पात की छड़ जैसे माध्यम में अनुप्रस्थ तथा अनुदैर्ध्य दोनों तरंगें संचरित हो सकती हैं,जबकि वायु केवल अनुदैर्ध्य तरंगों को ही सहन कर सकती है।
- तरंगें एकविमीय, द्विविमीय अथवा त्रिविमीय हो सकती हैं। विमाओं की प्रणाली, एक, दो अथवा तीन विमाओं में ऊर्जा के प्रसार के अनुसार होगी।

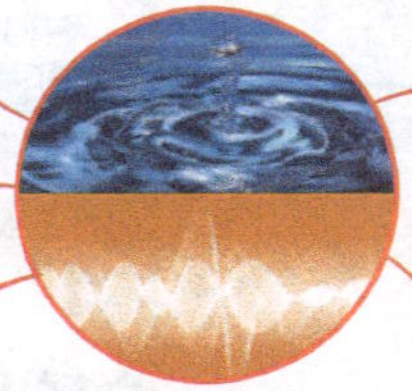

विस्पन्द

- जब लगभग समान आवृत्ति की दो ध्वनि तरंगें एकसाथ उत्पन्न होती हैं, तो परिणामी ध्वनि तरंग की तीव्रता समय के साथ बढ़ती और घटती है।
- ध्वनि की तीव्रता में इस परिवर्तन को विस्पन्द की घटना कहा जाता है।
- एक सेकण्ड में उत्पन्न विस्पन्दों की संख्या को स्पन्द की आवृत्ति कहा जाता है।

विस्पन्द आवृत्ति, $= f_1 - f_2$

तरंग का व्यतिकरण

- जब दो या दो से अधिक स्पन्द एक-दूसरे पर अध्यारोपित होते हैं, तो परिणामी विस्थापन प्रत्येक स्पन्द के कारण होने वाले विस्थापन का बीजगणितीय योग होता है।
- **तरंग का व्यतिकरण**

विस्थापन, $y(x, t) = 2a \cos \frac{\phi}{2} \sin\left(kx - \omega t + \frac{\phi}{2}\right)$

- $\phi = 0$, तब $y(x, t) = 2a \sin(kx - \omega t)$
- $\phi = \pi$, तब $y(x, t) = 0$

बन्द ऑर्गन पाइप

- आवृत्ति, $f = (2n + 1)\frac{v}{4L}$

$n = 0, 1, 2, 3 ...$

- मूल स्वर यदि हम ऑर्गन पाइप के खुले मुँह पर धीरे से फूँकते हैं, तो सबसे कम आवृत्ति उत्पन्न होती है।

$L = \frac{\lambda}{4}$ या $\lambda = 4L$ या $f = \frac{v}{4L}$

- **प्रथम अधिस्वरक**

$L = \frac{3\lambda}{4}$ या $\lambda = \frac{4L}{3}$

∴ उत्पन्न निस्पन्द की आवृत्ति, $f = \frac{3v}{4L}$

- इसे तृतीय सन्नादी भी कहते हैं।

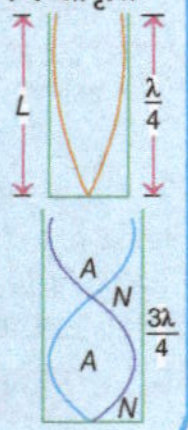

तरंगों का परावर्तन

- किसी माध्यम से गति करने वाली प्रगामी तरंग एक दृढ़ सीमा पर पहुँचती है, यह परावर्तित हो जाती है तथा इस घटना को तरंगों का परावर्तन कहा जाता है।
- यदि परावर्तक सिरा दृढ़ है, तो आपतित एवं परावर्तित तरंगों के बीच का एक अवस्था परिवर्तन होता है।
- यदि परावर्तक सिरा घूमने के लिए स्वतन्त्र है, तो उनके बीच कोई कलान्तर नहीं होगा।

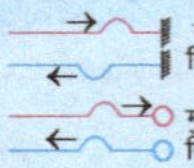

खुला ऑर्गन पाइप

- दोनों सिरों पर खुले पाइप के लिए, प्रत्येक सिरा एक प्रस्पन्द होता है।
- आवृत्ति, $f = n.\frac{v}{2L}$
- **मूल स्वर**

यदि हम ऑर्गन पाइप के एक सिरे पर धीरे से फूँकते हैं, तो दोनों सिरों पर उनके बीच एक प्रसन्द बनता है।

$L = \frac{\lambda}{2}$ या $\lambda = 2L$

$f = \frac{v}{\lambda} = \frac{v}{2L}$

- **प्रथम अधिस्वरक**

$L = 2\frac{\lambda}{2}$ या $\lambda = L$

$f = \frac{v}{\lambda} = \frac{v}{L}$

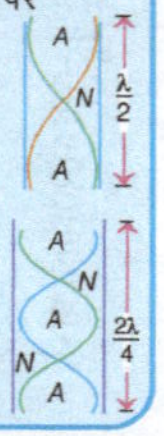

अप्रगामी तरंग

- अप्रगामी तरंगें दो संचरित तरंगों के अध्यारोपण से उत्पन्न होती हैं जिनके आयाम, आवर्तकाल, आवृत्ति व तरंगदैर्ध्य समान होते हैं परन्तु वे विपरीत दिशाओं में गमन करती हैं।
- शुद्ध परिणामी अप्रगामी तरंग,

$y(t) = 2a \sin kx \cos \omega t$

वायु स्तम्भ का कम्पन

- ऑर्गन पाइप एक बेलनाकार नली है, जो एक सिरे पर बन्द हो सकती है (बन्द ऑर्गन पाइप) अथवा दोनों सिरों पर खुली हो सकती है (खुला ऑर्गन पाइप)।

तरंग की चाल

- प्रगामी तरंग की चाल, $v = f\lambda = \frac{\lambda}{T}$

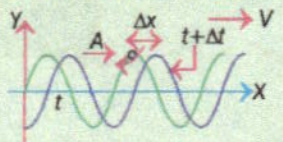

- अनुप्रस्थ तरंग की चाल, $v = \sqrt{\frac{T}{\mu}}$

यहाँ, T = डोरी में तनाव

μ = डोरी की प्रति इकाई लम्बाई का द्रव्यमान

- अनुदैर्ध्य तरंग (ध्वनि तरंग) की चाल, $v = \sqrt{B/\rho} = \sqrt{\frac{Y}{\rho}}$

यहाँ,
Y = पदार्थ का यंग गुणांक
B = बल्क गुणांक
ρ = पदार्थ का घनत्व

सामान्य विधा

- दोलन की सामान्य विधा प्राकृतिक आवृत्तियों का समूह है जिस पर एक निकाय कम्पन करता है।
- शून्य आयाम वाले बिन्दु को निस्पन्द कहा जाता है तथा सबसे बड़े आयाम वाले बिन्दु को प्रस्पन्द कहा जाता है। निस्पन्द के लिए,

$x = \frac{n\lambda}{2}$ $x = \frac{n\pi}{k}$

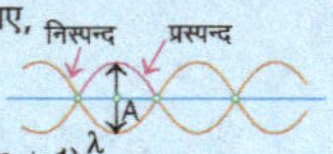

- प्रस्पन्द के लिए, $x = (2n + 1)\frac{\lambda}{4}$

कम्पन की विधाएँ

जिस प्रकार से डोरी कम्पन करती है तथा एक अप्रगामी तरंग उत्पन्न करती है, उसे डोरी के कम्पन की विधा के रूप में भी जाना जाता है। $L = \frac{n\lambda}{2}$, $f = \frac{nv}{2L}$

- **कम्पन की प्रथम विधा** कम्पन की वह विधा जिसमें डोरी एक अनुभाग में अथवा न्यूनतम सम्भव प्रकृति आवृत्ति (मूल विधा) में कम्पन करती है,

$L = \frac{\lambda}{2}$ तथा $f = \frac{v}{2L}$

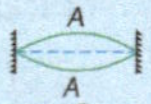

- **कम्पन की द्वितीय विधा** कम्पन की वह विधा जिसमें डोरी दो अनुभागों में कम्पन करती है द्वितीय सन्नादी कहलाती है।

$L = \lambda$ तथा $f = \frac{v}{L}$

आवृत्ति

तरंग संचरण के समय माध्यम के एक कण के एक सेकण्ड में कम्पनों की संख्या को आवृत्ति कहते है।

$$f = \frac{1}{\text{आवर्तकाल } (T)}$$

प्रगामी तरंगों में विस्थापन

- विस्थापन, $y(x, t) = a \sin(kx - \omega t + \phi)$

$y(x, t) = A \sin(kx - \omega t) + B \cos(kx - \omega t)$

जहाँ, $a = \sqrt{A^2 + B^2}$ तथा $\phi = \tan^{-1}(B/A)$

- -अक्ष की ऋणात्मक दिशा में तरंग संचरण,

$y(x, t) = a \sin(kx + \omega t + \phi)$

कला

वह भौतिक राशि जो संचरण के समय किसी क्षण कण की गति की स्थिति तथा दिशा को सन्दर्भित करती है।

आयाम

किसी तरंग के कणों का अपनी साम्यावस्था से दोनों ओर अधिकतम विस्थापन, आयाम कहलाता है।

न्यूटन का सूत्र

- न्यूटन के अनुसार, समतापी प्रक्रम में गैसों में से ध्वनि तरंग का संचरण $v = \sqrt{P/\rho}$

लाप्लास संशोधन

- लाप्लास के अनुसार, रुद्धोष्म प्रक्रम में गैस के माध्यम से ध्वनि तरंग का संचरण

$$v = \sqrt{\frac{\gamma P}{\rho}} = \sqrt{\frac{1.41 \times 1.101 \times 10^5}{1.3}} \cong 331 \text{ मी/से}$$

दोनों सिरों पर स्थिर डोरी का कम्पन

- एक तनी हुई डोरी जिसकी लम्बाई L दोनों सिरों पर स्थिर है, तब सीमान्त स्थितियाँ,

$L = \frac{n\lambda}{2}$; $n = 1, 2, 3....$

- सम्भावित तरंगदैर्ध्य,

$\lambda = \frac{2L}{n}$; $n = 1, 2, 3....$

- आवृत्तियाँ, $f = \frac{nv}{2L}$; $n = 1, 2, 3....$

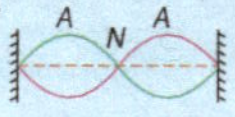

तरंगदैर्ध्य

एक आवर्तकाल के दौरान तरंग द्वारा तय की गई दूरी को तरंगदैर्ध्य कहा जाता है।

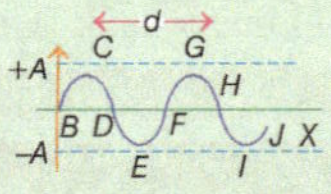

आवर्तकाल

संचरण के समय माध्यम के एक कण द्वारा अपना एक कम्पन पूर्ण करने में लिया गया समय आवर्तकाल कहलाता है

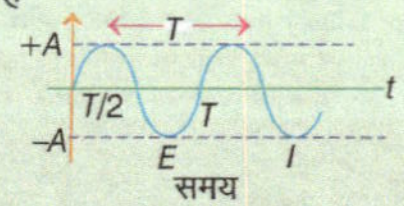